第二版

高级微观经济学

上

ADVANCED MICROECONOMICS

田国强 编著

中国人民大学出版社
·北京·

十位著名经济学家对本书的评价

目前愈来愈多的人感到需要补上理论经济学这一课，以免被似是而非的流行说法误导和对社会经济态势做出误判。在我看来，对于有一定基础的读者来说，田国强教授的《高级微观经济学》是一本很值得推荐的高级经济学教材。这本教材的最大优势在于：一方面，它避免了许多国内经济学教材忽视 20 世纪中期以来经济学重大发展的缺点，对从现代经济学的基准理论到最前沿的观点都给出了准确的界定和严格的证明；另一方面，它又避免了绝大多数引进版教材缺乏中国元素的缺点，能够结合中国经济改革、经济发展和国家治理的实际，阐明各种经济理论的内涵思想。即使对于理解书中高深的数理模型和复杂的数学推导有困难的读者，仅仅从作者对经济学理念和经济学方法的系统深刻阐述中得到启示，也会受益匪浅。

——**吴敬琏**　国务院发展研究中心研究员，中欧国际工商学院宝钢经济学教席教授

田国强教授在美国执教经济学 30 多年，在中国推动经济学教育改革 10 多年。本书是他在中美两国学习、思考、研究、讲授微观经济理论的集成之作。它既严谨系统地介绍了现代微观经济学基础和前沿理论，又结合了中国经济改革开放的实践。这是一本专为中国学生撰写的高级经济学教科书，是对中国经济学教育改革的新贡献。

——**钱颖一**　全国工商联副主席，国务院参事，世界计量经济学会会士，西湖大学首届董事会主席，清华大学讲席教授

田国强教授将他 30 多年来在微观经济学领域内研究与教学取得的成就和积累的心得倾注于这部力作，填补了国内高水平微观经济学教材的一个空白。其内容非常丰富，可以像 MWG 的教科书一样，成为微观经济学领域的标准教科书或参考书。尤其应该提到的是，田国强教授对现代经济学的科学和客观的阐述，充分展示了一个经济学家严谨的治学精神，值得所有人一读。

——**周　林**　香港中文大学商学院院长，世界计量经济学会会士，卓敏经济学教授

中国经济学教育和研究虽然取得了长足的进步，但还有很长的路要走。一方面仍然落后于国际前沿，另一方面和中国经济的实践结合得远远不够。田国强倾力写作的这本高级微观经济学教材全面而系统，既覆盖了微观经济学前沿的重要主题，又结合中国经济的实践，努力运用经济学理论分析中国的现实问题。本书出得及时，值得大力推荐！

——**蔡洪滨** 香港大学经济及工商管理学院院长，世界计量经济学会会士

这是一本讲授微观经济学的高级教程。它涵盖的内容非常系统和前沿，而且有对包括中国在内的真实经济世界的精彩解析，超越了之前同类的教科书。它是华人经济学家田国强教授几十年课堂生涯的倾心之作。

——**张 军** 复旦大学经济学院院长，中国经济研究中心主任，长江学者特聘教授

微观经济学是现代经济学的基石与核心组成部分。著名华人经济学家田国强教授根据自己在中美高校 30 多年教学、研究及学术管理的经验与心得写成的《高级微观经济学》一书，涵盖了现代微观经济学的基本理论、分析框架、研究方法以及重要前沿研究。本书框架恢宏、体系完备、逻辑严谨、层次清晰。作者在介绍经济学基本思想、概念与理论时，总是通过一些富有启发性的实例加以解释说明，使教材在确保严谨科学的同时，又深入浅出，颇具可读性。尤其值得称道的是，作者经常结合中国经济的历史和现实，从中国视角探讨现代微观经济学的适用性以及如何用于分析中国经济问题。我相信，这些鲜明特色与优点，将使本书成为最适合中国学生和青年学者使用的经典教材与必备参考书。

——**洪永淼** 香港大学中国金融研究中心荣誉教授，世界计量经济学会会士，中国科学院大学经济与管理学院院长

田国强教授的《高级微观经济学》乃集其多年教学与科研之大成。本书内容安排合理、既深又广。读者通过本书的学习，不仅能够掌握现代微观经济理论，也能够增进对其适用范围的认识。本书就如何修正这些理论以切合中国经济现实问题的研究具有独到见解，令人信服。研读本书，你将直达经济学研究的前沿。

——**谢丹阳** 香港科技大学工商管理学院经济系教授，香港科技大学（广州）社会枢纽署理院长

田国强教授的《高级微观经济学》是一本非常优秀的教科书与参考书。本书内容广泛，既覆盖了经典的微观经济理论，又引入了最前沿的主题。重要的定理 (结果) 既有直观的解释，又有严谨的证明。例子与习题有益于学生更深刻的理解。本书的特点是既与国际前沿的微观理论接轨，又与中国的实际相结合。这是一本中国学生与学者学习和应用微观经济理论不可或缺的读物。我强烈推荐此书。

——**白聚山** 南开大学金融学院前院长，美国哥伦比亚大学经济系教授，世界计量经济学会会士

田国强教授是国内现代经济学教育的开拓者之一。田教授的《高级微观经济学》在现代经济学理论中融入了中国的经济思想，对中国学生而言是不可多得的一本微观经济学教材。掌握好微观经济理论，是做出优秀实证经验研究的必要条件。这本书也是中国经济学者的重要参考资料。

——**张俊森** 浙江大学经济学院院长，世界计量经济学会会士，香港中文大学荣休教授

过去 30 多年中，田国强教授一直致力于现代经济学在中国的教育和推广，取得了公认的成就，本教材就是一个很好的例证。全书渗透了他数十年来从事微观经济学研究和教学的心血，既有从基本概念到研究前沿的理论全面介绍，又做到了与中国现实、学术及思想相结合，是一本极具特色的高级微观经济学教材，也是从事中国经济问题研究尤其是微观实证研究的学者的重要参考书。极力推荐！

——**甘　犁** 西南财经大学经济与管理研究院院长，西南财经大学中国家庭金融调查与研究中心主任，美国得州农工大学经济系终身教授

再版前言

《高级微观经济学》是基于我多年使用的“高级微观经济理论”英文讲义稿并翻译增补了近一倍的内容，尽可能增加中国元素、国学智慧以及经济理论与中国经济现实之间的联系，由此集合而成的。本书内容丰富，囊括了现代微观经济理论中的几乎所有典型主题，直至近 20 多年发展起来的前沿微观经济理论，而这些主题 (如动态机制设计、拍卖和匹配的市场设计) 国内外通用的标准微观经济学教材基本上都没有涉及，也是我过去 30 多年来学习、思考、研究和讲授微观经济理论的集成之作。英文讲义曾用于我在美国得州 A&M 大学、上海财经大学、香港科技大学、清华大学、中国人民大学等国内外众多高校的课程讲授，受到听过该课的师生的欢迎。一些世界著名大学经济系同行和博士生也将此讲义作为教学、研究和学习参考资料。本书既适合作为本科生高年级和研究生高级微观经济学系列课程、高级微观经济理论专题课程教材，也适合作为经济学、相关社会科学和商学的研究人员学习和研究的基础参考书。

本书自 2016 年 11 月首次出版发行以来，受到了经济学界的较广泛关注和欢迎，至今已发行了近 5 万册。由于是首次出版，难免有不够细致的地方，也难免存在不少文字、公式、符号等方面的勘误，加上出版已 7 年有余，应该是时候修订和再版了。

经济学是一门看似简单，其实难以学好、掌握、理解和真正领悟的较为复杂、艰深的学科。尽管学生对学习**经济学**有浓厚的兴趣，但教授**经济学**则更需要专注支撑该领域的理论及其模型。这种内在的冲突源于世界上没有单一、实体的“经济”可供学习，相反，经济学基于一系列理论和模型，就像工具要根据其实用性来评判优劣，而非单一的事实。这就使得理解经济学的本质变得困难。此外，经济学中通常被视为“事实”的事物实际上融入了大量数学理论模型的预测性陈述，对微观经济理论尤其如此。理解这些技术概念和逻辑推理对于掌握这门学科至关重要，这进一步增加了学习经济学的挑战。

经济问题之所以复杂、难以解决，除了是由于个体 (无论是国家层面还是企业、家庭或个人层面) 在通常情况下逐利的本性这一最基本且无法改变的客观现实外，还由于另外一个最大的客观现实，即：在绝大多数情形下，经济人之间关于消费和生产的信息往往是不完全或非对称的私人信息，就像一个人虽然说了一番话，但听众不知道他说的是真话还是假话；而即使听众两眼盯着看，好像在聚精会神地听，他人也不知道他们是否真正听进去了，从而进一步地增加了理解和解决问题的难度，弄不好就抵消了所采用的制度安排的作用。这样，如何应对这两个最大的客观现实，应采用什么样的经济制度、激励机制或政策就成了经济学各领域最核心的问题和主题。同时，经济学由于往往涉及主观价值判断，不同的经济主体有不同的价值观和不同的观点，如有人偏重资源配置效率，而有人强调资源配置平等，经济主体对经济改革和政策的看法由于立场、理念或偏好的差异往往也不同，很容易引起很大的争论，因而使得理解和掌握经济学及其逻辑思维难上加难。

此外，经济学又是一门外部性特别强的社会学科，具有很大的正负外部性。经济学家不像医生，医术不好，伤害或医死的是个别人，经济学家对经济学应用得不好，影响的将是经济社会的方方面面，会影响到社会、群体和个人。从而正确理解、学好、掌握和真正领悟现代经济学，特别是掌握本书所讨论的微观经济学的基本内容，不仅对现代经济学的理论创新非常重要，对实际应用和解决现实问题更重要，一旦用错，制定出错误的政策和制度，影响和危及的就不仅是个体，甚至是整个国家层面的经济发展和社会稳定。这样，除了要学好经济学，在提出政策建议时，也不能过多地考虑自身的立场、喜恶或利益，因而除了要勇于担当，还要具有社会良心和责任感。

改革开放以降，现代经济学在中国的传播和教学经历了一个从无到有、从少到多的发展过程。尤其是 20 世纪 90 年代初邓小平南方谈话及中国确立现代市场经济体制建设目标后，中国进入一个蓬勃发展的时期。时至今日，现代经济学包括微观经济学的很多原理、概念、方法已成为学界、业界、政府和社会大众耳熟能详的基本常识和共同语言。随着中国进入深化改革以推进国家治理体系和治理能力现代化的历史新阶段，提出使市场在资源配置中起决定性作用，这一提法较之早前的基础性作用提法又大大向前迈进了一步。同时，为了让政府更好发挥作用，需要界定和理清好政府与市场、政府与社会的治理边界，以此理解和理顺国家发展和治理的内在逻辑，最终实现中国式现代化的宏伟目标，现代经济学毫无疑问将在这些方面发挥不可或缺的巨大作用，这无疑为现代经济学在中国的发展、创新和应用提供了巨大的用武之地。

现代经济学是一门极具包容性和开放性的处于动态发展中的学科，已远远超越新古典经济学的范畴[①]，而中国的经济改革与实践更可为经济理论的创新发展提供丰富的现实土壤。在笔者看来，只要采用严谨的内在逻辑分析 (不见得是数学模型)，并且采用理性假设 (包括有限理性假设，意味着人们会尽量避免对自身不利的选择)，这样的研究就属于现代经济学的范畴。在现代经济学的框架下来检视，微观经济学主要是关于经济主体如何决策的理论，是关于在各种情形下价格如何决定的理论 (因而可用“定价”两个字高度概括，也称为价格理论)，是关于市场如何运行的理论，也是关于市场在一些情形下如失灵时应如何修正以便政府发挥恰当作用的理论。它着力于研究有限资源在不同用途之间如何配置以便更好满足大众的需要，也构成了包括宏观经济学及其他几乎所有经济学学科和商学的微观基础，对于人们更好地理解如何充分和正确发挥市场在资源配置中的决定性作用和更好发挥政府在维护市场秩序、捍卫社会公平正义和提供公共服务方面的作用，可以起到“明道”和“优术”的双重作用。

知其然，更要知其所以然，学习、理解每个经济理论的前提条件和适用范围及其研究方法异常重要，否则一旦被泛用来指导经济政策的制定，弄不好会造成很大的经济社会问题。如果对现代经济学理论逻辑及其实证量化的训练有限，不注重其理论的前提条件而盲目照搬到中国问题的研究和应用中来，就会导致许多本可避免的问题，说不定还会认为是

① 传统意义上的新古典经济学主要指的是马歇尔的局部均衡分析。但从更一般意义上说 (零交易成本、完全信息、凸性假设等)，新古典经济学也包括了阿罗–德布鲁的一般均衡理论，卢卡斯等人的理性预期新古典经济学，以及以萨缪尔森为首的新古典综合经济学派。

现代经济学的问题，否定其现实作用，甚至会认为现代经济学的基本理论假设性太强，太过注重数学性和严谨性，与现实隔得太远，从而认为现代经济学不能很好地解释和解决中国的现实问题。推到极致，说不定会否定现代经济学在中国经济发展和市场化改革中的基本作用。

其实，这是一种误区，有这种看法的人是没有弄清楚前提条件，不知道理论有其适用范围，就盲目地泛用，出错了，就怪理论不好，甚至认为理论是错的，这就像医生开错药方后不但不自省反而怪罪药不好。其实，像任何学科的理论一样，每个严谨的经济理论都给出了前提条件，不是在所有情形下都有效，从而除非理论自身有逻辑矛盾，它们之间没有对错之分，而只有其理论或模型是否适合中国当前的经济制度环境。如果没有严谨性，又怎么总能得出具有内在逻辑的结果呢？这正如哈佛大学丹尼·罗德里克 (Dani Rodrik) 教授曾指出的那样，这些指责通常来自外行或者某个非正统的边缘派。[①]确实如此，持有这种论调的人往往都是那些对经济学理论及其研究方法了解有限的人。因此，无论是做原创性研究还是实际应用研究的人，都有必要学好经济学，掌握其分析框架及方法，注重逻辑分析的严谨性，这正是本书的基本目的。

作为微观经济学的高阶课程，高级微观经济学的教学目的就是揭示经济学基本原理、概念及其理论背后严谨的内在逻辑，培养学生以严谨方式分析经济问题的能力和思维方式，教导学生学会通过抓住和刻画复杂经济行为和经济学现象的本质来进行严谨的内在逻辑分析。本书系统地阐释了现代微观经济学从基础理论、基准理论、分析框架、研究方法到最新前沿专题的内容，从而既可作为经济学、金融学、统计学、管理学、应用数学以及相关学科博士研究生、硕士研究生、高年级本科生的高级微观经济学课程教材或参考书，也可作为从事经济学教学和研究的教师与学者的重要参考书。

本书特色

目前，国内高级微观经济学课程的教学大多采用英文原版教材或其中译本，好处是与国际接轨，及时解决国内高质量经济学教材匮乏的问题，但不足之处也很明显，就是缺乏中国元素，在现代经济理论与中国经济现实之间缺乏直接勾连。此外，通常国内外教科书侧重讲授经济学的“术”，对现代经济学的本质、思想与方法等“道”的方面的讨论及对其整体理解框架的论述较少，思想性相对不足。**本书最大的特色，就是既严谨系统地介绍了现代经济学的基准理论和最前沿的微观理论细节，给出了准确定义和严格证明，又结合中国国情和市场化改革及国家发展与治理尽可能通俗易懂地介绍各种经济理论的思想内涵、洞见及其整体理解框架，力争做到“有学术的思想”和“有思想的学术”的有机结合。**

为此，本书第 1 章用了较大篇幅较为全面、系统、综合地阐述了现代经济学的本质、思想和方法、经济学的基本范畴，为随后细节的讨论提供了一个整体理解框架。经济学是一门经世致用的学问，学好悟透，对其深刻思想和方法有一个整体理解和综合运用，会让

① Rodrik, D. “Economists vs. Economics,” https://www.project-syndicate.org/commentary/economists-versus-economics-by-dani-rodrik-2015-09?barrier=accesspaylog.

人变得睿智，提升人们自身的思辨、思维、视野和格局以及综合处理事情的能力，起到明道和优术的双重作用。人生成功往往离不开五大综合要素：胸怀大志、宏伟目标、强烈兴趣、拼搏精神和坚持不懈。具备了这五大要素，一个人即使天资有限，也会取得成功，事半功倍，否则可能是事倍功半。这其实也是做成任何事情的五大要素，包括学好和好学。

20 世纪 80 年代国内经济学界基本上是有思想但学术性不足，现在则是有学术而思想性有所不足，为什么不能做到有学术的思想和有思想的学术的辩证统一呢？中国思想界和学术界对如何看待经济学教育和研究的很多争论，其根源就在此。其实，即使对严谨的原创性研究也完全可以做到有学术的思想和有思想的学术的统一，很多技术性很强的理论也包含很多深邃的经济思想，模型背后体现的是深刻的经济学思想和极强的洞察力 (如本书将详细讨论的一般均衡理论、机制设计理论等)。了解这些思想和洞察力对探索中国经济社会如何转型异常重要。很多国外同行教材的译本，由于缺乏与中国情境的衔接，还是存在很大隔阂的，使得很多人迷失在数学模型中，不知道这些经济理论背后隐含的假设及其深刻思想和洞察力。

为了增加读者对本书所介绍的各种经济理论 (包括用高深数学表达的经济理论) 的来源背景和发展轨迹及其传承的了解，同时也为了提升读者学习经济理论的兴趣和知识的全面性以及平衡好学术性和思想性，本书基于网络资源，加上自己的理解和了解，综合整理了 44 位 (每章两位) 对现代微观经济学的发展做出了开创性贡献的经济学家的人物小传。

本书还在对很多微观经济理论模型的介绍中尽可能地加入了中国情景，结合中国国情和市场化改革阐述理论背后的经济学内涵思想和政策启示，并且还将其与中国古代博大精深的哲学思想、国学智慧相对接，尽可能做到有学术的思想及有思想的学术的统一，实现思想与学术的有机融合。学习经济学，不仅要优经济学的术，更要明其道，掌握其深邃思想，成为智者。这样的写法，在国内外的经济学教科书中，有其特色。

本书结构

微观经济学注重从个体经济行为分析入手研究经济问题，进而基于此发展出在给定或设计的制度安排下的各种理论和结果，特别是在市场制度下经济运行的理论和结果。本书也是按照这样的逻辑来安排专题篇章的。不过，在本书开头部分还安排了关于学习高级微观经济理论所需的预备知识和方法的介绍。

全书共分为上下两册，七个部分。上册由第零至三部分组成，主要介绍在无摩擦理想情形下市场基本不会失灵的基准模型和理论，以及分析框架、方法和工具，这些理论为发展出更为接近现实的相对实用理论提供了基准理论和新的出发点。由第四至六部分组成的下册从重点探讨无摩擦自由竞争市场制度转为着重讨论自发市场经济制度在什么情况下会失灵的问题，主要考察在存在经济外部性、公共品，特别是信息不完全或非对称等自发市场失灵的情况下，如何对市场进行修正和弥补，以此解决资源如何有效配置的问题。本书内容大致介绍如下：

第零部分有 2 章，是书的总论和预备知识。本部分首先对现代经济学科，特别是现代微观经济理论的本质、范畴、思想、分析框架和研究方法，以及经济学思想与中国博大精深的国学智慧的相通性，作概要介绍。同时也希望这些内容能增加人们对经济学各子学科的包容性，这种包容性不仅对经济学各子学科的发展非常重要，如现代经济学与政治经济学，而且对学科内的理论发展也非常重要，如基准理论与相对实用理论。当前对现代经济学有许多争论，其争辩的焦点包括：数学性与通俗性、原创性研究与中国问题研究、理论与应用、基准理论与现实差距、学术性与思想性、国际化与本土化、教学与科研，其实质是在争辩经济学的包容性问题。本部分其次介绍本书以及现代经济学几乎所有常用的数学分析工具和方法，其篇幅和内容较为丰富，既可作为学习高级宏、微观经济学所需的经济数学这门课程的基本教材或重要参考书，也可作为学习和研究经济学随时可查阅的数学手册式的参考资料。

第一部分有 3 章，主要探讨个体决策的内在经济逻辑，包括消费者理论、生产者理论和不确定性下的选择。个体决策模型是经济学中几乎所有理论模型得以建立的微观基础，在经济学家思考问题的方式中占据核心地位。同时，许多选择是在不确定情形下做出的，经济主体通常需要在不确定情形下规避或减少风险，比如通过购买保险进行的选择问题，是经济学的一个极其重要的内容。

第二部分有 4 章，主要探讨博弈论与市场理论，包括基础博弈论、重复博弈机制、合作博弈以及各种市场结构类型的市场理论。博弈论已成为主流经济学中一个非常重要的子学科，是微观经济学的一个核心领域，也是用来研究经济主体互动决策问题的最基本分析工具，比如垄断竞争理论特别是寡头市场理论的讨论就需要用到大量博弈论知识和结果，所以将其作为应用放在一起进行讨论。

第三部分有 4 章，主要探讨完全竞争理想状态下的市场基准理论——一般均衡理论及其福利经济学，包括一般均衡的实证理论，一般均衡的规范理论，经济核、公正配置与社会选择理论，以及不确定性下的一般均衡理论。一般均衡理论是近百年来经济理论发展史上最重要的理论之一，也是人类经济思想宝库中最耀眼的成就之一，为更好地研究和综合研究现实问题提供了重要的参照系和基准点。本部分将对竞争均衡的本质进行刻画，并对如何做到资源公正配置进行讨论，从而进一步论证市场经济制度的普适性、最优性和合理性。

以上三个部分主要介绍的是在相对理想情形下的市场基准模型、基准理论，以及分析框架、方法和工具。然而，在许多情形下，自发市场不是万能的，往往会失灵，特别是从微观和信息角度来说，自发市场还面临着许多问题，导致了帕累托无效资源配置，从而导致所谓的“市场失灵”。由此分析自发市场在什么情形下失灵和政府应该如何去做就显得十分重要，本书后面的三个部分就是讨论在更接近现实的非理想经济环境下市场往往失灵的情形应该如何应对的问题。

第四部分有 2 章，主要探讨外部性和公共品经济环境，包括外部性、公共品这些典型的市场失灵情形。在本部分我们将看到，一般来说，这些非市场“物品”或者“有害品”将导致帕累托无效结果。由于存在外部性和公共品，私人品市场一般来说不是配置资源的好机制。

第五部分有 5 章。解决现实经济问题，在经济学中最为重要的三个关键词是信息、激励和效率。因此，这部分主要探讨信息、激励和经济机制设计理论。首先讨论隐藏信息下的委托–代理理论和道德风险下的委托–代理理论；随后讨论具有多经济人互动的更一般情形下的机制设计问题：完全信息下的多代理人机制设计、不完全信息下的多代理人机制设计和动态机制设计。机制设计并不是试图去改变人性，人性，特别是利己的本性，一般来说一时是无法改变的，因而经济机制理论就是研究在经济主体逐利、自由选择、自愿交换、信息不完全及决策分散化的条件下，能否及怎样设计一套机制 (游戏规则或制度) 来达到既定目标，并且能够比较和判断一个机制的优劣性，而信息是否对称、激励是否相容，则是导致不同机制出现不同绩效的根源所在。

第六部分有 2 章，主要介绍现代微观经济理论的两个热门前沿分领域，即拍卖理论和匹配理论，这两个理论被统称为市场设计。拍卖和匹配的市场设计这一新兴领域可视作对第五部分机制设计理论的具体拓展和延伸，在现实中有广泛的应用。

教学提示

本书对授课教师的课程设计赋予了很大的灵活性。尽管本书主要是供研究生高级微观经济学系列课程、高级微观理论专题课程以及数理经济学课程使用，但本书主题的多样性和内容的相对独立性及递进性同时也为其他不同层次的微观经济学教学和教师认为最重要的方面提供了自由选择空间，其内容适用于不同层次的高级微观经济学课程的教学，教师可以根据教学需要，机动地选择有关章节讲解。本书除了供教师进行经济学博士研究生微观经济学系统教学和前沿专题教学外，也可作为本科生和硕士研究生的教材和重要参考书。关于数学知识的第 2 章可作为学好经济学所需的经济数学或数理经济学这门课程的教学内容或重要教学参考资料。上海财经大学经济学院自 2005 年开始对高年级本科生开设了高级微观经济学系列课程，对研究生开设了高级微观经济学一、二、三，以及微观理论前沿专题课程。

下面对选用本教材的教师提供一些建议。(1) 对于高年级本科生以及研究生的高级微观经济学一，考虑一个学期的教学可以选择下面的章节：个体决策部分的第 3~5 章以及博弈论与市场理论部分的第 6~7 章；(2) 对研究生的高级微观经济学二，考虑一个学期的教学可以选择下面的章节：博弈论与市场理论部分的第 9 章，一般均衡与社会福利部分的第 10~13 章，外部性和公共品部分的第 14~15 章，以及机制设计理论部分的第 16~17 章；(3) 对于研究生的高级微观经济学三或微观理论前沿专题，授课教师根据不同的侧重点，可以选择机制设计理论部分的第 18~20 章及市场设计部分的第 21~22 章的全部或部分内容。当然，在具体教学中对章节的选择可依据授课教师的偏好、研究兴趣以及课时约束等。此外，无论是讲授高级微观经济学一、二、三还是微观前沿专题，都应首先让学生自己预习或教师大致讲授第 1 章的内容。另外，本书还配套有与教材对应的习题册，可登录人大社官网 www.crup.com.cn 下载。

对让本科生大致了解现代经济学的范畴、思想、分析框架和研究方法而言，第 1 章是非常不错的选择。实际上，十多年来我与其他老师在上海财经大学给经济学院本科生 (必修) 及其他学院本科生 (选修) 合教“经济学原理、思想与方法”，我讲授的部分基本对应的就是第 1 章的内容。该门课程已被列入国家级精品视频公开课，相关视频也在“爱课程”网站首页列示，已有 10 万以上的受众，同时也获评国家级线下一流课程。

做习题这种干中学是掌握教材内容最可靠和最有效的方法。我上大学时为考研究生，就曾自学了从苏联翻译过来的许多数学教材，如菲赫金哥尔茨八卷本的《微积分学教程》和复旦大学在“文化大革命”前出版的《数学分析》我就看了十遍以上，同时大量做题，吉米多维奇的《数学分析习题集》中的 5 000 多道题全部做过几遍。这段学习经历，为我的数学基础、逻辑分析能力以及随后的现代经济学学习和研究打下了扎实的数学功底。即使 40 多年后的今天，我仍能记得《数学分析》中的大多数定理的大致证明。本书在每一章的最后也都附有一定量的习题。这些习题有些是我自己编写的，更多的是改编自国外经典教材的习题库，包括世界一流大学经济系的博士生资格考试题库，或者源自原创学术论文的例子或基本结论。对本书很多习题的无名氏作者，我在此表示感谢。

研究提示

本书也可用作研究时查阅微观经济理论内容的重要参考书。无论是做原创性研究，还是做中国经济现实问题研究，都需要学好现代经济学，掌握其基本分析框架和研究方法，打好理论和方法论基础。学完全书，基本就掌握了直至最前沿微观经济理论的基本内容，可以从事原创性研究了。一般而言，经济学研究和创新大致可分为两类：一类是基础性的、原创性的、具有共性及普适性的理论和工具方法的研究和创新，这些研究和创新没有国界，具有一般性，本书介绍的理论基本都属于此类。在这方面，中国的研究水平和国际相比差距仍然很大，这些差距体现为原创性、国际高质量期刊论文发表数量的差别，研究方法以及文章中体现的经济思想的差距，急需迎头赶上，需要有大批人瞄准国际前沿，做纯理论和量化方法的研究，而不仅仅只是做中国经济问题研究。中国要成为强国，各方面都需要迎头赶上，包括拥有国际学术话语权。另一类是现实问题研究，运用现代经济学的基本原理、分析框架、研究方法和分析工具来研究某个国家或地区的现实问题，特别是中国经济问题。此二者是辩证统一的，不能以前者来否定后者，或以后者来否定前者，两者应是并行、并重的。就如同自然科学中的基础研究创新和企业界的技术创新研究一样，是相辅相成的，都异常重要。中国要成为创新型的一流大国，基础性、原创性的研究和创新在某种意义上也许更为重要。

此外，需要指出的是，现代经济学，特别是微观经济理论研究主要提供两类理论，都具有严谨的先决条件：一类是提供基准点或参照系的基准经济理论，本书前面部分所介绍的理论大多属于这类理论；而另一类则是以基准理论作为对照，提出旨在解决现实问题的相对实用理论，本书后面部分所介绍的理论大多属于这类理论。第一类基准理论主要是以成熟现代市场经济体的经济环境作为理论前提，提供的是在理想状态下的基础理论，尽管有指引改进或改革取向的明道作用，异常重要，但偏离现实，包括不一定完全适用于尚处于转型过程中的中国的实际情境和经济环境，不能全盘照搬用来指导当前具体政策的制定。因此，需要对基准理论进行修正，考虑更为接近现实的情形，以此发展出解决具体现实问题的相对实用经济理论，进而得出具有内在逻辑的结论、推测或判断，因而这两类理论具有学科发展的递进和互补关系。本书所介绍的现代经济学的基本分析框架、思想和研究方法不仅对研究这两类理论是共通的，而且可以为更好地运用经济理论研究中国经济问题，进而为发展适用于研究中国经济问题的经济理论，打下坚实的理论和方法论基础。这乃是需要研究者在使用本书时特别注意的。

致 谢

本书在不同部分纳入了我过去 30 多年来在诸多国际顶级和一流经济学和数学学术期刊上陆续发表的一些原创性研究成果。这里，我首先要感谢诸多论文合作者给予我的研究启发，其中不少成果被放到了本书几乎每章的恰当位置。

对本书的首次出版，我要特别感谢在我的指导下拿到上海财经大学经济学院博士学位、曾任教于西南财经大学、现任教于广东外语外贸大学的孙楚仁教授，他在十几年前自发将我的“高级微观经济理论”英文讲义稿翻译成中文，如果没有他的早期翻译，可能我就没有这么大的动力花多年时间在这本高级微观经济学教科书上。我也要感谢我此前指导的上海财经大学经济学院博士生、随后的研究合作者和曾作为我的国家特聘专家助理、现任教于上海财经大学经济学院的孟大文教授。他最早和孙楚仁一道将英文讲义稿翻译成中文，对机制设计理论部分的第 16~18 章文字翻译和写作提供了帮助，并对全书重新制图。另外，我尤其要对复旦大学楼国强副教授（上海财经大学高等研究院前同事）表示感谢，他在翻译初稿完成后的写作协助、许多章节增加内容的编写、编辑整理和组织协调等方面做出了很大的贡献和提供了极大的帮助，为我节省了大量时间，没有他的帮助，我想这本书的出版不会如此顺利。同时，我还要感谢我在上海财经大学的博士生兼我的研究助理陈旭东副研究员对本书在文字和写作上的帮助，以及秦广艳、李媛、程宁等人对全书完稿后的文字校对工作。

对本书的再版，要特别感谢上海财经大学高等研究院戴大荣副教授在内容补充、修订和协调工作等方面提供的全程帮助，为我节省了许多时间，没有他的帮助，我想这本书的再版也不会如此顺利。为了方便教师教学和读者自学，上海财经大学高等研究院龙兴华助理教授和戴大荣副教授参与并组织收集、修订和出版了我教学时学生对部分习题的解答，在此表示感谢。

我也从国内外许多同事那里得到了对第一版初稿的意见和建议，特别是上海财经大学经济学院的许多教师在本书基本成型之后分别审读了相关章节，包括杜宁华 (第 1、13 章)、杨哲 (第 2、10、11 章)、范翠红（第 3、4 章)、郑兵勇（第 5、6、7 章)、唐前锋（第 8 章)、伍山林（第 9、14 章)、荣康（第 12、18、19、20 章)，感谢他们提出了许多非常具体的修改意见。在我的指导下拿到美国得州 A&M 大学经济系博士学位且现任教于对外经贸大学的曹小勇教授（第 3~5、9、21 章)、厦门大学的薛绍杰助理教授（第 6~8、12~13、16~17、21 章) 和上海财经大学的龙兴华助理教授 (第 1~2、10~11、14~15、18~20、22 章) 在书稿基本定稿后对全书进行了通读和校对，在此表示感谢。

本书的出版和再版还要感谢在各个大学学习过我高级微观经济学课程的学生们及助教们以及世界各地许多博士生和读者，他们对课程内容给出了许多有益的建议。上海财经大学经济学院和美国得州 A&M 大学经济系的许多已毕业或在校的博士生 (其中不少是我的博士生) 也参与了第一版的习题编写、参考文献格式统一和索引整理工作，包括王国静 (第 3~4 章)、胡军 (第 5~7 章)、龙兴华 (第 10~11 章)、荣健欣 (第 15~17 章)、王大中（第 12、14、18 章)、鞠岩 (第 7、8、21 章)、方观富 (第 2、6 章)、郝亮 (第 2、3、4、7、9、15、18、19 章)、郎有泽 (第 13、14、16、17、20 章)、田有功 (第 12、13、14、15 章)、戴大荣 (第 15~18 章)、黄超 (第 13、14、15、22 章)、焦振华 (第 22 章) 等。郝亮和郎有泽还分别参与了对第二版上下册索引的整理以及参考文献的检查和格式统一等工作。也要感谢在再版修订期间参与习题答案和教材文字进一步补充和修订工作的上海财经大学经济学院在读博士生，他们是邹心璐、黄臻、杨炬明、宗石彦、盛晓宙、王润昇、涂冰、庄砚、李云鹏、李宜珂、任永豪、陈亦政和宗佳妮。

本教材也被列入上海财经大学的精品课程 (理论经济学) 建设，教材建设是其中一个重要的环节。感谢上海财经大学为精品课程提供的物质支持，同时也感谢经济学院负责教学的副院长常进雄教授在协调教材初版编写过程中所花费的时间和精力以及上海财经大学高等研究院多方面的支持。中国国家自然科学基金委员会对我的许多研究给予了资助，上海市教委以及上海财经大学研究生院及经济学院为本书第一版的编著、编辑和出版提供了资助，在此也一并表示感谢。当然，也要感谢中国人民大学出版社的编辑对本书第一版和再版的出版发行所给予的帮助和耐心。

本书第一版于 2016 年出版，也是我给上海财经大学 2017 年建校 100 周年校庆的献礼，以此感谢上海财经大学及其历届领导，特别是前任校长谈敏教授和樊丽明教授对我的充分信任。自 2004 年至 2019 年，在担任上海财经大学经济学院院长期间，我深度参与了中国经济学教育教学改革与发展在上海财经大学的实践，包括大规模、成建制引进海外高层次人才和进行具有国际先进水平的课程体系改革，并且直至 2019 年每年从未间断地给上海财经大学博士生讲授高级微观经济学二这门课程。若没有这个契机，也不可能有这本教材。

总之，本书从某种意义上讲是凝聚了很多人智慧的一个结晶。当然，本书的不足和错误之处在所难免，皆由我本人负责。由于水平有限，我对许多章节所讨论的理论及其背后的许多经济思想尚没有完全吃透，更谈不上做出了什么学术贡献，因此所编写的内容仍显粗糙，不足之处肯定不少。但无论如何，我之所以愿意花费这么多时间和精力去做这样吃力却不见得讨好的事情，就是希望为中国经济学教育改革、为中国培养更多的高质量经济学人才尽点力。好的方面是，即便再版也不意味着终结。未来，我还会对本书进行持续的动态更新和修订。

田国强

于居所行空书斋

2016 年 1 月 18 日第一版完稿

2023 年 11 月 28 日第二版完稿

目　　录

第零部分　预备知识与方法

第二部分 博弈论与市场理论

第三部分 一般均衡与社会福利

第零部分

预备知识与方法

为了使读者更有效地掌握本书的内容，学好现代经济学，领会其深邃的经济学思想，以及理解严谨分析经济问题的理论模型及其证明，本部分将介绍经济学和数学的预备知识与方法。

第 1 章简要介绍现代经济学科的本质、范畴、思想和方法，以及经济学思想与中国博大精深的国学智慧的相通性。我们将给出现代经济学，特别是本书所涉及的经济学的思想和方法。20 世纪 80 年代的经济学界，基本上有思想欠学术，主要集中在定性分析和经济学概念上，缺乏科学严谨和定量分析，而当前更注重学术，主要是技术方法和严谨性，而一定程度上忽视了经济学背后所蕴含的深刻经济学思想。本书结合两者，希望做到有学术的思想及有思想的学术。学好和透彻领悟经济学，不仅要优经济学的术，更要明其道，掌握其本质及深邃思想，成为智者。

第 2 章介绍现代经济学，特别是高级微观经济学所需的基本数学知识和结果，这些基础知识和结果可被用来严谨地分析各类经济问题，界定和推导微观经济学中的许多理论结果及其成立的边界条件，从而为微观经济理论的模型化、公理化及科学化提供必要的数学知识和工具。

第 1 章　现代经济学的本质

本章概要地介绍现代经济学的本质及其方法论，特别是本书所涉及的范畴、预备知识、思想和方法。我们将介绍现代经济学的基本概念和所研究的市场制度、其与中国古代经济思想的相通性，以及现代经济学的核心假设、若干要点、基本分析框架、研究方法与技巧以及注意要点。这些研究方法与技巧以及注意要点包括：确定**基准点** (benchmark)，提供**参照系** (reference)，建立**研究平台** (studying platform)，发展**分析工具**，进行**实证分析**与**规范分析**，寻找解决中国现实问题的关键研究方法，学好经济理论的基本要求，了解经济理论的作用及其注意事项，明白数学与统计在经济学中的地位和作用，以及深知经济和数学语言之间的转化，等等。

1.1　经济学与现代经济学

1.1.1　什么是经济学?

学好经济学，首先要知道其定义，理解其内涵、范畴及它所关注的问题。

经济学是一门研究在资源稀缺和/或个体信息不完全情形下如何决策的社会科学。具体说来，它是一门研究人类经济行为和经济现象及追求自身利益的经济主体 (如个人、家庭、企事业单位、团体、政府、国家) 如何对有限的资源进行权衡取舍的学科。

正是由于资源的稀缺性与经济主体欲望 (即需要，wants) 的无止境性这一对基本矛盾和冲突才产生了经济学。贯穿经济学的整个核心思想就是在资源有限 (信息有限、资金有限、时间有限、能力有限、自由有限等) 和经济主体欲望无限这一对基本约束条件下，人们被迫对资源的配置进行权衡取舍后做出最优选择；尽可能有效地利用资源，用有限的资源最大限度地满足人们的需求。

经济学在社会科学中占重要地位。作为一门社会科学，它通过内在逻辑分析方法及科学手段来研究社会经济选择问题，是建立在对选择问题系统探索的基础上的。这种系统探索既涉及理论的形式，也为经济数据的考察提供了分析工具。

1.1.2　经济学的四个基本问题

任何经济制度，无论是政府发挥决定性作用的指令性计划经济，市场发挥决定性作用

的自由经济，还是国有经济发挥主导作用的半市场、半统制的混合经济，在资源配置中，都离不开以下四个基本问题:

（1）生产什么及生产多少？

（2）产品如何生产？

（3）产品为谁生产、如何分配？

（4）谁来做出决策？

这四个基本问题是一切经济制度都需要回答的问题，但不同的经济体制却以不同的方式来解决这些问题。判断一个制度或体制是否能够较好地解决这些问题，最根本的是要看其能否较好地解决信息和激励问题，从而带来资源的有效或公平配置。

迄今为止，最具代表性的两种基本的经济制度安排如下：

（1）指令性计划经济制度安排：以上四个问题基本上都由政府来回答，政府决定大多数经济活动，垄断经济决策和行业；决定行业准入、产品目录、基本建设投资分配、人员工作分配、产品价格和员工工资等，风险也由政府承担。

（2）市场经济制度安排：经济活动大多通过自由交换体系组织起来，生产什么、如何生产和为谁生产的决策是由企业和消费者分散做出的，风险由相关经济主体自己承担。

在现实世界中，几乎所有经济制度都介于这两者之间，关键是以谁为主。由于经济主体的逐利性和信息的非对称性或不完全性，指令性计划经济制度安排的根本弊病就在于不能解决好信息和激励问题及其效率问题，而市场经济制度安排在大多数情形下都可以很好地解决这些问题。这就是采用指令性计划经济制度安排的国家大多以失败告终，以及中国必须搞市场化改革，要让市场在资源配置中发挥决定性作用的根本原因。

1.1.3 什么是现代经济学？

现代经济学主要是在 20 世纪 40 年代后蓬勃发展起来的，以经济主体通常逐利为基本出发点，通过引入和采用严谨推理和论证的科学分析方法并运用数学工具——对现实进行历史和实证的归纳和观察，通过严谨的内在逻辑分析上升到理论，然后再回到现实通过历史和实证进行印证和检验——来科学、系统地探究人类经济行为和社会经济现象，从而是一门科学，彰显了科学的分析框架和研究方法。这种科学、系统探究，既涉及理论的形式，也为经济数据的考察提供了分析工具。

这样，科学的经济分析，特别是旨在研究和解决关系全局的重大现实问题的经济分析，离不开“**三维六性** ”。其中，“三维”是“**理论逻辑、实践真知、历史视野**”，而“六性”是“**科学性、严谨性、现实性、针对性、前瞻性及思想性**”。这是由于，研究和解决重大经济社会问题不能轻易拿现实社会做实验，因而不仅需要理论上的内在逻辑推理，也需要实践及运用统计、计量经济学、大数据等工具进行实证量化分析的检验，同时还需要历史经验的印证。仅仅只有理论和实践往往不够，说不定会造成短视，因为短期最优不见得是长期最优，从而历史大视野、大视角的纵横向比较分析显得尤其必要和重要。并且，许多基本规律、准则、人的行为模式以及价值观往往是外生的，经由历史沉淀和不断重复的经验教训形成，很难从逻辑分析或现实中得出。当然，由于时代发生变迁，仅仅依靠历史经验，也可能背上历史包袱，甚至被陈腐观念约束，导致墨守成规、故步自封，奉之圭臬，无法解放思想，难以创新，从而阻碍经济和社会的发展。为此，我们**既需要给定前提假设下演绎结果或推断的理论逻辑分析，也需要通过历史经验和实践真知来印证和验证逻辑或量化分析所得到或推出的结果或推断的前提假设的合理性或证伪**。从而，"三维六性"缺一不可，只有通过"理论逻辑、实践真知、历史视野"的推理、检验和印证的综合应用，才有可能保证其结论或改革举措和谋划满足这"六性"，从而兼具决策的科学性和谋划的艺术性。的确，在最终的分析中，所有知识皆为历史，所有科学皆为逻辑，所有判断皆为统计。这其实和**《易经》**中的**"三易"**原则 (**变易**、**简易**、**不易**) 的大智慧一脉相承。**"变易"**指的是宇宙中的万物万事没有一样是永恒不变的，从而需要相机应变，勇于创新，也就是"病万变，药亦万变"，不能墨守成规。如何做呢？答案是**"简易"**。由于许多事物是现有的智慧知识没办法认识的，因而研究、解决处理时应将复杂问题简单化，抓住事物本质、核心要点，了解了原理、原则以后，就相对简单、容易解决了，如进行逻辑推断和实证分析，理论结合实际。**"不易"**指的是本体、大道不变，原则不改，通过历史的沉淀总结出来的事物发展规律应该遵守，不易改变。这也就是为什么约瑟夫・熊彼特 (Joseph Schumpeter，1883—1950，其人物小传见 2.12.2 节）认为，一个经济"科学"家与一般的经济学家的差别在于进行经济分析时是否采用了三要素：第一，理论，要有内在逻辑分析；第二，统计，要有基于数据的实证分析；第三，历史，要有历史视野的分析。①

正确理解、学好、掌握及真正领悟现代经济学，特别是本书的基本内容，对现代经济学的理论创新和实际应用都十分重要，不仅有助于研究和分析经济问题，解释经济现象和人的经济行为，确立目标，指明改进方向，更重要的是有助于以历史视角的比较分析和有统计数据支持的实证分析作为辅助，根据成因进行严谨的演绎推理和内在逻辑的理论分析，从而得出内在逻辑自洽的结论和做出更为准确的预测。

1.1.4　现代经济学与自然科学

社会科学，特别是现代经济学与自然科学有三大差异：

（1）自然科学不考虑思想、意图、意志等主观现象，基本是测量和计算，而经济学不仅考虑客观现象，也考虑主观因素，特别是人的主观行为。米塞斯举过一个著名的例子，精辟地阐明了自然科学与社会科学之间的差异：把石头扔进水里会沉下去；把木棍扔进水里会浮起来；但把一个人扔进水里，他必须**自己**决定是沉下去还是通过游泳浮起来。经济学就是研究人的行为选择的学科，并给出行为假设 (behavior assumptions)，特别是在做理论分析时行为设定是前提，是外生给定的。当然，这种区分并非绝对，比如生物学和医学有时候也涉及人的行为。不过，这些学科基本上不是从思想和意志方面来考虑问题，而经济

① 熊彼特在其 1949 年出任美国经济学会会长时所作题为《科学与意识形态》的就职演说中曾指出，"科学是指经过专门技术加工的知识。经济分析，亦即科学的经济学，包括了历史、统计和经济理论等技术"。参见 Schumpeter，Joseph A. (1984). "Science and Ideology"，in Daniel M. Hausman，eds., *The Philosophy of Economics*, Cambridge: Cambridge University Press, 260-275。

学分析人的行为时则侧重行为选择的主观动机。人心隔肚皮，其主观行为具有不确定性和模糊性，信息极度不对称，容易伪装，从而难以观测，处理起来就会变得相对困难和复杂。

（2）在讨论和研究经济问题时，不仅要做描述性的实证分析，也要做价值判断的规范分析。由于人们价值观不同和涉及利益，这些讨论和研究往往容易引起很大争议，而自然科学一般只做描述性的实证分析，结论可以通过实践来检验。

（3）自然科学在很大程度上依赖于从实验过程中获得的实验数据，而社会科学主要使用从真实生活经验（如访谈和调查）中获得的经验数据。经济学研究不能简单地对社会进行实验或进行测试以得出结论，因为一个经济结论或理论一旦作为政策实施，影响面就会很大，具有极大外部性。

这三大差异使得经济学研究更为复杂和困难，从而研究和解决现实经济问题，必须从实际出发，理论结合实际，应经受得住历史、实践和理论的印证、检验及逻辑推理，树立全局观念和系统思维，坚持以一般均衡分析为核心的综合治理理念，而不是简单的控制实验（尽管这是科学研究的第一步）的局部或孤立看单一因素的分析，需要采用以上所述的“三维六性”的多维度、多重特性的研究方法。

1.1.5 现代经济学与其他社会科学

经济学是社会科学中极为重要的组成部分。社会科学是研究与人类利益或人类社会现象有关的问题的学问，从而其各分支间的界定较为模糊，科学划界标准不一。传统的社会科学学科分类的基础是其研究领域。粗略地看，历史学关注过去的人和事，人类学关注不同种族或区域的人，法学关注规制、制度和法律，政治学关注世界与国家，社会学关注社会群体 (集体) 活动及其现象，而经济学则关注个体经济活动，特别是市场。

经济学与其他分支的区别还在于它的方法论。首先，经济学强调以微观 (个体) 分析作为出发点的基石性。其次，现代经济学还注重采用更宽广的科学研究方法，包括前面论及的“三维六性”，而其他社会科学只是侧重于“三维六性”的某些部分。同时，现代经济学也为一些其他社会科学 (如金融学、管理学、社会学、政治科学）提供理论基础。经济学既强调历史视野和经世济民的情怀，也重视理解人类行为和经济现象背后的逻辑，具有自然科学理性缜密的思维，从而是最接近自然科学的社会科学。此外，与其他具有很强意识形态和价值判断的社会科学相比，现代经济学更具有中立性和普适性。

正是独特的方法论个体主义以及研究领域和方法的多样性，使得现代经济学在社会科学中占据首位。经济学之所以被称为社会科学的“皇冠”或所谓“经济学帝国主义”，正是由于这些方法论逐渐被引入其他社会科学。尤其是现代经济学的基本思想、分析框架及研究方法威力巨大，可以被用来研究不同国家和地区、不同风俗和文化的人类行为下的经济问题和现象，并被应用到几乎所有其他社会科学门类及日常生活当中，甚至也有助于当好领导、搞好管理、做好工作；特别地，诺贝尔经济学奖得主加里 • S. 贝克尔 (Gary S. Becker，1930—2014，其人物小传见 13.7.2 节) 的一系列开创性工作使得经济学被称为无所不能的学科。

1.2 现代经济学的两类理论及其范畴

现代经济理论是一组旨在解释经济如何运行以及如何改进经济的原则和观念，同时采用公理化的研究经济问题的方法，与数学类似，表现为从给定前提假设下演绎结果的逻辑推理。它由假设或条件、分析框架和模型以及若干结论 (解释和/或推测) 组成，这些结论从假设和分析框架及模型中严格导出，因而是一种具有内在逻辑的分析方法。这种逻辑分析方法对清晰地阐述问题非常有帮助，可避免许多不必要的复杂性，减少争议，是分析和解决问题不可或缺的步骤，也是本书的基本构成。现代经济学就是基于经济理论对观察到的经济现象做出解释、进行评估并给出推测。通过将经济理论应用于现实问题，经济学家可以制定促进经济增长、效率和公平的政策和解决方案。

1.2.1 基准理论与相对实用理论

如前言所述，现代经济学理论按照功能可以分为两类：一类是旨在提供基准点或参照系[①]的、相对理想情形下的**基准经济理论**，本书的上册主要讨论这样的基准理论；而另外一类则是以基准理论作为出发点，旨在解决现实问题的**相对实用经济理论**，其前提假设更接近现实，是对基准理论的修正，本书的下册讨论这样的相对实用和现实的理论。这两类理论都不可或缺，都可被用来得出内在逻辑自洽的结论和进行预测；并且它们之间是一种递进的、相辅相成的发展和延拓关系，相对实用的第二类理论就是将第一类基准理论作为参照系进行修正而发展出来的，从而使得现代经济理论体系更加完善和贴近现实。

基准理论主要是以成熟市场经济国家的经济环境作为背景，提供的是在相对理想状态下的基准理论，从而其重要性不在于它们多么准确地描述 (解释) 了经济现实。不要小看甚至误解或否认这些基准理论的重要性，至少有两方面原因：

一是尽管这些理论结果在现实中无法实现，但不能否定其导向、取向及给出基准结果的重要作用。我们研究和解决问题，首先要解决做什么、应不应该做的问题，然后才去解决如何做、怎样做的问题。基准理论就是解决做什么，或提供改进的方向和目标，促进现实向理想状态不断逼近。在现实中做任何事情，尽管没有最好、只有更好，但通过基准点或参照系，我们却可以不断逼近最好；这就是所谓的向最好的学和跟最好的比，才有可能做得更好。因此，基准理论为判断是否更好、方向是否正确提供了不可或缺的必要标准，否则弄不好会南辕北辙。

二是它也为发展出更为接近现实的相对实用理论奠定了必要基础，否则后者无从发展出来。这是由于，任何一个理论、结论、论断都是相对于基准而言的，否则无从进行分析和评价。自然科学中的物理学科如此，社会科学中的经济学科也是如此，因而需要提供基准理论。比如，有摩擦的世界是相对于无摩擦的世界而言的，信息不对称是相对于信息对称而言的，垄断是相对于竞争而言的，技术进步、制度变迁是相对于技术、制度固化而言的，因而我们必须首先发展出理想情形下的基准理论。就像物理学里的一些基本定律、原

① 我们在下面关于现代经济学研究方法的一节中还会回过头来更详细地讨论基准点和参照系的作用。

理是在无摩擦的理想状态下成立的，现实中没有，但是这些定律、原理的重要作用谁能否认？它们为解决现实的物理学问题提供了不可或缺的基准定律。同理，为了更好地研究更为现实、有摩擦的经济行为和经济现象，我们也先要研究清楚无摩擦的理想情况，以此作为基准点和参照系。现代经济学发展迅速，没有这些理想状态下的经济理论作为基准点和参照系的经济学研究是不可想象的。

作为现代经济学的一个重要组成部分，新古典经济学理论假定经济信息完全、交易成本为零、消费偏好和生产集都是凸的 (后面章节会正式定义) 等正则性条件，就是这样的基准经济理论，提供了基准点和建立了参照系。新古典经济学以理想状态的经济环境作为基准点，尽管没有人为设置的目标，但它论证了只要经济主体逐利，自由竞争市场就会自然地导致资源的有效配置 [也即亚当 • 斯密 (Adam Smith，1723—1790，其人物小传见 1.17.1 节)关于“看不见的手”的严谨表述]。从而以自由竞争市场为参照系，我们得以确立改革方向和改革目标，以此改善经济政治社会环境，建立竞争市场制度，让市场在资源配置中发挥决定性作用。当然，市场有各种类型的市场，有完全竞争市场和其他不同竞争程度的市场。市场这只“看不见的手”在许多情形下会失灵，包括外部性、信息不对称和政府的过度干预，不太失灵的情形主要是接近新古典经济的环境类。一旦市场失灵，政府这只“看得见的手”要通过机制或制度设计来解决市场失灵问题，从而政府需要发挥好的、恰当的而不是多的作用。

有人由于认为理想参照系离现实经济太远而否定新古典经济学，从而否定现代经济学及其对中国经济改革的指导作用，这是一个经常听到的误区。其误区在于没有弄清楚，正是由于现实距基准点和参照系太远，中国才需要进行市场化改革，不断提高资源配置效率。这种否定基准理论作用的看法就像中学生刚接触到牛顿三大定律，就说现实世界完全不是这样的，从而否定物理学。其实是这些人没有领悟到基准理论的基本作用。试想如果没有物理学中的那些基准理论，如自由落体运动、匀速运动，怎么知道现实中摩擦力的大小？从而，怎么可能把房屋建得稳、建得正？怎么能知道要克服多大的现实摩擦力，才能解决飞机、卫星腾空和回落的问题呢？没有这些基准理论不可能发展出解决现实问题的物理学。经济学所遵循的是和物理学完全一样的研究方法。所以，做任何事都要有方向感、格局、目标，要掌握根本性的原则、原理，对中国改革尤其如此。

中国要改革、转型，就一定要有目标，有目标就一定要有改革取向的基准点和参照系。的确如此，对于一个国家的社会经济发展，理论探讨、理性思考和理论创新的重要性自不待言，但是改革的走向及其所要实现的目标首先要明确，由此决定国家法律、大政方针的基本制度才是根本、关键和决定性的。如果关系到国家的走向和长治久安的法律、法治、政治、经济、社会、文化等方面的基本制度没有确定，再好的经济理论也发挥不了多大的作用，说不定还适得其反。从而，不应在改革的走向和目标都不明确的情况下将经济理论的作用想象得无限大，期望经济理论能解决关键性和根本性的问题。经济学没有放之四海皆准、适合所有发展阶段的最好的经济理论，只有最适合某种制度环境前提的经济理论。

既然中国要进行市场化的改革，将新古典，特别是一般均衡理论等基准经济理论所论证市场的最优经济环境作为基准点，将竞争市场作为参照系，进行这样取向的改革就显得非常自然和必要了，从而就会不断地做到更好，再不断改进其结果。根据这些基准点界定的经济环境，我们需要进行松绑放权的竞争中性、所有制中性及产权明晰的市场化改革，反对政府一味垄断资源和控制行业准入。同时，我们知道自发市场在许多情形下会失灵，一般均衡理论正好严格界定和指明了市场机制的适用范围，给出了在什么情形下自发市场可能会失灵，知道在哪些方面由政府制定恰当规则、制度或提供公共服务能发挥更好的作用，从而界定好**无论是自发市场还是规制后的市场**的有效边界，避免政府缺位、错位或过位导致的自发市场和规制后市场的两种市场失灵。所以，研究经济问题，推进改革，特别是经济改革取向的问题，都要从经济学的基准点说起，违反这些经济学常识，改革只会以失败告终。这些基准点和参照系严格地给出了市场导致有效配置，从而成其为好的市场经济的前提条件，而这些前提条件正好指明了改革方向和政府规制的程度。本书第三部分着重介绍的阿罗 (Kenneth Joseph Arrow，1921—2017，其人物小传见 10.8.2 节)–德布鲁 (Gerard Debreu，1921—2004，其人物小传见 11.9.2 节) 一般均衡理论和宏观经济学中的理性预期宏观经济理论（我们称之为新古典宏观经济学) 就是新古典经济学中的标准理论，它们都严格论证了自由竞争市场将带来资源的有效配置。

当然，基准点和参照系是多样的，价值观不同、目标不同，基准点和参照系会有很大不同，且结果可能会非常不一样。比如，经常听到学生将及格作为基准点，喊出了“六十分万岁”的口号，但其结果往往是不及格，因为老师出的试题对学生来说是随机变量。古语“取其上得其中，取其中得其下，取其下必败”说明了基准选择的重要性。此外，**由于许多基准理论提供的是在理想状态下的基础理论，尽管有指引改进或改革取向的明道作用，但和现实相差较远，不能简单地照搬或一步到位地用来解决具体现实问题**。也就是说，达到目标是一个渐进的过程，一个真正训练有素的经济学家从来不会简单地将基准经济理论简单套用到中国制度转型的情境中去。尽管现实中不乏这样的经济学家，他们不会分析过渡动态，只看发达国家不看发展中国家，忽视了特定发展阶段的客观规律，但如果一味回避目标体制，特别是达成目标体制的路线图与时间表，用发展代替或取消改革，就会破坏知识界推动市场化改革的理论合力，有将过渡状态永久化的可能。

需要指出的是，既然称之为基准经济环境，就是某种相对理想状态，同时是作为固定因素给定的，否则什么变量都变动，无法实质性地讨论任何问题。在新古典理论中以及其他许多经济理论中，经济环境包括基础制度、生产技术都是外生给定的。当然，现代经济学也有许多理论专门研究制度演化、技术进步，从而也就不是外生给定的。但不管怎样，即使为了研究制度变迁、技术进步，我们也需要先研究清楚制度固定、技术不进步这些固化情况。既然在理想状态下的市场制度是人类追求的目标，不妨先将其作为外生制度安排给定，先研究清楚它具有什么好或坏的性质。但由此认为现代经济学只是研究制度给定的情形，那就对现代经济学理论的范畴理解过于狭隘，许多关于现代经济学的争论由此而起，以为提供的只是基准经济理论，从而将主要提供基准经济理论的新古典经济学等价于现代经济学，认为新古典经济学考虑的理想状态与现实世界不符合，就将现代经济学看作是固化的从而否定现代经济学，这是错误的看法。

相对实用理论则是旨在解决现实问题的经济理论，其前提假设更为接近现实，是对基准理论的修正。从具体功能看它又可以划分为两种：一是提供解决现实问题的分析框架、方法和工具，如本书要介绍的博弈论、机制设计理论、委托–代理理论、拍卖理论、匹配理论等；二是针对现实问题给出具体政策建议，如宏观经济学中的凯恩斯理论、理性预期理论等。

1.2.2 现代经济学的范畴

从以上现代经济学两类理论的界定可以看出，**现代经济学是一个具有极大包容性和开放性的处于动态发展中的学科，已远远超越新古典经济学的范畴。** 它通过对各种基准理论前提假设的放松以及对描述性理论的规范化、公理化的严格表述，不断发展出新的更加贴近现实的相对实用经济理论，从而使得现代经济理论作为一个整体的洞察力、解释力、预测力变得越来越强大；中国的经济发展实践更是为经济理论的创新发展提供了丰厚的现实土壤。

那么，现代经济学的大致范畴是什么呢？**只要采用严谨内在逻辑分析 (不见得是数学模型)，并且采用理性假设（包括有限理性假设）来研究经济问题和现象，就属于现代经济学的范畴**。

现代经济学起源于由托马斯 · 罗伯特 · 马尔萨斯 (Thomas Robert Malthus， 1766—1834，其人物小传见 4.7.1 节) 和大卫 · 李嘉图 (David Ricardo，1772—1823，其人物小传见 1.17.2 节) 将斯密的理论整合而成的古典经济学，不仅包括如阿尔弗雷德 · 马歇尔 (Alfred Marshall，1842—1924，其人物小传见 3.11.1 节) 关于局部 (单一市场) 分析的新古典边际分析经济学和阿罗–德布鲁关于全局（多个市场）分析的一般均衡理论这样的基准理论，也包括许多更为现实的经济理论。比如，道格拉斯 · 诺思（Douglass C. North，1920—2015，其人物小传见 15.7.2 节）的新制度经济学和利奥尼德 · 赫维茨 (Leonid Hurwicz，1917—2008，其人物小传见 18.12.1 节) 所开创的机制设计理论都对新古典理论进行了革命性的发展。新古典理论将制度作为给定，而诺思的制度变迁学说和赫维茨的机制设计理论以及随后由机制设计理论拓展出来的关于拍卖和匹配的市场设计理论，却将制度内生化，视为可变化、可塑造、可设计的，顺应人性做出符合客观环境的各种制度安排，从而使它们都成为现代经济学中极其重要的组成部分。又比如，现代政治经济学的发展和创新其实在很大程度上也是借鉴了相对实用经济理论的分析方法和工具，但是同样也存在着需要避免泛用的警示。

需要提醒读者注意的是，由于相对实用经济理论旨在为解决现实经济问题提供分析框架、方法和工具，以及给出具体政策建议，且大多是基于成熟的现代市场制度而提出来的，应用起来同样需要特别小心，简单套用大有问题。事实上，现代经济学中每个严谨的经济理论，无论是原创性理论，还是旨在提供分析工具的理论，无论是提供基准点或参照系的基准理论，还是想解决现实经济问题的相对实用理论，都有其自洽的内在逻辑体系，从而都必须给出或了解适用的边界条件和范畴。为此，通常需要借助大量数学分析方法，由此招致的一个常见批评就是现代经济学太注重细节，越来越数学化、统计化、模型化，使问题更加晦涩难懂，由此导致现代经济学的严谨性和数学性受到批评。

1.2.3 现代经济学的科学严谨性

现代经济学之所以要用到这么多数学和统计，是因为研究经济社会问题，给出经济政策不能轻易拿现实社会做实验，否则代价太大，一旦采用就具有很大的外部性，不认识和理解边界条件而盲目应用，会带来很大的负外部性，比如弄不好会导致前面提及的两类市场失灵。尽管决策者和一般民众不需要了解理论严谨分析的细节或前提条件，但提出政策建议的经济学家需要了解。如果不考虑前提条件就盲目建议、盲目应用，会带来很大问题甚至灾难性的后果，因而为了严谨性需要借用数学等工具来严格地界定其边界条件和适用范围，同时也为制度创新提供依据。同时，一个理论的应用或政策的制定也往往需要运用统计和计量经济学等工具进行实证量化分析或检验。再加上在大多数情况下不能轻易拿社会做实验，因而需要有历史的大视野、大视角来进行纵横向比较和印证。此外，从讨论问题的角度来看，也可以避免大量不必要的争论，早期国外和当前国内许多学术论战就是由于辩论双方对关键性的经济术语缺乏精确的内涵和外延界定，定义不明或不一致，再加上缺乏科学、规范的定量分析工具来给出形式化的具有严格数理逻辑支撑的明确结论，从而无法形成针锋相对的辩论，其结果就如同鸡和鸭讲，谁也说服不了谁。赫维茨就认为，许多传统经济理论的一个最大问题就在于表述概念时的随意性，而公理化方法的最大意义正是在于表达理论时的确定性和清晰化，使得讨论和批评有一个可通约的研究范式及分析框架。理查德·费曼深刻地指出：明确的理论总是可以被证伪的，而模糊的理论由于缺乏清晰性，无法被明确地证伪。现实中不少人就是采用这种模糊的说话方式，让人无法辨别真伪。

现代经济学作为市场经济制度的基本理论基础，当然具有一定的意识形态性，但它更加注重的是科学问题的研究，通过引入自然科学的研究方法和分析框架来研究社会经济、行为和现象，强调从假设到推理再到结论的内在逻辑，从而采用数学和数理模型作为基本逻辑分析工具，强调以数理统计和计量经济学为基础的实证研究及其实验室研究、田野研究、计算机仿真研究，具有很强的实用性、实证性和自然科学属性，这与具有很强意识形态和价值观念的其他人文社会科学非常不同。这也许是经济学能够在改革开放中发挥重要作用，且其作用得到各界公认的主要原因之一。但由于许多人对现代经济学存在误解和偏见，想当然地认为现代经济学只是为资本主义服务的，具有很大的意识形态性，因而形成了一个极大的误区。正如邓小平提出的“计划和市场都是经济手段”“社会主义也有市场”[①]等论断那样，现代经济学主要是为研究现代市场经济制度提供理论支撑和方法，是研究市场制度的工具，从而不是区分社会性质的关键。

1.2.4 现代经济理论的三个作用

在现代科学领域中，术语“理论”指的是一种经过充分验证的自然解释类型，它与科学方法一致并符合科学研究的标准。经济理论也具有相同的性质，在经济领域中发挥着三

① 邓小平. 邓小平文选：第 3 卷. 北京：人民出版社，1993：373。

个重要作用。

第一个作用是，提供各种基准点和参照系，以此给出要追赶或打造的目标，从而起到明道的作用。通过理论指导改革、变革及创新来促使现实经济运行不断向理想状态逼近。

第二个作用是，用来认识、描述和理解现实经济世界，解释现实中的经济现象和经济行为，以此研究和解决具体现实问题，这是现代经济学的主要内容。

第三个作用是，做出内在逻辑自洽的推断和预测。实践是检验真理的唯一标准，但不是预测真理的唯一标准，许多时候如果仅用历史检验和已有的数据进行经济预测也可能会出问题，缺乏创新性，因而需要进行具有内在逻辑的理论分析。通过经济理论的内在逻辑分析，对给定经济环境、经济人行为方式及经济制度安排下所可能产生的结果得出内在逻辑自洽的推断和 (短中长期) 预测，以此指导解决现实经济问题。当然，是否符合现实世界，还需要通过历史经验及实践真知来印证和验证逻辑及量化分析所得到或推出的结果与推断的前提假设的合理性或证伪。只要理论模型中的前提假设条件能大致得到印证和检验，就能得出近似的科学结论并据此做出基本正确的预测和推断，就能知道最终结果。例如，弗里德里希·奥古斯特·哈耶克 (Friedrich August Hayek，1899—1992，其人物小传见 2.12.1 节) 早在 20 世纪 20 年代给出的关于指令性计划经济不可行的理论推断，就有这样的洞察力。一个好的理论即使不用社会实验也能推断出最终结果，这在很大程度上解决了经济学一般不能拿社会做实验的问题。例如，社会不能为了研究通货膨胀和失业率的关系而乱发货币。像天文学家和生物学家一样，经济学家大多时候只能利用现有的数据和现象来进行理论创新和检验理论。人们需要做的是检验经济环境和行为方式等方面的假设是否合理（近些年来较为热门的实验经济人的行为方式假设等理论基础性方面的研究)。

然而，值得注意的是，经济理论不应被过分强调或视为解决根本问题的灵丹妙药。一个国家的基本构成和制度安排才是决定其发展路径的根本因素，简单应用成熟经济制度环境下的经济理论，可能会导致严重后果。

1.2.5 现代微观经济学

微观经济学是研究个体 (特别是消费者和企业) 的经济行为以及市场如何运作的学问。其核心任务不仅在于要解释经济主体在各种市场结构下是如何决策、如何行为的，而且在于要解释市场是如何运作的，是关于市场的理论。

现代微观经济理论的一个显著特征是，对逐利个体的经济活动 (特别是在市场经济中) 建立理论假说或模型化，并在此基础上进行严谨的分析，并考察市场是如何运作的。整个微观经济学有一条主线贯穿其中 ——价格或定价：价格是如何变化和调整的，哪些因素影响定价，企业是否有定价能力，如何才能具有定价优势，以及如何最优定价。为此，人们需要研究市场的需求、供给、特征、功能，以及如何在各类市场和各种经济环境下定价，使其利润或效用最大化。因而，微观经济学狭义上也称价格理论。

微观经济学是经济学的核心，是所有现代经济学其他学科的理论基础，它能使人们使用简化的假设深入分析复杂的问题，从而从纷繁中理出头绪，让复杂的问题变得相对简单，能够帮助人们从不相关的事物中抽取出最有用的信息，运用经济学方法思考各类问题，继而得出符合现实的解释和预测。无论是宏观经济学、金融学还是应用计量学等分支，都是以微观经济理论作为支撑的。

1.3　现代经济学与市场制度

现代经济学的最主要目的就是研究市场的客观规律及经济主体 (如消费者、厂商) 在市场中的行为。具体地讲，就是采用科学的方法研究如下问题：追求自身利益的经济主体在市场中如何协调经济活动，做出有利于己的选择；市场通过什么途径配置社会资源；以及如何取得经济稳定、可持续增长等。中国 40 多年来的经济改革主要就是进行市场化改革，当前又提出要使市场在资源配置中起决定性作用和更好发挥政府作用。从而，无论是为了学好本书内容，还是为了研究和解决中国经济改革发展中的现实问题，都需要对现代市场机制的功能及优越性有一个大致了解。

1.3.1　市场与市场制度

这里简要介绍市场是如何运转的，市场的基本功能是什么，市场是如何协调芸芸众生的经济活动而不需要政府过多参与或干预的。

市场：它不仅指买者和卖者进行交换活动的聚集地，如集市、交易所等，也指任何交易活动形式，如拍卖、讨价还价等机制。

市场中的任何交易都有买卖双方。对任何货物的买者而言，都有相应的卖者。市场过程的最终结果取决于市场中卖者和买者相对竞争力的较量。具体表现为三种竞争形式：消费者–生产者竞争、消费者–消费者竞争、生产者–生产者竞争。在本书的讨论中，读者将发现，在市场中消费者和生产者讨价还价的地位在经济交易中受到这三种竞争来源的限制。任何形式的竞争都像一个惩戒机制在引导市场过程，对不同市场的影响也不相同。

市场机制/市场制度：市场机制或价格机制是以价格为引导，经济主体做出分散决策的一种经济制度，它可以被看成是市场制度的一个狭隘定义。事实上，现实中的市场制度或市场体系是所有与市场紧密相关的体制、机制 (包括市场法规体系) 的集合。市场制度是一种分散决策、自愿合作、自愿交换产品和服务的经济组织形式，是人类历史上最伟大的发明之一，是迄今为止人类解决自身经济问题最成功的手段。于是，在市场机制下的经济主体也被称为**市场主体**。市场制度的建立并没有经过人类自觉的、有目的的设计，而是一个自然演化的发展过程。在哈耶克看来，市场秩序是一种自生自发的经济扩展秩序，是经过长期的选择和试错进化而来的。现代经济学主要因为研究市场制度而产生、发展，从而不断扩展延拓。乍看起来，市场的运作是一个令人费解而惊叹的事实。在市场体系中，资源配置的决策是由追求各自利益的生产者和消费者在市场价格的引导下独立做出的，没人指挥和发号施令。市场体系在不知不觉中解决了任何经济体系都逃不掉的四大基本问题：如何生产、生产什么、为谁生产、谁做决策。

在市场体系下，由企业和个体做出自愿交换与合作的决策。消费者追求最大化需求满足，企业追逐利润。为使利润最大化，企业必须精打细算，最有效地利用资源。也就是说，对于效用相近、质量相当的资源，尽量捡便宜的用。企业的物尽其用和社会的物尽其用本不相干，但价格把二者联系起来了，其结果是协调了企业利益和全社会的利益，达到有效的资源配置。**价格的高低反映了社会资源的供求状况，反映了资源的稀缺程度**。比如，市场缺木料不缺钢材，木料就贵钢材就便宜。企业为了减少开支多赚钱，得尽量多用钢材少用木料。逐利的企业这样做时并没有考虑社会利益，但结果却符合社会利益，这中间发挥作用的正是价格机制。资源价格协调了企业利益和全社会的利益，解决了如何生产的问题。价格体系还引导企业做出符合社会利益的产出决策。生产什么，谁说了算？消费者说了算！企业只有一个考虑：什么价钱高就生产什么。在市场体系下，价格高低恰恰反映了社会需求，收成不好，粮价上涨，就会激励农民多生产粮食。追逐利润的生产者就这样被引上了“救死扶伤”的正轨，生产什么的问题就解决了。最后，市场体系还解决了哪个消费者得到哪件产品的问题。消费者如果真需要这件衬衫，就会出比别人高的价。只想赚钱的生产者就会只把衬衫卖给出价高的消费者。这样，为谁生产的问题也解决了。所有这些决策都是由生产者和消费者分散做出的。这样，谁做决策的问题也解决了。

市场机制就这样轻松潇洒地把看似水火不容的个人利益和社会利益协调起来了。早在二百多年前，现代经济学之父亚当·斯密在其鸿篇巨制《国民财富的性质和原因的研究》（*An Inquiry into the Nature and Causes of the Wealth of Nations*，简称《国富论》）中就论述了市场机制的和谐与美妙。他把竞争的市场机制比作一只“看不见的手”，在这只手的暗暗指引下，追逐私利的芸芸众生不由自主地走向一个（不是人为设定的）共同目标，实现了社会福利的最大化：

> 由于每个个人都努力把他的资本尽可能用来支持国内产业，都努力管理国内产业，使其生产物的价值能达到最高程度，他就必然竭力使社会的年收入尽量增大起来。确实，他通常既不打算促进公共的利益，也不知道他自己是在什么程度上促进那种利益。他受着一只看不见的手的指导，去尽力达到一个并非他本意想要达到的目的。也并不因为事非出于本意，就对社会有害。他追求自己的利益，往往使他能比在真正出于本意的情况下更有效地促进社会的利益。①

斯密仔细研究了市场体系是如何把个体逐利和社会利益、分工协作结合起来的。斯密思想的核心是，如果分工和交换是完全自愿的，只有认识到交换的结果会对交换双方都有利，交换才有可能发生；否则，就没有人来交换。只要有好处，市场主体就会在利己心的驱动下自觉地合作。外力的压迫并不是合作的必要条件。即使语言不通，只要互利，交换照样会进行。一般情形下，市场机制工作得如此之好，使人们都感觉不到它的存在。斯密以“看不见的手”为喻，指出了自愿合作和自愿交换在市场经济活动中的重要性。然而，市场体系为大众造福的思想，无论在斯密的时代还是今天，都并未被人们充分认识到。阿

① 亚当·斯密．国民财富的性质和原因的研究：下卷．郭大力，王亚南，译．北京：商务印书馆，1974：27．

罗–德布鲁的一般均衡理论则对斯密“看不见的手”做了正式表述，严格论证了自由竞争的市场可以导致社会福利的最大化，证明了市场在资源配置方面的最优性。

1.3.2 价格的三大功能

如上所述，市场体系的正常运转是通过价格机制实现的。价格在组织涉及亿万人的瞬息万变的经济活动时，正如诺贝尔经济学奖获得者米尔顿·弗里德曼 (Milton Friedman，1912—2006，其人物小传见 4.7.2 节) 所分析的那样，履行了三大功能：

（1）传递信息：以最有效的方式传递生产和消费的信息；

（2）提供激励：激励人们以最佳方式进行消费和生产；

（3）决定收入分配：资源禀赋、价格及经济活动成效决定收入分配。

其实，早在汉代的司马迁就开始注意并总结了在市场中商品价格起伏的规律，所谓一切商品皆是“贵上极则反贱，贱下极则反贵”(《史记·货殖列传》)，要想致富就要抓住这个规律“与时逐利”。

价格的功能之一：传递信息

价格指导着参与人的决策，传递供求变化的信息。需求增加，销售者就会发现其销量增加了，从而向批发商订购更多的商品，向厂商增加订货，价格就会上升，于是厂商就会投入更多生产要素来生产这种商品，使得有关方面都获得了商品需求增加的信息。

价格体系传递信息时很讲效率，它只向那些需要了解有关信息的人传递信息。价格体系不但能传递信息，而且能产生某种激励机制以保证信息传递的畅通，使信息不会滞留在不需要信息的人手中。传递信息的人有内在动力去寻找需要信息的人；需要信息的人有内在动力去获得信息。例如，成衣制造商总是希望能够用更低的价格取得更好的布料，它们就不停地寻找新的供应者。同时，生产棉布的企业也总是与顾客保持接触，以各种方式宣传产品的物美价廉以吸引更多顾客。那些与上述活动无关的人当然对棉布的价格和供求毫无兴趣。本书在第 18 章所介绍的机制设计理论将论证竞争的市场机制在信息利用方面是最有效率的，它所需要的信息量最少，交易成本最低。赫维茨等人在 20 世纪 70 年代就证明了在纯交换的新古典经济环境中，没有任何其他经济机制既能够实现资源的有效使用，又比竞争性市场机制使用更少的信息。

价格的功能之二：提供激励

价格还能提供激励，使市场主体对需求和供给的变动做出反应。当某种商品的供给减少时，一个经济社会应当提供某种激励，使生产这种商品的企业愿意增加生产。市场价格体系的优点之一就在于价格在传递信息的同时，也给人们以激励，使人们基于自己的利益自愿地对信息做出反应，激励消费者以最优的方式进行消费，使生产者以最有效的方式进行生产。价格的激励功能与价格决定收入分配的第三个功能密切相关。如果提高产量所增加的所得大于所增加的成本，生产者就会继续提高产量，直到两者相等，达到利润最大化。

价格的功能之三：决定收入分配

在市场经济中，个体收入取决于其所拥有的资源禀赋 (如资产、劳动力等) 及其经济活动的成效。在收入分配上，人们往往想把价格的决定收入分配功能与传递信息、提供激励的功能分割开来，在保留传递信息和提供激励功能的同时，使市场主体的收入更加平等。然而，这三个功能是紧密关联、相辅相成的，价格对收入的影响一旦消失，价格传递信息、提供激励的功能也就不复存在。如果一个人的收入并不取决于他为别人提供劳务或商品的价格，那么他何必费劲去取得关于价格和市场供求的信息，并对这些信息做出反应呢？如果干好干坏收入都一样，有谁愿意好好干？如果发明创造得不到好处，又何必费时费力去发明创造呢？如果价格不再影响收入分配，价格就失去了其他两个功能。

1.3.3 市场制度的优势

现代市场经济制度是在人类社会的长期演进中产生、逐渐成形并不断完善的复杂而精巧的制度。市场机制在资源配置中发挥决定性作用，是市场经济之所以能够实现资源最优配置的关键。这种最优是本书第 11 章要详细讨论的维尔弗雷多・帕累托 (Vilfredo Pareto，1848—1923，其人物小传见 11.9.1 节）有效意义下的最优，即在现有资源约束条件下，不存在任何人都不受损而同时让一部分人福利有所改进的资源配置方案。尽管帕累托最优标准没有考虑到配置平等的问题，但它却从社会效益的角度对一个经济制度给出了资源是否被浪费的基本判断标准，从可行性的角度评价了社会经济效果。它意味着如果一个社会资源配置不是有效的，就存在着改进效益的余地。

本书中的一般均衡理论部分将着重介绍的两个福利经济学基本定理对亚当・斯密论断给出了严谨的正式表述，它是亚当・斯密“看不见的手”的正式表述，论证了自由竞争的市场可以导致社会福利最大化，证明了市场在资源配置方面的最优性。福利经济学第一基本定理证明了：当人们追求自身利益时，如果每个经济人对商品需求的欲望均是任意无止境 (局部非饱和）的，则在一般的经济环境 (私人商品、完全信息、非外部效应、商品可分) 下，竞争的市场制度会导致资源的帕累托有效配置。福利经济学第二基本定理则证明，在新古典经济环境 [即利己、连续、凸的理性 (传递和完备) 偏好和闭凸生产集] 下，任何一个帕累托有效的资源配置都可以通过初始禀赋的再分配和竞争性市场均衡来实现，从而没有必要采用其他经济制度安排来取代市场。本书将在第 11 章对这两个定理的结论给出严谨的描述和数学证明。

第 12 章要讨论的经济核等价定理从另外的角度论证了市场制度有利于社会的稳定性及其在资源配置方面的最优性和唯一性，是人类经济活动中自然选择的客观内在逻辑结果。竞争的市场机制不仅导致了资源的有效配置，也能较好地解决如何实现社会安定有序的问题，并且是自由和充分竞争的产物。经济核的基本含义是，当一个社会的资源配置处于经济核状态时，就不存在任何“小集团”(blocking coalitions) 对该资源配置不满，从而想控制和利用自己的资源来提高它们自身的福利。这样就不存在任何势力或小集团对社会造成威胁，从而这个社会就比较安定。在经济主体逐利的最大客观现实下，经济核等价定理告诉我们，竞争市场机制所导致的均衡配置具有经济核性质；反之，在一些规范性条件下，如在偏好的单调性、连续性及凸性假设下，只要给予人们足够的经济自由 (即允许个人自愿合作、自愿交换) 和充分竞争，而不事先给定任何制度安排，所导致的经济核结果与竞争市场均衡的结果就是一样的，从而它们是等价的。这样，市场机制不是谁发明的，它是一种内在的经济规律和自发秩序，与自然规律一样具有客观性。这个结果的政策含义就是，在竞争市场机制能够实现资源最优配置的情况下，应该让市场来发挥决定性作用。只有在竞争市场无能为力的情况下，才设计其他一些机制来弥补市场机制的失灵。

更进一步，竞争的市场机制不仅有利于社会稳定性及在资源配置方面的有效性和唯一性，而且在传递信息时是最有效率的。有人以为只有奥地利学派发展了市场过程理论，而认为现代主流经济学缺失这一块，强调市场主体只能接受既有的市场条件，而不能影响市场条件，这是对现代经济学进展缺乏全面了解所致的误会。赫维茨所开创的机制设计理论包括两大子分支，其中之一即实现 (realization) 理论就是关于信息传递有效性的分散信息 (包括分散知识的学习、发现和传递) 机制设计理论。赫维茨等人在 20 世纪 70 年代对市场传递信息 (包括知识) 的调整过程进行了刻画，并证明了：对纯交换的新古典经济环境类，没有什么其他经济机制既能导致资源有效配置又能比竞争市场机制用到更少的信息。詹姆斯 • 乔丹 (James S. Jordan) 在 1982 年进一步证明了对纯交换经济，市场机制是能利用最少的信息实现资源有效配置的机制。田国强 (2006) 证明了这一结论不仅在纯交换经济中成立，而且在有生产的经济中也成立，同时是唯一的。由此可以得出一个重要推论：无论是指令性计划经济、国有经济还是混合经济，实现资源有效配置所需要的信息一定比竞争市场机制多，从而不是信息有效的，即需要花费更多成本来实现资源的最优配置。这个结论对中国为什么要搞市场化的经济改革和国有经济民营化，提供了一个重要的理论基础。我们将会在第 18 章对信息有效唯一性结果进行详细介绍。

尽管单纯依靠市场机制不能很好地解决贫富差距过大的社会平等和共同富裕问题，但本书第 12 章所介绍的公正定理给予我们启迪，只要政府尽可能给经济主体提供机会平等和资源平等的公平起点，让市场正常发挥作用，而不是取代它，就能够导致既有效率也相对公平和共同富裕的资源配置结果。上面所述的关于自由竞争的现代市场制度在资源配置方面的最优性、唯一性、公正性，以及有利于社会稳定性的严谨描述和证明都是一般均衡理论部分要着重讨论的内容。

熊彼特则从竞争和垄断的动态互动博弈过程所导致的创新驱动角度论述了市场机制的优势。熊彼特的“创新理论”告诉我们，有价值的竞争不仅仅是价格竞争，而更重要的是新商品、新技术、新市场、新供应来源、新组合形式的竞争，从而市场经济保持长期活力的根本就在于创新和创造，这源于企业家精神，源于企业家不断地、富于创造性地破坏市场的均衡，也就是熊彼特所说的“创造性破坏”。要形成鼓励和保护创新的制度土壤，创新的主体基本要靠逐利的企业家和民营经济。

事实上，竞争和垄断就像供给和需求，通过市场的力量，它们可以形成令人惊叹的对立统一，从而显示出市场制度的优美和巨大威力。市场竞争和企业创新是不可分割的整体，不能像有人认为的那样将其对立起来。没有竞争，就像政府垄断的国有企业，基本没有动力去了解信息，创造知识，进行创新。由于企业利润会随着竞争压力程度的增加而减少，私有、民营企业由于逐利动机，往往会有很大激励不断了解信息，发现和利用知识，研发新产品，将新产品的价格定在竞争均衡价格之上而获得高利润。但是，同行业的其他企业很快会开发出类似产品来分享利润。这种市场竞争导致企业利润下降所带来的竞争压力，会迫使企业不得不持续创新，而个别企业的率先创新所带来的客观垄断利润，又会吸引其他企业进入参与竞争，形成源源不断的竞争压力。这样，市场竞争导致利润下降，由此企业不得不通过新的创新突破获取新的垄断利润，从而形成了竞争→创新→垄断→竞争这样一种动态循环市场过程，即市场竞争趋向均衡，而创新打破均衡，市场不断地进行这样的动态博弈就会激励企业不断追求创新。与这种博弈过程相伴随的是，市场经济保持长期活力，国民财富和社会福利得到持续提升。

很多人认识到了企业家、企业家精神的重要性，但遗憾的是更多的人没有认识到产生企业家和企业家精神背后的制度基础才是根本，创新发展需要好的制度环境作为保障。这是由于企业家及其企业家精神不是天然具有的，企业家精神是衍生制度，是表象制度，它依赖于基本、基础的元制度，所有这些都需要有一个良好的制度环境作为前提条件。著名经济学家威廉·鲍莫尔 (William Baumol) 由此扩展了熊彼特的创新理论，论述了**创新和企业家精神的确立依赖于制度的选择，从而是内生变量**。如果影响企业家行为的制度环境非正常，或制度创新没有跟上，甚至是破坏性的，那么创新和企业家精神也得不到释放。至今全球范围内的工业革命共有四次：蒸汽技术时代的第一次工业革命，电气化时代的第二次工业革命，信息技术时代的第三次工业革命，以及当前迅速发展的数字、智能化的第四次工业革命。这种以大数据为基础的生成式人工智能 (GenAI)、机器人技术、虚拟现实、量子信息技术、可控核聚变的智能化技术的第四次工业革命不同以往，是一种全方位爆发和质的跃升，将会彻底改变整个世界，改变人类社会未来发展进程，这种巨变也会给整个社会、经济、政治、国家治理、自然和社会科学带来一系列理论和现实问题，甚至是挑战和冲击。每一次工业革命的发生和发展都与制度创新紧密相连，制度创新为工业革命的顺利开展提供支持。

比如，为了鼓励创新，需要政府制定知识产权保护法，同时为了鼓励竞争及形成技术创新的外部性，就需要制定反垄断法。对知识产权的保护不应该是无限期的，而需要有一定的年限，不能形成固化或永久的寡头和垄断。这样，科技创新就不是孤立的，必须建立在制度创新的基础之上。科技创新与制度创新的关系是作用与反作用的关系。好的制度可以降低创新活动的交易成本，创造合作条件，提供激励机制，还有利于创新利益的内部化。科技创新体系制度基础的建设目标之一就是要促进创新要素间的互动与合作。

创新就意味着打破循规蹈矩，这就必然蕴含高风险，尤其是高科技创新更具有高风险特征，创投成功的比例非常低，但一旦成功，就会有相当可观的盈利回报，从而能吸引更多的资金前赴后继地往里投。不过，国企由于先天缺乏承担风险的激励机制，因而不太可能去冒这样的高风险。而民营企业由于追求自身利益的强烈动机，最敢于冒风险，从而最具有创新意识和创新力。因此，从各国经济发展的社会实践来看，企业创新 (非基础性科学研究) 的主体都是民营企业。实际上，中国思想史上的司马迁也十分肯定竞争、优胜劣汰是自然趋势。他认为：“**富无经业，则货无常主，能者辐辏，不肖者瓦解。**”[①]即，致富并不靠固定的行业，而财货也没有一定的主人，有本领的人能够聚敛财货，没有本领的人则会破败家财。

需要特别指出的是，随着数字、智能化时代的第四次工业革命迅速发展，现实经济偏离理想状态的程度将会不断减弱，会促进现实市场经济越来越趋向于斯密、哈耶克、阿罗、德布鲁及罗纳德 • H. 科斯 (Ronald H. Coase，1910—2013，其人物小传见 14.6.2 节) 等人所描述的市场经济的理想状态。这是由于，无论是按照斯密所描述的竞争市场“看不见的手”的作用——本书着重讨论的阿罗–德布鲁关于完全竞争市场的一般均衡理论和科斯关于完全竞争市场交易成本为零的理论，还是熊彼特关于市场竞争有利于创新的理论，都论证了市场制度的优势。其基本结论是，完全竞争市场导致了帕累托意义下的资源有效配置和社会福利最大化。不过，完全竞争市场理论主要提供了一个参照系或终极目标，就是市场越竞争越好，信息越对称越好，但真正完全竞争的市场经济在现实中是不存在的，因为人们的想法和偏好随时发生变化，信息沟通成本、交易成本不等于零 (尽管可以越来越接近零)。

但数字经济和大数据方法及智能化技术作为媒介功能将使得市场面临越来越小的交易成本。从某种意义上说，这就不仅仅是停留在理想状态，而是颠覆性的创新越来越趋同了。这些颠覆性的技术革命将会使得现实中信息沟通的成本大大降低，使得市场经济活动更加接近理想中的完全竞争状态，变得越来越有效。

1.4 政府、市场与社会

上面关于市场制度优势的这些理论结果事实上还依赖于一个关键的隐含假设：制度的重要性和决定性作用，即存在着一个完善的治理结构来规范政府与市场、政府与社会作为前提假设条件，使之所考虑的市场经济是一个统一开放、竞争有序的自由市场经济。

1.4.1 国家治理三要素

市场机制也许给人一种错觉：在市场经济社会中为追求个人利益似乎可以为所欲为。其实不然，世界上没有纯粹地独立于政府的完全放任自由的市场经济。市场良好运行需要政府、市场与社会各归其位，这样一个国家治理三维结构得以有效地耦合和整合。完全独立于政府的放任自由市场不是万能的，如本书第四和第五部分所详细讨论的那样，市场在许多情景下往往会失灵，如带来垄断、收入分配不公、贫富两极分化、外部性、失业、公共品供给不足、信息不对称等，从而导致资源无效率配置和各种社会问题。

政府、市场与社会这三大基本制度安排及其背后是**国家治理和良性发展的三大要素：包容性经济制度；国家能力和政府执行力；民主法治、公平正义、包容透明的公民社会。**无论是短期处事应对，还是长期治理，这三大要素都不可或缺，差不多是一个国家经济可

① 司马迁. 史记. 北京：中华书局，1959：3282.

持续良性发展、社会和谐稳定、国家长治久安的充要条件。的确如此，古今中外的实践反复说明，凡是经济社会取得成绩或进步都得益于这三大要素的某些方面得到改进，而出现问题一定是源于其中某些要素的欠缺，从而这三大要素是鉴别一个国家治理体系和治理能力是否优劣、是否能短期应对危机危情和是否能实现长治久安的最基本的综合治理要素。中国在过去 2 000 年的大多时期中都是世界上数一数二的经济体，这是由于中国等级森严的封建法制下的强大国家能力和政府执行力，同时历朝历代往往在开朝时会与民休息、让利于民，具有一定程度上的经济包容性，并且包容性越大的朝代和时期，经济往往发展得越好，如汉朝的文景之治、唐朝的贞观之治和清朝康熙年间“永不加赋”之后的康乾盛世。但由于古代社会不是一个民主法治、包容和谐的公民社会，而是一个等级森严的封建臣民社会，政府权力不受约束，就会与民争利，导致中国古代朝代更迭不止，引致社会大动乱，每次都往往造成人口剧减和财产的巨大损失。所以，**一个好的现代化国家治理体系，必然是正确处理好政府与市场、政府与社会的关系，让三者各归其位、互动互促的制度体系**。

这样，良性发展和深化改革需要兼顾发展和治理两大逻辑，正确理解它们之间的内在辩证关系。发展的逻辑主要是提升一个国家的硬实力，而治理的逻辑则注重软实力方面的建设，当然是多方面的治理，包括政府和市场的治理制度、社会公平公正、文化、价值观等方面的建设。政府与市场和社会的关系处理得如何，往往决定了国家治理和发展效果的好坏。如果不能很好地平衡二者，而是偏颇任何一方，就可能会带来包括发展落后、贫富差距过大、机会不公等一系列严重问题和危机，不能形成包容性的市场经济与包容和谐的共同富裕社会。从而，从治理的逻辑来说，治理有好的治理和坏的治理之分，由此导致好的市场经济或坏的市场经济、好的社会规范或坏的社会规范。因此，不能简单将其等同于统制、管制或管理，将发展和治理简单地对立起来，顾此失彼。

市场有效和社会规范的必要条件是需要一个定位恰当的有限政府，因此政府的合理定位至关重要。也就是，要建立有效市场与和谐社会，就必须有一个**有能、有为、有效、有爱的有限政府**，实现以法治为原则的理想治理。在半市场、半统制的双重体制下，若政府不应有的权力过多，而本应肩负起的维护和服务的职责又做得不够，政府角色过位、缺位和错位现象时有出现，没有合理界定和理顺政府与市场、政府与社会的治理边界，那么就会导致“重政府轻市场、重国富轻民富、重发展轻服务”。

1.4.2 好的现代国家治理导致好的市场经济

由此，市场经济分为“**好的市场经济**”和“**坏的市场经济**”，关键取决于国家治理制度，取决于政府、市场和社会之间的治理边界是否得到了合理界定和厘清。在好的市场经济中，政府能让市场充分发挥作用，而当市场无效或失灵时，政府又能发挥很好的弥补作用，但这样的弥补作用**不是要政府直接干预经济活动，而是由政府制定恰当规则或制度来使市场有效或解决市场缺位和失灵的问题**，以此形成个体和社会利益一致的激励相容结果。

不少人认为良性制度尤其是市场制度都是演化而来的，从而不可设计，甚至有人认为政府不需对市场制度做任何补位作用，这样的观点无论是从理论还是实践看都值得商榷。即使是哈耶克也认为“自发演化乃是进步的必要条件”，而不是充分条件。他在《法律、立法与自由》中进一步论及对宪政制度的设计，显示他对通过自发演化导致好的制度缺乏足够的信心，而寄希望于某种顶层的制度设计。在哈耶克看来，“社会是形成的，而国家 (state) 却是建构的”。其实，演化并不等同于进化，演化的方向有可能是随机发散的，而不一定就是单向、进步的，达尔文实际上也持这个观点，遗憾的是中文版将此翻译成进化论而误导了大众。作为秉承米塞斯、哈耶克传统的现代奥地利学派主要代表人物，伊斯雷尔·柯兹纳 (Israel Kirzner) 承认自由市场是发现和利用分散知识最终实现良性结果的自发过程，特别是“为了找到满足消费者的更佳方式而相互竞争”的企业家发现过程，导致了市场的动态均衡，但未将演化作为良性制度出现的必要条件，指出制度演化并不存在一种像市场那样的系统性发现过程，难以保证所有知识都得到充分利用，进而出现良性制度。

其实，即使自由市场也不是仅通过发现和利用分散知识就能最终实现良性结果，成为现代市场经济。本节通篇论述的核心结论就是政府通过制度对市场恰当的辅助作用不可或缺，否则为什么全世界绝大多数国家都是市场经济国家，但真正好的市场经济却为数很少？市场过程是“在有利于保护它的某些运作特性的规则和制度的框架内发生的”，这些规则和制度框架的形成就离不开理性参与的主观机制设计，而不是一个无条件的自然演化过程。政府在这个方面要发挥重要作用，即通过“强制人们服从有关的抽象规则来修改和发展这些抽象规则”，以确保市场的良好运转。这类制度设计成功的例子之一是 200 多年前美国建国初期基本宪法的制定，为美国在短短 100 多年的时间内成为世界上最强盛的国家奠定了制度基础。

因此，一个好的现代市场经济是建立在各种支持和维护市场良性运行的规则和制度基础上的，是通过制度或法律对个人的私利进行极力保护，而对政府及其公权力则尽可能地限制和制衡，从而它是一种契约经济、法治经济，受到商品交换契约、市场运行规律和信誉的约束，也是难以通过手中权力寻租的社会。一个经济社会由于受到经济主体逐利的约束、资源的约束、信息非对称的约束，要实现富民强国，首先要赋予个体私权，最核心的是基本生存权、追求幸福的自由选择权及私有产权这三种私权。让他们通过充分竞争、自愿合作和自愿交换的市场机制的作用及对自身利益的追求，最终达到资源的有效配置和社会福利最大化。因此，现代市场经济是建立在法治基础上的。

法治的作用有二：首要的是约束政府对市场经济活动的任意干预，这是最基本的；其次是进一步对市场起到支持和增进作用，包括产权的界定和保护、合同和法律的执行、市场公平竞争的维护等，使得市场在资源配置中起到决定性作用，从而使得价格传递信息、提供激励和决定收入分配的三大基本功能得到充分发挥。此外，也要认识到社会在支持健康市场方面所扮演的关键角色。一个好的、成功的市场需要良好的社会规范，特别是形成具有民主原则、法治、公平和正义的包容透明的公民社会。在市场中追求个人利益可能导致自私和物质至上的行为，这可以通过公共文化价值观来平衡，如诚信、道德情感、伦理、平等、公平、正义、宽容、同情、爱心、奉献和社会捐助。信任和互惠对于任何关系都至关重要，无论是商业还是其他合作关系的实现，自我利益和公平竞争应该在尊重他人追求自身利益的基础上和平共存，而不是产生冲突。妥协精神和尊重他人价值观对于正常的交流过程至关重要。

而在坏的市场经济中，政府缺乏对经济社会转型的驾驭和治理能力，不仅不能提供必要的、足够的公共品和服务以弥补市场失灵，反而导致更多的人为市场失灵。由于政府在经济活动中的越位导致公权力没有得到有效制衡，国有企业的产权没有得到明晰界定，往往会产生大量寻租和腐败现象，使得社会经济的公平正义受到极大减损，出现所谓的**"政府俘获"** (state capture) 现象，即经济主体通过向政府官员进行私人利益输送来影响法律、法规和规章制度的选择和制定，使得该主体能够通过不公平竞争将自身的偏好转化成整个市场经济博弈规则的基础，形成大量的能够给特定群体或权贵带来高度垄断利益的政策安排，而这是以巨大的社会成本和政府的公信力下降作为代价的，使得公共选择中的无效率均衡得以长期延续。这种不是通过公平竞争下的自身努力，而是靠非公平的寻租手段和方式来争夺社会、政府资源的行为，不仅会造成市场失灵，更严重的是，长此以往，将会逐渐形成坏的社会规范，造成社会资源配置和价值观扭曲、伦理道德滑坡、诚信缺失、说话做事"假大空"、社会浮躁、不稳定因素增多，结果导致市场活动的显性和隐性交易成本巨大。一些社会学家则将这种社会状态称为**"社会溃败"**，喻作社会肌体的细胞坏死，机能失效。

因此，在以上提及的三种个体私权中，产权的明晰和保障至关重要。贪腐猖獗发生的一个重要原因就是公有产权没有明晰界定及公权力的大量越位，使得通过公权力进行寻租成为可能。一旦和政府干预过多的市场经济环境相结合，寻租就容易套现，这就是政府和市场混合的环境容易造成大量腐败的根本原因，而在单纯的计划经济或市场经济中腐败现象则要少得多 (这是由于，**计划经济可以寻租，但难以套现，而市场经济可以套现，但难以寻租**)。从而，在防贪、反贪方面，应采用《孙子兵法》中的"不战而屈人之兵"，从制度环境根源上阻止其发生才是上策，有贪官才去反贪至多是中策，说不定是下策，即使贪官是少数，也破坏了政府的形象，造成了坏的社会影响。历史经验早已告诉我们这一点。所以，反腐的根本出路在于进一步推进国家治理与良性发展三要素，通过制度来合理界定政府治理边界从而让官员没有机会贪，通过法治让官员不能贪，通过问责和社会监督让官员不敢贪。

因此，在政府、市场和社会这样一个三维框架中，政府作为一种制度安排有极强的正负外部性，起着最基本的关键作用。它既可以让市场有效，成为促进经济发展的动力，让社会和谐，实现科学发展，也可以让市场无效，导致社会矛盾重重，成为经济社会和谐发展的巨大阻力，形成坏的社会影响。尽管世界上大部分国家都实行市场经济，但大多数市场经济国家都没有实现又好又快的发展。这有许多其他原因，但最根本的原因就是没有合理地界定和厘清政府与市场、政府与社会的治理边界，政府的角色出现了越位、缺位或错位。只有政府无所不在的"有形之手"被恰当约束了，政府的职能及其治理边界得到了科学合理的界定，合理界定政府、市场和社会之间的治理边界才是可期的。

1.4.3 界定政府与市场及其社会的治理边界

那么，如何合理界定政府、市场和社会的治理边界？其基本原则是根据这三者制度交易成本的大小来决定治理边界。由于市场制度最节省交易成本，特别是获得所需信息的成本 (第 18 章机制设计部分将进行严谨论证)，这样只要市场能做好的就应该让市场去做，政府不直接参与经济活动 (但需要政府维护市场秩序，保证合同及各种法规得到严格执行)；市场不能做的，或者说从国家安全等其他因素考虑，市场不适合做的，政府才直接参与经济活动。也就是，在考虑公平正义、和谐透明社会的构建与经济的和谐发展时，在考虑政府职能的转变和管理模式的创新时，就应该基于市场、政府和社会各自界定的边界。比如说，至少在竞争性行业，政府应该退出，当然，即使政府不退出也不可能长久生存下去。只有在市场失灵时，政府才发挥作用，单独或者与市场一起解决市场失灵问题。然而，基本准则是政府不应直接干预经济活动，而是制定恰当规则或制度来解决市场无效或失灵问题。这是由于受到经济人逐利和信息不完全的限制，直接干预经济活动 (如大量的国有企业和任意限制市场准入及干扰商品价格) 往往效果不佳。而专门研究如何设计规则和制度的激励机制设计理论在让市场有效和解决市场失灵问题方面能发挥极大作用。[①]正如赫维茨所指出的，“美国的国会或其他立法机构的立法就相当于设计新机制”。

这样，在现代市场经济条件下，政府最基本和应有的职能、角色和作用可以用两个词来概括，就是“维护”和“服务”，是对有能、有为、有效、有爱的有限政府的高度凝练。也就是制定基本的规则及保障国家的安定、社会的稳定及经济的秩序，以及提供公共品和服务及适当社会福利。正如哈耶克所指出的，政府的基本职能有二：一是必须承担实施法律和抵御外敌的职能，二是必须提供市场无法提供或无法充分提供的服务。与此同时，必须将这两方面的职能和任务明确地界分开来，当政府承担服务性职能时，不能把赋予政府实施法律和抵御外敌时的权威性也同样赋予它。[②]这就要求政府除了承担必要的职能外，还要向市场和社会分权。美国历史上最伟大的总统之一林肯对政府职能的界定概括得非常精辟：

> 政府存在的合法目的，是为人民去做他们所需要做的事，去做人民根本做不到或者以其各自能力不能做好的事；而对于人民自己能够做得很好的事，政府不应当干涉。[③]

同时，一个好的、包容的和有效的现代市场经济和国家治理模式还需要一个具备较强利益协调能力的独立、自治公民社会作为辅助的非制度安排，否则一个严重后果就是市场经济活动的各类显性和隐性交易成本都非常大，社会最基本的信任关系难以构筑。

---

① 利奥尼德 · 赫维茨，斯坦利 · 瑞特. 经济机制设计. 田国强，等译. 上海：格致出版社，上海三联书店，上海人民出版社，2014：2.

② 弗里德利希 · 冯 · 哈耶克 (又译为弗里德里希 · 冯 · 哈耶克). 法律、立法与自由：第二、三卷：邓正来，等译. 北京：中国大百科全书出版社，2000：333.

③ 林肯. 论政府的片断//伍天冀，杜红卫. 政治的智慧. 北京：警官教育出版社，1992：56.

总之，只有合理界定和厘清了政府与市场、政府与社会的治理边界，才能建立好的、有效的市场经济制度，实现效率、公平与和谐的科学发展。当然，转型到有效的现代市场制度往往要有一个过程，由于各种约束条件，不能一步到位地厘清政府、市场与社会的治理边界，因此，往往需要制定一系列过渡性的制度安排。但是，随着转型的深入，原有的那些过渡性制度安排的效率就会出现衰减，甚至完全退化为无效制度安排或负效制度安排。如果不能适时适度地不断厘清政府、市场与社会的治理边界，反而将一些临时性、过渡性的制度安排 (如政府主导经济发展) 定型化和终极化，就不可能造就有效市场和构建包容透明的和谐社会。由于现代经济学的发展，它的分析框架和研究方法对如何合理地界定和厘清政府、市场与社会治理边界，如何进行综合治理等方面的研究，起到了不可替代的作用。

1.5 综合治理：法治、激励与社会规范

以上说明了，为了确保市场的正常运行和建立一个有效的现代市场体系，有必要协调和整合三大基本制度安排：政府、市场和社会。这些制度对个体的经济行为进行规制和引导，构成了综合治理的基础。在一个经济体系中，政府、市场和社会恰好对应于治理的三个基本要素：**法治**、**激励**和**社会规范**。法治提供了强制性的治理，而市场体系内的激励机制提供了包容性的激励，这与其他正式的制度安排交织在一起并相互作用，以综合性的方式进行治理并随着时间累积。这反过来塑造和引导规范性的非正式制度安排，增强了社会经济活动的可预见性和确定性，显著降低了交易成本。比如，对企业来说，一流的企业做品牌，二流的企业做技术，三流的企业做产品。其中起关键作用的正是企业文化。有没有好的社会规范，有没有好的市场经济，最关键的是政府角色的定位问题。

这综合治理的三大基本要素也就是通常所说的“晓之以理，临之以利，动之以情”，从国家治理层面看分别主要由政府、市场和社会来实现和实施。“晓之以理”就是法理、道理激励；“临之以利”就是通过奖惩制度激励，将经济活动和收益挂起钩来，以此形成激励机制；“动之以情”就是情感激励，信仰一致，比如通过关系、友情、感情有时会解决很大的问题，是一种社会文化，特别是信仰和理念一致将会极大地减少交易成本。

1.5.1 法治

法治是强制性的，是基本的制度安排和管理规则。是否制定这样的法规的基本标准就是看是否容易界定或判断清楚 (信息透明和对称与否)，了解信息以及监督和执法成本是否过大。如果一个法规的监督成本太大，这样的法规就不具有可行性。产权的保护、合同的实施、适当的监管都需要制定规则，从而需要一个监督规则执行的第三者。这个第三者便是政府。为了维持市场秩序，引入政府是必然的。由于政府也是经济人，既当裁判又当运动员，影响巨大，这就要求对政府的行为应有明确的程序和规则，并且这些程序和规则的制定应该宜细不宜粗，越明确越好。对经济人和市场的规则则相反，由于信息不对称，应该宜粗不宜细，弄得不好，就会过多地干预经济人的选择自由，成本大，代价高。

“晓之以理”的大棒式制度安排类似于中国古代的法家思想。然而，法家思想最大的问题是只是约束经济人而不是约束政府。此外，这一制度安排看到了人在争权夺利时的残酷，而忽略了人的情感对行为的影响。如果一味地应用法家的高压桎梏，不考虑其他制度安排，往往会导致高压和强权，不能形成现代市场经济。

1.5.2　激励机制

激励机制，如市场机制，是诱导性的，这是适用范围最大的一块，也是本书主要关心的一块。由于信息不对称且了解信息的成本较大，而人性，特别是利己的本性，基本无法改变，因而具体的运行规则需要通过像市场等诱导性激励机制来调动经济人的积极性，实现激励相容，使人们主观上为自己而客观上为他人和社会努力工作。在第二部分关于重复博弈机制的一章中，我们会讨论声誉和诚信在市场经济机制下也是一种惩罚激励机制。做生意要靠诚信，并不是说企业主本身很愿意讲诚信，而是不得不讲诚信，否则就会受到被市场淘汰的惩罚。此外，诚信能节省经济成本，降低交易成本。

“临之以利”这一制度安排类似于中国古代道家的思想。个体都有自利倾向且思想境界有限，因而要充分认识到这一客观现实。口头不“讲”利不难，但实际不“重”利却很难。道家主张“天之道，利而不害”，强调顺其自然、无为而治。然而，道家忽视了无为而治的两个必要条件，也就是基本的制度和政府的作用。

1.5.3　社会规范

尽管在中国式现代化的进程中，人们已充分认识到处理好政府与市场关系的至关重要性（如党的十八届三中全会所界定的那样），然而却没有充分认识到社会发挥辅助作用的同等至关重要性。社会伦理道德的作用在现代经济体系中的极度重要性在一定程度上被忽视，社会治理方面的种种要素欠缺，特别是和谐社会构建中的民主法治、公平正义、诚信友爱等这些现代文明的核心价值和社会规范并没有随着市场经济发展而在现实中充分建立起来，导致社会基本伦理道德、人文价值观体系在经济利益的冲击下遭到一定程度的扭曲，导致了一系列社会问题，包括否定市场化改革开放的方向。

为什么良好的社会治理体系如此重要呢？这是由于逐利的市场往往使人自私和物欲化，从而需要人类社会中的信仰（如共产主义信仰，宗教信仰，使命感）、社会规范与秩序（道德情操，平等、公平正义、同情心、爱心、奉献精神）、社会捐赠等这样的公共文化来平衡个体的自私和物质化，以及帮助他人。通过对道德、利他和自利的内在激励结合，可以增加信任、同情心、正义感，促进社会文明与提升个人尊严，从而逐利的人也可以客观上利他。因此，我们不应忽视道德等社会规范在现代市场制度形成中的重要作用。

从而，理解制度和其他长期关系的关键因素是其对行为规范和文化信仰的共同期望的作用，以及在确保人们遵守规则方面的制裁作用。这里提及的行为规范和文化信仰就是所谓的**社会规范**。好的社会规范是一种既不需要强制也不需要激励的制度安排。长期坚持按强制性的法规和诱导性的激励机制来解决问题，慢慢就形成了一种既不需要强制也不需要激励的社会规范、信仰和文化，比如企业文化、民风、宗教信仰、意识形态、理念追求，这是最节省交易成本的方式。特别是当理念一致时，会大大地降低办事的难度，极大地提高工作效率。当理念不一致时，即使采用“大棒式”的强迫命令这一刚性方式、“胡萝卜”式的诱导性激励机制或友情关系解决了一件事，遇到新的事情和问题时也需要重新再来，造成很大的实施成本。本书第 7 章就讨论了社会规范约束在激励陌生人之间的自愿合作方面会起到重要作用。

尽管如此，“动之以情”这一道德说教的社会规范在当前人们思想境界不高的现实下仍然有很大的局限性，它依靠对人性的改善，缺乏约束力，它的治理边界有限。这一制度安排类似于中国古代儒家的思想。儒家的“德治”思想过分强调了人与人之间的伦理关系而刻意忽视了经济利益关系，它在治理家庭或家族或小的社区方面比较成功，但是在治理国家的时候就会有失偏颇。在家庭或者小团体内部，仁慈道德可能是主导性的，即便不是主导性的，至少也是相当重要的。但在面对陌生人时，这种作用会非常小。仁慈是高度私人化的，随着团体的扩大，其强度越来越弱。对那些不得不依靠人们的仁慈以获得他们的必需品的人来说，大多数情况下是难以得到满足的。当然，人类几乎随时随地都需要同胞的帮助，但是如果仅仅依靠仁慈，那将是徒劳的。所以，如果把一个家庭治理得好，就简单地把治理经验推衍到整个经济社会活动，可能会出问题，甚至是灾难性的。特别是在现代市场经济环境下，在人们的思想觉悟还有限的情景下，单纯地依靠内在的伦理规范，而外部的法律规章和激励机制付之阙如，市场经济将会滑向坏的市场经济。

这样，综合治理的这三大基本要素或制度安排（法治、激励和社会规范）各有所长，也各有所短，既有各自不同的作用，也有各自的适用范围和局限性，如果独尊一家，会带来非常严重的不良后果，需要各就其位及互动互补的联动。为了阐述这一观点，让我们考虑友谊的例子。建立在兴趣、影响力或权力基础上的友谊在这些因素发生变化时很可能会崩溃。最坚固和持久的友谊源于真挚的情感。虽然这代表了理想情况，但实现和维持这样的纽带可能会成为一种挑战，即使在亲密伴侣之间也是如此。同样地，仅仅依赖内部的道德规范，而没有外部的法律和激励措施，在市场经济中可能也会带来问题。因此，在这些制度安排之间取得和谐平衡，协调运用，才可以达到最佳效果。其实，古人已经总结得非常深刻和经典：**以利相交，利尽则散；以势相交，势败则倾；以权相交，权失则弃；以情相交，情断则伤；唯以心相交，方能成其久远**。做到“以心相交”是最佳的了，但要真正做到很难。

1.5.4 三大基本制度安排的层次结构

尽管本书主要讨论的是经济激励方面的问题，但法治与制度的治理在这三大安排中还是最基础和最根本的，它奠定了最基本的制度环境，具有极强的正或负的外部性，决定了政府定位是否适度，从而决定了激励机制设计的效果和社会规范形成的好坏。此外，无论是法规治理的制度安排的制定，还是激励机制的制度安排的制定，其宗旨均不应也基本无法改变人的利己本性，而是要利用人这种无法改变的利己心去引导他在客观上做有利于社会的事。制度的设计要顺从人的利己本性，而不是力图改变它。人的利己无所谓好坏善恶之说，关键在于用什么制度、向什么方向引导。不同的制度安排将导致人们不同的激励反应和权衡取舍，从而可能导致非常不同的结果。这正如邓小平深刻指出的那样：

> 制度好可以使坏人无法任意横行，制度不好可以使好人无法充分做好事，甚至会走向反面。[①]

通俗地说，制度的好坏在很大程度上也决定了人性的善恶。

好的法规治理，不是管制、统制，更容易导致好的激励机制的产生和好的社会规范的形成，从而说明了制度和国家治理体系的至关重要性和要具有长远性。只着眼几年，乃至 30 年、50 年的制度建设是远远不够的。中国历朝历代很少有强过 200 年的 (或亡或弱或断裂)，这一史实已经充分说明了长治久安制度的关键重要性，因而起码需要着眼于 200 年，甚至更长时间。此外，也不能忽视文化的重要性。文化是一个具有价值牵引、人文塑造功能且具有基础性和策略性的关键环节，对于人与人、人与社会、人与自然、人与自我间关系的和谐具有重要作用。由此，中国下一步改革的核心是国家治理体系和治理能力现代化。

因此，“情、理、利”需要综合应用，并且要因人、因事、因地、因时而异，具体情况具体分析解决。采用何种方式的标准是由法规的重要性、信息对称的程度、监督和执法等交易成本的多少决定的。总之，这三种制度都有其边界条件，“晓之以理”主要看信息容不容易形成对称，法律容不容易带来有效监督。如果制定出来的法律，其监督、执行成本很大，或者大家都不去执行，这样的法律就没有存在的意义。

总结上节和这一节的讨论，其结论是，市场运行良好需要政府、市场与社会各归其位，让其满足国家治理和良性发展的三要素，使得国家治理三维结构得以有效耦合和整合。同时，要界定和厘清政府与市场、政府与社会的边界涉及两个层次的问题：第一个层次是边界的界定。我们首先要知道它们之间的合理边界在哪里。市场有效和社会规范的必要条件是需要一个定位恰当的有能、有为、有效、有爱的有限政府，因而政府的合理定位至关重要。其原则就是：市场能做的让市场去做，市场不能做或做不好的政府才去做。归纳起来政府的作用就是：维护和服务。第二个层次是主次之分。谁是关键？答案是制度。我们一旦知道它们之间的边界，就需要厘清。那么谁去厘清呢？政府！政府、市场和社会这三者正好对应的是一个经济体的治理、激励和社会规范三大基本制度安排。那么，谁能规范政府的定位呢？法治！这样，法规治理 (也就是基本制度) 最关键、最根本，它奠定了最基本的制度环境，具有极强的正或负外部性，决定了政府定位是否适度，从而决定了激励机制设计的效果和社会规范形成的好坏。那么，政府愿意去限制自己的权力吗？一般不会。因此，政府或国家作为一个整体需要对权力进行进一步的划分，行政部门、制定法律的部门和司法部门之间的责权要分开。

因此，国家治理三要素是决定性的，只有从规范、制约和监督政府权力的制度、法治和公民社会这些方面的综合治理着手，合理界定好政府、市场与社会治理边界，才能同时

① 邓小平. 邓小平文选：第 2 卷. 2 版. 北京：人民出版社，1994：333.

解决好效率和社会公平正义的问题，才能根除腐败和行贿受贿现象，建立起健康的政府、市场、社会、企业及个人关系。因此，它们之间应当是良性互动的关系，一旦实现了良性互动，政府方就能不断通过法律法规的制定及执行，强化市场方的效率、效能，真正推动中华民族的伟大复兴和长治久安。

1.6 中国古代关于市场的思想

许多人以为，市场经济的理念，商品价格由市场决定的理念，是舶来品。其实不然，早在上古时期，中国就有许多思想家崇尚朴素的自由市场经济和信奉价格由市场决定，包含了许多市场经济的理念，给出了许多激励相容的综合辩证治国方略，总结得异常深刻。现代经济学的几乎所有重要的基本思想、核心假设及基本结论，如经济人自利性假设、经济自由、“看不见的手”的无为而治、社会分工、国富与民富以及发展与稳定的内在关系、政府与市场的关系，中国古代先哲们差不多都论及了。下面列出一些这方面的例子。

早在三千多年前，姜太公姜尚就认为**“避祸趋利”**乃是人之天生本性：

> 凡人恶死而乐生，好德而归利。

从而说出了以民为本的民富国定、民富国强的辩证统一思想和治国的根本规律：

> 天下非一人之天下，乃天下人之天下也，同天下之利者，则得天下。

从而提出了政府要以天下之利为利、以天下之害为害、以天下之乐为乐、以天下之生为务的根本治国方略，以达到使天下人与之共利害的激励相容的结果。

姜尚对国富和民富的顺序关系也给出了精辟的答案：

> 王者之国，使民富；霸者之国，使士富；仅存之国，使大夫富；无道之国，使国家富。

周文王在其建议下开仓济穷，减税富民，西周日益强盛。

两千六百多年前，管仲洞察到许多深邃的经济学思想。其经济思想的核心是“自利论”。《管子·禁藏》对个体逐利的社会经济活动给出了形象而深刻的解释：

> 夫凡人之情，见利莫能勿就，见害莫能勿避。其商人通贾，倍道兼行，夜以续日，千里而不远者，利在前也。渔人之入海，海深万仞，就波逆流，乘危百里，宿夜不出者，利在水也。故利之所在，虽千仞之山，无所不上；深源之下，无所不入焉。故善者势利之在，而民自美安。不推而往，不引而来，不烦不扰，而民自富。如鸟之覆卵，无形无声，而唯见其成。

这基本上是对亚当·斯密“看不见的手”的一个非常形象的表述，但早了二千多年。管仲在《管子》一书中给出了需求法则：

> 夫物多则贱，寡则贵。

管仲也给出了民富则国定、国安、国治、国富、国强的基本结论：

> 仓廪实而知礼节，衣食足而知荣辱。

所以指出：

> 凡治国之道，必先富民。民富则易治也，民贫则难治也。……故治国常富，而乱国常贫。是以善为国者，必先富民，然后治之。

此外，综合治理也是管仲管理思想的核心要点。比如，对于诸侯，管仲主张采取综合治理的策略：

> 拘之以利，结之以信，示之以武。

这一综合治理策略使得诸侯

> 莫之敢背，就其利而信其仁、畏其武。

不难发现，这里的“拘之以利，结之以信，示之以武”，与我们所提的三个制度安排有着一定的对应关系。

两千五百多年前，孙武的《孙子兵法》虽说谈论的是兵法，但其原则和思想与企业市场行为和决策有很大的相似性，其《始计篇》与现代经济学基本分析框架高度吻合，完全可将其放在做事业的情境下。这也是治理好大到一个国家、小到一个企业或单位，做大事，办成事，决策正确和在竞争中胜出的基本法则。他同时也给出了信息经济学基本结论：

> 知彼知己，百战不殆；不知彼而知己，一胜一负；不知彼，不知己，每战必殆。

也就是，只有在信息完全的情况下，才有可能达到最优或第一优；在信息不对称时，至多只能达到次优。

同时代的老子更是在《道德经》中给出了成大事者应明白的综合治理最高法则：

> 以正治国，以奇用兵，以无事取天下。

这是治理大到一个国家、小到一个单位的根本之道，通俗地说，就是要：行得正、用得活、管得少，政府要少干预，无为而治。老子将“道”看作无形的自然规律，而“德”则是“道”的具体体现。他认为，治国御人应采用天道、地德、无为的管理理念：

> 人法地，地法天，天法道，道法自然。

老子还认为：

> 天下难事必作于易，天下大事必作于细。

也就是，做任何事情，细节决定成败。这些论述都说明了，老子的无为思想并不是人们通常所以为的要人们无所作为，那是消极的，不是老子的本意，是对老子思想的极大误解。老子谈论的无为是相对的，大的方面要无为，细节方面要有为，要细心。也就是，要大处着眼，小处着手，要有为。

两千三百多年前，秦国商鞅就曾以野兔为例阐述了建立私有产权的极端重要性，产权的明晰界定可以起到“定分止争”的至关重要的作用，有助于市场秩序的建立。这个结论比科斯关于产权的重要性的结论早了两千三百多年。商鞅在《商君书》中讲道：

> 一兔走，百人逐之，非以兔为可分以为百，由名之未定也。夫卖兔者满市，而盗不敢取，由名分已定也。故名分未定，尧、舜、禹、汤且皆如骛焉而逐之；名分已定，贪盗不取。

其大意是，众人之所以追逐野外奔跑的野兔，并非因为可以对野兔分而得之，而是因为无主的野兔给大家提供了积极争取所有权的动力，即便尧、舜、禹、汤在世也会如此。被捕获的野兔在市场上出售，因为其所有权既定，他人就不能随意盗取。

两千一百多年前，《史记·货殖列传》更是写下了石破天惊的千古名句：

> 天下熙熙，皆为利来，天下攘攘，皆为利往。

这和管仲的自利论的思想一脉相承，并且提出了与斯密非常类似的、基于自利的社会分工实现社会福利的经济思想。司马迁考察了社会经济生活的发展，意识到了社会分工的重要性：

> 皆中国人民所喜好，谣俗被服饮食奉生送死之具也。

因此，就有必要

> 待农而食之，虞而出之，工而成之，商而通之。

人们依赖农民耕种来供给他们食物，虞人开出木材来供他们使用，工匠做成器皿来供他们的所需，商人输通这些财物来供他们选购。并且，他认为由农、虞、工、商所组成的整个社会经济，应该合乎自然地发展，而不须行政命令来加以约束。

司马迁在《史记·货殖列传》中继续写道：

> 此宁有政教发征期会哉？人各任其能，竭其力，以得所欲。故物贱之征贵，贵之征贱，各劝其业，乐其事，若水之趋下，日夜无休时，不召而自来，不求而民出之，岂非道之所符，而自然之验邪？

用现代语言阐释就是：这难道还需要政令教导、征发人民如期集会来完成吗？人们各自以自己的才能来行事，竭尽自己的力量，以此来满足自己的欲望。因此，物价低廉，他们就寻求买货的门路，物价昂贵，他们就寻求销售的途径，各自勤勉而致力于他们的本业，乐于从事自己的工作，如同水向低处流，日日夜夜而永无休止，他们不待召唤自己就赶来，物产不须征求而百姓们自己就生产出来。这难道不是合乎规律而自然就是如此的证明吗？

孔子在《论语·泰伯》中肯定了在遵守社会伦理道德规范的前提下追求自身物质利益的正当性。他说：

> 邦有道，贫且贱焉，耻也。邦无道，富且贵焉，耻也。

就是说，国家政治清明而自己贫贱，这是耻辱；国家政治黑暗而自己富贵，也是耻辱。孔子在此鼓励人们追求正当的物质财富。《论语》中记载了孔子对身为商人的弟子子贡的赞赏。《论语·先进》篇记载：

> 子曰：回也其庶乎！屡空。赐不受命，而货殖焉，亿则屡中。

在此，孔子对其最欣赏的学生颜回和子贡做了比较，前者虽然在道德上近乎完美，却常常在生活上陷入贫困，似不可取；而后者不信命运安排去做买卖，预测市场行情每每猜中。

中国古代思想中也不乏至今仍闪烁着智慧光芒的政府治理哲学，以及对经济自由的重要性和几种基本的制度安排的排序。司马迁在《史记·货殖列传》中做出了非常精辟的总结：

> 故善者因之，其次利道之，其次教诲之，其次整齐之，最下者与之争。

其喻意就是，最好的办法是顺其自然，无为而治，其次导之以利，再其次加以道德教化，再次用规定加以约束，最坏的做法就是与民争利。

这些古代经济学思想异常深邃，亚当·斯密所论及的，我们先哲们早已论述到，但遗憾的是，由于这些只是经验总结，没有形成严格的科学体系，没有给出结论成立的范围或边界条件，没有建立严格内在逻辑分析，因而很少被外人所知。

在本章剩下部分，我们大致讨论一下关于现代经济学的核心假设、要点、分析框架及研究方法，这有助于理解现代经济学及书中所严格分析的内容。

1.7 现代经济学的基石性假设

任何一门社会科学都需对个体的行为做出假设，将个体的行为作为理论体系的逻辑起点。如前所述，社会科学和自然科学最本质的差异就在于：社会科学往往需要研究经济主体的行为，需要对经济主体的行为进行假设，而自然科学不研究人的行为，而是研究自然世界和事物。经济学是一门非常特殊的学科，它不仅要研究和解释经济现象，进行实证分析，而且要研究经济主体的行为，以便更好地做出预测，并给出价值判断。

1.7.1 自爱、自私与自利

在谈论经济主体的行为时，一般用三个词语来表达：**自爱** (self-love)、**自私** (selfish) 及**自利**（self-interest)。这三者之间既有联系，也有重大差异。自爱意味着自己看重自己、喜爱自己，从而它既有好的一面，如洁身自爱，也可能有不好的一面，如对自己估计过高，甚至导致自我伤害（self-harm)，或形成自欺 (self-deceit) 的空思妄想。自爱还可衍生出自利甚至自私。

自私是指只关心自己的福利或利益，甚至不择手段损害、牺牲或无视他人利益，从而自私使人贪婪，贪婪使人野心勃勃，野心使人虚荣狂妄，虚荣使人忘乎所以，狂妄使人伤天害理。

自利则意味着在追求自身利益的同时，也可能有益于他人 (当然也可能无益于他人)，但不会以损害他人作为前提，甚至可能为了某种目的 (如人生梦想、目标、使命感）而具有正义感和同情心来利他。从而，自利让人理性、理智，而自私孕育恶欲。也就是：为自利而利他，为了逐利、获利，人不得不理性利他，经济学主要采用自利性假设。自爱与自利相辅，人有自知之明；自爱与自私粘连，人会道德沦丧。这样，人受自爱主宰，但并非一定是不顾及别人，也可能是自爱和自利的结合。

1.7.2 自利行为的现实合理性

在整本书的讨论中，特别是证明竞争市场经济机制导致最优资源配置的一个关键的根基性假设就是经济人行为的自利 (利己) 性假设。这是经济学中一个最基本、最关键、最核心的假设。这不仅是假设，更是目前社会经济发展阶段中最大的客观现实，是整个现代经济学的基石。

这个假设在处理国家、企业、家庭及个人之间的关系时也是如此，因而是研究和解决政治、社会、经济问题时必须考虑的客观现实或约束条件。比如在考虑和处理国与国之间的关系时，作为一个公民，需要维护本国的利益，站在本国的立场上说话和行事，如果泄露国家机密，就可能受到惩罚；在处理企业与企业之间的关系时，作为本企业的员工，必须维护本企业的利益，如果把企业机密泄露给竞争对手，视后果的严重程度可能会被判刑。经常看到或听到有人对自利性假设提出质疑：既然人是自利的，追求个人利益，那么为什么要有家庭？其实，从家庭层面来分析问题，每个人都是站在本家庭的利益上行事的。也就是在常规情况下，人们关注的是自己的家庭，而不是别人的家庭。在研究个人与个人之间的关系时也是如此。在现实中，不少人对这个假设产生了误区，将它简单狭义地理解为：无论考虑哪个层次的问题，都是针对个人的假设。

对人类的利己行为进行假设十分有必要，因为它符合基本现实。更重要的是：即使这一自利行为假设有误，将无私的人视作自私自利的人，也不会造成严重后果；相反，如果采用利他行为假设，一旦假设有误，将实际上追求自身利益的人视作大公无私的人，所造成的后果要比前者严重得多。事实上，在利己行为假设下所采用的游戏规则多半同时也适用于利他的人，在利他行为假设下的制度安排或游戏规则以及个人的权衡取舍问题要简单得多。但是，一旦利他行为假设被误用，所造成的后果比利己行为假设有误所造成的后果要严重得多，甚至可能是灾难性的。其实，对人的行为做出正确判断在日常生活中也是非常重要的。想一想，在现实中将一个行事自私、狡猾的人看作一个行事简单、一心为公的“老实人”来与之行事处世，甚至提拔重用、赋予重责，将会对社会和他人造成什么样的后果，就会明白这种错误假设的严重性。

现实中，一些人 (比如那些贪官) 往往口是心非，唱着高调，口头上总是说一心为公但实际上却非常自私，一旦有机可乘，相对于不具有欺骗性的自利人，他们给国家和他人往往会带来更坏的后果。如果把人基本上都假定为“雷锋式”的一心为公的大好人，来决定制度安排或游戏规则，给出经济政策建议或制定经济政策，多半不会成功。原有的计划经济体制下许多国营企业效益相对低下的很大一个原因，就是一些厂长、经理和他们的上级有着自己的个人利益，他们自利的行为方式往往与这些制度安排激励不相容，即使能做到激励相容，所付出的代价也太大。

这样，承认个体的自利性，是解决人类社会问题的一种现实的、负责的态度。这也正是需要党纪国法来避免机会主义者钻人们都是大公无私假设下的制度空子的原因。相反，如果把利他性当作前提来解决社会经济问题，例如生产的组织问题，像改革前那样忽视个体的自利性，认为只要强调为国家、为集体就能够调动所有人的积极性，其后果可能是灾难性的。其结果就是很多人都想钻制度的空子，吃大锅饭，憧憬着别人为自己创造美好的共产主义社会。

1.7.3　利己与利他的适用边界

需要着重指出的是，个体逐利尽管在绝大部分情况下都基本成立，特别是在商言商的情形下成立，但也有其适用边界。在非常规、异常情况下，比如天灾人祸、战争、地震、他人遇到危机时，人们往往表现出利他、无私性，甘愿抛头颅、洒热血为国战斗，勇于帮助处于危机中的人。这是另外一种理性，即大公无私的一面，甚至愿意付出生命，否则将会走向极端个人主义或精致的利己主义。比如，当日本帝国主义侵略中国，中华民族面临亡国亡族威胁的时候，广大民众起来抗击日本侵略，抛头颅、洒热血，为民族利益不惜献身。在 2008 年汶川发生大地震后，全国人民出钱出力帮助灾区人民。而在安定、正常的和平环境下，在从事经济活动时，个体往往追求自身的利益。

这样，利己性和利他性都是相对于环境或目的 (如为了追求梦想或人生目标) 而言的。这些都说明了，个体的目的可以是利己或利他，自利并不会排除利他主义的动机，二者是在不同情境、不同环境下的反应，完全不矛盾。其实，动物也有这种二重性。比如，野山羊被猎人追到悬崖边时，老山羊自愿献身先跳，让年轻或小山羊后跳，踏着它们的身子逃生。

亚当 • 斯密早就认识到市场经济必须基于伦理道德，而非冷血无情、野蛮的竞技场。在《国富论》之前，他就出版了更为基础的《道德情操论》(*The Theory of Moral Sentiments*)，并反复修改这两本书，直至去世。这两本著作形成了斯密学术思想体系的两个互为补充的有机组成部分，阐明了斯密的一个异常重要的观点：法律和道德，才是市场正常运转的前提和基础。斯密深刻地刻画了三者间的逻辑关系。这些都说明了政府、市场与社会三者相辅相成的内在关系，即：在恰当的制度牵引下，让人们自愿合作、自愿交换，从而客观上形成利他，塑造和谐、文明、稳定的社会秩序。诺贝尔经济学奖得主弗里德曼曾这样描述斯密这两部作品的关系：不读《国富论》，不知道怎样做才叫“利己”；读了《道德情操论》，方知唯有“利他”才是问心无愧的“利己”。自利的基础是目的性。正是个体自身的目的激励了其行动，从而个体的目的可以是利己或利他。

的确如此，在人的自爱和自利这样的客观现实下，道德应该是通过社会分工与合作所达到的一种平衡，是一种均衡判定，约定俗成。在恰当制度的牵引下，人们自愿分工、自愿合作，从而客观上形成利他，导致和谐、文明、安定有序的社会。把自利和道德及利他对立起来是违反人性的，或者说把自利和自私等同起来是片面的、错误的。相反，通过对道德、利他和自利的内在激励结合，可以增加同情心、正义感或促进社会文明与个人尊严。现代市场的最大好处就在于它能够运用自利的力量来抵消仁慈的弱点，使得那些默默无闻的人也能得到满足。所以，我们不应忽视仁慈和道德在市场制度形成中的作用。社会的进步不能维系于那些总是想损害和伤害他人的人。可见，《道德情操论》为市场经济的合理性提供了一定的伦理基础。然而，当今许多推行市场经济的地方，或多或少地忽视了市场制度的伦理基础。

总之，自利的人可以是仁慈、利他和道德的。“自利”并不等于“损人”。自利与利他是有限度和边界的，而损人利己的自私心理是万恶之源，容易滋生贪得无厌。理性的自利行为把遵守社会规范作为必要的约束条件。我们赞成通过思想、伦理教育使个体在追求个人利益时不违反公共秩序，赞成维护建立在个体理性基础上的公众利益。但是，我们不赞成把政策建立在无视个人利益基础上的经济理想主义，不赞成以维护集体利益为名侵犯合理的个人利益。总之，我们要把在法律法规约束下的自利行为与违反法律法规的损害他人的自私自利行为区分开来，保护前者，反对后者。

即使同样是利己性，程度也不同。在理想情形下，利己性当然越少越好，但完全不存在也是不可能的。可以说，利己性是经济学的逻辑起点。如果人都是非自利的，总是为他人着想，也就根本不需要涉及人类行为的经济学了，工业工程学或投入产出分析也许就够了。中国之所以进行改革开放，从计划经济体制转向市场经济体制，从根本上说就是考虑到个体自利性这一客观现实，个体在参与经济活动时往往考虑个人利益。中国 40 多年来的改革开放取得了巨大成就，这与承认个人利益这一客观现实，从而实行市场制度是分不开的。

1.8 现代经济学的关键要点

经济学家在讨论经济问题时通常基于一些关键要点、限制约束条件、基本原理或原则：

(1) **资源的稀缺性**: 资源有限，必须在如何进行有效配置上做出选择。

(2) **信息不对称与分散决策**: 个体对于自己的偏好和情况拥有更多的信息，优先选择分散决策而非集中权威决策。

(3) **经济自由**: 自愿合作和交换优于强制和管制。

(4) **在约束条件下作决策**: 经济决策涉及在有限资源、时间和信息等约束条件下，在可供选择的替代方案中选择最佳选项。

(5) **激励相容性**: 经济制度或机制应设计成使个体利益与社会目标一致，避免利益冲突。

(6) **明确的产权权利**: 清晰且可执行的产权权利能够促进资源的有效配置。

(7) **机会均等**: 平等获得资源和机会对于一个公平和正义的社会至关重要。

(8) **资源的有效配置**: 资源的有效配置有利于最大化社会福利，可以通过市场机制或其他制度安排来实现。

违背上述任何一个关键要点都可能导致不同的结论。注意和运用好这些要点、条件、原理或原则，对人们处理日常事务也非常有帮助。这些要点说起来简单，但真正能领会贯通，进而得心应手地应用到现实中，却不太容易。下面对这些关键要点、条件、原理或原则分别给予说明。

1.8.1 资源的稀缺性与有限性

之所以有经济学这门科学，从根源上来说就是由于世界上的资源是有限的 (至少地球的质量是有限的)。只要有人是自利的，并且其物欲无穷 (所拥有的物品越多越好)，就不可能实现按需分配，就需要解决如何用有限的资源满足需要的问题，也就需要经济学。

1.8.2 不完全信息与分散决策

经济问题之所以难以解决，除了个体的自利性这一最基本的客观现实外，另外一个最大的客观现实就是，在绝大多数情形下，经济人之间的信息往往是不对称的，是私人信息，从而弄不好就抵消了所采用的制度安排的作用。比如，一个人说了一番话，虽然说得非常好听，冠冕堂皇，但听众不知道他说的是真话还是假话；即使听众两眼盯着看，好像在聚精会神地听，他人也不知道他们是否真正听进去了。“口是心非”“人心隔肚皮”“人心叵测”“人是最难对付的”就是说的这个现象和道理。之所以出现这些情形，其根本原因是信息不完全、不对称。由于信息不对称，再加上个体的自利性，往往容易产生经济人之间的利益冲突。如果没有恰当的治理制度来调和，为了获得各种有限的资源，就会造成社会上说话做事“假、大、空”的空洞化现象盛行，口号与现实往往脱节，基本成为常态。这是使得社会科学，特别是经济学，比自然科学要复杂得多和研究难度更大的主要原因。由于信息不对称，集中决策方法往往无效，需要采用分散决策方法，比如采用市场机制的方式来解决经济问题。

只有完全掌握和了解信息后，才能将事情做得更好，其结果才可能是最优的。即信息经济学中所讲到的：只有在信息完全情况下，才有可能达到最优。不过，信息往往难以对称，由此需要通过激励机制来诱导真实信息，但获得信息需要付出代价，这样至多只能达到次优 (second-best)，这是本书第五部分将要介绍的委托–代理理论、最优契约理论和最优机制设计理论所得到的基本结果。由于在许多情况下信息是不对称的，所以市场会失灵，会出现委托–代理问题，但不管采取哪种方法，都是次优，根本原因在于信息不对称。如果没有合理的制度安排，人们会出现激励扭曲，要诱导信息，必须付出成本和代价，所以不能达到最优。信息对称特别重要，许多误会和误解都是信息不对称的结果。通过与人沟通，让别人了解你（signaling），你了解别人 (screening)，做到信息对称，消除误会和误解，尽可能达成理念一致，这是做好一件事情的基本前提。

政府过多干预经济活动，作用越位，由此导致低效率，其根本原因就是信息不对称，政府在收集信息、鉴别信息等方面存在着很大问题。如果决策者能够掌握全部有关信息，直接控制的集中决策就不会有问题，那就只是一个简单的最优决策问题了。正是由于信息不可能完全被掌握，人们才希望分散决策。这也是为什么经济学家强调用激励机制这种间接控制的分散决策方法来促使 (激发) 人们做决策者想做的事, 或实现决策者想达到的目标。我们将在第五部分着重讨论信息和激励方面的问题。

当然，集中决策在某些情形下也有一定的优势，特别是涉及迅速变化或重大变革的决策。例如，疫情或战争的发生或一个国家、单位或企业在制定愿景、方向、策略或做重大决定时，集中决策比分散决策来得有效。然而，这种重大改变可能会带来很大成功，也可能带来重大失误。例如，改革开放的决策，使得中国经济得到高速发展，取得了前所未有的巨大成就，而“文化大革命”的决策，使中国经济几乎走向了崩溃的边缘。解决此问题的一个办法就是充分尊重合理的个人诉求，选出优秀的领导人。关于信息和激励问题将在最后两部分中讨论。

1.8.3 自由选择与自愿交换

由于经济人追求自身利益，再加上信息不对称，晓之以理的“大棒”式制度安排往往不是有效的制度安排，因此，就需要给人们更多的经济上的选择自由，这是前面提到的个体三种私权 (基本生存权、追求幸福的自由选择权及私有产权) 中最重要的一种权利。从而，应该通过建立在自愿合作和交换基础上的经济自由选择方式，用市场等诱导性的激励机制来调动经济人的积极性。因而，经济上的选择自由 (即“松绑”) 在分散决策 (即“放权”）的市场机制中起着至关重要的作用，是市场机制正常运行的先决条件，也是保证竞争市场经济机制导致资源最优配置的一个最基本的前提条件。

事实上，在第 12 章要介绍的经济核等价定理 (economic core equivalence theorem) 深刻揭示了：只要给人们充分的自由选择权，并且容许或能够自由竞争，自愿合作和交换，即使不事先考虑任何制度安排，在个体自利行为的驱动下，所导致的资源配置结果也会与完全竞争市场的均衡结果一致。经济核等价定理的核心思想可以概括为：在理性假设下，即在思想水平不高的假设下，只要给人们两样要素——自由和竞争，而不考虑任何制度安排，所导致的经济核就是市场竞争均衡。

中国过去 40 多年的改革开放从实践上证明了这一论断。分析中国经济取得举世瞩目成就的成功经验，千重要，万重要，给老百姓更多经济上的选择自由最重要。从早期的农村改革实践到后来的城市改革实践都已表明，哪里的政策一松动，哪里的自由度更大一些，哪里给生产者和消费者更多的选择自由，哪里的经济效率就更高。中国改革开放以来的经济增长奇迹的创造恰恰是源于政府向市场的放权，而当前现实中的市场不健全和经济持续下行，则是源于政府过多的干预以及政府监管、制度供给的不到位。

1.8.4　在约束条件下行事

在约束条件下行事是经济学中一个最基本的原则，“人在屋檐下不得不低头”说的也就是这个道理。做每一件事情都有其客观约束条件，即所有的个体都在既定约束条件下进行权衡取舍。人们的选择由客观约束条件和主观偏好决定。约束条件，包括物质约束、信息约束、激励相容约束，使得经济人达到主观的既定目标变得困难。在经济学中，在约束条件下做事情这一基本思想的一个体现就是本书第 3 章要介绍的消费者理论中的预算约束线，人的预算由商品的价格及其自身的收入所限。对企业而言，约束条件包括可以利用的技术和用于生产的投入品价格，利润最大化的目标要求管理者对产品定出最优价格、决定生产多少数量、采用什么技术、每种投入品使用多少、对竞争对手的决策如何反应等。任何一个人乃至一个国家的发展都面临着各种限制和约束条件，包括政治、社会、文化、环境、资源等等，如果不把约束条件弄清楚，事情很难做成。

在引进一个改革措施或制度安排时必须考虑到其可行性、可实施性，使之满足客观约束条件，同时要将风险控制到尽可能小，这样才不致引起社会政治和经济的大动荡。可行性也就是做好事情必须考虑所面临的各种约束条件，否则就没有可实施性。所以，可行性是判断一个改革措施或制度安排是否有利于经济发展和经济体制平稳转型的一个必要条件。在一国经济转型中，一个制度安排之所以具有可行性，是因为它符合了该国特定发展阶段的制度环境。具体到中国，就是改革必须适应中国的国情，要充分考虑到所面临的各种约束条件，包括人们的思想境界有限、参与约束条件等。

参与约束条件在考虑最优合约的激励机制设计时是一个非常重要的约束条件 (见第 16 和 17 章)，它意味着经济人能在经济活动中获利，或至少不受损，否则不会参加，甚至会反对所实施的规则或政策。追求自身利益最大化的个体不会自动接受某一制度安排，而是会在接受与不接受之间做出选择。只有当一个制度安排下个体的收益不小于其保留收益 (不接受该制度) 时，个体才愿意进行工作、生产、交易、分配和消费。如果一个改革措施或制度安排不满足参与约束条件，个人可能放弃、大家都不愿接受这个改革措施或制度安排，就不可能成功推行。强制改革反而导致反弹，造成社会的不稳定，也就谈不上发展。这样，参与约束条件和社会稳定密切相关，是发展中社会是否稳定的一个基本判断。

1.8.5 激励与激励相容性

激励是经济学中最核心的概念之一，就是主动自愿去做。个体都有其自身利益，想从所要做的事中获得利益，同时也必须付出代价或成本。通过对收益和成本的比较，个体可能愿意 (有激励) 做或做好这件事或不愿意做或不愿意做好这件事，由此会对游戏规则做出合理的激励反应。这样往往就会造成个体间或个体与社会间的利益不一致，发生激励不相容的利益冲突，导致混乱。这种激励相容的思想早在亚当 • 斯密的《道德情操论》中就论述到了。斯密指出：

> 在人类社会这个巨大的棋盘上，每一颗棋子都有它自己的移动原则，完全不同于立法机关或许会选择强迫它接受的那个原则。如果那两个原则的运动方向刚好一致，人类社会这盘棋，将会进行得既顺畅又和谐，并且很可能会是一盘快乐与成功的棋。但是，如果那两个原则的运动方向恰好相反或不同，那么，人类社会这盘棋将会进行得很凄惨，而那个社会也就必定时时刻刻处在极度混乱中。①

其原因是，个体在给定制度安排或游戏规则下会根据自身利益做出最优选择，但是该选择不会自动满足他人及社会的利益或目标，而信息的不完全性使得社会最优很难通过指令方式来执行。一个好的制度安排或规则就是看是否能够搞对激励，能够引导自利的个体主观为自己、客观为他人，争取做到使人们的社会经济行为于国、于民、于己、于公、于私都有利，这是现代经济学的核心内容。

既然做的每一件事都涉及利益与代价 (收益与成本)，那么激励问题在日常工作及生活中将无处不在。只要利益和代价不相等，就会有不同的激励反应。企业为了追求利润，有激励最有效地使用资源，以及构造激励来引导员工尽最大努力工作。在企业外部，利润的变化为资源的持有者提供了改变他们的资源使用方式的激励；在企业内部，激励则影响如何使用资源和员工在多大程度上努力工作。为了使管理有效，必须清楚地掌握在像企业这样的组织内部激励所起到的作用，以及如何构造激励来引导所管理的人员尽最大努力工作。

既然个人、社会和经济组织的利益不可能完全一致，怎样将自利、互利和社会利益有机地结合起来呢？那就需要制定出导致激励相容的政策和制度安排，使之能极大地调动人们的生产和工作积极性。因而，要实施自己或社会的某个目标，就需要给出恰当的

---

① 亚当 • 斯密. 道德情操论. 谢宗林，译. 北京：中央编译出版社，2008：295.

游戏规则，使得当事人在追求自身利益的同时，能达到所要实施的目标，这就是所谓的**激励相容性**，也就是形成**我想做的自我执行** (self-enforcement) 而不是**要我做的他人强制性**。也就是使个人的自利和人们之间的互利统一起来，使得每个人在追求其个人利益的同时也达到社会或他人所要达到的目标。我们将在本书第五部分着重讨论如何达到激励相容问题。

1.8.6 产权明晰与产权激励

产权 (property rights) 是市场经济中的一个重要范畴。前面我们介绍国学智慧时讨论到，早在两千三百多年前，秦国商鞅就曾以野兔为例阐述了建立私有产权的极端重要性，产权的明晰界定可以起到“定分止争”的至关重要的作用，有助于市场秩序的建立。

产权包括财产的拥有权、使用权及决策权。产权的明确界定，因而利润归属的明确界定，让产权所有者有激励以最有效的方式进行消费和生产，有激励提供优质的产品和良好的服务，有激励建立名声和信誉，有激励尽力维护和保养自己的商品、房舍、设备。如果产权界定不清，则会伤害企业的积极性，产生激励扭曲和道德风险。比如，国有企业由于产权不清容易导致效率低下、寻租或利益输送的贪腐猖獗、挤压民营经济、不利于创新及造成不公平竞争五大弊端。在市场机制中，激励主要是通过拥有财产和获得利润的方式给予人们的。本书第 14 章要讨论的科斯定理是产权理论的一个基准定理。科斯定理认为，当交易成本为零且没有收入效应时，只要产权明晰界定，通过自愿协调和合作就可以导致资源的有效配置。

1.8.7 机会平等与结果公平

“结果平等” (outcome equality) 是一个理想的社会想要达到的目标。但这种结果平等对具有自利行为的人类社会来说，往往带来的是低效率。那么，在什么意义下平等 (equality) 或**公平**（equity）能与经济效率一致呢？回答是，当人们持有**“机会平等”**（equality of opportunity）这一价值判断标准时，公平与效率是可以一致的。“机会平等”意味着不能有任何障碍来阻止每个人运用自己的能力来追求自己的目标，并且对所有个人都有一个尽可能平等竞争的起点。本书第 12 章将介绍的公正定理 (fairness theorem) 告诉我们：只要每个人的初始禀赋的价值相等 (机会平等)，通过竞争市场的运作，即使个体追求自身利益，也可以导致既有效率也公平的资源配置结果。与“机会平等”相似的一个公平概念是“个人平等”，即所谓“上帝面前人人平等”，它意味着，尽管人们生下来不尽相同，有不同价值观、不同性别、不同身体条件、不同文化背景、不同能力、不同生活方式，个人平等要求大家尊重个体的这种差异。

由于各人的偏好不一样，把牛奶和面包平等地分给每一个人虽然看起来公平，但不见得大家都满意，因此必须强调平等与公平之间的区别。虽然两者都促进了公正，但**平等是通过对每个人都一视同仁，不考虑需求而实现的，而公平则是根据需求因人而异来实现**

的。因此，除了用平等配置这个绝对平均主义的概念来定义平等外，公平的概念也被用来讨论经济问题。本书第 12 章所介绍的公平配置 (equitable allocation) 就既考虑到客观因素，也考虑到主观因素，它意味着每个人都满意自己所得到的那份。

1.8.8 资源有效配置的准则

一个经济体的资源是否得到有效配置是评价一个经济制度优劣的基本标准。在经济学中，资源配置有效通常指的是帕累托有效或最优，它意味着在给定现有资源的条件下，不存在使得至少某人得利而又不损害他人利益的另外的资源配置方案。这样，不仅指要有效地消费和生产，也要使得生产出来的产品能最好地满足消费者的需要。

这样，在谈到经济效率时，要区分企业经济效率、行业经济效率及社会资源配置效率这三种不同的效率概念。企业生产是有效的，是指给定生产投入，使产出最大，并且反过来，给定产出，使投入最小。行业是所有生产某种商品的企业的总和，它的有效性可类似地定义。注意，每个企业生产有效并不意味着整个行业生产有效，因为如果把那些技术落后的企业的生产资料用到技术先进的企业中，会导致全行业产出更多。同时，即使整个行业的生产是有效的，社会资源配置也可能不是 (帕累托) 有效的。

帕累托资源有效配置这个概念对任何经济制度都是适用的。它只是从社会效益的角度对一个经济制度给出了一个基本的价值判断标准，从可行性角度来评价经济效果。这无论对计划经济、市场经济还是混合经济都适用。本书第 11 章所介绍的福利经济学第一基本定理证明了，在个体追求自身利益时，完全竞争的市场导致了资源有效配置。

1.9 正确看待和理解现代经济学

准确看待和深刻领悟现代经济学，能帮助人们很好地运用经济学的基本原理和分析方法来研究不同经济情景、不同经济人的行为及不同制度安排下的各类经济问题。现代经济学中的不同学派、不同理论本身就说明了现代经济学的分析框架和研究方法的包容性、针对性、普适性和一般性。当经济环境不同时，当然就需要采用不同的假设和不同的具体模型设定，只有这样，所发展出来的理论才可被用来解释不同的经济现象和个体的经济行为，更重要的是能够在接近理论假设的各类经济环境下进行内在逻辑分析，给出合乎内在逻辑的结论或进行科学的预测与推断。但由于经济环境的错综复杂，为了语义和逻辑清楚，现代经济学又用到了各种严谨的数学工具来建立经济模型，从而发展出各类经济理论。严谨的数学工具一般较难掌握，由此对现代经济学往往容易产生误区和批评。除了前面谈到的容易对基准经济理论产生的误区外，还包括下面如何看待现代经济学的几个方面的误区。

1.9.1 如何看待现代经济学的科学性?

其中一个主要误区是认为经济学不是一门科学，看起来像有许多相冲突或矛盾的理论。不时有人批评现代经济学存在着太多不同的经济理论，觉得经济学流派观点各异，不知道孰对孰错。其实，万变不离其宗，是这些人没有弄清楚，这诸多经济理论并没有脱离前面提到的两大基本类别理论。正是由于客观现实错综复杂，各个国家和地区有不同的经济、政治、社会、文化环境，人们的想法和偏好各式各样，再加上追求的经济目标也可能不同，所以才需要有针对性地发展出不同的经济理论模型和经济制度安排。

不同的经济、政治、社会环境应该发展出不同的经济理论或经济模型，这让人比较好理解，但让许多人感到非常费解的是：为什么同样的经济环境要发展出不同的经济理论？于是，就有了讽刺经济学的通常说法——100 个经济学家会有 101 个不同的观点和说法，从而导致人们否认现代经济学及其科学性。其实，是人们没有意识到，就像地球虽然只有一个，但由于不同用途或目的，因而我们需要交通地图、旅游地图、军事地图等不同的地图一样，尽管现实经济环境相同，但目标不同，因此，我们需要发展不同的经济理论，提供不同的经济制度安排。

经济学家之所以面对一个问题时会有不同的观点，恰恰说明现代经济学的严谨和完善，因为前提变了，目标变了，环境变了，针对的人群变了，国情不同，解决的角度不同，或采用的评判标准不同，由此结论自然就要相应地发生变化，特别是旨在解决现实问题的相对实用经济理论更是如此。即便如此，不同的人有不同的主观价值判断，从而很少有人人都满意而又可行的、放之四海而皆准的一般性的“好”结论，否则就不需要因时、因地制宜，具体情况具体分析，随机应变了。这一点和用兵打仗、用药治病的哲学思想相通，和良将用兵、良医治病的道理一样：**病万变，药亦万变**。在考虑和解决经济问题时，需要因时因地因人因事而异，具体情况具体分析。不同之处在于，正如前面所提到的，经济学的现实应用有巨大的外部性，庸医若用药不对，治死的是个别人，而经济政策的药方若用错，影响到的却是大众，甚至是一个国家。

尽管我们有不同的经济理论或经济模型，但无论是提供基准点或参照系的基准经济理论，还是旨在解决现实问题的相对实用经济理论，它们都绝不是不同的“经济学”。经常听人说，由于中国的国情不一样，需要发展中国的经济学。那么，世界上千千万万的楼房，即使由同一个人设计出来，也都不尽相同，难道需要不同的建筑学吗？当然不是，修建楼房所采用的基本原理和方法基本一样。对研究经济问题而言，也是同样的道理。无论是中国的还是国外的经济问题，都采用基本相同的分析框架与研究方法，但由于中国的经济、政治、社会环境和其他国家有差异，所以只有中国问题、中国路径、中国特色，只有关于中国经济的经济学，但不存在所谓的“中国的经济学”和“西方的经济学”的不同。

现代经济学的基本分析框架和研究方法，就像数学、物理学、化学、工程学等自然科学以及它们的分析框架和研究方法，是无地域和国家界限的，并不存在独立于他国的经济分析框架和研究方法，现代经济学的基本原理、研究方法和分析框架可以被用来研究任何经济环境和经济制度安排下的各种经济问题，研究特定地区在特定时间内的经济行为和现象。几乎所有的经济现象和问题都可以通过下面要介绍的基本分析框架和研究方法来进行研究及比较，从而中国现实经济环境下的各种经济问题也可通过现代经济学的分析框架来研究。事实上，这正是现代经济学分析框架的威力和魅力所在：它的精髓及其核心思想是要人们在做研究时必须考虑到并界定清楚某时某地具体的经济、政治和社会环境条件。现代经济学不仅可以被用来研究不同国家和地区、不同风俗和文化的人类行为下的经济问题及现象，它的基本分析框架和研究方法甚至也可被用于研究其他社会现象和人类行为决策。事实证明：由于现代经济学分析框架和研究方法的一般性和规范性，在过去的几十年中，现代经济学的许多分析方法和理论已被延伸到政治学、社会学等学科。

1.9.2 如何看待现代经济学的数学性？

除了对于经济理论假设不符实际和不是科学的批评，另一个常见的批评就是现代经济学太注重细节，越来越数学化、数理统计化、模型化，使问题变得更加晦涩难懂。现代经济学之所以要用这么多数学和统计，就是为了严谨性和实证的可量化性。尽管领导决策层和一般民众不需要了解理论严谨分析的细节或前提条件，但提出政策建议的经济学家必须了解。这是由于，经济学理论一旦采用就具有很大的外部性，如不考虑前提条件就盲目应用，会带来很大问题甚至灾难性的后果，因而需要借用数学来严格地界定其边界条件。同时，一个理论的应用或政策的制定也往往需要运用统计和计量经济学等工具进行实证量化分析或检验。此外，由于现实经济社会错综复杂，所以经济理论要借助数学模型来抽象、刻画现实经济世界，以使人们能更深刻地认识、理解现实中要解决的问题。我们将在本章后面进一步讨论数学在现代经济学中的作用。

1.9.3 如何看待经济理论的各种误区？

对经济理论存在的一个常见误解是它应该为经济问题提供绝对答案。然而，在经济学中，每一个严谨的经济理论或模型，无论是基准经济理论还是旨在解决现实世界问题的相对实际的理论，都是基于一组假设构建的。这些假设包括对经济环境、行为模式和制度的假设。这些假设有助于界定理论的边界条件，并使得可以对其结论进行经验测试和实证检验。正如物理学家费曼所指出的，如果没有明确定义的假设，一个理论就会变得模糊且无用。

由于现实经济环境的复杂性以及个体偏好的多样性，因而一个理论的前提假设越一般化，理论指导意义就越大，发挥的作用也就越大。如果一个理论的前提假设条件太强，它就没有一般性，这样的理论也就没有太大的现实作用。特别是经济学要为社会和政府提供咨询服务，因此理论要有一定宽度。这样，一个好的经济理论就是要具有一般性，越具有普遍性、一般性，解释能力就会越强，就越有用。研究竞争市场的一般均衡理论就具有这样的特点，它在非常一般的偏好关系及生产技术条件下，证明了竞争市场均衡存在并且导致了资源的最优配置。

尽管如此，社会科学特别是现代经济学理论，像数学里面的所有定理一样，都有其边界条件。如前所述，在讨论问题和运用某些经济学理论时，由于巨大的外部性，一定要注意到经济理论的前提假设条件和它的适用范围，从而任何一个经济理论的结论都不是绝对的，是基于前提假设而相对成立的。讨论问题时是否认识到此点是辨别一个经济学家是否训练有素的基本方法。由于经济问题和日常生活密切相关，即使一般老百姓对经济问题也能谈出一些看法，比如通货膨胀、经济是否景气、供需是否平衡、失业、股票、房产市场等，由此很多人说经济学不是科学。那些不考虑约束条件、不以准确数据为依据和不依严谨理论进行内在逻辑分析的“经济学”，当然不是科学。而一个训练有素的经济学家在讨论问题时，会以某些经济理论作为支撑，会意识到经济变量间关系的成立有其边界条件，由此得出的结论亦有其内在逻辑。充分理解经济理论的边界条件非常重要，否则，就分不清楚理论和现实的差别，就会出现两种极端看法：或不顾客观现实约束条件，将理论简单地泛用到现实中去，或笼统地一概否认现代经济学理论的价值。

第一种极端看法就是高估理论的作用，泛用一个理论。比如，不顾中国的客观现实约束条件，盲目应用或直接套用现有的现代经济学的两类理论解决中国现实问题，照搬模型来研究中国问题，以为把数学模型加进去就是好文章、好理论。不充分考虑中国实际情况与经济制度环境不同所产生的不同约束条件和边界条件，将一个经济理论或模型，无论是基准经济理论，还是更接近现实的相对实用经济理论，泛用到中国现实当中去，如此简单套用而得出的结论和建议，一旦被采纳，往往会出大问题。实际上，一个理论和行为假设无论多么一般化，都有其适用范围、边界以及局限性，不能泛用，特别是基于理想状态，离现实较远，主要是为了建立参照系、基准点及努力目标和方向而发展出来的那些基准理论更应是如此，不能直接套用，否则就会得出错误的结论。对相对实用经济理论的简单套用的危害性也是如此，前面已经论及。如果没有社会责任感或本身没有良好的经济学训练，过高估计理论的作用，无限扩大和盲目运用经济理论，简单地将书本上的一些理论套用到现实经济中去，不考虑其前提条件而误用，后果将不堪设想，弄不好会严重影响社会经济发展，造成严重的后果和巨大的社会负外部性。比如本书要讨论的福利经济学第一基本定理所论断的竞争市场导致了资源有效配置这一结论是基于一系列先决条件的，泛用就会导致重大的政策失误和危害到现实经济。

另外一种极端看法是全盘否定现代经济学的作用，低估甚至是否认现代经济学理论的指导意义，包括行为假设、分析框架、基本原理和研究方法，认为现代经济学及其分析框架和研究方法是国外的东西，不合乎中国的国情，是全盘西化，中国的问题需要通过创新一套中国的分析框架和中国的经济学来解决。事实上，像现代经济学的基准理论一样，世界上没有一门科学的所有假设或原理完全合乎现实 (如没有空气阻力的自由落体、没有摩擦的流体运动等物理概念)。我们不应根据此点来否定一门科学的科学性和有用性。对现代经济学也是如此。我们学习现代经济学，不仅仅是了解它的基本原理、它的有用性，更重要的是学习其蕴含的思考问题、提出问题和解决问题的方法。如前所述，基准经济理论本身的价值并非直接解释现实，而是为解释现实发展的更新的理论提供研究平台和参照系。借鉴这些方法，人们可以对如何解决现实中的问题得到启发。此外，如上节所述，由于环境不同，一个理论对一个国家或地区适用，不见得对另外一个国家或地区也适用，不能机械地生搬硬套，而需要修改或创新原有理论，根据当地的经济环境和人们的行为方式发展新的理论。

当然，当前还有一种极端看法是一味否定市场在任何情况下会失灵，存在外部性，从而否定现代经济学理论的指导作用，认为现代经济学理论的假设太强，不需要这些假设，不承认市场有边界。

经常听到有人宣称他们推翻了某个经济理论或经济结论。由于理论中的某些条件不符合现实，他们就认为这个理论错了，然后认为他们将这个理论推翻了。一般来说，这种说法不科学，甚至是错误的。即使是旨在解决现实问题的相对实用经济理论，所做出的假设条件也不会完全符合现实或覆盖了所有的情况，一个理论可能符合一个地方的经济环境，但不符合另外一个国家或区域的经济环境。但是，只要没有内在的逻辑错误，我们就不能说这个理论是错的，需要推翻，而只能说这样的理论在这个地方或者在这个时期不适用。

经济学在中国的创新，不是靠推倒重来，全盘否定，而应该是建基于经济学的理论基石之上的边际创新或组合创新。技术和应用创新往往就是在基础研究的基石上对现有技术的重新组合和推广，类似于不同的中药组合形成新的药方。有生命力的经济学理论一定和自然科学一样，是基于前人的理论成果经过比较、拓展而发展起来的。人们当然可以批评一个理论的局限性或非现实性，但需要做的是放宽或修改理论的前提假设条件，修改模型，从而改进或推广原有的理论；而不能说新的理论推翻了原有理论。其实更恰当的说法应当是新的理论改进或推广了旧的理论，它可以被运用到更一般的经济环境或不同的经济环境。

此外，还有一个容易犯的错误就是通过一些具体的实例企图得出一个普遍性理论结论，这是犯了方法论上的错误。当然，这里并不否认各国历史、文化、思想等在各自国家经济学话语体系建立过程中的独特作用。

1.9.4 如何看待经济学难以做实验的批评？

关于经济学的另外一个批评是认为它不是一门实验科学，从而否定经济学的科学性。这也是一大误区。首先，随着实验经济学近些年的迅速发展，经济学家越来越多地采用实验室实验、田野实验及计算机仿真实验来研究经济问题。其次，实验经济学通过这些实验手段来检验人的行为，检验人的行为假设是否理性，从而实验经济学成为检验经济理论是否合乎客观现实的重要手段，理论家也从实验中获取了重要信息从而推动了理论向前发展 (Al Roth 的网页上有众多经济学家关于如何认识经济学实验的讨论)，而且经济学实验已经从实验室走向了社会 (见 John List 的有关讨论)。

从实证的角度出发，在经济活动的实践中，特别是针对体制转型的需求，经济实验对政策和制度的验证具有不可替代的优势。经过早期学者的不断探索以及 2002 年诺贝尔经济学奖得主弗农·史密斯 (Vernon Smith) 对经济实验的方法和工具所进行的系统性归纳，当代的实验经济学作为重要的实证手段在市场机制设计过程中日益受到关注。当外部环境迅速变化、新技术大量涌现时，改革一方面成为必然的选择，但另一方面人们又不得不谨慎考虑各种政策建议和新提案的策略风险及社会成本。因此，能否寻找出一种办法，针对新的体制提案可能出现的问题事前进行相对完整、周密的考察，自然就成了体制改革进程中的难点和关键。中国在改革开放中采用了“特区政策”“试点先行”“典型引路”等各种措施。经济实验与这些措施在力求降低改革的风险和成本这一指导思想上是完全一致的。但经济实验与“摸着石头过河”、通过原型试点积累经验的各种做法在方法论上又有着重大的区别：首先，原型方法是综合实验的总体效应，缺陷之一是不清楚每个改革措施具体成效的大小，而经济实验所回答的研究问题则更为单一，每个经济实验只考察一种政策的效果、一种机制的特征。其次，与原型方法相比，经济实验所采用的技术工具更规范。在现实生活的经济实践中有多种因素发挥作用的情形下，经济实验方法要求而且能够将与研究人员的问题无关的因素控制起来，集中考察某一特定因素对具体的经济现象的作用。最后，与原型方法相比，经济实验的成本更低廉。

不过，我们当然也必须承认，不少经济理论，如可用于综合分析的一般均衡理论，不能或很难拿社会做实验，弄不好会造成政策失误，导致巨大的经济社会风险，这是经济学与自然科学的一个重大不同之处。自然科学能够对自然现象进行实验研究，拿物体做实验，通过实验室可以检验和发展理论。自然科学大致只有天文学不能做实验，但天文学不涉及个体的行为，一涉及个体的行为，问题就显得更为复杂。此外，自然科学理论的应用可以做到非常精确，比如盖楼、修桥、造导弹和核武器，可以精确到任意程度，其参数都是可控的，变量之间的关系是可做实验的。但经济学中影响经济现象的许多因素都是不可控的。

如何弥补经济理论在许多情形下难以拿社会做实验的问题呢？其答案是，靠的是内在逻辑分析，并由此得出内在逻辑结论和推断，然后通过历史的大视角和长视角进行比较分析和印证以及数据实证分析。这样，在做经济分析或给出政策建议时，根据前面所述的经济分析三要素，首先要有内在逻辑的理论分析，给出适用的边界条件和范畴。同时，也需要运用统计和计量经济学或实验经济学等工具进行实证分析或检验，再加以历史的大视野、大视角来进行纵横向比较的分析和印证。所以，在做经济分析或给出政策建议时，要采用**“三维六性”**的分析方法，既要有理论的内在逻辑推理，也要有大视野的历史比较分析的印证，还要有数据统计的实证计量分析的检验，三者缺一不可，使得其分析具有“科学性、严谨性、现实性、针对性、前瞻性、思想性”。这样的三位一体的研究方法，在很大程度上弥补了许多经济理论不能或很难拿社会做实验的问题。

所谓经济学的内在逻辑分析方法，就是首先对想要解决问题的有关情景 (经济环境、形势和现状) 做充分了解和刻画，弄清问题所在和成因，然后有针对性地正确运用恰当的经济理论得出科学的内在逻辑结论，并据此做出科学、准确的预测和正确的推断或给出要做什么的改革方向。只要现状符合经济理论模型所预设的因 (经济环境、行为假设)，就能根据经济理论得出具有内在逻辑结论的果，从而对所处的不同情景 (因时因地因人因事会不同) 给出解决之道 (给出某种制度安排加以解决)。经济学的内在逻辑分析方法，可以对给定的现实经济社会环境、经济人行为方式及经济制度安排下所可能出现的结果，根据经济理论，做出符合内在逻辑的科学推断，并指导解决现实经济问题。换言之，只要弄清楚了问题和成因，有针对性地正确运用经济理论 (相当于药方)，如果这样的理论存在的话，就可对症下药，综合治理，就能得出内在逻辑结论，从而做出准确的预测和正确的推断或提供恰当的改革举措，否则，则可能会造成严重的后果。尽管在许多情况下检验一个经济理论的结果不能拿社会做实验，也不能单靠数据说话，实践是检验真理的唯一标准，但实践不是预测真理的唯一标准，进行预测靠的是内在逻辑分析。就像医生给病人看病 (或汽车修理工修理汽车) 一样，最难的是给出诊断，找出病因 (或故障)，医生医术高低的主要区别就在于能不能准确地找到病因。一旦把病因找到，并且存在治疗的药方，那么开药方就相对简单多了，除非他是一个十足的庸医。解决经济问题，药方就是经济学理论。只要将经济环境的特征诊断明白，将情况调查清楚，将人的行为定位准确，做起事来就会事半功倍。

1.9.5 关于经济判断或预测的不准确性

经济学家经常因经济判断或预测不准确而受到质疑。可用两种原因来解释：

一种原因是主观方面的，是经济学家自身水平的问题。一些经济学家没有经过系统和严格的现代经济学理论训练，在讨论和解决经济问题时，弄不清问题的主要成因，做不出内在逻辑分析和推断，从而开错治理经济问题的药方 (如果这样的药方存在的话)。

另一种原因是客观方面的，即使经济学家受过很好的经济学训练，具有经济学的直觉和洞察力，但若影响经济结果的一些经济因素发生了不可控的突变，也会使其判断或预测变得不确切。这正如统计大师 C.R. Rao 所指出的那样："在理性的世界里，所有的判断都是统计学。" 一个经济问题除了牵涉到人的行为，使得问题变得复杂之外，还有许多不可控的随机因素。尽管经济学家非常高明，但许多影响经济结果的因素是无法控制的，一旦发生变化就会使预测出现偏差。就像一个国家的领导人，尽管很有威望，能管好本国的事情，但无法控制他国的事情一样。从而，即使一个好的经济学家有准确的判断能力，一旦经济环境、政治环境、社会环境发生突变，就有可能使得经济预测变得很不准确。

有人可能会诘问，不管经济学如何发展，无论什么理由，预测不准是规律，预测准确则是运气。从原则上来说，这没有错。由于经济波动具有高度不确定性，可被视为一个随机变量，从而预测不可能精准，但是，事件发生的概率有大小，并且经济学家的水平有高低，高水平的经济学家能更好地判断其概率，从而预测准确的概率会提高。这就是上面所说的预测不准有主观因素的原因。然而，随着生成式人工智能能处理巨量的大数据。可对任意复杂大规模多模态海量数据集训练出一个大而深的神经网络，经济学家的决策、判断、预测就会随着数据、模型规模的扩大而更为准确，更为可靠。

1.10 现代经济学的基本分析框架

做任何事情都有其基本规律。现代经济学所研究的问题和解决问题的方式类似于人们处理个人、家庭、经济、政治、社会各类事务时所采用的基本方式。大家知道，要做好一件事情，与人打交道，首先要了解国情和民风，也就是要知道现实环境及其所要打交道的人的品行和性格；在此基础上，决定相应的待人处事规则，从而在权衡利弊后做出激励反应，争取达到尽可能佳的结果；最后对所选择的结果及所采用的规则进行价值判断和评估比较。

现代经济学的基本分析框架和研究方法完全是按照这种方式来研究经济现象、人类行为，以及人们是如何做出权衡取舍的。当然，其重大区别就是论证严谨，通过正式规范的模型来严格界定前提假设与结论的内在逻辑关系。这种分析框架具有高度的规范性和一致性。写一篇规范的文章，首先要给出想要研究和解决的问题，或想要解释的某种经济现象，即经济学家首先需要确定研究目标，要阐明所研究问题的重要性，进行文献回顾，让读者知道所研究问题的概况和进展，并且要说明文章在技术分析及理论结论上有什么创新。然后，正式讨论如何解决所提出的问题和得出有关结论。

尽管所研究的各类经济问题非常不一样，但研究这些问题的基本分析框架却是相同的。现代经济学的任何一个规范经济理论的分析框架，基本上都遵从以下五个分析步骤：（1）**界定经济环境**；（2）**设定行为假设**；（3）**给出制度安排**；（4）**选择均衡结果**；（5）**进行评估比较**。可以这样认为，任何一篇逻辑清楚、层次分明、论证合理的经济学论文，无论结论如何或是否作者意识到，都基本上由这五个部分组成[①]，特别是前四个部分。可以说，写经济学方面的论文，就是按照这些分析步骤进行具有内在逻辑结构和分析的创新写作。掌握了这些组成部分，就掌握了现代经济学论文写作方式的基本规律，更容易学习和研究现代经济学。这五个分析步骤对于理解经济理论及其论证、选择研究主题以及撰写标准的经济学论文大有帮助。

在对这五个步骤逐一进行讨论之前，先对制度 (institution) 这一术语进行界定。**制度**通常被定义为一组行事规则的集合，这些规则与社会、政治和经济活动有关，支配和约束社会各阶层的行为 (Schultz，1968；Ruttan，1980；North，1990)。由于人们在考虑问题时，总是把一部分因素作为外生变量或参数给定，把另外一部分作为内生变量或因变量，这些内生变量是由外生变量导致的，从而是这些外生变量的函数，因此，按照 Davis-North (1971，pp.6-7) 的划分方法，根据所要研究的问题，又可以将制度划分成两个范畴：制度环境 (institutional environment) 和制度安排 (institutional arrangement)。**制度环境**是一系列基本的经济、政治、社会及法律规则的集合，它是制定生产、交换以及分配规则的基础。在这些规则中，支配经济活动、产权和合约权利的基本法则和政策构成了经济制度环境。**制度安排**则是支配经济单位之间可能合作和竞争的规则的集合。制度安排可以理解为人们通常所说的游戏规则，不同的游戏规则导致人们不同的激励反应。尽管从长远看，制度环境和制度安排会互相影响和发生变化，但如 Davis-North 所明确指出的那样，在大多数情况下，人们通常将经济制度环境作为外生变量给定，而经济制度安排 (如市场制度安排) 则根据所要研究或讨论的问题，既可以被看成外生给定的，也可以被看成内生决定的。

1.10.1　界定经济环境

这是现代经济学分析框架中的首要组成部分，是对所要研究的问题或对象所处的经济环境 (economic environment) 做出的界定。**经济环境**通常由经济人、经济人的特征、经济社会制度环境以及信息结构等组成，短期内不能改变 (尽管长期内可能会发生演变)，因而在讨论解决问题时，被视作外生变量，作为参数给定，是约束条件这一基本思想的具体体现。

① 对本节内容的详细讨论见笔者的《现代经济学的基本分析框架与研究方法》，其中列举和具体分析的许多著名的理论或模型都具有这五个组成部分。该文的缩减版发表在 2005 年第 2 期《经济研究》上。

怎样界定经济环境呢？主要分为两个层次：一是**客观描述经济环境，尽可能逼真**；二是**精炼刻画最本质的特征，尽可能简明深刻**。前者是科学，后者是艺术，但需要综合平衡。即描述经济环境首先要客观，然后要根据目的抓住主要特征，将其有机地结合起来。对经济环境的描述越清楚、准确，理论结论就会越正确。此外，刻画经济环境要精炼和深刻，对经济环境的刻画越精炼和深刻，论证起来就会越简单，理论结论也越能让人理解和接受。只有既清楚准确地描述经济环境，又精炼和深刻地刻画经济环境的特征，才能抓住所要研究问题的本质。具体论述如下：

描述经济环境：现代经济学中的任何一个经济理论，首先需要做的都是，对所要研究的对象或问题所处的经济环境做近似的客观描述。一个合理、有用的经济理论应客观、恰当地描述其研究对象所处的具体经济环境。尽管不同国家和不同地区的经济环境往往存在着差异，从而所得到的理论结论多半会不同，但是所采用的基本分析框架和研究方法却是一样的。经济问题研究的一个基本共同点就是要对经济环境进行描述。对经济环境的描述越清楚、准确，理论结论就会越正确。

刻画经济环境：在描述经济环境时，一个同等重要的问题是如何做到既清楚、准确地描述了经济环境，又精炼、深刻地刻画了经济环境的特征，使之能抓住所要研究问题的本质。由于现实中大多数事实和现象与要分析和解决的经济问题不相干或不是至关重要的，因此完全客观地描述现实环境不仅无用，反而会被这些旁枝末节弄糊涂。如果把所有这些情况都统统描述出来，当然可以说是非常准确而真实地描述了现状或经济环境，但这种简单罗列抓不住重点，无法厘清问题的本质，结果往往是人们被大量繁杂的事实弄晕了头脑。为了避开细枝末节，把注意力引向最关键、核心的问题，我们需要根据所考虑的问题对经济环境进行特征化的刻画。比如，在第 3 章研究消费者行为时，不分男女老少、种族、美丑，我们将消费者简单地刻画为由偏好关系、消费空间、收入或初始禀赋所组成。而在第 4 章研究生产者行为时，我们将生产者简单地刻画成生产可能性集。在研究转型经济问题时，如中国经济转型问题时，我们就不能简单地照搬在规范经济环境下所得出的理论结果，而是需要刻画出转型经济的基本特征，但仍然采用现代经济学的基本分析框架和研究方法。

人们对现代经济学的一个通常批评是认为它没有什么用处，就是用几个简单的假设来概括复杂的现状，对此很不理解。其实，这也是物理学的基本研究方法。在研究两个物理变量之间的关系时，无论是理论研究还是实验操作，都是把影响所研究对象的其余变量固定。在做一件事情时，如想把每一个方面 (即使无关) 都搞清楚，在很多时候，不仅没有必要，反而会让人抓不住重点。这和前面提到的根据不同的目的和用途绘制地图一样：如果要旅游，需要的是旅游地图；如果要开车，需要的是交通地图；如果要打仗，需要的是军事地图。尽管这些地图都描述了一个地区的一些特征，但不是真实世界的全貌。为什么需要旅游地图、交通地图、军事地图呢？因为目的不一样。如果将整个现实世界当作地图，尽管这完全地描述了客观现实，但这样的地图又有什么用呢？

所以，经济学既是客观描述经济环境的科学，也是如何抽象、刻画现实经济环境的艺术。经济学完全通过对经济环境进行精炼刻画来描述问题的成因，进行内在逻辑分析，从而得出逻辑结论和推断。评价一个经济学家是否高明，关键就看他在研究问题时能不能准确把握经济现状中最本质的特征。只有真正把成因和现状搞清楚，才能对症下药，其对策和药方 (所采用的经济理论) 就会信手拈来，当然这需要有基本的经济学理论训练。

对经济环境的刻画不同，往往会导致非常不同的理论结果，甚至是开创一个学派的成果。由于经济环境十分复杂，在许多情况下，经济学不能像自然科学那样只进行描述性分析，还需要对经济环境及行为方式进行抽象式的精炼特征化，找出最主要的特征，这往往会让经济学家带有一定程度的主观判断。不同的主观判断，就会导致对经济环境的不同界定，从而导致了不同的经济理论、经济学派或理论结果。比如，宏观经济学中有众多的学派：凯恩斯学派、后凯恩斯学派、理性预期学派 (或称为新古典宏观经济学)、货币主义学派、供给学派和新制度学派等。其实，这些学派之间的对立并不像非经济学家或媒体所渲染的那么大，它们有许多共同之处：基本分析框架相同、研究方法相同 (采用经济模型和市场均衡来分析市场) 及对象相同 (在市场制度安排下研究宏观经济变量的相互作用关系和变化规律)，它们都相信市场制度，相信从经济运作的长期或总的趋势来说，都会趋向最优的市场均衡，这些理论之间的差异主要是由刻画经济环境时的差异造成的，特别是由经济系统的冲击或干扰是来自需求方面还是供给方面、关于经济波动的信息是充分的还是不充分的，以及干扰的时间效应是滞后的还是瞬间的等诸多假设之间的差异造成的。

1.10.2　设定行为假设

现代经济学分析框架中的第二个基本组成部分是对经济人的行为方式做出假设。这是经济学不同于自然科学的关键差异。这个假设至关重要，是经济学的根基。一个经济理论有没有说服力和实用价值，一个经济制度安排或经济政策能不能让经济持续快速地发展，关键看所假定的个人行为是不是真实地反映了大多数人的行为方式，看制度安排和人们的行为方式是不是能激励相容，即人们对激励是不是做出了对他人或社会也有利的反应。

一般来说，在给定现实环境和游戏规则下，人们将会根据自己的行为方式做出权衡取舍。这样，在决定游戏规则、政策、规章或制度安排时，要考虑到参与人的行为方式并给出正确的判断，就像日常和人打交道一样，看他们是自私自利还是无私利他，是忠厚老实还是老奸巨猾，是讲究诚信还是谎话连篇。面对不同行为方式的参与人，所采用的游戏规则往往也是不同的。如果你所面对的是一个做事讲诚信的人，和他处事的方式或者针对他的游戏规则多半会相对简单。如果你所面对的是一个雷锋式的人物，和他打交道的规则也许会更加简单，不需要什么防备心，和他处事不需费什么精力 (设计游戏规则)，游戏规则也许不是那么重要。但如果要打交道的是一个难缠、狡猾、无诚信可言的人，和他打交道的方式可能会非常不同，与他相处的游戏规则可能会复杂得多，需要小心对付，需要花费很大的精力。这样，为了研究人们是如何做出激励反应和权衡取舍的，对涉及人的行为做出正确判断和界定就显得异常重要。在研究经济问题例如经济选择、经济变量间的相互作用和它们的变化规律时，确定经济人的行为方式也非常重要。

如前面所提及的那样，在常规情况下，一个比较合理和现实而又通常被经济学家采用的人类行为假设是自利性假设，或更强的经济人**理性**假设，即人们会尽量避免对自身不利的选择，从而追求个人利益最大化。**有限理性**是根据掌握和了解的情况做出最优选择。不过，有限理性仍然属于理性假设的范畴。在后面讨论的消费者理论中，我们会具体假定消费者的行为旨在追求效用最大化；在生产者理论中，我们假定生产者追求利润最大化；而在研究经济人互动的博弈论中，描述经济人行为的均衡解概念有很多种，这些概念是基于不同参与人的行为假定给出的。任何经济人在与其他人进行交往时，都对其他人的行为有一个判断 (假设)。

这种假定有其合理性。从现实来看，如前所述，存在三大基本制度安排：强制性的法规制度安排 (适用于操作成本小、信息较易对称的情景)、激励机制 (适用于信息不对称的情景)、社会规范 (social norms)(由理念、理想、道德、风俗组成，给予人们对行为自我约束的规范)。如果所有人思想境界都非常高，都是大公无私的，那么刚性的大棒式“晓之以理”法规体系或柔性的“临之以利”的市场制度，就没有存在的必要了。

中国之所以搞市场经济，其本质原因就在于在常规情况下，人是自利的，市场经济是符合人的自利性假设的。这也是我们下面要讨论的制度安排的基础。

1.10.3 给出制度安排

现代经济学分析框架中的第三个基本组成部分是给出经济制度安排，也即人们通常所说的制度或游戏规则。对不同情况、不同环境，面对有着不同目标和不同行为方式的经济人，往往需要采取不同的因应对策或游戏规则。当情况及环境发生变化时，所采用的对策或游戏规则也应发生变化。这对经济学的研究同样成立，当经济环境确定后，人们需要决定经济上的游戏规则，在经济学中称之为经济制度安排。制度安排的决定对做任何事情都非常重要。现代经济学根据不同的经济环境和行为假设，研究并给出各式各样的经济制度安排，也即经济机制。依赖于所讨论的问题，一个经济的制度安排既可以是外生给定的 (这时退化为制度环境，如在完全竞争市场环境下研究消费和生产问题)，也可以是由模型内生决定的。

如前面所提到的，引导人的行为有三种基本的制度安排：道德说教的社会规范、强制性的法规治理或政府干预、激励机制的制度规范。这三种方法都有各自的不同作用，但也有各自的适用范围和局限性。道德说教的社会规范依靠对人性的改善，缺乏约束力；强制性的法规治理或政府干预信息成本大，代价高，干预过多会有损个人自由；与其他两种方法相比，激励机制的制度规范是最有效的。这正是经济学家重视制度的原因。

所以，无论是法规治理的制度安排的制定，还是激励机制的制度安排的制定，其宗旨都并不是要改变人利己的本性，而是要利用经济主体的这种无法改变的利己心去引导他们从客观上做有利于社会的事。制度的设计要顺从人的本性，而不是力图改变这种本性。个体的利己无所谓好坏善恶之说，关键在于用什么制度向什么方向引导。不同的制度安排将导致经济人不同的激励反应和不同的权衡取舍结果，从而可能导致非常不同的结果。

现代经济学的任何一个理论都要涉及经济制度安排。标准的现代经济学主要是研究市场制度的，研究在市场制度下人们的权衡取舍问题 (如消费者理论、生产者理论及一般均衡理论)，研究在什么样的经济环境下市场均衡存在，并对各种市场结构下的配置结果做出价值判断 (判断的标准基于资源配置是否有效、公平等等)。在这些研究中，市场制度通常假定是外生给定的。将制度安排作为外生给定的好处是使问题单一化，以便将注意力集中于研究人们的经济行为及人们是如何做出权衡取舍的。

当然，对制度安排的外生性假设在许多情况下不尽合理，应依赖于经济环境和人的行为方式，不同的经济环境和不同的行为方式应给出不同的制度安排。如在本书第四、五部分所论及的那样，市场制度这只看不见的手在许多情形下会失灵 (即不能导致资源的有效配置和市场均衡不存在)，于是人们需要寻找替代机制或其他更有效的经济机制，从而我们需要将制度安排看作内生变量，是由经济环境和人的行为方式决定的。这样，经济学家需要给出各种可供选择的经济制度安排。

当研究具体经济组织或单位的经济行为和选择问题时，经济制度安排更应是内生决定的。新制度经济学、转型经济学、现代企业理论，特别是过去 40 多年发展起来的经济机制设计理论、信息经济学、最优合同理论和拍卖理论等，根据不同的经济环境和行为假设，研究并给出大到整个国家、小到二人经济世界的各式各样的经济制度安排。第五部分将对经济制度安排的激励设计问题进行详细的讨论。

1.10.4　选择均衡结果

现代经济学分析框架中的第四个基本组成部分是做出权衡取舍，找出最优结果。一旦给定经济环境和经济制度安排 (游戏规则) 及其他必须遵守的约束条件，人们将会根据自己的行为方式做出激励反应，在众多的可行结果中通过权衡取舍来选定结果，称之为均衡结果。其实均衡概念不难理解，它表示在有多种可供选择方式的情况下，人们需要选定一个结果，这个最终选定的结果就是均衡结果。对利己的人来说，他将选择一个自认为是最有利的结果；对利他的人来说，他可能选定一个有利于他人的结果。这样，所谓**均衡**，指的是一种状态，即所有经济人不再有激励偏离的一种状态，因而是一个静态概念。

以上所定义的均衡应是经济学中最一般化的均衡定义。它包括了教科书中在自利动机的驱动以及各种技术或预算约束条件下独立决策所达到的均衡。例如，在市场制度下，作为企业所有者，在生产技术约束条件下的利润最大化生产计划被称为均衡生产计划；作为消费者，在预算约束条件下的效用最大化消费组合被称为消费均衡。当生产者和消费者以及彼此之间相互作用达到一种大家都无动力偏离的状态时，又可得出所有商品的市场竞争均衡。

需要指出的是，均衡是一个相对的概念。均衡选择结果依赖于经济环境、参与人的行为方式 (无论是相对于理性假设、有限理性假设，还是相对于其他行为假设)，以及让参与人做出激励反应的游戏规则，它是相对于这些因素的“最优”选择结果。注意，由于有限理性的原因，它也许不是真正客观的最优，而是根据自己的偏好及掌握的信息和知识所得到的最优结果。

1.10.5 进行评估比较

现代经济学分析框架中的第五个基本组成部分，是对经济制度安排和权衡取舍所导致的均衡结果进行价值判断与做出评估比较。在经济人做出选择后，首先，人们希望对所导致的均衡结果进行评价，与理想的“最优”状态结果 (如资源有效配置、资源公平配置、激励相容、信息有效等) 进行比较，从而进一步对经济制度安排给出评价和做出优劣的价值判断——判断所采用的经济制度安排是否导致了某些“最优”结果；其次，还要检验理论结果是否与经验现实一致，能否给出正确预测，或是否具有现实指导意义；最后，对所采用的经济制度和规则给出评价，从而判断是否能给出改进办法。简而言之，就是为了把事情做得更好，在做完一件事情之后，评估这件事情的成效到底如何，值不值得继续做，有没有可改进的空间，就像我们写工作总结报告一样。所以，我们需要对经济制度安排和权衡取舍所导致的均衡结果进行价值判断与做出评估比较，找出到底哪些制度最适合本国的发展。

在评估一个经济机制或制度安排时，现代经济学的一个最重要的评估标准就是看这个制度安排是否符合效率原则。当然，在现实中，由于经济环境和人的行为方式不断发生变化，科学与生产技术不断改进，精确的帕累托最优也许永远不可能实现，就像牛顿的三大物理定律、自由落体运动、无阻力的流体运动一样，它只是一种理想状态，但提供了经济效率改进的方向。只要想提高经济效率，人们就应不断地追求，尽量接近这一目标。有了帕累托最优这一理想标准，我们去比较、衡量和评价现实世界中各式各样经济制度安排的好坏就有了依据，看它们离这一理想目标还有多远，从而得知改进经济效益的余地，使资源的配置尽可能接近帕累托最优标准。

不过，帕累托最优只是标准之一，另外一个重要的价值判断是平等或公平配置。市场制度虽然达到了资源的有效配置，但也出现了很多问题，例如贫富差距大造成社会不公。平等和公平有许多种定义，本书第 12 章介绍的公平配置就既考虑到了客观公平，也考虑到了主观因素，并且更重要的是可以同时解决公平和效率问题，这是第 12 章所介绍的公正定理的基本结论。评估一个经济制度安排的好坏还有一个重要的标准，就是看它是否激励相容 (incentive compatibility)。

总的来说，以上所讨论的五个组成部分可以说基本上是所有现代经济理论通用的分析框架，无论使用多少数学，无论制度安排是外生给定的还是内生决定的。在研究经济问题时，我们应该首先界定经济环境，然后考察个体自利行为在外生给定的或者内生决定的机制下是如何相互影响的。经济学家通常将“均衡”“效率”“信息”“激励相容”“公平”作为着重考虑的方面，考察不同的机制对个体行为和经济组织的影响，说明个体行为是如何达到均衡的，并对均衡状态进行评估比较。利用这样的基本分析框架分析经济问题不仅在方法论上是相容的，而且可能得出令人惊讶 (但逻辑一致) 的结论。

1.11　现代经济学的基本研究方法

以上讨论了现代经济学分析框架的五个基本分析步骤：界定经济环境、设定行为假设、给出制度安排、选择均衡结果以及进行评估比较。任何一个经济理论基本上都是由这五个部分组成的。对这五个分析步骤的讨论自然会延伸到如何按科学的研究方法将它们有机地结合起来，并且可以逐步深入地研究各种经济现象，发展出新的经济理论。这就是本节要讨论的现代经济学中通常采用的一些基本研究方法和注意要点。它包括确定基准点、建立参照系、搭建研究平台、发展分析工具、构建严谨模型、做出实证分析与规范分析。

现代经济学的研究方法是，首先提供各种层次和方面的基本研究平台、确定基准点和建立参照系，从而给出度量均衡结果和制度安排的优劣度量标尺。搭建研究平台和建立参照系对任何学科的建立和发展都极为重要，经济学也不例外。

1.11.1　确定基准点

评价任何一件事情或给出任何一个论断，都不是绝对的，而是相对的，因而应有一个可以进行比较或对照的基准点，讨论经济问题也不例外。经济学中的**基准点 (benchmark) 指的是相对理想状态或相对简单的经济环境**。如在本章第一节中所述，为了研究和比较现实经济问题和发展新理论，往往需要先考虑简化的或无摩擦的理想经济环境，发展出相对简单的结果或理论，然后讨论更接近现实的有摩擦的非理想经济环境下的结果和发展出更为一般的理论，并与原有在基准情形下发展出来的理论进行比较。

因而基准点是相对于非理想经济环境或所要发展的更为接近现实的新理论而言的。比如，完全信息假设是研究不完全信息情形下的基准点。在研究信息不对称情况下的经济问题时，我们需要首先弄清楚完全信息的情况 (尽管它非常不现实)。只有在将完全信息研究清楚之后，才能将信息不完全情况下的经济问题研究清楚。做经济理论研究的一般技巧也是这样的：先考虑理想状态或较为简单的情形，然后考虑更为现实或一般的情形，或者先学习好别人的研究成果，然后才能进行理论创新。有生命力的经济学理论和自然科学一样，首先考虑无摩擦的理想状态或简单情形，然后考虑更接近现实的有摩擦的非理想状态或一般情形。新的理论总是基于前人的理论成果而发展起来的。正因为有了牛顿力学，才会有爱因斯坦的相对论，有了相对论，才会有杨振宁、李政道的宇称不守恒理论。

1.11.2　建立参照系

参考系统的建立是任何学科构建与发展的关键步骤，其中包括经济学。在经济学中，**参照系指的是在理想状态下所导致的经济理论或经济框架**，比如完全竞争市场制度能导致资源有效配置的一般均衡理论。建立参照系对任何学科的建立和发展都极为重要，经济学也不例外。尽管作为参照系的经济理论可能有许多假定与现实不符，但是它至少有三个方面的作用：（1）有利于简化问题，抓住问题的特征；（2）有利于树立比较的标尺，从而得以评估现有制度和理想状态下制度间的差距，确立改进方向；(3) 有利于在此基础上研究如何改革或进一步进行理论创新，可作为进一步分析的参照系。

尽管作为参照系的经济理论的理想状态假定与现实不符，但这样的理论却非常有用，是用来进行进一步分析的参照系。这跟在生活中树立榜样，榜样的力量无穷的道理一样，这些参照系本身的重要性并不在于它们是否准确无误地描述了现实，而在于它们建立了一些让人们更好地理解现实的标尺，它们像一面面镜子，让你看到各种理论模型或现实经济制度与理想状态之间的距离，它们的根本重要性在于给出努力和修正的方向，以及修正的程度。试想，一个人如果不知道努力的目标是什么，不知道差距，大致努力的方向都没有，如何改进？遑论要把事情做成了。

本书中要讨论的关于竞争市场的一般均衡理论就提供了这样一种参照系。我们知道完全竞争市场会导致资源的有效配置，尽管现实生活中没有这种市场，但如果朝着这方面努力，就会提高效率，因而才有了反垄断法这样的保护市场竞争等方面的制度安排。通过将完全竞争和完全信息经济环境作为基准点和参照系，人们可以研究一般均衡理论中假设不成立 (信息不完全，不完全竞争，具有外部性) 但更合乎实际的经济制度安排 (比如具有垄断性质或转型过程中的经济制度安排) 能得到什么样的结果，然后将所得的结果与理想状态下的一般均衡理论所得的结果进行比较。通过与完全竞争市场这一理想制度相比较，人们就可以知道一个 (无论是理论还是现实采用的) 经济制度安排在资源配置和信息利用的效率方面的好坏，以及现实当中所采用的经济制度安排与理想状态相差多远，并且提供相应的经济政策或改革举措。这样，一般均衡理论也为衡量现实中所采用的制度安排和给出的经济政策的好坏建立了一个标尺和指出了改革方向。

这就像一个人无论怎么聪明，假如没有努力的目标和方向 (好比一把刀无论怎样锋利，如不知道砍的方向，就不能发挥作用一样)，就可能一事无成。比如将雷锋做人的参照系，作为做人的理想样板。尽管当今现实中没有活着的雷锋，但学雷锋仍然很重要，需要提倡，即使只能做到 1%，也比什么都不做强。因此，做人要有远大的理想，它让我们知道努力的方向和奋斗的目标，也许永远也达不到，但只有向最好的学，跟最好的比，才有可能做得更好，让我们不断地接近理想状态。

1.11.3 搭建研究平台

现代经济学中的研究平台由一些基本的经济理论或方法组成，它们为更深入的分析提供了方便。现代经济学的研究方法类似于物理学的研究方法，即先将问题简化，再抓住问题的核心部分。当有众多因素形成某种经济现象时，我们需要弄清每个因素的影响程度。这可以通过假定其他因素不变，研究其中某个因素对经济现象的影响来做到。现代经济学的理论基础是现代微观经济学，而微观经济学中最基础的理论是本书随后要讨论的个体选择理论——消费者理论和生产者理论，它们是现代经济学中最基本的研究平台或奠基石，这就是为什么所有的现代经济学教科书基本上都是从讨论消费者理论和生产者理论入手的。它们对经济人作为消费者和生产者如何做出选择给出了基本的理论，并且为更深入地研究个人选择问题提供了最基本的研究平台。

一般来说，经济主体的均衡选择不仅依赖于自己的选择，而且依赖于其他经济主体的选择。为了研究清楚个体选择时最重要的影响因素，首先要弄清楚个体在不受他人影响时是如何做出决策的。在本书中要讨论的消费者理论与生产者理论就是按照这样的研究方法得到的。经济主体被假定处于完全竞争的市场制度安排中，由此每个经济主体都把价格作为参数给定，个人选择不受他人选择影响，最优选择由主观因素 (如追求效用或利润最大) 和客观因素 (如预算线或生产约束) 决定。

不少人对这种研究方法感到不解，认为这种简单情况离现实太远，理论中的假设和现实太不吻合，从而认为它没有什么用处。其实，这种将问题简化或理想化的研究方法为更深入的研究建立了一个最基本的研究平台。这就像物理科学一样，为了研究一个问题，先抓住最本质的东西，从最简单的无摩擦情况研究着手，然后再逐步深入，考虑更一般和更复杂的情况。微观经济学中关于垄断、寡头、垄断竞争等市场结构的理论就是在更一般情况下——厂商间相互影响下——给出的理论。为了研究经济人相互影响决策这一更一般情况下的选择问题，经济学家同时也发展出博弈论这一有力的分析工具。

一般均衡分析建基于消费者理论和生产者理论之上，属于更高一层次的研究平台。如果说消费者理论和生产者理论为研究个体选择问题提供了基本的研究平台，一般均衡理论则为研究在各种情况下所有市场的互动，如何达到所有竞争市场的一般均衡提供了一个基本的研究平台。最近 40 多年发展起来的机制设计理论为在各种经济环境下研究、设计和比较不同制度安排和经济机制提供了更高层次的研究平台，它不仅可以被用来研究和证明完全竞争市场机制在配置资源和利用信息方面的最优性及唯一性，更重要的是，在市场无效即失灵时，给出了如何设计替补机制的方法。在一些规范性条件下，没有外部性的完全自由竞争的市场制度安排不仅导致了资源的有效配置，并且从利用信息量 (机制运行成本、交易成本) 的角度看，它利用的信息量最小，从而它是信息利用最有效的。在其他情况下，市场会失灵，我们就需要设计出不同经济环境下的各种不同的替补机制。研究平台也为评估各类经济制度安排提供了各种参照系，为衡量现实与理想状态的差距制定了标尺。

1.11.4　发展分析工具

对经济现象和经济行为的研究，仅有分析框架、基准点、参照系和研究平台还不够，还需要有分析工具。现代经济学不仅需要定性分析，也需要定量分析，需要界定每个理论成立的边界条件，使得理论不会被泛用或滥用。这样，需要提供一系列强有力的“分析工具”，它们多是数学模型，但也有的是图像。这种工具的力量在于用较为简明的图像和数学结构帮助我们深入分析纷繁错综的经济行为和现象，比如，需求供给市场分析模型、博弈论、研究信息不对称的委托–代理理论、保罗·萨缪尔森 (Paul A. Samuelson, 1915—2009, 其人物小传见 3.11.2 节) 的迭代模型、动态最优理论等。当然，也有不用“分析工具”的，如科斯定理，只用语言和基本逻辑推理来建立和论证所给出的经济理论。

1.11.5 构建严谨模型

在解释经济现象或经济行为并给出结论或做出经济推断时，往往要求进行逻辑严谨的理论分析。如前所述，任何一个理论的成立都是有一定条件的，现代经济学不仅需要定性分析，也需要定量分析，需要界定各种理论结果成立的边界条件，使得理论不会被泛用或滥用，就像药物学和药理学需要弄清药品的适用范围和功能一样。为此，我们需要建立严谨的分析模型，将其理论成立的条件界定得非常清楚。不了解相关的数学知识，就很难准确理解概念的内涵，也就无法对相关的问题进行讨论，更给不出做研究时所需要的边界条件或约束条件。因此，以数学和数理统计作为基本的分析工具就毫不奇怪了，数学和数理统计已成为现代经济学研究中最重要的研究方法和工具。

1.11.6 做出实证分析与规范分析

从研究方法的角度看，经济分析可分为两类：一类称为实证或描述性分析；另一类称为规范或价值判断分析。经济学与自然科学的另外一个重大差异就是，自然科学基本只进行实证分析，而经济学对问题的讨论往往不仅要进行实证分析，也要进行规范分析。

实证分析只解释经济是如何运行的，它只给出客观事实并加以解释 (因而是可验证的)，而不对经济现象做出价值评价或不给出修正办法。例如，现代经济学的重要任务是对生产、消费、失业、价格等现象加以描述、比较、分析，并预测各种不同政策的可能结果。消费者理论、生产者理论及博弈论都是实证分析的典型例子。

规范分析则要对经济现象做出评价。经济学不仅要解释经济是如何运行的，而且要找出修正办法。因此，它往往涉及经济学家个人主观的价值标准和偏好 (从而是不能由事实验证的)。例如，有的经济学家更强调经济效益，而有的经济学家则更强调收入的平等或社会公平。在讨论经济学问题时，注意到这两种方法的差异能避免许多不必要的争论。经济机制设计理论就是规范分析的典型例子。

实证分析是规范分析的基础，规范分析是实证分析的延拓。因而经济学的首要任务是进行实证分析，然后再进行规范分析。本书要讨论的一般均衡理论就既包括实证分析 (如竞争均衡的存在性、稳定性及唯一性)，也包括规范分析 (福利经济学第一、第二基本定理)。

1.12 分析框架及其方法的现实作用

以上介绍了现代经济学的最基本分析框架和研究方法也具有重要的现实作用。尽管这些分析框架和研究方法看起来似乎简单，但实际上要真正领悟并将它们融会贯通于自己的生活、学习、研究中却并不容易。不过，一旦你掌握了现代经济学的基本分析框架和研究方法，就会一生受益无穷。因为它们会使你聪明、睿智、深刻、思维科学；它们会帮助你学习、研究那些“阳春白雪”的纯经济理论；它们也有助于指导你在生活、工作中所面临的实际问题。

首先，从学习现代经济学的方面来看，一旦掌握了现代经济学的基本分析框架和研究方法，你就不会被那些抽象的模型和高深的数学所迷惑而弄得头昏脑胀。无论一个经济理论用到多深的数学、多少的公式、多么复杂的经济模型，它基本上都采用了以上所介绍的基本分析框架和研究方法来进行研究。只要你紧紧抓住了这些基本的分析框架和研究方法，将它们作为一条核心主线印在你心中，你就不会迷失方向、失去重点，就会基本上知道所讨论的思路，可以暂时将那些技术性的、一时无法理解的具体细节搁置一旁，先弄清理论框架和具体结论，再弄懂那些具体细节。也就是，要先抓文章的主线、大致思路，了解它想做什么，得到什么论断，然后再抓具体细节。另外，一旦掌握了这些基本分析框架和研究方法，你就会对现代经济学有一个正确的看法，不太可能被误导，从而不会影响自己学习现代经济学的兴趣。经常有人对现代经济学及其研究方法进行批判，其实这些人的大多数议论都没有建立在科学的分析问题的方法上，有的甚至完全凭自己的主观臆断。没有弄清现代经济学的基本分析框架和研究方法，这些言论就有可能会误导你，使你迷失学习现代经济学的正确方向，甚至可能使你对现代经济学的学习产生一种忽视乃至抵触的态度。

其次，从研究现代经济学的方面来看，一旦理解和掌握了现代经济学的基本分析框架和研究方法，你将会更容易学习如何做现代经济学方面的研究。许多想做经济学研究的人，尽管他们对现代经济学已经有了相当多的了解，读了许多经济学论文，但仍然感觉做研究艰难，不知道怎么做研究，或做不出让别人认可的研究工作。其实只要你掌握了这些基本的分析框架和研究方法，同时具有一定的数理基础和逻辑分析能力，那么做起经济学研究来就不会感觉特别艰难。从某种意义上说，做研究就是对基本分析框架的五个组成部分进行内在逻辑式的、分层次递进的写作工作。这些基本框架和研究方法可能会有助于提高你的研究和创新能力。

例如，如果你想研究某个经济问题或现象，或希望给出一个新的理论，让它具有较强的解释经济行为和经济现象的能力，能够指导现实经济问题，那么你就要合理、准确地描述、刻画经济环境和经济人的行为方式，采用已有的分析工具或自己发展新的分析工具，建立一个尽可能简单的模型，然后进行推导论证。如果你只是想推广和改进原有的理论结果，你就需要分析原有的关于经济环境、行为的假设及模型结构是否符合现实，是否能够放宽那些前提假设条件，得出新的或者更一般的结果甚至是重大理论学说。对于初做研究的人来说，这一类推广、修正、改进的工作也许会相对简单一些，并且你的研究结果更容易被人接受和出版发表。当然，你也可以对经济环境界定或其他组成部分进行改动，也可能得到非常不同甚至是重大的结果。比如，宏观经济学派和信息不对称下的众多理论就是这样得出来的。假设你想批判某个现代经济学理论，你应该批评这个理论分析框架的哪些组成部分在哪些方面存在不合理、逻辑不正确或不现实的地方，而不是批判整个现代经济学及其研究方法。因此，针对那些批判现代经济学，否定现代经济学，将现代经济学说得一无是处，宣称要抛弃现代经济学，要建立自己的经济学的人，笔者希望他们能够对现代经济学的基本框架及方法论真正有所了解，在了解的基础上再去考虑如何对现代经济学的某些理论进行批判或抨击，这样便会出言谨慎，不致误导大众。

最后，了解现代经济学及其研究方法和分析问题的框架也会帮助你更好地思考问题、更好地处理日常事务、更好地待人接物，会使得你思想更加深刻深邃、工作更加有能力。经常听到对现代经济学的这样的质疑：经济学看起来就是一些“阳春白雪”、形而上的学问，用到这么多数学，学起来这么难，离现实感觉有十万八千里，学了对今后有什么用呢？其实，在日常生活中待人处事的方式基本上类同于经济学分析问题的基本框架。比如，你到了一个新的地方，准备做一件事情，或者需要与人打交道，首先要做的事就是了解当地情况、周围环境及国情 (对应框架中的“界定经济环境”)；其次，也要了解当地的民风民俗，尽可能弄清与之打交道的人的行为处事方式，他的品行、性格等 (对应“设定行为假设”)；再次，根据这些信息，决定自己与人打交道的规则及自己待人处事的方式 (对应“给出制度安排”)；复次，在具有可行性的、可供选择的方案中，通过权衡取舍选定一个最佳方案 (对应“选择均衡结果”)；最后，对自己所做的决定、所做的事情及所采用的处事方式进行总结反省，看是否为最有效的方法，是否达到了最好的结果，是否公平合理，是否调动了大家的积极性，是否让人们对激励做出反应，是否达到了你想要达到的目标，即所谓的激励相容等等 (对应“进行评估比较”)。并且，当环境、情况发生变化后，工作的对象变了，要做好一件事情，游戏规则当然也应相应发生变化。只要按照这五个步骤去做，并根据情况的变化随时调整游戏规则，就一定会把事情做得更好，这可能是解决和处理日常生活和工作事务的最佳方式之一。并且，经济理论的许多结果也有助于你思考问题和解决问题。

1.13 解决中国现实问题的关键研究方法

研究具有全局影响的中国发展中的经济规律和解决重大现实经济问题，给出政策建议和具体的改革措施，思维方式和关键研究方法异常重要，否则容易导致误区，出现奇谈怪论。研究中国经济问题及其发展规律，需要善于把控和提炼中国经济问题，着眼于回答和解决现实问题。从不同的维度来看，中国经济问题，既包括当前热点难点问题，也包括长远重大策略问题，既包括基础理论问题，也包括现实应用问题，既包括理论学术问题，也包括政策对策问题，都是非常复杂的事情，涉及经济主体及包括制度、政治、社会及文化等方面在内的许多因素，从而不能简单地进行局部分析，孤立地看单一因素。否则，所形成的研究结论可能是有失偏颇乃至是有害的，也就是古人所说的，**“不谋全局者，不足谋一域”**。经济学是经世济民之学，其所得出的一些研究结论，特别是政策建议，会有很大的外部性。因此，掌握研究和解决中国现实经济问题的关键研究方法就显得异常重要。

除了采用本章开头提出的“三维六性”的多维度、多重特性的关键研究方法，本节再给出另外六种关键方法。研究和解决现实问题，必须从实际出发，理论结合实际，树立全局观念和系统思维，坚持以一般均衡分析为核心的综合治理理念，而不只是简单的控制实验 (尽管是科学研究的第一步) 的局部或孤立看单一因素的分析方法，同时还需要充分考虑风险和不确定性，不能盲目乐观，只是考虑胜算，要有风险意识和危机意识；要清醒认识改革举措从必要性到充分性的转换，准确把握信息、激励、效率和公平四个关键词；要区分短期和长期最优，局部和全局最优，清楚理解最优结果往往有最优和次优之分。

1.13.1　要有全局观点、系统思维和综合治理理念

研究和解决重大现实经济问题要有长远和全局观点、系统思维，坚持以一般 (全局) 均衡分析为核心的综合治理理念，不应过度宣扬单一因素控制实验方法的“魔法性”，夸大其局部分析的结果，以偏概全。控制实验的局部 (均衡）分析方法仅仅是科学研究和解决现实问题的第一步，如不进行全局均衡分析，考虑方方面面的影响，外推有效性就大有问题，容易导致看问题片面的盲人摸象，机械，以偏概全，以点带面，只看到局部，看不到整体，强调一点，忽视其他，甚至是避重就轻，得到的不是整体事实和全部真相的结论，弄不好会得出脱离常识、异常片面或荒谬的结论，甚至给出有害的政策建议和改革举措。这样的所谓研究现实世界的成果在当前却非常普遍，如采纳，不仅解决不了短期面临的现实问题，更谈不上提供任何长期解决方案，弄不好会导致严重后果。

1.13.2　研究和解决现实问题既是科学也是艺术

研究和解决重大现实经济问题不仅是科学，也是艺术，还涉及价值判断，因此既不能以现实问题的特殊性来否定理论和科学研究的原则性、一般性及方向性的重要指导作用，也不能以理论的一般性忽视现实问题的特殊性。现在一个普遍现象就是轻视理论，认为理论对解决现实问题不重要，否定理论对解决现实经济问题的重要作用。经济问题比自然科学问题要复杂得多，涉及经济主体的行为和政治、经济、社会、文化、外部环境等许多因素，从而纯理论往往不能直接套用，研究和解决现实经济问题需要因人、因事、因地、因时而异，具体情况具体分析，不能只做控制实验的科学实证分析，还需要做综合治理的全局分析。综合治理就像做好管理工作一样，不仅要有决策的科学性，也要有谋划的艺术性。更复杂的是还需要有价值判断的规范分析，但一旦涉及价值判断，就容易上升到意识形态，容易站在自己的角度和立场来看问题和判断是非，往往就会导致很大争议，甚至用自身立场代替是非观念。因此，对重大现实经济问题的研究和解决，既不能以理论和科学研究的一般性忽视现实问题的特殊性，又不能以现实问题的特殊性否定理论的原则性指导作用。从而，除了要采用上面第一种关键方法中提到的一般均衡分析，还需要换位思考和采用“三维六性”的多维度、多重特性的研究方法，也就是要有理论逻辑、实践真知、历史视野三个维度的综合分析，强调的是科学性、严谨性、现实性、针对性、前瞻性和思想性。

1.13.3　要注重风险和不确定性的防范和化解

在研究和解决具体现实问题及做政策研究时，和行军打仗一样，轻敌是大忌，不能只是考虑有利因素或己方的胜算，还要充分考虑其风险和众多的不确定性。也就是要有忧患意识、危机意识和风控意识，要充分考虑风险的防范和化解，这和鼓舞人心的宣传及外宣是大不一样的，宣传和外宣可以只注重或侧重正能量，但做旨在解决现实问题的研究不能如此。然而，很容易一厢情愿地只愿看到经济形势的有利面，盲目乐观，或只看到自身有利因素，过高估计或抬高自身的优势，只考虑自身胜算，而忽视困难因素或不愿意承认对

方优势，只愿意看到竞争对手的弱点，对困难或对竞争对手的优势往往考虑不足，这种片面看问题的方法给人的感觉好像是鼓舞人心的宣传。这样的所谓研究成果，弄不好会产生很大误导或严重经济社会后果。

比如，在做中国宏观经济分析和预测时，容易对经济形势和经济增长过于乐观，对困难和挑战认识不足，对小概率的黑天鹅事件和大概率的灰犀牛事件等系统性风险估计不足。此外，容易只是一味地看到己方的优势和对方的弱势、弱点或不足，而往往不愿意正视己方与对方的差距。这种一厢情愿地看低对方、高估自己的做法，弄不好会造成很大的被动或不良后果。类似的例子从古到今比比皆是，如战国时期赵国的赵括 (纸上谈兵)，三国时期的马谡 (失街亭)，他们都只考虑自己的胜算，而没有充分考虑对方的优势，从而导致了失败，甚至造成了国家的危机。

1.13.4 要区分必要性与充分性以及如何转化

在研究和解决具体现实问题、提出政策建议和改革方案时，弄清必要条件 (做什么) 至关重要，但同时也要清醒地认识到如何让必要条件向充分条件转化 (如何做)，不要因为中途出现问题而轻易否定改革方向和举措，否则弄不好会出现改革往回走的现象。许多因素孤立地看只是解决现实问题的必要条件，也就是要做成事情必须具备的条件，而不是充分条件。然而，许多人却因实施过程中出现问题，产生一些偏差就轻易地否定其必要性，而没有认识到，这个必要条件可能还需要许多其他辅助条件，才能转化成充分条件，才能将事情做成。所以，不能轻易否定之，而是要进行多方面的改革和综合治理。例如，市场经济制度是国家繁荣富强的必要条件，但不是所有实行市场经济的国家都实现了繁荣富强，这是因为市场经济有“好”和“坏”之分，好的包容性市场经济，还需要政府和社会两个要素加以配合，共同构建起现代国家治理体系，才能实现良性的发展，真正成为得到各国信任和拥护的世界强国。这两个要素具体包括国家能力和政府的执行力，以及民主法治、公平正义、包容透明的社会治理。然而，许多人将必要性和充分性混为一谈，许多市场化改革的举措本来大方向正确，但由于综合治理改革不到位，辅助改革措施不到位，一出现了问题，就认为是市场化改革的错，否认其改革大方向，想走回头路。

1.13.5 要注重信息、激励、效率和公平四个关键词

在研究和解决具体现实问题、提出改革建议时，要特别注重信息、激励、效率和公平四个关键词。在论及发展成效时，还需尽可能多方位地从不同的角度来度量和评估，例如同时采用中位数而不仅仅是平均数作为度量标准。由于经济主体在正规、通常情况下都是逐利的，也就是人们通常所说的在商言商情景，再加上经济主体间的信息往往是极度不对称和不透明的，因而需要采用分散决策的制度安排来搞对激励，让人们能真实显示信息，而不是政府一味主导。所谓搞对激励就是如何实现有主观能动性的“我要做”的激励相容，而不是采用被动式的“要我做”的强制措施。我们可以通过激励机制的实施 (如让市场在资源配置中发挥决定性作用) 激发经济主体的主观能动性，提高效率，勃发创新力，实现

激励相容，同时让政府和社会发挥好的、恰当的作用，让公共信息尽可能透明和社会治理更为包容。同时，公平也非常重要。过程公平、机会平等，无论是对市场效率还是社会稳定都异常重要，但受重视程度还不够，原因之一是度量的标准问题。现在一个常用标准就是用平均或人均来表达发展成效，这当然是一个度量经济发展的进步指标，但也有很大的问题，其中一大问题就是没有注重平等，使贫富差距巨大问题被平均掩盖掉了。从注重公平和平等及社会稳定的视角看，还需要采用中值来度量平衡发展的程度，而不单单采用平均值来度量发展成效。

1.13.6 要区分短期和长期最优以及局部和全局最优

在研究和解决具体现实问题、做政策和改革研究时，要区分短期和长期最优、局部和全局最优。要知道，最优性 (optimality) 是分层次的，有短期和长期之分，有局部和全局之分，有最佳 (first best) 和次佳 (second best) 之分。随着制约条件的增加，最优结果可能只是次佳、次次佳 (third best)、次次次佳 (fourth best)，依此类推。并且，局部、短期最优往往不是全局、长期最优，短期最优甚至有可能给全局和长期发展带来严重后果。因此，在分析和解决重大现实经济社会问题时，必须有全局观点、系统思维和综合治理的一般均衡分析。比如，对单一市场的马歇尔均衡结果，所得到的最优只是局部最优，即局部有效率，但往往会造成全局的无效资源配置。另外，不能由于紧急、突发情况所采取的极端手段有效，就想将其长期固化下来，这与军事管制不能由于其短期有效就将其长期固化下来的道理一样。前面批判控制实验的局部均衡分析方法时所给出的例子，也说明了短期、局部最优说不定会带来其他方面的严重后果。

1.14 学好现代经济学的基本要求

学好和掌握经济理论有三个基本要求：

（1）对基本的概念和定义要清楚和掌握，这既是最基本的要求，也是逻辑思维清晰、头脑清楚的具体体现。这不仅是讨论和分析问题、进行内在逻辑分析的前提，也是学好经济学的前提，否则，由于术语的定义不同，会产生很大歧义，引起不必要的争论。

（2）所有定理或命题的陈述要明确，基本结论及其条件要清楚，否则在应用经济理论分析问题时会失之毫厘、谬以千里。就像药物有其适用范围一样，任何一个理论、任何一个制度也有其适用的边界和范围，不能够泛用，弄不好会出大问题，导致巨大的负外部性。经济社会出现大问题，很多时候就是由于经济学家误用了某种理论，没弄清楚理论的边界和适用条件。所以，一个合格的经济学家，就像一个合格的医生给病人开处方治病一样，需要首先弄清各种药物的药性和药理。

（3）基本定理或命题的证明 (思路和过程) 要掌握。一个优秀的经济学家，就像一个优秀的医生一样，不仅要知其然，也要知其所以然，不仅要知道药物的药性，也要知道病理，才能更深刻地理解和掌握所学的理论。

如果达到了上述要求，即使一些命题结论的证明忘记了，将来要重新掌握也很容易。经济学主要靠内在逻辑分析，这也是现代经济学理论的威力。因此，精确地掌握理论及其边界是非常重要的。

1.15 数学和统计对经济学的作用

数学和统计，在人类掌握自然知识和日常事务管理中具有极端重要性。如当代著名统计学家劳氏 (C. Radhakrishna Rao) 所指出的那样：数学是一种从给定前提下演绎出结果的逻辑，而统计学则是一种从经验中学习的理性方法以及依据给定结果来验证前提的逻辑。劳氏相信：**"在终极的分析中，一切知识都是历史；在抽象的意义下，一切科学都是数学；在理性的基础上，所有判断都是统计学。"**[①]这一段话深刻地刻画了数学及统计的重要性，及其各自的内涵。

数学和统计对现代经济学的重要性也是如此。现代经济学中几乎每个领域都用到大量数学、统计及计量经济学方面的知识。所用到的数学知识之多、之深，甚至超过了物理科学。之所以如此，这与现代经济学越来越成为一门科学，采用数理分析工具，以及社会系统更为复杂、影响巨大等原因都分不开。因而，在考虑和研究经济问题时，要求使用严谨的理论模型进行内在逻辑分析，并确定一个理论结论成立的边界条件，即需要具备什么具体条件才有这样的理论结果，然后通过计量分析方法对给定的结果进行实证检验。这样以数学和数理统计作为基本的分析工具就毫不奇怪了，而它们也成为现代经济学研究中最重要的分析工具。每个学习现代经济学和从事现代经济学研究的人都必须掌握必要的数学和数理统计知识。

现代经济学主要用数学语言来表达关于经济环境和个人行为方式的假设，用数学表达式来表示每个经济变量和经济规则间的逻辑关系，通过建立数学模型来研究经济问题，并且按照数学的语言合乎逻辑地推导结论。不了解相关的数学知识，就很难准确理解概念的内涵，也就无法对相关的问题进行讨论，更谈不上做研究，给出结论时弄清所需要的边界条件或约束条件。因而，如果想要学好现代经济学，从事现代经济学的研究，成为一个好的经济学家，就需要掌握必要的数学知识。因此，不能由于不懂数学，掌握不了现代经济学的基本理论和分析工具，看不懂较为高深的经济学教科书或文章，就否定数学在经济学研究中的作用，用经济思想的重要性或用数学就是远离现实经济问题等理由反对采用数学。谁也不否认经济思想的重要性，它是研究的重要产出。但为什么不能兼顾有学术的思想和有思想的学术呢？正如爱迪生所说，一个天才只需要百分之一的灵感，然后必须再加上百分之九十九的汗水才能成功。没有数学作为工具，怎么会知道经济思想或结论成立的那些边界条件和适用范围呢？如果不知道这些条件和范围，又怎么能保证其经济思想或结论没有被滥用或误用呢？世界上又有几个人能像亚当·斯密和科斯那样，不用数学模型就能发展出那么深刻的经济思想呢？即便如此，经济学家直到现在还在研究他们提出的重要

① C.R. 劳. 统计与真理：怎样运用偶然性. 北京，科学出版社，2004.

结论或论断在什么条件下才成立，抑或在什么条件下就可能不再成立。况且我们所处的时代不同，现代经济学已经成为社会科学中一门非常严谨的科学。没有严谨的论证，其思想或结果就不会被别人承认。如前所述，在过去的三千多年中，姜尚、老子、孙武、管仲、司马迁等先哲们所给出的经济学思想异常深邃，亚当・斯密所论及的，我们的先哲早已论述或涉猎，但先哲的思想却不被外人所知，其基本原因就是这些只是经验总结，没有形成科学体系，没有用科学方法进行严格的内在逻辑分析。

还有一种看法是，用数学来研究经济问题就是远离现实，这是一个误区。首先，不少数学技术手段本身都是基于现实需要而产生的。学过物理学，读过物理科学发展史或数学思想史的人都知道无论是初等数学还是高等数学，都来源于科学发展和现实的需要。既然如此，为什么经济学就不能用数学来研究现实经济问题呢？作为一个哲学家和经济学家，马克思用过当时最先进的数学，写过《数学手稿》这一著作，其《资本论》就用到了许多统计方法和数学方法。其次，尽管本书将用到许多数学知识，但所讨论的问题都来源于现实世界，具有针对性和指导性。所以，要想成为一个合格的经济学家，就应同时打好数理基础和现代经济学基础。学好了数学，掌握了现代经济学的基本分析框架和研究方法，学起现代经济学来就会感到相对容易，就可以大大提高学习现代经济学的效率。

数学在现代经济学理论分析中的作用是：（1）使得所用语言更加精确和精练，假设前提条件的陈述更加清楚，这样可以减少许多由定义不清所造成的争议。（2）使得分析的逻辑更加严谨，并且可以清楚地阐明经济结论成立的边界和适用范围，给出理论结论成立的确切条件，为超越原有理论局限性的理论创新创造条件，否则的话，往往会导致理论的泛用和不利于理论创新。例如，在谈到产权问题时，许多人都喜欢引用科斯定理，认为只要交易费用为零，就可导致资源的有效配置。直到现在，仍有许多人不知道 (包括科斯本人在给出他的论断时也不知道)，这个结论一般不成立，还要加上效用 (支付) 数是拟线性的 (quasi-linear) 这一条件才能保证结论成立。（3）利用数学可帮助得到不是那么直观的结果。比如，从直观上来看，根据供给和需求法则，只要供给量和需求量不相等，竞争的市场就会由“看不见的手”通过市场价格的调整达到市场均衡。但这个结论不总是成立。Scarf (1960) 给出了具体的市场不稳定的反例，证明这个结果在某些情况下并不成立。（4）它可改进或推广已有的经济理论。这方面的例子在经济理论的研究中比比皆是。比如，经济机制设计理论是一般均衡理论的改进和推广。

对经济问题，不仅要做定性的理论分析，而且要做定量的实证分析。经济统计和计量经济学及大数据在这些方面发挥着重要作用。经济统计侧重于数据的收集、描述、整理及给出统计的方法，计量经济学则侧重于经济理论的检验、经济政策的评价、经济预测及各个经济变量之间的因果关系检验，而大数据分析则能更快、更好、更高效地处理数据，并利用这些数据发现新的机会，提供新产品和服务，如 ChatGPT 等生成式的人工智能产品，且具有很大的成本优势。为了更好地估计经济模型和做出更精确的预测，理论计量经济学家不断地研究出更为有力的计量分析工具和大数据分析方法。

应该注意的是，经济学不是数学，数学在经济学中只是作为一种工具被用来考虑或研究经济行为和经济现象。经济学家只是用数学来更严格地阐述、更精练地表达他们的观点和理论，用数学模型来分析各个经济变量之间的相互依存关系。由于经济学的度量化、各种前提假设条件的精确化，经济学已成为一门体系严谨的社会科学。

当然，光懂数学还不能成为一个很好的经济学家，还要深刻理解现代经济学的分析框架和研究方法，对现实经济环境、经济问题有很好的直觉和洞察力。学经济学时不仅要从数学 (包括几何) 的角度去了解一些术语、概念和结果，更重要的是，即使它们是用数学的语言或几何图形给出的，也要尽可能弄清它们的经济学含义及其背后深邃的经济思想。因而在学习经济学时不要被文中的数学公式、数学符号等迷惑住。所以，要成为一个真正优秀的经济学家，需要做到**有学术的思想和有思想的学术的有机结合**。

1.16 经济学和数学语言之间的转换

经济学研究的产品是经济论断和结论。任何一篇规范的经济学论文的写作都由下面三个部分组成：（1）提出问题，给出重要性，确定研究目标；（2）建立经济模型，严格表达并验证论断；（3）通俗表达论断并给出政策含义。这就是说，一个经济结论的产生一般需要经过三个阶段：非数学语言阶段—数学语言阶段—非数学语言阶段。

第一阶段提出经济观念、想法或猜想，这些观念、想法或猜想可能由经济直觉产生或依据历史经验或外部经验得来。由于还没有经过理论论证，人们可将它们类比为一般生产中的初等品。这一阶段是非常重要的，它是理论研究和创新的来源。

第二阶段需要确定所提出的经济想法或论断是否成立。这种验证需要经济学家通过经济模型和分析工具进行内在逻辑分析，给出严格的证明，只要有可能，还需要通过经验数据的检验。所得出的结论和论断往往都是由数学语言或专业术语来表达的，非专业人士不见得能理解，从而不能为社会大众、政府官员、政策制定者所采用。所以人们可将这些由技术性较强的语言所表达的结论和论断类比为一般生产中的中间产品。

学经济学是要为现实经济社会服务的，所以第三阶段就需要将由技术语言所表达的结论和论断用通俗的语言来表达，使得一般人也能够理解，用通俗语言的形式给出这些结论的政策含义、意义及具有洞察力的论断，这些才是经济学的最终产品。注意第一阶段和第三阶段都是用通俗、非技术、非数学的语言来给出经济想法和结论，但第三阶段是第一阶段的一种飞跃、升华。这种三阶段式——由通俗语言阶段到技术语言阶段然后再回到通俗语言阶段——其实也是大多数学科所采用的研究方式。

1.17 【人物小传】

1.17.1 亚当 · 斯密

亚当 · 斯密 (Adam Smith，1723—1790)，经济学的主要创立者，被称为现代经济学之父。亚当 · 斯密在英国格拉斯哥大学完成拉丁语、希腊语、数学和伦理学等课程的学习，后在格拉斯哥大学不仅担任过逻辑学和道德哲学教授，还担任过荣誉校长。1776 年出版的

《国富论》一书是斯密最具影响力的著作，对经济学作为一门独立学科的创立有极大贡献。在西方世界，这本书甚至可以说是经济学领域内所发行过的最具影响力的著作。其学术思想主要受哲学家伯纳德·曼德维尔 (Bernard de Mandeville, 1670—1733)、弗朗西斯·哈奇森 (Francis Hutcheson, 1694—1746)、大卫·休谟 (David Hume, 1711—1776) 及经济学家雅各布·范德林特 (Jacob Vanderlint，生年不明，死于 1740 年)、乔治·贝克莱 (George Berkeley, 1685—1753) 等人的影响。

斯密认为，人类社会经济的发展是千百万人自发行动的结果，是所有人遵照某种本能力量的驱动，由利益心的驱引、策划的无数行为创造出来的。他把这种力量称为“看不见的手”，实际上也就是他所推崇的应让市场规律在政治经济社会中起决定性作用。《国富论》一书否定了重农主义学派对于土地的重视，认为劳动才是最重要的，劳动分工能大大提升生产效率，而经济学家如托马斯·罗伯特·马尔萨斯和大卫·李嘉图则专注于将斯密的理论整合为 21 世纪所称的古典经济学 (现代经济学由此衍生)。马尔萨斯将斯密的理论进一步延伸至人口过剩上，而李嘉图则提出了工资铁律 (iron law of wages)，认为人口过剩将导致工人连勉强糊口都无法达成。斯密假设工资的增长会伴随着生产的增长，这个观点在今天看来则更为准确。该书涉及的理论学说除开创了劳动分工理论外，还成为货币理论、价值理论、分配理论、资本积累理论、赋税理论等领域的鼻祖。此外，马克思的劳动价值论也建立在李嘉图的政治经济学基础之上，从而间接地受到了斯密学说的影响。

亚当·斯密认为市场经济是基于伦理道德的经济制度，而非冷血无情、野蛮的竞技场。在《国富论》之前，他就出版了更为基础、更为重要的《道德情操论》(1759 年首版)，论述了人们应具有同情心和正义感，这种同情心和正义感特别是在非常规情形 (如人们处于困境中和国家受到侵犯) 下往往会出现：“对那些遭逢不幸的人，我们能够给予的最残酷的侮辱，莫过于表现出一副藐视他们悲惨遭遇的样子。”他竭力要论证的是：具有利己主义本性的个人是如何控制自己的感情和行为，尤其是自私的感情和行为，从而形成社会利益和个体利益的激励相容的。斯密在《国富论》中所建立的经济理论体系，就是以他在《道德情操论》中的这些论述为前提的，旨在为市场经济的合理性奠定伦理基础。这两本书阐明了斯密的一个异常重要的观点：法律和道德，才是市场正常运转的前提和基础。斯密深刻地刻画了三者间的逻辑关系。斯密写作并交替反复修改直至其离世的《道德情操论》和《国富论》这两部著作，形成了他的学术思想体系的两个互为补充的有机组成部分。斯密把《国富论》看作自己在《道德情操论》中论述的思想的继续发挥。《道德情操论》和《国富论》这两部著作，在论述的语气、论及范围的宽窄、细目的制定和着重点上虽有不同，如对利己主义行为的控制上，《道德情操论》寄托于同情心、正义感及利他偏好，而《国富论》则寄希望于市场竞争机制，但对自利行为的动机的论述，这两部著作在本质上却是一致的。笔者认为，个体的同情心、正义感及逐利其实只是人们在不同 (异常和常规) 情形下的不同反应。所以，诺贝尔经济学奖得主阿马蒂亚·森认为：斯密的《道德情操论》，是世界思想史上真正杰出的著作之一，对我们这个相互依存的世界来说，堪称一份具有深远意义的全球宣言，其影响之深广及现实指向令人惊叹。

1.17.2 大卫·李嘉图

大卫·李嘉图 (David Ricardo, 1772—1823) 与托马斯·罗伯特·马尔萨斯将斯密的理论整合成古典经济学，是古典政治经济学的代表人物。李嘉图生于犹太人家庭，父亲为证券交易所经纪人。李嘉图 12 岁到荷兰商业学校学习，14 岁随父从事证券交易。他 1793 年独立开展证券交易活动，25 岁时拥有 200 万英镑的巨额财富，随后钻研数学、物理学。1799 年他读亚当·斯密的《国富论》后开始研究经济问题，37 岁发表他的第一篇经济学论文，随后便一发不可收，在他 14 年短暂的学术生涯中，为后人留下了大量的著作、文章、笔记、书信、演说。其中，1817 年出版的《政治经济学及赋税原理》(*Principles of Political Economy and Taxation*) 最负盛名。李嘉图相当自负，他说，自己的观点和大权威斯密及马尔萨斯不同，在英国，能读懂他的书的人，不会超过 25 个。1819 年李嘉图当选上议院议员。

李嘉图以边沁功利主义为出发点，建立了以劳动价值论为基础、以分配论为中心的理论体系。他坚持商品价值由生产中所耗费的劳动决定的原理，并批评了斯密价值论。他提出，决定价值的劳动是社会必要劳动，决定商品价值的不仅有活劳动，还有投在生产资料中的劳动。他认为，全部价值由劳动产生，并在三个阶级间分配：工资由工人的必要生活资料的价值决定，利润是工资以上的余额，地租是工资和利润以上的余额。

基于劳动价值论，李嘉图建立了比较优势理论。在《政治经济学及赋税原理》中，他就开宗明义地指出："一件商品的价值，或曰用以与之交换的任何其他商品的数量，取决于生产此件商品所必需的相对劳动量。"进而，他认为"商品的交换价值以及决定商品交换价值的法则，即决定为了交换他种商品必须付出多少此种商品的规律，全然取决于在这些商品上所付出的相对劳动量"。国际贸易中各方的利益也全然系于国际市场上各类商品的交换价值，即相对价格水平。在李嘉图看来，一国国内各地区、各产业间资本、劳动等各类生产要素的自由流动是利润率均等化的根本原因。但国与国之间的要素流动则势必因各种原因而被强制性地打断，甚至完全不流动。由此，李嘉图断定，正是国家间的这种生产要素的流动性缺乏，决定了"支配一个国家中商品相对价值的法则不能支配两个或更多国家间相互交换的商品的相对价值"。既然诸多原因决定了同一种商品在不同国家的相对价值各异，那就给各国参与国际贸易获取贸易利益留下了可利用的空间。然而，此处的前提必须是各国都能找准自己同他国比较的有利之处，即确定它们各自的比较优势。

1.18 习题

习题 1.1 (经济学与"科学"经济分析的三要素) 回答下列问题:

1. 经济学的定义是什么？
2. 研究经济问题所面临的最大的两个客观现实是什么？
3. 什么是现代经济学？
4. "三维六性"指的是哪"三维"和哪"六性"？
5. 为什么说"科学"的经济分析应该采用"三维六性"的分析方法？

习题 1.2 (经济学与自然科学及其他人文社会科学的差异)　回答下列问题:

1. 现代经济学与自然科学的主要差异在哪里?
2. 现代经济学与其他人文社会科学的主要差异在哪里?
3. 为什么说这些差异使得经济学的研究更为复杂和困难?

习题 1.3 (经济理论的两个基本分类)　回答下列问题:

1. 现代经济学理论按照功能可以分为哪两类理论?
2. 请描述每类理论的内涵和功能及其关系。
3. 如何正确看待和处理这两类经济理论的互动关系?

习题 1.4 (经济理论的基本作用)　回答下列问题:

1. 试述现代经济理论的三大作用。
2. 为什么说没有放之四海皆准、适合所有发展阶段的最好的经济理论，只有最适合某种制度环境前提的经济理论?
3. 人们通常对经济理论的两个误解是什么?

习题 1.5 (市场与市场机制)　回答下列问题:

1. 从信息和激励的角度看，与计划经济制度相比，市场经济制度的优越性主要体现在哪里?
2. 在市场经济条件下，价格的三大基本功能是什么?
3. 市场制度的优越性是什么?
4. 一个经济体的发展过程要经过哪三个发展阶段? 怎样才能实现效率驱动乃至创新驱动发展? 其背后的基本经济制度是什么?

习题 1.6 (竞争与垄断的辩证关系)　回答下列问题:

1. 为什么从社会资源配置的角度人们往往希望引入竞争机制? 而企业希望的却是垄断? 描述竞争和垄断的辩证互动关系。
2. 熊彼特的基本"创新理论"告诉我们什么? 陈述创新驱动发展的重要性。
3. 为什么创新和企业家精神依赖于制度选择，因而是内生变量?

习题 1.7 (政府与市场和社会的治理边界)　回答下列问题:

1. 为什么要合理界定和厘清政府、市场与社会的治理边界?
2. 政府、市场与社会的治理边界应如何大致划分?
3. 为什么说一个良好的国家治理除了合理界定政府与市场的边界外，还要合理界定政府与社会的边界?

习题 1.8 (国家治理与良性发展三要素及其三大基本制度安排)　回答下列问题:

1. 国家治理与良性发展三要素是什么?
2. 国家治理与良性发展的三大基本制度安排又是什么?

3. 描述三大基本制度安排各自的适用范围和局限性。哪个最为基础和关键?

习题 1.9 (发展与治理的双逻辑) 回答下列问题:

1. 如何正确理解发展的逻辑与治理的逻辑，以及二者之间的内在辩证关系?
2. 基于此框架解释中国经济改革的成绩与不足之处。

习题 1.10 (中国古代经济学思想) 回答下列问题:

1. 试举 5 个例子来说明中国古代关于市场经济的朴素思想。
2. 为什么中国古代有那么多深刻的经济思想却没有形成严格的科学的经济学体系?

习题 1.11 (现代经济学的基石性假设) 回答下列问题:

1. 试述自爱、自私、自利的联系与区别。
2. 为什么经济学采用个体自利性假设作为一个最基本、最关键、最核心的假设?
3. 如何看待利己性与利他性?

习题 1.12 (经济学关键要点) 回答下列问题:

1. 现代经济学的关键要点有哪些? 请对各个要点做出大致描述。
2. 请简单描述集中决策和分散决策的内涵和它们的利弊。
3. 为什么经济自由和竞争对经济发展异常重要?
4. 为什么说在约束条件下做事是经济学中一个最基本的原理?
5. 激励和信息的关系是什么?
6. 为什么明晰产权对资源的有效配置是重要的?
7. 讨论结果平等和机会平等的差异。哪一个和效率不形成冲突?

习题 1.13 (正确看待和理解现代经济学) 回答下列问题:

1. 如何看待现代经济学的科学性?
2. 如何看待现代经济学的数学性?
3. 如何正确看待经济理论?
4. 如何看待经济学难以做实验的批评?

习题 1.14 (现代经济学的基本分析框架) 回答下列问题:

1. 一个规范的现代经济理论的基本分析框架的五个分析步骤是什么?
2. 为什么不同的经济环境需要有不同的经济理论?
3. 为什么在许多情形下即使同样的经济现实或环境也需要有不同的经济理论?
4. 为什么分析框架中要包括评估比较这一重要组成部分?
5. 以科斯定理为例，对其经济学的分析框架进行具体阐释。
6. 现代经济学基本分析框架和研究方法有哪些实际作用?

习题 1.15 (基准点与参照系) 回答下列问题:

1. 基准点和参照系的定义分别是什么?

2. 为什么建立基准点和参照系是讨论经济问题的前提？
3. 典型的参照系有哪些？

习题 1.16 (研究方法) 回答下列问题：

1. 为什么在讨论经济问题时往往既需要实证分析，也需要规范分析？
2. 研究和解决中国现实问题有哪些关键研究方法？它们为什么重要？
3. 如何看待数学和统计在现代经济学中的作用？
4. 如何完成经济和数学语言之间的转换？

1.19 参考文献

教材和专著：

安德烈·施莱弗, 罗伯特·维什尼. 掠夺之手：政府病及其治疗. 赵红军，译. 北京：中信出版社，2004.

弗里德利希·冯·哈耶克. 法律、立法与自由：第二、三卷. 邓正来，等译. 北京：中国大百科全书出版社，2000.

田国强. 序：从国富到民富——从发展型政府转向公共服务型政府//王一江. 民富论. 北京：中信出版社，2010.

田国强. 中国改革：历史、逻辑和未来. 北京：中信出版社，2014.

田国强, 张凡. 大众市场经济学. 上海：上海人民出版社，1993.

王一江. 民富论. 北京：中信出版社，2010.

维克多·J. 范伯格. 经济学中的规则和选择. 史世伟，钟诚，译. 西安：陕西人民出版社，2011：133 .

雅诺什·科尔奈. 社会主义体制：共产主义政治经济学. 张安，译. 北京：中央编译出版社，2007.

Acemoglu, D., and J. A. Robinson (2012). *Why Nations Fail: The Origins of Power, Prosperity and Poverty*, Crown.

Debreu, G. (1959). *Theory of Value*, Wiley.

Friedman, M. and R. Friedman (1980). *Free to Choose*, Harcourt, Brace, and Jovanovich .

Jehle, G. A. and P. Reny (2011). *Advanced Microeconomic Theory*, Addison-Wesley.

Kirzner, Israel M. (1992). *The Meaning of the Market Process: Essays in the Development of Modern Austrian Economics*, Routledge.

Kreps, D. M. (2013). *Microeconomic Foundation I: Choice and Competitive Markets*, Princeton University Press.

Luenberger, D. (1995). *Microeconomic Theory*, McGraw-Hill.

Mas-Colell, A., M. D. Whinston, and J. Green (1995). *Microeconomic Theory*, Oxford University Press.

Olson, M. (1965). *The Logic of Collective Action*, Harvard University Press.

Olson, M. (1982). *The Rise and Decline of Nations*, Yale University Press.

Olson, M. (2000). *The Power and Prosperity, Outgrowing Communist and Capitalist Dictatorships*, Basic Books.

Rawls, J. (1971). *A Theory of Justice*, Harvard University Press.

Rubinstein, A. (2005). *Lecture Notes in Microeconomics (modeling the economic agent)*, Princeton University Press.

Smith, A. (1759). *The Theory of Moral Sentiments.*

Smith, A. (1776). *The Wealth of Nations (An Inquiry into the Nature and Causes of the Wealth of Nations).* W. Strahan and T. Cadell. Reprinted, Clarendon Press.

Varian, H. R. (1992). *Microeconomic Analysis (Third Edition)*, W. W. Norton and Company.

论文：

陈旭东，田国强. 司马迁的因俗以治思想及其现实镜鉴. 财经研究，2016（7）：63-74.

陈旭东，田国强. 赫维茨经济思想与奥地利学派的关联比较. 经济学动态，2017（11）：104-114.

陈旭东，田国强. 新古典经济学的创新与超越何以可能. 探索与争鸣，2017（12）：110-118.

钱颖一. 理解现代经济学. 经济社会体制比较，2002（2）：1-12.

钱颖一. 市场与法治. 经济社会体制比较，2000（3）：1-11.

乔尔·S. 赫尔曼. 转型经济中对抗政府俘获和行政腐败的战略. 叶谦，宾建成, 译. 经济社会体制比较，2009（2）：89-94.

热若尔·罗兰, 胡凯. 理解制度变迁：迅捷变革的制度与缓慢演进的制度. 南大商学评论，2005（5）：1-22.

田国强. 内生产权所有制理论与经济体制的平稳转型. 经济研究，1996（11）：11-20.

田国强. 现代经济学的基本分析框架与研究方法. 经济研究，2005（2）：113-125.

田国强. 和谐社会构建与现代市场体系完善. 经济研究，2007（3）：130-141.

田国强. 从拨乱反正、市场经济到和谐社会构建：效率、公平与和谐发展的关键是合理界定政府与市场的边界.《文汇报》、《解放日报》及上海管理科学研究院“中国改革开放与发展 30 年”征文优秀论文稿，2008（11）：85-103.

田国强. 中国经济发展中的深层次问题. 学术月刊，2011（3）：59-64.

田国强. 中国下一步的改革与政府职能转变. 人民论坛·学术前沿，2012（3）：1.

田国强. 中国经济转型的内涵特征与现实瓶颈解读. 人民论坛，2012（35）：6-9.

田国强. 世界变局下的中国改革与政府职能转变. 学术月刊，2012（6）：60-70.

田国强. 中国改革的未来之路及其突破口. 比较，2013 年第 64 辑.

田国强. “中等收入陷阱”与国家公共治理模式重构. 人民论坛，2013（8）：14-15.

田国强. 法治：现代治理体系的重要基石. 人民论坛·学术前沿，2013（23）：26-35.

田国强，陈旭东. 现代国家治理视野下的中国政治体制改革. 学术月刊，2014（3）：76-84.

田国强，陈旭东. 近现代中国的四次社会经济大变革：国企改革的镜鉴与反思. 探索与争鸣，2014（6）：62-66.

田国强. 当前中国经济增速的合理区间探讨：发展和治理两大逻辑如何统筹兼顾. 人民论坛・学术前沿，2015（6）：56-67，83.

田国强，陈旭东. 重构新时期政商关系的抓手. 人民论坛・学术前沿，2015（5）：19-21.

田国强，陈旭东. 中国经济发展潜力关键在市场化改革的深化. 人民论坛，2015（26）：20-21，256.

田国强. 以市场化改革破解转型与增长两难困境. 人民论坛，2016（5）：88-90.

田国强. “双一流”建设与经济学发展的中国贡献. 财经研究，2016（10）：35-49.

田国强. 现代经济学的本质 (下). 学术月刊，2016（8）：5-15.

田国强. 现代经济学的本质 (上). 学术月刊，2016（7）：5-19.

田国强. 改革开放 40 年再思考: 平衡充分良性发展的制度逻辑. 比较，2017 年第 6 辑.

田国强. 中国经济增长下滑的原因. 学习与探索，2018（4）：5-15.

田国强. 十九大与全面深化改革的新使命、新任务. 人民论坛・学术前沿，2018（2）：4-13.

田国强. 中国经济高质量发展的政策协调与改革应对. 学术月刊，2019（5）：32-38.

田国强. 中国改革开放与世界变局中的大国战略. 社会科学战线，2019（12）：60-66.

田国强. 中国经济学思维方式与关键研究方法. 探索与争鸣，2021（8）：18-24.

田国强，陈旭东. 制度的本质、变迁与选择：赫维茨制度经济思想诠释及其现实意义. 学术月刊，2018（1）：63-77.

田国强，陈旭东. 以更大力度改革开放推动高质量发展. 中国经济时报，2022-01- 17.

田国强，夏纪军，陈旭东. 破除“中国模式”迷思　坚持市场导向改革. 比较，2010 年第 50 辑.

田国强，杨立岩. 对“幸福—收入之谜”的一种解答：理论与实证. 经济研究，2006 （11）：4-15.

王一江. 国家与经济. 比较，2005 年第 18 辑.

Arrow, K. and G. Debreu (1954). “Existence of Equilibrium for a Competitive Economy”, *Econometrica*, Vol. 22, No. 3, 265-290.

Baumol, W. J. (1990). “Entrepreneurship: Productive, Unproductive, and Destructive”, *Journal of Political Economy*, Vol. 98, 893-921.

Coase, R. (1960). “The Problem of Social Cost”, *Journal of Law and Economics*, No. 3, 1-44.

Modigliani, F. and M. Miller (1958). “The Cost of Capital, Corporation Finance and the Theory of Investment”, *American Economic Review*, Vol. 48, No. 3, 261-297.

Rothschild, M. and J. E. Stiglitz (1971). “Increasing Risk II: Its Economic Consequences”, *Journal of Economic Theory*, Vol. 3, No. 1, 66-84.

Scarf, H. (1960). “Some Examples of Global Instability of the Competitive Equilibrium”, *International Economic Review*, Vol. 1, No. 3, 157-172.

第 2 章 数学预备知识及其方法

本章提供了一个相对完整的基本数学知识和结果的介绍，这些知识和结果是现代经济学，特别是高级微观经济学不可或缺的数学工具，包括拓扑学、线性代数、数学分析的基本知识和结果，不动点理论、静态优化、动态优化、微分方程、差分方程，概率论、随机占优和关联。在后面的讨论中，我们将使用相关的结果。受过更多数学训练的读者也会发现，本章对现代经济学中出现的大多数主要数学定理都有重要参考价值。

我们从一些经常会遇到的数学知识开始。

2.1 集合论基础

本节介绍集合论的一些最基本的概念和结果。

2.1.1 集合

集合 (set) 由元素组成。根据元素的个数，集合既可以是**有限集合**，比如 $S=\{1,3,5,7,9\}$，还可以是**无限可数集合**，比如 $S=\mathcal{N}$，其中 $\mathcal{N}$ 是全体自然数的集合，还可以是**无限不可数集合**，比如$S=\mathcal{R}$，其中 $\mathcal{R}$ 是全体实数的集合或 n 维空间，比如$S=\mathcal{R}^n$。一个可数集合既可能是有限集合，也可能是无限可数集合。集合也可以用一些条件来刻画，比如 $S=\{1,3,5,7,9\}=\{x:x<10,x\in\mathcal{N},\frac{x}{2}\notin\mathcal{N}\}$。空集 $\varnothing$ 是不包含任何元素的集合。

集合 S 的一个**子集** T 仍然是一个集合，T 中的任意元素都属于 S，记为 $T\subseteq S$。若 T 是集合 S 的一个子集，同时 S 至少有一个元素不属于 T，则称 T 是 S 的**真子集**，记为 $T\subset S$。若 T 和 S 互为对方的子集，则两个集合相等，即 $T=S$。

两个集合 T 和 S 的并集，记为 $T\bigcup S=\{x:x\in T或x\in S\}$；两个集合 T 和 S 的交集，记为 $T\bigcap S=\{x:x\in T 和 x\in S\}$。

集合 S 在全集 (universal set)U 上的**补集** (complement set) 记为 $S^c=\{x:x\in U,x\notin S\}$。全集 U 的补集是空集，空集的补集是全集。集合 S 减去另一个集合 T，记为 $S\backslash T$ 或者 $S-T$，定义为 $S\backslash T=S-T=\{x:x\in S,x\notin T\}$。

对任意个集合的交和并的补集，有德·摩根定律 (De Morgan's law)：

$$\left(\bigcup_{i\in I}A_i\right)^c=\bigcap_{i\in I}A_i^c;$$

$$\left(\bigcap_{i\in I} A_i\right)^c = \bigcup_{i\in I} A_i^c.$$

集合 T 和 S 的乘积，记为 $S\times T=\{(s,t)|s\in S,t\in T\}$。$n$ 维实数空间定义为 $\mathcal{R}^n=\underbrace{\mathcal{R}\times\mathcal{R}\times\mathcal{R}\times\cdots\times\mathcal{R}}_{n\text{ 个乘积}}$。

2.1.2 映射

为了讨论集合元素的数量，我们先引入映射或函数的概念。

定义 2.1.1 (映射) 对两个集合 A 和 B，若 A 中的任意一个元素 x，通过某种方式，在集合 B 中总可以找到一个元素 y 与之相联系，这种联系方式称为**映射**或者**函数**，记为 $f:A\to B$。对于 f，集合 A 称为**定义域** (domain)，集合 B 称为**值域** (range)。

当函数的定义域和值域在上下文中看很明显时，也用记号 $y=f(x)$ 或 $x\mapsto y$ 表示函数，但更常见的则是仅使用一个字母 f 来表示函数。

函数 f 的映像 (image) 是由定义域中所有点映射到值域中所有点所组成的集合，即 $I=\{y:y=f(x),\text{ 对某个}x\in A\}$。

下面的定义给出了映射的类型。

定义 2.1.2 对集合 A,B 和映射 $f:A\to B$，若 $\{y\in B:f(x)=y,x\in A\}\equiv f(A)=B$，我们称 f 为一个**满射** (surjection)；若 $f(x)\neq f(x')$ 对所有 $x\neq x'$ 都成立，则称 f 为一个**单射** (injection)；若 f 既是满射也是单射，我们称其为**一一映射** (bijection)。

若集合 A 和 B 之间存在一个一一映射 f，我们称集合 A 和 B 为**等价**的，记为 $A\sim B$。下面我们讨论集合元素的数量。

定义 2.1.3 $\mathcal{N}_n=\{1,2,\cdots,n\}$ 是正整数的前 n 个数字，$\mathcal{N}$ 是正整数集合。

（1）集合 A 是有限集合，若存在一个 n，使得 $A\sim\mathcal{N}_n$；

（2）集合 A 是无限可数集合，若 $A\sim\mathcal{N}$；

（3）集合 A 是可数集合，若它是有限集合，或者是可数的无限集合；

（4）集合 A 是不可数集合，若它不是可数集合。

自然数和有理数都是可数集合，但实数不是。下面的结论显示二进制的所有数字都是不可数的。

定理 2.1.1 若集合 A 是所有由 0 和 1 构成的序列的集合，则它是不可数的。

见 Rudin (1976) 的经典教材《数学分析原理》(*Principles of Mathematical Analysis*) 的定理 2.14 的证明。

由于实数可以通过二进制表示，实数与上面的集合 A 是等价的，因此实数是不可数的。由于任意一个区间 (a,b) 与实数空间都是等价的 (因为对于 $f=\dfrac{y}{1-|y|},y\equiv\dfrac{x-\frac{(a+b)}{2}}{\frac{(b-a)}{2}}$

是它们的一一映射)，因此实数上的任一区间都是不可数的。

第2章

2.2 线性代数基础

2.2.1 矩阵与向量

我们用 $\mathcal{R}^n$ 表示所有实数 n 元组的集合。这些集合的元素称为点 (points) 或向量 (vectors)。$\boldsymbol{x} = \begin{pmatrix} x_1 \\ \vdots \\ x_n \end{pmatrix}$ 表示一个 (列) 向量，x_i 表示向量 $\boldsymbol{x}$ 的第 i 个分量。$\boldsymbol{x}' = (x_1, \cdots, x_n)$ 称为向量 $\boldsymbol{x}$ 的转置或行向量。若不特别指明，通常向量指列向量。

向量不等号 $\geqq$、$\geqslant$ 和 $>$ 定义如下。令 $\boldsymbol{a}, \boldsymbol{b} \in \mathcal{R}^n$，则 $\boldsymbol{a} \geqq \boldsymbol{b}$ 表示对所有的 $s = 1, \cdots, n$，均有 $a_s \geqq b_s$；$\boldsymbol{a} \geqslant \boldsymbol{b}$ 表示 $\boldsymbol{a} \geqq \boldsymbol{b}$ 但 $\boldsymbol{a} \neq \boldsymbol{b}$；$\boldsymbol{a} > \boldsymbol{b}$ 表示对所有的 $s = 1, \cdots, n$，均有 $a_s > b_s$。

在经济学中，通常需要求解线性方程组，此时用线性代数可以方便地表述和求解。

考虑一个具有 n 个变量 $(x_1, x_2, \cdots, x_n)$，由 m 个线性方程构成的线性方程组：

$$\begin{aligned} &a_{11}x_1 + a_{12}x_2 + \cdots + a_{1n}x_n = d_1 \\ &a_{21}x_1 + a_{22}x_2 + \cdots + a_{2n}x_n = d_2 \\ &\cdots\cdots \\ &a_{m1}x_1 + a_{m2}x_2 + \cdots + a_{mn}x_n = d_m \end{aligned}$$

这里带双下标的字母 a_{ij} 表示在第 i 个方程中第 j 个变量 x_j 的系数，d_j 表示第 j 个方程右端的常数项。

我们可用下面的矩阵方式更简洁地表述：

$$\boldsymbol{A}\boldsymbol{x} = \boldsymbol{d},$$

其中 $\boldsymbol{A}, \boldsymbol{x}, \boldsymbol{d}$ 分别为：

$$\boldsymbol{A} = \begin{bmatrix} a_{11} & a_{12} & \cdots & a_{1n} \\ a_{21} & a_{22} & \cdots & a_{2n} \\ \vdots & \vdots & & \vdots \\ a_{m1} & a_{m2} & \cdots & a_{mn} \end{bmatrix}$$

$$\boldsymbol{x} = \begin{pmatrix} x_1 \\ x_2 \\ \vdots \\ x_n \end{pmatrix}$$

$$\boldsymbol{d} = \begin{pmatrix} d_1 \\ d_2 \\ \vdots \\ d_m \end{pmatrix}$$

$\boldsymbol{A}$ 称为 $m \times n$ 方程组的**系数矩阵** (matrix)，它是由 m 行 n 列构成的；$\boldsymbol{x}$ 称为方程组的**变量向量**，$\boldsymbol{d}$ 称为方程组的**常数向量**。n 维向量可以看成是某个特别的 $n \times 1$ 矩阵。

矩阵 $\boldsymbol{A}$ 可更简单地写为：

$$\boldsymbol{A} = [a_{ij}]_{m\times n} \quad (i = 1, 2, \cdots, m;\ j = 1, 2, \cdots, n)$$

2.2.2 矩阵运算

下面我们简单介绍一些常见的矩阵运算。

矩阵的相等：$\boldsymbol{A} = \boldsymbol{B}$ 当且仅当对所有的 $i = 1, 2, \cdots, m, j = 1, 2, \cdots, n$，都有 $a_{ij} = b_{ij}$。

矩阵的加减：$\boldsymbol{A} \pm \boldsymbol{B} = [a_{ij}] \pm [b_{ij}] = [a_{ij} \pm b_{ij}]$。注意，只有矩阵的维度相同，加减才有意义。

矩阵的数乘：$\lambda A = \lambda[a_{ij}] = [\lambda a_{ij}]$。

矩阵的乘积：给定两个矩阵 $\boldsymbol{A}_{m\times n}$，$\boldsymbol{B}_{p\times q}$，首先矩阵乘积 $\boldsymbol{AB}$ 要求满足相容条件：矩阵 $\boldsymbol{A}$ 的列维度与矩阵 $\boldsymbol{B}$ 的行维度相同, 即 $n = p$。若满足相容条件，矩阵的乘积 $\boldsymbol{AB}$ 的维度为 $m \times q$。$\boldsymbol{AB}$ 被定义为：

$$\boldsymbol{AB} = \boldsymbol{C}$$

其中，$c_{ij} = a_{i1}b_{1j} + a_{i2}b_{2j} + \cdots + a_{in}b_{nj} = \sum_{l=1}^{n} a_{il}b_{lj}$。显然，矩阵乘积 $\boldsymbol{AB}$ 不一定等于 $\boldsymbol{BA}$。

单位矩阵

方正矩阵是行数与列数相同的矩阵，行数和列数假设为 n。n 阶**单位矩阵**，记为 $\boldsymbol{I}_n$，是主对角线上的元素为 1，其他为 0 的方阵。

它有如下特性：

特性 1：

$$\boldsymbol{I}_m\boldsymbol{A}_{m\times n} = \boldsymbol{A}_{m\times n}\boldsymbol{I}_n = \boldsymbol{A}_{m\times n}.$$

特性 2：

$$\boldsymbol{A}_{m\times n}\boldsymbol{I}_n\boldsymbol{B}_{n\times p} = (\boldsymbol{A}_{m\times n}\boldsymbol{I}_n)\boldsymbol{B}_{n\times p} = \boldsymbol{A}_{m\times n}\boldsymbol{B}_{n\times p}.$$

特性 3：

$$(\boldsymbol{I}_n)^k = \boldsymbol{I}_n.$$

这个矩阵类似于实数空间中的 1，而下面要讨论的零矩阵 (不一定是方阵) 则类似于实数空间中的 0。

幂等矩阵: 矩阵 $\boldsymbol{A}$ 是幂等的，若 $\boldsymbol{AA} = \boldsymbol{A}$。

零矩阵

$m \times n$ 零矩阵是所有元素都为 0 的矩阵。

它有以下运算：

$$\boldsymbol{A}_{m\times n}+\boldsymbol{0}_{m\times n}=\boldsymbol{A}_{m\times n};$$

$$\boldsymbol{A}_{m\times n}\boldsymbol{0}_{n\times p}=\boldsymbol{0}_{m\times p};$$

$$\boldsymbol{0}_{q\times m}\boldsymbol{A}_{m\times n}=\boldsymbol{0}_{q\times n}.$$

备注：

(1) $\boldsymbol{CD}=\boldsymbol{CE}, \boldsymbol{C}\neq\boldsymbol{0}$ 并不意味着 $\boldsymbol{D}=\boldsymbol{E}$。比如，

$$\boldsymbol{C}=\begin{bmatrix}2&3\\6&9\end{bmatrix},\quad \boldsymbol{D}=\begin{bmatrix}1&1\\1&2\end{bmatrix},\quad \boldsymbol{E}=\begin{bmatrix}-2&1\\3&2\end{bmatrix}.$$

(2) 即使 $\boldsymbol{A}$ 和 $\boldsymbol{B}\neq\boldsymbol{0}$, 我们仍然有 $\boldsymbol{AB}=\boldsymbol{0}$。比如，

$$\boldsymbol{A}=\begin{bmatrix}2&4\\1&2\end{bmatrix},\quad \boldsymbol{B}=\begin{bmatrix}-2&4\\1&-2\end{bmatrix}.$$

2.2.3 向量的线性相关

向量之间的一个重要特性是线性相关性。

定义 2.2.1 (线性相关) 一组向量 $\boldsymbol{v}^1,\cdots,\boldsymbol{v}^n$ 是**线性相关**的，当且仅当存在某个向量 $\boldsymbol{v}^i$，它是其他向量的线性组合，或者等价地说，存在不全为零的标量 $k_1,\cdots,k_n$ 使得

$$\sum_{i=1}^{n}k_i\boldsymbol{v}_i=\boldsymbol{0}; \tag{2.1}$$

否则，它们是**线性无关的**（即仅当对所有 i 都有 $k_i=0$）。

写成矩阵形式，我们有

$$V\boldsymbol{k}=\boldsymbol{0}, \tag{2.2}$$

其中

$$V=\begin{bmatrix}\boldsymbol{v}_1'\\\boldsymbol{v}_2'\\\cdots\\\boldsymbol{v}_m'\end{bmatrix},$$

而 $\boldsymbol{0}$ 是零向量，即 $\boldsymbol{0}$ 的所有元素都是零。

需要注意的是，如果只有两个向量，线性相关意味着其中一个是另一个的标量倍数。

例 2.2.1 下面三个向量

$$\boldsymbol{v}^1=\begin{bmatrix}2\\7\end{bmatrix},\ \boldsymbol{v}^2=\begin{bmatrix}1\\8\end{bmatrix},\ \boldsymbol{v}^3=\begin{bmatrix}4\\5\end{bmatrix}$$

是线性相关的，因为

$$3\boldsymbol{v}^1 - 2\boldsymbol{v}^2 = \begin{bmatrix} 6 \\ 21 \end{bmatrix} - \begin{bmatrix} 2 \\ 16 \end{bmatrix} = \begin{bmatrix} 4 \\ 5 \end{bmatrix} = \boldsymbol{v}^3.$$

或者

$$3\boldsymbol{v}^1 - 2\boldsymbol{v}^2 - \boldsymbol{v}^3 = \boldsymbol{0}$$

这里$\boldsymbol{0} = \begin{bmatrix} 0 \\ 0 \end{bmatrix}$ 是零向量。

2.2.4 矩阵的转置与逆

定义 2.2.2 (矩阵转置)　$m \times n$ 矩阵 $\boldsymbol{A}$ 的转置是把行和列相互对换。若对所有的 $i = 1, \cdots, n$ 和 $j = 1, \cdots, m$，都有 $a_{ji} = b_{ij}$，那么称 $\boldsymbol{B} = [b_{ij}]_{n \times m}$ 是矩阵 $\boldsymbol{A} = [a_{ij}]_{m \times n}$ 的**转置**，记为 $\boldsymbol{A}'$ 或者 $\boldsymbol{A}^T$。

转置矩阵有以下特征：

若 $\boldsymbol{A}' = \boldsymbol{A}$，矩阵 $\boldsymbol{A}$ 是**对称**的。

若 $\boldsymbol{A}' = -\boldsymbol{A}$，矩阵 $\boldsymbol{A}$ 是**反对称**的。

若 $\boldsymbol{A}'\boldsymbol{A} = \boldsymbol{I}$，矩阵 $\boldsymbol{A}$ 是**正交** (orthogonal) 的。

转置有下列运算：

a）$(\boldsymbol{A}')' = \boldsymbol{A}$；

b）$(\boldsymbol{A} + \boldsymbol{B})' = \boldsymbol{A}' + \boldsymbol{B}'$；

c）$(\alpha\boldsymbol{A})' = \alpha\boldsymbol{A}'$，这里 α 是一个实数；

d）$(\boldsymbol{A}\boldsymbol{B})' = \boldsymbol{B}'\boldsymbol{A}'$。

方阵矩阵 $\boldsymbol{A}$ 的逆，记为 $\boldsymbol{A}^{-1}$，满足

$$\boldsymbol{A}\boldsymbol{A}^{-1} = \boldsymbol{A}^{-1}\boldsymbol{A} = \boldsymbol{I}.$$

矩阵的转置始终存在，但是逆却不一定存在。

备注：

（1）不是所有的方阵都存在逆。若一个方阵存在逆矩阵，我们称该矩阵是**非奇异** (nonsingular) 的。若一个方阵不存在逆，我们称该矩阵是**奇异矩阵** (singular matrix)。

（2）若 $\boldsymbol{A}$ 是非奇异的，则 $\boldsymbol{A}$ 和 $\boldsymbol{A}^{-1}$ 是相互的逆矩阵，即

$$(\boldsymbol{A}^{-1})^{-1} = \boldsymbol{A}.$$

（3）若 $\boldsymbol{A}$ 是 $n \times n$ 的方阵，那么 $\boldsymbol{A}^{-1}$ 也是 $n \times n$ 的方阵。

（4）$\boldsymbol{A}$ 的逆是唯一的。

（5）假设 $\boldsymbol{A}$ 和 $\boldsymbol{B}$ 都是 $n \times n$ 型的可逆阵，那么

（a）$(\boldsymbol{A}\boldsymbol{B})^{-1} = \boldsymbol{B}^{-1}\boldsymbol{A}^{-1}$；

（b）$(\boldsymbol{A}')^{-1} = (\boldsymbol{A}^{-1})'$。

2.2.5 求解线性方程组

考虑 n 个方程、n 个未知数的方程组

$$A\boldsymbol{x} = \boldsymbol{d}.$$

若 A 是非奇异的，那么方程两边同乘以矩阵 A^{-1}，得到：

$$A^{-1}A\boldsymbol{x} = A^{-1}\boldsymbol{d}.$$

因此，$\boldsymbol{x} = A^{-1}\boldsymbol{d}$ 是方程组 $A\boldsymbol{x} = \boldsymbol{d}$ 的唯一解，因为 A^{-1} 是唯一的。

为了应用逆矩阵的方法来求解线性方程，我们首先需要判断什么样的矩阵 $\boldsymbol{A}$ 是非奇异的。其次，我们需要一个简便的方法来求解，这就是克莱姆法则 (Cramer's rule)。

判断方阵 $\boldsymbol{A}$ 的奇异性有两种方式，一种是看矩阵的行或者列构成的向量组是否线性相关；另一种是看方阵的行列式是否等于零。

一个 $n \times n$ 方阵 $\boldsymbol{A}$ 可以写成由行构成向量的组:

$$A = \begin{bmatrix} a_{11} & a_{12} & \cdots & a_{1n} \\ a_{21} & a_{22} & \cdots & a_{2n} \\ \cdots & \cdots & \cdots & \cdots \\ a_{n1} & a_{n2} & \cdots & a_{nn} \end{bmatrix} = \begin{bmatrix} \boldsymbol{v}'_1 \\ \boldsymbol{v}'_2 \\ \cdots \\ \boldsymbol{v}'_n \end{bmatrix}$$

这里 $\boldsymbol{v}'_i = [a_{i1}, a_{i2}, \cdots, a_{in}]$, $i = 1, 2, \cdots, n$。判断方阵 A 是非奇异的，就是判断向量组 $\boldsymbol{v}'_i, i = 1, 2, \cdots, n$ 线性不相关。这是因为，对于任意一组标量 k_i，$\sum_{i=1}^{n} k_i \boldsymbol{v}_i = 0$ 当且仅当对所有 i 都有 $k_i = 0$，这等价于齐次线性方程组 $\boldsymbol{Ak} = \boldsymbol{0}$ 有唯一解 $\boldsymbol{k} = \boldsymbol{0}$，其中 $\boldsymbol{k}' = (k_1, k_2, \cdots, k_n)$ 是其转置。当 $\boldsymbol{A}$ 具有逆矩阵时，的确如此。因此，矩阵 $\boldsymbol{A}$ 具有逆矩阵当且仅当满足方阵和线性独立条件。

2.2.6 矩阵的行列式

一个 n 阶方阵 $\boldsymbol{A} = (a_{ij})$ 的行列式 (determinant)，记为 $|A|$ 或者 $det(A)$，是一个与这个矩阵联系的唯一数。在给出 n 阶行列式的定义之前，我们先看一下二阶和三阶行列式的定义。它们分别定义为：

$$|A| = \begin{vmatrix} a_{11} & a_{12} \\ a_{21} & a_{22} \end{vmatrix} = a_{11}a_{22} - a_{12}a_{21}$$

和

$$\begin{aligned} |A| = \begin{vmatrix} a_{11} & a_{12} & a_{13} \\ a_{21} & a_{22} & a_{23} \\ a_{31} & a_{32} & a_{33} \end{vmatrix} &= a_{11} \begin{vmatrix} a_{22} & a_{23} \\ a_{32} & a_{33} \end{vmatrix} - a_{12} \begin{vmatrix} a_{21} & a_{23} \\ a_{31} & a_{33} \end{vmatrix} + a_{13} \begin{vmatrix} a_{21} & a_{22} \\ a_{31} & a_{32} \end{vmatrix} \\ &= a_{11}a_{22}a_{33} - a_{11}a_{23}a_{32} - a_{12}a_{21}a_{33} + a_{12}a_{23}a_{31} + a_{13}a_{21}a_{32} - a_{13}a_{22}a_{31}. \end{aligned}$$

从二阶和三阶行列式的定义中可以看出，它们都是一些乘积的代数和，而每项乘积都是由行列式中位于不同行和不同列的元素构成的，并且展开式恰恰是由所有这种可能的乘积组成的。这个分析对我们理解一般的定义有帮助，对 n 阶行列式也是成立的，于是一个 n 阶方阵 $\boldsymbol{A}$ 的行列式 (determinant) 的定义为：

$$|A| = \sum_{(\alpha_1,\cdots,\alpha_n)} (-1)^{I(\alpha_1,\cdots,\alpha_n)} a_{1\alpha_1} a_{2\alpha_2} \cdots a_{n\alpha_n},$$

其中，$(\alpha_1,\cdots,\alpha_n)$ 是 $(1,\cdots,n)$ 的一个排序 (permutation)，$I(\alpha_1,\cdots,\alpha_n)$ 是对 $(1,\cdots,n)$ 排序中数字间的对调 (inversion) 次数。比如 $(2,1,3)$ 是 $(1,2,3)$ 的 1 次对调，$(2,3,1)$ 是 $(1,2,3)$ 的两次对调。

矩阵的行列式有一个求解公式，即拉普拉斯展开式 (Laplace expansion)：

$$|A| = \sum_{k=1}^{n} (-1)^{l+k} a_{lk} \times det(M_{lk}), \text{对任意一个} l \in \{1,\cdots,n\},$$

其中，方阵 $\boldsymbol{M}_{lk}$ 是方阵 $\boldsymbol{A}$ 剔除第 l 行和第 k 列剩余的 $n-1$ 阶方阵，称为 a_{lk} 的余子式 (minor)。

于是求 n 阶行列式的问题就成为计算 n 个余子式，每个余子式是 $(n-1)$ 阶，重复这个过程，就会导致越来越低阶的行列式，最终都是基本的二阶行列式。尽管我们能对 $|A|$ 按任何的行或者列展开，由于零元素乘以它的余子式等于零，所以为了减少计算量，应该按照具有最多零的行或列展开。

行列式的基本性质

（1）$|A| = |A'|$。由此，矩阵的行向量线性无关和列向量线性无关是等价的。

（2）以一数乘行列式的一行或一列相当于用这个数乘此行列式。

（3）行列式的任意两行或两列互换，只是改变行列式值的符号而绝对值相同。

（4）把一行或一列的倍数加到另外一行或一列上，行列式不变。

（5）如果行列式有两行或两列成比例，那么行列式为零。

（6）$det(AB) = det(A)det(B)$。

（7）$det(A^{-1}) = \dfrac{1}{det(A)}$。因此，若 $\boldsymbol{A}^{-1}$ 存在，则必定有 $det(A) \neq 0$，反之亦然。

运用这些基本性质，我们可以大大简化行列式的计算 (比如，通过运用性质 4，可让某行具有许多零元素)，使得计算拉普拉斯展开式成为一个简单的任务。

下面是求解非奇异方阵逆的一个公式。令 $\boldsymbol{A}^{-1} = (d_{ij})$，则

$$d_{ij} = \frac{1}{det(A)} (-1)^{i+j} det(M_{ij}).$$

克莱姆法则

下面的克莱姆法则总结了线性方程组的解。对线性方程组：

$$A\boldsymbol{x} = \boldsymbol{d},$$

其中

$$A=\begin{bmatrix} a_{11} & a_{12} & \cdots & a_{1n} \\ a_{21} & a_{22} & \cdots & a_{2n} \\ \vdots & \vdots & & \vdots \\ a_{n1} & a_{n2} & \cdots & a_{nn} \end{bmatrix},$$

$$\boldsymbol{d}'=(d_1,\cdots,d_n),$$

$$\boldsymbol{x}=(x_1,\cdots,x_n).$$

方程组的解为：

$$x_j=\frac{det(A_j)}{det(A)},$$

其中

$$A_j=\begin{bmatrix} a_{11} & \cdots & a_{1j-1} & b_1 & a_{1j+1} & \cdots & a_{1n} \\ a_{21} & \cdots & a_{2j-1} & b_2 & a_{2j+1} & \cdots & a_{2n} \\ \vdots & \vdots & \vdots & & \vdots & \vdots & \vdots \\ a_{n1} & \cdots & a_{nj-1} & b_n & a_{nj+1} & \cdots & a_{nn} \end{bmatrix}$$

2.2.7 二次型函数与矩阵

一个 n 变量的函数 q 被称为**二次型函数**，若这个函数有如下表达式：

$$\begin{aligned} q(x_1,x_2,\cdots,x_n)=a_{11}x_1^2+2a_{12}x_1x_2+\cdots & \quad +2a_{1n}x_1x_n \\ +a_{22}x_2^2+\cdots & \quad +2a_{2n}x_2x_n \\ \cdots & \\ & \quad +a_{nn}x_n^2. \end{aligned}$$

令 $a_{ji}=a_{ij}$, $i<j$，则 $q(x_1,x_2,\cdots,x_n)$ 可写为

$$\begin{aligned} q(x_1,x_2,\cdots,x_n)=&a_{11}x_1^2+a_{12}x_1x_2+\cdots+a_{1n}x_1x_n \\ &+a_{21}x_2x_1+a_{22}x_2^2+\cdots+a_{2n}x_2x_n \\ &\cdots \\ &+a_{n1}x_nx_1+a_{n2}x_nx_2+\cdots+a_{nn}x_n^2 \\ =&\sum_{i=1}^{n}\sum_{j=1}^{n}a_{ij}x_ix_j \\ =&\boldsymbol{x}'A\boldsymbol{x}. \end{aligned}$$

这里

$$\boldsymbol{A}=\begin{bmatrix} a_{11} & a_{12} & \cdots & a_{1n} \\ a_{21} & a_{22} & \cdots & a_{2n} \\ \vdots & \vdots & & \vdots \\ a_{n1} & a_{n2} & \cdots & a_{nn} \end{bmatrix}$$

被称为**二次型矩阵**。由于 $a_{ij}=a_{ji}$，$\boldsymbol{A}$ 是一个对称 n 阶方阵。

定义 2.2.3　对二次型矩阵 $\boldsymbol{A}$，

若对任意 n 维向量 $\boldsymbol{x}$，都有 $\boldsymbol{x}'\boldsymbol{A}\boldsymbol{x}\geqq 0$，称函数 $q(x_1,x_2,\cdots,x_n)=\boldsymbol{x}'\boldsymbol{A}\boldsymbol{x}$ 或 $\boldsymbol{A}$ 为**半正定的**；

若对任意 n 维向量 $\boldsymbol{x}\neq 0$，都有 $\boldsymbol{x}'\boldsymbol{A}\boldsymbol{x}>0$，称函数 $q(x_1,x_2,\cdots,x_n)=\boldsymbol{x}'\boldsymbol{A}\boldsymbol{x}$ 或 $\boldsymbol{A}$ **为正定的**；

若对任意 n 维向量 $\boldsymbol{x}$，都有 $\boldsymbol{x}'\boldsymbol{A}\boldsymbol{x}\leqq 0$，称函数 $q(x_1,x_2,\cdots,x_n)=\boldsymbol{x}'\boldsymbol{A}\boldsymbol{x}$ 或 $\boldsymbol{A}$ 为**半负定的**；

若对任意 n 维向量 $\boldsymbol{x}\neq 0$，都有 $\boldsymbol{x}'\boldsymbol{A}\boldsymbol{x}<0$，称函数 $q(x_1,x_2,\cdots,x_n)=\boldsymbol{x}'\boldsymbol{A}\boldsymbol{x}$ 或 $\boldsymbol{A}$ **为负定的**。

正负定行列式判断法

二次型矩阵 $\boldsymbol{A}$ 是正定的充要条件是它的主子式都是正的，即

$$|A_1|=A_{11}>0;$$

$$|A_2|=\begin{vmatrix} a_{11} & a_{12} \\ a_{21} & a_{22} \end{vmatrix}>0;$$

$$\cdots$$

$$|A_n|=\begin{vmatrix} a_{11} & a_{12} & \cdots & a_{1n} \\ a_{21} & a_{22} & \cdots & a_{2n} \\ \vdots & \vdots & & \vdots \\ a_{n1} & a_{n2} & \cdots & a_{nn} \end{vmatrix}>0.$$

二次型矩阵 $\boldsymbol{A}$ 是负定的充要条件是它的主子式是交叉负正的，即

$$|A_1|<0,\ |A_2|>0,\ |A_3|<0,\cdots,(-1)^n|A_n|>0.$$

2.2.8　特征值、特征向量与迹

对于方阵 $\boldsymbol{A}$ 和实数 λ，若满足等式 $\boldsymbol{A}\boldsymbol{x}=\lambda\boldsymbol{x}$，那么称 λ 为方阵 $\boldsymbol{A}$ 的**特征值**，对应于某个特征值 λ，满足 $\boldsymbol{A}\boldsymbol{x}=\lambda\boldsymbol{x}$ 的向量 $\boldsymbol{x}$ 称为方阵 $\boldsymbol{A}$ 的**特征向量**。

特征值与矩阵的一些特性，比如正定或者负定，有紧密的联系。下面的定理刻画了矩阵特征值与正定 (负定) 的联系。

定理 2.2.1 二次型矩阵 $\boldsymbol{A}$ 是
正定的，当且仅当所有的特征值 $\lambda_i > 0$，$i = 1, 2, \cdots, n$;
负定的，当且仅当所有的特征值 $\lambda_i < 0$，$i = 1, 2, \cdots, n$;
半正定的，当且仅当所有的特征值 $\lambda_i \geqq 0$，$i = 1, 2, \cdots, n$;
半负定的，当且仅当所有的特征值 $\lambda_i \leqq 0$，$i = 1, 2, \cdots, n$;
是非定的，若至少有一个特征值是正的，至少有一个特征值是负的。

对对称矩阵 $\boldsymbol{A}$，矩阵有一个便利的分解公式。

若满足 $\boldsymbol{U}'\boldsymbol{U} = \boldsymbol{I}_n$，或者 $\boldsymbol{U}' = \boldsymbol{U}^{-1}$，称 n 阶方阵 $\boldsymbol{U}$ 为**正交矩阵** (orthogonal matrix)，其中 $\boldsymbol{U}'$ 是 $\boldsymbol{U}$ 的转置。

定理 2.2.2 (对称矩阵的谱定理) 若 $\boldsymbol{A}$ 是对称矩阵，$\lambda_i, i = 1, \cdots, n$ 是它的特征值，那么存在一个正交矩阵 $\boldsymbol{U}$，使得:

$$\boldsymbol{U}'\boldsymbol{A}\boldsymbol{U} = \begin{bmatrix} \lambda_1 & & 0 \\ & \ddots & \\ 0 & & \lambda_n \end{bmatrix},$$

或者等价地有:

$$\boldsymbol{A} = \boldsymbol{U} \begin{bmatrix} \lambda_1 & & 0 \\ & \ddots & \\ 0 & & \lambda_n \end{bmatrix} \boldsymbol{U}'.$$

对称方阵的多次幂运算，有很方便的表述:

$$\boldsymbol{A}^k = \boldsymbol{U} \begin{bmatrix} \lambda_1^k & & 0 \\ & \ddots & \\ 0 & & \lambda_n^k \end{bmatrix} \boldsymbol{U}'.$$

若 $\boldsymbol{A}$ 的特征值是非零实数，那么 $\boldsymbol{A}$ 的逆有如下表述:

$$\boldsymbol{A}^{-1} = \boldsymbol{U} \begin{bmatrix} \lambda_1^{-1} & & 0 \\ & \ddots & \\ 0 & & \lambda_n^{-1} \end{bmatrix} \boldsymbol{U}'.$$

另一个常用的方阵概念是方阵的迹 (trace of matrix)。n 阶 $\boldsymbol{A}$ 的迹 $tr(\boldsymbol{A}) = \sum_{i=1}^{n} a_{ii}$。它也有如下一些特性:

(1) $tr(\boldsymbol{A}) = \lambda_1 + \cdots + \lambda_n$;

(2) 若 $\boldsymbol{A}$ 和 $\boldsymbol{B}$ 有相同的维度，那么 $tr(\boldsymbol{A} + \boldsymbol{B}) = tr(\boldsymbol{A}) + tr(\boldsymbol{B})$;

(3) 若 a 是一个实数，$tr(a\boldsymbol{A}) = atr(\boldsymbol{A})$;

（4）$tr(\boldsymbol{AB}) = tr(\boldsymbol{BA})$, 若 $\boldsymbol{AB}$ 为一个方阵；

（5）$tr(\boldsymbol{A}') = tr(\boldsymbol{A})$；

（6）$tr(\boldsymbol{A}'\boldsymbol{A}) = \sum_{i=1}^{n}\sum_{j=1}^{n} a_{ij}^2$。

2.3　拓扑学基础

拓扑学是数学的一个分支，它研究拓扑空间以及定义在其上的各种数学结构的基本性质。这一分支最初起源于对实数轴上点集、流形、度量空间以及早期泛函分析的细致研究。

拓扑学现有两个分支。一个分支偏重于应用分析方法，称为**点集拓扑学**，或者叫作**分析拓扑学**。如再细分，点集拓扑学中还可分成一支：**微分拓扑**。另一个分支偏重于应用代数方法，称为**代数拓扑**。不过，这些分支有统一的趋势。拓扑学在泛函分析、李群论、微分几何、微分方程和其他许多数学分支中都有广泛的应用。

这里我们简要介绍点集拓扑学的基本知识，并利用它们建立一些关于集合及其集合之间连续映射性质的重要结论。

2.3.1　拓扑空间

定义 2.3.1　*设 X 是一个非空集合，τ 为 X 的一个子集族，若*

（1）X 和空集都属于 τ，

（2）τ 中任意多个成员的并集仍在 τ 中，

（3）τ 中有限多个成员的交集仍在 τ 中，

*则称 τ 为 X 的一个**拓扑**，并且集合 X 连同它的拓扑 τ 被称为一个拓扑空间，记作 (X,τ)；称 τ 中的成员为这个拓扑空间的开集。*

例：拓扑空间的例子：

（1）(**离散拓扑**) 设 X 是非空集合，拓扑 $\tau = 2^X$。

（2）(**平凡拓扑**) 设 X 是非空集合，拓扑 $\tau = \{X, \varnothing\}$。

（3）(**欧氏拓扑**) 设 R 是全体实数的集合，拓扑 τ 是通常意义下由开集组成的集合 (见下面的定义)。

（4）(**商拓扑**) 设 X 是非空集合，根据某种给定等价关系 R 将 X 划分为两两不相交的子集，所有这样的子集组成一个新的集合，记为 X/R。规定 X/R 的子集 U 是开集，当且仅当 U 的一切元的并是 X 的开集，称 X/R 为商拓扑。

虽然拓扑学的研究对象可以是任意类型的集合，但是为理解和应用方便，下面主要介绍一些常用的拓扑空间：特别是有限维实数空间上的度量空间。

2.3.2　度量空间

我们描述**度量** (metric) 和**度量空间** (metric space) 的定义。度量是对距离的一种测量。

度量空间 (X,d) 由集合 X 和定义在集合元素之间的度量 d 构成。依赖于定义在 X 上的拓扑结构，度量空间可能是有限维的，也可能是无穷维的。与此同时，度量需要满足三个基本性质：对任意的 $\boldsymbol{p},\boldsymbol{q},\boldsymbol{r}\in X$，均有

（1）$d(\boldsymbol{p},\boldsymbol{q})>0$当且仅当$\boldsymbol{p}\neq\boldsymbol{q}$；

（2）$d(\boldsymbol{p},\boldsymbol{q})=d(\boldsymbol{q},\boldsymbol{p})$；

（3）$d(\boldsymbol{p},\boldsymbol{q})\leqq d(\boldsymbol{p},\boldsymbol{r})+d(\boldsymbol{r},\boldsymbol{q})$。

备注：相同的集合，若集合上的度量不同，度量空间就不同，比如：

（1）度量空间 1：$(X=\mathcal{R}^n,d_1),\forall\boldsymbol{x}^1,\boldsymbol{x}^2\in X,d_1(\boldsymbol{x}^1,\boldsymbol{x}^2)=\sqrt{\sum_i(x_i^1-x_i^2)^2}$，度量空间 1 称为 n 维实数欧几里得空间。

（2）度量空间 2：$(X=\mathcal{R}^n,d_2),\forall\boldsymbol{x}^1,\boldsymbol{x}^2\in X,d_2(\boldsymbol{x}^1,\boldsymbol{x}^2)=\sum_i|x_i^1-x_i^2|$。

（3）度量空间 3：$(X=\mathcal{R}^n,d_3),\forall\boldsymbol{x}^1,\boldsymbol{x}^2\in X,d_3(\boldsymbol{x}^1,\boldsymbol{x}^2)=\max\{|x_1^1-x_1^2|,\cdots,|x_n^1-x_n^2|\}$。

尽管本节余下的讨论对一般度量空间也成立，但为了陈述方便，下面我们主要围绕欧几里得空间来陈述。

2.3.3 开集、闭集与紧集

有了度量的概念，就可以清晰界定点之间彼此的相近程度。在 n 维实数欧几里得空间中，给定 $\boldsymbol{x}^0\in\mathcal{R}^n$，所有与点 $\boldsymbol{x}^0$ 的距离小于 ϵ 的集合，均称为以点 $\boldsymbol{x}^0$ 为中心，以 ϵ 为半径的**开球**，记为 $B_\epsilon(\boldsymbol{x}^0)$。与此相关的一个概念是**闭球**，即把上面的距离度量“小于”改为“小于及等于”，记为 $B_\epsilon^*(\boldsymbol{x}^0)$。

下面，我们定义开集和闭集。

定义 2.3.2 集合 $S\subseteq\mathcal{R}^n$ 是一个**开集**，若对于任意 $\boldsymbol{x}\in S$，都存在一个 $\epsilon>0$，使得 $B_\epsilon(\boldsymbol{x})\subseteq S$。

从开集的定义出发，下面的定理给出了关于开集的一些基本性质：

定理 2.3.1 ($\mathcal{R}^n$ 上开集的性质) 对开集，有下列结论：

（1）空集 $\varnothing$ 是一个开集。

（2）整个空间 $\mathcal{R}^n$ 是一个开集。

（3）开集的并集是一个开集。

（4）任何有限个开集的交集是一个开集。

证明：

（1）$\varnothing$ 意味着没有元素，那么“对于 $\varnothing$ 内的每个点，均存在 ϵ，$\cdots$”，这样的命题满足空集的定义。

（2）对 $\mathcal{R}^n$ 中的任何点 $\boldsymbol{x}$ 及任意的 $\epsilon>0$，依据开球的定义，集合 $B_\epsilon(\boldsymbol{x})$ 的所有点都属于 $\mathcal{R}^n$。因而，$B_\epsilon(\boldsymbol{x})\subseteq\mathcal{R}^n$，故 $\mathcal{R}^n$ 是开的。

（3）对所有 $i\in I$，设 S_i 是开集，我们需要证明 $\cup_{i\in I}S_i$ 是一个开集。设 $\boldsymbol{x}\in\cup_{i\in I}S_i$，

则对某个 $i' \in I$，有 $\boldsymbol{x} \in S_{i'}$。由于 $S_{i'}$ 是开的，对某个 $\epsilon > 0$，有 $B_\epsilon(\boldsymbol{x}) \subseteq S_{i'}$。因此，$B_\epsilon(\boldsymbol{x}) \subseteq \cup_{i\in I}S_i$，这样 $\cup_{i\in I}S_i$ 是开的。

(4) 设 $B = \bigcap_{k=1}^n B_k$。若 $B = \varnothing$，显然 B 是开集。若 $B \neq \varnothing$，对任意 $\boldsymbol{x} \in B$，显然有：对任意 $k \in \{1,\cdots,n\}$，$x \in B_k$。由于 B_k 是开集，必然存在 $\epsilon_k > 0$，使得 $B_{\epsilon_k}(\boldsymbol{x}) \subseteq B_k$。令 $\epsilon = \min\{\epsilon_1,\cdots,\epsilon_n\}$。那么对任意的 $k \in \{1,\cdots,n\}$，$B_\epsilon(\boldsymbol{x}) \subseteq B_k$，所以 $B_\epsilon(\boldsymbol{x}) \subseteq B$。因此，$B$ 是开集。 □

下面的定理讨论开集和开球的关系。

定理 2.3.2 (每个开集是开球的并集) 设 $S \subseteq \mathcal{R}^n$ 是一个开集，对于每个 $\boldsymbol{x} \in S$，选择 $\epsilon_{\boldsymbol{x}} > 0$，使得 $B_{\epsilon_{\boldsymbol{x}}}(\boldsymbol{x}) \subseteq S$，那么：

$$S = \bigcup_{\boldsymbol{x}\in S} B_{\epsilon_{\boldsymbol{x}}}(\boldsymbol{x}).$$

证明： 设 $S \subseteq \mathcal{R}^n$ 是开集，则由开集的定义可知，对任意 $\boldsymbol{x} \in S$，都存在 $\epsilon_{\boldsymbol{x}} > 0$，使得 $B_{\epsilon_{\boldsymbol{x}}}(\boldsymbol{x}) \subseteq S$。我们需要证明，由 $\boldsymbol{x}' \in S$ 能推出 $\boldsymbol{x}' \in \cup_{\boldsymbol{x}\in S}B_{\epsilon_{\boldsymbol{x}}}(\boldsymbol{x})$，且由 $\boldsymbol{x}' \in \cup_{\boldsymbol{x}\in S}B_{\epsilon_{\boldsymbol{x}}}(\boldsymbol{x})$ 能推出 $\boldsymbol{x}' \in S$。

若 $\boldsymbol{x}' \in S$，则根据以 $\boldsymbol{x}'$ 为中心的开球的定义，$\boldsymbol{x}' \in B_{\epsilon_{\boldsymbol{x}'}}(\boldsymbol{x})$。但 $\boldsymbol{x}'$ 处于任何包含这种开球的并集内。因此，必有 $\boldsymbol{x}' \in \cup_{\boldsymbol{x}\in S}B_{\epsilon_{\boldsymbol{x}}}(\boldsymbol{x})$。

若 $\boldsymbol{x}' \in \cup_{\boldsymbol{x}\in S}B_{\epsilon_{\boldsymbol{x}}}(\boldsymbol{x})$，则有 $\boldsymbol{x}' \in B_{\epsilon_{\boldsymbol{x}'}}(s)$。由于 $B_{\epsilon_{\boldsymbol{x}'}}(s) \subseteq S$，所以有 $\boldsymbol{x}' \in S$。 □

下面我们讨论闭集的定义，可以从开集的定义出发。

定义 2.3.3 ($\mathcal{R}^n$ 上的闭集) 若 S 的补集 S^c 是个开集，那么 S 是一个闭集。

对于闭集，我们也同样有关于闭集基本性质的结论。

定理 2.3.3 ($\mathcal{R}^n$ 上的闭集) 对闭集，有如下结论：

(1) 空集 $\varnothing$ 是一个闭集。

(2) $\mathcal{R}^n$ 的整个空间是闭集。

(3) 任何闭集的交集是一个闭集。

(4) 任何有限闭集的并集是一个闭集。

证明：

(1) 由于 $\varnothing = \{\mathcal{R}^n\}^c$，且 $\mathcal{R}^n$ 是开集，则由闭集的定义可知，$\varnothing$ 是闭集。

(2) 由于 $\{\mathcal{R}^n\}^c = \varnothing$，且 $\varnothing$ 是开集，则由闭集的定义可知 $\mathcal{R}^n$ 是闭集。

(3) 设对所有 $i \in I$，S_i 是 $\mathcal{R}^n$ 的一个闭集，我们要证明 $\cap_{i\in I}S_i$ 是一个闭集。由于 S_i 是闭的，则其补集 S_i^c 是开集。并集 $\cup_{i\in I}S_i^c$ 也是开集——因为任意个开集的并集是开集。德・摩根定律告诉我们：对于任意 $i \in I$，总有 $(\cap_{i\in I}S_i^c)^c = \cup_{i\in I}S_i$ 成立。由于 $\cup_{i\in I}S_i^c$ 是开集，则其补集 $\cap_{i\in I}S_i$ 是闭集。

（4）令 C_1, C_2 是闭集，记 $C = C_1 \bigcup C_2$。由于 C_1, C_2 是闭集，$C_k^c = B_k, k = 1, 2$ 是开集。根据前面开集的性质，$B_1 \bigcap B_2$ 是开集，从而 $C = (B_1 \bigcap B_2)^c$ 是闭集。 □

下面我们讨论，与开集和闭集相关的点集概念。

定义 2.3.4 对于集合 $S \subseteq \mathcal{R}^n$，点 $\boldsymbol{x} \in \mathcal{R}^n$ 称为 S 的**极限点** (limit point)，若对任意 $\epsilon > 0$，使得 $(B_\epsilon(\boldsymbol{x}) \backslash \{\boldsymbol{x}\}) \bigcap S \neq \varnothing$，即 $\boldsymbol{x}$ 的任一邻域都包含 S 中至少一个不同于 $\boldsymbol{x}$ 的点。集合 S 所有极限点的集合记为 ∂S；对于集合 S，点 $\boldsymbol{x} \in S$ 称为**内点** (interior point)，若存在 $\epsilon > 0$，使得 $B_\epsilon^*(\boldsymbol{x}) \subseteq S$。

为此，我们对开集可以重新定义为：若集合中的每一个元素都是内点，这样的集合称为开集。闭集同样可以定义为：若一个集合的所有极限点都属于集合本身，这样的集合称为闭集。此外，对任意一个在度量空间上的集合 S，包含 S 的最小闭集，称为集合的**闭包**，记为 $\bar{S} = S \bigcup \partial S$，或记为 cl$S$。显然，若 S 是闭集，那么 $\bar{S} = S$。

下面，讨论一种应用广泛的特殊闭集，即紧集。我们先引入有界集的概念。

定义 2.3.5 (有界集) 若 $\mathcal{R}^n$ 上的一个集合 S 完全包含在半径为 ϵ 的球内 (为开球或为闭球)，则称 S 是**有界的**。也就是说，若对某个 $\boldsymbol{x} \in \mathcal{R}^n$，存在 $\epsilon > 0$，使得 $S \subseteq B_\epsilon(\boldsymbol{x})$，则称 S 是**有界**的。

定义 2.3.6 (紧集) 若一个集合 $S \subseteq \mathcal{R}^n$ 是闭且有界的，则被称为**紧**的。

紧集是数学分析中一个非常重要的概念，但以上紧集的定义只对有限维空间成立，对无限维空间中紧集的定义需要用开覆盖的概念。也就是，无论是对有限维空间还是无限维空间中的集合，都需要有另一种定义方式作为紧集的定义，即一个集合是**紧**的，若它的每个开覆盖中都有一个有限的子开覆盖。

下面讨论紧集的一个重要特征，先引入集合开覆盖的概念。

定义 2.3.7 (开覆盖) 对度量空间 X 上的一个集合 S 以及一组开集合 $\{G_\alpha\}$，若 $S \subseteq \bigcup_\alpha G_\alpha$，则称 $\{G_\alpha\}$ 为 S 的一个**开覆盖**；若指标集 $\{\alpha\}$ 是有限的，那么 $\{G_\alpha\}$ 称为**有限开覆盖**。

下面的海涅–博雷尔 (Heine-Borel) 定理，也被称为有限覆盖定理，证明了以上两种定义方式对有限维空间中的紧集是一致的。

定理 2.3.4 (海涅–博雷尔 (Heine-Borel) 定理或称有限覆盖定理) 对集合 $S \subseteq \mathcal{R}^n$，下面两个论断是一致的：

（1）S 是有界的闭集；

（2）S 的任何一个开覆盖 $\{G_\alpha\}$ 都存在着一个有限的子开覆盖，即对 $\{G_\alpha\}$，存在有限集合 $\{1, \cdots, n\} \subseteq \{\alpha\}$，使得 $S \subseteq \bigcup_{i=1}^n G_i$。

定理的证明可以参考 Rudin 的教材《数学分析原理》的定理 2.41 的证明。

2.3.4 集合的连通性

下面介绍连通集 (connected sets) 的概念和性质。

定义 2.3.8 (连通集) 对度量空间上的集合 S,若不存在两个集合 A, B,使得 $A\bigcap \bar{B} = B\bigcap \bar{A} = \varnothing$，并且 $S \subseteq A\bigcup B$，则称 S 为**连通集**。

下面的定理刻画了连通集的特征。

定理 2.3.5 集合 $S \subseteq \mathcal{R}^1$ 是连通的，当且仅当它满足如下性质：对任意 $x, y \in S$，若 $x < z < y$，则 $z \in S$。

定理的证明可以参考 Rudin 的教材《数学分析原理》的定理 2.47 的证明。显然，整个实数空间是连通的，实数空间上的区间，比如 $(a, b), [a, b]$ 都是连通集。

2.3.5 序列与收敛

我们先讨论序列 (或称数列) 和一些收敛的概念。

定义 2.3.9 ($\mathcal{R}^n$ 中数列) 令 $\mathcal{N}$ 是正整数的集合。一个**数列**是从 $\mathcal{N}$ 映射到 $\mathcal{R}^n$ 的一个函数，用 $\{\boldsymbol{x}^k\}_{k\in\mathcal{N}}$ 表示该数列，这里对每个 $k \in \mathcal{N}$，$\boldsymbol{x}^k \in \mathcal{R}^n$。

对所有充分大的 k，若数列 $\{\boldsymbol{x}^k\}$ 的每一项可任意地接近 $\mathcal{R}^n$ 的一个点，那么我们称数列收敛于该点。正式地，我们有如下定义：

定义 2.3.10 (收敛的数列) 若对每个 $\epsilon > 0$，均存在某个 $\bar{k}$，使得对所有大于 $\bar{k}$ 的 $k \in \mathcal{N}$，总有 $\boldsymbol{x}^k \in B_\epsilon(\boldsymbol{x})$，则称数列 $\{\boldsymbol{x}^k\}_{k\in\mathcal{N}}$ **收敛于**$\boldsymbol{x} \in \mathcal{R}^n$。

类似集合的子集，有数列的子列的概念。

定义 2.3.11 (子数列) 若 J 是 $\mathcal{N}$ 的一个无限的子集，则 $\{\boldsymbol{x}^k\}_{k\in J}$ 被称为 $\mathcal{R}^n$ 中数列 $\{\boldsymbol{x}^k\}_{k\in\mathcal{N}}$ 的**一个子数列**。

定义 2.3.12 (有界的数列) 若对 $M \in \mathcal{R}$ 和任意 $k \in \mathcal{N}$，都有 $\|\boldsymbol{x}^k\| \leqq M$，则称数列 $\{\boldsymbol{x}^k\}_{k\in\mathcal{N}}$ 在 $\mathcal{R}^n$ 内是**有界的**。

下面是有界数列的子列的一个性质。

定理 2.3.6 (有界数列) $\mathcal{R}^n$ 中的每个有界数列都有一个收敛的子数列。

2.3.6 凸集与凸化

凸集是集合中非常重要的一类集合，在经济学中有普遍的应用，比如不可分商品的预算约束集合是凸集，并且有很强的经济含义。先对凸集进行定义。

定义 2.3.13 若对任意两个元素 $\boldsymbol{x}^1, \boldsymbol{x}^2 \in S \subseteq \mathcal{R}^n$ 及任意 $t \in [0,1]$，都有 $t\boldsymbol{x}^1 + (1-t)\boldsymbol{x}^2 \in S$，则称集合 S 是一个**凸集**。

若有 $\boldsymbol{z} = t\boldsymbol{x}^1 + (1-t)\boldsymbol{x}^2, t \in (0,1)$，称点 $\boldsymbol{z}$ 为 $\boldsymbol{x}^1, \boldsymbol{x}^2$ 的加权平均或凸组合。若 $\boldsymbol{z} = \sum_{l=1}^k \alpha^l \boldsymbol{x}^l, \boldsymbol{x}^l \in S, \alpha^l \in [0,1], l \in \{1, \cdots, k\}, \sum_l \alpha^l = 1$，则也称 $\boldsymbol{z}$ 是 $\{\boldsymbol{x}^l\}$ 的凸组合。

对于凸集，我们有如下结论：

定理 2.3.7 若两个集合 S, T 都是凸集，那么它们的交集 $T \bigcap S$ 也是凸集。

对任何一个集合，我们都可以进行凸化，即凸包 (convex hull)，记为 $co\, S$。

定义 2.3.14 集合 $S \subseteq \mathcal{R}^n$ 的**凸包**是包含 S 的最小凸集，记为 $co\, S$。

下面的定理刻画如何对一个集合进行凸化。

定理 2.3.8 对于集合 $S \subseteq \mathcal{R}^n$，其凸包

$$co\, S = \left\{ \boldsymbol{y} \in \mathcal{R}^n : \boldsymbol{y} = \sum_{l=1}^k \alpha^l \boldsymbol{x}^l, \boldsymbol{x}^l \in S, \forall \alpha^l \in [0,1], l \in \{1, \cdots, k\}, \sum_l \alpha^l = 1 \right\},$$

即集合 S 的凸包由 S 中有限个点的所有凸组合构成。

凸包中的点由有限个点的凸组合构成，下面的卡拉西奥多里 (Caratheodory) 定理简化了在有限维实数空间中凸化的方法。

定理 2.3.9 (卡拉西奥多里定理) 若集合 S 属于有限维实数空间 $\mathcal{R}^n$，$S \subseteq \mathcal{R}^n$，则其凸包 $co\, S$ 的点最多可由 $n+1$ 的 S 中点的凸组合表示。

对于紧集，下面的定理刻画了其凸包会保持紧集的特性。

定理 2.3.10 若 $S \subseteq \mathcal{R}^n$ 是紧集，那么其凸包 $co\, S$ 也是紧集。

以上三个定理的证明可以参考 Kreps (2013) 教材的 A3.1。

凸包中的每一个点都是集合中有限个点的一个凸组合，但是并不意味着，它必然是其他点形成的凸组合。若一个点不是由其他点形成的凸组合，我们把这样的点定义为极点 (extreme point)。对于紧集而言，其凸包的结构会更简化，下面的 Krein-Milman 定理刻画了紧集的凸包。

定理 2.3.11 (Krein-Milman 定理) 若集合 S 是有限维实数空间的紧集，$EX(S)$ 是集合 S 极点的集合，那么 $co\, S = co\, EX(S)$，即紧集的凸包由所有极点的有限凸组合构成。

2.4 单值函数及其性质

2.4.1 函数的连续性

函数的连续性可以定义在任意拓扑空间 X 上。

定义 2.4.1 (连续) 对函数 $f: X \to \mathcal{R}$ 和 $\boldsymbol{x}_0 \in X$，若

$$\lim_{\boldsymbol{x} \to \boldsymbol{x}_0} f(\boldsymbol{x}) = f(\boldsymbol{x}_0),$$

我们称 f 在 $\boldsymbol{x}_0$ 处**连续**。

或者等价地定义为：f 在 $\boldsymbol{x}_0$ 的**上等高线集**(upper contour set，或称之为**上轮廓集**)

$$U(\boldsymbol{x}_0) \equiv \{\boldsymbol{x}' \in X : f(\boldsymbol{x}') \geqq f(\boldsymbol{x}_0)\}$$

和其**下等高线集**(lower contour set，或称之为**下轮廓集**)

$$L(\boldsymbol{x}_0) \equiv \{\boldsymbol{x}' \in X : f(\boldsymbol{x}') \leqq f(\boldsymbol{x}_0)\}$$

均为 X 的闭子集。

若 $X \subseteq \mathcal{R}^n$，也可以等价地定义为：任给 $\epsilon > 0$，存在 $\delta > 0$，使得对任意满足 $|\boldsymbol{x} - \boldsymbol{x}_0| < \delta$ 的 $\boldsymbol{x} \in X$，均有

$$|f(\boldsymbol{x}) - f(\boldsymbol{x}_0)| < \epsilon.$$

在经济学的应用中，大多数情形下都是假定 $X \subseteq \mathcal{R}^n$。若 f 在任意的 $\boldsymbol{x} \in X$ 处都连续，则称函数 $f: X \to \mathcal{R}$ 在 X 上连续。

虽然连续性的三个定义都是等价的，但第二个定义相对容易验证。连续性的想法十分直观。若对函数画出其曲线，则曲线不存在间断点。函数是连续的，当对 x 的微小变化，$f(x)$ 的变化也极小时。

下面的定理刻画了函数的连续性与集合的开集之间的关联。

定理 2.4.1 (连续性与其逆像) 设 D 是 $\mathcal{R}^m$ 的一个子集，如下条件是等价的。

(1) $f: D \to \mathcal{R}^n$ 是连续的。

(2) 对于 $\mathcal{R}^n$ 内的每个开球 B，$f^{-1}(B)$ 在 D 内也是开的。

(3) 对于 $\mathcal{R}^n$ 内的每一个开集 S，$f^{-1}(S)$ 在 D 内也是开的。

证明： 我们将证明 (1) $\Rightarrow$ (2) $\Rightarrow$ (3) $\Rightarrow$ (1)。

(1) $\Rightarrow$ (2)。设 (1) 成立并设 B 是 $\mathcal{R}^n$ 中的一个开球。任意选择 $\boldsymbol{x} \in f^{-1}(B)$，则有 $f(\boldsymbol{x}) \in B$。由于 B 在 $\mathcal{R}^n$ 中是开的，那么，存在一个 $\varepsilon > 0$，使得 $B_\varepsilon(f(\boldsymbol{x})) \subseteq B$，并且依据 f 的连续性，存在一个 δ 使得 $f(B_\delta(\boldsymbol{x}) \cap D) \subseteq B_\varepsilon(f(\boldsymbol{x})) \subseteq B$。因此，$B_\delta(\boldsymbol{x}) \cap D \subseteq f^{-1}(B)$。由于 $\boldsymbol{x} \in f^{-1}(B)$ 是任意的，则可知 $f^{-1}(B)$ 在 D 内是开的，故 (2) 成立。

(2) $\Rightarrow$ (3)。设 (2) 成立，S 在 $\mathcal{R}^n$ 中是开的，则 S 可被写成开球 $B_i (i \in I)$ 的并集，使得 $S = \cup_{i \in I} B_i$。因此，$f^{-1}(S) = f^{-1}(\cup_{i \in I} B_i) = \cup_{i \in I} f^{-1}(B_i)$。由于依据 (2)，每个集合 $f^{-1}(B_i)$ 在 D 内都是开的，$f^{-1}(S)$ 是 D 内的开集的并集，因此，$f^{-1}(S)$ 在 D 内也是开的。由于 S 是 $\mathcal{R}^n$ 中的任意一个开集，这便证明了 (3)。

(3) $\Rightarrow$ (1)。设 (3) 成立并选择 $\boldsymbol{x} \in D$ 与 $\varepsilon > 0$。那么，由于 $B_\varepsilon(f(\boldsymbol{x}))$ 在 $\mathcal{R}^n$ 中是开的，(3) 意味着 $f^{-1}(B_\varepsilon(f(\boldsymbol{x})))$ 在 D 内是开的。由于 $\boldsymbol{x} \in f^{-1}(B_\varepsilon(f(\boldsymbol{x})))$，这意味着存在一个 $\delta > 0$，使得 $B_\delta(\boldsymbol{x}) \cap D \subseteq f^{-1}(B_\varepsilon(f(\boldsymbol{x})))$。这意味着 $f(B_\delta(\boldsymbol{x}) \cap D) \subseteq B_\varepsilon(f(\boldsymbol{x}))$。因

此，在 $\boldsymbol{x}$ 点处，f 是连续的。由于 $\boldsymbol{x}$ 是任意的，则 (1) 成立。 □

对于定义域是紧集的连续函数，我们有如下结论。

定理 2.4.2 (紧集的连续的像是一个紧集) 设 $f : D \subseteq \mathcal{R}^m \to \mathcal{R}^n$ 是一个连续函数。若 $S \subseteq D$ 是 D 内的一个紧集，那么，其像 $f(S) \subseteq \mathcal{R}^n$ 在 $\mathcal{R}^n$ 内是紧的。

2.4.2 上半连续与下半连续

上半连续性和**下半连续性**是比连续性更弱的连续性。设 X 为任一拓扑空间。

定义 2.4.2 函数 $f : X \to \mathcal{R}$ 称为**上半连续函数** (upper semi-continuous functions)，若在点 $\boldsymbol{x}_0 \in X$ 处我们有

$$\limsup_{\boldsymbol{x} \to \boldsymbol{x}_0} f(\boldsymbol{x}) \leqq f(\boldsymbol{x}_0),$$

或者等价地，f 的上等高线集 $U(\boldsymbol{x}_0)$ 是 X 的闭子集。

若 $X \subseteq \mathcal{R}^n$，可以等价地定义为：任给 $\epsilon > 0$，找到 $\delta > 0$，使得对任意满足 $|\boldsymbol{x} - \boldsymbol{x}_0| < \delta$ 的 $\boldsymbol{x} \in X$，我们都有

$$f(\boldsymbol{x}) < f(\boldsymbol{x}_0) + \epsilon,$$

若 f 对任意的 $\boldsymbol{x} \in X$ 都是上半连续的，函数 $f : X \to \mathcal{R}$ 称为在 X 上**上半连续的**。

定义 2.4.3 函数 $f : X \to \mathcal{R}$ 称为**下半连续函数** (lower semi-continuous functions)，若 $-f$ 是上半连续的。

很显然，函数 $f : X \to \mathcal{R}$ 在 X 上连续当且仅当它是上半连续又是下半连续的。

2.4.3 转移上连续与转移下连续

更弱的连续性的概念是**转移连续性** (transfer continuity)，它可被用来完全刻画函数或偏好的极值问题 (参见著者的一系列论文：Tian (1992, 1993, 1994)，Tian 和 Zhou (1995) 以及 Zhou 和 Tian (1992))。设 X 为任一拓扑空间。

定义 2.4.4 函数 $f : X \to \mathcal{R}$ 称为在 X 上是**转移 (弱) 上连续的** (transfer (weakly) upper continuous)，若对任意的点 $\boldsymbol{x}, \boldsymbol{y} \in X$，$f(\boldsymbol{y}) < f(\boldsymbol{x})$ 意味着存在点 $\boldsymbol{x}' \in X$ 及 $\boldsymbol{y}$ 的一个邻域 $\mathcal{N}(\boldsymbol{y})$，使得 $f(\boldsymbol{z}) < f(\boldsymbol{x}')$ ($f(\boldsymbol{z}) \leqq f(\boldsymbol{x}')$) 对任意的 $\boldsymbol{z} \in \mathcal{N}(y)$ 都成立。

定义 2.4.5 函数 $f : X \to \mathcal{R}$ 称为在 X 上是**转移 (弱) 下连续的** (transfer (weakly) lower continuous)，若 $-f$ 在 X 上是转移 (弱) 上连续的。

备注：显然，上 (下) 半连续意味着转移上 (下) 连续 (取 $\boldsymbol{x}' = \boldsymbol{x}$)；而转移上 (下) 连续意味着转移弱上 (下) 连续，反之也许不成立。后面将证明一个函数 f 在紧集 X 上有最大 (小) 值当且仅当 f 在 X 上是转移弱上连续的，而 f 的最大 (小) 值集合是紧集当且仅当 f 在 X 上是转移上 (下) 连续的。

2.4.4 函数的微分与偏微分

一维实数空间上的微分，刻画了函数对自变量的变化程度。令 X 是 $\mathcal{R}$ 的子集。

定义 2.4.6 (导数)　$f: X \to \mathcal{R}$ 在点 $x_0 \in X$ 上的**导数**定义为

$$f'(x_0) = \lim_{\Delta x \to 0} \frac{f(x_0 + \Delta x) - f(x_0)}{\Delta x},$$

这里，$\Delta x = x - x_0$。

显然，若一个函数在某个点上存在导数，那么它必然是连续的，反之不一定成立。

通过函数的导数，我们可以求解分子分母都趋于零 (无穷大) 的连续函数的极限值，即下面的洛必达 (L'Hopital) 法则：

定理 2.4.3 (洛必达法则)　设 $f(x)$ 和 $g(x)$ 在某个开区间 I 除了点 c 上可微。若 $\lim_{x\to c} f(x) = \lim_{x\to c} g(x) = 0$ 或 $\lim_{x\to c} f(x) = \lim_{x\to c} g(x) = \pm\infty$，对所有 I 中 $x \neq c$ 的点，均有 $g'(x) \neq 0$，且 $\lim_{x\to c} \dfrac{f'(x)}{g'(x)}$ 存在，则

$$\lim_{x\to c} \frac{f(x)}{g(x)} = \lim_{x\to c} \frac{f'(x)}{g'(x)}.$$

高阶导数和偏导数在经济学中有很广泛的应用，下面我们定义 n 阶导数。

定义 2.4.7 (多阶导数)　$f: X \to \mathcal{R}$ 在点 $x_0 \in X$ 上的n **阶导数**定义为

$$f^{[n]}(x_0) = \lim_{\Delta x \to 0} \frac{f^{[n-1]}(x_0 + \Delta x) - f^{[n-1]}(x_0)}{\Delta x}.$$

在多维的实数空间 $X \subseteq \mathcal{R}^n$ 中，对函数 $f: X \to \mathcal{R}$，$f(x_1, \cdots, x_n)$，引入偏微分的概念，刻画在保持其他变量不变的情形下，函数值对某个变量的变化程度。

定义 2.4.8 (偏导数)　具有 n 个独立变量的函数 $f: X \to \mathcal{R}, X \subseteq \mathcal{R}^n$ 在点 $\boldsymbol{x}^0 = (x_1^0, \cdots, x_n^0) \in X$ 上关于变量 x_i 的**偏导数**定义为

$$\frac{\partial f(\boldsymbol{x}^0)}{\partial x_i} = \lim_{\Delta x_i \to 0} \frac{f(x_1^0, \cdots, x_i^0 + \Delta x_i, \cdots, x_n^0) - f(\boldsymbol{x}_0)}{\Delta x_i}.$$

我们用矩阵的方式来刻画一个多维函数在不同方向上的变化程度，称为梯度向量。

定义 2.4.9 (梯度向量)　设 f 是定义在 $\mathcal{R}^n$ 上具有偏导数的函数。我们定义 f 的**梯度**为向量

$$Df(\boldsymbol{x}) = \left[\frac{\partial f(\boldsymbol{x})}{\partial x_1}, \frac{\partial f(\boldsymbol{x})}{\partial x_2}, \cdots, \frac{\partial f(\boldsymbol{x})}{\partial x_n}\right].$$

假设 f 具有二阶偏导数。我们定义 f 在 $\boldsymbol{x}$ 处的海森 (Hessian) 矩阵为 $n \times n$ 阶矩阵 $D^2 f(\boldsymbol{x})$，即：

$$D^2 f(\boldsymbol{x}) = \left[\frac{\partial^2 f(\boldsymbol{x})}{\partial x_i \partial x_j}\right],$$

若所有二阶偏导数都是连续的，则

$$\frac{\partial^2 f(\boldsymbol{x})}{\partial x_i \partial x_j} = \frac{\partial^2 f(\boldsymbol{x})}{\partial x_j \partial x_i},$$

从而上述矩阵是对称矩阵。

2.4.5 中值定理与泰勒展开

定理 2.4.4 (费马 (Fέrmat) 定理) 令 X 是 $\mathcal{R}$ 空间中的一个子集。若

(i) 函数 $f: X \to \mathcal{R}$ 在 x_0 的某个邻域 $N(x_0)$ 内有定义，并且在此邻域恒有 $f(x) \leqq f(x_0)$ 或者 $f(x) \geqq f(x_0)$,

(ii) 函数 $f(x)$ 在点 x_0 可导，

则有

$$f'(x_0) = 0.$$

下面的中值定理或称之为拉格朗日公式刻画了在一个区间中，区间两头的函数值与导数之间的关系。

定理 2.4.5 (中值定理或拉格朗日公式) 若 $f: [a,b] \to \mathcal{R}$ 满足: (i) 在 $[a,b]$ 上连续，(ii) 在 (a,b) 上可导，则必然存在 $c \in (a,b)$，使

$$f'(c) = \frac{f(b) - f(a)}{(b-a)}.$$

证明： 设 $g(x) = f(x) - \frac{f(b)-f(a)}{b-a}x$。那么，在区间 $[a,b]$ 上，g 是连续的，在 (a,b) 内可导，并且 $g(a) = g(b)$。因此，根据费马定理，在 (a,b) 内存在一点 c，使得 $g'(c) = 0$，进而 $f'(c) = \frac{f(b)-f(a)}{b-a}$。 □

以上中值定理对多变量 $\boldsymbol{x}$ 的情况也成立，设函数 $f: \mathcal{R}^n \to \mathcal{R}$ 可微，则存在 $\boldsymbol{z} = t\boldsymbol{x} + (1-t)\boldsymbol{y} \in \mathcal{R}^n$，$0 \leqq t \leqq 1$，使得

$$f(\boldsymbol{y}) = f(\boldsymbol{x}) + Df(\boldsymbol{z})(\boldsymbol{y} - \boldsymbol{x}).$$

中值定理的一个变化是积分中值定理：

定理 2.4.6 (积分中值定理) 若 $f: [a,b] \to \mathcal{R}$ 在 $[a,b]$ 上连续，则存在 $c \in (a,b)$，使得

$$\int_a^b f(x)dx = f(c)(b-a).$$

中值定理的另外一个变化是广义中值定理或柯西定理.

定理 2.4.7 (广义中值定理或柯西定理) 若 $f: [a,b] \to \mathcal{R}$ 和 $g: [a,b] \to \mathcal{R}$ 满足: (i) 在 $[a,b]$ 上连续，(ii) 在 (a,b) 上可导，则必然存在 $c \in (a,b)$，使得

$$(f(b) - f(a))g'(c) = (g(b) - g(a))f'(c).$$

在求解近似逼近时，泰勒展开是非常有用的方法。

考虑一个连续可微函数 $f:\mathcal{R}^n\to\mathcal{R}$，$\boldsymbol{x},\boldsymbol{y}\in\mathcal{R}^n$，利用中值定理，存在 $\boldsymbol{z},\boldsymbol{w}\in co(\boldsymbol{x},\boldsymbol{y})$，使得下面两个等式成立：

$$f(\boldsymbol{y})=f(\boldsymbol{x})+Df(\boldsymbol{z})(\boldsymbol{y}-\boldsymbol{x}),$$

$$f(\boldsymbol{y})=f(\boldsymbol{x})+Df(\boldsymbol{x})(\boldsymbol{y}-\boldsymbol{x})+\frac{1}{2}(\boldsymbol{y}-\boldsymbol{x})'D^2f(\boldsymbol{w})(\boldsymbol{y}-\boldsymbol{x}),$$

其中 $(\boldsymbol{y}-\boldsymbol{x})'$ 是向量 $(\boldsymbol{y}-\boldsymbol{x})$ 的转置。

一般地，我们有下面的结果：

命题 2.4.1 (泰勒定理)　给定任意函数 $f(x):\mathcal{R}\to\mathcal{R}$，若 $(n+1)$ 阶导数在点 x_0 存在，则函数能在点 x_0 展开：

$$\begin{aligned}f(x)&=f(x_0)+f'(x_0)(x-x_0)+\frac{1}{2!}f''(x_0)(x-x_0)^2+\cdots+\frac{1}{n!}f^{(n)}(x_0)(x-x_0)^n+R_n\\&\equiv P_n+R_n,\end{aligned}$$

其中，P_n 表示 n 阶多项式，R_n 表示拉格朗日余项：

$$R_n=\frac{f^{(n+1)}(P)}{(n+1)!}(x-x_0)^{n+1},$$

其中，P 是 x 和 x_0 间的某点，$n!$ 是 n 的阶乘

$$n!\equiv n(n-1)(n-2)\cdots(3)(2)(1).$$

若用泰勒展开，我们有如下函数逼近，若 y 逼近 x，

$$f(\boldsymbol{y})\approx f(\boldsymbol{x})+Df(\boldsymbol{x})(\boldsymbol{y}-\boldsymbol{x}),$$

$$f(\boldsymbol{y})\approx f(\boldsymbol{x})+Df(\boldsymbol{x})(\boldsymbol{y}-\boldsymbol{x})+\frac{1}{2}(\boldsymbol{y}-\boldsymbol{x})'D^2f(\boldsymbol{x})(\boldsymbol{y}-\boldsymbol{x}).$$

2.4.6　齐次函数与欧拉定理

定义 2.4.10　令 $X=\mathcal{R}^n$。对函数 $f:X\to\mathcal{R}$ 和任意的 t，若有 $f(t\boldsymbol{x})=t^kf(\boldsymbol{x})$，则称 f 为k **阶齐次的**。

与齐次函数相关的一个重要结果是欧拉定理。

定理 2.4.8 (欧拉定理)　函数 $f:\mathcal{R}^n\to\mathcal{R}$ 是 k 次齐次的当且仅当

$$kf(\boldsymbol{x})=\sum_{i=1}^{n}\frac{\partial f(\boldsymbol{x})}{\partial x_i}x_i.$$

2.4.7　隐函数存在定理

如果将变量 y 表示为 $\boldsymbol{x}=(x_1,\cdots,x_n)$ 的函数，我们称 $y=f(\boldsymbol{x})$ 为**显函数**。在许多情况下，y 不是显函数，而 y 与 $\boldsymbol{x}$ 之间的关系由以下方程表示：

$$F(y,\boldsymbol{x})=0.$$

对于域 D，若对域内的每个向量 $\boldsymbol{x} \in D$ 都存在唯一的值 y 满足上述方程，则称 y 是 $\boldsymbol{x}$ 的**隐函数**，记为 $y = f(\boldsymbol{x})$。相关问题是如何确定在某个特定域内的每个 $\boldsymbol{x}$ 都存在唯一的值 y 满足这个方程。类似的问题也适用于多个因变量 $\boldsymbol{y} = (y_1, y_2, \cdots, y_n)$ 的情形。

考虑一组联立方程：

$$F^1(\boldsymbol{y}, \boldsymbol{x}) = 0;$$
$$F^2(\boldsymbol{y}, \boldsymbol{x}) = 0;$$
$$\cdots$$
$$F^n(\boldsymbol{y}, \boldsymbol{x}) = 0.$$

以下的隐函数存在定理表明，在一定条件下，由 $F(\boldsymbol{y}, \boldsymbol{x}) = 0$ 决定的隐式向量函数 $\boldsymbol{y} = f(\boldsymbol{x})$ 不仅存在，而且是可微的。

定理 2.4.9 (隐函数存在定理) 假设 $F(\boldsymbol{y}, \boldsymbol{x}) : \mathcal{R}^{m+n} \to \mathcal{R}$ 是一个连续可微函数，且对某个点 $(\boldsymbol{y}_0, \boldsymbol{x}_0) \in \mathcal{R}^{m+n}$，有 $F(\boldsymbol{y}_0, \boldsymbol{x}_0) = \boldsymbol{0}$ 及以下雅可比行列式不为零：

$$|\boldsymbol{J}| = \left| \frac{\partial(F^1, F^2, \cdots, F^n)}{\partial(y_1, y_2, \cdots, y_n)} \right| = \begin{vmatrix} \dfrac{\partial F^1}{\partial y_1} & \dfrac{\partial F^1}{\partial y_2} & \cdots & \dfrac{\partial F^1}{\partial y_n} \\ \dfrac{\partial F^2}{\partial y_1} & \dfrac{\partial F^2}{\partial y_2} & \cdots & \dfrac{\partial F^2}{\partial y_n} \\ \cdots & \cdots & \cdots & \cdots \\ \dfrac{\partial F^n}{\partial y_1} & \dfrac{\partial F^n}{\partial y_2} & \cdots & \dfrac{\partial F^n}{\partial y_n} \end{vmatrix} \neq 0.$$

则存在一个包含 $(\boldsymbol{x}_0)$ 的邻域 $N(\boldsymbol{x}_0)$，以及下面结论成立：

(1) 在 $N(\boldsymbol{x}_0)$ 上可以隐式定义一个向量函数 $\boldsymbol{y} = f(\boldsymbol{x})$，满足：

$$F(\boldsymbol{y}, \boldsymbol{x}) = \boldsymbol{0}.$$

(2) 向量函数 $\boldsymbol{y} = f(\boldsymbol{x})$ 在 $N(\boldsymbol{x}_0)$ 上是连续的。

(3) 向量函数 $\boldsymbol{y} = f(\boldsymbol{x})$ 在 $N(\boldsymbol{x}_0)$ 上具有连续的偏导数，由下式给出：

$$\frac{\partial y_i}{\partial x_j} = -\frac{F_{x_j}}{F_{y_i}}, \quad i = 1, \cdots, m; j = 1, \cdots, n.$$

2.4.8 凹函数与凸函数

凹函数、凸函数和拟凹函数在微观经济学中经常出现，它们有很强的经济含义。在最优化问题中，它们占据着特殊的地位。假定 $X \subseteq \mathcal{R}^n$ 为凸集。

定义 2.4.11 对函数 $f: X \to \mathcal{R}$，若对任意的 $\boldsymbol{x}, \boldsymbol{x}' \in X$ 和任意的 $t \in [0, 1]$，我们均有

$$f(t\boldsymbol{x} + (1-t)\boldsymbol{x}') \geqq tf(\boldsymbol{x}) + (1-t)f(\boldsymbol{x}'),$$

则称 f 在 X 上是**凹的**。

若对所有的 $\boldsymbol{x} \neq \boldsymbol{x}' \in X$ 和 $0 < t < 1$，均有

$$f(t\boldsymbol{x} + (1-t)\boldsymbol{x}') > tf(\boldsymbol{x}) + (1-t)f(\boldsymbol{x}')$$

则称函数 f 在 X 上是**严格凹的**。

定义 2.4.12 若 $-f$ 在 X 上是 (严格) 凹的，则称函数 $f: X \to \mathcal{R}$ 在 X 上是 **(严格) 凸的**。

备注：下列结论显然成立：

（1）线性函数既是凸函数也是凹函数。

（2）两个凹 (凸) 函数之和仍然是凹 (凸) 函数。

（3）一个凹 (凸) 函数与严格凹 (凸) 函数之和是严格凹 (凸) 函数。

备注：函数 $f: X \to \mathcal{R}$ 在 X 上凹等价于：对任意的 $\boldsymbol{x}_1, \cdots, \boldsymbol{x}_m \in X$ 和任意的 $t_i \in [0,1]$，有

$$f(t_1\boldsymbol{x}_1 + t_2\boldsymbol{x}_2 + \cdots + t_m\boldsymbol{x}_m) \geqq t_1 f(\boldsymbol{x}_1) + \cdots + t_m f(\boldsymbol{x}_m),$$

这个式子也称为**詹森不等式** (Jensen's inequality)。如将 t_i 视作 $\boldsymbol{x}_i$ 发生的概率，当 $f: X \to \mathcal{R}$ 在 X 上是凹的时，詹森不等式意味着随机变量函数的期望不小于随机变量的期望，记为：

$$f(E(X)) \geqq E(f(X)).$$

对于可微函数而言，我们可以通过二阶导数或者二阶偏导矩阵的正 (负) 定来判断这个函数的凸 (凹) 性。

备注：定义在 X 上的函数 f 具有连续二阶偏导数，它是凹 (凸) 函数当且仅当其**海森矩阵** $D^2 f(\boldsymbol{x})$ 在 X 上是半负 (正) 定的。它是严格凹 (凸) 的当且仅当其海森矩阵 $D^2 f(\boldsymbol{x})$ 在 X 上是负 (正) 定的。

备注：函数 $f(\boldsymbol{x})$ 的严格凹性可以通过检验海森矩阵的顺序主子式是否依次改变符号来确定，即

$$\begin{vmatrix} f_{11} & f_{12} \\ f_{21} & f_{22} \end{vmatrix} > 0,$$

$$\begin{vmatrix} f_{11} & f_{12} & f_{13} \\ f_{21} & f_{22} & f_{23} \\ f_{31} & f_{32} & f_{33} \end{vmatrix} < 0,$$

如此等等，其中 $f_{ij} = \dfrac{\partial^2 f}{\partial x_i \partial x_j}$。这种代数条件对于检验二阶最优性条件十分有用。

2.4.9 拟凹与拟凸函数

拟凹函数在经济学中具有重要意义，严格拟凹意味着效用的边际替代率下降。拟凹函数是比凹函数更弱的一类函数。假定 $X \subseteq \mathcal{R}^n$ 为凸集。

第2章

定义 2.4.13 对函数 $f: X \to \mathcal{R}$，若对任意的 $\boldsymbol{x}, \boldsymbol{x}' \in X$ 和任意的 $t \in [0,1]$，均有

$$f(t\boldsymbol{x} + (1-t)\boldsymbol{x}') \geqq \min\{f(\boldsymbol{x}), f(\boldsymbol{x}')\},$$

那么称 f 在 X 上是**拟凹的**。

若对任意的 $\boldsymbol{x}, \boldsymbol{x}' \in X$ 和任意的 $t \in [0,1]$，均有

$$f(t\boldsymbol{x} + (1-t)\boldsymbol{x}') > \min\{f(\boldsymbol{x}), f(\boldsymbol{x}')\},$$

那么称 f 在 X 上是**严格拟凹的**。

若 $-f$ 在 X 上是 (严格) 拟凹的，则称函数 $f: X \to \mathcal{R}$ 在 X 上是 **(严格) 拟凸的**。

下面的结论显然成立：

（1）若函数 f 是 (严格) 凹 (凸) 的，则它是 (严格) 拟凹 (凸) 的；

（2）函数 f 是 (严格) 拟凹的当且仅当 $-f$ 是 (严格) 拟凸的；

（3）任意定义在一维实数空间的区间上的 (严格) 单调函数既是 (严格) 拟凹的，也是 (严格) 拟凸的；

（4）两个拟凹 (凸) 函数的和一般来说不是拟凹 (凸) 函数。

下面的定理把函数的拟凹性与上等高线集的凸性联系在一起。

定理 2.4.10 (拟凹性与上等高线集) $f: X \to \mathcal{R}$ 是拟凹函数当且仅当对任意 $y \in \mathcal{R}$，其上等高线集 $S(y) \equiv \{\boldsymbol{x} \in X : f(\boldsymbol{x}) \geqq y\}$ 都是凸集。

证明： 必要性。首先证明：若 f 是拟凹的，那么，对所有 $y \in \mathcal{R}$，$S(y)$ 都是一个凸集。假设 $\boldsymbol{x}^1$ 与 $\boldsymbol{x}^2$ 是 $S(y)$ 的任意两点 (若 $S(y)$ 是空集，则显然是凸的)。我们需证明，所有凸组合 $\boldsymbol{x}^t \equiv t\boldsymbol{x}^1 + (1-t)\boldsymbol{x}^2$，$t \in [0,1]$，也在 $S(y)$ 内。

既然 $\boldsymbol{x}^1 \in S(y)$ 且 $\boldsymbol{x}^2 \in S(y)$，则有：

$$f(\boldsymbol{x}^1) \geqq y, f(\boldsymbol{x}^2) \geqq y.$$

对任何 $\boldsymbol{x}^t$，由于 X 是凸集，我们均有 $\boldsymbol{x}^t \in X$。若 f 是拟凹的，则

$$f(\boldsymbol{x}^t) \geqq \min[f(\boldsymbol{x}^1), f(\boldsymbol{x}^2)] \geqq y.$$

这样，$\boldsymbol{x}^t \in X$ 并且 $f(\boldsymbol{x}^t) \geqq y$，从而 $\boldsymbol{x}^t \in S(y)$。因此，$S(y)$ 必定是一个凸集。必要性证毕。

充分性。我们要证明：若对于所有 $y \in \mathcal{R}$，$S(y)$ 都是一个凸集，那么，$f(\boldsymbol{x})$ 是一个拟凹函数。令 $\boldsymbol{x}^1$ 与 $\boldsymbol{x}^2$ 是 X 内的任意两点。不失一般性，假设 $f(\boldsymbol{x}^1) \geqq f(\boldsymbol{x}^2)$。由于对于所有 $y \in \mathcal{R}$，$S(y)$ 都是一个凸集，则 $S(f(\boldsymbol{x}^2))$ 必定是凸的。显然 $\boldsymbol{x}^2 \in S(f(\boldsymbol{x}^2))$，并且由于 $f(\boldsymbol{x}^1) \geqq f(\boldsymbol{x}^2)$，则有 $\boldsymbol{x}^1 \in S(f(\boldsymbol{x}^2))$。那么，对于 $\boldsymbol{x}^1$ 与 $\boldsymbol{x}^2$ 的任何凸组合，必有 $\boldsymbol{x}^t \in S(f(\boldsymbol{x}^2))$。由 $S(f(\boldsymbol{x}^2))$ 的定义可知 $f(\boldsymbol{x}^t) \geqq f(\boldsymbol{x}^2)$。由此可得：

$$f(\boldsymbol{x}^t) \geqq \min[f(\boldsymbol{x}^1), f(\boldsymbol{x}^2)].$$

因此，$f(\boldsymbol{x})$ 是拟凹的。充分性证毕。 □

下面的定理刻画了拟凹函数的特性，即在单调函数下保持拟凹特性。

定理 2.4.11　设函数 $f: X \to \mathcal{R}$ 在 X 上是拟凹的，且函数 $h: \mathcal{R} \to \mathcal{R}$ 是单调非递减函数，则复合函数 $h(f(\boldsymbol{x}))$ 也是拟凹的。若 f 是严格拟凹的，且 h 是严格递增的，那么复合函数是严格拟凹的。

类似于凸性，当定义在凸集 X 上的函数 f 可微时，我们有下面的命题。

命题 2.4.2　假定 $f: \mathcal{R} \to \mathcal{R}$ 可微，则 f 是拟凹的当且仅当对任意的 $x, y \in \mathcal{R}$，有

$$f(y) \geqq f(x) \Rightarrow f'(x)(y-x) \geqq 0. \tag{2.3}$$

当 X 是多维的时，以上命题成为：

命题 2.4.3　假定 $f: \mathcal{R}^n \to \mathcal{R}$ 可微，则 f 是拟凹的当且仅当对任意的 $\boldsymbol{x}, \boldsymbol{y} \in \mathcal{R}$，我们均有

$$f(\boldsymbol{y}) \geqq f(\boldsymbol{x}) \Rightarrow \sum_{j=1}^{n} \frac{\partial f(\boldsymbol{x})}{\partial x_j}(y_j - x_j) \geqq 0. \tag{2.4}$$

当定义在凸集 X 上的函数 f 具有连续二阶偏导数时，定义加边行列式如下：

$$|B| = \begin{vmatrix} 0 & f_1 & f_2 & \cdots & f_n \\ f_1 & f_{11} & f_{12} & \cdots & f_{1n} \\ f_2 & f_{21} & f_{22} & \cdots & f_{2n} \\ \vdots & \vdots & \vdots & & \vdots \\ f_n & f_{n1} & f_{n2} & \cdots & f_{nn} \end{vmatrix}$$

定义加边行列式 $|B|$ 的顺序主子式如下：

$$|B_1| = \begin{vmatrix} 0 & f_1 \\ f_1 & f_{11} \end{vmatrix}, \quad |B_2| = \begin{vmatrix} 0 & f_1 & f_2 \\ f_1 & f_{11} & f_{12} \\ f_2 & f_{21} & f_{22} \end{vmatrix}, \quad \cdots, \quad |B_n| = |B|.$$

那么一个函数 $f: X \to \mathcal{R}$ 是拟凹函数的必要条件为：

$$|B_1| \leqq 0, \ |B_2| \geqq 0, \ |B_3| \leqq 0, \ \cdots, \ (-1)^n |B_n| \geqq 0,$$

而是严格拟凹函数的充分条件为：

$$|B_1| < 0, \ |B_2| > 0, \ |B_3| < 0, \ \cdots, \ (-1)^n |B_n| > 0.$$

一个函数 $f: X \to \mathcal{R}$ 是拟凸函数的必要条件为：

$$|B_1| \leqq 0, \ |B_2| \leqq 0, \ \cdots, \ |B_n| \leqq 0,$$

而是严格拟凸函数的充分条件为：

$$|B_1| < 0, \ |B_2| < 0, \ \cdots, \ |B_n| < 0.$$

2.4.10 分离超平面定理

分离超平面定理在经济学中也有很重要的应用。首先回忆，若 $X \subseteq \mathcal{R}^n$ 是**紧集** (compact set)，那么它是有界闭的。X 是**凸集** (convex set)，对任意的 $\boldsymbol{x}, \boldsymbol{x}' \in X$ 和任意的 $0 \leqq t \leqq 1$，均有 $t\boldsymbol{x} + (1-t)\boldsymbol{x}' \in X$。几何上，凸集表示该集合中的任意两点之间的连线均在该集合内。

定理 2.4.12 (分离超平面定理) 设 $A, B \subseteq \mathcal{R}^m$ 为凸集，且 $A \cap B = \varnothing$。则存在向量 $\boldsymbol{p} \in \mathcal{R}^m, \boldsymbol{p} \neq \boldsymbol{0}$ 以及 $c \in \mathcal{R}$，使得

$$\boldsymbol{px} \leqq c \leqq \boldsymbol{py} \quad \forall \boldsymbol{x} \in A, \forall \boldsymbol{y} \in B.$$

进一步地，设 $B \subseteq \mathcal{R}^m$ 是闭凸集，$A \subseteq \mathcal{R}^m$ 是紧凸集，且 $A \cap B = \varnothing$。则存在向量 $\boldsymbol{p} \in \mathcal{R}^m, \boldsymbol{p} \neq \boldsymbol{0}$ 以及 $c \in \mathcal{R}$，使得 A, B 两个集合被严格分离，即

$$\boldsymbol{px} < c < \boldsymbol{py} \quad \forall \boldsymbol{x} \in A, \forall \boldsymbol{y} \in B.$$

定理 2.4.13 (支撑超平面定理) 设 $A \subseteq \mathcal{R}^m$ 为凸集，$\boldsymbol{y} \in \mathcal{R}^m$ 不是 A 的内点 (即: $\boldsymbol{y} \notin intA$)。则存在向量 $\boldsymbol{p} \in \mathcal{R}^m, \boldsymbol{p} \neq 0$，使得

$$\boldsymbol{px} \leqq \boldsymbol{py} \quad \forall \boldsymbol{x} \in A.$$

不像分离超平面定理，以上支撑超平面定理并不需要假定 A 和 $\{y\}$ 的交集是空集。

定义 2.4.14 令 $C \subseteq \mathcal{R}^m$。若对任意的 $\boldsymbol{x} \in C$ 和 $\lambda \in \mathcal{R}$，都有 $\lambda\boldsymbol{x} \in C$，则称 C 是一个**锥** (cone)。

命题 2.4.4 一个锥 C 是凸的当且仅当 $\boldsymbol{x}, \boldsymbol{y} \in C$ 就意味着 $\boldsymbol{x} + \boldsymbol{y} \in C$。

命题 2.4.5 令 $C \subseteq \mathcal{R}^m$ 是一个闭凸锥，$K \subseteq \mathcal{R}^m$ 是一个紧凸集，则 $C \cap K \neq \varnothing$ 当且仅当对任意的 $\boldsymbol{p} \in C$，都存在着 $\boldsymbol{z} \in K$，使得

$$\boldsymbol{p} \cdot \boldsymbol{z} \leqq 0.$$

2.5 多值函数及其性质

集值映射是指映射的像不是点而是集合的情形，也就是点到集合的多值映射。这个集合被称为函数的“多值性”或“多值域”。多值函数在数学的许多领域中有许多应用，例如拓扑学和泛函分析，在这些领域中它们允许更细致地理解具有复杂行为的函数。例如，一个多值函数可能有多个分支或“片”，而分支的选择可以以不同的方式影响函数的行为。

2.5.1 点到集合的多值映射

设 X 和 Y 为拓扑向量空间 (如欧几里得空间) 中的两个子集。

集值映射 (point-to-set mapping)，也被称为**对应** (correspondence) 或者**多值** (multi-valued) 函数。对应 F 将区域 X 中的点 $\boldsymbol{x}$ 映射到值域 Y 中的一个子集合 (如将区域 $X \subseteq \mathcal{R}^n$ 中的点 $\boldsymbol{x}$ 映射到值域 $Y \subseteq \mathcal{R}^m$ 的一个子集合)，记为 $F: X \to 2^Y$，有时也用 $F: X \rightrightarrows Y$ 或 $F: X \to\to Y$ 来表示多值映射 $F: X \to 2^Y$。

定义 2.5.1　令 $F: X \to 2^Y$ 是一个对应。

(1) 若 $F(\boldsymbol{x})$ 对所有 $\boldsymbol{x} \in X$ 都非空，则称对应 F 是**非空值的** (non-empty valued);

(2) 若 $F(\boldsymbol{x})$ 对所有 $\boldsymbol{x} \in X$ 都是凸的，则称对应 F 是**凸值的** (convex valued);

(3) 若 $F(\boldsymbol{x})$ 对所有 $\boldsymbol{x} \in X$ 都是闭的，则称对应 F 是**闭值的** (closed valued);

(4) 若 $F(\boldsymbol{x})$ 对所有 $\boldsymbol{x} \in X$ 都是紧的，则称对应 F 是**紧值的** (compact valued);

(5) 若 $F(\boldsymbol{x})$ 对所有 $\boldsymbol{x} \in X$ 都是开的，则称对应 F 具有**上开截面** (upper open sections);

(6) 对所有的 $\boldsymbol{y} \in Y$，其原像 $F^{-1}(y) = \{\boldsymbol{x} \in X : y \in F(\boldsymbol{x})\}$ 都是开的，则称对应 F 具有**下开截面** (lower open sections)。

定义 2.5.2　令 $F: X \to 2^X$ 是从 X 到自身 X 的一个对应。

(1) 若对任意 $\boldsymbol{x}_1, \cdots, \boldsymbol{x}_m \in X$ 及其凸组合 $\boldsymbol{x}_\lambda = \sum_{i=1}^m \lambda_i \boldsymbol{x}_i$，都有

$$\boldsymbol{x}_\lambda \in \bigcup_{i=1}^m F(\boldsymbol{x}_i),$$

则称对应 F 是 **FS-凸的**。①

(2) 若对任意 $\boldsymbol{x} \in X$，都有 $\boldsymbol{x} \notin coF(\boldsymbol{x})$，则称对应 F 是 **SS-凸的**。②

备注：不难验证，对应 $P: X \to 2^X$ 是 SS-凸的当且仅当由 $G(\boldsymbol{x}) = X \setminus P(\boldsymbol{x})$ 所定义的对应 $G: X \to 2^X$ 是 FS-凸的。

特别地，对函数 $f: X \to \mathcal{R}$ 可定义：上等高线集

$$U_w(\boldsymbol{x}) = \{\boldsymbol{y} \in X : f(\boldsymbol{y}) \geqq f(\boldsymbol{x})\}, \ \forall\, \boldsymbol{x} \in X,$$

严格上等高线集

$$U_s(\boldsymbol{x}) = \{\boldsymbol{y} \in X : f(\boldsymbol{y}) > f(\boldsymbol{x})\}, \ \forall\, \boldsymbol{x} \in X,$$

下等高线集

$$L_w(\boldsymbol{x}) = \{\boldsymbol{y} \in X : f(\boldsymbol{y}) \leqq f(\boldsymbol{x})\}, \ \forall\, \boldsymbol{x} \in X,$$

及严格下等高线集

$$L_s(\boldsymbol{x}) = \{\boldsymbol{y} \in X : f(\boldsymbol{y}) < f(\boldsymbol{x})\}, \ \forall\, \boldsymbol{x} \in X.$$

命题 2.5.1　以下论断是等价的:

(1) 函数 $f: X \to \mathcal{R}$ 是拟凹的;

---

① FS-凸的概念是由 Fan (1984) 和 Sonnenschein (1971) 引入的，所以称之为 FS-凸。

② SS-凸的概念是由 Shafer 和 Sonnenschein (1975) 引入的，所以称之为 SS-凸。

（2）$U_w : X \to 2^X$ 是凸值对应；

（3）$U_s : X \to 2^X$ 是凸值对应；

（4）$U_s : X \to 2^X$ 是 SS-凸；

（5）$U_w : X \to 2^X$ 是 FS-凸。

证明： 显然 (1) 意味着 (2)，(2) 意味着 (3)，(3) 意味着 (4)，以及 (5) 意味着 (1)。我们只需要证明 (4) 意味着 (5)。如不成立，存在有限集 $\{\boldsymbol{x}_1, \boldsymbol{x}_2, \cdots, \boldsymbol{x}_m\} \subseteq X$ 和它的某个凸组合 $x\boldsymbol{x}_\lambda = \sum_{j=1}^m \lambda_j \boldsymbol{x}_j$ 使得 $\boldsymbol{x}_\lambda \notin \cup_{j=1}^m U(\boldsymbol{x}_j)$。于是，对所有的 j，都有 $\boldsymbol{x}_\lambda \in L_s(\boldsymbol{x}_j)$，即 $\boldsymbol{x}_j \in U_s(\boldsymbol{x}_\lambda)$，从而有 $\boldsymbol{x}_\lambda \in co\, U_s(\boldsymbol{x}_\lambda)$，矛盾。 □

2.5.2 上半与下半连续对应

直观地，若 $\boldsymbol{x}$ 的微小变化只带来 $F(\boldsymbol{x})$ 的微小变化，则对应是连续的。然而，对应的连续性的严格定义并不那么简单。图 2.1 给出了一个连续对应。

半连续 (semi-continuity) 的概念一般用**序列** (sequences) 来定义 (参见 Debreu (1959) 和 Mas-Colell et al. (1995))，虽然它们相对来说容易验证，但它们依赖于对应是紧值的这一假定。更正式的定义如下 (参见 (Border (1985))。

定义 2.5.3 对集值映射 $F : X \to 2^Y$ 和点 $\boldsymbol{x}$，若对每个包含 $F(\boldsymbol{x})$ 的开集 U，都存在包含 $\boldsymbol{x}$ 的开集 $N(\boldsymbol{x})$，使得对所有的 $\boldsymbol{x}' \in N(\boldsymbol{x})$，都有 $F(\boldsymbol{x}') \subseteq U$，则称 F 在 $\boldsymbol{x}$ 处是**上半连续的** (upper hemi-continuous)。

若 F 在每个 $\boldsymbol{x} \in X$ 处都是上半连续的，则称对应 $F : X \to 2^Y$ 在 X 上是**上半连续的**；或者等价地，对 Y 中的每个开子集 V，$\{\boldsymbol{x} \in X : F(\boldsymbol{x}) \subseteq V\}$ 都是 X 中的开集。

备注：上半连续性的概念刻画了经过点 $\boldsymbol{x}$ 时，$F(\boldsymbol{x})$ 不会“突然包含新的点”的思想，换句话说，当轻微地改变 $\boldsymbol{x}$ 时，$F(\boldsymbol{x})$ 不会有跳跃。也就是，若 $\boldsymbol{x}'$ 离 $\boldsymbol{x}$ 足够近，F 在点 $\boldsymbol{x}$ 处的上半连续性意味着 $F(\boldsymbol{x}')$ 离集合 $F(\boldsymbol{x})$ 也足够近。

定义 2.5.4 对集值映射 $F : X \to 2^Y$ 和点 $\boldsymbol{x}$，若对每个开集 V，$F(\boldsymbol{x}) \cap V \neq \varnothing$，都存在 $\boldsymbol{x}$ 的一个邻域 $N(\boldsymbol{x})$，使得对所有的 $\boldsymbol{x}' \in N(\boldsymbol{x})$，都有 $F(\boldsymbol{x}') \cap V \neq \varnothing$，则称 F 在 $\boldsymbol{x}$ 处是**下半连续的** (lower hemi-continuous)。

若 F 在 X 中的每个点 $\boldsymbol{x}$ 处都是下半连续的，则称 F 在 X 上是**下半连续的** (lower hemi-continuous)；或者等价地，对 Y 中的每个开集 V，集合 $\{\boldsymbol{x} \in X : F(\boldsymbol{x}) \cap V \neq \varnothing\}$ 在 X 中都是开的。

备注：下半连续性刻画了 $F(\boldsymbol{x})$ 中的任意元素都可从任意方向逼近。换句话说，当我们轻微地改变 $\boldsymbol{x}$ 时，$F(\boldsymbol{x})$ 不会突然变得很小。也就是，若从某点 $\boldsymbol{x}$ 和 $y \in F(\boldsymbol{x})$ 出发，F 在 $\boldsymbol{x}$ 处的下半连续性意味着若我们从 $\boldsymbol{x}$ 向 $\boldsymbol{x}'$ 移动一点点，那么存在 $y' \in F(\boldsymbol{x}')$，它充分接近 y。

将上半连续性和下半连续性的概念相结合，我们可得到对应的连续性。

定义 2.5.5 若对应 $F: X \to 2^Y$ 在 $\boldsymbol{x} \in X$ 处既是上半连续的，也是下半连续的，则称对应 F 在 $\boldsymbol{x} \in X$ 处连续。若它既是上半连续的，也是下半连续的，则称对应 $F: X \to 2^Y$ 在 X 上连续。

图 2.1 表示了对应是连续的情形。图 2.2 给出了是上半连续但不是下半连续的对应的一个例子。首先指出它是上半连续的。考虑包含 $F(x)$ 的区间 U。在 x 的左边向点 x' 移动一点，$F(x') = \{\hat{y}\}$ 显然在该区间内。类似地，若在 x 的右边向点 x' 移动一点，则只要 x' 充分接近 x，$F(x)$ 总在该区间内。因此，对应是上半连续的，但却不是下半连续的。为了说明此点，考虑点 $y \in F(x)$。设 U 是包含 y 但不包含 $\hat{y}$ 的充分小的区间。若任意取包

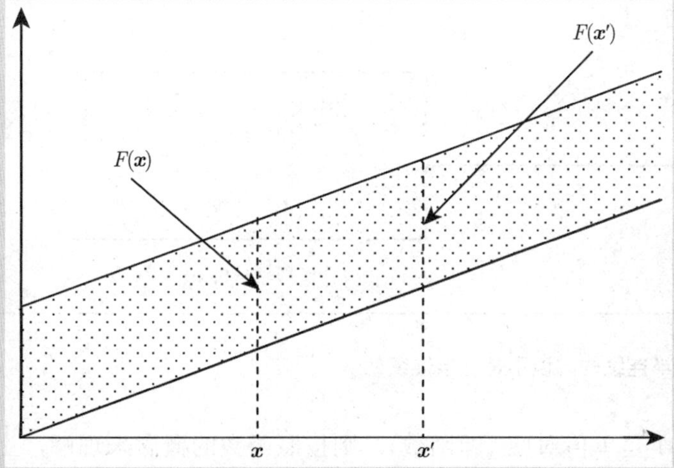

图 2.1 连续对应

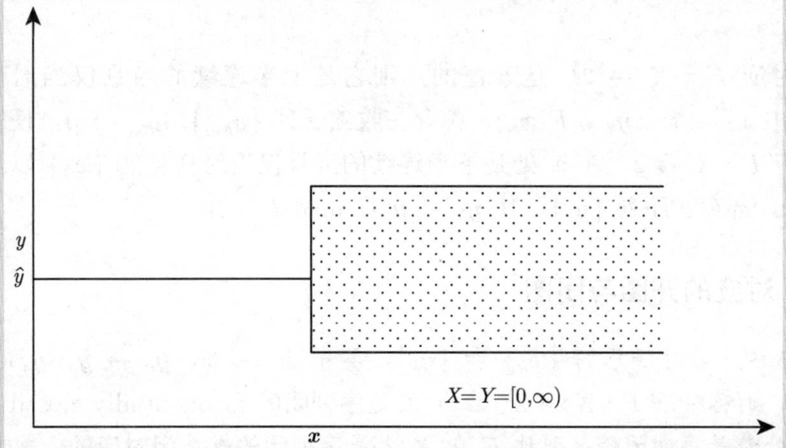

图 2.2 对应是上半连续的，但不是下半连续的

含 x 的开集 $N(x)$，则 $N(x)$ 将包含在 x 左边的某点 x'。但 $F(x')=\{\hat{y}\}$ 却不包含靠近 y 的任意点，即它与 U 不相交。因此对应不是下半连续的。

图 2.3 表明对应是下半连续的，但不是上半连续的。一方面，为了说明它的下半连续性，对任意 $0<x'<x$，首先有 $F(x')=\{\hat{y}\}$。令 $x_n=x'-1/n$，$y_n=\hat{y}$，则对充分大的 n，$x_n>0$，$x_n\to x'$，$y_n\to\hat{y}$，且 $y_n\in F(x_n)=\{\hat{y}\}$。因此，它在 X 上是下半连续的。另一方面，对应不是上半连续的。若我们从 x 出发，向 x 右边的某点 x' 稍微移动一点，则由于 $F(x)=\{\hat{y}\}$，$F(x')$ 将突然包含距离 $\hat{y}$ 充分远的点。因此它不是上半连续的。

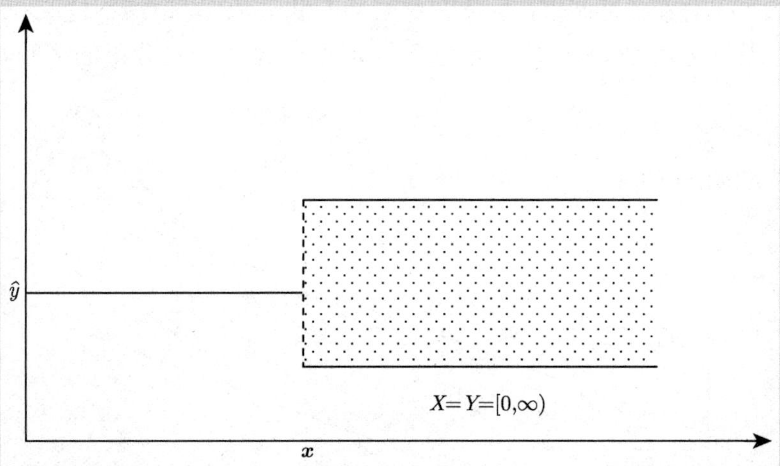

图 2.3　对应是下半连续的，但不是上半连续的

<u>备注</u>：若 $F(\cdot)$ 是单值对应 (即函数)，则按照函数的概念来理解，上半连续和下半连续对应都是连续函数。这即是说，$F(\cdot)$ 是单值上半 (或者下半) 连续对应当且仅当它是连续函数。

<u>备注</u>：基于下面两个事实，下半连续性和上半连续性两个概念都可用序列的语言来等价表达。

(a) 若对应 $F:X\to 2^Y$ 是紧值的，则它是上半连续的当且仅当对任意的 $\{\boldsymbol{x}_k\}$ 和 $\{\boldsymbol{y}_k\}$，其中 $\boldsymbol{x}_k\to\boldsymbol{x}$，$\boldsymbol{y}_k\in F(\boldsymbol{x}_k)$，都存在收敛子列 $\{\boldsymbol{y}_{k_m}\}$, $\boldsymbol{y}_{k_m}\to\boldsymbol{y}$，使得 $\boldsymbol{y}\in F(\boldsymbol{x})$。

(b) 对应 $F:X\to 2^Y$ 在 $\boldsymbol{x}$ 处是下半连续的当且仅当对任意的 $\{\boldsymbol{x}_k\}$ 以及 $\boldsymbol{y}\in F(\boldsymbol{x})$，其中 $\boldsymbol{x}_k\to\boldsymbol{x}$，都存在序列 $\{\boldsymbol{y}_k\}$，使 $\boldsymbol{y}_k\to\boldsymbol{y}$ 且 $\boldsymbol{y}_k\in F(\boldsymbol{x}_k)$。

2.5.3　对应的开图与闭图

定义 2.5.6　若对任意的 $\{\boldsymbol{x}_k\}$ 和 $\{\boldsymbol{y}_k\}$，其中 $\boldsymbol{x}_k\to\boldsymbol{x}$，$\boldsymbol{y}_k\to\boldsymbol{y}$，$\boldsymbol{y}_k\in F(\boldsymbol{x}_k)$，都有 $\boldsymbol{y}\in F(\boldsymbol{x})$，则称对应 $F:X\to 2^Y$ 在 $\boldsymbol{x}$ 处是**序列闭的** (sequentially closed)。若 F 在所有的 $\boldsymbol{x}\in X$ 处都是序列闭的，则称 F 在 X 上是**序列闭的**或是**闭对应的**；或者等价地，图

$$Gr(F)=\{(\boldsymbol{x},\boldsymbol{y})\in X\times Y:\boldsymbol{y}\in F(\boldsymbol{x})\}\text{ 是闭的.}$$

关于上半连续性和闭图的关系，我们有如下结果：

命题 2.5.2　令 $F: X \to 2^Y$ 是一个对应。

(i) 若 Y 是紧的，且 $F: X \to 2^Y$ 是闭的（具有闭图），则它在 X 上是上半连续的。

(ii) 若 $F: X \to 2^Y$ 是闭值的上半连续对应，则它具有闭图。

由于结论 (i)，对应是闭的在文献中有时作为上半连续对应的定义，但一般来说，这两个概念并不总是相同。一个反例是下面的对应 $F: \mathcal{R}_+ \to 2^{\mathcal{R}}$，它定义为

$$F(x) = \begin{cases} \left\{\dfrac{1}{x}\right\}, & \text{若 } x > 0, \\ \{0\}, & \text{若 } x = 0. \end{cases}$$

这个对应是序列闭的，但不是上半连续对应。

另外，由 $F(x) = (0, 1)$ 定义对应 $F: \mathcal{R}_+ \to 2^{\mathcal{R}}$。$F$ 显然是上半连续对应，但它不是序列闭的。

定义 2.5.7　$F: X \to 2^Y$ 称为**开对应**，若它的图

$$Gr(F) = \{(\boldsymbol{x}, y) \in X \times Y : y \in F(\boldsymbol{x})\} \text{ 是开的}.$$

命题 2.5.3　令 $F: X \to 2^Y$ 是一个对应。则

(1) 若对应 $F: X \to 2^Y$ 具有开图，则它既有上开截面也有下开截面。

(2) 若对应 $F: X \to 2^Y$ 具有下开截面，则它是下半连续的。

2.5.4　转移闭值对应

田国强和合作者在 Tian (1992, 1993) 以及 Zhou 和 Tian (1992) 中对多值映射 (对应) 引入了转移闭、转移开、转移凸等概念，弱化了非线性分析中一些基本数学定理成立及优化问题均衡解存在的条件，得到了许多特征化的结果，如偏好关系最大元存在性、博弈中纳什 (Nash) 均衡存在性的必要充分条件。这些结论在书中的相应章节出现。

记 $\operatorname{int} D$ 和 $cl\, D$ 分别表示集合 D 的内点集合和闭包。

定义 2.5.8　若对任意 $\boldsymbol{x} \in X$，$\boldsymbol{y} \notin G(\boldsymbol{x})$ 意味着存在某个 $\boldsymbol{x}' \in X$ 使得 $\boldsymbol{y} \notin cl\, G(\boldsymbol{x}')$，则称对应 $G: X \to 2^Y$ 在 X 内是**转移闭值** (transfer closed-valued) 的。

定义 2.5.9　若对任意 $\boldsymbol{x} \in X$ 和 $\boldsymbol{y} \in Y$，$\boldsymbol{x} \in P(\boldsymbol{y})$ 意味着存在某个点 $\boldsymbol{x}' \in X$ 使得 $\boldsymbol{y} \in \operatorname{int} P(\boldsymbol{x}')$，则称对应 $P: X \to 2^Y$ 在 X 内具有**转移上开截面** (transfer open upper sections)。

备注：若一个对应是闭值的，则它是转移闭值的 (令 $\boldsymbol{x}' = \boldsymbol{x}$ 可知)；若一个对应有上开截面，则它有转移上开截面 (令 $\boldsymbol{x}' = \boldsymbol{x}$)。同时，对应 $P: X \to 2^Y$ 在 X 内具有转移上开截面当且仅当由 $G(\boldsymbol{x}) = Y \setminus P(\boldsymbol{x})$ 所定义的对应 $G: X \to 2^Y$ 在 X 内是转移闭值的。

备注：对任意函数 $f: X \to \mathcal{R}$，由

$$G(\boldsymbol{x}) = \{\boldsymbol{y} \in X : f(\boldsymbol{y}) \geqq f(\boldsymbol{x})\}, \forall\, \boldsymbol{x} \in X$$

所定义的对应 $G: X \to 2^Y$ 是转移闭值对应当且仅当 f 在 X 上是转移上连续的。

下面的命题在证明许多优化问题时，可大大减弱连续性条件。

命题 2.5.4 (Tian (1992)) 令 X 和 Y 是两个拓扑空间，$G: X \to 2^Y$ 是一个点到集合的对应。那么

$$\bigcap_{\boldsymbol{x}\in X} cl\, G(\boldsymbol{x}) = \bigcap_{\boldsymbol{x}\in X} G(\mathrm{x})$$

当且仅当 G 在 X 上是转移闭值对应。

证明： 充分性：我们要证明

$$\bigcap_{\boldsymbol{x}\in X} cl\, G(\boldsymbol{x}) = \bigcap_{\boldsymbol{x}\in X} G(\boldsymbol{x}).$$

显然

$$\bigcap_{\boldsymbol{x}\in X} G(\boldsymbol{x}) \subseteq \bigcap_{\boldsymbol{x}\in X} cl\, G(\boldsymbol{x}),$$

这样我们只需证明

$$\bigcap_{\boldsymbol{x}\in X} cl\, G(\boldsymbol{x}) \subseteq \bigcap_{\boldsymbol{x}\in X} G(\boldsymbol{x}).$$

假设不成立，则存在某个 $\boldsymbol{y}$，有 $\boldsymbol{y} \in \bigcap_{\boldsymbol{x}\in X} cl\, G(\boldsymbol{x})$，但 $\boldsymbol{y} \notin \bigcap_{\boldsymbol{x}\in X} G(\boldsymbol{x})$。于是，对某个 $\boldsymbol{z} \in X$，有 $\boldsymbol{y} \notin G(\boldsymbol{z})$。既然 G 在 X 上是转移闭值对应，那么存在某个 $\boldsymbol{z}' \in X$，使得 $\boldsymbol{y} \notin cl\, G(\boldsymbol{z}')$，从而 $y \notin \bigcap_{\boldsymbol{x}\in X} cl\, G(\boldsymbol{x})$，矛盾。

必要性：假定

$$\bigcap_{\boldsymbol{x}\in X} cl\, G(\boldsymbol{x}) = \bigcap_{\boldsymbol{x}\in X} G(\boldsymbol{x}).$$

若 $\boldsymbol{y} \notin G(\boldsymbol{x})$，则

$$\boldsymbol{y} \notin \bigcap_{\boldsymbol{x}\in X} cl\, G(\boldsymbol{x}) = \bigcap_{\boldsymbol{x}\in X} G(\boldsymbol{x}),$$

从而对某个 $\boldsymbol{x}' \in X$，有 $\boldsymbol{y} \notin cl\, G(\boldsymbol{x}')$。这样，$G$ 在 X 上是转移闭值对应。 □

类似地，我们可以定义转移凸性的概念。

定义 2.5.10 (转移FS-凸) 令 X 是一个拓扑空间，Z 是拓扑向量空间的一个凸子集。对集值映射 $G: X \to 2^Z$，若对任意有限集 $\{\boldsymbol{x}_1, \boldsymbol{x}_2, \cdots, \boldsymbol{x}_n\} \subseteq X$，总存在着一个对应的有限集 $\{\boldsymbol{y}_1, \boldsymbol{y}_2, \cdots, \boldsymbol{y}_n\} \subseteq Z$，使得对它的任意子集 $\{\boldsymbol{y}_{i_1}, \boldsymbol{y}_{i_2}, \cdots, \boldsymbol{y}_{i_s}\} \subseteq \{\boldsymbol{y}_1, \boldsymbol{y}_2, \cdots, \boldsymbol{y}_n\} (1 \leqq s \leqq n)$，我们都有

$$co\{\boldsymbol{y}_{i_1}, \boldsymbol{y}_{i_2}, \cdots, \boldsymbol{y}_{i_s}\} \subseteq \bigcup_{r=1}^{s} G(\boldsymbol{x}_{i_r}).$$

则称 G 在 X 上是**转移 FS-凸** (transfer FS-convex) 的。

定义 2.5.11 (转移 SS-凸)　令 X 是一个拓扑空间，Z 是拓扑向量空间的一个凸子集。对集值映射 $P: Z \to 2^X$，若对任意有限集 $\{\boldsymbol{x}_1, \boldsymbol{x}_2, \cdots, \boldsymbol{x}_n\} \subseteq X$，总存在一个对应的有限集 $\{\boldsymbol{y}_1, \boldsymbol{y}_2, \cdots, \boldsymbol{y}_n\} \subseteq Z$，使得对它的任意子集 $\{\boldsymbol{y}_{i_1}, \boldsymbol{y}_{i_2}, \cdots, \boldsymbol{y}_{i_s}\} \subseteq \{\boldsymbol{y}_1, \boldsymbol{y}_2, \cdots, \boldsymbol{y}_n\}(1 \leqq s \leqq n)$ 和任意 $\boldsymbol{y}_{i0} \in co\{\boldsymbol{y}_{i_1}, \boldsymbol{y}_{i_2}, \cdots, \boldsymbol{y}_{i_s}\}$，我们都有 $\boldsymbol{x}_{i_r} \notin P(\boldsymbol{y}_{i0})\ \forall 1 \leqq r \leqq s$，则称 P 在 X 上是**转移 SS-凸**的 (transfer SS-convex)。

备注：在定义转移 FS-凸和转移 SS-凸时，并没有与定义 FS-凸及 SS-凸时一样，假定对应是从自身到自身的映射。显然，当 $X = Z$ 且取 $\boldsymbol{y}_i = \boldsymbol{x}_i$ 时，则 FS-凸意味着转移 FS-凸及 SS-凸意味着转移 SS-凸。同样地不难验证，对应 $P: X \to 2^Z$ 是转移 SS-凸当且仅当由 $G(\boldsymbol{x}) = Z \setminus P(\boldsymbol{x})$ 所定义的对应 $G: X \to 2^X$ 是转移 FS-凸的。

2.6　静态优化

优化问题是经济学中最核心的问题。理性假设是经济学中对个体决策者最基本的假设。个体追求自身利益最大化，其分析的基础是求解最优化问题。本节介绍静态优化的求解问题，其基本结果在整本书中都会用到，随后讨论动态最优的求解问题。

2.6.1　无约束优化

最优化问题是讨论一个目标函数在某个给定集合上能否取得最大值或者最小值。设 X 是任意拓扑空间。我们先给出以下概念:

定义 2.6.1 (局部最优)　若对 $\boldsymbol{x}^*$ 的某个邻域内所有的 $\boldsymbol{x}$，都有 $f(\boldsymbol{x}^*) \geqq f(\boldsymbol{x})$ 或有 $f(\boldsymbol{x}^*) > f(\boldsymbol{x})$，则称函数在点 $\boldsymbol{x}^*$ 处有**局部极大值**或有**唯一局部极大值**。

若在 $\tilde{\boldsymbol{x}}$ 的某个邻域内，对所有的 $\boldsymbol{x} \neq \tilde{\boldsymbol{x}}$，总有 $f(\tilde{\boldsymbol{x}}) \leqq f(\boldsymbol{x})$ 或有 $f(\tilde{\boldsymbol{x}}) < f(\boldsymbol{x})$，则称函数在 $\tilde{\boldsymbol{x}}$ 处有**局部极小值或有唯一局部极小值**。

定义 2.6.2 (整体最优)　若对函数定义域内的一切 $\boldsymbol{x}$，都有 $f(\boldsymbol{x}^*) \geqq f(\boldsymbol{x})$ $(f(\boldsymbol{x}^*) > f(\boldsymbol{x}))$，则称函数在 $\boldsymbol{x}^*$ 有**全局 (唯一) 最大值**；若对函数定义域内的一切 $\boldsymbol{x}$，都有 $f(\boldsymbol{x}^*) \leqq f(\boldsymbol{x})$ $(f(\boldsymbol{x}^*) < f(\boldsymbol{x}))$，则称函数在 $\boldsymbol{x}^*$ 有**全局 (唯一) 最小值**。

关于全局最优的一个经典结果是所谓的**魏尔斯特拉斯** (Weierstrass) 定理。

定理 2.6.1 (魏尔斯特拉斯定理)　任意上半 (下半) 连续函数在紧集上都有最大值 (最小值)，并且其极值的集合是紧集。

田国强和合作者在 Tian (1992, 1993, 1994)，Tian 和 Zhou (1995) 以及 Zhou 和 Tian (1992) 中引进了各类非常弱的连续性——转移连续性，推广了魏尔斯特拉斯定理，给出了一个函数 f 在紧集 X 上有全局最大 (小) 值的充要条件，全局极大 (小) 值是紧集的充要条件，以及一个函数是否有全局最大 (小) 值的特征。

定理 2.6.2 (田–周定理 I) 设 X 是任意拓扑空间的一个紧集。则函数 $f: X \to \mathcal{R}$ 在 X 上有极大 (小) 值当且仅当 f 在 X 上是转移弱上 (下) 连续的。

证明： 由于 f 在 X 上是转移弱上连续的当且仅当 $-f$ 是转移弱下连续的，我们仅需对函数有最大值的情况进行证明。

充分性： 用反证法。假定函数 f 在 X 上不能达到最大值，则对每个 $\boldsymbol{y} \in X$，都有某个 $\boldsymbol{x} \in X$，使得 $f(\boldsymbol{x}) > f(\boldsymbol{y})$。由 f 的转移弱上连续性，存在某点 $\boldsymbol{x}' \in X$ 以及 $\boldsymbol{y}$ 的某个邻域 $\mathcal{N}(y)$，使得 $f(\boldsymbol{x}') \geqq f(\boldsymbol{y}')$ 对所有的 $\boldsymbol{y}' \in \mathcal{N}(\boldsymbol{y})$ 都成立。于是，有 $X = \cup_{\boldsymbol{y} \in X} \mathcal{N}(\boldsymbol{y})$。既然 X 是紧的，则存在有限个点 $\{\boldsymbol{y}_1, \boldsymbol{y}_2, \cdots, \boldsymbol{y}_n\}$，使得 $X = \cup_{i=1}^n \mathcal{N}(\boldsymbol{y}_i)$。令 $\boldsymbol{x}_i'$ 是使得 $f(\boldsymbol{x}_i') \geqq f(\boldsymbol{y}')$ 对所有 $\boldsymbol{y}' \in \mathcal{N}(\boldsymbol{y}_i)$ 成立相对应的点。对有限子集 $\{\boldsymbol{x}_1', \boldsymbol{x}_2', \cdots, \boldsymbol{x}_n'\}$，$f$ 必定有最大元，不妨设 $\boldsymbol{x}_1'$，使得 $f(\boldsymbol{x}_1') \geqq f(\boldsymbol{x}_i')$ 对 $i = 1, 2, \cdots, n$ 成立。由假定，f 在 X 上不能最大化，则 $\boldsymbol{x}_1'$ 不是 f 在 X 上的最大元，这样就存在 $\boldsymbol{x} \in X$，使得 $f(\boldsymbol{x}) > f(\boldsymbol{x}_1')$。然而，由于 $X = \cup_{i=1}^n \mathcal{N}(\boldsymbol{y}_i)$，则存在 j 使得 $\boldsymbol{x} \in \mathcal{N}(\boldsymbol{y}_j)$，并使得 $f(\boldsymbol{x}_j') \geqq f(\boldsymbol{x})$。这样，$f(\boldsymbol{x}) > f(\boldsymbol{x}_1') \geqq f(\boldsymbol{x}_j') \geqq f(\boldsymbol{x})$，矛盾。因此，$f$ 在 X 上一定能达到最大值。

必要性： 显然。令 $\boldsymbol{x}'$ 是 f 的任意一个最大元，则 $f(\boldsymbol{x}') \geqq f(\boldsymbol{y}')$ 对所有的 $\boldsymbol{y}' \in X$ 均成立。 □

在许多情况下，在证明竞争市场均衡存在性及博弈均衡存在性时，人们不仅需证明最优结果存在，也需证明其最优结果的集合是紧的。

定理 2.6.3 (田-周定理 II) 设 X 是任一拓扑空间的一个紧集，$f: X \to \mathcal{R}$ 是一个函数。则 f 在 X 上极大 (小) 元的集合是非空紧的，当且仅当 f 在 X 上是转移上 (下) 连续的。

证明： 我们只需对极大点的集合进行证明。

必要性： 设 f 在 X 上极大点的集合是非空和紧的。对任意的 $\boldsymbol{x}, \boldsymbol{y} \in X$，若 $f(\boldsymbol{y}) < f(\boldsymbol{x})$，则 $\boldsymbol{y}$ 一定不是 f 在 X 上的极大点。由极大点的集合的紧性假设，存在 $\boldsymbol{y}$ 的某个邻域 $\mathcal{N}(\boldsymbol{y})$，不包含 f 在 X 上的任何极大点。令 $\boldsymbol{x}'$ 是 f 在 X 上的一个极大点，则 $f(\boldsymbol{z}) < f(\boldsymbol{x}')$ 对所有的 $\boldsymbol{z} \in \mathcal{N}(\boldsymbol{y})$ 成立。这样，f 在 X 上是转移上连续的。

充分性： 首先注意到，由

$$G(\boldsymbol{x}) = \{\boldsymbol{y} \in X : f(\boldsymbol{y}) \geqq f(\boldsymbol{x})\}, \ \forall\, \boldsymbol{x} \in X$$

所定义的对应 $G: X \to 2^Y$ 是转移闭值对应当且仅当 f 在 X 上是转移上连续的。既然 f 在 X 上是转移上连续的，根据命题 2.5.4，我们有 $\bigcap_{\boldsymbol{x} \in X} cl\ G(\boldsymbol{x}) = \bigcap_{\boldsymbol{x} \in X} G(\boldsymbol{x})$，从而得知极大点的集合是闭集。

由于 f 在任意有限子集 $\{\boldsymbol{x}_1, \boldsymbol{x}_2, \cdots, \boldsymbol{x}_m\} \subseteq X$ 上均有最大元，比如 $\boldsymbol{x}_1$，即 $f(\boldsymbol{x}_1) \geqq f(\boldsymbol{x}_i)$ 对 $i = 1, \cdots, m$ 成立，于是有 $\boldsymbol{x}_1 \in G(\boldsymbol{x}_i)$ 对 $i = 1, \cdots, m$ 成立，从而有

$$\varnothing \neq \bigcap_{i=1}^{m} G(\boldsymbol{x}_i) \subseteq \bigcap_{i=1}^{m} cl\, G(\boldsymbol{x}_i),$$

即集合束 $\{cl\, G(\boldsymbol{x}) : \boldsymbol{x} \in X\}$ 在 X 上有限交性质。同时，由于 $\{cl\, G(\boldsymbol{x}) : \boldsymbol{x} \in X\}$ 是紧集 X 中闭子集的集合，则 $\varnothing \neq \bigcap_{\boldsymbol{x} \in X} cl\, G(\boldsymbol{x}) = \bigcap_{\boldsymbol{x} \in X} G(\boldsymbol{x})$。这就意味着存在 $\boldsymbol{x}^* \in X$，使得 $f(\boldsymbol{x}^*) \geqq f(\boldsymbol{x})$ 对所有的 $\boldsymbol{x} \in X$ 成立。既然极大点的集合 $\bigcap_{\boldsymbol{x} \in X} cl\, G(\boldsymbol{x})$ 是紧集 X 的闭子集，那么它是紧的。 □

对无约束的内点极值，可以很方便地通过微分方法求得。

最优化的必要条件

通常内点极值有两个必要条件，即一阶和二阶必要条件。

定理 2.6.4 (内点极值的一阶必要条件)　设 $X \subseteq \mathcal{R}^n$。若可微函数 $f(\boldsymbol{x})$ 是在内点 $\boldsymbol{x}^* \in X$ 处达到了一个局部极大值或极小值，则 $\boldsymbol{x}^*$ 为如下联立方程组的解:

$$\frac{\partial f(\boldsymbol{x}^*)}{\partial x_1} = 0$$
$$\frac{\partial f(\boldsymbol{x}^*)}{\partial x_2} = 0$$
$$\cdots$$
$$\frac{\partial f(\boldsymbol{x}^*)}{\partial x_n} = 0$$

证明： 设 $f(\boldsymbol{x})$ 在内点 $\boldsymbol{x}^*$ 处获得了局部极值，我们需证明 $Df(\boldsymbol{x}^*) = 0$。这个证明虽不是最简单的，但当考虑二阶条件时，它将非常有用。

选择任意向量 $\boldsymbol{z} \in \mathcal{R}^n$，则对于任意标量 t，构建一个熟悉的单变量函数：

$$g(t) = f(\boldsymbol{x}^* + t\boldsymbol{z})$$

首先，对于 $t \neq 0$，$\boldsymbol{x}^* + t\boldsymbol{z}$ 给出了不同于 $\boldsymbol{x}^*$ 的向量。对于 $t = 0$，$\boldsymbol{x}^* + t\boldsymbol{z}$ 等于 $\boldsymbol{x}^*$，从而 $g(0)$ 正好是 f 在 $\boldsymbol{x}^*$ 处的值。由假设在 $\boldsymbol{x}^*$ 处 f 取得一个极值，则 $g(t)$ 必在 $t = 0$ 处获得一个局部极值。于是，由定理 2.4.4 所给出的费马定理，必有 $g'(0) = 0$。利用链式法则对 $g(t)$ 求导得：

$$g'(t) = \sum_{i=1}^{n} \frac{\partial f(\boldsymbol{x}^* + t\boldsymbol{z})}{\partial x_i} z_i.$$

当 $t = 0$，并应用 $g'(0) = 0$ 时，有：

$$g'(0) = \sum_{i=1}^{n} \frac{\partial f(\boldsymbol{x}^*)}{\partial x_i} z_i = Df(\boldsymbol{x}^*)\boldsymbol{z} = 0.$$

由于上式对任意向量 $\boldsymbol{z}$ 都成立，包括对 n 个单位向量都成立，这意味着 f 的每个偏导数必定等于零，即

$$Df(\boldsymbol{x}^*) = 0.$$

□

定理 2.6.5 (内点极值的二阶必要条件) 设 $f(\boldsymbol{x})$ 在 $X \subseteq \mathcal{R}^n$ 上是连续二次可微的。

(1) 若在内点 $\boldsymbol{x}^*$ 处 $f(\boldsymbol{x})$ 达到了一个局部极大值，则 $\boldsymbol{H}(\boldsymbol{x}^*)$ 是负半定的。

(2) 若 $f(\boldsymbol{x})$ 在内点 $\tilde{\boldsymbol{x}}$ 处达到了一个局部极小值，则 $\boldsymbol{H}(\tilde{\boldsymbol{x}})$ 是正半定的。

证明： 令 $g(t) = f(\boldsymbol{x} + t\boldsymbol{z})$，$\boldsymbol{z} \in \mathcal{R}^n$，且点 $\boldsymbol{x}$ 是 f 的一个驻点 (stationary point)。若 f 在点 $\boldsymbol{x}$ 处获得一个驻点，则 g 在 $t = 0$ 处获得一个驻点。进一步地，对任何 t，均有：

$$g'(t) = \sum_{i=1}^{n} \frac{\partial f(\boldsymbol{x} + t\boldsymbol{z})}{\partial x_i} z_i.$$

有二阶导数：

$$g''(t) = \sum_{i=1}^{n} \sum_{j=1}^{n} \frac{\partial^2 f(\boldsymbol{x} + t\boldsymbol{z})}{\partial x_i \partial x_j} z_i z_j.$$

现设 f 在点 $\boldsymbol{x} = \boldsymbol{x}^*$ 处获得最大值。由于 $g''(0) \leqq 0$，则在点 $\boldsymbol{x}^*$ 与 $t = 0$ 处给 $g''(t)$ 取值可得：

$$g''(0) = \sum_{i=1}^{n} \sum_{j=1}^{n} \frac{\partial^2 f(\boldsymbol{x}^*)}{\partial x_i \partial x_j} z_i z_j \leqq 0$$

或者 $\boldsymbol{z}^T \boldsymbol{H}(\boldsymbol{x}^*) \boldsymbol{z} \leqq 0$。由于 $\boldsymbol{z}$ 是任取的，这意味着 $\boldsymbol{H}(\boldsymbol{x}^*)$ 是负半定的。同理，若在点 $\boldsymbol{x} = \tilde{\boldsymbol{x}}$ 处 f 被最小化，那么 $g''(0) \geqq 0$，使得 $\boldsymbol{H}(\tilde{\boldsymbol{x}})$ 是正半定的。 □

最优化的充分条件

定理 2.6.6 (一阶充分条件) 假定 $f(x)$ 在 $X \subseteq \mathcal{R}$ 上一次连续可微。则有

(a) 若 $f_i(\boldsymbol{x}^*) = 0$，并且 $f'(\boldsymbol{x})$ 的符合在充分接近 x_0 的左边为正，而在充分接近 x_0 的右边为负，那么 $f(\boldsymbol{x})$ 在点 $\boldsymbol{x}^*$ 处有局部极大值。

(b) 若 $f_i(\boldsymbol{x}^*) = 0$，并且 $f'(\boldsymbol{x})$ 的符合在充分接近 x_0 的左边为负，而在充分接近 x_0 的右边为正，那么 $f(\boldsymbol{x})$ 在点 $\boldsymbol{x}^*$ 处有局部极小值。

(c) 若 $f_i(\boldsymbol{x}^*) = 0$，但 $f'(\boldsymbol{x})$ 的符合在充分接近 x_0 的左右边相同，$f(\boldsymbol{x})$ 在点 $\boldsymbol{x}^*$ 处没有极值。

定理 2.6.7 (二阶充分条件) 若 $f(\boldsymbol{x})$ 在 $X \subseteq \mathcal{R}^n$ 上二次连续可微，则有

(1) 若 $f_i(\boldsymbol{x}^*) = 0$，并且 $(-1)^i D_i(\boldsymbol{x}^*) > 0$，$i = 1, \cdots, n$，那么 $f(\boldsymbol{x})$ 在点 $\boldsymbol{x}^*$ 处有局部极大值。

(2) 若 $f_i(\tilde{\boldsymbol{x}}) = 0$，并且 $|\boldsymbol{H}_i(\tilde{\boldsymbol{x}})| > 0$，$i = 1, \cdots, n$，那么 $f(\boldsymbol{x})$ 在点 $\tilde{\boldsymbol{x}}$ 处有局部极小值。

全局最优

通常局部最优并不等于全局最优，但在某些条件下，两者是一致的。

定理 2.6.8 (局部与全局最优)　设 f 是在 $X \subseteq \mathcal{R}^n$ 上的二次连续可微实值凹函数，这里点 $\boldsymbol{x}^*$ 是 X 的一个内点，则如下三个命题等价:

（1）$Df(\boldsymbol{x}^*) = 0$。

（2）在 $\boldsymbol{x}^*$ 处 f 有局部极大值。

（3）在 $\boldsymbol{x}^*$ 处 f 有全局极大值。

证明： 显然 (3) $\Rightarrow$ (2)，并且根据之前的定理，(2) $\Rightarrow$ (1)，因此，我们只需证明 (1) $\Rightarrow$ (3)。

假设 $Df(\boldsymbol{x}^*) = 0$，由于 f 是凹的，这意味着，对于定义域内的所有 $\boldsymbol{x}$，均有

$$f(\boldsymbol{x}) \leqq f(\boldsymbol{x}^*) + Df(\boldsymbol{x}^*)(\boldsymbol{x} - \boldsymbol{x}^*).$$

将它们结合在一起，这两个关系式意味着，对于所有 $\boldsymbol{x}$，必有

$$f(\boldsymbol{x}) \leqq f(\boldsymbol{x}^*).$$

因此，f 在点 $\boldsymbol{x}^*$ 处达到全局最大值。 □

定理 2.6.9 (严格凹性/凸性与全局最优化的唯一性)　令 $X \subseteq \mathcal{R}^n$。则有

（1）若定义在 X 上的严格凹函数 f 在点 $\boldsymbol{x}^*$ 处取局部最大值，则点 $\boldsymbol{x}^*$ 是唯一全局最大值点。

（2）若严格凸函数 f 在点 $\tilde{\boldsymbol{x}}$ 处取局部最小值，则 $\tilde{\boldsymbol{x}}$ 是唯一全局最小值点。

证明： 反证法。若点 $\boldsymbol{x}^*$ 是函数 f 的全局最大值点，但点 $\boldsymbol{x}^*$ 并不是唯一的，则必定存在另外一个点 $\boldsymbol{x}' \neq \boldsymbol{x}^*$，使得 $f(\boldsymbol{x}') = f(\boldsymbol{x}^*)$。设 $\boldsymbol{x}^t = t\boldsymbol{x}' + (1-t)\boldsymbol{x}^*$，则严格凹性要求，对所有的 $t \in (0,1)$，均有

$$f(\boldsymbol{x}^t) > tf(\boldsymbol{x}') + (1-t)f(\boldsymbol{x}^*).$$

由于 $f(\boldsymbol{x}') = f(\boldsymbol{x}^*)$，则

$$f(\boldsymbol{x}^t) > tf(\boldsymbol{x}') + (1-t)f(\boldsymbol{x}') = f(\boldsymbol{x}').$$

这和假设 $\boldsymbol{x}'$ 是 f 的全局最大值点相矛盾。因此，一个严格凹函数的任何全局最大值点必是唯一的。命题 (2) 的证明是类似的。 □

当函数严格凹（严格凸）时，我们有全局最优解的唯一性。

定理 2.6.10 (全局最优的唯一性)　设 $X \subseteq \mathcal{R}^n$。则有:

（1）若定义在 X 上的严格凹函数 f 在 $\boldsymbol{x}^*$ 处达到局部最大值，那么 $f(\boldsymbol{x}^*)$ 是唯一的全局最大值。

（2）若定义在 X 上的严格凸函数 f 在 $\tilde{\boldsymbol{x}}$ 处达到局部最小值，那么 $f(\tilde{\boldsymbol{x}})$ 是唯一的全局最小值。

证明： 反证法：若 f 在 $\boldsymbol{x}^*$ 处达到局部最大值，但不是唯一的，那么存在另外一点 $\boldsymbol{x}' \neq \boldsymbol{x}^*$ 使得 $f(\boldsymbol{x}') = f(\boldsymbol{x}^*)$。令 $\boldsymbol{x}^t = t\boldsymbol{x}' + (1-t)\boldsymbol{x}^*$。严格凹性则意味着对所有 $t \in (0,1)$ 均有：

$$f(\boldsymbol{x}^t) > tf(\boldsymbol{x}') + (1-t)f(\boldsymbol{x}^*).$$

由于 $f(\boldsymbol{x}') = f(\boldsymbol{x}^*)$，

$$f(\boldsymbol{x}^t) > tf(\boldsymbol{x}') + (1-t)f(\boldsymbol{x}') = f(\boldsymbol{x}').$$

这与 $f(\boldsymbol{x}')$ 是全局最大值的前提矛盾。因此，严格凹函数的全局最大值是唯一的。(2) 的证明类似，故略去。 □

2.6.2 等式约束优化

等式条件极值

等式约束优化问题具有如下形式：设有定义在 $X \subseteq \mathcal{R}^n$ 上的 n 元函数 f，并且有 m 个约束条件。这里的 $m < n$，其优化问题是：

$$\begin{aligned}
&\max_{x_1,\cdots,x_n} f(x_1,\cdots,x_n)\\
&\text{s.t. } g^1(x_1,\cdots,x_n) = 0,\\
&\qquad g^2(x_1,\cdots,x_n) = 0,\\
&\qquad \cdots\\
&\qquad g^m(x_1,\cdots,x_n) = 0,
\end{aligned}$$

其中约束函数 $g^j(x_1,\cdots,x_n)$，$j = 1,\cdots,m$，是相互间函数独立的，即，其偏导数形成的矩阵是 m 满秩的。

等式约束优化问题最重要的结果是**拉格朗日定理**，它给出了一个点是优化问题解的必要条件。

定义上述等式约束问题的拉格朗日函数为：

$$\mathcal{L}(\boldsymbol{x},\lambda) = f(\boldsymbol{x}) + \sum_{j=1}^{m} \lambda_j g^j(\boldsymbol{x}). \tag{2.5}$$

其中，$\lambda_1,\cdots,\lambda_m$ 称为**拉格朗日乘子** (Lagrange multipliers)。

下面的拉格朗日定理刻画了在等式约束条件下最优化问题的求解。

定理 2.6.11 (等式约束内点极值的一阶必要条件) 设 $f(\boldsymbol{x})$ 与 $g^j(\boldsymbol{x}), j = 1,\cdots,m$，是定义域 $X \subseteq \mathcal{R}^n$ 上的连续可微实值函数。设 $\boldsymbol{x}^*$ 是 X 的一个内点，且 $\boldsymbol{x}^*$ 是 f 的一个极值点 (最大值或最小值)——在这里 f 受到 $g^j(\boldsymbol{x}^*) = 0$ 的约束，其中 $j = 1,\cdots,m$。若梯

度向量 $Dg^j(\boldsymbol{x}^*)=0, j=1,\cdots,m$ 是线性独立的，那么总会存在唯一的 $\lambda_j^*, j=1,\cdots,m$，使得:

$$\frac{\partial \mathcal{L}(\boldsymbol{x}^*,\lambda^*)}{\partial x_i}=\frac{\partial f(\boldsymbol{x}^*)}{\partial x_i}+\sum_{i=1}^{m}\lambda_j^*\frac{\partial g^j(\boldsymbol{x}^*)}{\partial x_i}=0,\quad i=1,\cdots,n.$$

下面的命题给出了等式约束条件下内点极值的充分条件。

命题 2.6.1 (等式约束内点极值的二阶充分条件)　设 f 和 $g^1,\cdots,g^m$ 是二阶连续可微函数，$\boldsymbol{x}^*$ 满足定理 (2.6.10) 中的必要条件。则，我们有以下结论:

(1) 若对于所有满足 $D\boldsymbol{g}(\boldsymbol{x}^*)\boldsymbol{h}=0$ 的 $\boldsymbol{h}$，都满足 $\boldsymbol{h}'D^2\mathcal{L}(\boldsymbol{x}^*)\boldsymbol{h}\leqq 0$，那么 $\boldsymbol{x}^*$ 是局部最大值点。

(2) 若对于所有满足 $D\boldsymbol{g}(\boldsymbol{x}^*)\boldsymbol{h}=0$ 的 $\boldsymbol{h}$，都满足 $\boldsymbol{h}'D^2\mathcal{L}(\boldsymbol{x}^*)\boldsymbol{h}\geqq 0$，那么 $\boldsymbol{x}^*$ 是局部最小值点。

二阶充分条件也可以表述为涉及加边海森行列式的条件。让加边海森行列式的连续主子式表示为 $|\bar{H}_r|$，其中 $r=m+1,\cdots,n$，如下：

$$|\bar{H}_r|=det\begin{pmatrix} 0 & \cdots & 0 & \frac{\partial g^1}{\partial x_1} & \cdots & \frac{\partial g^1}{\partial x_r}\\ \vdots & \ddots & \vdots & \vdots & \ddots & \vdots\\ 0 & \cdots & 0 & \frac{\partial g^m}{\partial x_1} & \cdots & \frac{\partial g^m}{\partial x_r}\\ \frac{\partial g^1}{\partial x_1} & \cdots & \frac{\partial g^m}{\partial x_1} & \frac{\partial^2\mathcal{L}}{\partial x_1\partial x_1} & \cdots & \frac{\partial^2\mathcal{L}}{\partial x_1\partial x_r}\\ \vdots & \ddots & \vdots & \vdots & \ddots & \vdots\\ \frac{\partial g^1}{\partial x_r} & \cdots & \frac{\partial g^m}{\partial x_r} & \frac{\partial^2\mathcal{L}}{\partial x_r\partial x_1} & \cdots & \frac{\partial^2\mathcal{L}}{\partial x_r\partial x_r}\end{pmatrix},\quad r=m+1,2,\cdots,n$$

在 $\boldsymbol{x}^*$ 取值。则

（1）若 $(-1)^{r-m+1}|\bar{H}_r(\boldsymbol{x}^*)|>0, r=m+1,\cdots,n$，则 $\boldsymbol{x}^*$ 是优化问题的局部极大值;

（2）若 $(-1)^m|\bar{H}_r(\boldsymbol{x}^*)|<0, r=m+1,\cdots,n$，则 $\boldsymbol{x}^*$ 是优化问题的局部极小值。

作为一特例，当只有一个等式约束时，即 $m=1$，加边海森行列式 $|\bar{H}|$ 成为：

$$|\bar{H}|=\begin{vmatrix} 0 & g_1 & g_2 & \cdots & g_n\\ g_1 & \mathcal{L}_{11} & \mathcal{L}_{12} & \cdots & \mathcal{L}_{1n}\\ g_2 & \mathcal{L}_{21} & \mathcal{L}_{22} & \cdots & \mathcal{L}_{2n}\\ \vdots & \vdots & \vdots & & \vdots\\ g_n & \mathcal{L}_{n1} & \mathcal{L}_{n2} & \cdots & \mathcal{L}_{nn}\end{vmatrix}.$$

其中，$\mathcal{L}_{ij}=f_{ij}-\lambda g_{ij}$ 及 λ 由一阶条件决定:

$$\lambda=\frac{f_1}{g_1}=\frac{f_2}{g_2}=\cdots=\frac{f_n}{g_n}.$$

第2章

加边海森主子式是

$$|\bar{H}_2| = \begin{vmatrix} 0 & g_1 & g_2 \\ g_1 & \mathcal{L}_{11} & \mathcal{L}_{12} \\ g_2 & \mathcal{L}_{21} & \mathcal{L}_{22} \end{vmatrix}, \quad |\bar{H}_3| = \begin{vmatrix} 0 & g_1 & g_2 & g_3 \\ g_1 & \mathcal{L}_{11} & \mathcal{L}_{12} & \mathcal{L}_{13} \\ g_2 & \mathcal{L}_{21} & \mathcal{L}_{22} & \mathcal{L}_{23} \\ g_3 & \mathcal{L}_{31} & \mathcal{L}_{32} & \mathcal{L}_{33} \end{vmatrix}, \cdots.$$

于是，有下面两个结论。

一个等式约束的极大值条件

（1）$\mathcal{L}_\lambda = \mathcal{L}_1 = \mathcal{L}_2 = \cdots = \mathcal{L}_n = 0$ [一阶必要条件]；

（2）$|\bar{H}_2| > 0, |\bar{H}_3| < 0, |\bar{H}_4| > 0, \cdots, (-1)^n|\bar{H}_n| > 0$。

一个等式约束的极小值条件

（1）$\mathcal{L}_\lambda = \mathcal{L}_1 = \mathcal{L}_2 = \cdots = \mathcal{L}_n = 0$ [一阶必要条件]；

（2）$|\bar{H}_2| < 0, |\bar{H}_3| < 0, |\bar{H}_4| < 0, \cdots, |\bar{H}_n| < 0$。

注意，当约束函数 g 是线性的时，$g(\boldsymbol{x}) = a_1x_1 + \cdots + a_nx_n = c$，$g$ 所有的二阶偏导数都等于零，这样加边行列式

$$|\boldsymbol{B}| = \begin{vmatrix} 0 & f_1 & f_2 & \cdots & f_n \\ f_1 & f_{11} & f_{12} & \cdots & f_{1n} \\ f_2 & f_{21} & f_{22} & \cdots & f_{2n} \\ \cdots & \cdots & \cdots & \cdots & \cdots \\ f_n & f_{n1} & f_{n2} & \cdots & f_{nn} \end{vmatrix}.$$

和加边海森行列式有下列关系:

$$|B| = \lambda^2|\bar{H}|$$

从而，在线性约束的情况下，加边行列式 $|\bar{\boldsymbol{B}}|$ 和加边海森行列式 $|\bar{\boldsymbol{H}}|$ 在 z 的稳定点总是具有相同的符号。同样，各主导主子式也是如此。这样，若加边行列式 $|\bar{\boldsymbol{B}}|$ 满足严格拟凹的充分条件，那么加边海森行列式 $|\bar{\boldsymbol{H}}|$ 也必然满足约束最大化的二阶充分条件。

绝对极值与相对极值

若目标函数是严格拟凹（拟凸）的，并且约束函数是凸的，通过对凹（凸）函数的类似推理，它的相对约束最大值（最小值）将是唯一的绝对最大值（绝对最小值），根据凹（或凸）函数的类似推理。

定理 2.6.12 (全局最优解的唯一性) 假设目标函数 f 可微且严格拟凹，约束函数 $g^j(\boldsymbol{x})$ 在 $X \subseteq \mathcal{R}^n$ 上是拟凸的。如果 $\boldsymbol{x}^*$ 是 X 的一个稳定点，则 $f(\boldsymbol{x}^*)$ 是唯一的全局约束最大值。

2.6.3 不等式约束优化

考虑如下不等式约束最优化问题：

$$\max f(\boldsymbol{x})$$
$$\text{s.t.} \quad g_i(\boldsymbol{x}) \leqq d_i, \quad i=1,2,\cdots,k.$$

若对所有使得约束按等式成立的 $\boldsymbol{x}$，梯度向量 $Dg_1(\boldsymbol{x}), Dg_2(\boldsymbol{x}), \cdots, Dg_k(\boldsymbol{x})$ 均是线性无关的，则称 $\boldsymbol{x}$ 满足**约束规格性** (constrained qualification) 条件，这里，符号“D”表示偏微分算子。

定理 2.6.13 (库恩–塔克 (Kuhn-Tucker) 定理) 设 $\boldsymbol{x}$ 为不等式约束最大化问题的解，且它满足约束规格性条件，则存在由库恩–塔克 (K-T) 乘子 ($\lambda_i \geqq 0, i=1,\cdots,k$) 组成的集合，使得

$$Df(\boldsymbol{x}) = \sum_{i=1}^{k} \lambda_i Dg_i(\boldsymbol{x}).$$

进一步，下面的互补松弛条件成立：

$$\lambda_i \geqq 0, \quad \text{对所有的 } i=1,2,\cdots,k.$$
$$\lambda_i = 0, \quad \text{若 } g_i(\boldsymbol{x}) < d_i.$$

将库恩–塔克乘子同等式约束最优化问题的拉格朗日乘子相比较，我们可以看出两者最主要的差别在于库恩–塔克乘子的符号是非负的，而拉格朗日乘子的符号则是不确定的。这一更为丰富的信息使得库恩–塔克定理在多种场合都十分有用。

库恩–塔克定理只给出了达到最大值的必要条件。下面的定理给出了库恩–塔克充分条件。

定理 2.6.14 (库恩–塔克充分条件) 假定下列条件成立：

(a) f 可微，且满足

$$Df(\boldsymbol{x})(\boldsymbol{x}'-\boldsymbol{x}) > 0, \text{ 对于任意 } \boldsymbol{x} \text{ 和 } \boldsymbol{x}', \text{ 其中 } f(\boldsymbol{x}') > f(\boldsymbol{x}), \tag{2.6}$$

(b) 每个约束函数均可微且拟凸，

(c) $\boldsymbol{x}^*$ 满足库恩–塔克条件，并且在 $\boldsymbol{x}^*$ 处满足约束规格性条件，

则 $\boldsymbol{x}^*$ 是全局最大值点。

证明： 假设 $\boldsymbol{x}^*$ 不是全局最大值点，存则在某个满足 $g_i(\boldsymbol{x}') \leqq d_i$ 的 $\boldsymbol{x}'$，使得 $f(\boldsymbol{x}') > f(\boldsymbol{x}^*)$。于是，根据条件 (2.6)，我们有 $Df(\boldsymbol{x}^*)(\boldsymbol{x}'-\boldsymbol{x}^*) > 0$。若 $\lambda_i > 0$，则库恩–塔克条件意味着 $g_i(\boldsymbol{x}^*) = d_i$。此外，由于 $g_i(\cdot)$ 是拟凸函数，且 $g_i(\boldsymbol{x}') \leqq d_i = g_i(\boldsymbol{x}^*)$，我们有 $Dg_k(\boldsymbol{x}^*)(\boldsymbol{x}'-\boldsymbol{x}^*) \leqq 0$。因此，我们既有 $Df(\boldsymbol{x}^*)(\boldsymbol{x}'-\boldsymbol{x}^*)>0$，又有 $\sum_i \lambda_k Dg_k(\boldsymbol{x}^*)(\boldsymbol{x}'-\boldsymbol{x}^*) \leqq 0$，这与库恩–塔克条件相矛盾，因为库恩–塔克条件要求 $Df(\boldsymbol{x}^*) = \sum_i \lambda_k Dg_k(\boldsymbol{x}^*)(\boldsymbol{x}^*)$。 □

注意，若以下任一条件成立，条件 (2.6) 将成立：

（a.i）f 是凹函数。

（a.ii）f 是拟凹函数且对于所有 $x \in \mathcal{R}_+^n$，$Df(\boldsymbol{x}) \neq 0$。

若对所有的 $\boldsymbol{x}$ 和 $\boldsymbol{x}$ 使得 $f(\boldsymbol{x}) > f(\boldsymbol{x}')$，我们有 $Df(\boldsymbol{x}) \cdot (\boldsymbol{x}' - \boldsymbol{x}) < 0$，并且乘数对应于最小化问题的非正符号，那么 $\boldsymbol{x}^*$ 是全局最小值点。

当只存在一个约束时，令 $C = \{\boldsymbol{x} \in \mathcal{R}^n : g(\boldsymbol{x}) \leqq d\}$。我们有如下命题。

命题 2.6.2 设 f 为拟凹函数，且对于所有 $x \in \mathcal{R}_+^n$，$Df(\boldsymbol{x}) \neq 0$，$C$ 为凸集 (若 g 是拟凸的，则该结果成立)。若 $\boldsymbol{x}$ 满足库恩–塔克一阶条件，则 $\boldsymbol{x}$ 是约束最大化问题的全局解。

在许多情形下，人们要求 $\boldsymbol{x}$ 是非负的，如在求效用最大化时的商品消费空间是非负的。考虑如下最优化问题：

$$\begin{aligned} &\max f(\boldsymbol{x}) \\ &\text{s.t. } g_i(\boldsymbol{x}) \leqq d_i, \quad i = 1, 2, \cdots, k, \\ &\boldsymbol{x} \geqq \mathbf{0}. \end{aligned}$$

则该问题的拉格朗日函数为

$$L(\boldsymbol{x}, \lambda) = f(\boldsymbol{x}) + \sum_{l=1}^{k} \lambda_l [d_l - g_l(\boldsymbol{x})] + \sum_{j=1}^{n} \mu_j x_j,$$

其中，$\mu_1, \cdots, \mu_k$ 为约束 $x_j \geqq 0$ 的拉格朗日乘子。其一阶条件为

$$\frac{L(\boldsymbol{x}, \lambda)}{\partial x_i} = \frac{\partial f(\boldsymbol{x})}{\partial x_i} - \sum_{l=1}^{k} \lambda_l \frac{\partial g_l(\boldsymbol{x})}{\partial x_i} + \mu_i = 0, \quad i = 1, 2, \cdots, n.$$

$$\lambda_l \geqq 0, \quad l = 1, 2, \cdots, k.$$

$$\lambda_l = 0, \quad \text{若 } g_l(\boldsymbol{x}) < d_l.$$

$$\mu_i \geqq 0, \quad i = 1, 2, \cdots, n.$$

$$\mu_i = 0, \quad \text{若 } x_i > 0.$$

在上述条件中消除 μ_i，我们可以将带有非负选择变量最优化问题的上述一阶条件写为

$$\frac{L(\boldsymbol{x}, \lambda)}{\partial x_i} = \frac{\partial f(\boldsymbol{x})}{\partial x_i} - \sum_{l=1}^{k} \lambda_l \frac{\partial g_l(\boldsymbol{x})}{\partial x_i} \leqq 0, \quad \text{等式成立当 } x_i > 0, \quad i = 1, 2, \cdots, n,$$

其矩阵形式表示为

$$Df - \lambda Dg \leqq \mathbf{0},$$

$$\boldsymbol{x}[Df - \lambda Dg] = \mathbf{0},$$

这里我们将两个向量 $\boldsymbol{x}$ 和 $\boldsymbol{y}$ 的乘积写为内积的形式，即 $\boldsymbol{x}\boldsymbol{y}=\sum_{i=1}^{n}x_iy_i$。因此，若问题在内点处达到最优 (即对所有的 i 均有 $x_i>0$)，则有

$$Df(\boldsymbol{x})=\lambda Dg.$$

2.6.4　包络定理

无约束的包络定理

考虑如下最大化问题：

$$M(\boldsymbol{a})=\max_{\boldsymbol{x}} f(\boldsymbol{x},\boldsymbol{a}).$$

这里函数 $M(\boldsymbol{a})$ 称为最大值函数，它是参数 $\boldsymbol{a}$ 的函数。

设 $\boldsymbol{x}(a)$ 为上述最大化问题的解，则我们有 $M(\boldsymbol{a})=f(\boldsymbol{x}(\boldsymbol{a}),\boldsymbol{a})$。我们感兴趣的是：$M(\boldsymbol{a})$ 是如何随着 $\boldsymbol{a}$ 的变化而变化的。**包络定理** (envelope theorem) 告诉我们，必定有：

$$\frac{dM(\boldsymbol{a})}{d\boldsymbol{a}}=\left.\frac{\partial f(\boldsymbol{x},\boldsymbol{a})}{\partial \boldsymbol{a}}\right|_{\boldsymbol{x}=\boldsymbol{x}(\boldsymbol{a})}.$$

该结论特别有用。上式说明，若 $\boldsymbol{x}$ 为最优选择且保持不变，那么 M 关于 $\boldsymbol{a}$ 的导数就简单地归结于对 f 求关于 $\boldsymbol{a}$ 的偏导数，即上式中 $|_{\boldsymbol{x}=\boldsymbol{x}(\boldsymbol{a})}$ 的含义。包络定理的证明比较简单，我们只要通过直接的计算即可得到。

有约束的包络定理

考虑如下形式的一般约束参数最优化问题：

$$\begin{aligned}M(\boldsymbol{a})&=\max_{x_1,x_2} g(x_1,x_2,\boldsymbol{a})\\ \text{s.t.}\quad & h(x_1,x_2,\boldsymbol{a})=0.\end{aligned}$$

该问题的拉格朗日函数为

$$\mathcal{L}=g(x_1,x_2,\boldsymbol{a})-\lambda h(x_1,x_2,\boldsymbol{a}),$$

其一阶最优性条件为

$$\frac{\partial g}{\partial x_1}-\lambda\frac{\partial h}{\partial x_1}=0, \tag{2.7}$$

$$\frac{\partial g}{\partial x_2}-\lambda\frac{\partial h}{\partial x_2}=0,$$

$$h(x_1,x_2,\boldsymbol{a})=0.$$

上述条件即确定了最优选择函数 $(x_1(\boldsymbol{a}),x_2(\boldsymbol{a}))$，它进一步确定了最大值函数

$$M(\boldsymbol{a})\equiv g(x_1(\boldsymbol{a}),x_2(\boldsymbol{a}),\boldsymbol{a}). \tag{2.8}$$

包络定理给出了参数最优化问题中最大值函数关于参数导数的计算公式，具体有

$$\frac{dM(\boldsymbol{a})}{d\boldsymbol{a}}=\left.\frac{\partial\mathcal{L}(\boldsymbol{x},\boldsymbol{a})}{\partial\boldsymbol{a}}\right|_{\boldsymbol{x}=\boldsymbol{x}(\boldsymbol{a})}$$

$$=\left.\frac{\partial g(x_1,x_2,\boldsymbol{a})}{\partial\boldsymbol{a}}\right|_{x_i=x_i(\boldsymbol{a})}-\lambda\left.\frac{\partial h(x_1,x_2,\boldsymbol{a})}{\partial\boldsymbol{a}}\right|_{x_i=x_i(\boldsymbol{a})}$$

同前面一样，对偏导数进行解释要格外小心：它们是给定最优解 x_1 和 x_2 处，g 和 h 关于 $\boldsymbol{a}$ 的偏导数。

2.6.5 最大值定理

在很多最优化问题中，需要检查最优解关于参数是否连续，如检验需求函数的连续性。所谓的**最大值定理** (maximum theorem) 对此给予了回答。

Berge 最大值定理

定理 2.6.15 (Berge 最大值定理) 令 A 和 X 是两个拓扑空间。若 $f: A\times X\to\mathcal{R}$ 为连续函数，且约束对应 $F: A\to 2^X$ 是具有非空紧值的连续对应，则极值函数 (也称之为边际函数)

$$M(\boldsymbol{a})=\max_{\boldsymbol{x}\in F(\boldsymbol{a})} f(\boldsymbol{x},\boldsymbol{a})$$

在 A 上是连续的，且极值对应

$$\mu(\boldsymbol{a})=\operatorname*{argmax}_{\boldsymbol{x}\in F(\boldsymbol{a})} f(\boldsymbol{x},\boldsymbol{a})$$

是上半连续的。

Walker 最大值定理

在许多求最优解的情形下，经济人的偏好也许不能用效用函数表示。Walker (1979) 将 Berge 最大值定理推广到开偏好关系下最大元的情形中。Walker 最大值定理允许偏好关系及约束集随着参数变化。

定理 2.6.16 (Walker 最大值定理) 令 A 和 Y 是两个拓扑空间。设 $U: Y\times A\to 2^Y$ 是具有开图的对应。约束对应 $F: A\to 2^Y$ 是连续的，并且具有非空紧值。定义极值对应 $\mu: A\to 2^Y$:

$$\mu(\boldsymbol{a}):=\{y\in F(\boldsymbol{a}): U(y,\boldsymbol{a})\cap F(\boldsymbol{a})=\varnothing\}.$$

则 μ 是具有紧值的上半连续对应。

田–周最大值定理

Berge 和 Walker 最大值定理都依赖于约束对应和目标函数 (偏好对应) 的连续性 (有

开图)。田国强和周建新在 Tian 和 Zhou (1995) 中放宽了这些假设，推广和特征化了 Berge 和 Walker 最大值定理。首先给出下面关于转移连续的定义。

定义 2.6.3　令 A 和 Y 是两个拓扑空间，$F: A \to 2^Y$ 是一个对应。若对每个满足 $y \in F(\boldsymbol{a})$ 的 $(\boldsymbol{a}, y) \in A \times Y$ 及 $z \in F(a)$，$u(\boldsymbol{a}, z) > u(\boldsymbol{a}, y)$ 意味着存在 $(\boldsymbol{a}, y)$ 的某个邻域 $\mathcal{N}(\boldsymbol{a}, y)$，使得对满足 $y' \in F(\boldsymbol{a}')$ 的任意 $(\boldsymbol{a}', y') \in \mathcal{N}(\boldsymbol{a}, y)$，存在某个 $z' \in F(\boldsymbol{a}')$，都有

$$u(\boldsymbol{a}', z') > u(\boldsymbol{a}', y'),$$

则称函数 $u: A \times Y \to \mathcal{R} \cup \{\infty\}$ **是关于 F 拟转移上连续的**。

下面的定义是转移上连续的自然推广：

定义 2.6.4　令 A 和 Y 为两个拓扑空间，$F: A \to 2^Y$ 是一个对应。若对每个满足 $y \in F(\boldsymbol{a})$ 的 $(\boldsymbol{a}, y) \in A \times Y$ 及 $z \in F(\boldsymbol{a})$，$u(\boldsymbol{a}, z) > u(\boldsymbol{a}, y)$ 意味着存在点 $z' \in Y$ 及 y 的某个邻域 $\mathcal{N}(y)$，使得对满足 $y' \in F(\boldsymbol{a})$ 的任意 $y' \in \mathcal{N}(y)$，都有 $u(\boldsymbol{a}, z') > u(\boldsymbol{a}, y')$ 和 $z' \in F(\boldsymbol{a})$，则称函数 $u: A \times Y \to \mathcal{R} \cup \{\infty\}$ **在 F 上对 y 是转移上连续的**。

定理 2.6.17 (田–周最大值定理)　令 A 和 Y 为两个拓扑空间，$u: A \times Y \to \mathcal{R} \cup \{\infty\}$ 是定义在 A 和 Y 上的实值函数。设 $F: A \to 2^Y$ 是具有非空紧值的闭对应。则极值对应 $\mu: A \to 2^Y$ 是具有非空紧值的闭对应当且仅当 u 在 F 上对 y 是转移上连续的，关于 F 是拟转移上连续的。更进一步，若 F 是上半连续的，则极值对应 μ 也是上半连续的。

这个定理放宽了 Berge 最大值定理中目标函数和约束对应的上半连续性。

2.6.6　连续选择定理

连续选择定理是证明均衡存在的有力工具，和下面要介绍的不动点定理有紧密关系。连续选择定理的基本结论是，若对应是凸值下半连续的，则存在着一个连续函数使得对所有在区域的点，函数值均是对应的一个子集。

定义 2.6.5　令 $X \subseteq \mathcal{R}^n$，$Y \subseteq \mathcal{R}^m$ 及 $F: X \to 2^Y$ 是从 X 到 Y 的一个对应。若对任意的 $\boldsymbol{x} \in X$，都有 $f(\boldsymbol{x}) \in F(\boldsymbol{x})$，称单值函数 $f: X \to Y$ 是对应 F 的一个**选择**。

定理 2.6.18 (Michael (1956))　令 $X \subseteq \mathcal{R}^n$ 是凸集。设 $F: X \to 2^{\mathcal{R}^m}$ 是具有凸值的下半连续对应，则 F 存在一个连续选择，即存在单值连续函数 $f: X \to \mathcal{R}^m$，使得对任意的 $\boldsymbol{x} \in X$，都有 $f(\boldsymbol{x}) \in F(\boldsymbol{x})$。

由于一个对应的下开截面意味着对应的下半连续性 (见命题 2.5.3)，于是有以下推论：

定理 2.6.19 (Yannelis-Prabhakar (1983))　令 $X \subseteq \mathcal{R}^n$。设对应 $F: X \to 2^{\mathcal{R}^m}$ 是一个具有下开截面的凸值对应，则 F 存在一个连续选择，即存在单值连续函数 $f: X \to \mathcal{R}^m$，使得对任意的 $\boldsymbol{x} \in X$，都有 $f(\boldsymbol{x}) \in F(\boldsymbol{x})$。

事实上，Browder(1968）对紧致的拓扑向量空间（从而可能是无穷维）给出了以上连续选择定理。

定理 2.6.20 (Browder, (1968)) 令 X 为 Hausdorff 紧空间及 Y 为局部凸向量空间。设对应 $F: X \to 2^{\mathcal{R}^m}$ 是一个具有下开截面的凸值对应，则 F 存在一个连续选择，即存在单值连续函数 $f: X \to \mathcal{R}^m$，使得对任意的 $\boldsymbol{x} \in X$，都有 $f(\boldsymbol{x}) \in F(\boldsymbol{x})$。

2.6.7 不动点定理

不动点定理在证明均衡的存在性时发挥着至关重要的作用，是均衡方程组是否有解的最常用方法。不动点定理证明的基本方法的提出应归功于约翰·冯·诺依曼 (John von Neumann，1903—1957，其人物小传见 5.8.1 节)，见于分别在 1928 年和 1937 年发表的两篇论文，首先给出了可用来证明非线性方程组存在解的不动点定理。

定义 2.6.6 令 X 是一个拓扑空间，$f: X \to X$ 是从 X 到自身的单值函数。若存在点 $\boldsymbol{x}^* \in X$，使得 $f(\boldsymbol{x}^*) = \boldsymbol{x}^*$，则称 $\boldsymbol{x}^*$ 是函数 f 的一个**不动点**。

定义 2.6.7 令 X 是一个拓扑空间，$F: X \to 2^X$ 是从 X 到自身的对应。若存在点 $\boldsymbol{x}^* \in X$，使得 $\boldsymbol{x}^* \in F(\boldsymbol{x}^*)$，则称 $\boldsymbol{x}^*$ 是对应 F 的一个**不动点**。

下面介绍在经济学中有广泛应用的一些重要不动点定理。

布劳威尔不动点定理

下面的布劳威尔 (Brouwer) 不动点定理是一个最基本，也是最重要的不动点定理。

定理 2.6.21 (布劳威尔不动点定理) 设 X 为 $\mathcal{R}^m$ 中的非空紧凸子集。若函数 $f: X \to X$ 在 X 上连续，则 f 至少存在一个不动点，即存在点 $\boldsymbol{x}^* \in X$，使得 $f(\boldsymbol{x}^*) = \boldsymbol{x}^*$ (见图 2.4)。

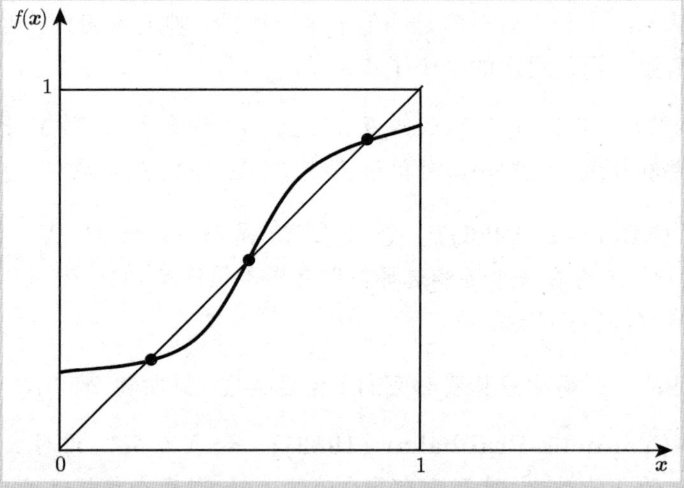

图 2.4 45° 线和函数的曲线的交点即为不动点。本例存在三个不动点

例 2.6.1　$f:[0,1]\to[0,1]$ 连续，则 f 存在不动点 $\boldsymbol{x}$。为理解这一点，令 $g(\boldsymbol{x})=f(\boldsymbol{x})-\boldsymbol{x}$。则我们有

$$g(0)=f(0)\geqq 0$$

$$g(1)=f(1)-1\leqq 0.$$

根据中值定理，存在点 $\boldsymbol{x}^*\in[0,1]$，使得 $g(\boldsymbol{x}^*)=f(\boldsymbol{x}^*)-\boldsymbol{x}^*=0$。

角谷不动点定理

在应用中，映射往往是点到集合的对应，从而布劳威尔不动点定理不能直接运用，而常用的是角谷 (Kakutani) 不动点定理。

定理 2.6.22 (角谷 (Kakutani，1941) 不动点定理)　设 $X\subseteq\mathcal{R}^m$ 为非空紧凸子集。若 $F:X\to 2^X$ 为 X 上的非空紧凸值的上半连续对应，则 F 存在不动点，即存在点 $\boldsymbol{x}^*\in X$，使得 $\boldsymbol{x}^*\in F(\boldsymbol{x}^*)$ 成立。

Browder 不动点定理

由定理 2.6.19，我们立即有下面的 Browder 不动点定理：

定理 2.6.23 (Browder (1968))　令 $X\subseteq\mathcal{R}^n$ 是紧凸子集。设对应 $F:X\to 2^{\mathcal{R}^m}$ 是一个具有下开截面的凸值对应，则 F 存在不动点，即存在点 $\boldsymbol{x}^*\in X$，使得 $\boldsymbol{x}^*\in F(\boldsymbol{x}^*)$ 成立。

Michael 不动点定理

由定理 2.6.17，我们立即有下面的 Michael 不动点定理：

定理 2.6.24 (Michael (1956))　令 $X\subseteq\mathcal{R}^n$ 是紧凸子集。设对应 $F:X\to 2^{\mathcal{R}^m}$ 是一个具有闭凸值的下半连续对应，则 F 存在不动点，即存在点 $\boldsymbol{x}^*\in X$，使得 $\boldsymbol{x}^*\in F(\boldsymbol{x}^*)$ 成立。

塔尔斯基不动点定理

塔尔斯基 (Tarski) 不动点定理是一个与其他不动点定理大不相同的不动点定理，它不要求函数具有任何类型的连续性，而只是要求函数单调非减，且定义在区间构成的定义域上，它在经济学中的应用越来越重要，特别是在具有单调支付函数的博弈中有许多应用。

定理 2.6.25 (塔尔斯基 (Tarski，1955) 不动点定理)　记 $[0,1]^n$ 为 $[0,1]$ 区间的 n 次积。若函数 $f:[0,1]^n\to[0,1]^n$ 是一个非减函数，则 f 存在一个不动点，即存在点 $\boldsymbol{x}^*\in X$，使得 $f(\boldsymbol{x}^*)=\boldsymbol{x}^*$。

压缩映像不动点定理

在许多经济动态模型中，不仅需要证明其均衡解的存在性，也需要证明其均衡解的唯一性。压缩映像原理是解决这一问题的一个重要工具，也是泛函分析中一个最基本、最简单的存在性定理，数学分析中的很多存在性定理都是它的特例。其基本结论是，完备度量空间到它自身的压缩映射存在唯一的不动点。

定义 2.6.8 令 (X, d) 是一个完备度量空间，$f: X \to X$ 是从 X 到自身的单值函数。若对任意的点 $\boldsymbol{x}, \boldsymbol{x}' \in X$，存在 $\alpha \in (0,1)$，使得 $d(f(\boldsymbol{x}), f(\boldsymbol{x}')) < \alpha d(\boldsymbol{x}, \boldsymbol{x}')$，则称函数 f 是一个**压缩映射**。

定理 2.6.26 (巴拿赫 (Banach) 压缩映像原理) 设 $f: X \to X$ 是完备度量空间 X 到它自身的一个压缩映射，则 f 在 X 上存在唯一的不动点。

单值函数不动点存在的特征化

以上所有不动点定理只是给出不动点存在的充分条件，田国强 (Tian (2017)) 通过引入一类递归转移连续的概念，对不动点的存在性给出了充要条件。

我们先介绍由 Baye-Tian-Zhou (1993) 引入的对角转移连续性的概念。

定义 2.6.9 若只要 $\varphi(\boldsymbol{x}, \boldsymbol{y}) > \varphi(\boldsymbol{y}, \boldsymbol{y})$ 对 $\boldsymbol{x}, \boldsymbol{y} \in X$ 成立，就存在点 $\boldsymbol{z}^0 \in X$ 和 $\boldsymbol{y}$ 的某个邻域 $\mathcal{V}_{\boldsymbol{y}}$，使得 $\varphi(\boldsymbol{z}^0, \mathcal{V}_{\boldsymbol{y}}) > \varphi(\mathcal{V}_{\boldsymbol{y}}, \mathcal{V}_{\boldsymbol{y}})$ 对所有的 $\boldsymbol{y}' \in \mathcal{V}_{\boldsymbol{y}}$ 都成立，则称函数 φ: $X \times X \to \mathcal{R}$ **关于 $\boldsymbol{y}$ 是对角转移连续的** (diagonally transfer continuous)。

现在定义递归对角转移连续性的概念。

定义 2.6.10 若 $\varphi(\boldsymbol{x}, \boldsymbol{y}) > \varphi(\boldsymbol{y}, \boldsymbol{y})$ 对 $\boldsymbol{x}, \boldsymbol{y} \in X$ 成立，就存在点 $\boldsymbol{z}^0 \in X$ (也许 $\boldsymbol{z}^0 = \boldsymbol{y}$) 和 $\boldsymbol{y}$ 的某个邻域 $\mathcal{V}_{\boldsymbol{y}}$，使得 $\varphi(\boldsymbol{z}, \mathcal{V}_{\boldsymbol{y}}) > \varphi(\mathcal{V}_{\boldsymbol{y}}, \mathcal{V}_{\boldsymbol{y}})$ 对任意有限集 $\{\boldsymbol{z}^0, \boldsymbol{z}^1, \cdots, \boldsymbol{z}^m\} \subseteq X$ 均成立，其中 $\boldsymbol{z}^m = \boldsymbol{z}$ 及 $\varphi(\boldsymbol{z}, \boldsymbol{z}^{m-1}) > \gamma, \varphi(\boldsymbol{z}^{m-1}, \boldsymbol{z}^{m-2}) > \gamma, \cdots, \varphi(z^1, z^0) > \gamma, m \geqq 1$，则称函数 φ: $X \times X \to \mathcal{R}$ **关于 $\boldsymbol{y}$ 是递归对角转移连续的** (recursively diagonally transfer continuous)。这里 $\varphi(\boldsymbol{z}, \mathcal{V}_{\boldsymbol{y}}) > 0$ 表示 $\varphi(\boldsymbol{z}, \boldsymbol{y}') > 0$ 对所有的 $\boldsymbol{y}' \in \mathcal{V}_{\boldsymbol{y}}$ 均成立。

定理 2.6.27 (田氏不动点定理 (2017)) 令 X 为度量空间 (E, d) 中的一个非空紧集，$f: X \to X$ 是一个函数。定义函数 φ: $X \times X \to R \cup \{\pm\infty\}$:

$$\varphi(\boldsymbol{x}, \boldsymbol{y}) = -d(\boldsymbol{x}, f(\boldsymbol{y})),$$

则 f 有不动点的充要条件是 φ 是关于 y 递归对角转移连续的。

2.6.8 变分不等式

Ky-Fan 极小极大不等式是非线性分析中极为重要的结果之一。在一定意义上，它和许多重要数学定理，如 KKM 引理、Sperner 引理、布劳威尔不动点定理、角谷不动点定

理等价 (可以相互推导)。在许多学科领域，如变分不等式、数学规划、偏微分方程、经济模型等可用来证明均衡解的存在性。

定理 2.6.28 (Ky-Fan 极小极大不等式)　令 $X \subseteq \mathcal{R}^m$ 是一个非空凸紧集，ϕ: $X \times X \to R$ 满足下列条件:

（1）对所有的 $\boldsymbol{x} \in X$，$\phi(\boldsymbol{x}, \boldsymbol{x}) \leqq 0$;

（2）ϕ 关于 $\boldsymbol{y}$ 下半连续;

（3）ϕ 关于 $\boldsymbol{x}$ 拟凹。

则存在点 $\boldsymbol{y}^* \in X$，使得 $\phi(\boldsymbol{x}, \boldsymbol{y}^*) \leqq 0$ 对所有的 $\boldsymbol{x} \in X$ 均成立。

数学文献中以各种形式推广了 Ky-Fan 极小极大不等式。田国强在 Tian (2017) 中完全地特征化了 Ky-Fan 极小极大不等式解的存在性，给出了 Ky-Fan 极小极大不等式解存在性的充要条件。

定义 2.6.11　令 X 是一个拓扑空间，$\gamma \in \mathcal{R}$。若对 $\boldsymbol{x}$, $\boldsymbol{y} \in X$，$\phi(\boldsymbol{x}, \boldsymbol{y}) > \gamma$，总存在点 $\boldsymbol{z}^0 \in X$(也许 $\boldsymbol{z}^0 = \boldsymbol{y}$) 和 $\boldsymbol{y}$ 的某个邻域 $\mathcal{V}_{\boldsymbol{y}}$，使得 $\phi(\boldsymbol{z}, \mathcal{V}_{\boldsymbol{y}}) > \gamma$ 对任意有限点 $\{\boldsymbol{z}^0, \boldsymbol{z}^1, \cdots, \boldsymbol{z}^{m-1}, \boldsymbol{z}\}$ 都成立，这里 $\phi(\boldsymbol{z}, \boldsymbol{z}^{m-1}) > \gamma, \phi(\boldsymbol{z}^{m-1}, \boldsymbol{z}^{m-2}) > \gamma, \cdots, \phi(\boldsymbol{z}^1, \boldsymbol{z}^0) > \gamma$，$m \geqq 1$，则称函数 ϕ: $X \times X \to R \cup \{\pm\infty\}$ **关于 $\boldsymbol{y}$ 是 γ-递归转移下半连续的**。

定理 2.6.29 (Tian (2017))　令 X 是拓扑空间 T 的紧子集，$\gamma \in \mathcal{R}$，及 $\phi: X \times X \to R \cup \{\pm\infty\}$ 是一个满足 $\phi(\boldsymbol{x}, \boldsymbol{x}) \leqq \gamma, \forall \boldsymbol{x} \in X$ 的函数，则存在点 $\boldsymbol{y}^* \in X$，使得 $\phi(\boldsymbol{x}, \boldsymbol{y}^*) \leqq \gamma$ 对所有的 $\boldsymbol{x} \in X$ 都成立的充要条件是 ϕ **关于 $\boldsymbol{y}$ 是 γ-递归转移下半连续的**。

2.6.9 FKKM 定理

那斯特–库拉托斯基–马祖尔克维奇 (Knaster-Kuratowski-Mazurkiewicz，KKM) 引理是比布劳威尔不动点定理更为基本的结果，在某些情形下更为有用。

定理 2.6.30 (KKM 引理)　令 $X \subseteq \mathcal{R}^m$ 为紧凸集。设 $F: X \to 2^X$ 满足如下条件:

（1）对所有的 $\boldsymbol{x} \in X$，$F(\boldsymbol{x})$ 是闭的;

（2）F 是 FS-凸的，即对任意 $\boldsymbol{x}_1, \cdots, \boldsymbol{x}_m \in X$ 及其凸组合 $\boldsymbol{x}_\lambda = \sum_{i=1}^m \lambda_i \boldsymbol{x}_i$，都有

$$\boldsymbol{x}_\lambda \in \bigcup_{i=1}^m F(\boldsymbol{x}_i).$$

则

$$\bigcap_{\boldsymbol{x} \in X} F(\boldsymbol{x}) \neq \varnothing.$$

Ky Fan (1984) 给出了 KKM 引理的一个推广形式。

定理 2.6.31 (FKKM 定理)　设 $X \subseteq \mathcal{R}^m$ 为凸集，且 $\varnothing \neq X \subseteq Y$。另设 $F: X \to 2^Y$ 为满足如下条件的对应:

(1) 对所有的 $\boldsymbol{x} \in X$，$F(\boldsymbol{x})$ 是闭的;

(2) 对某个 $\boldsymbol{x}_0 \in X$，$F(\boldsymbol{x}_0)$ 是紧的;

(3) F 是 FS-凸的，即对任意 $\boldsymbol{x}_1, \cdots, \boldsymbol{x}_m \in X$ 及其凸组合 $\boldsymbol{x}_\lambda = \sum_{i=1}^m \lambda_i \boldsymbol{x}_i$，都有

$$\boldsymbol{x}_\lambda \in \bigcup_{i=1}^m F(\boldsymbol{x}_i).$$

则

$$\bigcap_{\boldsymbol{x} \in X} F(\boldsymbol{x}) \neq \varnothing.$$

这个定理还有许多推广。在 Tian (2017) 中，著者也对 FKKM 定理的成立给出了充要条件:

定理 2.6.32 (Tian (2017)) 令 X 为拓扑空间 T 的一个非空紧集，$F: X \to 2^X$ 是一个对应，使得对所有的 $\boldsymbol{x} \in X$，都有 $\boldsymbol{x} \in F(\boldsymbol{x})$。则 $\bigcap_{\boldsymbol{x} \in X} F(\boldsymbol{x}) \neq \varnothing$ 当且仅当由

$$\phi(\boldsymbol{x}, \boldsymbol{y}) = \begin{cases} \gamma, & \text{若 } (\boldsymbol{x}, \boldsymbol{y}) \in G, \\ +\infty, & \text{其他} \end{cases}$$

所定义的函数 ϕ: $X \times X \to R \cup \{\pm\infty\}$ 关于 $\boldsymbol{y}$ 是 γ-递归转移下半连续的。这里，$\gamma \in R$ 和 $G = \{(\boldsymbol{x}, \boldsymbol{y}) \in X \times Y : \boldsymbol{y} \in F(\boldsymbol{x})\}$。

2.7 动态优化

在最优化决策中，通常会面临各种约束，以上给出的带约束优化问题都是发生在同一时期的不同变量之间。然而在现实中，人们往往需要在动态环境下做决策，前期决策变量会影响到后面时期的变量。变分法、动态规划和最优控制提供了解决动态情形下最优问题的分析框架和工具。在这一节中，我们给出变分法、最优控制和动态规划的基本结果。我们主要集中于定义在 $X \subseteq \mathcal{R}$ 上的连续情形的动态优化问题。

2.7.1 变分法

一般动态优化问题具有如下形式:

$$\max \int_{t_0}^{t_1} F[t, \boldsymbol{x}(t), \boldsymbol{x}'(t)] dt \tag{2.9}$$

$$\text{s.t.} \quad \boldsymbol{x}(t_0) = \boldsymbol{x}_0, \boldsymbol{x}(t_1) = \boldsymbol{x}_1. \tag{2.10}$$

以上最优化问题是在约束条件 (2.10) 下选择函数 $\boldsymbol{x}(t)$，最大化了目标函数 (2.9)。变分法是求解这类问题的一种常用方法。令 $\boldsymbol{x}^*(t)$ 是以上最优化问题的解，其必要条件是动态优化问题的解必须满足欧拉方程 (Euler equation):

$$F_{\boldsymbol{x}}[t, \boldsymbol{x}^*(t), \boldsymbol{x}'^*(t)] = \frac{dF_{\boldsymbol{x}'}[t, \boldsymbol{x}^*(t), \boldsymbol{x}'^*(t)]}{dt}, \ t \in [t_0, t_1]. \tag{2.11}$$

下面推导动态优化的欧拉方程。

我们把满足约束条件 (2.10) 的函数称为可行的 (admissible)。假设 $\boldsymbol{x}(t)$ 是可行的，$\boldsymbol{h}(t)=\boldsymbol{x}(t)-\boldsymbol{x}^*(t)$ 表示 $\boldsymbol{x}(t)$ 与最优选择的差异。我们有 $\boldsymbol{h}(t_0)=\boldsymbol{h}(t_1)=0$。

对任意常数 a，$\boldsymbol{y}(t)=\boldsymbol{x}^*(t)+a\boldsymbol{h}(t)$ 也是可行的。通过这样的方式，求解动态优化问题可以转化为求解在什么条件下，$a=0$ 是动态优化下的最优选择。

$$
\begin{aligned}
g(a)&=\int_{t_0}^{t_1} F[t,\boldsymbol{y}(t),\boldsymbol{y}'(t)]dt\\
&=\int_{t_0}^{t_1} F[t,\boldsymbol{x}^*(t)+a\boldsymbol{h}(t),\boldsymbol{x}'^*(t)+a\boldsymbol{h}'(t)]dt. \qquad (2.12)
\end{aligned}
$$

最优化的一阶条件是通过对式 (2.12) 关于 a 求导：

$$
\begin{aligned}
g'(0)&=\int_{t_0}^{t_1} F_{\boldsymbol{x}}[t,\boldsymbol{x}^*,\boldsymbol{x}'^*(t)]\boldsymbol{h}(t)+F_{\boldsymbol{x}'}[t,\boldsymbol{x}^*,\boldsymbol{x}'^*(t)]\boldsymbol{h}'(t)dt\\
&=0. \qquad (2.13)
\end{aligned}
$$

对式 (2.13) 右边第二部分进行分部积分，得到：

$$
\int_{t_0}^{t_1}\left\{F_{\boldsymbol{x}}[t,\boldsymbol{x}^*,\boldsymbol{x}'^*(t)]-\frac{dF_{\boldsymbol{x}'}[t,\boldsymbol{x}^*(t),\boldsymbol{x}'^*(t)]}{dt}\right\}\boldsymbol{h}(t)dt=0. \qquad (2.14)
$$

若对任何满足约束 $\boldsymbol{h}(t_0)=\boldsymbol{h}(t_1)=0$ 的连续函数 $\boldsymbol{h}(t)$，式 (2.14) 都成立，可证明 (参见 Kamiem 和 Schwartz (1991)) 欧拉方程 (2.11) 也必然成立。

例 2.7.1 (Kamien 和 Schwartz (1991))　假设某个企业接到一个订单，规定在时点 T 交付 B 单位产品。假设企业的生产能力是有限的，单位生产成本与产量成正比。此外，企业在生产完成后将产品放入库存，每个单位的库存成本是一个常数。企业经理需要考虑从现在 (时点 0) 到交付期 (时点 T) 的生产问题。假设在时点 $t\in[0,T]$，企业的库存量为 $x(t)$，库存的变化依赖于企业的生产，即 $\dot{x}(t)\equiv x'(t)=y(t)$，其中 $y(t)$ 是时点 t 的生产率。在时点 t，企业的成本为 $c_1x'(t)x'(t)+c_2x(t)$ 或 $c_1u(t)u(t)+c_2x(t)$，其中 $c_1u(t)$ 是产量为 $u(t)$ 时的单位生产成本，c_2 是单位库存成本。企业的目标是最小化成本 (包括生产成本和库存成本)，这样其动态最优化问题是

$$
\min\int_0^T [c_1x'^2(t)+c_2x(t)]dt \qquad (2.15)
$$

$$
\text{s.t.}\quad x(0)=0, x(T)=B, x'(t)\geqq 0.
$$

在表达式 (2.15) 中，$u(t)$ 称为**控制变量**，$x(t)$ 称为**状态变量**。利用变分法求解最优化问题，此时有

$$
F[t,x(t),x'(t)]=c_1x'^2(t)+c_2x(t).
$$

欧拉方程为：

$$
c_2=2c_1x''^*(t).
$$

根据约束条件：$x^*(0)=0, x^*(T)=B$，对以上欧拉方程求解得到：

$$x^*(t)=\frac{c_2}{4c_1}t(t-T)+Bt/T,\quad t\in[0,T].$$

对欧拉方程 (2.11) 进行积分运算，得到下式：

$$F_{\boldsymbol{x}}=F_{\boldsymbol{x}'t}+F_{\boldsymbol{x}'\boldsymbol{x}}\boldsymbol{x}'+F_{\boldsymbol{x}'\boldsymbol{x}'}\boldsymbol{x}''. \tag{2.16}$$

为了避免二次求导，现引入汉密尔顿方程 。令 $\boldsymbol{p}(t)=F_{\boldsymbol{x}'}[t,\boldsymbol{x}(t),\boldsymbol{x}'(t)]$，汉密尔顿方程为：

$$H(t,\boldsymbol{x},\boldsymbol{p})=-F(t,\boldsymbol{x},\boldsymbol{x}')+\boldsymbol{p}\boldsymbol{x}'. \tag{2.17}$$

在上面的方程 (2.17) 中，$\boldsymbol{p}(t)$ 可解释为影子价格 (shadow price)。对方程 (2.17) 进行全微分，得到：

$$dH=-F_tdt-F_{\boldsymbol{x}}d\boldsymbol{x}-F_{\boldsymbol{x}'}d\boldsymbol{x}'+\boldsymbol{p}d\boldsymbol{x}'+\boldsymbol{x}'d\boldsymbol{p}=-F_tdt-F_{\boldsymbol{x}}d\boldsymbol{x}+\boldsymbol{x}'d\boldsymbol{p}.$$

在方程 (2.17) 中分别对 $\boldsymbol{x},\boldsymbol{p}$ 求一阶偏导：

$$\partial H/\partial \boldsymbol{x}=-F_{\boldsymbol{x}};$$
$$\partial H/\partial \boldsymbol{p}=\ \boldsymbol{x}'.$$

由于 $-F_{\boldsymbol{x}}=-(dF_{\boldsymbol{x}'}/dt)=-\boldsymbol{p}'$，于是得到两个一阶条件的欧拉方程：

$$\partial H/\partial \boldsymbol{x}=-\boldsymbol{p}';$$
$$\partial H/\partial \boldsymbol{p}=\ \boldsymbol{x}'.$$

上面的欧拉方程只是求解动态优化问题的必要条件，充分条件涉及二阶条件。在上面利用变分法推导一阶条件的过程中，容易知道其二阶条件为：

$$g''(0)=\int_{t_0}^{t_1}[F_{\boldsymbol{xx}}h^2+2F_{\boldsymbol{xx}'}\boldsymbol{h}\boldsymbol{h}'+F_{\boldsymbol{x}'\boldsymbol{x}'}(\boldsymbol{h}')^2]dt\leqq 0.$$

容易验证，若目标函数 F 对 $\boldsymbol{x},\boldsymbol{x}'$ 是凹的，那么二阶条件自动满足。

记 $F=F(t,\boldsymbol{x},\boldsymbol{x}')$, $F^*=F(t,\boldsymbol{x}^*,\boldsymbol{x}'^*)$，且令 $\boldsymbol{h}(t)=\boldsymbol{x}(t)-\boldsymbol{x}^*(t)$，则有 $\boldsymbol{h}'(t)=\boldsymbol{x}'(t)-\boldsymbol{x}'^*(t)$，此时：

$$\begin{aligned}\int_{t_0}^{t_1}(F-F^*)dt&\leqq\int_{t_0}^{t_1}[(\boldsymbol{x}-\boldsymbol{x}^*)F^*_{\boldsymbol{x}}+(\boldsymbol{x}'-\boldsymbol{x}^{*\prime})F^*_{\boldsymbol{x}'}]dt\\&=\int_{t_0}^{t_1}(\boldsymbol{h}F^*_{\boldsymbol{x}}+\boldsymbol{h}'F^*_{\boldsymbol{x}'})dt\\&=\int_{t_0}^{t_1}h(F^*_{\boldsymbol{x}}-dF^*_{\boldsymbol{x}'}/dt)dt=0.\end{aligned}$$

可以证明 (参见 Kamiem 和 Schwartz (1991，p.43))，只要满足 $F_{\boldsymbol{x}'\boldsymbol{x}'}\leqq 0$，则一阶条件即欧拉方程成立，从而是动态最大化的解。对于动态最小化，二阶条件只要满足 $F_{\boldsymbol{x}'\boldsymbol{x}'}\geqq 0$，此时一阶条件就变为充分条件。

2.7.2 最优控制

我们在前面的例子中有两类变量，即状态变量和控制变量，从而也可用最优控制的分析框架来求解动态优化问题。

一般最优控制问题可以表述如下：

$$\max \int_{t_0}^{t_1} f[t, \boldsymbol{x}(t), \boldsymbol{u}(t)]dt \tag{2.18}$$

$$\text{s.t.} \quad \boldsymbol{x}'(t) = g(t, \boldsymbol{x}(t), \boldsymbol{u}(t)), \tag{2.19}$$

$$\boldsymbol{x}(t_0) = \boldsymbol{x}_0. \tag{2.20}$$

在上面的表述中，$\boldsymbol{x}(t)$ 是状态变量，$\boldsymbol{u}(t)$ 是控制变量，它影响状态变量的变化，目标 (2.18) 是状态变量和控制变量共同的函数。

下面给出最优控制的必要条件和充分条件。类似于静态约束下的最优化问题，建立动态拉格朗日方程：

$$L = \int_{t_0}^{t_1} \{f[t, \boldsymbol{x}(t), \boldsymbol{u}(t)] + \lambda_t[g(t, \boldsymbol{x}(t), \boldsymbol{u}(t)) - \boldsymbol{x}'(t)]\}\, dt, \tag{2.21}$$

这里，λ_t 是在时刻 t 对状态变化约束方程的乘子，通常被称为**共状态变量** (costate variable)。通过分部积分，上面的方程可以写为：

$$L = \int_{t_0}^{t_1} \{f[t, \boldsymbol{x}(t), \boldsymbol{u}(t)] + \lambda_t g(t, \boldsymbol{x}(t), \boldsymbol{u}(t)) + \boldsymbol{x}(t)\lambda_t'\}\, dt - \lambda_{t_1}\boldsymbol{x}(t_1) + \lambda_{t_0}\boldsymbol{x}(t_0).$$

应用类似变分法的推导过程，可推导最优控制方法的必要条件。假设 $\boldsymbol{u}^*(t)$ 是最优控制函数，引入另外一个控制函数 $\boldsymbol{u}^*(t) + a\boldsymbol{h}(t)$，使之当$a = 0$时就是最优控制函数。由最优控制函数 $\boldsymbol{u}^*(t)$ 和初始状态 $\boldsymbol{x}(t_0) = \boldsymbol{x}_0$ 就可以决定最优状态函数 $\boldsymbol{x}^*(t)$。我们把控制函数 $\boldsymbol{u}^*(t) + a\boldsymbol{h}(t)$ 和初始状态 $\boldsymbol{x}_0$ 生成的状态记为 $\boldsymbol{y}(t, a)$，它满足：$\boldsymbol{y}(t, a) = \boldsymbol{x}^*(t), \boldsymbol{y}(t, 0) = \boldsymbol{x}_0$，以及 $d\boldsymbol{y}(t, a)/dt = g(t, \boldsymbol{y}(t, a)$，$\boldsymbol{u}^*(t) + a\boldsymbol{h}(t))$。建立函数:

$$\begin{aligned} J(a) &= \int_{t_0}^{t_1} f[t, \boldsymbol{y}(t, a), \boldsymbol{u}^*(t) + a\boldsymbol{h}(t)]dt \\ &= \int_{t_0}^{t_1} \{f[t, \boldsymbol{y}(t, a), \boldsymbol{u}^*(t) + a\boldsymbol{h}(t)] \\ &\quad + \lambda_t[g(t, \boldsymbol{y}(t, a), \boldsymbol{u}^*(t) + a\boldsymbol{h}(t)) + \boldsymbol{y}'(t, a)\lambda_t']\}dt \\ &\quad - \lambda_{t_1}\boldsymbol{y}(t_1, a) + \lambda_{t_0}\boldsymbol{y}(t_0, a). \end{aligned} \tag{2.22}$$

在 $a = 0$ 处对式 (2.22) 求一阶导数，得到：

$$J'(a) = \int_{t_0}^{t_1} [(f_{\boldsymbol{x}} + \lambda g_{\boldsymbol{x}} + \lambda')\boldsymbol{y}_a + (f_{\boldsymbol{u}} + \lambda g_{\boldsymbol{u}})h]dt - \lambda_{t_1}\boldsymbol{y}'(t_1, 0).$$

这里，$\lambda(t)$ 可微，同时最优化还需要满足下面三个条件：

一是控制变量的一阶条件：

$$f_{\boldsymbol{u}}[t,\boldsymbol{x}(t),\boldsymbol{u}(t)]+\lambda g_{\boldsymbol{u}}(t,\boldsymbol{x}(t),\boldsymbol{u}(t))=0. \tag{2.23}$$

二是共状态变量的一阶条件：

$$\lambda'(t)=-f_{\boldsymbol{x}}[t,\boldsymbol{x}(t),\boldsymbol{u}(t)]-\lambda(t)g_{\boldsymbol{x}}[t,\boldsymbol{x}(t),\boldsymbol{u}(t)],\ \lambda(t_1)=0. \tag{2.24}$$

三是状态函数：

$$\boldsymbol{x}'(t)=g(t,\boldsymbol{x}(t),\boldsymbol{u}(t)),\ \boldsymbol{x}(t_0)=\boldsymbol{x}_0. \tag{2.25}$$

类似约束最优化的拉格朗日方程，在最优控制中，这些必要条件可以由汉密尔顿方程来表达：

$$H(t,\boldsymbol{x}(t),\boldsymbol{u}(t))\equiv f(t,\boldsymbol{x}(t),\boldsymbol{u}(t))+\lambda(t)g(t,\boldsymbol{x}(t),\boldsymbol{u}(t)). \tag{2.26}$$

于是我们有：

最优条件：

$$\partial H/\partial\boldsymbol{u}=0:\quad \partial H/\partial\boldsymbol{u}=f_{\boldsymbol{u}}+\lambda g_{\boldsymbol{u}}=0, \tag{2.27}$$

即等价于方程 (2.23)；

乘子方程：

$$-\partial H/\partial\boldsymbol{x}=\lambda':\quad \lambda'(t)=-\partial H/\partial\boldsymbol{x}=-(f_{\boldsymbol{x}}+\lambda g_{\boldsymbol{x}}), \tag{2.28}$$

即等价于方程 (2.24)；

以及状态方程：

$$\partial H/\partial\lambda=\boldsymbol{x}':\quad \boldsymbol{x}'(t)=\partial H/\partial\lambda=g, \tag{2.29}$$

即等价于方程 (2.25)。

例 2.7.2 回到例 2.7.1，该问题是：

$$\min\int_0^T[c_1u^2(t)+c_2x(t)]dt$$
$$\text{s.t.}\quad x'(t)=u(t),x(0)=0,x(T)=B,x'(t)\geqq 0.$$

由上面最优化的三个条件可得：

$$2c_1u(t)=-\lambda(t);\lambda'(t)=-c_2;x'(t)=u(t),x(0)=0,x(T)=B.$$

从而有：

$$x^{*''}(t)=\frac{c_2}{2c_1},\quad t\in[0,T],$$

$$x^*(t)=\frac{c_2}{4c_1}t(t-T)+Bt/T,\quad t\in[0,T],$$

$$u^*(t)=\frac{c_2}{2c_1}t+k,t\in[0,T];\quad k=\frac{-c_2}{4c_1}T+B/T.$$

类似地可推导出最优控制的二阶条件：对最大化问题来说，若目标函数和状态变化函数 f 和 g 对于 $\boldsymbol{x}$ 和 $\boldsymbol{u}$ 是凹函数，则一阶必要条件成为充分条件，其证明可参见 Kamien 和 Schwartz (1991)。

2.7.3 动态规划

处理动态优化的第三种方法是理查德・贝尔曼 (Richard Bellman) 提出的动态规划的方法，其基本逻辑可以归纳为最优化准则。一个最优路径满足如下特征：不管某个时期之前的条件和控制变量是什么，在给定当前的状态下，决策函数的选择总是会使得从现在开始到最终都是最优解。

一般形式的动态规划问题是：

$$\max\int_0^T f(t,\boldsymbol{x}(t),\boldsymbol{u}(t))dt+\phi(\boldsymbol{x}(T),T) \tag{2.30}$$

$$\text{s.t.}\qquad \boldsymbol{x}'(t)=g(t,\boldsymbol{x}(t),\boldsymbol{u}(t)),\boldsymbol{x}(0)=a,\quad t\in[0,T]. \tag{2.31}$$

定义从时间 t_0，状态 $\boldsymbol{x}_0$ 开始的最优价值函数 $J(t_0,\boldsymbol{x}_0)$:

$$J(t_0,\boldsymbol{x}_0)=\max_{\boldsymbol{u}}\int_{t_0}^T f(t,\boldsymbol{x}(t),\boldsymbol{u}(t))dt+\phi(\boldsymbol{x}(T),T) \tag{2.32}$$

$$\text{s.t.}\qquad \boldsymbol{x}'(t)=g(t,\boldsymbol{x}(t),\boldsymbol{u}(t)),\boldsymbol{x}(t_0)=\boldsymbol{x}_0,t\in[t_0,T],\quad \forall t_0\in[0,T].$$

当 $t_0=T$ 时，其价值函数为：$J(T,\boldsymbol{x}(T))=\phi(\boldsymbol{x}(T),T)$。

我们可以把式 (2.32) 进一步分拆：

$$J(t_0,\boldsymbol{x}_0)=\max_{\boldsymbol{u}}\left\{\int_{t_0}^{t_0+\Delta t}fdt+\int_{t_0+\Delta t}^T fdt+\phi(\boldsymbol{x}(T),T)\right\}. \tag{2.33}$$

在时间 $t_0+\Delta t$，状态变为 $\boldsymbol{x}_0+\Delta\boldsymbol{x}$，根据贝尔曼最优化准则，式 (2.33) 等价于：

$$\begin{aligned}J(t_0,\boldsymbol{x}_0)&=\max_{\boldsymbol{u}}\int_{t_0}^{t_0+\Delta t}fdt+\max_{\boldsymbol{u}}\left(\int_{t_0+\Delta t}^T fdt+\phi(\boldsymbol{x}(T),T)\right)\\&=\max_{\boldsymbol{u}}\int_{t_0}^{t_0+\Delta t}fdt+J(t_0+\Delta t,\boldsymbol{x}_0+\Delta\boldsymbol{x}),\\&\boldsymbol{x}'=g,\boldsymbol{x}(t_0+\Delta t)=\boldsymbol{x}_0+\Delta\boldsymbol{x}.\end{aligned} \tag{2.34}$$

式 (2.34) 刻画了贝尔曼最优化准则。对式 (2.34) 右边进行泰勒展开，得到：

$$\begin{aligned}J(t_0,\boldsymbol{x}_0)=\max_{\boldsymbol{u}}[&f(t_0,\boldsymbol{x}_0,\boldsymbol{u})\Delta t+J(t_0,\boldsymbol{x}_0)+J_t(t_0,\boldsymbol{x}_0)\Delta t\\&+J_{\boldsymbol{x}}(t_0,\boldsymbol{x}_0)\Delta\boldsymbol{x}+h.o.t.].\end{aligned} \tag{2.35}$$

令 $\Delta t\to 0$，式 (2.35) 成为：

$$0=\max_{\boldsymbol{u}}[f(t,\boldsymbol{x},\boldsymbol{u})+J_t(t,\boldsymbol{x})+J_{\boldsymbol{x}}(t,\boldsymbol{x})\boldsymbol{x}'],$$

从而有

$$-J_t(t,\boldsymbol{x}) = \max_{\boldsymbol{u}}[f(t,\boldsymbol{x},\boldsymbol{u}) + J_{\boldsymbol{x}}(t,\boldsymbol{x})g(t,\boldsymbol{x},\boldsymbol{u})]. \tag{2.36}$$

对比最优控制方法，式 (2.36) 右边的 $J_{\boldsymbol{x}}(t,\boldsymbol{x})$ 起着共状态变量 λ 的作用。不妨定义 $\lambda(t) = J_{\boldsymbol{x}}(t,\boldsymbol{x})$。为此，共状态变量背后的经济含义是状态对价值函数的边际贡献。

对式 (2.36) 关于 $\boldsymbol{x}$ 求导，可得：

$$-J_{t\boldsymbol{x}}(t,\boldsymbol{x}^*) = f_{\boldsymbol{x}}(t,\boldsymbol{x}^*,\boldsymbol{u}^*) + J_{\boldsymbol{x}}(t,\boldsymbol{x}^*)g_{\boldsymbol{x}}. \tag{2.37}$$

由于

$$\lambda'(t) = \frac{dJ_{\boldsymbol{x}}(t,\boldsymbol{x})}{dt} = J_{t\boldsymbol{x}} + J_{\boldsymbol{x}\boldsymbol{x}}g,$$

结合式 (2.37)，得到：

$$-\lambda'(t) = f_{\boldsymbol{x}} + \lambda g_{\boldsymbol{x}}. \tag{2.38}$$

式 (2.38) 就是在最优控制方法中关于状态的一阶条件：

$$-\partial H/\partial \boldsymbol{x} = \lambda'.$$

在式 (2.36) 右边，对 $\boldsymbol{u}$ 求一阶偏导，得到：

$$f_{\boldsymbol{u}} + J_{\boldsymbol{x}}g_{\boldsymbol{u}} = 0,$$

而这就是在最优控制方法中关于控制变量的一阶条件：

$$\frac{\partial H}{\partial \boldsymbol{u}} = f_{\boldsymbol{u}} + \lambda g_{\boldsymbol{u}} = 0.$$

为此，最优控制和动态规划在本质上是一致的。

在离散情形下，动态规划的方法处理起来也许更方便。下面只针对无穷期的情形给出结果。

假设状态集合 $S \subseteq \mathcal{R}^n$ 是非空紧集，$U: S\times S \to \mathcal{R}$ 是一个连续函数，通常刻画为当期的收益函数。给定初始状态 $\boldsymbol{s}_0 = z$，一般动态优化问题是：

$$\max_{\{\boldsymbol{s}_t\}} \sum_{t=0}^{\infty} \delta^t U(\boldsymbol{s}_t, \boldsymbol{s}_{t+1}) \tag{2.39}$$

$$\text{s.t.} \quad \boldsymbol{s}_t \in S, \quad \forall t,$$

$$\boldsymbol{s}_0 = \boldsymbol{z}. \tag{2.40}$$

采用压缩映像原理可证明，问题 (2.39) 存在最大值点的序列，从而存在最大值 $V(\boldsymbol{z})$。函数 $V: S \to \mathcal{R}$ 称为问题 (2.39) 的价值函数。与函数 $U(\cdot,\cdot)$ 一样，价值函数也是有界且连续的。另外，若 S 是凸集且 $U(\cdot,\cdot)$ 是凹的，则 $V(\cdot)$ 也是凹的，并且等价于贝尔曼最优原则，即是以下贝尔曼方程的解：

$$V(\boldsymbol{s}) = \max_{\hat{\boldsymbol{s}}\in S} U(\boldsymbol{s},\hat{\boldsymbol{s}}) + \delta V(\hat{\boldsymbol{s}}).$$

等价性结果为我们利用贝尔曼方法来求解动态优化问题提供了基础。下面的定理揭示，价值函数是唯一满足贝尔曼方程的函数。

定理 2.7.1

$$f(\boldsymbol{s}) = \max_{\hat{\boldsymbol{s}}\in S} U(\boldsymbol{s},\hat{\boldsymbol{s}}) + \delta V(\hat{\boldsymbol{s}}) \tag{2.41}$$

即 $f(\cdot) = V(\cdot)$。

证明： 连续应用式 (2.41)，可得：对于每个 T，

$$\begin{aligned} f(\boldsymbol{z}) = & \max_{\{\boldsymbol{s}_t\}_{t=0}^{T}} \sum_{t=0}^{T-1} \delta^t U(\boldsymbol{s}_t, \boldsymbol{s}_{t+1}) + \delta^T f(\boldsymbol{x}_T) \\ \text{s.t.} \quad & \boldsymbol{s}_t \in S, \quad \forall t, \\ & \boldsymbol{s}_0 = \boldsymbol{z}. \end{aligned}$$

当 $T\to\infty$ 时，$\delta^T f(\boldsymbol{x}_T)$ 对于上面的求和的贡献越来越可以忽略不计，从而有 $f(\cdot) = V(\cdot)$。

□

上面的定理提供了计算价值函数的一种方法，可从任意一个连续函数 $f_0(\cdot): S\to\mathcal{R}$ 开始，把 $f_0(\hat{\boldsymbol{s}})$ 想象成一个实验“估值”函数，该函数给出了从时刻 0 开始估算的值。然后令

$$f_1(\boldsymbol{s}) = \max_{\hat{\boldsymbol{s}}\in S} U(s,\hat{\boldsymbol{s}}) + \delta f_0(\hat{\boldsymbol{s}})$$

对于任意 $\boldsymbol{s}\in S$ 都成立，于是就得到了一个新的估值函数 $f_1(\hat{\boldsymbol{s}})$。

也可以用迭代的方法来寻找价值函数 $v(\cdot)$。若 $f_1(t) = f_0(t)$，则 $f_0(t)$ 满足贝尔曼方程。由上面的定理有 $f_0(t) = V(t)$。若 $f_1(t) \neq f_0(t)$，我们尝试从 $f_1(t)$ 出发，得到一个新的估值函数，依此类推，就有了整个函数序列 $\{f_r(\cdot)\}_{r=0}^{\infty}$。动态规划理论证明了，对于每个 $\boldsymbol{s}\in S$，均有

$$\lim_{r\to\infty} f_r(\boldsymbol{s}) = V(\boldsymbol{s}),$$

也就是说，随着 r 增加，我们会最终逼近价值函数。

若函数可微，也有类似的一阶条件，称为动态优化的欧拉方程：

$$0 = \frac{\partial U(s_t^*, s_{t+1}^*)}{\partial s_{t+1}} + \delta \frac{\partial U(s_{t+1}^*, s_{t+2}^*)}{\partial s_{t+1}}, \quad t = 0,1,2,\cdots. \tag{2.42}$$

对于最优选择的一阶条件有：

$$0 = \frac{\partial U[\boldsymbol{x}, g(\boldsymbol{x})]}{\partial g} + \delta V'[g(\boldsymbol{x})], \tag{2.43}$$

其中，$y = g(\boldsymbol{x})$ 是状态 $\boldsymbol{x}$ 由贝尔曼最优原则决定的下一期状态。通过包络定理，可以得到

$$V'(\boldsymbol{x}) = U_{\boldsymbol{x}}[\boldsymbol{x}, g(\boldsymbol{x})]. \tag{2.44}$$

由以上两个方程，得到了欧拉方程。

2.8 微分方程

我们先引入定义在欧几里得空间上的一般常微分方程的定义。

定义 2.8.1 由自变量 x 和该自变量的未知函数 $y=y(x)$, 以及它的一阶导数 $y'=y'(x)$，直到 n 阶导数 $y^{(n)}=y^{(n)}(x)$ 组成的方程,

$$F(x,y,y',\cdots,y^{(n)})=0, \tag{2.45}$$

被称为**常微分方程**。若方程中出现的最高导数阶数是 n，方程又被称为**n 阶常微分方程**。

若一个函数 $y=\psi(x)$ 对所有的 $x\in I$，都满足

$$F(x,\psi(x),\psi'(x),\cdots,\psi^{(n)}(x))=0,$$

则称 $y=\psi(x)$ 为**常微分方程 (2.45) 的一个解**。

若没有初始条件，常微分方程的解通常并不是唯一的，甚至有无穷多个解。比如 $y=\frac{C}{x}+\frac{1}{5}x^4$ 是常微分方程 $\frac{dy}{dx}+\frac{y}{x}=x^3$ 的解，其中 C 是任意常数。

下面我们引入常微分方程通解和特解的概念。

定义 2.8.2 令 n 阶常微分方程 (2.45) 的解

$$y=\psi(x,C_1,\cdots,C_n) \tag{2.46}$$

包含 n 个独立的任意常数 $C_1,\cdots,C_n$，则称其为常微分方程 (2.45) 的**通解**。这里独立性的含义定义为：雅可比 (Jacobi) 行列式

$$\frac{D[\psi,\psi^{(1)},\cdots,\psi^{(n-1)}]}{D[C_1,\cdots,C_n]}\overset{\text{def}}{=}\begin{vmatrix}\frac{\partial\psi}{\partial C_1} & \frac{\partial\psi}{\partial C_2} & \cdots & \frac{\partial\psi}{\partial C_n}\\ \frac{\partial\psi^{(1)}}{\partial C_1} & \frac{\partial\psi^{(1)}}{\partial C_2} & \cdots & \frac{\partial\psi^{(1)}}{\partial C_n}\\ \vdots & \vdots & & \vdots\\ \frac{\partial\psi^{(n-1)}}{\partial C_1} & \frac{\partial\psi^{(n-1)}}{\partial C_2} & \cdots & \frac{\partial\psi^{(n-1)}}{\partial C_n}\end{vmatrix}$$

不恒等于 0。

若常微分方程的解 $y=\psi(x)$ 不包含任意常数，则称其为**特解**。显然，当任意常数确定后，则通解变成了特解。通常一些初值条件的限定决定了任意常数的取值。比如，对于常微分方程 (2.45) 若已知一些初值条件：

$$y(x_0)=y_0,y^{(1)}(x_0)=y_0^{(1)},\cdots,y^{(n-1)}(x_0)=y_0^{(n-1)}, \tag{2.47}$$

常微分方程 (2.45) 以及初值条件 (2.47) 称为 n 阶常微分方程的柯西问题或者初值问题。一个自然的问题是函数 F 满足什么条件，可以使上面常微分方程的解存在且唯一。此问题就是常微分方程解的存在性和唯一性。

2.8.1　常微分方程解的存在性和唯一性定理

先考虑一阶常微分方程，$y' = f(x,y)$，满足初值条件 (x_0, y_0)，即 $y(x_0) = y_0$。令 $y(x)$ 是该微分方程的解。

首先引入利普希茨条件 (Lipschitz condition) 的概念。

定义 2.8.3　设函数 $f(x,y)$ 定义在 $D \subseteq \mathcal{R}^2$ 上。若存在 (x_0, y_0) 的一个邻域 $U \subseteq D$ 和某个正数 L，使得:

$$|f(x,y) - f(x,z)| \leqq L|y-z|, \forall (x,y),(x,z) \in U,$$

则称 f 在点 $(x_0, y_0) \in D$ 上对于 y 满足**局部利普希茨条件**。

若存在一个正数 L，使得:

$$|f(x,y) - f(x,z)| \leqq L|y-z|, \forall (x,y),(x,z) \in D,$$

则称 $f(x,y)$ 在 $D \subseteq \mathcal{R}^2$ 上对于 y 满足**全局利普希茨条件**。

下面的引理刻画了满足利普希茨条件的特性。

引理 2.8.1　$f(x,y)$ 在 $y \in D \subseteq \mathcal{R}^2$ 上连续可微。若存在 $\epsilon > 0$，使得 $f_y(x,y)$ 在 $U = \{(x,y) : |x-x_0| < \epsilon, |y-y_0| < \epsilon\}$ 上是有界的，那么 $f(x,y)$ 对于 y 满足局部利普希茨条件。若在 D 上 $f_y(x,y)$ 是有界的，那么 $f(x,y)$ 对于 y 满足全局利普希茨条件。

定理 2.8.1　若 f 在一个开区域 D 上是连续的，那么对任意的 $(x_0, y_0) \in D$，总存在微分方程的解 $y(x)$，满足 $y' = f(x,y)$ 以及 $y(x_0) = y_0$。

下面是微分方程解唯一性的定理。

定理 2.8.2　若 f 在一个开区域 D 上是连续的，同时 f 对 y 满足全局利普希茨条件，那么对任意的 $(x_0, y_0) \in D$，总存在唯一的微分方程解 $y(x)$，满足 $y' = f(x,y)$ 以及 $y(x_0) = y_0$。

对于 n 阶常微分方程 $y^{(n)} = f(x, y, y', \cdots, y^{(n-1)})$，若把对 y 满足利普希茨条件改为对 $y, y', \cdots, y^{(n-1)}$ 满足利普希茨条件，对存在性和唯一性也有类似的结论。对于存在性和唯一性的具体证明细节可以进一步参见 Ahmad 和 Ambrosetti (2014) 的常微分教材。

2.8.2　一些常见的有显式解的常微分方程

通常我们希望得到微分方程解的具体形式，即显式解。然而在很多情形下并不存在显式解，在这里我们给出一些常见的能得到显式解的常微分方程。

可分离的情形

考虑可分离情形的微分方程 $y' = f(x)g(y)$，同时 $y(x_0) = y_0$。可转化为:

$$\frac{dy}{g(y)} = f(x)dx.$$

对方程两边求积分，就可以得到微分方程的解。

比如，对于 $(x^2+1)y'+2xy^2=0$，$y(0)=1$，利用以上求解程序，可得微分方程的解为

$$y(x)=\frac{1}{\ln(x^2+1)+1}.$$

此外，我们把 $y'=f(y)$ 形式的微分方程称为是自治的 (autonomous)，这是因为 y' 只由 y 决定。

齐次函数的微分方程

在一些常系数的微分方程中，有存在显式解的情形。我们先给齐次函数下一个定义。

定义 2.8.4 若对任意的 λ，都有 $f(\lambda x,\lambda y)=\lambda^n f(x,y)$，称函数 $f(x,y)$ 为 **n 阶齐次函数**。

若微分方程具有齐次函数的形式，即 $M(x,y)dx+N(x,y)dy=0$，其中 $M(x,y),N(x,y)$ 是具有相同阶数的齐次函数。通过变量转换 $z=\dfrac{y}{x}$，就可以把上面的微分方程转变为可分解的微分方程的形式。假设 $M(x,y),N(x,y)$ 是 n 阶齐次的，$M(x,y)dx+N(x,y)dy=0$ 变换为 $z+x\dfrac{dz}{dx}=-\dfrac{M(1,z)}{N(1,z)}$，最后的形式为 $\dfrac{dz}{dx}=-\dfrac{z+\dfrac{M(1,z)}{N(1,z)}}{x}$，其中 $z+\dfrac{M(1,z)}{N(1,z)}$ 是 z 的函数。

恰当微分方程

给定连通开集 $D\subseteq\mathcal{R}^2$ 和两个定义在 D 上的函数连续 M 和 N，且满足 $\dfrac{\partial M(x,y)}{\partial y}\equiv\dfrac{\partial N(x,y)}{\partial x}$，则下面形式的一阶微分方程

$$M(x,y)dx+N(x,y)dy=0$$

被称为**恰当微分方程** (exact differential equation) 或**总微分方程** (total differential equation)，这里“恰当微分方程”的命名是指函数的恰当导数。的确，如满足 $\dfrac{\partial M(x,y)}{\partial y}\equiv\dfrac{\partial N(x,y)}{\partial x}$，那么微分方程的解是 $F(x,y)=C$，常数 C 由初值条件决定，这里的 $F(x,y)$ 具有 $\dfrac{\partial F}{\partial x}=M(x,y)$ 或者 $\dfrac{\partial F}{\partial y}=N(x,y)$。

显然，对于可分解情形的微分方程，它们是恰当微分方程的一种特殊情形。$y'=f(x)g(y)$ 或 $\dfrac{1}{g(y)}dy-f(x)dx=0$，此时有 $M(x,y)=-f(x)$，$N(x,y)=\dfrac{1}{g(y)}$，$\dfrac{\partial M(x,y)}{\partial y}=\dfrac{\partial N(x,y)}{\partial x}=0$。

比如，$2xy^3dx+3x^2y^2dy=0$ 是恰当微分方程，其通解为 $x^2y^3=C$，C 为常数。

在求解存在显式解的微分方程时，我们通常把微分方程转换为恰当微分方程的形式。

一阶线性微分方程

考虑下面形式的一阶线性微分方程：

$$\frac{dy}{dx}+p(x)y=q(x). \tag{2.48}$$

对以上微分方程 (2.48)，当 $q(x)=0$ 时，为可分解形式的微分方程，称为**齐次微分方程**，假设其解为

$$y=\psi(x).$$

设 $\psi_1(x)$ 是微分方程 (2.48) 的一个特解，那么 $y=\psi(x)+\psi_1(x)$ 显然也是微分方程 (2.48) 的解。

容易求解 $\frac{dy}{dx}+p(x)y=0$ 的解为

$$y=Ce^{-\int p(x)dx}.$$

下面求解微分方程 (2.48) 的一般解。设

$$y=c(x)e^{-\int p(x)dx},$$

求微分可得

$$y'=c'(x)e^{-\int p(x)dx}+c(x)p(x)e^{-\int p(x)dx},$$

代回原微分方程，有

$$c'(x)e^{-\int p(x)dx}+c(x)p(x)e^{-\int p(x)dx}=p(x)c(x)e^{-\int p(x)dx}+q(x),$$

可得

$$c'(x)=q(x)e^{\int p(x)dx}.$$

我们有

$$c(x)=\int q(x)e^{\int p(x)dx}dx+C.$$

所以微分方程一般解为

$$y(x)=e^{-\int p(x)dx}\left(\int q(x)e^{\int p(x)dx}dx+C\right).$$

伯努利方程

下面的微分方程称为**伯努利方程**：

$$\frac{dy}{dx}+p(x)y=q(x)y^n \tag{2.49}$$

其中，$n\neq 0,1$ 是自然数。

把 $(1-n)y^{(-n)}$ 同乘以方程的两边，得到：

$$(1-n)y^{(-n)}\frac{dy}{dx}+(1-n)y^{(1-n)}p(x)=(1-n)q(x).$$

令 $z=y^{(1-n)}$，得到：

$$\frac{dz}{dx}+(1-n)zp(x)=(1-n)q(x),$$

变成了上面可得到的显式解的一阶线性微分方程。

可求显式解的微分方程还有其他一些形式，比如一些特殊形式的里卡蒂 (Ricatti) 方程，以及类似 $M(x,y)dx+N(x,y)dy=0$，但不满足

$$\frac{\partial M(x,y)}{\partial y}\equiv\frac{\partial N(x,y)}{\partial x}$$

形式的方程。对这些问题的详细讨论可以参见丁同仁和李承治 (2004)。

2.8.3 常系数高阶线性微分方程

考虑下面的常系数 n 阶微分方程，

$$y^{(n)}+a_1y^{(n-1)}+\cdots+a_{n-1}y'+a_ny=f(x). \tag{2.50}$$

若 $f(x)\equiv 0$，则微分方程 (2.50) 称为**常系数 n 阶齐次微分方程**，否则称为**常系数 n 阶非齐次微分方程**。

对常系数 n 阶齐次微分方程，有一种求通解 $y_g(x)$ 的方法。通解是有 n 个基本解 $y_1,\cdots,y_n$ 的加总函数。即 $y_g(x)=C_1y_1(x)+\cdots+C_ny_n(x)$，其中 $C_1,\cdots,C_n$ 是任意常数。

这些任意常数由初值条件唯一决定。寻找一个函数 $y(x)$ 使得：当 $x=x_0$ 时，

$$y(x)=y_{0_0},y'(x)=y_{0_1},\cdots,y^{(n-1)}(x)=y_{0_{n-1}},$$

其中，$x_0,y_0,y_0^{'},\cdots,y_0^{(n-1)}$ 是给定的初值。

下面是求解常系数齐次微分方程基本解的过程：

（1）对特征方程求解 λ：

$$\lambda^n+a_1\lambda^{n-1}+\cdots+a_{n-1}\lambda+a_n=0.$$

设特征方程的根分别为：$\lambda_1,\cdots,\lambda_n$。某些根可能是复数，某些根是重复的。

（2）若 λ_i 是非重复的实数特征根，那么对应该特征根的基本解为：$y_i(x)=e^{\lambda_ix}$。

（3）若 λ_i 是重复 k 次的实数特征根，那么生成 k 个基本解：

$$y_{i_1}(x)=e^{\lambda_ix},y_{i_2}(x)=xe^{\lambda_ix},\cdots,y_{i_k}(x)=x^{k-1}e^{\lambda_ix}.$$

（4）若 λ_j 是非重复复数根 $\lambda_j=\alpha_j+i\beta_j,i=\sqrt{-1}$，那么其共轭复数，记为 $\lambda_{j+1}=\alpha_j-i\beta_j$，也必然是特征根，为此，特征复数根对 λ_j,λ_{j+1} 产生了两个基本解：

$$y_{j_1}=e^{\alpha_jx}\cos\beta_jx,\quad y_{j_2}=e^{\alpha_jx}\sin\beta_jx.$$

（5）若 λ_j 是重复 l 次的复数特征根 $\lambda_j=\alpha_j+i\beta_j$，那么其共轭复数也是重复 l 次的复数特征根，为此这 $2l$ 个复数根生成 $2l$ 个基本解：

$$y_{j_1}=e^{\alpha_j x}\cos\beta_j x, y_{j_2}=xe^{\alpha_j x}\cos\beta_j x,\cdots,y_{j_l}=x^{l-1}e^{\alpha_j x}\cos\beta_j x;$$
$$y_{j_{l+1}}=e^{\alpha_j x}\sin\beta_j x, y_{j_{l+2}}=xe^{\alpha_j x}\sin\beta_j x,\cdots,y_{j_{2l}}=x^{l-1}e^{\alpha_j x}\sin\beta_j x.$$

下面是关于求解常系数非齐次微分方程解的总体方法。

常系数非齐次微分方程的通解是

$$y_{nh}(x)=y_g(x)+y_p(x),$$

其中 $y_g(x)$ 是对应齐次方程的通解，$y_p(x)$ 是非齐次方程的特解。

接下来是一些求解常系数非齐次方程特解的过程。

（1）若 $f(x)=P_k(x)e^{bx}, P_k(x)$ 是 k 次多项式，那么一个特解的形式为：

$$y_p(x)=x^s Q_k(x)e^{bx},$$

其中 $Q_k(x)$ 也是一个 k 次多项式。若 b 不是对应特征方程的特征根，则 $s=0$；若 b 是一个重复 m 次的特征根，则 $s=m$。

（2）若 $f(x)=P_k(x)e^{px}\cos qx+Q_k(x)e^{px}\sin qx, P_k(x),Q_k(x)$ 都是 k 次多项式，那么一个特解的形式为：

$$y_p(x)=x^s R_k(x)e^{px}\cos qx+x^s T_k(x)e^{px}\sin qx,$$

其中 $R_k(x)$ 和 $T_k(x)$ 也是 k 次多项式。若 $p+iq$ 不是特征方程的根，那么 $s=0$；若 $p+iq$ 是重复 m 次的特征根，则 $s=m$。

（3）寻找非齐次方程特解的方法通常称为**变系数法** (variation of parameters) 或待定系数法 (method of undetermined coefficients)。

设已知齐次方程的通解为：

$$y_g=C_1y_1(x)+\cdots+C_ny_n(x),$$

其中 $y_i(x)$ 是基本解。把常数 $C_1,\cdots,C_n$ 看成是 x 的函数，比如 $u_1(x),\cdots,u_n(x)$，于是一个非齐次方程的特解的形式可以表达为

$$y_p(x)=u_1(x)y_1(x)+\cdots+u_n(x)y_n(x),$$

其中 $u_1(x),\cdots,u_n(x)$ 是下面方程组的解

$$\begin{gathered}
u_1'(x)y_1(x)+\cdots+u_n'(x)y_n(x)=0,\\
u_1'(x)y_1'(x)+\cdots+u_n'(x)y_n'(x)=0,\\
\vdots\\
u_1'(x)y_1^{(n-2)}(x)+\cdots+u_n'(x)y_n^{(n-2)}(x)=0,\\
u_1'(x)y_1^{(n-1)}(x)+\cdots+u_n'(x)y_n^{(n-1)}(x)=f(x).
\end{gathered}$$

(4) 若 $f(x)=f_1(x)+f_2(x)+\cdots+f_r(x)$，且 $y_{p1}(x),\cdots,y_{pr}(x)$ 是对应于 $f_1(x),\cdots,f_r(x)$ 的特解，那么

$$y_p(x)=y_{p1}(x)+\cdots+y_{pr}(x).$$

下面通过一个例子来熟悉这一方法的应用。

例 2.8.1 求解 $y''-5y'+6y=t^2+e^t-5$。

此时特征根为 $\lambda_1=2,\lambda_2=3$，为此，齐次方程的通解为：

$$y(t)=C_1e^{2t}+C_2e^{3t}.$$

下面寻找一个非齐次方程的特解，它的形式为：

$$y_p(t)=at^2+bt+c+de^t.$$

要界定系数 a,b,c,d，先把这一特解代入初始方程中：

$$2a+de^t-5(2at+b+de^t)+6(at^2+bt+c+de^t)=t^2-5+e^t.$$

对方程两边各项的系数保持一致，得到：

$$6a=1,\quad -5\times 2a+6b=0,\quad 2a-5b+6c=-5,\quad d-5d+6d=1,$$

因此，$d=1/2,\ a=1/6,\ b=5/18,\ c=-71/108$。

最后这一非齐次微分方程的通解为：

$$y(t)=C_1e^{2t}+C_2e^{3t}+\frac{t^2}{6}+\frac{5t}{18}-\frac{71}{108}+\frac{e^t}{2}.$$

2.8.4 常微分方程组

其通常的形式为：

$$\dot{\boldsymbol{x}}(t)=\boldsymbol{A}(t)\boldsymbol{x}(t)+\boldsymbol{b}(t),\quad \boldsymbol{x}(0)=\boldsymbol{x}_0,$$

其中 t 是自变量 (时间)，$\boldsymbol{x}(t)=(x_1(t),\cdots,x_n(t))'$ 是向量因变量，$\boldsymbol{A}(t)=(a_{ij}(t))_{[n\times n]}$ 是一个实可变系数 $n\times n$ 矩阵，$\boldsymbol{b}(t)=(b_1(t),\cdots,b_n(t))'$ 是一个 n 阶可变向量。

考虑 $\boldsymbol{A}$ 是常系数矩阵以及 $\boldsymbol{b}$ 是常数向量的情形，又称为**常系数微分方程组**：

$$\dot{\boldsymbol{x}}(t)=\boldsymbol{A}\boldsymbol{x}(t)+\boldsymbol{b},\quad \boldsymbol{x}(0)=\boldsymbol{x}_0. \tag{2.51}$$

假设 $\boldsymbol{A}$ 是非奇异的。

微分方程组 (2.51) 可以由下面两步求解。

第一步，我们先考虑齐次方程组 (即对应 $\boldsymbol{b}=\boldsymbol{0}$)：

$$\dot{\boldsymbol{x}}(t)=\boldsymbol{A}\boldsymbol{x}(t),\quad \boldsymbol{x}(0)=\boldsymbol{x}_0. \tag{2.52}$$

其解记为 $\boldsymbol{x}_c(t)$。

第二步，寻找非齐次方程 (2.51) 的一个特解 $\boldsymbol{x}_p$。常数向量 $\boldsymbol{x}_p$ 是一个特解：$A\boldsymbol{x}_p=-\boldsymbol{b}$，即 $\boldsymbol{x}_p=-A^{-1}\boldsymbol{b}$。

给定齐次方程的通解和非齐次方程的特解，微分方程组 (2.52) 的通解为：

$$\boldsymbol{x}(t)=\boldsymbol{x}_c(t)+\boldsymbol{x}_p.$$

有两种方法来求解齐次微分方程组 (2.52)。

第一种方法是，我们可以消去 $n-1$ 个因变量，使得微分方程组变为 n 阶微分方程，比如下面的例子。

例 2.8.2　微分方程组为：

$$\begin{cases}\dot{x}=2x+y,\\ \dot{y}=3x+4y.\end{cases}$$

对第一个方程求导数从而消除 y 和 $\dot{y}$。由于 $\dot{y}=3x+4y=3x+4\dot{x}-4\cdot 2x$，于是得到一个相应的 2 次齐次微分方程：

$$\ddot{x}-6\dot{x}+5x=0,$$

从而该方程的通解为 $x(t)=C_1e^t+C_2e^{5t}$。由于 $y(t)=\dot{x}-2x$，从而有 $y(t)=-C_1e^t+3C_2e^{5t}$。

第二种方法是把微分方程组 (2.52) 的解写为：

$$\boldsymbol{x}(t)=e^{\boldsymbol{A}t}\boldsymbol{x}_0,$$

其中

$$e^{\boldsymbol{A}t}=\boldsymbol{I}+\boldsymbol{A}t+\frac{\boldsymbol{A}^2t^2}{2!}+\cdots.$$

我们分三种情形来求解 $e^{\boldsymbol{A}t}$。

情形 1：$\boldsymbol{A}$ 有不同的实数特征根

矩阵 $\boldsymbol{A}$ 有相异的实数特征根意味着其特征向量是线性独立的。此时 $\boldsymbol{A}$ 可以对角化，即

$$\boldsymbol{A}=\boldsymbol{P}\boldsymbol{\varLambda}\boldsymbol{P}^{-1},$$

其中 $\boldsymbol{P}=[\boldsymbol{v}_1,\boldsymbol{v}_2,\cdots,\boldsymbol{v}_n]$ 由 $\boldsymbol{A}$ 的特征向量组成，同时 $\boldsymbol{\varLambda}$ 是一个对角矩阵，其对角元素是 $\boldsymbol{A}$ 的特征根，从而有

$$e^{\boldsymbol{A}}=\boldsymbol{P}e^{\boldsymbol{\varLambda}}\boldsymbol{P}^{-1}.$$

因此，微分方程组 (2.52) 的解为：

$$\begin{aligned}\boldsymbol{x}(t)&=\boldsymbol{P}e^{\boldsymbol{\varLambda}t}\boldsymbol{P}^{-1}\boldsymbol{x}_0\\&=\boldsymbol{P}e^{\boldsymbol{\varLambda}t}\boldsymbol{c}\\&=c_1\boldsymbol{v}_1e^{\lambda_1t}+\cdots+c_n\boldsymbol{v}_ne^{\lambda_nt},\end{aligned}$$

其中 $\boldsymbol{c}=(c_1,c_2,\cdots,c_n)$ 是一个任意常数的向量，它由初值条件决定，即 $(\boldsymbol{c}=\boldsymbol{P}^{-1}\boldsymbol{x}_0)$。

情形 2：$\boldsymbol{A}$ 有重复的实数特征根，没有复数根

首先考虑一个简单的情形，即 $\boldsymbol{A}$ 只有一个重复 m 次的特征根 λ。在这种情形下，通常有最多不超过 m 个线性独立的特征向量，意味着此时矩阵 $\boldsymbol{P}$ 不能构造为线性独立的特征向量，从而 $\boldsymbol{A}$ 不能被对数化。

在这种情形下，解的形式为：

$$\boldsymbol{x}(t)=\sum_{i=1}^{m} c_i \boldsymbol{h}_i(t),$$

其中 $\boldsymbol{h}_i(t)$ 是拟多项式 (quasipolinomials)，且 c_i 由初值条件决定。比如当 $m=3$ 时，有：

$$\begin{aligned}
\boldsymbol{h}_1(t) &= e^{\lambda t}\boldsymbol{v}_1,\\
\boldsymbol{h}_2(t) &= e^{\lambda t}(t\boldsymbol{v}_1+\boldsymbol{v}_2),\\
\boldsymbol{h}_3(t) &= e^{\lambda t}(t^2\boldsymbol{v}_1+2t\boldsymbol{v}_2+3\boldsymbol{v}_3),
\end{aligned}$$

其中 $\boldsymbol{v}_1,\boldsymbol{v}_2,\boldsymbol{v}_3$ 由下面的条件决定：

$$(\boldsymbol{A}-\lambda\boldsymbol{I})\boldsymbol{v}_i=\boldsymbol{v}_{i-1}, \boldsymbol{v}_0=0.$$

若 $\boldsymbol{A}$ 有多个重复的实数特征根，则微分方程组 (2.52) 的解可以通过对每个特征根对应的解进行加总得到。

情形 3：$\boldsymbol{A}$ 有复数特征根

由于 $\boldsymbol{A}$ 是一个实数矩阵，复数特征根会以共轭特征对的形式出现。若 $\boldsymbol{A}$ 的一个特征根为 $\alpha+\beta i$，那么其共轭复数 $\alpha-\beta i$ 也是特征根。

现在考虑简单的情形：$\boldsymbol{A}$ 只有一对复数特征根，$\lambda_1=\alpha+\beta i$ 和 $\lambda_2=\alpha-\beta i$。令 $\boldsymbol{v}_1$ 和 $\boldsymbol{v}_2$ 分别是 λ_1 和 λ_2 对应的特征向量；此时有 $\boldsymbol{v}_2=\bar{\boldsymbol{v}}_1$，其中 $\bar{\boldsymbol{v}}_1$ 指的是 $\boldsymbol{v}_1$ 的共轭。此时微分方程 (2.52) 的解可以表示为：

$$\begin{aligned}
\boldsymbol{x}(t) &= e^{\boldsymbol{A}t}\boldsymbol{x}_0\\
&= \boldsymbol{P}e^{\boldsymbol{\Lambda}t}\boldsymbol{P}^{-1}\boldsymbol{x}_0\\
&= \boldsymbol{P}e^{\boldsymbol{\Lambda}t}c\\
&= c_1\boldsymbol{v}_1e^{(\alpha+\beta i)t}+c_2\boldsymbol{v}_2e^{(\alpha-\beta i)t}\\
&= c_1\boldsymbol{v}_1e^{\alpha t}(\cos\beta t+i\sin\beta t)+c_2\boldsymbol{v}_2e^{\alpha t}(\cos\beta t-i\sin\beta t)\\
&= (c_1\boldsymbol{v}_1+c_2\boldsymbol{v}_2)e^{\alpha t}\cos\beta t+i(c_1\boldsymbol{v}_1-c_2\boldsymbol{v}_2)e^{\alpha t}\sin\beta t\\
&= \boldsymbol{h}_1e^{\alpha t}\cos\beta t+\boldsymbol{h}_2e^{\alpha t}\sin\beta t,
\end{aligned}$$

其中 $\boldsymbol{h}_1=c_1\boldsymbol{v}_1+c_2\boldsymbol{v}_2, \boldsymbol{h}_2=i(c_1\boldsymbol{v}_1-c_2\boldsymbol{v}_2)$ 是实数向量。

若 $\boldsymbol{A}$ 有多对共轭复数特征根，此时微分方程组 (2.52) 的解由所有的特征根对所对应的解相加得到。

2.8.5　联立微分方程组的稳定性

对于下面联立微分方程系统：

$$\dot{\boldsymbol{x}} = f(t, \boldsymbol{x}), \tag{2.53}$$

其中 t 是自变量，$\boldsymbol{x} = (x_1, \cdots, x_n)$ 是因变量，$f(t, \boldsymbol{x})$ 对 $\boldsymbol{x} \in \mathcal{R}^n$ 是连续可微的，且满足初值条件 $\boldsymbol{x}(0) = \boldsymbol{x}_0$。我们把上面的联立微分方程称为**平面动态系统**。$\boldsymbol{x}^*$ 是动态系统的驻点 (stationary point)，即 $f(t, \boldsymbol{x}^*) = 0$。

定义 2.8.5　一个联立微分方程系统 $\boldsymbol{x}^*$ 是局部稳定的，若存在 $\delta > 0$ 和唯一关于 $\boldsymbol{x} = \phi(t, \boldsymbol{x}_0)$ 的轨迹使得对任意的 $|\boldsymbol{x}^* - \boldsymbol{x}_0| < \delta$，都有 $\lim_{t\to\infty} \phi(t, \boldsymbol{x}_0) = \boldsymbol{x}^*$。

考虑两个变量 $x = x(t)$ 和 $y = y(t)$ 的联立微分方程的情形：

$$\begin{cases} \dfrac{dx}{dt} = f(x, y), \\ \dfrac{dy}{dt} = g(x, y). \end{cases}$$

令 $\mathcal{J}$ 是雅可比矩阵

$$\mathcal{J} = \begin{pmatrix} \dfrac{\partial f}{\partial x} & \dfrac{\partial f}{\partial y} \\ \dfrac{\partial g}{\partial x} & \dfrac{\partial g}{\partial y} \end{pmatrix}$$

在点 (x^*, y^*) 处取值，令 λ_1 和 λ_2 是这一雅可比矩阵的特征值。

那么驻点的稳定性特性为：

（1）是 (局部) **稳定的 (或不稳定的)** 结点，若 λ_1 和 λ_2 都是不同的实数，同时是负的 (或正的)；

（2）是 (局部) **鞍点**，若特征向量是实数，但是正负符号相反，即 $\lambda_1\lambda_2 < 0$；

（3）是 (局部) **稳定的 (或不稳定的) 焦点** (focus)，若 λ_1 和 λ_2 是复数，且 $Re(\lambda_1) < 0$(或 $Re(\lambda_1) > 0$)；

（4）是**中心点** (center)，若 λ_1 和 λ_2 是复数，且 $Re(\lambda_1) = 0$；

（5）是一个 (局部) **稳定的 (或不稳定的) 奇异点** (improper node)，若 λ_1 和 λ_2 是实数，$\lambda_1 = \lambda_2 < 0$(或 $\lambda_1 = \lambda_2 > 0$)，且雅可比矩阵不是一个对角矩阵；

（6）是一个 (局部) **稳定的 (或不稳定的) 星点** (star node)，若 λ_1 和 λ_2 是实数，$\lambda_1 = \lambda_2 < 0$(或 $\lambda_1 = \lambda_2 > 0$)，且雅可比矩阵是一个对角矩阵。

下面的图 2.5 刻画了上面的 6 个驻点的类型。

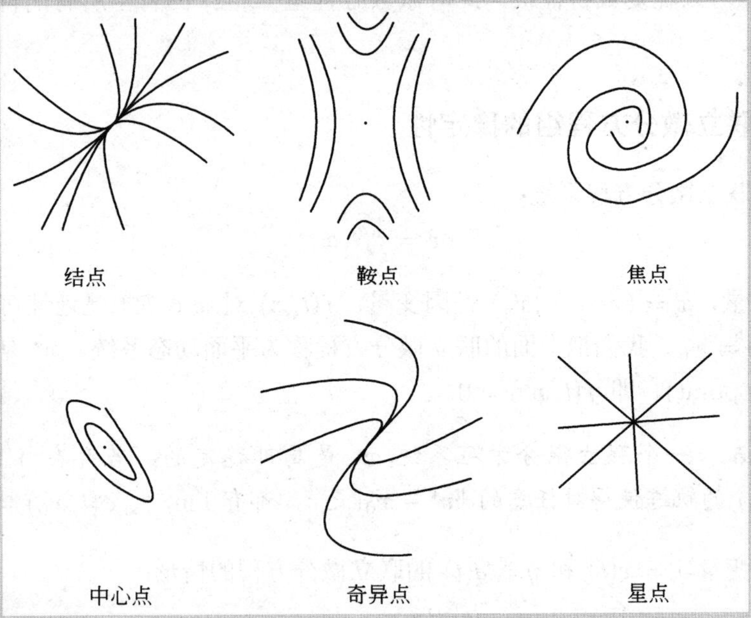

图 2.5　驻点的类型

2.8.6　动态系统的全局稳定性

在动态系统中，李雅普诺夫的方法研究了驻点的全局稳定性。

令 $\bar{\boldsymbol{x}}(t,\boldsymbol{x}_0)$ 是满足动态系统 (2.53) 以及初值条件的唯一解。$B_r(\boldsymbol{x}) = \{\boldsymbol{x}' \in D : |\boldsymbol{x}' - \boldsymbol{x}| < r\}$，即以 $\boldsymbol{x}$ 为中心、r 为半径的开球。

下面是关于驻点稳定性的定义。

定义 2.8.6　我们称动态系统 (2.53) 的驻点 $\boldsymbol{x}^*$

（1）是**全局稳定的**，若对于任意的 $r > 0$，均存在 $\boldsymbol{x}^*$ 的一个邻域 U，使得：

$$\bar{\boldsymbol{x}}(t,\boldsymbol{x}_0) \in B_r(\boldsymbol{x}^*), \forall \boldsymbol{x}_0 \in U.$$

（2）是**渐近全局稳定的**，若

$$\lim_{t\to\infty} \bar{\boldsymbol{x}}(t,\boldsymbol{x}_0) = \boldsymbol{x}^*, \forall \boldsymbol{x}_0 \in U.$$

（3）是**全局不稳定的**，若它既不是全局稳定的，也不是渐近全局稳定的。

定义 2.8.7　令 $\boldsymbol{x}^*$ 是动态系统 (2.53) 的驻点，$Q \subseteq \boldsymbol{R}^n$ 是包含 $\boldsymbol{x}^*$ 的开集，$V(\boldsymbol{x}) : Q \to \mathcal{R}$ 是连续可微函数。若它满足：

（1）$V(\boldsymbol{x}) > V(\boldsymbol{x}^*), \forall \boldsymbol{x} \in Q, \boldsymbol{x} \neq \boldsymbol{x}^*$，

（2）$\dot{V}(\boldsymbol{x})$ 定义为：

$$\dot{V}(\boldsymbol{x}) \overset{\text{def}}{=} \triangledown V(\boldsymbol{x}) f(t,\boldsymbol{x}) \leqq 0, \forall \boldsymbol{x} \in Q, \tag{2.54}$$

其中 $\triangledown V(\boldsymbol{x})$ 是 V 对 $\boldsymbol{x}$ 的梯度，则称其为**李雅普诺夫函数**。

下面是关于动态系统驻点的李雅普诺夫定理。

定理 2.8.3 令 $\boldsymbol{x}^*$ 是动态系统 (2.53) 的驻点。则

（1）若动态系统 (2.53) 存在一个李雅普诺夫函数 V，那么驻点 $\boldsymbol{x}^*$ 是全局稳定的。

（2）若动态系统的李雅普诺夫函数 (2.54) 满足 $\dot{V}(\boldsymbol{x}) < 0, \forall \boldsymbol{x} \in Q, \boldsymbol{x} \neq \boldsymbol{x}^*$，则称驻点 $\boldsymbol{x}^*$ 是渐近全局稳定的。

2.9 差分方程

差分方程可以看成是离散化的微分方程，它的很多性质与微分方程类似。

令 y 是定义为自然数的实值函数，y_t 表示 $y(t)$，即 y 在 t 上的取值，这里 $t = 0, 1, 2, \cdots$，可以理解为时点。

定义 2.9.1 y 在 t 点的**一阶差分**为：

$$\Delta y(t) = y(t+1) - y(t).$$

y 在 t 点的**二阶差分**为：

$$\Delta^2 y(t) = \Delta(\Delta y(t)) = y(t+2) - 2y(t+1) + y(t).$$

一般来说，y 在 t 点的 **n 阶差分**为：

$$\Delta^n y(t) = \Delta(\Delta^{n-1} y(t)),\ n > 1.$$

定义 2.9.2 差分方程是关于 y 以及它的差分 $\Delta y, \Delta^2 y, \cdots, \Delta^{n-1} y$ 的函数，

$$F(y, \Delta y, \Delta^2 y, \cdots, \Delta^n y, t) = 0, t = 0, 1, 2, \cdots. \tag{2.55}$$

在式 (2.55) 出现非零系数的最高 n 阶差分时，则上面的方程称为**n 阶差分方程**。

若 $F(\psi(t), \Delta\psi(t), \Delta^2\psi(t), \cdots, \Delta^n\psi(t), t) = 0, \forall t$ 都成立，则称$y = \psi(k)$ 为差分方程的解。类似于微分方程，差分方程的解也有通解和特解的区分。在通解中通常存在一些待定的任意常数，这些任意常数通常由初值条件决定。

通过变量转换，差分方程通常也可以表达为下面的形式：

$$F(y(t), y(t+1), \cdots, y(t+n), t) = 0, t = 0, 1, 2, \cdots. \tag{2.56}$$

下面主要集中于常系数差分方程。一个通常的表达式写为：

$$f_0 y(t+n) + f_1 y(t+n-1) + \cdots + f_{n-1} y(t+1) + f_n y(t) = g(t), t = 0, 1, 2, \cdots, \tag{2.57}$$

其中 $f_0, f_1, \cdots, f_n$ 是实数，同时 $f_0 \neq 0, f_n \neq 0$。

通过对方程两边同除以 f_0 ，同时令对 $i = 0, \cdots, n, a_i = \dfrac{f_i}{f_0}$，$r(t) = \dfrac{g(t)}{f_0}$，则 n 阶差分方程可写为更简便的形式：

$$y(t+n) + a_1 y(t+n-1) + \cdots + a_{n-1} y(t+1) + a_n y(t) = r(t), t = 0, 1, 2 \cdots. \tag{2.58}$$

下面是求解 n 阶线性差分方程所通常包括的三个步骤：

第一步：先求齐次差分方程的通解

$$y(t+n)+a_1y(t+n-1)+\cdots+a_{n-1}y(t+1)+a_ny(t)=0,$$

令其通解为 Y。

第二步：找到差分方程 (2.53) 的一个特解 y^*。

第三步：求得差分方程 (2.53) 的通解

$$y(t)=Y+y^*.$$

下面分别对一阶、二阶及 n 阶情形给出差分方程的解。

2.9.1 一阶差分方程

一阶差分方程定义为：

$$y(t+1)+ay(t)=r(t), t=0,1,2,\cdots. \tag{2.59}$$

对应的齐次差分方程为：

$$y(t+1)+ay(t)=0,$$

其通解为 $y(t)=c(-a)^t$，其中 c 是一个任意常数。

接着讨论如何得到一次非齐次差分方程 (2.59) 的特解：

首先考虑 $r(t)=r$ ，即不随时间变化的情形。

显然，一个特解为：

$$y^*=\begin{cases}\dfrac{r}{1+a}, & \text{if} \quad a\neq -1,\\ rt, & \text{if} \quad a=-1.\end{cases} \tag{2.60}$$

因此，非齐次差分方程 (2.59) 的通解为：

$$y(t)=\begin{cases}c(-a)^t+\frac{r}{1+a}, & 若 \quad a\neq -1,\\ c+rt, & 若 \quad a=-1.\end{cases} \tag{2.61}$$

若已知初值条件 $y(0)=y_0$ ，则差分方程 (2.59) 的通解为：

$$y(t)=\begin{cases}\left(y_0-\frac{r}{1+a}\right)\times(-a)^t+\frac{r}{1+a}, & 若 \quad a\neq -1,\\ y_0+rt, & 若 \quad a=-1.\end{cases} \tag{2.62}$$

若 r 依赖于 t，一个特解为：

$$y^*=\sum_{i=0}^{t-1}(-a)^{t-1-i}r(i),$$

此时差分方程 (2.59) 的通解为：

$$y(t) = (-a)^t y_0 + \sum_{i=0}^{t-1} (-a)^{t-1-i} r(i), \quad t = 1, 2, \cdots.$$

对一般函数的 $r(t) = f(t)$，可通过待定系数法，$y^* = f(A_0, A_1, \cdots, A_m; t)$，来确定 $A_0, \cdots, A_m$ 的系数。下面在 $r(t)$ 是多项式的情形下求特解。

例 2.9.1　求解下面的差分方程：

$$y(t+1) - 3y(t) = t^2 + t + 2.$$

齐次方程为：

$$y(t+1) - 3y(t) = 0,$$

其通解为：

$$Y = C3^t.$$

用待定系数法求解非齐次方程的特解，设特解具有形式：

$$y^* = At^2 + Bt + D.$$

将 y^* 代入非齐次差分方程，得到：

$$A(t+1)^2 + B(t+1) + D - 3At^2 - 3Bt - 3D = t^2 + t + 2,$$

或

$$-2At^2 + 2(A-B)t + A + B - 2D = t^2 + t + 2.$$

由于对每个 t 都要相等，必须有：

$$\begin{cases} -2A = 1 \\ 2(A-B) = 1 \\ A + B - 2D = 2, \end{cases}$$

得到：$A = -\frac{1}{2}, B = -1, D = -\frac{7}{4}$，从而得到特解为：$y^* = -\frac{1}{2}t^2 - t - \frac{3}{4}$。因此，非齐次方程的特解为：$y(t) = Y + y^* = C3^t - \frac{1}{2}t^2 - t - \frac{3}{4}$。

对于指数函数，我们也可以通过待定系数法求解。

例 2.9.2　考虑下面的一阶差分方程：

$$y(t+1) - 3y(t) = 4e^t.$$

考虑下面的特解形式：$y^* = Ae^t$。把它代入非齐次差分方程，得到：$A = \frac{4}{e-3}$。因此，上面的一阶差分方程的通解为：$y(t) = Y + y^* = C3^t + \frac{4e^t}{e-3}$。

下面是一些寻找特解的常见形式：

（1）当 $r(t) = r$ 时，通常的特解形式为：$y^* = A$；

（2）当 $r(t) = r + ct$ 时，通常的特解形式为：$y^* = A_1 t + A_2$；

（3）当 $r(t)=t^n$ 时，通常的特解形式为：$y^*=A_0+A_1t+\cdots+A_nt^n$；

（4）当 $r(t)=c^t$ 时，通常的特解形式为：$y^*=Ac^t$；

（5）当 $r(t)=\alpha\sin(ct)+\beta\cos(ct)$ 时，通常的特解形式为：$y^*=A_1\sin(ct)+A_2\cos(ct)$。

2.9.2 二阶差分方程

二阶差分方程定义为：

$$y(t+2)+a_1y(t+1)+a_2y(t)=r(t).$$

对应的齐次差分方程为：

$$y(t+2)+a_1y(t+1)+a_2y(t)=0.$$

此时其通解依赖于下面的一元二次方程的根：

$$m^2+a_1m+a_2=0,$$

称为二阶差分方程的**辅助方程或特征方程**。令 m_1 和 m_2 是该方程的根。因为 $a_2\neq 0$，m_1 和 m_2 都不为 0。

情形 1：m_1 和 m_2 是相异实数根。

此时齐次方程的通解为：$Y=C_1m_1^t+C_2m_2^t$，其中 C_1,C_2 是任意常数。

情形 2：m_1 和 m_2 是两个相同的实数根。

此时齐次方程的通解为：$Y=(C_1+C_2t)m_1^t$。

情形 3：m_1 和 m_2 是两个复数根，其形式为：$r(\cos\theta\pm i\sin\theta),r>0,\theta\in(-\pi,\pi]$。此时齐次方程的通解为：$Y=C_1r^t\cos(t\theta+C_2)$。

对于通常一般函数的 $r(t)$，也同样可以通过待定系数法来求得。

2.9.3 n 阶差分方程

一般 n 阶差分方程定义为：

$$y(t+n)+a_1y(t+n-1)+\cdots+a_{n-1}y(t+1)+a_ny(t)=r(t),t=0,1,2,\cdots. \tag{2.63}$$

对应的齐次方程为：

$$y(t+n)+a_1y(t+n-1)+\cdots+a_{n-1}y(t+1)+a_ny(t)=0,$$

其特征方程为：

$$m^n+a_1m^{n-1}+\cdots+a_{n-1}m+a_n=0.$$

令其 n 特征根为 $m_1,\cdots,m_n$。

齐次方程的通解为这些特征根生成算式的加总，具体形式如下：

情形 1：单一的实数根 m 生成的算式为 C_1m^t。

情形 2：重复 p 次的实数根 m 生成的算式为：

$$(C_1+C_2t+C_3t^2+\cdots+C_pt^{p-1})m^t.$$

情形 3：一对不重复的共轭复数根 $r(\cos\theta \pm i\sin\theta)$ 生成的算式为：

$$C_1 r^t \cos(t\theta + C_2).$$

情形 4：一对重复 p 次的共轭复数根 $r(\cos\theta \pm i\sin\theta)$ 生成的算式为：

$$r^t[C_{1,1}\cos(t\theta + C_{1,2}) + C_{2,1}t\cos(t\theta + C_{2,2}) + \cdots + C_{p,1}t^{p-1}\cos(t\theta + C_{p,2})].$$

对所有由特征根生成的算式加总就得到齐次差分方程的通解。

一个非齐次差分方程的特解 y^* 可以通过类似的待定系数法生成。

或者一个特解是：

$$y^* = \sum_{s=1}^{n} \theta_s \sum_{i=0}^{\infty} m_s^i r(t-i),$$

其中

$$\theta_s = \frac{m_s}{\prod\limits_{j\neq s}(m_s - m_j)}.$$

2.9.4　n 阶差分方程的稳定性

考虑 n 阶差分方程

$$y(t+n) + a_1 y(t+n-1) + \cdots + a_{n-1}y(t+1) + a_n y(t) = r(t),\ t = 0,1,2,\cdots. \tag{2.64}$$

对应的齐次方程为：

$$y(t+n) + a_1 y(t+n-1) + \cdots + a_{n-1}y(t+1) + a_n y(t) = 0,\ t = 0,1,2,\cdots. \tag{2.65}$$

定义 2.9.3　若其齐次方程 (2.65) 的任意解 $Y(t)$ 满足 $Y(t)|_{t\to\infty} = 0$，则称差分方程 (2.64) 是渐近稳定的。

令 $m_1,\cdots,m_n$ 是其特征方程 (2.66) 的解：

$$m^n + a_1 m^{n-1} + \cdots + a_{n-1}m + a_n = 0. \tag{2.66}$$

定理 2.9.1　若其特征方程的所有特征根的模数都小于 1，差分方程 (2.64) 是渐近稳定的。

当下面的不等式条件满足时，特征方程的所有特征根的模数都会小于 1。

$$\begin{vmatrix} 1 & a_n \\ a_n & 1 \end{vmatrix} > 0,$$

$$\begin{vmatrix} 1 & 0 & a_n & a_{n-1} \\ a_1 & 1 & 0 & a_n \\ a_n & 0 & 1 & a_1 \\ a_{n-1} & a_n & 0 & 1 \end{vmatrix} > 0,$$

$$\begin{vmatrix} 1 & 0 & \cdots & 0 & a_n & a_{n-1} & \cdots & a_1 \\ a_1 & 1 & \cdots & 0 & 0 & a_n & a_{n-1}\cdots & a_2 \\ \vdots & \vdots & & \vdots & \vdots & \vdots & & \vdots \\ a_{n-1} & a_{n-2} & \cdots & 1 & 0 & 0 & \cdots & a_n \\ a_n & 0 & \cdots & 0 & 1 & a_1 & \cdots & a_{n-1} \\ a_{n-1} & a_n & \cdots & 0 & 0 & 1 & \cdots & a_{n-2} \\ \vdots & \vdots & & \vdots & \vdots & \vdots & & \vdots \\ a_1 & a_2 & \cdots & a_n & 0 & 0 & \cdots & 1 \end{vmatrix} > 0.$$

2.9.5 常系数差分方程组

常系数差分方程组定义为：

$$\boldsymbol{x}(t) = A\boldsymbol{x}(t-1) + \boldsymbol{b}, \tag{2.67}$$

其中 $\boldsymbol{x} = (x_1, \cdots, x_n)', \boldsymbol{b} = (b_1, \cdots, b_n)'$。假设矩阵 $\boldsymbol{A}$ 是可对数化的，此时存在对应的 $\lambda_1, \cdots, \lambda_n$ 个特征根，以及对应的线性独立的特征向量组成的矩阵 $\boldsymbol{P}$，满足：

$$\boldsymbol{A} = \boldsymbol{P}^{-1} \begin{pmatrix} \lambda_1 & 0 & \cdots & 0 \\ 0 & \lambda_2 & \cdots & 0 \\ \vdots & \vdots & & \vdots \\ 0 & 0 & \cdots & \lambda_n \end{pmatrix} \boldsymbol{P}.$$

利用类似于讨论常微分方程组解的各种情形求出其通解。差分方程组 (2.67)(渐近) 稳定的充要条件是所有特征根 λ_i 的模数均小于 1。当所有特征根 λ_i 的模数均小于 1 时，此时驻点 $\boldsymbol{x}^* = \lim_{t\to\infty} \boldsymbol{x}(t) = (\boldsymbol{I} - \boldsymbol{A})^{-1}\boldsymbol{b}$。

2.10 概率论基础

风险和不确定性以及它们的一些基本运算在经济学中有着广泛的应用，这一节简单介绍教材涉及的一些知识。

2.10.1 概率与条件概率

与数学的其他领域相比，概率论的发展较晚。但公理化后，概率论便快速地有了深远的发展，并成为数学中一个非常重要的领域。这都要归功于 20 世纪最伟大的概率学家、俄国的科莫果洛夫 (Andrey Nikolaevich Kolmogorov，1903—1987)。他于 1933 年出版的一本不到 100 页的小书，如书名《概率论的基础》(*Foundations of the Theory of Probability*)

所指出的那样，奠定了概率论的基础。在该书中，他认为概率论作为数学学科，可以而且应该从公理开始发展，就如同几何、代数一样。

在处理概率问题时，情境要定义清楚，也就是要明确给出概率空间。古典概率 (即以“相同的可能性”来解释概率) 常与排列组合连在一起。由于统计需取样来得到数据，从而使概率论中“随机性”的特质显现出来。

随机变量 X_a 取值 X_{as} 的概率为 π_s，$s \in S$。根据 S 的不同情形，随机变量 X_a 可以分为离散和连续两种情形。当 $S = \{1, \cdots, n\}$ 时，其中 n 可以是有限的，也可以是无穷的，此情形为离散的随机变量；若 S 是实数空间的一个区间，那么随机变量 X_a 称为连续随机变量。

若两个随机变量之间具有相关关系，那么一个随机变量的取值会给另一个随机变量的取值提供信息，这就是条件概率的概念。

当两个随机变量 X_a 和 X_b 分别取值 X_{as} 和 X_{bs} 时，其联合概率分布 $\pi_{ss'}$ 可表示为以下形式：

$$\begin{aligned}\pi_{ss'} &= P(X_{bs'}) \times P(X_{as}|X_{bs'}) \\ &\equiv P(X_{as}) \times P(X_{bs'}|X_{as}),\end{aligned}$$

这里 $P(X_{as}) = \sum\limits_{t' \in S} \pi_{st'}$ 和 $P(X_{bs}) = \sum\limits_{t \in S} \pi_{ts}$。因此，给定 X_{as}，$X_{bs'}$ 的条件概率为：

$$\begin{aligned}P(X_{bs'}|X_{as}) &\equiv \frac{\pi_{ss'}}{\sum\limits_{t' \in S} \pi_{st'}} \\ &\equiv \frac{P(X_{bs'}) \times P(X_{as}|X_{bs'})}{P(X_{as})} \\ &\equiv \frac{P(X_{bs'}) \times P(X_{as}|X_{bs'})}{\sum\limits_{t' \in S} P(X_{bt'}) \times P(X_{as}|X_{bt'})}.\end{aligned}$$

这个公式又称贝叶斯法则，在经济学中有广泛应用，特别是在研究不完全信息动态博弈和激励机制设计时往往要用到这个法则。

2.10.2　期望与方差

随机变量 $\bar{X}_a$ 的 **(数学) 期望**，为它所有可能取值的加权平均值，定义为

$$E(\bar{X}_a) \equiv \bar{X}_a = \sum_{s \in S} \pi_s \bar{X}_{as},$$

在连续情形下是求积分。

期望算子 E 的运算规则是，若 X_a, X_b 是两个随机变量，则有

$$E(aX_a + bX_b) = a\bar{X}_a + b\bar{X}_b.$$

随机变量 X_a 的**方差**刻画它取值的变化程度，定义为

$$\text{Var}(X_a) \equiv \sigma_{X_a}^2 = \sum_{s\in S} \pi_s(X_{as} - \bar{X}_a)^2.$$

这样，方差越大，差异越大。

两个随机变量 X_a 和 X_b 之间也许存在一定的相关性 (correlation)。设 X_a 的取值空间是 $\{X_{as}\}_{s\in S}$，X_b 的取值空间是 $\{X_{bs'}\}_{s'\in S'}$，它们的**协方差**概念刻画了它们的取值之间的相关关系。

令 $\pi_{ss'}$ 是 $X_a = X_{as}, X_b = X_{bs'}$ 的概率。**协方差**记为 $\text{Cov}(X_a, X_b)$，其定义为：

$$\text{Cov}(X_a, X_b) = \sum_{s\in S, s'\in S'} \pi_{ss'}(X_{as} - \bar{X}_a)(X_{bs'} - \bar{X}_b)$$

或

$$\text{Cov}(X_a, X_b) = E(X_a - \bar{X}_a)(X_b - \bar{X}_b) = E(X_a X_b) - E(X_a)E(X_b).$$

若随机变量 X_a, X_b 是独立的，则 $\pi_{ss'} = \pi_s \pi_{s'}$，从而有 $\text{Cov}(X_a, X_b) = 0$。

对于线性组合的方差，有如下计算公式：

$$\text{Var}\left(\sum_{a\in A} \alpha_a X_a\right) = \sum_{a\in A, b\in A} \alpha_a \alpha_b \text{Cov}(X_a, X_b).$$

2.10.3 连续分布

给定随机变量 X，其取值范围为 $[0, \omega]$，**累积分布函数** (cumulative distribution function) 定义为 F: $[0, \omega] \to [0, 1]$，其中

$$F(x) = prob[X \leqq x],$$

即 X 的取值不超过 x 的概率。根据定义，函数 F 是非减的，且满足 $F(0) = 0$ 和 $F(\omega) = 1$ (若 $\omega = \infty$，那么 $\lim_{x\to\infty} F(x) = 1$)。通常假设分布函数 F 是递增且连续可微的。

F 的导数称为**概率密度函数** (probability density function)，通常用对应的小写符号表示，$f \equiv F'$。通常假设 f 是连续的，同时假设对所有 $x \in (0, \omega)$, $f(x) > 0$ 。区间 $[0, \omega]$ 称为该分布函数的**支撑** (support)。

若 X 的分布由 F 刻画，那么 X 的**期望值**为

$$E(X) = \int_0^\omega x f(x) dx.$$

若 $\gamma : [0, \omega] \to \mathcal{R}$ 是任一函数，那么 $\gamma(X)$ 的期望值定义为：

$$E[\gamma(X)] = \int_0^\omega \gamma(x) f(x) dx.$$

有时，$\gamma(X)$ 的期望值也可以写为

$$E[\gamma(X)] = \int_0^\omega \gamma(x) dF(x).$$

给定 $X < x$，X 的**条件期望**定义为：

$$E[X|X < x] = \frac{1}{F(x)} \int_0^x tf(t)dt,$$

从而

$$F(x)E[X|X < x] = \int_0^x tf(t)dt = xF(x) - \int_0^x F(t)dt,$$

该式的第二个等式来自分部积分。

2.10.4　常见概率分布

下面回顾一些常见随机变量的分布、期望值和方差。

二项式分布

假设有 n 个独立试验，每个试验成功的概率为 p。设 X 表示 n 次试验中成功的次数。X 的概率分布称为**二项分布**，其参数为 n 和 p，记作 $X \sim \text{Bin}(n, p)$。如果 X 取值为 k，则随机变量 X 的分布概率为

$$p(X = k) = \frac{n!}{k!(n-k)!} p^k (1-p)^{n-k},$$

其期望值和方差分别是:

$$E(X) = np; \quad \text{Var}(X) = np(1-p).$$

泊松分布

若随机变量 X 的概率为

$$P(X = k) = e^{-\lambda} \frac{\lambda^k}{k!},$$

则称它为具有参数 (λ) 的**泊松分布**，其期望值和方差分别是:

$$E(X) = \lambda; \quad \text{Var}(X) = \lambda.$$

均匀分布

若随机变量 X 的密度分布函数为

$$f(x) = \frac{1}{b-a}, \ x \in [a, b],$$

则称它为具有取值范围 $[a, b]$ 的**均匀分布**，其期望值和方差分别是:

$$E(X) = \frac{b+a}{2}; \quad \text{Var}(X) = \frac{(b-a)^2}{12}.$$

正态分布

若随机变量 X 的密度分布函数为

$$f(x)=\frac{1}{\sqrt{2\pi}\sigma}e^{-\frac{(x-\mu)^2}{2\sigma^2}},\ x\in(-\infty,\infty),$$

则称它为具有参数 (μ,σ^2) 的**正态分布**，其期望值和方差分别是:

$$E(X)=\mu;\quad \mathrm{Var}(X)=\sigma^2.$$

指数分布

若随机变量 X 的密度分布函数为

$$f(x)=\lambda e^{-\lambda x},x\in[0,\infty),$$

则称它为具有参数 (λ) 的**指数分布**，其期望值和方差分别是:

$$E(X)=\frac{1}{\lambda};\quad \mathrm{Var}(X)=\frac{1}{\lambda^2}.$$

2.11 随机占优与关联

2.11.1 阶随机占优

一阶随机占优

定义 2.11.1 (一阶随机占优) 若 $F(z)\leqq G(z)$ 对所有的 $z\in[a,b]$ 均成立，则称分布 $F(\cdot)$ **一阶随机占优** (first-order stochastic dominance) 于 $G(\cdot)$。

上面的定义是指在 $F(\cdot)$ 下至少获得 x 的概率比在 $G(\cdot)$ 下大。比如，考虑两种资产，一阶随机占优是指两种资产大于某一个常数收益时，一种资产收益的概率比另一种资产收益的概率高。这类似于确定性情形下的单调概念。

另外还有一个检验标准。下面的定理证明了这两个标准是等价的。

定理 2.11.1 分布 $F(\cdot)$ 一阶随机占优于 $G(\cdot)$ 当且仅当对任意 (弱) 单调递增函数 $u:[a,b]\to\mathcal{R}$，均有

$$\int_a^b u(z)dF(z)\geqq\int_a^b u(z)dG(z).$$

证明： 定义 $H(z)=F(z)-G(z)$。我们需要证明 $H(z)\leqq 0$ 当且仅当对任意 (弱) 单调递增函数 $u(\cdot)$，均满足 $\int_a^b u(z)dH(z)\geqq 0$。

充分性：假设存在某个 $\hat{z}$ 使得 $H(\hat{z})>0$。我们选择一个弱单调递增函数 $u(z)$

$$u(z)=\begin{cases}0, & z\leqq\hat{z},\\ 1, & z>\hat{z},\end{cases}$$

得到 $\int_a^b u(z)dH(z)=-H(\hat{z})<0$，矛盾。

必要性：由于任意一个单调函数都几乎处处可微，在求积分时不妨假定 $u(z)$ 是可微的，于是有

$$\int_a^b u(z)dH(z) = [u(z)H(z)]_a^b - \int_a^b u'(z)H(z)dz = 0 - \int_a^b u'(z)H(z)dz \geqq 0.$$

上式第一个等号是分部积分的公式，第二个等号来自

$$F(a) = G(a) = 0,\ F(b) = G(b) = 1,$$

而不等号来自 $u(\cdot)$ 是弱单调递增的这一假设 $(u'(\cdot) \geqq 0)$ 以及 $H(z) \leqq 0$。 □

上面的命题揭示了，只要人们对收益的评价是单调递增的，他们就更偏好于一阶随机占优的不确定支付。

二阶随机占优

定义 2.11.2 (二阶随机占优)　对任意两个具有相同期望值的分布 $F(\cdot)$ 和 $G(\cdot)$，若

$$\int_a^z F(r)dr \leqq \int_a^z G(r)dr$$

对所有的 z 都成立，则称分布 $F(\cdot)$ **二阶随机占优** (second-order stochastic dominance) 于 $G(\cdot)$。

显然，一阶随机占优意味着二阶随机占优。二阶随机占优不仅有单调性的含义，而且隐含着风险更低的意思。为此，引入“均值保持扩散”(mean-preserving spreads) 的概念。

假设随机变量 X 的分布函数为 F。令 Z 是一个建立在条件 $X = x$ 上的随机变量，其分布函数为 $H(\cdot|X = x)$，满足对所有的 x 都有 $E[Z|X = x] = 0$。假设随机变量 $Y = X + Z$ 是通过如下方式生成的：首先是以分布函数 F 的方式抽取 X，接着对于每一个结果 $X = x$ 按照条件分布函数 $H(\cdot|X = x)$ 的方式抽取一个 Z，并加到 X 上。令 G 是上面随机变量 Y 的分布函数，我们称它为 F 的**均值保持扩散**。

尽管随机变量 X 和 Y 有相同的均值，即 $E[X] = E[Y]$，然而随机变量 Y 比 X 在分布上更“分散”，这是因为它是在 X 的基础上引入一个噪声变量 Z 而形成的。假设 $u : [a, b] \to \mathcal{R}$ 是一个凹函数，从而根据詹森不等式我们有

$$\begin{aligned} E_Y[u(Y)] &= E_X[E_Z[u(X + Z)]|X = x] \\ &\leqq E_X[u(E_Z[X + Z|X = x])] \\ &= E_X[u(X)]. \end{aligned}$$

这样，对二阶随机占优，也有与一阶随机占优相似的结论。为论述方便，假设取值区间为 $[0, 1]$。

定理 2.11.2　假定两个分布 $F(\cdot)$ 和 $G(\cdot)$ 的均值相同，那么下面三个结论是等价的。

(1) $F(\cdot)$ 二阶随机占优于 $G(\cdot)$;

(2) 对任意非减凹函数 $u:[a,b]\to\mathcal{R}$，均有 $\int_a^b u(z)dF(z)\geqq\int_a^b u(z)dG(z)$;

(3) $G(\cdot)$ 是 $F(\cdot)$ 的均值保持扩散。

证明： 从 **(3)** 到 **(2)**: 由下列关系式得到:

$$\begin{aligned}\int_a^b u(z)dF(z)&=\int_a^b u\left(\int_a^b (x+z)dH_z(x)\right)dF(z)\\&\geqq\int_a^b\left(\int_a^b u(x+z)dH_z(x)\right)dF(z)\\&=\int_a^b u(z)dG(z).\end{aligned}$$

上面的第二个不等号利用了 $u(\cdot)$ 是凹函数的性质。

从 **(2)** 到 **(1)**:

$$\begin{aligned}&\int_a^b u(z)dF(z)-\int_a^b u(z)dG(z)\\&=-u'(b)\int_a^b(F(z)-G(z))dz+\int_a^b\left(\int_a^z(F(x)-G(x))dx\right)u''(z)dz\\&=\int_a^b\left(\int_a^z(F(x)-G(x))dx\right)u''(z)dz\\&\geqq 0.\end{aligned}$$

最后不等式是根据：由二阶随机占优的定义，

$$\int_a^z F(r)dr\leqq\int_a^z G(r)dr$$

对任意的 z 成立，以及 $u''(\cdot)\leqq 0$。从而有

$$\int_a^b u(z)dF(z)-\int_a^b u(z)dG(z)\geqq 0.$$

从 **(1)** 到 **(3)**: 我们只证明离散的情形。

定义

$$\begin{aligned}S(z)&=G(z)-F(z),\\T(x)&=\int_a^x S(z)dz.\end{aligned}$$

根据二阶随机占优的定义，有 $T(x)\geqq 0$，同时 $T(1)\geqq 0$，这意味着存在某个 $\hat{z}$ 使得 $S(z)\geqq 0$ 对 $z\leqq\hat{z}$ 成立，以及 $S(z)\leqq 0$ 对 $z\geqq\hat{z}$ 成立。

由于随机变量是离散分布的，因此 $S(z)$ 是一个阶梯函数。令 $I_1=(a_1,a_2)$ 是第一个 $S(z)$ 为正的区间，$I_2=(a_3,a_4)$ 是第一个 $S(z)$ 为负的区间。如果 $I_1=(a_1,a_2)$ 不存在，

那么 $S(z)\equiv 0$，命题自然成立。假设 $I_1=(a_1,a_2)$ 存在，那么 $I_2=(a_3,a_4)$ 也一定存在。

这样有 $S(z)\equiv\gamma_1>0$ 对 $z\in I_1$ 成立，及 $S(z)\equiv-\gamma_2<0$ 对 $z\in I_2$ 成立。由 $T(x)\geqq 0$，所以 $a_2<a_3$。若 $\gamma_1(a_2-a_1)\geqq\gamma_2(a_4-a_3)$，存在 $a_1<\hat{a}_2\leqq a_2$ 及 $\hat{a}_4=a_4$ 使得 $\gamma_1(\hat{a}_2-a_1)=\gamma_2(\hat{a}_4-a_3)$。当 $\gamma_1(a_2-a_1)<\gamma_2(a_4-a_3)$，存在 $a_3<\hat{a}_4\leqq a_4$，使得 $\gamma_1(\hat{a}_2-a_1)=\gamma_2(\hat{a}_4-a_3)$。

令

$$S_1(z)=\begin{cases}\gamma_1, & 若 a_1<z<\hat{a}_2,\\ -\gamma_2, & 若 a_3<z<\hat{a}_4,\\ 0, & 其他.\end{cases}$$

若 $F_1=F+S_1$，则 F_1 是 F 的一个均值保持扩散。定义 $S^1=G-F_1$，使用与上面类似的方法，我们可以构造出 $S_2(z)$ 和 F_2。由于 $S(z)$ 是一个阶梯函数，在有限轮后，就一定会中止，也就是说，存在一个 n，$F_0=F, F_n=G$，F_{i+1} 是 F_i 的一个均值保持扩散，显然，有限个叠加的均值保持扩散仍然是一个均值保持扩散。 □

在实际分析中，我们知道连续的函数总可以被阶梯函数无限逼近，不过具体证明过程比较复杂，Rothschild 和 Stiglitz (1971) 的原始文献对连续分布情形给出了完整证明。

2.11.2 风险率占优

令 F 是支撑区间 $[a,b]$ 上的分布函数。F 的**风险率** (hazard rates) 是一个函数 $\lambda:[a,b)\to\mathcal{R}_+$，定义为

$$\lambda(x)\equiv\frac{f(x)}{1-F(x)}.$$

其解释是，若 $F(x)$ 表示在时间 x 之前某个事件发生的概率，那么在时间 x 上的风险率 λ 表示了，在给定时间 x 前事件没发生，但在时间 x 上瞬间发生的频率或机会。事件可以想象为机器的某个部件，比如灯泡，发生故障，所以它通常也被称作“故障率”。

对上式求解 F，可知分布函数 F 可写为

$$F(x)=1-\exp\left(-\int_a^x\lambda(t)dt\right).$$

这就意味着，对任意函数 $\lambda:[a,b)\to\mathcal{R}_+$ 及所有的 $x<b$，我们有

$$\int_a^x\lambda(t)dt<\infty,\quad \lim_{x\to b}\int_a^x\lambda(t)dt=\infty,$$

使得它是**某个**分布函数的风险率。

定义 2.11.3 (风险率占优)　设分布函数 F 和 G 的风险率分别为 λ_F 和 λ_G。若对所有的 x，都有 $\lambda_F(x)\leqq\lambda_G(x)$，那么我们说 F **在风险率的意义上占优于** G，简称**风险率占优** (hazard rate dominance)。

第2章

若 F 风险占优于 G ，那么

$$F(x) = 1 - \exp\left(-\int_a^x \lambda_F(t)dt\right) \leqq 1 - \exp\left(-\int_a^x \lambda_G(t)dt\right) = G(x),$$

从而 F 一阶随机占优于 G。这样，风险占优意味着一阶随机占优。

2.11.3 逆风险率占优

与风险率紧密联系的是函数 $\sigma : (a, b] \to \mathcal{R}_+$，定义为

$$\sigma(x) \equiv \frac{f(x)}{F(x)},$$

通常被称为**逆风险率** (reverse hazard rate) 或者被称为**逆 Mills 率**。同样地，求解 F 得：

$$F(x) = \exp\left(-\int_x^b \sigma(t)dt\right),$$

这就意味着，对于任意函数 $\sigma : (a, b] \to \mathcal{R}_+$ 满足：对所有的 $x > 0$,

$$\int_x^b \sigma(t)dt < \infty \text{同时} \lim_{x \to a} \int_x^b \sigma(t)dt = \infty.$$

它是某个分布函数的“逆风险率”。

定义 2.11.4 (逆风险率占优) 设分布函数 F 和 G 对应的逆风险率分别为 σ_F 和 σ_G。若对于所有的 x，都有 $\sigma_F(x) \geqq \sigma_G(x)$，则称$F$ **在逆风险率的意义上占优于** G，简称**逆风险率占优** (reverse hazard rate dominance)。

若 F “逆风险率占优”于 G，那么

$$F(x) = \exp\left(-\int_x^b \sigma_F(t)dt\right) \leqq \exp\left(-\int_x^b \sigma_G(t)dt\right) = G(x),$$

同样有 F 一阶随机占优于 G。这样，逆风险率占优意味着一阶随机占优。

2.11.4 似然率占优

定义 2.11.5 (似然率占优) 若对所有的 $x < y$，都有

$$\frac{f(x)}{g(x)} \leqq \frac{f(y)}{g(y)}, \tag{2.68}$$

则称分布函数 F **似然率占优** (likelihood ratio dominance) 于 G。也就是，$\dfrac{f}{g}$ 是一个非减函数，在这个意义上称之为似然率占优。

重写式 (2.68)，有：

$$\frac{f(y)}{f(x)} \leqq \frac{g(y)}{g(x)},$$

于是对所有的 x，均有

$$\int_x^b \frac{f(y)}{f(x)}dy \leqq \int_x^b \frac{g(y)}{g(x)}dy,$$

从而有

$$\frac{1-F(x)}{f(y)} \leqq \frac{1-G(x)}{g(y)}.$$

这样，似然率占优意味着风险率占优。

类似地，重写式 (2.68)，有：

$$\frac{f(x)}{f(y)} \leqq \frac{g(x)}{g(y)},$$

于是对所有的 x，均有：

$$\int_a^y \frac{f(x)}{f(y)}dx \leqq \int_a^y \frac{g(x)}{g(y)}dx,$$

从而有

$$\frac{F(y)}{f(y)} \leqq \frac{G(y)}{g(y)}.$$

这样，似然率占优意味着逆风险率占优。

总结本节讨论，我们得知似然率占优假设最强，二阶随机占优最弱。似然率占优意味着风险率占优和逆风险率占优，而风险率占优和逆风险率占优又意味着一阶随机占优，而一阶随机占优又意味着二阶随机占优。

2.11.5　序统计量

假定 $X_1, X_2, \cdots, X_n$ 是 n 个独立随机抽取的随机变量，抽取的方式服从分布函数 F，其对应的密度函数为 f。令 $Y_1^{(n)}, Y_2^{(n)}, \cdots, Y_n^{(n)}$ 是一个重新 (按顺序) 排列，使得

$$Y_1^{(n)} \geqq Y_2^{(n)} \geqq \cdots \geqq Y_n^{(n)}.$$

排序后的随机变量 $Y_k^{(n)}$，$k = 1, 2, \cdots, n$ 被称为**序统计量** (order statistics)。

令 $F_k^{(n)}$ 是随机变量 $Y_k^{(n)}$ 的分布函数，对应的密度函数为 $f_k^{(n)}$。若“取样规模”(sample size)n 是固定的，用 Y_k 替代 $Y_k^{(n)}$，对应地用 F_k 替代 $F_k^{(n)}$，以及用 f_k 替代 $f_k^{(n)}$。如在拍卖理论中，人们通常关心的是最高和次高序统计量 Y_1 和 Y_2 的特性。

最高序统计量

最高序统计量 (highest order statistics) Y_1 的分布容易求解。事件 $Y_1 \leqq y$ 与下面的事件相同：对所有的 k，都有 $X_k \leqq y$。由于每个 X_k 都是按照分布函数 F 的一个独立抽取的，

$$F_1(y) = F(y)^n.$$

相应的密度概率函数为：

$$f_1(y) = nF(y)^{n-1}f(y).$$

注意到，若 F 随机占优于 G，F_1 和 G_1 分别是对应的按 F 和 G 抽取的最高序统计量的分布函数，那么 F_1 随机占优于 G_1。

次高序统计量

次高序统计量 (second-highest order statistics) Y_2 的分布同样容易求解。事件 $Y_2 \leqq y$ 是下面两个不相交事件的联合：(1) 所有的 X_k 都不大于 y；(2) 在所有 X_k 的时间中有 $n-1$ 个取值不超过 y，同时另一个取值大于 y。由于事件 (2) 有 n 种不同的发生方式，从而有

$$\begin{aligned} F_2(y) &= \underbrace{F(y)^n}_{\text{(i)}} + \underbrace{nF(y)^{n-1}(1-F(y))}_{\text{(ii)}} \\ &= nF(y)^{n-1} - (n-1)F(y)^n. \end{aligned}$$

对应的概率密度函数为：

$$f_2(y) = n(n-1)(1-F(y))F(y)^{n-2}f(y).$$

同样可以验证：若 F 随机占优于 G，F_2 和 G_2 分别是从 F 和 G 分布函数中 n 次独立随机抽取出的次高序统计量，则 F_2 随机占优于 G_2。

2.11.6 关联

定义 2.11.6 设 $X_1, X_2, \cdots, X_n$ 是在区间乘积 $\mathcal{X} \subseteq \mathcal{R}^n$ 中具有共同密度函数 f 的随机变量。变量 $\boldsymbol{X} = (X_1, X_2, \cdots, X_n)$ 被称为**关联的** (affiliated)，若对于所有的 $\boldsymbol{x}', \boldsymbol{x}'' \in \mathcal{X}$，满足：

$$f(\boldsymbol{x}' \vee \boldsymbol{x}'')f(\boldsymbol{x}' \wedge \boldsymbol{x}'') \geqq f(\boldsymbol{x}')f(\boldsymbol{x}''), \tag{2.69}$$

其中

$$\boldsymbol{x}' \vee \boldsymbol{x}'' = (\max(x_1', x_1''), \cdots, \max(x_n', x_n''))$$

表示对 $\boldsymbol{x}'$ 和 $\boldsymbol{x}''$ 按分量 (component-wise) **最大化**，

$$\boldsymbol{x}' \wedge \boldsymbol{x}'' = (\min(x_1', x_1''), \cdots, \min(x_n', x_n''))$$

表示对 $\boldsymbol{x}'$ 和 $\boldsymbol{x}''$ 按分量**最小化**。若式 (2.69) 满足，那么我们说 f 是关联的。

设密度函数 $f: \mathcal{X} \to \mathcal{R}_+$ 在 $\mathcal{X}$ 的内部是严格正的，且二次连续可微。则 f 是关联的，当且仅当对于所有的 $i \neq j$，

$$\frac{\partial^2}{\partial x_i \partial x_j} \ln f \geqq 0,$$

即 $\ln f$ 的海森矩阵中的非主对角元素是非负的。

命题 2.11.1　令 $X_1, X_2, \cdots, X_n$ 是随机变量，$Y_1, Y_2, \cdots, Y_{n-1}$ 是对 $X_2, X_3, \cdots, X_n$ 按照从大到小进行排序后的序统计量。若 $X_1, X_2, \cdots, X_n$ 是对称分布且关联的，则

（1）$X_1, X_2, \cdots, X_n$ 的子集中的变量之间也是关联的。

（2）$X_1, Y_1, Y_2, \cdots, Y_{n-1}$ 也是关联的。

单调似然率特性

假设两个随机变量 X 和 Y 的共同密度函数为 $f : [a, b]^2 \to \mathcal{R}$。若 X 和 Y 是关联的，则对于所有的 $x' \geqq x$ 以及 $y' \geqq y$，都有

$$f(x', y)f(x, y') \leqq f(x, y)f(x', y') \Leftrightarrow \frac{f(x, y')}{f(x, y)} \leqq \frac{f(x', y')}{f(x', y)} \tag{2.70}$$

及

$$\frac{f(y'|x)}{f(y|x)} \leqq \frac{f(y'|x')}{f(y|x')},$$

从而**似然率** (likelihood ratio)

$$\frac{f(\cdot|x')}{f(\cdot|x)}$$

是递增的，我们称之为**单调似然率特性** (monotone likelihood ratio property)。

利用似然率与其他占优关系的同样证明，可以得知，对于所有的 $x' \geqq x$，$F_Y(\cdot|x')$ 在似然率的意义下占优于 $F_Y(\cdot|x)$，并且有和其他随机占优的相应关系。于是我们有下面的结论。

命题 2.11.2　若 X 和 Y 是关联的，则有下列性质：

（1）对于所有的 $x' \geqq x$，$F(\cdot|x')$ 在**风险率意义下占优于** $F(\cdot|x)$，即

$$\lambda(y|x') \equiv \frac{f(y|x')}{1 - F(y|x')} \leqq \frac{f(y|x)}{1 - F(y|x)} \equiv \lambda(y|x).$$

也就是对于所有的 y, $\lambda(y|\cdot)$ 均是非增的。

（2）对于所有的 $x' \geqq x$，$F(\cdot|x')$ 在**逆风险率意义下占优于**$F(\cdot|x)$，即

$$\sigma(y|x') \equiv \frac{f(y|x')}{F(y|x')} \leqq \frac{f(y|x)}{F(y|x)} \equiv \sigma(y|x),$$

也就是对于所有的 y, $\sigma(y|\cdot)$ 都是非减的。

（3）对于所有的 $x' \geqq x$，$F(\cdot|x')$ **一阶随机占优于**$F(\cdot|x)$，即

$$F(y|x') \leqq F(y|x),$$

也就是对于所有的 y, $F(y|\cdot)$ 都是非增的。

(4) 对于所有的 $x' \geqq x$，$F(\cdot|x')$ **二阶随机占优于**$F(\cdot|x)$，即

$$\int_a^y F(r|x')dr \leqq \int_a^y F(r|x)dr$$

也就是对于所有的 y，$\int_a^y F(y|\cdot)$ 都是非增的。

以上所有结果都可被推广到条件变量 (conditioning variables) 数目超过 1 的情形中。设 $Y, X_1, X_2, \cdots, X_n$ 是关联的，令 $F_Y(\cdot|\boldsymbol{x})$ 表示给定条件 $X=\boldsymbol{x}$ 下 Y 的条件分布函数。也可得到上面的这些占优关系。

2.12 【人物小传】

2.12.1 弗里德里希·奥古斯特·哈耶克

弗里德里希·奥古斯特·哈耶克 (Friedrich August Hayek，1899—1992)，20 世纪最伟大的经济学思想家之一，奥地利学派的代表人物，1974 年因在货币和经济周期理论方面，以及对经济、政治与制度现象之间相互关系的透彻分析等贡献而获得诺贝尔经济学奖。诺贝尔奖委员会认为，哈耶克对经济周期的深入分析，使得他是在 1929 年之前对可能发生经济大萧条提出警告的极少数经济学家之一。其实，20 世纪无论是从学术还是从现实来看，都是市场经济制度和计划经济制度的竞争和它们的优劣之争。哈耶克对于不同经济制度的透彻分析，使得他很早就指出计划经济无论是从信息效率、激励相容还是资源配置效率的角度来讲，都是不可行的，实践的结果证明了哈耶克的非同常人的判断力和洞察力，使之成为 20 世纪最有影响力的经济学家之一。

哈耶克出生在维也纳一个知识分子家庭，获维也纳大学博士学位 (1921—1923)。哈耶克在维也纳大学就读时，曾听过米塞斯（Ludwig von Mises，1881—1973，其人物小传见 15.7.1 节) 的课。正是米塞斯于 1922 年出版的著作最终把哈耶克从费边社会主义思潮中拉了出来。理解哈耶克对经济学和古典自由主义巨大贡献的最好办法是从米塞斯的社会协作研究范式的角度来分析。哈耶克曾任教于英国伦敦政治经济学院（1931—1950)、美国芝加哥大学（1950—1962)、德国弗赖堡大学（1962—1968）等。哈耶克在芝加哥大学时是社会与道德学教授，隶属于社会思想委员会，并没有在经济系取得教职，而他在经济系的朋友弗里德曼教授也对哈耶克的经济书籍持有批判性看法。刚到芝加哥大学时，哈耶克进行政治学研究而并没有从事经济学研究，并且对芝加哥大学经济系的一些研究方法持否定态度。即便如此，哈耶克与芝加哥经济学派的一些人物也有频繁来往，而他的政治观点也与芝加哥学派的许多人契合。哈耶克对芝加哥大学做出了可圈可点的贡献，他强力支持芝加哥学派经济学家、法经济学创始人亚伦·戴雷科特 (Aaron Director）在芝加哥大学法学院开展“法律与社会”项目，而后者则说服芝加哥大学出版社出版了哈耶克后来风靡世界的《通往奴役之路》。哈耶克与弗里德曼等人合作建立了国际自由主义经济学家论坛等。

哈耶克的一生中参与了两次影响深远的论战：一是 20 世纪二三十年代的社会主义大论战，围绕计划经济条件下有效配置的理论可行性展开。与米瑟斯（Mises）一起，哈耶克反对兰格（Lange）和勒纳（Lerner）认为计划经济可以通过中央计划实现最优资源配置的主张。他从信息和激励的角度对计划经济的弊端进行了较为彻底的批判，强调了其固有的低效率和滥用权力的风险，从而认为计划经济在理论上是行不通的。哈耶克强调以自由、竞争和规则为基本要素的自生自发社会秩序的重要性，他的这种超前的内在逻辑判断在他去世之前从许多国家计划经济的失败中得以验证。二是 20 世纪 30 年代与凯恩斯的理论论战。他对凯恩斯在《货币论》中提出的理论主张和学术观点提出了尖锐批评，认为凯恩斯提出的通过降低利率和增加货币供给来实现充分就业的经济学主张根本上是错误的。1947 年，哈耶克倡导成立了自由主义者的重要学术组织——朝圣山学会，他主张彻底的经济自由，反对任何形式的国家干预，以致对货币发行也要“非国家化”。

哈耶克揭示制度重要性的深邃思想毫无疑问将继续影响和指导世界，特别是对中国的下一步改革有启迪作用。

2.12.2　约瑟夫 · 阿洛伊斯 · 熊彼特

约瑟夫 · 阿洛伊斯 · 熊彼特 (Joseph Alois Schumpeter，1883—1950)，一位有深远影响力的奥地利裔美国政治经济学家 (但并非“奥地利学派”的成员)，被誉为“创新理论”的鼻祖，被称为有史以来最伟大的经济学家之一，至今有关市场经济和创新的多数观念和知识几乎都与他的名字有关。他提出了四个最具代表性的著名经济学术语——创新、企业家精神、企业策略和创造性毁灭。他认为“创造性毁灭”是一把双刃剑，既孕育着经济增长，同时也削弱了人类历来珍视的某些价值观。他提出：“贫穷带来的是悲惨的生活，繁荣难以保持思想的平静。”

1883 年，熊彼特出生于奥匈帝国摩拉维亚省 (今捷克境内，故有人又把熊彼特看作美籍捷克人) 特利希镇的一个织布厂主的家庭。他幼年就读于维也纳的一个贵族中学；1901—1906 年在维也纳大学攻读法学和社会学，1906 年获法学博士学位。1908 年，在熊彼特的经济学家之路刚刚起步时，通过导师的推荐，他来到库切诺维奇大学担任副教授。库切诺维奇是个偏远的城市，但有着置身于现代工业文明之外的宁静，是个做学问的好地方。在这里，熊彼特写出了他的第一部惊世之作——《经济发展理论》，该书于 1912 年出版，书中提出了“创新”及其在经济发展中的作用，轰动了当时的西方经济学界。据统计，熊彼特提出的“创造性毁灭”概念，在西方世界的被引用率仅次于亚当 · 斯密的“看不见的手”。《经济发展理论》成为 20 世纪的经典经济学文献之一。熊彼特后来移居美国，一直任教于哈佛大学。

他在著名的《经济分析史》一书中提出，一个经济“科学”家与一般的经济学家的差别在于进行经济分析时是否采用了三要素：一是经济理论，要有内在逻辑分析；二是历史，要有历史视野的分析；三是统计，要有数据、有实证的分析。近年来，熊彼特在中国声名日隆，特别是在谈到“创新”时，熊彼特的“五种创新”理念时常被人们引用和提及，几乎到了“言创新必称熊彼特”的程度。不仅仅是在中国，作为“创新理论”和“商业史研究”的奠基人，熊彼特在西方世界的影响也正在被“重新发现”。

“创新”是指将原始生产要素重新排列组合为新的生产方式，以求提高效率、降低成本的一个经济过程。在熊彼特的经济模型中，能够成功“创新”的人便能够摆脱利润递减的困境而生存下来，那些不能够成功地重新组合生产要素的人会最先被市场淘汰。“资本主义的创造性毁灭”是指在景气循环到谷底的同时，也是某些企业家不得不考虑退出市场或是另一些企业家必须“创新”以求生存的时候。只要将多余的竞争者筛除或是有一些成功的“创新”产生，便会使景气提升、生产效率提高，但是当某一产业又重新变得有利可图时，它又会吸引新的竞争者投入，然后又是一次利润递减的过程，回到之前的状态。所以说每一次萧条都隐含着又一次技术革新的可能，这句话也可以反过来陈述为：技术革新的结果便是可预期的下一次萧条。在熊彼特看来，资本主义的创造性与毁灭性因此是同源的。但熊彼特并不认为资本主义的优越性便是由于其自己产生的动力将会不停地推动自身发展，他相信资本主义经济最终将因为无法承受其快速膨胀带来的能量而崩溃于其自身的规模。“景气循环”，也称“经济周期”，是熊彼特最常为后人引用的经济学主张。熊彼特的创造性毁灭概念对现代经济学的发展有很大的影响。动态市场机制与研发经济学相结合，给经济学家提供了技术内生化的视角，熊彼特式的技术创新成为宏观经济学中内生增长理论的一个核心要素。

熊彼特在《资本主义、社会主义与民主》中给出了关于民主的现代定义：“民主方法就是那种为做出政治决定而实行的制度安排，在这种安排中，某些人通过争取人民的选票取得做决定的权力。”他认为，民主就是政治精英竞争以获取权力和人民选择政治领袖的过程。民主的实质在于一种竞争的选举过程。政治精英掌握政治权力，实施统治，但其合法性来自人民的选择。熊彼特还将政治市场与经济市场相提并论。他认为，在民主政治市场中，政治家根据选民的偏好提供政治纲领和政策在大选中自由竞争，争夺选民的选票。熊彼特的民主定义标志着民主理论由人民直接统治的古典民主向现代选举民主的重大转变。

熊彼特虽身为一名资深学者，却不是一个乏味的人。虽然他的个人生活有过很多波折和困难，但他总是衣冠楚楚，风度翩翩，颇有绅士风度。

任何一个国家的经济发展都需要经历从要素驱动到效率驱动乃至创新驱动三个阶段。中国也是如此，中国要顺利从要素驱动转向效率驱动，从而转向创新驱动，哈耶克和熊彼特的思想和理论正好分别对这两个驱动阶段起到理论指导和明道的重大作用。如果说哈耶克有关市场和制度重要性的经济思想影响了 20 世纪的经济发展，使之成为哈耶克的世纪，那么毫无疑问，熊彼特有关创新重要性的经济思想将继续发挥更大的影响力。21 世纪属于熊彼特，当前的第四次工业革命——生成式人工智能技术革命不同以往，是一种全方位爆发和质的跃升，这场颠覆性、毁灭性创新的革命将会彻底改变整个世界，改变人类社会未来发展进程。

2.13　习题

习题 2.1　考虑一个由两个部门组成的经济：实物部门和货币部门，由如下等式刻画：

$$Y = C + I + G,$$
$$C = a + b(1-t)Y,$$
$$I = d - ei,$$
$$G = G_0,$$

这里，Y, C, I 和 i (i 是利率) 是内生变量，G_0 是外生变量，a，b，d，e 和 t 都是结构参数。

在新引入的货币市场中，我们有：

均衡条件：　$M_d = M_s$，

货币需求：　$M_d = kY - li$，

货币供给：　$M_s = M_0$，

其中 M_0 是外生的货币存量，k 和 l 是参数。对于设定的这个经济，分别求解以下问题 (运用克莱姆法则求解)：

1. 均衡收入 Y^*；
2. 货币供给乘数；
3. 政府支出乘数。

习题 2.2　Q 表示有理数的集合，作为测度空间，它的距离定义为 $d(p,q) = |p-q|$，其中 $p \in E = \{p \in Q : 2 < p < 40\} \subseteq Q$。

1. 证明 E 在 Q 中是有界的。
2. 证明 E 是非紧的。
3. E 在 Q 中是开集吗？为什么？

习题 2.3　给定某个测度空间 X，考虑 X 中的一系列开集 $\{E_n\}_{n\in N}$。

1. 证明 $\bigcup_{n\in N} E_n$ 是开集。
2. 证明一系列开集的交集不一定是开集 (给出一个例子即可)。

习题 2.4　证明以下定理：

1. 开集减闭集后的差集仍是开集；闭集减开集后的差集仍是闭集。
2. 每个闭集必是可数个开集的交集；每个开集必是可数个闭集的和集。

习题 2.5　令 $S \subseteq \mathcal{R}^L$。证明下列命题是等价的：

1. S 是紧的。
2. S 是闭且有界的。
3. S 的每个序列均有一个收敛的子序列，使得它的极限点属于 S。
4. S 的每个无限子集都有一个在 S 的聚点。

5. 具有有限交性质 (即任何有限个子集合的交集非空) 的 S 的每个闭子集的集合都是非空的。

习题 2.6 证明下列命题:

1. 紧集的每个闭子集都是紧的。
2. 若 $f: X \to Y$ 是连续的且 K 在 X 中是紧的，则 $f(K)$ 在 Y 中是紧的。
3. S_i 是紧的，$i \in I$，当且仅当 $\prod_{i\in I} S_i$ 是紧的。
4. S_i 是紧的，$i = 1, 2, \cdots, m$，当且仅当 $\sum_i^m S_i$ 是紧的。

习题 2.7 (沙普利–无名氏定理) 证明以下定理: 令 S_i 是 $\mathcal{R}^N$ 的非空子集，$i = 1, 2, \cdots, m$，且 $S = \sum_{i=1}^m S_i$，则对任意的 $\boldsymbol{x} \in co(\sum_{i=1}^m S_i)$，均存在 $\boldsymbol{x}_i \in coS_i$，$i = 1, 2, \cdots, m$，可使得 $\boldsymbol{x} = \sum_{i=1}^m \boldsymbol{x}_i$，并且至多除 N 指标外，有 $\boldsymbol{x}_i \in S_i$，即 $\#\{i : x_i \in S_i\} \geqq m - N$。

习题 2.8 证明以下定理:

1. 若 f 是定义在 $\mathcal{R}^1$ 上的可导函数，则 f 是凹的充要条件是它的一阶导数 $f'(x)$ 是非增的。
2. 若 f 是定义在 $\mathcal{R}^1$ 上的二阶可导函数，则 f 是凹的充要条件是它的二阶导数 $f''(x)$ 是非正的。
3. 若 f 是定义在 $\mathcal{R}^1$ 上的可导函数，则 f 是凹的充要条件是对于任何 $x, y \in \mathcal{R}^1$，$f(y) \leqq f(x) + f'(x)(y - x)$。

习题 2.9 设函数 $f(\boldsymbol{x}) = \frac{1}{2}\boldsymbol{x}^T \boldsymbol{A}\boldsymbol{x} + b^T\boldsymbol{x} + c$，其中 $\boldsymbol{x} \in \mathcal{R}^n$，$\boldsymbol{x}^T$ 是向量 $\boldsymbol{x}$ 的转置，$\boldsymbol{A}$ 为 $n \times n$ 的对称矩阵，$\boldsymbol{b}$ 为 n 维向量，c 为常数。

1. 证明: 若 $\boldsymbol{A}$ 为半正定矩阵，则 $f(\boldsymbol{x})$ 为凸函数。
2. 证明: 若 $\boldsymbol{A}$ 为正定矩阵，则 $f(\boldsymbol{x})$ 为严格凸函数。

习题 2.10 考虑如下最优化问题，判断库恩–塔克条件是否适用并且求解。

$$\begin{aligned} &\max\ x_1 \\ \text{s.t.}\quad & x_1^3 - x_2 \leqq 0, \\ & x_2 \leqq 0. \end{aligned}$$

习题 2.11 试运用库恩–塔克条件求解如下最优化问题。

$$\begin{aligned} &\max\ xyz \\ \text{s.t.}\quad & x^2 + y^2 + z^2 \leqq 6, \\ & x \geqslant 0, y \geqslant 0, z \geqslant 0. \end{aligned}$$

习题 2.12 最大化问题如下:

$$\begin{aligned} &\max f(\boldsymbol{x}) \\ \text{s.t.}\quad & g^1(\boldsymbol{x}) = 0, \cdots, g^m(\boldsymbol{x}) = 0, \end{aligned}$$

其中 $f: \mathcal{R}^n \to \mathcal{R}$ 和 $g^j: \mathcal{R}^n \to \mathcal{R}$ 为 $\boldsymbol{x}$ 的增函数，$m < n$。试证明: 若 f 拟凹且 g^j 都是拟凸的，则任何局部最优解都是整体最优解。

习题 2.13　令 $u: \mathcal{R}^n \to \mathcal{R}$ 是一个函数，$\boldsymbol{p}, \boldsymbol{x} \in \mathcal{R}^n$，以及 $y \in \mathcal{R}$。考虑如下最优化问题：

$$\max_{\boldsymbol{x}} u(\boldsymbol{x})$$
$$\text{s.t.}\quad \boldsymbol{p}\boldsymbol{x} = y.$$

假定该问题存在最优解 $x^*(\boldsymbol{p}, y) > 0$，函数 $v(\boldsymbol{x}, y) = u(\boldsymbol{x}^*(\boldsymbol{p}, y))$。

1. 试证明 $v(\boldsymbol{p}, y)$ 是零阶齐次函数。
2. 试证明 $v(\boldsymbol{p}, y)$ 是拟凸函数。

习题 2.14　假设柯布–道格拉斯效用函数 $u: \mathcal{R}^2 \to \mathcal{R}$ 被定义为：

$$u(x_1, x_2) = x_1^{\alpha} x_2^{\beta},\ \alpha,\ \beta > 0.$$

证明：

1. 若 $\alpha + \beta \leqq 1$，则 u 是凹函数。
2. 若 $\alpha + \beta > 1$，则 u 是拟凹函数，但不是凹函数。
3. 对任何 $\alpha > 0$ 和 $\beta > 0$，$h(x_1, x_2) = \ln(u(x_1, x_2))$ 都是凹函数。

习题 2.15　设 $\overline{X}$ 是 $\mathcal{R}^n$ 上的非空闭凸集，$\boldsymbol{x}_0 \notin \overline{X}$。证明下面的命题是正确的。

1. 存在点 $\boldsymbol{a} \in \overline{X}$，使得 $d(\boldsymbol{x}_0, \boldsymbol{a}) < d(\boldsymbol{x}_0, \boldsymbol{x})$ 对所有其他的 $\boldsymbol{x} \in \overline{X}$ 均成立，并且 $d(\boldsymbol{x}_0, \boldsymbol{a}) > 0$。
2. 存在点 $\boldsymbol{p} \in \mathcal{R}^n$，$\boldsymbol{p} \neq 0$，$||\boldsymbol{p}|| \equiv (\sum_{i=1}^n p_i^2)^{1/2} < \infty$，以及 $\alpha \in \mathcal{R}$，使得

$$\boldsymbol{p}\boldsymbol{x} \geqq \alpha,\ \text{对所有的}\boldsymbol{x} \in \overline{X}\ \text{和}\ \boldsymbol{p}\boldsymbol{x}_0 < \alpha.$$

即 $\overline{X}$ 和 $\boldsymbol{x}_0$ 被一个超平面 $H = \{\boldsymbol{x} : \boldsymbol{p}\boldsymbol{x} = \alpha, \boldsymbol{x} \in \mathcal{R}^n\}$ 所分离。

习题 2.16　考虑以下几个函数：

（1）$3x^5y + 2x^2y^4 - 3x^3y^3$。

（2）$3x^5y + 2x^2y^4 - 3x^3y^4$。

（3）$x^{3/4}y^{1/4} + 6x + 4$。

（4）$\dfrac{x^2 - y^2}{x^2 + y^2} + 3$。

（5）$x^{1/2}y^{-1/2} + 3xy^{-1} + 7$。

（6）$x^{3/4}y^{1/4} + 6x$。

1. 找出其中的齐次函数，并且判断它们的阶数。
2. 检验对上述函数，欧拉定理是否成立。

习题 2.17　上（下）半连续对应的简单应用。设 $f: X \times Y \to \mathcal{R}$，

$$G(\boldsymbol{x}) = \{\boldsymbol{y} \in \Gamma(\boldsymbol{x}) : f(\boldsymbol{x}, \boldsymbol{y}) = \max_{\boldsymbol{y} \in \Gamma(\boldsymbol{x})} f(\boldsymbol{x}, \boldsymbol{y})\}.$$

1. 设 $X = \mathcal{R}$，$\Gamma(x) = Y = [-1, 1]$。对所有的 $x \in X$，定义 $f(x, y) = xy^2$。
   画 $G(x)$ 的图形并且证明：$G(x)$ 在 $x = 0$ 处是上半连续的，但不是下半连续的。

2. 设 $x = \mathcal{R}$，$\Gamma(x) = Y = [0,4]$, 对所有的 $x \in X$。定义

$$f(x,y) = \max\{2-(y-1)^2, x+1-(y-2)^2\}.$$

画 $G(x)$ 的图形并且证明：$G(x)$ 是上半连续的，但不是下半连续的，并具体给出在哪些点处不是下半连续的。

3. 设 $X = \mathcal{R}_+$，$\Gamma(x) = Y = \{y \in \mathcal{R} : -x \leqq y \leqq x\}$。对所有的 $x \in X$，定义 $f(x,y) = \cos(y)$，画 $G(x)$ 的图形并且证明：$G(x)$ 是上半连续的，但不是下半连续的，并具体给出在哪些点处不是下半连续的。

习题 2.18 令集合 $S = \{\boldsymbol{x} \in \mathcal{R}^2 : \| x \| = 4\}$ 是半径为 2 的圆的边界。映射 $\psi : \mathcal{R}^2 \to S$ 定义为：

$$\psi(\boldsymbol{x}) = \operatorname*{argmin}_{\boldsymbol{x}' \in S} d(\boldsymbol{x}, \boldsymbol{x}'),$$

即 $\psi(\boldsymbol{x})$ 包含了 S 中和 $\boldsymbol{x}$ 最接近的点。试讨论 $\psi(\boldsymbol{x})$ 的上半连续性和下半连续性。

习题 2.19 假设 $\Gamma : D \subseteq \mathcal{R}^l \to \mathcal{R}^k$ 是一个对应，对应 Γ 的图像定义为

$$G(\Gamma) = \{(\boldsymbol{x}, \boldsymbol{y}) \in D \times \mathcal{R}^k : \boldsymbol{y} \in \Gamma(\boldsymbol{x})\}.$$

若 $G(\Gamma)$ 是闭集，则称 Γ 具有闭图像；若 $G(\Gamma)$ 是有界闭集，则称 Γ 是紧值的. 假设 Γ 是紧值的，证明：

1. 若 Γ 是上半连续的，则其有闭图像。
2. 若 Γ 是局部有界的，并且其有闭图像，则 Γ 是上半连续的。(提示：对应 Γ 局部有界的定义：称对应 $G(\Gamma) = \{(x,y) \in D \times \mathcal{R}^k : \boldsymbol{y} \in \Gamma(\boldsymbol{x})\}$ 是局部有界的，若对每一个 $\boldsymbol{x} \in D$, 均存在 $\epsilon > 0$ 和一个有界集 $Y(\boldsymbol{x}) \subseteq \mathcal{R}^k$, 使得对所有的 $\boldsymbol{x}' \in N_\epsilon(\boldsymbol{x}) \bigcap D, \Gamma(\boldsymbol{x}') \subseteq Y(\boldsymbol{x})$。)

习题 2.20 假设 $X \subseteq \mathcal{R}_+$ 是一个非空紧集。证明：

1. 若 $f : X \to X$ 是一个连续的递增函数，则 f 有一个不动点。
2. 特别地，假定 $X = [0,1]$。若 $f : X \to X$ 是一个递增函数 (不一定连续)，f 还会有一个不动点吗？

习题 2.21 设 X 为完备度量空间, T 是 X 到 X 上的映射。记

$$a_n = \sup_{\boldsymbol{x} \neq \boldsymbol{x}'} \frac{d(T^n \boldsymbol{x}, T^n \boldsymbol{x}')}{d(\boldsymbol{x}, \boldsymbol{x}')}, n = 1, 2, \cdots.$$

证明：若 $\sum_{n=1}^{\infty} a_n < \infty$, 则映射 T 有唯一的不动点。

习题 2.22 设 $n \in N$，n 阶方阵 $\boldsymbol{A} = (a_{ij})_{n \times n}$。对任意的 $\boldsymbol{x} \in \mathcal{R}^n$，有

$$\boldsymbol{A}\boldsymbol{x} = (\sum_{j=1}^{n} a_{1j}x_j, \sum_{j=1}^{n} a_{2j}x_j, \cdots, \sum_{j=1}^{n} a_{nj}x_j)^T.$$

设 f 是一个从 $\mathcal{R}$ 到 $\mathcal{R}$ 的可微映射，使得

$$s = \sup\{|f'(t)| : t \in \mathcal{R}\} < \infty.$$

定义从 $\mathcal{R}^n$ 到 $\mathcal{R}^n$ 的映射 F, 即

$$F(\boldsymbol{x}) = (f(x_1), \cdots, f(x_n))^T.$$

对于固定的 n 维向量 w，我们可以求解下面的非线性方程组:

$$\boldsymbol{z} = AF(\boldsymbol{z}) + \boldsymbol{w}. \tag{$*$}$$

1. 证明：若 $\max\{\sum_{j=1}^n |a_{ij}| : i = 1, \cdots, n\} < \dfrac{1}{s}$，则存在唯一的 $\boldsymbol{z} \in \mathcal{R}^n$ 满足上面的方程组 $(*)$。
2. 证明：若 $\sum_{i=1}^n \sum_{j=1}^n |a_{ij}| < \dfrac{1}{s^2}$，则存在唯一的 $\boldsymbol{z} \in \mathcal{R}^n$ 满足上面的方程组 $(*)$。

习题 2.23　设 h 是一个从 $\mathcal{R}_+$ 到 $\mathcal{R}_+$ 的映射，并且 $H : \mathcal{R}_+ \times \mathcal{R} \to \mathcal{R}$ 是一个有界函数，使得存在一个数 $K \in (0, 1)$ 满足

$$|H(x, y) - H(x, z)| < K|y - z|, \text{对任意的} x \geqq 0,\ y,\ z \in \mathcal{R}.$$

证明：存在唯一的有界函数 $f : \mathcal{R}_+ \to \mathcal{R}$，使得

$$f(x) = H(x, f(h(x))), \text{对任意的 } x \geqq 0.$$

习题 2.24　试求下列泛函的极值曲线:

1. $V(y) = \int_0^1 (t^2 + y'^2)dt, y(0) = 0, y(1) = 2;$
2. $V(y) = \int_0^1 (y + yy' + y' + 0.5y'^2)dt, y(0) = 2, y(1) = 5;$
3. $V(y) = \int_0^T (1 + y'^2)^{0.5} dt, y(0) = A, y(T) = Z.$

习题 2.25　试求解如下优化问题:

$$\begin{aligned} &\max \int_0^3 (x-2)^2 (x'(t) - 1)^2 dt \\ &\text{s.t.} \quad x(0) = 0, x(3) = 2. \end{aligned}$$

习题 2.26　考虑如下最优控制问题，写出汉密尔顿方程，并求解最优函数。

$$\begin{aligned} &\max \int_0^1 (x + u) dt \\ &\text{s.t.} \quad x'(t) = 1 - u^2, x(0) = 1. \end{aligned}$$

习题 2.27　考虑如下最优化问题:

$$v(q) = \max_{x \in \mathcal{R}^+} \ln(2x + q) - 6x + 2q,$$

其中 $q \in (0, 2)$。

1. 求解 $v(q)$ 及其导数 $v'(q)$。
2. 试验证包络定理成立。

习题 2.28 试求下列泛函极值曲线的通解:

$$V(y,z)=\int_a^b (y'^2+z'^2+3y'z')dt.$$

习题 2.29 在具有泛函 $\int_0^T F(t,y,z,y',z')dt$ 的问题中，假设 $y(0)=A$，$z(0)=B$，$y_T=C$，$z_T=D$，T 自由，A，B，C 及 D 均为常数。

1. 该问题需要多少横截条件？为什么？
2. 写出这些横截条件。

习题 2.30 已知目标泛函的被积函数是 $F(t,y,y')=4y^2+4yy'+y'^2$。

1. 写出欧拉方程。
2. 上述欧拉方程对于最大化或最小化问题充分吗？为什么？

习题 2.31 试求 $V(y,z)=\int_0^T (y'^2+z'^2)dt$ 满足 $y-z'=0$ 的极值曲线的 $y(t)$ 和 $z(t)$ 路径。

习题 2.32 试求如下问题的控制变量、状态变量和共状态变量的最优路径:

1. $\max\int_0^T -(t^2+2u^2)dt$，满足 $y'=u, y(0)=2, y(T)=3$，T 自由。
2. $\max\int_0^T -(u^2+y^2+3uy)dt$，满足 $y'=u, y(0)=y_0$，$y(t)$ 自由。
3. $\max\int_0^4 2ydt$，满足 $y'=y+u, y(0)=3, y(4)\geqq 200$。

习题 2.33 试求如下可耗尽资源问题的最优消耗路径:

$$\max\int_0^T \ln qe^{-\delta t}dt$$

$$\text{s.t.}\quad s'=-q, s(0)=s_0, s(t)\geqq 0.$$

习题 2.34 用现值汉密尔顿函数表述修正横截条件，试求下列问题:

1. 具有终结线 $y_T=\phi(t)$ 的问题。
2. 具有截断垂直终结线的问题。
3. 具有截断水平终结线的问题。

习题 2.35 在一个最大化问题中，已知有两个状态变量 (y_1,y_2)、两个控制变量 (u_1,u_2)、一个不等式约束和一个不等式积分约束，初始状态是固定的，但终结状态在固定的 T 处是自由的。

1. 描述该最大化问题。
2. 定义汉密尔顿函数和拉格朗日函数。
3. 假设有内部解，写出最大值原理条件。

习题 2.36 考虑如下“吃蛋糕”问题。经济人在第 0 期有 $A_0>0$ 单位商品可供消费且可以无成本地把它保存到下一期，其效用函数为 $\sum_{t=0}^{\infty}\beta^t\ln c_t$。

1. 写出该问题的贝尔曼方程。
2. 定义该问题的状态变量和控制变量。
3. 试求该问题的价值函数。

习题 2.37　考虑如下“伐树”问题：一棵树的增长可用函数 h 来描述，即 $k_{t+1}=h(k_t)$，其中 k_t 为树在第 t 期的规模。伐树无任何成本，且木材价格 $p=1$，利率 r 保持不变，$\beta=1/(1+r)$。

1. 假设树不能重植，现值最大化问题可写为 $v(k)=\max\{k,\beta v[h(k)]\}$。$h$ 在什么假定下，存在一个简单规则可用以描述何时伐树？
2. 假设当树被砍倒时，可以在原地种植另一棵。假定重植成本 $c\geqq 0$ 长期不变，h 和 c 在什么假定下，存在一个简单规则可用以描述何时伐树？

习题 2.38　分别采用价值函数迭代、猜测价值函数、猜测政策函数三种方法求解下述动态规划问题：

$$\max_{\{c_t.k_{t+1}\}_{t=0}^{\infty}}\sum_{t=0}^{\infty}\beta^t\ln c_t$$

$$\text{s.t.}\qquad c_t+k_{t+1}=Ak_t^{\alpha},$$

其中 k_0 给定。

习题 2.39　求解如下微分方程：

1. $y'=t^2y$。
2. $y''-4y'+5y=0$。
3. $y''-2y'-3y=9t^2$。

习题 2.40　考虑如下两维自治微分方程组：

$$\frac{dx}{dt}=x(4-x-y),$$

$$\frac{dy}{dt}=y(6-y-3x).$$

1. 求解该动态系统的驻点。
2. 判断各个驻点的稳定性。

习题 2.41　求解如下差分方程：

1. $y(t+1)-2y(t)=4^t$。
2. $y(t+2)+3y(t+1)+2y(t)=0$。
3. $y(t+2)-y(t+1)-6y(t)=t+2$。

习题 2.42　假定 $X_1,X_2,\cdots,X_n$ 是 n 个独立同分布的随机变量，其分布函数为 F，概率密度函数为 f。令 $Y_1^{(n)},Y_2^{(n)},\cdots,Y_n^{(n)}$ 为相应的顺序统计量，它们满足 $Y_1^{(n)}\geqq Y_2^{(n)}\geqq\cdots\geqq Y_n^{(n)}$。

1. 求 $Y_n^{(n)}$ 的分布函数和概率密度函数。
2. 求 $E(Y_n^{(n)})$ 和 $\mathrm{Var}(Y_n^{(n)})$。
3. 求 $\mathrm{Cov}(Y_1^{(n)}, Y_n^{(n)})$。

习题 2.43 设 X 和 Y 是两个在区间 $[a,b]$ 上取值的随机变量。证明:

1. 若 X 一阶随机占优于 Y，则 X 必然二阶随机占优于 Y。
2. 若 X 二阶随机占优于 Y，则 $EX \geqq EY$。
3. 若 X 二阶随机占优于 Y 并且 $EX = EY$，则 $Eu(X) \geqq Eu(Y)$, 对所有凹的并且二次可微的函数 (不管是否递增) 均成立。
4. 若 X 二阶随机占优于 Y 并且 $EX = EY$，则 $\mathrm{Var}(X) \leqq \mathrm{Var}(Y)$。

习题 2.44 设 X 是一个非负随机变量，其分布函数和密度函数分别为 F 和 f。随机变量 X 的风险率定义为

$$\lambda_X : \mathcal{R}_+ \to \mathcal{R}_+, \quad \lambda_X(t) = \frac{f(t)}{1 - F(t)}.$$

若 $\lambda_X(\cdot) \leqq \lambda_Y(\cdot)$，则我们称在风险率意义下，$X$ 随机占优于 Y。假设 G 和 g 分别是随机变量 Y 的分布函数和密度函数。若 $f(\cdot)/g(\cdot)$ 是非减的函数，则我们称 (在似然比意义下)X 随机占优于 Y。证明下面的论断:

1. $\lambda_X(\cdot) \leqq \lambda_Y(\cdot)$ 当且仅当 $1 - G(t)/[1 - F(t)]$ 是非增的函数。
2. 似然比序比风险率序更强，即，若在似然比意义下，X 随机占优于 Y，那么在风险率意义下，X 必然随机占优于 Y 。

习题 2.45 证明：若 $X_1, X_2, \cdots, X_N$ 是关联的，并且 $\gamma(\cdot)$ 是一个递增的函数，则对任何 $x_1' > x_1$，均有

$$E[\gamma(Y_1)|X_1 = x_1'] \geqq E[\gamma(Y_1)|X_1 = x_1].$$

2.14 参考文献

教材和专著:

丁同仁, 李承治. 常微分方程教程. 2 版. 北京：高等教育出版社，2004.

蒋中一. 动态最优化基础. 北京：商务印书馆，1999.

Ahmad, S. and A. Ambrosetti (2014). *A Textbook on Ordinary Differential Equations*, Springer.

Bellman, R. (1957). *Dynamic Programming*, Princeton University Press.

Border, K. C. (1985). *Fixed Point Theorems with Applications to Economics and Game Theory*, Cambridge University Press.

Debreu, G. (1959). *Theory of Value*, Wiley.

Hildenbrand, W. and A. P. Kirman (1988). *Equilibrium Analysis: Variations on Themes by Edgeworth and Walras*, North-Holland.

Jehle, G. A. and P. Reny (1998). *Advanced Microeconomic Theory*, Addison-Wesley.

Krishna, K. (2002). *Auction Theory*, Academic Press.

Kamien, M. and N. L. Schwartz (1991). *Dynamic Optimization: The Calculus of Variations and Optimal Control in Economics and Management*, North-Holland.

Kreps, D. M. (2013). *Microeconomic Foundation I: Choice and Competitive Markets*, Princeton University Press.

Luenberger, D. (1995). *Microeconomic Theory*, McGraw-Hill.

Mas-Colell, A. , M. D. Whinston, and J. Green (1995). *Microeconomic Theory*, Oxford University Press.

Royden, H. L. (1989). *Real Analysis*, Prentice Hall.

Rubinstein, A. (2005). *Lecture Notes in Microeconomics (modeling the economic agent)*, Princeton Univeristy Press.

Rudin, W. (1976). *Principles of Mathematical Analysis*, McGraw-Hill.

Stockey, N. and R. Lucas (1989). *Recursive Methods in Economic Dynamics*, Harvard University Press.

Sydsaeter, K., A. Strom and P. Berck (2010). *Economist's Mathematical Manual (4th Edition)*, Springer.

Takayama, A. (1985). *Mathematical Economics(Second Edition)*, Cambridge University Press.

Tian, G. (2015). *Mathematical Economics (Lecture Notes)*.

Varian, H. R. (1992). *Microeconomic Analysis(Third Edition)*, W. W. Norton and Company.

Vinnogradov, V. (1999). *A Cook-Book of Mathematics*, CERGE-EI Lecture Notes.

论文：

Arrow, K. and G. Debreu (1954). “Existence of an Equilibrium for a Competitive Economy”, *Econometrica*, Vol. 22, No. 3, 265-290.

Browder, F. E. (1968). “The Fixed Point Theory of Multi-valued Mappings in Topological Vector Spaces”, *Mathematische Annale*, Vol. 177, 283-301.

Fan, K. (1984). “Some Properties of Convex Sets Related to Fixed Point Theorem”, *Mathematics Annuls*, Vol. 266, No. 4, 519-537.

Kakutani, S. (1941). “A Generalization of Brouwer's Fixed Point Theorem”, *Duke Mathematical Journal*, No. 8, 457-459.

Michael, E. (1956). “Continuous Selections I”, *Annals of Mathematics*, Vol. 63, No. 2, 361-382.

Modigliani, F. and M. Miller (1958). “The Cost of Capital, Corporation Finance and the Theory of Investment”, *American Economic Review*, Vol. 48, No. 3, 261-297.

Nessah, R. and G. Tian (2013). “Existence of Solution of Minimax Inequalities, Equilibria in Games and Fixed Points without Convexity and Compactness Assumptions”, *Journal of Optimization Theory and Applications*, Vol. 157, No. 1, 75-95.

G. Tian and Nessah, R. (2014). “On the Existence of Strong Nash Equilibria”, *Journal of Mathematical Analysis and Applications*, Vol. 414, No. 2, 871-885.

Samuelson, P. (1958). “An Exact Consumption-Loan Model of Interest with or without the Social Contrivance of Money”, *Journal of Political Economy,* Vol. 66, No. 6, 467-482.

Sonnenschein, H. (1971). “Demand Theory without Transitive Preferences, with Application to the Theory of Competitive Equilibrium”, in Chipman, J. S., L. Hurwicz, M. K. Richter, and H. Sonnenschein (Eds.), *Preferences, Utility, and Demand* (New York: Harcourt Brace Jovanovich).

Shafer, W. and H. Sonnenschein (1975). ”Equilibrium in Abstract Economies without Ordered Preferences”, *Journal of Mathematical Economics*, Vol. 2, Iss. 3, 345-348.

Tarski, A. (1955). “A Lattice-theoretical Fixpoint Theorem and Its Applications”, *Pacific Journal of Mathematics*, Vol. 5, No. 2, 285-309.

Tian, G. (1991). “Fixed Points Theorems for Mappings with Non-Compact and Non-Convex Domains”, *Journal of Mathematical Analysis and Applications*, Vol. 158, No. 1, 161-167.

Tian, G. (1992). “Generalizations of the FKKM Theorem and Ky-Fan Minimax Inequality, with Applications to Maximal Elements, Price Equilibrium, and Complementarity”, *Journal of Mathematical Analysis and Applications*, Vol. 170, No. 2, 457-471.

Tian, G. (1993). “Necessary and Sufficient Conditions for Maximization of a Class of Preference Relations”, *Review of Economic Studies*, Vol. 60, No. 4, 949-958.

Tian, G. (1994). “Generalized KKM Theorem, Minimax Inequalities, and Their Applications”, *Journal of Optimization Theory and Applications*, Vol. 83, No. 2, 375-389.

Tian, G. (2017). “Full Characterizations of Minimax Inequality, Fixed-Point Theorem, Saddle Point Theorem, and KKM Principle in Arbitrary Topological Spaces”, *Journal of Fixed Point Theory and Applications*, Vol. 19, No. 3, 1679-1693.

Tian, G. and R. Nessah (2013). “Existence of Solution of Minimax Inequalities, Equilibria in Games and Fixed Points without Convexity and Compactness Assumptions”, *Journal of Optimization Theory and Applications*, Vol. 157, No. 1, 75-95.

Tian, G. and J. Zhou(1992). “The Maximum Theorem and the Existence of Nash Equilibrium of (Generalized) Games without Lower Semicontinuities”, *Journal of Mathematical Analysis and Applications*, Vol. 166, No. 2, 351-364.

Tian, G. and J. Zhou (1995). “Transfer Continuities, Generalizations of the Weierstrass Theorem and Maximum Theorem: A Full Characterization”, *Journal of Mathematical Economics*, Vol. 24, No. 3, 281-303.

Yannelis, N. C. and Prabhakar, N. D. (1983). Existence of Maximal Elements and Equilibrium in Linear Topological Spaces”, *Journal of Mathematical Economics*, Vol. 12, No.3, 233-245.

Zhou, J. and G. Tian (1992). “Transfer Method for Characterizing the Existence of Maximal Elements of Binary Relations on Compact or Noncompact Sets”, *SIAM Journal on Optimization*, Vol. 2, No. 3, 360-375.

第一部分

个体决策的内在经济逻辑

第一部分

个体决策理论是整个经济学，特别是微观经济理论的基石，有必要从此开始学习。本部分个体决策理论由三章内容组成：消费者理论、生产者理论和不确定性下的选择，主要考察消费者和生产者如何选择最优行动或做出最优决策。自利性假设是现代经济学最核心的假设，也是最大的客观现实性，其合理性已在第 1 章进行了详细讨论。这一部分的内容主要是为了阐明个人是如何在理性假设下做出最优选择的。为此，我们需要首先弄清楚不受他人影响的决策是如何做出的这一基准情况，然后才考虑相互影响决策情形下的个体决策问题。决策人处于完全竞争的市场环境下，就典型地属于这种情况。这是由于，所有个体在竞争市场中都无法影响价格，任一经济人的决策都将独立于其他人的选择，个体选择不直接受他人选择的影响，他们仅仅通过价格间接地相互影响。这样，个体的最优选择将由主观因素（如个体的偏好或生产技术）和客观因素（如商品价格或生产要素价格）来决定。

我们首先讨论消费者理论，这一部分内容比较多，一方面是因为它最为基础，另一方面是因为其方法和结果对其他问题和领域提供了研究范式和参考。我们接下来在第 4 章考察生产者理论。我们将着重考察这两种理论的许多相似之处。它们共同构成了微观经济理论的基石。然后我们在第 5 章讨论个体在不确定情形下的个人选择问题。

在本部分，和第 2 章一样，向量不等号 $\geqq$、$\geqslant$ 和 $>$ 定义如下。令 $\boldsymbol{a},\boldsymbol{b}\in\mathcal{R}^n$。则 $\boldsymbol{a}\geqq\boldsymbol{b}$ 表示对所有的 $s=1,\cdots,n$，均有 $a_s\geqq b_s$；$\boldsymbol{a}\geqslant\boldsymbol{b}$ 表示 $\boldsymbol{a}\geqq\boldsymbol{b}$ 但 $\boldsymbol{a}\neq\boldsymbol{b}$；$\boldsymbol{a}>\boldsymbol{b}$ 表示对所有的 $s=1,\cdots,n$，均有 $a_s>b_s$。

第 3 章 消费者理论

3.1 导言

在本章中，我们讨论消费者理论，可视作个体决策的典型情况，基本上体现了一般情形下经济主体在面临有限资源和各种不同选择时如何进行决策的基本特征和关键要素。它是现代经济学的理论基础，在经济学家思考问题的方式中占据核心地位。

消费者选择问题的研究同样是在第 1 章所介绍的现代经济学基本分析框架下进行的。一个消费者尽管可由许多因素和特点来刻画，如喜好、性别、美丑、年龄、生活方式、财富、家庭、能力等等，但在现代经济理论研究消费者的选择行为时，需要抽象刻画出其最重要的特征。那么，上述哪些才是最重要的经济特征呢？一般来说，消费者的选择是由消费的主观偏好和客观约束条件共同决定的。由此，我们假设消费者在进行选择时会受到三个方面因素的影响，即消费集、财富 (或收入) 和偏好关系，构成了消费者的经济特征。消费者的经济特征以及消费者的行为假设在任何消费者理论模型中都是最基本的要素。

消费集是个体的所有可行消费选择的集合，有时也被称为选择集。偏好关系确定了消费者对不同消费组合选择的喜爱程度或者从中获得的满足感。行为假设给出了消费者在做选择或确定选择目标时的指导原则。在在商言商的情形下，一般来说，消费者通常寻找并选择最有利于其自身趣味或利益的选项。

此外，为了弄清楚个人在不受他人影响时是如何决策的问题，在本章我们假设消费者面临的是完全竞争市场，并且没有外部性，个体的消费决策不受其他经济人的消费或生产活动的影响，从而商品价格和个人收入都是作为参数给定的。

3.2 消费集和预算约束

3.2.1 消费集

考虑有 L 种商品的经济以及定义在其上的消费集，记为 X。**消费集**是消费者能想到的所有可能的**消费组合**或**消费束**。消费束常用加粗的小写字母 $\boldsymbol{x} = (x_1, \cdots, x_L)$ 表示，每个消费组合都包括 L 种商品，其中 x_i 是第 i 种商品的数量。我们通常假定 X 是 $\mathcal{R}^L$ 的一个子集，如图 3.1(b) 所示。但有时我们也使用更为具体的消费集。例如，我们可能假定休闲的消费集为实数区间，如图 3.1(a) 所示，或者我们假定消费集由高于和包括生存线的消费束组成，或者消费者可行的消费数量为整数单位，如图 3.2(a) 和 (b) 分别所示。

若不加以特别说明，我们假定 X 为**闭凸集**。消费集的凸性意味着每种商品都是完全可分的，且能消费非整数单位数量的商品。

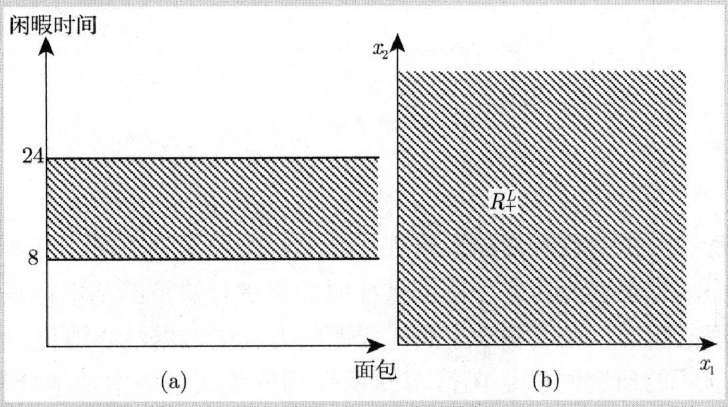

图 3.1 （a）反映了法定工作时数的消费集。（b）消费集 $\mathcal{R}^2_+$

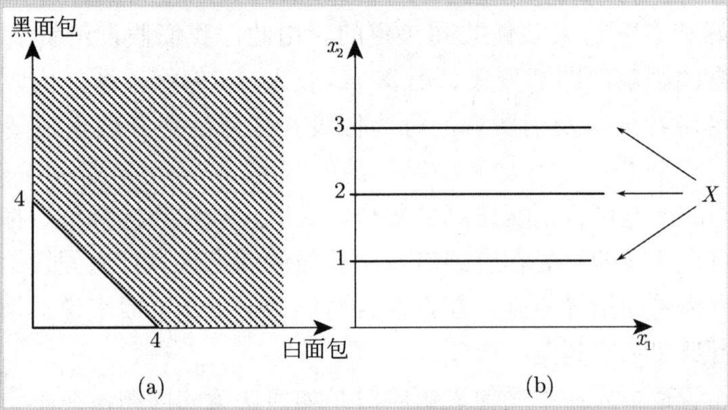

图 3.2 （a）反映了生存需要的消费集。（b）商品 2 的消费必须是整数单位的消费集

3.2.2 预算集

在消费者的基本选择问题中，由于资源的有限性，消费者并非都能支付得起所有的消费束，因此消费者的选择受其财富约束。在市场制度下，财富可能由其初始禀赋、个人所得和持有企业股票等收入决定。在讨论消费者的选择时，我们一般假设消费者的收入或者财富是固定的，且商品的价格不受消费者消费的影响 (完全竞争市场情形)，使得个人的决策独立于他人的决策。

令 I 为消费者的收入，$\boldsymbol{p} = (p_1, \cdots, p_L)$ 为商品价格向量。预算集指在消费者的收入和价格给定时，消费者能够买得起的所有可能的消费束构成的集合，由下式给出：

$$B(\boldsymbol{p}, I) = \{\boldsymbol{x} \in X : \boldsymbol{p}\boldsymbol{x} \leqq I\}, \tag{3.1}$$

其中，$\boldsymbol{px}$ 为价格向量和消费束的内积，即 $\boldsymbol{px} = \sum_{l=1}^{L} p_l x_l$，它是消费者在价格为 $\boldsymbol{p}$，选择 $\boldsymbol{x}$ 时花费在这些商品上的总支出。消费者的**预算线**是预算集的边界，表示全部收入被支出的情形。

考虑一个二维情形的预算集，其图形见图 3.3(a)。预算集的边界为消费者的预算线：

$$p_1 x_1 + p_2 x_2 = I, \tag{3.2}$$

或

$$x_2 = \frac{I}{p_2} - \frac{p_1}{p_2} x_1, \tag{3.3}$$

这里，预算线的斜率为 $-p_1/p_2$，x_1 轴截距为 $\frac{I}{p_1}$，表示可购买的商品 x_1 的最大数量，而 x_2 轴截距为 $\frac{I}{p_2}$，表示可购买的商品 x_2 的最大数量。预算线斜率的绝对值，即价格比 p_1/p_2 被称为商品 1 和 2 的**经济替代率** (economic rate of substitution)。由于价格给定，对每个消费者来说，是客观替代率。当某种商品的价格发生变化时，预算集会发生变化，见图 3.1 (b)。注意，所有商品的价格和收入同时乘以任一正数都不会改变预算集。

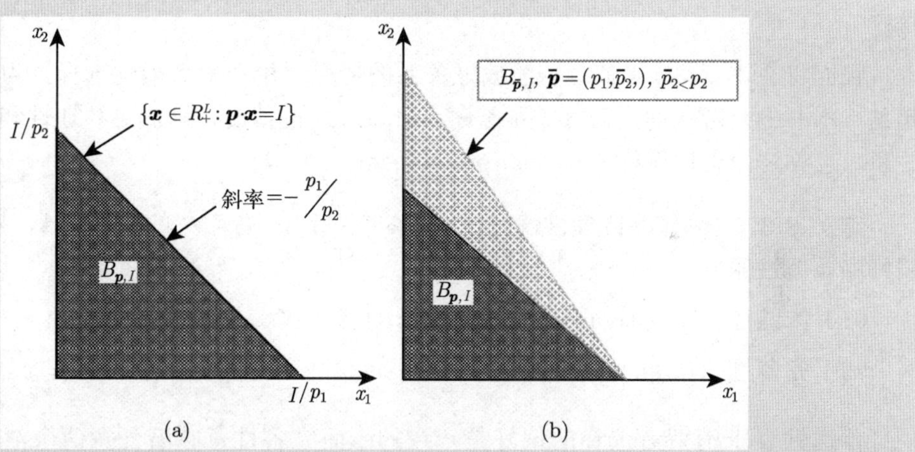

图 3.3　（a）预算集。（b）价格变化对预算集的影响

因此，预算集反映了消费者对商品的**客观** (objective) 购买能力和资源的**稀缺性** (scarcity)，它对消费者的选择有着重要影响。下面的命题刻画了预算集的特征。

命题 3.2.1 (预算集)　假设消费空间 $X \subseteq \mathcal{R}^L_+$ 是凸和紧的。当所有商品价格大于零，即对任意的 $l \in \{1, \cdots, L\}$ 都有 $p_l > 0$ 时，预算集是有界闭集，即紧集；同时预算集是一个凸集。

证明： 首先，$B(\boldsymbol{p}, I) = \{\boldsymbol{x} \in X : \boldsymbol{px} \leqq I\}$ 是有界的，这是因为若 $\boldsymbol{x} \in B(\boldsymbol{p}, I)$，显然对 $l \in \{1, \cdots, L\}$，都有 $x_l \leqq \frac{I}{p_l}$。其次，$B(\boldsymbol{p}, I)$ 是闭集，这是因为，对于任何一个满足 $x^t \in B(\boldsymbol{p}, I)$ 和 $\boldsymbol{x} = \lim_{t\to\infty} \boldsymbol{x}^t$ 的收敛序列 $\{\boldsymbol{x}^t\}_{t=1}^{\infty}$，由于对任意的 $\boldsymbol{x}^t$，都有 $\boldsymbol{px}^t \leqq I$，

于是由 X 的紧性，我们有 $\boldsymbol{px} \leqq I$，因此 $B(\boldsymbol{p}, I)$ 是闭集。最后，验证 $B(\boldsymbol{p}, I)$ 是凸集。假设 $\boldsymbol{x}^1, \boldsymbol{x}^2 \in B(\boldsymbol{p}, I)$，意味着 $\boldsymbol{px}^1 \leqq I, \boldsymbol{px}^2 \leqq I$。对于任意的 $t \in [0,1]$，由于 X 是凸的，我们有 $\boldsymbol{p}(t\boldsymbol{x}^1 + (1-t)\boldsymbol{x}^2) \leqq I$，因此，$B(\boldsymbol{p}, I)$ 是凸集。 □

3.3 偏好和效用

3.3.1 偏好

假设消费者对 X 上消费束的喜爱程度可用**偏好关系**表示，使得消费者能够在不同消费束之间根据偏好程度进行比较和选择。偏好关系的表现形式有三种：**“弱偏好关系”“严格偏好关系”“无差异关系”**，其中弱偏好关系为基础二元关系，其余两种关系可以在弱偏好关系的基础上导出，分别用 $\succcurlyeq$、$\succ$ 及 $\sim$ 表示这三种关系。$\boldsymbol{x} \succcurlyeq \boldsymbol{y}$ 表示“消费者认为消费束 $\boldsymbol{x}$ 至少和 $\boldsymbol{y}$ 一样好”；$\boldsymbol{x} \succ \boldsymbol{y}$ 表示“消费者认为消费束 $\boldsymbol{x}$ 至少和 $\boldsymbol{y}$ 一样好，但反过来不成立，”这被称为**$\boldsymbol{x}$ 严格优于 $\boldsymbol{y}$**，从而 $\succ$ 是 $\succcurlyeq$ 的非对此部分，称之为**非对此关系**；而 $\boldsymbol{x} \sim \boldsymbol{y}$ 表示“消费者认为消费束 $\boldsymbol{x}$ 至少和 $\boldsymbol{y}$ 一样好”，同时“消费束 $\boldsymbol{y}$ 至少和 $\boldsymbol{x}$ 一样好”。

我们将在本章 3.4.4 节对一般偏好关系的情况讨论消费者最优选择，为了直观和简单起见，本书主要考虑的是偏好关系是序 (ordering) 的情况，即满足传递性和完备性的偏好关系，也称之为**理性偏好** (rational preference)。

定义 3.3.1 (偏好序或理性偏好) *若偏好关系 $\succcurlyeq$ 满足以下两个特性，则称 $\succcurlyeq$ 是***一个偏好序或理性偏好**:

(1) **传递性** (transitivity): *对所有的 $\boldsymbol{x}, \boldsymbol{y}, \boldsymbol{z} \in X$，若 $\boldsymbol{x} \succcurlyeq \boldsymbol{y}$ 且 $\boldsymbol{y} \succcurlyeq \boldsymbol{z}$，则有 $\boldsymbol{x} \succcurlyeq \boldsymbol{z}$;*

(2) **完备性** (completeness): *对所有的 $\boldsymbol{x}, \boldsymbol{y} \in X$，或 $\boldsymbol{x} \succcurlyeq \boldsymbol{y}$ 或 $\boldsymbol{y} \succcurlyeq \boldsymbol{x}$。*

传递性要求消费者选择的偏好是一致的；而完备性意味着任意两个消费束都可相互比较。

有时，人们使用**完全** (total) 偏好的概念，连同**自反性** (即：对所有的 $\boldsymbol{x} \in X$，都有 $\boldsymbol{x} \succcurlyeq \boldsymbol{x}$) 和传递性来定义偏好序。若对所有的 $\boldsymbol{x}, \boldsymbol{y} \in X$ 和 $\boldsymbol{x} \neq \boldsymbol{y} \in X$，或 $\boldsymbol{x} \succcurlyeq \boldsymbol{y}$ 或 $\boldsymbol{y} \succcurlyeq \boldsymbol{x}$，则偏好关系 $\succcurlyeq$ 被称为**完全的或弱完备的** (total or weakly complete)。显然，$\succcurlyeq$ 是完备偏好当且仅当它是完全和自反偏好。因此，我们也可以说，如果偏好关系是自反的、传递的和完全的，那么它就是一个偏好序。

偏好关系 $\succcurlyeq$ 若是自反且传递的，则为**预序** (preorder)。若偏好关系同时满足预序性质和**反对称性**（即，$\boldsymbol{x} \succcurlyeq \boldsymbol{y}$ 且 $\boldsymbol{y} \succcurlyeq \boldsymbol{x}$ 蕴含 $\boldsymbol{x} = \boldsymbol{y}$），则成为**偏序** (partial order)。预序和偏序都弱于偏好序，因为它们可能不是完备的。注意，反对称性与非对称性是两个不同的概念：一个二元关系 R 是非对称的，当且仅当它是反对称的并且不具备自反性（即，不是对所有 $\boldsymbol{x} \in X$，都有 $\boldsymbol{x}R\boldsymbol{x}$）。

给定消费束 $\boldsymbol{x}$, 令 $U_w(\boldsymbol{x})=\{\boldsymbol{y}\in X:\boldsymbol{y}\succcurlyeq\boldsymbol{x}\}$ 为所有弱偏好于 $\boldsymbol{x}$ 的消费束的集合，称之为在 $\boldsymbol{x}$ 处的**上等高线集** (upper contour set)；令 $U_s(\boldsymbol{x})=\{\boldsymbol{y}\in X:\boldsymbol{y}\succ\boldsymbol{x}\}$ 为所有严格偏好于 $\boldsymbol{x}$ 的消费束的集合，称之为在 $\boldsymbol{x}$ 处的**严格上等高线集**；令 $L(\boldsymbol{x})=\{\boldsymbol{y}\in X:\boldsymbol{y}\preccurlyeq\boldsymbol{x}\}$ 为所有弱差于 $\boldsymbol{x}$ 的消费束的集合，称之为在 $\boldsymbol{x}$ 处的**下等高线集** (lower contour set)；令 $L_s(\boldsymbol{x})=\{\boldsymbol{y}\in X:\boldsymbol{y}\prec\boldsymbol{x}\}$ 为所有严格差于 $\boldsymbol{x}$ 的消费束的集合，称之为在 $\boldsymbol{x}$ 处的**严格下等高线集**。

第3章

图 3.4 中显示了一个通过 $\boldsymbol{x}$ 的上等高线集。**无差异曲线**表示给予消费者相同满意程度的所有消费束，由上等高线集的边界点组成。我们可以给出一族无差异曲线，称为**无差异图**，即一个包含一组无差异曲线的图表，显示了在每一条无差异曲线上消费者对所有消费束都是无差异的。因此，无差异图以图形方式表示了偏好关系。

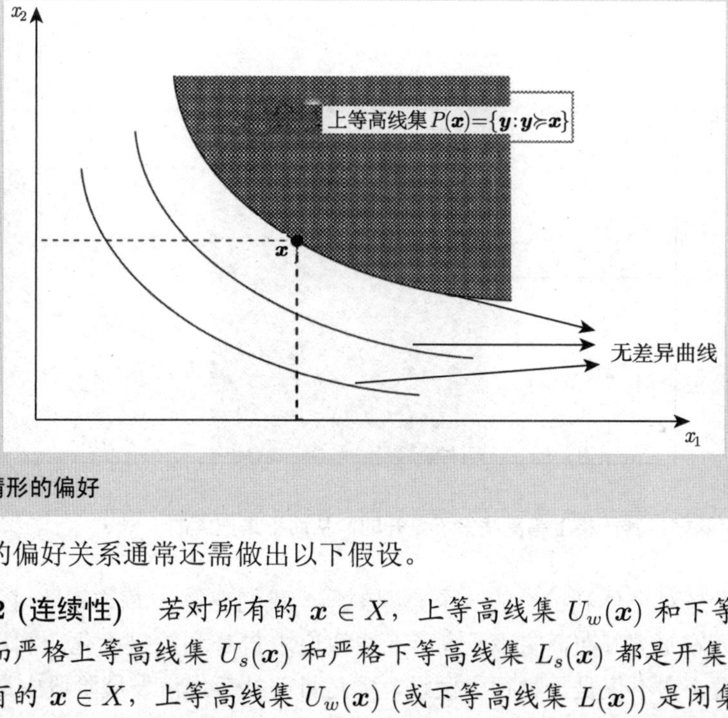

图 3.4　两维情形的偏好

对消费者的偏好关系通常还需做出以下假设。

定义 3.3.2 (连续性)　若对所有的 $\boldsymbol{x}\in X$，上等高线集 $U_w(\boldsymbol{x})$ 和下等高线集 $L_w(\boldsymbol{x})$ 都是闭集，从而严格上等高线集 $U_s(\boldsymbol{x})$ 和严格下等高线集 $L_s(\boldsymbol{x})$ 都是开集，则称 $\succcurlyeq$ 是**连续的**。若对所有的 $\boldsymbol{x}\in X$，上等高线集 $U_w(\boldsymbol{x})$ (或下等高线集 $L(\boldsymbol{x})$) 是闭集，从而严格下等高线集 $L_s(\boldsymbol{x})$(或严格上等高线集 $U_s(\boldsymbol{x})$) 是开集，则称 $\succcurlyeq$ 是**上 (或下) 连续的**。

连续性假设说明，若 $\{\boldsymbol{x}^i\}$ 是一系列至少同 $\boldsymbol{y}$ 一样好的消费束且该消费束序列收敛于 $\boldsymbol{x}^*$, 则 $\boldsymbol{x}^*$ 至少同 $\boldsymbol{y}$ 一样好。连续性假设的一个重要性质是：若 $\boldsymbol{y}$ 严格偏好于 $\boldsymbol{z}$ 且 $\boldsymbol{x}$ 充分接近 $\boldsymbol{y}$, 则 $\boldsymbol{x}$ 必然严格偏好于 $\boldsymbol{z}$。注意到，当偏好关系是偏好序时，上述关于偏好连续性的定义 $\succcurlyeq$ 等价于：对于所有在 X 中的 $\boldsymbol{x}^n$ 和 $\boldsymbol{y}^n$，若 $\lim_{n\to\infty}\boldsymbol{x}^n=\boldsymbol{x}$，$\lim_{n\to\infty}\boldsymbol{y}^n=\boldsymbol{y}$，且 $\boldsymbol{x}^n\succcurlyeq\boldsymbol{y}^n$，则 $\boldsymbol{x}\succcurlyeq\boldsymbol{y}$（见习题 3.3)。

并不是所有的理性偏好 (偏好序) 都满足连续性假设，字典序就是这样一个反例。

例 3.3.1 (字典序)　一种有趣的偏好是定义在 $\mathcal{R}^L$ 上的字典序，它按照从前至后的字母顺序排列定义如下：$\boldsymbol{x}\succcurlyeq\boldsymbol{y}$ 当且仅当存在某个 $l(1\leqq l\leqq L)$ 使得对 所有的 $i<l$，$x_i=y_i$

及 $x_l > y_l$，或对所有的 $i = 1, \cdots, L$，$x_i = y_i$。实质上，字典序偏好，类似按照字母的顺序，从商品束的第一种商品开始，依次比较商品束的一种偏好，若从某种商品开始存在差异，数值更大的商品束更为消费者所偏好。在这种偏好下，没有两个不同的消费束是无差异的，从而无差异集都是单一元素集。显然，字典序偏好并不连续。从两维的商品空间中可以看出来，对消费束 $\boldsymbol{y} = (1,1)$，其严格上等高线集 $U_s(1,1) = \{\boldsymbol{x} \in X : \boldsymbol{x} \succ (1,1)\}$ 不是开集，因为它包含了边界点。

此外，我们通常对偏好还施加两类假设：单调性和凸性假设。它们能使得需求函数具有良好性质。

图 3.5　字典序偏好：其严格上等高线集不是开的，从而不是连续的

单调性假设是对个体利己性的一个典型刻画。我们在第 1 章详细地讨论了个体行为的利己性，经济人在通常 (在商言商) 情形下往往追求自身利益最大化。利己性假设是经济学的根基性假设，它不仅是一种行为假设，更是目前社会经济发展阶段中最大的客观现实，而偏好凸性假设刻画了人们消费多元化的基本特征。

我们先给出在消费理论中关于偏好所用到的单调性强弱的各种定义。

定义 3.3.3 (各类单调性)　对偏好关系 $\succcurlyeq$，我们有:

(1) **强单调性** (strong monotonicity)：若对任意的 $\boldsymbol{x} \geqslant \boldsymbol{y}$(即 $\boldsymbol{x} \geqq \boldsymbol{y}$ 和 $\boldsymbol{x} \neq \boldsymbol{y}$)，均有 $\boldsymbol{x} \succ \boldsymbol{y}$，则称偏好关系 $\succcurlyeq$ 是**强单调的**;

(2) **单调性** (monotonicity): 若对任意的 $\boldsymbol{x} > \boldsymbol{y}$，均有 $\boldsymbol{x} \succ \boldsymbol{y}$，则称偏好关系 $\succcurlyeq$ 是**单调的**;

(3) **弱单调性** (weak monotonicity): 若对任意的 $\boldsymbol{x} \geqq \boldsymbol{y}$，均有 $\boldsymbol{x} \succcurlyeq \boldsymbol{y}$，则称偏好关系 $\succcurlyeq$ 是**弱单调的**;

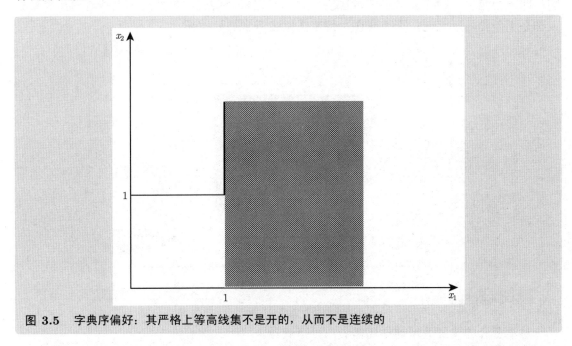

（4）**局部非饱和性** (local non-satiation)：若对任意的 $\boldsymbol{x} \in X$ 和任意的 $\epsilon > 0$，均存在满足 $|\boldsymbol{x}-\boldsymbol{y}| < \epsilon$ 的消费束 $\boldsymbol{y} \in X$，使得 $\boldsymbol{y} \succ \boldsymbol{x}$，则称偏好关系 $\succcurlyeq$ 是**局部非饱和的**；

（5）**非饱和性** (non-satiation)：若对任意的 $\boldsymbol{x} \in X$，均存在消费束 $\boldsymbol{y} \in X$ 使得 $\boldsymbol{y} \succ \boldsymbol{x}$，则称偏好关系 $\succcurlyeq$ 是**非饱和的**。

以上关于偏好的各种单调性给出了个体对商品欲望的强烈程度，除弱单调性外，都意味着个体对商品的欲望是无止境的。强单调性意味着越多越好，即若有其中一种商品数量增加，其他商品至少不减少，新的组合就严格好于原来的组合；单调性意味着每种商品的数量严格增加形成的新商品束对消费者来说都要好于原来的组合。弱单调性意味着每种商品都是**"喜爱"**(good) 品而不是**"劣等"**(bad) 品。非饱和性意味着个体的欲望是无止境的，而局部非饱和性则是说人们总是可以通过消费组合的微小调整来提高自己的满足感。

第3章

这些单调性被各种教科书所采用，读者可以直接从定义来验证：**强单调性意味着单调性和弱单调性；单调性意味着局部非饱和性；局部非饱和性意味着非饱和性**。

一般来说，非饱和性不意味着局部非饱和性。另外，令人有点意外的是，单调性并不能推出弱单调性。比如，对满足 $(2,2) \succ (1,1) \succ (1,2)$ 的偏好，它是单调的，但却不满足弱单调性。然而，如果偏好关系是连续的，则单调性意味着弱单调性。正式地，我们有下面的命题：

命题 3.3.1　假定偏好关系 $\succcurlyeq$ 是连续的，则单调性意味着弱单调性。

证明： 对任意的 $\boldsymbol{x} \geqq \boldsymbol{y}$ 及 $\epsilon > 0$，令 $\boldsymbol{x}_\epsilon = \boldsymbol{x} + \epsilon \boldsymbol{e}$，这里 $\boldsymbol{\iota}$ 为 $\mathcal{R}^L_+$ 上的分量全为 1 的向量。于是，由偏好关系的单调性，有 $\boldsymbol{x}_\epsilon \succ \boldsymbol{y}$。因此，当 $\epsilon \to 0$ 时，由偏好关系 $\succcurlyeq$ 的连续性，我们有 $\boldsymbol{x} \succcurlyeq \boldsymbol{y}$。 □

下面我们给出经济学中许多领域和理论，特别是消费者理论、博弈论、一般均衡理论及机制设计理论经常要用到的各种凸性的定义。

定义 3.3.4 (各类凸性)　假定 X 是凸集，$\succcurlyeq$ 是定义在 X 上的偏好关系，$\boldsymbol{x}$ 和 $\boldsymbol{x}'$ 是 X 中两个不同的消费束，对所有的 $t \in (0,1)$：

（1）**严格凸性** (strict convexity)：若 $\boldsymbol{x}' \succcurlyeq \boldsymbol{x}$ 意味着 $t\boldsymbol{x} + (1-t)\boldsymbol{x}' \succ \boldsymbol{x}$，则称偏好关系 $\succcurlyeq$ 是**严格凸的**；

（2）**强凸性** (strong convexity)：若 $\boldsymbol{x}' \sim \boldsymbol{x}$ 意味着 $t\boldsymbol{x} + (1-t)\boldsymbol{x}' \succ \boldsymbol{x}$，则称偏好关系 $\succcurlyeq$ 是**强凸的**；

（3）**凸性** (convexity)：若 $\boldsymbol{x}' \succ \boldsymbol{x}$ 意味着 $t\boldsymbol{x} + (1-t)\boldsymbol{x}' \succ \boldsymbol{x}$，则称偏好关系 $\succcurlyeq$ 是**凸的**；

（4）**弱凸性** (weak convexity)：若 $\boldsymbol{x}' \succcurlyeq \boldsymbol{x}$ 意味着 $t\boldsymbol{x} + (1-t)\boldsymbol{x}' \succcurlyeq \boldsymbol{x}$，则称偏好关系 $\succcurlyeq$ 是**弱凸的**。容易看出，弱凸性假设等价于：对任意 $\boldsymbol{x} \in X$，其上等高线集 $U_w(\boldsymbol{x}) = \{\boldsymbol{y} \in X : \boldsymbol{y} \succcurlyeq \boldsymbol{x}\}$ 都是凸的。

从以上这些定义可以看出，当偏好关系满足凸性时，无差异曲线允许直线段，而严格凸性和强凸性却不允许 (见图 3.6 和图 3.7)；当偏好关系满足弱凸性时，它可能包括有厚度的无差异曲线，而凸性却不包含有厚度的无差异曲线 (见图 3.8)。容易看出，严格凸性假设等价于：对任意 $\boldsymbol{x} \in X$，其上等高线集 $U_w(\boldsymbol{x}) = \{\boldsymbol{y} \in X : \boldsymbol{y} \succcurlyeq \boldsymbol{x}\}$ 是严格凸的（即上等高线集中任意两点的加权平均是其内点）。

需要指出的是，这里所给出的弱凸性定义在一些经典教科书中被称为凸性，如 Varian (1992) 以及 Mas-Colell、Whinston 和 Green (1995)，而我们称之为凸性的定义则来自 Debreu (1959)，即《价值论》(*Theory of Value*)。不同的教科书采用以上不同的凸性假设。比如，Varian (1992) 以及 Mas-Colell、Whinston 和 Green (1995) 采用的是严格凸性假设和弱凸性假设，而吉拉德·德布鲁在 Debreu (1959) 中采用的是强凸性和凸性假设。

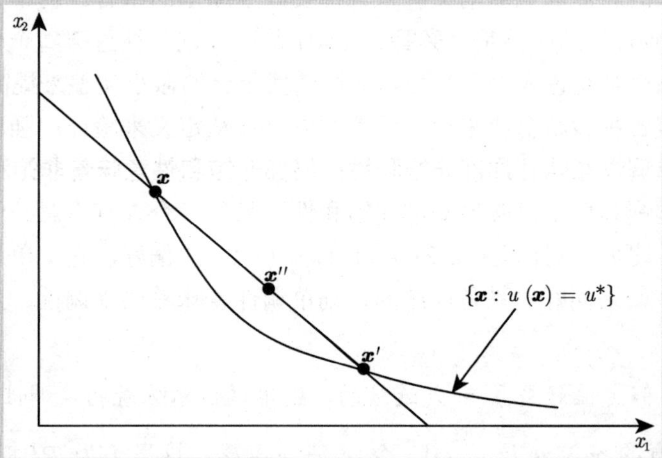

图 3.6 严格凸的无差异曲线

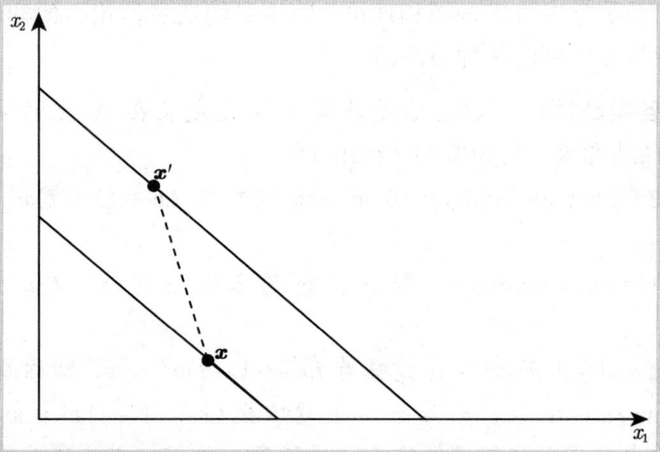

图 3.7 线性无差异曲线是凸的，但不是严格凸的

读者可以直接从定义来验证：**严格凸性意味着强凸性、凸性及弱凸性**。然而，其凸性之间的关系就不是那么确定。那么，在什么条件下它们中间的某些是等价的？在什么条件下它们有强弱关系？比如，严格凸性和强凸性在什么条件下是等价的？强凸性和凸性，以及凸性和弱凸性在什么条件下有蕴含关系？一般来说，**强凸性并不意味着 (严格) 凸性，凸性并不意味着弱凸性**。

图 3.8 给出了“厚”无差异曲线是弱凸的，但不是凸的例子。图 3.9 给出了偏好的凸性并不意味着弱凸性的例子，其偏好是凸的，但不是弱凸的，其效用函数表达式见例 3.3.5。从图 3.9 可看出，由无差异曲线 4-4 (即直线 $x+y=4$) 上所有点形成的集合不是凸集，在点 $(x,y)=(2,2)$ (即点 M）上的效用为 5，而在其他点上的效用为 6。这样，弱上等高线集不是凸集，从而偏好不是弱凸的。请读者自行构造出强凸性并不一定意味着（严格）凸性的反例。

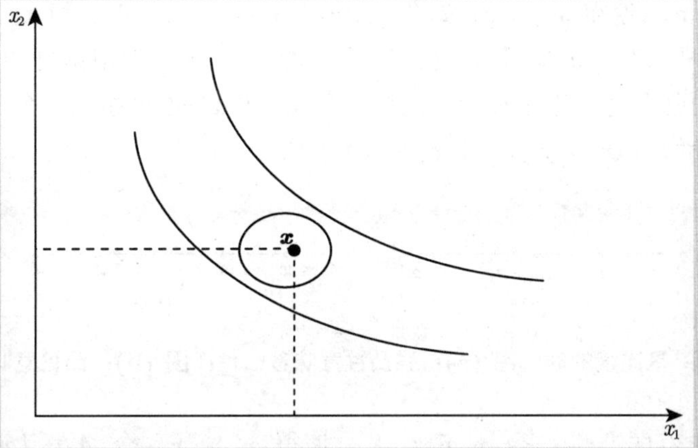

图 3.8 “厚”无差异曲线是弱凸的，但不是凸的

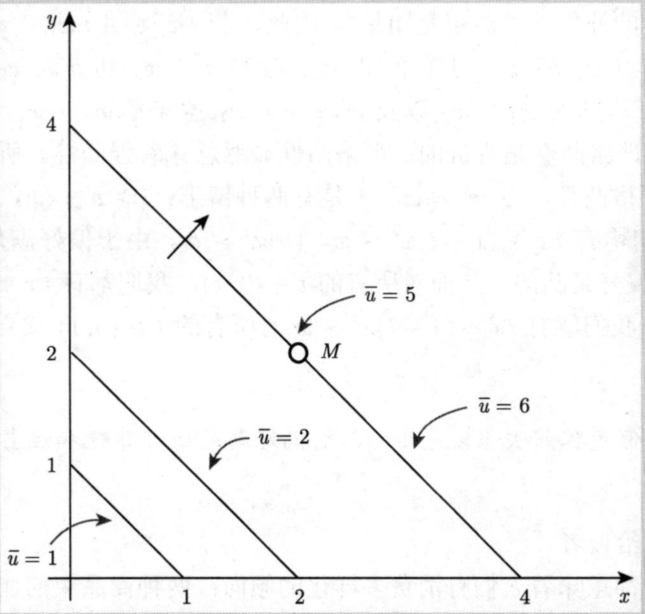

图 3.9 偏好关系是凸的，但不是弱凸的

然而，当偏好是连续的时，强凸性意味着凸性，而凸性意味着弱凸性，并且强凸性和严格凸性是等价的。此外，若偏好满足凸性，则非饱和性意味着局部非饱和性。正式地，我们有以下命题。

命题 3.3.2 假定偏好 $\succcurlyeq$ 是连续的，则有

（1）强凸性意味着凸性；

（2）凸性意味着弱凸性；

（3）强凸性和严格凸性是等价的。

证明： （1）强凸性意味着凸性：若不成立，存在 $\boldsymbol{x}, \boldsymbol{x}' \in X$ 使得 $\boldsymbol{x}' \succ \boldsymbol{x}$，并且在 $\boldsymbol{x}$ 和 $\boldsymbol{x}'$ 间存在一个 $\boldsymbol{x}_t$，使得 $\boldsymbol{x}_t \preccurlyeq \boldsymbol{x}$，如图 3.10(a) 所示。于是在 $\boldsymbol{x}$ 和 $\boldsymbol{x}_t$ 之间存在一个充分接近 $\boldsymbol{x}$ 的 $\boldsymbol{x}_1$，使得 $\boldsymbol{x}' \succ \boldsymbol{x}_1 \succ \boldsymbol{x}_t$。这是由于，若 $\boldsymbol{x} \succ \boldsymbol{x}_t$，则由偏好的连续性，显然是如此；若 $\boldsymbol{x} \sim \boldsymbol{x}_t$，由强凸性，也是如此。这样，在 $\boldsymbol{x}_t$ 和 $\boldsymbol{x}'$ 之间存在一个 $\boldsymbol{x}_2$，使得 $\boldsymbol{x}_1 \sim \boldsymbol{x}_2$，从而由强凸性，我们有 $\boldsymbol{x}_t \succ \boldsymbol{x}_1$，与 $\boldsymbol{x}_1 \succ \boldsymbol{x}_t$ 矛盾。

图 3.10 当偏好 $\succcurlyeq$ 是连续的时，图 (a)：强凸性意味着凸性；图 (b)：凸性意味着弱凸性

（2）凸性意味着弱凸性：令 $\boldsymbol{x}, \boldsymbol{x}' \in X$，使得 $\boldsymbol{x}' \succcurlyeq \boldsymbol{x}$。令 $A = \{\boldsymbol{x}_t \in X : \boldsymbol{x}_t = t\boldsymbol{x} + (1-t)\boldsymbol{x}', \forall t \in (0,1)\}$。我们需要证明集合 $\{\boldsymbol{x}_t \in A : \boldsymbol{x}_t \prec \boldsymbol{x}\} = \varnothing$。这个集合不能由单一点组成，否则，由偏好的连续性，与它在 A 中的补集 $\{\boldsymbol{x}_t \in A : \boldsymbol{x}_t \succcurlyeq \boldsymbol{x}\}$ 是闭集矛盾 (由一个点组成的闭集的补集不可能也是闭集)。因此，若 $\{\boldsymbol{x}_t \in A : \boldsymbol{x}_t \prec \boldsymbol{x}\}$ 不是空集，它至少包含两个不同的点 $\boldsymbol{x}_1$ 和 $\boldsymbol{x}_2$ (见图 3.10(b))，使得 $\boldsymbol{x} \succ \boldsymbol{x}_1$ 和 $\boldsymbol{x} \succ \boldsymbol{x}_2$。然而，由偏好的凸性假设，$\boldsymbol{x} \succ \boldsymbol{x}_2$ 意味着 $\boldsymbol{x}_1 \succ \boldsymbol{x}_2$ 以及 $\boldsymbol{x}' \succcurlyeq \boldsymbol{x} \succ \boldsymbol{x}_1$ 意味着 $\boldsymbol{x}_2 \succ \boldsymbol{x}_1$，矛盾。

（3）强凸性和严格凸性是等价的：严格凸性显然意味着强凸性。所以，我们只需要证明强凸性意味着严格凸性。令 $\boldsymbol{x}' \succcurlyeq \boldsymbol{x}$。于是有两种情形：(i) $\boldsymbol{x}' \sim \boldsymbol{x}$。由强凸性，对所有的 $t \in (0,1)$，我们均有 $t\boldsymbol{x} + (1-t)\boldsymbol{x}' \succ \boldsymbol{x}$。(ii)$\boldsymbol{x}' \succ \boldsymbol{x}$。由于偏好满足强凸性和连续性，从 (1)，我们知道偏好是凸的，从而对所有的 $t \in (0,1)$，我们都有 $t\boldsymbol{x} + (1-t)\boldsymbol{x}' \succ \boldsymbol{x}$。这样，只要 $\boldsymbol{x}' \succcurlyeq \boldsymbol{x}$，我们就有 $t\boldsymbol{x} + (1-t)\boldsymbol{x}' \succ \boldsymbol{x}$ 对所有的 $t \in (0,1)$ 成立。因此，强凸性意味着严格凸性。 □

命题 3.3.3 假定偏好关系$\succcurlyeq$是凸的，则偏好满足局部非饱和性当且仅当它满足非饱和性。

证明简单，留给读者。

以上各类凸性都意味着人们有消费多样化的倾向：两种商品束的加权平均不可能比单独任一商品束的效用要差。人们偏好于消费的多元化具有普遍性，一般情形下都成立。例如，在穿衣和饮食上人们就偏好于多元化。聚焦在“曲率”上也可以看出此点，对二维情

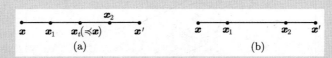

形，无差异曲线在某点的斜率的绝对值被称为商品 x_1 和 x_2 的**边际替代率** (marginal rate of substitution)，测度了消费者对两种商品的主观替代率。对 L 维情形，两种商品的边际替代率为无差异曲面在某个特定方向的斜率的绝对值。$\succ$ 的严格凸性意味着任意两种商品的“边际替代率递减”成立，如图 3.11 所示。因而偏好凸性假设可视为市场经济对多元化偏好基本性质的正式表述。

在心理学和幸福学中有两个极为重要的规律：反差 (contrast) 律和适应 (adaptation) 律。从本质上看，适应效应就是个体偏好的凸性效应在起作用。心理学中的适应律表明，人们对一件新鲜事物之所以适应得很快，或兴趣减少，或喜新厌旧，其实就是由于人们的偏好是凸的。比如，在你买下一件漂亮衣服或一辆好车后，随着时间流逝，新鲜感会很快过去，所以快乐感不会维持很久，这实际上就是边际替代率随着时间的推移在递减。若你的快乐都来自物质，你会很自然地想去买更好、更贵的东西，以此得到刺激感。这造成了人们往往一生都需要追着钱跑。其实，反差效应和适应效应是一个事物的两面。可做这样一个实验：有两盆水，一盆的水温是 20 摄氏度，一盆的水温是 40 摄氏度。若你把左手放在 20 摄氏度的水中，把右手放在 40 摄氏度的水中，你会有什么样的感觉呢？开始时，你的感觉是：左手有些凉，右手有些热。但是几分钟后，你既不觉得左手有多冷，也不觉得右手有多热，这就是你的适应效应在起作用了。但是，若这个时候，你把手拿出来，然后同时放进一盆 30 摄氏度的水中，那么感觉是什么呢？那就是你会感觉左手热而右手冷，会觉得 30 摄氏度的水更加热，这就是反差效应在起作用。

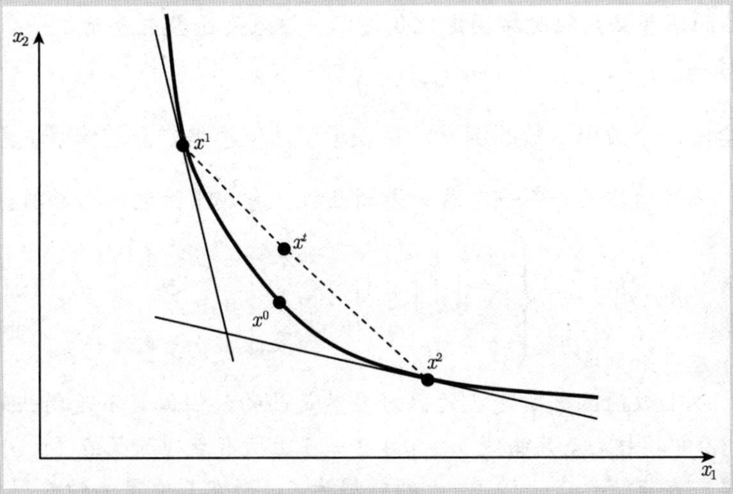

图 3.11　当商品 1 的消费增加时边际替代率递减

3.3.2　效用函数

直接处理偏好关系及其相关集合有时是方便的，但有时特别是当人们想做解析或实证量化分析时，直接处理表示偏好关系的效用函数更为方便。我们称函数 u: $X \to \mathcal{R}$ 为**效用**

函数，若 $\boldsymbol{x} \succcurlyeq \boldsymbol{y}$ 当且仅当 $u(\boldsymbol{x}) \geqq u(\boldsymbol{y})$，从而称效用函数 u: $X \to \mathcal{R}$ **表示了偏好关系** $\succcurlyeq$。这样，若效用函数存在，偏好关系 $\succcurlyeq$ 一定是序关系 (理性偏好)。下面我们给出几个典型效用函数的例子。

例 3.3.2 (柯布–道格拉斯效用函数) 在理论解释和实证中经常用到的一类效用函数是柯布–道格拉斯 (Cobb-Douglas) 效用函数

$$u(x_1, x_2, \cdots, x_L) = x_1^{\alpha_1} x_2^{\alpha_2} \cdots x_L^{\alpha_L}$$

其中，$\alpha_l > 0, l = 1, \cdots, L$。该效用函数表示了一个在 $\mathcal{R}^L_{++}$ 上连续、强单调和严格凸的偏好序。

例 3.3.3 (线性效用函数) 表示商品间**完全替代**的偏好序的效用函数是线性效用函数：

$$u(x_1, x_2, \cdots, x_L) = a_1 x_1 + a_2 x_2 + \cdots + a_L x_L,$$

其中，对所有的 $l = 1, \cdots, L$, $a_l \geqq 0$，且至少存在一个 l，使得 $a_l > 0$。该效用函数表示了一个在 $\mathcal{R}^L_+$ 上连续、单调和凸的偏好序。

例 3.3.4 (里昂惕夫效用函数) 表示商品间**完全互补**偏好序的效用函数是华西里 · 里昂惕夫 (Wassily Leontief, 1906—1999，其人物小传见 13.7.1 节)效用函数：

$$u(x_1, x_2, \cdots, x_L) = \min\{a_1 x_1, a_2 x_2, \cdots, a_L x_L\},$$

其中，对所有的 $l = 1, \cdots, L$, $a_l > 0$。该效用函数表示了这样的偏好：为了提高消费者的效用，所有商品的消费必须同时按固定比例增加。该效用函数也表示了一个在 $\mathcal{R}^L_+$ 上连续、单调和凸的偏好序。

我们现在给出一个效用函数的例子，它表示了凸但不是弱凸的偏好关系。

例 3.3.5 偏好的凸性并不一定意味着弱凸性。考虑下面的效用函数：

$$u(x, y) = \begin{cases} x + y, & \text{如果 } x + y < 4, \\ x + y + 2, & \text{如果 } x + y \geqq 4, x \neq y, \\ x + y + 1, & \text{如果 } x + y \geqq 4, x = y. \end{cases}$$

可以直接验证，以上效用函数所定义的偏好显然是凸的，但偏好不是弱凸的。比如，在前面讨论过的图 3.9中，由无差异曲线 $x + y + 2 = 6$ 上所有点（除了点 $(x, y) = (2, 2)$）组成的集合不是凸集，在点 $(x, y) = (2, 2)$ 上的效用为 5，而在其他点上的效用为 6。这样，上等高线集不是凸集，从而偏好不是弱凸的。

不是所有的偏好序都可以用效用函数表示。但我们可以证明任意 (上) 连续偏好序都可以用一个 (上半) 连续效用函数表示。[①] 下面定理证明：当偏好序连续时，它的效用函数存在。

① 对连续效用函数存在性的证明最早由 Debreu(1954) 给出。对上半连续效用函数和连续效用函数的统一证明，参见 Bosi 和 Mehta (2002)。

定理 3.3.1 (连续效用函数的存在性) 若偏好序是连续的，则存在一个连续效用函数 $u: \mathcal{R}^L_+ \to \mathcal{R}$ 表示了该偏好。

证明： 为了定理的证明简单和直观起见，像大多数教科书一样，这里我们仅对强单调偏好关系的情形给出证明，满足强单调假设使得证明大大简化。想了解完整的证明，参见 Jaffray (1975)。

令 $\boldsymbol{\iota}$ 为 $\mathcal{R}^L_+$ 上的分量全为 1 的向量。给定任意向量 $\boldsymbol{x}$，令 $u(\boldsymbol{x})$ 为满足 $\boldsymbol{x} \sim u(\boldsymbol{x})\boldsymbol{\iota}$ 的数。我们需要证明这样的数存在，且唯一。

令 $B = \{u \in \mathcal{R}\text{: } u\boldsymbol{\iota} \succcurlyeq \boldsymbol{x}\}$，$W = \{u \in \mathcal{R}\text{: } \boldsymbol{x} \succcurlyeq u\boldsymbol{\iota}\}$。则偏好的强单调性意味着 B 是非空的。W 当然也是非空的，因为 $0 \in W$。偏好的连续性意味着这两个集合都是闭的。由于实线是连通的，因此存在 $u_{\boldsymbol{x}}$，使得 $u_{\boldsymbol{x}}\boldsymbol{\iota} \sim \boldsymbol{x}$ 成立。我们要证明该效用函数的确表示了给定的偏好。令

$$u(\boldsymbol{x}) = u_{\boldsymbol{x}}, \quad \text{其中} \quad u_{\boldsymbol{x}}\boldsymbol{\iota} \sim \boldsymbol{x},$$
$$u(\boldsymbol{y}) = u_{\boldsymbol{y}}, \quad \text{其中} \quad u_{\boldsymbol{y}}\boldsymbol{\iota} \sim \boldsymbol{y}.$$

则若 $u_{\boldsymbol{x}} < u_{\boldsymbol{y}}$，则根据偏好的强单调性，我们有 $u_{\boldsymbol{x}}\boldsymbol{\iota} \prec u_{\boldsymbol{y}}\boldsymbol{\iota}$，而偏好的可传递性意味着有

$$\boldsymbol{x} \sim u_{\boldsymbol{x}}\boldsymbol{\iota} \prec u_{\boldsymbol{y}}\boldsymbol{\iota} \sim \boldsymbol{y}.$$

反之，若 $\boldsymbol{x} \prec \boldsymbol{y}$, 则 $u_{\boldsymbol{x}}\boldsymbol{\iota} \prec u_{\boldsymbol{y}}\boldsymbol{\iota}$，从而 $u_{\boldsymbol{x}}$ 必然小于等于 $u_{\boldsymbol{y}}$。

最后我们证明上面所定义的函数 u 是连续的。设 $\{\boldsymbol{x}_k\}$ 是一个满足 $\boldsymbol{x}_k \to \boldsymbol{x}$ 的序列。我们需要证明 $u(\boldsymbol{x}_k) \to u(\boldsymbol{x})$。若不然，则存在 $\epsilon > 0$ 和无穷多个正数 k，使得 $u(\boldsymbol{x}_k) > u(\boldsymbol{x}) + \epsilon$，或无穷多个正数 k，使得 $u(\boldsymbol{x}_k) < u(\boldsymbol{x}) - \epsilon$。不失一般性，我们假设第一种情形成立。这意味着，根据严格单调性，我们有 $\boldsymbol{x}_k \sim u(\boldsymbol{x}_k)\boldsymbol{\iota} \succ (u(\boldsymbol{x}) + \epsilon)\boldsymbol{\iota} \sim \boldsymbol{x} + \epsilon\boldsymbol{\iota}$。于是，根据偏好的传递性，我们有 $\boldsymbol{x}_k \succ \boldsymbol{x} + \epsilon\boldsymbol{\iota}$。但对充分大的 k，由 $\boldsymbol{x}_k \to \boldsymbol{x}$ 及严格单调性，有 $\boldsymbol{x} + \epsilon\boldsymbol{\iota} > \boldsymbol{x}_k$, 从而有 $\boldsymbol{x} + \epsilon\boldsymbol{\iota} \succ \boldsymbol{x}_k$, 这与 $\boldsymbol{x}_k \succ \boldsymbol{x} + \epsilon\boldsymbol{\iota}$ 矛盾。因此，u 必然是连续的。

□

当偏好序不连续时，其效用函数不一定存在。下面是这样的一个例子。

例 3.3.6 (字典序的效用函数非存在性) 给定上半连续效用函数 u, 对每个 $\bar{u}$, 其上等高线集 $\{\boldsymbol{x} \in X : u(\boldsymbol{x}) \geqq \bar{u}\}$ 必然是闭集。根据前面的讨论，定义在 $\mathcal{R}^L$ 上的字典序的上等高线集不是闭的，从而字典序不能用上半连续效用函数表示。进一步地，字典序不可能存在一个表示其偏好的效用函数。以两维的情形为例。如果存在一个效用函数，不妨记该效用函数为 $u(x_1, x_2)$。显然对于任意实数 x_1，根据字典序，有 $u(x_1, 2) > u(x_1, 1)$。由于有理数在实数上是稠密的，则存在着一个有理数 $r(x_1)$ 使得 $u(x_1, 2) > r(x_1) > u(x_1, 1)$。此外，对于不同的实数 x_1, y_1，按上面的方式找到的相对应的有理数也是不同的。这是因为，如果 $x_1 > y_1$ ($x_1 < y_1$ 的情形也是类似的)，那么根据字典序偏好，有 $r(x_1) > u(x_1, 1) > u(y_1, 2) > r(y_1)$。这就意味着，上面得到的 $r(\cdot)$ 是实数到有理数的一个单射（即：不同的 x 导致了不同的函数值），这意味着有理数的个数至少不少于实数的个数。然而，我们知道有理数是 (无限)

可数的，实数是 (无限) 不可数的，实数的基数大于有理数的基数，即实数的个数超过有理数的个数，矛盾。因此，字典序偏好不可能找到对应的效用函数。

效用函数的作用是它能有效地表示所对应的偏好序。用效用函数 u 的实际数值来刻画人们的选择，从本质上来说没有什么意义，只有 u 在任意两点的值的差才是重要的，即其最重要的特征是其序数性质。具体来说，我们可以证明，在任意严格递增变换意义下，效用函数都是唯一的。

定理 3.3.2 (效用函数关于单调变换的不变性) 若 $u(\boldsymbol{x})$ 表示偏好 $\succcurlyeq$，且 $f\colon \mathcal{R} \to \mathcal{R}$ 是严格单调递增函数，则 $f(u(\boldsymbol{x}))$ 也表示同一偏好。

证明： 这是因为 $f(u(\boldsymbol{x})) \geqq f(u(\boldsymbol{y}))$ 成立，当且仅当 $u(\boldsymbol{x}) \geqq u(\boldsymbol{y})$ 成立。 □

上述不变性定理在很多问题上都十分有用。例如，它可以简化从效用最大化问题求解需求函数的计算。

我们也可以用效用函数来计算商品之间的边际替代率。设 $u(x_1, \cdots, x_k)$ 为效用函数。假设我们提高商品 l 的数量，消费者该如何调整商品 k 的消费以保持其效用不变呢？

令 dx_l 和 dx_k 分别为 x_l 和 x_k 的微分。根据效用不变假设，效用的变化必然为零。因此全微分为零，即：

$$\frac{\partial u(\boldsymbol{x})}{\partial x_l} dx_l + \frac{\partial(\boldsymbol{x})}{\partial x_k} dx_k = 0.$$

从而有

$$\frac{dx_k}{dx_l} = -\frac{\dfrac{\partial u(\boldsymbol{x})}{\partial x_l}}{\dfrac{\partial u(\boldsymbol{x})}{\partial x_k}} \equiv -\frac{MU_{x_l}}{MU_{x_k}}. \tag{3.4}$$

这里

$$MRS_{xy} = \frac{MU_{x_l}}{MU_{x_k}} \tag{3.5}$$

表示了商品 l 和 k 的边际替代率，它刻画了 x_l 和 x_k 的边际效用 MU_{x_l} 和 MU_{x_k} 的比率。

备注：边际替代率与效用函数的单调变换无关。为证明这个结论，令 $v(u)$ 为效用函数的单调变换。则该效用函数 $v(u)$ 的边际替代率为：

$$\frac{dx_k}{dx_l} = -\frac{v'(u)\dfrac{\partial u(\boldsymbol{x})}{\partial x_l}}{v'(u)\dfrac{\partial u(\boldsymbol{x})}{\partial x_k}} = -\frac{\dfrac{\partial(\boldsymbol{x})}{\partial x_l}}{\dfrac{\partial(\boldsymbol{x})}{\partial x_k}}.$$

我们可通过考察效用函数来验证偏好序的重要性质。下述命题给出了这些性质。

命题 3.3.4 设 $\succcurlyeq$ 可以由效用函数 $u: X \to \mathcal{R}$ 表示。则：

(1) 偏好序 (严格) 单调当且仅当 u 是 (严格) 单调的；

(2) 偏好序 (上) 连续当且仅当 u 是 (上半) 连续的；

（3）偏好序是弱凸的当且仅当 u 是拟凹的，或等价地，若它的所有上半等高线集都是凸的；

（4）偏好序是严格凸的当且仅当 u 是严格拟凹的，或等价地，若它的所有上半等高线集都是严格凸的。

注意，函数 u 是**拟凹的**，若对任意的 $\boldsymbol{x}, \boldsymbol{x}' \in X$ 和任意的 $t \in (0,1)$，均有

$$u(t\boldsymbol{x} + (1-t)\boldsymbol{x}') \geqq \min\{u(\boldsymbol{x}), u(\boldsymbol{x}')\};$$

它是**严格拟凹的**，若弱不等式成为严格不等式。

备注：我们可以通过验证其加边海森 (bordered Hessian) 矩阵顺序主子式的符号来检验 $u(\boldsymbol{x})$ 的严格拟凹性，即

$$\begin{vmatrix} 0 & u_1 & u_2 \\ u_1 & u_{11} & u_{12} \\ u_2 & u_{21} & u_{22} \end{vmatrix} > 0,$$

$$\begin{vmatrix} 0 & u_1 & u_2 & u_3 \\ u_1 & u_{11} & u_{12} & u_{13} \\ u_2 & u_{21} & u_{22} & u_{23} \\ u_3 & u_{31} & u_{32} & u_{33} \end{vmatrix} < 0,$$

如此等等，其中 $u_l = \dfrac{\partial u}{\partial x_l}$，$u_{lk} = \dfrac{\partial^2 u}{\partial x_l \partial x_k}$。

例 3.3.7　假定偏好序可由柯布–道格拉斯效用函数表示：$u(x_1, x_2) = x_1^{\alpha} x_2^{\beta}$，其中 $\alpha > 0$，$\beta > 0$。则我们有

$$\begin{aligned} u_x &= \alpha x^{\alpha-1} y^{\beta}, \\ u_y &= \beta x^{\alpha} y^{\beta-1}, \\ u_{xx} &= \alpha(\alpha-1) x^{\alpha-2} y^{\beta}, \\ u_{xy} &= \alpha\beta x^{\alpha-1} y^{\beta-1}, \\ u_{yy} &= \beta(\beta-1) x^{\alpha} y^{\beta-2}. \end{aligned}$$

因此有

$$\begin{vmatrix} 0 & u_x & u_y \\ u_x & u_{xx} & u_{xy} \\ u_y & u_{xy} & u_{yy} \end{vmatrix} = \begin{vmatrix} 0 & \alpha x^{\alpha-1} y^{\beta} & \beta x^{\alpha} y^{\beta-1} \\ \alpha x^{\alpha-1} y^{\beta} & \alpha(\alpha-1) x^{\alpha-2} y^{\beta} & \alpha\beta x^{\alpha-1} y^{\beta-1} \\ \beta x^{\alpha} y^{\beta-1} & \alpha\beta x^{\alpha-1} y^{\beta-1} & \beta(\beta-1) x^{\alpha} y^{\beta-2} \end{vmatrix}$$

$$= x^{3\alpha-2} y^{3\beta-2} [\alpha\beta(\alpha+\beta)] > 0, \quad \forall\, (x,y) > 0,$$

这意味着 u 在 $\mathcal{R}_{++}^2$ 上是严格拟凹的。

3.4 效用最大化和最优选择

现代经济学和消费者理论对个体行为的一个最基本的假设是理性假设：在经济活动中追求自身利益最大化。具体到消费者来说，就是个体总是从预算集中选取其最优的消费组合。我们将考虑效用最大化行为并导出需求函数。

3.4.1 消费者的最优选择

在效用最大化问题中，消费者在预算集中选择消费束使其效用最大化。换句话说，效用最大化问题可写为：

$$\begin{aligned} &\max u(\boldsymbol{x}) \\ \text{s.t.}\quad &\boldsymbol{px} \leqq I, \\ &\boldsymbol{x} \in X. \end{aligned} \tag{3.6}$$

若效用函数 (上半) 连续，且预算集是有界闭集，则上述效用最大化问题必然存在解。正式地，我们有以下命题。

命题 3.4.1 (效用最大化选择的存在性) *假设 $u : \mathcal{R}_+^L \to \mathcal{R}$ 是一个上半连续的效用函数，且 $(p, I) \gg \mathbf{0}$，那么效用最大化问题有解。*

证明： 如果 $(p, I) \gg \mathbf{0}$，$B(\boldsymbol{p}, I)$ 是紧集，因为它是有界闭集。由于 $u(\cdot)$ 是上半连续的，根据魏尔斯特拉斯定理（见定理 2.6.1），它在紧集 $B(\boldsymbol{p}, I)$ 上必有最大值。 □

此外，在偏好的局部非饱和性假设下，任何最优消费组合都位于预算线上。

命题 3.4.2 *在局部非饱和性假设下，效用最大化消费束 $\boldsymbol{x}^*$ 必然使预算约束以等式成立。*

证明： 假设有 $\boldsymbol{px}^* < I$，则 $\boldsymbol{x}^*$ 是预算集的内点，从而对 X 中每个充分接近 $\boldsymbol{x}^*$ 的消费束的支出也是预算集的内点。根据局部非饱和性假设，必然在预算集中存在某个充分接近 $\boldsymbol{x}^*$ 的消费束 $\boldsymbol{x}$，使得 $\boldsymbol{x}$ 严格偏好于 $\boldsymbol{x}^*$。这意味着 $\boldsymbol{x}^*$ 没有在 $B(\boldsymbol{p}, I)$ 上最大化消费者的偏好，矛盾。 □

于是，消费者的问题可归结为：

$$\begin{aligned} &\max u(\boldsymbol{x}) \\ \text{s.t.}\quad &\boldsymbol{px} = I. \end{aligned}$$

上述问题的最优解 $\boldsymbol{x}$ 称为消费者的**需求束** (demand bundle) 或简称需求，它显示了给定价格和收入水平下每种商品的最优消费。一般来说，最优消费不是唯一的。记所有效用最大化消费束的集合为 $\boldsymbol{x}(\boldsymbol{p}, I)$，称之为消费者的**需求对应** (demand correspondence)。对每个 $(\boldsymbol{p}, I)$，若需求束是唯一的，则 $\boldsymbol{x}(\boldsymbol{p}, I)$ 为函数，称之为消费者的**需求函数**或**马歇尔需求函数**。从下述命题中我们将看到，偏好的严格凸性保证了最优消费束的唯一性。

命题 3.4.3 (需求束的唯一性)　若偏好是强凸的，则对任一 $\boldsymbol{p}>0$，在消费者的预算集 $B(\boldsymbol{p},I)$ 上都存在唯一消费束 $\boldsymbol{x}$，使得消费者的效用在该点处达到最大。

证明： 假设 $\boldsymbol{x}'$ 和 $\boldsymbol{x}''$ 都在 $B(\boldsymbol{p},m)$ 上最大化了 u，则 $\frac{1}{2}\boldsymbol{x}'+\frac{1}{2}\boldsymbol{x}''$ 也在 $B(\boldsymbol{p},I)$ 内，且由强凸性，它严格偏好于 $\boldsymbol{x}'$ 和 $\boldsymbol{x}''$, 矛盾。 □

由于对所有价格和收入同乘以相同的正数不改变预算集，也就不改变效用最大化问题的解，因此我们有下面的命题。

命题 3.4.4 (需求函数的齐次性)　消费者的需求函数 $\boldsymbol{x}(\boldsymbol{p},I)$ 相对于 $(\boldsymbol{p},I)>0$ 是零次齐次的，即：$\boldsymbol{x}(t\boldsymbol{p},tI)=\boldsymbol{x}(\boldsymbol{p},I)$。

回顾第 2 章，函数 $f(\boldsymbol{x})$ 称为 **k 次齐次的** (homogeneous of degree k)，若对所有的 $t>0$，均有 $f(t\boldsymbol{x})=t^k f(\boldsymbol{x})$。

3.4.2　效用最大化的一阶条件

只要效用函数是可微的，就可以用微积分方法来刻画消费者的最优消费行为。我们现采用拉格朗日乘子 (Lagrange multiplier) 法来求解有约束条件的最大化问题 (3.6)。效用最大化问题的拉格朗日函数 (Lagrange function) 为：

$$\mathcal{L}=u(\boldsymbol{x})-\lambda(\boldsymbol{p}\boldsymbol{x}-I),$$

其中 λ 为拉格朗日乘子。在局部非饱和假设下，对拉格朗日函数关于 x_i 和拉格朗日乘子分别求偏导并令其为零，得到了内点解的一阶条件：

$$\frac{\partial u(\boldsymbol{x})}{\partial x_l}-\lambda p_l=0,\quad l=1,\cdots,L. \tag{3.7}$$

$$\boldsymbol{p}\boldsymbol{x}=I. \tag{3.8}$$

可将方程 (3.7) 写为向量形式：

$$\boldsymbol{D}u(\boldsymbol{x})=\lambda\boldsymbol{p},$$

其中

$$\boldsymbol{D}u(\boldsymbol{x})=\left(\frac{\partial u(\boldsymbol{x})}{\partial x_1},\cdots,\frac{\partial u(\boldsymbol{x})}{\partial x_L}\right)$$

为 u 的**梯度向量** (gradient vector)，即 u 关于每个变量的偏导数向量。

为了解释这些条件，我们将第 l 种商品的一阶条件除以第 k 种商品的一阶条件，由此可得：

$$\frac{\dfrac{\partial u(\boldsymbol{x}^*)}{\partial x_l}}{\dfrac{\partial u(\boldsymbol{x}^*)}{\partial x_k}}=\frac{p_l}{p_k},\ l,k,=1,\cdots,L. \tag{3.9}$$

上式左边是商品 l 对 k 的边际替代率，右边是商品 l 对 k 的**经济替代率**。效用最大化意味着这两个替代率相等。若不然，设

$$\frac{\frac{\partial u(\boldsymbol{x}^*)}{\partial x_l}}{\frac{\partial u(\boldsymbol{x}^*)}{\partial x_k}} = \frac{1}{1} \neq \frac{3}{1} = \frac{p_l}{p_k}, \tag{3.10}$$

则若消费者放弃一单位的商品 l，购买一单位的商品 k，其效用将保持不变，但会节省两元。从而，总效用可以得到提高，与效用最大化的结果相矛盾。

图 3.12从几何上说明了上述论证过程。回顾消费者的预算线定义：$p_1x_1 + p_2x_2 = I$，或写成 $x_2 = I/p_2 - (p_1/p_2)x_1$ 的曲线。消费者希望找到预算线上的一点，使得其效用在该点达到最大。显然，在该内点处消费者的无差异曲线必然与预算线相切，从而商品 x_1 对 x_2 的边际替代率等于其经济替代率。

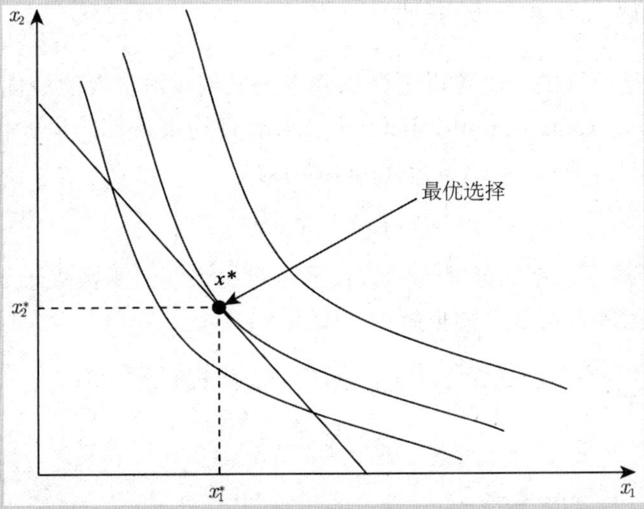

图 3.12 偏好最大化。最优消费束为无差异曲线和预算线的切点

备注：上面所导出的分析条件只有在选择变量可以在最优选择处是内点解时才有意义。在许多经济问题中，这些变量是非负的。若某个变量在最优选择处为零，则上面所给出的分析条件就不适用了，需要用到第 2 章所介绍的库恩–塔克 (Kuhn-Tucker) 定理中的一阶条件来刻画。对此**边界解** (boundary solution) 最优性条件的修改是容易的，得到更一般的一阶条件，称之为库恩–塔克条件：

$$\frac{\partial u(\boldsymbol{x})}{\partial x_l} - \lambda p_l \leqq 0, \quad 等式成立当\ x_l > 0\ \ l = 1, \cdots, L. \tag{3.11}$$

$$\boldsymbol{p}\boldsymbol{x} \leqq I, \quad 等式成立当\ \lambda > 0. \tag{3.12}$$

3.4.3　效用最大化的充分性

上述的一阶条件只是效用最大化的必要条件。为了确保它也是充分条件，我们需要添加附加假设。以下命题为 x^* 实现消费者效用最大化提供了充分条件：

命题 3.4.5 假设 $u:\mathcal{R}^L_+ \to \mathcal{R}$ 是可微的。那么，由式 (3.11) 和式 (3.12) 所给出的一阶条件，在满足以下条件之一的情况下，足以使 $\boldsymbol{x}^* \in \mathcal{R}^L_+$ 解出消费者在 $(\boldsymbol{p}, I) \in \mathcal{R}^L_+ \times \mathcal{R}_{++}$ 处的效用最大化问题：

（i）$u(\cdot)$ 是凹的。

（ii）$u(\cdot)$ 是拟凹的，且对于所有 $\boldsymbol{x} \in \mathcal{R}^L_+$，均有 $Du(\cdot) \neq 0$。

（iii）$u(\cdot)$ 是拟凹的，且 $(\boldsymbol{x}^*, \lambda^*) \gg \mathbf{0}$ 解出了 $(\boldsymbol{p}, I) \gg \mathbf{0}$ 的式 (3.11) 和式 (3.12)。

证明： 对于（i）和（ii）的证明，我们直接应用库恩–塔克定理（见第 2 章中的定理 2.6.13）。在这里，我们只需要证明在条件（iii）下也成立。

由于 $u(\cdot)$ 是可微的且拟凹，当 $u(\boldsymbol{x}') \geqq u(\boldsymbol{x})$ 时，我们有 $Du(\boldsymbol{x})(\boldsymbol{x}' - \boldsymbol{x}) \geqq 0$（见命题 2.4.2）。此外，由于 $(\boldsymbol{x}^*, \lambda^*)$ 是式 (3.11) 和式 (3.12) 的解，我们有：

$$Du(\boldsymbol{x}^*) = \lambda^* \boldsymbol{p},$$

$$p\boldsymbol{x}^* = I.$$

若 $\boldsymbol{x}^*$ 不是效用最大化的解，则必定存在某个 $\boldsymbol{x}' \geqq \mathbf{0}$，使得

$$u(\boldsymbol{x}') > u(\boldsymbol{x}^*),$$

$$p\boldsymbol{x}' \leqq I.$$

由于 $u(\cdot)$ 是连续的且 $I > 0$，上述不等式意味着

$$u(t\boldsymbol{x}') > u(\boldsymbol{x}^*),$$

$$tp\boldsymbol{x}' < I$$

对于某个充分接近 1 的 $t \subseteq [0,1]$ 成立。于是有：

$$\begin{aligned} Du(\boldsymbol{x}^*)(t\boldsymbol{x}' - \boldsymbol{x}^*) &= \lambda^* \boldsymbol{p}((t\boldsymbol{x}' - \boldsymbol{x}^*) \\ &= \lambda^*((t\boldsymbol{p}\boldsymbol{x}' - \boldsymbol{p}\boldsymbol{x}^*) \\ &< \lambda^*(I - I) = 0 \end{aligned}$$

这与 $u(t\boldsymbol{x}') > u(\boldsymbol{x}^*)$ 时 $Du(\boldsymbol{x}^*)(t\boldsymbol{x}' - \boldsymbol{x}^*) \geqq 0$ 的事实矛盾。 □

有了上述充分性条件，我们就可以求出满足一阶条件 (3.11) 和 (3.12) 的解 $(\boldsymbol{x}^*, \lambda^*)$。这些条件可以用来推出需求函数/对应 $x_i(\boldsymbol{p}, I)$。下面是一些示例。

例 3.4.1 假设偏好序由柯布–道格拉斯效用函数表示：

$$u(x_1, x_2) = x_1^a x_2^{1-a}, \quad 0 < a < 1,$$

则该函数在 $\mathcal{R}^2_{++}$ 上可微、强单调及严格凹的。由于对该函数的任意单调变换都表示相同的偏好，因此我们可以将其写为

$$u(x_1, x_2) = a \ln x_1 + (1-a) \ln x_2.$$

需求函数可通过求解下述问题求得:

$$\begin{aligned} &\max a \ln x_1 + (1-a)\ln x_2 \\ &\text{s.t.} \quad p_1 x_1 + p_2 x_2 = I. \end{aligned}$$

其一阶条件为

$$\frac{a}{x_1} - \lambda p_1 = 0,$$

和

$$\frac{1-a}{x_2} - \lambda p_2 = 0.$$

于是有

$$\frac{a}{p_1 x_1} = \frac{1-a}{p_2 x_2}.$$

将上式交叉相乘并利用预算约束，可得:

$$x_1(p_1, p_2, I) = \frac{aI}{p_1}.$$

将上式代入预算约束，得到第二种商品的需求函数:

$$x_2(p_1, p_2, I) = \frac{(1-a)I}{p_2}.$$

对有 L 种商品的柯布–道格拉斯效用函数:

$$u(x_1, x_2, \cdots, x_L) = \prod_{l=1}^{L} x_l^{a_l}, \quad a_l > 0, \quad \sum_{l=1}^{L} a_l = 1,$$

可验证，其需求函数为:

$$x_l(p, I) = \frac{a_l I}{p_l}.$$

例 3.4.2 假设偏好序可由里昂惕夫效用函数表示:

$$u(x_1, x_2) = \min\{a x_1, b x_2\}.$$

由于里昂惕夫效用函数不可微，其对应的效用最大化问题不能由一阶条件求得。不过，可用直接方法求出。设 $p > 0$。

最优解必然在无差异曲线的拐点 (kink point) 上，满足

$$a x_1 = b x_2.$$

将 $x_1 = \frac{b}{a} x_2$ 代入预算约束 $px = I$，有

$$p_1\frac{b}{a}x_2 + p_2x_2 = I.$$

因此需求函数为

$$x_2(p_1,p_2,I) = \frac{am}{bp_1 + ap_2},$$

以及

$$x_1(p_1,p_2,I) = \frac{bm}{bp_1 + ap_2}.$$

对有 L 种商品的里昂惕夫效用函数

$$u(x_1,x_2,\cdots,x_l,\cdots,x_L) = \min\{a_1x_1,a_2x_2,\cdots,a_Lx_L\},\quad a_l > 0,$$

可验证，其需求函数为：

$$x_l(p,I) = \frac{\dfrac{I}{a_l}}{\dfrac{p_1}{a_1} + \dfrac{p_2}{a_2} + \cdots + \dfrac{p_l}{a_l} + \cdots + \dfrac{p_L}{a_L}}.$$

例 3.4.3　假设偏好序可由线性效用函数表示：

$$u(x,y) = ax + by.$$

由于边际替代率 a/b 和经济替代率 p_x/p_y 都是常数，一般来说不相等，因而，只要 $a/b \neq p_x/p_y$，具有等式的一阶条件不可能成立。在这种情形下，效用最大化问题的最优解只能是角点解：只有某种商品的消费为正，另外一种商品的消费为零。该例子可很好地说明库恩–塔克定理在实际中的应用，并且对该例子的解给出更为正式的表示是有意义的。由于没有内点解，可采用库恩–塔克定理求解。

效用最大化问题的拉格朗日函数为：

$$L(x,y,\lambda) = ax + by + \lambda(I - p_xx - p_yy).$$

于是我们有：

$$\frac{\partial L}{\partial x} = a - \lambda p_x; \tag{3.13}$$

$$\frac{\partial L}{\partial y} = b - \lambda p_y; \tag{3.14}$$

$$\frac{\partial L}{\partial \lambda} = I - p_x - p_y. \tag{3.15}$$

有四种情形需要考虑：

情形 1：$x > 0$，$y > 0$。则有 $\frac{\partial L}{\partial x} = 0$，$\frac{\partial L}{\partial y} = 0$，从而有 $\frac{a}{b} = \frac{p_x}{p_y}$。由于 $\lambda = \frac{a}{p_x} > 0$，我们有 $p_xx + p_yy = I$，从而所有满足 $p_xx + p_yy = I$ 的 x 和 y 都是最优消费。这是由于，$\frac{a}{b} = \frac{p_x}{p_y}$ 意味着预算线和无差异曲线在最优消费束处完全重合，从而预算线上所有的点都是最优消费。

情形 2：$x > 0$，$y = 0$。则有 $\frac{\partial L}{\partial x} = 0$，$\frac{\partial L}{\partial y} \leqq 0$，从而有 $\frac{a}{b} \geqq \frac{p_x}{p_y}$。由于 $\lambda = \frac{a}{p_x} > 0$，我们有 $p_xx + p_yy = I$，从而 $x = \frac{I}{p_x}$ 和 $y = 0$ 为最优消费束。

情形 3: $x=0$, $y>0$。则有 $\frac{\partial L}{\partial x}\leqq 0$, $\frac{\partial L}{\partial y}=0$。因此有 $\frac{a}{b}\leqq\frac{p_x}{p_y}$。由于 $\lambda=\frac{b}{p_y}>0$, 我们有 $p_x x+p_y y=I$, 从而 $y=\frac{I}{p_y}$ 和 $x=0$ 为最优消费束。

情形 4: $x=0$, $y=0$。则有 $\frac{\partial L}{\partial x}\leqq 0$, $\frac{\partial L}{\partial y}\leqq 0$。由于 $\lambda\geqq\frac{b}{p_y}>0$, 我们有 $p_x x+p_y y=I$。由于 $x=0, y=0$, 则 $I=0$。这样, 当 $I\neq 0$ 时, 这种情况不可能出现。

因此, 需求函数可表示为:

$$(x(p_x,p_y,I),y(p_x,p_y,I))=\begin{cases}(I/p_x,0), & 若\ a/b>p_x/p_y.\\(0,I/p_y), & 若\ a/b<p_x/p_y,\\(x,I/p_y-xp_x/p_y), & 若\ a/b=p_x/p_y,\forall x\in[0,I/p_x].\end{cases}$$

备注: 事实上, 我们可以很容易通过比较无差异曲线和预算线的相对斜率来求得最优消费束。例如, 如图 3.13 所示, 当 $a/b>p_x/p_y$ 时, 无差异曲线更为陡峭一些, 因此, 最优消费束是消费者将所有收入都花在商品 x 上。当 $a/b<p_x/p_y$ 时, 无差异曲线更为平坦一些, 因此, 最优消费束是消费者将所有收入都花在商品 y 上。当 $a/b=p_x/p_y$ 时, 无差异曲线和预算线平行, 且在最优解处重合, 因此, 最优消费束是预算线上的所有点。

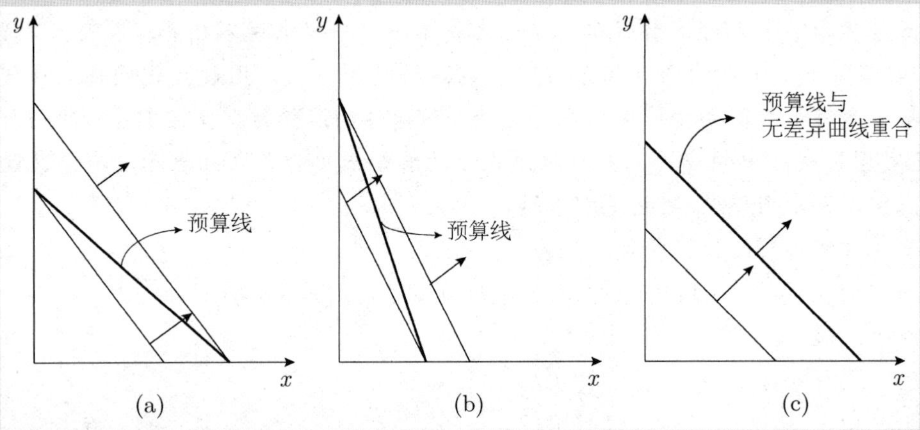

图 3.13 线性效用函数最大化的图解

3.4.4 非序偏好下的最大化

初学者或数学知识不多的读者可以跳过本节, 而不影响学习书中内容的连贯性。

由于个体的偏好各式各样, 甚至可能不是一个序偏好, 如偏好是非传递或非完全的, 特别是由多位个体组成一个群体时, 其偏好往往不满足传递性, 甚至不能比较, 也就是不满足完全性, 因而偏好序假设在许多情况下是一个较强的假设, 有必要放宽, 我们仍然可以考察消费者的最优选择问题, 这就是本节要介绍的内容。

正式地, 我们称二元关系是**非理性的**, 若它不是一个偏好序, 即不满足传递性或完备性, 甚至不满足非对称性。有两种方式可以被用来处理非理性偏好情形下消费者的最优选择问题：弱二元关系或严格二元关系 (也被称为非自反偏好)，分别记为 $\succcurlyeq$ 和 $\succ$。记 X 为消费空间。由于价格给定，记 $B = B(p)$。本节考虑更一般情形下的选择问题，因此可以将 B 视为 X 的任何一个可行子集。在经济学文献中，若 $\succ$ 是非对称的 (即 $\boldsymbol{x} \succ \boldsymbol{y}$ 意味着 $\boldsymbol{y} \succ \boldsymbol{x}$ 不成立)，二元关系 $\succcurlyeq$ 被称为**偏好关系**。

对任意给定的 $\boldsymbol{x} \in X$，$\succcurlyeq$ 在 $\boldsymbol{x}$ 处的弱上等高线集、弱下等高线集、严格上等高线集、严格下等高线集分别记为：$U_w(\boldsymbol{x}) = \{\boldsymbol{y} \in X : \boldsymbol{y} \succcurlyeq \boldsymbol{x}\}$，$L_w(\boldsymbol{x}) = \{\boldsymbol{y} \in X : \boldsymbol{x} \succcurlyeq \boldsymbol{y}\}$，$U_s(\boldsymbol{x}) = \{\boldsymbol{y} \in X : \boldsymbol{y} \succ \boldsymbol{x}\}$，以及 $L_s(\boldsymbol{x}) = \{\boldsymbol{y} \in X : \boldsymbol{x} \succ \boldsymbol{y}\}$。

对弱二元关系 $\succcurlyeq$，若存在 $\boldsymbol{x}^* \in B$ 使得 $\boldsymbol{x}^* \succcurlyeq \boldsymbol{x}$ 对所有的 $\boldsymbol{x} \in B$ 都成立，或等价地有 $B \cap [\bigcap_{\boldsymbol{x} \in B} U_w(\boldsymbol{x})] \neq \varnothing$，则称弱二元关系 $\succcurlyeq$ 在 B 上有**最大元** (greatest element)。对严格二元关系 $\succ$，若存在 $\boldsymbol{x}^* \in B$ 使得 $\neg \boldsymbol{x} \succ \boldsymbol{x}^*$ 对所有的 $\boldsymbol{x} \in B$ 成立，或等价地有 $B \cap U_s(\boldsymbol{x}^*) = \varnothing$，这里“$\neg$”表示没有或不存在，则称严格二元关系 $\succ$ 在 B 上有**极大元** (maximal element)。

其实，弱二元关系和严格二元关系这两种处理方式是等价的，定义和定理都可相互推导出来。前面已经说明了如何从弱二元关系 $\succcurlyeq$ 定义非自反的严格二元关系 $\succ$。对严格二元关系 $\succ$，也可以定义弱二元关系 $\succcurlyeq$(称之为 $\succ$ 的完备化)：$\boldsymbol{x} \succcurlyeq \boldsymbol{y}$ 当且仅当 $\boldsymbol{y} \succ \boldsymbol{x}$ 不成立，这样 $\succcurlyeq$ 是一个自反和完全的弱二元关系。因此，不失一般性，下面主要考虑弱二元关系 $\succcurlyeq$ 下的最优选择问题，不妨假设 $B = X$。

著者及其合作者在 Tian (1992, 1993) 以及 Zhou 和 Tian (1992) 中系统发展了研究最优问题的转移方法，引入了转移传递性、转移连续、转移凸性。这些概念的引入大大放宽了通常所假定的条件，并且可以被用来完全刻画消费者的最优选择是否存在的问题。下面先介绍这些转移性条件。

各类转移传递性

下面比较系统地给出了各类关于二元关系 $\succcurlyeq$ 的转移传递性假设。

定义 3.4.1 我们称定义在 X 上的二元关系 $\succcurlyeq$ 为：

(1) **转移n-极大**，若对每个有限子集 $\{\boldsymbol{x}_1, \boldsymbol{x}_2, \cdots, \boldsymbol{x}_n\} \subseteq X$，都存在 $\boldsymbol{x}' \in X$ 使得 $\boldsymbol{x}' \succcurlyeq \{\boldsymbol{x}_1, \boldsymbol{x}_2, \cdots, \boldsymbol{x}_n\}$；

(2) **转移有限极大** (transfer finitely maximal)，若存在着转移 n 极大元，$n = 1, 2, \cdots$；

(3) **n-非循环**，若 $\boldsymbol{x}_1 \succ \boldsymbol{x}_2 \succ \cdots \succ \boldsymbol{x}_k$ 意味着 $\boldsymbol{x}_1 \succcurlyeq \boldsymbol{x}_k$，$k = 1, 2, \cdots, n$ (1 循环，即 $\boldsymbol{x} \succcurlyeq \boldsymbol{x}$，意味着它的完备化 $\succcurlyeq$ 是自反的)；

(4) **非循环**，若它是 n 非循环的，$n = 1, 2, \cdots$；

(5) **转移 n-严格极大**，若对所有使得 $\boldsymbol{y}_i \succ \boldsymbol{x}_i$ 的 $\boldsymbol{y}_i, \boldsymbol{x}_i \in X$，$i = 1, 2, \cdots, n$，存在 $\boldsymbol{x}' \in X$，使得 $\boldsymbol{x}' \succ \{\boldsymbol{x}_1, \boldsymbol{x}_2, \cdots, \boldsymbol{x}_n\}$；

(6) **转移有限严格极大**，若它是转移 n 严格极大，$n = 1, 2, \cdots$；

(7) **n-链接 (link) 传递**，若 $\boldsymbol{y} \succ \boldsymbol{x}_0 \succcurlyeq \boldsymbol{x}_1 \succcurlyeq \cdots \succcurlyeq \boldsymbol{x}_n \succ \boldsymbol{z}$ 意味着 $\boldsymbol{y} \succ \boldsymbol{z}$；

(8) **链接传递的**，若它是 n 传递的，$n = 0, 1, 2, \cdots$；

(9) **完全传递的**，若 $\boldsymbol{x} \succcurlyeq \boldsymbol{y} \succcurlyeq \boldsymbol{z}$ 意味着 $\boldsymbol{x} \succcurlyeq \boldsymbol{z}$。

备注：这些定义和术语统一并包括了经济学文献中许多通常采用的二元关系。比如，对以上定义 (1)、(3)、(5) 和 (7)，我们有

（1）1-非循环意味着 $\succcurlyeq$ 是自反的：$\boldsymbol{x} \succcurlyeq \boldsymbol{x}$，或 $\succ$ 是非自反的：没有 $\boldsymbol{x} \succ \boldsymbol{x}$。

（2）2-非循环意味着 $\succ$ 是非对称的，即：若 $\boldsymbol{x} \succ \boldsymbol{y}$，则没有 $\boldsymbol{y} \succ \boldsymbol{x}$。这意味着 $\succcurlyeq$ 是一个偏好关系。

（3）0-链接意味着 $\succ$ 是弱传递的 (由 Campbell 和 Walker (1990) 给出)，即：$\boldsymbol{y} \succ \boldsymbol{x}_0 \succ \boldsymbol{z}$ 意味着 $\boldsymbol{y} \succ \boldsymbol{z}$。从而 0 链接传递意味着“$\succ$”是半序的 (partial ordering)。

（4）1-链接传递意味着 $\succ$ 是超传递的 (extratransitive)(由 Campbell 和 Walker (1990) 给出)。

不难证明 (参见 Zhou 和 Tian (1992))，以上所列出的各种传递性有以下隐含关系，而反之不成立 ($\oplus$ 表示 $\succ$ 是非对称的)：

$$
\begin{array}{cccccc}
 & & (9) & & & \\
 & & \overset{\oplus}{\Downarrow} & & & \\
 & & (8) & & & \\
 & & \Downarrow & & & \\
 & & (7) & & & \\
 & \swarrow\swarrow & & \searrow\searrow & & (n>0) \\
(4) & & & & & (6) \\
\Downarrow & \searrow\searrow & & \swarrow\swarrow & \oplus & \Downarrow \\
(3) & & (2) & & & (5) \\
(\text{同样 } n) & \searrow\searrow & \Downarrow & \swarrow\swarrow & \oplus & (\text{同样 } n) \\
 & & (1) & & &
\end{array}
$$

转移连续性

定义 3.4.2 令 X 是拓扑空间 Y 的一个子集，令 $\boldsymbol{z}$ 是 X 中的任意点，$\mathcal{N}(\boldsymbol{z})$ 是 $\boldsymbol{z}$ 的一个邻域。我们称定义在 X 上的二元关系 $\succcurlyeq$ 是

（1）**上连续的**，若对任意的 $\boldsymbol{x} \in X$ 和 $\boldsymbol{y} \in Y$，$\boldsymbol{x} \succ \boldsymbol{y}$ 意味着存在 $\mathcal{N}(\boldsymbol{y})$ 使得 $\boldsymbol{x} \succ \mathcal{N}(\boldsymbol{y})$；

（2）**弱上连续的**，若对任意的 $\boldsymbol{x} \in X$ 和 $\boldsymbol{y} \in Y$，$\boldsymbol{x} \succ \boldsymbol{y}$ 意味着存在 $\mathcal{N}(\boldsymbol{y})$ 使得 $\boldsymbol{x} \succcurlyeq \mathcal{N}(\boldsymbol{y})$；

（3）**转移上连续的**，若对任意的 $\boldsymbol{x} \in X$ 和 $\boldsymbol{y} \in Y$，$\boldsymbol{x} \succ \boldsymbol{y}$ 意味着存在 $\boldsymbol{x}' \in X$ 和 $\mathcal{N}(\boldsymbol{y})$ 使得 $\boldsymbol{x}' \succ \mathcal{N}(\boldsymbol{y})$；

（4）**转移准上连续的** (transfer pseudo upper continuous)，若对任意的 $\boldsymbol{x} \in X$ 和 $\boldsymbol{y} \in Y$，$\boldsymbol{x} \succ \boldsymbol{y}$ 意味着存在 $\boldsymbol{x}' \in X$ 和 $\mathcal{N}(\boldsymbol{y})$ 使得 $\boldsymbol{x}' \succ \boldsymbol{y}$ 和 $\boldsymbol{x}' \succcurlyeq \mathcal{N}(\boldsymbol{y})$；

（5）**弱转移上连续的**，若对任意的 $\boldsymbol{x} \in X$ 和 $\boldsymbol{y} \in Y$，$\boldsymbol{x} \succ \boldsymbol{y}$ 意味着存在 $\boldsymbol{x}' \in X$ 和 $\mathcal{N}(\boldsymbol{y})$ 使得 $\boldsymbol{x}' \succcurlyeq \mathcal{N}(\boldsymbol{y})$。

备注：显然，$\succcurlyeq$ 是上连续的当且仅当对所有的 $\boldsymbol{x} \in X$，$U_s^{-1}(\boldsymbol{x}) = L_s(\boldsymbol{x})$ 都是开的；$\succcurlyeq$ 是弱转移上连续的当且仅当 U_w 是转移闭值对应。回顾第 2 章的内容，可知一个对应 $G: X \to 2^Y$ 是**转移闭值的**，若对任意的 $\boldsymbol{x} \in X$，$\boldsymbol{y} \notin G(\boldsymbol{x})$ 意味着都存在 $\boldsymbol{x}' \in X$ 使得 $\boldsymbol{y} \notin cl\, G(\boldsymbol{x}')$，即 $\boldsymbol{y}$ 不是 $G(\boldsymbol{x}')$ 的闭包的一个元素。

显然，以上所列出的各种连续性是从强到弱，而反之则不见得不成立。

转移凸性

定义 3.4.3　我们称定义在 X 上的弱二元关系 $\succcurlyeq$ 是

（1）**FS-凸**，若 $U_w: X \to 2^X$ 是 FS-凸的，即：对 X 的任意有限子集 $\{\boldsymbol{x}_1, \boldsymbol{x}_2, \cdots, \boldsymbol{x}_m\}$，都有 $co\{\boldsymbol{x}_1, \boldsymbol{x}_2, \cdots, \boldsymbol{x}_m\} \subseteq \bigcup_{j=1}^m U_w(\boldsymbol{x}_j)$；

（2）**转移FS-凸**，若 $U_w: X \to 2^X$ 是转移 FS-凸的，即：对任意 X 的有限子集 $\{\boldsymbol{x}_1, \boldsymbol{x}_2, \cdots, \boldsymbol{x}_m\}$，都存在一个对应的有限子集 $\{\boldsymbol{y}_1, \boldsymbol{y}_2, \cdots, \boldsymbol{y}_n\} \subseteq X$，使得对任意 $\{\boldsymbol{y}_{i_1}, \boldsymbol{y}_{i_2}, \cdots, \boldsymbol{y}_{i_s}\}(1 \leqq s \leqq n) \subseteq \{\boldsymbol{y}_1, \boldsymbol{y}_2, \cdots, \boldsymbol{y}_n\}$)，我们有

$$co\{\boldsymbol{y}_{i_1}, \boldsymbol{y}_{i_2}, \cdots, \boldsymbol{y}_{i_s}\} \subseteq \bigcup_{r=1}^{s} G(\boldsymbol{x}_{i_r}).$$

定义 3.4.4　我们称定义在 X 上的严格二元关系 $\succ$ 是

（1）**SS-凸**，若 $U_s: X \to 2^X$ 是 SS-凸的，即：对所有的 $\boldsymbol{x} \in X$，$\boldsymbol{x} \notin co\, U_s(\boldsymbol{x})$；

（2）**转移SS-凸**，若 $U_s: X \to 2^X$ 是转移SS-凸的，即：对任意 X 的有限子集 $\{\boldsymbol{x}_1, \boldsymbol{x}_2, \cdots, \boldsymbol{x}_m\}$，都存在一个对应的有限子集 $\{\boldsymbol{y}_1, \boldsymbol{y}_2, \cdots, \boldsymbol{y}_m\} \subseteq X$，使得对任意 $\{\boldsymbol{y}_{i_1}, \boldsymbol{y}_{i_2}, \cdots, \boldsymbol{y}_{i_k}\} \subseteq \{\boldsymbol{y}_1, \boldsymbol{y}_2, \cdots, \boldsymbol{y}_n\}$，$1 \leqq k \leqq m$，以及任意 $\boldsymbol{y}_{i0} \in co\{\boldsymbol{y}_{i_1}, \boldsymbol{y}_{i_2}, \cdots, \boldsymbol{y}_{i_k}\}$，我们都有 $\boldsymbol{x}_{i_j} \notin U_s(\boldsymbol{y}_{i0})\ \forall 1 \leqq r \leqq s$。

备注：FS-凸和 SS-凸给出了有限集 $\{\boldsymbol{x}_1, \boldsymbol{x}_2, \cdots, \boldsymbol{x}_n\}$ 和它的闭包的关系，而转移 FS-凸和转移SS-凸给出了有限集 $\{\boldsymbol{x}_1, \boldsymbol{x}_2, \cdots, \boldsymbol{x}_n\}$ 和它的对应有限子集 $\{\boldsymbol{y}_1, \boldsymbol{y}_2, \cdots, \boldsymbol{y}_n\}$ 的闭包关系。由于 $\{\boldsymbol{y}_1, \boldsymbol{y}_2, \cdots, \boldsymbol{y}_n\}$ 不见得和 $\{\boldsymbol{x}_1, \boldsymbol{x}_2, \cdots, \boldsymbol{x}_n\}$ 相同，二元关系 $\succcurlyeq$ 是 FS-凸意味着它是转移FS-凸，是 SS-凸意味着转移SS-凸。转移FS-凸和转移 SS-凸是非常弱的凸条件。例如，对任意偏好序，弱上等高线集对应 $U_w X \to 2^X$ 是转移FS-凸的（令 $\boldsymbol{y}_1 = \cdots = \boldsymbol{y}_m = \boldsymbol{y}^*$，这里 $\boldsymbol{y}^*$ 是有限子集 $\{\boldsymbol{x}_1, \boldsymbol{x}_2, \cdots, \boldsymbol{x}_m\}$）的最大元。然而，$U_w$ 也许不是 FS-凸的，除非它是凸值的。这样，只要 $\succcurlyeq$ 是偏好序，它就是 FS-凸的。更一般地，若 $\succ$ 是非循环的，或是反对称的 (antisymmetric)、非自反的 (irreflexive) 和负传递的 (negatively transitive)，则它是转移SS-凸的。①

有了上面这些关于各类转移传递、转移连续、转移凸性的概念，我们就能够在这些弱的条件下，证明消费者最优选择存在。事实上，根据定义，我们立即有下面的结论：

① 一个二元关系 $\succ$ 是**反对称的**，若对任意的 $\boldsymbol{x}, \boldsymbol{y} \in Z$，$\boldsymbol{x} \neq \boldsymbol{y}$ 意味着 $\neg \boldsymbol{x} \succ \boldsymbol{y}$ 或 $\neg \boldsymbol{y} \succ \boldsymbol{x}$；它是**负传递的**，若对任意的 $\boldsymbol{x}, \boldsymbol{y}, \boldsymbol{z} \in Z$，$\neg \boldsymbol{x} \succ \boldsymbol{y}$ 和 $\neg \boldsymbol{y} \succ \boldsymbol{z}$ 意味着 $\neg \boldsymbol{x} \succ \boldsymbol{z}$。Kim 和 Richter (JET，1986，p. 349) 证明了 $\succ$ 的完备化 $\succcurlyeq$ 是一个序。

引理 3.4.1 给定 $\succcurlyeq$ 在 X 上的二元关系。

(1) 若 $\succcurlyeq$ 在 X 上有最大元，则 $\succcurlyeq$ 在 X 上有转移最大元。

(2) 若 $\succcurlyeq$ 在 X 上有最大元，则 $\succcurlyeq$ 在 X 上是转移弱上连续的。

(3) 若 $\succcurlyeq$ 在 X 上是转移上连续的，则 $\succcurlyeq$ 的最大元的集合是闭的 (可能空)；若 $\succcurlyeq$ 是完全传递的，且最大元的集合是非空闭的，则 $\succcurlyeq$ 是转移上连续的。

下面这些结果特征化了最优选择的存在性。

定理 3.4.1 (Zhou 和 Tian(1992)) 令 X 是拓扑空间的一个非空紧子集。设二元关系 $\succcurlyeq$ 在 X 上是转移有限严格最大的。则 $\succcurlyeq$ 在 X 上有最大元当且仅当它是转移弱上连续的。

证明： **充分性 ($\Leftarrow$)**。用反证法，若 $\succcurlyeq$ 在 X 上没有最大元，则对每个 $\boldsymbol{y} \in X$，都存在 $\boldsymbol{x} \in X$ 使得 $\boldsymbol{x} \succ \boldsymbol{y}$。由 $\succcurlyeq$ 在 X 上的转移弱上连续性，存在 $\boldsymbol{x}' \in X$ 及邻域 $\mathcal{N}(\boldsymbol{y})$，使得对所有的 $\boldsymbol{y}' \in \mathcal{N}(\boldsymbol{y})$，都有 $\boldsymbol{x}' \succcurlyeq \boldsymbol{y}'$，这样有 $X = \bigcup_{\boldsymbol{y} \in X} \mathcal{N}(\boldsymbol{y})$。既然 X 是紧的，存在有限个点 $\{\boldsymbol{y}_1, \boldsymbol{y}_2, \cdots, \boldsymbol{y}_n\}$ 使得 $X = \bigcup_{i=1}^n \mathcal{N}(\boldsymbol{y}_i)$。令 $\boldsymbol{x}'_i$ 是使得 $\boldsymbol{x}'_i \succcurlyeq \boldsymbol{y}'$ 对所有 $\boldsymbol{y}' \in \mathcal{N}(\boldsymbol{y}_i)$ 都成立的点。由于没有最大元，对 X 的有限子集 $\{\boldsymbol{x}'_1, \boldsymbol{x}'_2, \cdots, \boldsymbol{x}'_n\}$，根据 $\succcurlyeq$ 的转移有限严格最大性质，存在 $\boldsymbol{x}' \in X$，使得 $\boldsymbol{x}' \succ \boldsymbol{x}'_i$, $\forall i = 1, 2, \cdots, n$。然而，由于 $\boldsymbol{x}' \in \mathcal{N}(\boldsymbol{y}_j)$, $j = 1, 2, \cdots, n$，我们有 $\boldsymbol{x}'_j \succcurlyeq \boldsymbol{x}'$，矛盾。因此，$\succcurlyeq$ 在 X 上有最大元。

必要性 ($\Rightarrow$)。从引理 3.4.1(1) 可知。 □

引理 3.4.2 (Tian (1993)) 令 X 是拓扑空间，Z 是拓扑向量空间 E 的一个非空紧凸集。假定对应 $G: X \to 2^Z$ 在 X 上是转移闭值、转移 FS-凸的，则 $\bigcap_{\boldsymbol{x} \in X} G(\boldsymbol{x})$ 是非空紧的。

证明： 首先，由命题 2.5.4，我们知道 $\bigcap_{\boldsymbol{x} \in X} clG(\boldsymbol{x}) = \bigcap_{\boldsymbol{x} \in X} G(\boldsymbol{x})$。对任意 $\boldsymbol{x} \in X$，令 $\bar{G}(\boldsymbol{x}) = clG(\boldsymbol{x})$。这样，要证明 $\bigcap_{\boldsymbol{x} \in X} G(\boldsymbol{x})$ 是非空紧的等价于证明 $\bigcap_{\boldsymbol{x} \in X} \bar{G}(\boldsymbol{x})$ 是非空紧的。由于 Z 是紧的，且 $\bar{G}$ 在 Z 中是闭值的，$\bigcap_{\boldsymbol{x} \in X} \bar{G}(\boldsymbol{x})$ 显然是紧的。这样，我们只需证明它非空。我们先证明集合族 $\{\bar{G}(\boldsymbol{x}) : \boldsymbol{x} \in X\}$ 满足有限交性质。

采用反证法，假定 $\{\bar{G}(\boldsymbol{x}) : \boldsymbol{x} \in X\}$ 不满足有限交性质，则存在某个有限子集 $\{\boldsymbol{x}_1, \boldsymbol{x}_2, \cdots, \boldsymbol{x}_m\} \subseteq X$，使得 $\bigcap_{i=1}^m \bar{G}(\boldsymbol{x}_i) = \varnothing$。于是，由 $\bar{G}$ 的转移 FS-凸性，对给定有限子集 $\{\boldsymbol{x}_1, \boldsymbol{x}_2, \cdots, \boldsymbol{x}_m\}$，存在着对应的有限子集 $\{\boldsymbol{y}_1, \boldsymbol{y}_2, \cdots, \boldsymbol{y}_m\} \subseteq Z$，使得对任意 $\{\boldsymbol{y}_{i_1}, \boldsymbol{y}_{i_2}, \cdots, \boldsymbol{y}_{i_k}\} \subseteq \{\boldsymbol{y}_1, \boldsymbol{y}_2, \cdots, \boldsymbol{y}_m\}$，都有 $co\{\boldsymbol{y}_{i_1}, \boldsymbol{y}_{i_2}, \cdots, \boldsymbol{y}_{i_k}\} \subseteq \bigcup_{j=1}^k \bar{G}(\boldsymbol{x}_{i_j})$，特别有 $co\{\boldsymbol{y}_1, \boldsymbol{y}_2, \cdots, \boldsymbol{y}_m\} \subseteq \bigcup_{i=1}^m \bar{G}(\boldsymbol{x}_i)$。

令 $S = co\{\boldsymbol{y}_1, \boldsymbol{y}_2, \cdots, \boldsymbol{y}_m\}$ 和 $L = span\{\boldsymbol{y}_1, \boldsymbol{y}_2, \cdots, \boldsymbol{y}_m\}$ 是由 $\boldsymbol{y}_1, \boldsymbol{y}_2, \cdots, \boldsymbol{y}_m$ 生成的子空间，则 $S \subseteq L$。既然 $\bar{G}(\boldsymbol{x})$ 是闭的，$\bar{G}(\boldsymbol{x}_i) \cap L$ 也是闭的。令 d 是在 L 上的欧氏度量。显然，$d(\boldsymbol{y}, L \cap \bar{G}(\boldsymbol{x}_i)) > 0$ 当且仅当 $\boldsymbol{y} \notin L \cap \bar{G}(\boldsymbol{x}_i)$。现定义连续函数 $f: S \to [0, \infty)$ 如下:

$$f(\boldsymbol{y}) = \sum_{i=1}^m d(\boldsymbol{y}, L \cap \bar{G}(\boldsymbol{x}_i)), \quad \forall \boldsymbol{y} \in S. \tag{3.16}$$

由于 $\bigcap_{i=1}^{m}\bar{G}(\boldsymbol{x}_i)=\varnothing$，可知对每个 $\boldsymbol{y}\in S$, $f(\boldsymbol{y})>0$。再定义连续函数 $g:S\to S$：对每个 $\boldsymbol{y}\in S$，

$$g(\boldsymbol{y})=\sum_{i=1}^{m}\frac{1}{f(\boldsymbol{y})}d(\boldsymbol{y},L\cap\bar{G}(\boldsymbol{x}_i))\boldsymbol{y}_i. \tag{3.17}$$

则由布劳威尔不动点定理，存在点 $\boldsymbol{y}^*\in S$，使得

$$\boldsymbol{y}^*=g(\boldsymbol{y}^*)=\sum_{i=1}^{m}\frac{1}{f(\boldsymbol{y}^*)}d(\boldsymbol{y}^*,L\cap\bar{G}(\boldsymbol{x}_i))\boldsymbol{y}_i^*. \tag{3.18}$$

记 $I=\{i\in\{1,\cdots,m\}:d(\boldsymbol{y}^*,L\cap\bar{G}(\boldsymbol{x}_i))>0\}$。则对每个 $i\in I$，都有 $\boldsymbol{y}^*\notin L\cap\bar{G}(\boldsymbol{x}_i)$。由于 $\boldsymbol{y}^*\in L$，则对所有的 $i\in I$，都有 $\boldsymbol{y}^*\notin\bar{G}(\boldsymbol{x}_i)$，从而有

$$\boldsymbol{y}^*\notin\bigcup_{i\in I}\bar{G}(\boldsymbol{x}_i). \tag{3.19}$$

从式 (3.18)，有

$$\boldsymbol{y}^*=\sum_{i\in I}\frac{1}{f(\boldsymbol{y}^*)}d(\boldsymbol{y}^*,L\cap\bar{G}(\boldsymbol{x}_i))\boldsymbol{y}_i^*\in co\,\{\boldsymbol{y}_i^*:i\in I\}.$$

然而，由于 $\bar{G}:X\to 2^Z$ 是转移 FS-凸的，我们有

$$\boldsymbol{y}^*\in co\,\{\boldsymbol{y}_i^*:i\in I\}\subseteq\bigcup_{i\in I}\bar{G}(\boldsymbol{x}_i),$$

但这与式 (3.19) 矛盾。因此，$\{\bar{G}(\boldsymbol{x}):\boldsymbol{x}\in X\}$ 有有限交性质。既然 Z 是紧的，根据有限覆盖定理，有 $\bigcap_{\boldsymbol{x}\in X}G(\boldsymbol{x})\neq\varnothing$。由于 $\bigcap_{\boldsymbol{x}\in X}cl_Z\,G(\boldsymbol{x})$ 是紧的，$\bigcap_{\boldsymbol{x}\in X}G(\boldsymbol{x})=\bigcap_{\boldsymbol{x}\in X}cl_Z\,G(\boldsymbol{x})$ 是紧的。 □

定理 3.4.2 (Tian (1993)) 令 X 是拓扑向量空间的一个非空紧子集。假设二元关系 $\succcurlyeq$ 是转移弱上连续。则 $\succcurlyeq$ 最大元的集合是非空紧的当且仅当 $\succcurlyeq$ 是转移 FS-凸的。

证明： 必要性 (⇒)。假定由 $\bigcap_{\boldsymbol{x}\in X}U_w(\boldsymbol{x})$ 给出的 $\succcurlyeq$ 最大元的集合是非空紧的，则对任意有限集 $\{\boldsymbol{x}_1,\boldsymbol{x}_2,\cdots,\boldsymbol{x}_m\}\subseteq X$，$\bigcap_{i=1}^{m}U_w(\boldsymbol{x}_i)\neq\varnothing$。取 $\boldsymbol{y}^*\in\bigcap_{i=1}^{m}U_w(\boldsymbol{x}_i)$，并令 $\boldsymbol{y}_i=\boldsymbol{y}^*,i=1,\cdots,m$，则

$$co\,\{\boldsymbol{y}_{i_1},\boldsymbol{y}_{i_2},\cdots,\boldsymbol{y}_{i_k}\}=\{\boldsymbol{y}^*\}\subseteq\bigcap_{i=1}^{m}U_w(\boldsymbol{x}_i)\subseteq\bigcup_{j=1}^{k}U_w(\boldsymbol{x}_{i_j})$$

对任意有限子集 $\{\boldsymbol{y}_{i_1},\boldsymbol{y}_{i_2},\cdots,\boldsymbol{y}_{i_k}\}\subseteq\{\boldsymbol{y}_1,\boldsymbol{y}_2,\cdots,\boldsymbol{y}_m\}$ 都成立。这样，$\succcurlyeq$ 在 X 上是转移 FS-凸的。

充分性 (⇐)。由于 $\succcurlyeq$ 是转移弱上连续和转移 FS-凸的，由引理 3.4.2，$\bigcap_{\boldsymbol{x}\in X}G(\boldsymbol{x})$ 是非空紧的。因此，$\succcurlyeq$ 最大元的集合是非空紧的。 □

备注：从定理的必要性可以看出，要使 U_w 满足有限交性质并且是闭值对应，$\succcurlyeq$ 必须是 FS-凸和弱上连续的，FS-凸和弱上连续性是最优选择存在的最弱（必要）条件。

由于弱二元关系和严格二元关系具有同等效力，定义和定理可以相互推导。

定义 3.4.5 (转移开值) 令 X 和 Y 是两个拓扑空间。对应 $P: X \to 2^Y$ 被称为在 X **上转移开值的**，若对任意的 $\boldsymbol{x} \in X$，$\boldsymbol{y} \in P(\boldsymbol{x})$ 均意味着存在某点 $\boldsymbol{x}' \in X$，使得 $\boldsymbol{y} \in \text{int}P(\boldsymbol{x}')$。

备注：对应 $P: X \to 2^Y$ 是转移开值的，当且仅当由 $G(\boldsymbol{x}) = Y \backslash P(\boldsymbol{x})$ 定义的 $G: X \to 2^Y$ 在 X 上是转移闭值的。

推论 3.4.1 令 X 是拓扑向量空间的一个非空紧子集。假设定义在 X 上的二元关系 $\succ$ 使得 L_s 是转移开值的，则 $\succ$ 极大元的集合是非空紧的，当且仅当 $\succ$ 是转移 SS-凸的。

定理 3.4.2 需要假定 X 是拓扑向量空间的一个子集，这个假设可以被进一步放宽到任意拓扑空间。

定理 3.4.3 (Zhou 和 Tian(1992)) 令 $\succ$ 是定义在 X 上的严格二元关系及 $\succcurlyeq$ 是 $\succ$ 的完备化。

(1) 假定 $\succ$ 的完备化 $\succcurlyeq$ 在 X 上是转移上连续的，则 $\succ$ 极大元的集合是非空紧的，当且仅当 $\succcurlyeq$ 在 X 上是转移有限最大的。

(2) 假定 $\succ$ 在 X 上是非对称的 (即 2-循环)，则 $\succ$ 极大元的集合是非空紧的，当且仅当 $\succcurlyeq$ 在 X 上是转移上连续的。

证明： (1) 必要性 ($\Rightarrow$) 可从引理 3.4.1(1) 得出。现证明充分性 ($\Leftarrow$)。由于 $\succcurlyeq$ 在 X 上是转移有限最大的，则对每个有限子集 $\{\boldsymbol{x}_1, \cdots, \boldsymbol{x}_n\}$，都存在 $\boldsymbol{x}' \in X$ 使得对每个 $i = 1, 2, \cdots, n$，都有 $\boldsymbol{x}' \succ \boldsymbol{x}_i$ 或 $\boldsymbol{x}' \succcurlyeq \boldsymbol{x}_i$。于是，由命题 2.5.4 和命题 3.4.2，$\bigcap_{\boldsymbol{x} \in X} U_w(\boldsymbol{x}) = \bigcap_{\boldsymbol{x} \in X} cl\, U_w(\boldsymbol{x}) \neq \varnothing$。这样，$\succcurlyeq$ 最大元的集合是非空紧的。

(2) 充分性由 (1) 可知。我们只需证明必要性。注意，由完全传递性，对任何非最大元 $\boldsymbol{y}$ 和任意最大元 $\boldsymbol{x}$，我们都有 $\boldsymbol{x} \succcurlyeq \boldsymbol{y}$。由于最大元的集合 M 是闭的，任何非最大元 $\boldsymbol{y}$ 都有邻域 $\mathcal{N}(\boldsymbol{y})$，它不包含最大元。因此，对任意最大元 $\boldsymbol{x}$，我们都有 $\boldsymbol{x} \succcurlyeq \boldsymbol{y}'$, $\forall \boldsymbol{y}' \in \mathcal{N}(\boldsymbol{y})$。即，$\succcurlyeq$ 在 X 上是转移上连续的。 □

3.5 间接效用函数、支出函数及最小收入函数

3.5.1 间接效用函数

效用函数 $u(\boldsymbol{x})$ 是定义在消费集 X 上的，因此有时也被称为**直接效用函数**。给定价格 $\boldsymbol{p}$ 和收入水平 I，消费者将选择效用最大化的消费组合 $\boldsymbol{x}(\boldsymbol{p}, I)$。消费者在 $\boldsymbol{x}(\boldsymbol{p}, I)$ 处所达到的效用水平为其在预算约束下所能达到的最大可能的效用值，记为：

$$
\begin{aligned}
v(\boldsymbol{p}, I) &= \max u(\boldsymbol{x}) \qquad (3.20) \\
\text{s.t.} \quad & \boldsymbol{p}\boldsymbol{x} \leqq I.
\end{aligned}
$$

函数 $v(\boldsymbol{p},I)$ 表示了给定价格和收入水平下消费者所能达到的最大效用值，被称为**间接效用函数**，它是 $u(\cdot)$ 和 $\boldsymbol{x}(\boldsymbol{p},I)$ 的复合函数，即

$$v(\boldsymbol{p},I)=u(\boldsymbol{x}(p,I)). \tag{3.21}$$

下面的命题给出了间接效用函数的一些性质。

命题 3.5.1 (间接效用函数的性质)　若 $u(\boldsymbol{x})$ 在 $\mathcal{R}_+^L$ 上连续及 $(\boldsymbol{p},I)>0$，则间接效用函数具有如下性质:

（1）$v(\boldsymbol{p},I)$ 关于 $\boldsymbol{p}$ 非增，即 $\boldsymbol{p}'\geqq\boldsymbol{p}$ 意味着 $v(\boldsymbol{p}',I)\leqq v(\boldsymbol{p},I)$，类似地有 $v(\boldsymbol{p},I)$ 关于 I 非减;

（2）$v(\boldsymbol{p},I)$ 关于 $(\boldsymbol{p},I)$ 零阶齐次;

（3）$v(\boldsymbol{p},I)$ 关于 $\boldsymbol{p}$ 拟凸，即对所有的 a，$\{\boldsymbol{p}\colon v(\boldsymbol{p},I)\leqq a\}$ 均是凸集;

（4）$v(\boldsymbol{p},I)$ 连续;

（5）罗伊恒等式: 若 $\boldsymbol{x}(\boldsymbol{p},I)$ 是需求函数，则有

$$x_l(\boldsymbol{p},I)=-\frac{\dfrac{\partial v(\boldsymbol{p},I)}{\partial p_l}}{\dfrac{\partial v(\boldsymbol{p},I)}{\partial I}},\forall l=1,\cdots,L.$$

证明:

(1) 对任意 $\boldsymbol{p}'\geqq\boldsymbol{p}$，令 $B(\boldsymbol{p})=\{\boldsymbol{x}:\boldsymbol{p}\boldsymbol{x}\leqq I\}$，$B(\boldsymbol{p}')=\{\boldsymbol{x}':\boldsymbol{p}'\boldsymbol{x}\leqq I\}$，则 $B(\boldsymbol{p}')\subseteq B(\boldsymbol{p})$。因此，$v(\boldsymbol{p},I)$ 关于 $\boldsymbol{p}$ 非增。类似地，对 I 来说也成立。

(2) 若价格和收入同乘以相同的正数，则预算集并不改变。因此，对任意的 $t>0$，均有 $v(t\boldsymbol{p},tI)=v(\boldsymbol{p},I)$。

(3) 假设 $\boldsymbol{p}$ 和 $\boldsymbol{p}'$ 满足 $v(\boldsymbol{p},I)\leqq a$ 和 $v(\boldsymbol{p}',I)\leqq a$。令 $\boldsymbol{p}''=t\boldsymbol{p}+(1-t)\boldsymbol{p}'$。我们需要证明 $v(\boldsymbol{p}'',I)\leqq a$。我们现证明 $B(\boldsymbol{p}'')\subseteq B(\boldsymbol{p})\cup B(\boldsymbol{p}')$。若不然，则必有 $\boldsymbol{p}\boldsymbol{x}>I$ 和 $\boldsymbol{p}'\boldsymbol{x}>I$，从而有 $t\boldsymbol{p}\boldsymbol{x}+(1-t)\boldsymbol{p}'\boldsymbol{x}>I$，矛盾。因此，必定有 $B(\boldsymbol{p}'')\subseteq B(\boldsymbol{p})\cup B(\boldsymbol{p}')$。这样，$u(\boldsymbol{x})$ 在 $B(\boldsymbol{p}'')$ 上的最大值至多等于 $u(\boldsymbol{x})$ 在 $B\cup B'$ 上的最大值，从而有 $v(\boldsymbol{p}'',I)\leqq a$。

(4) 该结论由第 2 章中的最大值定理可得。

(5) 依据有约束的包络定理（见 2.6.4 节），有 $\lambda x_i(\boldsymbol{p},I)=-\dfrac{\partial v(\boldsymbol{p},I)}{\partial p_i}$ 及 $\lambda=\dfrac{\partial v(\boldsymbol{p},I)}{\partial I}$，其中受预算约束的 λ 是拉格朗日乘子，从而得到罗伊恒等式。□

例 3.5.1 (一般形式柯布–道格拉斯效用函数)　假设偏好序由柯布–道格拉斯效用函数表示:

$$u(\boldsymbol{x})=\prod_{l=1}^{L}(x_l)^{\alpha_l},\quad \alpha_l>0,l=1,2,\cdots,L.$$

我们可以通过一阶条件直接推导出这个一般的柯布–道格拉斯效用函数的需求函数，但这过程有点复杂。在这里，我们使用单调转换的方法来简化推导。由于该函数的任何单

调变换都表示同一偏好序，因此可写为：

$$u(\boldsymbol{x})=\prod_{l=1}^{L}(x_l)^{\frac{\alpha_l}{\alpha}},$$

其中 $\alpha=\sum_{l=1}^{L}\alpha_l$。令 $a_l=\alpha_i/\alpha$。则上述效用函数同我们前面所考察的柯布–道格拉斯效用函数形式相同，因而其需求函数为：

$$x_l(\boldsymbol{p},I)=\frac{a_l I}{p_l}=\frac{\alpha_l I}{\alpha p_l}\quad,l=1,2,\cdots,L.$$

将其代入目标函数，我们可得间接效用函数：

$$v(\boldsymbol{p},I)=\prod_{l=1}^{L}(\frac{\alpha_l I}{\alpha p_l})^{\alpha_l}.$$

上述例子也表明了有时单调变换成为一个凹函数在简化求解时非常有用。

备注：在数学中，凹化是指将非凹函数转化为凹函数的过程。这个概念在许多情境中都具有重要意义，比如在不确定性下的决策和社会福利最大化中。在社会福利函数定义为个体效用函数的加权平均的情况下，个体效用函数需要表现出凹性。虽然假定凹的效用函数是一个较强的要求，但将非凹函数转化为凹函数在许多情形下是可能的。特别地，如果原始函数是拟凹的，通常它可以被凹化。此外，正如定理 2.4.11 所述，每个凹函数都是拟凹的，而且对拟凹函数进行单调变换后仍然是拟凹的。

一个自然而然的问题是：对于一个拟凹函数 $f(\boldsymbol{x})$，是否存在一个单调递增的函数 $g(\cdot)$，使得 $g(f(x))$ 是凹函数？一个显然的例子是 $f(x)=x^2$，对于 $x\geqq 0$，它是拟凹的但不是凹的（事实上，它是严格凸的）。然而，通过单调函数 $g(t)=t^{1/4}$，它可以被凹化，因为 $g(f(x))=\sqrt{x}$ 是凹函数。另一方面，Fenchel (1953) 给出了一个反例：$f(x,y)=y+\sqrt{x+y^2}$，它是拟凹的，但不存在单调变换使得 $g(f(x,y))$ 是凹函数。

然而，在一定的正则条件下，一个拟凹函数可以被单调地转化为一个凹函数。Fenchel (1953) 和 Kannai (1977) 给出了连续拟凹函数变化为凹效用函数的一般充分条件。Connell 和 Rasmussen (2017) 进一步推广了 Kannai 的结果，提供了凹化可行性的必要和充分条件。

3.5.2 支出函数和希克斯需求函数

若偏好满足局部非饱和性假设，则 $v(\boldsymbol{p},I)$ 关于 I 严格递增。因此我们可对该函数求反函数的解 I，它是效用水平的函数，即给定任一效用水平 u 和价格水平 $\boldsymbol{p}$，我们可以求得达到效用 u 的最小收入 I。该函数对收入和效用建立起函数关系，我们称间接效用函数的反函数为**支出函数**，记为 $e(\boldsymbol{p},u)$。支出函数也可以等价地由下述问题定义：

$$\begin{aligned} e(\boldsymbol{p},u) &= \min\ \boldsymbol{p}\boldsymbol{x} \\ \text{s.t.}\quad u(\boldsymbol{x}) &\geqq u. \end{aligned} \tag{3.22}$$

支出函数给出了达到既定效用水平所需的最小成本。上述问题的解是 $(\boldsymbol{p}, u)$ 的函数，记为 $\boldsymbol{h}(\boldsymbol{p}, u)$，它说明了何种消费束能够在达到给定效用水平的同时，也最小化了总支出。我们称之为**希克斯 (John Richard Hicks，1904—1989，其人物小传见 7.8.1 节) 补偿需求函数**，或简称希克斯需求函数，或**补偿 (compensated) 需求函数**。该术语来自将该需求函数视为消费者效用水平固定时价格和收入变动的轨迹。这意味着收入调整是为了对价格变动进行“补偿”。由于希克斯需求函数依赖于效用，而效用是不可观测的，因此它在现实中并不能直接观测到。而前面所给出的需求函数则是可直接观测到的。当我们要强调希克斯需求函数与通常的需求函数 $\boldsymbol{x}(\boldsymbol{p}, I)$ 的差别时，我们称后者为**马歇尔 (Marshall) 需求函数**，我们知道，它依赖于价格和收入。

命题 3.5.2 (支出函数的性质) 若 $u(\boldsymbol{x})$ 连续且在 $\mathcal{R}_+^L$ 上局部非饱和，并且 $(\boldsymbol{p}, I) > 0$，则支出函数具有如下性质：

（1）$e(\boldsymbol{p}, u)$ 关于 $\boldsymbol{p}$ 非递减；

（2）$e(\boldsymbol{p}, u)$ 关于 $\boldsymbol{p}$ 一次齐次；

（3）$e(\boldsymbol{p}, u)$ 是 $\boldsymbol{p}$ 的凹函数；

（4）$e(\boldsymbol{p}, u)$ 关于 $\boldsymbol{p}$ 连续；

（5）$e(\boldsymbol{p}, \boldsymbol{u})$ 关于 $\boldsymbol{u}$ 严格递增；

（6）**谢泼德 (Shephard) 引理**：若 $\boldsymbol{h}(\boldsymbol{p}, u)$ 是价格 $\boldsymbol{p}$ 和效用水平 u 下的最小支出消费束，h 的导数存在，则 $h_l(\boldsymbol{p}, u) = \dfrac{\partial e(\boldsymbol{p}, u)}{\partial p_l}$，$l = 1, \cdots, L$。

证明： 由于支出函数是间接效用函数的反函数，性质 (1)、(4) 和 (5) 可由命题 3.5.1 有关间接效用函数的性质 (1) 和 (4) 推出。我们只需证明性质 (2)、(3) 和 (6) 即可。

(2) 的证明：我们证明，若 $\boldsymbol{x}$ 是价格 $\boldsymbol{p}$ 下的最小支出消费束，则 $\boldsymbol{x}$ 也是价格 $t\boldsymbol{p}$ 下的最小支出消费束。若不然，令 $\boldsymbol{x}'$ 为价格 $t\boldsymbol{p}$ 处的最小支出消费束，从而有 $t\boldsymbol{p}\boldsymbol{x}' < t\boldsymbol{p}\boldsymbol{x}$。但该不等式意味着 $\boldsymbol{p}\boldsymbol{x}' < \boldsymbol{p}\boldsymbol{x}$，而这与 $\boldsymbol{x}$ 的定义相矛盾。因此，将价格乘上正标量 t 不改变最小支出消费束的性质，且支出增加 t 倍，即 $e(\boldsymbol{p}, u) = t\boldsymbol{p}\boldsymbol{x} = te(\boldsymbol{p}, u)$。

(3) 的证明：令 $(\boldsymbol{p}, \boldsymbol{x})$ 和 $(\boldsymbol{p}', \boldsymbol{x}')$ 为两个最小支出价格消费束，再令 $\boldsymbol{p}'' = t\boldsymbol{p} + (1-t)\boldsymbol{p}'$，$0 \leqq t \leqq 1$。则有

$$e(\boldsymbol{p}'', u) = \boldsymbol{p}''\boldsymbol{x}'' = t\boldsymbol{p}\boldsymbol{x}'' + (1-t)\boldsymbol{p}'\boldsymbol{x}''.$$

由于 $\boldsymbol{x}''$ 不一定是在价格 $\boldsymbol{p}'$ 或 $\boldsymbol{p}$ 处达到效用 u 的最小支出消费束，我们有 $\boldsymbol{p}\boldsymbol{x}'' \geqq e(\boldsymbol{p}, u)$，$\boldsymbol{p}' \cdot \boldsymbol{x}'' \geqq e(\boldsymbol{p}', u)$。从而有

$$e(\boldsymbol{p}'', u) \geqq te(\boldsymbol{p}, u) + (1-t)e(\boldsymbol{p}', u).$$

(6) 的证明：令 $\boldsymbol{x}^*$ 为在价格 $\boldsymbol{p}^*$ 处达到效用 u 的最小支出消费束。定义函数

$$g(\boldsymbol{p}) = e(\boldsymbol{p}, u) - \boldsymbol{p}\boldsymbol{x}^*.$$

由于 $e(\boldsymbol{p}, u)$ 是达到 u 的最小支出，因此该函数总是非正的。在 $\boldsymbol{p} = \boldsymbol{p}^*$ 处，有 $g(\boldsymbol{p}^*) = 0$。

由于这是 $g(\boldsymbol{p})$ 的最大值，其导数在该点处为零：

$$\frac{\partial g(\boldsymbol{p}^*)}{\partial p_l} = \frac{\partial e(\boldsymbol{p}^*, u)}{\partial p_l} - x_l^* = 0, \qquad l = 1, \cdots, L.$$

因此，支出最小的消费束等于支出函数对价格的导数。 □

备注：我们也可以用第 2 章所介绍的包络定理 (envelope theorem)证明上述命题的性质 (6)。在该问题中，参数为其中一种商品的价格 p_l。定义拉格朗日函数为 $L(x, \lambda) = \boldsymbol{px} - \lambda(u - u(\boldsymbol{x}))$，则最优值函数为支出函数 $e(\boldsymbol{p}, u)$。根据包络定理，我们有：

$$\frac{\partial e(\boldsymbol{p}, u)}{\partial p_l} = \frac{\partial L}{\partial p_l} = x_l \Bigg|_{x_l = h_l(\boldsymbol{p}, u)} = h_l(\boldsymbol{p}, u),$$

而这恰是谢泼德引理的结论。

下面我们给出希克斯需求函数的若干基本性质。

命题 3.5.3 (希克斯需求函数的性质) 对希克斯需求函数 $\boldsymbol{h}(\boldsymbol{p}, u)$，我们有

(1) **负半定替代矩阵**：替代矩阵 $\left[\left(\dfrac{\partial h_k(\boldsymbol{p}, u)}{\partial p_l}\right)\right]$ 是负半定的 (negative semi-definite)；

(2) **对称替代项**：替代矩阵是对称的，即

$$\frac{\partial h_k(\boldsymbol{p}, u)}{\partial p_l} = \frac{\partial h_l(\boldsymbol{p}, u)}{\partial p_k}.$$

(3) **负的自身替代项**：补偿自身价格效应 (own-price effect) 是非正的，即希克斯需求曲线是向下倾斜的：

$$\frac{\partial h_l(\boldsymbol{p}, u)}{\partial p_l} = \frac{\partial^2 e(\boldsymbol{p}, u)}{\partial p_l^2} \leqq 0.$$

证明：

(1) 由于

$$\frac{\partial h_k(\boldsymbol{p}, u)}{\partial p_l} = \frac{\partial^2 e(\boldsymbol{p}, u)}{\partial p_l \partial p_k},$$

且支出函数是凹的，因此它是负半定的。

(2) 由于

$$\frac{\partial h_k(\boldsymbol{p}, u)}{\partial p_l} = \frac{\partial^2 e(\boldsymbol{p}, u)}{\partial p_k \partial p_l} = \frac{\partial^2 e(\boldsymbol{p}, u)}{\partial p_l \partial p_k} = \frac{\partial h_l(\boldsymbol{p}, u)}{\partial p_k}.$$

所以替代矩阵是对称的。

(3) 由于支出函数是凹的，则有：

$$\frac{\partial h_l(\boldsymbol{p}, u)}{\partial p_l} = \frac{\partial^2 e(\boldsymbol{p}, u)}{\partial p_l \partial p_l} \leqq 0,$$

即对角项小于等于零，因此补偿自身价格效应是非正的。 □

3.5.3　最小收入函数

在福利经济学的许多讨论中，我们需要构造出性质良好的支出函数。给定价格 $\boldsymbol{p}$ 和商品束 $\boldsymbol{x}$，需要回答的问题是：消费者需要支付多少货币才能达到其消费商品束 $\boldsymbol{x}$ 的效用水平？若知道消费者的偏好，则问题可表示为：

$$I(\boldsymbol{p},\boldsymbol{x}) \equiv \min_{z}\ \boldsymbol{p}\boldsymbol{z} \tag{3.23}$$
$$\text{s.t.}\qquad u(\boldsymbol{z}) \geqq u(\boldsymbol{x}).$$

即

$$I(\boldsymbol{p},\boldsymbol{x}) \equiv e(\boldsymbol{p},u(\boldsymbol{x})).$$

这种函数被称为**最小收入函数** (minimum income function)，或称为**直接补偿函数** (direct compensation function)。由于对给定的 $\boldsymbol{p}$，$I(\boldsymbol{p},\boldsymbol{x})$ 为效用函数的单调变换，它也被视为一种效用函数，因此也被称为**货币度量效用函数** (money metric utility function)。

对间接效用函数，我们也可以进行类似的构造，称之为**货币度量间接效用函数**，其形式为：

$$\mu(\boldsymbol{p};\boldsymbol{q},I) \equiv e(\boldsymbol{p},\nu(q,I)).$$

即，$\mu(\boldsymbol{p};\boldsymbol{q},I)$ 度量了在给定价格 $\boldsymbol{p}$ 下，消费者需要支付多少货币才能达到在价格 $\boldsymbol{q}$ 和收入 I 下所能达到的最大效用。同直接效用函数情形一样，$\mu(\boldsymbol{p};\boldsymbol{q},I)$ 也是间接效用函数的单调变换。

例 3.5.2 (常替代弹性效用函数)　常替代弹性 (CES) 效用函数的形式为

$$u(x_1,x_2) = (x_1^{\rho}+x_2^{\rho})^{1/\rho},\quad 0 \neq \rho < 1.$$

容易验证该效用函数在 $\mathcal{R}_{++}$ 上是强单调和严格凹的。由于偏好在单调变换下保持不变，我们可以选择进行自然对数变换后的效用函数：

$$u(x_1,x_2) = \frac{1}{\rho}\ln(x_1^{\rho}+x_2^{\rho}).$$

一阶条件为：

$$\frac{x_1^{\rho-1}}{x_1^{\rho}+x_2^{\rho}} - \lambda p_1 = 0;$$

$$\frac{x_2^{\rho-1}}{x_1^{\rho}+x_2^{\rho}} - \lambda p_2 = 0;$$

$$p_1x_1 + p_2x_2 = I.$$

将第一个方程除以第二个方程并解出 x_2，我们有：

$$x_2 = x_1\left(\frac{p_2}{p_1}\right)^{\frac{1}{\rho-1}}.$$

将上述结果代入预算线，求解 x_1 可得:

$$x_1(p,I)=\frac{p_1^{\frac{1}{\rho-1}}I}{p_1^{\frac{\rho}{\rho-1}}+p_2^{\frac{\rho}{\rho-1}}},$$

从而有

$$x_2(p,I)=\frac{p_2^{\frac{1}{\rho-1}}I}{p_1^{\frac{\rho}{\rho-1}}+p_2^{\frac{\rho}{\rho-1}}}.$$

将需求函数代入效用函数，可得间接常替代弹性效用函数:

$$v(\boldsymbol{p},I)=(p_1^{\rho/(\rho-1)}+p_2^{\rho/(\rho-1)})^{(1-\rho)/\rho}I$$

或

$$v(\boldsymbol{p},I)=(p_1^r+p_2^r)^{-1/r}I,$$

其中 $r=\rho/(\rho-1)$。对上述方程求反函数，我们可得常替代弹性效用函数的支出函数，其形式为:

$$e(\boldsymbol{p},u)=(p_1^r+p_2^r)^{1/r}u.$$

因此，货币度量的直接和间接效用函数分别为:

$$I(\boldsymbol{p},x)=(p_1^r+p_2^r)^{1/r}(x_1^\rho+x_2^\rho)^{1/\rho}$$

和

$$\begin{aligned}\mu(\boldsymbol{p};\boldsymbol{q},I)&=e(\boldsymbol{p},\nu(\boldsymbol{q},I))\\&=(p_1^r+p_2^r)^{1/r}(q_1^r+q_2^r)^{-1/r}I.\end{aligned}$$

备注：常替代弹性效用函数包含了若干常见的效用函数作为其特例，其结果取决于参数 ρ 的值。

（1）线性效用函数 ($\rho=1$)。将 $\rho=1$ 代入常替代弹性效用函数中，我们立刻可得:

$$u=x_1+x_2.$$

（2）柯布–道格拉斯效用函数 ($\rho=0$)。可证明当 ρ 趋于零时，常替代弹性效用函数的无差异曲线趋于柯布–道格拉斯效用函数的无差异曲线。从其边际替代率容易看出这一点。我们有:

$$MRS=\left|\frac{dx_2}{dx_1}\right|=\left(\frac{x_1}{x_2}\right)^{\rho-1}. \tag{3.24}$$

当 ρ 趋于零时，上式趋于极限

$$MRS=\frac{x_2}{x_1},$$

而这与柯布–道格拉斯效用函数的边际替代率相同。

（3）里昂惕夫效用函数 ($\rho=-\infty$)。我们已经知道常替代弹性效用函数的边际替代率为式 (3.24)。当 ρ 趋于 $-\infty$ 时, 该表达式趋于

$$MRS = \left(\frac{x_1}{x_2}\right)^{-\infty} = \left(\frac{x_2}{x_1}\right)^{\infty}.$$

若 $x_2 > x_1$，则其边际替代率为 (负) 无穷；若 $x_2 < x_1$，则其边际替代率为零。这意味着当 ρ 趋于 $-\infty$ 时，常替代弹性效用函数趋于里昂惕夫效用函数。

3.6　效用、间接效用、支出函数及需求之间的关系

在本节中，我们将证明效用最大化和支出最小化的等价性，这是通过间接效用函数关联的对偶性问题。这个等价性结果导致了一些重要的恒等式，这些恒等式给出了支出函数、间接效用函数、马歇尔需求函数和希克斯需求函数间的相互关系。我们还将讨论直接和间接效用函数的对偶性问题。

3.6.1　效用最大化与支出最小化之间的等价性

考虑如下效用最大化问题：

$$v(\boldsymbol{p}, I^*) = \max u(\boldsymbol{x}) \tag{3.25}$$
$$\text{s.t.}\quad \boldsymbol{px} \leqq I^*.$$

令 $\boldsymbol{x}^*$ 为上述问题的解，$u^* = u(\boldsymbol{x}^*)$。再考虑如下支出最小化问题：

$$e(\boldsymbol{p}, u^*) = \min \boldsymbol{px} \tag{3.26}$$
$$\text{s.t.}\quad u(\boldsymbol{x}) \geqq u^*.$$

观察图 3.14，我们可知上述两个问题具有相同的解 $\boldsymbol{x}^*$。正式地，我们有如下命题。

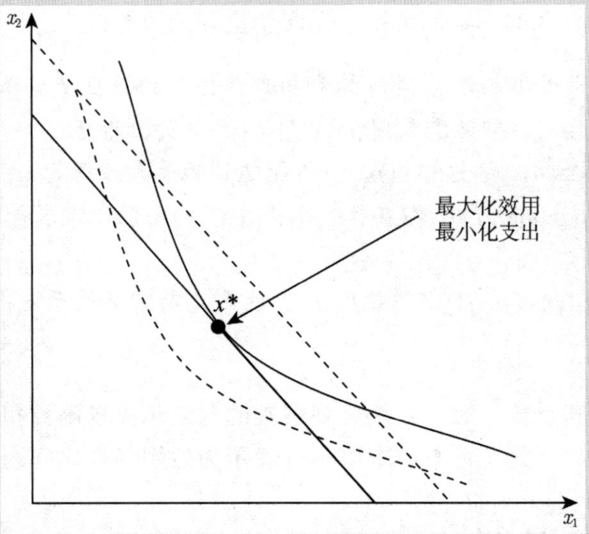

图 3.14　最大化效用和最小化支出通常是等价的

命题 3.6.1 (效用最大化和支出最小化的等价性) 假设效用函数 u 是连续、局部非饱和的，且 $I > 0$。若上述两个问题的解存在，则必然相同，记为 $\boldsymbol{x}^*$。即有

（1）**由效用最大化推出支出最小化：** 令 $\boldsymbol{x}^*$ 为式 (3.25) 的解，$u = u(\boldsymbol{x}^*)$，则 $\boldsymbol{x}^*$ 为式 (3.26) 的解。

（2）**由支出最小化推出效用最大化：** 假设上述假设满足且 $\boldsymbol{x}^*$ 为式 (3.26) 的解，令 $I = \boldsymbol{p}\boldsymbol{x}^*$，则 $\boldsymbol{x}^*$ 为式 (3.25) 的解。

证明：

(1) 若不然，令 $\boldsymbol{x}'$ 为式 (3.26) 的解，则有 $\boldsymbol{p}\boldsymbol{x}' < \boldsymbol{p}\boldsymbol{x}^*$，$u(\boldsymbol{x}') \geqq u(\boldsymbol{x}^*)$。根据局部非饱和性，存在充分接近 $\boldsymbol{x}'$ 的消费束 $\boldsymbol{x}''$，使得 $\boldsymbol{p}\boldsymbol{x}'' < \boldsymbol{p}\boldsymbol{x}^* = I$，$u(\boldsymbol{x}'') > u(\boldsymbol{x}^*)$。但如此则 $\boldsymbol{x}^*$ 不是式 (3.25) 的解。

(2) 若不然，令 $\boldsymbol{x}'$ 为式 (3.25) 的解，则有 $u(\boldsymbol{x}') > u(\boldsymbol{x}^*)$，$\boldsymbol{p}\boldsymbol{x}' = \boldsymbol{p}\boldsymbol{x}^* = I$。由于 $\boldsymbol{p}\boldsymbol{x}^* > 0$ 且效用函数连续，可找到 $0 < t < 1$，使得 $\boldsymbol{p}t\boldsymbol{x}' < \boldsymbol{p}\boldsymbol{x}^* = I$，$u(t\boldsymbol{x}') > u(\boldsymbol{x}^*)$。因此，$\boldsymbol{x}^*$ 不是式 (3.26) 的解。 □

这个命题非常深刻，具有现实性。人们也许以为，在支出给定的条件下追求效用最大化与在给定效用的条件下追求代价最小化不是一回事，因为前者追求的是绩效最大化，而后者追求的是风险最小化，后者往往更容易被人接受。但这个命题的深刻性在于，当偏好连续时，在支出给定条件下追求效用最大化与在给定效用条件下追求代价最小化是一回事，它们是等价的，只是换了一种说法，但后者更容易被人们接受，这是由于决策者往往更担心的是做事风险的大小。

3.6.2 四个重要的恒等式

根据上述命题及图 3.14，我们可得下面四个重要的恒等式。

命题 3.6.2 假设效用函数 u 是连续和局部非饱和的，且 $I > 0$，则我们有

（1）$e(\boldsymbol{p}, v(\boldsymbol{p}, I)) \equiv I$，即达到效用 $v(\boldsymbol{p}, I)$ 的最小支出为 I；

（2）$v(\boldsymbol{p}, e(\boldsymbol{p}, u)) \equiv u$，即支出 $e(\boldsymbol{p}, u)$ 所能达到的最大效用为 u；

（3）$x_l(\boldsymbol{p}, I) \equiv h_l(\boldsymbol{p}, v(\boldsymbol{p}, I))$，即在收入水平 I 下的马歇尔需求等于在效用水平 $v(\boldsymbol{p}, I)$ 下的希克斯需求；

（4）$h_l(\boldsymbol{p}, u) \equiv x_l(\boldsymbol{p}, e(\boldsymbol{p}, u))$，即效用 u 下的希克斯需求等于支出 $e(\boldsymbol{p}, u)$ 处的马歇尔需求。

第三个恒等式尤其重要，因为它将可观察到的马歇尔需求函数和不可观察到的希克斯需求函数联系起来了。因此，每个需求束都可表示为效用最大化问题或者支出最小化问题的解。

我们可以利用上面的恒等式推出前面讨论过的罗伊恒等式。

罗伊恒等式：若 $\boldsymbol{x}(\boldsymbol{p}, I)$ 为马歇尔需求函数，则有

$$x_l(\boldsymbol{p}, I) = -\frac{\dfrac{\partial v(\boldsymbol{p}, I)}{\partial p_l}}{\dfrac{\partial v(\boldsymbol{p}, I)}{\partial I}}, \quad \forall l = 1, \cdots, k,$$

这里我们假设上式右端有定义且 $p_l > 0$，$I > 0$。

证明：设 $\boldsymbol{x}^*$ 为 $(\boldsymbol{p}^*, I^*)$ 下效用最大化问题的解，其对应的最大效用为 u^*。则由恒等式，我们有

$$\boldsymbol{x}(\boldsymbol{p}^*, I^*) \equiv \boldsymbol{h}(\boldsymbol{p}^*, u^*). \tag{3.27}$$

根据另一恒等式，我们有

$$u^* \equiv v(\boldsymbol{p}, e(\boldsymbol{p}, u^*)).$$

对上述恒等式关于 p_l 求偏导可得

$$0 = \frac{\partial v(\boldsymbol{p}^*, I^*)}{\partial p_l} + \frac{\partial v(\boldsymbol{p}^*, I^*)}{\partial I}\frac{\partial e(\boldsymbol{p}^*, u^*)}{\partial p_l}.$$

整理上式并结合恒等式 (3.27)，我们有

$$x_l(\boldsymbol{p}^*, I^*) \equiv h_l(\boldsymbol{p}^*, u^*) \equiv \frac{\partial e(\boldsymbol{p}^*, u^*)}{\partial p_l} \equiv -\frac{\partial v(\boldsymbol{p}^*, I^*)/\partial p_l}{\partial v(\boldsymbol{p}^*, I^*)/\partial I}.$$

由于上述恒等式对所有的 $(\boldsymbol{p}^*, I^*)$ 均成立，且 $\boldsymbol{x}^* = \boldsymbol{x}(\boldsymbol{p}^*, I^*)$，因此结论成立。 □

例 3.6.1 (一般柯布–道格拉斯效用函数) 考虑间接柯布–道格拉斯效用函数：

$$v(\boldsymbol{p}, I) = \prod_{l=1}^{L}(\frac{\alpha_l I}{\alpha p_l})^{\alpha_l},\ \alpha_l > 0,$$

这里 $\alpha = \sum_{l=1}^{L} \alpha_l$。则有

$$v_{p_l} \equiv \frac{\partial v(\boldsymbol{p}, I)}{\partial p_l} = -\frac{\alpha_l}{p_l} v(\boldsymbol{p}, I),$$

$$v_I \equiv \frac{\partial v(\boldsymbol{p}, I)}{\partial I} = \frac{\alpha}{I} v(\boldsymbol{p}, I).$$

因此，根据罗伊恒等式，可知需求函数为

$$x_l(\boldsymbol{p}, I) = \frac{\alpha_l I}{\alpha p_l}, \quad l = 1, 2, \cdots, L.$$

例 3.6.2 (一般里昂惕夫效用函数) 假设偏好序由里昂惕夫效用函数表示：

$$u(\boldsymbol{x}) = \min\left\{\frac{x_1}{a_1}, \frac{x_2}{a_2}, \cdots, \frac{x_l}{a_l}, \cdots, \frac{x_L}{a_L}\right\},\ a_l > 0.$$

尽管该函数不可微，但其间接效用函数

$$v(\boldsymbol{p},I)=\frac{I}{\boldsymbol{ap}} \tag{3.28}$$

却可微，这里 $\boldsymbol{a}=(a_1,a_2,\cdots,a_L)$。根据罗伊恒等式，我们有

$$x_l(\boldsymbol{p},I)=-\frac{v_{p_l}(\boldsymbol{p},I)}{v_I(\boldsymbol{p},I)}=\frac{a_lI}{(\boldsymbol{ap})^2}\Big/\frac{1}{\boldsymbol{ap}}=\frac{a_lI}{\boldsymbol{ap}}.$$

这样，即使效用函数不可微时我们也可以用罗伊恒等式来导出需求函数。

例 3.6.3 (常替代弹性效用函数) 假设常替代弹性效用函数的形式为

$$u(x_1,x_2)=(x_1^\rho+x_2^\rho)^{1/\rho}.$$

我们前面已经导出了其间接效用函数

$$v(\boldsymbol{p},I)=(p_1^r+p_2^r)^{-1/r}I.$$

根据罗伊恒等式，可求得其需求函数为

$$\begin{aligned}x_l(\boldsymbol{p},I)=\frac{-\partial v(\boldsymbol{p},I)/\partial p_l}{\partial v(\boldsymbol{p},I)/\partial I}&=\frac{\frac{1}{r}(p_1^r+p_2^r)^{-(1+\frac{1}{r})}rIp_l^{r-1}}{(p_1^r+p_2^r)^{-1/r}}\\&=\frac{p_l^{r-1}I}{(p_1^r+p_2^r)},\quad l=1,2.\end{aligned}$$

例 3.6.4 (位似效用函数) 更一般地，假设效用函数 $u(\boldsymbol{x})$ 由下面的函数给出：

$$u(\boldsymbol{x})=\psi(h(\boldsymbol{x})),$$

其中 ψ 是一个严格递增函数，h 是一阶齐次函数，则称复合函数 $u(\boldsymbol{x})$ 为**位似的** (homothetic)。若消费者的偏好可由位似效用函数表示，则其偏好称为**位似偏好**。

可以证明（与对成本函数关于产量是线性的类似证明，参见命题 4.4.3)，若效用函数是一次齐次的，则其支出函数可写为 $e(\boldsymbol{p},u)=e(\boldsymbol{p})u$。这反过来又意味着其间接效用函数可写为 $v(\boldsymbol{p},I)=v(\boldsymbol{p})I$。根据罗伊恒等式，这意味着其需求函数形式为 $x_l(\boldsymbol{p},I)=x_l(\boldsymbol{p})I$，即为收入的线性函数。收入效应的这种特殊形式在需求分析中很有用，我们在下面讨论总和问题时将会看到这一点。

3.6.3 直接效用和间接效用的对偶性

现在考察如何从间接效用函数推导出直接效用函数。其求解方法用到了直接和间接效用函数的对偶性质。在下面的分析中，对标准化 (normalized) 的间接效用函数进行分析更为方便，其中将价格除以收入，因而间接效用函数中收入被标准化为 1。这样标准化的间接效用函数由解下列问题得到：

$$\begin{aligned}v(\boldsymbol{p})=&\max_{\boldsymbol{x}}u(\boldsymbol{x})\\\text{s.t.}\quad&\boldsymbol{px}=1.\end{aligned} \tag{3.29}$$

我们有如下命题。

命题 3.6.3　给定间接效用函数 $v(\boldsymbol{p})$，其对应的直接效用函数可以由求解下述问题得到：

$$u(\boldsymbol{x}) = \min_{\boldsymbol{p}} v(\boldsymbol{p})$$
$$\text{s.t.} \quad \boldsymbol{px} = 1.$$

证明： 令 $\boldsymbol{x}$ 为价格 $\boldsymbol{p}$ 下的需求束。根据定义，我们有 $v(\boldsymbol{p}) = u(\boldsymbol{x})$。令 $\boldsymbol{p}'$ 为满足预算约束的任一价格向量，即 $\boldsymbol{p}'\boldsymbol{x} = 1$。由于 $\boldsymbol{x}$ 是价格 $\boldsymbol{p}'$ 下的可行选择，效用最大化选择所带来的效用必然至少等于 $\boldsymbol{x}$ 所带来的效用，即 $v(\boldsymbol{p}') \geqq u(\boldsymbol{x}) = v(\boldsymbol{p})$。因此，间接效用函数在所有预算约束价格 $\boldsymbol{p}$ 下的最小值等于 $\boldsymbol{x}$ 所带来的效用。 □

上述论证如图 3.15 所示。任意满足预算约束 $\boldsymbol{px} = 1$ 的价格向量 $\boldsymbol{p}$ 所带来的效用值都必然不低于 $u(\boldsymbol{x})$。换句话说，$u(\boldsymbol{x})$ 为上述最小化问题的解。

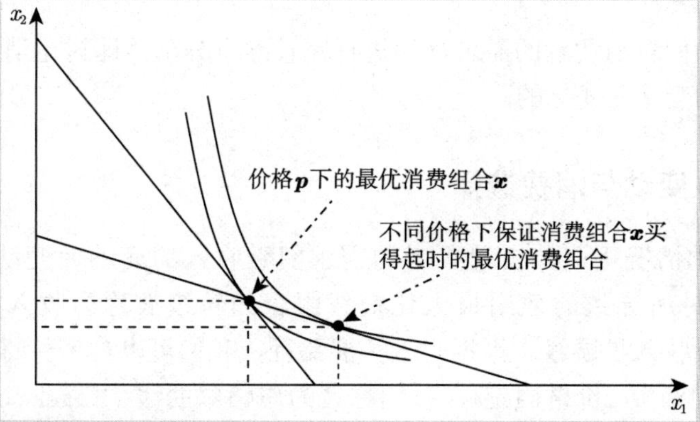

图 3.15　求解直接效用函数

例 3.6.5 (求解直接效用函数)　设间接效用函数为

$$v(p_1, p_2) = -a \ln p_1 - b \ln p_2.$$

我们希望推导出直接效用函数。为此，考虑最小化问题：

$$\min_{p_1, p_2} -a \ln p_1 - b \ln p_2$$
$$\text{s.t.} \quad p_1 x_1 + p_2 x_2 = 1.$$

其一阶条件为

$$-a/p_1 = \lambda x_1,$$
$$-b/p_2 = \lambda x_2.$$

应用预算约束，从而得到解：

$$p_1 = \frac{a}{(a+b)x_1},$$

$$p_2 = \frac{b}{(a+b)x_2}.$$

上述价格即为最小化间接效用函数的价格选择 (p_1, p_2)。将这些价格代回间接效用函数，我们有

$$u(x_1x_2) = a\ln x_1 + b\ln x_2 + c,$$

这里 c 是任一常数，此即我们所熟知的柯布–道格拉斯效用函数。

表示同一经济行为的不同方式的对偶性在研究消费者理论、福利经济学和经济学的其他许多领域的问题时十分有用。许多直接看上去难以理解的问题在对偶框架下进行分析就变得非常简单、直接和易于理解了。

3.7 需求函数的性质

在本节中，我们对消费者的需求行为进行比较静态分析，即讨论消费者的需求是如何随着价格和收入的变化而变化的。

3.7.1 收入变动与消费选择

在价格给定的情况下，分析消费者的需求随着收入的变动而变动是非常有意义的。消费者收入变化时所导致的效用最大化消费组合的轨迹被称为**收入扩展路径** (income expansion path)或**收入扩展线**。根据收入扩展路径，我们可以对每种商品推导出将收入和需求联系在一起的函数 (价格固定)，我们称之为**恩格尔曲线** (Engel curve)。它有两种可能：(1) 随着收入的上升，某种商品的需求增加。这样的商品被称为**正常品** (normal good)。(2) 随着收入的上升，某种商品的需求减少。这样的商品被称为**劣等品** (inferior good)。

对两商品的消费者效用最大化问题，当收入扩展路径 (从而每条恩格尔曲线) 向上倾斜 (upper-ward sloping) 时，两种商品都是正常品 (见图 3.16(a))。当收入扩展路径向下弯曲 (bend backwards) 且效用函数是局部非饱和的时，有且只有一种商品是劣等品，即收入的增加将带来其消费的减少 (见图 3.16(b) 中的商品 1)。从图中同时可以看出，当收入充分小时，所有的商品都是正常品。

3.7.2 价格变化与消费选择

我们也可以让一种商品的价格变动而固定收入和其他商品的价格。比如，固定 p_2 和 I 而让 p_1 变动，则对应的需求也将随 p_1 的变化而变动，其对应的轨迹 (即随价格变动所得到最优组合的轨迹) 被称为**价格提供曲线** (price offer curve，简称“提供曲线”) 或**价格消费曲线 (price-consumption curve)**。在图 3.17 的第一种情形下，商品 1 的价格

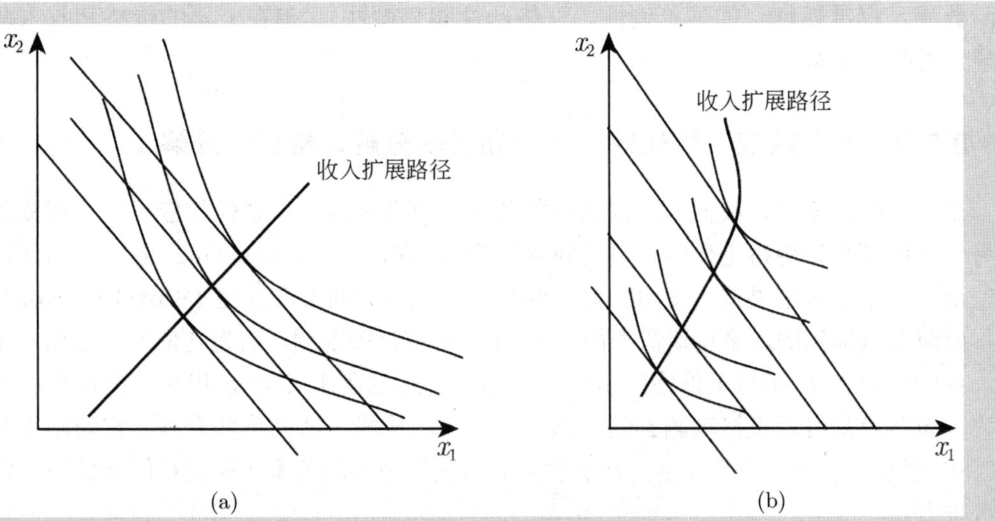

图 3.16 商品的收入扩展路径

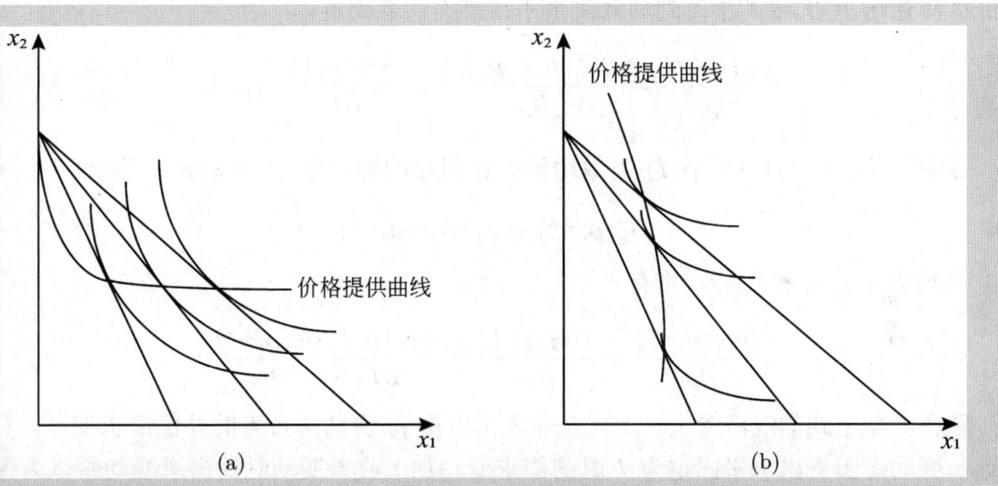

图 3.17 价格提供曲线：在图 (a) 中，商品 1 的需求随着其价格的下降而增加。在图 (b) 中，商品 1 的需求随着其价格的下降而减少，因此它是吉芬商品

越低，其需求越大，即通常的需求律成立。满足需求律的商品被称为正常品。在第二种情形下，商品 1 的价格越低，其需求越小。这样的商品被称为**吉芬商品** (Giffen good)。尽管现实中的吉芬商品的具体例子基本上很难找到，但无论从实验还是理论来看，它都存在。Battallio、Kagel Kogut (1991) 给出了实验的例子。Haagsma (2012) 给出了产生吉芬行为的一个具体效用函数的例子，为 Stone-Geary 效用函数：

$$u(x,y)=\alpha_1\ln(x-\gamma_x)-\alpha_2(\gamma_y-y),$$

其中 $0<\alpha_1<\alpha_2$，γ_x 可以被解释为商品 x 的最低生活需求量，而 y 的消费受到最大数量 γ_y 的限制（如消费过多某种商品可能会损害健康）。正如 Haagsma（2012）所示，这个效

用函数满足标准属性（如强单调性、严格凸性和可微性），但在一定的价格和收入范围内会导致吉芬型需求。

3.7.3 收入效应、替代效应与斯勒茨基分解、希克斯分解

在上面的讨论中，我们看到商品价格的下降有两种效应：**替代效应**——一种商品相对于另一种商品来说变得更便宜，以及**收入效应**——购买力 (purchasing power) 增加。消费者理论的一个基本结果就是将两种效应联系在一起的**斯勒茨基方程 (Slutsky equation)**。

如前面所提到的，希克斯需求函数 $\boldsymbol{h}$ 并不可被直接观测，因为它依赖于效用水平。然而，我们可以将 $\boldsymbol{h}$ 相对于价格的偏导数表达为马歇尔需求函数 $\boldsymbol{x}$ 相对于价格和收入的偏导数，而后者是可以直接观测到的。这一重要发现构成了斯勒茨基方程，它勾画了马歇尔（非补偿性）需求变化与希克斯（补偿性）需求变化之间的关系（通过补偿来保持固定的效用水平）。

命题 3.7.1 (斯勒茨基方程) 设 $\boldsymbol{x}(\boldsymbol{p},I)$ 为消费者的马歇尔需求函数系统。令 u^* 为在价格向量 $\boldsymbol{p}$ 和收入 I 下达到的效用水平。那么，我们有：

$$\frac{\partial x_k(\boldsymbol{p},I)}{\partial p_l}=\frac{\partial h_k(\boldsymbol{p},v(\boldsymbol{p},I))}{\partial p_l}-\frac{\partial x_k(\boldsymbol{p},I)}{\partial I}x_l(\boldsymbol{p},I). \tag{3.30}$$

证明： 设 $\boldsymbol{x}^*$ 为价格 $(\boldsymbol{p},I)$ 下效用最大化问题的解。令 $u^*=u(\boldsymbol{x}^*)$，则有

$$h_k(\boldsymbol{p},u^*)\equiv x_k(\boldsymbol{p},e(\boldsymbol{p},u^*)).$$

对上式两端关于 p_l 求偏导，则有

$$\frac{\partial h_k(\boldsymbol{p},u^*)}{\partial p_l}=\frac{\partial x_k(\boldsymbol{p},I)}{\partial p_l}+\frac{\partial x_k(\boldsymbol{p},I)}{\partial I}\frac{\partial e(\boldsymbol{p},u^*)}{\partial p_l}.$$

现在考察上式的经济含义。上式左端表示价格 p_l 变动所带来的补偿需求变动，右端表示这一变动等于支出水平固定为 I 时的需求变动加上收入变动时的需求变动乘以为保持效用不变所需调整的收入量的积。但最后一项 $\partial e(\boldsymbol{p},u^*)/\partial p_l$ 等于 x_l^*。整理上式，我们得到

$$\frac{\partial x_k(\boldsymbol{p},I)}{\partial p_l}=\frac{\partial h_k(\boldsymbol{p},u^*)}{\partial p_l}-\frac{\partial x_k(\boldsymbol{p},I)}{\partial I}x_l^*,$$

此即斯勒茨基方程。 □

根据希克斯分解方程和命题 3.5.3 所断言的希克斯需求函数导数的负半定性，我们可得出有关马歇尔需求函数的下述结果。

命题 3.7.2 替代矩阵 $\left(\dfrac{\partial x_I(\boldsymbol{p},I)}{\partial p_l}+\dfrac{\partial x_I(\boldsymbol{p},u)}{\partial I}x_l\right)$ 是对称负半定矩阵。

上述结果并不直观：需求对价格和收入的导数矩阵为负半定矩阵。

例 3.7.1 (柯布–道格拉斯效用函数下的斯勒茨基方程)　我们考察柯布–道格拉斯效用函数情形下的希克斯分解方程。首先我们有

$$\begin{aligned} v(p_1,p_2,I) &= I p_1^{-\alpha} p_2^{\alpha-1}, \\ e(p_1,p_2,u) &= u p_1^{\alpha} p_2^{1-\alpha}, \\ x_1(p_1,p_2,I) &= \frac{\alpha I}{p_1}, \\ h_1(p_1,p_2,u) &= \alpha p_1^{\alpha-1} p_2^{1-\alpha} u; \end{aligned}$$

从而有

$$\begin{aligned} \frac{\partial x_1(\boldsymbol{p},I)}{\partial p_1} &= -\frac{\alpha I}{p_1^2}, \\ \frac{\partial x_1(\boldsymbol{p},I)}{\partial I} &= \frac{\alpha}{p_1}, \\ \frac{\partial h_1(\boldsymbol{p},u)}{\partial p_1} &= \alpha(\alpha-1) p_1^{\alpha-2} p_2^{1-\alpha} u, \\ \frac{\partial h_1(\boldsymbol{p},v(\boldsymbol{p},I))}{\partial p_1} &= \alpha(\alpha-1) p_1^{\alpha-2} p_2^{1-\alpha} I p_1^{-\alpha} p_2^{\alpha-1} \\ &= \alpha(\alpha-1) p_1^{-2} I. \end{aligned}$$

将上述结果代入斯勒茨基方程，我们得到

$$\begin{aligned} \frac{\partial h_1}{\partial p_1} - \frac{\partial x_1}{\partial I} x_1 &= \frac{\alpha(\alpha-1)I}{p_1^2} - \frac{\alpha}{p_1}\frac{\alpha I}{p_1} \\ &= \frac{[\alpha(\alpha-1)-\alpha^2]I}{p_1^2} \\ &= \frac{-\alpha I}{p_1^2} = \frac{\partial x_1}{\partial p_1}. \end{aligned}$$

可以验证，对任意的 $l,k \in \{1,2\}$，下面的斯勒茨基方程都成立

$$\frac{\partial x_k(\boldsymbol{p},I)}{\partial p_l} = \frac{\partial h_k(\boldsymbol{p},u^*)}{\partial p_l} - \frac{\partial x_k(\boldsymbol{p},I)}{\partial I} x_l.$$

因此，

$$\frac{\partial h_k(\boldsymbol{p},u^*)}{\partial p_l} = \frac{\partial x_k(\boldsymbol{p},I)}{\partial p_l} + \frac{\partial x_k(\boldsymbol{p},I)}{\partial I} x_l.$$

收入依赖于禀赋模型

在现实中，收入不是固定的，而往往依赖于消费者所持有的某些商品的禀赋 $\boldsymbol{\omega} = (\omega_1,\cdots,\omega_L)$，消费者可以在市场上以价格 $\boldsymbol{p}$ 出售这些禀赋，获得收入 $I = \boldsymbol{p\omega}$，消费者可以用这些收入购买其他商品。

消费者的效用最大化问题于是为

$$\max_{\boldsymbol{x}} u(\boldsymbol{x})$$
$$\text{s.t.} \quad \boldsymbol{px} = \boldsymbol{p\omega}.$$

对上述问题求解，可得到需求函数 $\boldsymbol{x(p, p\omega)}$。商品 l 的净需求 (net demand) 为 $x_l - \omega_l$。消费者的净需求为正或是为负取决于他对商品的需求是超过还是少于其持有的对应商品的禀赋。

这样，价格不仅影响消费者出售禀赋的价值，也影响其购买商品的价值。这从斯勒茨基方程中容易看出来。对需求函数关于价格求偏导，用斯勒茨基方程展开，我们有

$$\frac{dx_l(\boldsymbol{p}, \boldsymbol{p\omega})}{dp_k} = \left.\frac{\partial x_l(\boldsymbol{p}, \boldsymbol{p\omega})}{\partial p_k}\right|_{\boldsymbol{p\omega}=constant} + \frac{\partial x_l(\boldsymbol{p}, \boldsymbol{p\omega})}{dI}\omega_k.$$

方程右侧的第一项代表在收入保持不变的情况下需求对于价格的偏导数。第二项则是需求对于收入的偏导数，乘以收入变化。我们可以利用斯勒茨基方程展开第一项，然后整理代数式，得到如下方程：

$$\frac{\partial x_i(\boldsymbol{p}, \boldsymbol{p\omega})}{\partial p_k} = \frac{\partial h_l(\boldsymbol{p}, u)}{\partial p_k} + \frac{\partial x_l(\boldsymbol{p}, \boldsymbol{p\omega})}{\partial I}(\omega_k - x_k).$$

在上式中，收入效应取决于对商品 k 的净需求而非总需求。

3.7.4 离散情形下的希克斯分解与斯勒茨基分解

当我们考虑价格的离散变动，而不仅仅关注商品变化的微小调整时，就会涉及两种分解方法。其中一种是希克斯分解——它是对我们先前关于斯勒茨基方程的定义的延伸，指的是在保持效用恒定的情况下，由价格变动引起的需求变化。第二种类型是斯勒茨基分解——它表示由于价格变动而在保持购买力水平恒定的情况下引起的需求变化。因此，出现了两种不同形式的收入效应。

让我们从推导离散情形的希克斯分解开始。此时**替代效应**是在维持效用不变情形下，价格变化引起的需求的改变。我们把在价格变化情形下要实现原先的效用水平所需的最优支出称为**效用等价收入**。而**收入效应**涉及在购买力变化的情况下，假设相对价格不变，引起某种商品消费的变化。由于效用等价收入与实际收入通常是不同的，因此在新价格下，从效用等价收入到实际收入引起的需求变化，就是希克斯分解情形下的收入效应。理论上，价格变动的完整影响等于替代效应和收入效应的总和。

正式地，当价格从 $\boldsymbol{p}$ 变化到 $\boldsymbol{p} + \Delta\boldsymbol{p}$ 时，收入保持为 I，需求从 $\boldsymbol{x}(\boldsymbol{p}, I)$ 变化到 $\boldsymbol{x}(\boldsymbol{p} + \Delta\boldsymbol{p}, I)$，效用等价收入为 $I + \Delta I = (\boldsymbol{p} + \Delta\boldsymbol{p})h(\boldsymbol{p} + \Delta\boldsymbol{p}, u)$，或者 $\Delta I = e(\boldsymbol{p} + \Delta\boldsymbol{p}, u) - e(\boldsymbol{p}, u)$，称为希克斯补偿。假设 $\Delta\boldsymbol{p} = (0, \cdots, \Delta p_k, \cdots, 0)$，即只有商品 k 的价格发生变化，此时价格变化引起的需求变化可以分解为：

$$x_l(\boldsymbol{p} + \Delta\boldsymbol{p}, I) - x_l(\boldsymbol{p}, I) = [h_l(\boldsymbol{p} + \Delta\boldsymbol{p}, u) - h_l(\boldsymbol{p}, u)] \\ - [x_l(\boldsymbol{p} + \Delta\boldsymbol{p}, I + \Delta I) - x_l(\boldsymbol{p} + \Delta\boldsymbol{p}, I)].$$

之所以成立，是因为 $x_l(\boldsymbol{p},I)=h_l(\boldsymbol{p},u)$ 和 $x_l(\boldsymbol{p}+\Delta\boldsymbol{p},I+\Delta I)=h_l(\boldsymbol{p}+\Delta\boldsymbol{p},u)$。

方程两边同时除以 Δp_k，同时 $\Delta I=e(\boldsymbol{p}+\Delta\boldsymbol{p},u)-e(\boldsymbol{p},u)$，得到：

$$\frac{x_l(\boldsymbol{p}+\Delta\boldsymbol{p},I)-x_l(\boldsymbol{p},I)}{\Delta p_k}=\left[\frac{h_l(\boldsymbol{p}+\Delta\boldsymbol{p},u)-h_l(\boldsymbol{p},u)}{\Delta p_k}\right]-\frac{e(\boldsymbol{p}+\Delta\boldsymbol{p},u)-e(\boldsymbol{p},u)}{\Delta p_k}$$
$$\left[\frac{x_l(\boldsymbol{p}+\Delta\boldsymbol{p},I+\Delta I)-x_l(\boldsymbol{p}+\Delta\boldsymbol{p},I)}{\Delta I}\right]. \tag{3.31}$$

方程 (3.31) 是离散形式的希克斯分解方程，其中

$$\left[\frac{h_l(\boldsymbol{p}+\Delta\boldsymbol{p},u)-h_l(\boldsymbol{p},u)}{\Delta p_k}\right]$$

是替代效应：

$$-\frac{e(\boldsymbol{p}+\Delta\boldsymbol{p},u)-e(\boldsymbol{p},u)}{\Delta p_k}\left[\frac{x_l(\boldsymbol{p}+\Delta\boldsymbol{p},I+\Delta I)-x_l(\boldsymbol{p}+\Delta\boldsymbol{p},I)}{\Delta I}\right]$$

是收入效应。

当 $\Delta p_k\to 0$ 和 $\Delta I\to 0$ 时，我们得到了微分方程形式的希克斯分解方程，也就是前面得到的斯勒茨基方程：

$$\frac{\partial x_l(\boldsymbol{p},I)}{\partial p_k}=\frac{\partial h_l(\boldsymbol{p},I)}{\partial p_k}-x_k(\boldsymbol{p},I)\frac{\partial x_l(\boldsymbol{p},I)}{\partial I}. \tag{3.32}$$

离散形式的希克斯分解 (3.31) 的一个缺陷是希克斯支出函数及其补偿需求函数一般都不可直接观测，人们于是经常转向斯勒茨基分解。

斯勒茨基分解下的替代效应是在给定购买力不变的情形下，价格变化引起的需求的改变。这里维持购买力不变的收入指的是在新价格下购买初始需求所需的收入，这个收入被称为**购买力等价收入**。而收入效应是在新的价格下，由价格引起的购买力变化导致的需求的变化，这里的购买力变化指的是购买力等价收入与实际收入之间的差异。下面的斯勒茨基分解方程给出了由价格变化引起需求变化的替代效应和收入效应。

当价格从 $\boldsymbol{p}$ 变化到 $\boldsymbol{p}+\Delta\boldsymbol{p}$ 时，收入 I 保持不变，需求从 $\boldsymbol{x}(\boldsymbol{p},I)$ 变化到 $\boldsymbol{x}(\boldsymbol{p}+\Delta\boldsymbol{p},I)$，购买力变化为 $I+\Delta I=(\boldsymbol{p}+\Delta\boldsymbol{p})\boldsymbol{x}(\boldsymbol{p},I)$，或者 $\Delta I=\Delta\boldsymbol{p}\boldsymbol{x}(\boldsymbol{p},I)$，它被称为斯勒茨基补偿。假设 $\Delta\boldsymbol{p}=(0,\cdots,\Delta p_k,\cdots,0)$，即只有商品 k 的价格发生变化，此时价格变化引起的需求变化可以分解为：

$$\begin{aligned}x_l(\boldsymbol{p}+\Delta\boldsymbol{p},I)-x_l(\boldsymbol{p},I)=&[x_l(\boldsymbol{p}+\Delta\boldsymbol{p},I+\Delta I)-x_l(\boldsymbol{p},I)]\\&-[x_l(\boldsymbol{p}+\Delta\boldsymbol{p},I+\Delta I)-x_l(\boldsymbol{p}+\Delta\boldsymbol{p},I)].\end{aligned}$$

方程两边同时除以 Δp_k，得到：

$$\begin{aligned}\frac{x_l(\boldsymbol{p}+\Delta\boldsymbol{p},I)-x_l(\boldsymbol{p},I)}{\Delta p_k}=&\left[\frac{x_l(\boldsymbol{p}+\Delta\boldsymbol{p},I+\Delta I)-x_l(\boldsymbol{p},I)}{\Delta p_k}\right]\\&-\left[\frac{x_l(\boldsymbol{p}+\Delta\boldsymbol{p},I+\Delta I)-x_l(\boldsymbol{p}+\Delta\boldsymbol{p},I)}{\Delta p_k}\right].\end{aligned}$$

利用 $\Delta I=\Delta p_k x_k(\boldsymbol{p},I)$，我们有

$$\frac{x_l(\boldsymbol{p}+\Delta\boldsymbol{p},I)-x_l(\boldsymbol{p},I)}{\Delta p_k}=\left[\frac{x_l(\boldsymbol{p}+\Delta\boldsymbol{p},I+\Delta I)-x_l(\boldsymbol{p},I)}{\Delta p_k}\right]$$
$$-x_k(\boldsymbol{p},I)\left[\frac{x_l(\boldsymbol{p}+\Delta\boldsymbol{p},I+\Delta I)-x_l(\boldsymbol{p}+\Delta\boldsymbol{p},I)}{\Delta I}\right]. \tag{3.33}$$

方程 (3.33) 是斯勒茨基方程的离散形式模拟，其中

$$\frac{x_l(\boldsymbol{p}+\Delta\boldsymbol{p},I+\Delta I)-x_l(\boldsymbol{p},I)}{\Delta p_k}$$

表示替代效应，展示了当价格 k 变化且收入也以维持原消费水平的方式变化时，商品 l 的需求如何改变；而

$$-x_k(\boldsymbol{p},I)\left[\frac{x_l(\boldsymbol{p}+\Delta\boldsymbol{p},I+\Delta I)-x_l(\boldsymbol{p}+\Delta\boldsymbol{p},I)}{\Delta I}\right]$$

代表收入效应，说明了当价格保持不变但收入发生变化时，商品 l 的需求如何改变，是由商品 k 的需求乘以收入的变化所获得的。

如图 3.18 所示，斯勒茨基分解方程说明了商品 l 的价格变动 Δp_l 所导致的需求变动可分解为两种独立的效应：替代效应和收入效应。

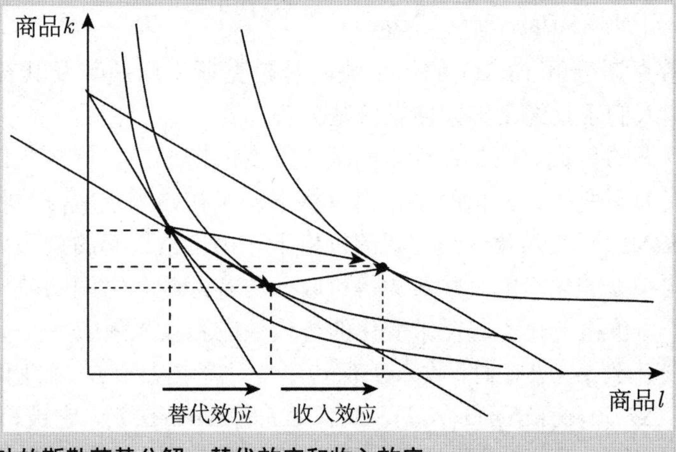

图 3.18 需求变动的斯勒茨基分解：替代效应和收入效应

希克斯补偿与斯勒茨基补偿存在差别，图 3.19 刻画了它们在替代效应中的差别。然而，在考虑无穷小价格变动时，斯勒茨基补偿和希克斯补偿是相等的。

要证明斯勒茨基补偿和希克斯补偿相等，令 $\Delta p_k\to 0$ 和 $\Delta I\to 0$，得到了方程 (3.33) 的微分形式：

$$\frac{\partial x_l(\boldsymbol{p},I)}{\partial p_k}=\left.\frac{\partial x_l(\boldsymbol{p},I)}{\partial p_k}\right|_{Slutsky}-x_k(\boldsymbol{p},I)\frac{\partial x_l(\boldsymbol{p},I)}{\partial I}, \tag{3.34}$$

其中 $\left.\frac{\partial x_l(\boldsymbol{p},I)}{\partial p_k}\right|_{Slutsky}$ 表示在给定 I 的情况下，对 p_k 的需求导数。

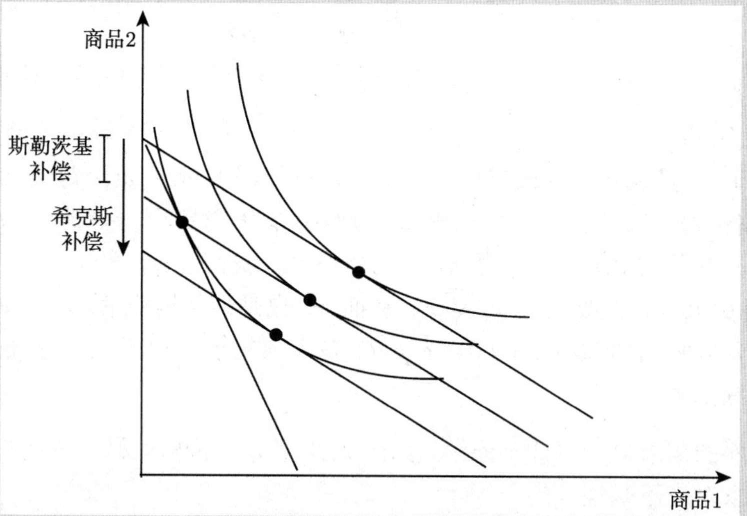

图 3.19　价格变化的斯勒茨基补偿与希克斯补偿

考虑支出函数。一方面，若商品 l 的价格变化了 dp_k，我们需要通过改变支出 $\dfrac{\partial e(\boldsymbol{p},u)}{\partial p_k}dp_k$ 来保持效用不变。另一方面，如果我们希望保持原始消费水平的可行性，我们需要通过 $x_l dp_k$ 来改变收入。则根据支出函数的导数性质，这两个微分是相同的。因此，我们有 $\left.\dfrac{\partial x_l(\boldsymbol{p},I)}{\partial p_k}\right|_{\text{Slutsky}} = \dfrac{\partial h_l(\boldsymbol{p},I)}{\partial p_k}$。

3.7.5　需求函数的连续性与可微性

到目前为止，我们假设需求函数具有很好的性质，即它们是连续甚至是可微函数。那么，在什么条件下，这些条件成立呢？

命题 3.7.3 (需求函数的连续性)　假定 $\succcurlyeq$ 是定义在 $\mathcal{R}_+^L$ 上的连续、弱凸、局部非饱和的偏好序，则 $\boldsymbol{x}(\cdot)$ 是在 $\mathcal{R}_{++}^L \times \mathcal{R}_{++}$ 上的上半连续凸值对应。此外，若 $\succcurlyeq$ 是严格凸的，则 $\boldsymbol{x}(\cdot)$ 是在 $\mathcal{R}_{++}^L \times \mathcal{R}_{++}$ 上的连续单值函数。

证明： 首先，由 $(\boldsymbol{p},I) > 0$ 得知预算集 $B(\boldsymbol{p},I)$ 是非空紧凸的。现证明预算对应 B 是连续的。B 显然是上半连续的，即：对任意序列 $\{(\boldsymbol{p}_t,I_t)\}$ 和 $\{\boldsymbol{x}_k\}$，若 $\{(\boldsymbol{p}_t,I_t)\} \to (\boldsymbol{p},I)$ 及 $\boldsymbol{x}_k \in B(\boldsymbol{p}_t,I_t)$，则存在一个收敛的子序列 $\{\boldsymbol{x}_{k_m}\}$，使得 $\boldsymbol{x}_{k_m} \to \boldsymbol{x}$ 和 $\boldsymbol{x} \in B(\boldsymbol{p}_t,I_t)$。

这样，我们只需要证明它也是下半连续的。令 $\boldsymbol{x} \in B(\boldsymbol{p},I)$，并令 $\{(\boldsymbol{p}_t,I_t)\}$ 是任意序列从而使之有 $\boldsymbol{p}_t \to \boldsymbol{p}$ 及 $I_t \to I$。我们需要证明存在序列 $\{\boldsymbol{x}_t\}$，使得 $\boldsymbol{x}_t \to \boldsymbol{x}$，并且对所有充分大的 t，都有 $\boldsymbol{x}_t \in B(\boldsymbol{p}_t,I_t)$，即 $\boldsymbol{p}_t\boldsymbol{x}_t \leqq I_t$。考虑两种情形：

情形1： $\boldsymbol{p}\boldsymbol{x} < I$。于是，对任意使得 $\boldsymbol{x}_t \to \boldsymbol{x}$ 的序列 $\{\boldsymbol{x}_t\}$，当 t 大于某个充分大的整数 t' 时，我们均有 $\boldsymbol{p}_t\boldsymbol{x}_t < I_t$。这样，$\boldsymbol{x}_t \in B(\boldsymbol{p}_t,I_t)$。

第3章

情形2：$\boldsymbol{px} = I$。令 $\boldsymbol{x}_t = \dfrac{I_t}{\boldsymbol{p}_t\boldsymbol{x}}\boldsymbol{x}$。由 $\dfrac{I_t}{\boldsymbol{p}_t\boldsymbol{x}} \to \dfrac{I}{\boldsymbol{px}} = 1$，我们有 $\boldsymbol{x_t} \to \boldsymbol{x}$。此外，$\boldsymbol{p}_t\boldsymbol{x}_t = \dfrac{I_t}{\boldsymbol{p}_t\boldsymbol{x}}\boldsymbol{p}_t\boldsymbol{x} = I_t$，从而 $\boldsymbol{x}_t \in B(\boldsymbol{p}_t, I_t)$。因此，$B$ 是一个下半连续的对应。这样，我们证明了 B 是连续的。

另外，由于 $\succcurlyeq$ 是连续的，根据最大值定理，可知需求对应 $\boldsymbol{x}(\boldsymbol{p}, I)$ 是上半连续的。

现证明 $\boldsymbol{x}(\boldsymbol{p}, I)$ 也是凸的。设 $\boldsymbol{x}$ 和 $\boldsymbol{x}'$ 为两个最优消费束。令 $\boldsymbol{x}_t = t\boldsymbol{x} + (1-t)\boldsymbol{x}'$，$t \in [0,1]$，则 $\boldsymbol{x}_t$ 也满足预算集，且根据 $\succcurlyeq$ 的弱凸性，我们有 $\boldsymbol{x}_t = t\boldsymbol{x} + (1-t)\boldsymbol{x}' \succcurlyeq \boldsymbol{x}$。由于 $\boldsymbol{x}$ 是最优消费束，我们必然有 $\boldsymbol{x}_t \sim \boldsymbol{x}$，从而 $\boldsymbol{x}_t$ 也是最优消费束。

当 $\succ$ 严格凸时，根据命题 3.4.3，$\boldsymbol{x}(\boldsymbol{p}, I)$ 是单值函数。由于上半连续对应是单值的，$\boldsymbol{x}(\cdot)$ 必然是连续函数。 □

非凸偏好序的需求对应可能不连续，如图 3.20 所示，价格的微小变动将带来需求束的重大变化：需求对应不是连续的。

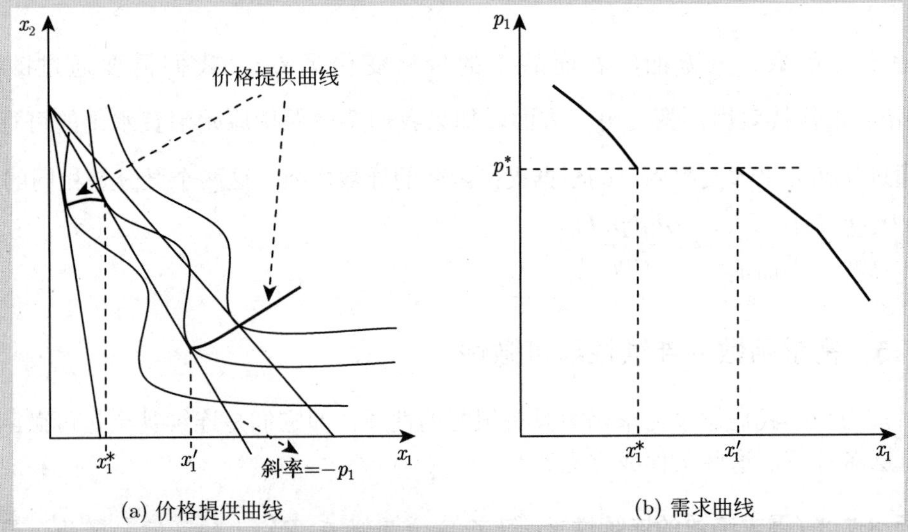

图 3.20 不连续需求。需求的不连续性源于偏好的非凸性

有时我们需要考察需求曲线的斜率，因而我们希望需求函数是可微的。何种条件能够保证需求函数是可微的呢？应用隐函数存在定理，我们有下述命题。

命题 3.7.4 (需求函数的可微性) 假定 $\boldsymbol{x} > 0$ 为 $(\boldsymbol{p}, I) > 0$ 下消费者效用最大化问题的解，并且

（1）u 在 $\mathcal{R}^L_{++}$ 上二阶连续可微；

（2）对所有 $l = 1, \cdots, L$，均有 $\dfrac{\partial u(\boldsymbol{x})}{\partial x_l} > 0$；

（3）u 的加边海森矩阵在 $\boldsymbol{x}$ 处的行列式不等于零。

则 $\boldsymbol{x}(\cdot)$ 在 $(\boldsymbol{p}, I)$ 处连续可微。

3.7.6　反需求函数和需求函数的对偶性

在许多应用中，需要通过将价格表示为需求量的函数来描述需求行为。换句话说，给定最优商品向量 $\boldsymbol{x}$，我们希望找到价格向量 $\boldsymbol{p}$ 和收入 I，使得 $\boldsymbol{x}$ 是在 $(\boldsymbol{p}, I)$ 下的需求束。

由于需求函数是零次齐次的，我们可以将收入固定在某个水平，而将价格表示为相对于收入水平的值。最方便的选择是 $I=1$。在这种情形下，效用最大化问题的一阶条件为：

$$\frac{\partial u(\boldsymbol{x})}{\partial x_l} - \lambda p_l = 0, \quad l = 1, \cdots, L,$$

$$\sum_{l=1}^{L} p_l x_l = 1.$$

将上式第一个方程组的每个乘以 x_l，然后将所有方程加总，得

$$\sum_{l=1}^{L} \frac{\partial u(\boldsymbol{x})}{\partial x_l} x_l = \lambda \sum_{l=1}^{L} p_l x_l = \lambda.$$

将上式 λ 的值代回第一个方程组，由此得到反需求函数：

$$p_l(\boldsymbol{x}) = \frac{\dfrac{\partial u(\boldsymbol{x})}{\partial x_l}}{\displaystyle\sum_{l=1}^{L} \frac{\partial u(\boldsymbol{x})}{\partial x_l} x_l}. \tag{3.35}$$

这样我们就将 $\boldsymbol{p}$ 表示成了 $\boldsymbol{x}$ 的函数。

给定 $\boldsymbol{x}$，我们都可以用上式求出效用最大化一阶条件的价格向量 $\boldsymbol{p}(\boldsymbol{x})$。若效用函数是拟凹的，从而效用最大化问题的一阶条件也是充分的。这样，利用上式很容易得到反 (逆) 需求关系。

上述反需求函数公式与需求函数也有一个对偶关系，它可由我们前面所讨论过的直接效用函数和间接效用函数的对偶性导出。我们知道需求束 $\boldsymbol{x}$ 必然在所有满足预算约束的某个价格处使间接效用函数达到最大。因此，$\boldsymbol{x}$ 必然满足一阶条件

$$\frac{\partial v(\boldsymbol{p})}{\partial p_l} - \mu x_l = 0, \quad l = 1, \cdots, L,$$

$$\sum_{k=1}^{L} p_k x_k = 1.$$

将上述表达式中的每个方程都乘以 p_l 并对所得的所有方程加总，我们得 $\mu = \sum_{l=1}^{L} \frac{\partial v(\boldsymbol{p})}{\partial p_l} p_l$。将该结果代回一阶条件，我们可将需求束表示为标准化的间接效用函数的函数：

$$x_l(\boldsymbol{p})=\frac{\dfrac{\partial v(\boldsymbol{p})}{\partial p_l}}{\displaystyle\sum_{k=1}^{L}\frac{\partial v(\boldsymbol{p})}{\partial p_k}p_k}. \tag{3.36}$$

很容易看出两种表达具有很好的对偶性质：直接需求函数的表达式 (3.36) 和反需求函数的表达式 (3.35) 具有同样的形式。

3.8 可积性与显示偏好

3.8.1 从需求复原效用

“效用”的概念是现代微观经济学的一个基本概念，也是整个现代经济学的基础。不过，其缺陷是，个体的效用通常不可观测，传统政治经济学由此认为效用是唯心的概念，它不存在，在以往的国内政治经济学教科书中，效用这一概念一直受到批判，认为西方经济学是庸俗的。从而，研究消费者行为的效用最大化方法面临重大挑战。那么，如何看待这个问题？尽管效用不可观测，但它是否存在呢？

萨缪尔森是提出显示偏好公理的先驱，提出了显示偏好弱公理（下节将讨论）。该公理通过在预算约束条件下假设效用最大化行为，通过商品的最佳组合揭示了个体的真实偏好。尽管显示偏好是一个中间结果，但它可以进一步推导出需求函数。然而，赫维茨和宇泽弘文 (Hurwicz and Uzawa, 1971) 从需求函数的存在中首次推断出效用函数的存在。尽管效用函数本身是不可直接观测的，但可通过市场需求的存在反推效用函数的存在性。他们所提出的问题是：给定需求函数，是否存在某个效用函数，使得需求函数是该效用函数下不同价格的最优消费束，即为该效用函数所对应的需求函数呢？这一问题被称为**可积性问题** (integrability problem)。我们将说明如何通过求解微分方程并对所得结果积分得到所对应的效用函数。斯勒茨基方程在这一过程中起着关键作用。

前面的分析表明，效用最大化假设对消费者行为施加了一些可观测的约束。在一些正则性条件下，需求函数 $\boldsymbol{x}(\boldsymbol{p},I)$ 满足如下五个条件：

（1）非负性: $\boldsymbol{x}(\boldsymbol{p},I)\geqq 0$；

（2）齐次性: $\boldsymbol{x}(t\boldsymbol{p},tI)=\boldsymbol{x}(\boldsymbol{p},I)$；

（3）预算平衡: $\boldsymbol{p}\boldsymbol{x}(\boldsymbol{p},I)=I$；

（4）对称性: 斯勒茨基矩阵 $S\equiv\left(\dfrac{\partial x_l(\boldsymbol{p},I)}{\partial p_k}+\dfrac{\partial x_l(\boldsymbol{p},I)}{\partial I}x_k(\boldsymbol{p},I)\right)$ 是对称的；

（5）负半定性: 矩阵 S 是负半定的。

可积性的主要结果由赫维茨和宇泽弘文 (Hurwicz and Uzawa，1971) 给出：在一些技术性假设（可微性及对收入的偏导数的一个有界条件）下，以上条件实际上也是可积性过程的必要条件。从政治经济学的角度来看，这一结果十分重要。因为人们认为效用是一种心理测度、不能被观测，因而他们认为从效用最大化问题所导出的需求函数是无意义的。

因此，研究消费者行为的效用最大化方法受到批评。但可积性结果表明，尽管效用函数不可直接观测，但市场上的商品需求及其价格这些数据却是可观测的，从而可积性定理为人们效用的存在提供了理论支撑。这一令人吃惊的结果为以前的争论画上了句号。

定理 3.8.1 (可积性定理)　连续可微函数 $\boldsymbol{x}: \mathcal{R}^L_{++} \times \mathcal{R}_{++} \to \mathcal{R}^L_+$ 是某个递增、拟凹效用函数 u 下的需求函数，当 (且仅当 u 是连续、严格递增和严格拟凹函数) 它满足零阶齐次性、预算平衡、对称性和负半定性，以及对收入的偏导数有界，即：对任意的 $\underline{\boldsymbol{p}} \ll \bar{\boldsymbol{p}} \in \mathcal{R}^L_{++}$，存在着某个实数 $M_{\underline{\boldsymbol{p}},\bar{\boldsymbol{p}}}$，使得 $|\frac{\partial x_l(\boldsymbol{p},I)}{\partial I}| \leqq M_{\underline{\boldsymbol{p}},\bar{\boldsymbol{p}}}$ 对所有的 $\underline{\boldsymbol{p}} \leqq \boldsymbol{p} \leqq \bar{\boldsymbol{p}}$ 和 $l = 1, \cdots, L$ 成立。

该定理的证明较长且复杂，略去其证明，有兴趣的读者可参考赫维茨和宇泽弘文 (1971)。

为了从一组需求函数中求得效用函数，我们必须找到一个方程积分。用支出函数来处理可积性问题通常比用间接效用函数来处理要简单一些。

根据谢泼德引理即命题 3.5.2，我们有

$$\frac{\partial e(\boldsymbol{p},u)}{\partial p_l} = x_l(\boldsymbol{p},I) = x_l(\boldsymbol{p},e(\boldsymbol{p},u)), \quad l = 1, \cdots, L. \tag{3.37}$$

我们需要设定形式为 $e(\boldsymbol{p}^*, u) = c$ 的边界条件，其中 $\boldsymbol{p}^*$ 和 c 给定。式 (3.37) 中所给出的方程组是**偏微分** (partial differential) 方程组。可以证明，形为

$$\frac{\partial f(\boldsymbol{p})}{\partial p_l} = g_l(\boldsymbol{p}), \qquad l = 1, \cdots, L$$

的偏微分方程组有解，当且仅当

$$\frac{\partial g_l(\boldsymbol{p})}{\partial p_k} = \frac{\partial g_k(\boldsymbol{p})}{\partial p_l}, \quad \forall l, k.$$

将上述条件应用于可积性问题，我们可以将可积性问题归结成下述矩阵

$$\left(\frac{\partial x_l(\boldsymbol{p},I)}{\partial p_k} + \frac{\partial x_l(\boldsymbol{p},I)}{\partial I}\frac{\partial e(\boldsymbol{p},u)}{\partial p_k}\right)$$

是对称的，这正是斯勒茨基方程所蕴含的结果。因此，斯勒茨基方程意味着我们可以通过对需求函数积分来求得与所观测选择行为一致的支出函数。

若以上五条性质成立，解函数 e 为支出函数，对该支出函数求逆，可求得间接效用函数，然后根据直接效用函数和间接效用函数的对偶性，求得直接效用函数。下面给出这样一个例子。

例 3.8.1 (一般柯布–道格拉斯效用函数)　考虑需求函数

$$x_l(\boldsymbol{p},I) = \frac{\alpha_l I}{\alpha p_l},$$

其中 $\alpha = \sum_{l=1}^{L} \alpha_l$。方程组 (3.37) 成为

$$\frac{\partial e(\boldsymbol{p},u)}{\partial p_l}=\frac{\alpha_l I}{\alpha p_l},\quad l=1,\cdots,L. \tag{3.38}$$

对第 l 个方程关于 p_l 积分，可得

$$\ln e(\boldsymbol{p},u)=\frac{\alpha_l}{\alpha}\ln p_l+c_l,$$

其中 c_l 与 p_l 无关，但它可能与 $p_k,k\neq l$ 有关。结合这些方程，我们可得

$$\ln e(\boldsymbol{p},u)=\sum_{l=1}^{L}\frac{\alpha_l}{\alpha}\ln p_l+c,$$

其中 c 与所有的 p_l 无关。常数 c 设定边界条件的自由度。对每个 u，取 $\boldsymbol{p}^*=(1,\cdots,1)$ 并利用边界条件 $e(\boldsymbol{p}^*,u)=u$，则有

$$\ln e(\boldsymbol{p},u)=\sum_{l=1}^{L}\frac{\alpha_l}{\alpha}\ln p_l+\ln u.$$

对上述方程求逆，最后得到

$$\ln v(\boldsymbol{p},I)=-\sum_{l=1}^{L}\frac{\alpha_l}{\alpha}\ln p_l+\ln I.$$

这正是柯布–道格拉斯间接效用函数的一个单调变换，正如例 3.6.5 所示。

3.8.2 显示偏好理论

显示偏好公理

显示偏好公理是另外一种形式的偏好显示的可积性结果，其基本思想相同，但所需要的条件较弱。

显示偏好理论的基本原理是偏好公理只能根据消费者做出实际选择的可观测决策进行构造。即使个体的偏好关系存在，它也不能在市场上直接观测到。在实际中，所能期盼的最好情形是我们能观测到消费者在不同环境下所做出的选择。例如，我们可能有若干个关于消费者行为的观测：一组价格 $\boldsymbol{p}^t$ 和消费者在这组价格下所选择的消费束 $\boldsymbol{x}^t, t=1,\cdots,T$。我们怎样才能确定这些数据是由效用最大化的消费者生成的呢？显示偏好理论通过考察消费者的这些可观测选择，而不是不可观测的偏好关系，回答了这个问题。

我们称效用函数**理性化** (rationalize) 了观测行为 $(\boldsymbol{p}^t,\boldsymbol{x}^t)$，$t=1,\cdots,T$，若对任意满足 $\boldsymbol{p}^t\boldsymbol{x}^t\geqq\boldsymbol{p}^t\boldsymbol{x}$ 的 $\boldsymbol{x}$，都有 $u(\boldsymbol{x}^t)\geqq u(\boldsymbol{x})$。换句话说，若在所选择的消费束处达到了在预算集上所能达到的最大值，$u(\cdot)$ 理性化了观测行为。假如数据由效用最大化过程生成，可观测选择应该满足何种可观测限制呢？

若不对 $u(\cdot)$ 施加任何限制，则上述问题的答案也是“无限制的”。例如，假设 $u(\cdot)$ 是常数函数，则消费者认为所有观测到的消费束都是无差异的，因此若不对观测到的选择结构施加限制，则任何结果都是可能的。

为了让问题有意义，我们需要排除这种极端情形。一种简便的方法是要求所对应的效用函数是局部非饱和的。于是问题变为：局部非饱和效用函数最大化对可观测选择的限制是什么？

定义 3.8.1 (直接显示偏好)　*若* $\boldsymbol{p}^t\boldsymbol{x}^t \geqq \boldsymbol{p}^t\boldsymbol{x}$，*就有* $u(\boldsymbol{x}^t) \geqq u(\boldsymbol{x})$，*则称* $\boldsymbol{x}^t$ **直接显示偏好于** $\boldsymbol{x}$，*记为* $\boldsymbol{x}^t R^D \boldsymbol{x}$。

上述条件意味着，若 $\boldsymbol{x}$ 在价格 $\boldsymbol{p}^t$ 下可以被选择时却选择了 $\boldsymbol{x}^t$，则 $\boldsymbol{x}^t$ 的效用必然至少同 $\boldsymbol{x}$ 的效用一样大。作为该定义以及数据由效用最大化生成假设的结果，我们可以推出 $\boldsymbol{x}^t R^D \boldsymbol{x}$ 蕴含了 $u(\boldsymbol{x}^t) \geqq u(\boldsymbol{x})$。

定义 3.8.2 (严格直接显示偏好)　*若* $\boldsymbol{p}^t\boldsymbol{x}^t > p^t\boldsymbol{x}$，*就有* $u(\boldsymbol{x}^t) > u(\boldsymbol{x})$，*则称* $\boldsymbol{x}^t$ **严格显示偏好于** $\boldsymbol{x}$，*记为* $\boldsymbol{x}^t P^D \boldsymbol{x}$。

不难证明该结论可由局部非饱和性推出。事实上，根据效用最大化假设，我们有 $u(\boldsymbol{x}^t) \geqq u(\boldsymbol{x})$；若 $u(\boldsymbol{x}^t) = u(\boldsymbol{x})$, 则根据局部非饱和性，存在另一个充分接近 $\boldsymbol{x}$ 的 $\boldsymbol{x}'$，使得 $\boldsymbol{p}^t\boldsymbol{x}^t > \boldsymbol{p}^t\boldsymbol{x}'$，$u(\boldsymbol{x}') > u(\boldsymbol{x}) = u(\boldsymbol{x}^t)$，这与效用最大化假设相矛盾。

定义 3.8.3 (显示偏好)　*若存在有限个消费束* $x_1, x_2, \cdots, x_n$，*使得*

$$\boldsymbol{x}^t R^D \boldsymbol{x}^1, \boldsymbol{x}^1 R^D \boldsymbol{x}^2, \cdots, \boldsymbol{x}^n R^D \boldsymbol{x},$$

则称 $\boldsymbol{x}^t$ *显示偏好于* $\boldsymbol{x}$，*记为* $\boldsymbol{x}^t R \boldsymbol{x}$。

根据 R^D 所构造的以上关系 R 有时也被称为关系 R^D 的**可传递闭包** (transitive closure)。若假定数据由效用最大化行为生成，则由 $\boldsymbol{x}^t R \boldsymbol{x}$，我们可推出 $u(\boldsymbol{x}^t) \geqq u(\boldsymbol{x})$。这样，对任意两个观测 $\boldsymbol{x}^t$ 和 $\boldsymbol{x}^s$，我们现在有一种方式来判断是否有 $u(\boldsymbol{x}^t) \geqq u(\boldsymbol{x}^s)$；同时应有一个可观测的条件用来决定是否有 $u(\boldsymbol{x}^s) > u(\boldsymbol{x}^t)$。由于 $u(\boldsymbol{x}') \geqq u(\boldsymbol{x})$ 和 $u(\boldsymbol{x}) > u(\boldsymbol{x}')$ 不可能同时发生，于是得到如下公理。

广义显示偏好公理 (generalized axiom of revealed preference, GARP)：若 $\boldsymbol{x}^t R\, \boldsymbol{x}^s$，则 $\boldsymbol{x}^s P^D \boldsymbol{x}^t$ 不成立。换句话说，若 $\boldsymbol{x}^t R \boldsymbol{x}^s$ 成立，则有 $\boldsymbol{p}^s\boldsymbol{x}^s \leqq \boldsymbol{p}^s\boldsymbol{x}^t$。

广义显示偏好公理意味着，若 $\boldsymbol{x}^t$ 显示偏好于 $\boldsymbol{x}^s$，则 $\boldsymbol{x}^s$ 不可能严格显示偏好于 $\boldsymbol{x}^t$。如同其名字所显示的，GARP 是各种其他显示偏好检验的推广，包括下面两个标准公理。

显示偏好弱公理 (weak axiom of revealed preference, WARP): 若 $\boldsymbol{x}^t R^D \boldsymbol{x}^s$，且 $\boldsymbol{x}^t$ 不等于 $\boldsymbol{x}^s$，则 $\boldsymbol{x}^s R^D \boldsymbol{x}^t$ 不成立，即：若 $\boldsymbol{p}^t\boldsymbol{x}^t \geqq \boldsymbol{p}^t\boldsymbol{x}^s$，则有 $\boldsymbol{p}^s\boldsymbol{x}^t > \boldsymbol{p}^s\boldsymbol{x}^s$。

显示偏好弱公理意味着，若在价格 $\boldsymbol{p}$ 下另外一个消费组合 $\boldsymbol{x}^s$ 也可以购买，当 $\boldsymbol{x}^t$ 实际被购买时（这意味着 $\boldsymbol{x}^t$ 是最优选择），那么在价格 $\boldsymbol{p}^s$ 下，$\boldsymbol{x}^t$ 超过预算（否则，这就违反了 $\boldsymbol{x}^s$ 在 $\boldsymbol{p}^s$ 下的最优性）。

显示偏好强公理 (strong axiom of revealed preference, SARP): 若 $\boldsymbol{x}^t R \boldsymbol{x}^s$，且 $\boldsymbol{x}^t$ 不等于 $\boldsymbol{x}^s$，则 $\boldsymbol{x}^s R \boldsymbol{x}^t$ 不成立。

上述这两个公理都要求在每个预算集上存在唯一的需求束，而 GARP 则允许多个需求组合。因此，GARP 允许产生这些观测选择的无差异曲线存在无偏差灵敏点 (flat spot)。

显示偏好最大化的刻画

考虑一个由消费者产生的数据集 $(\boldsymbol{p}^t, \boldsymbol{x}^t)$，在什么情况下这个消费者的行为与对消费品的偏好最大化相一致？虽然 GARP 是效用最大化的可观察结果，但它引发了一个问题，即它是否涵盖了该模型的所有含义。换句话说，如果某些数据满足 GARP，是否必然意味着它们源自效用最大化，或者至少可以以这种方式解释？GARP 是否为效用最大化的充分条件？Afriat（1967）首次确立了有关有限一组价格和需求观察的必要和充分条件，以便明确解答这些问题。具体来说，如果有限数据集与 GARP 一致，那么存在一个可以解释观察行为的效用函数；换句话说，存在一个可以产生该行为的效用函数，从而 GARP 包含了效用最大化所施加的完整限制。正式的结论总结在以下 Afriat 定理中：

第3章

定理 3.8.2 (Afriat 定理) 令 $(\boldsymbol{p}^t, \boldsymbol{x}^t)$，$t = 1, \cdots, T$ 为有限个价格向量和消费束的观测数据，则下述条件等价。

（1）理性化这些数据的局部非饱和效用函数存在。

（2）数据满足GARP。

（3）满足下述Afriat 不等式

$$u^s \leqq u^t + \lambda^t \boldsymbol{p}^t(\boldsymbol{x}^s - \boldsymbol{x}^t), \quad \forall\, t, s$$

的正数 (u^t, λ^t)，$t = 1, \cdots, T$ 存在。

（4）存在连续、凹和单调效用函数，它理性化了这些数据。

这样，Afriat 定理说明了有限个价格和消费束的观测数据满足GARP，当且仅当存在一个理性化这些数据的连续、递增和凹效用函数。下面的证明参考了Varian (1982) 的文章。

证明： (1) ⇒ (2)。假定 $u(\boldsymbol{x})$ 理性化了这些选择。若 $\boldsymbol{p}^i\boldsymbol{x}^i \geqq \boldsymbol{p}^i\boldsymbol{x}^k$，根据定义，这意味着 $u(\boldsymbol{x}^i) \geqq u(\boldsymbol{x}^k)$ 或 $\boldsymbol{x}^i R^D \boldsymbol{x}^k$。我们要证明 $\boldsymbol{p}^i\boldsymbol{x}^i > \boldsymbol{p}^i\boldsymbol{x}^j$ 意味着 $u(\boldsymbol{x}^i) > u(\boldsymbol{x}^j)$。若不成立，必有 $u(\boldsymbol{x}^i) = u(\boldsymbol{x}^j)$。然而根据局部非饱和性，存在某个 $\hat{\boldsymbol{x}}$，满足 $\boldsymbol{p}^i\boldsymbol{x}^i > \boldsymbol{p}^i\hat{\boldsymbol{x}}$，使得 $u(\hat{\boldsymbol{x}}) > u(\boldsymbol{x}^j) = u(\boldsymbol{x}^i)$。这与 $u(\boldsymbol{x})$ 在价格 $\boldsymbol{p}^i$ 理性化选择 $\boldsymbol{x}^i$ 相矛盾。因此，$\boldsymbol{x}^i P^D \boldsymbol{x}^j$ 意味着 $u(\boldsymbol{x}^i) > u(\boldsymbol{x}^j)$，从而得出 GARP。

(2) ⇒ (3)：证明相对复杂些，为了证明这一点，我们需要先验证以下两个算法有效。

算法 1：求最大元。

输入：定义在有限集合 $S = (\boldsymbol{x}^1, \cdots, \boldsymbol{x}^n)$ 上的自反且传递的二元关系 R，索引为 $I = (1, \cdots, n)$。

输出：一个索引 m，使得 $\boldsymbol{x}^i R \boldsymbol{x}^m$ 意味着 $\boldsymbol{x}^m R \boldsymbol{x}^i$。

（1）初始点设定：设置 $m = 1$，$\boldsymbol{b}^0 = \boldsymbol{x}^1$。

（2）递归搜索：对每个 $i = 1, \cdots, n$，如果 $\boldsymbol{x}^i R \boldsymbol{b}^{i-1}$，则设置 $\boldsymbol{b}^i = \boldsymbol{x}^i$，且 $m = i$；否则，设置 $\boldsymbol{b}^i = \boldsymbol{b}^{i-1}$。

令 $\max_R(I)$ 为执行算法 1 的例程，即给定由索引 I 确定的集合 S，$\max_R(I)$ 返回 S 中最大元素的索引。在这里，我们证明算法 1 的输出实际上是集合 S 的最大元素的索引。

首先，我们注意到由于 R 的传递性和自反性，对于所有 $j=0,\cdots,n$，$\boldsymbol{b}^n R\boldsymbol{b}^j$。此外，注意到 $\boldsymbol{x}^m=\boldsymbol{b}^n$。现在，假设我们有一些 $\boldsymbol{x}^i R\boldsymbol{x}^m$，即 $\boldsymbol{x}^i R\boldsymbol{b}^n$。我们必须显示 $\boldsymbol{b}^n R\boldsymbol{x}^i$。首先，我们观察到由于 $\boldsymbol{x}^i R\boldsymbol{b}^n$ 以及 $\boldsymbol{b}^n R\boldsymbol{b}^{i-1}$，那么 $\boldsymbol{x}^i R\boldsymbol{b}^{i-1}$。算法的第 2 行随后意味着 $\boldsymbol{x}^i=\boldsymbol{b}^i$。然而，$\boldsymbol{b}^n R\boldsymbol{b}^i$，$\boldsymbol{x}^i=\boldsymbol{b}^i$ 意味着 $\boldsymbol{b}^n R\boldsymbol{x}^i$，如所需。

注意，揭示偏好关系 R 是传递和自反的，因此算法 1 将正确计算最大元素。现在我们可以提出一个计算满足 Afriat 不等式的数值的算法：

第3章

算法 2：构造 Afriat 数值。

输入：一组需求观察值 $(\boldsymbol{p}^i,\boldsymbol{x}^i)$，$i=1,\cdots,n$，以及满足 GARP 的显示偏好关系 R。

输出：一组数值 U^i，$\lambda^i>0$，$i=1,\cdots,n$，满足 Afriat 不等式。

（1）设置初始点：$I=\{1,\cdots,n\}$ 和 $B=\varnothing$。

（2）搜索最大索引：$m=\max_R(I)$。

（3）找到等价的最大索引集合：设置 $E=\{i\in I:\boldsymbol{x}^i R\boldsymbol{x}^m\}$。如果 $B=\varnothing$，设置 $U^m=\lambda^m=1$ 并进入步骤 (6)；否则，进入步骤 (4)。

（4）为 U^m 赋值：设置 $U^m=\min_{i\in E}\min_{j\in B}\min\{U^j+\lambda^j\boldsymbol{p}^j(\boldsymbol{x}^i-\boldsymbol{x}^j),U^j\}$。

（5）为 λ^m 赋值：$\lambda^m=\max_{i\in E}\max_{j\in B}\max\{(U^j-U^m)/[\boldsymbol{p}^i(\boldsymbol{x}^j-\boldsymbol{x}^i)],1\}$。

（6）为等价集合赋值：对所有 $i\in E$，设置 $U^i=U^m$，$\lambda^i=\lambda^m$。

（7）迭代：设置 $I=I-E,B=B\cup E$。如果 $I=\varnothing$，停止；否则，返回步骤 (2)。

上面算法的目的，是把观测值按照偏好 R 从高到低划分等价类，并为等价类赋予对应的 Afriat 值。

我们现证明算法 2 构造的 Afriat 数，会使得定理 3.8.2 (3) 中 (3) 的 Afriat 不等式成立。

在上面的每一步中，我们把剩余最大值的等价类 E 从 I 中分离出来，并合并到 B(相对于 E 更好的选择集) 中。下面我们将验证，每一次第 (6) 步执行后，生成的 Afriat 数，u^i,λ^i 都满足 Afriat 不等式，这等价于验证下面三种论断：

（a）对所有的 $j\in B$ 及 $i\in E$，$u^i\leqq u^j+\lambda^j\boldsymbol{p}^j(\boldsymbol{x}^i-\boldsymbol{x}^j)$。这一结论来自第 (4) 步。

（b）对所有的 $j\in B$ 及 $i\in E$，$u^j\leqq u^i+\lambda^i\boldsymbol{p}^i(\boldsymbol{x}^j-\boldsymbol{x}^i)$。首先在执行到第 (5) 步时，对任意 $j\in B$，必然有 $\boldsymbol{p}^i(\boldsymbol{x}^j-\boldsymbol{x}^i)>0$，否则 $\boldsymbol{x}^i R^D\boldsymbol{x}^j$ 意味着 $\boldsymbol{x}^i$ 会先比 $\boldsymbol{x}^j$ 进入 B 集合，导致矛盾。根据第 (5) 步的赋值，对于任意的 $j\in B,i\in I$，都有 $\lambda^i=\lambda^m\geqq\dfrac{u^j-u^m}{\boldsymbol{p}^i(\boldsymbol{x}^j-\boldsymbol{x}^i)}$。不等式两边同乘以 $\boldsymbol{p}^i(\boldsymbol{x}^j-\boldsymbol{x}^i)$，得到：$\lambda^i\boldsymbol{p}^i(\boldsymbol{x}^j-\boldsymbol{x}^i)\geqq u^j-u^i$，即 $U^j\leqq u^i+\lambda^i\boldsymbol{p}^i(\boldsymbol{x}^j-\boldsymbol{x}^i)$。

（c）对所有的 $i,j\in E$，$u^i\leqq U^j+\lambda^j\boldsymbol{p}^j(\boldsymbol{x}^i-\boldsymbol{x}^j)$。首先注意到，对所有的 $i,j\in E$，$\boldsymbol{p}^j(\boldsymbol{x}^i-\boldsymbol{x}^j)\geqq 0$，否则 $\boldsymbol{x}^j P^D\boldsymbol{x}^i$，矛盾。第 (5) 步的赋值为 $u^i=u^j,\forall i,j\in E$，同时 $\lambda^i=\lambda^j>0$，因此 $u^i\leqq u^j+\lambda^j\boldsymbol{p}^j(\boldsymbol{x}^i-\boldsymbol{x}^j)$。

这样，我们证明了 (2) ⇒ (3)。

(3) ⇒ (4)。定义以下效用函数：

$$u(\boldsymbol{x})=\min_i u^i+\lambda^i\boldsymbol{p}^i(\boldsymbol{x}-\boldsymbol{x}^i).$$

当 $\boldsymbol{p}^i > 0$ 时，容易验证，上面定义的效用函数是连续、局部非饱和、单调上升及凹的。从几何上看，所定义的函数是对有限个超平面的下包络。首先注意到 $u(\boldsymbol{x}^i) = u^i$，若不是，存在一个 $j \neq i$，$u(\boldsymbol{x}^i) = u^j + \lambda^j \boldsymbol{p}^j(\boldsymbol{x}^i - \boldsymbol{x}^j) < u^i$，即 $u^i > u^j + \lambda^j \boldsymbol{p}^j(\boldsymbol{x}^i - \boldsymbol{x}^j)$，则不满足 Afriat 不等式，矛盾。

若 $\boldsymbol{p}^j(\boldsymbol{x}^j - \boldsymbol{x}) \geqq 0$，$u(\boldsymbol{x}) = \min_i u^i + \lambda^i \boldsymbol{p}^i(\boldsymbol{x} - \boldsymbol{x}^i) \leqq u^j + \lambda^j \boldsymbol{p}^j(\boldsymbol{x} - \boldsymbol{x}^j) \leqq u^j$，为此构建的效用函数 $u(\boldsymbol{x})$ 可以理性化观察到的需求选择。

最后，(4) ⇒ (1)，显然成立。 □

在 Afriat 定理中，条件 (3) 有一自然解释。若 $u(\boldsymbol{x})$ 是理性化观测选择的可微凹效用函数，由于 $u(\boldsymbol{x})$ 可微，则它必然满足 T 个一阶条件

$$\boldsymbol{D}u(\boldsymbol{x}^t) = \lambda^t \boldsymbol{p}^t. \tag{3.39}$$

由于 $u(\boldsymbol{x})$ 是凹的，我们有

$$u(\boldsymbol{x}^t) \leqq u(\boldsymbol{x}^s) + \boldsymbol{D}u(\boldsymbol{x}^s)(\boldsymbol{x}^t - \boldsymbol{x}^s). \tag{3.40}$$

将式 (3.39) 代入式 (3.40)，我们有

$$u(\boldsymbol{x}^t) \leqq u(\boldsymbol{x}^s) + \lambda^s \boldsymbol{p}^s(\boldsymbol{x}^t - \boldsymbol{x}^s).$$

因此，Afriat 数 u^t 和 λ^t 可以解释为与观测行为一致的效用水平和边际效用。

在上面的分析中，凹函数不等式成立的原因是，由图 3.21，我们有

$$\frac{u(\boldsymbol{x}^t) - u(\boldsymbol{x}^s)}{\boldsymbol{x}^t - \boldsymbol{x}^s} \leqq u'(\boldsymbol{x}^s). \tag{3.41}$$

因此，我们有 $u(\boldsymbol{x}^t) \leqq u(\boldsymbol{x}^s) + u'(\boldsymbol{x}^s)(\boldsymbol{x}^t - \boldsymbol{x}^s)$。

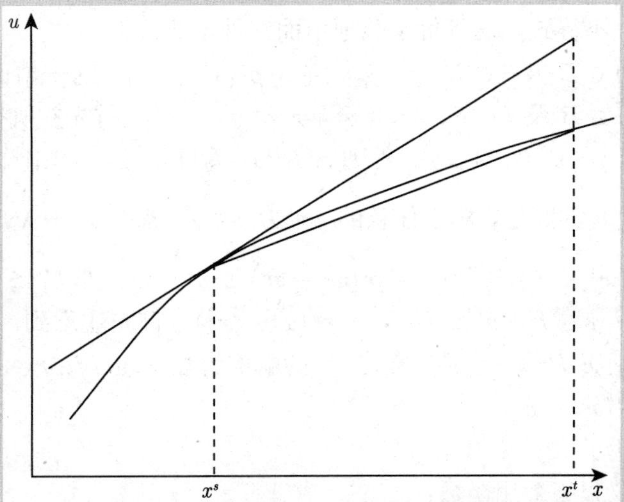

图 3.21 凹函数

Afriat 定理最重要的含义在于由 (1) 可推出 (4)：若某个局部非饱和效用函数理性化了观测数据，则它必然是连续、单调和凹的。根据观测到的市场数据，不能拒绝偏好的凸性和单调性假设。这样，凸性和单调性假设对这些市场数据来说是自动满足的，从而是局部非饱和效用函数的内生结果，这从另一个方面证明了凸性和单调性在个体逐利下的合理性和普适性。

3.9　消费者福利变化及其度量

经济环境的变化，比如政府税收政策、产业政策以及对外贸易政策等发生变化，都可能会改变消费者面临的市场环境，即收入或者商品价格。我们知道这些因素会改变消费者所面临的预算集，即改变消费者在市场上可供选择的集合，并最终影响消费者的福利。当然，这些因素也可能会影响生产者的福利，我们会在下一章加以讨论。

消费者的福利变化，其实就是效用水平的变化。由于效用水平是心理满足感，而且效用是序数的，因此直接用效用水平来度量消费者的福利并不合适。若政府需要考察政策对消费者的影响，就需要有一个客观的度量工具。前面所建立的最小收入函数（即货币度量效用函数），为我们提供了对消费者福利变化的一个度量。

这里，我们主要考察市场上价格变化引起的消费者福利变化。假定消费者的收入 $I>0$ 是固定的，政策的变化使得市场的价格从 $\boldsymbol{p}^0$ 变化到 $\boldsymbol{p}^1$。消费者的效用水平就从 $v(\boldsymbol{p}^0,I)$ 变化到 $v(\boldsymbol{p}^1,I)$。为了考虑货币度量的效用变化，我们采用支出函数 $e(\cdot,\cdot)$。对任意选择的一个价格向量 $\bar{\boldsymbol{p}}$，在这一价格水平下，初始效用的货币度量为 $e(\bar{\boldsymbol{p}},v(\boldsymbol{p}^0,I))$ 或者 $\mu(\bar{\boldsymbol{p}};\boldsymbol{p}^0,I)$，变化后效用的货币度量为 $e(\bar{\boldsymbol{p}},v(\boldsymbol{p}^1,I))$ 或者货币度量间接效用函数 $\mu(\bar{\boldsymbol{p}};\boldsymbol{p}^1,I)$。这样，在价格向量 $\bar{\boldsymbol{p}}$ 处，经济环境变化引起的消费者福利变化为：

$$e(\bar{\boldsymbol{p}},v(\boldsymbol{p}^1,I))-e(\bar{\boldsymbol{p}},v(\boldsymbol{p}^0,I)).$$

对价格向量 $\bar{\boldsymbol{p}}$ 有两个重要的选择，$\bar{\boldsymbol{p}}=\boldsymbol{p}^0$ 和 $\bar{\boldsymbol{p}}=\boldsymbol{p}^1$，分别对应于希克斯关于福利变化的两个度量，即**等价变化** (EV) 和**补偿变化** (CV)。

令 $u^0=v(\boldsymbol{p}^0,I)$ 和 $u^1=v(\boldsymbol{p}^1,I)$，注意到 $I=e(\boldsymbol{p}^0,u^0)=e(\boldsymbol{p}^1,u^1)$，我们正式定义等价变化和补偿变化：

$$EV(\boldsymbol{p}^0,\boldsymbol{p}^1,I)=e(\boldsymbol{p}^0,u^1)-e(\boldsymbol{p}^0,u^0)=e(\boldsymbol{p}^0,u^1)-I;$$
$$CV(\boldsymbol{p}^0,\boldsymbol{p}^1,I)=e(\boldsymbol{p}^1,u^1)-e(\boldsymbol{p}^1,u^0)=I-e(\boldsymbol{p}^1,u^0).$$

等价变化可以理解为：假设消费者面临环境变化，比如价格下降 (或者价格上升)，对于消费者而言，接受 (或者付出）一定数额的资金同时价格不再变化获得的效用水平与价格下降 (或者价格上升) 之后获得的效用水平是一致的。或者说，在价格变化前通过调整收入产生的效用水平与环境变化后形成的效用水平是无差异的。这个数额就是等价变化。用数学表达为：

$$v(\boldsymbol{p}^0,I+EV)=v(\boldsymbol{p}^1,I).$$

同样，补偿变化可理解为：假设消费者面临环境变化，比如价格下降 (或者价格上升)，对消费者而言，付出 (或者接受) 一定数额的资金同时价格变化之后所获得的效用水平与价格下降 (或者价格上升) 之前所获得的效用水平是一致的。或者说，在价格变化后通过调整收入产生的效用水平与环境变化前形成的效用水平是无差异的。这个数额就是补偿变化，是为了达到变化前的效用水平，而在变化后给予消费者的补偿。用数学表达为：

$$v(\boldsymbol{p}^0, I) = v(\boldsymbol{p}^1, I - CV).$$

等价变化和补偿变化在计算过程中与希克斯需求函数紧密相关。为方便起见，我们假设只有商品 1 的价格发生变化，其他商品价格不变，即 $p_1^0 \neq p_1^1$，对其他 $k \neq 1$，有 $p_k^0 = p_k^1 = \bar{p}_k$。令 $\bar{\boldsymbol{p}}_{-1} = (p_2, \cdots, \bar{p}_L)$，则有

$$EV(\boldsymbol{p}^0, \boldsymbol{p}^1, I) = e(\boldsymbol{p}^0, u^1) - e(\boldsymbol{p}^0, u^0) = e(\boldsymbol{p}^0, u^1) - e(\boldsymbol{p}^1, u^1) = \int_{p_1^1}^{p_1^0} h_1(p_1, \bar{\boldsymbol{p}}_{-1}, u^1) dp_1;$$

$$CV(\boldsymbol{p}^0, \boldsymbol{p}^1, I) = e(\boldsymbol{p}^1, u^1) - e(\boldsymbol{p}^1, u^0) = e(\boldsymbol{p}^0, u^0) - e(\boldsymbol{p}^1, u^0) = \int_{p_1^1}^{p_1^0} h_1(p_1, \bar{\boldsymbol{p}}_{-1}, u^0) dp_1.$$

图 3.22 (a)–(b) 分别描述了当商品 1 价格下降之后等价变化和补偿变化的度量。

由于 $h_1(p_1, \bar{\boldsymbol{p}}_{-1}, u^1) \neq h_1(p_1, \bar{\boldsymbol{p}}_{-1}, u^0)$，等价变化通常不等于补偿变化，从图 3.22 中我们发现等价变化通常大于补偿变化。为什么呢？当 $p_1^0 > p_1^1$ ($p_1^0 < p_1^1$ 的结果也是相同的) 时，$u^1 > u^0$，由恒等式 $h(\boldsymbol{p}, u) = \boldsymbol{x}(\boldsymbol{p}, e(\boldsymbol{p}, u))$，我们有 $\dfrac{\partial h_l}{\partial u} = \dfrac{\partial x_l}{\partial I}\dfrac{\partial e}{\partial u}$。

对正常品而言，$\dfrac{\partial x_l}{\partial I} > 0$，从而 $\dfrac{\partial e}{\partial u} > 0$。这样，$\dfrac{\partial h_l}{\partial u} > 0$，从而等价变化通常大于补偿变化。当然，若商品是劣等品，则结果刚好相反。

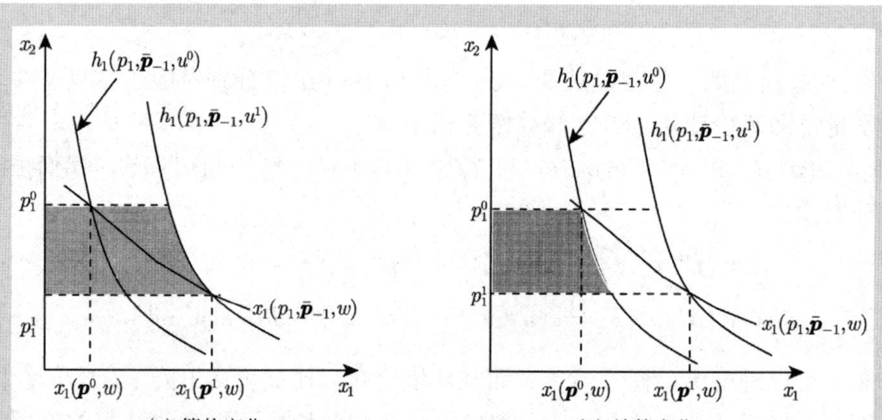

(a) 等价变化　　(b) 补偿变化

图 3.22　等价变化和补偿变化

下面我们举一个例子来计算和比较等价变化和补偿变化。

例 3.9.1 (补偿变化与等价变化)　假设有一个消费者效用函数为 $u(x, y) = \min\{x, y\}$，

该消费者的收入 $I = 150$，初始价格 $p_x = 2, p_y = 1$。假设 x 的价格下降到 1，而 y 的价格保持不变。该消费者的间接效用函数为：$v(p_x, p_y, I) = \dfrac{I}{p_x + p_y}$，所以 $u^0 = 50$ 及 $u^1 = 75$。消费者的支出函数为 $e(p_x, p_y, u) = (p_x + p_y)u$，商品 y 的希克斯需求函数为 $h_y(p_x, p_y, u) = u$，显然 $\dfrac{\partial h_y}{\partial u} = 1 > 0$。补偿变化：$EV = e(\boldsymbol{p}^0, u^1) - e(\boldsymbol{p}^0, u^0) = 75$，或者 $EV = \int_1^2 75dp_x = 75$。等价变化：$CV = e(\boldsymbol{p}^1, u^1) - e(\boldsymbol{p}^1, u^0) = 50$，或者 $CV = \int_1^2 50dp_x = 50$。

那么，在什么情形下等价变化等于补偿变化呢？很简单，当 $h_1(p_1, \bar{\boldsymbol{p}}_{-1}, u^1) = h_1(p_1, \bar{\boldsymbol{p}}_{-1}, u^0)$ 成立时，或者当 $\dfrac{\partial h_l}{\partial u} = 0$ 成立时，等价变化等于补偿变化。

我们从前面的论证过程中知道，$\dfrac{\partial h_l}{\partial u} = 0$ 意味着 $\dfrac{\partial x_l}{\partial I} = 0$，其经济学含义就是说商品的需求不依赖于收入，商品的收入效应为 0。回顾之前的斯勒茨基方程：

$$\frac{\partial x_k(\boldsymbol{p}, I)}{\partial p_l} = \frac{\partial h_k(\boldsymbol{p}, v(\boldsymbol{p}, I))}{\partial p_l} - \frac{\partial x_k(\boldsymbol{p}, I)}{\partial I} x_l(\boldsymbol{p}, I).$$

当 $\dfrac{\partial x_k(\boldsymbol{p}, I)}{\partial I} = 0$ 时，我们有 $\dfrac{\partial x_k(\boldsymbol{p}, I)}{\partial p_l} = \dfrac{\partial h_k(\boldsymbol{p}, v(\boldsymbol{p}, I))}{\partial p_l}$。利用前面对补偿变化与等价变化的推导，我们得到：

$$EV(\boldsymbol{p}^0, \boldsymbol{p}^1, I) = CV(\boldsymbol{p}^0, \boldsymbol{p}^1, I),$$

$$\int_{p_1^1}^{p_1^0} h_1(p_1, \bar{\boldsymbol{p}}_{-1}, u^1)dp_1 = \int_{p_1^1}^{p_1^0} h_1(p_1, \bar{\boldsymbol{p}}_{-1}, u^0)dp_1 = \int_{p_1^1}^{p_1^0} x_1(p_1, \bar{\boldsymbol{p}}_{-1}, I)dp_1.$$

最后的表达式 $\int_{p_1^1}^{p_1^0} x_1(p_1, \bar{\boldsymbol{p}}_{-1}, I)dp_1$ 又称为在价格变化下**消费者剩余** (consumer surplus) 的变化。消费者剩余变化的正式表达为：当价格从 $\boldsymbol{p}^0$ 变化到 $\boldsymbol{p}^1$ 时，$\Delta CS(\boldsymbol{p}^1, \boldsymbol{p}^0) = \int_{\boldsymbol{p}^1}^{\boldsymbol{p}^0} x(\boldsymbol{p})d\boldsymbol{p}$。

下面我们讨论存在收入效应情形下等价变化、补偿变化以及消费者剩余之间的关系及其大小比较。考虑只有商品 1 的价格发生变化 (变小) 的情形，在前面的定义中，我们得知：

$$EV(\boldsymbol{p}^0, \boldsymbol{p}^1, I) = \int_{p_1^1}^{p_1^0} h_1(p_1, \bar{\boldsymbol{p}}_{-1}, u^1)dp_1; \tag{3.42}$$

$$CV(\boldsymbol{p}^0, \boldsymbol{p}^1, I) = e(\boldsymbol{p}^1, u^1) - e(\boldsymbol{p}^1, u^0) = \int_{p_1^1}^{p_1^0} h_1(p_1, \bar{\boldsymbol{p}}_{-1}, u^0)dp_1; \tag{3.43}$$

$$\Delta CS(\boldsymbol{p}^1, \boldsymbol{p}^0) = \int_{\boldsymbol{p}^1}^{\boldsymbol{p}^0} x(\boldsymbol{p})d\boldsymbol{p}. \tag{3.44}$$

根据希克斯需求与马歇尔需求的恒等式，得到：

$$h_1(p_1^0, \bar{\boldsymbol{p}}_{-1}, u^0) = x_1(p_1^0, \bar{\boldsymbol{p}}_{-1}, I);$$

$$h_1(p_1^1, \bar{\boldsymbol{p}}_{-1}, u^1) = x_1(p_1^1, \bar{\boldsymbol{p}}_{-1}, I).$$

因此，当价格 $p_1 \in (p_1^1, p_1^0)$ 时，对于正常（normal）商品而言，

$$\begin{aligned} h_1(p_1, \bar{\boldsymbol{p}}_{-1}, u^0) &= x_1(p_1, \bar{\boldsymbol{p}}_{-1}, e(p_1, \bar{\boldsymbol{p}}_{-1}, u^0)) \\ &< x_1(p_1, \bar{\boldsymbol{p}}_{-1}, e(p_1^0, \bar{\boldsymbol{p}}_{-1}, u^0)) \\ &= x_1(p_1, \bar{\boldsymbol{p}}_{-1}, I). \end{aligned}$$

同理，可以得到，

$$h_1(p_1, \bar{\boldsymbol{p}}_{-1}, u^1) > x_1(p_1, \bar{\boldsymbol{p}}_{-1}, I).$$

比较等式 (3.42)、(3.43) 及 (3.44)，可以得到：$EV(\boldsymbol{p}^0, \boldsymbol{p}^1, I) > \Delta CS(\boldsymbol{p}^0, \boldsymbol{p}^1, I) > CV(\boldsymbol{p}^0, \boldsymbol{p}^1, I)$。图 3.22 反映了三者之间的关系及其大小的比较。

消费者剩余还有其他一些经济学含义，下面我们接着讨论无收入效应情形下的消费者剩余的含义。**拟线性效用函数**刻画了无收入效应的情形。$u(x, y) = v(x) + y$ 是两种商品的拟线性效用函数，其中 $v(x)$ 又称为商品 x 的价值函数。商品 y 是其他商品，或者称为等价物品，其价格标准化为 1。商品 x 的价格记为 p，收入记为 I。此时消费者的最优消费选择为：

$$\begin{aligned} &\max v(x) + y \\ \text{s.t.} \quad &px + y = I. \end{aligned}$$

在约束条件下，我们得到 $y = I - px$，代入目标函数得到：

$$\max v(x) + I - px,$$

从而得到：$p = v'(x)$，而这就得到了反需求函数，即 $p(x) = v'(x)$，对应的需求函数为 $x(p) = v'^{-1}(p)$，其中 $v'^{-1}(\cdot)$ 是 $v'(\cdot)$ 的逆函数。消费者剩余的经济学含义是在价格 p 下，消费者在其最优消费处所获得的 (用货币表示的) 效用水平净增加，其数学表达式为：

$$CS(p) = v(x(p)) - px = u(x(p), y(p, I)) - I,$$

或者

$$CS(p) = \int_0^{x(p)} v'(x)dx - x(p)p.$$

当我们变换积分变量时，我们可以得到：

$$CS(p) = \int_p^{\bar{p}} x(p)dx,$$

其中 $\bar{p} = \lim_{x\to 0} v'(x)$，即 x 消费趋于 0 时的边际效用水平，在有些效用函数下，它会趋于无穷大。当商品 x 的价格从 p^0 变到 p^1 时，消费者净剩余的变化为：

$$CS(p^0, p^1) = \int_{p^1}^{p^0} x(p)dx.$$

这样，当需求没有收入效应时，消费者剩余的变化刚好等于补偿变化和等价变化。此时这三个度量的经济学含义是，消费者福利的变化是消费者在不同经济环境下最优消费所带来 (货币度量的) 净效用的变化。

3.10　收入-休闲选择

在现实中，人们经常需要在“工作”和“闲暇”间进行取舍。收入-休闲选择模型可以被用来研究这个问题。

令 $\overline{L}$ 为消费者总的时间。ℓ 为消费者的工作时间，L 为休闲时间，从而有 $L=\overline{L}-\ell$。该消费者还有一非劳动收入 I。令 $u(c,L)$ 为消费和闲暇的总效用，则消费者的效用最大化问题可写为：

$$\max_{c,L} u(c,L)$$
$$\text{s.t.} \qquad pc+wL=w\overline{L}+I.$$

这种效用最大化问题本质上和前面讨论的效用最大化问题是一样的。这里消费者以价格 w“出售”其劳动禀赋并以相同的价格购买其闲暇。

我们可以用斯勒茨基方程计算工资变动时消费者对闲暇需求的变动，我们有

$$\frac{dL(p,w,I)}{dw}=\frac{\partial L(p,w,u)}{\partial w}+\frac{\partial L(p,w,I)}{\partial I}[\overline{L}-L].$$

根据定义，上式中括号内的项非负，在实际中几乎总是大于零。这意味着闲暇需求的导数是一组负数和正数的和，从而其符号是不确定的。换句话说，工资率的上升可能会导致劳动供给的上升，也可能导致劳动供给的下降，关键看收入效应和替代效应哪一个占优。

由于替代效应意味着较高的工资使得劳动者愿意减少休闲时间或增加工作时间，而收入效应意味着较高的工资使得劳动者愿意增加休闲时间或减少工作时间，这样只要替代效应大于收入效应，劳动供给就会上升，而当收入效应大于替代效应时，劳动供给就会下降。一般来说，当工资水平 (也意味着收入水平) 较低时，替代效应大于收入效应，人们需要花更多的时间在工作上。的确如此，100 年前，生产力低下导致工资水平低下，这时替代效应大于收入效应，人们通常需要一周工作 6 天，每天工作多于 8 小时。然而，随着生产力的逐步提高，人们的工资 (收入) 水平也相应地逐步提高，收入效应最终占优于替代效应，人们开始逐步减少工作时间，而由原来需要一周工作 6 天减为 5 天或更少，由每天工作多于 8 小时变成现在不多于 8 小时或更少。这样，劳动的供给曲线会呈现出向回弯曲的形状。

3.11　加总问题

本节讨论加总问题。经济学中的加总是描述经济的加总度量。加总问题是一个难题，即找到一种有效的方法来处理关于价格、商品或个体的实证或理论加总，就好像只有一个这样的加总。然而，总需求将随着个人收入分配方式的变化而变化，即使总收入保持不变。一般来说，我们不能将总需求视为价格和社会收入的函数。由于相对价格的任何变化都会导致实际收入的再分配，因此每个相对价格都有一条单独的需求曲线。此外，Debreu(1974) 证明了满足瓦尔拉斯定律 (见第 10 章) 的任何连续函数实质上都是某些经济体的总需求函

数。因此，效用最大化对加总行为没有限制。然而，如果我们对整个市场主体的偏好分布（如位似偏好）或收入做出强的假设，我们就能够得到一些关于加总方面的结果。以下讨论基于 Varian (1992) 中的分析。

3.11.1 商品间加总

在许多实证或理论分析中，我们需要对产品及其价格进行分类和汇总，而不是单独考虑每个产品。特别是在考虑宏观经济走势时，希望考虑某类商品的总需求及其加总价格 (我们称之为消费者价格指数) 的波动情况，从而我们需要有构造这些价格和数量指数的方法。为了得到与这种消费决策可分性 (separability) 相关的有用结果，我们需要引入一些新的记号。我们将消费束分成两类“子束” (subbundle)，并将消费束写为 $(\boldsymbol{x}, \boldsymbol{z})$ 的形式。例如，$\boldsymbol{x}$ 可能为肉类食品的消费向量，而 $\boldsymbol{z}$ 为所有其他商品的消费向量。

相应地，我们将价格向量写为 $(\boldsymbol{p}, \boldsymbol{q})$，这里 $\boldsymbol{p}$ 为肉类食品的价格向量，$\boldsymbol{q}$ 为其他商品的价格向量。在这样的记号下，标准的效用最大化问题可重新写为：

$$\max_{\boldsymbol{x},\boldsymbol{z}} u(\boldsymbol{x}, \boldsymbol{z}) \tag{3.45}$$
$$\text{s.t.} \quad \boldsymbol{p}\boldsymbol{x} + \boldsymbol{q}\boldsymbol{z} = I.$$

我们感兴趣的问题是，在何种条件下可以考察 x 类商品的需求问题，或者说，在何种条件下，对 x 中所包含的商品可以作为一个合成加以考虑，而不用考虑其中各种商品的数量和品种是如何构成的。

解决这个问题的一种方法如下所示。我们希望能构造某个标量**数量指数** (quantity index) X 和某个标量价格指数 P，这两个指数是数量向量和价格向量的函数：

$$P = f(\boldsymbol{p}), \tag{3.46}$$
$$X = g(\boldsymbol{x}).$$

在上面的表达式中，P 假设为某种价格指数，它给出了商品的“加权平均价格”，而 X 假设为某种数量指数，它衡量了商品 (肉类) 的“加权平均消费量”。我们希望能够找到构造这些价格和数量指数的方法，使得它们具有与通常的价格和数量类似的性质。

换句话说，我们希望找到一个新的效用函数 $U(X, \boldsymbol{z})$，它仅为 x 类商品数量指数和其他商品消费数量的函数，而其所构造的效用最大化问题的最优解与式 (3.35) 给出的效用最大化问题的解相同。更正式地，考虑如下问题：

$$\max_{X,\boldsymbol{z}} U(X, \boldsymbol{z})$$
$$\text{s.t.} \quad PX + \boldsymbol{q}\boldsymbol{z} = I.$$

在上述问题中，数量指数 X 的需求函数为 $X(P, \boldsymbol{q}, I)$。我们想知道是否有

$$X(P, \boldsymbol{q}, I) \equiv X(f(\boldsymbol{p}), \boldsymbol{q}, I) = g(x(\boldsymbol{p}, \boldsymbol{q}, I)).$$

这意味着根据如下两种方式所得到的 X 值是一样的：

（1）首先根据 $P=f(\boldsymbol{p})$ 进行价格加总，然后在预算约束 $PX+\boldsymbol{qz}=I$ 下求使 $U(X,\boldsymbol{z})$ 达到最大值的解。

（2）首先在预算约束 $PX+\boldsymbol{qz}=I$ 下求使 $u(\boldsymbol{x},\boldsymbol{z})$ 达到最大值的解，然后根据 $X=g(\boldsymbol{x})$ 进行数量加总。

在两种情形下，上述加总是可行的。一种是对价格变动施加限制，称为**希克斯可分性** (Hicksian separability)。另一种是对偏好结构施加限制，称为**泛函可分性** (functional separability)。

希克斯可分性

假设价格向量 $\boldsymbol{p}$ 总是与某个固定基准 (base) 价格向量 $\boldsymbol{p}^0$ 成比例，即 $\boldsymbol{p}=t\boldsymbol{p}^0$，其中 t 为某个标量。若 x 类商品为不同种类的肉类食品，则该条件要求不同肉类食品的相对价格保持不变，即所有肉类的价格均同比例上升或下降。

在前面所描述的一般框架下，我们采用下式定义 x 类商品的价格和数量指数：

$$P=t,$$
$$X=\boldsymbol{p}^0\boldsymbol{x}.$$

定义与这些指数相关的间接效用函数如下：

$$V(P,\boldsymbol{q},I)=\max_{\boldsymbol{x},\boldsymbol{z}} u(\boldsymbol{x},\ \boldsymbol{z})$$
$$\text{s.t.}\qquad \boldsymbol{p}^0\boldsymbol{x}+\boldsymbol{qz}=I.$$

容易验证上述间接效用函数具有普通间接效用函数的一般性质：它是拟凸的，关于价格和收入一次齐次，等等。特别地，根据包络定理和罗伊恒等式，我们可求得 x 类商品的需求函数：

$$X(P,\boldsymbol{q},I)=-\frac{\partial V(P,\boldsymbol{q},I)/\partial P}{\partial V(P,\boldsymbol{q},I)/\partial I}=\boldsymbol{p}^0\boldsymbol{x}(\boldsymbol{p},\boldsymbol{q},I).$$

上述结果说明 $X(P,\boldsymbol{q},I)$ 是恰当地衡量 x 类商品消费的数量指数：我们先进行价格加总，然后最大化 $U(X,\boldsymbol{z})$ 所得到的结果，这一结果与我们先最大化 $u(\boldsymbol{x},\boldsymbol{z})$ 然后进行数量加总所得的结果相同。

我们可以求解直接效用函数。根据计算，它与 $V(P,\boldsymbol{q},I)$ 互为对偶：

$$U(X,\boldsymbol{z})=\min_{P,\boldsymbol{q}} V(P,\boldsymbol{q},I)$$
$$\text{s.t.}\qquad PX+\boldsymbol{qz}=I.$$

根据构造，该直接效用函数具有如下性质：

$$V(P,\boldsymbol{q},I)=\max_{\boldsymbol{X},\boldsymbol{z}} U(X,\boldsymbol{z})$$
$$\text{s.t.}\qquad PX+\boldsymbol{qz}=I.$$

因此，上面所构造的价格和数量指数与普通的价格和数量指数具有类似的性质。

泛函可分性

第二种情形称为“泛函可分性”。我们假设消费者的偏好序具有如下性质：对所有消费组合 $\boldsymbol{x}$ 和 $\boldsymbol{x}'$ 以及 $\boldsymbol{z}$ 和 $\boldsymbol{z}'$，

$$(\boldsymbol{x},\boldsymbol{z}) \succ (\boldsymbol{x}',\boldsymbol{z}) \text{ 当且仅当 } (\boldsymbol{x},\boldsymbol{z}') \succ (\boldsymbol{x}',\boldsymbol{z}').$$

该条件是说，若对其他商品的某个选择 z，$\boldsymbol{x}$ 严格偏好于 $\boldsymbol{x}'$，则对所有其他商品的任意选择 z'，$\boldsymbol{x}$ 仍然严格偏好于 $\boldsymbol{x}'$。或者更精确地，对 x 类商品的偏好与对 z 类商品的偏好无关。

若这种“独立性”(independence) 性质满足且偏好是局部非饱和的，则可以证明，$\boldsymbol{x}$ 和 $\boldsymbol{z}$ 的效用函数可写为 $u(\boldsymbol{x},\boldsymbol{z})=U(v(\boldsymbol{x}),\boldsymbol{z})$，其中 $U(v,\boldsymbol{z})$ 为 v 的递增函数。换句话说，$\boldsymbol{x}$ 和 $\boldsymbol{z}$ 的总效用可写为消费 $\boldsymbol{x}$ 的子效用 (subutility) $v(\boldsymbol{x})$ 和 z 类商品的消费水平的函数。

若效用函数可写成这种形式，则我们称该效用函数是**弱可分的** (weakly separable)。可分性对效用最大化问题的结构会产生什么影响呢？通常，我们将商品的需求函数写为 $\boldsymbol{x}(\boldsymbol{p},\boldsymbol{q},I)$ 和 $\boldsymbol{z}(\boldsymbol{p},\boldsymbol{q},I)$。设 $I_x=\boldsymbol{p}\boldsymbol{x}(\boldsymbol{p},\boldsymbol{q},I)$ 为 x 类商品的最优支出。

可以证明，若整个效用函数是弱可分的，则 x 类商品的最优选择可以通过求解下述子效用最大化问题得到：

$$\begin{aligned}&\max_{\boldsymbol{x}} v(\boldsymbol{x})\\ \text{s.t.}\quad &\boldsymbol{p}\boldsymbol{x}=I_x.\end{aligned} \tag{3.47}$$

这意味着若我们知道 x 类商品的支出 $I_x=\boldsymbol{p}\boldsymbol{x}(\boldsymbol{p},\boldsymbol{q},I)$，则我们可以通过求解子效用最大化问题确定 x 类商品的最优选择。换句话说，x 类商品的需求仅为 x 类商品价格和 x 类商品支出 I_x 的函数。其他商品的价格仅仅影响 x 类商品的相对支出。

由于在给定 x 类商品支出水平的情况下 $\boldsymbol{x}(\boldsymbol{p},I_x)$ 给出了 x 类商品的需求，因此需求函数 $\boldsymbol{x}(\boldsymbol{p},I_x)$ 有时也被称为 **条件需求函数**。设 $e(\boldsymbol{p},v)$ 为子效用最大化问题 (3.47) 的支出函数，则它给出了在 $\boldsymbol{p}$ 下为了达到子效用 v 而必须花在 x 类商品上的必要支出。不难看出，可以将消费者的总效用最大化问题写为：

$$\begin{aligned}&\max_{v,\boldsymbol{z}} U(v,\boldsymbol{z})\\ \text{s.t}\quad &e(\boldsymbol{p},v)+\boldsymbol{q}\boldsymbol{z}=I.\end{aligned}$$

这同我们想要的形式几乎一样：v 是 x 类商品的恰当数量指数，但 x 类商品的价格指数则不是那么恰当，我们希望它是 P 乘以 X，而不是 $\boldsymbol{p}$ 和 $X=v$ 的非线性函数。

为了保证预算约束为数量指数的线性函数，我们需要假设子效用函数具有某种特殊的结构。例如，假设子效用函数是位似的，采用位似效用函数意味着其需求函数关于收入是线性的。则我们可以将 $e(\boldsymbol{p},v)$ 写为 $e(\boldsymbol{p})v$。因此，我们可以选择数量指数为 $X=v(\boldsymbol{x})$，价格指数为 $P=e(\boldsymbol{p})$，效用函数为 $U(X,\boldsymbol{z})$，然后通过求解

$$\begin{aligned}&\max_{X,\boldsymbol{z}} U(X,\boldsymbol{z})\\ \text{s.t.}\quad &PX+\boldsymbol{q}\boldsymbol{z}=I\end{aligned}$$

得到 X，该结果同我们先求解

$$\max_{\boldsymbol{x},\boldsymbol{z}} u(v(\boldsymbol{x}),\boldsymbol{z})$$
$$\text{s.t.}\quad \boldsymbol{p}\boldsymbol{x}+\boldsymbol{q}\boldsymbol{z}=I,$$

然后再用 $X=v(\boldsymbol{x})$ 进行加总所得到的结果是相同的。

在这种情形下，我们可以将消费决策看作一个两阶段决策：在第一阶段，消费者考虑在给定某类食品的价格指数下消费多少复合商品，这可通过求解总效用最大化问题得到；在第二阶段，在给定某类商品的价格和总支出时，消费者考虑怎么选择食品类的消费束，这可通过求解子效用最大化问题得到。这样的两阶段预算过程在需求分析中应用起来十分方便。

3.11.2　消费者需求加总

前面考察了消费者需求函数 $\boldsymbol{x}(\boldsymbol{p},m)$ 束间的加总问题。现在我们考虑一组消费者 $i=1,\cdots,n$ 的需求函数加总问题，消费者 i 的需求函数为向量 $\boldsymbol{x}_i(\boldsymbol{p},I_i)=(x_i^1(\boldsymbol{p},I_i),\cdots,x_i^L(\boldsymbol{p},I_i))$，$i=1,\cdots,n$。这里，商品用上标表示，而消费者用下标表示。加总需求函数定义为 $\boldsymbol{X}(\boldsymbol{p},I_1,\cdots,I_n)=\sum_{i=1}^n \boldsymbol{x}_i(\boldsymbol{p},I_i)$。商品 l 的加总需求函数记为 $X^l(\boldsymbol{p},\boldsymbol{I})$，其中 $\boldsymbol{I}$ 表示收入向量 $(I_1,\cdots,I_n)$。

加总需求函数保持了个体需求函数的某些性质。例如，若个体需求函数是连续的，则加总需求函数肯定是连续的。个体需求函数的连续性是加总需求函数连续性的充分但非必要条件。

加总需求函数是否会保持个体需求函数的其他性质呢？是否存在着加总的斯勒茨基方程或者显示偏好强公理？遗憾的是，这些问题的答案都是否定的。事实上，加总需求函数除了能保持连续性和齐次性之外一般不能保持其他有用性质。因此，一般来说，消费者理论对加总行为没有施加任何限制。但在某些特定的情形下，加总需求行为看起来与单个代表性消费者的行为类似。下面我们考虑一类效用函数，它完全特征化了这样的加总需求行为。

假设所有个体消费者的间接效用函数均取**戈曼形式 (Gorman form)**:

$$v_i(\boldsymbol{p},I_i)=a_i(\boldsymbol{p})+b(\boldsymbol{p})I_i.$$

其中 $a_i(\boldsymbol{p})$ 项可能随着消费者的不同而不同，而 $b(\boldsymbol{p})$ 项则对所有消费者都是相同的。根据罗伊恒等式，消费者 i 对商品 l 的需求形式为：

$$x_i^l(\boldsymbol{p},I_i)=a_i^l(\boldsymbol{p})+\beta^l(\boldsymbol{p})I_i. \tag{3.48}$$

其中

$$a_i^l(\boldsymbol{p})=-\frac{\dfrac{\partial a_i(\boldsymbol{p})}{\partial p_l}}{b(\boldsymbol{p})},$$

$$\beta^l(\boldsymbol{p})=-\frac{\dfrac{\partial b(\boldsymbol{p})}{\partial p_l}}{b(\boldsymbol{p})}.$$

商品 l 的边际消费倾向 (marginal propensity to consume) $\partial x_i^l(\boldsymbol{p}, I_i)/\partial I_i$ 与任何消费者的收入水平均无关，且由于 $b(\boldsymbol{p})$ 对所有消费者都相同，因此商品 l 的边际消费倾向对所有消费者都相同。因此，商品 l 的加总需求有如下形式

$$X^l(\boldsymbol{p}, I_1, \cdots, I_n) = -\left[\sum_{i=1}^{n} \frac{\frac{\partial a_i}{\partial p_l}}{b(\boldsymbol{p})} + \frac{\frac{\partial b(p)}{\partial p_l}}{b(\boldsymbol{p})} \sum_{i=1}^{n} I_i\right].$$

事实上，该需求函数可由代表性消费者的效用最大化行为导出。其代表性间接效用函数为

$$V(\boldsymbol{p}, M) = \sum_{i=1}^{n} a_i(\boldsymbol{p}) + b(\boldsymbol{p})M = A(\boldsymbol{p}) + B(\boldsymbol{p})M,$$

其中 $M = \sum_{i=1}^{n} I_i$。

上述论断的证明很简单，我们只需对上述间接效用函数应用罗伊恒等式，即可得到式 (3.38) 中的需求函数。可以证明，戈曼形式的效用函数是能够产生与代表性消费者相同的需求函数的最一般间接效用函数。因此，戈曼形式不仅是代表性消费者模型成立的充分条件，也是其成立的必要条件。

尽管这一结果的完整证明较为复杂，但是下面的论证仍能让我们了解其证明的基本思想。为简单起见，假设只有两个消费者。则根据假设，商品 l 的加总需求可写为

$$X^l(\boldsymbol{p}, I_1 + I_2) \equiv x_1^l(\boldsymbol{p}, I_1) + x_2^l(\boldsymbol{p}, I_2).$$

对上式先关于 I_1 求偏导，然后再对 I_2 求偏导，则可得如下恒等式：

$$\frac{\partial^2 X^l(\boldsymbol{p}, M)}{\partial M} \equiv \frac{\partial x_1^l(\boldsymbol{p}, I_1)}{\partial I_1} \equiv \frac{\partial x_2^l(\boldsymbol{p}, I_2)}{\partial I_2}.$$

因此，对所有消费者来说，商品 l 的边际消费倾向都是相同的。若再次对上式关于 I_1 求偏导，则有

$$\frac{\partial^2 X^l(\boldsymbol{p}, M)}{\partial M^2} \equiv \frac{\partial^2 x_1^l(\boldsymbol{p}, I_1)}{\partial I_1^2} \equiv 0.$$

这即是说，消费者 1 和消费者 2 对商品 l 的需求都是收入的线性函数。因此，商品 l 的需求函数形式为 $x_i^l(\boldsymbol{p}, I_i) = a_i^l(\boldsymbol{p}) + \beta^l(\boldsymbol{p})I_i$。若这一结果对所有商品都成立，则每个消费者的间接效用函数必然都具有戈曼形式。

戈曼形式效用函数的一个特例是位似效用函数。在这种情形下，间接效用函数的形式为 $v(\boldsymbol{p}, I) = v(\boldsymbol{p})I$，它显然为戈曼形式。另外一个特例是拟线性效用函数。效用函数 U 被认为是拟线性的 (quasi-linear)，若它具有如下形式：

$$U(x_0, x_1, \cdots, x_L) = x_0 + u(x_1, \cdots, x_L).$$

在这种情形下，$v(\boldsymbol{p}, I) = v(\boldsymbol{p}) + I$，它显然为戈曼形式。位似和拟线性效用函数所具有的许多性质在戈曼形式的效用函数中也成立。

拟线性效用函数是效用函数中非常重要的一类。由于该类函数具有无收入效应的重要性质，从后面章节的讨论中我们可知，它在许多经济领域如信息经济学、机制设计理论、产权理论等方面都扮演着重要的角色。

3.12 【人物小传】

3.12.1 阿尔弗雷德·马歇尔

阿尔弗雷德·马歇尔 (Alfred Marshall，1842—1924)，新古典学派的创始人和英国剑桥学派的代表人物，19 世纪末和 20 世纪初英国经济学界最重要的经济学家。在马歇尔的努力下，经济学从仅仅是人文学科和历史学科的一门必修课发展成为一门独立的社会学科，具有与物理学相似的科学性。剑桥大学在他的影响下建立了世界上第一个经济学系。1880 年，他担任英国协会第六小组的主席，正式领导了创建英国 (后改为皇家) 经济学会的运动。

马歇尔 1842 年出生于伦敦郊区的一个工人家庭，虽然家境一般，父母却努力让他受到很好的教育。青年马歇尔进入剑桥大学学习数学、哲学和政治经济学，尽管他对哲学饶有兴趣，但最后还是选定经济学作为专业。做出这个决定的重要原因是马歇尔曾走访了英国的贫民区，无法忘却他所见到的贫穷和饥饿。毕业后，马歇尔在剑桥大学任教 9 年，后又到牛津大学任教，1885 年他回到剑桥大学任教直到 1905 年退休。

马歇尔最主要的著作是 1890 年出版的《经济学原理》。该书在西方经济学界被公认为划时代的著作，也是继《国富论》之后最伟大的经济学著作。该书所阐述的经济学说被看作英国古典政治经济学的继续和发展。以马歇尔为核心而形成的新古典经济学自此以后在现代经济学中一直作为基准点和参照系发挥着支撑作用。马歇尔经济学说的核心是均衡价格论，而《经济学原理》正是对均衡价格论的论证和引申。他认为，市场价格取决于供、需双方的力量均衡，犹如剪刀的两翼，是同时起作用的。在马歇尔的《经济学原理》中，他认为，政治经济学和经济学是通用的。因此，不能把"政治经济学"理解为既研究政治又研究经济的学科，"政治经济学"也可简称为"经济学"。

马歇尔的主要著述还有：《对杰文斯的评论》《对外贸易的纯理论与国内价值的纯理论》《工业经济学》《政治经济学的现状：1885 年 2 月在剑桥大学的就职演说》《马歇尔官方文献集》《关于穆劳动力先生的价值论》《伦敦贫民何所归》《一般物价波动的补救措施》《经济学精义》《关于租金》《老一代的经济学家和新一代的经济学家》《分配与交换》《创建经济学和有关政治学分支课程的请求》《经济骑士道精神的社会可能性》《战后的国家税收》《工业与贸易》《阿尔弗雷德·马歇尔纪念集》等。马歇尔的经济学说集是 19 世纪上半叶至 19 世纪末经济学之大成，并形成自己独特的理论体系和方法，对现代经济学的发展有着深远的影响。

3.12.2 保罗・萨缪尔森

保罗・萨缪尔森 (Paul A. Samuelson，1915—2009)，现代经济学巨匠之一，所研究的内容十分广泛，涉及经济学的各个领域，是世界上罕见的多能学者。萨缪尔森首次将数学分析方法系统地引入经济学众多领域，帮助在经济困境中上台的肯尼迪政府制定了著名的“肯尼迪减税方案”，并写出了一部影响了几代人、在近半个世纪被奉为经典的经济学教科书。他于 1947 年成为约翰・贝茨・克拉克奖的首位获得者，并于 1970 年获得 (第 2 届) 诺贝尔经济学奖，获奖理由是“发展了数理和动态经济理论并提升了经济科学的分析水平”。

保罗・萨缪尔森 1915 年 5 月 15 日出生于美国印第安纳州加里 (Gary) 城的一个波兰犹太移民家庭，其父法兰克・萨缪尔森是一名药剂师，1923 年全家搬到芝加哥居住。萨缪尔森 1935 年获芝加哥大学文学学士学位，1936 年获芝加哥大学文学硕士学位，1941 年获哈佛大学理学博士学位。在哈佛就读期间，师从约瑟夫・熊彼特、华西里・里昂惕夫、戈特弗里德・哈伯勒和有“美国凯恩斯”之称的阿尔文・汉森研究经济学。萨缪尔森出身于经济学世家，其弟罗伯特・萨缪尔森、妹妹安妮塔・萨缪尔森、侄子拉里・萨缪尔森均为著名经济学家，另一个侄子则是大名鼎鼎的美国财政部部长劳伦斯・萨默斯。

萨缪尔森是当代凯恩斯主义的集大成者，被称为经济学的最后一个通才。在几乎所有经济学领域，诸如微观经济学、宏观经济学、国际经济学、数理经济学，人们总是能从萨缪尔森的有关著作中获得启示和教益。萨缪尔森作为新古典经济学和凯恩斯宏观经济学综合的代表人物, 其理论观点体现了西方经济学整整一代的正统的理论观点, 并且成了西方国家政府制定经济政策的理论基础。

萨缪尔森在攻读博士学位时，阅读了从威廉・配第到亚当・斯密，从李嘉图到马歇尔、瓦尔拉斯以及帕累托、庇古、凯恩斯等人的著作，得以纵观整个经济思想史，并以新的眼光看待凯恩斯主义。他把凯恩斯主义和传统的微观经济学结合起来，形成“新古典综合学派”的理论体系；他一直热衷于把数学工具运用于静态均衡和动态过程的分析，以物理学和数学论证推理方式研究经济，为数理经济学的现代化做出了重大贡献；他还通过对乘数和加速数联合作用的分析，把两者巧妙地合二为一，揭示出了乘数与加速数的内在联系；他与索洛及多夫曼 1958 年合作出版的《线性规划与经济分析》一书，为数理经济学发展做出了主要贡献。

萨缪尔森的研究范围横跨经济学、统计学和数学多个领域，他对经济学的三大组成部分——政治经济学、部门经济学和技术经济学，都有独到的见解；在关于经济增长论的论述、关于“社会福利函数”的论述和对比较成本说中的“赫克歇尔-俄林原理”的补充等方面，都为经济理论贡献了珍贵的思想财产。因为其理论维护和传播了传统西方经济学说，促进了经济理论数学化的发展，萨缪尔森成为西方世界久负盛名的经济学巨子。他的著作也一版再版，在世界各国享有很高的声誉。

3.13　习题

习题 3.1　证明若 $\succcurlyeq$ 是偏好序，则严格关系 $\succ$ 是传递的，并且无差异关系 $\sim$ 也是传递的。同时证明：若 $\boldsymbol{x} \sim \boldsymbol{y} \succcurlyeq \boldsymbol{z}$，那么 $\boldsymbol{x} \succcurlyeq \boldsymbol{z}$。

习题 3.2　试证明字典序偏好满足完备性、传递性、强单调性和严格凸性。

习题 3.3　有两种方式经常被用来定义消费集 $X = \mathcal{R}_+^L$ 上偏好 $\succeq$ 的连续性。

（a）对于 X 中所有使得 $\lim_{n\to\infty} \boldsymbol{x}^n = \boldsymbol{x}$，$\lim_{n\to\infty} \boldsymbol{y}^n = \boldsymbol{y}$ 和 $\boldsymbol{x}^n \succeq \boldsymbol{y}^n$ 的序列 $\{\boldsymbol{x}^n\}$ 和 $\{\boldsymbol{y}^n\}$，$\boldsymbol{x} \succeq \boldsymbol{y}$ 均成立。

（b）对于所有$\boldsymbol{x} \in X$，偏好于$\boldsymbol{x}$的上等高线集 $\{\boldsymbol{y} \in X : \boldsymbol{y} \succeq \boldsymbol{x}\}$ 和下等高线集 $\{\boldsymbol{y} \in X : \boldsymbol{x} \succeq \boldsymbol{y}\}$ 是闭的。

1. 假设 $\succeq$ 是传递和完备的，证明条件 (a) 和 (b) 是等价的。
2. 给出一个在 $\mathcal{R}_+^2$ 上满足传递性和完备性的偏好的例子，使得偏好于 $\boldsymbol{x}$ 的集合对于所有 $\boldsymbol{x}$ 都是闭的，但下等高线集对于一些 $\boldsymbol{x}$ 不是闭的。

习题 3.4　证明以下关于连续性的第三种定义，等价于上题 (a) 中的定义：“对于 X 中所有使得 $\lim_n \boldsymbol{x}^n = \boldsymbol{x}$，$\lim_n \boldsymbol{y}^n = \boldsymbol{y}$ 和 $\boldsymbol{x}^n \succeq \boldsymbol{y}^n$ 的序列 $\{\boldsymbol{x}^n\}$ 和 $\{\boldsymbol{y}^n\}$，$\boldsymbol{x} \succeq \boldsymbol{y}$ 成立”。
连续性定义 3: 如果 $\boldsymbol{x} \succ \boldsymbol{y}$，则存在以 $\boldsymbol{x}$ 和 $\boldsymbol{y}$ 为中心的开球 $B_{\epsilon_1}(\boldsymbol{x}) \equiv \{\boldsymbol{z} \in X : |\boldsymbol{x} - \boldsymbol{z}| < \epsilon_1\}$ 和 $B_{\epsilon_2}(\boldsymbol{y})$，使得对所有 $\boldsymbol{x}' \in B_{\epsilon_1}(\boldsymbol{x})$ 和所有 $\boldsymbol{y}' \in B_{\epsilon_2}(\boldsymbol{y})$ 都有 $\boldsymbol{x}' \succ \boldsymbol{y}'$。

习题 3.5　判断下列说法是否正确。若是，请给出证明；若否，试举出反例。

1. 若某消费者对两种商品的边际效用均递减，则该消费者的偏好是凸的。
2. 若某消费者的偏好是凸的，则该消费者对两种商品的边际效用均递减。

习题 3.6　我们知道，如果偏好序是连续的，则强凸性意味着凸性。

1. 请构造出满足凸性但不满足强凸性的偏好序。
2. 请构造出满足强凸性但不满足凸性的偏好序。

习题 3.7　假定 $\succeq$ 是完备和传递的。证明：

1. 若 $\succeq$ 是弱凸、连续和单调的，则它是凸的。
2. 若 $\succeq$ 是非饱和及凸的，则 $\succeq$ 是局部非饱和的。

习题 3.8　假设偏好序是不连续的，能否找到某个效用函数来表示它？若是，举例说明；若否，给出反例。若是上连续的呢？

习题 3.9　设 X 是一个可分的度量空间，$\succeq$ 是 X 上的一个偏好序。证明：若 $\succeq$ 是连续的 (即：对所有的 $x \in X$，$U_w(x) \equiv \{y \in X : y \succeq x\}$ 是闭集)，则偏好关系 $\succeq$ 可以用某个效用函数 $u : X \to [0, 1]$ 来表示。

习题 3.10 设 $u(\boldsymbol{x})$ 代表定义在 $\boldsymbol{x} \in \mathcal{R}_+^n$ 上的单调偏好。对如下每个函数 $f(\boldsymbol{x})$，阐明是否 f 也代表了这个消费者的偏好。在每种情形下，讨论或用反例证明你的答案的合理性。

1. $f(\boldsymbol{x}) = u(\boldsymbol{x}) + (u(\boldsymbol{x}))^3$。
2. $f(\boldsymbol{x}) = u(\boldsymbol{x}) - (u(\boldsymbol{x}))^2$。
3. $f(\boldsymbol{x}) = u(\boldsymbol{x}) + \sum_{i=1}^n x_i$。

习题 3.11 设 $u(x_1, x_2)$ 与 $v(x_1, x_2)$ 是效用函数。证明：

1. 若 $u(x_1, x_2)$ 与 $v(x_1, x_2)$ 均为 r 次齐次的，那么$s(x_1, x_2) \equiv u(x_1, x_2) + v(x_1, x_2)$ 也是 r 次齐次的。
2. 若 $u(x_1, x_2)$ 与 $v(x_1, x_2)$ 是拟凹的，那么 $g(x_1, x_2) \equiv \min\{u(x_1, x_2), v(x_1, x_2)\}$ 也是拟凹的。

习题 3.12 通过支撑函数定义在 $\mathcal{R}_+^L$ 上的效用函数 u：对每个 $\boldsymbol{x} \in \mathcal{R}_+^L$，定义

$$u(\boldsymbol{x}) = \inf_{\boldsymbol{q} \in Q} \boldsymbol{q}\boldsymbol{x}.$$

集合 Q 是定义在 $\mathcal{R}^L$上的单纯形Δ的闭的、凸的子集，而且 $Q \subseteq \mathcal{R}_{++}^L$。

1. 证明效用函数 u 是局部非饱和的和凹的。
2. 描述效用函数 u 在点 $\boldsymbol{x}$ 处的可微性。在点 $\boldsymbol{x}$ 处效用函数的梯度向量$Du(\boldsymbol{x})$ 是什么？你可能需要一些简明的数学例证来说明你在本问的结果，这里不需要证明。

习题 3.13 某经济人共消费三种商品，他总是倾向于消费其中最便宜的两种并使得这两种商品的消费量相同。若三种商品价格相同，他选择消费其中两种且这两种商品的消费量相同；若两种商品价格相同，另一种商品较便宜，则他选择消费最便宜的那种商品和价格相同的两种商品中的一种，且这两种商品的消费量相同。该消费者的行为与理性选择一致吗？为什么？

习题 3.14 令$X = \mathcal{R}_+^L$。假设 $u : X \to \mathcal{R}$ 是一个连续函数。对应$P : X \to 2^X$ 被定义成

$$U_s(\boldsymbol{x}) = \{\boldsymbol{x}' \in X : u(\boldsymbol{x}') > u(\boldsymbol{x})\}.$$

1. 证明：$U_s^{-1}(\boldsymbol{y}) = \{\boldsymbol{x} \in X : \boldsymbol{y} \in P(\boldsymbol{x})\}$ 是开集。
2. 使用问题 1 的结果，证明：U_s 是下半连续的。

习题 3.15 已知某消费者的效用函数为 $u(x, y) = \min\{3x + y, x + 3y\}$。

1. 画出其无差异曲线。该消费者的偏好是凸的吗？
2. 求马歇尔需求函数。
3. 若将其效用函数改为 $u(x, y) = \max\{3x + y, x + 3y\}$，重新求解问题 1 和问题 2。

习题 3.16 某消费者的效用函数为：

$$u(x_1, x_2) = \max[ax_1, ax_2] + \min[x_1, x_2],$$

这里 $0 < a < 1$，求马歇尔需求函数。

习题 3.17　在某些实验经济拍卖中，参与人被要求消费他们获得的产品。现在考虑这种要求可能会如何影响经典的消费者问题。假设个体具有理性的、局部非饱和的、严格凸的连续偏好。偏好可由如下效用函数表示:

$$u(x,y)=(x^{\frac{1}{3}}+y^{\frac{1}{3}})^3,$$

其中 $x \geqq 0$，$y \geqq 0$。令 $I>0$ 表示可用来消费的收入，竞争市场价格是 $p_x>0$ 和 $p_y>0$。同时假设个体具有禀赋 $w>0$，并且被要求消费$x \geqq w$。

1. 假设在最优选择处 $x \geqq w$，请推导消费者对 x 和 y 的马歇尔需求。假设在最优选择处 $x=w$，请推导消费者对 x 和 y 的马歇尔需求。综合上述结论，给出一般情况下消费者的马歇尔需求。
2. 这些马歇尔需求函数在 I, p_x 和 p_y 上是零次齐次的吗？请解释。
3. 这些马歇尔需求对所有的 I，p_x 和 p_y 都是唯一的吗？请解释。

习题 3.18　假设一个消费者的偏好是连续、局部非饱和且严格凸的，其效用函数为 $u(x,y)=(x^{1/2}+y^{1/2})^2$，$I>0$ 为消费者可以用于购买商品 x 和 y 的收入，$p_x>0$ 和 $p_y>0$ 分别为商品 x 和 y 的竞争性市场价格。此外，若消费者购买商品 x 超过了 $\overline{x}>0$，这时每单位商品 x 需要贴现为 d，这里 $p_x>d>0$。

1. 假定对于商品 x 的需求不超过 $\overline{x}>0$，建立消费者的最优化问题，并且推导他对商品 x 和商品 y 的马歇尔需求。
2. 假定对于商品 x 的需求超过了 $\overline{x}>0$，建立消费者的最优化问题，并且推导他对商品 x 和商品 y 的马歇尔需求。
3. 结合上面两问的结果，马歇尔需求函数是否关于 I，p_x，p_y 及 d 是零次齐次的？请证明你的结果。
4. 需求函数是否唯一？

习题 3.19　一个消费者的偏好满足连续、局部非饱和与严格凸，其效用函数为 $u(x,y)=x^2y$，$x \geqq 0$ 为消费者第 1 期的消费，$y \geqq 0$ 为消费者第 2 期的消费，$p_x=1$ 和 $p_y=1$ 为 x 和 y 的竞争性价格。$I>0$ 为消费者每一期的收入，即消费者两期的总收入为 $2I$。假设消费者第 1 期的收入可以拿出一部分用作储蓄，利率为 r_s，即若第 1 期储蓄 1 单位，那么第 2 期他可以获得 $1+r_s$ 单位。此外，消费者也可以从第 2 期的收入中借入一部分预先在第 1 期消费，借款利率是 r_b，即借入 1 单位第 2 期的收入，那么在第 2 期要归还 $1+r_b$ 单位。假定 $r_s \geqq r_b$。

1. 假定存在储蓄时最优，推导满足效用最大化的 x 和 y(最优时，$x<I$，$y>I$)。
2. 假定存在借贷时最优，推导满足效用最大化的 x 和 y(最优时，$x>I$，$y<I$)。
3. 结合上面两问的结果，需求函数是否关于 I，p_x，p_y 及 d 是零次齐次的？请证明。
4. 需求函数是否关于 I，p_x，p_y 及 d 是唯一的？请证明。

习题 3.20　考虑一个消费者，他在两期中消费单一商品，第 0 期的收入为 $I_0>0$，第 1 期的收入为 $I_1>0$。$x_0 \geqq 0$ 为消费者第 0 期的消费，$x_1 \geqq 0$ 为消费者第 1 期的消费。效

用函数为 $u=\ln x_0+\beta\ln x_1$，贴现因子 $0<\beta<1$，消费者在第 0 期可以以一个无风险总收益率 $\overline{r}\geqq 1$ 进行储蓄$s\geqq 0$。

1. 利用库恩–塔克条件，找到最优的消费储蓄计划 (x_0^*,x_1^*,s^*)，表示成 $I_0,I_1,\beta,\overline{r}$ 的函数。在什么条件下，储蓄s^* 严格为正？
2. 最优的消费储蓄计划 (x_0^*,x_1^*,s^*) 是否关于收入 (I_0,I_1) 是一次齐次的？

习题 3.21 一个永久生存的消费者拥有 1 单位商品——她终生消费此商品。该商品可被完美地贮存并且她将消费的该商品数量不会超过她目前所拥有的这种商品的禀赋。在 t 时期里商品消费量由 x_t 表示，并且其终生效用由下列式子给出：

$$u(x_0,x_1,x_2,\cdots)=\sum_{t=0}^{\infty}\beta^t\ln x_t,$$

这里 $0<\beta<1$，计算各期她的最优消费水平。

习题 3.22 一个关系 R 可被视为一个从 X 到 2^X 的对应，对关系 R，有如下各种类型：我们称 R 是

自反的 (reflexive)，若对每一个 $\boldsymbol{x}\in X,\boldsymbol{x}\in R(\boldsymbol{x})$；
非自反的 (irreflexive)，若对每一个 $\boldsymbol{x}\in X,\boldsymbol{x}\notin R(\boldsymbol{x})$；
完全的 (total)，若对所有的 $\boldsymbol{x},\boldsymbol{x}'\in X$ 和 $\boldsymbol{x}\neq\boldsymbol{x}'\in X$，$\boldsymbol{x}'\in R(\boldsymbol{x})$, 或者 $\boldsymbol{x}\in R(\boldsymbol{x}')$；
完备的 (complete)，若对每一个 $\boldsymbol{x},\boldsymbol{x}'\in X$，$\boldsymbol{x}'\in R(\boldsymbol{x})$, 或者 $\boldsymbol{x}\in R(\boldsymbol{x}')$；
传递的 (transitive)，若 $\boldsymbol{x}''\in R(\boldsymbol{x}')$，且 $\boldsymbol{x}'\in R(\boldsymbol{x})$, 则 $\boldsymbol{x}''\in R(\boldsymbol{x})$；
负传递的 (negatively transitive)，若 $\boldsymbol{x}''\notin R(\boldsymbol{x}')$，且 $\boldsymbol{x}'\notin R(\boldsymbol{x})$，则 $\boldsymbol{x}''\notin R(\boldsymbol{x})$；
对称的 (symmetric)，若 $\boldsymbol{x}'\in R(\boldsymbol{x})$, 则 $\boldsymbol{x}\in R(\boldsymbol{x}')$；
非对称的 (asymmetric)，若 $\boldsymbol{x}'\in R(\boldsymbol{x})$，则 $\boldsymbol{x}\notin R(\boldsymbol{x}')$；
反对称的 (antisymmetric)，若 $\boldsymbol{x}'\in R(\boldsymbol{x})$，且 $\boldsymbol{x}\notin R(\boldsymbol{x}')$，则 $\boldsymbol{x}=\boldsymbol{x}'$。

1. 设 $R:X\to 2^X$ 是 X 上的一个关系，若 R 是完备的，那么 R 也是自反的吗？如果 R 只是完全的呢？
2. 设 $R:X\to 2^X$ 是 X 上的一个关系。证明 R 是完备的当且仅当 R 是自反和传递的。
3. 设 $P:X\to 2^X$ 是 X 上的一个关系，证明：
   (a) 若 P 是非对称的，那么 P 是非自反的。
   (b) 若 P 是非对称的和负传递的，那么 P 是传递的。
4. 定义 $R(\boldsymbol{x}):=\{\boldsymbol{x}'\in X:\boldsymbol{x}\notin P(\boldsymbol{x}')\}$ 和 $I(\boldsymbol{x})=\{\boldsymbol{x}'\in X:\boldsymbol{x}'\in R(\boldsymbol{x})\text{ 且 }\boldsymbol{x}\in R(\boldsymbol{x}')\}$，证明：
   (a) P 是非对称的当且仅当 R 是完备的。
   (b) P 是负传递的当且仅当 R 是传递的。
   (c) P 是非对称的和负传递的，则 I 是自反的、对称的、传递的。

习题 3.23 设 $\succeq$ 是一个 $X=\mathcal{R}_+^L$ 上的弱偏好并且定义严格偏好 $\succ$，使得 $\boldsymbol{x}'\succ\boldsymbol{x}$ 当且仅当 $\boldsymbol{x}\not\succeq\boldsymbol{x}'$。对应 $R:X\to 2^X$ 和 $P:X\to 2^X$ 分别被定义成 $R(\boldsymbol{x})=\{\boldsymbol{x}'\in X:\boldsymbol{x}'\succeq\boldsymbol{x}\}$

和 $P(\boldsymbol{x})=\{\boldsymbol{x}'\in X:\boldsymbol{x}'\succ\boldsymbol{x}\}$。无差异对应 $I:X\to 2^X$ 被定义成 $I(\boldsymbol{x})=\{\boldsymbol{x}'\in X:\boldsymbol{x}\sim\boldsymbol{x}'\}$。

证明：

1. $\succeq$ 是自反的 (完备的，传递的)，当且仅当R是自反的 (完备的，传递的)。
2. $\succeq$ 是连续的，当且仅当R有闭截面 (closed sections)，即 $R(\boldsymbol{x})$ 和 $R^{-1}(\boldsymbol{x})$ 是 X 中的闭集，对每一个 $\boldsymbol{x}\in X$。
3. $\succeq$ 是弱单调的，当且仅当 $\boldsymbol{x},\boldsymbol{x}'\in X,\boldsymbol{x}'\geqq\boldsymbol{x}$，则 $\boldsymbol{x}'\in R(\boldsymbol{x})$。
4. $\succeq$ 是单调的，当且仅当 $\boldsymbol{x},\boldsymbol{x}'\in X$，$\boldsymbol{x}'>\boldsymbol{x}$，则 $\boldsymbol{x}'\in P(\boldsymbol{x})$。
5. $\succeq$ 是强单调的，当且仅当 $\boldsymbol{x},\boldsymbol{x}'\in X$，$\boldsymbol{x}'\geqslant\boldsymbol{x}$ (即 $\boldsymbol{w}_i\geqq 0$，$\boldsymbol{w}_i\neq 0$)，则 $\boldsymbol{x}'\in P(\boldsymbol{x})$。
6. $\succeq$ 是非饱和的，当且仅当对每一个 $\boldsymbol{x}\in X$，$P(\boldsymbol{x})$ 都是非空的。
7. $\succeq$ 是局部非饱和的，当且仅当对每一个 $\boldsymbol{x}\in X$ 和 $\epsilon>0$，$B_\epsilon(\boldsymbol{x})\cap P(\boldsymbol{x})\neq\varnothing$。
8. $\succeq$ 是弱凸的，当且仅当 R 是凸的。
9. $\succeq$ 是凸的，当且仅当：对每一个 $\boldsymbol{x}\in X$，$\boldsymbol{x}'\in P(\boldsymbol{x})$ 意味着对每一个 $\alpha\in(0,1)$，都有 $\alpha\boldsymbol{x}+(1-\alpha)\boldsymbol{x}'\in P(\boldsymbol{x})$。
10. $\succeq$ 是严格凸的，当且仅当：对每一个 $\boldsymbol{x}\in X$，$\boldsymbol{x}',\boldsymbol{x}''\in R(\boldsymbol{x})$，且 $\boldsymbol{x}'\neq\boldsymbol{x}''$，$\alpha\boldsymbol{x}+(1-\alpha)\boldsymbol{x}''\in P(\boldsymbol{x})$ 对每一个 $\alpha\in(0,1)$ 都成立。
11. $\succeq$ 是强凸的，当且仅当：对每一个 $\boldsymbol{x}\in X$，$\boldsymbol{x}'\in I(\boldsymbol{x})$，且 $\boldsymbol{x}'\neq\boldsymbol{x}$，$\alpha\boldsymbol{x}+(1-\alpha)\boldsymbol{x}'\in P(\boldsymbol{x})$ 对每一个 $\alpha\in(0,1)$ 都成立。

习题 3.24 证明下列命题：

1. 若 $\succeq$ 在 X 上是完备的、传递的，则两个不同的无差异集不可能相交。
2. 若 $\succeq$ 在 X 上是完备的、传递的，则 $\boldsymbol{x}''\in P(\boldsymbol{x}')$ 和 $\boldsymbol{x}'\in R(\boldsymbol{x})$ 意味着$\boldsymbol{x}''\in P(\boldsymbol{x})$。

习题 3.25 证明下列命题：

1. 若 $\succeq$ 是强单调的，则 $\succeq$ 是单调的。
2. 若 $\succeq$ 是单调的，则 $\succeq$ 是局部非饱和的。
3. 若 $\succeq$ 是单调且连续的，则 $\succeq$ 是弱单调的。
4. 若 $\succeq$ 是传递的、局部非饱和的和弱单调的，则 $\succeq$ 是单调的。
5. 若 $\succeq$ 是局部非饱和的，则 $\succeq$ 是非饱和的。
6. 若 $\succeq$ 是传递的和完备的，则 $\succeq$ 是凸的当且仅当 $\succ$ 是凸的，即对应 P 是凸的。
7. 若 $\succeq$ 是连续且强凸的，则 $\succeq$ 是凸的。
8. 若 $\succeq$ 是连续且凸的，则 $\succeq$ 是弱凸的。
9. 若 $\succeq$ 是连续的，则 $\succeq$ 是强凸的当且仅当它是严格凸的。
10. 一个凸偏好是局部非饱和的，但可能不是单调的。
11. $\succeq$ 是连续的当且仅当对应 P 有上开和下开的截面，即对每一个 $\boldsymbol{x}\in X$，$P(\boldsymbol{x})$ 和 $P^{-1}(\boldsymbol{x})$ 均是 X 中的开集。
12. $\succeq$ 是连续的当且仅当对应 R 有闭图像 (closed graph)，即 $\boldsymbol{x}_n\to\boldsymbol{x},\boldsymbol{y}_n\to\boldsymbol{y}$ 并且对每一个 n，$\boldsymbol{y}_n\in R(\boldsymbol{x}_n)$，则 $\boldsymbol{y}\in R(\boldsymbol{x})$。

习题 3.26 令 $X=\mathcal{R}_+^L$ 是某个消费者的消费集，$\boldsymbol{w}\in X$ 是消费者的禀赋，$\succcurlyeq$ 是消费者的偏好关系。假设 $\succcurlyeq$ 是自反的、连续的和凸的。证明：对于所有的 $\boldsymbol{p}\in\mathcal{R}_{++}^L$，消费者的约束集 $\boldsymbol{x}\in B(\boldsymbol{p})$ 中都总是存在一个最好的元素。也即，总是存在一个 $\boldsymbol{x}\in B(\boldsymbol{p})$ 使得 $\boldsymbol{x}'\in B(\boldsymbol{p})$ 不成立，且 $\boldsymbol{x}'\succ\boldsymbol{x}$。(提示：使用迈克尔选择定理 (Michael selection theorem)。)

习题 3.27 某消费者的效用函数为：

$$u(x_1,x_2)=x_1,$$

试求其马歇尔需求函数和间接效用函数。

习题 3.28 某消费者的间接效用函数具有 $v(\boldsymbol{p},y)=yp_1^\alpha p_2^\beta$ 的形式 $(\alpha<0,\beta<0)$，试导出其直接效用函数。

习题 3.29 某消费者具有支出函数 $e(p_1,p_2,u)=\dfrac{up_1p_2}{(p_1+p_2)}$。找出一个直接效用函数 $u(x_1,x_2)$，它理性化了该消费者的需求行为。

习题 3.30 一个消费者的连续的偏好关系可以由下面的效用函数表示：

$$u(\boldsymbol{x})=\min\{x_1^{1/2},x_2\}.$$

1. 验证消费者的偏好关系是否单调。
2. 验证消费者的偏好关系是否为凸的。
3. 给定 x_1 的价格 p_1，x_2 的价格 p_2 和收入 I，推导马歇尔需求函数和间接效用函数。
4. 利用对偶性推导消费者的支出函数。
5. 利用支出函数推导消费者的希克斯需求函数。当价格 p_1 提高时，消费者的希克斯需求会受到怎样的影响？通过偏好关系来解释你所得到的结果背后的直觉。

习题 3.31 考虑一个消费者，他在有 L 个物品的消费集 $\mathcal{R}_+^L$ 上具有效用函数 $u:\mathcal{R}_+^L\to\mathcal{R}$。假设效用函数是连续的并且严格递增。

1. 陈述消费者的马歇尔需求和希克斯补偿) 需求的定义。
2. 陈述并证明一个定理：若消费束 $\boldsymbol{x}^*$ 在严格正的价格向量 $\boldsymbol{p}$ 和收入 $I>0$ 时位于马歇尔需求上，那么 $\boldsymbol{x}^*$ 在同样的价格向量 $\boldsymbol{p}$ 和合意的效用水平下也位于希克斯需求上。
3. 通过例子证明：若效用函数 u 连续但不严格递增，上面的结论可能不成立。

习题 3.32 某经济人消费三种商品且具有柯布–道格拉斯效用函数形式 $u(x,y,z)=x^\alpha y^\beta z^\gamma$，这里 $\alpha>0$，$\beta>0$，$\gamma>0$。试导出马歇尔需求函数、间接效用函数、希克斯需求函数、支出函数。

习题 3.33 证明：希克斯需求关于价格是零次齐次的。

习题 3.34 某消费者仅消费两种商品且满足局部非饱和性，已知一种商品为劣等品，试证明：另一种商品必为正常品。

习题 3.35 证明：若消费者在商品 i 上的支出 $p_i x_i(p,m)$ 相对于其收入很小，则收入效应可以忽略。

习题 3.36 定义 $u:\mathcal{R}_+^L \to \mathcal{R}$ 为连续和严格单调递增的效用函数。定义 $V(\boldsymbol{p},M)$ 为在价格 $\boldsymbol{p}\in\mathcal{R}_{++}^L$ 和收入 M 的预算约束下的最大化效用 u 的间接效用函数。

1. 证明若 u 是凹函数，则 V 是关于收入 I 的凹函数。
2. 假设对所有的 $\boldsymbol{x}\in\mathcal{R}_+^L$，$u$ 均具有以下拟线性形式：

$$u(\boldsymbol{x}) = x_1 + v(x_2,\cdots,x_L).$$

假设价值函数 $v:\mathcal{R}_+^{L-1}\to\mathcal{R}$ 是连续、严格单调递增和严格凹的，且导致了具有内点解的马歇尔需求函数。

(a) 证明其间接效用函数 V 对于 I 是线性的。

(b) 对商品 $2,\cdots,L$，其收入效应为零。

习题 3.37 某消费者对商品 x 的需求函数为 $q_x = I - 2p_x$，且有 $p_x = 2$ 和 $I = 8\,000$。若商品 x 的价格上升从而有 $p_x = 4$，

1. 计算商品 x 价格变化的总效应。
2. 若使用斯勒茨基分解，试计算替代效应和收入效应。
3. 若使用希克斯分解，能否计算替代效应和收入效应？若能，给出计算结果；若不能，说明理由。

习题 3.38 某消费者的效用函数为 $u(x,y)=\ln x+\ln y$，且有 $p_x=1$，$p_y=2$，$I=10$。若商品 y 的价格下降到 $p_y=1$，试计算斯勒茨基分解和希克斯分解下的替代效应和收入效应。

习题 3.39 已知马歇尔需求函数 $x(p,I)$ 是可微和零次齐次的，且预算约束是紧的。令 $s(p,I)$ 为斯勒茨基矩阵。证明：对所有的 $p>0$ 和 $I>0$，$ps(p,I)=0$ 及 $s(p,I)p=0$。

习题 3.40 考虑效用函数 $u(x_1,x_2)=(x_1)^{\frac{1}{2}}+(x_2)^{\frac{1}{2}}$。

1. 计算需求函数 $x_l(p_1,p_2,y)$，$l=1,2$。
2. 计算斯勒茨基方程中的替代项。

习题 3.41 设 $u(\boldsymbol{x})$ 是线性齐次效用函数，证明：

1. 支出函数关于 $\boldsymbol{p}$ 与 u 是乘法可分的，并且可被写成 $e(\boldsymbol{p},u)=e(\boldsymbol{p},1)u$ 的形式。
2. 收入的边际效用依存于 $\boldsymbol{p}$，但独立于 y。
3. 现在假设效用函数 $u(\boldsymbol{x})=\psi(h(\boldsymbol{x}))$ 是一阶齐次效用函数 h 的单调变换，即它是 h 的单调函数，则支出函数具有形式 $e(\boldsymbol{p},u)=e(\boldsymbol{p},1)u$ 当且仅当 u 是位似效用函数。

习题 3.42 设 $X=\mathcal{R}_+^L$ 是消费集。假定收入由初始禀赋 $0\neq \boldsymbol{w}\in X$ 和价格向量 $\boldsymbol{p}\in\mathcal{R}_+^L$ 决定，即 $I=\boldsymbol{pw}$，预算约束被定义为

$$B(\boldsymbol{p})=\{\boldsymbol{x}\in X:\boldsymbol{px}\leqq\boldsymbol{pw}\}.$$

我们称 $B:\mathcal{R}_+^L\to 2^X$ 为预算约束对应。证明下面的结论:

1. $B(\boldsymbol{p})$ 关于 $\boldsymbol{p}\in\mathcal{R}_+^L$ 是零次齐次的函数。
2. $B(\boldsymbol{p})$ 是非空集。
3. $B(\boldsymbol{p})$ 是凸集。
4. 若 $\boldsymbol{p}\in\mathcal{R}_{++}^L$，$B(\boldsymbol{p})$ 是紧集。
5. $B(\boldsymbol{p})$ 是上半连续的。
6. 在 3.7.3节中，我们对特殊情形证明了 $B(\boldsymbol{p})$ 是下半连续的。现证明：若存在 $\hat{\boldsymbol{x}}\in X$，使得对每一个 $\boldsymbol{p}\in\Delta$，$\boldsymbol{p}\cdot\hat{\boldsymbol{x}}<\boldsymbol{p}\cdot\boldsymbol{w}$，则 $B(\boldsymbol{p})$ 是下半连续的。

习题 3.43 假设偏好 $\succeq$ 是完备的、传递的以及局部非饱和的。令 $B(\boldsymbol{p})=\{\boldsymbol{x}\in\mathcal{R}_+^L:\boldsymbol{p}\cdot\boldsymbol{x}\leqq\boldsymbol{p}\cdot\boldsymbol{w}\}$。并令 $\varphi:\Delta\to 2^{\mathcal{R}_+^L}$ 是消费者以 $\boldsymbol{w}\in X=\mathcal{R}_+^L$ 为禀赋的需求映射，也即 $\boldsymbol{x}^*\in\varphi(\boldsymbol{p})$ 意味着对于所有的 $\boldsymbol{x}\in B(\boldsymbol{p})$ 都有 $\boldsymbol{x}^*\in\varphi(\boldsymbol{p})$ 以及 $\boldsymbol{x}^*\in B(\boldsymbol{p})$。证明:

1. 对于每一个 $\boldsymbol{x}^*\in\varphi(\boldsymbol{p})$，都有 $\boldsymbol{px}^*=\boldsymbol{pw}$。
2. 令 $\boldsymbol{x}^*\in\varphi(\boldsymbol{p})$。若 $\boldsymbol{x}\succ\boldsymbol{x}^*$，则 $\boldsymbol{px}>\boldsymbol{px}^*$。
3. 若偏好 $\succeq$ 是凸的，则 $\varphi(\boldsymbol{p})$ 是凸的。
4. 若偏好 $\succeq$ 是严格凸的，那么 $\varphi(\boldsymbol{p})$ 是一个需求函数。

习题 3.44 消费者在价格为 $\boldsymbol{p}^i, i=0,1$ 时购买商品束 $\boldsymbol{x}^i$，它们各自分为 (1) 至 (4) 部分。检验其选择是否满足 WARP。

1. $\boldsymbol{p}^0=(1,3)$，$\boldsymbol{x}^0=(4,2)$。$\boldsymbol{p}^1=(3,5)$，$\boldsymbol{x}^1=(3,1)$。
2. $\boldsymbol{p}^0=(1,6)$，$\boldsymbol{x}^0=(10,5)$; $\boldsymbol{p}^1=(3,5)$，$\boldsymbol{x}^1=(8,4)$。
3. $\boldsymbol{p}^0=(1,2)$，$\boldsymbol{x}^0=(3,1)$; $\boldsymbol{p}^1=(2,2)$，$\boldsymbol{x}^1=(1,2)$。
4. $\boldsymbol{p}^0=(2,6)$，$\boldsymbol{x}^0=(20,10)$; $\boldsymbol{p}^1=(3,5)$，$\boldsymbol{x}^1=(18,4)$。

习题 3.45 假设 $\boldsymbol{p}^1=(2,1,2)$，$\boldsymbol{p}^2=(2,2,1)$，$\boldsymbol{p}^3=(1,2,2)$，$\boldsymbol{x}^1=(1,2,2)$，$\boldsymbol{x}^2=(2,1,2)$，$\boldsymbol{x}^3=(2,2,1)$。证明这些选择满足显示偏好弱公理（WARP），但不满足显示偏好强公理（SARP）。

习题 3.46 考虑一个需求函数 $D:\mathcal{R}_{++}^L\times\mathcal{R}_+\to\mathcal{R}_+^L$，对于所有价格 $\boldsymbol{p}$ 和收入 I 满足预算约束 $\boldsymbol{p}D(\boldsymbol{p},I)=I$。

1. 假设 D 是一个具有局部非饱和效用函数的消费者的马歇尔需求函数，对于所有价格–数量对 $\{\boldsymbol{p}^t,\boldsymbol{x}^t\}_{t=1}^T$ 的 T 元组，其中 $\boldsymbol{x}^t=D(\boldsymbol{p}^t,I^t)$，$\boldsymbol{p}^t\in\mathcal{R}_{++}^L$，并且对于所有 $t=1,\cdots,T$，$I^t\in\mathcal{R}_+$，证明广义显示偏好弱公理 (WARP) 成立。描述 WARP。

2. 考虑如下 $L=2$ 的需求函数的例子：

$$\widehat{D}(\boldsymbol{p},I)=\begin{cases}\left(\dfrac{I}{p_1},0\right), & \text{如果}\quad p_1\geqq p_2;\\ (0,\frac{I}{p_2}), & \text{如果}\quad p_2\geqq p_1.\end{cases}$$

证明对于 $\widehat{D}$，WARP 不成立。

3. 假设对于商品 L，WARP 对于需求函数 D 成立，但不假设 D 是马歇尔需求函数。证明 D 满足如下补偿需求法则：对于所有使得 $I'=\boldsymbol{p}'D(\boldsymbol{p},I)$ 的 $\boldsymbol{p},\boldsymbol{p}'$，$I$，$I'$，都有

$$[D(\boldsymbol{p}',I')-D(\boldsymbol{p},I)][\boldsymbol{p}'-\boldsymbol{p}]\leqq 0.$$

习题 3.47　某消费者仅消费 x 和 y 两种商品。他在第 1 年的预算约束为 $x+y=1$，在第 2 年的预算约束为 $4x+2y=3$。假设每年他都随机选择一个恰好用完其收入的消费束，则他违背显示偏好弱公理的概率有多大？

习题 3.48　判断下列消费者的选择是否满足显示偏好弱公理。若是，给出证明；若否，举出反例。

1. 将所有收入花费在价格最低的商品上。
2. 将所有收入花费在价格第二低的商品上。

习题 3.49　希克斯 (1956) 提供了如下例子来揭示当存在两种以上物品时，WARP 可能不会导致传递性显示偏好。消费者在 $\boldsymbol{p}^i, i=0,1,2$ 的价格水平上选择商品束 $\boldsymbol{x}^i$，这里：

$$\boldsymbol{p}^0=(1,1,2),\boldsymbol{x}^0=(5,19,9),$$
$$\boldsymbol{p}^1=(1,1,1),\boldsymbol{x}^1=(12,12,12),$$
$$\boldsymbol{p}^2=(1,2,1),\boldsymbol{x}^2=(27,11,1).$$

1. 证明这些数据满足 WARP。
2. 找出显示偏好中的不可传递性。

习题 3.50　消费者 A 与 B 具有如下支出函数。在每种情形下，两个行为者可观察的市场行为是否相同？请给出证明。

1. $e^A(\boldsymbol{p},u)$ 与 $e^B(\boldsymbol{p},u)=e^A(\boldsymbol{p},2u)$。
2. $e^A(\boldsymbol{p},u)=k(u)g(\boldsymbol{p})$，这里 $k'(u)>0$，并且 $e^B(\boldsymbol{p},u)=2e^A(\boldsymbol{p},u)$。

习题 3.51　某理性消费者在给定的价格和收入下做出如下选择：若 $p_x=1$，则 $x(p,I)=6$；若 $p_x=2$，则 $x(p,I)=4$；若 $p_x=3$，则 $x(p,I)=1$。

1. 假设商品 x 是正常品，确保价格由 1 上涨到 3 时，该消费者效用不会降低的最小收入补偿是多少？为什么？

2. 假设商品 x 是劣等品，确保价格由 1 上涨到 3 时，该消费者效用不会降低的最小收入补偿是多少？为什么？

习题 3.52 某消费者的效用函数为 $u(x,y)=x+10y-0.5y^2$，且有 $p_x=p_y=1$ 及 $I=100$。

1. 该消费者的偏好是凸的吗？为什么？
2. 若 p_x 保持不变，p_y 由 1 上升到 2，试求补偿变化和等价变化。它们是相等的吗？为什么？
3. 若 p_y 保持不变，p_x 由 1 上升到 2，试求补偿变化和等价变化。它们是相等的吗？为什么？

习题 3.53 某人消费单一商品 x，其间接效用函数为：

$$v(p,I)=G\left(A(p)+\frac{\bar{y}^{\eta}I^{1-\eta}}{1-\eta}\right),$$

这里 $A(p)=\int_p^{p^0}x(\xi,\bar{I})\,d\xi$ 并且 $G(\cdot)$ 是单变量函数的正的单调函数。

1. 推出消费者对 x 的需求，并证明其有不变的收入弹性，且等于η。
2. 设消费者的收入等于 $\bar{I}$，并且 x 的价格由 p 上升为 $p'>p$。假设由这种价格变动引致的消费者效用的变动可由 $-\int_p^{p'}x(\xi,\bar{I})\,d\xi<0$ 来测度，解释这种测度。

习题 3.54 已知某消费者的效用函数为 $u(x,y)=\sqrt{x}+y$，商品 x 和商品 y 的价格分别为 p_x 和 p_y，收入为 I。

1. 试求该消费者的马歇尔需求函数。
2. 令 $p_x=p_y=1$，$I=10$，求最优消费束。
3. 若商品 y 的价格提高从而有 $p_y=2$，试求补偿变化、等价变化和消费者剩余的变化。
4. 若将效用函数改为 $u(x,y)=x^2+y$，重新求解 1~3 问。

习题 3.55 设有一个收入为 I^0 的消费者面临的价格为 $\boldsymbol{p}^0$，并享有效用 $u^0=v(\boldsymbol{p}^0,y^0)$。当价格变为 $\boldsymbol{p}^1$ 时，生活成本受到影响。为测度这些价格变动的影响，把生活成本指数定义为：

$$I(\boldsymbol{p}^0,\boldsymbol{p}^1,u^0)\equiv\frac{e(\boldsymbol{p}^1,u^0)}{e(\boldsymbol{p}^0,u^0)}.$$

1. 证明：随着为维持基期效用水平 u^0 所必需的支出上升 (下降)，$I(\boldsymbol{p}^0,\boldsymbol{p}^1,u^0)$ 大于 (小于)1。
2. 设消费者的收入由 I^0 变为 I^1。证明：当 $\frac{I^1}{I^0}$ 大于 (小于)$I(\boldsymbol{p}^0,\boldsymbol{p}^1,u^0)$ 时，在收入变化之后，消费者的福利将会改善 (恶化)。

习题 3.56 设消费者的支出函数具有戈曼形式：

$$e(\boldsymbol{p},u)=a(\boldsymbol{p})+ub(\boldsymbol{p}),$$

其中 $a(\boldsymbol{p})$ 与 $b(\boldsymbol{p})$ 均为线性齐次且凹的。证明：该消费者对每种物品的需求的收入弹性随 $I \to 0$ 而趋于 0，并随 $I \to \infty$ 而趋于 1。

习题 3.57　证明需求函数关于价格与收入是乘法可分的，即其形式为 $\boldsymbol{x}(\boldsymbol{p}, I) = \phi(I)\boldsymbol{x}(\boldsymbol{p}, 1)$，当且仅当其效用函数为位似的。

3.14　参考文献

教材和专著：

黄有光，张定胜. 高级微观经济学. 上海：格致出版社，2008.

平新乔. 微观经济学十八讲. 北京：北京大学出版社，2001.

Debreu, G. (1959). *Theory of Value*, Wiley.

Jehle, G. A. and P. Reny (1998). *Advanced Microeconomic Theory*, Addison-Wesley.

Luenberger, D. (1995). *Microeconomic Theory*, McGraw-Hill.

Mas-Colell, A. , M. D. Whinston, and J. Green (1995). *Microeconomic Theory*, Oxford University Press.

Roy, R. (1942). *De l'utilité*, Hermann.

Rubinstein, A. (2005). *Lecture Notes in Microeconomics (modeling the economic agent)*, Princeton Univeristy Press.

Takayama, A. (1985). *Mathematical Economics(Second Edition)*, Cambridge University Press.

Varian, H. R. (1992). *Microeconomic Analysis(Third Edition)*, W. W. Norton and Company.

论文：

Afriat, S. (1967). "The Construction of a Utility Function from Expenditure Data", *International Economic Review*, Vol. 8, No. 1, 67-77.

Battallio, R. C. , J. H. Kagel, and C. A. Kogut (1991). "Experimental Confirmation of the Existence of a Giffen Good", *American Economic Review*, Vol. 81, No. 4, 961-970.

Bosi, G. and G. B. Mehta (2002). "Existence of a Semicontinuous or Continuous Utility Function: A Unified Approach and an Elementary Proof", *Journal of Mathematical Economics*, Vol. 38, No. 3, 311-328.

Debreu, G. (1954). "Representation of a Preference Ordering by a Numerical Function". In Thrall, R., C. C. Coombs, and R. Davis (Eds.), *Decision Processes* (New York: Wiley).

Debreu, G. (1964). "Continuity Properties of Paretian Utility", *International Economic Review*, Vol. 5, No. 3, 285-293.

Gorman, T. (1953). "Community Preference Fields", *Econometrica*, Vol. 21, No. 1, 63-80.

Haagsma, R. (2012). "A Convenient Utility Function with Giffen Behaviour", *ISRN Economics*, Volume 2012, Article ID 608645.

Hurwicz, L. and H. Uzawa (1971). "On the Integrability of Demand Functions". In Chipman, J. , L. Hurwicz, M. Richter, and H. Sonnenschein (Eds.), *Preferences, Utility, and Demand* (New York: Harcourt, Brace, Jovanovich).

Jaffray, J. Y. (1975). "Existence of a Continuous Utility Function: An Elementary Proof". *Econometrica*, Vol. 43, No. 5/6, 981-983.

Roy, R. (1947). "La Distribution de Revenu Entre Les Divers Biens", *Econometrica*, Vol. 15, No. 3, 205-225.

Samuelson, P. (1948). "Consumption Theory in Terms of Revealed Preference", *Econometrica*, Vol. 15, No. 60, 243-253.

Sonnenschein, H. (1971). "Demand Theory without Transitive Preferences, with Application to the Theory of Competitive Equilibrium". In Chipman, J. S. , L. Hurwicz, M. K. Richter, and H. Sonnensche, *Preferences, Utility, and Demand* (New York: Harcourt Brace Jovanovich).

Tian, G. (1992). "Generalizations of the FKKM Theorem and Ky-Fan Minimax Inequality, with Applications to Maximal Elements, Price Equilibrium, and Complementarity", *Journal of Mathematical Analysis and Applications*, Vol. 170, No. 2, 457-471.

Tian, G. (1993). "Necessary and Sufficient Conditions for Maximization of a Class of Preference Relations", *Review of Economic Studies*, Vol. 60, No. 4, 949-958.

Tian, G. (1994). "Generalized KKM Theorem, Minimax Inequalities, and Their Applications", *Journal of Optimization Theory and Applications*, Vol. 83, No. 2, 375-389.

Tian, G. (2017). "Full Characterizations of Minimax Inequality, Fixed-Point Theorem, Saddle Point Theorem, and KKM Principle in Arbitrary Topological Spaces", *Journal of Fixed Point Theory and Applications*, Vol. 19, No. 3, 1679-1693.

Tian, G. and F. Zhang (1993). "Market Economics for Masses". In Tian, G., *A Series of Market Economics*, Vol. 1. (Shanghai People's Publishing House and Hong Kong's Intelligent Book Ltd. (in Chinese)).

Tian, G. and J. Zhou (1992). "Transfer Method for Characterizing the Existence of Maximal Elements of Binary Relations on Compact or Noncompact Sets", *SIAM Journal on Optimization*, Vol. 2, No. 3, 360-375.

Tian, G. and J. Zhou (1995). "Transfer Continuities, Generalizations of the Weierstrass Theorem and Maximum Theorem: A Full Characterization", *Journal of Mathematical Economics*, Vol. 24, No. 3, 281-303.

Varian, H. R. (1982). "The Nonparametric Approach to Demand Analysis", *Econometrica*, Vol. 50, No. 4, 945-973.

Wold, H. (1944). "A Synthesis of Pure Demand Analysis", *Skandinavian Actuarial Journal*, Vol. 1944, No. 1-2.

Zhou, J. and G. Tian (1992). "Transfer Method for Characterizing the Existence of Maximal Elements of Binary Relations on Compact or Noncompact Sets", *SIAM Journal on Optimization*, Vol. 2, No. 3, 360-375.

第4章 生产者理论

4.1 导言

经济活动不仅包含消费，也包含生产和交换。本章考虑市场的另一边 —— 供给，讨论商品的生产过程及其生产者的选择问题。生产的含义非常广泛，既包括实物商品 (physical goods) 如大米和汽车的生产，也包括服务如医疗和金融等的提供。供给由一系列被称为企业或厂商的生产者或单位组成，企业可以是公司，也可以是个体户或其他生产组织。

一个厂商可由许多方面来描述或刻画，如：谁是所有者？谁是管理者？厂商是如何运作、如何组织的？它能做什么？在所有这些问题中，本章只讨论最后一个问题。这并不是说其他问题不重要，而是一个厂商做什么需要从最基本的特征开始，从中找到基准点和基本分析工具来研究市场供给方的其他行为。为了把握厂商行为的最重要特征，我们通常假设厂商的经济活动可由一个关于投入产出的生产可能性集来描述。这样的模型设定当然异常简化，不考虑内部组织管理因素，不考虑交易成本，市场和企业的运行都是无摩擦的，因而我们简单地将厂商或企业视为一个能够将投入转化为产出的黑箱，只是考虑上述简化的、零交易成本的生产活动这一最简单的理想状态，这种分析问题的方法和物理学从无摩擦开始考虑类似。

生产者的特征及其行为假设构成了生产者理论模型的基础。生产集表示了生产者所有技术可行的生产计划的集合。生产者的行为假设给出了生产者做出生产选择的指导性原则，其原则是鉴别和选择一个最有利可图的生产计划。

为此，我们先介绍生产技术的一般分析框架。该框架只是刻画了厂商做选择的最基本特征，它并没有指定厂商做何种选择。我们将讨论在厂商行为假设的基础上，厂商将做何种选择。由于我们只是考虑经济活动，需要在商言商，对厂商的一个基本行为刻画是利润最大化，这是关于厂商行为的一个最基本的假设，在通常情况下都是成立的，特别是在完全竞争的环境下，否则企业将无法生存。

一个普遍的误解是认为企业利润最大化的目标对社会必然是不好的。但是，回想一下亚当·斯密在《国富论》中的经典论述："我们得到我们期待的饮食，并不是出自屠夫、酿酒者、面包烤制师的仁慈，而是出自他们自身利益的考虑。"可以理解，利润向资源所有者发出这样的信号，在哪里资源被社会认可的价值最大，通过将稀缺资源转移到社会认可价值最大的产品生产中，社会的总福利得到了改进，这种现象的出现不是由于企业家和管理人员的慈善心，而是源自企业逐利，从而来自最大化企业利润的自利目标。

我们首先介绍生产可能性，该术语来自实际生产，这里我们用成本函数将其转化成经济学术语。我们将首先介绍生产技术的一般框架，该框架描述了可以进行哪些选择的最基本特征，然后再基于企业行为假设讨论应该做出哪些选择，其中之一是利润最大化。

4.2 生产技术

和前一章一样，考虑有 L 种商品的经济，其生产是将投入转化成产出的过程。一般来说，投入由劳动、资本设备、原材料、从其他厂商处购买的中间产品等构成。产出则由最终产品或服务及用来出售给其他厂商的中间产品等构成。同量产出的生产可用不同的投入组合和不同的方法进行。厂商用不同的投入组合生产产品。为了研究厂商的选择，我们需要一种恰当的方式来概括厂商的生产可能性，即何种投入和产出的组合是**技术可行的** (technologically feasible)。

4.2.1 技术设定

在现实中厂商必须考虑生产的技术可行性。技术状态决定和限制了将投入变成产出的可能性。有多种方式可以表示这些限制。通常可将投入和产出视为某种流量：在每一期，一定量的投入在某地生产出一定量的产品。尽管这种包含时间和地点维度的考虑更合乎现实，且投入和产出细节的设定是任意的，但这种细节的考虑取决于我们所研究的问题。当讨论抽象的技术选择时 (如本章所要做的)，最简单但不失一般性的方式是将厂商生产活动特征化为一个生产可能性集，而忽略时间和地点，尽管增加这些无非是增加了生产计划向量的维度。

假设厂商的生产涉及 L 种可能的物品或服务，既可能是投入，也可能是产出。若厂商使用 $\boldsymbol{y}_j^i$ 单位的产品 j 作为投入来生产 $\boldsymbol{y}_j^o$ 单位的同样产品，则产品 j 的净产出为 $\boldsymbol{y}_j = \boldsymbol{y}_j^o - \boldsymbol{y}_j^i$。

生产计划 (production plan)是不同产品的一组净产出。我们可以将生产计划表示为 $\mathcal{R}^L$ 中的向量 $\boldsymbol{y}$，其中，若 $\boldsymbol{y}_j$ 小于零，则第 j 种产品的投入为正，若 $\boldsymbol{y}_j$ 大于零，则第 j 种产品的产出为正。所有技术可行生产计划的集合被称为厂商的**生产可能性集** (production possibility set)，记为 Y，它是 $\mathcal{R}^L$ 中的一个子集。假设集合 Y 描述了所有技术可行的投入和产出结构。它给出了厂商所有技术可行的生产计划。

注意本章的符号：粗体的 $\boldsymbol{y}$ 指的是生产计划向量，而标量 y 指的是产出水平。

定义 4.2.1 (有效生产) *一个生产计划 $\boldsymbol{y} \in Y$ 是***技术有效率的** *(technologically efficient)，或简称为有效率的，若不存在 $\boldsymbol{y}' \in Y$，使得 $\boldsymbol{y}' \geqq \boldsymbol{y}$ 但 $\boldsymbol{y}' \neq \boldsymbol{y}$。这意味着，不存在使用同一投入生产更多产出或者使用更少的投入生产相同产出的方法。*

生产可能性集会面临某些约束，比如在不同的运营期间，有些生产计划是短期内无法达成的。

短期生产可能性集：若生产活动中至少有些要素在某个时期内不能发生变化，则该时期被称为**短期**。比如，设厂商利用劳动和某种机器 (我们称之为“资本”) 生产某种产出。生产计划记为 $(y,-l,-k)$，其中 y 为产出水平，l 为劳动投入量，k 为资本投入量。在短期，劳动可即时调整，而资本固定在某个水平 $\overline{k}$。则

$$Y(\overline{k})=\{(y,-l,-k)\in Y: k=\overline{k}\}$$

为短期 (short-run) 生产可能性集。

另外，当考察厂商在特定环境中的行为时，我们希望区分**“即时可行”** (immediately feasible) 的生产计划和**“最终可行”** (eventually feasible) 的生产计划。我们一般假设这样的限制可用 $\mathcal{R}^m$ 中的某个向量 $\boldsymbol{z}$ 描述，这里 $m\leqq L$。**有约束**的生产可能性集记为 $Y(\boldsymbol{z})$，它由所有可行的与约束水平 $\boldsymbol{z}$ 一致的净产出组合组成。

一个特别的约束生产可能性集的情况，是所谓的**投入要素集**：由所有能生产产量 y 的投入组成 (见图 4.1)，定义为:

$$V(y)=\{\boldsymbol{x}\in\mathcal{R}_{+}^{L-1}\colon \boldsymbol{y}\equiv(y,-\boldsymbol{x})\in Y\},$$

即投入要素集是所有产出至少为 y 的投入组合所构成的集合。

短期投入要素集: 假设在短期内不能调整的要素向量集为 $\boldsymbol{x_2}$，短期内固定在 $\bar{\boldsymbol{x}}_2$ 的水平上，$\boldsymbol{x_1}$ 是可以任意调整的要素向量集，此时产出为 y 的短期投入要素集记为

$$V_s(y)=\{(\boldsymbol{x_1},\bar{\boldsymbol{x}}_2)\in\mathcal{R}_{+}^{L-1}\colon \boldsymbol{y}\equiv(y,-\boldsymbol{x_1},-\bar{\boldsymbol{x}}_2)\in Y\}.$$

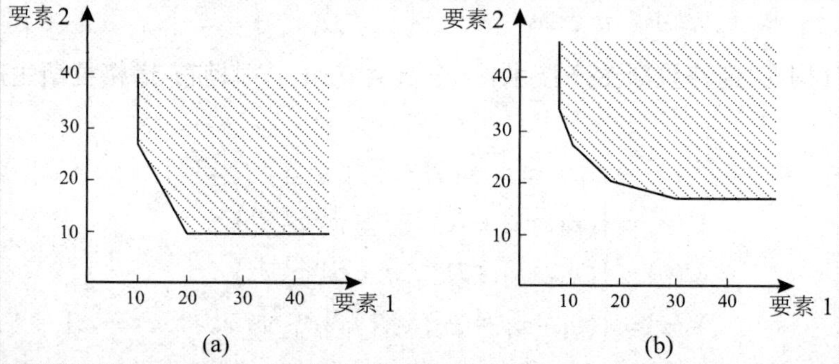

图 4.1　凸投入要素集

注意，上面定义的投入要素集将所有投入记为正数，而生产可能性集则将投入记为负数。

从投入要素集，可以定义**等产量曲线** (isoquant curve)，由下面的集合决定:

$$Q(y)=\{\boldsymbol{x}\in\mathcal{R}_{+}^{L-1}\colon \boldsymbol{x}\in V(y),\boldsymbol{x}\notin V(y'),y'>y\}.$$

这样，等产量曲线给出了所有产出为 y 的投入组合 (见图 4.2)。

定义 4.2.2 (生产函数)　*厂商生产某种产出，定义***生产函数**$f:\mathcal{R}_{+}^{L-1}\rightarrow\mathcal{R}+$: $f(\boldsymbol{x})=\{y\in\mathcal{R}_{+}$: y *是投入为* $\boldsymbol{x}$ *的最大产出*$\}$。

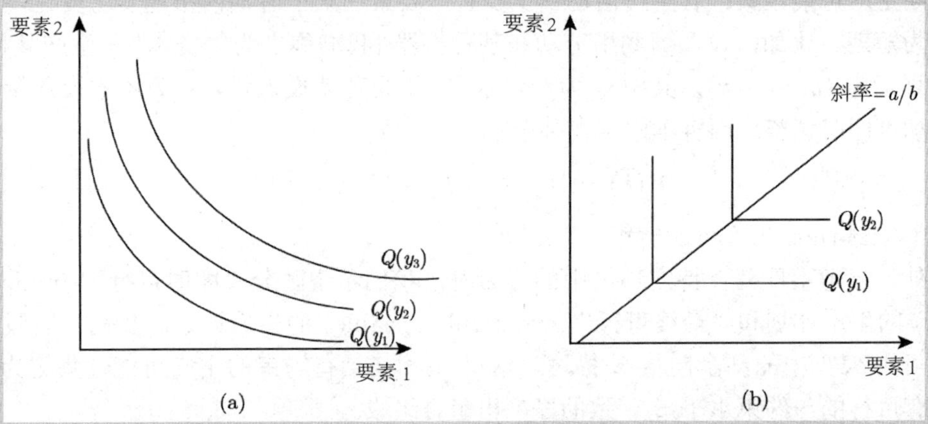

图 4.2 （a）等产量曲线的一般形状；（b）完全互补 (里昂惕夫) 生产技术的一般形状

若在短期内有些要素固定在 $\bar{\boldsymbol{x}}_2$ 的水平上，此时的短期生产函数为 $f_s(\boldsymbol{x}) = f(\boldsymbol{x}_1, \bar{\boldsymbol{x}}_2)$。

定义 4.2.3 (转换函数) 一个函数 T: $Y \to \mathcal{R}$ 被称为**转换函数** (transformation function)，若 $T(\boldsymbol{y}) = 0$ 对所有生产有效的计划 $\boldsymbol{y}$ 均成立。Y 的边界点集合，$\{\boldsymbol{y} \in Y : T(\boldsymbol{y}) = 0\}$，被称为**转换前沿**。

如同生产函数将最大可能的产出表示为投入的函数一样，转换前沿给出了所有的有效生产计划。

下面是理论及应用通常采用的三个典型例子。假定生产过程需要两种投入，即劳动和资本，分别用 x_1 和 x_2 表示，y 表示产量。

例 4.2.1 (柯布-道格拉斯生产技术) 令 $\alpha \in (0,1)$。则**柯布-道格拉斯生产技术**的各种形式为：

$$
\begin{aligned}
Y &= \{(y, -x_1, -x_2) \in \mathcal{R}^3\colon\ y \leqq x_1^{\alpha} x_2^{1-\alpha}\},\\
V(y) &= \{(x_1, x_2) \in \mathcal{R}_+^2\colon\ y \leqq x_1^{\alpha} x_2^{1-\alpha}\},\\
Q(y) &= \{(x_1, x_2) \in \mathcal{R}_+^2\colon\ y = x_1^{\alpha} x_2^{1-\alpha}\},\\
Y(z) &= \{(y, -x_1, -x_2) \in \mathcal{R}^3\colon\ y \leqq x_1^{\alpha} x_2^{1-\alpha}, x_2 = z\},\\
T(y, x_1, x_2) &= y - x_1^{\alpha} x_2^{1-\alpha},\\
f(x_1, x_2) &= x_1^{\alpha} x_2^{1-\alpha}.
\end{aligned}
$$

例 4.2.2 (里昂惕夫生产技术) 令 $a > 0$ 和 $b > 0$ 为参数，则**里昂惕夫生产技术**的各种形式为：

$$
\begin{aligned}
Y &= \{(y, -x_1, -x_2) \in \mathcal{R}^3\colon\ y \leqq \min(ax_1, bx_2)\},\\
V(y) &= \{(x_1, x_2) \in \mathcal{R}_+^2\colon\ y \leqq \min(ax_1, bx_2)\},\\
Q(y) &= \{(x_1, x_2) \in \mathcal{R}_+^2\colon\ y = \min(ax_1, bx_2)\},\\
T(y, x_1, x_2) &= y - \min(ax_1, bx_2),\\
f(x_1, x_2) &= \min(ax_1, bx_2).
\end{aligned}
$$

例 4.2.3 (线性生产技术)　令 $a>0$ 和 $b>0$ 为参数，则：

$$
\begin{aligned}
Y &= \{(y,-x_1,-x_2)\in\mathcal{R}^3\colon\ y\leqq ax_1+bx_2\},\\
V(y) &= \{(x_1,x_2)\in\mathcal{R}^2_+\colon\ y\leqq ax_1+bx_2\},\\
Q(y) &= \{(x_1,x_2)\in\mathcal{R}^2_+\colon\ y= ax_1+bx_2\},\\
Y(z) &= \{(y,-x_1,-x_2)\in\mathcal{R}^3\colon\ y\leqq ax_1+bx_2, x_2=z\},\\
T(y,x_1,x_2) &= y-ax_1-bx_2,\\
f(x_1,x_2) &= ax_1+bx_2.
\end{aligned}
$$

4.2.2　生产集的常用性质

尽管生产可能性集在结构上差别很大，但大多数生产技术仍具有某些共同性质。这些重要性质定义如下：

(i) **生产集的非空性** (non-emptiness of Y)：$Y\neq\{\varnothing\}$，厂商至少有一个可行的生产计划。

(ii) **不作为的可能性** (possibility of inaction): $\mathbf{0}\in Y$.

不作为的可能性意味着不生产是一个可行的生产计划。

(iii) **没有免费午餐** (无中生有的不可能性): 对 $\boldsymbol{y}\in Y$，$\boldsymbol{y}\geqq\mathbf{0}$ 意味着 $\boldsymbol{y}=\mathbf{0}$，没投入，就没有产出，也就是没有免费的午餐。

(iv) **闭集** (连续性): Y 是闭集。

生产可能性集 Y 是闭集意味着若一系列在 Y 中的生产计划 $\boldsymbol{y}_t, t=1,2,\cdots$，且 $\boldsymbol{y}_t\to\boldsymbol{y}$，则该极限生产计划 $\boldsymbol{y}$ 也在 Y 内。该性质保证了 Y 的边界点也是可行生产计划，使得最优的生产活动成为可能。必须提到的是，Y 是闭集意味着对所有的 $y\geqq\mathbf{0}$，投入要素集 $V(y)$ 也是闭集。

(v) **不可逆性**: $Y\cap\{-Y\}=\{\mathbf{0}\}$。

不可逆性 (irreversibility) 意味着生产计划不可逆，除非 $\mathbf{0}\in Y$。也就是说，在一个生产计划中，投入要素转换为产出，但不存在一个相对应的逆向生产计划，使得这些产出可以转换回原先的投入。比如，在玩具工厂，材料和劳动力可以生产出玩具，但显然玩具却不能转换回原来的这些投入要素。更简单的例子是活猪变成香肠，但香肠不可能还原成活猪，至少所用的时间是不可逆的。

(vi) **自由处置** (单调性): 若 $\boldsymbol{y}\in Y$ 意味着对任意的 $\forall\boldsymbol{y}'\leqq\boldsymbol{y}$，均有 $\boldsymbol{y}'\in Y$，则称 Y 满足**自由处置** (free disposal) 或单调性质。

自由处置意味着商品 (投入或产出) 可以有浪费 (丢弃)。该性质意味着，若 $\boldsymbol{y}\in Y$，则 Y 包含了所有小于或等于 $\boldsymbol{y}$ 的向量，包括只有投入，没有产出，这种只有投入没有产出 (如投资失败) 的现象在现实中大量存在。

稍弱的假设是我们只假设投入要素集是单调的：若 $\boldsymbol{x}\in V(y)$，$\boldsymbol{x}'\geqq\boldsymbol{x}$，则 $\boldsymbol{x}'\in V(y)$。$V(y)$ 的单调性意味着，若 $\boldsymbol{x}$ 是生产 y 单位产出的可行投入，$\boldsymbol{x}'$ 是投入不少于 $\boldsymbol{x}$ 的投入向量，则更多的投入 $\boldsymbol{x}'$ 更是可被用来生产 y 单位的产出。

(vii) **规模报酬非递增**: 对任意 $\alpha \in [0,1]$ 和 $\boldsymbol{y} \in Y$，均有 $\alpha\boldsymbol{y} \in Y$，即：任何的投入产出向量都可以按比例缩减。这样，规模报酬非递增意味着生产可能性集是凸集。

(viii) **规模报酬非递减**: 对任意 $\alpha \geqq 1$ 和 $\boldsymbol{y} \in Y$，均有 $\alpha\boldsymbol{y} \in Y$，即：任何的投入产出向量都可以按比例放大。

(ix) **规模报酬不变**: 对任意 $\alpha \geqq 0$ 和 $\boldsymbol{y} \in Y$，均有 $\alpha\boldsymbol{y} \in Y$，即：任何的投入产出向量都可以按同比例放大或缩小，即规模报酬不变意味着生产可能性集同时满足规模报酬非递增和规模报酬非递减。从几何上来看，它是一个顶点位于 $\mathbf{0}$ 处的锥。

这三种规模报酬的情况分别在图 4.3中说明。

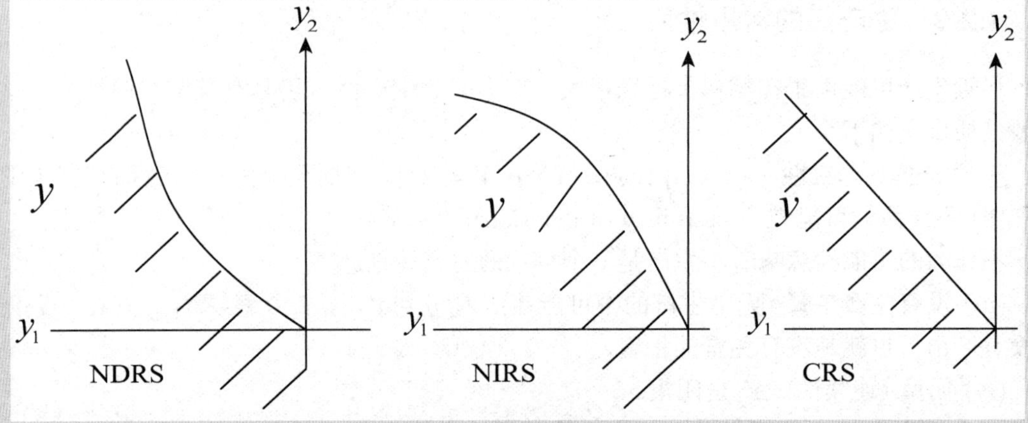

图 4.3　规模报酬非递减、规模报酬非递增及规模报酬不变

在单产出技术的情况下，规模报酬通常可以用以下方式表达：

定义 4.2.4 (规模报酬)　*由生产函数 $f(\boldsymbol{x})$ 决定的生产技术呈现为：*

（1）**规模报酬不变**，*若* $f(t\boldsymbol{x}) = tf(\boldsymbol{x}), \forall t \geqq 0$;

（2）**规模报酬递减**，*若* $f(t\boldsymbol{x}) < tf(\boldsymbol{x}), \forall t > 1$;

（3）**规模报酬递增**，*若* $f(t\boldsymbol{x}) > tf(\boldsymbol{x}), \forall t > 1$。

对单一产出情形下的规模报酬递减意味着投入增加一倍而产出增加少于一倍；规模报酬递增则意味着投入增加一倍而产出增加多于一倍；而规模报酬不变意味着投入增加一倍则产出刚好也增加一倍，也就是它们成比例增长或减少。

技术呈现规模报酬不变当且仅当生产函数是一次齐次的。规模报酬不变也等价于：$\boldsymbol{y} \in Y$ 意味着对所有的 $t \geqq 0$，$t\boldsymbol{y} \in Y$；或等价于 $\boldsymbol{x} \in V(\boldsymbol{y})$ 蕴含了 $t\boldsymbol{x} \in V(t\boldsymbol{y}), \forall t > 1$。

上述提供的三种规模报酬类型是对整个生产集 Y 来说的。然而，需要注意的是，这些规模报酬性质可能仅在局部成立。例如，技术通常在生产规模较小时表现出规模报酬递增，而在生产规模较大时表现出规模报酬递减。因此，有必要引入定义局部规模报酬的度量。为此，我们提供规模弹性 (elasticity of scale) 的概念。

规模弹性指的是所有投入的百分比变化所带来的产出的百分比变化，即产出规模的变动比例。令 $y = f(\boldsymbol{x})$ 为生产函数，t 为正数。考虑函数 $y(t) = f(t\boldsymbol{x})$。若 $t = 1$, 则生产保持现在的规模；若 $t>1$，则所有投入增加至 t 倍；若 $t<1$，则所有投入减少到 t 比例。规模弹性于是定义为

$$e(\boldsymbol{x})=\lim_{t\to 1}\frac{d\ln y(t)}{d\ln t}=\frac{\sum_{l=1}^{L-1}\frac{\partial f(\boldsymbol{x})}{\partial x_l}x_l}{f(\boldsymbol{x})}.$$

定义 4.2.5 (局部规模报酬)　若 $e(\boldsymbol{x})$ 大于、等于或小于 1，则称生产函数 $f(\boldsymbol{x})$ 呈现**局部递增、不变或递减规模报酬**。

由于规模弹性在生产集的不同点可能会有所不同，生产函数在不同点可能会表现出不同类型的规模报酬特征。

(x) **可加性**（或自由进入）：$\boldsymbol{y}\in Y$ 和 $\boldsymbol{y}'\in Y$ 意味着 $\boldsymbol{y}+\boldsymbol{y}'\in Y$，或者 $Y+Y\subseteq Y$，即厂商的一个工厂生产 $\boldsymbol{y}$，而另一家工厂进入市场生产 $\boldsymbol{y}'$，那么总合生产 $\boldsymbol{y}+\boldsymbol{y}'\in Y$ 也是可行的。因此，当自由进入可能时，生产集必须满足可加性。这也意味着对于任何正整数 k，都有 $k\boldsymbol{y}\in Y$。

(xi) **凸性**: 若 $\boldsymbol{y}$ 和 $\boldsymbol{y}'$ 都属于 Y，则对任意的 $t\in[0,1]$，其加权平均 $t\boldsymbol{y}+(1-t)\boldsymbol{y}'$ 也属于 Y。

Y 的凸性假设是微观经济学中的基本假设之一，特别是在研究竞争均衡存在性时。它意味着在 Y 中的任意两个生产计划 $\boldsymbol{y}$ 和 $\boldsymbol{y}'$ 的凸组合也在生产可能性集内。凸性与规模报酬不变和规模报酬非递增密切相关，其关系总结在以下命题中。

命题 4.2.1　令 Y 为一个生产集。则有:

(1) 凸性，结合可加性和不作为假设，意味着规模报酬不变。

(2) 规模报酬不变与可加性结合意味着凸性。

(3) 凸性与不作为假设结合意味着规模报酬非递增。

(4) 对于单产出技术，Y 是凸的当且仅当其生产函数是凹的。

(5) 任何包括不作为 $\mathbf{0}$ 的凸生产集 $Y\subseteq\mathcal{R}^L$ 都可以通过以下方式扩展为凸的和规模报酬不变的生产集:

$$Y'=\{\boldsymbol{y}'\in\mathcal{R}^{L+1}:\boldsymbol{y}'=\alpha(\boldsymbol{y},-1)\text{ 其中 }\boldsymbol{y}\in Y\text{ 且 }\alpha\geqslant 0\}$$

因此，任何凸生产集都可以被视为一个具有隐藏投入的凸和规模报酬不变的生产技术，如“企业家素质要素”或“管理技能要素”。

证明:

(1) 对于任何 $\alpha\geqslant 0$，令 $0\leqslant\alpha_k\leqslant 1$，$k=1,2,\cdots,K$，将其划分为 α 的分割，即，$\sum_{k=1}^{K}\alpha_k=\alpha$。由于 Y 是凸的且 $\mathbf{0}\in Y$，则对所有的 $\boldsymbol{y}\in Y$，有 $\alpha_k\boldsymbol{y}\in Y$。然而，由于 Y 的可加性，我们有 $\sum_{k=1}^{K}\alpha_k\boldsymbol{y}=\alpha\boldsymbol{y}\in Y$，意味着规模报酬不变。

(2) 对于任何 $\boldsymbol{y},\boldsymbol{y}'\in Y$ 和 $0\leqslant\alpha\leqslant 1$，由规模报酬不变，则有 $\alpha\boldsymbol{y}\in Y$ 和 $(1-\alpha)\boldsymbol{y}'\in Y$。再由可加性，$\alpha\boldsymbol{y}+(1-\alpha)\boldsymbol{y}'\in Y$。因此，$Y$ 是凸的。

(3) 由于 Y 是凸的且 $\mathbf{0}\in Y$，对于所有 $\boldsymbol{y}\in Y$，$\alpha\boldsymbol{y}+(1-\alpha)\mathbf{0}=\alpha\boldsymbol{y}\in Y$，意味着非递减规模报酬。

(4) 见习题 4.2。

(5) 根据定义，直接验证 Y' 是凸的且具有规模报酬不变性质。 □

因此，凸性是一个严格的条件，它排除了规模报酬非递减。例如，生产集的凸性排除了“启动成本”(start-up costs) 和其他类型的非凸生产集。

严格凸性: 若对任意的 $\boldsymbol{y}, \boldsymbol{y}' \in Y$ 和任意的 $t \in (0,1)$，都有 $t\boldsymbol{y} + (1-t)\boldsymbol{y}' \in \operatorname{int} Y$，则 Y 是严格凸的，其中 $\operatorname{int} Y$ 表示 Y 的内点。

我们将证明，若利润最大化生产计划存在，则 Y 的严格凸性保证了它是唯一的。

一个稍弱但更合理的假设，如能保证成本最小化的解存在，是对任意的 y，$V(y)$ 是凸集。

投入要素集的凸性: 若 $\boldsymbol{x}$ 和 $\boldsymbol{x}'$ 都属于 $V(y)$，则对任意的 $0 \leqq t \leqq 1$，$t\boldsymbol{x} + (1-t)\boldsymbol{x}'$ 也属于 $V(y)$，即 $V(y)$ 是凸集。

$V(y)$ 的凸性意味着，若 $\boldsymbol{x}$ 和 $\boldsymbol{x}'$ 都可以用来生产 y 单位的产出，则其任意的凸组合 $t\boldsymbol{x} + (1-t)\boldsymbol{x}'$ 也能被用来生产 y 单位的产出。我们将给出 $V(y)$ 的凸性、生产函数的曲率 (curvature) 和 Y 的凸性的若干关系。首先有下述结果。

命题 4.2.2 (凸生产集蕴含凸投入要素集) 若生产集 Y 是凸集，则其对应的投入要素集 $V(y)$ 也是凸集。

证明： 若 Y 是凸集，则对任意满足 $(y, -\boldsymbol{x}) \in Y$ 和 $(y, -\boldsymbol{x}') \in Y$ 的 $\boldsymbol{x}$ 和 $\boldsymbol{x}'$ 以及任意的 $0 \leqq t \leqq 1$，我们均有 $(ty + (1-t)y, -t\boldsymbol{x} - (1-t)\boldsymbol{x}') \in Y$。这意味着 $(y, (t\boldsymbol{x} + (1-t)\boldsymbol{x}'))$ 也属于 Y。因此，若 $\boldsymbol{x}$ 和 $\boldsymbol{x}'$ 属于 $V(y)$，则 $t\boldsymbol{x} + (1-t)\boldsymbol{x}'$ 属于 $V(y)$，即 $V(y)$ 是凸的。 □

命题 4.2.3 $V(y)$ 是凸集当且仅当生产函数 $f(\boldsymbol{x})$ 是拟凹函数。

证明： $V(y) = \{\boldsymbol{x} \in \mathcal{R}_+^{L-1} : f(\boldsymbol{x}) \geqq y\}$ 恰好是 $f(\boldsymbol{x})$ 的上等高线集，但 f 是拟凹的当且仅当其上等高线集是凸的。 □

生产函数 f 的拟凹性是一个较弱的概念，并不能保证利润最大化，比如定义在非负空间上的函数 $f(x) = x^2$ 是一个拟凹函数，若在竞争性市场中，其最高利润会趋于无穷大。尽管如此，由于 f 是拟凹的，对每一产出 y，其成本最小化存在。

(xii) **凸锥**：对于任何 $\boldsymbol{y}, \boldsymbol{y}' \in Y$ 以及 $\alpha \geqq 0$ 和 $\beta \geqq 0$，都有 $\alpha\boldsymbol{y} + \beta\boldsymbol{y}' \in Y$。

显然，规模报酬不变与可加性意味着凸锥。更进一步，有下面命题。

命题 4.2.4 令 Y 为一个生产集。则有:

(1) 规模报酬不变与可加性一道意味着凸锥。

(2) 生产集 Y 具有可加性和满足非递增规模报酬条件，当且仅当它是一个凸锥。

证明：

(1) 对于任意的 $\boldsymbol{y}$ 和 $\boldsymbol{y}'$ 属于 Y，以及 $\alpha \geqslant 0$ 和 $\beta \geqslant 0$，有规模报酬不变，有 $\alpha\boldsymbol{y} \in Y$ 和 $\beta\boldsymbol{y}' \in Y$。因此，根据可加性条件，我们得到 $\alpha\boldsymbol{y} + \beta\boldsymbol{y}' \in Y$。

(2) 凸锥意味着可加性和非递增规模报酬条件。为了证明逆命题，考虑任意整数 $k > \max\{\alpha, \beta\}$。根据可加性，$k\boldsymbol{y} \in Y$ 和 $k\boldsymbol{y}' \in Y$。由于 $\alpha/k < 1$ 并且 $\alpha\boldsymbol{y} = (\alpha/k)k\boldsymbol{y}$，非递增规模报酬意味着 $\alpha\boldsymbol{y} \in Y$。类似地，我们有 $\beta\boldsymbol{y} \in Y$。从而，根据可加性，我们有 $\alpha\boldsymbol{y} + \beta\boldsymbol{y}' \in Y$。 □

以上所有命题为生产中的凸性假设提供了合理性依据。

4.2.3 边际收益递减律

在短期内，由于有些要素不能调整，从而只有某些要素可以变化，此时一个重要的概念就是要素的边际产出。假设只有两种要素，厂商的生产函数为 $y = f(x_1, \bar{x}_2)$，要素 2 固定在 $\bar{x}_2$，此时要素 1 的改变引起的产出的变化就是要素的边际产出的概念。MP_1 记为要素 1 的边际产出，定义为 $MP_1 = \dfrac{\partial f(x_1, \bar{x}_2)}{\partial x_1}$。在通常情况下，给定其他要素不变，一种要素增加引起的边际产出会最终减少，这就是通常所说的边际产出 (收益) 递减律。比如，现实中在一个生产车间给定机器数量不变，单纯增加劳动力，超出某个界限以后，增加劳动力带来的产出增加会越来越少。

4.2.4 边际技术替代率及边际转换率

设生产技术由光滑生产函数 $y = f(x_1, x_2)$ 给出。若希望提高一定数量的投入 1 而减少一定数量的投入 2 但又保持产出水平不变，如何才能确定这两种投入的**边际技术替代率** (marginal rate of technical substitution, $MRTS$) 呢？其方法同我们导出无差异曲线边际替代率的方法是一样的。令生产函数等于常数。对方程两边求微分，则有

$$0 = \frac{\partial f}{\partial x_1} dx_1 + \frac{\partial f}{\partial x_2} dx_2,$$

由此可得

$$\frac{dx_2}{dx_1} = -\frac{\partial f/\partial x_1}{\partial f/\partial x_2} \equiv -\frac{MP_{x_1}}{MP_{x_2}}.$$

类似消费者的边际替代率，我们定义生产的边际技术替代率为：

$$MRTS_{x_1 x_2} = \frac{MP_{x_1}}{MP_{x_2}},$$

这为我们提供了边际技术替代率的明确表达式。$MRTS$ 衡量了在保持水平不变的情况下，一种投入可以被另一种投入替代的数量。当等产量曲线凸向原点时，较高的 $MRTS$ 表示可以相对容易地用一种投入替代另一种投入，而较低的 $MRTS$ 表示投入物的可替代性较低。

更一般地，若生产技术由可微的转换函数 $T(\boldsymbol{y})$ 定义，那么对于任何满足 $T(\boldsymbol{y}) = 0$ 的 $\boldsymbol{y}$ 以及任何商品对 l 和 k，通过对 $T(\boldsymbol{y}) = 0$ 求微分，我们可以得到**边际转换率**（MRT）公式如下：

$$MRT_{lk} = \frac{\partial T(\boldsymbol{y})/\partial p_l}{\partial T(\boldsymbol{y})/\partial p_k}.$$

例 4.2.4 (柯布-道格拉斯技术的边际技术替代率) 给定 $f(x_1, x_2) = x_1^{\alpha} x_2^{1-\alpha}$, 对其两端求导，得

$$\frac{\partial f(\boldsymbol{x})}{\partial x_1} = \alpha x_1^{\alpha-1} x_2^{1-\alpha} = \alpha \left[\frac{x_2}{x_1}\right]^{1-\alpha},$$

$$\frac{\partial f(\boldsymbol{x})}{\partial x_2} = (1-\alpha) x_1^{\alpha} x_2^{-\alpha} = (1-\alpha) \left[\frac{x_1}{x_2}\right]^{\alpha}.$$

由此可得

$$\frac{\partial x_2(x_1)}{\partial x_1} = -\frac{\partial f/\partial x_1}{\partial f/\partial x_2} = -\frac{\alpha}{1-\alpha}\frac{x_2}{x_1}.$$

这样，投入 1 对投入 2 的边际技术替代率 $MRTS$ 为

$$MRTS = \frac{MP_1}{MP_2} = \frac{\alpha}{1-\alpha}\frac{x_1}{x_2}.$$

4.2.5 替代弹性

边际技术替代率衡量了等产量曲线的斜率。**替代弹性**则衡量了等产量曲线的曲率。具体来说，替代弹性衡量了在既定产出水平下要素比例百分比变动同边际技术替代率百分比变动的比值。若设 $\Delta(x_2/x_1)$ 为要素比例的变动，$\Delta MRTS$ 为边际技术替代率的变动，则可将替代弹性表示为

$$\sigma = \frac{\dfrac{\Delta(x_2/x_1)}{x_2/x_1}}{\dfrac{\Delta MRTS_{x_1x_2}}{MRTS_{x_1x_2}}}.$$

它是对曲率的相对自然测度: 它给出了等产量曲线斜率百分比变动时的要素投入比率百分比变动。若斜率的微小百分比变动导致了要素投入比率的较大百分比变动，则等产量曲线是相对扁平的 (flat)，即替代弹性很大。

在实践中，百分比变动应很小。当 Δ 趋于零时对上述表达式取极限，则 σ 变为

$$\sigma = \frac{MRTS_{x_1x_2}}{(x_2/x_1)}\frac{d(x_2/x_1)}{dMRTS_{x_1x_2}} = \frac{d\ln(x_2/x_1)}{d\ln MRTS_{x_1x_2}}.$$

在等产量曲线形状正常时，$\sigma \geqq 0$，而且 σ 越大，投入要素的替代性越强。例如，当 $\sigma \to \infty$ 时，投入要素完全替代，此时 $MRTS$ 是常数，其变化量为零；当 $\sigma = 0$ 时，投入要素之间是完全互补的。

例 4.2.5 (柯布-道格拉斯生产函数) 根据前面的讨论，我们知道

$$MRTS = \frac{\alpha}{1-\alpha}\frac{x_2}{x_1},$$

或者

$$\frac{x_2}{x_1} = \frac{1-\alpha}{\alpha} MRTS_{x_1x_2}.$$

因而有

$$\ln\frac{x_2}{x_1} = \ln\frac{1-\alpha}{\alpha} + \ln MRTS_{x_1x_2}.$$

从而有

$$\sigma = \frac{d\ln(x_2/x_1)}{d\ln MRTS_{x_1x_2}} = 1.$$

例 4.2.6 (常替代弹性生产函数) 常替代弹性生产函数 (CES) 具有如下形式

$$y = [a_1x_1^{\rho} + a_2x_2^{\rho}]^{\frac{1}{\rho}}.$$

从 CES 函数可得知，CES 生产函数包括线性生产函数 ($\rho = 1$)、里昂惕夫生产函数 ($\rho = -\infty$) 和柯布-道格拉斯生产函数 ($\rho = 0$) 作为特例。容易验证 CES 生产函数是规模报酬不变的。同样容易验证 CES 生产函数的替代弹性为常数。事实上，其边际技术替代率为

$$MRTS = \left(\frac{x_1}{x_2}\right)^{\rho-1},$$

从而有

$$\frac{x_2}{x_1} = MRTS_{x_1x_2}^{\frac{1}{1-\rho}}.$$

对其取对数，可得

$$\ln\frac{x_2}{x_1} = \frac{1}{1-\rho}\ln MRTS_{x_1x_2}.$$

利用对数导数的定义，我们有

$$\sigma = \frac{d\ln x_2/x_1}{d\ln MRTS_{x_1x_2}} = \frac{1}{1-\rho}.$$

4.3　利润最大化

4.3.1　厂商行为

对个体厂商行为的一个基本假设是厂商总是在生产集中选择最有利可图的生产计划，这个假设是个体逐利性在市场供给方面的一个具体体现。

厂商的利润最大化问题因此可归结为确定其产品价格或投入价格以及产出水平和投入水平。在确定其最优决策时，厂商面临两种约束：由生产集所确定的技术约束和市场约束，其中，市场约束与其他经济主体对其所产生的影响有关。在本章剩余部分，我们假设所考察的厂商采取最简单的市场行为，即**价格接受**行为，在完全竞争市场条件下是如此。每个

厂商都将价格视为给定，因此厂商只需决定其利润最大化产出水平和投入水平。这样的将价格视为给定的厂商通常被称为**竞争厂商**。我们将在关于市场理论的第 9 章中考察一般的厂商行为。此外，我们始终假设厂商的生产集 Y 是非空的、闭的，且满足自由处置原则。

4.3.2 利润最大化概述

给定价格向量 $\boldsymbol{p} \gg 0$ 和生产计划 $\boldsymbol{y} \in Y$，$\boldsymbol{py}$ 表示了利润：即收入减去成本，因为产出以正数表示而投入以负数表示，因此，厂商的利润最大化问题可表示为

$$\pi(\boldsymbol{p}) = \max_{\boldsymbol{y} \in Y} \boldsymbol{py} \tag{4.1}$$

这个一般表达式的优点在于，除了可以得到本章中获得的一般性结果，还可以在很弱的假设下证明竞争均衡的存在性和有效性，

若使用转换函数 $T(\boldsymbol{y})$ 来描述 Y，上述问题可以等价地表述为：

$$\pi(\boldsymbol{p}) \quad = \quad \max_{\boldsymbol{y}} \boldsymbol{py} \tag{4.2}$$

$$s.t. \qquad T(\boldsymbol{y}) \leqq 0. \tag{4.3}$$

这种方法的一个优势是可以使用微分方法求利润最大化解并得到许多解析结果。

函数 $\pi(\boldsymbol{p})$ 给出的最大利润是价格的函数，我们称之为厂商的**利润函数**。相应的最佳生产计划被称为厂商的**供给对应**。对应的投入向量被称为生产者的**投入需求对应**，对应的产出向量被称为生产者的**产出供给对应**。

给定任意的 $\boldsymbol{p}$，利润最大化的生产计划也许不存在（例如，在非递减的规模报酬下，在 $\boldsymbol{p}$ 下获得正利润时，当任意增加生产规模时，利润将变得无限大）。然而，由于目标函数 $\boldsymbol{py}$ 连续，当 Y 是紧集时（当它是闭的且受制于总资源约束时），总存在着利润最大化的生产计划。于是，有以下命题。

命题 4.3.1 假设 Y 非空、闭且有界，那么，对于每个给定的 $\boldsymbol{p} \in \mathcal{R}^L_+$，都存在一个利润最大化的生产计划。

此外，利润最大化问题 (4.1) 的解 $\boldsymbol{y}$ 一般来说不是唯一的。当解唯一时，对应的利润最大化生产计划被称为**供给函数**。从下述命题中我们将看到，生产集的严格凸性保证了利润最大化的生产计划的唯一性。

命题 4.3.2 设 Y 是严格凸的，则对任意给定的$\boldsymbol{p} \in \mathcal{R}^L_+$，若利润最大化问题的解存在，则解是唯一的。

证明： 反证法。设 $\boldsymbol{y}$ 和 $\boldsymbol{y}'$ 为价格 $\boldsymbol{p} \in \mathcal{R}^L_+$ 下的两个利润最大化生产计划，则我们有 $\boldsymbol{py} = \boldsymbol{py}'$。于是，根据 Y 的严格凸性，有 $t\boldsymbol{y} + (1-t)\boldsymbol{y}' \in \operatorname{int} Y, \forall 0 < t < 1$。因此存在某个 $k > 1$，使得

$$k[t\boldsymbol{y} + (1-t)\boldsymbol{y}'] \in \operatorname{int} Y. \tag{4.4}$$

从而有 $k[t\boldsymbol{py} + (1-t)\boldsymbol{py}'] = k\boldsymbol{py} > \boldsymbol{py}$，而这与 $\boldsymbol{y}$ 是利润最大化生产计划的事实矛盾。 □

注意这一章关于价格的符号：粗体 $\boldsymbol{p}$ 是生产计划的价格向量，p 是产出的 (标量) 价格。

利润函数有几种变形：

情形1. 短期利润最大化问题。在这种情形下，我们可以定义**短期利润函数**，或者称之为**约束利润函数**:

$$\pi(\boldsymbol{p},\boldsymbol{z}) = \max \boldsymbol{py}$$
$$\text{s.t.} \quad \boldsymbol{y} \in Y(\boldsymbol{z}).$$

情形2. 若厂商只生产一种产出，利润最大化问题可以简单地视为是对其投入水平 $\boldsymbol{x}$ 的选择，从而利润函数可写为

$$\pi(p,\boldsymbol{w}) = \max pf(\boldsymbol{x}) - \boldsymbol{wx}, \tag{4.5}$$

其中 p 为产出的 (标量) 价格，$\boldsymbol{w}$ 为要素价格向量，$\boldsymbol{x} = (x_1,\cdots,x_{L-1})$ 为 (非负) 投入向量。

4.3.3　利润最大化的一阶条件

当生产技术可以用可微的转换函数表示时，人们可以通过微分法确定利润最大化行为。对利润最大化问题 (4.2)，在转换前沿上的内点解 $\boldsymbol{y}^*$ 和 λ 由下面的一阶条件给出：

$$p_l = \lambda \frac{\partial T(\boldsymbol{y}^*)}{\partial y_l}, \qquad l = 1,\cdots,L, \tag{4.6}$$

或者以矩阵形式表示，

$$p = \lambda \boldsymbol{D}T(\boldsymbol{y}^*), \tag{4.7}$$

从中我们得出，在利润最大化生产计划下，对于所有的 l 和 k，转换替代率 $MRT_{lk} = \frac{\partial T(\boldsymbol{y})/\partial p_l}{\partial T(\boldsymbol{y})/\partial p_k}$ 必须等于价格比率 $\frac{p_l}{p_k}$：

$$MRT_{lk} = \frac{p_l}{p_k}. \tag{4.8}$$

以上得出的一阶条件仅在存在内点解时才有意义。包含**边界解**的相关的一阶条件，称为库恩–塔克条件，成为

$$p_l \leqq \lambda \frac{\partial T(\boldsymbol{y}^*)}{\partial y_l}, \quad \text{等式成立当 } y_l > 0, \quad l = 1,\cdots,L. \tag{4.9}$$

当技术可由可微生产函数表示时，在单一产出的情形下，由式 (4.5) 确定的利润最大化问题内点解的一阶条件为：

$$p\frac{\partial f(\boldsymbol{x}^*)}{\partial x_l} = w_l, \quad l = 1,\cdots,L-1. \tag{4.10}$$

使用矩阵记号，有：

$$p\boldsymbol{D}f(\boldsymbol{x}^*) = \boldsymbol{w}. \tag{4.11}$$

这意味着任何两种投入要素的边际技术替代率均等于它们的价格比率:

$$MRTS_{lk} = \frac{w_l}{w_k} \tag{4.12}$$

这个一阶条件也说明了，在最优生产计划处，“每种要素边际产量的价值等于其要素价格”，这体现了要素投入的边际收益等于其边际成本。该一阶条件也可用图表示。考虑图 4.4 所给出的生产可能性集，对这个二维空间的情形，利润为 $\Pi = py - wx$。在给定 p 和 w 下，该函数为一直线，其解析形式为 $y = \Pi/p + (w/p)x$。因此，等利润曲线的斜率等于以产出价格衡量的工资，其截距等于以产出价格衡量的利润。生产函数的最大利润点必然在 x^* 处的切线之下，即它必然是“局部凹的”。

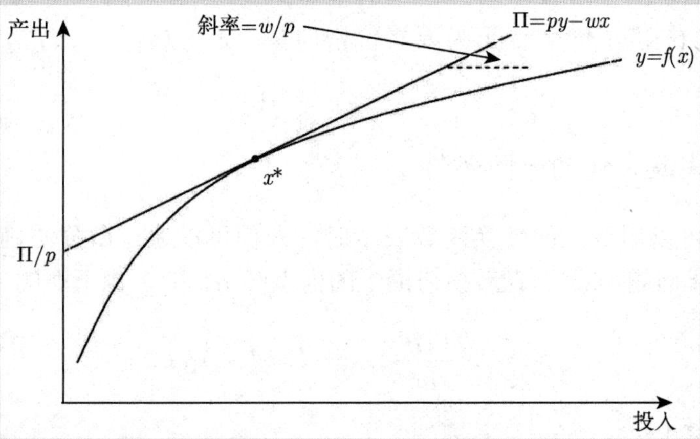

图 4.4 当等利润曲线的斜率等于生产函数的斜率时的利润最大化

类似地，包含**边界解**的相关的一阶条件由下式给出:

$$p\frac{\partial f(\boldsymbol{x})}{\partial x_l} - w_l \leqq 0, \quad 等式成立如果\ x_l > 0, \quad l = 1, \cdots, L-1. \tag{4.13}$$

<u>备注</u>: 当生产技术呈现规模报酬不变或规模报酬递增时，利润最大化生产计划一般来说不存在。例如，考虑生产函数为 $f(x) = x^2$ 的情形。则对 $p > w$，利润最大化生产计划不存在。如对规模报酬不变的生产过程，唯一存在的非平凡 (nontrivial) 利润最大化可能的情形是当价格 $p = w$ 时，其利润总是为零。在这种情形下，所有的生产计划都是利润最大化生产计划。的确如此，若 (y, x) 对应某种规模报酬不变技术产生的最大利润为零，则 (ty, tx) 的利润也为零，因而也是利润最大化的生产计划。

4.3.4 利润最大化的充分条件

利用库恩–塔克定理，不需要施加生产集的有界性假设，我们可以立即得出以下充分性结果。

命题 4.3.3 假设生产集 Y 是非空、闭、凸的，且其转换函数 $T(\cdot)$ 是可微的。则，若

生产计划 $\boldsymbol{y}^*$ 满足式 (4.9) 中给出的一阶条件，那么 $\boldsymbol{y}^*$ 就是价格体系 $\boldsymbol{p} \gg \boldsymbol{0}$ 下的一个（全局）利润最大化生产计划。

对于单一输出技术，当且仅当生产 f 在 $\mathcal{R}_+^{L-1}$ 上是凹的时，Y 是凸的。利润最大化的二阶条件是生产函数的二阶导数矩阵必须是负半定的，即二阶条件要求海森矩阵

$$\boldsymbol{D}^2 f(\boldsymbol{x}) = \left(\frac{\partial^2 f(\boldsymbol{x}^*)}{\partial x_l \partial x_k}\right)$$

必然对所有 $\boldsymbol{h}$ 都满足 $\boldsymbol{h}'\boldsymbol{D}^2 f(\boldsymbol{x})\boldsymbol{h} \leqq 0$，这里 $\boldsymbol{h}'$ 表示 $\boldsymbol{h}$ 转置。从几何上来看，上述条件意味着生产函数是局部凹的。

备注：以上命题通过库恩–塔克定理来证明。$f(\boldsymbol{x})$ 的严格凹性可通过海森矩阵的顺序主子式 (leading principal minors) 是否变号来检验，即

$$\begin{vmatrix} f_{11} \end{vmatrix} < 0,$$

$$\begin{vmatrix} f_{11} & f_{12} \\ f_{21} & f_{22} \end{vmatrix} > 0,$$

$$\begin{vmatrix} f_{11} & f_{12} & f_{13} \\ f_{21} & f_{22} & f_{23} \\ f_{31} & f_{32} & f_{33} \end{vmatrix} < 0,$$

如此等等，其中 $f_{lk} = \dfrac{\partial^2 f}{\partial x_l \partial x_k}$。该代数条件在检验二阶条件时非常有用。

例 4.3.1 (柯布–道格拉斯技术的利润函数)　考虑形为 $f(x) = x^a, a > 0$ 的生产函数的利润最大化问题。其一阶条件为

$$pax^{a-1} \leqq w, \quad \text{等式成立当 } x > 0 \text{时}$$

二阶条件为

$$pa(a-1)x^{a-2} \leqq 0.$$

上述二阶条件当且仅当 $a \leqq 1$ 才成立，这意味着为了保证竞争利润最大化有意义，生产函数必然是规模报酬不变或者规模报酬递减的。

若 $a = 1$，则一阶条件为 $p \leqq w$。这样，若 $w < p$，则 $x = 0$，意味着企业不生产。若 $w = p$，则任意 x 都是利润最大化选择。

若 $a < 1$，则我们可以从一阶条件中求得要素需求函数

$$x(p, w) = \left(\frac{w}{ap}\right)^{\frac{1}{a-1}}.$$

而供给函数为

$$y(p, w) = f(x(p, w)) = \left(\frac{w}{ap}\right)^{\frac{a}{a-1}},$$

从而利润函数为

$$\pi(p,w)=py(p,w)-wx(p,w)=w\left(\frac{1-a}{a}\right)\left(\frac{w}{ap}\right)^{\frac{1}{a-1}}.$$

4.3.5 利润函数的性质

给定任一生产集 Y，我们已知道如何计算其在价格 $\boldsymbol{p}$ 处的利润函数 $\pi(\boldsymbol{p})$。根据其定义，利润函数具有一些重要性质。这些性质在分析利润最大化行为时非常有用。

命题 4.3.4 (利润函数的性质) 利润函数具有如下性质:

(1) 利润函数关于产出价格非递减，关于投入价格非递增。即，若对所有产出均有 $p_i' \geqq p_i$，且对所有投入均有 $p_j' \leqq p_j$，则 $\pi(\boldsymbol{p}') \geqq \pi(\boldsymbol{p})$。

(2) 利润函数关于 $\boldsymbol{p}$ 一次齐次。即，对所有的 $t \geqq 0$，$\pi(t\boldsymbol{p}) = t\pi(\boldsymbol{p})$。

(3) 利润函数是 $\boldsymbol{p}$ 的凸函数。令 $\boldsymbol{p}'' = t\boldsymbol{p} + (1-t)\boldsymbol{p}'$，$0 \leqq t \leqq 1$，则 $\pi(\boldsymbol{p}'') \leqq t\pi(\boldsymbol{p}) + (1-t)\pi(\boldsymbol{p}')$。

(4) 利润函数关于 $\boldsymbol{p}$ 是连续的。当 $\pi(\boldsymbol{p})$ 有定义且 $p_i > 0, i = 1, \cdots, n$ 时，则函数 $\pi(\boldsymbol{p})$ 是连续的。

证明： (1) 令 $\boldsymbol{y}$ 为在价格 $\boldsymbol{p}$ 下的利润最大化净产出向量，则 $\pi(\boldsymbol{p}) = \boldsymbol{py}$。令 $\boldsymbol{y}'$ 为在价格 $\boldsymbol{p}'$ 下的利润最大化净产出向量，则 $\pi(\boldsymbol{p}') = \boldsymbol{p}'\boldsymbol{y}'$。于是，根据利润最大化的定义，有 $\boldsymbol{p}'\boldsymbol{y}' \geqq \boldsymbol{p}'\boldsymbol{y}$。由于对所有满足 $y_i \geqq 0$ 的 i，都有 $p_i' \geqq p_i$，因此对所有满足 $y_i \leqq \mathbf{0}$ 的 i，都有 $p_i' \leqq p_i$，从而有 $\boldsymbol{p}'\boldsymbol{y} \geqq py$。结合上述两个不等式，我们有 $\pi(\boldsymbol{p}') = \boldsymbol{p}'\boldsymbol{y}' \geqq \boldsymbol{py} = \pi(\boldsymbol{p})$。

(2) 令 $\boldsymbol{y}$ 为价格 $\boldsymbol{p}$ 处的利润最大化净产出向量，则对所有的 $\boldsymbol{y}' \in Y$，都有 $\boldsymbol{py} \geqq \boldsymbol{py}'$。因此对 $t \geqq 0$ 和所有的 $\boldsymbol{y}' \in Y$，都有 $t\boldsymbol{py} \geqq t\boldsymbol{py}'$。这样，$\boldsymbol{y}$ 也是价格 $t\boldsymbol{p}$ 处的最优产出，从而有 $\pi(t\boldsymbol{p}) = t\boldsymbol{py} = t\pi(\boldsymbol{p})$。

(3) 令 $\boldsymbol{y}$，$\boldsymbol{y}'$ 及 $\boldsymbol{y}''$ 分别为在价格 $\boldsymbol{p}$，$\boldsymbol{p}'$ 及 $\boldsymbol{p}'' = t\boldsymbol{p} + (1-t)\boldsymbol{p}'$ 处的最优产出。根据利润最大化的定义，可知

$$t\boldsymbol{py}'' \leqq t\boldsymbol{py} = t\pi(\boldsymbol{p}),$$

$$(1-t)\boldsymbol{p}'\boldsymbol{y}'' \leqq (1-t)\boldsymbol{p}'\boldsymbol{y}' = (1-t)\pi(\boldsymbol{p}').$$

将上述两个不等式相加并利用 $\pi(\boldsymbol{p}'')$ 的定义，有

$$\pi(\boldsymbol{p}'') \leqq t\pi(\boldsymbol{p}) + (1-t)\pi(\boldsymbol{p}').$$

(4) $\pi(\boldsymbol{p})$ 的连续性可由最大值定理推出。 □

给定供给函数 $\boldsymbol{y}(\boldsymbol{p})$，很容易得到利润函数。我们只需将供给函数代入利润的定义，即可得 $\pi(\boldsymbol{p}) = \boldsymbol{py}(\boldsymbol{p})$。现在，给定利润函数，我们怎样才能求出供给函数呢？求解这一问题有一种较为简单的方法：只需对利润函数求微分即可。这个结果由哈罗德·霍特林 (Harold Hotelling，1895—1973，其人物小传参见 9.6.1 节)给出。

命题 4.3.5 (霍特林引理)　令 $y_l(\boldsymbol{p})$ 为厂商在产品 l 上的供给函数。设利润函数的导数存在且 $\boldsymbol{p}^* \gg \boldsymbol{0}$，则有

$$y_l(\boldsymbol{p}) = \frac{\partial \pi(\boldsymbol{p})}{\partial p_l}, \forall l = 1, \cdots, L.$$

证明： 假设 $\boldsymbol{y}^*$ 是价格 $\boldsymbol{p}^*$ 处的利润最大化净产出向量。定义函数

$$g(\boldsymbol{p}) = \pi(\boldsymbol{p}) - \boldsymbol{p}\boldsymbol{y}^*.$$

显然，价格 $\boldsymbol{p}$ 处的利润最大化生产计划的利润至少同生产计划 $\boldsymbol{y}^*$ 的一样大。但生产计划 $\boldsymbol{y}^*$ 为价格 $\boldsymbol{p}^*$ 处的利润最大化生产计划，因而函数 g 在 $\boldsymbol{p}^*$ 处达到最小值 0。关于价格的假设意味着它是内点解最小值。

根据内点解最小值的一阶条件，我们有

$$\frac{\partial g(\boldsymbol{p}^*)}{\partial p_l} = \frac{\partial \pi(\boldsymbol{p}^*)}{\partial p_l} - y_l^* = 0, \quad l = 1, \cdots, L.$$

由于上式对所有 $\boldsymbol{p}^*$ 都成立，因此命题成立。 □

备注：我们也可以利用包络定理证明这一利润函数的导数性质：

$$\frac{d\pi(\boldsymbol{p})}{dp_l} = \left.\frac{\partial \boldsymbol{p}\boldsymbol{y}(\boldsymbol{p})}{\partial p_l}\right|_{\boldsymbol{y}=\boldsymbol{y}(\boldsymbol{p})} = \boldsymbol{y}_l(\boldsymbol{p}).$$

上式说明，给定 $\boldsymbol{y}$ 为最优选择，π 关于 p_l 的导数等于 π 关于 p_l 的偏导数, 这正是导数右边的竖线的含义。

4.3.6　供给对应的性质

我们现给出供给函数的一些性质。

命题 4.3.6　供给对应 $\boldsymbol{y}(\boldsymbol{p})$ 有以下性质:

（1）它是零阶齐次的，即对所有的 $t > 0$，都有 $\boldsymbol{y}(t\boldsymbol{p}) = \boldsymbol{y}(\boldsymbol{p})$。

（2）若 $\boldsymbol{y}(\boldsymbol{p})$ 是向量函数且可微，则 $D\boldsymbol{y}(\boldsymbol{p}) = D^2\pi(\boldsymbol{p})$ 是正半定的。

证明：（1）容易看出，若我们将所有价格都乘以正数 t，则利润最大化生产计划仍保持不变。因此对所有的 $t > 0$，我们必然有相同的产出计划。

（2）由命题 4.3.4中的性质（3），我们知道利润函数 $\pi(\boldsymbol{p})$ 是凸的，从而 $D\boldsymbol{y}(\boldsymbol{p})$ 是正半定的。 □

这样，由 $D\boldsymbol{y}(\boldsymbol{p})$ 的半正定性，供给对应 $\boldsymbol{y}(\boldsymbol{p})$ 满足**供给法则**，即供给数量与价格同方向变化。特别是对于投入需求函数，我们有以下命题。

命题 4.3.7 (替代矩阵的负定性)　令 $y = f(\boldsymbol{x})$ 为二阶连续可微、严格凹的单一产出

函数，$\boldsymbol{x}(p,\boldsymbol{w}) \gg \boldsymbol{0}$ 为投入需求函数，则替代矩阵

$$D\boldsymbol{x}(p,\boldsymbol{w}) = \left[\frac{\partial x_l(p,\boldsymbol{w})}{\partial w_k}\right]$$

是对称负定矩阵。

证明： 不失一般性，我们将价格 p 标准化为1，则利润最大化的一阶条件为

$$\boldsymbol{D}f(\boldsymbol{x}(\boldsymbol{w})) - \boldsymbol{w} \equiv \boldsymbol{0}.$$

对上式关于 $\boldsymbol{w}$ 求偏导，则有

$$\boldsymbol{D}^2 f(\boldsymbol{x}(\boldsymbol{w}))\boldsymbol{D}\boldsymbol{x}(\boldsymbol{w}) - \boldsymbol{I} \equiv \boldsymbol{0}.$$

对替代矩阵求解上述方程，有

$$\boldsymbol{D}\boldsymbol{x}(\boldsymbol{w}) \equiv [\boldsymbol{D}^2 f(\boldsymbol{x}(\boldsymbol{w}))]^{-1}.$$

由于利润最大化的二阶条件是：海森矩阵是对称负定矩阵，因此利用线性代数中的标准结果即负定矩阵的逆也是负定矩阵，我们可知 $\boldsymbol{D}^2 f(\boldsymbol{x}(\boldsymbol{w}))$ 也是负定矩阵，从而替代矩阵 $\boldsymbol{D}\boldsymbol{x}(\boldsymbol{w})$ 也是对称负定矩阵，这意味着替代矩阵本身必然是对称负定矩阵。 □

备注：由于 $D\boldsymbol{x}(p,\boldsymbol{w})$ 是对称负定矩阵，因此我们有

（1）由于负定矩阵的对角元素必然小于零，因而有 $\partial x_i/\partial w_i < 0$，$i = 1, 2, \cdots, n$，从而投入需求函数满足需求法则。

（2）根据矩阵的对称性，我们有 $\partial x_i/\partial w_j = \partial x_j/\partial w_i$。

4.3.7 价格离散变动

我们现在证明，即使不假定供给对应是单值且可微的，供给法则也仍然成立

假设我们有价格向量 $\boldsymbol{p}$ 和 $\boldsymbol{p}'$，以及相关的产出向量 $\boldsymbol{y}$ 和 $\boldsymbol{y}'$。如果企业最大化其利润，则产出选择必须满足以下对于利润最大化的必要条件：

$$\boldsymbol{p}\boldsymbol{y} \geqq \boldsymbol{p}\boldsymbol{y}'.$$

这个条件表明，企业选择产出向量 $\boldsymbol{y}$ 来最大化在给定价格向量 $\boldsymbol{p}$ 下的利润，并且利润最大化的产出向量 $\boldsymbol{y}$ 会产生至少与同一价格向量 $\boldsymbol{p}$ 下的任何其他可行选择 $\boldsymbol{y}'$ 一样多的利润。于是我们有：

$$\boldsymbol{p}(\boldsymbol{y} - \boldsymbol{y}') \geqq 0$$

同样，企业在 $\boldsymbol{p}'$ 下选择 $\boldsymbol{y}'$ 时，我们有：

$$-\boldsymbol{p}'(\boldsymbol{y} - \boldsymbol{y}') \geqq 0.$$

将这两个不等式相加得到

$$(\boldsymbol{p} - \boldsymbol{p}')(\boldsymbol{y} - \boldsymbol{y}') \geqq 0.$$

设 $\Delta \boldsymbol{p}=(\boldsymbol{p}-\boldsymbol{p}')$ 和 $\Delta \boldsymbol{y}=(\boldsymbol{y}-\boldsymbol{y}')$，上述表达式成为

$$\Delta \boldsymbol{p}\Delta \boldsymbol{y} \geqq 0,$$

这意味着产出和价格变化的内积必须是非负的。特别地，若每次只有一个价格 p_l 变动，我们有：

$$\Delta p_l \Delta y_l \geqq 0, \quad l=1,2,\cdots,L$$

这意味着**供给法则**成立。

4.4 成本最小化

厂商选择利润最大化意味着没有其他生产计划能以更低的成本生产出同样的产出。因此，成本最小化是利润最大化的必要条件。这一观察结果使我们有必要单独考察厂商的成本最小化问题。从这一问题中，我们可得出一些技术上十分有用的结果。其次，只要厂商在要素市场上是价格接受者，则不管产出市场竞争与否，厂商是否在产品市场中为价格接受者，成本最小化的结果都仍然是成立的。此外，当生产集呈现规模报酬非递增时，在给定产出水平时，成本函数和成本最小化问题的最优解比利润函数具有更好的性质。这些方面的讨论会有利于人们研究垄断、寡头及垄断竞争等其他市场结构下厂商的最优选择问题。

为了简单起见，我们主要对单产出的情形进行分析。在接下来的内容中，假设厂商在要素市场上是完全竞争的，从而要素价格是固定的。令 $\boldsymbol{w}=(w_1,w_2,\cdots,w_{L-1})\geqq 0$ 为厂商购买要素 $\boldsymbol{x}=(x_1,x_2,\cdots,x_{L-1})$ 时的要素市场价格向量。

4.4.1 成本最小化的一阶条件

假设我们希望找到一个投入向量，以使得在生产水平至少等于 y 的约束条件下，生产给定水平的产出的成本最小化。于是优化问题可以表述为：

$$\begin{aligned} &\min_{x} \boldsymbol{w}\boldsymbol{x} \\ \text{s.t.} \quad & f(\boldsymbol{x}) \geqq y. \end{aligned}$$

其拉格朗日函数为：

$$\mathcal{L}(\lambda,\boldsymbol{x})=\boldsymbol{w}\boldsymbol{x}-\lambda(f(\boldsymbol{x})-y),$$

其中生产函数 f 是可微的，λ 为拉格朗日乘子。在内点解$\boldsymbol{x}^*$ 处的一阶条件为

$$w_l-\lambda\frac{\partial f(\boldsymbol{x}^*)}{\partial x_l}=0, \quad l=1,\cdots,L-1, \tag{4.14}$$

$$f(\boldsymbol{x}^*)=y. \tag{4.15}$$

用向量符号表示上式，我们有

$$\boldsymbol{w}=\lambda \boldsymbol{D}f(\boldsymbol{x}^*).$$

将一阶条件中的第 i 个方程除以第 j 个方程，我们得到

$$\frac{w_l}{w_k}=\frac{\frac{\partial f(\boldsymbol{x}^*)}{\partial x_l}}{\frac{\partial f(\boldsymbol{x}^*)}{\partial x_k}},\quad l,k=1,\cdots,L-1,\tag{4.16}$$

使成本最小化的要素组合满足：要素 i 和 j 的边际技术替代率等于要素 i 和 j 的经济替代率。

重新安排式 (4.16)，我们得到：

$$\frac{MP_l}{w_l}=\frac{MP_k}{w_k},\tag{4.17}$$

这意味着在产出水平给定时，总成本最小化，即当边际产品与要素价格的比率对于所有要素都相等时。也就是说，企业应该雇佣投入，以使所有投入的边际产出成本相等。

上述一阶条件也可用图形来表示。在图 4.5 中，弯曲线表示等产量曲线，直线表示等成本曲线。当 y 固定时，厂商的问题是在给定等产量曲线上寻找成本最小化的要素组合。显然这样的组合为等成本曲线同等产量曲线的切点，在该点处，等成本曲线和等产量曲线的斜率相等。

上述条件仅在最优生产要素组合为内点解时才成立。若成本最小点在边界达到，则对应的一阶条件为

$$\lambda\frac{\partial f(\boldsymbol{x}^*)}{\partial x_l}-w_l\leqq 0,\quad \text{等式成立如果 } x_l>0,\quad l=1,2,\cdots,L-1.\tag{4.18}$$

我们知道，连续函数在紧集 (即在欧式空间上的有界闭集) 上能达到最小值和最大值。根据假设，目标函数 $\boldsymbol{wx}$ 是连续函数，集合 $V(y)$ 为闭集。我们只需在 $V(y)$ 的有界子集 (bounded subset) 上考虑问题即可。对任意 $\boldsymbol{x}'$，最小成本要素组合的成本必然小于 $\boldsymbol{wx}'$。这样，可限制在 $\{\boldsymbol{x}\in V(y)\text{: } \boldsymbol{wx}\leqq\boldsymbol{wx}'\}$ 中讨论。只要 $\boldsymbol{w}>0$，则它必然为有界子集。因此成本最小化要素组合总是存在的。

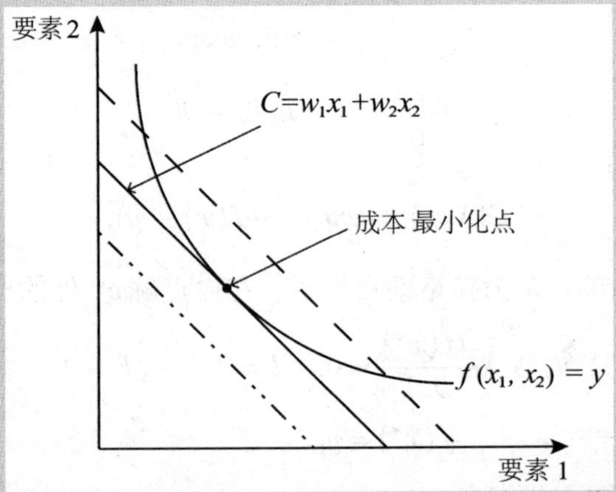

图 4.5 成本最小化。在成本最小化的要素组合点，等产量曲线必然同等成本曲线相切

4.4.2　成本最小化一阶条件的充分性

类似消费者的约束最优化问题，上述一阶条件一般来说只是局部最优的必要条件。但若生产函数是拟凹的 (不需要假定凸，从而允许一定程度的规模报酬递增生产技术)，则这些条件也是全局最优的充分条件。下述命题给出了这一结果。

命题 4.4.1　假设 $f(\boldsymbol{x}):\mathcal{R}_+^{L-1}\to\mathcal{R}$ 是 $\mathcal{R}_+^{L-1}$ 上的拟凹可微函数，$\boldsymbol{w}>0$。若 $(\boldsymbol{x},\lambda)$ 满足式 (4.18) 给出的一阶条件，则 $\boldsymbol{x}$ 是价格 $\boldsymbol{w}$ 处厂商成本最小化问题的最优解。

证明：由于 $f(\boldsymbol{x}):\to\mathcal{R}_+^{L-1}$ 是拟凹可微函数，因而要素投入量集 $V(y)=\{\boldsymbol{x}:f(\boldsymbol{x})\geqq y\}$ 是闭凸集。又由于函数 $\boldsymbol{wx}$ 连续且凸，因此根据库恩–塔克定理，一阶条件也是约束最小化问题的充分条件。 □

类似地，f 的严格拟凹性可以通过其加边 (bordered) 海森矩阵的顺序主子式是否变号进行检验：

$$\begin{vmatrix} 0 & f_1 & f_2 \\ f_1 & f_{11} & f_{12} \\ f_2 & f_{21} & f_{22} \end{vmatrix} > 0,$$

$$\begin{vmatrix} 0 & f_1 & f_2 & f_3 \\ f_1 & f_{11} & f_{12} & f_{13} \\ f_2 & f_{21} & f_{22} & f_{23} \\ f_3 & f_{31} & f_{32} & f_{33} \end{vmatrix} < 0,$$

如此等等，其中 $f_l=\dfrac{\partial f}{\partial x_l}$，$f_{lk}=\dfrac{\partial^2 f}{\partial x_l\partial x_k}$。

对每个给定的 $\boldsymbol{w}$ 和 y，存在某个最小成本选择 $\boldsymbol{x}^*$。我们称给出这种最优选择的函数为**条件要素需求函数** (conditional input demand function)，并记之为 $\boldsymbol{x}(\boldsymbol{w},y)$。该条件要素需求由产出水平和要素价格决定。**成本函数**是既定要素价格 $\boldsymbol{w}$ 和产出水平 y 下的最小成本，即 $c(\boldsymbol{w},y)=\boldsymbol{wx}(\boldsymbol{w},y)$。

例 4.4.1 (柯布-道格拉斯生产技术的成本函数)　考虑成本最小化问题

$$\begin{aligned} c(\boldsymbol{w},y) &= \min\nolimits_{x_1,x_2} w_1x_1+w_2x_2 \\ \text{s.t.} &\quad Ax_1^a x_2^b=y. \end{aligned}$$

注意，$a+b>1$ 对应着规模报酬递增，$a+b<1$ 对应着规模报酬递减，$a+b=1$ 对应着规模报酬不变。

从约束中求出 x_2 并将其代入目标函数，可知上述问题等价于

$$\min_{x_1} w_1x_1+w_2A^{-\frac{1}{b}}y^{\frac{1}{b}}x_1^{-\frac{a}{b}}.$$

其一阶条件为

$$w_1 - \frac{a}{b} w_2 A^{-\frac{1}{b}} y^{\frac{1}{b}} x_1^{-\frac{a+b}{b}} = 0,$$

由此求得条件要素需求函数为:

$$x_1(w_1, w_2, y) = A^{-\frac{1}{a+b}} \left(\frac{aw_2}{bw_1}\right)^{\frac{b}{a+b}} y^{\frac{1}{a+b}},$$

和

$$x_2(w_1, w_2, y) = A^{-\frac{1}{a+b}} \left(\frac{aw_2}{bw_1}\right)^{\frac{a}{a+b}} y^{\frac{1}{a+b}}.$$

从而成本函数为

$$\begin{aligned} c(w_1, w_2, y) &= w_1 x_1(w_1, w_2, y) + w_2 x_2(w_1, w_2, y) \\ &= A^{\frac{-1}{a+b}} \left[\left(\frac{a}{b}\right)^{\frac{b}{a+b}} + \left(\frac{a}{b}\right)^{\frac{-a}{a+b}}\right] w_1^{\frac{a}{a+b}} w_2^{\frac{b}{a+b}} y^{\frac{1}{a+b}}. \end{aligned}$$

当 $A = 1$，$a + b = 1$ (规模报酬不变) 时，我们有

$$c(w_1, w_2, y) = \alpha w_1^a w_2^{1-a} y,$$

其中 $\alpha = a^{-a}(1-a)^{a-1}$。

例 4.4.2 (常替代弹性生产技术的成本函数) 设

$$f(\boldsymbol{x}) = \left(\sum_{l=1}^{L-1} x_l^\rho\right)^{\frac{1}{\rho}}.$$

成本最小化问题为

$$\begin{aligned} &\min \sum_{l=1}^{L-1} w_l x_l \\ &\text{s.t.} \quad \sum_{l=1}^{L-1} x_l^\rho = y^\rho. \end{aligned}$$

其一阶条件为

$$\begin{aligned} w_l - \lambda \rho x_l^{\rho-1} &= 0, \quad l = 1, \cdots, L-1, \\ \sum_{l=1}^{L-1} x_l^\rho &= y^\rho, \end{aligned}$$

从而有

$$x_l^\rho = w_l^{\frac{\rho}{\rho-1}} (\lambda\rho)^{\frac{-\rho}{\rho-1}}. \tag{4.19}$$

将其代入生产函数，得

$$(\lambda\rho)^{\frac{-\rho}{\rho-1}} \left(\sum_{l=1}^{L-1} w_l^{\frac{\rho}{\rho-1}}\right) = y^\rho.$$

由此可求得 $(\lambda\rho)^{\frac{-\rho}{\rho-1}} = y^{\rho}\left(\sum_{l=1}^{L-1} w_l^{\frac{\rho}{\rho-1}}\right)^{-1}$。将其代回方程 (4.19)，可得条件要素需求函数

$$x_1(\boldsymbol{w}, y) = w_l^{\frac{1}{\rho-1}}\left(\sum_{l=1}^{L-1} w_l^{\frac{\rho}{\rho-1}}\right)^{-\frac{1}{\rho}} y.$$

将上述函数代入所定义的成本函数，有

$$\begin{aligned}c(\boldsymbol{w}, y) &= \sum_{l=1}^{L-1} w_l x_l(\boldsymbol{w}, y)\\ &= y\left(\sum_{l=1}^{L-1} w_l^{\frac{\rho}{\rho-1}}\right)\left(\sum_{l=1}^{L-1} w_l^{\frac{\rho}{\rho-1}}\right)^{-\frac{1}{\rho}}\\ &= y\left(\sum_{l=1}^{L-1} w_l^{\frac{\rho}{\rho-1}}\right)^{\frac{\rho-1}{\rho}}.\end{aligned}$$

记 $r = \rho/(\rho-1)$，则上式可简化为

$$c(\boldsymbol{w}, y) = y\left(\sum_{l=1}^{L-1} w_l^{r}\right)^{\frac{1}{r}}.$$

我们看到，若将 r 替换为 ρ，则上述成本函数同原来的 CES 生产函数具有相同的形式。一般来说，若生产函数为

$$f(\boldsymbol{x}) = \left(\sum_{l=1}^{L-1} (a_l x_l)^{\rho}\right)^{\frac{1}{\rho}},$$

则成本函数形式为

$$c(\boldsymbol{w}, y) = \left[\sum_{l=1}^{L-1} (w_l/a_l)^{r}\right] y.$$

例 4.4.3 (里昂惕夫生产技术的成本函数)　设

$$f(\boldsymbol{x}) = \min\{a_1x_1, a_2x_2, \cdots, a_{L-1}x_{L-1}\}.$$

我们知道厂商在正价格处不会过多投入，因而厂商必然在满足 $y = a_1x_1 = a_2x_2 = \cdots = a_{L-1}x_{L-1}$ 处生产。因此，若厂商生产 y 单位产出，则无论投入价格是什么，它都必然使用 y/a_l 单位的要素 l。这意味着其成本函数为

$$c(\boldsymbol{w}, y) = \sum_{l=1}^{L-1} \frac{w_l y}{a_l} = y\left(\sum_{l=1}^{L-1} \frac{w_l}{a_l}\right).$$

例 4.4.4 (线性生产技术的成本函数)　设 $f(x_1, x_2) = ax_1 + bx_2$，即要素 1 和 2 是完全替代的。由于这两种要素完全替代，因而厂商将使用最便宜的要素。因此其成本函数形式为 $c(w_1, w_2, y) = \min\{w_1/a, w_2/b\}y$。

在这一情形下，成本最小化问题的解在角点处达到：其中一种要素的使用量为零。容易看出，该问题的解可以通过比较等成本曲线和等产量曲线的相对陡峭程度得到。若 $\frac{a_1}{a_2} < \frac{w_1}{w_2}$，则厂商只使用要素 2 进行生产，从而其成本函数为 $c(w_1, w_2, y) = w_2 x_2 = w_2 \frac{y}{a_2}$。若 $\frac{a_1}{a_2} > \frac{w_1}{w_2}$，则厂商只使用要素 1 进行生产，从而其成本函数为 $c(w_1, w_2, y) = w_1 x_1 = w_1 \frac{y}{a_1}$。如果 $\frac{a_1}{a_2} = \frac{w_1}{w_2}$，在等生产量线 $ax_1 + bx_2 = y$ 上的所有投入组合都是最优选择。总结这三种情形，成本函数的形式可写为

$$c(w_1, w_2, y) = \min\{w_1/a, w_2/b\}y.$$

4.4.3 利用成本函数求解利润最大化问题

利用成本函数，我们可以将厂商的利润最大化问题重写为：

$$\max_{y \geqq 0} py - c(\boldsymbol{w}, y). \tag{4.20}$$

y^* 满足利润最大化产出水平的一阶必要条件为

$$p - \frac{\partial c(\boldsymbol{w}, y^*)}{\partial y} \leqq 0, \quad 等式成立当\ y^* > 0. \tag{4.21}$$

换句话说，在内点最优解 (即 $y^* > 0$) 处，价格等于边际成本。若 $c(\boldsymbol{w}, y)$ 是 y 的凸函数，则一阶条件 (4.21) 也是 y^* 为最优产出水平的充分条件。

4.4.4 成本函数的性质

成本函数最小化了在固定要素价格下生产特定产出水平的成本。正如我们将要展示的，成本函数的行为完全揭示了厂商生产技术的特征。在接下来的内容中，我们将首先讨论成本函数 $c(\boldsymbol{w}, y)$ 的性质。然后考察若干相关的成本函数，如平均和边际成本函数。

读者可能注意到了生产者理论和消费者理论的某些相似性。当将成本函数同支出函数进行比较时，两者的行为是完全相同的。事实上，考虑其定义：

(1) 支出函数: $e(\boldsymbol{p}, u) \equiv \min_{\boldsymbol{x} \in \mathcal{R}^n_+} \boldsymbol{px}$,s.t. $u(\boldsymbol{x}) \geqq u$。

(2) 成本函数: $c(\boldsymbol{w}, y) \equiv \min_{\boldsymbol{x} \in \mathcal{R}^n_+} \boldsymbol{wx}$,s.t. $f(\boldsymbol{x}) \geqq y$。

从数学上来说，上述两个最优化问题是完全相同的。因此，有关支出函数的每个论断对成本函数来说也成立。下面我们不加证明地给出这些结果。其证明可仿照支出函数的结果进行。

命题 4.4.2 (成本函数的性质) 设生产函数 f 连续且严格递增，则成本函数具有如下性质：

(1) $c(\boldsymbol{w}, y)$ 关于 $\boldsymbol{w}$ 非递减。

(2) $c(\boldsymbol{w}, y)$ 关于 $\boldsymbol{w}$ 一次齐次。

（3）$c(\boldsymbol{w},y)$ 是 $\boldsymbol{w}$ 的凹函数。

（4）$c(\boldsymbol{w},y)$ 在 $\boldsymbol{w}>0$ 上是 $\boldsymbol{w}$ 的连续函数。

（5）对所有的 $\boldsymbol{w}>0$，$c(\boldsymbol{x},y)$ 关于 y 严格递增。

（6）谢泼德引理：设 $\boldsymbol{x}(\boldsymbol{w},y)$ 为价格为 $\boldsymbol{w}$，产出水平为 y 时的成本最小化生产计划，若成本函数的导数存在且 $x_l>0$，则 $x_l(\boldsymbol{w},y)=\dfrac{\partial c(\boldsymbol{w},y)}{\partial w_l}$，$l=1,\cdots,L-1$。

若生产函数是规模报酬不变的，由于产出提高一倍，成本相应提高一倍，则从直觉上来说成本函数应该是产出水平的线性函数。下述命题证明了此点。

命题 4.4.3 (规模报酬不变) 若生产是规模报酬不变的，则成本函数可写为 $c(\boldsymbol{w},y)=yc(\boldsymbol{w},1)$。

证明： 令 $\boldsymbol{x}^*$ 为在价格 $\boldsymbol{w}$ 处生产一单位产出的最小成本投入，则有 $c(\boldsymbol{w},1)=\boldsymbol{w}\boldsymbol{x}^*$。我们希望证明 $c(\boldsymbol{w},y)=\boldsymbol{w}y\boldsymbol{x}^*=yc(\boldsymbol{w},1)$。首先注意到，由于技术是规模不变的，因此 $y\boldsymbol{x}^*$ 是生产 y 的可行方案。假设 $y\boldsymbol{x}^*$ 没有最小化生产成本。令 $\boldsymbol{x}'$ 为在给定价格 $\boldsymbol{w}$ 下生产 y 单位产品的最小成本要素组合，则有 $\boldsymbol{w}\boldsymbol{x}'<\boldsymbol{w}y\boldsymbol{x}^*$，从而有 $\boldsymbol{w}\boldsymbol{x}'/y<\boldsymbol{w}\boldsymbol{x}^*$。由于技术是规模报酬不变的，这样 $\boldsymbol{x}'/y$ 能生产 1 单位的产出，这就与 $\boldsymbol{x}^*$ 的定义矛盾。 □

条件要素需求函数的性质

作为厂商成本最小化问题的解，条件要素需求函数具有某些良好性质。这些性质同希克斯补偿需求函数所具有相同的性质。

由命题 4.3.7，我们知道替代矩阵是负半定的，因此它必然是对称的，且对角元素是非正的。因此我们有：

命题 4.4.4 (对称替代项) 替代矩阵是对称的，即

$$\frac{\partial x_k(\boldsymbol{w},y)}{\partial w_l}=\frac{\partial^2 c(\boldsymbol{w},y)}{\partial w_k\partial w_l}=\frac{\partial^2 c(\boldsymbol{w},y)}{\partial w_l\partial w_k}=\frac{\partial x_l(\boldsymbol{w},y)}{\partial w_k}.$$

命题 4.4.5 (负自身替代 (own-substitution) 项) 补偿自身价格效应 (compensated own-price effect) 是非正的，即投入需求曲线向下倾斜：

$$\frac{\partial x_l(\boldsymbol{w},y)}{\partial w_l}=\frac{\partial^2 c(\boldsymbol{w},y)}{\partial w_l^2}\leqq 0.$$

成本函数的几何图形

我们首先考察短期成本曲线。在此种情景下，我们将成本函数简写为 $c(y)$，它包括固定成本和可变成本。我们因此可将短期平均成本写为

$$SAC=\frac{c(\boldsymbol{w},y,\boldsymbol{x}_f)}{y}=\frac{\boldsymbol{w}_f\boldsymbol{x}_f}{y}+\frac{\boldsymbol{w}_v\boldsymbol{x}_v(\boldsymbol{w},y,\boldsymbol{x}_f)}{y}=SAFC+SAVC.$$

当产出增加时，若在某些初始产出所在的区域内存在规模报酬递增，则平均可变成本可能会先递减。但根据边际收益递减原则，生产所需的可变要素最终将是递增的，从而平均可变成本必将随着产出的增加而递增，如图 4.6 所示。将平均可变成本曲线和平均固定成本曲线相加，则我们可得图 4.6 所示的 U 形平均成本曲线。平均成本函数达到最小值的产出水平有时被称为**最小有效规模** (minimal efficient scale)。

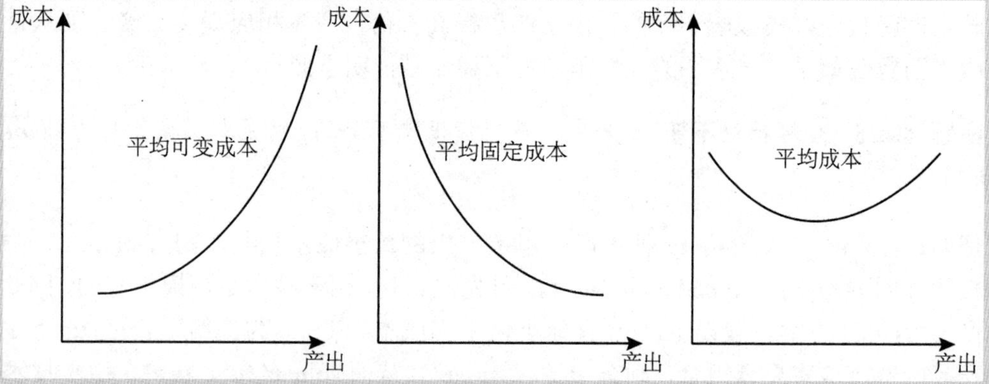

图 4.6　平均可变成本、平均固定成本和平均成本曲线

例 4.4.5 (短期柯布-道格拉斯成本函数)　设柯布–道格拉斯技术的第二种要素固定在某个水平 k，则厂商的成本最小化问题为

$$\min w_1x_1 + w_2k$$
$$\text{s.t. } y = x_1^a k^{1-a}.$$

从上述问题的约束中解出 x_1，它是 y 和 k 的函数：

$$x_1 = (yk^{a-1})^{\frac{1}{a}}.$$

将其代入目标函数，我们即可得短期成本函数

$$c(w_1, w_2, y, k) = w_1(yk^{a-1})^{\frac{1}{a}} + w_2k.$$

很容易基于上述成本函数推出下述其他各类成本函数：

$$\text{短期平均成本函数} = w_1\left(\frac{y}{k}\right)^{\frac{1-a}{a}} + \frac{w_2k}{y},$$

$$\text{短期平均可变成本函数} = w_1\left(\frac{y}{k}\right)^{\frac{1-a}{a}},$$

$$\text{短期平均固定成本函数} = \frac{w_2k}{y},$$

$$\text{短期边际成本函数} = \frac{w_1}{a}\left(\frac{y}{k}\right)^{\frac{1-a}{a}}.$$

在长期中，所有成本都是可变成本，因此根据可变成本在产出水平较低时呈现规模报酬递增而在产出水平较高时呈现规模报酬递减的事实，长期成本曲线也应该是U形的。

我们现在考察边际成本曲线。它同平均成本曲线的关系是什么呢？由于要素价格是固定的，我们略去要素价格，将成本函数简写为 $c(y)$。由于

$$\frac{d}{dy}\left(\frac{c(y)}{y}\right)=\frac{yc'(y)-c(y)}{y^2}=\frac{1}{y}\left[c'(y)-\frac{c(y)}{y}\right],$$

因此有 $\frac{d}{dy}\left(\frac{c(y)}{y}\right)\leqq 0(\geqq 0)$ 当且仅当 $c'(y)-\frac{c(y)}{y}\leqq 0(\geqq 0)$。

这样，当边际成本曲线在平均可变成本曲线之下时，平均可变成本曲线是递减的；而当边际成本曲线在平均可变成本曲线之上时，平均可变成本曲线是递增的。因此，平均成本在 y^* 处达到最小值，在该点处边际成本曲线与平均可变成本曲线相交，即

$$c'(y^*)=\frac{c(y^*)}{y^*}.$$

备注：所有上述分析对长期生产和短期生产都成立。但若生产在长期也是规模报酬不变的从而成本函数是产出水平的线性函数，则平均成本、平均可变成本和边际成本三者就相同，这就意味着上面所给出的许多关系变得简明了。

长期和短期成本曲线

现在我们考察长期成本曲线和短期成本曲线的关系。显然，由于短期成本最小化问题为长期成本在某种约束情形下的最小化问题，因此长期成本曲线不可能在短期成本曲线之上。

我们将长期成本函数写为 $c(y)=c(y,z(y))$。令 $z(y)$ 为单一要素的成本最小需求，y^* 为某个给定的产出水平，$z^*=z(y^*)$ 为短期需求。对所有产出水平，短期成本 $c(y,z^*)$ 必然至少同长期成本 $c(y,z(y))$ 一样大。在产出水平 y^* 处，短期成本等于长期成本，从而有 $c(y^*,z^*)=c(y^*,z(y^*))$。因此，长期和短期成本曲线必然在 y^* 处相切。

上述结果即为包络定理的几何形式。长期成本曲线在 y^* 处的斜率为

$$\frac{dc(y^*,z(y^*))}{dy}=\frac{\partial c(y^*,z^*)}{\partial y}+\frac{\partial c(y^*,z^*)}{\partial z}\frac{\partial z(y^*)}{\partial y}.$$

但由于 z^* 是给定要素价格和产出水平 y^* 下的最优选择，因此我们有

$$\frac{\partial c(y^*,z^*)}{\partial z}=0.$$

因此，长期边际成本在 y^* 处的值等于短期边际成本在 (y^*,z^*) 处的值。

最后，若长期和短期成本在某点相等，则长期和短期平均成本曲线在该点相切。图 4.7 给出了该结果的一种典型情形。

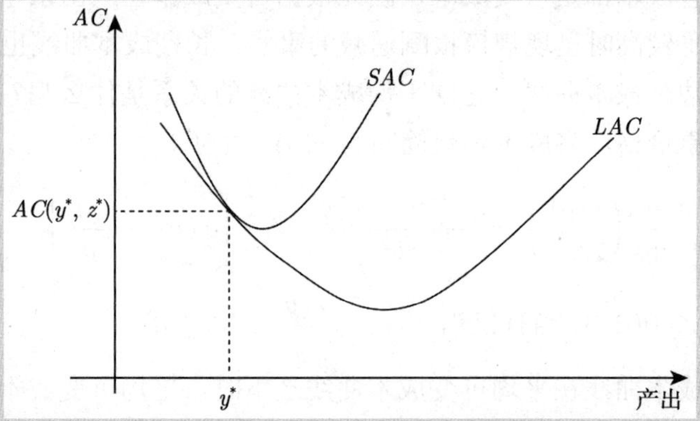

图 4.7 长期和短期平均成本曲线。长期和短期平均成本曲线在某点相切意味着长期和短期边际成本在该点相等

第4章

4.5 生产者剩余

在消费者理论中，我们讨论了消费者剩余的变化，下面讨论与生产者理论相对应的生产者剩余 (producer's surplus) 及其变化。短期和长期有不同的技术和成本特征。在短期生产中，企业的成本函数可写为 $c(y) = c_v(y) + F$，其中 y 是产量，$c_v(y)$ 是可变成本，F 是固定成本，$c'(y)$ 是边际成本。假设产出品的价格为 p，我们在前面的分析得到最优的产出或者供给函数，$p = c'(y)$，记为 $y(p)$。

我们知道消费者剩余的概念是指，在某个市场价格处，消费者在最优消费选择下得到的净效用水平。同样，生产者剩余也有类似的经济学含义。它指的是，在某个市场价格下，生产者在最优生产选择下得到的净收益。这个概念与利润水平是有差异的，利润水平是扣除所有成本的净收益；而生产者剩余则是扣除可变成本的净收益，这是因为在短期内，不管产量为多少，固定成本都已经发生了。

生产者剩余的数学表达式如下：

$$PS(p) = \int_0^{y(p)} (p - c'(y))dy = py(p) - c_v(y(p)) = \pi(p) + F.$$

当产出品价格从 p^0 变化到 p^1 时，生产者剩余的变化为：

$$PS(p^0, p^1) = \int_{y(p^0)}^{y(p^1)} (p - c'(y))dy = \pi(p^1) - \pi(p^0).$$

这样，生产者剩余的变化与利润的变化是一致的，这是因为同时去掉了固定成本。而在长期，由于固定成本为零，此时生产者剩余与利润一致。

4.6 生产中的对偶性

前面讨论了如何从生产技术导出其成本函数。我们现在将证明上述过程反过来也是成立的，即：给定成本函数，我们可以“求出”或“生成”该成本函数的生产技术。这意味着成本函数本质上和生产函数包含了关于生产技术的相同信息，都刻画了投入产出的生产技术，从而它们在包含生产技术信息方面是完全等价的。生产函数与成本函数具有一一对应的关系。这一结果被称为**对偶**原则。

4.6.1 从成本函数导出生产技术

给定成本函数，让要素价格 $\boldsymbol{w}$ 任意变动，由此定义下面的集合：

$$V^*(y)=\{\boldsymbol{x}\in\mathcal{R}_+^{L-1}:\boldsymbol{wx}\geqq\boldsymbol{wx}(\boldsymbol{w},y)\ =c(\boldsymbol{w},y)\text{对任意 }\boldsymbol{w}\geqq\boldsymbol{0}\}.$$

$V^*(y)$ 和实际要素投入量集 $V(y)$ 是什么关系呢？显然，$V^*(y)$ 包含了 $V(y)$。一般来说，$V^*(y)$ 严格包含了 $V(y)$。下面的命题证明：若假设实际要素投入量集是凸和单调的，则 $V^*(y)$ 将等于 $V(y)$，也就是说，$V^*(y)$ 是 $V(y)$ 的凸包（即 $V^*(y)$ 是包含 $V(y)$ 的最小凸集）。

命题 4.6.1 ($\boldsymbol{V(y)}$ 和 $\boldsymbol{V^*(y)}$ 的对偶性) 设 $V(y)$ 是闭、凸和单调生产技术，则 $V^*(y)=V(y)$。

证明： 既然 $V(y)\subseteq V^*(y)$，我们只需证明：若 $\boldsymbol{x}\in V^*(y)$，则 $\boldsymbol{x}\in V(y)$。若不然，由于 $V(y)$ 是满足单调性假设的闭凸集，则根据第 2 章中的分离超平面定理，存在 $\boldsymbol{w}^*$，使得

$$\boldsymbol{w}^*\boldsymbol{x}<\boldsymbol{w}^*\boldsymbol{z}\quad\text{对任意 }\boldsymbol{z}V(y)\text{中的 }z. \tag{4.22}$$

下面我们证明 $\boldsymbol{w}^*\geqq\boldsymbol{0}$，如若不然，不妨假设存在某个 l，使得 $w_l<0$。令 $\hat{\boldsymbol{x}}\in V(y)$，由于技术是单调的，为此 $\hat{\boldsymbol{x}}+m\boldsymbol{e}^l\in V(y)$，其中 $m>0$ 及 $\boldsymbol{e}^l=(0,\cdots,0,1,0,\cdots,0)$。若 $m>0$ 足够大，那么总可以使得 $\boldsymbol{w}^*(\boldsymbol{x}-(\hat{\boldsymbol{x}}+m\boldsymbol{e}^l))>0$，与式 (4.22) 矛盾。这样必定有 $\boldsymbol{w}^*\geqq\boldsymbol{0}$。令 $\boldsymbol{z}^*$ 为 $V(y)$ 中在价格 $\boldsymbol{w}^*$ 处使成本达到最小的点，则有 $\boldsymbol{w}^*\boldsymbol{x}<\boldsymbol{w}^*\boldsymbol{z}^*=c(\boldsymbol{w}^*,y)$。但根据 $V^*(y)$ 的定义，我们有 $\boldsymbol{x}\notin V^*(y)$，与开头假设 $\boldsymbol{x}\in V^*(y)$ 矛盾。 □

上述命题说明，若实际要素投入量集是凸的和单调的，则对应于该技术的成本函数可被用来完整地还原生产技术。

例 4.6.1 设成本函数为 $c(\boldsymbol{w},y)=yw_1^aw_2^{1-a}$。我们该如何求解其对应的生产技术呢？根据成本函数的性质，我们有

$$x_1(\boldsymbol{w},y)=ayw_1^{a-1}w_2^{1-a}=ay\left(\frac{w_2}{w_1}\right)^{1-a},$$

$$x_2(\boldsymbol{w},y)=(1-a)yw_1^aw_2^{-a}=(1-a)y\left(\frac{w_2}{w_1}\right)^{-a}.$$

我们希望根据上述两个方程消去 w_2/w_1 从而得到一个只包含 y、x_1 和 x_2 的方程。将上述每个方程重写为

$$\frac{w_2}{w_1}=\left(\frac{x_1}{ay}\right)^{\frac{1}{1-a}},$$

$$\frac{w_2}{w_1}=\left(\frac{x_2}{(1-a)y}\right)^{-\frac{1}{a}}.$$

令上述两个方程的右边相等并对所得的方程两端取 $-a(1-a)$ 次幂，我们有

$$\frac{x_1^{-a}}{a^{-a}y^{-a}}=\frac{x_2^{1-a}}{(1-a)^{(1-a)}y^{1-a}},$$

或者

$$[a^a(1-a)^{1-a}]y=x_1^a x_2^{1-a}.$$

这正是柯布–道格拉斯生产技术。

我们早已知道，若生产技术是规模报酬不变的，则成本函数具有 $c(\boldsymbol{w})y$ 的形式。这里我们证明这一结果反过来也成立。

命题 4.6.2 (规模报酬不变) 设 $V(y)$ 是凸和单调的。若 $c(\boldsymbol{w},y)$ 可写为 $yc(\boldsymbol{w})$，则 $V(y)$ 必然是规模报酬不变的。

证明： 根据 $V(y)$ 的凸性和单调性以及所假定的成本函数形式，可知

$$V(y)=V^*(y)=\{\boldsymbol{x}\in\mathcal{R}_+^{L-1}:\boldsymbol{w}\cdot\boldsymbol{x}\geqq\ yc(\boldsymbol{w}),\forall\ \boldsymbol{w}\geqq\boldsymbol{0}\}.$$

我们需证明：若 $\boldsymbol{x}\in V^*(y)$，则 $t\boldsymbol{x}\in V^*(ty)$。对任意 $\boldsymbol{x}\in V^*(y)$，均有 $\boldsymbol{wx}\geqq yc(\boldsymbol{w})$，$\forall\boldsymbol{w}\geqq\boldsymbol{0}$。将该方程两端同乘以 t，得 $\boldsymbol{w}t\boldsymbol{x}\geqq tyc(\boldsymbol{w}),\forall\boldsymbol{w}\geqq\boldsymbol{0}$。这意味着 $t\boldsymbol{x}\in V^*(ty)$。 □

4.6.2 成本函数的刻画

我们已经知道，所有成本函数都是价格的非递减、齐次、连续和凹的函数。一个自然而然的问题是：关于价格非递减、一阶齐次、连续和凹的函数是否一定是某个技术的成本函数呢？回答是肯定的。下述命题给出了构造这种技术的方法。

命题 4.6.3 令 $\phi(\boldsymbol{w},y)$ 为可微函数，且满足:

（1）$\phi(t\boldsymbol{w},y)=t\phi(\boldsymbol{w},y),\ \forall t\geqq 0$;

（2）$\phi(\boldsymbol{w},y)\geqq 0,\ \forall\ \boldsymbol{w}\geqq 0,\ \forall\ y\geqq 0$;

（3）$\phi(\boldsymbol{w}',y)\geqq\phi(\boldsymbol{w},y),\ \forall\ \boldsymbol{w}'\geqq\boldsymbol{w}$;

（4）$\phi(\boldsymbol{w},y)$ 是 $\boldsymbol{w}$ 的凹函数。

则 $\phi(\boldsymbol{w},y)$ 是技术 $V^*(y)=\{\boldsymbol{x}\geqq\boldsymbol{0}\colon\boldsymbol{wx}\geqq\phi(\boldsymbol{w},y),\ \forall\ \boldsymbol{w}\geqq\boldsymbol{0}\}$ 的成本函数。

证明： 对任意 $\boldsymbol{w} \geqq 0$，定义

$$\boldsymbol{x}(\boldsymbol{w},y)=\left(\frac{\partial\phi(\boldsymbol{w},y)}{\partial w_1},\cdots,\frac{\partial\phi(\boldsymbol{w},y)}{\partial w_{L-1}}\right).$$

由于 $\phi(\boldsymbol{w},y)$ 关于 w 是一次齐次的，根据欧拉定理，$\phi(\boldsymbol{w},y)$ 可写为

$$\phi(\boldsymbol{w},y)=\sum_{i=1}^{L-1} w_i\frac{\partial\phi(\boldsymbol{w},y)}{\partial w_i}=\boldsymbol{w}\boldsymbol{x}(\boldsymbol{w},y).$$

根据 $\phi(\boldsymbol{w},y)$ 的单调性，我们有 $\boldsymbol{x}(\boldsymbol{w},y)\geqq 0$。

现在只需证明，对任意给定的 $\boldsymbol{w}'\geqq 0$, $\boldsymbol{x}(\boldsymbol{w}',y)$ 均是 $\boldsymbol{w}'\boldsymbol{x}$ 在 $V^*(y)$ 上的极小值:

$$\phi(\boldsymbol{w}',y)=\boldsymbol{w}'\boldsymbol{x}(\boldsymbol{w}',y)\leqq\boldsymbol{w}'\boldsymbol{x},\forall\ \boldsymbol{x}\in V^*(y).$$

首先，$\boldsymbol{x}(\boldsymbol{w}',y)$ 是可行的，即 $\boldsymbol{x}(\boldsymbol{w}',y)\in V^*(y)$。由于 $\phi(\boldsymbol{w},y)$ 是 $\boldsymbol{w}$ 的凹函数，我们有

$$\phi(\boldsymbol{w}',y)\leqq\phi(\boldsymbol{w},y)+\boldsymbol{D}\phi(\boldsymbol{w},y)(\boldsymbol{w}'-\boldsymbol{w}),\boldsymbol{w}\geqq 0.$$

利用上面的欧拉定理，上式可重写为

$$\phi(\boldsymbol{w}',y)\leqq\boldsymbol{w}'\boldsymbol{x}(\boldsymbol{w},y),\ \ \forall\ \boldsymbol{w}\geqq 0.$$

这样，根据 $V^*(y)$ 的定义，我们可知 $\boldsymbol{x}(\boldsymbol{w}',y)\in V^*(y)$。

下面证明 $\boldsymbol{x}(\boldsymbol{w},y)$ 是 $\boldsymbol{w}\boldsymbol{x}$ 在 $V^*(y)$ 上的最小解。若 $\boldsymbol{x}\in V^*(y)$，则根据定义，它必然满足

$$\boldsymbol{w}\boldsymbol{x}\geqq\phi(\boldsymbol{w},y).$$

但根据欧拉定理，我们有

$$\phi(\boldsymbol{w},y)=\boldsymbol{w}\boldsymbol{x}(\boldsymbol{w},y).$$

结合上述两个式子，我们有

$$\boldsymbol{w}\boldsymbol{x}\geqq\boldsymbol{w}\boldsymbol{x}(\boldsymbol{w},y),\forall\boldsymbol{x}\in V^*(y).$$

这正是我们需要证明的结果。 □

4.6.3　成本函数的可积性

上面所证明的命题引出了一个有趣的问题。给定一组函数 $(g_l(\boldsymbol{w},y))$ 的集合，假定这些函数满足前面各节所介绍的要素需求函数的性质，即它们关于价格零次齐次，且

$$\left(\frac{\partial g_l(\boldsymbol{w},y)}{\partial w_k}\right)$$

是对称负半定矩阵。那么，这些函数是否一定是某个生产技术的要素需求函数呢？

为回答上述问题，构造以下函数

$$\phi(\boldsymbol{w},y)=\sum_{l=1}^{L-1} w_l g_l(\boldsymbol{w},y).$$

作为一个练习（习题 4.31）不难验证，上述函数满足命题 4.6.3 所要求的各种性质。因此，由命题 4.6.3，存在某个技术 $V^*(y)$，使得 $(g_i(\boldsymbol{w}, y))$ 为该技术的条件要素需求。这意味着齐次性和负半定性是成本最小化行为对要素需求所施加的所有限制。

4.7 【人物小传】

4.7.1 托马斯·马尔萨斯

托马斯·马尔萨斯 (Thomas Malthus，1766—1834)，英国人口学家和政治经济学家，与大卫·李嘉图 (David Ricardo, 1772—1823) 一道，将斯密的理论整合成古典经济学，是古典政治经济学的代表人物，提出了著名的边际收益递减原则。著有《人口原理》《地租的性质和增长及其调节原则的研究》《政治经济学原理的实际应用》《价值尺度、说明和例证》《政治经济学定义》等专著。

马尔萨斯出身于英格兰一个土地贵族家庭。1784 年入剑桥大学耶稣学院学习，主修数学。他在那里学习了许多课程，并在辩论、拉丁文和希腊文课程中获奖。1791 年他获得硕士学位，并且在两年后当选为耶稣学院院士。1798 年加入英国教会的僧籍，任牧师。1799 年到欧洲一些国家调查人口问题。1804 年结婚，并养育了三个孩子。1805 年他成为英国第一位 (或许是世界上第一位) 政治经济学教授，执教于东印度公司学院。在东印度公司学院，马尔萨斯发展出一套需求供应失衡理论，他称之为过剩。在当时这被看作荒唐的理论，却是后来有关大萧条的一系列经济理论的先驱，其崇拜者、经济学家约翰·梅纳德·凯恩斯将这个思想引入了著作。1819 年马尔萨斯当选为英国皇家学会会员。

1798 年，马尔萨斯出版了一本颇具影响力的小书，书名是《人口原理》(*An Essay on the Principle of Population*)，其基本论题是人口增长有超过食物供应增长趋势的思想。马尔萨斯在他最初发表的这本论著中，用相当严格的形式表述了如下这种思想：人口有几何增长的趋势 (即按指数增长的趋势，如 1，2，4，8，16，⋯)，而食物供应只有算术增长的趋势 (即按直线线性增长的趋势，如 1，2，3，4，5，⋯)。马尔萨斯在他后来的几种版本的书中，用不那么严格的形式重述了他的主题，只指出人口会有无限增长的趋势，直至食物供应的极限为止。马尔萨斯从他这本论著的两种形式中得出结论：大多数人注定要在贫困中和在饥饿的边缘生活。从长远的观点来看，任何技术进步都不能改变这种趋势，因为食品供应增加必然要受到限制，而“人口指数无限地大于地球为人类生产物质的指数”。

然而，可以用某种其他方法来抑制人口的增长吗？当然可以。战争、瘟疫和其他灾难经常会减少人口，这些祸患显然是以痛苦的代价来减少人口过剩所造成的威胁。马尔萨斯认为，避免人口过剩的较好方法是“道德限制”，看来他这句话的意思是把实行晚婚、婚前守洁和自愿限制同房的频率等方法结合起来。但是，马尔萨斯是个现实主义者，他认识到大多数人不会实行这种限制方法。他断定人口过剩实际上的确无法避免，因而贫困几乎是大多数人不可摆脱的厄运。当然，他这种观点的局限性在于没有预料到工业革命的发生及科学技术的进步，如节育手段的科学革命，使得生产率大大提升以及人们不愿意多生，导致了马尔萨斯论断没有出现。

4.7.2　米尔顿·弗里德曼

米尔顿·弗里德曼 (Milton Friedman，1912—2006)，芝加哥经济学派代表人物之一，货币学派的代表人物。芝加哥经济学派崇尚经济自由主义和社会达尔文主义，信奉自由市场经济中竞争机制的作用，相信市场力量的自我调节能力，认为市场竞争是市场力量自由发挥作用的过程，企业自身的效率才是决定市场结构和市场绩效的基本因素。弗里德曼以研究宏观经济学、微观经济学、经济史、统计学及主张自由放任资本主义而闻名。弗里德曼出生在纽约城一个工人阶级的犹太人家庭。1932 年，他从美国罗格斯大学毕业，在完成了自己为多个科研机构所做的经济学研究之后，于 1946 年获得了哥伦比亚大学博士学位。同年晚些时候，他开始在芝加哥大学任教，他在那里的教学生涯一直持续到 1976 年。1977 年，他出任斯坦福大学胡佛研究所“战争、革命与和平”项目的高级研究员。弗里德曼在谈到 1941—1943 年为罗斯福新政工作的那段时间时曾这样说：“当时我是一个彻底的凯恩斯主义者。”随着时间的流逝，弗里德曼对经济政策的看法也逐渐转变，他在芝加哥大学成立货币及银行研究小组，借着经济史论家安娜·施瓦茨的协助，出版了影响深远的《美国货币史》。他在书中挑战凯恩斯学派的观点，抨击他们忽略货币供应、金融政策对经济周期及通胀的重要性。有趣的是，弗里德曼是另一位芝加哥经济学派代表人物、法经济学奠基人亚伦·戴雷科特 (Aaron Director，1901—2004) 的妹夫。

弗里德曼曾提出许多新颖而引起争议的经济理论。他认为，一个经济体中流动货币的总量是该经济体中商业活动和物价水平的关键决定因素，而现代经济学中的货币主义理论便是以这一论点为基础的。1976 年，弗里德曼因为在消费分析、货币供应理论及经济史和稳定政策复杂性等领域做出的突出贡献获得了诺贝尔经济学奖。弗里德曼的许多著述贯穿着一个共同的主题，即美国政府过多地参与了经济活动。他强烈反对政府对国家经济的干预，认为自由竞争的市场可以不借助外力就能轻易地找到绝大多数经济问题的解决方案。与提倡短时间内改变政府开支以控制经济的凯恩斯 (1883—1946) 及其拥护者不同，弗里德曼认为货币发行量的变化才是导致通胀和经济周期的根本原因，他提倡将政府的角色最小化以让自由市场运作，还呼吁政府应该缓慢而持续地增加货币供应量，以推动经济增长。弗里德曼和支持他的理论的经济学家被称为货币主义者。他的理论对自 20 世纪 80 年代开始的美国里根政府、英国撒切尔政府以及许多其他国家的经济政策都产生了相当大的影响。

弗里德曼对于消费层面的分析也相当知名，亦即他在 1957 年提出的持久收入假说。这个理论被一些经济学者视为他在经济学方法论上最重要的贡献。他的重要贡献还包括对菲利普斯曲线的批评，以及他提出的失业率的自然比率的概念 (1968)。这些学说都与货币和金融政策对经济的长期及短期影响有关。在对经济政策的分析中，他率先提出“观察时滞”(observation-lag)、“决策时滞”(decision-lag)、“影响时滞”(effect-lag) 等概念来讨论在经济周期中采取稳定政策的时机。在统计学上，他则创造出了知名的弗里德曼测试。

弗里德曼的论文《实证经济学方法论》(The Methodology of Positive Economics，1953) 则为他稍后几十年的研究方法论架构了模型，也成为芝加哥经济学派的主要框架之一。他主张经济学作为一门学科，应该免于客观的价值衡量。除此之外，一个经济理论有用与否，不应该以它对现实的描述 (例如头发颜色) 作为衡量标准，而应该以它能否有效地作为对未来情况的预测为基准。

弗里德曼也是一位公众人物，是媒体经济学家的鼻祖。他在电台、电视上关于自由市场经济威力的公共讲座让经济学走向大众、众所皆知，随后于 1980 年编辑成书《自由选择》(*Free to Choose*)。

4.8 习题

习题 4.1 令 $f(\cdot)$ 是刻画某种生产技术的生产函数，Y 为此技术的生产集。证明：当且仅当 $f(\cdot)$ 是一次齐次的时，Y 满足规模报酬不变。

习题 4.2 证明：对单一产出的生产技术，

1. Y 是凸的当且仅当 $f(\boldsymbol{z})$ 是凹的。
2. 投入要素集 $V(Y)$ 是凸的当且仅当 $f(\boldsymbol{z})$ 是拟凹的。

习题 4.3 证明：若 Y是闭的、凸的，且 $-\mathcal{R}_+^L \subseteq Y$，那么自由处置性成立。

习题 4.4 设 $y = f(x_1, x_2)$ 是一个规模报酬不变的生产函数。证明：若 x_1 的平均产出随着 x_1 的增加而增加，那么 x_2 的边际产出为负。

习题 4.5 设生产函数 $F(\boldsymbol{x})$ 是位似的，使得对某个严格递增的函数 f 与某个线性齐次函数 g，必有 $F(\boldsymbol{x}) = f(g(\boldsymbol{x}))$。在单位等产量曲线上取任意点 $\boldsymbol{x}^0$，以使得 $F(\boldsymbol{x}^0) = 1$。设 $\boldsymbol{x}^1$ 是通过 $\boldsymbol{x}^0$ 的射线上的任何一点，并设 $F(\boldsymbol{x}^1) = y$，使得 $\boldsymbol{x}^1$ 处在 y 水平的等产量曲线上。证明：$\boldsymbol{x}^1 = t^*\boldsymbol{x}^0$，其中 $t^* = f^{-1}(y)/f^{-1}(1)$。

习题 4.6 证明具有里昂惕夫生产技术的替代弹性 $\sigma = 0$。

习题 4.7 考虑下面的线性活动模型：

$$
\begin{aligned}
a_1 &= (1, -1, 0, 0);\\
a_2 &= (0, -1, 1, 0);\\
a_3 &= (0, 0, -1, 1);\\
a_4 &= (2, 0, 0, -1).
\end{aligned}
$$

1. 对下面的每个投入–产出向量，检验它们是否属于总生产集，说明你的理由。

$$
\begin{aligned}
\boldsymbol{y}_1 &= (6, 0, 0, -2);\\
\boldsymbol{y}_2 &= (5, -3, 0, -1);
\end{aligned}
$$

$$\boldsymbol{y}_3 = (6, -3, 0, 0);$$
$$\boldsymbol{y}_4 = (0, -4, 0, 4);$$
$$\boldsymbol{y}_5 = (0, -3, 4, 0).$$

2. 投入–产出向量 $\boldsymbol{y} = (0, -5, 5, 0)$ 是有效率的。找出一个使 $\boldsymbol{y}$ 是最大化利润的价格 $\boldsymbol{p} \in \mathcal{R}^3_{++}$，来证明这个结论。

3. 投入–产出向量 $\boldsymbol{y} = (1, -1, 0, 0)$ 是可行的，但它不是有效率的。为什么？

习题 4.8　是否存在这样的生产函数，在短期边际报酬递减，在长期规模报酬递增？若是，举一例；若否，给出证明。

习题 4.9　在通常情况下，边际报酬和规模报酬是两个截然不同的概念。但考虑这样一种情形：厂商仅选择一种要素进行生产。判断如下说法是否正确。若是，给出证明；若否，举出反例。

1. 边际报酬不变意味着规模报酬不变。
2. 规模报酬不变意味着边际报酬不变。

习题 4.10　假设每个 $\pi_j(\cdot)$ 都是可微的，且 $\pi^*(\boldsymbol{p}) = \sum_{j=1}^J \pi_j(\boldsymbol{p})$。利用微分技术，给出 $y^*(\boldsymbol{p}) = \sum_{j=1}^J y_j(\boldsymbol{p})$ 的证明。

习题 4.11　证明如下命题：若生产集 Y 是规模报酬非递减的，则或 $\pi(\boldsymbol{p}) \leqq 0$，或 $\pi(\boldsymbol{p}) = +\infty$。

习题 4.12　正文中已给出单要素柯布–道格拉斯技术的利润函数，将其推广为更为一般的多要素柯布–道格拉斯技术，并求其供给函数和要素需求函数。

习题 4.13　x_i 的投入需求的产出弹性可被定义为：

$$\varepsilon_{iy}(w, y) \equiv (\partial x_i(\boldsymbol{w}, y)/\partial y)(y/x_i(\boldsymbol{w}, y)).$$

1. 证明：当生产函数满足位似性时，有 $\varepsilon_{iy}(w, y) = \phi(y)\varepsilon_{iy}(w, 1)$。
2. 证明：对 $i = 1, \cdots, n$，当生产函数具有不变的规模报酬时，$\varepsilon_{iy} = 1$。

习题 4.14　设生产函数是加法可分的，即 $f(x_1, x_2) = g(x_1) + h(x_2)$。找出对函数 g 与 h 的条件限制，使得投入需求 $x_1(p, \boldsymbol{w})$ 与 $x_2(p, \boldsymbol{w})$ 关于 $\boldsymbol{w}$ 是 1/2 次齐次的。

习题 4.15　给定如下生产函数形式，试求其利润函数和要素需求函数。

1. $f(x_1, x_2) = (x_1^\rho + x_2^\rho)^{1/\rho}$，$0 < \rho < 1$。
2. $f(x_1, x_2) = \sqrt{x_1 + x_2}$。
3. $f(x_1, x_2) = \min\{2x_1 + x_2, x_1 + 2x_2\}$。

习题 4.16 证明下列命题:

1. 供给函数是关于价格向量的零次齐次函数。
2. 条件要素需求函数是关于要素价格向量的零次齐次函数。
3. 若生产函数是一次齐次和拟凹的，则它是凹函数。
4. 若生产函数是位似函数，则成本函数和条件要素需求函数关于要素价格和产出是乘法可分的。

习题 4.17 对竞争性厂商，是否存在如下所述的生产函数?

1. 产品价格上升会导致产出水平下降。若是，举一例; 若否，给出证明。
2. 产品价格上升会导致某一要素的需求下降。若是，举出一例; 若否，给出证明。

习题 4.18 令 $Y \subset \mathcal{R}^L$ 是一个有限的生产函数集，即集合中包含了有限数量的生产计划，$Y = \{y^1, y^2, \cdots, y^n\}$。令 $\hat{Y}$ 是 Y 的凸包，即所有生产计划 $\{y^1, y^2, \cdots, y^n\}$ 的凸组合。更进一步，令 π_Y^*，s_Y^*，$\pi_{\hat{Y}}^*$，$s_{\hat{Y}}^*$ 分别是 Y 和 $\hat{Y}$ 利润最大化的函数和供给映射。

1. 证明对于所有的 $\boldsymbol{p} \subseteq \mathcal{R}_+^L$ 都有 $\pi_Y^* = \pi_{\hat{Y}}^*$。
2. 证明对于所有的 $\boldsymbol{p} \subseteq \mathcal{R}_+^L$ 都有 $s_Y^* \subseteq s_{\hat{Y}}^*$，并证明这种包含关系对于某些价格向量在 $n \geqq 2$ 时是严格的。

习题 4.19 考虑一个厂商的利润最大化问题。其生产函数是 $f : \mathcal{R}_+^n \to \mathcal{R}_+$，投入品的价格是 $\boldsymbol{w} \in \mathcal{R}_{++}^n$，产出品的价格是 $\mathcal{R}_{++}$，其利润最大化问题如下:

$$\max_{\boldsymbol{x} \geqq 0} qf(\boldsymbol{x}) - \boldsymbol{w}\boldsymbol{x}.$$

令 $\boldsymbol{x}^*(q, \boldsymbol{w})$ 表示这个最大化问题的解 (对投入品的需求)，并假设 X^* 是 q 和 $\boldsymbol{w}$ 的单值函数。我们称生产函数是**超模函数** (supermodular function)，若对所有的 $\boldsymbol{x}', \boldsymbol{x}'' \in \mathcal{R}_+^n$，均有

$$f(\max\{\boldsymbol{x}', \boldsymbol{x}''\}) + f(\min\{\boldsymbol{x}', \boldsymbol{x}''\}) \geqq f(\boldsymbol{x}') + f(\boldsymbol{x}'').$$

1. 给出超模函数的经济学含义。证明: 若 f 是二阶可微的，则它是超模函数等价于条件: 对所有的 $x^i, x^j \in \mathcal{R}_+$，均有

   $$\frac{\partial^2 f}{\partial x^i \partial x^j} \geqq 0 \quad \forall i \neq j.$$

   这里，$\max\{\boldsymbol{x}', \boldsymbol{x}''\} = (\max\{x_1', x_1''\}, \max\{x_2', x_2''\}, \cdots, \max\{x_n', x_n''\})$，$\min\{\boldsymbol{x}', \boldsymbol{x}''\}$ 类似地被定义。
2. 对具有两种投入品的生产函数，$f(x_1, x_2) = x_1^{\alpha} x_2^{\beta}$，$0 < \alpha$，$\beta < 1$，$\alpha + \beta = 1$，这一函数是超模函数吗? 证明你的结论。
3. 证明若一个包含 n 种投入品的生产函数是超模函数，那么厂商对投入品 $\boldsymbol{x}^*$ 的需求对价格 q 是单调非递减的。你可以根据你的需要做一些假设，不过要对这些假设做出清晰的说明。你可能需要一些简明的数学例证来说明你的结果，并且这些例证满足你的假设。

习题 4.20　考虑有 n 种投入、一个产出的生产函数 $f:\mathcal{R}_+^n \to \mathcal{R}_+$。假设 $f(0)=0$。

1. 给出一个规模报酬递增的生产函数 f。
2. 证明若 f 规模报酬递增，那么对任何严格正的投入价格 $\boldsymbol{w}_i, i=1,\cdots,n$ 和严格正的产出价格 $\boldsymbol{p}$，要么企业利润最大化时产出为零，要么利润最大化产出计划不存在。
3. 考虑如下两投入生产函数的例子：
$$f(x_1,x_2)=(\min\{x_1,x_2\})^{\alpha},\ \alpha>0.$$
决定 α 的取值范围，使该生产函数分别为规模报酬递增、规模报酬递减或规模报酬不变。
4. 上一问中生产函数 f 的成本最小化问题对于任意价格 $w_1>0$、$w_2>0$ 和产出 $y>0$ 都有解吗？请解释。

习题 4.21　某厂商的技术具有所有通常的性质，它用三种要素生产某种产出，具有条件要素需求 $x_i(w_1,w_2,w_3;y)$，$i=1,2,3$。如下的观察有些同成本最小化一致，而有些则不一致。若与成本最小化不一致，解释原因；若一致，给出产生这种行为的成本函数或生产函数的例子。

1. $\partial x_2/\partial w_1>0$，并且 $\partial x_3/\partial w_1>0$。
2. $\partial x_2/\partial w_1>0$，并且 $\partial x_3/\partial w_1<0$。
3. $\partial x_1/\partial y<0$，并且 $\partial x_2/\partial y<0$ 以及 $\partial x_3/\partial y<0$。
4. $\partial x_1/\partial y=0$。
5. $\partial(x_1/x_2)/\partial w_3=0$。

习题 4.22　给定如下生产函数形式，试求其成本函数和条件要素需求函数。

1. $f(x_1,x_2)=\min\{3x_1+x_2,x_1+3x_2\}$。
2. $f(x_1,x_2)=x_1^{0.5}+x_2^{0.5}$。
3. $f(x_1,x_2)=\max\{x_1,2x_2\}$。

习题 4.23　厂商 1 有成本函数 $c^1(\boldsymbol{w},y)$，厂商 2 有如下成本函数。那么，两个厂商的投入需求与产出供给行为是否将会是相同的？

1. $c^2(\boldsymbol{w},y)=\frac{1}{3}c^1(3\boldsymbol{w},y)$。
2. $c^2(\boldsymbol{w},y)=c^1(\boldsymbol{w},3y)$。

习题 4.24　令 $c(\boldsymbol{w},y)$ 是成本最小化厂商的成本，其中 $\boldsymbol{w}\in\mathcal{R}_{++}^n$ 是投入的价格向量而 $y\in\mathcal{R}_+$ 是产出水平。该厂商有严格递增的连续生产函数 $f:\mathcal{R}_+^n\to\mathcal{R}_+$。

1. 证明 c 是投入价格的凹函数。
2. 假设给定要素价格 $\boldsymbol{w}$ 和产出价格 p，企业选择产出水平 y 以使产出的价格 p 等于生产 y 的边际成本。同时，假定成本函数 c 可微。在生产函数满足什么条件下企业是在追求利润最大化？找出尽可能一般的条件，并证明你的结论。
3. 假设生产函数规模报酬不变。证明成本函数 c 关于 y 一次齐次。

习题 4.25 证明：当平均成本递减时，边际成本必定会小于平均成本；当平均成本不变时，边际成本必定等于平均成本；并且当平均成本递增时，边际成本必定大于平均成本。

习题 4.26 设 s_i 是要素 i 的投入份额。证明：对任何成本函数，均有

$$s_i = \partial \ln[c(\boldsymbol{w}, y)]/\partial \ln(w_i).$$

根据柯布–道格拉斯成本函数来检验它。

习题 4.27 超对数成本函数由如下线性对数形式给出：

$$\ln(c) = \alpha_0 + \sum_{i=1}^{n} \alpha_i \ln(w_i) + \frac{1}{2}\sum_{i=1}^{n}\sum_{j=1}^{n} \gamma_{ij} \ln(w_i)\ln(w_j) + \ln(y).$$

对 $i = 1, \cdots, n$，若 $\gamma_{ij} = \gamma_{ji}$ 且 $\sum_i \gamma_{ij} = 0$，则此替代矩阵是对称的。

1. 为确保关于投入价格的一阶齐次性要求，应对参数 α_i 施加什么限制？
2. 当参数取什么值时，对数函数将会简化为柯布–道格拉斯形式？
3. 证明：超对数成本函数中的投入份额关于投入品价格与产出的对数是线性的。

习题 4.28 某物品的生产函数由下式给出：

$$y = x_2 \left[\sin\left(\frac{x_1}{x_2} - \frac{\pi}{2} + 1\right)\right],$$

其中 $0 \leqq x_1 \leqq 2\pi$，$0 < x_2 \leqq 2\pi$，并且当 $x_2 = 0$ 时，$y = 0$。

1. 这种技术的规模报酬性质是什么？
2. 在同样的坐标轴上，画出当 $x_2 = 1$ 时 x_1 的边际与平均产出。
3. 若 $w_1 = 1$，$w_2 = 1$，$x_2 = 1$，推导出短期成本与利润函数。

习题 4.29 考虑具备如下成本函数的厂商：

$$c(w_1, w_2, y) = y^2(w_1 + w_2).$$

1. 在相同的图中画出厂商的边际成本曲线与平均成本曲线及其产品供给函数。
2. 在不同的图中画出与其价格 w_1 相对应的投入 x_1 的需求曲线。
3. 在两个图中说明投入 x_2 的价格提高时的效应。

习题 4.30 假设有 J 个单一产出的工厂。工厂 j 的平均成本为 $AC_j(q_j) = \alpha + \beta_j q_j$，其中 $q_j \geqq 0$。注意，对所有的工厂，系数 α 是相同的，而不同的工厂可能有不同的系数 β_j。考虑生产总产量为 q 时成本最小化的加总的生产计划问题，其中 $q < (\alpha/\max_j |\beta_j|)$。

1. 若对所有的 j，$\beta_j > 0$，那么产量在 J 个工厂之间应如何分配？
2. 若对所有的 j，$\beta_j < 0$，那么产量在 J 个工厂之间应如何分配？
3. 若有的工厂 $\beta_j > 0$ 而有的工厂 $\beta_j < 0$，那么又该如何分配？

习题 4.31 令 $(g_i(\boldsymbol{w}, y)), i = 1, \cdots, n$，是关于价格的零次齐次函数，且

$$\left(\frac{\partial g_i(\boldsymbol{w}, y)}{\partial w_j}\right)$$

是对称负半定矩阵。定义函数

$$\phi(\boldsymbol{w}, y) = \sum_{i=1}^{n} w_i g_i(\boldsymbol{w}, y).$$

证明以下结论：

1. $\phi(\boldsymbol{w}, y)$ 是 $\boldsymbol{w}$ 的一次齐次函数。
2. $\phi(\boldsymbol{w}, y) \geqq 0, \forall \boldsymbol{w} \geqq \mathbf{0}$。
3. $\phi(\boldsymbol{w}, y)$ 关于 w_i 非递减。
4. $\phi(\boldsymbol{w}, y)$ 是 $\boldsymbol{w}$ 的凹函数。

习题 4.32 生产者理论与消费者理论有诸多相似之处。生产者理论下给定生产函数求解利润最大化问题和成本最小化问题，对应着消费者理论下给定效用函数求解效用最大化问题和支出最小化问题。因此，同效用函数相仿，对生产函数的单调变换不影响利润最大化问题和成本最小化问题的求解。上述说法是否正确？给出解释。

习题 4.33 正文中已给出常替代弹性生产技术的成本函数，试根据谢泼德引理，求常替代弹性生产技术的条件要素需求函数。

习题 4.34 正文中已给出成本函数的若干性质，仿照支出函数的相关结论，证明这些性质。

4.9 参考文献

教材和专著：

黄有光，张定胜. 高级微观经济学. 上海：格致出版社，2008.

平新乔. 微观经济学十八讲. 北京：北京大学出版社，2001.

Debreu, G. (1959). *Theory of Value*, Wiley.

Hicks, J. (1946). *Value and Capital*, Clarendon Press.

Jehle, G. A. and P. Reny (1998). *Advanced Microeconomic Theory*, Addison-Wesley.

Luenberger, D. (1995). *Microeconomic Theory*, McGraw-Hill.

Mas-Colell, A., M. D. Whinston, and J. Green (1995). *Microeconomic Theory*, Oxford University Press.

Rubinstein, A. (2005). *Lecture Notes in Microeconomics (modeling the economic agent)*, Princeton University Press.

Samuelson, P. (1947). *Foundations of Economic Analysis*, Harvard University Press.

Shephard, R. (1953). *Cost and Production Functions*, Princeton University Press.

Varian, H. R. (1992). *Microeconomic Analysis(Third Edition)*, W. W. Norton and Company.

论文：

Diewert, E. (1974). "Applications of Duality Theory". In Intriligator, M. and D. Kendrick(Eds.), *Frontiers of Quantitative Economics*(Amsterdam: North-Holland).

Hotelling, H. (1932). "Edgeworth's Taxation Paradox and the Nature of Demand and Supply Function", *Political Economy*, Vol. 40, No. 5, 577-616.

McFadden, D. (1978). "Cost, Revenue, and Profit Functions". In Fuss, M. and D. McFadden(Eds.), *Production Economics: A Dual Approach to Theory and Applications*(Amsterdam: North-Holland).

Tian, G. and F. Zhang (1993). "Market Economics for Masses". In Tian, G. *A Series of Market Economics,* Vol. 1. (Shanghai People's Publishing House and Hong Kong's Intelligent Book Ltd. (in Chinese)).

第5章 不确定性下的选择

5.1 导言

到目前为止，我们讨论的都是确定情形下的个体选择。然而，在现实生活中处处充满着不确定性和涉及风险。许多选择是在不确定情形下做出的，如人们的投资结果往往是不确定的。这样，不确定情形下的选择问题是经济学的一个极其重要的内容。在本章中，我们将考察如何将前面所讨论的个体选择理论推广到不确定情形下的个体选择理论。

本章的思路同确定情形下标准的消费者理论大致一样，考察不确定环境下个体的最优选择问题。我们将说明如何将偏好概念推广到不确定情形并描述个体做出选择的特征，并介绍不确定选择的几个经典理论，包括著名的冯・诺依曼–摩根斯坦 (von Neumann-Mogenstern) 期望效用理论、安斯康姆–奥曼 (Anscombe-Aumann) 状态依赖 (或称为赛马博彩–轮盘) 期望效用理论以及萨维奇 (Savage) 主观期望效用理论。主观期望效用理论为不确定情形下个体选择的建模提供了一种方法，尤其是当决策者缺乏有关不同风险状态的客观概率知识时，可以将主观概率视为一种表示决策者在面对不确定性时的信念的手段。在冯・诺依曼和摩根斯坦期望效用理论的概念框架基础上，我们还将讨论风险规避的概念及在不同个体或财富水平之间的比较，以及分布比较和随机占优概念。最后，我们将探讨基础理论的扩展，以涵盖效用或收入依赖于不确定自然状态的情况，包括较为前沿的前景理论、最小最大期望效用和基于情境的不确定性决策理论。

5.2 不确定性的三个经典理论模型

5.2.1 不确定性选择的基本表述

在第 3 章中，我们讨论了确定情形下个体理性选择的问题。给定选择集 X，在 X 集合上的效用函数 u 定义为：对任意的 $\boldsymbol{x}$，$\boldsymbol{y} \in X$，$u(\boldsymbol{x}) > u(\boldsymbol{y})$ 当且仅当满足 $\boldsymbol{x} \succ \boldsymbol{y}$。下面我们说明在不确定结果的情形下，其偏好或效用函数该是如何定义的。

在文献中存在着三类关于不确定条件下的选择理论，它们的差异主要集中在对“不确定”概念的理解。其中两类具有截然不同的类别：一类是把不确定性刻画为客观的不确定，即存在着对可能结果的客观概率分布，这一理论的代表就是著名的冯・诺依曼–摩根斯坦期望效用理论；而另一类则是个人对可能结果有自己的主观判断，这一理论的代表是萨维奇主观概率理论。在这两大类的中间，其代表是安斯康姆–奥曼状态依赖期望效用理论，因为它要求存在具有客观概率的可能结果和具有从客观概率派生的主观概率的状态或信念。在本节中，在进一步讨论之前，我将对这三种模型的基本设置进行简要介绍。关于这个主题的更详细的讨论，参见 Kreps (1988)。

5.2.2 冯 · 诺依曼–摩根斯坦期望效用模型

对客观不确定性选择理论，这里的“客观”意味着存在一个对可能结果的外在不确定的测度，它不依赖于决策者的自身判断。用概率论的术语来说，这一不确定性测度是指可供选择的结果存在着一个概率分布。

假设 Z 为可供选择结果的集合，其结果的数目可能有限、可数无限或不可数，我们可以通过定义在 Z 上的一个概率分布来刻画其不确定性。此时，对不确定结果的偏好表示为对概率分布的偏好。若 Z 是一个可数集，记为 $Z=\{z_i, i\in N\}$，这里 N 是一个可数集。令 $\boldsymbol{p}=(p_i)_{i\in N}$，其中 $p_i\equiv prob(z=z_i)$ 和 $\boldsymbol{p}'=(p_i')_{i\in N}$，其中 $p_i'\equiv prob(z=z_i)$。在冯 · 诺依曼–摩根斯坦期望效用理论中，存在一个效用函数 $u(\cdot)$ 满足：$\boldsymbol{p}\succ\boldsymbol{p}'$ 当且仅当 $\sum\limits_{i\in N} p_i u(z_i)>\sum\limits_{i\in N} p_i' u(z_i)$。

冯 · 诺依曼–摩根斯坦期望效用理论也能被推广到具有不可数结果的情况中。对连续区间，若 $\boldsymbol{p}(x)$ 是 x 的概率密度函数，则消费者的期望效用为 $\int u(x)\boldsymbol{p}(x)dx$，且 $\boldsymbol{p}\succ\boldsymbol{p}'$ 当且仅当 $\int u(x)\boldsymbol{p}(x)dx>\int u(x)\boldsymbol{p}'(x)dx$。

尽管它在经济学中被广泛应用，但理论与现实之间存在一些冲突，为此，经济学家对其进行了修正和改进，在 5.7 节将讨论它所存在的问题及其理论修正。

5.2.3 安斯康姆–奥曼状态依赖期望效用模型

安斯康姆–奥曼状态依赖期望效用理论通过客观的不确定性为主观的信念建立了一个理论基础。其基本决策方式是用客观的不确定性来度量主观的不确定性。世界上存在一些对不确定性的客观描述，比如规则的硬币、骰子、轮盘等等。比如抛一次硬币，它各有 1/2 的概率会出现正面和背面；掷一次骰子，各有 1/6 的概率出现 1~6 的数字；等等。基于此，我们可以建构个人的主观信念。

比如下面的例子，你有两个选择：选择一，若杰克这匹马赢得冠军，得到 100 元，否则为零；选择二，若连续抛四次硬币都出现正面，那么得到 100 元，否则为零。若你选择一，那么可以推断你对赌马赢的主观概率判断超过 1/16；若你选择二，可以推断你对杰克这匹马赢的主观概率判断低于 1/16。

在安斯康姆–奥曼的理论中存在两个基本要素：结果集 Z 和状态集 S。这里不仅关注结果的客观概率分布，也关注代表主观感知随机性的事件或“自然状态”及其所导致的主观概率分布。

假设 Z 是结果集，P 是定义在 Z 上的概率分布的集合。对选择空间，定义为 $H = P^S$，它是从状态集到 P 上所有概率分布的集合，其代表元素记为 h，它对 S 中的每个 s 分配 P 中的一个彩票，这意味着对于每个状态 $s \in S$，h_s 是 Z 上的一个概率分布，即在状态 s 和结果 z 下的分量为 $(h_s(z))$，表示在状态 s 下结果 z 出现的概率。

在一定条件下，安斯康姆–奥曼证明了：存在着满足 $\sum_{s\in S} \pi(s) = 1$ 的（主观）概率函数 π: $S \to [0,1]$ 以及效用函数 $u: Z \to \mathcal{R}$, 使得：$h \succ h'$ 当且仅当

$$\sum_{s\in S} \pi(s) \left[\sum_{z\in Z} h_s(z)u(z)\right] > \sum_{s\in S} \pi(s) \left[\sum_{z\in Z} h'_s(z)u(z)\right].$$

5.2.4　萨维奇主观概率模型

在“主观”不确定性选择理论中，“主观”就意味着对不确定性的判断是因人而异的，其主观性也进入决策过程。如上面一样，用 Z 表示可能结果的集合，用 S 表示自然状态的集合 (set of states of the nature)。每种状态 $s \in S$ 表示与理性决策者不确定行动和结果相关的可能的特征或因素。同时状态集是所有互斥 (mutually exclusive) 状态的集合。风险状态的概率未知。实际上，我们的目标是推导它们。

用 $\mathcal{F}$ 表示从状态空间 S 到结果 Z 的所有函数的集合。集合 $\mathcal{F}$ 是个体的选择空间，它的一个元素（即定义在结果空间上 Z 的一个函数）被称为行动。由于决策者无法事先观察到状态，因而他也无法从选择的行动中确切地了解到行动的后果。

在萨维奇对不确定选择的表述中，个体对状态有一个主观判断，又称为主观信念 $p(\cdot)$，以及一个定义在结果空间 Z 上的效用函数 $u(\cdot)$。个体对状态的判断和对结果的主观偏好是相互独立的，同时它们都独立于选择的行动。

决策者的偏好是定义在行动集上的。对任意两个行动 f 及 f'，$f \succ f'$ 当且仅当

$$\sum_{s\in S} p(s)u(f(s)) > \sum_{s\in S} p(s)u(f'(s)).$$

这里，我们假设了状态集是可数的。

为理解上面的概念，我们举一个商业决策的例子。有一个企业开发了一种新产品，企业经理考虑是否做广告，假设做广告的投入是固定的，为 10 万元。经理不知道新产品是否好卖，产品可能的类型分为畅销品和滞销品，选择结果由企业的利润表示。若企业不做广告，产品是畅销品，利润为 100 万元；若企业做广告，同时产品是畅销品，利润为 90 万元；若企业不做广告，产品是滞销品，利润为 0 元；若企业做广告，产品是滞销品，利润为 -10 万元。结果集为 $Z = \{100, 90; 0, -10\}$。

做广告可能会改变产品的类型，把一个滞销品变为畅销品，为此，我们考虑下面的状态集。状态集 $S = \{s_1, s_2, s_3\}$，其中 s_1 表示无论是否做广告，产品都是畅销品；s_2 表示无论是否做广告，产品都是滞销品；s_3 表示若做广告，产品是畅销品，若不做广告，产品是滞销品。这样，总共有三个状态和两个可能的行动：做广告和不做广告，三个状态所导

致的结果如下：

做广告 $(f_1 : S \to Z)$：$f_1(s_1) = 90$，$f_1(s_2) = -10$，$f_1(s_3) = 90$；

不做广告 $(f_2 : S \to Z)$：$f_2(s_1) = 100$，$f_2(s_2) = 0$，$f_2(s_3) = 0$。

在这个例子中，企业经理对状态的判断与对结果的主观偏好是相互独立的，并且这两者都独立于选择的行动。

在很多不确定情形下，主观概率更加符合现实，然而引入主观概率也有弊端，Kreps(1988) 在其专著中的第 8 章讨论了主观概率存在的问题，特别是在状态的主观信念与行动之间的独立性假设不满足的情形下。

5.3 冯·诺依曼–摩根斯坦期望效用理论

客观不确定性下的理性选择行为在冯·诺依曼和摩根斯坦 1944 年的名著《博弈论和经济行为》中有非常翔实的讨论，它被称为冯·诺依曼–摩根斯坦期望效用理论。本节讨论该理论的基本内容。

5.3.1 模型及基本公理

这个理论的基本构建是"彩票"的概念，它代表了结果的随机化，并充当了一种形式化工具，用于表示风险选择。在确定性条件下做决策时，偏好是定义在结果集合之上的，比如商品束或者货币数量等等。我们用 Z 表示所有结果的集合。在不确定选择下，**偏好**是定义在 Z 上的概率分布，我们用 P 表示。为讨论方便起见，我们假定 Z 只包括有限个元素。(当 Z 是无穷集时，讨论要复杂许多，需要用到混合空间及混合空间定理，对这种情形下效用表示存在性定理的讨论参见 Kreps (1988)。) 令 P 是定义在 Z 上的所有概率分布的集合。显然，P 是一个凸集。

令 $\boldsymbol{p} = (p_i)_{i\in\mathcal{N}}$，其中 $\mathcal{N} = \{1, 2, \cdots, n\}$ 及 $p_i \equiv \text{prob}(z = z_i)$ 是定义在 Z 上的概率分布，被称为**简单彩票**。一个**复合彩票**是一个两阶段彩票，第一阶段的随机结果本身也是彩票（即，结果可以是彩票本身）。正式地，我们有：

定义 5.3.1 给定简单彩票 $\boldsymbol{p}^k = (p_1^k, p_2^k, \cdots, p_n^k), k = 1, 2, \cdots, K$ 和满足 $\sum_{k=1}^K \alpha^k = 1$ 的概率 $\alpha^k \geqq 0$，**复合彩票** $(\boldsymbol{p}^1, \boldsymbol{p}^2, \cdots, \boldsymbol{p}^K; \alpha^1, \alpha^2, \cdots, \alpha^K)$ 是以概率 α^k（$k = 1, 2, \cdots, K$）产生简单彩票 $\boldsymbol{p}^k$ 的风险性选择。

对于任何复合彩票，我们可以得出一个相应的**简化**彩票 p，它是简单彩票的加权平均，即 $p = \sum_{k=1}^K \alpha^k p^k$。

首先，冯·诺依曼–摩根斯坦期望效用理论依赖如下公理。

公理 VM1(序公理)：$\succcurlyeq$ 是一个偏好序关系。

公理 VM1 说明，$\succcurlyeq$ 满足传递性及完备性。

公理 VM2 (独立性公理)：对所有 $\boldsymbol{p}$, $\boldsymbol{q}$, $\boldsymbol{r} \in P$ 以及 $a \in (0,1]$，若 $\boldsymbol{p} \succ \boldsymbol{q}$，则 $a\boldsymbol{p} + (1-a)\boldsymbol{r} \succ a\boldsymbol{q} + (1-a)\boldsymbol{r}$。

公理 VM2 又称替代性公理。表明若个体更喜欢一个概率分布而不是另一个，那么只要结果的概率和比例保持不变，个体应该更喜欢包含首选分布的复合彩票，而不是包含次选分布的复合彩票。然而，尽管这一假设看上去与人们的感受很相近，但是现实中各种博彩可能并不彼此独立。

在一些教材中，比如 Varian (1992)，独立性公理被直接表述为：对所有 $\boldsymbol{p}, \boldsymbol{q}, \boldsymbol{r} \in P$ 以及 $a \in (0,1]$，若 $\boldsymbol{p} \sim \boldsymbol{q}$，则 $a\boldsymbol{p}+(1-a)\boldsymbol{r} \sim a\boldsymbol{q}+(1-a)\boldsymbol{r}$。我们这里的表述转引自 Kreps (1988)。

公理 VM3(连续性公理)：集合 $\{a \in [0,1] : a\boldsymbol{p} + (1-a)\boldsymbol{r} \succcurlyeq \boldsymbol{q}\}$ 和 $\{b \in [0,1] : \boldsymbol{q} \succcurlyeq b\boldsymbol{p} + (1-b)\boldsymbol{r}\}$ 为闭集。

或等价地，对任意 $\boldsymbol{p}, \boldsymbol{q}, \boldsymbol{r} \in P$，若 $\boldsymbol{p} \succ \boldsymbol{q} \succ \boldsymbol{r}$，则存在 $a, b \in (0,1)$，使得 $a\boldsymbol{p}+(1-a)\boldsymbol{r} \succ \boldsymbol{q} \succ b\boldsymbol{p} + (1-b)\boldsymbol{r}$。这一表示的公理可以这么理解：若博彩 $\boldsymbol{q}$ 严格偏好于博彩 $\boldsymbol{r}$，则对任意的博彩 $\boldsymbol{p}$，总存在一个由很小比例 b 的博彩 $\boldsymbol{p}$ 和很大比例 $(1-b)$ 的博彩 $\boldsymbol{r}$ 所组成的复合博彩，相对于博彩 $\boldsymbol{q}$，更不受偏爱。同时，若博彩 $\boldsymbol{p}$ 严格偏好于博彩 $\boldsymbol{q}$，则对任意的博彩 $\boldsymbol{r}$，总存在一个由很大比例 a 的博彩 $\boldsymbol{p}$ 和很小比例 $(1-a)$ 的博彩 $\boldsymbol{r}$ 所组成的复合博彩，相对于博彩 $\boldsymbol{q}$，更受偏爱。

第5章

连续性公理也被称为**阿基米德公理**，它确保概率的微小变化不会改变两个抽签之间的顺序。这样的表述与阿基米德原理很相似：不管 $x > 0$ 多么小，$y > 0$ 多么大，总存在着自然数 n，使得 $nx > y$。

这些公理构成了冯・诺依曼–摩根斯坦期望效用理论的基础。

5.3.2 期望效用表示定理

第 3 章讨论了确定情形下效用函数的存在性。若偏好满足传递性、完备性以及连续性假设，那么存在效用函数来刻画其偏好。下面我们证明，再加上独立性，也就是对满足上面三条公理的偏好，同样存在着效用函数，它刻画了不确定情形下选择的偏好。

下面的定理刻画了不确定情形下个体偏好所对应效用函数的特性。

定理 5.3.1 (期望效用表示定理)　*假定在概率空间 P 上的偏好 $\succcurlyeq$ 满足公理 VM1～VM3。则存在定义于 Z 上的效用函数 $u : Z \to \mathcal{R}$ 使得对任意的 $\boldsymbol{p}$，$\boldsymbol{q} \in P$，$\boldsymbol{p} \succ \boldsymbol{q}$ 当且仅当 $\sum_{z\in Z} u(z)\boldsymbol{p}(z) > \sum_{z\in Z} u(z)\boldsymbol{q}(z)$。更进一步，函数 v 同样地表示了偏好 $\succ$ 当且仅当存在一个仿射变换 (affine transformation) v，即，存在常数 $a > 0$ 和 $b \in \mathcal{R}$ 使得 $v(\cdot) = au(\cdot) + b$ 成立。*

注意不确定情形下效用函数与确定情形下效用函数之间的差别。对确定的情形，若一个函数表示了偏好，那么这个函数任意正的单调变换都表示了相同的偏好。然而，在不确定情形下，表示相同偏好的效用函数之间只存在仿射变换。

证明： 为了简单起见，我们先假设在结果集中存在着最好和最差的结果 b 和 w，使得对结果集上的任何元素 $z \neq b, \neq w$，都有 $\delta_b \succ \delta_z \succ \delta_w$，且 $\delta_b \succ \boldsymbol{p} \succ \delta_w$ 对 $\forall \boldsymbol{p} \neq \delta_b, \delta_w$ 成立，其中 δ_x 定义为以 1 的概率得到 x，以 0 的概率得到其他结果的这一概率分布。若 $\delta_b \sim \delta_w$，则所有的彩票都是无差异的，从而命题的结论显然成立。 □

我们通过下面几个引理来证明这个定理。

引理 5.3.1 对任意两个实数 α，$\beta\in[0,1]$，$\alpha\delta_b+(1-\alpha)\delta_w\succ\beta\delta_b+(1-\beta)\delta_w$，当且仅当 $\alpha>\beta$ 成立。

证明： 引理 1 的证明直接来自公理 VM2(独立性公理)。由于 $\beta\delta_b+(1-\beta)\delta_w=\alpha\left(\dfrac{\beta}{\alpha}\delta_b+\left(1-\dfrac{\beta}{\alpha}\right)\delta_w\right)+(1-\alpha)\delta_w$。此时利用公理 VM2，这里我们只需要用 δ_b 来替代 $\boldsymbol{p}$，用 $\dfrac{\beta}{\alpha}\delta_b+\left(1-\dfrac{\beta}{\alpha}\right)\delta_w$ 来替代 $\boldsymbol{q}$，用 δ_w 来替代公理 VM2 中的 $\boldsymbol{r}$，就可以得到上面的结论。 □

引理 5.3.2 对任意 $\boldsymbol{p}\in P$，存在着唯一的 $\alpha\in[0,1]$ 使得 $\alpha\delta_b+(1-\alpha)\delta_w\sim\boldsymbol{p}$。

第5章

证明： 引理 5.3.2 的证明基于引理 5.3.1 和序公理 (公理 VM1) 以及连续性公理 (公理 VM3)。我们用 δ_b 来替代公理 VM3 中的 $\boldsymbol{p}$，用 δ_w 来替代公理 VM3 中的 $\boldsymbol{r}$，用 $\boldsymbol{p}$ 来替代公理 VM3 中的 $\boldsymbol{q}$。由引理 5.3.1，若 $\alpha\delta_b+(1-\alpha)\delta_w\succ\boldsymbol{p}$，则对任意的 $\alpha'\geqq\alpha$，都有 $\alpha'\delta_b+(1-\alpha')\delta_w\succ\boldsymbol{p}$。同样，若 $\boldsymbol{p}\succ\beta\delta_b+(1-\beta)\delta_w$，则对任意的 $\beta\geqq\beta'$，都有 $\boldsymbol{p}\succ\beta'\delta_b+(1-\beta')\delta_w$。此外，对任意的 $\gamma\in[0,1]$，由公理 VM1，或有 $\gamma\delta_b+(1-\gamma)\delta_w\succ\boldsymbol{p}$，或有 $\boldsymbol{p}\succcurlyeq\gamma\delta_b+(1-\gamma)\delta_w$。根据实数的特性，存在唯一的 $\alpha\in[0,1]$ 使得 $\alpha\delta_b+(1-\alpha)\delta_w\sim\boldsymbol{p}$，并且若 $\gamma>\alpha$，则有 $\gamma\delta_b+(1-\gamma)\delta_w\succ\boldsymbol{p}$；若 $\gamma<\alpha$，则有 $\boldsymbol{p}\succ\gamma\delta_b+(1-\gamma)\delta_w$。 □

引理 5.3.3 若 $\boldsymbol{p}\sim\boldsymbol{q}$，则 $\alpha\boldsymbol{p}+(1-\alpha)\boldsymbol{r}\sim\alpha\boldsymbol{q}+(1-\alpha)\boldsymbol{r}$ 对任意的 $\boldsymbol{r}\in P$ 和 $\alpha\in[0,1]$ 都成立。

证明： 显然，对 $\forall r$，如果 $\boldsymbol{p}\sim\boldsymbol{q}\sim\boldsymbol{r}$，有 $\alpha\boldsymbol{p}+(1-\alpha)\boldsymbol{r}\sim\alpha\boldsymbol{q}+(1-\alpha)\boldsymbol{r}$。假设存在某个 $\boldsymbol{s}\in P$，使得 $\boldsymbol{s}\succ\boldsymbol{p}\sim\boldsymbol{q}$，同时有 $\alpha\boldsymbol{p}+(1-\alpha)\boldsymbol{s}\succ\alpha\boldsymbol{q}+(1-\alpha)\boldsymbol{s}$，我们将推出矛盾。根据公理 VM2，对任意 $b\in(0,1)$，都有 $b\boldsymbol{s}+(1-b)\boldsymbol{q}\succ b\boldsymbol{q}+(1-b)\boldsymbol{q}=\boldsymbol{q}\sim\boldsymbol{p}$，从而有 $\alpha(b\boldsymbol{s}+(1-b)\boldsymbol{q})+(1-\alpha)\boldsymbol{r}\succ\alpha\boldsymbol{p}+(1-\alpha)\boldsymbol{r}$。由公理 VM3，存在 $a^*(b)\in(0,1)$，使得 $\alpha\boldsymbol{p}+(1-\alpha)\boldsymbol{r}\succ a^*(b)[\alpha(b\boldsymbol{s}+(1-b)\boldsymbol{q})+(1-\alpha)\boldsymbol{r}]+(1-a^*(b))(\alpha\boldsymbol{q}+(1-\alpha)\boldsymbol{r})$。

令 $b=1/2$，$a^*\equiv a^*(1/2)$，则上式可写为：$\alpha\boldsymbol{p}+(1-\alpha)\boldsymbol{r}\succ\alpha\left[\dfrac{a^*}{2}\boldsymbol{s}+\left(1-\dfrac{a^*}{2}\right)\boldsymbol{q}\right]+(1-\alpha)\boldsymbol{r}$，而 $\alpha\left[\dfrac{a^*}{2}\boldsymbol{s}+\left(1-\dfrac{a^*}{2}\right)v\right]+(1-\alpha)\boldsymbol{r}\succ\alpha\boldsymbol{p}+(1-\alpha)\boldsymbol{r}$，矛盾。其他情形的证明与此相似，这样我们就证明了引理 5.3.3。 □

在下面的讨论中，对任意的结果 $z\in Z$，定义 $u(z)$ 满足 $\delta_z\sim u(z)\delta_b+(1-u(z))\delta_w$。这里的 $u(z)$ 可以理解为结果 z 的效用。由上面的引理 5.3.1和 5.3.2，$u(z)$ 存在且是唯一的。

引理 5.3.4 对任意 $\boldsymbol{p}\in P$，均有 $\boldsymbol{p}\sim\sum_{z\in Z}\boldsymbol{p}(z)u(z)\delta_b+(1-\sum_{z\in Z}\boldsymbol{p}(z)u(z))\delta_w$。

证明： 首先，对任意 $\boldsymbol{p}\in P$，定义 $f(\boldsymbol{p})=a$ 使得 $a\delta_b+(1-a)\delta_w\sim\boldsymbol{p}$。由引理 5.3.2，$a\in[0,1]$，且是唯一的。我们要证明函数 f 表示了不确定情形下的偏好 $\succcurlyeq$，即 $\boldsymbol{p}\succ\boldsymbol{q}$ 当且仅当 $f(\boldsymbol{p})\delta_b+(1-f(\boldsymbol{p}))\delta_w>f(\boldsymbol{q})\delta_b+(1-f(\boldsymbol{q}))\delta_w$。

应用前面的引理 5.3.3，我们得到：

$$
\begin{aligned}
a\boldsymbol{p}+(1-a)\boldsymbol{q} &\sim a[f(\boldsymbol{p})\delta_b+(1-f(\boldsymbol{p}))\delta_w]+(1-a)[f(\boldsymbol{q})\delta_b+(1-f(\boldsymbol{q}))\delta_w] \\
&=[af(\boldsymbol{p})+(1-a)f(\boldsymbol{q})]\delta_b+\{1-[af(\boldsymbol{p})+(1-a)f(\boldsymbol{q})]\}\delta_w.
\end{aligned}
$$

根据 f 的定义，有

$$f(a\boldsymbol{p}+(1-a)\boldsymbol{q})=af(\boldsymbol{p})+(1-a)f(\boldsymbol{q}).$$

对 $z\in Z$，定义 $u(z)=f(\delta_z)$。为得到定理的表述，我们需证明：对任意的 $\boldsymbol{p}\in P$，均有

$$f(\boldsymbol{p})=\sum_z u(z)\boldsymbol{p}(z).$$

用数学归纳法，假设对有 n 个 (正概率发生) 结果的选择集成立，下面要证明对有 $n+1$ 个 (正概率发生) 结果的选择集也同样成立。$\boldsymbol{p}$ 是定义在有 $n+1$ 个 (正概率发生) 结果的选择集上的概率分布，令 z' 是其中某个结果。定义 $\boldsymbol{q}$ 为：

$$
\boldsymbol{q}(z)=\begin{cases}0, & \text{若 } z=z'; \\ \boldsymbol{p}(z)/(1-\boldsymbol{p}(z')), & \text{若 } z\neq z'.\end{cases}
$$

显然，$\boldsymbol{q}$ 是定义在有 n 个 (正概率发生) 结果的选择集上的概率分布，于是有 $\boldsymbol{p}=\boldsymbol{p}(z')\delta_{z'}+(1-\boldsymbol{p}(z'))\boldsymbol{q}$。利用前面的 $f(a\boldsymbol{p}+(1-a)\boldsymbol{q})=af(\boldsymbol{p})+(1-a)f(\boldsymbol{q})$，有

$$
\begin{aligned}
f(\boldsymbol{p}) &= \boldsymbol{p}(z')f(\delta_{z'})+(1-\boldsymbol{p}(z'))f(\boldsymbol{q}) \\
&= \boldsymbol{p}(z')u(z')+(1-\boldsymbol{p}(z'))\sum_{z\neq z'}\boldsymbol{q}(z)u(z) \\
&= \sum_z \boldsymbol{p}(z)u(z).
\end{aligned}
$$

由于选择集 Z 是有限的，我们证明了，对所有的 $\boldsymbol{p}\in P$，都有 $f(\boldsymbol{p})=\sum_z u(z)\boldsymbol{p}(z)$。

□

下面我们放松在结果集上存在最好结果和最差结果的假设。此时，令存在两个结果 b，w，满足 $\delta_b\succ\delta_w$，设 $u(b)=1$，$u(w)=0$。若 $\delta_b\succ\delta_z\succ\delta_w$，定义 $u(z)$ 使得 $\delta_z\sim u(z)\delta_b+(1-u(z))\delta_w$；若 $\delta_z\succ\delta_b$，定义 $u(z)=\frac{1}{\alpha}$ 使得 $\delta_b\sim\alpha\delta_z+(1-\alpha)\delta_w$；若 $\delta_w\succ\delta_z$，定义 $u(z)=-\dfrac{\beta}{1-\beta}$ 使得 $\delta_w\sim\beta\delta_b+(1-\beta)\delta_z$。容易验证，$u(\cdot)$ 同样表示了不确定情形下的偏好 $\succ$。其他证明与前面相同。

以上引理 5.3.1~5.3.3 证明了存在性。下面证明在仿射变换意义下期望效用函数的唯一性，即：若 $u(\cdot)$ 表示了 $\succ$，$v(\cdot)$ 也同样表示了 $\succ$，则一定存在 $a>0$ 及 $b\in\mathcal{R}$ 使得 $v(\cdot)=au(\cdot)+b$ 成立。

用反证法，假定效用函数 $u(\cdot)$ 和 $v(\cdot)$ 同时表示了 $\succ$。但对任意的 $a>0,b\in\mathcal{R}$，至少存在一个 $\tilde{z}$，使得 $v(\tilde{z})\neq au(\tilde{z})+b$。我们知道至少存在两个结果 b,w 且 $b\succ w$($\tilde{z}$ 可能是其中之一)，使得 $\tilde{z}\sim\alpha\delta_b+(1-\alpha)\delta_w$，且 $\alpha\in[0,1]$ 是唯一存在的。

根据前面的引理，我们得到 $u(\tilde{z}) = \alpha u(b) + (1-\alpha)u(w)$ 和 $v(\tilde{z}) = \alpha v(b) + (1-\alpha)v(w)$。于是有 $v(\tilde{z}) = \frac{u(b)-u(w)}{v(b)-v(w)}u(\tilde{z}) + \left(1 - \frac{u(b)-u(w)}{v(b)-v(w)}\right)u(w)$，显然 $\frac{u(b)-u(w)}{v(b)-v(w)} > 0$，矛盾。□

在对唯一性的证明中，其实我们得到了如下结果。若 $u(\cdot)$，$v(\cdot)$ 同时刻画 $\succ$，由于至少存在两个结果 b, w 且 $b \succ w$，因此它们之间的关系满足 $v(\tilde{z}) = \frac{u(b)-u(w)}{v(b)-v(w)}u(\tilde{z}) + \left(1 - \frac{u(b)-u(w)}{v(b)-v(w)}\right)u(w)$。

尽管证明冯·诺依曼–摩根斯坦期望效用定理的存在性和唯一性显得较为复杂，但在应用中，它有两个优点：其一，其数学表示非常简单；其二，冯·诺依曼–摩根斯坦期望效用定理可以帮助人们决定不确定情形下的决策。人们经常觉得对风险情形难以系统分析，然而只要相信基于冯·诺依曼–摩根斯坦期望效用定理的那些公理是合理的，这个定理就可以帮助人们在具有风险的情形下进行决策。

5.3.3 期望效用的其他记号

我们对有限结果的情形证明了期望效用定理。正如前面的分析中所提及的，期望效用定理对不可数无穷集的连续概率分布也成立，其证明同前面的证明类似，只需增加若干技术细节即可。若 $p(x)$ 是 x 的概率密度函数，则消费者的期望效用为：

$$\int u(x)p(x)dx. \tag{5.1}$$

我们可以用期望算子将上述结果统一表示出来。令 X 为实现值为 x 的随机变量，则 X 的效用函数 $u(X)$ 也是随机变量。该随机变量的期望 $Eu(X)$ 是对应于博彩 X 的期望效用，定义如下：

$$Eu(X) = \begin{cases} \sum_{z\in Z} u(z)p(z) & \text{如果 } X \text{ 是离散的} \\ \int u(x)p(x)dx & \text{如果 } X \text{ 是连续的.} \end{cases} \tag{5.2}$$

我们还可以使用累积分布函数 $F : \mathcal{R} \to [0,1]$ 来描述一个博彩。也就是说，对于任何 x，$F(x)$ 是实现值小于或等于 x 的概率。若它有密度函数 f，则 $F(x) = \int_{-\infty}^{x} f(x)dx$。众所周知，这个表达式是完全通用的，也包括离散结果集的可能性，并保留博彩的线性结构。例如，由复合博彩 $(\boldsymbol{p}^1, \boldsymbol{p}^2, \cdots, \boldsymbol{p}^K; \alpha^1, \alpha^2, \cdots, \alpha^K)$ 生成的最终分布 $F(\cdot)$ 只是每个博彩引起的分布的加权平均值，即：$F(x) = \sum_k \alpha^k F_k(x)$，其中 $F_k(\cdot)$ 是抽签下的支付的分布。

然后，我们可以将所有这些情形下的期望效用表示为：

$$U(F) = \int u(x)dF(x)dx \tag{5.3}$$

我们将可交换地使用这些符号。

为了区分定义在博彩空间上的效用函数 $U(\cdot)$ 和定义在结果空间上的 $u(\cdot)$，通常分别将它们称为**非冯・诺依曼–摩根斯坦期望效用函数**和**伯努利效用函数**。尽管如此，现在也越来越常见地将 $u(\cdot)$ 也称为非冯・诺依曼–摩根斯坦期望效用函数。

5.4 风险规避

在本节中，我们将讨论如何测量个体表现出的**风险厌恶**。在日常生活中，我们经常可以看到个体更喜欢具有确定回报的结果而不是具有更高但不确定回报的结果，例如购买汽车保险以防止意外事故，或者愿意多花一些钱购买有机农产品，以减小健康风险。此外，个体（尤其是投资者）的风险厌恶程度可以对结果（如金融资产）的估值产生重大影响。例如，相对于政府债券，企业股票被认为风险更高。因此，如果风险厌恶程度显著增加，企业股票的价格可能会下降，而政府债券的收益可能会降低。这样，风险厌恶的概念不仅在个人决策和各种规划中起着至关重要的作用，还在广泛的领域，如保险、投资组合管理，甚至在货币政策制定中设计最佳策略时也发挥着关键作用。

我们的讨论将基于客观不确定情形的风险规避 (或称风险厌恶，risk aversion) 的度量及其比较问题。这是由于，在主观不确定情形下，若每个人对概率本身判断不同，就无法从他们各自的行为中区分风险厌恶是来自客观差异还是来自对概率判断的主观差异。此外，由于冯・诺依曼 -摩根斯坦期望效用理论的常见应用通常涉及货币收益，我们主要考察的是不确定性结果为货币收益的情形。

我们前面已证明：若个体的选择行为满足公理 VM1~VM3，则个体关于不确定性结果的偏好可用期望效用函数表示。例如，为了计算个体的不确定性结果 $px+(1-p)y$ 上的期望效用，我们只需计算 $pu(x)+(1-p)u(y)$ 即可。

在不确定性选择理论的发展中，概率论的发展占据重要的地位。之前的数学家，比如 17 世纪的数学家布莱兹・帕斯卡 (Blaise Pascal) 和皮埃尔・德・费马 (Pierre de Fermat) 认为一个赌博的吸引力取决于奖金的期望值，18 世纪的数学家尼古拉・伯努利 (Nicholaus Bernoulli) 提出了一个圣彼得堡 (St. Petersburg) 悖论，以此揭示有其他因素影响到赌博的吸引力。

圣彼得堡悖论

假设有这样一个游戏：反复投掷一枚硬币，直到出现正面为止。若第一次就出现正面，支付为 1 元；若第 k 次才出现正面，支付为 2^{k-1}。问：你愿意花多少钱来参加这个游戏？

按照该游戏的期望支付 (又称期望收益)，它的数字是无穷大:

$$
\begin{aligned}
EV &= \frac{1}{2}\times 1+\frac{1}{4}\times 2+\frac{1}{8}\times 4+\cdots \\
&= \frac{1}{2}[1+1+1+\cdots]=\infty.
\end{aligned}
$$

这样，若人们仅基于期望值来评估游戏的吸引力，那么他们愿意支付任何价格来参与游戏。

然而，在现实中，很少人会愿意拿很大数目的资金来参加这个游戏。

对这个悖论的经典解决方案，首先由尼古拉·伯努利的侄子丹尼尔·伯努利 (Daniel Bernoulli) 和加百列·克莱姆 (Gabriel Cramer) 给出。他们对这个悖论的经典解决方案包括明确引入效用函数、期望效用假设以及对货币边际效用递减的假设。丹尼尔·伯努利明确表示：物品的价值确定不应该基于价格，而应基于它带来的效用。他建议的效用函数是自然对数函数 $u(z)=\ln(z)$，其中 z 代表他们的财富。在丹尼尔·伯努利的发现发表之前，加百列·克莱姆在给尼古拉·伯努利的信中部分地论及了这个想法：数学家根据货币数量来估算价值，而明智的人根据他们可以利用它的方式来估算价值。他在信中演示了一个描述增益边际收益递减的平方根函数可以解决这个问题。采纳丹尼尔·伯努利的自然对数建议，假如一个人目前拥有财富 50 000 元，那么上面的游戏给予他收益的期望效用值为：

$$0.5\ln(50\,000+1)+0.5^2\ln(50\,000+2)+0.5^3\ln(50\,000+4)+\cdots+(0.5)^k\ln(50\,000+2^{k-1})+\cdots.$$

尽管该游戏的收益期望值为无穷大，但是对收益的效用函数为 $u(z)=\ln(z)$ 的人来说，这个游戏带给他的好处与直接给他 9 元钱是差不多的。

以上由克莱姆和伯努利提出的解决方案并不完全令人满意，因为很容易通过改变彩票的方式使悖论重新出现。并且，对不同的人来说，收益的价值函数 (或效用函数) 不同，对上面游戏的评价也不同。对上述游戏价值的不同判断体现了决策者对风险的评价，下面我们对人们的风险态度进行理论上的讨论。

5.4.1 风险规避的类型

在讨论不同类型的风险态度之前，我们需要定义个体对风险的态度。**风险态度**指的是个体对不确定结果相对于确定结果的偏好。假设 $p: Z\to[0,1]$ 描述不确定奖金数额的博彩，博彩 X 的期望值为 $EX=\sum_{x\in Z}xp(x)$ $\Big($若博彩是一个连续分布的不确定奖金数额，那么 $EX=\int xp(x)dx\Big)$。用分布函数 F 可统一地记为 $EX=\int u(x)dF(x)$。

定义 5.4.1 (风险态度) 个体对风险的态度可以分为三种类型：若一个决策者对博彩的期望效用小于等于博彩期望值的效用，则称决策者是**风险厌恶者**；若决策者对上面两个选择无差异，则称决策者是**风险中性者**；若决策者对博彩的期望效用大于等于对博彩期望值的效用，则称决策者是**风险喜好者**。

也就是说，决策者分别是风险厌恶者、风险中性者和风险喜好者当且仅当

$$\sum_{x\in Z}u(x)p(x)\begin{cases}\leqq\\ =u(\sum_{x\in Z}xp(x)),\\ \geqq\end{cases}$$

或简写成：

$$Eu(X)\begin{cases}\leqq\\ =u(EX),\\ \geqq\end{cases}$$

其中 X 是取值为 x 的随机变量。这些不等式在概率论的背景下正是所谓的詹森不等式，适用于 $u(\cdot)$ 分别为凹函数、线性函数或凸函数的情况。

从图形上来看，詹森不等式的性质一目了然。比如，若个体在某个区域上是风险厌恶的，则在该区域上其效用函数曲线上任意两点的连线必然在效用函数曲线之下，如图 5.1 所示。在数学上这等价于凹函数的定义(参见第 2 章)。因此，**期望效用函数的凹性等价于风险厌恶行为**。

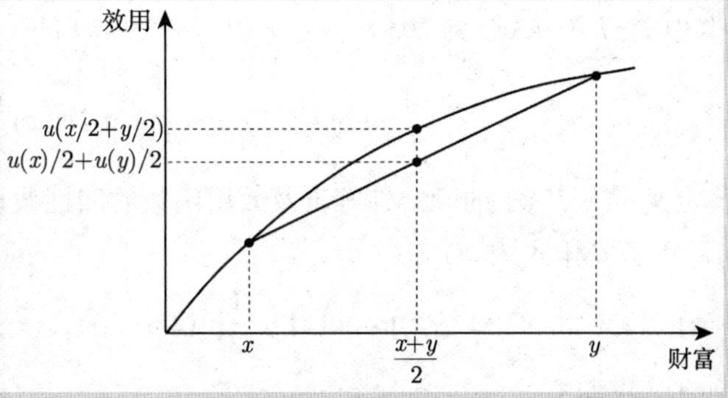

图 5.1　博彩的期望效用

定义 5.4.2 (对博彩的评价)　给定效用函数为 $u(\cdot)$，我们定义下述概念：

（1）用 $c(F,u)$ 表示的博彩 $F(\cdot)$ 的**确定性等价** (certainty equivalence)是一笔确定性的奖励额，它与博彩所获得的期望收益对决策者来说是无差异的，即由下式决定：

$$u(c(F,u))=\int u(x)dF(x)dx.$$

它表示了个体宁愿选择确定的金额，而不愿冒险参与彩票的不确定结果。

（2）对固定的奖励额 z 和正数 ε，用 $\pi(z,\varepsilon,u)$ 表示的**概率溢价** (probability premium)是使得个体对确定结果 z 和两个结果 $z+\varepsilon$ 和 $z-\varepsilon$ 之间的博彩在公平赔率上无差异情形下，超出了获胜概率的部分，即使得：

$$u(z)=\left(\frac{1}{2}+\pi(z,\varepsilon,u)\right)u(z+\varepsilon)+\left(\frac{1}{2}-\pi(z,\varepsilon,u)\right)u(z-\varepsilon). \tag{5.4}$$

从以上定义可知，决策者的风险厌恶程度越大，确定性等价 $c(F,u)$ 越小，或者概率溢价 $\pi(z,\varepsilon,u)$ 越大。这两个对风险厌恶的表述事实上是等价的。

命题 5.4.1 假定一个决策者追求期望效用最大，且具有非减的效用函数 $u(\cdot)$。那么下面四个论述是等价的：

（1）决策者风险厌恶；

（2）$u(\cdot)$ 是凹函数；

（3）对所有 $F(\cdot)$，$c(F,u) \leqq \int xdF(x)$；

（4）对所有的 z，$\varepsilon > 0$，$\pi(z,\varepsilon,u) \geqq 0$。

证明： 我们已知决策者是风险厌恶者等价于 $u(\cdot)$ 是凹函数。因此我们只需要证明论断 (2) 等价于 (3) 以及 (2) 等价于 (4) 即可。

(1) 等价于 (3)：由于 $u(\cdot)$ 是非递减的，所以我们有：

$$c(F,u) \leqq \int xdF(x) \Leftrightarrow u(c(F,u) \leqq u\left(\int xdF(x)\right)$$

$$\Leftrightarrow \int u(x)dF(x) \leqq u\left(\int xdF(x)\right),$$

后面的一个 $\Leftrightarrow$ 源于 定义了 $c(F,u)$ 的确定性等价及效用函数的凹性假设。

(2) 等价于 (4)：重新安排式 (5.4) 有：

$$\pi(z,\varepsilon,u)[u(z+\varepsilon)-u(z-\varepsilon)] = u(z) - \frac{1}{2}[u(z+\varepsilon)+u(z-\varepsilon)].$$

由于 $u(\cdot)$ 是非递减的，我们有 $u(z+\varepsilon)-u(z-\varepsilon) \geqq 0$。这样，$\pi(z,\varepsilon,u) \geqq 0$ 当且仅当 $u(z)-\frac{1}{2}[u(z+\varepsilon)+u(z-\varepsilon)] \geqq 0$，从而，这意味着当且仅当 $u(\cdot)$ 是凹的。 □

例 5.4.1 (保险需求) 假设某个体的初始财富为 w。该个体损失 L 的概率为 p (例如，其房子可能会着火)。该个体可以购买一份保险，当其损失 L 发生时，该保险赔偿他 q 美元。为此，该个体必须支付 πq，这里 π 为个体为每美元赔偿所需支付的价格。

该个体应购买多少保险？我们考察如下期望效用最大化问题：

$$\max_q [pu(w-L-\pi q+q)+(1-p)u(w-\pi q)].$$

对上述问题的目标函数关于 q 求导并令导数为零，我们有：

$$pu'(w-L+q^*(1-\pi))(1-\pi)-(1-p)u'(w-\pi q^*)\pi = 0$$

$$\frac{u'(w-L+(1-\pi)q^*)}{u'(w-\pi q^*)} = \frac{1-p}{p}\frac{\pi}{1-\pi}.$$

若个体的损失发生，则保险公司的收益为 $\pi q - q$ 美元，否则保险公司的收益为 πq。因此，保险公司的期望收益为：

$$(1-p)\pi q - p(1-\pi)q.$$

假设市场竞争使保险公司的期望利润为零，从而有 $\pi = p$。这样，在零利润假设下，保险公司对个体每美元的赔偿恰好等于保险的价格：保险的成本等于其期望价值。将该结果代入个体效用最大化的一阶条件，我们有：

$$u'(w-L+(1-\pi)q^*)=u'(w-\pi q^*).$$

若个体是严格风险厌恶的，即 $u''(w)<0$，则由上述方程我们可得：

$$w-L+(1-\pi)q^*=w-\pi q^*,$$

从而我们有 $L=q^*$。因此，个体将为其损失 L 购买完全保险。

该结果成立的关键在于个体不能影响损失发生的概率。若个体的行为会影响其损失发生的概率，则保险公司将只提供部分保险，从而个体将有激励降低损失发生的概率。

例 5.4.2 (最优投资组合选择) 考虑一个初始财富为 w 的决策者。有两种资产：一种是安全资产，每投资 1 元获得 1 元的回报，还有一种是随机回报 z 的风险资产，遵循分布函数 F。设 α 和 β 分别表示投资在风险资产和安全资产上的份额。对于随机回报的任何实现，个体的投资组合 (α,β) 具有回报 $\alpha z+\beta$。决策者需要确定风险和安全资产的最优投资比例，期望效用最大化问题如下：

$$\begin{aligned}&\max\int u(\alpha z+\beta)dF(z)\\ \text{s.t.}\quad &\alpha+\beta=w.\end{aligned}$$

通过代入法，问题可简化为

$$U(\alpha)=\max_{0\leqq\alpha\leqq w}\int u(w+\alpha(z-1))dF(z).$$

注意，$u(w+\alpha(z-1))$ 是关于 α 的凹函数。最优投资 α^* 由一阶条件决定：

$$U'(\alpha^*)=\int u'(w+\alpha^*(z-1))(z-1)dF=0.$$

首先，若期望回报 $E[z]\leqq 1$，则个体将不愿承受任何风险，这是由于：

$$U'(0)=\int u'(w)(z-1)dF(z)=u'(w)(E[z]-1)\leqq 0.$$

其次，只要有任何正期望回报（$E[z]-1>0$），决策者将投资一定金额，这是由于：

$$U'(0)=\int u'(w)(z-1)dF(z)=u'(w)(E[z]-1)>0.$$

因此，当风险实际上有利时，风险规避的人总是愿意接受至少一小部分风险。

5.4.2 风险规避的度量

下面我们考察风险规避的程度，衡量风险规避程度的测度在很多时候十分有必要。在经济学文献中，有两种应用广泛的指标来度量决策者的风险厌恶程度，分别是**绝对风险厌恶** (absolute risk aversion) 和**相对风险厌恶** (relative risk aversion)。前者指的是个体更注重回报的确定性而不是回报的大小，而后者评估风险厌恶程度如何相对于个体的总财富而变化。

绝对风险厌恶

绝对风险厌恶 (absolute risk aversion) 是度量个体风险厌恶程度的一种方式，侧重于回报的确定性而非回报的大小。直观上，期望效用函数越凹，个体的风险厌恶程度越大。因此，我们也许可以用效用函数的二阶导数来衡量风险厌恶程度。然而，这个度量并不足够，因为它对于效用函数的正线性变换并不是保持不变，而是随着效用函数形式的变化而变化。比如，若我们将期望效用函数乘以 2，则个体的行为并不改变，但其风险厌恶程度却增加了一倍。但若我们用二阶导数除以一阶导数的结果来衡量风险厌恶程度，则这种定义不会随着效用函数形式的变化而变化。这种测度被称为**阿罗–普拉特绝对风险厌恶测度**，这一概念是由普拉特 (Pratt,1966) 和阿罗 (Arrow,1970)提出来的，定义如下：

定义 5.4.3 (绝对风险厌恶) 给定二阶可微效用函数 $u(\cdot)$，阿罗–普拉特的**绝对风险厌恶度量**如下：

$$R_A(w) = -\frac{u''(w)}{u'(w)}.$$

为了说明这个概念，考虑以下不确定性下的决策模型。假设一个决策者拥有的初始财富为 w，他面临一个赌局，以 p 的概率获得收益 z_1，以 $1-p$ 的概率获得收益 z_2。固定 z_1，z_2 越大，该决策者越有可能接受这个赌博。定义其**接受集**是所有能让决策者接受的这种类型的赌局，记为 $A(w)$。同时定义 $z_2(z_1)$ 是使得该决策者刚好能接受这个赌局的临界值，也就是，定义 $z_2(z_1)$ 使得下面的等式成立

$$pu(w+z_1) + (1-p)u(w+z_2(z_1)) = u(w). \tag{5.5}$$

这样，$(z_1, z_2(z_1); p, 1-p)$ 是决策者刚好愿意接受的赌局。在点 $(0,0)$ 处，接受集边界的斜率可以通过对式 (5.5) 关于 z_1 求导并令 $z_1 = 0$ 得到：

$$pu'(w) + (1-p)u'(w)z_2'(0) = 0. \tag{5.6}$$

于是有：$z_2'(0) = -\dfrac{p}{1-p}$。

我们说决策者 i 比决策者 j 更加厌恶风险，则有 $A_i(w) \subseteq A_j(w)$，也就是说，决策者 j 愿意接受赌局的类型比决策者 i 更多，或者说决策者 i 刚好接受赌局的边界线在 $(0,0)$ 处的弯曲度大于等于决策者 j。我们通常用 $z_2(z_1)$ 的二阶导数来刻画弯曲度。

对式 (5.5) 关于 z_1 求二阶导数，令 $z_1 = 0$，于是有：

$$pu''(w) + (1-p)u''(w)(z_2'(0))^2 + (1-p)u'(w)z_2''(0) = 0.$$

利用 $z_2'(0) = -\dfrac{p}{1-p}$，可得

$$z_2''(0) = \frac{p}{(1-p)^2}\left[-\frac{u''(w)}{u'(w)}\right].$$

这样，给定 p，$-\dfrac{u''(w)}{u'(w)}$ 越大，弯曲度越大，决策者的风险厌恶程度因而也就越高。

例 5.4.3 (常风险厌恶)　假设个体的绝对风险厌恶程度为常数 r，则其效用函数满足:

$$u''(x) = -ru'(x).$$

容易验证满足上述微分方程的解为:

$$u(x) = -ae^{-rx} + b$$

其中 a 和 b 为任意常数。若 $u(x)$ 关于 x 递增，则有 $a > 0$。

例 5.4.4　设一个财富为 X 的妇女有机会对以概率 p 出现的事件打赌，其打赌金额可以为任意数额。若她的押注为 w，则事件出现时她可以获得 $2w$，事件不出现时她的收益为 0。她的风险厌恶程度为常数，其效用函数为：$u(x) = -e^{-rx}$，$r > 0$。她下注多少才是最优的？

该妇女的财富或者为 $X + w$，或者为 $X - w$。因此她希望确定 w 以最大化其期望效用

$$\max_{w}\{pu(X+w) + (1-p)u(X-w)\} = \max_{w}\{-pe^{-r(X+w)} - (1-p)e^{-r(X-w)}\}.$$

令上述目标函数的导数为零，可得:

$$(1-p)e^{rw} = pe^{-rw},$$

从而有:

$$w = \frac{1}{2r}\ln\frac{p}{1-p}.$$

根据上述结果，当 $p > \frac{1}{2}$ 时，该妇女的下注大于零。其下注随着风险厌恶程度 r 的上升而递减。在这个例子中，该妇女的下注与其初始财富无关, 是这类效用函数的一个特点。

个体间的风险厌恶比较

阿罗–普拉特绝对风险厌恶测度是一个局部的概念，即决策者愿意接受较小的赌局。一个有意义的解释是：某经济人比另一经济人更为厌恶风险，若他愿意接受更少的小赌局。然而，在许多情况下，对于决策者对风险的态度，我们希望有一种整体风险厌恶的测度，换句话说，我们希望有一种衡量，以确保一个经济人比另一个经济人在所有财富水平上都更为厌恶风险的风险测度。该如何表示这一条件呢？

有好几种方法来度量。

第一种方法是，对两个经济人 1 和 2，经济人 1 的效用函数 $u_1(w)$ 比经济人 2 的效用函数 $u_2(w)$ 更为风险厌恶的条件是：对任意的财富水平 w，下述条件都成立：

$$-\frac{u_1''(w)}{u_1'(w)} > -\frac{u_2''(w)}{u_2'(w)}, \forall w.$$

这意味着经济人 1 比经济人 2 在每个财富水平 w 上都具有更高的风险厌恶程度。

第二种方法是通过效用函数的凹形程度来刻画风险厌恶程度。经济人 1 比经济人 2 更

为厌恶风险的条件是：经济人 1 的效用函数比经济人 2 的更凹。更精确地，我们称经济人 1 的效用函数为经济人 2 效用函数的凹变换，即存在某个严格递增、严格凹的函数 $\psi(\cdot)$，使得下式成立：

$$u_1(w) = \psi(u_2(w)).$$

第三种方法是通过经济人对赌博的接受程度来定义，或者说经济人为避免风险愿意支付的货币数量，称风险规避的支付意愿。为预防既定的风险水平，经济人 1 愿意比经济人 2 支付更多。为了描述这一思想，令 ϵ 为一个期望值为零的随机变量：$E\epsilon = 0$。令 $\pi(\epsilon)$ 是风险规避的支付意愿，即

$$u(w - \pi(\epsilon)) = E[u(w + \epsilon)]. \tag{5.7}$$

上式的左端为经济人财富减少数量 $\pi(\epsilon)$ 后的效用，其右端为经济人面临风险 ϵ 时的期望效用。令 $\pi_1(\varepsilon)$ 和 $\pi_2(\varepsilon)$ 分别是经济人 1 和 2 的风险规避的支付意愿，我们说经济人 1 比经济人 2 风险厌恶强度更高，那么在任意财富水平下，当且仅当

$$\pi_1(\epsilon) > \pi_2(\epsilon)$$

成立。

第四种方法是通过比较确定等值的大小。确定等值越小，个体的风险厌恶程度越高。因此，如果个体 1 的确定等值小于等于个体 2 的确定等值，则代理人 1 被认为比代理人 2 更加风险厌恶，即

$$c(F, u_1) \leqq c(F, u_2).$$

第五种方法涉及比较一个代理人对于彩票 F 的预期效用，该效用至少不低于无风险结果的效用，与另一个代理人的情况。具体而言，当个体 1 偏好于无风险结果 $\bar{w}$ 的任何彩票也被个体 2 偏好于相同的无风险结果 $\bar{w}$ 时，个体 1 被认为比个体 2 更风险厌恶，即

$$\int u_1(w)dF(w) \geqq u_1(\bar{w}) \Longrightarrow \int u_2(w)dF(w) \geqq u_2(\bar{w}).$$

尽管衡量风险厌恶的这些方法看似不同，但它们实际上是等价的。这意味着这五种衡量方法中的任何一种都可以用来比较个体在使用不同衡量方法的研究中的风险厌恶程度。

命题 5.4.2 (普拉特定理) 令 $u_1(w)$ 和 $u_2(w)$ 是变量为财富的两个可微、严格递增的凹期望函数，则这些函数的下述性质等价。

(1) $-\dfrac{u_1''(w)}{u_1'(w)} > -\dfrac{u_2''(w)}{u_2'(w)}, \forall w.$

(2) 存在一个严格递增和严格凹函数 $\psi(\cdot)$，使得 $u_1(w) = \psi(u_2(w))$。

(3) 对于任何 $E\epsilon = 0$ 的 ϵ，都有 $\pi_1(\varepsilon) \geqq \pi_2(\varepsilon)$。

(4) 对于任何 F，$c(F, u_1) \leqq c(F, u_2)$。

(5) $\int u_1(w)dF(w) \geqq u_1(\bar{w}) \Rightarrow \int u_2(w)dF(w) \geqq qu_2(\bar{w})$。

证明：

（1）成立，则 (2) 成立。我们用方程 $u_1(w) = \psi(u_2(w))$ 定义 $\psi(u_2)$。由于 u_1 和 u_2 是强单调函数，存在唯一的这样的函数 $\psi(u_2)$。对该方程两端连续求导两次，我们得：

$$\begin{aligned} u_1'(w) &= \psi'(u_2)u_2'(w), \\ u_1''(w) &= \psi''(u_2)u_2'(w)^2 + \psi'(u_2)u_2''(w). \end{aligned}$$

由于 $u_1'(w) > 0$，$u_2'(w) > 0$, 上述第一个方程意味着 $\psi'(u_2) > 0$。将上述第二个方程除以第一个方程，我们得：

$$\frac{u_1''(w)}{u_1'(w)} = \frac{\psi''(u_2)}{\psi'(u_2)}u_2'(w) + \frac{u_2''(w)}{u_2'(w)}.$$

整理得：

$$\frac{\psi''(u_2)}{\psi'(u_2)}u_2'(w) = \frac{u_1''(w)}{u_1'(w)} - \frac{u_2''(w)}{u_2'(w)} < 0,$$

其中不等式由 (1) 推得。这意味着我们有 $\psi''(u_2) < 0$。

（2）成立，则 (3) 成立。这一结果可由下述式子推出：

$$\begin{aligned} u_1(w-\pi_1) &= Eu_1(w+\epsilon) = E\psi(u_2(w+\epsilon)) \\ &< \psi(Eu_2(w+\epsilon)) = \psi(u_2(w-\pi_2)) \\ &= u_2(w-\pi_2). \end{aligned}$$

在上式中，除了由詹森不等式推导出的不等式外，其他关系分别源自风险溢价的定义和对 $u_2(w)$ 的严格单调变换。比较上式的第一项和最后一项，我们可知 $\pi_1 > \pi_2$。

（3）成立，则 (1) 成立。由于对所有均值为零的随机变量 ϵ，(3) 都成立，因此它必然对所有任意小的随机变量都成立。固定 ϵ，我们考虑由 $t\epsilon, t \in [0,1]$ 定义的随机变量族。令 $\pi(t)$ 为变量为 t 的风险溢价函数，则 $\pi(t)$ 在 $t = 0$ 附近的二阶泰勒展开式为：

$$\pi(t) \approx \pi(0) + \pi'(0)t + \pi\frac{1}{2}\pi''(0)t^2. \tag{5.8}$$

为了说明 $\pi(t)$ 在 t 很小时的性质，我们来计算二阶泰勒展开式。$\pi(t)$ 的定义为：

$$u_1(w - \pi(t)) = Eu_1(w + \epsilon t).$$

根据 $\pi(t)$ 的定义，我们有 $\pi(0) = 0$。在其定义式两端对 t 连续求导两次，我们得：

$$\begin{aligned} -u_1'(w-\pi(t))\pi'(t) &= E[u_1'(w+t\widetilde{\epsilon})\widetilde{\epsilon}], \\ u_1''(w-\pi(t))\pi'(t)^2 - u_1'(w-\pi(t))\pi''(t) &= E[u_1''(w+t\widetilde{\epsilon})\widetilde{\epsilon}]. \end{aligned}$$

对上面第一个方程在 $t = 0$ 处取值并注意 $E[\widetilde{\epsilon}] = 0$，我们得 $\pi'(0) = 0$。对上面第二个方程在 $t = 0$ 处取值，我们得：

$$\pi''(0) = -\frac{E[u_1''(w)\widetilde{\epsilon}^2]}{u_1'(w)} = -\frac{u_1''(w)}{u_1'(w)}\sigma^2,$$

其中 σ^2 为 $\tilde{\epsilon}$ 的方差。将该导数代入方程 (5.8)，我们有：

$$\pi(t) \approx 0 + 0 + \pi - \frac{u_1''(w)}{u_1'(w)}\frac{\sigma^2}{2}t^2.$$

这意味着对任意小的 t 值，风险溢价为风险厌恶程度的单调函数。这正是我们需要证明的。

(2) ⇒ (4). 由 (2) 和确定等价可得：

$$\psi(u_2(c(F,u_1))) = u_1(c(F,u_1)) = \int u_1(w)dF(w). \tag{5.9}$$

由于 $\psi(\cdot)$ 是凹函数，因此：

$$\int u_1(w)dF(w) = \int \psi(u_2(w))dF(w) \leqq \psi(\int u_2(w)dF(w)). \tag{5.10}$$

结合式 (5.9) 和式 (5.10)，我们得到 $\psi(u_2(c(F,u_1))) \leqq \psi(\int u_2(w)dF(w))$。由于 $\psi(\cdot)$ 是增函数，因此：

$$u_2(c(F,u_1)) \leqq \int u_2(w)dF(w) = u_2(c(F,u_2))$$

上面的等式由确定等价得到。因此，由 u_2 的单调性，我们有 $c(F,u_1) \leqq c(F,u_2)$。

(4) ⇒ (2). 对于任意 $w_1, w' \in \mathcal{R}$，令 $F(\cdot)$ 是一个分布，将概率 λ 赋予 w，概率 $1-\lambda$ 赋予 w'，则 $\lambda u_2(w) + (1-\lambda)u_2(w') = u_2(c(F,u_2))$。于是有 $\psi(\lambda u_2(w) + (1-\lambda)u_2(w')) = u_1(c(F,u_2))$。另一方面，根据定义，我们有：

$$\lambda\psi(u_2(w)) + (1-\lambda)\psi(u_2(w')) = \lambda u_1(w) + (1-\lambda)u_1(w') = u_1(c(F,u_1)).$$

根据 (4) 和 $u_1(\cdot)$ 的单调性，我们得到：

$$\psi(\lambda u_2(w) + (1-\lambda)u_2(w')) \geqq \lambda\psi(u_2(w)) + (1-\lambda)\psi(u_2(w')),$$

这意味着 $\psi(\cdot)$ 是一个凹函数。

(4) ⇒ (5). 若 $\int u_1(w)dF(w) \geqq u_1(\bar{w})$，则 $u_1(c(F,u_1)) \geqq u_1(\bar{w})$。这样，$c(F,u_1) \geqq \bar{w}$。根据条件 (4)，$c(F,u_2) \geqq \bar{w}$。因此，$u_2(c(F,u_2)) \geqq u_2(\bar{w})$ 或 $\int u_2(w)dF(w) \geqq u_2(\bar{w})$，这意味着条件 (5) 成立。

(5) ⇒ (4). 由于 (5) 成立，我们有 $\int u_2(w)dF(w) \geqq u_2(\bar{w})$。另外，由于 $\int u_2(w)dF(w) = u_2(c(F,u_2))$，我们有：

$$u_2(c(F,u_2)) \geqq u_2(c(F,u_1)),$$

这意味着 $c(F,u_2) \geqq c(F,u_1)$。 □

例 5.4.5 (最优投资组合的继续) 继续考虑例 5.4.5。现在假设有两个效用函数分别为 u_1 和 u_2 的个体，其最优投资分别由 α_1^* 和 α_2^* 表示，由一阶条件解出：

$$U_i'(\alpha_i^*) = \int u_i'(w + \alpha_i^*(z-1))(z-1)dF = 0, \quad i = 1, 2. \tag{5.11}$$

我们将证明，若个体 1 比个体 2 更风险规避，则 $\alpha_1^* < \alpha_2^*$。由于个体 1 比个体 2 更风险规避，根据定理 5.4.2有 $u_1 = \psi(u_2)$，其中 ψ 是某个凹增函数。由于 u_1 的凹性，$U_1'(\cdot)$

是递减的，因此

$$U_1'(\alpha_2^*) = \int (z-1)\psi'(u_2(w+\alpha_2^*(z-1)))u_2'(w+\alpha_2^*(z-1))dF(z) < 0 = U_1'(\alpha_1^*), \quad (5.12)$$

这意味着我们必须有 $\alpha_1^* < \alpha_2^*$。

为了理解上述不等式，注意对于任何 α，由于 $u_1'(w+\alpha(z-1)) = \psi'(u_2(w+\alpha(z-1)))u_2'(w+\alpha(z-1))(z-1)$ 且 $\psi'(\cdot))$ 是正的和递减的，相对于 $z<1$ 获得的负值，式(5.12)中的积分对于 $z>1$ 的正值 $u_2'(w+\alpha(z-1))(z-1)$ 的权重较小。这是由于在式 (5.11)中，积分的正部分和负部分相加得到零，它们现在相加必须为负数。因此，我们必须有 $\alpha_1^* < \alpha_2^*$。

财富水平下的风险厌恶比较

一种普遍观点是，富有的个体比贫穷的个体更不风险厌恶（承受更多风险）。这可通过逐渐减小的绝对风险厌恶的概念来形式化，即 $r_A(w,u)$ 随着 w 的增加而减小。

考虑两个财富水平，$w_1 < w_2$。用 z 表示财富的变化。令 $u_1(z) = u(w_1+z)$ 和 $u_2(z) = u(w_2+z)$。从而，比较个体在财富水平变化时对风险的态度，就像比较不同个体的风险厌恶水平一样。这样，若 $u(\cdot)$ 显示出递减的绝对风险厌恶，则 $r_A(z,u_1) \geqq r_A(z,u_2)$。因此，以下命题的结论直接来源于命题 5.4.2。

命题 5.4.3　以下陈述是等价的：

（1）$r_A(w,u)$ 随着 w 的增加而减小。

（2）若 $w_1 < w_2$，$u_1 = u(w_1+z)$ 是 $u_2 = u(w_2+z)$ 的凹函数转换。

（3）概率溢价 $\pi(z,\varepsilon,u)$ 随着 w 的增加而减小。

（4）给定数额 c_w，通过将风险 z 添加到财富 w 中形成的彩票的确定等价（即满足 $u(c_w) = \int u(w+z)dF(z)$）有 $(w-c_w)$ 会随着财富的增加而减小。换句话说，财富 w 越高，个体为避免风险愿意支付的金额越少。

（5）对于任何彩票 F，如果 $\int u(w_1+z)dF(z) \geqq u(w_1)$ 且 $w_1 < w_2$，则

$$\int u(w_2+z)dF(z) \geqq u(w_2).$$

相对风险厌恶

在前面的风险厌恶度量中，我们发现绝对风险厌恶的概念适用于比较对当前财富的绝对收益或损失态度的风险项目。然而，在许多情况下，我们更关心的是评估对当前财富按照百分比增加或减少的风险项目。相对风险厌恶的概念可以应对这一问题。

假设一个消费者有财富 w，并且 $t>0$ 代表财富的比例变化。拥有效用函数 $u(\cdot)$ 的个体可以通过 $\bar{u}(t) = u(tw)$ 来评估随机百分比风险。初始财富位置对应于 $t=1$。与之前一样，我们可以询问一个个体在特定财富水平下是否更愿意接受相对较小的赌注，而不是另一个赌注。于是，类似于我们在前一章中定义局部规模报酬的方式，我们考虑**边际效用规模弹性**，衡量了边际效用因财富变化 1% 而产生的百分比变化。因此，相对风险厌恶的程

度可以通过 $t=1$ 时边际效用的规模弹性来衡量：

$$\lim_{t\to 1}\frac{d\ln \bar{u}'(t)}{d\ln t}=\frac{\bar{u}''(1)}{\bar{u}'(1)}=\frac{u''(w)w}{u'(w)},$$

从而导致以下适当的相对风险厌恶度量。

定义 5.4.4 (相对风险厌恶) 给定效用函数 $u(\cdot)$，阿罗–普拉特的**相对风险厌恶**度量如下：

$$r_R(w)=-\frac{u''(w)w}{u'(w)}.$$

这样，绝对风险厌恶和相对风险厌恶的差别是：绝对风险厌恶只是度量了个体对于特定财富损失的敏感程度，与总财富无关，但相对风险厌恶却考虑了随着个体财富的变化，风险厌恶水平如何变化，这涉及将个体总财富纳入到风险偏好评估中。人们可能想知道相对风险厌恶如何随着财富的变化而变化。让我们合理地假设，随着个体变得更富有，绝对风险厌恶不会增加，但非递增的相对风险厌恶属性意味着个体在财富成比例的投机行为方面更不风险厌恶。这一假设强于绝对风险厌恶的减小。由于 $r_R(w)=wr_A(w)$，相对风险厌恶的减小将导致绝对风险厌恶的减小，但反之却未必成立。因此，个体将愿意接受更多的绝对货币额的投机行为，而相对风险厌恶的行为却更为复杂。

一个自然的问题是绝对和相对风险厌恶程度是如何随财富水平的变动而变化的。设绝对风险厌恶程度随财富水平的上升而下降是非常合理的：当个体越来越有钱时，他将愿意接受越来越多的以绝对货币价值表示的赌局。相对风险厌恶行为则存在诸多问题。当一个人的财富越来越多时，他会越来越愿意还是越来越不愿意承担损失一定比例财富的风险呢？设相对风险厌恶程度为常数在很多时候是一个不坏的假设，至少对财富的微小变动来说是如此。

类似于命题 5.4.2，我们不加证明地给出以下命题。

命题 5.4.4 以下条件都是等价的：

（1）$r_R(w,u)$ 关于 w 递减。

（2）若 $w_1<w_2$，则 $u_1(t)=u(tx_1)$ 是 $u_2(t)=u(tx_2)$ 的凹函数变换。

（3）对 $t>0$ 的任何风险 $F(t)$，$w/\bar{c}_w$ 关于 w 递减，其中确定等值 $\bar{c}_w$ 由 $u(\bar{c}_w)=\int u(tw)dF(t)$ 决定。

例 5.4.6 (均值–方差效用) 一般来说，赌局的期望效用取决于所有可能结果的概率分布。但是，在某些情形下，赌局的期望效用只依赖于这一分布的某种统计特征。最常见的例子是均值–方差效用函数 (mean-variance utility function)。

例如，假设效用函数是二次的，即 $u(w)=w-bw^2$，则其期望效用函数为：

$$Eu(w)=Ew-bEw^2=\bar{w}-b\bar{w}^2-b\sigma^2.$$

这里的 $\bar{w}$ 和 σ^2 分别表示财富的均值和方差。这样，期望效用仅为财富均值和方差的函数。

不过，二次效用函数有它的缺陷：它在某个区域内是财富的递减函数，且它的绝对风险厌恶测度是递增的。

一个较好的例子是财富服从正态分布而效用函数为二次函数的情形。众所周知，均值和方差完全刻画了一个正态分布随机变量。因此，在正态分布随机变量上的选择就简化成其均值和方差的比较。尤为有意思的一个例子是个体的效用函数形式为 $u(w)=-e^{-rw}$，即为常绝对风险厌恶效用函数，而财富服从正态分布。此时有：

$$\begin{aligned}Eu(w)&=\int_{-\infty}^{\infty}-e^{-rw}\frac{1}{\sqrt{2\pi}\sigma}e^{-\frac{(w-\bar{w})^2}{2\sigma^2}}dw\\&=\int_{-\infty}^{\infty}\frac{1}{\sqrt{2\pi}\sigma}e^{-\frac{(w-\bar{w})^2+2\sigma^2rw}{2\sigma^2}}dw\\&=-e^{-r\left[\bar{w}-r\sigma^2/2\right]}\int_{-\infty}^{\infty}\frac{1}{\sqrt{2\pi}\sigma}e^{-\frac{(w-(\bar{w}-r\sigma))^2}{2\sigma^2}}dw\\&=-e^{-r\left[\bar{w}-r\sigma^2/2\right]}\end{aligned}$$

由于期望效用关于 $\bar{w}-r\sigma^2/2$ 递增，因此我们可对期望效用做单调的自然对数 ln 变换，从而我们可以用效用函数 $u(\bar{w},\sigma^2)=\bar{w}-\dfrac{r}{2}\sigma^2$ 来评估财富的分配。该效用函数具有良好的性质：它是财富均值和方差的线性函数。

5.4.3　分布比较与随机占优

在前一节中，我们讨论了如何度量和比较不同个体或不同财富水平之间的风险厌恶态度。与上一节不同，本节比较不确定性结果的分布函数。在这里对不确定性的刻画既可以是客观的，也可以是主观的，这是由于我们只是比较同一决策者对不同结果的偏好。

在确定性的结果中，人们的偏好通常满足单调性，即越多越好。在不确定情形下，我们有对应的类似概念，即随机占优，用于比较货币回报的概率分布。有两种自然的比较随机结果的方法：根据收益水平的回报和根据收益的分散度。我们将给出两种陈述的含义：分布 $F(\cdot)$ 给出了不低于 $G(\cdot)$ 给出的收益，分布 $F(\cdot)$ 毫无疑问地比 $G(\cdot)$ 的风险更小。用两个术语来表述，那就分别是第 2 章给出的**一阶随机占优**和**二阶随机占优**的概念，由 Rothschild 和 Stiglitz (1970) 最早引入。

一阶随机占优与收益水平

我们希望给出“分布 $F(\cdot)$ 比 $G(\cdot)$ 收益更高”的含义。对此，有两种合理的检验标准。一是对每一货币数量 x，在 $F(\cdot)$ 下至少获得 x 的概率是否比在 $G(\cdot)$ 下要大。二是货币数量 x 的数学期望在分布 $F(\cdot)$ 下是否比在 $G(\cdot)$ 下要大。幸运的是，这两种检验标准导出了相同的概念。先回顾下列定义。

定义 5.4.5 (一阶随机占优)　若 $F(z)\leqq G(z)$ 对所有的 z 都成立，则称分布 $F(\cdot)$ **一阶随机占优于** $G(\cdot)$。

从上面的定义我们知道 $F(\cdot)\leqq G(\cdot)$ 意味着对每一货币数量 x，在 $F(\cdot)$ 下至少获得 x 的概率比在 $G(\cdot)$ 下大或相等。这类似确定情形下的单调概念。

定理 2.11.1 事实上证明了这两种标准是等价的。

命题 5.4.5 分布 $F(\cdot)$ 一阶随机占优于 $G(\cdot)$ 当且仅当对任意非递减函数 $u:\mathcal{R}\to\mathcal{R}$，都有

$$\int u(z)dF(z) \geqq \int u(z)dG(z).$$

这意味着如果 $F(\cdot)$ 是一阶随机占优 $G(\cdot)$，那么不仅对于每个货币数量 x，在 $F(\cdot)$ 下获得至少 x 的概率大于等于在 $G(\cdot)$ 下的概率，而且对任何非递减效用函数在 $F(\cdot)$ 下的期望效用都要高于或等于在 $G(\cdot)$ 下的期望效用。这使得一阶随机占优标准成为一种用于比较概率分布和理解它们之间关系的直观的工具。

二阶随机占优与收益分散度

一阶最优所涉及的思想是基于“更高/更好”同“更低/更差”的比较。为了避免这样的比较和收益与风险的权衡问题相混淆，这里我们仅限于比较具有相同期望值的分布。

定义 5.4.6 (二阶随机占优) 对两个具有相同期望的分布 $F(\cdot)$ 和 $G(\cdot)$，若 $\int_{-\infty}^{z} F(r)dr \leqq \int_{-\infty}^{z} G(r)dr$ 对所有的 z 都成立，则称分布 $F(\cdot)$ **二阶随机占优于** $G(\cdot)$。

显然，一阶随机占优意味着二阶随机占优。二阶随机占优不仅包含单调性的概念，而且还隐含着风险更低的概念。

我们引入“均值保持扩散”的概念。

定义 5.4.7 (均值保持扩散) 假设原有博彩的分布函数为 $F(z)$，在每个结果 z 下再进行随机化，最终结果为 $z+x$，这里 x 是一个随机变量，其在给定 $Z=z$ 的条件下的分布，用 $H(\cdot|Z=z)$ 表示，满足：对所有 z，其期望值 $E[x|Z=z]=0$。这样形成的复合博彩所服从的分布函数为 $G(\cdot)$，我们称 $G(\cdot)$ 是 $F(\cdot)$ 的**均值保持扩散**。

注意，如此定义的复合结果的数学期望值与之前的结果的数学期望值相同，但其方差更大。

对二阶随机占优，定理 2.11.2 也证明了一个与一阶随机占优相似的结论。

命题 5.4.6 假定两个分布 $F(\cdot)$ 和 $G(\cdot)$ 的均值相同，那么下面三个结论是等价的。

(1) $F(\cdot)$ 二阶随机占优于 $G(\cdot)$;

(2) 对任意非递减的凹函数 $u:\mathcal{R}\to\mathcal{R}$，均有 $\int u(z)dF(z) \geqq \int u(z)dG(z)$;

(2) $G(\cdot)$ 是 $F(\cdot)$ 的均值保持扩散。

5.4.4 高阶风险规避

传统意义上的风险厌恶理论已经不足以用来分析最优的经济决策结果，常常也不能解释一些真实的经济、金融现象。随着风险厌恶理论的不断发展，在期望效用框架下，越来

越多的研究把更加高阶的风险态度纳入相应的分析框架，从而在一定程度上解释了经济、金融异象，并在分析中运用效用函数的相关性质传递了个体风险承担行为的有关信息。与此同时，在非期望效用框架下的最新研究表明：一方面，高阶风险态度的理论急需实验证据的支撑；另一方面，实验证据也为高阶风险态度提供了更加直观的解释。高阶风险规避方法最吸引人的方面是简单，它既不依赖效用函数的描述方法，也不受具体模型的约束。在这一节，我们将简要地介绍高阶风险规避理论的发展历程以及最新的研究前沿，旨在引起感兴趣的读者对这个领域的关注。

自 Bernoulli (1738/1954) 引入风险厌恶的思想以来，风险厌恶理论便奠定了研究不确定情形下经济决策问题的理论基石。在期望效用框架下，常常用光滑的效用函数 (即个体的效用函数都是关于财富的连续的 (高阶) 可微的函数) 的凹性 (凸性) 来刻画个体的风险厌恶 (风险喜好) 行为，即 $u'' < 0(u'' > 0)$。

然而，对个体风险厌恶行为的刻画不应只局限在期望效用框架下，在更加一般的经济环境中，风险厌恶被描述为一种对均值保持扩散的厌恶行为 (Rothschild and Stiglitz, 1970)。尽管刻画个体风险厌恶的方式不尽相同，但个体对风险厌恶的本质却出奇地一致：相比于任何均值相同的风险回报，一个风险厌恶的个体总是偏好于确定的回报。长期以来，我们经常使用的风险厌恶的概念 (二阶风险态度)，在不确定情形下经济决策问题中占据统治地位。大约 50 年前，研究者们逐渐认识到高阶风险态度在经济决策中变得越来越重要。

在预防性储蓄模型中，早期的文献就曾论证了个体的预防性储蓄动机 (Leland，1968; Sandmo，1970; Dreze and Modigliani，1972)，即未来劳动收入的不确定性导致个体减少 (增加) 现期的消费从而增加 (减少) 储蓄。Kimball (1990) 最先引入了刻画三阶风险态度的术语——**风险谨慎** (risk prudence)，并且证明了：未来劳动收入的不确定性并不能保证个体降低消费从而增加储蓄，除非该消费者是风险谨慎的。在期望效用框架下，如果个体具有凸的边际效用函数，则称该个体是风险谨慎的，即 $u''' > 0$；反之，则称该个体是风险不谨慎的 (imprudent)。风险谨慎又等价于**下行风险厌恶**的概念 (Menezes et al.，1980)，即对下行风险增加的厌恶。所谓的下行风险增加是指并不改变风险预期的均值和方差，仅仅降低了风险预期的偏度 (三阶矩)。进一步的研究结果表明：风险谨慎行为在风险和不确定情形下的经济决策之间的权衡中起到了关键作用，而对实证经济学家而言，为了度量这种权衡，风险谨慎行为就显得至关重要 (Chiu，2005)。

类似风险谨慎，**风险节制** (risk temperance) 的概念同样是在具体的经济决策问题中被引入的，并且与效用函数的四阶导数的符号联系起来。同样，在期望效用的框架下，在投资组合选择模型中，当个体面对不可避免的风险时 (例如，利率风险、失业风险等)，负的效用函数的四阶导数使得个体降低了面对其他独立风险时最优的投资水平 (Kimball, 1993)，这是因为背景风险 (不可避免的零均值风险) 的存在，将使个体变得更加厌恶风险。为此，Kimball (1993) 引入了刻画四阶风险态度的术语——风险节制，个体是风险节制的当且仅当其效用函数的四阶导数为负，即 $u^{(4)} < 0$，反之，称个体是**风险不节制**的 (risk intemperate)。风险节制的概念又等价于**对外部风险增加的厌恶** (Menezes and Wang，2005)。所谓的**外部风险增加**是指并不改变风险预期的期望、方差和偏度，但增加

了风险预期的峰度 (四阶矩)。在背景风险存在的经济决策中，风险节制行为在其中起了决定性的作用 (Pratt and Zeckhauser，1987)。特别地，在期望效用框架下，风险节制行为正是个体因未来劳动收入恶化从而增加储蓄水平的充要条件 (Gollier and Pratt，1996；Eeckhoudt et al.，1996；Eeckhoudt and Schlesinger，2008)。

更进一步地，Lajeri-Chaherli (2004) 考虑了在背景风险存在的情形下，个体风险谨慎行为是否会保持的问题，从而引入了五阶的风险态度——**风险急躁** (risk edginess)。个体是风险急躁的当且仅当效用函数的五阶导数满足 $u^{(5)} > 0$，反之，则称个体是风险不急躁的 (risk non-edgy)。对于更加高阶的风险态度，在期望效用框架下，Eeckhoudt 和 Schlesinger (2006) 提供了一套系统地刻画高阶风险态度的术语，我们称之为 n 阶风险分摊。个体是 n 阶风险分摊的当且仅当效用函数的 n 阶导数满足 $(-1)^{n+1}u^{(n)} > 0$，其中 n 是正整数。特别地，**风险厌恶、风险谨慎、风险节制、风险急躁分别对应二阶、三阶、四阶、五阶风险分摊**。

通过以上介绍，我们不难发现，在期望效用框架下，越来越多的研究把更加高阶的风险态度纳入相应的分析框架。为什么更加高阶的风险态度在经济分析、管理决策、金融研究及其应用中变得越来越重要呢？通过对大量文献进行梳理和归纳，主要有以下三个方面的原因:

首先，我们经常用来量化风险厌恶、风险谨慎和风险节制的绝对程度的指标都是相应效用函数的高阶导数的比率。当外生冲击发生时 (例如，收入的变化、利率的变动等)，比率的行为比各阶导数的行为往往更难解释。一个不争的事实是，对高阶风险态度的研究有助于我们理解绝对和相对风险厌恶指标的含义，以及更好地解释在选择模型和市场均衡模型中由高阶风险态度所导致的一些比较静态结果及其性质。

其次，高阶风险态度与一个风险的 (分布) 高阶矩之间有着紧密联系。现有的对金融、经济以及管理科学的有关研究表明：我们不仅要关注个体所面对的风险的期望、方差，更要关注风险的更加高阶的矩，诸如偏度、峰度等。这是因为决策者的期望效用的近似表达式为

$$E[u(w+\varepsilon)] \approx u(w) + \frac{\sigma^2}{2!}u''(w) + \frac{Sk_\varepsilon}{3!}u'''(w) + \frac{K_\varepsilon}{4!}u^{(4)}(w) + \cdots,$$

其中，$u(w)$ 表示个体关于财富 w 的效用函数；ε 是零均值的风险；σ^2，Sk_ε 和 K_ε 分别代表风险 ε 的方差、偏度和峰度。上式说明，个体的期望效用依赖于风险的高阶数字特征的大小以及各阶导数的符号。为此，在对风险的刻画中，对效用函数的各阶导数的符号的合理解释是对风险的各阶矩作用的一种自然补充。

最后，或许最重要的一个原因是，最近涉及不同研究领域的大量文献都一致性地提到了效用函数的三阶导数的符号。在期望效用框架下，自 Leland (1968) 和 Sandmo (1970) 首次将效用函数的三阶导数引入风险决策模型以来，在过去的很长一段时间内，效用函数的三阶导数的符号也只是仅仅应用在预防性储蓄模型中，然而时至今日，在经济研究的各个领域，效用函数的三阶导数的符号都扮演了举足轻重的角色。例如，Eso 和 White (2004) 证明了：当竞拍标的的价值是不确定的并且竞拍者是风险谨慎的时，在拍卖中存在

预防性竞拍行为；Eeckhoudt 和 Gollier (2005) 分析了风险谨慎行为对预防性活动的影响，即个体通过实施行动从而降低了不利后果发生的概率；而 White (2008) 分析了在策略环境中讨价还价的风险谨慎行为；Treich (2010) 表明了在一个对称的寻租博弈 (rent-seeking game) 模型中，风险谨慎行为可以降低寻租的努力。在标准的消费和储蓄的宏观经济模型中，Eeckhoudt 和 Schlesinger (2008) 分析了风险谨慎和风险节制对经济政策决策 (例如，利率的变化) 的作用，等等。大量的研究表明：高阶的风险态度在现代经济分析、管理决策中变得越来越重要。

相应地，在期望效用框架之外，Eeckhoudt 和 Schlesinger (2006)(以下简记为 E-S) 凭借个体对一种所谓的能够分解损失的博彩对的偏好行为，对相应的高阶风险态度提供了一个全新的解释。更重要的是，这种非期望效用框架下的刻画与借助效用函数的各阶导数的符号对高阶风险态度的刻画是等价的。E-S 将风险厌恶、风险谨慎、风险节制以及高阶的风险喜好行为描述为一种对简易的机会均等的博彩对的偏好行为。以这样的方式刻画个体风险态度的优点在于它简单明了、可操作性强，以及更直接地、更客观地描述了个体对风险的真实态度，而无须再借助效用函数等个体的行为特征间接地、主观地刻画个体风险行为。值得一提的是，对博彩对 (可能结果的概率分布) 的偏好本身最能反映个体的风险行为，而无须依赖于期望效用的研究范式。

因而，E-S 构造的对博彩对的偏好行为的最大魅力在于它并不依赖于任何模型：既不需要期望效用框架也不需要特殊的非期望效用框架下的任何假设，而且还可以被用来定义高阶风险态度。为了将低阶风险态度扩展到高阶风险态度，E-S 将这种对能够分解损失的博彩对的偏好行为称为风险分摊，并且证明了不同阶的风险态度与对特定博彩对的偏好之间的紧密联系。正如 Schlesinger (2015) 在对 E-S 的贡献的评价中所感叹的：用博彩对刻画个体的偏好行为的方法虽然由来已久，在过去的大量文献中就已使用，但如此简易的博彩对竟然可以解释期望效用模型中效用函数的高阶导数的符号，而早期的研究为什么却没有发现它，直到现在仍然是一个谜，或许，这正是对 E-S 所做的研究工作的最高评价。基于 E-S 的分析框架，Eeckhoudt 等 (2009) 使用一套更加通俗的说法解释了这种偏好行为。具体地，与 E-S 不同的是，这样的方法不是基于损失，而是考虑了不同的结果 (或状态)，在某种刻画风险变化的意义下 (例如，风险增加或者随机占优)，在每一个博彩的两种结果中，总有一个相对好的结果，另一个就是相对坏的结果。通过对博彩对中两个不同结果的不同结合方式的偏好，Eeckhoudt 等 (2009) 分别刻画了不同阶的风险态度。

理论上，个体的风险厌恶行为并不局限在期望效用框架下，从而并不依赖于效用函数的刻画方法就显得尤为重要。E-S 的研究方法不受特定模型的约束，没有任何其他假设，而且他们的研究方法完全独立于效用函数。由于他们所构造的博彩对简单而且在实验室更容易操作，从而便于在实验室中寻找支撑理论的实验证据。尤其是，E-S 通过个体对特殊的一类博彩对的偏好行为刻画风险谨慎、风险节制甚至高阶风险态度的分析框架，开启了在非期望效用框架下新的研究方法，从而为高阶风险态度的研究注入了新的活力。Deck 和 Schlesinger (2014) 基于 E-S 和 Eeckhoudt 等 (2009) 的分析框架，在实验室中设计了相应的实验检验并验证了个体的高阶风险态度。Deck 和 Schlesinger (2010) 的实验结果为风险谨慎行为找到了有力的证据，但却不支持风险节制行为，反而对风险不节制的行为有所支持。进一步地，Deck 和 Schlesinger (2014) 的实验结果为风险谨慎和风险节制提供了大量证据。

此外，风险厌恶者甚至风险中性者的行为都被大量书籍和文献所阐释和研究，但对有关风险喜好行为的研究却凤毛麟角，或许造成这一结果的最根本原因在于，在许多比较静态分析中，风险喜好者相应的优化问题往往会导致角点解。幸运的是，Crainich 等 (2013) 发现了在以往研究中的疏忽并且及时做了相应的补救。他们应用 Eeckhoudt 等 (2009) 的分析框架，即风险喜好者总是偏好于相对好与好和相对坏与坏的结果相结合的博彩。通过对三阶和四阶风险态度的分析，Crainich 等 (2013) 惊奇地发现，风险喜好者也是风险谨慎的，从而风险厌恶者和风险喜好者共同分享风险谨慎行为，并且首次提出了风险喜好者可以既是风险谨慎的又是风险不节制的这一重大发现。最近，这些理论上的最新发现已经被实验研究所证实。正如 Ebert 和 Wiesen (2014)、Deck 和 Schelsinger (2014) 以及 Noussair 等 (2014) 找到的最新的实验证据所表明的: 风险喜好者占据研究总体的 15%~20%。对于所研究的某些特定类型的经济活动，这个比例甚至更大。尤其是，Boussemart 等 (2015) 的实证研究结果表明: 超过 30%的法国的养猪场主管都是风险喜好者。

著者和其合作者也曾在以下两个方面做了初步的研究：一是在期望效用框架下，将 Denuit 和 Eeckhoudt (2013) 的结果推广到高阶风险变化的情形中，同时也补充和完善了 Liu (2014) 对预防性储蓄动机强度的刻画方法 (Tian and Tian, 2016a)；二是在非期望效用框架下，考虑了风险喜好者的风险谨慎行为，从而补充了 Crainich 和 Eeckhoudt (2008) 的结果，尤其是在实证研究中，对量化个体风险谨慎程度的实验方案的设计具有理论上的指导意义 (Tian and Tian, 2016b)。

总而言之，高阶风险规避行为仍然是一个相对新生的研究领域。尽管风险厌恶的思想早在 270 多年前就已见雏形，但对高阶风险态度的研究却在近十多年来才得到较快的发展。确切地说，正是 Eeckhoudt 和 Schlesinger (2006) 的研究工作，为这个研究领域注入了新的活力，重新激发了研究者的热情，相信越来越多的有关高阶风险态度的成果将不断呈现出来。对这一领域的有关问题感兴趣的读者，可以关注田有功和田国强 (2016) 的综述性论文中的研究展望。

5.5 安斯康姆–奥曼状态依赖期望效用理论

在前面关于不确定选择的讨论中，结果发生的概率是客观的，现实生活中确实也存在着这种不确定性，比如投掷骰子或者转动轮盘，结果尽管不可知，但是其发生概率却不以人的意志为转移。然而，现实中更多的情形是发生某些结果的概率是未知的，比如，未来某个时刻的天气，一场势均力敌的篮球比赛的结果。对这些情形，因为状态的概率是未知的，因此相关的偏好也是未知的，所以冯·诺依曼–摩根斯坦期望效用理论不太适用。

安斯康姆–奥曼状态依赖期望效用理论用客观的不确定性来度量和比较主观的不确定

性，从而做出理性决策。下面的例子揭示了这个理论的基本思想和原理。客观不确定性的例子如抛硬币，一枚标准的硬币出现正面和背面的概率相等。主观不确定性的例子如赛马，比如有三匹马，分别为 A、B、C，参与比赛，存在名次不同的多种可能的比赛结果。假设一个理性决策者想对 A 第一、B 第二和 C 第三这种结果的概率进行判断。我们可以设想让决策者比较两种博彩。博彩一：A 第一、B 第二和 C 第三发生时获得 1，否则为 0；博彩二：抛硬币，正面出现时得到 k，否则为 0。当 k 足够小时，决策者会偏好于博彩一，当 k 足够大时，决策者会偏好于博彩二。只要决策者的不确定性偏好满足某种连续性假设，就总会存在唯一的 $\hat{k}$，使得决策者对这两种博彩无差异。这样，通过 $\hat{k}$ 就度量了对上面赛马结果的主观概率，从而实现了从客观不确定性到主观不确定性的过渡。

5.5.1　模型及基本公理

下面我们用严格的公理化方法来表述安斯康姆–奥曼理论。我们首先介绍模型。假设存在一种状态集 S，有 n 个元素，s 为代表性元素。在赛马的例子中，s 是其中一种比赛结果，比如马匹 A 获得第一名，马匹 B 获得第二名，或马匹 C 获得第三名。在这种情况下，总共有 13 种可能的结果。Z 为奖金的集合，有限或无限。**简单行动** (simple act) 被定义为一个从 S 到 Z 的函数，记为 $f: S \to Z$。在赛马的例子中可以理解为赌马博彩，所有简单行动集记为 $\mathcal{F}$。P 是定义在简单行动 Z 上的 (简单) 概率分布的集合。为了使表述更清楚，我们还引入了类似赌马**复合博彩**的概念，使得函数 $h: S \to P$ 有形式 $h = (h_1, \cdots, h_n)$，这里 $h_s \in P$，$s = 1, \cdots, n$。所有函数 h 构成的集合记为 H，它类似客观概率中的复合博彩。下面我们建构理性决策者定义在 H 上的偏好 $\succcurlyeq$。

与前面相同，我们需要引入下列公理：

公理 AA1：定义在 H 上的 $\succcurlyeq$ 是一个偏好序关系，即满足传递性和完备性。

公理 AA2：若 $h \succ h'$，则对任意 $a \in (0, 1]$ 和 $g \in H$，均有 $ah + (1-a)g \succ ah' + (1-a)g$ 成立。

公理 AA3：$h \succ h' \succ h''$ 意味着存在 $a, b \in (0, 1)$ 使得 $ah + (1-a)h'' \succ h' \succ bh + (1-b)h''$。

公理 AA4：在 H 中存在 h, g 使得 $h \succ g$。

公理 AA5：对任意的 $h \in H$ 及 $\boldsymbol{p}, \boldsymbol{q} \in P$，若对某个 s，有：

$$(h_1, \cdots, h_{s-1}, \boldsymbol{p}, h_{s+1}, \cdots, h_n) \succ (h_1, \cdots, h_{s-1}, \boldsymbol{q}, h_{s+1}, \cdots, h_n),$$

则对任意的 $s' \in \{1, \cdots, n\}$，均有

$$(h_1, \cdots, h_{s'-1}, \boldsymbol{p}, h_{s'+1}, \cdots, h_n) \succ (h_1, \cdots, h_{s'-1}, \boldsymbol{q}, h_{s'+1}, \cdots, h_n).$$

这里，公理 AA1~AA3 与公理 VM1~VM3 相同，而公理 AA4 要求在集合 H 中存在至少两个不同的选项，其中一个被另一个选项所偏好。公理 AA5 表示：当在状态 s 时，博彩 $\boldsymbol{p}$ 比博彩 $\boldsymbol{q}$ 好，那么在其他非空的状态 s'，博彩 $\boldsymbol{p}$ 仍然比博彩 $\boldsymbol{q}$ 好。公理 AA5 是一个比较强的偏好假设，它意味着对博彩的偏好不依赖于状态。

5.5.2 状态依赖效用表示定理

我们先证明，若偏好满足公理 AA1~AA3，则存在一个期望效用函数，其效用依赖于状态 s 和结果 z。由于结果集合可能是无穷的，我们需要运用更一般的混合空间和混合空间定理 (mixture space theorem)。由此，先介绍它们。

对任意两个复合彩票 $h,g\in H$ 及 $a\in[0,1]$，定义 $ah+(1-a)g\equiv(ah+(1-a)g)(s)=ah(s)+(1-a)g(s),\forall s\in S$。上面意味着把两个复合博彩混合在一起形成一个新的复合博彩。定义 $h_a(h,g)=ah+(1-a)g$，以此构建混合空间。

定义 5.5.1 (混合空间) 混合空间是集合 Π 使得对任意元素 $\pi,\rho,\mu,\nu\in\Pi$ 及函数束 $h_\alpha:\Pi\times\Pi\to\Pi,\alpha\in[0,1]$，它满足以下公理:

（M1）$h_1(\pi,\rho)=\pi$ (确信混合，sure mix);

（M2）$h_\alpha(\pi,\rho)=h_{1-\alpha}(\rho,\pi)$ (交换性，commutativity);

（M3）$h_\beta(h_\alpha(\pi,\rho),\rho)=h_{\alpha\beta}(\pi,\rho)$ (单边分布，one-sided distributivity)。

定理 5.5.1 (混合空间定理) 令 Π 是混合空间，$\succcurlyeq$ 是定义于其上的二元关系。则 (1), (2) 和 (3) 共同等价于 (4)。

（1）$\succcurlyeq$ 是偏好序关系。

（2）$\pi\succ\rho$ 和 $\alpha\in(0,1]$ 意味着对所有的 $\mu\in\Pi$，都有 $h_\alpha(\pi,\mu)\succ h_\alpha(\rho,\mu)$。

（3）$\pi\succ\rho\succ\mu$ 意味着存在 $\alpha,\beta\in(0,1)$ 使得 $h_\alpha(\pi,\mu)\succ\rho\succ h_\beta(\pi,\mu)$。

（4）存在一个函数 $\psi:\Pi\to\mathcal{R}$ 满足:

（i）$\pi\succ\rho$ 当且仅当 $\psi(\pi)>\psi(\rho)$,

（ii）$\psi(\alpha\pi+(1-\alpha)\rho)=\alpha\psi(\pi)+(1-\alpha)\psi(\rho)$,

并且在仿射变换意义下是唯一的。

证明： 我们只需要证明前三个论断意味着论断 (4)。若 Π 中所有的元素都是无差异的，则我们只需选择一个常数函数即可。下面我们考察非常数函数的情况。假定在 Π 中存在两个元素 π 和 ρ 使得 $\pi\succ\rho$。对任何这样的一组元素，把较好 (或更偏爱) 称为 $\bar\pi$，把另一个称为 $\underline{\pi}$，定义函数 ψ 使得这两个元素的取值为 $\psi(\bar\pi)=1$ 和 $\psi(\underline{\pi})=0$。

若 $\bar\pi\succ\pi\succ\underline{\pi}$，由论断 (2) 和 (3)，存在着唯一的 α 使得 $\pi\sim h_\alpha(\bar\pi,\underline{\pi})$，令 $\psi(\pi)=\alpha$。若 $\pi\succ\bar\pi\succ\underline{\pi}$，选择 α 使得 $\bar\pi\sim h_\alpha(\pi,\underline{\pi})$，令 $\psi(\pi)=\frac{1}{\alpha}$。若 $\bar\pi\succ\underline{\pi}\succ\pi$，选择 α 使得 $\underline{\pi}\sim h_\alpha(\bar\pi,\pi)$，令 $\psi(\pi)=\dfrac{\alpha}{\alpha-1}$。与前面证明期望效用理论的过程相似，$\psi$ 表示了偏好 $\succ$，同时满足 $\psi(\alpha\pi+(1-\alpha)\rho)=\alpha\psi(\pi)+(1-\alpha)\psi(\rho)$，且 ψ 在仿射变换意义下是唯一的。定理的剩余部分验证从论断 (4) 到论断 (1) 至论断 (3)，这容易验证。 □

类似地，我们有下面的效用函数存在性定理。

定理 5.5.2 令 Π 是混合空间。假定偏好满足公理 AA1~AA3，则存在依赖于状态 $s\in S$ 的函数 $u_s:Z\to\mathcal{R}$，使得 $h\succ g$ 当且仅当 $\sum\limits_{s=1}^{n}\sum\limits_{z}u_s(z)h_s(z)>\sum\limits_{s=1}^{n}\sum\limits_{z}u_s(z)g_s(z)$，并且 u_s 在仿射变换下是唯一的。

证明： 由公理 AA1~AA3 及应用混合空间定理，存在一个函数 $\psi: H \to \mathcal{R}$ 使得 $h \succ g$ 当且仅当 $\psi(h) > \psi(g)$，且 $\psi(ah+(1-a)g) = a\psi(h)+(1-a)\psi(g)$ 及 ψ 在仿射变换下是唯一的。

下面我们要证明对任何这样的函数 ψ，均存在 $u_1, u_2, \cdots, u_n$ 使得 ψ 有如下形式：

$$\psi(h) = \sum_{s=1}^{n} \sum_{z} u_s(z) h_s(z).$$

为此，固定 $h^* \in H$。对任意 $h \in H$，令 $h^s = (h_1^*, \cdots, h_{s-1}^*, h_s, h_{s+1}^*, \cdots, h_n^*), s \in \{1, \cdots, n\}$。注意到，$\frac{1}{n}h + \frac{n-1}{n}h^* = \sum\limits_{s=1}^{n} \frac{1}{n}h^s$。根据 $\psi(ah+(1-a)g) = a\psi(h)+(1-a)\psi(g)$ 及运用归纳法，我们有

$$\frac{1}{n}\psi(h) + \frac{n-1}{n}\psi(h^*) = \sum_{s=1}^{n} \frac{1}{n}\psi(h^s).$$

定义 $\psi_s: P \to \mathcal{R}$, $s \in S$, $\psi_s(p) = \psi(h_1^*, \cdots, h_{s-1}^*, p, h_{s+1}^*, \cdots, h_n^*) - \frac{n-1}{n}\psi(h^*)$。这意味着 $\psi_s(h^s) = \psi(h^s) - \frac{n-1}{n}\psi(h^*)$，从而有 $\frac{1}{n}\sum\limits_{s=1}^{n}\psi_s(h^s) = \frac{1}{n}\sum\limits_{s=1}^{n}\psi(h^s) - \frac{n-1}{n}\psi(h^*)$，于是 $\psi(h) = \sum\limits_{s=1}^{n}\psi_s(h^s)$。定义 $u_s(z) = \psi_s(\delta_s)$，这里 δ_s 表示了在 s 处退化的概率分布，即：

$$\delta_s(s') = \begin{cases} 1, & 若\ s' = s \\ 0, & 若\ s' \neq s. \end{cases}$$

运用归纳法及注意到概率分布的支撑是有限的，我们有 $\psi_s(p) = \sum\limits_{z} p(z)u_s(z)$，从而有 $\psi(h) = \sum\limits_{s=1}^{n}\sum\limits_{z} u_s(z)h_s(z)$。 □

这个定理没有在 S 上定义一个唯一的概率分布。如下讨论所示，要确定一个唯一的概率分布，需要添加公理 AA4~AA5。

5.5.3 状态独立效用表示定理

以上状态依赖效用表示定理中的效用函数不是唯一的，随着状态变化而变化。那么是否存在状态独立效用函数表示定理呢？答案是肯定的。在公理 AA1~AA5 下，存在一个不依赖于状态的安斯康姆-奥曼期望效用理论。

定理 5.5.3 *假定偏好满足公理 AA1~AA5，则存在着一个不依赖状态的函数 $u: Z \to \mathcal{R}$ 及一个定义在 S 上的概率分布 μ 使得 $h \succ g$ 当且仅当*

$$\sum_{s=1}^{n} \mu(s) \left[\sum_{z} u(z) h_s(z)\right] > \sum_{s=1}^{n} \mu(s) \left[\sum_{z} u(z) g_s(z)\right],$$

这里，μ 及效用函数 u 在仿射变换下都是唯一的。

证明： 假设公理 AA1~AA3 成立。我们知道存在着依赖状态的函数 $u_1, \cdots, u_n$ 使得 $h \succ g$ 当且仅当 $\sum_{s=1}^{n}\sum_{z} u_s(z)h_s(z) > \sum_{s=1}^{n}\sum_{z} u_s(z)g_s(z)$。

根据公理 AA4，至少存在一种状态 s^0 及选择 $p, q \in P$ 使得

$$(h_1, \cdots, h_{s^0-1}, p, h_{s^0+1}, \cdots, h_n) \succ (h_1, \cdots, h_{s^0-1}, q, h_{s^0+1}, \cdots, h_n).$$

由公理 AA5，

$$(h_1, \cdots, h_{s^0-1}, p, h_{s^0+1}, \cdots, h_n) \succ (h_1, \cdots, h_{s^0-1}, q, h_{s^0+1}, \cdots, h_n)$$

当且仅当

$$(h_1, \cdots, h_{s-1}, p, h_{s+1}, \cdots, h_n) \succ (h_1, \cdots, h_{s-1}, q, h_{s+1}, \cdots, h_n).$$

这意味着

$$\sum_z u_{s^0}(z)p(z) > \sum_z u_{s^0}(z)q(z),$$

第5章

当且仅当

$$\sum_z u_s(z)p(z) > \sum_z u_s(z)q(z).$$

根据上节介绍的期望效用定理，我们知道当 $u_{s^0}(\cdot), u_s(\cdot)$ 同时表示了偏好，它们之间存在仿射变换，即存在 $a_s > 0, b_s$，使得 $a_s u_{s^0}(\cdot) + b_s = u_s(\cdot)$，并且 $h \succ g$ 当且仅当

$$\sum_{s=1}^{n}\sum_{z} u_s(z)h_s(z) > \sum_{s=1}^{n}\sum_{z} u_s(z)g_s(z).$$

这意味着

$$\sum_{s=1}^{n}\sum_{z}(a_s u_{s^0}(z) + b_s)h_s(z) > \sum_{s=1}^{n}\sum_{z}(a_s u_{s^0}(z) + b_s)g_s(z).$$

令 $\mu(s) = \dfrac{a_s}{\sum_{s'} a_{s'}}$ 及 $u_{s^0}(z) = u(z), a_{s^0} = 1, b_{s^0} = 1$，最后得到 $h \succ g$ 当且仅当

$$\sum_{s=1}^{n}\mu(s)\left[\sum_z u(z)h_s(z)\right] > \sum_{s=1}^{n}\mu(s)\left[\sum_z u(z)g_s(z)\right].$$

□

5.6 萨维奇主观概率理论

直到现在，我们所考察的理论均假定决策者所面临的风险都是客观的，但在许多现实情况下不是这样的。人们常常要对那些不一定可以用数量形式表示的不确定事件进行判断。即使谈到概率时，也常常被认为是不太准确的主观估计，比如医生在讨论各种治疗后

果的可能性时就是如此。若我们断言，选择是基于某种概率推断而做出的，无论是从理论来看还是从实践来看都是非常有意义的。这就是主观概率理论所要讨论的问题。这一理论最初是由萨维奇 (Savage) 在 1954 年提出来的。这个理论不需要假定存在客观不确定性概率。本节简要考察这一理论。我们先介绍主观概率，然后讨论在主观不确定情形下的选择。

5.6.1　模型及基本公理

所考虑的不确定性由状态刻画。令 S 是所有可能的状态集合，A 是所有 S 子集的集合，即若 $a \subseteq S$，则 $a \in A$，A 中元素表示一个事件。在状态集合上概率没有设定，我们的目标是推导出它们的概率，也就是要推导出定义在 A 上的一个概率测度，以此刻画个人对事件的似然主观判断。也就是推导出函数 $p: A \to [0,1]$ 使得 $p(S)=1$ 及对 $a \cap b = \varnothing$，有 $p(a \cup b) = p(a) + p(b)$。

令 $\overset{\bullet}{\succcurlyeq}$ 表示定义在事件集 A 上的偏好关系，刻画了主观概率，即 $a \overset{\bullet}{\succ} b$ 意味着事件 a 比事件 b 更有可能会发生。也就是，在 $\overset{\bullet}{\succcurlyeq}$ 下，有 $a \overset{\bullet}{\succ} b$ 当且仅当 $p(a) > p(b)$。

我们先对 $\overset{\bullet}{\succcurlyeq}$ 施加一些假设，使得它们是测度概率 p 存在的充要条件。下面的讨论并不假设状态集 S 是有限集，从而需要定义一般集合下的概率测度。

概率测度

首先引入一些概念。

定义 5.6.1　由集合 S 的子集所构成的集合 A 被称为**波尔代数 (Boolean Algebra)**，若满足以下条件:

(1) $S \in A$;

(2) 若 $a \in A$，则 $a^C \in A$，这里 $a^C = S \setminus a$ 为 a 的补集;

(3) 若 $a, b \in A$，则 $a \cup b \in A$。

若再施加下列条件，则 A 称为σ **代数**。

(4) 若 $a_i \in A, i = 1, 2, \cdots, \infty$，那么 $\bigcup_{i=1}^{\infty} a_i \in A$。

定性概率

定义 5.6.2 (定性概率)　定义在 σ 代数 A 上的一个二元关系 $\overset{\bullet}{\succcurlyeq}$ 被称为**定性概率** (qualitative probability)，若满足下列条件:

(1) $\overset{\bullet}{\succcurlyeq}$ 是偏好序关系;

(2) $a \overset{\bullet}{\succcurlyeq} \varnothing, \forall a \in A$;

(3) $S \overset{\bullet}{\succ} \varnothing$;

(4) $a \cap c = b \cap c = \varnothing$ 意味着 $a \overset{\bullet}{\succ} b$ 当且仅当 $a \cup c \overset{\bullet}{\succ} b \cup c$。

容易证明，若 $\dot{\succcurlyeq}$ 可由一个概率测度来刻画，则 $\dot{\succcurlyeq}$ 必然是一个定性概率，反之却不一定成立。

例 5.6.1 假定 $S=\{a,b,c,d,e\}$，$\dot{\succcurlyeq}$ 满足：
$\{a,c,d\}\dot{\succ}\{b,e\}\dot{\succ}\{a,b,d\}\dot{\succ}\{a,e\}\dot{\succ}\{c,d\}\dot{\succ}\{b,d\}\dot{\succ}\{a,b,c\}\dot{\succ}\{e\}$
$\dot{\succ}\{b,c\}\dot{\succ}\{a,d\}\dot{\succ}\{d\}\dot{\succ}\{a,c\}\dot{\succ}\{a,b\}\dot{\succ}\{c\}\dot{\succ}\{b\}\dot{\succ}\{a\}\dot{\succ}\varnothing$，
显然它是一个定性概率，但并不存在一个概率测度表示了 $\dot{\succcurlyeq}$。

主观概率的构造

我们现在介绍萨维奇对主观概率的构造。在萨维奇的理论中，状态集合 S 为无穷集。对 $n=1,2,\cdots$，S 可以被分割为 2^n 个等可能性事件，即对 $a_1^n,a_2^n,\cdots,a_{2^n}^n$ 有：$a_i^n\cap a_j^n=\varnothing$ 和 $a_i^n\dot{\sim}a_j^n$ 对所有 $i\neq j$ 成立，且 $\bigcup_{i=1}^{2^n}a_i^n=S$。对上面的构造，我们可以设想一个标准的硬币，$a_1^n,a_2^n,\cdots,a_{2^n}^n$，可以看成是连续投掷 n 次出现各种结果的事件。若这样的 a_i^n 存在，显然 S 的数目很大，是无限个。若 p 刻画了 $\dot{\succcurlyeq}$，则意味着 $p(a_i^n)=\frac{1}{2^n}$。

给定 a_i^n 存在，对任意事件 b，我们都可以找到最小的 k，使得 $\bigcup_{i=1}^{k}a_i^n\dot{\succ}b$。也就是，存在 $k(n)$ 使得 $(k(n)-1)/2^n\leqq p(b)<k(n)/2^n$。在此基础上，定义事件 b 的概率为 $p(b)=\lim_{n\to\infty}k(n)/2^n$。

给出下面的公理：

公理 S0：对所有 $a\dot{\succ}b$，均存在一个对 S 的有限分割 $\{c_1,c_2,\cdots,c_n\}$，使得对任意的 k，都有 $a\dot{\succ}b\cup c_k$。

于是我们有如下定理：

定理 5.6.1 假定 $\dot{\succ}$ 是一个定性概率，且满足公理 (S0)，则存在一个定义在空间 (S,A) 上的概率测度 p 使得：

（1）$a\dot{\succ}b$ 当且仅当 $p(a)>p(b)$；

（2）对所有的 $a\in A$ 及 $r\in[0,1]$，均存在 $b\subset a$ 使得 $p(b)=rp(a)$ 成立。

更进一步地，这样的概率测度 p 是唯一的。

下面介绍萨维奇主观概率理论，我们先引入一些符号。

给定结果集 Z、状态集 S 及定义在 S 上的代数 A，行动 $f:S\to Z$ 是一个从状态到结果的函数。所有这样的行动的集合记为 $\mathcal{F}$。$\succcurlyeq$ 为定义在 $\mathcal{F}$ 上的一个偏好关系。

萨维奇公理

公理 S1：$\succ$ 是一个偏好序。

公理 S2：存在 $x,y\in Z$ 使得 $x\succ y$。

公理 S3：假定 $f,g,f',g'\in F$ 及 $a\subseteq S$ 使得

（1）对 $\forall s\in a$，有 $f(s)=f'(s)$ 和 $g(s)=g'(s)$；

（2）对 $\forall s\in a^C$，有 $f(s)=g(s)$ 和 $f'(s)=g'(s)$。

则 $f\succ g$ 当且仅当 $f'\succ g'$。

公理 S3 称为确定性原则，它表示在 f,g 及 f',g' 进行的偏好排序中，若 f 和 f' 以及 g 和 g' 在事件 a 发生时相同，且在事件 a^C 发生时对它们进行互换比较 (即对 f 和 g 及 f' 和 g' 进行比较)，它们也是相同的，则 f,g 以及 f',g' 的偏好序关系保持不变。也就是，同时两组偏好关系的比较只依赖于在补集对应的事件中它们是如何比较的。这一公理表达了行动不影响概率。

公理 S4：若 a 不是无价值的，且 $f(s)=x$ 和 $g(s)=y$ 对所有的 $s \in a$ 都成立，则 $f \succ g$ 对给定 a 成立当且仅当 $x \succ y$。

这是一个偏好不依赖状态公理，类似于安斯康姆–奥曼状态依赖期望效用理论中的公理 AA5。

公理 S5：假设 $f,g,f',g' \in \mathcal{F}$，$a,b \in A$，$x,y,x',y' \in Z$ 时使得

（1）$x \succ y$ 和 $x' \succ y'$，

（2）$f(s)=x$ 和 $f'(s)=x'$ 对所有的 $s \in a$ 都成立，$f(s)=y$ 和 $f'(s)=y'$ 对所有的 $s \in a^C$ 都成立，

（3）$g(s)=x, g'(s)=x'$ 对所有的 $s \in b$ 都成立，$g(s)=y, g'(s)=y'$ 对所有的 $s \in b^C$ 都成立，

则 $f \succ g$ 当且仅当 $f' \succ g'$。

简言之，这个公理意味着行动不影响有利于它的概率。

公理 S6：对所有 $a \subseteq S$，均有

（1）给定 a，$f \succ g(s)$ 对所有的 $s \in a$ 都成立意味着对给定 a，有 $f \succ g$；

（2）给定 a，$g(s) \succ f$ 对所有的 $s \in a$ 都成立意味着对给定 a，有 $g \succ f$。

公理 S7：对任意的 $f,\ g \in F$，$f \succ g$，并且对所有的 $x \in X$，都存在着对 S 的一个有限分割使得对分割中的任何一个集合 a，均有：

（1）$[f'(s)=x, s \in a, f'(s)=f(s), s \in a^C]$ 意味着 $f' \succ g$；

（2）$[g'(s)=x, s \in a, g'(s)=g(s), s \in a^C]$ 意味着 $f \succ g'$。

由公理 S3，可引出条件偏好的概念。

定义 5.6.3 (条件偏好)　给定事件 a，若 $f(s)=f'(s)$ 和 $g(s)=g'(s)$ 对 $s \in a$ 成立，$f'(s)=g'(s)$ 对 $s \in a^C$ 成立，则 $f' \succ g'$ 意味着 $f \succ g$，具有这样性质的关系被称为**条件偏好关系**。

在事件 a 上的条件偏好关系意味着，f 和 g 的排序关系与 a 以外的其他事件无关，只与事件 a 有关。

定义 5.6.4 (无价值事件)　$a \subseteq S$ 为无价值的 (null)，若给定 a，对任意的 $f,g \in \mathcal{F}$，都有 $f \sim g$。

5.6.2 主观概率表示定理

萨维奇理论的第一步是从偏好中构建主观概率。

定义 5.6.5 给定事件 $a,b\in A$，我们说a **发生的概率超过** b，记为 $a \overset{\bullet}{\succ} b$，若对所有满足 $x\succ y$ 的 $x,y\in Z$，都有 $f\succ g$，这里 f,g 定义为

$$f(s)=\begin{cases}x, & s\in a,\\ y, & s\notin a'.\end{cases}$$

和

$$g(s)=\begin{cases}x, & s\in b,\\ y, & s\notin b'.\end{cases}$$

由于定理的证明比较冗长，这里我们省略了。若对证明过程有兴趣，可以参考 Kreps (1988) 第八章和第九章中的相关内容。

命题 5.6.1 若公理 S1~S5 成立，则以上所定义的 $\overset{\bullet}{\succcurlyeq}$ 是一个定性概率。若再施加公理 S7，则公理 S0 满足，从而根据定理 5.6.1，存在着一个定义在 (S,A) 上的概率测度 p 表示了 $\overset{\bullet}{\succcurlyeq}$，即有：

（1）$a \overset{\bullet}{\succ} b$，当且仅当 $p(a)>p(b)$；

（2）对所有的 $a\subseteq S$，$r\in[0,1]$，存在 $b\subseteq a$，使得 $p(b)=rp(a)$。

并且，p 是唯一的。

对 $f\in\mathcal{F}$，定义一个在 Z 上的概率测度 p_f，对 $Y\subseteq Z$，

$$p_f(Y)=p(\{s\in S: f(s)\in Y\}).$$

若 p_f 是一个简单概率分布，我们称行动 f 为简单行动。令 $\mathcal{F}_s$ 是所有的简单行动集。期望效用理论的第一步是在简单行动中赋予效用。

命题 5.6.2 若 f 和 g 是两个简单行动且使得 $p_f=p_g$，则 $f\sim g$。

以上命题说明了我们可以通过偏好关系 $\succcurlyeq$ 来定义在 Z 上的所有简单概率分布，记为 Q_s。确实如此，若 $q\in Q_s$，根据命题 5.6.1 的 (2)，可以构造行动 $f\in\mathcal{F}_s$ 使得 $q=p_f$。因而，对 $q,q'\in Q_s$，令 f 和 f' 使得 $q=p_f$ 和 $q'=p_{f'}$，定义 $q\succ^s q'$ 当且仅当 $f\succ f'$。

命题 5.6.3 上面的定义 $\succ^s$ 满足混合空间的三个公理。从而存在着函数 $u:Z\to\mathcal{R}$ 使得对所有 $q,q'\in Q_S$，$q\succ^s q'$ 当且仅当

$$\sum_z q(z)u(z)>\sum_z q'(z)u(z),$$

或等价地，对所有的 $f,f'\in\mathcal{F}_s$，$f\succ f'$ 当且仅当

$$\sum_{z\in supp(p_f)} p_f(z)u(z)>\sum_{z\in supp(p_{f'})} p_{f'}(z)u(z).$$

同时，上面的函数 u 在仿射意义下是唯一的，这里 $supp(\cdot)$ 表示概率测度大于零的集合，我们称之为支撑集。

我们定义 $E[u(f(s));p] \equiv \sum_{z\in supp(p_f)} p_f(z)u(z) = \sum_{z\in supp(p_f)} p\{s:f(s)=z\}u(z)$。

综合上面的结论，我们得到萨维奇主观概率效用表示定理。

定理 5.6.2 (萨维奇主观概率效用表示定理)　假定公理 S1~S7 满足，则：

(1) 以上所定义的偏好关系 $\dot{\succcurlyeq}$ 是一个定性概率，并且存在着定义在 (S,A) 上的唯一概率测度 p，它表示了 $\dot{\succcurlyeq}$，即 $a \dot{\succ} b$，当且仅当 $p(a) > p(b)$；

(2) 对所有的 $a \subseteq S$，$r \in [0,1]$，存在一个子集 $b \in A$ 使得 $p(b) = rp(a)$；

(3) 存在着一个有界函数 $u: Z \to \mathcal{R}$ 使得 $f \succ f'$ 当且仅当 $E[u(f(s));p] > E[u(f'(s));p]$。

更进一步地，u 在仿射意义下是唯一的。

5.7　不确定性下的选择理论的进一步扩展

对不确定情形下的选择，我们有了以上被广泛接受和应用的理论，特别是冯·诺依曼–摩根斯坦期望效用理论。这些理论说明，只要观察到的选择行为服从某些直观上看起来合理的公理，就有相应的选择理论。然而，尽管这些公理从直观上看是合理的，但它们并没有描述个体在实际中的所有行为。在实际中，许多经验证据揭示这些经典的理论都有一定的局限性。以这些经典理论为参照系，人们会发现许多背离现实的现象，通常人们把这些现象称为悖论。这一节的目的是介绍一些经典悖论，同时介绍为协调这些“反常”现象经济学家所提出的一些新的理论。

5.7.1　两个经典的不确定性选择悖论

期望效用理论和主观概率理论都是基于人的理性考虑而提出的。从我们对期望效用函数和主观概率的构造来看，期望效用理论和主观概率理论赖以成立的公理看起来都是合理的。但遗憾的是，总体而言，个体的实际行为似乎同这些公理不符。这里给出两个著名的例子。

阿莱悖论

第一个悖论尽管是针对冯·诺依曼–摩根斯坦期望效用理论而提出的，但对上面讨论的其他理论同样有效。莫里斯·阿莱 (又称“莫里斯·阿莱斯”，Maurice Allais，1911—2010，其人物小传见本章 5.8.2 节)在 Allais (1953) 提出了一个人们在确定性下的“反常”决策，通常被称为阿莱 (Allais) 悖论。

阿莱悖论其实是一系列实验。让实验对象分别做两组实验，然后比较这两组实验中人们的反应差异。下面来自 Kahneman 和 Tversky (1979) 的两组实验，可以被看成是阿莱实验的变体。

实验 1：依据自身偏好选择下面两个选项。

选项 A：以 33%的概率获得 2 500 美元；以 66%的概率获得 2 400 美元；以 1%的概率获得 0 美元。

选项 B: 确定得到 2 400 美元。

实验结果发现大部分人 (82%) 选择选项 B。

实验 2：依据自身偏好选择下面两个选项。

选项 C：以 33%的概率获得 2 500 美元；以 67%的概率获得 0 美元。

选项 D：以 34%的概率获得 2 400 美元；以 66%的概率获得 0 美元。

实验结果发现大部分人 (83%) 选择选项 C。

在两组实验中，大部分人在实验 1 中选择 B，而在实验 2 中选择 C。但是，这些选择都违背了期望效用理论。下面我们讨论为什么在实验 1 中选择 B、在实验 2 中选择 C 违背了期望效用理论。在期望效用理论中，存在一个对货币的效用 $u(z)$，人们对不确定结果的偏好，依赖于他们的期望效用。

在实验 1 中选择 B，意味着

$$0.33u(2\,500) + 0.66u(2\,400) + 0.01u(0) < u(2\,400),$$

也就是

$$0.33u(2\,500) + 0.01u(0) < 0.34u(2\,400).$$

在实验 2 中选择 C，意味着

$$0.33u(2\,500) + 0.67u(0) > 0.34u(2\,400) + 0.66u(0),$$

也就是

$$0.33u(2\,500) + 0.01u(0) > 0.34u(2\,400),$$

矛盾。

埃尔斯伯格悖论

第二个经典的悖论是埃尔斯伯格 (Ellsberg) 悖论，由 Ellsberg (1961) 提出，主要针对的是萨维奇的主观概率理论。这个悖论也是一个实验。假设一个缸里装有 300 个球，其中 100 个为红球，另外 200 个为绿球或黑球。需要从缸里随机取出一个球，可以从下面的赌局中选择其一。

赌局 A：若球是红的，获得 1 000 美元。

赌局 B：若球是绿的，获得 1 000 美元。

写下你对两个赌局的选择。现在考虑下面的两个赌局。

赌局 C：若球不是红的，获得 1 000 美元。

赌局 D：若球不是绿的，获得 1 000 美元。

一般来说，大部分人会认为赌局 A 比 B 好，赌局 C 比 D 好。但这两个偏好关系违背了主观概率理论。为了说明这一点，令 R 为球为红球的事件，$\neg R$ 为球不是红球的事件。类似地，我们令 B 和 $\neg B$ 分别是球为绿球及球不是绿球的事件。则根据概率论的结果，我们有：

$$p(R)=1-p(\neg R),\tag{5.13}$$
$$p(B)=1-p(\neg B).$$

为方便起见，令 $u(0)=0$。若赌局 A 比 B 好，则根据萨维奇主观概率效用表示定理即定理 5.6.2 中的结论 (1)，我们有 $p(R)u(1\ 000)>p(B)u(1\ 000)$, 从而我们可得

$$p(R)>p(B).\tag{5.14}$$

若 C 比 D 好，则定理 5.6.2 中的结论 (1)，我们有

$$p(\neg R)u(1\ 000)>p(\neg B)u(1\ 000),$$

从而可得

$$p(\neg R)>p(\neg B).\tag{5.15}$$

但显然式 (5.13)、式 (5.14) 和式 (5.15) 是不相容的。

埃尔斯伯格悖论可能源于风险与不确定性之间的差异。人们认为对 R 或者 $\neg R$ 打赌比对 B 或者 $\neg B$ 打赌更为“安全”。在埃尔斯伯格的解释中，他认为从盒子中挑红球，可以看作是风险，出现不同事件的概率是确定的；而从盒子中挑绿球，按照奈特 (Knight) 的术语，具有不确定性，出现不同事件的概率是模糊的，不确定性与风险之间存在本质差别。

人们对阿莱悖论和埃尔斯伯格悖论的重要性的观点不一。一些经济学家认为这些反常现象意味着我们需要新的模型来描述人们的行为。另外一些经济学家则认为这些悖论类似“视觉幻觉”。尽管人们在某些环境中难以判断距离的远近，但这并不意味着我们需要发明一种新的距离概念。

不管同意怎样的解释，这些问题均存在。下面我们介绍其他不确定性选择理论，来消除上面提到的悖论与选择理论的冲突。

5.7.2　前景理论

Kahneman 和 Tversky (1979) 系统地建构了一个新的不确定性理论，可以避免阿莱所提出的悖论问题。这一理论应用广泛，特别是在当前流行的行为金融学中有广泛应用。他们的理论，被称为“前景理论” (prospect theory)，与传统的不确定性选择理论有两个重要的差别。

第一个差别是，在对结果不确定性的评价中，前景理论采用的是结果的决策权重 $v(\boldsymbol{p})$，而传统理论采用的是结果发生的概率 $\boldsymbol{p}$，决策权重与概率并不相同。假如 $(x,y;p,1-p)$ 是一个不确定后果的博彩，在前景理论中所对应的不确定结果的评价是：$v(p)u(x)+v(1-p)u(y)$，而对权重而言，不总需要假定它们是线性的。由此，可以对人们的决策权重有不同的倾向。一般来说，人们的决策权重存在着两个倾向，即对高的概率是凸函数，而对低的概率则是凹函数。也就是说，存在“确定性效应”，$v(1)-v(0.99)>v(0.99)-v(0.98)$。在阿莱悖论

的实验 1 的选项 A 中，在 0.01 的概率下，有获得 0 美元的风险。相对于选项 B，这个微小风险容易被决策者夸大。而在实验 2 中，选择选项 C 时获得 2 500 美元的概率为 0.33，选择选项 D 时获得 2 400 美元的概率为 0.34。0.33 与 0.34 的概率的差异容易被决策者忽视。

为简化起见，我们假设 $u(0)=0$。当 $v(1)-v(0.66)>v(0.34)$ 成立时，

$$v(0.33)u(2\ 500)+v(0.66)u(2\ 400)<v(1)u(2\ 400)$$

与

$$v(0.33)u(2\ 500)>v(0.34)u(2\ 400)$$

会同时成立。

第二个差别是，在对不确定结果的评价中 (即效用函数)，存在着一个参照系。在前景理论中，待评价的是结果与参照系之间的差距，而在传统理论中，待评价的是最后的结果。比如有下面两组实验。

实验 1：不管结果如何，都会额外得到 1 000 美元。有下面两个选项。

选项 A：以 0.5 的概率得到 1 000 美元，以 0.5 的概率得到 0 美元；

选项 B：确定性地得到 500 美元。

发现实验参与人大多数 (84%) 选择 B。

实验 2：不管结果如何，都会额外得到 2 000 美元。有下面两个选项。

选项 C：以 0.5 的概率得到 −1 000 美元 (需支付 1 000 美元)，以 0.5 的概率支付 0 美元；

选项 D：确定性地得到 −500 美元 (需支付 500 美元)。

发现实验参与人大多数 (69%) 选择 C。

根据期望效用理论，A 和 C 是等价的，B 和 D 也是等价的。

然而，根据前景理论，A 和 C 是不同的，在 A 中，参照系是得到 1 000 美元之后，以 0.5 的概率得到 1 000 美元；在 C 中，参照系是得到 2 000 美元之后，以 0.5 的概率失去 1 000 元美。类似地，B 和 D 也是不同的。

为此，选项 A 和 B 的比较是：以 0.5 的概率得到 1 000 美元和以 1 的概率得到 500 美元；选项 C 和 D 的比较是：以 0.5 的概率失去 1 000 美元和以 1 的概率失去 500 美元。

同时，Kahneman 和 Tversky (1979) 认为，人们对得到正回报的评价函数是凹的，而对得到负回报的评价函数是凸的。假设 $u(0)=0$，当 $\dfrac{u(1\ 000)}{u(500)}<\dfrac{v(1)}{v(0.5)}<\dfrac{u(-1\ 000)}{u(-500)}$ 成立时，

$$v(0.5)u(1\ 000)<v(1)u(500)$$

与

$$v(1)u(-500)<v(0.5)u(-1\ 000)$$

会同时成立，在这里人们同时表现出了风险厌恶和风险喜好两种特性。

5.7.3 最大最小期望效用理论

文献中还有其他新的不确定性选择理论来解决埃尔斯伯格悖论，其中 Gilboa 和 Schmeidler (1989) 的最大最小 (Maxmin) 期望效用理论是这些理论中有较大影响力的一种。与之前的不确定性选择理论类似，它也是建立在一些公理的基础之上的。

令 Z 为结果集合，P 是在 Z 上的概率分布的集合，S 为状态集合，映射 $f: S \to P$ 表示一个行动。所有的行动组成的集合为 $\mathcal{F}$，弱偏好 $\succcurlyeq$ 是定义在行动集 $\mathcal{F}$ 上的。不变行动，记为 f_c，意味着对任意的 $s \neq s'$，都有 $f_c(s) = f_c(s')$。所有不变行动的集合记为 $\mathcal{F}_c$，显然 $\mathcal{F}_c \subseteq \mathcal{F}$。

Gilboa-Schmeidler 最大最小期望效用理论基于以下公理。

公理 GS1：$\succcurlyeq$ 是一个偏好序。

对任意的 $\boldsymbol{p}, \boldsymbol{q} \in P$，定义 $\boldsymbol{p} \succ \boldsymbol{q}$ 当且仅当 $\boldsymbol{p}^* \succ \boldsymbol{q}^*$，其中 $\boldsymbol{p}^*(s) = \boldsymbol{p}$ 对任意的 $s \in S$ 成立，即 $\boldsymbol{p}^*(s) \in \mathcal{F}_c$。

公理 GS2: 对任意的 $f, g \in \mathcal{F}$ 及 $h \in \mathcal{F}_c$，$f \succ g$ 当且仅当 $\alpha f + (1-\alpha)h \succ \alpha g + (1-\alpha)h$ 对任意的 $\alpha \in (0,1)$ 成立。

这个公理又称为**不变-独立公理**，显然，若冯·诺依曼和摩根斯坦的独立公理成立，则不变–独立公理一定成立。

公理 GS3:对任意的 $f, g, h \in \mathcal{F}$ 及 $f \succ g \succ h$,均存在 $\alpha, \beta \in (0,1)$ 使得 $\alpha f + (1-\alpha)h \succ g$ 和 $g \succ \beta f + (1-\beta)h$ 成立。

这个公理与之前的冯·诺依曼和摩根斯坦连续性公理一致。

公理 GS4：对任意的 $f, g \in \mathcal{F}$，若 $f(s) \succcurlyeq g(s)$，则 $f \succcurlyeq g$。

这个公理与萨维奇的确定性公理是一致的。

公理 GS5：对任意的 $f, g \in \mathcal{F}$，若 $f \sim g$，则 $\alpha f + (1-\alpha)g \succcurlyeq g$ 对任意的 $\alpha \in (0,1)$ 成立。

这一公理被称为**不确定厌恶公理**。在埃尔斯伯格悖论中，行动 $f(g)$ 可以设想为在 B 盒子中抽到红球或黑球都得到 1 000 美元，于是 $f \sim g$，但 $\frac{1}{2}f + \frac{1}{2}g \succcurlyeq f \sim g$。

公理 GS6：存在 $f, g \in \mathcal{F}$ 使得 $f \succ g$。

基于以上六个公理，Gilboa 和 Schmeidler (1989) 证明了下面的最大最小期望效用定理。

定理 5.7.1 (最大最小期望效用定理)　*假定 $\succcurlyeq$ 是定义在 F 上的偏好，则下面两个条件是等价的。*

（1）$\succcurlyeq$ 满足公理 GS1~GS5。

（2）存在着效用函数 $u: Z \to \mathcal{R}$，以及非空的闭凸集 C，该集合的元素是定义在状态集 S 上的 (有界可加性) 概率测度，使得 $f \succcurlyeq g$ 当且仅当

$$\min_{p \in C} \int u(f(s))dp(s) \geqq \min_{p \in C} \int u(g(s))dp(s).$$

并且，效用函数在仿射变换意义下是唯一的。若公理 GS6 满足，则上述闭凸集 C 也是唯一的。

该定理较为符合现实。在存在不确定性时，人们无法确切知道真实事件的概率，这时存在多种可能的概率，与此同时，信息越多，闭凸集 C 越小。在极限时，该集合只包含一个元素。

比如，在上面的埃尔斯伯格悖论中，若概率分布的闭凸集为 $[0.3, 0.7]$，则可用来回答埃尔斯伯格悖论。

5.7.4 基于个案的选择理论

在不确定性选择问题中，决策者通常很难建构状态集合及其每种状态下各种选择的后果。Gilboa 和 Schmeidler (1995) 给出了这样一个关于雇用保姆的例子。在这个例子中，一对夫妇为照顾幼儿，需要在一些可供选择的保姆中挑选一个。这对夫妇不清楚雇用后保姆的表现。比如说雇用后发现保姆偷懒，或者不诚实。此外，他们还会意识到许多潜在的其他问题。比如，有些保姆对孩子好，但会把房子弄得一塌糊涂。另一些保姆能胜任，但待的时间不长，随时可能会走人，等等。把所有这些可能状态都考虑到很难。这个例子在现实生活中具有典型性。与此同时，人们还面临这样的问题，它们并不是萨维奇主观不确定性理论所能揭示的决策过程。在雇用保姆的决策过程中，决策者通常会考察每个候选人之前工作经历与目前工作的相似性，以及之前工作的绩效，从而前雇主的推荐信可能会影响雇主对该保姆的主观判断。这种决策模式，被称为基于个案的选择模式，比较符合人们对不确定状态的认知过程。

Gilboa 和 Schmeidler (1995) 对基于个案的选择模式建立了一个分析框架，在这里做一简要介绍。假定 (q, a, r) 代表某个案，其中 q 为个案中的问题，a 为个案中的行动，r 是个案的结果。所有的个案集合记为 $C = P \times A \times R$，P, A, R 分别是问题的集合、选择的集合以及结果的集合。$M \subseteq C$ 表示记忆，H 为记忆到问题集合的映射，即

$$H = H(M) = \{q \in P : \exists a \in A, r \in R, \text{使得} (q, a, r) \in M\}.$$

对记忆中的每个问题 $q \in H(M)$ 和行动 $a \in A$，都存在唯一的结果 $r = r_M(q, a)$，使得 $(q, a, r) \in M$。此外，对记忆中的每个问题 $q \in H(M)$，都存在着唯一的 $a \in A$ 使得 $r_M(q, a) \neq r_0$，这里的 r_0 表示在对应问题中那些没有被选择的行动的结果，也就是说，在记忆中每个问题都只有一个对应的行动。

当决策者考虑一个不确定性选择问题 $p \notin H(M)$ 时，在基于个案的决策模式中，其对行动的选择是：

$$\max \sum_{(q,a,r) \in M} s(p, q) u(r),$$

其中 $s(p, q)$ 是待决策问题与记忆中之前个案问题的相似度，$u(r)$ 是对此前个案结果的评

价。在 Gilboa 和 Schmeidler (1995) 中，他们用 4 个公理刻画了这类问题之间相似度的配比函数，即 $s(p,q)$。

Gilboa 和 Schmeidler (1995) 用公理化的方法，证明了只要决策者满足五个行为公理，在决策者的理性选择过程中就存在相似函数 $s(p,q)$ 和对结果的评价函数 $u(r)$，从而选择一个获得最大的相似权重期望价值的行动。更详细的讨论可以参阅他们的论文。

5.8 【人物小传】

5.8.1 约翰·冯·诺依曼

约翰·冯·诺依曼 (John von Neumann，1903—1957)，是一个和牛顿比肩的不世出的天才级人物，20 世纪最重要的数学家之一，在计算机、博弈论、核武器和生化武器等诸多领域内有杰出建树的最伟大的科学全才之一，被后人称为“计算机之父”和“博弈论之父”。

冯·诺依曼是美籍匈牙利犹太人，1903 年 12 月 28 日生于匈牙利的布达佩斯，父亲是一个银行家，家境富裕，十分注重对孩子的教育。冯·诺依曼从小聪颖过人，兴趣广泛，读书过目不忘。据说他 6 岁时就能用古希腊语同父亲闲谈，一生掌握了七种语言，最擅德语，可在他用德语思考种种设想时，又能以阅读的速度译成英语。他对读过的书籍和论文，能很快一句不差地将内容复述出来，而且若干年之后，仍可如此。1911—1921 年，冯·诺依曼在布达佩斯的卢瑟伦中学读书期间，就崭露头角而深受老师的器重。在费克特老师的个别指导下，他合作发表了第一篇数学论文，此时冯·诺依曼还不到 18 岁。1921—1923 年他在苏黎世大学学习，很快又在 1926 年以优异的成绩获得了布达佩斯大学数学博士学位，此时冯·诺依曼刚刚二十出头。1927—1929 年冯·诺依曼相继在柏林大学和汉堡大学担任数学讲师。1930 年他接受了普林斯顿大学客座教授的职位，西渡美国。1931 年他成为美国普林斯顿大学的第一批终身教授，那时，他还不到 30 岁。1933 年他转到该校的高级研究所，成为最初六位教授之一，其中就包括爱因斯坦，而年仅 30 岁的冯·诺依曼是他们当中最年轻的一位，并在那里工作了后半生。冯·诺依曼是普林斯顿大学、宾夕法尼亚大学、哈佛大学、伊斯坦堡大学、马里兰大学、哥伦比亚大学和慕尼黑高等技术学院等校的荣誉博士。他是美国国家科学院和秘鲁国立自然科学院等院的院士。1954 年他任美国原子能委员会委员；1951—1953 年任美国数学学会主席。

冯·诺依曼早期以算子理论、共振论、量子理论、集合论等方面的研究闻名，开创了冯·诺依曼代数。第二次世界大战期间为第一颗原子弹的研制做出了贡献。为研制电子数字计算机提供了基础性的方案。1944 年与摩根斯坦 (Oskar Morgenstern) 合著的《博弈论与经济行为》，是博弈论学科的奠基性著作。晚年，研究自动机理论，著有对人脑和计算机系统进行精确分析的著作《计算机与人脑》。

冯·诺依曼对人类的最大贡献是对计算机科学、计算机技术、数值分析和经济学中的博弈论的开拓性工作。冯·诺依曼的主要著作收集在《冯·诺依曼全集》(6 卷本，1961)

中。无论是在纯粹数学还是在应用数学研究方面，冯·诺依曼都显示了卓越的才能，取得了众多影响深远的重大成果。不断变换研究主题，常常在几种学科交叉渗透中获得成就是他的特色。简单来说，他的精髓贡献有两点：二进制思想与程序内存思想。众所周知，1946 年发明的电子计算机，大大促进了科学技术的进步，大大促进了社会生活的进步。鉴于冯·诺依曼在发明电子计算机中所起到的关键作用，他被誉为"计算机之父"。而在经济学方面他也有突破性成就，被誉为"博弈论之父"。1944 年出版了奠基性的重要著作《博弈论与经济行为》，书中包含博弈论的纯粹数学形式的阐述以及对实际博弈应用的详细说明，还包含了诸如统计理论等教学思想。在物理学领域，冯·诺依曼在 20 世纪 30 年代撰写的《量子力学的数学基础》已经被证明对原子物理学的发展有极其重要的价值。他在化学方面也有相当高的造诣，曾获苏黎世高等技术学院化学系大学学位。

对竞争均衡存在的一般性证明的突破也归功于冯·诺依曼分别在 1928 年和 1937 年发表的两篇纯数学论文，他的论文首先给出了可被用来证明非线性方程组存在解的不动点定理。

5.8.2 莫里斯·阿莱

莫里斯·阿莱 (Maurice Allais，1911—2010)，生于法国巴黎，主要研究领域为市场理论与资源的效率分配，曾经提出阿莱悖论，1988 年诺贝尔经济学奖得主。在学生时代，莫里斯·阿莱经历了 1929—1933 年的世界经济危机和接踵而来的大萧条时期。出于对 1929 年大萧条造成社会大灾难的愤怒和解决社会经济问题的热情，他立志为市场经济中出现的若干问题找到解决办法，并为此贡献自己毕生的精力。由于具有工程学的背景，阿莱自学了经济学，并把数学的严密性引进当时几乎没有定量分析的法国经济学派。阿莱毕生致力于市场经济的潜心研究和经济学的教学工作。他在巴黎第十大学金融分析中心从事研究工作直至 1980 年退休。退休后，他仍一直坚持经济学的教学工作。1988 年获得诺贝尔经济学奖时，他虽已 77 岁，但仍在巴黎国家高级矿业学院讲授金融行情分析基础理论。

阿莱在市场理论和最大效率理论方面对经济学做出了重大贡献。他提出了许多市场经济模型，重新系统地阐述了一般均衡理论和最大效益理论。阿莱认为，从瓦尔拉斯的一般均衡模型到德布鲁的一般均衡模型均假定一个所有物品都集中在一起进行交换的市场，而且市场价格对所有市场参加者都是共同的、给定的，然后通过唯一的一轮交易做一次性移动，经济从不均衡状态过渡到均衡状态。这些假定都是不现实的，他称之为"单市场经济模型"。针对这些缺陷，他提出"多市场经济模型"，它假定导向均衡的交换以不同的价格连续发生，并且在任何给定时点上，不同经营者作用的价格不必是同一的，在"可分配剩余"的驱动下，每一次交易都趋近均衡。阿莱的"多市场经济模型"较之于"单市场经济模型"更接近现实，更一般化，即涵蕴了存在竞争和不存在竞争的各种可能的市场形态，并能如同描述西方发达国家经济那样，描述发展中国家经济，且其描述是动态的。由于阿莱把私人分散的、自由寻求和实现剩余看作是实现最大效率状态的基本途径，因此在政策主张上极力反对凯恩斯主义的政府干预。早在 20 世纪 50 年代，阿莱就通过一系列可控实验提出了著名的"阿莱悖论"，对期望效用理论构成了挑战。

5.9 习题

习题 5.1 假设有三个经济人，他们的效用函数分别为 $u_1 = d$（d 为正的常数），$u_2 = x^{1/3}$ 及 $u_3 = x^3$。有三种可供选择的博彩：$\boldsymbol{p}_1$，以 1 的概率得到 360 元；$\boldsymbol{p}_2$，分别以 0.5 的概率得到 650 元和 100 元；$\boldsymbol{p}_3$，分别以 0.5 的概率得到 2 000 元和 0 元。若要让上面的三个人分别在上述博彩中挑选一种，他们的选择分别是什么？

习题 5.2 某决策者将所有结果的集合 Z 分为两个互不相交的非空子集 G（好的结果的集合）和 B（坏的结果的集合），即 $G \cup B = Z$，$G \cap B = \varnothing$。当 $\sum_{z \in G} p(z) \geqq \sum_{z \in G} q(z)$ 时，$\boldsymbol{p} \succsim \boldsymbol{q}$。

1. 该偏好是否满足独立性公理？如果是，请说明原因；否则，请给出反例。
2. 该偏好是否满足连续性公理？如果是，请说明原因；否则，请给出反例。

习题 5.3 某人通过比较 $\boldsymbol{p}$ 和 $\boldsymbol{q}$ 中最有可能发生的结果来判断 $\boldsymbol{p}$ 和 $\boldsymbol{q}$ 哪个更好。如果有两个最有可能发生的结果，则随机地挑选一个。比如说 $\boldsymbol{p} = (0.5, 0.4, 0.1)$，$\boldsymbol{q} = (0.3, 0.4, 0.3)$，则他比较 z_1 和 z_2，如果 z_1 比 z_2 好，则他认为 $\boldsymbol{p} \succ \boldsymbol{q}$。

1. 该偏好是否满足独立性公理？如果是，请说明原因；否则，请给出反例。
2. 该偏好是否满足连续性公理？如果是，请说明原因；否则，请给出反例。

习题 5.4 某人的偏好 $\succsim$ 取决于以正概率发生的结果的个数。$|\{z \in Z : p(z) > 0\}|$ 表示彩票 $\boldsymbol{p}$ 中以正概率发生的结果的个数。该人偏好以正概率发生的结果的个数较小的彩票，即如果 $|\{z \in Z : p(z) > 0\}| \leqq |\{z \in Z : q(z) > 0\}|$，则 $\boldsymbol{p} \succsim \boldsymbol{q}$。该偏好是否满足独立性公理和连续性公理？如果是，请予以说明；如果否，请给出反例。

习题 5.5 假设定义在结果集合 $Z = \{z_1, z_2, \cdots, z_n\}$ 上的概率空间 P 之上的偏好 $\succsim$ 满足公理 VM1-3（即序公理、独立性公理、连续性公理）。请证明：存在定义在 Z 上的效用函数 $\varphi : Z \to \mathcal{R}_{++}$ 使得对偏好关系 $\succsim$ 被以下效用函数所表示：

$$\Psi(\boldsymbol{p}) = \varphi(z_1)^{p(z_1)} \times \varphi(z_2)^{p(z_2)} \times \cdots \times \varphi(z_n)^{p(z_n)}.$$

习题 5.6 某经济人拥有效用函数 u 和初始财富 w。用 Γ 代表这样一个赌局：以 2/3 的概率支付 x，以 1/3 的概率支付 $-y$。x 和 y 都为正，并且有 $x > y$。用图表分别描述当该个体不拥有这个赌局时为了得到这个赌局他愿意支付的最大数额以及当该个体拥有这个赌局时为了放弃这个赌局他愿意接受的最小数额。买和卖的价格一样吗？

习题 5.7 某个体具有效用函数 $u(x) = -e^{-x}$。他有一个对抛硬币进行打赌的机会，硬币正面向上的概率为 π。若他赌 y 美元且硬币正面向上，他将有 $x + y$ 美元，若硬币正面向下，则有 $x - y$ 美元。求解最优 y 为 π 的函数，当 $\pi = \dfrac{1}{3}$ 时，最优选择是多少？

习题 5.8 假定迈克被迫玩下面的俄式轮盘赌局：歹徒用一把装有两颗子弹的六轮手枪指着迈克的头。迈克恰好对支付 1 万美元将手枪里面的两颗子弹移走以及什么都不做而是让歹徒扣动扳机这两种情况无差异。

1. 证明：歹徒用一把装有四颗子弹的手枪对准迈克并扣下扳机，以及迈克支付 1 万美元将一颗子弹移除，这两种情况对他来说并没有差异。
2. 假设迈克用冯·诺依曼效用函数来评估这个赌局，并且假设死亡带来的效用与财富水平无关。同时假设迈克的初始财富水平 $w_0 > 10\,000$ 美元。
   那么当歹徒用只装有一颗子弹的六轮手枪对准迈克时，迈克是否愿意花 1 万美元将这颗子弹移除？

习题 5.9 对赌局 L，令 $E(L) \equiv \sum_{i=1}^{n} p_i x_i$ 代表 L 的期望值。定义 $u(L) = \sum_{i=1}^{n} p_i v(x_i, L)$，其中，当 $x_i \leqq E(L)$ 时，$u(x_i, L) = x_i$；当 $x_i > E(L)$ 时，$u(x_i, L) = E(L) + 0.5(x_i - E(L))$。证明：若当且仅当 $u(L) \geqq u(L')$ 时，相比较于 L'，汤姆更喜欢 L，则他的偏好违背独立性公理。

习题 5.10 某人对两期消费的效用函数为：$u(x_1) + u(x_2)$，其中 $u' > 0$，$u'' < 0$，$u'(0) = \infty$，x_1 和 x_2 分别表示这个人在第一期和第二期的消费。这个人第一期的收入为 1，第二期的收入 I_2 在他选择 x_1 时并不确定。我们只知道以 $(1-p)$ 的概率 $I_2 = 1$，以 αp 的概率 $I_2 = 0$，以及以 $(1-\alpha)p$ 的概率 $I_2 = 2$。这个人可以储蓄第一期收入的一部分用于第二期的消费。假设利率为零，他不能从第二期借款。那么当 p 增加时，这个人第一期的消费是增加还是减少呢？

习题 5.11 (阿莱悖论) 假设 $Y = \{250, 50, 0\}$。现在从博彩空间 $\Delta(Y)$ 中选取以下 4 个简单的博彩：

$$\boldsymbol{p}_1 = (0, 1, 0), \quad \boldsymbol{p}_2 = \left(\frac{10}{11}, 0, \frac{1}{11}\right),$$

$$\boldsymbol{p}_3 = (0, 0.11, 0.89), \quad \boldsymbol{p}_4 = (0.10, 0, 0.90),$$

对这 4 个博彩的偏好如下：$\boldsymbol{p}_1 \succ \boldsymbol{p}_2$，$\boldsymbol{p}_4 \succ \boldsymbol{p}_3$。试分析决策者的偏好是否可以通过冯·诺依曼–摩根斯坦期望效用理论来解释。为什么？若决策者的偏好是 $\boldsymbol{p}_2 \succ \boldsymbol{p}_1$，$\boldsymbol{p}_3 \succ \boldsymbol{p}_4$，情况又是怎样的呢？

习题 5.12 假设有一种无风险资产，每投资 1 元钱将会得到 r 元（$r > 1$）。另外有一种风险资产，每投资 1 元将有 $\frac{1}{2}$ 的概率得到 0 元，有 $\frac{1}{2}$ 的概率得到 $3r$ 元。假设 $\succsim_1$ 和 $\succsim_2$ 是两位具有冯·诺依曼效用函数的投资人的偏好，对应的效用函数分别记为 u_1 和 u_2。假设两位投资人都是风险厌恶的，并且每人都有 100 元进行投资。

1. 请写出两位投资人的效用最大化问题以及对应的最优投资组合。
2. 请证明他们的最优投资组合必定是购买严格大于 0 的风险资产。
3. 请证明如果投资人 1 比投资人 2 更加风险厌恶，则投资人 2 会比投资人 1 购买更多的风险资产。

习题 5.13　某人的期望效用函数的形式为 $u(w)=-\dfrac{1}{w^2}$，他面对如下赌局：以概率 p 得到 w_1，以概率 $1-p$ 得到 w_2。他需要拥有多少财富才使得他接受这个赌局和保持现有财富是无差异的？

习题 5.14　考虑以货币进行支付的赌局 Γ：以 0.5 的概率支付 $x+\epsilon$，以 0.5 的概率支付 $x-\epsilon$。计算这个赌局的确定性等价 (确定性等价是指一定数量的确定性财富，参与人在接受赌局 Γ 以及接受一定数额的确定性财富这两种情况之间无差异) 关于 ϵ 的二阶导数，并证明当 $\epsilon\to 0$ 时此二阶导数的极限是 $-R_A(x)$。

习题 5.15　假设 $u:\mathcal{R}_+\to\mathcal{R}$ 是一个严格递增的效用函数，证明：

1. 当且仅当 $u(y)=\alpha y^{1-\rho}+\beta$ 时，$v(y)$ 具有 ρ 的固定相对风险规避系数 (其中，$\alpha>0$，$\rho\neq 1$，$\rho>0$，$\beta\in\mathcal{R}$)。
2. 当且仅当 $u(y)=\alpha\ln(y)+\rho$ 时，$u(y)$ 具有等于 1 的固定相对风险规避系数 (其中，$\alpha>0$，$\rho\in\mathcal{R}$)。

第5章

习题 5.16　假设某人的期望效用函数是单调递增和凹的：$u'(\cdot)>0$，$u''(\cdot)<0$，且有 10 万元的初始财富。假设他有机会参股一项净收益为 $\tilde{r}$ 的风险投资。若他选择参股份额 α，$0\leqq\alpha\leqq 1$，则他的随机收益是 $1+\alpha\tilde{r}$。证明：

1. 只要 $E[\tilde{r}]>0$，这个人的参股份额就总是正值：$\alpha>0$。
2. 若 $E[\tilde{r}]\leqq 0$，他的最优参股份额为 0。
3. 若这个人起初拥有的不是 10 万元确定的财富，而是另一期望收益为 10 万元的风险投资，这项风险投资与他要参股的项目间的收益是独立的。则问题 1 和 2 的结论有无变化？

习题 5.17　记 R_1 和 R_2 是两种资产的随机回报，假设它们是相互独立同分布的。证明：若投资者是风险厌恶的，则期望效用最大化的结果是将他的财富分别投资在两种资产上；若他是风险喜好的，则期望效用最大化的结果是将他的财富投资在一种资产上。

习题 5.18　假设开车超速时会收到罚款通知单的可能性是 p，且罚款金额是 f。假设个人都是风险厌恶型的 (即，$u''(w)<0$，其中 w 是个人的财富)。被抓到的可能性按比例增加或是罚金按比例增加，在防止非法超车方面会是更有效的吗？(提示：运用泰勒级数展开式 $u(w-f)=u(w)-fu'(w)+\frac{f^2}{2}u''(w)$。)

习题 5.19　某个体关注在下一期可能发生的自然状态，$s=1,\cdots,S$ 条件下的货币报酬。以 x_s 表示在 s 状态下的报酬，以 p_s 表示状态 s 发生的概率。假设个体选择 $x=(x_1,\cdots,x_S)$ 以最大化其报酬的贴现预期价值。贴现因子以 α 表示，即 $\alpha=\dfrac{1}{1+r}$，其中 r 为贴现率。可行报酬集以 X 表示，假设 X 为非空的。

1. 写出该个体的最大化问题的目标函数与约束条件。

2. 若概率为 $\boldsymbol{p}=(p_1,p_2,\cdots,p_S)$，贴现因子为 α，定义 $V(\boldsymbol{p},\alpha)$ 为该个体可以达到的最大贴现预期值。证明 $V(\boldsymbol{p},\alpha)$ 对 α 是一次齐次的。
3. 证明 $V(\boldsymbol{p},\alpha)$ 是 $\boldsymbol{p}$ 的凸函数。

习题 5.20 考虑某人的效用函数为：$u(x)=ax^2+bx+c$。

1. 当系数 a 和 b 满足什么关系时该效用函数代表了这个人的风险厌恶型偏好，并且对所有在 $[0,\bar{x}]$ 上的财富水平而言这个人偏好于更多的财富？
2. 给定问题 1 所施加的限制条件，证明 u 具有绝对风险厌恶递增的性质。
3. 给定问题 1 所施加的限制条件，证明这个人的风险喜好所表示的冯 · 诺依曼效用函数仅仅由一个赌局的均值和方差就可以决定。
4. 证明反命题也成立：若一个人对具有相同均值和方差的赌局有相同的偏好，那么这个人的冯 · 诺依曼效用函数一定是二次型的。

习题 5.21 考虑一个具有严格风险厌恶的消费者，他的偏好满足独立性公理。假设他的初始财富为 w，并且当他面临以 π 的概率损失 x 与支付 y 来进行全额保险时无差异。对这个消费者而言，相当于 $(\pi(w-x),(1-\pi)w)\sim(w-y)$。

1. 证明对这个消费者来说，以 r 的概率买全额保险与以 1 的概率买全额保险并没有什么差异。
2. 考虑下面可能性的安排：这个消费者支付给保险公司 ry。若发生损失，保险公司以概率 r 支付给这个消费者 $x-(1-r)y$，以概率 $1-r$ 支付给这个消费者 ry。若没有发生损失，保险公司不支付给这个消费者任何费用。证明相对于支付 y 来买全额保险这个安排来说，消费者会严格偏好于上述安排。

习题 5.22 用正文中关于风险厌恶的定义来证明个体在任何非负的财富水平上对赌局都是风险厌恶的，当且仅当他的效用函数在 $\mathcal{R}_+$ 上是严格凹函数。

习题 5.23 在一个两期经济中，某经济人在第一期拥有初始财富 w，其效用函数如下：

$$u(c_1,c_2)=u(c_1)+v(c_2),$$

其中，$u(\cdot)$ 和 $v(\cdot)$ 都是凹函数，c_1 和 c_2 表示第一期与第二期该经济人分别消费的数量。用 x 表示个体在第一期储蓄的数量 (这样 $c_1=w-x$，$c_2=x$)，用 x_0 表示这个问题 x 的最优解。下面我们将在这个经济中加入不确定性。若个体在第一期储蓄 x，那么他在第二期的财富将是 $x+y$，其中 y 服从累积密度函数为 $F(\cdot)$ 的分布，且期望值为零。下面我们用 $E(\cdot)$ 表示 $F(\cdot)$ 所对应的期望值。因此，经济人现在解最优化问题

$$\max_x\{u(w-x)+E[v(x+y)]\},$$

用 x^* 表示此问题的解。

1. 证明若 $E[v'(x_0+y)]>v'(x_0)$，则 $x^*>x_0$。
2. 定义效用函数 $v(\cdot)$ 在财富水平 x 下的绝对谨慎系数 (coefficient of absolute prudence) 为 $-v'''(x)/v''(x)$。证明若在任意的财富水平下，效用函数 $v_1(\cdot)$ 的严格谨慎系数都不比 $v_2(\cdot)$ 大，则由 $E[v_1'(x_0+y)]>v_1'(x_0)$ 可推出 $E[v_2'(x_0+y)]>v_2'(x_0)$。

3. 证明若 $v'''(\cdot) > 0$，并且 $E[y]$，则对任意的 x，$E[v'(x+y) > v'(x)]$ 都成立。
4. 证明若 $v(\cdot)$ 的绝对风险厌恶系数随着财富的增加而下降，则对任意的 x，$-v'''(x)/v''(x) > -v''(x)/v'(x)$ 成立，且 $v'''(\cdot) > 0$。

习题 5.24 某个体拥有函数形式为 $u(x) = -1/x$ (对 $x > 0$) 的贝努利效用函数。假设他面临一个赌局：以 p 的概率得到 x_1 的收益，以 $(1-p)$ 的概率遭受 x_2 的损失。

1. 那么在什么样的初始财富水平 w_0 下，他才愿意接受这个赌局？
2. 假设 $x_1 = x_2 < w_0$。对每一种初始财富水平，在什么样的概率下他才会接受这个赌局？基于这个事实，你能猜到这位个体的绝对风险厌恶系数是递增的还是递减的吗？
3. 确认你在问题 2 中关于绝对风险厌恶系数性质的猜想。

习题 5.25 国栋在一个保险公司工作，正对具有随机结果 R 的一份资产进行评估；结果 R 是具有均值 μ 和方差 σ^2 的正态分布。因此，此密度函数为

$$f(r) = \frac{1}{\sigma\sqrt{2\pi}} \exp\left\{-\frac{1}{2}(\frac{r-\mu}{\sigma})^2\right\}.$$

1. 证明国栋对 R 的预期效用仅是 μ 和 σ^2 的函数，进而证明 $E[u(R)] = \Phi(\mu, \sigma^2)$。
2. 证明 $\Phi(\cdot)$ 对 μ 是递增的。
3. 证明 $\Phi(\cdot)$ 对 σ^2 是递减的。

习题 5.26 假设某人面临一个两时期资产组合问题。在时期 $t = 0, 1$，他的财富 w_t 分配在收益为 R 的安全资产和收益为 x 的风险资产上。初始财富为 w_0。在 $t = 1, 2$ 时的财富取决于他在 $t-1$ 期选择的资产组合 (风险资产比例为 α_{t-1}) 和到 t 期时实现的收益 x_t，其表达式为：

$$w_t = ((1-\alpha_{t-1})R + \alpha_{t-1}x_t)w_{t-1}.$$

设个体的目标是实现最后一期财富 w_2 的期望效用最大化。假设不同时期的收益 x_1 和 x_2 是独立同分布的。证明若该个体的效用函数具有不变的相对风险厌恶系数，则他的最优选择是 $\alpha_0 = \alpha_1$。同时证明，若他的效用函数具有不变的绝对风险厌恶系数，则上述关系不成立。

习题 5.27 证明：$F(\cdot) \leqq G(\cdot)$ 当且仅当 $VaR_X(\alpha) \leqq VaR_Y(\alpha)$，对所有的 $\alpha \in (0,1)$ 均成立，其中，$VaR_X(\alpha)$ 被定义成：

$$VaR_X(\alpha) = \sup\{x \in \mathcal{R} : P(W_0 - X \geqq x) \geqq \alpha\},$$

其中，W_0 可认为是初始投资，X 可看作是将来的回报。$VaR_X(\alpha)$ 是一个临界值，使得损失超过这个临界值的最大概率小于事先给定的 $\alpha \in (0,1)$。

(提示：先证明 $VaR_X(\alpha) = W_0 - F_X^{-1}(\alpha)$。)

习题 5.28 设 X 和 Y 是两个在区间 $[a,b]$ 上取值的随机变量。证明：

1. 若 X 一阶随机占优于 Y，则 X 必然二阶随机占优于 Y。
2. 若 X 二阶随机占优于 Y，则 $EX \geqq EY$。
3. 若 X 二阶随机占优于 Y 并且 $EX = EY$，则 $Eu(X) \geqq Eu(Y)$, 对所有凹的并且二次可微的函数 (不管是否递增) 均成立。
4. 若 X 二阶随机占优于 Y 并且 $EX = EY$，则 $\mathrm{Var}(X) \leqq \mathrm{Var}(Y)$。

习题 5.29 假设 F (G) 和 f (g) 分别是随机变量 X (Y) 的分布函数和密度函数。证明: X 二阶随机占优于 Y 当且仅当 $\int_0^p (F^{-1}(y) - G^{-1}(y))dy \geqq 0$ 对所有的 $p \in (0,1)$ (注意 $\int_0^1 F^{-1}(y)dy = EX$)。

习题 5.30 设 $u_1(x)$ 和 $u_2(x)$ 是以财富 x 为自变量的两个可微、严格递增且凹的效用函数。证明: 这两个效用函数的下列性质等价:

1. $-u_1''(x)/u_1'(x) \geqq -u_2''(x)/u_2'(x)$, 对所有的 $x > 0$ 均成立。
2. $u_1(u_2^{-1}(x))$ 是一个关于 x 的凹函数。
3. $\dfrac{u_1(y) - u_1(x)}{u_1(w) - u_1(v)} \leqq \dfrac{u_2(y) - u_2(x)}{u_2(w) - u_2(v)}$，对所有的 x, y, w, v 且 $v < w \leqq x < y$ 均成立。

习题 5.31 我们称决策者 u_1 是比 u_2 更加风险厌恶的当且仅当

$$\inf_x \frac{u_1''(x)}{u_2''(x)} \geqq \sup_x \frac{u_1'(x)}{u_2'(x)},$$

当且仅当存在 $\lambda > 0, \forall x, y > 0$，使得

$$\frac{u_1''(x)}{u_2''(x)} \geqq \lambda \geqq \frac{u_1'(y)}{u_2'(y)}.$$

证明: 若 u_1 是比 u_2 更加风险厌恶的，则

$$-u_1''(x)/u_1'(x) \geqq -u_2''(x)/u_2'(x)$$

对所有的 $x > 0$ 均成立。反之，结论不成立。

习题 5.32 设 $\mathcal{F}$ 表示所有定义在实轴上的右连续分布函数的集合，并且当 $x < 0$ 时，$F(x) = 0, \forall F \in \mathcal{F}$。对每一个 $F \in \mathcal{F}$，令 $F^1 = F$，递推地定义

$$F^{n+1}(x) = \int_0^x F^n(y)dy, \quad \text{对所有的 } x \geqq 0,\ n \in \{1, 2, \cdots\}.$$

在 $\mathcal{F}$ 上的 n 阶随机占优 $(\succcurlyeq_n)$ 和严格 n 阶随机占优 $(\succ_n)$ 定义如下:

$$F \succcurlyeq_n G \quad \text{当且仅当 } F^n(x) \leqq G^n(x), \text{对所有的} x \in [0, \infty);$$

$$F \succ_n G \quad \text{当且仅当 } F \neq G, \text{并且 } F \succcurlyeq_n G.$$

记

$$\mu_F^0 = \int dF(x) = 1, \quad \mu_F^n = \int x^n dF(x), n \geqq 1.$$

类似地，我们可以定义 μ_G^0 和 $\mu_G^n, n \geqq 1$。证明：设 $F, G \in \mathcal{F}$，若 $F \succ_n G$，F 和 G 的前 n 阶矩是有限的且前 $n-1$ 阶矩相等，即 $\mu_F^k = \mu_G^k, k = 0, 1, 2, \cdots, n-1$，则 $(-1)^{n-1}\mu_F > (-1)^{n-1}\mu_G$。

习题 5.33　简述冯·诺依曼–摩根斯坦期望效用模型、安斯康姆–奥曼状态依赖期望效用模型和萨维奇主观概率模型，说明在处理不确定选择问题时，这三个模型的联系和区别。

习题 5.34　证明萨维奇主观概率效用表示定理，即定理 5.6.2。

习题 5.35　德·菲尼蒂 (de Finetti, 1930) 猜想每一个定性概率都有一个定性的概率测度代表它。当 $|S| \leqq 4$ 时，这个结论被证明是正确的。问当 $|S| = 5$ 时，这个结论成立吗？若成立，证明之；若不成立，给出反例。(提示：查阅文献 Pratt 和 Seidenberg(1959)。)

5.10　参考文献

教材和专著：

黄有光, 张定胜. 高级微观经济学. 上海：格致出版社，2008.

平新乔. 微观经济学十八讲. 北京：北京大学出版社，2001.

Arrow, K. (1970). *Essays in the Theory of Risk Bearing*, Markham.

Debreu, G. (1959). *Theory of Value*, Wiley.

Diamond, P. and M. Rothschild (1989). *Uncertainty in Economics: Readings and Exercises*, Academic Press.

Fishburn, Peter C. (1970). *Utility Theory for Decision Making*, John Wiley and Sons, Inc.

Gilboa, I. (2009). *Theory of Decision under Uncertainty*, Cambridge University Press.

Hirshleifer, J. and J. Riley (1992). *The Analytics of Uncertainty and Information*, Cambridge University Press.

Jehle, G. A. and P. Reny (1998). *Advanced Microeconomic Theory*, Addison-Wesley.

Kreps, D. (1988). *Notes on the Theory of Choice*, West Press.

Kreps, D. (1990). *A Course in Microeconomic Theory*, Princeton University Press.

Laffont, J. J. (1989). *The Economics of Uncertainty and Information*, MIT Press.

Luenberger, D. (1995). *Microeconomic Theory*, McGraw-Hill.

Mas-Colell, A., M. D. Whinston, and J. Green (1995). *Microeconomic Theory*, Oxford University Press.

Rubinstein, A. (2005). *Lecture Notes in Microeconomics (Modeling the Economic Agent)*, Princeton University Press.

Savage, L. (1954). *The Foundations of Statistics*, Dover Publications, Inc.

Varian, H. R. (1992). *Microeconomic Analysis (Third Edition)*, W. W. Norton and Company.

Von Neumann, J. and O. Morgenstein (1944). *Theory of Games and Economic Behavior*, John Wiley and Sons.

论文：

田国强, 田有功. 不确定性下的高阶风险厌恶理论、实验及其应用. 学术月刊, 2017(8)：68-79.

Allais, M. (1953). "Le comportement de l'homme rationnel devant le risque: critique des postulats et axiomes de l'école américaine", *Econometrica*, Vol. 21, No. 4, 503-546.

Anscombe, F. and R. Aumann (1963). "A Definition of Subjective Probability", *Annals of Mathematical Statistics*, Vol. 34, No. 1, 199-205.

Boussemart, J. -P., D. Crainich, and H. Leleu (2015). "A Decomposition of Profit Loss Under Output Price Uncertainty", *European Journal of Operational Research*, Vol. 243, No. 3, 1016-1027.

Chiu, H. (2005). "Skewness Preference, Risk Aversion, and the Precedence Relations on Stochastic Changes", *Management Science*, Vol. 51, No. 12, 1816-1828.

Crainich, D. and L. Eeckhoudt (2008). "On the Intensity of Downside Risk Aversion", *Journal of Risk and Uncertainty*, Vol. 36, No. 3, 267-276.

Crainich, D., L. Eeckhoudt, and A. Trannoy (2013). "Even (Mixed) Risk Lovers Are Prudent", *American Economic Review*, Vol. 103, No.4, 1529-1535.

Deck, C. and H. Schlesinger (2010). "Exploring Higher Order Risk Effects", *Review of Economic Studies*, Vol. 77, No. 4, 1403-1420.

Deck, C. and H. Schlesinger (2014). "Consistency of Higher Order Risk Presences", *Econometrica*, Vol. 82, No. 5, 1913-1943.

Denuit, M. and L. Eeckhoudt (2013). "Risk Attitudes and the Value of Risk Transformations", *International Journal of Economic Theory*, Vol. 9, No. 3, 245-254.

Dréze, J. and F. Modigliani (1972). "Consumption Decisions under Uncertainty", *Journal of Economic Theory*, Vol. 5, No. 3, 308-335.

Ebert, S. and D. Wiesen (2014). "Joint Measurement of Risk Aversion, Prudence, and Temperance", *Journal of Risk and Uncertainty*, Vol. 48, No. 3, 231-252.

Eeckhoudt, L. and C. Gollier (2005). "The Impact of Prudence on Optimal Prevention", *Economic Theory*, Vol. 26, No.4, 989-994.

Eeckhoudt, L., C. Gollier and H. Schlesinger (1996). "Changes in Background Risk and Risk-taking Behavior", *Econometrica*, Vol. 64, No.3, 683-689.

Eeckhoudt, L. and H. Schlesinger (2006). "Putting Risk in Its Proper Place", *American Economic Review*, Vol. 96, No. 1, 280-289.

Eeckhoudt, L. and H. Schlesinger (2008). "Changes in Risk and the Demand for Saving", *Journal of Monetary Economics*, Vol. 55, No. 7, 1329-1336.

Eeckhoudt, L., H. Schlesinger, and I. Tsetlin (2009). "Apportioning of Risks via Stochastic Dominance", *Journal of Economic Theory*, Vol. 144, No. 3, 994-1003.

Ellsberg, D. (1961). "Risk, Ambiguity, and the Savage Axioms", *Quarterly Journal of Economics*, Vol. 75, No. 4, 643-669.

Eso, P. and L. White (2004). "Precautionary Bidding in Auctions", *Econometrica*, Vol. 72, No. 1, 77-92.

Gilboa, I. and D. Schmeidler (1989). "Maximin Expected Utility with Non-Unique Prior", *Journal of Mathematical Economics*, Vol. 18, No. 2, 141-153.

Gilboa, I. and D. Schmeidler (1995). "Case-Based Decision Theory", *Quarterly Journal of Economics*, Vol. 110, No. 3, 605-639.

Kahneman, D. and A. Tversky (1979). "Prospective Theory: An Analysis of Decision Under Risk", *Econometrica*, Vol. 47, No. 2, 263-291.

Kimball, M. S. (1990). "Precautionary Savings in the Small and in the Large", *Econometrica*, Vol. 58, No. 1, 53-73.

Kimball, M. S. (1993). "Standard Risk Aversion", *Econometrica*, Vol. 61, No. 3, 589-611.

Lajeri-Chaherli, F. (2004). "Proper Prudence, Standard Prudence and Precautionary Vulnerability", *Economics Letters*, Vol. 82, No. 1, 29-34.

Leland, H. E. (1968). "Saving and Uncertainty: The Precautionary Demand for Saving", *Quarterly Journal of Economics*, Vol. 82, No. 3, 465-473.

Liu, L. (2014). "Precautionary Saving in the Large: nth Degree Deteriorations in Future Income", *Journal of Mathematical Economics*, Vol. 52, No. May, 169-172.

Machina, Mark J. (1987). "Choice under Uncertainty: Problems Solved and Unsolved", *Journal of Economic Perspectives*, Vol. 1, No. 1, 121-154.

Menezes, C. and H. Wang (2005). "Increasing Outer Risk", *Journal of Mathematical Economics*, Vol. 41, No. 4, 875-886.

Noussair, C., S. Trautmann, and G. Van de Kuilen (2014). "Higher Order Risk Attitudes, Demographics, and Financial Decisions", *Review of Economic Studies*, Vol. 81, No. 1, 325-355.

Pratt, J. (1964). "Risk Aversion in the Small and in the Large", *Econometrica*, Vol. 32, No. 1/2, 122-136.

Rothschild, M. and J. E. Stiglitz (1970). "Increasing Risk: A Definition", *Journal of Economic Theory*, Vol. 2, No. 3, 225-243.

Rothschild, M. and J. E. Stiglitz (1971). "Increasing Risk II: Its Economic Consequences", *Journal of Economic Theory*, Vol. 3, No. 1, 66-84.

Schlesinger, H. (2015). "Lattices and Lotteries in Apportioning Risk", *The Geneva Risk and Insurance Review*, Vol. 40, No. 1, 1-14.

Sandmo, A. (1970). "The Effect of Uncertainty on Saving Decisions", *Review of Economic Studies*, Vol. 37, No. 3, 353-360.

Tian, G. and Y. Tian (2016a). "A Note on Monetary Compensation for Prudent Decision Maker", Working Paper.

Tian, G. and Y. Tian (2016b). "Comparative Characterization of Higher-Order Ross More Risk Aversion Based on Risk Compensation", Working Paper.

Treich, N. (2010). "Risk-aversion and Prudence in Rent-seeking Games", *Public Choice*, Vol. 145, No. 3-4, 339-349.

White, L. (2008). "Prudence in Bargaining: The Effect of Uncertainty on Bargaining Outcomes", *Games and Economic Behavior*, Vol. 62, No. 1, 211-231.

Yaari, M. (1969). "Some Remarks on Measures of Risk Aversion and Their Uses", *Journal of Economic Theory*, Vol. 1, No. 3, 315-329.

第二部分

博弈论与市场理论

本部分讨论两方面的内容，博弈论和市场理论。博弈论已成为主流经济学中的一个重要领域，是微观经济学中的一个核心分支，也是研究经济学中许多问题的最重要的分析工具之一。读者将会看到，本部分所介绍的市场理论将用到大量博弈论知识和结果，于是作为应用对其加以讨论。书中要讨论的机制设计理论、拍卖理论及匹配理论也是将博弈论作为基本分析工具，用到了大量的博弈论知识。

博弈论研究决策者的策略互动行为。在前面的章节中，我们考察的是单一市场主体(厂商或消费者) 这一最简单情形下的最优选择问题，考察其选择不受其他市场主体决策影响时是如何做出最优决策的。在许多情形下，这当然不太符合现实。现实中人们的决策更为复杂，其中之一就是其决策行动往往会相互影响。本部分所介绍的博弈论就是研究这种互动情形下人们是如何做出最优决策的。当然，研究个体决策的相互影响可以从多方面入手。可以从政治学、社会学、心理学、生物学等角度考察个体的相互行为。在一定的背景下，这些角度都是适用的。然而，博弈论主要研究个体的理性决策，对大多数经济行为来说，它可能是最适用的模型。

博弈论能帮助我们理解人们互动的现象和背后机理。在博弈中，对决策者的理性要求更高，它不仅要求决策者是理性的，而且要求决策者认为其他决策者也是理性的，还要求决策者认为其他决策者认为该决策者也是理性的，等等，用专业的术语来说，即尽人皆知所有决策者都是理性的，是共同知识 (common knowledge)，博弈论就是在这种背景下讨论人们之间的互动的。

博弈论根据其假设和研究方法的不同，又分为两个子分支，**非合作博弈**和**合作博弈**(有时又称**联盟博弈**) 。这两个分支并非从字面上来划分，前者研究个体间的非合作关系，后者研究个体间的合作关系。在更多的情形中，我们会发现非合作博弈经常会研究人们之间的合作机制，而合作博弈则经常研究人们之间的非合作行为，比如成本分摊，参与成员都希望对方承担更多。因此，合作博弈和非合作博弈并不体现在研究对象上，而是体现在假设上。

合作博弈假设，个体之间在决策之前先进行沟通，决策体现在合约的选择上，合约一旦被选择，就会被合约选择方 (或联盟) 所遵循。这样，分析是以集体为单位的，从而有时又称为联盟博弈。而与此对应的是，在非合作博弈中，人们的沟通、合约如何选择、是否遵守合约都是从个体理性决策出发的。两个理论之间不存在优劣的比较，而是在不同的分析层面上、在不同的情境下分析不同的问题，它们对我们理解现实问题具有互补性。在博弈论的发展历史中，约翰 · 冯 · 诺依曼 (John von Neumann，1903—1957，其人物小传见第 5 章 5.8.1 节) 被公认为是博弈论的创始人，他和 Morgenstern (1944) 的著作标志着博弈论正式成为分支学科。在博弈论发展的早期，博弈论更多地被认为是数学的一个分支，特别是运筹学的一个分支。许多对博弈论具有突出贡献的著名学者，既是经济学家，同时也是数学家。

博弈论的应用十分广泛，其模型是对现实生活中个体如何做出理性决策的一个抽象刻画，可以被用来研究经济、社会及政治的方方面面，凡是涉及互动的现象，比如市场中企业之间的竞争，政治系统中的投票选举、利益集团游说，战争和裁军，甚至生态系统中物种的演化，等等，都可以用博弈论来研究。正是因为它的影响力和重要性，纳什 (John Nash)、海萨尼 (John Harsanyi)、泽尔腾 (Reinhard Selten) 在 1994 年，奥曼 (Robert J. Aumann) 和谢林 (Thomas C. Schelling) 在 2005 年，劳埃德 · 沙普利 (Lloyd S. Shapley) 在 2012 年分别被授予诺贝尔经济学奖，他们的人物小传分别见 6.8.1 节、6.8.2 节、8.5.2节、8.5.1 节、7.8.2 节和 22.5.1 节。

尽管本部分要介绍的博弈论技术性较强，比较抽象，要用到大量数学，学习起来有一定难度，但各种博弈模型及其理论结果在现代经济学的几乎所有领域都有着广泛的应用，包括本部分将要介绍的关于市场理论的讨论。市场理论的核心问题就是如何定价，从而如何决定市场均衡价格和数量。我们将讨论完全竞争、垄断、垄断竞争及寡头这四大市场基本结构，考察当消费者和厂商在市场上互动时，他们共同行动是如何影响市场效率的，其中在研究寡头行为时，就要用到大量的博弈论知识。

本部分由四章内容组成：第 6 章讨论非合作博弈，第 7 章讨论重复博弈，第 8 章讨论合作博弈，以及第 9 章讨论市场理论。

第 6 章 博弈论

6.1 导言

本章安排如下：6.2 节介绍非合作博弈的基本概念，包括博弈的基本构成要素、博弈的两种表述以及混合策略和行为策略；6.3 节讨论完全信息静态博弈及其各种解的概念，包括占优均衡、重复剔除严格劣策略均衡、纳什均衡以及纳什均衡的精炼；6.4 节讨论完全信息动态博弈及其解的概念，包括逆向递推和子博弈完美纳什均衡；6.5 节讨论不完全信息静态博弈及其相应解的概念，包括贝叶斯博弈和贝叶斯–纳什均衡；6.6 节讨论不完全信息动态博弈及其各种解的概念，包括弱完美贝叶斯均衡、序贯均衡、信号博弈及其解的精炼等；6.7 节讨论纳什均衡的存在性问题。

6.2 基本概念

这一节介绍如何用博弈的术语来刻画现实中的策略互动现象，同时讨论博弈论背后的假设。博弈论通常有两种方式来表述人们之间的策略互动，即**标准形式**(也称为**策略形式**)和**扩展形式**。这两种形式在表述不同的博弈时有不同的优势，同时两种方式通常可以相互转换。为了描述一个博弈策略互动的情形，我们需要知道四方面的内容：

（1）**参与人** (players)：有哪些人参与博弈？假设他们都是理性人，即通过选择行动或策略以最大化自己的效用。

（2）**博弈规则**：谁在什么时候选择行动？在行动时，行动者知道什么？可以选择什么行动？

（3）**结果**：由参与人每一可能的行动集所导致的情况 (博弈结果)。博弈论的主要目的就是根据解的概念 (如纳什均衡) 来确定博弈的结果，如均衡策略组合和均衡行动组合。

（4）**收益** (payoffs，又称效用、报酬、支付)：每个参与人的所有可能结果给各自带来的效用，一个收益组合是在某个结果下所有参与人效用水平的组合。

博弈论的一个中心概念是参与人的战略/策略 (strategy) 的概念。**策略**是一个关于行动的规则或完整的相机行事 (contingent) 计划，它不仅取决于参与人自己的行动，也取决于其他人的行动。

策略和行动的概念紧密相关，但它们是两个不同的概念，这是由于策略是行动的规则而不是行动本身。然而，对完全信息静态博弈策略形式，纯策略和行动是相同的。

6.2.1 博弈的策略形式表述

策略形式 (strategic form) 或**标准形式** (normal form) 通常被用来描述参与人同时进行选择时的相互作用。假设每个决策者都只选择一次行动计划，则策略形式博弈有三个基本要素：

1）**参与人的集合**$N = \{1, 2, \cdots, n\}$。

2）**策略空间**$S = S_1 \times S_2 \times \cdots \times S_n$。对每个参与人 $i \in N$，对应一个策略集 S_i，所有参与人的策略选择 $s = (s_i)_{i \in N}$ 构成一个策略组合，其策略空间可能是离散的或连续统的。

3）**收益** (又称支付)或效用函数 $u_i : S \to \mathcal{R}$。当策略组合是有限的时，通常用收益矩阵 (又称支付矩阵，通常是两个参与人，若是多个参与人，可能用到更复杂的嵌套的收益矩阵形式) 来表述。

这样，策略形式博弈可表达为：

$$\Gamma_N = (N, S, \{u_i(\cdot)\}_{i \in N}).$$

下面，我们通过例子来描述博弈的策略形式表述。

例 6.2.1 (石头–剪刀–布游戏) 有兄弟 A 和 B 两人采用通常的石头–剪刀–布猜拳游戏方式来决定父母给的 10 元钱的归属。

博弈规则：每人只出一次手势来决定胜负，且只能出石头、剪刀和布的其中一种。石头胜剪刀，剪刀胜布，布胜石头。若其中一人胜出，那么他就得到 10 元，输的人得到 0 元。若没有输赢，即他们出相同的手势，此时两人平分，各得 5 元。

我们从这个游戏来看博弈的要素。参与人集合 $N = \{A, B\}$，参与人 A 和 B 的策略集均为 { 石头，剪刀，布 }，导致 9 种可能的策略组合/结果 (见表 6.1)。每个策略组合所对应的收益组合用表中的收益矩阵描述。比如在策略组合 (剪刀，石头) 下，对应的收益组合为 $(0, 10)$，其中 0 表示在这个结果下参与人 A 所获得的收益，10 为在这个结果下参与人 B 所获得的收益。

注意：这里其实我们假设了 A，B 的效用函数为 $u_i(x(s)) = x$，$i = A, B$。若效用函数为 $u_i(x(s)) = x^{\frac{1}{2}}$，对 $i = A, B$，则在组合 (剪刀，石头) 结果下，收益组合为 $(0, 10^{\frac{1}{2}})$。

表 6.1 石头–剪刀–布游戏的策略形式表述

		参与人 B		
		石头	布	剪刀
参与人 A	石头	5, 5	0, 10	10, 0
	布	10, 0	5, 5	0, 10
	剪刀	0, 10	10, 0	5, 5

在这个例子中，博弈是一个**常和博弈** (constant-sum game)，即：游戏参与人间的收益之和为常数，一个参与人获得的收益越多，意味着其他参与人获得的收益就越少，两个参与人在游戏中是一种对抗关系。实际上，(非合作) 博弈可以刻画许多合作关系，比如下面的例子。

例 6.2.2 (餐馆的碰面) 有两个人，汤姆斯 (T) 先生和谢林 (S) 先生，他们决定在中午碰面会餐。他们都忘记了碰面的确切地点，只知道地点有两个可能，即餐馆 1 和餐馆 2。他们走得匆忙，都没有带手机，因此他们只能选择一个地点。若他们碰巧走到同一个餐馆，那么他们能一起吃饭，给他们每个人带来 10 的效用水平；否则，只能单独吃饭，带来的效用均是 0(见表 6.2)。

该博弈的要素为：参与人集合 $N = \{T, S\}$，汤姆斯 (T) 和谢林 (S) 的策略集都是 { 餐馆 1，餐馆 2}，有 4 种可能结果。比如，在结果 (餐馆 1，餐馆 1) 中，双方的收益都是 10。

表 6.2 餐馆碰面的策略形式表述

		谢林	
		餐馆 1	餐馆 2
汤姆斯	餐馆 1	10, 10	0, 0
	餐馆 2	0, 0	10, 10

在这个例子中，两个参与人之间的互动其实是一个寻求合作的情形。

在上面的两个例子中，参与人的行动就是参与人的策略。然而在很多情形下，在一次博弈中，一个参与人可能做多次决策，从而策略则是参与人在所有可能情况下的**一个完整依存行动计划**。这样，若存在参与人的多次决策，以及刻画不同参与人在不同时间结构的决策，一个更有效的表述形式就是树状扩展形式。

6.2.2 博弈的扩展形式表述

博弈的**扩展形式** (extensive form)，详细说明了参与人、规则、结果与收益：谁在什么时候行动，每个参与人可以采用什么行动，参与人在行动时知道什么，结果是什么，从而参与人从每个可能结果所得收益 (或效用水平) 是什么。

扩展式博弈，记为 $\Gamma_E = (N, \bar{N}, W, X, Z, p, H, \iota(\cdot), (u_i(\cdot))_{i\in N})$，具有树状形态，有如下基本要素：

(1) **参与人的集合**：除了参与互动的实际参与人 $N = \{1, 2, \cdots, n\}$ 外，有时存在某些不确定的外部事件，我们通常赋予一个额外的参与人——“自然” ($\bar{N}$) 来决定外部事件的概率分布的权力，可以理解为他通过掷骰子来决定 (不确定的) 哪个事件会发生。

(2) **行动顺序** (order of moves)：行动顺序由博弈树表示，它有一个有限的顺序节点 (node) 的集合和在此集合上的优先关系 (precedence relation)$\precsim$。优先关系 $\precsim$ 描述节点的先后顺序，它满足非对称性和传递性，即它是一个偏序 (partial order)。$P(y) = \{y' \in \Gamma_E : y' \precsim y\}$ 记为在 y 之前的所有节点的集合，我们称之为**前列 (predecessor) 集**；$S(y) = \{y' \in T : y \precsim y'\}$ 记为在 y 之后的所有节点的集合，我们称之为**后续 (successor) 集**；$W = \{y \in \Gamma_E : P(y) = \varnothing\}$ ($\varnothing$ 表示空集) 是博弈树的**初始节点**；$Z = \{y \in \Gamma_E : S(y) = \varnothing\}$ 是博弈树的**终端节点**；$X = \{x; x \notin Z\}$ 表示非终端节点的集合，我们称之为**决策集** (节

点的集合)。假定对每个节点 x，只有**唯一的直接先前节点** (immediate predecessor node) $p(x)$，$p(x) \in P(x)$。

（3）**参与人对应**：在每个决策节点做决策的那些参与人 (包括自然人)，被称为决策节点的**参与人对应**，$\iota : X \to \{\bar{N}, 1, 2, \cdots, n\}$。

（4）**行动集**：参与人在决策节点 x 上的选择集合被称为在决策节点 x 上的**行动集**，即对任意 $x \in X$，均存在一个有限的集合 $A(x)$ (在有些博弈中，参与人的行动集可能是无限的，甚至是一个连续统)。

（5）**信息集的集合** (collection of information sets)：参与人在决策时不能区分的节点的集合称为**信息集** (information set)，即对 $x \in X$，对应一个非空集合 $h(x)$ 使得若 $x' \in h(x)$，则一定有 $x \in h(x')$。这样，不同的信息集包含不同的节点，在同一个信息集上的决策节点用虚线连在一起，表示决策者不知道具体是在哪一个决策节点上行动。所有信息集的集合，记为 H，形成了对整个决策集 X 的一个分割，即 $h, h' \in H$，要么 $h = h'$，要么 $h \cap h' = \varnothing$。若博弈树中所有信息集都是单元素集合，此时博弈被称为**完美信息博弈** (perfect information game) 。

（6）**结果**：所有参与人在每个信息集上选择行动之后决定了博弈的一个结果，即一个终端节点 $z \in Z$，在每个结果上，赋予每个参与人 (除“自然”外) 一个收益，$u_i(\cdot) : Z \to R$，$i \in N$。

（7）**外生事件**：在初始节点 W 上，存在一个概率分布 $\rho : W \to [0, 1]$，这可以理解为“自然”的一个选择。

在扩展式博弈中，参与人的一个策略是他在每个可能的信息集上进行决策的**完整**相依行动的计划 (包括根据该策略无法达到的信息集)，即

$$S_i = \Pi_{h \in H: \iota(h) = i} A(h),$$

这里，$A(h)$ 是在信息集 h 下所有行动的集合。这样，一个策略是从信息集的集合到行动集的映射，即他将在每个要移动的信息集上决定所采取的行动。他可选择的纯策略的总数于是等于所有行动集的纯策略数目相乘，即：

$$|S_i| = \Pi_{h \in H: \iota(h) = i} |A(h)|.$$

比如，若一个参与人有两个信息集，一个集有 3 个行动，另外一个集有 2 个行动，则他的策略集的纯策略数目是 6。

下面我们用例子来说明，扩展形式可以更细致地描述互动情形。

例 6.2.3 下面的博弈 1 和博弈 2 描述了两种不同情形的互动 (见图 6.1)。

博弈 1：参与人集合有两个参与人，1 和 2，他们有两个行动阶段。第一阶段，参与人 1 先做决策，其行动集是 L 和 R。由于参与人 1 只有一次行动，他的策略集就是行动集。接着是参与人 2 的决策，参与人 2 在做决策时可以观察到参与人 1 之前的不同行动，这样参与人 2 有两个单一节点的完美信息集。参与人 2 的策略就是在他的每个信息集上进行决策计划。在博弈 1 中，参与人 2 在每个信息集上，其行动集都是 $\{l, r\}$，从而参与

人 2 有 4 种可能的策略，即 $\{(l,l),(l,r),(r,l),(r,r)\}$，比如策略 (r,l) 表示参与人 2 在左边的信息集上选择 r，在右边的信息集上选择 l。一旦参与人 1 和 2 选择了他们的策略，就会有一个收益组合。每个策略组合的结果对应着参与人 1 和 2 的收益，就是图 6.1(a) 末端的四个节点对应的数字 (上面的数字是参与人 1 的收益，下面的数字是参与人 2 的收益)。

博弈 2：参与人集合与博弈 1 相同，他们有两个行动阶段；第一阶段与博弈 1 是相同的。然而第二阶段与博弈 1 有差异。我们把参与人 2 的两个决策节点用虚线连在一起，说明参与人 2 在做决策时，不知道参与人 1 在第一阶段的行动，因此参与人 2 在这两个决策节点获知的信息不可区分，即参与人 2 只有 1 个信息集，或者说当参与人 2 进行决策时，他不清楚是处于左边还是右边的决策节点。为此，在博弈 2 中，参与人 2 的策略是在唯一信息集上的行动选择，这样参与人 2 只有两种可能的策略 $\{l,r\}$。一旦参与人 1 和 2 选择了他们各自的策略，就会形成一个结果，以及参与人 1 和 2 对应的收益，就是图 6.1(b) 末端的四个节点对应的数字。

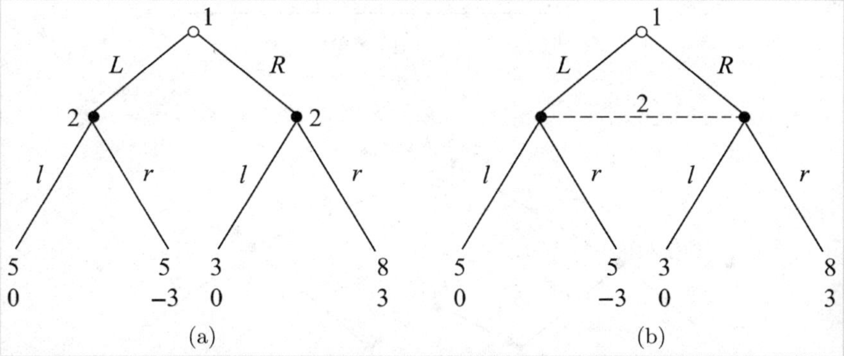

图 6.1　(a) 博弈 1 是完美信息博弈，参与人 2 知道参与人 1 的选择的扩展形式；(b) 博弈 2 是非完美信息博弈，参与人 2 不知道参与人 1 的选择的扩展形式

表 6.3 中的表 (a) 和表 (b) 刻画了对应于图 6.1 中博弈 1 和博弈 2 的策略形式表述。通常两种博弈形式是可以相互转换的。

从表 6.3 的对比中我们知道博弈 1 和博弈 2 存在差别，其中关键的差别来自参与人 2 的策略，而这来自参与人 2 在决策时对应的信息状况。

在扩展式博弈中，博弈树是每个参与人的共同知识，即所有参与人都知道，所有参与人都知道所有参与人都知道，等等。在扩展式描述的博弈中，通常还要求满足**“完美记忆”** (perfect recall) 的要求，即博弈的参与人在决策时知道在之前做决策时所掌握的信息以及之前自己所做的决策。完美记忆在现实中是一个很强的假设。例如，在桥牌游戏中，大多数人都记不清完整的叫牌顺序和牌的完整玩法。

图 6.2 描述了一个非完美记忆的情形。

表 6.3 (a) 博弈 1(参与人 2 知道参与人 1 的选择) 的策略形式；(b) 博弈 2 (参与人 2 不知道参与人 1 的选择) 的策略形式

		参与人2			
		$a_2^1=(l, l)$	$a_2^2=(r, r)$	$a_2^3=(l, r)$	$a_2^4=(r, l)$
参与人1	$a_1^1=L$	5, 0	5, −3	5, 0	5, −3
	$a_1^2=R$	3, 0	8, 3	8, 3	3, 0

(a) 博弈1

		参与人2	
		$a_2^1=l$	$a_2^2=r$
参与人1	$a_1^1=L$	5, 0	5, -3
	$a_1^2=R$	3, 0	8, 3

(b) 博弈2

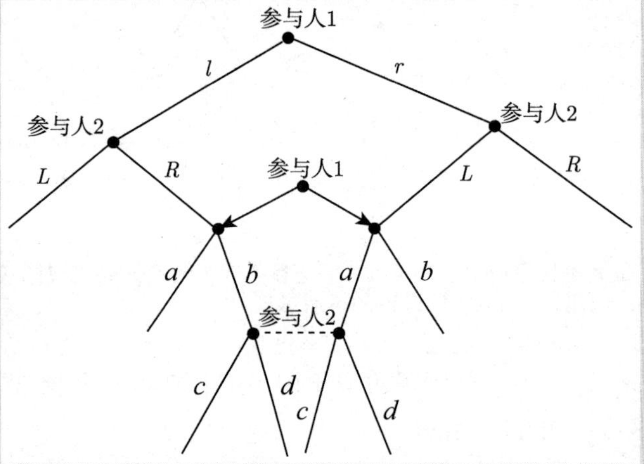

图 6.2 非完美记忆的博弈

在图 6.2 中，参与人 2 在第二次做决策时，不能区分两个决策节点，这意味着参与人 2 不能完美回忆他在第一次所做的决策是 R 还是 L。若参与人 2 有完美记忆，他是能区分的。此外，在扩展式博弈中，还可能存在外部的不确定性，通常，我们引入“自然”作为决策者来选择外部不确定性事件。

例 6.2.4 (猜硬币博弈，Matching Pennies) 设有两个参与人 1 和 2，他们进行猜硬币博弈，即选择正面或者背面。若两个人的选择是相同的，那么参与人 1 向参与人 2 支付一元钱，否则，参与人 2 向参与人 1 支付一元钱。假设游戏是如下进行的：首先通过抛硬币，若正面朝上，那么参与人 1 先选择，之后参与人 2 选择；若正面朝下，那么他们的选择次序调换，同时后选择的参与人了解前面参与人的行动。在这个博弈中，存在外部的不确定性，即谁先选择。我们引入新的参与人“自然”，让他来充当对外部性事件的决策者。图 6.3 描述了这个博弈。

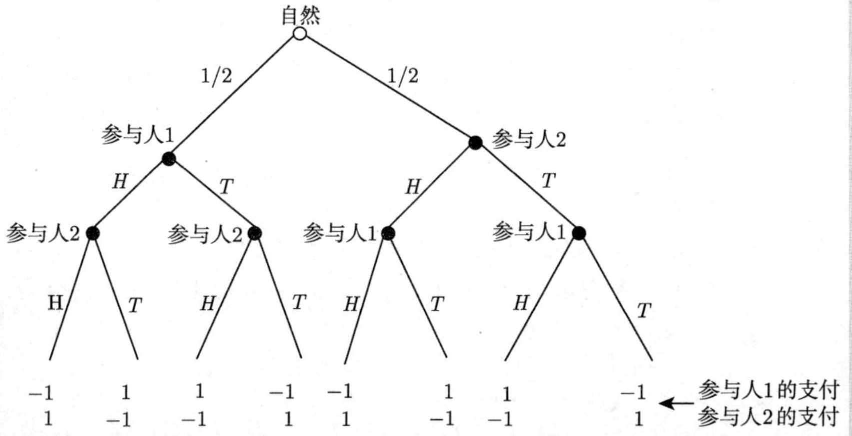

图 6.3 “自然”选择博弈的先后次序

6.2.3 混合策略和行为策略

在前面，我们将参与人的策略定义为一个关于行动的规则或完整的相机行事计划。在石头–剪刀–布的博弈中，参与人 A 和 B 各有 3 个策略，显然参与人不愿意让对方知道他们的选择。在很多互动情形下，参与人为了不让对方知道自己确切的选择而引入一些随机因素，这些随机因素与纯策略相结合，也就是对纯策略随机化，就形成了**混合策略**。

定义 6.2.1 给定标准形式博弈 $\Gamma_N = [N, \{S_i\}, \{u_i(\cdot)\}]$，其参与人 i 的策略集为 $S_i = \{s_i^1, \cdots, s_i^{n_i}\}$，参与人 i 的混合策略，$\sigma_i : S_i \to [0,1]^{n_i}$，是定义在 $S_i = \{s_i^1, \cdots, s_i^{n_i}\}$ 上的一个概率分布，这里 $\sigma_i(s_i^k) \geqq 0$ 表示参与人 i 选择策略 s_i^k 的概率，满足 $\sum\limits_{k=1}^{n_i} \sigma_i(s_i^k) = 1$。

因此，纯策略可以被看成一个退化的混合策略，即选择这个纯策略的概率为 1。如果策略空间不是有限的，可以类似地定义混合策略，则需要用积分形式表示。

如果我们采用扩展式博弈描述，是另一种形式的随机化，参与人 i 分别对每个信息集 H 上的行动进行随机化，而不是对整个 S 中的纯策略进行随机化。这种对每个信息集上的行动分别进行随机化的方法称为**行为策略** (behavior strategy)。虽然混合策略和行为策略的概念都是进行随机化，但它们有着非常不同的含义。

正式地，对每个信息集 $h \in H$，定义 $\Lambda(A(h))$ 是在信息集 h 的行动集 $A(h)$ 上概率分布的集合。对每个参与人 $i \in N$，在所有信息集中的概率选择构成行为策略，所有人的行为策略构成策略组合 $\boldsymbol{\sigma} = (\sigma_h)_{h\in H}$，其中 σ_h 表示在信息集 h 上 $\iota(h)$ 的行为策略。从行为策略出发，可以定义参与人 i 的混合策略，即 $\sigma_i = \Pi_{h\in H:\iota(h)=i}\sigma_h$，属于参与人 i 的所有信息集上的行动计划构成了参与人 i 的混合策略。

这样，混合策略是对所有行动 (纯策略) 进行随机化，而行为策略则是分别对每个信息集的行动进行随机化。然而，由 Hahn 定理 (Hahn，1953；参见习题 6.30)，对完美记忆博弈 (本章下面只讨论这种博弈)，两者是等价的。

若所有参与人 i 都选择混合策略，则参与人 i 的期望收益 (效用) 为

$$E_{\boldsymbol{\sigma}}u_i(s) = \sum_{s\in S}[\sigma_1(s_1)\sigma_2(s_2)\cdots\sigma_n(s_n)]\,u_i(s) \quad \text{如果 } S \text{ 是有限的} \tag{6.1}$$

$$= \int u_i(\boldsymbol{\sigma}(s))d\sigma(\boldsymbol{s}) \quad \text{如果} S \text{ 不是有限的,} \tag{6.2}$$

即在策略 s 处的效用，乘上 s 发生的概率，然后对所有的 $s\in S$ 加总 (积分)。

为了有个直观的理解，考虑 $n=2$ 和有限策略，则参与人 1 的期望收益为

$$\begin{aligned} Eu_1(s) &= \sum_{l=1}^{n_1}\sum_{k=1}^{n_2}\sigma_1(s_1^l)\sigma_2(s_2^k)u_1(s_1^l, s_2^k)) \\ &= \sigma_1(s_1)'\boldsymbol{U}_1\sigma_2(s_2), \end{aligned} \tag{6.3}$$

这里 $\boldsymbol{U}_1$ 是参与人 1 的收益矩阵：

$$\boldsymbol{U}_1 = \begin{bmatrix} u_1(s_1^1, s_2^1) & u_1(s_1^1, s_2^2) & \cdots & u_1(s_1^1, s_2^{n_2}) \\ u_1(s_1^2, s_2^1) & u_1(s_1^2, s_2^2) & \cdots & u_1(s_2^1, s_2^{n_2}) \\ \vdots & \vdots & & \vdots \\ u_1(s_1^{n_1}, s_2^1) & u_1(s_1^{n_1}, s_2^2) & \cdots & u_1(s_1^{n_1}, s_2^{n_2}) \end{bmatrix}.$$

式 (6.3) 可以很方便地被用来计算参与人的期望收益及其均衡解。

由于不同互动情形有不同的特征，下面在介绍非合作博弈时，将以完全信息或不完全信息下的静态博弈和动态博弈为标准把非合作博弈划分为四个基本类型。在经济学和博弈论中，**完全信息**是一种经济情境或博弈，在这种经济情境或博弈中，所有参与人都知道其他参与人的特征，如收益、策略空间和参与人的“类型”都是共同知识。相反，在**不完全信息**博弈中，参与人并不拥有对方的全部信息。若一个博弈的策略空间只有有限个策略组合，则被称为**有限博弈**。**重复博弈**属于一类比较特殊的动态博弈，由于这一类型的博弈有特殊的结构，我们在下一章单独列出来讨论。

6.3 完全信息静态博弈

完全信息静态博弈是最简单的互动博弈，即每个参与人对其他参与人的特征拥有完全信息 (也就是参与人的收益、策略空间和参与人的“类型”都是共同知识)，且每个参与人只做一次决策。在这类博弈中，行动集就是参与人的策略集。

6.3.1 占优策略和占劣策略

在博弈中人们是理性的，这就意味着人们会尽量避免对自身不利的选择。于是，在讨论参与人的互动时，我们先引入参与人如何采用或避免不利后果的两个概念——**占优** (dominant) 策略和**占劣** (dominated) 策略。占优策略是描述自利行为最强的一个解的概念。这是由于不管其他参与人选择什么策略，占优策略都是最优的，也就是自身的最优策略选择与其他参与人的策略选择无关，也就是不需要策略。博弈论中的一条公理是，只要占优策略存在，则每个参与人都会选择该策略。

例 6.3.1 (囚徒困境) 警察在一起事件中抓住了两个犯罪嫌疑人，警方怀疑他们之前可能犯过更大的罪行。警方决定对他们隔离审问，并对他们采取“坦白从宽、抗拒从严”的政策。若两个犯罪嫌疑人都选择抗拒，即抵赖，那么警方在缺乏充分证据的情形下不得不以较轻的罪名起诉他们，在这种情形下他们都被判处 2 年的刑期。若只有其中一个人坦白，那么坦白的人会受到从轻发落，而抵赖的另外一个人则会受到从重处罚。在这种情形下，受到从轻发落的人被判处 1 年刑期，而受到从重处罚的人被判处 10 年刑期。若两个人对之前所犯的罪行都坦白，犯罪行为坐实了，那么两个犯罪嫌疑人会被以较重的罪名起诉。在这种情形下，最终两人都会被判处 5 年刑期。设对参与人来说 t 年刑期的效用水平是 $-t$。按照标准形式的博弈表述，表 6.4 描述了两个犯罪嫌疑人的互动。

第6章

表 6.4 囚徒困境

		囚徒 2 坦白	囚徒 2 抵赖
囚徒 1	坦白	$-5, -5$	$-1, -10$
	抵赖	$-10, -1$	$-2, -2$

粗略看上去，双方都应该合作选择抵赖，此时集体理性将给双方带来更好的收益。然而个体理性假设意味着，参与人只追求自己的效用最大化，不难看出，选择“坦白”总是相对于“抵赖”更好，这是因为若对方选择“抵赖”，自己选择“坦白”的收益是 -1，大于选择“抵赖”时的收益 -2；若对方选择“坦白”，自己选择“坦白”的收益是 -5，大于选择“抵赖”时的收益 -10。这样，不管对方怎么选择，选择“坦白”总是最有利于参与人，这种类型的策略被称为**占优策略**，尽管对两个囚徒来说，共同选择抵赖对他们来说是更好的。这种由个体理性导致集体非理性的结果，在经济学中被称为**囚徒困境**，在文献上有时又被称为**囚徒悖论**。

定义 6.3.1 (严格占优策略) 策略 $s_i \in S_i$ 被称为博弈 $\Gamma_N = [N, \{S_i\}, \{u_i(\cdot)\}]$ 中参与人 i 的一个**严格占优策略** (strictly dominant strategy)：若对参与人 i 的其他纯策略 $s_i{}' \neq s_i$，以及对任意的 $s_{-i} \in S_{-i} \triangleq S_1 \times \cdots \times S_{i-1} \times S_{i+1} \times \cdots \times S_n$，都满足

$$u_i(s_i, s_{-i}) > u_i(s_i{}', s_{-i}).$$

与这个概念相关的另一个概念，我们称之为**占劣策略 (简称劣策略)**。

定义 6.3.2 (严格占劣策略) 策略 $s_i \in S_i$ 被称为博弈 $\Gamma_N = [N, \{S_i\}, \{u_i(.)\}]$ 中参与人 i 的一个**严格劣策略** (strictly dominated strategy)：若存在参与人 i 的另一个策略 $s_i' \neq s_i$，对任意的 $s_{-i} \in S_{-i}$，都满足

$$u_i(s_i', s_{-i}) > u_i(s_i, s_{-i}).$$

在这种情况下，我们说策略 s_i' 严格占优 s_i。

这样，由这个定义，策略 $s_i \in S_i$ 是博弈中 $\Gamma_N = [N, \{S_i\}, \{u_i(.)\}]$ 参与人 i 的一个严格占优策略，当它严格占优在 S_i 中的所有其他策略时。

下面是占优策略的一个较弱概念。

定义 6.3.3 (弱占优策略) 策略 $s_i \in S_i$ 是博弈 $\Gamma_N = [N, \{S_i\}, \{u_i(.)\}]$ 中的一个**弱占优策略** (weakly dominant strategy)，若它弱占优 S_i 中所有其他策略，即：对每一个 $s_i' \neq s_i$ 和所有的 $s_{-i} \in S_{-i}$，我们都有

$$u_i(s_i, s_{-i}) \geqq u_i(s_i', s_{-i})$$

第6章

并且对某个 s_{-i}，严格不等式成立。

类似地，我们有

定义 6.3.4 (弱劣策略) 策略 $s_i \in S_i$ 是博弈 $\Gamma_N = [N, \{S_i\}, \{u_i(.)\}]$ 中的一个**弱劣策略** (weakly dominated strategy)，若存在另外一个策略 $s_i' \neq s_i$ 使得对所有的 $s_{-i} \in S_{-i}$，都有

$$u_i(s_i', s_{-i}) \geqq u_i(s_i, s_{-i})$$

并且对某个 s_{-i}，严格不等式成立。在这种情况下，我们说策略 s_i' **弱占优** s_i。一个策略是**弱占优策略**，若它弱占优 S_i 中的所有其他策略。

若每个参与人都有严格占优策略，那么我们把所有参与人的严格占优策略组合称为**严格占优 (策略) 均衡**；若每个参与人都有弱占优策略，那么我们把所有参与人的弱占优策略组合称为**占优 (策略) 均衡**。正式地，我们有：

定义 6.3.5 (严格占优策略均衡) 策略组合 $(s_1, s_2, \cdots, s_n)$ 是博弈 $\Gamma_N = [N, \{S_i\}, \{u_i(.)\}]$ 的一个**严格占优策略均衡** (strictly dominant strategy equilibrium)，若对所有的 i，$s_i \in S_i$ 均是参与人 i 的一个严格占优策略。

定义 6.3.6 (占优策略均衡) 策略组合 $(s_1, s_2, \cdots, s_n)$ 是博弈 $\Gamma_N = [N, \{S_i\}, \{u_i(.)\}]$ 的一个**占优策略均衡** (dominant strategy equilibrium)，若对所有的 i，$s_i \in S_i$ 是参与人 i 的一个弱占优策略。

由于参与人是 (个人) 理性的，当一个博弈中存在参与人 i 的严格占优策略时，该参与人一定会选择占优策略。在上面囚徒困境的例子中，由于选择“坦白”是两个参与人的严格占优策略，在参与人的理性互动中，两个囚徒都会选择“坦白”策略，其组合构成了一个严格占优均衡。

一个参与人如在博弈中存在严格占优策略，严格占优策略则只可能有一个，而且该参与人的其他策略都是严格劣策略。只要参与人是理性的，他就不会选择严格劣策略。这样，在博弈的参与人决策中，我们可以通过**重复剔除严格劣策略** (iterated elimination of strictly dominated strategies，IESDS)来缩小参与人选择的行动集。重复剔除严格劣策略这一过程是建立在理性是共同知识这一假设上的。重复剔除的第一阶段是某个参与人有劣策略的理性结果；第二阶段是因为参与人知道其他参与人是理性的；第三阶段是因为参与人知道其他参与人知道他们是理性的，以这样的一个独特的预测结束。在重复剔除严格劣策略的过程中幸存下来的策略 s 被称为**重复剔除均衡**。

重复剔除劣策略是一种常见的求解博弈的技术，它涉及对劣策略的重复剔除。与严格占优策略均衡的概念一样，重复剔除均衡是从理性前提出发的。然而，除了理性，重复剔除劣策略还需要理性作为共同知识。重复剔除均衡的一个吸引人的特点是它总是存在的。然而，这是以均衡的唯一性为代价的。在重复剔除劣策略的过程中，可能有太多的策略组合从重复剔除劣策略中幸存下来 (参见例 6.3.6)。

例 6.3.2 考虑由表6.5最上方的表所描述的博弈，参与人 1 有 3 个策略 $\{T, M, B\}$，参与人 2 也有 3 个策略 $\{L, C, R\}$。

第6章

在初始博弈中，由于 M 是参与人 1 的严格劣策略，所以参与人 1 不可能选择 M 策

表 6.5 剔除劣策略

参与人 2

参与人 1		L	C	R
	T	1, 1	2, 0	1, 1
	M	0, 0	0, 1	0, 0
	B	2, 1	1, 0	2, 2

(a)

参与人 2

参与人 1		L	C	R
	T	1, 1	2, 0	1, 1
	B	2, 1	1, 0	2, 2

(b)

参与人 2

参与人 1		L	R
	T	1, 1	1, 1
	B	2, 1	2, 2

(c)

参与人 2

参与 1		L	R
	B	2, 1	2, 2

(d)

参与人 2

参与 1		R
	B	2, 2

(e)

略，删除严格劣策略后的博弈由表 6.5(b) 描述。在这个博弈中，C 是参与人 2 的严格劣策略，删除严格劣策略后的博弈由表 6.5(c) 描述。在这个博弈中，T 是参与人 1 的严格劣策略，删除严格劣策略后的博弈由表 6.5(d) 描述。在这个博弈中，L 是参与人 2 的严格劣策略，删除严格劣策略后的博弈由表 6.5(e) 描述。现在就只剩下唯一的策略组合，这个策略组合就是该博弈的重复剔除均衡。

例 6.3.3 (父亲反对女儿婚姻博弈) 设想富家女儿爱上了穷家小子。父亲觉得门不当户不对而坚决反对，从而威胁女儿说："你要嫁，我就和你断绝父女关系。"这是在现实中经常听到的一句话，可以用标准形式博弈来描述父女之间的这个博弈。可以看出，女儿有两个策略："屈服"和"不屈服"；父亲也有两个策略："妥协"和"不妥协"。若女儿"屈服"，父亲"妥协"的结果是父亲得到两全其美 (既没有失去女儿，又让女儿和小子断绝了关系) 的结果而女儿则失去情人，父亲不妥协的结果是父亲失去女儿而女儿失去一切。若女儿"不屈服"，父亲妥协的结果是父亲讨厌小子而女儿得到既拥有了情人也没有失去父亲这样两全其美的结果；父亲不妥协的结果则是父亲失去女儿而女儿也失去父亲。

这样，可以得到如表 6.6 所示的博弈矩阵。那么最终的均衡结果是什么呢？首先，可以看出，对女儿来说，"屈服"是严格劣策略，无论父亲采用"妥协"还是"不妥协"策略，对女儿来说"不屈服"都是严格占优策略。在女儿"不屈服"的情况下，父亲选择"妥协"是最优策略，这是由于讨厌小子总比失去女儿要好！

这个例子解释了为什么在现实中父亲反对女儿婚恋大多都以失败告终，其原因是父亲断绝父女关系的威胁不可信。作为女儿来说，不屈服是占优策略：她失去父亲比失去一切 (既失去父亲，也失去情人) 要好，同时拥有父亲和得到情人比失去情人要好。现实中的大量实际现象是，从事后看，特别是女儿和小子成婚后带着外孙回家时，父亲往往会原谅女儿，这更说明女儿对父亲反对婚姻坚决不妥协是一个最优策略。这个例子所显示的思想可以被用来研究价格战威胁是否可信的问题，我们后面将会回到对可信性问题的讨论上。

表 6.6 父亲反对女儿婚姻博弈

		女儿	
		屈服	不屈服
父亲	妥协	两全其美，失去情人	讨厌小子，两全其美
	不妥协	失去女儿, 失去一切	失去女儿, 失去父亲

例 6.3.4 (智猪博弈) 设想有两头一大一小的聪明的猪共同生活在一个猪圈里。猪圈的一端有个踏板，踏板连着开放饲料的机关。只要踩一下，在猪圈的另一端就会出现 10 单位食物。任何一头猪去踩这个踏板都会付出相当于 2 单位食物的体力成本，不过大猪进食快而小猪进食慢。每头猪都可以选择"踩"或"不踩"踏板。有四种可能的结果：

（1）两头猪都不去踩。没有吃的，获利为 0。

（2）大猪去踩，小猪不踩。大猪尽管有时间耽搁但进食快，食得 5 单位食物，小猪没有耽误时间，但进食慢，也食得 5 单位食物。大猪扣除体力成本后获利 3 单位食物，小猪没有付出任何体力因而获得 5 单位食物。

（3）小猪去踩，大猪不踩。小猪赶到槽边时大猪已经吃了 9 单位食物，小猪只能吃到 1 单位食物，但却付出了 2 单位成本，获利为 −1 单位。

（4）同时去踩和回来同时进食。大猪进食快因而吃到 7 单位食物，小猪进食慢因而只能吃到 3 单位食物，扣除各自的成本，大猪和小猪分别获利 5 和 1 单位食物。

于是有如表 6.7所示的智猪博弈的收益矩阵。

在这个例子中，对小猪而言，不去踩是严格占优策略，踩是严格劣策略，即无论大猪是否去踩踏板，小猪不去踩踏板总比踩踏板好。反观大猪，已知小猪不会去踩踏板，于是踩踏板比不踩强，所以只好亲力亲为了，从而唯一的重复剔除均衡是（“踩”，“不踩”）。智猪博弈存在的基础，就是双方都无法摆脱共存局面，而且必有一方要付出代价换取双方的利益。而一旦有一方的力量足够打破这种平衡，共存的局面便不复存在，期望将重新被设定，智猪博弈的局面也随之被破解。

表 6.7 智猪博弈

		小猪	
		踩	不踩
大猪	踩	5，1	3，5
	不踩	9, -1	0, 0

第6章

智猪博弈有许多应用。比如，在某种新产品刚上市，其性能和功用还不为人所熟识的情况下，如果还有其他生产能力和销售能力更强的企业，那么，小企业没有必要投入大量广告做产品宣传，只要采用跟随策略即可。又比如，如果企业内部的这种激励机制设置得不合理，企业中就会出现这种小猪不跑、大猪跑得欢的情况。这样的情况在现实中比比皆是，如大多数公共事务或服务，都由少数人来完成，多数人坐享其成。社会中大猪和小猪现象何其多，例如：改革者为大猪，守旧者为小猪；创新者为大猪，跟随者为小猪。

“智猪博弈”的故事给了竞争中的弱者 (小猪) 以等待为最优策略的启发。但是对于社会而言，因为小猪未能参与竞争，小猪搭便车时的社会资源配置并不处于最优状态。出现以上结果事实上是依赖于环境和游戏规则的设定。“搭便车”问题可能出现，也可能不出现，这取决于投食方案的改变，我们将在关于激励机制设计理论的第 18 章中再回到这个例子。

更一般 (以及更严格) 地表示严格劣策略，还需要结合考虑混合策略。

定义 6.3.7 一个混合策略 σ_i 被称为在博弈 $\Gamma_N = [N, \{\Delta S_i\}, \{u_i(.)\}]$ 下 (这里 ΔS_i 是参与人 i 的混合策略空间，即在纯策略空间 S_i 上所有可能的概率分布) 参与人 i 的**严格劣混合策略**，若存在参与人 i 的另一个混合策略 $\sigma_i{}' \neq \sigma_i$，以及任意的 $\boldsymbol{\sigma}_{-i} \in \Delta S_{-i} \triangleq \Delta S_1 \times \cdots \times \Delta S_{i-1} \times \Delta S_{i+1} \times \cdots \times \Delta S_n$，都有 $u_i(\sigma_i, \boldsymbol{\sigma}_{-i}) < u_i(\sigma_i{}', \boldsymbol{\sigma}_{-i})$。

例 6.3.5 考虑由表 6.8所描述的两个博弈。在这两个博弈中，参与人 1 有 3 个策略 $\{T, M, B\}$，参与人 2 有 2 个策略 $\{L, R\}$。根据之前的定义，在表 6.8(a) 中，两个参与人都没有严格劣策略，然而考虑混合策略，比如 σ_1，它选择 T 和 B 的概率各为 0.5，此时

表 6.8　混合劣策略

(a)

		参与人 2 L	参与人 2 R
参与人 1	T	$2,0$	$-1,0$
	M	$0,0$	$0,0$
	B	$-1,0$	$2,0$

(b)

		参与人 2 L	参与人 2 R
参与人 1	T	$1,3$	$-2,0$
	M	$-2,0$	$1,3$
	B	$0,1$	$0,1$

M 就是参与人 1 的严格劣混合策略。在表 6.8(b) 中，根据之前的定义，此时参与人 1 和 2 都没有严格劣策略，但考虑混合策略 σ_1'，它选择 T 和 M 的概率各为 0.5，不管参与人 2 如何选择，σ_1' 带给参与人 1 的效用总比纯策略 B 更低，这样混合策略 σ_1' 是严格劣 (混合) 策略。

事实上，由于

$$u_i(\sigma_i, \boldsymbol{\sigma}_{-i}) - u_i(\sigma_i', \boldsymbol{\sigma}_{-i}) = \sum_{\boldsymbol{s}_{-i} \in S_{-i}} \left[\prod_{j \neq i} \sigma_j(s_j)\right] [u_i(\sigma_i, \boldsymbol{s}_{-i}) - u_i(\sigma_i', \boldsymbol{s}_{-i})],$$

则 $[u_i(\sigma_i, \boldsymbol{\sigma}_{-i}) - u_i(\sigma_i', \boldsymbol{\sigma}_{-i})] < 0$ 当且仅当 $[u_i(\sigma_i, \boldsymbol{s}_{-i}) - u_i(\sigma_i', \boldsymbol{s}_{-i})] < 0$。于是我们有下面的命题。

命题 6.3.1　参与人 i 的一个纯策略 σ_i 是 $\Gamma_N = [N, \{\Delta S_i\}, \{u_i(.)\}]$ 的一个严格占劣策略当且仅当存在着另外一个策略 σ_i' 使得对其他参与人的所有纯策略 $\boldsymbol{s}_{-i} \in S_{-i}$，均有

$$u_i(s_i, \boldsymbol{s}_{-i}) < u_i(\sigma_i', \boldsymbol{s}_{-i}).$$

6.3.2　最佳响应与策略的理性化

首先，引入最佳响应的概念。

定义 6.3.8　对博弈 $\Gamma_N = [N, \{\Delta S_i\}, \{u_i(\cdot)\}]$，策略 σ_i 是参与人 i 对其他参与人策略组合 $\boldsymbol{\sigma}_{-i}$ 的**最佳响应**，若对所有的 $\sigma_i' \in \Delta(S_i)$，都满足 $u_i(\sigma_i, \boldsymbol{\sigma}_{-i}) \geqq u_i(\sigma_i', \boldsymbol{\sigma}_{-i})$。

这样，若一个策略 σ_i 是 $\boldsymbol{\sigma}_{-i}$ 的最佳响应，那么该策略是参与人 i 猜测其他参与人会采取 $\boldsymbol{\sigma}_{-i}$ 时的最佳选择。

为了定义可理性化策略，我们先定义**信念** (belief) 和**从来不是最佳响应** (never-best-response)策略这两个概念。剔除严格劣策略实际上是参与人的理性选择逻辑，但参与人的理性选择是建立在他对于其他参与人行为选择的信念基础上的。在互动博弈中，参与人的策略选择的理性化与剔除劣策略之间存在逻辑的一致性。

定义 6.3.9 (信念) 给定博弈 $\Gamma_N = [N, \{\Delta S_{-i}\}, \{u_i(\cdot)\}]$，参与人 i 关于其他参与人策略的**信念** μ_i 是一个定义在 $\Delta(S_{-i})$ 上的概率分布。

定义 6.3.10 (从来不是最佳响应) 给定博弈 $\Gamma_N = [N, \{\Delta S_i\}, \{u_i(\cdot)\}]$，一个纯策略 $s_i' \in S_i$ 被称为**从来不是一个最佳响应**，若对其他参与人的任何信念 $\mu_i(s_i)$，σ_i 都不是最优的，即：对任意的信念 $\mu_i \in \Delta(S_{-i})$，都存在着 $\sigma_i \in \Delta(S_i)$ 使得

$$\sum_{s_{-i} \in S_{-i}} \mu_i(s_{-i}) u_i(s_i', s_{-i}) < \sum_{s_{-i} \in S_{-i}} \mu_i(s_{-i}) u_i(\sigma_i, s_{-i}).$$

也就是说，s_i' 对他关于其他参与人的任何信念都不可能是一个最佳响应。

显然，若一个策略是严格劣策略，那么该策略不可能是参与人的最佳响应。同时可以证明，在一个有限博弈中，若一个策略在任何情形下都不是参与人 i 的最佳响应，那么这个策略一定也是严格劣策略，具体证明见 Osborne 和 Rubinstein (1994)。

下面我们引入策略的**可理性化**。

定义 6.3.11 对博弈 $\Gamma_N = [N, \{\Delta S_i\}, \{u_i(\cdot)\}]$，一个 (纯) 策略 $s_i \in S_i$ 是**可理性化的**，若它能在那些从来都不是最佳响应的策略的迭代剔除中幸存下来。

第6章

显然，(1) 如果参与人 i 的一个策略 s_i 是严格劣策略，那么显然它不是可理性化的。这是由于此时没有一个信念 μ_i 使得 s_i 在这个信念下是一个最优选择；(2) 尽管策略 s_i 是参与人 i 在信念 μ_i 下的最优选择，但所有这样的信念的支撑集都包含其他参与人的严格劣策略，即对所有使得 s_i 是最佳响应的信念 $\mu_i(\cdot) > 0$，都存在一个 $j \in N \backslash \{i\}$，s_j 是参与人 j 的严格劣策略，则 s_i 也不能被合理化；(3) 如果策略 s_i 是参与人 i 在信念 μ_i 下的最佳响应，但所有这样的信念的支撑集都包含了其他参与人不能被理性化的策略，这样的策略 a_i 也不能被理性化。

如上所述，在有限博弈中，对从来都不是最佳响应策略重复剔除后生成的集合与对严格占劣策略重复剔除后生成的集合是一致的。于是，我们有下列命题。

命题 6.3.2 对有限博弈 $\Gamma_N = [N, \{\Delta S_i\}, \{u_i(\cdot)\}]$，如果策略 $S^{IE} = \times_{j \in N} S_j^{IE}$ 是重复剔除严格劣策略后剩下的，此时对于每个参与人 $i \in N$，S_i^{IE} 都是参与人 i 的可理性化策略集。

例 6.3.6 (例 6.3.5(续)) 对例 6.3.5中博弈 (a)，我们知道 M 是参与人 1 的一个严格占劣策略。将 M 从博弈中剔除后得到的收益矩阵 (见表 6.9) 为：

表 6.9 二人博弈可理性化策略

		参与人 2	
		L	R
参与人 1	T	2, 0	−1, 0
	B	−1, 0	2, 0

这个博弈再也没有能被理性化的策略。因此，参与人 1 的可理性化策略集是 $S_1^{IE} = \{T, B\}$，参与人 2 的可理性化策略集是 $S_2^{IE} = \{L, R\}$。

除了策略的理性化，如下所述，我们还可以使用最佳响应来确定博弈的纳什均衡，从而是对可理性化策略集合的一个精炼。

6.3.3 纳什均衡

理性化可以帮助我们约束互动中参与人的选择。然而，它是一个较弱的均衡解概念，在很多博弈中，有太多可理性化策略，如例 6.3.6 的那些策略。为了精炼可理性化策略集，我们现在施加一个更强的假设：参与人不仅是理性的，而且他们对其他人的期望是互知的。此时我们对参与人的信念施加了一个额外约束，即理性预期约束，所导致的均衡被称为**纳什均衡**。在纳什均衡下，给定对其他参与人策略的理性预期，每个参与人都不会调整他们的策略。这样，纳什均衡有一个很重要的特性，即信念和选择之间的一致性。这就是说，**基于信念的选择是理性 (最优) 的，同时支撑这个选择的信念也是正确的**。这样，纳什均衡具有预测的自我执行 (self-enforcement) 的特征。若大家都认为这个结果会出现，这个结果就真的会出现。

下面正式给出纳什均衡 (Nash equilibrium) 的定义，它意味着一旦达到它，任何参与人都没有激励选择单方面偏离 (自我执行)。

定义 6.3.12 对博弈 $\Gamma_N = [N, \{\Delta S_i\}, \{u_i(.)\}]$，策略组合 $(\sigma_i^*, \boldsymbol{\sigma}_{-i}^*)_{i \in N}$ 是一个**纳什均衡**，若对任意的 $i \in N$，以及任意的 $\sigma_i' \in \Delta S_i$，都满足 $u_i(\sigma_i^*, \boldsymbol{\sigma}_{-i}^*) \geqq u_i(\sigma_i', \boldsymbol{\sigma}_{-i}^*)$。

若策略选择被界定在纯策略上，则有相应的纯策略纳什均衡。

定义 6.3.13 对博弈 $\Gamma_N = [N, \{S_i\}, \{u_i(\cdot)\}]$，策略组合 $(s_i^*, \boldsymbol{s}_{-i}^*)_{i \in N}$ 是**纯策略纳什均衡**，若对任意的 $i \in N$ 和 $s_i' \in S_i$，都满足 $u_i(s_i^*, \boldsymbol{s}_{-i}^*) \geqq u_i(s_i', \boldsymbol{s}_{-i}^*)$。

到目前为止，我们已经引入了严格占优策略均衡、占优策略均衡、纳什均衡、重复剔除均衡和可理性化策略组合的解的概念。很明显，(严格) 占优策略均衡都是纳什均衡，而纳什均衡意味着它是重复剔除均衡和可理性化策略组合，反之可能不成立。它们之间的关系依次减弱，即严格占优策略均衡概念最强，可理性化策略组合概念最弱。当然，对有限博弈，重复剔除均衡和可理性化策略组合是等价的。此外，如果可理性化策略组合集或重复剔除均衡集是唯一策略组合，则必定是纳什均衡。

接着我们讨论最佳响应和纳什均衡的关系。显然对博弈 $\Gamma_N = [N, \{\Delta S_i\}, \{u_i(\cdot)\}]$，一个策略组合 $(\sigma_i^*, \boldsymbol{\sigma}_{-i}^*)$ 是纳什均衡当且仅当对任意的 $i \in N$，σ_i^* 都是参与人 i 对其他参与人策略组合 $\boldsymbol{\sigma}_{-i}^*$ 的最佳响应。的确如此，纳什均衡意味着在给定对手的策略选择时，没有参与人会选择单方面偏离其均衡选择，从而它是所有参与人的最佳响应策略组合。反之，若 σ^* 是一个最佳响应策略组合，则显然是一个纳什均衡。因此，当某个策略组合是纳什均衡时，这意味着它是所有参与人最佳响应集的交集中的一个元素。

这样，我们有以下命题。

命题 6.3.3 对博弈 $\Gamma_N = [N, \{\Delta S_i\}, \{u_i(.)\}]$，纳什均衡的集合与所有参与人最佳响应集的交集相同。

这个命题非常有用，可以通过所有参与人最佳响应集的交集，对一般博弈形式证明纳什均衡的存在性以及方便地求出 (如通过一阶条件) 所有纳什均衡。这个结论对二人博弈也给出了求纳什均衡的简单方法。

例 6.3.7　设有两个参与人 1 和 2，他们的博弈结构见表 6.10。

表 6.10　纳什均衡的例子

		参与人 2		
		L	C	R
参与人 1	T	$\underline{5},3$	$0,4$	$3,\underline{5}$
	M	$4,0$	$\underline{5},\underline{5}$	$4,0$
	B	$3,\underline{5}$	$0,4$	$\underline{5},3$

我们现在利用纳什均衡的集合与所有参与人最佳响应集的交集相同这个结论可方便迅速地求出这个博弈的纳什均衡。首先考虑参与人 1 的策略，对参与人 2 的每个策略，找出参与人 1 的最佳响应策略，在其对应的收益数字下画一横线，类似地找出参与人 2 的最佳响应策略，都具有横线的策略组合只有 (M,C)。这样，策略组合 (M,C) 是唯一的纯策略纳什均衡，其对应的纳什均衡策略收益组合是 (5,5)。

第6章

例 6.3.8 (斗鸡博弈或夫妻吵架博弈)　考虑斗鸡博弈，有两只实力均等的鸡相斗 (或一对夫妻间吵架)。每只鸡都有两个策略：继续前进和退让。若两只鸡都选择继续斗下去，其结果是两败俱伤，其收益都为 -1；若两只鸡都选择退让，没有胜负，其收益都为 0；若一只鸡继续前进而另外一只鸡选择退让，则赢的那只鸡的收益为 1 而退让的鸡的收益为 0。这样，其收益矩阵见表 6.11。

表 6.11　斗鸡博弈

		鸡 B	
		进	退
鸡 A	进	$-1,\ -1$	$\underline{1},\ \underline{0}$
	退	$\underline{0},\underline{1}$	$0,\ 0$

可以看出，一方退让：“鸡 A 退–鸡 B 进”和“鸡 A 进–鸡 B 退”都是纳什均衡结果 (如夫妻间吵架：丈夫或妻子退让都是纳什均衡)。

两只鸡在决斗时，无论选择进或退都是一个难题，因为纳什均衡已经给出了一胜一败的最优策略。在很多较量下，死拼将是得不偿失的，这也就是“敌进我退、敌退我追”的著名游击战术，有它的科学性。

这个例子对两个势力均等的企业如何相处和竞争有一定的借鉴意义。两个已经身处商场的强势企业很可能自觉地遵循纳什均衡：当一方采取攻势时，另一方暂退。虽然可能某方暂时受损，但较之于两败俱伤是好得多的结果。不过，要维持这一状况，必须保证下一次先期受损的一方发动攻势时，另一方同样后退 (比如夫妻间吵架，丈夫和妻子互换着退让)。

下面关于纳什均衡的等价定义是建立在主观信念的最优决策意义下的。

定义 6.3.14 对于博弈 $\Gamma_N = [N, \{\Delta S_i\}, \{u_i(\cdot)\}]$，**纳什均衡**由组对主观信念系统 $\boldsymbol{\mu}^* = (\mu_1^*, \mu_2^*, \cdots, \mu_n^*)$ 和策略组合 $(\sigma_i^*, \boldsymbol{\sigma}_{-i}^*)_{i\in N}$ 组成。其中 μ_i^* 定义在 S_j 上，$j \neq i$，满足以下条件：对任意的 $\sigma_i{}' \in \Delta(S_i)$，我们均有：

$$\begin{aligned} Eu_i(\sigma_i^*|\mu_i^*) &\geqq Eu_i(\sigma_i'|\mu_i^*), \\ \sigma_j^* &= \mu_i^*|_{S_j}, \end{aligned}$$

其中 $Eu_i(\sigma_i^*|\mu_i^*) = \int_{s_i\in S_i, s_{-i}\in S_{-i}} u(s_i, \boldsymbol{s}_{-i}) d(\sigma_i(s_i)) d(\mu_i(\boldsymbol{s}_{-i}))$ 表示参与人 i 在信念 μ_i 下选择 σ_i 的期望效用；$\mu_i^*|_{s_j}$ 表示信念 μ_i^* 在 S_j 上的边际概率分布。如果每个人的混合策略是独立的，此时 $\mu_i^* = \times_{j\in N\setminus\{i\}}$。

这个纳什均衡完全地描述了信念和选择间的一致性：基于信念的选择是理性的，与此同时支撑选择的信念也是正确的。

第6章

有些博弈不存在纯策略纳什均衡，比如石头–剪刀–布不存在纯策略纳什均衡，但也许存在混合策略纳什均衡。那么，如何方便地解混合策略纳什均衡呢？当然可以通过求期望收益最大化的方法 (如一阶条件) 得到，但较为复杂。不过，还可通过一种更简单的方法得到。

下面的命题确认了正概率策略之间的无差异性是混合策略纳什均衡的一个一般特征。

命题 6.3.4 令 $S_i{}^+ \subseteq S_i$ 是参与人 i 在混合策略组合 $\boldsymbol{\sigma} = (\sigma_1, \sigma_2, \cdots, \sigma_n)$ 下以正概率所选择的纯策略的集合。则策略组合 $\boldsymbol{\sigma} = (\sigma_1, \sigma_2, \cdots, \sigma_n)$ 是博弈 $\Gamma_N = [N, \{\Delta S_i\}, \{u_i(\cdot)\}]$ 的一个混合策略纳什均衡，当且仅当对任意的 $i \in N$，均满足：

(1) $u_i(s_i, \boldsymbol{\sigma}_{-i}) = u_i(s_i{}', \boldsymbol{\sigma}_{-i})$ 对所有的 s_i，$s_i{}' \in S_i{}^+$ 均成立；

(2) $u_i(s_i, \boldsymbol{\sigma}_{-i}) \geqq u_i(s_i{}', \boldsymbol{\sigma}_{-i})$ 对所有的 $s_i \in S_i{}^+$，$s_i{}' \notin S_i{}^+$ 均成立。

证明： **必要性**。若上面的条件 (1) 或者 (2) 至少有一个没有得到满足，则存在 $s_i \in S_i{}^+$，$s_i{}' \in S_i$，使得 $u_i(s_i{}', \boldsymbol{\sigma}_{-i}) > u_i(s_i, \boldsymbol{\sigma}_{-i})$。参与人 i 若将原来选择的策略 s_i 改选为 $s_i{}'$，则可以严格增加参与人 i 的期望收益，这意味着 σ_i 不是 $\boldsymbol{\sigma}_{-i}$ 的最佳响应。

充分性。假设上面的条件 (1) 和 (2) 都满足，但 $\boldsymbol{\sigma} = (\sigma_1, \sigma_2, \cdots, \sigma_n)$ 不是纳什均衡。则至少存在一个参与人 i 和另一个策略 $\sigma_i{}'$，使得 $u_i(\sigma_i{}', \boldsymbol{\sigma}_{-i}) > u_i(\sigma_i, \boldsymbol{\sigma}_{-i})$。这意味着，在 $\sigma_i{}'$ 处，至少存在一个参与人以正的概率选择纯策略 $\hat{s}_i$，使得 $u_i(\hat{s}_i, \boldsymbol{\sigma}_{-i}) > u_i(\sigma_i, \boldsymbol{\sigma}_{-i})$。由条件 (1)，我们知道对所有的 $s_i \in S_i{}^+$，$u_i(\sigma_i, \boldsymbol{\sigma}_{-i}) = u_i(s_i, \boldsymbol{\sigma}_{-i})$，于是我们有 $u_i(\hat{s}_i, \boldsymbol{\sigma}_{-i}) > u_i(s_i, \boldsymbol{\sigma}_{-i})$，但这与条件 (1) 和 (2) 中的至少一个矛盾。 □

这样，给定对方的混合策略纳什均衡组合，选择任何策略带来的期望效用都是相同的，从而他们没有动机改变这些策略的概率，也就是说，在纳什均衡处，任何参与人都没有动机单方面改变他的混合策略。这一命题对计算混合策略纳什均衡有很大的帮助，给出了求解混合策略纳什均衡的简单方法。

例 6.3.9 (石头–剪刀–布游戏 (续))　再次考虑石头–剪刀–布游戏，其参与人的收益矩阵由表 6.12 给出。

表 6.12　石头–剪刀–布游戏

		参与人 B		
		石头	布	剪刀
参与人 A	石头	5, 5	0, 10	10, 0
	布	10, 0	5, 5	0, 10
	剪刀	0, 10	10, 0	5, 5

令石头、布和剪刀的列混合策略的概率权重分别为 σ_r、σ_p 及 $(1-\sigma_r-\sigma_p)$。于是，在概率 $(\sigma_r, \sigma_p, 1-\sigma_r-\sigma_p)$ 下，由式 (6.3)，有

$$\begin{bmatrix} 5 & 0 & 10 \\ 10 & 5 & 0 \\ 0 & 10 & 5 \end{bmatrix} \begin{bmatrix} \sigma_r \\ \sigma_p \\ 1-\sigma_r-\sigma_p \end{bmatrix}.$$

于是，参与人 A 在石头这一策略下的预期收益为

$$5\sigma_r + 0\sigma_p + 10(1-\sigma_r-\sigma_p);$$

在布这一策略下的预期收益为

$$10\sigma_r + 5\sigma_p + 0(1-\sigma_r-\sigma_p);$$

在剪刀这一策略下的预期收益为

$$0\sigma_r + 10\sigma_p + 5(1-\sigma_r-\sigma_p).$$

令这三个期望收益两两相等，求解得到：$\sigma_r = \sigma_p = (1-\sigma_r-\sigma_p) = 1/3$。由对称性，这个也是参与人 B 的最优混合策略。这样，参与人 A 和 B 都以 1/3 的概率来选择石头、剪刀和布构成了一个混合策略纳什均衡。

在这个例子中，对混合策略纳什均衡而言，${S_i}^+ = S_i$ 对所有的参与人都成立。

有一些博弈既存在纯策略纳什均衡，也存在混合策略纳什均衡。表 6.13 中的博弈例子既存在纯策略纳什均衡，也存在混合策略纳什均衡。

表 6.13　性别战

		男	
		歌剧	篮球
女	歌剧	$\underline{2}, \underline{1}$	0, 0
	篮球	0, 0	$\underline{1}, \underline{2}$

例 6.3.10 (性别战)　性别战也是博弈论中的一个经典例子。一男一女想在周末聚在一起，但他们不能就该做什么达成一致。男人喜欢去看篮球赛，而女人想去看歌剧。收益

矩阵由表 6.13 给出。在这个博弈中，存在两个纯策略纳什均衡：(歌剧，歌剧) 和 (篮球，篮球)。利用以上命题，我们证明这个博弈也存在着一个混合策略纳什均衡，即：女方以 {2/3 的概率选择歌剧和 1/3 的概率选择篮球}；男方以 {1/3 的概率选择歌剧和 2/3 的概率选择篮球}。

给定男方选择混合策略 $(\sigma_1, 1-\sigma_1)$，女方选择歌剧的期望收益是 $2\sigma_1+0(1-\sigma_1)$，选择篮球的期望收益是 $0\sigma_1+1(1-\sigma_1)$。令它们相等，得到 $\sigma_1=1/3$。同样，给定女方选择混合策略 $(\sigma_2, 1-\sigma_2)$，男方选择歌剧的期望收益是 $1\sigma_1+0(1-\sigma_1)$，选择篮球的期望收益是 $0\sigma_2+2(1-\sigma_2)$。令它们相等，得到 $\sigma_2=2/3$。这样，男方所选择的混合策略是 {1/3 的概率选择歌剧，2/3 的概率选择篮球}，而女方的混合策略则是 {2/3 的概率选择歌剧，1/3 的概率选择篮球}，它们一道构成了混合策略纳什均衡。

以上博弈和斗鸡博弈都有两个纯策略纳什均衡和一个混合策略纳什均衡。一个自然的问题是：一个规范形式博弈有多少纳什均衡？奇点定理 (Wilson，1971) 给出了答案，它表明这种范式不仅适用于 2×2 博弈，而且适用于几乎所有的 $n\times n$ 矩阵对策。

定理 6.3.1 (奇点定理) 几乎所有的规范形式的有限博弈都有奇数个纳什均衡。

这样，作为一个推论，只要一个博弈有偶数个纯策略纳什均衡，那么就一定还存在奇数个混合策略纳什均衡。

一个博弈中必然存在纳什均衡吗？我们将在 6.7 节证明，在非常一般的条件下，答案是肯定的。特别是，对博弈 $\Gamma_N=[N,\{S_i\},\{u_i(\cdot)\}]$，若对每个参与人 $i\in N$，S_i 是欧氏空间中的非空紧凸子集，以及 u_i 在 $S=\prod_{i\in N}S_i$ 上是连续的且在 S_i 上 u_i 是拟凹的，则存在纯策略纳什均衡。由于效用函数关于概率分布在混合策略空间 ΔS_i 上是线性的，它是拟凹的，因此任何具有紧策略空间和连续收益函数的博弈都存在混合策略纳什均衡。特别地，作为一个推论，我们有以下命题。

命题 6.3.5 每一个有限博弈 $\Gamma=(N,(S_i)_{i\in N},(u_i)_{i\in N})$ 都有一个混合策略纳什均衡。

6.3.4 纳什均衡的精炼

尽管纳什均衡这一解的概念可以显著地减少可理性化策略的数目，但在许多博弈中，仍存在多个甚至是无穷多个纳什均衡。这种纳什均衡的非唯一性，使得人们往往不能准确预测互动的结果，或从某种意义上来说，其中一些纳什均衡导致了不希望有的均衡结果。有不少方法可被用来对纳什均衡进行精炼 (refinement) 或剔除。2005 年诺贝尔经济学奖得主之一托马斯 • 谢林 (Thomas Schelling，其人物小传见 7.8.2 节) 提出了**焦点** (focal points) 的概念，意思是人们在缺乏交流的情况下往往选择默认的解决方案，也就是形成一种默契。在互动过程中，参与人所处的背景，如文化、传统、惯例等因素会约束人们的策略选择。正如谢林所指出的，在需要合作的情形下，“人们往往可以与他人协调他们的意图或期望，特别是每个人都知道对方也试图在这样做时”，他们的行动将倾向于集中在一个与环境相比更具有某种突出性的焦点上。

比如，对性别战博弈，在男女相处过程中，男方为了追到女方，通常会更重视女方的感受，此时他们的策略组合选择更可能是选择 (歌剧，歌剧) 这一纳什均衡。若他们决策的背景是，上一次他们观看了歌剧，他们相处注重平等，那么这次他们会选择共同看篮球赛这个纳什均衡。此外，在现实生活中，人们可能还会进行事前沟通。在性别战的例子中，混合策略均衡就很难理解成是双方互动下的策略选择，因为混合策略均衡的结果给双方的期望收益是 2/3，小于选择纯策略均衡的收益。若参与人在参与互动过程中可以事前协商，从而所形成的策略组合是协商后双方的共识，同时这个策略组合是纳什均衡，那么人们不会单方面偏离这个结果。若之前协商后的策略组合不是纳什均衡，那么这个事前的协议就很可能得不到遵守。

除上面的讨论外，在博弈论的发展过程中，还通过了许多技术性标准来剔除不希望有的纳什均衡。其中一个是由 1994 年诺贝尔经济学奖得主之一泽尔腾（其人物小传见 8.5.2 节）提出的颤抖手精炼纳什均衡的概念。其主要思想是：若一个纳什均衡是稳定的，那么它可以经受一些细微的扰动，这种扰动可能来源于人们在行动中可能存在的微小错误。颤抖手完美纳什均衡指的是，若这种出现错误概率的序列趋于零，那么颤抖手完美纳什均衡是在这一过程中均衡序列的极限。如果我们用主观信念的决策来理解就是，当参与人对其他参与人的行动判断的主观信念存在微小错误，但这个错误趋于无穷小时，参与人的策略仍然是对理性预期的 (正确的) 信念的最佳响应 (决策)。

给定博弈 $\Gamma_N=[N,\{\Delta S_i\},\{u_i(\cdot)\}]$，定义一个**扰动博弈**$\Gamma_\varepsilon=[N,\{\Delta_\varepsilon(S_i)\},\{u_i(\cdot)\}]$：对每个参与人 i 及其他的每个策略选择，选择某个扰动项 $\varepsilon_i(s_i)\in(0,1)$，使得 $\sum\limits_{s_i\in S_i}\varepsilon_i(s_i)<1$，在此基础上将参与人 i 的 (混合) 策略空间定义为

$$\Delta_\varepsilon(S_i)=\{\sigma_i:\sigma_i(s_i)\geqq\varepsilon_i(s_i),\sum_{s_i\in S_i}\sigma_i(s_i)=1\}.$$

即，扰动博弈 Γ_ε 是原有博弈 Γ_N 的一个近似，其限制条件是只允许采用**全混合策略** (completely mixed strategies，也就是对每个纯策略给予正概率)。

定义 6.3.15　博弈 $\Gamma_N=[N,\{\Delta S_i\},\{u_i(\cdot)\}]$ 的纳什均衡 $\boldsymbol{\sigma}=(\sigma_1,\sigma_2,\cdots,\sigma_n)$ 是一个**颤抖手完美纳什均衡** (trembling-hand perfect Nash equilibrium)，若存在一个收敛到原来博弈 $\Gamma_N=[N,\{\Delta S_i\},\{u_i(\cdot)\}]$ 的扰动博弈序列 $\{\Gamma_{\varepsilon^k}\}_{k=1}^{\infty}$，且对每个扰动博弈 Γ_{ε^k} 所对应的纳什均衡 σ^k，该纳什均衡序列 $\{\sigma^k\}_{k=1}^{\infty}$ 都收敛到原来博弈的纳什均衡 $\boldsymbol{\sigma}=(\sigma_1,\sigma_2,\cdots,\sigma_n)$。这里，收敛的含义是指对每个参与人 i 和他的策略 $s_i\in S_i$，都有 $\lim_{k\to\infty}\varepsilon_i^k(s_i)=0$。

利用颤抖手完美纳什均衡的概念，我们可以剔除博弈的一些纳什均衡。一般来说，根据颤抖手完美纳什均衡定义的标准去检验可能很难，因为它要求我们计算许多可能的扰动博弈的均衡。Selten(1975) 对颤抖手完美纳什均衡的以下特征化使得检验一个纳什均衡是否为颤抖手完美纳什均衡要简单得多。

命题 6.3.6　博弈 $\Gamma_N=[N,\{\Delta S_i\},\{u_i(\cdot)\}]$ 的一个纳什均衡 $\boldsymbol{\sigma}=(\sigma_1,\sigma_2,\cdots,\sigma_n)$ 是颤抖手完美纳什均衡，当且仅当存在一个全混合策略(即每个纯策略都被以正的概率选择)

组合序列 $\{\boldsymbol{\sigma}^k\}_{k=1}^{\infty}$，使得 $\lim_{k\to\infty}\boldsymbol{\sigma}^k=\boldsymbol{\sigma}$，同时对每个参与人 $i\in N$，σ_i 都是对其对手策略组合 $\{\boldsymbol{\sigma}_{-i}{}^k\}_{k=1}^{\infty}$ 的最佳响应。

定理的证明可以参见泽尔腾 (Selten，1975) 的原始文献。通过对颤抖手完美纳什均衡的定义和命题 6.3.6，我们立刻知道颤抖手完美纳什均衡不可能是弱劣策略。

例 6.3.11 设两个参与人 1 和 2 的博弈形式由表 6.14 来刻画。

在这个博弈中，存在两个纯策略纳什均衡 (U,L) 和 (D,R)。策略 D 是参与人 1 的弱劣策略，策略 R 是参与人 2 的弱劣策略。在之前的纳什均衡的定义中，(D,R) 仍然是纳什均衡，然而这一纳什均衡不是颤抖手完美纳什均衡。这是由于，若每个人都有可能出现选择偏差，则不管这个偏差概率为多小，只要这个概率为正，选择弱劣策略就不会是参与人的最佳响应。这样，在扰动博弈中，纳什均衡只有一个，即 (U,L)。这样 (D,R) 就不是扰动博弈纳什均衡序列的极限。通过颤抖手完美的思想，我们就可以剔除某些参与人的一些策略选择，比如弱劣策略就不可能是颤抖手完美纳什均衡的策略选择。

表 6.14 颤抖手完美纳什均衡

		参与人 2	
		L	R
参与人 1	U	$\underline{1},\underline{1}$	$\underline{0},-3$
	D	$-3,\underline{0}$	$\underline{0},\underline{0}$

Selten(1975) 还证明了每个有限策略形式博弈 $\Gamma_N=[N,\{\Delta S_i\},\{u_i(\cdot)\}]$ 都存在一个颤抖手完美纳什均衡。

颤抖手完美纳什均衡只是纳什均衡的一种精炼方法，还有许多其他精炼纳什均衡的方法。比如，下面要介绍的在扩展式下的子博弈完美纳什均衡是另外一种典型的纳什均衡精炼方法。

6.4 完全信息动态博弈

上一节讨论了完全信息静态博弈，即双方同时做出选择。在许多博弈中，参与人却是按顺序做出选择，一个参与人观察到其他参与人的决定，然后行动。本节讨论完全信息动态博弈。象棋就是典型的动态博弈的例子。经典的经济例子是斯塔克尔伯格 (Stackelberg) 寡头竞争。在这种寡头竞争中，领头企业先行动，然后跟随者企业依次行动。本节讨论完全信息动态博弈。对完全信息动态博弈，我们当然可以把扩展形式转换为标准形式，然后再用静态博弈的均衡概念 (如纳什均衡) 来求解序贯博弈的均衡。然而，采用这种方法会出现一些不合理的均衡，从而我们需要某种标准来对动态博弈纳什均衡进行精炼。

在动态博弈中，由于存在先后决策时机，从而会存在“承诺”或“威胁”的可信度问题，一个合理的动态均衡需要满足“可信承诺”(“可信威胁”)，从而可以对均衡进行精炼。如“可信承诺”这样的要求对参与人的理性有新的约束，在每种可能的决策环境下 (更精确地，在每个信息集下) 都应该是理性的，这种理性又被称为**序贯理性**。在研究动态博弈时，在许多情形下需要采取一定的方式来求解，通常是采用**逆向递推** (backward induction) 方式。下面我们先从一个例子来考虑承诺问题。

例 6.4.1 (市场进入博弈) 假设在市场中有两个企业，在位者和潜在进入者。潜在进入者先行动，选择是否进入市场，在位者然后决定是否发动价格战。他们行动的收益见图 6.4。表 6.15 是该博弈的标准形式。按照纳什均衡的概念，此时该博弈有两个纳什均衡，即 (进入，进入发生后容纳) 和 (不进入，进入发生后斗争)。

在均衡 (不进入，进入发生后斗争) 下，不难看出在位者的“进入发生后斗争”策略是一个不可置信的威胁。这是由于，潜在进入者会评价他进入市场的得失：若他选择进入，他知道理性的在位者会选择容纳，从而在位者的收益是 5，否则是 0，而潜在进入者的收益则是 8；若潜在进入者选择不进入，其收益只是 5。这样，潜在进入者的理性选择就是进入。因此，只有 (进入，进入发生后容纳) 才是序贯理性的纳什均衡，而 (不进入，进入发生后斗争) 这个纳什均衡违背了序贯理性，即在任何可能的环境下决策者都应该会进行理性决策。

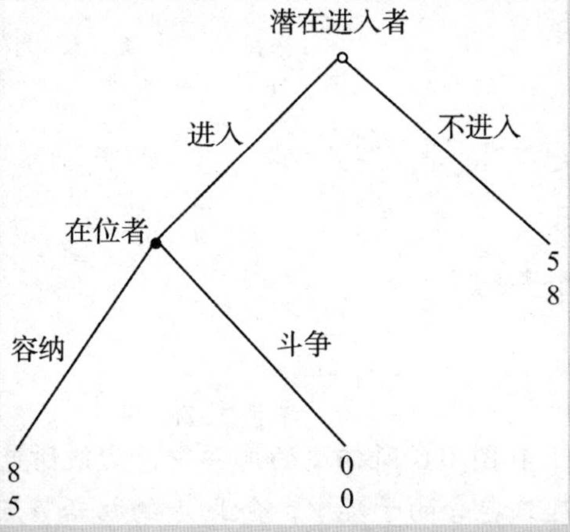

图 6.4 市场进入博弈的扩展形式

表 6.15 市场进入博弈的策略形式

		在位者	
		容纳	斗争
潜在进入者	进入	$\underline{8},\underline{5}$	$0,0$
	不进入	$5,\underline{8}$	$\underline{5},\underline{8}$

为了剔除这些违背序贯理性的纳什均衡，通常使用逆向递推的方式来求解完美信息动态博弈的均衡，通过这种方法得到的均衡被称为**子博弈完美 (纳什) 均衡** (subgame perfect (Nash) equilibrium)。为此，我们需要先引入子博弈的定义。

6.4.1 子博弈

子博弈是整个博弈的一个子集，但不是任意的一个子集都可以是子博弈。如果整个博弈是从单元素的信息开始的，那么此时整个博弈也是一个子博弈。下面先对子博弈给出正式定义。

定义 6.4.1 (子博弈) 扩展式博弈 Γ_E 的一个**子博弈**是该博弈的一个子集，它满足以下两个性质：

（1）**从单元素的信息集开始**。令 x_0 是子博弈的起始决策节点，子博弈包括并只包括从该决策节点开始的所有后续的节点。x 属于 x_0 的子博弈的节点，且 $x \neq x_0$，则 $x \notin h(x_0)$，并且存在一个序列 $y_1, \cdots, y_n$，使得 $y_1 = x, y_2 = p(y_1), \cdots, y_n = x_0 = p(y_{n-1})$，也就是说，存在一系列直接先后相连节点序列，连接从 x_0 到 x。

（2）**子博弈不会切割信息集**。若某个决策节点 x 在子博弈中，那么对所有的决策节点 $x' \in h(x)$ 也属于该子博弈。

例 6.4.2 (市场进入博弈续) 在上面的市场进入博弈中，存在两个子博弈：原来的博弈是一个子博弈；此外，图 6.5 所描述的博弈也是该博弈的一个子博弈。

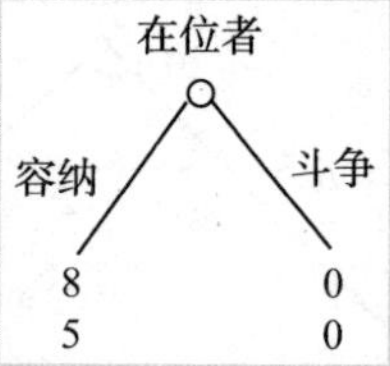

图 6.5 市场进入博弈的一个子博弈

图 6.6 所描述的博弈的子集都不是子博弈。

例 6.4.3 (非子博弈) 在图 6.6 所描述的博弈中，虚线所包含的博弈的子集都不是子博弈。在图 6.6(a) 中，在虚线包含的子集中，企业 I 的初始节点不是单元素的信息集；而在图 6.6(b) 中，虚线包含的子集切割了企业 I 的信息集；在图 6.6(c) 中，虚线包含的子集的初始节点既不是从单元素的信息集开始，同时也切割了信息集。

6.4.2 逆向递推与子博弈完美纳什均衡

本节开始提到，在扩展式动态博弈中，由于不同参与人的决策有先后次序，因此此时他们在互动过程中会存在一个威胁的可信度问题。

例 6.4.4 (市场进入博弈) 假如有两个企业 I 和 E，企业 I 是在位者，企业 E 是潜在进入者。企业 E 先选择是否进入，若企业 I 观察到企业 E 选择进入，那么企业 I 选择斗争或者容纳。它们的收益见图 6.7。(不进入，E 进入发生后斗争) 是一个纳什均衡，然而这个均衡存在一个问题，即一旦企业 E 选择了进入市场，企业 I 选择斗争是不理性的，或者说企业 I 的“若企业 E 进入，我就会选择‘斗争’”的威胁是不可置信的。

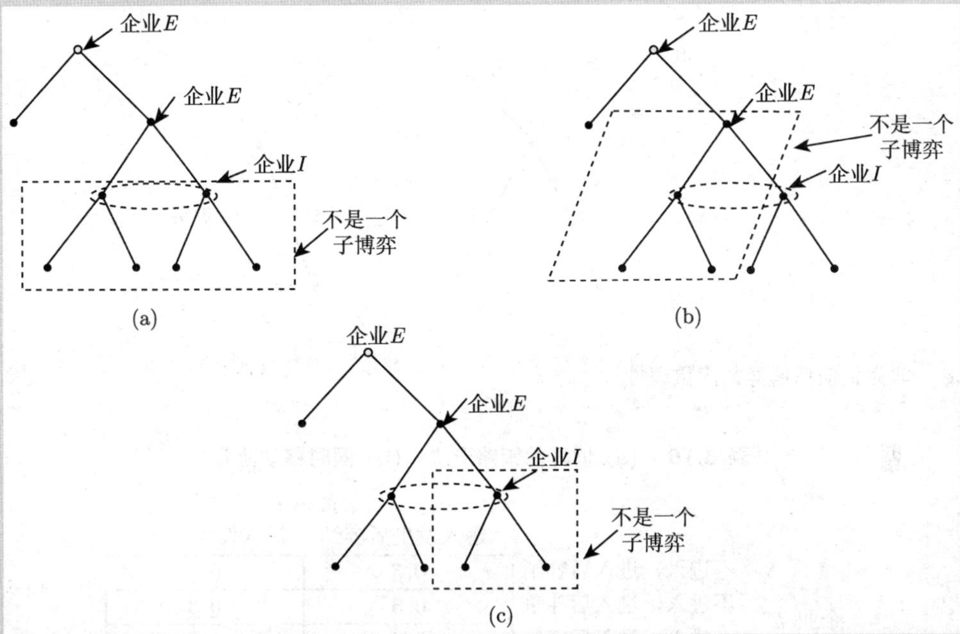

图 6.6　非子博弈的情形

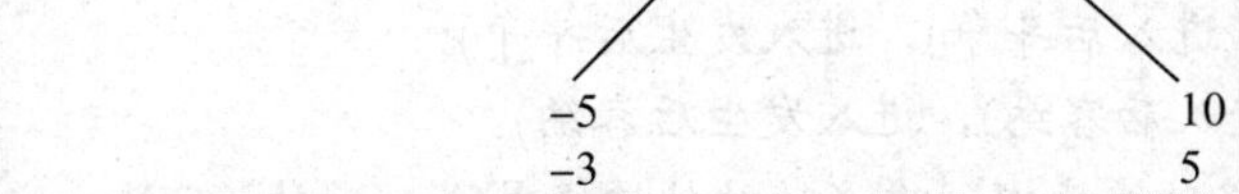

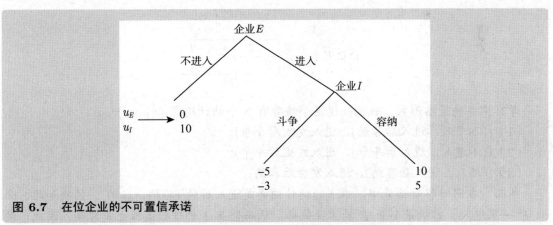

图 6.7　在位企业的不可置信承诺

下面的例子说明了如何在更一般的不完美但却是完全信息博弈 (即，一个信息集可能包含多个节点) 中确定满足序贯理性原则的纳什均衡。

例 6.4.5　如图 6.8 所示，企业 E 是潜在的市场进入者，企业 I 是在位者。企业 E 首先选择是否进入。一旦企业 E 进入，企业 E 和企业 I 就可以同时选择容纳还是斗争。博弈的策略形式表示和同时移动博弈由表 6.16 描述。

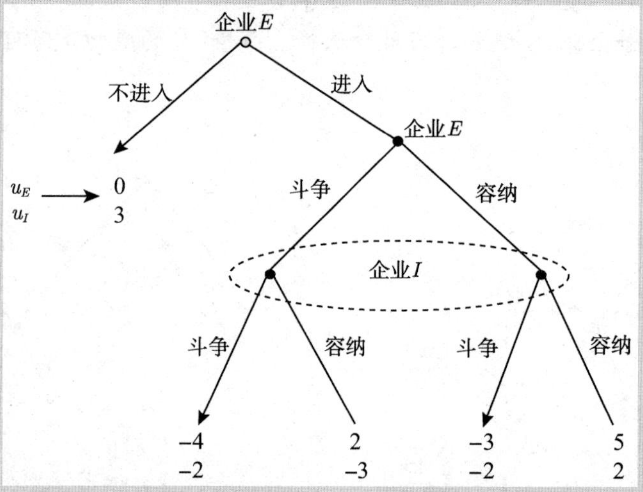

图 6.8　非完美信息博弈的序贯理性

表 6.16　(a) 博弈的策略形式；(b) 同时移动博弈

		企业 I	
		进入发生后容纳	进入发生后斗争
企业 E	不进入，进入后容纳	0, 3	0, 3
	不进入，进入后斗争	0, 3	0, 3
	进入，进入后容纳	5, 2	−3, −2
	进入，进入后斗争	2, −3	−4, −2

(a)

		企业 I	
		容纳	斗争
企业 E	容纳	5, 2	−3, −2
	斗争	2, −3	−4, −2

(b)

考察博弈的策略形式，我们知道这个博弈有 3 个纳什均衡 (σ_E, σ_I):

（1）((不进入，进入后容纳)，进入发生后斗争);

（2）((不进入，进入后斗争)，进入发生后斗争);

（3）((进入，进入后容纳)，进入发生后容纳)。

然而，在同时移动博弈中，唯一的纳什均衡是进入后的 (容纳，容纳)。的确如此，企业 E 一旦进入，容纳是企业 E 的占优策略，从而企业 I 的理性选择也是容纳。因此，两个企业应该期望，当企业 E 进入时，它们都将扮演“容纳”的角色。因此，序贯理性的逻辑表明，在三个纳什均衡中，只有 ((进入，进入后容纳)，进入发生后容纳) 这一策略组合是一个合理的纳什均衡。

这些例子说明了，在扩展式博弈中一个合理的均衡概念，比单纯的纳什均衡要求更高。于是我们引入与扩展式博弈相关的均衡概念：**子博弈完美纳什均衡** (subgame perfect Nash equilibrium) 或简称子博弈完美均衡。下面给出正式定义。

定义 6.4.2 (子博弈完美纳什均衡)　*在有 n 个参与人的扩展式博弈中，一个策略组合被称为***子博弈完美 (纳什) 均衡**，*若在每一个子博弈中，该策略组合都是纳什均衡。*

显然，每一个子博弈完美纳什均衡都是纳什均衡 (由于整个博弈是一个子博弈)，但每一个纳什均衡不见得都是子博弈完美纳什均衡。在子博弈完美均衡中，参与人的策略在每个可能的信息集上都是可理性化的。子博弈完美均衡是参与人在每个信息集上的选择都建立在该信息集的主观信念上，同时该主观信念满足理性预期假设，即在每一个信息上，基于信念的选择都是理性的，而支撑选择的信念是正确的。

由于子博弈完美均衡在每个子博弈中都是纳什均衡，这意味着，对完全信息动态博弈而言，参与人的决策在每个信息集上都是理性的，即满足序贯理性的要求。若一个扩展式博弈是一个完美信息博弈，即每个信息集都是单元素集，此时求解动态博弈的子博弈完美均衡，就可以采用逆向递推程序 (backward induction procedure) 的方法。

逆向递推: 从最下面一层的决策节点开始，把最下面一层的子博弈都化约为该子博弈下的均衡收益，然后逆向递推到其上面一层的子博弈，同样把上一层子博弈化约为该子博弈的均衡收益，一直到最开始的博弈。

例 6.4.6 (市场进入博弈 (续))　*考虑之前的市场进入博弈。图 6.9(a) 是整个博弈。在整个市场进入博弈中，有两个子博弈，即原来的子博弈 (图 (a)) 和在位者决策的子博弈 (图 (b))。逆向递推从最下面的一层子博弈出发，即从图 (b) 的博弈出发，纳什均衡是在位者选择容纳，从而这个子博弈的均衡收益组合是 (8,5)，之后整个博弈化约为由图 (c) 所描述的博弈，此时我们已经把博弈递推到最上面一层，即用子博弈的均衡收益组合来代替子博弈。在图 (c) 的博弈中，纳什均衡是潜在进入者选择进入。因此 (进入，进入发生后容纳) 是整个市场进入博弈的子博弈完美均衡。*

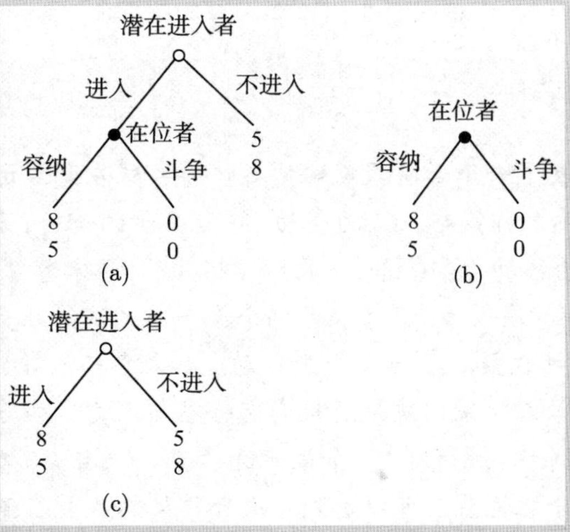

图 6.9　市场进入博弈 (续)

对一个完美信息的扩展式有限博弈而言，总存在一个子博弈完美纳什均衡。

命题 6.4.1 每一个完美信息的有限博弈 Γ_E 都存在一个纯策略子博弈完美纳什均衡。更进一步，若没有参与人在任意两个终端节点有相同的收益，则子博弈完美纳什均衡是唯一的。

这个命题的第一个结论的证明可以直接从子博弈完美纳什均衡的定义出发来得到。通过逆向递推求解动态博弈，得到的解就是一个子博弈完美纳什均衡。第二个结论的证明有些复杂，有兴趣的读者可参见 Mas-Colell、Whinston 和 Green (1995)。

下面我们考虑参与人交替决策动态博弈的子博弈完美均衡。由于其扩展式描述的形状类似于蜈蚣，人们称之为蜈蚣博弈。其基本结论是，虽然每次合作后总收益都会增加，但不幸的是，这种美好的结局很难实现，一开始就采取不合作策略是一种理性的选择。这样，蜈蚣博弈像囚徒困境一样，展现出了自利与互利的冲突。

例 6.4.7 (蜈蚣博弈) 蜈蚣博弈是由罗森塞尔 (Rosenthal) 于 1981 年提出的一个动态博弈问题，随后有许多不同的修正形式。这个博弈的最初版本是由 100 个阶段的序列组成的。我们这里要考虑的“蜈蚣博弈”是这样一个扩展式博弈，在这个博弈中，两个参与人交替获得一个机会，或从不断增加的一堆硬币中拿走较大的部分 (“停止合作”，记为 S) 或传给对方 (“持续合作”，记为 C)。一旦拿取，这个参与人得到较大部分，博弈就此结束，而另一个参与人得到较小部分。若对方采取下一步行动，传给对方会严格减少自身的收益，其相互作用可用图 6.10来描述。

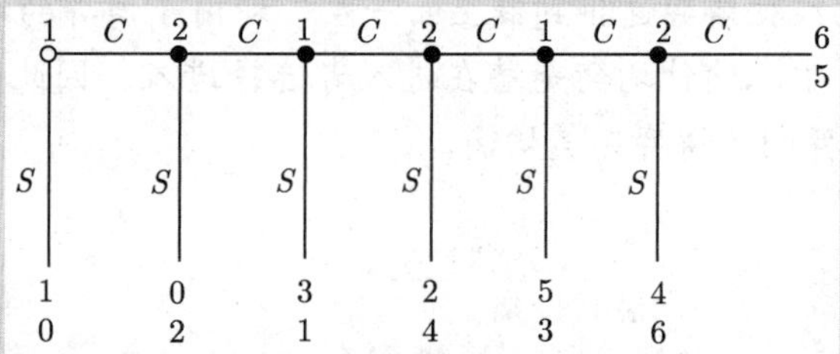

图 6.10 蜈蚣博弈

图中的扩展形式代表了一个六阶段蜈蚣博弈，博弈从左到右进行，横向连杆代表合作策略，向下的连杆代表不合作策略。C 的移动 (穿过格子的一行) 表示将硬币“推”过桌子 (意味着“合作”)，S 的移动 (沿着格子) 表示“揩油” (意味着“停止合作”)。图顶部黑色圆点处的数字 1 和 2 (“决策节点”) 表示两个参与人的决策机会，每个分支底部的数字分别表示参与人 1 和 2 的收益。参与人 1 先行动：如果参与人 1 选择 S，他得到 1，参与人 2 得到 0；如果他选择 C，做出决定的机会交给参与人 2。参与人 2 接下来行动：如果她选择 S，参与人 1 得到 0，她得到 2；如果她选择 C，做出决定的机会交给参与人 1；依此类推。六轮结束后，分配收益。可以看到每次合作后总收益在不断增加。遗憾的是这个圆满结局很难达到。

我们用逆向递推程序来求解该博弈的子博弈完美均衡。

对最下面一层的子博弈，即参与人 2 第三次做决策，该子博弈的纳什均衡是参与人 2 选择策略 S。然后逆向递推到上一层的子博弈，该子博弈的纳什均衡是参与人 1 选择 S，参与人 2 选择 S。之后，再往更上层子博弈递推，最后该博弈的子博弈完美均衡是 $(S,S,S;S,S,S)$，即参与人 1 和 2 在每期都选择 S。这样，一开始就采取不合作策略是一种理性的选择。

这个结论非常违背直觉，现实中尽管合作难以持久，但愿意合作的现象从短期来看却比比皆是。正因为如此，蜈蚣博弈被认为是“逆向诱导悖论”的最好例子。事实上，McKelvey 和 Palfrey (1992) 在研究蜈蚣博弈的不同版本 (四阶段、六阶段和高收益版等情形) 的实际行为的典型实验结果中发现，受试者很少遵循理论预测。事实上，只有 7% 的四阶段游戏、1% 的六阶段游戏和 15% 的高收益游戏中，第一个参与人选择采取第一步。Nagel 和 Tang (1998) 报告了类似的结果。这些结果揭示了，并非所有的个体都是完全 (序贯) 理性的，而是有限理性的。或是由于自利或他们之间的相互不信任干扰了合作，结果造成了比盲目合作更糟糕的局面。或仅仅是因为可能出现了操作错误，例如按错键。

若采用强制或激励措施，双方也许会偏好在整个博弈中都合作，如下一章的重复博弈的讨论。

上面求解子博弈完美均衡的扩展式博弈的例子都是完美信息博弈。在完全信息但非完美信息博弈中，我们可以用更一般的逆向递推程序来求解子博弈完美均衡。

一般逆向递推程序：从博弈树的末端开始，对博弈树的每一层，确定每个子博弈的所有纳什均衡，然后对每个纳什均衡运用逆向递推程序，得到子博弈完美纳什均衡。如果在整个过程中没有遇到多个均衡，那么其策略组合就是唯一的子博弈完美纳什均衡。否则，子博弈完美纳什均衡的集合是通过对每个可能出现的子博弈均衡重复运用逆向递推程序来确定的。

下面我们举例讨论，如何利用这个一般逆向递推程序来求解完全信息但非完美信息的动态博弈。

例 6.4.8 (市场进入与位置选择) 有两个企业 E 和 I，企业 E 首先选择是否进入市场：若不进入，则博弈结束；若进入，在第二阶段，企业 E 和企业 I 同时选择位置 (地点)。在这个博弈中，存在着多元素的信息集，从而它是完全信息博弈，却不是完美信息博弈。该博弈有两个子博弈，除了原来的博弈外，企业 E 选择进入后，两个企业同时博弈也是一个子博弈。

两个企业同时博弈的子博弈可以用图 6.11(a) 来刻画，这个子博弈有两个纳什均衡，即 (大位置，小位置) 和 (小位置，大位置)，这两个纳什均衡带给企业 E 和 I 的均衡收益分别为 (1,−1)，(−1,1)。从而，逆向递推就有两种可能性，图 6.11(b) 和图 6.11(c) 描述的逆向递推就是，第二阶段子博弈纳什均衡收益组合 (1,−1)，(−1,1) 对上一层的化约。在图 6.11(b) 的博弈中，纳什均衡是企业 E 选择进入；在图 6.11(c) 的博弈中，纳什均衡是企业 E 选择不进入。这样，整个博弈有两个子博弈纯策略完美均衡 ((进入，进入后选择大位置)，进入发生后选择小位置) 和 ((不进入，进入后选择小位置)，进入发生后选择大位置)。

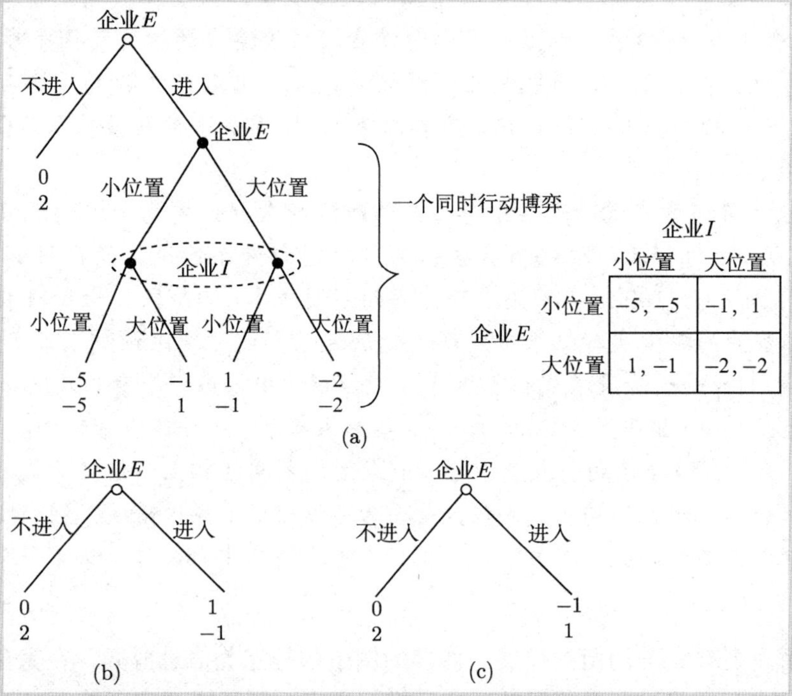

图 6.11 市场进入与位置选择

对一个完全但不见得完美信息的有限博弈，我们有下面的命题。

命题 6.4.2 每一个完全信息的有限博弈 Γ_E 都存在一个混合策略子博弈完美纳什均衡。

下面我们利用子博弈完美均衡的概念来讨论经济学中的一个经典例子 (也是现实生活中常见的情形)，即讨价还价博弈。讨价还价博弈有很多版本，既有纳什讨价还价博弈和鲁宾斯坦 (Rubinstein) 讨价还价博弈，又有有限期讨价还价博弈及无限期讨价还价博弈。

例 6.4.9 (鲁宾斯坦讨价还价博弈，1982) 考虑两个参与人对总额为 1 单位的 (无限可分的) 财产的分割进行讨价还价。显然，在这个博弈中，任何满足 $x_1 + x_2 = 1$ 的 $(x_1, x_2) \in [0,1] \times [0,1]$ 都是纳什均衡，因而有无穷不可数个纳什均衡。然而，它的子博弈完美均衡却是唯一的。由于有限期讨价还价博弈适合用逆向递推方式，我们先对有限 $T \geqq 1$ 期讨论讨价还价博弈。

讨价还价的过程如下：在第 $2k+1$ 期，$k = 0, 1, \cdots$，由参与人 1 提出分配方案 (分配中不允许其中一方获得的收益是负数)，参与人 2 选择是否接受；在第 $2k$ 期 $(k \neq 0)$，由参与人 2 提出分配方案，参与人 1 选择是否接受。一旦在某一期达成协议，即参与人 1 (或参与人 2) 选择接受对手提出的分配方案，博弈就结束，双方的财产分配由分配方案确定。在第 T 期，若双方仍没有达成协议，财产充公，双方分得的财产为零。设双方的时间贴现率都为 δ。令 $(x_t, 1 - x_t)$ 是由第 t 期拥有提案权的参与人提出的分配方案，x_t 为参与人 1 分配到的财产数目，$1 - x_t$ 是参与人 2 分配到的财产数目。

当 $T=1$ 时，参与人 1 拥有提案权，参与人 2 选择是否接受，显然只要 $x_2=1-x_1\geqq 0$，参与人 2 都不会选择拒绝方案，由此该博弈的纳什均衡是参与人 1 提出分配方案 $(1,0)$，参与人 2 接受。

当 $T=2$ 时，在最后一期，参与人 2 拥有提案权，类似前面的逻辑分析，此时他提出的方案为 $(0,1)$，参与人 1 也会选择接受，在这个方案中，两个参与人的现值 (present value)收益组合为 $(0,\delta)$。回到第 1 期，参与人 1 拥有提案权，只要 $x_2=1-x_1\geqq\delta$，参与人 2 就会接受，因为若参与人 2 不接受，在最后一期的子博弈中，最终的收益也只有 δ。这样，在这个博弈的均衡路径中，第 1 期参与人 1 提出分配方案 $(1-\delta,\delta)$，参与人 2 接受，博弈结束。

当 $T=3$ 时，在最后一期，参与人 1 拥有提案权，类似前面的逻辑分析，此时他提出的方案为 $(1,0)$，参与人 2 也会选择接受。回到第 2 期，参与人 2 拥有提案权，只要 $x_1=1-x_2\geqq\delta$，参与人 1 就会接受；回到第 1 期，参与人 1 拥有提案权，此时只要 $x_2=1-x_1\geqq\delta(1-\delta)$，参与人 2 就会接受。这样，在这个博弈的均衡路径中，第 1 期参与人 1 提出分配方案 $(1-\delta+(\delta)^2,\delta-(\delta)^2)$，参与人 2 接受，博弈结束。

我们发现当 $T=1,2,3$ 时，第 1 期参与人 1 提出分配方案 $\left(\frac{1-(-\delta)^T}{1+\delta},1-\frac{1-(-\delta)^T}{1+\delta}\right)$，参与人 2 接受，博弈结束。于是，我们猜测，对于所有的 T，都会有：第 1 期参与人 1 提出分配方案 $\left(\frac{1-(-\delta)^T}{1+\delta},1-\frac{1-(-\delta)^T}{1+\delta}\right)$，参与人 2 接受，博弈结束。可以用数学归纳法证明。

设 $(x_t(T),y_t(T))$ 是期限为 T 的博弈在 t 期的分配方案，满足 $x_t(T)+y_t(T)=1$。首先，当 $T=1$ 时，上面的结论成立。设当 $T=K$ 时，上面的结论也成立，即第 1 期的分配方案 $\left(x_1(K)=\frac{1-(-\delta)^K}{1+\delta},y_1(K)=1-x_1(K)\right)$，参与人 2 会接受。

现假定 $T=K+1$。考虑第 2 期的分配方案 $(x_2(K+1),y_2(K+1))$。从第 2 期开始的子博弈与期限为 K、由参与人 2 先提案的轮流讨价还价博弈相同，从而有 $y_2(K+1)=x_1(K)=\frac{1-(-\delta)^K}{1+\delta}$ 和 $(x_2(K+1)=1-x_1(K)$，$y_2(K+1)=x_1(K))$ 会被参与人 1 接受。回到第 1 期，$(x_1(K+1)=1-\delta y_2(K+1)$，$y_1(K+1)=\delta y_2(K+1))$ 会被参与人 2 接受。因此，第 1 期由参与人 1 提出的分配方案：

$$\left(x_1(K+1)=1-\delta\left(\frac{1-(-\delta)^K}{1+\delta}\right)=\frac{1-(-\delta)^{K+1}}{1+\delta},y_1(K+1)=1-x_1(K+1)\right)$$

会被参与人 2 接受。

这样，在 T 期讨价还价的均衡路径中，在第 1 期，参与人 1 会提出分配方案：

$$\left(\frac{1-(-\delta)^T}{1+\delta},1-\frac{1-(-\delta)^T}{1+\delta}\right),$$

参与人 2 会接受，博弈结束。

当 $\delta<1$ 和 $T\to\infty$ 时，其分配方案为：

$$\left(\frac{1}{1+\delta},\frac{\delta}{1+\delta}\right),$$

参与人 1 得到“先动优势”。特别是，若 $\delta=0$，则参与人 1 将得到整个财产。只有当贴现消失，即当 $\delta\to 1$ 时，份额才会变得相同，因为 $(x_1\, x_2)\to(1/2,1/2)$。

如果两个参与人的时间贴现率不同，记为 $(\delta_1,\delta_2)\in(0,1)\times(0,1)$，且 $T=\infty$，则子博弈完美纳什均衡为

$$(x_1,x_2)=\left(\frac{1-\delta_2}{1-\delta_1\delta_2},\frac{\delta_2(1-\delta_1)}{1-\delta_1\delta_2}\right).$$

证明有些繁琐，有兴趣的读者可参见专著 Fudenberg 和 Tirole (1991)。

这样，固定 δ_2，当 $\delta_1\to 1$ 时，$x_1\to 1$，参与人 1 得到整个财产；而固定 δ_2，当 $\delta_2\to 1$ 时，$x_2\to 1$，参与人 2 得到整个财产。当 $\delta_2=0$ 时，参与人 1 也会得到整个财产。然而，即使 $\delta_1=0$，只要 $\delta_2<1$，参与人 2 也不能得到整个财产。再次说明参与人 1 有“先动优势”。

在两人**纳什讨价还价博弈**中，纳什讨价还价解 (x_1,x_2) 被定义为使纳什积 $(x_1-v_1)(x_2-v_2)$ 最大化的解，其中 v_i 表示保留效用，(v_1,v_2) 被称为**分歧 (disagreement) 收益组合**，也就是参与人讨价还价失败后所得到的收益组合。现假定 $v_1=v_2=0$。纳什讨价还价博弈的解为 $(x_1,x_2)=(1/2,1/2)$，这与鲁宾斯坦讨价还价博弈中当 $\delta_1=\delta_2=\delta\to 1$ 时的分配方案一样。

6.5 不完全信息静态博弈

在许多互动情形中，参与人并不知道其他参与人的效用 (收益) 函数或参与人类型方面的信息。不完全信息引致了额外的策略互动，也引发了关于如何获取信息的“学习”问题。比如：在拍卖中，投标人不知道其他投标人对拍卖品的价值；厂家不知道所面临的消费者的类型；企业在市场竞争中通常并不知道竞争对手的数目、成本、竞争手段、关于价格和产量的策略、竞争对手的实力等信息；参与人不知道如何在信号博弈中从他人发出的信号中推断出其他人的信息；或在讨价还价的情况下，一方通常不知道对方愿意支付多少。然而，所有这些信息都会影响互动过程和结果。此外，即使参与人 1 知道参与人 2 的信息，但参与人 2 并不知道参与人 1 知道参与人 2 的信息，等等，当一些决策者相关的信息不是共同知识时，纳什均衡概念也无法被运用到不完全信息时的策略互动的分析之中。

博弈论的另外一个发展里程碑是 Harsanyi(1967，1968，其人物小传见 6.8.2 节) 提出了一个求解不完全信息博弈的分析框架。海萨尼 (Harsanyi) 把不完全信息博弈转换为完全 (但非完美) 信息博弈，其关键是把参与人对其他参与人的所有与互动相关的未知信息的主观判断转换为随机变量，这个变量刻画了其他参与人的类型。而关于参与人的类型变量是外生给定的随机变量，可以通过“自然”的行动来刻画，而“自然”的行动则依据类型变量的先验概率分布，并且这一分布是整个博弈中所有参与人的共同知识。当然，不同的参与人对这些类型变量有不同的信号，这些信号可以修正后验的信念判断。这样，通过类型变量刻画所有未知信息及其信念，可以把不完全信息转换成完全但非完美信息。这里定义的完全信息指的是可以通过信息集来界定参与人的信息状态，同时这种信息状态是共同知识。

在博弈初始，由“自然”参与人来决定参与人类型随机变量的取值，每个参与人都知道自己的类型，但不知道其他参与人的类型，不过知道其先验分布。从不完全信息向完全但非完美信息转换后的博弈被称为**贝叶斯博弈** (Bayesian game)。在贝叶斯博弈中，信念是一个非常重要的概念，特别是研究不完全信息动态博弈时是如此，它是参与人对其他参与人类型分布的主观判断。若参与人获得新的信息，那么他就会利用贝叶斯法则来更新他对其他参与人类型的主观信念。对这种类型的博弈，我们用**贝叶斯–纳什均衡**来分析静态博弈的互动均衡。

6.5.1　贝叶斯博弈

现正式定义不完全信息下的贝叶斯博弈。

定义 6.5.1 (贝叶斯博弈)　一个贝叶斯博弈，记为

$$\Gamma_B = (\tilde{N}, (A_i)_{i\in N}, (T_i)_{i\in N}, p, (u_i(\cdot))_{i\in N}),$$

由下列要素刻画：

（1）**参与人的集合**。$\tilde{N} = \{N, N_0\}$ 是参与人的集合，其中 N_0 是自然参与人。

（2）**行动集**。A_i 是参与人 i 的行动集，所有参与人行动组合的集合记为 $A \equiv \prod_{i\in N} A_i$。

（3）**类型集**。t_i 是参与人 i 的一个类型，T_i 是参与人 i 所有类型的集合，$\boldsymbol{t} = (t_i)_{i\in N}$ 是所有参与人类型的一个组合，$T \equiv \prod_i T_i$ 是所有参与人类型组合的集合。自然参与人随机选择所有参与人的类型，每个参与人都知道自己的类型。

（4）**先验概率分布**。类型的概率分布为 p，是所有参与人共同的先验分布，记为 $p(\boldsymbol{t})$。自然参与人以 $p(\boldsymbol{t})$ 的概率随机选择所有参与人的类型 $\boldsymbol{t}$。给定参与人 i 知道自己的类型 t_i 后，他对其他参与人的类型分布的后验信念为条件分布

$$p(\boldsymbol{t}_{-i}|t_i) = \frac{p(t_i, \boldsymbol{t}_{-i})}{p(t_i)},$$

其中 $p(t_i) \equiv \sum_{t_{-i}} p(t_i, \boldsymbol{t}_{-i})$ 是参与人 i 类型的概率，$\boldsymbol{t}_{-i} \equiv (t_1, \cdots, t_{i-1}, t_{i+1}, \cdots, t_n)$。在贝叶斯博弈中，参与人 i 的类型是私人信息，即除了他自己之外其他参与人都不了解的信息。

（5）**收益函数**。参与人 i 的效用函数为 $u_i(\cdot) : A \times T \to \mathcal{R}$。

注意，若在贝叶斯法则的分母中出现零概率事件，则贝叶斯规则没有定义。当前这一点无关紧要，但在考虑不完全信息动态博弈中的序贯理性时，却非常重要。同时，若参与人的概率分布是相互独立的，则有

$$p(\boldsymbol{t}_{-i}|t_i) = p(\boldsymbol{t}_{-i}).$$

有了这些基本概念，现在定义贝叶斯博弈的策略这一重要概念。

定义 6.5.2　参与人 i 的一个**纯策略**是一个映射 $s_i : T_i \to A_i$，使之对参与人 i 的每一个类型赋予一个行动计划，即 $s_i = s_i(t_i)_{t_i\in T_i}$ 是参与人 i 对所有可能类型制订的一个完备计划，其中 $s_i(t_i)$ 是类型 t_i 的一个行动计划。

对每个类型 t_i，参与人 i 所有可能策略的集合记为 $S_i(t_i)$。这样，参与人 i 的纯策略空间 $S_i \equiv \prod_{t_i \in T_i} S_i(t_i) : T_i \to A_i$ 是一个对应 (集值映射)。对应的混合策略空间记为 $\Delta S_i \equiv \prod_{t_i \in T_i} \Delta S_i(t_i)$。

类似地，我们可以定义贝叶斯博弈的混合策略。

定义 6.5.3 参与人 i 的一个**混合策略**是一个映射 $\sigma_i : T_i \to \Delta S_i$，使之对参与人 i 的每一个类型，在 ΔS_i 上赋予一个概率分布。

由于效用函数、可能的类型以及先验概率都是共同知识，当类型为 t_i 时，给定纯策略 $(s_i', \boldsymbol{s}_{-i})$，参与人 i 的 (事中) 期望效用由下式给出：

$$U_i(s_i', \boldsymbol{s}_{-i}, t_i) \equiv E_{\boldsymbol{t}_{-i}} u_i(s_i', \boldsymbol{s}_{-i}, t_i) = \sum_{\boldsymbol{t}_{-i}} p(\boldsymbol{t}_{-i}|t_i) u_i(s_i{}'(t_i), \boldsymbol{s}_{-i}(\boldsymbol{t}_{-i}), \boldsymbol{t}) \tag{6.4}$$

若类型有限

$$= \int u_i(s_i'(t_i), \boldsymbol{s}_{-i}(\boldsymbol{t}_{-i}), \boldsymbol{t}) dp(\boldsymbol{t}_{-i}) \tag{6.5}$$

若类型无限.

第6章

这里，**“事中期望效用”**指的是参与人知道自己的类型但不知道其他人的类型取期望所得到的效用 (即信息是非对称的)。当采用混合策略 $\boldsymbol{\sigma}$ 时，参与人 i 事中期望效用成为 $U_i(\boldsymbol{\sigma}, t_i)$。

下面，我们通过两个例子来描述贝叶斯博弈。

例 6.5.1 (不完全信息囚徒困境) 考虑囚徒困境的一个变体，由表 6.17给出。在这个贝叶斯博弈中，参与人的集合为 $N = \{1, 2\}$。他们的行动集都是 (抵赖，坦白)。参与人 1 只有一个类型，参与人 2 有两个类型，其类型集合为 $T_2 = \{I, II\}$。两个参与人对参与人 2 类型分布的共同先验概率为 $p(I) = p(II) = 0.5$。若囚徒 2 的类型是 I，囚徒 1 和囚徒 2 互动的收益是表 6.17的第一个矩阵；若囚徒 2 的类型是 II，囚徒 1 和囚徒 2 互动的收益是表 6.17的第二个矩阵。

表 6.17 不完全信息的囚徒困境

囚徒 2：类型 I

		抵赖	坦白
囚徒1	抵赖	$-2, -2$	$-10, -1$
	坦白	$-1, -10$	$-5, -5$

囚徒 2：类型 II

		抵赖	坦白
囚徒1	抵赖	$-2, -2$	$-10, -7$
	坦白	$-1, -10$	$-5, -11$

正式地，这个不完全信息囚徒困境的贝叶斯博弈可以写成：

$$\Gamma_B = (N, (A_1, A_2), (T_1, T_2), p, (u_1, u_2))$$

具有以下特征:

(1) 参与人的集合: $N = \{1, 2\}$;

(2) 行动集: A_1={抵赖, 坦白} 和 A_2={抵赖, 坦白};

(3) 类型集: $T_1 = \{t_1\}$ 和 $T_2 = \{I, II\}$;

(4) 先验概率分布: $p(t = I) = p(t = II) = 1/2$。

(5) 收益函数: $u_i(a_1, a_2; t_1, t_2)$, $i = 1, 2$ 由表 6.17中的收益矩阵给出。

下面讨论一个拍卖的例子，在拍卖中，每个投标人对其他投标人都存在一些不完全信息。拍卖有很多形式，现假定所采用的拍卖方式是二级价格拍卖机制。

例 6.5.2 (二级价格密封拍卖) 假如有 n 个参与人 $\{1, 2, \cdots, n\}$ 参加一个古董的拍卖，参与人 i 对古董的估价为 v_i，每个人只知道自己对古董的估价，但不知道别人对古董的估价。每个人的估价是独立的，这里对古董的估价成为参与人的类型，且服从相同的概率分布 $q(\cdot) : V \to (0, 1)$。在这里 V 是所有可能的估价的集合。这样，每个投标人的类型集合都是 V。令 b_i 是参与人 i 的报价，报价最高的参与人获得古董，其支付是第二高报价。若最高报价有多个投标人，此时他们以相同的概率获得古董，一旦获胜则支付他们的报价。

在这个博弈中，参与人的集合为 $\tilde{N} = \{N, N_0\}$；其中 N_0 是自然参与人，它根据其他参与人类型的先验分布概率决定他们的类型。参与人 i 的行动集为 $A_i = \mathcal{R}_+$；参与人 i 收到的信号集合是 $T_i = V$，即所有参与人都知道自己的类型。所有参与人均有共同的先验概率 $p(t) = \prod_{i \in N} q(t_i)$, 其中 $t = (t_i)_{i \in N}$。

参与人的报价组合为 $(b_1, \cdots, b_n)$。若对任意的 $j \in N \backslash i$，都有 $b_i > b_j$，参与人 i 的收益为:

$$U_i(b_i, \boldsymbol{b}_{-i}) = \begin{cases} v_i - \max_{j \neq i} b_j & \text{如果 } b_i > \max_{j \neq i} b_j \\ 0 & \text{如果 } b_i < \max_{j \neq i} b_j. \end{cases} \tag{6.6}$$

若 $b_i = \max_{j \neq i} b_j$，通过抽签随机决定归谁。

我们下面会回头讨论其均衡解。

6.5.2 贝叶斯–纳什均衡

对不完全信息博弈，与之对应的最基本的均衡概念是贝叶斯–纳什均衡。在这个均衡概念下，每个人都将其他参与人的策略视为给定，最大化其事中期望效用。

定义 6.5.4 (纯策略贝叶斯–纳什均衡) 策略组合 $s = (s_i(t_i)_{t_i \in T_i})_{i \in N}$ 是贝叶斯博弈 Γ_B 的纯策略贝叶斯–纳什均衡 (pure strategy Bayesian-Nash equilibrium)，若对所有的 $i \in N$ 和所有的 $t_i \in T_i$，都有

$$s_i(t_i) \in \underset{s_i'(t_i) \in S(t_i)}{\operatorname{argmax}} \sum_{\boldsymbol{t}_{-i}} p(\boldsymbol{t}_{-i} | t_i) u_i(s_i{}'(t_i), \boldsymbol{s}_{-i}(\boldsymbol{t}_{-i}), \boldsymbol{t}),$$

对无限情形，则有

$$s_i(t_i) \in \underset{s_i'(t_i) \in S(t_i)}{\operatorname{argmax}} \int u_i(s_i'(t_i), \boldsymbol{s}_{-i}(\boldsymbol{t}_{-i}), \boldsymbol{t}) dp(\boldsymbol{t}_{-i}).$$

显然，每个占优策略均衡均是贝叶斯–纳什均衡，反之一般不成立。

对混合策略的贝叶斯–纳什均衡的概念有类似的定义。

定义 6.5.5 (混合贝叶斯–纳什均衡) 策略组合 $\sigma = (\sigma_i(t_i)_{t_i \in T_i})_{i \in N}$ 是贝叶斯博弈 Γ_B 的**混合贝叶斯–纳什均衡** (mixed Bayesian-Nash equilibrium)，若对所有的 $i \in N$ 和所有的 $t_i \in T_i$，都有

$$\sigma_i(t_i) \in \underset{\sigma_i'(t_i) \in \Delta S(t_i)}{\operatorname{argmax}} \sum_{\boldsymbol{t}_{-i}} p(\boldsymbol{t}_{-i}|t_i) u_i(\sigma_i{}'(t_i), \boldsymbol{\sigma}_{-i}(\boldsymbol{t}_{-i}), \boldsymbol{t}),$$

对无限情形，则有

$$\sigma_i(t_i) \in \underset{\sigma_i'(t_i) \in \Delta S(t_i)}{\operatorname{argmax}} \int u_i(\sigma_i'(t_i), \boldsymbol{\sigma}_{-i}(\boldsymbol{t}_{-i}), \boldsymbol{t}) dp(\boldsymbol{t}_{-i}).$$

例 6.5.3 (不完全信息囚徒困境 (续)) 对前面不完全信息囚徒困境的例子而言，它的 (纯) 贝叶斯–纳什均衡为：对参与人 1 来说，不管面临的对手是何种类型，选择坦白都是他的占优策略；对参与人 2 来说，若其类型是 I，选择坦白是他的占优策略；若其类型是 II，选择抵赖是他的占优策略。这样，这个博弈的贝叶斯–纳什均衡为 $(s_1(t_1) = \text{坦白}; \mathrm{s}_2(I) = \text{坦白}, \mathrm{s}_2(II) = \text{抵赖})$。

例 6.5.4 (二级价格密封拍卖 (续)) 对前面的二级价格密封拍卖例子而言，对任何参与人的任何类型，说真话 (诚实报价)$s_i(v_i) = v_i$ 都是他的弱占优策略。确实如此，当 $v_i > \max_{j \neq i} b_j$ 时，报价 $b_i > \max_{j \neq i} b_j$ 与诚实报价 v_i 所带来的收益 $v_i - \max_{j \neq i} b_j > 0$ 相同，但低报 $b_i < \max_{j \neq i} b_j$ 时却失去赢的机会，从而收益小于诚实报价 v_i 所带来的收益。因此，当 $v_i > \max_{j \neq i} b_j$ 时，说真话 $s_i(v_i) = v_i$ 是一个弱占优策略。

当 $v_i \leqq \max_{j \neq i} b_j$ 时，报价 $b_i \leqq \max_{j \neq i} b_j$ 与报价 v_i 所带来的收益 0 相同，然而报价 $b_i \geqq \max_{j \neq i} b_j$ 时的收益 $v_i - \max_{j \neq i} b_j < 0$ 却小于诚实报价 v_i 所带来的收益。因此，当 $v_i \leqq \max_{j \neq i} b_j$ 时，$s_i(v_i) = v_i$ 也是一个弱占优策略。

这样，说真话 $(s_i(t_i = v_i) = v_i)_{i \in N, t_i \in T_i}$ 是这个博弈的贝叶斯–纳什均衡。在这个例子中，每一个类型的参与人都有一个弱占优策略。

在一般的互动情形下，参与人并没有占优策略。下面的例子说明了在没有占优策略均衡的一般情形下如何求解贝叶斯–纳什均衡。

例 6.5.5 考虑一个二人贝叶斯博弈，其中依赖于参与人 2 的类型 t_2 的行动及其收益如表 6.18 所示。只有参与人 2 知道 $t_2 = 1$ 还是 $t_2 = 2$。

贝叶斯博弈可以写成：

$$\Gamma_B = (N, (A_1, A_2), (T_1, T_2), p, (u_1, u_2))$$

表 6.18　贝叶斯博弈

参与人 2: $t_2 = 1$

参与人 1		L	R
	U	$2, -2$	$-2, 2$
	D	$-2, 2$	$2, -2$

参与人 2: $t_2 = 2$

参与人 1		L	R
	U	$3, 2$	$-2, -2$
	D	$-2, 2$	$2, -2$

具有以下特征:

（1）参与人的集合: $N = \{1, 2\}$。

（2）行动集: $A_1 = \{U, D\}$ 和 $A_2 = \{L, R\}$。

（3）类型集: $T_1 = \{t_1\}$ 和 $T_2 = \{1, 2\}$。

（4）信念: $p(t_2 = 1) = p(t_2 = 2) = 1/2$。

（5）收益函数: $u_i(a_1, a_2; t_1, t_2), i = 1, 2$ 由表 6.18 中的收益矩阵给出。

现在我们想求解这个博弈的一个纯策略贝叶斯–纳什均衡。注意，参与人 1 的纯策略是行动 $s_1(t_1) \in A_1$，而参与人 2 的纯策略是 $(s_2(t_2 = 1), s_2(t_2 = 2)) \in A_2 \times A_2$，每一个类型决定一个行动。

显然，这个博弈没有占优均衡。我们现在证明它存在一个纯策略贝叶斯–纳什均衡。假定参与人 1 选择策略 $s_1(t_1) = U$，则参与人 2 对这个策略的最佳响应是 $s_2(t_2 = 1) = R$ 和 $s_2(t_2 = 2) = L$。我们需要验证 $s_1(t_1) = U$ 也是参与人 1 对参与人 2 的策略 $(s_2(1) = R, s_2(t_2 = 2) = L)$ 的最佳响应。的确如此，参与人 1 从 U 获得的期望收益为

$$\begin{aligned} E_{t_2} u_1(U) &= u_1(U, s_2(1), t_2 = 1) p(t_2 = 1) + u_1(U, s_2(2), t_2 = 2) p(t_2 = 2) \\ &= u_1(U, R, t_2 = 1) \times \frac{1}{2} + u_1(U, L, t_2 = 2) \times \frac{1}{2} \\ &= -2 \times \frac{1}{2} + 3 \times \frac{1}{2} = \frac{1}{2}, \end{aligned}$$

从 D 获得的期望收益为

$$\begin{aligned} E_{t_2} u_1(D) &= u_1(D, s_2(1), t_2 = 1) p(t_2 = 1) + u_1(D, s_2(2), t_2 = 2) p(t_2 = 2) \\ &= u_1(D, R, t_2 = 1) \times \frac{1}{2} + u_1(D, L, t_2 = 2) \times \frac{1}{2}, \\ &= 2 \times \frac{1}{2} - 2 \times \frac{1}{2} = 0. \end{aligned}$$

从而，$E_{t_2} u_1(U) > E_{t_2} u_1(D)$，这样 U 是参与人 1 对参与人 2 策略的最佳响应。因此，策略组合 $(s_1(t_1) = U;\ s_2(t_2 = 1) = R,\ s_2(t_2 = 2) = L)$ 是一个贝叶斯–纳什均衡。

例 6.5.6 (不完全信息古诺竞争) 考虑不完全信息下的古诺 (Cournot) 竞争。两个企业以常数边际成本进行生产，市场需求为 $P(Q)$。企业 1 的边际成本 C 为共同知识，但企业 2 的边际成本是私人信息，其成本为 C_L 的概率是 β，成本为 C_H 的概率是 $(1-\beta)$，$C_L < C_H$。

这样，这个古诺博弈有两个参与人，其行动集为 $q_i \in [0,\infty)$，但企业 2 有两个类型，其类型集为 $T_2 = \{L, H\}$。

做出产出选择后，两个企业的收益分别为：

$$
\begin{aligned}
u_1((q_1,q_2),t) &= q_1(P(q_1+q_2)-C) \\
u_2((q_1,q_2),t) &= q_2(P(q_1+q_2)-C_t),
\end{aligned}
$$

这里，$t \in \{L, H\}$ 是企业 2 的类型。

策略组合表示为 (q_1^*, q_L^*, q_H^*)，其中 q_L^* 和 q_H^* 是企业 2 的行动，是类型的函数。我们可通过两个企业最佳响应函数的交集求出这个博弈的贝叶斯–纳什均衡。有三个最佳响应函数，由下式给出：

$$
\begin{aligned}
B_1(q_L,q_H) &= \underset{q_1 \geqq 0}{\operatorname{argmax}}\{\beta(P(q_1+q_L)-C)q_1 \\
&\qquad + (1-\beta)(P(q_1+q_H)-C)q_1\}, \\
B_L(q_1) &= \underset{q_L \geqq 0}{\operatorname{argmax}}\{(P(q_1+q_L)-C_L)q_L\}, \\
B_H(q_1) &= \underset{q_H \geqq 0}{\operatorname{argmax}}\{(P(q_1+q_H)-C_H)q_H\}.
\end{aligned}
$$

贝叶斯–纳什均衡 (q_1^*, q_L^*, q_H^*) 满足最佳响应方程组：

$$
B_1(q_L^*, q_H^*) = q_1^*, \quad B_L(q_1^*) = q_L^*, \quad B_H(q_1^*) = q_H^*.
$$

为了简化计算，假定 $P(Q) = \bar{Q} - Q$，这里 $Q \leqq \bar{Q}$。于是贝叶斯–纳什均衡为：

$$
\begin{aligned}
q_1^* &= \frac{1}{3}(\bar{Q} - 2C + \beta C_L + (1-\beta)C_H), \\
q_L^* &= \frac{1}{3}(\bar{Q} - 2C_L + C) - \frac{1}{6}(1-\beta)(C_H - C_L), \\
q_H^* &= \frac{1}{3}(\bar{Q} - 2C_H + C) + \frac{1}{6}\beta(C_H - C_L).
\end{aligned}
$$

注意，$q_L^* > q_H^*$，说明了成本越低产量越高这一事实。

例 6.5.7 (一级价格密封拍卖) 假设有两个参与人进行投标，两个参与人对拍卖品的估价是独立的，其价值服从 $[0,1]$ 的均匀分布。出价高的参与人按照报价购买该拍卖品，若两个参与人报价相同，他们以相同概率得到该拍卖品。在这个博弈中，令 v_1 和 v_2 是投标人 1 和 2 的类型，他们的策略分别是 $b_1(v_1)$ 和 $b_2(v_2)$。利用概率分布的对称性，我们求解对称的贝叶斯–纳什均衡，即 $b_1(v_1) = b(v_1)$ 和 $b_2(v_2) = b(v_2)$。先假定 $b(v)$ 是严格递增函

数，我们后面会验证此点。类型为 v_i 的投标人 i 报价为 b_i 时的期望效用是

$$E_{v_j}u_i(b_i,v_i)=(v_i-b_i)prob(b(v_j)<b_i)+\frac{1}{2}(v_i-b(v_i))prob(b(v_j)=b_i).$$

由于参与人 j 的类型服从连续分布，并且投标是类型的一个严格增函数，因此 $prob(b(v_j)=b_i)=0$，且

$$prob(b(v_j)<b_i)=prob(v_j<b^{-1}(b_i))\equiv\Phi(b_i),$$

从而有

$$E_{v_j}u_i(b_i,v_i)=(v_i-b_i)\Phi(b_i).$$

由最优化的一阶条件，得到:

$$-\Phi(b(v_i))+(v_i-b(v_i))\Phi'(b(v_i))=0.$$

由 $\Phi(b(v_i))=b(v_i)$ 和 $\Phi'(b(v_i))=1$，我们有 $v_i=b(v_i)$，从而

$$b(v_i)=\frac{v_i}{2}.$$

显然，$b(v_i)$ 是一个严格增函数。这样，一级密封价格拍卖的贝叶斯–纳什均衡为 $b(v_i)=\frac{v_i}{2}$，$i\in N$。

第6章

人们有时很难理解一些混合策略，比如前面的性别战博弈，其混合策略纳什均衡的期望效用比纯策略纳什均衡的效用低。如果是这样，那么人们为什么要采用混合策略呢？贝叶斯博弈可以为混合策略提供一个合理化解释，是由于信息不完全而导致的。完全信息混合策略均衡可以通过不完全信息的纯策略贝叶斯–纳什均衡极限序列来构造。这种对混合策略均衡的解释最早是由 Harsanyi (1974) 提出的。

例 6.5.8 (混合策略与贝叶斯–纳什均衡)　回到前面性别战的例子，此时存在一个混合策略，即女方会以 2/3 的概率选择歌剧，而男方则以 2/3 的概率选择篮球。然而在现实中，参与人准确地知道其他参与人的所有信息是一种极端的情形。对更一般和实际的互动情形，总是会或多或少地存在一些不完全信息。在这个博弈中引入一些微小的不完全信息的情形，当这些不完全信息的微小程度趋于某个极限，即完全信息情形时，会出现什么呢？如表 6.19所示。

令 x_1 和 x_2 分别是女方和男方的类型，它们都服从在 $[0,x]$ 上的均匀分布。当 $x\to 0$ 时，回到前面性别战的例子，这个不完全信息博弈的极限就成了完全信息博弈。对 $x_1=x_2=0$ 的混合策略，我们可以构建一个不完全信息博弈的纯策略贝叶斯–纳什均衡来解释这一混合策略。假设这个不完全信息的贝叶斯–纳什均衡有如下特性：对女方来说，只要 x_1 不超过某个阈值 $c<x$，她仍然会选择歌剧，否则就选择篮球，这是由于 x_1 的大小刻画了女方对篮球的喜欢程度。同样，对男方来说，只要 x_2 不超过某个阈值 $d<x$，就会选择篮球，否则就选择歌剧。

这样，女方预期有 $\frac{d}{x}$ 的概率男方会选择篮球，有 $1-\frac{d}{x}$ 的概率男方会选择歌剧。同样，

表 6.19　性别战混合策略的贝叶斯解释

		男	
		歌剧	篮球
女	歌剧	$2, 1+x_2$	$0, 0$
	篮球	$0, 0$	$1+x_1, 2$

男方预期有 $\frac{c}{x}$ 的概率女方会选择歌剧，有 $1-\frac{c}{x}$ 的概率女方会选择篮球。对 x_1 类型的女方来说，选择歌剧的期望效用为 $2\frac{x-d}{x}$，选择篮球的期望效用为 $(1+x_1)\frac{d}{x}$。当 $x_1=c$ 时，女方选择歌剧或者篮球无差异，均衡要求 $(1+c)\frac{d}{x}=2\frac{x-d}{x}$，即 $(1+c)d=2(x-d)$。用同样的方式，我们可以得到 $(1+d)c=2(x-c)$。联立上面的两个等式，得到 $c=d$，并且女方喜爱歌剧的程度为 $\frac{c}{x}=\frac{4}{\sqrt{9+8x}+3}$，$\lim_{x\to 0}\frac{4}{\sqrt{9+8x}+3}=\frac{2}{3}$，喜爱篮球的程度为 1/3。同样，也可以得到：当 $x\to 0$ 时，男方有 2/3 的可能性选择篮球，而有 1/3 的可能性选择歌剧。

从上面的例子我们可以看出，人们可以通过引入某种不完全信息来解释人们为什么会选择混合策略，或者说对对手混合策略的判断可能源于对对手缺乏了解。

类似地，我们有关于贝叶斯–纳什均衡存在性定理。对任何具有连续策略空间和连续类型空间的贝叶斯博弈，若每个参与人策略集和类型集都是欧几里得空间的非空紧集，以及收益函数是连续的和关于自己的策略是凹的，则存在纯策略贝叶斯–纳什均衡。于是，对任何具有有限策略空间和有限类型空间的贝叶斯博弈，我们均有以下命题。

命题 6.5.1　每一个有限贝叶斯博弈都存在一个混合策略纳什均衡。

6.6　不完全信息动态博弈

前面我们已经讨论了完全信息静态博弈、完全信息动态博弈及不完全信息静态博弈，现在讨论不完全信息动态博弈。这种类型的博弈情形相对更合乎现实。由于这类博弈既有动态因素，也有不完全信息因素，它有更多影响人们策略互动的细微因素。首先，当博弈双方依次有多个行动时，他们的行动可能会传递出与后面的决策有关的私人信息。对这样的不完全信息动态博弈，唯一的子博弈可能就是整个博弈，从而无法通过子博弈完美均衡来精炼纳什均衡。此外，和不完全信息静态博弈一样，参与人不知道其他参与人的类型，或说参与人的类型由自然决定。

另外一个要考虑的重要因素是信念需要界定 (specification) 及进行修正更新。由于参与人可以通过对手之前的行动来获取对手选择决策节点的信息，也就是说，对手之前的行动有可能包含有关对手移动和类型等信息的某种信号，参与人可以利用整个博弈的共同知识以及在博弈中之前发生过的行动，通过贝叶斯法则来更新他们对信息集中对方处于哪个节点的信念。

结合动态情形下的子博弈完美均衡和不完全信息下静态博弈的贝叶斯–纳什均衡的思想以及“只要可能”就根据贝叶斯法则修正信念，一个自然而然的解概念就是弱完美贝叶斯均衡 (weak perfect Bayesian equilibrium，weak PBE)①或按照 Myerson (1991)，称之为**弱序贯均衡** (weak sequential equilibrium)。它需要满足三个要求：第一个要求是必须界定信念。当一个参与人在一个信息集中有多个决策节点时，他必须具体界定所处信息集中哪一个节点的信念，这是一个新的要求。第二个要求是策略选择必须是序贯理性的。给定参与人的信念和对手在信息集之后的随后策略，每个参与人都必须在每个信息集上以最优方式行动，即策略必须是对信念和其他参与人策略的最佳响应。第三个要求是，当均衡策略被采用时，必须在**均衡路径**(即采用均衡策略时能以正概率达到的信息集) 上通过贝叶斯法则来更新信念。这三个要求共同定义了弱完美贝叶斯均衡。

然而，弱完美贝叶斯均衡对非均衡路径没有施加任何约束，被粗略地定义为，在给定的信念下，参与人应该是序贯理性的，其中贝叶斯法则“只要可能”就被应用。这可能会导致还存在一些不合理的弱完美贝叶斯均衡，这就是为什么我们对完美贝叶斯均衡加了前缀词“弱”，从而需要对弱完美贝叶斯均衡做进一步精炼。于是，**第四个要求**是完全一致性：对非均衡路径上的信念通过“颤抖手”方式也由贝叶斯规则和参与人的均衡策略决定，即通过全混合策略将均衡路径之外的可能性也考虑进来，使得任何信息集到达的概率都大于 0，从而对任何信息集的信念都可以进行贝叶斯法则的约束。这四个需求共同定义了由 Kreps 和 Wilson (1982a) 提出的**序贯均衡**解概念，也称之为**强贝叶斯均衡**。因此，序贯均衡通过消除“不可信威胁”对贝叶斯–纳什均衡概念进行了精炼，同时也消除了不完全信息情况下存在“不可信威胁”的子博弈完美纳什均衡。

第6章

当参与人类型是私人信息时，我们将正式定义**完美贝叶斯均衡**，并讨论信号博弈。所有这些解概念都可以通过施加各种限制来进一步细化。我们将首先考虑参与人先前行动是私人信息的情形或初始行动是由自然决定的情形 (于是初始行动可被视为参与人的类型，是私人信息)，然后考虑信号博弈，其类型是私人信息的情形。这些均衡解概念在本节中都会详细讨论和说明。

6.6.1　信念、序贯理性与贝叶斯法则

信念界定

下面我们先引入信念系统 (belief system) 的概念。

定义 6.6.1 (信念系统)　**信念系统**是定义在扩展式博弈 Γ_E 决策节点集合上的一个函数 $\mu: X \to [0,1]$，将每一信息集中的所有行动映射到一个概率分布上，即对任意信息集 h，都有

$$\sum_{x\in h}\mu(x) = 1.$$

① 后面讨论信号博弈时我们将指出，只有在参与人的类型是私人信息时，我们才需要对此也施加贝叶斯法则约束，我们将给出完美贝叶斯均衡 (perfect Bayesian equilibrium，PBE) 这一更强的均衡解概念。

这样信息集上的信念系统意味着对任何时点的信息集 h，在信息集 h 处行动的参与人相信他在节点 x 的概率为 $\mu(x|h)$。信息集上的信念系统，其实是对其他参与人类型以及对他们之前行动的一个主观判断。

序贯理性

在动态不完全信息博弈下，与之前完全信息情形下的动态博弈一样，我们对参与人的理性要求是序贯理性。序贯理性指的是在任何时点的信息集上，给定对手的策略以及他关于博弈中到目前已发生事情的信念，参与人在所有可能的策略中，选择能带来最高期望收益的策略。于是，我们需要采用行为策略 (分别对每个信息集中的行动进行随机化)。由于我们只考虑完美记忆博弈，可以将行为策略简称为 (混合) 策略。

定义 6.6.2 (评估) 一个评估 (assessment) 是由策略组合 $\boldsymbol{\sigma}$ 和信息系统 $\boldsymbol{\mu}$ 组成的组对 $(\boldsymbol{\sigma}, \boldsymbol{\mu})$。

定义 6.6.3 (序贯理性) 扩展形式博弈 Γ_E 的一个 (行为) 策略组合 $\sigma = (\sigma_h)_{h\in H}$，$\sigma_h \in \Delta A(h)$，**在给定信念系统 μ 下在信息集 $h \in H$ 上是序贯理性的**，若它满足

$$E_{\iota(h)}[u_{\iota(h)}(\sigma_h, \boldsymbol{\sigma}_{-h})|h, \mu] \geqq E_{\iota(h)}[u_{\iota(h)}(\sigma'_h, \boldsymbol{\sigma}_{-h})|h, \mu],\ \forall\, \sigma'_h \in \Delta A(h),$$

其中 $\boldsymbol{\sigma}_{-h} = (\sigma_{h'})_{h'\in H/h}$。

若行为策略组合 σ 在给定信念系统 μ 下在所有信息集 $h \in H$ 上都是序贯理性的，我们称 σ **是在给定信念系统 μ 下序贯理性的**。我们称评估 $(\boldsymbol{\sigma}, \boldsymbol{\mu})$ **是序贯理性的**，若 σ 在给定信念评估 μ 下是序贯理性的。

序贯理性意味着，为了达到均衡 $\boldsymbol{\sigma}$，$\boldsymbol{\mu}$ 还必须与 $\boldsymbol{\sigma}$ 一致，这就要求参与人知道其他参与人使用的 (混合) 策略。

尽管子博弈完美纳什均衡通常在掌握序贯理性原则方面非常有用，但有时还不充分。下面的例子说明了，子博弈完美纳什均衡概念也许不能被用来完全剔除那些具有不可信威胁策略的纳什均衡。

例 6.6.1 (非序贯理性的子博弈完美纳什均衡) 图 6.12 描述了两个企业的市场进入博弈。企业 E 可以有两种进入策略，进入 1 和进入 2，而企业 I 无法区分企业 E 在进入时使用了哪种策略，从而企业 I 的信息集上有两个决策节点，由此可以在不完全信息博弈的框架下讨论企业的策略。

该博弈只有一个子博弈，即原始的博弈，从而所有纳什均衡都是子博弈完美纳什均衡。从表 6.20 中的策略形式我们可看出，这个博弈有两个纳什均衡，(不进入，进入发生后斗争) 和 (进入 1，进入发生后容纳)。然而，策略组合 (不进入，进入发生后斗争) 不满足序贯理性，这是因为序贯理性要求在任何信息集上 (而不只是在子博弈上) 的行动都是理性的。在企业 I 的信息集上，不管他的信念评估如何 (即无论企业 E 采用哪个进入策略)，选择“容纳”总比“斗争”更有利。

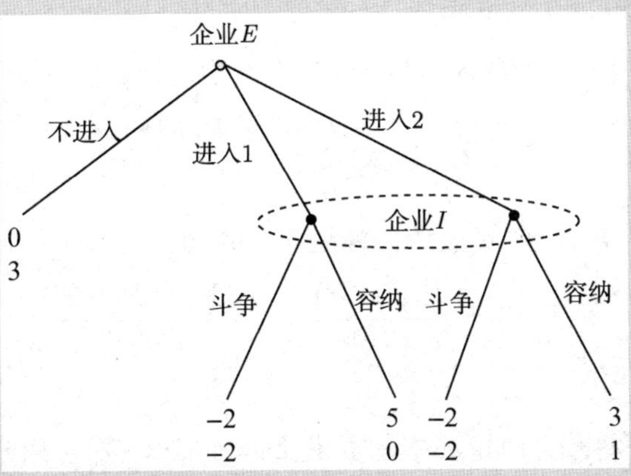

图 6.12 市场进入博弈

表 6.20 市场进入博弈的策略形式

		企业 I	
		进入发生后容纳	进入发生后斗争
企业 E	不进入	$0,\underline{3}$	$\underline{0},\underline{3}$
	进入 1	$\underline{5},\underline{0}$	$-2,-2$
	进入 2	$3,\underline{1}$	$-2,-2$

尽管子博弈完美均衡概念不能被直接应用于上述博弈，但子博弈完美纳什均衡概念的逻辑是适用的。子博弈完美纳什均衡要求均衡策略不仅在整个博弈中构成纳什均衡，而且要求在每个子博弈上构成纳什均衡。仿照这一逻辑，我们要求从每一个信息集开始的**延续博弈** (continuation game)满足序贯理性，它可能从一个具有多个决策节点的信息集开始，并且还需赋予每个决策节点信念 (概率)。虽然延续博弈有点像子博弈，但它不同于子博弈，这是由于延续博弈也许始于多节信息集，子博弈必须始于单节信息集，并且不能切割信息集。一个合理的均衡应该满足如下要求：给定每一个参与人有关其他参与人的信念，参与人的策略组合根据贝叶斯法则修正信息所得到策略组合在每一个延续博弈上构成贝叶斯–纳什均衡。

贝叶斯法则

理解贝叶斯法则对理解贝叶斯完美均衡概念至关重要，在给出贝叶斯完美均衡的正式定义之前，我们先解释一下贝叶斯法则。

例 6.6.2 (贝叶斯法则的一个直观解释) 假设两个事件 S(烟雾) 和 F(火灾) 可以根据某个先验概率分布 $P(\cdot)$ 单独发生或同时发生。$P(S)$ 表示烟雾的先验概率 (我们能看到烟雾的频率)，$P(F)$ 表示火灾的先验概率 (即火灾发生的频率)，以及 $P(S\cap F)$ 表示有火灾的烟雾的先验概率。当看到烟雾时，你能推断出发生火灾的可能性有多大 (但没有看到火灾) 吗？

由于联合概率 $P(S\cap F)$ 可表达为

$$\begin{aligned}P(S\cap F)&=P(F)\times P(S|F)\\&=P(S)\times P(F|S),\end{aligned}$$

当给定事件 S 发生时，事件 F 发生的条件概率于是为:

$$P(F|S)=\frac{P(S\cap F)}{P(S)}=\frac{P(F)\times P(S|F)}{P(S)},$$

它告诉我们:

如果我们知道在给定火灾的情况下烟雾发生的可能性 (即，$P(S|F)$)、火灾单独发生的可能性 (即，$P(F)$) 以及烟雾单独发生的可能性 (即，$P(S)$)，那么我们就可以知道在给定烟雾的情况下火灾发生的可能性 (即，$P(F|S)$)。这里，$P(F|S)$ 被称为**后验概率**，是我们试图估计的，而 $P(S|F)$ 为似然性，是在给定初始假设的情况下观察到新证据的概率。这样，当我们知道“**逆向**” (backwards) 概率 $P(S|F)$ 时，贝叶斯法则就能告诉我们“**前向**” (forwards) 概率 $P(F|S)$。

第6章

例如，危险的火灾是罕见的 ($P(F)=1\,\%$)，但烟雾是比较常见的 ($P(S)=10\,\%$)(如烧烤)，$P(S|F)=95\,\%$ 的危险火灾产生烟雾。然后我们可以得到有烟雾时发生危险火灾的概率:

$$P(F|S)=\frac{P(F)\times P(S|F)}{P(S)}=\frac{1\ \times 95}{10}=9.5\,.$$

这样，给定烟雾 S 的概率，通过贝叶斯法则进行修正，我们能将火灾的 1 % 的先验概率大大地提高到 9.5 % 的后验概率。

如果我们将事件 S 和 F 分别解释为参与人的行动和决策节点，由于参与人先前的行为显示了他们如何行动的一些信息，从而一个参与人可以通过贝叶斯法则修正对其他参与人如何行动的信念评估。

为了说明在弱完美贝叶斯均衡的定义中对信念的一致性要求，考虑每个参与人都采用完全混合的策略组合 $\boldsymbol{\sigma}$ 的特殊情形 (即每个参与人的均衡策略对每个信息集 $h\in H$ 的每个行为赋予正概率)。在这种情形下，博弈中的每一个信息集都能以正概率达到。特别是，若一个信息集是单决策节点，显然在该信息集上的信念是以 1 的概率被赋予该决策节点。于是，参与人使用贝叶斯规则在每个信息集 h 上的每个 x 节点处的授予条件概率 (给予信念评估) 为：

$$\begin{aligned}prob(x|h,\boldsymbol{\sigma})&=\frac{prob(x|\boldsymbol{\sigma})}{\displaystyle\sum_{x'\in h}prob(x'|\boldsymbol{\sigma})}\\&=\frac{prob(x|\boldsymbol{\sigma})}{prob(h|\boldsymbol{\sigma})}.\end{aligned}\tag{6.7}$$

更困难的情形出现在参与人没有使用全混合策略时。在这种情形下，并不是所有可能的信息集都会以正的概率达到。当上述公式中的分母为零时，贝叶斯规则没有定义，从而不能被用于计算这些信息集中节点的条件概率。我们通常把不能以正的概率达到的信息集称为**均衡路径之外的信息集**。下面给出的弱完美贝叶斯均衡，不对均衡路径之外的信息集的信念施加任何约束，而只对均衡路径上的信息集施加限制，要求信念与均衡策略的序贯理性一致。

6.6.2 弱完美贝叶斯均衡

我们现在正式定义动态不完全信息博弈的**弱完美贝叶斯均衡** (weakly perfect Bayesian equilibrium)。

定义 6.6.4 (弱完美贝叶斯均衡) 由策略组合和信念系统组成的评估 $(\boldsymbol{\sigma}, \boldsymbol{\mu})$ 构成了扩展式博弈 Γ_E 的一个**弱完美贝叶斯均衡**，若满足下面的条件:

(1) (**序贯理性**) 给定信念 $\boldsymbol{\mu}$，策略 $\boldsymbol{\sigma}$ 是序贯理性的 (基于信念系统的选择是序贯理性的);

(2) (**一致性**) 只要有可能，信念 $\boldsymbol{\mu}$ 由策略 $\boldsymbol{\sigma}$ 和初始信念分布 (若有) 通过贝叶斯法则形成 (也就是支撑选择的信念系统是正确的)，即: 对任何信息集 $h \in H$，只要在策略 $\boldsymbol{\sigma}$ 下达到信息集 h 的概率为正，即 $prob(h|\boldsymbol{\sigma}) > 0$，那么对所有的 $x \in h$，在信息集 h 上的信念为

$$\mu(x) = \frac{prob(x|\boldsymbol{\sigma})}{prob(h|\boldsymbol{\sigma})}.$$

若 $prob(h|\boldsymbol{\sigma}) = 0$，对在信息集 h 上的信念没有约束。

注意到弱完美贝叶斯均衡是组对策略组合和信念系统，而不仅仅是一个策略组合。

下面我们来求解之前由图 6.12 给出的博弈的弱完美贝叶斯均衡。

例 6.6.3 (市场进入博弈 (续)) 对企业 E 和企业 I 进入的以上博弈，我们前面已经知道纳什均衡 (“不进入”，“进入发生后斗争”) 不是弱完美贝叶斯均衡，原因是它不满足序贯理性。我们现在论证纳什均衡 (“进入 1”，“进入发生后容纳”) 是该博弈的弱完美贝叶斯均衡。为此，我们需要为这个策略组合补充一个信念。在其策略组合下，其信念系统满足: 由于 E 的信息节点是单决策节点，其决策节点信念概率为 1; 给定策略组合 (“进入 1”，“进入发生后容纳”)，I 的信息集以正的概率达到，其左边决策节点的信念概率必定为 1，右边决策节点的信念概率为 0。这是由于在企业 I 的信息集中，“进入发生后容纳”是占优策略 (即，独立于企业 E 采取的策略)，序贯理性要求企业 I 选择“进入发生后容纳”。如果企业 I 选择“进入发生后容纳”，企业 E 的最佳选择是“进入 1”，这也是在序贯理性要求下的均衡策略。因此，该策略配置组合 (“进入 1”，“进入发生后容纳”) 构成了该博弈的弱完美贝叶斯均衡。

然而，弱完美贝叶斯均衡由于不考虑均衡路径之外的信念约束，会包括一些不尽合理的均衡。在有些情况下，弱完美贝叶斯均衡甚至可能不是子博弈完美均衡。考虑下面的市场进入博弈。

例 6.6.4 (弱完美贝叶斯均衡不是子博弈完美均衡的例子) 让我们回到例 6.4.5。在这个例子中，如图 6.13 所示，企业 E 是潜在市场进入者，而企业 I 是在位者。企业 E 选择是否进入，一旦企业 E 进入，企业 E 和企业 I 同时选择是否容纳或者斗争。

该博弈的一个弱完美贝叶斯均衡是策略组合 (σ_E, σ_I)=((不进入，进入发生后容纳)，进入后斗争) 及企业 I 的信念是认为企业 E 会以概率 1 选择斗争。图 6.13 描述了这个弱完美贝叶斯均衡。然而这个弱完美贝叶斯均衡不是子博弈完美均衡，因为在企业 E 进入的子博弈中，该子博弈的唯一纳什均衡是企业 E 和企业 I 都选择“容纳”，该博弈的子博弈唯一的完美均衡是企业 E 选择“不进入，一旦进入则选择容纳”，企业 I 选择“一旦企业 E 进入则选择容纳”。

问题在于，在进入之后的阶段，企业 I 关于企业 E 的信念不受弱完美贝叶斯均衡的限制，这是因为企业 I 的信息集不在均衡路径上。

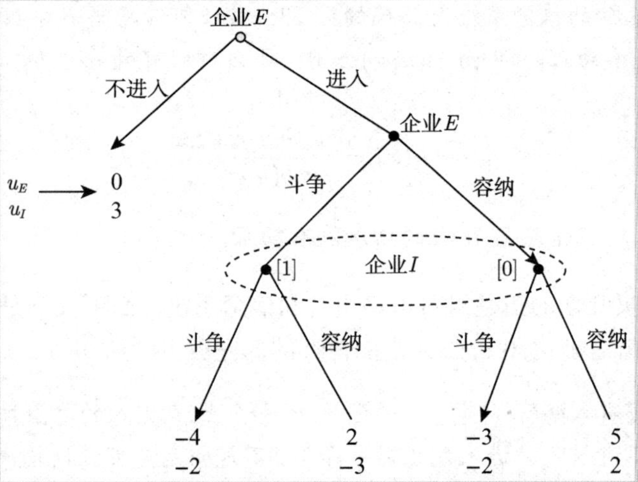

图 6.13 弱完美贝叶斯均衡不是子博弈完美均衡

这个例子说明，弱完美贝叶斯博弈这个解概念可能过弱。这是由于它对均衡路径之外的信念没有施加任何约束，造成弱完美贝叶斯均衡不是子博弈完美均衡，均衡路径之外的企业 I 的信念与企业 E 在子博弈中的策略不匹配，弱完美贝叶斯均衡不约束均衡路径之外的信念。

下面的例子更进一步说明了由于对均衡路径之外的信念缺乏约束，这些信念变得非理性。

例 6.6.5 在图 6.14 刻画的博弈中，自然随机选择参与人 1 的信息集上的决策节点，在该信息集上的两个决策节点的概率各是 0.5，参与人 1 不知道自然的选择；参与人 2 在其信息集上不知道自然的选择，但认为参与人 1 的选择是 “y”。

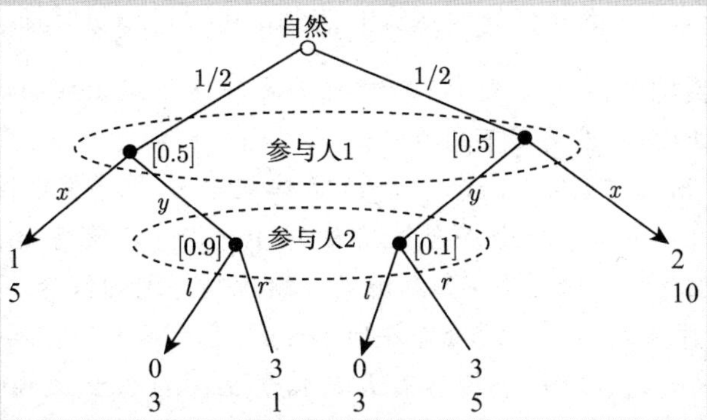

图 6.14 均衡路径之外的信念

该博弈的一个弱完美贝叶斯博弈是由在每个信息集中选择的分支上用箭头表示的策略给出的，信念是由信息集中节点上括号中的数字表示的，即参与人 1 选择 “x”，参与人 2 选择 “l”，同时参与人 1 对其信息集上的信念是左边决策节点和右边决策节点的信念各为 0.5。由于参与人 2 的信息集是在均衡路径之外的，参与人 2 对其信息集上的信念是左边决策节点的概率是 0.9，右边决策节点的概率是 0.1。

显然，给定参与人 1 和参与人 2 的信念，参与人 1 和参与人 2 的策略满足序贯理性，这是由于参与人 2 选择左侧节点的预期收益 3 大于选择右侧节点的预期收益 1.4，参与人 1 选择 x 的预期收益 1.5 大于选择 y 的预期收益 0。然而，尽管参与人 1 的信念与自然选择概率吻合，但是参与人 2 的信息集在均衡路径之外，从而对参与人 1 信息集的信念没有约束。此外，这些信念是不明智的。参与人 2 的信念与参与人 1 的策略和自然的选择不一致，这样的信念是非理性的。由于参与人 1 在两个决策节点的概率相同，一旦选择 “y”，参与人 2 的信念应该是在其信息集上的两个决策节点的概率都为 0.5，而不是左端决策节点的概率是 0.9，右端是 0.1。在这个博弈中，我们应该要求信念至少为在结构上与非均衡路径保持一致。

上面两个例子说明了，我们需要加强弱完美贝叶斯均衡这个解概念，要对均衡路径之外的信念施加一致性约束，否则，弱完美贝叶斯均衡会产生一些不合理的信念和策略组合。下面我们讨论更强的均衡解概念，它们对均衡路径之外的信念施加某种一致性约束。我们先考虑序贯均衡。

6.6.3 序贯均衡

基于弱完美贝叶斯均衡所存在的问题，一个合理的均衡概念需要对均衡路径之外的信息集进行约束。为此，Kreps 和 Wilson(1982a) 提出了序贯均衡的概念，以此约束均衡路径之外的信念，它同时加强了子博弈完美纳什均衡和弱完美贝叶斯均衡。在弱完美贝叶斯博弈中，若信息集在均衡路径上到达的概率是 0，则无法应用贝叶斯法则来评估信念。于是，按照完全信息下的颤抖手完美纳什均衡的精神，序贯均衡 (sequential equilibrium) 解通过采用**全混合策略**(任意小的颤抖) 将均衡路径之外的可能性也考虑进来，使得任何信息集到达的概率都大于 0，从而对任何信息集的信念都可以进行贝叶斯法则的约束。

定义 6.6.5 (序贯均衡) 由 (行为) 策略组合和信念系统组成的评估 $(\boldsymbol{\sigma}, \boldsymbol{\mu})$ 构成了扩展式博弈 Γ_E 的**序贯均衡**，若满足下列条件：

（1）(序贯理性) 给定信息系统 $\boldsymbol{\mu}$，(行为) 策略组合 $\boldsymbol{\sigma}$ 是序贯理性的。

（2）(完全一致性) 存在一个全混合策略序列 $\{\boldsymbol{\sigma}^k\}_{k=1}^{\infty}$，使得 $\lim_{k\to\infty}\boldsymbol{\sigma}^k = \boldsymbol{\sigma}$，且有 $\lim_{k\to\infty}\boldsymbol{\mu}^k = \boldsymbol{\mu}$，这里 $\boldsymbol{\mu}^k$ 是从策略 $\boldsymbol{\sigma}^k$ 利用贝叶斯法则得到的信念。

这样，为了确定序贯均衡，必须检查评估 $(\boldsymbol{\sigma}, \boldsymbol{\mu})$ 是否满足序贯理性和完全一致性，也就是要检查策略组合 $\boldsymbol{\sigma}$ 是否对每个信息集 h 的信念 $\boldsymbol{\mu}(\cdot|h)$ 做出最佳响应，以及信念系统 $\boldsymbol{\mu}$ 是否与策略组合 $\boldsymbol{\sigma}$ 是**完全一致**的，使得每个参与人都知道其他参与人采用哪些策略 (可能是混合策略)。

这样，在验证某个由策略组合和信念系统组成的评估 $(\boldsymbol{\sigma}, \boldsymbol{\mu})$ 是否为序贯均衡时，我们只需要找到一个全混合的扰动序列，趋近该策略组合，同时看基于该全混合策略序列和贝叶斯法则的信念系统的序列是否收敛到该信念系统。

下面的例子，如图 6.15 所示，讨论全混合策略及其信念系统的运算。

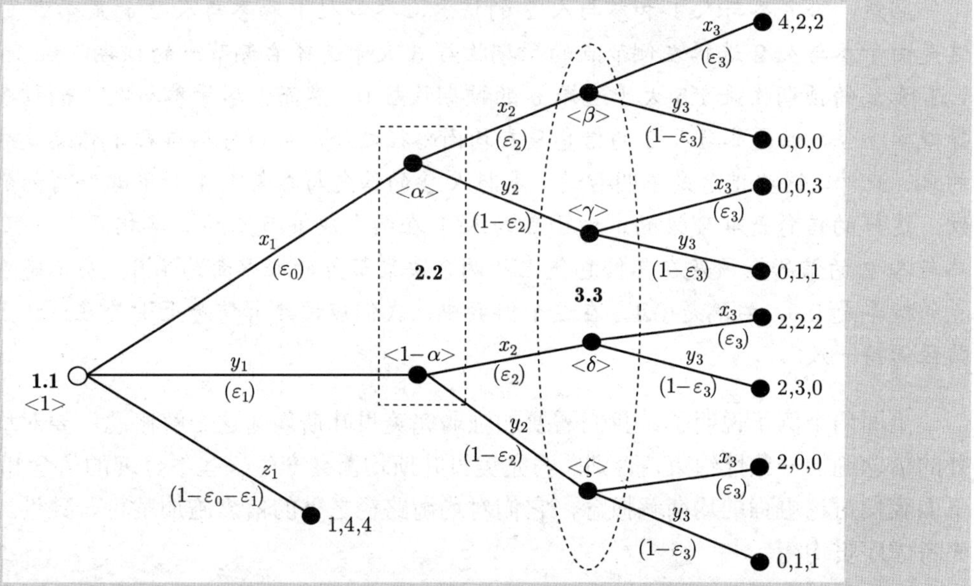

图 6.15 全混合策略及其信念系统

例 6.6.6 (策略扰动全混合策略序列的信念 (Myerson, 1991)) 设策略组合 (z_1, y_2, y_3) 有一个被扰动的全混合策略。参与人 1 以 $1-\varepsilon_0-\varepsilon_1$ 的概率选择策略 z_1，以 ε_1 的概率选择策略 y_1，以及以 ε_0 的概率选择策略 x_1。当 $\varepsilon_0 \to 0, \varepsilon_1 \to 0$ 时，参与人 1 的策略收

敛到纯策略 z_1。类似地，参与人 2 以 $1-\varepsilon_2$ 的概率选择策略 y_2 和以 ε_2 的概率选择策略 x_2；参与人 3 以 $1-\varepsilon_3$ 的概率选择策略 y_3 和以 ε_3 的概率选择策略 x_3。

在这个全混合策略组合下，参与人的系统信念如下：由于参与人 1 的信息集只有一个决策节点，该决策节点的信念概率为 1；参与人 2 的信息集有两个决策节点，那么根据参与人 1 的全混合策略及贝叶斯法则，参与人 2 的上面和下面决策节点的信念概率分别为

$$\alpha = \frac{\varepsilon_0}{\varepsilon_0+\varepsilon_1}$$

和

$$1-\alpha = \frac{\varepsilon_1}{\varepsilon_0+\varepsilon_1}.$$

类似地，参与人 3 在信息集上从最顶层到最底层决策节点的信念概率分别为

$$\beta = \frac{\varepsilon_0\varepsilon_2}{\varepsilon_0+\varepsilon_1} = \alpha\varepsilon_2,$$

$$\gamma = \frac{\varepsilon_0(1-\varepsilon_2)}{\varepsilon_0+\varepsilon_1} = \alpha(1-\varepsilon_2),$$

$$\delta = \frac{\varepsilon_1\varepsilon_2}{\varepsilon_0+\varepsilon_1} = (1-\alpha)\varepsilon_2,$$

$$\zeta = \frac{\varepsilon_1(1-\varepsilon_2)}{\varepsilon_0+\varepsilon_1} = (1-\alpha)(1-\varepsilon_2).$$

当 ε_0，ε_1，ε_2，ε_3 都趋于 0 时，这些一致的信念必须满足：

$$\beta = 0, \quad \delta = 0, \quad \gamma = \alpha, \quad \zeta = 1-\alpha,$$

其中 α 也许是区间 $[0,1]$ 中的任何一个数字。因此，存在某个单参数的信念向量族，与策略 (z_1, y_2, y_3) 完全一致。这样，行为策略组合 (z_1, y_2, y_3)，与参与人 2 的某个信念概率 $\alpha \in (0,1)$ 和参与人 3 的信念 $\gamma=\alpha, \zeta=1-\alpha, \beta=0, \delta=0$ 构成了一个弱完美贝叶斯均衡。

然而，它却不是序贯均衡。这是因为当 ε_0，ε_1，ε_2，ε_3 都趋于 0 时，参与人的全混合策略收敛到 (z_1, y_2, y_3)，参与人 3 选择策略 y_3 为序贯理性的，要求参与人 3 选择策略 x_3 的期望收益弱低于选择策略 y_3 的期望收益 (注意到 $\gamma=\alpha, \zeta=1-\alpha$, $\beta=0$, $\delta=0$)，从而信念系统需要满足 $3\alpha \leqq 1$ 或 $\alpha \leqq 1/3$，参与人 2 选择 y_2，要求信念系统满足 $3(1-\alpha) \leqq 1$ 或 $\alpha \geqq 2/3$，显然上面两个不等式不可能同时满足。

现求解这个例子的序贯均衡，在图 6.16 中，我们把 ε_0，ε_1，ε_2，ε_3 看成是属于 [0,1] 的实数，且满足 $\varepsilon_0+\varepsilon_1 \leqq 1$。在上面刻画的信念系统中，序贯均衡要求参与人 3 满足序贯理性，这意味着：

若 $\varepsilon_3 = 0$，即参与人 3 选择策略 x_3 的期望收益弱低于选择策略 y_3 的期望收益，这要求 $\gamma+\zeta \geqq 2\beta+3\gamma+2\delta$，或 $\zeta \geqq 2(\beta+\gamma+\delta) = (1-\zeta)$，即 $(1-\alpha)(1-\varepsilon_2) \geqq \dfrac{2}{3}$；

若 $\varepsilon_3 = 1$，要求 $(1-\alpha)(1-\varepsilon_2) \leqq \dfrac{2}{3}$；

若 $\varepsilon_3 \in (0,1)$，要求 $(1-\alpha)(1-\varepsilon_2)=\dfrac{2}{3}$。

参与人 2 满足序贯理性意味着:

若 $\varepsilon_2 = 0$，要求 $2\varepsilon_3 + 3(1-\alpha)(1-\varepsilon_3) \leqq 1-\varepsilon_3$;

若 $\varepsilon_2 = 1$，要求 $2\varepsilon_3 + 3(1-\alpha)(1-\varepsilon_3) \geqq 1-\varepsilon_3$;

若 $\varepsilon_2 \in (0,1)$，要求 $2\varepsilon_3 + 3(1-\alpha)(1-\varepsilon_3) = 1-\varepsilon_3$。

由于信念需要前后一致，若是序贯均衡，$\varepsilon_3 = 0$ 要求 $(1-\alpha)(1-\varepsilon_2) \geqq \dfrac{2}{3}$。然而 $2\varepsilon_3 + 3(1-\alpha)(1-\varepsilon_3) = 3(1-\alpha) \geqq 2 > 1-\varepsilon_3 = 1$ 意味着 $\varepsilon_2 = 1$，与 $(1-\alpha)(1-\varepsilon_2) \geqq \dfrac{2}{3}$ 矛盾。因此，$\varepsilon_3 = 0$ 不可能是序贯均衡中参与人 3 的信念评估。当 $\varepsilon_3 \in (0,1)$，即序贯均衡中参与人 3 选择严格的混合策略，这意味着 $(1-\alpha)(1-\varepsilon_2) = \dfrac{2}{3}$，从而要求 $(1-\alpha) \geqq \dfrac{2}{3}$，这又意味着 $2\varepsilon_3 + 3(1-\alpha)(1-\varepsilon_3) \geqq 2 > 1-\varepsilon_3$，从而要求 $\varepsilon_2 = 1$，与 $(1-\alpha)(1-\varepsilon_2) = \dfrac{2}{3}$ 矛盾。因此，序贯均衡若存在，必然要求参与人 3 的信念评估满足 $\varepsilon_3 = 1$，从而需满足 $(1-\alpha)(1-\varepsilon_2) \leqq \dfrac{2}{3}$。$\varepsilon_2 = 1$ 意味着 $2\varepsilon_3 + 3(1-\alpha)(1-\varepsilon_3) \geqq 1-\varepsilon_3$。这样，$\varepsilon_2 = 1$，并且也与 $(1-\alpha)(1-\varepsilon_2) \leqq \dfrac{2}{3}$ 相容。上面的讨论意味着序贯均衡要求 $\varepsilon_3 = 1$，$\varepsilon_2 = 1$，参与人 1 的序贯理性要求参与人 1 选择策略 x_1，即 $\varepsilon_0 = 1$。因此该博弈存在唯一的序贯均衡，即策略组合 (x_1, x_2, x_3)，同时信念系统满足 $\alpha = 1$，$\beta = 1$，$\gamma = \delta = \zeta = 0$。

下面例子中的博弈最早由 Rosenthal (1981) 给出，Myerson (1991) 介绍了这个博弈，它包括了自然。

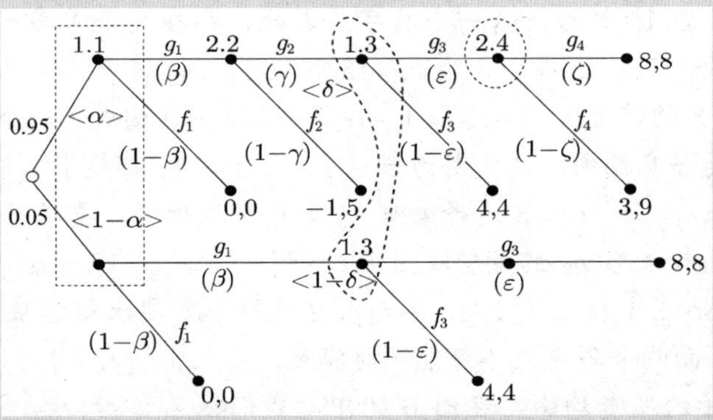

图 6.16　序贯均衡的求解

例 6.6.7 (具有自然的序贯均衡)　博弈表述如图 6.16 所示，其博弈可以解释如下。在“自然”以概率 0.95 选择上端偶发事件后，两个参与人在慷慨 (g_k，$k=1,2,3,4$) 和自私 (f_k，$k=1,2,3,4$) 行动之间交替选择，直到有人自私或两人都慷慨两次。每个参与人每次慷慨时损失 1 美元，而当另一个参与人每次慷慨时，可获得 5 美元。在概率为 0.05 的下端偶发事件发生后，一切都是一样，只是参与人 2 不能自私。参与人 1 不能直接观察变化的结果。图中决策节点的带尖括号的数字表示该决策节点的信念概率，分支下圆括号内的数字表示参与人选择该纯策略的概率。

该博弈的序贯均衡要求参与人 1 信息集上的信念满足 $\alpha=0.95$。信息集 2.4 是参与人 2 的第二个信息集，根据序贯理性，参与人 2 选择 f_4，或者 $\zeta=0$。信息集 1.3 的两个决策节点是参与人 1 的信息集，它是参与人 1 选择 g_1 之后的结果，参与人 1 不能区分该信息集上的两个决策节点。由于参与人 2 选择行动 g_2 的概率是 γ，根据贝叶斯法则，参与人 1 在信息集 1.3 上的信念满足 $\delta=\dfrac{0.95\beta\gamma}{0.95\beta\gamma+0.05\beta}=\dfrac{19\gamma}{19\gamma+1}$。

在这个信念下，参与人 1 的序贯理性要求：

当参与人 1 在信息集 1.3 上的行为策略为 $\varepsilon=0$ 时，$4\geqq 3\delta+8(1-\delta)$；

当参与人 1 在信息集 1.3 上的行为策略为 $\varepsilon=1$ 时，$4\leqq 3\delta+8(1-\delta)$；

当参与人 1 在信息集 1.3 上的行为策略为 $\varepsilon\in(0,1)$ 时，$4=3\delta+8(1-\delta)$。

在信息集 2.2 上，参与人 2 的序贯理性要求：

当参与人 2 在信息集 2.2 上的行为策略为 $\gamma=1$ 时，$9\varepsilon+4(1-\varepsilon)\geqq 5$；

当 $\gamma=0$ 时，$9\varepsilon+4(1-\varepsilon)\leqq 5$；

当 $\gamma\in[0,1]$ 时，$9\varepsilon+4(1-\varepsilon)=5$。

在信息集 1.1 上，序贯理性要求：

当参与人 1 在信息集 1.1 上的行为策略为 $\beta=1$ 时，

$$0.95[3\gamma\varepsilon+4\gamma(1-\varepsilon)-(1-\gamma)]+0.05[8\varepsilon+4(1-\varepsilon)]\geqq 0;$$

当 $\beta=0$ 时，

$$0.95[3\gamma\varepsilon+4\gamma(1-\varepsilon)-(1-\gamma)]+0.05[8\varepsilon+4(1-\varepsilon)]\leqq 0;$$

当 $\beta\in(0,1)$ 时，

$$0.95[3\gamma\varepsilon+4\gamma(1-\varepsilon)-(1-\gamma)]+0.05[8\varepsilon+4(1-\varepsilon)]=0.$$

下面我们描述序贯均衡求解过程。

当 $\varepsilon=1$ 时，意味着 $4\leqq 3\delta+8(1-\delta)$，即 $\delta\leqq 0.8$，或 $\dfrac{19\gamma}{19\gamma+1}\leqq 0.8$，或 $\gamma\leqq 4/19$。然而，当 $\varepsilon=1$ 时，意味着 $9\varepsilon+4(1-\varepsilon)=9>5$，从而 $\gamma=1$，矛盾。

当 $\varepsilon=0$ 时，意味着 $4\geqq 3\delta+8(1-\delta)$，从而 $\gamma\geqq 4/19$，因此 $9\varepsilon+4(1-\varepsilon)=4<5$，这意味着 $\gamma=0$，矛盾。

这样，在序贯均衡中，必然有 $\varepsilon\in(0,1)$，而这要求 $4=3\delta+8(1-\delta)$，即 $\gamma=4/19$。当 $\gamma=4/19$ 时，意味着 $9\varepsilon+4(1-\varepsilon)=5$，得到 $\varepsilon=0.2$。

当 $\varepsilon=0.2$，$\gamma=4/19$ 时，$0.95[3\gamma\varepsilon+4\gamma(1-\varepsilon)-(1-\gamma)]+0.05[8\varepsilon+4(1-\varepsilon)]=0.25>0$，意味着 $\beta=1$。

因此，整个博弈的唯一序贯均衡为：行为策略组合为 $\beta=1$，$\gamma=4/19$，$\varepsilon=0.2$ 和 $\zeta=0$；以及信念系统为 $\alpha=0.95$ 和 $\delta=0.8$。

在有限扩展式博弈中，序贯均衡总是存在的。

命题 6.6.1 每一个有限的不完全信息扩展式博弈都存在序贯均衡。

对命题的证明过程有兴趣的读者可以参考 Kreps 和 Wilson (1982) 的经典文献。

6.6.4 前向递推

序贯理性和子博弈完美都是逆向递推原则。而理性的前向递推 (forward induction) 原则有时也能被用来分析不完全信息动态博弈。在有些博弈中，信念的合理化不仅要求理性的逆向递推，同时也要求理性的**前向递推**。Myerson (1991) 给出的例子 (见图 6.17) 反映了理性的前向递推原则：子博弈中理性参与人的行为可能取决于他们在子博弈之前的博弈早期中可以使用的选项。

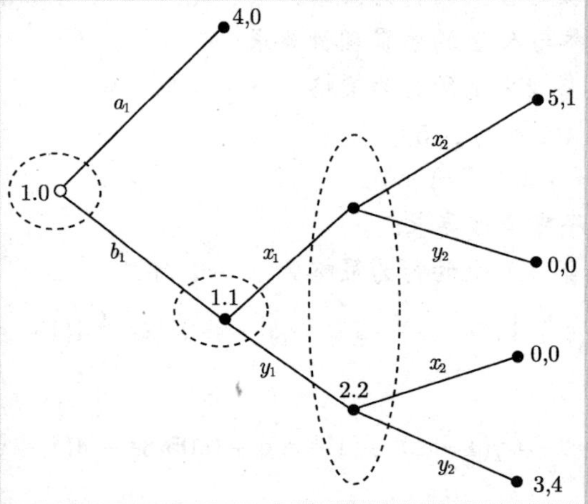

图 6.17 前向递推

例 6.6.8 在图 6.17 所刻画的博弈中，存在两个 (纯策略) 序贯均衡：一个是策略组合 $(a_1, y_1; y_2)$，在参与人 2 的信息集 2.2 上，下端决策节点的信念概率为 1；另外一个是策略 $(b_1, x_1; x_2)$，在参与人 2 的信息集 2.2 上，上端决策节点的信念概率为 1。然而，第一个序贯均衡不满足前向递推原则，当参与人 2 进入信息集 2.2 时，此时参与人 1 在信息集 1.0 上没有选择行动 a_1，若参与人 1 选择 a_1，得到的收益是 4，参与人 1 若是理性的，他这样做的目的是使得在后续的子博弈均衡中获得更高即 5 的收益，因此从信息集 1.1 开始的子博弈的纳什均衡是 (x_1, x_2)。若该子博弈的纳什均衡是 (y_1, y_2)，参与人 1 只得到 3 的收益，那么参与人 1 还不如从一开始就在信息集 1.0 上选择策略 a_1，也就是说，参与人 1 的策略 (b_1, y_1) 是参与人 1 (相对于策略 a_1) 的严格劣策略。参与人 1 若知道参与人 2 按照这个方式推理，那么一旦进入从信息集 1.1 开始的子博弈，参与人 1 和 2 的纳什均衡会是 (x_1, x_2)。这个推理过程就是前向递推。在这个例子所示的博弈中，只有序贯均衡 (b_1, x_1, x_2) 才满足前向递推的标准，此时在参与人 2 的信息集 2.2 上，上端决策节点的信念概率为 1。

然而，前向递推原则有时会与逆向递推原则发生冲突，下面的例子 (见图 6.18) 表明了存在这样的冲突。

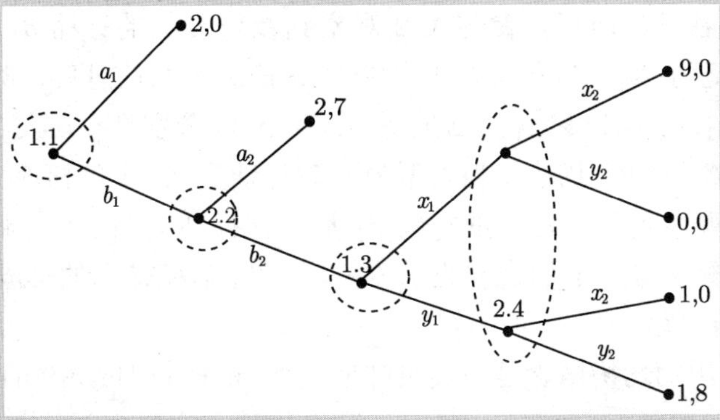

图 6.18　前向递推与逆向递推的冲突

例 6.6.9　在这个例子中，通过逆向递推，从信息集 1.3 开始的子博弈有两个纳什均衡 (x_1, x_2) 和 (y_1, y_2)，它们的均衡收益分别是 (9,0) 和 (1,8)。当到达信息集 1.3 时，在信息集 2.2 上，若参与人 2 选择了行动 a_2，其收益只有 7，而当参与人 2 选择行动 b_2，他从信息集 1.3 开始的子博弈要获得 8 的均衡收益 (否则的话，之前就选择行动 a_2)，即纳什均衡是 (y_1, y_2)。

然而当到达信息集 1.3 时，参与人 1 在信息集 1.1 上将选择 b_1 (如参与人 1 选择 a_1，其收益只有 2)。因此，对参与人 1 来说，选择 b_1 的目的是最终获得不小于 2 的收益，然而将逆向递推与之前的前向递推相结合，参与人 1 选择 b_1，最终的均衡收益是 1，从而与前向递推发生矛盾。

对前向递推的另一个反对的理由是参与人的一些非理性的策略扰动可能会被误解为有目的的理性行为。如在之前的例子中，参与人 1 原来打算选择行动 a_1，却可能不小心选择了 b_1，由此参与人 2 可能就不会认为在之后的子博弈中，参与人 1 一定会选择行动 x_1。

至今我们考虑的动态博弈都是假定参与人的类型是完全信息。在动态不完全信息博弈中，一类重要的博弈被称为信号博弈，通过参与人的行动来推测参与人的类型。在这类博弈中，序贯均衡有很多，因此需要进一步的精炼。

6.6.5　信号博弈

斯宾塞 (A. Michael Spence，1943—　，其人物小传见 19.10.1 节。) 在 Spence (1973) 中讨论教育的价值时，提出了一个新的看法，他认为教育——特别是文凭——的一个很重要的功能是传递信号。在劳动力市场中，不同劳动力有不同的生产率，然而个人的生产率是私人信息，雇主不了解，或要花费较大成本才能了解到，从而雇主不愿意这样去做。判断个人生产率的一个简单、方便的办法就是观察教育年限或文凭。不同教育水平可能反映了不同人的内在劳动生产率，从教育年限、文凭等信号，雇主可以推测潜在雇员的类型。

考虑一个用两阶段扩展式博弈来描述的信号博弈。假定有两个参与人 1 和 2，参与人 1 的类型 θ 是私人信息，即只有他自己知道，所有的类型集合记为 Θ，类型的先验分布为 $p(\cdot):\Theta\to[0,1]$，同时它是一个共同知识。参与人 1 在第一阶段的行动由 a_1 表示，其所有行动集记为 A_1。在第二阶段，参与人 2 观察到参与人 1 的行动 a_1 后选择行动 a_2，其所有可能的行动集记为 A_2。当参与人 1 的类型 θ 成为公共信息后，两个参与人的收益为 $u^1(a_1,a_2,\theta)$ 和 $u^2(a_1,a_2,\theta)$。令 $\alpha_1\in\Delta A_1$ 和 $\alpha_2\in\Delta A_2$ 分别是参与人 1 和 2 的混合行动。

参与人 1 的策略 $\sigma_1(\cdot|\theta)$ 描述了当类型为 θ 时行动集 A_1 上的概率分布；策略 $\sigma_2{}^*(\cdot|a_1)$ 描述了在参与人 2 观察到参与人 1 的行动 a_1 后，在行动集 A_2 上的概率分布。同时参与人 2 在行动之前推测参与人 1 的类型为 $\mu(\theta|a_1)$，这个后验信念的形成依赖于参与人 1 的策略 $a_1(t)$ 和贝叶斯法则。

对这类博弈，采用的均衡概念是完美贝叶斯均衡 (perfect Bayesian equilibrium) 概念。

定义 6.6.6 (信号博弈的完美贝叶斯均衡) 信号博弈的**完美贝叶斯均衡**由策略组合 $(\sigma_1{}^*(\cdot|\theta)$，$\sigma_2{}^*(\cdot|a_1))$ 和后验信念 $\mu(\cdot|a_1)$ 构成，满足：

（1）给定 a_1，$\sigma_2{}^*(\cdot|a_1)\in\text{argmax}_{\alpha_2}\sum\limits_{\theta\in\Theta}\mu(\theta|a_1)u^2(a_1,\alpha_2,\theta)$；

（2）给定 $\theta\in\Theta$，$\sigma_1{}^*(\cdot|\theta)\in\text{argmax}_{\alpha_1}u^1(\alpha_1,\sigma_2{}^*(\cdot|a_1),\theta)$；

（3）$\mu(\theta|a_1)=\frac{p(\theta)\sigma_1{}^*(a_1|\theta)}{\sum\limits_{\theta'}p(\theta')\sigma_1{}^*(a_1|\theta')}$，若 $\sum\limits_{\theta'}p(\theta')\sigma_1{}^*(a_1|\theta')>0$；否则 $\mu(\cdot|a_1)$ 是任意在 Θ 上的概率分布，若 $\sum\limits_{\theta'}p(\theta')\sigma_1{}^*(a_1|\theta')=0$，即：在给定前面策略历史的条件下，只要参与人的行动有正概率，就应该使用贝叶斯法则来更新关于参与人类型的信念。

第6章

尽管这里的完美贝叶斯博弈与之前的弱完美贝叶斯博弈在定义上是一致的，但在信号博弈中，完美贝叶斯均衡和序贯均衡有很大的关联性。Fudenberg 和 Tirole (1991) 证明了，在两阶段或只有两种类型的信号博弈中，两者是等价的。下面我们通过一个例子来讨论信号博弈的均衡概念。

例 6.6.10 (教育信号博弈) 假设有两类不同的个体，他们的内在生产率分别为 θ_h,θ_l，$\theta_h>\theta_l$。可以把生产率看成是单位的产出价值 (先验分布)，高生产率个体的比率是 λ。

不同类型的个体受教育水平 e 的成本为 $C(e,\theta)$，满足 $C(0,\theta)=0$，$C_e(e,\theta)>0$，$C_{ee}(e,\theta)>0$，$C(e,\theta_h)<C(e,\theta_l)$，以及 $C_e(e,\theta_h)<C_e(e,\theta_l)$ (即 $C_{e\theta}(e,\theta)>0$，满足单交性质)。

假设在劳动力市场中，由于竞争的原因，雇主支付的工资等于雇用工人的期望劳动生产率。第一阶段求职者选择教育水平 e；第二阶段在观察到求职者的某个教育水平 e 后，雇主的后验信念——判断求职者类型 θ_h 的概率是 $\mu(\theta_h|e)$，由此支付工资：

$$w=\mu(\theta_h|e)\theta_h+(1-\mu(\theta_h|e))\theta_l.$$

雇主选择提供工资为 w 的劳动合同，求职者选择是否接受。若接受劳动合同，类型 θ 的收益为

$$u(w,e|\theta)=w-C(e,\theta).$$

若不接受劳动合同，假设所有类型求职者的收益都为零。于是，劳动合同应该满足**参与约束**:

$$u(w,e|\theta) \geqq 0 \text{ 对于} \theta \in \{\theta_h,\theta_l\}.$$

这类信号博弈通常分两种类型的均衡来分析。第一种是分离均衡，即在第一阶段，不同类型的个体选择不同的行动；第二种是混同均衡，即所有类型的个体在第一阶段都选择相同的行动。

分离均衡: 令 e_h 和 e_l 分别是类型 θ_h 和 θ_l 在第一阶段选择的教育水平，$e_h \neq e_l$。在观察到教育水平 e 后，雇主提供的劳动合同为 $w(e)$，其分离均衡为 $w_h = w(e_h)$ 和 $w_l = w(e_l)$。由于 $e_h \neq e_l$，对分离均衡中雇主的信念来说，$\mu(e_h) = 1$ 和 $\mu(e_l) = 0$，从而在观察到不同的教育水平后雇主提供的合同的工资满足 $w_h = \theta_h, w_l = \theta_l$。同时，对 θ_l 的求职者来说，由于在分离均衡中雇主知道他的类型，求职者的理性选择满足 $e_l = 0$。由于是分离均衡，$e_h \neq 0$。然而，任意的 $e_h > 0$ 不一定构成分离均衡。

首先，在 e_h 和工资 $w(e_h) = \theta_h$ 下，θ_l 的求职者没有动机去模仿 θ_h 的行动，否则 $\mu(e_h) \neq 1$，与分离均衡矛盾。这样，分离均衡要求对类型 e_l，以下激励相容约束成立:

$$u(\theta_h, e_h|\theta_l) < u(\theta_l, e_l|\theta_l),$$

即 $\theta_h - C(e_h,\theta_l) < \theta_l$。令 $\tilde{e}$ 满足 $\theta_h - C(\tilde{e},\theta_l) = \theta_l$，即 $e_h \geqq \tilde{e}$。

其次，在 $e_l = 0$ 和工资 $w(e_l) = \theta_l$ 下，θ_h 的求职者没有动机去模仿 θ_l 的行动，否则 $\mu(e_l) \neq 0$，与分离均衡矛盾。这样，分离均衡要求对类型 e_h，以下激励相容约束成立:

$$u(\theta_l, e_l|\theta_h) < u(\theta_h, e_h|\theta_h),$$

即 $\theta_l < \theta_h - C(e_h,\theta_h)$。令 $\bar{e}$ 满足 $\theta_l = \theta_h - C(\bar{e},\theta_h)$。显然，$\bar{e} > \tilde{e}$。这样，当 $\bar{e} \geqq e_h \geqq \tilde{e}$ 时，两个类型的求职者都没有动机去模仿其他类型的行动。

因此，我们得到这个博弈的分离均衡为 $e_l = 0$，$e_h \in [\tilde{e},\bar{e}]$，同时雇主的信念 $\mu(e_h) = 1$，$\mu(0) = 0$，以及雇主的策略 $w(e_h) = \theta_h, w(0) = \theta_l$。在上面的所有分离均衡中，$e_l = 0$，$e_h = \tilde{e}$，$\mu(\tilde{e}) = 1$，$\mu(0) = 0$，$w(e_h) = \theta_h$，$w(0) = \theta_l$ 是一个帕累托最优的均衡。帕累托最优意味着每类求职者的福利改进必然降低了其他类型求职者的福利 (帕累托最优更一般的定义将在第 13 章给出)。

混同均衡: 在这类均衡中，不同类型的求职者选择相同的教育水平，即 $e(\theta_h) = e(\theta_l) = e^*$。由于雇主在均衡中只观察到一种教育水平，雇主的信念与初始的信念相同，即 $\mu(\theta_h|e^*) = \lambda$。非均衡路径上的信念 $\mu(\theta_h|e \neq e^*) = 0$。此时，雇主愿意支付的工资为 $w_p = \lambda\theta_h + (1-\lambda)\theta_l$。以上构成混同均衡，$e^*$ 也施加了约束，即没有任何类型的个体愿意偏离这个选择。否则，θ_l 愿意接受雇主的劳动合同意味着以下参与约束条件成立:

$$u(w_p, e^*|\theta_l) = w_p - C(e^*,\theta_l) \geqq 0.$$

令 $\hat{e}$ 满足 $w_p - C(e,\theta_l) = 0$。由参与约束条件，当 $e^* > \hat{e}$ 时，θ_l 会拒绝雇主的合同。因此，该博弈的混同均衡要求 $e^* \leqq \hat{e}$。

6.6.6 信号博弈中的几种合理信念精炼

在上面的信号博弈中，我们得到非常多 (连续统) 的均衡。这些均衡都是序贯均衡/完美贝叶斯均衡，因此需要对这些均衡概念做进一步精炼。现在我们讨论对信号博弈的贝叶斯均衡和序贯均衡的几种常用的合理信念精炼。这些方法类似于剔除严格劣策略的思想。下面我们先引入一些相关概念。

考虑更一般的信号博弈。有 N 个参与人和 1 个“自然”参与人。首先，“自然”选择参与人 1 的类型，$\theta \in \Theta$，且只有参与人 1 知道自身类型，其他参与人只知道关于类型的一个先验的概率分布 $p(\theta)$，它是参与人之间的共同知识。接着，参与人 1 选择行动 $a_1 \in A_1$。在观察到参与人 1 的行动后，其他参与人 $i \in \{2, \cdots, N\}$ 同时选择策略 $s_i \in S_i$。定义 $\boldsymbol{S}_{-1} = S_2 \times \cdots \times S_N$，在观察到 a_1 后，其他参与人 $i \neq 1$ 的后验信念为 $\mu(\theta|a_1)$。若参与人 1 选择行动 a_1，其他参与人选择策略 $\boldsymbol{s}_{-1} = (s_2, \cdots, s_N)$，参与人 1 的效用为 $u_1(a_1, \boldsymbol{s}_{-1}, \theta)$，第 $i \neq 1$ 个参与人的效用为 $u_i(a_1, \boldsymbol{s}_{-1}, \theta)$。

基于占优的信念精炼

下面对信念进行精炼。完美贝叶斯均衡的一个合理信念不应赋予严格劣策略。若一个策略对某个类型的参与人来说是严格劣策略，在观察到这个策略后，赋予该类型正的概率显然不是一个合理的信念。更严格的定义数学表达式可以表述如下。

定义 6.6.7 (类型严格劣策略) 我们称行动 a_1 为对类型 θ 的一个**类型严格劣策略**，若存在一个行动 $a_1{}' \in A_1$，使得:

$$\min_{\boldsymbol{s}'_{-1} \in \boldsymbol{S}_{-1}} u_1(a'_1, \boldsymbol{s}'_{-1}, \theta) > \max_{\boldsymbol{s}_{-1} \in \boldsymbol{S}_{-1}} u_1(a_1, \boldsymbol{s}_{-1}, \theta), \tag{6.8}$$

此时对信念的修正为：$\mu(\theta|a_1) = 0$。

利用这个占优概念，定义

$$\Theta(a_1) = \{\theta : \nexists a'_1 \in A_1 \text{ 使得上面的严格不等式 (6.8) 成立}\},$$

即 $\Theta(a_1)$ 表示在类型 $\theta \in \Theta(a_1)$ 下，a_1 不会是严格劣策略。

在完美贝叶斯博弈中，合理的信念需要满足：若 $\mu(\theta|a_1) > 0$，则 $\theta \in \Theta(a_1)$。

由于在均衡中还要考虑到其他参与人的策略，我们需要一个与均衡相关的剔除劣策略的信念系统。令 $\boldsymbol{S}^*_{-1}(\Theta, a_1) \equiv S^*_2(\Theta, a_1) \times \cdots \times S^*_N(\Theta, a_1) \subseteq \boldsymbol{S}_{-1}$ 是观察到参与人 1 的行动 a_1 后，其他参与人 $i \neq 1$ 对某个给定信念 $\mu(\theta|a_1)$ 的所有可能的均衡反应，即：若 $s^*_i \in S^*_i(\Theta, a_1)$，则 $s^*_i \in \operatorname{argmax}_{s_i} u^*_i(a_1, s_i, \theta)$。

应用上面的标准，有下面的定义。

定义 6.6.8 (剔除劣策略的信念系统) 令 $a_1 \in A_1$ 是在 $S^*_{-1}(\Theta, a_1)$ 下对类型 θ 的一个严格劣策略，即存在一个行动 $a_1{}' \in A_1$，使得:

$$\min_{\boldsymbol{s}'_{-1} \in \boldsymbol{S}^*_{-1}(\Theta, a'_1)} u_1(a'_1, \boldsymbol{s}'_{-1}, \theta) > \max_{\boldsymbol{s}_{-1} \in \boldsymbol{S}^*_{-1}(\Theta, a_1)} u_1(a_1, \boldsymbol{s}_{-1}, \theta). \tag{6.9}$$

定义**剔除劣策略的信念系统**为：对任意的 $a_1 \in A_1$，

$$\Theta^*(a_1) = \{\theta : \nexists a_1' \in A_1 \text{使得上面的严格不等式 (6.9) 成立}\}.$$

利用这个均衡占优程序对信念施加约束，我们可对教育信号的分离均衡做进一步的精炼。由于当 $e > \tilde{e}$ 时，$\theta_h - C(\tilde{e}, \theta_l) < \theta_l$，因此，不等式的左边 $\theta_h - C(\tilde{e}, \theta_l) \geqq w(\tilde{e}) - C(\tilde{e}, \theta_l)$，其中 $w(\tilde{e}) = \mu(\tilde{e})\theta_h + (1 - \mu(\tilde{e}))\theta_l$ 是雇主在给定 $\mu(\tilde{e})$ 下的均衡反应。不等式的右边 $\theta_l \leqq w(e_l = 0) - C(0, \theta_l)$，其中 $w(0) = \mu(0)\theta_h + (1 - \mu(0))\theta_l$ 是雇主在给定 $\mu(0)$ 下的均衡反应。于是，当 $e > \tilde{e}$ 时，$\mu(e) = 1$。在这种信念的基础上，$e_l = 0$ 和 $e_h > \tilde{e}$ 的分离均衡就可以被精炼掉。这样，在所有的分离均衡中只有 $e_l = 0$，$e_h = \tilde{e}$，$\mu(\tilde{e}) = 1$，$\mu(0) = 0$，$w(e_h) = \theta_h, w(0) = \theta_l$ 满足上面的信念约束。

此外，在混同均衡中，若 $u(w_p, e^*|\theta_h) = w_p - C(e^*, \theta_h) < \theta_h - C(\tilde{e}, \theta_h)$ 成立，这类混同均衡也可以被类似地精炼掉。

下面我们再引入两个标准以对信念约束进行进一步的强化。

均衡占优

第6章

我们现在考虑进一步加强占优的概念，称为均衡占优 (equilibrium domination)。

假如对某个完美贝叶斯均衡 $((a_1{}^*(\theta))_{\theta\in\Theta}, \boldsymbol{s}_{-1}{}^*(a_1), \mu(\theta|a_1))$，类型为 θ 的参与人在这个均衡中的效用为 $u_1{}^*(\theta) \equiv u_1(a_1{}^*(\theta), \boldsymbol{s}_{-1}{}^*(a_1{}^*), \theta)$。

定义 6.6.9 (均衡劣策略) *行动 a_1 称为类型 θ 的参与人的***均衡劣策略** (dominated strategy in equilibrium)，*若:*

$$u_1{}^*(\theta) > \max_{\boldsymbol{s}_{-1}\in \boldsymbol{S}^*_{-1}(\Theta, a_1)} u_1(a_1, \boldsymbol{s}_{-1}, \theta); \tag{6.10}$$

若上面的不等式成立，那么 $\mu(\theta|a_1) = 0$。

定义

$$\Theta^{**}(a_1) = \{\theta : \nexists a_1' \in A_1 \text{使得上面的严格不等式 (6.10) 成立}\}.$$

若一个完美贝叶斯均衡具有合理信念，那么当 $\mu(\theta|a_1) > 0$ 时，一定有 $\theta \in \Theta^{**}(a_1)$。由于 $u_1(\theta) \equiv u_1(a_1^*(\theta), \boldsymbol{s}_{-1}^*(a_1^*), \theta) > \min_{\boldsymbol{s}'_{-1}\in \boldsymbol{S}^*_{-1}(\Theta, a_1')} u_1(a_1^*(\theta), \boldsymbol{s}'_{-1}, \theta)$，$\boldsymbol{s}$ 均衡劣策略对信念的约束比之前基于剔除劣策略的信念约束更强。

应用均衡劣策略剔除不合理信念，我们可以剔除教育信号博弈所有的混同均衡。

$$(e(\theta_h) = e(\theta_l) = e^* < \hat{e}, w(e^*) = w_p = \lambda\theta_h + (1 - \lambda)\theta_l, \mu(\theta_h|e^*) = \lambda, \mu(\theta_h|e^*) = 0)$$

是混同均衡。

令 e' 满足 $\theta_h - C(e', \theta_l) = w_p - C(e^*, \theta_l)$，以及 e'' 满足 $\theta_h - C(e'', \theta_h) = w_p - C(e^*, \theta_h)$，则显然有 $e'' > e'$。当 $e \in (e', e'')$ 时，$\theta_h - C(e, \theta_l) < w_p - C(e^*, \theta_l)$，且 $\theta_h - C(e, \theta_h) > w_p - C(e^*, \theta_h)$。也就是说，当雇主观察到 $e \in (e', e'')$ 时，类型 θ_l 的雇员更偏好混同均衡的收益而不是选择 e 后获得最大可能收益，而 θ_h 则刚好相反。这样，根据均衡劣策略对

信念的约束，当 $e \in (e', e'')$ 时，雇主的后验信念为 $\mu(e) = 1$，从而类型 θ_h 有动机去选择 e，混同均衡不满足均衡劣策略的信念约束。

直观标准

在上面对信念约束的基础上，Cho 和 Kreps (1987) 对均衡提出了另一个精炼标准：直观标准。

定义 6.6.10 (直观标准) 对一个贝叶斯完美均衡 $((a_1^*(\theta))_{\theta\in\Theta}, \boldsymbol{s}_{-1}^*(a_1), \mu(\theta|a_1))$，若存在一个类型 $\theta \in \Theta$ 和行动 $a_1 \in A_1$，满足:

$$u_1^*(\theta) < \min_{\boldsymbol{s}_{-1}\in \boldsymbol{S}_{-1}^*(\Theta^{**}(a_1),a_1)} u_1(a_1, \boldsymbol{s}_{-1}, \theta)$$

那么称该均衡违背了**直观标准** (intuitive criterion)。

根据上面对教育信号博弈的讨论，在所有的完美贝叶斯均衡中，只有帕累托最优的分离均衡才通过直观标准。

下面我们引用 Cho 和 Kreps (1987) 的例子 (见图 6.19)，讨论直观标准对完美贝叶斯均衡的精炼。

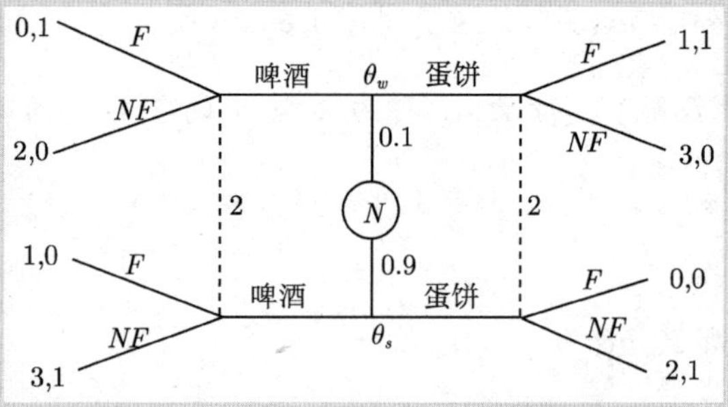

图 6.19 直观标准的例子

例 6.6.11 在图 6.19 所刻画的博弈中，“自然”选择参与人 1 的类型，θ_w 表示“软弱”的类型，θ_s 表示“强硬”的类型，“软弱”类型的初始概率为 0.1。参与人 1 选择早餐，或者“啤酒”或者“蛋饼”。参与人 2 观察到参与人 1 的选择后，选择“打架” (F) 或者“不打架” (NF)。若遇到“软弱”的类型，参与人 2 选择“打架”的效用比“不打架”大；若遇到“强硬”的类型，参与人 2 选择“不打架”的效用比“打架”大。不管什么类型，参与人 1 都不希望参与人 2 选择“打架”。

在这个博弈的完美贝叶斯均衡中，首先可以验证不存在“分离均衡”。在完美贝叶斯均衡中有下面两类完美贝叶斯均衡或者序贯均衡。

第一类: 参与人 1 的两个类型都选择“啤酒”，参与人 2 若看到参与人 1 选择“啤酒”就选择“不打架”，若看到参与人 1 选择“蛋饼”就选择“打架”，同时 $\mu(\theta_w|\text{啤酒}) = 0.9$。

第二类： 参与人 1 的两个类型都选择"蛋饼"，参与人 2 若看到参与人 1 选择"蛋饼"就选择"不打架"，若看到参与人 1 选择"啤酒"就选择"打架"，同时 $\mu(\theta_w|\text{蛋饼}) = 0.9$。

我们发现第二类完美贝叶斯均衡不满足"直观标准"。若参与人 2 观察到参与人 1 选择"啤酒"，他应该可以推断参与人 1 是"强硬"的。这是由于，若参与人 1 是"软弱"的，在贝叶斯均衡中，他得到的效用是 3，是该博弈的所有可能结果中最高的效用，从而"软弱"类型没有动机选择"啤酒"；然而对"强硬"类型，若选择"啤酒"可以让参与人 2 认为啤酒显示参与人 1 是"强硬"类型而选择不打架，此时"强硬"类型的效用水平更高。

用更严格的方式表述，由于 $u_1{}^*(\theta_w) > \max_{s_2} u_1(\text{啤酒}, s_2, \theta_w)$，$\mu(\theta_w|\text{啤酒}) = 0$，因此 $\Theta^{**} = \theta_s$。当 $\theta = \theta_s$ 时，$u_1^*(\theta_s) = 2 < 3 = \min_{s_2 \in S_2^*(\Theta^{**}(\text{啤酒},\text{啤酒}))} u_1(\text{啤酒}, \text{不打架}, \theta_s)$。

可以验证上面的第一类完美贝叶斯均衡并不违反"直观标准"。

对动态不完全信息博弈均衡的精炼，还有其他一些标准，如 Banks 和 Sobel (1987) 提出的"神圣性" (divinity) 和"绝对神圣性" (universal divinity)，以及 Kohlberg 和 Mertens (1986) 提出的"稳定均衡"的概念。

上面我们讨论了很多均衡的概念，下面我们讨论均衡的存在性问题。

6.7 纳什均衡的存在性

用博弈论来讨论互动过程的一个重要的前提是博弈存在均衡解，在非合作博弈中，纳什均衡是一个最基本和最重要的概念。Nash (1951) 论证了纳什均衡存在性定理。

下面我们简单讨论均衡存在性的一些定理。

6.7.1 连续博弈纳什均衡的存在性

定理 6.7.1 (纯策略纳什均衡的存在性定理) 对标准式博弈 $\Gamma_N = [N, \{S_i\}, \{u_i(\cdot)\}]$，若对所有参与人 $i \in N$，其 S_i 是欧氏空间中的一个非空紧凸子集，u_i 在 $S = \prod_{i \in N} S_i$ 上连续，且关于 S_i 是拟凹的 (quasi-concave)，则该博弈至少存在一个纯策略纳什均衡。

证明： 对任意的 $\boldsymbol{x}_{-i} = (x_1, \cdots, x_{i-1}, x_{i+1}, \cdots, x_N)$，定义

$$BR_i(\boldsymbol{x}_{-i}) = \{x_i \in S_i : u_i(x_i, \boldsymbol{x}_{-i}) \geqq u_i(x_i', \boldsymbol{x}_{-i}), \quad \forall x_i' \in S_i\},$$

即 $BR_i(\boldsymbol{x}_{-i})$ 是对其他参与人策略 $\boldsymbol{x}_{-i}$ 最佳响应的集合。定义 $BR(x) = \times_{i \in N} BR_i(\boldsymbol{x}_{-i})$，于是 $BR : S \to 2^S$ 是一个多值映射。由于对任意 $i \in N$，u_i 都是连续的，且在 S_i 上是拟凹的，则 $BR_i(\cdot)$ 是非空、紧和凸的。且由最大值定理 (定理 2.6.14)，$BR : S \to 2^S$ 是上半连续的。[①] 于是，由角谷不动点定理 (参见定理 2.6.20)，存在一个 $\boldsymbol{x}^*$，使得 $\boldsymbol{x}^* \in BR(\boldsymbol{x}^*)$，$\boldsymbol{x}^*$ 就是该博弈的纯策略纳什均衡。 □

① 对紧集 X，一个对应 $F : X \to 2^X$ 是上半连续的，若对所有序列 $\{x_n\}$ 和 $\{y_n\}$，$x_n \in X$，$y_n \in F(x_n)$，$x_n \to \boldsymbol{x}$，$y_n \to \boldsymbol{y}$，那么有 $\boldsymbol{y} \in F(\boldsymbol{x})$。

由于效用函数在混合策略空间 ΔS_i 上是线性的，因而是拟凹的，于是立刻有下面的推论。

推论 6.7.1 (混合策略纳什均衡的存在性定理)对标准式博弈 $\Gamma_N=[N,\{S_i\},\{u_i(\cdot)\}]$，若对所有参与人 $i\in N$，其混合策略空间 ΔS_i 是欧氏空间中的一个非空紧凸子集，且效用函数 u_i 是连续的，则该博弈至少存在一个混合策略纳什均衡。

由于有限博弈 $\Gamma_N=[N,\{S_i\},\{u_i(\cdot)\}]$ 可被视为一个具有策略集 $(\Delta S_i)_{i\in N}$ 收益函数 $u_i(\sigma_1,\sigma_2,\cdots,\sigma_n)=\sum_{\boldsymbol{a}_i\in S_i}[\prod_{j=1}^n\sigma_j(a_j)]u_i(a_i)$ 的博弈，它满足推论 6.7.1的所有假设，从而有限博弈存在混合策略纳什均衡。于是命题 6.5.1 得证。

然而在现实中，许多博弈并不满足上面的一些假设。比如，在一级价格拍卖中，若一个投标人刚好与另一个投标人同时是最高投标人，则两个投标人以相同的概率来获得该拍卖品。这时，若前一个投标人的投标稍微提高一点点，那么他的效用水平会有一个较大的跳跃，于是效用函数在此点是不连续的。古典的 Bertrand (1883) 价格战博弈也导致了非连续的收益函数。类似于这种类型的互动决策还有许多。

若上面的条件不满足，是否意味着均衡就不存在？在文献中，对连续型及拟凹适当放松得到纳什均衡的存在性有许多讨论，如 Dasgupta 和 Maskin (1986)，Baye、Tian 和 Zhou (1993)，Reny (1999)，以及 Tian (2017)。下面介绍 Baye、Tian 和 Zhou (1993) 以及 Tian (2017) 关于纳什均衡存在性的特征化结果。

6.7.2 非连续博弈纳什均衡的存在性

考虑一个标准式博弈 $(\Gamma=(N,(X_i)_{i\in N},(u_i)_{i\in N}))$，$X=\prod_i X_i$。我们首先定义“推翻” (upsetting) 这样的二元关系 $\succ$。

定义 6.7.1 对任意的 $\boldsymbol{x},\boldsymbol{y}\in X$，定义**推翻**二元关系 $\succ$ 如下：$\boldsymbol{y}\succ\boldsymbol{x}$ 当且仅当存在 $i\in N$ 使得 $u_i(y_i,\boldsymbol{x}_{-i})>u_i(x_i,\boldsymbol{x}_{-i})$。

显然，若一个策略组合是纳什均衡，则没有一个参与人会推翻他的策略。

定义 $U(\boldsymbol{y},\boldsymbol{x})=\sum_{i\in N}u_i(y_i,\boldsymbol{x}_{-i})$，它表示相对于初始的策略组合 $\boldsymbol{x}$，每个人都可能用策略 y_i 去推翻 $\boldsymbol{x}$ 后所得到的效用之和。于是，对任意 $(\boldsymbol{x},\boldsymbol{y})\in X\times X$，在所有个体效用加总的基础上，我们定义类似的“推翻”二元关系 $\succ$，即 $\boldsymbol{y}\succ\boldsymbol{x}$ 当且仅当 $U(\boldsymbol{y},\boldsymbol{x})>U(\boldsymbol{x},\boldsymbol{x})$。显然，若 $\boldsymbol{x}$ 是纳什均衡，那么不存在 $\boldsymbol{y}\in X$，$\boldsymbol{y}\succ\boldsymbol{x}$。

我们在第 2 章介绍了函数 $U:X\times X\to\mathcal{R}$ 关于 $\boldsymbol{y}$ 的对角转移连续性，现定义关于 $\Gamma=(N,(X_i)_{i\in N},(u_i)_{i\in N})$ 的对角转移连续性。

定义 6.7.2 一个博弈 $\Gamma=(N,(X_i)_{i\in N},(u_i)_{i\in N})$ 被称为**对角转移连续的** (diagonally transfer continuous)，若函数 $U:X\times X\to\mathcal{R}$ 是关于 $\boldsymbol{y}$ 的对角转移连续，即：对任意 $\boldsymbol{x},\boldsymbol{y}\in X$，一旦 $U(\boldsymbol{y},\boldsymbol{x})>U(\boldsymbol{x},\boldsymbol{x})$，那么存在另一个策略组合 $\boldsymbol{z}\in X$ 和 $\boldsymbol{x}$ 上的一个邻域 $V_x\subseteq X$，有 $U(\boldsymbol{z},V_x)>U(V_x,V_x)$ (即对任意 $x'\in V_x$，都有 $U(\boldsymbol{z},\boldsymbol{x}')>U(\boldsymbol{x}',\boldsymbol{x}')$)。

定义 6.7.3 (对角转移拟凹性) 一个函数 $U(\boldsymbol{x},\boldsymbol{y}): X\times X\to\mathcal{R}$ 被称为**关于 $\boldsymbol{x}$ 是对角转移拟凹的** (diagonally transfer quasiconcave)，若对任意有限子集 $X^m=\{\boldsymbol{x}^1,\cdots,\boldsymbol{x}^m\}\subseteq A$，都存在一个对应的有限子集 $Y^m=\{\boldsymbol{y}^1,\cdots,\boldsymbol{y}^m\}\subseteq C$，使得对任意子集 $\{\boldsymbol{y}^{k^1},\boldsymbol{y}^{k^2},\cdots,\boldsymbol{y}^{k^s}\}\subseteq Y^m$，$1\leqq s\leqq m$，以及任意 $y^{k0}\in co\{\boldsymbol{y}^{k^1},\boldsymbol{y}^{k^2},\cdots,\boldsymbol{y}^{k^s}\}$，我们有

$$\min_{1\leqq l\leqq s} U(\boldsymbol{x}^{k^l},\boldsymbol{y}^{k0})\leqq U(\boldsymbol{y}^{k0},\boldsymbol{y}^{k0}). \tag{6.11}$$

类似地，一个博弈 $\Gamma=(N,(X_i)_{i\in N},(u_i)_{i\in N})$ 被称为**对角转移拟凹的**，若函数 $U: X\times X\to\mathcal{R}$ 关于 $\boldsymbol{x}$ 是对角转移拟凹的。

备注：U 的对角转移拟凹性是一个非常弱的拟凹性。比如，若 U 关于 $\boldsymbol{x}$ 是拟凹的或对角拟凹的，则它关于 $\boldsymbol{x}$ 是对角转移拟凹的 (令 $\boldsymbol{y}^k=\boldsymbol{x}^k$)。①

备注：令 $G(\boldsymbol{x})=\{y\in C: U(\boldsymbol{x},\boldsymbol{y})\leqq U(\boldsymbol{y},\boldsymbol{y})\}$。则容易验证 U 关于 $\boldsymbol{x}$ 是对角转移拟凹的当且仅当对应 $G: A\to 2^C$ 是转移 FS-凸的 (参见定义 3.4.3)。

事实上，下面的定理证明了，对角转移拟凹性是纳什均衡存在的必要条件，并且在对角转移连续的条件下，它也是充分条件。

第6章

定理 6.7.2 假定博弈 $\Gamma=(N,(X_i)_{i\in N},(u_i)_{i\in N})$ 满足对角转移连续性。则 Γ 有纯策略纳什均衡当且仅当它是对角转移拟凹的。

证明： 必要性。假定博弈 Γ 有一个纯策略纳什均衡 $\boldsymbol{y}^*\in X$。我们要证明 U 关于 $\boldsymbol{x}$ 是对角转移拟凹的。对任意有限子集 $X^m=\{\boldsymbol{x}^1,\cdots,\boldsymbol{x}^m\}\subseteq X$，令对应的有限子集为 $Y^m=\{\boldsymbol{y}^1,\cdots,\boldsymbol{y}^m\}=\{\boldsymbol{y}^*\}$。于是，对任意的 $\{\boldsymbol{y}^{k^1},\boldsymbol{y}^{k^2},\cdots,\boldsymbol{y}^{k^s}\}\subseteq Y^m=\{\boldsymbol{y}^*\}$，$1\leqq s\leqq m$ 和任意的 $\boldsymbol{y}^{k0}\in co\{\boldsymbol{y}^{k^1},\boldsymbol{y}^{k^2},\cdots,\boldsymbol{y}^{k^s}\}=\{\boldsymbol{y}^*\}$，我们有

$$\min_{1\leqq l\leqq s}[U(\boldsymbol{x}^{k^l},\boldsymbol{y}^{k0})U(\boldsymbol{y}^{k0},\boldsymbol{y}^{k0})]\leqq[U(\boldsymbol{x}^{k^l},\boldsymbol{y}^*)U(\boldsymbol{y}^*,\boldsymbol{y}^*)]=\sum_{i\in I}[u_i(\boldsymbol{x}_i^{k^l},\boldsymbol{y}_i^*)u_i(\boldsymbol{y}^*)]\leqq 0.$$

因此，U 关于 $\boldsymbol{x}$ 是对角转移拟凹的。

充分性。对每个 $\boldsymbol{x}\in Z$，令 $G(\boldsymbol{x})=\{\boldsymbol{y}\in X: U(\boldsymbol{x},\boldsymbol{y})\leqq U(\boldsymbol{y},\boldsymbol{y})\}$。则容易验证，$U$ 关于 $\boldsymbol{x}$ 是对角转移连续的当且仅当 $G: X\to 2^X$ 是转移闭值的 (其定义参见第 2 章)。于是，由引理 3.4.2，我们知道 $\bigcap_{\boldsymbol{x}\in Z}G(\boldsymbol{x})=\bigcap_{\boldsymbol{x}\in Z}cl_Z\,G(\boldsymbol{x})\neq\varnothing$。同时，$U$ 关于 $\boldsymbol{x}$ 是对角转移拟凹的当且仅当对应 $G: A\to 2^C$ 是转移 FS-凹的。因此，存在 $\boldsymbol{y}^*\in X$，使得 $U(\boldsymbol{x},\boldsymbol{y}^*)\leqq U(\boldsymbol{y}^*,\boldsymbol{y}^*)$ 对所有的 $\boldsymbol{x}\in X$ 均成立。令 $\boldsymbol{x}=(\boldsymbol{x}_i,\boldsymbol{y}_{-i}^*)$，则有

$$U(\boldsymbol{x},\boldsymbol{y}^*)-U(\boldsymbol{y}^*,\boldsymbol{y}^*)=[u_i(\boldsymbol{x}_i,\boldsymbol{y}_{-i}^*)-u_i(\boldsymbol{y}^*)]\leqq 0, \tag{6.12}$$

对所有的 $\boldsymbol{x}_i\in X_i$ 均成立。这样，$\boldsymbol{y}^*$ 是 Γ 的一个纯策略纳什均衡。 □

著者在 Tian(2015) 中更进一步地给出了任意标准博弈纯策略纳什均衡存在的充要的拓扑条件。在一个非常一般化的博弈中，参与人可以有限或者无限，策略空间也是任意的，可以是离散的或连续的，可以是非紧的或者非凸的，参与人的效用函数可以是非连续的，

① 一个函数 $U: Z\times Z\to\mathcal{R}$ 关于 $\boldsymbol{x}$ 是对角拟凹的，若对任意 Z 的有限子集 X^m 和 $\boldsymbol{x}^0\in co\,X^m$，我们都有 $\min_k U(\boldsymbol{x}^k,\boldsymbol{x}^0)\leqq U(\boldsymbol{x}^0,\boldsymbol{x}^0)$。

或者在策略空间上是非拟凹的，而且所用的证明方法并没有像通常一样采用不动点定理，而是基于一个更基础的数学结果——Borel-Lebesgue 有限覆盖定理来证明的。下面只针对效用函数存在的情况进行讨论，对一般情况充要的存在性证明，见 Tian (2015)。

定义 6.7.4 一个博弈 $\Gamma = (N, (X_i)_{i\in N}, (u_i)_{i\in N})$ 是**递归对角转移连续的**，若对有 $\boldsymbol{y} \succ \boldsymbol{x}$ 的任意 $\boldsymbol{x}, \boldsymbol{y} \in X$，都存在一个策略组合 $\boldsymbol{y}^0 \in X$ (可能 $\boldsymbol{y}^0 = \boldsymbol{x}$) 以及 $\boldsymbol{x}$ 上的某个邻域 $V_{\boldsymbol{x}} \subset X$，使得对任意递归推翻了 $\boldsymbol{y}^0$ 的策略组合 $\boldsymbol{z} \in X$[①]，都有 $U(\boldsymbol{z}, V_{\boldsymbol{x}}) > U(V_{\boldsymbol{x}}, V_{\boldsymbol{x}})$。

我们还可以类似地定义 m 阶递归对角转移连续的概念。一个博弈 $G = (X_i, u_i)_{i\in I}$ 被说成是 **m 阶递归对角转移连续的**，当且仅当以上定义中的“递归推翻 $\boldsymbol{y}^0$”由“m 阶递归推翻 $\boldsymbol{y}^0$”取代。

在引入这些概念的基础上，著者在 Tian(2015) 中给出了纯策略纳什均衡存在的必要条件和充分条件。

定理 6.7.3 (纯策略均衡存在的必要条件) 若一个博弈 $\Gamma = (N, (X_i)_{i\in N}, (u_i)_{i\in N})$ 存在纯策略纳什均衡，那么在策略空间上，该博弈必然具有递归的对角转移连续性。

第6章

证明： 若 $\boldsymbol{x}^* \in X$ 是博弈 $\Gamma = (N, (X_i)_{i\in N}, (u_i)_{i\in N})$ 的一个纯策略纳什均衡，那么对任意 $\boldsymbol{y} \in X$ 和任意参与人 $i \in N$ 都有 $u_i(\boldsymbol{y}_i, \boldsymbol{x}^*_{-i}) \leqq u_i(\boldsymbol{x}^*)$，即有 $U(\boldsymbol{y}, \boldsymbol{x}^*) \leqq U(\boldsymbol{x}^*, \boldsymbol{x}^*)$。

若 $\boldsymbol{x}, \boldsymbol{y} \in X$，有 $U(\boldsymbol{y}, \boldsymbol{x}) > U(\boldsymbol{x}, \boldsymbol{x})$。令 $\boldsymbol{y}^0 = \boldsymbol{x}^*$，$V_{\boldsymbol{x}}$ 是策略组合 $\boldsymbol{x}$ 的邻域。由于 $U(\boldsymbol{y}, \boldsymbol{x}^*) \leqq U(\boldsymbol{x}^*, \boldsymbol{x}^*)$，从而不可能找到一个策略组合 $\boldsymbol{y}^1$，使得 $U(\boldsymbol{y}^1, \boldsymbol{y}^0) > U(\boldsymbol{y}^0, \boldsymbol{y}^0)$，当然也就不可能找到一个有限的策略组合链，$\{\boldsymbol{y}^1, \boldsymbol{y}^2, \cdots, \boldsymbol{y}^m\}$，使得 $U(\boldsymbol{y}^{i+1}, \boldsymbol{y}^i) > U(\boldsymbol{y}^i, \boldsymbol{y}^i)$，$i = 1, \cdots, m-1$。而这意味着博弈满足递归对角转移连续性。 □

定理 6.7.4 (纯策略均衡存在的充分条件) 假定博弈 $\Gamma = (N, (X_i)_{i\in N}, (u_i)_{i\in N})$ 的策略组合空间 X 是紧的。则，若博弈在 X 上具有递归对角转移连续性，那么必然存在纯策略纳什均衡。

证明： 首先，注意到若对所有的 $\boldsymbol{y} \in X$，都有 $U(\boldsymbol{y}, \boldsymbol{x}^*) \leqq U(\boldsymbol{x}^*, \boldsymbol{x}^*)$，那么 $\boldsymbol{x}^* \in X$ 必然是博弈的一个纳什均衡。可以令 $\boldsymbol{y} \in (\boldsymbol{y}_i, \boldsymbol{x}^*_{-i})$，$U(\boldsymbol{y}, \boldsymbol{x}^*) \leqq U(\boldsymbol{x}^*, \boldsymbol{x}^*)$，意味着 $u_i(\boldsymbol{y}_i, \boldsymbol{x}^*_{-i}) \leqq u_i(\boldsymbol{x}^*)$。

用反证法，假设不存在一个纯策略纳什均衡，那么对任意 $\boldsymbol{x} \in X$，都存在一个 $\boldsymbol{y} \in X$，使得 $U(\boldsymbol{y}, \boldsymbol{x}) > U(\boldsymbol{x}, \boldsymbol{x})$。递归对角转移连续性意味着，对每个 $\boldsymbol{x} \in X$，都存在 $\boldsymbol{y}^0$ 和 $\boldsymbol{x}$ 的邻域 $V_{\boldsymbol{x}}$，使得对任意递归推翻了 $\boldsymbol{y}^0$ 的 $\boldsymbol{z}$，都有 $U(\boldsymbol{z}, V_{\boldsymbol{x}}) > U(V_{\boldsymbol{x}}, V_{\boldsymbol{x}})$。由于 $\boldsymbol{y}^0$ 不是纳什均衡，那么存在 $\boldsymbol{z} \in X$，同时根据递归对角转移连续性的定义，存在有限的策略组合链 $\{\boldsymbol{y}^0, \cdots, \boldsymbol{y}^{m-1}, \boldsymbol{y}^m = \boldsymbol{z}\}$，使得 $U(\boldsymbol{y}^{i+1}, \boldsymbol{y}^i) > U(\boldsymbol{y}^i, \boldsymbol{y}^i), i = 0, \cdots, m-1$。

由于 X 是紧的，意味着存在有限个策略 $\{\boldsymbol{x}^1, \cdots, \boldsymbol{x}^L\}$，使得 $X \subseteq \bigcup_{i=1}^{L} V_{\boldsymbol{x}^i}$。对每个 $\boldsymbol{x}^i$，都存在一个相应的 $\boldsymbol{y}^{0i}$，一旦 $\boldsymbol{z}^i \in X$ 递归推翻 $\boldsymbol{y}^{0i}$，那么 $U(\boldsymbol{z}^i, V_{\boldsymbol{x}^i}) > u(\boldsymbol{x}^i, V_{\boldsymbol{x}^i})$。

① 一个策略 $y^0 \in X$ 说成是被 $z \in X$ 递归推翻了，当且仅当存在有限个策略 $\{y^1, y^2, \cdots, y^{m-1}, z\}$ 使得 $U(y^1, y^0) > U(y^0, y^0)$, $U(y^2, y^1) > U(y^1, y^1)$, $\cdots$, $U(z, y^{m-1}) > U(y^{m-1}, y^{m-1})$。

由于没有均衡，那么对每个这样的 $\boldsymbol{y}^{0i}$，均必然存在 $\boldsymbol{z}^i \in X$，使得 $U(\boldsymbol{z}^i, \boldsymbol{y}^{0i}) > u(\boldsymbol{y}^{0i}, \boldsymbol{y}^{0i})$ 成立，那么利用一阶递归对角连续性，得到 $U(\boldsymbol{z}^i, V_{\boldsymbol{x}^i}) > u(\boldsymbol{x}^i, V_{\boldsymbol{x}^i})$。对策略组合序列 $\{\boldsymbol{z}^1, \cdots, \boldsymbol{z}^m\}$，必定有 $\boldsymbol{z}^i \notin V_{\boldsymbol{x}^i}$，否则，$U(\boldsymbol{z}^i, \boldsymbol{z}^i) > u(\boldsymbol{z}^i, \boldsymbol{z}^i)$，矛盾，所以，$\boldsymbol{z}^1 \notin V_{\boldsymbol{x}^1}$。我们假设 $\boldsymbol{z}^1 \in V_{\boldsymbol{x}^2}$，这并不丧失一般性。

由于 $U(\boldsymbol{z}^2, \boldsymbol{z}^1) > u(\boldsymbol{z}^1, \boldsymbol{z}^1)$ 和 $U(\boldsymbol{z}^1, \boldsymbol{y}^{01}) > u(\boldsymbol{y}^{01}, \boldsymbol{y}^{01})$，利用二阶递归对角连续性，得到 $U(\boldsymbol{z}^2, V_{\boldsymbol{x}^1}) > U(V_{\boldsymbol{x}^1}, V_{\boldsymbol{x}^1})$，同样 $U(\boldsymbol{z}^2, V_{\boldsymbol{x}^2}) > U(V_{\boldsymbol{x}^2}, V_{\boldsymbol{x}^2})$，所以 $U(\boldsymbol{z}^2, V_{\boldsymbol{x}^1} \bigcup V_{\boldsymbol{x}^2}) > U(V_{\boldsymbol{x}^1} \bigcup V_{\boldsymbol{x}^2})$，因此得到 $\boldsymbol{z}^2 \notin (V_{\boldsymbol{x}^1} \bigcup V_{\boldsymbol{x}^2})$。利用类似的推理，我们可以发现 $\boldsymbol{z}^k \notin V_{\boldsymbol{x}^1} \bigcup V_{\boldsymbol{x}^2} \bigcup \cdots \bigcup V_{\boldsymbol{x}^k}$，当 $k = L$ 时，得到 $\boldsymbol{z}^L \notin V_{\boldsymbol{x}^1} \bigcup V_{\boldsymbol{x}^2} \cdots \bigcup V_{\boldsymbol{x}^L}$，但是这与 $X \subseteq \bigcup_{i=1}^L V_{\boldsymbol{x}^i}$ 以及 $\boldsymbol{z}^L \in X$ 矛盾。因此，该博弈必然存在纯策略纳什均衡。 □

下面我们在递归对角转移连续性的基础上定义一个相对更强的概念，就可以找到对任何一个博弈的 (纯策略) 纳什均衡存在性的充要条件。

定义 6.7.5 令 $B \subseteq X$，一个博弈 $\Gamma = (N, (X_i)_{i \in N}, (u_i)_{i \in N})$ 在 X **相对于** B **满足递归对角转移连续性**，若 $\boldsymbol{x} \in B$ 不是博弈的纳什均衡，则存在一个策略组合 $\boldsymbol{y}^0 \in B$(有可能 $\boldsymbol{y}^0 = \boldsymbol{x}$) 和策略组合 $\boldsymbol{x}$ 的邻域 $V_{\boldsymbol{x}}$，使得: (1) $\boldsymbol{y}^0$ 被 B 上的一个策略推翻。(2) 若对任意有限的策略组合链 $\{\boldsymbol{y}^1, \cdots, \boldsymbol{y}^m = \boldsymbol{z}\}$ 都有 $U(\boldsymbol{y}^{i+1}, \boldsymbol{y}^i) > U(\boldsymbol{y}^i, \boldsymbol{y}^i)$，$i = 0, \cdots, m-1$，那么 $U(\boldsymbol{z}, V_{\boldsymbol{x}}) > U(V_{\boldsymbol{x}}, V_{\boldsymbol{x}})$。

定理 6.7.5 (纳什均衡存在性的充要条件) 一个博弈 $\Gamma = (N, (X_i)_{i \in N}, (u_i)_{i \in N})$ 拥有一个纯策略纳什均衡，当且仅当存在一个紧集 $B \subseteq X$，使得博弈在 X 上对 B 满足递归对角转移连续性。

证明： 对定理充分性的证明与上面类似，这里大致给出。我们首先证明博弈在策略空间 B 上存在纳什均衡 $\boldsymbol{x}^*$。假定不存在。由于博弈 G 在 X 上对 B 满足递归对角转移连续性，则对每个 $\boldsymbol{x} \in B$ 均存在 $\boldsymbol{y}^0 \in B$ 及邻域 $\mathcal{V}_{\boldsymbol{x}}$，使得对任意满足 $\boldsymbol{y}^m = \boldsymbol{z}$ 和 $U(\boldsymbol{z}, \boldsymbol{y}^{m-1}) > U(\boldsymbol{y}^{m-1}, \boldsymbol{y}^{m-1})$，$U(\boldsymbol{y}^{m-1}, \boldsymbol{y}^{m-2}) > U(\boldsymbol{y}^{m-2}, \boldsymbol{y}^{m-2})$，$\cdots$，$U(\boldsymbol{y}^1, \boldsymbol{y}^0) > U(\boldsymbol{y}^0, \boldsymbol{y}^0)$ 的有限子序列 $\{\boldsymbol{y}^1, \cdots, \boldsymbol{y}^m\} \subseteq B$，都有 $U(\boldsymbol{z}, \mathcal{V}_{\boldsymbol{x}}) > U(\mathcal{V}_{\boldsymbol{x}}, \mathcal{V}_{\boldsymbol{x}})$。根据假定，由于在 B 上没有均衡，$\boldsymbol{y}^0$ 不是在 B 上的均衡，于是，根据 G 在 X 上对 B 满足递归对角转移连续性，对某个 $m \geqq 1$，存在这样的递归序列 $\{\boldsymbol{y}^1, \cdots, \boldsymbol{y}^{m-1}, \boldsymbol{z}\}$。

既然 B 是紧的，且 $B \subseteq \bigcup_{\boldsymbol{x} \in X} \mathcal{V}_{\boldsymbol{x}}$，存在着有限集 $\{\boldsymbol{x}^1, \cdots, \boldsymbol{x}^L\} \subseteq B$，使得 $B \subseteq \bigcup_{i=1}^L \mathcal{V}_{\boldsymbol{x}^i}$。对每个 $\boldsymbol{x}^i$，对应着一个初始偏离 $\boldsymbol{y}^{0i}$ 使之只要通过有限策略 $\{\boldsymbol{y}^{1i}, \cdots, \boldsymbol{y}^{mi}\} \subseteq B$ 同时 $\boldsymbol{y}^{mi} = \boldsymbol{z}^i$，$\boldsymbol{y}^{0i}$ 被 $\boldsymbol{z}^i$ 递归推翻，就有 $U(\boldsymbol{z}^i, \mathcal{V}_{\boldsymbol{x}^i}) > U(\mathcal{V}_{\boldsymbol{x}^i}, \mathcal{V}_{\boldsymbol{x}^i})$。于是，根据前面定理证明中的同样理由，我们得到，对所有的 $k = 1, 2, \cdots, L$，z^k 均不在 $\mathcal{V}_{\boldsymbol{x}^1}, \mathcal{V}_{\boldsymbol{x}^2}, \cdots, \mathcal{V}_{\boldsymbol{x}^k}$ 的并集中。这样，特别是对 $k = L$，我们有 $\boldsymbol{z}^L \notin \mathcal{V}_{\boldsymbol{x}^1} \cup \mathcal{V}_{\boldsymbol{x}^2} \cdots \cup \mathcal{V}_{\boldsymbol{x}^L}$，从而 $\boldsymbol{z}^L \notin B \subseteq \bigcup_{i=1}^L \mathcal{V}_{\boldsymbol{x}^i}$，矛盾。因此，博弈在 B 上存在纯策略纳什均衡 $\boldsymbol{x}^*$。

我们现在证明 $\boldsymbol{x}^*$ 一定也是在 X 上的一个纯策略纳什均衡。假定不是，则 $\boldsymbol{x}^*$ 将被 $X \setminus B$ 中的一个策略推翻，从而它被 B 的策略推翻，这意味着 $\boldsymbol{x}^*$ 不是在 B 上的纳什均衡，矛盾。

必要性的证明不依赖于紧性假设，证明一样，不再重复。 □

论文 Tian(2015) 还讨论了混合策略均衡的存在性的充要条件，讨论了不能用效用函数刻画的偏好下的均衡存在性的充要条件。

6.8 【人物小传】

6.8.1 约翰・纳什

约翰・纳什 (John Nash，Jr.，1928—2015)，著名经济学家、博弈论创始人，曾任麻省理工学院讲师，后任普林斯顿大学数学系教授，主要研究博弈论、微分几何学和偏微分方程。他由于在非合作博弈的均衡分析理论方面做出了开创性的贡献，以及在 22 岁提出的纳什均衡概念对博弈论和经济学产生了重大影响，而获得 1994 年诺贝尔经济学奖。

1950 年他获得普林斯顿大学博士学位，博士学位论文题为《非合作博弈论》，仅有 27 页。1950 年和 1951 年他的两篇关于非合作博弈论的重要论文，彻底改变了人们对竞争和市场的看法。他证明了非合作博弈及其均衡解，并证明了均衡解的存在性，即著名的纳什均衡。他的研究表明，个人按照自身理性去做决策，达到的效果并不一定是集体理性的。也就是说，个人利益最大化和集体利益最大化并不总是一致的，可能会有冲突，从而揭示了博弈均衡与经济均衡的内在联系。纳什的研究奠定了现代非合作博弈论的基石，后来的博弈论研究基本上都是沿着这条主线展开的。然而，纳什天才的发现却遭到冯・诺依曼的否定，之前他还受到爱因斯坦的冷遇。但纳什坚持了自己的观点，终成一代大师。要不是 30 多年的严重精神病折磨，恐怕他早已站在诺贝尔经济学奖的领奖台上了。2001 年改编自同名传记的奥斯卡获奖电影《美丽心灵》讲的就是纳什富有传奇色彩的人生经历。

冯・诺依曼在 1928 年提出的极小极大定理和纳什在 1950 年提出的均衡定理奠定了博弈论的整个大厦，前者主要考虑的是零和博弈，而后者则考虑的是更一般形式的非零和博弈。通过将这一理论扩展到牵涉各种合作与竞争的博弈中，纳什成功地打开了将博弈论应用到经济学、政治学、社会学乃至进化生物学中的大门。1958 年，纳什因其在数学领域的卓越工作被美国《财富》杂志评为新一代天才数学家中最杰出的人物。1994 年，他和其他两位博弈论学家约翰・海萨尼和莱因哈德・泽尔腾共同获得了诺贝尔经济学奖。1999 年，美国数学协会授予他勒鲁瓦・斯梯尔奖 (Leroy Steele Prize)。

虽然经济学的最高奖项——诺贝尔经济学奖给纳什带来了焕然一新的好运，在获奖后的 21 年时间中，其身体和精神面貌越来越好，但数学最高奖项的获得似乎并没有给纳什带来好的结局。纳什于 2015 年荣获了阿贝尔奖 (Abel Prize)，该奖由挪威皇室颁发，奖励在数学界有突出贡献的科学家。在参加完挪威皇室颁奖仪式返回美国时，纳什同夫人乘坐的出租车在新泽西收费公路上超车时失控，纳什及其夫人被弹出车外当场遇难。

6.8.2　约翰・海萨尼

约翰・海萨尼 (John C. Harsanyi，1920—2000) 是将博弈论发展成为经济分析工具的先驱之一，主要是对不完全信息博弈，即贝叶斯博弈 (Bayesian games) 做出了开创性的贡献。其他重要贡献还包括博弈论与经济推理在政治学和道德哲学 (特别是功利主义伦理学) 中的应用。他的贡献令他于 1994 年和约翰・纳什及莱因哈德・泽尔腾共同获得诺贝尔经济学奖。

海萨尼出生于匈牙利布达佩斯的一个犹太人家庭。他尊重父母的意愿，选择了布达佩斯大学的药学专业。1944 年初，他获得了药学硕士学位。1944 年 3 月，德国军队占领了匈牙利。海萨尼从 5 月到 11 月被强迫到苦力营中劳动。同年 11 月，纳粹当局决定将海萨尼所在的苦力营从布达佩斯放逐到奥地利的一个集中营去，海萨尼很幸运地就在列车开往奥地利之前，从布达佩斯火车站逃脱。战后的 1946 年，海萨尼重新到布达佩斯大学注册入学，攻读博士学位，专业是哲学，兼修社会学和心理学。由于他在先前学习药学时已有学分，在学习了一年多的课程以及写了一篇哲学的博士学位论文之后，海萨尼于 1947 年 6 月获得布达佩斯大学哲学博士学位。从 1947 年 9 月至 1948 年 6 月，海萨尼在布达佩斯大学的社会学研究所做助教。在这里他遇到了后来成为他夫人的安妮・克劳伯。1948 年 6 月，由于海萨尼与当局政见不同，他被迫从研究所辞职。1950 年 4 月，海萨尼和安妮决定离开匈牙利。他们从一片边防警卫力量较薄弱的沼泽地带越过匈牙利国境线，逃到了奥地利。

在悉尼的工厂当劳工的同时，海萨尼在悉尼大学修读经济学夜间课程，并于 1953 年取得文学硕士学位。在悉尼读书时，他就开始在经济学期刊 (包括 *Journal of Political Economy* 和 *Review of Economic Studies*) 上发表论文。他 1956 年在布里斯班昆士兰大学取得教席。在 1958 年，在斯坦福大学，海萨尼在肯尼思・阿罗 (Kenneth J. Arrow，1921—2017) 的指导下写了一篇关于博弈论的论文，并于 1959 年取得了第二个博士学位——经济学博士学位。1961—1963 年他在底特律韦恩州立大学担任经济学教授。1964 年，他转到美国加州大学伯克利分校任教，并一直留在那里直至 1990 年退休。

20 世纪 60 年代下半期是海萨尼学术生涯中最重要的时期，在 1967 年和 1968 年，海萨尼发表了一篇分成 3 个部分的论文“Games with Incomplete Information Played by Bayesian Players”。该论文对当时博弈论还无法有效讨论的不完全信息博弈进行了研究，提出了一种将一个具有不完全信息的博弈转换成一个具有完全 (但非完美) 信息的博弈的方法。通过这种转换方法，一个不完全信息博弈被转换成一个等价的完全信息博弈，从而可对原来的不完全信息博弈进行研究。目前这一转换方法被称为“海萨尼转换”，是处理不完全信息博弈的标准方法。由于海萨尼的这篇论文，博弈论在分析不完全信息博弈时的困难得到了解决，将不完全信息博弈纳入到博弈论的分析框架之中，极大地拓展了博弈论的分析范围和应用范围，从而完成了博弈论发展中的一个里程碑式的成就。正是因为这一贡献，海萨尼获得了诺贝尔经济学奖的殊荣。海萨尼除了在博弈论的研究中取得卓越的成就外，他还在福利经济学和经济哲学方面获得了重要的研究成果。从 20 世纪 50 年代初一直到 90 年代，海萨尼在这两方面发表了一系列文章，进一步确立了他在经济学界的地位。

6.9 习题

习题 6.1 考虑一个策略式博弈，试证明：若该博弈通过重复剔除非最佳响应策略得到唯一的策略组合，则它也是唯一的纳什均衡。

习题 6.2 考虑以下博弈：全班共有 20 个同学，他们每个人在 1 和 100 之间选择一个整数。所选择数字最接近全班平均数的 1/2 的同学将平分 100 元奖金。

1. 试找出每个同学的严格劣策略。
2. 试用重复剔除劣策略的方法找出该博弈的纳什均衡。
3. 若胜利规则改为所选择数字最接近全班平均数 2 倍的同学平分奖金，试找出该博弈的所有纳什均衡。

习题 6.3 在内蒙古某地有 n 个牧民和 1 个公共草场。牧民 i 可以选择在公共草场上放 g_i 头羊。每头羊的成本为 $c>0$。一年以后，每个牧民可以在市场上以价格 $v(G)$ 卖出他的羊，其中 $G=\sum_{i=1}^{n} g_i$。假定 $v(G)$ 二阶连续可导，并且二阶导数小于零。

1. 求社会最优的放羊量。
2. 求纳什均衡中每个牧民的放羊量。

习题 6.4 考虑一个策略式博弈 $((N,(S_i)_{i\in N}),(u_i)_{i\in N})$，其中 $N=\{1,2,\cdots,n\}$。我们说该博弈是对称的，若它满足以下条件：(1) 对于任何参与人 i 和 j，$S_i=S_j$; (2) 若 $\boldsymbol{s}_{-i}=\boldsymbol{s}_{-j}$，$\boldsymbol{s}_i=\boldsymbol{s}_j$，那么 $u(\boldsymbol{s}_i,\boldsymbol{s}_{-i})=u(\boldsymbol{s}_j,\boldsymbol{s}_{-j})$。若对于任何参与人 i 和 j，$\boldsymbol{\sigma}_i=\boldsymbol{\sigma}_j$，那么策略 $\boldsymbol{\sigma}=(\sigma_1,\cdots,\sigma_n)$ 是对称的。而对称纳什均衡则是指策略对称的纳什均衡。

1. 试判断任何有限的对称博弈是否有对称的纳什均衡。
2. 证明对称博弈中并不是所有的纳什均衡策略都是对称的。

习题 6.5 找出如下博弈的所有纳什均衡 (包括纯策略纳什均衡和混合策略纳什均衡)：

		参与人 2	
		L	R
	T	0,0	0,−2
参与人 1	M	3,0	−1,0
	B	1,0	−1,1

习题 6.6 两个人要决定如何分配 10 万元钱。他们使用如下分配规则：每个决策者分别给出一个小于 10 万的正整数。若两个人给出的数的总和不超过 10 万，那么每个决策者拿到的钱数是他们各自出的数字 (多出来的钱被撕毁)。若两个人的数字之和大于 10 万并且他们出的数字不一样，那么报数小的决策者得到他所报的钱数，而另一个决策者得到 10 万元钱剩余的部分。若两个人的数字之和大于 10 万并且他们出的数字一样，那么他们各自得到 5 万元。

1. 找出该博弈的所有纯策略纳什均衡。
2. 找出该博弈的所有混合策略纳什均衡。

习题 6.7 考虑以下策略式博弈:

		参与人 2		
		L	C	R
参与人 1	T	$1,-3$	$-3,1$	$0,0$
	M	$-3,1$	$1,-3$	$0,0$
	B	$0,0$	$0,0$	$2,2$

1. 每个参与人的可理性化策略的集合是什么?
2. 试找出该博弈中的纯策略纳什均衡。
3. 证明该博弈不存在额外的混合策略纳什均衡。

习题 6.8 考虑如下同时行动博弈:

		参与人 2	
		L	R
参与人 1	T	a_1,a_2	b_1,b_2
	B	c_1,c_2	d_1,d_2

1. 在什么条件下,存在纳什均衡,使得两个参与人均选择严格的混合策略?
2. 在什么条件下,问题 1 中的纳什均衡是该博弈唯一的纳什均衡?
3. 求问题 2 中的纳什均衡 (其中所有参与人的收益均为常数)。

习题 6.9 两个参与人要竞争一件物品,每个参与人同时选择一个放弃的时间节点。若其中一个参与人先放弃,则另一个参与人将获得该物品;若两个参与人同时放弃,则两个参与人各有一半概率获得该物品。令时间是从 0 开始并趋于无穷的连续变量,设参与人 i 获得物品的收益为 v_i,每多经过一单位的时间,每个参与人均需付出一单位的成本。令 t_1 和 t_2 表示两个参与人各自同时选择的放弃时间。

1. 写出上述博弈的标准式。
2. 写出参与人 i 的最佳响应函数 (或对应)。
3. 假设 $v_1 > v_2$,画出两个参与人的最佳响应曲线。
4. 求该博弈的纳什均衡。

习题 6.10 证明:在博弈 $G=(I;\{S_i,u_i\}_{i=1}^n)$ 中,若 $s^*=(s_1^*,\cdots,s_n^*)$ 是重复剔除严格劣策略后留下的唯一策略向量,则 s^* 是该博弈唯一的纳什均衡。

习题 6.11 在具有完全信息的第二价格拍卖机制 (即:每个参与人都知道其他参与人的真实估价,出价最高的人获得物品,但按照第二高投标价支付) 中,参与人 $i=1,2,\cdots,n$,

对拍卖物品的最高估价分别为 $v_1 > v_2 > \cdots > v_n$。找出一个纳什均衡，在该均衡中估价最高的参与人并没有获得该物品。

习题 6.12 两个参与人的收益之和为零的博弈被称为零和博弈。当参与人 1 选择策略 $a_1 \in A_1$，参与人 2 选择策略 $a_2 \in A_2$ 时，参与人 1 的收益为 $u(a_1, a_2)$。在零和博弈中，参与人 2 的收益是 $-u(a_1, a_2)$，其中 A_1 和 A_2 为相应的策略空间。

1. 证明极小极大定理，即证明如下式子成立：

$$\max_x \min_y u(x, y) = u(x^*, y^*) = \min_y \max_x u(x, y).$$

2. 证明：若 (m_1, m_2) 和 (m_1^*, m_2^*) 是纳什均衡，则 (m_1, m_2^*) 和 (m_1^*, m_2) 也将是纳什均衡。
3. 证明参与人 1 在对称零和博弈的纳什均衡中的收益始终为零。

习题 6.13 考虑如下同时行动博弈：

		参与人 B	
		L	R
参与人 A	T	x, x	$0, 0$
	B	$0, 0$	x, x

记 A 为行参与人，B 为列参与人。A 确切知道 x 的数值；B 仅知道 x 各有一半的概率取值 5 或 10。

1. 描述上述不完全信息博弈。
2. 求上述博弈的所有纯策略和混合策略的贝叶斯–纳什均衡。
3. 现在假设，A 在观察到 x 的数值后，可以选择和 B 进行同时行动博弈，或者付出 2 的成本进行序贯行动博弈并首先行动。对于 x 的某些取值，A 将支付 2 的成本并先行动。试求该动态博弈的一个贝叶斯–纳什均衡。该贝叶斯–纳什均衡是序贯均衡吗？为什么？

习题 6.14 考虑以下两个玩家参加的游戏。桌上共有 21 枚硬币，玩家 1 与玩家 2 依次轮流挪走 1 ~ 3 枚硬币，最后一个拿走桌子上硬币的玩家输掉游戏。具体来说，玩家 1 可以先选择拿走 1 枚、2 枚或者 3 枚硬币，然后玩家 2 再选择拿走的硬币数，轮流进行下去，直至最后一个拿走桌上硬币的玩家输掉游戏。

1. 用逆向递推法求解该博弈。
2. 当桌上硬币数为多少时，玩家 2 在均衡中总会输？

习题 6.15 两个参与人进行如下博弈：第一阶段，参与人 1 在行动 A 和 B 之间做选择；第二阶段，参与人 2 在观察到参与人 1 的选择后，在行动 C 和 D 之间做选择。第三阶段，参与人 1 在观察到参与人 2 的选择后，在行动 a 和 b 之间做选择。

1. 写出该博弈的扩展形式。
2. 该博弈是完美信息的还是不完美信息的？为什么？
3. 写出每个参与人的策略集。

习题 6.16　考虑图 6.20 中的扩展式博弈。

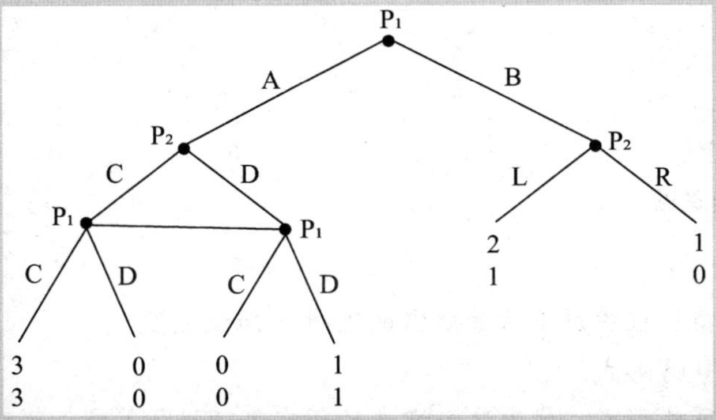

图 6.20　习题 6.16 的图

1. 给出所有子博弈。
2. 对于同时发生的子博弈，求（混合）纳什均衡。
3. 求子博弈完美纳什均衡。

习题 6.17　考虑图 6.21 中的扩展式博弈。

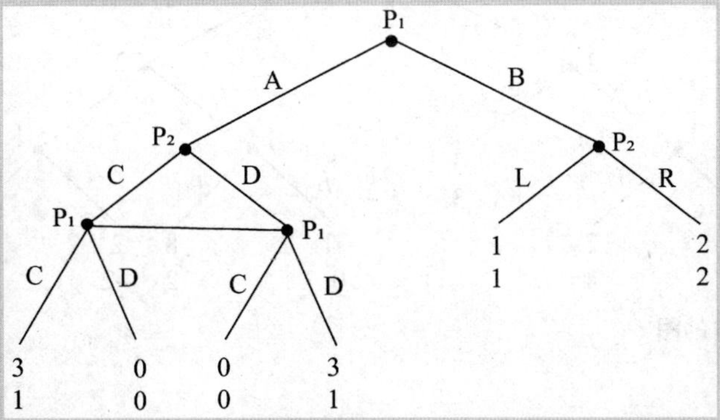

图 6.21　习题 6.17 的图

1. 给出所有子博弈。
2. 求右子树的纳什均衡。
3. 求左子树的所有纯策略和混合策略纳什均衡。
4. 求所有子博弈完美纳什均衡。

习题 6.18 考虑图 6.22 中的扩展式博弈。

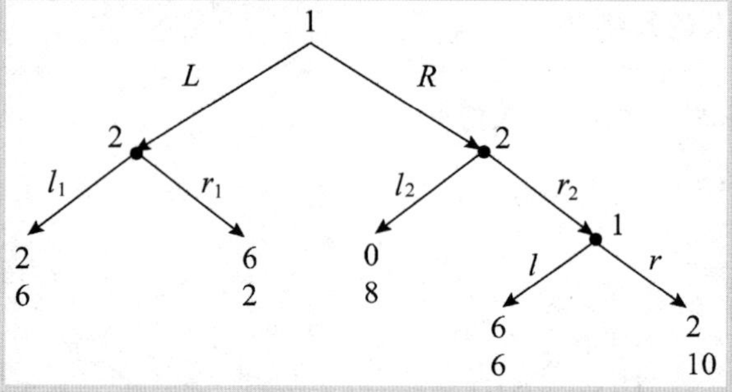

图 6.22 习题 6.18 的图

1. 说明逆向递推过程中每个步骤所需的理性和知识假设。
2. 写出博弈的策略形式。
3. 利用博弈的策略形式，找出这个博弈的所有可理性化策略。说明每次剔除所需的理性和知识假设。
4. 求出这个博弈的所有纳什均衡。
5. 求出这个博弈的纯策略子博弈完美纳什均衡。

习题 6.19 考虑图 6.23 中的扩展式博弈。

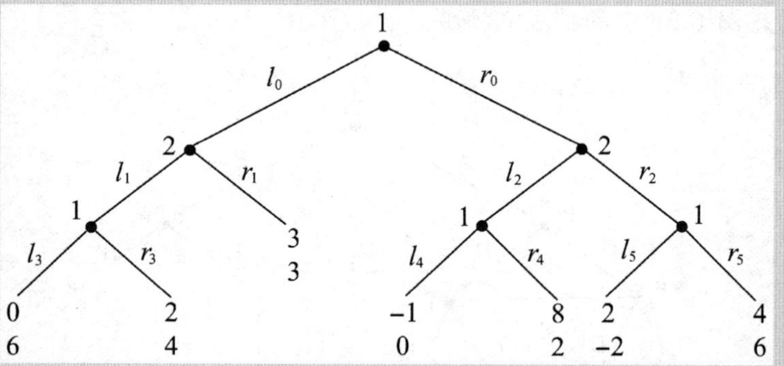

图 6.23 习题 6.19 的图

1. 说明逆向递推过程中每个步骤所需的理性和知识假设。
2. 写出博弈的策略形式。
3. 利用博弈的策略形式，找出这个博弈的所有可理性化策略。说明每次剔除所需的理性和知识假设。
4. 求出这个博弈的所有纳什均衡。
5. 求出这个博弈的纯策略子博弈完美纳什均衡。

习题 6.20　考虑图 6.24 中的扩展式博弈。

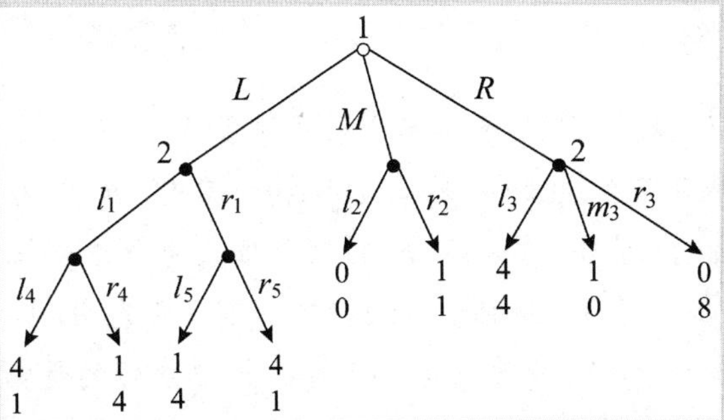

图 6.24　习题 6.20的图

1. 说明逆向递推过程中每个步骤所需的理性和知识假设。
2. 写出博弈的策略形式。
3. 利用博弈的策略形式，找出这个博弈的所有可理性化策略。说明每次剔除所需的理性和知识假设。
4. 求出这个博弈的所有纳什均衡。
5. 求出这个博弈的纯策略子博弈完美纳什均衡。

习题 6.21　荒野草原上有 n 头长时间没有进食的饥饿狮子，其中有一头狮子由于某种疾病已经完全陷入昏迷并且毫无抵抗能力。这些狮子有严格的等级地位，只有等级排在最前面的狮子才能吃生病的狮子。但是等级最高的狮子一旦吃了生病的狮子就可能生病并且陷入昏迷，此时它有可能被等级次高的狮子吃掉。这些狮子的偏好如下：吃掉一头生病的狮子并且不被吃掉 $\succ$ 不被吃掉 $\succ$ 被其他狮子吃掉 (它们不在乎自己是否生病或者清醒)。用逆向递推法找出该博弈的子博弈完美均衡。

习题 6.22　三个朋友参加户外真人 CS 游戏，每个人各自为阵。每一轮他们同时瞄准目标并进行射击，整个过程持续到至多有一人“存活”结束。已知甲的命中率为 1, 乙的命中率为 0.8，丙的命中率为 0.6。

1. 在第一轮游戏中，甲、乙、丙三人各应瞄准谁进行射击？
2. 甲、乙、丙三人的“存活”率各为多少？
3. 现在游戏规则修改为：每一轮由丙先射击，乙再射击，甲最后射击。现在在第一轮游戏中，甲、乙、丙三人各应瞄准谁进行射击？三人最后的“存活”率各为多少？

习题 6.23　考虑如下的海盗分宝石博弈：10 个海盗考虑如何分配 100 颗宝石，他们经过抽签按照编号由 1 到 10 的顺序依次提出分配方案。博弈规则如下：宝石只能按整数进行分配。海盗 1 首先提出一个分配方案，若有半数及以上的海盗投票表示通过该方案即实施该方案，博弈结束；否则海盗 1 将被其他海盗杀死，其他 9 个海盗继续该博弈。接下来由海盗 2 提出分配方案，规则与前面相同，依此类推。假设所有海盗在对接受和拒绝分配方案无差异时一定会选择拒绝。求该博弈的子博弈完美纳什均衡。

习题 6.24 两个参与人 A 和 B 考虑如何分配两块蛋糕 X 和 Y。每块蛋糕的大小均为 1 个单位。参与人 A 的效用函数为 $u(x,y)=x+\lambda y$，其中 (x,y) 为他得到的份额，即从蛋糕 X 得到 x，从蛋糕 Y 得到 y；参与人 B 的效用函数为 $v(x,y)=x+\delta y$，其中 (x,y) 为他得到的份额。假设 $\delta>\lambda>0$，分配蛋糕的机制如下：首先由 A 将每块蛋糕切分成两份，即将 X 分为 x 和 $1-x$，将 Y 分为 y 和 $1-y$，并把分好的蛋糕合并为两组：(x,y) 和 $(1-x,1-y)$。然后由 B 选择其中一组，A 得到另外一组。

1. 用逆向递推法求解该博弈的子博弈完美纳什均衡。
2. 若调换 A 和 B 两人的角色，即由 B 切蛋糕并分组，由 A 首先选择其中一组，结果如何？
3. 这种“先分后选”的分配机制能否得到公平的分配结果？
4. 现将分配机制改为：首先由 A 将蛋糕 X 切分成两块，由 B 选择其中一块，A 得到另一块；然后由 B 将蛋糕 Y 切分成两块，由 A 选择其中一块，B 得到另一块。求该机制下的子博弈完美纳什均衡。与原机制相比，何者更加有效？

习题 6.25 考虑以下两个参与人 (相互对抗的国家) 的动态博弈 (军备竞赛)。在每个时期 $t=0,1,2,\cdots$，每个参与人都可以选择参与或者退出竞争。每期参加竞争的成本为 1。若在某期两个参与人都选择参与竞争，那么两个参与人的当期收益均为 0，并且进入下一期的博弈；若在某期一个参与人选择参与竞争，另一个参与人选择退出，那么选择竞争的参与人当期得到的收益为 v，选择退出的参与人的当期收益为 0，并且博弈结束 (即没有下一期的博弈)。

1. 证明 (始终进入，始终退出) 是一个子博弈完美纳什均衡。
2. 试找到一个 p 使得 (始终以 p 的概率进入，始终以 p 的概率进入) 为一个子博弈完美纳什均衡。

习题 6.26 在二人讨价还价博弈中，$x=(x_1,x_2)$ 表示一个收益配置，F 表示可行集，v 表示保留收益效用 (不一致 (disagreement) 收益组合)，也就是参与人讨价还价失败后所得到的收益组合。纳什讨价还价解 (x_1,x_2) 被定义为使得纳什积 $(x_1-v_1)(x_2-v_2)$ 最大化的解。

1. 验证纳什讨价还价解是否满足个体理性，是否满足帕累托有效性。
2. 设 $(F\ v)$ 是在两人间分配 100 美元。若两人无法达成协议，那么都一无所得；若能达成协议，则参与人 1 得 x，参与人 2 得 $100-x$。假设 $v_1(x)=x$，$v_2(100-x)=\sqrt{100-x}$。求解该问题的纳什讨价还价解。

习题 6.27　假设两个参与人对 1 单位可分物品进行讨价还价博弈。参与人 1 和参与人 2 的效用函数分别为 $u_1(\alpha)=\alpha/2$ 和 $u_2(\beta)=1-(1-\beta)^2$，其中 $\alpha,\beta\in[0,1]$。

1. 确定可行效用集合，并用图表示。
2. 确定纳什讨价还价结果，给出物品的配置方案和每人的效用。
3. 假设参与人的效用具有贴现因子 $\delta\in[0,1)$，计算鲁宾斯坦讨价还价结果，即无限期交替报价讨价还价博弈的子博弈完美纳什均衡解。
4. 分别根据问题 2 和 3 的结果，确定本题的鲁宾斯坦讨价还价问题当 δ 趋近于 1 时的极限解。

习题 6.28　假设两个参与人对 1 单位可分物品进行讨价还价。参与人 1 和参与人 2 的效用函数分别是 $u_1(\alpha)=\alpha$ 和 $u_2(\beta)=\beta^{\frac{1}{2}}$，其中 $\alpha,\beta\in[0,2]$。假设参与人的效用具有贴现因子 $\delta\in(0,1)$。

1. 确定鲁宾斯坦讨价还价过程的配置结果。
2. 根据问题 1 的结果，确定纳什讨价还价配置结果。
3. 假设参与人 2 的效用函数没变，而参与人 1 的效用函数改为

$$u_1(\alpha)=\begin{cases}\alpha, & \text{若 } \alpha\in[0,1],\\ 1, & \text{若 } \alpha\in[1,2].\end{cases}$$

确定此时的纳什讨价还价结果 (同时给出物品的配置方案和每人的效用)。

习题 6.29　考虑有三个参与人的讨价还价博弈。在 $t=1,4,7,\cdots$ 时期，第一个参与人可以提出分配方案 (x_1,x_2,x_3)，其中 $x_i\geqslant 0$，$x_1+x_2+x_3\leqslant 1$，其他参与人可以选择是否接受该分配方案。在 $t=2,5,8,\cdots$ 时期，第二个参与人可以提出分配方案。在 $t=3,6,9,\cdots$ 时期，第三个参与人可以提出分配方案。若在某期所有参与人都接受分配方案，那么该分配方案将实施；若有参与人拒绝，则参与人将进行下一轮分配。每个参与人每期的贴现率都是 δ。

1. 证明 $(1/(1+\delta+\delta^2),\delta/(1+\delta+\delta^2),\delta^2/(1+\delta+\delta^2))$ 是子博弈完美纳什均衡。
2. 证明上述均衡是唯一的。

习题 6.30　试证明如下关于混合策略和行为策略的定理。

1. 在一个满足完美记忆的有限扩展式博弈中，任何一个混合策略都存在结果上等价的行为策略。
2. 试举例说明在不满足完美记忆的条件下，混合策略和行为策略在结果上不一定等价。

习题 6.31　考虑由下表刻画的不完全信息二人博弈，其中参与人 1 知道 $\alpha\in\{-2,2\}$，但参与人 2 不知道，只知道其概率分布为 $Pr(\alpha=-2)=0.6$ 和 $Pr(\alpha=2)=0.4$。

		参与人 2	
		L	R
参与人 1	U	$1,\alpha$	$-\alpha,0$
	D	$\alpha,0$	$1,\alpha$

1. 写出贝叶斯博弈的正式表述。
2. 求一个贝叶斯–纳什均衡。

习题 6.32 考虑由下表刻画的不完全信息二人博弈，其中 θ_1 和 θ_2 是两个参与人的私人信息，它们分别服从在 $[-1/3,2/3]$ 上的一致独立均匀分布。

		参与人 2	
		L	R
参与人 1	U	$2+\theta_1,1$	θ_1,θ_2
	D	$0,0$	$1,2+\theta_2$

1. 写出贝叶斯博弈的正式表述。
2. 求一个贝叶斯–纳什均衡。

习题 6.33 假定有两个投资者要决定是否选择投资某个厂商，他们的投资收益可以用如下收益矩阵表示。其中 θ 是厂商的运营成本。

		参与人 2	
		投资	不投资
参与人 1	投资	θ,θ	$\theta-1,0$
	不投资	$0,\theta-1$	$0,0$

1. 若投资者知道厂商的运营成本 θ，试找出所有的纳什均衡。
2. 若投资者不知道厂商的运营成本 θ，投资者 i 各自能观察到一个关于厂商运营成本的信号 $x_i=\theta+\varepsilon_i$，其中 $\varepsilon_i \sim N(0,\sigma^2)$。假定投资者 i 在观察到信号前的信念 θ 在实数域内服从均匀分布，这样投资者 i 在观察到成本信号后的信念变为 $\theta|x \sim N(x,\sigma^2)$。试找到该博弈的唯一贝叶斯–纳什均衡。

习题 6.34 两户居民同时决定是否维护某一共用设施。若只要一户人家维护，两户人家就都能得到 1 单位的好处；若没有人维护，则两户人家均得不到好处。设两户人家维护的成本不同，分别为 c_1 和 c_2。

1. 假设 c_1 和 c_2 分别是 0.1 和 0.5，该博弈的纳什均衡是什么？博弈结果会如何？
2. 若 c_1 和 c_2 都是独立均匀分布在 $[0,1]$ 上的随机变量，真实水平只有每户人家自己知道，该博弈的贝叶斯–纳什均衡是什么？

习题 6.35 两个敌对的军队想攻占某个小岛。每个军队都可以决定是否进攻。每个军队的实力有一半的可能性是强的，有一半的可能性是弱的 (两个军队实力强弱的状态相互独立)；并且每个军队都知道自己的实力。这个小岛若被某军队攻占，那么该军队获得的收益为 M。若一个军队进攻小岛而另一个军队没有进攻小岛，那么进攻的军队将占领小岛。若两个军队同时选择进攻，那么实力强的军队将攻占小岛；若两个军队的实力一样，那么没有军队将攻占小岛。每个选择进攻的军队都需要付出一定的成本：实力强的军队成本为 s，实力弱的军队成本为 w。而不进攻的军队则不会付出任何成本。假定 $M > w > s$，$w > M/2 > s$。试求解该博弈的纯策略贝叶斯–纳什均衡。

习题 6.36 考虑以下双边拍卖。买卖双方同时报出一个价格。若卖方价格 p_s 小于或者等于买方价格 p_b，那么双方按照 $p = (p_s + p_b)/2$ 的价格进行交易；但若 p_s 大于 p_b，那么没有交易发生。对买方来说商品的价值是 v_b，对卖方来说其价值为 v_s。商品价值对双方来说都是私人信息，并且独立地服从 $[0,1]$ 上的均匀分布。若买方以 p 的价格得到商品，那么买方的收益就为 $v_b - p$；若没有交易发生，那么买方的效用为零。若卖方以 p 的价格卖出商品，那么卖方的收益就为 $p - v_s$；如果没有交易发生，则其效用为零。

1. 找出买卖双方的目标函数。
2. 若买卖双方的贝叶斯–纳什均衡策略均为商品价值的线性函数，试求解买卖双方的均衡策略。

习题 6.37 某个博弈有两个参与人，其中参与人 1 在 U、V、W 三种策略间进行选择，参与人 2 在 L、R 两种策略间进行选择。参与人 2 在做决策时只知道参与人 1 是否选择 U 策略，不知道其他任何额外信息。在参与人 1 选择 U 的情况下，参与人 2 接下来选择 L，他们得到的收益组合为 $(0,2)$，其中，0 为参与人 1 的收益，2 为参与人 2 的收益。在参与人 1 选择 U 的情况下，参与人 2 接下来选择 R，他们得到的收益组合为 $(2,0)$。类似地，若两个参与人先后选择 V 与 L，则他们的收益组合为 $(-1,-1)$；先后选择 V 与 R 时收益组合为 $(3,0)$。若两个参与人先后选择 W 与 L，则他们的收益组合为 $(-1,-1)$；先后选择 W 与 R 时收益组合为 $(2,1)$。

1. 用扩展式表示该博弈。
2. 找出该博弈所有的纯策略弱完美贝叶斯均衡。
3. 找出该博弈所有的纯策略序贯均衡，并与问题 2 的结果进行比较。

习题 6.38 试证明如下关于颤抖手完美纳什均衡的定理：

1. 在二人有限策略博弈中，某个策略组是颤抖手完美纳什均衡当且仅当该策略组是纳什均衡，且没有任何一个策略是被弱占优的。
2. 任何一个有限策略博弈都存在颤抖手完美纳什均衡。
3. 对于一个满足完美记忆的有限扩展式博弈，它的任何一个颤抖手完美纳什均衡 σ 都存在一个信念系统 μ 使得 (σ, μ) 为该博弈的序贯均衡。

习题 6.39 考虑图 6.25中的扩展式博弈。求这个博弈的序贯均衡。

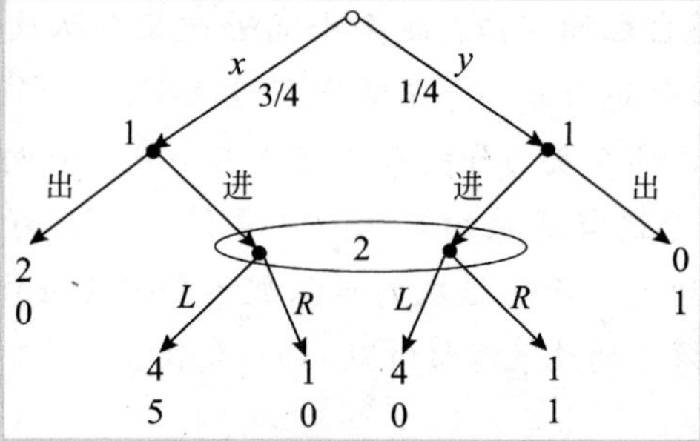

图 6.25 习题 6.39的图

习题 6.40 考虑图 6.26中的扩展式博弈。求这个博弈的序贯均衡。

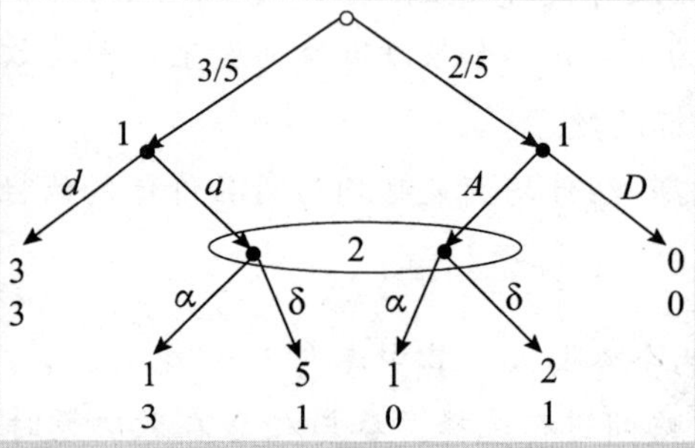

图 6.26 习题 6.40的图

习题 6.41 考虑图 6.27 中的扩展式博弈及其行动方案。

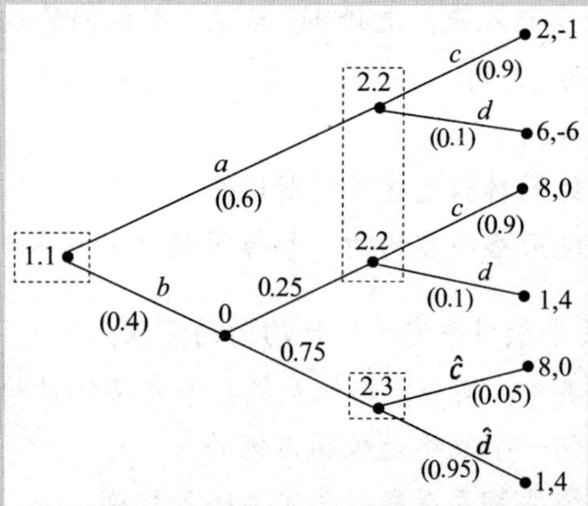

图 6.27 习题 6.41的图

1. 找出与此行动方案一致的信念概率。
2. 对于每个参与人，在他的每个信息集中，对这些一致信念的行动方案，求他每个可能行动的序贯值。
3. 确定与信念一致的这个行动方案中的所有非理性行动。换言之，对每个参与人的每一个信息集，确定这个行动方案中具有正概率的每个行动，却在信息集中又没有最大化这个参与人的序贯值。
4. 求这个博弈的序贯均衡。

习题 6.42　某厂商要招聘工人，招到能力高的工人的概率是 0.8，而招到能力低的工人的概率是 0.2。工人可以选择是否进行培训。厂商不知道工人的能力高低，但是却可以观察到工人是否进行了培训。厂商可以选择任命招聘的工人为经理或者职工。若受过培训的能力高的工人被聘为经理，那么工人和厂商得到的收益组合为 $(4,2)$；若他被聘为职工，那么相应的收益组合为 $(2,1)$。若没有受过培训的能力高的工人被聘为经理，那么工人和厂商得到的收益组合为 $(3,2)$；若他被聘为职工，那么相应的收益组合为 $(1,1)$。若受过培训的能力低的工人被聘为经理，那么工人和厂商得到的收益组合为 $(3,1)$；若他被聘为职工，那么相应的收益组合为 $(1,2)$。若没有受过培训的能力低的工人被聘为经理，那么工人和厂商得到的收益组合为 $(4,1)$；若他被聘为职工，那么相应的收益组合为 $(2,2)$。

1. 用扩展式表示该博弈。
2. 找出该博弈所有的纯策略序贯均衡。
3. 在该博弈中，是不是所有的纯策略序贯均衡都是合理的？解释相应的原因。

习题 6.43　某投资者要决定投资多少钱到某电子厂商处，但又不知道该厂商的真实盈利能力 θ。此时投资者就可以向审计公司进行咨询。假定审计公司知道电子厂商的盈利能力 θ，审计公司可以向投资者发送一个关于盈利能力 θ 的报告 m。但是审计公司与投资者的目标并不一致，审计公司并不一定会真实地报告评估结果。假定投资者事先知道厂商的真实盈利能力 $\theta \in [0,1]$，并且知道其概率密度函数为 f；投资者决定的投资额为 $a \in [0,1]$。审计公司和投资者的收益函数分别为 $u^S(a,\theta,b)$，$u^R(a,\theta)$，其中 b 表示审计公司和投资者偏好的差异。假定各个参与人的收益函数连续且二阶可导，且 $\dfrac{\partial^2 u^i}{\partial a^2} < 0$，$\dfrac{\partial^2 u^i}{\partial a \partial \theta} > 0$，其中 $i = R, S$。因此，存在唯一的最优投资额 $y^R(\theta)$ 和 $y^S(\theta)$ 使得投资者和审计公司的收益最大化。

1. 试证明存在一个混同均衡，此时不管审计公司给出什么样的报告 m，投资者的投资额始终保持不变。
2. 试证明：若对任意的 θ，$y^R(\theta) \neq y^S(\theta,b)$，则均衡行动的数量是有限的。提示：可以证明对于任何两个不同均衡中的行动 $a^1 < a^2$，均存在 $\varepsilon > 0$，使得 $a^1 - a^2 \geqq \varepsilon$。
3. 试证明每个均衡中状态空间被分割成有限的区间，位于相同区间的不同类型的审计公司会使用同样的策略并且引起相同的投资额。
4. 试证明：若对任意的 θ，$y^R(\theta) \neq y^S(\theta,b)$，均存在一个正整数 $N(b)$ 使得对于任何在 1 和 $N(b)$ 之间的正整数 k，都存在相应的均衡把状态空间分割成 k 个区间。

习题 6.44 考虑如下不完全信息动态博弈：自然首先选择博弈 1 或者博弈 2，且选择博弈 1 的概率为 0.6，选择博弈 2 的概率为 0.4。

博弈 1 如下：

		参与人 2	
		C	D
参与人 1	C	1, 2	2, 1
	D	2, 0	0, 2

博弈 2 如下：

		参与人 2	
		C	D
参与人 1	C	2, 1	1, 2
	D	0, 2	4, 0

参与人 1 在观察到自然选择哪个博弈后，选择行动 C 或者 D；参与人 2 没有观察到自然的选择，并在观察到参与人 1 的行动后，选择行动 C 或者 D。

1. 试证明这个博弈不存在分离均衡。
2. 求这个博弈的一个混同均衡。
3. 若参与人 1 没有观察到自然的选择，他是否能得到更高的收益？

习题 6.45 考虑以下炫耀性消费模型：参与人 A 的财富水平或者为 H，或者为 L，且满足 $H > L > 0$。假设 A 确切知道他的财富水平是高还是低，而其他人都不知道，但是 A 希望其他人认为他的财富水平为高，因为这样会使他更有满足感。若其他人认为 A 的财富水平为 H 的概率为 q，那么 A 的收益为 q。

假设在期初其他人认为 A 的财富为 H 的先验概率为 p。现在 A 可以选择购买一些华而不实的商品作为他更加富有的信号，令 c 为华而不实商品的炫耀性消费，且这种消费本身并不能给 A 带来任何好处。假设 c 单位炫耀性消费的成本为 c/w，这里 w 是 A 的实际财富水平，即 w 等于 H 或者 L。

假设其他人能够观察到 c 并且根据 c 更新其对 A 的后验概率，A 的总收益函数为 $q - c/w$，这里 q 是 A 财富的后验概率，w 是 A 的实际财富水平。

1. 在什么条件下，该博弈存在分离均衡？
2. 在什么条件下，该博弈存在混同均衡？
3. 上面哪些均衡满足直观标准？

习题 6.46 考虑以下教育投资信号传递模型：每个员工都有两种可能类型：$\theta \in \{\theta_H, \theta_L\}$，满足 $\theta_H > \theta_L$。给定 $i \in \{H, L\}$，该员工为类型 θ_i 的事前概率为 β_i。所有员工的保留效用为 $\overline{u} = 0$。每个类型为 θ 的员工可为企业生产的产出为 θ。企业愿意以工资水平 w 雇用一个员工当且仅当该员工的期望生产率至少可以抵消工资。类型为 θ 的员工可以以成本

$c(e,\theta)=\dfrac{e}{\theta}$ 获得 e 年的教育。教育投资成本函数 $c(e,\theta)$ 关于 (e,θ) 满足单交性质，即若 $e>e'$，则 $c(e,\theta_L)-c(e',\theta_L)>c(e,\theta_H)-c(e',\theta_H)$。给定工资水平 w 和教育水平 e，一个类型为 θ 的员工有报酬函数为 $u(w,e|\theta)=w-c(e,\theta)$。考虑如下序贯行动:

1. 员工观察到自己的类型，此为其私有信息。
2. 员工选择教育投资水平。
3. 企业观察到员工的教育水平，但是无法观察到其类型。
4. 该员工向公司提出工资开价。
5. 该企业要么拒绝此开价，要么接受此开价，并以此工资水平雇用该员工。

假定教育投资可以将低类型员工提升为高类型员工。具体地，假设一个类型为 θ_L 的员工投资 e 年教育后变成类型 θ_H 的概率是 $p(e)$，其满足如下性质: $p(0)=0, \lim_{e\to\infty}p(e)=1$, $p'>0$，$p'(0)=\infty$，$\lim_{e\to\infty}p'(e)=0$ 以及 $p''<0$。一旦类型 θ_L 进行了教育投资并且转换为类型 θ_H，他自己在进入劳动力市场之前就可以观察到自己的类型变化。假定企业与员工之间没有非对称信息。回答以下问题:

1. 写出可求最佳 (即信息是完全的) 工资和最佳教育投资水平的最优化问题。
2. 求解此问题。特别地，证明类型 θ_H 员工的教育投资水平为 0，而低类型员工的教育投资水平严格为正。
3. 假定教育投资现在变得更加有效，即一个类型为 θ_L 的员工投资 e 年教育后变为类型 θ_H 的概率为 $q(e)$，其满足 $q(e)>p(e)$ 对于任意 $e>0$。此时的最佳教育投资水平为多少？此时类型 θ_L 员工的报酬为多少？请给出直觉解释。

习题 6.47 在上题的基础上，假设企业与员工之间有非对称信息，并采用纯策略完美贝叶斯均衡解的概念。考虑分离均衡满足 $e_H\neq e_L$。回答如下问题:

1. 在任何分离均衡中，类型 θ_L 员工选择教育水平 $e_L=e_{FB}$，其中 FB 表示最佳。
2. 刻画类型 θ_H 员工的教育投资水平，其满足 $e_H\neq e_{FB}$。
3. 说明分离均衡是否总是存在。
4. 假定教育投资现在变得更加有效，即一个类型为 θ_L 的员工投资 e 年教育后变为类型 θ_H 的概率为 $q(e)$，对于任意 $e>0$，满足 $q(e)>p(e)$。类型 θ_H 员工在如上分离均衡中的教育投资水平是否会因此而改变？解释其结论。

接下来考虑混同均衡，即满足 $e_H=e_L=e^*$。回答如下问题:

1. 给定混同均衡下的教育投资水平为 e^*，此时员工的工资为多少？
2. 刻画混同均衡 e^*。
3. 混同均衡 $e^*=0$ 是否总是存在？令 $e^*=e_{FB}$，此混同均衡是否总是存在？
4. 假定教育投资现在变得更加有效，即一个类型为 θ_L 的员工投资 e 年教育后变为类型 θ_H 的概率为 $q(e)$，其满足 $q(e)>p(e)$ 对于任意 $e>0$。刻画此改变对混同均衡 e^* 的影响，并给出解释说明。
5. 给定此处考虑的有效教育投资假设，是否存在满足直觉标准的混同均衡？

6.10 参考文献

教材和专著：

黄有光，张定胜. 高级微观经济学. 上海：格致出版社，2008.

平新乔. 微观经济学十八讲. 北京：北京大学出版社，2001.

张维迎. 博弈论与信息经济学. 上海：上海人民出版社，1996.

Fudenberg, D. and J. Tirole (1991). *Game Theory*, MIT Press.

Gibbons, R. (1992). *Game Theory for Applied Economists*, Princeton University Press.

Kreps, D. (1990). *A Course in Microeconomic Theory*, Princeton University Press.

Kreps, D. (1990). *Game Theory and Economic Modeling*, Clarendon Press.

Mas-Colell, A., M. D. Whinston, and J. Green (1995). *Microeconomic Theory*, Oxford University Press.

Myerson, R. (1991). *Game Theory*, Harvard University Press.

Osborne, M. J. and A. Rubinstein (1994). *A Course in Game Theory*, MIT Press.

Osborne, M. J. (2004). *An Introduction to Game Theory*, Oxford University Press.

Rubinstein, A. (1990). *Game Theory in Economics*, Edward Elgar Publishing Company.

Tirole, J. (1988). *Theory of Industrial Organization*, MIT Press.

Varian (1992). *Microeconomic Analysis*, Norton.

Von Neumann, J. and O. Morgenstein (1944). *Theory of Games and Economic Behavior*, John Wiley and Sons.

Schelling, T. C. (1960). *The Strategy of Conflict.* Harvard University Press.

论文：

Banks, J., and J. Sobel (1987). "Equilibrium Selection in Signaling Games", *Econometrica*, Vol. 55, No. 3, 647-661.

Cho, I., and D. Kreps (1987). "Signaling Games and Stable Equilibria", *Quarterly Journal of Economics*, Vol. 102, No. 2, 179-221.

Baye, M. R., G. Tian and J. Zhou (1993). "Characterizations of the Existence of Equilibria in Games with Discontinuous and Non-Quasiconcave Payoffs", *The Review of Economic Studies*, Vol. 60, No. 4, 935-948.

Dasgupta, P. and E. Maskin (1986). "The Existence of Equilibrium in Discontinuous Economic Games, I: Theory", *The Review of Economic Studies*, Vol. 53, No. 1, 1-26.

Harsanyi, J. C. (1967). "Games with Incomplete Information Played by Bayesian Players, Part I", *Management Science*, Vol. 14, No. 3, 159-182.

Harsanyi, J. C. (1973). "Games with Ramdomly Disturbed Payoffs: A New Rationale for Mixed-Strategy Equilibrium Points", *International Journal of Game Theory*, Vol. 2, No. 1, 1-23.

Kreps, D. and R. Wilson (1982). "Sequential Equilibrium", *Econometrica*, Vol. 50, No. 4, 863-894.

Kohlberg, E. and J. F. Mertens (1986). "On the Strategic Stability of Equilibria", *Econometrica*, Vol. 54, No. 5, 1003-1037.

Kuhn, H. W. (1953). "Extensive Games and the Problem of Information". In: Kuhn, H. W. and A.W. Tucker (Eds.), *Contributions to the Theory of Games, Vol. II, Annals of Mathematical Studies No. 28*, Princeton University Press, Chapter 3, 193-216.

McKelvey, R. and T.Palfrey (1992). "An Experimental Study of the Centipede Game", *Econometrica*, Vol. 60, No. 4, 803-836.

Milgrom, P. and J. Roberts (1982). "Predation, Reputation and Entry Deterrence", *Journal of Economic Theory*, Vol. 27, No. 2, 280-312.

Nagel, R. and F. Tang (1998). "Experimental Results on the Centipede Game in Normal Form: An Investigation on Learning", *Journal of Mathematical Psychology*, Vol. 42, Nos. 2-3, 356-384.

Nash, J. F. (1951). "Non-cooperative Games", *Annals of Mathematics*, Vol. 54, No. 2, 286-295.

Nessah, R. and G. Tian (2013). "Existence of Solution of Minimax Inequalities, Equilibria in Games and Fixed Points without Convexity and Compactness Assumptions", *Journal of Optimization Theory and Applications*, Vol. 157, No. 1, 75-95.

Nessah, R. and G. Tian (2014). "On the Existence of Strong Nash Equilibria", *Journal of Mathematical Analysis and Applications*, Vol. 414, No. 2, 871-885.

Nessah, R. and G. Tian (2016). "On the Existence of Nash Equilibrium in Discontinuous Games" , *Economic Theory*, Vol. 61, 515-540.

Reny, P. J. (1999). "On the Existence of Pure and Mixed Strategy Nash Equilibria in Discontinuous Games", *Econometrica*, Vol. 67, No. 5, 1029-1056.

Rosenthal, R. (1981). "Games of Perfect Information, Predatory Pricing, and the Chain Store", *Journal of Economic Theory*, Vol. 25, No. 1, 92-100.

Rubinstein, A. (1982). "Perfect Equilibrium in a Bargaining Model", *Econometrica*, Vol. 50, No. 1, 97-110.

Selten, R. (1975). "Reexamination of the Perfectness Concept for Equilibrium Points in Extensive Games", *International Journal of Game Theory*, Vol. 4, No. 1, 25-55.

Selten, R. (1978). "The Chain Store Paradox", *Theory and Decision*, Vol. 9, No. 2, 127-159.

Spence, A. M. (1973). "Job Market Signaling", *Quarterly Journal of Economics*, Vol. 87, No. 3, 355-374.

Tian, G. (1992a). "Generalizations of the KKM Theorem and Ky Fan Minimax Inequality, with Applications to Maximal Elements, Price Equilibrium, and Complementarity", *Journal of Mathematical Analysis and Applications*, Vol. 170, No. 2, 457–471.

Tian, G. (1992b). "Existence of Equilibrium in Abstract Economies with Discontinuous Payoffs and Non-Compact Choice Spaces", *Journal of Mathematical Economics*, Vol. 21, No. 4, 379-388.

Tian, G. (1992c). "On the Existence of Equilibria in Generalized Games", *International Journal of Game Theory*, Vol. 20, No. 3, 247-254.

Tian, G. (1994). "Generalized KKM Theorem, Minimax Inequalities, and Their Applications", *Journal of Optimization Theory and Applications*, Vol. 83, No. 2, 375-389.

Tian, G. (2015). "Existence of Equilibria in Games with Arbitrary Strategy Spaces and Payoffs: A Full Characterization", *Journal of Mathematical Economics*, Vol. 60, 9-16.

Tian, G. (2016). "On the Existence of Price Equilibrium in Economies with Excess Demand Functions", *Economic Theory Bulletin*, Vol. 4, No. 1, 5-16.

Tian, G. and J. Zhou (1992). "The Maximum Theorem and the Existence of Nash Equilibrium of (Generalized) Games Without Lower Semicontinuities", *Journal of Mathematical Analysis and Applications*, Vol. 166, 351-364.

Wilson, R. (1971). "Computing Equilibria of N-Person Games", *SIAM Journal on Applied Mathematics*, Vol. 21, No. 1, 80-87.

第 7 章　重复博弈机制

7.1　导言

在博弈论中，动态博弈指的是参与人序贯移动或重复移动的博弈。上一章主要讨论的是序贯博弈，意味着一方在另一方选择行动之前选择行动，并且后一方必须掌握前一方选择的一些信息，否则时间上的差异将不会产生策略效应。序贯博弈因此由时间轴支配，并以决策树的形式表示，不同子决策树 (子博弈) 的结构也许不同。尽管重复博弈也具有动态结构，但差异是其子决策树 (被称为阶段博弈) 的结构都是相同的，是由基本博弈 (或被称为阶段博弈) 的多次重复构成的形式博弈，也就是全部 (或部分) 参与人之间在某种情形下进行重复性的互动。重复博弈理论异常重要，它为我们理解正式和非正式的社会、政治和经济制度提供了重要基础、方法和工具。理解制度和其他长期关系的关键因素是对行为规范和文化信仰的共同期望的作用，以及在确保人们遵守“规则”方面的制裁作用，而重复博弈理论正好可被用来研究这方面的作用。

重复博弈的基本想法是：参与人必须考虑到他的当前行动对其他参与人的未来行动和结果的影响；这种影响有时被称为他的**声誉**。这样的例子有很多，比如在农村，邻里之间在粮食作物的播种、收购，红白喜事，借贷等日常活动中通常会相互帮忙，重复着相似的互动情景。在政府制定政策时，包括财政政策、货币政策等，也经常面临着与之前后相似的政策环境，这些未来可能的互动会约束政府的政策选择。在同行业的企业之间，也会面对一些竞争与合作的重复博弈。这些重复性的互动，相对于一次性的互动，会对人们的行为和激励产生很大的不同影响。在讨论开放后城市犯罪率的变化时，一个通常的原因会归结到人口的流动上。一些人，在一个长期相对固定的环境中可能会安分守己；然而到一个只是偶尔停留的地方，可能会变得行事乖张。这不是由于他们的行为偏好发生了变化，而是由于他们面临的约束和环境发生了变化。在一个相对固定的环境中，由于信息的充分性，惩罚或鼓励相对较为直接和有效。而在流动的环境中，惩罚或鼓励变得相对困难。这些现象背后的逻辑就是重复博弈理论所要揭示的。

重复博弈的思想在现实中有很多应用，声誉机制是其中一种非常重要的应用。人们通常在消费一些商品之前对其质量不太了解，那么如何做出理性决策呢？由于不同企业有不同声誉 (比如其产品的品牌)，其声誉会影响到这些企业在产品质量上的行为决策。比如，人们可能遇到两类餐厅：一类是在火车站附近的餐厅，另一类是在居民区附近的餐厅。火车站附近的餐厅人们通常只是临时、偶尔地光顾，而居民区附近的餐厅人们经常光顾，通常人们会发现前者菜肴的质量比后者低。重复博弈的思想 (无名氏定理) 有助于我们理解多次互动会促进声誉机制更有效地发挥作用，对以上现象就不难理解了。无名氏定理关注无限重复博弈的任何策略组合成为子博弈完美均衡的可能。更简单地说，这个定理表明任何可行的和个体理性的行动组合都是可能的。这个结果之所以被称为“无名氏定理”，是因为它在 20 世纪 50 年代的博弈论者中广为人知，尽管还没有被发表过。

我们在这一章着重讨论多次互动是如何改变人们的激励的，其理论结果给我们的启迪是，现代市场经济制度之所以能较好地解决诚信为本的问题，就是因为诚信不仅是一种传统美德和良好的社会风气，也是一种激励机制，是法治和激励机制长期作用，使之形成了经济主体说谎会受损的社会规范。根据本章要介绍的无名氏定理，任何成形的社会风气实质上都是一种 (纳什) 均衡。这种社会风气或习俗一旦建立，只要贴现因子足够大 (也就是偏离后将来的惩罚足够大)，任何个人就都不会有单方面偏离这种规范的激励。重复博弈模型告诉我们：如果需要做出选择的进程可以分为前后相继的步骤，则理性行为将考虑所有人的初始行为对后续选择及最终结果的影响，其核心问题是可信性，即当背离行为发生后，惩罚措施是否确实被执行，而这正是现实社会建立诚信的关键所在。

第7章

正如本章 (7.5.3 节) 所揭示的那样，在一个人人都尔虞我诈的社会中，即使贴现因子等于 1，谁选择诚实守信则他的利益也必然受损，从而相互欺骗是一个纳什均衡。而在一个人人讲求诚信的社会中，欺骗将会受到法律制裁和舆论指责 (贴现因子大于某个下界)，从而诚信也是一个纳什均衡；并且，若社会中参与人的贴现因子并不是特别大，那么社会上“坏人”的比例越大，社会规范的效力越低，这是因为它随着好人比例的减小而增大。这就是无名氏定理 (folk theorem) 的深刻思想，它告诉我们：如果经济主体 (市场经济中主要是企业) 的生存期足够长，他们之间进行的不是静态博弈而是无限期的重复博弈，而他们中的大多数又有足够的远见讲诚信 (贴现因子接近 1)，则信守诺言将成为纳什均衡。这样，人人尔虞我诈和人人讲求诚信都可以是纳什均衡，关键看好人的比例和做坏事后惩罚的程度 (由贴现因子决定)。只要适当设计规则，使对背离行为的惩罚是可信的，并且惩罚的力度足以抵销背离行为带来的额外收益，人们就不会有单方面偏离的激励。

重复博弈按照期限可以被划分为有限期重复博弈和无限期重复博弈，后者通常又被称为**超级博弈** (supergame)。此外，根据信息分布结构，重复博弈又可以被划分为完美监督下的重复博弈、不完美公共监督下的重复博弈和私人监督下的重复博弈，其结论可能会非常不同。

7.2 重复博弈的例子

重复博弈既可以清晰描述代理人不遵循规则的短视激励，也可以清晰描述那些通过对未来行为的适当规范和奖惩明确阻止此类机会主义行为的激励措施。

我们先通过以下关于长期关系和机会主义行为的例子来说明此点, 以帮助读者理解重复博弈背后的基本思想。

例 7.2.1　表 7.1 描述的是一个团队工作中的激励问题。考虑由两个成员组成的团队。若他们都努力工作 (exert，记为 E)，则每个人可以获得的收益为 3；若其中一个人偷懒 (shirk，记为 S)，另外一个人努力工作，则偷懒的人获得的收益是 4，而努力工作的人获得的收益是 -1；若两个人都偷懒，则他们每人获得的收益为 1。从团队理性的角度而言，每个人都应该选择努力工作；然而从个体理性的角度而言，每个人都会选择偷懒。在这里偷懒是每个人的占优策略，并且是唯一的均衡。

表 7.1　工作激励的困境

		参与人 2	
		E	S
参与人 1	E	$3, 3$	$-1, 4$
	S	$4, -1$	$1, 1$

现在假定由两个人组成的团队并不只是一期互动，而是无限期互动。假设每一期互动放入期末的收益如表 7.1 所示，同时在每一期开始，参与人都观察到之前参与人所做的所有选择。令每个参与人一期的时间贴现因子为 $0 < \delta < 1$。一个参与人在这样的重复互动中，不是只关心一期的效用，而是关心整个互动期中的效用。我们把整个互动期参与人 i 的效用函数记为

$$U_i = (1-\delta)\sum_{t=0}^{\infty}\delta^t u_{it},$$

其中 u_{it} 是在第 t 期获得的收益。注意，若 $u_{it} = u_i$，则 $U_i = u_i$。

下面要考察团队理性收益是否为无限期重复博弈的均衡收益。由于过去行动的历史是可以观测到的，参与人某个阶段博弈的选择依赖于其他参与人过去的历史。比如，考虑参与人采用 **"冷酷触发策略"** (grim trigger strategy)(简称 **"冷酷策略"** 或 **"触发策略"**：在初期阶段 ($t = 0$) 参与人都选择 E；随后，若参与人在过去都选择 (E, E)，则继续选择 E，否则永远选择 S (即任何参与人的一次不合作都触发对方永远不合作)。也就是，每个人刚开始时都选择 "努力工作"，一旦在之前的互动历史中有成员选择过 "偷懒"，则未来各期都选择 "偷懒"。若我们把 "努力工作" 理解为一种 "合作"，把 "偷懒" 当作 "惩罚"，那么 "冷酷策略" 意味着，一旦有成员背离过 "合作"，未来各期所有成员都选择 "惩罚对方"，也就是说，不原谅对方的 "背叛" 行为。

我们现验证当贴现因子满足 $\delta \geqq \frac{1}{3}$ 时，策略组合 (冷酷，冷酷) 是一个子博弈完美纳什均衡。子博弈完美均衡是指在任何一个子博弈中的某个纳什均衡都满足序贯理性。显然，若一方之前出现过 "偷懒"，对方在之后每一期都选择 "偷懒"，则参与人的最优选择也是 "偷懒"。现在，考虑一个从 t ($t \geqq 1$) 开始的阶段博弈，在这个子博弈中，两个参与人在之前的所有时间段 $t-1$ 都选择 "努力工作"。在 "冷酷策略" 下，若参与人 i 仍然选择 "努力工作"，那么参与人 i 所获得的 (平均或标准化贴现) 收益为

$$(1-\delta)\left[\sum_{s=0}^{t-1}\delta^s 3+\delta^t 3+\sum_{s\geqq t+1}\delta^s 3\right]=3;$$

若参与人 i 选择“偷懒”，由“冷酷策略”，随后大家都偷懒，则他的收益为

$$(1-\delta)\left[\sum_{s=0}^{t-1}\delta^s 3+\delta^t 4+\sum_{s\geqq t+1}\delta^s 1\right]=3(1-\delta^t)+4(1-\delta)\delta^t+\delta^{t+1}.$$

当 $\delta\geqq\dfrac{1}{3}$ 时，

$$3(1-\delta^t)+4(1-\delta)\delta^t+\delta^{t+1}\leqq 3=3(1-\delta^t)+3(1-\delta)\delta^t+3\delta^{t+1}.$$

这样，给定对方选择冷酷策略，在任何子博弈中参与人 i 也都会选择冷酷策略。

在这个无限期的互动情形中，为什么参与人愿意放弃短期的最优选择，即“偷懒”，而选择“努力工作”呢？从上面的“冷酷策略”推理过程我们发现，由于存在未来的合作收益，每个参与人都在权衡短期收益和长期收益。当每个参与人在合作中所带来的额外收益 2δ 大于非合作过程中的额外短期收益 $(1-\delta)$ 时，每个参与人都会约束自己的机会主义行为，即不会“偷懒”。随着贴现因子 δ 增大，在短期收益与长期收益的权衡中，对参与人来说，长期收益的权重会变得更大。

当然，在这个无限期互动中不只有上面的均衡收益。由于每个参与人在每期都选择“偷懒”也是一个子博弈完美均衡，因此 $(1,1)$ 也是无限期互动中的均衡收益。实际上，$(t+3(1-t),t+3(1-t))$，$t\in[0,1]$，都是这个无限期互动中某个均衡策略的收益，这个结论被称为“无名氏定理”或者“俗定理”(folk theorem)。

若上面的互动期限从无限期变为有限 T 期，$T<\infty$，则在“冷酷策略”下，对任意的 $\delta\leqq 1$，该博弈的唯一子博弈完美均衡都是：对于参与人 $i\in 1,2$，每一期都选择“偷懒”。出现这个现象的原因是，由于存在明确的截止时期，在最后一期，参与人不存在未来收益，这样每个参与人都选择“偷懒”；在倒数第二期，由于这一期的行为不能影响下一期，即最后一期的行为，这一期参与人也会选择“偷懒”。通过逆向递推，由于每一期都不能影响以后各期参与人的行为，每一期都会选择短期最优行为，即“偷懒”。

然而，这一结论还依赖于单阶段博弈纳什均衡的唯一性。期限本身并不完全决定重复互动中参与人的行为模式，一个决定因素来自当期的行为如何影响到未来参与人之间的互动。当阶段博弈有多个均衡时就是如此，集体理性也是可能的。下面我们通过一个两期互动博弈来说明此点。

例 7.2.2 假设有两个参与人 1 和 2，参与人 1 有三个选择，即 $\{L_1,M_1,R_1\}$，参与人 2 也有三个选择，即 $\{L_2,M_2,R_2\}$，其结果收益见表 7.2。两个参与人重复两次这样的博弈。为方便起见，假设时间贴现因子为 1 (一般的情形 $\delta\leqq 1$ 也是类似的)。

在单阶段博弈中，该博弈有两个纳什均衡，即 (L_1,L_2) 和 (R_1,R_2)，其均衡收益组合为 $(1,1)$ 和 $(3,3)$，然而对团队理性而言，相对于纳什均衡，策略组合 (M_1,M_2) 对每个参与人来说都更好。当参与人之间进行两阶段博弈时，博弈会有多个子博弈完美均衡，比如

表 7.2　两阶段重复博弈

		参与人 2		
		L_2	M_2	R_2
	L_1	$\underline{1},\underline{1}$	$\underline{5},0$	$0,0$
参与人 1	M_1	$0,\underline{5}$	$4,4$	$0,0$
	R_1	$0,0$	$0,0$	$\underline{3},\underline{3}$

每个时期选择上面任一个纳什均衡策略都构成子博弈完美均衡。此外，我们还发现以下策略组合也会构成一个子博弈完美均衡：第一阶段两个参与人选择 (M_1, M_2)；若第一阶段的选择是 (M_1, M_2)，则在第二阶段两个参与人选择 (R_1, R_2)，否则在第二阶段两个参与人选择 (L_1, L_2)。

我们现验证这个两阶段策略组合 $\{(M_1, M_2), (R_1, R_2)\}$ 构成了一个子博弈完美纳什均衡。首先在第二阶段，(R_1, R_2) 构成了子博弈的一个纳什均衡。接着，我们来考虑第一阶段，给定对方选择 M_j，参与人 i 选择 M_i 的两阶段收益为 $4+3=7$。若参与人 i 选择 L_i，此时两阶段收益为 $5+1=6$；若参与人 i 选择 R_i，此时两阶段收益为 $0+1=1$。这样，给定对手选择这一策略，参与人 i 在第一阶段选择 M_i 是一个最优策略，因此上面的两阶段策略组合构成子博弈完美均衡。

为什么参与人在第一阶段选择 (相对于单阶段博弈而言) 个人非理性但却是集体理性的行为呢？关键的原因是，第一阶段的选择会影响之后参与人的收益。也就是说，参与人在做选择时，面临短期利益和长期利益的权衡比较，当长期利益超过短期利益时，参与人会选择一个长期最优的合作行为。

对上面的重复博弈情形，“合作”机制在于惩罚背离行为。然而，惩罚机制或其他鼓励合作行为的机制，在不同环境中有不同的效果。在上面的例子中，参与人能观察到之前参与人的行动，若参与人不能观察到之前的行动，那么他们能观察到什么？参与人依据观察结果是否能准确地推测出之前参与人的行动？若不能，则惩罚机制也许不能有效制约背离合作的行为。此外，惩罚机制本身也需要满足一些条件，那些特别严厉的惩罚措施可能违背执行者的理性，从而惩罚机制如何建构也是一个重要的问题。惩罚机制也需要涉及参与人的合作，在惩罚过程中可能需要对执行惩罚的参与人进行某种激励。这种惩罚过程的合作可能涉及信息问题。另外，惩罚度，即什么时候选择谅解也是一个重要问题。对不同的互动背景，有不同的解决方案。这些都是本章要讨论和回答的。

下面我们从最简单的**完美监督** (perfect monitoring) 下的重复博弈 (即参与人可以观察到之前的行动) 开始，随后讨论**不完美公共监督** (imperfect public monitoring) 下的重复博弈 (参与人不能观察到之前的行动但能观察到一个公共的行为结果)，再讨论**私人监督** (private monitoring) 下的重复博弈 (参与人观察到的结果是不同的)。之后，讨论与重复博弈相关的**声誉机制** (reputation mechanism)的经济学逻辑。重复博弈是博弈论发展中一个重要的分支，而且这一文献还在不断提出和解释一些新的问题，到目前为止对这一文献的一个最全面的总结是 Mailath 和 Samuelson (2006) 的专著，本章的讨论在很多地方都参考了这一专著。

7.3 完美监督下的重复博弈

本节首先讨论完美监督下重复博弈模型的基本结构和相关概念，然后着重讨论为下节证明无名氏定理及其推广提供重要基础的技术性方法和工具。

一个**重复博弈**是由**阶段博弈** (stage game)(也称为**基础博弈**) 组成的。通常来说，在重复博弈中，阶段博弈是一个同时行动的静态博弈 (在有些重复博弈中，阶段博弈也有可能是扩展形式的动态博弈)。令 Γ^t 是 t 期的阶段博弈，它包括 t 期的参与人集合 N^t，每个参与人的行动集 $(A_i^t)_{i\in N^t}$，以及每个参与人的阶段博弈的效用/收益函数 $(u_i(a^t))_{i\in N^t}$，其中 $a^t \in A^t \equiv A_1^t \times \cdots \times A_{N^t}^t$ 是 t 期的行动组合。

令 $h^t = (a^0, a^1, \cdots, a^{t-1})$ 为在 t 期时过去的行动**历史**，即 t 期之前采用过什么样的策略，其中 $a^0 \in H^0$ 是初始历史，t 期所有历史的集合为 H^t，所有可能的历史集合记为 $H \equiv \bigcup_{t=0}^{\infty} H^t$。在完美信息下，参与人可以观察到之前所有参与人的行动。

重复博弈的一个**策略**为每个历史 $h^t = (a^0, a^1, \cdot,\ a^{t-1})$ 在每个时期 t 规定了阶段博弈的策略。于是，参与人 i 在 t 期的 (混合) 策略为 $\sigma_i^t : H^t \to \Delta A_i^t$, 这里 ΔA_i^t 是在 t 期参与人 i 的混合策略集，即行动集上的概率分布，而整个重复博弈的策略记为 $\sigma_i = (\sigma_i^t)_{t\in\{1,2,\cdots,\infty\}}$。

记所有参与人的策略组合为 $\boldsymbol{\sigma} = (\sigma_i)_{i\in N} = (\sigma^t)_{t=1}^{\infty}$，这里 $\boldsymbol{\sigma}^t = (\sigma_i^t)_{i\in N^t}$ 是 t 期参与人的策略组合。这样，重复博弈中的策略决定了每个历史和每一期 t 的阶段博弈的策略。重要的一点是，在给定时期的阶段博弈中，策略可以随着历史的变化而变化。

若重复期限 T 是有限的，则称重复博弈 $\Gamma_R = (\Gamma_t)_{t\in T}$ 为**有限期重复博弈** (finitely repeated game)，否则称为**无限期重复博弈**。最简单的无限期重复博弈是，每个阶段的博弈都是相同的，即有 $N^t = N, A_i^t = A_i$。

由于博弈有多期，在文献中，通常参与人的效用定义为跨期贴现效用之和，同时参与人具有共同的贴现因子 δ。当然，在一些情形下，比如讨价还价问题，不同参与人可能有不同的贴现因子。

在策略组合 $\boldsymbol{\sigma} = (\sigma_i)_{i\in N}$ 处，参与人 i 的收益为

$$U_i(\boldsymbol{\sigma}) = (1-\delta)\sum_{t=0}^{\infty} \delta^t u_i(\boldsymbol{\sigma}^t).$$

这样所定义的重复博弈效用，可以使得它与单阶段博弈的效用函数的值域位于同一个集合。注意，U_i 是参与人 i 整个重复博弈的收益，u_i 为参与人 i 的阶段收益。

每个历史 h^t 开始了一个新的真 (proper) 子博弈，定义一个 (无限期) 重复博弈的**延续博弈** (continuation game)：从 t 期的历史 h^t 开始，对于任意一个策略组合 $\boldsymbol{\sigma}$，由历史 h^t 引导的参与人 i 的**延续策略**记为 $\sigma_{i|h^t}$，并将 $h^\tau \in H$ 处的策略记为 $\sigma_{i|h^t}(h^\tau)$。

由某个特定历史产生的延续博弈是整个重复博弈的一个子博弈。这样，对任一策略组

合 $\boldsymbol{\sigma}$ 和 h^t，参与人从 t 期开始的期望现值收益被称为**延续收益**，由下式给出：

$$U_i^t(\boldsymbol{\sigma}|h^t) = (1-\delta)\sum_{\tau=t}^{\infty} = \delta^{\tau-t}u_i(\boldsymbol{\sigma}|h^t).$$

在什么条件下，重复博弈的均衡解存在及其解的性质与范围是什么？这是本章余下部分要回答的问题。

7.3.1 可行和个体理性收益

我们先引入阶段博弈的一些基本概念以及重复博弈下的均衡解的概念。

定义 $F \equiv \{\boldsymbol{v} \in \mathcal{R}^n : \exists \boldsymbol{a} \in A, \text{ s.t. } \boldsymbol{v} = u(\boldsymbol{a})\}$，即阶段博弈中纯策略收益组合的集合。定义 $F^+ \equiv coF$ 为收益组合集合 F 的凸包，即包含 F 的最小凸集。

定义 7.3.1 (可行收益) 一个收益组合 $\boldsymbol{v}$ 是**可行的**，若它属于收益组合集合的凸包，即 $\boldsymbol{v} \in F^+$。

不可行的收益组合不可能是博弈的结果。为了从纯策略纳什均衡中找到收益的下界，我们定义以下概念。

定义 7.3.2 (最小最大收益) 参与人 i 在阶段博弈 Γ^t 的**纯策略最小最大收益** (pure strategy minimax payoff)$\underline{v}_i^p$ 定义为

$$\underline{v}_i^p \equiv \min_{\boldsymbol{a}_{-i}\in A_{-i}} \max_{a_i\in A_i} u_i(a_i, \boldsymbol{a}_{-i}),$$

即它是定义在其他参与人策略空间上的参与人 i 最佳响应函数的极小值，也就是无论对方选择什么策略，参与人都可获得的最低收益。

若阶段策略是混合策略，混合策略最小最大收益 (mixed strategy minimax payoff)则定义为

$$\underline{v}_i \equiv \min_{\boldsymbol{a}_{-i}\in \times_{j\neq i}\Delta A_j} \max_{a_i\in A_i} u_i(a_i, \boldsymbol{\alpha}_{-i}).$$

在阶段博弈中，参与人 i 在互动中不可能获得比最小最大收益更低的收益结果，于是我们有以下个体理性收益的概念。

定义 7.3.3 (个体理性收益) 一个纯策略收益组合 $\boldsymbol{v}$ 是**个体理性的**，若对所有的 i，均有

$$v_i \geqq \underline{v}_i^p,$$

即：所有人的纯策略收益不低于他的最小最大收益。

类似地，一个混合策略收益组合 $\boldsymbol{v}$ 是个体理性的，若对所有的 i，均有

$$v_i \geqq \underline{v}_i.$$

换言之，一个收益组合是个体理性的意味着每个参与人的收益都不低于他的保证收益。

纯策略下的**可行和个体理性收益组合**的集合于是定义为

$$F^p \equiv \{\boldsymbol{v} : v_i \geqq \underline{v}_i^p \mid \boldsymbol{v} \in F^+\},$$

其中 $\boldsymbol{v} = (v_i)_{i\in N}$ 是阶段博弈的收益组合；

相应的混合策略下的可行和个体理性收益组合记为

$$F^* \equiv \{\boldsymbol{v} : v_i \geqq \underline{v}_i \mid \boldsymbol{v} \in F^+\}.$$

可行和个体理性收益的概念异常重要，在下一节我们将证明：只要贴现率 δ 足够大，任何可行和个体理性的收益组合 $\boldsymbol{v}$ 都是某个子博弈完美纳什均衡下的收益组合。

下面是计算参与人最小最大收益的例子。

例 7.3.1 考虑表 7.3 中的猜硬币博弈。

表 7.3 猜硬币博弈的最小最大收益

		参与人 2	
		正面	背面
参与人 1	正面	1, −1	−1, 1
	背面	−1, 1	1, −1

可以验证，在表 7.3 的猜硬币博弈中，参与人 1(或者参与人 2) 的纯策略最小最大收益为 $\underline{v}_1^p = \underline{v}_2^p = 1$。由于参与人 1 (或者参与人 2) 的最优混合策略是分别以 0.5 的概率选择正面或背面，他们的混合策略最小最大收益是 $\underline{v}_1 = \underline{v}_2 = 0$。

下面是求解博弈的可行和个体理性收益组合集合的例子。

例 7.3.2 考虑下面的博弈，其收益矩阵见表 7.4。可以验证，这个博弈没有纯策略纳什均衡，但存在混合策略纳什均衡，参与人 1 和参与人 2 分别以 0.5 的概率选择 (上，中) 和 (左，右)，其混合策略的最小最大收益都是 0。于是，该博弈的可行和个体理性收益组合的集合 F^* 是由三角形面积所决定的可行集 $F^+ \equiv coF$ 和由非负向量所决定的集合 $\{\boldsymbol{v} : v_i \geqq 0\}$ 的交集，也就是图 7.1 中的阴影区域。

表 7.4 可行和个体理性收益组合的例子

		参与人 2	
		左	右
参与人 1	上	−2, 2	1, −2
	中	1, −2	−2, 2
	下	0, 1	0, 1

参与人在互动中，当信息不是完美的时，可能使用某些**公共关联工具** (public correlation device)。这些工具可以协调参与人之间的行为。比如，在 20 世纪 50 年代，在电气设备投标的某个合谋中，投标人利用月亮的相位作为暗示来协调他们的投标。令 W 是公共关联工具集合，$w \in W$ 是其中的一种状态，它被所有参与人观察到，p 是 W 上的一个概率分布。每个参与人的策略可能会基于公共关联工具的状态，即 $\sigma_i(\cdot) : W \to \Delta A_i$。在公共关联工具下，参与人的收益组合会扩大。

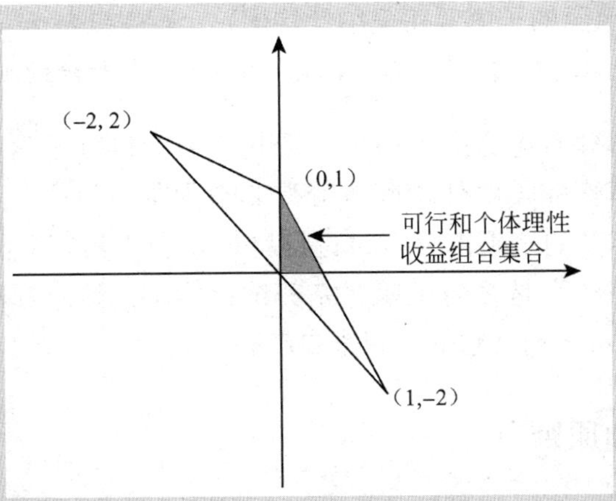

图 7.1　可行和个体理性收益

例 7.3.3　考虑由表 7.5 所刻画的博弈。若 $W=\{w_1,w_2\}$，每种状态出现的概率都为 0.50，当 w_1 出现时，参与人 1 和 2 选择 (上，右)；当 w_2 出现时，参与人 1 和 2 选择 (下，左)。此时在公共关联工具下双方协调后得到的期望收益组合为 (3，3)，而在没有公共关联工具下两个参与人无法达到这个期望收益组合。

表 7.5　公共关联工具的例子

		参与人 2 左	参与人 2 右
参与人 1	上	2, 2	1, 5
	下	5, 1	0, 0

在公共关联工具的基础上，我们定义博弈的可行收益组合集合为

$$V^*=F^+=\left\{\sum_{a\in A}\lambda(\boldsymbol{a})u(\boldsymbol{a})\mid \exists\lambda(\cdot),\lambda(\boldsymbol{a})\in[0,1],\sum_{a\in A}\lambda(\boldsymbol{a})=1\right\},$$

其中 F^+ 表示集合 F 的凸包。

在引入公共关联工具时，可行和个体理性收益组合集合被定义为 $FV^*=\{\boldsymbol{v}\mid\boldsymbol{v}\in V^*, v_i\geqq \underline{v}_i\}$。若在定义中，弱不等号被替换为严格不等号，那么该集合就是严格可行和个体理性收益组合集合。

类似地，对重复博弈，我们可以定义纳什均衡概念。

定义 7.3.4 (重复博弈的纳什均衡)　策略组合 $\boldsymbol{\sigma}$ 是重复博弈的纳什均衡，若对任意 $i\in N$ 以及任意 σ_i'，都有 $U_i(\boldsymbol{\sigma})\geqq U_i(\sigma_i',\boldsymbol{\sigma}_{-i})$。

由于完美监督下的重复博弈是一个完全信息动态博弈，很自然地采用子博弈完美纳什均衡 (subgame perfect Nash equilibrium)。

定义 7.3.5 (重复博弈的子博弈完美纳什均衡) 策略组合 $\boldsymbol{\sigma}$ 是**重复博弈的子博弈完美纳什均衡**，若对于任意的历史 $h^t \in H$，$\boldsymbol{\sigma}\mid_{h^t}$ 都是从 h^t 开始的延续博弈的纳什均衡。

由于无限期重复博弈有无穷多个历史，因此子博弈也有无限多个，从而直接验证某个策略组合是否为子博弈完美纳什均衡将变得非常困难。为此，我们需要引入一些关键技术和工具来求解，本节的余下部分将讨论这些技术和工具。下面先介绍一个判断标准，我们可用它来界定策略组合是否为子博弈完美纳什均衡。这个标准被称为**单次偏离原则** (one-shot deviation principle)，它的思想来自动态规划。

7.3.2 单次偏离原则

单次偏离原则是动态博弈理论的基础。求子博弈完美纳什均衡的难处在于，在众多历史之后，会存在着许多可能的偏离。然而，由于重复博弈是递归的，所以单次偏离原则成立。它最初是由 Blackwell(1965) 在动态规划的背景下提出的。

参与人 i 策略 σ_i 的**单次偏离**指的是，参与人 i 任意的一个其他策略 $\hat{\sigma}_i \neq \sigma_i$，除了一个历史，对所有其他历史都与 σ_i 一致，即：存在唯一历史 $\tilde{h} \in H$，$\hat{\sigma}_i(\tilde{h}) \neq \sigma_i(\tilde{h})$，而对于任意 $h \neq \tilde{h}$，都有 $\hat{\sigma}_i(h) = \sigma_i(h)$。

定义 7.3.6 (有利单次偏离) 给定其他参与人的策略组合 $\boldsymbol{\sigma}_{-i}$，策略 σ_i 的单次偏离 $\hat{\sigma}_i$ 是**有利的**，若存在某个 $\tilde{h} \in H$，$\hat{\sigma}_i(\tilde{h}) \neq \sigma_i(\tilde{h})$，满足 $U_i(\hat{\sigma}_i\mid_{\tilde{h}}, \boldsymbol{\sigma}_{-i}\mid_{\tilde{h}}) > U_i(\boldsymbol{\sigma}\mid_{\tilde{h}})$。

纳什均衡在其路径上不存在有利单次偏离，但在路径之外，却可能存在有利单次偏离。然而，对子博弈完美纳什均衡，不存在任何有利偏离。

下面要证明的单次偏离原则的重要性在于在求解重复博弈的子博弈完美纳什均衡时，我们不需要考虑所有可能的偏离。比如，对策略组合 $\boldsymbol{\sigma}$，我们不需要验证对某个参与人 i 的另外一个更有利的策略，它在 t 期偏离，在 $t' > t$ 期又偏离，等等。

单次偏离原则与子博弈完美均衡的关系描述如下。

定理 7.3.1 (单次偏离原则) 一个策略组合是重复博弈的子博弈完美纳什均衡，当且仅当不存在任何有利单次偏离。

证明： 这里我们只对完美信息下的纯策略单次偏离原则进行证明，在混合策略或有公共关联工具下单次偏离原则的证明思路相似，只是证明需要引入更多技术性细节。显然，若策略组合是子博弈完美纳什均衡，那么不存在对参与人更好的其他策略，其中就可能包含有利单次偏离策略，所以必要性是显然的。

现证明充分性。用反证法。若策略组合不是子博弈完美纳什均衡，那么一定存在有利单次偏离策略。

假设策略组合 $\boldsymbol{\sigma}$ 不是重复博弈的子博弈完美纳什均衡，那么至少存在一个历史 $\tilde{h}^t$，对于某个参与人 i，存在一个策略 $\tilde{\sigma}_i \neq \sigma_i$，使得

$$U_i(\tilde{\sigma}_i\mid_{\tilde{h}^t}, \boldsymbol{\sigma}_{-i}\mid_{\tilde{h}^t}) > U_i(\boldsymbol{\sigma}\mid_{\tilde{h}^t}).$$

如果 $\tilde{\sigma}_i$ 是单次偏离，命题得证。现假设不是如此。我们先证明在历史的数量有限时必然存在一个有利偏离，然后利用这个偏离构造一个有利单次偏离。

定义

$$\varepsilon = U_i(\tilde{\sigma}_i\mid_{\tilde{h}^t}, \boldsymbol{\sigma}_{-i}\mid_{\tilde{h}^t}) - U_i(\boldsymbol{\sigma}\mid_{\tilde{h}^t}) > 0.$$

令 $M = \max_{\boldsymbol{a},i} u_i(\boldsymbol{a})$ 和 $m = \min_{a,i} u_i(\boldsymbol{a})$ 分别是在阶段博弈中，参与人 i 可获得的最高和最低的收益。由于 $\delta < 1$，则存在一个充分大的 $T > t$，使得 $\delta^T(M-m) < \dfrac{\varepsilon}{2}$。

现考虑这样一个策略 $\hat{\sigma}_i$，它与前 T 期间的 $\tilde{\sigma}_i$ 相同，此后与 $\sigma_i|_{\tilde{h}^t}$ 相同，即对任意的 $h^\tau \in H$，都有

$$\hat{\sigma}_i(h^\tau) = \begin{cases} \tilde{\sigma}_i(h^\tau), & \text{如果 } \tau < T; \\ \sigma_i|_{\tilde{h}^t}(h^\tau), & \text{如果 } \tau \geqq T, \end{cases}$$

其中 $\sigma_i\mid_{\tilde{h}^t}(h^\tau)$ 是指在包含 $\tilde{h}^t$ 之后的历史为 h^τ 下参与人的策略。

于是我们有

$$\begin{aligned} U_i(\tilde{\sigma}_i|_{\tilde{h}^t}, \boldsymbol{\sigma}_{-i}|_{\tilde{h}^t}) - U_i(\hat{\sigma}_i|_{\tilde{h}^t}, \boldsymbol{\sigma}_{-i}|_{\tilde{h}^t}) &= U_i^T(\tilde{\sigma}_i|_{\tilde{h}^t}, \boldsymbol{\sigma}_{-i}|_{\tilde{h}^t}) - U_i^T(\hat{\sigma}_i|_{\tilde{h}^t}, \boldsymbol{\sigma}_{-i}|_{\tilde{h}^t}) \\ &\leqq \delta^T(M-m) < \varepsilon/2, \end{aligned}$$

这里，$U_i^T(\cdot)$ 是参与人 i 从 T 起始的延续收益，从而

$$U_i(\hat{\sigma}_i|_{\tilde{h}^t}, \boldsymbol{\sigma}_{-i}|_{\tilde{h}^t}) - U_i(\boldsymbol{\sigma}|_{\tilde{h}^t}) > \varepsilon/2.$$

这样，对参与人 i 来说，若存在原来策略 σ_i 的一个有利偏离 $\tilde{\sigma}_i$，则必存在另外一个只在有限数量的历史下的有利偏离策略 σ_i。

现在我们通过 $\hat{\sigma}_i$ 来构造一个有利单次偏离。

令 $\hat{h}^{T-1} = (\hat{\boldsymbol{a}}^0, \cdots, \hat{\boldsymbol{a}}^{T-2})$ 是由 $(\hat{\sigma}_i, \boldsymbol{\sigma}_{-i}|_{\tilde{h}^t})$ 生成的一个 $T-1$ 期的历史。

考虑在历史 h^{T-1} 处的单次偏离策略 $\hat{\sigma}_i|_{\hat{h}^{T-1}}$ 与原有策略 σ_i 收益之差：

$$U_i(\hat{\sigma}_i|_{\hat{h}^{T-1}}, \boldsymbol{\sigma}_{-i}|_{\hat{h}^{T-1}}) - U_i(\boldsymbol{\sigma}|_{\hat{h}^{T-1}}).$$

若这个差异严格正，在历史 h^{T-1} 处，参与人 i 有一个有利单次偏离。若这个差异是弱负的，在历史 h^{T-1} 处，重新定义 $\hat{\sigma}_i$ 使之等于 σ_i，并考虑 $T-2$ 时期的历史 h^{T-2}，然后考察以上差异（h^{T-2} 取代 h^{T-1}）。若这个差异是正的，则有一个有利单次偏离，否则继续迭代这个过程，最终总会存在某期使得其差异为正，否则将与在历史的数量有限时必然存在一个有利偏离矛盾。 □

这样，用单次偏离原则来证明策略组合 $\boldsymbol{\sigma}$ 是一个重复博弈的子博弈完美纳什均衡，我们必须验证，对**所有**的历史 h，不存在任何有利单次偏离；反之，为了证明一个策略 $\boldsymbol{\sigma}$ 不是子博弈完美纳什均衡，我们只需要找到某个历史和某期 t，使得 $\boldsymbol{\sigma}$ 不是从时期 t 开始的延续博弈的子博弈完美纳什均衡。

例 7.3.4 (囚徒困境 (续))　考虑下面一个关于工作中的合作问题，在这里每个人都希望搭便车。两个参与人之间互动的阶段收益矩阵如表 7.6 所示。

第7章

表 7.6　激励中的囚徒困境

		参与人 2	
		E	S
参与人 1	E	3, 3	−1, 4
	S	4, −1	1, 1

我们首先考虑参与人采用策略组合 (冷酷，冷酷)：初期阶段 $t=0$ 都选择 E；随后，若参与人在过去都选择 (E,E)，则继续选择 E，否则永远选择 S。

为了应用单次偏离原则，我们需要分别考虑两个历史。

（1）合作：S 从未被任何人采用过；

（2）不合作：S 在过去被某个参与人采用过。

首先考虑在任一 t 时期的合作历史，并证明合作是合作的最佳响应。如前所述，如果两个参与人从 t 期及其之后都选择 E，则从 t 期起他们的延续收益为

$$U_i^t(E,E)=3.$$

如果参与人 i 在 t 期选择 S，则根据 (冷酷，冷酷) 策略，从 $t+1$ 期开始，他们的策略都将是 S，此时参与人 1 从 t 期起的延续收益为

$$U_i^t(S,E)=4(1-\delta)+\delta.$$

单次偏离原则要求 (E,E) 是从任意 t 期起的延续博弈的纳什均衡，于是

$$U_i^t(E,E)\geqq U_i^t(S,E).$$

这样，当 $\delta\geqq\dfrac{1}{3}$ 时，没有有利单次偏离策略。

我们还需要考虑不合作的历史，并证明非合作是非合作的最佳响应。考虑 S 在 t 期前被某个参与人采用过。则根据 (冷酷，冷酷) 策略，从 t 期开始，每个参与人将永远选择 S。单次偏离原则要求 (S,S) 是从任意 t 期起的延续博弈的纳什均衡，即要求

$$U_i^t(S,S)=(1-\delta)+\delta\geqq-(1-\delta)+\delta=U_i^t(E,S).$$

显然不等式对任意的 δ 都成立。这样，只要 $\delta\geqq\dfrac{1}{3}$，(冷酷，冷酷) 在每个历史都没有单次有利偏离，因此它是一个子博弈完美纳什均衡。

现在考虑两个参与人选择 **"针锋相对"** (tit for tat) 策略：初期阶段 $t=0$ 都选择 E；对每个 $t>0$，选择其他参与人在 $t-1$ 期的策略。即，初期阶段选择工作，然后选择对方在上一期的行动。这样，参与人在 t 期的 "针锋相对" 策略只取决于在 $t-1$ 期的策略，而不是任何其他前面的策略。

根据针锋相对策略，若每个参与人对 $t>0$ 期均选择 E，则从 $t+1$ 期始都有 (E,E)。于是参与人 1 在 t 期的延续收益为

$$U_i^t(E,E)=3.$$

若在 t 期有 (S,E)，根据 (针锋相对，针锋相对)，其结果路径为：

$$(S,E),(E,S),(S,E),(E,S),\cdots,$$

且参与人 i 在 t 期的延续收益为:

$$\begin{aligned}U_i^t(S,E) &= (1-\delta)[4-\delta+4\delta^2-\delta^3+\cdots]\\ &= (1-\delta)[\sum_{s=0}^{\infty}4\delta^{2s}-\delta\sum_{s=0}^{\infty}\delta^{2s}]\\ &= \frac{4-\delta}{1+\delta}.\end{aligned}$$

若在 t 期有 (E,S)，根据 (针锋相对，针锋相对)，其结果路径为:

$$(E,S),(S,E),(E,S),(S,E),\cdots,$$

且参与人 i 在 t 期的延续收益为:

$$\begin{aligned}U_i^t(S,E) &= (1-\delta)[-1+4\delta-\delta^2+4\delta^3+\cdots]\\ &= \frac{4\delta-1}{1+\delta}.\end{aligned}$$

若 t 期有 (S,S)，则随后总是 (S,S)，从而 $U_i^t(S,S)=1$。

我们现证明策略组合 (针锋相对，针锋相对) 不是子博弈完美纳什均衡。为此，考虑下面三个历史，以说明其不满足单次偏离原则:

1. 考虑从 $t=0$ 期起，其 (针锋相对，针锋相对) 策略就规定了其策略为 (E,E) (即两个参与人总是采用针锋相对策略)。单次偏离原则要求 (E,E) 是从任意 t 期起的延续博弈的纳什均衡，于是

$$U_i^t(E,E)\geqq U_i^t(S,E)$$

或

$$3\geqq\frac{4-\delta}{1+\delta},$$

这要求 $\delta\geqq\frac{1}{4}$。

2. 考虑 $t-1$ 期的一个历史使得其策略组合为 (E,S)，这里 $t>1$。根据 (针锋相对，针锋相对)，在 t 期必定有 (S,E)。单次偏离原则要求 (S,E) 是从 t 期起的延续博弈的纳什均衡，即

$$U_i^t(S,E)\geqq U_i^t(E,E),$$

这要求 $\delta\leqq\frac{1}{4}$，正好与前面的要求相反。

3. 考虑 $t-1$ 期的一个历史使得其策略组合为 (S,E)，这里 $t>1$。根据 (针锋相对，针锋相对)，在 t 期必定有 (S,E)。单次偏离原则要求 (E,S) 是从 t 期起的延续博弈的纳什均衡，即

$$U_i^t(E,S)\geqq U_i^t(S,S),$$

这要求 $\delta\geqq\frac{2}{3}$，与前面 2 的要求不一致。

因此，策略组合 (针锋相对，针锋相对) 不是子博弈完美纳什均衡。

总之，为了通过单次偏离原则证明策略组合 $\boldsymbol{\sigma}$ 是一个子博弈完美纳什均衡，我们必须对**所有历史**，检验不存在有利可图的单次偏离，这使得检验一般情形非常复杂。下面通过引入**自动机**表述方法，可将重复博弈转换成标准形式博弈，从而只需对由自动机生成的标准形式 (静态) 博弈运用单次偏离原则，这样就大大地减少了所要考察的历史类和简化了对子博弈完美纳什均衡是否存在的验证。

7.3.3 策略行为的自动机表述

单次偏离原则尽管大大简化了子博弈完美纳什均衡的检验，但仍然还有很多历史需要检验是否存在有利单次偏离。进一步的简化是将历史分成不同的等价类，同一等价类中的历史产生相同的延续策略。若我们用状态来刻画等价类，可以通过所谓的自动机 (automata) 来实现对不同等价类策略的构造。自动机理论 (automata theory) 研究抽象机器和自动机的数学性质，以及通过使用它们来解决计算问题。它是理论计算机科学中的一种理论，具有广泛应用。自动机是一种抽象的自我推进计算装置，它自动地遵循预定的操作顺序。Aumann (1981) 首先将自动机引入到重复博弈中。Rubinstein (1986)，Abreu 和 Rubinstein (1988)，以及 Osborne 和 Rubinstein (1994) 等通过自动机方式来刻画重复博弈中的策略选择问题。

自动机是一个四元组：由 $(\Omega, \omega^0, f(\cdot), \tau(\cdot))$ 组成，其中 Ω 是所有可能的状态 (历史等价类)；$\omega^0 \in \Omega$ 为初始状态；$f : \Omega \to \prod_i \Delta(A_i)$ 是输出函数 (决策规则)，刻画了从状态到策略组合的构造，$f^\omega(\boldsymbol{a})$ 记为在状态 ω 下选择组合 $\boldsymbol{a}$ 的概率，并满足 $\sum_{a\in A} f^\omega(\boldsymbol{a}) = 1$；$\tau : \Omega \times A \to \Omega$ 为状态转移函数，刻画了从当前的状态和当前的行动转变到下一期状态的函数。任何自动机 $(\Omega, \omega^0, f(\cdot), \tau(\cdot))$ 均生成了一个策略 $\sigma = f(\cdot)$。

若 $f(\cdot)$ 输出的是纯策略组合，由自动机 $(\Omega, \omega^0, f(\cdot), \tau(\cdot))$ 所生成的历史序列是 $(\boldsymbol{a}^0, \boldsymbol{a}^1, \cdots)$，这里

$$\boldsymbol{a}^0 = f(\omega^0), \boldsymbol{a}^1 = f(\tau(\omega^0, \boldsymbol{a}^0)), \boldsymbol{a}^2 = f(\tau(\tau(\omega^0, \boldsymbol{a}^0), \boldsymbol{a}^1)), \cdots,$$

由此，其转移函数 $\tau : \Omega \times H/\{\varnothing\} \to \Omega$ 为

$$\tau(\omega, h^t) := \tau(\tau(\omega, h^{t-1}), \boldsymbol{a}^{t-1}).$$

所生成的策略 σ 于是由 $\sigma(\varnothing) = f(\omega^0)$ 给出，并且

$$\sigma(h^t) := f(\tau(\omega^0, h^t)), \ \forall h^t \in H \setminus \{\varnothing\}.$$

这样，每一个策略组合都能够通过自动机表示 (令 $\Omega = H$)。在此基础上，形成了策略组合与自动机的一一对应：$\boldsymbol{\sigma}(h^t) = f(\tau(\omega^0, h^t))$, 同时，$f(h^t) = \boldsymbol{\sigma}(h^t)$, $h^{t+1} \equiv (h^t, \boldsymbol{a}^t) = \tau(h^t, \boldsymbol{a}^t)$。

自动机可以把整个历史 H 划分为等价类的状态集合，同等价类状态产生相同的延续策略，而且自动机下的状态集合通常是有限集合。在历史 h^t 后的策略 $\boldsymbol{\sigma}|_{h^t}$ 在自动机表述

下，每种状态形成一个特定的延续策略。

这样，通过定义参与人的自动机 $(\Omega_i, \omega_i^0, f_i, \tau_i)$，可以使之与参与人策略 Ω_i 进行互相转换。

例 7.3.5 (冷酷策略的自动机表述)　考虑之前冷酷策略的例子。冷酷策略指的是，参与人首先选择努力工作 (E)，在 t 期，若之前参与人都是选择努力工作 (E)，那么选择努力工作，若之前有参与人选择过偷懒 (S)，那么从此选择偷懒。

在静态 (阶段) 博弈中，如果每个参与人都采用 S 策略，它将产生 SS 结果 (行动)；如果参与人 1 采用 S 策略，参与人 2 采用 E 策略，它将产生 SE 结果；其他结果可以类似地表示。由于同一等价类中的历史产生相同的延续策略，冷酷策略下的状态集合只有两种状态 $\{EE, SS\}$。

于是，对于冷酷策略，其自动机可表述为：

$$\Omega = \{w_{EE}, w_{SS}\}, f(w_{EE}) = EE, f(w_{SS}) = SS,$$

$$\tau(w, a) = \begin{cases} w_{EE}, & \text{若} w = w_{EE}, a = EE, \\ w_{SS}, & \text{其他}. \end{cases}$$

图 7.2 描述了状态转移函数。

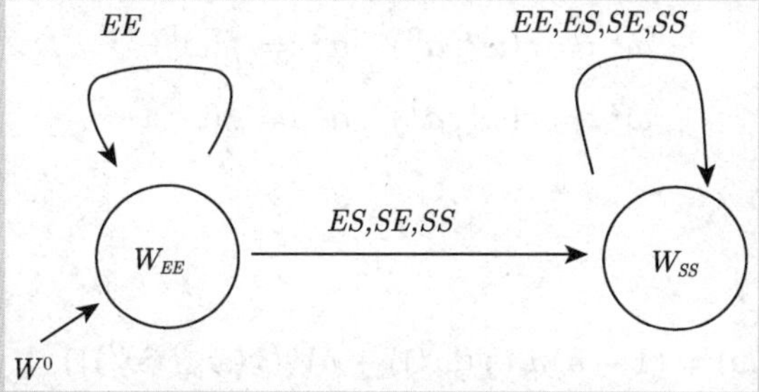

图 7.2　冷酷策略的自动机表述

第7章

下面将结合单次偏离原则和自动机表述，在验证一个纳什均衡是否为子博弈完美均衡时，只需确保在每种状态 $w \in \Omega$ 下，由自动机 $(\Omega, \omega^0, f(\cdot), \tau(\cdot))$ 生成的策略组合是其标准形式博弈的纳什均衡即可。这大大地简化了分析，因为人们只需要检验一个策略是否为其标准形式博弈的纳什均衡。

在激励囚徒困境例子中，容易验证：当 $\delta \geqslant 1/3$ 时，冷酷策略是一个子博弈完美均衡。

7.3.4　可信的延续承诺

为了用自动机方式分析重复博弈，需要首先刻画状态等价类的集合。在每个博弈阶段，参与人在决策中不仅需要考虑当期的收益，而且要考虑决策对未来状态的影响。我们知道，未来是一个很强的激励机制，但当策略组合的空间本身是无限维空间时，很难知道重复博弈能实现什么或不能实现什么。我们现在进一步发展一套可用于刻画子博弈完美纳什均衡的更有用的技术。

Abreu，Pearce 和 Stacchetti (1986, 1990) 提出了处理刻画状态的方法，用延续的 (期望) 贴现支付值来刻画状态，这种状态不仅决定参与人在阶段博弈中的行为激励，而且决定他在延续博弈中获得的收益。这种方法的思路来源于动态规划，将动态优化问题分解为一系列较为简单的子问题。这里也是如此，就是把整个动态博弈转化为一系列 (彼此相关联的) 静态决策问题，也就是说，建立某种递归结构来分析参与人之间的重复互动，并通过单次偏离原则来决定一个策略是否为子博弈纳什均衡。这种处理方式与自动机方法的结合已成为研究重复博弈的一种标准的处理方法。下面着重讨论这一方法背后的一些逻辑关系。

给定自动机 $(\Omega,\omega^0,f(\cdot),\tau(\cdot))$，令 $V_i(\omega)$ 是从状态 ω 开始参与人 i 获得的期望收益。也就是说，若参与人按照自动机 $(\Omega,\omega^0,f(\cdot),\tau(\cdot))$ 规定进行策略选择，那么从 ω 出发，$(\Omega,\omega^0,f(\cdot),\tau(\cdot))$ 会生成一个策略序列，$V_i(\omega)$ 就是在状态 ω 下自动机生成的策略序列下参与人 i 的期望收益。

当 $f(\cdot)$ 的输出是纯策略时，在每个 $\omega\in\Omega$ 下的收益 $V_i(\omega)$ 由下式决定。

$$V_i(\omega)=(1-\delta)u_i(\boldsymbol{a})+\delta V_i(\tau(\omega,\boldsymbol{a})), \tag{7.1}$$

这里，$V_i(\tau(\omega,\boldsymbol{a}))$ 是未来收益的延续现值。自动机 $(\Omega,\omega^0,f(\cdot),\tau(\cdot))$ 于是产生了序列：

第7章

$$\begin{array}{ll}
\omega^0:=\omega, & \boldsymbol{a}^0:=f(\omega^0)=\boldsymbol{a}\\
\omega^1:=\tau(\omega^0,\boldsymbol{a}^0) & \boldsymbol{a}^1:=f(\omega^1)\\
\omega^2:=\tau(\omega^1,\boldsymbol{a}^1) & \boldsymbol{a}^2:=f(\omega^2).\\
\vdots & \vdots
\end{array}$$

从而，我们有

$$\begin{aligned}
V_i(\omega)&=(1-\delta)u_i(f(\omega^0))+\delta V_i(\tau(\omega,f(\omega^0))),\\
&=(1-\delta)u_i(\boldsymbol{a}^0)+\delta\{(1-\delta)u_i(\boldsymbol{a}^1)+V_i(\omega^2)\}\\
&\vdots\\
&=(1-\delta)\sum_{t=0}^{\infty}\delta^t u_i(\boldsymbol{a}^t),
\end{aligned} \tag{7.2}$$

因此，由式 (7.1) 和式 (7.2) 决定的优化问题是等价的。对任一时期，由于可能的行动依赖于当前的状态，可表示为 $\boldsymbol{a}\in A(\omega)$。这样，当 $V_i(\omega)$ 被最大化时，我们有：

$$V_i(\omega)=\max_{a\in A(\omega)}\{(1-\delta)u_i(\boldsymbol{a})+\delta V_i(\tau(\omega,\boldsymbol{a}))\} \tag{7.3}$$

(注意到阶段效用函数是 $(1-\delta)u_i(\cdot)$)。

更一般地，若策略选择是混合策略，状态 ω 首先输出策略 $f^\omega(\cdot)$，该策略描述选择行动组合 $\boldsymbol{a}$ 的概率为 $f^\omega(\boldsymbol{a})$，同时在行动组合 $\boldsymbol{a}$ 和初始状态 ω 下，转移函数会形成一个新

的状态 $\tau(\omega,\boldsymbol{a})$，从而产生了一个未来收益的延续期望现值 $V_i(\tau(\omega,\boldsymbol{a}))$。于是，期望收益 $V_i(\omega)$ 由下式决定：

$$V_i(\omega)=(1-\delta)\sum_{a\in A}u_i(\boldsymbol{a})f^{\omega}(\boldsymbol{a})+\delta\sum_{a\in A}V_i(\tau(\omega,\boldsymbol{a}))f^{\omega}(\boldsymbol{a}). \tag{7.4}$$

定义 7.3.7　自动机 $(\Omega,\omega^0,f(\cdot),\tau(\cdot))$ 的一种状态 $\omega\in\Omega$ 是从 ω^0 始**可达的**，若对某个 $h^t\in H$，有 $\omega=\tau(\omega^0,h^t)$。从 ω^0 始的所有可达状态的集合记为 $\Omega(\omega^0)$。

定义 7.3.8　由自动机生成的策略 σ (即：$\sigma(h^t)=f(\tau(\omega^0,h^t))$, $\forall h^t\in H$) 或说自动机 $(\Omega,\omega^0,f(\cdot),\tau(\cdot))$ 是一个**子博弈纳什均衡**，若对所有的 $\omega\in\Omega(\omega^0)$ 和所有的参与人 i，σ_i 均最大化了 $V_i(\omega)$。

也就是说，$(\Omega,\omega^0,f(\cdot),\tau(\cdot))$ 生成的策略是子博弈完美均衡意味着：给定其他参与人遵守自动机，从任何状态出发，子博弈完美均衡策略的自动机输出的策略获得的收益 $V_i(\omega)$ 对遵守自动机的参与人而言都是最高的，也就是说，没有人会单方面偏离。

在子博弈完美均衡下，当收益 $V_i(\omega)$ 是最优值时，它是可信的：给定任意 $a_i'\in supp(f_i(\omega))\equiv\{a_i\mid f^{\omega}(\boldsymbol{a})>0\}$，对任意 $\hat{a}_i\in A_i$，都满足

$$\begin{aligned}V_i(\omega)=&(1-\delta)\sum_{\boldsymbol{a}_{-i}\in A_{-i}}u_i(a_i',\boldsymbol{a}_{-i})f^{\omega}(a_i',\boldsymbol{a}_{-i})+\delta\sum_{\boldsymbol{a}_{-i}\in A_{-i}}V_i(\tau(\omega,(a_i',\boldsymbol{a}_{-i})))f^{\omega}(a_i',\boldsymbol{a}_{-i})\\ \geqq&(1-\delta)\sum_{\boldsymbol{a}_{-i}\in A_{-i}}u_i(\hat{a}_i,\boldsymbol{a}_{-i})f^{\omega}(\hat{a}_i,\boldsymbol{a}_{-i})+\delta\sum_{\boldsymbol{a}_{-i}\in A_{-i}}V_i(\tau(\omega,(\hat{a}_i,\boldsymbol{a}_{-i})))f^{\omega}(\hat{a}_i,\boldsymbol{a}_{-i}).\end{aligned}$$

我们把满足上面不等式的 $V_i(\omega)$ 称为对于参与人 i 的**可信延续承诺** (credible continuation promise)。在可信延续承诺基础上，可以重新刻画重复博弈的子博弈完美纳什均衡。

命题 7.3.1　由自动机 $(\Omega,\omega^0,f(\cdot),\tau(\cdot))$ 描述的策略 σ 是子博弈完美均衡，当且仅当对所有可达状态 $\omega\in\Omega(\omega^0)$，$f(\omega)$ 都是**静态博弈**$G=(N,A_i,U_i(\cdot)=g_i^{\omega}(\cdot))_{i\in N}$ 的一个纳什均衡，其中

$$g_i^{\omega}(\boldsymbol{a})=(1-\delta)u_i(\boldsymbol{a})+\delta V_i(\tau(\omega,\boldsymbol{a})).$$

证明： 我们仅对纯策略的情形进行证明。

充分性。令 $\boldsymbol{\sigma}$ 是由自动机 $(\Omega,\omega^0,f(\cdot),\tau(\cdot))$ 所生成的策略。由单次偏离原则，若不存在有利单次偏离，那么 $\boldsymbol{\sigma}$ 就是子博弈完美均衡。反证法，假设存在一个有利单次偏离 $\hat{\sigma}$，也就是存在历史 $\hat{h}^t$，参与人 i，$\hat{\sigma}_i$ 是参与人 i 的一个有利单次偏离。令 $\hat{\omega}=\tau(\omega^0,\hat{h}^t)$，$\hat{a}_i=\hat{\sigma}_i(\hat{h}^t)\neq\sigma_i(\hat{h}^t)=f(\hat{\omega})=a_i$。由于 $\hat{\sigma}_i$ 是参与人 i 的有利单次偏离，则

$$\begin{aligned}U_i(\hat{\sigma}_i|_{\hat{h}^t},\boldsymbol{\sigma}_{-i}|_{\hat{h}^t})=&g_i^{\hat{\omega}}(\hat{a}_i,\boldsymbol{a}_{-i})=(1-\delta)u_i(\hat{a}_i,\boldsymbol{a}_{-i})+\delta V(\tau(\hat{\omega},(a_i,\boldsymbol{a}_{-i})))\\ >&(1-\delta)u_i(a_i,\boldsymbol{a}_{-i})+\delta V(\hat{\omega},(a_i,\boldsymbol{a}_{-i}))\\ =&g_i^{\hat{\omega}}(a_i,\boldsymbol{a}_{-i})=U_i(\sigma_i|_{\hat{h}^t},\boldsymbol{\sigma}_{-i}|_{\hat{h}^t}),\end{aligned}$$

与 $f(\omega)$ 是纳什均衡相矛盾。这样，不存在一个有利单次偏离，从而 $\boldsymbol{\sigma}$ 是子博弈完美均衡。

必要性。 $\boldsymbol{\sigma}$ 是子博弈完美均衡，那么不存在任何参与人的单次有利偏离，由此不存在 $\hat{h}^t$，以及参与人 i 与 $\hat{\sigma}_i$，使得 $V_i(\hat{\omega}) = U_i(\sigma_i|_{\hat{h}^t}, \boldsymbol{\sigma}_{-i}|_{\hat{h}^t}) < U_i(\hat{\sigma}_i|_{\hat{h}^t}, \boldsymbol{\sigma}_{-i}|_{\hat{h}^t})$，这意味着对任意 $\hat{\sigma}_i$ 以及 $\hat{a}_i = \hat{\sigma}_i(\hat{h}^t) = f(\hat{\omega}) = a_i$ 都有

$$(1-\delta)u_i(\hat{a}_i, \boldsymbol{a}_{-i}) + \delta V(\tau(\hat{\omega}, (\hat{a}_i, \boldsymbol{a}_{-i}))) \leqq (1-\delta)u_i(a_i, \boldsymbol{a}_{-i}) + V(\tau(\hat{\omega}, (a_i, \boldsymbol{a}_{-i}))),$$

因此，对于 $g_i^{\omega}(\boldsymbol{a}) = (1-\delta)u_i(a) + \delta V_i(\tau(\omega, a))$，$f(\omega)$ 是一个纳什均衡。 □

例 7.3.6 (激励的囚徒困境 (续)) 考虑之前例子中的重复博弈 (如表 7.6 所示) 的两个自动机表述，第一个是"针锋相对"策略，第二个是冷酷策略。

"针锋相对"策略组合的自动机表述是：$\Omega = \{w_{EE}, w_{SE}, w_{ES}, w_{SS}\}$，$w^0 = w_{EE}$，$f(w_{a_1a_2}) = a_1a_2$，$\tau(w_{a_1a_2}, a_1'a_2') = w_{a_2'a_1'}$。

若"针锋相对"策略组合是一个子博弈完美均衡，则它是由自动机导致的静态博弈的纳什均衡，于是有：

$$V_1(w_{EE}) = (1-\delta)3 + \delta V_1(w_{EE}) \geqq (1-\delta)4 + \delta V_1(w_{ES}), \tag{7.5}$$

$$V_1(w_{SE}) = (1-\delta)4 + \delta V_1(w_{ES}) \geqq (1-\delta)3 + \delta V_1(w_{EE}), \tag{7.6}$$

$$V_1(w_{ES}) = (1-\delta)(-1) + \delta V_1(w_{SE}) \geqq (1-\delta)1 + \delta V_1(w_{SS}), \tag{7.7}$$

$$V_1(w_{SS}) = (1-\delta)1 + \delta V_1(w_{SS}) \geqq (1-\delta)(-1) + \delta V_1(w_{SE}). \tag{7.8}$$

于是得到：

$$V_1(w_{EE}) = 3, V_1(w_{SS}) = 1, V_1(w_{SE}) = \frac{4-\delta}{1+\delta}, V_1(w_{ES}) = \frac{4\delta-1}{1+\delta}.$$

不等式 (7.5) 意味着 $\delta \geqq 1/4$；不等式 (7.6) 意味着 $\delta \leqq 1/4$；不等式 (7.7) 意味着 $\delta \geqq 2/3$；显然不可能存在 $\delta \in [0,1]$ 同时满足不等式 (7.5)、(7.6) 和 (7.7)。因此，"针锋相对"策略组合不是一个子博弈完美均衡。

对于冷酷策略而言，其自动机的表述在前面描述过。我们现在考察这个策略在什么时候是子博弈完美均衡。由于

$$V_1(w_{EE}) = (1-\delta)3 + \delta V_1(w_{EE}) \geqq (1-\delta)4 + \delta V_1(w_{SS}), \tag{7.9}$$

$$V_1(w_{SS}) = (1-\delta)1 + \delta V_1(w_{SS}) \geqq (1-\delta)(-1) + \delta V_1(w_{SS}), \tag{7.10}$$

我们于是得到 $V_1(w_{EE}) = 3$，$V_1(w_{SS}) = 1$，从而不等式 (7.10) 自然成立。不等式 (7.9) 成立意味着 $\delta \geqq 1/3$，也就是说，当 $\delta \geqq 1/3$ 时，冷酷策略是一个子博弈完美均衡。这一结果与之前的结果是一致的。

在特征化重复博弈的子博弈完美均衡集合的过程中，Abreu, Pearce 和 Stacchetti (1986，1990) 还提出了均衡收益策略自生成集概念。为了论述方便，下面我们也只讨论纯策略的情形。

7.3.5　执行性、分解与自生成

与前面不同的是，这里我们不是从策略的角度来刻画均衡，而是从收益的角度来刻画均衡。其想法是，通过在时期 t 时“执行”某些操作，我们将从时期 $t+1$ 开始的延续支付附加到时期 t 时的结果上，也就是我们可以将重复博弈分解为直接的动态规划问题，在这些问题中，今天的行为是在明天自我执行 (self-enforcement)“收益”的情况下实现的，即由重复博弈的均衡产生 (类似于机制设计中的激励相容问题，而不是法院强制执行合约中规定的货币收益)。将子博弈完美纳什均衡收益分解为今天的现值收益和明天的承诺效用，进一步地简化了重复互动的研究和求子博弈完美纳什均衡。

首先记 E^p 为所有子博弈完美均衡收益的集合。对每个 $\boldsymbol{v} \in E^p \subseteq \mathcal{R}^n$，令 $\boldsymbol{\sigma}^{\boldsymbol{v}}$ 是一个能达到收益 $\boldsymbol{v}$ 的子博弈完美均衡策略组合。我们知道这个策略组合 $\boldsymbol{\sigma}^{\boldsymbol{v}}$ 生成了一个**延续承诺收益识别** (a specification of continuation promised payoffs)$\gamma : A \to E^p$，使得 $v_i = (1-\delta)u_i(\boldsymbol{a}^*) + \delta\gamma_i(\boldsymbol{a}^*)$。由于 $\boldsymbol{\sigma}^{\boldsymbol{v}}$ 是子博弈完美均衡，因此它满足：

$$v_i = (1-\delta)u_i(\boldsymbol{a}^*) + \delta\gamma_i(\boldsymbol{a}^*) \geqq (1-\delta)u_i(a_i, \boldsymbol{a}^*_{-i}) + \delta\gamma_i(a_i, \boldsymbol{a}^*_{-i}).$$

由于 $\gamma(\cdot) \in E^p$，即 $\gamma(\cdot)$ 是一个子博弈完美均衡价值，因此 $\boldsymbol{\sigma}^{\boldsymbol{v}}$ 生成策略 $\boldsymbol{a}^*$ 后又形成一个延续的子博弈完美策略 $\boldsymbol{\sigma}^{\gamma(\boldsymbol{a}^*)} \equiv \boldsymbol{\sigma}^{\boldsymbol{v}}|_{h^0,a^*}$。$\sigma^{\gamma(\boldsymbol{a}^*)}$ 所产生的均衡价值为 $\gamma(\boldsymbol{a}^*)$，之后依次递归。这种方法的巧妙性在于它把一个无穷期的最优化问题变成一系列单阶段最优化问题，而联系这一系列问题的是一系列子博弈完美均衡收益。每个延续的子博弈均衡收益的贴现值称为一种状态，由状态产生的均衡策略又把前一种状态传递给后一种状态。

更一般地，考虑函数 $\gamma : A \to W \subseteq \mathcal{R}^n$。我们可以将 $\gamma_i(a)$ 视为参与人 i 在行动组合为 a 时所获得的收益。收益不是立即发生，而是在将来发生，其值决定了所产生的激励强度。

定义 7.3.9 (可执行的行动组合)　*一个行动组合 $\boldsymbol{a}^* \in A$ 在可行收益集合的子集 $W \subseteq F^*$ 上是***可执行的** *(enforceable)，若存在延续承诺 $\gamma : A \to W$，使得 $\boldsymbol{a}^*$ 是收益函数为 $g_i^\gamma : A \to \mathcal{R}^n$ 的策略式博弈的纳什均衡，这里*

$$g_i^\gamma(\boldsymbol{a}) = (1-\delta)u_i(\boldsymbol{a}^*) + \delta\gamma_i(\boldsymbol{a}^*),$$

即，对于任意的参与人 $i \in N$ 和任意的 $a_i \in A_i$，都有

$$(1-\delta)u_i(\boldsymbol{a}^*) + \delta\gamma_i(\boldsymbol{a}^*) \geqq (1-\delta)u_i(a_i, \boldsymbol{a}^*_{-i}) + \delta\gamma_i(a_i, \boldsymbol{a}^*_{-i}).$$

这个定义给出了延续的均衡贴现收益 (或者状态) 对于参与人选择 (均衡) 策略的激励。下面给出几个与之相关的均衡收益概念。

定义 7.3.10 (行动可分解的收益)　*一个可行收益 $\boldsymbol{v} \in F^*$ 使之在 $W \subseteq F^*$ 上是***行动可分解的** *(decomposable)，若存在一个行动组合 $\boldsymbol{a}^*$ 在 $W \subseteq F^*$ 上是可执行的，即满足:*

$$v_i = (1-\delta)u_i(\boldsymbol{a}^*) + \delta\gamma_i(\boldsymbol{a}^*) \geqq (1-\delta)u_i(a_i, \boldsymbol{a}^*_{-i}) + \delta\gamma_i(a_i, \boldsymbol{a}^*_{-i}),$$

其中 $\gamma(\boldsymbol{a}^*)$ 是 $\boldsymbol{a}^*$ 可执行的一个可信延续承诺。此时，收益 v 通过 $\boldsymbol{a}^*$ 在 F^* 分解。

第7章

定义 7.3.11 (自生成收益集合) 一个集合 $W \subseteq F^*$是纯策略**自生成的** (self-generation)，若对于每个 $\boldsymbol{v} \in W$ 都是行动可分解的。

自生成收益集合与子博弈完美均衡的收益集合密切相关。下面的命题刻画了两者的关系。

命题 7.3.2 一个纯策略自生成收益集合 $W \subseteq F^*$ 是一个纯策略子博弈完美均衡收益集合的子集，即 $W \subseteq E^p$。

证明：令收益集合 $\Omega = W \subseteq F^*$ 是自动机的状态集合。W 是自生成收益集合意味着：对任意 $\boldsymbol{v} \in W$，都存在着一个对应的行动组合 $\boldsymbol{a}(\boldsymbol{v})$ 和延续承诺 $\gamma^{\boldsymbol{v}} : A \to W$。考虑下面的自动机集合 $\{(W, \boldsymbol{v}, f, \tau) : \boldsymbol{v} \in W\}$，满足：对所有的 $\boldsymbol{v} \in W$，都有 $f(\boldsymbol{v}') = \boldsymbol{a}(\boldsymbol{v}')$；同时对所有的 $\boldsymbol{v} \in W, \boldsymbol{a} \in A$，都有 $\tau(\boldsymbol{v}', \boldsymbol{a}) = \gamma^{\boldsymbol{v}'}(\boldsymbol{a})$。

我们要证明对任意的 $\boldsymbol{v} \in W$，自动机 $\{W, \omega^0 = \boldsymbol{v}, f, \tau\}$ 描述了一个收益为 $\boldsymbol{v}$ 的子博弈完美均衡。对于每种状态 $\boldsymbol{v}_i = V_i(\boldsymbol{v})$，$V_i(\boldsymbol{v})$ 是在该状态 $\boldsymbol{v}$ 下参与人 i 的均衡收益。由于每个 $\boldsymbol{v} \in W$ 都是可分解的，令 $\boldsymbol{v}^0 = \boldsymbol{v}$ 可以由此生成一个收益–行动组合的序列

$$\boldsymbol{v}^0 = \boldsymbol{v}, \boldsymbol{a}^0 = f(\boldsymbol{v}^0), \boldsymbol{v}^k = \tau(\boldsymbol{v}^{k-1}, \boldsymbol{a}^{k-1}) = \gamma^{\boldsymbol{v}^{k-1}}(\boldsymbol{a}^{k-1}), \boldsymbol{a}^k = f(\boldsymbol{v}^k).$$

这样，

$$\begin{aligned} v_i &= (1-\delta)u_i(\boldsymbol{a}^0) + \delta v_i^1 = (1-\delta)u_i(\boldsymbol{a}^0) + \delta((1-\delta)u_i(\boldsymbol{a}^1) + \delta v_i^2) \\ &= \cdots = (1-\delta)\sum_{s=0}^{t-1} \delta^s u_i(\boldsymbol{a}^s) + \delta^t v_i^t. \end{aligned}$$

由于 v_i^t 是有界的，则当 $t \to \infty$ 时，$v_i = (1-\delta)\sum_{s=0}^{\infty} \delta^s u_i(\boldsymbol{a}^s)$，从而有 $v_i = V_i(\boldsymbol{v})$。 □

上面的命题可以引申出一个推论：纯策略的子博弈完美均衡收益集合 E^p 是最大的纯策略自生成集合。与此同时，Abreu, Pearce 和 Stacchetti (1990) 还进一步证明了 E^p 是紧集。

例 7.3.7 (激励的囚徒困境 (续)) 回到之前讨论的囚徒困境例子，现在分析在什么条件下，双方每期都维持工作的激励是一个子博弈完美均衡。因此，问题成为在什么条件下自生成收益集合 W 包括收益 (3, 3)。若这样的 $W \subseteq F^*$ 存在，那么行动组合 (E, E) 在 W 是可执行的，此时意味着：

$$\begin{aligned} (1-\delta)3 + \delta\gamma_1(E, E) &\geqq (1-\delta)4 + \delta\gamma_1(S, E), \\ (1-\delta)3 + \delta\gamma_2(E, E) &\geqq (1-\delta)4 + \delta\gamma_2(E, S). \end{aligned}$$

同时，$\gamma(E, E) \geqq \underline{v}_i = 1, \gamma_1(S, E) \geqq \underline{v}_i = 1, \gamma_2(E, S) \geqq \underline{v}_i = 1$。此外，$(S, S)$ 是博弈 G 的纳什均衡，这保证了 $\gamma(S, S) = 1$ 必然属于 E^p。当 $\gamma_1(S, E) = \gamma_2(E, S) = 1$ 及 $\gamma_1(E, E) = \gamma_2(E, E) = 3$ 时，上面两个不等式约束是最弱的。这样，上面两个不等式成立的条件为 $\delta \geqq 1/3$，$W = \{(1, 1), (3, 3)\}$ 是自生成的收益组合集合，此时双方每期都维持工作的激励是一个子博弈完美均衡。

利用上面的方法可以求解出重复博弈中的均衡收益。而对于应用而言，分析重复博弈中的互动行为则更是研究所关注的。政策的动态不一致通常是政府在政策制定过程中面临的一个困难。这方面的研究有很多，比如 Kydland 和 Prescott (1977) 讨论了货币政策动态不一致性。对于这样的问题，人们会想到政府的信誉可信度，比如政府可以把这种决策固定成某个不能随意改变的规则，或者把相关的决策权授予某些特定偏好的人和群体。重复博弈的思想也可以方便地处理这样的问题。考虑下面关于公共品供给的例子 (来自 Samuelson，2006)。

例 7.3.8　考虑有两类参与人的无限期重复博弈，政府是第一类参与人 (1 个)，消费者是第二类参与人 (数量是一个连续统，假设测度为 1)。为简化起见，假设消费者是同质的。每个消费者相对于社会来说可忽略不计，他的行为对社会几乎没有影响，因此他会选择一个短期利益最大化的决策。假设每一期，消费者获得 1 单位的禀赋，他可以选择消费，也可以选择投资。假设投资的回报为 $R>1$，消费的数量为 c，那么投资后的收益为 $R(1-c)$。政府对投资的税率是 t，则财政收入为 $tR(1-c)$。假设政府的收入都被用于公共品的供给。每单位财政收入产生 γ 单位的公共品，设 $R-1 \leqq \gamma \leqq R$。为简化起见，假设各期之间不存在储蓄，动态不一致的问题发生在每期内部。

假设消费者的效用为：

$$c+(1-t)R(1-c)+2\sqrt{G},$$

其中 G 是政府提供的公共品。

由于每个人对于社会来说可忽略不计，每个人对财政的贡献也是微不足道的。给定政府提供的公共品为 G，消费者的最优决策是：若 $t<\frac{R-1}{R}$，则 c=0，否则 c=1。

假设政府的目标是最大化社会福利，在这个例子中就是社会中消费者的效用。因此，政府的决策是选择税率 t 以最大化社会福利：

$$c+(1-t)R(1-c)+2\sqrt{\gamma tR(1-c)}.$$

结合消费者的决策，政府对税率的选择为：$t(c)=\frac{\gamma}{R(1-c)}$。

图 7.3 是消费者和政府的最佳响应。由于 $R>1$，最有效的消费安排是 $c=0$，即把所有禀赋都用于投资。在这种情形下，政府的税收为 $t=\frac{\gamma}{R}$，即图 7.3 中的 B 点。从图 7.3 中我们看到这个 (阶段) 博弈有唯一均衡 $c=1, t=1$，即图中的 A 点。这一均衡没有最优化消费者和政府的目标。这一结论令人吃惊，在模型中，消费者和政府的目标是相同的，然而在均衡中他们选择了一个对他们都更不利的决策。

由于每个个体对社会的影响微乎其微，他们不会考虑其行为所产生的后果，因此，每个消费者会选择短期利益最大化的决策。考虑到消费者的行为约束 (即消费者总是会对政府的决策做出最佳响应)，在这个经济体中，最佳的决策组合是在图 7.3 中的 C 点，与最佳的消费决策兼容的最高税率为 $\frac{R-1}{R}$。

令 $\underline{v_1}$ 是在这个组合下政府的效用 (也是消费者的效用)。若政府可以对税率选择事先承诺，政府可以获得的回报为 $\underline{v_1}$。若政府不能事先承诺，则政府面临政策的承诺问题。然

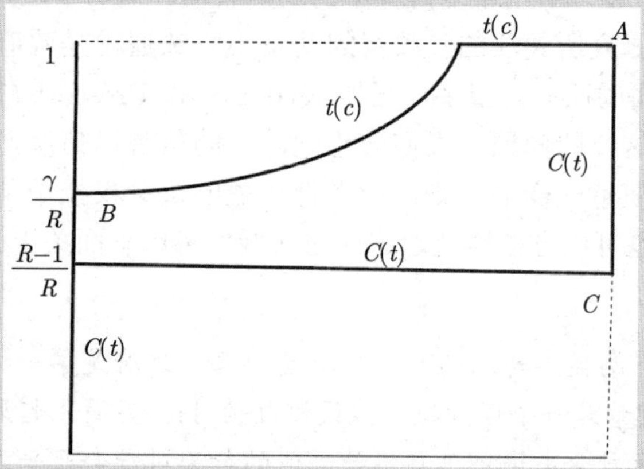

图 7.3 政府和消费者的最佳响应

而在重复博弈中，即使政府不能事先对税率做出承诺，政府也可以解决承诺问题。若政府足够关心它的未来收益，那么类似于冷酷策略，比如一旦政府选择的税率不是 $\frac{R-1}{R}$，就会使得未来的互动永久转向单阶段纳什均衡，即 $c=1$，$t=1$，此时就能约束政府选择一个对社会有效的税率。这样，用重复博弈的思想，可以得到如下结论:

存在一个时间贴现因子下界 $\underline{\delta}$，当政府的时间贴现因子满足 $\delta \in [\underline{\delta}, 1]$ 时，总存在一个子博弈完美均衡，在该均衡中，政府和消费者的选择是 $t=\frac{R-1}{R}$，$c=1$，即图 7.3 中的 C 点。

7.4 完美监督下的无名氏定理

重复博弈的均衡往往有许多个，跨期激励不仅能带来有效结果，也能带来低效结果，甚至是非常不合理的结果。在重复博弈发展的过程中，有一个非常重要的定理，即无名氏定理 (Folk Theorem)，该定理断言重复博弈有无穷多个 (可行和个体理性的) 收益组合结果，只要参与人有足够的耐心 (即 δ 充分接近 1)，它们都是均衡收益。这些结果之所以被称为“无名氏定理”，原因是它们在被正式证明之前被认为是正确的。

有许多关于重复博弈的无名氏定理，归纳起来有两大类。一类无名氏定理是“纳什无名氏定理”，它表明在重复博弈的均衡中，任何可行和严格个体理性收益组合都可以是纳什均衡收益组合。这是一类较弱的无名氏定理，因为它们只要求是重复博弈的纳什均衡。另外一类无名氏定理是子博弈完美无名氏定理，最早由 Friedman (1971) 给出了“纳什威胁无名氏定理”：任何大于阶段博弈纳什均衡收益的可行严格理性收益都是重复博弈的某个子博弈完美纳什均衡收益；随后 Fudenberg 和 Maskin (1986) 等给出了更一般的结果：对于任何可行和个体理性的收益组合 $\boldsymbol{v}$，只要参与人足够有耐心，就存在某个子博弈完美均衡使得其收益组合为 $\boldsymbol{v}$。因此，该类定理意味着集体理性 (有效收益) 与个体理性 (均衡) 可以是一致的 (形成了激励相容)，许多其他收益和相关行为也可以是一致的，而且多重均衡可以具有同一收益。

我们先介绍采用纳什均衡的无名氏定理。

定理 7.4.1 (纳什无名氏定理)　假设 $\boldsymbol{v}$ 是一个可行和严格个体理性收益组合。则存在 $\underline{\delta} < 1$，使得对任意的 $\delta \in [\underline{\delta}, 1)$，都有重复博弈的一个纳什均衡，使得其均衡收益组合为 $\boldsymbol{v}$。

证明： 假设存在纯策略组合 $\boldsymbol{a}$，使得 $u_i(\boldsymbol{a}) = v_i$。对每个参与人 i，考虑下面的策略组合：

1. **合作：** 在第 0 阶段，参与人 $i \in N$ 选择 a_i，并且只要 (i) 前面阶段的行动组合是 $\boldsymbol{a}$ 或 (ii) 前面阶段有两个或更多的行动组合不同于 $\boldsymbol{a}$，就继续选择 a_i。

2. **惩罚：** 若在前面某一期，参与人 i 是唯一没有遵循 $\boldsymbol{a}$ 的参与人，则在每期，其他参与人 j 都选择混合策略，使得参与人 i 获得最小最大收益 $\underline{v}_i$。

我们只需证明在合作阶段，对应于 $t = 0$ 和 (i) 的行为没有激励偏离；其他历史都是在均衡轨迹之外。

若参与人 i 在某期偏离，他得到的当期最大收益是 $\max_{a_i'} u_i(a_i', \boldsymbol{a}_{-i})$，并且其他参与人 j 随后每期都选择混合策略，使得参与人 i 获得最小最大收益 $\underline{v}_i$。这样，若参与人 i 在时期 t 偏离，他的最大延续收益为

$$(1-\delta)\max_{a_i'} u_i(a_i', \boldsymbol{a}_{-i}) + \delta \underline{v}_i.$$

当 $\delta \to 1$ 时，策略组合 $\boldsymbol{a}$ 是一个纳什均衡。这是由于，

$$(1-\delta)\max_{a_i'} u_i(a_i', \boldsymbol{a}_{-i}) + \delta \underline{v}_i < v_i,$$

因此存在 $\underline{\delta}$，使得 $\delta \in [\underline{\delta}, 1)$，这个策略组合是纳什均衡。对于在均衡路径外的任何一个子博弈，$\boldsymbol{a}$ 都是纳什均衡。

若不存在这样的纯策略组合 $\boldsymbol{a}$，使得 $u_i(\boldsymbol{a}) = v_i$，那么可以引入一个公共关联工具。令 W 是公共状态集合，它被所有参与人观察到，$\boldsymbol{p}$ 是 W 上的一个概率分布，使得 $\sum_{w \in W} u_i(a_i(w))p(w) = v_i$。这样，可以把上面的纯行动组合 $\boldsymbol{a}$ 替换成带有公共关联工具的策略 $a(W)_{w \in W}$，它导致了期望收益组合 $\boldsymbol{v}$，惩罚阶段激励不受影响。

当 $\delta \to 1$ 时，这个策略组合 $\boldsymbol{a}$ 是纳什均衡。这是由于，

$$(1-\delta)\max_{a_i' \in A_i} u_i(a_i', \boldsymbol{a}_{-i}(w)) + \delta \underline{v}_i < v_i,$$

这说明了 $\boldsymbol{a}$ 是纳什均衡。 □

这样，纳什无名氏定理指出，只要参与人有足够耐心，任何收益实质上都可以是纳什均衡收益。然而，相应的策略涉及这种不可原谅的惩罚，惩罚者实施这种惩罚的代价可能很大 (从而是不可信的威胁)。这意味着所使用的策略可能不是子博弈完美均衡。

现在我们讨论采用子博弈完美均衡的无名氏定理。最简单的子博弈完美无名氏定理最早由 Friedman (1971) 给出。

定理 7.4.2 (纳什威胁下的子博弈完美无名氏定理 (Friedman, 1971)) 令 $\boldsymbol{a}^*$ 是阶段博弈的纳什均衡，其均衡收益组合为 $\boldsymbol{e}$。令 F^p 是所有可行和个体理性收益组合的集合，则对任意 $\boldsymbol{v}' \in \{\boldsymbol{v}|v_i > e_i, \boldsymbol{v} \in F^p\}$，均存在 $\underline{\delta}$ 使得对任意 $\delta \in [\underline{\delta}, 1)$，都有一个重复博弈的子博弈完美均衡，使得其均衡收益组合为 $\boldsymbol{v}'$。

证明： 假设存在纯策略组合 $\boldsymbol{a}$，使得 $u_i(\boldsymbol{a}) = v_i'$。考虑下面的策略组合：

1. **合作**。在阶段 0，每个参与人 $i \in N$ 选择 a_i。若之前所有阶段参与人的行动组合都是 $\boldsymbol{a}$，那么对于任意参与人 $i \in N$ 仍然选择 a_i。

2. **惩罚**。若在前面任何时期，其他行动被选择，参与人 i 随后总是选择 a_i^*。

当 $\delta \to 1$ 时，这个策略组合 $\boldsymbol{a}$ 是一个纳什均衡。这是由于，$(1-\delta)\max_{a_i'} u_i(a_i', \boldsymbol{a}_{-i}) + \delta e_i < v_i'$，因此存在 $\underline{\delta}$，使得 $\delta \in [\underline{\delta}, 1)$，这个策略组合是纳什均衡。由于在均衡路径外的任何一个子博弈，$\boldsymbol{a}$ 都是纳什均衡，这个均衡自然是子博弈完美均衡。

若不存在这样的纯策略组合 $\boldsymbol{a}$，使得 $u_i(\boldsymbol{a}) = v_i'$，引入公共关联工具，其方式及证明和前面定理的证明类似。令 W 是公共状态集合，它被所有参与人观察到，$\boldsymbol{p}$ 是 W 上的一个概率分布，使得 $\sum_{w\in W} u_i(a_i(w))p(w) = v_i'$。这样，可以把上面的纯行动组合 $\boldsymbol{a}$ 替换成带有公共关联工具的策略 $a(W)_{w\in W}$，此时的策略组合是：在阶段 0，对于任意参与人 $i \in N$，选择 $a_i(w)$。若之前所有阶段参与人策略的组合都是 $a(w)$，对任意参与人 $i \in N$，仍然选择 $a_i(w)$，否则参与人 $i \in N$ 选择 a_i^*。

当 $\delta \to 1$ 时，这个策略组合 $\boldsymbol{a}$ 是纳什均衡。这是由于，$(1-\delta)\max_{a_i' \in A_i} u_i(a_i', \boldsymbol{a}_{-i}(w)) + \delta e_i < v_i'$。同时，在每个非均衡路径的子博弈中，$\boldsymbol{a}$ 都是纳什均衡，因此这个均衡自然是子博弈完美均衡。 □

这里由纳什威胁无名氏定理支撑的收益集合通常小于由纳什无名氏定理支撑的可行严格理性的收益集合，从而一些在重复博弈的纳什均衡下能实现的收益在纳什威胁下不可能实现，本章后面的习题给出了这样的例子。

对更一般的无名氏定理，只要求每个参与人的收益大于最小最大收益，不一定要求大于阶段博弈的均衡收益。下面先证明两个参与人情形下的无名氏定理，然后证明更一般情形下的无名氏定理。

定理 7.4.3 (二人子博弈完美无名氏定理) 假定 $n = 2$。对任意可行和个体理性收益组合 $\boldsymbol{v} \in F^p$，都存在 $\underline{\delta}$，使得对任意 $\delta \in [\underline{\delta}, 1)$，都存在着一个重复博弈的子博弈完美均衡，其均衡收益组合为 $\boldsymbol{v}$。

证明： 假设存在纯行动组合 $\tilde{\boldsymbol{a}}$，使得 $u_i(\tilde{\boldsymbol{a}}) = \boldsymbol{v}$。定义 $M = \max_{i,\boldsymbol{a}\in A} u_i(\boldsymbol{a}) < \infty$。定义一个相互惩罚的策略，$\hat{\boldsymbol{a}} = (a_i^j, a_j^i), i \neq j$，满足：

$$u_i(\hat{a}_i^i, \hat{\boldsymbol{a}}_{-i}^i) = \min_{\boldsymbol{a}_{-i}} \max_{a_i} u_i(a_i, \boldsymbol{a}_{-i}) = \underline{v}_i^p.$$

$\hat{\boldsymbol{a}}$ 则是双方相互最小最大策略，注意到 $u_i(\hat{\boldsymbol{a}}) \leqq \underline{v}_i^p$。考虑下面的策略：参与人选择 $\boldsymbol{a}(0) = \tilde{\boldsymbol{a}}$，若之前参与人都选择 $\boldsymbol{a}(0)$，这一阶段也选择 $\boldsymbol{a}(0)$；若在上一阶段某个参与人偏离 $\boldsymbol{a}(0)$，那

么从这一阶段开始进入一个长度为 L 的惩罚阶段，在惩罚阶段参与人选择 $\hat{\boldsymbol{a}}$，同时在惩罚阶段若参与人偏离不选择 $\hat{\boldsymbol{a}}$，则从下一阶段开始，重新进入长度为 L 的惩罚阶段；若在惩罚阶段所有参与人都遵从选择 $\hat{\boldsymbol{a}}$，那么下一阶段开始进入初始选择 $\boldsymbol{a}(0)$。这一策略可以表述为下面的自动机。

自动机的状态集合 $\Omega=\{w(l):l=0,\cdots,L\}$，初始状态 $w^0=w(0)$，策略输出函数

$$f(w(l))=\begin{cases}\tilde{\boldsymbol{a}}, & 若 l=0,\\ \hat{\boldsymbol{a}}, & 若 l=1,2,\cdots,L,\end{cases}$$

状态转移函数

$$\tau(w(l),\boldsymbol{a})=\begin{cases}w(0), & 若 l=0,\boldsymbol{a}=\tilde{\boldsymbol{a}}\ 或\ l=L,\boldsymbol{a}=\hat{\boldsymbol{a}},\\ w(l+1), & 若 0<l<L,\boldsymbol{a}=\hat{\boldsymbol{a}},\\ w(1), & 其他,\end{cases}$$

其中 $\hat{\boldsymbol{a}}=(\hat{a}_1^2,\hat{a}_2^1)$，存在一个 L, 使得

$$L\min_i(u_i(\tilde{\boldsymbol{a}})-u_i(\hat{\boldsymbol{a}}))>M-\min_i u_i(\tilde{\boldsymbol{a}}). \tag{7.11}$$

当 δ 足够大 (即 $\delta\to 1$) 时，则有

$$u_i(\tilde{\boldsymbol{a}})\geqq(1-\delta)M+\delta v_i^*, \tag{7.12}$$

其中 $v_i^*=(1-\delta^L)u_i(\hat{\boldsymbol{a}})+\delta^L u_i(\tilde{\boldsymbol{a}})$。把 v_i^* 代入不等式 (7.12)，得到：

$$(1-\delta^{L+1})u_i(\tilde{\boldsymbol{a}})\geqq(1-\delta)M+\delta(1-\delta^L)u_i(\hat{\boldsymbol{a}}).$$

不等式两边同除以 $1-\delta$，得到

$$\sum_{t=0}^{L}\delta^t u_i(\tilde{\boldsymbol{a}})\geqq M+\sum_{t=0}^{L-1}\delta^t u_i(\hat{\boldsymbol{a}}). \tag{7.13}$$

显然，若不等式 (7.12) 成立，那么不等式 (7.13) 也成立。也就是说，存在一个 $\underline{\delta}$，当 $\delta\in[\underline{\delta},1)$ 时，不等式 (7.13) 成立，这样自动机刻画的策略是纳什均衡。在非均衡路径上，若偏离在惩罚阶段是有利的，则它必然在 $w(1)$ 下也是有利的。这是因为在惩罚阶段，从第一期开始偏离相对于以后偏离更有利可图。若在 $w(1)$ 下不偏离，那么其收益为 v_i^*；若偏离，则当期获得一个不超过 $\underline{v}_i^p<v_i^*$ 的收益 (因为对方选择最小最大策略)，同时获得一个延续收益 v_i^*，从而偏离不能使得收益增加。这样，上面的策略是子博弈完美均衡。

若不存在一个纯行动组合 $\tilde{\boldsymbol{a}}$，使得收益 $u_i(\tilde{\boldsymbol{a}})=\boldsymbol{v}$，那么会存在一个概率为 $\boldsymbol{\alpha}(\boldsymbol{a})$ 的混合行动 $\boldsymbol{\alpha}$，使得对于所有的 i，都有 $\sum_{\boldsymbol{a}\in A}u_i(\boldsymbol{a})\boldsymbol{\alpha}(\boldsymbol{a})=v_i$。这样，我们可以通过一个自动机为 (Ω,μ^0,f,τ) 的公共关联工具来描述这个策略，其中 $\Omega=\{w^{\boldsymbol{a}}\}_{\boldsymbol{a}\in A}\cup\{wl,l=1,\cdots,L\}$，$\mu^0$ 是集合 $\{w^{\boldsymbol{a}}:\boldsymbol{a}\in A\}$ 中由 $\boldsymbol{\alpha}$ 带来的概率分布，

$$f(w)=\begin{cases}\boldsymbol{a}, & 若 w=w^{\boldsymbol{a}},\\ \hat{\boldsymbol{a}}, & 若 w=w(l),l=1,\cdots,L;\end{cases}$$

$$\tau(w(l),\boldsymbol{a}')=\begin{cases}\boldsymbol{\alpha}, & 若\ w=w^{\boldsymbol{a}},\boldsymbol{a}'=\boldsymbol{a}\ 或\ w=w(L),\boldsymbol{a}'=\hat{\boldsymbol{a}},\\ w(l+1), & 若\ w=w(l),0<l<L,\boldsymbol{a}'=\hat{\boldsymbol{a}},\\ w(1), & 其他,\end{cases}$$

用 $\{w^{\boldsymbol{a}}\}_{\boldsymbol{a}\in A}$ 来代替之前的 $w(0)$，最初状态 w^0 被 μ^0 代替，而 μ^0 则是在 $\{w^{\boldsymbol{a}}:\boldsymbol{a}\in A\}$ 中的概率分布 $\boldsymbol{\alpha}$。在这样的替代下，余下的证明与前面相似，在此不再重复。□

无名氏定理的直观含义是，若参与人足够有耐心，那么任何阶段的单次偏离获得的收益增加总会被未来随之而来的惩罚阶段的收益下降所抵销，也就是说，未来收益下降的惩罚超过了之前偏离所得到的好处，此时参与人的行动会遵从均衡收益所设定的策略。

在前面的论证过程中，为了支持策略不被偏离而施加的均衡路径上的惩罚机制是一个对全体的惩罚，然而在三人以上的重复博弈中，惩罚机制会更精准地针对最近单次违背设定策略的参与人。对于这个思想的论述，下面我们给出一个更一般的无名氏定理，证明过程参照 Fudenberg 和 Maskin (1986) 这一经典论文。其证明引入了三个阶段：第一阶段是均衡路径阶段；第二阶段是对最近单次偏离均衡策略的参与人的惩罚阶段；第三阶段是对按均衡要求实施惩罚的参与人给予奖励的阶段。

第7章

定理 7.4.4 (Fudenberg-Maskin 子博弈完美无名氏定理) 假设可行和个体理性收益组合的集合 FV^* 的维度等于参与人的数目 (又称可行和个体理性收益集合的全维度)，则对任意的 $\boldsymbol{v}\in FV^*$，均存在 $\underline{\delta}$，使得对任意的 $\delta\in[\underline{\delta},1)$，都有一个子博弈完美均衡，其均衡收益组合为 $\boldsymbol{v}$。

证明： 这里只证明纯策略形式下的结果，即存在 $\boldsymbol{a}$ 使得收益 $u(\boldsymbol{a})=\boldsymbol{v}$ 的情形。混合策略的情形或者通过公共关联工具下产生的收益与前面的证明过程类似，更详细的说明可以参见 Fudenberg 和 Maskin (1986)。

在他们的证明中，有一个关于可行和个体理性收益的条件，即可行和个体理性收益组合集合的全维度，这意味着，对任意的 $\boldsymbol{v}\in FV^*$，当 $\underline{v}_i<v_i'<v_i$ 时，对任意的 $i\in N$，都存在一个正数 $\varepsilon>0$ 及收益 $v'(i)=(v_1'+\varepsilon,\cdots,v_{i-1}'+\varepsilon,v_i',v_{i+1}'+\varepsilon,\cdots,v_n'+\varepsilon)\in FV^*$。如果 $\boldsymbol{v}$ 正好在可行和个体理性收益集合的下界上，我们可以构造出不同的收益点 $v'(i)$，具体可参考 Abreu, Dutta and Smith (1994)。

为避免引入公共关联工具，假设对于任意的 $i\in N$，都存在一个纯策略 $\boldsymbol{a}(i)$，使得 $u(\boldsymbol{a}(i))=v'(i)$。令 $w_i^j=u_i(m^j)$，其中 m^j 是对参与人 j 的最小最大策略组合，即当参与人 j 的最优反应为 $\max_{a_j}u_j(m_{-j}^j,a_j)=u_j(m^j)=\underline{v}_j$ 时的最小最大收益。此外，假定对于每一个参与人 j，行动组合 m^j 都是纯策略的。最后，引入一个自然数 k，满足

$$k>\frac{\max_{\boldsymbol{a}\in A}u_i(\boldsymbol{a})-v_i'}{v_i'-\underline{v}_i},\ \forall i.$$

由于我们构造的分式严格为正，因此这样的自然数 k 必然存在。

考虑下面的策略组合。互动从阶段 I 开始：在阶段 I，参与人的行动组合为 $\boldsymbol{a}$，使得 $u(\boldsymbol{a})=v$。若只有参与人 j 选择偏离行动组合，那么互动进入阶段 II_j，其他情形 (若存在一个以上参与人偏离行动组合，或者没有参与人偏离行动组合) 下互动仍然处于阶段 I。

阶段 II_j：参与人选择 m^j。若没有人或一个以上参与人偏离策略 m^j，那么在 II_j 中持续 k 期，然后进入阶段 III_j。若在阶段 II_j 只有某个参与人 $i \in N$ 偏离策略 m^j，那么从下一期开始，互动进入 II_i。(注意到在上面在阶段 II_j，只有当 m^j 是纯策略时，构造才有意义，对于混合策略情形，我们下面再做论述)。阶段 II_j 可以被看成是对参与人 j 进行惩罚的阶段。

阶段 III_j：参与人一直选择策略组合 $\boldsymbol{a}(j)$，直到没有参与人单方面偏离策略 $\boldsymbol{a}(j)$。若存在某个参与人 $i \in N$ 单方面偏离该策略，那么从下期开始进入阶段 II_i。

下面验证这个策略构造是子博弈完美均衡，我们只需验证在每个子博弈下，没有参与人会选择单方面偏离。

在阶段 I，若参与人 i 偏离，那么他获得的收益不超过

$$(1-\delta)\max_{\boldsymbol{a}\in A} u_i(\boldsymbol{a}) + \delta(1-\delta^k)\underline{v}_i + \delta^{k+1}v_i'.$$

显然，当 $\delta \to 1$ 时，它严格小于遵循均衡时的收益 v_i。

在阶段 III_j，参与人 $i \neq j$ 遵从上面构造的策略，其收益为 $v_i' + \varepsilon$，若单方面偏离，其收益最多为 $(1-\delta)\max_{\boldsymbol{a}\in A} u_i(\boldsymbol{a}) + \delta(1-\delta^k)\underline{v}_i + \delta^{k+1}v_i'$。显然，当 $\delta \to 1$ 时，它严格小于遵循均衡时的收益 $v_i' + \varepsilon$。因此，参与人 i 在这个阶段不可能通过单次偏离而获利。在阶段 III_i，为了保证参与人 i 不能通过单次偏离获利，我们只需要证明

$$(1-\delta)\max_{\boldsymbol{a}\in A} u_i(\boldsymbol{a}) + \delta(1-\delta^k)\underline{v}_i + \delta^{k+1}v_i' < v_i'.$$

重新安排并且两边除以 $(1-\delta)$，这个不等式成为

$$\max_{\boldsymbol{a}\in A} u_i(\boldsymbol{a}) + \delta(\sum_{\tau=0}^{k-1}\delta^\tau)\underline{v}_i < (\sum_{\tau=0}^{k-1}\delta^\tau)v_i'.$$

当 $\delta \to 1$ 时，这个不等式显然成为用来选择 k 的同样不等式，它严格小于遵循均衡时的收益 v_j'。

在阶段 II_j，考虑参与人 $i \neq j$ 遵循所构造的策略。当在阶段 II_j 仍有 $k^t \leqq k$ 期时，其收益为 $(1-\delta^{k^t})w_i^j + \delta^{k^t}(v_i' + \varepsilon)$。若他单方面偏离，在未来 k 期选择最小最大策略，那么进入阶段 III_i，其收益为不超过 $(1-\delta)\max_{\boldsymbol{a}\in A} u_i(\boldsymbol{a}) + \delta(1-\delta^k)\underline{v}_i + \delta^{k+1}v_i'$。当 $\delta \to 1$ 时，其收益收敛至 v_i'。如果不偏离，收益会收敛至更高的 $v_i' + \varepsilon$。当在阶段 II_i 仍有 $k^t \leqq k$ 期时，考虑参与人 i，如果遵守均衡策略，那么其收益为 $q_i(k^t) = (1-\delta^{k^t})\underline{v}_i + \delta^{k^t}v_i'$，否则收益为 $q_i(k) = (1-\delta^k)\underline{v}_i + \delta^k v_i'$。显然 $v_i' > \underline{v}_i$ 和 $k^t \leqq k$ 意味着 $q_i(k^t) \geqq q_i(k)$，若惩罚重新开始，参与人并不会获利。

因此，没有任何一个参与人 i 可以通过对构造出来的三阶段组合的单次偏离而获利，也就意味着这是一个子博弈完美纳什均衡。 □

上面假设 m^j 是纯策略，对混合策略的讨论会相对复杂一些，具体细节参见 Fudenberg 和 Maskin (1986)。

对无名氏定理，一个通俗的解释是只要人们有充分耐心 (时间足够长)，任意的结果 (只要每个参与人的效用不低于个体理性水平这一限制) 都可能是均衡结果。这一 (无穷多

均衡) 结果可能被认为是重复博弈理论的一个负面结果，因为一个理论如果包容所有的结果，这一理论就是空洞的。其实这是一个误解，无名氏定理并不像人们所理解的那样没有意义，而是深刻地说明了长期形成的制度环境如文化、社会习俗的异常重要性，不同 (好或坏) 的环境将会导致不同 (好或坏) 的结果。第一，对于长期关系的研究能帮助我们理解人们在互动中可能出现的机会主义行为以及制度对其的反应。在不同的制度环境下，包括不同的文化、习惯、社会习俗等因素 (其程度由贴现因子决定)，不同长期关系中人们的行为是不同的。如果一个理论可以忽略制度环境从而只得到某个明确单一的结果，并不一定是好的理论。不同的制度细节会决定与人们的长期互动对应的均衡的结果。第二，以无名氏定理为参照系，很多理论学家关注这一定理失效的条件。如果人们没有那么多的耐心，对于机会主义的识别没有那么准确，有些参与人只是短期参与，等等，那么这些条件的改变如何影响人们的长期行为？在下面，我们将会讨论这些因素。

7.5 重复博弈模型的一些变形

在上面关于重复博弈的讨论中都假设每一期所有参与人以及行动集都是相同的，下面通过三个例子讨论存在短期参与人的情形，参与人交替进入与退出，以及社会规范而不是个人之见对于参与人行为的约束。

7.5.1 长期参与人与短期参与人

在一些多期互动中，不同阶段博弈的参与人会发生变化。比如，一个商家在不同时期遇到的顾客是不同的。在这样的博弈环境中，可以把参与人分为长期参与人和短期参与人两类。短期参与人只参加一期，由此他的目标是短期利益最大化，而长期参与人的目标是不同时期加总的收益，因此她追求一个长期的利益最大化。

令 $i \in \{1, 2, \cdots, L\}$ 是长期参与人，$j \in \{L+1, L+2, \cdots, n\}$ 是短期参与人。

令 $B : \prod_{i=1}^{L} \Delta A_i \to \prod_{j=L+1}^{n} \Delta A_j$ 是短期参与人对于长期参与人 (混合) 策略的最佳响应。在此基础上，长期参与人的最小最大效用 $\underline{v_i}$ 需重新定义为：

$$\underline{v}_i = \min_{\alpha \in graph(B)} \max_{a_i} u_i(a_i, \boldsymbol{\alpha}_{-i}),$$

其中 $graph(B) \subseteq \prod_{i=1}^{n} \Delta A_i$，$graph(B)$ 是 B 对应的像图 (graph)，满足对于 $j > L$，$\alpha_j(\boldsymbol{\alpha}_{-j}) = \text{argmax}_{a_j} u_j(a_j, \boldsymbol{\alpha}_{-j})$。然而，在有短期参与人的情形下，在重复博弈中长期参与人的可行和个体理性的收益还存在一个收益上界的约束。定义

$$\bar{v}_i = \max_{\boldsymbol{\alpha} \in graph(B)} \min_{a_i \in support(\alpha_i)} u_i(a_i, \boldsymbol{\alpha}_{-i}),$$

其中 $support(\alpha_i)$ 表示参与人 i 纯行动 a_i 的混合行动 α_i 的概率为正。

例 7.5.1 (短期参与人与长期参与人) 考虑下面一个存在短期参与人的重复互动。参与人 1(行) 是长期参与人，参与人 2(列) 是短期参与人。假设参与人 2 是一系列短期参与

人，每个短期参与人只与长期参与人互动 1 期，或者说参与人 2 的时间贴现因子为 0。两个参与人的阶段博弈如表 7.7 所示。

表 7.7　长期参与人与短期参与人的互动

		参与人 2		
		L	C	R
参与人 1	T	1, 3	0, 0	6, 2
	B	0, 0	2, 3	6, 2

$$graph(B)=\{(\alpha_1^T,L):\alpha_1^T\geqq 2/3\}\cup\{(\alpha_1^T,R):1/3\leqq\alpha_1^T\leqq 2/3\}\cup\{(\alpha_1^T,C):\alpha_1^T\leqq 1/3\},$$

其中 α_1^T 是长期参与人 1 选择 T 的概率。我们得到 $\underline{v}_1=1,\bar{v}_1=6$。

在这个博弈中，长期参与人的最小最大效用为 1，是阶段纳什均衡 (T,L) 的参与人 1 的收益；同时收益上界 6 也是在阶段博弈中的混合策略纳什均衡 $(0.5,R)$ 下参与人 1 的均衡收益。这样，在这个例子中，参与人 1 的收益 $v_1\in(1,6)$，我们可以搭建一个公共关联工具。比如，$\{w_1,w_2\}$，令 $p=prob(w=w_1),1-p=prob(w=w_2)$，同时使得 $p+6(1-p)=v_1$。构建一个策略组合：在 w_1 下，选择行动组合 (T,L)；在 w_2 下，选择行动组合 (B,R)。若参与人 2 观察到参与人 1 之前偏离过上述策略，那么长期参与人 1 和参与人 2 的策略组合为 (T,L)。可以看出，存在一个参与人 1 的时间贴现因子下界 $\underline{\delta}$，使得当 $\delta\in(\underline{\delta},1)$ 时，上面的策略是一个子博弈完美均衡，同时参与人 1 获得的收益为 v_1。

在更一般的情形下，Fudenberg，Kreps 和 Maskin (1990), 以及 Fudenberg 和 Levine (1994) 证明了一个存在短期参与人的无名氏定理：

定理 7.5.1 (关于短期和长期参与人共存的无名氏定理)　长期参与人收益空间的维度等于其人数，即 L。对于长期参与人的收益，若满足 $\underline{v_i}<v_i<\bar{v_i}$，$i\in\{1,2,\cdots,L\}$，则存在一个时间贴现因子下界 $\underline{\delta}$，使得任意 $\delta\in[\underline{\delta},\cdot)$，均存在一个子博弈完美均衡，使得长期参与人的收益组合为 $\boldsymbol{v}=\{v_1,\cdots,v_L\}$。

7.5.2　参与人代际交叠重复博弈

在某些情形的互动中，参与人群中存在进入和退出，同时每个人与其他人互动有一定的时间限定。在这种情形下，没有某个参与人会永远与其他人互动，同时不同类型的参与人面临不同的互动期限。这样的例子在现实中，特别是在组织中，很常见。在现实中，绝大部分组织中的成员都会面临退休，而且在这些组织中，经常会有新成员加入。不同成员在组织中待的时间也不同，他们在组织中也有不同的职业生涯预期。这种情形被称为**有限生存参与人代际交叠重复博弈** (repeated game with overlapping generations of finite-lived players)。下面通过一个例子 (Cremer，1986) 来讨论人们的互动及其激励。

考虑一个组织，每个人在组织中的时间是 T 年 (可以把它理解为退休年龄)。为简单起见，假设在组织中，每一期不同年龄的个体数目都为 1，每一期各有 1 个成员 (工龄为 T 的人) 退出，也有新成员进入 (工龄为 1)，每过一期，仍然待在组织中的成员，其工龄增加 1。考虑成员之间的合作互动。假设每个成员都可以选择努力或偷懒，选择努力的个人成本为 1。假设组织的产出取决于选择努力的总人数，同时每个成员获得相同比例的产出，或者说存在搭便车的可能。

假设除参与人 i 外，其他选择努力的人数为 k。若参与人 i 选择努力，则他的效用为 $\frac{s(k+1)}{T}-1$，否则为 $\frac{sk}{T}$，其中 s 是努力的产出效率，假设 $1<s<T$。显然，若只有一期的互动，那么所有理性参与人都选择偷懒。而在重复博弈中，结果会完全不同。为方便讨论，假设贴现因子 $\delta=1$。下面考虑组织成员的激励。

显然，工龄为 T 的参与人在组织中只待最后一期，因此他没有动机去选择努力。考虑下面的组织 (成员) 策略组合：工龄为 T 的参与人会选择偷懒；若之前没有其他工龄的参与人选择偷懒，那么工龄不是 T 的参与人选择努力；若之前存在工龄不是 T 的参与人选择偷懒，那么所有人都选择偷懒。下面来验证这个策略是一个子博弈完美均衡。

首先对于工龄为 T 的参与人，选择偷懒是一个占优策略。下面来考察工龄为 $T-1$ 的参与人的激励。假设其他参与人都遵循上面的策略组合。若他选择偷懒，那么他在这一期的收益为 $\frac{s(T-2)}{T}$，在下一期的收益为 0，总的收益为 $\frac{s(T-2)}{T}$；若他选择努力，那么他在这一期的收益为 $\frac{s(T-1)}{T}-1$，在下一期的收益为 $\frac{s(T-1)}{T}$，总的收益为 $2\frac{s(T-1)}{T}-1>\frac{s(T-2)}{T}$，因为 $s>1$。因此，对于工龄为 $T-1$ 的参与人没有激励单独偏离。

我们考察工龄为 $T-k$ 的参与人，其中 $k\in 1,2,\cdots,T-1$。若该参与人偏离该策略，其当期收益为 $\frac{s(T-2)}{T}$，之后每期的收益都为 0，总的收益为 $\frac{s(T-2)}{T}$。若该参与人遵循该策略，其收益为 $k\frac{s(T-1)}{T}-(k-1)>\frac{s(T-2)}{T}$，这样工龄为 $T-k$ 的参与人也不会单方面偏离该策略。此外，在均衡路径之外，即之前有工龄不等于 T 的组织成员选择偷懒，此时该策略组合是之后每个人都选择偷懒，而这刚好是阶段博弈的纳什均衡，没有参与人愿意单方面偏离。因此上面的策略组合是子博弈完美均衡。

当然，不必局限于 $\delta=1$。在上面的推理中，可以发现存在一个时间贴现因子下界 $\underline{\delta}$，当 $\delta\in(\underline{\delta},1)$ 时，上面的策略组合仍然是子博弈完美均衡。

7.5.3 社区约束与社会规范

在许多重复博弈中，互动的对象是随机的，也就是说，互动中的对手是随机的。比如，人们在购买商品时，不同时期遇到的对手是不同的。此时惩罚无法由受害人来执行，而是需要别的参与人来执行。同时，通常来说，实施惩罚对于实施者来说也是有成本的。这样，我们在许多情形下需要采用其他机制来约束惩罚过程，这里主要讨论如社会规范 (social norm)这样的约束机制。

假设这个社会由 M(偶数) 个参与人组成，在每期，每个参与人随机地与其他某个参与人进行互动，比如选择“合作”或“非合作”，互动的阶段收益由下面的表 7.8 刻画。若 M 足够大，那么每个人遇到之前对手的概率就非常低。在这种情形下如何激励人们之间的合作呢？一个通常的方式是通过社会规范来约束。社会规范由下面两个要素构成：个体社会标签的更新函数以及依赖于标签的策略。个体社会标签的更新函数是关于标签的转移函数。$\tau_i(x,z,a_i)$ 表示当参与人 i 和对手的当期社会标签分别为 x 和 z，同时参与人 i 选择 a_i 时，下一期的 (更新) 社会标签。社会标签依赖策略 $\sigma_i(x,z)$ 指的是当参与人 i 和对手的社会标签分别为 x 和 z 时，参与人 i 的选择策略。

表 7.8　社会规范

		参与人 2	
		C	D
参与人 1	C	4,4	0,5
	D	5,0	1,1

考虑下面的社会规范：社会标签集合为 G,B，

$$\tau_i(x,z,a_i)=\begin{cases} G, & 若\ (x,z,a_i)=(G,G,C)\ 或\ (G,B,D)\ , \\ B, & 其他. \end{cases}$$

$$\sigma_i(x,z)=\begin{cases} C, & 若\ x=z=G\ , \\ D, & 其他. \end{cases}$$

上面对社会标签和标签依赖策略的定义很直观：可以把那些社会标签为 G 的个体理解为“好人”，把那些社会标签为 B 的个体理解为“坏人”。若初始标签是“好人”的参与人面临的对手也是“好人”，选择合作 (即 C) 会使得该参与人的社会标签仍然是“好人”，或者若初始标签是“好人”的参与人面临的对手是“坏人”，选择不合作 (即 D) 会使得该参与人的社会标签仍然是“好人”，否则同流合污，社会标签就变成“坏人”。也就是说，社会规范要求遇到好人要合作，遇到坏人要不合作 (不要同流合污)；否则在社会规范下，其个人的社会标签会被认为是“坏人”。对于坏人而言，社会规范将永远把他列入坏人，类似于冷酷策略，不存在谅解。可以证明下面的结论：当 $\delta\to 1$ 时，不管 M 有多大，上面描述的社会规范都是一个子博弈完美均衡。

假设社会的初始状态为每个人的社会标签都是 G。下面首先论证，在均衡路径上，没有参与人会单方面偏离。若偏离，其贴现收益为 $5(1-\delta)+\delta$；若遵守，其贴现收益为 4。只要 $\delta>1/4$，没有参与人会单方面偏离。

其次，在均衡路径之外，假设社会标签为 G 的个体的比例为 $\alpha>0$，社会标签为 B 的个体的比例为 $1-\alpha$。对于社会标签为 B 的个体，由于选择 (D,D) 是阶段纳什均衡，这样给定其他人都遵循上面的社会规范，社会标签为 B 的个人的最优选择也会是 D。

对于社会标签为 G 的个体，若他面临的对手的标签是 B，若遵守社会规范，其期望收益为 $(1-\delta)+\delta V(G)$，若不遵守，其期望收益为 $0+\delta V(B)$；若他面临的对手的标签是 G，若遵守社会规范，其期望收益为 $4(1-\delta)+\delta V(G)$，若不遵守，其期望收益为 $5(1-\delta)+\delta V(B)$。由于 $V(B)=1$，则 $V(G)=(1-\delta)[\alpha 4+(1-\alpha)]+\delta V(G)$，于是得到：$V(G)=1+3\alpha>V(B)$。

于是，在均衡路径之外，对于 G 标签的个体，若遇到 B 标签的对手，由于 $(1-\delta)+\delta V(G)>0+\delta V(B)$，他会遵从社会规范，若遇到 G 标签的对手，当且仅当 $\delta>\underline{\delta}=\dfrac{1}{1+3\alpha}$，才会有

$$4(1-\delta)+\delta V(G)=4(1-\delta)+\delta(1+3\alpha)>5(1-\delta)+\delta V(B)=5-4\delta.$$

这样，只要 $\alpha>0$，不管社会初始的好人和坏人的分布是什么，当 $\delta\to 1$ 时，上面的规范都会是一个子博弈完美均衡。

在上面的论证过程中我们发现，若给定社会中参与人的时间贴现因子 δ（从而惩罚程度）并不是特别大，那么社会上“坏人”的比例越大，社会规范的效力越低，特别是在一个人人都尔虞我诈的社会中，即使贴现因子逼近 1，如果有谁选择诚实守信，则他的利益也必然受损。这是因为，此时维系社会规范要求时间贴现因子下界为 $\underline{\delta}\equiv\dfrac{1}{1+3\alpha}$，随着 α 的减小而增大。当 $\alpha<\dfrac{1-\delta}{3\delta}$ 时，上面的社会规范将不会是一个纳什均衡，也就是说，此时社会规范会瓦解。这样，人人尔虞我诈和人人讲求诚信都可以是纳什均衡，关键看好人的比例和做坏事后惩罚的程度 (由贴现因子决定)。在社会发展过程中，存在各种各样的陷阱，除了资源禀赋外，以信任为要素的社会文化等就成为至关重要的制约因素。

这一节讨论的参与人的长期互动都建立在极强的假设基础上，即参与人之前的行为会被他们及其对手精确地鉴别出来。而与此相对应，为了使参与人之间维持合作，一个重要的机制是惩罚机制，且一般有这样的结论：对偏离合作行为的惩罚越严厉，参与人之间越容易维持合作。一些极端的惩罚方式，比如冷酷策略，在这一类重复博弈中发挥重要作用。然而，一旦参与人的行为历史能被精确观察到的假设不再成立，很多结论都可能需要修正。比如在参与人存在观察误差的情况下，极端的惩罚方式往往会破坏合作，而且一旦出现微小的扰动，参与人之间长期合作的关系就会荡然无存。下一节要讨论的不完美公共监督例子说明了此点，在冷酷策略的惩罚模式下，最终所有人都选择偷懒，而在相对宽松的惩罚模式下都选择努力工作。所以，在维持长期合作关系时，除了对可能的机会主义行为进行惩罚外，选择 (一定程度的) 包容也是非常重要的机制。在很多实验中，研究者也发现，针锋相对通常是一种更有效的维持合作的方式。

7.6 不完美公共监督下的重复博弈

上面讨论的重复博弈假设参与人能完美观察到之前的所有行动，这个假设显然过强。在现实生活的许多重复互动中，人们往往无法知道参与人之前的精确行为，而只能观察到一些结果，这些结果的分布依赖于人们的行为。为了达成合作，尽管参与人不能直接对偏离行为的参与人施加惩罚，但可以对与那些行为高度相关的不合作结果采取惩罚措施，也可以间接对机会主义行为进行惩罚。

对于不能精确地观察到参与人行为的重复互动，按照参与人观察的结果，可以进一步

分为两类：一类是参与人观察到的行为结果是共同的，比如企业不能直接观察到之前对手的实际价格行为，但是可以观察到市场上的总需求 (比如行业协会发布的行业报告)，总需求的大小依赖于企业的价格行为；另一类是参与人观察到的行为结果不同，比如企业不能观察到总的市场需求，但是可以观察到自己的需求。这一节重点讨论共同行为结果的情形。

7.6.1　不完美公共监督下的重复博弈的基本结构

与前面讨论的完美公共监督情形相比，不完美公共监督 (imperfect public monitoring) 的重复博弈结构的变化主要体现在参与人掌握的历史的差异上。

先来描述具有公共观察结果的不完美公共监督下的重复博弈的结构。

在阶段博弈中，每个参与人 $i \in N \equiv \{1, 2, \cdots, n\}$ 同时从各自的行动集 A_i 中选择行动 a_i。每个行动组合 $a \in A \equiv \prod_i A_i$ 产生了一个在 (参与人) 共同观察到的结果集 Y 上的概率分布，$\pi_y(a), y \in Y$，它表示行动组合 a 下结果 y 的概率。参与人 i 实现的收益为 $r_i(a_i, y)$，即其收益不直接依赖于其他参与人的行动。在行动组合 a 下，参与人 i 的阶段博弈的期望效用为 $u_i(a) = \sum_y \pi_y(a) r_i(a_i, y)$。

在重复博弈中，在阶段 t 开始的共同信息为 $h^t = (y^0, y^1, \cdots, y^{t-1})$。由于每个参与人的行动不被别人所知，每个参与人所掌握的信息不同，$z_i^t = (a_i^0, a_i^1, \cdots, a_i^{t-1})$ 为参与人 i 在阶段 t 之前所有的行动。在阶段 t，参与人 i 的信息为 $h_i^t = (h^t, z_i^t)$，所有可能的信息集记为 H_i^t，参与人在阶段 t 的策略为 $\sigma_i^t(\cdot) : H_i^t \to \Delta A_i$。

完美公共监督下的重复博弈可以看成是不完美公共监督下的重复博弈的一个特例，此时共同信息集为 $h^t = (a^0, a^1, \cdots, a^{t-1})$，即所有参与人之前的行动是共同观察到的结果。

在完美监督的重复博弈中，我们利用动态规划的思想，把整个动态博弈转化为一系列 (彼此关联的) 静态决策问题，也就是说，建立某种递归结构来分析参与人之间的重复互动。在不完美监督的重复博弈中，也可以建立类似的递归结构。然而对于递归结构，其中一个重要因素是存在某种能协调参与人互动的要素。因此，在不完美公共监督下的重复博弈的均衡解集中在公共策略 (public strategy) 均衡结果上，即参与人的策略只依赖于公共结果。通过公共结果，可以把整个博弈转化为一系列 (相关联的) 静态决策。而对于私人策略，我们在后面也会通过一些例子来说明它们之间的差异。

定义 7.6.1 (公共策略)　*策略 σ_i 是一个***公共策略***，若在任意的阶段 t，对任意公共历史 h^t 和两个不同私人历史 z_i^t 和 $\tilde{z}_i^t$，都有 $\sigma_i(h^t, z_i^t) = \sigma_i(h^t, \tilde{z}_i^t)$。*

对于公共策略，我们有下面的结论：若除了参与人 i 以外的所有其他参与人都选择公共策略，那么参与人 i 将对公共策略做出最佳响应。这个结论背后的逻辑很简单：由于参与人 i 的理性行为依赖于他对其他参与人行为的信念，而其他参与人的行为只依赖于公共结果，因此，参与人 i 对其他参与人行为的信念独立于其他参与人的私人信息 (即他们之前的行为)，从而参与人 i 在公共结果基础上有一个最佳响应。

尽管不是所有纯策略都是公共策略，但选择公共策略具有一定程度的普遍性。因为任何一个纯策略均衡 σ，都可以找到一个等价的公共策略均衡 $\hat{\sigma}$。两个策略 σ_i 和 $\hat{\sigma}_i$ 对于参

与人 i 来说是 (结果) 等价的意味着：对于其他参与人的策略 σ_{-i}，由行动组合 (σ_i, σ_{-i}) 和 $(\hat{\sigma_i}, \sigma_{-i})$ 所导致的公共结果分布是相同的。下面的引理揭示了这一思想。

引理 7.6.1 在不完美公共监督博弈中，每一个纯策略都有一个 (结果) 等价的公共纯策略。

证明： 令 σ_i 是参与人 i 的一个纯策略。令 $a_i^0 = \sigma_i(\varnothing)$ 是第一阶段的行动，其中 $\varnothing$ 表示空集。在第二阶段，给定公共结果 y^0，参与人 i 选择 $a_i^1(y^0) = \sigma_i(y^0, a_i^0) = \sigma_i(y^0, \sigma_i(\varnothing))$。依此递推，在阶段 t，设其公共历史为 $h^t = (y^0, y^1, \cdots, y^{t-1})$，参与人 i 的行动历史 $a_i^t(h^t) \equiv \sigma_i(h^t, a_i^0, a_i^1(y^0), \cdots, a_i^{t-1}(h^{t-1}))$。因此，对于任何一个公共结果 $h \in Y^\infty$，纯策略对行动路径 $(a^0, a^1(y^0), \cdots, a^t(h^t), \cdots)$ 赋予 1 的概率。这样，纯策略 σ_i 与参与人 i 的一个公共策略 (在阶段 t 选择 $a_i^t(h^t)$) 是结果等价的。 □

这个引理的背后逻辑是这样的：在一个纯策略均衡中，每个参与人都准确地预期到对手在每一期的行为。参与人 i 在第一阶段选择 a_i^0，在第二阶段选择 $\sigma_i^1(a_i^0, y^0)$。由于第一阶段的行动 a_i^0 之前已定，在第二阶段的策略依赖于 a_i^0 将变成多余的。我们可以把参与人 i 的策略 σ_i^1 替换成公共策略 $\hat{\sigma_i}^1(y^0) = \sigma_i^1(a_i^0, y^0)$，之后各期的公共策略的构造思路类似。

在公共结果的基础上，我们可以给出与完美监督的重复博弈中类似的概念和工具。首先在不完美公共监督下，自动机由下面一些要素构成：状态集 Ω，初始状态 w^0，输出函数 $f: \Omega \to \prod_i \Delta(A_i)$，状态转移函数 $\tau: \Omega \times Y \to \Omega$。

其次是均衡概念。当所有人都采用公共策略时，给定公共历史 h^t，他们对未来行动和结果的分布达成共识 (共同知识)。与完美监督下的重复博弈类似，也可以相应地定义给定公共历史的延续收益，以及与这个延续收益相关的公共策略，并探讨什么样的公共策略组合在阶段 t 之后仍然是纳什均衡。由于在每个可能的阶段，都有这样的构造，这里讨论的均衡是完美公共均衡 (perfect public equilibrium)。

定义 7.6.2 (完美公共均衡) 一个策略组合 $\boldsymbol{\sigma} = (\sigma_i)_{i \in N}$ 或自动机 $(\Omega, \omega^0, f, \tau)$ 被称为**完美公共均衡**，若满足如下两个条件：

（1）每个 σ_i 都是公共策略。

（2）在每个阶段 t 和每一公共历史 h^t，这个策略都构成自阶段 t 始的延续博弈的纳什均衡。

在不完美公共监督下，子博弈完美均衡不产生任何约束。由于从第二阶段博弈开始，信息集都不是单点集，整个重复博弈中子博弈只有一个。在参与人都采用公共策略后，参与人自身之前行动的私人信息不会对策略产生直接影响，因此，完美公共策略是子博弈完美均衡在不完美公共监督下的重复博弈中的一个拓展。

对完美公共均衡特征的刻画，也存在类似的单次有利偏离原则。单次偏离策略是指，对于参与人 i 来说，对其公共策略 σ_i 和另外一个策略 $\hat{\sigma}_i \neq \sigma_i$，存在一个唯一的公共历史 $\tilde{h}^t \in Y^t$ 使得 $\hat{\sigma}_i(\tilde{h}^t) \neq \sigma_i(\tilde{h}^t)$，而对于其他历史 $\tilde{h}^\tau \neq \tilde{h}^t$，都有 $\hat{\sigma}_i(\tilde{h}^\tau) = \sigma_i(\tilde{h}^\tau)$。单次有利

偏离指的是，对于这样的单次偏离，对于参与人 i 的贴现收益更高。下面的命题刻画了不完美公共监督下的完美公共均衡与单次有利偏离原则的关系。

命题 7.6.1 一个公共策略 $\boldsymbol{\sigma}$ 或自动机 $(\Omega, \omega^0, f, \tau)$ 是一个完美公共均衡，当且仅当不存在任何的单次有利偏离，即对于所有的公共历史 $h^t \in Y^t$，$\boldsymbol{\sigma}(h^t)$ 是下面标准形式博弈的一个纳什均衡，参与人 i 的收益是:

$$g_i(\boldsymbol{a}) = (1-\delta)u_i(\boldsymbol{a}) + \delta \sum_{y \in Y} U_i(\boldsymbol{\sigma}|_{h^t,y})\pi_y(\boldsymbol{a}),$$

其中 $U_i(\boldsymbol{\sigma}|_{h^t,y})$ 是参与人 i 在公共历史 h^t 和其实现的结果 y 下公共策略 σ 带来的延续 (期望) 收益。

命题的证明与之前类似，这里不再赘述。通过对重复博弈采用自动机的方式，可以得到如下结果 (证明过程与之前类似，在此省略)。

命题 7.6.2 对自动机 (Ω, w^0, f, τ) 及 $V_i(w)$ 是从状态 w 开始的参与人 i 的贴现收益，公共策略 $\boldsymbol{\sigma}$ 是一个完美公共均衡，当且仅当对于任意可以由初始状态 w^0 到达的状态 $w \in \Omega$，$f(w)$ 都是下面标准形式博弈的一个均衡，其博弈的收益为:

$$g_i(\boldsymbol{a}) = (1-\delta)u_i(\boldsymbol{a}) + \delta \sum_{y \in Y} V_i(\tau(w,y))\pi_y(\boldsymbol{a}).$$

7.6.2 不完美监督下的收益分解与自生成

和完美监督下的重复博弈一样，对公共策略的讨论也可以借鉴在完美公共监督下发展起来的动态规划技术，即用“可执行”及“自生成”的概念来构造不完美监督下的重复博弈的递归结构。这些技术在描述均衡时主要关注的是延续收益，而不是直接关注行为。这使得激励机制的描述更加透明，均衡收益的描述更加翔实。当然，其代价是我们对大多数均衡背后的行为细节知之甚少，对于这些均衡中哪些是行为的合理描述也几乎不知道。

首先引入在不完美监督下可执行的行动和收益。

定义 7.6.3 (公共结果下可执行) 令 $\boldsymbol{\alpha}^* \in \prod_i \Delta(A_i)$。(混合) 行动和收益组合 $(\boldsymbol{\alpha}^*, \boldsymbol{v})$ 在贴现因子为 δ 和可行收益集合 $W \in \mathcal{R}^n$ 上是**可执行的**，若存在着建立在公共结果上的延续承诺 $\gamma: Y \to W$，使得 $(\boldsymbol{\alpha}^*, \boldsymbol{v})$ 是具有以下收益函数 $\boldsymbol{v}: A \to \mathcal{R}^n$ 的静态博弈的纳什均衡，

$$v_i = (1-\delta)u_i(\boldsymbol{\alpha}) + \delta \sum_y \pi_y(\boldsymbol{\alpha})\gamma_i(y),$$

即，对于任意参与人 $i \in N$ 及任意 $\alpha_i \in \Delta(A_i)$，都有

$$(1-\delta)u^i(\boldsymbol{\alpha}^*) + \delta \sum_y \pi_y(\boldsymbol{\alpha}^*)\gamma_i(y) \geqq (1-\delta)u^i(\alpha_i, \boldsymbol{\alpha}^*_{-i}) + \delta \sum_y \pi_y(\alpha_i, \boldsymbol{\alpha}^*_{-i})\gamma_i(y).$$

我们把满足上面条件的 $\boldsymbol{\alpha}^*$ 称为在收益集合 W 上是可执行的，把 $\boldsymbol{v}$ 称为在 W 上是可分解的及是由 (δ, W) 生成的；把所有可由 (δ, W) 生成的收益记为 $B(\delta, W)$。

下面定义自生成的收益集合。

定义 7.6.4 (自生成收益集合) 一个集合 $W \subseteq \mathcal{R}^n$ 是**纯策略自生成的**，若在时间贴现因子 δ 下，有 $W \subseteq B(\delta, W)$。

令 $E^{PPE}(\delta)$ 是在贴现因子 δ 下所有完美公共均衡收益的集合。Abreu, Pearce 和 Stachetti (1986，1990) 证明了如下命题。

定理 7.6.1 如果 W 是一个有界的自生成集合，那么 $W \subseteq B(W,\delta) \subseteq E^{PPE}(\delta)$。

这一结果与完美监督下的结果是类似的。在更一般情形下，即在混合策略情形下的证明也是类似的，可以参考 Mailath 和 Samuelson (2006) 命题 7.3.1 的证明。

证明： 假定 W 是自生成的。固定 $\boldsymbol{v} \in W$，可以找到一个策略组合 $\boldsymbol{\alpha}$ 和延续承诺函数 $\gamma: Y \to W$，使得产生的收益组合为 $\boldsymbol{v}$。设某个策略在时期 0 的行动为 $\sigma^0 = \boldsymbol{\alpha}^0(\boldsymbol{v})$，对每个在时期 0 的结果 y^0，设 $v^1 = \gamma^0(y^0) \in W$，使得 $\boldsymbol{v} = (1-\delta)u(\boldsymbol{\alpha}^0) + \delta \sum_{y\in Y} \pi_y(\boldsymbol{\alpha}^0)\gamma^0(y)$。同时，由于 $\boldsymbol{v}^1 \in W$ 并且 W 是自生成集合，我们有 $\boldsymbol{v}^1 \in B(W,\delta)$；因此，存在一个策略 $\boldsymbol{\alpha}(\boldsymbol{v}^1)$ 和一个延续承诺 $\gamma^1(y^1)$，使得 $\boldsymbol{v}^1$ 也是可分解的。令此时对应的策略在时期 1 的行动 $\boldsymbol{\sigma}^1(y^0) = \boldsymbol{a}^1(\gamma^0(y^0))$；以及对任意序列 y^0, y^1，设 $\boldsymbol{v}^2 = \gamma^1(\gamma^0(y^0))(y^1)$，继续上面的构造，可以得到一个公共策略组合。对于任意的时期 t，这个构造的公共策略组合的收益都可以写成两部分的相加形式，一部分是 t 期行动组合的贴现收益的加总，另一部分则是延续收益。由于延续收益属于有界集合 W，并且乘上了贴现因子，因此，行动组合的贴现收益的加总收敛于 $\boldsymbol{v}$。

最后，我们需要验证这个构造的公共策略组合在每个时期都不存在单方面偏离的激励。事实上，这个条件必然满足，因为可执行的定义 (自生成) 以及之前提到的单次偏离原则保证了激励相容约束成立。因此，这是一个完美公共均衡。 □

Abreu，Pearce 和 Stacchetti (1990) 还证明了 $E^{PPE,\delta} = B(E^{PPE}, \delta)$，即所有完美公共均衡的收益集合都是自生成收益集合。现通过一些例子来讨论不完美公共监督下重复博弈中的激励和惩罚。

例 7.6.1 (噪声监控 (Noisy Monitoring) 下的囚徒困境) 有两个参与人，他们选择努力 (或者又称合作，E) 或偷懒 (S)，他们的行动不被对方观察到，但是他们的行动会影响到观察到的公共结果的分布。假设有两个公共结果 $\bar{y}$ 和 $\underline{y}$，分别代表高产出或低产出的情形，设行动与公共结果之间的关系如下：

$$\pi_{\bar{y}}(a) = \begin{cases} p, & \text{若 } a = EE, \\ q, & \text{若 } a = SE \text{ 或 } a = ES, \\ r, & \text{若 } a = SS, \end{cases}$$

其中 $1 > p > q > 0, 1 > p > r > 0$。显然高产出 $\bar{y}$ 意味着更可能来自双方都选择合作的结果，而低产出 $\underline{y}$ 意味着更可能来自某一方或双方偷懒的结果。

若参与人选择努力，可以为组织中的每个成员提供 3 单位的收益，但是他要承担 4 单位的成本。阶段博弈的收益由表 7.9 刻画。

表 7.9　囚徒困境的阶段博弈

		囚徒 2	
		C	D
囚徒 1	C	2, 2	−1, 3
	D	3, −1	0, 0

下面我们考察不同的惩罚模式：一种是冷酷的惩罚模式，即一旦之前出现过低产出 $\underline{y}$，未来都进入惩罚阶段；另一种是相对宽容的惩罚模式，即若出现上一期的结果是高产出，双方回到合作状态。

首先考虑冷酷的惩罚模式，即开始时选择合作 (即 E)，一旦出现过低产出状态，之后所有参与人都选择不合作 (即 S)。此时双方参与人的策略可以通过两种状态的自动机来描述 (见图 7.4)。

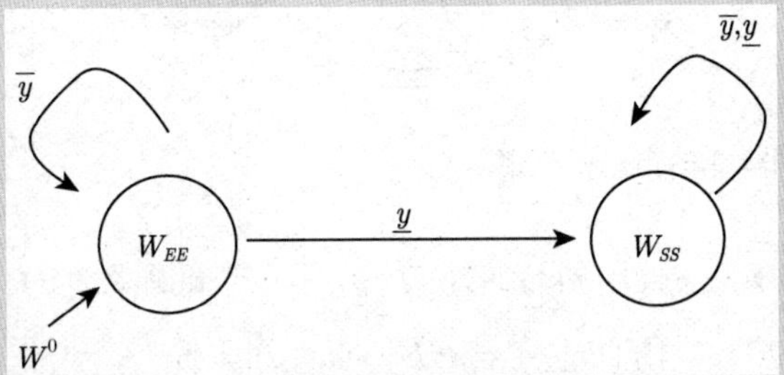

图 7.4　冷酷策略的自动机表述

状态空间为 $\Omega=\{w_{EE},w_{SS}\}$，初始状态为 w_{EE}，自动机产出函数为 $f(w_{EE})=EE, f(w_{SS})=SS$，状态转移函数为

$$\tau(w,y)=\begin{cases} w_{EE}, & 若 w=w_{EE}, y=\bar{y}, \\ w_{SS}, & 其他. \end{cases}$$

对不同状态下参与人的期望贴现收益之和分别赋予一个价值函数：

$$\begin{aligned} V_i(w_{EE}) &= (1-\delta)2+\delta[pV_i(w_{EE})+(1-p)V_i(w_{SS})], \\ V_i(w_{SS}) &= (1-\delta)0+\delta V_i(w_{SS}). \end{aligned}$$

从上面两个等式可以得到 $V_i(w_{EE})=\dfrac{2(1-\delta)}{1-\delta p}, V_i(w_{SS})=0$。若上面的冷酷策略是纳什均衡，则需要满足激励相容条件：

$$\begin{aligned} V_i(w_{EE}) &\geqq (1-\delta)3+\delta[qV_i(w_{EE})+(1-q)V_i(w_{SS})], \\ V_i(w_{SS}) &\geqq (1-\delta)(-1)+\delta V_i(w_{SS}). \end{aligned}$$

要使上面两个不等式成立，需要满足条件 $3p-2q\geqq\dfrac{1}{\delta}$。通过自生成的概念，当 $3p-2q\geqq\dfrac{1}{\delta}$ 成立时，$\left\{\left(\dfrac{2(1-\delta)}{1-\delta p},\dfrac{2(1-\delta)}{1-\delta p}\right),(0,0)\right\}$ 是自生成收益集合。由于状态 w_{SS} 是

吸引子 (attractor)(即一旦进入该状态，就会固定住)，状态 w_{EE} 最终会被吸引到 w_{SS}，在冷酷的惩罚模式下，最终所有人都会选择偷懒。这样，我们会发现当参与人有足够耐心时，即 $\delta \to 1$，$V_i(w_{EE}) = \dfrac{2(1-\delta)}{1-\delta p} \to V_i(w_{SS}) = 0$。也就是说，在冷酷策略下，参与人每期都合作的收益 (2, 2) 不能成为这个重复博弈的收益组合。

下面考虑另外一种互动模式，即相对宽容的惩罚模式 (又称为一期记忆下的惩罚模式)，即若之前的状态是高产出，那么这一期回到合作状态，否则，这一期进入惩罚状态。

用自动机刻画上面的策略 (见图 7.5)。

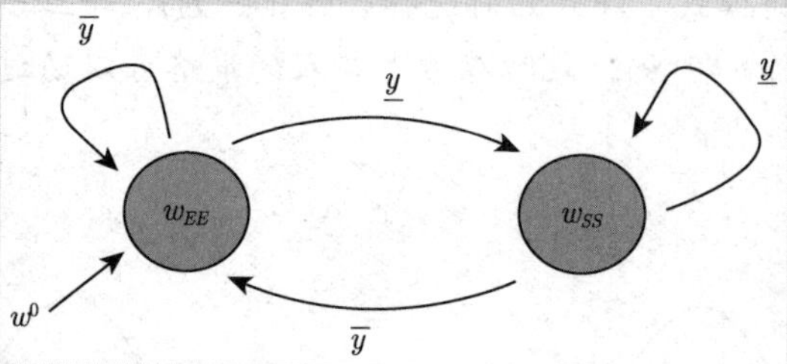

图 7.5　一期记忆下惩罚模式的自动机表述

状态空间 $\Omega = \{w_{EE}, w_{SS}\}$，初始状态为 w_{EE}，产出函数为：

$$f(w_{EE}) = EE, f(w_{SS}) = SS.$$

状态转移函数为：

$$\tau(w, y) = \begin{cases} w_{EE}, & 若 y = \bar{y}, \\ w_{SS}, & 若 y = \underline{y}. \end{cases}$$

同样，若 $\{(V_1(w_{EE}), V_2(w_{EE})), (V_1(w_{SS}), V_2(w_{SS}))\}$ 是上面宽容惩罚模式下的自生成收益集合，那么需满足：

$$\begin{aligned} V_i(w_{EE}) &= (1-\delta)2 + \delta[pV_i(w_{EE}) + (1-p)V_i(w_{SS})] \\ &\geqq (1-\delta)3 + \delta[qV_i(w_{EE}) + (1-q)V_i(w_{SS})], \end{aligned} \tag{7.14}$$

$$\begin{aligned} V_i(w_{SS}) &= (1-\delta)0 + \delta[rV_i(w_{EE}) + (1-r)V_i(w_{SS})] \\ &\geqq (1-\delta)(-1) + \delta[qV_i(w_{EE}) + (1-q)V_i(w_{SS})]. \end{aligned} \tag{7.15}$$

我们得到：

$$V_i(w_{EE}) = \frac{2(1-\delta(1-r))}{1-\delta(p-r)}, \ V_i(w_{SS}) = \frac{2\delta r}{1-\delta(p-r)},$$

同时不等式 (7.14) 意味着 $\delta \geqq \dfrac{1}{3p-2q-r}$，不等式 (7.15) 意味着 $\delta \leqq \dfrac{1}{p+2q-3r}$。若上面两个不等式同时满足，则还要求 $p-q \geqq q-r$。此外，上面两个不等式存在着某种相互制约，满足状态 w_{EE} 的激励相容，需要参与人有足够耐心 (高的时间贴现因子)；然而状

态 w_{SS} 的激励相容需要参与人耐心程度不能超过某个限度。此外，$p-q \geqq q-r$ 意味着信号 (产出) 在反映努力程度的精度方面要求比较高。

在宽容的惩罚模式下，与冷酷的惩罚模式不同，参与人不会最终进入相互惩罚状态，它在维持合作的价值上要超过冷酷模式，即

$$\frac{2(1-\delta(1-r))}{1-\delta(p-r)} > \frac{2(1-\delta)}{1-\delta p}.$$

这样，从这个例子中我们得到了与完美监督下重复博弈的不同结论：在冷酷策略的惩罚模式下，最终所有人都选择偷懒，而在相对宽松的惩罚模式下都选择努力工作。

通过上面的讨论，我们发现在以上两种惩罚模式下，完美公共均衡下最高可能的事前期望收益都小于双方合作的事前期望收益，在一期记忆的惩罚模式下即 $\dfrac{2(1-\delta(1-r))}{1-\delta(p-r)} < 2$，这就意味着在不完美公共监督下的重复博弈中，无名氏定理在许多情形下可能都不成立。

7.6.3　不完美监督下的重复博弈的潜在效率损失

下面我们通过一个例子来揭示不完美监督下的重复博弈中可能的无效率性。

例 7.6.2　下面接着讨论例 7.6.1中参与人之间的激励问题。这里关注**强对称纯策略均衡** (即在每个可能的历史，所有参与人都选择相同的行动)，讨论在对称情形下参与人的互动能够支持的最高可能 (贴现) 收益是多少 (或者说最有效的对称纯策略均衡的收益)。我们假设参与人之间可以使用公共关联工具，为了尽可能减少观察结果与执行策略之间的差异，考虑下面的自动机 (见图 7.6)。

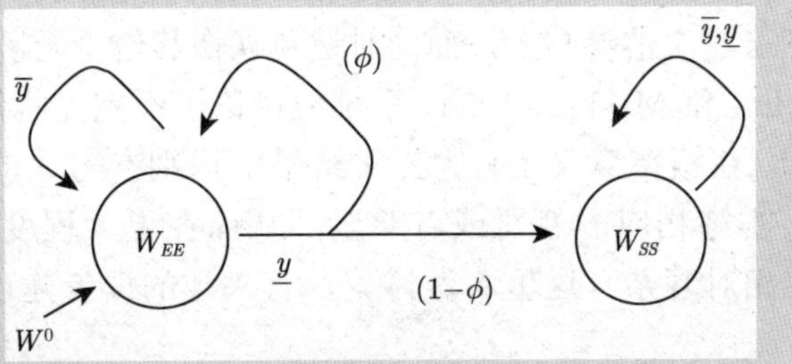

图 7.6　对称策略下的自动机表述

$\Omega=\{w_{EE}, w_{SS}\}$，$f(w_{EE})=EE$，$f(w_{SS})=SS$，状态转移函数 $\tau:\Omega\times Y\rightarrow\Omega$:

$$\tau_{w_{EE}}(w,y)=\begin{cases}1, & 若\ w=w_{EE}, y=\bar{y},\\ \phi, & 若\ w=w_{EE}, y=\underline{y},\\ 0, & 若\ w=w_{SS},\end{cases}$$

其中 $\tau_{w_{EE}}(w,y)$ 表示下期状态为 w_{EE} 的概率。在以上状态转移函数中，ϕ 旨在减少观察信号与之前输出函数之间可能的差异，但是 ϕ 过高会破坏参与人选择努力的激励。下面讨论在最大可能收益下自动机应该如何做出安排。当 $\phi=0$ 时，就是对应之前的冷酷策略。

下面重点考察参与人合作时的价值 $V(w_{EE})$。由

$$V(w_{EE}) = (1-\delta)2 + \delta[pV(w_{EE}) + (1-p)(\phi V(w_{EE}) + (1-\phi)V(w_{SS}))]$$
$$\geqq (1-\delta)3 + \delta[qV(w_{EE}) + (1-q)(\phi V(w_{EE}) + (1-\phi)V(w_{SS}))],$$
$$V(w_{SS}) = (1-\delta)0 + \delta V(w_{SS})$$
$$\geqq (1-\delta)(-1) + \delta V(w_{SS}),$$

得到：$V(w_{SS}) = 0$，$V(w_{EE}) = \dfrac{2(1-\delta)}{1-\delta(p+(1-p)\phi)}$，以及满足激励相容条件，并且 ϕ 越大，$V(w_{EE})$ 也越大。为了实现上面的自动机，需要满足：

$$\delta(1-\phi)(p-q)V(w_{EE}) \geqq 1-\delta.$$

满足上面不等式的最大可能的 ϕ 为 $\phi = \dfrac{\delta(3p-2q)-1}{\delta(3p-2q-1)}$。把上面的解代入 $V(w_{EE})$，得到最大可能收益：$V(w_{EE}) = 2 - \dfrac{1-p}{p-q} < 2$，此时最大可能的对称均衡收益与时间贴现因子 δ 无关，并且它严格小于完美监督下的最有效对称均衡收益，即 $(2,2)$。

第7章

在不完美监督下的重复博弈中之所以出现一些效率损失，其原因是，若要支持某些策略，需要在某些状态 (观测的公共结果) 下通过相互惩罚来实施，而这种惩罚降低了参与人的期望贴现收益。这一结论与我们将在机制设计部分系统讨论的委托-代理理论中的结论类似：配置效率与信息租金的提取之间存在着权衡取舍的折中。为避免由于惩罚导致对所有参与人的收益下降，需要有更准确的信号来推测人们的行为，使得状态 (观测的公共结果) 与人们的行为具有更直接的联系。用通俗的语言来说就是，需要足够的信息来精确地定点打击 (惩罚) 机会主义的参与人，而同时避免误伤其他“无辜”的参与人。

Fudenberg、Levine 和 Maskin (1994) 系统地讨论了不完美监督的重复博弈下无名氏定理成立的条件，即 (在概率意义上) 从公共结果中识别参与人的行动。对不同的公共结果，对不同参与人实施相应的惩罚或者奖励，从而在更大程度上支持某些互动模式。由于这个定理的证明相对复杂，这里不做讨论，有兴趣的读者建议直接阅读他们的原始文献。

7.6.4 完美公共均衡博弈中的私人策略

上面讨论的情形都是基于参与人的公共策略。这意味着任何纯策略都可以找到 (结果) 等价的公共策略。那么这是否意味着私人策略 (即参与人的策略选择不仅基于公共结果的历史，而且还基于个人行动的历史) 没有意义呢？答案是否定的。下面通过一个例子 (来自 Mailath 和 Samuelson，2006) 来讨论私人策略与公共策略的差异。这个例子表明，即使信号是公共的，但由于有些均衡依赖于参与人使用私人策略，完美公共均衡收益也有可能没有包括所有均衡收益。

例 7.6.3 考虑一个两阶段的重复博弈。基于重复博弈的收益分解，无限期重复博弈其实可以被化约为两阶段博弈，其中第二阶段的收益可以被看成是在公共结果基础上的延续贴现收益 (见表 7.10)。

表 7.10 (a) 第一阶段博弈收益；(b) 第二阶段博弈收益

(a)

		参与人 2	
		E	S
参与人 1	E	$2,2$	$-1,3$
	S	$3,-1$	$0,0$

(b)

		参与人 2	
		R	P
参与人 1	R	$\frac{8}{5},\frac{8}{5}$	$0,\frac{8}{5}$
	P	$\frac{8}{5},0$	$0,0$

可以把第二阶段的 R 理解为奖励行为，把 P 理解为惩罚行为。假设两个参与人的时间贴现因子 $\delta=\dfrac{25}{27}$，第一阶段的行为会影响公共结果的分布。公共结果的集合为 $\{\underline{y},\bar{y}\}$。行动与公共结果的关系为：

$$\pi_{\bar{y}}(a)=\begin{cases} p=\dfrac{9}{10}, & 若\ a=EE\ ; \\ q=\dfrac{4}{5}, & 若\ a=SE\ 或\ a=ES\ ; \\ r=\dfrac{1}{5}, & 若\ a=SS. \end{cases}$$

下面考虑参与人对不同策略类型的选择。

首先，考虑纯策略但没有公共关联工具的情形。由于在纯策略下考虑公共策略并不失一般性，我们重点考察公共的纯策略均衡。对称均衡收益为：在第一和第二阶段，两个参与人获得的阶段收益组合为 $(2,2)$ 和 $\left(\dfrac{8}{5},\dfrac{8}{5}\right)$。若两个参与人在第一阶段选择策略 (E,E)，且在第二阶段公共结果是 $\bar{y}$，则选择策略 (R,R)；否则选择 (P,P)。由于在第二阶段，在所有可能的公共结果下上面的策略选择都是阶段博弈的纳什均衡，只需要考虑第一阶段。给定对方的策略，参与人 i 若选择上面的策略的收益为：

$$2(1-\delta)+\delta p\frac{8}{5}=\frac{40}{27},$$

若改变策略，其收益为：

$$3(1-\delta)+\delta q\frac{8}{5}=\frac{38}{27}.$$

显然，上面的策略选择是一个均衡。

其次，考虑允许公共关联工具存在的纯策略。与前面讨论的例子相似，一个最好的对称均衡为：第一阶段选择策略 (E,E)；若第一阶段的公共结果是 $\bar{y}$，第二阶段选择策略 (R,R)；若第一阶段的公共结果是 $\underline{y}$，第二阶段以 ϕ 的概率选择策略 (R,R)，以 $1-\phi$ 的概率选择策略 (P,P)。同时在满足激励相容 (即激励参与人在第一阶段选择 E) 情形下，最大可能地提高 ϕ。第一阶段激励相容的条件是：

$$2(1-\delta)+\delta\frac{8}{5}[p+(1-p)\phi]\geqq 3(1-\delta)+\delta\frac{8}{5}[q+(1-q)\phi],$$

得到满足上面不等式的最高 $\phi=\frac{1}{2}$。因此，在公共关联工具存在的情形下最好的对称均衡收益为

$$2(1-\delta)+\delta\frac{8}{5}\left[p+(1-p)\frac{1}{2}\right]=\frac{42}{27}.$$

再次，考虑一个混合公共策略 (允许公共关联工具)。在这个例子中，相对于参与人 i 选择“努力”的情形，当参与人 i 选择“偷懒” (S) 时，公共行动结果更能反映参与人 j 的行动。这是因为，当参与人 i“偷懒”时，若参与人 j 也“偷懒”，则公共结果分布中有 $r=\dfrac{1}{5}$ 的概率是 $\bar{y}$，而若参与人 j“努力”，有 $q=\dfrac{4}{5}$ 的概率是 $\bar{y}$，两者相差 $q-r=\dfrac{3}{5}$；而当参与人 i“努力”时，若参与人 j“偷懒”，有 $q=\dfrac{4}{5}$ 的概率是 $\bar{y}$，若参与人 j“努力”，有 $p=\dfrac{9}{10}$ 的概率是 $\bar{y}$，两者只相差 $p-q=\dfrac{1}{10}$。此时在第一阶段选择一个混合策略，会更容易解决激励相容问题。

考虑一个对称的混合策略：在第一阶段参与人选择 E 的概率为 α；若第一阶段的公共结果是 $\bar{y}$，第二阶段选择策略 (R,R)；若第一阶段的公共结果是 $\underline{y}$，第二阶段以 ϕ 的概率选择策略 (R,R)，以 $1-\phi$ 的概率选择策略 (P,P)。上面的策略是均衡的条件为：

第7章

$$\alpha\{2(1-\delta)+\delta\frac{8}{5}[p+(1-p)\phi]\}+(1-\alpha)\{(-1)(1-\delta)+\delta\frac{8}{5}[q+(1-q)\phi]\}$$
$$\geqq\alpha\{3(1-\delta)+\delta\frac{8}{5}[q+(1-q)\phi]\}+(1-\alpha)\{(0)(1-\delta)+\delta\frac{8}{5}[r+(1-r)\phi]\},$$

从而得到最高的 $\phi(\alpha)=\dfrac{11-10\alpha}{12-10\alpha}>\dfrac{1}{2}$。当 $\alpha\in(0,1)$ 时，它将随着 α 的增加而减小。代入上式得到期望收益为 $\dfrac{224-152\alpha-30\alpha^2}{27(6-5\alpha)}$，从而有：$\alpha\approx0.969$，上面的期望收益最高，约等于 $1.556\,6>\dfrac{42}{27}$。

最后，考虑私人 (混合) 策略。由于当参与人 i 选择“偷懒” (S) 时，公共行动结果更能反映参与人 j 的行动，因此，一个自然的考虑是当参与人 i 选择“偷懒”时，若在结果 $\underline{y}$ (此时该结果更多地反映了参与人 j 选择了“偷懒”) 对参与人 j 实施惩罚，更有利于解决激励问题。而这种策略显然是利用了参与人 i 的私人策略。由于对称性，对于参与人 j 也可以进行类似的考虑。

考虑下面的对称私人策略。假设参与人 i 在第一阶段选择混合策略。当第一阶段观察到的结果为 $\bar{y}$ 时，第二阶段选择 R；当观察到的结果为 $\underline{y}$ 且只有他在第一阶段选择“偷懒”时，在第二阶段才会严格以正的概率选择 P，也就是说，当参与人 i 在第一阶段选择“努力”时，在第二阶段都会选择 R。

令 α 是参与人 i 在第一阶段选择 E 的概率，ξ 是参与人 i 在第一阶段选择“偷懒”并且观察到结果 $\underline{y}$ 在第二阶段选择 R 的概率。图 7.7用自动机描述了参与人的私人策略。

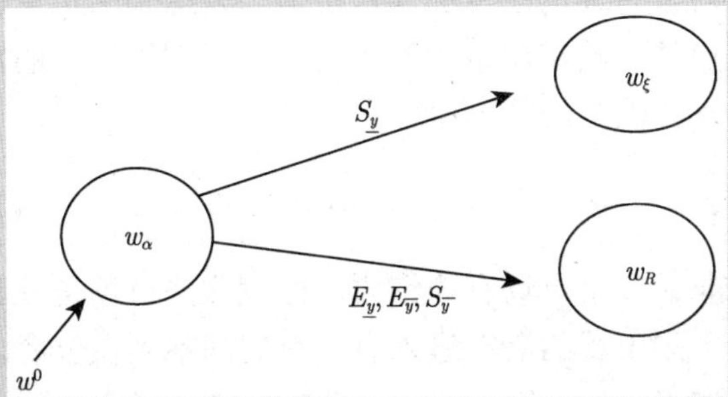

图 7.7　私人策略的自动机表述

参与人 i 在第一阶段选择混合策略 $(\alpha > 0)$ 的条件为：

$$\alpha\left\{2(1-\delta)+\delta\frac{8}{5}\right\}+(1-\alpha)\{(-1)(1-\delta)+\delta\frac{8}{5}[q+(1-q)\xi]\}$$

$$\geqq \alpha\left\{3(1-\delta)+\delta\frac{8}{5}\right\}+(1-\alpha)\{(0)(1-\delta)+\delta\frac{8}{5}[r+(1-r)\xi]\}.$$

把 $\delta=\frac{25}{27}, q=\frac{4}{5}, r=\frac{1}{5}$ 代入上面的不等式，得到满足上述不等式的 ξ：$\xi(\alpha)=\frac{11-12\alpha}{12-12\alpha}$，从而得到参与人的期望收益为 $\frac{2}{9}(\alpha+\frac{56}{9})$，而 $\xi(\alpha)\in[0,1)$，并且当 $\alpha=\frac{11}{12}, \xi=0$ 时，期望效用达到最大，约等于 1.586 4。

由于 $1.586\,4 > 1.155\,66 > \frac{42}{27} > \frac{40}{27}$，在上面四种对称均衡情形中，相对于公共关联工具下的混合策略，私人策略可以支持更高程度的合作模式；而有公共关联工具的纯策略，相对于没有公共关联工具的纯策略，可以支持更高程度的合作模式。

重复博弈还有其他一些类型，比如私人监督下的重复博弈，即参与人只能观察到自己的信号，不存在公共信号。在这种类型的重复博弈下建立前面的递推结构相对困难。不过，针对私人观察结果的重复博弈，Ely，Horner 和 Olszewski (2005) 提出了一个新的均衡概念——“无需信念的均衡”(belief-free equilibrium)，重新构建一个有更强约束的递归结构。Mailath 和 Samuelson (2006) 也系统地讨论了这种类型的重复博弈，这一专著被认为是关于重复博弈和 (下面要讨论的) 声誉机制问题的百科全书。

7.7　声誉机制

下面是与重复博弈相关的一个现实应用，即在一个多期的互动中参与人如何发展出某种特定行为模式的声誉机制。与之前的重复博弈不同，在声誉机制中，对于长期互动的参与人，存在私人信息，这些私人信息决定着参与人的行为模式。而在长期互动中，一些参与人会通过特定的行动影响对手对某一类型的信念判断。背后的直觉是若某个参与人在前面一直采取某个相同的行动，那么他的对手会预期他未来也会采取相似的行动。一个重要的问题是在什么条件下，参与人可以发展并保持他想要达到的声誉机制，比如企业想努力构建一种产品高质量的声誉，政策制定者希望构建一个政策可信的声誉等。在这部分，主要通过一个例子来讨论声誉机制的基本原理。

连锁店悖论

一个长期生存的企业在多个市场有连锁店，假设这些市场是独立的。在每期，有一系列短期参与人，它们是不同市场的潜在进入者。它们观察到在位者之前的所有行为。在每期潜在进入者决定是否进入市场，若不进入，此时在该市场中在位者就是垄断者，其收益为 $a > 0$。一旦潜在进入者进入，在位者决定是否采取斗争行为。如果斗争，在位者的收益为 -1；若不斗争，在位者的收益为 0。在位者的目标是最大化加总期望贴现收益之和，令 $\delta < 1$ 为贴现因子。

假设潜在进入者有两种类型：一类是强硬的，这类企业无论如何都会进入，这类企业的比例为 q；另一类是软弱的，若不进入其收益为 0，若进入后遇到在位者采取斗争行为，那么进入者的收益为 -1；若进入后在位者选择容纳，那么进入者的收益为 $b > 0$。进入者的类型是私人信息，同时不同潜在进入者的类型是独立的。假定这个博弈是有限期的重复博弈，重复的次数等于市场的数目。在每个阶段博弈都有唯一的均衡，即潜在进入者都会进入，同时在位者都会选择容纳。

Selten (1978) 注意到从理论上看，利用逆向递推，在这个有限期重复博弈下存在唯一的序贯均衡，即每个时期潜在进入者都进入，而在位者都会选择容纳。然而，这个均衡看起来反直觉，人们怀疑由于有多个市场，在位者会通过某些市场与进入者进行斗争，通过打击进入者来塑造强硬的形象，从而遏制更多的市场进入。泽尔腾把这个结果称为连锁店悖论。

市场进入是产业组织中一个非常重要的问题，因为它关系到市场的竞争态势和效率，因此，有不少经济学家都尝试解答连锁店悖论。Kreps 和 Wilson (1982b)，Milgrom 和 Roberts (1982)，Kreps, Wilson, Milgrom 和 Roberts (1982) 通过引入不完全信息来解决这一悖论。

假如在位者也有私人信息，长期在位者有 p^0 的概率是疯狂或强硬类型的，它总是会对进入者采取斗争行为；有 $1-p^0$ 的概率是理性的，它的收益是上面对在位者的描述。下面论证即使 p^0 很小，只要重复的期限足够长，在位者也总是会对进入表达强硬态度，或者说树立对进入的斗争有着疯狂态度的声誉。

先从最简单的一期互动开始论述声誉的形成机制。若只有一期，只要潜在进入者进入，那么理性的在位者就会选择容纳，而强硬的在位者会选择斗争；若 $(1-p^0)b - p^0 < 0$，或者 $p^0 > \bar{p} \equiv \dfrac{b}{b+1}$，软弱的潜在进入者不会选择进入，否则选择进入。

下面考虑两期互动的情形：有两个时期，有潜在进入的参与人 1 和 2 分别针对市场 1 和 2 做决策。参与人 1 先面临进入决策，之后参与人 2 在观察到市场 1 的结果后才选择进入决策。下面关注的重点是理性类型的在位者和软弱类型的潜在进入者的行为。

在时期 1，若在位者在面临市场 1 的进入者时选择容纳，那么在位者的类型就被揭示出来，即一定是理性类型，于是在时期 2，市场 2 的潜在进入者一定会选择进入。下面重点考察对理性在位者的考量。若在第 1 期面临进入，选择斗争或者说塑造强硬者的成本是 1，然而其收益在于可以借此塑造强硬者声誉以遏制市场 2 的软弱的潜在进入者，此时它的收益最多是 $\delta(1-q)a$，从而总期望收益为 $-1+\delta(1-q)a$。这样，当 $q > \bar{q} \equiv \frac{a\delta-1}{a\delta}$ 时，理性在位者一定不会选择斗争。

当 $q \leqq \bar{q}$ 时，若在市场 1 斗争能够使得软弱的潜在进入者 2 不选择进入，那么声誉的塑造就能产生价值。然而参与人 2 的决策依赖于其对在位者类型的信念判断。

考虑 $p^0 > \bar{p}$ 的情形。由于强硬类型的在位者总是选择斗争，理性类型的在位者对于斗争策略的选择概率不会高于强硬类型，从而在观察到在市场 1 的斗争后，市场 2 的潜在进入者对于强硬类型的概率判断不会低于 p^0，此时软弱类型的参与人 2 不会选择进入；这反过来意味着，理性类型的在位者会通过在市场 1 的斗争来建立强硬的声誉。这样，市场 1 的软弱类型的潜在进入者就不会选择进入市场。

考虑 $p^0 \leqq \bar{p}$ 的情形。首先可以验证混同均衡和分离均衡都不存在，即理性类型的在位者不会选择纯策略。考虑混合策略，理性类型的在位者在市场 1 面临进入后会确定性地选择斗争，若市场 1 发生了斗争，市场 2 的潜在进入者的后验信念与初始信念相同，此时软弱类型的进入者 2 也会选择进入，这样，理性类型的在位者就不会确定性地选择在市场 1 进行斗争。考虑分离均衡，理性类型的在位者在市场 1 会确定性地选择容纳，观察到市场 1 发生斗争，市场 2 的潜在进入者会认为所面临的在位者是强硬的，而不选择进入，这样理性类型的在位者有动机在市场 1 选择斗争。因此，唯一可能的均衡是准分离均衡 (semi-separating equilibrium)或被称为部分混同均衡 (partial-pooling equilibrium)，即一类型参与人使用纯策略，而另一类型则使用混合策略。假定理性类型的在位者在市场 1 的斗争选择混合策略。令 $\beta < 1$ 是理性在位者选择斗争的概率。由于理性在位者采取严格的混合策略，在面临进入者时，选择斗争和选择容纳带来相同的收益，而这意味着软弱的进入者也必然是选择混合策略。而这反过来使得，在观察到市场的斗争后，市场 2 的潜在进入者的后验信念满足

$$prob(\text{强硬}|\text{斗争}) = \frac{p^0}{p^0+(1-p^0)\beta} = \bar{p} = \frac{b}{b+1},$$

得到 $\beta = \frac{p^0}{(1-p^0)b}$。在市场 1，潜在进入者面临在位者采取斗争的概率为

$$p^0 + (1-p^0)\frac{p^0}{(1-p^0)b} = \frac{p^0(1+b)}{b},$$

当 $p^0 > \left(\frac{b}{b+1}\right)^2 = \bar{p}^2$ 时，市场 1 的软弱的潜在进入者就不会选择进入，理性在位者的事前期望收益大于零；然而当 $p^0 < \bar{p}^2$ 时，市场 1 的软弱的潜在进入者必然会进入。

下面继续讨论有 3 个市场的连锁店在位者。当 $p^0 > \bar{p}^2$ 时，理性在位者面临在市

第7章

场 1 的进入者会确定性地选择斗争，同时市场 1 的软弱的潜在进入者不会选择进入。当 $p^0 \in (\bar{p}^3, \bar{p}^2)$ 时，理性在位者面临在市场 1 的进入时会选择混合策略，同时市场 1 的软弱的潜在进入者不会选择进入；当 $p^0 < \bar{p}^3$ 时，市场 1 的软弱的潜在进入者一定会进入。

更一般地，假如有 N 个连锁店的在位者，若 $p^0 > \bar{p}^k, k < N$，那么市场 1 到市场 $N-k$ 的软弱潜在进入者一定不会进入，理性在位者在这些市场中一定会通过选择斗争来建立强硬的声誉，而理性在位者的声誉价值体现在前 $N-k$ 时期，每个时期的期望收益都为 $a(1-q^0)-q^0$。此外，我们发现，当 $N \to \infty$ 时，只要 $p^0 > \bar{p}^N \to 0$，理性在位者就有动机通过对市场 1 的进入者采取斗争行为来建立强硬的声誉。

这样，只要存在不完全信息，哪怕信息不完全的程度很小，都可以使得长期参与人通过某些特定行为来建立声誉。

在不同背景下，声誉机制有不同的运作和表现，这一领域的文献也非常广泛。Fudenberg 和 Tirole (1991) 以及 Mailath 和 Samuelson (2006) 对声誉机制都做了系统的介绍。另外，Mailath 和 Samuelson (2013) 也对声誉机制问题的一些最新研究成果做了系统的综述。

7.8 【人物小传】

7.8.1 约翰·希克斯

约翰·希克斯 (John Richard Hicks，1904—1989)，一般均衡理论的创始人之一，在微观经济学、宏观经济学、经济学方法论以及经济史学方面卓有成就，1972 年与肯尼思·约瑟夫·阿罗一道获诺贝尔经济学奖。

17 岁时，希克斯获取奖学金进入牛津大学克利夫顿学院和巴里奥学院学习数学。1923 年，他以优异的成绩通过了数学学位考试后，转入对“哲学、政治学和经济学”的学习，1925 年获硕士学位。1925—1926 年，他曾在科尔的指导下研究劳动经济学。1926—1935 年，希克斯到伦敦政治经济学院任助教，后来又任讲师，其间于 1932 年获取伦敦大学博士学位。同年，他出版了《工资理论》一书。在伦敦政治经济学院期间，希克斯大量吸取经济学方面的知识，逐渐成长为一名颇有理论建树的经济学家，并发表了一系列学术成果，其中包括他与罗伊·艾伦合写的文章《价值理论的重新审视》(1934)。后来他又写了《对于简化货币理论的建议》(1935)。1935 年夏天，希克斯离开伦敦政治经济学院来到剑桥大学冈维尔和凯厄斯学院任研究员和讲师，直到 1938 年。这一时期，他在剑桥大学的主要成果是写了《价值与资本》一书。此外，他还为凯恩斯的《通论》写了两篇颇具影响力的书评，其中《凯恩斯先生与古典学派》一文产生了深远的影响。

希克斯还是一般均衡理论的创建者之一。一般均衡理论原本具有规范分析的特性，但在其最著名的著作、1939 年出版的《价值与资本》一书中，希克斯抛弃这一传统而赋予这一理论一种强大的经济实证性。他就商品、生产要素、信任和货币的整体性提出了一个完整的均衡模型。该模型的编制中有多项创新，包括进一步完善了原有消费和生产理论，阐明了多市场的稳定性的条件，把静态分析方法的适用范围扩大而把多时期分析包括在内，采用了基于利润最大化的假设条件的资本理论。在微观经济学中有著名的希克斯需求，该概念刻画实现某个给定效用水平下最低的消费支出，与传统的需求函数是对偶问题的两个最优解。由于深深根植于消费者行为理论和企业家行为理论，与该领域以前的模型相比，希克斯的模型也就为研究外生变量变化的结果提供了大得多的可能性，而且希克斯也得以提出了很多与经济有关的定理。他的模型还成了沟通一般均衡理论与通行的经济周期理论的极重要的一个环节。

希克斯对福利经济学理论最著名的贡献在于：他对不同的经济状况进行比较时所使用标准的分析及对消费者剩余这个概念的修正。他提出了卡尔多-希克斯改进，为福利经济学提供了帕累托改进之外的又一个比较不同公共政策和经济状态的著名准则。他完善了以序数效用论和无差异曲线来解释的边际效用价值论，发展了一般均衡理论。他在瓦尔拉斯、帕累托等人关于经济均衡学说的基础上系统地研究和阐明了一般均衡理论。在他的理论体系中，一般均衡分为静态一般均衡和动态一般均衡，其贡献主要是在吸收前人的一般均衡理论的基础上，建立了动态一般均衡理论。他提出了 IS-LM 模型，并利用它分析产品市场和货币市场达到同时均衡时，国民收入与利息率的同时决定，以及它们之间的相互关系。这一模型把新古典经济学的一般均衡分析与凯恩斯的国民收入决定理论结合在一起，成为现代凯恩斯主义宏观经济学的理论核心。

他还提出了著名的乘数–加速数原理，用于解释经济周期。该理论认为，由于加速数的作用，产量和收入的增长会引起投资的加速度增加；又由于乘数的作用，投资的增长又会引起产量和收入量按某一倍数增长，从而使生产能力迅速扩张。当扩张达到周期上限时，就会转向经济收缩。收缩时，由于加速数的作用，投资的下降又会引起产量和收入量按照某一比例下降，其下降幅度受周期下限的限制，达到周期下限时，经济又开始回升。希克斯根据对过去一个半世纪的经济发展史的研究，认为在这一长时期内显现出一种有规则的 7~10 年的周期性波动。

7.8.2 托马斯·谢林

托马斯·C. 谢林 (Thomas C. Schelling，1921—2016)，美国著名学者，经济学家，外交事务、国家安全、核策略以及军备控制方面的研究专家，也是有限战争理论的奠基人之一。1921 年 4 月出生于美国加利福尼亚州，1948 年获哈佛大学经济学博士学位。1977 年他获得了弗兰克·塞德曼 (Frank E. Seidman) 政治经济学杰出贡献奖。2005 年与罗伯特·奥曼 (Robert Aumann) 共同获得诺贝尔经济学奖。

与传统上大量运用数学的博弈论不一样，谢林的主要研究领域被称为“非数理博弈”。谢林和奥曼进一步发展了非合作博弈理论，并开始涉及社会学领域中的一些重要问题。他们分别从两个不同的角度——奥曼从数学的角度、谢林从经济学的角度，认为从博弈论入手有可能重新塑造关于人类互动的分析范式。最重要的是，谢林指出，许多人们所熟知的社会交互作用可以从非合作博弈的角度来加以理解；奥曼也发现一些长期的社会交互作用可以利用正式的非合作博弈理论来进行深入分析。

谢林的博弈理论建立在对新古典经济理论分析方法突破的基础之上，与主流的博弈理论在研究方法和侧重点上都有很大的不同，从而完善、丰富和发展了现代博弈论。在其经典著作《冲突的战略》一书中，谢林首次定义并阐明了威慑、强制性威胁与承诺、策略移动等概念，开始把关于博弈论的洞察力作为一个统一的分析框架来研究社会科学问题，并对讨价还价和冲突管理理论做了非常细致的分析。讨价还价理论是谢林早期的主要贡献所在。尽管当时谢林并没有刻意强调建立正式模型问题，但他的很多观点后来随着博弈论的新发展而定型，而他所定义的概念也成为博弈论中最基本的概念。比如，完美均衡概念中的不可置信威胁就源自谢林的可行均衡概念。

他卓有成效的工作促进了博弈论的新发展并且加速了这一理论在社会科学领域的运用，特别是他关于策略承诺的研究对许多现象 (比如公司的竞争性策略、政治决策权的授权等) 给出了解释。1988 年美国经济学会将其评为“杰出资深会员”时，其评语为：“谢林关于社会关系的理论以及他对该理论多方面的应用源于他富有成效地将理论与实践相结合。他有着异于常人的天赋，这使得他能切实涉及有着相同或不同利益的参与人的社会和经济状况的本质，并能具体而生动地把这种本质描述出来。”诺贝尔评奖委员会对他的评价是：“谢林，这位自称‘周游不定的经济学家’，被证明是一位非常杰出、具有开创性的探险者。”

7.9 习题

习题 7.1 考虑三人对称无限期重复博弈：参与人的贴现因子均为 δ，阶段博弈为 $(1,2,3,A_i,u_i)$，其中 $A_i=[0,1]$，且对任意 $(a_1,a_2,a_3)\in A_1\times A_2\times A_3$，均有

$$u_i(a_1,a_2,a_3)=a_1a_2a_3+(1-a_1)(1-a_2)(1-a_3).$$

1. 找出阶段博弈的可行收益组合集。
2. 证明：对任一贴现因子 $\delta\in(0,1)$，在重复博弈的任一子博弈完美均衡中任一参与人的收益至少为 1/4。

习题 7.2 考虑如下博弈：

		买方 B	买方 D
卖方	H	1, 1	−1, 2
卖方	L	2, −1	0，0

其中，卖方可以选择努力 (H) 或不努力 (L)，买方可以选择购买 (B) 或不购买 (D)。

1. 写出可行收益和个体理性收益组合的集合。
2. 假设该博弈无限期重复进行，且双方的贴现因子均为 δ。试找出一个子博弈完美纳什均衡，使得对于 δ 的某个区间范围，该重复博弈的路径为 $(H,B)^\infty$。求 δ 的取值范围。

3. 现在假设，就阶段博弈而言，买方在做出购买决策前能够观察到卖方的努力程度。重新求解问题 2。

习题 7.3　参与人 1 和参与人 2 进行完全信息静态博弈，他们的策略空间均为 $\{A, B\}$。若两人均选择 A，则均得到 α；若两人均选择 B，则均得到 β；若两人分别选择 A 和 B，则选择 A 的参与人得到 γ，选择 B 的参与人得到 λ。

1. 写出上述博弈的标准式。
2. 若两人进行囚徒困境博弈，试给出参数区间。
3. 在问题 2 的参数区间下，现在假设两人进行无限期重复博弈，且贴现因子为 δ。试证明：若 $\delta \geqq \bar{\delta}$，则通过触发策略可以解决囚徒困境。解出 $\bar{\delta}$。

习题 7.4　考虑两人进行重复博弈两期，其博弈矩阵如下：

		参与人 2		
		d	e	f
参与人 1	a	3, 1	0, 0	5, 0
	b	2, 1	1, 2	3, 1
	c	1, 2	0, 1	4, 4

第二阶段开始前参与双方可以观察到第一阶段的结果，不考虑贴现。是否存在一个子博弈完美纳什均衡，在第一阶段达到 (4, 4) 的收益？若存在，给出相应的策略；若不存在，说明理由。

习题 7.5　考虑如下二人博弈：

		参与人 2		
		L	C	R
参与人 1	T	1, 1	−1, −8	6, −8
	M	−8, 1	−4, −4	1, −4
	B	−8, 6	−4, 1	3, 3

假设该博弈无限期重复进行，试求贴现因子 δ 的取值范围，使得如下策略组合成为一个子博弈完美纳什均衡。

状态1：首先选择 (B, R)，若无人偏离，继续选择 (B, R)，否则切换到状态2；

状态2：选择 (T, L)，若无人偏离，继续选择 (T, L)，否则切换到状态1。

习题 7.6　考虑如下无限期重复的囚徒困境博弈：

		参与人 2	
		坦白 (C)	抵赖 (D)
参与人 1	坦白 (C)	1, 1	−1, 2
	抵赖 (D)	2, −1	0, 0

令贴现因子为 δ。

1. 试证明：若 $\delta \geqq 0.5$，存在一个子博弈完美纳什均衡，使得两个参与人在每期均选择策略组合 (C, C)。写出该均衡下两个参与人的完整策略。
2. 试验证无名氏定理：若 δ 足够接近 1，任意可行且满足个体理性的收益组合都可以是子博弈完美纳什均衡收益组合。

习题 7.7 考虑如下无限期重复的囚徒困境博弈，令贴现因子为 δ。

		参与人 2	
		坦白 (C)	抵赖 (D)
参与人 1	坦白 (C)	3，2	−1，4
	抵赖 (D)	6，−1	0, 0

1. 试求对参与人而言可能实现的最低子博弈完美纳什均衡收益，并证明不可能实现更低的均衡收益。
2. 试求在子博弈完美纳什均衡中实现双方合作的最小的贴现因子值δ^*。
3. 若贴现因子小于 δ^*，是否存在子博弈完美纳什均衡使得均衡收益组合大于 $(0,0)$？

习题 7.8 考虑如下无限期重复的囚徒困境博弈：

		参与人 2	
		坦白 (C)	抵赖 (D)
参与人 1	坦白 (C)	1，2	−1，3
	抵赖 (D)	2，−4	0,0

令贴现因子为 δ。

1. 证明：当 $\delta < 0.5$ 时，在纯策略子博弈完美纳什均衡中，行参与人的最大收益为 0；但当 $\delta = 0.5$ 时，存在纯策略子博弈完美纳什均衡，使得行参与人的收益为 1。
2. 假设现在行参与人是与 N 个人分别进行上述博弈，且他在每一期的收益为所有 N 个博弈的收益之和，那么问题 1 中的结果是否会改变？为什么？

习题 7.9 考虑如下无限期重复的囚徒困境博弈，其中 $2a > b + c$，贴现因子为 δ：

		参与人 2	
		坦白 (C)	抵赖 (D)
参与人 1	坦白 (C)	a, a	b, c
	抵赖 (D)	c, b	0, 0

1. 若冷酷策略组合是子博弈完美纳什均衡，那么贴现率的取值范围是什么？
2. 试证明：若 $\delta = 1$，则针锋相对策略组合不是子博弈完美纳什均衡。

习题 7.10 在 n 个厂商的古诺寡头模型中，反需求函数为 $p = 1 - 2q$，所有厂商的边际成本和固定成本均为零。考虑基于该阶段博弈的无限期重复博弈。

1. 求最小的 δ，使得在子博弈完美纳什均衡下，厂商能够通过触发策略维持垄断产出水平。
2. 若 δ 太小以致厂商无法通过触发策略维持垄断产出水平，求能够通过触发策略维持的利润最大化的相应的子博弈完美纳什均衡。

习题 7.11　考虑企业和工会组织间的博弈。工会决定工资水平，企业决定就业人数。工会的效用函数为 $u(w,l)$，其中 w 为工资，l 为就业人数，设 $u(w,l)$ 为 w 和 l 的增函数。企业的利润函数为 $\pi(w,l)=R(l)-wl$，其中 $R(l)$ 为企业的收益，设其为增函数和凹函数。博弈的时序为：工会首先给出工资水平；企业观测到并接受工资水平，随后选择雇用人数。分别用 u^* 和 π^* 表示一次性博弈逆向递推解中的工会效用和企业利润。考虑另外一个工资–就业组合 (w,l) 及相应的效用–利润组合 (u,π)，设双方的贴现因子均为 δ。试推导 (w,l) 应满足的条件，使得：(u,π) 帕累托优于 (u^*,π^*)；并且 (u,π) 为无限期重复博弈的一个子博弈完美纳什均衡的结果，其中只要发生任何偏离就永久性转向 (u^*,π^*)。

习题 7.12 (Shapiro 和 Stiglitz，1984)　考虑如下阶段博弈：第一阶段，企业对工人开出工资水平 w；第二阶段，工人选择接受或拒绝该工资。如拒绝，则工人选择自我雇用工资水平为 w_0；若接受，则工人选择努力工作或偷懒，其中努力工作会带来 f 的负效用，偷懒则没有任何负效用。企业无法观测工人的努力程度，但企业和工人都可以观察到工人的产出水平，其中低产出为 0，高产出为 $y>0$。工人努力工作必然能获得高产出，偷懒则以 p 的概率获得高产出，以 $1-p$ 的概率获得低产出。假定 $y-f>w_0>py$。考虑无限期重复博弈中的如下策略组合：企业的策略为第一阶段开出工资水平 w^*，且若在其后的每一阶段，博弈的结果都是 (w^*,y)，则继续开出工资水平 w^*，否则开出工资水平 $w=0$；工人的策略为：若 $w\geqq 0$，则接受企业的工资 (否则选择自我雇用)，且若每一阶段的博弈结果都是 (w^*,y)，则努力工作 (否则偷懒)。试导出上述策略组合为子博弈完美纳什均衡的条件。

习题 7.13　考虑两个参与人进行无限期重复博弈，他们的贴现因子均为 δ，阶段博弈如下所示：

		参与人 2	
		坦白 (C)	抵赖 (D)
参与人 1	坦白 (C)	$2,3$	$1,6$
	抵赖 (D)	$0,1$	$0,1$

试证明：若 δ 满足一定的取值范围，则 $(C,C),(C,C),\cdots$ 必将不是子博弈完美均衡结果的路径，并求此时 δ 的取值范围。

习题 7.14　证明：在一个重复博弈中，若每个参与人都存在一个子博弈完美均衡，使得参与人的收益是他的最小最大值，则任何纳什均衡收益组合也都是子博弈完美均衡收益组合。

习题 7.15 证明：若 $(w^k)_{k=1}^{\infty}$ 是一个用 δ 贴现的无限期重复博弈的子博弈完美均衡收益组合的序列，且收敛到 w^*，则 w^* 是这个重复博弈的一个子博弈完美均衡收益组合。

习题 7.16 在对称的有限期重复博弈中，假设存在一个对称的相互最小最大纯策略组合 m^*，即存在纯策略组合 m^* 使得 $\max_{a_i} g(a_i, m_{-i}^*) \leqq \underline{v}$。试证明：若公共随机化是可能的，则对充分大的贴现因子，最差的强对称均衡收益 e 能通过如下策略获得：在状态 A，参与人选择 m^*。若参与人在状态 A 下不偏离，博弈以均衡策略指定的概率转向状态 B；若参与人有任何偏离，博弈以概率 1 保持状态 A。在状态 B，博弈按照得到最高均衡收益的策略进行。

习题 7.17 考虑一个长期参与人 1 和其他参与人在无限序列间进行的重复博弈，序列中的每个参与人仅存在一期且被告知参与人 1 在以往各期中所采取的行动。参与人 1 通过时间–平均 (time-average) 极限评价收益序列，其他参与人仅考虑他存在的那一期的收益。

1. 若每期两个参与人进行的是如下囚徒困境博弈，请找出该博弈的子博弈完美均衡组合。

		参与人 2	
		坦白 (C)	抵赖 (D)
参与人 1	坦白 (C)	3, 3	0, 4
	抵赖 (D)	4, 0	1, 1

2. 若将每期其他参与人在 (C, D) 下的收益改为 0，试证明：对每个 $x \in [1, 3]$，均存在一个子博弈完美均衡，其中参与人 1 的收益是 x。

习题 7.18 考虑如下博弈：

		参与人 2		
		a	b	c
参与人 1	a	4, 4	0, 5	0, 0
	b	5, 0	2, 2	0, 0
	c	0, 0	0, 0	3, 3

1. 假设该博弈进行两期，贴现因子为 δ。试找出一个子博弈完美纳什均衡，使得对于 δ 的某个区间范围，第一阶段能够实现 (a, a) 的收益组合。求 δ 的取值范围。
2. 假设该博弈重复 $T > 2$ 期，贴现因子为 δ。试找出一个子博弈完美纳什均衡，使得对于 δ 的某个区间范围，前 $T-1$ 阶段均能实现 (a, a) 的收益组合。求 δ 的取值范围和每个参与人的均衡收益。
3. 假设该博弈重复无数期，贴现因子为 δ。是否存在一个子博弈完美纳什均衡，使得对于 δ 的某个区间范围，每 $T-1$ 阶段均能实现 (a, a) 的收益组合？若存在，求出 δ 的取值范围和每个参与人的均衡收益；若不存在，给出证明。

习题 7.19　劳动者每年会面临淡季和旺季，淡季时可获得工资收入 w_*，旺季时可获得工资收入 w^*，且有 $w^* > w_*$。劳动者不能进行储蓄，其效用函数 u 是一个被定义在每一期消费上的严格凹函数，不同期之间的贴现因子均为 δ。每一季为一期。

1. 假设工资不能被用于储蓄和借贷，写出劳动者的终生效用表达式。
2. 现假设有一个雇主提供一份合同 (x_*, x^*) 给劳动者，其中 x_* 和 x^* 分别为劳动者在淡季和旺季的工资水平。设雇主的效用为线性函数，且雇主承诺履行合同，但劳动者可以选择违约。一旦劳动者违约，雇主可以选择继续提供合同，也可选择不提供合同从而劳动者的工资仍由 w_* 和 w^* 决定。
    1. 将劳动者和雇主之间的关系用重复博弈模型表述出来。每一期的收益函数是连续的吗？为什么？
    2. 假设雇主在淡季提供合同，为使劳动者接受并履行该合同需要满足的两个约束条件是什么？
    3. 试证明：一个双方都可以获利的激励相容合同存在的充要条件是 $\delta^2 u'(w_*) > u'(w^*)$。

习题 7.20　考虑如下阶段博弈：

参与人 2

参与人 1	C	D
C	5, 5	3, 6
D	6, 3	4, 4

该阶段博弈无限期重复进行，同时每个阶段两个参与人都完全了解以前阶段的博弈历史。双方的贴现因子均为 $0 < \delta < 1$，回答下列问题：

1. 考虑如下触发策略：双方在第 0 阶段博弈中都选择 C。在之后任何一个阶段博弈中，若之前的每个阶段博弈结果都是 (C, C)，那么双方都继续选择 C；否则，都选择 D。求使该触发策略的组合为子博弈完美纳什均衡的 δ 范围。
2. 考虑另一触发策略：在第 0 阶段博弈中，参与人 1 选择 C，参与人 2 选择 D。在之后任何一个阶段博弈中，若博弈历史结果有如下序列，

$$(C, D), (D, C), (C, D), (D, C), (C, D), (D, C), \cdots,$$

那么就继续沿着该序列前行 (即参与人 1 在偶数期选 C，在奇数期选 D；参与人 2 在奇数期选 C，在偶数期选 D)；否则，都选择 D。求使该触发策略的组合为子博弈完美纳什均衡的 δ 范围。
3. 根据子博弈无名氏定理，给出只要 δ 充分接近 1，该无限期重复博弈通过合理选择触发策略就可以实现的收益组合范围，画图展示。

习题 7.21 考虑如下双人博弈:

参与人 2

参与人 1		L	R
	T	2, 3	1, 5
	B	0, 1	0, 1

1. 求可行收益组合集和个体理性收益组合集，并用图表示。
2. 令该博弈无限期重复进行。根据纳什威胁无名氏定理，哪些收益组合可以在子博弈完美均衡下实现？具体的某一个能否实现跟 δ 有关吗？
3. 令该博弈无限期重复进行。根据纳什无名氏定理，哪些收益组合可以在纳什均衡下实现？根据子博弈完美无名氏定理，哪些收益组合也可以在子博弈完美均衡下实现？

习题 7.22 考虑如下双人博弈:

参与人 2

参与人 1		L	R
	T	2, 1	0, 0
	B	0, 0	1, 2

1. 令该博弈无限期重复进行。根据纳什威胁完美无名氏定理，哪些收益组合可以在子博弈完美均衡下实现？
2. 给出可以实现收益 $\left(\frac{3}{2},\frac{3}{2}\right)$ 的子博弈完美纳什均衡，同时给出对 δ 的要求。
3. 令该博弈无限期重复进行。根据纳什无名氏定理，哪些收益组合可以在纳什均衡下实现？根据子博弈完美无名氏定理，哪些收益组合也可以在子博弈完美均衡下实现？

习题 7.23 考虑如下双人博弈:

参与人 2

参与人 1		C	D
	C	3, 3	k, 1
	D	1, k	2, 2

假设阶段博弈继续进行的新一轮的概率为 p，并且这一概率独立于阶段博弈的重复次数。

1. 若 $k=4$，在什么条件下针锋相对策略组合构成一个纳什均衡？

2. 考虑针锋相对策略的定义：首轮合作。此后，采用对方上一轮的做法 (背叛或者合作)。证明只要 k 足够大，用下面定义的交替策略比用针锋相对策略更好。这时，交替策略构成纳什均衡吗？若否，那么什么策略组合是纳什均衡？
   交替策略的定义：首轮合作。此后，
   若上一次是相互合作，那么你本次背叛；
   若上一次你背叛了但是对方选择了合作，那么你本次合作；
   若上一次你合作了但是对方选择了背叛，那么你本次背叛；
   若上一次是双方背叛，那么你本次合作。

习题 7.24　考虑如下双人博弈：

参与人 2

参与人 1	C	D
C	3, 3	1, 4
D	4, 1	2, 2

1. 假设两个参与人事先知道该阶段博弈只会进行 3 轮，那么该重复博弈的子博弈完美纳什均衡是什么？
2. 令该博弈无限期重复进行。根据纳什威胁无名氏定理，哪些收益组合可以在子博弈完美纳什均衡下实现？
3. 令该博弈无限期重复进行。根据子博弈完美无名氏定理，哪些收益组合可以在子博弈完美纳什均衡下实现？

习题 7.25　考虑如下双人博弈：

参与人 2

参与人 1	C	D
C	3, 3	1, 4
D	4, 1	2, 2

使用策略的自动机表述来描述下列双方策略，并利用命题 7.3.1 来验证其是否为子博弈完美纳什均衡。

1. 触发策略：双方首先选择合作 (C)。在 t 期，若之前参与人都是选择努力工作 (C)，那么选择努力工作；若之前有参与人选择过不合作 (D)，那么从此选择不合作。
2. 针锋相对策略：首轮双方选择合作 (C)。在 t 期，采用对方上一轮的做法 (背叛或者合作)。
3. 交替策略 (定义见习题 7.23)。

习题 7.26 (产品选择博弈) 参与人 1 是生产商，参与人 2 是消费者。生产商可以选择高努力 (H) 和低努力 (L)。消费者可以选择两种产品，高档产品 (h) 和低档产品 (l)。博弈的收益矩阵如下所示：

		参与人 2	
		h	l
参与人 1	H	2, 3	0, 3
	L	4, 0	1, 1

1. 若该博弈进行有限期，该博弈的子博弈完美纳什均衡是什么？
2. 若该博弈进行 3 期，除了问题 1 中的子博弈完美纳什均衡外还有别的纳什均衡吗？。若有，给出一个。
3. 令该博弈无限期重复进行。根据纳什威胁无名氏定理，哪些收益组合可以在子博弈完美均衡下实现？
4. 令该博弈无限期重复进行。根据子博弈完美无名氏定理，哪些收益组合可以在子博弈完美均衡下实现？
5. 令该博弈无限期重复进行。根据纳什无名氏定理，哪些收益组合可以在纳什均衡下实现？

习题 7.27 (产品选择博弈) 有两种类型的厂商，具有概率 p 的厂商是努力类型，该类型只有 H 的策略。另外一类为普通类型的厂商，其概率为 $1-p$。进行多期博弈时的贴现因子为 δ。两者的收益矩阵如下所示：

普通类型：

		参与人 2	
		h	l
参与人 1	H	2, 3	0, 2
	L	3, 0	1, 1

努力类型：

		参与人 2	
		h	l
参与人 1	H	2, 3	0, 2

1. 对于普通类型的厂商，若类型事先是共同知识，那么他在有限期博弈中的子博弈完美纳什均衡策略是什么？
2. 厂商类型是私人信息，并假设博弈进行 2 期。在什么条件下，普通类型的厂商可以通过利用努力类型厂商的存在获益？具体博弈的策略是怎样的？(提示：普通类型可以通过在第一期采用 H 的策略而保持自己类型的保密性。)

3. 厂商类型是私人信息，并假设博弈进行 n 期 ($n \geqq 3$)，这时均衡策略是什么？
4. 若博弈无限期重复进行，情况会是怎样？

习题 7.28 (声誉机制) 考虑本章正文中给出的连锁店模型，现在假设在位者有 3 个市场的连锁店，回答如下问题：

1. 对于市场 2，假设在市场 1 理性在位者没有显示出自己的类型 (在遇到进入时都进行了斗争)，讨论对 q 和 p_0 的不同区间，理性在位者的策略。(提示：与有 2 个市场连锁店的情形相同。)
2. 对于市场 2，假设在市场 1 理性在位者已经显示出自己的类型 (在遇到进入时选择了不斗争)，那么显然接下来的策略就是对任何的进入都不斗争，而无论强硬的还是软弱的潜在进入者都会选择进入。根据这一点以及问题 1 中的结论，结合逆向递推法讨论市场 1 中，q 和 p_0 处于不同区间时，理性在位者的策略。给出推理过程。
3. 给出本问题的均衡策略 (即：给出理性在位者在各个市场的策略和软弱的潜在进入者在各个市场的策略)。

习题 7.29 (声誉机制) 考虑本章正文中给出的连锁店模型的一般情形。假设在位者有 N 个市场的连锁店，而各个市场的潜在进入者是强硬的概率分别为 $q_1, q_2, \cdots, q_N$，在位者若不斗争，那么进入的获益分别是 $b_1, b_2, \cdots, b_N$，在位者是理性的概率为 $1 - p_0$。

1. 首先假设对任意 $i \in 1,2,\cdots, N$，$q_i = q$ 和 $b_i = b$。采用逆向递推法求市场的均衡策略。
2. 是否对无论多么小的 p_0，只要 N 充分大，理性在位者就总会在它的头几个市场连锁店选择斗争以树立其强硬的形象？对于各 q_i 和 b_i 不完全相等的情况，是否也有这个结论呢？

7.10 参考文献

教材和专著：

Aumann, R. (1981). "Survey of Repeated Games", in *Essays in Game Theory and Mathematical Economics in Honor of Oskar Morgenstern*, pp. 11-42, Zurich: Bibliographisches Inst.

Chan, J. (2012). *Lecture Notes*, SHUFE.

Fudenberg, D. and J. Tirole (1991). *Game Theory*, MIT Press.

Gibbons, R. (1992). *Game Theory for Applicd Economists*, Princeton University Press.

Hargreaves-Heap, S. P. and Y. Varoufakis (2004). *Game Theory: A Critical Introduction (2nd Edition)*, Routledge.

Kreps, D. (1990a). *A Course in Microeconomic Theory*, Princeton University Press.

Kreps, D. (1990b). *Game Theory and Economic Modeling*, Clarendon Press.

Mas-Colell, A., M. D. Whinston, and J. Green (1995). *Microeconomic Theory*, Oxford University Press.

Mailath, J. M. and L. Samuelson (2006). *Repeated Games and Reputations*, Oxford University Press.

Mailath, J. M. and L. Samuelson (2013). "Reputations in Repeated Games", in *The Handbook of Game Theory*, Vol. 4.

Myerson, R. (1991). *Game Theory*, Harvard University Press.

Osborne, M. J. (2004). *An Introduction to Game Theory*, Oxford University Press.

Osborne, M. J. and A. Rubinstein (1994). *A Course in Game Theory*, MIT Press.

Ray, D. (2006). *Lecture Notes*, New York University.

Rubinstein, A. (1990). *Game Theory in Economics*, Edward Elgar Publishing Company.

Samuelson, L. (2008). *Lecture Notes*, Yale University.

Vega-Redondo, F. (2003). *Economics and Theory of Games*, University of Cambridge.

Yildiz, M. (2012). *Economic Applications of Game Theory*, Lecture Notes.

论文：

Abreu, D., P. K. Dutta, and L. Smith (1994). "The Folk Theorem for Repeated Games: A NEU Condition", *Econometrica*, Vol. 62, No. 4, 939-948.

Abreu, D., D. Pearce, and E. Stacchetti (1986). "Optimal Cartel Equilibria with Imperfect Monitoring", *Journal of Economic Theory*, Vol. 39, No. 1, 251-569.

Abreu, D., D. Pearce, and E. Stacchetti (1990). "Toward a Theory of Discounted Repeated Games with Imperfect Monitoring", *Econometrica*, Vol. 58, No. 5, 1041-1063.

Abreu, D. and A. Rubinstein (1988). "The Structure of Nash Equilibrium in Repeated Games with Finite Automata", *Econometrica*, Vol. 55, No. 6, 1259-1281.

Baye, M. R., G. Tian, and J. Zhou (1993). "Characterizations of the Existence of Equilibria in Games with Discontinuous and Non-Quasiconcave Payoffs", *The Review of Economic Studies*, Vol. 60, No. 4, 935-948.

Blackwell, D. (1965), "Discounted Dynamic Programming", *Annals of Mathematical Statistics*, Vol. 36, No. 1, 226-235.

Cremer, J. (1986). "Cooperation in Ongoing Organizations", *Quarterly Journal of Economics*, Vol. 101, No. 1, 33-49.

Ely, J. C., J. Horner, and W. Olszewski (2005). "Belief-Free Equilibria in Repeated Games", *Econometrica*, Vol. 73, No. 2, 377-416.

Friedman, J. (1971). "A Non-cooperative Equilibrium for Supergames", *Review of Economic Studies*, Vol. 38, No. 1, 1-12.

Fudenberg, D., D. Kreps, and E. Maskin (1990). "Repeated Games with Long-run and Short-run Players", *Review of Economic Studies*, Vol. 57, No. 4, 555-574.

Fudenberg, D. and D. Levine (1994). "Efficiency and Observability with Long-run and Short-run Players", *Journal of Economic Theory*, Vol. 62, No. 1, 103-135.

Fudenberg, D., D. Levine, and E. Maskin (1994). "The Folk Theorem with Imperfect Public Information", *Econometrica*, Vol. 62, No. 5, 997-1039.

Fuderberg, D. and E. Maskin (1986). "The Folk Theorem in Repeated Games with Discounting or with Imperfect Information", *Econometrica*, Vol. 54, No. 3, 533-554.

Green, E. J. and R. H. Porter (1984). "Noncooperative Collusion under Imperfect Price Formation", *Econometrica*, Vol. 52, No. 1, 87-100.

Kandori, M. (1992). "Social Norms and Community Enforcement", *Review of Economic Studies*, Vol. 59, No. 1, 63-80.

Kandori, M. (1992). "Repeated Games Played by Overlapping Generations of Players", *Review of Economic Studies*, Vol. 59, No. 1, 81-92.

Kreps, D. and R. Wilson (1982a). "Sequential Equilibrium", *Econometrica*, Vol. 50, No. 4, 863-894.

Kreps, D. and R. Wilson (1982b). "Reputation and Imperfect Information", *Journal of Economic Theory*, Vol. 27, No. 2, 253-279.

Kreps, D., P. Milgrom, J. Roberts, and R. Wilson (1982). "Rational Cooperation in the Finitely Repeated Prisoners' Dilemma", *Journal of Economic Theory*, Vol. 27, No. 2, 245-252.

Milgrom, P. and J. Roberts (1982). "Predation, Reputation and Entry Deterrence", *Journal of Economic Theory*, Vol. 27, No. 2, 280-312.

Rubinstein, A. (1986). "Finite Automata Play the Repeated Prisoner's Dilemma", *Journal of Economic Theory*, Vol. 39, No. 1, 83-96.

Samuelson, L. (2006). "The Economics of Relationship". In Blundell, R., W. K. Newey, and T. Persson, *Advances in Economics and Econometrics: Theory and Applications, Ninth World Congress* (Cambridge University Press).

Selten, R. (1978). "The Chain-store Paradox", *Theory and Decision*, Vol. 9, No. 2, 127-159.

Shapiro, C. and J. Stiglize (1984). "Equilibrium Unemployment as a Work Discipline Device", *American Economic Review*, Vol. 74, No. 3, 433-444.

第 8 章 合作博弈

8.1 导言

本章介绍合作博弈，又称联盟博弈。所谓联盟，是由参与人非空子集所组成的一个联合体。前面讨论的非合作博弈，其基本要素是每个参与人的行动和参与人对可能结果的偏好。而在合作博弈中，其基本要素是参与人群体形成的联盟，以及其所采取的联盟行动。尽管行动是由联盟来选择的，但同样是基于个体偏好。并且，合作博弈的均衡解需要满足稳定性，即稳定的联盟和结果。与非合作博弈相比，合作博弈更关注群体而不是个体的选择，同时忽略群体内部互动的细节。两类不同互动反映了不同类型的策略考虑，博弈论前沿研究越来越多地考察这两者之间的联系，比如对一些合作博弈的解寻求非合作博弈的实施机制。本章的讨论在很多地方都参考了 Myerson (1991) 这一专著。

8.2 核

核 (core)是关于联盟博弈的一个基本解的概念，意味着不存在参与人集合的任何子集所组成的联盟能给其联盟中的参与人带来更好的结果，从而这样的配置结果是稳定的。按照联盟成员间的收益是否可以进行转移，联盟博弈又可以分为**可转移收益联盟博弈**和**不可转移收益联盟博弈**。这里，**可转移收益**(transferable payoff) 意味着对总收益在联盟成员间如何进行分配没有限制。我们的讨论侧重于可转移收益情形。

8.2.1 可转移收益联盟博弈

可转移收益联盟博弈 (coalitional game with transferable payoff) 关注参与人群体获得的收益，而这个收益在成员间不受限制地进行分配。

定义 8.2.1 (可转移收益联盟博弈) 一个**可转移收益联盟博弈**或简称为**联盟博弈**由下面两个要素构成：参与人集合 N，以及对每个联盟 (即 N 的一个非空子集 $S \subseteq N$) 赋予某个值 $v(S)$。$v(S)$(被称为**特征函数**) 可以被看成 S 联盟获得的总收益，用于分配给其成员。

可转移收益联盟博弈记为 $\langle N, v\rangle$。一个联盟能获得的收益通常依赖于其他参与人的行动，从而 $v(S)$ 可以解释为联盟 S 独立于其他联盟 $N \setminus S$ 所获得的最高收益。我们可用非合作博弈的策略形式 $\Gamma=(N,(C_i)_{i\in N},(u_i)_{i\in N})$ 来讨论联盟博弈中一个联盟的收益，其中 C_i 是参与人 i 的选择空间，u_i 是参与人 i 的效用函数，von Neumann 和 Morgenstern (1944) 用联盟的最小最大收益来定义特征函数：

$$v(S)=\min_{\sigma_{N\setminus S}\in\Delta(C_{N\setminus S})}\ \max_{\sigma_S\in\Delta(C_S)}\sum_{i\in S}u_i(\sigma_S,\boldsymbol{\sigma}_{N\setminus S}).$$

通常假定 $v(\varnothing)=0$，其中 $\varnothing$ 是空集。在上面的定义中，联盟收益是基于对联盟外的参与人行动的悲观判断，即联盟外的参与人会选择对联盟成员最不利的行动。还有其他一些方式来定义联盟的收益，对于联盟外参与人的行动的不同判断标准会对应着不同的定义。

比如，Myerson (1991) 提出了用防御性的均衡收益来定义联盟博弈中群体的收益，此时整个群体分为联盟和联盟外，它们各自的价值相当于纳什均衡的收益，正式的定义如下：

$$\begin{aligned}\bar{\sigma}_S&=\text{argmax}_{\sigma_S\in\Delta(C_S)}\sum_{i\in S}u_i(\sigma_S,\bar{\boldsymbol{\sigma}}_{C_{N\setminus S}});\\ \bar{\boldsymbol{\sigma}}_{N\setminus S}&=\text{argmax}_{\sigma_{N\setminus S}\in\Delta(C_{N\setminus S})}\sum_{j\in N\setminus S}u_j(\bar{\sigma}_S,\boldsymbol{\sigma}_{N\setminus S});\\ v(S)&=\sum_{i\in S}u_i(\bar{\sigma}_S,\bar{\boldsymbol{\sigma}}_{N\setminus S});\\ v(N\setminus S)&=\sum_{j\in N\setminus S}u_j(\bar{\sigma}_S,\bar{\boldsymbol{\sigma}}_{N\setminus S}).\end{aligned}$$

此外，Harsanyi (1963) 提出用理性威胁的方式来定义特征函数，此时对联盟群体的收益类似 Myerson (1991) 的团队之间的均衡思想，不过每个群体的目标是自身的收益与对方收益差距达到最大，正式的定义如下：

$$\begin{aligned}\bar{\sigma}_S&=\text{argmax}_{\sigma_S\in\Delta(C_S)}\left(\sum_{i\in S}u_i(\sigma_S,\bar{\boldsymbol{\sigma}}_{N\setminus S})-\sum_{j\in N\setminus S}u_j(\sigma_S,\bar{\boldsymbol{\sigma}}_{N\setminus S})\right);\\ \bar{\boldsymbol{\sigma}}_{N\setminus S}&=\text{argmax}_{\boldsymbol{\sigma}_{N\setminus S}\in\Delta(C_{N\setminus S})}\left(\sum_{j\in N\setminus S}u_j(\bar{\sigma}_S,\boldsymbol{\sigma}_{N\setminus S})-\sum_{i\in S}u_i(\bar{\sigma}_S,\boldsymbol{\sigma}_{N\setminus S})\right);\\ v(S)&=\sum_{i\in S}u_i(\bar{\sigma}_S,\bar{\boldsymbol{\sigma}}_{N\setminus S});\\ v(N\setminus S)&=\sum_{j\in N\setminus S}u_j(\bar{\sigma}_S,\bar{\boldsymbol{\sigma}}_{N\setminus S}).\end{aligned}$$

下面我们通过一个例子来讨论不同意义下的特征函数。

例 8.2.1 (特征函数) 考虑由三人组成的一个可转移收益联盟博弈。假定每个参与人都有两个行动，$C_i=\{a_i,b_i\}$，$i\in\{1,2,3\}$，分别表示“慷慨”和“自私”。他们行动的收益矩阵见图 8.1。

C_1	$C_2 \times C_3$			
	a_2, a_3	b_2, a_3	a_2, b_3	b_2, b_3
a_1	(4,4,4)	(2,5,2)	(2,2,5)	(0,3,3)
b_1	(5,2,2)	(3,3,0)	(3,0,3)	(1,1,1)

图 8.1 特征函数

在 von Neumann 和 Morgenstern (1944) 最小最大表述下，特征函数为:

$$v(\{1,2,3\}) = 12,\ v(\{1,2\}) = v(\{1,3\}) = v(\{2,3\}) = 4,\ v(\{1\}) = v(\{2\}) = v(\{3\}) = 1.$$

在 Myerson (1991) 防御性均衡表述下，特征函数为:

$$v(\{1,2,3\}) = 12,\ v(\{1,2\}) = v(\{1,3\}) = v(\{2,3\}) = 4,\ v(\{1\}) = v(\{2\}) = v(\{3\}) = 5.$$

在 Harsanyi (1963) 理性威胁表述下，特征函数为:

$$v(\{1,2,3\}) = 12,\ v(\{1,2\}) = v(\{1,3\}) = v(\{2,3\}) = 2,\ v(\{1\}) = v(\{2\}) = v(\{3\}) = 1.$$

Thrall 和 Lucas (1963) 扩展了特征函数，并提出了分割函数的概念，能在更一般的框架下处理联盟与联盟之间存在外部性的情形。下面所讨论的联盟博弈都是基于每个联盟有一个对应的特征函数，从而把关注点放在参与人会选择什么样的联盟上。我们假设联盟博弈满足凝聚性 (cohesive) 条件。

第8章

定义 8.2.2 (凝聚性) 我们称一个可转移收益联盟博弈满足**凝聚性条件**，若对参与人集合 N 的每一个分割 $S_1, \cdots, S_K$，都有 $v(N) \geqq \sum_{k=1}^{K} v(S_k)$。

凝聚性条件意味着所有人参与的联盟是最优的。

一个更强的条件是超可加性条件 (superadditive condition)。

定义 8.2.3 (超可加性) 若对参与人集合 N 的任意两个不相交的子集 S 和 T，$S \cap T = \varnothing$，都有 $v(S \cup T) \geqq v(S) + v(T)$，我们称特征函数具有**超可加性**。

超可加性意味着联盟 S 和 T 一起行动至少做得与分开行动一样好。

下面我们讨论可转移收益联盟解的概念，它的想法与非合作博弈中的纳什均衡类似：相对于某个结果，若没有任何一个改进偏离，那么该结果是稳定的。**核** (core) 是合作博弈中的一个基本的均衡概念。核 (所有参与人的收益配置) 意味着，没有联盟可以增加其联盟成员的收益。在可转移收益联盟中，由于在成员之间的收益可以进行自由转移，因而一个稳定性的条件是，任何联盟的成员在联盟中获得的收益总和都不能超过核中所对应的收益之和。我们于是有下面可行收益的概念。

定义 8.2.4 (可行收益配置) $\langle N, \boldsymbol{v} \rangle$ 为一个可转移收益联盟博弈，对任一收益配置 $(x_i)_{i \in N}$ 和任一联盟 S，定义 $x(S) = \sum_{i \in S} x_i$。若 $x(S) = v(S)$，我们称 $(x_i)_{i \in S}$ 为一个**S-可行收益配置**。当 $S = N$ 时，则称 $(x_i)_{i \in N}$ 是一个**可行收益配置**。

定义 8.2.5 (核)　我们称可行收益配置 $(x_i)_{i\in N}$ 是在可转移收益联盟博弈 $\langle N,v\rangle$ 的**核**中，若不存在 N 的任何子集 S 和一个 S-可行收益配置 $(y_i)_{i\in S}$，使得对任意的 $i\in S$，均有 $y_i>x_i$。

这样，配置 $(x_i)_{i\in N}$ 在 $\langle N,v\rangle$ 核中当且仅当 $\sum_{i\in S}x_i=v(N)$，且对所有的 $S\subseteq N$，都有 $x(S)\geqq v(S)$。对联盟 S，若其中的参与人可以通过联盟获得一个 S-可行收益配置 $(y_i)_{i\in S}$，满足 $y_i>x_i, i\in S$，我们称 S **是相对于 x 结果的一个改进**。这样，若 x 是在核中，那么不存在任何这样的改进。

备注：严格来说，上面定义的核，应该是弱核 (weak core)，**强核**意味着不存在 N 的任何子集 S 和一个 S-可行收益配置 $(y_i)_{i\in S}$，使得对任意的 $i\in S$，$y_i\geqq x_i$，且至少存在一个 $j\in S$，使得 $y_i>x_i$。显然，强核意味着弱核，反之不成立。不过，在连续的可转移收益下，弱核与强核的概念是一致的。这一章讨论的绝大多数可转移收益都是连续可转移收益的情形，因而弱核也意味着强核。

下面的例子讨论不同规则下联盟博弈的核。

例 8.2.2 (集体配置联盟博弈)　有三个参与人，共有 300 个单位的资源可用于配置。假设有三个不同的配置规则。规则 1: 配置方案必须征得三人同意，否则每个人都得不到任何资源。规则 2: 配置方案由多数人同意即可。规则 3: 若全体同意配置方案，那么三个人可以配置全部资源；若只有两个人同意配置方案，那么可供配置的资源是总资源的 2/3；若只有一个人同意配置方案，那么可供配置的资源为零。

在规则 1 下，联盟博弈 $\langle N,v\rangle_1$ 可以刻画为，$N=\{1,2,3\}$，$v(N)=300$，若 $S\neq N$，$v(S)=0$。根据核的概念，我们知道任何一个可行收益配置都在核中。这是因为对任意一个可行收益配置 $(x_i)_{i\in N}$，都有 $x_1+x_2+x_3=300$，并且不存在另一个可行收益配置 $(y_i)_{i\in N}$，使得 $\forall i, y_i>x_i$。

在规则 2 下，联盟博弈 $\langle N,v\rangle_2$ 可以刻画为，$N=\{1,2,3\}$，若 $S\subseteq N,|S|\geqq 2$，有 $v(N)=300$(这里函数 $|\cdot|$ 表示人数计数函数)；当 $S\subseteq N,|S|=1$ 时，有 $v(S)=0$。若一个可行收益配置 $(x_i)_{i\in N}$ 是核中的配置，那么必然存在 i，使得$x_i>0$，但此时存在一个联盟 $S=N/i$，$|S|=2$，$x(S)<300=v(S)$，因此 $(x_i)_{i\in N}$ 不可能是核中的配置。所以，在这个联盟博弈中，核是空集。

在规则 3 下，联盟博弈 $\langle N,v\rangle_3$ 可以刻画为：当 $S=N=\{1,2,3\}$ 时，$v(N)=300$；当 $S\subseteq N$，$|S|=2$ 时，$v(N)=200$；当 $S\subseteq N,|S|=1$ 时，$v(S)=0$。在这个博弈中存在唯一的核中的配置，$(x_i)_{i\in N}=(100,100,100)$。这是因为若存在 i，使得$x_i>100$，那么存在一个联盟 $S=N/i$，$|S|=2$，$x(S)<200=v(S)$。

例 8.2.3 (不可分商品市场中的交易)　在一个不可分商品的市场中，消费者的集合记为 B，销售者的集合记为 L。每个销售者拥有一单位的不可分商品。消费者最多只购买一单位商品。消费者和销售者对商品的保留价格分别为 1 和 0。对一个联盟 $S\subseteq B\cup L$，其特征函数为 $v(S)=\min\{|S\cap B|,|S\cap L|\}$。在这个博弈中，消费者和销售者的收益配置分别记为 x_b 和 x_l。可以验证：当 $|B|>|L|$ 时，唯一的在核中的配置是 $(x_i)_{i\in N}$，其中

$N = B \cup L$，满足：$x_i = x_b = 0,\ i \in B$；$x_i = x_l = 1,\ i \in L$。当 $|B| = |L|$ 时，核中配置的集合为 $x_i = x_b = \alpha,\ i \in B; x_i = x_l = 1 - \alpha,\ i \in L,\ \alpha \in [0, 1]$。

在前面的例子中，并不是所有的联盟博弈都存在非空的核，下面我们讨论非空核存在的条件。

8.2.2 非空核存在性定理

根据核的定义，一个可行配置若是在核中，需要满足一系列不等式。下面先介绍一些相关的概念。

所有联盟的集合记为 $C = \{S | S \neq \varnothing, S \subseteq N\}$。$1_S \in \mathcal{R}^N$ 称为联盟 S 的特征向量，满足

$$(1_S)_i = \begin{cases} 1, & i \in S, \\ 0, & \text{其他}. \end{cases}$$

定义 8.2.6 (平衡权重族) $(\lambda_S)_{S \in C}$，$\lambda_S \in [0, 1]$，称为一个**平衡权重族** (balanced collection of weights)，若 $\sum_{S \in C} \lambda_S 1_S = 1$。

例 8.2.4 参与人集合是 $\{1, 2, 3, 4\}$，对 $\sum_{i \in S} \lambda_S 1_S = 1$，若 $|S| = 3$，$\lambda_S = 1/3$；若 $|S| \neq 3$，$\lambda_S = 0$。则 $(\lambda_S)_{S \in C}$ 是一个平衡权重族。另外，若 $|S| = 1$，$\lambda_S = 1$；若 $|S| \neq 1, \lambda_S = 0$。则 $(\lambda_S)_{S \in C}$ 也是一个平衡权重族。

第8章

对平衡权重族的解释，可以考虑参与人的时间分配。设参与人 i 总的时间为 1 单位，他在所有包括他在内的联盟 S 中进行分配，其总量则是可行的：$\sum_{S \in C} (1_S)_i \lambda_S = 1$。

定义 8.2.7 (平衡博弈) 我们称博弈 $\langle N, v \rangle$ 是**平衡的**，若对每个平衡权重族 $(\lambda_S)_{S \in C}$，都有

$$\sum_{S \in C} \lambda_S v(S) \leqq v(N).$$

对平衡博弈，我们可以理解为对参与人的所有可行时间配置，以时间配置为权重，参与人在所有联盟中获得的收益之和都不如包括所有参与人的大联盟。Bondereva (1963) 和 Shapley① (1967) 基于线性规划和对偶定理刻画了平衡博弈与非空核之间的关系。

定理 8.2.1 (Bondereva-Shapley 定理) 一个可转移收益的联盟博弈存在非空核的充要条件是博弈是平衡的。

证明：必要性。令 $(x_i)_{i \in N}$ 是核中的一个收益配置，$(\lambda_S)_{S \in C}$ 是它的一个平衡权重族。则 $\sum_{S \in C} \lambda_S v(S) \leqq \sum_{S \in C} \lambda_S x(S) = \sum_{i \in N} x_i \sum_{i \in S} \lambda_S = \sum_{i \in N} x_i = v(N)$。

不等号归因于核的定义；第一个等号归因于等价的不同加总次序；第二个等号来自平衡权重的定义；最后的等号来自可行收益配置的定义。

① 劳埃德・沙普利 (Lloyd S. Shapley，1923—2016) 的人物小传见 22.5.1 节。

充分性。若 $\langle N, v\rangle$ 是平衡的，那么不存在一个平衡权重族 $(\lambda_S)_{S\in C}$，满足 $\sum_{S\in C}\lambda_S v(S) > v(N)$。因而凸集 $\{(1_N, v(N)+\varepsilon) : \varepsilon > 0\}$ 与凸锥 $\{y \in R^{N+1} : y = \sum_{S\in C}\lambda_S(v(S)+1_s),$ $\forall S \in C, \lambda_S \geqq 0\}$ 没有交集。利用分离超平面定理，存在一个非零向量 $(\alpha_N, \alpha) \in R^{N+1}$，使得对任意的 $y, \varepsilon > 0$，都有 $(a_N, a)y \geqq 0 > (a_N, a)(1_N, v_N+\varepsilon)$。由于 $(1_N, v_N)$ 在凸锥中，这个不等式意味着 $\alpha < 0$。构造 $x = \frac{\alpha_N}{-\alpha}$。另外，由于对任意 $S \in C$，$(1_S, v(S))$ 都属于上面的凸锥体，因而由上面的不等式有 $(a_N, a)(1_S, v(S)) = a(-x1_S + v(S)) = a(-x(S)+v(S)) \geqq 0$，从而 $x(S) \geqq v(S)$。由于对任意的 $\varepsilon > 0$，都有 $(a_N, a)(1_N, v(N)+\varepsilon) < 0$，且 $(a_N, a)(1_N, v(N)) = a(-x1_N + v(N)) = a(-x(N)+v(N)) \geqq 0$，于是有 $x(N) = v(N)$。因此，上面构造的 x 就是核中的一个收益配置。 □

下面讨论为什么在前面的集体分配的联盟博弈中，有些核存在，而有些核则为空。

例 8.2.5 (集体配置联盟博弈)　显然在规则 1 下，$v(S)_{S\in C}$ 刻画的联盟博弈是一个平衡博弈，因为 $S = N$，$v(S) = 300$；$S \neq N$，$v(S) = 0$，从而对满足 $i \in N$，$\sum_{i\in S}\lambda_S 1_S = 1$，都会有 $\sum_{S\in C}\lambda_S v(S) \leqq v(N)$。在规则 2 下，考虑下面一个平衡权重族，若 $|S| = 2$，有 $\lambda_S = \frac{1}{2}$；否则 $\lambda_S = 0$，但是 $\sum_{S\in C}\lambda_S v(S) = 450 > 300 = v(N)$，因此规则 2 下的联盟博弈不是平衡博弈。在规则 3 下，$|S| = 2$，$v(S) = 200$，$v(N) = 300$，$|S| = 1$，$v(S) = 0$。此时对任意一个平衡权重族 $(\lambda_S)_{S\in C}$，由于它是平衡权重族，则满足：

$$\lambda_{\{1,2\}} + \lambda_{\{1,3\}} + \lambda_{\{1,2,3\}} \leqq 1,$$
$$\lambda_{\{1,2\}} + \lambda_{\{2,3\}} + \lambda_{\{1,2,3\}} \leqq 1,$$
$$\lambda_{\{1,3\}} + \lambda_{\{2,3\}} + \lambda_{\{1,2,3\}} \leqq 1,$$

从而有 $\lambda_{\{1,2\}} + \lambda_{\{2,3\}} + \lambda_{\{1,3\}} \leqq 3\dfrac{1-\lambda_{\{1,2,3\}}}{2}$。$\sum_{S\in C}\lambda_S v(S) = \lambda_{\{1,2,3\}}300 + (\lambda_{\{1,2\}} + \lambda_{\{2,3\}} + \lambda_{\{1,3\}})200 \leqq 300 = v(N)$。

为了进一步理解核存在性定理，我们现在从 Bondereva (1963) 和 Shapley (1967) 的线性规划和对偶定理来讨论。

考虑这样一个问题：在没有任何联盟能改进成员收益的约束下，所需要的最少效用转移是什么？这一问题可以表述为下述线性规划：

$$\min_{x\in R^N}\sum_{i\in N} x_i$$
$$\text{s.t.} \quad \sum_{i\in S} x_i \geqq v(S), \forall S \subseteq N.$$

上面这个线性规划的对偶问题为：

$$\max_{\lambda\in R_+^C}\sum_{S\in C}\lambda_S v_S$$
$$\text{s.t.} \quad \sum_{i\in S}\lambda_S = 1, \forall i \in N.$$

根据线性规划的对偶定理，若这两个问题存在最优解，那么最优解是相同的。

8.2.3 不可转移收益联盟博弈

在不可转移收益联盟博弈中，成员之间的配置并不是任意的。也就是说，在每个联盟内部，给定它的收益总量，并不是所有可能的配置都可以在该联盟中实施。因此对于联盟的特征函数，不是赋予一个确定的价值 $v(S)$，而是赋予一个关于配置的集合 $v(S)$。我们可以把可转移收益联盟博弈看成是其中的一个特例，此时 $v(S) \equiv \{x \in \mathcal{R}^N | \sum_{i\in S} x_i = v(S), x_j = 0, \forall j \in N\backslash S\}$。

一个不可转移收益联盟博弈通常包括如下一些要素：参与人集合 N；配置集 X；对于 N 的每个非空子集 S，赋予一个配置 $v(S) \subseteq X$，可以理解为在联盟 S 下的可能配置；以及每个参与人在配置集 X 上的偏好关系 $\succ_i$。

不可转移收益联盟博弈 $\langle N, X, v(\cdot), \succ_i \rangle$ 的核可以相应地被定义为：对所有 $x \in V(N)$，不存在联盟 $S \subseteq N$ 和其他可行配置 y，使得 $\forall i \in S$，都有 $y_i \succ_i x_i$。Scarf (1967) 给出了不可转移收益非空核存在的条件。

在后面的一般均衡理论中，我们讨论的市场交换在一定程度上可以被看成是在一个不可转移收益的联盟环境下，参与人之间的联盟形成，也就是他们之间的交易。这部分内容在教材第三部分有更深入的介绍，这里就不做讨论了。

8.3 核的应用：市场设计

下面通过两个例子来讨论核概念的应用及其重要性，特别是在本书最后一部分要着重介绍的匹配理论的应用。首先是关于物品的交换，包括同质商品的交换和异质商品的交换。在这里主要讨论不可分单一商品的交易，多种不同类型的 (可分) 商品交易在第三部分的一般均衡理论中有更详细的讨论。接着是关于匹配问题的基本介绍。匹配理论有很多应用，包括婚姻市场、劳动力市场等方面的匹配，主要讨论教育机会公平和效率问题，特别是在入学录取方式的改革讨论中有很多现实的应用。这些例子改编自 Osborne (2004) 和 Peter (2008)。匹配理论的基本结果及其应用的详细讨论将在本书最后一章展开。

8.3.1 同质物品的交易

假设有某种物品，是同质不可分的，比如相同类型的马匹。不同人对马匹的价值 (value)/保留价格/支付意愿是不同的。此外，在这个经济中，有些人拥有马匹，而另一些人没有。我们把有马的人群 (所有者) 的集合记为 L，$|L| = L$，把没有马的人群 (非所有者) 记为 B，$|B| = M$。为简化讨论，每个人最多拥有一匹马。经济人 $i \in N \equiv L \cup B$ 对拥有第一匹马赋予的价值为 v_i，对拥有第二匹马赋予的价值为 0，即需求最多是单位需求。我们把非所有者对马赋予的价值按从大到小排序，$\beta_1, \cdots, \beta_M$，把所有者对马赋予的价值从小到大排序，$\sigma_1, \cdots, \sigma_L$。同时记 $k^* = \max\{k | \beta_k > \sigma_k\}$。当 $k \leqq k^*$ 时，$\beta_k > \sigma_k$，价值前 k^* 个高的非所有者对马赋予的价值要高于价值前 k^* 个低的所有者。在交易过程中，马匹由所有者转移给非所有者。这样，当交易发生在高价值的非所有者和低价值的所有者之间时，双方都能够获益。

我们把卖掉马的人群 (卖主群体) 记为 $L^* \subseteq L$，把起初没有马而买了马的人群记为 $B^* \subseteq B$。假设在整个交易过程中，$r_i, i \in L$ 是卖马者 i 的所得，$p_j, j \in B$ 为买马者的支付。与这个交易结果对应的参与人的收益配置为

$$\boldsymbol{x} = (\max\{\beta_j - p_j, 0\}, \max\{\sigma_i, r_i\})_{i\in L,\, j\in B}.$$

我们下面来讨论 $\boldsymbol{x}$ 应满足什么条件才会成为这个交易核中的一个配置。

首先，对 $\boldsymbol{x}$ 必然有 $p_j = 0, j \in B\backslash B^*$，也就是说，对没有参与买卖的经济人，他的收益或所得为零。显然，对 $j \in B\backslash B^*$，若 $p_j > 0$，意味着经济人 i 没有参与买卖，也需要额外付出 p_j，显然这个结果会被经济人 j 自己独自的联盟所改进，因为他不需要额外付出。

若 $p_j < 0$，意味着其他经济人需给经济人 j 一个额外的正支付 $-p_j > 0$，显然这种结果也会被排除 j 的其他参与人的联盟所改进，这是由于排除 j 的其他参与人所组成的联盟相对于这个结果拥有相同数量的马和 $-p_j > 0$ 的正收益，他们可以把这部分钱平均配置给联盟的每个参与人，从而使得这个联盟的每个成员的利益都得到改进。这样，唯一可能的结果是 $p_j = 0$。类似地，我们也可以得到不参与交易的所有者 (即 $i \in L\backslash L^*$) 的所得为 $r_i = 0$。

其次，对参与交易的所有者或者非所有者，每个卖主和买主得到和付出的钱必然相同，即 $r_i = p_j$ 对任意的$i \in L^*, j \in B^*$ 都成立。的确如此。若存在一组 (i, j) 使得 $r_i < p_j$，则参与人 i, j 组成一个联盟 $\{i, j\}$，相对于结果 $\boldsymbol{x}$ 拥有相同的马匹，然而却增加了 $p_j - r_i > 0$ 的好处，这部分额外的增加可以在他们之间平均分配，从而联盟改进了结果 $\boldsymbol{x}$。因此，必然有 $r_i \geqq p_j$。

由于买马与卖马的人数相同，所有买马的付出总量与卖马的收益总量必然相同 (这是因为马匹的买卖过程是一个封闭的系统)，也就是说，$\sum_{i\in L^*} r_i = \sum_{j\in B^*} p_j$，从而必然有 $r_i = p_j = p^*$。

下面我们进一步讨论 p^* 的取值范围。我们将验证满足 $k^* = |L^*| = |B^*|$ 和

$$p^* \in [\max\{\beta_{k^*+1}, \sigma_{k^*}\}, \min\{\beta_{k^*}, \sigma_{k^*+1}\}]$$

的 $\boldsymbol{x}$ 是在核中 (见图 8.2)。

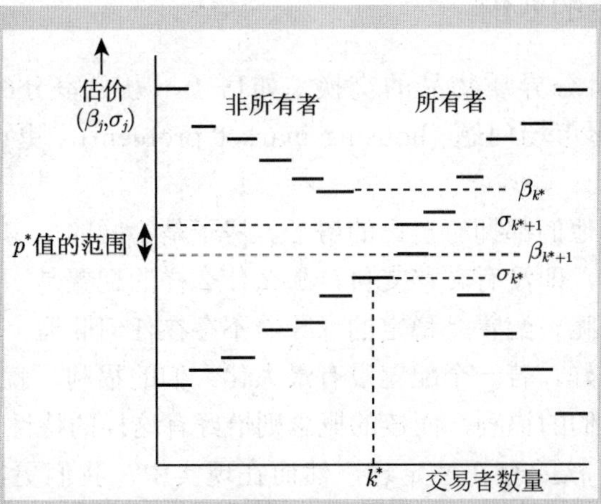

图 8.2　市场交易的核

在市场交易中，对非所有者而言，若其价值 $\beta_k \geqq p^*$，他会参与市场交易；而对所有者而言，若其价值 $\sigma_k \leqq p^*$，他也会参与交易。总体利益最大化的交易，都会使得所有有利可图的交易达成。在前面的设定中，有 k^* 个非所有者的价值高于所有者的价值。因此在整个利益最大化的交易中，会存在 k^* 个买主和卖主。即价值前 k^* 个高的非所有者构成买主群体，价值前 k^* 个低的所有者构成卖主群体。为了避免价值第 k^*+1 高及以下的非有者加入买主群体，我们有 $p^* \geqq \beta_{k^*+1}$，同时避免价值第 k^*+1 低及以上的所有者加入卖主群体，我们有 $p^* \leqq \sigma_{k^*+1}$。这样，总体利益最大化的贸易价格必然满足：在这个价格区间中，$p^* \in [\max\{\beta_{k^*+1}, \sigma_{k^*}\}, \min\{\beta_{k^*}, \sigma_{k^*+1}\}]$。这个交易对应的结果为：

$$x_i = \max\{v_i, p^*\},\ i \in L,$$

$$x_j = \max\{v_j, p^*\} - p^* \geqq 0,\ j \in B.$$

要验证满足上面条件的结果 $\boldsymbol{x}$ 在核中，需验证对任何一个可能的联盟都不存在对联盟成员利益的改进。对任何联盟而言，对成员最好的安排是，把马配置给价值最高的成员，同时在相应成员之间转移收益，使得每个成员的收益都得以改进。对联盟 S，记 l 是 S 中所有者的个数，b 是 S 中非所有者的个数。令 S^* 是 S 中对马匹赋予的价值最高的 l 个成员，因此 $|S^*| = l, |S \backslash S^*| = b$。当联盟最优配置马匹时，联盟 S 的总盈利为 $v(S) = \sum_{i \in S^*} v_i$。

而对原有的 $\boldsymbol{x}$ 而言，

$$\begin{aligned}
\boldsymbol{x}(S) &= \sum_{i \in S} \max\{v_i, p^*\} - bp^* \\
&= \sum_{i \in S^*} \max\{v_i, p^*\} + \sum_{i \in S \backslash S^*} \max\{v_i, p^*\} - bp^* \\
&\geqq \sum_{i \in S^*} v_i = v(S).
\end{aligned}$$

由于上面的联盟 S 是任选的，因此 $\boldsymbol{x}$ 在核中。

8.3.2 异质物品的匹配

下面我们讨论不可分异质物品的交换，如房子、办公室分配等问题，这种问题在匹配理论中被称为房屋市场问题 (housing market problem)，更详细和正式的讨论参见 22.3.1 节。

现考虑有一群人，他们都拥有自己的房子，房子是不同的，房子对不同人的价值也是不同的。若不考虑货币，即没有转移支付，那么什么样的配置是一个稳定配置，同时又尽可能最大化人们的福利呢？配置是稳定的意味着不存在任何联盟，使得联盟内部通过交换让联盟成员境况变得更好。若一个配置没有最大化人们的福利，就有可能会通过形成联盟得到新的配置来改进他们的福利，而核的概念则恰好有这样的特性。

在前面我们已有了核的存在性定理，然而在现实中，我们更需要的是找到一个具体在核中的配置。在货币不是交易媒介的不可分异质物品的交换中，有一个算法可以在有限步内达到核中的配置，这一方法被称为顶端交易循环 (top trading cycles)，它最初出现在劳埃德・沙普利 (Lloyd S. Shapley，1923—2016，其人物小传见 22.5.1 节) 和赫伯特・斯卡夫 (Herbert Scarf，1930—2015，其人物小传见 12.5.2 节) 的论文 (Shapley and Scarf (1974)) 中，不过他们把这个机制归功于戴维・盖尔 (David Gale)。

顶端交易循环机制可概括如下：第 1 步，所有人对所有物品进行排序；每个人最偏好的物品都由这群人中某个人所拥有，且对不同物品的喜欢程度都是不同的 (也就是对物品构成严格序)。于是，这些人对最偏好的物品的需求就构成了一个循环 (被称为顶端循环)，在他们之间进行交易会使得每个人都得到他们最喜欢的物品。而在有限个人和有限个物品的情形下，这种循环总是存在的。注意，若某个人最喜欢他自己的物品，则他自身就构成一个联盟，在这个联盟中他得到了最喜欢的物品。第 2 步，除去在之前顶端交易循环中的人和物品，对剩余的人和物品，按照他们的偏好进行排序，重新寻找顶端交易循环。之后，每一步都剔除之前循环中的参与人和物品，直到所有的人和物品都进入了 (不同阶段) 顶端交易循环。

现证明有限个参与人和物品的交换都存在顶端交易循环。在讨论之前，我们需要引入一些概念。令 $N = \{1, \cdots, n\}$ 表示参与人的集合，对参与人 i，其初始拥有的物品记为 h_i，所有初始物品的集合为 H。为简化讨论，假设参与人 i 对物品集合的偏好是严格的，记为 $\succ_i$，即没有两件物品对 i 是无差异的，这样我们排除了存在平局 (tie) 的情形。在无差异存在的情形下，需要更为复杂的技术来处理。参与人 i 可以对集合 H 中的物品根据偏好进行从高到低的排序。若 $|\{h' \in H | h' \succ_i h\}| = k - 1$，即对参与人 i 在物品集合中只有 $k-1$ 个物品比 h 好，则 h 在参与人 i 的偏好中排第 k 位，记为 $h = R_i(k)$。

定义 8.3.1 (顶端循环)　我们称 $\{i_1, \cdots, i_K\}$ 构成一个 K 环的**顶端循环**，若对任意 $k < K$，都有 $h_{i_{k+1}} = R_{i_k}(1)$，同时有 $h_{i_1} = R_{i_K}(1)$。

下面证明，在每个经济人都只有一个物品的情形下，必然存在顶端循环。

首先考虑 $N = 2$ 的情形。若存在一个 $i \in \{1, 2\}$，$h_i = R_i(1)$，显然 $\{i\}$ 就是一个顶端循环。若上述情形不存在，则必然有 $h_1 = R_2(1)$，$h_2 = R_1(1)$，从而 $\{1, 2\}$ 就构成了一个顶端循环。

其次考虑 $N = 3$。若存在 $i \in \{1, 2\}$，$h_i = R_i(1)$，则 $\{i\}$ 显然就是一个顶端循环。若上述情形不存在，对参与人 1，或 $h_2 = R_1(1)$，或 $h_3 = R_1(1)$。若是前种情形，考虑参与人 2 的物品排序，若 $h_1 = R_2(1)$，则 $\{1, 2\}$ 就构成了一个顶端循环；若 $h_3 = R_2(1)$，考虑参与人 3 的物品排序，当 $h_2 = R_3(1)$ 时，$\{2, 3\}$ 就构成了一个顶端循环；若 $h_1 = R_3(1)$，$\{1, 2, 3\}$ 则构成了一个顶端循环。对后一种情形也是类似的。这样，$N = 3$ 也必然存在一个顶端循环。

用数学归纳法可以证明对任意有限个个体，每个个体都只有一个物品，必然存在一个顶端循环。当然，我们可以放松每个人只有一个物品的情形，使得参与人拥有的物品数量是不同的。

下面我们来讨论，为什么通过这样的顶端交易循环所导致的结果是一个在核中的配置。我们知道，一个结果如果是核中的配置，则不存在任何改进的联盟。首先，在顶端交易循环机制的运行过程中，对第一阶段的顶端循环中的参与人而言，任何其他配置都不可能改进他的福利。这样，有可能改进福利的联盟，一定不可能包含第一阶段的顶端循环中的参与人。其次，对第二阶段的顶端循环的参与人而言，不可能有一种配置，可以在没有第一阶段的顶端循环参与人参加的联盟中通过重新分配来提高他们的福利。因此，若所有第一阶段中的顶端循环都不参与某个联盟，第二阶段的顶端循环的参与人也不会参与这种联盟。依此类推，若之前阶段的顶端循环参与人都不参加联盟，这个联盟也不会改进现阶段中顶端循环参与人的福利。因此，不存在任何联盟，它能增加联盟中成员的福利。

下面我们通过一个例子来讨论顶端交易循环机制。

例 8.3.1 (房子的交换) 考虑由四个成员构成的群体，参与人 i 拥有的房子记为 h_i。每个参与人对房子的价值如图 8.3 所示。

参与人1	参与人2	参与人3	参与人4
h_2	h_1	h_1	h_3
—	—	h_2	h_2
—	—	h_4	h_4
—	—	h_3	—

图 8.3　第一阶段的顶端交易循环

每个参与人对物品的排序是从上面到下面，里面出现的横线 (—) 表示这些排序可以是任意的，不是我们所关心的部分。

在第一阶段 $\{1,2\}$ 就构成了一个顶端循环，同时参与人 1 和 2 进行交换；第二阶段去除参与人 1 和 2，剩下参与人 3 和 4，他们的偏好见图 8.4。

参与人3	参与人4
h_4	h_3
h_3	h_4

图 8.4　第二阶段的顶端交易循环

在第二阶段 $\{3,4\}$ 就构成了一个顶端循环，参与人 3 和 4 为此进行交换。整个交换的结果是参与人 1 拥有参与人 2 的房子，参与人 2 拥有参与人 1 的房子，参与人 3 拥有参与人 4 的房子，参与人 4 拥有参与人 3 的房子，这个配置结果不存在任何改进的联盟。

对顶端交易循环更详细的讨论见第 22 章中的单边匹配。在那里，我们系统讨论了参与人和不可分物品的匹配机制，并讨论了不同机制的效率和激励性特征。此外，单边匹配机制在入学录取 (Abdulkadiroglu 和 Sonmez, 2003)、器官移植 (Roth，Sonmez 和 Unver，2004) 方面都有着广泛的应用。这些问题在第 22 章都有深入的讨论。

8.3.3　双边匹配：婚姻市场

Gale 和 Shapley (1962) 发表在《美国数学月刊》上的一篇论文讨论了婚姻市场上的匹配问题，开启了一个全新的研究领域，即不同群体之间的匹配，这一机制有着广泛的应用，如劳动力市场中企业与劳动者的匹配，医院与实习医生的匹配，教育领域中大学与入学者的匹配，器官捐献领域中受捐者与捐献者的匹配，等等。Roth 和 Sotomayor (1992)，Abdulkadiroglu 和 Sonmez (2013) 在两个不同的时期分别对这类文献做了比较全面的综述。

这里，我们介绍一种最简单的匹配问题，即一对一的匹配，比如婚姻市场的男女匹配 (比如我们经常在电视中看到的相亲节目)。

我们先引入一些概念，假设有两类群体，分别对应两类参与人的集合，$M = \{m_1,\cdots,m_n\}$，$W = \{w_1,\cdots,w_k\}$，可以想象分别为男性和女性的集合。成员 i 的偏好被定义在对立的参与人集合和自身上。为简化讨论，假设偏好是严格的，即不存在无差异的对象，记为 $\succ_i$。

定义 8.3.2 (匹配)　映射 $\mu: M\cup W\to M\cup W$ 为一个**匹配**，若满足:

（1）对任意的 $i\in M$，$\mu(i)\in W\bigcup\{i\}$；

（2）对任意的 $j\in W$，$\mu(j)\in M\bigcup\{j\}$；

（3）$\mu(i)=j$ 当且仅当 $\mu(j)=i$。

这意味着，在婚姻的匹配下，男性的匹配或是某个女性，或是他自己 (我们可以理解为单身)，对女性的匹配也是类似的。我们说对某个男性 $m\in M$，某个女性 w 是**不可接受的**，若满足条件：$m\succ_m w$。我们下面讨论什么样的匹配 μ 是稳定的。

定义 8.3.3 (稳定匹配)　匹配 μ 是**稳定**的，若满足下列条件:

（i）不存在任何组对 $(m,w)\in M\times W$，使得 $w\succ_m \mu(m)$ 和 $m\succ_w \mu(w)$；

（ii）对 $i\in M\cup W$，若 $\mu(i)\neq i$，则 $\mu(i)\succ_i i$。

稳定匹配意味着，若匹配的对象不是自身，那么其匹配对象必然是可接受的；同时不存在任何两个对立群体的个体，他们喜欢对方胜过自己匹配的对象。匹配的稳定性与核的概念是一致的。首先，若匹配对象是不可接受的，那么根据核的定义，单个个体构成的联盟可以改进自己的收益。其次，对匹配问题而言，有意义的联盟只有两类：一类是单一个体构成的联盟，另一类则是一男一女构成的联盟。由于在匹配中，我们排除了一夫多妻或者一妻多夫的现象，也排除了混杂婚姻 (共妻共夫) 的现象，即多个男性与多个女性组成的联盟，因此，在一男一女构成的联盟中，在匹配问题上，稳定匹配与核是一致的。然而，问题是，如何来寻找稳定的匹配呢？Gale 和 Shapley (1962) 提出了一个延迟接受算法 (deferred-acceptance algorithm)，在这里介绍的延迟接受算法来自 Roth (2010)。

每个阶段分两步，我们先从第一阶段开始。

第一步，邀约群体，比如男性参与人，向对方群体 (受邀群体，即女性参与人群体) 中自己最喜欢的对象邀约 (若有可接受对象，否则不邀约)。

第二步，受邀群体，先剔除那些不可接受的对象的邀约，若还有剩余的话，接受一个自己最喜欢的对象的邀约，而拒绝其他对象。

在 k 阶段：邀约群体的参与人，若在前面第 $k-1$ 阶段被拒绝，向那些不曾拒绝过自己同时可以接受的对象中最喜欢的对象邀约，若不曾拒绝过自己的对象都是他不能接受的，就不邀约；受邀群体的参与人，对之前保留的邀约和这一阶段得到的新邀约 (若有) 进行比较，选择自己最喜欢的对象的邀约，而拒绝其他对象的邀约。

停止阶段：不再有新的邀约出现，受邀群体的参与人与她保留的对象匹配，若邀约群体的参与人没有邀约被接受，或者受邀群体的参与人没有得到邀约，那么他们与自己匹配。

Gale 和 Shapley (1962) 证明了，在婚姻市场中，必定存在一个稳定的匹配。我们在第 22 章将详细讨论其背后的逻辑。下面我们先通过一个例子来了解延迟接受算法的运行。

例 8.3.2 (男性邀约延迟接受算法) 考虑三男和三女之间的婚姻匹配。每个参与人在对方参与人集合的偏好排序中，将那些不可接受的对象从他 (或她) 的偏好序中去除，其 (严格) 偏好顺序单表示如下：

$$p(m_1)=w_2,w_1,w_3;\quad p(w_1)=m_1,m_2,m_3;$$
$$p(m_2)=w_1,w_2,w_3;\quad p(w_2)=m_3,m_1,m_2;$$
$$p(m_3)=w_1,w_2,w_3;\quad p(w_3)=m_1,m_2,m_3.$$

延迟接受算法的程序见下面的表格，其中有底线的是暂时接受的邀约。

阶段	w_1	w_2	w_3
1	$\underline{m_2}, m_3$	$\underline{m_1}$	
2		$m_1, \underline{m_3}$	
3	$\underline{m_1}, m_2$		
4		$m_2, \underline{m_3}$	
5			$\underline{m_2}$

男女之间的婚姻匹配结果于是为：

$$\mu_M^{DA}=\begin{pmatrix} w_1 & w_2 & w_3 \\ m_1 & m_3 & m_2 \end{pmatrix}.$$

容易验证这一匹配结果满足稳定性条件。

当然，以不同群体作为邀约方，其延迟接受算法的匹配结果可能是不同的。比如，由男方 (或者女方) 作为邀约方的匹配结果，在所有可能的稳定匹配中，对男方 (或者女方) 群体来说是最好的匹配结果。与此同时，所有稳定匹配的集合与核的集合是重合的。此外，稳定的匹配一般来说不是策略防操纵 (strategy-proof) 的 (即有激励虚假报告其偏好信息) (Roth, 1982)。这些结论在第 22 章有更深入的讨论。

由于环境的变化，或者信息不对称，一些初始稳定的匹配会被打破，匹配会有很多动态的特性。若把就业看成是企业与劳动者的匹配，把失业看成是匹配的破裂，我们可以通过匹配的方法来研究就业和失业问题。

在很多匹配问题中，存在着交易媒介，比如货币。此外，匹配过程中可能伴随一些合约，如劳动者与企业匹配过程中的劳动合约，规定工资、职责等等条款。Kelso 和 Crawford(1982) 在匹配中引入合约的分析框架，它的分析框架与拍卖机制相结合 (Hatfield 和 Milgrom，2005)。对这些问题的详细讨论见第 22 章。

下面我们讨论合作博弈中其他稳定配置的概念。

8.4 稳定集合、讨价还价集合和沙普利值

核的稳定性来自抵制任意可能的偏离。然而，偏离本身可能是不稳定的，偏离会引发新的偏离，初始的偏离最终可能给偏离者带来更差的结果，因此稳定性概念还需要一个合理基础。下面我们通过对偏离本身进行约束来进一步探讨合作博弈中的稳定性。根据不同的约束，我们引入一些相关联的概念，其中包括稳定集合、讨价还价集合和沙普利值等，在这里集中于可转移收益联盟博弈类型，这部分内容在 Osborne 和 Rubinstein (1994，第 14 章) 中有更为严格和深入的分析。此外，讨价还价机制在联盟形成过程中起着非常重要的作用，Ray (2006) 用 (合作以及非合作) 博弈论方法深入讨论了联盟的形成机制。

8.4.1 稳定集合

von Neumann 和 Morgenstein (1944) 提出了稳定集合的概念。这个概念与谈判过程相关。假设有一个可行配置让某些参与人不满意，他们可能会提出一个对他们来说更好的**异议** (blocking)。若他们提出的异议本身是不稳定的，将会有后续连锁反应。若最后的稳定结果还不如之前的配置，那么这种异议本身对联盟来说不是一个有意义的偏离。换句话说，一个联盟 S 提出的应是一个可置信的异议。所谓**可置信异议**意味着这个异议本身是稳定的 (即不存在触发别的联盟提出新的异议及其可能的异议链条，在这个过程的最后，有些联盟成员的境况相对于之前变得更差)，并且这个异议可以给联盟成员带来更大利益。

这样，一个稳定 (配置) 结果的集合需要满足两个条件：其一，对每一个非稳定的结果，都存在一个联盟可以提出一个可置信的异议；其二，对任一稳定结果，没有其他可置信的异议。因而我们讨论解的概念是建立在集合意义上的。通过稳定集合，我们可以把可行的配置结果分为稳定集合和不稳定集合。

定义 8.4.1 (联盟的异议) 一个配置 $\boldsymbol{x}$ 被称为联盟 S 对配置 $\boldsymbol{y}$ 的一个**异议**，若对所有的 $i \in S$，均有 $x_i \succ_i y_i$，且 $\boldsymbol{x}(S) \leqq v(S)$，记为 $\boldsymbol{x} \succ_S \boldsymbol{y}$。

下面我们先界定稳定集合的概念，然后讨论它与核的联系。

定义 8.4.2 (稳定集合) 我们称可转移收益联盟博弈 $\langle N, v\rangle$ 的可行配置集合 X 的一个子集 Y 为**稳定集合**，若满足下面两个条件：

（1）(内部稳定) 对任意 $\boldsymbol{y} \in Y$，不存在联盟 $S \in N$ 和配置 $\boldsymbol{z} \in Y$，使得 $\boldsymbol{z} \succ_S \boldsymbol{y}$。

（2）(外部不稳定) 对任意 $\boldsymbol{z} \in X/Y$，存在联盟 $S \in N$ 和配置 $\boldsymbol{y} \in Y$，使得 $\boldsymbol{y} \succ_S \boldsymbol{z}$。

von Neumann 和 Morgenstein 把每个稳定集合解释为一种行为模式，不同稳定集合的配置对应不同的行为模式。

显然，核是一个满足内部稳定的集合，因为在核内，不存在任何别的可行收益是某个联盟对核的一个异议。并且，若核构成了一个稳定集合，核是唯一的稳定集合。然而，若核不存在，仍然可能存在稳定集合，而且稳定集合并不是唯一的。下面的命题概括了核与稳定集合的关系，以及稳定集合的性质。

命题 8.4.1 核是每个稳定集合的一个子集；任一个稳定集合都不会是另一个稳定集合的真子集；如果核构成一稳定集合，则它是唯一的稳定集合。

下面我们通过一个例子来讨论存在空核，但存在多个稳定集合的情形。

例 8.4.1 (例 8.2.2续) 有 3 个参与人，共有 300 个单位的资源可用于分配。规则是：分配方案由多数人同意即可。其联盟的表达为：联盟博弈 $\langle N, v\rangle$，$N = \{1,2,3\}$，当 $S \in N$，$|S| \geqq 2$ 时，有 $v(S) = 300$(这里函数表示人数计数函数)；当 $S \in N$，$|S| = 1$ 时，有 $v(S) = 0$。

$Y_1 = \{(150,150,0),(150,0,150),(0,150,150)\}$ 是一个稳定集合，对这个稳定集合，其行为模式表现为联盟成员平均分配联盟收益。首先，对 Y_1 中的每个元素，不存在 Y_1 内的偏离。其次，对任意 $\boldsymbol{z} \in X/Y_1$，其中 $X = \{(x_1,x_2,x_3)|x_i \geqq 0, x_1+x_2+x_3 = 300\}$，显然存在 $i \neq j$, $z_i < 150$，$z_j < 150$，以及一个联盟 $S = i,j$，在 Y_1 中 $(y_i = y_j = 150, y_k = 0)$ 是对 z 的一个异议。

$Y_{k,c} = \{(y_i)_{i\in N}|y_k = c \in [0,300]$, $\forall i \neq k$，$y_i \geqq 0$，$\sum_{i\in N} y_i = 300\}$ 也是一个稳定集合，它表现出的行为模式是参与人 k 获得一个固定的数量 c。因此，在这个联盟博弈中存在无穷多个稳定集合。

下面我们来验证 $Y_{k,c}$ 是一个稳定策略。首先，结果 $z_k > c$ 会被其他参与人构成的联盟 $\{i,j\}, i \neq k, j \neq k$ 在 $Y_{k,c}$ 的一个结果 y 所改进，比如 $y = \left(y_k = c，y_i = z_i + \dfrac{z_k - c}{2}，y_j = z_j + \dfrac{z_k - c}{2}\right)$。若 $z_k < c$，则总存在一个 $i \neq k$, 使得$z_i > 0$，$\{k,j\}, j \neq k, j \neq i$ 可以被 $Y_{k,c}$ 的一个结果 y 所改进，比如 $y = (y_k = c, y_i = 0, y_j = 300 - c)$。其次，对 $Y_{k,c}$ 集合中的任一结果，不可能存在一个联盟使得在 $Y_{k,c}$ 集合内选择其他结果能够使联盟成员的境况得以改进。

8.4.2 讨价还价集合、内核和核仁

也可以通过讨价还价的方法对谈判过程的异议提出约束。在这种方法下，每个异议产生的偏离链条被两步截断，稳定条件指的是对每一个异议，都有一个**反异议** (counter-blocking) 来制约。这里的思想是，若某个集合是稳定的，那么不存在稳定的异议。这里的稳定性体现在：若某个参与人针对其他人提出异议，这个异议提高了异议人的收益，那么

因这个异议而受损的人总可以提出对之前异议人不利的反异议，之前的异议于是就不是稳定的异议，因为异议人的利益最终会变得更差。

下面我们讨论三种类型的异议与反异议的两阶段，不同的类型对应于不同稳定结果的解概念。

第一类异议和反异议：

异议: 称一个二元组 $(\boldsymbol{y}, S)$ 是参与人 i 针对 j 提出的对 $\boldsymbol{x}$ 的一个**异议**，若 $i \in S, j \notin S$，$\boldsymbol{y}$ 是对 S 的一个可行收益配置，并且使得每个联盟成员的利益变得更好，即 $\forall k \in S$，$y_k > x_k$。

反异议: 称一个二元组 $(\boldsymbol{z}, T)$ 是 j 针对 i 提出的对 $(\boldsymbol{y}, S)$ 的一个**反异议**，若 $j \in T$, $i \notin T$，$\boldsymbol{z}$ 是对 T 的一个可行收益配置，使得 $z_k \geqq x_k$, $\forall k \in T \backslash S$，以及 $z_l \geqq y_l$, $\forall l \in T \cap S$，即对在反异议的联盟 T 中但不在异议联盟 S 中的成员，在反异议下相对于初始配置不会变得更差，对同时是异议和反异议的联盟成员，其利益不会比在异议下的配置差，这些都是联盟 T 成员愿意加入联盟的必要条件。

第二类异议和反异议：

令 $e(S, \boldsymbol{x}) = v(S) - \boldsymbol{x}(S)$ 表示联盟 S 相对于分配 $\boldsymbol{x}$ 的超额收益，其中 $\boldsymbol{x}(S)$ 是联盟 S 在分配 $\boldsymbol{x}$ 下的总收益，$v(S)$ 是联盟 S 的价值。若 $e(S, \boldsymbol{x}) > 0$，反映了为了支持 $\boldsymbol{x}$ 的配置，联盟 S 所做的牺牲或贡献。若 $e(S, \boldsymbol{x}) < 0$，反映了联盟在配置中获得的好处。注意，$e(S, \boldsymbol{x}) \geqq 0$ 当且仅当 S 本身可以实现其在配置 $\boldsymbol{x}$ 中的份额。

异议：称联盟 S 是参与人 i 针对参与人 j 对 $\boldsymbol{x}$ 的一个异议，若 $i \in S$, $j \notin S$，并且 $x_j > v(j)$。这个条件反映了对参与人 j 在配置 $\boldsymbol{x}$ 中获得比自身联盟更多的资源 $x_j > v(j)$，联盟 S 排除 j 以减少其获得的好处。

反异议：称联盟 T 是参与人 j 针对参与人 i 异议 S 的一个反异议，若 $i \notin T$, $j \in T$，并且 $e(T, \boldsymbol{x}) > e(S, \boldsymbol{x})$。这个条件反映了，参与人 j 可以找到一个包括自己但不包括参与人 i 的反异议联盟 T，使得这个反异议的联盟在支持配置 $\boldsymbol{x}$ 下获得更少或者贡献更大。

第三类异议和反异议：

异议：称一个二元组 $(\boldsymbol{y}, S)$ 是针对可行配置 $\boldsymbol{x}$ 的一个异议，若 $e(S, \boldsymbol{x}) > e(S, \boldsymbol{y})$，即 $\boldsymbol{y}(S) > \boldsymbol{x}(S)$，意味着异议联盟 S 在异议结果 $\boldsymbol{y}$ 中比在初始的结果 $\boldsymbol{x}$ 中获得更多。

反异议:称联盟 T 是对异议 $(\boldsymbol{y}, S)$ 的一个反异议，若 $e(T, \boldsymbol{y}) > e(T, \boldsymbol{x})$，即 $x(T) > \boldsymbol{y}(T)$，并且 $e(T, \boldsymbol{y}) > e(S, \boldsymbol{x})$，这意味着，反异议联盟 T 在配置 $\boldsymbol{x}$ 中比在初始配置 $\boldsymbol{y}$ 中可以获得更多，同时反异议联盟 T 支持异议配置 $\boldsymbol{y}$ 比异议联盟 S 在初始配置 $\boldsymbol{x}$ 中牺牲更多。

上面的两个条件是针对偏离稳定配置的异议联盟而言的，而不是针对其中的某个成员。

这三种不同的异议和反异议，可以形成相关联的三个稳定解概念。

定义 8.4.3 (讨价还价集合)　我们称一个可转移收益联盟博弈的集合为**讨价还价集合** (bargaining set)，若：(1) 其元素 $\boldsymbol{x}$ 是一可行配置；(2) 在第一种异议和反异议下，对任一参与人 i 针对任一别的参与人 j 对 $\boldsymbol{x}$ 的异议 $(\boldsymbol{y}, S)$，总存在一个参与人 j 对 i 的异议的反异议。

定义 8.4.4 (内核) 我们称一个可转移收益联盟博弈为**内核** (kernel)，若：（1）其元素 $\boldsymbol{x}$ 是一可行配置；（2）在第二种异议和反异议下，对任一参与人 i 针对任一别的参与人 j 对 $\boldsymbol{x}$ 的异议 S，总存在一个参与人 j 对 i 的异议的反异议。

对任何两个参与人 i,j 和任何配置 $\boldsymbol{x}$，定义 $s_{i,j}(\boldsymbol{x})=\max_{S\in C}\{e(S,\boldsymbol{x}):i\in S,j\notin S\}$，其中 $C=\{S:S\neq\phi,S\subseteq N\}$，它是一个包括 i 但不包括 j 的联盟 S 的最大剩余。下面内核的定义与上面的是一致的。若 $\boldsymbol{x}$ 是 N 可行的内核元素，那么对任何组对参与人 i 和 j，要么 $s_{j,i}(\boldsymbol{x})\geqq s_{i,j}(\boldsymbol{x})$，要么对所有的 $j\in N$，均满足 $x_j=v(\{j\})$。

内核模型化了群体的一种稳定安排，使得每个成员对其中的配置 $\boldsymbol{x}$ 均有下面的集体逻辑：若有参与人 i 针对配置 $\boldsymbol{x}$ 提出异议，建立一个包括自己的联盟 S，这个联盟排除那些在初始配置下获得超过其独自收益的参与人 j。之所以提出异议，是因为参与人 i 不满意从之前的配置 $\boldsymbol{x}$ 中所获得的收益，参与人 j 可以提出一个反异议，建立一个包括自己 (参与人 j) 但不包括异议提出者 (参与人 i) 的联盟 T，该联盟比异议联盟 S 在支持 $\boldsymbol{x}$ 配置中贡献更多或得到更少，也就是说，若不支持初始配置 $\boldsymbol{x}$，通过组建反异议联盟 T，联盟成员比之前的异议联盟可以获得更多。

定义 8.4.5 (核仁) 一个可转移收益联盟博弈的**核仁** (nucleolus) 被定义为：（1）其元素 $\boldsymbol{x}$ 是一可行配置；（2）在第三种异议和反异议下，对 $\boldsymbol{x}$ 的异议 $(S,\boldsymbol{y})$，总存在对 $(S,\boldsymbol{y})$ 异议的反异议。

核仁的思想与内核的思想是相关的。若联盟 S 不满意配置 $\boldsymbol{x}$，用 $e(S,\boldsymbol{x})$ 来度量，认为它的贡献过多。在内核中，异议是由其中的一个参与人提出的，而在核仁中，则是由联盟提出的。一个异议 $(S,\boldsymbol{y})$ 可以解释为联盟提出这样的意见：“在配置 $\boldsymbol{x}$ 中我们的贡献太大了，我们提出一个贡献相对较少的配置 $\boldsymbol{y}$。”核仁刻画了其他某个联盟 T 可以提出这样的一个反异议：“你们的意见是不正当的，因为我们在配置 $\boldsymbol{y}$ 中的贡献大于在配置 $\boldsymbol{x}$ 中的，而且我们在配置 $\boldsymbol{y}$ 中的贡献超过你们 (即联盟 S) 在配置 $\boldsymbol{x}$ 中所做的贡献。”因此，核仁的思想反映了公平的概念，即参与人在团体中应该做出多少贡献。

下面我们通过一些具体例子来讨论与这三个概念对应的配置 (集合)。

例 8.4.2 (例 8.2.2：续 (2)) 有 3 个参与人，共有 300 单位的资源可用于分配。联盟博弈 $\langle N,v\rangle$，$N=\{1,2,3\}$，当 $S\in N$，$|S|\geqq 2$ 时，有 $v(S)=300$ (这里函数 $|\cdot|$ 表示人数计数函数)；当 $S\in N$，$|S|=1$ 时，有 $v(S)=0$。

首先，我们求解该联盟博弈的讨价还价集合。在这个例子中该集合是单点集，其配置是 $(x_i=100,\forall i\in N)$。为了看出此点，令可行配置 $\boldsymbol{x}$ 在讨价还价集合中，$(\boldsymbol{y},S)$ 是参与人 i 针对 j 提出的对 $\boldsymbol{x}$ 配置的一个异议，那么他会提出 $S=\{i,h\},i\neq h\neq j$，满足：$y_h>x_h$，$y_i>x_i$，$y_h\leqq 300-y_i$，得到 $y_h\leqq 300-x_i$，参与人 i,h 在异议联盟中获益更多。由于 $\boldsymbol{x}$ 在讨价还价集合中，参与人 j 一定可以提出一个反异议 $(\boldsymbol{z},T)$。令 $T=\{j,h\}$，$\boldsymbol{z}$ 满足：$z_h\geqq y_h$，$z_j\geqq x_j$，$z_h\leqq 300-z_j$。于是有：$z_h\leqq 300-x_j$。这样，若 $\boldsymbol{x}$ 是讨价还价集合，则一旦 $y_h<300-x_i$，就有 $y_h\leqq 300-x_j$，否则 $z_h\geqq y_h>300-x_j$。因

此，$300-x_i \leqq 300-x_j$，即 $x_j \leqq x_i$。由于 i，j 是任意的，我们有 $x_i=x_j=x_h$，且 $x_i+x_j+x_h=300$，从而唯一的讨价还价集合是单点集，即配置 $(x_i=100, \forall i \in N)$。

假设可行配置 $\boldsymbol{x}$ 是内核，总是可以排列为 $x_i \geqq x_j \geqq x_h, i \geqq j \geqq h$。下面我们验证，若上面的不等式中有一个是严格不等式，则配置都不可能在内核中。若上面至少有一个是严格不等式，那么 $x_i > x_j$，且 $x_i > 100 > 0 = v(i)$。对参与人 j 针对 i 提出的对 $\boldsymbol{x}$ 的异议，联盟 $S=\{j,h\}$，$h \neq i$，有 $s_{ji}(\boldsymbol{x})=e(S,\boldsymbol{x})=300-x_j-x_h$，从而不存在 i 对 j 的异议的反异议 $T=\{i,h\}$，$h \neq j$，这是由于 $s_{ij}(\boldsymbol{x})=e(T,\boldsymbol{x})=300-x_i-x_h \leqq s_{ji}(\boldsymbol{x})$。因此，内核中的配置必然满足 $x_i=100, \forall i \in N$。

对核仁：可行配置 $x_i \geqq x_h \geqq x_j$，若至少有一个是严格不等式，那么 $x_i > x_j$，$x_i > 100$。考虑对 $\boldsymbol{x}$ 的一个异议，$S=j,h$，$\boldsymbol{y}=(100,100,100)$。由于 $e(S,\boldsymbol{y})=300-200=100<300-x_j-x_h=x_i=e(S,\boldsymbol{x})$，不存在一个反异议，联盟 T，使得 $e(T,\boldsymbol{y})>e(T,\boldsymbol{x})$ 同时 $e(T,\boldsymbol{y})>e(S,\boldsymbol{x})$。

$|T| \neq 3$，否则 $e(T,\boldsymbol{y})=e(T,\boldsymbol{x})=0$。同时，$|T| \neq 1$，否则 $e(T,\boldsymbol{y}) \leqq 0$。若 $|T|=2$，则 $e(T,\boldsymbol{y})=300-200<e(S,\boldsymbol{x})$。所以 $x_i > x_h$，不可能在核仁中。容易验证，$\boldsymbol{y}=(100,100,100)$ 在核仁中。

注意，这三个概念解的集合并不一定相同，下面的例子说明了内核是讨价还价集合的一个真子集。

例 8.4.3 (简单博弈)　简单博弈是指联盟的特征值是 1 或 0 的可转移收益联盟博弈。考虑下面四个参与人构成的简单博弈，$N=\{1,2,3,4\}$，当且仅当 $S=\{2,3,4\}$，或者，$\{1,i\} \subseteq S, \forall i \in \{2,3,4\}$。在这个博弈中，我们可以验证不存在核。参与人 1 相对于其他参与人处于更强势的地位；而除此之外，每个参与人在地位上是一致的。在上面讨论到的三个解概念 (即讨价还价集合、内核和核仁) 下的配置是否也反映它们的地位呢？

首先讨论讨价还价集合。若 $\boldsymbol{x}$ 是其中的元素，我们会发现必然会有 $x_2=x_3=x_4$。若不然，那么对 $i,j \in \{2,3,4\}$，有 $x_i < x_j$，此时参与人 i 可以针对 j 提出异议 $(T=\{1,i\},y)$，满足 $y_1=1-y_i, y_i=x_i+\dfrac{x_j-x_i}{2}$，且参与人 j 并没有一个对应的反异议，从而必然会有 $x_2=x_3=x_4=\alpha$。此外，α 也会有上下界，若 α 很高，参与人 1 会有一个可置信的异议，比如针对参与人 2 提出一个异议 (y, $S=\{1,3\}$)，且 $y_1 > 1-3\alpha$，$y_3=1-y_1<3\alpha$，$y_j>\alpha$。参与人 2 若提不出一个反异议 $(\boldsymbol{z},T=\{2,3,4\})$，$z_2 \geqq \alpha$，$z_3 \geqq y_3$，$z_4 \geqq \alpha$，一定满足：$\alpha+3\alpha+\alpha>1$，即 $\alpha>\dfrac{1}{5}$。同时，α 也不能太低，否则，参与人 2 可以针对参与人 1 提出一个异议，$(\boldsymbol{y},S=\{2,3,4\})$，$y_2>\alpha$，这样 $j,k \in \{3,4\}$，$y_j \leqq y_k$，则必然有 $y_j\dfrac{1-\alpha}{2}$，若参与人 1 提不出一个反异议 $(\boldsymbol{z},T=\{1,j\})$，则满足 $z_1 \geqq 1-3\alpha$，$z_j \geqq y_j$，一定会有 $1-3\alpha+\dfrac{1-\alpha}{2}>1$，即 $\alpha<\dfrac{1}{7}$。因此，讨价还价集合为 $\left\{(1-3\alpha,\alpha,\alpha,\alpha):\dfrac{1}{7} \leqq \alpha \leqq \dfrac{1}{5}\right\}$。

其次讨论内核集合。第一，若配置 $\boldsymbol{x}$ 属于内核，必然有 $x_2=x_3=x_4$。若不然，不失一般性，不妨假设 $x_2 \geqq x_3 \geqq x_4$，且 $x_2 > x_4$，则 $x_2 > 0 = v(\{2\})$，参与人 4 可以针对参与人 2 提出一个异议，$s_{4,2}(\boldsymbol{x}) = e(\{1,4\},\boldsymbol{x}) = 1 - x_4$，从而参与人 2 不能提出一个可置信的反异议。这是因为，$s_{2,4}(\boldsymbol{x}) = e(\{1,2\},\boldsymbol{x}) = 1 - x_2 < s_{4,2}(\boldsymbol{x})$，必然有 $x_2 = x_3 = x_4 = \alpha$，$x_1 = 1 - 3\alpha$。第二，若配置 $\boldsymbol{x}$ 属于内核，则有 $x_1 = \dfrac{2}{5}$，$x_2 = x_3 = x_4 = \dfrac{1}{5}$。这是因为，配置 $\boldsymbol{x}$ 属于内核，若 $x_2 > v(\{2\}) = 0$ ，即 $\alpha > 0$，对 $s_{1,2}(\boldsymbol{x}) = e(\{1,3\},\boldsymbol{x}) = 2\alpha$，$s_{2,1}(\boldsymbol{x}) = e(\{2,3,4\},\boldsymbol{x}) = 1 - 3\alpha$，则有 $s_{2,1}(\boldsymbol{x}) \geqq s_{1,2}(\boldsymbol{x})$，即 $\alpha \leqq \dfrac{1}{5}$；若 $x_1 > v(\{2\}) = 0$，即 $\alpha < \dfrac{1}{3}$，则有 $s_{2,1}(\boldsymbol{x}) \leqq s_{1,2}(\boldsymbol{x})$，即 $\alpha \geqq \dfrac{1}{5}$，因此 $\alpha = \dfrac{1}{5}$。

Osborne 和 Rubinstein (1994) 刻画了上面三个概念的关系，阐述了以下定理：

定理 8.4.1 令 $\langle N, v\rangle$ 为可转移支付的合作博弈。则：

（1）内核是讨价还价集合的子集。

（2）核仁是内核的子集。

（3）如果满足凝聚性条件，则核仁始终非空，并且为单点集。

8.4.3 沙普利值

前面解的概念都是基于一个单独的博弈，下面要讨论的沙普利值则是基于一系列博弈。在所有博弈中，某个参与人对联盟的边际贡献及其平均值赋予参与人的收益都体现了某种公平，即一个人的所得与他的贡献是相关的。沙普利值获得广泛应用，而且有良好的特性。Osborne 和 Rubinstein (1994) 通过上面的异议与反异议的方式刻画了沙普利值背后的逻辑。

令 $\langle N, v\rangle$ 是整个可转移收益联盟博弈，称 $\langle S, \boldsymbol{v}^S\rangle$ 为联盟博弈的子博弈，其中 $S \subseteq N$，假定对任意 $T \subseteq S$，都有 $v(T) = \boldsymbol{v}^S(T)$。令 ψ 是一个值，是对每个可转移收益联盟博弈赋予的一个可行收益配置。对 $i \in S$，$\psi_i(S, \boldsymbol{v}^S)$ 刻画了在子博弈 $\langle S, \boldsymbol{v}^S\rangle$ 中参与人 i 获得的收益。

参与人 i 对 j 的一个异议是针对整个联盟博弈 $\langle N, \boldsymbol{v}\rangle$ 的一个可行收益配置 $\boldsymbol{x}$ 而言的。

有两类异议：

第一类异议：参与人 i 要求得到更多，否则离开原来的博弈，使得参与人 j 的收益从 x_j 下降到 $\psi_j(N/\{i\}, v^{N\{i\}})$。

第二类异议：参与人 i 要求得到更多，否则联合其他人排斥参与人 j，在这个过程中，参与人 i 的收益从 x_i 增加到 $\psi_i(N/\{j\}, v^{N/\{j\}})$。

针对参与人 i 的两类异议，参与人 j 有相应的两类反异议：

第一类反异议：尽管在异议者 i 离开后，参与人 j 的收益下降，但是参与人 j 离开博弈会使得异议者 i 的收益下降得更多，即 $x_i - \psi_i(N/\{j\}, v^{N/\{j\}}) \geqq x_j - \psi_j(N/\{i\}, v^{N/\{i\}})$。

第二类反异议：参与人 j 提出，若联合其他人排斥异议者 i，其收益增加相对于异议者 i 排斥参与人 j 收益增加的程度更大，即 $\psi_j(N/\{i\}, v^{N/\{i\}}) - x_j \geqq \psi_i(N/\{j\}, v^{N/\{j\}}) - x_i$。

在之前的联盟博弈的解概念下，稳定的解意味着每个异议都对应一个反异议，从而若对任意一组参与人，$i, j \in N, i \neq j$，都有 $\psi_j(N/\{i\}, v^{N/\{i\}}) - x_j = \psi_i(N/\{j\}, v^{N/\{j\}}) - x_i$，那么 $\boldsymbol{x}$ 就是稳定的。

注意到在沙普利值中，异议和反异议涉及整个联盟博弈的子博弈，而之前的异议与反异议都只是局限为整个博弈。我们现给出下面的定义。

定义 8.4.6 (平衡贡献)　称一个解 ψ 满足**平衡贡献特性**，若对 $i, j \in N, i \neq j$，都有 $\psi_j(N, v) - \psi_j(N/\{i\}, v^{N/\{i\}}) = \psi_i(N, v) - \psi_i(N/\{j\}, v^{N/\{j\}})$。

沙普利 (Shapley，1953) 提出了沙普利值的概念，它是基于参与人的边际贡献。参与人 i 对联盟 S 的边际贡献被定义为 $\Delta_i(S) = v(S \cup i) - v(S)$。

沙普利值被定义为 $\psi_j(N, v) = \frac{1}{|N|!} \sum_{R \in \Re} \Delta_i(S(R))$，$R$ 是参与人集合 N 的一个排列，所有可能的排列有 $|N|!$ 个，所有排列集合记为 $\Re$，$S(R)$ 是排列 R 中位于参与人 i 之前的所有参与人的集合。

因此，沙普利值赋予每个参与人的收益等于对所有可能的联盟的边际贡献的平均值。可以证明，沙普利值是唯一满足平衡贡献特性的解。此外，文献也以公理化的方法来构建沙普利值，沙普利值是唯一满足下面三个特性的解。

（1）对称性 (SYM)：对任意 $S \subseteq N, i \notin S, j \notin S$，若 $\Delta_i(S(R)) = \Delta_j(S(R))$，则 $\varphi_i(N, n) = \varphi_j(N, n)$；

（2）虚拟参与人 (DUM)：若对任意 $S \subseteq N, i \notin S$，都有 $\Delta_i(S) = v(j)$，则 $\varphi_i(N, n) = v(i)$；

（3）可加性 (ADD)：对任意两个博弈 $\langle N, v\rangle, \langle N, w\rangle$，对任意 $i \in N$，$\varphi_i(N, v + w) = \varphi_i(N, v) + \varphi_i(N, w)$，其中 $\langle N, v + w\rangle$ 被定义为对任意 $S \subseteq N$，$(v + w)(S) = v(S) + w(S)$。

下面通过几个例子来求解沙普利值。

例 8.4.4 (例 8.2.2：续 (3))　有 3 个参与人 1,2,3，共有 300 单位的资源可被用于分配。联盟博弈 $\langle N, v\rangle$，$N = \{1, 2, 3\}$，当 $S \subseteq N$，$|S| \geqq 2$ 时，有 $v(S) = 300$(这里函数表示人数计数函数)；当 $S \subseteq N$，$|S| = 1$ 时，有 $v(S) = 0$。

直接应用沙普利值的定义，参与人集合 N 有六种可能排列，即每个参与人 i 只在两种可能的排列中存在正的边际贡献 300。因此，这个博弈的沙普利值为 $\varphi(N, n) = (100, 100, 100)$。用对称性也可以得到沙普利值，因为每个参与人在联盟中的贡献是对称的，从而他们所获得的收益也是相同的。

例 8.4.5 (加权多数博弈)　一个加权多数博弈是简单博弈的一种，其中参与人 i 的权重被定义为 w_i，定额 q 表示取胜联盟所需要的权重下界：

$$v(S) = \begin{cases} 1, & \sum\limits_{i \in S} w(i) \geqq q, \\ 0, & \text{其他}. \end{cases}$$

假设参与人集合 $N = \{1, 2, 3, 4\}$，它们的权重

$$w_i = \begin{cases} 0.2, & i = 1, \\ 0.4, & \text{其他}. \end{cases}$$

在 24 种可能的排列中，对参与人的边际贡献求解平均值得到，整个博弈的沙普利值 $\varphi\langle N,n\rangle=\left\{\frac{1}{2},\frac{1}{6},\frac{1}{6},\frac{1}{6}\right\}$。

例 8.4.6 考虑之前的简单博弈，$N=\{1,2,3,4\}$，当且仅当 $S=\{2,3,4\}$ 或 $\{1,i\}\subseteq S$，对任意的 $i\in\{2,3,4\}$，我们知道这个博弈的内核和核仁的配置结果为 $x_1=\frac{2}{5}$，$x_2=x_3=x_4=\frac{1}{5}$，下面我们计算这个博弈的沙普利值。在所有 (24 种) 可能的排列中，参与人 1 在其中的 12 种排列的边际贡献为 1，其余为 0；其他参与人在其中的 4 种排列的边际贡献为 1，其余为 0。这样，整个博弈的沙普利值为：$\varphi\langle N,n\rangle=\left\{\frac{1}{2},\frac{1}{6},\frac{1}{6},\frac{1}{6}\right\}$。

可以看出，沙普利值与之前讨论过的核仁的配置是不同的，它们基于不同环境下建立异议和反异议的机制，从而在不同环境中有不同的适用性。此外，上面讨论到的联盟博弈是基于可转移收益。对不可转移收益，也有相对应的这些解的概念，而这通常需要涉及更多数学技术背景，有兴趣的读者可以参考 Myerson (1991)，Peleg 和 Sudholter (2007) 等文献。

8.5 【人物小传】

8.5.1 罗伯特·奥曼

罗伯特·奥曼（Robert J. Aumann，1930— ），美国和以色列经济学家，在决策理论方面做出了奠基性贡献，对博弈论和其他许多经济理论的形成起到了重要乃至不可或缺的作用。1930 年 6 月罗伯特·奥曼出生于德国法兰克福一个传统的犹太人家庭，1938 年移居美国，在纽约城市学院获得本科学位，1955 年获得麻省理工学院的数学博士学位，在普林斯顿大学担任策略顾问和进行两年的博士后研究之后，他移居以色列。奥曼 1974 年入选美国人文与科学院外籍荣誉院士，1983 年获得以色列技术机构颁发的科学技术哈维奖，1985 年当选美国科学院院士，1989 年入选以色列科学与人文科学学院院士，1994 年获得以色列颁发的经济学奖。现任耶路撒冷希伯来大学数学研究院教授。2005 年，因为“通过博弈论分析改进了我们对冲突和合作的理解”而与美国马里兰大学公共政策学院教授托马斯·谢林（Thomas C. Schelling，其人物小传见 7.8.2 节）一道获得诺贝尔经济学奖。

奥曼第一个定义了博弈论中的相关均衡（correlated equilibrium）概念，这是一种非合作博弈中的均衡。他还提出了交易者连续统市场经济模型、把交互环境中代理人之间的通识模型用人们熟悉的数学公式来表示并且提出了重复博弈的连续交互模型。在经济理论中，“连续统”观点的引入对经济学的学科发展有很大的影响。奥曼指出，连续统可以被看作接近于存在许多但是数量有限的粒子（或经济主体，或策略，或可能的价格）的真实情形。采用连续统的粗略估计的目的是使被称为“分析”的数学分支的强有力的、精确的方法得以应用，而使用离散的方法将会更困难甚至是无望的。

奥曼在值集函数（即值为点集而非单独一点的函数）领域也做出了许多重要的贡献，如“奥曼可衡量选择定理”、值集函数积分结果等。大部分问题产生于对不同博弈论和经济模型的研究，经济人连续统和数学理论是这些模型演化和分析的重要工具。奥曼所获得的诸如一般均衡、最优配置、非线性规划、控制论、测度论、不动点理论等结果是基础性的，被应用于经济学、数学、运筹学等许多领域。此外，奥曼把库恩（Kuhn）著名的完全检索有限博弈中的行为和混合策略的均衡结果扩展到无限情形，克服了复杂的技术困难。

8.5.2　莱因哈德·泽尔腾

莱因哈德·泽尔腾 (Reinhard Selten，1930—2016) 是子博弈完美纳什均衡的创立者，实验经济学的开山鼻祖，1994 年诺贝尔经济学奖获得者。泽尔腾出生于德国的布莱斯劳（Breslau）。第二次世界大战后，布莱斯劳被划属波兰，改名为弗罗茨瓦夫（Wroclaw）。1951 年，泽尔腾高中毕业，尽管他曾考虑上大学学习经济学或心理学，但他最后还是决心选择学习数学。1951 年，泽尔腾考入了法兰克福大学数学系，1957 年毕业，获数学硕士学位，而后从事着博弈论及其应用、实验经济学等方面的学术研究。1961 年，泽尔腾获得法兰克福大学数学博士学位；20 世纪 60 年代早期，泽尔腾做了寡头博弈的实验；1967—1968 年，泽尔腾到加州大学伯克利分校做访问教授；1972 年转到德国比勒菲尔德大学 (University of Bielefeld) 工作，1984 年之后一直在德国波恩大学工作。1994 年泽尔腾因在“非合作博弈理论中开创性的均衡分析”方面的杰出贡献而荣获诺贝尔经济学奖。

1957 年泽尔腾获得硕士学位后，被法兰克福大学经济学家海因茨·萨尔曼（Heinz Sauermann）教授聘为助手。萨尔曼是最早在德国倡导凯恩斯主义的经济学家。一开始泽尔腾被安排将决策理论应用于厂商理论研究，但不久，泽尔腾即迷上了经济学的实验。这项工作得到萨尔曼的支持。于是泽尔腾与几个同事一起开始从事经济学的实验室实验研究。尽管萨尔曼没有受过多少数学训练，但他对经济学的发展趋势有很好的直觉，鼓励助手们对经济问题展开模型研究，并对他们的研究提供了很好的指导。1959 年，泽尔腾与萨尔曼合作发表了他的第一篇学术论文——《一个有关寡头的实验》。在当时，实验经济学这门学科还不存在。

泽尔腾在寡头博弈的实验中发现这个博弈有许多均衡。为了解决多均衡问题，泽尔腾定义了子博弈完美（subgame perfectness）的概念，并于 1965 年发表了他最著名的博弈论论文——《一个具有需求惯性的寡头博弈模型》。泽尔腾当时没有想到他的这篇文章后来会被广泛引用，并且他对子博弈完美均衡所下的定义会成为子博弈完美均衡（subgame perfect equilibrium）的正式定义，同时为后来他获得诺贝尔经济学奖奠定了基础。1964 年，泽尔腾发表了论文《n-人博弈的评价》。这是一篇重要的博弈论论文，是泽尔腾博弈理论研究中的另一重大贡献。1975 年，泽尔腾发表了著名的论文《扩展式博弈完美均衡概念的重新考察》。在该文中，泽尔腾提出了著名的“颤抖手均衡” (trembling hand equilibrium) 的概念。比勒菲尔德大学鼓励各学科之间的交叉研究，在与生物学家的交流中，泽尔腾意识到博弈论能被应用于生物学的研究。在一些年轻的数学家的帮助下，泽尔腾熟悉了演化稳定（evolutionary stability）的含义，对生物博弈论产生了极大的兴趣，并对扩展式博弈形式下的演化稳定进行了考察，写出了一系列论文。

8.6 习题

习题 8.1 在可转移收益的合作博弈中，利用线性规划和对偶定理，证明 Bondereva-Shapley 定理，即一个可转移收益联盟博弈存在非空核的充要条件是博弈是平衡的。

习题 8.2 假设两个参与人对 1 单位可分物品进行讨价还价博弈。参与人 1 和参与人 2 的效用函数分别为 $u_1(\alpha) = \alpha/2$ 和 $u_2(\beta) = 1 - (1-\beta)^2$，其中 $\alpha, \beta \in [0, 1]$。

1. 确定可行效用集合，并用图表示。
2. 确定纳什讨价还价结果，给出物品的配置方案和每人的效用。
3. 假设参与人的效用具有贴现因子 $\delta \in [0, 1)$，计算鲁宾斯坦讨价还价结果，即无限期交替报价讨价还价博弈的子博弈完美纳什均衡解。
4. 通过分别使用问题 2 和 3 的结果，来确定本题的鲁宾斯坦讨价还价问题当 δ 趋近于 1 时的极限解。

习题 8.3 假设两个参与人对 1 单位可分物品进行讨价还价。参与人 1 和参与人 2 的效用函数分别是 $u_1(\alpha) = \alpha$ 和 $u_2(\beta) = \beta^{\frac{1}{2}}$，其中 $\alpha, \beta \in [0, 2]$。假设参与人的效用具有贴现因子 $\delta \in (0, 1)$。

1. 确定鲁宾斯坦讨价还价过程的配置结果。
2. 根据问题 1 的结果，确定纳什讨价还价配置结果。
3. 假设参与人 2 的效用函数没变，而参与人 1 的效用函数变成

$$u_1(\alpha) = \begin{cases} \alpha, & 若\ \alpha \in [0, 1], \\ 1, & 若\ \alpha \in [1, 2]. \end{cases}$$

确定此时的纳什讨价还价结果 (同时给出物品的配置方案和每人的效用)。

习题 8.4 (加权多数博弈) 加权多数博弈 (weighted majority game) 是一个简单博弈 $\langle N, v\rangle$，使得对某个 $q \in R$ 和权重 $w \in R_+^N$，有

$$v(S) = \begin{cases} 1, & 若\ w(S) \geqq q, \\ 0, & 若\ w(S) < q, \end{cases}$$

其中 $w(S) = \sum_{i \in S} w_i$。$w_i$ 可解释为参与人 i 拥有的票数，q 为获胜需要的票数。一个加权多数博弈是齐次的，若对任何最小获胜联盟均有 $w(S) = q$；它是零和的，若对每个联盟要么 $v(S) = 1$，要么 $v(N) = 1$，但两者不能同时成立。

考虑一个零和齐次加权多数博弈 $\langle N, v\rangle$，其中对每个不属于任何最小胜利联盟的参与人 i 满足 $w_i = 0$。证明 $\langle N, v\rangle$ 的核包括对所有 $i \in N$ 满足 $x_i = w_i / w(N)$ 的配置。

习题 8.5 给定如下男女 (3 女 5 男) 婚配市场偏好结构:

女性偏好如下:

	A	B	C	D	E
a	1	1	2	3	3
b	2	3	1	1	2
c	3	2	3	2	1

男性偏好如下:

	A	B	C	D	E
a	2	1	3	4	5
b	3	1	2	5	4
c	3	1	4	2	5

1. 运用女性主动追求的盖尔–沙普利 (Gale-Shapley) 算法，找出一个稳定的匹配。
2. 哪些女性在该稳定匹配中没有配偶？这些女性在其他稳定匹配中会得到配偶吗？请解释原因。

习题 8.6 在二人讨价还价博弈中，$x = (x_1, x_2)$ 表示分配方式，F 表示可行集，v 表示效用函数。纳什讨价还价解 (x_1, x_2) 被定义为使得纳什积 $(x_1 - v_1)(x_2 - v_2)$ 最大化的解。

1. 验证纳什讨价还价解是否满足个体理性，是否满足帕累托有效。
2. 设 $(F\ v)$ 是在两人间分配 100 美元。若两人无法达成协议，那么都一无所得；若能达成协议，则参与人 1 得 x，参与人 2 得 $100 - x$。假设 $v_1(x) = x$，$v_2(100 - x) = \sqrt{100 - x}$。求解该问题的纳什讨价还价解。

习题 8.7 考虑主从博弈，即领导者–跟随者博弈:

$$\langle I, J, X_i, Y_j, f_i, g_j \rangle,$$

其中 I 是领导者 i 的有限集合，J 是跟随者 j 的有限集合，X_i 是领导者 i 的行动集，Y_j 是跟随者 j 的行动集，$f_i : X \times Y \to R$ 是领导者 i 的收益函数，以及 $g_j : X \times Y \to R$ 是跟随者 j 的收益函数。

在多主从博弈中，领导者先做决定，然后跟随者在获得领导者的行动信息后进行博弈。对于领导者们的行动 $x \in X$，令 $C(x)$ 表示跟随者博弈的合作均衡核，给出了对应关系 $C : X \rightrightarrows Y$，即 $y \in C(x)$ 意味着对于任意的 $B \subseteq J$ 都不存在 $u^B \in Y^B$ 满足:

$$g_j(x, u^B, v^{-B}) > g_j(x, y), \forall v^{-B} \in Y^{-B}, \forall j \in B.$$

在多主从博弈中，一个联盟 $B \subseteq I$ 被认为**抵制**了 $x \in X$，若存在 $u^B \in X^B$，可使得

$$f_i(u^B, z^{-B}, y) > f_i(x, y), \forall y \in \mathcal{C}(x), \forall z^{-B} \in X^{-B}, \forall i \in B.$$

称行动 $x \in X$ 为**多主从博弈合作均衡**，若不存在联盟 $B \subseteq I$ 可以抵制 x。

证明如下定理:

对于多主从博弈

$$\langle I, J, X_i, Y_j, f_i, g_j \rangle,$$

满足下列条件:

(1) 对于每个 $i \in I$ 和每个 $j \in J$，X_i 和 Y_j 都是赋范线性空间的非空紧凸子集。

(2) 对于每个 $i \in I$，f_i 在 $X \times Y$ 上连续。

(3) 对于每个 $i \in I$ 和每个 $y \in Y$，$f_i(\cdot, y)$ 在 X 上是拟凹的。

(4) 对于每个 $j \in J$，g_j 在 $X \times Y$ 上连续。

(5) 对于每个 $j \in J$ 和每个 $x \in X$，$g_j(x, \cdot)$ 在 Y 上是拟凹的。

则这一多主从博弈的合作博弈均衡解集非空。

习题 8.8 判断下面三个命题的真伪并给出解释。

1. 核是每个稳定集合的子集。
2. 一个稳定集合有可能是另一个稳定集合的真子集。
3. 若核是稳定集合，那么就不存在其他稳定集合。

习题 8.9 一个三人博弈配置集合可以用几何表示为一个高度为 $v(N)$ 的等边三角形，每条边代表了一个人，而三角形中的每个点代表一个配置，点到每条边的距离表示配置中每个人的所得 (例如，顶点对应了将 $v(N)$ 唯一分配给该顶点对边所代表的那个人的配置)。

1. 试用这一图形去寻找下列三人博弈稳定集合的一般形式: $v(1,2) = \beta < 1$，$v(1,3) = v(1,2,3) = 1$，而对于任何其他子集 S，$v(S) = 0$。
2. 我们可将问题 1 中的博弈解释为这样一个市场: 参与人 1 是卖者，参与人 2 和 3 是分别具有保留价格 β 和 1 的买者。试按照这个市场的说法解释博弈的稳定集合。

习题 8.10 有三个城市可以和一个新的电力来源 P(power) 建立连接以增加供电。增加供电给三个城市 A，B，C 带来的效用分别为 $u_A = 100$，$u_B = 140$，$u_C = 130$。假设建立的任何一条连接都具有可满足三个城市同时供电的传输能力，而两点之间建立直接连接的成本如下所示:

传输连接	AB	BC	CA	AP	BP	CP
成本	50	20	30	100	140	130

输电对于各城市而言的净价值等于 $v_i = u_i - c_i, i = A, B, C$。

1. 用合作博弈来模型化该问题。
2. 求该问题的核，给出集合并画图表示。
3. 求该问题的沙普利值。它在核中吗?
4. 求该问题的核仁值。它在核中吗?

习题 8.11　有三个参与人，分别记为 Z，M 和 H，各有不同的本领：Z 很强壮，M 很迅捷，H 耐力好。他们计划共同出去打羚羊，需要决定如何分工合作以及如何分配战利品，以羚羊为度量单位。假设可以拿部分羚羊做转移收益，其合作及收益如下表所示。

联盟	收益
$\{ZMH\}$	(6)
$\{ZM\}\{H\}$	(4)(1)
$\{ZH\}\{M\}$	(3)(1)
$\{MH\}\{Z\}$	(3)(2)
$\{Z\}\{M\}\{H\}$	(2)(1)(1)

1. 给出联盟特征函数并验证它是超可加的。
2. 给出博弈的核。
3. 确定该博弈的沙普利值。考察沙普利值是否在核中。

习题 8.12　张、王、李三个人考虑成立一个公司，张擅长技术，王擅长设计，李擅长销售。他们这个联盟博弈的特征函数如下表所示。

张，王，李	50
张，王	25
王，李	20
张，李	30
张	15
王	10
李	5

使用合作博弈论的核概念回答如下问题：

1. 哪些联盟可能出现？为什么？
2. 有人建议联盟成员应该平分收益，这是稳定的安排吗？
3. 计算该问题的沙普利值，并确定它是否在核中。

习题 8.13　张、王、李分别预约在周一、周二和周三到一个诊所治疗，他们在各个时间治疗的效用分别由下表给出：

	周一	周二	周三
张	2	4	8
王	10	5	2
李	10	6	4

通过交换各自的看医生时间，大家都可获益。在这种情况下，考虑如下问题：

1. 用合作博弈来模型化该问题。
2. 求该问题的核，给出集合。
3. 求该问题的沙普利值。它在核中吗？
4. 求该问题的核仁值。它在核中吗？

习题 8.14 考虑三人可转移收益联盟博弈。对每个实数 a 和 v_a 给定如下:

$$v_a(i) = 0,\ i = 1, 2, 3;$$
$$v_a(\{1,2\}) = 3,\ v_a(\{1,3\}) = 2,\ v_a(\{2,3\}) = 1;$$
$$v_a(\{1,2,3\}) = a.$$

回答如下问题:

1. 使该合作博弈核非空的 a 值至少要多大?
2. 对于 $a = 6$，计算沙普利值。
3. 使该合作博弈的沙普利值位于核中的 a 值至少要多大?

习题 8.15 考虑一个有多个股东的企业，其中的两个股东各拥有 $\frac{1}{3}$ 的股份，其他 $n-2$ 个股东平均拥有剩下的股份。先将这个情形模型化为一个加权多数博弈，然后回答下列问题:

1. 当 n 趋近于无穷大时，这两个大股东的沙普利值收益的极限是什么?
2. 根据沙普利值，对于 $n-2$ 个小股东来说形成唯一的联合体是否可取?

8.7 参考文献

教材和专著:

Gura, Ein-Ya and M. B. Maschler (2008). *Insights into Game Theory*, Cambridge University Press.

Hargreaves-Heap, S. P. and Y. Varoufakis (2004). *Game Theory: A Critical Introduction (2nd Edition)*, Routledge.

Mas-Colell, A., M. D. Whinston, and J. Green (1995). *Microeconomic Theory*, Oxford University Press.

McCain, R. A. (2010). *Game Theory: A Nontechnical Introduction to the Analysis of Strategy*, World Scientific Publishing Company.

Myerson, R. (1991). *Game Theory*, Harvard University Press.

Osborne, M. J. and A. Rubinstein (1994). *A Course in Game Theory*, MIT Press.

Osborne, M. J. (2004). *An Introduction to Game Theory*, Oxford University Press.

Peleg, B. and P. Sudholter (2007). *Introduction to the Theory of Cooperative Games (Second Edition)*, Springer.

Peter, H. (2008). *Game Theory: A Multi-leveled Approach*, Springer.

Ray, D. (2006). *A Game-Theoretic Perspective on Coalition Formation*, Oxford University Press.

Roth, A. E. and M. Sotomayor (1990). *Two-Sided Matching: A Study in Game-Theoretic Modeling and Analysis*, Econometric Society Monograph Series, Cambridge University Press.

von Neumann, J. and O. Morgenstein (1944). *Theory of Games and Economic Behavior*, John Wiley and Sons.

论文:

Abdulkadiroglu, A. and T. Sonmez (2013). "Matching Markets: Theory and Practice". In Acemoglu, D., et al., *Advances in Economics and Econometrics*.

Abdulkadiroglu, A. and T. Sonmez (2003). "School Choice: A Mechanism Design Approach", *American Economic Review*, Vol. 93, No. 3, 729-747.v

Aumann, R. J. (1961). "The Core of a Cooperative Game without Side Payments", *Transactions of the American Mathematical Society*, Vol. 98, No. 3, 539-552.

Bondereva, O. N. (1963). "Some Applications of Linear Programming Methods to the Theory of Cooperative Games (in Russia)", *Problemy Kibernetiki*, Vol. 10, 119-139.

Gale, D. and L. S. Shapley (1962). "College Admissions and the Stability of Marriage", *American Mathematics Monthly*, Vol. 69, No. 1, 9-15.

Harsanyi, J. C. (1963). "A Simplified Bargaining Model for the N-Person Cooperative Game", *International Economic Review*, Vol. 4, No. 2, 194-220.

Hatfield, J. W. and P. Milgrom (2005). "Matching with Contracts", *American Economic Review*, Vol. 95, No. 4, 913-935.

Kelso, A. S. Jr. and V. P. Crawford (1982). "Job Matching, Coalition Formation, and Gross Substitutes", *Econometrica*, Vol. 50, No. 6, 1483-1504.

Kojima, F. (2010). "Impossibility of Stable and Nonbossy Matching Mechanism", *Economic Letters*, Vol. 107, No. 1, 69-70.

Ma, J. (1994). "Strategy-Proofness and the Strict Core in a Market with Indivisibilities", *International Journal of Game Theory*, Vol. 23, No. 1, 75-83.

Matsubae, T. (2010). "Impossibility of Stable and Non-damaging Bossy Matching Mechanism", *Economics Bulletin*, Vol. 30, No. 3, 2092-2096.

Nessah, R. and G. Tian (2014). "On the Existence of Strong Nash Equilibria", *Journal of Mathematical Analysis and Applications*, Vol. 414, No. 2, 871-885.

Roth, A. E. (1982). "The Economics of Matching: Stability and Incentives", *Mathematics of Operations Research*, Vol. 7, No. 4, 617-628.

Roth, A. E. (2010). "Deferred-Acceptance Algorithms: History, Theory, Practice". In Siegfried, J. J., *Better Living through Economics* (Harvard University Press).

Roth, A. E. , T. Sonmez, and M. U. Unver (2004). "Kidney Exchange", *Quarterly Journal of Economics*, Vol. 119, No. 2, 457-488.

Scarf, H. E. (1967). "The Core of an N-person Game", *Econometrica*, Vol. 35, No. 1, 50-69.

Shapley, L. S. (1953). "A Value for N-person Games". In Rubinstein, A. (ed.), *Game Theory in Economics*.

Shapley, L. S. (1967). "On Balanced Set and Cores", *Naval Research Logistics Quarterly*, Vol. 14, No. 4, 453-460.

Shapley, L. S. and H. E. Scarf (1974). "On Cores and Indivisibility", *Journal of Mathematical Economics*, Vol. 1, No. 1, 23-37.

Shapley, L. S. and M. Shubik (1971). "The Assignment Game I: The Core", *International Journal of Game Theory*, Vol. 1, No. 1, 111-130.

Thrall, R. and W. Lucas (1963). "N-Person Games in Partition Function Form", *Naval Research Logistics Quarterly*, Vol. 10, No. 1, 281-298.

第9章 市场理论

9.1 导言

在前面第一部分的章节中，我们分别讨论了作为个体的消费者和厂商在市场价格给定、不受个体影响情形下的最优行为。本章考察当消费者和厂商同时在市场上做理性决策时，他们共同行动所导致的结果。我们将在不同的市场结构下对这些个体行为所导致的单一市场或者一组封闭的内在相关市场的均衡价格和数量进行考察。

亚当·斯密的《国富论》关于市场的核心洞见 (key insight) 十分直观：只有在双方都认为能从交换中获利时，双方自愿的交换才会发生。即使没有中央指导，价格系统也能有效地完成生产与消费的协调。在第 1 章中我们已经指出，在自由市场经济中，价格在组织经济活动中具有三大功能：（1）有效传递生产和消费的信息。（2）提供恰当的激励。自由价格系统的巧妙之处在于：它在传递信息的同时，也对接收到信息的个体，在根据信息调整需求和供给方面提供了激励。（3）决定收入分配。当利用价格来传递信息并对信息做出反应时，就不可避免地会影响收入分配。若一个人的所得不依赖其价格，他还有什么理由去搜寻价格信息或者对价格信息做出反应呢？

本章的分析集中于单一市场或者一组封闭的内在相关市场，且隐含地假定所考虑市场的变动不会改变其他商品的市场运行和均衡结果。因此，这种市场均衡分析是新古典 (马歇尔) **局部均衡**分析。在下一部分将要讨论的 (阿罗-德布鲁) **一般均衡**理论中，我们将同时考虑所有市场的均衡问题。在本章中，我们主要对厂商市场行为进行讨论，重点考察厂商在出售产品或者购买要素时是如何定价的。实际上，这是微观经济学的聚焦点。的确，微观经济学之所以也被称为价格理论，是因为其基本内容可以用两个字高度概括——定价。我们将看到，在某些情形中，价格接受行为可能是某种最优行为的合理近似；但在许多其他情形下，我们必须探究价格设定过程。

一个企业，只有当市场竞争不完全时，才有自由定价的意义。在一个不完全竞争的市场中，企业可以 (通过价格、产品差异、广告及其他促销方式) 影响需求，也就有决定价格–产量的**市场势力** (market power)。这种市场势力被称为**定价能力** (也被称为市场支配力或影响市场的能力)，或被称为**竞争优势**。定价能力可能来自独特的资源、创新能力、知识产权、政府、产品的差异化，或来自规模经济与范围经济的成本优势。

不完全竞争市场的主要特征是，单个企业面临的需求曲线向下倾斜，其弹性大小与市场势力 (竞争程度) 有关。不完全竞争包括垄断 (卖方或买方)、寡头 (卖方或买方) 及垄断竞争。我们将首先考虑完全竞争这一基准情形，然后考察个体具有市场势力的情形，这些情形包含了纯粹垄断、买方垄断 (monopsony)、垄断竞争、寡头垄断等几类市场结构。

9.2 完全竞争市场

我们首先考察完全竞争市场，它是一种理想状态，是一种极端市场结构，就像物理学中的自由落体运动一样，在现实中基本上不存在，但对它的理解和研究却异常重要，因为它具有许多良好的性质，而且它在市场分析中起着基准的作用，从而为研究更现实的市场经济提供了重要的基准点和参照系，阐明了提供什么样的市场经济是好的市场经济，从而为我们指明了改善市场效率的方向。

完全竞争市场的基本特征是在市场中有众多厂商出售同质产品，每个消费者或生产者无论消费多少或生产多少都不会对市场价格产生可观察的影响，从而是一种最简单的市场结构。从社会福利最大化角度来看，当没有外部性时，它是最有效率的市场。在更一般的情况下，我们将所有市场放在一起考虑。下一章要讨论的一般均衡理论将严谨证明，完全竞争市场在非常一般的条件下能实现资源的帕累托有效配置。

对完全竞争市场，我们有如下假定：

（1）**买家和卖家数量相当大**，从而市场参与人可视为价格接受者。

（2）**资源在产业间可自由流动**：进入和退出市场时，没有任何人为壁垒或障碍。

（3）**同质产品** (homogeneous product)：对消费者来说，同一产业中所有厂商生产的产品是完全相同的。

（4）**所有相关信息都是共同知识**：厂商和消费者具有经济决策所需的所有相关信息。

9.2.1 竞争性厂商

上面四个假定刻画了完全竞争市场上企业的基本特征，企业对市场的影响力为零。

竞争性厂商尽管可以任意地设定价格和选择产量，然而在完全竞争市场中，由于所有产品都是同质的，因此每个厂商必然以同一价格出售其产品，因而反需求函数是与消费轴平行的水平线。这是因为：若任一厂商试图将产品价格设为高于市场价格，则它将立即失去所有顾客；若任一厂商将其产品价格设为低于市场价格，则所有消费者都将购买它的产品；而如果它的定价等于市场价格，它同样可以销售它的产量。为此，作为一个逐利的个体，竞争性企业必然以市场价格作为自己产品的最优定价。在确定其供给决策时，每个厂商必然将市场价格作为给定的外生变量。

下面我们分析完全竞争厂商的行为。在分析企业市场行为时，根据企业决策的范围和程度，通常分为短期和长期。短期是指企业的某些要素受到了限制，比如制造企业的厂房、生产线等，从而其决策范围也相应地受到限制。在短期内，市场上企业的构成是不变的。在长期内，所有市场要素都是可以改变的，比如企业可以扩建厂房，设立新的生产线、新的营业网点，同时企业还决定是否进入或者退出某个市场。在长期内，市场上企业的构成是可变的。

9.2.2 竞争性厂商的短期供给函数

假定厂商只生产一种产品，我们想了解它的供给函数及市场均衡价格是如何确定的。由于完全竞争厂商是价格接受者，其利润最大化问题变得简单，唯一的决策变量是产出水平 y，使其利润最大化：

$$\max_{y} py - c(y),$$

其中，y 是厂商的产出水平，p 是市场价格，$c(y)$ 是企业成本。

上述最优化问题内点解的一阶条件 (first-order conditions，FOC) 为：

$$p = MC(y),$$

即价格 (此时等于产品边际收益) 等于产品边际成本。

在利润最大化一阶条件中，其边际收益等于边际成本。在竞争性市场中，收益 $R = py$，边际收益 $MR = \frac{dR}{dy} = p$。因此，$MR = MC$ 意味着 $p = MC(y)$。

上面的最优化问题的二阶充分条件为：$c''(y) > 0$。

上述两个条件决定了竞争性厂商的供给决策。在任意价格 p 处，厂商供给决策为 $y(p)$。根据一阶条件，有 $p = c'(y(p))$。进一步求导得到 $1 = c''(y)y'(p)$，由二阶条件可知 $y'(p) > 0$。这意味着供给法则 (law of supply) 成立。

注意 $p = c'(y^*)$ 作为内点解的一阶条件，$y^* > 0$。若价格 p 过低，厂商可能选择不生产。厂商的短期成本函数为 $c(y) = c_v(y) + F$，这里 F 表示固定成本。若 $py(p) - c_v(y) - F \geqq -F$，此时厂商应选择正的产量。这意味着 $p \geqq \frac{c_v(y(p))}{y(p)} \equiv AVC$。这就是说，短期内厂商进行生产的必要条件是产品的市场价格不小于其平均可变成本 (average variable cost)(见图 9.1)。

第9章

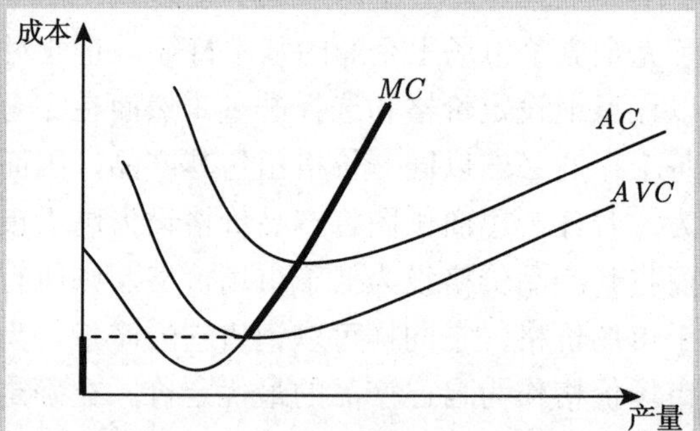

图 9.1 平均成本 (AC)、平均可变成本 (AVC) 和边际成本 (MC)。粗黑线是供给曲线。

这样，竞争性厂商的**供给曲线**为：

$$y = \begin{cases} (c')^{-1}(p), & \text{若} p \geqq \dfrac{c_v(y(p))}{y(p)}, \\ 0, & \text{其他}, \end{cases}$$

其中 $(c')^{-1}$ 是 c' 的反函数。

只要价格超过平均可变成本，此时厂商的供给曲线由向右上方倾斜的边际成本曲线(marginal cost curve) 给出。若价格低于 (最小的) 平均可变成本，厂商供给为零。

设市场上有 J 个厂商，**行业供给曲线**(industry supply curve) 为所有厂商供给曲线之和，即 $\hat{y}(p)=\sum_{j=1}^{J} y_j(p)$，其中 $y_j(p)$ 是厂商 j 的供给曲线，$j=1,2,\cdots,J$。由于每个 (选择正产量的) 厂商选择的产量水平都满足价格等于边际成本，每个进行生产的厂商必定具有相同的边际成本。行业供给曲线给出了行业产出和生产该产出的共同边际成本之间的关系。

行业总需求函数 (aggregate demand function)给出了任意价格下所有消费者的总需求，即 $\hat{x}(p)=\sum_{i=1}^{n} x_i(p)$，其中 $x_i(p)$ 为消费者 i 的需求函数，$i=1,2,\cdots,n$。这里 n 表示消费者数目。

9.2.3 单一商品市场均衡

市场的均衡价格是如何确定的呢？它是刚好使厂商愿意供应的商品数量等于消费者愿意消费的商品数量的价格水平。正式地，我们有如下定义。

定义 9.2.1 单一商品的**均衡价格** p^* 由总需求量等于总供给量决定，即它是如下方程的解：

$$\sum_{i=1}^{n} x_i(p)=\sum_{j=1}^{J} y_j(p).$$

一旦该均衡价格确定下来，我们就能反过来确定每个厂商的供给决策从而确定厂商的产出水平、收益和利润。在图 9.2 中，我们描述了三个厂商的成本曲线。第一个厂商的利

第9章

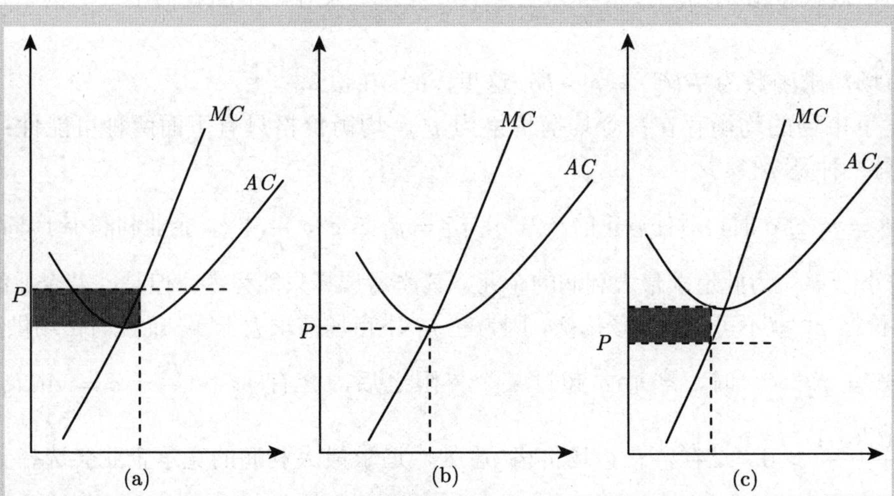

图 9.2 (a) 正利润、(b) 零利润和 (c) 负利润情形

润为正，第二个厂商的利润为零，第三个厂商的利润为负。即使第三个厂商的利润为负，但只要收益大于可变成本 (即 $p \geqq AVC$)，继续生产也可以弥补固定成本的亏损，否则亏损得更多 (等于固定成本)。

9.2.4 竞争市场与生产技术规模报酬

我们在生产者理论中提到了技术的规模报酬特性可以从成本函数来推断。若平均成本随着产量增加而减少 (增加、不变)，则技术具有规模报酬递增 (递减、不变) 特征。

下面的成本函数具有典型的规模报酬递增特性：

$$C(q)=\begin{cases}F+cq, & 若q>0,\\ 0, & 若q=0.\end{cases}$$

对应的平均成本函数为 $AC(q)=\frac{F}{q}+c$。图 9.3 描述了该技术的平均成本和边际成本，平均成本随产量增加而下降，当产量趋于无穷大时，平均成本趋近于边际成本。

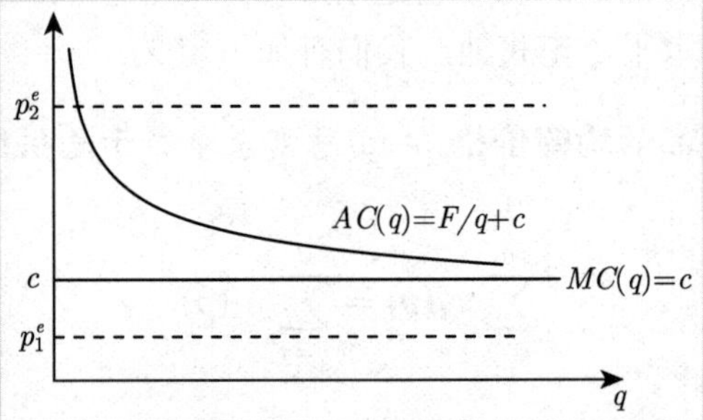

图 9.3 规模报酬递增生产技术

然而，规模报酬递增的技术与完全竞争市场并不兼容。下面我们用一个例子来揭示这个论断。

设市场需求函数为 $P(Q)=a-bq$, 这里，$b>0,a>c$。

设竞争市场的均衡存在，令均衡价格为 p^e。均衡价格只有下面两种可能性：一种是 $p^e \leqq c$，另一种是 $p^e>c$。

当 $p^e=p_1^e \leqq c$ 时，对任意正的产量 q，$p^e=p_1^e \leqq c<\dfrac{F}{q}+c$，企业利润小于零而且生产者剩余也小于零，为此追求最大利润的企业，其产量选择只能为零。但是，若企业的产量为零，此时价格 p_1^e 就不可能是市场均衡，因为在 p_1^e 下市场需求大于零，而此时市场供给为零。

当 $p^e=p_2^e>c$ 时，产量 q 超过某个界限之后，会有 $p_2^e>\dfrac{F}{q}+c=AC(q)$，并且 $\dfrac{d(p_2^e-AC(q))}{dq}>0$。这样，在市场价格 p_2^e 处，追求最大利润的竞争企业会选择无穷大的产量 (这是因为在任意产量上，生产者剩余都大于零)。此时，市场供给为无穷大。而在 p_2^e 下，市场需求是有限的。因此，p_2^e 也不可能是市场均衡。

综上所述，若企业生产技术具有规模报酬递增特征，那么该市场结构不可能是完全竞争的。在下面关于一般均衡理论的章节中，我们还会从不同角度论述规模报酬递增与完全竞争市场均衡是不兼容的。

9.2.5 长期均衡

竞争行业的长期行为由两种影响决定。考虑所有企业都可选择其他企业的生产技术，或者说生产技术是共同知识的情形。若生产技术不能复制，比如专利的情形，此时市场结构就不是典型意义上的完全竞争市场。第一种影响为厂商自由进入和退出造成所有厂商的长期利润为零。若某个厂商利润为负，我们可以想象它将退出市场。反之，若行业中的某个厂商利润为正，我们可以想象其他企业将进入该行业。若某个行业允许自由进入和退出，那么从长期来说所有厂商的利润水平必将相同。其结果是在长期竞争均衡状态下，每个厂商的利润都为零，如图 9.4 所示。

对竞争行业的长期行为的第二种影响为技术调整。在长期里，厂商将调整技术，这将改变固定要素以便在最小平均成本点运营。然而，若每个厂商都这样做，则均衡价格必将变化。

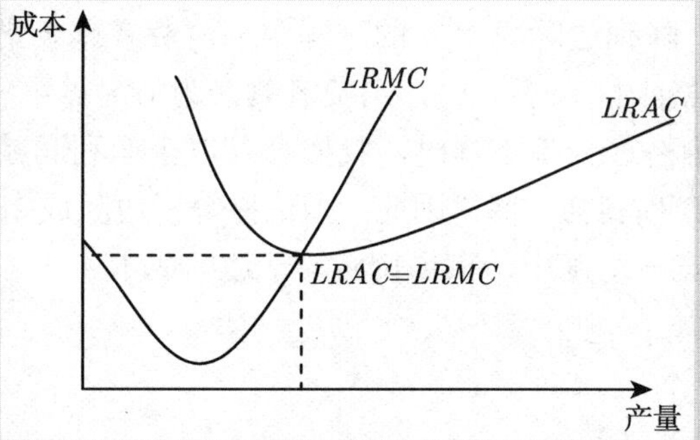

图 9.4　固定成本下的长期调整

第9章

在自由进入或退出情况下，厂商均衡数目由以下原则决定：在此均衡下，新企业的增加会使得所有企业的利润都小于零。或者说，当自由进入和退出使均衡价格下企业利润趋于零时，厂商数目就确定了。

例 9.2.1　$c(y) = y^2 + 1$，均衡产出水平是下面方程的解：

$$AC(y) = MC(y),$$

从而有 $y = 1$，平均成本达到最小，其值为 2。当价格高于 2 时，企业会得到正利润；而当价格低于 2 时，企业利润小于零。企业供给函数满足 $p = MC(y) = 2$，即有 $y = \frac{p}{2}$。

假设需求函数是线性的：$D(p) = a - bp$。均衡价格是满足下述条件的最小的 p^*：$p^* = \frac{a}{b + \frac{J}{2}} \geqq 2$，于是 $J^* = [a - 2b]$，其中 $[\cdot]$ 是数学上的取整函数。因为当 $j > J^*$ 时，企业的进入会使得市场价格小于 2，此时利润小于零；若 $j < J^*$，进入的企业会获得一个正的利润。

9.2.6 完全竞争市场下的社会福利

在单一商品市场中，参与人是消费者和生产者，其社会福利由这些参与人的净所得之和构成。在前面的消费者理论中描述消费者在市场交易中的净所得的概念是消费者剩余；在生产者理论中，描述生产者在市场交易中的净所得的概念是净利润 (等于生产者剩余扣除固定成本)。给定某一市场中有 J 个企业，在市场价格为 p 时，我们定义社会福利为 $W(p) = CS(p) + \sum_{j=1}^{J} PS(p)$。在长期中，由于固定成本为零，生产者剩余等于企业利润，此时 $W(p) = CS(p) + \sum_{j=1}^{J} \pi_j(p)$。

在完全竞争市场下，我们会发现，其均衡恰好是社会福利最大的市场交易结果。为此，往往将它作为一个参照系来分析其他市场结构下社会福利的损失或变化。

下面我们用一个简单的例子来说明上面的论断。

设生产的单位成本 (或者边际成本) 为 c，市场需求为 $P(Q) = a - bq$，这里 $b > 0, a > c$。图 9.5 刻画了该市场的需求曲线和生产的边际成本曲线。在市场价格 $p = p_0$ 处，市场交易量为 Q_0 时，消费者剩余为 α，企业的生产者剩余或企业利润为 β，社会福利为 $\alpha + \beta$。我们发现，在价格从 p_0 下降到边际成本 c 的过程中，消费者剩余增加，企业利润下降，但社会福利在增加。当价格刚好等于 c 时，消费者剩余为 $\alpha + \beta + \gamma$，企业利润为零，社会福利为 $\alpha + \beta + \gamma$。当价格进一步下降时，我们会发现企业利润减少的幅度超过消费者剩余增加的幅度，整个社会福利会下降。因此，当价格等于边际成本时，社会福利达到最大。需要注意的是，在完全竞争均衡中，市场价格等于边际成本。

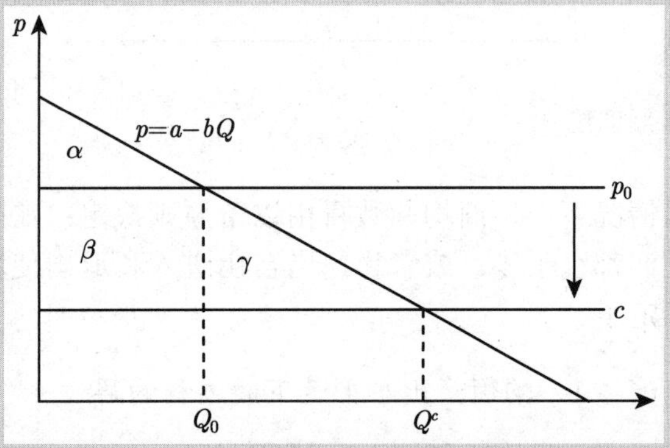

图 9.5　完全竞争市场下的社会福利

市场价格刻画的是消费者多消费一单位产品的支付意愿，而边际成本则是企业多生产一单位产品所花费的成本。只要生产额外一单位产品所产生的社会效用 (以消费者的支付意愿刻画) 超过社会成本 (若没有外部性，用边际成本来刻画)，那么交易这额外一单位产品就会使得社会福利上升。当消费者的支付意愿低于边际成本时，市场中交易这额外一单位产品会使得社会福利下降。当消费者的支付意愿等于边际成本时，市场交易达到了最优。在完全竞争市场下，刚好使得上面两项相等。在其他市场结构中，由于企业有能力使市场价格高于边际成本，此时企业拥有市场势力，使消费者的支付意愿高于企业的边际生产成本，从而社会福利比完全竞争情形下的低，这就产生了社会福利损失。在下面几节讨论的非完全竞争市场结构中，我们会进一步讨论它们的社会福利结果。

9.3 垄断市场

与完全竞争相反的另一个极端情形是完全垄断，简称垄断。垄断市场中只有一个卖方或买方。垄断厂商出现的原因可归纳为三项：(1) 规模经济；(2) 进入市场的障碍；(3) 独家拥有稀有生产要素。在这一节，我们根据市场类别，将其分为垄断产品市场和垄断要素市场。两类市场的垄断有不同的特性。我们先讨论垄断产品市场，然后讨论垄断要素市场。

9.3.1 垄断产品市场

对单种产品的垄断厂商来说，它要面临两项决策，即生产多少和如何定价。当然，垄断者 (monopolist) 的这两项决策是相互关联的。与竞争性企业视价格外生给定并在此基础上决定产量不同，垄断厂商需要选择出售的产量与价格，其定价关系由边际成本函数和需求函数 $q(p)$ 共同决定，市场需求函数给出了垄断者定价下需求的数量。有时考虑反需求函数更为方便，它表示消费者购买垄断者产量时愿意接受的价格 $p(q)$。我们已经在第 3 章给出了反需求函数存在的条件。厂商获得的收益可以表达为产出的函数，即 $R(q) = p(q)q$。

厂商的生产成本也取决于产出的数量。我们已经在生产者理论中深入研究了成本函数的特性。这里，我们不妨假定要素市场是完全竞争的，从而要素价格可设为常数 (下面我们将讨论在垄断要素市场下，要素价格是由垄断购买者决定的)，从而条件成本函数可表示为厂商产出水平的函数。

厂商利润最大化问题可写为：

$$\max_q R(q) - C(q) = \max_q p(q)q - c(q).$$

利润最大化的一阶条件为边际收益等于边际成本：$p(q^*) + p'(q^*)q^* = C'(q^*)$，方程左边是边际收益。该条件的经济含义是：若垄断者考虑多生产一单位产出，那么一方面，销售更多的商品时 (当价格大于边际成本时) 其收益会增加，另一方面，根据需求法则，需求的增加必然导致价格下降，从而降低垄断者的收益。以上两个相反方向的效应之和给出了边际收益。当产量很小时，前一种效应占据主导，此时收益随产出增加而增加；当产量很大时，后一种效应占据主导，收益随产出增加而下降。若边际收益超过生产的边际成本，垄断者将扩大生产。否则，将减少生产，直到边际收益等于边际成本时才停止。

利润最大化的一阶条件可以通过需求价格弹性的方式重新表述，该弹性衡量了需求对价格变化的敏感性。**需求价格弹性**定义为：

$$\varepsilon(q) = \frac{p}{q(p)} \frac{dq(p)}{dp}. \tag{9.1}$$

由于 $\frac{dq(p)}{dp} < 0$，这个弹性值总是小于零。

通过简单运算，边际成本等于边际收益可以表述为：

$$p(q^*)\left[1+\frac{q^*}{p(q^*)}\frac{dp(q^*)}{dq}\right]=p(q^*)\left[1+\frac{1}{\varepsilon(q^*)}\right]=C'(q^*),$$

或

$$p(q^*)=\frac{C'(q^*)}{1+\frac{1}{\varepsilon(q^*)}}. \tag{9.2}$$

在实际中，由于对平均和边际收入的信息有限，式 (9.2) 给出了一个实用的经验法则，供垄断者仅基于生产的边际成本和需求的价格弹性来确定最优价格。同时，由于 $\varepsilon(q^*)<0$，为了保证价格非负，企业需要在有弹性的需求范围内进行生产，即 $\varepsilon(q^*)<-1$。这样，我们有 $[1+(1/\varepsilon(q^*))]\leqq 1$。这意味着利润最大化导致价格不小于边际成本。

这个公式看起来不起眼，却是一个非常有用的结果，是一个基本的定价公式。实际上，对任何市场的定价都适用。它表明产品的市场价格取决于它的边际成本和它的需求价格弹性。这里应该注意的是市场均衡价格高度依赖于需求价格弹性。当边际成本保持不变时，产品的价格与需求价格弹性成反比，弹性越小，定价越高，越具有定价优势; 当市场是完全竞争的时，需求价格弹性为无穷大，从而价格等于边际成本。

对垄断市场，垄断者制定的价格等于边际成本乘上一个溢价 (markup) $\dfrac{1}{1+(1/\varepsilon(q^*))}$。该溢价为需求价格弹性的减函数。同时，价格弹性的绝对值越小，意味着企业的垄断能力越强，溢价会越高。价格弹性可以理解为产品的可替代性，价格弹性的绝对值越小，意味着消费者对商品的价格敏感度越低，比如食盐。这种商品若按垄断定价 (在中国封建社会，盐就是被政府垄断的)，价格会很高。这是由于没有别的替代品，厂商不担心价格提升会带来销售的下降。

利润最大化条件可以用图 9.6来很好地描述。为简便起见，假设反需求函数为线性的，即 $p(q)=a-bq$。于是收益函数为 $R(q)=qp(p)$，边际收益函数为 $R'(q)=a-2bq$。边际收益曲线的截距和需求函数的截距相同，但斜率为后者的两倍。图 9.6刻画了弹性与垄断价格的关系，图 (a) 是低价格弹性需求的情形，垄断价格与边际成本的差异较大；图 (b) 是高价格弹性需求的情形，垄断价格与边际成本的差异较小。

第9章

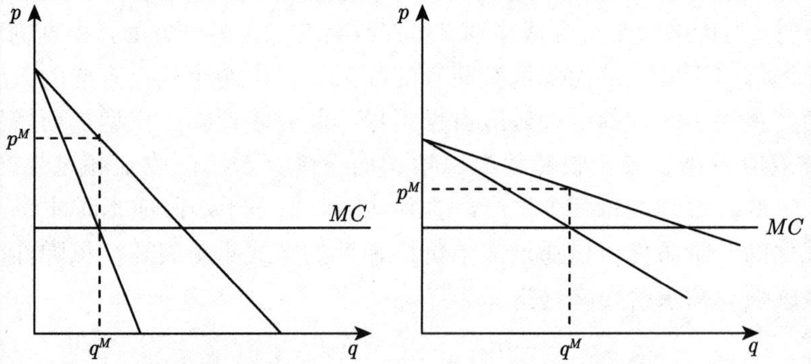

(a) 低价格弹性需求　(b) 高价格弹性需求

图 9.6　低价格弹性需求和高价格弹性需求

9.3.2　长期垄断

我们已经看到，由于技术和进入变动，竞争行业的长期和短期行为可能并不相同。垄断行业也有类似结果。技术变动造成的结果最简单：垄断者将选择固定要素水平以最大化长期利润，其产量由边际收益等于长期边际成本决定。进入变动造成的结果有一点复杂。一般来说，若垄断者的利润为正，其他厂商将会进入该行业。若垄断者的垄断地位不变，则一定存在某种行业进入壁垒 (如中国的电信、金融、铁路等行业)，使垄断者在长期经营中仍获得正的利润。

这些进入壁垒可能是法律上的，但经常是由于垄断者拥有唯一的生产要素。例如，厂商可能拥有某种产品的专利，或者可能拥有他人未知的生产流程或某种要素，如南非拥有世界上最多的钻石矿产。若厂商的垄断力量是由拥有唯一的生产要素造成的，我们在度量垄断利润时就要特别小心。因为这个要素本身存在机会成本，我们在计算利润时需要扣除所有显性或隐性成本。

9.3.3　垄断弊端：社会福利损失

我们称一个结果为**帕累托有效**的，若不存在其他结果可以让某一市场主体的福利状况得到改善而不降低其他主体的福利。在福利经济学中，帕累托有效是一个核心概念。这里，我们只对该概念进行简单的说明。在局部市场中，前面定义的社会福利函数，其社会福利最大化与帕累托有效尽管不同，但彼此之间存在联系。若一个配置实现了社会福利最大化，它必然是帕累托最优的。这意味着竞争市场的配置是帕累托最优配置，但反过来不一定成立。

由于厂商的垄断定价超过了边际成本，所以根据之前对竞争市场的福利讨论可知，垄断市场存在社会福利损失。就帕累托标准而言，垄断配置也是一种**帕累托无效** (Pareto inefficiency) 配置，即意味着存在某种方式使该垄断者的状况得到改善而其消费者的状况不会恶化。

为了说明这一点，我们考虑垄断企业的生产决策。在垄断价格 p^m 下，其销售量为 q^m。假设垄断者打算多生产数量 Δq，并将其出售给消费者。消费者会为此额外的产出支付多少呢？显然，他们将支付 $p(q^m+\Delta q)$。生产该额外产出的成本是多少呢？答案是边际成本 $MC(q)$。在这样的产量变化下，消费者的状况不会恶化。由于垄断者以大于边际成本的价格卖出了额外的产出，它的状况将得到改善。这里，我们允许垄断者进行歧视定价 (我们在下面会进一步讨论价格歧视)。它先以某个价格出售 q^m 数量的产出，然后以 (更低的) 另一价格出售更多数量的产出。上述过程会持续多久呢？一旦产出达到竞争水平，厂商就不能进一步改善其状况。此时对该行业来说，价格和产出的竞争水平是帕累托有效的。垄断者相对于竞争市场的福利损失可以通过图 9.7来揭示。在垄断价格 p^m 下，消费者剩余为三角形 DEC 的面积，垄断利润为梯形 $CEFA$ 的面积，总的社会福利为梯形 $DEFA$ 的面积。而在竞争市场上，总的社会福利为三角形 DGA 的面积。因此，垄断带来的社会福利损失为三角形 EGF 的面积。

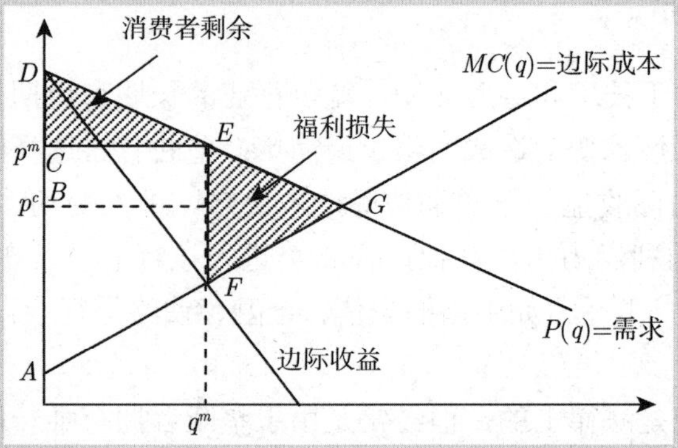

图 9.7 垄断的社会福利损失

9.3.4 垄断的好处：企业创新

从以上讨论可知，垄断指厂商拥有定价能力，厂商可利用其垄断力量将产品价格定在竞争均衡价格之上，使其产量低于完全竞争市场的产量。这样，就不能按照帕累托最优原则配置经济资源，从而降低了资源配置的经济效率，带来了一定程度的社会福利损失。于是，需要政府规制，比如出台反垄断法，来维护和促进市场竞争。不过，某些行业因自然、技术、市场等方面的原因而天然具有垄断的特性，即使让私有企业来生产，也存在垄断定价的问题。为了获得规模经济效益，一些市场主体往往通过联合、合并、兼并的手段，形成对市场的垄断，从而扭曲市场竞争机制，使其不能发挥自发而有效的资源配置功能。尽管如此，仍然可以通过政府规制加以解决，实现企业利益与社会福利的兼容。

然而，任何事情都有两面性，垄断并不是一无是处。从整个社会资源配置的效率角度来说，由于垄断的确产生效率损失，固然是竞争性越强越好；但从企业的角度来说却正好相反，企业希望垄断性越强越好。由于企业利润会随着竞争程度的增加而减少，私有、民营企业由于逐利动机，往往会有很大激励不断进行创新 (比如华为、苹果公司)，研发新产品，将新产品的价格定在竞争均衡价格之上而获得垄断利润。但是，同行业的其他企业很快会开发类似产品来分享利润。这种市场竞争导致企业利润下降，从而迫使企业不断地创新，而企业创新导致垄断利润，可观的利润会吸引其他企业涌进来参与竞争。这样，市场竞争导致利润下降和企业通过创新形成垄断利润，形成了竞争—创新—垄断—竞争这种反复循环，即市场竞争趋向均衡，而创新却打破均衡，市场不断地进行这样的博弈就会激励企业不断追求创新，通过这种博弈过程，市场经济保持长期活力，使社会福利增加和经济发展，从而显示了市场制度的优美和巨大威力。这样，为了鼓励创新，就需要政府制定知识产权保护法，同时为了鼓励竞争及形成技术创新的外部性，反垄断法和知识产权的保护不是永远的，而是需要有一定的年限，不能形成固化或永远的寡头和垄断。

所以，竞争和垄断是一个事物的两个方面，就像供给和需求，通过市场的力量，它们可以形成令人惊叹不止的辩证对立统一，从而显示了市场制度的优美和巨大威力。若没有竞争压力，由政府垄断的国有企业不可能有动力去创新。企业家对合理利润的追求是市场进步的力量源泉。产品的定价能力从哪里来？产品的垄断就是最大定价能力。产品垄断能力靠什么？除了政府保护导致垄断外 (经济学理论早已证明，这往往导致低效率及激励扭曲)，就要靠创新和产品的独特性，抢占市场先机。熊彼特 (其人物小传见 2.12.2 节) 的“创新理论”告诉我们，有价值的竞争不是价格竞争，而是新商品、新技术、新市场、新供应来源、新组合形式的竞争。市场经济保持长期活力的根本就在于创新和创造，这源于企业家精神，源于企业家不断地、富于创造性地破坏市场的均衡，也即“创造性毁灭”。今日风光无限的苹果公司，20 世纪末曾陷于破产边缘。当时重返苹果公司任首席执行官的乔布斯是靠什么扭转乾坤的呢？靠的就是创新，满足和激发民众需求的创新。它的一系列产品把人文和科学技术结合起来，甚至影响了人们的消费偏好和生活方式。创新，是灵光一闪的结果，但又不是一次头脑风暴就能想出来的，而是组合创新。实质上，创新是由很多已经存在的想法组成的。所以，企业家非常重要，他的职能“并不包括去‘寻找’或者‘创造’新的可能性。这些可能性一直在那里，被各种各样的人大量地积累起来”。企业家的职能是在这些可能性消失之前，通过构思和制定新的要素组合，将可能性付诸实施，使之变为现实。

需要顺便指出的是，创新主要靠民企。由于创新意味着打破循规蹈矩，就必然蕴含高风险，尤其是高科技创新更具有高风险特征。创投成功的比例非常低，但一旦成功，就会有相当可观的盈利回报，从而能吸引更多的资金前赴后继地往里投。不过，对国企而言，由于先天缺乏承担风险的激励机制，因而是不太可能主动去冒这样的高风险的，而民营经济由于追求自身利益的强烈动机，是最敢于冒风险的，从而最具有创新意识和创新力。因此，从各国来看，企业创新 (非基础性科学研究) 的主体都是民营企业。国内公认的最具有创新力的华为、阿里巴巴、腾讯等企业，也都是民企。

9.3.5 垄断者差别定价

上面讨论的企业定价都是单一价格 (uniform price)，然而现实中企业经常采取**差别定价**，又称**价格歧视** (price discrimination)，即企业在生产成本相同的情况下，对不同顾客或不同购买数量给出不同定价。差别定价的前提是，需求者的购买会产生消费者剩余。在垄断价格定价分析中，厂商通过设定统一价格来获得垄断利润，同时不同消费者也在一定程度上获得了消费者剩余。垄断厂商为了进一步扩大利润，会通过差别定价来获得消费者的部分甚至全部剩余。

差别定价有许多现实的例子。航空公司向旅客提供不同舱位的票价；许多杂志社向学生提供折扣订阅价；铁路公司向学生提供优惠的学生票；公共汽车部门向老人收取非常低的票价 (甚至免费)；一些协会 (比如美国经济学会) 视会员的收入来收取会员费；许多商场在节假日开展降价或者返券的优惠活动；在某些产品的包装上附有赠券，凭着赠券，下一次购买该产品时，消费者只需支付一个较低的价格，利用赠券，厂商向初次购买的顾客收取了比回头客更高的价格；在电信资费上，许多种类的套餐服务在不同时间有着不同的收费标准。这些都是不同形式的价格歧视或差别定价。然而，正如丹尼斯·卡尔顿和杰弗里·佩罗夫 (1998) 所指出的那样：

> 在电影和电视剧中，经常把只收取贫穷病人较低费用的医生塑造成伟大的英雄。在很老的电影中可以看到，乡村医生收取一只鸡而不是现金作为酬劳。实现价格歧视的医生是无私之辈还是追逐利润最大化之流？当然，有些医生免费医治穷人或者只收取菲薄的酬金只是一种慈善行为，但是，其他医生可能在玩价格歧视的把戏。①

价格歧视有许多被广泛采用的形式。

第一种：**两部收费**。厂商先向消费者收取一笔费用 (首段收费)，消费者支付了这笔费用后，才有权按某一指定价格购买商品。比如上海移动的畅听包服务，每个月交纳一定月租费就可以免费接听，同时拨打国际电话每分钟收费。又例如一些游乐园，首先要收取入场费，然后再在每一个游玩项目上收取附加费。

第二种：**数量折扣**。根据不同数量收取不同的单价。比如许多商品团购和单个购买时价格并不一样。

第三种：**搭配销售**。只有当顾客一并购买另外一种产品时厂商才向他出售他想购买的某种产品。比如顾客购买某种耐用品时，必须一并购买卖方的所有维修服务或者维修部件。如销售复印机时，厂商可能会提出条件，要求顾客同时购买油墨、复印纸等。顾客在购买手机时，需要从卖主那里购买充电器。有时通过兼容技术，消费者别无选择，比如苹果手机只能用苹果充电器。

第四种：**质量歧视**。当厂家提供不同价格–质量的商品组合时，就可能在进行质量歧视。比如厂商向极其重视质量的顾客提供高质高价产品和向其他顾客提供低质低价产品，如高档车和普通车，这样就把顾客分割成两个市场。再比如机票分为头等舱票、商务舱票和经济舱票，类似的还有火车票、演出票等等。下面是一个现实例子，即杜皮特 (Dupuit) 对铁路客运价格的讨论：

> 某个公司之所以要有敞篷的木凳车厢，并不是因为三等车厢装上顶篷或者给三等座位装上垫子要花去它几千法郎……它这样做的目的只是为了阻止能支付二等车费的人去坐三等车厢；它伤害了穷人，但并不是因为它想伤害他们，而只是为了吓走富人……出于同样的理由，那些被证明对待三等乘客几近于残酷、对待二等乘客几近于吝啬的公司，在对待一等乘客时却变得慷慨起来。它们拒绝给予穷人他们所必需的东西，同时却给予富人许多多余的东西。②

另外，我们需要注意并非每个非统一价格的行为都是价格歧视。厂商向不同消费者收取不同的价格有许多其他原因。比如厂商向消费者提供数量折扣时，可能是因为大宗订单

① 丹尼斯·卡尔顿，杰弗里·佩罗夫. 现代产业组织. 上海：上海三联书店, 1998：640.

② Tirole, J. (1988). *The Theory of Industrial Organization*, MIT Press: 150.

带来成本的节省，而厂商把节省的成本返还给大宗购买者。有时即使是对商品采用同样的价格，也可能在进行价格歧视，比如厂商对不同位置的消费者送货上门，同时收取同样的商品价格，此时价格不能完全反映出成本差异，成本包括生产成本和运输成本。

价格歧视原理

前面提到，垄断厂商增加一单位销量所带来的收益增量是两种效果的加总。第一种效果是它以价格 p 多销售一单位产品所带来的收益增量，其金额为 p。第二种效果是由于价格降低带来的全部销量的收益减少，其金额为 $Q\Delta p$。这样，当总收益为 $p(Q)Q$ 时，其边际收益为 $p(Q)+Q\dfrac{dp(Q)}{dQ}$。

若垄断厂商只需要对最后增加的商品降低价格，那么只要最后一单位销量的价格超过边际成本，厂商就会继续扩大产量，直至最后一单位的价格等于边际成本，这样垄断厂商就通过差别定价赚取了额外利润。所有差别定价方式都可被看作厂商通过某种营销设计来减少上面提到的销量扩大后的第二种效果对边际收益带来的负面影响。

价格歧视实行条件

企业在进行价格歧视时，并不是无条件的，如果消费者在不同价格之间进行套利，就会破坏企业的意图。下面是实行价格歧视的重要条件。

第一，厂商拥有一定的左右市场的势力 (将价格定于边际成本之上而获利的能力)，否则，厂商无法向消费者索取高于竞争性市场的价格。

第二，厂商需要知道或推断消费者对每单位产品的支付意愿，这个支付意愿必定依消费者或者销量而变化。也就是说，厂商能确定向谁索取高价。

第三，厂商要有能力阻止或限制转卖的发生。转卖是指支付低价的顾客将商品卖给愿意支付高价的顾客。若转卖容易，那么厂商向一个消费群体索取比另一个消费群体更高价格的企图就不会成功, 或者数量会减少，比如要防止大宗买主把商品转售给小买主。

以下几个方面可以防止或减少转卖：

（1）**服务**。绝大多数消费性服务不能转卖。

（2）**担保**。比如售后服务，厂商可以宣布只对产品初次购买者提供担保或者免费售后服务。电子市场上有一些“水货”产品。

（3）**掺杂**。厂商可以在某种产品中掺杂他物以使得该产品不能转作他用。比如药用酒精不能转换为用作饮料的酒精。

（4）**交易费用**。转卖中需要承担一笔大的交易费用。比如商场上的赠券 (允许它们以较低的价格购买某种产品)，搜索没有赠券的购买者的费用太高。

（5）**合约补救**。厂家在购买合约中把禁止转售作为销售条件之一。比如购买学生火车票，需要出示学生证。在一些大学中，学生和教师能够以低于市场价格的价格购买计算机，但规定不能转卖。

（6）**纵向一体化**。上游企业可以对某些下游企业进行一体化，以索取比其他下游企业更高的价格。

价格歧视

有三类典型价格歧视。

(1) **一级价格歧视**，又称**完全价格歧视**。对每一单位商品索取不同的价格。生产者可获取全部消费者剩余。这种价格歧视一般需要生产者了解每个消费者的保留价格，同时能够阻止消费者之间的转卖或套利。

(2) **二级价格歧视**按消费者购买的数量来进行差别定价。在现实中，完全价格歧视的两个条件很少能完全满足，生产者于是设计不同的数量和价格组合，由消费者自行选择。生产者仍可以攫取消费者剩余 (超过统一定价)。

(3) **三级价格歧视**将市场分成两个或多个群体，分别进行定价。生产者能够观察到某些与消费者偏好相关的信号 (例如年龄、职业、所在地等)，并且利用这些信号把消费者分为多个市场进行价格歧视。

此外，还有两部收费法，它是价格歧视的一种类型，为提取消费者剩余提供了另一种手段。两部收费包括向消费者收取的购买产品权利的一次总付费用，以及对每单位消费收取的相同价格。

二级和三级价格歧视的区别在于：三级价格歧视可以利用关于消费类型的信号，将市场划分成多个独立的市场，同时在不同市场上实行差别定价；而二级价格歧视由于观察不到消费者类型的信号，而市场只有一个，只有通过设定不同的购买合约，让消费者自我选择来进行价格歧视。下面分别对这三类价格歧视进行讨论。

9.3.6 一级 (完全) 差别定价

一级差别定价：对每一单位商品索取不同的价格。我们先考虑一个最简单的情形。市场上只有一类消费者，他们有单位需求 (或者不购买，或者购买 1 单位产品)。令他们对商品赋予的价值是 V，垄断者索取价格 $p = V$，就获得了所有消费者剩余。

下面考虑一个扩展情形。市场上有 n 类消费者，每类消费者有单位需求，对商品的价值为 V_i, $i = 1, \cdots, n$。此时，垄断者对 n 类消费者分别定价。对第 i 类消费者，定价为 V_i。同样，垄断厂商可以抽取消费者的所有剩余。

接着我们来讨论非单位需求的情形。假设市场上有 n 个消费者。市场需求函数为 $D(p)$，每个消费者的需求函数为 $\dfrac{D(p)}{n}$。若只能使用单一价格，此时垄断厂商获得的最大利润为 $p^m D(p^m) - C(D(p^m))$。其中，p^m 是垄断价格。如果可以采取更灵活的定价策略，垄断厂商将可获得更多利润。

假设垄断厂商采取两部收费法：收取一个固定费用和一个相同的单价，即有 $T(q) = A + pq$。若垄断厂商采取竞争性价格，则 $T(q) = p^c q$。此时，所有消费者的净剩余为 $S^c = \int_0^{q^c}(p(q) - p^c)dq$，这里 $q^c = p^{-1}(p^c)$，每个消费者的净剩余为 $\dfrac{S^c}{n}$。若 $A = \dfrac{S^c}{n}$，$p = p^c$，两部收费 $T(q) = A + pq$ 会被消费者接受，此时留给消费者的净剩余为零，垄断者利润等于最优时的社会福利。若不考虑分配和公平问题，只考虑效率，完全差别定价提高了社会福利，消费者剩余的减少被生产者利润的增加所弥补。图 9.8 刻画了完全价格歧视下消费者剩余和企业利润的变化。

我们可以把上面的分析扩展到 n 类消费者的情形。每一类消费者的需求函数为 $Q^i(p)$。这样，可以把每一类消费者划分成一个市场。按照前面类似的分析，比如对每一类消费者采取不同的两部收费，单位价格对应于每个市场的竞争价格，固定费用为竞争性价格所对应的不同类型的消费者剩余。

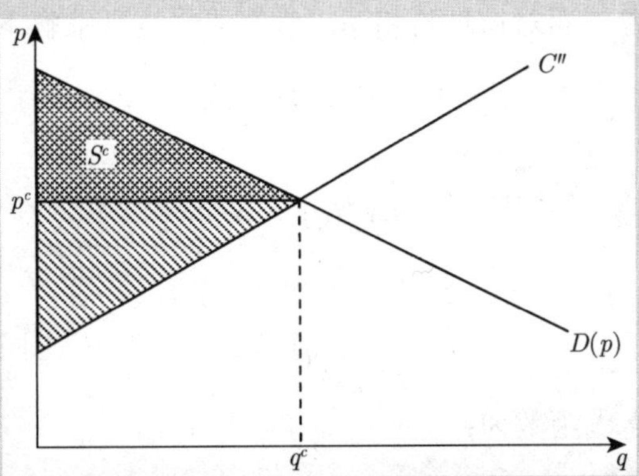

图 9.8　完全价格歧视，其中垄断者可以根据消费者对商品赋予的价值向不同的消费者收取不同的价格，从而增加生产者福利。消费者剩余的减少被生产者利润的增加所抵消。

完全价格歧视会存在很大的信息问题。厂商不知道顾客是哪一类消费者，消费者在大部分情形下也不愿披露自己的类型。要是这样的话，完全价格歧视就不可能实现，厂商不能完全获取消费者剩余。

9.3.7　二级 (自选择) 差别定价

二级差别定价：按消费者购买数量进行差别定价。若不能观察到消费者的类型信息，垄断厂商也可通过设计各种消费合约，使消费者选择各自不同的消费组合。

假设市场上有两类消费者，他们对商品赋予的价值分别为 $\theta_i V(q)$，$i=1,2$。图 9.9 描述了两类消费者的需求和他们的消费者剩余。

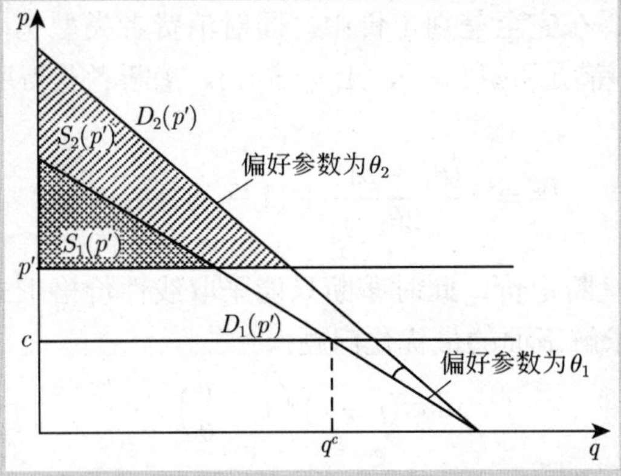

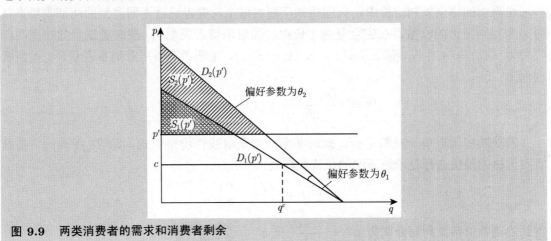

图 9.9　两类消费者的需求和消费者剩余

θ_i 是刻画第 i 类消费者对商品的偏好参数。假设在市场中，偏好为 θ_1 类型的消费者 (即第 1 类消费者) 占 λ 比例，其余都是偏好为 θ_2 类型的消费者 (即第 2 类消费者)。设 $\theta_2 > \theta_1$，$V(q) = \dfrac{1-(1-q)^2}{2}$。同时厂商不能辨别消费者类型，厂商的边际成本为 c。

我们先来看不同类型消费者的需求。

首先对第 i 类消费者，面对市场价格 p，他们的决策是求解下面的最大化问题:

$$\max \theta_i V(q) - pq.$$

其一阶条件为:

$$\theta_i V'(q) = p,$$

即

$$\theta_i(1-q) = p.$$

从而，第 i 类消费者的需求函数为:

$$D_i(p) = 1 - \frac{p}{\theta_i}.$$

第 i 类消费者的剩余为:

$$S_i(p) = \theta_i\left(\frac{1-(1-D_i(p))^2}{2}\right) - pD_i(p) = \frac{(\theta_i - p)^2}{2\theta_i}.$$

市场需求函数为:

$$D(p) = \lambda D_1(p) + (1-\lambda)D_2(p) = 1 - \frac{p}{\theta},$$

其中，$\dfrac{1}{\theta} \equiv \dfrac{\lambda}{\theta_1} + \dfrac{1-\lambda}{\theta_2}$。

现在讨论厂商如何对消费者进行二级差别定价。假设以两部收费方式进行差别定价。为了理解二级差别定价与其他类型差别定价的区别，我们以完全差别定价和统一的垄断价格作为参照系。

在前面的完全差别定价中，我们得知厂商对每个消费者通过不同类型的两部收费来获得完全差别定价的收益。在完全差别定价中，面对消费者类型 i，垄断者制定的相应两部收费为 $T_i(q) = A_i + cq$，满足：$p^{fd} = c$，$A_i = S_i(c)$。垄断者获得所有消费者剩余，垄断者利润为:

$$\pi^{fd} = \lambda\frac{(\theta_1 - p)^2}{2\theta_1} + (1-\lambda)\frac{(\theta_2 - p)^2}{2\theta_2}.$$

若垄断者采取单一垄断定价，此时垄断只能采取线性价格形式，即 $T(q) = pq$。垄断者对价格的最优选择是求解下面的最优化问题:

$$\max (p-c)\left(1 - \frac{p}{\theta}\right).$$

得到的垄断价格及利润分别为 $p^m = \dfrac{c+\theta}{2}$ 及 $\pi^m = \dfrac{(\theta - c)^2}{4\theta}$。

当垄断者不知道消费者的类型时，垄断者应该如何进行二级价格歧视呢？我们先讨论一种简单的方式，即采用单一的两部收费法来进行二级价格歧视，即 $T(q) = A + pq$。由于企业不能区分消费者，这个定价是针对所有类型的消费者。

当单价为 p 时，能使第 1 类消费者仍然购买，他们愿意支付的最高固定费用为 $A=S_1(p)$，此时第 1 类消费者剩余被完全抽取，然而第 2 类消费者却仍然有正的消费者剩余。由于 $S_1(p) > 0$，给定价格 p，最优的固定费用 $A = S_1(p)$。接下来的问题是应该选择什么样的单价 p 呢？

对垄断者而言，最有利可图的两部收费其实是求解下面的最优化问题：

$$\max_p S_1(p) + (p-c)D(p) = \frac{(\theta_1 - p)^2}{2\theta_1} + (p-c)\left(1 - \frac{p}{\theta}\right).$$

一阶条件为：

$$-\frac{\theta_1 - p}{\theta_1} + (1 - \frac{p}{\theta}) - \frac{p-c}{\theta} = 0,$$

由此得到二级价格歧视下的最优单价是：

$$p^{sd} = \frac{c}{2 - \theta/\theta_1},$$

其利润记为 π^{sd}。

显然，$c < p^{sd} < p^m$，同时有 $\pi^{fd} \geqq \pi^{sd} \geqq \pi^m$，即完全差别定价的利润高于二级差别定价的利润，而后者又高于单一定价的垄断利润。对社会福利来说，完全差别定价是最高的。而在二级差别定价下，由于

$$W(p) = \lambda S_1(p) + (1-\lambda)\, S_2(p) + (p-c)\left[\lambda D_1(p) + (1-\lambda)\, D_2(p)\right],$$

这里

$$W'(p) = (p-c)\left[\lambda D_1'(p) + (1-\lambda)\, D_2'(p)\right],$$

当 $p \geqq c$ 时，消费者随着 p 的提高而减少消费，消费减少意味着有利可图的交易不能实现，所以与**垄断的单一定价相比，二级差别定价增加了社会福利**。

在二级价格歧视下，垄断者其实可以有更多的选择空间，即采取更复杂的非线性定价方式来获得更高的利润。下面，我们讨论垄断者最大利润的非线性定价，这是标准的委托–代理问题，我们将在第五部分对委托–代理理论进行详细讨论。

假设厂商针对第 i 类消费者设计消费组合 (q_i, T_i)，它表示，购买量为 q_i，需要总支付 T_i，并且 $(q_i, T_i) \neq (q_j, T_j)$, $i \neq j$。这种设计需要满足两类条件：首先，第 i 类消费者选择 (q_i, T_i) 的效用不低于选择 (q_j, T_j) 的效用，称为**激励相容约束**；其次，第 i 类消费者选择 (q_i, T_i)，其净剩余不会低于零，称为**参与约束**。

垄断者的目标为

$$\max_{(q_i, T_i)} \lambda(T_1 - cq_1) + (1-\lambda)(T_2 - cq_2). \tag{9.3}$$

满足约束：

$$\theta_1 V(q_1) - T_1 \geqq 0 \quad (\text{第 1 类消费者的参与约束}), \tag{9.4}$$

$$\theta_2 V(q_2) - T_2 \geqq 0 \quad (\text{第 2 类消费者的参与约束}), \tag{9.5}$$

$$\theta_1 V(q_1) - T_1 \geqq \theta_1 V(q_2) - T_2 \quad (\text{第 1 类消费者的激励相容约束}), \tag{9.6}$$

$$\theta_2 V(q_2) - T_2 \geqq \theta_2 V(q_1) - T_1 \quad (\text{第 2 类消费者的激励相容约束}). \tag{9.7}$$

达到最优时，不等式 (9.4) 和 (9.6) 至少有一个取等号，否则我们可以增加 T_1 的取值来增加目标值；同样的道理，不等式 (9.5) 和 (9.7) 至少有一个取等号。

对不等式 (9.7)，由于 $\theta_2 V(q_2) - T_2 \geqq \theta_2 V(q_1) - T_1 > \theta_1 V(q_1) - T_1 \geqq 0$，对不等式 (9.5) 取严格不等号，从而有 $\theta_2 V(q_2) - T_2 > 0$，这意味着 $\theta_2 V(q_2) - T_2 = \theta_2 V(q_1) - T_1$，即不等式 (9.7) 取等号。若不等式 (9.6) 取等号，与不等式 (9.7) 相加得到：$V(q_1) = V(q_2)$，即 $q_1 = q_2$，则必然也意味着 $T_1 = T_2$，与之前的假设矛盾。因此，不等式 (9.6) 取严格不等号，这就意味着，不等式 (9.4) 取等号。

综合上面的讨论，只有不等式 (9.4) 和 (9.7) 满足等式约束。这意味着，

$$T_1 = \theta_1 V(q_1)$$

和

$$\theta_2 V(q_2) - T_2 = \theta_2 V(q_1) - T_1 = (\theta_2 - \theta_1) V(q_1).$$

把它们代入目标函数：

$$\max\{\lambda(\theta_1 V(q_1) - cq_1) + (1-\lambda)(\theta_2 V(q_2) - cq_2 - (\theta_2 - \theta_1)V(q_1))\}.$$

得到关于 q_1 和 q_2 的一阶条件：

$$\theta_1 V'(q_1) = \frac{c}{1 - \dfrac{1-\lambda}{\lambda}\dfrac{\theta_2 - \theta_1}{\theta_1}},$$

$$\theta_2 V'(q_2) = c.$$

利用 $V(q) = \dfrac{1-(1-q)^2}{2}$，有

$$q_1 = 1 - \frac{c}{\theta_1 - \dfrac{1-\lambda}{\lambda}(\theta_2 - \theta_1)},$$

$$q_2 = 1 - \frac{c}{\theta_2}.$$

这样，高需求类型的消费者的购买数量是社会最优的 (商品的边际效用等于边际成本)，低需求类型的消费者的购买数量低于社会最优水平；同时高需求类型的消费者获得正的消费者剩余。

图 9.10 描述了上面的最优非线性定价。图中的 B_1 对应于第 1 类消费者的购买组合 (q_1, T_1)，此时消费者剩余为零；而 C_2 对应于第 2 类消费者的购买组合 (q_2, T_2)，其消费者

剩余大于零。在之前的两部收费的二级价格歧视中，第 1 类消费者的购买组合在 B_1，第 2 类消费者的购买组合在 B_2。对比上面单一的两部收费，第 2 类消费者在非线性二级价格歧视中购买了更多的商品，而垄断者的利润也更高。这样由于两部收费的二级价格歧视是非线性定价的一种形式，垄断者在最优非线性定价下选择了不同于两部收费的歧视，带来更高的利润。

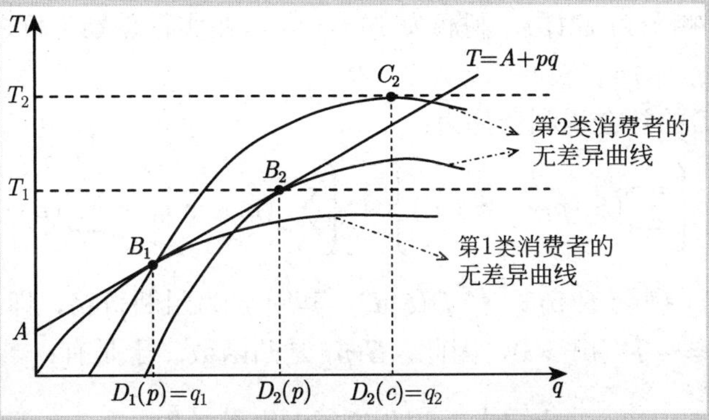

图 9.10　二级价格歧视

9.3.8　三级 (多市场) 差别定价

三级差别定价：将市场分成两个或多个群体分别进行定价。垄断厂商可以根据消费者的信息把总需求分成 m 个市场。垄断者知道这些市场的需求曲线。如果这些市场是独立的，市场之间不存在套利，垄断者就可针对不同市场制定不同价格，然而在每个市场内部只能进行统一定价。此时垄断者参与一个多市场垄断定价。

令 $\{p_1, \cdots, p_i, \cdots, p_m\}$ 为 m 个市场的价格，相对应的 m 个市场的需求为：

$$\{D_1(p_1), \cdots, D_i(p_i), \cdots, D_m(p_m)\}.$$

垄断厂商对 m 个市场选择 m 个垄断价格。

垄断者的目标函数为：

$$\max \sum_i p_i D_i(p_i) - C\left(\sum_i D_i(p_i)\right).$$

由此可得一阶条件：

$$\frac{p_i - C'(q)}{p_i} = \frac{1}{\varepsilon_i},$$

其中 $\varepsilon_i = -\dfrac{p_i D_i'(p_i)}{D_i(p_i)}$ 为第 i 个市场的需求弹性。

从上面的条件可知，与单一定价相比，在价格歧视下，高需求弹性的消费者面临的价格更低。因此，这类消费者更偏好于差别定价。低需求弹性的消费者则会由于价格歧视而被索取更高的价格，从而福利状况变差。对垄断者来说，差别定价当然会带来更高的利润，否则就没有必要进行差别定价了。由于存在相反方向的影响，三级差别定价下社会福利变化的方向并不确定。

下面讨论一个更一般的情形。设有 m 个市场，假设边际成本不变，为常数 c，第 i 个市场的需求为 $q_i = D_i(p_i)$，对应的消费者剩余为 $S_i(p_i)$，企业的利润为 $(p_i - c)q_i$。若不允许差别定价，垄断者对所有市场制定统一价格 $\bar{p}$。那么，第 i 个市场对应的需求为 $\bar{q}_i = D_i(\bar{p})$，消费者剩余为 $S_i(\bar{p})$，利润为 $(\bar{p} - c)\bar{q}_i$。在实行差别定价之后，第 i 个市场的需求变化为 $\Delta q_i \equiv q_i - \bar{q}_i$。

实行价格歧视后的社会福利变化为：

$$\Delta W = \left\{\sum_i (S_i(p_i) - \bar{S}_i(\bar{p}))\right\} + \left\{\sum_i (p_i - c)q_i - \sum_i (\bar{p} - c)\bar{q}_i\right\}. \tag{9.8}$$

由于消费者 (净) 剩余 $S(p) = \int_p^{\hat{p}} D(\xi)d\xi$，其中 $\hat{p}$ 为阻断价格，即 $D(\hat{p}) = 0$。$S'(p) = -D(p) < 0$，$S''(p) = -D'(p) > 0$，因此，$S(p)$ 是凸函数。于是有：

$$S_i(p_i) - S_i(\bar{p}) \geqq S_i'(\bar{p})(p_i - \bar{p}), \tag{9.9}$$

$$S_i(p_i) - S_i(\bar{p}) \leqq S_i'(p_i)(p_i - \bar{p}). \tag{9.10}$$

把式 (9.9)、式 (9.10) 代入式 (9.8) 得到：

$$\Delta W \geqq \sum_i (p_i - c)\Delta q_i$$

和

$$\Delta W \leqq (\bar{p} - c)\sum_i \Delta q_i,$$

其中 $\Delta q_i = q_i(p_i) - q_i(\bar{p})$。这样，若 $\Delta q_i \geqq 0, \forall i$，则 $\Delta W \geqq 0$。换句话说，实行差别定价后，每一类消费者的需求量都增加了，此时差别定价提升了社会福利。

若 $\sum_i \Delta q_i \leqq 0$，则 $\Delta W \leqq 0$，即消费者需求总量变得更少，此时价格歧视减少了社会福利。

因此，差别定价对社会福利的影响，依赖于差别定价对销量的影响方向。

例 9.3.1 (线性需求) 假设有两个市场，需求曲线分别为 $q_1 = a_1 - b_1 p$ 及 $q_2 = a_2 - b_2 p$，边际生产成本为 0。此外，假设 $a_1 \geqq a_2$ 和 $b_1 \leqq b_2$，这意味着市场 1 比市场 2 更大。

假设垄断者能进行价格歧视。在市场 i，垄断者的目标为：

$$\max p_i(a_i - b_i p_i).$$

其一阶条件为

$$p_i = \frac{a_i}{2b_i},$$

$$q_i = \frac{a_i}{2}.$$

假设垄断者不能差别定价，只能制定一个价格。若垄断者在所有市场上都制定一个统一价格 $\bar{p}$，同时所有市场都有正需求 (当然也有可能出现在某个价格水平下有些市场需求为零的情形，下面会讨论到)，此时市场的总需求为

$$Q = \bar{q}_1 + \bar{q}_2 = (a_1 + a_2) - (b_1 + b_2)\bar{p}.$$

垄断者的目标函数于是为：

$$\max \bar{p}[(a_1 + a_2) - (b_1 + b_2)\bar{p}].$$

最大化的一阶条件为：

$$\bar{p} = \frac{(a_1 + a_2)}{2(b_1 + b_2)}.$$

这样，总需求为

$$Q = \bar{q}_1 + \bar{q}_2 = \frac{(a_1 + a_2)}{2} = q_1 + q_2,$$

利润为

$$\bar{\pi} = \frac{(a_1 + a_2)^2}{4(b_1 + b_2)^2}.$$

由于 $\bar{q}_1+\bar{q}_2=q_1+q_2$，即 $\Delta q_1+\Delta q_2=0$。根据前面的讨论，价格歧视会降低社会福利。

在进行统一定价时，若有些市场不再有正需求，这相当于，比如说，只开放市场 1，而关闭市场 2。垄断者的垄断价格、产量及利润分别为 $\tilde{p} = \frac{a_1}{2b_1}$，$\tilde{q} = \frac{a_1}{2}$ 及 $\tilde{\pi} = \frac{a_1^2}{4b_1}$，从而有 $\tilde{\pi} = \frac{a_1^2}{4b_1} > \frac{(a_1 + a_2)^2}{4(b_1 + b_2)} = \bar{\pi}$。比如，当 $a_1 = 2$，$a_2 = 1$，$b_1 = 1$，$b_2 = 2$ 时，$\tilde{\pi} = 1 > \frac{3}{4} = \bar{\pi}$。于是有 $\Delta q_1 = 0, \Delta q_2 = q_2 > 0$，根据前面的讨论，此时价格歧视会增加社会福利。

这样，三级价格歧视的福利影响取决于具体的需求和技术特征，福利效果是不确定的。

当商品具有不同特性，比如为耐用品与非耐用品时，垄断者的选择也会受到影响。下面我们讨论耐用品市场的垄断者选择。

9.3.9　耐用品的垄断者

当垄断企业提供耐用品时，跨期需求改变垄断者和消费者之间的互动，因为跨期需求会产生一个动态的博弈结构。我们在前面关于博弈论的讨论中了解到，动态博弈中参与人的承诺能力往往是一个重要的影响因素。耐用品被部分消费者购买后，这些消费者在未来可能就不会购买，垄断者面临着与之前不同的消费者，我们称之为剩余消费者。这些消费者的购买意愿比前面的购买者要低，只要垄断者的边际成本足够低，那么为了获得更高的收益，垄断厂商在未来将有降价的动机。理性的消费者在预期到垄断厂商的跨期价格歧视时会改变他们的购买决策。事实上，在耐用品问题上，垄断者定价的灵活性会损害自身的利润。当垄断者价格调整非常频繁时，垄断利润会趋于零，这一结论又称科斯猜想。所以

我们在商业中会看到这样一些限制调价灵活性的手段，比如差价补偿的最惠消费者条款；有时企业会选择出租而不是出售的方式，以增强价格调整的可信度，有时企业会选择成本不经济的耐用性，又称计划废弃，比如许多教科书每隔一段时间推出新的版本，内容与之前的大同小异。

为了说明这个问题，我们举一个简单例子：假设有 7 个消费者，他们对耐用品的购买意愿分别是 1，2,⋯，7，生产成本为 0，设时间是离散的，时间贴现率为 δ。若只有一期，垄断者索取的垄断价格为 4，向购买意愿不小于 4 的消费者出售。此时垄断利润为 16。考虑多期情形。若垄断厂商第一期索取价格 4，同时购买意愿不小于 4 的消费者接受了这一价格，那么在第二期，面对还有购买意愿 1，2，3 的消费者，垄断厂商会选择下一期的垄断价格 2，购买意愿不小于 2 的消费者接受了这一价格。但是以上不可能是稳定的均衡，因为若预期垄断厂商在第二期降价，至少购买意愿为 4 的消费者不会选择在第一期购买，因此第一期的需求会萎缩。

这种类型的现实例子有很多，很多电子产品都是耐用品，如平板电脑。产品刚推出时，只有支付意愿很高的消费者会购买。人们预期到未来企业为了吸引中低端消费者，不可避免地会降价，因此支付意愿稍低的消费者会等待未来降价后购买。

耐用品的销售和出租

下面我们用一个例子来讨论垄断者的定价承诺如何影响企业的利润水平。

假设某种商品的使用寿命是两期，消费者也只生活两期，消费者最多只购买一单位商品。消费者对商品每一期赋予的价值v 均匀分布于 $[0,100]$。消费者的时间贴现率为 1，生产的边际成本为 0。下面我们定义耐用品销售的博弈结构：

（1）参与人。即垄断厂商和消费者 (对商品赋予不同的价值 v)。

（2）策略集。生产者选择第一期和第二期的价格 p_1 和 p_2，这样间接决定了两期的需求为 q_1 和 q_2，分别表示有 q_1 个消费者在第一期购买，有 q_2 个消费者在第二期购买。消费者选择是否购买以及何时购买。

(3) 参与人的收益。首先，对消费者 (对商品每一期赋予的价值为 v)：若第一期购买，$u(v,1)=2v-p_1$；若第二期购买，$u(v,2)=v-p_2$；若不购买，$u(v,\phi)=0$。其次，对垄断厂商，其支付由两期的利润组成：$\pi=p_1q_1+p_2q_2$。

下面我们用逆向递推方法求解上面的博弈。

假设 $\hat{v}$ 是在第一期或者第二期购买无差异的边际购买者，那么 $\hat{v}=p_1-p_2$。类型为 $v>\hat{v}$ 的消费者会选择在第一期购买，类型为 $v>\hat{v}$ 同时 $v\geqq p_2$ 的消费者会选择在第二期购买。

在第二期，反需求函数为 $p_2=100-q_1-q_2$，其中 $q_1=100-\hat{v}$，$q_2=\hat{v}-p_2$。第二期的最优化条件意味着边际收益等于边际成本 $MR=MC$，得到 $100-q_1-2q_2=0$，即 $p_2=q_2=\dfrac{100-q_1}{2}$。

下面考虑第一期 q_1 或者 p_1 的博弈。边际购买者是 $\hat{v}$，满足 $\hat{v}=p_1-p_2$，同时

$q_1 = 100 - \hat{v}$，可以得到 $p_1 = \dfrac{300 - 3q_1}{2}$。

因此垄断企业的两个时期的总利润为：$\pi = \dfrac{300 - 3q_1}{2} q_1 + \left(\dfrac{100 - q_1}{2}\right)^2$，最大化利润的选择为：$q_1 = 40, p_1 = 90; q_2 = 30, p_2 = 30$，$\pi = 4,500$。

若垄断者不选择出售而是选择出租，由于出租不涉及商品耐用性问题，每一期的需求都是相同的。从上面的模型设定中我们知道每一期的反需求为 $p_t = 100 - q_t$，$t = 1,2$。垄断者两期的利润为 $\pi = p_1 q_1 + p_2 q_2$，通过一阶条件得到：$q_1 = 50, p_1 = 50; q_2 = 50, p_2 = 50$；$\pi = 5\ 000$。

我们发现在这个例子中耐用品出租的利润高于销售利润，而出现这个现象的原因是在出售过程中，由于垄断者存在动态承诺问题，从而影响垄断者从第一期消费者那里可能获得的收益，而出租则避免了耐用品的定价承诺问题。

9.3.10　垄断要素市场

对要素市场，我们也可以对市场结构做类似区分。若厂商将要素价格视为给定，则我们考察的是竞争的要素市场。否则，若只有一个厂商购买生产要素，则是**垄断要素市场**，这样的市场结构被称为**买方垄断** (monopsony)。垄断要素市场中垄断者的行为决定要素购买的价格。下面我们讨论垄断者的理性决策。我们考虑一个简单的模型，其中一个厂商在产品市场上是一个竞争者，而在投入品购买上是一个垄断者。令 $w(x)$ 为该生产要素的 (反) 供给函数，则该厂商的利润最大化问题为：

$$\max_x pf(x) - w(x)x,$$

其中 $f(x)$ 是生产函数，p 为竞争性产品的价格。其一阶条件为：

$$pf'(x^*) - w(x^*) - w'(x^*)x^* = 0,$$

这里，$pf'(x^*)$ 指的是该厂商多投入一单位投入品的边际产品价值，或者说边际产品收益 (marginal revenue of product)，$w(x^*) - w'(x^*)x^*$ 是要素的边际购买成本。我们可以把上述条件写成

$$pf'(x^*) = w(x^*)\left(1 + \frac{1}{\varepsilon(x)}\right),$$

其中 $\varepsilon(x) = \dfrac{dx}{dw(x)}\dfrac{w(x)}{x}$ 为供给价格弹性。当该弹性趋于无穷大时，该投入品市场的垄断行为趋于完全竞争者的行为。

在第 4 章中，我们定义了厂商的成本函数，但只考虑竞争要素市场中厂商的行为，类似地也可以对垄断要素的厂商定义成本函数。例如，设 $x_i(w)$ 是要素 i 的供给函数，则可以定义 $C(y) = \min \sum w_i x_i(w)$，满足约束 $f(x(w)) = y$。此时，$C(y)$ 就是在垄断要素市场上产出 y 下的最小成本。

9.4 垄断竞争市场

我们在前面的分析中假定了产品需求曲线只依赖垄断者对其设定的价格，但这种假定只在极端情形下才成立。大多数商品都有某些替代品，其替代品的价格也会产生影响。垄断者在设定价格时假定所有其他商品生产者都保持价格不变，但这一假设在现实中的大多数情形下不成立。在本节中，我们将考察当若干垄断者的价格和产出水平相互影响时所产生的结果，这样的市场被称为**垄断竞争市场**。

假设 n 个垄断者销售类似但并非完全相同的产品。消费者愿意对厂商 i 的产品支付的价格，不仅取决于该厂商的产出水平，也取决于其他厂商的产出水平。我们将其反需求函数写为 $p_i(q_i, \boldsymbol{q}_{-i})$，其中 $\boldsymbol{q}_{-i} = (q_1, \cdots, q_{i-1}, q_{i+1}, \cdots, q_n)$。

每个厂商 i 都选择产出水平 q_i，最大化其利润

$$\max\ p_i(q_i, \boldsymbol{q}_{-i})q_i - C_i(q_i).$$

由于厂商 i 的需求同时也与其他厂商的行为有关，厂商 i 将如何推断其他厂商的行为呢？我们将采用非常简单的行为假设，即厂商 i 假设其他厂商的行为不变。于是，可以采用纳什均衡作为解的概念。因此，每个厂商 i 都将其他厂商的产出作为给定，选择满足下述条件的产出水平 q_i^*：

$$p_i(q_i^*, \boldsymbol{q}_{-i}) + \frac{\partial p_i(q_i^*, \boldsymbol{q}_{-i})}{\partial q_i} q_i^* - C_i'(q_i^*) \leqq 0, \quad 当\ q_i^* > 0 时取等号.$$

所有厂商的最优产出水平记为 $\boldsymbol{q} = (q_1, \cdots, q_n)$，对厂商 i 来说，存在某个最优产出水平，记为 $Q_i(\boldsymbol{q}_{-i})$。

为了保证市场处于均衡状态，每个厂商对其他厂商行为的预期均必须与其他厂商实际的行为相容。因此，若 $\boldsymbol{q}^* = (q_1^*, \cdots, q_n^*)$ 为均衡产出向量，则它必然满足下述方程：

$$q_i^* = Q_i(\boldsymbol{q}_{-i}^*), i \in \{1, 2, \cdots, n\},$$

也就是说，若假定其他厂商的产出数量为 $q_2^*, \cdots, q_n^*$，则 q_i^* 为厂商 1 的最佳响应。

对每个厂商来说，给定其他厂商的行为，其边际收益等于边际成本。这一结果在图 9.11 中得到了说明。在图 9.11 给出的垄断竞争均衡处，厂商 i 获得正的利润。在垄断竞争行业中，如果不存在壁垒，企业可以自由进出，其结果就变成了长期均衡。

9.4.1 长期垄断竞争均衡

由于企业可以自由进出，在长期，垄断竞争行业的利润必然为零。这意味着厂商 i 将制定 p_i^* 的价格并生产 q_i^* 数量的产出，使得：

$$p_i^* q_i^* - C_i(q_i^*) = 0,$$

或者

$$p_i = \frac{C_i(q_i^*)}{q_i^*}.$$

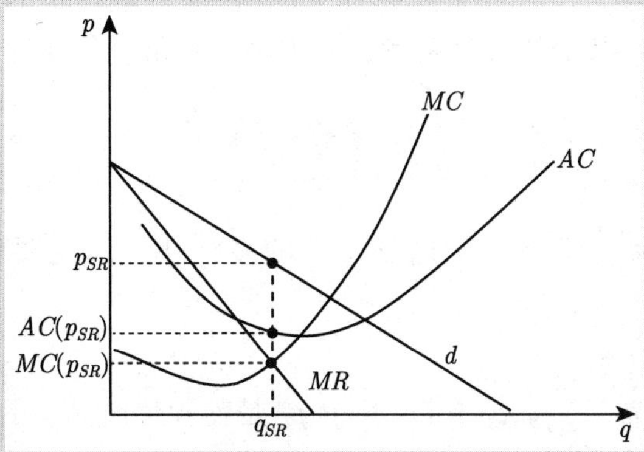

图 9.11　短期垄断竞争均衡

这样，在长期均衡中企业的平均成本等于价格，但价格高于边际成本。这就意味着，在垄断竞争行业中，存在过多的生产能力积累，企业产量并不是处于最有效生产规模上(即最低平均成本处)。图 9.12 描述了垄断竞争行业的长期均衡。

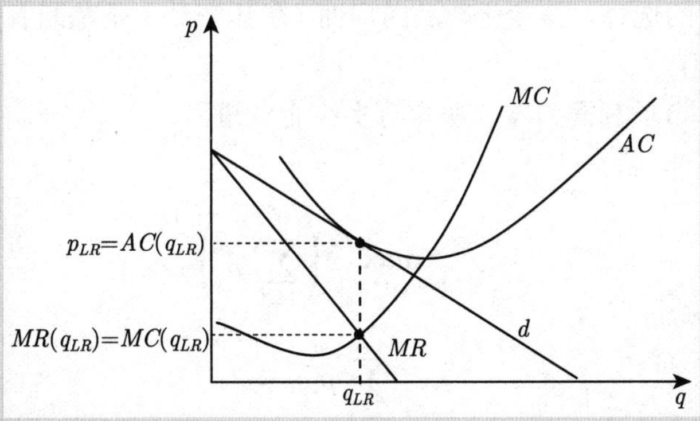

图 9.12　长期垄断竞争均衡

9.4.2　垄断竞争市场的社会福利

由于价格大于边际成本，与完全竞争相比，垄断竞争存在着社会福利损失。同时，由于每个垄断竞争企业的产品是不同的，产品种类也可能导致效率问题。由于每个垄断竞争企业并不能获得消费者的全部剩余，正外部性显示存在进入不足的可能性。此外，垄断竞争企业的进入会降低其他企业的利润，负外部性显示存在进入过度的可能性。这样，垄断竞争行业就有可能存在产品种类过多或过少的情形。下面我们讨论一个垄断竞争经典模型。

9.4.3　垄断竞争经典模型：迪克西特–斯蒂格利茨模型

假设存在一个代表性消费者，消费者倾向于多样化的产品。设有 L 种差异化产品，其中产品种类 L 是内生决定的。假设每一个企业只生产一种产品，那么在长期，会有多少个企业或者说多少种产品呢？下面我们根据迪克西特–斯蒂格利茨 (Dixit-Stiglitz) 的经典模型对这个问题展开分析。我们假设消费者的效用函数是常替代弹性 (CES) 效用函数：

$$U(q_1,\cdots,q_L)=\left(\sum_{l=1}^{L}q_l^{\rho}\right)^{1/\rho},\quad \rho\leqq 1,$$

其中 q_l 表示差异化产品，消费者倾向于产品的多样化，这主要体现在：当 $q_l\to 0$ 时，$\dfrac{\partial U(q_1,\cdots,q_L)}{\partial q_l}\to\infty$。

消费者的预算约束为：$\sum\limits_{l=1}^{L}p_lq_l\leqq I$。其中 p_l 是差异化产品 i 的价格，I 是代表性消费者的收入 (外生给定)。企业生产差异化产品有两部分成本：一是固定成本 F，二是边际成本 c。假设这些成本都是劳动力的耗费。生产差异化产品 q_l 时的成本函数为

$$TC_l(q_l)=F+cq_l.$$

一个垄断竞争均衡要满足以下几个条件：

（1）给定收入和市场价格，消费者选择效用最大化的消费选择；

（2）给定消费者的选择，差异化产品的厂商 (在其产品上是垄断者) 选择垄断价格或者产量以最大化其利润；

（3）自由进出：市场利润为零，决定有多少企业进入。

首先，对消费者来说：

$$\max_{q_0,q_1,\cdots,q_L}\left(\sum_{l=1}^{L}q_l^{\rho}\right)^{1/\rho}$$

$$\text{s.t.}\qquad \sum_{l=1}^{L}p_lq_l=I. \tag{9.11}$$

上面的最优化问题的拉格朗日函数为：

$$L(q_0,q_l,\lambda)=\left(\sum_{l=1}^{L}q_l^{\rho}\right)^{1/\rho}-\lambda\left(\sum_{l=1}^{L}p_lq_l-I\right).$$

其一阶条件为：

$$\left(\sum_{l=1}^{L}q_l^{\rho}\right)^{\frac{1-\rho}{\rho}}q_l^{\rho-1}=\lambda p_l,\quad l=1,\cdots,L;$$

$$\sum_{l=1}^{L}p_lq_l=I,$$

从而得到：

$$\lambda=\frac{\left(\sum_{l=1}^{L}q_l^{\rho}\right)^{\frac{1}{\rho}}}{I}$$

和

$$q_l=\left(\frac{p_l}{I}\right)^{\frac{1}{\rho-1}}\left(\sum_{l=1}^{L}q_l^{\rho}\right)^{\frac{1}{\rho-1}}.$$

从上面的需求函数我们可以求解出垄断竞争产品的需求价格弹性为

$$\eta\equiv-\frac{\partial\ln q_l}{\partial\ln p_l}=-\frac{1}{1-\rho}.$$

其次，对厂商来说，其决策是求解下面的最优化问题：

$$\max_{p_l}D_l(p_l)p_l-cD_l(p_l)-F.$$

得到

$$p_l=\frac{c}{1-\frac{1}{\eta}}=\frac{c}{\rho}.$$

利用对称性可得

$$q_l=q=\frac{I}{Lp_l}=\frac{I\rho}{Lc}.$$

由于在均衡时，每个垄断竞争企业的利润都为零，于是有

$$\frac{I}{L}(1-\rho)=F,$$

从而得到了均衡的企业数目：

$$L^*=\frac{I(1-\rho)}{F},$$

以及产品数量：

$$q_l^*=\frac{\rho F}{(1-\rho)c}.$$

从上面的分析我们得到结论：替代弹性 ρ 越大，价格越低，企业数目越少，差异化产品产量越大；固定成本越大，企业数目越小，或者产品种类越少，产量越大；收入提高会增加企业的数目，但对产品的价格和数量没有影响。

9.5 寡头市场

在完全竞争市场结构下，企业之间的互动是通过市场价格与利润的关系来间接影响的。下面我们研究市场中只有少数几个厂商生产某种产品时的直接交互作用，这样的市场被称为**寡头市场**。对这一问题的研究几乎完全以前面几章所介绍的博弈论为基础。市场交

互作用的许多设定都用博弈论概念加以阐明。这一节的目的，是考察在不同环境下，企业的市场势力是如何决定的。所谓市场势力，指的是企业的定价可以偏离成本的程度。这也会影响到市场的福利水平。我们先讨论静态寡头竞争，随后讨论动态寡头竞争，最后针对不对称信息下的寡头竞争情形进行讨论。

9.5.1 价格竞争——伯特兰模型

在寡头市场中，最简单同时也是最基本的静态价格竞争模型是由法国经济学家约瑟夫·伯特兰 (Joseph Bertrand) 于 1883 年提出的，所以被称为**伯特兰模型**。当垄断市场结构被打破之后，企业之间会发生竞争。若它们的策略方式是价格竞争，那么它们之间的互动会是怎样的？市场均衡又是什么呢？先假设市场上只存在两个企业，它们生产同样的商品，企业是对称的，边际成本都为 c，市场需求函数为 $q = D(p)$。我们会发现，在这样对称的价格竞争、互动均衡中，两个企业的均衡定价都是边际成本，与完全竞争的结果相同，此时意味着增加一个对手，就使得原来的垄断者的市场势力彻底降低到零。这个模型给我们的启迪是，两个旗鼓相当的企业在竞争时，不要轻易打价格战，价格战是最直接的竞争，其结果往往是两败俱伤。

企业 1 和 2 进行价格竞争，企业 i 的利润为

$$\pi^i(p_i, p_j) = (p_i - c)D_i(p_i, p_j),$$

其中 $D_i(p_i, p_j)$ 是给定自己和对手的定价分别是 p_i 和 p_j 时，企业 i 面临的需求。由于两个企业的产品是同质的，企业 i 面临的需求由下面的方程刻画：

$$D_i(p_i, p_j) = \begin{cases} D(p_i), & \text{若} p_i < p_j, \\ \frac{1}{2}D(p_i), & \text{若} p_i = p_j, \\ 0, & \text{若} p_i > p_j. \end{cases}$$

企业 i 的目标是选择 $p_i \geqq c$，使 $\max \pi^i(p_i, p_j) = (p_i - c)D_i(p_i, p_j)$。

伯特兰均衡 (p_i^*, p_j^*) 是一个纳什均衡，即当对手选择 p_j^* 时，企业 i 的最佳响应函数为：

$$p_i^* = \mathsf{argmax}\ \pi^i(p_i, p_j^*) = (p_i - c)D_i(p_i, p_j^*).$$

正式地，伯特兰价格竞争均衡定义为：

定义 9.5.1 (p_1^b, p_2^b) 是**伯特兰均衡**，若下面的条件满足：
(i) 给定 $p_2 = p_2^b$，$p_1^b = \mathsf{argmax}_{p_1} \pi_1(p_1, p_2^b)$；
(ii) 给定 $p_1 = p_1^b$，$p_2^b = \mathsf{argmax}_{p_2} \pi_2(p_1^b, p_2)$。

我们将会发现，企业的伯特兰纯策略均衡结果是唯一的，即 $(p_1^*, p_2^*) = (c, c)$。除了 $(p_1^*, p_2^*) = (c, c)$ 之外，剩余情形可以分为下面三种情况进行讨论。

(1) $p_i^* > p_j^* > c$，此时策略组合不是纳什均衡：这是因为，此时企业 i 的利润为零，至少企业 i 会有激励去偏离选择。若企业 j 的策略不变，$p_i = p_j^* - \varepsilon > c$，企业 i 的利润为 $(p_j^* - \varepsilon - c)D(p_j^* - \varepsilon) > 0$。

（2）$p_i^* = p_j^* > c$，此时策略组合不是纳什均衡：若企业 j 的选择不变，企业 i 若不改变策略，其利润是 $\frac{1}{2}(p_j^* - c)D(p_j^*)$；若企业 i 选择价格 $p_i^* = p_j^* - \varepsilon > c$，则企业 i 的利润变为 $(p_j^* - \varepsilon - c)D(p_j^* - \varepsilon) > 0$。只要正的 ε 足够小，那么就会有 $(p_j^* - \varepsilon - c)D(p_j^* - \varepsilon) > \frac{1}{2}(p_j^* - c)D(p_j^*)$。

（3）$p_i^* > p_j^* = c$，此时策略组合也不是纳什均衡：这是因为，此时企业 j 的利润为零，若企业 i 的策略不变，当企业 j 的价格变成 $p_j = c + \varepsilon < p_i^*$，$\varepsilon > 0$ 时，其利润变为 $\varepsilon D(c + \varepsilon) > 0$。

这样，唯一可能的纯策略纳什均衡是 $p_1^* = p_2^* = c$，并且这确实是一个纳什均衡，因为没有一个企业可以通过单方面改变价格策略而获得更高的利润。

伯特兰竞争的均衡结果是所有对称企业都按照边际成本定价。此时，企业利润为零，与完全竞争时相同。然而，很难理解在现实中只有少数企业的行业中，企业没有任何市场势力，不能获得正的利润。因此，有人称之为“伯特兰悖论”。这种理论与现实的反差是由什么原因引起的？我们发现，伯特兰价格竞争模型的假设通常与现实存在许多出入，并且零利润结论是基于纯策略纳什均衡。

首先，尽管纯策略纳什均衡在伯特兰竞争中是唯一的，但对于某种类型的市场需求函数，存在连续统多的混合策略纳什均衡 [见习题 9.12]。

其次，当两个企业不是旗鼓相当或生产技术不对称时，市场的竞争格局也会受到影响。现考虑非对称的伯特兰竞争：$c_1 < c_2$。当企业 1 的边际成本比企业 2 低很多，使得 $c_2 > p^m(c_1)$ 成立，即企业 2 的边际成本超过企业 1 (作为垄断企业) 的垄断价格 ($p^m(c_1)$) 时，企业 1 显然会选择垄断价格，企业 2 没有任何竞争力，对企业 1 不会造成任何约束，最终它会退出市场，市场最终演变为垄断结构。而当 $c_2 \leqq p^m(c_1)$，不存在纯策略纳什均衡，但存在混合策略纳什均衡，其中 $p_1^* = c_2$ 和 p_2^* 在高于 c_2 的区间上随机分布时，企业 1 的利润为 $(c_2 - c_1)D(c_2) > 0$，企业 2 的利润为 0，市场价格定在高成本类型的边际成本上，这个结果也可以被视为对称结果的一种变形。

最后，除了上面的生产技术的对称性假设外，还有其他一些隐性和显性假设影响到伯特兰均衡结果。

1：寡头企业能以相同的边际成本供给它所面对的所有需求，即当价格等于边际成本 c 时，寡头企业可以供应 $D(c)$。然而，在现实中，企业往往会受到生产能力的限制。比如企业 1 的生产能力小于 $D(c)$，此时 $p_1^* = p_2^* = c$ 就不是一个均衡。这是因为，如果所有企业的价格决策不变，它们的利润都为 0。若企业 2 稍提高价格，由于企业 1 的生产能力小于 $D(c)$，从而在价格 c 上，有一部分消费者没能实现消费，他们会转而向企业 2 购买。由于企业 2 的价格高于边际成本，这样企业 2 就有动机偏离等于边际成本的价格。在现实中，生产能力是需要事前通过投资积累的。同时，在许多产业中，在产量达到某个水平后，会出现边际成本上升。在现实中，我们经常可以看到生产能力限制导致竞争弱化的现象。比如，每年春节、五一、十一假期中交通行业的竞争程度降低。在旅游城市，在平时旅馆住宿通常会有打折 (价格竞争的手段)，但到了旅游旺季，折扣变得越来越小。当旅馆客满时，更加不会进行价格竞争了。

2：企业只做一次价格决策。在现实中，我们看到企业可以经常调整价格。我们在前面的重复博弈中了解到，若企业之间的互动是多次的，两个企业可能会选择合作。比如说进行价格合谋，对彼此来说可获得一个更高的收益。

3：企业销售的产品是无差异的。在现实中，不同企业生产的产品会存在差异。有些产品拥有自己的粉丝，即使价格比别的相似产品的高，这些消费者也不会改变购买对象。比如在不同地点销售的两家商店，即使一家商店稍微降低价格，也不能占据所有的市场；或者即使一家商店稍微提高价格，也不会失去所有的顾客。因此，$p_1^* = p_2^* = c$ 就不可能是差异化产品的价格竞争均衡了。在极端情形下，企业的产品差别很大，以至每一个企业都是垄断者，每一个企业都会选择垄断价格，而这就类似于前面讨论到的垄断市场结构。

这样，寡头竞争的结果依赖于竞争的激烈程度，而竞争的激烈程度则依赖于各种环境因素。下面我们先讨论生产能力有限时的企业策略选择及其均衡。同时，保持对称假设，以方便讨论。

9.5.2 生产规模制约价格竞争

假设成本函数 $C(q)$ 满足：$C'(q) > 0$，$C''(q) > 0$。这样，企业的生产成本呈现规模报酬递减的特征，规模报酬递减的极端情形是生产能力受到约束。生产能力 $\bar{q}$ 是指，当产量超过 $\bar{q}$ 时边际成本无穷大。下面我们讨论在生产规模约束下企业间价格竞争的一个例子。

在受到生产能力约束时，考察企业的剩余需求函数。若企业 i 采用低价格 p_i 策略，在这个价格下企业 i 的供给小于市场需求，即 $S_i(p) < D(p)$，就有消费者不能直接从企业 i 购买，其他企业就会面临正的剩余需求。

令 $p_1 < p_2$，$\bar{q}_1 \equiv S_1(p_1)$ 表示企业 1 的供应量，或者说是企业 1 自定的生产能力约束条件。当 $\bar{q}_1 \equiv S_1(p_1) < D(p_1)$ 时，企业 2 的剩余需求函数为：

$$\tilde{D}_2(p_2) = \begin{cases} D(p_2) - \bar{q}_1, & 若 D(p_2) > \bar{q}_1, \\ 0, & 若 D(p_2) \leqq \bar{q}_1. \end{cases}$$

这种剩余需求的配给规则，被称为**有效配给规则**，即消费者先从低价的生产者那里购买产品。Tirole (1988) 关于产业组织的经典教科书还讨论了其他一些配给规则。

设市场的需求函数为 $D(p) = 1 - p$，反需求函数为 $p = P(q_1 + q_2)$。假设两个企业都受生产能力的约束，即企业 i 的产出满足 $q_i \leqq \bar{q}_i$。生产能力 $\bar{q}_i$ 是企业 i 在价格竞争前以单位成本 $c_0 \in [3/4, 1]$ 获得的。一旦生产能力装备完成，当产量低于 $\bar{q}_i$ 时边际生产成本为零，在超过 $\bar{q}_i$ 后，边际生产成本变为无穷大。由于垄断利润 $\max_p p(1-p) = \dfrac{1}{4}$，企业 i 的事前利润不超过 $\dfrac{1}{4}$，同时 $c_0 \in [3/4, 1]$，所以 $\bar{q}_i \leqq \dfrac{1}{3}$。

可以证明，两个企业的价格竞争所导致的纳什均衡是两个企业都索取价格 $p^* = 1 - (\bar{q}_1 + \bar{q}_2)$，也就是说：在价格竞争中，两个企业在市场上都尽最大能力进行生产，消费者都能购买到商品。这是因为，若某个企业降低价格，它不能销售更多的产品，从而降价只会带来更少的销售收入，因此没有企业会选择降价。下面讨论企业是否有动机去提高价格。提高价格有两个效应：一个效应是从边际内消费者 (即有正净消费者剩余的购买者) 那里获得更多的收益；另一个效应是降低产品的销量，或者说赶跑边际消费者 (即零净消费者剩余的购买者) 和部分边际内消费者。若企业 i 的价格 $p \geqq p^*$，且 $q \leqq \bar{q}_i$，它的剩余需求为 (这里我们采用有效配给规则)$q = 1 - \bar{q}_j - p$，从而利润为 $p(1 - \bar{q}_j - p) = (1 - q - \bar{q}_j)q$。这样，对利润 $(1 - q - \bar{q}_j)q$ 关于 q 求导，有：$1 - 2q - \bar{q}_j \geqq 0$，这是由于 $q \leqq \bar{q}_1 \leqq \frac{1}{3}$ 和 $\bar{q}_2 \leqq \frac{1}{3}$。

这就意味着增加销售量会增加企业的利润，或者说提高价格对利润会有负面影响，于是得到结论：$p^* = 1 - (\bar{q}_1 + \bar{q}_2)$ 是两个企业价格竞争的纳什均衡。我们发现在生产能力约束下，企业的价格竞争得到的均衡价格刚好使市场出清，此时价格高于边际成本，企业获得一定程度的市场势力。这与下面讨论的古诺 (Cournot) 竞争模型的结果是相同的。在更一般的假设下，Kreps 和 Scheinkman (1983) 证明了：寡头企业的两阶段生产能力积累和价格竞争的均衡结果与古诺竞争的均衡结果是一致的。下面我们讨论古诺竞争，它是关于产量竞争策略选择的寡头互动模型。

9.5.3　产量竞争——古诺模型

现在讨论产量竞争模型，该模型是法国经济学家古诺 (Cournot) 于 1838 年引入的一个简单的双寡头模型，被称为**古诺模型**。假设有两个企业 i 和 j 进行产量竞争，其策略是选择产量，使得价格刚好让市场出清。之所以这样，是因为我们可以把企业的产量竞争看成是两阶段的竞争。在第一阶段，两个企业选择它们的利润最大化生产水平 q_i 和 q_j。在第二阶段，两个企业进行价格竞争，根据上面讨论的具有生产限制的价格竞争，可知此时均衡价格刚好让市场出清。这个两阶段的解释是由 Kreps 和 Scheinkman (1983) 提出的。

第 i 个企业的利润可以写为：

$$\pi^i(q_i, q_j) = q_i P(q_i + q_j) - C_i(q_i).$$

设利润函数 π^i 对 q_i 严格凹且二次可微。通过求利润函数对产量的一阶条件，就可以求出第 i 个企业的响应函数，$q_i = q_i^*(q_j)$，使得对 $q_i^* > 0$，有 $\frac{\partial \pi^i(q_i^*(q_j), q_j)}{\partial q_i} = 0$。

将上面的利润函数对 q_i 求一阶条件：

$$P(q_i + q_j) - C_i'(q_i) + q_i P'(q_i + q_j) = 0.$$

求解一阶条件方程组得到古诺均衡，它也是纳什均衡。

从一阶条件可得到企业 i 的勒纳指数(刻画企业市场势力的指标)：

$$L_i \equiv \frac{P - C_i'}{P} = -\frac{q_i P'}{P} = -\frac{P'Q}{P}\frac{q_i}{Q} = \frac{d_i}{\varepsilon},$$

其中 d_i 是企业 i 的市场份额，$Q = q_1 + q_2$ ，ε 是市场需求弹性的绝对值。在给定线性需求和成本的情况下，均衡结果很容易推导出来。

为讨论方便，设有一个具体形式的市场需求函数，$P(Q)=1-Q$，每个企业的成本函数为 $C_i(q_i)=c_iq_i$，此时的一阶条件为

$$1-(q_i+q_j)-c_i-q_i=0,$$

得到

$$q_i=q_i^*(q_j)=\frac{1-q_j-c_i}{2}.$$

联立响应函数进行求解可得

$$q_i=\frac{1-2c_i+c_j}{3}.$$

在产量竞争均衡中，每个企业的均衡利润为

$$\pi_i=\frac{(1-2c_i+c_j)^2}{9}.$$

从上面的均衡中我们发现 $\dfrac{\partial q_i}{\partial c_j}>0$ 和 $\dfrac{\partial \pi_i}{\partial c_j}>0$，即企业 i 的产量和利润随着对手成本的增加而增加。此时，也反映出对手变得更弱 (即企业 j 的边际成本增加) 时，其产出减少，企业 i 面临更高的剩余需求，从而鼓励多生产。

我们可以把两个企业的竞争推广到 n 个企业的数量竞争。为了方便起见，假设企业是对称的，$P(Q)=1-Q$，$C_i(q_i)=cq_i$，$Q=\sum\limits_{i=1}^{n}q_i$，此时一阶条件变为：$1-Q-c-q_i=0$。利用对称性，可得均衡产出

$$q_i^c=q=\frac{1-c}{n+1},$$

第9章

均衡利润

$$\pi_i^c=\frac{(1-c)^2}{(n+1)^2},$$

消费者剩余

$$CS=\frac{n^2(1-c^2)}{2(n+1)^2},$$

以及市场价格

$$P=1-nq=c+\frac{1-c}{n+1}.$$

值得注意的是，当 $n\to\infty$ 时，$P=c$，即完全竞争的情形。

还可以研究企业数目与社会福利的关系：

$$W(n)\equiv CS(n)+n\pi(n)=\frac{(1-c)^2}{2}\left(1-\frac{1}{(n+1^2)}\right),$$

从而有 $\dfrac{d}{dn}W(n)>0$，即寡头企业数量越多，社会福利越高。

古诺均衡的"动态"解释

古诺均衡是一个稳态解。一旦达到均衡状态，没有企业会单方面选择偏离。然而，古诺均衡能解释现实中竞争下的企业产量选择吗？或者说，若企业产量选择不是古诺均衡，两个企业会调整它们的策略吗？我们下面用动态调整的思路来理解静态产量竞争均衡。在时期 1，企业 1 选择某个产量；在时期 2，企业 2 根据企业 1 的选择调整到一个最优产量；在时期 3，企业 1 根据企业 2 的选择调整到一个新的产量。重复这个过程，我们会发现，不管初始企业怎么选择产量，动态调整的最后结果都是古诺均衡的产量。图 9.13 显示了这个动态调整过程，我们会发现收敛结果不依赖于初始的产量选择。

若两个企业不是同时进行产量选择，而是序贯选择产量，其竞争均衡依然是古诺均衡吗？下面分析序贯选择下的产量竞争均衡。

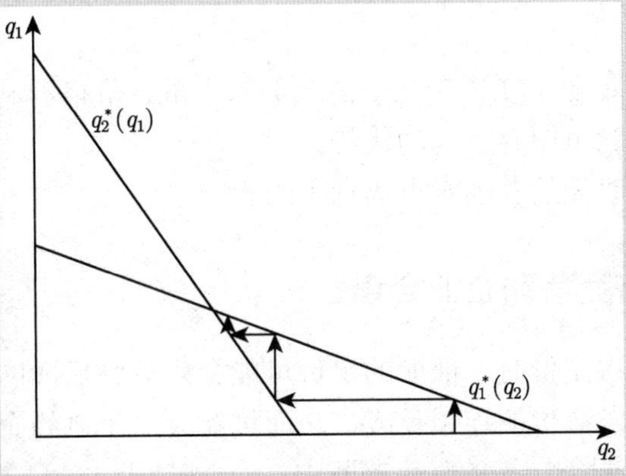

图 9.13　古诺均衡的收敛

第9章

9.5.4　序贯产量竞争均衡——斯塔克尔伯格模型

斯塔克尔伯格模型讨论了序贯产量竞争。斯塔克尔伯格模型是由德国经济学家斯塔克尔伯格 (H. von Stackelberg) 在 20 世纪 30 年代 (1934 年) 提出的一种产量领导模型，该模型反映了企业间不对称的竞争。在行业中，领导企业 1 率先选择产量；在观察到企业 1 的产量后，企业 2 选择自身的产量，之后市场出清。

为方便起见，我们假设市场的需求为 $Q(p) = 1 - P$，每个企业的平均成本都是 c。这是标准的动态博弈，解的概念是子博弈完美纳什均衡，从而我们采取逆向递推方式求均衡。

首先我们分析企业 2 的行动。在观察到企业 1 的产量后，企业 2 做出自己的最优产量决策：

$$\max_{q_2}(1 - q_1 - q_2 - c)q_2,$$

由此，可以得到企业 2 对企业 1 的最佳响应

$$q_2 = q_2^*(q_1) = \frac{1 - c - q_1}{2}.$$

给定企业 2 的响应函数，企业 1 的最优产量选择为

$$\max_{q_1}(1-q_1-q_2^*(q_1)-c)q_1,$$

由此得到

$$q_1^s=\frac{1-c}{2}>q_1^c,$$

$$q_2^s=\frac{1-c}{4}<q_2^c,$$

$$P^s<P^c,$$

以及利润：

$$\pi_1^s>\pi_1^c$$

$$\pi_2^s<\pi_2^c,$$

其中，q_i^c，P^c 和 π_i^c 是企业 i 在古诺竞争情况下的产量、价格和利润。从上面的市场均衡比较中我们发现在产量竞争中存在先动优势。

接下来讨论企业多时期的互动对市场竞争的影响。

9.5.5 动态价格竞争和企业合谋

当企业可以进行多次定价时，前面的定价可能会影响到后面的定价。比如，若某个企业降低价格，可能会触发降价的连锁反应，从而可能会产生制约企业降价的激励。张伯伦 (Chamberlin) 提出，在同类产品的寡头垄断中，企业认识到它们之间策略的依存性，企业间可以通过默契而不必采用明确的手段就能达到合谋而维持垄断价格，从而每个企业都获得更高的利润。它们之间的默契合谋来源于因单方面偏离而产生的报复行为，比如残酷的价格战。

企业之间默契合谋的有效性依赖于 (对偏离合谋的) 惩罚机制的有效性。所谓有效性是指对偏离合谋参与人的惩罚强度，使得没有企业愿意偏离合谋价格。这依赖于很多因素，比如信息的可观察程度、惩罚过程中的协调等等。下面我们用一个简单的无限期重复博弈来刻画企业间的合谋机制。

当互动是无限期重复的时，相对于静态互动发生了明显的变化，这是因为此时不存在明确的最后一期。每个企业在任何时期做决策，都需要考虑之前决策对之后的价格竞争的影响。当然，根据重复博弈的无名氏定理，此时的均衡策略远不止一个。比如企业在每一期都索取边际价格，即 $p_{1t}=p_{2t}=\cdots=c$，$t=1,2,\cdots$，就是无限期的价格竞争的纳什均衡。这是因为，若对手在每一期都按边际成本定价，此时企业单方面改变价格都不会得到更高的利润。但是，以上均衡却不是唯一的均衡。在 $\delta\geqq\dfrac{1}{2}$ 时，在第 7 章讨论过的冷酷策略组合也是无限期价格竞争的纳什均衡 (事实上，是子博弈完美纳什均衡)。事实上，它是一个子博弈完美均衡，即是在任何子博弈下均满足序贯理性的纳什均衡。

冷酷策略：对每个企业，在第一期都选择 $p_{11}=p_{21}=p^m$，其中 p^m 是垄断价格；在 $t \geqq 2$ 时，对企业 i 来说，若之前对手选择的价格都为垄断价格 (又称**合谋价格**)，即 $p_{js}=p^m, \forall s<t$，企业 i 选择 $p_{it}=p^m$；若之前对手选择的价格曾经偏离垄断价格，即存在 $s<t$ 使得 $p_{js}\neq p^m$，企业在 t 期选择 $p_{it}=c$。

这种价格策略之所以被称为冷酷策略，是因为只要对手曾经背离过合谋价格，企业就永远都不会原谅，即在之后的每一期都选择边际成本定价来惩罚对手。

我们先来看冷酷策略能否构成子博弈完美纳什均衡：若企业选择遵守合谋安排，即在每一期都选择垄断价格，此时对于企业 i 来说，它的总贴现利润为 $\dfrac{\pi^m}{2}(1+\delta+\delta^2+\cdots)=\dfrac{\pi^m}{2(1-\delta)}$；若企业 i 在 t 期偏离合谋安排，那么它在这一期可以得到的最大可能利润是 π^m，之后由于它的竞争对手选择边际成本定价，所以之后它的利润为零, 此时企业 i 的总贴现利润为

$$\begin{aligned}\frac{\pi^m}{2}(1+\delta+\delta^2+\cdots+\delta^{t-1})+\delta^t\pi^m &\leqq \frac{\pi^m}{2}(1+\delta+\delta^2+\cdots+\delta^{t-1})\\ &\quad+\delta^t\left[\frac{\pi^m}{2}(1+\delta+\delta^2+\cdots)\right]\\ &=\frac{\pi^m}{2}(1+\delta+\delta^2+\cdots).\end{aligned}$$

若 $\delta \geqq \dfrac{1}{2}$，则

$$\frac{\pi^m}{2}(1+\delta+\delta^2+\cdots)=\frac{\pi^m}{2(1-\delta)}\geqq \pi^m,$$

此时冷酷策略构成了子博弈完美纳什均衡。

从上面的分析中我们可以看出，寡头之间存在价格合谋的可能性，使得市场价格与垄断价格相同。在寡头之间的合谋机制中存在一些严厉的惩罚机制来约束企业的合谋偏离。

无限期的假设看上去好像不太现实，但是只要市场竞争中没有明确的截止时间，比如企业 i 下一期还会与对手在市场上共存的概率为 $\hat{p}$，此时我们就可以把贴现率写作 $\hat{\delta}=\delta\hat{p}$。企业 i 的总的贴现利润为

$$\sum_t \delta\hat{p}^t\pi_t^i(p_{it},p_{ut})=\sum_t \hat{\delta}^t\pi_t^i(p_{it},p_{ut}).$$

此时，只要 $\hat{\delta}=\delta\hat{p}\geqq \dfrac{1}{2}$，就同样存在上面的选择垄断价格进行合谋的均衡情形。

由第 7 章的子博弈完美无名氏定理，我们知道重复博弈往往存在无穷个子博弈完美纳什均衡。在上面的背景下，我们发现每一期企业都选择价格 $p_{1t}=p_{2t}=p\in[c,p^m]$ 也是子博弈完美纳什均衡结果。这是因为，同样存在类似的冷酷策略，即开始时每个企业都选择价格 p，若有竞争对手偏离了该价格，因此在此之后的每一期都选择边际成本定价来惩罚对手。

从上面的多期价格竞争模型中我们发现，在重复市场情形下，企业有选择合谋的动机

和能力，而这也进一步解释了为什么现实中我们观察到的价格竞争并不都会像伯特兰均衡那样激烈。接下来放松企业产品同质的假设，我们也会发现在差异化产品下，价格竞争仍然会给企业带来市场势力。

9.5.6 横向产品差异化的价格竞争——霍特林模型

产品差异的刻画通常来自消费者价值的差异。价值差异主要有两种：一种是**横向差异**，即不同消费者对商品特性赋予的价值是不同的；另外一种则是**纵向差异**，即所有消费者对商品特性赋予的价值是相同的，但不同于其他产品的价值。对差异化产品的价格竞争主要采取空间选址模型的方法。先讨论横向差异化模型。

对现实生活中很多商品比如衣服的颜色、款式，不同人有不同的偏好，正如位于不同地点的消费者对不同位置的商店有不同的偏好。哈罗德・霍特林 (Harold Hotelling, 1895—1973，其人物小传参见 9.6.1节) 在 1929 年发表于《政治经济学杂志》(*Journal of Political Economy*) 上的文章采用选址模型来刻画差异化产品的价格竞争。

假设城市是一个长度为 1 的线段，消费者以密度 1 均匀分布于城市中。两个商店位于城市的两头，商店 1 位于 $x=0$ 处，商店 2 位于 $x=1$ 处。每个商店的单位商品成本都为 c。假设交通成本是距离的二次函数，位于 x 处的消费者，去商店 1 的交通成本为 tx^2，去商店 2 的交通成本为 $t(1-x)^2$。两个商店的产品价格分别为 p_1 和 p_2，假设价格差不至于大到使其中一个商店没有需求，或者说 $|p_1-p_2|<t$。这个假设可在均衡点验证，一个商店若没有需求，只要价格不低于单位成本，它就总有动机去降价。消费者对产品是单位需求，对产品赋予的价值 $\bar{s}$ 足够大。这个假设确保在纳什均衡点，所有消费者都会购买。此外，在霍特林 (Hotelling) 模型中，除了位置之外，两个商店的产品是同质的。

根据这些设定，在城市中总存在一个消费者，从两个商店中购买无差异，这个消费者 (被称为临界消费者) 的位置取决于两个商店的价格。令临界消费者的位置为 $x(p_1,p_2)$，满足：

$$p_1+tx^2(p_1,p_2)=p_2+t(1-x(p_1,p_2))^2.$$

商店 1 的需求为：

$$D_1(p_1,p_2)=x(p_1,p_2)=\frac{p_2-p_1+t}{2t};$$

商店 2 的需求为：

$$D_2(p_1,p_2)=1-x(p_1,p_2)=\frac{p_1-p_2+t}{2t}.$$

商店 i 的利润为：

$$\pi^i(p_i,p_j)=(p_i-c)\frac{p_j-p_i+t}{2t}.$$

对 p_i 求一阶条件得到：$p_j+c+t-2p_i=0$，从而得到商店 i 的响应函数

$$R_i(p_j)=\frac{p_j+c+t}{2}.$$

由对称性我们可以得到纳什均衡价格为 $p_1^c = p_2^c = c + t$，利润为 $\pi^1 = \pi^2 = \frac{t}{2}$。

在这里 t 的数值刻画了产品差异化的程度。当 $t = 0$ 时，两个商店提供的产品是同质的，均衡价格与伯特兰均衡结果相同。当 $t > 0$ 时，在价格竞争下，两个商店都获得正的利润，而且产品差异越大，商店的市场势力越大。

9.5.7　纵向产品差异化模型

消费者通常对产品的特征有一个偏好序，比较典型的例子是质量。同时，现实中消费者通常都喜欢高质量产品，但对产品质量赋予的价值强度是不同的。用 x 来刻画不同消费者的类型。为讨论方便，假设消费者类型 x 服从 $[0,1]$ 区间的均匀分布。同时我们假设企业的单位生产成本为 0。在下面的纵向产品差异化模型中，我们不仅讨论产品差异化下的价格竞争，还进一步讨论产品定位。

在纵向产品差异化价格竞争中，设企业 A 和 B 的产品质量分别为 a 和 b，且 $a < b$，两个企业的定价分别为 p_A 和 p_B。设对 x 类型的消费者而言两种产品的效用为：

$$U_x(i) \equiv \begin{cases} ax - p_A, & i = A, \\ bx - p_B, & i = B. \end{cases}$$

我们考虑两个企业都有正的市场份额时的竞争均衡。令 $\hat{x}$ 是临界消费者，满足：

$$\hat{x} = \frac{p_B - p_A}{b - a}.$$

$\hat{x}$ 是企业 A 的市场份额，$1 - \hat{x}$ 是企业 B 的市场份额。

两个企业的价格竞争均衡为：

$$p_A^* = \mathsf{argmax}_{p_A} p_A \hat{x}; \quad p_B^* = \mathsf{argmax}_{p_B} p_B (1 - \hat{x}).$$

它们的响应函数为：

$$p_A = R_A(p_B) = \frac{p_B}{2}; \quad p_B = R_B(p_A) = \frac{b - a + p_A}{2}.$$

从而得到：

$$p_A^* = \frac{b - a}{3}; \quad p_B^* = \frac{2(b - a)}{3}.$$

这样，$\hat{x} = \frac{p_B^* - p_A^*}{b - a} = \frac{1}{3}$。在纳什均衡处，两个企业的利润为

$$\pi_A(a, b) = \frac{b - a}{9}; \quad \pi_B(a, b) = \frac{4(b - a)}{9}.$$

我们进一步讨论企业的产品定位。可以考虑下面的两阶段博弈，并求出子博弈完美纳什均衡。第一阶段两个企业选择产品质量，第二阶段两个企业选择价格竞争。

若两个企业在第一阶段对产品质量的选择分别为 a 和 b 并使得 $a \leqq b$，那么上面的价格竞争的均衡就是这个博弈第二阶段的纳什均衡。

在第一阶段，企业 A 和 B 的利润为

$$\pi_A(a,b)=\frac{b-a}{9};\quad \pi_B(a,b)=\frac{4(b-a)}{9}.$$

由于

$$\frac{\partial\pi_A(a,b)}{\partial a}=-\frac{1}{9},\quad \frac{\partial\pi_B(a,b)}{\partial b}=\frac{4}{9},$$

于是，$a^*=0$ 和 $b^*=1$。这意味着，在纵向产品差异化价格竞争中，在这个子博弈完美均衡下，企业会使得它们的产品差异最大化。

在第二阶段，两个企业的价格分别为 $p_A^*=\frac{1}{3}$ 和 $p_B^*=\frac{2}{3}$，它们都大于边际成本。这意味着，在纵向产品差异化下，企业会弱化价格竞争强度。

上面这些寡头竞争模型都假设市场结构 (即市场上企业的构成) 是外生的。然而，在现实中，企业进入或退出是一个重要的策略维度。下面我们考虑动态市场结构下的企业竞争。

9.5.8 市场进入遏制

贝恩 (Bain，1956) 总结了影响市场结构的四种要素，它们影响在位企业获得超正常利润的能力，或者说保持市场势力的能力。

第一是规模经济。企业的最小有效规模 (平均成本最低时的产量) 是行业需求的重要部分。比如，一个规模报酬递增的生产单位，其最小有效规模可能是无穷大。如 $C(q)=f+cq$，$AC(q)=\dfrac{f}{q}+c$ 是产量的递减函数，此时市场只能维持少数企业生存，在规模报酬递增的行业中，由一个企业生产所有产出时，成本最经济。

第二是绝对成本优势。在位企业可能拥有更先进的技术，比如通过经验 (干中学) 或者研发 (取得专利或创新) 得到。在位企业可能会通过积累资本使自己的生产成本降低；或者通过与供应商签订契约，阻止进入企业获得重要的投入品，或者抬高对手的成本。

第三是产品差别优势。在位企业获得产品的专利，可以阻止其他企业使用或者模仿其技术，或者利用先动优势获得消费者对其产品的品牌忠诚。

第四是资本投入要求。一个企业在进入市场之前，需要为投资进行融资。若融资困难，比如银行出于风险考虑不愿意贷款，或者在位企业提高在产品市场上的潜在竞争强度，减少潜在进入企业的利润预期，从而降低资本市场对潜在进入企业的盈利预期，最终削弱潜在进入企业进入市场的意愿。

有些进入壁垒是外在的，比如法律赋予的，不是由在位企业控制的; 有些是内生的，由在位企业策略性的选择造成。当在位企业面临进入威胁时，它可能会采取以下三种行为：

（1）**进入封锁**：进入企业很难获得建立企业所需要的资源，在位企业没有受到进入威胁；

（2）**进入遏制**：在位企业通过调整策略，降低潜在进入企业对盈利的预期，从而成功挫败进入；

（3）**进入容纳**：在位企业发现让 (少数) 进入企业进入市场，要比建立进入壁垒更有利。下面我们考察内生壁垒的一个例子。

考虑由两个企业构成的行业。企业 1(在位企业) 选择一个资本水平 (或者说之前的"生产能力")k_1，尔后就固定了。企业 2 (潜在进入者) 观察到 k_1 并选择资本水平 k_2，若 $k_2=0$，意味着企业 2 没有进入市场。在动态市场结构下，两个企业的竞争就是先后选择它们各自的资本水平。设企业的产量是企业之前的生产能力。两个企业进行的博弈是一个两阶段博弈：

第一阶段：企业 1 选择资本水平 k_1。

第二阶段：在观察到 k_1 后，企业 2 选择资本水平 k_2，若选择进入，即 $k_2>0$，此时要承担一个固定的进入成本 f。

除了考虑企业是否进入外，这个模型就是上面提到过的斯塔克尔伯格模型。

设市场需求是线性的，$p=1-k_1-k_2$。此时企业 1 的利润为：$\pi^1(k_1,k_2)=k_1(1-k_1-k_2)$；企业 2 的利润为：若进入，则 $\pi^2(k_1,k_2)=k_2(1-k_1-k_2)-f$，否则为零。

在第二阶段，若企业 2 进入，即 $k_2>0$，它的选择是对企业 1 行动的最佳响应：

$$k_2=R_2(k_1)=\frac{1-k_1}{2}.$$

在第一阶段，预期到企业 2 的反应，企业 1 选择最优资本水平：

$$\max_{k_1} k_1(1-k_1-R_2(k_1))=k_1\left(1-k_1-\frac{1-k_1}{2}\right),$$

我们利用斯塔克尔伯格模型得到子博弈完美纳什均衡：$k_1^*=\dfrac{1}{2}$，$k_2^*=\dfrac{1}{4}$，$\pi^1=\dfrac{1}{8}$，$\pi^2=\dfrac{1}{16}-f$。当 $f>\dfrac{1}{16}$ 时，我们知道企业 2 不会进入，或者说市场存在进入封锁。当 $f<\dfrac{1}{16}$ 时，若企业 1 允许企业 2 进入，那么它会选择斯塔克尔伯格均衡结果，即 $k_1^*=\dfrac{1}{2}$，企业 2 会选择 $k_2^*=\dfrac{1}{4}$。此时，企业 1 的利润为 $\pi^1=\dfrac{1}{8}$，企业 2 的利润为 $\dfrac{1}{16}-f>0$。

若企业 1 遏制企业 2 进入，它就要选择某个资本水平 k_1^b，使得企业 2 的最佳选择 $k_2^*=0$。k_1^b 使得 $\max_{k_2} k_2(1-k_1^b-k_2)-f=0$，得到 $k_1^b=1-2\sqrt{f}>1/2$。企业 1 的利润为 $\pi^1=(1-2\sqrt{f})[1-(1-2\sqrt{f})]$。当 $f\to\dfrac{1}{16}$ 时，$\pi^t\to\dfrac{1}{4}=\pi^m$，企业 1 选择遏制策略对自己更有利。若 $f\to 0$，此时企业 1 选择容纳策略对自己更有利。

我们可以验证：当 $f\leqq\left(\dfrac{1}{4}-\dfrac{\sqrt{2}}{8}\right)^2$ 时，企业 1 会选择容纳策略；否则，企业 1 会选择遏制策略。

9.5.9　非对称信息下的价格竞争

以上对寡头竞争的讨论，假设了竞争博弈是完全信息的。然而在实际中，企业在做决策时通常有一些无法准确观察到的状态变量，比如对手的成本、市场需求状况或市场潜力，这是因为某些信息是由私人所有的，比如企业比对手更了解自己的生产技术。施蒂格勒(George J. Stigler，1911—1991，其人物小传见 9.6.2 节) 是信息经济学的创始人之一，他认为消费者在获得有关商品质量、价格和购买时机的信息方面成本过大，使得购买者既不能也不想得到充分的信息，从而造成了同一种商品存在着不同价格。所以，施蒂格勒认为，这是不可避免的，从而不需要人为的干预。下面讨论非对称信息下寡头竞争及动态的市场进入，不完全信息下这样的委托–代理问题的详细讨论见后面第五部分关于激励机制设计理论的章节。

在现实的市场竞争中，企业有很多信息是对手不知道的。在前面的博弈论中，我们可以把这些不被竞争对手知道的信息刻画为企业的类型。下面我们讨论一个简单的非对称信息价格竞争模型。

假设市场上有两个企业，企业 1 和企业 2 生产差异化产品。它们之间进行价格竞争。企业的需求函数是对称的，也是公开信息，具有线性函数形式，即 $D_i(p_i, p_j) = a - bp_i + dp_j, 0 < d < b$。企业 2 的成本信息是公开的，企业 1 的成本信息是私人的，又称为它的类型。设企业 1 的边际成本有两种可能性，$c_1^l < c_1^h$，其先验分布为 $prob(c_1 = c_1^l) = \beta$ 和 $prob(c_1 = c_1^h) = 1 - \beta$，从而企业 2 对企业 1 的成本期望值为 $c_1^e \equiv \beta c_1^l + (1-\beta)c_1^h$。企业 2 的边际成本为 c_2。

企业 i 的事后利润为：

$$\pi^i(p_i, p_j) = (p_i - c_i)(a - bp_i + dp_j).$$

两个企业同时选择价格，为了找出不对称信息下的伯特兰价格均衡，采用贝叶斯–纳什均衡作为解的概念。

令 p_2^* 是均衡时企业 2 的价格策略，p_1^l 和 p_1^h 是均衡时企业 1 分别在成本为 c_1^l 和 c_1^h 下的价格策略。下面我们求解企业的响应函数。

对企业 1 来说，给定边际成本 c_1 及对手的定价 p_2^*，从最大化利润求得：

$$a - 2bp_1 + dp_2^* + bc_1 = 0,$$

从而有

$$p_1 = R_1(p_2; c_1) = \frac{a + dp_2^* + bc_1}{2b}.$$

于是得到

$$p_1^l = \frac{a + dp_2^* + bc_1^l}{2b}.$$

类似地，给定边际成本 c_2 及对手的定价 p_2^*，可得：

$$p_1^h = \frac{a + dp_2^* + bc_1^h}{2b}.$$

企业 2 对企业 1 价格的预期于是为：

$$p_1^e = \beta p_1^l + (1-\beta)p_1^h = \frac{a + dp_2^* + bc_1^e}{2b}.$$

对企业 2 来说，给定企业 1 的选择，其目标是选择价格 p_2 使得期望利润最大：

$$\max_{p_2} E\pi^2 = \beta(p_2-c_2)(a-bp_2+dp_1^l)+(1-\beta)(p_2-c_2)(a-bp_2+dp_1^h) = (p_2-c_2)(a-bp_2+dp_1^e).$$

由最优化一阶条件得到企业 2 的响应函数：

$$p_2^* = R_2(p_1) = \frac{a+bp_1^e+bc_2}{2b},$$

从而得到了贝叶斯–纳什均衡：

$$p_2^* = \frac{2ab+ad+2b^2c_2+bdc_1^e}{4b^2-d^2};\quad p_1^l = \frac{a+dp_2^*+bc_1^l}{2b};\quad p_1^h = \frac{a+dp_2^*+bc_1^h}{2b}.$$

对以上情形与信息对称情形做一个对比：当信息对称时，也就是当企业 1 的成本信息被企业 2 观察到时，根据上面的分析，我们可以得到：

$$p_2^*(c_1=c_1^l) = \frac{2ab+ad+2b^2c_2+bdc_1^l}{4b^2-d^2} < p_2^*;$$

$$p_2^*(c_1=c_1^h) = \frac{2ab+ad+2b^2c_2+bdc_1^h}{4b^2-d^2} > p_2^*.$$

可以验证，在对称信息情形下，企业 2 的利润会更高，原因是企业 2 的均衡利润函数对企业 1 的成本是一个凸函数。

而对企业 1 来说有 $\frac{d\pi^1}{dp_2} = \frac{\partial\pi^1}{\partial p_2} = d(p_1-c_1) > 0$。所以当企业 1 的成本为 c_1^h 时，若有机会披露类型信息，它会有动机去披露；当企业 1 的成本为 c_1^l 时，它会刻意隐瞒其成本信息。这是因为，高成本的企业通过披露信息，可以避免对手选择更激进的低价策略 (企业的响应函数关于对手的成本是单调递增函数)。若企业在制定价格之前存在信息披露的阶段，公布 (可验证) 信息的行为就传递了企业是高成本类型的信息。

9.5.10　非对称信息下的限制性定价——动态市场结构

传统观点认为，一个现有的企业可以通过低价来阻碍进入。贝恩在 1949 年提出了**限制性定价** (limit pricing)的概念，也称之为阻止进入定价 (entry preventing pricing)。若进入之前的价格和进入的程度存在正向关系，现有企业就会有削减价格的激励。一个经常的疑问是：为什么低价可以阻止企业进入？贝恩认为，低价向潜在进入者传递的信息是市场盈利性差，或竞争强度高，或在位企业具有低成本优势。

下面讨论价格作为信号机制的情形，其模型由 Milgrom 和 Roberts (1982) 给出。在位企业为了显示其竞争能力或者成本水平的私人信息，它会刻意通过选择价格来披露其类型信息，从而形成某种进入壁垒。这个博弈是一个典型的信号传递类型的博弈。

假定有两期。在第一期，存在一个垄断的在位企业 1，它选择价格。在第二期，企业 2 决定是否进入。若企业 2 进入，在第二期就是一个双寡头的市场结构；若企业 2 不进入，企业 1 仍然是垄断者。在位者的成本是私人信息，它有两种可能取值。假设是低成本的概率为 β，是高成本的概率为 $1-\beta$。若企业 2 没有进入市场，它不会有企业 1 的私人信息；在进入市场后，它会得到企业 1 的成本信息，且进入是不可逆的。这里引入私人成本信息的意义在于：考察私人信息是如何影响进入决策的。令 $M_1^t(p_1)$ 是当在位者的类型为 $t \in \{l, h\}$ 和价格为 p_1 时的垄断利润。令 p_m^l 和 p_m^h 分别是在位者是低成本和高成本时的垄断价格，从垄断定价中我们知道 $p_m^l < p_m^h$。令 M_1^l 和 M_1^h 分别是低成本和高成本的垄断利润，即 $M_1^t \equiv M_1^t(p_m^t), t \in \{l, h\}$。

若企业 2 进入，企业 1 的成本信息可以被企业 2 观察到，此时两个企业在第二期进行价格竞争。令 D_1^t 和 D_2^t 表示进入之后两个企业的利润，$t \in \{l, h\}$。为了使讨论有意义，设 $M_1^t > D_1^t$, $\forall t$; $D_2^h > 0 > D_2^l$。也就是说，对在位企业来说，垄断总比寡头竞争好；对进入者来说，若在位者是高成本的，进入者有优势，可以赚得正利润；若在位者是低成本的，进入者则不希望进入。两个企业的贴现率都为 δ。

由于在位企业希望得到垄断利润，所以它希望第一期的价格选择能让进入者相信它是低成本的。这里的问题是它有没有能力做到这一点。考虑下面的信号机制，企业 1 选择一个低价 p_1^l，用来传递这种信号。这样，在第一期在位企业可能会因此减少了收益，但是这种收益降低为它在第二期带来收益，即潜在进入企业相信在位企业是低成本的而放弃进入，此时在位企业可以在第二期获得垄断利润。问题是，潜在进入企业会不会没有观察到 p_1^l 就相信在位企业是低成本的呢？不一定，这是因为即使高成本的在位企业也有可能去模仿这种低价策略，导致价格信号也许不能反映类型信息。为分析这个问题，我们通常需要用到不完全信息动态博弈的均衡概念，比如“完美贝叶斯均衡”。

在前面关于博弈论的第 6 章中，我们讨论过信号传递博弈。其均衡可分为三类：**分离均衡**、**混同均衡**、**拟分离均衡** (即某类信号发送者会采取混合策略)。我们重点来考察前两类。

首先分析分离策略。分离策略意味着，不同类型的在位企业会发送不同的信号，并且满足激励相容条件。由于是完美贝叶斯均衡，我们需要界定信号接收者在非均衡路径上的信念。在分离均衡中，高成本类型没有必要通过低价来模仿低成本类型。这样，在第一期它会选择高成本的垄断价格，即 p_m^h，其利润为 M_1^H。在第二期它获得的利润是寡头利润 D_1^H。总的贴现利润为 $M_1^H + \delta D_1^H$。令 p_1^l 代表低成本类型在第一期的价格。由于是分离均衡，要确保高成本企业不会去选择 p_1^l，即不会模仿低成本的价格策略。

因此，高成本类型选择的激励相容约束为：

$$M_1^H + \delta D_1^H \geqq M_1^H(p_1^l) + \delta M_1^H,$$

或者

$$M_1^H - M_1^H(p_1^l) \geqq \delta(M_1^H - D_1^H), \tag{9.12}$$

其中，$M_1^H(p_1^l)$ 是垄断的高成本企业选择价格 p_1^l 而在第一期得到的利润。

下面我们来考虑低成本企业的策略选择。由于它至少可以在第一期制定垄断价格 p_m^l，第二期最差的情形是有企业进入，它得到保底利润 $M_1^L + \delta D_1^L$。在选择 p_1^l 时，低成本的总贴现利润为 $M_1^L(p_1^l) + \delta M_1^L$，所以低成本企业选择 p_1^l 的激励相容约束为：

$$M_1^L(p_1^l) + \delta M_1^L \geqq M_1^L + \delta D_1^L,$$

或者

$$M_1^L - M_1^L(p_1^l) \leqq \delta(M_1^L - D_1^L). \tag{9.13}$$

假设在不对称信息下的分离均衡与对称信息下不同类型在位企业的定价 (高成本和低成本下分别会选择 p_m^h、p_m^l) 不同，即在不对称信息条件下，若低成本的在位企业选择 p_m^l，则高成本企业有动机采用混同策略，即有：

$$M_1^H - M_1^H(p_m^l) < \delta(M_1^H - D_1^H). \tag{9.14}$$

在式 (9.12) 和式 (9.13) 中，p_1^l 位于某个区间 $[\tilde{\tilde{p}}_1, \tilde{p}_1]$，其中 $\tilde{p}_1 < p_m^l$。因此要达到分离均衡，低成本企业的定价必须足够低于它的垄断价格，这是防止高成本混同信号的成本，以达到在第二期阻止市场进入。

对低成本企业制定的低价，高成本企业不去模仿的原因在于，模仿导致第一期利润的降低超过模仿带来的收益。

当 $M_1^L - D_1^L > M_1^H - D_1^H$，即低成本企业通过低价来阻止进入带来的收益 (从寡头变为垄断的利润增加幅度) 超过高成本企业时，或者说，

$$\frac{d}{dc_1}[M_1(c_1) - D_1(c_1)] < 0,$$

其中，

$$M_1(c_1) = \max_{p_1}[(p_1 - c_1)D_1^m(p_1)],$$

$$D_1(c_1) = \max_{p_1}(p_1 - c_1)D_1(p_1, p_2^d).$$

根据包络定理，我们有

$$\frac{dM(c_1)}{dc_1} = -D_1^m(p_1^m);$$

$$\frac{dD_1(c_1)}{dc_1} = -D_1(p_1^d, p_2^d) + (p_1^d - c_1)\frac{\partial D_1(p_1^d, p_2^d)}{\partial p_2}\frac{\partial p_2^d}{\partial c_1}.$$

这样，

$$\frac{d}{dc_1}[M_1(c_1) - D_1(c_1)] = -D_1^m(p_1^m) + D_1(p_1^d, p_2^d) - (p_1^d - c_1)\frac{\partial D_1(p_1^d, p_2^d)}{\partial p_2}\frac{\partial p_2^d}{\partial c_1}.$$

若在位企业的垄断需求大于双寡头垄断需求，同时 $\frac{\partial p_2^d}{\partial c_1} > 0$(意味着某个企业的成本增加会使得对手提高价格)，那么就会有 $\frac{d}{dc_1}[M_1(c_1) - D_1(c_1)] < 0$。

图 9.14 描述了分离均衡。在这个分离区间中，低成本企业最希望选择 $\tilde{p}_1$，因为这是区间中离低成本的垄断价格最近的分离价格，也就是成本最低的 (可信的) 信号显示成本。同时高成本企业不会去模仿。由于高成本企业的价格选择总会显示自己的类型，所以在第一期，它会选择垄断价格。因此，这个均衡系列 (分离均衡的连续统) 中一个最合理的分离均衡是，在第一期，低成本企业选择 $\tilde{p}_1$，高成本企业选择 p_m^h。

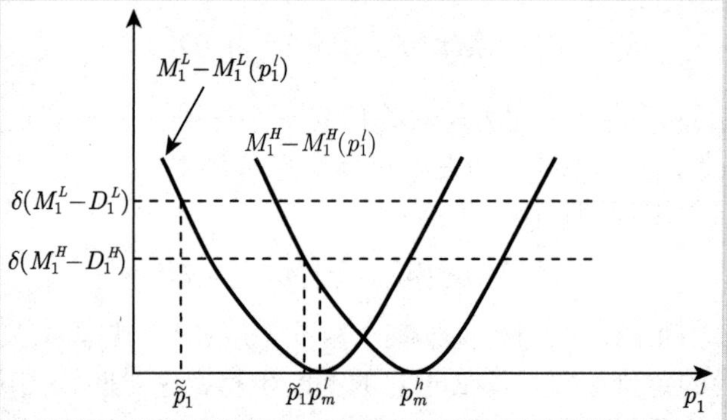

图 9.14 分离均衡

下面讨论混同均衡是否存在。混同均衡存在的一个条件是 $\beta D_2^L + (1-\beta)D_2^H < 0$，或者说$\beta > \dfrac{D_2^H}{D_2^H - D_2^L}$，即低成本企业的概率足够大，也就是说，如果没有任何信息，企业 2 不会选择进入市场。如果两类企业选择相同的价格，潜在进入者就不能从在位企业的价格中分辨出它的类型，此时第二期潜在进入企业对在位企业的类型的信念与初始信念相同。混同均衡存在的另外一个条件是两类企业都有动机选择相同的价格。对高成本企业，它选择混同价格 p_1 的条件是：$M_1^H - M_1^H(p_1) \geqq \delta(M_1^H - D_1^H)$。而对低成本企业，它也没有动机去显示与高成本企业的区别，因为企业 2 在不能区分时，也不会进入。

我们在关于博弈论的第 6 章中得到的一个结论是：在信号传递博弈中只有分离均衡满足直观标准。

下面我们用一个简单的例子来求解上面的价格信号传递成本信息的博弈。假设市场需求反函数为 $p = 10 - Q$，在位企业 1 的边际成本 c_1 是私人信息。假设企业 1 的类型的先验分布为：$prob(c_1 = 0) = prob(c_1 = 4) = 0.5$。潜在进入企业 2 的成本是 $c_2 = 1$，为共同知识，市场的进入成本为 9，时间贴现率为 $\delta = 1$。寡头市场竞争假设为产量竞争。博弈的时间结构为：在第一期，企业 1 是市场的垄断者，它选择在第一期的价格 p_1；在第二期，企业 2 选择是否进入市场。若进入，它需要支付固定成本 9，两个寡头企业进行产量竞争；若不进入，企业 1 仍然是垄断者，它选择在第二期的价格 p_2。

我们利用线性需求下产量竞争均衡利润的简单公式

$$\pi_1(c_1, c_2) = \frac{(a - 2c_1 + c_2)^2}{9},$$

$$\pi_2(c_1, c_2) = \frac{(a - 2c_2 + c_1)^2}{9} - f.$$

在这个例子中，$a = 10$。表 9.1 刻画了两个企业的利润。

若在第一期价格 p_1 下，企业 2 不能区分企业 1 的类型 (即混同均衡)，此时企业 2 进入市场的期望收益为 $0.5 \times (-1.9) + 0.5 \times 7 > 0$，从而企业 2 会选择进入。

下面讨论满足直观标准的第一期的 $p_1(c_1)$，也就是说，当价格 $p_1 = p_1(c_1 = 0)$ 时，企业

表 9.1　限制性定价中的企业利润

在位者的成本类型:	潜在进入者	
	进入	不进入
低成本 $c_1 = 0$	$\pi_1^c(0) \approx 13,\ \pi_2^c(0) \approx -1.9$	$\pi_1^m(0) = 25,\ \pi_2(0) = 0$
高成本 $c_1 = 4$	$\pi_1^c(4) = 1,\ \pi_2^c(4) = 7$	$\pi_1^m(4) = 9,\ \pi_2(4) = 0$

2 会认为企业 1 是低成本类型，或者高成本类型刚好不会去模仿，同时价格 $p_1(c_1 = 0)$ 是所有分离均衡中给低成本企业带来最高利润的价格。我们可以验证 $p_1(c_1 = 0) = 4.17$。这是因为 $9.99 = \pi_1^m(p_1 = 4.17, c_1 = 4) + \pi_1^m(4) = (10 - 4.17)(4.17 - 4) + 9 < \pi_1^m(4) + \pi_1^c(4) = 10$。

9.5.11　对寡头市场的总结性评论

从上面这些寡头市场上企业的互动模型中，我们发现不同的市场环境，包括信息分布(对称或者非对称)、一次或者多次博弈、产品的特质 (同质或者异质)、行动的顺序、不同的策略空间 (价格决策、产量决策、产品决策) 等，都会影响到企业的最终策略选择，并影响到市场的最终价格以及企业的利润。由于企业存在市场势力，即偏离边际成本的定价能力，通常来说市场交易越多，社会福利越大。因此，对寡头市场的深入分析，有助于给政府的政策提供一些好的建议。比如，为竞争政策的设计提供逻辑基础，控制和约束在位企业过高的市场势力，控制企业之间的价格合谋，等等。

我们对市场结构做了简化分类，然而在现实生活中，一个产业在不同时期可能会经历不同的市场结构。比如一个新产品问世初期，市场很可能是垄断的; 随着其他企业的模仿，市场结构慢慢变成寡头市场; 到了产业的成熟期，会出现越来越多的企业，此时市场可能转换为垄断竞争市场，甚至接近完全竞争市场。而在此产业演化过程中，消费者的福利、生产者的福利都会随之发生变化。

上面讨论的这些模型，只是描述了企业在市场上的互动行为的一小部分现象。还有很多有意思的问题，比如企业的研发和创新激励、与之相关的专利制度设计、在网络经济中技术标准的兼容性、网络外部性、上下游企业之间的关系以及平台经济等，构成了一个内容广泛的微观经济学分支，即产业组织理论。对这些问题有兴趣的读者，可以参考一些经典教科书，其中不得不提的一本 (至少到目前为止无法逾越的) 经典教科书是梯若尔(Tirole) 在 1988 年出版的《产业组织理论》，我们讨论中的一些例子即取材于此。

9.6　【人物小传】

9.6.1　哈罗德・霍特林

哈罗德・霍特林 (Harold Hotelling, 1895—1973) 为统计学界、经济学界、数学界公认的大师。他在经济学方面的论文尽管不多，但其贡献却足够深刻和有很重大的影响，被认为是帕累托学派的领袖之一。

霍特林在华盛顿大学读书时原本主修新闻学，但后来转向数学做拓扑领域的相关研究，并于 1924 年获得博士学位。他起初服务于斯坦福大学，他对统计理论最重要的贡献是多变量分析及或然率，最重要的论文则是“The Generalization of Student's Ratio”，即目前著称的霍特林 T 方 (Hotelling's T^2)。他在主成分分析 (principal components analysis) 和典型相关 (canonical correlations) 的发展中也扮演重要的角色。1972 年他入选美国国家科学院院士，1973 年入选罗马 Accademia Nazionale dei Lincei。

埃奇沃思模型的说明描述了只有两个卖者的市场中的不稳定因素。霍特林在 1929 年对这一观点提出挑战，提出霍特林模型。他认为价格或产出的不稳定并非寡头垄断的基本特征。霍特林模型显然是对埃奇沃思和伯特兰模型的批评。霍特林不同意消费者由一个卖者突然转向另一个卖者是市场的特征这一观点。他预期价格的下降实际上吸引不了多少消费者。因而他认为，只要消费者逐渐转向竞争者，市场就仍将保持稳定。同时，他还提出了空间竞争理论，把产品差异划分为空间中直线段上的不同点，从而使产品差异具有可检验的经验含义。其中有名的例子是本章前面讨论的 1929 年发表在《政治经济学杂志》上的霍特林模型。1931 年他发表了论文《可耗尽资源的经济学》，这被认为是资源经济学产生的标志。

霍特林担任过弗里德曼的统计学课老师和阿罗的数理经济学课老师，他帮助阿罗从数学系转到经济学系，对于后者从数理统计研究转向经济理论研究起到了重要作用。霍特林对本书著者在国内的硕士生导师林少宫教授也很欣赏，曾邀请后者在 20 世纪 50 年代刚刚拿到博士学位时去他那里工作，但林少宫教授毅然选择了回国。

9.6.2 乔治·施蒂格勒

乔治·施蒂格勒 (George J. Stigler，1911—1991)，美国著名经济学家、经济史学家、芝加哥大学教授，与米尔顿·弗里德曼一道被并称为芝加哥经济学派的领袖人物，是 1982 年诺贝尔经济学奖得主。他生长于美国西雅图，一直在那里接受教育到大学毕业，取得了华盛顿大学的企业管理学士学位，之后获得美国西北大学企业管理硕士学位。为了避免失业，他在华盛顿大学待了一年多，然后再到芝加哥大学攻读博士学位。1936—1938 年担任艾奥瓦州立大学助理教授，1938—1946 年任教于明尼苏达大学，于 1941 年升为正教授。1946 年，施蒂格勒得知母校芝加哥大学希望他参加教授征选的面试，跟他同一天前来应征的另一位教授候选人是弗里德曼。结果，弗里德曼获得了这一仅有的教授缺额。落选的施蒂格勒来到布朗大学短暂地任教一年至 1947 年。1947—1958 年任教于哥伦比亚大学，这段时间施蒂格勒的经济思想趋于成熟。1958 年芝加哥大学再度有一个教授缺额，施蒂格勒终于得偿所愿被聘为芝加哥大学的正教授，其后在芝加哥大学度过了芝加哥经济学派引领风骚的二十多个年头。

施蒂格勒认为专心地做一个知识分子，投身于“枯燥”的经济学研究是一种惬意并具独特刺激性的生活，他有意避开能使他离开学术的一切非学术的职业和活动。他从教学研究和学术交流中获得了无穷的乐趣，也留下了许多有价值的著作，如《生产和分配理论》(1941)、《竞争价格理论》(1942)、《价格理论》(1946，1952，1964)、《美国的家庭仆人》(1947)、《产出和就业的趋势》(1947)、《教育事业的就业和报酬》(1950)、《联邦政府的价格统计》(1961)、《知识分子和市场》(1962)、《关于国家的正当经济作用的对话》(合著，1963)、《制造业的资本和报酬率》(1963)、《经济学史论文集》(1965)、《产业的组织》(合著，1968)、《工业价格的行为》(合著，1970)、《现代人和他的公司》(1971)、《公民和国家》(1975) 等。

施蒂格勒是芝加哥学派在微观经济学方面的代表人物，也是信息经济学的创始人之一，他认为消费者在获得有关商品质量、价格和购买时机的信息方面成本过大，使得购买者既不能也不想得到充分的信息，从而造成了同一种商品存在着不同价格。施蒂格勒认为，这是不可避免的、正常的市场和市场现象，并不需要人为的干预。施蒂格勒的观点更新了微观经济学的市场理论中关于一种商品只存在一种价格的假定。在研究过程中，施蒂格勒还把这种分析延伸到劳动力市场。这些研究建立了一个被称为“信息经济学”的新的研究领域。自施蒂格勒的论文《信息经济学》于 1961 年发表至今，该研究已成为今日经济学学科中的显学，产生过很多位诺贝尔经济学奖得主。施蒂格勒的另一贡献是对社会管制政策的精辟批评，他经常对公共政策发表意见，因而被政治人物所引用。其最为人所知悉的贡献便是证明“自由的市场机制”至今仍是最有效的模式，并且使用计量经济学最新的研究成果，举出了很多政府为了提高效率而进行管制要么毫无帮助要么产生反效果的例子。他主张实行自由市场制度，反对垄断和国家干预。他是被称为“管制经济学”的新的重要研究领域的主要创始人。弗里德曼赞誉施蒂格勒是“以经济分析方法来研究法律与政治问题的开山祖师”。

9.7 习题

第9章

习题 9.1 在一个生产技术不变行业中，完全竞争厂商的长期成本函数为 $LTC = q^3 - 10q^2 + 175q$，市场需求函数为 $Q = 1\,000 - 2P$。

1. 求该行业的长期供给函数。
2. 求该行业长期均衡时的厂商数目。
3. 若征收每单位产品 50 元的消费税，求新的长期均衡下的厂商数目。
4. 若用产品价格 50% 的增值税代替以上消费税，求新的长期均衡下的厂商数目。

习题 9.2 已知完全竞争市场的需求函数为 $q = a - bp$，供给函数为 $q = c + dq$，其中 $a, b, c, d > 0$.

1. 若对消费者征收从量税 (specific duty)t，社会福利将如何变化？为什么？
2. 若改为对生产者征收从量税 t，社会福利将如何变化？为什么？
3. 若改为对消费者进行从量补贴 s，社会福利将如何变化？为什么？

习题 9.3 已知完全竞争市场的需求函数为 $q^d(p)$，供给函数为 $q^s(p)$，其中 $q^d(p)$ 为 p 的减函数，$q^s(p)$ 为 p 的增函数。

1. 考虑征收从量税的情形。对消费者征税或对生产者征税，均衡数量和生产者实际得到的价格是否相同？给出证明。
2. 考虑进行从量补贴的情形。补贴消费者或补贴生产者，均衡数量和生产者实际得到的价格是否相同？给出证明。
3. 考虑征收从价税的情形。对消费者征税或对生产者征税，均衡数量和生产者实际得到的价格是否相同？给出证明。

习题 9.4 市场上有唯一的垄断厂商，它可以实施一级价格歧视。

1. 此时厂商会按照 $MR = MC$ 的决策原则选择产量水平吗？为什么？
2. 厂商会选择在需求缺乏弹性处生产吗？如可能，举例说明；如不可能，给出证明。

习题 9.5 某垄断厂商拥有两个在地理上分离的市场，其需求函数分别为 $q_1 = 30 - 2p_1$ 和 $q_2 = 25 - p_2$，厂商的边际成本为 3，固定成本为零。

1. 若厂商可以实施三级价格歧视，其价格、产量和利润为多少？
2. 若法律禁止厂商实施价格歧视，其价格、产量和利润为多少？
3. 若市场 2 的需求高涨，其需求函数变为 $q_2 = a - p_2, a > 25$，重新求解问题 1 和 2。

习题 9.6 市场上有唯一的厂商，其产品所面临的市场需求函数为 $q = a - bp$，边际成本为 c 且满足 $c < a/b$。厂商通过唯一的零售商进行销售。厂商首先制定批发价格 w，零售商在观察到批发价格后制定零售价格 p。零售商的成本为零。证明：上述市场的零售价格高于纵向一体化的垄断厂商制定的价格。

习题 9.7 市场上存在唯一的垄断厂商，其 (每一期的) 反需求函数均为 $p = a - bq$。第 1 期的边际成本是 c_1，垄断厂商是“干中学”的，故其第 2 期的边际成本为 $c_2 = c_1 - mq_1$。假定 $a > c$，$b > m$。

1. 垄断者在每一期的产量是多少？
2. 若由中央计划者选择每期的产量水平，他会在第 1 期按“价格等于边际成本”原则选择产量吗？为什么？
3. 若由垄断者决定第 2 期的产量，中央计划者会在第 1 期选择高于问题 1 中所求的产量水平吗？为什么？

习题 9.8 假设垄断者和消费者均存活无限期。消费者对物品赋予的价值 v 均匀地分布在 $[0, 1/(1-\delta)]$ 上 (这相当于每期的价值服从 $[0,1]$ 上的均匀分布)。若价值为 v 的消费者在 t 期以价格 p_t 购买，则其效用为 $\delta^t(v - p_t)$。垄断者的跨期利润为 $\sum\limits_{t=1}^{\infty} \delta^t p_t q_t$。找出线性稳态均衡：在某一期，价格为 p 时，任何价值超过 $w(p) = \lambda p$ 的消费者将购买，价值较低的消费者不会购买，其中 $\lambda > 1$。反过来，若在某一期，价值超过 v 的消费者购买了，而其他消费者没有购买，垄断者要价 $p(v) = \mu v$，其中 $\mu < 1$。

1. 当只有价值低于 v 的消费者购买，且垄断者要价 p_t，p_{t+1}，$\cdots$，消费者遵循上述线性规则时，求垄断者从 t 期开始的跨期利润。
2. 证明：垄断者对 p_t 的最优化导致一个线性规则，其中 λ 由 $1-2\lambda\mu+\delta\lambda^2\mu^2=0$ 给出。
3. 写出消费者 $w(p)$ 的无差异方程。
4. 证明：当 δ 趋近于 1 时，垄断者的利润趋近于 0。

习题 9.9　考虑由两个消费者和两种商品组成的经济。A 类型消费者的效用函数为 $u(x,y)=6x-x^2+y$，B 类型消费者的效用函数为 $v(x,y)=8x-x^2+2y$。商品 y 的价格为 1，每一消费者的收入为 5 000，两种类型消费者的数量均为 n。

1. 假定垄断者生产商品 x 的边际成本为 c，且不能从事任何价格歧视，试求其最优价格和产量。当 c 位于什么区间时，垄断者将向两类消费者出售商品？
2. 假定垄断者采取两部收费法，消费者必须先进行总量支付 k 才能以单位价格 p 购买商品。对于 $p<4$，A 类型消费者最高的总量支付 k 是多少？若 A 类型消费者支付了 k 并以单价 p 进行购买，他将购买多少单位？
3. 若经济中只有 n 个 A 类型消费者，没有 B 类型消费者，利润最大化时的 p 和 K 将是多少？
4. 若 $c<1$，当两类消费者均购买时，试求利润最大化的 p 和 k。

习题 9.10　一零售商从批发商手中购买产品，并将该产品销售给消费者。该零售商掌握着所有的销售渠道，是零售市场的垄断厂商。市场需求为 $p=20-q$。假设零售商无法进行价格歧视。批发商是批发市场的垄断厂商，其生产成本为 $c(Q)=3Q^2+10$。批发商向零售商收取两部分费用：除每单位产品的批发价 w 外，还有固定的准入费用 F (需要注意的是，当零售商不向批发商购买产品，即零售商选择退出市场时，无须支付准入费用 F)。由于批发商不掌握零售渠道，故无法直接向消费者销售其产品。零售商的目标是在给定 (w,F) 的前提下，通过选择 q 最大化其利润 $p(q)=wq-F$。为了便于求解，我们假设当且仅当零售商的利润为负时零售商才会退出市场，且批发商所选择的批发价格 $w<20$。

1. 将零售商的利润表达成关于 w，q 及 F 的函数。
2. 在零售商选择进入市场的前提下，求零售商利润最大化产量 q^*，其中 q^* 为 w 的函数。
3. 在求得 q^* 的前提下，将零售商的定价 p 及其利润写作 w 的函数。
4. 当 F 和 w 满足什么关系时，零售商不会退出市场？

习题 9.11　假设产品市场是完全竞争的，且生产该产品需要劳动力和资本两种生产要素。某厂商是劳动力市场上的价格接受者，但却是资本市场上的唯一购买者从而能够决定资本价格。

1. 写出该厂商的利润最大化问题并给出一阶条件。
2. 若该厂商同时成为劳动力和资本两种要素市场的价格决定者，则其利润最大化的一阶条件有何变化？

3. 若该厂商成为产品市场的垄断者和资本要素市场的价格决定者，则其利润最大化的一阶条件有何变化？

习题 9.12 市场上存在两个寡头厂商，它们进行伯特兰竞争。市场需求函数 $x(p)$ 在 p 上连续且严格递减，且存在一个 $\bar{p} < \infty$，使得对于所有 $p \geqq \bar{p}$ 均有 $x(p) = 0$。两厂商的边际成本均为 $c > 0$。

1. 证明：存在纯策略纳什均衡 $p_1^* = p_2^* = c$。
2. 证明：上述纯策略纳什均衡也是唯一的纳什均衡。
3. 若市场需求函数为 $x(p) = p^{-\eta}$，证明：存在混合策略纳什均衡，使得均衡下两厂商均有正的利润。(**提示**：假定厂商根据如下分布函数 F 选择价格：假设 $m > c$，对 $p \geqq m$，令 $F(p) = 1 - \dfrac{m^{-\eta}(m-c)}{p^{-\eta}(p-c)}$；否则 $F(p) = 0$。然后检验对任何价格 $p \geqq m$，F 均是一个混合策略纳什均衡，其出价总是超过边际成本 c。事实上有连续统个混合策略纳什均衡。)

习题 9.13 考虑如下产品差异化模型，其中：$p_1 = a - bq_1 - dq_2$ 和 $p_2 = a - dq_1 - bq_2$，且满足 $a, d > 0, b \geqq d$。假设两厂商的边际成本分别为 c_1 和 c_2。

1. 若两厂商进行产量竞争，试求均衡产量。
2. 写出两厂商的需求函数。
3. 若两厂商进行价格竞争，试求均衡价格。

习题 9.14 考虑如下产品差异化模型，其中：$p_1 = a - b(q_1 + \lambda q_2)$ 和 $p_2 = a - b(\lambda q_1 + q_2)$，且满足 $a, b > 0$ 及 $0 \leqq \lambda \leqslant 1$。假设两厂商的边际成本均为 c，且它们同时进行决策，其中厂商 1 设定价格，厂商 2 设定产量，试求两厂商的均衡产量和价格。

习题 9.15 市场上存在两个寡头厂商，其成本函数分别为 $c_1 = 2q_1^2$ 和 $c_2 = q_2^2$，需求函数为 $q = 10 - 2p$。

1. 若两厂商未结成卡特尔，求解古诺竞争的最优产量和利润。
2. 若两厂商结成卡特尔，求解利润最大化的产量水平。两厂商将如何分配利润？
3. 若两厂商的成本函数改为 $c_1 = 2q_1$，$c_2 = q_2$，重新求解问题 1 和 2。

习题 9.16 市场上存在两个寡头厂商，它们进行古诺竞争且边际成本均为 2。需求函数为 $q = 14 - 3q$。在它们决定产量前，厂商 1 可以选择是否采用一项固定成本为 10 的新技术以使自己的边际成本降低为 0，厂商 2 可以观测到厂商 1 是否采用了该技术。

1. 写出该博弈中两厂商的策略集。
2. 厂商 1 会采用该技术吗？均衡时两厂商的产量各为多少？

习题 9.17 市场上存在 J 个寡头厂商，它们进行古诺竞争，市场需求函数为 $q = a - 2p$，厂商 $i(i = 1, 2, \cdots, n)$ 的边际成本为 c_i。

1. 试求 J 个厂商的均衡产量。

2. 假定一项即将出台的政策会使得所有厂商的边际成本均增加一个常数 c_0，它们会支持该政策吗？为什么？
3. 假定一项即将出台的政策会使得所有厂商的边际成本均增加一个固定的比例 t，它们会支持该政策吗？为什么？

习题 9.18　市场上存在两个寡头厂商，它们的边际成本均为 c，反需求函数为 $p=a-bq$。两厂商进行斯塔克尔伯格博弈，且厂商 1 为领导厂商，厂商 2 为跟随厂商。

1. 求解子博弈完美均衡下的产量水平 (q_1^*, q_2^*)。
2. (q_1^*, q_2^*) 是该博弈的纳什均衡吗？为什么？
3. 现两厂商改为进行古诺博弈，试证明：古诺博弈的纳什均衡也是斯塔克尔伯格博弈的纳什均衡。

习题 9.19　市场上存在三个寡头厂商，其市场需求函数为 $q=a-bp$，厂商的边际成本均为 c，固定成本均为零。若三厂商分别按照如下顺序进行产量决策，求解各自的最优产量水平。

1. 三厂商同时选择产量水平。
2. 厂商 1 先选择产量水平，厂商 2 观测到厂商 1 的产量水平后选择产量水平，厂商 3 观测到厂商 1 和厂商 2 的产量水平后选择产量水平。
3. 厂商 1 先选择产量水平，厂商 2 和厂商 3 观测到厂商 1 的产量水平后同时选择产量水平。
4. 厂商 1 和厂商 2 先选择产量水平，厂商 3 观测到厂商 1 和厂商 2 的产量水平后选择产量水平。

习题 9.20　市场上存在两个寡头厂商，市场需求函数为 $q=500-4p$，厂商 1 和厂商 2 分别具有不变的边际成本 6 和 10。

1. 若厂商 1 先决定产品的市场价格，厂商 2 接受该价格，试求两厂商的均衡产量和利润。
2. 若厂商 2 先决定产品的市场价格，厂商 1 接受该价格，试求两厂商的均衡产量和利润。
3. 厂商 1 或厂商 2 愿意成为价格领导者吗？为什么？
4. 若两厂商进行古诺竞争，试求此时的均衡产量和利润，并将其与问题 1 和 2 中所求结果做对比，阐述你的发现。

习题 9.21　市场上存在一个领导厂商和一个跟随厂商，市场需求函数为 $q=10-2p$。领导厂商 1 先决定产品的市场价格，跟随厂商 2 接受该价格，我们称这样的模型为“价格领导模型”。两厂商的成本函数分别为 $TC_1=0$ 和 $TC_2=2q_2^2$。

1. 试述该价格领导模型与斯塔克尔伯格模型的区别。
2. 试求领导厂商和跟随厂商的产量和利润。
3. 若跟随厂商的成本函数变为 $TC_2=aq_2$，其中 a 为常数，求此时领导厂商的产量和利润。

习题 9.22 假设每个厂商进入市场的成本为 $c>0$，且满足：(1) 单个厂商的均衡产量随企业数量的增加而降低；(2) 总产量随企业数量的增加而增加；(3) 均衡价格始终在边际成本之上。证明：从社会福利的角度来看，自由进入的对称古诺模型导致过度进入。

习题 9.23 消费者均匀分布于长度为 1 的轴线上，每个消费者购买一单位商品。在第一阶段，两企业选择位置，其中企业 1 位于距轴左端 $a>0$ 处，企业 2 位于距轴右端 $b>0$ 处，且满足 $a+b \leqq 1$。在第二阶段，两企业选择价格 p_1 和 p_2。交通成本是二次的，即距离企业 1 所在地 x 处的某消费者去企业 1 购买的交通成本为 cx^2，距离企业 2 所在地 y 处的某消费者去企业 2 购买的交通成本为 cy^2。两企业的固定成本和边际成本均为零。证明：$a=b=0$。

习题 9.24 **(Rotemburg and Saloner，1986)** 市场上存在两个寡头厂商，它们生产同质产品且均具有不变的边际成本 c。两厂商进行无限期重复的伯特兰竞争，贴现因子为 δ。市场需求函数为 $q=a-p$，且需求函数的截距 a 会随机波动：在每一期，$a=a_h$ 的概率为 λ，$a=a_l$ 的概率为 $1-\lambda$。$a_l<a_h$ 且不同时期的需求相互独立。两种需求水平下的垄断价格记作 p_h 和 p_l。

1. 求解 δ^*，使得对于 $\delta \geqq \delta^*$，在子博弈完美纳什均衡中，两厂商能够采用触发策略维持上述垄断价格水平。
2. 对 $1/2<\delta<\delta^*$，求最高价格 $p(\delta)$，使得在子博弈完美纳什均衡中，两厂商可通过触发策略，在高需求时维持价格 $p(\delta)$，在低需求时维持价格 p_l。

习题 9.25 市场上存在两个寡头厂商，它们生产同质产品并进行不完全信息古诺竞争。市场需求函数为 $q=a-bp$。厂商 1 的边际成本以 λ 的概率为 c_h，以 $1-\lambda$ 的概率为 c_l；厂商 2 的边际成本以 η 的概率为 c_h，以 $1-\eta$ 的概率为 c_l。

1. 两厂商均确切地知道自己的边际成本，但仅知道对方边际成本的概率分布，求此时两厂商的纳什均衡产量水平。
2. 两厂商仅知道自己和对方边际成本的概率分布，求此时两厂商的贝叶斯–纳什均衡产量水平。

习题 9.26 已知消费者和厂商都均匀分布在单位圆上，消费者选择一个厂商购买一单位商品，且其交通成本为 tx，这里的 x 表示消费者到达其选定商店的距离。市场是自由进入的，且每个厂商进入市场的固定成本均为 f。

1. 求均衡下的厂商数量 J。
2. 求社会最优的厂商数量 m。m 和 J 的大小关系如何？给出解释。
3. 若消费者的交通成本改为 tx^2，重新回答问题 1 和 2。

习题 9.27 (Selten, 1973) 市场上存在 J 个企业，它们的边际成本均为零。市场需求函数为 $q=1-p$。企业将决定是否加入卡特尔，其中卡特尔成员确定产量分配标准且严格执行，并与其他企业进行古诺竞争。证明：若 $J \leqq 4$，则所有企业都将加入卡特尔；但若 $J \geqq 6$，则卡特尔将只包括部分企业。

习题 9.28　市场上存在 J 个企业，它们的边际成本均为 c，且市场需求函数为 $q = a - p$。

1. 考虑两个企业间的兼并。证明：若 $J = 2$，则它们可以从中获利；但若 $J \geqq 3$，则它们将是无利可图的。
2. 现在考察 k 个企业间的兼并，若它们可以从中获利，试导出需要满足的条件。

习题 9.29　在正文中的限制性定价模型中，潜在进入者的边际成本为共同知识，现考虑如下模型，其中潜在进入者的边际成本也为私人信息。具体地，令需求函数为 $p = 10 - 2q$，在位企业 1 类型的先验分布为 $p(c_1 = 0) = \alpha$，$p(c_1 = 4) = 1 - \alpha$，潜在进入者 2 类型的先验分布为 $p(c_2 = 1) = \beta$，$p(c_2 = 2) = 1 - \beta$。市场进入成本为 F，时间贴现率 $\delta = 1$。试找出可能的混同均衡和分离均衡，并验证它们是否符合直观标准。

9.8　参考文献

教材和专著：

丹尼斯·卡尔顿，杰弗里·佩洛夫. 现代产业组织：第 4 版. 北京：中国人民大学出版社，2009.

黄有光，张定胜. 高级微观经济学. 上海：格致出版社，2008.

平新乔. 微观经济学十八讲. 北京：北京大学出版社，2001.

张维迎. 博弈论与信息经济学. 上海：上海人民出版社，1996.

Bain, J. (1956). *Barriers to New Competition*, Harvard University Press.

Belleflamme, P. and M. Peitz (2010). *Industrial Organization: Markets and Strategies*, Cambridge University Press.

Cabral, L. M. B. (2000). *Introduction to Industrial Organization*, MIT Press.

Debreu, G. (1959). *Theory of Value*, Wiley.

Jehle, G. A. and P. Reny (1998). *Advanced Microeconomic Theory*, Addison-Wesley.

Kreps, D. (1990). *A Course in Microeconomic Theory*, Princeton University Press.

Luenberger, D. (1995). *Microeconomic Theory*，McGraw-Hill.

Mas-Colell, A., M. D. Whinston, and J. Green (1995). *Microeconomic Theory*, Oxford University Press.

Shy, Oz (1995). *Industrial Organization: Theory and Applications*, MIT Press.

Tirole, J. (1988). *The Theory of Industrial Organization*, MIT Press.

Varian, H. R. (1992). *Microeconomic Analysis(Third Edition)*, W. W. Norton and Company.

论文：

Dixit, A. and J. Stiglitz (1977). "Monopolistic Competition and Optimum Product Diversity", *American Economic Review*, Vol. 67, No. 3, 297-308.

Hotelling, H. (1929). "Stability in Competition", *Economic Journal*, Vol. 39, No. 153, 41-57.

Kreps, D. and J. Scheinkman (1983). "Quantity Precommitment and Bertrand Competition Yield Cournot Outcomes", *Bell Journal of Economics*, Vol. 14, No. 2, 326-337.

Milgrom, P. and J. Roberts (1982). "Information Asymmetries, Strategic Behavior and Industrial Organization", *American Economic Review*, Vol. 77, No. 2, 184-193.

Rotemberg, J. J. and G. Saloner (1986). "A Supergame-theoretic Model of Price Wars during Booms", *American Economic Review*, Vol. 76, No. 3, 390-407.

Selten, R. (1973). "A Simple Model of Imperfect Competition Where Four Are Few and Six Are Many", *International Journal of Game Theory*, Vol. 2, No. 1, 141-201.

Shakes, A. and J. Sutton (1982). "Relaxing Price Competition through Product Differentiation", *Review of Economic Studies*, Vol. 49, No. 1, 3-13.

Shapiro, C. (1989). "Theories of Oligopoly Behavior". In Schmalensee, R. and R. Willig (eds.), *Handbook of Industrial Organization*, Volume 1 (Amsterdam: North-Holland).

Singh, N. and X. Vives (1984). "Price and Quantity Competition in a Differentiated Duopoly", *Rand Journal of Economics*, Vol.15, No. 4, 546-554.

Sonnenschein, H. (1968). "The Dual of Duopoly Is Complementary Monopoly: Or, Two of Cournot's Theories Are One", *Journal of Political Economy*, Vol. 76, No. 2, 316-318.

Spence, M. (1976). "Product Selection, Fixed Costs and Monopolistic Competition", *Review of Economic Studies*, Vol. 43, No. 2, 217-235.

第三部分

一般均衡与社会福利

一般（或称全局）均衡理论（general equilibrium theory）是百年来发展出来的一个最重要的经济理论，也是人类经济思想宝库中最耀眼的成就之一，它深刻揭示了全局观念、系统思维和综合治理的极端重要性，为更好地研究和解决现实市场经济所面临的各种问题提供了极为重要的参照系和标杆，对现代经济学的发展起到了很大的推动作用。

我们在第 9 章中讨论了市场理论的基本内容。市场理论主要沿用马歇尔局部均衡分析方法来研究单一行业或市场，因而也被称为局部均衡理论。在完全竞争市场中，任何个体都不能左右市场，也就是每个经济主体都不能影响商品的价格，这意味着每一类商品都是同质的；在垄断、垄断竞争或者寡头市场中，价格受企业产量的影响，企业可通过产量或者价格进行竞争。但是，只考虑一个市场的供求均衡（市场出清）在现实中往往是不够的。在实际中，一个市场发生波动，比如劳动力市场，将会影响到其他市场，因而需要将所有市场放在一起进行考察。

一般均衡理论作为新古典经济学的一个重要分支，它通过数学公理化方法，从个体的偏好、技术和禀赋等基本经济环境出发，在非常一般的条件下，严格证明了完全竞争市场经济均衡的存在性和资源配置的帕累托有效性，这些结果通常被认为是经济理论中最重要的结论之一。不同于局部均衡理论只考察一个市场的均衡问题，一般均衡理论通过同时考察多个市场的均衡来解释整个经济中供给、需求和价格的互动情况。考察多个竞争市场的相互影响所得到的结论完全超越了局部均衡理论框架。

一般均衡理论为研究市场经济和为市场制度辩护提供了一个基准理论，它假定完全竞争、零交易成本及完全信息这样理想状态的市场经济环境，因而只是对现实竞争市场的一个抽象表述或近似描述。尽管一般均衡理论看来非常抽象化及数学化，但可用于进行经济制度的选择、决定市场化改革方向以及指导现实经济活动。无论将均衡价格视作长期价格，还是从均衡推导出实际价格，这个模型都有非常重大的现实作用。赫伯特·斯卡夫（Herbert Scarf，1930—2015，其人物小传见 12.5.2节）进一步指出，如果对证明的方法做适当的修正，可以找出如何具体求出一般均衡系统的解，这随后发展成可计算一般均衡模型。这一方法已经被应用到许多不同的政策问题上：关税、企业所得税、社会福利措施的改变以及一些发展中国家的经济发展等。

除了促成一般均衡理论在特定经济问题上的应用之外，一般均衡理论也让人们对“一般均衡思想”有了更深刻的理解，认识到某一项特定的经济变动将会造成比最初变动更为深远的影响，因而在研究和解决现实问题时，必须树立全局观念和掌握系统思维，坚持以一般均衡分析为核心的综合治理理念，而不是简单的控制变量实验（尽管是科学研究的第一步）的局部或孤立看单一因素的分析方法。这正如中国古人所说的那样：**“不谋全局者，不足谋一域。”**

当然，一般均衡假说，就像经济学里的许多其他假说或自然科学的基准理论假说一样，描述了一种无摩擦的世界，并不是真实地描述了客观现实，但却是非常有用的近似描述。和那些过分夸大均衡存在的人比起来，把这种近似描述完全弃置不顾反倒更背离真实。尽管这种理想的全局均衡理论离现实较远，在现实中基本不存在，但它为研究现实市场提供了基准情形和参照系，对如何改进和提高市场效率提供了启示和方向。这样的研究方法实际上借鉴了物理学的基本研究方法：为了研究有摩擦的自然世界，人们需要首先考虑无摩擦的理想情形，以此为研究现实世界提供了必要的基准和参照系。同理，一般均衡理论就是为了研究现实市场经济而发展出来的一个经济理论。由于一般均衡理论的基本思想及核心结构由里昂·瓦尔拉斯（Léon Walras，1834—1910，其人物小传见 10.8.1节）在 1874 年最早给出，因而一般均衡理论有时也被称为瓦尔拉斯（Walras）市场理论。一般均衡理论在国际经济学、宏观经济学、金融学等许多经济学领域都有广泛的应用。由于一般均衡理论的重要性及其对现代经济学的深远影响，诺贝尔经济学奖在 1972 年和 1983 年先后被授予在这一领域做出重大贡献的肯尼思·阿罗（Kenneth J. Arrow，1921—2017，其人物小传见 10.8.2节，与希克斯共同获得）和法裔美国经济学家吉拉德·德布鲁（Gerard Debreu，1921—2004，其人物小传见 11.9.2节）。

本部分将从全局均衡的角度考察完全竞争市场经济。在全局均衡的框架下，所有市场都会相互影响、相互作用，且在均衡状态下，所有市场都会出清。本部分由 4 章内容构成。第 10 章和第 11 章构成了一般（全局）均衡理论的核心内容。第 10 章介绍一般均衡模型的正式结构并且引入**竞争均衡**（或称为**一般均衡**或**瓦尔拉斯**（Walrasian）均衡）。其讨论的重点为完全竞争市场的实证分析，即讨论竞争均衡的存在性、唯一性和稳定性。我们还将讨论更一般的结构——**抽象经济**，一般均衡模型可被视作它的一个特殊情况。第 11 章通过引入**帕累托（Pareto）有效**对竞争市场进行规范分析。该章将考察竞争均衡和帕累托有效之间的关系，其核心内容是两个**福利经济学基本定理**。

第 12 章对第 10 章和第 11 章的分析做进一步拓展，包含了规范一般均衡理论的一些专题，从不同的角度进一步论证竞争市场的合理性、最优性、唯一性和一般性。我们将介绍重要的**经济核等价定理**、**公正定理**和**社会选择理论**。其中经济核等价定理表明，当经济人数目增大时，自愿合作和自愿交换的自发经济活动的结果将收敛于瓦尔拉斯均衡。该定理的深刻之处在于，在个体逐利的客观现实下，即使不考虑任何制度安排方面的顶层设计，只要允许充分竞争和经济上的自由选择，所导致的资源配置和完全竞争市场均衡配置一致，就能达到资源的有效配置。这意味着基本市场经济制度实际上是一种自发选择，是经济实践所演化出来的一种制度安排，而非人为设计。而公正定理则证明，若让经济人有一个平等的竞争起点，就可通过竞争市场达到帕累托有效且公平 (equitable) 的配置。

第 12 章还将考察阿罗不可能性定理。该定理认为从个体理性偏好出发所形成的集体或社会选择不可能是理性的。阿罗不可能性定理假设个体偏好满足传递性和完备性。尽管理性偏好对个体来说基本成立，是一个较为合理的假设，但对整个社会来说不一定成立。如一个地区的政治代表应该代表当地社区的民意，但不同的个体有不同的看法和意见，他需要对所有的个体偏好进行总合，但总合所导致的偏好序往往是非传递的或非完全的，从而不是理性的。阿罗不可能性定理的基本结论是，在一些公认合理的假设下，不存在总合的偏好序，除非某一个体的偏好代表了整个社会的偏好，而这在现实中显然是不可能的。这一结果无论是对经济学、社会学还是政治学的研究与发展都产生了深远影响。

第 13 章讨论不确定市场经济环境下的一般均衡分析。

一如以往，在本部分，向量不等号 $\geqq$、$\geqslant$ 和 $>$ 定义如下。令 $\boldsymbol{a},\boldsymbol{b}\in\mathcal{R}^n$。则 $\boldsymbol{a}\geqq\boldsymbol{b}$ 表示对所有的 $s=1,\cdots,n$，均有 $a_s\geqq b_s$；$\boldsymbol{a}\geqslant\boldsymbol{b}$ 表示 $\boldsymbol{a}\geqq\boldsymbol{b}$ 但 $\boldsymbol{a}\neq\boldsymbol{b}$；$\boldsymbol{a}>\boldsymbol{b}$ 表示对所有的 $s=1,\cdots,n$，均有 $a_s>b_s$。

第 10 章　一般均衡的实证理论

10.1　导言

一般均衡理论所演绎的思想看似简单，却不易理解。在一个经济体系内，任何一件事情都会有牵一发而动全身的后果。我们可以用阿罗在关于他的学术贡献的一个演讲中所给出的例子说明一般均衡理论产生的背景及其重大现实作用。20 世纪 30 年代，得克萨斯州及波斯湾地区发现了石油，油价变得非常低廉。许多家庭在热能或能源的消费上从煤改成石油，因此减少了对煤的需求，连带也降低了煤矿工人的就业水平。炼油厂迅速扩张，雇用了更多的劳工。同样地，由于炼油涉及复杂的化学程序，产生对炼油机器设备的需求，从而又导致对专业化学工程师以及钢铁的需求。油价下降了，汽车的购买与使用也更为普遍。没有铁路，但经过公路可达的观光地区，开始涌入大量旅客，铁路运输开始衰退。这里的每一项变动，都会引发其他行业的变化，而这些后续的变化又回过头来影响石油的需求与供给。从系统思维的角度来看经济问题，上面的例子有其特殊的意义，也就是任何一项产品的需求总是受到所有产品价格的影响——包括劳动力与资本服务的价格，也就是工资与利率。同样地，任何一项产品的供给，包括劳动力或资本的供给，也受到所有商品价格的影响。到底是什么因素决定了各种产品与劳务目前的价格水平呢？在经济学上常用的假说就是一般均衡的概念。商品的一般均衡价格是使市场上每一种商品的需求量不超过供给量的价格。

这样，从实证的角度来看，经济上的一般均衡理论研究了在完全竞争市场体系下商品的均衡价格和均衡数量的决定。一般均衡理论存在性的证明通常被认为是一个最重要、最扎实的经济理论结果，是由法裔瑞士经济学家、洛桑学派的开创者、一般均衡理论的缔造者里昂·瓦尔拉斯在 1874 年率先提出较完整的架构，用关于竞争经济的数学模型试图解释众多的微小经济个体如何通过市场相互作用达到均衡状态。①

① “洛桑学派”指的是，以法国人瓦尔拉斯和意大利人帕累托为中心的新古典思想流派的一支，当时处于非主流，但却成为当今现代经济学的主流，对其影响深远。洛桑学派的主要特点在于它对一般均衡系统思维的推进，从而在广度上和深度上都扩大了新古典研究方法在经济学上的适用性。洛桑学派由于强调数理的解释说明，因而也被称为“数理学派”。作为 19 世纪 80 年代边际革命的领导人之一，瓦尔拉斯在 1870—1893 年间，一直在位于瑞士沃州（Vaud）的洛桑学院任教，所以以他为首的这一学派被称为洛桑学派。后来意大利经济学家维尔弗雷多·帕累托（Vilfredo Pareto，1848—1923，其人物小传见 11.9.1节）继承了他的位置，帕累托是 19 世纪 80 年代新古典一代人中的领军人物之一。虽然他们二人的核心理论是相同的，但是他们的侧重点和分析方式却迥然不同，前者注重实证分析，而后者注重规范分析。从而，我们可以辨别出同属洛桑学派的早期“瓦尔拉斯”阶段 (专注于均衡的存在性) 和后期“帕累托”阶段 (专注于均衡的效率和社会最优状态，即分析需求和消费者偏好之间的关系，以及厂商产出计划和利润最大化的关系)。在这个过程中，洛桑学者开始使用现代经济学者广泛使用的微分学和拉格朗日乘数。

奥地利学派和洛桑学派是经济学界如雷贯耳的两大经济学流派。前者发轫于卡尔·门格尔，经庞巴维克、维塞尔、米塞斯、哈耶克流变至今。后者以瓦尔拉斯为鼻祖，后继者中著名的有帕累托、巴罗尼、兰格、里昂惕夫。现在这两大学派汇合成具有极大包容性的现代经济学。

尽管瓦尔拉斯当时提出了这个理论的一个初始分析框架，列出了市场供给等于市场需求这一市场出清的条件，使它具备了一般均衡理论的基本要素，但由于当时数学工具的局限性，瓦尔拉斯本人并没能证明一般均衡的存在性。当时要运用这一理论作为分析工具仍有困难，而且数学训练不足的经济学家也很难理解。瓦尔拉斯的核心问题是满足这一方程组的市场均衡是否存在，即是否存在价格向量使得市场出清。但由于不动点定理之类的数学工具那时还没有被发展出来，当时的数学还不足以证明全局均衡的存在，瓦尔拉斯只能大致断言，只要价格变量的个数同方程的个数相等，则均衡存在。显然，这个论断一般并不成立。并且，由于供给和需求函数不一定是线性的，方程个数和变量个数即使相等也并不一定有解。瓦尔拉斯本人也意识到，如果不能从数学上严格证明，该理论是没有多大意义的。尽管瓦尔拉斯认为其模型中方程数和未知数相等基本能保证竞争均衡的存在性，但在他提出该理论之后的半个多世纪中，由于证明所需的数学工具还没有被发明出来，这一断言并未被证明。

直到 20 世纪 30 年代，经济学界才重拾对竞争均衡存在性这项研究的兴趣，其中以希克斯所做的精辟阐释与推展厥功至伟。从技术性方面来看，Neisser（1932），Stackelberg（1933），Zeuthen（1933）和 Schlesinger（1935）最先证明了均衡的若干基本性质，而 Wald（1935, 1936a, 1936b）则得到了第一个均衡解。虽然 Wald 首先在特殊的经济环境中证明了竞争均衡的存在性，但不具一般性。对竞争均衡存在性的一般性证明的突破归功于约翰·冯·诺依曼（John von Neumann，1903—1957）分别在 1928 年和 1937 年发表的两篇论文，首先给出了可用来证明非线性方程组存在解的不动点定理，此数学结果比 Wald 的结论更为重要。① 该结果后由 Kakutani（1941）发展为一般集值映射（correspondence mapping）的不动点定理，成为证明均衡存在性的最有力的数学工具。由于有了角谷（Kakutani）不动点定理，在 Wald 的工作 20 年之后，特别是有了数学家纳什（John Nash，1928—2015，其人物小传见 6.8.1 节）为了证明纳什均衡存在所发展的数学工具，对一般经济环境的一般均衡的存在性才由 Arrow 和 Debreu（1954），McKenzie（1954, 1955），Gale（1955）以及其他一些作者重新提出，并给出了证明。

竞争均衡或称瓦尔拉斯均衡或称一般均衡是指消费者效用最大化和生产者利润最大化的同时，所有商品的市场**总需求**（aggregate demand）不超过市场**总供给**（aggregate supply）（即市场出清）的状态。它的基本特征是在封闭或者开放的经济中所有市场不是独立的而是相互关联的，其均衡价格是由市场供给和需求内生决定的。这样，从实证的角度来说，一般均衡理论着眼于完全竞争市场系统中商品的均衡价格和均衡数量，它也可被用来预测由市场机制所决定的最终消费和最终生产。

如第 1 章所述，现代经济学的基本分析框架可分为五个组成部分：界定经济环境、设定行为假设、给出制度安排、选择均衡结果及进行评估比较。一般均衡理论也不例外。为了研究一般均衡问题，首先要确定经济制度环境的最主要特征：包括经济主体个数及其偏

---

① 冯·诺依曼是一个可以和牛顿比肩、几百年才出一个的真正天才，他不仅是数学家和物理学家，而且在泛函分析、遍历理论、几何学、拓扑学和数值分析等众多数学领域及计算机学、量子力学和经济学领域都有重大贡献。他既是现代计算机理论的发明者，也是博弈论的开创者之一，其人物小传见 5.8.1 节。

好、生产集、初始禀赋、信息结构等，同时要对经济主体的行为进行设定，并对制度安排进行选择，然后决定竞争均衡价格和资源配置及其他性质的实证分析。我们需要了解，在什么样的经济环境下存在竞争均衡，而且竞争均衡是否稳定和唯一。最后还要搞清楚竞争均衡的福利性质，即什么样的均衡结果能导致资源的有效配置，它是否也是平等或公平配置。从而知道在什么样的条件下，市场制度能有效运作，而在何种情形下原发无组织市场的自发配置机制会失灵（如存在消费和生产的外部性、商品不可分、不完全竞争、非凸性等）。不弄清楚一个经济理论的基本分析框架及它的适用范围，就如医生开药方而不知道药性和适用范围，弄不好会出大问题。将理论应用于实践而不知道它的适用边界弄不好也可能出大错。所以，弄清它的适用范围和边界条件是一个合格的经济学家必须具有的基本素质。

一般均衡理论由如下五部分内容构成：

（1）**经济制度环境**（基本经济特征）：由经济人个数、消费空间、消费偏好、消费者初始禀赋、生产者生产可能性集、信息结构等构成。

（2）**经济制度安排**：决定商品价格的完全竞争市场机制。

（3）**行为假定**：所有消费者和企业都没有左右市场的力量，都将价格视为给定，消费者最大化其效用和企业最大化其利润。

（4）**结果预测**：竞争均衡分析——竞争均衡的存在性、唯一性和稳定性的实证分析。

（5）**结果评价**：规范分析，对竞争均衡配置进行价值判断，如是否具有有效性。

一般均衡理论要回答的基本问题包括：

（1）竞争均衡的存在性及其确定：在何种经济环境下，也就是对个体的经济特征（消费集、禀赋、偏好、生产集）及信息集做何种限定，能保证竞争均衡解存在？

（2）竞争均衡的唯一性：对经济环境做何种限制能保证竞争均衡是唯一的？

（3）竞争均衡的稳定性：当经济发生波动后，何种经济情形能保证市场价格可收敛到竞争均衡价格？

（4）竞争均衡的福利性质：对何种消费集、禀赋、偏好和生产集，能保证竞争均衡是社会最优或者帕累托有效的，使之不存在任何其他可行配置，在改善任何人效用的同时不损害他人的效用？

10.2　一般均衡模型的分析框架

下面介绍一般均衡模型的基本分析框架，考虑只有私人品（即竞争、排他性消费品）而没有外部性和公共品的经济。另外，假定关于经济环境的信息是完全的，我们将在第 13 章讨论不完全信息下的一般均衡理论。

10.2.1　经济环境

所考虑的经济是作为参数给定的经济制度环境，其基本要素描述如下。

- n: 经济中消费者的数目。
- $N=\{1,\cdots,n\}$：所有消费者构成的集合。
- J: 经济中生产者（厂商）的数目。
- L: 经济中私人品的数目。
- $X_i \subseteq \mathcal{R}^L$：消费者 i 的消费集（consumption set），$i=1,\cdots,n$，由消费者 i 所有的可行（individually feasible）消费束组成，界定了其消费范围。消费集中某些元素可能是负的，从而导致负效用，如时间被用来工作。
- $\succcurlyeq_i$：消费者 i 的定义在消费集 X_i 上的偏好关系（若效用函数存在，可用效用函数 u_i 来替代），$i=1,\cdots,n$。
- $\boldsymbol{w}_i \in X_i \subseteq \mathcal{R}^L_+$：消费者 i 的初始禀赋向量。
- $e_i=(X_i,\succcurlyeq_i,w_i)$：消费者 i 的经济特征。对消费者来说，他们的经济特征完全由消费空间、偏好关系和初始禀赋来刻画。
- $Y_j \subseteq \mathcal{R}^L$：企业 j 的生产可能性集，$j=1,2,\cdots,J$。对厂商来说，对任意生产技术，都可用一个生产可能性集来刻画。生产函数即为生产可能性集的边界。
- $\boldsymbol{y}_j \in Y_j$：生产计划向量，$y_j^l>0$ 表示 y_j^l 为净产出，$y_j^l<0$ 表示 y_j^l 为净投入。$\boldsymbol{y}_j$ 的大部分元素可能为 0，表示绝大部分商品企业既不提供生产要素，也不生产此类产品。
- $e=(\{X_i,\succcurlyeq_i,w_i\},\{Y_j\})$：被称为经济环境或简称经济。
- $X=X_1\times X_2\times\cdots\times X_n$：所有消费者的消费集所构成的消费空间。
- $Y=Y_1\times Y_2\times\cdots\times Y_J$：所有企业的生产集所构成的生产空间。

备注：本章主要考察在偏好关系 $\succcurlyeq_i$ 是序关系的设定下，如何证明竞争均衡的存在性。偏好序反映了人们对商品组合进行的理性排序。我们知道，$\succcurlyeq_i$ 是偏好序，若它满足自反性 (reflexive，即 $\boldsymbol{x}_i\succcurlyeq_i\boldsymbol{x}_i$)、传递性 (transitive，即 $\boldsymbol{x}_i\succcurlyeq_i\boldsymbol{x}_i'$ 和 $\boldsymbol{x}_i'\succcurlyeq_i\boldsymbol{x}_i''$ 意味着 $\boldsymbol{x}_i\succcurlyeq_i\boldsymbol{x}_i''$) 及完全性 (total, 即对任意的 $\boldsymbol{x}_i\neq\boldsymbol{x}_i'$，或 $\boldsymbol{x}_i\succcurlyeq_i\boldsymbol{x}_i'$，或 $\boldsymbol{x}_i'\succcurlyeq_i\boldsymbol{x}_i$)。① 在关于消费者理论的第 3 章中，我们证明了，若 $\succcurlyeq_i$ 是连续的，则表示 $\succcurlyeq_i$ 的连续效用函数存在。② 即使所有消费者的偏好不满足传递性或完全性，我们也可讨论一般均衡的存在性。我们将在 10.4.7节简要讨论非序偏好关系下竞争均衡的存在性。

备注：在本书第 4 章讨论了三种类型的生产规模报酬：**非规模报酬递增**，即对于所有 $\boldsymbol{y}\in Y$ 和 $\alpha\in[0,1]$ 都有 $\alpha\boldsymbol{y}\in Y$，意味着任何投入-产出向量都可以缩小，或者生产可能性集是一个凸集；**非规模报酬递减**，即对于所有 $\boldsymbol{y}\in Y$ 和 $\alpha\geqslant 1$ 都有 $\alpha\boldsymbol{y}\in Y$，意味着任何投入-产出向量都可以放大，以及**规模报酬不变**，即对于所有 $\boldsymbol{y}\in Y$ 和 $\alpha>0$ 都有 $\alpha\boldsymbol{y}\in Y$，这意味着它是非规模报酬递增与非规模报酬递减的结合，其几何表示为一个锥体。

注意到，竞争均衡只在规模报酬不变或递减的情形下才可能有意义，我们在第 9 章证

① 第 3 章提及：偏好是自反和完全的当且仅当它是完备 (complete) 的，即对任意的 $\boldsymbol{x}_i$ 和 $\boldsymbol{x}_i'$，$\boldsymbol{x}_i\succcurlyeq_i\boldsymbol{x}_i'$ 或 $\boldsymbol{x}_i'\succcurlyeq_i\boldsymbol{x}_i$。

② 根据赫维茨和宇泽弘文 (Hurwicz and Uzawa，1971，参见第 3 章) 的可积性定理，只要观测价格和个体的消费量成反比，在一些技术性条件下，就可以证明效用函数必定存在，尽管我们无法直接度量它。另外，如前面的章节所指出的，人们的偏好序并非总可用效用函数来表示，但满足上半连续性的偏好序可用上半连续的效用函数来表示。

明了单一市场竞争均衡和规模报酬递增是不兼容的。从一般均衡存在的技术性要求来说，若企业生产处于规模报酬递增阶段，则厂商可以不断地加大生产规模，使得企业利润趋近于无穷，导致一般均衡不存在，从而竞争均衡需事前假定生产集是凸集，即生产函数需要假定为凹函数 (而不能简单地假定为单调的拟凹函数)。这样，在一般均衡理论分析框架下考虑竞争均衡时，需事前就排除规模报酬递增情形，其原因是非凸生产技术从本质上来说是与完全竞争市场假设不兼容的。

竞争均衡这一稳态解概念与规模报酬递增生产技术不能共存，有其内在逻辑的合理性。有两类情形会导致非凸生产集的经济环境，从而不可能是完全竞争市场：

一是创新活动。对许多行业尤其是高科技行业来说，研发成本属于固定成本，而固定成本导致了非凸的生产集，对这种行业来说，研发成本往往巨大，但边际成本却很小，因而产品被研发出来后，必须发挥规模报酬递增优势进行生产才能获利，从而对这些行业中的企业，允许它们在一定期限内实施垄断是非常重要的。若没有政府保护其知识产权，由于边际成本很小，一旦产品的生产技术创新完成，则其他企业就会很容易地从模仿中受益。为了提供研发的激励，就需要对知识产权进行保护，在一定的时期内 (在美国知识产权的保护期是 20 年，而著作权的保护期是直到作者死后 70 年) 就形成了垄断和非凸的生产集。

二是发挥规模经济优势。对有规模报酬递增 (如电力、能源、铁路等自然垄断行业) 而导致非凸的经济环境，竞争将会使得企业达不到有效生产规模，从而为了发挥规模经济的优势，需要对这些有规模经济的行业限制竞争，一个行业只允许一个或者少数几个企业进行生产 (不仅在中国是如此，外国市场经济国家也大多如此)，从而价格被视作给定是不合理的。

这两种情形都导致了非凸的生产可能性集，促成了垄断，从而企业为价格的被动接受者这一假定就显得极不合理。11.6 节关于非凸生产集和边际成本定价的讨论也说明了，即使允许充分竞争，资源的有效配置也不能通过竞争市场来达到，由此利润最大化原则就不再可行，从而需要其他定价方式，如通过边际成本定价来达到。上述讨论的情形都说明了，非凸生产集本质上与竞争市场是不兼容的，关于完全竞争市场的一般均衡理论从一开始就排除规模报酬递增就显得合理了。

10.2.2　市场机制

一般均衡理论着眼于私有竞争市场的经济制度，下面是主要的基本特征和记号。

$\boldsymbol{p} = (p^1, p^2, \cdots, p^l) \in \mathcal{R}^L$：价格向量，这里 p^l 是第 l 种商品的价格。一般来说，商品价格非负。然而，若商品是有害品，则价格为负。不过我们主要关注的是非有害品的情形。

$\boldsymbol{p}\boldsymbol{x}_i$：消费者 i 购买商品束 $\boldsymbol{x}_i$ 的开支，$i = 1, \cdots, n$。

$\boldsymbol{p}\boldsymbol{y}_j$：企业 j 在生产计划 $\boldsymbol{y}_j$ 下的利润，$j = 1, \cdots, J$。

$\boldsymbol{p}\boldsymbol{w}_i$：消费者 i 初始禀赋的价值，$i = 1, \cdots, n$。

$\theta_{ij} \in \mathcal{R}_+$：消费者 i 拥有企业 j 的份额，该向量确定了所有权结构，其中

$$\sum_{i=1}^{n}\theta_{ij}=1,\quad j=1,2,\cdots,J.$$

$\sum_{j=1}^{J}\theta_{ij}\boldsymbol{p}\boldsymbol{y}_j$：消费者 i 的投资企业所得，$i=1,\cdots,n$。

$\boldsymbol{p}\boldsymbol{w}_i+\sum_{j=1}^{J}\theta_{ij}\boldsymbol{p}\boldsymbol{y}_j$：消费者 i 的总收入，由禀赋收入和投资收入两部分组成。这样，消费者 i 的预算约束由下式给定：

$$\boldsymbol{p}\boldsymbol{x}_i \leqq \boldsymbol{p}\boldsymbol{w}_i+\sum_{j=1}^{J}\theta_{ij}\boldsymbol{p}\boldsymbol{y}_j,\quad i=1,2,\cdots,n, \tag{10.1}$$

其预算集于是为：

$$B_i(\boldsymbol{p})=\left\{\boldsymbol{x}_i\in X_i:\boldsymbol{p}\boldsymbol{x}_i \leqq \boldsymbol{p}\boldsymbol{w}_i+\sum_{j=1}^{J}\theta_{ij}\boldsymbol{p}\boldsymbol{y}_j\right\}. \tag{10.2}$$

私人所有权 (private ownership) 或私有经济记为：

$$\boldsymbol{e}=\left(e_1,e_2,\cdots,e_n,\{Y_j\}_{j=1}^{J},\{\theta_{ij}\}\right). \tag{10.3}$$

所有私有经济的集合记为 E。

10.2.3 行为假设

假设消费者和厂商都是理性的，即在预算约束条件下，消费者追求效用最大化，而在自身生产技术约束条件下，厂商追求利润最大化。在一般均衡理论中，我们还假设市场是完全竞争的，即每个人都视市场价格为给定，无人能影响或控制市场价格：

（1）**完全竞争市场**：每个经济人都是价格的接受者。

（2）**效用最大化**：每个消费者在消费集 $B_i(\boldsymbol{p})$ 中最大化其效用，即：

$$\begin{aligned}&\max_{\boldsymbol{x}_i} u_i(\boldsymbol{x}_i)\\ \text{s.t.}\quad &\boldsymbol{p}\boldsymbol{x}_i \leqq \boldsymbol{p}\boldsymbol{w}_i+\sum_{j=1}^{J}\theta_{ij}\boldsymbol{p}\boldsymbol{y}_j.\end{aligned} \tag{10.4}$$

第10章

（3）**利润最大化**：每个企业在 Y_j 中最大化其利润，即对 $j=1,\cdots,J$，有：

$$\max_{\boldsymbol{y}_j\in Y_j}\boldsymbol{p}\boldsymbol{y}_j. \tag{10.5}$$

10.2.4 竞争均衡

模型的第四个组成部分是均衡的决定。在竞争均衡状态下，消费者的总需求受到资源的约束，消费者的消费束和生产决策都在可行集中。也就是，对整个经济来说，当处于竞争均衡时，所有商品的总需求不大于总供给。若不存在资源的浪费，则总需求等于总供给。

在定义竞争均衡之前，我们先给出配置的若干概念，这些概念界定了经济 $\boldsymbol{e}$ 中各种可能结果的集合。为了记号上的方便，在本章中，我们用 "$\hat{a}$" 表示向量中所有分量 $a_i,i=1,\cdots,n$ 之和，即 $\hat{a}:=\sum a_l$。

配置

定义 10.2.1 (配置)　令 $(\boldsymbol{x},\boldsymbol{y})$ 由所有消费者的消费束 $\boldsymbol{x}=(\boldsymbol{x}_1,\cdots,\boldsymbol{x}_n)$ 和所有厂商的生产计划 $\boldsymbol{y}=(\boldsymbol{y}_1,\cdots,\boldsymbol{y}_J)$ 构成，则称 $(\boldsymbol{x},\boldsymbol{y})$ 是经济 $\boldsymbol{e}$ 中的一个**配置** (allocation)。

定义 10.2.2 (个体可行配置)　我们称配置 $(\boldsymbol{x},\boldsymbol{y})$ 是**个体可行配置** (individually feasible allocation)，若对任意的 $i\in N$ 和 $j=1,\cdots,J$，均有 $\boldsymbol{x}_i\in X_i$ 和 $\boldsymbol{y}_j\in Y_j$。

定义 10.2.3 (平衡/均衡配置)　我们称配置 $(\boldsymbol{x},\boldsymbol{y})$ 是**弱平衡/均衡配置** (weakly balanced allocation)，若

$$\hat{\boldsymbol{x}}\leqq\hat{\boldsymbol{y}}+\hat{\boldsymbol{w}},\tag{10.6}$$

或者

$$\sum_{i=1}^{n}\boldsymbol{x}_i\leqq\sum_{j=1}^{J}\boldsymbol{y}_j+\sum_{i=1}^{n}\boldsymbol{w}_i.\tag{10.7}$$

若上述不等式按等号处成立，则配置被称为**平衡/均衡的** (balanced) 或**可达的** (attainable)。

定义 10.2.4 (可行配置)　若配置 $(\boldsymbol{x},\boldsymbol{y})$ 既是个体可行的也是 (弱) 平衡/均衡的，我们称它是**可行的**。

我们将所有可行配置的集合记为

$$A=\{(\boldsymbol{x},\boldsymbol{y})\in X\times Y:\hat{\boldsymbol{x}}\leqq\hat{\boldsymbol{y}}+\hat{\boldsymbol{w}}\}.$$

加总

- $\hat{\boldsymbol{x}}=\sum_{i=1}^{n}\boldsymbol{x}_i$：总消费。
- $\hat{\boldsymbol{y}}=\sum_{j=1}^{J}\boldsymbol{y}_j$：总产出。
- $\hat{\boldsymbol{w}}=\sum_{i=1}^{n}\boldsymbol{w}_i$：总禀赋。

竞争均衡

第10章

下面我们定义竞争均衡的概念。竞争均衡 (也被称为**一般均衡或瓦尔拉斯均衡**) 是一般均衡理论中的核心概念。给定私有经济 e，竞争均衡的存在需要满足三个条件：(1) 消费者效用最大化；(2) 生产者利润最大化；(3) 市场出清，总需求不大于总供给。正式地，我们有：

定义 10.2.5 (竞争均衡)　对私有经济 $e=(e_1,\cdots,e_n,\{Y_j\},\{\theta_{ij}\})$，我们称配置 $(\boldsymbol{x},\boldsymbol{y})\in X\times Y$ 和非零价格向量 $\boldsymbol{p}\in\mathcal{R}^L$ 构成了一个**竞争均衡或瓦尔拉斯均衡**，若下述条件满足：

(1) **效用最大化**：$\forall i=1,\cdots,n$，$\boldsymbol{x}_i\in B_i(\boldsymbol{p})$，并且对任意的 $\boldsymbol{x}'_i\in B_i(\boldsymbol{p})$，均有 $\boldsymbol{x}_i\succcurlyeq_i\boldsymbol{x}'_i$；

(2) **利润最大化**：对任意的 $\boldsymbol{y}'_j\in Y_j$，均有 $\boldsymbol{p}\boldsymbol{y}_j\geqq\boldsymbol{p}\boldsymbol{y}'_j,j=1,\cdots,J$；

(3) **市场出清** (market clear)：$\hat{\boldsymbol{x}}\leqq\hat{\boldsymbol{w}}+\hat{\boldsymbol{y}}$。

由此，我们称 $(\boldsymbol{x},\boldsymbol{y})$ 为**竞争均衡配置**，而称 $\boldsymbol{p}$ 为**竞争均衡价格向量**。一般来说，我们并不要求也不能保证竞争均衡价格非负，除非偏好关系满足单调性假设。

用下面的记号表示：

$$\boldsymbol{x}_i(\boldsymbol{p}) = \{\boldsymbol{x}_i \in B_i(\boldsymbol{p}) : \boldsymbol{x}_i \succcurlyeq_i \boldsymbol{x}_i', \ \forall \boldsymbol{x}_i' \in B_i(\boldsymbol{p})\}$$

为消费者 i 在效用最大化行为下的**消费对应**。当它为单值函数时，它又被称为消费者 i 的**需求函数**。

$$\boldsymbol{y}_j(\boldsymbol{p}) = \{\boldsymbol{y}_j \in Y_j : \boldsymbol{p}\boldsymbol{y}_j \geqq \boldsymbol{p}\boldsymbol{y}_j', \ \forall \boldsymbol{y}_j' \in Y_j\}$$

为企业 j 的**供给对应**。当它为单值函数时，它又被称为企业 j 的**供给函数**。

总需求对应：$\hat{\boldsymbol{x}}(\boldsymbol{p}) = \sum_{i=1}^{n} \boldsymbol{x}_i(\boldsymbol{p})$。

总供给对应：$\hat{\boldsymbol{y}}(\boldsymbol{p}) = \sum_{j=1}^{J} \boldsymbol{y}_j(\boldsymbol{p})$。

总超额需求对应：$\hat{\boldsymbol{z}}(\boldsymbol{p}) = \hat{\boldsymbol{x}}(\boldsymbol{p}) - \hat{\boldsymbol{w}} - \hat{\boldsymbol{y}}(\boldsymbol{p})$。

在上述记号下，若 $\hat{\boldsymbol{z}}^l(\boldsymbol{p}) > 0$，则表示经济中商品 l 存在短缺；若 $\hat{\boldsymbol{z}}^l(\boldsymbol{p}) < 0$，则表示商品 l 存在剩余。于是竞争均衡的一个等价定义可表示如下。

定义 10.2.6 价格向量 $\boldsymbol{p}^* \in \mathcal{R}^L$ 是竞争均衡价格，若存在 $\hat{\boldsymbol{z}} \in \hat{\boldsymbol{z}}(\boldsymbol{p}^*)$，使得 $\hat{\boldsymbol{z}} \leqq \boldsymbol{0}$ 成立，从而 $(\boldsymbol{p}^*, \boldsymbol{z})$ 组成了一个竞争均衡。特别地，若 $\hat{\boldsymbol{z}}(\boldsymbol{p})$ 是单值的，则 $\hat{\boldsymbol{z}}(\boldsymbol{p}^*) \leqq \boldsymbol{0}$ 为竞争均衡。

约束瓦尔拉斯均衡

在定义竞争均衡时，效用最大化问题是消费者只是受自己的预算约束，而不受总的资源禀赋约束。若消费者的效用最大化不仅受自身预算约束，也受经济中总的初始禀赋的约束，当其他条件不变时，所得到的均衡被称为**约束瓦尔拉斯均衡**。

令

$$C_i = \left\{ \boldsymbol{x}_i \in X_i : \boldsymbol{x}_i \leqq \sum_{j=1}^{J} \boldsymbol{y}_j + \sum_{i=1}^{n} \boldsymbol{w}_i \right\}.$$

定义 10.2.7 (约束瓦尔拉斯均衡) 对私有经济 $\boldsymbol{e} = (e_1, \cdots, e_n, \{Y_j\}, \{\theta_{ij}\})$，我们称配置 $(\boldsymbol{x}, \boldsymbol{y}) \in X \times Y$ 和价格向量 $\boldsymbol{p} \in \mathcal{R}^L$ 构成了一个**约束竞争均衡**或**约束瓦尔拉斯均衡**，若下述条件满足：

(1) **效用最大化**：$\forall i = 1, \cdots, n$，$\boldsymbol{x}_i \in B_i(\boldsymbol{p}) \cap C_i$ 并且对任意的 $\boldsymbol{x}_i' \in B_i(\boldsymbol{p}) \cap C_i$，均有 $\boldsymbol{x}_i \succcurlyeq_i \boldsymbol{x}_i'$；

(2) **利润最大化**：对任意的 $\boldsymbol{y}_j' \in Y_j$，均有 $\boldsymbol{p}\boldsymbol{y}_j \geqq \boldsymbol{p}\boldsymbol{y}_j'$，$j = 1, \cdots, J$；

(3) **市场出清**：$\hat{\boldsymbol{x}} \leqq \hat{\boldsymbol{w}} + \hat{\boldsymbol{y}}$。

由于更少约束条件下的最大值也必定是更多约束条件下的最大值，对任一瓦尔拉斯均衡配置 $(\boldsymbol{x}, \boldsymbol{y})$，显然有 $\boldsymbol{x}_i \in C_i$，这样**每个瓦尔拉斯均衡是约束瓦尔拉斯均衡**。反之一般不成立。这是由于，对约束瓦尔拉斯均衡配置而言，消费者是在交集 $B_i(\boldsymbol{p}) \cap C_i$ 上求效用最大化，而不仅仅是在预算集 $B_i(\boldsymbol{p})$ 上求效用最大化，因而约束瓦尔拉斯均衡也许不是瓦尔拉斯均衡。然而，当偏好是凸的时，即 $\boldsymbol{x}_i' \succ_i \boldsymbol{x}_i$ 意味着 $\lambda \boldsymbol{x}_i' + (1-\lambda)\boldsymbol{x}_i \succ_i \boldsymbol{x}_i, \forall \lambda \in (0,1)$，具有内点消费 $\boldsymbol{x} \in \operatorname{int} X$ 的约束瓦尔拉斯均衡 $(\boldsymbol{x}, \boldsymbol{y}, \boldsymbol{p})$ 是瓦尔拉斯均衡。

命题 10.2.1 假定对所有的 $i \in N$，$\succcurlyeq_i$ 均是凸的。令 $(\boldsymbol{x},\boldsymbol{y},\boldsymbol{p})$ 是约束瓦尔拉斯均衡。若 $\boldsymbol{x} \in \mathcal{R}^{nL}_{++}$，则 $(\boldsymbol{x},\boldsymbol{y},\boldsymbol{p})$ 是瓦尔拉斯均衡。

证明： 反证法。假设约束瓦尔拉斯均衡 $(\boldsymbol{x},\boldsymbol{y},\boldsymbol{p})$ 不是瓦尔拉斯均衡。由于 $(\boldsymbol{x},\boldsymbol{y},\boldsymbol{p})$ 是约束瓦尔拉斯均衡，则 $(\boldsymbol{x},\boldsymbol{y})$ 是可行的且 $\boldsymbol{y}$ 是所有厂商的利润最大化生产计划组合。这样，若 $(\boldsymbol{x},\boldsymbol{y},\boldsymbol{p})$ 不是瓦尔拉斯均衡，则必定有某个消费者 i 没有最大化其效用，即存在 $\boldsymbol{x}'_i \in X_i$ 使得 $\boldsymbol{x}'_i \succ \boldsymbol{x}_i$ 及 $\boldsymbol{x}'_i \in B_i(\boldsymbol{p})$。于是，由偏好的凸性假设，我们有 $\lambda\boldsymbol{x}'_i + (1-\lambda)\boldsymbol{x}_i \succ_i \boldsymbol{x}_i$ 及 $\lambda\boldsymbol{x}'_i + (1-\lambda)\boldsymbol{x}_i \in B_i(\boldsymbol{p})$。既然 $\boldsymbol{x} > \boldsymbol{0}$，我们有 $\boldsymbol{x}_i < \sum_{j=1}^{J}\boldsymbol{y}_j + \sum_{i=1}^{n}\boldsymbol{w}_i$。这样，当 λ 充分接近 0 时有 $\lambda\boldsymbol{x}'_i + (1-\lambda)\boldsymbol{x}_i < \sum_{j=1}^{J}\boldsymbol{y}_j + \sum_{i=1}^{n}\boldsymbol{w}_i$，即 $\lambda\boldsymbol{x}'_i + (1-\lambda)\boldsymbol{x}_i \in C_i$，这和 $(\boldsymbol{x},\boldsymbol{y},\boldsymbol{p})$ 是约束瓦尔拉斯均衡矛盾。 □

约束瓦尔拉斯均衡配置在激励机制设计理论中有重要应用，重要的一点是它满足著名的马斯金单调性，是可纳什均衡执行的必要条件，而具有边界点瓦尔拉斯配置一般不满足马斯金单调性。约束瓦尔拉斯均衡的其他重要性质参见 Tian (1988)。

10.3 一般均衡模型的两种特殊情形

前面介绍了一般均衡模型的基本分析框架。大多数经济存在着三种类型的经济活动：生产、消费和交换。在正式给出竞争均衡存在性结果之前，我们先给出两个特殊经济环境下的一般均衡模型。一个是不包含生产的纯交换经济，若交易双方可以自由地进行交易，则可以达到双方境况都得到改善的结果。另一个是只包含既是生产者同时也是消费者的经济，称为鲁滨逊・克鲁索经济。通过讨论这两种特殊情形，我们将引入贯穿本部分所有章节的问题、概念和常用的技巧。除非特别说明，本章余下的内容都假定所有商品都是非有害品，从而价格是非负的。

10.3.1 纯交换经济

纯交换经济 (pure exchange economy) 指的是没有生产活动的经济，是一般经济环境的一个特殊情况。在这样的经济中，经济活动只有交换和消费。

埃奇沃思盒

在纯交换经济中，总超额需求对应退化为$\hat{\boldsymbol{z}}(\boldsymbol{p}) = \hat{\boldsymbol{x}}(\boldsymbol{p}) - \hat{\boldsymbol{w}}$，从而可以定义个体超额需求函数或对应：$\boldsymbol{z}_i(\boldsymbol{p}) = \boldsymbol{x}_i(\boldsymbol{p}) - \boldsymbol{w}_i$。

最简单的例子是两种商品、两个消费者的纯交换经济。该经济比较容易处理和分析，可以通过埃奇沃思盒 (Edgeworth box) 方便地分析两者的初始禀赋、预算线、预算集、无差异曲线、可行配置、自愿交换集以及竞争均衡等信息。比如，埃奇沃思盒的一个特征是在盒中的任何一点都表示总消费与总禀赋相等的配置，从而是可行和平衡的。通过埃奇沃思盒，我们可看出什么样的配置对双方来说是福利改善的，何种配置对某一方或者双方来说是受损的，什么时候达到竞争均衡。

考虑两种商品、两个消费者的交换经济。经济中总的初始禀赋为 $\hat{\boldsymbol{w}} = \boldsymbol{w}_A + \boldsymbol{w}_B$。例

如，$\boldsymbol{w}_A=(1,2),\boldsymbol{w}_B=(3,1)$，则总初始禀赋为 $\hat{\boldsymbol{w}}=(4,3)$。在图 10.1 的埃奇沃思盒中，点 $\boldsymbol{w}$ 可以同时用来表示两个消费者的初始禀赋。

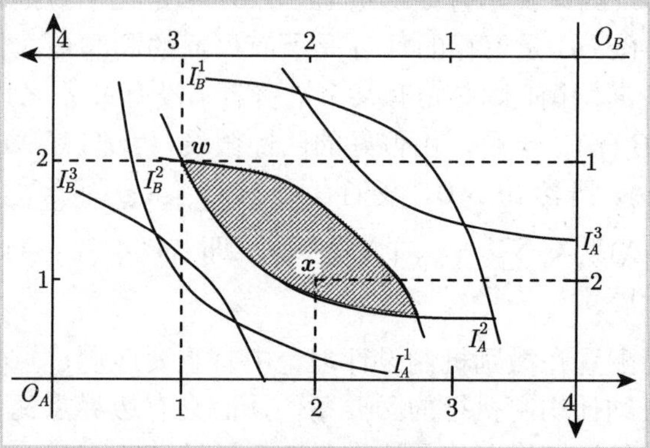

图 10.1　$\boldsymbol{w}_A=(1,2)$ 和 $\boldsymbol{w}_B=(3,1)$ 时的埃奇沃思盒

使用埃奇沃思盒的优势在于能给出所有可行交易，即对盒中的任意点 $\boldsymbol{x}$，都有

$$\boldsymbol{x}_A+\boldsymbol{x}_B=\boldsymbol{w}_A+\boldsymbol{w}_B, \tag{10.8}$$

其中，$\boldsymbol{x}_A=(x_A^1,x_A^2)$ 和 $\boldsymbol{x}_B=(x_B^1,x_B^2)$。因此，埃奇沃思盒中的每个点都表示了一个**可达配置**，即 $\boldsymbol{x}_A+\boldsymbol{x}_B=\boldsymbol{w}_A+\boldsymbol{w}_B$。

可以看出，经过 $\boldsymbol{w}$ 的由个体 A 和 B 的无差异曲线围成的区域，对双方来说都是效用可改进的，或者说至少有一方效用可得到改进而另一方效用不会恶化的区域。即图 10.1 中的阴影部分。在埃奇沃思盒之外，任何点都是不可行的，至少有一种商品的总需求超出了总的初始禀赋。

埃奇沃思盒中的哪些点是竞争均衡的呢？

在埃奇沃思盒中，一个人的预算线同时也是另外一个人的预算线。若两人的最优消费束相切于预算线的同一个点，那么这个点的配置一定是一个竞争均衡配置，比如图 10.2 中的点 CE 是竞争均衡点。

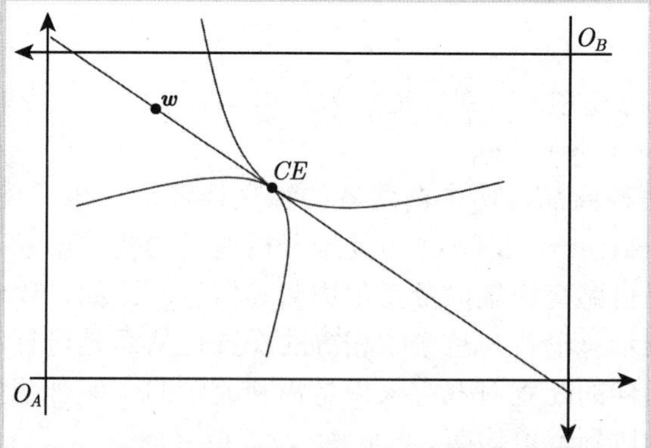

图 10.2　在埃奇沃思盒中，点 CE 是竞争均衡点

图 10.3 给出了市场调整到竞争均衡的过程。在初始价格 $P=(P^1,P^2)$ 处，两个人都想得到更多的商品 2，这意味着相对来说商品 1 的价格 P^1 过高，商品 2 的价格 P^2 过低，以致商品 2 的总需求大于总的初始禀赋，从而导致了商品 1 的需求不足，而商品 2 存在短缺，以致有 $x_1^1+x_2^1<w_1^1+w_2^1$ 以及 $x_1^2+x_2^2>w_1^2+w_2^2$ 。因此，商品 1 的价格 P^1 将会调整从而下降到 $P^{1\prime}$。这导致预算线斜率的绝对值减小 (在几何上表现为更平坦)，直至达到均衡状态，使得总需求等于总供给。若均衡在内点处达到，两个消费者的无差异曲线将相切于预算线上的一点，此时两个消费者对两种商品的边际替代率相等，且等于两种商品的价格比。

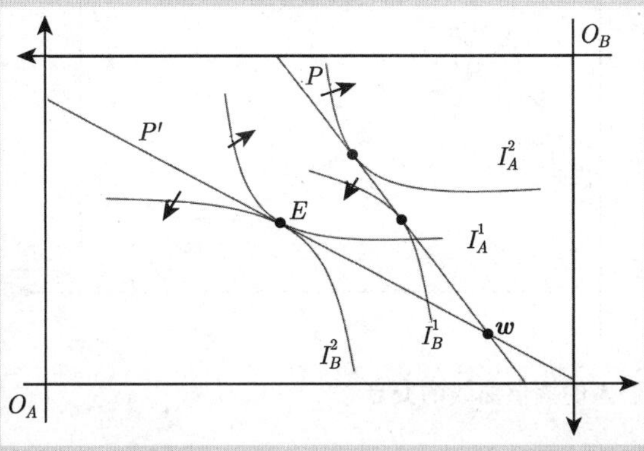

图 10.3　市场调整过程

这样，若是均衡内点解，则两个消费者的无差异曲线必定在均衡点处相切。是否所有的竞争均衡都是内点解呢？不一定。若不是内点，则两者在无差异曲线的任何地方都不相切。比如，当消费者的无差异曲线是由线性函数给出的时，竞争均衡可能在埃奇沃思盒的边界上 (见图 10.4)。

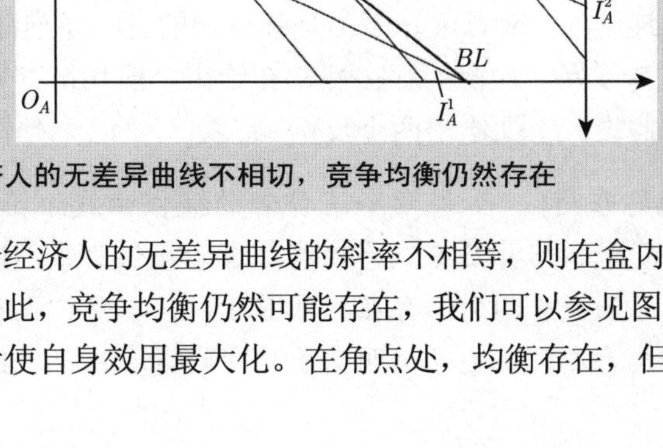

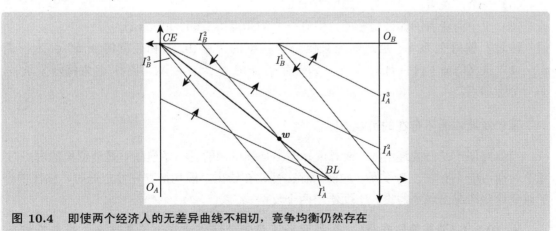

图 10.4　即使两个经济人的无差异曲线不相切，竞争均衡仍然存在

也就是，只要两个经济人的无差异曲线的斜率不相等，则在盒内，任意两条无差异曲线都不可能相切。即便如此，竞争均衡仍然可能存在，我们可以参见图 10.4。其基本思想仍然是在预算约束下消费者使自身效用最大化。在角点处，均衡存在，但均衡价格并不唯一。

另一种表示竞争均衡的方法是通过两者“提供曲线”(offer curve) 的交点来决定。如第 3 章所定义的那样，所谓**提供曲线**是价格变化时所有最优消费束形成的轨迹 (亦即无差异曲线与预算线的切点的集合) 所形成的曲线。对每个消费者来说都有一条提供曲线。

两个消费者提供曲线的交点可用于检查竞争均衡是否存在。在图 10.5 中，我们可以看到消费者提供曲线的交点总是初始禀赋点。若除此之外还有另外一个提供曲线的交点，则该点必然是竞争均衡点。

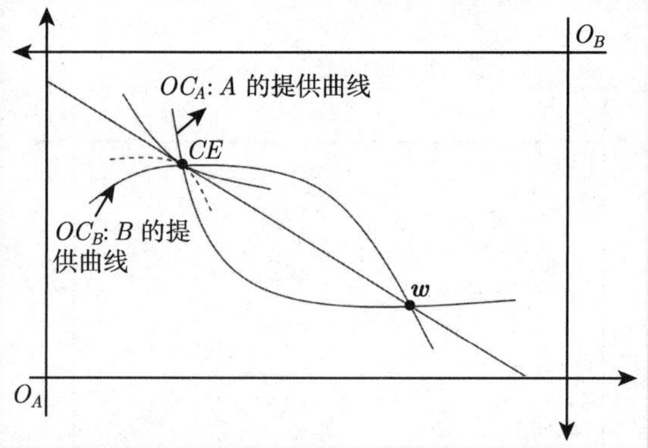

图 10.5　CE 为两个经济人的提供曲线的交点

为了对竞争均衡加深理解，读者可以尝试用图给出以下几种情形下的竞争均衡：

（1）存在多个竞争均衡价格。

（2）一个消费者的偏好满足完全可替代性(即无差异曲线是线性的)。

（3）一个消费者的偏好为**里昂惕夫型** (即完全互补的 (perfect complement))。

（4）一个消费者的偏好是非凸的。

（5）一个消费者的偏好为**“厚的”** (thick)。

（6）一个消费者的偏好是凸的，但有一个**饱和点** (satiation point)。

注意，偏好关系 $\succcurlyeq_i$ 是凸的当且仅当对任意的 $t \in (0,1)$ 和任意的 $\boldsymbol{x}, \boldsymbol{x}' \in X_i$，若 $\boldsymbol{x} \succ_i \boldsymbol{x}'$，则有 $t\boldsymbol{x} + (1-t)\boldsymbol{x}' \succ_i \boldsymbol{x}'$。如果存在 $\boldsymbol{x} \succcurlyeq_i \boldsymbol{x}', \forall \boldsymbol{x}' \in X_i$，则称 $\boldsymbol{x}$ 为偏好关系 $\succcurlyeq_i$ 的一个饱和点。

瓦尔拉斯均衡不存在的可能原因

当偏好序不是凸或连续的，或者偏好序不是强单调的且初始禀赋不是消费集的内点时，竞争均衡可能不存在。为了保证均衡的存在性，在给出一般均衡存在性定理时，往往要添加避免这些情况出现的假设。下面给出两个反例。

例 10.3.1 (消费偏好非凸)　如果两个消费者的提供曲线除了禀赋点之外都不相交，则竞争均衡不存在。消费者偏好非凸可能导致消费者的提供曲线不连续，因而消费者的两条无差异曲线不相切，从而竞争均衡不存在，见图 10.6。当然，也有可能消费者的偏好虽然非凸，竞争均衡仍可能存在。但为了证明竞争均衡的存在性，我们不能放松消费者偏好为凸的假定。这个例子也说明，在给出一个结果或者要证明一个结果之前，图解能帮助我们从直觉上理解问题，能启示我们找到正确答案的方向。

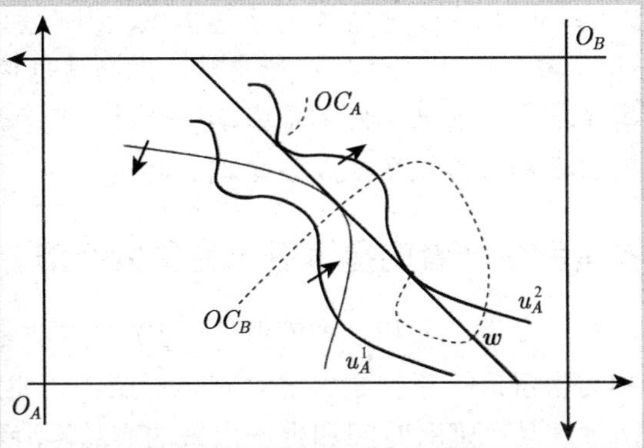

图 10.6 若无差异曲线非凸，竞争均衡可能不存在。在此情形下，两个经济人的提供曲线不相切

例 10.3.2 (非内点初始禀赋且偏好非强单调) 当初始禀赋不是消费空间的内点且偏好不是强单调的时，即使消费者的偏好满足连续性、凸性和单调性等其他良好性质，竞争均衡也有可能不存在 (见图 10.7)。

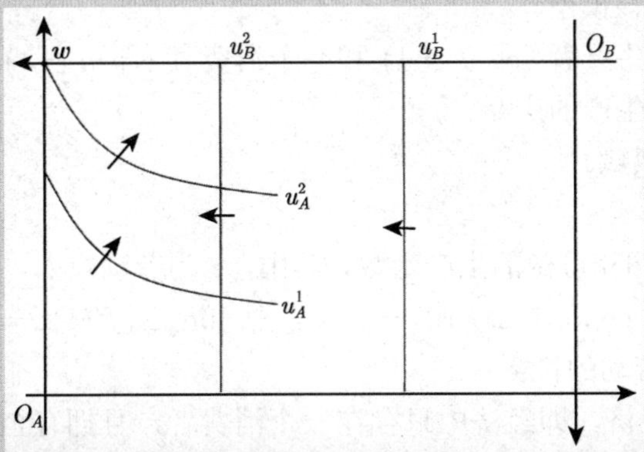

图 10.7 若其中一种商品的禀赋在埃奇沃思盒的边界上，竞争均衡可能不存在

考虑以下交换经济，其中一个消费者的无差异曲线与某种商品的消费无关。不妨设消费者 A 有一个拟线性 (quasi-linear) 效用函数，比如，

$$u_A = \sqrt{x_A^1} + x_A^2.$$

消费者 B 的效用函数为:

$$u_B(x_B^1, x_B^2) = x_B^1,$$

即消费者 B 的无差异曲线是垂直线，此时偏好不是强单调的，尽管是单调的。初始禀赋为 $\boldsymbol{w}_A = (0,1), \boldsymbol{w}_B = (1,0)$。在这样的经济中，尽管两人的偏好都满足连续性、凸性和单调性，竞争均衡仍然不存在 (见图 10.7)。为了论证这一点，分别考虑两种情形:

若 $p^1/p^2>0$，则

$$\begin{cases} x_B^1=1, \\ x_A^1>0, \end{cases} \tag{10.9}$$

从而有 $x_A^1(p)+x_B^1(p)>1=\hat{\boldsymbol{w}}^1$，导致总需求大于总禀赋，因而竞争均衡不存在。

若 $p^1/p^2=0$，则 $x_B^1=\infty$，超出了总的初始禀赋，因而竞争均衡不存在。

这个例子说明，当禀赋不是内点且偏好不是强单调的时，竞争均衡可能不存在。因此，在证明竞争均衡时，人们需要加入内点禀赋或强单调这些条件。

10.3.2 单一消费者和生产者的鲁滨逊·克鲁索经济

另一种特殊情形是只有一个生产者和一个消费者，生产者同时也可能是消费者的经济，这样的经济在文献中被称为**鲁滨逊·克鲁索经济**。在该经济中，生产者投入劳动，生产出一种产品。消费者消费两种产品：闲暇时间和生产出来的产品。消费者的收入来自两部分：生产利润和初始禀赋。为了求解竞争均衡，我们首先求解生产者利润最大化问题，由此可得最优生产计划及其最大利润，而且它们都是产品价格的函数。然后求解消费者效用最大化问题，得到产品的需求函数，其一阶条件是边际替代率等于产品价格之比。当产品的供给等于产品的需求而劳动投入等于劳动供给时，就确定了产品均衡价格和劳动均衡价格(工资)。这一例子也清楚地说明了竞争均衡的求解步骤。

下面我们正式介绍该模型。

两个经济人：一个生产者 (即 $J=1$) 和一个消费者 (即 $n=1$)。

两种产品：闲暇和生产的产品。

$\boldsymbol{\omega}=(\bar{L},0)$：初始禀赋。

$\bar{L}$：闲暇时间总量。

$f(z)$：严格递增、凹和可微的生产函数，其中，z 为劳动投入。为保证有内点解，假定 f 满足**稻田条件** (Inada condition) $f'(0)=+\infty$，且 $\lim_{z\to 0}f'(z)z=0$。

(p,w)：消费品和劳动的价格。

$\theta=1$：单一个体经济，即经济中只存在一个消费者，且拥有企业。

$u(x^1,x^2)$：严格拟凹、递增和可微的效用函数。为保证有内点解，假定 u 满足稻田条件 $\dfrac{\partial u}{\partial x_i}(0)=+\infty$，且 $\lim_{x_i\to 0}\dfrac{\partial u}{\partial x_i}x_i=0$。

生产者的问题为确定劳动投入 z 使利润最大化：

$$\max_{z\geqq 0}(pf(z)-wz).$$

其内点的一阶条件为：

$$pf'(z)=w,$$

或

$$f'(z)=w/p$$
$$(MRTS_{z,q}=\text{价格比率}), \tag{10.10}$$

即劳动对消费品 q 的边际技术替代率等于劳动投入和消费品产出的价格比率。

令

$q(p,w)=$ 利润最大化下的消费品产出；

$z(p,w)=$ 利润最大化下的劳动投入；

$\pi(p,w)=$ 利润最大化下的利润函数。

消费者的问题为确定闲暇时间和消费品的数量使自身效用最大化，即求解如下问题：

$$\max_{x^1,x^2} u(x^1,x^2)$$

$$\text{s.t.} \qquad px^2 \leqq w(\overline{L}-x^1)+\pi(p,w),$$

其中，x^1 为闲暇时间，x^2 为商品的消费量。上述问题的一阶条件为：

$$\frac{\dfrac{\partial u}{\partial x^1}}{\dfrac{\partial u}{\partial x^2}}=\frac{w}{p}, \tag{10.11}$$

即闲暇对消费品 q 的边际替代率等于闲暇和消费品的价格比率，即 $MRS_{x^1x^2}=w/p$。

根据式 (10.10) 和式 (10.11)，我们有：

$$MRS_{x^1x^2}=\frac{w}{p}=MRTS_{zq}. \tag{10.12}$$

该经济的竞争均衡包含了消费品和劳动的价格 (p^*,w^*)，它满足

$$\begin{aligned} x^2(p^*,w^*) &= q(p^*,w^*), \\ x^1(p^*,w^*) &+ z(p^*,w^*)=\overline{L}. \end{aligned}$$

这意味着两种产品的总需求等于总供给。图 10.8 显示了企业和消费者的最优化问题以及竞争均衡。

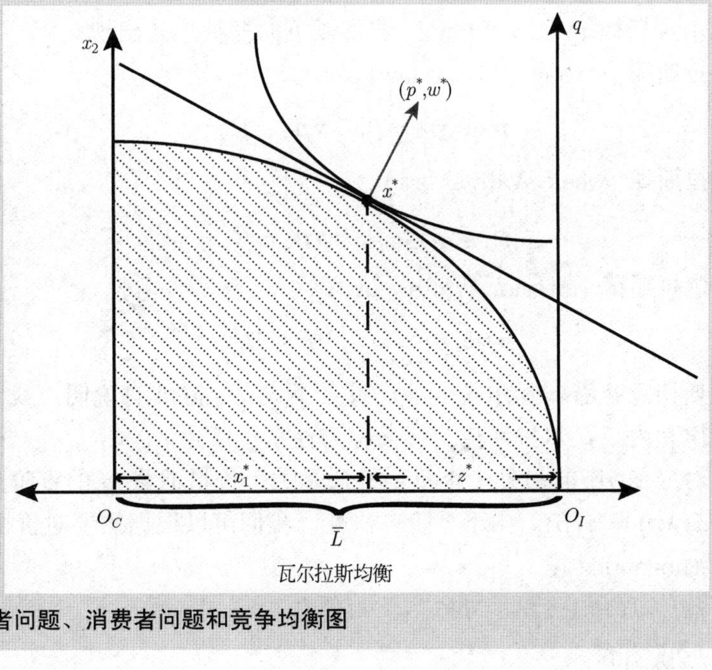

图 10.8　生产者问题、消费者问题和竞争均衡图

10.4 竞争均衡的存在性

竞争均衡存在性的证明通常被认为是经济理论中最重要和强劲的结果之一。在本节中，我们将考察四种情况下的竞争均衡存在性：（1）单值总超额需求函数；（2）总超额需求对应；（3）一般类别私人所有制生产经济；（4）非传递、非完全偏好交换经济竞争。前两种情形以超额需求为基础，该方法通过存在某个价格向量使得超额需求非正来证明均衡的存在性，然后再对经济人特征施加约束，给出使之满足这些存在性定理的条件。而后两种情形是对更一般的经济环境直接施加约束条件，来证明竞争均衡的存在性。

对上述四种情形，存在着多种证明竞争均衡存在性的方法。我们可以用第 2 章介绍的不动点定理，如布劳威尔不动点 (Brouwer fixed point) 定理、角谷不动点定理、KKM 引理、变分不等式、迈克尔不动点定理、抽象经济均衡存在性等不同方法来证明竞争均衡的存在性。所有这些数学工具的本质都还是不动点的思想。虽然瓦尔拉斯在 1874 年已经写出确定一般均衡价格的方程 (总供给等于总需求的方程)，但不动点定理当时还没有被发明出来，直到 20 世纪 50 年代初由于有了不动点定理，一般均衡的存在性才得以被严格地证明。

竞争均衡存在性的证明对于理解市场经济的运行和价格在资源配置中的作用至关重要。它为经济学的许多领域提供了理论基础，包括福利经济学、产业组织理论和宏观经济学。

10.4.1 超额需求函数下竞争均衡的存在性

当总超额需求对应为单值函数时，竞争均衡的存在性证明较为简单。当偏好序和生产可能集都是严格凸的时，总超额需求对应为单值函数。总超额需求对应 $\hat{\boldsymbol{z}}(\boldsymbol{p})$ 的一个非常重要的性质是瓦尔拉斯律 (Walras' law)，通常以下面三种形式出现：

（1）**强瓦尔拉斯律** (strong Walras' law)

$$\boldsymbol{p}\cdot\hat{\boldsymbol{z}}(\boldsymbol{p})=0,\quad \forall \boldsymbol{p}\in\mathcal{R}^L_+;$$

（2）**弱瓦尔拉斯律** (weak Walras' law)

$$\boldsymbol{p}\cdot\hat{\boldsymbol{z}}(\boldsymbol{p})\leqq 0,\quad \forall \boldsymbol{p}\in\mathcal{R}^L_+;$$

（3）**内点瓦尔拉斯律** (interior Walras' law)

$$\boldsymbol{p}\cdot\hat{\boldsymbol{z}}(\boldsymbol{p})=0,\quad \forall \boldsymbol{p}\in\mathcal{R}^L_{++}.$$

显然，强瓦尔拉斯律意味着弱瓦尔拉斯律，反之不成立。除非有说明，我们在随后的讨论中将强瓦尔拉斯律和内点瓦尔拉斯律一律简称为瓦尔拉斯律。

总超额需求对应 $\hat{\boldsymbol{z}}(\boldsymbol{p})$ 的另外一个重要性质是关于价格向量 $\boldsymbol{p}$ 的零阶齐次性，即对任意 $\lambda>0$，均有 $\hat{\boldsymbol{z}}(\lambda\boldsymbol{p})=\hat{\boldsymbol{z}}(\boldsymbol{p})$。由于零阶齐次性，我们可以根据需要对价格向量 $\boldsymbol{p}$ 按下述方式进行**标准化** (normalize)：

（1）$p'^l=p^l/p^1,\quad l=1,2,\cdots,L$;

（2）$p'^l=p^l/\sum_{k=1}^L p^k$。

至于采用何种价格标准化方式，则是根据问题而定：当求具体一般均衡解时，用第一种价格标准化方式；而当证明均衡的存在性时，为了运用某个不动点定理，通常采用第二种标准化方式。

这样，为不失一般性，我们只需将价格限制在如下**单纯形** (simplex) 上，来考察竞争均衡的存在性：

$$S = \left\{ \boldsymbol{p} \in \mathcal{R}_+^L : \sum_{k=1}^{L} p^k = 1 \right\}. \tag{10.13}$$

首先给出下面简单的竞争均衡存在性定理。

定理 10.4.1 (存在性定理 I)　*对私有经济* $e = (\{X_i, \boldsymbol{w}_i, \succcurlyeq_i\}, \{Y_j\}, \{\theta_{ij};\})$，*若* $\hat{\boldsymbol{z}}(\boldsymbol{p}) : S \to \mathcal{R}^L$ *是零阶齐次连续函数，且满足弱瓦尔拉斯律，则竞争均衡存在，即存在* $\boldsymbol{p}^* \in \mathcal{R}_+^L$，*使得*

$$\hat{\boldsymbol{z}}(\boldsymbol{p}^*) \leqq \boldsymbol{0}. \tag{10.14}$$

证明： 为证明该定理，我们需要构造一个从某个紧凸集到该紧凸集的连续函数，然后根据布劳威尔不动点定理得到相关结论。①

定义从紧凸集 S 到自身的函数 $g : S \to S$：

$$g^l(\boldsymbol{p}) = \frac{p^l + \max\{0, \hat{z}^l(\boldsymbol{p})\}}{1 + \sum_{k=1}^{L} \max\{0, \hat{z}^k(\boldsymbol{p})\}}, \quad l = 1, 2, \cdots, L. \tag{10.15}$$

注意到，若 $f(\boldsymbol{x})$ 和 $h(\boldsymbol{x})$ 都是连续的，则 $\max\{f(\boldsymbol{x}), h(\boldsymbol{x})\}$ 连续。这样，上面所定义的函数 g 是连续的。

由于 g 连续及 S 是紧凸集，因此根据布劳威尔不动点定理，存在价格向量 $\boldsymbol{p}^*$，使得 $g(\boldsymbol{p}^*) = \boldsymbol{p}^*$，即

$$p^{*l} = \frac{p^{*l} + \max\{0, \hat{z}^l(\boldsymbol{p}^*)\}}{1 + \sum_{k=1}^{L} \max\{0, \hat{z}^k(\boldsymbol{p}^*)\}}, \quad l = 1, 2, \cdots, L. \tag{10.16}$$

下面我们证明不动点 $\boldsymbol{p}^*$ 就是我们要证明的竞争均衡价格向量。

在式 (10.16) 两端同乘以 $1 + \sum_{k=1}^{L} \max\{0, \hat{z}^k(\boldsymbol{p}^*)\}$，有：

$$p^{*l} \sum_{k=1}^{L} \max\{0, \hat{z}^k(\boldsymbol{p}^*)\} = \max\{0, \hat{z}^l(\boldsymbol{p}^*)\}. \tag{10.17}$$

在上述方程两端同乘以 $\hat{z}^l(\boldsymbol{p}^*)$ 并关于 l 累加，得：

$$\left[\sum_{l=1}^{L} p^{*l} \hat{z}^l(\boldsymbol{p}^*) \right] \left[\sum_{l=1}^{L} \max\{0, \hat{z}^l(\boldsymbol{p}^*)\} \right] = \sum_{l=1}^{L} \hat{z}^l(\boldsymbol{p}^*) \max\{0, \hat{z}^l(\boldsymbol{p}^*)\}. \tag{10.18}$$

① 布劳威尔不动点定理：若 X 是紧凸集，$f : X \to X$ 是 X 到 X 上的连续对应映射，则 f 在 X 上必然有一个不动点 $\boldsymbol{x}$。

由弱瓦尔拉斯律，$\sum_{l=1}^{L} p^{*l}\hat{z}^l(\boldsymbol{p}^*) \leqq 0$，且 $\sum_{l=1}^{L}\max\{0,\hat{z}^l(\boldsymbol{p}^*)\} \geqq 0$，我们有：

$$\sum_{l=1}^{L}\hat{z}^l(\boldsymbol{p}^*)\max\{0,\hat{z}^l(\boldsymbol{p}^*)\} \leqq 0. \tag{10.19}$$

由于上述和式中的每一项或者为 0，或者为 $(\hat{z}^l(\boldsymbol{p}^*))^2 \geqq 0$，因此，为了保证上述和式小于或等于零，其每一项都必须为 0，即有 $\hat{z}^l(\boldsymbol{p}^*) \leqq 0$，$l = 1, \cdots, L$。 □

备注：不要将总超额需求函数同瓦尔拉斯律混淆。即使瓦尔拉斯律成立，我们也不能保证有 $\hat{\boldsymbol{z}}(\boldsymbol{p}) \leqq \boldsymbol{0}, \forall p$。反之，若存在 $\boldsymbol{p}^*$ 使得 $\hat{\boldsymbol{z}}(\boldsymbol{p}^*) \leqq \boldsymbol{0}$，即 $\boldsymbol{p}^*$ 为竞争均衡价格向量，强或内点瓦尔拉斯律也可能不成立，除非某些类型的单调性条件 (如局部非饱和性条件) 成立。

事实 10.4.1 (免费商品) 若强瓦尔拉斯律成立，且 $\boldsymbol{p}^*$ 是使得 $\hat{z}^l(\boldsymbol{p}^*) < 0$ 的竞争均衡价格向量，则 $p^{*l} = 0$。

证明： 若不然，则 $p^{*l} > 0$。因此有 $p^{*l}\hat{z}^l(\boldsymbol{p}^*) < 0$，从而有 $\boldsymbol{p}^*\hat{\boldsymbol{z}}(\boldsymbol{p}^*) < 0$，这与强瓦尔拉斯律矛盾。 □

定义 10.4.1 (可欲商品) 若 $p^l = 0$，则 $\hat{z}^l(\boldsymbol{p}) > 0$，我们称这种商品为**可欲商品** (desirable goods)。

事实 10.4.2 (可达均衡配置) 令 $\boldsymbol{p}^*$ 是竞争均衡价格向量。若所有商品都是可欲的，且强瓦尔拉斯律成立，则 $\boldsymbol{p}^* > \boldsymbol{0}$，且 $\hat{\boldsymbol{z}}(\boldsymbol{p}^*) = 0$。

证明： 既然是可欲商品，必定有 $\boldsymbol{p}^* > \boldsymbol{0}$。现证明 $\hat{\boldsymbol{z}}(\boldsymbol{p}^*) = \boldsymbol{0}$。若不然，存在 l，使得 $\hat{z}^l(\boldsymbol{p}^*) < 0$。于是有 $p^{*l}\hat{z}^l(\boldsymbol{p}^*) < 0$，从而有 $\boldsymbol{p}^*\hat{\boldsymbol{z}}(\boldsymbol{p}^*) < 0$，这与强瓦尔拉斯律矛盾。 □

事实 10.4.3 设强瓦尔拉斯律成立，若对 $\boldsymbol{p} > \boldsymbol{0}$，$(L-1)$ 个市场出清，则另外的第 L 个市场也必定出清，从而 $\boldsymbol{p} > \boldsymbol{0}$ 是竞争均衡价格。于是，根据强瓦尔拉斯律，为了验证价格向量 $\boldsymbol{p} > \boldsymbol{0}$ 是竞争均衡价格，我们只需验证其中 $L-1$ 个市场是否出清即可。这样，通过令某种商品价格为 1 的规格化，可简化竞争均衡的计算，特别是对两种商品的情况。

上述存在性定理假定超额需求函数在闭单纯形 S 上有定义且连续，即使在价格为零处也是如此，显然这在许多情况下并不成立。比如，强单调增效用函数是通常采用的一个假设，当某种商品的价格为 0 时，其需求量将会无限大，使得总超额需求没定义，从而不能采用上述定理来论断竞争均衡的存在性。因此我们需要在偏好强单调下也能证明均衡的存在性。下面介绍这样的一个结果。其证明较复杂。读者应该至少了解该定理的五个基本条件以及定理证明的大致思路，尤其需要注意该定理条件同上述定理条件的区别。

定理 10.4.2 (存在性定理 II) 对私有经济 $e = (\{X_i, \boldsymbol{w}_i, \succcurlyeq_i\}, \{Y_j\}, \{\theta_{ij}\})$，其中 $X_i = \mathcal{R}_+^L$，设定义在正价格系统上的总超额需求函数 $\hat{\boldsymbol{z}}(\boldsymbol{p}) : \mathcal{R}_{++}^L \to \mathcal{R}^L$ 满足如下条件：

(1) $\hat{\boldsymbol{z}}(\cdot)$ 连续；

（2）$\hat{\boldsymbol{z}}(\cdot)$ 零阶齐次；

（3）$\boldsymbol{p}\cdot\hat{\boldsymbol{z}}(\boldsymbol{p})=0,\ \forall\boldsymbol{p}\in\mathcal{R}^L_{++}$(内点瓦尔拉斯律)；

（4）存在 $s>0$，使得 $\hat{z}^l(\boldsymbol{p})>-s,\ \forall l,\forall\boldsymbol{p}\in\mathcal{R}^L_{++}$ (总超额需求下有界)；

（5）若 $\boldsymbol{p}_k\to\boldsymbol{p}$，其中，$\boldsymbol{p}\neq 0$，且对某个 l，$p^l=0$，则

$$\max\{\hat{z}^1(\boldsymbol{p}^*_k),\cdots,\hat{z}^L(\boldsymbol{p}^*_k)\}\to\infty.$$

则存在 $\boldsymbol{p}^*\in\mathcal{R}^L_{++}$，使得

$$\hat{z}(\boldsymbol{p}^*)=\boldsymbol{0}, \tag{10.20}$$

从而 $\boldsymbol{p}^*$ 是竞争均衡。

证明： 由于 $\hat{z}(\cdot)$ 是零阶齐次的，我们只需在单纯形 S 上考察均衡的存在性。记 S 内点的集合为 $\text{int}\,S$。我们希望构造一个从 S 到 S 的对应 F，其任意的不动点 $\boldsymbol{p}^*$ 都是竞争均衡，即若 $\boldsymbol{p}^*\in F(\boldsymbol{p}^*)$ 成立，则 $\hat{\boldsymbol{z}}(\boldsymbol{p}^*)=\boldsymbol{0}$。

定义对应 $F:S\to 2^S$ 如下：

$$F(\boldsymbol{p})=\begin{cases}\{\boldsymbol{q}\in S:\hat{\boldsymbol{z}}(\boldsymbol{p})\cdot\boldsymbol{q}\geqq\hat{\boldsymbol{z}}(\boldsymbol{p})\cdot\boldsymbol{q}',\forall\boldsymbol{q}'\in S\}, & 若\boldsymbol{p}\in\text{int}S,\\ \{\boldsymbol{q}\in S:\boldsymbol{p}\cdot\boldsymbol{q}=0\}, & 若\boldsymbol{p}在边界上.\end{cases}$$

根据以上 $F(\cdot)$ 的定义，给定 $\boldsymbol{p}\in\text{int}\ S$，$\forall q\in F(\boldsymbol{p})$，$q$ 在 S 上最大化了总超额需求 $\hat{\boldsymbol{z}}(\boldsymbol{p})$，也就是在单纯形 S 上，对以 $\hat{\boldsymbol{z}}(\boldsymbol{p})$ 为系数向量，$\boldsymbol{q}'$ 为变量的线性函数求最大值，从而对具有最大系数的变量赋予尽可能大的值，也就是对超额需求 $\hat{\boldsymbol{z}}(\boldsymbol{p})$ 超出最多的商品赋予最大的价格 (权重) 而得到。这样，$F(\cdot)$ 可被视为一种调整价格规则，其调整方向为消除任意的超额需求，对超额需求最多的商品制定最高的价格，使其超额需求量下降。特别地，我们有

$$F(\boldsymbol{p})=\{\boldsymbol{q}\in S:q^l=0,\ 若\ \hat{z}^l(\boldsymbol{p}_k)<\max\{\hat{z}^1(\boldsymbol{p}_k),\cdots,\hat{z}^L(\boldsymbol{p}_k)\}\}.$$

注意到，对 $\boldsymbol{p}\in\text{int}S$，若 $\boldsymbol{z}(\boldsymbol{p})\neq\boldsymbol{0}$，则根据内点瓦尔拉斯律，存在 l 和 $l'\neq l$，使得 $z^l(\boldsymbol{p})<0$ 和 $z^{l'}(\boldsymbol{p})>0$。从而，对这样的 $\boldsymbol{p}$，若 $\boldsymbol{q}\in F(\boldsymbol{p})$，则存在 l，使得 $q^l=0$ (为了使超额需求向量的值最大)。因此，若 $\boldsymbol{z}(\boldsymbol{p})\neq\boldsymbol{0}$，则 $F(\boldsymbol{p})\subseteq S\setminus\text{int}S$，即 $F(\boldsymbol{p})$ 为 S 边界的子集。相应地，若 $\boldsymbol{z}(\boldsymbol{p})=\boldsymbol{0}$，则 $F(\boldsymbol{p})=S$(这是由于所有系数为零的线性函数的最大值集合就是整个区域 S)。

第10章

下面证明对应 F 是非空紧凸值的上半连续对应。首先，根据上述构造，对应 F 显然是紧凸值的。当 $\boldsymbol{p}\in\text{int}S$ 时，使 $\hat{\boldsymbol{z}}(\boldsymbol{p})\cdot\boldsymbol{q}$ 取最大值的价格向量 $\boldsymbol{q}$ 组成的集合 $F(\boldsymbol{p})$ 非空。当 $\boldsymbol{p}$ 属于 S 的边界时，至少存在一种商品 l，其价格为 $p^l=0$。因而存在 $\boldsymbol{q}\in S$，使得 $\boldsymbol{p}\cdot\boldsymbol{q}=0$，这意味着 $F(\boldsymbol{p})$ 也是非空的。

现证明对应 F 是上半连续的，或等价地证明它具有闭图(由于空间 S 是紧的，对应 F 的上半连续性和它具有闭图是等价的)，即对任意 $\boldsymbol{q}_t\in F(\boldsymbol{p}_t)$，$\boldsymbol{p}_t\to\boldsymbol{p}$ 和 $\boldsymbol{q}_t\to\boldsymbol{q}$，我们有 $\boldsymbol{q}\in F(\boldsymbol{p})$。分两种情形进行考虑：

情形 1： $\boldsymbol{p} \in \mathrm{int}S$。当 k 充分大时，有 $\boldsymbol{p}_k \in \mathrm{int}S$。由 $\boldsymbol{q}_k \cdot \hat{\boldsymbol{z}}(\boldsymbol{p}_k) \geqq \boldsymbol{q}' \cdot \hat{\boldsymbol{z}}(\boldsymbol{p}_k), \forall \boldsymbol{q}' \in S$ 和 $\hat{\boldsymbol{z}}(\cdot)$ 的连续性，可得 $\boldsymbol{q} \cdot \hat{\boldsymbol{z}}(\boldsymbol{p}) \geqq \boldsymbol{q}' \cdot \hat{\boldsymbol{z}}(\boldsymbol{p}), \forall \boldsymbol{q}' \in S$，即 $\boldsymbol{q} \in F(\boldsymbol{p})$。

情形 2： $\boldsymbol{p}$ 是 S 的边界上的点。对任意满足 $p^l > 0$ 的 l，我们希望证明对充分大的 k，都有 $q_k^l = 0$，从而 $q^l = 0$，于是有 $\boldsymbol{q} \in F(\boldsymbol{p})$。由于 $p^l > 0$，存在 $\epsilon > 0$，使得当 k 充分大时，有 $p_k^l > \epsilon$。$\boldsymbol{p}_k$ 有两种情形：1)$\boldsymbol{p}_k$ 在 S 的边界上。则根据 $F(\boldsymbol{p}_k)$ 的定义，$q_k^l = 0$。2)$\boldsymbol{p}_k \in \mathrm{int}\, S$。我们需要证明：对充分大的 k，我们必然有：

$$\hat{z}^l(\boldsymbol{p}_k) < \max\{\hat{z}^1(\boldsymbol{p}_k), \cdots, \hat{z}^L(\boldsymbol{p}_k)\},$$

从而也有 $q_k^l = 0$。为证明上述不等式，根据条件 (5)，当 $k \to +\infty$ 时，上述不等式的右边趋于 $+\infty$(由于 $\boldsymbol{p}$ 是 S 边界上的点，当 $k \to \infty$ 时，某些商品的价格趋于 0)。但上述不等式的左边有上界。的确如此，若上式左边为正，则

$$\hat{z}^l(\boldsymbol{p}_k) \leqq \frac{1}{\epsilon} p_k^l \hat{z}^l(\boldsymbol{p}_k) = -\frac{1}{\epsilon} \sum_{l' \neq l} p_k^{l'} \hat{z}^{l'}(\boldsymbol{p}_k) < \frac{s}{\epsilon} \sum_{l' \neq l} p_k^{l'} < \frac{s}{\epsilon},$$

其中 s 是由条件 (4) 给出的超额供给的界。这样，我们证明了对任意满足 $p^l > 0$ 的 l，当 k 充分大时，都有 $q_k^l = 0$，从而有 $q^l = 0$。这就意味着 $\boldsymbol{p} \cdot \boldsymbol{q} = 0$，从而 $\boldsymbol{q} \in F(\boldsymbol{p})$。这样，$F$ 必然是上半连续的。

因此，对应 F 是取非空紧凸值的上半连续对应。根据角谷不动点定理，存在 $\boldsymbol{p}^* \in S$，$\boldsymbol{p}^* \in F(\boldsymbol{p}^*)$。

最后我们证明 F 的任意不动点 $\boldsymbol{p}^*$ 都是竞争均衡。设 $\boldsymbol{p}^* \in F(\boldsymbol{p}^*)$。首先，$\boldsymbol{p}^*$ 不可能是 S 边界上的点。不然的话，根据 $F(\cdot)$ 在 S 边界上的定义，就有 $\boldsymbol{p}^* \cdot \boldsymbol{p}^* = 0$，矛盾。因此，必然有 $\boldsymbol{p}^* \in \mathrm{int}\, S$。其次，若 $\hat{\boldsymbol{z}}(\boldsymbol{p}^*) \neq \boldsymbol{0}$，则前面已证 $F(\boldsymbol{p}^*)$ 必为 S 的边界的子集，与 $\boldsymbol{p}^*$ 不可能是 S 边界上的点矛盾。因此，若 $\boldsymbol{p}^* \in F(\boldsymbol{p}^*)$，就有 $\hat{\boldsymbol{z}}(\boldsymbol{p}^*) = 0$。 □

可以看到，上述两个存在性定理都有其适用条件。对什么样的经济环境适用哪个定理是很重要的。特别地，若偏好是严格递增的，则我们需要使用存在性定理 II，而不能使用存在性定理 I。

10.4.2 个体经济特征下竞争均衡的存在性

上述竞争均衡存在性定理都是对总超额需求函数施加条件得到的，而不是直接对个体经济特征施加约束而得到的。我们更希望的是不需首先求出总超额需求函数再证明存在性，而是直接根据个人经济特征就能判断竞争均衡是否存在。比如，市场主体的经济特征应满足何种条件才能使得预算约束在等式处成立，且总超额需求对应为单值和连续的呢？本节给出这样的结果，使之能用以上存在性定理来推断竞争均衡的存在性。

我们将应用下面所述偏好的不同单调性和凸性来回答上述问题。这些概念按照从强到弱的顺序给出。

从上述定理中我们可以看出瓦尔拉斯律对证明竞争均衡存在非常关键。那么，在何种条件下瓦尔拉斯律成立呢？

强或内点瓦尔拉斯律成立的条件

首先，若所有消费者的最优消费位于预算线上：

$$\boldsymbol{p}\boldsymbol{x}_i(\boldsymbol{p}) = \boldsymbol{p}\boldsymbol{w}_i + \sum_{j=1}^{J}\theta_{ij}\boldsymbol{p}\boldsymbol{y}_j(\boldsymbol{p}), \forall i,$$

我们有

$$\begin{aligned}\sum_{i=1}^{n}\boldsymbol{p}\boldsymbol{x}_i(\boldsymbol{p}) &= \sum_{i=1}^{n}\boldsymbol{p}\boldsymbol{w}_i + \sum_{i=1}^{n}\sum_{j=1}^{J}\theta_{ij}\boldsymbol{p}\boldsymbol{y}_j(\boldsymbol{p}) \\ &= \sum_{i=1}^{n}\boldsymbol{p}\boldsymbol{w}_i + \sum_{j=1}^{J}\boldsymbol{p}\boldsymbol{y}_j(\boldsymbol{p}),\end{aligned}$$

这意味着

$$\boldsymbol{p}\left[\sum_{i=1}^{n}\boldsymbol{x}_i(\boldsymbol{p}) - \sum_{i=1}^{n}\boldsymbol{w}_i - \sum_{j=1}^{J}\boldsymbol{y}_j(\boldsymbol{p})\right] = 0, \tag{10.21}$$

从而有

$$\boldsymbol{p}\cdot\hat{\boldsymbol{z}}(\boldsymbol{p}) = 0. \tag{10.22}$$

因此，只要总超额需求在所定义的价格区域有定义，且在预算线上，瓦尔拉斯律在此区域就必然成立。那么，什么样的条件能保证 (强或内点) 瓦尔拉斯律成立呢？

单调性偏好的各种类型

回顾以下各种关于偏好的单调性：

（1）**强单调性**(strong monotonicity)：对任意两个消费束 $\boldsymbol{x}_i, \boldsymbol{x}_i' \in X_i$，若 $\boldsymbol{x}_i \geqslant \boldsymbol{x}_i'$ (即 $\boldsymbol{x}_i \geqq \boldsymbol{x}_i'$，且 $\boldsymbol{x}_i \neq \boldsymbol{x}_i'$)，则 $\boldsymbol{x}_i \succ_i \boldsymbol{x}_i'$。

即，任何商品消费的增加而其他商品的消费不减少都会给消费者带来更大满足，也就是通常所说的越多越好的假设。

（2）**单调性**(monotonicity)：对任意两个消费束 $\boldsymbol{x}_i, \boldsymbol{x}_i' \in X_i$，若 $\boldsymbol{x}_i > \boldsymbol{x}_i'$，则 $\boldsymbol{x}_i \succ_i \boldsymbol{x}_i'$。

即，所有商品消费的增加都将给消费者带来更大满足。

（3）**弱单调性** (weak monotonicity)：若对任意的 $\boldsymbol{x} \geqq \boldsymbol{y}$，都有 $\boldsymbol{x} \succcurlyeq \boldsymbol{y}$，则称偏好序 $\succcurlyeq$ 是**弱单调的**。

弱单调性意味着每种商品都不是“坏的”商品。

（4）**局部非饱和性**：对任意的 $\boldsymbol{x}_i \in X_i$ 和其任意邻域 $N(\boldsymbol{x}_i)$，都存在 $\boldsymbol{x}_i' \in N(\boldsymbol{x}_i)$，使得 $\boldsymbol{x}_i' \succ_i \boldsymbol{x}_i$。

即，局部非饱和性假设意味着人们总是可以通过消费束的微小调整来提高自己的满足感。

（5）**非饱和性**：对任意的 $\boldsymbol{x}_i \in X_i$，均存在 $\boldsymbol{x}_i'$，使得 $\boldsymbol{x}_i' \succ_i \boldsymbol{x}_i$。

即，非饱和性意味着对任一消费束，总存在另外一个消费束给消费者带来的效用更大，也就是个体的欲望是无止境的。

备注：以上偏好的各种单调性都是个体追求自身利益的体现，给出了个体对商品欲望的强烈程度，除弱单调性外，都意味着个体对商品的欲望是无穷的。如第 3 章所指出的那样，这些单调性被不同的教科书采用，它们有如此关系：强单调性意味着单调性和弱单调性；单调性意味着局部非饱和性；局部非饱和性意味着非饱和性。然而，**单调性一般不一定意味着弱单调性，除非偏好是连续的** (参见命题 3.3.1)。

凸偏好的各种类型

回顾以下各种关于偏好的凸性：

假定 X_i 是凸集，$\succcurlyeq_i$ 是定义在 X_i 上的偏好序，$\boldsymbol{x}_i$ 和 $\boldsymbol{x}'_i$ 是 X 中两个不同的消费束，对所有的 $\lambda \in (0,1)$，均有：

（1）**严格凸性**(strict convexity)：若 $\boldsymbol{x}_i \succcurlyeq_i \boldsymbol{x}'_i$，则 $\boldsymbol{x}_{i\lambda} \equiv \lambda \boldsymbol{x}_i + (1-\lambda)\boldsymbol{x}'_i \succ_i \boldsymbol{x}'_i$。

（2）**强凸性**：若 $\boldsymbol{x}'_i \sim \boldsymbol{x}_i$，则 $\boldsymbol{x}_{i\lambda} = \lambda \boldsymbol{x}_i + (1-\lambda)\boldsymbol{x}'_i \succ_i \boldsymbol{x}_i$。

（3）**凸性**(convexity)：若 $\boldsymbol{x}_i \succ_i \boldsymbol{x}'_i$，则 $\boldsymbol{x}_{i\lambda} = \lambda \boldsymbol{x}_i + (1-\lambda)\boldsymbol{x}'_i \succ_i \boldsymbol{x}'_i$。

（4）**弱凸性**(weak convexity)：若 $\boldsymbol{x}_i \succcurlyeq_i \boldsymbol{x}'_i$，则 $\boldsymbol{x}_{i\lambda} = \lambda \boldsymbol{x}_i + (1-\lambda)\boldsymbol{x}'_i \succcurlyeq_i \boldsymbol{x}'_i$。

图 10.9~图 10.11 给出了几种凸性的线性无差异曲线。

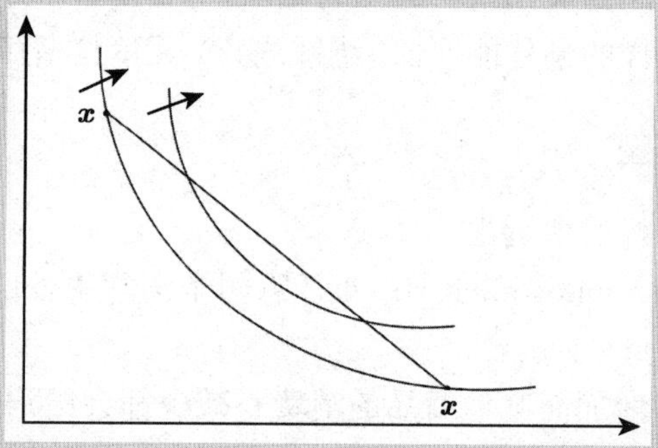

图 10.9　强凸无差异曲线

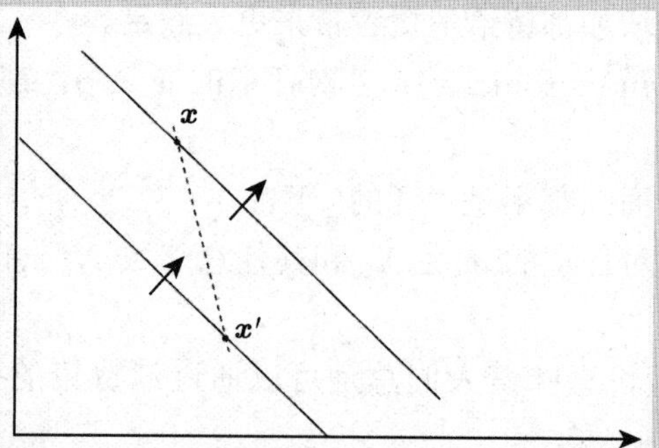

图 10.10　线性无差异曲线是凸的，但不是严格凸的

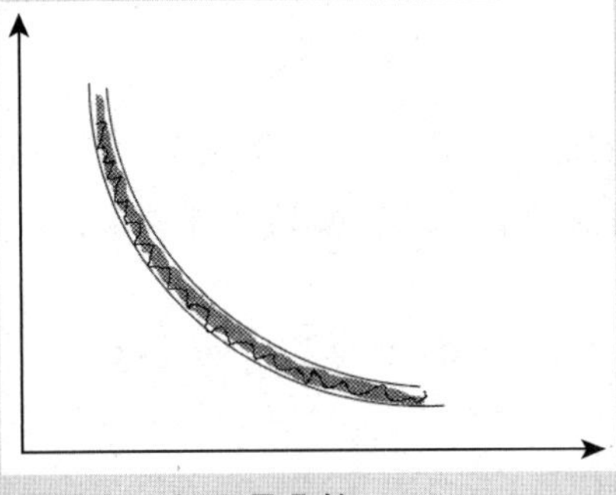

图 10.11　“厚”无差异曲线是弱凸的，但不是凸的

备注：若偏好 $\succcurlyeq_i$ 满足凸性，则由非饱和性可以推出局部非饱和性。读者可自行证明该结论。

备注：$\succcurlyeq_i$ 的严格凸性等价于偏好的无差异曲线的边际替代率严格递减。当偏好能被效用函数表示时，$\succcurlyeq_i$ 的严格凸性和弱凸性分别等价于其效用函数是严格拟凹函数和拟凹函数。同时注意到 $\succcurlyeq_i$ 的连续性保证了连续效用函数 $u_i(\cdot)$ 的存在性。

备注：以上各类凸性都意味着人们有消费多样化的倾向：两种商品束的加权平均不可能比单独任一商品束的效用都要差。人们偏好于消费的多元化具有普遍性，一般情形下都成立。例如，在穿衣和饮食上人们就偏好于多元化。

现在我们回答在何种条件下瓦尔拉斯律成立以及在何种条件下需求对应为凸值对应或单值函数。下述命题回答了这些问题，其证明与命题 3.4.2、命题 3.4.3、命题 3.7.3 类似。

命题 10.4.1　若偏好满足局部非饱和性，则最优消费束在约束线上，从而瓦尔拉斯律成立。

命题 10.4.2　若偏好 $\succcurlyeq_i$ 满足严格凸性，则 $\boldsymbol{x}_i(\boldsymbol{p})$ 为单值函数。

命题 10.4.3　若偏好满足弱凸性，则需求对应 $\boldsymbol{x}_i(\boldsymbol{p})$ 为凸值对应。

现考察产品供给对应是单值的条件。

定义 10.4.2 (生产集的严格凸性)　我们称生产集 Y_j 是**严格凸的**，若对任意的 $\boldsymbol{y}_j^1 \in Y_j$ 和 $\boldsymbol{y}_j^2 \in Y_j$，凸组合 $\lambda \boldsymbol{y}_j^1 + (1-\lambda)\boldsymbol{y}_j^2 \in \operatorname{int} Y_j$，$\forall 0 < \lambda < 1$，其中 $\operatorname{int} Y_j$ 表示 Y_j 的内部。

正如 Debreu（1959）所示，在证明竞争均衡存在性时，在一些相当弱的假设下，生产集 Y_j 可以被替换为 Y_j 的某个非空紧子集。因此，不失一般性，我们可以只考虑 Y_j 是紧的情况。

于是，我们有下述命题。

命题 10.4.4　若 Y_j 是紧集(即有界闭集)，严格凸，且 $\mathbf{0} \in Y_j$，则供给对应 $\boldsymbol{y}_j(\boldsymbol{p})$ 有定义，且是连续单值函数。

证明： 根据最大值定理 (见定理 2.6.14)，由于对 $\forall \boldsymbol{p} \in R_+^L$，$Y_j$ 紧且 $\mathbf{0} \in Y_j$，我们可知 $\boldsymbol{y}_j(\boldsymbol{p})$ 为非空的上半连续对应。同时，由于偏好关系是严格凸的，则根据命

第10章

题 4.3.2, $\boldsymbol{y}_i(\boldsymbol{p})$ 是单值函数。从而，由于单值的上半连续性对应是连续的，$\boldsymbol{y}_j(\boldsymbol{p})$ 为连续单值函数。 □

现在我们回答在什么样的情形下瓦尔拉斯律成立，总超额对应是单值连续函数。

命题 10.4.5 对所有的消费者，设下面的条件成立：

(1) $X_i = \mathcal{R}^L_+$;

(2) $\boldsymbol{w}_i \geqslant \boldsymbol{0}$(即 $\boldsymbol{w}_i \geqq \boldsymbol{0}$ 和 $\boldsymbol{w}_i \neq \boldsymbol{0}$) 和 $\sum_{i\in N} \boldsymbol{w}_i > \boldsymbol{0}$;

(3) $\succcurlyeq_i$ 连续、严格凸、局部非饱和;

(4) Y_j 紧、严格凸，且 $\boldsymbol{0} \in Y_j$，$j = 1, 2, \cdots, J$。

则对所有的 $\boldsymbol{p} \in \mathcal{R}^L_{++}$，我们有

(1) 个人需求对应 $\boldsymbol{x}_i(\boldsymbol{p})$ 是单值连续函数，从而总超额需求对应是单值连续函数;

(2) 内点瓦尔拉斯律成立。

图 10.12 刻画了当个体偏好连续时，其上等高线集和下等高线集都是闭集。

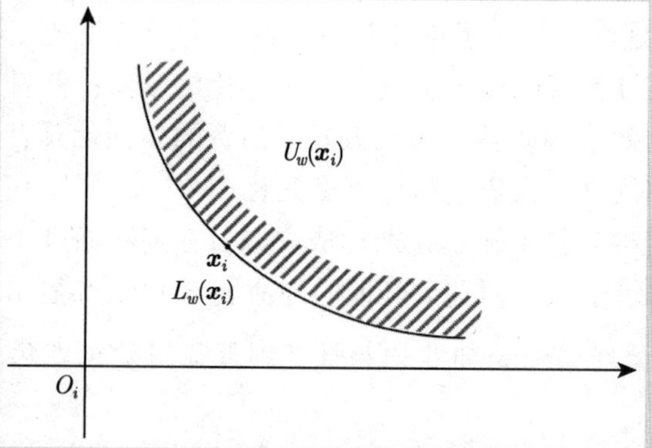

图 10.12 上等高线集 $U_w(\boldsymbol{x}_i)$ 为无差异曲线之上的所有点组成的集合，下等高线集 $L_w(\boldsymbol{x}_i)$ 为无差异曲线之下的所有点组成的集合。回顾：$\succcurlyeq_i$ 连续当且仅当上等高线集 $U_w(\boldsymbol{x}_i) \equiv \{\boldsymbol{x}'_i \in X_i | \boldsymbol{x}'_i \succcurlyeq_i \boldsymbol{x}_i\}$ 和下等高线集 $L_w(\boldsymbol{x}_i) \equiv \{\boldsymbol{x}'_i \in X_i | \boldsymbol{x}'_i \preccurlyeq_i \boldsymbol{x}_i\}$ 对所有的 $\boldsymbol{x}_i$ 是闭集

证明： 为了证明总超额需求对应是单值连续函数，我们应用最大值定理先证明总超额需求对应是上半连续的。为此，我们需证明，对所有的 $\boldsymbol{w}_i \geqslant \boldsymbol{0}$ 和 $\boldsymbol{p} > \boldsymbol{0}$，由预算约束集

$$B_i(\boldsymbol{p}) = \left\{ \boldsymbol{x}_i \in X_i : \boldsymbol{p}\boldsymbol{x}_i \leqq \boldsymbol{p}\boldsymbol{w}_i + \sum_{j=1}^{J} \theta_{ij} \boldsymbol{p}\boldsymbol{y}_i(\boldsymbol{p}) \right\}$$

所定义的对应 B_i 是一个非空紧值的连续对应。由 $\boldsymbol{w}_i \geqslant \boldsymbol{0}$ 和 $\boldsymbol{p} > \boldsymbol{0}$，预算约束对应 B_i 显然是非空紧的。我们现证明，对所有的 $\boldsymbol{w}_i \geqslant \boldsymbol{0}$ 和 $\boldsymbol{p} > \boldsymbol{0}$，它也是一个连续对应。

B_i 显然是上半连续的，所以我们只需证明它也是下半连续的。令 $\boldsymbol{p} \in \mathcal{R}^L_{++}$, $\boldsymbol{x}_i \in B_i(\boldsymbol{p})$, $\{\boldsymbol{p}_t\}$ 是任一序列，使得 $\boldsymbol{p}_t \to \boldsymbol{p}$。我们需要证明存在序列 $\{\boldsymbol{x}^t_i\}$，使得 $\boldsymbol{x}^t_i \to \boldsymbol{x}_i$，并且对所有的 t，都有 $\boldsymbol{x}^t_i \in B_i(\boldsymbol{p}_t)$，即：

$$\boldsymbol{x}^t_i \in X_i,\ \boldsymbol{p}_t\boldsymbol{x}^t_i \leqq \boldsymbol{p}_t\boldsymbol{w}_i + \sum_{j=1}^{J} \theta_{ij} \boldsymbol{p}_t \boldsymbol{y}_i(\boldsymbol{p}_t).$$

记

$$I_i^t = \boldsymbol{p}_t \boldsymbol{w}_i + \sum_{j=1}^{J} \theta_{ij} \boldsymbol{p} \boldsymbol{y}_i(\boldsymbol{p}_t).$$

既然 $\mathbf{0} \in Y_j$，$\boldsymbol{y}_i(\boldsymbol{p}_t)$ 是利润最大化生产计划，且是连续的，因而有 $\boldsymbol{y}_i(\boldsymbol{p}_t) \geqq \mathbf{0}$，以及 I_i^t 关于 $\boldsymbol{p}_t$ 是连续的。并且，由于 $\boldsymbol{w}_i \geqslant \mathbf{0}$ 和 $\boldsymbol{p} > \mathbf{0}$，当 t 大于某个充分大的整数 t' 时，我们有 $\boldsymbol{p}_t \boldsymbol{w}_i > 0$，从而有 $I_i^t > 0$。现考虑两种情形：

情形 1：$\boldsymbol{p}\boldsymbol{x}_i < \boldsymbol{p}\boldsymbol{w}_i + \sum_{j=1}^{J} \theta_{ij} \boldsymbol{p} \boldsymbol{y}_i(\boldsymbol{p})$。于是，对任意使得 $\boldsymbol{x}_i^t \to \boldsymbol{x}_i$ 的序列 $\{\boldsymbol{x}_i^t\}$，由于 I_i^t 的连续性，当 t 大于某个充分大的整数 t' 时，我们有

$$\boldsymbol{p}_t \boldsymbol{x}_i^t < I_i^t = \boldsymbol{p}_t \boldsymbol{w}_i + \sum_{j=1}^{J} \theta_{ij} \boldsymbol{p}_t \boldsymbol{y}_i(\boldsymbol{p}_t).$$

这样，$\boldsymbol{x}_i^t \in B_i(\boldsymbol{p}_t)$。

情形 2：$\boldsymbol{p}\boldsymbol{x}_i = \boldsymbol{p}\boldsymbol{w}_i + \sum_{j=1}^{J} \theta_{ij} \boldsymbol{p} \boldsymbol{y}_i(\boldsymbol{p})$。令

$$\boldsymbol{x}_i^t = \frac{I_i^t}{\boldsymbol{p}_t \boldsymbol{x}_i} \boldsymbol{x}_i.$$

由

$$\frac{I_i^t}{\boldsymbol{p}_t \boldsymbol{x}_i^t} \to \frac{I_i}{\boldsymbol{p}\boldsymbol{x}_i} = 1,$$

我们有 $\boldsymbol{x}_i^t \to \boldsymbol{x}_i$。同时，对所有的 t，

$$\boldsymbol{p}_t \boldsymbol{x}_i^t = \frac{I_i^t}{\boldsymbol{p}_t \boldsymbol{x}_i} \boldsymbol{p}_t \boldsymbol{x}_i = I_i^t,$$

从而有 $\boldsymbol{x}_i^t \in B_i(\boldsymbol{p}_t)$。这样，对所有的 $\boldsymbol{w}_i \geqslant \mathbf{0}$ 和 $\boldsymbol{p} > \mathbf{0}$，$B_i$ 是一个下半连续的对应，从而它是连续的。

既然偏好序 $\succcurlyeq_i$ 是连续的，且预算约束集对应 B_i 是一个非空紧值的连续对应，根据最大值定理 (定理 2.6.14)，需求对应 $\boldsymbol{x}_i(\boldsymbol{p})$ 是上半连续的。根据偏好的严格凸性，$\boldsymbol{x}_i(\boldsymbol{p})$ 是单值映射。由于单值的上半连续对应是连续的，因此 $\boldsymbol{x}_i(\boldsymbol{p})$ 是单值连续函数，从而总超额需求对应是单值连续函数。

最后，由局部非饱和性，可知预算约束在等式处成立，从而瓦尔拉斯律成立。 □

从以上证明的过程中可以看出，当 $\boldsymbol{w}_i > \mathbf{0}$ 时，正价格假设 $\boldsymbol{p} > \mathbf{0}$ 可以被放宽为非零价格向量，即 $\boldsymbol{p} \geqslant \mathbf{0}$。此时，消费者的收入对所有非零价格向量都为正，从而预算约束 B_i 在所有非零价格向量集上仍然是一个非空紧值的连续对应，由此可证总超额需求对应是单值连续函数。

由上述命题，对满足上述假定的经济环境运用存在性定理 II，直接针对经济环境可得如下存在性定理，它给出了竞争均衡存在的充分条件。

定理 10.4.3 (存在性定理 III) 对私有经济 $e = (\{X_i, \boldsymbol{w}_i, \succcurlyeq_i\}, \{Y_j\}, \{\theta_{ij}\})$，竞争均衡存在，若下列条件成立：

(1) $X_i = \mathcal{R}^L_+$;

(2) $\boldsymbol{w}_i \geqslant \mathbf{0}$(即 $\boldsymbol{w}_i \geqq \mathbf{0}$ 和 $\boldsymbol{w}_i \neq \mathbf{0}$) 和 $\sum_{i\in N} \boldsymbol{w}_i > \mathbf{0}$;

(3) $\succcurlyeq_i$ 连续、严格凸，且强单调;

(4) Y_j 紧、严格凸，且 $\mathbf{0} \in Y_j$, $j = 1, 2, \cdots, J$。

证明： 由定理的这些假定，可知对所有的 $\boldsymbol{p} \in \mathcal{R}^L_{++}$，$\boldsymbol{x}_i(\boldsymbol{p})$ 和 $\boldsymbol{y}_i(\boldsymbol{p})$ 均是单值连续映射。这样，根据偏好的单调性，总超额需求函数为满足内点瓦尔拉斯律的连续单值函数。因此，我们只需证明存在性定理 II 的条件 (4) 和 (5) 也满足即可。条件 (4) 中的下确界可从需求的非负性和生产集的有界性得到 (即 $X_i = \mathcal{R}^L_+$)，这意味着消费者对任意商品 l 的市场总净供给不超过其初始禀赋和生产集上界之和。现证明条件 (5) 也满足。当某些商品的价格趋于 0 时，具有强单调性偏好且其财富趋于正极限的消费者 (由于 $\boldsymbol{p}\hat{\boldsymbol{w}} > 0$，必然存在至少一个这样的消费者) 对这些商品的需求将会越来越大。因此根据存在性定理 II (定理 10.4.2)，得知竞争均衡存在。 □

由于上述结果是针对个体的经济特征给出了竞争均衡存在的条件，因而相对容易验证和理解。

尽管在命题 10.4.5 中，只需偏好满足局部非饱和性，就可证明总超额需求函数对所有正价格系统都是连续的，但在存在性定理 III (定理 10.4.3) 中，偏好强单调性假设不能被放宽为单调或局部非饱和假设，后者不能保证存在性定理 II 中的条件 (5) 成立。前面的例 10.3.2 给出了这样的反例。然而，如果每个消费者的初始禀赋都是消费空间中的内点 (从而仍然有 $\boldsymbol{p}\hat{\boldsymbol{w}} > 0$)，则可以将强单调性假设减弱为单调性假设。在这种情况下，对每种商品，都存在某个消费者，对其需求将会越来越大，从而使得条件 (5) 满足。于是有以下稍微变化的结果。

命题 10.4.6 (存在性定理 III′) 对私有经济 $e = (\{X_i, \boldsymbol{w}_i, \succcurlyeq_i\}, \{Y_j\}, \{\theta_{ij}\})$，竞争均衡存在，若下列条件成立:

(1) $X_i = \mathcal{R}^L_+$;

第10章

(2) $\boldsymbol{w}_i > \mathbf{0}$;

(3) $\succcurlyeq_i$ 连续、严格凸，且单调;

(4) Y_j 紧、严格凸，且 $\mathbf{0} \in Y_j$，$j = 1, 2, \cdots, J$。

后面在一般经济环境下的存在性定理 IX(定理 10.4.9) 将告诉我们，可将单调性进一步放宽到局部非饱和性 (当然不要求均衡价格都是非负的)。

10.4.3 求解竞争均衡的例子

下面我们给出计算竞争均衡的一些例子。

在下面的例子中，效用函数假定是柯布–道格拉斯 (Cobb-Douglas) 类型，初始禀赋在边界上。由于只有两种商品，根据瓦尔拉斯律，我们只需考察一个市场出清即可。我们不妨将其中一种商品 (如商品 1) 的价格设为 1。对该例子，我们很容易写出其需求函数。我们只需求出每个人关于第一种商品的需求函数，用第一种商品求解其市场出清方程即可。这个例子说明，即使初始禀赋在边界上，竞争均衡也可能存在。

例 10.4.1　考虑两个消费者和两种商品的交换经济：

$$\begin{aligned} &\boldsymbol{w}_1=(1,0), \quad \boldsymbol{w}_2=(0,1); \\ &u_1(\boldsymbol{x}_1)=(x_1^1)^a(x_1^2)^{1-a}, \qquad 0<a<1; \\ &u_2(\boldsymbol{x}_2)=(x_2^1)^b(x_2^2)^{1-b}, \qquad 0<b<1. \end{aligned} \tag{10.23}$$

设 $p=\dfrac{p^2}{p^1}$，则消费者 1 的效用最大化问题为：

$$\begin{aligned} &\max_{\boldsymbol{x}_1} u_1(\boldsymbol{x}_1) \\ &\text{s.t.} \quad x_1^1+px_1^2=1. \end{aligned}$$

求解效用最大化问题，可知消费者 1 对两种商品的需求函数为：

$$x_1^1(p)=\frac{a}{1}=a, \tag{10.24}$$

$$x_1^2(p)=\frac{1-a}{p}. \tag{10.25}$$

消费者 2 的效用最大化问题为：

$$\begin{aligned} &\max_{x_2} u_2(x_2) \\ &\text{s.t.} \quad x_2^1+px_2^2=p. \end{aligned}$$

类似地，可求得消费者 2 对两种商品的需求函数为：

$$x_2^1(p)=\frac{b\cdot p}{1}=b\cdot p, \tag{10.26}$$

$$x_2^2(p)=\frac{(1-b)p}{p}=1-b. \tag{10.27}$$

根据市场出清条件

$$x_1^1(p)+x_2^1(p)=1 \Rightarrow a+bp=1, \tag{10.28}$$

可得市场竞争均衡为：

$$p=\frac{p^2}{p^1}=\frac{1-a}{b}. \tag{10.29}$$

上述价格之所以是均衡价格，是因为根据瓦尔拉斯律，当商品的数量 $L=2$ 时，一种商品的市场出清，则另外一种商品的市场也出清。

柯布–道格拉斯效用函数在 $\mathcal{R}_{++}^L$ 上满足强单调性、连续性和严格拟凹性等良好性质，此效用函数经常作为典型效用函数的例子。

注意，对一般形式的柯布–道格拉斯效用函数

$$u_i(\boldsymbol{x}_i) = (x_i^1)^\alpha (x_i^2)^\beta,\ \alpha > 0, \beta > 0,$$

通过恰当单调变换，可以很容易地导出其需求函数。事实上，对上述效用函数作单调变换，效用函数所表示的偏好仍然不变，此时效用函数可重写为：

$$\left[(x_1^1)^\alpha (x_1^2)^\beta\right]^{\frac{1}{\alpha+\beta}} = (x_1^1)^{\frac{\alpha}{\alpha+\beta}} (x_1^2)^{\frac{\beta}{\alpha+\beta}}, \tag{10.30}$$

由此可得：

$$x_1^1(p) = \frac{\frac{\alpha}{\alpha+\beta} I}{p^1}, \tag{10.31}$$

$$x_1^2(p) = \frac{\frac{\beta}{\alpha+\beta} I}{p^2}. \tag{10.32}$$

我们已经给出过初始禀赋在边界上时，竞争均衡不存在的例子，而且前面所给出的定理也是在初始禀赋为内点的假设下得到的。这个例子说明了，初始禀赋在边界上不一定不存在竞争均衡，而要看经济人的具体经济特征。

在下面的例子中，我们只是改变了第二个消费者的效用函数，变成完全互补效用函数 (即里昂惕夫效用函数)。尽管它们是单调和凸的，然而参数的一定范围内，竞争均衡也许不存在。

例 10.4.2

$$\begin{aligned} & n = 2, \quad L = 2; \\ & \boldsymbol{w}_1 = (1, 0), \quad \boldsymbol{w}_2 = (0, 1); \\ & u_1(\boldsymbol{x}_1) = (x_1^1)^a (x_1^2)^{1-a}, \qquad 0 < a < 1; \\ & u_2(\boldsymbol{x}_2) = \min\{x_2^1, b x_2^2\}, \qquad b > 0. \end{aligned} \tag{10.33}$$

对消费者 1，已知

第10章

$$x_1^1(p) = a, \qquad x_1^2 = \frac{(1-a)}{p}. \tag{10.34}$$

对消费者 2，其效用最大化问题为：

$$\begin{aligned} & \max_{\boldsymbol{x}_2} \min\{x_2^1, b x_2^2\} \\ \text{s.t.} \quad & x_2^1 + p x_2^2 = p. \end{aligned}$$

在最优消费处，我们有：

$$x_2^1 = b x_2^2. \tag{10.35}$$

将上述结果代入预算方程，有

$$b x_2^2 + p x_2^2 = p,$$

从而需求函数为:

$$x_2^2(p) = \frac{p}{b+p},$$

以及

$$x_2^1(p) = \frac{bp}{b+p}.$$

这样，根据

$$x_1^1(p) + x_2^1(p) = 1,$$

我们有:

$$a + \frac{bp}{b+p} = 1, \tag{10.36}$$

或者

$$(1-a)(b+p) = bp, \tag{10.37}$$

从而有:

$$(a+b-1)p = b(1-a). \tag{10.38}$$

因此有:

$$p^* = \frac{b(1-a)}{a+b-1}.$$

为保证 p^* 为竞争均衡价格，我们需要假定 $a+b>1$。

这说明，对一定范围的经济参数，竞争均衡也许不存在。其原因在于初始禀赋不是内点及消费者 2 的效用函数不是强单调增函数。此例子再次说明了，在给出竞争均衡的一般存在性定理时，需要假定初始禀赋是消费空间的内点或偏好是强单调的。这个例子中的经济违背了存在性定理 II 的哪个条件呢？显然，存在性定理 II 的前四个条件都满足，而条件 (5) 不满足。可验证，当第一种商品的价格 $p^1 \to 0$ $\left(\text{也就是 } p = \frac{p^2}{p^1} \to \infty\right)$时，我们有

$$\lim_{p^1 \to 0} \hat{z}^1(p) = a+b-1,$$

和

$$\lim_{p^1 \to 0} \hat{z}^2(p) = 0,$$

它们都没有趋向无穷，违背了存在性定理的条件 (5)。

此外，值得指出的是，一般均衡理论是关于完全竞争的市场经济理论，即使对数目很少的消费者和生产者，如以上的例子，我们仍然假定经济人将价格视为给定。这显然不合乎现实，因为在经济个体有限时双方都有讨价还价能力，因而每一个体都有激励改变价格。因此，当一般均衡理论被应用于现实时，现实经济条件并不严格满足理论假设，因而只是在一定程度上近似地描述了竞争市场经济。

10.4.4 非连续需求函数下竞争均衡的存在性

存在性定理 I 和 II 都要求总超额需求函数是连续的，且满足瓦尔拉斯律。但在许多情况下，如偏好不是凸的，将导致所得需求函数可能不连续。那么，在什么样的约束下，非连续的总超额需求函数能保证竞争均衡的存在性呢？这一节回答这个问题。

利用 KKM 引理(见定理 2.6.29)，下面的定理证明了，若总超额需求函数为下半连续的，且满足弱瓦尔拉斯律，则竞争均衡存在。

定理 10.4.4 (存在性定理 IV) 对私有经济 $\boldsymbol{e} = (\{X_i, \boldsymbol{w}_i, \succcurlyeq_i\}, \{Y_j\}, \{\theta_{ij}\})$，若总超额需求函数 $\hat{\boldsymbol{z}}(\boldsymbol{p})$ 下半连续且满足弱瓦尔拉斯律，则竞争均衡存在，即存在价格向量 $\boldsymbol{p}^* \in S$，使得

$$\hat{\boldsymbol{z}}(\boldsymbol{p}^*) \leqq \mathbf{0}. \tag{10.39}$$

证明： 定义对应 $F: S \to 2^S$ 如下：

$$F(\boldsymbol{q}) = \{\boldsymbol{p} \in S : \boldsymbol{q}\hat{\boldsymbol{z}}(\boldsymbol{p}) \leqq 0\},\ \forall \boldsymbol{q} \in S.$$

首先，根据弱瓦尔拉斯律，$\boldsymbol{q} \in F(\boldsymbol{q})$，因而 $F(\boldsymbol{q})$ 对于每个 $\boldsymbol{q} \in S$ 都是非空的。由于 $\boldsymbol{p} \geqslant \mathbf{0}$ 且 $\hat{\boldsymbol{z}}(\cdot)$ 下半连续，函数

$$\phi(\boldsymbol{q}, \boldsymbol{p}) \equiv \boldsymbol{q}\hat{\boldsymbol{z}}(\boldsymbol{p}) = \sum_{l=1}^{L} \boldsymbol{q}^l \hat{\boldsymbol{z}}^l(\boldsymbol{p})$$

关于 $\boldsymbol{p}$ 也是下半连续的。因此，$F(\boldsymbol{q})$ 对所有的 $\boldsymbol{q} \in S$ 都是闭的。

现证明 F 是 FS-凸的。若不然，假设存在 $\boldsymbol{q}_1, \cdots, \boldsymbol{q}_m \in S$ 和某个凸组合

$$\boldsymbol{q}_\lambda = \sum_{t=1}^{m} \lambda_t \boldsymbol{q}_t,$$

使得

$$\boldsymbol{q}_\lambda \notin \bigcup_{t=1}^{m} F(\boldsymbol{q}_t),$$

则 $\boldsymbol{q}_\lambda \notin F(\boldsymbol{q}_t)$，即 $\boldsymbol{q}_t\hat{\boldsymbol{z}}(\boldsymbol{q}_\lambda) > 0$，$\forall t = 1, \cdots, m$。于是，

$$\sum_{t=1}^{m} \lambda_t \boldsymbol{q}_t \hat{\boldsymbol{z}}(\boldsymbol{q}_\lambda) = \boldsymbol{q}_\lambda \hat{\boldsymbol{z}}(\boldsymbol{q}_\lambda) > 0,$$

与 $\hat{\boldsymbol{z}}$ 满足弱瓦尔拉斯律的假设矛盾。因此，F 是 FS-凸的。从而根据 KKM 引理，我们有

$$\bigcap_{\boldsymbol{q} \in S} F(\boldsymbol{q}) \neq \varnothing.$$

这意味着存在 $\boldsymbol{p}^* \in S$，使得

$$\boldsymbol{p}^* \in \bigcap_{\boldsymbol{q} \in S} F(\boldsymbol{q}),$$

即，$\boldsymbol{p}^* \in F(\boldsymbol{q})$，$\forall \boldsymbol{q} \in S$。这样，$\boldsymbol{q}\hat{\boldsymbol{z}}(\boldsymbol{p}^*) \leqq 0, \quad \forall \boldsymbol{q} \in S$。设 $\boldsymbol{q}_1 = (1, 0, \cdots, 0)$，$\boldsymbol{q}_2 = (0, 1, 0, \cdots, 0)$，$\boldsymbol{q}_L = (0, \cdots, 0, 1)$。则 $\boldsymbol{q}_t \in S$，因此有

$$\boldsymbol{q}_t\hat{\boldsymbol{z}}(\boldsymbol{p}^*) = \hat{\boldsymbol{z}}^t(\boldsymbol{p}^*) \leqq 0, \forall t = 1, \cdots, L.$$

从而有 $\hat{\boldsymbol{z}}(\boldsymbol{p}^*) \leqq \boldsymbol{0}$，这意味着 $\boldsymbol{p}^*$ 是竞争均衡价格。 □

上述所有存在性定理都只给出了充分条件。著者 (Tian, 2016) 对一般形式的总超额需求函数给出了竞争均衡存在性的完整解答，其中商品可能是不可分的，总超额需求函数也许是不连续的，或者除了 (弱) 瓦尔拉斯律外不具有任何其他特殊结构。

著者引进了一个非常弱的条件，**递归转移下半连续性**(recursive transfer lower semi-continuity)。在弱瓦尔拉斯律下，该条件是竞争均衡存在性的充分必要条件，从而这个结果严格推广了所有在总超额需求函数下所得到的均衡存在性结果。

若在价格 $\boldsymbol{q}$ 下所对应的总超额需求在价格 $\boldsymbol{p}$ 下买不起 (not affordable)，即 $\boldsymbol{p}\cdot\hat{\boldsymbol{z}}(\boldsymbol{q}) > 0$，我们称价格 $\boldsymbol{p}$ **推翻** 了 (upsetting) 价格 $\boldsymbol{q}$。

定义 10.4.3　总超额需求函数 $\hat{\boldsymbol{z}}(\cdot) : S \to \mathcal{R}^L$ 是**转移下半连续的**，若对所有的价格向量 $\boldsymbol{q}, \boldsymbol{p} \in S$，$\boldsymbol{p} \cdot \hat{\boldsymbol{z}}(\boldsymbol{q}) > 0$ 意味着存在着 $\boldsymbol{p}' \in X$ 以及 $\boldsymbol{q}$ 的某个邻域 $\mathcal{N}(\boldsymbol{q})$，使得 $\boldsymbol{p}' \cdot \hat{\boldsymbol{z}}(\boldsymbol{q}') > 0$，$\forall\, \boldsymbol{q}' \in \mathcal{N}(\boldsymbol{q})$。

$\hat{\boldsymbol{z}}(\cdot)$ 的转移下半连续性意味着，若总超额需求 $\hat{\boldsymbol{z}}(\boldsymbol{q})$ 在价格 $\boldsymbol{p}$ 下买不起，则存在着价格向量 $\boldsymbol{p}'$ 使得对所有充分接近 $\boldsymbol{q}$ 的价格 $\boldsymbol{q}'$，它的总超额需求 $\hat{\boldsymbol{z}}(\boldsymbol{q}')$ 在 $\boldsymbol{p}'$ 下同样也买不起。注意，由于 $\boldsymbol{p} \geqq \boldsymbol{0}$，如果 $\hat{\boldsymbol{z}}(\cdot)$ 是下半连续的，这个条件被满足 (令 $\boldsymbol{p}' = \boldsymbol{p}$)。

定义 10.4.4 (递归推翻)　令 $\hat{\boldsymbol{z}}(\cdot) : S \to \mathcal{R}^L$ 为总超额需求函数。我们称非均衡价格向量 $\boldsymbol{p}^0 \in S$ 被 $\boldsymbol{p} \in S$ **递归推翻** (recursive upsetting)，若存在一个有限价格向量集 $\{\boldsymbol{p}^1, \boldsymbol{p}^2, \cdots, \boldsymbol{p}\}$，使得

$$\boldsymbol{p}^1 \cdot \hat{\boldsymbol{z}}(\boldsymbol{p}^0) > 0,\ \boldsymbol{p}^2 \cdot \hat{\boldsymbol{z}}(\boldsymbol{p}^1) > 0,\ \cdots,\ \boldsymbol{p} \cdot \hat{\boldsymbol{z}}(\boldsymbol{p}^{m-1}) > 0.$$

换句话说，非均衡价格向量 $\boldsymbol{p}^0$ 被 $\boldsymbol{p}$ 递归推翻意味着存在有限个推翻价格向量 $\boldsymbol{p}^1$，$\boldsymbol{p}^2, \cdots, \boldsymbol{p}^m$，$\boldsymbol{p}^m = \boldsymbol{p}$，使得在价格 $\boldsymbol{p}^1$ 下买不起 $\boldsymbol{p}^0$ 所对应的总超额需求，在 $\boldsymbol{p}^2$ 下买不起 $\boldsymbol{p}^1$ 所对应的总超额需求，$\cdots$，在 $\boldsymbol{p}^m$ 下买不起 $\boldsymbol{p}^{m-1}$ 所对应的总超额需求。根据定义，$\boldsymbol{p}^0$ 被 $\boldsymbol{p}$ 递归推翻，它必定是非均衡价格向量 (由于 $\boldsymbol{p}^1 \cdot \hat{\boldsymbol{z}}(\boldsymbol{p}^0) > 0$)。

为讨论方便起见做出如下定义：当 $m = 1$ 时，我们称 $\boldsymbol{p}^0$ **被 $\boldsymbol{p}$ 直接推翻**，而当 $m > 1$ 时，称 $\boldsymbol{p}^0$ **被 $\boldsymbol{p}$ 间接推翻**。

定义 10.4.5 (递归转移下半连续性)　总超额需求函数 $\hat{\boldsymbol{z}}(\cdot) : S \to \mathcal{R}^L$ 在 S 上是**递归转移下半连续的**，若 $\boldsymbol{q} \in S$ 不是竞争均衡价格向量，则存在某个价格 $\boldsymbol{p}^0 \in S$ (可能为 $\boldsymbol{p}^0 = \boldsymbol{q}$) 和一个邻域 $\mathcal{V}_{\boldsymbol{q}}$，使得对任意递归推翻了 $\boldsymbol{p}^0$ 的价格 $\boldsymbol{p}$，均有 $\boldsymbol{p} \cdot \hat{\boldsymbol{z}}(\mathcal{V}_{\boldsymbol{q}}) > 0$。这里 $\boldsymbol{p} \cdot \hat{\boldsymbol{z}}(\mathcal{V}_{\boldsymbol{q}}) > 0$ 意味着 $\boldsymbol{p} \cdot \hat{\boldsymbol{z}}(\boldsymbol{q}') > 0$，$\forall \boldsymbol{q}' \in \mathcal{V}_{\boldsymbol{q}}$。

简单地说，$\hat{\boldsymbol{z}}(\cdot)$ 的递归转移下半连续性意味着，当 $\boldsymbol{q}$ 不是竞争均衡价格向量时，存在另一个非竞争均衡价格向量 $\boldsymbol{p}^0$，使得在 $\boldsymbol{q}$ 的某个邻域内任一价格所对应的总超额需求在

任何递归推翻了 $\boldsymbol{p}^0$ 的价格 $\boldsymbol{p}$ 下都买不起。这意味着，若 $\hat{\boldsymbol{z}}(\cdot):\Delta\to\mathcal{R}^L$ 不是递归转移下半连续的，则存在某个非均衡价格向量 $\boldsymbol{q}$，使得对任何其他价格向量 $\boldsymbol{p}^0$ 和 $\boldsymbol{q}$ 的每个邻域，该邻域内任一价格向量 $\boldsymbol{q}'$ 所对应的总超额需求在递归推翻了 $\boldsymbol{p}^0$ 的价格 $\boldsymbol{p}$ 处都买不起。

下面的定理在总超额需求函数下给出了竞争均衡存在的充要条件，所采用的证明方法和第 6 章中对纳什均衡的证明方法实质上是相同的。

定理 10.4.5 (存在性定理 V) 对私有经济 $\boldsymbol{e}=(\{X_i,\boldsymbol{w}_i,\succcurlyeq_i\},\{Y_j\},\{\theta_{ij}\})$，假定总超额需求函数 $\hat{\boldsymbol{z}}(\cdot):S\to\mathcal{R}^L$ 满足弱瓦尔拉斯律。则存在竞争均衡价格向量 $\boldsymbol{p}^*\in S$ 的充要条件是 $\hat{\boldsymbol{z}}(\cdot)$ 在 S 上递归转移下半连续。

证明： **充分性** ($\Leftarrow$)：用反证法，假定竞争均衡不存在。根据 $\hat{\boldsymbol{z}}(\cdot)$ 的递归转移下半连续性，对每一个 $\boldsymbol{q}$，都存在着 $\boldsymbol{p}^0$ 和 $\boldsymbol{q}$ 的某个邻域 $\mathcal{V}_{\boldsymbol{q}}$，使得只要 $\boldsymbol{p}$ 递归推翻 $\boldsymbol{p}^0\in S$，就有 $\boldsymbol{p}\cdot\hat{\boldsymbol{z}}(\mathcal{V}_{\boldsymbol{q}})>0$，即对任意的递归价格向量序列 $\{\boldsymbol{p}^1,\cdots,\boldsymbol{p}^{m-1},\boldsymbol{p}^m\}$，

$$\boldsymbol{p}\cdot\hat{\boldsymbol{z}}(\boldsymbol{p}^{m-1})>0,\ \boldsymbol{p}^{m-1}\cdot\hat{\boldsymbol{z}}(\boldsymbol{p}^{m-2})>0,\ \cdots,\boldsymbol{p}^1\cdot\hat{\boldsymbol{z}}(\boldsymbol{p}^0)>0,\ m\geqslant\boldsymbol{q}^1$$

意味着 $\boldsymbol{p}\cdot\hat{\boldsymbol{z}}(\mathcal{V}_{\boldsymbol{q}})>0$。既然不存在竞争均衡，$\boldsymbol{p}^0$ 不是竞争均衡价格，则根据递归转移下半连续性，对某个 $m\geqq 1$，存在着这样的递归价格向量序列 $\{\boldsymbol{p}^1,\cdots,\boldsymbol{p}^{m-1},\boldsymbol{p}\}$。

由于 S 是紧集，且

$$S\subseteq\bigcup_{\boldsymbol{q}\in S}\mathcal{V}_{\boldsymbol{q}},$$

则存在有限个集 $\{\boldsymbol{q}^1,\cdots,\boldsymbol{q}^T\}$，使得 $S\subseteq\bigcup_{i=1}^T\mathcal{V}_{\boldsymbol{q}^i}$。对每个这样的 $\boldsymbol{q}^i$，记其对应的初始价格为 $\boldsymbol{p}^{0i}$，则当 $\boldsymbol{p}^{0i}$ 被 $\boldsymbol{p}^i$ 递归推翻时，有 $\boldsymbol{p}^i\cdot\hat{\boldsymbol{z}}(\mathcal{V}_{\boldsymbol{q}^i})>0$。

由于均衡不存在，则对每个这样的 $\boldsymbol{p}^{0i}$，均存在 $\boldsymbol{p}^i$，使得 $\boldsymbol{p}^i\cdot\hat{\boldsymbol{z}}(\boldsymbol{p}^{0i})>0$，从而根据 1-递归转移下半连续性，我们有 $\boldsymbol{p}^i\cdot\hat{\boldsymbol{z}}(\mathcal{V}_{\boldsymbol{q}^i})>0$。现在考虑价格向量集 $\{\boldsymbol{p}^1,\cdots,\boldsymbol{p}^T\}$，则有 $\boldsymbol{p}^i\notin\mathcal{V}_{\boldsymbol{q}^i}$。不然，根据 $\boldsymbol{p}^i\cdot\hat{\boldsymbol{z}}(\mathcal{V}_{\boldsymbol{q}^i})>0$，有 $\boldsymbol{p}^i\cdot\hat{\boldsymbol{z}}(\boldsymbol{p}^i)>0$，但这与弱瓦尔拉斯律矛盾。因此必然有 $\boldsymbol{p}^1\notin\mathcal{V}_{\boldsymbol{p}^1}$。

不失一般性，我们不妨设 $\boldsymbol{p}^1\in\mathcal{V}_{\boldsymbol{p}^2}$。由于 $\boldsymbol{p}^1\in\mathcal{V}_{\boldsymbol{q}^2}$ 和 $\boldsymbol{p}^1\cdot\hat{\boldsymbol{z}}(\boldsymbol{p}^{01})>0$，则 $\boldsymbol{p}^2\cdot\hat{\boldsymbol{z}}(\boldsymbol{p}^1)>0$，从而根据 2-递归转移下半连续性，有 $\boldsymbol{p}^2\cdot\hat{\boldsymbol{z}}(\mathcal{V}_{\boldsymbol{q}^1})>0$。类似地，我们也有 $\boldsymbol{q}^2\cdot\hat{\boldsymbol{z}}(\mathcal{V}_{\boldsymbol{q}^2})>0$。因此，$\boldsymbol{p}^2\cdot\hat{\boldsymbol{z}}(\mathcal{V}_{\boldsymbol{q}^1}\cup\mathcal{V}_{\boldsymbol{q}^2})>0$，从而有 $\boldsymbol{p}^2\notin\mathcal{V}_{\boldsymbol{q}^1}\cup\mathcal{V}_{\boldsymbol{q}^2}$。

类似地，不失一般性，设 $\boldsymbol{p}^2\in\mathcal{V}_{\boldsymbol{q}^3}$。由于 $\boldsymbol{p}^2\in\mathcal{V}_{\boldsymbol{p}^3}$，$\boldsymbol{p}^2\cdot\hat{\boldsymbol{z}}(\boldsymbol{p}^1)>0$，以及 $\boldsymbol{p}^1\cdot\hat{\boldsymbol{z}}(\boldsymbol{p}^{01})>0$，我们有 $\boldsymbol{p}^3\cdot\hat{\boldsymbol{z}}(\boldsymbol{p}^2)>0$。根据 3-递归转移下半连续性，有 $\boldsymbol{p}^3\cdot\hat{\boldsymbol{z}}(\mathcal{V}_{\boldsymbol{q}^1})>0$。同样，由于 $\boldsymbol{p}^3\cdot\hat{\boldsymbol{z}}(\boldsymbol{p}^2)>0$ 和 $\boldsymbol{p}^2\cdot\hat{\boldsymbol{z}}(\boldsymbol{p}^{02})>0$，有 $\boldsymbol{p}^3\cdot\hat{\boldsymbol{z}}(\mathcal{V}_{\boldsymbol{q}^2})>0$。于是，根据 2-递归转移下半连续性，有 $\boldsymbol{p}^3\cdot\hat{\boldsymbol{z}}(\mathcal{V}_{\boldsymbol{q}^1}\cup\mathcal{V}_{\boldsymbol{q}^2}\cup\mathcal{V}_{\boldsymbol{q}^3})>0$，从而有 $\boldsymbol{p}^3\notin\mathcal{V}_{\boldsymbol{q}^1}\cup\mathcal{V}_{\boldsymbol{q}^2}\cup\mathcal{V}_{\boldsymbol{q}^3}$。

重复进行上述论证过程，可以证明

$$\boldsymbol{p}^k\notin\mathcal{V}_{\boldsymbol{q}^1}\cup\mathcal{V}_{\boldsymbol{q}^2}\cup\cdots\cup\mathcal{V}_{\boldsymbol{q}^k},$$

即 $\boldsymbol{p}^k$ 不属于 $\mathcal{V}_{\boldsymbol{q}^1},\mathcal{V}_{\boldsymbol{q}^2},\cdots,\mathcal{V}_{\boldsymbol{q}^k}$，$k=1,2,\cdots,L$ 的并集。特别地，对 $k=T$，我们有

$$\boldsymbol{p}^T\notin\mathcal{V}_{\boldsymbol{q}^1}\cup\mathcal{V}_{\boldsymbol{q}^2}\cdots\cup\mathcal{V}_{\boldsymbol{q}^T},$$

从而有

$$\boldsymbol{p}^T \notin S \subseteq \mathcal{V}_{\boldsymbol{q}^1} \cup \mathcal{V}_{\boldsymbol{q}^2} \cdots \cup \mathcal{V}_{\boldsymbol{q}^T}.$$

这就造成了矛盾。

因此，必然存在某个 $\boldsymbol{p}^* \in S$，使得 $\boldsymbol{p} \cdot \hat{\boldsymbol{z}}(\boldsymbol{p}^*) \leqq 0$，$\forall \boldsymbol{p} \in S$。令 $\boldsymbol{p}^1 = (1, 0, \cdots, 0)$，$\boldsymbol{p}^2 = (0, 1, 0, \cdots, 0)$，$\cdots$，$\boldsymbol{p}^L = (0, 0, \cdots, 0, 1)$，有 $\hat{\boldsymbol{z}}^l(\boldsymbol{p}^*) \leqq 0$，$l = 1, \cdots, L$，因此 $\boldsymbol{p}^*$ 是竞争均衡价格。

必要性 $(\Rightarrow)$：设 $\boldsymbol{p}^*$ 是竞争均衡价格，且 $\boldsymbol{p} \cdot \hat{\boldsymbol{z}}(\boldsymbol{q}) > 0$，$\boldsymbol{q}, \boldsymbol{p} \in S$。令 $\boldsymbol{p}^0 = \boldsymbol{p}^*$，$N(\boldsymbol{q})$ 为 $\boldsymbol{q}$ 的某个邻域。由于 $\boldsymbol{p} \cdot \hat{\boldsymbol{z}}(\boldsymbol{p}^*) \leqq 0$，$\forall \boldsymbol{p} \in S$，从而不可能找到有限个价格向量序列 $\{\boldsymbol{p}^1, \boldsymbol{p}^2, \cdots, \boldsymbol{p}^m\}$，使得

$$\boldsymbol{p}^1 \cdot \hat{\boldsymbol{z}}(\boldsymbol{p}^0) > 0,\ \boldsymbol{p}^2 \cdot \hat{\boldsymbol{z}}(\boldsymbol{p}^1) > 0,\ \cdots,\ \boldsymbol{p}^m \cdot \hat{\boldsymbol{z}}(\boldsymbol{p}^{m-1}) > 0.$$

因此，递归转移下半连续性自然成立。□

我们证明定理 10.4.5 所用到的方法是有限覆盖定理，而不是传统的不动点定理。当然，也有其他数学工具可被用来证明竞争均衡的存在性，但所有其他数学工具的证明都用到了与不动点定理相关的数学结果。上述证明方法的优点是较为简单，仅用到了基本数学分析——有限覆盖基本定理，没有用到更为复杂的数学定理。不过，这个均衡存在性特征化定理的一大缺点是递归转移下半连续条件难以验证。作为一般规律，条件越弱，越难验证。

如前所述，总超额需求函数在边界点上也许没有定义，下面的定理证明了定理 10.4.5 也可被推广到任意集合的情形，特别是在正价格开集上证明竞争均衡的存在性，只要在该集合上总超额需求有定义即可。为此，我们需要引入如下形式的递归转移下半连续性概念。

定义 10.4.6　设 D 为 $\operatorname{int} S$ 的子集。我们称总超额需求函数 $\hat{\boldsymbol{z}}(\cdot) : \operatorname{int} S \to \mathcal{R}^L$ 在 $\operatorname{int} S$ 上是关于D **递归转移下半连续的**，若对任意非竞争均衡价格向量 $\boldsymbol{q} \in D$，都存在某个价格 $\boldsymbol{p}^0 \in D$ (可能为 $\boldsymbol{p}^0 = \boldsymbol{q}$) 及其某个邻域 $\mathcal{V}_{\boldsymbol{q}}$，使得: (1) 若 $\boldsymbol{p}^0$ 被 $\operatorname{int} S \setminus D$ 上的某个价格向量推翻，则它也被 D 上的价格向量推翻；(2) 对递归推翻 $\boldsymbol{p}^0$ 的任意价格向量 $\boldsymbol{p} \in D$，均有 $\boldsymbol{p} \cdot \hat{\boldsymbol{z}}(\mathcal{V}_{\boldsymbol{q}}) > 0$。

下述定理完全刻画了在存在总超额需求函数的经济环境下竞争均衡的存在性，即使其商品空间可能是不可分的，总超额需求函数也可能是不连续的。

定理 10.4.6 (存在性定理 VI)　对私有经济 $e = (\{X_i, \boldsymbol{w}_i, \succcurlyeq_i\}, \{Y_j\}, \{\theta_{ij}\})$，假设总超额需求函数 $\hat{\boldsymbol{z}}(\cdot) : \operatorname{int} S \to \mathcal{R}^L$ 满足内点瓦尔拉斯律：$\boldsymbol{p} \cdot \hat{\boldsymbol{z}}(\boldsymbol{p}) = 0$，$\forall \boldsymbol{p} \in \operatorname{int} S$。则竞争价格均衡 $\boldsymbol{p}^* \in \operatorname{int} S$ 存在，当且仅当存在某个紧子集 $D \subseteq \operatorname{int} S$，使得 $\hat{\boldsymbol{z}}(\cdot)$ 在 $\operatorname{int} S$ 上关于 D 递归转移下半连续。

证明：　充分性 $(\Leftarrow)$：充分性的证明与定理 10.4.5 的证明类似，现给出大致证明。为证明经济在 S 上竞争均衡的存在性，根据条件 (1)：若 $\boldsymbol{p}^0$ 被 $\operatorname{int} S \setminus D$ 上的某个价格向量推翻，则它也被 D 上的价格向量推翻，我们只需证明，若总超额需求函数在 S 上关于 D 递归转移下半连续，则在 D 上存在竞争均衡 $\boldsymbol{p}^*$。反证法。设在 D 上不存在竞争均衡。则由

于 $\hat{\boldsymbol{z}}$ 在 S 上关于 D 递归转移下半连续，对每个 $\boldsymbol{q} \in D$，均存在 $\boldsymbol{p}^0$ 及其某个邻域 $\mathcal{V}_{\boldsymbol{q}}$，使得：(1) 若 $\boldsymbol{p}^0$ 被 $S \setminus D$ 上的某个价格向量推翻，则它将被 D 上的某个价格向量推翻；(2) 对任意的有限价格向量子集 $\{\boldsymbol{p}^1, \cdots, \boldsymbol{p}^m\} \subseteq B$，$\boldsymbol{p}^m = \boldsymbol{p}$ 和

$$\boldsymbol{p} \cdot \hat{\boldsymbol{z}}(\boldsymbol{p}^{m-1}) > 0,\ \boldsymbol{p}^{m-1} \cdot \hat{\boldsymbol{z}}(\boldsymbol{p}^{m-2}) > 0,\ \cdots,\ \boldsymbol{p}^1 \cdot \hat{\boldsymbol{z}}(\boldsymbol{p}^0) > 0,\ m \geqq \boldsymbol{q}^1,$$

都有 $\boldsymbol{p} \cdot \hat{\boldsymbol{z}}(\mathcal{V}_{\boldsymbol{q}}) > 0$。既然竞争均衡价格不存在，$\boldsymbol{p}^0$ 不是竞争均衡价格，那么根据总超额需求函数在 S 上关于 D 递归转移下半连续的假设，对某个 $m \geqq 1$，这样的递归序列 $\{\boldsymbol{p}^1, \cdots, \boldsymbol{p}^{m-1}, \boldsymbol{p}\}$ 存在。

由于 D 是紧集，且

$$D \subseteq \bigcup_{\boldsymbol{q} \in S} \mathcal{V}_{\boldsymbol{q}},$$

因此，存在有限集 $\{\boldsymbol{q}^1, \cdots, \boldsymbol{q}^T\} \subseteq D$，使得

$$D \subseteq \bigcup_{i=1}^{T} \mathcal{V}_{\boldsymbol{q}^i}.$$

对每个这样的 $\boldsymbol{q}^i$，其对应的初始偏差价格向量记为 $\boldsymbol{p}^{0i}$，从而当 $\boldsymbol{p}^{0i}$ 被 $\boldsymbol{p}^i$ 在 $\{\boldsymbol{p}^{1i}, \cdots, \boldsymbol{p}^{mi}\} \subseteq D$ 上推翻时，有 $\boldsymbol{p}^i \cdot \hat{\boldsymbol{z}}(\mathcal{V}_{\boldsymbol{q}^i}) > 0$，其中 $\boldsymbol{p}^{mi} = \boldsymbol{p}^i$。采用与定理 10.4.5 同样的论证，最终可推得 $\boldsymbol{z}^k$ 不在 $\mathcal{V}_{\boldsymbol{q}^1}, \mathcal{V}_{\boldsymbol{q}^2}, \cdots, \mathcal{V}_{\boldsymbol{q}^k}$，$k = 1, 2, \cdots, T$ 的并集内。特别地，对 $k = T$，有

$$\boldsymbol{p}^T \notin \mathcal{V}_{\boldsymbol{q}^1} \cup \mathcal{V}_{\boldsymbol{q}^2} \cdots \cup \mathcal{V}_{\boldsymbol{q}^T},$$

这就与 $\boldsymbol{p}^T$ 是 D 上的推翻价格矛盾。

因此，存在价格向量 $\boldsymbol{p}^* \in S$，使得对所有的 $\boldsymbol{p} \in \operatorname{int} S$，均有 $\boldsymbol{p} \cdot \hat{\boldsymbol{z}}(\boldsymbol{p}^*) \leqq 0$。现证明 $\boldsymbol{p}^*$ 事实上就是竞争均衡价格。由于 $\operatorname{int} S$ 是开集，D 是 $\operatorname{int} S$ 上的紧子集，因此存在价格向量序列 $\{\boldsymbol{q}_n^l\} \subseteq \operatorname{int} S \setminus D$，使得当 $n \to \infty$ 时有 $\boldsymbol{q}_n^l \to \boldsymbol{p}^l$，其中 $\boldsymbol{p}^l = (0, \cdots, 0, 1, 0, \cdots, 0)$ 是第 l 个元素为 1、其他元素为 0 的单位价格向量。由于 $\boldsymbol{p} \cdot \hat{\boldsymbol{z}}(\boldsymbol{q})$ 关于 $\boldsymbol{p}$ 连续，因而有 $\hat{\boldsymbol{z}}^l(\boldsymbol{p}^*) \leqq 0$，$l = 1, \cdots, L$，因此，$\boldsymbol{p}^*$ 是竞争均衡价格。

必要性 (⇒)：设 $\boldsymbol{p}^*$ 是竞争均衡。令 $D = \{\boldsymbol{p}^*\}$，则集合 D 显然是紧的。对任意的非竞争均衡 $\boldsymbol{q} \in S$，令 $\boldsymbol{p}^0 = \boldsymbol{p}^*$，$\mathcal{V}_{\boldsymbol{q}}$ 为 $\boldsymbol{q}$ 的某个邻域。由于 $\boldsymbol{p} \cdot \hat{\boldsymbol{z}}(\boldsymbol{p}^*) \leqq 0$，$\forall \boldsymbol{p} \in S$，且 $\boldsymbol{p}^0 = \boldsymbol{p}^*$ 为 B 上的唯一元素，因此不存在其他推翻价格 $\boldsymbol{p}^1$，使得 $\boldsymbol{p}^1 \cdot \hat{\boldsymbol{z}}(\boldsymbol{p}^0) > 0$ 或使得 $\boldsymbol{p}' \cdot \hat{\boldsymbol{z}}(\boldsymbol{p}^*) > 0$ 对某个 $\boldsymbol{p}' \in D$ 成立。因此，总超额需求函数在 $\operatorname{int} S$ 上关于 D 递归对角转移连续。 □

对单值超额需求函数经济，定理 10.4.6 推广了文献中的竞争均衡存在性定理。

10.4.5 超额需求对应下竞争均衡的存在性

当偏好或生产集不是严格凸的时，需求对应或供给对应也许不是单值的，从而总超额需求对应不是单值的，上面的这些存在性定理于是不能被用来证明竞争均衡的存在性。这一节讨论这种情形下竞争均衡的存在性。

定理 10.4.7 (存在性定理 VII)　对私有经济 $e = (\{X_i, \boldsymbol{w}_i, \succcurlyeq_i\}, \{Y_j\}, \{\theta_{ij}\})$，若 $\hat{\boldsymbol{z}}(\boldsymbol{p})$ 为满足弱瓦尔拉斯律的非空凸紧值上半连续对应，则竞争均衡存在，即存在价格向量 $\boldsymbol{p}^* \in S$，使得

$$\hat{\boldsymbol{z}}(\boldsymbol{p}^*) \cap \{-\mathcal{R}^L_+\} \neq \varnothing. \tag{10.40}$$

证明： 这个定理的证明思路同定理 IV 类似。

定义对应 $F: S \to 2^S$ 如下：

$$F(\boldsymbol{q}) = \{\boldsymbol{p} \in S : \boldsymbol{q}\hat{\boldsymbol{z}} \leqq 0, \exists\ \hat{\boldsymbol{z}} \in \hat{\boldsymbol{z}}(\boldsymbol{p})\}.$$

由于 $\hat{\boldsymbol{z}}(\cdot)$ 是上半连续对应，于是对每个 $\boldsymbol{q} \in S$，$F(\boldsymbol{q})$ 均为闭集。现在证明 F 为 FS-凸的。若不然，存在 $\boldsymbol{q}_1, \cdots, \boldsymbol{q}_m \in S$ 及某个凸组合 $\boldsymbol{q}_\lambda = \sum_{t=1}^m \lambda_t \boldsymbol{q}_t$，使得 $\boldsymbol{q}_\lambda \notin \cup_{t=1}^m F(\boldsymbol{q}_t)$，则 $\boldsymbol{q}_\lambda \notin F(\boldsymbol{q}_t)$, $\forall t = 1, \cdots, m$。从而，对所有的 $\hat{\boldsymbol{z}} \in \hat{\boldsymbol{z}}(\boldsymbol{p})$，均有 $\boldsymbol{q}_t\hat{\boldsymbol{z}} > 0$，$\forall t = 1, \cdots, m$。这样，$\sum_{t=1}^m \lambda_t \boldsymbol{q}_t \hat{\boldsymbol{z}} = \boldsymbol{q}_\lambda \hat{\boldsymbol{z}} > 0$，这与 $\hat{\boldsymbol{z}}$ 满足弱瓦尔拉斯律的假定矛盾。因此，F 是 FS-凸的。根据 KKM 引理，有

$$\bigcap_{\boldsymbol{q} \in S} F(\boldsymbol{q}) \neq \varnothing,$$

即存在 $\boldsymbol{p}^* \in S$，使得

$$\boldsymbol{p}^* \in \bigcap_{\boldsymbol{q} \in S} F(\boldsymbol{q}),$$

即 $\boldsymbol{p}^* \in F(\boldsymbol{q}), \forall \boldsymbol{q} \in S$。这样，对每个 $\boldsymbol{q} \in S$，均存在 $\hat{\boldsymbol{z}}_{\boldsymbol{q}} \in \hat{\boldsymbol{z}}(\boldsymbol{p}^*)$，使得

$$\boldsymbol{q}\hat{\boldsymbol{z}}_{\boldsymbol{q}} \leqq 0.$$

现在证明 $\hat{\boldsymbol{z}}(\boldsymbol{p}^*) \cap \{-\mathcal{R}^L_+\} \neq \varnothing$(注意：对不同的 $\boldsymbol{q}$，$\hat{\boldsymbol{z}}_{\boldsymbol{q}}$ 也许不同，因而不能直接采用定理 VI 后半部分的方法来证明)。若不然，由于 $\hat{\boldsymbol{z}}(\boldsymbol{p}^*)$ 紧且凸，且 $-\mathcal{R}^L_+$ 为凸闭集，根据分离超平面定理，存在 $c \in \mathcal{R}^L$，使得

$$\boldsymbol{q} \cdot (-\mathcal{R}^L_+) < c < \boldsymbol{q}\hat{\boldsymbol{z}}(\boldsymbol{p}^*).$$

由于 $(-\mathcal{R}^L_+)$ 是锥，必然有 $c > 0$ 和 $\boldsymbol{q} \cdot (-\mathcal{R}^L_+) \leqq 0$，从而有 $\boldsymbol{q} \in \mathcal{R}^L_+$，$\boldsymbol{q}\hat{\boldsymbol{z}}(\boldsymbol{p}^*) > 0, \forall \boldsymbol{q}$，矛盾。因此定理成立。 □

备注：上述证明的最后部分也可应用命题 2.4.5 中的结果得到：设 K 为紧凸集，则 $K \cap \{-\mathcal{R}^L_+\} \neq \varnothing$ 当且仅当对任意的 $\boldsymbol{p} \in \mathcal{R}^L_+$，存在 $\boldsymbol{z} \in K$，使得 $\boldsymbol{p}\boldsymbol{z} \leqq 0$。

类似地，应用上述存在性定理 VII，我们可以从经济环境得到关于竞争均衡的存在性定理。下面的定理给出了均衡存在的充分条件。

定理 10.4.8 (存在性定理 VIII)　对私有经济 $\boldsymbol{e} = (\{X_i, \boldsymbol{w}_i, \succcurlyeq_i\}, \{Y_j\}, \{\theta_{ij}\})$，若下述条件成立，则竞争均衡存在：

（1）$X_i = \mathcal{R}^L_+$；

（2）$\boldsymbol{w}_i \geqslant \boldsymbol{0}$(即 $\boldsymbol{w}_i \geqq \boldsymbol{0}$，且 $\boldsymbol{w}_i \neq \boldsymbol{0}$) 和 $\sum_{i \in N} \boldsymbol{w}_i > \boldsymbol{0}$；

（3）$\succcurlyeq_i$ 连续、弱凸且强单调；

（4）Y_j 闭、凸，且 $\boldsymbol{0} \in Y_j$，$j = 1, 2, \cdots, J$。

同样，如果初始禀赋是内点，则可以将强单调性假设减弱为单调性假设，于是有下列稍微变化的结果。

命题 10.4.7 (存在性定理 VIII′) 对私有经济 $\boldsymbol{e}=(\{X_i,\boldsymbol{w}_i,\succcurlyeq_i\},\{Y_j\},\{\theta_{ij}\})$，若下述条件成立，则竞争均衡存在:

(1) $X_i=\mathcal{R}^L_+$;

(2) $\boldsymbol{w}_i>\boldsymbol{0}$;

(3) $\succcurlyeq_i$ 连续、弱凸且单调;

(4) Y_j 闭、凸，且 $\boldsymbol{0}\in Y_j$, $j=1,2,\cdots,J$。

10.4.6 一般生产经济下竞争均衡的存在性

前面几节都是对加总需求函数或对应给出的存在性定理。1954 年阿罗和德布鲁对一般经济环境证明了竞争均衡的存在性。德布鲁在经济学经典著作《价值理论：对经济均衡的公理化分析》中详细地证明了此定理。这本仅只有 114 页的简短的书提供了公理化一般均衡分析基本要素的清晰阐述，并改变了经济理论中数学严谨的标准，自 1959 年后再未修改过。

对一般私有生产经济

$$\boldsymbol{e}=(\{X_i,\succcurlyeq_i,\boldsymbol{w}_i\},\{Y_j\},\{\theta_{ij}\}), \tag{10.41}$$

我们有下面竞争均衡的存在性定理。由于该定理的证明较为复杂，有兴趣的读者可以参考 Debreu (1959) 对该定理的证明，其证明用到了 10.7节中的抽象经济均衡存在性定理。在这个定理中只是假定了非饱和性，允许价格为负。

定理 10.4.9 (存在性定理 IX, Debreu, 1959) 对私有经济 $\boldsymbol{e}=(\{X_i,\boldsymbol{w}_i,\succcurlyeq_i\},\{Y_j\},\{\theta_{ij}\})$，竞争均衡存在，若下述条件满足:

(1) X_i 为下有界的闭凸集;

(2) $\succcurlyeq_i$ 非饱和的;

(3) $\succcurlyeq_i$ 连续;

(4) $\succcurlyeq_i$ 凸;

(5) $\boldsymbol{w}_i\in \text{int}\, X_i$;

(6) $\boldsymbol{0}\in Y_j$ (不生产的可能性);

(7) Y_j 是闭凸集 (连续且非规模报酬递增);

(8) $Y_j\cap\{-Y_j\}=\{\boldsymbol{0}\}$ (不可逆性(irreversibility));

(9) $\{-\mathcal{R}^L_+\}\subseteq Y_j$(自由处置)。

尽管这些条件看起来都是数学条件，却有很强的经济含义，并且对大多数经济人来说基本成立。前五个条件是针对消费者的经济特征给出的，后四个条件是针对生产者的经济特征给出的，现进行大致讨论。

假设 (1) 中消费空间为下有界的假设意味着消费者承受有害品或具有负效用的商品的能力是有限的，消费空间的凸性假设表示商品的消费完全可分，闭集是为了使最佳消费选择位于消费集中。

假设 (2) 中偏好的非饱和性假设意味着经济人的思想境界的有限性和逐利性。在通常情况下，追求物欲，且无止境，与资源的稀缺性形成了现实中最基本的一个经济矛盾，由此产生了市场经济体制和专门研究市场经济的现代经济学。尽管市场经济体制有许多问题，但这是到目前为止解决这一基本矛盾的最佳经济体制 (后面将从多个角度来论证市场经济的最优性)。由于主客观条件的限制，我国现在正处于并将长期处于社会主义初级阶段，实行社会主义市场经济体制。尽管共产主义是美好的伟大理想，是人们努力的方向，但主客观条件不易改变，改变更不可能在短期内实现，所以需要采用市场经济体制。只有物质极大丰富，人们思想觉悟和道德水平极大提高，并在体力和智力上全面发展，才有可能实现共产主义，取消市场经济。

假设 (3) 中的连续性假设保证了最优消费束存在，表示在任何预算约束集上都存在最佳选择。

假设 (4) 中的凸性假设表示人们的消费行为往往是多元化的，前面已有讨论，就不论及了。

假设 (5) 中的初始禀赋内点假设是一个技术性假设，否则预算约束对应可能不连续，从而导致最优需求选择不存在。无论怎样，不太可能一个人持有一定数量的所有商品。

假设 (6) 中不生产的假设是再自然不过的假设，允许企业有不生产的可能性。

假设 (7) 中生产集的闭性假设意味着最优的生产计划存在且在生产集中，而凸生产可能性集则意味着不存在规模报酬递增的可能，是对完全竞争市场的一种本质刻画。如有规模经济，竞争的市场要么不现实，要么不经济，发挥不了规模经济的优势。也就是说，市场经济一旦出现规模经济，就会产生垄断，由此视价格给定的假设不甚合理，从而可能会导致市场配置资源的无效率，需要规制。当然，还有其他方式来理解这一点。在局部范围内生产可能会出现规模报酬递增，但每个企业都是有边界的，没有任何企业能垄断整个市场。例如，新制度经济学中科斯的企业理论就证明了此点。另外，内生增长理论专门研究了规模报酬递增经济的存在，创新导致整个行业生产力提升，促使在行业中出现长期规模报酬递增，也就是，知识、科学技术的创新具有外部性，从而从经济总体上来说呈现出规模报酬递增。但对企业内部，投入产出的关系仍然是规模报酬递减或规模报酬不变。在阿罗和德布鲁的一般均衡理论的假设中，厂商水平和社会总体水平都不存在规模报酬递增。

假设 (8) 中生产不可逆的假设是一个再自然不过的假设 (没有这个假设竞争市场均衡有可能不存在)。这个假设很容易理解，投入产出不可逆，要素已被用于生产，怎么可能又变成产出呢？比如劳动所费的时间不可逆，因而投入和产出是不可逆的。

假设 (9) 中自由处置的假设意味着生产浪费的可能性是存在的，也就是生产只有投入而没有产出也是可能的，比如生产失败就是如此。

上述定理的九个假设尽管有一定的局限性，但在许多情形下基本成立，相对来说比较合理。

尽管上述定理非常一般，但包含一些隐含假设。这些隐含假设包括价格视为给定、信息完全、所有商品为私人品 (无公共品) 且不可分、不存在外部性等等。一旦这些假设被放宽，则竞争均衡可能不存在。即使均衡存在，我们在下一章将看到，竞争均衡也许是无效率的。

10.4.7 非理性偏好关系下竞争均衡的存在性

上述所有竞争均衡存在性定理都假定了偏好是序关系，甚至可用效用函数表示，这些假设在许多情形下仍然过强。由于现实中的经济环境各式各样，人数众多，人们总希望能够在尽可能弱的一般条件下证明竞争均衡的存在性，不断推广已得到的一般均衡结论。在本小节中，我们考察在个人偏好 $\succcurlyeq$ 可能不完全或不可传递情形下，抽象经济均衡的存在性。

定义个体 i 的严格上等高偏好对应 $U_{si}: X_i \to 2^{X_i}$：

$$U_{si}(\boldsymbol{x}_i) = \{\boldsymbol{x}_i' \in X_i : \boldsymbol{x}_i' \succ_i \boldsymbol{x}_i\}.$$

为了讨论简单起见，只考虑纯交换经济下的竞争均衡存在性问题。

定义 10.4.7 (非序偏好下的竞争均衡) 给定纯交换经济 $e = (e_1, \cdots, e_n)$，配置 $\boldsymbol{x} \in X$ 和价格向量 $\boldsymbol{p} \in \mathcal{R}_+^L$ 构成一个竞争均衡，若下述条件满足:

（1）**偏好最大化:** $\boldsymbol{x}_i \in B_i(\boldsymbol{p})$，且 $U_{si}(\boldsymbol{x}) \cap B_i(\boldsymbol{p}) = \varnothing, \forall i \in N$;

（2）**市场出清 (market clear):** $\hat{\boldsymbol{x}} \leqq \hat{\boldsymbol{w}} + \hat{\boldsymbol{y}}$。

应用将在 10.7节中给出的抽象经济均衡存在性定理 10.7.3，我们在非序偏好下可证明竞争均衡的存在性定理。

定理 10.4.10 (存在性定理 X，Tian (1992)) 对私有经济 $\boldsymbol{e} = (\{X_i, \boldsymbol{w}_i, \succcurlyeq_i\})$，若下列条件成立，则竞争均衡存在:

（1）X_i 是 $\mathcal{R}_+^L$ 的紧子集;

（2）$\boldsymbol{w}_i \geqslant \boldsymbol{0} (\boldsymbol{w}_i \geqq \boldsymbol{0}$ 和 $\boldsymbol{w}_i \neq \boldsymbol{0})$ 和 $\sum_{i \in N} \boldsymbol{w}_i > \boldsymbol{0}$;

（3）U_{si} 下半连续，且上等高偏好对应是开的;

（4）$\boldsymbol{x}_i \notin co\, U_{si}(\boldsymbol{x}), \forall \boldsymbol{x} \in Z$。

证明： 由于 $\boldsymbol{w}_i \geqslant \boldsymbol{0}$，我们从命题 10.4.5 的证明中知道预算对应 B_i 是连续对应。从 10.7节的讨论中可看到，纯交换经济可被视作一个抽象经济，并且后面的定理 10.7.3 所有的条件都满足。应用此定理，可得竞争均衡存在性。 □

注意，P_i 下半连续且是开的成立的一个充分条件是 P_i 具有开图。

10.5 竞争均衡的唯一性

从前面的竞争均衡存在性我们知道，在某些正则性 (regularity) 条件下，如在偏好和/或生产可能性集的连续性、单调性和凸性下，瓦尔拉斯均衡存在。随之需要关注的问题是瓦尔拉斯均衡是否唯一。也就是，经济中可能存在多个均衡，我们不知道哪一个是市场调整过程的结果。特别是在经济发生波动后，有可能收敛到不希望达到的均衡，所以在讨论均衡的稳定性和收敛性时，希望竞争均衡是唯一的。

我们很容易给出存在多重均衡价格向量的例子。在何种条件下才存在唯一的、使所有市场出清的正规化 (normalized) 价格向量呢？

由于免费商品显然导致了许多均衡，这种情况不必考虑，因而我们假定商品都是可欲的，即每种商品的均衡价格都必须严格为正。同时假定总超额需求函数是连续可微的，否则若无差异曲线存在扭结点 (kink)，我们可以找到一个价格区间以使得在这个区域中的所有价格向量都是市场均衡。这样均衡不仅不是唯一的，甚至不是局部唯一的。因此，我们也需把这种情况排除在外，只对 $\boldsymbol{p}^* > \mathbf{0}$ 和 $\hat{\boldsymbol{z}}(\boldsymbol{p})$ 可微的情形回答均衡的唯一性问题。

阿罗、德布鲁、布洛克、赫维茨等人在 20 世纪 50 年代末 60 年代初考虑了均衡的唯一性和稳定性问题，他们给出了均衡唯一性和稳定性存在的两类条件，现分别给予讨论。我们先讨论唯一性。所谓唯一性，指的是没有两个或以上线性无关的均衡价格向量，否则由于零阶齐次性，会有无数多个成比例的价格都是均衡价格向量。

定理 10.5.1 对私有经济 $e = (\{X_i, \boldsymbol{w}_i, \succcurlyeq_i\}, \{Y_j\}, \{\theta_{ij}\})$，假定所有商品都满足可欲性和总替代性(gross substitutability) (即对所有价格和任意的 $l \neq h$，都有 $\dfrac{\partial z^h(\boldsymbol{p})}{\partial p^l} > 0$)。若 $\boldsymbol{p}^*$ 是竞争均衡价格向量且瓦尔拉斯律成立，则竞争均衡价格向量是唯一的。

证明： 由可欲性，$\boldsymbol{p}^* > \mathbf{0}$。设 $\boldsymbol{p}$ 为另一不与 $\boldsymbol{p}^*$ 成比例的竞争均衡价格向量。设对某个 k，

$$m = \max_l \frac{p^l}{p^{*l}} = \frac{p^k}{p^{*k}}.$$

根据零阶齐次性和竞争均衡的定义，我们有 $\hat{\boldsymbol{z}}(\boldsymbol{p}^*) = \hat{\boldsymbol{z}}(m\boldsymbol{p}^*) = \mathbf{0}$。由于

$$m = \frac{p^k}{p^{*k}} \geqq \frac{p^l}{p^{*l}}, \quad \forall l = 1, \cdots, L,$$

以及存在 h 使得 $m > \frac{p^h}{p^{*h}}$ 成立，我们有 $mp^{*l} \geqq p^l$, $\forall l$ 以及 $mp^{*h} > p^h$。因此，当商品 k 的价格固定、商品 h 的价格相对下降时，根据总替代性，商品 k 的需求也将下降。这意味着 $\hat{z}^k(\boldsymbol{p}) < 0$，矛盾。 □

当总超额需求函数满足**显示偏好弱公理** (the weak axiom of revealed preference, WARP) 和瓦尔拉斯律时，竞争均衡也是唯一的 (见图 10.13～图 10.15)。

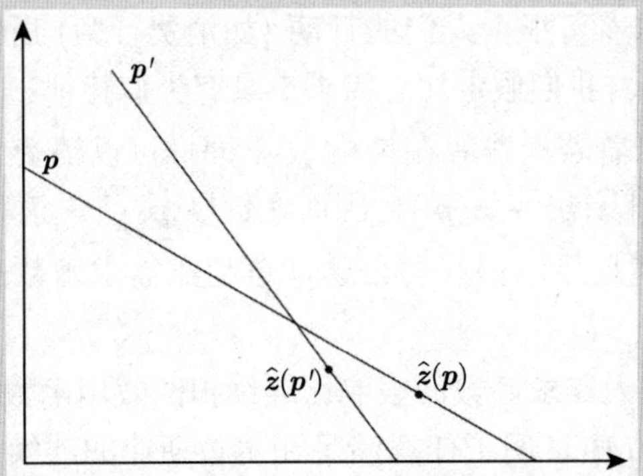

图 10.13 满足 WARP 的总超额需求函数

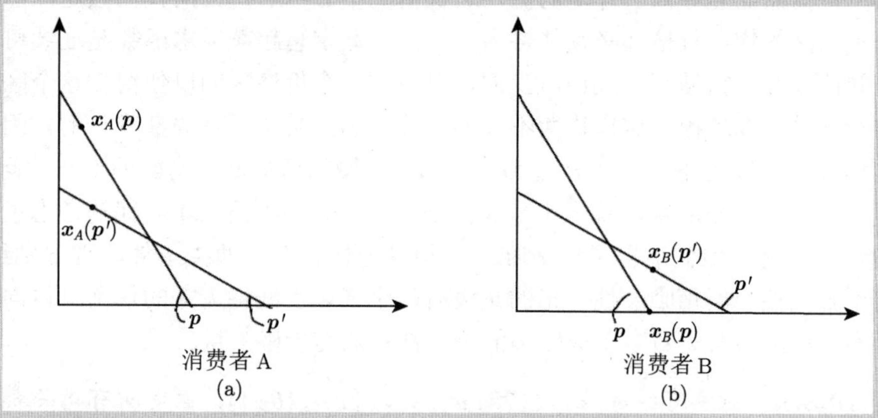

图 10.14　消费者 A 和 B 的需求函数都满足 WARP

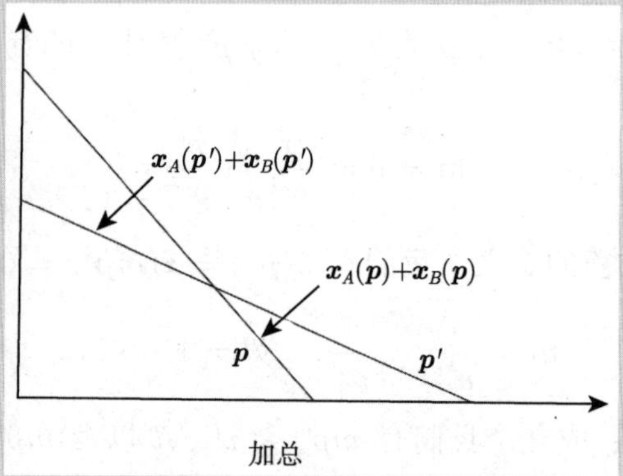

图 10.15　总超额需求函数不满足 WARP

定义 10.5.1 (总超额需求函数的显示偏好弱公理)　*我们称总超额需求函数满足***显示偏好弱公理**，*若* $\boldsymbol{p}\hat{\boldsymbol{z}}(\boldsymbol{p}) \geqq \boldsymbol{p}\hat{\boldsymbol{z}}(\boldsymbol{p}')$，*则* $\boldsymbol{p}'\hat{\boldsymbol{z}}(\boldsymbol{p}) > \boldsymbol{p}'\hat{\boldsymbol{z}}(\boldsymbol{p}')$，$\forall \boldsymbol{p}, \boldsymbol{p}' \in \mathcal{R}^L_+$。

显示偏好弱公理意味着可根据人们的行动 (如消费行为) 所提供的信息来推测其偏好 (参见第 3 章中的可积性)。我们假定加总需求也具有类似特征。

显示偏好弱公理意味着若消费者在价格 $\boldsymbol{p}$ 下同样可以消费 $\hat{\boldsymbol{z}}(\boldsymbol{p}')$，但由于 $\hat{\boldsymbol{z}}(\boldsymbol{p})$ 是在价格 $\boldsymbol{p}$ 下的最优需求，则 $\hat{\boldsymbol{z}}(\boldsymbol{p}) \succ \hat{\boldsymbol{z}}(\boldsymbol{p}')$，因而在价格 $\boldsymbol{p}'$ 下，消费 $\hat{\boldsymbol{z}}(\boldsymbol{p})$ 将超出预算线。

即使个体需求函数满足显示偏好弱公理，总超额需求函数也不一定满足显示偏好弱公理。

显示偏好弱公理对个人需求函数的限制比连续拟凹效用函数更弱，几乎没有施加任何正则性条件。Debreu (1974) 证明了任意满足瓦尔拉斯律的连续函数都是某个经济的总需求函数。这意味着效用最大化假定对均衡的存在性没有什么限定。然而，对总超额需求函数的限制并不是想象的那么弱。即使个体需求函数满足显示偏好弱公理，总超额需求函数也不一定满足显示偏好弱公理，图 10.13～图 10.15 揭示了加总后性质的变化。因此，为了得到唯一性和稳定性结果，我们必须对总超额需求函数做更多其他假定，如**总替代性**和**显示偏好弱公理**。

引理 10.5.1 若瓦尔拉斯律和显示偏好弱公理成立，则对任意的 $\boldsymbol{p} \neq k\boldsymbol{p}^*$，均有 $\boldsymbol{p}^*\hat{\boldsymbol{z}}(\boldsymbol{p}) > 0$，其中 $\boldsymbol{p}^*$ 是竞争均衡。

证明： 假设 $\boldsymbol{p}^*$ 是竞争均衡使得 $\hat{\boldsymbol{z}}(\boldsymbol{p}^*) \leqq 0$。根据瓦尔拉斯律，有 $\boldsymbol{p}\hat{\boldsymbol{z}}(\boldsymbol{p}) = 0$，从而有 $\boldsymbol{p}\hat{\boldsymbol{z}}(\boldsymbol{p}) \geqq \boldsymbol{p}\hat{\boldsymbol{z}}(\boldsymbol{p}^*)$。于是，根据显示偏好弱公理，我们有 $\boldsymbol{p}^*\hat{\boldsymbol{z}}(\boldsymbol{p}) > \boldsymbol{p}^*\hat{\boldsymbol{z}}(\boldsymbol{p}^*) = 0$ $\Rightarrow \boldsymbol{p}^*\hat{\boldsymbol{z}}(\boldsymbol{p}) > 0, \forall \boldsymbol{p} \neq k\boldsymbol{p}^*$。 □

定理 10.5.2 若瓦尔拉斯律和总超额需求函数显示偏好弱公理成立，则竞争均衡是唯一的。

证明： 根据引理 10.5.1，对任意的 $\boldsymbol{p} \neq k\boldsymbol{p}^*$，$\boldsymbol{p}^*\hat{\boldsymbol{z}}(\boldsymbol{p}) > 0$ 意味着至少存在 l 使得 $\hat{\boldsymbol{z}}^l > 0$ 成立。因而，竞争均衡必定是唯一的。 □

以上这些结果只是竞争均衡唯一的充分条件。现在给出竞争均衡唯一的充要条件。从数学上来说，竞争均衡的唯一性等价于总超额需求函数是全局可逆的，而连续总超额需求函数是全局可逆的当且仅当它是全局同态 (global homomorphism) (即是一对一的连续函数)。

定义 10.5.2 $\hat{z}(\cdot) : S \to \mathcal{R}^L$ 是一个**恰当映射** (proper map)，若对任意紧集K，它的逆映射 $\hat{\boldsymbol{z}}^{-1}(K)$ 都是紧集。

引理 10.5.2 (Browder 全局唯一性定理) 函数 $F : \mathcal{R}^m \to \mathcal{R}^m$ 是全局同态当且仅当它是恰当的及局部同态的。

当 F 可微时，局部同态性等价于雅可比矩阵的行列式非零，于是有下面关于竞争均衡唯一性的结果。

定理 10.5.3 对私有经济 $e = (\{X_i, \boldsymbol{w}_i, \succcurlyeq_i\}, \{Y_j\}, \{\theta_{ij}\})$，若总超额需求函数 $\hat{\boldsymbol{z}}(\cdot) :$ $S \to \mathcal{R}^L$ 可微，则竞争均衡是唯一的当且仅当 $\hat{\boldsymbol{z}}(\cdot)$ 的雅可比矩阵的行列式非零，且是恰当的。

这个结果包括文献中的许多结果 (如 Gale 和 Nikaido (1965)，Dierker (1972)，Varian (1975)，Mas-Colell (1979) 以及 Mukherji (1997)) 作为特例，包括下面比较容易用来验证的结果。

推论 10.5.1 (Varian，1975) 假定当某种商品的价格趋向零时，总超额需求函数的所有竞争均衡解的值都是正的，则竞争均衡是唯一的。

10.6 竞争均衡的稳定性

在前面，我们讨论了竞争均衡的存在性和唯一性，一般均衡理论也讨论市场的动态调整过程，因此，在这一节我们就讨论竞争均衡的稳定性。这个主题已经被许多经济学家研究过，包括 Arrow 和 Hurwicz（1958，1959，1960），Arrow、Block 和 Hurwicz（1959），Nikaido（1959），McKenzie（1960），Nikaido 和 Uzawa（1960），以及其他人。

竞争均衡是一个静态的概念，它并不能保证经济体确实会在均衡点处运行。什么力量会使价格收敛于市场出清价格呢？当价格偏离均衡价格时，需要政府干预吗？这个问题涉及竞争均衡价格调整机制的稳定性研究。

我们关心均衡稳定性的原因在于经济经常会发生波动，当经济发生波动时，比如因为战争、政治、经济、社会危机等原因使得经济发生波动时，经济是否会自动调整到原来的均衡状态呢？这是一个非常重要的现实问题。例如，当出现经济或金融危机时，人们都想知道经济能否好转，就像 2008 年发生世界经济、金融危机后，整个世界都在关注经济什么时候才能好转一样。但经济也可能往坏的均衡收敛，不稳定，越来越恶化。发展经济学关心的一个重要问题就是，为什么有些国家越来越穷而另外一些国家越来越富裕，前者的例子有刚果 (金) 等，后者有中国等。

根据经济学直觉，市场均衡的稳定性好像不是问题。比如，根据供需法则，商品短缺会导致价格上升，而商品过剩会导致价格下降，于是价格会自动收敛到市场均衡价格，因而均衡似乎总是稳定的。尽管这个直觉基本正确，但并非总是如此。后面要讨论的赫伯特 • 斯卡夫 (Herbert Scarf) 给出的竞争均衡非稳定的著名反例说明了此点。因而，在判断问题的答案时，经济直觉虽然重要，但直觉不一定总是正确的，需要严格证明，需要弄清命题的成立条件和结论的适用范围，否则会得到错误的结论。

一般竞争均衡概念和价格调整过程好像存在着悖论关系：在一般均衡理论中，模型设定每个经济人都视价格为给定，若果真如此，价格又如何能发生变动呢？

经济学家为了避免这个悖论，在研究竞争均衡稳定性时，特别引入了**瓦尔拉斯拍卖者** (Walrasian auctioneer) 的概念。瓦尔拉斯拍卖者不消费也不生产，唯一的功能就是寻求使市场出清的价格。瓦尔拉斯拍卖者对商品报价，且根据总超额需求的变化来调整价格，直到市场出清。这样的过程被称为摸索调整过程。

根据供需法则，**摸索调整** (tâtonnement)① 过程被定义为

$$\frac{dp^l}{dt} = G^l(\hat{z}^l(\boldsymbol{p})), \quad l = 1, \cdots, L, \tag{10.42}$$

其中，G^l 为 $\hat{z}^l(\boldsymbol{p})$ 的**保号函数** (sign-preserving function)，即：若 $\boldsymbol{x} > 0$，则 $G^l(\boldsymbol{x}) > 0$；若 $\boldsymbol{x} = 0$，则 $G^l(\boldsymbol{x}) = 0$；若 $\boldsymbol{x} < 0$，则 $G^l(\boldsymbol{x}) < 0$。上述方程意味着，当总超额需求函数为正时，商品存在短缺，因此根据供需法则，价格将上升。这样，价格是时间的单调函数，从而对时间的导数为正。

① tâtonnement 来源于法语，意为：尝试错误法；不断摸索；反复试验。

作为 G^l 的一个特殊形式，G^l 是**恒等映射** (identical mapping)，于是有

$$\dot{p}^l = \hat{z}^l(\boldsymbol{p}), \tag{10.43}$$

或按照向量的形式，有

$$\dot{\boldsymbol{p}} = \hat{\boldsymbol{z}}(\boldsymbol{p}). \tag{10.44}$$

若瓦尔拉斯律成立，则

$$\begin{aligned}\frac{d}{dt}(\boldsymbol{p}'\boldsymbol{p}) &= \frac{d}{dt}\left[\sum_{l=1}^{L}(p^l)^2\right] = 2\sum_{l=1}^{L}(p^l)\cdot\frac{dp^l}{dt}\\ &= 2\boldsymbol{p}'\dot{\boldsymbol{p}} = 2\boldsymbol{p}\hat{\boldsymbol{z}}(\boldsymbol{p}) = 0,\end{aligned}$$

这意味着当价格调整时，价格的平方之和保持不变。这是另外一种价格标准化的方法，于是我们总共有了三种价格标准化的方法。在证明均衡存在性时我们令价格之和为 1，而在计算均衡时令其中一种商品的价格为 1，而在证明均衡稳定性时，在这种最新的价格标准化方法下，价格变动被限制在 L-维球的球面上。

现在考察在何种意义下竞争均衡价格系统是全局稳定的，为此给出下面的定义。

定义 10.6.1　均衡价格系统 $\boldsymbol{p}^*$ 被称作 **(渐近) 全局稳定的**，若

（1）$\boldsymbol{p}^*$ 是唯一的竞争均衡；

（2）对所有的 $\boldsymbol{p}_0$，都存在唯一的初始价格依赖路径 $\boldsymbol{p} = \phi(t, \boldsymbol{p}_0), 0 \leqq t < \infty$，使得 $\lim_{t\to\infty}\phi(t, \boldsymbol{p}_0) = \boldsymbol{p}^*$。

市场均衡的全局稳定性意味着，对任何偏离了均衡价格的初始状态价格，无论偏离多远，只要存在路径依赖的 (即唯一的) 轨迹，它都会收敛到市场均衡价格。

关于竞争均衡价格的局部稳定性是类似的，只是价格变动的范围不能过大。正式定义如下：

定义 10.6.2　均衡价格 $\boldsymbol{p}^*$ 被说成是**局部稳定的**，若存在 $\delta > 0$ 和唯一的初始价格依赖路径 $\boldsymbol{p} = \phi(t, \boldsymbol{p}_0)$，使得当 $|\boldsymbol{p}^* - \boldsymbol{p}_0| < \delta$ 时，$\lim_{t\to\infty}\phi(t, \boldsymbol{p}_0) = \boldsymbol{p}^*$。

价格动态的若干图例：图 10.16 的图 (a) 和图 (c) 给出了稳定均衡，图 (b) 和图 (d) 给出了不稳定均衡。

这样，价格调整过程的全局稳定性和局部稳定性定义和通常数学中的定义一样，可以比较形象地隐喻。比如，球在碗中振动，有三种可能性：当球在碗中振动不大时，球总能回复原位；当球振动太大时，就可能跳出碗外，球永远都回不到碗中；而当球在碗的边缘振动时，球可能回到碗中，也可能跳出碗外。因此，球的振动只是局部稳定的。另一个例子是弹簧秤，它只能承受一定负载量，若拉力过大，弹簧就不能回复原状，所以它只是局部稳定的，而不是全局稳定的。稳定性虽然是一个数学概念，但它有其实际意义。在物理学或工程学中，对稳定性的研究非常重要。它有许多实际应用，比如需要研究建筑物防震的稳定性。

竞争均衡的局部稳定性不需要专门研究，可直接从微分方程局部稳定性理论的标准结果中得到。

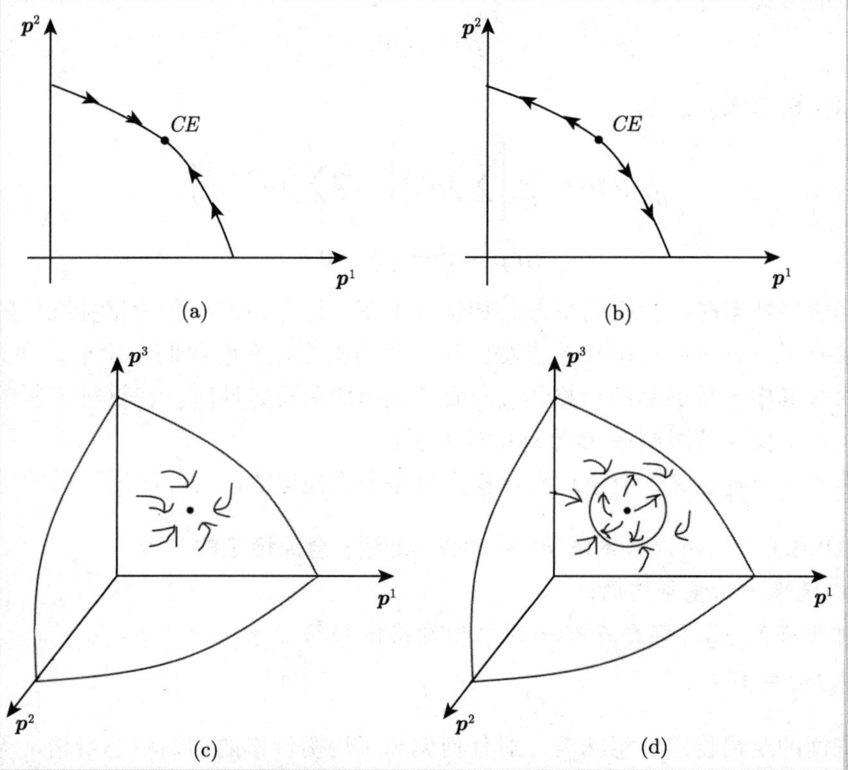

图 10.16　在图 (a) 和图 (c) 中，竞争均衡是稳定的；在图 (b) 和图 (d) 中，竞争均衡不稳定

定理 10.6.1　竞争均衡价格系统 $\boldsymbol{p}^*$ 是局部稳定的，若雅可比矩阵(Jacobean matrix)

$$\boldsymbol{A} = \left[\frac{\partial \hat{z}^l(\boldsymbol{p}^*)}{\partial p^k}\right]$$

的所有特征根为负。

这样，对局部稳定性，需要对超额需求函数求出其雅可比矩阵，即求偏导之后，得到均衡处的系数矩阵，算出其特征根。若所有特征根都是负的，那么竞争均衡是局部稳定的。当然，人们想要了解的是，对什么样的经济环境，其雅可比矩阵特征根是负的。

本节主要讨论和给出价格均衡全局稳定性的条件。

在微分方程理论中有一个很重要的定理：李雅普诺夫 (Liaponov) 定理。①全局稳定性结果可由李雅普诺夫定理得到。

定义 10.6.3 (李雅普诺夫函数)　对微分方程系统 $\dot{\boldsymbol{x}} = f(\boldsymbol{x})$，令 $\boldsymbol{x}^*$ 是使得 $f(\boldsymbol{x}^*) = 0$ 的点。我们称函数 V 为该微分方程系统的**李雅普诺夫函数**，若

① 李雅普诺夫 (1857—1918)，伟大的俄国数学家，对微分方程的稳定性做出了开创性贡献。

第10章

（1）存在唯一的 $\boldsymbol{x}^*$，使得 $V(\boldsymbol{x}^*)=0$;

（2）$V(\boldsymbol{x})>0, \forall \boldsymbol{x} \neq \boldsymbol{x}^*$;

（3）$\dfrac{dV(\boldsymbol{x})}{dt}<0$。

定理 10.6.2 (李雅普诺夫定理)　若 $\dot{\boldsymbol{x}}=f(\boldsymbol{x})$ 存在李雅普诺夫函数，则其唯一均衡点是全局稳定的。

阿罗、布洛克和赫维茨等人利用李雅普诺夫定理对价格摸索调整过程的全局稳定性给出了证明，即总超额需求函数满足显示偏好弱公理的情形。如上节所指出的那样，显示偏好弱公理对个体需求函数几乎没有施加任何限制，但对总超额需求函数，显示偏好弱公理还是施加了条件。

引理 10.6.1　设总超额需求函数满足瓦尔拉斯律和总替代性，则 $\boldsymbol{p}^*\hat{\boldsymbol{z}}(\boldsymbol{p})>0, \forall \boldsymbol{p} \neq k\boldsymbol{p}^*$，这里 $\boldsymbol{p}^*>\mathbf{0}$ 是竞争均衡价格向量。

证明：　该引理的证明比较复杂。这里只对两商品经济采用图示法（见图 10.17）说明引理的证明过程。该引理的一般性证明可参见 Arrow 和 Hahn (1971, p. 224)。

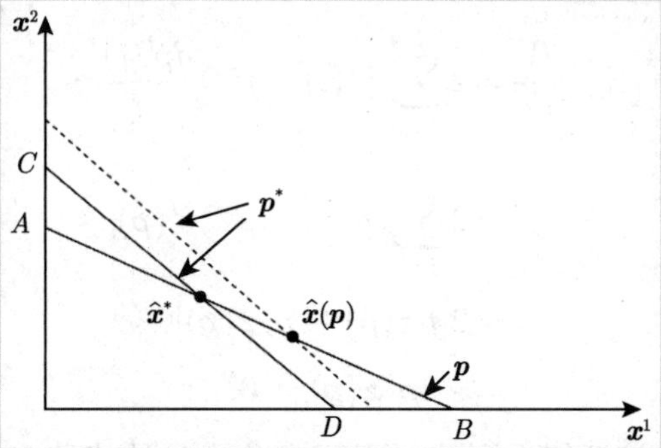

图 10.17　引理 10.6.1 证明的说明

设 $\boldsymbol{p}^*$ 为竞争均衡价格向量，$\hat{\boldsymbol{x}}^*=\hat{\boldsymbol{x}}(\boldsymbol{p}^*)$ 为竞争均衡时的总需求。令 $\boldsymbol{p} \neq \alpha\boldsymbol{p}^*, \forall\alpha>0$。由于在总替代性的假定下竞争均衡是唯一的，因此 $\boldsymbol{p}$ 不是竞争均衡价格向量。由于在瓦尔拉斯律的假定下，$\hat{\boldsymbol{x}}(\boldsymbol{p}^*)$ 是竞争均衡配置，$\boldsymbol{p}\hat{\boldsymbol{x}}(\boldsymbol{p})=\boldsymbol{p}\hat{\boldsymbol{w}}=\boldsymbol{p}\hat{\boldsymbol{x}}(\boldsymbol{p}^*)$(注意 $\hat{w}=\hat{\boldsymbol{x}}(\boldsymbol{p}^*)$)，因此总需求 $\hat{\boldsymbol{x}}(\boldsymbol{p})$ 在通过点 $\hat{\boldsymbol{x}}^*$ 的直线 AB 上，且其斜率为 $-p^1/p^2$。令 CD 是通过点 $\hat{\boldsymbol{x}}^*$ 的直线，且其斜率为 $-p^{*1}/p^{*2}$。不失一般性，假设 $p^{*1}/p^{*2}>p^1/p^2$。因此，我们需要证明 $\hat{\boldsymbol{x}}^1(\boldsymbol{p})>\hat{\boldsymbol{x}}^{*1}$ 及 $\hat{\boldsymbol{x}}^2(\boldsymbol{p})<\hat{\boldsymbol{x}}^{*2}$，从而 $\hat{\boldsymbol{x}}(\boldsymbol{p})$ 在图 10.17 中必然在 $\hat{\boldsymbol{x}}^*$ 的右边。

由假定，$p^{*1}/p^1>p^{*2}/p^2 \equiv \mu$，从而有 $p^{*1}>\mu p^1$ 和 $p^{*2}=\mu p^2$。这样，根据总替代性，有 $\hat{\boldsymbol{x}}^2(\boldsymbol{p}^*)>\hat{\boldsymbol{x}}^2(\mu\boldsymbol{p})=\hat{\boldsymbol{x}}^2(\boldsymbol{p})$ (根据零阶齐次性)。从而，由 $\boldsymbol{p}\hat{\boldsymbol{x}}(\boldsymbol{p})=\boldsymbol{p}\hat{\boldsymbol{x}}(\boldsymbol{p}^*)$，我们有 $\hat{\boldsymbol{x}}^1(\boldsymbol{p})>\hat{\boldsymbol{x}}^1(\boldsymbol{p}^*)$。因此，在图 10.17 中，点 $\hat{\boldsymbol{x}}(\boldsymbol{p})$ 必然在点 $\hat{\boldsymbol{x}}^*$ 的右边。作一条通过点 $\hat{\boldsymbol{x}}(\boldsymbol{p})$ 且平行于 CD 的直线，则有 $\boldsymbol{p}^*\hat{\boldsymbol{x}}(\boldsymbol{p})>\boldsymbol{p}^*\hat{\boldsymbol{x}}^*$。在不等式两边加上 $\boldsymbol{p}^*\hat{\boldsymbol{w}}$，我们有 $\boldsymbol{p}^*\hat{\boldsymbol{z}}(\boldsymbol{p})>0$。这样，定理的结论成立。　□

阿罗、布洛克和赫维茨在 1959 年发表于 *Econometrica* 的文章中证明了下述竞争均衡全局稳定性定理：在瓦尔拉斯律下，只要总超额需求函数满足总替代性或者显示偏好弱公理，则竞争均衡必定是全局稳定的。该结果的证明很简单，利用到了李雅普诺夫定理。其思想是构造一个距离函数 V。根据假设和距离函数的性质，均衡点是唯一的，因此 V 在均衡下的值等于零，而在其他价格处大于零。我们只需证明 $\frac{dV}{dt}<0$。由瓦尔拉斯律，我们可证明 $\frac{dV}{dt}<0$。根据李雅普诺夫定理，竞争均衡价格是全局稳定的。下面是定理的正式陈述和证明。

定理 10.6.3 (阿罗–布洛克–赫维茨) 假定瓦尔拉斯律成立，若 $\hat{\boldsymbol{z}}(\boldsymbol{p})$ 满足总替代性或显示偏好弱公理，则竞争均衡价格是全局稳定的。

证明： 由于总超额需求函数满足总替代性或显示偏好弱公理，因此竞争均衡价格 $\boldsymbol{p}^*$ 是唯一的。我们现在证明它是全局稳定的。定义李雅普诺夫函数如下：

$$V(\boldsymbol{p})=\sum_{l=1}^{L}(p^l(t)-p^{*l})^2=(\boldsymbol{p}-\boldsymbol{p}^*)\cdot(\boldsymbol{p}-\boldsymbol{p}^*). \tag{10.45}$$

根据总替代性或显示偏好弱公理的假定，竞争均衡价格 $\boldsymbol{p}^*$ 是唯一的。此外，由于

$$\begin{aligned}\frac{dV}{dt}&=2\sum_{l=1}^{L}(p^l(t)-p^{*l})\frac{dp^l(t)}{dt}\\&=2\sum_{l=1}^{L}(p^l(t)-p^{*l})\hat{z}^l(\boldsymbol{p})\\&=2[\boldsymbol{p}\hat{\boldsymbol{z}}(\boldsymbol{p})-\boldsymbol{p}^*\hat{\boldsymbol{z}}(\boldsymbol{p})]\\&=-2\boldsymbol{p}^*\hat{\boldsymbol{z}}(\boldsymbol{p})<0,\end{aligned}$$

最后一个等式是根据瓦尔拉斯律得到的，而不等式是根据引理 10.5.1和引理 10.6.1得到的。这样，由李雅普诺夫定理，$\dot{\boldsymbol{p}}=\hat{\boldsymbol{z}}(\boldsymbol{p})$ 关于 $\boldsymbol{p}\neq k\boldsymbol{p}^*$ 全局稳定。 □

上述定理给出了在瓦尔拉斯律、齐次性和总替代性/显示偏好弱公理的假定下，竞争均衡的全局稳定性结果。一个自然而然的问题是：哪些假设可以放松、它们可以放松到何种程度，特别是总替代性？由于现实中的很多商品都是互补品而不是替代品，竞争均衡的全局稳定性对互补品是否也成立呢？赫伯特 • 斯卡夫在他的论文 Scarf (1961) 中给出了一些反例，这些反例表明在互补品的经济中，竞争均衡可能不是全局稳定的。下面是斯卡夫最著名的全局稳定性反例。

例 10.6.1 (斯卡夫的全局稳定性反例) 考虑三个消费者和三种商品 $(n=3,L=3)$ 的纯交换商品经济。设消费者的禀赋分别为 $\boldsymbol{w}_1=(1,0,0)$,$\boldsymbol{w}_2=(0,1,0)$ 和 $\boldsymbol{w}_3=(0,0,1)$，其效用函数分别为：

$$u_1(\boldsymbol{x}_1)=\min\{x_1^1,x_1^2\},$$

$$u_2(\boldsymbol{x}_2)=\min\{x_2^2, x_2^3\},$$

$$u_3(\boldsymbol{x}_3)=\min\{x_3^1, x_3^3\},$$

从而他们的无差异曲线是 L 形的。其总超额需求函数为：

$$\hat{z}^1(\boldsymbol{p})=-\frac{p^2}{p^1+p^2}+\frac{p^3}{p^1+p^3}, \tag{10.46}$$

$$\hat{z}^2(\boldsymbol{p})=-\frac{p^3}{p^2+p^3}+\frac{p^1}{p^1+p^2}, \tag{10.47}$$

$$\hat{z}^3(\boldsymbol{p})=-\frac{p^1}{p^1+p^3}+\frac{p^2}{p^2+p^3}. \tag{10.48}$$

可以验证，唯一的均衡价格为 $p^{*1}=p^{*2}=p^{*3}=1$。

动态调整方程为：

$$\dot{\boldsymbol{p}}=\hat{\boldsymbol{z}}(\boldsymbol{p}).$$

根据瓦尔拉斯律，$\|\boldsymbol{p}(t)\|=C, \forall t$，其中 C 为常数。下面证明 $\prod_{l=1}^3 p^l(t)$ 对所有 t 也为常数。实际上，我们有：

$$\begin{aligned}\frac{d}{dt}\left(\prod_{l=1}^3 \boldsymbol{p}(t)\right)&=\dot{p}^1p^2p^3+\dot{p}^2p^1p^3+\dot{p}^3p^1p^2\\&=\hat{z}^1p^2p^3+\hat{z}^2p^1p^3+\hat{z}^3p^1p^2=0.\end{aligned}$$

下面我们证明上述动态过程不是全局稳定的。首先我们取初始价格 $p^l(0)$，使之满足

$$\sum_{l=1}^3[p^l(0)]^2=3,\ \prod_{l=1}^3 p^l(0)\neq 1.$$

从而对所有 t，总有

$$\sum_{l=1}^3[p^l(t)]^2=3,$$

以及

$$\prod_{l=1}^3 p^l(t)\neq 1$$

是常数。由于

$$\sum_{l=1}^3[p^l(t)]^2=3,$$

这样，非 1 的常数 $\prod_{l=1}^3 p^l(t)$ 不可能收敛到 $\prod_{l=1}^3 p^l(p^*)=1$，从而价格调整过程并不收敛到均衡价格 $\boldsymbol{p}^*=(1,1,1)$。

在上述例子中，我们发现：（1）不存在替代效应，（2）无差异曲线不是严格凸的，（3）无差异曲线有一个断点，因而不可微。赫伯特・斯卡夫在 Scarf (1961) 中也给出了其他一些

非稳定性 (instability) 的例子。在这些例子中，具有替代效应的吉芬 (Giffen) 经济环境下的价格调整过程也是非稳定的。因此，斯卡夫的例子意味着在较大的范围内竞争市场是非稳定的。

10.7 抽象经济

抽象经济的概念最早由 Debreu (*Econometrica*, 1952) 给出，它推广了标准的非合作博弈的概念，在一般条件下证明了竞争均衡的存在性。在这种广义的非合作博弈中，参与人的策略集不再独立于其他参与人的策略，而依赖其他参与人的策略选择，正如 Arrow 和 Debreu (*Econometrica*, 1954) 所证明的那样，由于市场机制可被看作抽象经济的一个特例，消费者偏好不仅受自身消费的影响，也可能受其他消费者消费的影响。Debreu (1952) 在个体有限及策略空间是紧和凸的、效用函数连续且拟凹的条件下，证明了抽象经济均衡的存在性。自 Debreu 在抽象经济方面的开创性贡献后，许多学者给出了抽象经济的存在性结果。Shafer 和 Sonnenschein(《数理经济学杂志》(*Journal of Mathematical Economics*), 1975) 以及著者 (Tian, 1992) 将 Debreu 的结果推广到了非序偏好情形下。

10.7.1 抽象经济中的均衡

设 N 为所有参与人的集合，它可能有限、可数或不可数。每个参与人 i 在 $X_i \subseteq \mathcal{R}^L$ 中选择策略 $\boldsymbol{x}_i$。记笛卡儿 (Cartesian) 集 $\prod_{j\in N} X_j$ 和 $\prod_{j\in N\setminus\{i\}} X_j$ 分别为 X 和 X_{-i}。另记 X 和 X_{-i} 中的元素分别为 $\boldsymbol{x}$ 和 $\boldsymbol{x}_{-i}$。每个参与人 i 的效用函数设为 u_i：$X \to \mathcal{R}$，该效用函数不仅依赖于参与人 i 自身的策略选择，同时也依赖于其他参与人的策略选择。给定其他参与人的策略 $\boldsymbol{x}_{-i}$，参与人 i 的策略选择限制在非空集 $F_i(\boldsymbol{x}_{-i}) \subseteq X_i$ 上，该集合被称为 i 的**可行策略集** (feasible strategy set)；参与人 i 选择 $\boldsymbol{x}_i \in F_i(\boldsymbol{x}_{-i})$ 以使自身在 $F_i(\boldsymbol{x}_{-i})$ 上效用最大化。

将抽象经济 (或称广义博弈)$\Gamma = (X_i, F_i, u_i)_{i\in N}$ 定义为一族有序三元组 (X_i, F_i, P_i)。

第10章

定义 10.7.1 我们称向量 $\boldsymbol{x}^* \in X$ 为**抽象经济的均衡**，若 $\forall i \in N$

(1) $\boldsymbol{x}_i^* \in F_i(\boldsymbol{x}_{-i}^*)$，

(2) $\boldsymbol{x}_i^*$ 使 $u_i(\boldsymbol{x}_{-i}^*, \boldsymbol{x}_i)$ 在 $F_i(\boldsymbol{x}_{-i}^*)$ 上达到最大值。

注意：若 $F_i(\boldsymbol{x}_{-i}) \equiv X_i, \forall i \in N$，抽象经济退化为通常的标准博弈 $\Gamma = (X_i, u_i)$，且均衡退化为**纳什均衡** (Nash equilibrium)。

定理 10.7.1 (阿罗–德布鲁) 令 X 为 $\mathcal{R}^{nL}$ 的非空紧凸子集。设

(1) 对应 F: $X_{-i} \to 2^{X_i}$ 为取非空紧凸值的连续映射，

(2) $u_i : X \to \mathcal{R}$ 连续，

(3) $u_i : X \to \mathcal{R}$ 是关于 $\boldsymbol{x}_i$ 的拟凹函数，

则抽象经济 Γ 存在均衡。

证明： 对每个 $i \in N$，定义最大化对应 (最佳响应) 映射如下：

$$M_i(\boldsymbol{x}_{-i}) = \{\boldsymbol{x}_i \in F_i(\boldsymbol{x}_{-i}) : u_i(\boldsymbol{x}_{-i}, \boldsymbol{x}_i) \geqq u_i(\boldsymbol{x}_{-i}, \boldsymbol{z}_i), \ \forall \boldsymbol{z}_i \in F_i(\boldsymbol{x}_{-i})\}.$$

因为 u_i 是连续的，关于 $\boldsymbol{x}_i$ 拟凹，且 $F_i(\boldsymbol{x}_{-i})$ 是取非空紧凸值的连续对应，那么最大化对应 $M_i: \ X_{-i} \to 2^{X_i}$ 也是取非空凸值的对应。此外，根据最大值定理 (参见定理 2.6.14)，M_i 是具有非空紧凸值的上半连续对应。因此最大化对应

$$M(\boldsymbol{x}) = \prod_{i \in N} M_i(\boldsymbol{x}_{-i})$$

也是取非空紧凸值的上半连续对应。于是根据角谷不动点定理 (参见定理 2.6.21)，存在 $\boldsymbol{x}^* \in X$，使得 $\boldsymbol{x}^* \in M(\boldsymbol{x}^*)$，$\boldsymbol{x}^*$ 即是广义博弈的均衡。 □

前面几节已经提及存在性定理 IX 及存在性定理 X 的证明是将竞争市场机制视为抽象经济的一个特殊情况。现给出具体说明，考虑简单的交换经济 $e = (X_i, u_i, \boldsymbol{w}_i)_{i \in N}$。定义抽象经济 $\Gamma = (Z, F_i, u_i)_{i \in N+1}$ 如下。令

$$\begin{aligned}
Z_i &= X_i \quad i = 1, \cdots, n, \\
Z_{n+1} &= \Delta^{L-1}, \\
F_i(\boldsymbol{p}) &= \{\boldsymbol{x}_i \in X_i : \boldsymbol{p}\boldsymbol{x}_i \leqq \boldsymbol{p}\boldsymbol{w}_i\} \quad i = 1, \cdots, n, \\
F_{n+1} &= \Delta^{L-1}, \\
u_{n+1}(\boldsymbol{p}, \boldsymbol{x}) &= \sum_{i=1}^{n} \boldsymbol{p}(\boldsymbol{x}_i - \boldsymbol{w}_i).
\end{aligned} \tag{10.49}$$

我们所加的第 $n+1$ 个经济人是瓦尔拉斯拍卖者，他的唯一功能就是变动价格。可以验证，由于在均衡点有 $\sum_{i=1}^{n} \boldsymbol{x}_i \leqq \sum_{i=1}^{n} \boldsymbol{w}_i$，若上述定义的抽象经济具有均衡，此均衡就是竞争市场经济 e 的竞争均衡。

10.7.2　均衡的存在性：一般偏好情形

本小节考察个人偏好 $\succcurlyeq$ 可能是非理性 (即非完全或非传递) 的情形下，抽象经济均衡的存在性。定义参与人 i 的严格上等高 (strong upper contour) 偏好对应 $P_i : X \to 2^{X_i}$ 如下：

$$P_i(\boldsymbol{x}) = \{\boldsymbol{y}_i \in X_i : (\boldsymbol{y}_i, \boldsymbol{x}_{-i}) \succ_i (\boldsymbol{x}_i, \boldsymbol{x}_{-i})\}.$$

我们称 $\Gamma = (X_i, F_i, P_i)_{i \in N}$ 为**抽象经济**。

若对任意 $i \in N$，有

$$\boldsymbol{x}_i^* \in F_i(\boldsymbol{x}^*), \ P_i(\boldsymbol{x}^*) \cap F_i(\boldsymbol{x}^*) = \varnothing,$$

则称 $\boldsymbol{x}^* \in X$ 为 Γ 上的均衡。

Shafer 和 Sonnenschein (1975) 证明了下述定理，该定理是定理 10.7.1的推广，其中偏好也许是非理性的。

定理 10.7.2 (Shafer-Sonnenschein) 设抽象经济 $\Gamma=(X_i,F_i,P_i)_{i\in N}, i\in N$ 满足如下条件:

(1) X_i 为 $\mathcal{R}^{l_i}$ 的非空紧凸子集,

(2) $F_i: X\to 2^{X_i}$ 为取非空紧凸值的连续对应,

(3) P_i 具有开图,

(4) $\boldsymbol{x}_i\notin co\,P_i(\boldsymbol{x}), \forall \boldsymbol{x}\in Z$,

那么,Γ 存在均衡。

该定理要求偏好具有开图。著者 (Tian,1992) 推广了上述定理,得到更一般的结论,它放松了像图或偏好对应的下截面 (lower section) 为开集的要求,推广了 Debreu (1952), Shafer 和 Sonnenschein (1975) 的结果。在详细分析该定理之前,我们先给出若干技术引理,这些引理首先由 Micheal (1956, 命题 2.5、命题 2.6 和定理 3.1‴) 给出。

引理 10.7.1 令 $X\subseteq\mathcal{R}^M$ 和 $Y\subseteq\mathcal{R}^K$ 为子集,$\phi: X\to 2^Y$ 和 $\psi: X\to 2^Y$ 为满足如下性质的对应:

(1) ϕ 为取凸值的下半连续对应,且其上截面 (upper section) 是开集,

(2) ψ 为下半连续对应,

(3) $\forall \boldsymbol{x}\in X, \phi(\boldsymbol{x})\cap\psi(\boldsymbol{x})\neq\varnothing$,

则对应 $\theta: X\to 2^Y: \theta(\boldsymbol{x})=\phi(\boldsymbol{x})\cap\psi(\boldsymbol{x})$ 是下半连续的。

引理 10.7.2 令 $X\subseteq\mathcal{R}^M$ 和 $Y\subseteq\mathcal{R}^K$ 为子集,$\phi: X\to 2^Y$ 下半连续,那么 $\psi: X\to 2^Y: \psi(\boldsymbol{x})=co\,\phi(\boldsymbol{x})$ 也是下半连续的。

引理 10.7.3 令 $X\subseteq\mathcal{R}^M$ 和 $Y\subseteq\mathcal{R}^K$ 为凸子集。设 $F: X\to 2^Y$ 为取非空凸值的下半连续对应,则存在连续函数 $f: X\to Y$,使得 $f(\boldsymbol{x})\in F(\boldsymbol{x}), \forall \boldsymbol{x}\in X$。

定理 10.7.3 (田氏定理) 设 $\Gamma=(X_i,F_i,P_i)_{i\in N}, i\in N$ 为广义博弈,它满足:

(1) X_i 为 $\mathcal{R}^{l_i}$ 的非空紧凸子集,

(2) F_i 为连续对应,且对每个 $\boldsymbol{x}\in X$,$F_i(\boldsymbol{x})$ 均为非空紧凸集,

(3) P_i 下半连续,且上截面是开的,

(4) $\boldsymbol{x}_i\notin co\,P_i(\boldsymbol{x}), \forall \boldsymbol{x}\in F$,

则 Γ 存在均衡。

证明: 对任意 $i\in N$,定义对应 $A_i: X\to 2^{X_i}$ 为

$$A_i(\boldsymbol{x})=F_i(\boldsymbol{x})\cap co\,P_i(\boldsymbol{x}).$$

令

$$U_i=\{\boldsymbol{x}\in X: A_i(\boldsymbol{x})\neq\varnothing\}.$$

由于 F_i 和 P_i 在 X 上下半连续,它们在 U_i 上也下半连续。根据引理 10.7.2,$co\,P_i$ 在 U_i 上也下半连续。由于 P_i 的上截面是 X 中的开集,$co\,P_i$ 的上截面也是 X 中的开集,从

而 $co\,P_i$ 的上截面是 U_i 中的开集，且

$$F_i(\boldsymbol{x}) \cap co\,P_i(\boldsymbol{x}) \neq \varnothing, \forall \boldsymbol{x} \in U_i.$$

因此，根据引理 10.7.1，对应 $A_i|_{U_i} : U_i \to 2^{X_i}$ 在 U_i 上下半连续，且对所有的 $\boldsymbol{x} \in U_i$，$F(\boldsymbol{x})$ 均是非空凸集。由于 X_i 是有限维的，根据引理 10.7.3，存在连续函数 $f_i : U_i \to X_i$，使得

$$f_i(\boldsymbol{x}) \in A_i(\boldsymbol{x}), \forall \boldsymbol{x} \in U_i.$$

由于 U_i 是开集且 A_i 下半连续，定义对应 $G_i : X \to 2^{X_i}$ 如下：

$$G_i(\boldsymbol{x}) = \begin{cases} \{f_i(\boldsymbol{x})\}, & \text{若 } \boldsymbol{x} \in U_i, \\ F_i(\boldsymbol{x}), & \text{若 } \boldsymbol{x} \notin U_i, \end{cases} \tag{10.50}$$

则 G_i 是上半连续的。因此对应 $G : X \to 2^X : G(\boldsymbol{x}) = \prod_{i \in N} G_i(\boldsymbol{x})$ 是上半连续的，且对所有的 $\boldsymbol{x} \in X$, $G(\boldsymbol{x})$ 都为非空闭凸集。于是，根据角谷不动点定理，存在点 $\boldsymbol{x}^* \in X$，使得 $\boldsymbol{x}^* \in G(\boldsymbol{x}^*)$。由于对每个 $i \in N$，若 $\boldsymbol{x}^* \in U_i$，则

$$\boldsymbol{x}_i^* = f_i(\boldsymbol{x}^*) \in A(\boldsymbol{x}^*) \subseteq co\,P_i(\boldsymbol{x}^*),$$

这与 (4) 矛盾。因而，$\boldsymbol{x}^* \notin U_i$，对所有的 $i \in N$,

$$\boldsymbol{x}_i^* \in F_i(\boldsymbol{x}^*),\ F_i(\boldsymbol{x}^*) \cap co\,P_i(\boldsymbol{x}^*) = \varnothing,$$

这意味着 $F_i(\boldsymbol{x}^*) \cap P_i(\boldsymbol{x}^*) = \varnothing$。因此 Γ 存在均衡。 □

对应 P 具有开图意味着上截面和下截面都是开的，对应 P 的下截面是开的意味着 P 是下半连续的。因此，上述定理实际上比定理 10.7.2更弱。

10.8 【人物小传】

10.8.1 里昂·瓦尔拉斯

里昂·瓦尔拉斯 (Léon Walras，1834—1910)，数理经济学的创始人，边际革命的领导人，洛桑学派的创始人，被约瑟夫·熊彼特认为是“所有经济学家当中最伟大的一位”。1834 年，瓦尔拉斯出生在法国。他的父亲奥古斯特·瓦尔拉斯是法国颇有名气的学者，曾在法国卡因皇家学院任哲学教授，1831 年出版《财富本质和价值起源》后，又成为著名的经济学家，对瓦尔拉斯有很大影响。瓦尔拉斯青年时期喜欢文学，1851 年获文学学士学位。1858 年他出版了小说《弗兰昔司·沙维尔》(*Francis Xavier*)。1859 年在《法兰西评论》上发表短篇小说《信》。瓦尔拉斯很快发现，自己在文学上不会有所成就，转而从事经济学研究。

1865 年瓦尔拉斯和里昂·赛伊共同开办了一家生产合作银行，开始对法国合作运动进行研究，他们还主办经济杂志《劳动》月刊。他在 1868 年出版了《社会理想的研究》，主

张社会各阶级利益调和，反对暴力。他主张国家应收购与达到社会最大福利不相容的、违背自由竞争的私有财产，如土地、铁路等。这样，国家有了提供经济收入的财产，就可以不再征税。瓦尔拉斯认为征税影响自由竞争。

1871 年，他受聘为瑞士洛桑学院教授，并开始自学微积分，发展了边际效用的数学理论。1874 年，他出版《纯粹政治经济学纲要》，这是最早用数学方法对一般经济均衡进行全面分析的著作之一。瓦尔拉斯把经济学分成纯粹经济学、实用经济学和社会经济学三大部分，纯粹经济学是实用经济学和社会经济学的基础。在他看来，“纯粹经济学本质上是在假定的绝对竞争制度下有关价格规定的理论”，是“有关社会财富的理论”。纯粹经济学虽然可用一般的语言表述，但必须用数学方法论证。它“是一门如同力学和水力学一样的物理–数学的科学”。在这本书中，瓦尔拉斯用代数公式和几何图形对“纯粹经济学”理论做了详细的说明和论证。瓦尔拉斯的这一理论主要包括边际效用分析和一般均衡分析两部分。瓦尔拉斯同杰文斯及门格尔是边际效用论的开创者。瓦尔拉斯分析价值问题时使用了他父亲在《财富本质和价值起源》一书中提出的“稀少性”一词。他认为价值取决于物品的“稀少性”，即取决于“一个单位商品的消费所满足的最后欲望的强度”。他把交换价值当成价值，而交换价值不过是价格的代表。这样，瓦尔拉斯实际上用价格论代替了价值论，从根本上反对劳动价值论。

瓦尔拉斯不仅提出了边际效用论，而且将数学和这一理论结合起来。在瓦尔拉斯之后，数理经济分析开始被广泛采用。意大利经济学家帕累托等继承并发展了他的理论，逐渐形成了洛桑学派。瓦尔拉斯被认为是洛桑学派的实际创始人，这一学派因他长期任教于洛桑学院而得名。1892 年，瓦尔拉斯自洛桑学院退休，由他的学生帕累托继任，在洛桑学院讲授政治经济学。退休后，瓦尔拉斯继续从事经济学研究。1896 年和 1898 年，他又先后出版了《社会经济研究》和《应用经济学研究》。1909 年洛桑学院为他从事经济学研究五十年举行了纪念活动。1910 年 1 月 5 日，瓦尔拉斯病逝。

10.8.2 肯尼思・阿罗

肯尼思・阿罗 (Kenneth J. Arrow，1921—2017)，在一般均衡理论、信息经济学、社会选择理论等很多领域都有开创性贡献，被认为是战后新古典经济学的开创者之一。1972 年与英国牛津大学的希克斯一起分享了该年的诺贝尔经济学奖，两人在一般均衡理论和福利经济学方面做出了“开创性的工作”。

阿罗的父母双方皆是外国移民，在 1900 年左右来到美国，并在纽约安居下来。阿罗在年幼的时候就被认为天赋异禀，几乎无书不读，渴望将自己的理解加以系统化，并且相信自修远比上课听讲有效。由于家境的关系，阿罗选择在学费较低的纽约城市学院就读，经过 4 年的学习，1940 年获得了学士学位。紧接着他又考进了哥伦比亚大学继续深造，仅用一年的时间就获得了哥伦比亚大学的数学硕士学位。在哈罗德・霍特林的影响下，他转入经济系攻读博士学位，在此期间他放弃了一系列中途告吹的研究构想，当时在他看来全都是浪费时间而一无所获，但这些研究最后却终于累积成社会选择理论 (theory of social choice)，也是他最重要的学术成就。

1942—1946 年，由于第二次世界大战的原因，阿罗在美国陆军航空兵司令部服役。1946—1949 年重新在哥伦比亚大学继续完成学业，同时在芝加哥大学的考尔斯委员会 (Cowles Commission) 中担任研究助理。1951 年，在哥伦比亚大学获得数学博士学位。1953—1956 年和 1962—1963 年，任斯坦福大学经济系主任。其间，他 1962 年在美国总统经济顾问委员会工作。1968—1975 年，被聘为哈佛大学经济学教授。1975 年，阿罗又回到加州，任斯坦福大学经济学教授，而且仍担任哈佛大学特聘教授。1980 年，阿罗从大学退休，但仍从事研究工作。1957 年，阿罗获得美国经济学会的克拉克奖，并被推选为美国国家科学院院士和哲学学会会员、美国人文与科学院院士，以及世界计量经济学会、数理统计学会和美国统计学会会士 (fellow)。

阿罗于 1951 年出版了《社会选择与个人价值》，它是阿罗最主要、最著名的成就，介绍了一个全新的理论，迅速引起各方的注意。在此书中，阿罗运用当时经济学家们尚未熟悉的符号逻辑记号体系，对政治学中一个从未被经济学家和很少被政治学家提出的问题求解，独立地创造了社会选择的规范理论，即“不可能性定理”。他用数学推理得出这样的论断：在一些看起来非常合理的假设下，如果由两个以上偏好不同的个体来进行选择，而被选择的政策也超过两个，那么就不可能做出大多数人都感到满意的决定。因此，在每个社会成员对一切可能的社会经济结构各有其特定偏好序的情况下，要找出一个在逻辑上不与个人偏好序相矛盾的全社会的偏好序是不可能的。他提出的“不可能性定理”是对福利经济学的革新，是新福利经济学的一个重要组成部分。阿罗的“不可能性定理”在西方经济学界引起了长期的辩论，而且逐渐建立了独树一帜的地位。

在与哈恩 (H. Hahn) 合作的代表作《一般竞争分析》(1971) 中，阿罗和他的合作者进一步研究了现实经济生活中如何处理市场不稳定和风险问题，使之达到“一般均衡”。他提出的关于“风险”和“不稳定”的新理论被西方经济学界认为是对企业决策理论做出的重要贡献。阿罗还把一般均衡理论应用于经济增长方面。现在，一般均衡理论的分析方法在西方经济学中已被广泛应用，福利经济学的最适宜的资源配置问题、经济计量学的投入产出分析、经济增长模式等都以一般均衡理论作为分析方法。

除了在一般均衡领域的成就之外，阿罗还在风险决策、组织经济学、信息经济学、福利经济学、社会选择理论、政治民主理论方面做出了大量创造性的贡献。阿罗 2015 年以九十多岁高龄参加了中国留美经济学会在重庆大学举办的学术会议。他认为，为了学术上的荣誉与成就，或是为了事业上的成功，我们无时无刻不在相互竞争；但追根究底，让社会不断前进的动力，乃是我们由以往成功甚至是失败的无数先例中所学习到的知识。

10.9　习题

习题 10.1 (埃奇沃思盒)　两消费者两商品的纯交换经济可以用埃奇沃思盒来处理和分析。回答以下关于埃奇沃思盒的问题：

1. 在确定埃奇沃思盒的大小时，需要知道每一个消费者的禀赋吗？

2. 埃奇沃思盒内任意一点所表示的配置，是否允许有商品的浪费 (自由处置)?
3. 无差异曲线可以在埃奇沃思盒之外吗？提供曲线呢？
4. 真正的盒子是一个三维的立方体而非二维的矩形。何种经济环境下的埃奇沃思盒是一个真正的盒子？

习题 10.2 (提供曲线) 思考以下问题:

1. 提供曲线一定会过禀赋点吗？
2. 提供曲线的交点若不是禀赋点，它一定是竞争均衡的配置吗？
3. 竞争均衡的配置一定在提供曲线的交点上吗？

习题 10.3 (字典序偏好) 考虑两消费者两商品的纯交换经济。消费空间为 $X_1 = X_2 = \mathcal{R}_+^2$。消费者 1 的效用函数为 $u_1(x_1, y_1) = x_1 + 2y_1$。消费者 2 的偏好为字典序，其中 x 是先比较的商品。每个消费者的初始禀赋为 $\boldsymbol{w}_1 = \boldsymbol{w}_2 = (1, \frac{1}{2})$。

1. 在埃奇沃思盒中，标明消费者的禀赋，以及表示偏好和偏好增加的方向。
2. 求每个消费者的需求函数。
3. 在埃奇沃思盒中标明每个消费者的提供曲线。
4. 求竞争均衡，若均衡不存在，说明理由。
5. 若两个消费者都是先比较商品 x 的字典序偏好，此时的竞争均衡又是什么？

习题 10.4 考虑两消费者两企业的经济。消费者 1 所拥有的企业 1 利用劳动生产食品，其生产函数为 $f(x) = 2x$。消费者 2 所拥有的企业 2 利用劳动生产衣物，其生产函数为 $g(x) = 2x$。每个消费者拥有 10 单位的劳动。两个消费者的消费空间皆为 $X_1 = X_2 = \mathcal{R}_+^2$，其效用函数分别为 $u_1(f, g) = f^{0.4}g^{0.6}$，$u_2(f, g) = 10 + 0.7\ln f + 0.3\ln g$。求这个经济的竞争均衡。

第10章

习题 10.5 考虑如下两消费者两商品的纯交换经济。消费者 1 只在乎商品 1，消费者 2 只在乎商品 2，其消费空间为 $X_1 = X_2 = \mathcal{R}_+^2$。消费者 1 的禀赋为 $(w_1^1, w_1^2) > 0$，消费者 2 的禀赋为 $(w_2^1, w_2^2) > 0$。

1. 计算这个经济的竞争均衡。均衡唯一吗？
2. 商品 2 的相对价格是商品 2 总禀赋的减函数吗？

习题 10.6 考虑三消费者两商品的纯交换经济，其消费空间为 $X_1 = X_2 = \mathcal{R}_+^2$。消费者 1，2 和 3 的效用函数为

$$u_i(x_i^1, x_i^2) = x_i^1 x_i^2, \ \forall i = 1, 2, 3,$$

初始禀赋为 $\boldsymbol{w}_1 = (6, 1)$，$\boldsymbol{w}_2 = (1, 6)$，$\boldsymbol{w}_3 = (1, 1)$。

1. 考虑配置 $\boldsymbol{x}_1 = (3, 3) = \boldsymbol{x}_2$，$\boldsymbol{x}_3 = (2, 2)$。验证该配置不是一个竞争均衡配置。
2. 找出所有的竞争均衡。

习题 10.7　考虑两消费者两商品的纯交换经济，其消费空间为 $X_1 = X_2 = \mathcal{R}^2_+$。消费者 1 和 2 的效用函数为

$$u_i(x_i^1, x_i^2) = \min\{x_i^1, x_i^2\},\ \forall i = 1, 2,$$

初始禀赋为 $(w_1^1, w_1^2) = (1, 3)$，$(w_2^1, w_2^2) = (3, 1)$。

1. 找出所有的竞争均衡。
2. 若 $\boldsymbol{w}_2$ 从 $(3, 1)$ 变为 $(4, 1)$，此时的竞争均衡是什么？

习题 10.8　考虑两消费者两商品的纯交换经济，其消费空间为 $X_1 = X_2 = \mathcal{R}^2_+$。初始禀赋为 $\boldsymbol{w}_1 = (30, 0)$，$\boldsymbol{w}_2 = (0, 20)$。效用函数分别为：

$$u_1(x_1^1, x_1^2) = \min\{x_1^1, x_1^2\};$$

$$u_2(x_2^1, x_2^2) = \min\{x_2^1, \sqrt{x_2^2}\}.$$

1. 这个经济是否存在价格严格为正的竞争均衡？
2. 这个经济是否存在某种商品价格为零的竞争均衡？

习题 10.9　考虑两消费者两商品的纯交换经济，其消费空间为 $X_1 = X_2 = \mathcal{R}^2_+$。初始禀赋为 $\boldsymbol{w}_1 = \boldsymbol{w}_2 = (2, 2)$。效用函数分别为：

$$u_1(x_1^1, x_1^2) = \min\{2x_1^1, 3(x_1^2 - 3)\};$$

$$u_2(x_2^1, x_2^2) = \min\{3(x_2^1 - 3), 2x_2^2\}.$$

1. 求每个消费者的需求函数。
2. 画埃奇沃思盒和标出每个消费者的提供曲线。
3. 求竞争均衡。
4. 求约束竞争均衡。
5. 若效用函数变为：

$$u_1(x_1^1, x_1^2) = \min\{x_1^1, 3(x_1^2 - 3)\},$$

$$u_2(x_2^1, x_2^2) = \min\{3(x_2^1 - 3), x_2^2\},$$

其他条件保持不变，此时的竞争均衡和约束竞争均衡是什么？

习题 10.10 (非严格递增偏好)　考虑两消费者两商品的纯交换经济。消费者 1 和 2 的效用函数分别为：

$$u_1(x_1^1, x_1^2) = x_1^1 x_1^2;$$

$$u_2(x_2^1, x_2^2) = \min\{x_2^1 x_2^2, 4\}.$$

初始禀赋为 $\boldsymbol{w}_1 = (1, 4)$，$\boldsymbol{w}_2 = (4, 1)$。

1. 证明 $\{(p^1, p^2) = (1, 1), \boldsymbol{x}_1 = \boldsymbol{x}_2 = (2.5, 2.5)\}$ 是一个竞争均衡。

2. 求所有的竞争均衡。
3. 求所有的约束竞争均衡。

习题 10.11 (非严格递增偏好) 考虑两消费者两商品的纯交换经济，其消费空间为 $X_B = X_B = \mathcal{R}^2_+$。消费者 A 和 B 的消费组合满足 $(x_A, y_A), (x_B, y_B) \in \mathcal{R}^2_+$，效用函数分别为:

$$u_A(x_A, y_A) = x_A y_A;$$
$$u_B(x_B, y_B) = x_B + 5.$$

初始禀赋为 $(w_A^x, w_A^y) = (0, 10)$，$(w_B^x, w_B^y) = (5, 10)$。

1. 求每个消费者的需求函数。
2. 在埃奇沃思盒中标明两个消费者的提供曲线。
3. 求竞争均衡。
4. 求约束竞争均衡。它们和竞争均衡相同吗?

习题 10.12 (拐折偏好) 考虑两消费者两商品的纯交换经济，其消费空间为 $X_1 = X_2 = \mathcal{R}^2_+$。消费者 i $(i = 1, 2)$ 的效用函数为:

$$\text{若 } x_i^1 \leqq x_i^2, \text{ 则 } u_i(x_i^1, x_i^2) = \sqrt{x_i^1} + \frac{1}{2}\sqrt{x_i^2};$$
$$\text{若 } x_i^1 > x_i^2, \text{ 则 } u_i(x_i^1, x_i^2) = \frac{1}{2}\sqrt{x_i^1} + \sqrt{x_i^2}.$$

1. 假设初始禀赋是 $\boldsymbol{w}_i = (4, 4)$，$\forall i = 1, 2$。证明初始禀赋是一个竞争均衡配置，并找出此时的竞争均衡价格。
2. 假设初始禀赋是 $\boldsymbol{w}_1 = (5, 3)$，$\boldsymbol{w}_2 = (3, 5)$。求所有竞争均衡。

习题 10.13 (存在有害品的竞争均衡) 考虑两消费者的纯交换经济。消费者 $i (i = 1, 2)$ 的效用函数为:

$$u_i(x_i^1, x_i^2) = x_i^1(4 - x_i^2).$$

注意 x^2 是“有害品”，其价格应为负。消费集为 $[0, 5] \times [0, 3] \subseteq \mathcal{R}^2_+$。禀赋为 $\boldsymbol{w}_1 = (1, 3)$，$\boldsymbol{w}_2 = (3, 1)$。

1. 求竞争均衡。
2. 若初始禀赋变为 $\boldsymbol{w}_1 = (1, 0)$，$\boldsymbol{w}_2 = (3, 4)$，找出此时的竞争均衡。

习题 10.14 (偏好的单调性与凸性) 证明以下命题:

1. 若偏好满足凸性，则由非饱和性可以推出局部非饱和性。
2. 若偏好的局部非饱和性成立，则预算约束取等号，从而瓦尔拉斯律成立。
3. 若偏好满足严格凸性，则 $\boldsymbol{x}_i(\boldsymbol{p})$ 为单值函数。
4. 若偏好满足弱凸性，则需求对应 $\boldsymbol{x}_i(\boldsymbol{p})$ 为凸值的。

习题 10.15 (不可分商品、单调性、凸性与竞争均衡存在性) 考虑消费不可分的纯交换经济。假定有 n 个消费者 ($i = 1, \cdots, n$)，消费者 i 的消费集为 $X_i = \{x_i = (x_i^1, \cdots, x_i^l, \cdots, x_i^L)\} \in \mathbb{R}^L_+$，其中 x_i^l 为消费商品 l 的整数量，初始禀赋为 $w_i \in X_i$ ($w_i \gg 0$)，定义在 X_i 上的偏好序记为 $\preceq_i$ $(i = 1, \cdots, n)$。

1. 给出现实中不可分商品的一些例子。
2. 说明命题是真还是假，并解释为什么：偏好是连续的假设是无害的。
3. 对这个经济定义单调性和强单调性。
4. 对这个经济能定义凸性吗？给出定义或解释为什么不能给出凸性定义。
5. 对这个经济能假定局部非饱和性吗？
6. 满足以上假设的不可分商品经济是否一定存在竞争均衡？解释为什么能或不能。

习题 10.16 (多重均衡存在的可能性)　考虑两消费者两商品的纯交换经济，其消费空间为 $X_1=X_2=\mathcal{R}^2_+$，效用函数 $u_i: R^2_+ \to R$ 为

$$u_1(x_1^1, x_1^2) = \left[(x_1^1)^{-2} + \left(\frac{12}{37}\right)^3 (x_1^2)^{-2}\right]^{-1/2},$$

$$u_2(x_2^1, x_2^2) = \left[\left(\frac{12}{37}\right)^3 (x_2^1)^{-2} + (x_2^2)^{-2}\right]^{-1/2},$$

初始禀赋是 $\boldsymbol{w}_1 = (1,0)$ 和 $\boldsymbol{w}_2 = (0,1)$。

1. 计算这个经济的超额需求函数。
2. 验证有多重均衡。

习题 10.17 (平衡配置)　若消费者偏好的局部非饱和性成立，由命题 10.4.1 可知瓦尔拉斯律成立，即

$$\boldsymbol{p} \cdot \left[\sum_{i=1}^n \boldsymbol{x}_i - (\sum_{j=1}^J \boldsymbol{y}_j + \sum_{i=1}^n \boldsymbol{w}_i)\right] = 0.$$

假设竞争均衡存在，回答以下问题，证明或给出反例：

1. 若偏好的局部非饱和性成立，竞争均衡的资源配置是否平衡？即：

$$\sum_{i=1}^n \boldsymbol{x}_i = \sum_{j=1}^J \boldsymbol{y}_j + \sum_{i=1}^n \boldsymbol{w}_i$$

   是否总是成立？
2. 若偏好满足单调性，竞争均衡的资源配置是否平衡？
3. 若偏好满足强单调性，竞争均衡的资源配置是否平衡？

习题 10.18　考虑一个消费集为 $X = \mathcal{R}^L_+$、偏好为 $\succeq$ 的消费者。

1. 对偏好做假设，从而保证存在价格向量 $\boldsymbol{p} \in \mathcal{R}^L \setminus \{0\}$ 使得若有 $\boldsymbol{x}' \succ \boldsymbol{x}$，则有 $\boldsymbol{p}\cdot\boldsymbol{x}' \geqq \boldsymbol{p}\cdot\boldsymbol{x}$。证明你的论断。
2. 对偏好施加什么样的假设能够保证 $\boldsymbol{p} \in \mathcal{R}^L_+$？证明你的论断。

习题 10.19　设整数 $L \geqq 2$，Δ 表示 $\mathcal{R}^L_+$ 上的单纯形，即：

$$\Delta = \left\{\boldsymbol{p} \in \mathcal{R}^L_+ : \sum_{t=1}^L p^t = 1\right\}.$$

一个连续的函数 $f:\Delta \to \mathcal{R}^L$ 可被视为总超额需求函数。

1. 是否必定存在一个价格向量 $\boldsymbol{p}^* \in \Delta$ 使得 $f(\boldsymbol{p}^*) \leqq 0$? 若不存在，说明在何种假定条件下可以存在这样的价格向量，并说明该条件的经济含义。
2. 描述布劳威尔不动点定理。
3. 运用布劳威尔不动点定理证明存在 $\boldsymbol{p}^* \in \Delta$ 使得 $f(\boldsymbol{p}^*) \leqq 0$。若需要其他假设条件，请予以补充说明。
4. 现在假定总超额需求函数的定义域变为

$$\Delta_{++} = \left\{\boldsymbol{p} \in \mathcal{R}^L_{++} : \sum_{t=1}^{L} p^t = 1\right\}.$$

描述在何种条件下一定存在竞争均衡。

习题 10.20 (存在性定理) 证明下面的存在性定理: 对纯交换经济 $e = (\{X_i, \boldsymbol{w}_i, \succcurlyeq_i\})$，竞争均衡存在，若对每个 $i \in N$，均有

1. X_i 是 $\mathcal{R}^L_+$ 的一个非空紧凸集;
2. $\boldsymbol{w}_i \in \text{int}\, X_i$;
3. u_i 是连续、单调增和准凸的。

习题 10.21 考虑 n 消费者 $(i = 1, \cdots, n)$ 和 L 商品的纯交换经济。每个消费者的初始禀赋向量 $\boldsymbol{w}_i \in \mathcal{R}^L_+$，偏好序 $\succcurlyeq_i$ 定义在消费集 $X_i = \mathcal{R}^L_+$ 上且满足严格凸性和强单调性。

1. 这个经济的总超额需求函数 $\hat{\boldsymbol{z}}(\boldsymbol{p})$ 满足哪些性质? 注明 $\hat{\boldsymbol{z}}(\boldsymbol{p})$ 的定义域和值域。
2. 证明以上性质并注明在证明中需要用到哪个关于偏好的假设。
3. 描述一个保证这个经济中竞争均衡存在的定理并给出证明的步骤。若需要的话，你可以添加其他假设。

习题 10.22 证明定理 10.4.8 (存在性定理 VIII)。

习题 10.23 对本章所考虑的私人所有经济，

1. 竞争均衡可能不存在的主要原因有哪些?
2. 在只有一个消费者的纯交换经济中，若竞争均衡存在，一定是唯一的吗?
3. 考虑如下一个鲁滨逊 · 克鲁索经济: 消费者的效用函数为 x^1x^2，其中 x^1 表示休闲，x^2 表示消费。生产函数为 $q = z^{\frac{1}{2}}$，其中 z 是劳动投入，q 是产出。消费者的禀赋为劳动量 (即休闲)，值为 2。计算竞争均衡的价格、利润和消费。

习题 10.24 (无自由处置配置) 考虑两消费者 (1 和 2) 两商品 (x 和 y) 的纯交换经济，其消费空间为 $X_1 = X_2 = \mathcal{R}^2_+$。

1. 定义无自由处置 (without free disposal) 配置的竞争均衡。
2. 假设消费者 1 和消费者 2 的效用函数分别为:

$$u_1(x_1, y_1) = 10 - [(x_1)^2 + (y_1)^2],\ x_1, y_1 \in \mathcal{R}_+;$$

$$u_2(x_2, y_2) = 8 - 5[(x_2)^2 + (y_2)^2],\ x_2, y_2 \in \mathcal{R}_+.$$

消费者的禀赋分别为 $\boldsymbol{w}_1=(10,0)$，$\boldsymbol{w}_2=(0,10)$。证明这个经济中至少存在一个竞争均衡，求均衡。

习题 10.25　考虑两消费者两商品的纯交换经济，其消费空间为 $X_1=X_2=\mathcal{R}_+^2$。消费者的效用函数 $u_1(x_1^1,x_1^2)$ 和 $u_2(x_2^1,x_2^2)$ 都是严格递增的。在这样的经济中：

1. 是否可能不存在竞争均衡？为什么？
2. 是否可能存在无穷多个竞争均衡？若是，给出例子，否则说明理由。

习题 10.26　考虑两消费者两商品的纯交换经济，其消费空间为 $X_1=X_2=\mathcal{R}_+^2$。消费者 1 的效用函数为 $u_1(x_1^1,x_1^2)=x_1^1$，消费者 2 的效用函数为 $u_2(x_2^1,x_2^2)=\ln x_2^1+x_2^2$，每个消费者的初始禀赋为 $\boldsymbol{w}_1=(2,0)$，$\boldsymbol{w}_2=(0,2)$。

1. 在埃奇沃思盒中给出每个消费者的提供曲线。
2. 竞争均衡是否存在？若均衡不存在，说明理由。

习题 10.27 (有约束的消费空间)　考虑两消费者两商品的纯交换经济。对于消费者 $i=1,2$，消费空间均为：

$$X_i=\left\{\boldsymbol{x}_i\in\mathcal{R}_+^2:x_i^1+x_i^2\geqq 1\right\},$$

消费者的禀赋分别为 $\boldsymbol{w}_1=(1,0)$，$\boldsymbol{w}_2=(1,2)$。效用函数分别为：

$$u_1=x_1^1+2x_1^2;$$

$$u_2=\ln x_2^1+\ln x_2^2.$$

1. 在这个经济的埃奇沃思盒中，注明消费集、无差异曲线和初始禀赋。
2. 求需求函数。
3. 求竞争均衡。若竞争均衡不存在，说明该经济违背了哪个存在性定理的哪个条件。
4. 若对于消费者 $i=1,2$，消费集变为 $X_i=\mathcal{R}_+^2$，以上结果有何变化？
5. 求约束竞争均衡。是竞争均衡吗？

习题 10.28 (有生产的竞争均衡)　考虑如下两消费者三商品的纯交换经济，其消费空间为 $X_A=X_B=\mathcal{R}_+^3$。消费者 A 和 B 的效用函数分别为：

$$u_A(x_A^1,x_A^2,x_A^3)=(x_A^1)(x_A^3)^2,$$

$$u_B(x_B^1,x_B^2,x_B^3)=3(x_B^1)^{\frac{1}{2}}+2x_B^3.$$

消费者 A 的禀赋为 $\boldsymbol{x}_A=(3,0,0)$，消费者 B 的禀赋为 $\boldsymbol{x}_B=(3,0,0)$。

1. 求竞争均衡 (若存在的话)。
2. 假设这个经济中还存在两个生产者 (企业)，消费者 A 拥有企业 F_1，消费者 B 拥有企业 F_2。企业 F_1 和企业 F_2 的生产函数分别为：

$$y^2=f_1(y^1)=(y^1)^{\frac{1}{2}};$$

$$y^3=f_2(y^1,y^2)=2y^1+3y^2.$$

在这样一个生产经济中，是否有可能某个企业不生产或两个企业都不生产？这个经济是否存在竞争均衡？若有，求出；若没有，说明理由。

习题 10.29 考虑下面两个纯交换经济。

1. 两消费者两商品，其消费空间为 $X_1 = X_2 = \mathcal{R}^2_+$，禀赋为 $\boldsymbol{w}_1 = (0,1)$，$\boldsymbol{w}_2 = (1,0)$，以及效用函数为：

$$u_1(\boldsymbol{x}_1) = x_1^1;$$
$$u_2(\boldsymbol{x}_2) = \ln(x_2^1) + \ln(x_2^2).$$

2. 三消费者两商品，其消费空间为 $X_1 = X_2 = X_3 = \mathcal{R}^2_+$，禀赋为 $\boldsymbol{w}_1 = (1,0)$，$\boldsymbol{w}_2 = (2,1)$，$\boldsymbol{w}_3 = (1,1)$，以及效用函数为：

$$u_1(\boldsymbol{x}_1) = x_1^1;$$
$$u_2(\boldsymbol{x}_2) = \min\{x_2^1, x_2^2\};$$
$$u_3(\boldsymbol{x}_3) = \min\{2x_3^1, x_3^2\}.$$

对于以上两种情形，确定瓦尔拉斯均衡是否存在。若存在，计算出竞争均衡和讨论其稳定性。若不存在，说明为什么违背了存在性定理。

习题 10.30 (可分离效用函数) 考虑三消费者三商品的纯交换经济，其消费空间为 $X_1 = X_2 = X_3 = \mathcal{R}^3_+$。假设对于消费者 $i = 1, 2, 3$, 效用函数为：

$$U_i(\boldsymbol{x}_i) = v_i(x_i^1) + v_i(x_i^2) + v_i(x_i^3),$$

其中 $v_i(\cdot)$ 是可微、严格凹、强单调的。

1. 假设消费者个人的禀赋 $\boldsymbol{w}_i \in \mathcal{R}^3_+$，竞争均衡是否总是存在？为什么？
2. 假设消费者的禀赋满足

$$\textstyle\sum_{i=1}^3 w_i^1 > \sum_{i=1}^3 w_i^2 > \sum_{i=1}^3 w_i^3.$$

证明：对于任意一个竞争均衡都有

$$p^1 < p^2 < p^3.$$

3. 假设对于 $i = 1, 2, 3$, $v_i(x) = \ln x$。若两个经济的总禀赋相同，证明两个经济的价格相同。若消费者的偏好相同 (但不是 $v_i(x) = \ln x$ 的形式)，这一结论还成立吗？

第10章

习题 10.31 考虑一个消费集为 $X = \mathcal{R}^L_+$，禀赋为 $\boldsymbol{w} \in \operatorname{int} X$，偏好为 $\succ$ 的个人。假设偏好序 $\succcurlyeq$ 是连续、强单调和严格凸的。需求对应为 $D : X \to 2^X$，即

$$D(\boldsymbol{p}) := \{\boldsymbol{x} \in X : \boldsymbol{p} \cdot \boldsymbol{x} \leqq \boldsymbol{p} \cdot \boldsymbol{w} \text{ 且 } \boldsymbol{x}' \succ \boldsymbol{x} \text{意味着} \boldsymbol{p} \cdot \boldsymbol{x}' > \boldsymbol{p} \cdot \boldsymbol{w}\}.$$

1. 证明 D 是单值的。
2. 证明 $P(\boldsymbol{w}) := \{\boldsymbol{x} \in X : \boldsymbol{x} \succ \boldsymbol{w}\}$ 的内点集是非空的，且 $\boldsymbol{w} \notin P(\boldsymbol{w})$。
3. 证明存在 $\boldsymbol{p}^* \in \Delta$，$\boldsymbol{x} \succ \boldsymbol{w}$ 意味着 $\boldsymbol{p}^* \cdot \boldsymbol{x} \geqq \boldsymbol{p}^* \cdot \boldsymbol{w}$。

4. 证明存在 $\hat{\boldsymbol{x}} \in X$ 使得 $\hat{\boldsymbol{x}} < \boldsymbol{w}$；并证明对于满足问题 3 中条件的 $\boldsymbol{p}^* \in \Delta$，有 $D(\boldsymbol{p}^*) = \boldsymbol{w}$。

习题 10.32　考虑如下私人产权完全竞争的经济。该经济中两个消费者的消费空间为 $X_1 = X_2 = \mathcal{R}^2_+$，以及效用函数分别为：

$$u_1 = (x_1^1)^\alpha (x_1^2)^{1-\alpha},$$
$$u_2 = (x_2^1)^\beta (x_2^2)^{1-\beta}.$$

对于 $i = 1, 2$, x_i^1 表示消费者 i 的休闲，x_i^2 表示消费者 i 的消费；$\alpha, \beta \in (0,1)$。经济中存在一个企业，其生产函数为 $q = z^{\frac{1}{2}}$，其中 z 是劳动投入，q 是商品 2 的产出。休闲的总禀赋为 $\bar{L} > 0$。每个消费者对企业而言都占有一定的份额，消费者 1 的份额为 θ，消费者 2 的份额为 $1-\theta$，其中 $0 < \theta < 1$。经济中商品 2 的初始禀赋为 0，它可以被生产出来。

1. 证明该经济中消费者的需求等价于存在一个有"加总偏好"的消费者的情形，并写出加总的偏好。
2. 利用以上事实或其他方法，计算这个经济的竞争均衡。

习题 10.33　考虑两消费者 L 商品的纯交换经济。消费者 i $(i = 1, 2)$ 的消费空间为 $X_1 = X_2 = \mathcal{R}^2_+$，效用函数为：

$$u_i(\boldsymbol{x}_i) = \sum_{l=1}^L \ln(x_i^l + 1).$$

1. 定义这个经济的竞争均衡。
2. 假设初始禀赋为 $\boldsymbol{w}_1 = \boldsymbol{w}_2 = (1, \cdots, 1) \in \mathcal{R}^L_+$，计算竞争均衡。
3. 证明对任意的非零初始禀赋 $(\boldsymbol{w}_1, \boldsymbol{w}_2) \in \mathcal{R}^{2L}_+$，竞争均衡总是存在。
4. 定义摸索调整过程，证明均衡是唯一且全局稳定的。

习题 10.34　考虑两消费者两商品的纯交换经济，其消费空间为 $X_1 = X_2 = \mathcal{R}^2_+$。消费者 1 和 2 的效用函数为

$$u_i(x_i^1, x_i^2) = x_i^1 x_i^2, \ \forall i = 1, 2,$$

初始禀赋为 $(w_1^1, w_1^2) = (1, 3)$，$(w_2^1, w_2^2) = (3, 1)$。

1. 证明价格向量 $\boldsymbol{p} = \{(p^1, p^2) : p^1 = p^2\}$ 和配置 $\boldsymbol{x}_1 = \boldsymbol{x}_2 = (2, 2)$ 是一个竞争均衡。
2. 是否存在其他的竞争均衡？若存在，求出所有的竞争均衡。
3. 定义摸索调整过程，讨论所求竞争均衡的稳定性。

习题 10.35 (完全替代的偏好)　考虑两消费者两商品的纯交换经济。消费空间为 $X_A = X_B = \mathcal{R}^2_+$，禀赋为 $\boldsymbol{w}_A = (4, 0)$，$\boldsymbol{w}_B = (2, 8)$，消费者 A 和消费者 B 的效用函数分别为：

$$u_A(x_A^1, x_A^2) = x_A^1 + 2x_A^2,$$
$$u_B(x_B^1, x_B^2) = x_B^1 + x_B^2.$$

1. 画埃奇沃思盒并注明无差异曲线和初始禀赋。
2. 求需求函数。
3. 在埃奇沃思盒里给出提供曲线。
4. 找出竞争均衡。均衡是唯一的吗?
5. 定义摸索调整过程。所求的竞争均衡是全局稳定的吗?

习题 10.36 (有生产的竞争均衡) 考虑两消费者两商品和一个生产者的经济。消费空间为 $X_1 = X_2 = \mathcal{R}^2_+$,效用函数分别为:

$$u_1(x_1^1, x_1^2) = (x_1^1)^{\frac{1}{3}}(x_1^2)^{\frac{2}{3}};$$

$$u_2(x_2^1, x_2^2) = x_2^1 x_2^2.$$

生产集为:

$$\boldsymbol{y} = \left\{(-y^1, y^2) : y^2 \leqq (y^1)^{\frac{1}{2}},\ y^1 \geqq 0, y^2 \geqq 0\right\}.$$

假设企业由消费者 1 所有, 每个消费者的禀赋 $\boldsymbol{w}_1 \geqslant \mathbf{0}$,$\boldsymbol{w}_2 \geqslant \mathbf{0}$。

1. 求竞争均衡。
2. 定义摸索调整过程。竞争均衡是全局稳定的吗?
3. 算出当 $\boldsymbol{w}_1 = (10, 5)$,$\boldsymbol{w}_2 = (3, 2)$ 时的竞争均衡。

习题 10.37 考虑两消费者两商品的纯交换经济,其消费空间为 $X_1 = X_2 = \mathcal{R}^2_+$。消费者的禀赋分别为 $\boldsymbol{w}_1 = (1, 0)$,$\boldsymbol{w}_2 = (0, 1)$。计算在以下效用函数情形下的竞争均衡,并讨论其稳定性。若均衡不存在,说明理由。

1. $u_1 = \min\{2x_1^1, x_1^2\}$,$u_2 = \min\{x_2^1, 2x_2^2\}$。
2. $u_1 = \sqrt{x_1^1} + \frac{1}{2}(x_1^2)^2$,$u_2 = x_2^1\, x_2^2$。
3. $u_1 = \sqrt{x_1^1} + \sqrt{x_1^2}$,$u_2 = x_2^2$。

习题 10.38 考虑一个线性生产集的经济。假定经济中有两个经济人、四种商品。商品 1 和商品 2 是消费品,商品 3 和商品 4 是熟练和不熟练的劳动力。经济人的效用函数为:

$$u_1(x_1^1, x_1^2, x_1^3, x_1^4) = \ln x_1^1 + \ln x_1^2;$$

$$u_2(x_2^1, x_2^2, x_2^3, x_2^4) = \ln x_2^1 + \ln x_2^2.$$

经济人的禀赋为 $\boldsymbol{w}_1 = (0, 0, 1, 0)$,$\boldsymbol{w}_2 = (0, 0, 0, 2)$。假设有如下四种将劳动转化为商品 1 和 2 的方式:$a_1 = (1, 0, -3, 0)$,$a_2 = (0.1, 1, -1, 0)$,$a_3 = (1, 0, 0,\ 4)$,$a_4 = (0, 1, 0,\ 2)$;以及存在唯一的企业,其生产集 Y 是以上四种方式的凸包:

$$Y = \left\{\boldsymbol{y} \in \mathcal{R}^L \middle| \boldsymbol{y} = \textstyle\sum_{m=1}^4 \alpha_m a_m \text{ 对某个 } \alpha \in \mathcal{R}^4_+\right\}.$$

定义这个经济的竞争均衡,并求出其竞争均衡及讨论其稳定性。

习题 10.39 考虑具有两消费者两商品的几种纯交换经济。$X = \mathcal{R}_+^2$，每人的效用函数和禀赋如下：

$$\begin{aligned}
(1)u_1(x,y) &= x + y(x+2), \boldsymbol{w}_1 = (1,0);\\
u_2(x,y) &= xy, \qquad\qquad \boldsymbol{w}_2 = (0,1).\\
(2)u_1(x,y) &= \min\{2x,y\}, \quad \boldsymbol{w}_1 = (2,6);\\
u_2(x,y) &= \min\{x,4y\}, \quad \boldsymbol{w}_2 = (8,0).\\
(3)u_1(x,y) &= 2\ln x + y, \quad \boldsymbol{w}_1 = (1,0);\\
u_2(x,y) &= \ln x + 2y, \quad \boldsymbol{w}_2 = (0,1).
\end{aligned}$$

1. 求每个经济的竞争均衡。
2. 验证每个经济的均衡是否为唯一的。
3. 验证每个均衡是否为全局稳定的。

习题 10.40 考虑三消费者三商品的纯交换经济，其消费空间为 $X_1 = X_2 = X_3 = \mathcal{R}_+^3$。消费者 i 的消费向量为 (x_i, y_i, z_i)，每个消费者都只有一种商品的禀赋：$\boldsymbol{w}_1 = (1,0,0)$，$\boldsymbol{w}_2 = (0,2,0)$，$\boldsymbol{w}_3 = (0,0,3)$。消费者的偏好可用效用函数表示如下：

$$u_1 = x_1(y_1 + z_1);$$

$$u_2 = x_2 y_2;$$

$$u_3 = x_3 y_3.$$

计算竞争均衡。均衡是唯一的吗？是全局稳定的吗？

习题 10.41 对以下生产经济，回答下述问题：

1. 考虑一个生产函数 $y = f(x_1, \cdots, x_n)$，其中 n 可以是任意正整数，$x_i \geqq 0$。给出生产函数 f 满足规模报酬递增的定义。
2. 当 $n = 1$ 时，验证如下生产函数满足规模报酬递增 (其中 x 是一个正实数)：

$$f(x) = \begin{cases} 0 & 若 \quad 0 \leqslant x \leqslant 3; \\ x - 3 & 若 \qquad x > 3. \end{cases}$$

$$若\ 0 \leqq x \leqq 3,\ 则\ f(x) = 0;$$

$$若\ x > 3,\ 则\ f(x) = x - 3.$$

3. 假设存在价格严格为正的竞争均衡，求前一问提到的企业在均衡时的 x^* 和 y^*。

习题 10.42 考虑 n 消费者 L 商品的纯交换经济。消费者 $i = 1, 2, \cdots, n$ 在消费集 $\mathcal{R}_+^L$ 上有连续的效用函数 u_i，初始禀赋向量 $\boldsymbol{w}_i \in \mathcal{R}_+^L$。设 $\boldsymbol{p} \in \mathcal{R}_{++}^L$ 是价格向量。消费者 i 的超额需求为：

$$\boldsymbol{z}(\cdot; u_i, \boldsymbol{w}_i) : \mathcal{R}_{++}^L \to \mathcal{R}^L.$$

总超额需求为:

$$Z(\boldsymbol{p};u_1,\boldsymbol{w}_1,\cdots,u_n,\boldsymbol{w}_n)=\sum_{i=1}^n \boldsymbol{z}(\cdot;u_i,\boldsymbol{w}_i).$$

1. 简要地说明为什么对任意正数 $\lambda>0$ 都有:

$$Z(\boldsymbol{p};u_1,\boldsymbol{w}_1,\cdots,u_n,\boldsymbol{w}_n)=Z(\lambda\boldsymbol{p};u_1,\boldsymbol{w}_1,\cdots,u_n,\boldsymbol{w}_n).$$

2. 简要地解释为什么对任意正数 $\lambda>0$ 都有:

$$Z(\boldsymbol{p};u_1,\boldsymbol{w}_1,\cdots,u_n,\boldsymbol{w}_n)=Z(\boldsymbol{p};\lambda u_1,\boldsymbol{w}_1,\cdots,\lambda u_n,\boldsymbol{w}_n).$$

3. 对任意正数 $\lambda>0$，是否下式都成立？为什么？

$$Z(\boldsymbol{p};u_1,\boldsymbol{w}_1,\cdots,u_n,\boldsymbol{w}_n)=Z(\boldsymbol{p};u_1,\lambda\boldsymbol{w}_1,\cdots,u_n,\lambda\boldsymbol{w}_n).$$

4. 给出特定的 $\boldsymbol{w}_1$ 和 $\boldsymbol{w}_2$，使得对所有的 u_1 和 u_2 以及所有的 $\boldsymbol{p}\in\mathcal{R}^L_{++}$，都有:

$$\boldsymbol{z}(\boldsymbol{p};u_1,\boldsymbol{w}_1)+\boldsymbol{z}(\boldsymbol{p};u_2,\boldsymbol{w}_2)=\boldsymbol{z}(\boldsymbol{p};u_1+u_2,\boldsymbol{w}_1+\boldsymbol{w}_2).$$

5. 给出特定的 u_1 和 u_2，使得对所有的 $\boldsymbol{p}\in\mathcal{R}^L_{++}$ 和所有的 $\boldsymbol{w}_1,\boldsymbol{w}_2\in\mathcal{R}^L_+$ 都有:

$$\boldsymbol{z}(\boldsymbol{p};u_1,\boldsymbol{w}_1)+\boldsymbol{z}(\boldsymbol{p};u_2,\boldsymbol{w}_2)=\boldsymbol{z}(\boldsymbol{p};u_1+u_2,\boldsymbol{w}_1+\boldsymbol{w}_2).$$

6. 给出价格向量 $\boldsymbol{p}_1,\boldsymbol{p}_2\in\mathcal{R}^L_{++}$，使得对所有的 u_i 和所有的 $e_i\in\mathcal{R}^L_+$ 都有:

$$2\boldsymbol{z}\left(\frac{\boldsymbol{p}_1+\boldsymbol{p}_2}{2};u_i,\boldsymbol{w}_i\right)=\boldsymbol{z}(\boldsymbol{p}_1;u_i,\boldsymbol{w}_i)+\boldsymbol{z}(\boldsymbol{p}_2;u_i,\boldsymbol{w}_i).$$

习题 10.43 考虑两消费者两商品的生产经济，其消费空间为 $X_A=X_B=\mathcal{R}^2_+$。消费者 A 的效用函数为 $u_A(x,y)=e^{xy}$。消费者 B 的效用函数为 $u_B(x,y)=xy^2+\ln(xy^2)$。企业 X 的生产函数为 $x=\sqrt{L}$，企业 Y 的生产函数为 $y=2\sqrt{L}$，其中 L 为企业雇用的劳动力。消费者 A 和 B 分别有 2 单位和 3 单位的劳动。假设消费者 A 对企业 X 和企业 Y 的利润而言分别占有 $\theta_X\in(0,1)$ 和 $\theta_Y\in(0,1)$ 的份额；其他份额属于消费者 B。

1. 找出这个经济的生产可能性集 (X,Y)。
2. 求这个经济的竞争均衡。
3. 定义摸索调整过程，讨论所求竞争均衡的稳定性。

习题 10.44 (竞争均衡存在性定理) 证明: 对纯交换经济 $e=(\{X_i,\boldsymbol{w}_i,\succcurlyeq_i\})$，如果下面的条件成立，那么竞争均衡存在:

1. X_i 是 $\mathcal{R}^L_+$ 的非空紧凸子集;
2. $\boldsymbol{w}_i\in\operatorname{int}X_i$;
3. U_{si} 在 $X_i\times X_i$ 上有开图;
4. $\boldsymbol{x}_i\notin co\,U_{si}(\boldsymbol{x}),\forall\boldsymbol{x}\in Z$。

习题 10.45 对每一个 $i\in N$ (N 是有限集)，设 X_i 是 $\mathcal{R}^L$ 上的一个非空紧凸子集。考虑如下效用最大化问题: 对每一个 $i\in N$,

$$\max\{u_i(\boldsymbol{x}) : \boldsymbol{x} \in B_i(\boldsymbol{p})\},$$

其中，$B_i : \Delta \to 2^{X_i}$ 是预算约束。假设 u_i 是连续、拟凹的函数，并且 $\boldsymbol{w}_i \in X_i \cap \mathcal{R}^L_{++}$。假设这个规划的解可以用对应 $\phi_i : \Delta \to 2^{X_i}$ 来表示。回答以下问题:

1. 若 $\hat{X} = \sum_{i\in N} X_i$, 则 $\hat{X}$ 是非空紧凸集吗?
2. 对应 ϕ_i 有什么性质?
3. 设 $K = \hat{X} - \{\sum_{i\in N} \boldsymbol{w}_i\}$，则 K 是非空紧凸集吗?

   定义 $\varphi : \Delta \to 2^{X_i}$ 为:

$$\varphi(\boldsymbol{p}) = \sum_{i\in N}[\phi_i(\boldsymbol{p}) - \{\boldsymbol{w}_i\}].$$

   对应 φ 又有什么性质?
4. 证明: 对每一个 $\boldsymbol{p} \in \Delta$，$\boldsymbol{z} \in \varphi(\boldsymbol{p})$，$\boldsymbol{p} \cdot \boldsymbol{z} \leqq 0$。
5. 设对应 $\mu : K \to 2^{\Delta}$ 被定义为

$$\mu(\boldsymbol{z}) = \{\boldsymbol{p} \in \Delta : \boldsymbol{p} \cdot \boldsymbol{z} = \max_{\boldsymbol{p}' \in \Delta} \boldsymbol{p}' \cdot \boldsymbol{z}\}$$

   证明: μ 是非空的、紧的、凸的和上半连续的。
6. 设对应 $\mu \times \varphi : \Delta \times K \to 2^{\Delta \times K}$ 定义为:

$$(\mu \times \varphi)(\boldsymbol{p}, \boldsymbol{z}) = \mu(\boldsymbol{z}) \times \varphi(\boldsymbol{p}),$$

   应用角谷不动点定理证明: 存在 $\boldsymbol{p}^* \in \Delta$，使得 $\varphi(\boldsymbol{p}^*) \cap \mathcal{R}^L_- \neq \varnothing$。

习题 10.46　陈述博弈论中一个关于纯纳什均衡存在的一般性定理，并利用关于抽象经济的存在性定理 10.7.1 证明这个定理。

习题 10.47　设 X 是 $\mathcal{R}^L$ 的一个非空紧凸子集，Y 是 $\mathcal{R}^M$ 的一个非空紧凸子集并且 V 是 X 的一个开子集。设 $\varphi : X \to 2^Y$ 是一个上半连续的对应，$f : V \to Y$ 是一个来自 $\varphi|V$ 连续的挑选 (selection)。定义对应 $\psi : X \to 2^Y$,

$$\psi(\boldsymbol{x}) = \begin{cases} \{f(\boldsymbol{x})\}, & \boldsymbol{x} \in V, \\ \varphi(\boldsymbol{x}), & \boldsymbol{x} \notin V. \end{cases}$$

证明: $\psi(\boldsymbol{x})$ 是上半连续的。

习题 10.48　设 X 是 $\mathcal{R}^L$ 的一个子集，Y 是 $\mathcal{R}^m$ 的一个子集。

1. 设对应 $P : X \to 2^Y$ 有开图 (open graph)，并且 Y 是凸集。证明: $co\,P : X \to 2^Y$ 有开图 (这里，$co\,P$ 是指对应 P 的凸包 (convex hull)，即对应 P 的凸组合)。
2. 设对应 $co\,P : X \to 2^Y$ 有开图并且 $A : X \to 2^Y$ 是下半连续的，对应 $\mu : X \to 2^Y$ 被定义成 $\mu(\boldsymbol{x}) := co\,P(\boldsymbol{x}) \cap A(\boldsymbol{x})$。证明: μ 是下半连续的。

10.10 参考文献

教材和专著：

黄有光，张定胜. 高级微观经济学. 上海：格致出版社，2008.

Arrow, K. J. and F. H. Hahn (1971). *General Competitive Analysis*, Holden Day.

Border, K. C. (1985). *Fixed Point Theorems with Applications to Economics and Game Theory*, Cambridge University Press.

Debreu, G. (1959). *Theory of Value*, Wiley.

Hildenbrand, W. and A. P. Kirman (1988). *Equilibrium Analysis: Variations on Themes by Edgeworth and Walras*, North-Holland.

Jehle, G. A. and P. Reny (1998). *Advanced Microeconomic Theory*, Addison-Wesley.

Luenberger, D.(1995). *Microeconomic Theory*, McGraw-Hill.

Mas-Colell, A., M. D. Whinston, and G. Green (1995). *Microeconomic Theory*, Oxford University Press.

Salanié, B. (2000). *Microeconomics of Market Failures*, MIT Press.

Takayama, A. (1985). *Mathematical Economics*, *Second Edition*, Cambridge University Press.

Varian, H. R. (1992). *Microeconomic Analysis*, *Third Edition*, W.W. Norton and Company.

Walras, L. (1874). *Eléments of d'Économie Politique Pure. Lausanne: Gorbaz.* (Translated as *Elements of Pure Economics.* Homewood, Ill: Irwin, 1954.)

论文：

Arrow, K., H. D. Block, and L. Hurwicz (1995). "On the Stability of the Competitive Equilibrium, II", *Econometrica*, Vol. 27, 82-109.

Arrow, K. and G. Debreu(1954). "Existence of Equilibrium for a Competitive Economy", *Econometrica*, Vol. 22.

Arrow, K. and L. Hurwicz (1958). "On the Stability of the Competitive Equilibrium, I", *Econometrica*, Vol. 26, 522-552.

Baye, Zhou M. J. and G. Tian (1993). "Characterizations of the Existence of Equilibria in Games with Discontinuous and Nonquasiconcave Payoffs", *Review of Economic Studies*, Vol. 60, No. 4, 935-948.

Debreu, G. (1952). "A Social Equilibrium Existence Theorem", *Proceedings of the National Academy of Sciences of the U. S. A.*, Vol. 38, No. 10, 886-893.

Debreu, G. (1974). "Excess Demand Functions", *Journal of Mathematical Economics*, Vol. 1, No. 1, 15-21.

Dierker, E. (1972). "Two Remarks on the Number of Equilibria of an Economy", *Econometrica*, Vol. 40, No. 5, 951-953

Fan, K. (1984). "Some Properties of Convex Sets Related to Fixed Point Theorem," *Mathematische Annalen*, Vol. 266, No. 4, 519-537.

Gale, David (1955). "The Law of Supply and Demand", *Mathematica Scandinavica*, Vol. 3, 155-169.

Gale, D. and H. Nikaido (1965). "The Jacobian Matrix and Global Univalence of Mappings", *Mathematische Annalen*, Vol. 159, No. 2, 81-93.

Hurwicz, L. and H. Uzawa (1971). "On the Integrability of Demand Functions". In Chipman J., L. Hurwicz, M. Richter, and H. Sonnenschein(eds.), *Preferences, Utility, and Demand* (New York: Harcourt, Brace, Jovanovich).

Mas-Colell, A. (1979). "Homoeomorphism of Compact, Convex Sets and the Jacobian Matrix", *SIAM Journal of Mathematical Analysis*, Vol. 10, No. 6, 1105-1109.

McKenzie, L. W. (1954). "On Equilibrium in Graham's Model of World Trade and Other Competitive Systems", *Econometrica*, Vol. 22, No. 2, 147-161.

McKenzie, L. W. (1955). "Competitive Equilibrium with Dependent Consumer Preferences". In Antosiewicz, H. A. (ed.), *Proceedings of the Second Symposium in Linear Programming*, Vol. 1, 277-294.

Michael, E. (1956). "Continuous Selections I", *Annals of Mathematics*, Vol. 63, No. 2, 361-382.

Mukherji, A. (1997). "On the Uniqueness of Competitive Equilibrium", *Economic Theory*, Vol. 10, No. 3, 509-520.

Neisser, H. (1932). "Lohnhöhe und Beschaftigungsgrad im Marktgleichgewicht", *Weltwirtscha-ftliches Archiv*, Vol. 36, 415-455.

Scarf, H. (1960). "Some Examples of Global Instability of the Competitive Equilibrium", *International Economic Review*, Vol. 1, 157-172.

Schlesinger, K. (1935). "Fober die Produktionsgleichungen der Okonomischen Wertlehre", *Ergebnisseeines Mathematischen Kolloquiums*, No. 6, 10-11.

Shafer, W. and H. Sonnenschein (1975). "Equilibrium in Abstract Economies without Ordered Preferences", *Journal of Mathematical Economics*, Vol. 2, 345-348.

Stackelberg, H. von (1933). "Zwei kritische Bemerkungen zur Preisthorie Gustav Cassels", *Zeitschrift fiir NationalOkonomie*, No. 4, 456-472.

Sonnenschein, H.(1971). "Demand Theory without Transitive Preferences, with Application to the Theory of Competitive Equilibrium". Edited by Chipman, J. S., L. Hurwicz, M. K. Richter, and H. Sonnenschein, *Preferences, Utility, and Demand* (New York: Harcourt Brace Jovanovich).

Tian, G. (1988). "On the Constrained Walrasian and Lindahl Correspondences", *Economics Letters*, Vol. 26, No. 4, 299-303.

Tian, G. (1992a). "On the Existence of Equilibria in Generalized Games", *International Journal of Games Theory*, Vol.20, No. 3, 247-254.

Tian, G. (1992b). "Existence of Equilibrium in Abstract Economies with Discontinuous Payoffs and Non-Compact Choice Spaces", *Journal of Mathematical Economics*, Vol. 21, No. 4, 379-388.

Tian, G. (2015). "On the Existence of Equilibria in Games with Arbitrary Strategy Spaces and Preferences," *Journal of Mathematical Economics*, Vol. 60, No. 6, 9-16.

Tian, G. (2016). "On the Existence of Price Equilibrium in Economies with Excess Demand Functions", *Economic Theory Bulletin*, Vol. 4, No. 2, 5-16.

Varian, H.R. (1975). "A Third Remark on the Number of Equilibria of an Economy", *Econometrica*, Vol. 43, No. 5-6, 985-986.

Wald, A. (1935). "Übet die eindeutige positive Lösbarkeit der neuen Produktionsgleichungen", *Ergebnisse eines mathematischen Kolloquiums*, No. 6,12-20.

Wald, A. (1936a). "Über die Produktionsgleichungen der ökonomischen Wertlehre", *Ergebnisse eines mathematischen Kolloquiums*, No. 7, 1-6.

Wald, A. (1936b). "Über einige Gleichungssysteme der mathematischen Ökonomie", *Zeitschrift für Nationalökonomie*, No. 7, 637-670. Translated as: "On Some Systems of Equations of Mathematical Economics," *Econometrica*, No. 19 (1951), 368-403.

Zeuthen, F. (1933). "Das Prinzip der Knappheit, technische Kombination, und ökonomishe Qualität", *Zeitschrift für Nationaliökonomie*, No. 4, 1-24.

第 11 章　一般均衡的规范理论

11.1　导言

在前一章中，我们讨论了市场一般均衡的实证理论，它主要是从市场主体逐利的视角考察了竞争市场均衡的存在性、唯一性和稳定性。在本章中，我们将从整个社会配置资源的视角来讨论市场一般均衡的规范理论，主要考察竞争均衡的社会福利性质，即市场主体逐利和经济效率及社会福利最大化之间的关系。因为经济学家不仅对描述市场经济感兴趣，对如何评价市场经济体制及其表现也同样感兴趣。规范分析能为我们指明改革的大方向和经济制度的选择。

那么市场经济在配置资源方面有什么优势呢？亚当·斯密 (Adam Smith) 的《国富论》论断市场经济在配置资源方面是最有效的。他把竞争的市场机制比作一只“看不见的手”，在这只手的暗暗指引下，追逐私利的芸芸众生不由自主地走向一个共同的目标，实现了社会福利的最大化，那么亚当·斯密的“看不见的手”的严格表述是什么？在哪些情形下，市场经济是最优或最有效的呢？

资源的有效配置与经济个体的福利 (well-being) 问题密切相关。规范分析不仅有助于我们理解市场机制具有何种优势，也有助于我们评估现实世界所采用的经济体系孰优孰劣，从而有助于我们理解为什么中国、越南、俄罗斯及东欧的许多国家进行经济改革和经济体制转型，为什么中国进行市场化改革，要充分发挥市场在资源配置中的决定性作用和更好发挥政府作用，推动有效市场和有为政府更好结合，以及在什么情形下，市场会失灵，从而有利于我们了解市场和政府治理边界的界定，让政府发挥恰当的作用，而不会错位、越位和缺位。

经济有效性由三个要求构成：

（1）交换的有效性：商品有效交易，不存在改进福利的可能性。

（2）生产的有效性：生产商品时资源没有浪费。

（3）生产与消费的混合有效性 (mix efficiency)：经济中厂商的商品生产计划反映了消费者的消费偏好。

11.2　配置的帕累托有效性

经济资源配置的有效性是指帕累托有效性或称帕累托最优性，它是由意大利经济学家维尔弗雷多·帕累托 (Vilfredo Pareto，1848—1923，其人物小传见 11.9.1节) 给出的。它从整个经济或社会的角度提供了一个资源使用的价值判断，给出了一个经济制度优劣的基本评判标准。

在市场经济体制下，市场均衡同帕累托有效性之间的关系是什么？这包含了两个基本问题：(1) 若市场 (不必是竞争的) 均衡存在，它是帕累托有效的吗？(2) 人们所希望达到的某个 (如较平等或公平的) 帕累托有效配置是否能在市场和政府的共同作用下，在重新分配初始禀赋后通过市场机制达到？

帕累托有效性的概念不仅可用于研究市场经济的有效性，而且可用于研究任何经济系统的有效性。让我们首先定义**帕累托改进** (Pareto improvement) 的概念。

定义 11.2.1 (帕累托改进) 一个配置被称为**可帕累托改进的**，若它是可行的，且存在另一个可行配置，使得至少某个经济人的效用得到改进，而其他经济人的效用没有变差。

定义 11.2.2 (帕累托有效，也被称为帕累托最优) 一个配置被称为**帕累托有效** (Pareto efficient) 或**帕累托最优** ((Pareto optimal，简记为 PO)，若它不能被帕累托改进。

这样，资源一旦达到帕累托有效配置，就不可能再改进任何一个经济人的福利而不损害其他经济人的福利。

帕累托配置可用数学表达式更精确地表述：对交换经济，一个可行配置 $\boldsymbol{x}$ 是帕累托有效或帕累托最优的，若不存在其他配置 $\boldsymbol{x}'$，使得

（1）$\sum_{i=1}^{n} \boldsymbol{x}_i' \leqq \sum_{i=1}^{n} \boldsymbol{w}_i$；

（2）$\boldsymbol{x}_i' \succcurlyeq_i \boldsymbol{x}_i, \forall i$，而对某个经济人 $k \in \{1, \cdots, n\}$，有 $\boldsymbol{x}_k' \succ_k \boldsymbol{x}_k$。

对生产经济，$(\boldsymbol{x}, \boldsymbol{y})$ 被称为帕累托最优的，当且仅当：

（1）$\hat{\boldsymbol{x}} \leqq \hat{\boldsymbol{y}} + \hat{\boldsymbol{w}}$；

（2）不存在其他可行配置 $(\boldsymbol{x}', \boldsymbol{y}')$，使得

$$\boldsymbol{x}_i' \succcurlyeq_i \boldsymbol{x}_i, \forall i,$$
$$\boldsymbol{x}_k' \succ_k \boldsymbol{x}_k, \forall k.$$

资源配置有效性的一个较弱的概念是**弱帕累托有效性** (weak Pareto efficiency) 或**弱帕累托最优性** (weak Pareto optimality)。

定义 11.2.3 (弱帕累托有效性) 一个配置被称为**弱帕累托有效的**，若它是可行的，且不存在任何其他可行配置使所有经济人的效用都得到改进。

备注：一些教科书，如 Varian (1992)，将弱帕累托有效的定义作为帕累托有效的定义。那么，在何种条件下它们是等价的呢？显然，若一个配置是帕累托有效的，则它必定是弱帕累托有效的 (这是由于，若不能让一个人的境况得到改善，当然更加不可能让所有人的境况得到改善)，但反之并不成立。不过，对纯私人品的经济在偏好的连续性和强单调性 (strong monotonicity) 假设下，两者是等价的。

命题 11.2.1　在偏好连续性和强单调性假设下，弱帕累托有效性意味着帕累托有效性。

证明： 假设不然。设 $(\boldsymbol{x},\boldsymbol{y})$ 是弱帕累托有效但非帕累托有效的，则存在可行配置 $(\boldsymbol{x}',\boldsymbol{y}')$，使得对任意的 $i\in N$，均有 $\boldsymbol{x}_i'\succcurlyeq_i \boldsymbol{x}_i$，且对某个 k，有 $\boldsymbol{x}_k'\succ_k \boldsymbol{x}_k$。

定义 $\overline{\boldsymbol{x}}$ 如下：

$$\overline{\boldsymbol{x}}_k=(1-\theta)\boldsymbol{x}_k',$$

$$\overline{\boldsymbol{x}}_i=\boldsymbol{x}_i'+\frac{\theta}{n-1}\boldsymbol{x}_k',\ \forall i\neq k,$$

则有

$$\overline{\boldsymbol{x}}_k+\sum_{i\neq k}\overline{\boldsymbol{x}}_i=(1-\theta)\boldsymbol{x}_k'+\sum_{i\neq k}\left(\boldsymbol{x}_i'+\frac{\theta}{n-1}\boldsymbol{x}_k'\right)=\sum_{i=1}^{n}\boldsymbol{x}_i', \tag{11.1}$$

这意味着配置 $(\overline{\boldsymbol{x}},\boldsymbol{y}')$ 是可行的。此外，根据偏好的连续性，当 θ 充分接近零时，有

$$\overline{\boldsymbol{x}}_k=(1-\theta)\boldsymbol{x}_k'\succ_k \boldsymbol{x}_k,$$

且根据偏好的强单调性，对所有的 $i\neq k$，都有 $\bar{\boldsymbol{x}}_i\succ_i \boldsymbol{x}_i$。这与 $(\boldsymbol{x},\boldsymbol{y})$ 是弱帕累托最优的事实矛盾。因此，当偏好是连续和强单调的时，每个弱帕累托有效配置也是帕累托有效的。 □

备注：在上述命题的证明中，从某个经济人处拿出一点资源，并均等地分配给其他人，从而使所有经济人的效用都得到改善的技巧，将会出现在福利经济学第二基本定理的证明中。注意，上述命题中的强单调性不能放宽为单调性。为什么？请读者自己检查哪里用到了强单调性。

备注：上述命题隐含经济中所有的商品都是私人品。著者 (Tian, 1988) 通过一个例子说明，对有公共品的经济，即使偏好是连续和强单调的，帕累托有效性和弱帕累托有效性的等价也可能不成立。我们将在有关公共品的一章中给出这方面的例子。

帕累托有效配置集可用埃奇沃思盒表示。注意埃奇沃思盒中的每个点都是可达的 (即总需求正好等于总的初始禀赋)。假定图 11.1 的点 D 为起始点。点 D 是帕累托最优的吗？答案是否定的。例如，图中阴影部分中的点 C 所表示的配置能使双方的境况都得到改善。点 E 是帕累托最优的吗？答案是肯定的。实际上，所有的切点都是帕累托有效的，在所有切点上，至少有某人没有激励再进行交易。所有帕累托有效点的轨迹被称为**契约曲线** (contract curve)。

备注：**公平** (equity) 和**帕累托有效性**是两个不同的概念。点 O_A 或点 O_B 是帕累托有效的 (即一人拥有所有的资源，而另外一人一无所有。在自利的情况下，拥有所有资源的人不愿放弃任何资源)，但这些点是极度不公平的。为了使一个配置公平同时又是帕累托有效的，政府应实施一些制度安排，如税收、补贴等来实现公平而又帕累托有效的配置，使之达到埃奇沃思盒中契约曲线中部的某个点。然而，如何处理既是规范问题也是政策问题，我们将在下节讨论这个问题。

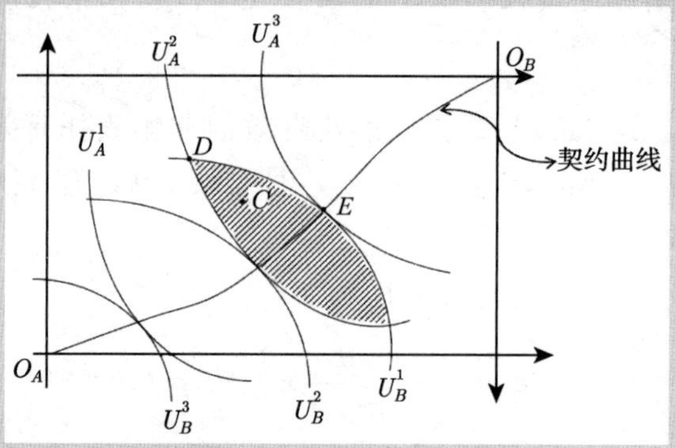

图 11.1　帕累托有效配置集由契约曲线给出

当帕累托有效点为内点时，两人的无差异曲线必定相切，它将满足如下条件：

$$MRS^A_{x^1x^2} = MRS^B_{x^1x^2},$$
$$\boldsymbol{x}_A + \boldsymbol{x}_B = \hat{\boldsymbol{w}}.$$

后面我们会严格证明，对多人的情况也是如此。当两人的无差异曲线不相切时，我们有如下几种情形。

情形 1：若无差异曲线是线性的，个体的无差异曲线可能不相切。我们如何求得这种情形的帕累托有效配置集呢？我们可通过比较无差异曲线的斜率来决定帕累托有效集。

$$MRS^A_{x^1x^2} < MRS^B_{x^1x^2}. \tag{11.2}$$

如图 11.2 所示，当经济人 B 的无差异曲线给定时，比如直线 DD，经济人 A 在 DD 线上达到最大效用的点为帕累托有效点，于是点 K 是帕累托有效点。当经济人 A 的无差异曲线给定时，比如直线 CC，则点 P 是帕累托有效点。契约曲线因此由埃奇沃思盒的上边界和左边界上的所有点给出。无论无差异曲线是否相切，给定一个人的无差异曲线，找出另外一个人在此曲线上的效用最大化点，此点必定就是帕累托最优点。这个判断的正式表述和证明将在 11.4 节关于帕累托最优配置计算那一节给出。

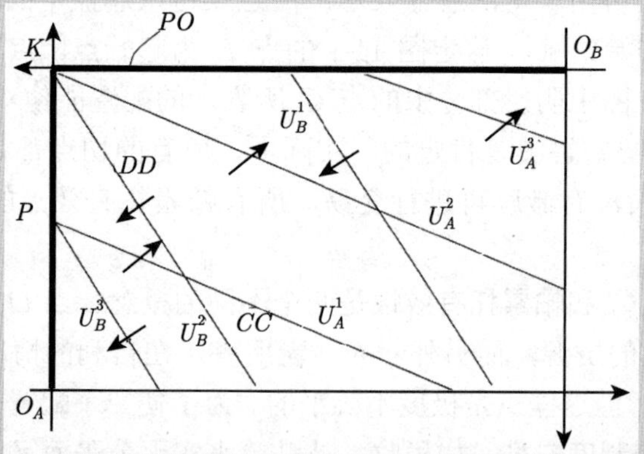

图 11.2　当无差异曲线是线性的，且经济人 B 的无差异曲线更陡时，帕累托有效配置集由盒子的上边界和左边界给出

情形 2：设无差异曲线为

$$u_A(\boldsymbol{x}_A) = x_A^2$$

和

$$u_B(\boldsymbol{x}_B) = x_B^1,$$

则唯一的帕累托有效点为埃奇沃思盒的左上角点 (见图 11.3)。但弱帕累托有效点集却由埃奇沃思盒的上边界和左边界上所有的点组成。注意到，尽管效用函数是连续且单调的，但弱帕累托有效配置可能不是帕累托有效的。这个例子再次说明了，为保证弱帕累托有效性和帕累托有效性的等价，偏好的强单调性不能弱化为单调性。

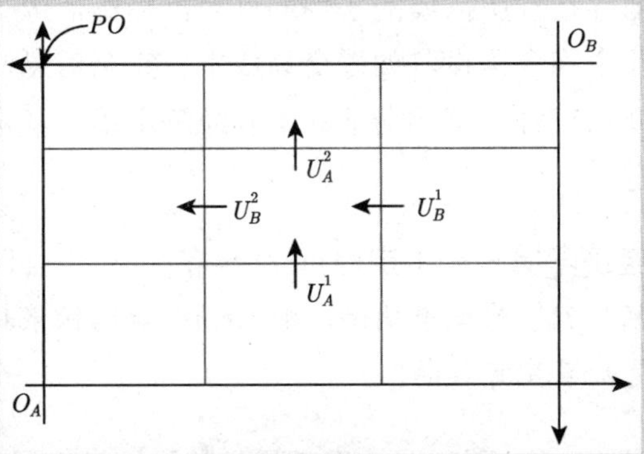

图 11.3　当每个经济人只消费一种商品时，唯一的帕累托有效点由盒子的左上角点给出

情形 3：假设无差异曲线是完全互补的，则效用函数为

$$u_A(\boldsymbol{x}_A) = \min\{ax_A^1, bx_A^2\}$$

和

$$u_B(\boldsymbol{x}_B) = \min\{cx_B^1, dx_B^2\}.$$

一种特殊情形是 $a = b = c = d = 1$ 所代表的情形。在此情形下，帕累托有效配置集为介于 45° 线之间的区域 (见图 11.4(a))。

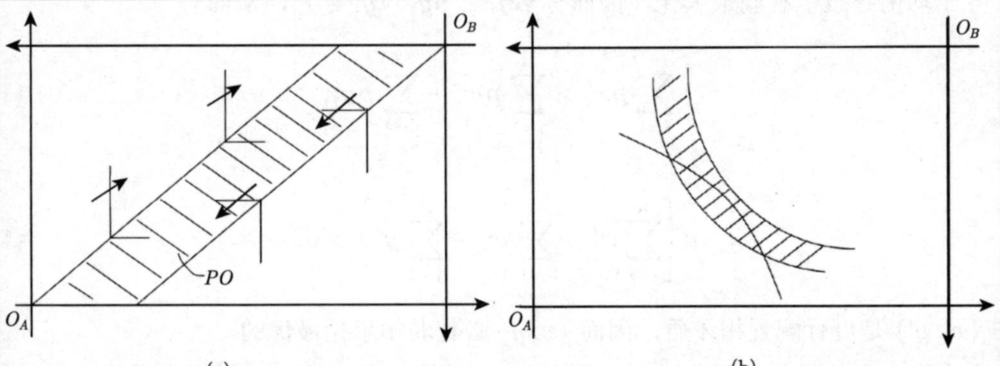

图 11.4　图 (a) 表明当无差异曲线完全互补时，契约曲线可能是“厚的”。图 (b) 表明当无差异曲线是“厚的”时，弱帕累托有效配置可能不是帕累托有效的

情形 4：其中一人的无差异曲线是"**厚的**"(thick)。在这种情形下，弱帕累托有效配置也许不是帕累托有效的 (见图 11.4(b))。

11.3 福利经济学第一基本定理

福利经济学第一基本定理是经济学中最重要的定理之一，这个基准定理证明了竞争市场制度在配置资源方面的最优性：个体逐利情形下的竞争均衡导致了帕累托有效配置，从而使得个体逐利的决策和社会资源最优配置完美统一相容。并且，该结论在非常一般的条件下都成立，比竞争均衡存在性所需要的条件弱许多。当然，像上一章一般均衡的实证理论一样，这个结论需要几个隐含假设，如零交易成本、完全信息、商品可分及不存在公共品或外部性。下面我们介绍三种竞争均衡下的福利经济学第一基本定理，首先有下面通常的福利经济学第一基本定理。

定理 11.3.1 (福利经济学第一基本定理) 对私有经济 $e = (\{X_i, \boldsymbol{w}_i, \succcurlyeq_i\}, \{Y_j\}, \{\theta_{ij}\})$，若组合 $(\boldsymbol{x}, \boldsymbol{y}, \boldsymbol{p}) \in X \times Y \times \mathcal{R}^L_+$ 为竞争均衡，则 $(\boldsymbol{x}, \boldsymbol{y})$ 是弱帕累托有效的。若偏好还满足局部非饱和性，则它也是帕累托有效的。

证明： 用反证法。设 $(\boldsymbol{x}, \boldsymbol{y})$ 不是弱帕累托最优的，则存在另外一个可行配置 $(\boldsymbol{x}', \boldsymbol{y}')$，使得 $\boldsymbol{x}'_i \succ_i \boldsymbol{x}_i, \forall i$。于是必然有

$$\boldsymbol{p}\boldsymbol{x}'_i > \boldsymbol{p}\boldsymbol{w}_i + \sum_{j=1}^{J} \theta_{ij} \boldsymbol{p}\boldsymbol{y}_j, \ \forall i.$$

将上述式子关于 i 累加，我们有

$$\sum_{i=1}^{n} \boldsymbol{p}\boldsymbol{x}'_i > \sum_{i=1}^{n} \boldsymbol{p}\boldsymbol{w}_i + \sum_{j=1}^{J} \boldsymbol{p}\boldsymbol{y}_j.$$

由于竞争均衡导致了利润最大化，因而有 $\boldsymbol{p}\boldsymbol{y}_j \geqq \boldsymbol{p}\boldsymbol{y}'_j, \forall \boldsymbol{y}'_j \in Y_j$，从而有

$$\sum_{i=1}^{n} \boldsymbol{p}\boldsymbol{x}'_i > \sum_{i=1}^{n} \boldsymbol{p}\boldsymbol{w}_i + \sum_{j=1}^{J} \boldsymbol{p}\boldsymbol{y}'_j, \tag{11.3}$$

或

$$\boldsymbol{p}\left[\sum_{i=1}^{n} \boldsymbol{x}'_i - \sum_{i=1}^{n} \boldsymbol{w}_i - \sum_{j=1}^{J} \boldsymbol{y}'_j\right] > 0, \tag{11.4}$$

这与 $(\boldsymbol{x}', \boldsymbol{y}')$ 是可行配置相矛盾，因而 $(\boldsymbol{x}, \boldsymbol{y})$ 必是弱帕累托最优的。

现在证明在偏好的局部非饱和性假定下，竞争均衡是帕累托有效的。假设 $(\boldsymbol{x}, \boldsymbol{y})$ 不是帕累托最优的，则存在另外一个可行配置 $(\boldsymbol{x}', \boldsymbol{y}')$，使得对任意的 $i \in N$，都有 $\boldsymbol{x}'_i \succcurlyeq_i \boldsymbol{x}_i$，

且对某个 k，有 $\boldsymbol{x}'_k \succ_k \boldsymbol{x}_k$。我们要证明，根据偏好的局部非饱和性，必定有

$$\boldsymbol{p}\boldsymbol{x}'_i \geqq \boldsymbol{p}\boldsymbol{w}_i + \sum_{j=1}^{J} \theta_{ij}\boldsymbol{p}\boldsymbol{y}_j, \quad \forall i.$$

如果上述不等式不成立，则对某个经济人 i，有

$$\boldsymbol{p}\boldsymbol{x}'_i < \boldsymbol{p}\boldsymbol{w}_i + \sum_{j=1}^{J} \theta_{ij}\boldsymbol{p}\boldsymbol{y}_j,$$

从而由局部非饱和性，存在 $\boldsymbol{x}''_i$ 使得 $\boldsymbol{x}''_i \succ \boldsymbol{x}'_i \succcurlyeq_i \boldsymbol{x}_i$，且 $\boldsymbol{p}\boldsymbol{x}''_i < \boldsymbol{p}\boldsymbol{w}_i + \sum_{j=1}^{J} \theta_{ij}\boldsymbol{p}\boldsymbol{y}_j$，这与 $\boldsymbol{x}_i$ 是竞争均衡下的效用最大化消费束矛盾。

对经济人 k，由 $\boldsymbol{x}'_k \succ_k \boldsymbol{x}_k$，我们有

$$\boldsymbol{p}\boldsymbol{x}'_k > \boldsymbol{p}\boldsymbol{w}_k + \sum_{j=1}^{J} \theta_{kj}\boldsymbol{p}\boldsymbol{y}_j.$$

从而有

$$\sum_{i=1}^{n} \boldsymbol{p}\boldsymbol{x}'_i > \sum_{i=1}^{n} \boldsymbol{p}\boldsymbol{w}_i + \sum_{j=1}^{J} \boldsymbol{p}\boldsymbol{y}_j \geqq \sum_{i=1}^{n} \boldsymbol{p}\boldsymbol{w}_i + \sum_{j=1}^{J} \boldsymbol{p}\boldsymbol{y}'_j. \tag{11.5}$$

这与 $(\boldsymbol{x}', \boldsymbol{y}')$ 是可行配置的事实矛盾。 □

备注：注意到上述定理并不需要假定偏好和生产集是凸的。保证竞争均衡的帕累托有效性所需要的条件比保证竞争均衡存在性所需要的条件要弱许多。

福利经济学第一基本定理说明了，在个体逐利 (效用最大化、利润最大化和局部非饱和性) 的情形下，竞争市场经济导致了帕累托有效配置。若没有这个假设，市场可能会导致帕累托无效配置。尽管这只是一个基准理想结果，在现实中不存在，但指明了改进效率的方向，使之在不少情形下大致接近这些假设。当然，无论是理论还是实践，我们都知道市场不是万能的，有其适用边界。在许多情景下，自发市场也会失灵，有许多缺陷，但它是人类至今相对最有效的经济制度，还没有找到更好的替代制度，这也是中国要进行改革开放，走市场经济之路的根本原因。当然，我们需要研究市场的边界，了解它何时有效，何时无效。比如，在局部非饱和性和不可分商品的情形下，市场也许会导致无效率配置。

若偏好不满足局部非饱和性，则竞争均衡 $\boldsymbol{x}$ 可能不是帕累托有效的，如无差异曲线是“厚的”这一情形即如此，见图 11.5。

若商品是不可分的，那么其竞争均衡配置也许不是帕累托有效的。从图 11.6 中可以看出，由于消费者 1 严格偏好于在 U_A^2 上的切点配置，虽然点的配置是竞争均衡配置，但它不是帕累托有效的。因此，为了保证福利经济学第一基本定理成立，商品消费的可分性条件是不可舍弃的。

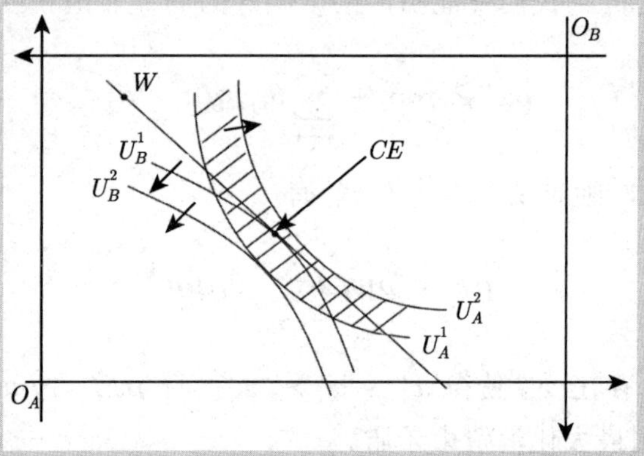

图 11.5　当局部非饱和性条件不满足时，竞争均衡可能不是帕累托有效的

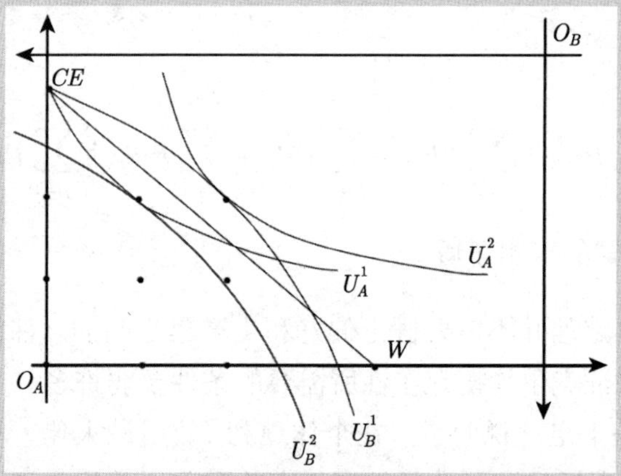

图 11.6　当商品不可分时，竞争均衡配置可能不是帕累托有效的

此外，在信息不完全、市场不完全竞争、存在外部效应等情况下，市场也会导致无效率配置。在本书的后三部分，我们将会讨论自发市场的失灵及其如何修正的问题。

对约束瓦尔拉斯均衡我们也有类似的福利经济学第一基本定理。不过，我们需要将局部非饱和性加强到强单调性。

定理 11.3.2 (约束瓦尔拉斯均衡下的福利经济学第一基本定理)　*对私有经济* $e = (\{X_i,\ \boldsymbol{w}_i, \succcurlyeq_i\}, \{Y_j\}, \{\theta_{ij}\})$，*若* $(\boldsymbol{x}, \boldsymbol{y}, \boldsymbol{p})$ *为约束瓦尔拉斯均衡，则* $(\boldsymbol{x}, \boldsymbol{y})$ *是弱帕累托有效的。若偏好还满足强单调性，则它也是帕累托有效的。*

证明： 约束瓦尔拉斯均衡配置是弱帕累托最优的证明与瓦尔拉斯均衡配置是弱帕累托最优的证明完全相同。

我们用反证法证明在强单调性条件下，约束瓦尔拉斯均衡也是帕累托有效的。若 $(\boldsymbol{x}, \boldsymbol{y})$ 不是帕累托最优的，则存在另外一个可行配置 $(\boldsymbol{x}', \boldsymbol{y}')$，使得对所有的 $i \in N$，均有 $\boldsymbol{x}_i' \succcurlyeq_i \boldsymbol{x}_i$，且对某个 k，有 $\boldsymbol{x}_k' \succ_k \boldsymbol{x}_k$。

我们现在证明，在偏好强单调的假设下，若 $\boldsymbol{x}_i' \succcurlyeq_i \boldsymbol{x}_i$，则必有

$$\boldsymbol{p}\boldsymbol{x}_i' \geqq \boldsymbol{p}\boldsymbol{w}_i + \sum_{j=1}^{J} \theta_{ij}\boldsymbol{p}\boldsymbol{y}_j.$$

若不成立，我们有 $\boldsymbol{p}\boldsymbol{x}_i' < \boldsymbol{p}\boldsymbol{w}_i + \sum_{j=1}^{J} \theta_{ij}\boldsymbol{p}\boldsymbol{y}_j$。于是，存在某种商品 l，有

$$x_i'^l < w_i^l + \sum_{j=1}^{J} \theta_{ij} y_j^l.$$

这样，存在 $\hat{\boldsymbol{x}}_i \in X_i$，使得 (即 $\hat{\boldsymbol{x}}_i \geqq \boldsymbol{x}_i'$，且 $\hat{\boldsymbol{x}}_i \neq \boldsymbol{x}_i'$)，

$$\boldsymbol{p}\hat{\boldsymbol{x}}_i < \boldsymbol{p}\boldsymbol{w}_i + \sum_{j=1}^{J} \theta_{ij}\boldsymbol{p}\boldsymbol{y}_j,$$

以及

$$\hat{\boldsymbol{x}}_i \leqq \boldsymbol{w}_i + \sum_{j=1}^{J} \theta_{ij}\boldsymbol{y}_j.$$

于是，由偏好的强单调性，我们有

$$\hat{\boldsymbol{x}}_i \succ_i \boldsymbol{x}_i' \succcurlyeq_i \boldsymbol{x}_i,$$

这与 $(\boldsymbol{x}, \boldsymbol{y}, \boldsymbol{p})$ 是约束瓦尔拉斯均衡矛盾。因此，对任意 $i \in N$，都有

$$\boldsymbol{p}\boldsymbol{x}_i' \geqq \boldsymbol{p}\boldsymbol{w}_i + \sum_{j=1}^{J} \theta_{ij}\boldsymbol{p}\boldsymbol{y}_j.$$

对经济人 k，由 $\boldsymbol{x}_k' \succ_k \boldsymbol{x}_k$，我们有

$$\boldsymbol{p}\boldsymbol{x}_k' > \boldsymbol{p}\boldsymbol{w}_k + \sum_{j=1}^{J} \theta_{kj}\boldsymbol{p}\boldsymbol{y}_j,$$

从而有

$$\sum_{i=1}^{n} \boldsymbol{p}\boldsymbol{x}_i' > \sum_{i=1}^{n} \boldsymbol{p}\boldsymbol{w}_i + \sum_{j=1}^{J} \boldsymbol{p}\boldsymbol{y}_j \geqq \sum_{i=1}^{n} \boldsymbol{p}\boldsymbol{w}_i + \sum_{j=1}^{J} \boldsymbol{p}\boldsymbol{y}_j'. \tag{11.6}$$

这与 $(\boldsymbol{x}', \boldsymbol{y}')$ 是可行配置的事实矛盾。 □

以上定理中的偏好强单调性不能放宽为局部非饱和性，否则结论不成立。

在市场经济中，政府需要发挥作用来解决某些问题，如公平性问题。我们可以引入**转移支付竞争均衡** (competitive equilibrium with transfers) 的概念，这指的是以某种拟定 (如通过转移支付) 的方式，对个体的财富进行重新分配所达到的竞争均衡。对此均衡，我们也有类似的福利经济学第一基本定理。结合福利经济学第一基本定理与后面的福利经济学第二基本定理，我们知道，在一些常规化的条件下，转移支付竞争均衡完全刻画了帕累托最优配置。

定义 11.3.1 (转移支付竞争均衡) 给定经济 $e=(e_1,\cdots,e_n,\{Y_j\})$，我们称配置 $(\boldsymbol{x},\boldsymbol{y})\in X\times Y$ 和价格系统 $\boldsymbol{p}\in\mathcal{R}_+^L$ 组成了一个**转移支付竞争均衡**，若存在满足 $\sum_i I_i=\boldsymbol{p}\cdot\sum_i\boldsymbol{w}_i+\sum_j\boldsymbol{p}\cdot\boldsymbol{y}_j$ 的一组转移支付后的财富水平 $(I_1,\cdots,I_n)$，可使得

(i) 对所有 $i=1,\cdots,n$，$\boldsymbol{x}_i'\succ_i\boldsymbol{x}_i$ 意味着 $\boldsymbol{p}\boldsymbol{x}_i'>I_i$；

(ii) 对所有 $\boldsymbol{y}_j'\in Y_j$，都有 $\boldsymbol{p}\boldsymbol{y}_j\geqq\boldsymbol{p}\boldsymbol{y}_j'$；

(iii) $\sum_i\boldsymbol{x}_i\leqq\sum_i\boldsymbol{w}_i+\sum_j\boldsymbol{y}_j$(可行性条件)。

条件 (i) 意味着效用最大化，即 $\boldsymbol{x}_i$ 是 $\succcurlyeq_i$ 在预算集 $\{\boldsymbol{x}_i'\in X_i:\boldsymbol{p}\boldsymbol{x}_i'\leqq I_i\}$ 上的最大解。条件 (ii) 意味着利润最大化。

转移支付竞争均衡的概念，比给定个人初始禀赋在预算约束下求解效用最大化问题所得到的瓦尔拉斯均衡 (竞争均衡) 更一般。它显然包括了瓦尔拉斯均衡作为特殊情况。转移支付竞争均衡在求解效用最大化问题时，不依赖个人的初始禀赋 (但依赖初始禀赋总量)，它只要求有某种财富分配方式使得配置 $(\boldsymbol{x},\boldsymbol{y})$ 和价格系统 $\boldsymbol{p}$ 组成了一个竞争均衡。它刻画了竞争市场均衡，而没有对消费者的福利水平做任何假定。这样，政府可以通过收入的调节来解决贫富差距过大的问题，与此同时不会影响到竞争市场配置资源的效率。

比转移支付竞争均衡更弱的概念是转移支付竞争拟均衡 (competitive quasi-equilibrium with transfers)。

定义 11.3.2 (转移支付竞争拟均衡) 给定经济 $e=(e_1,\cdots,e_n,\{Y_j\})$，我们称配置 $(\boldsymbol{x},\boldsymbol{y})\in X\times Y$ 和价格系统 $\boldsymbol{p}\in\mathcal{R}_+^L$ 组成了一个**转移支付竞争拟均衡**，若转移支付竞争均衡定义中所有其他条件都一样，只是 (i) 由下列条件取代：

(i′) $\boldsymbol{x}_i'\succ_i\boldsymbol{x}_i$ 意味着 $\boldsymbol{p}\boldsymbol{x}_i'\geqq I_i$，$\forall i=1,\cdots,n$。

<u>备注</u>：对转移支付竞争拟均衡，有以下结论：

(1) 条件 (i) 显然意味着条件 (i′)，从而转移支付竞争均衡意味着转移支付竞争拟均衡，反之不见得成立。

(2) 若偏好关系满足局部非饱和性，则 $\boldsymbol{x}_i'\succ_i\boldsymbol{x}_i$ 意味着 $\boldsymbol{p}\boldsymbol{x}_i\geqq I_i$。的确如此，若不然，$\boldsymbol{p}\boldsymbol{x}_i<I_i$，则存在 $\boldsymbol{x}_i'$ 使得 $\boldsymbol{x}_i'\succ_i\boldsymbol{x}_i$，且 $\boldsymbol{p}\boldsymbol{x}_i'<I_i$，与条件 (i′) 矛盾。

(3) 由可行性条件 (iii)，$\sum_i\boldsymbol{p}\boldsymbol{x}_i\leqq\sum_i I_i$，从而在偏好关系满足局部非饱和性假设下，我们必定有 $\boldsymbol{p}\boldsymbol{x}_i=I_i$。这样，转移支付竞争拟均衡的条件 (i′) 可由下列条件取代：

(i″) $\boldsymbol{x}_i'\succ_i\boldsymbol{x}_i$ 意味着 $\boldsymbol{p}\boldsymbol{x}_i'\geqq\boldsymbol{p}\boldsymbol{x}_i$，$\forall i=1,\cdots,n$。

这样，在局部非饱和偏好下，(i″) 等价于 $\boldsymbol{x}_i$ 是在集合 $\{\boldsymbol{x}_i\in X_i:\boldsymbol{x}_i'\succcurlyeq_i\boldsymbol{x}_i\}$ 上的最小支出。

(4) 同样的情况也适用于转移支付竞争均衡。在偏好关系满足局部非饱和性假设下，条件 (i) 可由下列条件取代：

(i‴) $\boldsymbol{x}_i'\succ_i\boldsymbol{x}_i$ 意味着 $\boldsymbol{p}\boldsymbol{x}_i'>\boldsymbol{p}\boldsymbol{x}_i$，$\forall i=1,\cdots,n$。

那么，在什么样的条件下，一个转移支付竞争拟均衡是转移支付竞争均衡呢？也就是，在什么条件下，$\boldsymbol{x}_i'\succ_i\boldsymbol{x}_i$ 意味着 $\boldsymbol{p}\boldsymbol{x}_i'>I_i$？下面的命题回答了这个问题。

命题 11.3.1　假定 X_i 是凸集，偏好关系是连续的。若 $(\boldsymbol{x},\boldsymbol{y},\boldsymbol{p})$ 是任一转移支付竞争拟均衡，且若存在 $\bar{x}_i \in X_i$，使得 $\boldsymbol{p}\bar{\boldsymbol{x}}_i < I_i$，则 $\boldsymbol{x}_i' \succ_i \boldsymbol{x}_i$ 意味着 $\boldsymbol{p}\boldsymbol{x}_i' > I_i$，从而 $(\boldsymbol{x},\boldsymbol{y},\boldsymbol{p})$ 是一个转移支付竞争均衡。

证明： 假设结论不成立，则对 $\boldsymbol{x}_i' \succ_i \boldsymbol{x}_i$，有 $\boldsymbol{p}\boldsymbol{x}_i' = I_i$。这样，对任意的 $\alpha \in [0,1)$，均有 $\alpha\boldsymbol{x}_i' + (1-\alpha)\bar{\boldsymbol{x}}_i \in X_i$ 及 $\boldsymbol{p}[\alpha\boldsymbol{x}_i' + (1-\alpha)\bar{\boldsymbol{x}}_i] < I_i$。由偏好的连续性，当 α 充分接近 1 时，我们有 $\alpha\boldsymbol{x}_i' + (1-\alpha)\bar{\boldsymbol{x}}_i \succ_i \boldsymbol{x}_i$，矛盾。因此，我们必定有 $\boldsymbol{x}_i' \succ_i \boldsymbol{x}_i$ 意味着 $\boldsymbol{p}\boldsymbol{x}_i' > I_i$。 □

从以上命题，我们立即有以下结果。

命题 11.3.2　设对所有的 i，X_i 是凸集，$0 \in X_i$，以及 $\succcurlyeq_i$ 是连续的，则任意具有正财富水平 $(I_1, \cdots, I_n) > 0$ 的转移支付竞争拟均衡都是转移支付竞争均衡。

类似于上节瓦尔拉斯竞争均衡下的福利经济学第一基本定理，我们可证明关于转移支付竞争均衡的福利经济学第一基本定理。

定理 11.3.3 (转移支付竞争均衡下的福利经济学第一基本定理)　对私有经济 $e = (\{X_i, \boldsymbol{w}_i, \succcurlyeq_i\}, \{Y_j\})$，设 $(\boldsymbol{x},\boldsymbol{y},\boldsymbol{p})$ 为转移支付竞争均衡，则 $\boldsymbol{x}$ 是弱帕累托有效的。若偏好还满足局部非饱和性，则它也是帕累托有效的。

11.4　帕累托最优配置的刻画与计算

现在讨论帕累托有效配置的刻画及其求解问题，其基本方法是将其转化为求解有约束的优化问题。在前面所讨论的两人两商品纯交换经济中，在求帕累托有效点时，无论无差异曲线是否相切，都是给定任一人的无差异曲线，求另外一个人在此无差异曲线上的效用最大化点，此点必定就是帕累托最优点。下面证明，这个处理可以被推广到任意多的经济人数，并且更重要的是，将求解帕累托最优点的问题转化为个体的约束最大化问题，从而当效用函数可微时，可从个体的约束最大化的一阶条件得到帕累托最优解的一阶条件。

11.4.1　交换经济

命题 11.4.1　可行配置 $\boldsymbol{x}^*$ 是帕累托有效的，当且仅当对所有的 $i = 1, 2, \cdots, n$，$\boldsymbol{x}^*$ 是以下个体约束最大化问题的解：

$$\max_{\boldsymbol{x}_i} u_i(\boldsymbol{x}_i),$$

$$\text{s.t.} \qquad \sum \boldsymbol{x}_k \leqq \sum \boldsymbol{w}_k$$

$$u_k(\boldsymbol{x}_k) \geqq u_k(\boldsymbol{x}_k^*), \forall k \neq i.$$

证明： **充分性**。假设 $\boldsymbol{x}^*$ 是所有消费者的约束最大化问题的解，但 $\boldsymbol{x}^*$ 不是帕累托有效的。这意味着存在某个配置 $\boldsymbol{x}'$，使得至少某个消费者的境况得到改善，而其他所有消费者的境况没有变差。这意味着 $\boldsymbol{x}^*$ 不是所有消费者约束最大化问题的解，此为矛盾。

必要性。假设 $\boldsymbol{x}^*$ 是帕累托有效的，但它不是某个消费者的约束最大化问题的解。不妨设 $\boldsymbol{x}'$ 为该消费者的约束最大化问题的解。则 $\boldsymbol{x}'$ 必然使得该消费者的境况得到改善，而其他消费者的境况没有变差，这与 $\boldsymbol{x}^*$ 是帕累托有效的假定矛盾。 □

这个命题意味着，其他经济人的效用水平交换后不会比原有效用水平低，此时每一个人的最优消费束都使自身效用最大化，其导致的资源配置正好就是帕累托最优配置。

若效用函数 $u_i(\boldsymbol{x}_i)$ 是可微的，则可以定义拉格朗日函数：

$$L = u_i(\boldsymbol{x}_i) + q(\hat{\boldsymbol{w}} - \hat{\boldsymbol{x}}) + \sum_{k \neq i} t_k \left[u_k(\boldsymbol{x}_k) - u_k(\boldsymbol{x}_k^*)\right],$$

由此得到上述问题的一阶条件：

$$\frac{\partial L}{\partial x_i^l} = \frac{\partial u_i(\boldsymbol{x}_i)}{\partial x_i^l} - q^l \leqq 0, \quad \text{等式成立当} x_i^l > 0, \quad \forall i \ \& \ \forall l. \tag{11.7}$$

由式 (11.7)，当 $\boldsymbol{x}^*$ 是内点解时，则有

$$\frac{q^l}{q^h} = \frac{\dfrac{\partial u_i(\boldsymbol{x}_i)}{\partial x_i^l}}{\dfrac{\partial u_i(\boldsymbol{x}_i)}{\partial x_i^h}} \equiv MRS_{x_i^l x_i^h}, \quad \forall i \ \& \ \forall l, h. \tag{11.8}$$

因此，我们有

$$MRS_{x_1^l x_1^h} = \cdots = MRS_{x_n^l x_n^h}, \quad l = 1, 2, \cdots, L; h = 1, 2, \cdots, L, \tag{11.9}$$

此为内点解是帕累托有效配置的必要条件 (即任意两种商品的 MRS 对所有个体都相等)。当效用函数 $u_i(\boldsymbol{x}_i)$ 可微且凹时，一阶条件也是充分条件。如果只有两个经济人，则凸性假设可以被放宽为拟凹假设 (参见命题 2.6.2)。

11.4.2 生产经济

类似地，对生产经济，我们有下述命题。

命题 11.4.2 可行配置 $(\boldsymbol{x}^*, \boldsymbol{y}^*)$ 是帕累托有效的当且仅当对所有的 $i = 1, 2, \cdots, n$，$(\boldsymbol{x}^*, \boldsymbol{y}^*)$ 都是下述问题的解：

$$\begin{aligned} &\max_{\boldsymbol{x}} u_i(\boldsymbol{x}_i) \\ \text{s.t.} \quad &\sum_{k=1}^{n} \boldsymbol{x}_k \leqslant \sum_{k=1}^{n} \boldsymbol{w}_k + \sum_{j=1}^{J} \boldsymbol{y}_j, \\ &u_k(\boldsymbol{x}_k) \geqslant u_k(\boldsymbol{x}_k^*) \text{ 对于 } k \neq i, \\ &T_j(\boldsymbol{y}_j) = 0 \text{ for } j, \end{aligned}$$

其中令 $T_j(\boldsymbol{y}_j)$ 为厂商 j 生产转换函数，$j = 1, \cdots, J$。

若效用函数 $u_i(\boldsymbol{x}_i)$ 和 $T_j(\boldsymbol{y}_j)$ 是可微的，定义拉格朗日函数如下：

$$L = u_i(\boldsymbol{x}_i) + \boldsymbol{\mu}\left[\sum_{k\in N}\boldsymbol{w}_k + \boldsymbol{y} - \sum_{k\in N}\boldsymbol{x}_k\right] - \sum_{j=1}^{J}\lambda_j T_j(\boldsymbol{y}_j) + \sum_{k\neq i} t_k[u_k(\boldsymbol{x}_k) - u_k(\boldsymbol{x}_k^*)],$$

其一阶条件为：

$$\frac{\partial L}{\partial x_i^l} = \frac{\partial u_i(\boldsymbol{x}_i)}{x_i^l} - \mu^l \leqslant 0,\ \text{取等号当}\ x_i^l > 0,\ \forall i, l \tag{11.10}$$

$$\frac{\partial L}{\partial y_j^l} = \mu^l - \lambda_j \frac{\partial T_j(\boldsymbol{y}_j)}{\partial y^l}, \forall j, l. \tag{11.11}$$

当 $\boldsymbol{x}^*$ 是内点解时，由式 (11.10)，我们有

$$\frac{\dfrac{\partial u_i(\boldsymbol{x}_i)}{\partial x_i^l}}{\dfrac{\partial u_i(\boldsymbol{x}_i)}{\partial x_i^h}} = \frac{\mu^l}{\mu^h}, \forall l, h, \tag{11.12}$$

且由式 (11.11)，有

$$\frac{\dfrac{\partial T_j(\boldsymbol{y}_j)}{\partial y_j^l}}{\dfrac{\partial T_j(\boldsymbol{y}_j)}{\partial y_j^h}} = \frac{\mu^l}{\mu^h}, \forall l, h. \tag{11.13}$$

从而有

$$MRS_{x_1^l x_1^h} = \cdots = MRS_{x_n^l x_n^h} = MRTS_{y_1^l y_1^h} = \cdots = MRTS_{y_J^l y_J^h},\ l, h = 1, 2, \cdots, L. \tag{11.14}$$

此即内点解是帕累托有效配置的必要条件。这意味着对所有个体，任意两商品的 MRS 都相等，且等于 $MRTS$。当效用函数 $u_i(\boldsymbol{x}_i)$ 和生产函数都为可微凹函数时，上述条件也是内点解为帕累托有效配置的充分条件。

11.5　福利经济学第二基本定理

现在讨论福利经济学第一基本定理的逆定理：福利经济学第二基本定理。福利经济学第二基本定理告诉我们，在一些正则性假设 (如偏好关系和生产集的凸性假设) 下，任何一个 (包括那些相对平等的) 帕累托最优配置都可以通过对经济人财富适当的重新分配后的竞争市场的运作来达到。这个定理的重要性不言而喻，它意味着尽管市场制度存在着许多问题，在许多情景下会失灵，但我们没有必要放弃市场经济制度而改用其他经济制度，比如没有必要改为计划经济体制。为了解决资源配置不公平、贫富差距过大的问题，我们可以通过税收转移支付手段 (这一点可由政府做到，是政府可以发挥更好作用的具体实例之一) 得到一个既有效率、也相对公平的配置。在本节中，我们将严格地证明这个结论，也就是，帕累托有效配置能完全由转移支付竞争均衡刻画。

下面的福利经济学第二基本定理表明，每个帕累托有效配置都可以由通过重新分配个人财富所得到的竞争均衡来达到。这是现代经济学最重要的定理之一，且该定理也是微观经济学中证明较为复杂的定理之一。结合福利经济学第一和第二基本定理，在满足正则性经济环境和非零的消费组合时，可以看出帕累托有效的集合和转移支付竞争均衡的集合吻合。

定理 11.5.1 (福利经济学第二基本定理 I) 给定经济 $e=(e_1,\cdots,e_n,\{Y_j\})$，假设 $\succcurlyeq_i$ 连续、凸且强单调，以及 Y_j 为闭凸集，则对任何具有内点消费的帕累托最优配置 $(\boldsymbol{x}^*,\boldsymbol{y}^*)$，即 $\boldsymbol{x}_i^*\in\mathcal{R}_{++}^L$，都存在着非零价格向量 $\boldsymbol{p}\in\mathcal{R}_+^L$，使得 $(\boldsymbol{x}^*,\boldsymbol{y}^*,\boldsymbol{p})$ 是转移支付竞争均衡，即存在满足 $\sum_i I_i=\boldsymbol{p}\cdot\sum_i\boldsymbol{w}_i+\sum_j\boldsymbol{p}\cdot\boldsymbol{y}_j^*$ 的转移支付后的财富水平 $(I_1,\cdots,I_n)$，使得

（1）若 $\boldsymbol{x}_i'\succ_i\boldsymbol{x}_i^*$，则 $\boldsymbol{p}\boldsymbol{x}_i'>I_i=\boldsymbol{p}\boldsymbol{x}_i^*$，$i=1,\cdots,n$；

（2）对任意的 $\boldsymbol{y}_j'\in Y_j,j=1,\cdots,J$，都有 $\boldsymbol{p}\boldsymbol{y}_j^*\geqq\boldsymbol{p}\boldsymbol{y}_j'$。

证明： 首先，由强单调性，我们有 $I_i=\boldsymbol{p}\boldsymbol{x}_i^*$。定义严格上等高线集：

$$P(\boldsymbol{x}_i^*)=\{\boldsymbol{x}_i\in X_i:\boldsymbol{x}_i\succ_i\boldsymbol{x}_i^*\}. \tag{11.15}$$

令

$$P(\boldsymbol{x}^*)=\sum_{i=1}^n P(\boldsymbol{x}_i^*). \tag{11.16}$$

由 $\succcurlyeq_i$ 的凸性，$P(\boldsymbol{x}_i^*)$ 是凸的，从而这些凸集之和 $P(\boldsymbol{x}^*)$ 也是凸的 (见图 11.7)。

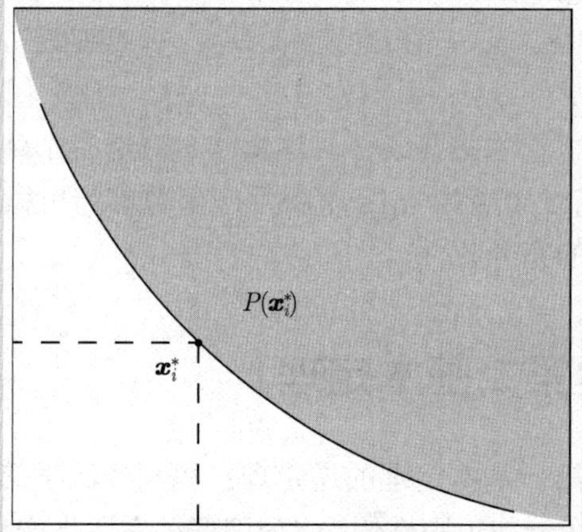

图 11.7 $P(\boldsymbol{x}_i^*)$：通过 $\boldsymbol{x}_i^*$ 的无差异曲线之上的所有点的集合

假设

$$W=\{\hat{\boldsymbol{w}}\}+\sum_{j=1}^J Y_j,$$

则 W 为所有可行配置的集合，闭且凸。由于 $(\boldsymbol{x}^*,\boldsymbol{y}^*)$ 是帕累托最优配置，必定有 $W\cap P(\boldsymbol{x}^*)=\varnothing$，否则存在着帕累托改进。从而，根据第 2 章中介绍的分离超平面定理，

存在 $\boldsymbol{p} \neq \mathbf{0}$，使得

$$\boldsymbol{p}\hat{\boldsymbol{z}} \geqq \boldsymbol{p}\hat{\sigma}, \quad \forall \hat{\boldsymbol{z}} \in P(\boldsymbol{x}^*), \quad \forall \hat{\sigma} \in W. \tag{11.17}$$

下面我们分四步证明 $\boldsymbol{p}$ 是竞争均衡价格向量。

第 1 步：$\boldsymbol{p} \geqq \mathbf{0}$。

为证明该结论，令 $\boldsymbol{e}^{\boldsymbol{l}} = (0, \cdots, 1, 0, \cdots, 0)$，其中 $\boldsymbol{e}^{\boldsymbol{l}}$ 为第 l 个分量为 1 而其他所有分量都为 0 的向量。令

$$\hat{\boldsymbol{z}} = \boldsymbol{x}^* + \boldsymbol{e}^l,\ \hat{\sigma} \in W.$$

则根据偏好的强单调性，若将 e^l 均分给所有经济人，有

$$\hat{\boldsymbol{z}} = \boldsymbol{x}^* + \boldsymbol{e}^l \in P(\boldsymbol{x}^*).$$

这样，由式 (11.17)，我们有

$$\boldsymbol{p}(\boldsymbol{x}^* + \boldsymbol{e}^l) \geqq \boldsymbol{p}\boldsymbol{x}^*, \tag{11.18}$$

从而有

$$\boldsymbol{p}\boldsymbol{e}^l \geqq 0, \tag{11.19}$$

这意味着

$$\boldsymbol{p}^l \geqq 0, \quad l = 1, 2, \cdots, L. \tag{11.20}$$

第 2 步：对所有的 $\boldsymbol{y}_j \in Y_j, j = 1, \cdots, J$，均有 $\boldsymbol{p}\boldsymbol{y}_j^* \geqq \boldsymbol{p}\boldsymbol{y}_j$。

注意到 $(\boldsymbol{x}^*, \boldsymbol{y}^*)$ 是帕累托有效配置且偏好序是强单调的，可推得 $\hat{\boldsymbol{x}}^* = \hat{\boldsymbol{y}}^* + \hat{\boldsymbol{w}}$，从而有 $\boldsymbol{p}\hat{\boldsymbol{x}}^* = \boldsymbol{p}(\hat{\boldsymbol{w}} + \hat{\boldsymbol{y}}^*)$。这样，由式 (11.17) 中的 $\boldsymbol{p}\hat{\boldsymbol{z}} \geqq \boldsymbol{p}(\hat{\boldsymbol{w}} + \hat{\boldsymbol{y}})$ 和 $\boldsymbol{p}\hat{\boldsymbol{w}} = \boldsymbol{p}\hat{\boldsymbol{x}}^* - \boldsymbol{p}\hat{\boldsymbol{y}}^*$，我们有

$$\boldsymbol{p}(\hat{\boldsymbol{z}} - \hat{\boldsymbol{x}}^*) \geqq \boldsymbol{p}(\hat{\boldsymbol{y}} - \hat{\boldsymbol{y}}^*).$$

从而当 $\hat{\boldsymbol{z}} \to \hat{\boldsymbol{x}}^*$ 时，有

$$\boldsymbol{p}(\hat{\boldsymbol{y}} - \hat{\boldsymbol{y}}^*) \leqq 0.$$

对 $k \neq j$，令 $\boldsymbol{y}_k = \boldsymbol{y}_k^*$，由上述方程可得

$$\boldsymbol{p}\boldsymbol{y}_j^* \geqq \boldsymbol{p}\boldsymbol{y}_j \quad \forall \boldsymbol{y}_j \in Y_j.$$

第 3 步：若 $\boldsymbol{x}_i \succ_i \boldsymbol{x}_i^*$，则

$$\boldsymbol{p}\boldsymbol{x}_i \geqq \boldsymbol{p}\boldsymbol{x}_i^*. \tag{11.21}$$

为证明该结论成立，令

$$\boldsymbol{x}_i' = (1 - \theta)\boldsymbol{x}_i, \quad 0 < \theta < 1,$$

$$\boldsymbol{x}_k' = \boldsymbol{x}_k^* + \frac{\theta}{n-1}\boldsymbol{x}_i, \quad k \neq i.$$

则根据 $\succcurlyeq_i$ 的连续性和强单调性，我们有 $\boldsymbol{x}_i' \succ_i \boldsymbol{x}_i^*, \forall i \in N$，从而当 θ 充分小时，有

$$\boldsymbol{x}' \in P(\boldsymbol{x}^*). \tag{11.22}$$

由式 (11.17)，我们得

$$\boldsymbol{p}\left(\boldsymbol{x}_i'+\sum_{k\neq i}\boldsymbol{x}_k'\right)=\boldsymbol{p}\left[(1-\theta)\boldsymbol{x}_i+\sum_{k\neq i}\left(\boldsymbol{x}_k^*+\frac{\theta}{n-1}\boldsymbol{x}_i\right)\right]\geqq\boldsymbol{p}\sum_{k=1}^{n}\boldsymbol{x}_k^*, \tag{11.23}$$

从而有

$$\boldsymbol{p}\boldsymbol{x}_i\geqq\boldsymbol{p}\boldsymbol{x}_i^*. \tag{11.24}$$

第 4 步：若 $\boldsymbol{x}_i\succ_i\boldsymbol{x}_i^*$，必然有 $\boldsymbol{p}\boldsymbol{x}_i>\boldsymbol{p}\boldsymbol{x}_i^*$。

若该结论不成立，则

$$\boldsymbol{p}\boldsymbol{x}_i=\boldsymbol{p}\boldsymbol{x}_i^*=I_i. \tag{11.25}$$

由于 $\boldsymbol{x}_i\succ_i\boldsymbol{x}_i^*$，当 $0<\lambda<1$ 充分接近 1 时，根据偏好的连续性，有 $\lambda\boldsymbol{x}_i\succ_i\boldsymbol{x}_i^*$。由第 3 步证明的结论，我们有 $\lambda\boldsymbol{p}\boldsymbol{x}_i\geqq\boldsymbol{p}\boldsymbol{x}_i^*=\boldsymbol{p}\boldsymbol{x}_i$，从而由 $\boldsymbol{p}\boldsymbol{x}_i=\boldsymbol{p}\boldsymbol{x}_i^*>0$，我们得 $\lambda\geqq1$，这与 $\lambda<1$ 的事实矛盾。

这样，转移支付竞争均衡所应具备的所有条件都满足，$(\boldsymbol{x}^*,\boldsymbol{y}^*,\boldsymbol{p})$ 是转移支付竞争均衡。 □

实际上，福利经济学第二基本定理在更一般的情景下仍然成立。强单调性假设可被放宽为局部非饱和性。不过代价是，不能保证商品价格非负 (负价格情况适用于那些导致了负效用的商品，如劳动、有害品等) 且只能被应用到可达的帕累托最优配置，即那些满足条件 $\sum_i\boldsymbol{x}_i=\sum_i\boldsymbol{w}_i+\sum_j\boldsymbol{y}_j$ 的帕累托配置。

定理 11.5.2 (福利经济学第二基本定理 II) 给定经济 $e=(e_1,\cdots,e_n,\{Y_j\})$，假定 $\succcurlyeq_i$ 连续、凸且满足局部非饱和性，以及 Y_j 为闭凸集，则对任何可达的帕累托最优配置 $(\boldsymbol{x}^*,\boldsymbol{y}^*)\in X\times Y$，均存在价格向量 $\boldsymbol{p}\neq\boldsymbol{0}$，使得 $(\boldsymbol{x}^*,\boldsymbol{y}^*,\boldsymbol{p})$ 是转移支付竞争拟均衡，即存在满足 $\sum_i I_i=\boldsymbol{p}\cdot\sum_i\boldsymbol{w}_i+\sum_j\boldsymbol{p}\cdot\boldsymbol{y}_j^*$ 的转移支付后的财富水平 $(I_1,\cdots,I_n)$，使得

(1) 若 $\boldsymbol{x}_i'\succ_i\boldsymbol{x}_i^*$，则 $\boldsymbol{p}\boldsymbol{x}_i'\geqq I_i=\boldsymbol{p}\boldsymbol{x}_i^*$，$i=1,\cdots,n$;

(2) 对任意 $\boldsymbol{y}_j'\in Y_j, j=1,\cdots,J$，均有 $\boldsymbol{p}\boldsymbol{y}_j^*\geqq\boldsymbol{p}\boldsymbol{y}_j'$。

更进一步地，对所有的 i，$\boldsymbol{0}\in X_i$ 且 $\boldsymbol{p}\boldsymbol{x}_i^*>0$，$(\boldsymbol{x}^*,\boldsymbol{y}^*,\boldsymbol{p})$ 均是转移支付竞争均衡。

证明：由局部非饱和性，有 $I_i=\boldsymbol{p}\boldsymbol{x}_i^*$。和上面定理的证明一样，定义严格上等高线集 $P(\boldsymbol{x}^*)$ 和可行配置集 W，然后应用分离超平面定理，得知存在 $\boldsymbol{p}\neq\boldsymbol{0}$，使得

$$\boldsymbol{p}\hat{\boldsymbol{z}}\geqq\boldsymbol{p}\hat{\sigma},\quad\forall\hat{\boldsymbol{z}}\in P(\boldsymbol{x}^*),\quad\forall\hat{\sigma}\in W. \tag{11.26}$$

下面我们分三步证明 $\boldsymbol{p}$ 是转移支付竞争拟均衡价格向量。

第 1 步：对所有的 i，若 $\boldsymbol{x}_i\succcurlyeq_i\boldsymbol{x}_i^*$，则 $\sum_i\boldsymbol{p}\boldsymbol{x}_i\geqq\sum_j\boldsymbol{p}\boldsymbol{x}_j^*$。

对每个 i 及 $\boldsymbol{x}_i\succcurlyeq_i\boldsymbol{x}_i^*$，由局部非饱和性，存在着一个任意接近 $\boldsymbol{x}_i$ 的 $\boldsymbol{x}_i'$，使得

$$\boldsymbol{x}_i'\succ_i\boldsymbol{x}_i\succcurlyeq_i\boldsymbol{x}_i^*,$$

从而有 $\sum_i \boldsymbol{x}_i' \in P(\boldsymbol{x}^*)$。同时注意到，

$$\sum_i \boldsymbol{x}_i^* = \sum_i \boldsymbol{w}_i + \sum_j \boldsymbol{y}_j^* \in W.$$

这样，由式 (11.26)，有 $\sum_i \boldsymbol{p}\boldsymbol{x}_i' \geqq \sum_j \boldsymbol{p}\boldsymbol{x}_j^*$。令 $\boldsymbol{x}_i' \to \boldsymbol{x}_i$，我们有 $\sum_i \boldsymbol{p}\boldsymbol{x}_i \geqq \sum_j \boldsymbol{p}\boldsymbol{x}_j^*$。

第 2 步：对所有的 $\boldsymbol{y}_j \in Y_j, j = 1, \cdots, J$，都有 $\boldsymbol{p}\boldsymbol{y}_j^* \geqq \boldsymbol{p}\boldsymbol{y}_j$。

只需要注意到，帕累托有效配置是可达的，即 $\hat{\boldsymbol{x}}^* = \hat{\boldsymbol{y}}^* + \hat{\boldsymbol{w}}$，于是有 $\sum_i \boldsymbol{p}\boldsymbol{x}_i^* = \sum_i \boldsymbol{p}\boldsymbol{w}_i + \sum_j \boldsymbol{p}\boldsymbol{y}_j^*$。其余部分的证明与上面定理的证明一样。

第 3 步：对每个 i，若 $\boldsymbol{x}_i \succ_i \boldsymbol{x}_i^*$，则 $\boldsymbol{p}\boldsymbol{x}_i \geqq \boldsymbol{p}\boldsymbol{x}_i^*$。令

$$\boldsymbol{x}_i' = \boldsymbol{x}_i,$$

$$\boldsymbol{x}_k' = \boldsymbol{x}_k^*, \quad k \neq i.$$

则根据第 1 步，我们有 $\boldsymbol{p}\boldsymbol{x}_i + \sum_{k \neq i} \boldsymbol{p}\boldsymbol{x}_k^* \geqq \sum_j \boldsymbol{p}\boldsymbol{x}_j^*$，从而有

$$\boldsymbol{p}\boldsymbol{x}_i \geqq \boldsymbol{p}\boldsymbol{x}_i^*.$$

这样，转移支付瓦尔拉斯拟均衡所应具备的所有条件都满足，$(\boldsymbol{x}^*, \boldsymbol{y}^*, \boldsymbol{p})$ 是转移支付瓦尔拉斯拟均衡。

最后，从命题 11.3.2 我们知道，若对所有的 i，$\boldsymbol{0} \in X_i$ 且 $\boldsymbol{p}\boldsymbol{x}_i^* > 0$，则转移支付竞争拟均衡 $(\boldsymbol{x}^*, \boldsymbol{y}^*, \boldsymbol{p})$ 是转移支付竞争均衡。 □

福利经济学第二基本定理说明了，在一些正则性条件下，任何一个帕累托有效配置都可以通过财富再分配后的竞争市场达到。给定初始禀赋，完全竞争市场均衡虽然导致有效的配置，但却可能是非常不平等的配置，有人会消费很多商品，而另外一些人由于贫穷而消费很少商品，从而造成社会不公平，甚至由于这样的贫富差距过大，造成社会不稳定。福利经济学第二基本定理告诉我们，可通过市场竞争和政府的共同作用来解决问题，即通过初始禀赋的再配置或财富的再分配及竞争市场共同运作，而不用通过取消市场竞争或用其他方式来解决问题。因此，在现代经济理论中，政府并非完全不发挥作用，而是在自发市场失灵时要起到重要的作用。政府不是直接参与经济活动，而是通过政策手段如税收来影响经济活动，达到相对公平而又有效的配置，在这种意义上，政府能够发挥更好的作用。因此，完全的市场经济并不是绝对的。政府在经济活动的市场运作之前，先进行财富的适当 (比如累进税) 再分配是非常重要的。

对交换经济，转移支付竞争均衡与 $\boldsymbol{w}_i = \boldsymbol{x}_i^*$ 时的竞争均衡相同。作为推论，我们有：

推论 11.5.1　*假设 $\boldsymbol{x}^* > \boldsymbol{0}$ 是帕累托最优配置，且 $\succcurlyeq_i$ 是连续、凸和严格单调偏好序，则 $\boldsymbol{x}^*$ 是初始禀赋 $\boldsymbol{w}_i = \boldsymbol{x}_i^*$ 时的竞争均衡。*

备注：若 $\succcurlyeq_i$ 可由凹且可微的效用函数表示，则福利经济学第二基本定理的证明将大大简化。的确如此，若 $\boldsymbol{x}^* > \boldsymbol{0}$ 是帕累托最优的，则有

$$Du_i(\boldsymbol{x}_i) = \boldsymbol{q}/t_i \quad i = 1, 2, \cdots, n. \tag{11.27}$$

我们要证明 $\boldsymbol{q}$ 是竞争均衡价格向量。为此，我们只需证明每个消费者都在约束集

$$B(\boldsymbol{q})=\{\boldsymbol{x}_i\in X_i:\boldsymbol{q}\boldsymbol{x}_i\leqq\boldsymbol{q}\boldsymbol{x}_i^*\}$$

中最大化其效用即可。实际上，根据 u_i 的凹性，我们有

$$\begin{aligned}u_i(\boldsymbol{x}_i)&\leqq u_i(\boldsymbol{x}_i^*)+Du_i(\boldsymbol{x}_i^*)(\boldsymbol{x}_i-\boldsymbol{x}_i^*)\\&=u_i(\boldsymbol{x}_i^*)+\boldsymbol{q}(\boldsymbol{x}_i-\boldsymbol{x}_i^*)/t_i\\&\leqq u_i(\boldsymbol{x}_i^*).\end{aligned}$$

上述不等式对凹函数成立的几何表达可以从图 11.8 看出

$$\frac{u(\boldsymbol{x})-u(\boldsymbol{x}^*)}{\boldsymbol{x}-\boldsymbol{x}^*}\leqq u'(\boldsymbol{x}^*).\tag{11.28}$$

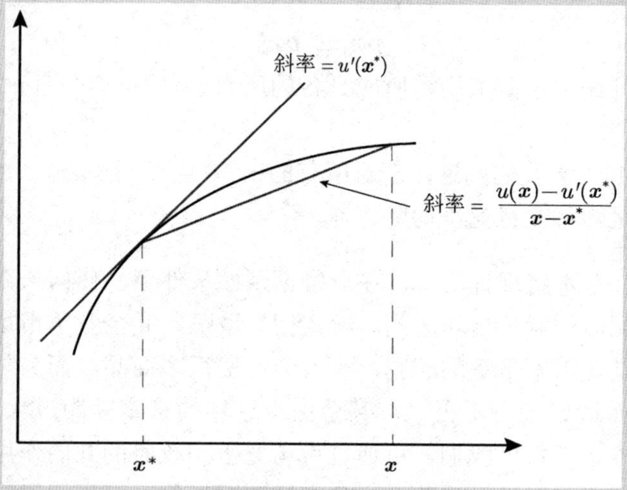

图 11.8 凹函数

因此，有 $u_i(\boldsymbol{x}_i)\leqq u(\boldsymbol{x}_i^*)+Du_i(\boldsymbol{x}_i^*)(\boldsymbol{x}_i-\boldsymbol{x}_i^*)$。 □

效用函数为凹函数的一个充分条件是其海森 (Hessian) 矩阵是负定的。同时，如第 3 章所讨论的那样，在许多情况下，拟凹效用函数能变换为凹效用函数。比如对柯布-道格拉斯效用函数，我们总可以通过如下变换达到：

第11章

$$\begin{aligned}&u(x,y)=x^{\alpha}y^{\beta},\quad \alpha>0,\beta>0\\&\Leftrightarrow u^{\frac{1}{\alpha+\beta}}(x,y)=x^{\frac{\alpha}{\alpha+\beta}}y^{\frac{\beta}{\alpha+\beta}},\end{aligned}$$

显然，当 $\alpha+\beta>1$ 时，原效用函数只是拟凹的，但经单调变换之后的效用函数是凹的。事实上，第 3 章中的 Afriat 定理 (定理 3.7.2) 表明，如果存在一个局部非满足效用函数使个体的行为理性化，那么必然存在一个连续、凹、单调的效用函数，它也使个体的行为理性化。

11.6　非凸生产集和边际成本定价下的福利经济学第二基本定理

对福利经济学第二基本定理来说，凸性假定的不可或缺性可以从图 11.9(a) 中观察到。在该图中，配置 $\boldsymbol{x}^*$ 使消费者的福利最大，但在导致 $\boldsymbol{x}^*$ 为效用最大化消费束的相对价格下，企业甚至不能使其利润最大化 (即使局部利润最大化也不可能)。这样，当生产集非凸时，福利经济学第二基本定理不再成立。相对而言，即使凸性假设不满足，福利经济学第一基本定理也可能成立。如图 11.9(b) 所示，任意瓦尔拉斯均衡在可行生产集上都最大化了消费者的福利。

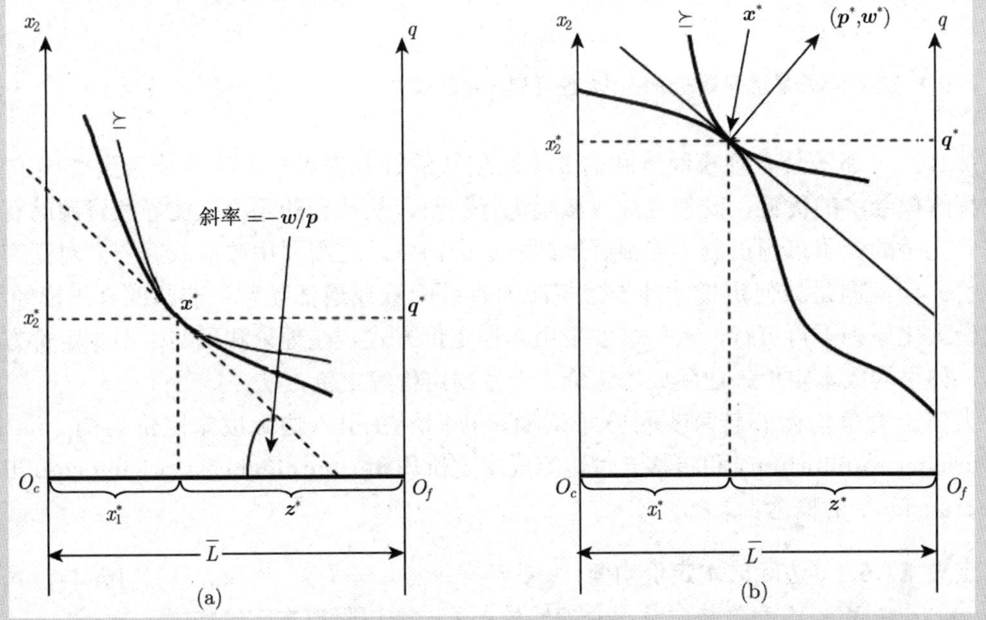

图 11.9　(a) 表明福利经济学第二基本定理在非凸技术下不成立。(b) 表明福利经济学第一基本定理即使在非凸技术下也成立

如上一章在讨论非凸生产可能性集时所指出的那样，对研发创新的企业和有规模报酬递增特征的 (如电信、石油、铁路等) 自然垄断行业来说，都会具有非凸生产集，从而导致垄断，进而与竞争市场假定不兼容，由此企业是价格的被动接受者这一假设就显得不再合理。一旦这些企业采用垄断价格并降低产量来增加垄断利润，就会导致资源的无效率配置。此外，即使企业是价格接受者的假定在某种程度上可接受，它也仍然不能支撑所给定的帕累托最优配置，即帕累托最优不能通过竞争市场达到，如图 11.9(a) 和图 11.10 所示。在图 11.10 中，在局部支撑生产计划 $\boldsymbol{y}^*$ 的相对价格处，企业将会处于亏损状态，企业为了避免损失，宁愿不生产。另外，在图 11.9(a) 中，即使局部利润最大化也不能得到保证。

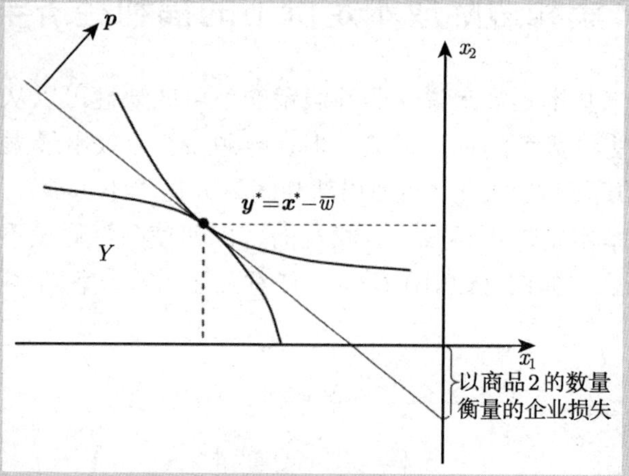

图 11.10 在帕累托最优配置的价格下企业受到一定的损失

那么，对那些具有规模经济和需要不断创新的行业来说，怎样才能做到既保护垄断，又发挥规模经济的优势，既使企业有激励进行创新，从社会的角度又能导致资源的有效配置呢？完全的竞争市场机制不能很好地解决这个问题，这需要由政府或第三方对其产品进行定价。但问题是如何定价才能导致资源的有效配置或最优呢？当非凸或有规模经济时，利润最大化原则不再可行，人们需要采用其他定价方式。在理论和现实中不少定价方法被提出，如平均成本定价、边际成本定价、无亏损定价等定价方法。

类似于竞争均衡和转移支付竞争均衡，我们现在引入**边际成本定价均衡** (marginal cost pricing equilibrium) 和**转移支付边际成本定价均衡** (marginal cost pricing equilibrium with transfers) 的概念。

定义 11.6.1 (边际成本定价均衡) 对私有经济 $e = (e_1, \cdots, e_n, \{Y_j\}, \{\theta_{ij}\})$，我们称配置 $(\boldsymbol{x}, \boldsymbol{y}) \in X \times Y$ 和价格向量 $\boldsymbol{p} \in \mathcal{R}^L_+$ 构成了一个**边际成本定价均衡**，若

（1）对任意的企业 j，均有

$$\boldsymbol{p} = \gamma_j \nabla T_j(\boldsymbol{y}), \text{ 对某个 } \gamma_j > 0,$$

这里 $\nabla T_j(\boldsymbol{y})$ 是关于厂商 j 的生产转换函数 (transformation function)$T_j(\boldsymbol{y})$ 的偏导数向量；

（2）对任意的 i，$\boldsymbol{x}_i$ 均是 $\succcurlyeq_i$ 在下述预算集上的最大解：

$$\{\boldsymbol{x}'_i \in X_i : \boldsymbol{p} \cdot \boldsymbol{x}'_i \leqq \boldsymbol{p} \cdot (\theta_{ij} \boldsymbol{p} \boldsymbol{y}_j + \boldsymbol{w}_i)\};$$

（3）$\sum_i \boldsymbol{x}_i \leqq \sum_i \boldsymbol{w}_i + \sum_j \boldsymbol{y}_j$。

边际成本定价均衡这一术语来自单一投入和单一产出情形下的均衡概念。可以看出，这时价格等于边际成本。

注意，边际成本定价均衡是一个更一般的均衡解概念，它包括了竞争均衡作为特殊情况。当所有厂商的生产可能性集都是凸集时，每个边际成本定价均衡都是一个竞争均衡，从而它们是等价的。

第11章

定义 11.6.2 (转移支付边际成本定价均衡) 给定经济 $e=(e_1,\cdots,e_n,\{Y_j\})$，我们称配置 $(\boldsymbol{x},\boldsymbol{y})\in X\times Y$ 和价格系统 $\boldsymbol{p}\in\mathcal{R}_+^L$ 组成了一个**转移支付边际成本定价均衡**，若存在满足 $\sum_i I_i=\boldsymbol{p}\cdot\sum_i\boldsymbol{w}_i+\sum_j\boldsymbol{p}\cdot\boldsymbol{y}_j^*$ 的转移支付后的财富水平 $(I_1,\cdots,I_n)$，使得

(1) 对任意的企业 j，均有

$$\boldsymbol{p}=\gamma_j\nabla T_j(\boldsymbol{y}),\exists\,\gamma_j>0;$$

(2) 对任意的 i，$\boldsymbol{x}_i$ 均是 $\succcurlyeq_i$ 在下述预算集上的最大解：

$$\{\boldsymbol{x}_i'\in X_i:\boldsymbol{p}\cdot\boldsymbol{x}_i'\leqq I_i\};$$

(3) $\sum_i\boldsymbol{x}_i\leqq\sum_i\boldsymbol{w}_i+\sum_j\boldsymbol{y}_j$。

类似地，当所有厂商的生产可能性集都是凸集时，每个转移支付边际成本定价均衡都是一个竞争均衡。

对在非凸情形下的边际成本定价，福利经济学第一基本定理一般不成立，只是对非常有限类的非凸经济环境才成立 (参见 Quinzii (1992))。不过，尽管在利润最大化定价规则下，非凸性通常不会导致帕累托最优的生产配置，但采用边际成本定价规则，可得出类似福利经济学第二基本定理的结果。下面的福利经济学第二基本定理对非凸生产集情形给出了相关结论：在一些正则性条件下，每一个帕累托最优配置都可通过转移支付边际成本定价均衡来实现。

定理 11.6.1 (生产集非凸时的福利经济学第二基本定理) 假设企业 j 的转换函数 $T_j(\boldsymbol{y})$ 是光滑的，且所有消费者都具有连续、强单调和凸偏好，则对任何具有内点消费的帕累托最优配置 $(\boldsymbol{x}^*,\boldsymbol{y}^*)$，均存在非零价格向量 $\boldsymbol{p}\in\mathcal{R}_+^L$，使得 $(\boldsymbol{x}^*,\boldsymbol{y}^*,\boldsymbol{p})$ 是转移支付边际成本定价均衡，即存在满足 $\sum_i I_i=\boldsymbol{p}\cdot\sum_i\boldsymbol{w}_i+\sum_j\boldsymbol{p}\cdot\boldsymbol{y}_j^*$ 的转移支付后的财富水平 $(I_1,\cdots,I_n)$，使得

(1) 对任意的企业 j，均有

$$\boldsymbol{p}=\gamma_j\nabla T_j(\boldsymbol{y}^*),\exists\,\gamma_j>0;$$

(2) 对任意的 i，$\boldsymbol{x}_i^*$ 均是 $\succcurlyeq_i$ 在下述预算集上的最大解：

$$\{\boldsymbol{x}_i\in X_i':\boldsymbol{p}\cdot\boldsymbol{x}_i\leqq I_i\};$$

(3) $\sum_i\boldsymbol{x}_i^*=\sum_i\boldsymbol{w}_i+\sum_j\boldsymbol{y}_j^*$。

如前所述，条件 (1) 成立并不意味着 $(\boldsymbol{y}_1^*,\cdots,\boldsymbol{y}_J^*)$ 是价格接受企业的利润最大化生产计划。该条件意味着微小变化的生产计划对利润没有一阶影响。然而，微小变化仍然有二阶影响 (对图 11.9(a) 中给出的情形，如根据边际成本定价，在均衡处，企业实际上选择的是利润最小化的生产计划)，且生产计划的较大变动会提高利润 (如图 11.10 所示)。这样，当这些具有自然垄断性质的行业由少数企业构成时，企业有激励提高产品价格，而不遵守由政府给出的定价。因此，这些定价方法存在的最大问题是激励不相容。由于政府或者社会的目标同企业的目标并不一致，企业有动机改变其行为，如边际成本定价或者平均成本

定价可能会导致企业亏损，而这同企业的利润最大化驱动相悖。为了获得配置 $(\boldsymbol{x}^*, \boldsymbol{y}^*)$，规制者必须防止具有非凸生产技术的企业管理者试图在价格 $\boldsymbol{p}$ 处最大化其利润。这就需要用到第五部分要讨论的机制设计理论。事实上，著者 (Tian, 2010) 已给出这样的激励机制，它执行了转移支付边际成本定价均衡配置。著者 (Tian, 2009) 针对其他定价方式和非凸的经济环境，也给出了类似的激励机制。

应该指出，上述定理的逆向表达，即每个边际成本定价均衡都是帕累托最优的，并不成立。在图 11.11 中，我们给出的是单一消费者和非凸生产集经济。$\boldsymbol{x}^*$ 是价格系统为 $\boldsymbol{p} = (1, 1)$ 的边际成本定价均衡。然而，配置 $\boldsymbol{x}$ 给消费者带来了更高的效用。上述结果出现的原因是边际成本定价忽略了二阶条件，从而在配置 $\boldsymbol{x}^*$ 处社会效用最大化问题的二阶条件可能不成立。边际成本定价均衡不一定是帕累托最优配置。因此，一阶边际最优性条件 (在图 11.11 中由无差异曲线的切线和生产曲面表示) 成立并不能保证配置是帕累托最优的。

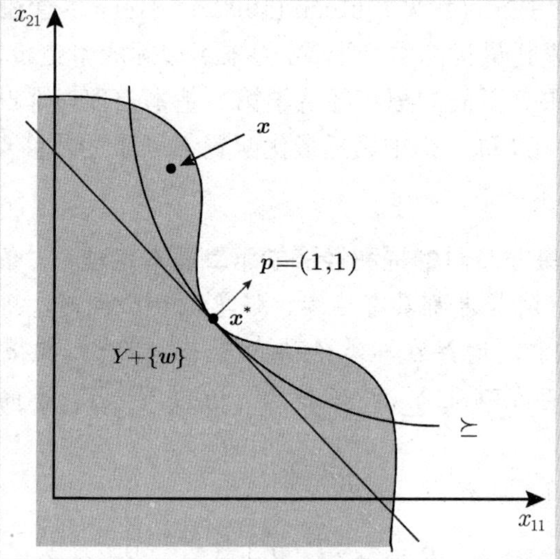

图 11.11　非凸生产集下的配置

有兴趣了解非凸生产集下各种定价方式的读者，可参见 Quinzii (1992) 以获得更多的细节。

11.7　帕累托最优和社会福利最大化

市场竞争均衡、福利经济学基本定理和社会福利最大化之间存在着什么关系呢？此外，由于帕累托有效配置一般来说有无穷多个，选择哪一个就成为我们现在要讨论的问题。

竞争均衡、福利经济学的基本定理以及社会福利最大化之间有什么关系？帕累托效率只关注资源配置效率，但在现实中，人们通常更关心福利的分配问题，即如何在帕累托有效配置中实现更加公平的结果，这就涉及社会福利最大化的概念。解决问题的一种途径是假定社会福利函数存在。社会和政府都有其社会目标，因而在选择具体的帕累托有效配置时，必然依赖社会和政府的目标是更多地侧重于穷人还是富人。这里涉及社会福利的概念，即根据个体的福利 (效用水平) 来决定社会的福利，也就是形成了从个体福利到社会福利的一个映射，我们称它为**柏格森-萨缪尔森社会福利函数**。社会福利最大化的目标是在帕累托有效的前提下，尽量优化资源的配置，使社会整体福利达到最大化。

定义 11.7.1　柏格森-萨缪尔森社会福利函数 $W: X \to \mathcal{R}$ 被定义为 $W(u_1(\boldsymbol{x}_1), \cdots, u_n(\boldsymbol{x}_n))$，这里 $W(\cdot)$ 是单调递增函数。

柏格森-萨缪尔森社会福利函数 W 的背后思想是准确地表达社会对个体效用如何进行比较，从而形成对可能的社会结果排序的判断。柏格森-萨缪尔森社会福利函数有两个典型的形式。一个是功利 (utilitarian) 社会福利函数，即对所有个体的效用进行加权平均所得的社会福利函数，是目前经济学理论和实证分析中最普遍和最常见的社会福利函数。

定义 11.7.2 (功利社会福利函数)　功利社会福利函数被定义为所有个体效用的加权平均:

$$W(u_1, \cdots, u_n) = \sum_{i=1}^{n} a_i u_i(\boldsymbol{x}_i),$$

其中 $\sum a_i = 1, a_i \geqq 0$。

功利社会福利函数是关于个体效用的线性函数，每个人的效用在社会福利中的权重即为自身在社会中的权重，个体间没有任何互补关系，只有替代关系。这样，在功利主义规则下，如果他们的权重一样，富人由于消费更多，对社会福利的贡献 (或说占有) 相对要大，而穷人由于消费少从而对整个社会福利的贡献 (或说占有) 相对要小，从而强调的重点是效率，将效率放在最重要的地位上。由此，功利社会福利规则常被批评只是追求效率，而没有考虑到资源配置的公平问题。例如，城乡二元结构导致一般城市居民在社会福利函数中的贡献比一般农民要大很多。

另一个是罗尔斯 (Rawlsian) 社会福利函数。①他提出了两种社会福利函数，其中一种意味着没有任何替代关系，只有当所有人的效用都提高时，社会的福利才能增加。

定义 11.7.3 (罗尔斯绝对平等社会福利函数)　罗尔斯绝对平等社会福利函数被定义为

$$W(\cdot) = \min\{u_1(\boldsymbol{x}_1), u_2(\boldsymbol{x}_2), \cdots, u_n(\boldsymbol{x}_n)\}.$$

Rawls(1971) 首先将这个绝对平等社会福利函数应用于伦理体系，它决定的是一种完全互补关系，将处境最糟糕的个体的利益放在应最先改进的地位，强调的是平等，而不是效率，将平等放在绝对重要的地位。罗尔斯绝对平等社会福利函数形式表明，只有提高穷人的福利或效用才能提高整个社会的福利。在均衡时，所有个体效用相等，从而罗尔斯社会福利函数体现了绝对平等。由此，罗尔斯绝对平等社会福利规则常被批评的一个地方就是它只追求平等，而没有考虑资源配置的效率问题。注意，该效用函数不是强单调递增的。

① 罗尔斯曾任哈佛大学哲学教授，1971 年出版名著《正义论》。

11.7.1 纯交换经济中的社会福利最大化

在交换经济的背景下，社会的目标是以一种最大化社会福利的方式来分配资源给其成员。这可以通过选择解决以下问题的配置 $\boldsymbol{x}^*$ 来实现：

$$\max W(u_1(\boldsymbol{x}_1),\cdots,u_n(\boldsymbol{x}_n))$$

$$\text{s.t.} \qquad \sum_{i=1}^{n}\boldsymbol{x}_i \leqq \sum_{i=1}^{n}\boldsymbol{w}_i.$$

社会福利最大化配置与帕累托有效配置的关系是什么呢？下面的命题揭示，若强单调性假定成立，社会福利最大化配置必定是帕累托配置。

命题 11.7.1 假设社会福利函数 $W(\cdot)$ 是强单调的。若 $\boldsymbol{x}^*$ 使社会福利函数达到最大，则 $\boldsymbol{x}^*$ 必然是帕累托最优的。

证明： 反证法。如果 $\boldsymbol{x}^*$ 不是帕累托最优的，则存在另一个可行配置 $\boldsymbol{x}'$，对所有经济人 i，均有 $u_i(\boldsymbol{x}_i') \geqq u_i(\boldsymbol{x}_i)$，且存在某个经济人 k 使得 $u_k(\boldsymbol{x}_k') > u_k(\boldsymbol{x}_k)$。则根据 $W(\cdot)$ 的强单调性，我们有

$$W(u_1(\boldsymbol{x}_1'),\cdots,u_n(\boldsymbol{x}_n')) > W(u_1(\boldsymbol{x}_1),\cdots,u_n(\boldsymbol{x}_n)),$$

因而 $\boldsymbol{x}^*$ 不是社会福利函数的最大解。 □

因此，每个使社会福利达到最大的配置都是帕累托有效的。反过来该结论还成立吗？答案是肯定的。这一点同福利经济学第一和第二基本定理之间的关系类似。

根据福利经济学第二基本定理，我们知道每个帕累托有效配置都是恰当重新分配初始禀赋后的竞争均衡配置。这告诉我们，竞争价格有其他经济含义。由于它是福利最大化问题的拉格朗日乘子，竞争价格实际上衡量了商品的 (边际) 社会价值，或称为影子价格。

我们可以用功利社会福利最大化问题来证明这一点：只要对一组 u_i，选择恰当的 $a_1,\cdots,a_n$，我们就可以证明：(1) 竞争均衡的价格事实上是社会福利最大化问题的影子价格，即拉格朗日乘子；(2) 我们可以由此定理找出市场均衡、福利经济学基本定理和社会福利最大化之间的关系。

下面的命题表明，每个帕累托有效配置也是在某个特定权重下使功利社会福利函数最大化的配置。

命题 11.7.2 设 $\boldsymbol{x}^* > 0$ 为任一帕累托最优配置。若 u_i 是可微、强单调及凹的函数，则存在权重组合 $(a_1^*,a_2^*,\ldots,a_n^*)$，使得 $\boldsymbol{x}^*$ 是如下社会福利函数的最大解

$$W(u_1,\cdots,u_n)=\sum_{i=1}^{n}a_iu_i(\boldsymbol{x}_i), \tag{11.29}$$

且

$$a_i^*=\frac{1}{\lambda_i},$$

$$\lambda_i = \frac{\partial V_i(\boldsymbol{p}, I_i)}{\partial I_i},$$

其中 $V_i(\cdot)$ 是消费者 i 的间接效用函数。

证明： 由于 $\boldsymbol{x}^*$ 是帕累托有效配置，根据福利经济学第二基本定理，它也是禀赋 $\boldsymbol{w}_i = \boldsymbol{x}_i^*$ 时的竞争均衡配置。这样，根据一阶条件，我们有

$$D_i u_i(\boldsymbol{x}_i^*) = \lambda \boldsymbol{p}, \tag{11.30}$$

其中 $\boldsymbol{p}$ 是竞争均衡价格向量。

对福利最大化问题

$$\max \sum_{i=1}^{n} a_i u_i(\boldsymbol{x}_i)$$

$$\text{s.t.} \quad \sum \boldsymbol{x}_i \leqq \sum \boldsymbol{x}_i^*,$$

由于 u_i 为凹函数，其内点配置 $\boldsymbol{x}^*$ 的一阶条件为

$$a_i \frac{\partial u_i(\boldsymbol{x}_i)}{\partial \boldsymbol{x}_i} = \boldsymbol{q} \quad i = 1, \cdots, n \tag{11.31}$$

对某个 $\boldsymbol{q}$ 成立。若选择恰当权重，$\boldsymbol{x}^*$ 将是上述问题的解。的确如此，如果令

$$a_i^* = \frac{1}{\lambda_i},$$

以及

$$\boldsymbol{p} = \boldsymbol{q},$$

则两个问题的一阶条件完全恒等。因此，$\boldsymbol{x}^*$ 同时也使得福利函数 $\sum_{i=1}^{n} a_i^* u_i(\boldsymbol{x}_i')$ 达到最大。

□

由于市场均衡价格向量是福利最大化问题的拉格朗日乘子，它衡量了商品的边际社会价值。此命题表明竞争均衡价格事实上是社会福利最大化问题的影子价格。

在命题 11.4.1中，我们给出了如何将帕累托最优问题转化为约束最优化问题，即在保证其他人效用不变低和满足资源约束的条件下，每个个体求其最优解。命题 11.7.1实际上给出了另外一种将帕累托最优问题转化为约束最优化问题的方法。为求得帕累托有效配置，可以转而求解社会福利最大化配置，两者得到相同的一阶条件。对不同的 $a_1, \cdots, a_n$ 的选择，可以得到不同的帕累托最优配置。

11.7.2　生产经济中的社会福利最大化

我们也可以类似地讨论生产经济环境下的社会福利最大化问题。若存在生产，则可通过可行性约束来考虑生产，即 $\hat{\boldsymbol{x}} = \hat{\boldsymbol{y}} + \hat{\boldsymbol{w}}$，这样可减少约束方程的个数。因此，在这种情形下，为求帕累托有效配置，我们也可以通过社会福利最大化问题来求解 (见图 11.12)。

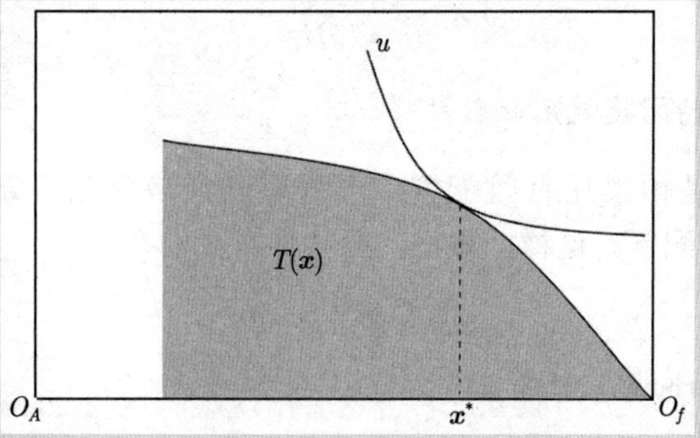

图 11.12 社会福利最大化

首先，我们有下述转换函数所定义的选择集：

$$T(\hat{\boldsymbol{x}})=0, \quad 其中 \quad \hat{\boldsymbol{x}}=\sum_{i=1}^{n}\boldsymbol{x}_i. \tag{11.32}$$

其次，生产经济的社会福利最大化问题为：

$$\max W(u_1(\boldsymbol{x}_1),u_2(\boldsymbol{x}_2),\cdots,u_n(\boldsymbol{x}_n)),\ \ \text{s.t.}\ \ T(\hat{\boldsymbol{x}})=0. \tag{11.33}$$

最后，定义拉格朗日函数

$$L=W(u_1(\boldsymbol{x}_1),\cdots,u_n(\boldsymbol{x}_n))-\lambda T(\hat{\boldsymbol{x}}). \tag{11.34}$$

上述问题的一阶条件为

$$W'(\cdot)\frac{\partial u_i(\boldsymbol{x}_i)}{\partial x_i^l}-\lambda\frac{\partial T(\hat{\boldsymbol{x}})}{\partial x_i^l}\leqq 0, \quad 等式成立当\ \boldsymbol{x}_i^l>0, \tag{11.35}$$

因此，当 $\boldsymbol{x}$ 为内点解时，有

$$\frac{\frac{\partial u_i(\boldsymbol{x}_i)}{\partial x_i^l}}{\frac{\partial u_i(\boldsymbol{x}_i)}{\partial x_i^k}}=\frac{\frac{\partial T(\hat{\boldsymbol{x}})}{\partial x_i^l}}{\frac{\partial T(\hat{\boldsymbol{x}})}{\partial x_i^k}}. \tag{11.36}$$

即

$$MRS_{x_i^l x_i^k}=MRTS_{x^l x^k},\ \forall i\in N. \tag{11.37}$$

第11章

社会福利最大的条件要求对所有个体，任意两种商品的边际替代率都相等，且等于边际技术替代率，这和帕累托有效配置的一阶条件完全一样。

11.8 政策含义

对这一章，从政治经济学的视角看，我们可以得出以下关于政府在确保经济良好运行方面的几个重要见解：

其一，福利经济学第一基本定理给我们的启迪是：竞争市场形成了最优资源配置，这样，只要市场没有失灵，政府就不应该干预竞争市场，而应给予人们充分经济自由选择。

这样，从效率的角度考虑，政府应该尽量减少各类补贴，对竞争行业放开价格，尽可能减少政府干预和规制 (regulation)，消除行业和进出口壁垒 (import-export barriers)，减少关税，等等。当然，市场有效性的前提是要有一个规范的市场，因而应该合理界定和厘清市场、政府与社会各自的治理边界。这些都指明了政府应发挥更好的作用的地方。福利经济学第一基本定理对市场的边界给出了基本界定，论证了产权明晰、私有的自由竞争市场在配置资源方面的有效性。不过，这样的结果成立还需要许多隐含条件。其中一个隐含条件就是，有效的市场需要有一个有能、有为、有效和有爱的有限政府。这五有政府的基本作用简单来说就是两个，即维护和服务，否则就会出现政府角色的越位、缺位和错位。在维护方面，政府所应做的事情是维护国家安全和社会稳定，保证经济有一个良好的竞争环境，人们有完全的经济自由，确保市场有效，让百姓、国家的资产得到保护和避免其流失。由于自发市场在许多情境下会失灵，特别是在提供公共服务 (如公共卫生、公共教育、生态环境保护等公共事务方面) 和缩小贫富差距方面，政府需要在提供辅助支持和服务方面发挥好的、恰当的作用。

其二，福利经济学第二基本定理给我们的启迪是：如果我们想要达到某个所希望的帕累托最优配置，该配置尽管不同于现有禀赋下的竞争均衡配置，但我们可以通过调节初始资源的方法做到，而不是直接参与经济活动或干扰价格，甚至是取消市场。这就是说，若达到的帕累托最优配置不是公平或极度不平等的，政府应做的是，采用转移支付这样的第二次收入分配方式来解决平等问题，但仍要保证竞争环境不受影响。我们能通过税收调整财富来获得所希望的配置结果。这样，即使政府对资源的配置有某种价值取向，也不应该取消市场，更不应该通过暴力或革命来推翻市场制度。计划经济本质上就是取消市场。即使竞争产生垄断和贫富差距，人们也不需要取消市场。对于垄断，可以通过拆分垄断企业来保持竞争或使有规模经济的自然垄断企业由政府或第三方定价来解决。对于贫富差距问题，可以通过税收来进行调节，通过公共服务予以解决。

其三，当然，市场不是万能的，而是有边界和局限性的。在许多情形下，原发、无组织市场可能失灵，可能竞争均衡不存在，或竞争均衡存在但不是帕累托最优的。因而福利经济学第一或者第二基本定理不能在这些情形下适用。因此，当我们应用这两个定理时，必须注意其结果成立的前提条件。在给出这些约束条件时，其实也是在给出制度转型方面的改革建议。在应用这些结论时，应该检验让这些结果成立的前提条件是否满足。当这些前提条件不具备时，市场可能会失灵，在这样的情景下，我们才需要政府发挥作用，需要寻找新的制度安排，但并非完全取消市场或直接干预市场，而是通过一些辅助的制度安排来解决市场失灵问题。例如，由于规模经济的存在，政府应该对企业进行恰当的价格干预。但由于企业生产方面的信息是私人信息，因而可能要用到机制设计理论来解决定价的激励相容问题。福利经济学第一基本定理的成立也是有前提条件的 (比如，没有公共品和外部性、市场完全竞争、规模报酬不变、商品可分、偏好局部非饱和等)。如果不加辨别地一味运用斯密的“看不见的手”理论，弄不好将会导致资源的无效率配置。经济和金融危机产生的原因之一，可能是存在外部性。因此，分析和解决问题时要因人、因事、因时、因地而异，具体情况还需要具体分析，要看是否满足一个理论结论成立所需要的前提条件。现实经济系统同工程物理系统不一样，其很多参数并不可观测和控制，因而在分析问题时，尤其要注意先决前提条件是否满足，要注意内在因果关系，注意条件和结论的内在逻辑关系。

竞争均衡存在所需要的主要前提条件是：

（1）凸性 (商品的消费多元化，以及生产不存在规模报酬递增)；

（2）偏好的单调性 (个体逐利，自利行为)；

（3）偏好的连续性和生产集的闭性；

（4）商品的可分性；

（5）完全竞争市场；

（6）完全信息。

若这些条件不满足，竞争均衡就可能不存在。

福利经济学第一基本定理成立所需要的主要前提条件是：

（1）偏好的局部非饱和性 (欲望无限)；

（2）商品的可分性；

（3）经济无外部性；

（4）完全竞争；

（5）完全信息。

若这些条件不满足，就不能保证每个竞争均衡配置都是帕累托有效的。

福利经济学第二基本定理成立所需要的主要前提条件是：

（1）偏好和生产集的凸性；

（2）偏好的单调性；

（3）偏好的连续性和生产集的闭性；

（4）商品的可分性；

（5）完全竞争；

（6）完全信息。

若这些条件不满足，就不能保证每个帕累托有效配置都能通过转移支付竞争均衡来实现。

总之，需要特别注意的是，在给出结论，特别是提供改革或政策建议时，我们应该注意经济理论成立所需的前提条件。对一般均衡理论来说，我们应该注意该理论成立所需要的商品可分性、无外部性、无规模报酬递增、完全竞争和完全信息等条件是否满足。若这些条件没有满足，竞争均衡可能不存在，或者即使存在也不是帕累托有效的，或者帕累托有效配置不能通过转移支付竞争均衡来达到。只有当市场失灵时，才会采用其他辅助经济制度安排。同时，我们还需注意到，一般均衡理论属于基准理论，主要起到决定目标和方向的取向作用，在许多情形下，不能直接应用。我们将在第四、五部分讨论市场失灵的情形，并且提出解决自发市场失灵问题的方法和替补制度安排。

11.9 【人物小传】

11.9.1 维尔弗雷多・帕累托

维尔弗雷多・帕累托 (Vilfredo Pareto，1848—1923) 为意大利经济学家、社会学家。帕累托生于巴黎，祖籍在利古里亚，其家族在 18 世纪初进入热那亚的贵族阶层。1811 年，其祖父帕累托爵士被拿破仑封为帝国男爵。1850 年前后，帕累托一家返回意大利。学完传统的中等教育课程后，帕累托在都灵的综合技术大学攻读理科。1869 年帕累托写了一篇题为《固体平衡的基本原则》的论文。1891 年帕累托读了马费奥・潘塔莱奥尼的《纯粹经济学原理》，开始对经济学产生兴趣。因为受到瓦尔拉斯的赏识，他于 1893 年继瓦尔拉斯之后任瑞士洛桑学院教授，为洛桑学派的建立做出了重大贡献。其代表作有《政治经济学讲义》和《政治经济学提要》。

帕累托是洛桑学派的主要代表之一，对经济学、社会学和伦理学做出了很多重要的贡献，特别是在收入分配的研究和个人选择的分析中。他发展了瓦尔拉斯的一般均衡的代数体系，运用立体几何研究经济变量间的相互关系；提出在收入分配既定的条件下，为了达到最大的社会福利，生产资料的配置所必须达到的状态，这种状态被称为“帕累托最适度”(Pareto optimum)。当然，他最大的贡献是提出了帕累托最优 (Pareto optimality) 的概念，并用无差异曲线来帮助发展了微观经济学领域，从而可以免除基本效用。他认为偏好是原始的数据，而效用仅仅是偏好排序的表示。由此，帕累托开创了现代微观经济学，尤其是福利经济学。

帕累托对社会学也做出了重大贡献，属于社会学中的“机械学派”。他认为阶级在任何社会制度中都是永恒存在的，因而反对平等、自由和自治。帕累托对经济学、社会学和伦理学做出了很多重要的贡献，特别是在收入分配的研究和个人选择的分析中。帕累托也因对意大利 20%的人口拥有 80%的财产的观察而著名，这一观察结论后来被约瑟夫・朱兰 (Joseph Juran) 和其他人概括为帕累托法则 (20/80 法则)，并且被进一步概括为帕累托分布的概念。帕累托指数是对收入或财富分布宽度的度量，参见基尼系数。帕累托还提出了精英理论。他认为，社会分层结构的存在是普遍和永恒的。但这并不意味着，社会上层成员和下层成员的社会地位是凝固不变的。帕累托晚年的思想已经超出经济学领域，他撰写了《普通社会学纲要》一书。该书着重论述了他的三大理论：行为理论——主要涉及人的非逻辑行为；精英理论——主要探讨社会分层和统治阶级循环问题；社会系统理论——主要研究社会动态平衡问题。

帕累托在辩论中往往咄咄逼人，从而难有机会受到普遍欢迎。当人们翻开帕累托的《政治经济学讲义》时，就会认识到下面这句话的含义：“现代社会信仰和口号的天真爱好者，一定会感到自己被棍棒赶出了帕累托的家门；爱好者所阅读的是自己永远不肯承认其真实性的东西，他同时也阅读了大量令人为难的实例。”因此，问题似乎不在于解释为什么帕累托没有产生更广泛的影响，而在于解释帕累托是如何产生这么大影响的。

11.9.2 吉拉德·德布鲁

吉拉德·德布鲁 (Gerard Debreu，1921—2004)，在数学方面造诣很深，是数理经济学研究领域的顶尖人物，享有盛誉。其突出贡献在于运用数学方法对一般均衡理论进行了公理化表述，从而极大地完善和发展了“一般均衡理论”，使得一般均衡理论成为现代经济学最重要的理论之一，为研究更现实的市场经济提供了极其重要的基准点和参照系。20 世纪 50 年代初，他与阿罗运用拓扑学这一当时最前沿的数学工具，在非常一般的经济情形下，严格地证明了完全竞争市场均衡的存在性及其在资源配置方面的有效性，从而对亚当·斯密的“看不见的手”进行了科学严谨的表述。德布鲁在通过公理化分析方法来研究经济问题方面做出了开创性的贡献，使得现代经济学的研究方法发生了颠覆性、革命性的变化，于 1983 年荣获诺贝尔经济学奖。

德布鲁 1921 年 7 月 4 日出生于法国加莱，1939 年获数学学士学位。德布鲁在 1943 年读莫里斯·阿莱的《个体经济学说研究》所陈述的瓦尔拉斯在 1874—1877 年始创的一般均衡数学模型时，对一般均衡理论产生了浓厚的兴趣。第二次世界大战后的欧洲面临重建的繁重任务，这使德布鲁认识到经济学在其中扮演的重要角色，从而进一步激发了他对经济学的热情，结果兴趣变成终生事业。得到数学助教资格后的两年半，德布鲁在国家科学研究中心做研究助理。这一时期，他完成了从数学领域向经济学领域的过渡。1949 年，他开始与肯尼思·阿罗合作，后来联名发表了具有划时代意义的文章《竞争性经济中均衡的存在》(1954)。在这篇文章中，他们运用了经济学中尚鲜为人知的拓扑学方法，对一般均衡的存在性提供了权威的数学证明。1955 年，德布鲁与考尔斯委员会的其他成员到耶鲁大学任职。直到 1960 年为止，他一直在那里任副教授。1956 年，德布鲁获得巴黎大学经济学博士学位。德布鲁从 1962 年 1 月开始成为加州大学伯克利分校的经济学教授，并于 1975 年 7 月获得数学教授职称。

德布鲁的主要学术成就是对一般经济均衡理论所做的贡献。这集中反映在他 1959 年出版的仅 114 页的代表作《价值理论：对经济均衡的公理化分析》中。他的学术贡献不仅仅在于理论本身，而更在于分析方法上的改进。德布鲁以集合论和凸性分析作为主要的公理化分析手段，彻底摆脱了早期一般均衡理论主要运用代数和方程的传统，以集合论和凸性分析构造了全新的一般均衡理论大厦，从而与自亚当·斯密、瓦尔拉斯以来的一般均衡理论相区别，实现了一般均衡理论的整体时代飞跃。《价值理论：对经济均衡的公理化分析》的理论成就表明：建立在代数和方程理论基础上的一般均衡理论是不完全的，它无法在一般经济情形下解决市场竞争均衡的存在性这一基本问题。而德布鲁将一般均衡理论建立在集合论和凸性分析技术基础上，就可以在一般均衡的框架下圆满地证明竞争均衡的存在性和有效性问题，从而为一般均衡理论以及竞争市场制度奠定了坚实的理论基础，也为进一步研究和改进现实经济世界提供了基准点和参照系。这种在当时是全新的分析方法目前在经济学理论研究中已成为非常普遍的分析方法，成为经济学家工具箱中的一件有力武器。

德布鲁的其他主要理论贡献包括：用效用函数表示偏好序关系、总超额需求函数 (效用需求理论)、经济核等价定理等。此外，德布鲁首倡的一般均衡分析领域，已成为现代微观经济理论的统一构架。他使用的公理化分析方法已成为现代经济学分析的标准形式。20 世纪 70 年代以来的资本理论、区位理论、金融理论、国际贸易理论和宏观经济理论等，均从他的一般均衡理论概念、思想和新加入的工具中获益匪浅。

11.10　习题

习题 11.1　考虑两消费者两商品的纯交换经济，其消费空间均为 $\mathcal{R}^2_+$。消费者 1 和 2 的效用函数为

$$u_i(x_i^1, x_i^2) = x_i^1 x_i^2,\ \forall i = 1, 2.$$

初始禀赋为 $(w_1^1, w_1^2) = (1, 3)$，$(w_2^1, w_2^2) = (3, 1)$。

1. 给出这个经济的埃奇沃思盒，并标明无差异曲线和初始禀赋。
2. 求出所有帕累托有效配置并在埃奇沃思盒中标明。

习题 11.2　考虑命题 11.2.1：在连续性和强单调性的偏好下，弱帕累托有效性意味着帕累托有效性。

1. 在证明该命题时，哪里用到了强单调性假设？
2. 除了连续性和强单调性，还有其他隐含的条件吗？
3. 若偏好满足连续性，并且弱帕累托有效集与帕累托有效集相同，那么偏好是否一定满足强单调性？

习题 11.3　考虑两消费者两商品的纯交换经济，允许自由处置。消费集均为 $\mathcal{R}^2_+$。消费者 1 的效用函数为：

$$u_1(x_1, y_1) = 200 - (10 - x_1)^2 - (10 - y_1)^2.$$

消费者 2 的偏好为字典序，且先比较 x_2 再比较 y_2。两个消费者的禀赋相同，均为：

$$\boldsymbol{w}_i = (10, 10),\ i = 1, 2.$$

1. 画出这个经济的埃奇沃思盒。
2. 求这个经济中的帕累托最优配置。若不存在，说明理由。
3. 若这个经济中存在竞争均衡，求出其均衡。若没有均衡，说明理由。

习题 11.4 (非强递增的偏好)　考虑两消费者两商品的纯交换经济，其消费空间均为 $\mathcal{R}^2_+$。消费者 1 和 2 的效用函数分别为：

$$u_1(x_1^1, x_1^2) = x_1^1 x_1^2;$$

$$u_2(x_2^1, x_2^2) = \min\{x_2^1 x_2^2, 4\}.$$

初始禀赋为 $\boldsymbol{w}_1 = (1, 4)$，$\boldsymbol{w}_2 = (4, 1)$。

1. 计算所有帕累托有效配置。
2. 求竞争均衡。

习题 11.5 (有害品) 考虑两消费者的纯交换经济。消费者 $i(i=1,2)$ 的效用函数为:

$$u_i(x_i^1, x_i^2) = x_i^1(4 - x_i^2).$$

注意 x^2 是"有害品",其价格应为负。消费集均为 $[0,5]\times[0,3]\subseteq\mathcal{R}_+^2$。禀赋为 $\boldsymbol{w}_1=(1,3)$,$\boldsymbol{w}_2=(3,1)$。证明配置 $\boldsymbol{x}$ 是帕累托有效的当且仅当 $x_1^1+x_1^2=4$。

习题 11.6 考虑两消费者两商品的纯交换经济,其消费空间均为 $\mathcal{R}_+^2$。每种商品的总禀赋都是 1,消费者的效用函数分别为:

$$u_1 = (x_1^1)^{\frac{1}{2}} + (x_1^2)^{\frac{1}{2}};$$

$$u_2 = x_2^1.$$

1. 这个经济的帕累托有效集是什么?
2. 若总禀赋在消费者间平均分配,此时的竞争均衡是什么?

习题 11.7 考虑纯交换经济 $e=\{(X_i,\succcurlyeq_i,\boldsymbol{w}_i): i=1,\cdots,n\}$。对于所有的 i 都有 $\boldsymbol{w}_i\in X_i=\mathcal{R}_+^L$。假定偏好序 $\succcurlyeq_i$ 都是连续和单调的。证明帕累托有效配置的集合是 $\mathcal{R}^{nL}$ 的一个紧子集。

习题 11.8 考虑两消费者两商品的纯交换经济。消费集 $X_1=X_2=\mathcal{R}_{++}^2$;禀赋 $\boldsymbol{w}_1=(2,1)$,$\boldsymbol{w}_2=(1,2)$;效用函数为:

$$u_1(x_1, y_1) = \ln x_1 + \ln y_1;$$

$$u_2(x_2, y_2) = \ln x_2 + \alpha \ln y_2.$$

1. 对于任意的正实数 α,用公式 $y_1=f(x_1,\alpha)$ 描述帕累托最优配置。
2. 对于 $\alpha=2$,在埃奇沃思盒中标出帕累托最优集。
3. 当 α 取何值时,初始禀赋是竞争均衡?

习题 11.9 考虑两消费者两商品的纯交换经济:消费者的消费集均为 $\mathcal{R}_+^2$,每个消费者的效用函数都是

$$u_i(\boldsymbol{x}_i) = \max\{x_i^1, x_i^2\}.$$

1. 若经济中仅有两个消费者 1 和 2,消费者的禀赋分别为 $\boldsymbol{w}_1=(1,1)$,$\boldsymbol{w}_2=(1,1)$,那么瓦尔拉斯均衡是什么?
2. 前一问的经济中满足帕累托有效配置的集合是什么?满足弱帕累托有效配置的集合又是什么?

3. 若经济中有三个消费者，禀赋分别为 $\boldsymbol{w}_1 = (1,1)$，$\boldsymbol{w}_2 = (1,1)$，$\boldsymbol{w}_3 = (1,1)$，满足帕累托有效配置的集合是什么？

习题 11.10　考虑两消费者两商品的纯交换经济，其消费空间均为 $\mathcal{R}^2_+$。总禀赋 $(\hat{w}^1, \hat{w}^2)$ 严格为正。两个消费者的偏好可分别用以下效用函数表示：

$$u_1(\boldsymbol{x}_1) = \min\{x_1^1, x_1^2\};$$

$$u_2(\boldsymbol{x}_2) = \min\{x_2^1, x_2^2\}.$$

1. 求解当 $\hat{w}^1 = \hat{w}^2 = \bar{w} > 0$ 时的帕累托最优集。
2. 求消费者的禀赋为 $(3,5)$ 和 $(5,3)$ 时的竞争均衡。均衡价格是唯一的吗？
3. 求 $\hat{w}^1 = \bar{w} > 0$，$\hat{w}^2 = 2\bar{w}$ 时的帕累托最优集。

习题 11.11　考虑两消费者 (1 和 2) 两商品 (a 和 b) 的纯交换经济，其消费集均为 $\mathcal{R}^2_+$。假定每种商品的总禀赋均大于 0。假定消费者 1 和 2 的偏好可分别用效用函数 u_1 和 u_2 表示。对于所有可行配置 $\boldsymbol{x} = (a_1, b_1, a_2, b_2)$，效用函数满足如下性质：

$$u_1(\boldsymbol{x}) > u_2(\boldsymbol{x}).$$

1. 是否有某种偏好使消费者 1 和 2 都得到严格正数量商品的帕累托最优配置？
2. 是否有某种偏好使消费者 2 比消费者 1 获得更多商品的帕累托最优配置？
3. 是否有某种偏好使消费者 1 和 2 得到相同数量商品的帕累托最优配置？

习题 11.12 (转移支付竞争均衡下的福利经济学第一基本定理)　证明定理 11.3.3：设 $(\boldsymbol{x}, \boldsymbol{y}, \boldsymbol{p})$ 为转移支付竞争均衡，则 $\boldsymbol{x}$ 是弱帕累托有效的。若偏好还满足局部非饱和性，则它也是帕累托有效的。

习题 11.13 (严格凸偏好下的福利经济学第一基本定理)　考虑纯交换经济。假定 $\succcurlyeq_i$ 是严格凸的，且配置 $(\boldsymbol{x}, \boldsymbol{p}) \in \mathcal{R}^{nL}_+ \times \mathcal{R}^L_+$ 构成了一个**瓦尔拉斯均衡**，则瓦尔拉斯均衡配置 $\boldsymbol{x}$ 是帕累托最优的。

习题 11.14　考虑有 n 消费者 $(i = 1, \cdots, n)L$ 商品的纯交换经济。每个消费者的初始禀赋均为 $\boldsymbol{w}_i \in \mathcal{R}^L$。假定偏好序 $\succcurlyeq_i$ 定义在消费集 $X_i \subseteq \mathcal{R}^L$ 上。福利经济学第一基本定理的结论在以下情形中是否成立？请给出加粗术语的定义。

1. 偏好是**凸**的，但不是**严格凸**的。
2. 偏好是**弱凸**的但不是凸的。
3. 偏好是**非饱和**的，但不是**局部非饱和**的。
4. 偏好是**强单调**的，但消费集 X_i 未必是**凸集**。

习题 11.15　假设 e 是一个 n 消费者两商品的纯交换经济。每个消费者的消费集均为 $\mathcal{R}^2_+$，初始禀赋 $\boldsymbol{w}_i \in \mathcal{R}^2_{++} (i = 1, \cdots, n)$，连续的偏好序 $\succcurlyeq_i$ 定义在 $\mathcal{R}^2_+$ 上。

1. 给出偏好序 $\succcurlyeq_i$ 连续性的定义。

2. 定义经济 e 的竞争均衡。
3. 定义经济 e 的弱帕累托有效和帕累托有效。
4. 在经济 e 中，是否每一个竞争均衡都是弱帕累托有效的？
5. 若你前一问的回答是“是”，予以证明；若回答是“否”，给出反例。
6. 对于定义在 $\mathcal{R}_+^2$ 上的连续偏好序 $\succcurlyeq_i$，定义弱凸性、凸性和严格凸性。
7. 若偏好序 $\succcurlyeq_i$ 是弱凸的，你在上一问中的回答是否会有变化？为什么？
8. 若偏好序 $\succcurlyeq_i$ 是严格凸的，你在上一问中的回答是否会有变化？为什么？

习题 11.16 考虑两消费者两商品的纯交换经济。消费空间为 $X_A = X_B = \mathcal{R}_+^2$，禀赋 $\boldsymbol{w}_A = (4, 0)$，$\boldsymbol{w}_B = (2, 8)$。效用函数为

$$u_A(x_A^1, x_A^2) = x_A^1 + 2x_A^2;$$

$$u_B(x_B^1, x_B^2) = x_B^1 + x_B^2.$$

1. 求解竞争均衡，它是帕累托有效的吗？
2. 求解所有帕累托有效的配置。

习题 11.17 (有约束的消费空间) 考虑两消费者两商品的纯交换经济。对于消费者 $i = 1, 2$，消费空间均为：

$$X_i = \{\boldsymbol{x}_i \in \mathcal{R}_+^2 : x_i^1 + x_i^2 \geqq 1\},$$

消费者的禀赋分别为 $\boldsymbol{w}_1 = (1, 0)$，$\boldsymbol{w}_2 = (1, 2)$，效用函数分别为：

$$u_1 = x_1^1 + 2x_1^2;$$

$$u_2 = \ln x_2^1 + \ln x_2^2.$$

1. 求出所有帕累托有效的配置。
2. 若对于消费者 $i = 1, 2$，消费集变为 $X_i = \mathcal{R}_+^2$，在第 10 章的习题中，你已经解出了竞争均衡，它是帕累托有效的吗？
3. 在前一问的基础上，求出消费集为 $X_i = \mathcal{R}_+^2$ 时的契约曲线。

习题 11.18 (非严格递增的偏好) 考虑两消费者两商品的纯交换经济。消费者 A 和 B 的消费组合满足 $(x_A, y_A), (x_B, y_B) \in \mathcal{R}_+^2$，效用函数分别为：

$$u_A(x_A, y_A) = x_A y_A;$$

$$u_B(x_B, y_B) = x_B + 5.$$

初始禀赋为 $(w_A^x, w_A^y) = (0, 10)$，$(w_B^x, w_B^y) = (5, 10)$。

1. 在埃奇沃思盒内标出所有帕累托有效的配置。
2. 求解竞争均衡。竞争均衡是帕累托有效的吗？
3. 所有帕累托有效的配置又是什么？

习题 11.19　考虑如下两消费者两商品的交换经济：消费者的消费集均为 $\mathcal{R}^2_+$，消费者的效用函数分别为：

$$u_1(\boldsymbol{x}_1)=\min\{x_1^1, 2x_1^2\};$$

$$u_2(\boldsymbol{x}_2)=\max\{2x_2^1, x_2^2\}.$$

1. 若禀赋为 $\boldsymbol{w}_1=(1,0)$，$\boldsymbol{w}_2=(0,1)$，这个经济中的弱帕累托有效配置是什么？
2. 若两个消费者的禀赋变为 $\boldsymbol{w}_1=(1,0)$，$\boldsymbol{w}_2=(\frac{3}{2},\frac{1}{2})$，此时的弱帕累托有效配置又是什么？
3. 求在问题 1 和 2 下的瓦尔拉斯均衡，它们是帕累托有效的吗？

习题 11.20 (不可分商品)　考虑两消费者 (A 和 B) 两商品 (x_1 和 x_2) 的纯交换经济。消费者的效用函数分别为：

$$u_A=\min\{x_A^1, x_A^2\},\quad \boldsymbol{w}_A=(3,0);$$

$$u_B=\min\{x_B^1, x_B^2\},\quad \boldsymbol{w}_B=(0,3).$$

他们的消费集 X_A 和 X_B 由 R^2_+ 上的正整数点给出。

1. 证明 $\boldsymbol{p}=(p^1,p^2)$ 使得 $p^1=p^2$ 是竞争均衡价格向量。给出所有与此相连的竞争均衡配置。
2. 验证每个竞争均衡配置是否为帕累托最优的。
3. 陈述福利经济学第一基本定理，讨论问题 2 中的结果是否满足或违背了福利经济学第一基本定理。

习题 11.21 (不可分商品)　考虑 n 消费者两商品 (x 和 y) 的纯交换经济。假设偏好严格递增，满足以下两种情形：

1. x 是可分的，但 y 只能按整数单位消费。
2. x 和 y 都只能按整数单位消费。

若竞争均衡存在，那么竞争均衡在问题 1 和 2 中是否为帕累托最优？若不是帕累托最优，给出例子；若是帕累托最优，说明理由。

习题 11.22　对以下情形，分别给出纯交换经济的例子。你可以使用任意数目的商品种类，但必须包括至少两个消费者和无穷多种可行的配置。

1. 不存在帕累托有效配置。
2. 每一个配置都是帕累托有效的。
3. 恰好有一个帕累托有效配置。
4. 恰好有两个帕累托有效配置。
5. 恰好有三个帕累托有效配置。
6. 存在一个不是帕累托有效配置的瓦尔拉斯均衡配置。

习题 11.23 (非凸生产集) 相对于消费而言，非凸对于生产是一个更严重的问题。

1. 当经济中消费者的数目远多于生产者时，能否有助于证实以上论断？为什么众多的消费者可以减轻非凸给竞争均衡存在性带来的问题？
2. 以上论断和福利经济学第一基本定理相关吗？
3. 给出在非凸的偏好下，存在竞争均衡的纯交换经济例子。
4. 给出在非凸的偏好下，不存在竞争均衡的纯交换经济例子。
5. 在偏好非凸下，保证竞争均衡存在的定理中哪个条件不成立？

习题 11.24 考虑三消费者两商品的纯交换经济，其消费空间均为 $\mathcal{R}^2_+$。消费者 1、2 和 3 的效用函数为

$$u_i(x_i^1, x_i^2) = x_i^1 x_i^2,\ \forall i = 1, 2, 3.$$

初始禀赋为 $\boldsymbol{w}_1 = (6, 1)$，$\boldsymbol{w}_2 = (1, 6)$，$\boldsymbol{w}_3 = (1, 1)$。

1. 求出所有帕累托有效配置。
2. 考虑配置 $\boldsymbol{x}_1 = (3, 3)$，$\boldsymbol{x}_2 = (3, 3)$，$\boldsymbol{x}_3 = (2, 2)$。验证该配置是帕累托有效配置。
3. 求竞争均衡。
4. 对于所有的消费者 $i(i = 1, 2, 3)$，$\boldsymbol{x}_i$ 都严格偏好于 $\boldsymbol{w}_i$，尽管如此，解释为什么 $(\boldsymbol{x}_1, \boldsymbol{x}_2, \boldsymbol{x}_3)$ 不是一个竞争均衡配置。

习题 11.25 (瓦尔拉斯均衡、约束瓦尔拉斯均衡、准瓦尔拉斯均衡与帕累托最优) 考虑纯交换经济 $e = \{(X_i, \succcurlyeq_i, \boldsymbol{w}_i) : i = 1, 2, \cdots, n\}$。假定对所有的 i，均有 $\boldsymbol{0} \neq \boldsymbol{w}_i \in X_i = \mathcal{R}^L_+$，且 $\succcurlyeq_i$ 满足完备性和传递性。

注意：我们称配置 $\boldsymbol{x} \in X \times Y$ 和价格向量 $\boldsymbol{p} \in \mathcal{R}^L$ 构成了一个**约束竞争均衡或约束瓦尔拉斯均衡**，若瓦尔拉斯均衡定义中的其他条件都相同，只是效用最大化条件由下面的条件取代：

$\forall i = 1, \cdots, n$，$\boldsymbol{x}_i \in B_i(\boldsymbol{p}) \cap C_i$ 并且对任意的 $\boldsymbol{x}'_i \in B_i(\boldsymbol{p}) \cap C_i$，均有 $\boldsymbol{x}_i \succcurlyeq_i \boldsymbol{x}'_i$，这里

$$C_i = \left\{ \boldsymbol{x}'_i \in X_i : \boldsymbol{x}'_i \leqq \sum_{i=1}^{n} \boldsymbol{w}_i \right\}.$$

我们称配置 $\boldsymbol{x} \in X \times Y$ 和价格向量 $\boldsymbol{p} \in \mathcal{R}^L$ 构成了一个竞争**准均衡** (quasi-equilibrium)，若瓦尔拉斯均衡定义中的其他条件都相同，只是效用最大化条件由下面的条件取代：

(i′) $\boldsymbol{x}'_i \succ_i \boldsymbol{x}_i$ 意味着 $\boldsymbol{p}\boldsymbol{x}'_i \geqq \boldsymbol{p} \cdot \boldsymbol{w}_i$，$\forall i = 1, \cdots, n$。

1. 我们已经知道：若 $\succcurlyeq_i$ 满足局部非饱和性，则瓦尔拉斯均衡配置是帕累托最优的。若局部非饱和性不满足，则又会如何？
2. 证明：若 $\succcurlyeq_i$ 满足凸性，则内点约束瓦尔拉斯均衡是瓦尔拉斯均衡。凸性能被放宽到局部非饱和性吗？
3. 证明：若 $\succcurlyeq_i$ 满足强单调性，则竞争准均衡是瓦尔拉斯准均衡。强单调性能被放宽到单调性吗？

4. 由上题可知，若 $\succcurlyeq_i$ 是严格凸的，则瓦尔拉斯均衡配置是帕累托最优的。那么，若 $\succcurlyeq_i$ 是严格凸的，竞争准均衡是瓦尔拉斯均衡吗？
5. 假设对任一 i，$\succcurlyeq_i$ 都满足连续性。证明：若 $\boldsymbol{p} \in \mathcal{R}_{++}^L$，则竞争准均衡是瓦尔拉斯均衡。
6. 假设对任一 i，$\succcurlyeq_i$ 都满足连续性和强单调性。证明：若 $(\boldsymbol{p}, \boldsymbol{x})$ 是竞争准均衡且对某些 i 有 $\boldsymbol{x}_i \in \operatorname{int} \mathcal{R}_+^\ell$，则 $\boldsymbol{p} \in \mathcal{R}_{++}^L$。

习题 11.26　判断以下论断是否正确并说明理由：

1. 所有消费者都有相同的凸偏好，也可能不存在使每个消费者都得到相同消费束的帕累托有效配置。
2. 设 $(\boldsymbol{x}^*, \boldsymbol{p}^*)$ 是一个交换经济的竞争均衡，消费者偏好的局部非饱和性成立。现在改变这个经济，增加一个包括原点的生产可能性集 Y，该生产可能性集满足

$$\max_{\boldsymbol{y} \in Y} \boldsymbol{p}^* \cdot \boldsymbol{y} = 0$$

即新增加的技术，保证在价格 $\boldsymbol{p}^*$ 时最大利润为 0。那么新的经济相对于原来经济的配置 $\boldsymbol{x}^*$ 有可能实现帕累托改进吗？论证你的结论。

习题 11.27　考虑两消费者两商品的纯交换经济，其消费空间均为 $\mathcal{R}_+^2$。消费者的效用函数连续可导且边际效用为正。

1. 解释通过解有约束的最大化问题，为什么可以寻找帕累托最优配置。
2. 推导内点解的帕累托最优配置的一阶条件。

习题 11.28　考虑有生产的经济，该经济可用劳动力 (L) 和资本 (K) 生产食物 (商品 1) 和电 (商品 2)。两种商品的生产函数分别为

$$y_1 = \sqrt{L_1 K_1}, \quad y_2 = (\min\{L_2, K_2\})^2.$$

该经济有一个代表性经济人，其消费空间为 $\mathcal{R}_+^2$，禀赋为 1 单位劳动和 1 单位资本，效用函数为 $u(x_1, x_2) = \sqrt{x_1 x_2}$。找出该经济的帕累托有效配置。

习题 11.29　考虑三消费者两商品的纯交换经济，其消费空间均为 $\mathcal{R}_+^2$。每种商品的总禀赋都是 1，消费者的效用函数为：

$$u_i = (x_i^1)^2 + (x_i^2)^2, i = 1, 2,$$

$$u_3 = x_3^1 x_3^2.$$

1. 给定消费者 1 和 2 的效用水平 $\bar{U}$，消费者 3 实现效用最大化的配置是什么？
2. 给定消费者 1 和 2 的初始禀赋 $\left(\frac{1}{4}, \frac{1}{4}\right)$ 和消费者 3 的初始禀赋 $\left(\frac{1}{2}, \frac{1}{2}\right)$，计算竞争均衡。

习题 11.30 (拐折的偏好) 考虑两消费者两商品的纯交换经济，其消费空间均为 $\mathcal{R}^2_+$。消费者 i $(i=1,2)$ 的效用函数为：

$$\text{若 } x_i^1 \leqq x_i^2,\text{ 则 } u_i(x_i^1, x_i^2) = \sqrt{x_i^1} + \tfrac{1}{2}\sqrt{x_i^2};$$

$$\text{若 } x_i^1 > x_i^2,\text{ 则 } u_i(x_i^1, x_i^2) = \tfrac{1}{2}\sqrt{x_i^1} + \sqrt{x_i^2}.$$

初始禀赋是 $\boldsymbol{w}_i = (4,4)$，$\forall i = 1,2$。

1. 求出所有帕累托有效配置。
2. 求解竞争均衡。
3. 在这个经济中，福利经济学第一基本定理成立吗？福利经济学第二基本定理成立吗？

习题 11.31 在正文中证明福利经济学第二基本定理时，我们知道，若偏好序 $\succcurlyeq_i$ 满足连续性和单调性，且 $\boldsymbol{x}_i' \succ_i \boldsymbol{x}_i \Rightarrow \boldsymbol{p}\cdot\boldsymbol{x}_i' \geqq \boldsymbol{p}\cdot\boldsymbol{x}_i$，则 $\boldsymbol{x}_i' \succ_i \boldsymbol{x}_i \Rightarrow \boldsymbol{p}\cdot\boldsymbol{x}_i' > \boldsymbol{p}\cdot\boldsymbol{x}_i$。

1. 若 X_i 非凸，是否影响结论成立？
2. 若 $\succcurlyeq_i$ 非连续，是否影响结论成立？
3. 若 $\boldsymbol{p}\cdot\boldsymbol{x}_i = 0$，是否影响结论成立？

习题 11.32 考虑有 n 个消费者，L 种商品和 J 个生产者的经济。假设消费空间 $X_i = \mathcal{R}^L_{++}$，$i = 1,\cdots,n$；消费者的禀赋为 $\boldsymbol{w}_i$，消费者的偏好序 $\succcurlyeq_i$ 满足连续性和强单调性。生产者 j 的生产计划向量 $\boldsymbol{y}_j \in Y_j$，$j = 1,\cdots,J$。

1. 给出偏好序 $\succcurlyeq_i$ 的连续性和强单调性的定义。
2. 定义有转移支付的竞争均衡。
3. 在这个经济中，福利经济学第一基本定理成立吗？若成立，说明理由；若不成立，补充条件使其成立。
4. 在这个经济中，福利经济学第二基本定理成立吗？若成立，表述该定理；若不成立，补充条件后表述该定理。
5. 描述福利经济学第二基本定理证明的基本步骤。
6. 假设偏好序 $\succcurlyeq_i$ 可以用强单调的可微函数 u_i 表示。若 $\boldsymbol{x}^* > 0$ 是帕累托有效配置，证明存在权重 a_i 使得

   $$\boldsymbol{x}^* = \operatorname{argmax}_{\boldsymbol{x}\in X_i} \textstyle\sum_{i=1}^n a_i u_i(\boldsymbol{x}_i).$$

   若需要其他条件，予以补充。
7. 拟凹的效用函数意味着偏好是凸的。若 u_i 是拟凹的，可以证明福利经济学第二基本定理的微分形式吗？若可以，予以证明；若不可以，补充条件后予以证明。

习题 11.33 用两消费者两商品的纯交换经济的例子来说明，若偏好不满足凸性，即使定理 11.5.1(福利经济学第二基本定理 I) 中的其他条件都满足，一个帕累托有效配置也可能不是转移支付竞争均衡配置。

习题 11.34 用一个两消费者两商品的纯交换经济的例子来说明，若初始总禀赋不严格为正，即使定理 11.5.1 中的其他条件都满足，一个帕累托有效配置也可能不是转移支付竞争均衡配置。

习题 11.35 (生产集非凸时的福利经济学第二基本定理) 证明定理 11.6.1: 设企业 j 的转换函数 $T_j(\boldsymbol{y})$ 是光滑的，且所有消费者均具有连续、单调和凸的偏好，则对具有内点消费的任何帕累托最优配置 $(\boldsymbol{x}^*, \boldsymbol{y}^*)$，均存在非零价格向量 $\boldsymbol{p} \in \mathcal{R}^L_+$，使得 $(\boldsymbol{x}^*, \boldsymbol{y}^*, \boldsymbol{p})$ 是转移支付边际成本定价均衡，即存在满足 $\sum_i I_i = \boldsymbol{p} \cdot \sum_i \boldsymbol{w}_i + \sum_j \boldsymbol{p} \cdot \boldsymbol{y}^*_j$ 的转移支付后的财富水平 $(I_1, \cdots, I_n)$，使得

1. 对任意的企业 j，均有
$$\boldsymbol{p} = \gamma_j \nabla T_j(\boldsymbol{y}^*), \exists\, \gamma_j > 0;$$
2. 对任意的 i，$\boldsymbol{x}^*_i$ 均是 $\succcurlyeq_i$ 在下述预算集上的最大解:
$$\{\boldsymbol{x}_i \in X'_i : \boldsymbol{p} \cdot \boldsymbol{x}_i \leqq I_i\};$$
3. $\sum_i \boldsymbol{x}^*_i = \sum_i \boldsymbol{w}_i + \sum_j \boldsymbol{y}^*_j$。

习题 11.36 考虑一个经济体的交换经济 $e = \{(X, \succcurlyeq, \boldsymbol{w})$，其中 $\boldsymbol{w} \in X = \mathcal{R}^L_+$。

1. 若要确保任意一个帕累托最优配置 $\boldsymbol{x}^*$ 都能通过一个价格 $\boldsymbol{p}^* \in \mathcal{R}^L \backslash \{\boldsymbol{0}\}$ 来实现，至少需要添加哪些条件？
2. 对上述结论，请给出证明。
3. 证明 $(\boldsymbol{p}^*, \boldsymbol{x}^*)$ 是准竞争均衡。
4. $(\boldsymbol{p}^*, \boldsymbol{x}^*)$ 是瓦尔拉斯均衡吗？如不是，需要添加什么条件？

习题 11.37 考虑一个自由处置的纯交换经济。经济中有两种商品 x 和 y，两个消费者 1 和 2，每个消费者的消费集均为 $\mathcal{R}^2_+$。禀赋向量分别为 $\boldsymbol{w}_1 = \left(\frac{1}{4}, \frac{1}{4}\right)$，$\boldsymbol{w}_2 = \left(\frac{3}{4}, \frac{3}{4}\right)$。偏好可分别用效用函数表示为:
$$u_1 = (x_1)^2 + (y_1)^2;$$
$$u_2 = \min\{x_2, y_2\}.$$
考虑一个配置 $A = (x_1, y_1, x_2, y_2) = \left(\frac{1}{2}, \frac{1}{2}, \frac{1}{2}, \frac{1}{2}\right)$。

1. 用埃奇沃思盒表示以上经济。
2. 给出所有帕累托有效配置。
3. 是否存在某种对初始禀赋进行再分配的方式，使得竞争均衡的配置结果为A? (提示: 考虑价格 $p^x = p^y$ 以及 $p^x \neq p^y$ 的情形。)

习题 11.38 考虑两消费者两商品的纯交换经济，其消费空间均为 $\mathcal{R}^2_+$。消费者 1 和 2 的效用函数为:
$$u_i(x^1_i, x^2_i) = x^1_i x^2_i, \ \forall i = 1, 2.$$

初始禀赋为 $(w_1^1, w_1^2) = (1,3)$，$(w_2^1, w_2^2) = (3,1)$。对于任何内点帕累托有效配置，找出相应的转移支付和价格，使得该帕累托有效配置为转移支付竞争均衡配置。

习题 11.39 考虑只有一个消费者、一个生产者及两商品的经济。消费集为 $X_i = \mathcal{R}_+^2$，其禀赋为 $(\boldsymbol{w}, 0)$，其中 $\boldsymbol{w}$ 是正整数，效用函数满足严格递增、严格拟凹、连续性。企业使用商品 1 生产商品 2 的技术为：对于整数 k，需要 $k+1$ 单位商品 1 生产 $k+z$ 单位商品 2，$z \in (0,1]$。产出可以自由处置。

1. 用图表示这个经济的生产集。
2. 在该经济中福利经济学第一基本定理是否成立？若成立，予以证明，否则给出反例。
3. 给出例子说明尽管竞争均衡是帕累托最优，但福利经济学第二基本定理不成立。
4. 这个经济中竞争均衡是否必定存在？为什么？
5. 若这个经济中有多个企业和多个消费者，竞争均衡是否必定存在？为什么？

习题 11.40 考虑两消费者两商品的经济：消费空间均为 $\mathcal{R}_+^2$，消费者的偏好分别为：

$$u_1(x_1, y_1) = \min\{2x_1, y_1\};$$

$$u_2(x_2, y_2) = x_2 y_2.$$

经济中总的资源有 1 单位 x 和 3 单位 y。

1. 求解这个经济的帕累托最优配置，并在埃奇沃思盒中给出契约曲线。
2. 求解两个消费者效用水平相同的帕累托最优配置，并在埃奇沃思盒中标出。
3. 假定经济中的初始禀赋为 $\boldsymbol{w}_1 = (1,0)$，$\boldsymbol{w}_2 = (0,3)$，计算竞争均衡。
4. 假设平均主义的规划者能通过税收和补贴再分配财富，计算如何征税和补贴可使两个消费者得到相同的效用。
5. 假定规划者知道每个消费者的偏好，效用平均化在本题中是平均主义规划者的合理目标吗？对于一般的情形呢？

习题 11.41 考虑没有自由处置的纯交换经济。经济中有两种商品 x 和 y，两个消费者 1 和 2，每个消费者的消费集均为 $\mathcal{R}_+^2$。禀赋向量分别为 $\boldsymbol{w}_1 = \left(\frac{1}{4}, \frac{1}{4}\right)$，$\boldsymbol{w}_2 = \left(\frac{3}{4}, \frac{3}{4}\right)$。偏好可分别用效用函数表示：

$$u_1 = (x_1)^2 + (y_1)^2;$$

$$u_2 = \min\{x_2, y_2\}.$$

考虑配置 $A = (x_1, y_1, x_2, y_2) = \left(\frac{1}{2}, \frac{1}{2}, \frac{1}{2}, \frac{1}{2}\right)$。

1. 配置 A 是帕累托有效的吗？为什么？
2. 在前一章的习题中，你已经尝试了寻找某种再分配的方式，使 A 成为竞争均衡。你的结果是否违背了福利经济学第二基本定理？

习题 11.42 考虑两消费者两商品并且没有自由处置的纯交换经济。每个消费者的消费集均为 $\mathcal{R}_+^2$，初始禀赋均为 $(1,1)$。假定每个消费者的偏好是任意的，并且两个消费者的偏好可以不同，只要求偏好可以分别用效用函数表示：

$$u_1 : \mathcal{R}_+^2 \to \mathcal{R},$$
$$u_2 : \mathcal{R}_+^2 \to \mathcal{R}.$$

1. 定义这个经济的竞争均衡。
2. 定义这个经济的弱帕累托有效配置和帕累托有效配置。
3. 是否有可能存在这样的效用函数：使得帕累托有效配置让每个消费者的效用恰好为 1，而其他可行配置使得每个消费者的效用为 0？给出例子或解释为什么不存在这样的例子。
4. 是否可能存在这样的经济：任何帕累托有效配置都使消费者 1 的效用严格大于消费者 2 的效用？为什么？
5. 现在假设初始禀赋向量 $\boldsymbol{w}_1 \in \mathcal{R}_+^2$，$\boldsymbol{w}_2 \in \mathcal{R}_+^2$，$\boldsymbol{w}_1 + \boldsymbol{w}_2 = (2,2)$。是否可能存在这样的经济：该经济的任意竞争均衡配置 (x_1^*, y_1^*) 和其他任何非均衡的可行配置 (x_1, y_1) 都有 $u_1(x_1^*, y_1^*) > u_1(x_1, y_1)$？为什么？
6. 关于偏好需要什么假定才能保证福利经济学第二基本定理成立？

习题 11.43 考虑 n 消费者 L 商品的纯交换经济 $e = (u_i, \boldsymbol{w}_i)_{i=1}^n$。消费者的效用函数 u_i 都是连续且严格递增的。禀赋 $\boldsymbol{w}_i$ 满足 $\sum_{i=1}^n \boldsymbol{w}_i > \boldsymbol{0}$。取商品束 $\boldsymbol{g} \in \mathcal{R}_+^L$，$\boldsymbol{g} \neq \boldsymbol{0}$，定义每个消费者的利益函数

$$b_i(\boldsymbol{x}_i, v_i) = \max\left\{\beta \in \mathcal{R} | u_i(\boldsymbol{x}_i - \beta \boldsymbol{g}) \geqq v_i\right\},$$

其中 $\boldsymbol{x}_i \in \mathcal{R}_+^L$ 是消费者 i 的消费向量，$v_i \geqq u_i(0)$ 是效用水平。

1. 解释 $b_i(\boldsymbol{x}_i, v_i)$，并给出其在两商品经济中的几何表示。
2. 证明 $u_i(\boldsymbol{x}_i) \geqq v_i$ 意味着当 $b_i(\boldsymbol{x}_i, v_i) \geqq 0$ 并且 $u_i(\boldsymbol{x}_i) > v_i$ 时，也有严格不等号成立。
3. 考虑可行配置 $\boldsymbol{x} = (\boldsymbol{x}_1, \cdots, \boldsymbol{x}_n) \in \mathcal{R}_+^{Ln}$(即 $\sum_i \boldsymbol{x}_i \leqq \sum_i \boldsymbol{w}_i$)，取 $v_i = u_i(\boldsymbol{x}_i)$。假定存在可行配置 $\tilde{\boldsymbol{x}}$ 使得 $\sum_{i=1}^n b_i(\tilde{\boldsymbol{x}}_i, v_i) > 0$。证明配置 $\boldsymbol{x}$ 不是帕累托有效的。
4. 在埃奇沃思盒中给出前一问的结果，考虑 $b_1(\tilde{\boldsymbol{x}}_i, v_1) > 0$，$b_2(\tilde{\boldsymbol{x}}_2, v_2) < 0$。
5. 运用上面的结果证明如下通常被称为 “zero-maximum principle (ZMP)” 的结果：若 $\boldsymbol{x}^*$ 是帕累托最优配置，并且 $v_{i*} = u_i(\boldsymbol{x}_{i*})$，则 $\boldsymbol{x}^*$ 是最大化问题

$$\max\left\{\sum_{i=1}^n b_i(\boldsymbol{x}_i, v_{i*}) \middle| \boldsymbol{x} \in \mathcal{R}_+^L, \sum_{i=1}^n \boldsymbol{x}_i \leqq \sum_{i=1}^n \boldsymbol{w}_i\right\} \tag{ZMP}$$

   的解；证明 ZMP 的最大值为 0，并解释这一结果。
6. 证明逆命题：若 $\boldsymbol{x}^*$ 是 ZMP 的解，则 $\boldsymbol{x}^*$ 是帕累托最优配置。
7. 除了以上提及的假设，还假设效用函数 u_i 是拟凹的，证明利益函数 $b_i(\boldsymbol{x}_i, v_i)$ 是 $\boldsymbol{x}_i$ 的凹函数。

习题 11.44 A 女士的偏好 $\succcurlyeq_A$ 定义在实数区间 $[0,1]$ 上，越靠近 0 的元素越被 A 女士偏好。B 女士的偏好 $\succcurlyeq_B$ 也定义在实数区间 $[0,1]$ 上，越靠近 1 的元素越被 B 女士偏好。

1. 区间 $[0,1]$ 上的哪些元素是帕累托有效的？
2. 是否存在代表 A 女士偏好的效用函数 $U_A(x)$ 和代表 B 女士偏好的效用函数 $U_B(x)$，能通过最大化 $U_A(x)+U_B(x)$ 得到所有帕累托有效的元素x?

习题 11.45 考虑纯交换经济 $\{(\succcurlyeq_i)_{i\in N},(\boldsymbol{w}_i)_{i\in N}\}$。定义在非负空间上的偏好是位似、连续且局部非饱和的。令 $\hat{\boldsymbol{w}}=\sum_{i\in N}\boldsymbol{w}_i$。令严格为正的价格向量 $\boldsymbol{p}$ 为给定的价格向量。假设在价格向量 $\boldsymbol{p}$ 处，每个消费者的需求与总禀赋成比例，并且所有消费者的需求加总都等于总禀赋 (即 $\hat{\boldsymbol{w}}$)。

1. 令 $(I_i)_{i\in N}\in\mathcal{R}_+^N$ 是一个在价格为 $\boldsymbol{p}$ 时的收入再分配向量,即 $\sum_{i\in N}I_i=\sum_{i\in N}\boldsymbol{p}\cdot\boldsymbol{w}_i$。转移支付竞争市场能否执行 $(I_i)_{i\in N}\in\mathcal{R}_+^N$? (即是否存在价格向量 $\boldsymbol{p}'$，使得每一个消费者 i 在收入为 I_i、价格为 $\boldsymbol{p}'$ 时的需求加总都等于总禀赋？)
2. 是否存在帕累托有效配置，使得每个消费者对于该配置都弱偏好于其初始禀赋?
3. 假定偏好 $(\succcurlyeq_i)_{i\in N}$ 可由连续函数 $(u_i)_{i\in N}$ 表示。给定消费者 $i\in N$，令 $\bar{u}$ 为一个对消费者 i 可行的 u_i-效用值，即 $\bar{u}\in[u_i(0),u_i(\Omega)]$。证明存在一个可行的帕累托有效配置，使得消费者 i 的 u_i-效用值为 $\bar{u}$，并且所有消费者的消费都和总禀赋成比例。

11.11 参考文献

教材和专著：

黄有光，张定胜. 高级微观经济学. 上海：格致出版社，2008.

Arrow, K. J. and F. H. Hahn (1971), *General Competitive Analysis*, Holden Day.

Debreu, G. (1959). *Theory of Value*, New York.

Jehle, G. A. and P. Reny (1998). *Advanced Microeconomic Theory*, Addison-Wesley.

Luenberger, D. (1995). *Microeconomic Theory*, McGraw-Hill.

Mas-Colell, A., M. D. Whinston, and J. Green (1995). *Microeconomic Theory*, Oxford University Press.

Quinzii, M. (1992). *Increasing Returns and Efficiency*, Oxford University Press.

Rawls, J. (1971). *A Theory of Justice*, Harvard University Press.

Salanié, B. (2000). *Microeconomics of Market Failures*, MIT Press.

Takayama, A. (1985). *Mathematical Economics*, *Second Edition*, Cambridge University Press.

Varian, H. R. (1992). *Microeconomic Analysis*, *Third Edition*, W. W. Norton and Company.

论文：

Arrow, K. and G. Debreu (1954). "Existence of Equilibrium for a Competitive Economy", *Econometrica*, Vol. 22, No. 3, 265-290.

Tian, G. (1988). "On the Constrained Walrasian and Lindahl Correspondences", *Economics Letters*, Vol. 26, No. 4, 299-303.

Tian, G. (2009). "Implementation in Economies with Non-Convex Production Technologies Unknown to the Designer", *Games and Economic Behavior*, Vol. 66, No. 1, 526-545.

Tian, G. (2010). "Implementation of Marginal Cost Pricing Equilibrium Allocations with Transfers in Economies with Increasing Returns to Scale", *Review of Economic Design*, Vol. 14, No. 2, 163-184.

第 12 章 经济核、公正配置与社会选择理论

12.1 导言

本章进一步讨论竞争市场在资源配置方面的优势、合理性、普适性和最优性及其拓展。这些主题包括经济核、公正配置和社会选择理论。前两个主题是对竞争均衡本质的进一步刻画，并讨论如何做到资源的公正配置，从而进一步论证了市场经济制度的优势、合理性、普适性和最优性。这说明了，在政府发挥恰当而不是更多作用的情形下，竞争市场是能够同时解决好效率、公平及稳定等问题的。而社会选择理论是福利经济学的核心内容和基础理论，可被视作一般均衡理论的进一步延拓。

首先对经济核进行讨论。经济核是第 8 章中不可转移收益联盟博弈所定义的核的具体应用，是定义在经济环境上的核。在学习德布鲁、斯卡夫等人给出的这些“经济核”定理时，可能给人的印象是，这些都是数学定理，看到的都是数学术语和证明，如凸性、连续性、单调性等数学语言。其实不然，这些结果有着非常深刻的经济思想、深邃的洞察力及很强的现实指导意义，揭示了市场制度的优势、合理性、普适性和最优性，刻画了市场制度的本质。本节的核心结果即**经济核等价定理**严谨地证明了当人数充分多时的经济核与竞争均衡的集合相等。其政策含义则是，在个体追求自身最大利益的客观现实条件 (即理性人假设) 下，只要给予人们充分的经济自由和竞争，即允许自愿合作与自愿交换，同时允许充分的竞争，即使不考虑任何经济制度安排作为前提条件，所形成的核配置和完全市场所形成的竞争均衡一样，也会导致资源有效配置和安定有序的稳定社会，从而深刻地揭示了发展和稳定的相互促进的辩证关系。

具体来说，经济核等价定理包含两大核心命题。一是**竞争均衡核性质定理**：每个市场竞争均衡配置都必然具有经济核特性，即不存在任何抵制联盟。这样，竞争均衡不仅导致资源有效配置，还形成了社会稳定 (具有核性质)：没有任何群体能通过形成联盟来改进自身的利益，从而解释了为什么具有现代市场制度是一种相对能让经济又好又快地发展、国家政体稳定、社会安定有序的经济制度，不易形成经济壁垒和抵制联盟。当经济充分发展以及自愿合作和交换之后，区域之间的限制将会越来越小，没有任何个体或区域愿意形成独立团体或联盟，而愿意形成更大、更自由的经济体。如各国愿意参加各种世界经济、贸易合作组织；一些国家和地区愿意形成更大的经济体，如欧盟形成了统一货币欧元区；一些国家在其内部愿意开展更自由的经济活动，如中国有意形成统一大市场，以此减少区域壁垒，又如美国的州与州之间没有收费关卡。二是经济**核收缩定理** (shrinking core theorem)：对任何非竞争均衡配置，当经济充分大时，它必然不在经济核中，而在核中的配置必定是竞争均衡配置。这一结果也说明了市场制度不是人为发明或创造的制度安排，有其内在逻辑性和自然演化性，是充分的经济自由和竞争所导致的必然结果。这两大核心命题构成了经济核和竞争均衡的等价性。同时，经济核概念之所以重要，是因为它也给我们关于竞争均衡是如何由个人策略行为而不是基于**瓦尔拉斯摸索调整机制** (Walrasian tâtonnement mechanism) 所导致的结果。

当然，经济核等价定理的结论成立也是有条件的。我们将在后面的内容中说明其成立的边界条件。若将经济核等价定理运用到当前中国市场化改革和国家治理现代化的背景下，它为中国市场化改革与开放的合理性和必要性以及发展和稳定的相互促进的辩证关系提供了理论支撑：在个体思想觉悟有限的现阶段，中国必须走市场经济之路，其他经济模式和发展道路不可能导致更好的结果。

随后对资源的公正 (fair) 配置方面的结果进行讨论。在当前国家十分强调共同富裕的关键时期，本章要介绍的公正定理就显得异常重要。我们已经看到，帕累托最优性是一个较弱的资源配置准则，它只是强调了资源配置的有效性，而忽视其他标准，如没有涉及收入分配、配置的公平性问题及共同富裕问题。公正配置是一种在保证资源配置有效性的前提下如何达到公平配置的均衡概念，是为了克服那些帕累托有效配置的公平性不足而提出的一个资源配置标准，从而它是精炼帕累托最优配置集的一种均衡解，并说明了机会均等 (起点平等) 在同时解决效率、公平和共同富裕方面的异常重要性。公正配置定理深刻地揭示了政府与市场在解决公正问题和实现共同富裕方面的逻辑关系：只要所有经济人的初始禀赋的价值相同 (起点平等)，然后通过竞争市场运作，市场制度在实现效率的同时，也能解决公平问题，从而导致公正配置。这个结果有很强的经济政策意义，它说明了遗产税、义务教育、第二次收入分配的必要性和极端重要性，以此尽可能地给所有公民一个尽可能平等的竞争起点，然后通过市场制度运行来达到公平公正。它说明了政府发挥维护和服务作用的重要性，但同时又不否定市场的作用和必要性。

在本章，我们还将对一般均衡分析的思想和框架做进一步的拓展，考虑更一般性的从个体行为和个体选择到社会选择和社会福利问题。我们假定社会根据个体偏好要在有限个备选方案、项目或结果 (不一定是资源的配置) 中确定社会偏好或排序，以此决定备选方案的优劣并进行排序。即考虑这样一个问题：确定一种“规则”，该规则使我们从个体对不同备选方案的排序中确定社会对这些配置的排序 (社会福利函数)，这是社会选择理论所要研究的核心问题，也就是如何从个体理性选择形成总体理性选择的问题。由于所有个体的偏好和选择不一样，如何从那些看似非常合理的个体偏好来形成社会偏好排序就成了一个问题。我们能构造满足若干合理性质的这类规则吗？阿罗不可能性定理的回答是否定的，阿罗证明了，在一些看起来非常合理的假设下，如果由两个以上偏好不同的个体来进行选择，而被选择的方案也超过两个，那么就不可能做出大多数人都感到满意的决定。因此，在每个社会成员各有其特定的偏好序的情况下，要找出一个在逻辑上不与个人偏好序矛盾的全社会偏好序几乎是不可能的。他认为唯一的可能情形就是某个人的偏好能代表社会中所有个体的偏好，但我们都知道，由于个体具有逐利性，这种可能性在现实中是不存在的，所以我们称之为不可能性定理。

“公正”和“社会福利函数”的概念提出了社会公正问题。有人以为阿罗不可能性定理否定了民主的作用，这是一个极大的误区，没有正确理解这个定理的真正含义。其实，该定理恰好说明了任何一个经济制度或经济理论的作用都有其局限性，都有其前提条件，都有其适用边界，没有单一的经济理论和经济制度安排能解决所有地区和国家的经济问题，而是需要充分考虑国家、地区的初始条件的差异，根据具体情形来决定是否给出不同的经济制度安排。

下面进行正式的讨论，首先讨论关于经济核的一些结果。

12.2 经济核配置

大家都知道，市场制度只是配置资源的一种方式。若我们使用其他经济制度配置资源，会出现什么结果呢？本节针对这个问题进行回答，其基本结论是：不事先设定任何制度安排，只要给予个体充分的经济自由，允许他们自愿合作和自愿交换，当经济充分大时 (也就是人数充分多和充分竞争时)，最终得到的配置就和竞争均衡配置的结果一样。这就是我们要介绍的**经济核等价定理**。

12.2.1 经济核

经济核的概念最先由埃奇沃思 (1881) 提出和研究。它是这样一种概念，如处于经济核状态，任何个体和组织都愿意接受此配置，没有哪个经济人或联盟愿意偏离它。这样，有理由认为经济核也是一个政治概念。若一群人发现他们能利用他们自己的资源、形成联盟来改善自身的境况，那么没理由不认为他们会将此付诸实践。若社会中的其他人强制阻止他们不这样做，就容易引起反弹，有可能形成抵制联盟，从而造成社会的不稳定，甚至要求独立，对国家统一造成危机，甚至是分裂。但导致的配置一旦在经济核中，这种情况就不会出现，社会将会更为稳定，更不太可能造成分裂。即使已造成分裂局面，在各分裂体的经济境况大大改善和接近一致后 (初始禀赋价值基本相同)，也会有利于国家的统一，或形成一个新的共同体，比如欧盟以及民主德国和联邦德国的统一。这就是成熟的现代市场经济国家一般来说国体都比较稳定，社会比较安定有序的重要原因之一。

不同于其他经济理论，经济核理论异常简洁，没有事前设定任何制度安排，只是简单地假定每个经济人都了解其他经济人的特征，且任何群体中的经济人都可以重新组合以形成互利的协议。

为简单起见，只考虑纯交换经济，具有生产的情形要复杂得多。我们称两个经济人属于**同类型**，若他们具有相同的经济特征，在我们的模型中，也就是他们具有相同的偏好和禀赋。

若经济中每种类型的经济人数量为某初始经济人的 r 倍，则称该经济为该初始经济的***r*-复制** (*r*-replication) (或称***r*-复制经济**)。

设由 n 个经济人组成的集合为 N，一个**联盟** (coalition) 是 N 的一个子集。

定义 12.2.1 (抵制联盟) 我们称一群经济人 $S \subseteq N$ 形成一个对配置 $\boldsymbol{x}$ 的**抵制联盟** (blocking coalition)，若该联盟能通过他们自身的禀赋得到帕累托改进，即存在另一个配置 $\boldsymbol{x}'$，使得

（1）该配置 $\boldsymbol{x}'$ 相对于 S 来说是可行的，即有 $\sum_{i\in S}\boldsymbol{x}'_i \leqq \sum_{i\in S}\boldsymbol{w}_i$；

（2）对所有的 $i \in S$，都有 $\boldsymbol{x}'_i \succcurlyeq_i \boldsymbol{x}_i$，且对某个 $k \in S$，有 $\boldsymbol{x}'_k \succ_k \boldsymbol{x}_k$。

定义 12.2.2 (经济核) 称可行配置 $\boldsymbol{x}$ 具有**核性质**或**在核中**的一个配置，若不存在对配置 $\boldsymbol{x}$ 的任何抵制联盟。所有核配置的集合被称为**经济核**或被简称为**核**。

备注：从以上定义可知，经济核是合作博弈中的核在经济环境下的具体表现形式，即是定义在没有转移收益经济环境上的核。

备注：显然，经济核中的每个配置都是帕累托最优的 (抵制联盟由所有人组成)。

定义 12.2.3 (个体理性) 我们称配置 $\boldsymbol{x}$ 为**个体理性的** (individually rational)，若 $\boldsymbol{x}_i \succcurlyeq_i \boldsymbol{w}_i, \forall i = 1, 2, \cdots, n$。

个体理性也被称为参与约束，它意味着一个经济人参与经济活动后福利不会受损。也就是说，若所得到的收益比不参与这个经济活动 (即消费自身的初始禀赋) 所得到的收益还要差，则他不会参与该活动。个体理性是一个非常重要的概念，也是信息经济学和机制设计中一个基本的约束条件。若不满足该条件，就意味着参与了活动就会受损，从而就会反对参与此活动，或反对所涉及的制度安排或改革。

备注：显然，核中的每个配置必定是个体理性的。

备注：当 $n = 2$ 时，则配置 $\boldsymbol{x}$ 是核中的一个配置当且仅当它既是帕累托最优的，也是个体理性的 (见图 12.1)。

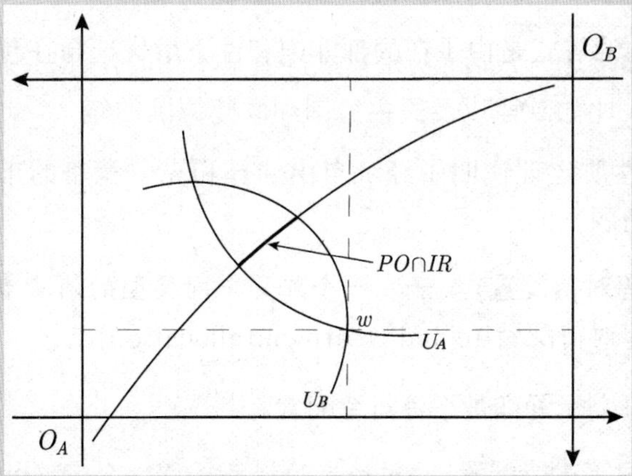

图 12.1 当 $n = 2$ 时，经济核中的配置集即帕累托有效 (PO) 和个体理性 (IR) 配置集

备注：弱帕累托改进也经常被用来定义抵制联盟，从而被用来定义经济核。弱帕累托改进意味着存在其他可行配置使得每个人境况都变得更好，用弱帕累托改进所定义的经济核则比前面所定义的经济核要弱。

备注：虽然帕累托最优配置独立于个人禀赋，但核配置却与个体禀赋有关。

12.2.2 经济核等价定理

经济核与竞争均衡有什么关系呢？这里要介绍的经济核等价定理给予了回答：在人数充分多情形下的经济核与竞争均衡的集合完全相等，从而深刻地揭示了发展和稳定的辩证关系。这个经济核等价定理由两个命题组成：竞争均衡核性质定理和经济核收缩定理。我们先给出竞争均衡核性质定理，它证明了：在个体自利性假设下，每个竞争均衡都必定具有核性质。其证明的方法和福利经济学第一基本定理类似。

定理 12.2.1 (竞争均衡核性质定理) 对纯交换经济 $\{(X_i),(\succcurlyeq_i),(\boldsymbol{w}_i)\}_{i\in N}$，假设偏好满足局部非饱和性。若 $(\boldsymbol{x},\boldsymbol{p})$ 是竞争均衡，则 $\boldsymbol{x}$ 具有核性质。

证明： 反证法。若 $\boldsymbol{x}$ 不是核中的配置，则存在联盟 S 和可行配置 $\boldsymbol{x}'$，使得

$$\sum_{i\in S}\boldsymbol{x}'_i \leqq \sum_{i\in S}\boldsymbol{w}_i, \tag{12.1}$$

且 $\boldsymbol{x}'_i \succcurlyeq_i \boldsymbol{x}_i,\ \forall i\in S$，并对某个经济人 $k\in S$，有 $\boldsymbol{x}'_k \succ_k \boldsymbol{x}_k$。于是，根据偏好的局部非饱和性，我们有

$$\boldsymbol{p}\boldsymbol{x}'_i \geqq \boldsymbol{p}\boldsymbol{x}_i\ \forall i\in S,$$

$$\boldsymbol{p}\boldsymbol{x}'_k > \boldsymbol{p}\boldsymbol{x}_k \exists\ k.$$

于是有

$$\sum_{i\in S}\boldsymbol{p}\boldsymbol{x}'_i > \sum_{i\in S}\boldsymbol{p}\boldsymbol{x}_i = \sum_{i\in S}\boldsymbol{p}\boldsymbol{w}_i, \tag{12.2}$$

和式 (12.1) 矛盾 (上面的等式是由于在局部非饱和性下最优选择在预算线上)。因此竞争均衡配置必然在核中。 □

以上竞争均衡核性质定理说明了经济自由选择和充分竞争的市场制度导致了社会稳定。下面讨论它的逆命题。

定义 12.2.4 (同等对待配置) 若在一个配置中同类型的消费者都获得相同的消费组合，则称该配置为**同等对待配置** (equal-treatment allocation)。

可证明，核中的每个配置都是平等对待配置。

命题 12.2.1 (核同等对待配置) 对纯交换经济 $\{(X_i),(\succcurlyeq_i),(\boldsymbol{w}_i)\}_{i\in N}$，设每个经济人都具有严格凸偏好。若 $\boldsymbol{x}$ 是经济 e 的一个 r-复制，则对核中的任何配置，所有相同类型 (偏好、禀赋) 的经济人都获得相同的消费束。

证明： 为证明简单和直观起见，这里只考虑两类经济人的情况，记为 A 和 B。设 $\boldsymbol{x}$ 是核中的一个配置，这 $2r$ 个经济人记为 $A_1,\cdots,A_r$ 和 $B_1,\cdots,B_r$。若同种类型的所有经济人没有获得相同的配置，则每种类型都存在一个经济人，其境遇在所有该种类型的经济人中最糟糕。我们称这样的两个经济人为“类型 A”的弱者 (underdog) 和“类型 B”的弱者。若某种类型存在多个弱者，则我们在该种类型中选择任意一个即可。

设 $\bar{\boldsymbol{x}}_A=\frac{1}{r}\sum_{j=1}^r \boldsymbol{x}_{A_j}$ 和 $\bar{\boldsymbol{x}}_B=\frac{1}{r}\sum_{j=1}^r \boldsymbol{x}_{B_j}$ 分别为“类型 A”和“类型 B”的平均消费束。由于核中的任何配置 $\boldsymbol{x}$ 都是可行的，我们有

$$\frac{1}{r}\sum_{j=1}^r \boldsymbol{x}_{A_j}+\frac{1}{r}\sum_{j=1}^r \boldsymbol{x}_{B_j}=\frac{1}{r}\sum_{j=1}^r \boldsymbol{w}_{A_j}+\frac{1}{r}\sum_{j=1}^r \boldsymbol{w}_{B_j}=\frac{1}{r}r\boldsymbol{w}_A+\frac{1}{r}r\boldsymbol{w}_B.$$

从而有

$$\bar{\boldsymbol{x}}_A+\bar{\boldsymbol{x}}_B=\boldsymbol{w}_A+\boldsymbol{w}_B,$$

因此，$(\bar{\boldsymbol{x}}_A,\bar{\boldsymbol{x}}_B)$ 对两种类型的弱者形成的联盟来说是可行的。由于我们已假定至少有一种类型 (不妨设为类型 A) 存在弱者，该种类型 (类型 A) 至少有两个消费者的消费束不相同。于是，根据偏好的严格凸性，类型 A 的弱者将严格偏好于 $\bar{\boldsymbol{x}}_A$ 而非其原有配置 (由于消费束的加权平均要好于类型 A 的被压迫者的原消费束)，且类型 B 的弱者将认为 $\bar{\boldsymbol{x}}_B$ 至少和原有消费束一样好。这样，这两种类型的弱者就形成了一个抵制联盟，与它是核中的一个配置矛盾。 □

由于对核中的任意配置，同类型的个体都必定有相同的消费束，我们可以用埃奇沃思盒来考察二人 r-复制经济的核。经济核中的点 $\boldsymbol{x}$ 不是表示类型 A 和类型 B 获得了多少配置，而是告诉我们每种类型的经济人获得了多少。上述命题告诉我们，一个 r-复制经济的核中所有的配置都可以用这种方式表示。

下述定理是上述命题 12.2.1的逆命题，它表明，当经济 (即 r) 充分大时，任意非竞争均衡配置都不在该 r-复制经济的核中。这意味着当经济越来越大时，其经济核收缩到瓦尔拉斯均衡。

定理 12.2.2 (经济核收缩定理) *对纯交换经济 $\{(X_i),(\succcurlyeq_i),(\boldsymbol{w}_i)\}_{i\in N}$，假设 $\succcurlyeq_i$ 连续且严格凸，且 $\boldsymbol{x}^*$ 为竞争均衡配置。若 $\boldsymbol{y}$ 不是竞争均衡，则存在该经济的 V-复制，使得 $\boldsymbol{y}$ 不在该复制经济的核中。*

证明： 为证明简单和直观起见，仍只考虑两类经济人的情况，以便参考图 12.2 进行证明。我们要证明，存在 V-复制经济及其中的某个联盟，使得 $\boldsymbol{y}$ 被该联盟抵制。由于 $\boldsymbol{y}$ 不是竞争均衡，因而通过 $\boldsymbol{y}$ 和 $\boldsymbol{w}$ 的线段必然与至少某个经济人的无差异曲线相交而不相切，不妨设在 $\boldsymbol{y}$ 点与经济人 A 的无差异曲线相交。于是，根据偏好 $\succcurlyeq_i$ 的严格凸性和连续性，存在整数 V 和 T，$0<T<V$，使得

$$\boldsymbol{g}_A\equiv\frac{T}{V}\boldsymbol{w}_A+\left(1-\frac{T}{V}\right)\boldsymbol{y}_A\succ_A \boldsymbol{y}_A.$$

由于任何实数都可以通过有理数逼近，这样的整数比 $\frac{T}{V}$ 是存在的。设 V 个类型 A 的消费者和 $V-T$ 个类型 B 的消费者组成了一个联盟。考虑其配置 $\boldsymbol{x}=(\boldsymbol{g}_A,\cdots,\boldsymbol{g}_A,\boldsymbol{y}_B,\cdots,\boldsymbol{y}_B)$。现证明 $\boldsymbol{x}$ 对该联盟是可行的。

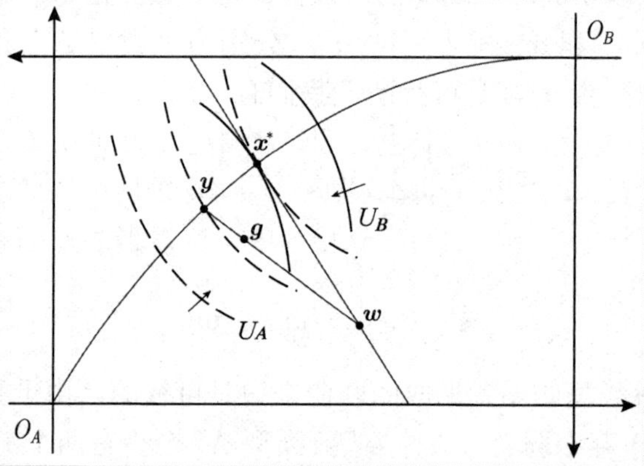

图 12.2 收缩的核：点 $\boldsymbol{y}$ 最终将不在核内

注意到 $\boldsymbol{y}_A+\boldsymbol{y}_B=\boldsymbol{w}_A+\boldsymbol{w}_B$，我们有

$$\begin{aligned}V\boldsymbol{g}_A+(V-T)\boldsymbol{y}_B&=V\left[\frac{T}{V}\boldsymbol{w}_A+\left(1-\frac{T}{V}\boldsymbol{y}_A\right)\right]+(V-T)\boldsymbol{y}_B\\&=T\boldsymbol{w}_A+(V-T)\boldsymbol{y}_A+(V-T)\boldsymbol{y}_B\\&=T\boldsymbol{w}_A+(V-T)(\boldsymbol{y}_A+\boldsymbol{y}_B)\\&=T\boldsymbol{w}_A+(V-T)(\boldsymbol{w}_A+\boldsymbol{w}_B)\\&=V\boldsymbol{w}_A+(V-T)\boldsymbol{w}_B.\end{aligned}$$

因此，$\boldsymbol{x}$ 对该联盟来说是可行的，且对类型 A 的消费者，有 $\boldsymbol{g}_A\succ_A\boldsymbol{y}_A$，对类型 B 的消费者，有 $\boldsymbol{y}_B\sim_B\boldsymbol{y}_B$，这意味着 $\boldsymbol{y}$ 不在该 V-复制经济的核中。 □

经济核收缩定理表明，当经济充分大时 (也就是当人数充分多和充分竞争时)，核中的任何配置都是竞争均衡配置，独立于任何制度安排：当经济充分大时，即使从非常弱的均衡概念如经济核所导出的配置也接近瓦尔拉斯均衡。因此，该定理表明竞争和完全经济自由 (通过可自由地形成任何联盟来体现) 至关重要。我们可以通过市场制度来同时实现资源的有效配置和社会的稳定。

上述命题的许多限制性假定如偏好的强单调性、凸性和经济中只有两个经济人等都可以被放松。

结合竞争均衡核性质定理和经济核收缩定理，我们得到经济核等价定理。

定理 12.2.3 (经济核等价定理) 对纯交换经济 $\{(X_i),(\succ_i),(\boldsymbol{w}_i)\}_{i\in N}$，在偏好是严格凸和连续的假定下，当每种类型的个体数增加时，这种复制经济的核是收缩的。当每种类型的个体数趋于无穷时，经济核配置的集合与竞争均衡配置的集合相等。

该结果意味着，存在 $R>0$，当 $r>R$ 时，任意不是竞争均衡的配置都不在 r-复制经济的核中。

以上经济核等价定理异常深刻和重要。这一基准定理从理论上揭示了市场制度是导致资源有效配置的唯一制度安排。虽然竞争均衡存在性结果没有说明导致资源有效配置的制度安排的唯一性问题，但经济核收缩定理告诉我们，若允许个体充分的经济自由、自愿合作、自愿交换及充分竞争 (经济个体的数目越来越大时)，即使不考虑任何经济制度安排，其所导致的资源配置也会收敛于竞争市场均衡。这一结论说明了市场制度的合理性、必要性和唯一性。同时，后面要讨论的机制设计理论更进一步地证明了，市场制度是唯一需要的信息最少的有效配置资源的方式 (即信息效率)。而竞争均衡核性质定理却说明了完全竞争自由经济的市场经济社会则是安定有序和稳定的，难以形成抵制联盟。事实上，人类历史告诉我们，社会不稳定往往由两个阶层造成：赤贫阶层和顶层。赤贫阶层由于无法生存可能会仇视社会，顶层想问鼎而追求最高权力。只有有产、有房、有安稳生活的中等收入阶层最希望保持稳定，而不做他想。有政府恰当作用的现代市场制度能够培养大量中等收入阶层。这个定理对中国而言的一个政策含义就是，中国需要涌现大量中等收入阶层，实现共同富裕，这样社会才能更加稳定。因此，中国式现代化需要建立一个成熟的现代市场经济。这些就是等价核定理所蕴含的深刻经济学思想。

12.3 资源公正配置

这一节讨论资源配置的公平和公正问题。这个问题异常重要，若经济社会的资源配置不公平，贫富差距过大，财产不能得到保护，市场不畅通，社会就不会长治久安，这些都会影响资源的有效配置和经济的良性发展。

帕累托最优性给出了评判资源配置优劣的一个标准。尽管它是一个少有争议的可被用来判断经济制度优劣的最低标准，适用于任何经济制度，它表明一个配置如不是帕累托有效配置，就存在着效率缺损和改进的余地，但这个标准有它的局限性，没有涉及收入分配问题，也没有涉及资源的公平配置问题。不过，这并不意味着现代经济学及其分析框架没有或不能被用来研究资源公平配置问题。资源的有效配置与平等或公平配置其实是非常不同的概念，它们代表了不同的价值取向和标准。尽管一个资源配置是帕累托有效的 (例如，一人占有社会上所有资源而其他人不占有任何资源的配置是帕累托有效配置)，但从社会公平的角度看，却是极端不公平的。“结果平等” (equality of outcome)，即所有人对资源的配置同等，如有可能，也是一个社会想要达到的理想目标。

完全竞争市场机制尽管能很好地解决效率问题，但单靠它不能很好地解决公平配置问题。只要人们追求自身利益，在经济活动中存在着风险和机遇，经济效率与结果平等一般来说就会发生冲突，存在一种权衡取舍的关系。由于一个人的能力有大小，主观努力不同，机遇不同或所面临的风险也可能不同，为了激励人们努力工作从而增进效益，必然会造成某种程度的收入结果不平等。若无论干多干少或贡献是大是小，收入都一样多，那又会有多少人去努力工作呢？因此，单靠市场不能解决涉及收入和财富分配的公平问题，一个有效的资源配置也许是非常不平等的，这意味着市场在解决结果公平方面也许会失灵，政府因而需要发挥作用。

本节将得出的主要结论是，尽管经济效率与结果平等一般来说是一种权衡取舍的关系，但在所有经济人初始禀赋的价值相同的情形下，机会均等 (equality of opportunity) 却能和效率相容。结果平等是一种绝对平均的概念，只是考虑了客观因素，没有考虑个人主观需求。每个人的偏好不一样，把所有的商品平等地分给每一个人虽然是极度的平等，但不见得人人都满意，因此必须强调**平等** (equality) 与**公平** (equity) 之间的区别。虽然两者都促进了公正 (fairness)，但平等是通过对每个人都一视同仁实现的，而公平则是根据需要因人而异来实现的。因而更合理的公正标准内涵应该是对将主观愿望和客观因素结合起来的公平准则进行综合考虑。例如，按照每个人都满意自己的那份消费，而不会羡慕、眼红甚至嫉妒他人的消费或其他人的平均消费来定义公平结果 (equitable outcome)，则这样定义的公平结果更为合理，因为它不仅考虑到了个人偏好，也考虑到了消费量的大小，其结果也就更为平等和公平，否则商品消费较少的人会眼红商品消费较多的人。更重要的是，按这样定义的公平配置和公正配置不仅合理，而且更加具有政策指导意义和可操作性。下面所介绍的资源公正配置不仅是帕累托有效配置，也是公平的，其**公平定理**表明，可以通过机会均等 (如每个人的初始禀赋的价值相等) 的起点，然后通过市场竞争来达到既是帕累托有效的配置，也是公平的公正配置。从而，通过权衡效率与公平，公正配置可以促进社会稳定，保护产权，并支持可持续的经济发展。

12.3.1 公正配置

先引进**公平配置** (equitable allocation) 的概念。这个定义不仅考虑到公平的客观因素，也考虑到公平的主观偏好。为此，首先给出“羡慕”的概念。

定义 12.3.1 (羡慕) 我们称经济人 i **羡慕** (envy) 经济人 k，若经济人 i 更偏好经济人 k 的消费，即 $\boldsymbol{x}_k \succ_i \boldsymbol{x}_i$。

定义 12.3.2 (公平配置) 我们称配置 $\boldsymbol{x}$ 是**公平的** (equitable)，若没有任何人羡慕其他人，即对任意的 $i \in N$，均有 $\boldsymbol{x}_i \succcurlyeq_i \boldsymbol{x}_k$, $\forall k \in N$。

帕累托最优仅是一个以社会资源配置是否有效作为衡量标准的，没有涉及资源的公平配置问题，一个帕累托有效的资源配置也可能是非常不公平的。而公平配置仅考虑平等，而没有考虑资源配置的效率问题，也许是无效的。一个社会的资源配置只有同时满足有效和公平配置标准，才算是资源公正配置的社会。于是有下列关于资源公正配置的概念。

定义 12.3.3 (公正配置) 我们称配置 $\boldsymbol{x}$ 是**公正的** (fair)，若它既是帕累托最优的，同时也是公平的 (见图 12.3)。

这样，公正配置首先必须注重资源配置效率。经济若没有效率，则很难说是公正的，所以公正配置既要注重效率，也要兼顾公平。

备注：根据定义，公正配置组成的集合是帕累托有效配置的一个子集。因此，公正性精炼了帕累托最优配置的集合。

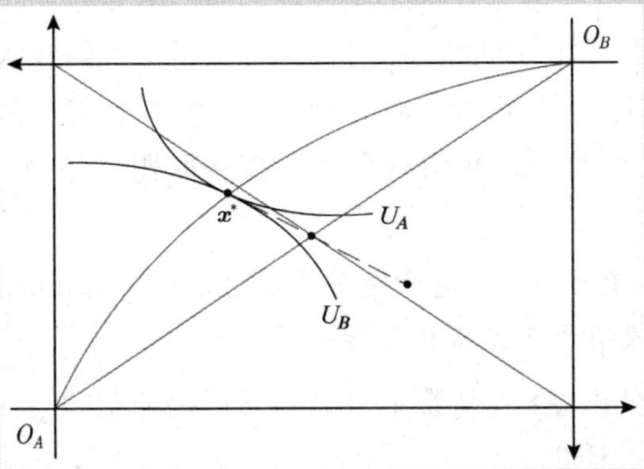

图 12.3　公正配置

一个公平配置未必是帕累托有效的，反之亦然。具备上述两个特征的配置就是资源公正配置。图 12.4 中的配置表明，配置 $\boldsymbol{x}^*$ 是帕累托有效的，但不是公平的。

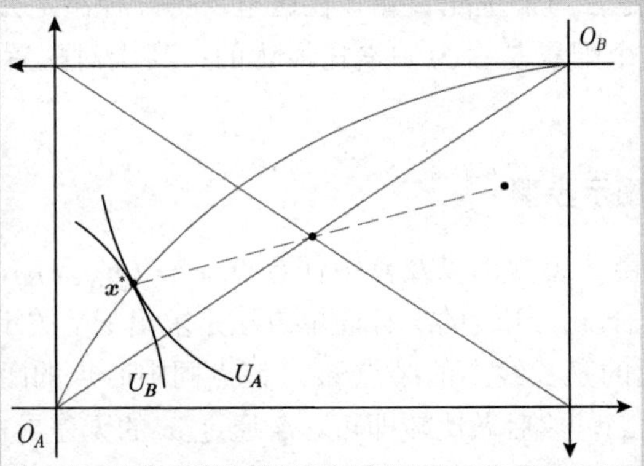

图 12.4　$\boldsymbol{x}^*$ 是帕累托有效的，但不是公平的

图 12.5 中的配置表明，$\boldsymbol{x}^*$ 是公平的，但它不是帕累托有效的。

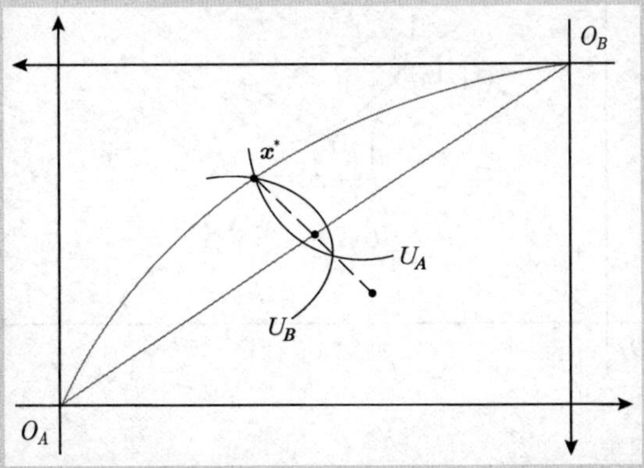

图 12.5　$\boldsymbol{x}^*$ 是公平的，但不是帕累托有效的

从图形来看，公正配置一般来说都是比较均等的，不会远离埃奇沃思盒的中心。所以，公正配置的合理之处在于它既照顾到了平等，也迁就了个人偏好取向。

下面的更为严格的公正配置的概念来自周林 (Zhou, 1992)。

定义 12.3.4 给定配置 $\boldsymbol{x}$，我们称**个体 i 羡慕联盟** S $(i \notin S)$，若 $\bar{\boldsymbol{x}}_S \succ_i \boldsymbol{x}_i$，其中 $\bar{\boldsymbol{x}}_S = \frac{1}{|S|}\sum_{j\in S}\boldsymbol{x}_j$。

定义 12.3.5 我们称配置 $\boldsymbol{x}$ 是**严格公平的** (strictly equitable) 或者**严格非羡慕的** (strictly envy-free)，若没有人羡慕任何其他联盟。

定义 12.3.6 (严格公正性) 配置 $\boldsymbol{x}$ 被认为是**严格公正的** (strictly fair)，若它既是帕累托最优的，也是严格公平的。

备注：所有严格公正配置组成的集合为帕累托最优配置集的一个子集。

备注：对二人交换经济，若 $\boldsymbol{x}$ 是帕累托最优的，则两个人不会相互羡慕。

备注：显然，每个严格公正配置同时也是公正配置，但反之不成立。然而，当 $n = 2$ 时，公正配置也是严格公正的。

如何决定一个配置是否为公正配置呢？在这里，有一种决定公正配置的方法，该方法分为三步。首先检查这个配置是否为帕累托最优的；其次对配置做镜面反射；最后进行比较。

检验配置公正性的图示步骤

考虑二人经济的埃奇沃思盒，以及盒中任意点 $\boldsymbol{x} = (\boldsymbol{x}_A, \boldsymbol{x}_B)$，消费者 A 将其消费组合 $\boldsymbol{x}_A$ 与消费者 B 的组合 $\boldsymbol{x}_B$ 比较的一种简单方法是求出 $\boldsymbol{x}_A$ 关于盒中心点的对称点，即连接 $\boldsymbol{x}$ 与盒子中心线段的延长线上的某点 $\boldsymbol{x}'$，该点同中心点的距离与 $\boldsymbol{x}_A$ 同中心点的距离相等，即 $\boldsymbol{x}' = (\boldsymbol{x}_B, \boldsymbol{x}_A)$，然后做比较即可。若通过 $\boldsymbol{x}$ 的无差异曲线在 $\boldsymbol{x}'$ 的下方，则 A 羡慕 B。由此，我们可得下述检验给定配置是否为公正配置的方法 (见图 12.6)。

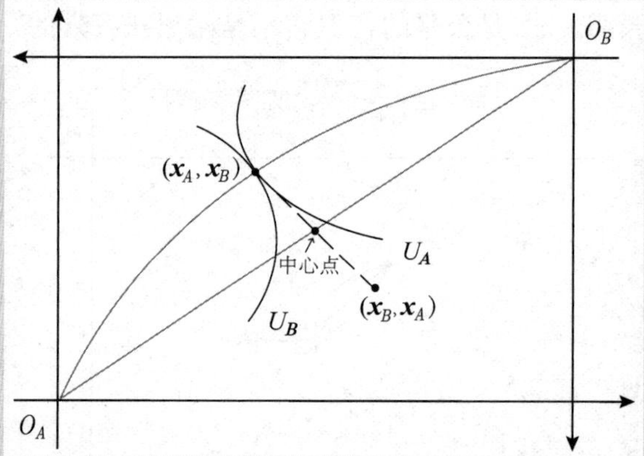

图 12.6 如何检验公正配置

第 1 步：该配置是帕累托最优的吗？若是，转第二步，否则停止检验，配置不是公正的。

第 2 步：作镜面反射，得出对称点 $\boldsymbol{x}' = (\boldsymbol{x}_B, \boldsymbol{x}_A)$ (注意 $\dfrac{\boldsymbol{x}+\boldsymbol{x}'}{2}$ 为埃奇沃思盒的中心点)。

第 3 步：对经济人 A 比较 $\boldsymbol{x}_B$ 和 $\boldsymbol{x}_A$，看是否有 $\boldsymbol{x}_B \succ_A \boldsymbol{x}_A$，并对经济人 B 比较 $\boldsymbol{x}_A$ 和 $\boldsymbol{x}_B$，看是否有 $\boldsymbol{x}_A \succ_B \boldsymbol{x}_B$。若上述答案都是否定的，则配置是公正的。

12.3.2　公正定理

以上定义的公正配置既注重效率，也兼顾了公平。那么，一个自然而然的问题是，公正配置是否存在？如何达到公正配置？一般来说，仅靠市场无法实现公正配置，而需要政府的援助之手，通过转移支付尽可能创造出起点平等这样的机会均等，也就是使得经济人通过转移支付后的财富分配水平相等，就能导致公正配置。下述定理证明了市场体系在政府的协助下可以导致公正配置，其关键是，首先要有一个初始禀赋价值相等的机会均等的起点，然后通过市场制度的运作，就可以达到既有效率又公平的资源配置。这个定理在国外教科书中基本不讨论。Varian 的早期教科书曾讨论过这个结果，但在再版中去掉了。中国当前在转型过程中出现了经济高速发展，但同时收入差距拉大这种两头冒尖的状况，公正定理在解决效率与公平兼顾问题方面向我们提供了深刻的启示。

定理 12.3.1 (公正定理)　*对纯交换经济* $\{(X_i), (\succcurlyeq_i), (\boldsymbol{w}_i)\}_{i\in N}$，*设* $(\boldsymbol{x}^*, \boldsymbol{p}^*)$ *为竞争均衡。在局部非饱和性假定下，若所有个体初始禀赋的价值相等，即* $\boldsymbol{p}^*\boldsymbol{w}_1 = \boldsymbol{p}^*\boldsymbol{w}_2 = \cdots = \boldsymbol{p}^*\boldsymbol{w}_n$，*则* $\boldsymbol{x}^*$ *是一个严格公正配置。*

上述结果十分重要。它说明了，在政府发挥起点公平的作用下，市场制度也可以导致公正配置。证明方法类似福利经济学第一基本定理。这个命题也是针对逐利个体来说的。

证明： 根据局部非饱和性和福利经济学第一基本定理，$\boldsymbol{x}^*$ 为帕累托最优配置。这样，我们只需证明 $\boldsymbol{x}^*$ 是严格公平配置即可。若不然，存在 i 和联盟 S，$i \notin S$，使得

$$\overline{\boldsymbol{x}}_S^* \equiv \frac{1}{|S|}\sum_{k\in S}\boldsymbol{x}_k^* \succ_i \boldsymbol{x}_i^*. \tag{12.3}$$

因此，我们有 $\boldsymbol{p}^*\overline{\boldsymbol{x}}_S^* > \boldsymbol{p}^*\boldsymbol{x}_i^* = \boldsymbol{p}^*\boldsymbol{w}_i$。由于 $\boldsymbol{p}^*\boldsymbol{w}_1 = \boldsymbol{p}^*\boldsymbol{w}_2 = \cdots = \boldsymbol{p}^*\boldsymbol{w}_n$，前述结论同下列事实矛盾：

$$\boldsymbol{p}^*\overline{\boldsymbol{x}}_S^* = \frac{1}{|S|}\sum_{k\in S}\boldsymbol{p}^*\boldsymbol{x}_k^* = \frac{1}{|S|}\sum_{k\in S}\boldsymbol{p}^*\boldsymbol{w}_k = \boldsymbol{p}^*\boldsymbol{w}_i. \tag{12.4}$$

因此，$\boldsymbol{x}^*$ 必然是严格公正配置。□

以上公正定理表明，通过政府的作用使所有人初始禀赋的价值相等，然后让市场发挥作用，至少在理论上就能解决好效率和公平兼顾的问题。

下面给出公正定理成立的一个充分条件：通过政府措施，使所有人的初始禀赋相等，从而导致了下面的同等收入瓦尔拉斯配置。

定义 12.3.7 我们称 $\boldsymbol{x} \in \mathcal{R}_+^{nL}$ 为**同等收入瓦尔拉斯配置** (equal income Walrasian allocation)，若存在价格向量 $\boldsymbol{p}$，使得

（1）$\boldsymbol{p}\boldsymbol{x}_i \leqq \boldsymbol{p}\overline{\boldsymbol{w}}$，其中 $\overline{\boldsymbol{w}} = \frac{1}{n}\sum_{k=1}^{n}\boldsymbol{w}_k$ 为平均禀赋。

（2）若 $\boldsymbol{x}_i' \succ_i \boldsymbol{x}_i$，则 $\boldsymbol{p}\boldsymbol{x}_i' > \boldsymbol{p}\bar{\boldsymbol{w}}$。

（3）$\sum \boldsymbol{x}_i \leqq \sum \boldsymbol{w}_i$。

注意，每个同等收入瓦尔拉斯配置 $\boldsymbol{x}$ 都是禀赋为 $\boldsymbol{w}_i = \overline{\boldsymbol{w}}, i \in N$ 的竞争均衡配置。

推论 12.3.1 对纯交换经济 $\{(X_i), (\succcurlyeq_i), (\boldsymbol{w}_i)\}_{i\in N}$，在偏好的局部非饱和性假定下，每个同等收入瓦尔拉斯配置都是严格公正的。

备注：当把个体的偏好考虑进去时，资源的平均分配本身不一定导致公正配置，但如果有一个同等初始禀赋价值的起点，然后通过市场运作就可导致资源既有效率也是公平的配置结果。这种**分配加选择** (divide-and-choose) 的方法意味着若埃奇沃思盒的中心点为初始禀赋点，则竞争均衡配置是公正的。本结论的政策含义是显然的。由于个体的偏好基本上是不同的，平均分配并不能导致帕累托最优配置。但是，禀赋的平均分配再加上竞争市场能保证配置的公正性。也就是说，政府要做的事情首先就是要创造起点平等，将资源尽可能平均地分配给个体，而不需要政府直接参加经济活动，让市场自行运作而不是一味干预，在一些技术性约束条件下，如局部非饱和性和完全信息等条件下，市场竞争就会导致既有效率也是公平的资源配置结果。

因而，公正定理的政策含义是，一个和谐理想的社会要保证社会成员的基本权利，创造起点机会均等，保证所有人享有大致相同的基本平等发展机会，比如保证所有公民都能够接受教育，享受同等的基础教育，使之都能够公平地参与市场竞争，都能够依靠法律和制度来维护自己的合法权益。政府应通过真正的义务教育，通过调节税制、征收遗产税、征收房产税等方式，为大众创造一个尽可能公平竞争的起点，然后让市场去运作，就能逼近既公平也有效率的资源配置和共同富裕。

公正定理有很强的政策含义，对解决当今社会的贫富差距和社会不公问题以及实现共同富裕具有重大的现实指导意义。尽管当前市场化改革暴露出来的不少问题是由于经济因转型而处于非均衡状态，在改革过程中不可能完全避免，但也有一些是由人为因素造成的。比如，一些社会不公和结果不平等 (inequality of outcome) 的严重现象在很大程度上是由机会不均造成的。采取恰当的措施和政府政策可以大大减轻社会不公的程度。机会均等是社会公平与正义的重要前提，是实现社会和谐至关重要的必要条件，因为个人的发展不应当因为他无法控制的环境 (例如出身、性别) 的不同而受到影响。现代市场体系的一个基本前提条件就是要尽量创造机会均等的条件。其实，人们所反对的不是结果的不公平，而

是对机会不均、寻租行为、贪腐行为的不满。机会不均从根本上违背了市场体系运行良好的要求，市场经济体系的发展恰恰要求机会均等。在这种情况下，机会均等和经济效率是完全一致和兼容的。

多年来，国家为解决三农问题实施的一些具体措施，如增加农业基础设施投入、免征农业税、实行九年义务教育，都是有利于建立平等起点的强有力措施，是改进公正和公平的具体体现，但对改进公平和实现共同富裕还远远不够。需进一步加大义务教育的推行力度，从小学到高中都实行义务教育。在一些发达国家中，对低收入的家庭，连午餐费也减免。还需尽快消除城乡二元结构，城乡二元结构造成了极大的起点不公平，中国的城乡差距和全体人民共同富裕问题的解决也依赖于此。总之，政府应该对所有民众给予同样的机会，让他们具有相同的竞争起点。

总之，市场制度本身不能解决资源公正配置和共同富裕的问题，因此必须与政府一道共同解决此问题，政府需要发挥更好的作用，创造一个公正的竞争环境，健全民主和法制环境，而不是直接参与到经济活动中去，只有这样才能保证市场的有效运作、资源的有效配置和共同富裕的结果。

备注：以公平配置 (不是平均社会禀赋) 作为初始禀赋所得出的竞争均衡不一定是公正的。

备注：公正配置的定义没有涉及个体的初始禀赋。由于我们考虑的是资源的最优配置，在社会中，初始禀赋可以在个体之间重新分配，这是只有政府才能做到的事情。

一般来说，经济核配置与公正配置之间没有必然的联系。但是，在二人 r-复制经济中，当社会禀赋在所有经济人之间平均分配时，我们有如下结果。

定理 12.3.2　*对二人 r-复制经济，若对 $i=1,2$，$\succcurlyeq_i$ 是凸的，且总禀赋被平均地分配给所有经济人，则核配置组成的集合是 (严格) 公正配置组成的集合的子集。*

证明： 我们已知经济核中的每个配置 $\boldsymbol{x}$ 都是帕累托最优的。我们只需证明 $\boldsymbol{x}$ 也是公平的即可。一方面，由于 $\boldsymbol{x}$ 在核中，$\boldsymbol{x}$ 是个体理性的 (每个经济人都不偏好初始禀赋)。若 $\boldsymbol{x}$ 不是公平的，则由于 $\boldsymbol{w}_A=\boldsymbol{w}_B$ 和 $\boldsymbol{x}$ 是可行的，不妨设在 A 类中存在经济人 i，他羡慕 B 类的经济人 (根据核同等对待，同类的经济人得到同样的消费组合，不可能羡慕同类经济人)，于是有

$$\begin{aligned}\boldsymbol{x}_B \succ_A \boldsymbol{x}_A \succcurlyeq_A \boldsymbol{w}_A &= \frac{1}{2}(\boldsymbol{w}_A+\boldsymbol{w}_B)\\ &= \frac{1}{2}(\boldsymbol{x}_A+\boldsymbol{x}_B).\end{aligned}$$

因此，$\boldsymbol{x}_A \succcurlyeq_A \dfrac{1}{2}(\boldsymbol{x}_A+\boldsymbol{x}_B)$。但另一方面，由于 $\succcurlyeq_A$ 是凸的，由 $\boldsymbol{x}_B \succ_A \boldsymbol{x}_A$ 我们可推得 $\dfrac{1}{2}(\boldsymbol{x}_A+\boldsymbol{x}_B) \succ_A \boldsymbol{x}_A$，矛盾。　□

12.4 社会选择理论

现在讨论社会选择理论。我们分析在何种条件下个体偏好能以一种满意的方式 (满足一些相容的合理条件) 被加总成社会偏好，或者更直接地，被加总成社会选择。其基本结果是阿罗不可能性定理，它是社会选择理论中一个最重要的结果，由当时 20 多岁 (尽管在第二次世界大战期间服役了 4 年) 的阿罗在 20 世纪 50 年代初给出，该结果已经成为政治经济学、集体选择理论中最为经典的结果。社会选择理论是当时经济学中的全新课题，所涉及的几乎所有问题基本上都是由阿罗提出的，并做了解答。即使现在来看，能将这个结果想出来并加以证明也需要很高的天赋。①

从前面章节关于各种架构的经济行为的理论讨论中我们知道，个体的经济行为都是在可供选择方案中做出理性的抉择。例如，消费者从不同种类的商品组合中做选择，这些组合乃是他们在当前的物价水平以及可支配所得下能够负担得起的范围。而在厂商方面，除了在固定的产出水平下就各种不同的生产方式做出选择外，也要在不同的生产水平间做出选择。这实际上是对各种不同的选择方案进行排序。在一组可供选择的可能方案中，不论是技术上可行的各种生产方式，还是消费者在预算限制下可以购买的商品组合，做选择的人都会从中选出排序最高的方案。当我们说这些选择方案是按照偏好排序的时，其含义相当明确，就是其偏好构成一个序关系：任何两组选择方案都可以相互比较，且方案的排序满足完备性及传递性。虽然个人选择理论最初被用于经济分析，但显然在许多其他领域也适用。霍特林、冯 • 诺依曼以及熊彼特等人都曾主张将这套理论应用到政治选择方面，比如对候选人的选择以及对法案的选择等。投票可被视为将所有选民对候选人或其政见的偏好加总，从而汇集为所谓的社会选择。然而，社会的理性选择往往很难。诚如我们在有关“公正性”的讨论中所展现的，我们很难提出一种确定社会选择的准则或法规 (constitution)。

一个社会的选择应该反映出众多个体的意志。假设一个社会必须从不同的备选方案中做出选择，每个个体都会根据各自对结果的预期排列各项备选方案的优先顺序。比如，一个大公司的不同股东可能会有不同的预期，因此他们排列出来的备选方案顺序自然可能大异其趣。一种解决方式是采用由公司制定的正式投票规则。假如只有 A 与 B 两种投资政策，情况很简单，被选上的必定是大多数股权所支持的一种。然而，在现实世界里，大多数时候都会碰到两种以上的选择方案，为简单起见，比如说，有 A、B、C 三种方案。最自然的做法，就是从三者当中选出一种大多数股东认为优于其他两者的方案。然而，由法国哲学家、数学家孔多塞 (Condorcet, 1743—1794) 所发现、下面会正式讨论的投票悖论描述了一个令人困惑的现象。A 受到的支持度高于 B，而 B 又高于 C，但 A 和 C 相比较时，反而是 C 的支持度比 A 略胜一筹。换句话说，多数投票决定规则 (majority voting rule) 并不一定具备偏好的传递性。

当然，这种非传递性不一定会产生，而要看投票人的偏好而定，在某些特殊情形下，投票的矛盾也可能不会发生。不论怎样，其重点是，两两相比的多数投票决定规则 (pairwise

① 阿罗是近一个世纪以来极少数最有天赋的经济学家之一。除了开创社会选择理论之外，他还对一般均衡理论及经济理论差不多重新界定的信息经济学做出了奠基性工作。

majority voting rule) 并不能保证整个社会能产生一个理性序关系。特别是，在考虑军事和外交的策略或政策制定的选择时，国家被视为理性的行为者。既然国家由具有不同偏好序的个人集结而成，如果采用两两相比的多数投票决定规则，那么根据人们的偏好序，不一定能导出整个国家的偏好序。这样，社会是否能做出理性选择就成为极其重要的问题，也就是，是否可能找出其他方法来加总个人的偏好序，以形成社会的偏好序？也就是说，使在不同方案间所做的选择具有传递性和完备性。

社会选择理论旨在构建这样的规则，该规则不但可以与帕累托有效配置结合起来，而且可以同社会面对的任何其他选择结合起来。我们将给出有关社会选择理论的最基本的结果：无论采用什么方法来加总个人偏好顺序而产生社会选择，而且社会选择也符合某些非常自然的条件，总会存在一些个人偏好序，让社会选择不具传递性，就像孔多塞投票悖论一样。这类结果的严谨描述由阿罗不可能性定理 (Arrow impossibility theorem) 和吉伯德-萨特思韦特 (Gibbard-Satterthwaite) 定理给出。前者说明满足一些合理假定的社会福利函数不存在，唯一存在的是“独裁”(某个人的偏好等同于整个社会的偏好)，而后者说明唯一存在的是被一个人控制的“独裁”社会选择机制，个人的最优结果就是整个社会的最优结果。由于人们的偏好不是完全相同的，这样的社会选择机制在现实中是基本不存在的。

阿罗不可能性定理背后隐藏的思想非常深刻，其洞察力异常深邃。它告诉我们，在应用一个理论时，从个体偏好到社会偏好的加总可能会出现很大的问题。即使个体偏好是理性的，但从整个社会来说，也可能并不存在一个理性的社会选择。作为一个推论，我们也许永远也找不到一个理论或一个制度来解决一个国家所面临的所有问题。我们只能对具体问题或某一类人、某个国家、某个区域给出解决问题的方式或制度，针对各种具体情境做出各种制度安排。我们只能因时、因地、因人、因事而异地分析和解决问题，完全普适性的理论无论是在自然科学中还是在社会科学中都不存在。这就是阿罗不可能性定理的深邃哲学和经济思想之所在，是我们在设计社会制度时所必须考虑的基本约束条件，为我们提供了重要启迪。

下面我们介绍社会选择理论的基本分析框架及其基本结果的严谨描述。

12.4.1　基本设定

- $N = \{1, 2, \cdots, n\}$: 所有个体的集合。
- $X = \{x_1, x_2, \cdots, x_m\} (m \geqq 3)$：备选事项 (项目、结果、方案) 的集合。
- $\succcurlyeq_i$(或 R_i)：个体 i 的弱偏好序 (即完备和传递的)。
- $\mathfrak{R}$：所有可能的弱偏好序的集合。
- $R = (R_1, R_2, \cdots, R_n)$：偏好序偶。
- $\succ = (\succ_1, \succ_2, \cdots, \succ_n)$：严格偏好序偶；显然有 $\mathcal{P} \subseteq \mathfrak{R}$。
- $\mathfrak{R}$：所有可能的个人弱偏好序偶组成的集合。
- $\mathcal{P}$：所有个人的严格偏好序偶组成的集合；
- $\mathcal{S}(X)$ 所有可能的社会偏好序 (即完备和传递) 的集合。

阿罗社会福利函数：

$$F:\Re\to\mathcal{S}(X) \tag{12.5}$$

是从个人偏好序偶的集合到社会偏好序的映射。注意它与柏格森-萨缪尔森社会福利函数的重大差别，柏格森-萨缪尔森社会福利函数考虑某个给定 (固定) 的个体效用组合的福利，而阿罗社会福利函数考虑定义在**不同**个体偏好序组合集上的福利。

与这一函数对应的是社会选择函数，即如何从个体偏好来选择一个社会结果。这两种处理方式其实是等价的。

吉伯德-萨特思韦特社会选择函数 (SCF) 是从个人偏好序到结果选择的映射

$$f:\Re\to X. \tag{12.6}$$

此外，为了简化讨论，假定所有个体的偏好都是严格的，记为 $\succ_i$(或 P_i)，即任何两个备选事项对每个经济人来说都是有差异的。这样，对任意的个体 i 及备选事项 a 和 b，要么 $a\succ_i b$，要么 $b\succ_i a$(若 X 是有限的，则该假定基本上都能满足)。

如第 3 章所指出的，对任意给定严格偏好关系 $\succ$，可以定义一个弱偏好关系 $\succcurlyeq$：$a\succcurlyeq b$ 当且仅当 $b\succ a$ 不成立，如此定义的 $\succcurlyeq$ 是一个自反和完全的弱偏好关系。

如前所述，即使个人偏好满足传递性，社会偏好也可能不满足传递性。为理解这一点，考虑下述著名的孔多塞悖论。

例 12.4.1 (孔多塞悖论) 假设社会选择由多数投票决定规则确定。这个规则是否导致了由社会福利函数给出一个偏好序？由著名的孔多塞悖论 (Condorcet paradox)，答案是否定的。考虑有三个个体和三个备选事项 x、y、z 的社会，比如假设 x、y、z 是三位候选人，同时由三位选民投票决定哪位当选。假设这些选民对候选人的偏好分别为：

$x\succ_1 y\succ_1 z$ (选民 1)；

$y\succ_2 z\succ_2 x$ (选民 2)；

$z\succ_3 x\succ_3 y$ (选民 3)。

这样，第一位选民对候选人的偏好顺序是 x 优于 y，y 又优于 z。假设选民对候选人的顺序排列存在传递性。则第一位选民偏好 x 优于 z。第二位选民的偏好顺序是 y 优于 z，z 又优于 x，因此他对 y 的喜好应胜于 x。而第三位选民的偏好顺序是 z 优于 x，x 又优于 y，则第三位选民偏好 z 优于 x。

那么，根据多数投票决定规则，则：

对 x 和 y，有 xFy (根据社会偏好)；

对 y 和 z，有 yFz (根据社会偏好)；

对 x 和 z，有 zFx (根据社会偏好)。

如果传递性存在，则 x 应该优于 z。但实际的状况是：对社会偏好来说，由多数投票决定规则，有 x 严格优于 y，y 严格优于 z，但由于第二位及第三位选民都较偏好 z 而不是 x，z 严格优于 x，从而产生非传递性偏好。社会偏好的这种循环结构意味着它不满足传递性，从而不是一个序偶关系。

偏好序偶的数目会随着备选事项数的增加而迅速增加。

例 12.4.2 对 $X = \{x, y, z\}$, $n = 3$，有六种可能的偏好关系：

$x \succ y \succ z$;

$x \succ z \succ y$;

$y \succ x \succ z$;

$y \succ z \succ x$;

$z \succ x \succ y$;

$z \succ y \succ x$。

因此，共有六种可能的个体偏好关系，即 $|\mathcal{P}| = 6$。由于有三个个体和每个个体有六种偏好关系，于是总共有 $|\mathcal{P}|^3 = 6^3 = 216$ 种可能的组合选择。社会福利函数需要将这 216 种组合映射到某个社会选择偏好上 (从六个偏好选择中决定一个)。我们要考察的一个问题是我们对这样的社会福利或选择函数应该施加何种限制。

当个体数和备选事项数增加时，偏好序偶的数目随着备选事项数的增加呈几何级数增加，从而政府难以知道个体众多的可能偏好。这也是为什么在美国，选举时议员要公开竞选，通过与选民交流来沟通信息，美国的参议员和众议员需要代表选民的利益。这也是美国国会议员要争来争去的原因，做出社会选择是非常困难的。

可以想象如下例子：给你所在地区的人大代表写信表达你对公共资金应如何使用的建议，对国民项目 (选择) 列出你的排序 P_i，如提高教育经费、增拨社会救济金、削减政府开支、扩张医疗计划、加大社会保障、提高国防预算等。人大代表基于所收到的大量关于选项的建议，对选项进行排序 P 后，综合提出针对这些选项的社会偏好序 $F(P)$。你希望人大代表会确定某种规则 (法规) 以便从个人偏好序形成社会偏好序。上述假想的问题即说明了社会选择理论要研究的主要问题。

12.4.2 阿罗不可能性定理

阿罗不可能性定理想要回答的问题是，在何种条件下个体偏好能以一种满意的方式被加总成社会偏好。既然要考虑尊重个体偏好的社会偏好问题，我们希望社会选择偏好能在一些合理的条件下被加总，但阿罗不可能性定理给出的结论令人吃惊：在那些看起来非常合理的假定下，却不存在能代表多数人意见的社会偏好，唯一可能的社会福利函数是一个人说了算的“独裁”社会选择机制，也就是某个人的偏好就是整个社会的偏好，但这几乎是不可能的。

由于社会福利函数代表了整个社会的偏好，需要充分考虑各种可能的个人偏好，而个体数目巨大，其偏好也各式各样，各种可能性都有，因此希望个体偏好序的各种可能都是被允许的，从而希望满足以下无约束域假设。

定义 12.4.1 (无约束域 (UD)) 个人偏好序的集合由定义在 X 上的所有可能的严格偏好序 $\mathcal{P}$ 组成。

同时，人们也希望社会偏好要充分考虑到民意。若有两个事项供选择，当所有人都认为某个事项优于另外一个时，那么这个事项应该是相对社会最优的，因而希望满足下面的帕累托原则。

定义 12.4.2 (帕累托原则 (P)) 若对任意的 $i \in N$ 和任意的 x，$y \in X$，均有 $xP_i\,y$，则 $xF(P)y$ (社会偏好)。

另外，我们还希望能就事论事，对任意两个事项选择的排序不受其他事项选择的影响，社会偏好只取决于个体对这两个选择的偏好，即若所有个体在不同的个人偏好下对两个事项有相同排序，则社会福利函数在相对应的偏好下对这两个事项的排序也应该一样，由此有以下不相干选择的独立性 (independence of irrelevant alternatives) 假设。

定义 12.4.3 (不相干选择的独立性 (IIA)) 对任意两个事项 $x, y \in X$ 和两个偏好序偶 $P, P' \in \mathcal{P}^n$，

$$xP_iy \Leftrightarrow xP_i'y, \forall i \in N$$

意味着

$$xF(P)y \Leftrightarrow xF(P')y$$

换句话说，对任意两个事项，社会偏好只取决于个体对这两个事项的偏好。

IIA 意味着，在 x 和 y 之间的社会偏好应该只取决于 x 和 y (两两独立) 之间的个人偏好，而不受其他选择排序的影响。更一般地，个人对不相关的备选方案排序的改变不应该对该子集的社会排序产生影响。也就是，不管对其他备选方案的排序如何，只要个体 P 和 P' 对 x 和 y 的排序相同，则 $F(P)$ 和 $F(P')$ 对 x 和 y 的排序也相同。换句话说，若不同的偏好序偶相对于 x 和 y 的排序是一样的，则这两个偏好序偶的社会排序对 x 和 y 的排序也是一样的，也就是其他备选方案的排序不影响这两个备选方案的排序。

根据 IIA，不影响 x 和 y 排序的偏好序的任何变化都不会影响 x 和 y 的社会排序。

例 12.4.3 设 $x\,P_i\,y\,P_i\,z$，$x\,P_i'\,z\,P_i'\,y$。那么根据 IIA，若 $xF(P)y$，则有 $xF(P')y$。

值得注意的是，尽管 UD、P 和 ND 几乎被所有实际使用和理论研究中的投票规则满足，但只有少数社会福利函数满足 IIA。这些规则的例子包括：**多数规则**；**博尔达计数投票规则**，其中每个候选人根据每张选票上排名低于他的候选人数量获得积分；**即时淘汰投票系统**（也称为 Hare 投票系统），在该系统中，一个候选人 x 在淘汰过程中比另一个候选人 y 晚被淘汰，从而使得 x 被社会优先于 y；以及**率先过线制**，如果排名 x 为第一的个体数多于排名 y 为第一的个体数，则 x 被社会优先于 y。然而，通常情况下，不相干选择的独立性（IIA）假设并不成立。马斯金（Maskin）在 2024 年证明，通过适当放宽 IIA 假设，可以实现一个非独裁的社会福利函数。这将在下一小节中进一步讨论。

以下阿罗不可能性定理证明了，在备选事项的数目大于 2、个体偏好满足无约束域、帕累托原则及不相干选择的独立性这些看似合理的假设下，唯一可能的社会选择偏好就是某个人的偏好代表所有人的偏好的“独裁”社会。由于人们的偏好不会都相同，这样的社会在现实中基本上是不可能存在的。

定理 12.4.1 (阿罗不可能性定理)　任意满足 $m \geqq 3$，UD，P，IIA 条件的社会福利函数 $F:\mathcal{P} \to \mathcal{S}(X)$ 均必定是独裁的。

证明： 这个定理的证明比较复杂，有多种不同的证明方法。下述证明的思路可追溯到 Vickrey (1960)。这里采用的证明借鉴了 Salanié (2000)，它由三个引理组成。 □

引理 12.4.1 (中性)　给定满足

$$\forall i \in M, xP_iy \quad 和 \quad aP_i'b$$

的划分 $N = M \cup I$ 和 $(a,b,x,y) \in A^4$，我们有

$$xF(P)y \Leftrightarrow aF(P')b. \tag{12.7}$$

证明： 引理 12.4.1的解释很简单：对每个个体，若 x 和 y 用 P 排序的结果同 a 和 b 用 P' 排序的结果是一样的，则对社会排序来说结果也必然如此，即 $F(P)$ 对 x 和 y 的排序同 $F(P')$ 对 a 和 b 的排序是一样的。若不然，则偏好序的加总步骤处理 (a,b) 和 (x,y) 的方式是非中性的，如该引理的名字所示。

首先证明 $xF(P')y$，且 (a,b,x,y) 两两不相同。另设偏好 P'' 满足

$$\forall i \in M, aP_i''xP_i''yP_i''b,$$
$$\forall i \in I, yP_i''bP_i''aP_i''x,$$

由于无约束域 (UD) 满足，这样的偏好存在。

其次，由于个人以 P'' 对 x 和 y 排序的结果和以 P 对 x 和 y 排序的结果是一样的，根据 IIA，我们有 $xF(P'')y$。根据帕累托原则 (P)，有 $aF(P'')x$ 及 $yF(P'')b$。根据传递性，我们可得 $aF(P')b$。

最后，再次根据 IIA，我们可得 $aF(P'')b$。a 或 b 与 x 或 y 重合时的情形的证明类似。 □

在叙述引理 12.4.2之前，先定义两个术语。我们称代理人集合 M 对 (x,y) 几乎是**决定性的** (decisive)，若对每个 $F(P)$，均有

$$(\forall i \in M, xP_iy \quad 和 \quad \forall i \notin M, yP_ix) \Rightarrow xF(P)y.$$

我们称 M 对 (x,y) 是决定性的，若对每个 $F(P)$，均有

$$(\forall i \in M, xP_iy) \Rightarrow xF(P)y.$$

引理 12.4.2　若 M 对 (x,y) 几乎是决定性的，则它对 (x,y) 是决定性的。

证明： 假设 $\forall i \in M$, xP_iy。由 IIA，只有个体偏好依赖于 (x,y)；其他的条件都能被改变。不失一般性，设存在 z，使得 xP_izP_iy, $i \in M$，而对其他个体，z 优于 x 和 y。由于个体偏好决定了 (x,y)，M 对 (x,y) 几乎是决定性的，因此有 $xF(P)z$。最后，由帕累托原则，得 $zF(P)y$，由传递性，我们推得 $xF(P)y$。 □

注意到中性意味着若 M 对 (x,y) 是决定性的，则它对每个其他的选择对也是决定性的。我们因此说 M 是决定性的。

引理 12.4.3　若 M 是决定性的且其中至少有两个个体，则 M 存在一个决定性的子集。

证明： 作划分 $M = M_1 \cup M_2$，并选择 P，使得

$$\begin{aligned}
&\text{在}M_1\text{ 上 ，} xP_iyP_iz;\\
&\text{在}M_2\text{ 上，} yP_izP_ix;\\
&\text{在}M\text{ 外，} zP_ixP_iy.
\end{aligned}$$

由于 M 是决定性的，我们有 $yF(P)z$。

如下情形成立：$yF(P)x$，且 (由于根据 IIA，z 没有影响)M_2 对 (x, y) 几乎是决定性的，因而根据引理 12.4.2，它是决定性的。

最后我们证明阿罗不可能性定理。根据帕累托原则，整个 N 是决定性的。根据引理 12.4.3，存在决定性的个体 i，因而 i 是一个广受欢迎的 (sought-after) 独裁者。仔细的读者可发现在只存在两个选择的情形下引理 12.4.1成立而引理 12.4.2和 12.4.3 不成立，因而定理得证。 □

阿罗不可能性定理的影响深远，已成为政治经济学、集体选择理论中最为重要的经典结果之一。这一定理说明了，从个体偏好到社会偏好的加总可能会出现很大的问题。该定理结果的成立依赖于四个看起来合理或希望具备的假设，但结论没有像人们所希望的那样。虽然个体偏好是理性的，但整个社会可能并不存在一个理性的选择。一个推论是，我们可能永远也找不到一个理论或一个制度来解决一个国家所面临的所有问题。

显然，阿罗不可能性定理在一定程度上是一个令人沮丧、失望的结果，一种观点是不存在加总个人偏好的方法，因而认为处理社会选择的问题就失去了理论基础，甚至否定了民主的作用。这种观点似乎太悲观，若我们逐一考察定理的每个假定，则我们会发现定理中所施加的假定可能过于严格。例如，UD 可能是其中最不合理的。一个制度不必对所有偏好都成立，只需对部分选择成立即可。大量文献从各个角度放松了该假定，得到了许多正面的结果。实际上，当其中的某些条件如 UD 被放松时，我们可能会得到积极的而非悲观的结果。若我们只对某些具体问题、某一类人、某个国家或某个区域给出解决问题的方式或制度，这样的社会选择制度是完全可能的。事实上，无论是在自然科学还是社会科学中，这样的理论都是有前提假设条件的。

12.4.3 一些肯定性结果

当阿罗不可能性定理中的某些假定被放宽或去掉时，结果可能会是肯定的，阿马蒂亚・森 (Amartya Sen，1933— ，其人物小传见 12.5.1节) 在这方面做出了大量工作。在本小节中，我们介绍两种方法来实现这一目标。一种方法是放宽无约束域（UD）假设；另一种方法是放松不相干选择的独立性 (IIA) 假设。

12.4.4 受限域下的可能性结果

当备选事项具有某种特征，且限于一定范围，则偏好将表现为某种结构，从而去掉了无约束域 (UD) 假设。在下面的讨论中，我们考察受限域情形。一个著名的例子是**“单峰”** (single-peaked) 偏好 (见图 12.7)。我们将证明，在单峰偏好的假定下，非独裁的加总是可能的。

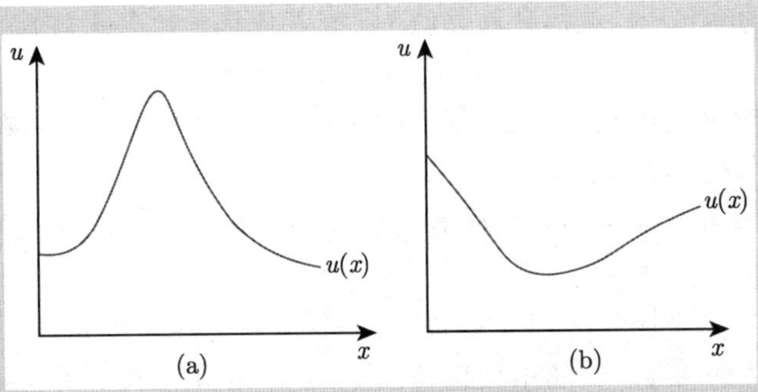

图 12.7 图 (a) 中的 u 是单峰的，图 (b) 中的 u 不是单峰的

由于备选事项 (alternatives) 是抽象的或多维的，需要对其排序，为此有下列定义。

定义 12.4.4 定义在 X 上的二元关系 $\geqslant$ 被称为**线性序**，若 $\geqslant$ 是自反的 ($x \geqslant x$)、传递的 (若 $x \geqslant y \geqslant z$，则 $x \geqslant z$) 和完全的 (对不同的 $x, y \in X$，要么 $x \geqslant y$，要么 $y \geqslant x$，但两者不能同时成立)。

例 12.4.4 当备选事项的集合是一维实数空间时，线性序就是通常的序 $\geqq$，即 $X = \mathcal{R}$，且 $x \geqq y$。

定义 12.4.5 $\succ_i$ 被称为在 X 上关于线性序 $\geqslant$ 是**单峰的** (single-peaked)，若存在 $x \in X$，使得 $\succ_i$ 在 $L(x) = \{y \in X : y \leqslant x\}$ 上关于 $\geqslant$ 递增，而在 $U(x) = \{y \in X : y \geqslant x\}$ 上关于 $\geqslant$ 递减。即

(1) 若 $x \geqslant z > y$，则有 $z \succ_i y$;

(2) 若 $y > z \geqslant x$，则有 $z \succ_i y$。

换句话说，存在着对最大满足性水平的选择，当我们接近此水平时，满足性将增大，特别地，不存在其他最大的满足性水平。

给定偏好序偶 $(\succ_1, \cdots, \succ_n)$，令 x_i 为 $\succ_i$ 的最大选择 (我们称 x_i 为个体 i 的**峰值** (peak))。

定义**两两相比的多数投票决定规则** (pairwise majority voting rule) $\tilde{F} : \mathcal{P} \to \mathcal{S}(X)$: $x\tilde{F}(\succ)y$ 当且仅当 x 优于 y 的个体数目大于或等于 y 优于 x 的个体数目，即，

$$\#\{i \in N : x_h \succ_i y\} \geqq \#\{i \in N : y \succ_i x_h\}.$$

根据以上定义，对于任何一对 (x, y)，我们都有 $x\tilde{F}(\succ)y$ 或 $y\tilde{F}(\succ)x$。因此，两两相比的多数投票决定规则导致了一个完备社会偏好关系。

定义 12.4.6 个体 $h \in N$ 被称为 $(\succ_1, \cdots, \succ_n)$ 的**中间个体** (median agent)，若 $\#\{i \in N : x_i \geqslant x_h\} \geqq \dfrac{n}{2}$，且 $\#\{i \in N : x_h \geqslant x_i\} \geqq \dfrac{n}{2}$，这里 x_i 和 x_h 分别是个体 i 和 h 的峰值。

命题 12.4.1 设 $\geqslant$ 为 X 上的线性序，$\succ_i$ 为单峰偏好。令 $h \in N$ 为中间个体，则对两两相比的多数投票决定规则 $\tilde{F}(\succ)$，我们有

（1）中间个体的峰值 x_h 是社会最优的 (没有其他选择比其更好)，即

$$x_h\tilde{F}(\succ)y \quad \forall y \in X.$$

（2）如果 n 同时也是奇数，则 $\tilde{F}:\mathcal{P}\to\mathcal{S}(X)$ 是一个社会福利函数，也就是说，它是完备和传递的，因此是一个社会排序。

证明： 我们首先证明结论 (1)。任取 $y \in X$，并设 $x_h > y$ (对 $y > x_h$，论证是相同的)。我们需要证明

$$\#\{i \in N : x_h \succ_i y\} \geqq \#\{i \in N : y \succ_i x_h\}.$$

考虑峰值大于或者等于 x_h 的个体集合 $S \subseteq N$，即 $S = \{i \in N : x_i \geqslant x_h\}$。则对每个 $i \in S$，都有 $x_i \geqslant x_h > y$。因此，根据 $\succ_i$ 关于 $\geqslant$ 的单峰性，我们有 $x_h \succ_i y, \forall i \in S$，于是有 $\#S \leqq \#\{i \in N : x_h \succ_i y\}$。这样，$\{i \in N : y \succ_i x_h\} \subseteq (N \setminus S)$。于是 $\{i \in N : x_h \succ_i y\}$ 的补集，即 $\{i \in N : y \succ_i x_h\}$ 是 $(N \setminus S)$ 的一个子集，从而 $\#\{i \in N : y \succ_i x_h\} \leqq \#(N \setminus S)$。另外，由于 h 是中间个体，我们有 $\#S \geqslant n/2$。因此，我们有 $\#\{i \in N : y \succ_i x_h\} \leqq \#(N \setminus S) \leqq n/2 \leqq \#S \leqq \#\{i \in N : x_h \succ_i y\}$。

现在我们证明 (2)。我们已经知道 $\tilde{F}(\succ)$ 是完备的，所以我们只需要证明它也是传递的。注意，如果 $\#N$ 是奇数，$\tilde{F}$ 是一个严格偏好，则对于任何一对备选方案，它们中的一个总是占优另一个。因此，在这种情况下，孔多塞赢者必然会优于任何其他备选方案。设 $x\tilde{F}(\succ)y$ 和 $y\tilde{F}(\succ)z$。由于 $\#N$ 是奇数，而 $\tilde{F}$ 是一个严格偏好，x 优于 y，而 y 优于 z。如果偏好限制为 $X' = \{x, y, z\}$，则 X' 中有一个备选方案既不会被 X' 中的 y(比 x 差) 占优，也不会被 z(比 y 差) 占优。因此，它必须是 x，从而有 $x\tilde{F}(\succ)z$。因此，$\tilde{F}$ 是传递的。 □

上述结论意味着，中间个体的峰值是整个社会的最佳选择 (见图 12.8)。因此，当所有个体的偏好关于同一线性序为单峰偏好时，孔多塞赢者存在。

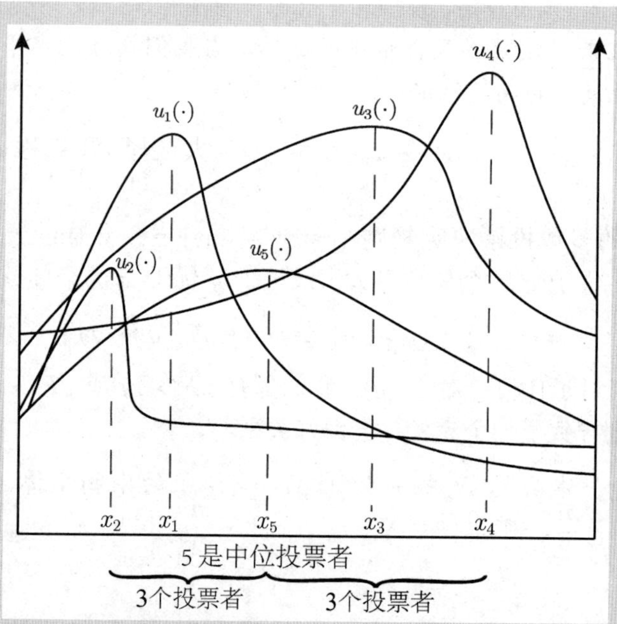

图 12.8 具有单峰偏好的五个个体

当 $\#N$ 是偶数且偏好不是严格偏好时，尽管两两相比的多数投票决定规则 $\tilde{F}(\succ)$ 是非循环的，但可能不是传递的，因此它不是一个社会福利函数。

12.4.5　吉伯德–萨特思韦特不可能性定理

在前一节，我们考察了如何将个人偏好关系加总成社会偏好序，从而可用来进行社会决策。在本节中，我们直接考察社会最优，并将加总问题归结为如何将个人偏好转化为社会决策的问题。

由本节得到的主要结果，我们仍然可推出社会选择函数是独裁的推论。从某种意义上来说，本节的结论是阿罗不可能性定理用选择函数的语言所做的重新表述。不过，它的一个优点是和在第五部分所讨论的机制设计中的激励分析建立了一种直接联系。

定义 12.4.7　一个社会选择函数 (SCF) 在 $P \in \mathcal{P}$ 处是**可操纵的** (manipulable)，若存在 $P_i' \in \mathcal{P}$，使得

$$f(P_i', P_{-i})\, P_i\, f(P_i, P_{-i}) \tag{12.8}$$

其中，$P_{-i} = (P_1, \cdots, P_{i-1}, P_{i+1}, \cdots, P_n)$。

以上定义意味着可操纵的社会选择函数会导致激励扭曲，存在着经济人有激励谎报自己的偏好，通过谎报得到更高效用。

定义 12.4.8　一个社会选择函数被称为**强个人激励相容** (strongly individually incentive compatibility, SIIC) 或**策略性无关/无策略** (strategy-proof/strategy-free)，若不存在偏好序偶，使得该社会选择函数在该偏好序偶处是可操纵的。换句话说，讲真话是占优策略均衡：

$$f(P_i, P_{-i}')\, P_i\, f(P_i', P_{-i}') \text{ 对所有的 } P' \in \mathcal{P}^n \text{ 成立.} \tag{12.9}$$

定义 12.4.9　一个社会选择函数被称为**独裁的**，若存在某一个体，其最优选择为社会选择。

定理 12.4.2 (吉伯德-萨特思韦特定理)　若 X 至少包含三个备选事项，且社会选择函数 $f: \mathcal{P} \to X$ 是 SIIC、UD 及满射的，则它是独裁的。

证明： 吉伯德-萨特思韦特不可能性定理的证明也有好几种。这里的证明采用了 Schmeidler 和 Sonnenschein 于 1978 年进行的证明，其优点在于与阿罗不可能性定理建立了紧密联系。 □

我们希望证明若一个社会选择函数 f 是不可操纵的，则它是独裁的。该证明由两个引理组成。它首先用一个可实现的社会选择函数 f 来构造一个社会福利函数 F，然后再证明该函数 F 满足阿罗不可能性定理的条件，由此可推得 F 是独裁的，从而 f 也是独裁的。

引理 12.4.4　设 $f(P) = a_1$，$f(P_i', P_{-i}) = a_2$，其中 $a_2 \neq a_1$，则

（1）若 $a_1 P_i' a_2$，则对 i 来说，f 在 (P_i', P_{-i}) 处是可操纵的。

（2）若 $a_2P_ia_1$，则对 i 来说，f 在 P 处是可操纵的。

证明： 根据可操纵性的定义很容易证明上述引理。 □

对 P 和 $i<j$，我们用 P_i^j 表示序偶 $(P_i,\cdots,P_j)$。

引理 12.4.5 设 B 为 f 的像的一个子集，P 为满足 $\forall a_1\in B,\forall a_2\notin B,\forall i=1,\cdots,n,a_1P_i,a_2$ 的偏好序偶，则 $f(P)\in B$。

证明： 反证法。令 $a_2=f(P)$，并设 $a_2\notin B$。设 P' 满足 $f(P')=a_1\in B$ (由于 B 在 f 的像中，在无约束域假设下，这样的偏好序偶存在)。现在构造序列 $(a_3^i)_{i=0,\cdots,n}$ 如下：

（1）$a_3^0=a_2\notin B$;

（2）对 $i=1,\cdots,n-1$, $a_3^i=f(P_1'^i,P_{i+1}^n)$;

（3）$a_3^n=a_1\in B$。

令 j 为满足 $a_3^j\in B$ 的第一个整数，则有

（1）$f(P_1'^j,P_{j+1}^n)=a_3^j\in B$;

（2）$f(P_1'^{j-1},P_j^n)=a_3^{j-1}\notin B$。

根据引理的假设，有 $a_3^jP_ja_3^{j-1}$。因此，由引理 12.4.4，我们可得 f 是可操纵的。 □

现在我们构造社会福利函数 F。令 P 为偏好序偶，a_1 和 a_2 为 A 中的两个选择。对每个 i，定义 (根据 UD) $\tilde{P}$ 如下：

（1）$\tilde{P}_i$，在 $\{a_1,a_2\}$ 上与 P_i 相同；

（2）$\tilde{P}_i$，在 $A-\{a_1,a_2\}$ 上与 P_i 相同；

（3）$\{a_1,a_2\}$ 被所有 $\tilde{P}_i$ 偏好，即它们被放在偏好 $\tilde{P}_i$ 之前。

(严格来说，$\tilde{P}$ 当然依赖 a_1 和 a_2，其记号即反映了这一点。)

由引理 12.4.5，有 $f(\tilde{P})\in\{a_1,a_2\}$ (在引理中取 $B=\{a_1,a_2\}$ 并将 P 换成 $\tilde{P}$ 即得)。F 因此可定义为：

（1）$a_1F(P)a_2\Leftrightarrow f(\tilde{P})=a_1$。

下面我们验证 F 满足阿罗不可能性定理的所有条件。F 有三种可能的选择：

- 根据构造，F 的定义域为一般域。
- F 满足帕累托原则：若对每个 i，$a_1P_ia_2$，则 a_1 在所有偏好 $\tilde{P}_i$ 之前。事实上，在引理 12.4.5中取 $B=\{a_1,a_2\}$，我们有 $f(\tilde{P})=a_1$。
- F 满足 IIA：若不然，存在 P,P',a_1 和 a_2，使得对每个 i，有 $a_1P_ia_2\Leftrightarrow a_1P_i'a_2$，然而却导致了 $a_1F(P)a_2$，且 $a_2F(P)a_1$。

（2）现在我们定义序列 $(a_3^i)_{i=0,\cdots,n}$ 如下：

$$a_3^0=a_1,$$

$$a_3^i=f(\tilde{P}_1'^i,\tilde{P}_{i+1}^n),\ i=1,\cdots,n-1,$$

$$a_3^n=a_2.$$

由引理 12.4.5，对每个 i，均有 $a_3^i \in \{a_1, a_2\}$。因此，令 j 为使 $a_3^j = a_2$ 的第一个整数，则有 $f(\tilde{P}_1'^j, \tilde{P}_{j+1}^n) = a_2$，$f(\tilde{P}_1'^{j-1}, \tilde{P}_j^n) = a_1$。现在，如下两种情形之一可能成立：

（1）$a_1 P_j a_2$。

这意味着 $a_1 P_j' a_2$，从而有 $a_1 \tilde{P}_j' a_2$，从而再次由引理 12.4.4，f 是可操纵的。

（2）$a_2 P_j a_1$。

这意味着 $a_2 \tilde{P}_j a_1$，因而由引理 12.4.4，f 是可操纵的。

但上述两种情形都导致了矛盾：对每个 P，$F(P)$ 显然是完备和非对称的二元关系。我们只需证明它还是传递的即可。

若不然，则我们设对 $\{a_1, a_2, a_3\}$ 有 a_1 优于 a_2，a_2 优于 a_3，而 a_3 优于 a_1。对每个 i，令 P_i' 在 $\{a_1, a_2, a_3\}$ 上同 P_i 一致，而在 $A - \{a_1, a_2, a_3\}$ 上使 $\{a_1, a_2, a_3\}$ 在 P_i' 的前面 (根据 UD)。由引理 12.4.5，有 $f(P') \in \{a_1, a_2, a_3\}$；不失一般性，我们设 $f(P') = a_1$。由于 $F(P)$ 在 $\{a_1, a_2, a_3\}$ 上出现了循环，我们必然有 $a_2 F(P) a_1$ 或 $a_3 F(P) a_1$。这里不失一般性我们可假定 $a_3 F(P) a_1$。现在在每个个体偏好中将 a_2 移到第三个位置，将 P' 修改为 P'' (由 UD，P'' 是存在的)。注意到根据 IIA，$a_3 P_i a_1$ 当且仅当 $a_3 P_i'' a_1$(刚才已证明条件满足)，我们可得 $a_3 F(P'') a_1$，从而有 $a_3 = f(P'')$。

为了避免表达的繁复，我们定义序列 $(a_4^i)_{i=0,\cdots,n}$ 如下：

$$a_4^0 = a_1,$$

$$a_3^i = f(\tilde{P}_1''^i, \tilde{P}_{i+1}'^n),\ i = 1, \cdots, n-1,$$

$$a_4^n = a_3.$$

由引理 12.4.5，对每个 i，均有 $a_4^i \in \{a_1, a_2, a_3\}$。因此，令 j 为使 $a_4^j \neq a_1$ 成立的第一个整数，则我们有如下两种可能的情形：

（1）$a_4^j = a_2$。

但由于 a_2 仅在 P_j'' 的第三个位置，我们有 $a_1 P_j'' a$。因此，$f(\tilde{P}_1''^{j-1}, \tilde{P}_j'^n) P_j'' f(\tilde{P}_1''^j, \tilde{P}_{j+1}'^n)$，从而 f 是可操纵的。

（2）$a_4^j = a_3$。

在此情形下，若 $a_1 P_j' a_3$，我们仍然有 $a_1 P_j'' a_3$。因此 $f(\tilde{P}_1''^{j-1}, \tilde{P}_j'^n) P_j'' f(\tilde{P}_1''^j, \tilde{P}_{j+1}'^n)$，从而 f 是可操纵的。若 $a_3 P_j' a_1$，我们可直接得 $f(\tilde{P}_1''^j, \tilde{P}_{j+1}'^n) P_j' f(\tilde{P}_1''^{j-1}, \tilde{P}_j'^n)$，因而 f 也是可操纵的。

在上述两种情形下，我们都导出了矛盾，因此 $F(P)$ 是传递的。

由于 F 满足阿罗不可能性定理的所有条件，因此 F 是独裁的；令 i 为独裁者，P 为偏好序偶，且 P 满足 $a_1 P_i a_2 P_i \cdots$。由于 i 是独裁者，我们有 $a_1 F(P) a_2$，因而有 $f(\tilde{P}) = a_1$。但根据构造过程，$\tilde{P}$ 与 P 一致，因此在 $f(P)$ 上的选择为 a_1，即 i 所偏好的选择。这就说明 i 对 f 也是独裁者。

这样，阿罗不可能性定理与吉伯德-萨特思韦特不可能性定理的结果是等价的。对其他证明方式感兴趣的读者可参考 Mas-Colell, Whinston 和 Green (1995)。

12.5 【人物小传】

12.5.1 阿马蒂亚·森

阿马蒂亚·森 (Amartya Sen)(1933—)，印度人，对社会选择理论、福利和贫穷标准的定义等做出了开创性贡献，他常常从社会伦理和哲学角度深入探索不平等、贫困与饥荒的原因。他把经济学拉到社会生活真实层面上，让经济学具有了伦理学、哲学意义上的关怀精神，因而被称为“经济学界的良心”。他是一位关注最底层人民生活状况的经济学家，瑞典皇家科学院将 1998 年诺贝尔经济学奖授予他，以此表彰他在福利经济学和社会选择理论研究上的突出贡献，以及他对于社会最贫穷成员所面临问题的关心。

1933 年 3 月，森出生在印度孟加拉圣蒂尼克坦，位于由泰戈尔创立的国际大学校园内。他的外祖父是研究中世纪印度文学的著名学者，也是一位印度教哲学权威，与泰戈尔过从甚密。阿马蒂亚这个名字就是诗翁泰戈尔为他取的，意为“永生”。森幼承家学，发蒙很早，而后来的初等和中等教育，则主要完成于泰戈尔建立的学校。该校课程设置丰富，且教育理念先进，着重启发和培养学生的好奇心和求知欲。森在青少年时期爱好广泛，在 17 岁以前志趣几变，曾游移在梵语、数学、物理等不同专业之间，最后终于被经济学所吸引，不再旁骛。不过，毕生从事教学和研究的意愿，则从未改变。

1951 年，森进入加尔各答管区学院，在大学期间，他开始时学的是自然科学，后转向经济学。促使他选择学习经济学的原因之一，是在他 9 岁多的时候即 1943 年，他的家乡印度孟加拉邦发生了大饥荒，死亡人数高达数百万。这件事对他以后的生活道路选择和学术生涯有重要影响。不过他一接触经济学即表现出对经济学的强烈兴趣。他对福利经济学的几个重大问题做出了重要贡献，包括对社会选择理论、福利和贫穷标准的定义等做出了精辟论述。1953 年离印赴英，进入剑桥大学三一学院继续深造，并于 1959 年获得博士学位。此后，他相继在印度德里大学经济学院、伦敦政治经济学院、牛津大学万灵学院、哈佛大学等高等学府任教，教授经济学和哲学等。1998 年，他被剑桥大学三一学院选为院长，复回剑桥，主持学政。2003 年以后，他又返回哈佛工作。他担任过一些重要的学术组织如美国经济学会、世界计量经济学会和国际经济学会的主席，也曾在国际事务中起过重要作用，如担任联合国秘书长的经济顾问，以及帮助联合国开发计划署编制《人类发展报告》等。

森研究经济学的重要动机之一，是帮助他的祖国印度摆脱经济贫困。为此，他曾经选择经济发展问题作为他的主攻方向之一。他在 1971 年离开印度，辗转于欧美各著名学府，但始终和印度国内的大学保持着紧密的联系，尤其是他曾经工作过的德里大学。他一直是该大学的荣誉教授。森研究范围广泛，除经济发展外，在福利经济学、社会选择理论等方面着力尤多，成就斐然。他出版了《贫困与饥荒：论权利与剥夺》《理性与自由》《以自由看待发展》《身份与暴力》《集体选择与社会福利》《论经济不平等：不平等之再考察》《伦理学与经济学》《自由、合理性与社会抉择》等十几部专著，其中大部分已出版汉译本。

福利经济学试图解决的问题，是如何根据社会公众的生活状况来评估政府的经济政策是否得当。森一直致力于这一研究。他在 1970 年出版的专著《集体选择与社会福利》影响深远。该书就个人权利、多数投票决定规则、有关个体状况资料的有效性等做了着重论述，意在促使研究者将注意力集中在社会基本福利问题上。他设计了若干方法，用以测算贫穷的程度，以此为改进穷人的经济状况提供有效的帮助。他关于饥荒原因的著作尤富盛名。他的研究成果具有很大的现实意义，为有效地防止或减轻食物短缺带来的后果提供了实际的解决方法。

12.5.2 赫伯特・斯卡夫

赫伯特・斯卡夫 (Herbert Scarf，1930—2015)，美国国家科学院院士和美国经济学会的杰出会员，在经济理论方面做出了一系列重要贡献。早年毕业于坦普尔大学，后来在普林斯顿大学获得数学博士学位，在大学本科与研究生阶段接受的都是数学训练。毕业后进入兰德公司 (Rand Corporation) 进行博弈论方面的研究，在此他遇到了当时正在研究存储论的阿罗 (K. Arrow) 与卡林 (S. Karlin)，他们邀请斯卡夫加入他们的行列。这一研究工作产生了一系列著名的论文集，如 1958 年由斯坦福大学出版的《存贷与生产的数学理论研究》，其中斯卡夫的有关存储策略方面的论文后来被广泛引用。在斯坦福大学与阿罗等人进行存储论方面研究的同时，斯卡夫开始接触一般均衡分析，考虑了计算均衡价格的搜索算法的适用性问题并研究一般均衡与经济核的关系，后者开创了相应的经济研究领域。斯卡夫从 1963 年开始任教于耶鲁大学，曾担任耶鲁大学社会科学系的系主任，1983 年担任世界计量经济学会主席，同年获得美国运筹学会颁发的冯・诺依曼奖。

斯卡夫的主要研究领域是数理经济学、合作博弈理论、匹配理论、可计算一般均衡分析和产品的不可分性。早年他以 (S, s) 存储策略的研究与非线性互余问题的斯卡夫算法等闻名于世。他与 Shapley(1974) 讨论了不可分商品的匹配规则，分析了著名的顶端交易循环算法的特征，这些研究成果成为单边匹配的理论基础。他对经济学最主要的贡献是，在 1967 年发表的文章中给出了计算不动点的算法并将其应用于一般经济均衡。他所开创的不动点算法是不动点存在的构造性证明，即通过把不动点计算出来的方式，证明不动点存在。他在均衡的稳定性方面的贡献、在竞争均衡与经济核的关系上进行的开创性研究、计算均衡价格的斯卡夫算法、产出模型中的不可分性研究等诸多方面的成就也享誉世界。斯卡夫在均衡计算方面的突破导致应用一般均衡研究这一经济学分支的诞生，他的学生与其他很多研究工作者已将一般均衡模型应用于税制改革、贸易政策、经济一体化与经济发展等经济分析。斯卡夫催生了这一分支的建立，也使得纯理论的一般经济均衡模型转化成一种有用的政策分析工具。

12.6 习题

习题 12.1 考虑如下两个纯交换经济，每个经济都由两个消费者和两种商品组成，其消费空间均为 $\mathcal{R}^2_+$。效用函数和初始禀赋为：

$$(a): u_1(x,y)=x+y,\ \boldsymbol{w}_1=(2,1);\ u_2(x,y)=\min\{x,y\},\boldsymbol{w}_2=(1,2);$$

$$(b): u_1(x,y)=\min\{2x,y\},\ \boldsymbol{w}_1=(2,1);u_2(x,y)=\min\{x,2y\},\ \boldsymbol{w}_2=(1,2)。$$

1. 求个体理性配置。
2. 求帕累托有效配置。
3. 求在核中的配置。
4. 求瓦尔拉斯均衡。
5. 求公正配置。

习题 12.2 考虑纯交换经济。

1. 详细定义一个具有有限个经济人的可交换经济的核。
2. 陈述在什么样的假设下，一个瓦尔拉斯均衡配置被包含在经济核里，并且证明这个结果。
3. 给出一个具体的例子：在一个经济中，一个瓦尔拉斯均衡配置不在经济核里。

习题 12.3 考虑纯交换经济 $e=\{(X_i,u_i,\boldsymbol{w}_i):i=1,2,3\}$，其中 $X_i=\mathcal{R}^2_+$ 且有：

$$u_1(x,y)=\min\{x,2y\},\ \boldsymbol{w}_1=(3,0);$$

$$u_2(x,y)=\min\{2x,y\},\ \boldsymbol{w}_2=(0,3);$$

$$u_3(x,y)=x+2y,\ \boldsymbol{w}_3=(0,0).$$

1. 求在核中的配置。
2. 求瓦尔拉斯均衡。
3. 求公正配置。

习题 12.4 (个体理性、帕累托最优、经济核与公正配置) 简要回答以下问题：

1. 什么是个体理性？什么是帕累托最优？什么是经济核？什么是公正配置？
2. 个体理性、帕累托最优、经济核及公正配置四者之间有何关系？
3. 当个体的个数 $n=2$ 且偏好关系是弱单调的时，个体理性、帕累托最优和经济核三者之间又有何关系？
4. 帕累托最优、核配置与个体禀赋有关吗？
5. 在什么条件下，经济核配置是公正配置？

习题 12.5 考虑有 n 个经济人和 L 种商品的纯交换经济。回答下列问题：

1. 定义这个经济的核。

2. 假设每一个经济人的偏好是严格递增的。证明任何一个约束竞争均衡的配置都是核配置。
3. 陈述核收缩定理。
4. 具体地，考虑有 4 个经济人和 2 种商品的纯交换经济。假定经济人 1 和 3 具有同样的效用函数和初始禀赋，而经济人 2 和 4 具有同样的效用函数和禀赋。证明：在任何核配置中，代理人 1 和代理人 3 的配置相同，而代理人 2 和代理人 4 的配置相同。

习题 12.6 考虑两物品的可交换经济。假定物品是不可分物品，从而有消费集 $\{(x,y)|x$和y是非负整数$\}$。假设每个代理人都具有里昂惕夫偏好，其效用函数为 $u_i(x_i,y_i)=\min\{x_i,y_i\}$。

1. 若在这个经济中有两个代理人且禀赋为 $\boldsymbol{w}_1=(1,0)$ 和 $\boldsymbol{w}_2=(0,1)$，求瓦尔拉斯均衡。
2. 要求一个抵制联盟使得它的所有成员的境况都严格变好，在这样的弱核定义下，对问题 1 中的经济，弱核配置是什么？
3. 要求一个抵制联盟使得它的至少一个成员的境况严格变好而其余成员的境况都不变坏，在这样的核定义下，对问题 1 中的经济，核配置是什么？
4. 考虑具有 $2m+1$ 个参与人的经济，偏好如上述所定义，m 是正整数。假设 $m+1$ 个参与人具有禀赋 $\boldsymbol{w}=(1,0)$，而剩余的 m 个参与人具有禀赋 $\boldsymbol{w}=(0,1)$，求瓦尔拉斯均衡。
5. 要求一个抵制联盟使得它的所有成员的境况都严格变好，在这样的核定义下，对上一问中的经济，弱核配置是什么？
6. 要求一个抵制联盟使得它的至少一个成员的境况严格变好而其余成员的境况都不变坏，在这样的核定义下，对问题 4 中的经济，核配置是什么？

习题 12.7 在一个交换经济中，有 3 个消费者，其中 1 个消费者有一只右鞋，2 个消费者每人有一只左鞋，鞋子不可分，每个消费者的效用函数相同，$u=RL$，其中 R 和 L 分别为右鞋和左鞋的消费数量。

1. 证明鞋子配对时的任何配置 (每个人消费的左鞋和右鞋的数量都是相同的，但可能有一个人消费的左鞋比右鞋多一只) 都是帕累托有效的，并且这个命题的逆命题也成立。
2. 哪个帕累托有效配置位于经济核中？
3. 假设价格分别是 p^R 和 p^L，计算瓦尔拉斯均衡。
4. 瓦尔拉斯均衡是否位于经济核中？

习题 12.8 设有两位国际知名的华人计量经济学家 (小艾和小白) 在竞争市场中消费两种商品 (x 和 y)。小艾 (A) 的效用函数是

$$u_A=4x_A+2y_A,$$

小白 (B) 的效用函数是

$$u_B = \min\{3x_B, 3y_B\}.$$

两人都有一个非负的消费可能性集。初始禀赋是，小艾有 1 单位 x 和 3 单位 y，小白有 5 单位 x 和 10 单位 y。问题如下：

1. 定义这个经济的核。
2. 描述这个经济的竞争均衡的解。
3. 现在假设这个经济还包含第三位国际知名的华人计量经济学家，小蔡 (C)。他同样具有非负的消费可能性集，并且他的效用函数是

$$U_C = 2x_C + y_C$$

那么现在重新假设这三人的初始禀赋是：小艾，2 单位 x 和 4 单位 y；小白，10 单位 x 和 18 单位 y；小蔡，1 单位 x 和 3 单位 y。请描述这个三人经济的竞争均衡。另外，这个经济是否有其他更多的竞争均衡的价格比率？给出解释。

习题 12.9 考虑下面类型的纯交换经济。每一个经济中都有相同数量的以下两种状态的交易者。

	类型 1	类型 2
效用函数	$u_1(x,y) = x^{1/2}y^{1/2}$	$u_2(x,y) = x^{1/2}y^{1/2}$
禀赋	$\boldsymbol{w}_1 = (0,5)$	$\boldsymbol{w}_2 = (5,0)$

经济 E_1 包括上述类型的交易者各一个，经济 E_2 包括上述类型的交易者各两个，经济 E_K 包括上述类型的交易者各 K 个。

1. 描述 E_1 的核。
2. 证明配置 $a^1 = (1,1)$，$a^2 = (4,4)$ 在经济 E_1 的核中。
3. 证明：所有类型 1 的交易者都获得 a^1，所有类型 2 的交易者都获得 a^2 的配置不在经济 E_2 的核中。
4. 找到一个属于经济 E_K(对于任意 K) 的核配置，并解释。

习题 12.10 考虑一个纯交换经济。另外，这个经济还可以通过复制 Q 倍来放大。

1. 假设 $\boldsymbol{p}^0$ 是原来经济中的均衡价格向量。证明 $\boldsymbol{p}^0$ 仍然是原来的经济复制 Q 倍之后的经济的均衡价格向量。
2. 现在考虑含有 2 种商品 x 和 y 的情况。另外，经济中还有两种类型的交易者，类型 1 的交易者的效用函数为 $u_1(x,y) = xy$，禀赋为 $\boldsymbol{w}_1 = (10,0)$。类型 2 的交易者的效用函数为 $u_2(x,y) = x^{1/2}y^{1/2}$，禀赋为 $\boldsymbol{w}_2 = (0,10)$。
   (a) 证明：若类型 1 的禀赋为 a^1，类型 2 的禀赋为 a^2，则下面的配置也在任意 Q 倍复制的经济的核中。

$$a^1 = a^2 = (5,5).$$

(b) 证明：若类型 1 的禀赋为 a^1，类型 2 的禀赋为 a^2，则下面的配置不在 $Q \leqq 2$ 倍复制的经济的核中，并讨论。

$$a^1 = (9,9); a^2 = (1,1).$$

习题 12.11 考虑如下两消费者两商品的纯交换经济。消费者的消费集均为 $\mathcal{R}_+^2$，消费者的效用函数分别为：

$$u_1(x_1) = \min\{x_1^1, x_1^2\};$$
$$u_2(x_2) = x_2^1 + x_2^2.$$

1. 若禀赋为 $\boldsymbol{w}_1 = (1,0)$，$\boldsymbol{w}_2 = (0,1)$，求价格 p^1 和 p^2 严格为正时的消费者需求。
2. 竞争均衡存在吗？约束竞争均衡存在吗？
3. 将经济复制，在复制后的经济中，有两个与问题中的消费者 1 相同 (我们称之为第 1 种类型的消费者)，有两个与消费者 2 相同，找出第 1 种类型的消费者消费严格正数量商品的竞争均衡。
4. 若经济中仍然只有两个消费者，但是禀赋变为 $\boldsymbol{w}_1 = (1,0)$，$\boldsymbol{w}_2 = (1,1)$，找出此时的竞争均衡。

习题 12.12 在一个具有两类消费者的经济中，其消费空间均为 $\mathcal{R}_+^2$，每一类消费者的效用函数和禀赋分别为：

$$u_1(x_1, y_1) = x_1 y_1, \qquad \boldsymbol{w}_1 = (8,2);$$
$$u_2(x_2, y_2) = x_2 y_2, \qquad \boldsymbol{w}_2 = (2,8).$$

1. 当每一类只有一个消费者时，为这个经济画一个具有无差异曲线的埃奇沃思盒，标注禀赋。
2. 尽可能精确地刻画落在核中的配置。
3. 证明给定的配置 $(x_1, y_1) = (4,4)$，$(x_2, y_2) = (6,6)$ 落在核中。
4. 现在，复制这个经济一次，每一类有两个消费者，从而在这个经济中共有四个消费者。证明对原有配置的 2 倍复制不在复制经济的核中。

习题 12.13 考虑纯交换经济 $e = \{(X_i, \succcurlyeq_i, \boldsymbol{w}_i) : i = 1, 2, \cdots, n\}$。对所有的 i，$\boldsymbol{w}_i \in X_i = \mathcal{R}_+^L$，且 $\succcurlyeq_i$ 满足完备性和传递性。令 $\mathcal{W}(e)$ 是瓦尔拉斯均衡配置的集合，$C(e)$ 是核配置的集合，$WP(e)$ 是弱帕累托最优配置的集合，$IR(e)$ 是个体理性配置的集合。

1. 证明：若对每一个体 i，$\succcurlyeq_i$ 都满足连续性，则核配置的集合是紧的。
2. 证明：若 $n = 2$，$C(e) = WP(e) \cap IR(e)$。
3. 证明：$\mathcal{W}(e) \subseteq C(e)$。

习题 12.14 (一般性经济核等价定理) 考虑经济 e 的 n 复制，并用 ij 表示类型 i 个体的第 j 次复制。已知对每一个体 i，$\succcurlyeq_i$ 都满足连续性、严格单调性和严格凸性。令 $C(e)$ 是核配置的集合。

1. 证明：若 $\boldsymbol{x}^* \in C^n(e)$，则对任意的 i, j, j'，必有 $\boldsymbol{x}^*_{ij} = \boldsymbol{x}^*_{ij'}$。
2. 定义 $C^n(e) = \{\boldsymbol{x} \in \Pi_{i=1}^n X_i : \boldsymbol{x}_i = \boldsymbol{x}^*_{ij}, \forall i\}$，其中 $\boldsymbol{x}^* \in C^n(e)$。证明：对每个 n，必有 $C^{n+1}(e) \subseteq C^n(e)$。
3. 令 $E(e) = \cap_{n=1}^{\infty} C^n(e)$。假设对每个 n，都满足 $C^n(e) \neq \varnothing$。证明：$E(e) \neq \varnothing$。
4. 证明：$\mathcal{W}(e) \subseteq E(e)$。
5. 证明：若对每个 $i \in n$ 都有 $e_i \in \operatorname{int} X_i$，则有 $E(e) \subseteq \mathcal{W}(e)$。

习题 12.15 考虑由两消费者两商品组成的交换经济，其消费空间均为 $\mathcal{R}^2_+$，效用函数和初始禀赋如下：

$$u_1(x_1, y_1) = x_1 + \ln y_1, \quad \boldsymbol{w}_1 = (1, 1);$$

$$u_2(x_2, y_2) = x_2 + 2\ln y_2, \quad \boldsymbol{w}_2 = (2, 2).$$

1. 求解契约曲线方程，并在埃奇沃思盒中标出契约曲线。
2. 求公正配置，并在埃奇沃思盒中标出。
3. 假设经济复制了 4 次，在这个新的 4-复制经济中找出所有公正配置。

习题 12.16 (公平配置、公正配置和帕累托最优) 简要回答以下问题：
1. 给出公平配置与公正配置的定义。
2. 给出公平配置、公正配置和帕累托最优三者之间的联系与区别。
3. 给出判断一个配置是否为公平配置的重要步骤，以二人经济为例具体说明。

习题 12.17 (竞争均衡核性质定理、核平等对待配置、核收缩定理、公正定理) 以下命题成立吗？若成立，给出证明；若不成立，给出合适条件，使其成立。
1. 若 $(\boldsymbol{x}, \boldsymbol{p})$ 是竞争均衡，则 $\boldsymbol{x}$ 具有核性质。
2. 在二人经济中，若 $\boldsymbol{x}$ 是经济 e 的一个 r-复制，则对核中的任何配置，所有个体都获得相同的消费束。
3. 设 $\boldsymbol{x}^*$ 为经济中唯一的竞争均衡配置。若 $\boldsymbol{y}$ 不是竞争均衡，则存在该经济的 V-复制，使得 $\boldsymbol{y}$ 不在该复制经济的核中。
4. 设 $(\boldsymbol{x}^*, \boldsymbol{p}^*)$ 为竞争均衡。若所有个体初始禀赋的价值相等，即 $\boldsymbol{p}^*\boldsymbol{w}_1 = \boldsymbol{p}^*\boldsymbol{w}_2 = \cdots = \boldsymbol{p}^*\boldsymbol{w}_n$，则 $\boldsymbol{x}^*$ 是一个严格公正配置。
5. 每个均等收入瓦尔拉斯配置都是严格公正的。

习题 12.18 考虑两消费者三商品的经济，其消费空间均为 $\mathcal{R}^2_+$。个体禀赋向量为

第12章

$$\boldsymbol{w}_1 = (w_1^1, w_1^2, w_1^3) = (1, 1, 1), \qquad \boldsymbol{w}_2 = (w_2^1, w_2^2, w_2^3) = (0, 2, 0).$$

考虑下面 4 种不同形式的效用函数：

(a) $u_1(x^1, x^2, x^3) = \min\{x^1, x^2, x^3\}, u_2(x^1, x^2, x^3) = \min\{2x^1, x^2, x^3\}$；

(b) $u_1(x^1, x^2, x^3) = \sqrt{x^1} + x^3, u_2(x^1, x^2, x^3) = x^1 + x^2$；

(c) $u_1(x^1, x^2, x^3) = x^1 + x^2, u_2(x^1, x^2, x^3) = x^1 + x^2 + x^3$；

(d) $u_1(x^1, x^2, x^3) = \min\{x^1, x^2, x^3\}, u_2(x^1, x^2, x^3) = x^1 + x^2 + x^3$。

1. 对每一种形式的效用函数，确定所有帕累托配置，并用埃奇沃思盒表示。
2. 对每一种形式的效用函数，确定所有公正配置，并用埃奇沃思盒表示。
3. 对每一种形式的效用函数，确定是否存在瓦尔拉斯均衡。若存在，解出均衡；若不存在，详细解释为什么不存在。
4. 若均衡不存在，要么找到一个核配置，要么解释为什么核配置不存在。

习题 12.19　考虑纯交换经济，$n=2$，$X_i=\mathcal{R}_+^2$，$w_1=(4,0), w_2=(2,4)$。假设消费者具有下面的效用函数：

$$u_1(x_1^1,x_1^2)=\frac{1}{2}x_1^1+x_1^2;$$

$$u_2(x_2^1,x_2^2)=x_2^1+x_2^2.$$

1. 在埃奇沃思盒中表示无差异曲线，清楚标明初始禀赋。
2. 在埃奇沃思盒中找出帕累托有效配置集。
3. 求所有瓦尔拉斯均衡。均衡是唯一的吗？
4. 在埃奇沃思盒中找出所有核配置。
5. 在埃奇沃思盒中找出所有公正配置。

习题 12.20　考虑两消费者两商品的交换经济，其消费空间均为 $\mathcal{R}_+^2$，效用函数和初始禀赋如下：

$$u_A(x_A^1,x_A^2)=(x_A^1x_A^2)^2,\quad \boldsymbol{w}_A=(10,4);$$

$$u_B(x_B^1,x_B^2)=2\ln x_B^1+\ln x_B^2,\quad \boldsymbol{w}_B=(1,2).$$

1. 画埃奇沃思盒并标出无差异曲线和初始禀赋。
2. 求帕累托有效配置。
3. 求瓦尔拉斯均衡，并且验证均衡是否唯一。
4. 求核配置，并且验证瓦尔拉斯均衡是否在核中。
5. 求所有公正配置。

习题 12.21　考虑纯交换经济：$n=2$, $X_A=X_B=\mathcal{R}_+^2$, $\boldsymbol{w}_A=(2,4)$, $\boldsymbol{w}_B=(3,2)$。假定消费者的效用函数如下：

$$u_A(x_A^1,x_A^2)=3x_A^1+x_A^2;$$

$$u_B(x_B^1,x_B^2)=x_B^1+x_B^2.$$

1. 画埃奇沃思盒、无差异曲线和初始禀赋。
2. 求帕累托有效配置。
3. 求两个消费者的需求函数。
4. 在图中标出两个消费者的提供曲线。
5. 求瓦尔拉斯均衡。均衡是唯一的吗？
6. 求核配置。

7. 求公正配置。

习题 12.22 对于任意的 i 和 j，若 $x_i \succcurlyeq_i x_j$，那么我们称这个配置为公平的或非嫉妒 (envy free) 的配置。在一个纯交换经济中，假设有 n 种商品，所有商品的消费量都非负。

1. 证明这种公平配置总是存在。
2. 证明在 $n=2$ 的埃奇沃思盒中，这种非嫉妒的配置并不一定是公正的。
3. 假设效用函数是连续、严格递增、严格拟凹的。证明：对于任意一个交换经济，若所有人的初始禀赋向量严格为正且相同，则至少存在一个公正配置。

习题 12.23 考虑纯交换经济 $e = \{(X_i, \succcurlyeq_i, \boldsymbol{w}_i) : i = 1, 2, \cdots, n\}$。已知对所有的 i，均有 $\boldsymbol{w}_i \in X_i = \mathcal{R}_+^L$，且 $\succcurlyeq_i$ 满足完备性和传递性。令 $\mathcal{W}(e)$ 是瓦尔拉斯均衡配置的集合，$C(e)$ 是核配置的集合，$WP(e)$ 是弱帕累托最优配置的集合，$IR(e)$ 是个体理性配置的集合，$F(e)$ 是公正配置的集合，$SF(e)$ 是严格公正配置的集合。

1. 对于 $(\boldsymbol{p}^*, \boldsymbol{x}^*) \in \mathcal{W}(e)$，证明若对于所有 i 和 j，$\boldsymbol{p}^* \cdot \boldsymbol{x}_i^* = \boldsymbol{p}^* \cdot \boldsymbol{x}_j^*$，则 $\boldsymbol{x}^*$ 是公平的。
2. 证明 $\mathcal{W}(e) \subseteq SF(e)$。
3. 证明 $SF(e) \subseteq C(e)$。

习题 12.24 考虑纯交换经济 $e = \{(X_i, u_i, e_i) : i = 1, 2, 3, 4\}$，其中对于所有 i，均有 $X_i = \mathcal{R}_+^2$，并且

$$u_1(x, y) = \min\{x, y\},\ \boldsymbol{w}_1 = (4, 0),$$

$$u_2(x, y) = \min\{x, y\},\ \boldsymbol{w}_2 = (0, 4),$$

$$u_3(x, y) = x + y,\ \boldsymbol{w}_3 = (0, 0),$$

$$u_4(x, y) = (x + y)/2,\ \boldsymbol{w}_4 = (0, 0).$$

1. 求核配置。
2. 求瓦尔拉斯配置。
3. 求公正配置。

习题 12.25 (孔多塞悖论和孔多塞赢者) 对三人经济，

1. 简述孔多塞悖论、孔多塞赢者。
2. 孔多塞赢者一般存在吗？需要满足什么样的条件？
3. 给出孔多塞赢者一般存在所需要条件的严格定义。

习题 12.26 (阿罗不可能性定理) 在本章经济情形下，

1. 简述无约束域、帕累托原则以及不相干选择的独立性的概念。
2. 谁是独裁者？
3. 简述阿罗不可能性定理。
4. 你对阿罗不可能性定理是如何理解的？

习题 12.27 考虑一个具有 $N=\{1,2,\cdots,n\}$ 个参与人和有限个备选方案的集合 X。假设 $n\geqq 2$，$\#(X)\geqq 3$。设 $\Re$ 是定义在 X 上的满足完备性和传递性的二元关系的集合。一个备选方案 $s\in X$ 是一种现状 (status quo)。对每一个组合 $\vec{R}\in\Re^n$，设 G 是 X 中所有弱帕累托偏好于 s 的选择的集合：

$$G=\{x\in X:xR_is,\forall i\in N\}.$$

设 B 是 G 的补集，即 $B=X\backslash G$。对每一个组合 $\vec{R}\in\Re^n$，定义在 X 上的二元关系 $F(\vec{R})$ 为：

$$\forall x\in G,y\in B:xF(\vec{R})y \text{ 且 } yF(\vec{R})x\text{不成立};$$

$$\forall x,y\in G:xF(\vec{R})y\Longleftrightarrow xR_ny;$$

$$\forall x,y\in B:xF(\vec{R})y\Longleftrightarrow xR_ny.$$

回答下面的问题并且证明你的结论：

1. F 是独裁者吗？
2. F 满足全体一致性吗？
3. F 满足不相干选择的独立性吗？
4. F 是一个阿罗社会福利函数吗？

习题 12.28 假设社会选择集合 X 是区间 $[a,b]$，而且每个个体的偏好都是单峰的。

1. 陈述什么是单峰偏好。
2. 证明：对任何奇数 n，若我们约束偏好的范围为单峰偏好，则多数投票决定规则是一个社会福利函数。

习题 12.29 假设每个参与人从集合 X 中选择一个单一目标，其中目标可被解释成对社会行动的建议 (不是偏好，仅仅是建议)。我们感兴趣的是将所有个体的建议加总成一个社会决策的函数 $F:X^N\to X$。讨论下面的公理：

(a) 若所有参与人都建议选择 x^*，则社会选择为 x^*。

(b) 若同一个参与人在建议的两个组合中支持选择 $x\in X$，则在一个建议的组合中，x 被选择当且仅当在另一个组合中它也被选择。

1. 证明若 X 包含至少 3 个元素，则满足帕累托原则 P 和 IIA 的唯一的加总方式是一个独裁者。
2. 证明这三个条件：公理 P、IIA 和 $|X|\geqq 3$ 是一个独裁者的必要条件。

习题 12.30 Borda 法则经常被用来做集体决策。假设有 N 个个体，X 包含了有限个数目的选择。个体 i 对每一个选择 x 指定了一个 Borda 数 $B^i(x)$，其中，$B^i(x)$ 表示个体 i 在 X 中被 x 所偏好的选择的个数。根据加总的 Borda 数，选择可以被排序。

$$xRy\Longleftrightarrow\sum_{i=1}^{N}B^i(x)\geqq\sum_{i=1}^{N}B^i(y).$$

1. 证明 Borda 法则满足无约束域 (UD)、帕累托原则 (P) 和非独裁者的性质。

2. 证明 Borda 原则不满足不相干选择的独立性的性质。

习题 12.31 考虑一个由 25 个人组成的社会，社会中有四个政党 A、B、C 和 D，个人偏好 (由好到差) 为：

(a) 有 9 个人的排序是：A，B，C，D；

(b) 有 5 个人的排序是：B，A，C，D；

(c) 有 1 个人的排序是：C，B，D，A；

(d) 有 10 个人的排序是：D，C，B，A。

1. 这些偏好是单峰偏好吗？

2. 社会中是否存在孔多塞赢者？若存在，找出孔多塞赢者；若不存在，给出证明。

习题 12.32 假定集合 X 是闭区间 $[0,1]$，每个人都是单峰偏好的，即对于每一个 n，均存在一个 a_n^*，使得若 $a_n^* \geqq b > c$ 或 $c > b \geqq a_n^*$，那么 $b \succ_n c$。证明：多数投票决定规则可以引致一个理性的社会福利函数。

习题 12.33 我们定义：若选择函数 C 与“多数否决独裁程序”(majority vetoes a dictator procedure) 一致，需要满足以下条件，即对于三种偏好关系 $\succ_1, \succ_2, \succ_3$，若不是 $\succ_2$ 和 $\succ_3$ 共同最大偏好于 A 中的某个元素，则社会选择函数 $C(A)$ 的结果就是 $\succ_1$ 的最大严格偏好。

1. 证明这样的选择函数不是理性的。

2. 证明这样的选择函数满足以下性质：若 $C(A) = a, C(A - b) = c$，其中 b 和 c 不同于 a，那么对于任意一个包含 c 且是 $A - b$ 的集合 B，都有 $C(B) = c$。

3. 证明不是所有的选择函数都可以被“多数否决独裁程序”解释。

习题 12.34 假设 F 是一个社会选择规则，社会中有三个人 1, 2, 3 以及三个选择 x, y, z。P_i 和 I_i 分别表示个人 i 的严格偏好和无差异偏好。这里 F 满足无约束域 (UD) 条件，并有如下设定：

(a) 若多数投票决定规则的结果满足传递性，并且只有唯一的最好选择，那就把这个最好的选择作为社会选择。

(b) 若多数投票决定规则的结果满足传递性，但有不止一个最优选择，则类似于“x 好过 y 好过 z”的关系不再成立。

(c) 若多数投票决定规则的结果不满足传递性，令 x 作为最优选择。

那么考虑以下情况：

(a) 个体 $1 : xP_1yP_1z$;

(b) 个体 $2 : yP_2zP_2x$;

(c) 个体 $3 : zP_3xP_3y$。

1. 哪个选择是 F 下的社会最优？

2. F 满足帕累托原则吗？证明之。

3. 证明 F 不是独裁的。

习题 12.35　五个人共用一间办公室，每人都有一个自己偏好的工作温度 $\tau_i(i=1,\cdots,5)$，且 $\tau_1<\tau_2<\tau_3<\tau_4<\tau_5$，每个人对不同室温的偏好程度是根据这一室温与自己最适室温的差异来决定的。即对于室温 t 与 t'，$i=1,\cdots,5$，

$$t\succ_i t'\text{当且仅当}|t-\tau_i|<|t'-\tau_i|.$$

若室温是可以连续调节的，他们将最终决定室温是 τ_3，证明他们的选择符合简单多数规则。

12.7　参考文献

教材和专著：

Arrow, K. J. and F. H. Hahn (1971). *General Competitive Analysis*, Holden Day.

Debreu, G. (1959). *Theory of Value*, Wiley.

Jehle, G. A. and P. Reny (1998). *Advanced Microeconomic Theory*, Addison-Wesley.

Luenberger, D. (1995). *Microeconomic Theory*, McGraw-Hill.

Mas-Colell, A., M. D. Whinston, and J. Green (1995). *Microeconomic Theory*, Oxford University Press.

Rawls, J. (1971). *A Theory of Justice*, Harvard University Press.

Rubinstein, A. (2005). *Lecture Notes in Microeconomics (modeling the economic agent)*, Princeton Univeristy Press.

Salanié, B. (2000). *Microeconomics of Market Failures*, MIT Press.

Varian, H. R. (1992). *Microeconomic Analysis, Third Edition,* W.W. Norton and Company.

论文：

Arrow, K. and G. Debreu (1954). "Existence of Equilibrium for a Competitive Economy", *Econometrica*, Vol. 22, No. 3, 265-290.

Debreu, G. and H. Scarf (1963). "A Limit Theorem on the Core of an Economy", *International Economic Review*, Vol. 4, No. 3, 235-246.

Gibbard, A. (1973). "Manipulation of Voting Schemes", *Econometrica*, Vol. 41, 587-601.

Satterthwaite, M. A. (1975). "Strategy-Proofness and Arrow's Conditions: Existence and Correspondence Theorems for Voting Procedures and Social Welfare Functions", *Journal of Economic Theory*, Vol. 10, No. 2, 187-217.

Tian, G. (1988). "On the Constrained Walrasian and Lindahl Correspondences", *Economics Letters*, Vol. 26, No. 4, 299-303.

Zhou, L. (1992). "Strictly Fair Allocations in Large Exchange Economies", *Journal of Economic Theory*, Vol. 57, No. 1, 158-175.

第 13 章 不确定性下的一般均衡理论

13.1 导言

本章讨论不确定性下的一般均衡理论。在第 10~12 章中，我们在确定性情形下讨论了竞争市场经济均衡的存在性、唯一性、稳定性、有效性及合理性。然而，确定性假设在许多情形下与现实相差过大。经济环境在许多情形下，比如金融市场，往往是不确定的。本章将一般均衡框架扩展到不确定情形下的资源配置问题，其中许多讨论基于 Mas-Colell、Whinston 和 Green (1995) 的经典教材，最后我们将讨论 Dubey、Geanakoplos 和 Shubik (2005) 关于内生资产不完备市场的一些最新结果。

在 13.2 节中我们将首先对不确定性经济环境下的商品、禀赋和偏好等概念进行界定，采用**自然状态** (states of nature) 来描述不确定性，并引入**状态依存商品** (state-contingent commodity)(或简称依存商品) 这一关键概念：其商品的交易量依赖于状态的实现。接着在 13.3 节中我们将讨论不确定性下的一般均衡理论的基本构造，即**阿罗-德布鲁均衡** (Arrow-Debreu equilibrium)，它是在状态依存商品交易情形下对瓦尔拉斯均衡的一种自然延伸。根据第 11 章中的福利经济学第一基本定理，阿罗–德布鲁均衡导致了不确定下的帕累托最优配置。

13.4 节将重新解读阿罗–德布鲁均衡，引入动态不确定性下的拉德纳均衡 (Radner equilibrium) 概念。尽管阿罗–德布鲁均衡很好地显示了一般均衡框架的可拓性，将不确定性纳入一般均衡框架，但它对现实市场运作过程的很多现象缺乏解释力。在阿罗–德布鲁模型中，所有的交易都是在不确定性获得解决之前同时发生的，是一次性的，这显然不现实。在现实中，交易在很大程度上是序贯的，通常是信息披露的结果。我们将证明的是，在理性预期的假设条件下，把在某个约束集中的状态依存的交易与不确定性消除后的现货交易 (spot trade) 结合起来所得到的均衡是与阿罗–德布鲁均衡等价的。这样的均衡被称为**拉德纳均衡**，它大大减少了事前 (即不确定性消除之前) 必须运行的市场数量。

13.5 节将讨论更一般化。所考虑的交易商品不是市场主体在不确定性消失之前的依存商品，而是假设市场主体现在所交易的是资产。在这种情况下，金融工具可被用来分担风险 (作为保险) 和在**现货市场** (spot market) 上进行跨期财富转移，并且经济人每个时点都有预算约束，所采用的是拉德纳均衡。我们将讨论各类金融工具在一般均衡中的作用，特别是讨论金融证券在转移和分担风险中的作用。所有的交易不是在一开始就完成的，而是随着时间的推移，一些市场会逐渐展开，其中各种金融工具在跨状态转移购买力和分担风险中起到重要作用。这些都是金融理论的基础。

13.6 节将介绍**不完备市场** (incomplete markets) 情形下所产生的福利难题，即市场的资产可能过少以致无法保证一个完整的帕累托最优风险配置，同时我们还将讨论由违约引发的内生资产对一般均衡及其福利的影响。

13.2 不确定性下的市场经济

在现实经济中，消费者和生产者通常在很多时点都需要做出理性决策，而且在不同的时点决策者掌握着不同的信息，这些信息反映了当前和未来环境中的一些不确定性。在前面的第 5 章，我们讨论了个体决策中的不确定性。现在我们将一般均衡理论的分析框架扩展到包括市场经济环境下的不确定性。我们首先需要建立一个一般性的分析框架。

为了简单起见，假设时间是离散和有限的，连续时间的不确定性市场理论需要更为复杂的数学概念和工具，Merton (1990) 的专著较为系统地讨论了在连续时间下金融体系的运作，Geanakoplos 和 Polemarchakis (1991) 以及 Geanakoplos (2008) 讨论了在跨期迭代下的一般均衡框架。不过，在离散和有限时间框架下讨论不确定性下的一般均衡却相对简单，而且可以揭示其基本特征。

考虑有 L 种**实物商品** (physical commodity)、n 个消费者和 J 个企业 (厂商) 的经济环境。与前面几章关于一般均衡的讨论所不同的是，在该经济环境中，技术、禀赋和偏好都可能是**不确定的**，我们假设不确定性是通过技术、禀赋和偏好依赖于**状态**来表示的。一种状态可理解为对不确定性结果的一个完整描述。为简单起见，假定状态集 S 为具有 S 个元素的有限集，这里我们用同样的记号来表示集合及其元素的个数，可通过上下文来确定记号 S 的具体含义。S 中的一个典型元素记为 s，$s = 1, \cdots, S$。

下面叙述**状态依存商品** (state-contingent commodity) 和**状态依存商品向量**的概念。利用这些概念，我们可以表示技术、禀赋和偏好对状态的依存性。

定义 13.2.1 *对每种实物商品 $l = 1, \cdots, L$ 和自然状态 $s = 1, \cdots, S$，***状态依存商品量** *x^{ls} 是当状态 s 出现时获得实物商品 l 的数量。相应地，***状态依存商品向量***记为*

$$\boldsymbol{x} = (x^{11}, \cdots, x^{L1}, \cdots, x^{1S}, \cdots, x^{LS}) \in \mathcal{R}^{LS},$$

即当状态 s 出现时所获得的商品向量 $(x^{1s}, \cdots, x^{Ls})$。

我们也可将状态依存商品向量视作由 L 个**随机变量**组成的向量，其中，第 l 个随机变量的取值为 $(x^{l1}, \cdots, x^{ls})$。

有了状态依存商品向量的概念，我们现在可以描述消费者的经济特征是如何依赖于状态的。令消费者 $i = 1, \cdots, n$ 的初始禀赋为状态依存商品向量

$$\boldsymbol{w}_i = (w_i^{11}, \cdots, w_i^{L1}, \cdots, w_i^{1S}, \cdots, w_i^{LS}) \in \mathcal{R}^{LS}.$$

其含义为，当状态 s 出现时，消费者 i 的初始禀赋向量为 $(w_i^{ls}, \cdots, w_i^{Ls}) \in \mathcal{R}^L$。

消费者 i 的偏好也可能依赖于状态 (例如，消费者对棉衣的消费可能依赖于天气)。正式地，我们通过定义消费者对状态依存商品向量的偏好来表示这种依赖，即令消费者 i 的

偏好为定义在消费集 $X_i \subseteq \mathcal{R}^{LS}$ 上的偏好关系 $\succcurlyeq_i$。

为了评价状态依存商品向量，消费者首先需要确定状态 s 的概率 π_i^s(可能是客观的，也可能是主观的)，然后根据伯努利 (Bernoulli) 状态依存效用函数 $u_i^s(x_i^{ls},\cdots,x_i^{Ls})$ 在状态 s 下评价实物商品向量，最后计算期望效用。这就是说，消费者 i 对任意两种状态依存商品向量 $\boldsymbol{x}_i,\boldsymbol{x}_i'\in X_i\subseteq\mathcal{R}^{LS}$ 的偏好满足

$$\boldsymbol{x}_i \succcurlyeq_i \boldsymbol{x}_i', \quad \text{当且仅当} \quad \sum_s \pi_i^s u_i^s(x_i^{ls},\cdots,x_i^{Ls}) \geqq \sum_s \pi_i^s u_i^s(x_i'^{ls},\cdots,x_i'^{Ls}).$$

应该强调的是，偏好 $\succcurlyeq_i$ 具有事前偏好的特征：描述可能消费的随机变量在不确定性被状态确定之前得以评估。

类似地，企业 j 的技术可能性由生产集 $Y_j\subseteq\mathcal{R}^{LS}$ 表示。我们称**状态依存生产计划** (state-contingent production plan) $\boldsymbol{y}_j\in\mathcal{R}^{LS}$ 为 Y_j 中的一个元素，若在每种状态 s 出现时，实物商品的投入–产出向量 $(y_j^{1s},\cdots,y_j^{Ls})$ 对企业 j 来说是可行的。

下面我们通过一个例子来刻画不确定性下的经济环境。

例 13.2.1 设 s_1 和 s_2 表示好天气和坏天气两种状态。存在两种实物商品：种子 $(l=1)$ 和庄稼 $(l=2)$。在此情形下，Y_j 中的元素为四维向量。假设种子必须在天气被确定之前进行播种，只有在好天气状态下一单位的种子才产出两单位的庄稼，否则产出为零。则

$$\boldsymbol{y}_j=(y_j^{11},y_j^{21},y_j^{12},y_j^{22})=(-1,2,-1,0)$$

为可行生产计划。由于在播种时天气是不确定的，因此计划 $(-1,2,0,0)$ 是不可行的：种子一旦被播种，即在两种天气状态下都无法改变已播种的事实。因此，通过这种方式，我们可以在 Y_j 的结构中嵌入与不确定性相关的生产约束。

对消费方也可做类似处理。若对某种商品 l，每一个向量 $\boldsymbol{x}_i\in X_i$ 的元素 x_i^{ls}，对所有的 $s=1,\cdots,S$ 都相等，则我们可将其解释为对商品 l 的消费发生在状态确定之前。

为了完成对私有市场经济的描述，我们只需对每个消费者 i 和每个企业 j 指定所有权结构。原则上，这些所有权结构也是状态依存的 (状态依赖的)。令 $\theta_{ij}\geqq 0$ 为与状态无关的消费者 i 持有企业 j 的所有权份额会简化分析。当然，对每个 j，都有 $\sum_i\theta_{ij}=1$。

这样，不确定情形的私有市场经济仍然可写为：

$$e=\left(S,\{X_i,\boldsymbol{w}_i,\succcurlyeq_i\}_{i=1}^n,\{Y_j\}_{j=1}^J,\{\theta_{ij}\}_{i,j=1}^{n,J}\right).$$

上面的框架有很强的可拓性，我们可以把时间维度纳入进来。假设初始时间记为 $t=0$，之后的时间记为 $t=1,2,\cdots,T$，其中 T 是最后的截止时间。自然状态集合为 S，是一个包括所有从最初到最后过程中刻画不确定性的所有特征的集合，不同状态表示不同的特征，从而状态集合是一个互斥状态的集合。在这个定义中，时间和不确定性是相互交织的，一个自然而然的问题是在截止期限之前的时间 t，对市场参与人所知道的信息如何刻画。

与动态博弈中的信息集概念相似，S 的子集称为**事件**，若事件的集合 $\mathcal{F}$ 是一个分割，则它是一个**信息结构**。对每一时间 $t\leqq T$，对状态集合进行分割 (partition) $\mathcal{F}_{it}$，该集合是参与人 i 的信息集，其中元素 f_{it} 刻画了参与人 i 在时间 t 掌握的信息，我们称之为在时

间 t 上的一个**依存状态**。不同参与人可能有不同的信息集，比如 $\mathcal{F}_{it} \neq \mathcal{F}_{jt}$ 意味着参与人 i, j 在时间 t 掌握的信息是不同的，我们把 t 上的依存状态集合记为 $\mathcal{F}_t$。在本章，若没有特别注明，假设所有参与人掌握的信息是相同的，即对所有的 $i, j \in N$，都有 $\mathcal{F}_{it} = \mathcal{F}_{jt}$。我们着重讨论在不确定环境下市场在资源配置方面的角色。

此外，对不同时间的依存状态做一些基本设定：(1) 在最初阶段，由于没有任何信息，不确定性没有任何减弱，$\mathcal{F}_0 = \{S\}$(即没有分割)。(2) 在最后阶段，所有的不确定性都被消除，为此对于任意的 $s \in S$，都有 $\{s\} \in \mathcal{F}_T$。同时，对任意 $f_T \in \mathcal{F}_T$，$|f_T \cap S| = 1$ 意味着在 T 上的所有依存状态 f_T 都是单元素集 (完全分割)，即所有的自然状态都是可以识别的，不确定性完全消失。(3) 随着时间的流逝，信息分割会越来越细，即对于任意的 $f_{t+1} \in \mathcal{F}_{t+1}$，均存在 $f_t \in \mathcal{F}_t$，使得 $f_{t+1} \subseteq f_t$。

若市场参与人拥有不同的信息，比如在 t 期，参与人 i 比参与人 j 拥有更多的信息，或者其不确定性更少，那么对任意的 $f_{it} \in \mathcal{F}_{it}$，均存在 $f_{jt} \in \mathcal{F}_{jt}$，使得 $f_{it} \subseteq f_{jt}$。若在某个时期 f_{it} 是单元素集，那么意味着参与人 i 在 t 期就知道自然状态，也就是说，此时参与人 i 面临的不确定性都消除了，也即他拥有**完全信息**。上面的假设 (3) 意味着，参与人不会忘记之前掌握的信息，这与动态博弈中**完美记忆** (perfect recall) 的假设是一致的。

我们通常用树状图来刻画随时间推移不确定性程度的变化，图 13.1 刻画了 5 个时点下的不确定性。

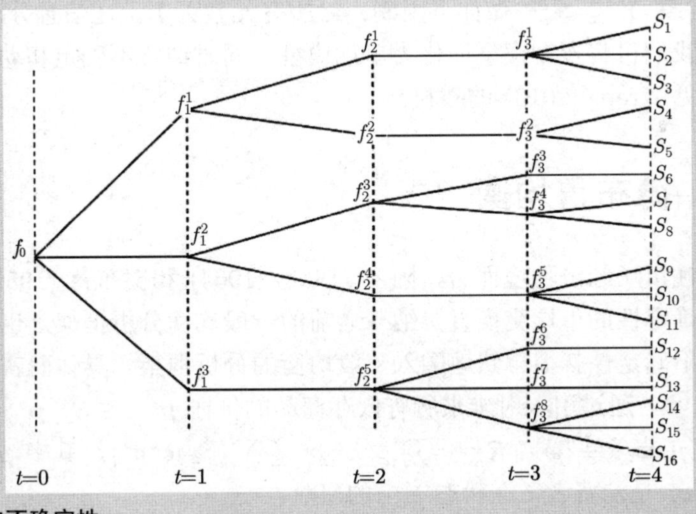

图 13.1　时间与不确定性

例 13.2.2　在这个例子中所有参与人掌握相同信息，从最初到最后时期总共有 16 个自然状态。在时期 0，只有一个信息 (依存状态) 集 $\mathcal{F}_0 = \{f_0\}$，即 $f_0 = \{s_1, \cdots, s_{16}\}$，也就是说，在期初，参与人不知道状态是 $s_1, \cdots, s_{16}$ 中的哪一个。在时期 1 有三个依存状态集，即 $\mathcal{F}_1 = \{f_1^1, f_1^2, f_1^3\}$，即有三个可能的信息集。这里我们用下标刻画时间，用上标刻画可能的信息状态。$f_1^1 = \{s_1, \cdots, s_5\}$，此时参与人知道状态位于 $s_1, \cdots, s_5$ 之间，但不知道是其中的哪一个。类似地，$f_1^2 = \{s_6, \cdots, s_{11}\}$, $f_1^3 = \{s_{12}, \cdots, s_{16}\}$。在时期 2 有 5 个依存状态集，即 $\mathcal{F}_2 = \{f_2^1, f_2^2, f_2^3, f_2^4, f_2^5\}$。其中，$f_2^1 = \{s_1, s_2, s_3\}$，此时相对于时期 1，参与人知道更多的信息，即状态是 s_1, s_2, s_3 中的某一个，尽管不知道是哪一个信息集。类似地，$f_2^2 = \{s_4, s_5\}$，$f_2^3 = \{s_6, s_7, s_8\}$，$f_2^4 = \{s_9, s_{10}, s_{11}\}$，$f_2^5 = \{s_{12}, \cdots, s_{16}\}$。在时期 3 有 8 个依存状态集，即 $\mathcal{F}_3 = \{f_3^1, f_3^2, f_3^3, f_3^4, f_3^5, f_3^6, f_3^7, f_3^8\}$。其中 $f_3^1 = \{s_1, s_2, s_3\}$，反映相对于时期 2 参与人的信息并没有增加；$f_3^2 = \{s_4, s_5\}$，$f_3^3 = \{s_6\}$ 的不确定性被完全消除，$f_3^4 = \{s_7, s_8\}$，$f_3^5 = \{s_9, s_{10}, s_{11}\}$，$f_3^6 = \{s_{12}\}$，$f_3^7 = \{s_{13}\}$，$f_3^8 = \{s_{14}, s_{15}, s_{16}\}$。在最后时期，所有不确定性都被消除，此时有 16 个依存状态集，并且 $\mathcal{F}_4 = \{\{s_1\}, \cdots, \{s_{16}\}\}$。

为了着重刻画不确定性下的市场交易以及简化术语的表达，下面的讨论都是基于 $T = 1$，同时我们假设消费和禀赋都发生在时期 1，此时着重关注不确定情形下的市场交易和配置。当然，许多不确定性市场交易的文献也考虑在 $t = 0$ 期的消费，这通常不会增加复杂性，只是多引入一些符号。

事实上，多期模型可简化为前面所介绍的无时间模型。为了说明这一点，假定有 H 种实物商品。定义 $L = H(T+1)$ 种实物商品的新集合，每种这样的实物商品都用双指标 ht 来标示。我们称向量 $\boldsymbol{z} \in \mathcal{R}^{LS}$ 关于一族信息分割 $(\mathcal{L}_0, \cdots, \mathcal{L}_T)$ 是**可测的**，若对每个 hts 和 hts'，我们均有 $z^{hts} = z^{hts'}$，其中，s, s' 属于同一分割 $\mathcal{L}_t$。即，当 s 和 s' 在时刻 t 不可区分时，这两种状态依存的商品量是相同的。最后，我们对禀赋 $\boldsymbol{w}_i \in \mathcal{R}^{LS}$、消费集 $X_i \subseteq \mathcal{R}^{LS}$ 和生产集 $Y_j \subseteq \mathcal{R}^{LS}$ 做如下限制：对所有元素关于上述信息分割族都是可测的。有了上述设定，我们可将多期模型简化为单期模型。同时结合不确定和动态时间的更一般形式的讨论，参见 Kreps (2013) 的教材。

13.3 阿罗–德布鲁均衡

对于不确定性市场经济环境而言，阿罗 (1953，1964) 和德布鲁 (1959) 通过引入依存商品的概念把不确定性的市场交换直接纳入之前的一般均衡分析框架，也就是，只要重新定义商品空间，不确定性就很自然地融入一般均衡的分析框架。具体而言，把原来的商品空间 $\mathcal{R}_+^L$ 变为 $\mathcal{R}_+^{LS}$，通过引入对未来所有依存商品的价格 $\boldsymbol{p}^s, s \in S$，$\boldsymbol{p}^s \in \mathcal{R}_+^L$，消费者的预算集变为：$B_i(\boldsymbol{p}, \boldsymbol{w}_i) \equiv \{\boldsymbol{x} \in \mathcal{R}_+^{LS} : \sum_{s \in S} \boldsymbol{x}_i^s \boldsymbol{p}^s \leqq \sum_{s \in S} \boldsymbol{w}_i^s \boldsymbol{p}^s\}$，其中 $\boldsymbol{p}^s$ 是状态 s 下商品的价格向量，$\boldsymbol{w}_i^s$ 是消费者 i 在状态 s 下的禀赋。

下面我们定义在依存商品下的一般均衡，在文献中通常称之为阿罗-德布鲁均衡。

定义 13.3.1 一个配置

$$(\boldsymbol{x}_1^*, \cdots, \boldsymbol{x}_n^*; \boldsymbol{y}_1^*, \cdots, \boldsymbol{y}_J^*) \in X_1 \times \cdots \times X_n \times Y_1 \times \cdots \times Y_J \subseteq \mathcal{R}^{LS(n+J)}$$

和依存商品的价格 $\boldsymbol{p} = (p^{11}, \cdots, p^{LS}) \in \mathcal{R}^{LS}$ 构成了一个**阿罗-德布鲁均衡** (Arrow-Debreu equilibrium)，若

(1) 对每个 j，$\boldsymbol{y}_j^*$ 是利润最大化生产计划，即满足 $\boldsymbol{p} \cdot \boldsymbol{y}_j^* \geqq \boldsymbol{p} \cdot \boldsymbol{y}_j, \forall \boldsymbol{y}_j \in Y_j$。

（2）对每个 i，$\boldsymbol{x}_i^*$ 是 $\succcurlyeq_i$ 在预算集 $\{\boldsymbol{x}_i \in X_i\text{: } \boldsymbol{p}\cdot\boldsymbol{x}_i \leqq \boldsymbol{p}\cdot\boldsymbol{w}_i + \sum_j \theta_{ij}\boldsymbol{p}\cdot\boldsymbol{y}_j^*\}$ 上的效用最大化消费组合。

（3）$\sum_i \boldsymbol{x}_i^* \leqq \sum_j \boldsymbol{y}_j^* + \sum_i \boldsymbol{w}_i$。

第 10 章和第 11 章的存在性、唯一性、稳定性和福利定理可以直接套用到以上阿罗-德布鲁均衡上。根据第 5 章的讨论，偏好凸性假设可被解释为风险厌恶 (risk-aversion)。在效用函数的设定中，若伯努利效用函数 $u_i^s(\boldsymbol{x}_i^s)$ 是凹的，偏好关系 $\succcurlyeq_i$ 是凸的。

阿罗-德布鲁均衡的帕累托最优性质意味着依存商品交易的市场均衡配置可以达到有效风险配置。然而，若经济总体上存在风险，那么市场均衡配置结果也不会具有完全保险，此时参与人还是要承担一些整体风险。

此外，任意生产计划的企业利润 $\boldsymbol{p}\boldsymbol{y}_j$ 都是用货币表示的，是非随机的。这是因为，在均衡中交易开始时所有商品的价格就已经确定了。尽管商品的生产和交换依赖于状态，但在给定的生产计划下，在所有的依存状态下都已经明确了投入和产出，从某种意义上说，这种计划已经提供了完全保险，完全规避了个体风险。

通过下面的例子，我们来讨论在阿罗-德布鲁均衡中如何规避个体风险，而对于整体风险 (即加总后的禀赋有不确定性)，参与人还需有所承担。

例 13.3.1　考虑如下交换经济，其中 $n=2$，$L=1$，$S=2$。设参与人 i $(i=1,2)$ 的主观概率分布为 (π_i^1, π_i^2)。参与人 i 的期望效用为 $\pi_i^1 u_i(x_i^1)+(1-\pi_i^1)u_i(x_i^2)$，同时假设效用函数是凹函数，即具有风险规避的偏好。假设参与人 1 和 2 的禀赋分别为 $\boldsymbol{w}_1=(w_1^1, w_1^2)=(1,0)$ 和 $\boldsymbol{w}_2=(w_2^1, w_2^2)=(0,1)$，加总后的禀赋为 $\sum_{i\in\{1,2\}}\boldsymbol{w}_i=(1,1+\epsilon)$。若 $\sum_{i\in\{1,2\}}\boldsymbol{w}_i=(1,1)$，或者 $\epsilon=0$，即在两种状态下，禀赋总量相同，但不同消费者在不同状态下可能拥有不同的禀赋，我们把这种状态称为个体风险；把 $\sum_{i\in\{1,2\}}\boldsymbol{w}_i\neq(1,1)$ 或者 $\epsilon\neq 0$ 称为整体风险，比如发生一些自然灾害，经济的总资源会减少。

根据上面的阿罗-德布鲁均衡的定义，我们来求解一般均衡配置。在均衡时，必然满足：

$$\frac{\pi_1^1 u_1'(x_1^1)}{\pi_1^2 u_1'(x_1^2)} = \frac{\pi_2^1 u_2'(x_2^1)}{\pi_2^2 u_2'(x_2^2)} = \frac{p^1}{p^2}. \tag{13.1}$$

下面我们分以下几种情形来讨论：

（1）$\sum_{i\in\{1,2\}}\boldsymbol{w}_i=(1,1)$，$\pi_1^1=\pi_2^1$，此时两个消费者的主观概率相同，并且经济中只有个体风险，没有总体风险的情形。于是上面的等式 (13.1) 变为

$$\frac{u_1'(x_1^1)}{u_1'(x_1^2)} = \frac{u_2'(x_2^1)}{u_2'(x_2^2)}.$$

由于 $\sum_{i\in\{1,2\}}\boldsymbol{w}_i=(1,1)$ 和 $\pi_1^1=\pi_2^1$，帕累托集与图 13.2(a) 中 45 度对角线一致。因此，每个消费者的消费量不随状态变化而变化，即：$x_i^1=x_i^2$ 对任意的 $i\in\{1,2\}$ 均成立，此时消费者被完全保险。

（2）$\sum_{i\in\{1,2\}}\boldsymbol{w}_i=(1,1)$，$\pi_1^1\neq\pi_2^1$，此时经济没有整体风险，但消费者对状态的主观评价不同。不妨假设 $\pi_1^1<\pi_2^1$，即相对于消费者 2 来说，消费者 1 对第二种状态赋予更高

的主观概率。上面的等式 (13.1) 变为：

$$\frac{u_1'(x_1^1)}{u_1'(x_1^2)} > \frac{u_2'(x_2^1)}{u_2'(x_2^2)}.$$

在均衡配置中，消费者 1 会在状态 2 下相对消费更多的商品，而消费者 2 会在状态 1 下相对消费更多的商品。

（3）$\sum_{i\in\{1,2\}} \boldsymbol{w}_i \neq (1,1)$，$\pi_1^1 = \pi_2^1$，此时两个消费者拥有相同的主观概率，但是经济有整体风险，不妨假设在状态 1 下的禀赋总量更多。上面的等式 (13.1) 变为：

$$\frac{u_1'(x_1^1)}{u_1'(x_1^2)} = \frac{u_2'(x_2^1)}{u_2'(x_2^2)}.$$

由于经济在状态 1 下的禀赋总量更大，在均衡时，两个消费者都会在状态 1 下比在状态 2 下消费更多。同时，相对于 (1) 的情形，此时在状态 2 下的价格变得更高，这与资产定价中的结论一致：一种资产与市场回报 (在这个例子中就是禀赋的经济总量) 的负相关性越大，其定价越高。

图 13.2(a) 和图 13.2(b) 分别描述了没有整体风险下消费者在相同和不同主观概率下的均衡结果，图 13.2(c) 描述了存在整体风险时的均衡结果。

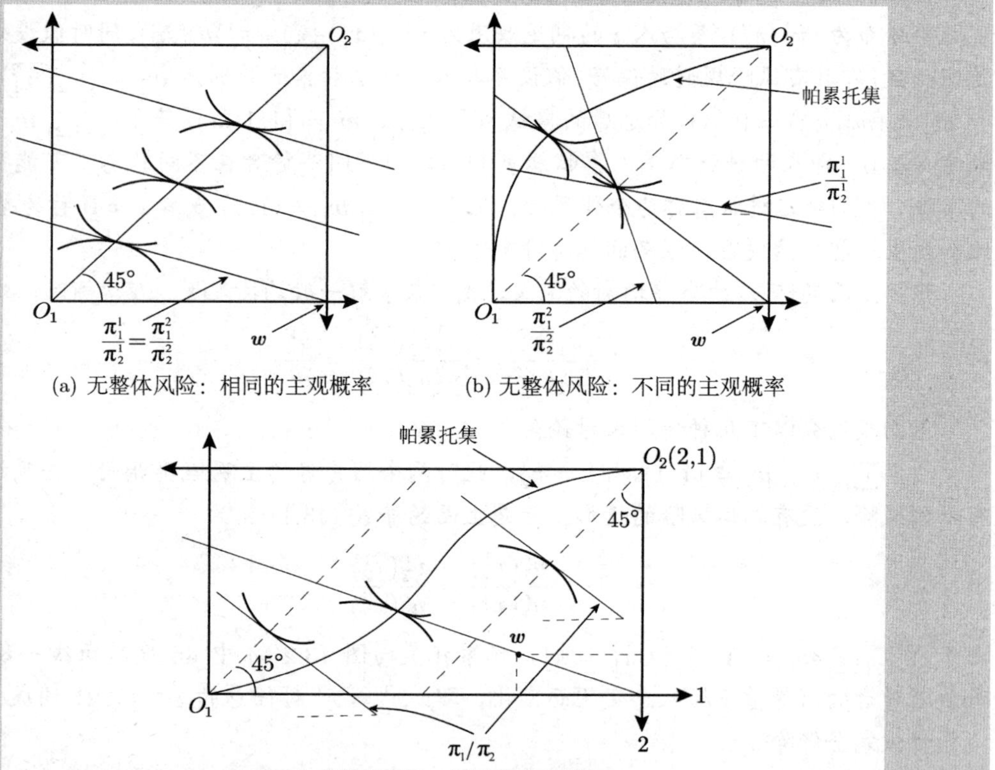

(a) 无整体风险：相同的主观概率

(b) 无整体风险：不同的主观概率

(c) 有整体风险：相同的主观概率

图 13.2　不确定性下的交换经济

13.4 序贯交易与拉德纳均衡

阿罗-德布鲁均衡很好地显示了一般均衡框架的可拓性，通过状态依存商品概念的引入，就可以把不确定性纳入前面几章所讨论的一般均衡分析框架。然而，这样处理有很大的局限性。拉德纳 (Radner，1982) 总结了阿罗-德布鲁框架隐含的四个主要假设：(1) 消费者和生产者都是价格接受者；(2) 给定状态依存商品的价格，对未来的生产计划的现值、未来的资源禀赋和消费的现值都不存在不确定性；(3) 给定价格和生产计划，对于消费者的财富现值也不存在不确定性；(4) 消费者的状态依存消费体现了消费者的偏好，不仅反映了消费者的风险态度，还反映了他们的状态依存主观概率。

然而这种对不确定性的处理，对现实市场运作过程中的许多现象缺乏解释力。在阿罗-德布鲁均衡中，所有的交易都是在不确定性问题获得解决之前同时发生的，对未来所有的依存商品在刚开始就一次性交易完毕，而在现实中，市场交易却是按序贯方式进行的，随着新的信息的获取，市场交易不断发生。此外，市场中存在各式各样的金融资产，如债券、股票、衍生证券等，它们在市场交易中起到什么样的作用，在阿罗-德布鲁框架中并没有得到很好的解释。此外，尽管在阿罗-德布鲁框架中，参与人对未来有不确定性，但是他们掌握的信息是相同的。这一假设显然在很多情况下是不现实的。在现实中，人们不仅掌握的信息不同，而且经济人的信息结构也不是固定的，参与人会有动机收集和处理信息。这种内生性的信息结构与现实更相符，这部分内容涉及市场的信息功能，我们不在这里展开讨论，好的入门讨论可以查看 Mas-Colell, Whinston 和 Green (1995) 的 19.H 节以及 Bikhchandani, Hirshleifer 和 Riley (2013) 这部教材。另外，在现实中，时间是延展的，从而事件的集合可能会很大，对所有可能的事件都存在着相应的市场，在现实生活中很难满足。我们将在本节和以下各节从多个角度放松对阿罗・德布鲁不确定市场的假设。

在这一节，我们将介绍一个序贯交易模型，并说明阿罗-德布鲁均衡可以通过实际的交易过程来重新解释。这些交易过程实际上是随着时间的推移而展开的，并且预算可行性不再被定义为负担能力，而是可以通过明确的金融工具进行交易，由此我们引入了拉德纳均衡的概念。

为了尽可能简化问题，我们考虑具有 L 种商品的交换经济。假定经济只持续两个交易期：$t=0$ 和 $t=1$。在 $t=0$ 期，没有任何信息披露；在 $t=1$ 期，不确定性完全消失。为了进一步简化问题，我们假定在 $t=0$ 期没有任何消费发生。

假设在 $t=0$ 时建立了包含 LS 个可能依存商品的市场，并达成了价格为 $\boldsymbol{p}=(p^{11},\cdots,p^{LS})\in\mathcal{R}_+^{LS}$ 的阿罗-德布鲁均衡。其中，$\boldsymbol{x}_i^*=(x_i^{*11},\cdots,x_i^{*LS})\in\mathcal{R}_+^S$ 是最优分配。回顾一下这些市场是在 $t=1$ 交割的 (通常被称为**远期市场** (forward markets))。当 $t=1$ 时期到来时，世界状态 s 被揭示，合同得以执行。每个消费者 i 购买 $\boldsymbol{x}_i^s\in\mathcal{R}_+^L$。现在设想，在合同执行后但实际消费 $\boldsymbol{x}_i^s$ 之前，L 种实物商品的市场在 $t=1$ 开放 (通常被称为**现货市场** (spot markets))。如果在 $t=0$ 存在 $S\times L$ 个依存商品市场，那么当现货市场在任何状态 s 开放时，消费者将不再进行交易。这是由于在 $t=0$ 时，$S\times L$ 个依存商品的均衡交易已经实现了帕累托效率。若消费者在现货市场开放时再次进行交易，那么交易后的分配必须对 $t=0$ 时的分配进行帕累托改进，这与 $t=0$ 时分配为帕累托有效的这一结论相矛盾。

阿罗 (1953) 首先发现，即使不是所有的依存商品市场在 $t=0$ 期同时交易，在某些条件下，在 $t=1$ 期重新交易也可能达到帕累托最优配置。这即是说，事后交易的可能性能弥补事前市场的缺失，并且这样的序贯交易可以大大减少远期市场的个数。我们将证明，当至少有一种实物商品可以在 $t=0$ 期进行依存交易时，若参与人都能准确预期 (即理性预期假设) 未来各种状态依存市场价格，那么在 $t=0$ 期只需要 S 个远期市场，通过这些远期市场把总的收入贴现和购买到各个状态依存配置。若这些状态依存购买力刚好等于阿罗-德布鲁均衡下所对应的状态依存预算，那么消费者在这些状态依存购买力下，到了现货 $(t=1)$ 市场上，可以实现阿罗-德布鲁均衡下的均衡消费。这样，通过这样的程序，我们能够将实现阿罗-德布鲁均衡配置的远期市场数目 LS 减少到 S 个，并且这样的序贯交易下的均衡与阿罗-德布鲁的均衡一致。当然，这一要求对参与人的预期施加了更大的限制，这就要求对远期价格有一个准确的预期。由于拉德纳 (1968, 1972) 系统地讨论了序贯的市场交易和相应的均衡特性，因此，我们通常把这一均衡称为**拉德纳均衡**。

下面讨论序贯交易的市场均衡。假设在交换经济中所有消费者的禀赋都是在 $t=1$ 期，$\boldsymbol{w}_i \in \mathcal{R}^L_+$，同时消费者只关心在 $t=1$ 期的消费。在 $t=0$ 期，消费者具有关于在 $t=1$ 期的每种状态 $s \in S$ 下现货价格的**预期**。记在状态 s 下现货市场的预期价格向量为 $\boldsymbol{p}^s \in \mathcal{R}^L$，整个预期现货价格向量为 $\boldsymbol{p}=(\boldsymbol{p}^1,\cdots,\boldsymbol{p}^S) \in \mathcal{R}^{LS}$。除此之外，在 $t=0$ 期，存在着商品 1 的状态依存远期市场，消费者 i 在这些状态依存远期市场进行交易，其价格向量为 $\boldsymbol{q}=(q^1,\cdots,q^S)$。

给定 $t=0$ 期商品 1 的价格 $\boldsymbol{q} \in \mathcal{R}^S$ 和 $t=1$ 期的预期现货价格 $(\boldsymbol{p}^1,\cdots,\boldsymbol{p}^S) \in \mathcal{R}^{LS}$，每个消费者 i 将制定在 $t=0$ 期的依存商品的消费计划 $(z_i^1,\cdots,z_i^S) \in \mathcal{R}^S$ 和 $t=1$ 期在不同状态下的现货消费计划 $(\boldsymbol{x}_i^1,\cdots,\boldsymbol{x}_i^S) \in \mathcal{R}^{LS}$。若 $z_i^s<0$，意味着消费者 i 在 $t=0$ 期卖出 s 状态依存远期合约，需要在 $t=1$ 期的现货市场上购买 $-z_i^s$ 单位的商品 1 来交付；若 $z_i^s>0$，那么可以获得 z_i^s 单位的商品 1。注意，这些状态依存远期合约在 $t=0$ 期不管未来状态 s 是否实现，都需要购买，但是否能在 $t=1$ 期获得商品，就需要看状态 s 是否实现。

在这些远期的依存合约市场中，每期都会有交易，在 $t=0$ 期发生远期合约交易，在 $t=1$ 期发生现货市场交易。此时消费者的预算约束从阿罗-德布鲁框架中的 1 个变为 $1+S$ 个。在 $t=0$ 期，预算约束为：

$$\sum_{s\in S} q^s z_i^s \leqq 0. \tag{13.2}$$

在 $t=1$ 期，状态依存预算约束为：对所有的 $s \in S$，均有

$$\sum_{l=1}^{L} p^{sl} x_i^{ls} \leqq \sum_{l=1}^{L} p^{sl} w_i^{ls} + p^{sl} z_i^s, \tag{13.3}$$

其中，p^{sl} 是商品 ls 的状态依存现货价格，w_i^{ls} 是消费者在 $t=1$ 期商品 l 的 s 状态依存

禀赋。注意，对每种状态 s，财富的价值都由两部分组成：初始禀赋的市场价值 $\boldsymbol{p}^s\boldsymbol{w}_i^s$ 和在 $t=0$ 期远期交易的、在 $t=1$ 期时商品 1 的市场价值。

由于禀赋的预算约束不受价格同比例的影响，我们不妨把商品 1 的价格标准化为 1，即 $p^{s1}=1$ 对任意的状态 s 都成立。消费者的偏好与先前一致，这里假设消费者只关心 $t=1$ 期时的消费，消费者的期望效用为 $\sum_{s=1}^{S}\pi^s u_i(\boldsymbol{x}_i^s)$。在序贯交易下，若消费者对于未来价格的预期是理性的或可自我实现的 (self-fulfilled)，也就是说，要求消费者在不同状态 s 下对现货市场出清价格做出预期，那么到 $t=1$ 期状态 s 实现后，所实现的价格正好也导致市场出清，于是我们可以定义相应的交换经济的一般均衡，称之为拉德纳均衡。

定义 13.4.1 (拉德纳均衡)　在一个经济 e 中，$i\in\{1,\cdots,n\}$，禀赋 $\boldsymbol{w}_i\in\mathcal{R}_+^{LS}$，一个拉德纳均衡是一组在 $t=0$ 期的价格向量 $\boldsymbol{q}=(q^1,\cdots,q^S)\in\mathcal{R}_+^S$，在 $t=1$ 期的状态依存现货价格向量 $\boldsymbol{p}=(p^{11},\cdots,p^{LS})\in\mathcal{R}_+^{LS}$，以及在 $t=0$ 期对每个消费者 i 的消费计划 $\boldsymbol{z}_i^*=(z_i^{*1},\cdots,z_i^{*S})$，以及在 $t=1$ 期的现货依存商品计划 $\boldsymbol{x}_i^*=(x_i^{*11},\cdots,x_i^{*LS})$，使得每个消费者在预算约束 (13.2) 和 (13.3) 下最大化其效用，同时满足下面两个市场出清条件 (13.4) 和 (13.5)：对每一种状态 s，都有

$$\sum_{i=1}^{n}\boldsymbol{z}_i^{*s}\leqq 0, \tag{13.4}$$

$$\sum_{i=1}^{n}\boldsymbol{x}_i^{*s}\leqq\sum_{i=1}^{n}\boldsymbol{w}_i^s. \tag{13.5}$$

于是我们有下述命题，该命题揭示了：对上述模型，由 LS 种依存商品的一次性交易所得到的阿罗-德布鲁均衡配置的集合和由仅一种商品的依存序贯一次性交易所得到的拉德纳均衡配置的集合是等价的。

命题 13.4.1　对以上设定的不确定性下的交换经济，阿罗-德布鲁均衡和拉德纳均衡是等价的，即：

（1）若配置 $\boldsymbol{x}^*\in\mathcal{R}^{LSn}$ 和现货依存价格向量 $(\boldsymbol{p}^1,\cdots,\boldsymbol{p}^S)\in\mathcal{R}_{++}^{LS}$ 组成了一个阿罗-德布鲁均衡，则存在第一种商品的现货价格 $\boldsymbol{q}\in\mathcal{R}_{++}^S$ 和商品 $\boldsymbol{z}^*=(\boldsymbol{z}_1^*,\cdots,\boldsymbol{z}_n^*)\in\mathcal{R}^{Sn}$ 的消费计划，使得消费计划 $\boldsymbol{x}^*$ 及 $\boldsymbol{z}^*$，依存价格 $\boldsymbol{q}$，以及现货价格 $(\boldsymbol{p}^1,\cdots,\boldsymbol{p}^S)$ 形成了一个拉德纳 (Radner) 均衡。

（2）反之，若消费计划 $\boldsymbol{x}^*\in\mathcal{R}^{LSn},\boldsymbol{z}^*\in\mathcal{R}^{Sn}$ 和价格 $\boldsymbol{q}\in\mathcal{R}_{++}^S$，$(\boldsymbol{p}^1,\cdots,\boldsymbol{p}^S)\in\mathcal{R}_{++}^{LS}$ 组成了一个拉德纳均衡，则存在乘子 $(\mu^1,\cdots,\mu^S)\in\mathcal{R}_{++}^S$，使得配置 $\boldsymbol{x}^*$ 和现货依存商品价格向量 $(\mu^1\boldsymbol{p}^1,\cdots,\mu^S\boldsymbol{p}^S)\in\mathcal{R}_{++}^{LS}$ 组成了一个阿罗-德布鲁均衡 (乘子 μ^s 可被解释为 $t=1$ 期和状态为 s 时的一美元在 $t=0$ 期的价值)。

证明：

（1）对每个 s，令 $q^s=p^{1s}$。我们需证明，对每个消费者 i，阿罗-德布鲁问题的预算集

$$B_i^{AD}=\{(\boldsymbol{x}_i^1,\cdots,\boldsymbol{x}_i^S)\in\mathcal{R}_+^{LS}:\sum_s\boldsymbol{p}^s(\boldsymbol{x}_i^s-\boldsymbol{w}_i^s)\leqq 0\},$$

恒等于拉德纳问题的预算集

$$B_i^R=\{(\boldsymbol{x}_i^1,\cdots,\boldsymbol{x}_i^S)\in\mathcal{R}_+^{LS}: \text{存在}\ (z_i^1,\cdots,z_i^S)$$
$$\text{使得}\ \sum_s q^s z_i^s \leqq 0\ \text{且}\ \boldsymbol{p}^s(\boldsymbol{x}_i^s-\boldsymbol{w}_i^s)\leqq p^{1s}z_i^s,\ \forall\, s\}.$$

为此，假设 $\boldsymbol{x}_i=(\boldsymbol{x}_i^1,\cdots,\boldsymbol{x}_i^S)\in B_i^{AD}$。对每个 s，记 $z_i^s=(1/p^{1s})\boldsymbol{p}^s(\boldsymbol{x}_i^s-\boldsymbol{w}_i^s)$。则对每个 s，均有 $\sum_s q^s z_i^s=\sum_s p^{1s}z_i^s=\sum_s \boldsymbol{p}^s(\boldsymbol{x}_i^s-\boldsymbol{w}_i^s)\leqq 0$ 以及 $\boldsymbol{p}^s(\boldsymbol{x}_i^s-\boldsymbol{w}_i^s)=p^{1s}z_i^s$。因此，$\boldsymbol{x}_1\in B_i^R$。反之，假设 $\boldsymbol{x}_i=(\boldsymbol{x}_i^1,\cdots\boldsymbol{x}_i^S)\in B_i^R$；即，对某个 $(z_i^1,\cdots,z_i^S)$ 和每个 s，我们均有 $\sum_s q^s z_i^s\leqq 0$ 以及 $\boldsymbol{p}^s(\boldsymbol{x}_i^s-\boldsymbol{w}_i^s)\leqq p^{1s}z_i^s$。对前面的式子关于 s 加总，得 $\sum_s \boldsymbol{p}^s(\boldsymbol{x}_i^s-\boldsymbol{w}_i^s)\leqq\sum_s p^{1s}z_i^s=\sum_s q^s z_i^s\leqq 0$，从而有 $\boldsymbol{x}_i\in B_i^{AD}$。

由上述结论，我们可推出阿罗-德布鲁均衡配置同时也是由价格向量 $\boldsymbol{q}=(p^{11},\cdots,p^{1S})\in\mathcal{R}^S$，现货价格向量 $(\boldsymbol{p}^1,\cdots,\boldsymbol{p}^S)$ 和依存交易 $(z_i^{*1},\cdots,z_i^{*S})\in\mathcal{R}^S$ 支撑的拉德纳均衡配置，其中，$z_i^{*s}=(1/p^{1s})\boldsymbol{p}^s(\boldsymbol{x}_i^{*s}-\boldsymbol{w}_i^s)$。由于对每种状态 s，$\sum_i z_i^{*s}=(1/p_s^1)\boldsymbol{p}^s[\sum_i(\boldsymbol{x}_i^{*s}-\boldsymbol{w}_i^s)]\leqq 0$，因此，依存商品市场出清。

（2）选择 μ^s，使得 $\mu^s p^{1s}=q^s$。则可将消费者 i 的拉德纳预算集 i 重写为 $B_i^R=\{(\boldsymbol{x}_i^1,\cdots,\boldsymbol{x}_i^S)\in\mathcal{R}^{LS}$：存在 $(z_i^1,\cdots,z_i^S)$，使得$\sum_s q^s z_i^s\leqq 0$且 $\mu^s\boldsymbol{p}^s(\boldsymbol{x}_i^s-\boldsymbol{w}_i^s)\leqq q^s z_i^s,\forall s\}$。由此，类似在第 (1) 部分所做的，可将约束从而预算集重写为阿罗-德布鲁形式：

$$B_i^R=B_i^{AD}=\{(\boldsymbol{x}_i^1,\cdots,\boldsymbol{x}_i^s)\in\mathcal{R}^{LS}:\sum_s\mu^s\boldsymbol{p}^s(\boldsymbol{x}_i^s-\boldsymbol{w}_i^s)\leqq 0\}.$$

因此，消费束 $\boldsymbol{x}_i^*$ 是预算集 $B^{AD}{}_i$ 中使偏好得到最大满足的解。由于该结果对每个消费者 i 都成立，因此可推出价格向量 $(\mu^s\boldsymbol{p}^1,\cdots,\mu^S\boldsymbol{p}^S)\in\mathcal{R}^{LS}$ 会使得 LS 个依存商品市场出清。 □

这个命题背后的逻辑是，要证明一个配置是拉德纳均衡，它需要满足两个基本条件：一是在预算约束条件下每个消费者都最优化其消费选择；二是在这些消费选择下市场出清。由于消费者在两个框架中效用函数和禀赋都是一样的，显然若一个消费计划在阿罗-德布鲁框架中是市场出清的，那么它在拉德纳框架中也必然是出清的，反之亦然。这是由于在商品空间上，这两个均衡要求的条件是一致的，所有消费者的所有状态依存消费量刚好等于禀赋总量。这个命题的关键是要证明：在这两个框架中，通过远期状态依存合约市场，消费者面临的预算约束是一致的，由于消费者的偏好是相同的，因此消费选择也必然是相同的。

下面我们通过一个具体的例子来看这两个均衡的一致性。

例 13.4.1 考虑有一个具有两期 $(t=0,1)$、两种商品及两种状态 ($s=1,2$，等概率) 的交换经济。假设消费者都只关心 $t=1$ 期的消费，他们的禀赋在 $t=1$ 期分别为 $\boldsymbol{w}_1=(1,1,0,0)$ 和 $\boldsymbol{w}_2=(0,0,1,1)$，即在状态 1 下消费者 1 拥有全部的商品，而在状态 2 下消费者 2 拥有全部的商品。消费者的期望效用函数是相同的，$u_i(\boldsymbol{x}_i)=0.5(\ln x_i^{11}+\ln x_i^{21})+0.5(\ln x_i^{12}+\ln x_i^{22})$。

对阿罗-德布鲁均衡，我们得到：$\boldsymbol{x}_1^*=\boldsymbol{x}_2^*=(0.5,0.5,0.5,0.5)$，均衡现货市场价格为

$\boldsymbol{p}^* = (1,1,1,1)$(我们把依存商品 $\boldsymbol{x}^{11}$ 的现货市场价格标准化为 1)。

对拉德纳均衡，我们同样可以得到 $\boldsymbol{x}_1^* = \boldsymbol{x}_2^* = (0.5, 0.5, 0.5, 0.5)$，$\boldsymbol{z}_1^* = (-1, 1)$，$\boldsymbol{z}_2^* = (1, -1)$，$\boldsymbol{p}^* = (1,1,1,1)$，$\boldsymbol{q}^* = (1,1)$ (我们把依存商品 $\boldsymbol{x}^{11}, \boldsymbol{x}^{12}$ 的现货市场价格标准化为 1)。在序贯交易中，消费者 1 卖出一个单位的状态 1 下的远期合约而买进一个单位的状态 2 下的远期合约，而消费者 2 则刚好相反。在 $t = 1$ 期，若状态 1 发生，消费者 1 和 2 的两种商品的禀赋分别是 $(1,1)$ 和 $(0,0)$，同时消费者 1 履行卖出状态 1 的远期合约，给消费者 2 一个单位的商品 1，此时消费者 1 和 2 拥有的商品分别为 $(0,1)$ 和 $(1,0)$，他们最后的消费都是 $(0.5, 0.5)$；若状态 2 发生，消费者 1 和 2 的两种商品的禀赋分别是 $(0,0)$ 和 $(1,1)$，同时消费者 2 履行卖出状态 2 的远期合约，给消费者 1 一个单位的商品 1，消费者 1 和 2 拥有的商品分别为 $(1,0)$ 和 $(0,1)$，他们最后的消费都是 $(0.5, 0.5)$。这样，这种均衡配置刚好与阿罗-德布鲁均衡是一致的。

备注：值得指出的是，虽然拉德纳均衡的概念减少了为达到帕累托最优配置所需的远期市场数 (从原来的 LS 减少到 S)，这种减少并非无代价的。为了利用数量更少的远期合约来达到最优配置，需要对参与人的理性预期施加更强的限定，它要求对远期价格具有完全理性预期。

13.5　金融市场的一般均衡理论

从上节的讨论我们知道 S 种状态的依存商品起到了财富在自然状态间的转移作用。在现实中，**资产**或**证券**在一定的程度上可起到这样的财富转移作用，因此有必要发展一个理论结构，使我们能够研究资产市场的运作。

现实中状态依存的远期(在 $t = 0$ 期进行交易) 或现货(在 $t = T$ 期进行交易) 的市场合约并不多，保险合约是其中的一类。更多的是各种金融资产，如债券、股票、期货 (futures)、期权 (options) 等各类金融工具，它们在经济中的作用和价值在很大程度上起着跨状态转移的作用。为此，这一节着重讨论金融市场中的一般均衡、金融资产定价中的均衡存在性和均衡的特性等问题。同时根据金融资产数目的多少，我们将金融市场进一步细分为**完备市场** (complete market) 和**不完备市场** (incomplete market)。与此同时，由于金融资产的买卖和金融资产价值的实现 (如债券的本息、股息的派发依据未来的状态) 通常并不在同一时点发生，所讨论的金融市场以及商品市场中的交易是序贯进行的。

下面首先讨论金融资产对消费者不同时间和状态依存预算约束的影响。只考虑最简单的情形，即未来时间只有 1 期，时间 $t = 0, 1$，消费者的禀赋和消费都集中在 $t = 1$ 期。假设在 $t = 1$ 期的状态集合是 S，商品空间是 $\mathcal{R}_+^{LS}$。假设消费者集合为 $N = \{1, \cdots, n\}$，对于消费者 i，其期望效用函数为 $U_i(.) : \boldsymbol{x} \in \mathcal{R}_+^{LS} \to \mathcal{R}$，消费者 i 的禀赋为 $\boldsymbol{w}_i \in \mathcal{R}_+^{LS}$。所讨论的金融资产通常以货币作为计量单位，为简化起见，商品 1 是计价物，比如黄金，金融资产在 $t = 1$ 期的回报是以商品 1 作为计价单位的。金融资产的收益是由在未来各种状态的回报来刻画的。

定义 13.5.1 **资产** (asset) 或**证券** (security) j 被定义为在未来 $t=1$ 期的状态依存回报 (return) 向量 $\boldsymbol{V}_j=(V_j^1,\cdots,V_j^S)^T\in\mathcal{R}^S$，其中符号 T 表示向量的转置。

假设经济中金融资产的集合是 J，注意，在这一章我们通常用下标刻画资产的类型。在 $t=1$ 期由 J 种金融资产组成的资产定价过程 (asset price process) 的回报矩阵为：

$$\boldsymbol{V}=[V_1,\cdots,V_J]=\begin{pmatrix} V_1^1 & V_2^1 & \cdots & V_J^1 \\ V_1^2 & V_2^2 & \cdots & V_J^2 \\ \vdots & \vdots & & \vdots \\ V_1^S & V_2^S & \cdots & V_J^S \end{pmatrix}.$$

$\boldsymbol{V}$ 可以**张成** (span) 一个 $t=1$ 期的投资组合的子空间 $\langle\boldsymbol{V}\rangle\subseteq\mathcal{R}^S$，定义为：$\langle\boldsymbol{V}\rangle=\{\tau\in\mathcal{R}^S|\tau=\boldsymbol{V}z,z\in\mathcal{R}^J\}$ (即，通过持有不同资产获得的所有新投资组合收益的集合)，并称之为**资产张成空间** (asset span space)。这里的 $\boldsymbol{z}=(z_1,\cdots,z_J)$ 是分录为持有 J 金融资产的投资组合的列向量，$z_j>0$ 表示多头持有，$z_j<0$ 表示卖空金融资产 j。资产张成空间 $\langle\boldsymbol{V}\rangle$ 以商品 1 作为计价单位，由未来 S 种状态依存的所有新投资组合的收益构成。下面定义完备市场和不完备市场。

定义 13.5.2 若所有金融资产组成的回报矩阵 $\boldsymbol{V}$ 的秩等于状态的数量 S (即 $\boldsymbol{V}$ 是行满秩的，所有新资产都可以通过现有资产的线性组合获得)，则称市场是**完备的**；否则是**不完备的**。

显然，完备市场的必要条件是金融资产的个数不小于 S 个，但并不是多于或者等于 S 种金融资产构成的市场就一定是完备市场。线性代数理论告诉我们，必须有 S 个回报向量是线性独立的时，才构成一个完备市场。同时，若市场是完备的，那么任意一个 S 维的向量，都在金融资产投资组合张成的子空间中。

不同金融资产的跨状态转移的灵敏度有差异，它们的价格 (在 $t=0$ 期) 也各不相同，令它们的价格向量为 $\boldsymbol{q}=(q^1,\cdots,q^J)$。

消费者的预算集为：

$$\mathcal{B}(\boldsymbol{p},\boldsymbol{q},\boldsymbol{w}_i,V)=\{\boldsymbol{x}_i\in\mathcal{R}_+^{L(S)}:\ q^1z_i^1+\cdots+q^Jz_i^J=0,\boldsymbol{z}_i\in\mathcal{R}^J;$$

$$\boldsymbol{p}^s\boldsymbol{x}_i^s=\boldsymbol{p}^s\boldsymbol{w}_i^s+V_1^sz_i^1+\cdots+V_J^sz_i^J,\forall s\in S\}.$$

用矩阵表示：

$$\mathcal{B}(\boldsymbol{p},\boldsymbol{q},\boldsymbol{w}_i,\boldsymbol{V})=\{\boldsymbol{x}_i\in\mathcal{R}_+^{LS}:(0,\boldsymbol{p}\boldsymbol{x}_i-\boldsymbol{p}\boldsymbol{w}_i)^T=W\boldsymbol{z}_i,\boldsymbol{z}_i\in\mathcal{R}^J\},$$

其中

$$W=W(\boldsymbol{q},\boldsymbol{V})=(-\boldsymbol{q},\boldsymbol{V})^T=\begin{pmatrix} -q^1 & -q^2 & \cdots & -q^J \\ V_1^1 & V_2^1 & \cdots & V_J^1 \\ \vdots & \vdots & & \vdots \\ V_1^S & V_2^S & \cdots & V_J^S \end{pmatrix}.$$

$\mathcal{B}(\boldsymbol{q}, \boldsymbol{w}_i, \boldsymbol{V})$ 被称为消费者 i 在金融市场中的预算约束。

下面通过一些例子讨论金融工具的基本特征。

例 13.5.1　（1）**实物资产。**

实物资产 j 是对未来不同状态下承诺提供 L 种商品的具体组合的一个远期合约 (forward contract)，记为

$$A_j^s = (A_j^{1s}, \cdots, A_j^{Ls}), s \in S,$$

其中，A_j^{ls} 是在状态 s 下提供的 l 商品的数量。

假设在 $t = 1$ 期的现货商品市场的价格为 $\boldsymbol{p} = (p^{11}, \cdots, p^{LS})$。若实物资产有 J 种，则

$$\boldsymbol{A} = [A_1, \cdots, A_J] = \begin{pmatrix} A_1^1 & \cdots & A_J^1 \\ \vdots & & \vdots \\ A_1^S & \cdots & A_J^S \end{pmatrix},$$

此时所有资产的回报矩阵为:

$$\boldsymbol{V} = V(\boldsymbol{p}) = \begin{pmatrix} \boldsymbol{p}^1 A_1^1 & \cdots & \boldsymbol{p}^1 A_J^1 \\ \boldsymbol{p}^2 A_1^2 & \cdots & \boldsymbol{p}^2 A_J^2 \\ \vdots & & \vdots \\ \boldsymbol{p}^S A_1^S & \cdots & \boldsymbol{p}^S A_J^S \end{pmatrix} = \begin{pmatrix} \boldsymbol{p}^1 & 0 & \cdots & 0 \\ 0 & \boldsymbol{p}^2 & \cdots & 0 \\ \vdots & \vdots & & \vdots \\ 0 & 0 & \cdots & \boldsymbol{p}^S \end{pmatrix} \begin{pmatrix} A_1^1 & \cdots & A_J^1 \\ A_1^2 & \cdots & A_J^2 \\ \vdots & & \vdots \\ A_1^S & \cdots & A_J^S \end{pmatrix}.$$

（2）**依存商品。**

阿罗-德布鲁的依存商品也可以被看成一类特殊的金融资产，它有 $J = LS$ 种依存商品。资产 $j = (s, l)$ 在状态 s 下承诺提供一个单位的商品 l，而在其他状态 $s' \neq s$ 下不提供任何商品。因此 $\boldsymbol{A} = I_{LS}$，即 LS 维的单位方阵，同时回报矩阵为:

$$\boldsymbol{V} = \begin{pmatrix} \boldsymbol{p}^1 & 0 & \cdots & 0 \\ 0 & \boldsymbol{p}^2 & \cdots & 0 \\ \vdots & \vdots & & \vdots \\ 0 & 0 & \cdots & \boldsymbol{p}^S \end{pmatrix}.$$

（3）**计价物资产** (numeraire assets)。

假设第 1 种商品是计价物商品，资产 j 只承诺在时期 1 提供商品 1，在状态 s 下提供的商品组合为：$A_j^s = (A_j^{1s}, 0, \cdots, 0)^T$。此时回报矩阵为:

$$\boldsymbol{V} = \begin{pmatrix} p^{11} & 0 & \cdots & 0 \\ 0 & p^{12} & \cdots & 0 \\ \vdots & \vdots & & \vdots \\ 0 & 0 & \cdots & p^{1S} \end{pmatrix} \begin{pmatrix} A_1^{11} & \cdots & A_J^{11} \\ A_1^{12} & \cdots & A_J^{12} \\ \vdots & & \vdots \\ A_1^{1S} & \cdots & A_J^{1S} \end{pmatrix}.$$

（4）**期货合约** (future contracts)。

假设 $J \leqq L$。期货合约 j 承诺在时期 1 的所有状态下提供一个单位的商品 j。这样，对于资产 j 来说，$A_j^{sj} = 1, A_j^{sj'} = 0, \forall s \in S, j' \neq j$。此时回报矩阵为：

$$\boldsymbol{V} = \begin{pmatrix} p^{11} & \cdots & p^{J1} \\ p^{12} & \cdots & p^{J2} \\ \vdots & & \vdots \\ p^{1S} & \cdots & p^{JS} \end{pmatrix}.$$

（5）**股票**。

在一个私有经济中，有 J 个企业，被消费者所拥有，设 (不在时期 0 生产的) 企业 j 在状态 s 下的生产计划为 $\boldsymbol{y}_j^s$，设企业的股权总数被标准化为 1。企业的股票资产为 $A_j^s = \boldsymbol{y}_j^s$，其资产价值为 $\boldsymbol{p}^s \boldsymbol{y}_j^s$。设消费者 i 初始拥有的股权禀赋为 $\zeta_i = (\zeta_i^1, \cdots, \zeta_i^J)$。若消费者 i 在时期 0 购买的股票组合为 θ_i，则在时期 1 拥有的股票为 $z_i = \theta_i + \zeta_i$。重新定义企业在时期 1 的禀赋：$\hat{\boldsymbol{w}}_i = \boldsymbol{w}_i + \boldsymbol{y}\zeta_i$，其中 $\boldsymbol{y} = (\boldsymbol{y}_1, \cdots, \boldsymbol{y}_J)$。此时回报矩阵为：

$$\boldsymbol{V} = \begin{pmatrix} \boldsymbol{p}^1 \boldsymbol{y}_1^1 & \cdots & \boldsymbol{p}^1 \boldsymbol{y}_J^1 \\ \boldsymbol{p}^2 \boldsymbol{y}_1^2 & \cdots & \boldsymbol{p}^2 \boldsymbol{y}_J^2 \\ \vdots & & \vdots \\ \boldsymbol{p}^S \boldsymbol{y}_1^S & \cdots & \boldsymbol{p}^S \boldsymbol{y}_J^S \end{pmatrix}.$$

（6）**期权**。

期权是一种衍生金融资产。设某个原始资产的回报向量为 $\boldsymbol{R} = (R^1, \cdots, R^S)$，(买入) 期权是约定在未来可以兑现的价格，即以履约价格 $C \in \boldsymbol{\mathcal{R}}$ 购买该资产，价格是以计价物商品度量的。期权 j 的回报向量为 $\boldsymbol{V}_{C_j} = (\max\{0, R_1 - C_j\}, \cdots, \max\{0, R_S - C_j\})$。若原始资产的回报向量是非负的，那么原始资产可以被看成是履约价格 $C = 0$ 的一种期权。设市场上有 J 个不同的履约价格 $(C_1, \cdots, C_J)$，此时回报矩阵为：

$$\boldsymbol{V} = \begin{pmatrix} p^{11} V_{C_1}^1 & \cdots & p^{11} V_{C_J}^1 \\ p^{12} V_{C_1}^2 & \cdots & p^{12} V_{C_J}^2 \\ \vdots & & \vdots \\ p^{1S} V_{C_1}^S & \cdots & p^{1S} V_{C_J}^S \end{pmatrix}.$$

下面我们讨论金融市场的均衡概念。由于 Radner (1968，1972) 讨论的序贯交易涵盖了金融资产作为跨状态财富转移的市场均衡，下面的市场均衡在文献中通常被称为金融市场的拉德纳均衡，有时又被称为**方案–价格–价格预期均衡** (programme-price-price expectation equilibrium) (Kreps，2013)。若市场是不完备的，均衡又被称为不完全市场均衡。

定义 13.5.3 (金融市场的拉德纳均衡) 在金融市场经济中 $\boldsymbol{\mathcal{E}}(\boldsymbol{u}, \boldsymbol{w}, \boldsymbol{V})$ 的拉德纳均衡是一组 $t = 0$ 时交易资产的价格向量 $\boldsymbol{q} = (q^1, \cdots, q^J)$，现货价格向量 $\boldsymbol{p} = (\boldsymbol{p}^s)_{s \in S}$，$t = 0$

时的投资组合计划 $(\boldsymbol{z}_1^*,\cdots,\boldsymbol{z}_n^*)$，以及 $t=1$ 时的消费计划 $(\boldsymbol{x}_1^*,\cdots,\boldsymbol{x}_n^*)$，使得

$$(\boldsymbol{x}_i^*,\boldsymbol{z}_i^*)\in \mathrm{argmax}\{u_i(\boldsymbol{x}_i)|(\boldsymbol{x}_i,\boldsymbol{z}_i)\in\mathcal{B}(\boldsymbol{p},\boldsymbol{q},\boldsymbol{w}_i,\boldsymbol{V}),\forall i\}$$

$$\text{s.t.}\quad \sum_{i=1}^n \boldsymbol{z}_i^*\leqq \mathbf{0};$$

及

$$\sum_{i=1}^n \boldsymbol{x}_i^*\leqq\sum_{i=1}^n \boldsymbol{w}_i.$$

在金融市场的拉德纳均衡中，首先，每个消费者在金融预算约束中选择最优消费束 (消费者最优的投资组合可以实现该消费束)；其次，所有的金融资产的净供给为 0，也就是说，对一个消费者购买的某金融资产，总是会有其他消费者提供了该资产。在完备市场中，拉德纳均衡总是存在的，同时拉德纳均衡是帕累托有效的，而且它与阿罗-德布鲁均衡之间具有等价性。而在不完备市场上的结果通常并不成立。下面我们分步骤来讨论金融市场的拉德纳均衡。首先我们来讨论金融市场中金融资产的定价。

在金融经济学中，一个基础性的资产定价结论就是**无套利原则** (arbitrage-free principle)。该原则可用一句话概括："有得必有失"，或者俗话所说的"天上不会掉馅饼"。

我们首先定义无套利的资产定价。

定义 13.5.4　资产在时期 0 的定价 $\boldsymbol{q}\in\mathcal{R}^J$ 是**无套利的** (arbitrage-free)，若不存在资产投资组合 $\boldsymbol{z}\in\mathcal{R}^J$，使得 $W(\boldsymbol{q},V)\boldsymbol{z}\geqq 0$ 和 $V\boldsymbol{z}\neq 0$。

无套利的定价意味着 $\sum \boldsymbol{q}\boldsymbol{z}\leqq 0$，$V\boldsymbol{z}\neq 0$ 和 $V_s\boldsymbol{z}\geqq 0,\forall s\in S$ 不可能同时成立。也就是说，若在时期 1，某个投资组合在所有状态下的依存收益不小于零，且某种状态下获得了一个正的收益，那么时期 1 这个投资组合在时期 0 一定需要付出正的代价。

从无套利原则出发，我们有下面的结论。

命题 13.5.1　假定所有资产的回报向量都非负且不为零，即 $V_j\geqslant 0$, $\forall j\in J$。则它在时期 0 的定价 $\boldsymbol{q}\in\mathcal{R}^J$ 是无套利的，当且仅当存在一个正的状态依存价格 $\mu\in\mathcal{R}_+^S$ 使得 $\boldsymbol{q}=V\mu$。

该命题的证明有两种方式：一是利用凸集分离定理，二是利用期望效用最大化的原理 (效用需要满足单调性假设)。下面主要通过凸集分离定理的思路对上面的定理给予证明。

证明：　充分性。若 $\mu\in\mathcal{R}_+^S$ 满足 $\boldsymbol{q}=V\mu$，只要 $V_s\geqq\mathbf{0}$, 就有 $\boldsymbol{q}\geqq\mathbf{0}$。

必要性。$W=\{(-\boldsymbol{q}\boldsymbol{z},V\boldsymbol{z}):\boldsymbol{z}\in\mathcal{R}^J\}$ 生成了 $\mathcal{R}^{S+1}$ 的一个线性子空间。注意 $K=\mathcal{R}_+^{S+1}$ 是一个锥，W,K 都是闭的、凸的。同时 $W\bigcap K=0\in\mathcal{R}^{S+1}$。根据分离超平面定理 (见图 13.3)，存在一个向量 $\boldsymbol{\nu}\in\mathcal{R}^{S+1}$，使得 $\forall\boldsymbol{x}\in W$，$\boldsymbol{y}\in K$，$\boldsymbol{y}\notin W$，$\boldsymbol{x}\boldsymbol{\nu}\leqq 0$，$\boldsymbol{y}\boldsymbol{\nu}>0$。由于 $\boldsymbol{e}_i=(0,\cdots,1,0,\cdots,0)\in K$，即只在第 i 个分量取值为 1、其他分量取值为 0 的向量所在的锥 K 中，有 $\boldsymbol{e}_i\nu=\nu_i>0$ 对任意的 $i\in\{0,1,2,\cdots,S\}$ 均成立，因此有 $\boldsymbol{\nu}\in\mathcal{R}_+^{S+1}$。显然，$\boldsymbol{\nu}'\equiv(1,\mu^T)^T=\left(1,\dfrac{\nu_1}{\nu_0},\cdots,\dfrac{\nu_S}{\nu_0}\right)^T>0$ (即每个分量都严格大于零) 也是一个分离超

平面的矩阵。由于 W 是一个线性子空间，根据 W 的定义，$\forall \boldsymbol{x} \in W$，都有 $\forall -\boldsymbol{x} \in W$。既然 $(1, \mu^T)\boldsymbol{x} \leqq 0$，$(1, \mu^T)(-\boldsymbol{x}) \leqq 0$，必然有 $\forall \boldsymbol{z} \in \mathcal{R}^J, (\boldsymbol{q} - V\mu)\boldsymbol{z} = 0$。因此，$\boldsymbol{q} = V\mu$。 □

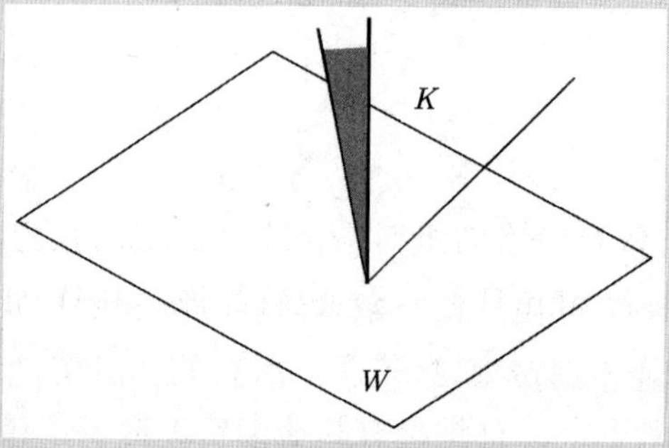

图 13.3　分离超平面示意图

上面由 $\boldsymbol{\mu}$ 刻画所得到的向量是状态依存价格。若一种资产 $V_j > 0$，它在时期 0 的定价为 $q^j = \sum_{s=1}^{S} \mu^s V_j^s$。若消费者的效用函数满足强单调性，是连续可微的，且满足期望效用形式，即 $\sum_s \pi_i^s u_i(\boldsymbol{x}_i^s)$，我们进一步可以得到状态向量 $\boldsymbol{\mu}$ 的意义。

若消费者的效用函数 $u_i(\boldsymbol{x}_i^s)$ 满足凹、递增和可微，那么会有对应的间接效用 $v_i(\boldsymbol{p}^s, m_i^s)$。给定资产的价格向量 $\boldsymbol{q}$，最优金融投资组合 $\boldsymbol{z}_i^*$ 所对应的状态依存预算约束方程为：$m_i^{*s} = \boldsymbol{p}^s \boldsymbol{w}_i^s + \sum_j V_j^s z_i^{*sj} = \boldsymbol{p}^s \boldsymbol{x}_i^s$，此时最优的一阶条件为：

$$\sum_s \pi_i^s \frac{\partial v_i(\boldsymbol{p}^s, m_i^{*s})}{\partial m_i^s} V_j^s = \alpha_i q^j,$$

其中，α_i 是预算约束的拉格朗日乘子。定义 $\mu_i^s = \dfrac{\pi_i^s}{\alpha_i} \dfrac{\partial v_i(\boldsymbol{p}^s, m_i^{*s})}{\partial m_i^s}$，得到 $q^j = \sum_s \mu_i^s V_j^s$，从而由状态依存价格 μ_i^s 所刻画的是消费者 i 在状态 s 下财富 (用货币表示) 的边际价值，它取决于预算乘子 α_i 的倒数、效用的货币价值 (因为预算乘子刻画了收入的边际效用)、状态 s 的发生概率 π_s，以及财富的边际效用 $\dfrac{\partial v_i(\boldsymbol{p}^s, \partial m_i^{*s})}{m_i^s}$。不同消费者的状态依存财富边际价值 μ_i 并不一定相同。只有在完备市场上，它们是相同的，而在不完备市场上它们通常并不相同。在讨论这一问题之前，我们先明确状态依存价格在金融定价中的作用。

下面的例子说明了如何用状态依存价格来求解期权的定价。

例 13.5.2 (期权定价)　假设有两种状态 $S = \{1, 2\}$，两种资产，一种是无风险资产 $V^1 = (1, 1)$，另一种是风险资产 $V^2 = (3 + \alpha, 1 - \alpha)$，这里 $\alpha \in [0, 1]$ 刻画了风险的大小或者方差的大小。两种资产的价格分别为 $q^1 = 1$ 和 $q^2 > 0$。此时两种状态依存价格为：$\mu = \left(\dfrac{q^2 - (1 - \alpha)}{2 + 2\alpha}, \dfrac{(3 + \alpha) - q^2}{2 + 2\alpha}\right)$。假如在风险资产上有一个买方期权，设履约的价格为 c。此时该期权的回报为：$V(c) = (\max\{3 + \alpha - c, 0\}, \max\{1 - \alpha - c, 0\})$。当 $c \leqq 1 - \alpha$，$V(c) = (3 + \alpha - c, 1 - \alpha - c)$ 时，则有 $q(c) = (3 + \alpha - c)\left(\dfrac{q^2 - (1 - \alpha)}{2 + 2\alpha}\right) + (1 - \alpha - c)\left(\dfrac{(3 + \alpha) - q^2}{2 + 2\alpha}\right)$；

当 $3+\alpha \geqq c \geqq 1-\alpha, V(c)=(3+\alpha-c,0)$ 时，则有 $q(c)=(3+\alpha-c)\left(\frac{q^2-(1-\alpha)}{2+2\alpha}\right)$；当 $c \geqq 3+\alpha$，$V(c)=(0,0)$ 时，则有 $q(c)=0$。

我们发现当 $3+\alpha \geqq c \geqq 1-\alpha$ 时，若 $\alpha'>\alpha, V'(c)-V(c)=(\alpha'-\alpha,0)$，有 $q'(c)>q(c)$，从而资产风险 (方差) 越大，期权价值越高。

下面我们讨论状态依存价格向量的空间。资产张力是 $W=\{(-\boldsymbol{q}\boldsymbol{z}, V\boldsymbol{z}):\boldsymbol{z}\in\mathcal{R}^J\}$，它的对偶空间是 $W^{\perp}\equiv\{\nu\in\mathcal{R}^{S+1}:\nu^T W=0\}$。显然，我们有 $(W^{\perp})^{\perp}=W$。对偶空间 $W^{\perp}$ 是无套利下的状态依存价格向量对应的空间。资产张力与对偶空间是线性无关的，$\mathcal{R}^{S+1}=W\bigoplus W^{\perp}$。为此，若 $\dim(W)=S$，也就是说，由 W 张成的线性空间的维度是 S 维，此时金融市场是完备的，那么 $W^{\perp}=1$，通过标准化，$(1,\mu^T)^T=\left(1,\frac{\nu^1}{\nu^0},\cdots,\frac{\nu^S}{\nu^0}\right)^T$ 是唯一的。这意味着，若资产市场是完备的，则存在着唯一的状态依存价格向量。这样，在均衡处，所有消费者的状态依存财富边际价值相同，$\mu_i=\mu_j,\forall i,j$。这一特征会使得在完备市场中，只要均衡存在，它就必定是帕累托有效的。我们稍后会证明一个更强的结论，即在完备市场中，金融市场的拉德纳均衡与阿罗-德布鲁均衡在一定的条件下是等价的。若 $\dim(W)<S$，即不完备市场的情形，由于有 (标准化过的) 无穷种状态依存价格向量都可以满足无套利定价，为此不同消费者的状态依存财富边际价值通常会是不同的。而且，市场的不完备程度越高，即 $\dim(W)$ 越小，其对偶空间的维度越大，消费者对状态依存边际价值的评价越不同。这种差异不仅会造成金融市场的拉德纳均衡可能不存在，而且即使存在，其均衡也很可能是帕累托无效的。

下面讨论完备市场下拉德纳均衡的一些结论，下一节讨论不完备市场的情形。

命题 13.5.2　假定消费者在时期 1 消费的效用函数强单调、连续可微。若在金融市场中资产是完备的，消费者的计划 $\boldsymbol{x}^*=(x_i^{*ls})_{l\in L,s\in S,i\in N}$ 和价格 $\boldsymbol{p}=(p^{ls})_{l\in L,s\in S}$ 构成了一个阿罗-德布鲁均衡，则存在资产价格 $\boldsymbol{q}=(q^j)_{j\in J}$，使得 $\boldsymbol{x}^*$，$\boldsymbol{p}$，$\boldsymbol{z}^*=(z^{j*}_i)_{j\in J,i\in N}$ 及 $\boldsymbol{q}=(q^j)_{j\in J}$ 构成一个拉德纳均衡。反之，若 $\boldsymbol{x}^*,\boldsymbol{p},\boldsymbol{z}^*,\boldsymbol{q}$ 是拉德纳均衡，则有状态依存价格 $\mu\in\mathcal{R}^S_+$，使得 $\boldsymbol{x}^*,(\mu^1\boldsymbol{p}^1,\cdots,\mu^S\boldsymbol{p}^S)$ 构成一个阿罗–德布鲁均衡。

证明： 命题的证明关键在于：完备金融市场的预算约束集与阿罗-德布鲁的预算约束集恒等。我们首先证明阿罗-德布鲁均衡的消费在拉德纳的预算约束集内，接着我们证明拉德纳均衡的消费也在阿罗-德布鲁的预算约束集内。$\boldsymbol{x}^*=(x_i^{*ls})_{l\in L,s\in S,i\in N}$ 是阿罗-德布鲁均衡的消费，意味着在禀赋 $\boldsymbol{w}=(w_i^{ls})_{l\in L,s\in S,i\in N}$ 和价格 $\boldsymbol{p}$ 下对每个消费者而言都是期望效用最大化的选择。这样，若 $\boldsymbol{x}^*$ 是拉德纳均衡下的消费，则在时期 1 的投资组合满足：

$$\sum_j V_j^s \boldsymbol{z}_i^{*j}=\boldsymbol{p}^s(\boldsymbol{x}_i^{*s}-\boldsymbol{w}_i^s),\forall i\in N, s\in S,$$

用矩阵的形式可以写为：

$$V\boldsymbol{z}_i=(\boldsymbol{p}^1(\boldsymbol{x}_i^{*1}-\boldsymbol{e}_i^1),\cdots,\boldsymbol{p}^S(\boldsymbol{x}_i^{*S}-\boldsymbol{e}_i^S))^T \tag{13.6}$$

由于 $\dim(V)=S$，于是对于任意的 $\boldsymbol{x}_i^*$，必存在 $\boldsymbol{z}_i^*$，满足上面的方程 (13.6)。

现在证明 $\boldsymbol{q}\boldsymbol{z}_i^* = 0$。由于消费者的效用函数是强单调的，资产定价一定是无套利的，否则消费者可以通过套利在时期 1 增加商品的消费。注意到金融资产是以商品 1(计价物商品) 计算的在不同状态下的支付承诺，从而有 $\boldsymbol{q} = \boldsymbol{p}^{1^T}V$，其中 $\boldsymbol{p}^1 \in \mathcal{R}^S$ 是商品 1 的状态依存价格向量。在每个可能状态 s 下的预算约束中，通过对商品 1 的标准化：$\boldsymbol{p}^1 = \boldsymbol{e}^S$，$\boldsymbol{e}^S$ 是 S 维取值为 1 的向量。由于 $(\boldsymbol{x}^*, \boldsymbol{p})$ 是阿罗-德布鲁均衡，那么有 $e^{S^T} V \boldsymbol{z}_i^* = \sum_{s\in S} \boldsymbol{p}^s(\boldsymbol{x}_i^{*s} - \boldsymbol{w}_i^s) = 0$，从而有 $\boldsymbol{q}\boldsymbol{z}_i^* = e^{S^T} V \boldsymbol{z}_i^* = 0$。

由于 $\boldsymbol{x}^*$ 是阿罗-德布鲁均衡的消费，从而商品市场出清。下面我们验证金融市场也是出清的。由于是完备市场，V 存在逆矩阵，即 V^{-1}，从而有 $\sum_{i\in N} \boldsymbol{q}_i^* = 0$。根据方程组 (13.6)，我们得到：

$$\sum_{i\in N} \boldsymbol{q}_i^* = V^{-1}(\boldsymbol{p}^1(\sum_{i\in N}(\boldsymbol{x}_i^{*1} - \boldsymbol{w}_i^1)), \cdots, \boldsymbol{p}^S(\sum_{i\in N}(\boldsymbol{x}_i^{*S} - \boldsymbol{w}_i^S)))^T.$$

商品市场出清意味着，对任意依存商品都满足：$\sum_{i\in N}(\boldsymbol{x}_i^{*s} - \boldsymbol{w}_i^s) = 0$。

上面证明了任何一个阿罗-德布鲁的均衡消费都可在金融市场预算集中 (通过投资组合持有) 实现，同时实现均衡消费的资产市场也满足市场出清。下面我们验证在金融市场中的拉德纳均衡消费也在阿罗-德布鲁的预算约束集之中。

根据无套利定价原理，我们知道存在一种状态依存价格向量 $\boldsymbol{\mu} \in \mathcal{R}_+^S$，使得 $\boldsymbol{q} = \mu^T V$。令拉德纳均衡的消费组合和资产交易组合为：$\boldsymbol{x}^*, \boldsymbol{z}^*$。对 $\forall i \in N$，

$$(\mu^1 V_j^1 \boldsymbol{z}_i^{*j}, \cdots, \mu^S V_j^S \boldsymbol{z}_i^{*j}) = (\mu^1 \boldsymbol{p}^1(\boldsymbol{x}_i^{*1} - \boldsymbol{w}_i^1), \cdots, \mu^S \boldsymbol{p}^S(\boldsymbol{x}_i^{*S} - \boldsymbol{w}_i^S))^T,$$

从而有

$$\sum_{s\in S} \mu^s \boldsymbol{p}^s(\boldsymbol{x}_i^{*s} - \boldsymbol{w}_i^s) = \sum_{j\in J}\sum_{s\in S} \mu^s V_j^s \boldsymbol{z}_i^{*j} = \sum_{j\in J} \boldsymbol{q}^j \boldsymbol{z}_i^{*j} = 0.$$

这样，$\boldsymbol{x}^*$ 在价格向量 $\boldsymbol{\mu V}$ 的预算约束集内，从而 (完备) 金融市场的预算约束与阿罗-德布鲁的预算约束具有一致性。

最后，我们证明阿罗-德布鲁均衡的消费 $\boldsymbol{x}_i^*$ 一定也是拉德纳均衡的消费。这是因为对于消费者而言，阿罗-德布鲁均衡的消费 $\boldsymbol{x}_i^*$ 是阿罗-德布鲁预算约束下效用最大化的决策，若它不是拉德纳均衡的消费，这意味着，拉德纳均衡的消费 $\hat{\boldsymbol{x}}_i$ 在金融市场的预算约束下比 $\boldsymbol{x}_i^*$ 带来更大的期望效用，这与 $\boldsymbol{x}_i^*$ 在阿罗-德布鲁预算约束下效用最大化的消费选择矛盾。同样的道理，拉德纳均衡的消费一定也是阿罗-德布鲁均衡的消费。 □

下一节讨论不完备市场下的拉德纳均衡的情形。

13.6 不完备市场理论

本节考虑不完备资产市场结构的含义，特别是资产种类小于 S 意味着什么。

导致市场不存在或失灵的原因有很多，如存在交易成本，产品在交付中存在某些不可验证的条款，信息不对称导致交易成本过高，等等。此外，有些交易成本与未来交割

过程中承诺的可靠性有关，若未来合约是不可执行的，如有限责任等因素，使得一些市场不能发挥作用。我们首先讨论外生资产不完备市场中的一般均衡存在性及其福利性质。接着讨论内生资产情形下不完备市场理论的一些最新进展，比如 Dubey，Geanakoplos 和 Shubik (2005) 把违约以及惩罚纳入一般均衡。这些问题非常重要，涉及金融市场的稳定。

13.6.1　外生资产不完备市场

不完备市场均衡的存在性问题最初由 Hart(1975) 提出，下面的例子说明了不完备市场情形下的拉德纳均衡可能不存在。

例 13.6.1 (拉德纳均衡的不存在)　考虑两个参与人 $i \in \{1,2\}$，两种商品 $l \in \{1,2\}$，两种状态 $s \in \{1,2\}$ 以及两个时期 $t \in \{0,1\}$ 的纯交换经济。消费者只关心时期 1 的消费。假设两个消费者的禀赋分别为 $\boldsymbol{w}_1 = (1-a+h, 1-a; a, a)$ 和 $\boldsymbol{w}_2 = (a, a; 1-a, 1-a)$，其中 $a \in (0,1)$。$1-a+h > 0$，h 刻画总体风险，$h = 0$ 意味着没有总体风险；a 刻画个体风险，$a = 0.5$ 意味着没有个体风险。消费者 i 的期望效用函数为：

$$U_i(\boldsymbol{x}_i) = \sum_{s=1}^{2} \rho^s[\alpha_i \log(x_i^{ls}) + (1-\alpha_i)\log(x_i^{2s})],$$

其中，ρ^s 是状态 s 发生的概率，$\alpha_1 \neq \alpha_2$，即消费者对商品有不同的偏好，这是交易发生的基础。

设有两种金融资产，它们是两种商品的远期合约。对于任意状态 $s \in \{1,2\}$，两种资产的远期投资组合矩阵为

$$\boldsymbol{A}^s = \begin{bmatrix} 1 & 0 \\ 0 & 1 \end{bmatrix},$$

设未来现货市场的价格为 $\boldsymbol{p} = (p^{ls})_{l\in L, s\in S}$，两种金融资产的投资组合回报矩阵为：

$$\boldsymbol{V} = \begin{bmatrix} p^{11} & p^{21} \\ p^{12} & p^{22} \end{bmatrix},$$

即 $V_1 = (p^{11}, p^{12})^T, V_2 = (p^{21}, p^{22})^T$。我们将验证当 $h = 0, a \neq 0.5$ 时，不存在拉德纳均衡。

若存在拉德纳均衡，那么均衡价格 $(\boldsymbol{p}^*, \boldsymbol{q}^*)$ 存在。我们分下面两种情形讨论。

情形 1: $\dfrac{p^{11}}{p^{21}} = \dfrac{p^{12}}{p^{22}}$。这意味着是不完备市场结构，两个资产投资组合线性相关，从而不存在状态依存的新投资组合，此时现货市场在两种状态依存瓦尔拉斯均衡的价格分别为：$p^{11} = 1$，$p^{21} = \dfrac{1}{\alpha_1(1-a)+\alpha_2 a}$，$p^{12} = 1$，$p^{22} = \dfrac{1}{\alpha_1 a + \alpha_2(1-a)}$，把商品 1 的两种状态依存价格标准化为 1；然而，当 $\alpha_1 \neq \alpha_2, a \neq 0.5$ 时，$\dfrac{p^{11}}{p^{21}} \neq \dfrac{p^{12}}{p^{22}}$。因此情形 1 是不成立的。

情形 2: $\frac{p^{11}}{p^{21}} \neq \frac{p^{12}}{p^{22}}$。这意味着是完备市场结构，在完备市场下，拉德纳均衡对应于阿罗-德布鲁均衡。而在阿罗-德布鲁均衡中，依存商品的价格 $\boldsymbol{p}$ 满足: $\frac{p^{11}}{p^{12}} = \frac{p^{21}}{p^{22}} = \frac{\rho_1}{\rho_2}$，与 $\frac{p^{11}}{p^{21}} \neq \frac{p^{12}}{p^{22}}$ 矛盾。

这样，当 $h = 0, a \neq 0.5$ 时，这个经济不可能存在拉德纳均衡。我们进一步发现，若 $h \neq 0$，这个经济存在阿罗-德布鲁均衡，不同状态依存价格向量是线性不相关的，但 $h \to 0$，该经济中的不同状态依存价格向量变得越来越相关，消费者资产的交易量 $\|z_i\|$ 越来越大。若 $h = 0$，状态依存价格向量完全相关，$\|z_i\| \to \infty$，从而不存在拉德纳均衡。

然而，Radner(1972) 证明了，若资产交易存在上界限制，其拉德纳均衡存在。对这一问题的讨论，参见 Geanakoplos (1990)，Magill 和 Shafer (1991)，以及 Magill 和 Quinzii (1996)。

下面我们考察不完备市场下均衡的福利性质。由于资产不完备，跨状态转移变得困难，从而均衡结果一般并不是帕累托有效的。我们先通过一个具体例子来讨论不完备市场下均衡的福利特性。

例 13.6.2 考察具有两个消费者 (Alice 和 Bob)$i \in \{A, B\}$，两种商品 $l \in \{1, 2\}$，两种状态 $s \in \{1, 2\}$ 以及两期 $t \in \{0, 1\}$ 的纯交换经济。消费者只关心时期 1 的消费。设两个消费者的状态依存禀赋分别为 $\boldsymbol{w}_A = (2, 0; 2, 0), \boldsymbol{w}_B = (0, 2; 0; 2)$。他们的期望效用函数为

$$U_i(\boldsymbol{x}_i) = \gamma_i u_i(x_i^{11}, x_i^{21}) + (1 - \gamma_i) u_i(x_i^{12}, x_i^{22}),$$

其中，$\gamma_A = 0.9, \gamma_B = 0.1$。

假设不存在任何资产，从而也就不存在跨状态财富转移。由于在状态 1 和 2，消费者的偏好和禀赋都相同，他们的消费由现货市场瓦尔拉斯均衡给出。设有两个瓦尔拉斯均衡，两个均衡下商品的相对价格分别为 $(1, 2), (2, 1)$。两个均衡配置和价格见图 13.4。

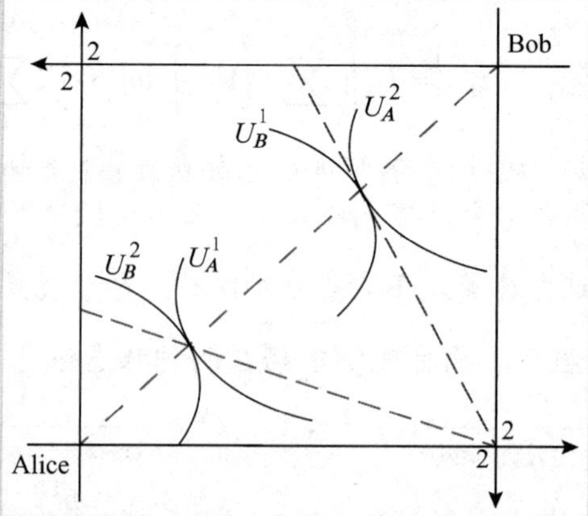

图 13.4 不完备市场上的均衡

设在均衡价格 $\boldsymbol{p}^{*1} = (1, 2)$ 下，Alice 和 Bob 的均衡消费束分别为 $\boldsymbol{x}_A^{*1} = (2/3, 2/3)$

和 $\boldsymbol{x}_B^{*1} = (4/3, 4/3)$；在均衡价格 $\boldsymbol{p}^{*2} = (2, 1)$ 下，Alice 和 Bob 的均衡消费束分别为 $\boldsymbol{x}_A^{*2} = (4/3, 4/3)$ 和 $\boldsymbol{x}_B^{*2} = (2/3, 2/3)$。设 $u_i(4/3, 4/3) = 2, u_i(2/3, 2/3) = 1, i \in \{A, B\}$。

在这个经济中存在四个拉德纳均衡：

$$e^1 = [\boldsymbol{p} = (p^{ls}) = (2, 1; 1, 2), \boldsymbol{x}_A = (4/3, 4/3; 2/3, 2/3), \boldsymbol{x}_B = (2/3, 2/3; 4/3, 4/3)],$$

此时消费者的期望效用为 $U_A = 1.9$，$U_B = 1.9$；

$$e^2 = [\boldsymbol{p} = (p^{ls}) = (1, 2; 2, 1), \boldsymbol{x}_A = (2/3, 2/3; 4/3, 4/3), \boldsymbol{x}_B = (4/3, 4/3; 2/3, 2/3)],$$

此时消费者的期望效用为 $U_A = 1.1$，$U_B = 1.1$；

$$e^3 = [\boldsymbol{p} = (p^{ls}) = (2, 1; 2, 1), \boldsymbol{x}_A = (4/3, 4/3; 4/3, 4/3), \boldsymbol{x}_B = (2/3, 2/3; 2/3, 2/3)],$$

此时消费者的期望效用为 $U_A = 2, U_B = 1$；

$$e^4 = [\boldsymbol{p} = (p^{ls}) = (1, 2; 1, 2), \boldsymbol{x}_A = (2/3, 2/3; 2/3, 2/3), \boldsymbol{x}_B = (4/3, 4/3; 4/3, 4/3)],$$

此时消费者的期望效用为 $U_A = 1, U_B = 2$。

我们发现均衡 2 严格被均衡 1 帕累托改进。这样，在不完备市场中的拉德纳均衡并不总是帕累托有效的，这与完备市场的结论不同。

这样，在不完备市场情形下，拉德纳均衡即使存在，其配置也不一定是帕累托最优的，从而原则上存在消费的再配置，使得每个消费者的福利不会变差，且至少有一个消费者的福利严格得到改善。也就是说，当不完备市场上跨状态转移存在困难时，均衡结果通常会达不到完备市场中的阿罗-德布鲁均衡的福利水平。然而，一个自然而然的问题是，若我们弱化帕累托的标准，即在现有的资本市场上，跨状态转移局限在资产可以实现的范围内，那么拉德纳均衡在弱化的意义下是 (约束) 帕累托有效的吗？该问题是**次优** (sub-optimal) 福利主题中的典型问题。

为此，我们需要对**约束可行集**和**约束帕累托最优性**给出定义。若在每种状态下仅有一种商品，即 $L = 1$，则这种精确描述很容易得到。这一假定的重要含义在于：任一消费者 i 在不同状态下获得的消费品的数量完全由组合 $\boldsymbol{z}_i$ 决定。实际上，$x_i^s = \sum_j z_i^j V_j^s + w_i^s$。令

$$U_i^*(\boldsymbol{z}_i) = U_i^*(z_i^1, \cdots, z_i^J) = U_i\left(\sum_i z_i^j V_j^1 + w_i^1, \cdots, \sum_i z_i^j V_j^s + w_i^s\right)$$

为消费组合 $\boldsymbol{z}_i$ 所得的效用。于是我们有下面约束帕累托最优的定义。

定义 13.6.1 (约束帕累托最优)　一个资产配置 $(\boldsymbol{z}_i \in \mathcal{R}^J)_{i \in N}$ 是**约束帕累托最优**，若它是可行的，即 $\sum_{i \in N} \boldsymbol{z}_i = 0$，且不存在其他可行资产配置 $(\boldsymbol{z}_i')_{i \in N}$，使得 $\forall i \in N$，有 $U_i(\boldsymbol{z}_i') \geqq U_i(\boldsymbol{z}_i)$，其中至少有一个不等式严格成立。

若 $L = 1$，则消费者 i 的效用最大化问题变为：

$$\max_{\boldsymbol{z}_i \in \mathcal{R}^J} \quad U_i^*(z_i^1, \cdots, z_i^J)$$

$$\text{s.t.} \quad \boldsymbol{q}\boldsymbol{z}_i \leqq 0.$$

设 $\boldsymbol{z}_i \in \mathcal{R}^J, i=1,\cdots,n$ 为对应于资产价格向量 $\boldsymbol{q} \in \mathcal{R}^J$ 的上述问题的一组解，则 $\boldsymbol{q} \in \mathcal{R}^J$ 是拉德纳均衡价格向量当且仅当 $\sum_i \boldsymbol{z}_i^* \leqq \mathbf{0}$。我们前面已经说明，给定 $\boldsymbol{z}_i$，在每种状态下的消费即已确定，且在每种状态下，消费品的价格固定为 1。注意，现在这已经变成了一个有 J 种商品的完全常规的均衡问题，由福利经济学第一基本定理，我们得到下述命题。

命题 13.6.1 假设经济只存续两期，且在第二期只有一种消费品，则任意的拉德纳均衡在下述意义上都是约束帕累托最优的，即在第一期中不可能通过资产再分配使每个消费者的福利不会变差，且至少有一个消费者的福利得到严格改善。

命题 13.6.1 所考虑的情形非常特殊，一旦某消费者的初始投资组合确定了，其整个消费就完全确定了：只存在一种消费品，一旦状态确定，则没有交易的可能。特别地，第二期的相对价格是无关紧要的，事实上，这样的价格根本不存在。若第二期有两种或两种以上的消费品，或者经济不止持续两期，则情况可能不同。有兴趣的读者可在 Mas-Colell, Whinston 和 Green (1995, p. 711) 中找到这样的例子。

然而，若商品数量超过 1 个，Geanakoplos (1995) 证明了，当消费者数量小于 $(S-1)(L-1)$ 时，拉德纳均衡通常不是约束帕累托有效的，这意味着社会计划者有政策空间使消费者选择某些资产组合以达到帕累托改进。

13.6.2 内生资产不完备市场

以上讨论都建立在外生的金融市场上，然而在现实中，一方面，金融工具不断地在创新，另一方面，由于一些交易成本的因素，一些现存的金融工具也并非都能起作用。Dubey, Geanakoplos 和 Shubik (DGS，2005) 通过把违约以及惩罚纳入一般均衡理论框架，就可对金融工具进行内生化。注意这里的内生化指的是资产交易的内生性，有时有些资产是存在的，但其交易量为零。

在市场上，人们购买金融资产，其目的是希望在将来能在某些状态下提高自己的购买力。若金融资产的持有者在未来不能得到承诺的回报，也就是存在违约风险，那么人们就不会购买或者就会减少购买这些金融资产。要想使金融资产的销售方在未来兑现其承诺，需要对销售方给予某种激励。这些激励既包括有形的惩罚，如罚金等，也包括无形的惩罚，如声誉受损。但这些惩罚的力度通常是有限的，比如破产。此外，有些金融资产在买卖过程中还会有一些限制。比如，在现实中，人们在买房时向银行借款，其借款也是有限制的，如抵押物的资产价值、首付比例等等。Dubey，Geanakoplos 和 Shubik (2005) 在对金融市场交易的讨论中，加入了外生惩罚因素和内生违约选择，建立了一个更一般的分析框架。下面我们将简要介绍其理论框架。

考虑一个两期的经济 $\mathcal{E}=((U_i,\boldsymbol{w}_i)_{i\in N},(V_j,((\lambda_i^{sj})_{s\in S},Q_i^j)_{i\in N})_{j\in J})$。消费者集合是 N；$\boldsymbol{w}_i$ 和 U_i 分别是消费者 i 的禀赋和期望效用函数；时期 1 的状态集合为 S；商品的集合是 L，时期 1 的资产集合是 J；$V_j \in \mathcal{R}_+^{LS}$ 是资产 j 在时期 1 在状态 $s\in S$ 下对 $l \in L$ 商品的

承诺支付；λ_i^{sj} 是对消费者 i 在状态 s 下资产 j 违约的惩罚力度；Q_i^j 是对消费者 i 销售资产 j 的限制 (上限)。以上构成了理论框架中的外生变量。

框架的内生变量包括：$\boldsymbol{p} \in \mathcal{R}_+^{LS}$ 是依存商品的价格向量；$\boldsymbol{q} \in \mathcal{R}_+^J$ 是资产的价格向量；$K = (K_j^s \in [0,1])_{j\in J, s\in S}$ 是资产的状态依存兑现率，其中 K_j^s 是资产 j 在状态 s 下的承诺兑现率 (以下简称兑现率)。以上三个是宏观变量，消费者将其作为给定，且个体的行为不会直接影响到它们。$\theta_i, \psi_i \in \mathcal{R}_+^J$ 分别表示消费者 i 购买和出售资产投资组合，之所以分别引入资产的买和卖决策，是因为在违约选择下，两个决策具有非对称性。卖资产决策通常与违约选择联系在一起，买资产决策则通常与状态依存变量资产兑现率 K 是相关的，D_i 是消费者 i 对出售资产的兑现，$\boldsymbol{x}_i \in \mathcal{R}_+^{LS}$ 是消费者 i 的消费选择。为此，资产 j 在状态 s 下的兑现率为：

$$K_j^s = \frac{\sum_{i\in N} \boldsymbol{p}^s D_i^{sj}}{\sum_{i\in N} \boldsymbol{p}^s V_j^s \psi_i^{sj}}.$$

在这一框架下消费者 i 的福利函数可以写为：

$$W_i(\boldsymbol{x}, \theta, \psi, D) = u_i(\boldsymbol{x}) - \sum_{j\in J}\sum_{s\in S} \lambda_i^{sj}[\psi^j \boldsymbol{p}^s V_j^s - \boldsymbol{p}^s D_i^{sj}]^+,$$

其中，$[\psi^j \boldsymbol{p}^s V_j^s - \boldsymbol{p}^s D_i^{sj}]^+ = \max\{\boldsymbol{x}, 0\}$ 是非负取值函数。

消费者的预算约束集合可以写为：

$$\begin{aligned}\mathcal{B}_i(\boldsymbol{p}, \boldsymbol{q}, K) = \{(\boldsymbol{x}, \theta, \psi, D) : \boldsymbol{q}(\theta - \psi) \leqq 0; \psi^j \leqq Q_i^j, \forall j \in J;\\ \boldsymbol{p}^s(\boldsymbol{x}^s - \boldsymbol{w}_i^s) + \sum_{j\in J} \boldsymbol{p}^s D_i^{sj} \leqq \sum_{j\in J} \theta^j K_j^s \boldsymbol{p}^s V_j^s, \forall s \in S\}.\end{aligned}$$

在状态 s 下，其预算约束的左边表示消费超过禀赋所需的支出加上履约所需的支出，即总支出不超过预算约束的右边，也就是在各资产的兑现率下时期 0 所购买的资产投资组合所得到的收入。

下面我们定义在**内生违约下的均衡**,或称之为 **Dubey-Geanakoplos-Shubik (DGS) 均衡**。

定义 13.6.2 (DGS 均衡)　经济 $\mathcal{E} = ((U_i, \boldsymbol{w}_i)_{i\in N}, (V^j, ((\lambda_i^{sj})_{s\in S}, Q_i^j)_{i\in N})_{j\in J})$ 的一个 DGS 均衡由 $(\boldsymbol{p}, \boldsymbol{q}, K; \boldsymbol{x}^*, \theta^*, \psi^*, D^*)$ 组成，满足:

(1) 消费者的最优选择:

$$[(\boldsymbol{x}_i^*, \theta_i^*, \psi_i^*, D_i^*) \in \text{argmax}_{\mathcal{B}_i(\boldsymbol{p},\boldsymbol{q},K)} W_i(\boldsymbol{x}, \theta, \psi, D)],$$

(2) 商品市场出清:

$$\sum_{i\in N} (\boldsymbol{x}_i^* - \boldsymbol{w}_i) = \boldsymbol{0},$$

(3) 资本市场出清:

$$\sum_{i\in N} (\theta_i^* - \psi_i^*) = 0,$$

其资产的兑现率为:

$$K_j^s = \begin{cases} \dfrac{\sum\limits_{i\in N} \boldsymbol{p}^s D_i^{sj}}{\sum\limits_{i\in N} \boldsymbol{p}^s V_j^s \psi_i^j}, & \text{若} \sum\limits_{i\in N} \boldsymbol{p}^s V_j^s \psi_i^j > 0, \\ \text{任意}, & \text{若} \sum\limits_{i\in N} \boldsymbol{p}^s V_s^j \psi_i^j = 0, \end{cases} \quad \forall j \in J, s \in S.$$

为了避免低兑现率的预期导致某些资产无法交易，而资产不交易又反过来影响兑现率的预期，Dubey，Geanakoplos 和 Shubik 采用 Selten (1975) 的颤抖手均衡的扰动方式。设经济外部 (如政府) 存在一个 ϵ 参与人买卖每种资产 $\epsilon = (\epsilon_j)_{j\in J} > 0$，同时必定会兑现其支付承诺，兑现率公式变为:

$$K_j^s(\epsilon) = \begin{cases} \dfrac{\boldsymbol{p}^s V_j^s \epsilon_j + \sum\limits_{i\in N} \boldsymbol{p}^s D_i^{sj}}{\boldsymbol{p}^s V_j^s \epsilon_j + \sum\limits_{i\in N} \boldsymbol{p}^s V_j^s \psi_i^j}, & \text{若} \sum\limits_{i\in N} \boldsymbol{p}^s V_j^s \psi_i^j > 0, \\ 1, & \text{若} \sum\limits_{i\in N} \boldsymbol{p}^s V_j^s \psi_i^j = 0, \end{cases} \quad \forall j \in J, s \in S.$$

注意，ϵ 参与人在 s 状态下向社会注入的净商品资源为 $\sum_{j\in J} \epsilon_j V_j^s (1 - K_j^s)$，他履行的承诺支付为 $\sum_{j\in J} \epsilon_j V_j^s$，他拿走的支付为 $\sum_{j\in J} \epsilon_j V_j^s K_j^s$。这样，当 $\epsilon \to 0$ 时，回到我们熟悉的商品市场出清的条件:

$$\sum_{i\in N} (\boldsymbol{x}_i^* - \boldsymbol{w}_i) = \sum_{j\in J} \epsilon_j V_j (1 - K_j).$$

因此，当 $\epsilon \to 0$ 时，就是颤抖手完美纳什均衡的概念。

这一概念框架可以被用来讨论资产链中某一环的违约引发整个链条的崩溃。在时期 0，假设参与人 A 向参与人 B 购买资产 a，参与人 B 又向参与人 C 购买资产 b，参与人 C 又向参与人 D 购买资产 c，等等。假设在时期 1 参与人 B 需要参与人 A 向他兑现支付资产 a，他才能向参与人 C 兑现支付资产 b；而后者只有得到资产 b 的支付后才能向参与人 D 兑现支付资产 c；等等。若在时期 1，参与人 A 由于一些外部因素无法兑现支付，出现对资产 a 的违约，就可能会引发参与人 B 对资产 b 的违约，接着违约链条会传递到资产 c，等等。若资产链条足够长，就会引发整个金融系统的危机。下面我们来讨论内生违约责任对金融市场均衡的影响。

首先，在一个相对弱的假设下，Dubey，Geanakoplos 和 Shubik (DGS) 给出了一个存在性结论。其次，DGS 的框架包含了阿罗-德布鲁均衡。阿罗-德布鲁证券被定义为 $AD = \{j_{sl}\}_{s\in S, l\in L}$，满足 $V_j^{sl} = 1, V_j^{s'l'} = 0, \forall s' \neq s$, 或者$l' \neq l$，且对 $\forall s \in S, j \in AD, \lambda_j^s = \infty$。Dubey，Geanakoplos 和 Shubik (2005) 证明了下面的结果。

命题 13.6.2 若 $AD \subseteq J$, 那么对于任意一个 DGS 均衡 $\eta = (\boldsymbol{p}, \boldsymbol{q}, K; \boldsymbol{x}^*, \theta^*, \psi^*, D^*)$, 总能找到一个价格向量 $\hat{\boldsymbol{p}} \in \mathcal{R}_{++}^{LS}$，使得 $(\boldsymbol{x}^*; \hat{\boldsymbol{p}})$ 是一个阿罗-德布鲁均衡；若对所有的资产

在所有状态下违约惩罚强度均大于零，则在均衡 η 中实际交易的资产中没有人会违约。同时存在另一个均衡 η'，与均衡 $\eta = (\boldsymbol{p}, \boldsymbol{q}, K; \boldsymbol{x}^*)$ 有相同均衡价格和消费，其中在均衡 η' 中只有阿罗-德布鲁证券会被交易。

证明： 给定 DGS 均衡 η，先进行价格标准化。令 $\hat{p}^{sl} = \frac{p^{sl}}{p^{s1}} q^j, \forall s \in S$。定义间接效用

$$v_i(\hat{\boldsymbol{p}}, \boldsymbol{w}_i) = \max\{u_i(\boldsymbol{x}) : \hat{\boldsymbol{p}}\boldsymbol{x} \leqq \hat{\boldsymbol{p}}\boldsymbol{w}_i, \boldsymbol{x} \in \mathcal{R}^{LS}_{++}\}.$$

注意到，当 $\lambda_i^{sj} = \infty$ 时，$K_j^s = 1, \forall s$，即没有人会违约。这就意味着，若没有人违约，通过阿罗-德布鲁证券的交易，每个消费者 i 都可以达到 $v_i(\hat{\boldsymbol{p}}, \boldsymbol{w}_i)$。根据 DGS 均衡的定义，有 $u_i(\boldsymbol{x}_i^*) \geqq u_i(\boldsymbol{x}_i^*) -$ 违约成本 $\geqq v_i(\hat{\boldsymbol{p}})$，这意味着 $\hat{\boldsymbol{p}}\boldsymbol{x}_i^* \geqq \hat{\boldsymbol{p}}\boldsymbol{w}_i$ 对任意 $i \in N$ 均成立。由于 η 是均衡，则有 $\sum_i \boldsymbol{x}_i^* = \sum_i \boldsymbol{w}_i$，从而必然有 $\hat{\boldsymbol{p}}\boldsymbol{x}_i^* = \hat{\boldsymbol{p}}\boldsymbol{w}_i$。这样，$(\boldsymbol{x}^*, \hat{\boldsymbol{p}})$ 构成了一个阿罗-德布鲁均衡。与此同时，每个消费者的违约成本都为零，这是因为，若有一个消费者在 DGS 均衡处违约成本大于零，则意味着 $u_i(\boldsymbol{x}_i^*) > v_i(\hat{\boldsymbol{p}})$，从而意味着 $\hat{\boldsymbol{p}}\boldsymbol{x}_i^* > \hat{\boldsymbol{p}}\boldsymbol{w}_i$。 □

通过上面的论证过程得知：最终消费 $\boldsymbol{x}^*$ 通过均衡 η 还是通过阿罗-德布鲁证券来实现跨状态转移，对所有的消费者而言都是无差异的。为此，消费者只依赖于阿罗-德布鲁证券，形成的新均衡 η' 使之与原来的均衡 η 有相同的配置结果。

这一命题背后的逻辑很简单，即交易资产的目的是实现跨状态转移。由于 (完全兑现的) 阿罗-德布鲁证券是一种无成本的转移实现方式，对消费者而言 (给定他的禀赋) 也是最好的转移手段。这样，在 Dubey，Geanakoplos 和 Shubik 的框架中，资产包括阿罗-德布鲁证券，消费者至少 (而且也只能) 达到这样的跨状态转移。为此，任何存在违约成本即产生正的转移成本的资产，都不会有正的交易量。

当不存在阿罗-德布鲁证券时，即使存在与阿罗-德布鲁证券承诺支付相同的资产，若其违约惩罚力度不够大，那么市场均衡结果也会不同，这不仅会影响到消费者的最终消费配置，而且会影响到经济中可交易资产的集合以及资产的兑现程度。

现在通过下面几个例子来讨论有限惩罚力度下的内生交易资产集合以及内生资产价值兑现率或者内生违约率。

例 13.6.3 考虑一个具有两期 ($t = 0, 1$)，一种商品 ($L = 1$)，两种状态 $S = \{1, 2\}$，三种资产的经济。它们的未来回报承诺为 $V_0 = (1, 1)$，$V_1 = (1, 0)$，$V_2 = (0, 1)$，后两种资产与阿罗-德布鲁证券的回报相同，但违约惩罚力度不同。假设有两类人群 $N = \{1, 2\}$，每类人群 (考虑是连续统) 数量被标准化为 1，也就是说，每个人的行动对经济的影响都可以忽略不计。两类人群 $i = 1, 2$ 在时期 1 的禀赋为 $\boldsymbol{w}_1 = (1, 0), \boldsymbol{w}_2 = (0, 1)$。消费者 i 对出售资产的兑现记为 D_i。消费者只关心时期 1 的消费的效用。消费者的福利函数为：

$$W_1(\boldsymbol{x}, \theta, \psi, D) = 2/3[\ln x^1 - \sum_{j=0}^{2} \lambda(V_j^1 - D_j^1)^+] + 1/3[\ln x^2 - \sum_{j=0}^{2} \lambda(V_j^2 - D_j^2)^+],$$

$$W_2(\boldsymbol{x},\theta,\psi,D)=1/3[\ln x^1-\sum_{j=0}^{2}\lambda(V_j^1-D_j^1)^+]+2/3[\ln x^2-\sum_{j=0}^{2}\lambda(V_j^2-D_j^2)^+].$$

消费者 i 认为在好状态 $s=i$ 下的概率为 2/3，在坏状态 $s\neq i$ 下的概率为 1/3。三种资产的惩罚力度是 $\lambda>0$。下面论证，当惩罚力度 λ 很小时，只有资产 V_0 会被交易。

考虑对称均衡。首先，当 $\lambda\leqq 1$ 时，惩罚成本过低 (相对于消费的边际效用)，没有消费者会选择兑现，从而没有资产会被交易。当 $\lambda>3$ 时，设消费者在坏状态下消费为 $\boldsymbol{x}$，在好状态下消费为 $1-\boldsymbol{x}$。容易验证阿罗-德布鲁的均衡消费为：$\boldsymbol{x}_1=(2/3,1/3)$ 和 $\boldsymbol{x}_2=(1/3,2/3)$。这个配置是通过资产 V_1 和 V_2 来实现的，并且没有消费者会违约，这是因为在这个配置下的违约惩罚力度大于违约带来的消费的边际效用。然而，若 $\lambda\leqq 2$，资产 V_1 和 V_2 不会被交易。这是因为对于消费者 1 来说，销售资产 V_2 的边际负效用或说购买资产 V_2 的边际效用 (在均衡中两个效用一定相同，否则就不是无套利定价) 为 $\dfrac{\lambda}{3}$，原因在于 $x_1^2=x\leqq 1/3$，$\dfrac{1}{x}\geqq 3>2>\lambda$，也就是说，消费者 1 在销售资产 V_2 时，其兑现率为 0，他会选择完全违约；而对于消费者 2 来说，销售资产 V_2 的边际负效用是 $\min\left\{\dfrac{2\lambda}{3},\dfrac{2}{3(1-x)}\right\}\geqq\min\left\{\dfrac{2\lambda}{3},\dfrac{2}{3}\right\}>\dfrac{\lambda}{3}$，这样，消费者 2 不能把 V_2 销售给消费者 1。从而在均衡时，V_2 不会被交易。同样的道理，V_1 也不会被交易。

上面的例子揭示了，在一个完备市场的资产投资组合中，若惩罚力度足够大，市场交易的均衡会达到阿罗-德布鲁均衡，也就是说，惩罚力度对均衡的消费者福利的影响是正向的。然而，在一个非完备投资组合中，上面的结论并不成立。下面的例子说明了一个有限的惩罚力度是最优的。

例 13.6.4 考虑由三类人群构成的经济，$N=\{1,2,3\}$，有三种状态 $S=\{1,2,3\}$，商品的种类 $L=1$。三类消费者都只关心在时期 1 的消费，同时禀赋也都是在时期 1，分别为 $\boldsymbol{w}_1=(0,1,1)$，$\boldsymbol{w}_2=(1,0,1)$ 和 $\boldsymbol{w}_3=(1,1,0)$。假设经济中只有一种资产 $V_0=(1,1,1)$，在任何状态下的违约惩罚力度都为 λ。

显然，当 $\lambda<1$ 时，没有消费者愿意兑现，此时不存在资产交易；当 $\lambda\to\infty$ 时，由于每个消费者销售资产 V_0 在坏状态 (即禀赋为 0) 下总会出现违约，然而违约惩罚力度又是无限大的，从而也不可能存在资产交易。我们注意到消费者 i 的违约会出现在运气不好的状态下，比如消费者 $i=1$，在状态 1 下禀赋为 0，此时的违约并不是一种有意为之。在这样的情形下，过大的惩罚力度会阻止消费者进行跨状态转移。下面，我们将验证当惩罚力度 $\lambda=\lambda^*=6/5$ 时，社会的福利是最高的，每个消费者在 (禀赋) 好状态下都会完全兑现其承诺，而在坏状态下会完全不兑现承诺，这样的结果可以促进相对有效地进行跨状态转移。

首先，当 $\lambda=6/5$ 时，$(\boldsymbol{x}_1=(1/3,5/6,5/6)$，$\boldsymbol{x}_2=(5/6,1/3,5/6)$，$\boldsymbol{x}_3=(5/6,5/6,1/3)$；$\theta_i=\psi_i=1/2,\forall i\in N$；$K_0^s=2/3,\forall s\in S)$ 构成了一个 DGS 均衡。通过买和卖 1/2 单

位的资产 V_0，消费者 i 在坏状态下得到商品数量 $1/3=(2/3)(1/2)$，在好状态下得到商品数量 $5/6=1-(1/2)+(1/3)$。消费者 i 在好状态下完全兑现，此时消费的边际效用刚好等于惩罚力度 $\lambda=6/5$。而在坏状态下，消费者 i 消费的边际效用是 3，大于惩罚力度 $\lambda=6/5$，从而不会选择兑现其承诺。由于每个消费者在好状态下都会完全兑现其承诺，则单位资产 V_0 在时期 1 的兑现数量为 $(2/3,2/3,2/3)$，消费者买和卖的资产数量为 1/2，此时买资产的边际效用为 $(2/3)(6/5)+(2/3)(6/5)+(2/3)(3)=18/5$，卖资产的边际负效用为 $(6/5)+(6/5)+(6/5)=18/5$，这里前两个 6/5 是指在好状态下兑现承诺带来的边际(消费)效用的降低，而最后一个 6/5 是指在坏状态下由于不兑现承诺产生的惩罚成本。

其次，当 $\lambda\in(1,6/5)$ 时，对于消费者而言，在坏状态下他仍然会完全不兑现承诺。消费者购买和销售资产的数量是 $\theta(\lambda)=\psi(\lambda)=(4/3)-(1/\lambda)$，在好状态下兑现为 $D(\lambda)=3-(3/\lambda)$，$K(\lambda)=\dfrac{6\lambda-6}{4\lambda-3}$，消费者 1 的消费 $x_1=(2(1-(1/\lambda)),1/\lambda,1/\lambda)$，消费者 2 和 3 是类似的，我们来验证这是一个 DGS 均衡。

在均衡时，好状态的消费边际效用与惩罚力度相同，从而好状态的消费为 $1/\lambda$，同时商品出清。坏状态的消费为 $2-(2/\lambda)$，此时消费的边际效用超过惩罚力度，即 $\dfrac{\lambda}{2(1-\lambda)}>\lambda$。根据兑现率的定义: $K(\lambda)=\dfrac{2D(\lambda)}{3\theta(\lambda)}$，在坏状态下的消费为 $K(\lambda)\theta(\lambda)=\dfrac{2D(\lambda)}{3}=2-(2/\lambda)$，由此有 $D(\lambda)=3-(3/\lambda)$，从而在坏状态下不会兑现资产承诺。此外，在均衡时消费者购买和销售 V_0 的数量为 $\theta(\lambda)=\psi(\lambda)$，需要满足购买该资产的边际效用与销售该资产的边际负效用是相等的。由于在均衡时兑现率为 $K(\lambda)$，在均衡时，购买的边际效用为: $\lambda K(\lambda)+\lambda K(\lambda)+\dfrac{K(\lambda)\lambda}{2(1-\lambda)}$，销售该资产的边际负效用为 $\lambda+\lambda+\lambda=3\lambda$，从而得到: $K=\dfrac{6\lambda-6}{4\lambda-3}$，$\theta(\lambda)=\dfrac{2D(\lambda)}{3K(\lambda)}=(4/3)-(1/\lambda)$。这样，上面的结果是一个 DGS 均衡。

再次，随着 $\lambda\to 6/5$，$\theta(\lambda)$，$D(\lambda)$，$K(\lambda)$ 会上升，特别是 $D(\lambda)\to\theta(\lambda)$，即在好状态下消费者会选择完全兑现资产支付承诺。

最后，当 $\lambda>6/5$ 时，消费者在好状态下会完全兑现其支付承诺，在坏状态下完全不兑现。此时 $K_s^0=2/3$，资产交易会下降，这是因为在坏状态下不可避免的惩罚会使得销售资产变得更没有吸引力。随着 λ 增大，消费者对资产的购买减少，跨状态购买力的转移能力下降，同时违约成本变得更大，从而降低消费者的福利。

综合上面的讨论，在上面的经济中，存在一个最优的有限程度的惩罚力度 $\lambda^*=6/5$。

在一般均衡中引入违约和惩罚，我们有机会把更多现实因素放入金融市场的一般均衡理论框架，对于金融市场运作的认识也将会更深入。另一篇文章即 Geanakoplos 和 Zame (2014) 把抵押品纳入金融市场的内生性违约分析，此时消费者的违约惩罚只限于抵押品的价值。这一新框架把抵押品的价值、金融杠杆和违约的内生性结合在一起，使得可以更深入讨论金融系统的稳定性，也为金融监管提供了建设性的一般性原则。

13.7 【人物小传】

13.7.1 华西里・里昂惕夫

华西里・里昂惕夫 (Wassily Leontief, 1906—1999)，美籍俄裔经济学家，是投入产出分析方法的创始人。投入产出分析为研究社会生产各部门之间的相互依赖关系，特别是系统地分析经济内部各产业之间错综复杂的交易提供了一种实用的经济分析方法。1973 年，里昂惕夫因发展了投入产出分析方法及这种方法在经济领域发挥的重大作用而备受西方经济学界的推崇，并因此获得诺贝尔经济学奖。在哈佛大学经济系任教期间，约瑟夫・熊彼特是他的同事并且对他的研究成果极为推崇，还有四位诺贝尔经济学奖得主保罗・萨缪尔森 (1970)、罗伯特・索洛 (1987)、弗农・史密斯 (2002) 及托马斯・谢林 (2005) 是他的学生。

20 世纪 30—40 年代期间，他的工作重点是编制美国的投入产出表，并建立投入产出分析法的理论体系。50—60 年代，里昂惕夫把投入产出分析看作经济分析的一个全能工具。他在解决了一国国民经济投入产出表的编制问题后，便进一步探索运用这一方法深入研究不同局部或个别环节的途径。1953 年里昂惕夫在费城的美国哲学协会上宣读了题为《国内生产与对外贸易：美国资本状况的重新检验》的论文。该论文将 1947 年美国 200 个行业的材料归纳为 50 个部门 (其中 38 个部门的产品是直接进入国际市场的), 制定了“投入产出表”并进行了一系列计算。他用投入产出法对战后美国对外贸易发展状况进行分析后发现，美国进口的是资本密集型产品，出口的是劳动密集型产品。这与 H-O 模型刚好相反。由于 H-O 模型已被西方经济学界广泛接受，因此里昂惕夫的结论被称为“里昂惕夫之谜”或“里昂惕夫悖论”。里昂惕夫认为，矛盾的根源在于美国劳动者素质较高，单位时间的劳动是其他国家的若干倍，若经一定的折合计算，结论应与俄林的理论相符。

1966 年，里昂惕夫将自己的理论系统整理后出版了《投入产出经济学》。同年，他又出版了《经济学论文集：理论和理论形成》。1975 年，里昂惕夫加入纽约大学并且创立和主持了经济分析研究所。此后，里昂惕夫的学说有了更大的发展。据联合国 1979 年的统计，当时世界上已有 89 个国家和地区广泛采用他的理论。

里昂惕夫也是经济学研究中使用定量数据的支持者。在他的学术生涯中，他反对“理论假设和未观察到的事实”。在里昂惕夫看来，太多的经济学家不想通过研究原始的经验事实来“弄脏他们的手”。里昂惕夫做了很多工作，使数据更容易获取，更不可或缺，以研究经济问题。

13.7.2 加里・贝克尔

加里・贝克尔 (Gary S. Becker，1930—2014)，美国著名经济学家和经验主义者，芝加哥大学经济学和社会学教授，芝加哥经济学派代表人物之一，1992 年因将经济理论推广到对人类行为的研究中并取得巨大成就而获诺贝尔经济学奖，2007 年获美国总统自由勋章。

他被《纽约时报》称为“过去 50 年中最重要的社会科学家”。他有一个非常重要的观点，即他认为经济学研究的是稀缺性的资源，但是对任何一个人来说，最稀缺的资源是时间，是他的生命。一旦涉及时间资源的配置问题，很多原来不可想象的在经济学传统研究范围之外的人类活动，都可被纳入经济学的研究对象中来，由此他称之为“经济学帝国主义”。

贝克尔出生于美国宾夕法尼亚州的波茨维尔。1951 年，贝克尔在普林斯顿大学获经济学学士学位，于 1953 年和 1955 年先后在芝加哥大学获经济学硕士和博士学位。他的博士学位论文《歧视经济学》在当时是一篇富有首创性也具有争议性的重要经济学论文，正是由于他的论题 (对歧视的经济分析) 和研究方法 (试图计量“非货币”因素对市场运行的影响) 争议较多，以至过了两年 (1957 年) 芝加哥大学出版社才出版了他的博士学位论文。

贝克尔是多产的经济学家和社会学家。他著述颇丰，主要论著有：《歧视经济学》(1957 年初版，1971 年再版)，《生育率的经济分析》(1960 年出版)，《人力资本》(1964 年初版，1975 年再版)，《人类行为的经济分析》(1976 年出版)，《家庭论》(1981 年出版)。在这些论著中，《生育率的经济分析》是现代人口经济学的创始之作；《人力资本》是现代人力资本理论的经典，是席卷 20 世纪 60 年代经济学界的“经济思想上的人力投资革命”的起点；《家庭论》于 1981 年在哈佛大学出版社出版时被该社称为是贝克尔有关家庭问题的一部划时代的著作，是微观人口经济学的代表作。因而，这三部著作被西方经济学者称为经典论著，具有深远的影响。

此外，现代经济学者把贝克尔的时间经济学和新的消费论称为“贝克尔革命”。贝克尔还在其名著《人类行为的经济分析》中将种族歧视、法律、犯罪、战争、婚姻、家庭、教育、子女抚养等问题全部纳入了经济分析的范畴。他在该书中对慈善从经济学角度下了如下定义：如果将时间与产品转移给没有利益关系的人和组织，那么这种行为就被称为“慈善”或者“博爱”。贝克尔因将经济理论扩展到对人类行为的研究中并获得巨大成就而荣膺诺贝尔经济学奖。他是现代经济学方面最富有独创思维的人之一，他常常把平常观察到的明显不相关的现象同某些原理的作用相联系，从而开拓经济分析的新视野。贝克尔开辟了一个以前只是社会学家、人类学家和心理学家关心的研究领域，他在扩展经济学的疆界方面所做的一切是其他经济学家所不及的。

贝克尔的学术思想与弗兰克 · 奈特一脉相承，主张自由竞争的市场经济，反对国家干预经济活动，力主以微观经济理论作为科学的基础，建立经济科学体系。在这个体系中，他主张把宏观经济理论与微观经济理论结合起来，把整个经济学建立在自由放任主义和市场均衡的方法论的基础之上。他坚持资本概念的普遍性；他否定有效理论应是对现象的直观描述这样一种必要性，而是认为理论只要能得出有用的“推测”就是可行的；他强调劳动力市场上信息和搜寻活动的作用；像大多数芝加哥经济学家一样，他对政府的智能持怀疑态度。贝克尔的学术思想和理论观点，不只是浓缩了“芝加哥传统”，与其同行相比，他不仅更多地汲取了这些观念，而且开拓了新的应用范围，从而使他获得了“理论创新者”的美名。

13.8 习题

习题 13.1 某经济只有一种消费品、两种状态和两个消费者，使用埃奇沃思盒进行分析。效用函数是期望效用类型。在不同状态下，伯努利效用函数是相同的，即：

$$U_1(x_1^1, x_1^2) = \pi_1^1 u_1(x_1^1) + \pi_1^2 u_1(x_1^2),$$
$$U_2(x_2^1, x_2^2) = \pi_2^1 u_2(x_2^1) + \pi_2^2 u_2(x_2^2),$$

其中 x_i^s 是消费者 i 消费 s 状态依存商品的数量，π_i^s 是消费者 i 对状态 s 持有的主观概率。假设每个 $u_i(\cdot)$ 都是凹的和可微的。两种状态依存商品的总初始禀赋为 $\bar{\boldsymbol{w}} = (\bar{\boldsymbol{w}}_1, \bar{\boldsymbol{w}}_2)$。假设每个消费者都得到了随机变量 $\bar{\boldsymbol{w}}$ 的一半，也就是说，$(\boldsymbol{w}_1^1, \boldsymbol{w}_1^2) = \dfrac{1}{2}\bar{\boldsymbol{w}}$ 和 $(\boldsymbol{w}_2^1, \boldsymbol{w}_2^2) = \dfrac{1}{2}\bar{\boldsymbol{w}}$。假设消费者 1 是风险中性的，消费者 2 是风险厌恶的。

1. 假设两个消费者有着相同的主观概率。证明在任何阿罗-德布鲁内点均衡上，消费者 2 都将进行完全保险。
2. 假设两个消费者的主观概率不同。证明在任何阿罗-德布鲁内点均衡上，消费者 2 都将不会进行完全保险。若以主观概率之差表示，消费者 2 将向哪个方向偏离？证明风险中性的消费者 1 将不会从交易中受益。

习题 13.2 消费者 1 和消费者 2 各自的效用函数为 $u_1(x_1)$ 和 $u_2(x_2)$，其中 u_1 和 u_2 都是递增、严格凹且二阶连续可微的。考虑下面的帕累托最优问题，约束条件是 $x_1 + x_2 = x$，

$$v_\theta(\boldsymbol{x}) = \max_{x_1, x_2} [\theta u_1(x_1) + (1-\theta) u_2(x_2)].$$

1. 证明 $v_\theta(\boldsymbol{x})$ 是关于 θ 的凹函数。
2. 证明 $v'_\theta(\boldsymbol{x}) = \theta u'_1(x_1) = (1-\theta) u'^2_2(x)$。

习题 13.3 (阿罗-德布鲁均衡) 考虑一个具有两种状态和单个物品，在每一种状态下这个物品都能够被消费的经济。假设有两个参与人，$i = 1, 2$，每个参与人都具有带常数绝对风险厌恶系数 $\alpha > 0$ 的冯 · 诺依曼-摩根斯坦 (von Neumann-Morgenstern) 效用函数 (他们具有相同的风险厌恶程度)。他们的初始禀赋为 $\boldsymbol{w}_1 = (3, 0)$ 和 $\boldsymbol{w}_2 = (0, 2)$。

1. 假设每一种状态都以等概率发生，求解这个经济的阿罗-德布鲁均衡。
2. 无须求解新的阿罗-德布鲁均衡，随着 α 的增大，阿罗-德布鲁均衡可能怎样变化？其直觉是什么？
3. 无须求解新的阿罗-德布鲁均衡，随着状态 1 出现的概率的增大，阿罗-德布鲁均衡可能怎样变化？其直觉是什么？
4. 无须求解新的阿罗-德布鲁均衡，随着参与人 1 在状态 1 下的禀赋的增加，均衡可能怎样变化？其直觉是什么？
5. 当状态 1 出现的概率充分接近 1 时，参与人之间的交易会发生什么变化？

习题 13.4　考虑一个只有一期的完全竞争经济和一个完全状态依存商品市场。自然的状态有两种。有一种投入品 k，要在获知自然状态前进行分配。在两种自然状态下，分别有三种消费品 x，y 和 z。另外只有一个消费者，认为状态 1 和状态 2 发生的概率分别是 1/4 和 3/4，要最大化主观概率下的期望效用函数，其效用函数为：

$$u_A = x_A + 2y_A + 4\ln z_A.$$

消费可能性集是六维空间，且消费均为非负，初始禀赋是 10 单位的初始投入，并且拥有五个企业，每个企业的生产情形如下：

对于企业 1，每投入 1 单位投入品，状态 1 发生时能生产出 4 单位 x，状态 2 发生时能生产出 2 单位 x。

对于企业 2，每投入 1 单位投入品，状态 1 发生时能生产出 2 单位 y，状态 2 发生时不能生产。

对于企业 3，每投入 1 单位投入品，状态 2 发生时能生产出 2 单位 y，状态 1 发生时不能生产。

对于企业 4，每投入 1 单位投入品，状态 1 发生时能生产出 1 单位 z，状态 2 发生时不能生产。

对于企业 5，每投入 k 单位投入品，$k \leqq 1/10$，状态 2 发生时能生产出 $(k-1/10)^{1/2}$ 单位 z，状态 1 发生时不能生产。

那么是否存在一个完备市场下的竞争均衡？若存在，推导竞争均衡的价格和数量。若不存在，请证明 (提示：注意角点解)。

习题 13.5 (阿罗-德布鲁均衡、拉德纳均衡)　考虑三时期经济，$t=0,1,2$。在 $t=0$ 期，该经济分为两支，在 $t=1$ 期每支又分为两支。实物商品有 H 种，在上述三个时期都可能发生消费。

1. 描述这个经济的阿罗-德布鲁均衡问题。
2. 描述拉德纳均衡问题。假设在 $t=0$ 和 $t=1$ 时存在状态依存市场，使得在下一期交付一单位实物商品 1。

习题 13.6　设有两期，在时期 1 有三种状态；在时期 0 存在资产交易。有两种基本资产，它们以现金表示的回报向量分别为

$$\boldsymbol{r}_1 = (100, 50, 25) \quad 和 \quad \boldsymbol{r}_2 = (0, 0, 1).$$

这两种资产的市场价格分别为 $q=20$ 和 $q=1$。使用套利对下列各种衍生资产进行定价。

1. 假设一单位某种衍生资产的描述为“拥有一单位此种资产者有权在时期 1(在状态发生之后) 以 50% 的该资产现货价值购买一单位商品 1”。写出这种资产的回报向量并给它定价。
2. 基本情形同上，但对该衍生资产的描述修改为“拥有一单位此种资产者有权在时期 1(在状态发生之后) 以 50% 的该资产现货价值购买一单位商品 1，前提是现货价值不小于 10”。写出这种资产的回报向量并给它定价。

3. 基本情形同上，但将上问中的“不小于 10”替换为“不小于 25”。写出回报向量，证明这种资产不可能通过原始资产的套利定价。
4. 若我们还有一种无风险资产，其价格为 1，那么上问中的分析将会发生什么样的变化？
5. 假设资产的描述进一步修改为“拥有一单位此种资产者，可以选择在时期 1 得到 1 元钱，也可以选择在时期 1(在状态发生之后) 以 50% 的该资产现货价值购买一单位商品 1”。写出这种资产的回报向量并给它定价。
6. 基本情形同上，但现在该资产的描述修改为“拥有一单位此种资产者，可以选择在时期 1 得到 1 元钱，也可以选择在时期 1 (在状态发生之后) 以 50% 的该资产现货价值购买一单位商品 1，前提是这个价值不小于 10”。

习题 13.7 假设有两个时期 ($t=0,1$) 或两天。在 $t=1$ 时，三个猎人将要在恰好只有一只鹿的狩猎公园里搜寻鹿。假设这只鹿能够被逮到，从而就有 3 种可能状态：状态 s 表示猎人 s 逮到了这只鹿，$s=1,2,3$。于是，三个状态依存的鹿肉的初始禀赋束为：

$$\boldsymbol{w}_1=(1,0,0),\quad \boldsymbol{w}_2=(0,1,0),\quad \boldsymbol{w}_3=(0,0,1).$$

今天 ($t=0$)，猎人们统筹安排了鹿肉在明天 ($t=1$) 如何共享。猎人 i 的效用函数为：

$$U_i(x_i)=\sum_{s=1}^{3}\pi_i^s u_i(x_i^s),$$

其中，x_i^s 是猎人 i 在状态 s 的鹿肉消费数量，π_i^s 是猎人 i 认为状态 s 出现的个人主观概率。假设 u_i 是连续、严格凹且严格递增的函数。

1. 假设猎人们一致认为状态出现的概率为 $(1/2,1/4,1/4)$，猎人 1 相信自己能够逮到鹿的可能性是其他人的 2 倍。证明：在任何内点帕累托有效配置处，不管哪个猎人逮到鹿，猎人 1 都将消费相同数量的鹿肉。假设 u_i 是可微的。
2. 假设每个猎人都很自信，以至他们都相信他们自己能毫无疑问地逮到鹿，而其他人逮不到。证明：若 $\boldsymbol{x}^*=(x_1^*,x_2^*,x_3^*)$ 是帕累托有效的，则对每个 i，都有 $x_i^*=1$。
3. 若设 p^s 表示在 $t=1$ 时状态 s 下鹿肉的价格，则竞争均衡价格的集合是什么？

习题 13.8 本题的目的是证明，在不完备市场情形下，资产数量增加后，每个人在新拉德纳均衡时的境况有可能反而变得更差了。按以下步骤证明。

1. 构造一个满足下列条件的两人经济：有两种状态，它们发生的概率相同。交易的分配效用非常不对称，从而使得两人在完备市场下均衡处的效用之和小于他们在不完备市场下均衡处的效用之和。
2. 现构造满足下列条件的经济：有四种状态，它们发生的概率相同。在前两种状态下，经济如上所述；在另外两种状态下，经济也如上所述，但两个消费者的角色互换了。
3. 证明：对于某种资产结构，若它只有一种资产允许财富从前两种状态转移到另外两种状态，那么在该资产结构产生的均衡中，每个消费者的境况都比他在下列均衡中的境况要好：若我们增加两个新资产，一种允许财富在状态 1 和 2 之间转移，另外一种允许财富在状态 3 和 4 之间转移，由此得到的均衡。

习题 13.9　在某个经济中，只有一期、一种消费品和一种生产要素 (劳动)。所有工人在事前都是相同的。对于每个工人来说，他能工作的概率是 3/4(在这种情形下，产出为 k 单位消费品，而且工作不会引起痛苦)，他不能工作 (残疾) 的概率是 1/4。对于能工作和不能工作的人来说，c 单位消费品的效用分别为 $U_a(c)$ 和 $U_d(c)$。假设各个工人不能工作的概率是独立分布的，而且工人数量很多因而足以保证社会在期望值生产可能性集上运行。

1. 若在不能工作状况被知道之前，一组完备的阿罗-德布鲁市场已开放，资源的均衡配置是什么样的？(可能需要允许无限多状态的可能性。)
2. 现在假设其他人无法观测到一个人是真的无法工作还是装作无法工作。假设保险市场是个竞争性行业。再假设条件 "$U_a'(c_a) = U_d'(c_d)$ 意味着 $c_a > c_d$" 得以满足，而且每个人都从同一个保险公司购买保险。证明竞争均衡与上问中的均衡是相同的。
3. 仍然假设其他人无法观测到一个人是真的无法工作还是装作无法工作。但是现在假设 $U_a'(c_a) = U_d'(c_d)$ 意味着 $c_a < c_d$。证明我们无法达到上问中描述的均衡。继续假设每个人都从同一个保险公司购买保险，确定竞争均衡。这个均衡相对于政府能够实现的配置是最优的吗？假设政府也无法观测到一个人是否能工作。

习题 13.10　考虑两消费者两商品的经济。这两人的 (伯努利) 效用函数分别为：

$$u_1(x_1^1, x_1^2) = x_1^1 + x_1^2;$$

$$u_2(x_2^1, x_2^2) = (x_2^1)^{1/2} + x_2^2.$$

消费者 1 拥有的商品 2 的禀赋为 $\boldsymbol{w}_1^2$，他没有商品 1 的禀赋。消费者 2 没有商品 2 的禀赋，他拥有的商品 1 禀赋的数量取决于三种状态中哪一种发生 (假设发生概率相等)，相应的禀赋分别为 $\boldsymbol{w}_2^{11}, \boldsymbol{w}_2^{12}$ 和 $\boldsymbol{w}_2^{13}$。

1. 确定这个经济的阿罗-德布鲁均衡，假设参数能使得均衡是内点均衡。
2. 假设唯一可能的市场是两商品非状态依存交易市场，写出均衡问题。均衡配置是帕累托最优的吗？
3. 假设在任何交易发生之前以及在禀赋被显示之前，两人被告知状态 1 是否发生。在这个信息被披露之后 (但在禀赋价值被披露之前)，非状态依存交易才可以发生。写出取决于信息的均衡问题。
4. 基本情形同上，唯一的区别是现在允许状态依存交易 (在状态 1 的信息被披露之后)。
5. 比较事前 (即在任何信息被披露之前) 两人在上述四种均衡中的期望效用，假设这些均衡都是内点均衡。

习题 13.11　假设有发生概率相等的两种状态。在每种状态下都存在一个现货市场，其中

消费品 (商品 1) 和计价物 (商品 2) 交换。有两个消费者，他们的效用如下表所示。

	状态 1	状态 2
消费者1	$2\ln x_1^1 + x_1^2$	$\ln x_1^1 + x_1^2$
消费者2	$\ln x_2^1 + x_2^2$	$2\ln x_2^1 + x_2^2$

商品 1 在状态 1 下的总票赋为 8，在状态 2 下的总票赋为 $8+\epsilon$。消费者 2 拥有商品 1 的所有票赋。假设两人拥有的计价物票赋足以让我们忽略边界均衡问题。计价物的价格在两种状态下都固定为 1。商品 1 在两种状态下的价格为 (p^1, p^2)。

1. 假设当不确定性消失时，两个消费者知道哪种状态已发生。确定两种状态下的现货均衡价格 $(\hat{p}^1(\epsilon), \hat{p}^2(\epsilon))$，它们是参数 ϵ 的函数。
2. 现在假设当某种状态发生时，消费者 2 知道但消费者 1 仍不知道 (即他必须仍然认为两种状态发生的概率相等)。在这种信息结构下 (而且假设不能用价格作为信号)，确定两种状态下的均衡价格 $(\bar{p}^1(\epsilon), \bar{p}^2(\epsilon))$。
3. 基本情形同上问，但是现在允许消费者 1 从价格推断状态。也就是说，如果 $p^1 \neq p^2$，那么消费者 1 实际上是知情的；但若 $p^1 = p^2$，他是不知情的。若当消费者 1 以上面描述的方式从 $(p_1^*(\epsilon), p_2^*(\epsilon))$ 推断信息时，$(p_1^*(\epsilon), p_2^*(\epsilon))$ 出清了两个现货市场，那么一个现货价格组合 $(p_1^*(\epsilon), p_2^*(\epsilon))$ 构成了理性预期均衡价格组合。假设 $\epsilon \neq 0$，推导出一个理性预期均衡价格组合。
4. 证明若 $\epsilon = 0$，那么不存在任何理性预期均衡价格组合。

习题 13.12　考虑一个标准的两期经济，$t=0$ 和 $t=1$。代理人在两期都消费。在 $t=1$ 期有三种可能的自然状态。有一种用货币计价的消费品。在每个时期，一单位消费品的现货价格都是 1。在 $t=0$ 期，代理人可以买卖两种债券。债券 1 在 $t=1$ 期的回报向量为 $\boldsymbol{r}_1 = (1,0,0)$，债券 2 在 $t=1$ 期的回报向量为 $\boldsymbol{r}_2 = (1,2,3)$。这两种债券在 $t=0$ 期的价格分别为 $q_1 = 0.5$ 和 $q_2 = 1.5$。除此之外，还有两种衍生债券，债券 3 和债券 4。债券 3 是一只对债券 2 以执行价格 1 买卖的认购期权，债券 3 的价格为 $q_3 = 0.8$。债券 4 是一只对债券 2 以执行价格 2 买卖的认购期权，债券 4 的价格为 $q_4 = 0.2$。

1. 假设那些价格在一个具有指定的 4 种债券的不完备市场均衡中产生，证明这个经济系统是无套利的。
2. 一只在 $t=1$ 期状态 3 下得到 1 单位消费品的状态依存证券在时期 q 的价格是多少？
3. 执行价格为 1 的债券 4 的一只看跌期权的市场价格将是多少？
4. 在 $t=0$ 期的一笔贷款的无风险利率将是多少？

习题 13.13　考虑经济有一种物品；有 4 种自然状态，记为 s_1, s_2, s_3, s_4，有 4 种资产，记

为 a_1, a_2, a_3, a_4。其中资产的回报矩阵为:

$$\begin{array}{c} \\ s_1 \\ s_2 \\ s_3 \\ s_4 \end{array} \begin{array}{c} \begin{array}{cccc} a_1 & a_2 & a_3 & a_4 \end{array} \\ \begin{pmatrix} 1 & 0 & 1 & 0 \\ 1 & 3 & 0 & 1 \\ 1 & 2 & 0 & 1 \\ 1 & 1 & 0 & 1 \end{pmatrix} \end{array}.$$

第一种资产是无风险的，在每种状态下的回报都是 1；第二种资产是股票。把状态依存物品的现货 (现货) 价表示为 $\boldsymbol{p} = (p^1, p^2, p^3, p^4)$，即 p^i 是物品在状态 s_i 下的价格。假设资产价格向量为 $\boldsymbol{q} = (1, 1.4, 0.4, 0.6)$。

1. 这些资产可以实现完备市场吗?
2. 考虑一只看涨期权，它提供了一种权利，但不是义务，是在某状态实现了以后，以一定的价格购买股票 (资产 2) 的权利。为了避免套利，应以什么样的价格卖出这样的看涨期权?
3. 求解与给定的资产价格一致的现货价格 (spot prices)。
4. 假设通过投资 k，在资本市场开放前，股票 (资产 2) 所对应的企业改变它的产出，从 $\boldsymbol{y} = (0, 3, 2, 1)$ 到 $\boldsymbol{y} = (0, 4, 2, 1)$，也就是说，在状态 2 下，企业能够增加 1 单位状态依存产出。假设这不会改变在时期 1 的现货价格。证明：若 $k < 0.2$，持有资产 2 的所有代理人偏好这样的变化。

习题 13.14 (周期禀赋过程)　经济由两个无限期生存的消费者组成，并且经济中只存在一种不可储存的商品，消费者 i 的一生效用函数为 $\sum_{t=0}^{\infty} \beta^t u(x_t^i)$，这里 $\beta \in (0,1)$，并且 $u(\boldsymbol{x})$ 是递增、严格凹、二阶连续可微的。假设市场是在第 0 期交易的完备市场。消费者 1 的禀赋过程为 $\boldsymbol{y}_t^1 = (1, 0, 1, 0, 1, \cdots)$；消费者 2 的禀赋过程为 $\boldsymbol{y}_t^2 = (0, 1, 0, 1, 0, \cdots)$。

1. 定义阿罗-德布鲁均衡。
2. 计算阿罗-德布鲁均衡。
3. 假设有一种衍生资产，保证每一期分红 0.05 单位的现货消费品，计算这种资产的价格。

习题 13.15　经济由两个消费者组成，假设商品可以在两个消费者之间进行交易，但是不能储存。消费者 1 的效用函数是 $\sum_{t=0}^{\infty} \beta^t x_{1t}$，禀赋过程为 $\boldsymbol{y}_{1t} = 1$, $\forall t \geqq 0$；消费者 2 的效用函数是 $\sum_{t=0}^{\infty} \beta^t \ln x_{2t}$，禀赋过程为 $\boldsymbol{y}_{2t} = (\alpha, 0, \alpha, 0, \alpha, 0, \cdots)$，其中 $\alpha = 1 + \beta^{-1}$。

1. 定义阿罗-德布鲁均衡并求解。
2. 定义序贯拉德纳均衡并求解。

习题 13.16　考虑纯交换经济。对于消费者来说，可行配置满足 $x_t \leqq y_t$，禀赋过程为 $y_{t+1} = \lambda_{t+1} d_t$，其中 λ_{t+1} 服从一个两期马尔可夫过程，转移概率定义为：$P^{ij} = prob(\lambda_{t+1} = _j \mid$

$\lambda_t=\lambda_i$)。假设 $\lambda_0=0.8$，$y_0=1$。消费者的效用函数为 $E_0\sum_{t=0}^{\infty}\beta^t\frac{x_t^{1-\gamma}}{1-\gamma}$，$\gamma=2,\beta=0.9$，

$$\boldsymbol{p}=\begin{pmatrix}0.5 & 0.4\\ 0.3 & 0.6\end{pmatrix},$$

$$\boldsymbol{\lambda}=\begin{pmatrix}0.8\\ 1\end{pmatrix}.$$

1. 定义阿罗-德布鲁均衡。
2. 当 $(\lambda_1,\lambda_2,\cdots,\lambda_5)=(1,1,0.9,0.9,1.1)$ 时，计算均衡价格。
3. 在上问的状态下定义序贯拉德纳均衡并求解。
4. 比较两种均衡。

习题 13.17 在只有一种消费品的交换经济中，共有两期 $t=0,1$，以及决策者 $i=1,\cdots,n$，这些决策者在 $t=0$ 时既不拥有也不消费任何物品。在 $t=1$ 时，自然状态是 $s=1,\cdots,S$；决策者 i 在状态 s 下的个人禀赋是 $\boldsymbol{w}_i^s$。自然状态在 $t=0$ 时是未知的，不过所有的决策者都有相同的概率 $\pi^s>0$ 达到状态 s。每个决策者的效用函数如下：$u_i(x_i)=\dfrac{1}{b-1}(a_i+bx_i)^{1-\frac{1}{b}}$，其中，$b>0,\neq 1$，而且对于所有 i，$a_i>0$。

1. 证明事前的帕累托有效配置具有以下性质，即 $x_i^s=f_iw^s+k_i$，其中 f_i，k_i 与 s 是独立的，$\boldsymbol{w}^s$ 为每个决策者在状态 s 下的平均禀赋。
2. 假设所有的阿罗-德布鲁证券都是在时期 $t=0$ 交易的，推导出在每种状态 s 下这种阿罗-德布鲁证券的均衡价格 (提示：可以用状态 s 的概率以及平均资产禀赋表示)。

习题 13.18 考虑一个有一种商品和两种自然状态的交换经济。假设存在一个阿罗-德布鲁市场，所有的消费者都是期望效用最大化的个体，并且对于每一种自然状态都具有相同的主观概率，即状态 1 出现的概率为 π。消费者 h 的效用函数是 u_h，且禀赋是 $\boldsymbol{w}_h$。证明若在两种状态下，自然的总禀赋相同，则在这两种状态下商品相对价格是 $\pi/(1-\pi)$。

习题 13.19 考虑一个竞争的债券市场，该经济中有 2 个消费者、2 个厂商、3 种自然状态。假设厂商 1 在 3 种自然状态下的产出是 $\boldsymbol{y}^1=(1,1,1)$，而厂商 2 的产出是 $\boldsymbol{y}^2=(2,0,0)$。消费者在两个厂商中占有相同的份额。两人都在效用函数 $u=\ln x$ 下寻求期望效用最大化，但是这两人对于自然状态有着不一样的信念。假设消费者 1 的主观概率是 $(1/3,1/3,1/3)$，消费者 2 的主观概率是 $(1/2,1/4,1/4)$。推导在债券市场均衡时，两个厂商所生产产品的相对价格。

习题 13.20 考虑一个有两个时期和两种自然状态的竞争性经济。状态 1 出现的概率为 1/3，状态 2 出现的概率为 2/3。经济中有三种商品，即第 1 期消费的商品 x，以及第 2 期在两种自然状态下消费的商品 y_1 和 y_2。消费者为同质的，并且具有连续的测度 1。消费

者是期望效用最大化的，且效用函数如下：

$$u=\frac{1}{2}\ln x+\frac{1}{2}\ln y,$$

其中，x 是第 1 期的消费，y 是第 2 期的消费。每个消费者在第 1 期的禀赋为 10，在第 2 期的两种自然状态下的禀赋为 0。

经济中有两个企业，每个企业的数量都足够大。所有企业都是规模报酬不变的。第 1 个企业在自然状态 1 下可以用 1 单位第 1 期的产品生产 1 单位第 2 期的产品，在自然状态 2 下可以用 1 单位第 1 期的产品生产 1.2 单位第 2 期的产品；第 2 个企业在两种状态下都可以用 1 单位第 1 期的产品生产 1.5 单位第 2 期的产品。另外，对于每个企业，消费者持有的股份都是相同的。

1. 假设这里存在一个完备的状态依存商品市场，确定阿罗-德布鲁均衡价格和均衡配置。
2. 现在假设经济中有两类消费者。一类和题中所描述的一样。另一类也同样具有连续的测度 1，其效用函数如下：

$$u_B=\frac{1}{2}x+\frac{1}{2}y,$$

   其中，x 是消费者 B 第 1 期的消费，y 是消费者 B 第 2 期的消费。每个消费者在第 1 期的禀赋为 12，在第 2 期的两种自然状态下的禀赋为 0。假设这里存在一个完备的状态依存商品市场，确定阿罗-德布鲁均衡价格和均衡数量。(提示：注意角点解。)

习题 13.21　考虑一个处于一般均衡状态的经济，是具有阿罗-德布鲁不确定性的经济。解释该经济是如何解决医疗保险问题的。解决的机制是什么？医疗保险仅仅是一种依存商品吗？该经济是否存在道德风险问题 (因为不确定事件的结果得到充分保险而发生的过度支出)？每个家庭都会为每一种疾病或伤害投保吗？

习题 13.22　考虑一个具有完备期货合约集合的跨期不确定性经济，该经济中的一个厂商正在计划开始生产经营活动。假定存在一个有利可图的生产机会——生产某装饰品并在 $t+2$ 期供应市场；该生产机会要求在 t 期完成生产投入。厂商在 t 期之前没有任何生产活动。厂商如何为这一生产计划融资？

习题 13.23　考虑一个具有阿罗-德布鲁不确定性的经济，该经济中的一个厂商正在进行有关生产和产品销售方面的决策。假设存在两期：0 期和 1 期。0 期有一种状态，1 期有三种状态 (分别表示为 1.1，1.2 和 1.3)。

1. 描述厂商所做的决策。
2. 描述厂商在 1.1，1.2 和 1.3 三种或有状态下选择某一状态进行生产的利益得失。
3. 若生产是跨期的 (生产投入在一期进行，产出在随后一期得到)，解释如何为生产计划融资。
4. 厂商或所有者对风险的态度是否影响生产决策？请解释。

习题 13.24 考虑将教育视为一种私人投资品。解释下列现象:

1. 对一个具有完备期货市场的阿罗-德布鲁-瓦尔拉斯模型，资源的有效配置并不要求政府提供教育。市场将帕累托有效地提供和分配教育资源。
2. 在实际经济中，市场的不完备性阻碍了私人市场有效地为教育融资。这要求存在一个机构来为教育提供非市场化的资助或补贴。

13.9 参考文献

教材和专著:

Bikhchandani, S., J. Hirshleifer, and J.G. Riley (2013). *The Analytics of Uncertainty and Information, Second Edition*, Cambridge University Press.

Debreu, G. (1959). *Theory of Value*, Wiley.

Duffie, D. (2001), *Dynamic Asset Pricing Theory*, Princeton University Press.

Jehle, G. A., and P. Reny(1998). *Advanced Microeconomic Theory*, Addison-Wesley.

Kreps, D. M. (2013). *Microeconomic Foundations I: Choice and Competitive Markets*, Princeton University Press.

Luenberger, D. (1995). *Microeconomic Theory*, McGraw-Hill.

Magill, M. and M. Quinzii (1996). *Theory of Incomplete Markets*, Volume 1, MIT Press.

Mas-Colell, A., M. D. Whinston, and J. Green (1995). *Microeconomic Theory*, Oxford University Press.

Merton, R. (1990). *Continuous-Time Finance*, Blackwell Publishing.

Radner, R. (1982). "Equilibrium under Uncertainty," Chap. 20 in *Handbook of Mathematical Economics*, Volume II, edited by Arrow K., and M. D. Intriligator (Amsterdam: North-Holland).

Rubinstein, A. (2005). *Lecture Notes in Microeconomics (modeling the economic agent)*, Princeton Univeristy Press.

Varian, H. R. (1992). *Microeconomic Analysis, Third Edition*, W.W. Norton and Company.

论文:

Arrow, K. (1953). "Le role des valeurs boursieres pour la repartirion la meilleure des risques". *Econometrie*, Paris: Centre Naitonal de la Recherche Scientifique. [Translated as: Arrow, K. (1964). "The Role of Securities in the Optimal Allocation of Risk-bearing", *Review of Economic Studies*, Vol. 31, 91-96.]

Dubey, P., J. Geanakoplos, and M. Shubik (2005). "Default and Punishment in General Equilibrium", *Econometrica*, Vol.73, No.1, 1-37.

Dybvig, P.H. and S.A. Ross (2003). "Arbitrage, State Prices and Portfolio Theory", *Handbook of the Economics of Finance*, Volume 1B, Elsevier B.V.

Geanakoplos, J. D. (1990). "An Introduction to General Equilibrium with Incomplete Asset Markets", *Journal of Mathematical Economics*, Vol. 19, No. 1, 1-38.

Geanakoplos, J. D. (2008). "Overlapping Generations Model of General Equilibrium". In Durlauf, S.N. and L.E. Blume (eds.), *The New Palgrave Dictionary of Economics, 2nd Edition* (Palgrave Macmillan).

Geanakoplos, J. D. and H. M. Polemarchakis (1986). "Existence, Regularity and Constrained Suboptimality of Competitive Allocations When the Asset Market Is Incomplete". In Heller, W. and D. Starrett (eds.), *Essays in Honor of K. Arrow*, Vol. III (Cambridge, U. K.: Cambridge University Press).

Geanakoplos, J. D. and H.M. Polemarchakis (1991). "Overlapping Generation". In Arrow, K. J. and M. D. Intriligator (eds.), *Handbook of Mathematical Economics*, Vol. 4.(Elsevier Science Publishers).

Geanakoplos, J. and W. R. Zame (2014). "Collateral Equilibrium, I: A Basic Framework", *Economic Theory*, Vol. 56, No. 3, 443-492.

Hart, O. (1975). "On the Optimality of Equilibrium When the Market Structure Is Incomplete", *Journal of Economic Theory*, Vol. 11, No. 3, 418-443.

Magill, M. and W. Shafer (1991). "Incomplete Markets". Chap. 30 in Hildenbrand, W. and H. Sonnenschein (eds.), *Handbook of Mathematical Economics*, Volume IV (Amsterdam: North-Holland).

Majumdar, M. and R. Radner (2008). "Uncertainty and General Equilibrium". In Durlauf, S.N. and L.E. Blume (eds.), *The New Palgrave Dictionary of Economics, 2nd Edition* (Palgrave Macmillan).

Radner, R. (1968). "Competitive Equilibrium under Uncertainty", *Econometrica*, Vol. 36, No. 3, 31-58.

Radner, R. (1972). "Existence of Equilibrium of Plans, Prices, and Price Expectations in a Sequence of Markets", *Econometrica*, Vol. 40, No. 2, 289-303.

Selten, R. (1975). "Reexamination of the Perfectness Concept for Equilibrium Points in Extensive Games", *International Journal of Game Theory*, Vol. 4, No. 1, 25-55.

索 引

C

D

E

F

G

H

J

K

L

M

N

O

P

Q

R

S

T

W

X

Y

Z

第二版

高级微观经济学

下

ADVANCED MICROECONOMICS

田国强 编著

中国人民大学出版社
·北京·

目　录

第四部分　外部性和公共品

第五部分 机制设计理论

第六部分 市场设计

第四部分

外部性和公共品

从现在起，本书的余下章节将考察更为接近现实经济环境下资源的配置问题，主要讨论的是当出现 **"市场失灵"**(market failure) 时，如何进行修正，以此弥补市场缺陷的问题，这些将是本书下册要讨论的主题。

到目前为止，上册内容所讨论的市场基本都是处于无摩擦的理想市场经济状态的市场，且除了第 9 章涉及垄断竞争、寡头及完全垄断外，我们直接或隐含地假定所讨论的市场都是完全竞争市场。

第 3~10 章及第 13 章主要是对市场经济进行描述性的实证 (positive) 分析，讨论了逐利的消费者和厂商如何做选择的问题及市场在各种结构 (完全竞争、垄断竞争、寡头及完全垄断) 下是如何运转的，而第 11 章和第 12 章对完全竞争市场进行了规范 (normative) 分析，从不同的角度讨论了市场的最优性、合理性、唯一性及普适性。

具体来说，在第 11 章和第 12 章中，我们讨论了竞争均衡 (瓦尔拉斯均衡) 和效率 (帕累托最优) 之间的内在关系。瓦尔拉斯均衡为我们研究竞争市场经济提供了一个恰当的市场均衡解，而帕累托最优则给出了一个判断经济制度是否有效和优劣的最低、无可争议的标准。这一概念将经济效率问题与更富争议的平等配置问题撇开。

第 11 章和第 12 章所得到的重要结果和深刻洞见主要是福利经济学第一、第二基本定理以及经济核等价定理和公正定理。这些结果分别从不同角度论证了完全竞争自由市场经济的最优性、合理性和唯一性。福利经济学第一基本定理给出了市场经济达到帕累托最优配置的条件，它说明了在充分竞争、个体逐利 (局部非饱和偏好)、无外部性、无公共品、无规模报酬递增、信息完全等情形下，市场制度导致了资源的有效配置。当这些条件不满足时，自发市场可能会失灵，导致资源的无效率配置。福利经济学第一基本定理是对亚当 • 斯密关于市场中 "看不见的手" 断言的严格表述。福利经济学第二基本定理则说明了，在一些正则性条件 (偏好的局部非饱和性、凸性和连续性，生产集的凸性和闭性) 下，任何一个有效配置都可以通过市场机制达到，政府只需进行初始禀赋再分配即可，而不是取消市场，引进其他资源配置机制，如政府主导的指令性计划经济之类的机制。这样，福利经济学第一、第二基本定理论证了帕累托最优配置和竞争市场均衡配置在一定意义下是等价的。

由经济核定理和经济核收缩定理组成的经济核等价定理则揭示了发展和稳定的相互促进的辩证关系。其中：竞争均衡核性质定理揭示了自由竞争的市场制度是社会稳定的 (即不存在任何抵制联盟)；而经济核收缩定理则更为深刻和重要，它证明了：在给予人们足够的经济自由和竞争的条件下，市场经济制度是实现有效资源配置的唯一经济制度，即它论证了在个体追求自身利益这一客观约束条件下，只要给予人们自愿合作和自愿交换的经济选择自由和允许充分竞争，即使在事前没有设定任何经济制度安排，所导致的核结果也将收敛于竞争均衡资源配置。公正定理对如何同时解决资源配置的效率和公平问题给出了具体建议。若经济人都有一个平等的竞争起点，即使这个起点不是帕累托有效的，通过竞争市场的运作也可以达到既是帕累托有效也是公平 (equitable) 的配置，这个结论对当前如何促进共同富裕具有重要的政策性指导意义。

所有这些结论都说明了，为了实现公平、公正、共同富裕、经济社会稳定等重大目标，我们并不需要取消市场，不需要采用计划经济或政府大幅度地直接干预经济，而是要考虑怎样去解决市场失灵问题，以及如何弥补市场制度的不足。我们可以通过政府、市场和社会的共同作用，实现既有效率也兼顾公平的资源配置。这些结果为遗产税、义务教育、环境保护、反垄断、金融监管和规制等提供了理论支持，从而为解决贫富差距过大、市场失灵等问题提供了重要启迪。

如前所述，所有这些结论的成立都有赖于种种在现实情景中无法成立甚至连逼近都做不到的假设条件，所得到的基本属于基准模型和基准经济理论。然而，这种研究方法与自然科学一样，有其必要性，就像物理学中无摩擦的理想状态一样，在现实中根本不存在，但为研究有摩擦的现实问题提供了基准点和参照系。同理，一般均衡理论所分析的完全竞争情形对我们思考、研究和检验现实中的市场经济具有重要的理论和现实意义，有着重大指导作用，它为经济效率的改进、经济制度的选择和改革提供了方向和战略，是我们思考和检验市场经济结果的出发点。特别地，如果市场经济没有实现资源的有效配置，则旨在达成帕累托改进而被施加干预的市场必然至少违背了保证福利经济学第一基本定理成立的其中某些条件。

当然，从微观和信息不完全的角度来说，市场还面临着许多问题，往往会导致市场失灵现象。分析市场在什么情形下会失灵和政府应该如何去做十分重要。只要弄清楚了市场制度的治理边界，就不会完全否定或无条件地完全肯定市场机制的作用，就不会从一个极端走到另一个极端，而是能够知道在何种情形下市场在资源配置方面能发挥决定性作用，以及在市场失灵时政府应如何发挥更好的和更恰当的作用，对市场进行修正，以此弥补市场的缺陷。当然，基本的前提仍然是个人是理性的，并且政府不是直接干预经济活动，而是制定规则或制度来解决市场失灵问题。这是由于受到信息不完全的限制，政府直接干预经济活动 (如组建大量的国有企业、任意限制市场准入及干扰商品价格) 往往效果不佳。在这方面，本书最后两个部分要介绍的专门研究如何设计规则和制度的机制设计理论在让市场有效和解决市场失灵问题方面能发挥极大作用。

本书余下 (也就是当前下册) 的内容可被看作对这些主题的进一步拓展。从第 14 章起到全书结束，我们将把关注点从探讨无摩擦自由竞争市场制度如何优越转为着重讨论自发市场经济制度在什么情况下会出现问题，从而讨论如何修正和弥补。为此，我们将考察自发市场偏离理想的完全竞争状态的各种情形及其所导致的市场均衡不再是帕累托最优的所谓“市场失灵”问题，并给出解决市场失灵问题的方法。

在本部分的第 14 章和第 15 章中，我们将分别考察外部性和公共品。在这两种情形下，经济中个体的行为将直接影响到其他个体的效用或产出。我们将看到，一般来说，非市场 (nonmarketed) “物品”或者“有害品” (bads) 将导致帕累托无效配置，从而导致市场失灵。由于存在外部性和公共品，单纯的市场不是好的资源配置机制，需要进行修正和弥补。我们将在第五部分和第六部分考察由不完全信息所导致的资源配置无效率问题。

第 14 章 外部性

14.1 导言

所谓**外部性** (externalities)，指的是经济中某些市场主体的经济活动 (生产活动或消费活动) 会影响到其他市场主体的效用或生产水平，进而影响到他们的经济活动。注意，在外部性的这个定义中，不涉及价格，从而并不是用物品的外部性价格是否为零来定义外部性的存在，这并不像一些人所误解的那样，由于某些物品的外部性价格为零而否定外部性存在 (就像我们不能由于新鲜空气充分多使之价格为零而否定新鲜空气存在一样)。其基本结论是，外部性的存在一般会导致市场的帕累托无效配置，从而导致市场失灵。其基本原因是由于外部性而影响到经济活动的一些因素没有被考虑到，从而即使允许充分竞争和经济自由选择，所导致的配置也往往是无效的。于是需要通过其他制度安排或机制设计来改进资源的配置。

外部性是一种客观现象，无处不在。具体来说，外部性包含两类，即消费外部性和生产外部性，其本质是相同的。

14.1.1 消费外部性

在前面的分析中，经济人的效用、满意度或福利只与自身的消费水平有关，而与他人的消费无关。但事实上，在很多情形下，他人的消费也会影响到你的效用水平，而你却又无法控制他人的消费，从而被动地使自己的效用水平受到影响。外部性既包括受损的负面效应，也包括获利的正面效应，这样的例子比比皆是。

例 14.1.1 消费外部性的一些例子:

(i) 你睡觉或学习时安静的环境被他人的声响干扰。

(ii) A 女士痛恨 D 先生靠近她吸烟。

(iii) B 先生的满足程度随着 C 先生消费水平的上升而下降，因为 B 先生嫉妒 C 先生的富裕生活，有仇富心理。

(iv) 你看不得别人爽，看到别人爽导致你不爽，有嫉妒心理。

(v) 你跟着观看同寝室的室友所买的电视。

(vi) 你搭你同事的便车上班。

(vii) 你的着装时髦受其他人的着装时髦影响。

(viii) 你使用电话、微信及电邮的效用依赖于其他人是否有相应的装置。

(i) 和 (ii) 中环境受影响或污染是典型的外部性，污染环境的个体行为会造成其他人的健康受损的负面影响。此外，在我们身边总有嫉妒别人的人。(iv) 损人利己也许能让人理解，损人损己 (同归于尽) 也能让人理解，但 (iii) 损人不利己 (红眼病) 经常发生，虽然一般来说难以让人理解，但却可以通过消费的负外部性来解释。(v) 和 (vi) 是正外部性的例子，而 (vii) 和 (viii) 是消费网络外部性的例子。

这些例子说明了，外部性的存在是非常普遍的现象。有人经常拿看日常遇到的靓男靓女不花钱来否定外部性的存在，其实这个论断存在着两个误区。一是如上所述，外部性价格是否为零并不是外部性的定义。二是要看艺术作品比如电影中的靓男靓女是需要买票的。

正式地，我们将存在或不存在消费外部性的情况分别表示为：

$$u_i(\boldsymbol{x}_i): \textbf{不存在消费外部性},$$

$$u_i(\boldsymbol{x}_1, \cdots, \boldsymbol{x}_n): \textbf{存在消费外部性}。$$

在后一种情况下，经济人 i 的效用水平受到其他个体消费的影响。

14.1.2 生产外部性

在生产中，外部性是自己的产出水平受到其他经济人生产活动的影响，这一影响的外部效应既可以是负的，也可能是正的。

例 14.1.2 生产外部性的一些例子:

(i) 化工厂的污水排放会影响周围渔民的生产，特别地，在下游捕鱼会受到上游化工厂排放的污染的负面影响。

(ii) 工厂的机器噪声影响到你的安静环境。

(iii) 工厂产生的雾霾让你身体受损。

(iv) 某个银行出现问题，引起恐慌，导致市场资金流动性大幅度下降；金融危机导致的银行倒闭使得大家都不敢存款，从而影响实体经济。

(v) 养蜂和农场互相产生正生产外部性，农场农作物的花粉会使养蜂人受益，反过来，蜜蜂采花又有利于农作物授粉。

(vi) 学校的声望即使对成绩差的学生也会带来好处，使他们相对容易找到工作。

(vii) 企业的研发 (R&D) 可能会提高其他企业的产出水平。在 IT 产业中，生产的固定成本很大，边际成本很小，但产品的正外部性很大。这样，知识具有典型的外部性，为了有利于创新，这时候就需要对知识产权的保护，否则企业不会进行研发。垄断不是一无是处，它的一个好处在于可以刺激企业进行研发创新 (从而获得垄断租)。

(viii) 企业的产出受到整个经济体中知识存量的影响 (生产网络外部性)。内生增长理论着重考虑这种生产外部性。

此外，政府及其决策者对一般经济人群体无论是在生产还是在消费方面都会产生巨大的正或负的外部性。这就是对政府或领导人需要有监督或制衡的根本原因。

无论正或者负的外部性，一般都会导致市场失灵。外部性的存在使我们有必要重新考察如何让资源得到有效配置。为保证在存在外部性时仍能获得有效配置，我们需要保证个体对其行为承担恰当的成本。解决外部性问题的方法有税收惩罚、所有权界定、规制、合并等等。

14.2　消费外部性与市场失灵

当消费不存在外部性时，个体 i 的效用仅是其自身消费的函数：

$$u_i(\boldsymbol{x}_i). \tag{14.1}$$

在这种情况下，对任意的 $l=1,2,\cdots,L$ 和 $h=1,2,\cdots,L$，内点竞争均衡的一阶条件为：

$$MRS_{x_2^l x_2^h} = MRS_{x_1^l x_1^h} = \cdots = MRS_{x_n^l x_n^h} = \frac{p^l}{p^h}, \tag{14.2}$$

从第 11 章中我们知道，内点帕累托有效性的一阶条件为：

$$MRS_{x_1^l x_1^h} = \cdots = MRS_{x_n^l x_n^h}. \tag{14.3}$$

因此，若个体的效用函数是局部非饱和的，每个竞争均衡都是帕累托有效的。

本节主要说明当存在消费的外部性时，竞争均衡配置一般不是帕累托有效的。为此，我们只需考察当存在消费外部性时竞争均衡的一阶条件一般不等同于帕累托有效配置的一阶最优性条件即可。以下内容主要采用著者和杨立岩在 Tian 和 Yang (2009) 中的结果。

考虑如下简单的两人两商品交换经济。设商品 x 存在消费外部性。每个消费者的效用函数为：

$$u_A(x_A, x_B, \boldsymbol{y}_A) \tag{14.4}$$

和

$$u_B(x_A, x_B, \boldsymbol{y}_B). \tag{14.5}$$

它们关于其自身消费严格递增、关于所有变量拟凹。为保证有内点解，假定 u_i $(i \in \{A, B\})$ 还满足**稻田条件** (Inada condition)$\dfrac{\partial u}{\partial x_i}(0)=+\infty$，且 $\lim_{x_i\to+\infty}\dfrac{\partial u}{\partial x_i}x_i=0$。竞争均衡的一阶条件仍然为：

$$MRS_{xy}^A = \frac{p_x}{p_y} = MRS_{xy}^B. \tag{14.6}$$

然而，对纯交换经济中存在消费外部性时的帕累托有效配置 $\boldsymbol{x}^*$，可由下述问题的一阶条件刻画：

$$\max_{\boldsymbol{x}\in\mathcal{R}^4_{++}} u_B(x_A,x_B,y_B) \tag{14.7}$$
$$\begin{aligned}\text{s.t.}\quad & x_A+x_B\leqq w_x,\\ & y_A+y_B\leqq w_y,\\ & u_A(x_A,x_B,y_A)\geqq u_A\left(x_A^*,x_B^*,y_A^*\right).\end{aligned}$$

一阶条件为：

$$x_A:\quad \frac{\partial u_B}{\partial x_A}-\lambda_x+\mu\frac{\partial u_A}{\partial x_A}=0, \tag{14.8}$$

$$y_A:\quad -\lambda_y+\mu\frac{\partial u_A}{\partial y_A}=0, \tag{14.9}$$

$$x_B:\quad \frac{\partial u_B}{\partial x_B}-\lambda_x+\mu\frac{\partial u_A}{\partial x_B}=0, \tag{14.10}$$

$$y_B:\quad \frac{\partial u_B}{\partial y_B}-\lambda_y=0, \tag{14.11}$$

$$\lambda_x:\quad w_x-x_A-x_B\geqq 0,\lambda_x\geqq 0,\lambda_x\left(w_x-x_A-x_B\right)=0, \tag{14.12}$$

$$\lambda_y:\quad w_y-y_A-y_B\geqq 0,\lambda_y\geqq 0,\lambda_y\left(w_y-y_A-y_B\right)=0, \tag{14.13}$$

$$\mu:\quad u_A-u_A^*\geqq 0,\mu\geqq 0,\mu\left(u_A-u_A^*\right)=0. \tag{14.14}$$

由式 (14.11)，我们得到 $\lambda_y=\frac{\partial u_B}{\partial y_B}>0$。因而根据式 (14.13)，有

$$y_A+y_B=w_y, \tag{14.15}$$

这意味着对没有外部性的商品 y，在帕累托最优处，总消费等于总的初始禀赋，商品 y 不存在弃置的情况。另外，根据式 (14.9) 和式 (14.11)，我们有

$$\mu=\frac{\dfrac{\partial u_B}{\partial y_B}}{\dfrac{\partial u_A}{\partial y_A}}. \tag{14.16}$$

从而由式 (14.8) 和式 (14.9)，我们得到

$$\frac{\lambda_x}{\lambda_y}=\left[\frac{\dfrac{\partial u_A}{\partial x_A}}{\dfrac{\partial u_A}{\partial y_A}}+\frac{\dfrac{\partial u_B}{\partial x_A}}{\dfrac{\partial u_B}{\partial y_B}}\right], \tag{14.17}$$

而由式 (14.10) 和式 (14.11)，我们有

$$\frac{\lambda_x}{\lambda_y}=\left[\frac{\dfrac{\partial u_B}{\partial x_B}}{\dfrac{\partial u_B}{\partial y_B}}+\frac{\dfrac{\partial u_A}{\partial x_B}}{\dfrac{\partial u_A}{\partial y_A}}\right]. \tag{14.18}$$

因此，从式 (14.17) 和式 (14.18)，我们可推出

$$\frac{\dfrac{\partial u_A}{\partial x_A}}{\dfrac{\partial u_A}{\partial y_A}}+\frac{\dfrac{\partial u_B}{\partial x_A}}{\dfrac{\partial u_B}{\partial y_B}}=\frac{\dfrac{\partial u_B}{\partial x_B}}{\dfrac{\partial u_B}{\partial y_B}}+\frac{\dfrac{\partial u_A}{\partial x_B}}{\dfrac{\partial u_A}{\partial y_A}}, \tag{14.19}$$

这表明在帕累托有效配置处，两个消费者的社会边际替代率相等。之所以我们称之为**社会边际替代率**，是由于若将社会福利函数写成消费者效用函数之和，然后求边际替代率，就可得到上式。通过这种方式内生化了消费外部性，从社会的角度看，就不存在外部性。这样，上式意味着，为了获得帕累托有效性，当一个消费者增加对商品 x 的消费时，不仅该消费者要改变对商品 y 的消费，其他消费者也要改变对商品 y 的消费。这样，商品 x 和 y 的总和边际替代率，被称为**社会边际替代率**，由 $\frac{\frac{\partial u_i}{\partial x_i}}{\frac{\partial u_i}{\partial y_i}}+\frac{\frac{\partial u_j}{\partial x_i}}{\frac{\partial u_j}{\partial y_j}}$ 给出。比较式 (14.6) 和式 (14.19)，我们可得知竞争均衡和帕累托有效配置的一阶条件不相同，从而立即有如下结论：

命题 14.2.1　当存在消费外部性时，竞争均衡配置一般不是帕累托最优的。

从上述边际等式条件我们可以看出，要正确计算边际等式条件下的相关边际替代率，就必须考虑消费活动在存在消费外部性时的直接和间接影响。

由式 (14.8) 和式 (14.10)，我们可以求得 μ 和 λ_x，它们分别为

$$\mu=\frac{\dfrac{\partial u_B}{\partial x_B}-\dfrac{\partial u_B}{\partial x_A}}{\dfrac{\partial u_A}{\partial x_A}-\dfrac{\partial u_A}{\partial x_B}}>0, \tag{14.20}$$

$$\lambda_x=\frac{\dfrac{\partial u_A}{\partial x_A}\dfrac{\partial u_B}{\partial x_B}-\dfrac{\partial u_A}{\partial x_B}\dfrac{\partial u_B}{\partial x_A}}{\dfrac{\partial u_A}{\partial x_A}-\dfrac{\partial u_A}{\partial x_B}}. \tag{14.21}$$

当消费外部性为正时，由式 (14.17) 或式 (14.18)，$\lambda_y=\dfrac{\partial u_B}{\partial y_B}>0$，我们易知 λ_x 总是为正。当不存在消费外部性或只存在单边的消费外部性时[①]，由式 (14.17) 或式 (14.18)，我们可知 λ_x 也为正。因此，对所有上述情形，社会边际替代率等式条件 (14.19) 和均衡配置条件完全确定了所有帕累托有效配置。然而，当存在消费负外部性时，由式 (14.21) 直接给出或由式 (14.17) 或式 (14.18) 间接给出的库恩-塔克 (Kuhn-Tucker) 乘子 λ_x 是一个正数和一个负数之和，从而 λ_x 的符号不确定。这样，社会边际替代率等式条件 (14.19) 和均衡配置条件并不能保证正确地求得帕累托有效配置 (有些教科书如 Varian (1992, p.438) 忽视了这点)。

① 只有一个消费者的消费对另外的消费者有外部性。

为了保证在存在消费负外部性时配置是帕累托有效的，还需要保证 $\lambda_x \geqq 0$，而这要求社会边际替代率非负，即

$$\frac{\frac{\partial u_A}{\partial x_A}}{\frac{\partial u_A}{\partial y_A}}+\frac{\frac{\partial u_B}{\partial x_A}}{\frac{\partial u_B}{\partial y_B}}=\frac{\frac{\partial u_B}{\partial x_B}}{\frac{\partial u_B}{\partial y_B}}+\frac{\frac{\partial u_A}{\partial x_B}}{\frac{\partial u_A}{\partial y_A}}\geqq 0, \tag{14.22}$$

或者等价地，由式 (14.21)，需要式 (14.19) 与

$$\underbrace{\frac{\partial u_A}{\partial x_A}\frac{\partial u_B}{\partial x_B}}_{\text{(联合边际收益)}} \geqq \underbrace{\frac{\partial u_A}{\partial x_B}\frac{\partial u_B}{\partial x_A}}_{\text{(联合边际成本)}} \tag{14.23}$$

都成立。

我们可将式 (14.23) 左端两人对自己消费的边际效用的乘积 $\frac{\partial u_A}{\partial x_A}\frac{\partial u_B}{\partial x_B}$ 解释为消费商品 x 的联合边际收益，而将右端关于他人消费的边际效用的乘积 $\frac{\partial u_A}{\partial x_B}\frac{\partial u_B}{\partial x_A}$ 解释为消费 x 的联合边际成本，因为消费的负外部性损害了消费者的利益。消费者有效消费商品 x 的必要条件为其联合边际收益大于或等于其联合边际成本。

因此，求解如下系统 (PO)

$$(\text{PO})\begin{cases}\frac{\frac{\partial u_A}{\partial x_A}}{\frac{\partial u_A}{\partial y_A}}+\frac{\frac{\partial u_B}{\partial x_A}}{\frac{\partial u_B}{\partial y_B}}=\frac{\frac{\partial u_B}{\partial x_B}}{\frac{\partial u_B}{\partial y_B}}+\frac{\frac{\partial u_A}{\partial x_B}}{\frac{\partial u_A}{\partial y_A}}\geqq 0,\\ y_A+y_B=w_y,\\ x_A+x_B\leqq w_x,\\ \left(\frac{\partial u_A}{\partial x_A}\frac{\partial u_B}{\partial x_B}-\frac{\partial u_A}{\partial x_B}\frac{\partial u_B}{\partial x_A}\right)(w_x-x_A-x_B)=0,\end{cases}$$

即可求得所有的帕累托有效配置。可分为三种情形求解：

情形 1：当 $\frac{\partial u_A}{\partial x_A}\frac{\partial u_B}{\partial x_B}>\frac{\partial u_A}{\partial x_B}\frac{\partial u_B}{\partial x_A}$ 时，或等价地，当

$$\frac{\frac{\partial u_A}{\partial x_A}}{\frac{\partial u_A}{\partial y_A}}+\frac{\frac{\partial u_B}{\partial x_A}}{\frac{\partial u_B}{\partial y_B}}=\frac{\frac{\partial u_B}{\partial x_B}}{\frac{\partial u_B}{\partial y_B}}+\frac{\frac{\partial u_A}{\partial x_B}}{\frac{\partial u_A}{\partial y_A}}>0$$

时，$\lambda_x>0$，从而上述系统 (PO) 的最后两个条件变为 $x_A+x_B=w_x$。在这种情况下，帕累托有效配置的条件成立。将 $x_A+x_B=w_x$ 和 $y_A+y_B=w_y$ 代入边际等式条件 (14.19)，即可得到 x_A 和 y_A 的关系式，从而确定了帕累托有效配置。

情形 2：当消费 x 的联合边际收益等于联合边际成本时，即

$$\frac{\partial u_A}{\partial x_A}\frac{\partial u_B}{\partial x_B}=\frac{\partial u_A}{\partial x_B}\frac{\partial u_B}{\partial x_A}, \tag{14.24}$$

则有

$$\frac{\frac{\partial u_A}{\partial x_A}}{\frac{\partial u_A}{\partial y_A}}+\frac{\frac{\partial u_B}{\partial x_A}}{\frac{\partial u_B}{\partial y_B}}=\frac{\frac{\partial u_B}{\partial x_B}}{\frac{\partial u_B}{\partial y_B}}+\frac{\frac{\partial u_A}{\partial x_B}}{\frac{\partial u_A}{\partial y_A}}=0, \tag{14.25}$$

从而有 $\lambda_x=0$。在这种情况下，当 $x_A+x_B\leqq w_x$ 时，是否弃置 (销毁) 部分 x 是不确定的 (注意，不存在弃置意味着等式 $x_A+x_B=w_x$ 成立)。即使如此，仍能根据 $y_A+y_B=w_y$ 和零社会边际等式条件 (14.25) 确定帕累托有效配置集。实际上，将 $y_A+y_B=w_y$ 代入式 (14.25)，我们可将 x_A 表示为 y_A 的解。

情形 3：对所有 $y_A+y_B=w_y$ 和边际等式条件 (14.19) 的配置，当 $\frac{\partial u_A}{\partial x_A}\frac{\partial u_B}{\partial x_B}<\frac{\partial u_A}{\partial x_B}\frac{\partial u_B}{\partial x_A}$ 时，社会边际替代率必然为负。因此，配置不是帕累托有效的。在这种情况下，商品 x 必然存在弃置，不存在满足式 (14.25) 的帕累托有效配置。

综合上面三种情形，我们可以利用下面这组条件

$$\begin{cases}\dfrac{\frac{\partial u_A}{\partial x_A}}{\frac{\partial u_A}{\partial y_A}}+\dfrac{\frac{\partial u_B}{\partial x_A}}{\frac{\partial u_B}{\partial y_B}}=\dfrac{\frac{\partial u_B}{\partial x_B}}{\frac{\partial u_B}{\partial y_B}}+\dfrac{\frac{\partial u_A}{\partial x_B}}{\frac{\partial u_A}{\partial y_A}}\\ x_A+x_B=w_x\\ y_A+y_B=w_y\end{cases},$$

并结合判断式 $\frac{\partial u_A}{\partial x_A}\frac{\partial u_B}{\partial x_B}\gtreqqless\frac{\partial u_A}{\partial x_B}\frac{\partial u_B}{\partial x_A}$ 来判断是否存在弃置。若 $\frac{\partial u_A}{\partial x_A}\frac{\partial u_B}{\partial x_B}\geqq\frac{\partial u_A}{\partial x_B}\frac{\partial u_B}{\partial x_A}$ 成立，则为达到帕累托有效配置，资源禀赋用尽。若 $\frac{\partial u_A}{\partial x_A}\frac{\partial u_B}{\partial x_B}<\frac{\partial u_A}{\partial x_B}\frac{\partial u_B}{\partial x_A}$，尽管效用函数关于 x 是严格单调的，为达到帕累托有效配置，必定要弃置一些 x 的商品。

于是我们有下面的命题，它刻画了在达到帕累托有效配置时商品 x 是否存在资源的弃置。

命题 14.2.2 对 2×2 纯交换经济，假设效用函数 $u_i(x_A,x_B,y_i)$ 连续可微、严格拟凹且满足 $\frac{\partial u_i(x_A,x_B,y_i)}{\partial x_i}>0, i=A,B$。

(1) 若社会边际替代率在帕累托有效配置 $\boldsymbol{x}^*$ 处严格为正[①]，则在帕累托有效配置 $\boldsymbol{x}^*$ 处，资源用尽，不存在弃置初始禀赋 w_x 的情况。

(2) 若满足 $x_A+x_B=w_x$，$y_A+y_B=w_y$ 和边际等式条件 (14.19) 的配置 (x_A,x_B) 的边际替代率为负，则在帕累托有效配置 $\boldsymbol{x}^*$ 处，不能用尽资源，存在着资源 $\boldsymbol{x}$ 的弃置，即 $x_A^*+x_B^*<w_x$，其中 $\boldsymbol{x}^*$ 由 $y_A+y_B=w_y$ 和式 (14.25) 决定。

① 如上所述，当存在正消费外部性、不存在消费外部性或者存在单边的消费外部性时，该结论都成立。

命题 14.2.2中的第二个结论意味着，为了达到帕累托有效配置，当其社会边际替代率为负时，那些给消费者带来负外部性的商品的初始禀赋不应被用尽，否则将导致资源无效配置。

因此，根据上述命题，我们知道 (x_A, y_A, x_B, y_B) 是帕累托有效配置的充分条件为：

$$\left.\begin{array}{r}\dfrac{\frac{\partial u_A}{\partial x_A}}{\frac{\partial u_A}{\partial y_A}}+\dfrac{\frac{\partial u_B}{\partial x_A}}{\frac{\partial u_B}{\partial y_B}}=\dfrac{\frac{\partial u_B}{\partial x_B}}{\frac{\partial u_B}{\partial y_B}}+\dfrac{\frac{\partial u_A}{\partial x_B}}{\frac{\partial u_A}{\partial y_A}}\\ x_A+x_B\leqq w_x\\ y_A+y_B=w_y\end{array}\right\}\Rightarrow\frac{\partial u_A}{\partial x_A}\frac{\partial u_B}{\partial x_B}>\frac{\partial u_A}{\partial x_B}\frac{\partial u_B}{\partial x_A}. \tag{14.26}$$

(x_A, y_A, x_B, y_B) 不是帕累托有效配置的充分条件为：

$$\left.\begin{array}{r}\dfrac{\frac{\partial u_A}{\partial x_A}}{\frac{\partial u_A}{\partial y_A}}+\dfrac{\frac{\partial u_B}{\partial x_A}}{\frac{\partial u_B}{\partial y_B}}=\dfrac{\frac{\partial u_B}{\partial x_B}}{\frac{\partial u_B}{\partial y_B}}+\dfrac{\frac{\partial u_A}{\partial x_B}}{\frac{\partial u_A}{\partial y_A}}\\ x_A+x_B=w_x\\ y_A+y_B=w_y\end{array}\right\}\Rightarrow\frac{\partial u_A}{\partial x_A}\frac{\partial u_B}{\partial x_B}<\frac{\partial u_A}{\partial x_B}\frac{\partial u_B}{\partial x_A}. \tag{14.27}$$

例 14.2.1 设效用函数为：

$$u_i(x_A, x_B, y_i)=\sqrt{x_i y_i}-x_j,\quad i\in\{A,B\}, j\in\{A,B\}, j\neq i,$$

根据社会边际替代率等式条件 (14.19)，我们有

$$\left(\sqrt{\frac{y_A}{x_A}}+1\right)^2=\left(\sqrt{\frac{y_B}{x_B}}+1\right)^2, \tag{14.28}$$

从而有

$$\frac{y_A}{x_A}=\frac{y_B}{x_B}. \tag{14.29}$$

令 $x_A+x_B\equiv\bar{x}$。将 $x_A+x_B=\bar{x}$ 和 $y_A+y_B=w_y$ 代入式 (14.29)，得

$$\frac{y_A}{x_A}=\frac{w_y}{\bar{x}}. \tag{14.30}$$

由式 (14.29) 和式 (14.30)，联合边际收益

$$\frac{\partial u_A}{\partial x_A}\frac{\partial u_B}{\partial x_B}=\frac{1}{4}\sqrt{\frac{y_A}{x_A}}\sqrt{\frac{y_B}{x_B}}=\frac{y_A}{4x_A}=\frac{w_y}{4\bar{x}}, \tag{14.31}$$

以及联合边际成本

$$\frac{\partial u_A}{\partial x_B}\frac{\partial u_B}{\partial x_A}=1. \tag{14.32}$$

因此，$\bar{x}=w_y/4$ 是使得 $\frac{\partial u_A}{\partial x_A}\frac{\partial u_B}{\partial x_B}-\frac{\partial u_A}{\partial x_B}\frac{\partial u_B}{\partial x_A}=0$ 的临界值，或者等价地，$\dfrac{\frac{\partial u_A}{\partial x_A}}{\frac{\partial u_A}{\partial y_A}}+\dfrac{\frac{\partial u_B}{\partial x_A}}{\frac{\partial u_B}{\partial y_B}}=$

$\dfrac{\dfrac{\partial u_B}{\partial x_B}}{\dfrac{\partial u_B}{\partial y_B}} + \dfrac{\dfrac{\partial u_A}{\partial x_B}}{\dfrac{\partial u_A}{\partial y_A}} = 0$。因此，若 $w_x > \dfrac{w_y}{4}$，则 $\dfrac{\partial u_A}{\partial x_A}\dfrac{\partial u_B}{\partial x_B} - \dfrac{\partial u_A}{\partial x_B}\dfrac{\partial u_B}{\partial x_A} < 0$。于是，为了达到帕累托最优配置，商品 x 的初始禀赋不应被用尽，也就是，必须弃置一定量的商品 x。若 $w_x < \dfrac{w_y}{4}$，则 $\dfrac{\partial u_A}{\partial x_A}\dfrac{\partial u_B}{\partial x_B} - \dfrac{\partial u_A}{\partial x_B}\dfrac{\partial u_B}{\partial x_A} > 0$，在这种情况下，所有的初始禀赋完全被消费。若 $w_x = \dfrac{w_y}{4}$，则任何满足边际等式条件 (14.19) 及平衡条件 $x_A + x_B = w_x$ 和 $y_A + y_B = w_y$ 的配置都满足式 (14.23)(由于 $\dfrac{\partial u_A}{\partial x_A}\dfrac{\partial u_B}{\partial x_B} - \dfrac{\partial u_A}{\partial x_B}\dfrac{\partial u_B}{\partial x_A} = 0$)，从而根据式 (14.26)，它的配置是帕累托有效的。

注意到由于 $\dfrac{\partial u_A}{\partial x_A}$ 和 $\dfrac{\partial u_B}{\partial x_B}$ 表示边际效用，它们随着商品 x 的消费增加而递减。当 $\dfrac{\partial u_A}{\partial x_B}$ 和 $\dfrac{\partial u_B}{\partial x_A}$(我们可视之为消费的边际成本) 为负时，其绝对值一般来说随着商品 x 的消费增加而递增。因此，当 x 的禀赋 w_x 较小时，社会边际收益将超过社会边际成本，从而不存在商品弃置问题。随着 x 的禀赋 w_x 增加得越来越多 (从而商品 x 越来越充裕，而 y 则成为相对稀缺的)，社会边际成本最终将超过社会边际收益，从而带来禀赋 w_x 的浪费。

我们也可以采用社会边际替代率方法，得到相同的结果。当社会福利函数 $W(x,y) = u_A(x_A, x_B, y_A) + u_B(x_A, x_B, y_B)$ 严格拟凹时，以上所定义的社会边际替代率递减。因此，若存在消费负外部性，当商品 x 的消费越来越大时，社会边际替代率最终将变为负的。当这种情况发生时，为了达到帕累托最优，商品 x 不应被全部消费掉。随着商品 x 的消费下降，社会边际替代率将上升，最终它们将大于等于零。

当存在负外部性时，为了达到资源有效配置，有些商品需要被弃置这一现象令人奇怪，但这种令人奇怪的现象不仅在理论上重要，也和现实有关。田国强和杨立岩在《对“幸福–收入之谜”的一个解答》(载《经济研究》，2006(11)) 一文中用以上理论结果解释了在经济学和心理学中著名的幸福–收入之谜：一国人民的幸福度起初随着收入的上升而上升，但超过某个收入水平后，幸福度却随着收入水平的上升而下降。比如，在过去的 70 年中，美国的平均生活满意度一直在下降，而英国的平均满意度在同时期接近水平状态。若我们将收入解释为一种商品，当商品为劣等品或人们相互嫉妒他人的收入水平时 (比如低收入的人嫉妒高收入的人)，则根据以上结果，在收入超过某个临界水平后，若所有收入都被花费掉，人们的幸福度随着消费的上升反而下降，从而导致帕累托无效配置。因此，当经济增长到一定水平时，若其他方面 (如精神文明和政治文明) 不能跟进，则收入增长不能增加人们的幸福水平，这就是所谓的幸福–收入之谜。

为了说明此点，回到例 14.2.1，如 Tian 和 Yang (2012) 中所分析的那样，将 x 解释为收入水平或 GDP 指标，将 y 解释为非物质水平或非 GDP 指标 (即 GDP 没有包括的方面，如精神因素、生态环境、民主权利等)。若不注重非物质水平 w_y 的平衡、同步的增长，只是一味地注重 GDP 的增长，最终就会有 $w_x > \frac{w_y}{4}$，从而就会出现在现实中看到的随着人们收入水平的上升，幸福度却持续下降的现象。

这样，上述结果有一个很强的政策含义，即政府一味地追求 GDP 的增长不见得总能增加人们的幸福度，可能反而会降低人们的幸福度，于是导致帕累托无效配置。这就是在过去几十年中，在许多国家，人们的幸福度随着收入的不断上升先是上升然后开始下降的根本原因。人们的幸福度来自物质和非物质水平 (如精神文明和政治文明) 两个层面。实际上，人们的幸福指数由多重因素决定：(1) 物质因素，如收入水平及其差别；(2) 精神因素，如事业成就感、工作压力、失业、休闲时间、朋友情感、家庭和谐；(3) 社会政治因素，如社会公平、政治稳定、民主权利等；(4) 生态因素，如对环境污染、生态破坏的治理，这关系个体健康乃至生存。可以看出，(1) 所列因素为 GDP 品而 (2)~(4) 所列因素为非物品或非 GDP 品。

因此，幸福感源自物质文明、精神文明、政治文明、生态文明。在人们生活水平不高时，人们更多的是追求物质文明。而当生活水平达到一定程度时，人们会更趋于追求精神文明、政治文明及生态文明。也就是，首先要解决吃穿住行问题，然后是追求艺术、诗歌、哲学、生活安逸和质量、身体健康、民主政治、自身权利的保护等上层建筑方面的改进。由于对他人收入嫉妒而产生的负消费外部性，精神文明、政治文明及生态文明的建设也是十分重要的。所以，对物质文明和非物质方面的文明都需要平衡及充分发展，才可能导致社会和谐有效。

关于幸福水平，人们从心理学、伦理学和经济学等视角对其进行研究。很多人认为主流经济学无法解释人类幸福水平的问题。但以上结果说明，幸福经济学也可纳入主流经济学的框架进行研究，仍然可以假定个体是自利的，仍然需要采用帕累托最优或社会福利最大化作为判断资源配置是否有效的基本标准，只是加入了人们的收入一般会出现负外部性的假定 (这是一个合理假设，在现实中普遍存在，比如有些人认为他人的收入高于自己的收入会降低自己的效用)。对这一问题的详细讨论，参见田国强和杨立岩 2006 年发表在《经济研究》上的文章以及在 Tian 和 Yang (2009, 2012) 中的讨论。

14.3 生产外部性与市场失灵

我们现在讨论，当存在生产外部性时，竞争的市场也可能导致资源的无效率配置。为了说明这一点，考虑存在两个企业的简单经济。企业 1 生产产品 x，该产品在竞争市场上销售，但 x 的生产将会给企业 2 带来外部成本 $e(x)$(也可以将其视为减少污染的成本)，假定 $e(x)$ 为严格递增的凸函数。

设 y 为企业 2 生产的产出，企业 2 的产品在竞争市场上销售。

设 $c_x(x)$ 和 $c_y(y)$ 分别为企业 1 和 2 的成本函数，它们为严格递增凸函数。

企业的利润分别为：

$$\pi_1 = p_x x - c_x(x), \tag{14.33}$$

$$\pi_2 = p_y y - c_y(y) - e(x), \tag{14.34}$$

其中，p_x 和 p_y 分别为商品 x 和 y 的价格。由最优化的一阶条件，当 x 和 y 的产出都为正时，我们有：

$$p_x = c_x'(x), \tag{14.35}$$

$$p_y = c_y'(y). \tag{14.36}$$

从社会的角度来看，由以上一阶条件求得的利润最大化产出 x_c 过大。企业 1 只考虑了自身的生产成本，而忽略了所导致的社会成本，即没有考虑给企业 2 所带来的成本，从而导致了资源的无效率配置。

那么，社会有效产出是多少呢？若这两个企业合并，则生产的外部性内生化了，对合并后的企业来说，不存在外部性了，所组成的社会福利函数为 $\pi_1 + \pi_2$，则最大化问题为：

$$\max_{x,y}\ p_x x + p_y y - c_x(x) - e(x) - c_y(y), \tag{14.37}$$

其一阶条件为：

$$p_x = c_x'(x^*) + e'(x^*),$$

$$p_y = c_y'(y^*),$$

其中，x^* 为 x 的有效产出数量，在该产出处，x 的价格等于社会成本。因此，由 $e(x)$ 和 $c_x(x)$ 的凸性，x^* 小于存在生产外部性时的竞争产出 x_c (见图 14.1)。

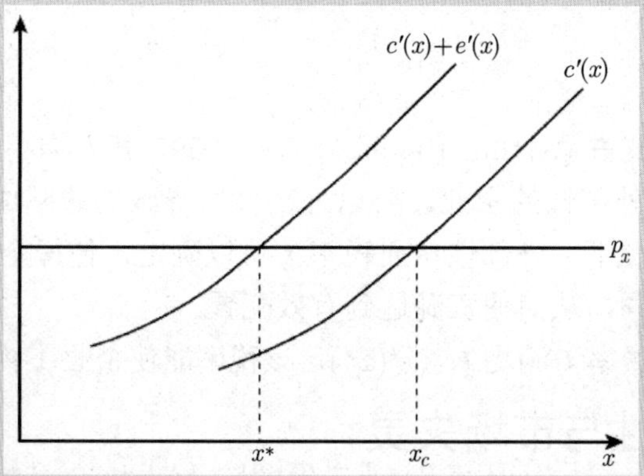

图 14.1　有效产出 x^* 小于竞争产出 x_c

14.4　外部性的解决方案

从上面的讨论我们知道，无论是存在消费的外部性，还是存在生产的外部性，竞争市场一般来说都不能导致帕累托有效配置，因而我们需要寻求其他机制来解决市场失灵问题。经济学家提出了许多方法来弥补由外部性导致的市场失灵问题，例如：

（1）庇古税 (Pigovian taxes)；

（2）自愿谈判 (voluntary negotiation) (科斯方法)；

（3）补偿税 (compensatory tax)/补贴 (subsidy)；

（4）引入缺失的产权的市场；

（5）直接干预 (intervention)；

（6）企业合并 (merges)；

（7）建立排污权交易市场；

（8）激励机制设计。

上述每一种解决方案都是为了得到帕累托有效配置而提出的，不同的解决方案可能会影响到收入分配，导致不同的收入分配结果。大部分上述解决方案都需要做如下假设：

（1）外部性的来源和程度是可识别的；

（2）外部性的承受方是可识别的；

（3）外部性的前因后果是可清楚确定的；

（4）防范外部性 (用不同的方法) 的成本对每个人来说都是完全已知的；

（5）收税或进行补贴的成本是可忽略的；

（6）自愿谈判的成本是可忽略的。

我们在下面将讨论这些方案的优缺点。此外，为执行上述每种解决方案，知道一些信息是十分重要的。以上大多数方案的实施都需要假定完全信息，如庇古税、科斯定理等。当信息不对称时，这些方法的实施就存在着较大问题，因而需要采用激励机制设计方法来实施这些方案，或给出新的解决方案。

14.4.1 庇古税

庇古税是由阿瑟·庇古 (Arthur Pigou, 1877—1959，其人物小传见 14.6.1 节) 提出的，指的是政府对那些具有外部性的企业，要以外部性所导致的边际成本作为税率 $t = e'(x^*)$ 征税。在信息完全的情况下，外部性从而税率 t 可以确定，使得企业的一阶最优性条件与社会最优的一阶条件相同，从而使资源达到有效配置。

设对企业 1 征收的税率 t 满足 $t = e'(x^*)$。该税率能使企业 1 内部化其外部性。企业 1 的净利润为：

$$\pi_1 = p_x \cdot x - c_x(x) - t \cdot x, \tag{14.38}$$

其利润最大化一阶条件为：

$$p_x = c_x'(x) + t = c_x'(x) + e'(x^*), \tag{14.39}$$

该条件同社会最优配置的条件相同。这意味着当企业面对其市场错误价格时，应对企业 1 征收能带来社会最优产出的**矫正税** (correction tax)$t = e'(x^*)$，该产出小于竞争均衡产出。这样的矫正税被称为**庇古税** (Pigovian tax)。

在现实中，通常采用庇古税来解决外部性问题，但这有很大的局限性。在采用这种方法修正价格时，其前提是监管部门要知道企业 1 生产 x 带给企业 2 的外部成本 $e(x)$。

若监管部门不知道这一信息，那么就无法确定其税率，从而就不能准确地应用这一方法。因而它只适用于 $e(x)$ 比较容易识别的情景，比如汽车的排气量能够比较容易地量化鉴定，从而消费每升汽油的排气税容易确定。不过，若 $e(x)$ 是污染危害评价函数，这往往涉及多人 (甚至全球) 与将来，则很难估值，但如果 $e(x)$ 是减少污染的排污成本函数 (如我们上面讨论的情况)，则往往比较容易估计。在污染严重 (因而有减排投资) 的情形下，可以不必对污染的危害进行估值，而是根据减少污染的边际成本课税（详细讨论见 Ng, 2016）。然而，当 $e(x)$ 是私人信息，难以识别时，征税者难以准确获得关于成本 $e(x)$ 的信息，从而这一方法不能简单直接采用。为了获得信息，就需要采用一些有效的方法，但这需要付出成本。若搜集信息的成本过高，则该方法在实践中就难以采用。同时还需假定，监管部门的人都是秉公执法的，不会受贿，这意味着法律和信息完备性的要求对采用庇古税这一制度安排是重要的。所有这些都表明这一方法有较大的局限性。

14.4.2　科斯定理

解决外部性的另外一种方法是由所涉及的各方协商解决外部性问题。

诺贝尔经济学奖获得者罗纳德·哈里·科斯 (Ronald Harry Coase，1910—2013，其人物小传见 14.6.2 节) 针对庇古税的两个缺陷提出了批评：一是政府干预了经济自由；二是征税者在大多数情况下不可能知道关于成本 $e(x)$ 的信息。科斯最大的贡献是系统地研究了产权的交易问题。为了解决外部性问题，科斯在其于 1960 年发表的著名文章《社会成本问题》中指出，能否有效解决外部性问题关键在于产权是否明晰界定。为此，科斯提出了产权明晰界定和自愿交换、自愿谈判的方法。所谓的**科斯定理**断言，只要产权明晰界定，交易双方谈判的结果就能使外部性生产活动的生产水平达到最优。其政策含义是，政府最应该做的是明晰界定产权，市场就会解决外部性问题，而无须政府直接干预。

“科斯定理”一词源于乔治·施蒂格勒，施蒂格勒在他的教科书《价格理论》第 110~114 页中解释了科斯的观点。施蒂格勒断言科斯定理实际上包含两个论断 (都假定在没有交易成本的情况下)。

论断 1 (**科斯有效性** (efficiency) 定理)　对外部性的自愿谈判将导致帕累托最优结果。

论断 2 (**科斯中性** (neutrality) 定理)　无论产权给谁，如何配置，外部性的水平都是相同的。

如果每个帕累托最优配置都具有相同水平的外部性，而不管私人物品的分配方式如何，那么施蒂格勒的论断 2 可由论断 1 得出。因此，所谓的**科斯定理**所论断的是，只要产权明晰和交易成本为零，双方以这样的方式进行谈判，就可实现外部性情形下的资源配置的最佳水平。作为政策含义，政府用适当的产权设计来界定产权安排，然后市场可以自己解决外部性而不需要政府的直接干预。

科斯是通过具有外部性的二人经济的各种例子来说明其论断的。下面的简单例子揭示了科斯的核心思想和观点。

例 14.4.1 两个企业：一个是向河流排放化学废品的化工企业，另外一个是渔场。假设河流每年的鱼产值为 500 000 美元。若化学品污染河流，鱼将不能食用。我们该如何解决该外部性问题呢？科斯认为，只要河流的所有权清晰界定，则外部性问题就能被有效解决。这意味着只要将河流的所有权赋予化工企业或者渔场，就可导致有效产出。为理解这一点，设过滤污染的成本为 c_f。我们考虑如下两种情形：

情形 1：将河流的所有权分配给化工企业。

i）若 $c_f < 500\,000$ 美元，则渔场将愿意为化工企业购买过滤系统从而使河流不受污染。

ii）若 $c_f > 500\,000$ 美元，则渔场不愿意为化工企业安装过滤系统，化工企业将化学废品排放到河中。

情形 2：将河流的所有权分配给渔场，且企业的净产值也是 500 000 美元。

i）若 $c_f < 500\,000$ 美元，则化工企业将购买过滤系统从而河流不会受到污染。

ii）若 $c_f > 500\,000$ 美元，则化工企业将为化学废品排放到河中支付给渔场 500 000美元。

这样，无论产权归谁，两种情形导致了同样的有效结果：只要 $c_f < 500\,000$ 美元，污染就不会发生，否则就会发生。唯一的差别只是收入分配效应不同。

像上述例子一样，科斯给出了许多支持其论断的例子，都是讨论企业之间而非消费者之间的谈判问题。由于企业是利润最大化的而不是效用最大化的，其经济行为好像**受托人** (fiduciaries) 行为，这种差异是重要的。这是由于利润最大化没有收入效应，而效用最大化一般具有收入效应。

考察两个消费者和 L 种商品的经济。设消费者 i 的初始财富为 w_i，效用函数为

$$u_i(x_i^1, \cdots, x_i^L, h),$$

即每个消费者的效用水平与所消费的商品量和消费者 1 进行的活动 h 有关。

活动 h 不会直接给消费者 1 带来货币成本。比如，h 是消费者 1 播放音乐的数量。为了播放音乐，消费者 1 购买了电器设备，但电器设备可由 x_i 的某一分量表示。对消费者 2 来说，h 表示消费者 1 的行为对他造成的外部效应。在该模型中，假设有

$$\frac{\partial u_2}{\partial h} \neq 0.$$

因此，该模型的外部性表现为 h 会影响消费者 2 的效用，但该外部性没有由市场计价。设 $v_i(w_i, h)$ 为消费者 i 的间接效用函数：

$$v_i(w_i, h) = \max_{\boldsymbol{x}_i} u_i(\boldsymbol{x}_i, h)$$

$$\text{s.t.} \quad p x_i \leqq w_i.$$

为了排除由于产权划分的差异所产生的收入效应，假定消费者的效用函数关于某种计价商品是拟线性的，使得消费者 i 的间接效用函数形如

$$v_i(w_i, h) = \phi_i(h) + w_i.$$

我们进一步假定间接效用函数关于 h 是凹的：$\phi_i''(h) < 0$。为了最大化自身效用，消

费者 1 将选择 h 使 v_1 达到最大，从而竞争市场的内点解满足

$$\phi_1'(h^*) = 0.$$

即使消费者 2 的效用依赖于 h 也不会影响 h 的选择。

另外，社会最优水平 h 将使消费者的效用之和达到最大：

$$\max_h \phi_1(h) + \phi_2(h).$$

在内点处达到最大值的一阶条件为：

$$\phi_1'(h^{**}) + \phi_2'(h^{**}) = 0,$$

其中，h^{**} 是 h 的帕累托最优水平。因此，当两个消费者的边际收益率之和等于零时社会达到最优状态。这样，由于外部性，对以上效用函数，我们仍然得出市场的竞争均衡结果一般来说不是帕累托最优的。

若对消费者 2 来说外部性为负 (嘈杂的音乐)，则 $h^* > h^{**}$，即社会生产了过多的 h。若对消费者 2 来说外部性为正 (优美的音乐、烤面包的香味或者美丽的庭院)，则 $h^* < h^{**}$，即社会生产了过少的 h。

下面的讨论表明，只要所有权 (即播放音乐的权利) 明晰界定，双方将进行谈判从而使得具有外部性的消费活动达到社会最优水平。首先考察消费者 2 有播放音乐的权利的情形，即消费者 2 有权阻止消费者 1 进行活动 h。该权利是**可合约化的** (contractible)，即消费者 2 可将进行 h_2 单位活动的权利 h 卖给消费者 1，并获得一定的转移支付 T_2。两个消费者将就转移支付的规模 T_2 和产生外部性的数量 h_2 进行讨价还价的谈判。

为了确定讨价还价的结果，先设定讨价还价的机制，如下所示：

（1）消费者 2 提供一份支付为 T_2 及活动水平为 h_2 的合约给消费者 1，消费者 1 要么接受，要么走人 (不再与消费者 2 进行谈判)。

（2）若消费者 1 接受该合约，活动 h_2 实现。若消费者 1 不接受该合约，消费者 1 将不能产生任何数量的外部性，即 $h_2 = 0$。

为了分析上述机制，首先考察消费者 1 会接受何种合约 (h_2, T)。若没有合约允许，消费者 1 产生外部性的数量为 $h_2 = 0$。消费者 1 接受合约 (h_2, T_2) 当且仅当该合约满足参与约束条件，即消费者 1 接受合约当且仅当：

$$\phi_1(h_2) - T_2 \geqq \phi_1(0).$$

在上述约束下，消费者 2 将选择的合约 (h_2, T_2) 是下述问题的解：

$$\max_{h_2, T_2} \phi_2(h_2) + T_2$$

$$\text{s.t.} \quad \phi_1(h_2) - T_2 \geqq \phi_1(0).$$

由于消费者 2 倾向于更大的 T_2，上述问题的约束在最优解处紧致 (即解按等式成立)，因此上述问题变为：

$$\max_{h_2} \phi_1(h_2) + \phi_2(h_2) - \phi_1(0),$$

其一阶条件为：

$$\phi_1'(h_2) + \phi_2'(h_2) = 0.$$

上述条件与社会最优水平 h^{**} 的条件相同。因此，消费者 2 将选择 $h_2 = h^{**}$，从而根据约束条件，有 $T_2 = \phi_1(h^{**}) - \phi_1(0)$。且该合约 (h_2, T_2) 被消费者 1 接受。因此上述讨价还价过程实现了社会最优。

现假定消费者 1 有权产生任意水平的外部性。我们仍假定讨价还价机制如上所述。

消费者 2 提出一份给消费者 1 要么接受要么走人的合约 (h_1, T_1)，其中，下标表示在这种情形下消费者 1 具有播放音乐的所有权。若消费者 1 拒绝该合约，他能选择产生任意水平的外部性，因而他选择的消费水平为 h^*。该情形同前面的情形的不同之处在于在前面的情形下两个消费者如没有达成合约，就不能播放音乐，而这里由于播放权在消费者 1 这边，他可以播放音乐。在这种情形下，消费者 2 的问题为：

$$\begin{aligned} &\max_{h_1, T_1} \phi_2(h_1) - T_1 \\ \text{s.t.} \quad &\phi_1(h_1) + T_1 \geqq \phi_1(h^*). \end{aligned}$$

类似地，该问题的约束条件在最优解处紧致，从而消费者 2 选择 h_1 和 T_1 使得

$$\max \phi_1(h_1) + \phi_2(h_1) - \phi_1(h^*)$$

达到最大。由于一阶条件与前述情形相同，该问题在 $h_1 = h^{**}$ 处达到最大值。唯一不同的是转移支付 T_1，其中，$T_1 = \phi_1(h^*) - \phi_1(h^{**})$。

上述两种所有权配置方案都可以实现帕累托有效水平 h^{**}，但其转移支付是不同的。当消费者 2 拥有播放权时，得到补偿使之转移支付为正，究其原因，如果不进行讨价还价，消费者 1 只能生产零单位的外部性，因而消费者 2 在讨价还价中处于优势地位。当消费者 1 拥有播放权时，情形正好相反。消费者 2 为了减少或阻止消费者 1 的播放而需补偿消费者 1，从而消费者 2 的转移支付为负。

这样，当消费者的效用函数为拟线性函数时，计价商品的重新分配对社会福利没有任何影响，也就是收入效应为零。不管所有权如何分配，讨价还价能导致帕累托最优结果，这一结论是对科斯定理的严谨证明：若外部性交易产生，当消费者的效用函数为拟线性函数时，则不管所有权如何划分 (只要产权明晰)，讨价还价都能导致有效结果。注意到界定明晰、可执行的产权是讨价还价发挥作用的前提条件。若对谁有权污染 (或不污染) 有争议，讨价还价也许不能导致配置的有效性。保证有效配置还要求讨价还价过程是无成本的。注意到在这里政府不需要了解消费者，它只需要界定产权即可。这样，所有权的明晰界定成为关键。因此，科斯定理论证了明晰的法律和良好的法庭的重要性和必要性。

我们知道，拟线性函数是限制性很强的假设，它意味着没有任何收入效应。若科斯定理只是对拟线性效用函数才成立，那么它对消费外部性成立的结论就具有很大的局限性。这样，一个自然而然的问题就是，科斯定理对其他类型的效用函数也成立吗？赫维茨给出的结论令人吃惊和遗憾。在经济学期刊《日本和世界经济》(*Japan and the World Economy*，7, 1995, pp. 49-74) 关于科斯定理的专辑 (诺贝尔经济学奖获得者萨缪尔森及威

廉姆森等人也为专辑写了文章) 中，他论断：即使交易成本为零及产权清晰界定，无收入效应 (即为拟线性效用函数) 对科斯中性定理成立不仅是充分条件 (已有结论)，也是必要条件。即当交易成本可以忽略不计时，当且仅当消费者关于计价商品的效用函数是拟线性的时，污染水平和产权分配无关，也就是无收入效应的效用函数是科斯定理成立的充要条件。因此，即使交易成本为零，科斯定理也只是在特殊情况下才成立，何况交易成本在现实中并不为零。

不过，如 Chipman 和 Tian (*Economic Theory*, 2012) 所证明的那样，赫维茨的拟线性效用函数对科斯中性定理成立是必要条件的论断并不成立。为了说明此点，考虑以下效用函数 $U_i(x_i,h)$：

$$U_i(x_i,h)=x_ie^{-h}+\phi_i(h), \qquad i=1,2, \tag{14.40}$$

其中，

$$\phi_i(h)=\int e^{-h}b_i(h)dh. \tag{14.41}$$

显然，$U_i(x_i,h)$ 不是拟线性的。我们进一步假设对所有 $h\in(0,\eta]$，均有 $b_1(h)>\xi$，$b_2(h)<0$，$b_i'(h)<0\ (i=1,2)$，$b_1(0)+b_2(0)\geqq\xi$，以及 $b_1(\eta)+b_2(\eta)\leqq\xi$。

于是，对 $(x_i,h)\in(0,\xi)\times(0,\eta)$，$i=1,2$，我们有

$$\partial U_i/\partial x_i=e^{-h}>0, \quad i=1,2, \tag{14.42}$$

$$\partial U_1/\partial h=-x_1e^{-h}+b_1(h)e^{-h}>e^{-h}[\xi-x_1]\geqq 0, \tag{14.43}$$

$$\partial U_2/\partial h=-x_2e^{-h}+b_2(h)e^{-h}<0. \tag{14.44}$$

帕累托最优的一阶条件为

$$0=\frac{\partial U_1}{\partial h}\Big/\frac{\partial U_1}{\partial x_1}+\frac{\partial U_2}{\partial h}\Big/\frac{\partial U_2}{\partial x_2}=-x_1-x_2+b_1(h)+b_2(h)=b_1(h)+b_2(h)-\xi, \tag{14.45}$$

它独立于 x_i。因此，当 (x_1,x_2,h) 是帕累托最优时，只要 $x_1+x_2=x_1'+x_2'=\xi$，则 (x_1',x_2',h) 也是帕累托最优。同时，注意到 $b_i'(h)<0\ (i=1,2)$，$b_1(0)+b_2(0)\geqq\xi$，以及 $b_1(\eta)+b_2(\eta)\leqq\xi$。于是，$b_1(h)+b_2(h)$ 是强单调的，从而存在唯一的 $h\in[0,\eta]$，它满足式 (14.45)。这样，契约曲线 (即由帕累托有效配置形成的曲线) 是水平的 (即与 x 轴平行)，尽管个人偏好不必是水平的。水平的契约曲线意味着科斯定理的结论成立：污染均衡水平 h 独立于污染权的所属。

例 14.4.2 假定 $b_1(h)=(1+h)^{\alpha}\eta^{\eta}+\xi$，$\alpha<0$，以及 $b_2(h)=-h^{\eta}$，则对所有的 $h\in(0,\eta]$，我们都有 $b_1(h)>\xi$，$b_2(h)<0$，$b_i'(h)<0\ (i=1,2)$，$b_1(0)+b_2(0)>\xi$，以及 $b_1(\eta)+b_2(\eta)<\xi$。这样，$\phi_i(h)=\int e^{-h}b_i(h)dh$ 是凹的，$U_i(x_i,h)=x_ie^{-h}+\int e^{-h}b_i(h)dh$ 是准凹的，并对所有 $(x_i,h)\in(0,\xi)\times(0,\eta)$，$i=1,2$，我们均有 $\partial U_i/\partial x_i>0$，$\partial U_1/\partial h>0$，以及 $\partial U_2/\partial h<0$，但它关于 x_i 不是拟线性的。

Chipman 和 Tian (2012) 进一步研究了污染水平独立于产权所属这一“科斯猜想”的充分必要条件。这归结于要找出保证契约曲线水平的充要条件，使得从效用函数导出的帕累托最优配置集合是 h 常数，即高度为 h 的水平线，从而归结于寻找一类效用函数使得一阶必要条件独立于 x_i，并且它只是 h 的函数，可表示为 $g(h)$：

$$\frac{\partial U_1}{\partial h}\bigg/\frac{\partial U_1}{\partial x_1}+\frac{\partial U_2}{\partial h}\bigg/\frac{\partial U_2}{\partial x_2}=g(h)=0. \tag{14.46}$$

令 $F_i(x_i,h)=\frac{\partial U_i}{\partial h}\bigg/\frac{\partial U_i}{\partial x_i}$ $(i=1,2)$。它可以表示为以下一般形式：

$$F_i(x_i,h)=x_i\psi_i(h)+f_i(x_i,h)+b_i(h),$$

其中，$f_i(x_i,h)$ 是关于 x_i 不可分和非线性的。$\psi_i(h)$, $b_i(h)$ 和 $f_i(x_i,h)$ 在下面将被进一步界定。

令 $F(x,h)=F_1(x,h)+F_2(\xi-x,h)$。一阶条件能被重新写为：

$$F(x,h)=0. \tag{14.47}$$

这样，契约曲线也就是帕累托最优配置的轨迹，可表示为由式 (14.47) 定义的一个隐函数 $h=f(x)$。

于是，由在 (x,h) 空间中的帕累托最优集合为水平线 $h=$ 常数所刻画的科斯中性定理意味着，

$$h=f(x)=\bar{h},$$

其中，$\bar{h}$ 为常数，从而对所有的 $x\in[0,\xi]$ 和 $F_h\neq 0$, 都有

$$\frac{dh}{dx}=-\frac{F_x}{F_h}=0,$$

这就意味着函数 $F(x,h)$ 独立于 x。因而，对所有的 $x\in[0,\xi]$，都应有

$$F(x,h)=x\psi_1(h)+(\xi-x)\psi_2(h)+f_1(x,h)+f_2(\xi-x,h)+b_1(h)+b_2(h)\equiv g(h). \tag{14.48}$$

既然效用函数 U_1 和 U_2 是函数无关的，并且 x 并不出现在式 (14.48) 中，我们必定有 $\psi_1(h)=\psi_2(h)\equiv\psi(h)$ 和 $f_1(x,h)=-f_2(\xi-x,h)=0$，$\forall x\in[0,\xi]$。因此，

$$F(x,h)=\xi\psi(h)+b_1(h)+b_2(h)\equiv g(h), \tag{14.49}$$

并且

$$\frac{\partial U_i}{\partial h}\bigg/\frac{\partial U_i}{\partial x_i}=F_i(x_i,h)=x_i\psi(h)+b_i(h) \tag{14.50}$$

是一个一阶线性偏微分方程。于是，可以验证，式 (14.50) 的主积分 $U_i(x_i,h)$ 由下式给出：

$$U_i(x_i,h)=x_ie^{\int\psi(h)dh}+\phi_i(h),\qquad i=1,2, \tag{14.51}$$

其中，

$$\phi_i(h) = \int e^{\int \psi(h)dh} b_i(h)dh. \tag{14.52}$$

从而，式 (14.50) 的一般解由 $\bar{U}_i(x,y) = \psi(U_i)$ 给出，这里 ψ 是一个任意单调递增函数。由于单调变换保持偏好序不变，我们可以将解 $U_i(x_i,h)$ 看成是由式 (14.50) 完全刻画的一般效用函数形式。

注意，式 (14.51) 是包括拟线性函数以及式 (14.40) 给定的效用函数的特殊情况。的确如此，当 $\psi(h) \equiv 0$ 时，给出了拟线性效用函数，并且当 $\psi(h) = -1$ 时，我们有式 (14.40)。

为了使得一阶条件 (14.46) 成为使契约曲线呈水平形状的充分条件，我们假定对所有的 $h \in (0,\eta]$，都有 $x_1\psi(h)+b_1(h) > 0$，$x_2\psi(h)+b_2(h) < 0$，$\psi'(h) \leqq 0$，$b_i'(h) < 0\ (i = 1,2)$，$\xi\psi(0) + b_1(0) + b_2(0) \geqq 0$，以及 $\xi\psi(\eta) + b_1(\eta) + b_2(\eta) \leqq 0$。

这样，对所有的 $(x_i,h) \in (0,\xi) \times (0,\eta)$, $i = 1,2$，我们均有

$$\begin{aligned}
\partial U_i/\partial x_i &= e^{\int \psi(h)dh} > 0, \quad i = 1,2, \\
\partial U_1/\partial h &= e^{\int \psi(h)dh}[x_1\psi(h) + b_1(h)] > 0, \\
\partial U_2/\partial h &= e^{\int \psi(h)dh}[x_2\psi(h) + b_2(h)] < 0,
\end{aligned}$$

从而有

$$\begin{aligned}
0 &= \frac{\partial U_1}{\partial h}\bigg/\frac{\partial U_1}{\partial x_1} + \frac{\partial U_2}{\partial h}\bigg/\frac{\partial U_2}{\partial x_2} \\
&= (x_1 + x_2)\psi(h) + b_1(h) + b_2(h) \\
&= \xi\psi(h) + b_1(h) + b_2(h),
\end{aligned} \tag{14.53}$$

它并不包含 x_i。因此，若 (x_1,x_2,h) 是帕累托最优，则只要 $x_1+x_2 = x_1'+x_2' = \xi$，$(x_1',x_2',h)$ 也是帕累托最优。同时，注意到 $\psi'(h) \leqq 0$，$b_i'(h) < 0\ (i = 1,2)$，$\xi\psi(0) + b_1(0) + b_2(0) \geqq 0$，以及 $\xi\psi(\eta) + b_1(\eta) + b_2(\eta) \leqq 0$。则 $\xi\psi(h) + b_1(h) + b_2(h)$ 是强单调的，从而存在唯一的 $h \in [0,\eta]$，它满足式 (14.53)。因此，契约曲线是水平的。

这样，Chipman 和 Tian (2012) 得到的科斯定理的正式表述可由下面的命题给出：

命题 14.4.1 (科斯中性定理) 对所考虑的外部性经济，假定交易成本为零，效用函数 $U_i(x_i,h)$ 是可微的，并且满足 $\partial U_i/\partial x_i > 0$，$\partial U_1/\partial h > 0$，以及 $\partial U_2/\partial h < 0$，$\forall (x_i,h) \in (0,\xi) \times (0,\eta)$，$i = 1,2$，则污染的水平与污染权的所属无关，当且仅当效用函数 $U_i(x,y)$ (相差一个单调变换) 具有下列函数形式：

$$U_i(x_i,h) = x_i e^{\int \psi(h)dh} + \int e^{\int \psi(h)dh} b_i(h)dh, \tag{14.54}$$

这里 h 和 b_i 是任意函数，使得 $U_i(x_i,h)$ 可微，$\partial U_i/\partial x_i > 0$，$\partial U_1/\partial h > 0$ 及 $\partial U_2/\partial h < 0$，$\forall (x_i,h) \in (0,\xi) \times (0,\eta)$, $i = 1,2$。

尽管以上科斯中性定理包括拟线性效用函数作为特殊情况，由于这类函数的特殊形式，

科斯中性定理仍然是一个特殊结论，对一般的效用函数不成立，不具有一般性。因此，赫维茨关于科斯定理局限性的洞见仍然成立，科斯定理更适用于生产外部性而不是消费外部性。

了解科斯定理的局限性是重要的。不少国内的经济学家将科斯定理的理解和应用过于简单化和泛用化。如在第 1 章所指出的那样，没有充分注意其成立的边界条件，弄得不好，会造成很大的负外部性 (政策失误会对整个经济造成重大影响)。不少人以为，只要产权明晰、自由交换和自愿合作，市场就能有效运作，而没有考虑科斯定理成立的前提条件，特别是没有注意到最基本的两个先决条件：(1) 双方自愿讨价还价的交易成本为零；(2) 外部性产品的需求的收入效应为零。在现实中，谈判以及组织谈判的成本一般来说是不可忽略的，交易成本往往很大，且对外部性产品需求的收入效应一般非零。私有化只有在零交易成本、零收入效应和完全竞争的经济环境下才接近最优。但在现实中，这些条件往往不成立。例如，国有企业的私有化往往交易成本巨大，就如何私有化和谁应该得到份额或好处会争论不休，困难重重。一些家庭，父母亲去世后儿女们会为分遗产争论纷纷，打得头破血流。在存在亲情的情况下尚且如此，更何况国家资产的划分呢？如果没有相应的制度作为根据，交易成本过大，则激进式的私有化运动不可取。

清晰界定的私有产权是否一定会导致资源的最优配置，而其他所有制不可能呢？著者 (Tian, 2000, 2001) 证明，国有、集体所有和私有其实都可能相对有效，它取决于经济制度环境规范的程度。若经济环境过于不规范，**国有制** (state ownership) 和**集体所有制** (collective ownership) 也可能是局部最优的。只有在市场制度充分完善和规范的情况下，私有产权制度才是最优的，或者说私有产权制度是全局最优的。三种产权制度都有可能是 (相对) 最优的，要看制度环境的规范程度。所以，与其讨论国有企业私有化，还不如不断改善制度环境，让民营企业蓬勃发展。中国的改革开放历程充分说明了此点。

科斯有效性定理存在的问题更严重。首先，正如 Arrow (1979, p. 24) 所指出的那样，科斯定理的基本假设似乎是关于所有权的谈判过程可以描述为一个合作博弈 (cooperative game)，而这需要假定每个参与人知道其他所有人的经济特征，即需要知道偏好或者生产函数。当信息不完全或者非对称时，一般来说我们不能得到帕累托最优的结果。例如，当存在一个污染排放者和多个受害者时会产生搭便车问题，受害者有激励谎报其偏好。无论污染排放者是否有责任赔偿受害者，受害者都可能夸大其需要的外部性补偿。因此，我们可能需要设计激励机制来解决搭便车问题。

其次，即使信息是完全的，不少学者仍就许多情形对科斯有效性定理的结论提出了质疑：

（1）经济核的集合有可能是空集，因而帕累托最优配置可能不存在。这种情形的一个例子是 Aivazian 和 Callen (1981) 讨论过的三人模型。

（2）从前面两章对非凸生产集的讨论可以看出，非凸生产技术本质上是与竞争市场相冲突的。这样，即使允许资源的再分配，帕累托最优配置一般也不可能通过竞争市场来达到。而 Starrett (1972) 则证明，生产的外部性本质上意味着生产可能性集是非凸的，从而竞争均衡可能不存在。

（3）当某个人拥有污染权时，他有勒索其他个体的内在激励。正如 Andel (1966) 所指出的，任何拥有污染权的人都有激励通过敲诈潜在受害者来榨取收益，比如威胁若不给好处，将半夜三更恶意播放音乐让人无法入睡。

(4) 阿罗在 1979 年的文章中则认为，科斯定理依赖于一个讨价还价过程，最后形成一个合作博弈，而这依赖于信息完全假设。显然在现实中信息并非完全的，因而可能会导致搭便车问题。

因此，正如科斯自己所承认的那样，外部性的谈判能替代竞争均衡交易的假设不是从其假定根据逻辑得出的结论，而应视为可能或者不可能被数据证实的经验猜想。正因为此点，经济学家不断地试图建立具有严格基础的科斯理论。然而，人们对科斯定理的真正理解至今仍然有限，有待进一步探讨。

14.4.3　外部性市场的缺失与建立

外部性问题也可视为由外部性的市场缺失所导致的问题。在关于**庇古税**的一节所讨论的例子中，缺失的市场为污染市场。若能建立一个污染交易市场，将污染水平市场化，从而能对污染计价，也许会导致资源的有效配置。比如，在该市场中，企业 2 存在对污染 (或对污染的减少) 的需求，将该市场考虑进来将给出一种使资源达到有效配置的机制。在该机制中，企业 1 决定它要产生多少污染，而企业 2 决定承受 (购买) 多少污染。设

(1) r 为减少污染的价格；

(2) x_1 为企业 1 产生的污染量；

(3) x_2 为企业 2 希望得到补偿的污染量。

若企业 1 的产出为 x_1，则企业 1 和企业 2 的利润最大化问题分别为：

$$\pi_1 = p_x x_1 - r x_1 - c_1(x_1),$$

$$\pi_2 = p_y y + r x_2 - e_2(x_2) - c_y(y),$$

其最优的一阶条件为

$$p_x - r = c_1'(x_1) \quad \text{对企业 } 1,$$

$$p_y = c_y'(y) \quad \text{对企业 } 2,$$

$$r = e'(x_2) \quad \text{对企业 } 2.$$

当市场达到均衡 $x_1^* = x_2^* = x^*$ 时，我们有

$$p_x = c_1'(x^*) + e'(x^*), \tag{14.55}$$

这表明社会达到了最优产出。

在这个模型中，我们假定所有企业将减少污染的价格作为给定的，当企业的个数很少时，这个假设不见得成立，因而有可能仍然导致污染水平的无效率。

在现实中人们通常采用拍卖污染权的方式来大大增加竞争的程度。这个模型的基本思路已被用来处理现实中大量的外部性问题，对许多具有外部性的商品的消费和生产建立了权证许可市场，除了建立污染权交易的许可市场外，对配置无线电频谱建立许可市场等都有很广的应用。作为一个应用，我们将在本章最后一节考虑排放交易来讨论这个问题。

14.4.4 激励补偿机制

如前面所指出的那样，由于信息问题 (收税者并不知道外部性的成本)，庇古税一般来说并不足以解决外部性问题。那么，怎样才能解决这个信息不完全带来的问题呢？

瓦里安 (Varian, 1994) 提出了一种解决此问题的激励机制。简单地说，一个机制是由信息空间和结果函数 (博弈规则) 组成的。对一般机制设计理论，我们将在本书第五部分进行深入讨论。瓦里安的激励机制使得企业通过动态博弈形成了帕累托有效税率。规制部门并不知道个体的信息，因而需要通过激励机制来诱导个体显示真实税率 t_1 和 t_2，以此实现资源的有效配置。

瓦里安所设计的机制是企业双方都给对方拟定税率。若双方所拟定的税率不同，则对双方给予一定惩罚。瓦里安模型的动态博弈分为两个阶段。在第一阶段，企业独立地给对方拟定税率，这就将竞争市场的思想引入到机制设计中，每个企业都不能控制施加给自己的税率。若自己能够决定税率，则寻租会出现。这种思想使得个体彼此之间要相互权衡对方的决策从而调整自身的决策。在第二阶段，机制设计者以“利而诱之”的思想根据双方信息进行利益分配。最后，个体根据机制作出生产和产出的激励决策，所导致的均衡结果是帕累托有效结果。

战略空间 (信息空间) $M = M_1 \times M_2$，这里 $M_i = \{(t_i, x_i)\}$，其中，t_i 和 x_i 可分别被解释为企业 i 提出的庇古税率和产出水平。

该机制可分为两个阶段：

第一阶段 (声明阶段)：企业 1 和企业 2 分别为对方拟定一个庇古税率 t_i，$i = 1, 2$，它们可能是也可能不是有效税率。

第二阶段 (选择阶段)：给定第一阶段每个企业提出的庇古税率，若企业 1 生产 x 单位的污染，则企业 1 必须支付 $t_2 x$ 单位的费用给企业 2。企业 2 获得 $t_1 x$ 单位的补偿。若它们提出的税率不同，则给予惩罚，每个企业必须支付 $(t_1 - t_2)^2$ 单位的罚金。

因此，两个企业的利润分别为：

$$
\begin{aligned}
\pi_1^* &= \max_x \; p_x x - c_x(x) - t_2 x - (t_1 - t_2)^2, \\
\pi_2^* &= \max_y \; p_y y - c_y(y) + t_1 x - e(x) - (t_1 - t_2)^2.
\end{aligned}
$$

由于上述过程是一个两阶段博弈，我们将用到**子博弈完美纳什均衡** (subgame perfect Nash equilibrium) 解的概念，在这样的均衡中，每个企业都将考虑第一阶段的选择对第二阶段产出的影响，因此从第二阶段开始求解博弈两阶段问题。

第二阶段：企业 1 将选择满足下述一阶条件的 $x(t_2)$：

$$
p_x - c_x'(x) - t_2 = 0. \tag{14.56}
$$

注意到，根据 c_x 的凸性，即 $c_x''(x) > 0$，我们有

$$
x'(t_2) = -\frac{1}{c_x''(x)} < 0. \tag{14.57}
$$

企业 2 将选择满足 $p_y = c_y'(y)$ 的 y。

第一阶段：每个企业都将选择庇古税率 t_1 和 t_2 来最大化其收益。

对企业 1，有

$$\max_{t_1} p_x x - c_x(x) - t_2 x(t_2) - (t_1 - t_2)^2, \tag{14.58}$$

其一阶条件为

$$2(t_1 - t_2) = 0,$$

从而有解

$$t_1^* = t_2. \tag{14.59}$$

对企业 2，有

$$\max_{t_2} p_y y - c_y(y) + t_1 x(t_2) - e(x(t_2)) - (t_1 - t_2)^2, \tag{14.60}$$

其一阶最优性条件为

$$t_1 x'(t_2) - e'(x(t_2))x'(t_2) + 2(t_1 - t_2) = 0,$$

从而有

$$[t_1 - e'(x(t_2))]x'(t_2) + 2(t_1 - t_2) = 0. \tag{14.61}$$

由式 (14.57)、式 (14.59) 和式 (14.61)，我们有

$$t^* = e'(x(t^*)), t^* = t_1^* = t_2^*. \tag{14.62}$$

将均衡税率 $t^* = e'(x(t^*))$ 代入式 (14.56)，最后得

$$p_x = c_x'(x^*) + e'(x^*), \tag{14.63}$$

此即生产达到社会有效时的一阶条件。

该机制是通过对两个企业设定相反的激励来达到有效配置的。根据一阶条件，企业 1 总有激励提出与企业 2 相同的庇古税率 $t_1^* = t_2$。而根据企业 2 的一阶条件，企业 2 有激励选择 t_2 使其受损得到的纯补偿尽可能大，从而有 $e'(x(t_2)) = t_1$。这样，一方面，若企业 2 认为企业 1 为它提出了一个大的补偿税率 t_1，即 $t_1 > e'(x(t_2))$，企业 2 希望对企业 1 所征收的税率尽可能小，从而企业 1 生产得尽可能多 (这是由于投入需要函数 $x(t_2)$ 关于 t_2 单调递减，当 t_2 减小时，则 $x(t_2)$ 增大，从而 $e'(x(t_2))$ 增大)。另一方面，若企业 2 认为企业 1 提出的庇古税率 t_1 过小，它希望对企业 1 所征收的税率尽可能大，从而激励企业 1 生产尽可能少的产品。因此，当企业 2 所承担的外部性成本恰好得到补偿时，它对企业 1 的生产水平最满意。

一般来说，由于利益冲突，个人目标与他人目标或社会目标总有所差异，从而需要通过恰当的机制设计使个人优化目标与社会目标 (如使社会资源达到有效配置) 相一致。著者在 Tian (2003) 一文中给出了另外一种解决消费外部性问题、保证配置达到帕累托有效的激励机制，而在 Tian (2004) 一文中考察了解决消费外部性问题、保证配置达到帕累托有效的信息有效性机制。

14.5 排污权市场与污染权有效配置

排放量交易也称为**限额加交易** (cap-and-trade, CAT)，这是一种以市场激励为基础的方法，通过提供实现污染物排放量减少的经济激励来控制污染。与诸如**最佳可用技术** (best available technology，BAT) 标准及政府补贴等指令和控制环境法规不同，排放交易项目是一种灵活的环境法规，允许政府部门决定如何最好地实现政策目标。

讨论到污染治理问题，我们更着重关注如何利用市场的方法来实施污染权的有效配置，从而达到有效控制污染的目标。在 20 世纪 90 年代，一些欧美国家对污染物建立了排放许可市场，获得了某些成功的经验，其应用也被逐渐推广到世界其他国家。这一节重点关注排污权市场运行的内在机制、效率和可能的局限。本节的讨论借鉴了 Leach (2004) 以及 Newell 和 Stavins (2003) 对排污权市场的分析。

排污收费、排放限额等方式存在的一个重要问题在于信息问题。由于政府并不拥有企业的技术信息，对排污的收费通常并不能达到庇古税的水平，也不能让企业的污染减排达到最有效的水平。此外，在环境污染中，企业与居民的谈判面临过高的交易成本，比如搭便车，从而也不能实现有效污染控制。限额加污染权交易，通常能利用市场机制的作用，减少对信息的要求以及交易成本。

下面通过一个简单的例子来讨论排污权市场的效率。

考虑某个经济有两个企业，都可能排污，假设企业的产量是给定的。若企业 i 不控制污染，那么会产生 $\bar{e}$ 的污染，令 a_i 是企业减排的数量。假设减排的成本为：$C_i = c_i\dfrac{a_i^2}{2}$。两个企业的减排成本不同，不妨假设 $c_1 < c_2$。假设政府规定社会总的排放为 $2\hat{e}$，且设定每个企业的排放限额为 $\hat{e} < \bar{e}$。

14.5.1 无交易市场的减排成本

若两个企业的排污权不能交换，那么此时企业 i 的减排成本为 $C_i = c_i\dfrac{(\bar{e}-\hat{e})^2}{2}$，总的减排成本为 $(c_1+c_2)\dfrac{(\bar{e}-\hat{e})^2}{2}$。在 $\bar{e}-\hat{e}$ 处，企业 1 的边际减排成本为 $c_1(\bar{e}-\hat{e})$，企业 2 的边际减排成本为 $c_2(\bar{e}-\hat{e})$。由于两个企业的边际减排成本不同，此时社会总的减排成本并没有最小化。若企业 2 把 1 单位排污权转移给企业 1，社会的减排成本会减少 $(c_2-c_1)(\bar{e}-\hat{e})$。为此，建立排污权市场，在不影响总的污染排放的前提下，会降低总的减排成本。

14.5.2 排污权交易

下面我们讨论排污权交易下的市场均衡。假设排污权市场是竞争性市场，我们可以把企业 i 的数目看成是连续统这么多，每一类企业的总数标准化为 1。

对于企业 1 来说，其最优化问题为：

$$\min_{a_1} c_1 \frac{a_1^2}{2} + p(\bar{e} - \hat{e}) \tag{14.64}$$

$$\text{s.t.} \quad a_1 \leqq \bar{e}, \tag{14.65}$$

其中在目标函数 (14.64) 中，p 是排污权的价格，a_1 是企业 1 的实际减排量。若没有交易，企业 1 需要减排 $\bar{e} - \hat{e}$。若企业 1 实际减排为 $a_1 < \bar{e} - \hat{e}$，它需要购买 $\bar{e} - \hat{e} - a_1$ 的排污权；若企业 1 实际减排为 $a_1 > \bar{e} - \hat{e}$，此时它可以向市场供应 $-(\bar{e} - \hat{e} - a_1)$ 的排污权。因此，企业 1 的目标函数是在排污限额 $\hat{e}$ 下，企业 1 的污染成本函数。

条件 (14.65) 表示，企业 1 最高可能的减排不会超过其产生的污染。

容易得到，企业 1 的最优决策：

$$a_1 = \begin{cases} \dfrac{p}{c_1}, & 若 p < c_1\bar{e}, \\ \bar{e}, & 其他. \end{cases} \tag{14.66}$$

定义企业 1 的排污权需求 $d_1(p) = \bar{e} - \hat{e} - a_1$，这里我们把供给看成是负需求。利用式 (14.66)，得到：

$$d_1(p) = \begin{cases} \bar{e} - \hat{e} - \dfrac{p}{c_1}, & 若 p < c_1\bar{e}, \\ -\hat{e}, & 其他. \end{cases} \tag{14.67}$$

类似地，我们可以得到企业 2 对排污权的需求 $d_2(p)$。

当 $d_1(p) + d_2(p) = 0$ 时，排污权市场达到均衡，均衡有两种情形：

（1）均衡 1：企业 1 保留部分排污权，即 $a_1 < \bar{e}$。

此时市场出清，满足：

$$2(\bar{e} - \hat{e}) - \left[\frac{p}{c_1} + \frac{p}{c_2}\right] = 0,$$

得到排污权市场的均衡价格为：

$$p = 2(\bar{e} - \hat{e}) \left[\frac{1}{c_1} + \frac{1}{c_2}\right]^{-1}, \tag{14.68}$$

同时满足

$$p < c_1\bar{e}.$$

把方程 (14.68) 代入上式，得到：

$$\hat{e} > \bar{e}\frac{c_2 - c_1}{2c_2},$$

也就是说，若企业的排污限额足够大，此时企业 1 会保留一部分排污权。在这一均衡下，排污权交易为：

$$-d_1 = d_2 = (\bar{e} - \hat{e})\frac{c_2 - c_1}{c_1 + c_2}. \tag{14.69}$$

从式 (14.69) 中我们看到，两个企业的排污技术差异越大，此时排污权的交易规模越大。

通过交易，可以最小化社会减排成本。在均衡时，社会的减排成本为：

$$C_1 + C_2 = 2(\bar{e} - \hat{e})^2 \left[\frac{1}{c_1} + \frac{1}{c_2}\right]^{-1} < (\bar{e} - \hat{e})^2 \frac{c_1 + c_2}{2}.$$

（2）均衡 2：企业 1 销售所有排污权。

此时市场出清，满足：

$$\bar{e} - 2\hat{e} - \frac{p}{c_2} = 0,$$

得到排污权市场的均衡价格为：

$$p = c_2(\bar{e} - 2\hat{e}),$$

同时满足

$$p > c_1\bar{e},$$

得到：

$$\hat{e} < \bar{e}\frac{c_2 - c_1}{2c_2}.$$

此时，排污权交易数量为：

$$-d_1 = d_2 = \hat{e}.$$

社会总的减排成本为：

$$\frac{c_1}{2}(\bar{e})^2 + \frac{c_2}{2}(\bar{e} - 2\hat{e})^2 < (\bar{e} - \hat{e})^2 \frac{c_1 + c_2}{2}.$$

在排污权市场上，当企业在减排上存在不同技术时，交易会让它们在减排的边际成本上保持相同，从而有利于污染权的有效配置。此外，在存在排污权市场的情况下，企业在减排技术的创新上也会有更大的激励，这是因为，在市场交易下可以使得减排创新产生的收益变得更大，而不只是降低自身的减排成本。有许多研究发现通过市场交易，社会的减排成本可以大大地节省。比如 Carlson 等 (2000) 对电力行业中二氧化硫排污权交易的研究表明，相对于直接控制 (即要求所有企业保持相同的减排比率)，交易可以使得美国电力行业的减排成本 (从 1985 年开始) 下降超过 50%，同时交易可以使得每年的减排成本降低 7 亿～8 亿美元。

然而，排污权市场的运作也会产生很多成本。比如排污权如何在企业内分配、如何对新进入的企业进行分配均会产生成本。当然，一种分配方式是拍卖，然而，对不同污染物之间建立拍卖市场本身也是一个很大的挑战，因为在一些行业中，不同污染物之间可能存在内在联系。Joskow 等 (1998) 讨论了排污权市场运作中的交易成本，并以美国为背景讨论了二氧化硫排污权市场中的拍卖对排污权价格的影响。此外，对排污权的分配可能会带来寻租以及社会风险，不同企业可能有不同的金融借贷能力，在拍卖以及市场交易中可能会产生效率损失。此外，对于很多发展中国家来说，对排污的监管一直是一个难题，若不能有效监督企业的污染排放，那么排污权市场就势必缺乏清晰的产权。Stavins (1995) 讨论了排污权的交易成本对污染控制效率的影响。此外，Tietenberg (1995) 讨论了排污权的空间配置。对排污权市场的更多了解，可以参考 Gayer 和 Horowitz (2005) 的综述，他们详细讨论了排污权市场的一些重要理论和实践上的问题。

14.6　【人物小传】

14.6.1　阿瑟・庇古

阿瑟・庇古 (Arthur Pigou, 1877—1959)，英国著名经济学家，剑桥学派的主要代表人物之一。庇古出生在英国一个军人家庭，青年时代进入剑桥大学学习，最初的专业是历史，后来受当时英国著名经济学家马歇尔的影响，并在其鼓励下转学经济学。1908 年，马歇尔从剑桥大学退休，接替他的就是年仅 30 岁的庇古，庇古在很大程度上延续了马歇尔的学术传统和分析框架。退休后，庇古仍留在剑桥大学从事著述研究工作。另外，他还曾担任英国皇家科学院院士、国际经济学会名誉会长、英国通货外汇委员会委员和所得税委员会委员等职。他在其代表作《福利经济学》《产业变动论》《财政学研究》中提出了“经济福利”的概念，主张国民收入均等化，且建立了基数效用论等。庇古首次用现代经济学的方法从福利经济学的角度系统地研究了外部性问题，在马歇尔提出的“外部经济”概念基础上扩充了“外部不经济”的概念和内涵，将外部性问题的研究从外部因素对企业的影响效果转向企业或居民对其他企业或居民的影响效果。

1920 年出版的《福利经济学》是庇古最著名的代表作，该书将福利经济学系统化，标志着庇古完整理论体系的建立。它对福利经济学的解释一直被视为“经典”，庇古也因此被称为“福利经济学之父”。庇古认为，《福利经济学》一书的目的，就是研究实际生活中影响经济福利的重要因素。全书的中心就是研究如何增加社会福利。庇古提出了“庇古税方案”，提倡对有正外部性的活动给予补贴。庇古因“庇古税”享誉后世。

庇古是新古典学派思想的重要典范。事实上，凯恩斯就是将庇古作为新古典主义学派中持充分就业分析观点的代表人物来进行批判的。庇古也进行了反击，称凯恩斯的《通论》是错误观点的混合物。对许多更年轻的经济学学生来说，庇古的名字总是不可避免地和“庇古效应”相联系。这是他回应凯恩斯的一个论据，他试图在古典主义有关工资和价格弹性的假设下通过逻辑完全性的演示，恢复新古典主义就业理论的地位。

14.6.2　罗纳德・科斯

罗纳德・科斯 (Ronald Coase，1910—2013)，新制度经济学的鼻祖，产权理论的奠基人，芝加哥经济学派代表人物之一，因发现和分析在经济制度结构及其运行中交易成本和产权的作用获 1991 年诺贝尔经济学奖。

科斯 1910 年出生于英国伦敦郊外的一个名叫威尔斯登的小镇。在幼年时期，由于身体上的缺陷，年幼的科斯不得不在残疾学校入学。通过自身的不懈努力，科斯顺利进入了伦敦政治经济学院，并在 22 岁那一年获得了商科学士学位。在该校任教 6 年后，科斯在 1951 年获得伦敦大学博士学位。随后他前往美国，先后于纽约州立大学水牛城分校和弗吉尼亚大学任教，之后一直担任芝加哥大学教授。

科斯一生写作很少，其中最有名的是他年仅 26 岁时，在 1937 年发表的《企业的本质》(The Nature of the Firm) 和 1960 年发表的《社会成本问题》(The Problem of Social Cost) 这两篇惊世之作，它们大概是全部现代经济学文献中被最广泛引用的两篇文章。他的文章尽管没有用到数学，但逻辑分析清晰，开创性地引入和采用交易费用的概念及明晰产权来研究企业的边界和外部性问题，把制度和企业引入了此前偏重诠释市场价格体系如何发挥作用的主流经济学，论证了企业、产权、契约和市场之间的关系，以及这些因素对经济发展的重要作用，其经济思想异常深刻，具有非凡的洞察力，对现代经济学的发展影响深远。许多经济学科，如产权经济学、信息经济学、机制设计理论、合约理论、转型经济学等都受到了科斯思想的影响。换言之，科斯思想促进了这些领域的发展。近年来获得诺贝尔经济学奖的经济学家，很多都是对这些领域进行研究而获得此荣耀的。

在论文《企业的本质》中，科斯以独特的视角阐述了企业是如何形成的。这篇论文后来被广泛认为对于经济学界具有划时代的意义。科斯从“交易成本”的角度给出了他所认为的企业产生的原因。科斯认为，市场交易行为存在成本，这些成本包括讨价还价、订立和执行合同的费用以及时间成本等。科斯认为，当市场交易成本高于企业内部的管理协调成本时，企业便产生了，企业的存在正是为了节约市场交易费用，即用费用较低的企业内交易代替费用较高的市场交易。这一独特的研究视角直到今天仍为经济学界所惊叹。

科斯的研究几乎没有用到什么数学，如在 1960 年的著名论文《社会成本问题》中，他就完全用文字论述来研究如何解决经济外部性问题，以此论证产权的界定和产权的安排在经济交易中的重要性。1982 年诺贝尔经济学奖得主乔治 · 施蒂格勒 (George Stigler, 1911—1991) 将科斯的这一理论进一步归纳为“在完全竞争条件下，私人成本等于社会成本”，并最终形成“科斯定理”。科斯定理在经济学领域的重要之处在于，它发现了除价格之外，产权安排与交易费用对制度安排的影响。科斯定理其实分为两部分。他的论断是：只要交易费用为零且产权明确界定，则 (1) 外部效应的水平与产权的划分无关，这个结论被称为科斯中性定理；(2) 通过自愿交易与自愿谈判，明确界定的产权将会导致资源的有效配置，即利用市场机制，通过自愿交易与自愿谈判，可找寻到使得所有人利益之和最大的合约安排，这个结论被称为科斯有效性定理。科斯更进一步断言，即使市场交易是有费用的，在产权明确界定的情况下，相互作用的各方也会通过合约找寻到费用较低的制度安排。

早在学生时代读《马可 · 波罗游记》的时候，科斯教授就对中国产生了浓厚的兴趣。20 世纪 80 年代初期，科斯教授极力建议张五常教授去香港大学任教，因为他认为香港大学是当时对中国最新的经济改革进行研究的最好地方。科斯的经济理论发现和思想洞见在一直以来处于经济改革进程中的中国广泛传播，这使得他本人也成为在中国经济学界被引用率最高的当代经济学家之一。科斯长寿，享年 102 岁，佐证了西方经济学界的经济学家一般都长寿的说法。

14.7 习题

习题 14.1 某乡村有果园挨着一个养蜂场，果园生产水果，养蜂场供应蜂蜜。果树的花朵为蜜蜂提供花蜜，蜜蜂也促进花粉传播。假设水果的价格为每单位 5 元，而蜂蜜的价格为每单位 20 元。令 H 表示蜂蜜的产量，A 表示水果的产量。假设果园的成本函数为 $C_A(A,H)=A^2/2-6H$，养蜂场的成本函数为 $C_H(A,H)=H^2/2-3A$。

1. 若果园和养蜂场独立决策，水果和蜂蜜的产量分别是多少？
2. 若果园和养蜂场合并，水果和蜂蜜的产量分别是多少？
3. 水果和蜂蜜市场导致了帕累托有效配置吗？为什么？

习题 14.2　考虑一个两商品两消费者的经济。两消费者的消费空间均为 $\mathcal{R}^2_+$，且效用函数为：

$$u_1(x)=0.5\ln(x_1^1+x_2^1)+0.5\ln x_1^2,$$
$$u_2(x)=0.5\ln x_2^1+0.5\ln x_2^2,$$

初始禀赋为 $\boldsymbol{w}_1=(1,2)$ 和 $\boldsymbol{w}_2=(2,1)$。

1. 求解帕累托有效配置和竞争均衡。
2. 竞争均衡配置是帕累托有效的吗？为什么？

习题 14.3　考虑一个两商品两消费者的纯交换经济，第一种商品是音乐，第二种商品是面包。消费空间为 $X_i=\mathcal{R}^2_+$，$i=1,2$，总的初始禀赋为 $(\boldsymbol{w}_m,\boldsymbol{w}_b)$，消费者的效用函数分别为:

$$u_1(m_1,b_1)=m_1^{3/5}b_1^{2/5}-k_1,$$
$$u_2(m_2,b_2)=m_2^{3/5}b_2^{2/5}-k_2,$$

其中，m_1 和 m_2 分别表示消费者 1 和 2 的音乐消费量，b_1 和 b_2 分别表示消费者 1 和 2 的面包消费量，k_1 和 k_2 是给定常数。

1. 帕累托最优的集合是什么？
2. 假设消费者 1 和 2 的初始禀赋分别是 $\boldsymbol{w}_1=(3/2,1/2)$ 和 $\boldsymbol{w}_2=(1/2,3/2)$。计算竞争均衡。
3. 验证问题 2 中的均衡配置是否为帕累托最优的。
4. 现假定消费者的效用函数变为:

$$\widehat{u}_1(m_1,m_2,b_1)=m_1^{3/5}b_1^{2/5}-m_2,$$
$$\widehat{u}_2(m_1,m_2,b_2)=m_2^{3/5}b_2^{2/5}-m_1.$$

以上效用函数的一个解释是，一人对音乐的消费在增加他自己的效用的同时，干扰了他人的安静环境，从而减少了他人的效用。

(a) 总初始禀赋的关键值 $\bar{\boldsymbol{w}}^m$ 是什么，使得超出其关键值后，耗尽资源将导致帕累托无效率配置？

(b) 内点的帕累托有效配置的集合是什么？对两种情况进行讨论：$\boldsymbol{w}^m\leqq\bar{\boldsymbol{w}}^m$ 和 $\boldsymbol{w}^m>\bar{\boldsymbol{w}}^m$。将结果和问题 1 中的结果进行比较。

(c) 假定 $\boldsymbol{w}_1=(3/2,1/2)$ 和 $\boldsymbol{w}_2=(1/2,3/2)$。计算竞争均衡。它是帕累托最优的吗？

习题 14.4 考虑一个两商品两消费者的经济。商品 m 表示所有可以用金钱购买的商品，商品 n 表示所有非金钱商品，如健康、自由、家庭生活等。换言之，商品 m 表示一切可计入 GDP 的商品之和，商品 n 则包含所有不被计入 GDP 的内容。消费者 i 的效用函数如下所示:

$$u_i(m_i, n_i, m_j) = m_i^{\alpha} n_i^{1-\alpha} - \beta m_j, \quad 0 < \alpha < 1, \beta > 0.$$

1. 证明若 m 的总禀赋超过一定额度，则在帕累托最优的配置下 m 不会被全部耗尽。
2. 求解帕累托有效配置。
3. 你认为本题的结论能否解释如下悖论: 个人的幸福指数可能并不会随着国家财富的增长而增大?

习题 14.5 考虑有 n 个消费者的经济，每个消费者 i 选择一个行动 $h_i \in R_+$。消费者的效用函数为 $\phi_i(h_i, \sum_i h_i) + \boldsymbol{w}_i$，假定 $\phi_i(\cdot)$ 严格凹。$\boldsymbol{w}_i$ 是消费者 i 的初始禀赋。

1. 特征化帕累托最优水平 $h_1, \cdots, h_n$。
2. 特征化纳什均衡水平。
3. 对帕累托有效水平和纳什均衡水平进行比较。什么样的税率水平能导致帕累托最优结果?

习题 14.6 某山村有一块公用牧地，村民可以在这里放羊。饲养 1 只羊的成本为 4，在这块牧地上饲养羊的总收益为 $f(x) = 20x - 3x^2/2$，其中 x 表示所有羊的数量。

1. 证明允许村民自由放牧不能使该牧地的总福利最大化。
2. 政府现在决定每饲养一只羊都必须购买放羊许可证。为使收益最大化，政府应如何决定放羊许可证的价格?

习题 14.7 有两人要分别决定应把车开得多快。参与人 i 选择开车速度 x_i 可得到 $u_i(x_i)$ 的效用且有 $u_i'(x_i) > 0$。但车开得越快则越有可能发生撞车事故，令 $P(x_1, x_2)$ 为事故发生的概率，且其是 x_1 和 x_2 的增函数。令 $c_i > 0$ 为发生事故给参与人 i 带来的成本。每个人的效用关于货币都是线性的。

1. 证明个体选择的开车速度比社会福利最大化所希望的要快。
2. 若发生事故时个体 i 被罚款的数量为 t_i，试求可将外部效应内部化的 t_i。
3. 现在假设一旦发生事故，个体 i 的效用将变为 0，试求此时外部效应内部化的罚金。

习题 14.8 某厂商的成本函数 $c(q, h)$ 可微且严格凸，$q \geqq 0$ 为其产出水平，h 是该厂商生产的负外部性水平。该外部性影响消费者，其间接效用函数为 $\phi(h) + w$，其中 $\phi(h)$ 可导且有 $\phi'(h) < 0$。

1. 推导厂商选择 q 和 h 的一阶条件。
2. 推导 q 和 h 帕累托最优的一阶条件。
3. 假定政府对厂商的产量征税，证明该做法不能实现帕累托最优。
4. 假定政府对外部性直接征税，证明该做法能够实现帕累托最优。
5. 若 $h = \gamma q$ 恒成立，这里 $\gamma > 0$，证明对产量征税能够实现帕累托最优。

习题 14.9 (公地问题)　渔民可在湖中自由捕捞，一艘渔船的成本为 $c>0$。当湖上有 b 艘渔船时，共有 $f(b)$ 斤鱼被捕获，即每艘渔船捕鱼的斤数为 $f(b)/b$。对 $b \geqq 0$，恒有 $f'(b)>0, f''(b)<0$。每斤鱼的价格为 $p>0$。

1. 试求渔船的均衡数量。
2. 求解帕累托最优的渔船数量，证明渔船的帕累托最优数量小于均衡数量。
3. 对渔船征收怎样的捕捞税可实现帕累托最优的渔船数量？
4. 假定该湖属于某个人，他将如何选择渔船数量？

习题 14.10　某经济由两个消费者 A 和 B 以及两种商品 1 和 2 组成。y_i^j 表示个体 i 对商品 j 的消费量，I_i 表示个体 i 的收入水平，两种商品的价格分别为 p^1 和 p^2。消费者 A 的效用函数为 $u_A(y_A^1, y_A^2, y_B^2)$，消费者 B 的效用函数为 $u_B(y_B^1, y_B^2)$，这意味着消费者 B 对商品 2 的消费对消费者 A 具有外部性。

1. 写出消费者的效用最大化问题，并给出均衡配置下应满足的条件。
2. 若 $\partial u_A/\partial y_B<0$，均衡配置是帕累托有效的吗？为什么？
3. 现在假设对消费者 B 消费商品 2 征收从量税 (specific duty)t_B^2，此时消费者 B 的效用最大化问题将变为什么？
4. 上述征税方式能恢复帕累托有效配置吗？为什么？

习题 14.11　某地方政府建议实行一种带有最小排污标准的排污税制度。每个企业被允许排放一定数量 $\bar{h}$ 的污染物而不被征税。超出 $\bar{h}$ 的部分将被征税。

1. 写出企业的目标函数。
2. 解释为什么在一般情况下这个系统不是有效的，不会激励最小成本的减排，以及在什么情况下这个系统是有效的。

习题 14.12　考虑两个企业的不变边际减排成本函数：

$$-C_1'(h_1)=a,\ h_1<\hat{h}_1;$$

$$-C_2'(h_2)=b,\ h_2<\hat{h}_2.$$

1. 当污染的破坏函数是凸的和线性的时，分别找出两个企业的社会最优排放量。
2. 在这些情况下，是否可能采用经济激励政策工具来达到社会的最优配置？

习题 14.13 (Macho-Stadler 和 Pérez-Castrillo，2006)　在线性排污税率和不完全监管下，一个企业决定其报告排放量 z 与实际排放量 h。线性税率为 τ，企业交纳的排污费为 $z\tau$。企业的收益是实际排放量的函数，由 $g(h)$ 表示。当企业未受到任何监管时，其排放量为 $\overline{h}$，并且 $g'(\overline{h})=0$；当 $h\in[0,\overline{h})$ 时，$g(h)$ 是单调递增的凹函数：$g'(h)>0$，$g''(h)<0$。企业的实际排放量被环保部门稽查出的概率为 ρ，$\rho\in[0,1]$。被查出虚报的企业须交纳的罚款为 $\theta(h-z)$，且罚款额是实际排放量与报告排放量之间差额的单调递增凸函数：对于 $x>0$ 有 $\theta'(x)>0$，$\theta''(x)>0$。由于单位虚报的罚款应高于税款，我们假设 $\theta'(0)>\tau$。

1. 企业的最优报告排放量和实际排放量如何随监管强度 ρ 的变化而变化？
2. 对一个报告排放量大于零的企业增大监管强度是否会降低其实际排放量？

习题 14.14 某河流的上游有一个化工厂，它的生产会对下游的两户渔民造成污染。化工厂可以花费 5 000 元购买设备以避免污染；污染会给两户渔民分别带来 2 500 元和 4 000 元的损失，渔民可单独或联合以 6 000 元的价格购买净化装置以消除污染。

1. 假设产权不明晰且污染已经发生，并假设两户渔民可以协商，结果如何?
2. 假设产权归化工厂所有，且化工厂和两户渔民可以协商，结果如何?
3. 假设产权归渔民所有，结果如何?
4. 上述三问中的结果何者是帕累托有效的?
5. 若引入“税收–补贴”机制，规制者应如何实现帕累托有效的结果?

习题 14.15 (科斯中性定理) 科斯中性定理断定，只要产权明晰界定，产权如何划分对外部性均衡水平没有影响。考虑一个两商品两消费者的纯交换经济。一种商品是金钱，两人都喜爱；另外一种是音乐，其中一人的音乐消费在增加他自己效用的同时，会减少他人的效用。

1. 关于消费者偏好的什么样的特别假设将导致科斯中性定理的论断? 基于两种关于产权界定的情形来论证你的论断：(a) 音乐爱好者不需得到邻居的认可就有权放音乐。(b) 音乐爱好者需得到邻居的认可才有权放音乐。(为了达成一致，可以由一人对另外一人进行补偿。) 并用图表说明你的回答。
2. 现假定两人都具有柯布–道格拉斯效用函数。科斯中性定理的论断还成立吗 ? 用图表说明你的回答。

习题 14.16 科斯定理认为：若产权界定明确且交易成本为零，则对外部性的资源谈判将导致帕累托最优结果。

1. 证明拟线性效用函数是科斯定理成立的充分条件。
2. 拟线性效用函数是否为科斯定理成立的必要条件? 若是，给出证明；若不是，给出反例。

习题 14.17 (Kolstad，2000) 假定存在两个有遮阴特征 θ 的污染企业。对两个企业来说，θ 不一定必须相等。假设 θ 可以取值 1 或 2。这两个企业的收益是 $S(h,\theta)=1-\dfrac{(1-\theta h)^2}{2\theta}$。污染带来的损失是 $D(h_1+h_2)=(h_1+h_2)^2/2$。

1. 假定管制者知道每个企业的 θ 值：θ_1 和 θ_2。对所有可能的 θ_1 和 θ_2 的组合来说，对每个企业，什么是社会最优污染数量：$h_1^*(\theta_1,\theta_2)$，$h_2^*(\theta_1,\theta_2)$?
2. 现在假设管制者不知道 θ，但是询问了每个企业的真实 θ。在收到了每个企业所报告的信息后，每个企业 i 将被收取一定量的费用 $T_i(h_i,\theta_i)$，这个费用基于企业 i 报告的 θ_i、其他企业报告的 θ_j 以及真实的排放 h_i：

$$T_i(h_i,\theta_i)=D[h_i+h_j^*(\theta_1,\theta_2)]-S_j[h_j^*(\theta_1,\theta_2),\theta_j].$$

在企业报告它们的 θ 值之前，以上都是共同知识。说明报告真实的 θ 和社会最优污染数量 h^* 是每个企业的最佳利益所在。

14.8 参考文献

教材和专著：

黄有光, 张定胜. 高级微观经济学. 上海：格致出版社，2008.

平新乔. 微观经济学十八讲. 北京：北京大学出版社，2001.

Kolstad, C. (2000), *Environmental Economics*, Oxford University Press.

Laffont, J. J. (1988). *Fundamentals of Public Economics*, Cambridge, MIT Press.

Leach, J. (2004). *A Course in Public Economics*, Cambridge University Press.

Luenberger, D. (1995). *Microeconomic Theory*, McGraw-Hill.

Mas-Colell, A., M. D. Whinston, and J. Green (1995). *Microeconomic Theory*, Oxford University Press.

Pigou, A. (1928). *A Study of Public Finance*, Macmillan.

Polyamin, A.D., V.F. Zaitsev, and A.Moussiaux (2002). *Handbook of First Order Partial Differential Equations*, Taylor & Francis.

Salanie, B. (2000). *Microeconomics of Market Failures*, MIT Press.

Varian, H. R. (1992). *Microeconomic Analysis, Third Edition*, W. W. Norton and Company.

论文：

田国强, 杨立岩. 对“幸福-收入之谜”的一个解答：理论与实证. 经济研究，2006（11）：4-15.

Aivazian, V. A. and J. L. Callen (1981). “The Coase Theorem and the Empty Core”,*Journal of Law and Economics*, Vol. 24, No.1,175-181.

Andel, N. (1966). “Some Notes on Equating Private and Social Cost: Comment”,*Southern Economic Journal*, Vol. 33, 112.

Arrow, K. J. (1969). “The Organization of Economic Activity: Issues Pertinent to the Choice of Market versus Non-market Allocations”. In: *The Analysis and Evaluation of Public Expenditure: The PPB System*, 3.

Arrow, K. J. (1979). “The Property Rights Doctrine and Demand Revelation under Incomplete Information”. In Boskin, M. J. (ed.), *Economics and Human Welfare: Essays in Honor of Tibor Scitovsky* (New York: Academic Press).

Carlson, C., D. Burtraw, M. Cropper, and K. L. Palmer (2000). “Sulfur Dioxide Control by Electric Utilities: What Are the Gains from Trade?”,*Journal of Political Economy*, Vol. 108, No. 6, 1292-1326.

Chipman, J. S. (1998). “A Close Look to the Coase Theorem”. In Buchanan J. and B. Monissen (eds.), *The Economists' Vision: Essays in Modern Economic Perspectives*(Frankfur/Mmain: Campus Verlag).

Chipman, J. S. and G.Tian (2012). “Detrimental Externalities, Pollution Rights, and the ‘Coase Theorem’ ” ,*Economic Theory*, Vol. 49, No. 2, 309-327.

Coase, R. (1960). "The Problem of Social Cost", *Journal of Law and Economics*, Vol. 3, 1-44.

Gayer, T. and J. K. Horowitz (2005). "Market-based Approaches to Environmental Regulation", *Foundations and Trends in Microeconomics*, Vol. 1, No. 4, 201-326.

Hurwicz, L. (1995). "What Is the Coase Theorem", *Japan and the World Economy*, Vol. 7, No. 1, 49-74.

Joskow, P. L., R. Schmalensee, and E. M. Bailey (1998). "The Market for Sulfur Dioxide Emissions", *American Economic Review*, Vol. 88, No. 4, 669-685.

Macho-Stadler, I. and D. Pérez-Castrillo (2006). "Optimal Enforcement Policy and Firms' Emissions and Compliance with Environmental Taxes", *Journal of Environmental Economics and Management*, Vol. 51, No. 1, 110-131.

Meng, D. and G.Tian (2008)." Nonlinear Pricing with Network Externalities and Countervailing Incentives", Texas A&M University, website: http://econ.tamu. edu/tian/paper.htm.

Newell, R. G. and R.N.Stavins(2003)."Cost Heterogeneity and the Potential Savings from Market-Based Policies", *Journal of Regulatory Economics*, Vol. 23, No. 1, 43-59.

Ng, Y-K. (2004). "Optimal Environmental Charges/Taxes: Easy to Estimate and Surplus-Yielding", *Environmental and Resource Economics*, Vol. 28, No. 4, 395-408.

Starrett, D. A. (1972). "Fundamental Non-convexities in the Theory of Externalities", *Journal of Economic Theory*, Vol. 4, No. 2, 180-199.

Stavins, R. N. (1995). "Transaction Costs and Tradeable Permits", *Journal of Environmental Economics and Management*, Vol. 29, No. 2, 133-148.

Tian, G. (2000). "Property Rights and the Nature of Chinese Collective Enterprises", *Journal of Comparative Economics*, Vol. 28, No. 2, 247-268.

Tian, G. (2001). "A Theory of Ownership Arrangements and Smooth Transition to a Free Market Economy," *Journal of Institutional and Theoretical Economics*, Vol. 157, No. 3, 380-412. (The Chinese version published in *China Economic Quarterly*, Vol. 1 (2001), 45-70.)

Tian, G. (2003). "A Solution to the Problem of Consumption Externalities",*Journal of Mathematical Economics*, Vol. 39, No. 8, 831-847.

Tian, G. (2004). "A Unique Informationally Efficient Allocation Mechanism in Economies with Consumption Externalities", *International Economic Review*, Vol. 45, No. 1, 79-111.

Tian, G. and L.Yang (2009)."Theory of Negative Consumption Externalities with Applications to Economics of Happiness", *Economic Theory*, Vol. 39, No. 3, 399-424.

Tian, G. and L.Yang (2012). "Balanced Growth: A Potential Resolution to the Easterlin Paradox", Texas A&M University, website: http://econ.tamu.edu/tian/paper.htm.

Tietenberg, T. (1995). "Tradeable Permits for Pollution Control When Emission Location Matters: What Have We Learned?", *Environmental and Resource Economics*, Vol. 5, No. 2, 95-113.

Varian, H. R. (1994). "A Solution to the Problem of Externalities When Agents Are Well Informed", *American Economic Review*, Vol. 84, 1278-1293.

第 15 章　公共品

15.1　导言

在前一章中，我们讨论了具有外部性的经济环境。对于一个经济体，甚至做任何一件事，注意到是否存在外部性异常重要，因为这关系到知道市场是否会失灵的问题，关系到政府是否应该干预或社会是否应该监督。若外部性存在，即使是在充分竞争和有经济自由选择的情况下，一旦参与人的经济活动影响到其他人的行动，市场也可能会失灵，导致资源的无效配置，从而需要采取其他补救措施 (如庇古税、科斯定理、为外部性建立污染权交易市场、激励机制设计等制度安排) 来解决因外部性而出现的市场失灵问题。

与外部性紧密相关的情景是公共品。一旦存在公共品，就会产生外部性，从而市场会失灵。我们都知道，让人们通过捐献来做一个公共项目往往会非常困难。为什么会这样呢？原因在于公共品和私人品存在着本质差异，其中一个重大差异是公共品的**非排他性**。一种商品是**排他的** (excludable)，若一个人消费了某个商品，其他人就不能消费该商品，比如你吃了一个苹果，我就吃不到这个苹果。而一个商品是非排他性商品意味着，你在消费一个商品的同时，其他人也能同量地消费这个商品。另一个重大差异是非竞争性。一个商品是**非竞争的**，若一个人对该商品的消费不会减少其他消费者对该商品的消费量。

纯公共品 (pure public goods) 是这样一种商品，某经济人消费了一单位的这种商品不会妨碍其他经济人消费同一单位的这种商品，因此纯公共品是**非排他的** (non-excludable) 和**非竞争的** (non-rival)。

一个最好的纯公共品的例子是国防，它保护了所有国民免受外界侵犯。其他纯公共品的例子是免费的公共电视和公共广播电台。高速公路系统、公共图书馆、公共卫生、街灯、警察、消防系统、防洪项目、公园和其他公共项目等在很大程度上也非常接近纯公共品。

局部公共品 (local public goods) 的例子是存在地域限制的公共品。

公共品的非排他性将会导致严重的搭便车问题。例如，公路修好以后大家都能使用，因而每个人都希望他人多捐献，而自己不愿意捐献。吃大锅饭的国营企业大多搞不好的根本原因也在于此，每个人都想从别人的劳动努力中获利，而自己却想偷懒。竞争市场对配置私人品来说一般是非常有效的，但对配置公共品来说却往往会失灵，不是一个好的经济制度安排。

解决此问题的办法在理论上有三个：(1) 形成捐献习惯的社会规范和文化，但短期内很难做到，且效果有限；(2) 改造人的思想，将为他人或劳动变成一种快乐和幸福，但现实很残酷，效果不好，除非追求个人利益的基因得到改变；(3) 在如捐献习惯这样的社会规范和文化一时难以形成，人的思想觉悟无法大幅度提高的情况下，采用激励机制设计方法，因人因事而异，将人的思想境界不高的现实作为约束条件引入机制设计中。将激励机制与社会规范及法规相结合的综合治理方法能较好地解决搭便车问题。

15.2 定义和基本设定

公共品经济环境的一般设定包括消费者、生产者、私人品、公共品以及消费者和生产者的经济特征。其模型是一般均衡理论模型的延伸。令

- n：消费者数目。
- L：私人品数目。
- K：公共品数目。
- $Z_i \subseteq \mathcal{R}^L_+ \times \mathcal{R}^K_+$：消费者 i 的消费空间。
- $Z \subseteq \mathcal{R}^{nL}_+ \times \mathcal{R}^K_+$：消费空间。
- $\boldsymbol{w}_i \in \mathcal{R}^L_+$：消费者 i 的初始私人品禀赋；为简单起见，假设经济中无公共品禀赋，但它们可由企业通过投入私人品生产出来。
- $\boldsymbol{x}_i \in \mathcal{R}^L_+$：消费者 i 的私人品消费。
- $\boldsymbol{y} \in \mathcal{R}^K_+$：公共品的消费/生产。
- $Y \subseteq \mathcal{R}^{L+K}$：企业的生产可能性集合。为简单起见，本章假设只有一个生产公共品的企业。
- $(\boldsymbol{y}, -\boldsymbol{v}) \in Y$：生产计划向量，这里 $\boldsymbol{v} \in \mathcal{R}^L_+$ 是私人品投入。
- $f\colon \mathcal{R}^L_+ \to \mathcal{R}^K_+$：生产公共品的生产函数，若生产技术可由生产函数 $\boldsymbol{y} = f(\boldsymbol{v})$ 表示。
- θ_i：消费者 i 从生产中获得的利润份额。
- $(\boldsymbol{x}_i, \boldsymbol{y}) \in Z_i$：消费者 i 的私人品和公共品的消费。
- $(\boldsymbol{x}, \boldsymbol{y}) = (\boldsymbol{x}_i, \cdots, \boldsymbol{x}_n, \boldsymbol{y}) \in Z$：配置。
- $\succcurlyeq_i$ (效用函数 u_i 若存在)：消费者 i 的偏好序 (满足完备性和传递性)。
- $e_i = (Z_i, \succcurlyeq_i, \boldsymbol{w}_i, \theta_i)$：消费者 i 的经济特征。
- $\boldsymbol{e} = (e_1, \cdots, e_n, f)$：公共品经济。

以上是对公共品经济环境的一系列相对简单的设定，可类似于一般均衡理论模型，对一般经济环境进行讨论，如允许一般的生产可能性集合，厂商的个数可以是任意的，投入和产出可以既包括私人品也包括公共品，等等。对这样的讨论，参见 Foley (1970) 和 Milleron (1972)。

定义 15.2.1 称配置 $\boldsymbol{z} \equiv (\boldsymbol{x}, \boldsymbol{y}) = (\boldsymbol{x}_1, \cdots, \boldsymbol{x}_n, \boldsymbol{y}) \in Z$ 为可行的，若 $(\boldsymbol{y}, \sum_{i=1}^n \boldsymbol{x}_i - \hat{\boldsymbol{w}}) \in Y$，这里 $\hat{\boldsymbol{w}} = \sum_{i=1}^n \boldsymbol{w}_i$。

当生产技术可由生产函数 $\boldsymbol{y} = f(\boldsymbol{v})$ 表示时，可行性条件成为：

$$\sum_{i=1}^{n} \boldsymbol{x}_i + \boldsymbol{v} \leqq \sum_{i=1}^{n} \boldsymbol{w}_i \tag{15.1}$$

且

$$\boldsymbol{y} = f(\boldsymbol{v}). \tag{15.2}$$

定义 15.2.2 在公共品经济 $\boldsymbol{e}$ 中，配置 $(\boldsymbol{x}, \boldsymbol{y})$ 称为**帕累托有效**或**帕累托最优**，若它是可行的，且不存在其他可行配置 $(\boldsymbol{x}', \boldsymbol{y}')$，使得对所有的 i，都有 $(\boldsymbol{x}'_i, \boldsymbol{y}') \succcurlyeq_i (\boldsymbol{x}_i, \boldsymbol{y})$，且对某个 k，有 $(\boldsymbol{x}'_k, \boldsymbol{y}') \succ_k (\boldsymbol{x}_k, \boldsymbol{y})$。

定义 15.2.3 在公共品经济 $\boldsymbol{e}$ 中，配置 $(\boldsymbol{x}, \boldsymbol{y})$ 称为**弱帕累托有效的**，若它是可行的，且不存在其他可行配置 $(\boldsymbol{x}', \boldsymbol{y}')$，使得 $(\boldsymbol{x}'_i, \boldsymbol{y}') \succ_i (\boldsymbol{x}_i, \boldsymbol{y}), \forall i$。

备注：不像私人品经济，在公共品经济中，即使偏好满足连续性和强单调性假设，弱帕累托有效配置也可能不是帕累托有效的。著者 (Tian, 1988) 给出了下述结果。

命题 15.2.1 在公共品经济中，即使偏好满足强单调性和连续性假设，弱帕累托有效配置也可能不是帕累托有效的。

证明：我们通过反例给出命题的证明。考虑某个公共品经济，其中，$(n, L, K) = (3, 1, 1)$，用私人品生产公共品 y 是规模报酬不变的，不妨设投入产出系数规范化为 1，使得 $y = x$，经济中的禀赋和效用函数分别为 $w_1 = w_2 = w_3 = 1$，$u_1(x_1, y) = x_1 + y$，$u_i(x_i, y) = x_i + 2y, i = 2, 3$。则 $\boldsymbol{z} = (\boldsymbol{x}, y)$，这里 $\boldsymbol{x} = (0.5, 0, 0)$，$y = 2.5$ 是弱帕累托有效的 (在禀赋给定情形下，消费者 1 的效用不可能再变大)，但不是帕累托有效的，因为对消费者 2 和消费者 3 来说，可行配置 $\boldsymbol{z}' = (\boldsymbol{x}', y') = (0, 0, 0, 3)$ 帕累托占优于 $\boldsymbol{z}$。 □

但是，若偏好还满足严格凸性假设，则帕累托有效和弱帕累托有效的概念是等价的。读者可自行证明该结论。

15.3 离散公共品

15.3.1 公共项目的有效提供

为简单起见，考虑有 n 个消费者和两种商品 (一种私人品和一种公共品) 的公共品经济。离散的公共品，也称公共项目，是不可分的。假定所提供的公共品的单位被规范化为 1，这也可解释为 0 或 1 的逻辑变量，1 表示提供公共项目，而 0 表示不提供公共项目。

令 g_i 为消费者 i 为提供公共项目所做的私人品贡献，于是有：

$$x_i + g_i = w_i,$$

$$\sum_{i=1}^{n} g_i = v.$$

令 c 为公共项目的生产成本，且公共项目的生产技术为：

$$y=\begin{cases}1 & 若\ \sum_{i=1}^{n} g_i \geqq c;\\ 0 & 其他.\end{cases}$$

设 $u_i(x_i, y)$ 连续且强单调。我们首先想知道在何种条件下提供公共品将**帕累托占优**于不提供公共品，即是否存在 $(g_1, \cdots, g_n)$，使得 $\sum_{i=1}^{n} g_i \geqq c$，且

$$u_i(w_i - g_i, 1) > u_i(w_i, 0), \quad \forall i. \tag{15.3}$$

令 r_i 为消费者 i 对公共品提供的最大**意愿支付** (willingness-to-pay)(也被称为保留价格)，即 r_i 必须满足

$$u_i(w_i - r_i, 1) = u_i(w_i, 0). \tag{15.4}$$

不等式 (15.3) 意味着提供公共项目会比不提供公共项目为每个消费者带来更高的效用，从而从社会最优的角度来说，公共品应该被生产。因此，只要知道每个经济人的效用函数，就可以知道每个经济人的意愿支付，从而就知道提供公共品是否为帕累托占优的。

若提供公共项目帕累托占优于不提供公共项目，我们有

$$u_i(w_i - g_i, 1) > u_i(w_i, 0) = u_i(w_i - r_i, 1), \ \forall\, i. \tag{15.5}$$

根据 u_i 的强单调性，我们有

$$w_i - g_i > w_i - r_i \quad \forall i, \tag{15.6}$$

从而有

$$r_i > g_i, \tag{15.7}$$

这样，我们有

$$\sum_{i=1}^{n} r_i > \sum_{i=1}^{n} g_i \geqq c. \tag{15.8}$$

上述条件意味着所有消费者对公共项目的意愿支付之和必须超过它的提供成本。事实上，上述条件是充要的。综上所述，我们有如下命题。

命题 15.3.1 提供公共品帕累托占优于不提供公共品，当且仅当 $\sum_{i=1}^{n} r_i > \sum_{i=1}^{n} g_i \geqq c$.

上述方法的问题在于，由于现实中经济人的偏好或者说效用函数的信息是私人信息，一般来说，他人难以知道这样的信息，如下所述，自由市场和民主决策的方法都往往导致公共品的无效率配置，因而进行激励机制设计和优化信息租金成为要解决的重要问题。

15.3.2 公共项目的搭便车问题

我们首先想知道，自由竞争市场在提供公共品方面是否有效。下面的例子表明，由于搭便车问题，我们一般不能指望独立的个人决策会导致公共品的有效提供。

为理解这一点，考虑只有两个参与人的简单经济，每个参与人的最大意愿支付为 $r_i = 100$, $i = 1, 2$。设公共品的生产成本为 $c = 150$，参与人自行决定为公共品支付多少

费用。若两者都愿意支付 75，则提供公共品，每个参与人由此获得 25 单位的净收益。若由一个人支付 150，则公共品被生产出来，但其净收益为 −50，而另外一个人的净收益为 100。正式地，我们有

$$r_i = 100 \quad i = 1, 2;$$

$$c = 150\ (\text{总成本});$$

$$g_i = \begin{cases} 150/2 = 75 & \text{若两个人平摊成本;} \\ 150 & \text{只有个人} i \text{ 承担成本.} \end{cases}$$

两个人相互独立地决定是否为生产公共品作出贡献。注意到每个消费者 i 的净收益为 $r_i - g_i$。其结果是，每个人都有激励搭另外一个人的便车。双方的博弈可用表 15.1 所示的支付矩阵表示。

表 15.1 离散公共品的私人提供

		个人 2	
		贡献	不贡献
个人 1	贡献	$(25, 25)$	$(-50, 100)$
	不贡献	$(100, -50)$	$(0, 0)$

在此博弈中，消费者的占优策略是 (不贡献，不贡献)。因此，没有人愿意分担提供公共项目的成本，却都想搭另外一个消费者的便车。其均衡结果将是，虽然公共品对每个消费者都有益，但在这种情况下，任何一方都不愿意支付，因而不会生产公共品，个体理性和集体理性不相容，导致了两败俱伤的结果。一般来说，让每个人自愿为公共品付费的方法并不能保证公共品的有效提供。

上述问题是典型的囚徒困境问题。这种现象在现实中比比皆是，结局往往是两败俱伤。例如，两个厂商合谋制定垄断价格可以获得更高利润，但一方稍微降低价格即可吸引更多顾客，因而每一方都有动机降价，最终价格将达到边际成本水平，这是第 9 章介绍的伯特兰模型所得到的结果。上述例子说明，仅仅依靠自觉与自我奉献，往往会导致无效率配置这一基本结论。现实中的很多例子都能帮助读者理解这一点。

15.3.3 公共项目的投票决定

公共项目的提供在现实中更多的是由投票来决定的。投票方法一定能解决公共项目的有效提供问题吗？答案也许是否定的。

投票方法并不能保证提供公共项目的有效性。考虑下述例子。

例 15.3.1

$$c = 99$$

$$r_1 = 90,\ r_2 = 30,\ r_3 = 30.$$

显然，$r_1 + r_2 + r_3 > c$，$g_i = 99/3 = 33$，由此公共项目应该建设。然而，在多数投票决定

规则下，只有消费者 1 投票赞成提供该公共项目，因为他能从中获得正的净收益，而消费者 2 和消费者 3 却会投票反对公共项目的提供，因为他们从中获得的净收益为负。因此，该公共品不会被提供，因而关于不提供公共品的决定不是有效的。多数投票决定规则只是衡量了消费者对从公共品提供中获得净收益的看法，而公共品有效提供的条件需要加总消费者的意愿支付，导致了个体理性和集体理性的不一致。

这个例子也体现了民主和效率在个人分散决策中可能存在不相容的问题。由于投票者受自身利益驱动，往往屁股决定脑袋，因而民主表决方式往往会带来公共品的无效提供。为了解决民主和效率可能的不一致问题，对是否应该采用民主决策方式的判断应该是，越是高层领导人的选举，就越要尊重民意，越要采用民主决策方式。因为领导人最重要的作用就是引领和指导，是决定方向和战略，其决策具有很大的外部性，因此需要选对人，需要充分尊重民意，注重社会整体福利，被选举者要对选民负责，否则下次竞选公职，就选不上。然而，一旦被选上了，就需要对选民负责，那么他的目标的实施和具体决策就应该有效率，否则他的决策总是被手下或班子成员否决，怎么能为选民负责呢？为了解决这个矛盾，在具体的事务决策过程中就不能一味地强调过多的民主决策。所以，在国外，一个单位的一把手一旦决定后，就由他组建班子，而不会在具体的行政决策中讲太多的民主决策。比如，在美国，校长上台，就自主决定副校长和各学院院长的任命，院长上台，自主任命副院长和各系系主任，系主任上台，也是自主决定副系主任和分管本科、研究生的主任和各种委员会主任的人选。当然，若一个单位没有起色，做得不好，一个任期完后，民众不满意，现有的领导就可能再选不上，无法连任，所以一把手有激励尽力完成对民众的承诺，美国的政府部门和企业基本也是如此结构。比如，美国大学的教授委员会的主要职责是考查同行的学术职位的提升，而不是在学科建设和行政决策方面有决策权。若让教授在学科建设方面面面俱到，每个教授都可能仅从自己的利益和自己所在领域来考虑问题和投票，就会出现上面例子中无效提供公共品的情况，将有效配置资源的方案否决掉。

这样，无论是通过市场还是民主决策都无法解决离散公共品有效提供的问题。那么，如何才能解决搭便车问题呢？我们将在有关机制设计理论的章节中回答这个问题，我们将介绍维克瑞-克拉克-格罗夫斯 (Vickrey-Clark-Groves) 需求显示机制，它能够解决公共品的有效提供问题。

15.4 连续公共品

15.4.1 连续公共品的有效提供

对连续公共品的情形，也有类似结果出现。为讨论简单起见，我们设公共品经济中只有一种公共品和一种私人品，公共品的生产函数为 $y = f(v)$，其中 y 是公共品的生产数量，v 是为生产公共品而投入的私人品的数量。我们首先求出在公共品经济下的帕累托有效配置的一阶条件。

帕累托有效配置可由社会福利最大化问题刻画，即对任意给定的权数 a_i，$\forall i \in N$，求下面的社会福利最大化问题：

$$\max_{(x,y)} \sum_{i=1}^{n} a_i u_i(x_i, y)$$
$$\text{s.t.} \quad \sum_{i=1}^{n} x_i + v \leqq \sum_{i=1}^{n} w_i;$$
$$y \leqq f(v).$$

拉格朗日函数为：

$$L = \sum_{i=1}^{n} a_i u_i(x_i, y) + \lambda \left(\sum_{i=1}^{n} w_i - \sum_{i=1}^{n} x_i - v \right) + \mu(f(v) - y). \tag{15.9}$$

当 u_i 可微、严格递增且 $f(v)$ 拟凹、可微时，所有帕累托最优配置均可由如下一阶条件刻画：

$$a_i \frac{\partial u_i}{\partial x_i} - \lambda \leqq 0, \quad \text{等式成立当 } x_i > 0; \tag{15.10}$$

$$\mu f'(v) - \lambda \leqq 0, \quad \text{等式成立当 } v > 0; \tag{15.11}$$

$$\sum_{i=1}^{n} a_i \frac{\partial u_i}{\partial y} - \mu \leqq 0, \quad \text{等式成立当 } y > 0. \tag{15.12}$$

于是，在内点解处，由式 (15.10) 和式 (15.11)，我们有

$$\frac{a_i}{\mu} = \frac{f'(v)}{\dfrac{\partial u_i}{\partial x_i}}. \tag{15.13}$$

将式 (15.13) 代入式 (15.12)，得

$$\sum_{i=1}^{n} \frac{\dfrac{\partial u_i}{\partial y}}{\dfrac{\partial u_i}{\partial x_i}} = \frac{1}{f'(v)}. \tag{15.14}$$

上述条件即是著名的**林达尔-萨缪尔森 (Lindahl-Samuelson) 条件**。这个条件与只具有私人品经济的帕累托最优不同，该条件表明，所有经济人的公共品和私人品边际替代率之和等于边际技术替代率，而对私人品经济而言，在帕累托最优点，每一个经济人的私人品之间的边际替代率都等于边际技术替代率。

由此，帕累托有效配置的条件为：

$$\begin{cases} \sum_{i=1}^{n} MRS_{yx_i}^{i} = MRTS_{yv}, \\ \sum x_i + v \leqq \sum_{i=1}^{n} w_i, \\ y = f(v). \end{cases} \tag{15.15}$$

该结果说明，公共品的提供水平不是唯一确定的，而是与所有个体的私人品的消费水平一道共同决定的。

例 15.4.1 考虑具有一种公共品、一种私人品及 n 个消费者的经济。消费者 i 的效用函数为:

$$u_i = a_i \ln y + \ln x_i,$$
$$y = v.$$

林达尔-萨缪尔森条件为:

$$\sum_{i=1}^{n} \frac{\dfrac{\partial u_i}{\partial y}}{\dfrac{\partial u_i}{\partial x_i}} = 1, \tag{15.16}$$

于是有

$$\sum_{i=1}^{n} \frac{\dfrac{a_i}{y}}{\dfrac{1}{x_i}} = \sum_{i=1}^{n} \frac{a_i x_i}{y} = 1 \Rightarrow \sum a_i x_i = y, \tag{15.17}$$

这表明公共品提供的水平不是唯一决定的，依赖于 x_i 的消费水平。

一般来说，消费者对公共品提供的边际意愿支付取决于私人品的消费数量，因而 y 的有效水平取决于 x_i。但对拟线性效用函数的情形:

$$u_i(x_i, y) = x_i + u_i(y), \tag{15.18}$$

林达尔-萨缪尔森条件成为

$$\sum_{i=1}^{n} u_i'(y) = \frac{1}{f'(v)} \equiv c'(y), \tag{15.19}$$

从而 y 是唯一决定的。

例 15.4.2 设

$$u_i = a_i \ln y + x_i,$$
$$y = v.$$

林达尔-萨缪尔森条件则为:

$$\sum_{i=1}^{n} \frac{\dfrac{\partial u_i}{\partial y}}{\dfrac{\partial u_i}{\partial x_i}} = 1, \tag{15.20}$$

于是有

$$\sum_{i=1}^{n} \frac{a_i}{y} = \sum_{i=1}^{n} \frac{a_i}{y} = 1 \Rightarrow \sum a_i = y, \tag{15.21}$$

这表明公共品的水平是唯一决定的。

15.4.2 林达尔机制及其均衡

上面给出了公共品经济中的帕累托有效性的条件。接下来的问题是在个人分散决策的情况下，什么样的经济机制才能达到帕累托有效配置。我们知道，在只有私人品的经济中，只要局部非饱和性假设成立，任何竞争均衡都是帕累托有效的。但对公共品经济，竞争机制一般不能达到帕累托有效配置。若仍通过竞争市场来配置公共品，则立即可知其竞争市场均衡的解跟私人品的均衡解一样，即个体的边际替代率等于商品价格之比进而等于边际技术替代率，从而导致市场对公共品的无效率配置。

比如，若我们在一个具有一种私人品、一种公共品和两个消费者的经济中求竞争均衡，则效用最大化行为将使这两种商品的边际替代率等于这两种商品的相对价格，即

$$MRS_{yx}^{A} = MRS_{yx}^{B} = \frac{p_y}{p_x},$$

而这违反了林达尔-萨缪尔森最优性条件。这样，对公共品经济，市场机制是失灵的，不能有效解决公共品的有效提供问题。

那么，应通过什么样的经济机制，从而在公共品经济环境下实现资源的有效配置呢？我们知道在私人品经济中，瓦尔拉斯机制能导致资源的有效配置。在公共品情形下，一种可能的制度安排是林达尔机制。

20 世纪初，林达尔提出了一种制度安排，其想法基于林达尔-萨缪尔森条件。既然帕累托有效配置的一阶条件是所有人的边际替代率之和等于边际技术替代率，若将消费公共品的开支 (即消费量乘上其市场价格) 由所有经济人分担，每个人为此支付的相应比例，正好使得所有经济人的公共品和私人品边际替代率之和等于公共品与私人品的边际技术替代率，则林达尔的解决方案就是一种仿照竞争机制对公共品进行有效提供的解决方案。该机制本质上是一种价格共担机制。在竞争市场中，商品的市场价格都是给定的，不受个人需求量和生产量的影响，但个人在承担公共品价格的价格共担机制中，对公共品消费所付的价格不一样。这样，对私人品和公共品的配置，存在着一种对偶关系：私人品的消费水平不一样，但所付价格一样，而公共品的消费一样，但所付价格却不一样。

林达尔所建议的方法实际上是采用税收的方法来提供公共品，只是对不同的人，可能有不同的税率，每个人都须对公共品给出特定的**个性化价格**，即不同的消费者对同一种公共品承担不同的比例。林达尔解决方案的思想是所有消费者对公共品的消费水平是相同的，但每个消费者由于偏好不同，对公共品的定价（从而所承担的成本）是个性化的。其定价准则是，在均衡时，对每个消费者来说，任何两种商品的价格比率都等于这两种商品的边际替代率。

为了说明此点，考虑一个有 n 个消费者的经济体，其中每个消费者 i 拥有一个私人品 $\boldsymbol{x}_i \in \mathcal{R}_+^L$ 和一个公共品 $\boldsymbol{y} \in \mathcal{R}_+^K$。为简单起见，我们设公共品的生产可能性集 Y 是闭的凸锥，在这个集合中，由 $y = f(v)$ 所表征的生产技术满足规模报酬不变 (CRS):

$$\sum_{i=1}^{n} \boldsymbol{x}_i + \boldsymbol{v} \leqslant \sum_{i=1}^{n} \boldsymbol{w}_i. \tag{15.22}$$

令 $\boldsymbol{q}_i \in \mathcal{R}_+^K$ 为消费者 i 消费公共品 $\boldsymbol{y}$ 的个性化价格向量;

$\hat{\boldsymbol{q}} = \sum_{i=1}^n \boldsymbol{q}_i$ 为 $\boldsymbol{y}$ 的市场价格向量;

$\boldsymbol{p} \in \mathcal{R}_+^L$ 为私人品的价格向量。

定义 15.4.1 (林达尔均衡) 我们称配置 $(\boldsymbol{x}^*, \boldsymbol{y}^*) \in Z$ 以及私人品的价格向量 $\boldsymbol{p}^* \in \mathcal{R}_+^L$ 和公共品的个性化价格向量 $\boldsymbol{q}_i^* \in \mathcal{R}_+^K$ $(i = 1, \cdots, n)$ 构成了一个**林达尔均衡**,若对所有的 i,下述条件满足:

(i) $\boldsymbol{p}^*\boldsymbol{x}_i^* + \boldsymbol{q}_i^*\boldsymbol{y}^* \leqq \boldsymbol{p}^*\boldsymbol{w}_i$,

(ii) 若 $(\boldsymbol{x}_i, \boldsymbol{y}) \succ_i (\boldsymbol{x}_i^*, \boldsymbol{y}^*)$,则 $\boldsymbol{p}^*\boldsymbol{x}_i + \boldsymbol{q}_i^*\boldsymbol{y} > \boldsymbol{p}^*\boldsymbol{w}_i$,

(iii) 对所有的 $(\boldsymbol{y}, -\boldsymbol{v}) \in Y$,都有 $\hat{\boldsymbol{q}}^*\boldsymbol{y}^* - \boldsymbol{p}^*\boldsymbol{v}^* \geqq \hat{\boldsymbol{q}}^*\boldsymbol{y} - \boldsymbol{p}^*\boldsymbol{v}$,

(iv) $(\boldsymbol{y}^*, -\boldsymbol{v}^*) \in Y$,

其中,$\boldsymbol{v}^* = \sum_{i=1}^n \boldsymbol{w}_i - \sum_{i=1}^n \boldsymbol{x}_i^*$,$\sum_{i=1}^n \boldsymbol{q}_i^* = \hat{\boldsymbol{q}}^*$。

以上的第一个条件为预算约束,第二个为效用最大化条件,第三个为利润最大化条件,第四个为可行性条件。

备注:由于生产函数是规模报酬不变的,当配置达到林达尔均衡时最大利润为 0,即 $\hat{\boldsymbol{q}}^*\boldsymbol{y}^* - \boldsymbol{p}^*\boldsymbol{v}^* = 0$,从而有

$$\sum_{i=1}^n \boldsymbol{p}^*\boldsymbol{x}_i^* = \sum_{i=1}^n \boldsymbol{p}^*\boldsymbol{w}_i + \hat{\boldsymbol{q}}^*\boldsymbol{y}^*.$$

这样,每个消费者在林达尔均衡处,预算约束 (i) 都按等式成立。

可以看出,瓦尔拉斯均衡是不存在公共品时林达尔均衡的一个特例。由于在私人品和公共品之间价格和数量存在对偶关系,从而瓦尔拉斯配置和林达尔配置之间也存在对偶关系,因此公共品经济中的林达尔均衡是私人品经济中的瓦尔拉斯均衡的自然推广。在瓦尔拉斯均衡情形下,消费者所付价格都相同,但其消费的私人品数量不同;在林达尔均衡情形下,消费者消费的公共品数量相同,但所付的价格不同。另外,瓦尔拉斯均衡和林达尔均衡的概念都与私有经济有关,且都由消费者的纯粹价格接受行为刻画。林达尔公共品有效提供的解决方案本质上是信息分散化决策过程。

林达尔均衡具有许多像瓦尔拉斯配置一样的性质。事实上,通过重新解释和定义消费空间,具有公共品的经济可以看作完全私人品的经济,从而林达尔均衡在新的消费空间下可视为瓦尔拉斯均衡。的确如此,在下面林达尔均衡的存在性证明中,就是通过采用这种变换方式来证明林达尔均衡的存在性的,并且福利经济学第一和第二基本定理仍然成立。其证明同瓦尔拉斯均衡情形的结果相似。

定理 15.4.1 (林达尔均衡存在性定理) 对公共经济 $\boldsymbol{e} = (\{X_i, \boldsymbol{w}_i, \succcurlyeq_i\}, \{Y_j\}, \{\theta_i;\})$,林达尔均衡存在,若下面条件成立:

(i) $Z_i = \mathcal{R}_+^{L+K}$;

(ii) $\boldsymbol{w}_i > \boldsymbol{0}$;

(iii) $\succcurlyeq_i$ 连续、严格凸,且单调;

（iv）Y 闭、凸，$\mathbf{0} \in Y$，$(-\mathcal{R}_+^L, \mathbf{0}) \subseteq Y$（自由处理）。

证明： 证明的方法是构造一个私人品经济，使得瓦尔拉斯均衡存在性定理适用。将每个消费者偏好的公共品视作不同的商品，这样消费者 i 的消费空间扩大为 $\bar{Z}_i = (Z_i, \{\mathbf{0}\}) \subseteq \mathcal{R}^{L+K} \times \mathcal{R}^{(n-1)K}$，这里 $\mathbf{0}$ 是一个 $(n-1)K$ 维的零向量。它的一个具体消费组合为 $\bar{\boldsymbol{z}}_i = (\boldsymbol{x}_i, \boldsymbol{y}_i, \mathbf{0}, \cdots, \mathbf{0})$。这样所构造的消费空间及本定理所施加的假设满足命题 10.4.6（存在性定理 III′）中所有的条件，从而所构造的私人经济存在竞争均衡。因此，原有公共品经济存在林达尔均衡。 □

类似地，将单调性假设加强到强单调性假设，内点初始禀赋假设可以被放松。

对存在一种私人品和一种公共品 $y = \frac{1}{\hat{q}}v$ 的公共品经济，林达尔均衡的定义变得稍微简洁。

定义 15.4.2　$(\boldsymbol{x}^*, y^*)$ 为**林达尔均衡配置**，若存在 $q_i^*, i = 1, \cdots, n$，使得

（i）$x_i^* + q_i^* y^* \leqq w_i$；

（ii）如果 $(x_i, y) \succ_i (x_i^*, y^*)$，那么 $x_i + q_i^* y > w_i$；

（iii）$\sum_{i=1}^n q_i^* = \hat{q}$。

注意，当预算约束 (i) 满足时，可行性条件自动满足。

若 $(\boldsymbol{x}^*, y^*)$ 是林达尔均衡配置的内点，则效用最大化问题的一阶条件为：

$$\frac{\frac{\partial u_i}{\partial y}}{\frac{\partial u_i}{\partial x_i}} = \frac{q_i}{1}, \tag{15.23}$$

这意味着林达尔-萨缪尔森条件成立，

$$\sum_{i=1}^n MRS_{yx_i} = \hat{q},$$

满足帕累托有效性的必要条件。

例 15.4.3　求下面公共品经济的林达尔均衡：

$$u_i(x_i, y) = x_i^{\alpha_i} y^{(1-\alpha_i)}, \quad 0 < \alpha_i < 1,$$
$$y = \frac{1}{\hat{q}} v.$$

预算约束为：

$$x_i + q_i y = w_i.$$

消费者 i 对私人品和公共品的需求函数 x_i 和 y_i 分别为：

$$x_i = \alpha_i w_i, \tag{15.24}$$

$$y_i = \frac{(1-\alpha_i) w_i}{q_i}. \tag{15.25}$$

由于在均衡处有 $y_1 = y_2 = \cdots = y_n = y^*$，于是由式 (15.25)，我们得:

$$q_i y^* = (1 - \alpha_i) w_i. \tag{15.26}$$

对上式两端关于 i 累加，得:

$$\hat{q} y^* = \sum_{i=1}^{n} (1 - \alpha_i) w_i.$$

从而有

$$y^* = \frac{\sum_{i=1}^{n} (1 - \alpha_i) w_i}{\hat{q}}.$$

这样，由式 (15.26)，我们有:

$$q_i = \frac{(1 - \alpha_i) w_i}{y^*} = \frac{\hat{q}(1 - \alpha_i) w_i}{\sum_{i=1}^{n} (1 - \alpha_i) w_i}. \tag{15.27}$$

从上面的林达尔均衡求解过程可以看到，为求解，我们需要知道每个消费者的偏好或其边际替代率。但这些信息一般来说是私人信息，由于**搭便车** (free-rider) 问题，为了少捐献，每个消费者都有激励假报自己的真实偏好。尤其是，每个经济人都有个性化价格体系，当消费者的偏好不是公共信息时，很难将每个消费者的个性化定价视为给定的，因为消费者的报告将影响他们的价格。在第六部分市场设计的讨论中将进一步探讨这个问题。

15.5 林达尔均衡的福利性质

15.5.1 福利经济学第一基本定理

对公共品经济，我们有如下的福利经济学第一基本定理。

定理 15.5.1 (公共品经济的福利经济学第一基本定理) 对公共经济 $\boldsymbol{e} = (\{X_i, \boldsymbol{w}_i, \succcurlyeq_i\}, \{Y_j\})$，在价格系统 $(\boldsymbol{q}_1^*, \cdots, \boldsymbol{q}_n^*, \boldsymbol{p}^*)$ 下，每个林达尔均衡配置 $(\boldsymbol{x}^*, \boldsymbol{y}^*)$ 都是弱帕累托有效的。若消费者的偏好还满足局部非饱和性，则它是帕累托有效的。

证明: 定理第一部分的证明包含在第二部分的证明中，我们只证明定理的第二部分。若消费者的偏好满足局部非饱和性但林达尔均衡配置不是帕累托有效的，则存在另一个可行配置 $(\boldsymbol{x}, \boldsymbol{y})$，使得对所有的 i，均有 $(\boldsymbol{x}_i, \boldsymbol{y}) \succcurlyeq_i (\boldsymbol{x}_i^*, \boldsymbol{y}^*)$，且对某个 k，有 $(\boldsymbol{x}_k, \boldsymbol{y}) \succ_k (\boldsymbol{x}_k^*, \boldsymbol{y}^*)$。

我们首先证明

$$\boldsymbol{p}^* \boldsymbol{x}_i + \boldsymbol{q}_i^* \boldsymbol{y} \geqq \boldsymbol{p}^* \boldsymbol{w}_i, \quad 对 \ i = 1, 2, \cdots, n.$$

若不是，存在某个 i，使得

$$\boldsymbol{p}^* \boldsymbol{x}_i + \boldsymbol{q}_i^* \boldsymbol{y} < \boldsymbol{p}^* \boldsymbol{w}_i.$$

于是，由局部非饱和性，存在 $(\boldsymbol{x}_i', \boldsymbol{y}')$ 使得 $(\boldsymbol{x}_i', \boldsymbol{y}') \succ_i (\boldsymbol{x}_i, y) \succcurlyeq_i (\boldsymbol{x}_i^*, \boldsymbol{y}^*)$ 和 $\boldsymbol{p}^*\boldsymbol{x}_i' + \boldsymbol{q}_i^*\boldsymbol{y}' < \boldsymbol{p}^*\boldsymbol{w}_i$ 与 $(\boldsymbol{x}_i^*, \boldsymbol{y}^*)$ 是消费者 i 的最优选择矛盾。

对消费者 k，由于 $(\boldsymbol{x}_k^*, \boldsymbol{y}^*)$ 是消费者 k 的最优选择，且 $(\boldsymbol{x}_k, \boldsymbol{y}) \succ_k (\boldsymbol{x}_k^*, \boldsymbol{y}^*)$，我们有

$$\boldsymbol{p}^*\boldsymbol{x}_k + \boldsymbol{q}_k^*\boldsymbol{y} > \boldsymbol{p}^*\boldsymbol{w}_k, \quad \text{对某个 } k.$$

加总后有

$$\sum_{i=1}^{n} \boldsymbol{p}^*\boldsymbol{x}_i + \sum_{i=1}^{n} \boldsymbol{q}_i^*\boldsymbol{y} > \sum_{i=1}^{n} \boldsymbol{p}^*\boldsymbol{w}_i, \tag{15.28}$$

即

$$\hat{\boldsymbol{q}}^*\boldsymbol{y} + \boldsymbol{p}^* \sum_{i=1}^{n} (\boldsymbol{x}_i - \boldsymbol{w}_i) = \hat{\boldsymbol{q}}^*\boldsymbol{y} + \boldsymbol{p}^*\boldsymbol{v} > 0.$$

然而，根据利润最大化条件，对所有的 $(\boldsymbol{y}, \boldsymbol{v}) \in Y$，我们均有

$$\hat{\boldsymbol{q}}^*\boldsymbol{y} + \boldsymbol{p}^*\boldsymbol{v} \leqq 0.$$

这个矛盾证明了定理。 □

我们可以类似地定义转移支付林达尔均衡。

定义 15.5.1 (转移支付林达尔均衡)　给定公共经济 $\boldsymbol{e} = (e_1, \cdots, e_n, Y)$，我们称配置 $(\boldsymbol{x}^*, \boldsymbol{y}^*) \in Z$ 及私人品的价格向量 $\boldsymbol{p}^* \in \mathcal{R}_+^L$ 和公共品的个性化价格向量 $\boldsymbol{q}_i^* \in \mathcal{R}_+^K, i$ 构成了一个**转移支付林达尔均衡**，若存在着满足 $\sum_i I_i = \boldsymbol{p} \cdot \sum_i \boldsymbol{w}_i$ 的转移支付后的财富水平 $(I_1, \cdots, I_n)$，可使得

(i) $\boldsymbol{p}^*\boldsymbol{x}_i^* + \boldsymbol{q}_i^*\boldsymbol{y}^* \leqq I_i$;

(ii) 若 $(\boldsymbol{x}_i, \boldsymbol{y}) \succ_i (\boldsymbol{x}_i^*, \boldsymbol{y}^*)$，则 $\boldsymbol{p}^*\boldsymbol{x}_i + \boldsymbol{q}_i^*\boldsymbol{y} > I_i$;

(iii) 对所有的 $(\boldsymbol{y}, -\boldsymbol{v}) \in Y$，均有 $\hat{\boldsymbol{q}}^*\boldsymbol{y}^* - \boldsymbol{p}^*\boldsymbol{v}^* \geqq \hat{\boldsymbol{q}}^*\boldsymbol{y} - \boldsymbol{p}^*\boldsymbol{v}$;

(iv) $(\boldsymbol{y}^*, -\boldsymbol{v}^*) \in Y$。

其中，$\boldsymbol{v}^* = \sum_{i=1}^n \boldsymbol{w}_i - \sum_{i=1}^n \boldsymbol{x}_i^*$，$\sum_{i=1}^n \boldsymbol{q}_i^* = \hat{\boldsymbol{q}}^*$。

定理 15.5.2 (关于转移支付林达尔均衡的福利经济学第一基本定理)　在价格系统 $(\boldsymbol{q}_i^*, \cdots, \boldsymbol{q}_n^*, \boldsymbol{p}^*)$ 下，每个转移支付林达尔均衡配置 $(\boldsymbol{x}^*, \boldsymbol{y}^*)$ 都是弱帕累托有效的。若消费者的偏好还满足局部非饱和性，则它是帕累托有效的。

证明方法与定理 15.5.1 的完全一样，故不重复。

15.5.2　公共品经济环境下的经济核

类似于私人品经济，我们可以定义经济核的概念。

定义 15.5.2 (抵制联盟)　我们称一群经济人 $S \subseteq N$ 形成了一个对配置 $(\boldsymbol{x}, \boldsymbol{y})$ 的**抵制联盟**，若该联盟能通过其自身的禀赋得到帕累托改进，即存在另一个配置 $(\boldsymbol{x}', \boldsymbol{y}')$，可使得

(1) $(\boldsymbol{x}', \boldsymbol{y}')$ 对 S 来说是可行的，即 $(\boldsymbol{y}, \sum_{i \in S}(\boldsymbol{x}_i' - \boldsymbol{w}_i)) \in Y$，

（2）对所有的 $i \in S$，均有 $(\boldsymbol{x}'_i, \boldsymbol{y}') \succcurlyeq_i (\boldsymbol{x}_i, \boldsymbol{y})$，且对某个 $k \in S$，有 $(\boldsymbol{x}'_k, \boldsymbol{y}') \succ_k (\boldsymbol{x}_k, \boldsymbol{y})$。

定义 15.5.3 (经济核) 称可行配置 $(\boldsymbol{x}, \boldsymbol{y})$ 具有**核性质**或**在核中**，若不存在对配置 $(\boldsymbol{x}, \boldsymbol{y})$ 的任何抵制联盟。所有核配置的集合被称为**经济核**或被简称为**核**。

备注：经济核中的每个配置都是帕累托最优的和个体理性的 (即 $(\boldsymbol{x}_i, \boldsymbol{y}) \succcurlyeq_i (\boldsymbol{w}_i, \boldsymbol{0})$, $\forall i = 1, 2, \cdots, n,$)。

与私人品经济环境下的竞争均衡核性质定理的证明方法一样，可证明，在偏好的局部非饱和性下，每一个林达尔均衡均满足经济核性质。

定理 15.5.3 对公共经济 $\boldsymbol{e} = (\{X_i, \boldsymbol{w}_i, \succcurlyeq_i\}, \{Y_j\})$，在偏好的局部非饱和性下，若配置和价格系统组合 $(\boldsymbol{x}, \boldsymbol{y}, \boldsymbol{q}_1, \cdots, \boldsymbol{q}_i, \cdots, \boldsymbol{q}^*_n, \boldsymbol{p}^*)$ 是一个林达尔均衡，则它具有核性质。

尽管每个林达尔均衡在偏好的局部非饱和性下均具有经济核性质，但林达尔配置和经济核等价定理一般来说却不再成立。Milleron (1972) 给出了这样的反例。

15.5.3 福利经济学第二基本定理

对公共品经济，也有类似的福利经济学第二基本定理。

定理 15.5.4 (公共品经济的福利经济学第二基本定理) 给定公共经济 $\boldsymbol{e} = (e_1, \cdots, e_n, \{Y_j\})$，设 $\succcurlyeq_i$ 连续、凸且强单调，以及 Y 为闭凸集，且 $\boldsymbol{0} \in Y$，则对任何的内点私人品消费 (即 $\boldsymbol{x}^* \in \mathcal{R}^{nL}_{++}$) 的帕累托最优配置 $(\boldsymbol{x}^*, \boldsymbol{y}^*)$，均存在非零价格系统 $(\boldsymbol{q}_1, \cdots, \boldsymbol{q}_n, \boldsymbol{p}) \in \mathcal{R}^{L+nK}_{+}$，使得 $((\boldsymbol{x}, \boldsymbol{y}), (\boldsymbol{q}_1, \cdots, \boldsymbol{q}_n), \boldsymbol{p})$ 是转移支付林达尔均衡，即存在满足 $\sum_i I_i = \boldsymbol{p} \cdot \sum_i \boldsymbol{w}_i$ 的转移支付后的财富水平 $(I_1, \cdots, I_n)$，使得

（1）若 $(\boldsymbol{x}_i, \boldsymbol{y}) \succ_i (\boldsymbol{x}^*_i, \boldsymbol{y}^*)$，则 $\boldsymbol{p}\boldsymbol{x}_i + \boldsymbol{q}_i\boldsymbol{y} > I_i \equiv \boldsymbol{p}\boldsymbol{x}^*_i$，$i = 1, \cdots, n$,

（2）对所有的 $(\boldsymbol{y}, -\boldsymbol{v}) \in Y$，均有 $\hat{\boldsymbol{q}}\boldsymbol{y}^* - \boldsymbol{p}\boldsymbol{v}^* \geqq \hat{\boldsymbol{q}}\boldsymbol{y} - \boldsymbol{p}\boldsymbol{v}$,

其中，$\boldsymbol{v}^* = \sum_{i=1}^n \boldsymbol{w}_i - \sum_{i=1}^n \boldsymbol{x}^*_i$ 和 $\sum_{i=1}^n \boldsymbol{q}_i = \hat{\boldsymbol{q}}$。

证明： 定义 $\mathcal{R}^{nK+L}$ 空间的两个子集 W 和 $P(\boldsymbol{x}^*, \boldsymbol{y}^*)$ 如下：

$$W = \{(\boldsymbol{y}, \cdots, \boldsymbol{y}; -\boldsymbol{v}) : (\boldsymbol{y}, -\boldsymbol{v}) \in Y\}.$$

由于 Y 为闭凸集，且 $\boldsymbol{0} \in Y$，则 W 非空、闭和凸。

$$P(\boldsymbol{x}^*, \boldsymbol{y}^*) = \{(\boldsymbol{y}'_1, \cdots, \boldsymbol{y}'_n; -\boldsymbol{v}') : \boldsymbol{v}' = \sum_{i=1}^n (\boldsymbol{x}'_i - \boldsymbol{w}_i) \ \& \ (\boldsymbol{x}'_i, \boldsymbol{y}'_i) \succ_i \ (\boldsymbol{x}^*_i, \boldsymbol{y}^*)\}.$$

由 $\succcurlyeq_i$ 的凸性，$P(\boldsymbol{x}^*, \boldsymbol{y}^*)$ 是凸的。

由于 $(\boldsymbol{x}^*, \boldsymbol{y}^*)$ 是帕累托最优配置，我们必定有 $W \cap P(\boldsymbol{x}^*) = \varnothing$，否则存在着帕累托改进。从而，根据第 2 章中介绍的分离超平面定理，存在 $(\boldsymbol{q}_1, \cdots, \boldsymbol{q}_n, \boldsymbol{p}) \neq \boldsymbol{0}$，使得对所有的 $(\boldsymbol{y}, \cdots, \boldsymbol{y}; -\boldsymbol{v}) \in W$ 及对所有的 $(\boldsymbol{y}'_1, \cdots, \boldsymbol{y}'_n; -\boldsymbol{v}') \in P(\boldsymbol{x}^*, \boldsymbol{y}^*)$，我们均有

$$\sum_{i=1}^n \boldsymbol{q}_i\boldsymbol{y}'_i - \boldsymbol{p}\boldsymbol{v}' \geqq \sum_{i=1}^n \boldsymbol{q}_i\boldsymbol{y}_i - \boldsymbol{p}\boldsymbol{v}. \tag{15.29}$$

下面我们分五步证明这个定理。

（1）利润最大化，即对所有的 $(\boldsymbol{y},-\boldsymbol{v})\in Y$，均有 $\hat{\boldsymbol{q}}\boldsymbol{y}^*-\boldsymbol{p}\boldsymbol{v}^*\geqq\hat{\boldsymbol{q}}\boldsymbol{y}-\boldsymbol{p}\boldsymbol{v}$。

令 $\hat{z}=(\boldsymbol{y}^*,\cdots,\boldsymbol{y}^*;-\boldsymbol{v}')$，其中 $\boldsymbol{v}'=\sum_{i=1}^n(\boldsymbol{w}_i-\boldsymbol{x}_i')$ 及 $\boldsymbol{x}_i'\geqslant\boldsymbol{x}_i^*$ (即 $\boldsymbol{x}_i'\geqq\boldsymbol{x}_i^*$ 且 $\boldsymbol{x}_i'\neq\boldsymbol{x}_i^*$)。则由强单调性，我们有 $(\boldsymbol{x}_i',\boldsymbol{y}^*)\succ_i(\boldsymbol{x}_i^*,\boldsymbol{y}^*)$，从而有 $(\boldsymbol{y}^*,\cdots,\boldsymbol{y}^*;-\boldsymbol{v}')\in P(\boldsymbol{x}^*,\boldsymbol{y}^*)$。这样，由式 (15.29)，对所有的 $(\boldsymbol{y},-\boldsymbol{v})\in Y$，均有

$$\hat{\boldsymbol{q}}\boldsymbol{y}^*-\boldsymbol{p}\boldsymbol{v}'\geqq\hat{\boldsymbol{q}}\boldsymbol{y}-\boldsymbol{p}\boldsymbol{v}.$$

令 $\boldsymbol{v}'\to\boldsymbol{v}^*$，有 $\hat{\boldsymbol{q}}\boldsymbol{y}^*-\boldsymbol{p}\boldsymbol{v}^*\geqq\hat{\boldsymbol{q}}\cdot\boldsymbol{y}-\boldsymbol{p}\boldsymbol{v}$, $\forall(\boldsymbol{y},-\boldsymbol{v})\in Y$。

（2）$(\boldsymbol{q}_1,\cdots,\boldsymbol{q}_n,\boldsymbol{p})\geqq\boldsymbol{0}$，且 $\boldsymbol{p}\neq\boldsymbol{0}$。

先证明 $\boldsymbol{q}_i\geqq 0$, $i=1,\cdots,n$。令

$$\hat{\boldsymbol{z}}=(\boldsymbol{y},\cdots,\boldsymbol{y};-\boldsymbol{v})+\boldsymbol{e}_{yi}^k,$$

其中，$(\boldsymbol{y},\cdots,\boldsymbol{y};-\boldsymbol{v})$ 是 W 中的一个元素，$\boldsymbol{e}_{yi}^k=(0,\cdots,1,0,\cdots,0)$ 是 $\mathcal{R}^{nK+L}$ 中的一个向量，使得对应着 $\boldsymbol{q}_i^k$ 的公共品 k 的分量为 1 而其他所有分量都为 0。则根据偏好的强单调性和将 $\boldsymbol{e}_{yi}^k$ 均分给所有经济人，有 $\hat{\boldsymbol{z}}\in P(\boldsymbol{x}^*,\boldsymbol{y}^*)$。这样，由式 (15.29)，有

$$\hat{\boldsymbol{q}}\boldsymbol{y}-\boldsymbol{p}\boldsymbol{v}+\boldsymbol{q}_i^k\geqq\hat{\boldsymbol{q}}\boldsymbol{y}-\boldsymbol{p}\boldsymbol{v}. \tag{15.30}$$

从而有

$$\boldsymbol{q}_i^k\geqq\boldsymbol{0},\quad k=1,2,\cdots,K;i=1,2,\cdots,n. \tag{15.31}$$

现证明 $\boldsymbol{p}\geqq\boldsymbol{0}$。令 $\boldsymbol{e}_{\boldsymbol{x}}^l=(0,\cdots,1,0,\cdots,0)$ 是 $\mathcal{R}^{nK+L}$ 中的一个向量，使得对应着私人品 l 的分量为 1 而其他所有分量都为 0。然后重复以上证明，我们有

$$\boldsymbol{p}_i^l\geqq\boldsymbol{0},\quad l=1,2,\cdots,L. \tag{15.32}$$

最后证明 $\boldsymbol{p}\neq\boldsymbol{0}$。用反证法。若 $\boldsymbol{p}=\boldsymbol{0}$，由于 $(\boldsymbol{q}_1,\cdots,\boldsymbol{q}_n,\boldsymbol{p})\neq\boldsymbol{0}$，则必定对某个公共品 k，其价格 $\boldsymbol{q}^k=\sum_{i=1}^n\boldsymbol{q}_i^k>0$。由于公共品的生产是规模报酬不变的，当 $\boldsymbol{p}=\boldsymbol{0}$ 时，所有私人品作为投入的成本为零，于是利润可以任意大，这和 $\boldsymbol{y}$ 是利润最大化生产计划矛盾。

（3）对所有的 i，若 $(\boldsymbol{x}_i,\boldsymbol{y})\succcurlyeq_i(\boldsymbol{x}_i^*,\boldsymbol{y}^*)$，则 $\sum_i\boldsymbol{p}\boldsymbol{x}_i+\hat{\boldsymbol{q}}\boldsymbol{y}\geqq\sum_i\boldsymbol{p}\boldsymbol{x}_i^*+\hat{\boldsymbol{q}}\boldsymbol{y}^*$。

对每个 i 及 $(\boldsymbol{x}_i,\boldsymbol{y})\succcurlyeq_i(\boldsymbol{x}_i^*,\boldsymbol{y}^*)$，由偏好的强单调性，存在着一个任意接近 $(\boldsymbol{x}_i,\boldsymbol{y})$ 的 $(\boldsymbol{x}_i',\boldsymbol{y}')$，使得 $(\boldsymbol{x}_i',\boldsymbol{y}')\succ_i(\boldsymbol{x}_i,\boldsymbol{y})\succcurlyeq_i(\boldsymbol{x}_i^*,\boldsymbol{y}^*)$，从而有 $(\boldsymbol{y}',\cdots,\boldsymbol{y}';\sum_i(\boldsymbol{x}_i'-\boldsymbol{w}_i))\in P(\boldsymbol{x}^*,\boldsymbol{y}^*)$。同时注意到 $(\boldsymbol{y}^*,\cdots,\boldsymbol{y}^*;\sum_i(\boldsymbol{x}_i^*-\boldsymbol{w}_i))\in W$。这样，由式 (15.29)，有

$$\sum_i\boldsymbol{p}\boldsymbol{x}_i'+\hat{\boldsymbol{q}}\boldsymbol{y}'\geqq\sum_i\boldsymbol{p}\boldsymbol{x}_i^*+\hat{\boldsymbol{q}}\boldsymbol{y}^*.$$

令 $\boldsymbol{x}_i'\to\boldsymbol{x}_i$，我们有 $\sum_i\boldsymbol{p}\boldsymbol{x}_i+\hat{\boldsymbol{q}}\boldsymbol{y}\geqq\sum_i\boldsymbol{p}\boldsymbol{x}_i^*+\hat{\boldsymbol{q}}\boldsymbol{y}^*$。

（4）对所有的 i，若 $(\boldsymbol{x}_i,\boldsymbol{y})\succcurlyeq_i(\boldsymbol{x}_i^*,\boldsymbol{y}^*)$，则 $\boldsymbol{p}\boldsymbol{x}_i+\boldsymbol{q}_i\boldsymbol{y}\geqq\boldsymbol{p}\boldsymbol{x}_i^*+\boldsymbol{q}_i\boldsymbol{y}^*$。令

$$\begin{aligned}(\boldsymbol{x}_i',\boldsymbol{y}')&=(\boldsymbol{x}_i,\boldsymbol{y}),\\(\boldsymbol{x}_m',\boldsymbol{y}')&=(\boldsymbol{x}_m^*,\boldsymbol{y}^*),\quad m\neq i.\end{aligned}$$

则根据第 (3) 步，我们有

$$px_i + q_i y + \sum_{m\neq i}(px_m^* + q_m y^*) \geqq \sum_j px_j^* + \sum_i q_i y^*,$$

从而有

$$px_i + q_i y \geqq px_i^* + q_i y^*.$$

（5）对所有的 i，若 $(x_i, y) \succ_i (x_i^*, y^*)$，则 $px_i + q_i y > px_i^* + q_i y^* \equiv I_i$。

若该结论不成立，则

$$px_i + q_i y = px_i^* + q_i y^*. \tag{15.33}$$

由于 $(x_i, y) \succ_i (x_i^*, y^*)$，当 $0 < \lambda < 1$ 充分接近 1 时，根据偏好的连续性，有 $(\lambda x_i, \lambda y) \succ_i (x_i^*, y^*)$。由第 (4) 步证明的结论，我们有 $\lambda(px_i + q_i y) \geqq px_i^* + q_i y^* = px_i + q_i y$。

由于 $x^* \in \mathcal{R}^{nL}_{++}$，且由第 (2) 步，$(q_1, \cdots, q_n, p) \geqq \mathbf{0}$ 及 $p \neq \mathbf{0}$，我们知道 $px_i + q_i y = px_i^* + q_i y^* > 0$，从而得 $\lambda \geqq 1$，这与 $\lambda < 1$ 的事实相矛盾。

这样，转移支付林达尔均衡的所有条件都满足，定理得证。 □

15.6 公共品的搭便车问题

当消费者的边际替代率已知时，帕累托有效配置 (x, y) 由林达尔-萨缪尔森条件或者林达尔均衡解决定。除此之外，每个消费者的贡献为 $g_i = w_i - x_i$。但问题是个人偏好是私人信息，一般人们并不知道有关消费者边际替代率的信息。当然，一个天真的想法是，每个人都很诚实，不会谎报，都会真实报告其偏好，然后让他们决定其意愿支付。但由于经济人都是逐利的，为了少做贡献，他们一般不会真实报告其边际替代率。若消费者意识到他们为公共品生产的水平承担的费用取决于其报告的边际替代率，则他们会有激励谎报其边际替代率。这样，当让消费者报告其偏好或者边际替代率时，他们会报告较小的边际替代率，从而在享受公共品的同时少付本应该承担的费用，这即是所谓的搭便车问题。所以，搭便车行为指由于个体逐利，都有动机想少为公共品支付费用，从而使公共品的有效提供水平不足，导致帕累托无效率配置。这就是我们很难通过自愿的方式筹集到足够资金来提供公共品的原因。

为了严格地证明这一点，注意到在公共品经济中，社会目标为达到帕累托有效配置，但从个人利益来说，每个人的效用最大化问题为

$$\begin{aligned} & \max u_i(x_i, y) \qquad (15.34)\\ \text{s.t.}\quad & g_i \in [0, w_i];\\ & x_i + g_i = w_i;\\ & y = f\left(g_i + \sum_{j\neq i}^{n} g_j\right). \end{aligned}$$

即每个消费者 i 在其他人的策略 g_{-i} 给定时最大化其支付。对上述问题，我们可将其重新

描述为一个非合作博弈：

$$\Gamma = (G_i, \phi_i)_{i=1}^n,$$

其中，$G_i = [0, w_i]$ 是消费者 i 的策略空间，$\phi_i : G_1 \times G_2 \times \cdots \times G_n \to R$ 为消费者 i 的支付函数，它被定义为

$$\phi_i(g_i, \boldsymbol{g}_{-i}) = u_i \left[(w_i - g_i), f(g_i + \sum_{j \neq i}^n g_j)\right]. \tag{15.35}$$

回忆第 6 章关于纳什均衡的定义，对博弈 $\Gamma = (G_i, \phi_i)_{i=1}^n$，其策略 $\boldsymbol{g}^* = (g_1^*, \cdots, g_n^*)$ 是**纳什均衡**，若

$$\phi_i(g_i^*, \boldsymbol{g}_{-i}^*) \geqq \phi_i(g_i, \boldsymbol{g}_{-i}^*) \quad \forall g_i \in G_i, \forall i = 1, 2, \cdots, n,$$

$\boldsymbol{g}^*$ 是**占优策略均衡**，若

$$\phi_i(g_i^*, \boldsymbol{g}_{-i}) \geqq \phi_i(g_i, \boldsymbol{g}_{-i}) \quad \forall g \in G, \forall i = 1, 2, \cdots.$$

我们知道纳什均衡 (NE) 和占优策略均衡的差别在于，对纳什均衡，给定其他人的最优策略，每个人选择自己的最优策略，这样自己的最优策略依赖于其他人的策略。而对占优策略来说，每个人的最优策略独立于其他人的任何策略，也就是无论对方选择什么策略，我所选择的策略都是最优的。因此，占优策略均衡必然是纳什均衡，但反之不成立。只有支付函数取非常特殊的形式时，纳什均衡才是占优策略均衡。

若 u_i 和 f 可微，则纳什均衡的一阶条件为：

$$\frac{\partial \phi_i(\boldsymbol{g}^*)}{\partial g_i} \leqq 0, \quad \text{等式成立若} g_i > 0, \ \forall\, i = 1, \cdots, n. \tag{15.36}$$

从而我们有

$$\frac{\partial \phi_i}{\partial g_i} = \frac{\partial u_i}{\partial x_i}(-1) + \frac{\partial u_i}{\partial y} f'\left(g_i^* + \sum_{j \neq i}^n g_j\right) \leqq 0, \quad \text{等式成立若} g_i > 0, \ \forall\, i = 1, \cdots, n.$$

因此，在内点解 $\boldsymbol{g}^*$ 处，我们有

$$\frac{\frac{\partial u_i}{\partial y}}{\frac{\partial u_i}{\partial x_i}} = \frac{1}{f'\left(g_i^* + \sum_{j \neq i} g_j\right)},$$

从而有

$$MRS_{yx_i}^i = MRTS_{yv},$$

该式不满足林达尔-萨缪尔森条件。因此，纳什均衡一般不是帕累托有效配置。

上式表明，当效用函数拟凹时，由于边际替代率递减，公共品的提供低于帕累托有效时的公共品水平，见图 15.1。因此，一般来说，纳什均衡与帕累托有效性不是一致的。如何解决搭便车问题呢？我们将在机制设计理论中回答这个问题，维克瑞-克拉克-格罗夫斯

需求显示机制能够解决公共品的有效提供问题。

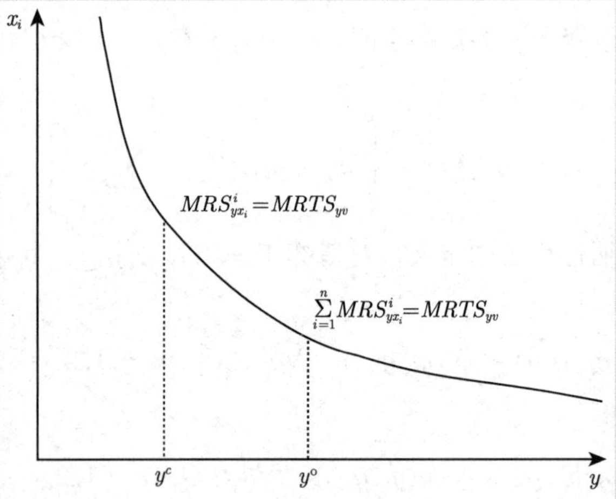

图 15.1　搭便车导致公共品的提供水平低于帕累托有效时的公共品提供水平

15.7　【人物小传】

15.7.1　路德维希・米塞斯

路德维希・冯・米塞斯 (Ludwig von Mises，1881—1973)，奥地利学派第三代掌门人，朝圣山学社成员。米塞斯于 1900 年入读维也纳大学，在那里受到了卡尔・门格尔 (Carl Menger，1840—1921) 的很大影响，1906 年获法律和经济学博士学位。1909—1934 年，他是维也纳商会的经济学家。第一次世界大战后，他任职于奥地利工业委员会；1921 年还担任了一个政府机关的法律顾问之职，负责起草终战条约的条款——以解决交战国间战前的私人债务问题。1927 年元旦，他创建的经济 (商业周期) 研究所正式成立，哈耶克出任第一任所长。1934—1940 年他移居日内瓦，任日内瓦国际问题研究院的教授。1940 年他移居美国纽约。此时美国学术界的"凯恩斯主义"盛行，米塞斯的自由主义显然不合主流，他也没有被任何学术组织所聘用。1945 年通过 Lawrence Fertig & William Volker 基金会的推荐，米塞斯进入纽约大学，但他只能担任访问教授这一虚职。1949 年，米塞斯出版了《人的行为》，即便如此，他仍然只能担任访问教授 (至 1969 年退休为止)。

长期以来，尽管米塞斯的思想一直不太被西方主流经济学家们所接受，但他对 20 世纪人类社会的思想影响以及知识贡献却是无人能忽视的。在某种程度上可以说，讲述 20 世纪人类社会的经济思想史，如果缺了米塞斯，就不可能讲出一个完整的故事。2000 年美国的《自由》杂志把米塞斯称为"自由至上主义的世纪人物"。米塞斯之所以在人类社会的当代思想史上占据这样一个重要的地位，主要是因为在理解人类经济社会运作基本原理方面，米塞斯曾作出过诸多理论贡献。除了他在通货膨胀、经济周期、经济学认识论和方法论以及他自己独特的市场交易学 (catallactics) 和人类行动学 (praxeology) 等方面的理论贡献外，他最主要的理论贡献还在于在 20 世纪 20 年代初他就独具慧眼地提出了这样一个重大理论洞识：在缺乏市场价格机制的条件下，经济计算的不可能性会导致中央计划经济的非可行性 (infeasibility)。

15.7.2 道格拉斯・诺思

道格拉斯・诺思 (Douglass North, 1920—2015)，作为新经济史学派 (量化史学派)、新制度经济学派及新政治经济学派的先驱者、奠基人和开拓者，是 20 世纪后期最重要和最有影响力的经济学家之一。1942 年、1952 年先后获加州大学伯克利分校学士学位和博士学位。1950 年开始在华盛顿大学任教；1979 年任教于赖斯大学；1981—1982 年任教于剑桥大学；1982 年重新回到华盛顿大学。

诺思的主要贡献在于研究方法上的创新，即用新古典经济学的方法研究新的对象。也就是说，运用新古典经济学和计量经济学来研究经济史问题。在其早期对远洋运输和美国国际收支所做的研究中，与福格尔 (Robert W. Fogel，1926—2013) 所代表的新经济史学派并驾齐驱，将新古典生产理论与经济史中所发现的数据结合起来。这种新的方法推动经济史的研究发生了革命性变化。诺思并不满足于此，他又利用产权理论来解释美国历史中制度变革对经济绩效的影响。

诺思的早期著作，诸如《美国从 1790 年至 1860 年的经济增长》《美国过去的增长与福利：新经济史》等等，对此做了充分的反映。从 20 世纪 80 年代开始，诺思又运用新制度经济学派的产权理论，分析西方世界最近两个世纪中工业化更为一般的理论。其目的是探讨西方世界经济增长的原因、经济增长与制度变迁的内在联系、产权制度与经济发展的互动趋势、经济发展对制度的内在要求。诺思这一方面的著作主要有《西方世界的兴起》等等。进入 20 世纪 90 年代以后，诺思开始总结他 30 多年研究经济史的经验，从中提炼出一些对经济学尤其是对新制度经济学有重要贡献的理论。在这一方面他的著作主要有《制度、制度变迁与经济绩效》。概括起来说，诺思对经济学的贡献主要包括三个方面：第一，用制度经济学的方法来解释历史上的经济增长；第二，作为新制度经济学的开创者之一，诺思重新论证了包括产权制度在内的制度的作用；第三，作为经济学家的诺思将新古典经济学中所没有涉及的内容——制度，作为内生变量运用到经济研究中去，特别是将产权制度、意识形态、国家、伦理道德等作为经济演进和经济发展的变量，极大地发展了制度变迁理论。

产权理论、国家理论和意识形态理论是诺思的制度变迁理论的三大基石。诺思通过对西方市场经济演变史的审视与分析，升华出制度变迁理论的思想，并以三大理论基石来构建他的分析框架。如他所述："我研究的重点放在制度理论上，这一理论的基石是：描述一个体制中激励个人和集团的产权理论；界定实施产权的国家理论；影响人们对'客观'存在的变化的不同反应的意识形态理论，这种理论旨在解释为何人们对现实有不同的理解。"值得提出的是，诺思在阐明上述分析框架的过程中，始终以成本–收益为分析工具，论证产权结构选择的合理性、国家存在的必要性以及意识形态的重要性，而这种分析使得诺思的制度变迁理论具有巨大的说服力。1993 年，诺思由于建立了包括产权理论、国家理论和意识形态理论在内的“制度变迁理论”而获得诺贝尔经济学奖。诺思的经济理论发现和思想洞见在处于制度转型之中的中国传播广泛，使得他本人也成为在中国经济学界被引用率最高的经济学家之一。

15.8 习题

习题 15.1 证明：对于公共品经济，在偏好满足强单调性、连续性和严格凸性时，弱帕累托有效配置是帕累托有效的。

习题 15.2 (林达尔均衡的帕累托有效性) 考虑有一种私人品 x 和一种公共品 y 的公共经济，有 n 个消费者，其消费空间均为 $\mathcal{R}^2_+$。每个消费者拥有 w_i 单位私人品的禀赋，但没有公共品的初始禀赋。公共品可以由私人品生产，生产技术为 $y=\frac{1}{q}v$。消费者 i 的效用函数由 $u_i(x_i,y)$ 表示。假设效用函数连续可微，且对任意的 $i=1,2,\cdots,n$，均有 $\frac{\partial u_i}{\partial x_i}>0$。

1. 定义这个经济中的林达尔均衡和帕累托有效性。
2. 判断满足帕累托有效的内点是否一定满足所有个人边际替代率相等，即：
$$\frac{\frac{\partial u_1}{\partial y}}{\frac{\partial u_1}{\partial x_1}}=\frac{\frac{\partial u_2}{\partial y}}{\frac{\partial u_2}{\partial x_2}}=\cdots=\frac{\frac{\partial u_n}{\partial y}}{\frac{\partial u_n}{\partial x_n}}.$$
若是，给出证明，若不是，给出反例。
3. 现假设效用函数为拟线性形式 $u_i=x_i+v_i(y)$, 其中 v_i 严格递增、严格凹且连续可微。
   (a) 对帕累托有效内点解 $(x_1^*,x_2^*,\cdots,x_n^*,y^*)$，公共品最优量 y^* 随 $(x_1^*,x_2^*,\cdots,x_n^*)$ 而变动吗？为什么？
   (b) 若不假设效用函数的拟线性，问题 (a) 中的答案是否会变化？为什么？
   (c) 假设 $n=2,w_1=5,w_2=4$，生产函数由 $y=1/2v$ 给出，效用函数为：$u_1=x_1+3\ln y$ 和 $u_1=x_1+5\ln y$，找出这个经济的林达尔均衡。

习题 15.3 考虑有一种私人品 x 和一种公共品 y 的公共经济，有 n 个参与人，其消费空间均为 $\mathcal{R}^2_+$。每个参与人 i 都拥有 w_i 单位私人品的禀赋，但没有公共品的初始禀赋。公共品可以由私人品生产，生产技术为 $y=v$。消费者 i 的效用函数为
$$u_i(x_i,y)=x_i+c_i\ln y,\quad c_i>0.$$

1. 定义这个经济的林达尔均衡和帕累托有效性。
2. 找出内点帕累托有效配置的集合。

3. 找出内点林达尔均衡配置的集合。对林达尔均衡，福利经济学第一基本定理成立吗？对你的答案作出解释。
4. 对以上经济，找出内点竞争均衡配置的集合 (若有必要，给出竞争均衡存在时 c_i 需满足的条件)。对竞争均衡，福利经济学第一基本定理成立吗？对你的答案作出解释。

习题 15.4　考虑两消费者两商品的公共经济。私人品记为 x，公共品记为 y，其消费空间均为 $\mathcal{R}_+^2$，每个参与人 i 均拥有 20 单位私人品的禀赋，但没有公共品的初始禀赋。消费者的偏好由 $u_1(x,y)=xy$ 和 $u_2(x,y)=xy^2$ 表示。公共品由任一消费者生产，其生产函数为 $y=\dfrac{1}{2}x$。令 y_i 是消费者 i 对公共品 y 的生产。

1. 给出这个经济的帕累托有效的条件，以及所有可能的帕累托有效配置。
2. 假定每个消费者将其他人的 y 的生产作为给定，并最大化个人效用。求纳什均衡。它是帕累托有效的吗？
3. 求这个经济的林达尔均衡。
4. 证明这个经济的林达尔均衡配置是帕累托有效的。

习题 15.5　考虑只有一种私人品 x、一种公共品 y 和 n 个消费者的公共经济。每个消费者的消费选择集在每个维度上都是非负的。每个消费者 i 都拥有 w_i 单位的私有品，而且他们一开始时都不拥有公共品。公共品是可以生产的，生产函数是 $y=v$。每个消费者 i 的效用函数用 $u_i(x_i,y)$ 来表示，且效用函数不可微。注意，这样就不能用微分的方法来回答下面的问题 1 和 2。

1. 定义这个经济的林达尔均衡和帕累托有效配置。
2. 证明林达尔均衡是帕累托有效的。(提示：若需要额外的假设，在证明中说明清楚。)
3. 现在假设 u_i 是可微的。请写出帕累托有效配置的林达尔-萨缪尔森一阶条件。
4. 当消费者的效用函数是 $u_i(x_i,y)=(x_i+1)^{\alpha_i}y^{(1-\alpha_i)}$ 且 $0<\alpha_i<1$ 时，计算林达尔均衡。这个解是帕累托有效解吗？

习题 15.6　考察两消费者两商品的公共经济。一种商品是具有竞争性的私人品 x (例如闲暇)，另一种是非竞争性的公共品 y (例如无线电音乐广播)。两种商品的衡量单位都是小时/天。厂商以劳动 v 为投入生产 y。(劳动是消费者提供给厂商的闲暇时间，这样若消费者 i 提供给厂商 v_i 单位的劳动，消费者 i 剩余的闲暇量为 $x_i=w_i-v_i$，其中 w_i 是 i 的初始闲暇禀赋。) 令厂商的生产函数为线性的 (规模报酬不变)，在任何水平的产出上生产一单位 y 都需要 k 单位 $v(k>0)$。假设产出不能自由弃置，x 的初始禀赋 w_i 为正，但 y 的初始禀赋为零。假设消费者 i $(i=1,2)$ 的消费集包含所有满足 $x_i \geqq 0$ 以及 $y \geqq 0$ 的点 (x_i,y)。

此外，对于任意 $x_i \geqq 0$ 以及 $y \geqq 0$，消费者 i 的效用函数为：$u_i=x_i+\phi_i(y)$，其中价值函数 $\phi_i(y)$ 二阶可导，使得一阶导数 $\phi_i'(y)>0$，二阶导数 $\phi_i''(y)<0$ (这里假设对于

$i=1,2$ 有 $w_i>0$)。假设每个消费者 i 自愿选择贡献一定量的劳动 $0\leqq v_i\leqq w_i$ 以生产公共品 y。

按定义，对任一纳什均衡配置 $(\overline{x}_1,\overline{x}_2,\overline{v}_1,\overline{v}_2,\overline{y})$，每个消费者 i 都将 $v_j(j\neq i)$ 视为给定的，根据等式 $ky=v_1+v_2$ 选择 v_i 最大化 u_i。

1. 找出帕累托有效配置满足的条件 (这些条件是关于 x_1,x_2,y,w_1,w_2 的等式)。
2. 假设对纳什均衡，消费者 2 贡献一个正的劳动量，但仍有量为正的闲暇即 $w_2>\overline{v}_2>0$，消费者 1 不贡献任何劳动，即 $\overline{v}_1=0$。这个纳什均衡是帕累托最优的吗？
3. 假设在一个纳什均衡中，两个消费者都贡献正的劳动量，但仍有量为正的闲暇，这样一个均衡是帕累托最优的吗？
4. 假设在一个纳什均衡中，两个消费者都不贡献任何劳动，这样一个均衡是帕累托最优的吗？
5. 定义这个经济的林达尔均衡，证明在消费者偏好满足局部非饱和性时每个林达尔均衡都是帕累托有效的。

习题 15.7 考虑有 n 个消费者、一种私人品 x 和一种公共品 y 的公共经济。消费者的消费空间均为 $\mathcal{R}_+^2$。假设每个消费者有私人品禀赋 $w_i=10$，消费者偏好由 $u_i(x_i,y)=x_i+\theta_i\ln y$ 表示，其中 x_i 表示消费者 i 消费的私人品，y 表示公共品。公共品的生产技术为 $f(q)=q$。其中 q 表示生产中投入的私人品。

1. 找出帕累托最优配置。这一答案如何随 n 的变动而变动？
2. 若每个人同时贡献部分禀赋以生产公共品，自愿贡献的纳什均衡是什么？这一答案如何随 n 的变动而变动？
3. 若政府选择对每个人征收定额税 ϵ 以生产 $n\epsilon$ 单位的公共品，每个人决定是否对公共品作出额外贡献 (以及贡献多少)，如此提供的公共品总额为多少 (可以假设 ϵ 非常小)？
4. 若政府仅能征收税率为 τ 的收入税，所有税收被用来生产公共品，能保证有效公共品提供的税率为多少 (假设除税收外没有别的公共品来源)？若消费者投票决定税率 (假设消费者知道税收与公共品数量之间的关系)，在多数投票决定规则下胜出的税率为多少？与所有消费者有相同偏好 θ 的情形比起来有何区别？

习题 15.8 (公共品与群体人数) 本题讨论不同筹资手段下群体人数对公共品供给的影响。假设有 n 个相同的经济人、一种私人品与一种公共品，其消费空间均为 $\mathcal{R}_+^2$。假设效用函数为：$u_i(x_i,y)=x_i+h(y)$，其中 x_i 表示消费者 i 消费的私人品，y 表示公共品总量。假设 h 凹、可微、递增，并且满足 $\lim_{y\to 0}h'(y)>1$，$\lim_{y\to\infty}h'(y)=0$。每个经济人有 w 禀赋的私人品，禀赋数量足够使私人品消费的非负性约束等号永远不成立。公共品的生产规模报酬不变，一单位私人品能生产一单位公共品，仅讨论对称配置。

1. 证明最优公共品提供水平是经济规模 n 的增函数。
2. 证明自愿贡献均衡下的公共品提供水平与人数 n 无关，并对此进行评论。

习题 15.9　考虑具有 n 个经济人、一种私人品和一种公共品的公共经济。经济学文献中提出的一种解决搭便车问题的方法是对公共品贡献抽彩：若个人 i 贡献 x_i，则有 $\frac{z_i}{\sum_{j=1}^n z_j}$ 的概率赢得价值 R 单位私人品的彩票，个人的贡献既可被用来为公共品筹资，也可被用来提供彩票奖金，所以仅有 $\sum_{j=1}^n z_j - R$ 的贡献被投入公共品生产。假设彩票奖金 R 与人数 n 无关。证明在每个经济人都贡献 z(z 是 n 与 R 的函数) 的对称纳什均衡下：

1. 若 $n > 1$, 公共品提供水平 $y = nz - R$ 总大于上一题中的自愿提供水平。
2. 公共品提供水平 $y = nz - R$ 随 n 递增。
3. 当 $n \to \infty$ 时公共品提供水平趋向一个有限值。
4. 现假定 n 趋向无穷时最优公共品的水平也趋向无穷，问题 3 中的结论令人失望。假设奖金总额随 n 的增大而提高：$R = nr$。证明：
   (a) 公共品提供水平 $y = n(z - r)$ 随 n 递增。
   (b) 当 $n \to \infty$ 时公共品提供水平也趋向无穷，并评论这一结果。

习题 15.10 (公地悲剧)　假设某村庄有 n 个农户，每个农户都有权在一个公共牧场放养奶牛，记农户 i 养的奶牛数量为 x_i；一头奶牛能够生产的牛奶数量取决于在牧场上吃草的奶牛数量 $\hat{x}$，假定农户 i 养 x_i 头奶牛的收入为 $x_i v(\hat{x})$。当 $\hat{x} < \hat{x}_0$ 时，$v(\hat{x}) > 0$，当 $\hat{x} > \hat{x}_0$ 时，$v(\hat{x}) = 0$，其中 $v(0) > 0$，$v' < 0$，$v'' < 0$。每头奶牛的成本为 c，并假设奶牛可以被完美地分割，而且 $v(0) > c$，每个农户同时决定购买多少奶牛，所有买来的奶牛都将在公共牧场上吃草。

1. 用策略式博弈表示农户之间的博弈。
2. 找出纳什均衡，并与社会最优结果进行比较。

习题 15.11　考虑有 n 人、一种私人品 x 和一种公共品 y 的公共经济。私人品的总禀赋是 w，而公共品可以用私人品生产出，其成本为 $c(y)$。消费者 i 的效用函数是 $u_i(x_i, y) = x_i + v_i(y)$，其中 v_i 是定义在 $\mathcal{R}_+$ 上的任意函数。每个消费者的消费集都是 $\mathcal{R} \times \mathcal{R}_+$，公共品的消费量是非负数。私人品不能被用于公共消费。

1. 假设销毁无成本，那么写出能够描述可行配置 $(x_1, \cdots, x_n, y)$ 的所有不等式。
2. 称消费数量为 y 的公共品是“剩余最大化的”(surplus maximizing)，若满足以下条件：

$$y \in \underset{y' \leqq 0}{\operatorname{argmax}} \sum_i v_i(y') - c(y').$$

   判断命题“若 y 是剩余最大化的公共品消费量，则任何生产出 y 单位公共品的可行配置都一定是帕累托最优的”是否正确，并证明。
3. 判断命题“若配置 $(x_1, \cdots, x_n, y)$ 是帕累托最优的，那么 y 单位的公共品消费量就是满足剩余最大化的”是否正确，并证明。

习题 15.12　假设某个渔村中有 n 个渔民，一些渔民在海中捕鱼，因为海足够大，所以不管多少渔民前去捕鱼，每个渔民都可以捕到 k 条鱼。还有一些渔民去某个湖里捕鱼 (海里的鱼和湖里的鱼是完全替代品)，若有 x 个渔民前去捕鱼，那么每个渔民可以捕到 $x^{-1/2}$ 条鱼 (即这些渔民一共可以捕到 $x^{1/2}$ 条鱼，且每个渔民都捕到相同数量的鱼)。

1. 若对于渔民来说，选择去湖里捕鱼还是去海里捕鱼是没有成本的，而且渔民都不愿意去他认为抓到鱼少的地方捕鱼，那么有多少渔民会去海里捕鱼，有多少渔民会去湖里捕鱼，以及在平均状态下他们会捕到多少鱼？
2. 若政府限制渔民去湖里捕鱼，那么政府应该允许多少渔民去湖里捕鱼，从而能最大化这个社区的捕鱼量？
3. 假设鱼的需求函数是
$$Q = A - BP,$$
比较在没有限制和有效配置的情况下，市场上鱼的价格。
4. 现在假设湖里的鱼和海里的鱼不是完全替代品，海鱼的售价是每条 20 元，而湖里的鱼的需求是
$$Q_L = A' - B'P_L,$$
那么若对渔民没有限制，在均衡状态下，有多少渔民会去湖里捕鱼？若政府对渔民去湖里捕鱼的行为征收一笔固定的许可费用，那么湖里的鱼的价格是上升还是下降？请写出推导过程。

习题 15.13 假设 n 个经济人的消费集均为 $\mathcal{R}_+^2$，都有同样的柯布-道格拉斯效用函数，$u_i(x_i\ y) = x_i^\alpha y^{1-\alpha}$。总的财富量为 w，分给 $k \leqq n$ 个参与者。有多少公共品会被提供？当 k 增加时，公共品的数量将怎样变化？

习题 15.14 一个古老村庄将某种物品 (如羊) 用于两个目的：或者当食物吃，或者作为公共的宗教祭品。假定村民的消费空间均为 $\mathcal{R}_+^2 i$，拥有的羊的初始禀赋为 $w_i > 0$。令 $x_i \geqq 0$ 为羊的消费量，$g_i \geqq 0$ 为村民为公共祭献而拿出的羊的数量。拿出用于祭献的羊的总量为 $y = \sum_{i=1}^n g_i$。村民 i 的效用函数由下式给出：
$$u_i(x_i, y) = x_i + a_i \ln y,$$
其中 $a_i > 1$。

1. 在决定其祭礼时，每个村民 i 都假定其他村民的祭礼保持固定，决定在此基础上他会给出多少祭礼。令
$$y_{-i} = \sum_{i \neq j} g_i$$
为除村民 i 之外的祭礼。写出确定村民 i 祭礼的效用最大化问题。
2. 回想一下对所有参与者 i，$y = g_i + y_{-i}$，公共品的均衡数量是多少？(提示：并非每个参与者都将贡献一正数的公共品。)
3. 在这个问题中，谁将搭便车？
4. 在此经济中，要提供的公共品的帕累托有效数量是多少？

习题 15.15　某城镇有居民 1 000 人，而且每个居民的消费集均为 $\mathcal{R}_+^2$，其效用函数为 $u_i(x_i, y) = (x_i + k_i)y^\alpha$，其中 y 是该城镇溜冰场的面积，用平方米来衡量，x_i 是消费者每年消费的面包的数量。假设面包的价格为每个 1 元，而且假设维持一平方米溜冰场的价格也为 1 元。不同的人有不同的收入 w_i。计算这个城镇的林达尔均衡。在林达尔均衡下，政府需要从居民 i 那里筹集多少钱？

习题 15.16 (转移支付林达尔均衡的福利经济学第一基本定理)　证明定理 15.5.2：给定公共品经济 $\boldsymbol{e} = (e_1, \cdots, e_n, \{Y_j\})$，在价格系统 $(\boldsymbol{q}_i^*, \cdots, \boldsymbol{q}_n^*, \boldsymbol{p}^*)$ 下，每个转移支付林达尔均衡配置 $(\boldsymbol{x}^*, \boldsymbol{y}^*)$ 都是弱帕累托有效的。若消费者的偏好还满足局部非饱和性，则它是帕累托有效的。

习题 15.17 (严格凸偏好下的福利经济学第一基本定理)　假定 $\succcurlyeq_i$ 是严格凸的。令配置 $(\boldsymbol{x}, \boldsymbol{y}) \in X \times Y$ 和非零价格向量 $(\boldsymbol{q}_1, \cdots, \boldsymbol{q}_n, \boldsymbol{p}) \in \mathcal{R}_+^{L+nK}$ 构成一个林达尔均衡，使得 $\boldsymbol{v}^* = \sum_{i=1}^n \boldsymbol{w}_i - \sum_{i=1}^n \boldsymbol{x}_i^*$，则林达尔均衡配置是帕累托最优的。

习题 15.18 (林达尔均衡、约束林达尔均衡、林达尔拟均衡与帕累托最优)　对公共品经济 $\boldsymbol{e} = (e_1, \cdots, e_n, \{Y_j\})$，假定对所有的 i，均有 $\boldsymbol{0} \neq \boldsymbol{w}_i \in X_i = \mathcal{R}_+^L$，且 $\succcurlyeq_i$ 是偏好序。我们称配置 $(\boldsymbol{x}, \boldsymbol{y}) \in X \times Y$ 和非零价格向量 $(\boldsymbol{q}_1, \cdots, \boldsymbol{q}_n, \boldsymbol{p}) \in \mathcal{R}_+^{L+nK}$ 构成了一个**约束林达尔均衡**，若林达尔均衡定义中其他条件都相同，只是条件 (ii) 由下列条件取代：

(ii′) $(\boldsymbol{x}_i, \boldsymbol{y}) \succ_i (\boldsymbol{x}_i^*, \boldsymbol{y}^*)$ 及 $\boldsymbol{x}_i + \boldsymbol{y} \leqq \sum_{i=1}^n \boldsymbol{w}_i$ 意味着 $\boldsymbol{p}^*\boldsymbol{x}_i + \boldsymbol{q}_i^*\boldsymbol{y} > \boldsymbol{p}^*\boldsymbol{w}_i, \forall i = 1, \cdots, n$。

我们称配置 $(\boldsymbol{x}, \boldsymbol{y}) \in X \times Y$ 和非零价格系统 $(\boldsymbol{q}_1, \cdots, \boldsymbol{q}_n, \boldsymbol{p}) \in \mathcal{R}_+^{L+nK}$ 构成了一个**林达尔拟均衡**，若林达尔均衡定义中其他条件都相同，只是条件 (ii) 由下列条件取代：

(ii″) $(\boldsymbol{x}_i, \boldsymbol{y}) \succcurlyeq_i (\boldsymbol{x}_i^*, \boldsymbol{y}^*)$ 意味着 $\boldsymbol{p}^*\boldsymbol{x}_i + \boldsymbol{q}_i^*\boldsymbol{y} \geqq \boldsymbol{p}^*\boldsymbol{w}_i$，$\forall i = 1, \cdots, n$。

1. 我们知道：若 $\succcurlyeq_i$ 满足局部非饱和性，则林达尔均衡配置是帕累托最优的。若局部非饱和性不满足，则又会如何？
2. 证明：若 $\succcurlyeq_i$ 满足凸性，则内点约束林达尔均衡是林达尔均衡。凸性能被放宽到局部非饱和性吗？
3. 证明：若 $\succcurlyeq_i$ 满足强单调性，则林达尔均衡是林达尔拟均衡。强单调性能被放宽到单调性吗？
4. 证明：若林达尔均衡配置是林达尔拟均衡配置，则它是帕累托有效的。
5. 从上题中知道：若 $\succcurlyeq_i$ 是严格凸的，则林达尔均衡配置是帕累托最优的。那么，若 $\succcurlyeq_i$ 是严格凸的，则林达尔均衡一定是林达尔拟均衡吗？
6. 假设对任一个体 i，$\succcurlyeq_i$ 都满足连续性。证明：若 $\boldsymbol{p} \in \mathcal{R}_{++}^L$，则林达尔拟均衡是林达尔均衡。
7. 假设对任一个体 i，$\succcurlyeq_i$ 都满足连续性和强单调性。证明：若 $(\boldsymbol{p}, \boldsymbol{x})$ 是一个林达尔拟均衡且对某些 i 有 $\boldsymbol{x}_i \in int\mathcal{R}_+^\ell$，则 $\boldsymbol{p} \in \mathcal{R}_{++}^L$。

习题 15.19 (林达尔均衡核性质定理)　证明定理 15.5.3：在偏好的局部非饱和性下，若 $(\boldsymbol{x}, \boldsymbol{y}, \boldsymbol{p})$ 是林达尔均衡，则 $(\boldsymbol{x}, \boldsymbol{y})$ 具有核性质。

习题 15.20 (非饱和性偏好下的公共品经济的福利经济学第二基本定理) 证明以下定理：给定经济 $\boldsymbol{e}=(e_1,\cdots,e_n,\{Y_j\})$，设 $\succcurlyeq_i$ 连续、凸且满足非饱和性，以及 Y 为闭凸集且 $\boldsymbol{0}\in Y$。则对任何的帕累托最优配置 $(\boldsymbol{x}^*,\boldsymbol{y}^*)$，均存在非零价格系统 $(\boldsymbol{q}_1,\cdots,\boldsymbol{q}_n,\boldsymbol{p})\in\mathcal{R}^{L+nK}$，使得 $((\boldsymbol{x},\boldsymbol{y}),(\boldsymbol{q}_1,\cdots,\boldsymbol{q}_n),\boldsymbol{p})$ 是转移支付林达尔拟均衡，即存在着满足 $\sum_i I_i=\boldsymbol{p}\sum_i \boldsymbol{w}_i$ 的转移支付后的财富水平 $(I_1,\cdots,I_n)$，使得

（1）若 $(\boldsymbol{x}_i,\boldsymbol{y})\succ_i(\boldsymbol{x}_i^*,\boldsymbol{y}^*)$，则 $\boldsymbol{p}\boldsymbol{x}_i+\boldsymbol{q}_i\boldsymbol{y}\geqq I_i\equiv\boldsymbol{p}\boldsymbol{x}_i^*+\boldsymbol{q}_i\boldsymbol{y}^*$，$i=1,\cdots,n$；

（2）对所有的 $(\boldsymbol{y},-\boldsymbol{v})\in Y$，均有 $\hat{\boldsymbol{q}}\boldsymbol{y}^*-\boldsymbol{p}\boldsymbol{v}^*\geqq\hat{\boldsymbol{q}}\boldsymbol{y}-\boldsymbol{p}\boldsymbol{v}$。

其中，$\boldsymbol{v}^*=\sum_{i=1}^n\boldsymbol{w}_i-\sum_{i=1}^n\boldsymbol{x}_i^*$，$\sum_{i=1}^n\boldsymbol{q}_i=\hat{\boldsymbol{q}}$。

更进一步地，若对所有的 i，$\boldsymbol{0}\in X_i$ 且 $\boldsymbol{p}\boldsymbol{x}_i^*+\boldsymbol{q}_i\boldsymbol{y}^*>0$，$(\boldsymbol{x}^*,\boldsymbol{y}^*,\boldsymbol{p})$ 是转移支付林达尔均衡。

15.9 参考文献

教材和专著：

黄有光，张定胜. 高级微观经济学. 上海: 格致出版社，2008.

平新乔. 微观经济学十八讲. 北京：北京大学出版社，2001.

Laffont, J. J. (1988). *Fundamentals of Public Economics*, MIT Press.

Luenberger, D. (1995). *Microeconomic Theory*, McGraw-Hill.

Mas-Colell, A., M. D. Whinston, and J. Green (1995). *Microeconomic Theory*, Oxford University Press.

Pigou, A. (1928). *A Study of Public Finance*, Macmillan.

Salanie, B. (2000). *Microeconomics of Market Failures*, MIT Press.

Varian, H.R. (1992). *Microeconomic Analysis, Third Edition*, W.W. Norton and Company.

论文：

Foley, D. (1970). "Lindahl's Solution and the Core of an Economy with Public Goods", *Econometrica*, Vol. 38, No. 1, 66-72.

Lindahl, E. (1958). "Die Gerechitgleit der Besteuring. Lund: Gleerup" [English translation: Just Taxation—A Positive Solution, in R. A. Musgrave and A. T. Peacock (eds.), *Classics in the Theory of Public Finance* (London: Macmillan).

Milleron, J. C. (1972). "Theory of Value with Public Goods: A Survey Article", *Journal of Economic Theory*, Vol. 5, No. 3, 419-477.

Muench, T. (1972). "The Core and the Lindahl Equilibrium of an Economy with a Public Good", *Journal of Economic Theory*, Vol. 4, No. 2, 241-255.

Roberts, D. J. (1974). "The Lindahl Solution for Economies with Public Goods", *Journal of Public Economics*, Vol. 3, No. 1, 23-42.

Tian, G. (1988). "On the Constrained Walrasian and Lindahl Correspondences", *Economics Letters*, Vol. 26, No. 4, 299-303.

Tian, G. (1989). "Implementation of the Lindahl Correspondence by a Single-Valued, Feasible, and Continuous Mechanism", *Review of Economic Studies*, Vol. 56, No. 4, 613-621.

Tian, G. (1990). "Completely Feasible and Continuous Nash-Implementation of the Lindahl Correspondence with a Message Space of Minimal Dimension", *Journal of Economic Theory*, Vol. 51, No. 2, 443-452.

Tian, G. (1991). "Implementation of Lindahl Allocations with Nontotal-Nontransitive Preferences", *Journal of Public Economics*, Vol. 46, No. 2, 247-259.

Tian, G. (1993). "Implementing Lindahl Allocations by a Withholding Mechanism", *Journal of Mathematical Economics*, Vol. 22, No. 2, 169-179.

Tian, G. (1994a). "Implementation of Linear Cost Share Equilibrium Allocations", *Journal of Economic Theory*, Vol. 64, No. 2, 568-584.

Tian G. (1994b). "On Informational Efficiency and Incentive Aspects of Generalized Ratio Equilibria", *Journal of Mathematical Economics*, Vol. 23, No. 4, 323-337.

Tian, G. (1995). "Nash Implementation of the Lindahl Correspondence with Decreasing Returns to Scale Technology" (with Qi Li and S. Nakamura), *International Economic Review*, Vol. 36, No. 1, 37-52.

Tian, G. (1996a). "On the Existence of Optimal Truth-Dominant Mechanisms", *Economics Letters*, Vol. 53, No. 1, 17-24.

Tian, G. (1996b). "Continuous and Feasible Implementation of Rational Expectation Lindahl Allocations", *Games and Economic Behavior*, Vol. 16, No. 1, 135-151.

Tian, G. (2000a). "Double Implementation of Lindahl Allocations by a Continuous and Feasible Mechanism", *Social Choice and Welfare*, Vol. 17, No. 1, 125-141.

Tian, G. (2000b). "Implementation of Balanced Linear Cost Share Equilibrium Solution in Nash and Strong Nash Equilibria", *Journal of Public Economics*, Vol. 76, No. 2, 239-261.

Tian, G. (2000c). "Double Implementation of Linear Cost Share Equilibrium Allocations", *Mathematical Social Sciences*, Vol. 40, No. 2, 175-189.

Tian, G. (2000d). "A Unique Informationally Efficient Allocation Mechanism in Economies with Public Goods", Mimeo.

Tian, G. (2006). "The Unique Informational Efficiency of the Competitive Mechanism in Economies with Production", *Social Choice and Welfare*, Vol. 26, No. 3, 155-182.

Tian, G. (2009a). "Implementation in Economies with Non-Convex Production Technologies Unknown to the Designer", *Games and Economic Behavior*, Vol. 66, No. 1, 526-545.

Tian, G. (2009b). "Implementation of Pareto Efficient Allocations", *Journal of Mathematical Economics*, Vol. 45, No. 1-2, 113-123.

Tian, G. (2010). "Implementation of Marginal Cost Pricing Equilibrium Allocations with Transfers in Economies with Increasing Returns to Scale", *Review of Economic Design*, Vol. 14 , No. 1, 163-184.

Tian, G. and Q. Li (1991). "Completely Feasible and Continuous Implementation of the Lindahl Correspondence with Any Number of Goods", *Mathematical Social Sciences*, Vol. 21, No. 1, 67-79.

Tian, G. and Q. Li (1994). "An Implementable and Informational Efficient State-Ownership System with General Variable Returns", *Journal of Economic Theory*, Vol. 64, No. 1, 268-297.

Tian, G. and Q. Li (1994). "Ratio-Lindahl and Ratio Equilibria with Many Goods", *Games and Economic Behavior*, Vol. 7, No. 3, 441-460.

Tian, G. and Q. Li (1995). "Ratio-Lindahl Equilibria and an Informationally Efficient and Implementable Mixed-Ownership System", *Journal of Economic Behavior and Organization*, Vol. 26, No. 3, 391-411.

Varian, H.R. (1994). "A Solution to the Problem of Externalities When Agents Are Well Informed", *American Economic Review*, Vol. 84, No. 5, 1278-1293.

第五部分

机制设计理论

以上章节主要关注市场机制，讨论它是如何运转的，有什么样的优越性以及局限性和缺陷。在现实中，人们总是不断探索，想知道是否还存在着更好的经济制度安排。特别是在市场失灵时，在有种种缺陷时，人们的想法更是如此。尽管前面已有一些章节针对具体问题讨论了机制的设计问题，但我们需要一个更一般的统一分析框架来研究经济机制的设计问题，并在一定的标准下能比较所有经济机制的好坏，这就是本部分要讨论的经济机制设计理论。

经济机制设计以及与此紧密相关的信息经济学、激励理论、委托–代理理论、合约理论、拍卖理论和市场设计在过去半个世纪里已成为经济学中极为重要和活跃的研究领域，并在经济、金融、管理、法律、政治等学科的各个领域中有着广泛的应用，对当今经济学的发展产生了深远影响。由此，20 多位经济学家由于机制设计及与此紧密相关的博弈论和信息经济学领域的开创性工作而获得诺贝尔经济学奖，他们是哈耶克、阿罗、施蒂格勒、德布鲁、科斯、西蒙、纳什、泽尔腾、维克瑞、莫里斯、阿克洛夫、斯蒂格利茨、斯宾塞、奥曼、赫维茨、马斯金、迈尔森、戴蒙德、威廉森、罗思、沙普利、梯若尔、哈特、霍姆斯特罗姆以及米尔格罗姆等经济学家。

经济学理论及现实的核心和基本问题是信息与激励。我们在前面提到，个体（经济主体）逐利不仅是经济学的最基本假设，更不可忽视的是，它和信息不完全、不对称一起成为两个最大的客观现实。由于个体的逐利动机，当信息不对称时，一个人说了一番话，他人不知道这是否为真话，一个人即使一双眼睛盯着看，他人也不知道这个人是否在听，使得解决现实经济问题变得异常复杂和难以应对，研究经济现象和经济人行为的经济学从而成为一门难度较大的学科。那么，如何才能解决由市场主体逐利和信息不对称所导致的激励扭曲和信息失真问题呢？也就是，当信息不对称时，如何通过恰当的制度设计，诱导个体真实显示他们的经济特征及行动，使得他们即使主观上为了自己，而客观上也达到了社会、集体、改革者、上级或设计者所想达到的合意目标呢？如能达到，个体利益和社会利益是否形成了激励相容？

在处理现实经济活动的过程中，有两种基本的经济制度安排：政府和市场。通俗地说，就是"要我做"和"我要做"这两种基本的方式或制度安排。前者是一种强制的、被动的、有外在压力 (external enforcement) 的指令性制度安排，但由于信息不对称，容易造成激励不相容，从而往往是不可执行的。而后者是一种诱导式的、主动的、自我执行 (self-enforcement) 的激励相容制度安排，这正是经济机制设计理论所讨论的主要内容。激励或激励相容这一重要概念，已成为现代经济学中一个最基本的核心概念。对很多经济学家来说，激励占据了经济学的核心地位：如何激励人们努力工作，激励生产高质量的产品，激励投资，激励储蓄，等等。

直至 20 世纪 70 年代，在讨论激励相容问题时，传统的经济分析都将经济机制视作给定的。如现代经济学的大多数研究是从市场的角度研究最优资源配置的价值理论，它讨论市场机制如何运转，有什么样的优越性及局限性，对计划经济机制的讨论也是如此。由此，经济学主要关心在新古典经济环境下，特别是在完全竞争市场环境下，对价值理论的理解。一般均衡理论所探讨的一个中心问题就是，给定某个机制（如完全竞争机制），它是否能导致帕累托有效配置，以及在什么样的经济环境 (关于生产技术、消费者偏好、初始禀赋) 下存在这样的有效配置。在完全竞争市场中，由于经济人个数足够多，市场竞争的压力能很好地解决消费者和生产者的激励问题，从而没有显著的激励扭曲问题，只需理解价格是如何形成的即可。

然而，半个世纪来，现代经济学研究方法发生了颠覆性的革命变化，经济学家采用逆向思维的方式，将该问题反过来问：不是将制度安排（如市场机制）视为给定后考察在什么样的经济环境类下该机制是适用的，而是对于给定的经济环境类和某个预定社会目标 (如资源的有效配置，某种意义下的公平或公正配置，或某种其他合意社会目标)，看是否存在某个机制 (配置规则)，使得每个经济主体即使追求自身目标，其客观效果也正好能达到预定社会目标。例如，我们知道在一般情况下，完全竞争市场机制产生了资源的有效配置。那么是否还存在其他机制 (如社会主义计划经济机制) 同样地也能产生资源的有效配置呢？如果回答是肯定的，这个机制是否能用比竞争机制还要少的信息或成本来实现资源的有效配置呢？这些问题的提出对机制的信息理论和激励理论的产生有着直接影响。以上的第一个问题实际上与激励理论有关；第二个问题则与信息理论有关。从这个意义来说，理论家们又回到了信息和激励这样的最基本问题的研究。

之所以将问题反过来问，这与经济学说史中的两条主线有关。一条与资本主义市场经济制度的失灵有关，另一条与社会主义计划经济的严重缺陷有关。在资本主义/私人所有权经济文献中，当经济人个数有限时，市场没达到充分竞争，市场主体的经济活动会影响到价格水平，从而导致市场失灵。此外，在许多其他非新古典经济环境下，如存在外部性、公共品、不完全竞争、规模报酬递增、不可分商品，特别是信息不完全时，原生市场的自发配置机制往往会失灵，不能导致帕累托有效配置。因此，我们既要看到市场机制的优越性，也要看到它的局限性。在讨论其局限性时，仅仅指出市场不能良好运行往往是不够的，还需寻找其他方法或机制来替代或改进市场的作用，使之能导致资源的有效配置。在许多非新古典环境下寻找实施有效配置的机制的研究都对这一问题起着推进作用。在 20 世纪 70 年代初，阿克洛夫 (Akerlof，1970，其人物小传见 16.10.2 节)、赫维茨 (Hurwicz，1972，其人物小传见 18.12.1 节)、斯宾塞 (Spence，1974，其人物小传见 19.10.1 节)、罗斯柴尔德和斯蒂格利茨 (Rothschild and Stiglitz, 1976，斯蒂格利茨的人物小传见 17.11.2 节) 从不同角度说明了不对称信息对经济学来说是一大挑战，它很难满意地融入阿罗–德布鲁一般均衡理论及其推广的分析框架。

这些问题的提出最初也是由 20 世纪 30 年代关于市场社会主义经济机制可行性的大论战引发的，争论的内容恰与中国改革所遇到过的问题类似：是让非国有经济，特别是民营经济在经济活动中发挥主要作用，让市场发挥基础和决定性作用，还是让国有企业和政府在经济活动中起主要作用和决定性作用。20 世纪 20—30 年代有一场非常著名的论战，称为社会主义大论战。一批反对社会主义的经济学家试图证明社会主义在理论上是行不通的。他们的主要代表人物是路德维希·冯·米塞斯 (Ludwig von Mises，1881—1973，其人物小传见 15.7.1 节) 和弗里德里希·哈耶克 (Friedrich Hayek，1899—1992，其人物小传见 2.12.1 节)。他们批评社会主义，不是针对社会主义理想是否合理，而是认为社会主义不可能获得维持经济有效运转的信息。他们把社会主义经济机制看作一个高度集中的中央计划，每一个基层单位或企业向中央机构传送有关技术、成本、消费需求方面的信息，再由中央计划机构制订出非常详细的计划并下达给企业。这样，中央计划机构需要知道消费者的偏好、企业的生产技术条件，并且要有解出数以百万计以上的供给和需求联立方程组的能力，即使在计算机非常发达的今天，这也是一件异常困难的事情。即使能知道这些信息并能解出这些方程，由于搜集信息和计算供求结果所需时间漫长，人们的消费偏好、企业的技术条件也许早已发生了变化。所以他们认为经济社会不可能获得社会主义计划所需要的信息并合理地使用这些信息。

论战另一方的主要代表人物是兰格 (Oskar Ryszard Lange，1904—1965，其人物小传见 16.10.1 节) 和勒纳 (Abba P. Lerner)。他们认为即使在国有企业为主体的社会主义条件下人们也仍然可以利用市场机制。他们的主张是：虽然生产资料收归国有，但资源的流动还应由供求关系确定 (他们所说的资源不包括投资，仅对消费领域而言)。对于企业而言，每个企业都应该根据边际成本等于中央计划委员会所制定的产品价格来确定生产水平。在一定的生产技术条件下，理论上可以证明这种机制可导致资源的有效配置。兰格和勒纳所建议的其实是一种分散化的社会主义经济机制，或者说是市场的社会主义经济机制。这种机制旨在解决信息要求过大的问题。以米塞斯和哈耶克为首的一批人认为社会主义式的计划经济机制不可能获得维持经济正常运转的信息，而以兰格和勒纳为代表的另一批人认为可以通过边际成本定价的方式来解决信息成本巨大的问题。

兰格的这种分散化市场社会主义机制旨在解决信息量要求过大的问题，但这种模式又产生了另外一个问题，那就是激励相容问题，也就是怎样激励基层单位完成上级计划部门下达的任务并且按照真实的边际成本定价来组织生产。由于边际成本是私人信息，上级部门不可能完全了解。这样，企业为了更容易地完成上级下达的生产指标或利润，就会有激励高报生产成本，使得上级部门下达较低的生产指标，且能制定更高的产品价格。并且，当规模报酬递增的生产情况发生时，生产边际成本小于平均成本。如果按照边际成本定价，企业就会亏损，长久下去，企业就要破产。如果这种生产是必要的，即使在资本主义国家，也需实行补贴。但是对企业的补贴会引起许多其他问题，其中之一就是财政问题，因为这些补贴要从其他企业上缴的利润 (或税) 中扣除。另一个问题就是企业的激励 (积极性) 问题。如果企业亏损了，由政府给予它们补贴，那么企业就缺乏提高效率的激励。这种情况说明：为了提高整个经济效率而给予企业的补贴在客观上反而降低了企业内部的效率。

分散化的社会主义经济或者是市场社会主义经济 (在理论上或许能导致有效的资源配置) 并没有解决激励问题，因此哈耶克等人认为兰格的设想仍然是不可行的。

这场论战澄清了不少问题，达成了很多共识，在很大程度上激发了经济机制设计理论的产生。可以看出，他们争论的问题和今天中国市场化改革的大方向也有很大的关系。但由于论战的双方对于关键经济术语缺乏精确的内涵和外延界定，定义不明或不一致，难以形成讨论的共同语言，再加上缺乏科学、规范的定量分析工具来给出形式化的具有严格数理逻辑支撑的明确结论，无法形成聚焦辩论，其结果是难以说服对方。利奥尼德·赫维茨 (Leonid Hurwicz) 首个将这场论战中的实质问题规范并抽象出来，形成了当前经济学中的两个关键性问题，一个是经济制度中的信息问题，另外一个是经济制度中的激励问题，并建立了严谨的数学模型。激励相容 (incentive compatibility) 的正式概念也是由赫维茨最早提出来的，在 20 世纪 50 年代前很少有人论及，但现在已经变成经济学中的一个核心概念[①]。机制设计理论能系统地比较各种经济制度的优劣及研究不同的经济制度是如何影响人们的互动行为和资源配置的结果的，从而机制设计的研究方法是规范性研究方法，讨论何种制度应当被设计出来，这种制度具有哪些信息和激励上的优势。经济机制理论把所有的经济机制放在一起进行研究，这个理论的基本分析框架由赫维茨在 20 世纪六七十年代给出。

一般来说，经济机制理论主要研究在自由选择、自愿交换、信息不完全及决策分散化的条件下，能否及怎样设计或构建一个机制 (游戏规则或制度) 来达到预定目标，并且能够比较和判断一个机制的优劣性。世界上有许多现实和理论上的经济制度安排，如市场经济机制、计划经济机制、公有制、私有制、集体合作制、混合所有制、边际成本定价机制等制度安排。那么，什么样的经济机制是好的呢？这是一个自 20 世纪二三十年代以来学术界一直在争论和想要解答的问题，并且是在当今转型经济国家中争论得更为激烈的一个基本问题。比如，中国自改革开放以来，成为世界经济体中发展最快的国家，年平均增长率超过 9%，其中国有经济、集体经济在中国经济增长中发挥了重要作用，于是不少人相信非民营经济可像民营经济表现得一样好，甚至是更好，而另外许多人不同意此看法。

在讨论和判断一个经济制度的优劣时，人们需要首先给出评价一个经济制度优劣的标准。经济学中有特别重要的三个关键词：信息、激励和效率。由此，在经济学文献中，经济学家认为一个好的经济制度应满足三个要求：它导致了资源的有效配置，能有效利用信息以及是激励相容的，从而使个体理性和集体理性一致。有效资源配置要求资源得到有效利用，有效利用信息要求机制的运行具有尽可能低的信息成本，激励相容要求个体理性和集体理性一致。这些要求是评价一个经济机制优劣和选择经济机制的基本判断标准。如果资源配置不是有效的，则存在着资源的浪费和改进经济效率的余地；如果信息的利用不是

① 如第 1 章中所指出的那样，激励相容思想的重要性早在亚当·斯密的《道德情操论》中就论述到了。斯密指出：“在人类社会这个巨大的棋盘上，每一颗棋子都有它自己的移动原则，完全不同于立法机关或许会选择强迫它接受的那个原则。如果那两个原则的运动方向刚好一致，人类社会这盘棋将会进行得既顺畅又和谐，并且很可能会是一盘快乐与成功的棋。但是，如果那两个原则的运动方向恰好相反或不同，那么，人类社会这盘棋将会进行得很凄惨，而那个社会也就必定时时刻刻处在极度混乱中。”(参见：亚当·斯密. 道德情操论. 谢宗林，译. 北京：中央编译出版社，2008：295。)

有效的，机制运行的成本就比较大；如果一个机制不是激励相容的，个体在追求私利时就会影响社会目标的实现，从而导致个体理性与集体或社会理性的不一致。由于不同的经济机制会导致不同的配置结果、不同的信息成本及不同的激励，因而人们需要知道什么样的经济制度能满足以上三个要求或对它们进行综合权衡。这样，仅仅把不同机制分开考虑是不够的。当各种经济机制共存、可供选择时，国家就需要对经济制度作出选择。

另外，在现实中，经济环境总是在不断地发生演变，特别在经济、社会制度转型时期更是如此，从而人们需要对制度作出选择或创新。因此，我们需要更一般的理论来研究制度的选择问题。在这个理论模型下，经济机制不必看成是给定的，而是未知、可设计的，并且在一定的标准下 (如以上所提到的三个标准) 可以研究和比较各种 (已知和未知) 经济机制的优劣。此外，人们所面临的是一个信息不完全的社会。由于任何人特别是上级部门没有、也不可能掌握其他人的所有私人信息，从而直接指导或主导社会经济活动时就会遇到很大的问题。(如果人们能够掌握全部有关信息，直接控制或强制命令的集中化决策 (比如计划经济) 就不会有问题，只是一个简单的优化问题。) 正是由于个人信息不可能被他人完全掌握，人们才希望分散化决策。用激励机制或规则这种间接控制的分散化决策方式来激发人们做设计者 (制度或规章制定者) 想做的事情，或执行设计者想达到的预定目标，正是经济机制设计所要探讨的问题。比如，在赫维茨和瑞特看来，“美国的国会或其他立法机构的立法就相当于设计新机制”①。

这个理论框架可被用来研究和探讨各种宏观、中观及微观经济问题，特别是在不完全信息情况下探讨各种激励机制的构建，以此执行 (implement) 所要达到的社会或某个既定目标时。概括地说，机制设计所讨论的问题是：对一个想要达到的预定目标，在自由选择、自愿交换的分散化决策条件下，能否并且怎样设计一个经济机制 (即制定什么样的方式、法则、政策条令、资源配置等规则) 使得经济活动参与者的个人利益和设计者既定的目标一致，即每个人在追求个人利益时，同时也达到了机制设计者既定的合意目标？如可能的话，是否具有较小的信息运行成本？研究的对象大到对整个宏观经济社会制度的一般均衡设计，其目标是社会目标，小到对某个部门的微观管理、契约设计，甚至是只有两个参与人的委托–代理等具体经济活动的激励机制设计。

激励理论在微观水平上的发展是过去 50 年来经济理论的主要进展。在此之前，经济理论，如前面所讨论的厂商理论，将企业视为黑箱，对企业所有者如何成功地将其目标分摊到不同的成员如工人、监督者、管理者身上并实现利润最大化理解甚少，忽略了企业内部管理、协调、层级等问题，导致了信息不对称、利益冲突，需要解决企业内部的委托–代理问题，从而可归结为激励机制的合约设计问题。这样，当经济学家更仔细地审视企业时，无论是在农业经济学还是在管理经济学中，激励问题都成为焦点问题。事实上，当委托人对代理人的信息不完全了解且双方的目标不同时，委托人将任务委托给代理人弄不好会导

① 利奥尼德·赫维茨，斯坦利·瑞特. 经济机制设计. 田国强，等，译. 上海：格致出版社，上海三联书店，上海人民出版社，2014：2.

致严重的激励扭曲问题。因此，相互冲突的目标和分散的信息是激励理论 (合约理论) 的两个基本要素。

本部分的基本结论是，一般来说，信息和激励问题将阻碍委托人或社会达到最佳 (first-best)，即不能达到信息完全（从而不需要考虑激励相容时）的最优结果，其最好结果只是次佳 (second-best) 而不是最佳或只是有效但不是帕累托有效 (即预算平衡条件不满足)。[①]由于经济人具有私人信息，要真实显示出信息，其自利行为必将导致 (额外的) 信息成本，这种成本可被视为某种类型的交易成本。虽然这种成本并没有包含所有可能的交易成本，但在过去的半个世纪中，经济学家相当成功地对这些成本进行了严谨的科学分析，并对其资源配置的局限性有了很好的理解。这一研究思路也为将经济人对制度激励的反应考虑进来提供了完整的洞见。

这样，合约、机制及制度在机制设计理论中是同义词，都是指“游戏规则” (rules of the game)，描述了什么样的行动能够被允许，这些行动所导致的结果是什么。在大多数情况下，游戏规则是由某个人或机构设计的。如同象棋、篮球等游戏规则的设计那样，其规则的设计是为了达到更好的结果。需要指出的是，这几个同义词也有一定的差别，一般机制设计理论主要关注的是资源配置的效率问题，这样既考虑整个宏观经济制度 (如市场经济制度、计划经济制度等) 层面上应该达到什么目标，特别是资源有效配置的宏观问题，也关注微观层面的效率问题，机制设计者也许不参与经济活动；而委托–代理理论/最优合约理论的发展则主要关注收益最大化的最优问题，机制设计者 (被称为委托人) 参与经济活动，考虑的是最大化自身收益的最优合约制定和实现，由于合约必须是自愿的，因此除了需要满足激励相容条件，**还要满足参与约束条件**。

所以说，机制设计属于规范经济学的范畴，这和博弈论有很大差别。博弈论属于实证经济学的范畴，其重要性是它描述了给定游戏规则，游戏者将如何博弈。而机制设计却更进了一步：给定设计者所面临的经济环境及约束，应设计什么样的规则，使得目标能够被实施或执行？在所有可行的机制中，什么样的机制在某种意义上是最优的？在机制设计中，人们要考虑激励相容约束。

这部分考虑一个或多个参与人的经济特征或隐藏行动是私人信息情景下的机制设计问题。设计机制或制定合约的人被称为委托人，而其他人被称为代理人。在大部分讨论中，我们假设委托人没有私人信息，而代理人了解他们自身的私人信息。这种信息框架被称为甄

---

① 在合约理论中，最佳是指当信息完全时 (即不必施加激励相容约束时) 可以达到的最好结果，而次佳是当代理人不得不花费代价披露其私人信息时所能达到的最好结果。国内不少经济学家将 first-best 翻译成最优及将 second-best 翻译成次优，这很容易与 optimal（最优）及 sub-optimal（次优）混淆起来，但它们的意思不一样，first-best 和 second-best 应分别翻译成“最佳”和“次佳”。在信息经济学和机制设计文献中，不完全信息下的次佳是相对于完全信息下的最佳这个基准情形而言的，并且 first-best 和 second-best 的合约或机制都被称为最优合约或最优机制。更一般地，次佳是比最佳受到更多约束 (如多一个信息约束) 条件下的局部最优。加拿大经济学家 Richard Lipsey 和澳大利亚经济学家 Kelvin Lancaster 是最早给出最佳和次佳术语的两位经济学家。如果经济模型中的一个最优条件不能满足，有可能下一个最佳解 (the next-best solution) 不再是原有的最佳，参见 Lipsey and Lancaster (1956), “The General Theory of Second Best”, *Review of Economic Studies*, Vol. 24, No. 1, 11–32。值得指出的是，最佳和帕累托效率一般来说不相同。前者要求诱导代理人披露其私人信息的成本 (被称为租金) 为零，而帕累托效率要求预算平衡。

别 (screening)，这是由于委托人一般将试图通过诱导代理人选择不同的结果，来甄别不同类型的代理人。相反的情况是，委托人有私人信息，而代理人没有，这类问题被称为发信号 (signaling)，这是由于委托人在他的合约设计中，能够通过发信号的方式来显示他的类型。

在本部分的五章内容中，第 16 章和第 17 章将讨论单个代理人的合约理论/委托–代理理论。由于只有一个代理人，仅是委托人在信息不对称情形下和代理人的博弈，可将问题归结为在参与和激励相容这两个基本约束条件下求解委托人的优化问题，其中委托人将某项任务委托给具有私人信息的代理人。关注的重点是最佳结果是否可执行。我们之所以将其分为两章，是因为代理人的私人信息有两种类型：代理人具有委托人事先未知的有关自身成本或效用的信息或者代理人可以采取委托人无法观测的行动，前者被称为逆向选择或者隐藏知识（信息），后者被称为道德风险或者隐藏行动。激励理论考察当私人信息影响到结果时，委托人如何做才是最优的。委托人最优合约的设计可看作一个简单的优化问题。这使我们能够很好地考察**在不完全信息下委托人在信息租金抽取和配置效率上是如何进行权衡取舍的**。詹姆斯 · 莫里斯、斯蒂格利茨、阿尔文 · 罗思及迈克尔 · 斯宾塞等人共同开创了委托–代理理论的研究，他们的人物小传分别见 17.11.1 节、17.11.2 节、22.5.2 节、19.10.1 节。2016 年诺贝尔经济学奖获得者奥利弗 · 哈特和本特 · 霍姆斯特罗姆等人则共同开创了对各种环境和组织中，特别是企业内部，契约性质的研究。这两章的讨论不少地方参考和借鉴了 Laffont 和 Martimort (2002) 以及 Bolton 和 Dewatripont (2005) 的论述。

第 18 章和第 19 章将考察具有多个代理人情形下激励机制的设计及其机制设计的信息效率问题。第 18 章讨论代理人相互知道他人的经济特征的情形，而第 19 章讨论每个参与人都不知道他人的经济特征，只知道其概率分布的情形。在这两种情形下，委托人和多个代理人之间的不对称信息不仅影响委托人与每个代理人的关系，还影响代理人之间的策略。为此，需要引进博弈均衡解的概念。博弈均衡解刻画了代理人之间在完全或者不完全信息下的策略交互影响。第 18 章所采用的解的概念是占优均衡和纳什均衡，考虑的是社会选择规则的占优执行和纳什执行问题，特别是有效或帕累托有效的占优执行和纳什执行。18.11 节讨论机制的信息效率方面的问题。第 19 章则是研究信息不完全（即经济人之间不知道相互的信息）情形下的激励机制设计问题，所采用的解的概念是贝叶斯–纳什均衡和事后均衡，考察的是社会选择规则的贝叶斯执行和事后执行问题。事后均衡是一个更为稳健的均衡解概念，与概率分布无关，对私人价值模型而言，事后均衡就是占优均衡。

第 20 章主要讨论在动态环境下的机制设计问题。我们先在一个简单的委托–代理框架下讨论在多期互动中的动态合约理论、激励相容约束和参与约束随时间的变化以及背后的权衡，即先讨论逆向选择动态情景下的长期激励合约设计的问题，我们分设计者能承诺合约长期有效和不能承诺不修改合约这两种情况进行讨论。然后讨论动态机制设计，特别是有效动态机制的设计问题。

我们将在下一部分进一步讨论机制设计的拓展和延伸，即所谓的市场设计，包括拍卖理论和匹配理论，它们在现实中有着广泛的应用。

第 16 章 委托–代理模型：隐藏信息

16.1 导言

委托–代理（principal-agent）理论也被称为最优合约理论。本章主要考虑只有一个代理人的最优合约设计问题。当委托人 (principal) 将任务委托或指派给拥有私人信息的某个代理人时，代理人的效用、技术、成本、能力等都是其私人信息，他可以不真实披露这些信息或谎报而获得超额补偿，这样激励问题就产生了。我们称这种具有隐藏信息 (hidden information) 的委托–代理情形为逆向选择 (adverse selection) 问题。

一些例子

委托–代理问题几乎无处不在，下面是一些具体例子：

（1）乡政府将集体土地委托给农户耕种，而村民懂得种田的技能和了解当地气候。

（2）生态环境保护部门想减少雾霾，但不知道企业减少污染的具体成本。

（3）股东（或政府）将企业（或国企）的日常决策委托给职业经理人（管理者），而后者更加了解市场和生产技术及管理。

（4）教授向学生传授知识，但不知道学生的具体学习能力。

（5）客户委托律师为其辩护，由于律师更了解繁多的法律条文及案件的困难程度。

（6）风险投资公司将资金借贷给高科技企业创办人，因为创办人掌握高新技术。

（7）中央政府将行政管理权委托给地方政府，因为地方政府更加了解当地的情况。

（8）国家发展和改革委员会将石油资源委托给中石油、中石化经营，而国家发展和改革委员会不参与具体经营。

（9）保险公司为顾客提供车险，而只有后者知道本人的驾驶水平。

（10）规制者与公共能源企业签订服务代理合约，规制者不知道与企业生产技术相关的信息。

所有上述问题都说明委托人和代理人之间的信息差异对他们之间的合约设计具有重要影响。为了最优地利用资源及让代理人有激励真实显示其私人信息，代理人需要获取一定的信息租金 (information rent)，从而委托人在设计旨在最大化自身利益的合约时需要在租金抽取和效率两种效应之间进行权衡取舍。当然，这里隐含地假定合约关系在法律框架下是可执行的。由于合约能由法庭强制执行，因而代理人受到合约条款的约束。

本章的主要目标是刻画委托人在设计合约时所要考虑的是对租金抽取与效率间的权衡。由于合约要在自愿合作的基础上提供激励，因此委托人所面临的代理人的任何激励可行约束都需要满足两个基本约束：**激励相容约束**和**参与约束**。如果激励相容约束在最优解处是紧致的，则意味着逆向选择限制了交易的效率。本章的基本结论是：偏离最佳 (first best) 的次佳 (second best) 合约将导致交易量的扭曲，委托人需让渡一些信息租金给最有效率的代理人。

16.2 基本模型

在这一节，我们引入一个最简单的模型来讨论逆向选择问题。莫里斯 (Mirrlees，1971，其人物小传见 17.11.1 节) 首先对这一问题进行了研究。在这一问题中，假设有两类参与人：一类为委托人，在交易中拥有某种垄断权力（提出交易合约）；另一类为代理人，在交易中拥有私人信息，根据其掌握的信息来选择交易合约。这类问题也会有一些变形，比如委托人也可能会有私人信息，委托人可能会面临市场竞争，等等。与之前讨论的市场均衡不同，这里主要聚焦于信息差异是如何影响市场交易效率的。

16.2.1 经济环境 (技术、偏好和信息)

为了便于理解，我们在一个垄断者的市场定价情景下讨论逆向选择问题，该问题最早由 Mussa 和 Rosen (1978) 提出，并由 Maskin 和 Riley (1984) 进行了更深入的讨论。

现考虑一个垄断者（卖者）提供商品给某个消费者（买者）的情形 (也可以视作有连续统多个消费者，如果是这样，消费者属于某种类型的比例可视作只有一个消费者而消费者属于这种类型的概率，根据概率论中的大数定律，这两种处理方式是等价的)。商品对该消费者的价值是私人信息，垄断者不能观察到。垄断者的目的是从该消费者那里抽取最大可能的消费者剩余，而这依赖于他如何从消费者的行为中甄别消费者的类型。如果把这个例子放进委托–代理框架中，垄断生产者对应于委托人，消费者对应于代理人。判断参与人在委托–代理框架中的角色的主要依据是通常由委托人提供给代理人一系列可供选择的合约。

假设消费者的效用函数为：

$$u(q, T, \theta) = \theta v(q) - T,$$

其中，q 是消费者购买的商品数量；T 是消费者的转移支付 (transfer)；θ 是商品对消费者价值的类型，假设它的取值为 $\{\theta_H, \theta_L\}, \theta_H > \theta_L$，令 $\Delta\theta = \theta_H - \theta_L$ 表示两者的价值差。假设取值为 θ_L 的概率是 β，即效用函数为 $u(q, T, \theta_L) = \theta_L v(q) - T$ 的概率是 β，而取值为 $u(q, T, \theta_H) = \theta_H v(q) - T$ 的概率是 $1 - \beta$。上面的效用函数是拟线性效用函数，它通常满足以下假设：

$$v(0) = 0,\ v'(q) > 0,\ v''(q) < 0.$$

垄断者的目标函数为：

$$\pi = T - cq,$$

其中，c 是企业的单位生产成本。

16.2.2　结果空间与合约变量

合约变量为购买量 q 及购买所需的转移支付 T。令 $\mathcal{A}$ 为可行配置集：

$$\mathcal{A}=\{(q,T):q\in\mathcal{R}_+,T\in\mathcal{R}\}.$$

对这些变量如有异议，可由第三方如法庭观察并验证。

16.2.3　信息结构与行动时序

以签约时委托人和代理人是否知道代理人类型的时点进行划分，信息结构可分为三类：双方都不了解代理人的类型称为**事前**（ex ante），代理人知道自身的类型而委托人不知道的类型称为**事中**（interim），双方都知道代理人的类型称为**事后**（ex post）。

在委托–代理理论中，合约一般是在事中阶段签订。这样，若不做特别说明，两个参与人将按下面的顺序进行。

- $t=0$: 消费者获知自身的类型 θ，是高价值还是低价值类型；
- $t=1$: 垄断生产者提供合约；
- $t=2$: 消费者接受或拒绝合约；
- $t=3$: 合约执行。

16.2.4　完全信息最优合约 (基准情形)

为了分析不完全信息情形下的逆向选择对决策的影响，我们需要以完全信息作为基准情形来比较信息分布是如何影响合约选择的。在完全信息情形下，最优合约是最佳 (first-best) 合约，其最佳结果是可执行的。

假如垄断生产者知道消费者的类型，那么他会对每类消费者分别提供合约，即合约 (T_i,q_i) 对应于消费者类型 $\theta_i,i\in\{H,L\}$。垄断者的目标是在给定消费者接受合约的基础上，最大可能地获取消费者剩余。假设消费者不接受垄断者合约的保留效用水平为 $\bar{u}$，这里为方便起见，设 $\bar{u}=0$。于是，垄断者的目标是求解下面的优化问题：

$$\max_{T_i,q_i} T_i-cq_i$$

满足参与约束：

$$\theta_i v(q_i)-T_i\geqq 0,$$

即

$$T_i\leqq\theta_i v(q_i).$$

由于委托人更倾向于尽可能高的 T_i 值，在最优情况下，约束条件是紧致的：

$$T_i=\theta_i v(q_i).$$

将约束代入目标函数，有：

$$\max_{T_i,q_i}\theta_i v(q_i)-cq_i,$$

这正是总剩余最大化问题，因此委托人的最优选择是社会有效（最佳）产出水平。最佳产出 q_i^* 由其一阶条件给出：

$$\theta_i v'(q_i{}^*) = c,$$

即边际社会价值等于边际社会成本，从而生产者的最大剩余为

$$T_i{}^* = \theta_i v(q_i{}^*) - cq_i^*,$$

及消费者的剩余为 0。

这个没有合约成本（通常由信息成本构成）的基准结果提供了科斯定理的一个最简单的表现形式，它表示了，在没有交易成本的情形下，参与人间的私人谈判将导致社会有效结果。然而，如下面所讨论的，私人信息成本构成了某种交易成本，从而它可能会妨碍有效结果的实现。

对最佳合约的执行

为了获得上面的利润水平，垄断者可以设计如下购买合约：首先，这些购买合约要让消费者获得不低于不购买时的效用水平 $\bar{u}$（即保留效用)，这就是上面的约束 $\theta_i v(q_i) - T_i \geqq \bar{u}$，我们把该约束称为参与约束。其次，为了执行上面的最佳合约 $(T_i{}^*, q_i{}^*), i \in \{H, L\}$，垄断者可以对不同类型的消费者提供一个“要么接受，要么走人”的合约 $(T_i{}^*, q_i{}^*)$。由于在完全信息条件下，垄断者可以区分不同消费者的类型，这种合约形式会被消费者 θ_i 接受，因为接受获得的效用不低于其保留效用。

图解：最优合约

图 16.1 刻画了两类消费者的无差异曲线，相对于 θ_L，θ_H 的无差异曲线有更大的斜率，同时两个类型的无差异曲线最多只相交一次，这一特性被称为单交叉 (single-crossing) 性或者斯宾塞–莫里斯性质 (Spence-Mirrlees property)，这是保证最优解存在所需的一个非常重要的性质。

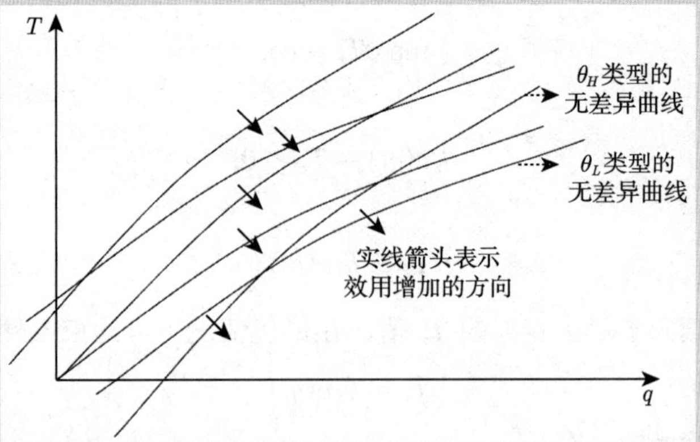

图 16.1　两类消费者的无差异曲线

完全信息下的最优合约是最佳合约，由图 16.2 中对应的 A^* 点和 B^* 点给出。在最佳合约中，每个消费者都只得到保留效用，同时在最优点的斜率都等于边际成本 c。

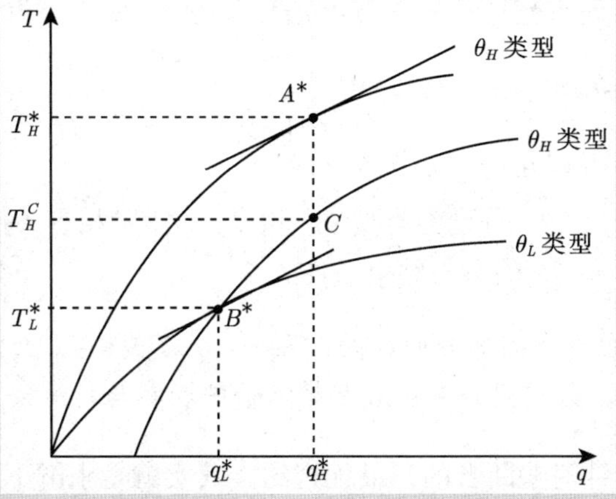

图 16.2　最佳合约

16.2.5　激励可行合约

现在我们分析存在私人信息情形下的最优合约。我们将看到，在不完全信息下，完全信息下的最佳合约将导致激励不相容问题，从而其最优合约一般只是次佳合约。

在通常情形下，垄断者不能观察到消费者的类型，上面的合约 $(T_i^*, q_i^*), i \in \{H, L\}$ 是不可执行的。在不完全信息下，低效用代理人将选择图 16.2 中的 B^* 点，而高效用代理人，即 θ_H 类型，也愿意选择 B^* 点而获利，而不会选择完全信息情形下图 16.2 中的 A^* 点，这意味着高效用的代理人有动机伪装成低效用的代理人。这是由于，对于高效用 θ_H 类型消费者来说，选择 (T_H^*, q_H^*) 时，其效用为 0，而若选择 (T_L^*, q_L^*)，其效用水平为：

$$u(T_L^*, q_L^*, \theta_H) = \theta_H v(q_L^*) - T_L^* > \theta_L v(q_L) - T_L = 0.$$

因此，在不对称信息条件下，$(T_i^*, q_i^*), i \in \{H, L\}$，不能在"要么接受，要么走人"的合约形式下被执行。高效用 θ_H 类型消费者会模仿低效用 θ_L 类型消费者。

垄断者要获得更高的剩余，就必须设计恰当的合约，使得不同消费者只有激励选择与他自己的类型相关的合约，这就是激励相容的含义。

定义 16.2.1　一组以类型划分的合约，$A_i = (q_i, T_i), i \in \{H, L\}$，被认为是**激励相容的**（incentive-compatible），若满足：

$$u(q_i, T_i, \theta_i) \geqq u(q_j, T_j, \theta_i), \forall i, j \in \{H, L\}.$$

激励相容合约意味着，消费者选择自己类型的合约是最优的。一个合约被认为是**可执行的**（implementable），若它满足激励相容性。这样，在不对称信息条件下，垄断者在设

计合约时，需要使得合约满足下面两类约束:

$$U_H = \theta_H v(q_H) - T_H \geqq \theta_H v(q_L) - T_L = U_L + \Delta\theta v(q_L), \tag{16.1}$$

$$U_L = \theta_L v(q_L) - T_L \geqq \theta_L v(q_H) - T_H = U_H - \Delta\theta v(q_H), \tag{16.2}$$

$$U_H = \theta_H v(q_H) - T_H \geqq 0, \tag{16.3}$$

$$U_L = \theta_L v(q_L) - T_L \geqq 0. \tag{16.4}$$

我们称约束（16.1）和（16.2）分别为类型 θ_H 和 θ_L 的激励相容条件，而称约束（16.3）和（16.4）分别为类型 θ_H 和 θ_L 的参与约束条件。

定义 16.2.2 一组以类型划分的合约，$A_i = (q_i, T_i), i \in \{H, L\}$，被认为是**激励可行的**(incentive-feasible)，若它同时满足激励相容条件和参与约束条件。

求解不对称信息（针对垄断者的）最优合约，其实就是求解下面的最大化问题：

$$\max_{(q_i, T_i)} \beta(T_L - cq_L) + (1-\beta)(T_H - cq_H),$$

同时满足激励相容约束式（16.1）和式（16.2）以及参与约束式（16.3）和式（16.4）。

在正式求解最优化问题之前，先指出这样的激励可行合约是非空的。考虑下面两类特殊合约。

（1）**集束** (bunching) 合约或**混同** (pooling) 合约:激励可行合约的一个特例是对两种类型的代理人的激励目标相同，即给予相同的合约 $T_L = T_H = T, q_L = q_H = q$ 且两种类型的代理人都接受此合约。这时，两类消费者都会选择这个相同的合约，从而激励相容约束自然成立，唯一的约束是参与约束。在这个例子中，若垄断者要提供给两类参与者相同合约，$\theta_L v(q) - T \geqq 0$ 是唯一的约束。

（2）**关闭** (shutdown) 低端客户的排斥性合约: 若针对 θ_H 型消费者，提供的合约是 (T_H, q_H)，而针对 θ_L 型消费者，提供的合约是 $(T_L, q_L) = (0, 0)$，同时满足：$\theta_L v(q_H) - T_H \leqq 0$，则在这样的合约下，低端消费者的消费为零。

和混同合约的情形一样，合约 (0,0) 的好处是，由于激励相容和参与约束形式相同，它在一定程度上减少了约束的个数。此类合约的代价是对类型的过度筛选，从而导致非最优合约。在这里，类型筛选采用了效率最低的类型的极端形式。因此，尽管这两个合约是激励可行的，但都不是最优的。所以，只是搞对了激励仍不够，还需要采用更优的合约。

16.2.6 单调性条件

激励相容约束压缩了可行结果集，对可行合约的集合施加了限制条件，使得产出水平通常必须满足完全信息下不需要的**单调性条件**：$q_H \geqq q_L$。单调性是一个重要的条件，在后面的机制设计中，这个条件又被称为**可执行性条件** (implementability condition)。这一条件必定成立，若满足**"斯宾塞–莫里斯单交叉性条件"**（Spence-Mirrlees single-crossing condition）：

$$\frac{\partial^2 u}{\partial\theta\partial q} > 0,$$

即两类不同的无差异曲线最多相交一次，其经济含义是随着商品给消费者带来的效用增加，在合约中针对它的消费也会相应增加。这一节给出的最基本模型自动满足这个条件。

的确如此，把激励相容不等式 (16.1) 和 (16.2) 相加，我们得到：

$$\Delta\theta(v(q_H) - v(q_L)) \geqq 0.$$

由于 $v'(\cdot) > 0$，当 $q_H \neq q_L$ 时，一定有 $q_H > q_L$，即低效用类型消费者的消费水平不会高出高效用类型消费者的消费水平，它是可执行性的充分必要条件。

为了验证充分性，假定 $q_H \geqq q_L$，则存在转移支付 T_H 和 T_L，使得激励相容约束成立。的确如此，只需让转移支付满足如下条件即可：

$$\theta_L(v(q_H) - v(q_L)) \leqq T_H - T_L \leqq \theta_H(v(q_H) - v(q_L)). \tag{16.5}$$

16.2.7 信息租金

为了理解在不对称信息环境下的最优合约设计问题，我们引入**信息租金**（information rent）的概念，由不完全信息和完全信息下的效用之差决定。

之所以可以如此定义，是由于在前面的完全信息情形下，由于垄断者有完全的谈判能力，在面对不同类型的消费者时，他都能完全获取消费者剩余，或者说让消费者只得到保留效用，分别记为 U_H^* 和 U_L^*：

$$U_H^* = \theta_H v(q_H^*) - T_H^* = 0,$$

$$U_L^* = \theta_L v(q_L^*) - T_L^* = 0.$$

于是，高效用类型 θ_H 和低效用类型 θ_L 的信息租金分别为：

$$U_H = \theta_H v(q_H) - T_H$$

和

$$U_L = \theta_L v(q_L) - T_L.$$

当信息不完全时，高效用代理人假扮低效用代理人时能获得多大好处（效用）呢？对高效用类型 θ_H 而言，若他模仿低效用类型 θ_L，其效用为：

$$\theta_H v(q_L^*) - T_L^* = \Delta\theta v(q_L^*) + U_L.$$

这样，即使类型 θ_L 获得的期望效用等于保留效用，即 $U_L = \theta_L v(q_L^*) - T_L^* = 0$，为了让高效用类型 θ_H 选择激励相容（说真话）合约 $(T_H, q_H; T_L, q_L)$，给高效用类型 θ_H 的信息租金至少要有 $\Delta\theta v(q_L^*)$，即满足

$$U_H \geqq \Delta\theta v(q_L^*).$$

因此，只要委托人要求低效用类型代理人的产出 $q_L^* > 0$，则委托人必须让渡一定的租金给高效用类型代理人。这种信息租金源于代理人相对于委托人的信息优势。信息租金是由于消费者（代理人）拥有比生产者（委托人）更多的信息而获得的额外收益。垄断者的优化问题是选择一种最明智的方式，对某些类型的消费者让渡一些信息租金，而获得一个尽可能大的利润。

16.2.8 信息不对称下的最优合约

根据上面合约过程的时间流程，垄断者在获知消费者类型之前必须提供激励可行合约清单 $(T_H, q_H; T_L, q_L)$ 使其期望收益最大化。于是垄断者最优合约的选择是求解下面的约束最优化问题：

$$\begin{aligned}
&\max_{(T_H, q_H; T_L, q_L)} (1-\beta)(T_H - cq_H) + \beta(T_L - cq_L) \\
\text{s. t.}\quad & \theta_H v(q_H) - T_H \geqq \theta_H v(q_L) - T_L, \\
& \theta_L v(q_L) - T_L \geqq \theta_L v(q_H) - T_H, \\
& \theta_H v(q_H) - T_H \geqq 0, \\
& \theta_L v(q_L) - T_L \geqq 0.
\end{aligned}$$

利用前面定义的信息租金 $U_H = \theta_H v(q_H) - T_H$ 和 $U_L = \theta_L v(q_L) - T_L$，我们可以把支付变量 T_H 和 T_L 用信息租金变量来代换，为此垄断者问题是对 $(U_H, q_H; U_L, q_L)$ 求最优解。考察信息租金的一个优点是让我们能够分析不对称信息对收益分配的影响，而考察销售量则使我们能分析其对配置效率和交易总收益的影响。这样，其配置结果对应于一组交易及垄断者（委托人）和消费者（代理人）之间的收益分配。

做变量代换，则委托人的目标函数成为：

$$\max(1-\beta)(\theta_H v(q_H) - cq_H) + \beta(\theta_L v(q_L) - cq_L) - ((1-\beta)U_H + \beta U_L) \tag{16.6}$$

$$\text{s.t.}\quad U_H \geqq U_L + \Delta\theta v(q_L), \tag{16.7}$$

$$U_L \geqq U_H - \Delta\theta v(q_H), \tag{16.8}$$

$$U_H \geqq 0, \tag{16.9}$$

$$U_L \geqq 0. \tag{16.10}$$

式 (16.6) 可以分解为两部分：

$$\underbrace{(1-\beta)(\theta_H v(q_H) - cq_H) + \beta(\theta_L v(q_L) - cq_L)}_{\text{期望配置效率}} - \underbrace{((1-\beta)U_H + \beta U_L)}_{\text{期望信息租金}}, \tag{16.11}$$

以上表达式的第一项表示了期望配置效率，第二项表示了期望信息租金。这个表达式意味着垄断者愿意接受一定程度的配置扭曲以便减少消费者的信息租金。我们把上面的优化问题 (16.6) 的解称为**次佳解** (second best solution)。

16.2.9 信息租金和配置效率的权衡

对以上优化问题 (16.6)，一个技术问题是如何处理这些约束条件。有两种方法：第一种方法是利用拉格朗日方法，通过拉格朗日乘子，把约束方程纳入拉格朗日方程，然后按照库恩–塔克定理来处理不等式约束的最优化问题；第二种方法就是分析这些不等式约束，鉴别哪些是紧致的（binding，成等式约束），哪些是非紧致的从而可以忽视。下面我们讨论非排斥性合约，即 $q_L > 0$ 的情形。这种情形成立，若稻田条件 $v'(0) = +\infty$ 以及条件 $\lim_{q\to 0} v'(q)q = 0$ 成立。

高端消费者的激励相容约束条件 (16.7) 和参与约束条件 (16.9) 必定至少有一个是等式约束，否则我们可以降低高端消费者的效用 U_H，从而增加垄断利润；同样的道理，低端消费者的激励相容条件 (16.8) 和参与约束条件 (16.10) 必定至少有一个是等式约束。

由式 (16.7)，我们知道 $U_H \geqq U_L + \Delta\theta v(q_L) > 0$，从而高端消费者的参与约束条件 (16.9) 是非紧致的。这样，高端消费者的激励相容条件 (16.7) 必然是等式约束。

由单调性条件 $q_H > q_L$ 以及式 (16.7) 的等式约束，我们得到低端消费者的激励相容条件 (16.8) 是非紧致的，这样低端消费者的参与约束条件 (16.10) 必定是等式约束。从而，垄断者所面临的紧致约束是低端消费者 θ_L 的参与约束和高端消费者 θ_H 的激励相容约束。于是有

$$U_H = \Delta\theta v(q_L), \tag{16.12}$$

$$U_L = 0. \tag{16.13}$$

把这两个等式约束代入式 (16.6) 中得到：

$$\max_{q_H, q_L}(1-\beta)(\theta_H v(q_H) - cq_H) + \beta(\theta_L v(q_L) - cq_L) - (1-\beta)(\Delta\theta v(q_L)). \tag{16.14}$$

对式 (16.14) 关于 q_L，q_H 求一阶条件，得：

$$\theta_H v'(q_H^{SB}) = c, \tag{16.15}$$

$$\theta_L v'(q_L^{SB}) = \frac{c}{1-(\frac{1-\beta}{\beta}\frac{\Delta\theta}{\theta_L})} > c. \tag{16.16}$$

显然，在上面的两个一阶条件中，其内点解满足 $q_H^{SB} = q_H^*$ 和 $q_L^{SB} < q_L^*$。

总结以上讨论，当垄断者对两类消费者都提供正数量的产品时，在分离均衡中，对于高端消费者类型 θ_H，不存在配置扭曲，但垄断者的代价是必须支付高端消费者一些信息租金，其信息租金等于高端消费者假装成低效用类型代理人所获得的收益；而对于低端消费者类型 θ_L，其消费量低于最佳消费量，从而存在配置扭曲，但垄断者不需支付低端消费者任何信息租金。正式地，我们有如下结论：

命题 16.2.1 在信息不对称情形下，最优合约有如下特征。

（1）高效用类型的代理人不存在消费扭曲，即 $q_H^{SB} = q_H^*$；而低效用类型的代理人存在向下的消费扭曲，即 $q_L^{SB} < q_L^*$，其解由下式给出

$$\left[\theta_L - \left(\frac{1-\beta}{\beta}\right)\Delta\theta\right] v'(q_L^{SB}) = c. \tag{16.17}$$

（2）只有高效用类型的代理人获得正信息租金，其信息租金等于假扮低效用类型代理人所获得的收益：

$$U_H^{SB} = \Delta\theta v(q_L^{SB}). \tag{16.18}$$

（3）次佳转移支付为：

$$T_H^{SB} = \theta_H v(q_H^*) - \Delta\theta v(q_L^{SB}), \tag{16.19}$$

$$T_L^{SB} = \theta_L v(q_L^{SB}). \tag{16.20}$$

上面两个结论是相互关联的，为了让高端消费者有激励选择其自身合约，需要给他一定的信息租金，该租金取决于低端消费者的消费 q_L^{SB}，以及消费者类型的价值差 $\theta_H - \theta_L$。之所以降低低端消费者的消费水平，是为了尽可能减少他的信息租金，从而有一个最优的信息租金水平。另外，垄断者扭曲低端消费者的消费，即减少其消费量，依赖于消费者类型的价值差。当价值差 $\theta_H - \theta_L \to 0$ 时，高端消费者的信息租金趋于零，此时低端消费量会趋于有效水平。而当 $\theta_H - \theta_L \to \infty$ 时，高端消费者的信息租金会趋于无穷大。此时垄断者可能会采取关闭低端消费市场的排斥性合约，以避免支付高额的信息租金。在不对称信息情形下，垄断者在选择合约时面临一个基本的权衡取舍：（高端消费者）信息租金和（低端消费者）消费扭曲。

图 16.3 中的点 A^{SB} 与点 B^{SB} 分别是 θ_H 和 θ_L 类型的次佳合约。在次佳合约 A^{SB} 中不存在配置扭曲，但是 θ_H 类型消费者获得的信息租金为 $T_H^* - T^{SB}$，在次佳合约 B^{SB} 中，θ_L 类型消费者的消费低于社会最优，同时该合约位于 θ_L 保留效用的无差异曲线上。

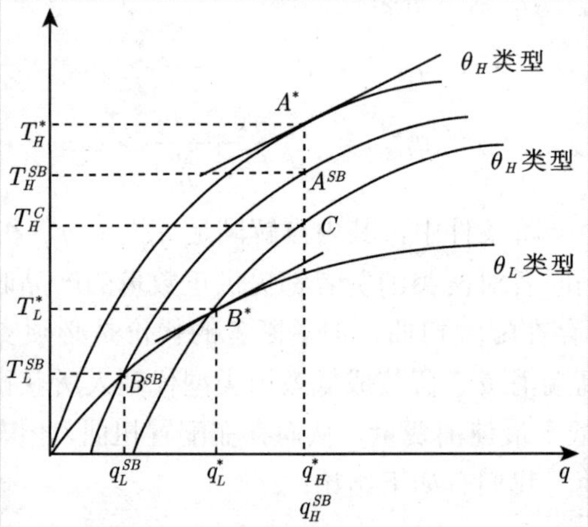

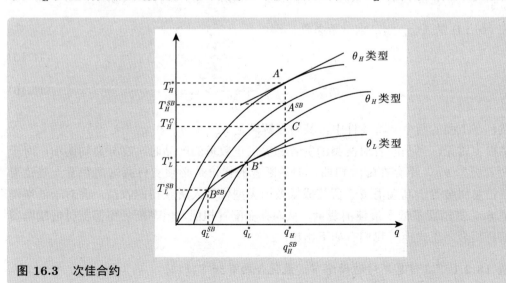

图 16.3 次佳合约

以上命题给出了逆向选择问题中一个最重要的结论：**信息不完全情形下的最优合约一般只是次佳合约而不是最佳合约**，并且**顶部无扭曲** (no distortion at the top)。即在不对称信息情形下，最高效用类型的代理人的配置相对于最佳（完全信息）情形不发生扭曲，而其他类型代理人的配置会发生向下的扭曲。这条规律普遍存在于几乎所有非对称信息环境中。比如，资金拥有者（银行或其他机构）面对众多资金需求者，但不了解他们的经营效率，只能根据他们的“申报”来设定贷款门槛或者差异化利率。为了甄别高效用类型伪装成低效用类型，必须减少低效用类型的贷款或提高利率水平。这是导致现实中小企业通常无法如大企业一样得到足够信贷支持的一个重要原因，它们往往会面临更严格的审批和担保条件或需要支付更高昂的利率。这种现象被称为信贷配给(credit rationing)，详见 Stiglitz 和 Weiss （1981）这一经典论文。

备注：早在 2 600 多年前，孙子就已经洞察到了委托–代理理论的基本思想，并在《孙子兵法》中给出了以上基本结论。《孙子兵法》是中国古代兵书宝典，是最早、最杰出、最完整的关于战争的理论，也是关于军事战略的最早理论，在国外被称为军事科学的圣经。在那个时代，孙子就已经充分认识到信息及其对称的极端重要性，给出了信息经济学基本结论：在信息完全情况下，才有可能达到最佳（“the best is first best”）；在信息不对称时，至多只能达到次佳（“the best is second best”）。**“知彼知己，百战不殆；不知彼而知己，一胜一负；不知彼不知己，每战必殆。”**

16.2.10　关闭低端市场

当式 (16.16) 不存在正的消费水平解时，是由于 $\beta < \dfrac{\Delta\theta}{\theta_H}$，此时有 $q_L^{SB} = 0$，垄断者会选择关闭低端消费市场。当低端消费者的分布概率低于某个界限 $\beta < \dfrac{\Delta\theta}{\theta_H}$ 时，若向低端消费者提供产品，或者说提高低端消费者的配置效率，对于垄断者而言则变得不划算。此外，当两个消费者差异很大时，若存在低端消费，甄别就需要给高端消费者过高的信息租金，因而不值得，垄断者就会选择关闭低端消费市场。当垄断者关闭低端消费市场时，约束条件为 $T = \theta_H v(q)$，垄断者的最优选择为：

$$\max_q \theta_H v(q) - cq.$$

为此，我们得到排斥性合约 (q^c, T^c)，满足：

$$\theta_H v'(q^c) = c, \quad T^c = \theta_H v(q^c).$$

在这个均衡中，高端消费者的消费是有效的，同时其信息租金为零，而低端消费者则没有任何消费。

16.3　应用

从以上讨论中我们知道，在不对称信息情形下，一般来说，最优合约只是次佳的。①这些内容即为隐藏信息情形下委托–代理模型的基本结果。这些内容有很多应用。

① 当然也有一些方法可以提高资源配置的效率，如信号发送，或者代理人本身对自己也没有信息优势等。

本节将介绍最优合约理论的两个经典模型，以显示本章前面各节所介绍的基本模型的重要性。在这些模型的经济环境中引入逆向选择大大提高了微观经济分析的深度。对这些模型的讨论借鉴自 Laffont 和 Martimort (2002)。

16.3.1 管制

在市场经济运行中，许多情形使得市场本身并不能有效地运作，比如在自然垄断行业，市场竞争的结果或者是出现重复建设，或者是出现行业垄断，此时政府的管制政策可能有助于改善市场的结果，但需要注意信息不对称问题。与传统管制理论不同，自 20 世纪 80 年代以来，新的管制理论是在信息不对称环境下讨论政府的最优管制政策的。在这一小节，我们利用本章的逆向选择理论来讨论最优管制。巴伦 (Baron) 和迈尔森 (Myerson) 是最早的激励管制理论贡献者。

下面我们讨论他们的一个简化模型：委托人是规制者（比如政府），其目标是最大化社会福利，也就是最大化消费者剩余 $S(q)-t$ 和被规制垄断企业利润 $U=t-\theta q$ 的加权之和，这里 θ 是边际成本，θ 越小表示企业越有效率。企业有两种类型 $\{\theta_H,\theta_L\}$，其中 θ_L 类型的概率是 ν，$\Delta\theta=\theta_H-\theta_L$。企业利润的权重为 $\alpha<1$，代理人净收益的权重为 1。因此，委托人的目标函数可写为：

$$V=(S(q)-t)+\alpha U=S(q)-\theta q-(1-\alpha)U.$$

从上式可以看出，当 $\alpha<1$ 时，将租金让与企业会带来社会成本。垄断企业拥有关于其成本的私人信息，为激励垄断企业真实披露成本信息，委托人需要制定一个最优激励合约。令 $(t_H,q_H;t_L,q_L)$ 是激励合约，$U_i=t_i-\theta_i q_i$ 是 θ_i 类型的效用。

规制者的最大化问题于是成为：

$$\max\{\nu[(S(q_L)-\theta_L q_L-(1-\alpha)U_L]+(1-\nu)[S(q_H)-\theta_H q_H-(1-\alpha)U_H]\}$$

$$\begin{aligned}\text{s.t.}\quad & \underline{U}\geqq\bar{U}+\Delta\theta\bar{q};\\ & \bar{U}\geqq\underline{U}-\Delta\theta\underline{q};\\ & \underline{U}\geqq 0;\\ & \bar{U}\geqq 0.\end{aligned}$$

其分析是上节标准模型的一个镜面反射。现在高效率类型是具有低边际成本 θ_L 的企业。这样，高效率类型的激励相容约束和低效率类型的参与约束是紧致的。类似于前面的分析，我们可以得到 $U_H=0$，$U_L=\Delta\theta q_H$。在激励相容和参与约束下最大化期望社会福利的合约是：高效率类型代理人的产出水平为最佳，即 $q_L^{SB}=q_L^*$，而低效率类型代理人的产出水平 $q_H^{SB}<q_H^*$ 存在向下扭曲，只是次佳，其中，q_H^{SB} 由如下方程确定：

$$S'(q_H^{SB})=\theta_H+\frac{\nu}{1-\nu}(1-\alpha)\Delta\theta. \tag{16.21}$$

从上面的结果来看，α 越大，产出扭曲越小，原因是规制者更少关心信息租金在社会内部的分配。若 $\alpha = 1$，则企业的租金就不再会造成社会福利的损失，此时的规制者就可以执行帕累托有效的配置。

Laffont 和 Tirole（1986, 1993）讨论了一个与之相关但不同的激励管制问题。他们讨论的是在管制中，企业的成本依赖于不可观察的类型以及可观察的努力投入。此时为激励企业降低成本，管制机构需设计一个最优的激励合约。

在一个公共项目中，社会的价值为 S，被管制企业完成项目的成本为 $C = \theta - e$，其中 e 是企业降低成本的努力投入。假设努力投入的成本函数 $\psi(e)$ 满足 $\psi' > 0$ 和 $\psi'' > 0$。管制机构可以观察到努力程度，但不能观察到企业的类型 θ。假设有两种类型 $\{\theta_H, \theta_L\}$，其中 θ_L 类型的概率是 ν。令 t 是对企业的转移支付，此时企业的效用为 $U = t - \psi(e)$。λ 是公共资金的影子成本，意味着如果向企业支付 1 单位，社会的成本为 $1 + \lambda$。管制者的目标是社会福利最大化，即最大化 $S - (1+\lambda)(t+\theta-e)+t-\psi(e) = S-(1+\lambda)(\theta-e+\psi(e))-\lambda U$。

管制机构需设计一个激励相容合约，决定企业的成本以及对企业的补偿，$(t_H, C_H; t_L, C_L)$，满足 $U_i = t_i - \psi(\theta_i - C_i) \geqq t_j - \psi(\theta_i - C_j)$。利用前面的租金抽取与效率权衡原则，我们得到：

$$\psi'(\theta_L - C_L) = 1 \text{或者} e_L = e^*,$$

$$\psi'(\theta_H - C_H) = 1 - \frac{\lambda}{1+\lambda}\frac{\nu}{1-\nu}\Phi'(\theta_H - C_H) < 1,$$

其中，$\Phi(e) \equiv \psi(e) - \psi(e - \Delta\theta)$。也就是说，高效率企业在最优激励下降低成本的努力水平是社会最优的，而低效率企业的努力水平存在扭曲。

关于委托–代理模型在规制理论上的应用，有兴趣的读者可以参考拉丰和梯若尔 1993 年的经典著作。

16.3.2　金融合约

不对称信息对金融市场也会有重大影响。中小企业贷款难是个世界难题，在信息不对称的情况下，更是雪上加霜。Freixas 和 Laffont (1990) 讨论了信息不对称时最优信贷决策的问题。在信贷问题中，委托人是银行，代理人是投资者，投资者拥有关于项目获利方面的私人信息。银行在信贷过程中也存在借贷成本，比如支付利息给存款人。假设每单位的利息成本为 R。假设投资者向银行借入 k 资金，其利润为 $U = \theta f(k) - t$，依赖于企业本身的生产率类型。假设企业生产率有两种类型：$\Theta = \{\theta_H, \theta_L\}$，其取值 θ_L 和 θ_H 的概率分别为 $1-\nu$ 和 ν。银行的贷款被出借给借款人。银行借出 k 资金的成本为 Rk。令 $t(k)$ 是投资者在约定时间内给银行的信贷回报。因此贷款人即银行的效用函数为 $V = t(k) - Rk$。这里先不考虑信贷风险、违约等一些金融市场的现实因素，而只集中于讨论信贷激励问题。银行给投资者一个激励相容的信贷合约 $(t_L, k_L; t_H, k_H)$。

把 $U_i = \theta_i f(k_i) - t_i$ 记为 θ_i 类型投资者在激励合约下的效用。若 $(t_L, k_L; t_H, k_H)$ 是一个激励相容合约，则需要满足：

$$U_i = \theta_i f(k_i) - T_i \geqq \theta_i f(k_j) - T_j = U_j + (\theta_i - \theta_j) f(k_j)$$

以及

$$U_i \geqq 0.$$

利用逆向选择中租金抽取与效率的权衡，我们容易得到：对于高生产率类型的投资者，其最优资金借贷规模 $k_H^{SB} = k_H^*$ 使得 $\theta_H f'(k_H^*) = R$；而对于低生产率类型的投资者，最优资金借贷规模存在向下扭曲，

$$k_L^{SB} < k_L^*, \theta_L f'(_L^{SB}) = \frac{R}{1 - \dfrac{v}{1-v}\dfrac{\Delta\theta}{\theta_L}} > R = \theta_L f'(_L^*).$$

这样，信息不对称时生产率低的企业贷款水平更低。中小企业由于规模的原因，其生产率比大型企业低，再加上还贷风险大，贷款更难。委托–代理模型于是可以解释中小企业贷款难的问题。

16.4 显示原理

在上述分析中，消费者 (代理人) 被要求报告其自身“类型”。一个自然而然的问题是：若信息空间不是类型空间 Θ，而是更一般的空间，委托人的收益是否会提高？答案是否定的。允许消费者 (代理人) 显示更一般的信息并不会使得委托人的收益得到改善，倒是可能增加合约的复杂性。也就是说，任何一般机制所达到的配置效率均可以通过要求消费者 (代理人) 汇报其类型的**直言机制**（direct mechanism）实现。以下显示原理保证了这一点。

定义 16.4.1 **直接显示机制** (direct revelation mechanism) 或称为**直言机制** (direct mechanism) 或**显示机制**是从类型空间 Θ 到结果空间 $\mathcal{A}$ 的一个映射 $g(\cdot)$。

在本章的委托–代理模型中，直接显示机制可写为 $g(\theta) = (q(\theta), T(\theta)), \forall\theta \in \Theta$。若消费者 (代理人) 报告自己的类型为 $\tilde{\theta} \in \Theta$，则消费者购买的商品数量为 $q(\tilde{\theta})$，转移支付为 $T(\tilde{\theta})$。

在直接显示机制中，一个重要的概念是“说真话”(truth-telling)。

定义 16.4.2 直接显示机制 $g(\cdot)$ 被称为**真实显示** (truthful fevelation) 机制，若它能保证每个类型的代理人如实报告其类型，即满足如下激励相容条件：

$$\theta_H v(q(\theta_H)) - T(\theta_H) \geqq \theta_H v(q(\theta_L)) - T(\theta_L), \tag{16.22}$$

$$\theta_L v(q(\theta_L)) - T(\theta_L) \geqq \theta_L v(q(\theta_H)) - T(\theta_H). \tag{16.23}$$

若记 $q_H = q(\theta_H), q_L = q(\theta_L), T_H = T(\theta_H), T_L = T(\theta_L)$，则回到原来的形式。

当垄断者 (委托人) 和消费者（代理人）之间的交流更复杂（委托人不仅仅是让代理人报告其类型）时，我们可以得到更一般的机制。令 M 为更一般机制下代理人的信息空间。

定义 16.4.3　**一般性机制**$\langle M, \tilde{g}\rangle$ 是由从信息空间 M 到结果空间 $\mathcal{A}$ 的映射 $\tilde{g}(\cdot)$ 所构成的：

$$\tilde{g}(m) = (\tilde{q}(m), \tilde{T}(m)), \forall m \in M. \tag{16.24}$$

在这样的机制下，类型为 θ 的代理人将报告由下式确定的最优信息 $m^*(\theta)$：

$$\theta v(\tilde{q}(m^*(\theta))) - \tilde{T}(m^*(\theta)) \geqq \theta v(\tilde{q}(\tilde{m})) - \tilde{T}(\tilde{m}), \quad \forall \tilde{m} \in M. \tag{16.25}$$

因此，机制 $\langle M, \tilde{g}(\cdot)\rangle$ 确定了将 Θ 映射到 $\mathcal{A}$ 上的配置规则 $a(\theta) = (\tilde{q}(m^*(\theta)), \tilde{T}(m^*(\theta)))$。

问题是，我们是否能设计出更为复杂的机制来使委托人得到更大的好处？答案是否定的。考虑一般性机制 $\langle M, \tilde{g}\rangle$。对这个机制，作为理性人，他将寻求最优选择。通过最优选择，我们可以看出均衡结果可以通过复合函数复合成一个直言机制。下面只有一个代理人情形的“**显示原理**”则说明了这一点。①这个结果大大降低了寻找最优机制的复杂性。它说明，我们只需在直言机制中寻找即可。

命题 16.4.1 (显示原理)　由机制 $\langle M, \tilde{g}\rangle$ 确定的任意配置规则 $a(\theta)$ 都可以由真实显示机制执行。

证明：一般性机制 $\langle M, \tilde{g}\rangle$ 确定了一个从 Θ 映射到 $\mathcal{A}$ 的规则$a(\theta) = (\tilde{q}(m^*(\theta)), \tilde{T}(m^*(\theta)))$。对 $\tilde{g}(\cdot)$ 和 $m^*(\cdot)$ 进行复合，我们得到了一个从 Θ 映射到 $\mathcal{A}$ 的直言机制 $g(\cdot)$，即 $g = \tilde{g} \circ m^*$。更确切地，我们有 $g(\theta) = (q(\theta)，T(\theta)) \equiv (\tilde{q}(m^*(\theta)), \tilde{T}(m^*(\theta))), \forall \theta \in \Theta$。

下面证明直言机制 $g(\cdot)$ 是真实显示机制。事实上，由于式 (16.25) 对所有 $\tilde{m}$ 都成立，因而它对 $\tilde{m} = m^*(\theta'), \forall \theta' \in \Theta$ 也成立，于是有

$$\theta v(\tilde{q}(m^*(\theta))) - \tilde{T}(m^*(\theta)) \geqq \theta v(\tilde{q}(m^*(\theta')) - \tilde{T}(m^*(\theta')), \quad \forall (\theta, \theta') \in \Theta^2. \tag{16.26}$$

根据 $g(\cdot)$ 的定义，我们有：

$$\theta v(q(\theta)) - T(\theta) \geqq \theta v(q(\theta')) - T(\theta'), \quad \forall (\theta, \theta') \in \Theta^2. \tag{16.27}$$

因此，直接显示机制 $g(\cdot)$ 是真实显示的。 □

显示原理可以通过图 16.4 来直观说明。

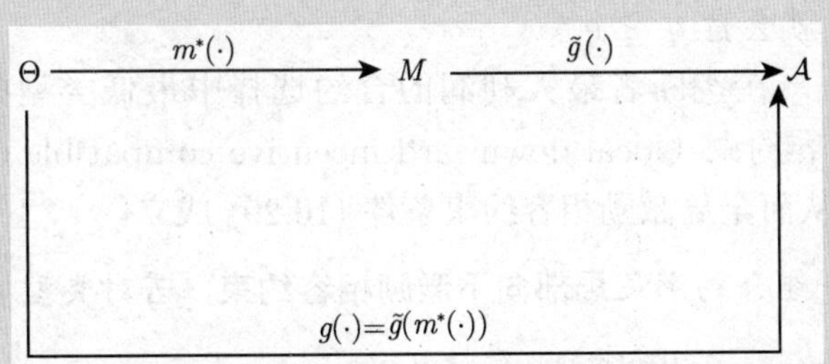

图 16.4　显示原理

显示原理大大简化了激励相容合约选择。它使我们可以在真实显示机制类中寻找合意的合约，而不需要寻找更一般、更复杂的合约。

①在多代理人情形下，代理人在报告信息时需考虑与他人的策略互动，其讨论见后面第 18 章和第 19 章。

16.5 对基本模型的扩展

我们现在讨论对基本模型的扩展，先讨论扩展到有限多个类型的情形，然后讨论扩展到连续类型的情形。对多个类型的逆向选择的讨论，可以更进一步加深对逆向选择的理解。

16.5.1 有限个类型

我们继续讨论垄断者的选择，消费者的目标函数与之前相同，即：

$$u(q,T,\theta_i)=\theta_i v(q)-T.$$

然而，在这里我们假设，消费者的类型至少有三个：v

$$\theta_n>\theta_{n-1}>\cdots>\theta_1,\quad n\geqq 3.$$

假设取值 θ_i 的概率为 β_i。考虑垄断者为这些不同类型的消费者提供不同的消费选择合约 (q_i,T_i)，垄断者的最优选择由下面的最大化问题给出：

$$\max_{\{(q_i,T_i)\}}\sum_{i=1}^{n}(T_i-cq_i)\beta_i \tag{16.28}$$

$$\text{s.t.}\quad \theta_i v(q_i)-T_i\geqq\theta_i v(q_j)-T_j,\quad \forall i,j, \tag{16.29}$$

$$\theta_i v(q_i)-T_i\geqq 0,\qquad \forall i, \tag{16.30}$$

其中，式 (16.29) 是对类型 θ_i 的激励相容约束；式 (16.30) 是对类型 θ_i 的参与约束。下面我们重点讨论分离均衡的情形。

和基本模型一样，在斯宾塞–莫里斯单交叉性条件下，随着商品给消费者带来的效用增加，在合约中针对它的消费也会相应增加。的确如此，把 θ_i 和 θ_j 的激励相容条件式相加，我们得到：

$$(\theta_i-\theta_j)(v(q_i)-v(q_j))\geqq 0.$$

这样，一旦 $\theta_i>\theta_j$，就会有 $q_i\geqq q_j$。

下面我们要验证，在垄断者最大利润的合约选择中最低类型的参与约束和其他类型的局部向下激励相容约束（local downward incentive compatible constraints, 或简记为 LDICs）是紧致的，从而全局激励相容约束条件 (16.29) 成立。

定义 16.5.1 一组合约满足**局部向下激励相容约束**，若对类型 $\theta_i>\theta_1$，有

$$\theta_i v(q_i)-T_i\geqq\theta_i v(q_{i-1})-T_{i-1}. \tag{16.31}$$

它满足**向下激励相容约束**，若

$$\theta_i v(q_i)-T_i\geqq\theta_i v(q_j)-T_j,\forall\theta_i>\theta_j.$$

令 $q_0=T_0=0$ 表示不提供商品的合约，则 θ_1 的参与约束可以写为局部向下激励相容约束的形式：

$$\theta_1 v(q_1) - T_1 \geqq \theta_1 v(q_0) - T_0 \equiv 0.$$

当激励相容约束条件和 θ_1 的参与约束条件成立时，由于

$$\theta_i v(q_i) - T_i \geqq \theta_i v(q_1) - T_1 \geqq \theta_1 v(q_1) - T_1 \geqq 0,$$

其他类型 $\theta_i > \theta_1$ 的参与约束自然满足。如果 θ_1 的参与约束不是紧致的，则对所有的 T_i 增加相同的微小量，所有的参与约束和激励相容约束都成立，但是这会增加垄断者的利润，因此在最优时，θ_1 的参与约束一定是等式约束。

我们现在证明，只要局部向下激励相容约束成立，全局激励相容约束也一定成立。

我们首先验证若所有类型（除了 θ_1 外）的局部向下激励相容约束均成立，同时满足单调性条件，那么所有向下的激励相容约束都成立，即 $\theta_i v(q_i) - T_i \geqq \theta_i v(q_j) - T_j, \forall \theta_i > \theta_j$。

假如 $\theta_i, \cdots, \theta_j > \theta_1$ 的局部向下激励相容约束成立,那么对所有的 $\forall \theta_k \in \{\theta_i, \cdots, \theta_{j+1}\}$，都有

$$\theta_k v(q_k) - T_k \geqq \theta_k v(q_{k-1}) - T_{k-1}.$$

由于 $\theta_k \leqq \theta_i$，根据单调性 $q_k \leqq q_i$ 以及以上不等式，得到：

$$\theta_i v(q_k) - T_k \geqq \theta_i v(q_{k-1}) - T_{k-1}$$

对所有的 $k \in \{i, i-1, \cdots, j+1\}$ 均成立。令上面的不等式中的 $k = i, i-1, \cdots, j+1$，再相加，得到：

$$\theta_i v(q_i) - T_i \geqq \theta_i v(q_j) - T_j,\ \forall \theta_i > \theta_j.$$

这样，向下激励相容约束成立。

其次，我们验证，在最大化利润时，对于所有的 $\theta_i > \theta_1$ 类型，局部向下激励相容约束必然是紧致的，即有：

$$\theta_i v(q_i) - T_i = \theta_i v(q_{i-1}) - T_{i-1},$$

否则，对所有的 $j \geqq i$，我们可以同时稍微地增加 T_j，所有的激励相容约束和参与约束仍然成立，但这会增加垄断者的利润，与垄断者利润最大化矛盾。

最后，我们验证，当所有的局部向下激励相容约束都是紧致的，且满足单调性条件时，那么所有的向上激励相容约束也会满足。这是由于

$$\theta_k v(q_k) - T_k = \theta_k v(q_{k-1}) - T_{k-1},$$

即

$$\theta_k [v(q_k) - v(q_{k-1})] - T_k = -T_{k-1},$$

$q_{k-1} \leqq q_k$，$\theta_k \geqq \theta_i$ 以及 $v(q_{k-1})$ 是单调的，于是对所有的 $k \in \{i+1, \cdots, j\}$，我们均有：

$$\theta_i v(q_k) - T_k \leqq \theta_i v(q_{k-1}) - T_{k-1}.$$

令上面的不等式中的 $k = i+1, \cdots$，再相加，得到：

$$\theta_i v(q_j) - T_j \leqq \theta_i v(q_i) - T_i,\ \forall \theta_j > \theta_i.$$

因此，在有限多个类型中，垄断者对合约的最优选择实际上是求解下面的等式约束最优化问题：

$$\max_{\{(q_i,T_i)\}} \sum_{i=1}^{n}(T_i - cq_i)\beta_i \tag{16.32}$$

$$\text{s.t.} \quad \theta_i v(q_i) - T_i = \theta_i v(q_{i-1}) - T_{i-1}, q_0 = T_0 = 0, \quad \forall i, \tag{16.33}$$

$$q_i \geqq q_j, \text{若} i > j. \tag{16.34}$$

建立拉格朗日方程，得到

$$L = \sum_{i=1}^{n}[T_i - cq_i]\beta_i + \sum_{i=1}^{n}\lambda_i[\theta_i v(q_i) - \theta_i v(q_{i-1}) - T_i + T_{i-1}].$$

我们于是有下面的一阶条件：

$$(\lambda_i\theta_i - \lambda_{i+1}\theta_{i+1})v'(q_i) = c\beta_i, \quad i < n;$$

$$\lambda_n\theta_n v'(q_n) = c\beta_n;$$

$$\beta_i = \lambda_i - \lambda_{i+1}, \quad i < n;$$

$$\beta_n = \lambda_n.$$

命题 16.5.1 在不对称信息有有限多个类型情形下，最优合约将导致如下结果：

（1）对于顶端的消费者类型，有 $\theta_n v'(q_n) = c$，从而不存在消费扭曲。

（2）对于其他类型 $\theta_i < \theta_n$，存在消费扭曲

$$\theta_i v'(q_i) = c\frac{\lambda_i - \lambda_{i+1}}{\lambda_i - \lambda_{i+1}\frac{\theta_{i+1}}{\theta_i}} > c.$$

（3）对于最低类型的消费者，不存在信息租金，而对于其他类型消费者都有信息租金，而且随着消费者类型由最低向最高变化，其信息租金也相应增加。通过计算得知，对于 $\theta_i > \theta_1$，其信息租金为 $\sum_{j=2}^{i}(\theta_j - \theta_{j-1})v(q_{j-1})$。

从两个类型拓展到有限多个类型，我们发现垄断者仍然是在信息租金抽取和配置效率间进行权衡取舍。

16.5.2 连续类型

现讨论连续类型情形的委托–代理问题。大多数委托–代理文献都在这一框架内进行分析。重新考虑标准模型，其中代理人类型在区间内分布，即：$\theta \in \Theta = [\underline{\theta}, \bar{\theta}]$。由于在连续类型情形下显示原理仍然成立，因此只考虑直言机制 $\{(q(\theta), T(\theta))\}$。

假设消费者（代理人）的类型服从密度函数 $f(\theta)$(分布函数为 $F(\theta)$)，取值范围为 $[\underline{\theta}, \bar{\theta}]$。此时垄断者（委托人）对合约的选择是求解下面的最大化问题：

$$\max_{(q(\theta),T(\theta))} \int_{\underline{\theta}}^{\bar{\theta}} (T(\theta) - cq(\theta))f(\theta)d\theta \tag{16.35}$$

$$\text{s.t.}\qquad \theta v(q(\theta)) - T(\theta) \geqq \theta v(q(\hat{\theta})) - T(\hat{\theta}), \quad \forall(\theta, \hat{\theta}) \in \Theta^2, \tag{16.36}$$

$$\theta v(q(\theta)) - T(\theta) \geqq 0, \quad \forall \theta \in \Theta. \tag{16.37}$$

对于参与约束（16.37），与之前相同，实际上只需要对最低的类型满足参与约束即可，即

$$\underline{\theta} v(q(\underline{\theta})) - T(\underline{\theta}) \geqq 0.$$

下面我们来讨论激励相容约束，由不等式（16.36），我们可以得到：

$$(\theta - \hat{\theta})(v(q(\theta)) - v(q(\hat{\theta}))) \geqq 0.$$

因此，激励相容约束要求购买方案 $q(\cdot)$ 是非递减的。这意味着 $q(\cdot)$ 几乎处处可微。因此我们不妨假设它可微。这样，单调性条件意味着：$\dfrac{dq(\theta)}{d\theta} \geqq 0$。

激励相容条件等价于下面的最优化选择：

$$\theta = \mathsf{argmax}_{\hat{\theta}}[\theta v(q(\hat{\theta})) - T(\hat{\theta})],$$

其一阶条件为：

$$\theta v'(q(\theta)) \frac{dq(\theta)}{d\theta} - T'(\theta) = 0. \tag{16.38}$$

式 (16.38) 又称为局部激励相容条件。

二阶必要条件为：

$$\theta v''(q(\theta)) \left(\frac{dq(\theta)}{d\theta}\right)^2 + \theta v'(q(\theta)) \frac{d^2 q(\theta)}{d\theta^2} - T''(\theta) \leqq 0. \tag{16.39}$$

我们对一阶条件 (16.38) 关于 θ 求导得：

$$\theta v''(q(\theta)) \left(\frac{dq(\theta)}{d\theta}\right)^2 + v'(q(\theta)) \frac{dq(\theta)}{d\theta} + \theta v'(q(\theta)) \frac{d^2 q(\theta)}{d\theta^2} - T''(\theta) = 0. \tag{16.40}$$

通过对比式 (16.39) 和式 (16.40)，以及 $v'(q(\theta)) > 0$，我们得到二阶必要条件成立等价于单调性条件成立，即 $\dfrac{dq(\theta)}{d\theta} \geqq 0$。

我们现证明局部激励相容约束意味着全局激励相容约束也成立，即对所有类型的代理人，如下约束必然满足：

$$\theta v(q(\theta)) - T(\theta) \geqq \theta v(q(\hat{\theta})) - T(\hat{\theta}), \quad \forall(\theta, \hat{\theta}) \in \Theta^2. \tag{16.41}$$

由一阶条件式 (16.38) 及分部积分法，我们有：

$$T(\theta) - T(\hat{\theta}) = \int_{\hat{\theta}}^{\theta} \tau v'(q(\tau)) \frac{dq(\tau)}{d\tau} d\tau = \theta v(q(\theta)) - \hat{\theta} v(q(\hat{\theta})) - \int_{\hat{\theta}}^{\theta} v(q(\tau)) d\tau \tag{16.42}$$

或

$$\theta v(q(\theta)) - T(\theta) = \hat{\theta} v(q(\hat{\theta})) - T(\hat{\theta}) + \int_{\hat{\theta}}^{\theta} v(q(\tau)) d\tau - (\theta - \hat{\theta}) v(q(\hat{\theta})). \tag{16.43}$$

其中，由于 $q(\cdot)$ 非递减，因而有 $\int_{\hat{\theta}}^{\theta} v(q(\tau)) d\tau - (\theta - \hat{\theta}) v(q(\hat{\theta})) \geqq 0$。

因此，如果局部激励相容约束 (16.38) 成立，则全局激励相容约束（16.41）成立。

在上述设定下，连续统的激励相容约束 (16.41) 就简化成了一个微分方程和一个单调性约束，采用在局部激励相容条件下的分析就足够了。因此，一阶条件 (16.38) 和单调性条件 $\frac{dq(\theta)}{d\theta} \geqq 0$ 刻画了真实显示机制。

通过对上面激励相容约束和参与约束的讨论，垄断者的最优化问题于是可以表述如下：

$$\max_{(q(\theta),T(\theta))} \int_{\underline{\theta}}^{\bar{\theta}} (T(\theta) - cq(\theta))f(\theta)d\theta \tag{16.44}$$

$$\text{s.t.} \qquad \theta v'(q(\theta))\frac{dq(\theta)}{d\theta} - T'(\theta) = 0, \quad \forall(\theta, \hat{\theta}) \in \Theta^2, \tag{16.45}$$

$$\frac{dq(\theta)}{d\theta} \geqq 0, \quad \forall \theta \in \Theta, \tag{16.46}$$

$$\underline{\theta} v(q(\underline{\theta})) - T(\underline{\theta}) \geqq 0. \tag{16.47}$$

求解以上最优化问题，通常的程序是先忽略单调性约束，接着采用激励问题的标准方法，它首先由 Mirrlees (1971) 引入。定义函数:

$$U(\theta) = \theta v(q(\theta)) - T(\theta) = \max_{\hat{\theta}} \theta v(q(\hat{\theta})) - T(\hat{\theta}).$$

和前面的解释一样，$U(\theta)$ 是 θ 类型的信息租金。

利用包络定理，得到：

$$\frac{dU(\theta)}{d\theta} = v(q(\theta)).$$

由单调性，最低类型参与约束是紧致的，意味着他的信息租金为 0，即 $U(\underline{\theta}) = 0$，从而得到:

$$U(\theta) = \int_{\underline{\theta}}^{\theta} v(q(\tau))d\tau.$$

由于 $T(\theta) = \theta v(q(\theta)) - U(\theta)$，我们可以把垄断者的目标函数写为：

$$\pi = \int_{\underline{\theta}}^{\bar{\theta}} [\theta v(q(\theta)) - \int_{\underline{\theta}}^{\theta} v(q(\theta))d\theta - cq(\theta)]f(\theta)d\theta.$$

由分部积分，有：

$$\Pi = \int_{\underline{\theta}}^{\bar{\theta}} \{[\theta v(q(\theta)) - cq(\theta)]f(\theta) - v(q(\theta))[1 - F(\theta)]\}f(\theta)d\theta$$

$$= \int_{\underline{\theta}}^{\bar{\theta}} \left[\left(\theta - \frac{1 - F(\theta)}{f(\theta)}\right) v(q(\theta)) - cq(\theta)\right] f(\theta)d\theta \tag{16.48}$$

$$\pi = \int_{\underline{\theta}}^{\bar{\theta}} \{[\theta v(q(\theta)) - cq(\theta)]f(\theta) - v(q(\theta))[1 - F(\theta)]\}d\theta.$$

对 $q(\theta)$ 求一阶条件，得：

$$\left[\theta - \frac{1-F(\theta)}{f(\theta)}\right] v'(q(\theta)) = c. \tag{16.49}$$

因此，我们得到在连续类似情形下最优合约的一个基本结论：**对最高效用类型 $\theta = \bar{\theta}$，其消费不存在扭曲，而对其他类型 $\theta < \bar{\theta}$，合约中的消费会有向下的扭曲。**

令

$$\nu(\theta) = \theta - \frac{1-F(\theta)}{f(\theta)},$$

我们称之为**虚拟价值函数**。于是以上一阶条件 (16.49) 可简写为：

$$\nu(\theta)v'(q(\theta)) = c.$$

这意味着，当具有私人信息时，为了使委托人的利润最大化，他将采用虚拟价值 $\nu(\theta)$ 而不是代理人的真实价值类型。代理人的虚拟价值低于其真实价值，因为后者包含代理人的信息租金，委托人不能抽取所有租金。

为了完成最优合约的特征化，我们还需要给出保证了单调性的条件。以上一阶条件中的 $h(\theta) \equiv \dfrac{f(\theta)}{1-F(\theta)}$ 被称为风险率。单调性约束的一个充分条件是 $\dfrac{dh(\theta)}{d\theta} \geqq 0$，即风险率是单调非减的。

对一阶条件关于 θ 求一阶导数，得到：

$$\frac{dq(\theta)}{d\theta} = -\frac{\nu'(\theta)v'(q(\theta))}{v''(q(\theta))g(\theta)}.$$

这样，只要 $\dfrac{dh(\theta)}{d\theta} \geqq 0$，则 $\nu'(\theta) \geqq 0$，从而单调性条件被满足。对许多连续分布，比如均匀分布、正态分布、指数分布以及其他一些经常用的分布，风险率的单调性都会满足。

16.5.3　集束与熨平

下面讨论若单调性 $q(\theta)$ 不满足，如何处理最优合约的设计问题。通常的一个方式是熨平（iron out）那些不满足单调性的区间。

在不考虑单调性的条件下，前面所得到的合约 $q^*(\theta)$ 满足：

$$\left[\theta - \frac{1-F(\theta)}{f(\theta)}\right] v'(q^*(\theta)) = c.$$

假设在 $\theta \in [\hat{\theta}_1, \hat{\theta}_2]$ 的区间，$q^*(\theta)$ 并不满足单调性，见图 16.5。

出现这一段非单调性合约可能是由于风险率 $h(\theta)$ 不是单调的。此时垄断者最优的合约选择（用 $\bar{q}(\theta)$ 表示），是求解下面带不等式约束的最大化问题：

$$\max_{(q(\theta),T(\theta))} \int_{\underline{\theta}}^{\bar{\theta}} \left[\theta v(q(\theta)) - cq(\theta) - \frac{v(q(\theta))}{h(\theta)}\right] f(\theta)d\theta$$

$$\text{s.t.} \quad \frac{dq(\theta)}{d\theta} = \mu(\theta),$$

$$\mu(\theta) \geqq 0.$$

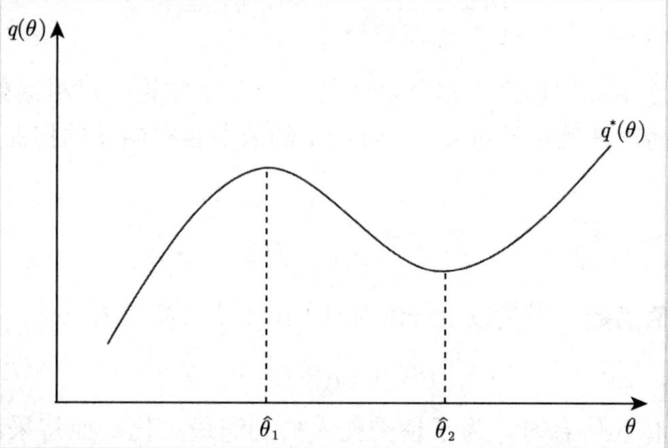

图 16.5 违背单调性的合约

建立汉密尔顿函数：

$$H(\theta,q(\theta),\mu,\lambda)=\left[\theta v(q(\theta))-cq(\theta)-\frac{v(q(\theta))}{h(\theta)}\right]f(\theta)+\lambda(\theta)\mu(\theta).$$

利用庞特里亚金极大值原理（Pontryagin's maximum principle），最优解 $(\bar{q}(\theta),\bar{\mu}(\theta))$ 满足以下必要条件：

$$H(\theta,\bar{q}(\theta),\bar{\mu}(\theta),\lambda(\theta))\geqq H(\theta,q(\theta),\mu(\theta),\lambda(\theta)); \tag{16.50}$$

$$\frac{d\lambda(\theta)}{d\theta}=-\left[\left(\theta-\frac{1}{h(\theta)}\right)v'(\bar{q}(\theta))-c\right]f(\theta),\ \text{对所有连续点}; \tag{16.51}$$

$$\lambda(\underline{\theta})=\lambda(\bar{\theta})=0\quad(\text{横截性条件}). \tag{16.52}$$

由 Kamien 和 Schwartz (1991, p.133)，当 $H(\theta,q(\theta),\mu,\lambda)$ 关于 $q(\theta)$ 是凹函数时，以上必要条件同时也是充分条件。

对式 (16.51) 求分部积分，得到：

$$\lambda(\theta)=-\int_{\underline{\theta}}^{\theta}\left[\left(\theta-\frac{1}{h(\theta)}\right)v'(\bar{q}(\theta))-c\right]f(\theta)d\theta.$$

横截性条件为：

$$0=\lambda(\underline{\theta})=\lambda(\bar{\theta})=-\int_{\underline{\theta}}^{\bar{\theta}}\left[\left(\theta-\frac{1}{h(\theta)}\right)v'(\bar{q}(\theta))-c\right]f(\theta)d\theta.$$

此外，最优化一阶条件要求 $\mu(\theta)$ 在最大化 $H(\theta,q(\theta),\mu,\lambda)$ 时满足 $\mu(\theta)>0$，这就意味着：$\lambda(\theta)\leqq 0$，或

$$\int_{\underline{\theta}}^{\theta}\left[\left(\theta-\frac{1}{h(\theta)}\right)v'(\bar{q}(\theta))-c\right]f(\theta)d\theta\geqq 0.$$

只要 $\lambda(\theta)<0$，必定有

$$\bar{\mu}(\theta)=\frac{d\bar{q}(\theta)}{d\theta}=0.$$

于是得到关于不等式约束的互补松弛条件，即

$$\bar{\mu}(\theta)\lambda(\theta)=0,$$

或

$$\frac{d\bar{q}(\theta)}{d\theta}\int_{\underline{\theta}}^{\theta}\left[\left(\theta-\frac{1}{h(\theta)}\right)v'(\bar{q}(\theta))-c\right]f(\theta)d\theta=0.$$

根据上述方程，我们知道如果 $\bar{q}(\theta)$ 在某个区间内是增加的，那么 $\bar{q}(\theta)$ 必须与 $q^*(\theta)$ 相同。事实上，若 $\bar{\mu}(\theta)=\frac{d\bar{q}(\theta)}{d\theta}>0$，则 $\lambda(\theta)=0$ 意味着 $\frac{d\lambda(\theta)}{d\theta}=-[(\theta-\frac{1}{h(\theta)})v'(\bar{q}(\theta))-c]f(\theta)=0$，这也是 $q^*(\theta)$ 要满足的一阶条件，因此 $\bar{q}(\theta)=q^*(\theta)$。

这样我们需要决定在什么区间，$\bar{q}(\theta)$ 是常数。从图 16.6 中我们可以看出，对在 $\hat{\theta}_1$ 左边的 θ_1 和在 $\hat{\theta}_2$ 右边的 θ_2，我们有 $\lambda(\theta)=0$，而对所有的 $\theta<\theta_1$ 或 $\theta>\theta_2$，$\bar{\mu}(\theta)=\frac{d\bar{q}(\theta)}{d\theta}=\frac{dq^*(\theta)}{d\theta}>0$。但是，对 $\theta\in[\theta_1,\theta_2]$，我们有 $\lambda(\theta)<0$ 和 $\bar{\mu}(\theta)=\frac{d\bar{q}(\theta)}{d\theta}=0$，这意味着在 $[\theta_1,\theta_2]$ 中 $\bar{q}(\theta)$ 是常数。

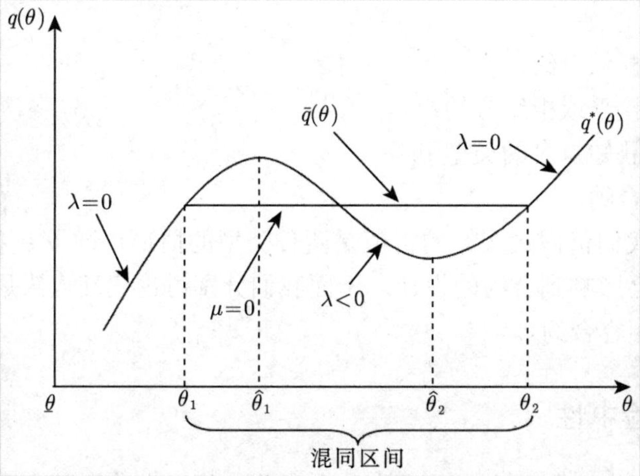

图 16.6 具有集束性质的最优合约

一方面，由 $\lambda(\theta)$ 的连续性，我们知道 $\lambda(\theta_1)=\lambda(\theta_2)=0$，于是有

$$\int_{\theta_1}^{\theta_2}\left[\left(\theta-\frac{1}{h(\theta)}\right)v'(\bar{q}(\theta))-c\right]f(\theta)d\theta=0. \tag{16.53}$$

另一方面，由 $\bar{q}(\theta)$ 的连续性，我们有

$$q^*(\theta_1)=q^*(\theta_2). \tag{16.54}$$

根据式 (16.53) 和式 (16.54) 这两式，我们能决定 θ_1 和 θ_2，新构建的最优合约 $\bar{q}(\theta)$ 见图 16.6。

在加入单调性条件后，最优合约其实是对原先的 $q^*(\theta)$ 在区间 $[\theta_1, \theta_2]$ 内进行了某种"熨平"。Bolton 和 Dewatripont（2005, pp. 91-93）对契约熨平背后的经济学直觉进行了更深入的讨论。

另外一个方向的拓展是多维度类型的逆向选择问题，其中的一个经典问题是多产品的垄断定价，比如在现实购物中，经常会有商家对一些不同的商品进行捆绑销售，多维度类型的逆向选择为理解类似捆绑销售机制提供了一个分析框架。不过，这部分内容的技术性较强，这方面的详细讨论可以参考 Bolton 和 Dewatripont（2005，第六章），以及 Rochet 和 Stole (2003) 的综述。

16.6 事前参与约束

到目前为止我们所考察的合约都是基于事中信息结构，也就是信息不对称，即在执行合约之前代理人已经知道其自身类型。然而，在许多时候，合约执行时代理人也不知道其自身类型。例如，刚毕业的学生，自己也不知道入职后是否能胜任工作；又如，在以上垄断销售例子中，若垄断上游企业为下游企业提供一个新的生产工具，则下游企业在签订买卖合约之前也不知道这个新的生产工具的真实效能，此时它们的互动与之前不同。在签订合约之前，买方不知道商品对于他而言的价值类型，这样其情形是事前信息结构，此时互动的时间流程为：

- $t = 0$: 卖方提供合约；
- $t = 1$: 买方接受或拒绝合约；
- $t = 2$: 买方获知自身的类型 θ;
- $t = 3$: 执行合约。

为简化讨论，我们仍假设买方的价值是两种类型的情形，即 $\theta \in \{\theta_H, \theta_L\}$。此时代理人的风险厌恶程度会影响到合约的设计。下面我们分别讨论代理人为风险中性以及风险厌恶的时最优的激励相容合约。

16.6.1 风险中性

假设卖方（委托人）和买方（代理人）在事前（代理人获知其自身类型之前）即达成了合约。若买方是风险中性的，则其事前参与约束可写为：

$$(1-\beta)U_H + \beta U_L \geqq 0. \tag{16.55}$$

这一事前参与约束替代了原有的两个事中参与约束。由于卖方的目标函数关于买方的期望信息租金是递减的，因而卖方希望买方所能获得的期望信息租金尽可能小，最小可为零 (因为要满足参与约束)，因此约束 (16.55) 是紧致的。此外，卖方必须提供租金方案 U_H 和 U_L 以保证两个激励相容约束仍然成立，即：

$$U_H \geqq U_L + \Delta\theta v(q_L), \tag{16.56}$$

$$U_L \geqq U_H - \Delta\theta v(q_H). \tag{16.57}$$

保证激励相容约束成立，且事前参与约束紧致的一个合约是：

$$U_H^* = \beta\Delta\theta v(q_H^*) > 0;$$
$$U_L^* = -(1-\beta)\Delta\theta v(q_H^*) < 0. \tag{16.58}$$

在这样的租金方案下，只要最优产出满足单调（可执行）性条件 $q_H^* > q_L^*$，就可以无成本地执行最佳结果。在式 (16.58) 所定义的合约中，高效用类型的代理人得到回报，而低效用类型的代理人则受到惩罚。由于代理人为风险中性的，愿意承担风险，在乎的是期望收益，因此可以制定这样的合约。于是我们有如下命题。

命题 16.6.1　若代理人是风险中性的，且合约在事前达成，则最优激励合约能实现最佳结果。

委托人在设计租金方案 U_H 和 U_L 时其实有许多选择，只要满足激励相容约束 (16.56)、(16.57) 和事前参与约束 (16.55) 取等号即可。风险中性代理人的信息租金见图 16.7，可看出，最佳合约选择实际上有无穷多个。

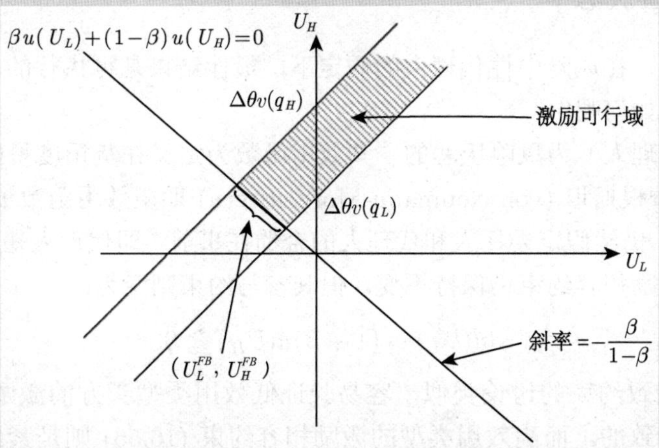

图 16.7　风险中性代理人的信息租金

现考虑委托人具有固定收益的更常见合约：$\{(T_H^*, q_H^*); (T_L^*, q_L^*)\}$，其中 q_H^*, q_L^* 表示最优产量，$T_H^* = cq_H^* + T^*$，$T_L^* = cq_L^* + T^*$，T^* 表示一笔固定的一次性转移支付，我们对它稍后定义。根据 q_H^* 的定义，有

$$\theta_H v(q_H^*) - T_H^* = \theta_H v(q_H^*) - cq_H^* - T^* > \theta_H v(q_L^*) - cq_L^* - T^* = \theta_H v(q_L^*) - T_L^*. \tag{16.59}$$

又根据 q_L^* 的定义，有

$$\theta_L v(q_L^*) - T_L^* = \theta_L v(q_L^*) - cq_L^* - T^* > \theta_L v(q_H^*) - cq_H^* - T^* = \theta_L v(q_H^*) - T_H^*. \tag{16.60}$$

因此该合约是激励相容的。

注意到，此时激励相容约束为严格不等式。可以选择

$$T^* = \beta(\theta_L v(q_L^*) - cq_L^*) + (1-\beta)(\theta_H v(q_H^*) - cq_H^*),$$

从而使代理人的事前参与约束是紧致的。这个最佳结果的执行过程相当于卖方（委托人）以固定的转移支付 T^* 将企业转让、租赁或承包给了买方（代理人）。买方获得所有商品净剩余（消费剩余减去成本），好像他就是一个利润最大化者一样。在这种合约关系中风险中性的买方（代理人）成为卖方（垄断企业）利润的剩余索取者（residual claimant）。从后面的讨论我们知道，即使对风险厌恶的委托人也会得到同样的结果。在现实中，许多合约具有这样的性质，如：

（1）改革开放后所实现的包田到户合约，生产队将农田承包给农民，农民需要每年向国家上交一定的粮食，剩下的归农民。随后的生产责任制也是如此。

（2）房主将靠街道的铺面出租给做生意的人，租借人缴纳一定的租金，剩下的利润或亏损都由租借人自己承担。

（3）银行将资金以固定的贷款利率贷给企业，企业承担经营风险，利润或亏损都是企业自己的。

16.6.2 风险厌恶

前面已经证明，在风险中性代理人的假定下，最佳结果是可执行的。若代理人是风险厌恶的，情况又将如何呢？

假设买方（代理人）为风险厌恶的，其效用函数为定义在货币度量的净收益 $v(q)-T$ 上的冯・诺依曼–摩根斯坦 (von Neumann-Morgenstern) 期望效用函数 $u(\cdot)$，其中，$u'>0$，$u''<0$，$u(0)=0$。仍然假定委托人和代理人的合约在事前（即代理人知道其类型之前）签订，则代理人的激励相容约束仍保持不变，但其参与约束则变为：

$$\beta u(U_L) + (1-\beta)u(U_H) \geqq 0. \tag{16.61}$$

与之前对哪些是紧致约束的讨论类似，容易验证低效用类型买方的激励相容约束 (16.57) 在最优解处不是紧致的，而高效用类型的激励相容约束 (16.56) 则是紧致的，并且事前参与约束也是紧致的，从而得到：

$$\beta u(U_L) + (1-\beta)u(U_L + \Delta\theta v(q_L)) = 0. \tag{16.62}$$

因而卖方的最优化问题简化为：

$$\max_{\{(U_H,q_H);(U_L,q_L)\}} (1-\beta)(\theta_H v(q_H) - cq_H - U_H) + \beta(\theta_L v(q_L) - cq_L - U_L)$$

满足约束式 (16.56) 和式 (16.61)。

通过求解最优化问题，可以得到下面的命题。

命题 16.6.2 当买方（代理人）是风险厌恶的，且与卖方（委托人）事前达成合约时，则最优合约将导致如下结果。

（1）高效用类型买方无消费扭曲 $q_H^{SB}=q_H^*$。低效用类型买方存在向下的消费扭曲 $q_L^{SB}<q_L^*$，其中

$$\theta_L v'(q_L^{SB})=\frac{c}{1-\dfrac{(1-\beta)[u'(U_L)-u'(U_H)]}{\beta u'(U_L)+(1-\beta)u'(U_H)}\dfrac{\Delta\theta}{\theta_L}}. \tag{16.63}$$

（2）式 (16.61) 是唯一的紧致约束。高效用类型（低效用类型）买方获得严格为正（负）的信息租金 $U_H^{SB}>0>U_L^{SB}$。

证明很简单。利用等式约束的拉格朗日方程，对 $\{(U_H,q_H);(U_L,q_L)\}$ 取一阶条件，经过一些化简运算，命题即可得证。这里我们不再赘述。

风险厌恶代理人的信息租金见图 16.8。这样，当代理人是风险厌恶的时，最优合约不是最佳合约，而只是次佳合约。当买方是风险中性的时，式 (16.63) 中分母的第二项为零，得到了和命题 (16.6.1) 同样的结论：最优激励合约能执行最佳结果。

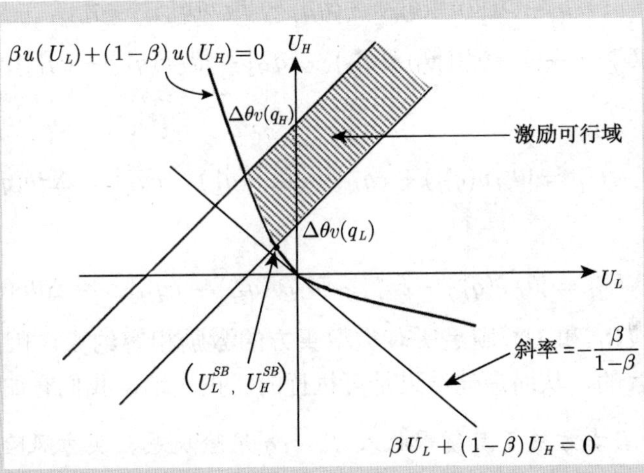

图 16.8 风险厌恶代理人的信息租金

因此，在风险厌恶假定下，为保证高效用类型买方的激励相容约束成立，卖方在设计租金方案时不再是无成本的。卖方在设计租金方案时，U_H 和 U_L 之差使得激励相容条件满足，而这将使风险厌恶的买方承担一定的风险。为了保证风险厌恶买方的参与，卖方必须支付一定的风险溢价 (risk premium)。减少风险溢价将导致低效用类型买方的产出减少，从而买方承担的风险变小。正如我们所期望的，买方的风险厌恶性导致了卖方对其激励的弱化。

当买方无限厌恶风险时，买方的个体理性约束和最坏情形的事后 (ex post) 个体理性约束一样，这样 $U_L^{SB}=0$，而不是 $U_L^{SB}<0$。在极限情形下，买方的产出 q_H^{SB} 和 q_L^{SB} 及其效用水平 U_H^{SB} 以及 U_L^{SB} 都收敛到与前面讨论的事中次佳合约同样的解。因此，前面介绍的事中次佳合约也可解释为在买方保留效用水平为零且事前无限厌恶风险情形下的次佳合约。

风险厌恶委托人

现设卖方 (委托人) 是风险厌恶的，其效用函数为定义在其货币收入 $T - cq$ 上的冯·诺依曼–摩根斯坦 (vNM) 效用函数 $\nu(\cdot)$，其中，$\nu' > 0$，$\nu'' < 0$，及 $\nu(0) = 0$。仍然假定卖方和买方的合约在事前（即买方知道其类型之前）签订。

在此设定下，最优合约将导致最佳产出与消费 q_H^* 和 q_L^*，卖方将保证自己在两种状态下获得相同收益，且代理人的事前参与约束是紧致的。这意味着买方的信息租金 U_H^* 和 U_L^* 要满足下述两个条件：

$$\theta_H v(q_H) - U_H^* - cq_H = \theta_L v(q_L) - U_L^* - cq_L \tag{16.64}$$

和

$$\beta U_L^* + (1-\beta)U_H^* = 0. \tag{16.65}$$

对 (U_H^*, U_L^*) 求解上述方程组，有

$$U_H^* = \beta([\theta_H v(q_H^*) - cq_H^*] - [\theta_L v(q_L^*) - cq_L^*]), \tag{16.66}$$

$$U_L^* = -(1-\beta)([\theta_H v(q_H^*) - cq_H^*] - [\theta_L v(q_L^*) - cq_L^*]). \tag{16.67}$$

由 q_H^*，我们有：

$$U_H^* - U_L^* = [\theta_H v(q_H^*) - cq_H^*] - [\theta_L v(q_L^*) - cq_L^*] > \Delta\theta v(q_L^*).$$

由 q_L^*，我们有：

$$U_L^* - U_H^* = [\theta_L v(q_L^*) - cq_L^*] - [\theta_H v(q_H^*) - cq_H^*] > -\Delta\theta v(q_H^*).$$

因而最优信息租金 U_H^* 和 U_L^* 满足所有类型买方的激励相容约束。因此，信息租金组合 $(U_L^*, \overline{U}^*)$ 是激励相容的，从而最佳结果是可执行的。正式地，我们有如下命题：

命题 16.6.3 当卖方关于其货币收入 $T - cq$ 风险厌恶，买方风险中性且合约在事前签订时，最优激励合约执行了最佳结果。

注意到由式 (16.66) 和式 (16.67) 得到的 U_H^* 和 U_L^* 与由风险中性代理人的事前合约（即由式 (16.59) 和式 (16.60)）所得到的结果相同。事实上，这是由于一次性转移支付 $T^* = \beta(\theta_L v(q_L^*) - cq_L^*) + (1-\beta)(\theta_H v(q_H^*) - cq_H^*)$ 使风险中性的买方成为企业剩余利润的索取者，也使卖方获得了完全保险。当风险中性的买方成为剩余索取者时，尽管存在信息不对称问题，事前合约仍可使风险厌恶的委托人获得完全保险并实现最优结果。

当然，在事中参与约束下上述结果将不再成立。在这种情形下，低效用类型买方的激励相容约束 (16.57) 在最优解处是非紧致的，从而委托人的最优化问题变为：

$$\max(1-\beta)\nu(\theta_H v(q_H) - cq_H - U_H) + \beta\nu(\theta_L v(q_L) - cq_L - U_L), \tag{16.68}$$

满足高效用类型的激励相容约束 (16.56)，以及低效用类型的参与约束：

$$U_L \geqq 0. \tag{16.69}$$

将由式 (16.56) 和式 (16.69) 得到的 U_H 和 U_L 代入委托人的目标函数并对产出求最优化

问题，我们得 $q_H^{SB}=q_H^*$，即如同风险中性买方情形的结果，高效用类型的买方无消费扭曲。但低效用类型的买方存在向下的产出扭曲 $q_L^{SB}<q_L^*$，其中 q_L^{SB} 满足

$$\theta_L v'(q_L^{SB})=\frac{c}{1-\dfrac{(1-\beta)\nu'(V_H)\Delta\theta}{\beta\nu'(V_L)\theta_L}}, \tag{16.70}$$

其中，$V_H^{SB}=\theta_H v(q_H^{SB})-cq_H^{SB}-\Delta\theta v(q_L^{SB})$ 和 $V_L^{SB}=\theta_L v(q_L^{SB})-cq_L^{SB}$ 为委托人在两种自然状态下的收益。根据 q_H^* 的定义，有

$$\theta_H v(q_L^{SB})-cq_L^{SB}<\theta_H v(q_H^{SB})-cq_H^{SB}=\theta_H v(q_H^*)-cq_H^*,$$

从而可以验证 $V_L^{SB}<V_H^{SB}$ 成立。特别地，可看出式 (16.70) 右边的扭曲总是小于风险中性委托人情形下的 $\dfrac{c}{1-\frac{(1-\beta)\Delta\theta}{\beta\theta_L}}$。其经济含义是显然的，通过提高 q_L^{SB} 可以缩小 V_H^{SB} 和 V_L^{SB} 之间的差距，这将为委托人提供一定的保险并提高其事前收益。

此外，现实的合约中大都会有时间的维度。未来可能的合约会依赖于之前的合约，这样就会产生动态互动。一个经典的例子是耐用品的跨期定价问题。在现实中，我们会看到，很多家用电器在新产品推出的几年后价格会下降。价格之所以下降是因为，之前购买的是高效用类型的消费者，要使得剩下的潜在消费者购买产品则需要降价，从而跨期销售面临着关于价格调整的承诺问题。这些不同时期的销售会相互影响，一旦预期未来可能降价，在新产品被推出之际，高效用类型的消费者有可能会推迟购买以获得尽可能多的剩余。这就意味着，静态的激励相容合约在动态环境下会变得激励不相容。在动态环境下，也有一个新的约束，即**“再协商防范原理”**(renegotiation-proof principle)，或被称为无需再协商原理，此时显示原理会被修订为弱显示原理 (Bester 和 Strausz, 2001)。

对于动态环境下的逆向选择问题，我们在第 20 章关于动态机制设计的讨论中会有详细分析。

16.7　对经典模型的拓展

在经典逆向选择模型中，两个基本的规律是“顶部无扭曲”和“单向扭曲”，即在非对称信息下，对于最有效类型的代理人，其配置与完全信息下的最优情形无异，而其他类型代理人的配置都会发生同方向的扭曲。从以上各节的分析我们发现，此结论在许多经典文献中也成立。本节将给出两种情形：当存在外部性和保留效用依赖于类型时，这两个规律不再成立。对这两种情况的讨论主要取自 Meng 和 Tian (2009，2020)。

16.7.1　网络外部性

当不对称信息和网络外部性 (network externalities) 同时存在时，**“无顶部扭曲”**(no distortion on the top) 规律可能不再成立，从而最有效率类型的代理人不再有最佳产出。孟大文和田国强在 Meng 和 Tian (2009, 2020) 中证明了委托人的最优合约可能存在双向

(two-way) 扭曲：当代理人的边际成本充分低时，其产出将超过最佳产出，而当其边际努力成本很高时，其产出将低于最佳产出。

如第 14 章所指出的那样，所谓外部性，指的是经济中某些市场主体的经济活动 (生产活动或消费活动) 会影响到其他市场主体的效用或生产水平，进而影响到他们的经济活动。外部性的一种特殊情况是所谓的网络外部性。网络外部性可能因为如下原因而产生。首先，商品的有用性直接依赖于网络的规模（例如电话、电子邮件、微信群、社会媒体平台等)，拥有这些产品的人越多，对这些产品的需求量就越大。其次，存在**跟风效应** (bandwagon effect)，即消费某产品缘于其他人都在消费这种产品（如追求时尚）。最后，间接地缘于互补品或服务的可得性 (软硬件配套) 或售后服务 (例如汽车)。虽然网络外部性被认为对其他人的消费影响为正，但有时也呈现负的外部性。例如，人们有拥有排他或者唯一产品的虚荣，以显示酷和独特性。这种现象常被称为 **"炫耀效应"** (snob effect)。拥有这些产品的人越少，对这些产品的需求量就越大（如服装设计师专门设计的式样特别的服装，或为数极少的手表款式、汽车样式或建筑物）。

考虑一个委托–代理模型，其中委托人为某垄断厂商，以边际成本 c 提供某种具有网络外部性的产品给连续统多的消费者。其效用函数为 $V = T - cq$，T 代表消费者的转移支付，q 为消费者的消费量，同时也是厂商提供的产量。代理人为消费者，他们的偏好类型 θ 是私人信息，$\theta \in \Theta = \{\theta_1, \cdots, \theta_n\}$，$\theta_1 < \theta_2 < \cdots < \theta_n$，类型为 θ_i 的消费者所占的比例为 $f(\theta_i), i = 1, 2, \cdots, n$。以 $\Delta\theta \equiv \theta_i - \theta_{i-1} > 0$ 表示相邻类型的价值之差。记 $F(\theta_i) = \sum_{j \leqq i} f(\theta_j)$。则依照大数定律，这相当于这样的情形：仅存在一个代理人，其类型 $\theta \in \Theta$ 为随机变量，θ 的密度函数和分布函数分别为 $f(\theta_i) = \Pr(\theta = \theta_i)$ 和 $F(\theta_i) = \Pr(\theta \leqq \theta_i)$。在此我们假定单调风险率条件成立，即 $\dfrac{1 - F(\theta)}{f(\theta)}$ 单调递减。θ 类型消费者的效用为 $U = \theta V(q) + \Psi(Q) - T$，它不仅取决于私人消费 q，也取决于网络规模 $Q = \sum_i f(\theta_i) q_i$。$\theta V(q)$ 被称为消费的**内在价值** (intrinsic value)，而 $\Psi(Q)$ 则被称为**网络价值**。注意到，我们假设对不同类型的消费者，网络效应是同质的，即网络价值与私人偏好 θ 及私人消费 q 都无关。①

假设 $V(q)$ 为递增的严格凹函数：$V'(q) > 0$ 和 $V''(q) < 0$。在此假设下，显然不同类型消费者的无差异曲线只相交一次，所以斯宾塞–莫里斯条件满足。关于网络拥挤性我们给出如下定义：

定义 16.7.1 若 $\Psi''(Q) < 0$，则称该网络为**拥挤性网络** (congestible network)；若 $\Psi''(Q) > 0$，则称其为**非拥挤性网络** (dis-congestible network)；若 $\Psi''(Q) = 0$，则称其为**中性网络** (neutral network)。

备注：$\Psi''(Q) > 0$ 意味着一些消费者消费量的增加将增加其他消费者的边际效用，若网络容量足够大且网络维护技术足够先进，则会出现这种情形；反之，$\Psi''(Q) < 0$ 表示一些消费者的消费量增加会导致其他消费者边际效用的降低，这对应于网络容量和维护技术水平有限的情况；$\Psi''(Q) = 0$ 则表明消费者在网络中所获的边际效用不受他人消费量的影响。

① 若将网络价值项设为更一般的形式如 $\Psi(\theta, q, Q)$，则网络效应为异质性的。

垄断厂商的目标是设计一组激励相容并由消费者自愿选择的合约清单 $\{q(\hat{\theta}), T(\hat{\theta})\}$ 以最大化其自身收益，$\hat{\theta} \in \Theta$ 代表消费者向厂商显示的"类型"，在参与约束 $\theta V(q)+\Psi(Q)-T \geqq \hat{U}(\theta)$ 下，类型为 θ 的消费者选择"最优申报"①：

$$\hat{\theta}(\theta) = \underset{\tau}{\operatorname{argmax}}\{\theta V(q(\tau)) + \Psi(Q) - T(\tau)\}.$$

如同在经典逆向选择中一样，委托人在设计合约时必须考虑代理人的参与约束和激励相容约束，即合约 $\{q_i, T_i\}_{i=1}^{n}$ 应同时满足以下条件：

$$IR_i : \theta_i V(q_i) + \Psi(Q) - T_i, \geqq 0,$$

$$IC_{ij} : \theta_i V(q_i) + \Psi(Q) - T_i \geqq \theta_i V(q_j) + \Psi(Q) - T_j.$$

或者等价地以代理人信息租金的形式表示为：

$$IR_i : U_i \geqq 0,$$

$$IC_{ij} : U_i \geqq U_j + (\theta_i - \theta_j)V(q_j), \forall i, j.$$

此处代理人的保留效用被标准化为零。

两种类型情形

假设消费者只有两种类型，即 $\Theta = \{\theta_L, \theta_H\}$。$\Pr(\theta = \theta_L) = v, \Pr(\theta = \theta_H) = 1 - v$，网络规模为 $Q = vq_L + (1-v)q_H$。在完全信息下，垄断厂商的最优化问题为：

$$(\text{P2})\begin{cases} \max\limits_{\{(U_L,q_L);(U_H,q_H)\}} & v\left[\theta_L V(q_L) - cq_L\right] + (1-v)\left[\theta_H V(q_H) - cq_H\right] \\ & \quad +\Psi(Q) - \left[vU_L + (1-v)U_H\right] \\ \text{s.t.} & IR(\theta_L) : U_L \geqq 0, \\ & IR(\theta_H) : U_H \geqq 0. \end{cases}$$

由此可得的最佳消费量应满足：

$$\begin{cases} \theta_L V'(q_L^{FB}) + \Psi'\left(vq_L^{FB} + (1-v)q_H^{FB}\right) = c, \\ \theta_H V'(q_H^{FB}) + \Psi'\left(vq_L^{FB} + (1-v)q_H^{FB}\right) = c. \end{cases} \tag{16.71}$$

在非对称信息下，新的规划问题比以上规划问题多了代理人的激励相容约束，即：

$$(\text{P3})\begin{cases} \max\limits_{\{(U_L,q_L);(U_H,q_H)\}} & v\left[\theta_L V(q_L) - cq_L\right] + (1-v)\left[\theta_H V(q_H) - cq_H\right] \\ & \quad +\Psi(Q) - \left[vU_L + (1-v)U_H\right] \\ \text{s.t.} & IR(\theta_L) : U_L \geqq 0, \\ & IR(\theta_H) : U_H \geqq 0, \\ & IC(\theta_L) : U_L \geqq U_H - \Delta\theta V(q_H), \\ & IC(\theta_H) : U_H \geqq U_L + \Delta\theta V(q_L). \end{cases}$$

① 注意到，由于消费者数量无限多，单个消费者操纵信息对网络规模 Q 的影响可以忽略。

同前面的分析一样，可证明高效用类型的激励相容条件 $IC(\theta_H)$ 和低效用类型的参与约束条件 $IR(\theta_L)$ 是紧致的，则次佳消费量应满足下式：

$$\begin{cases} \left(\theta_L - \dfrac{1-v}{v}\Delta\theta\right) V'(q_L^{SB}) + \Psi'\left(vq_L^{SB} + (1-v)q_H^{SB}\right) = c, \\ \theta_H V'(q_H^{SB}) + \Psi'\left(vq_L^{SB} + (1-v)q_H^{SB}\right) = c. \end{cases} \tag{16.72}$$

我们将完全信息和不完全信息规划化问题整合到以下规划问题的最优解中：

$$\max_{\{q_L, q_H\}} \Pi(q_L, q_H, \alpha), \tag{16.73}$$

这里

$$\Pi(q_L, q_H, \alpha) = v\left[\alpha V(q_L) - cq_L\right] + (1-v)\left[\theta_H V(q_H) - cq_H\right] + \Psi(Q).$$

若 $\alpha = \theta_L$，则可得式 (16.71) 中给出的最优消费量；而对 $\alpha = \theta_L - \dfrac{1-v}{v}\Delta\theta$ 可得式 (16.72) 给出的次佳消费量。通过两者的比较，可得到以下命题。

命题 16.7.1 当网络外部性和非对称信息并存时，若 $V'(q) > 0$ 和 $V''(q) < 0$，则同最佳情形相比，次佳消费量的扭曲方式取决于网络的拥挤程度：

（1）若网络轻度非拥挤（mildly dis-congestible），即 $\Psi''(Q) > 0$ 且保证对 $\forall \alpha \in \left[\theta_L - \dfrac{1-v}{v}\Delta\theta, \theta_L\right]$，矩阵 Π_{qq} 为负定的①，则次佳消费量表现为单向扭曲（one-way distortion）: $q_L^{SB} < q_L^{FB}$, $q_H^{SB} < q_H^{FB}$。

（2）若网络拥挤 (congestible)，即 $\Psi''(Q) < 0$，则次佳消费量表现为双向扭曲（two-way distortion）: $q_L^{SB} < q_L^{FB}, q_H^{SB} > q_H^{FB}$。

（3）若网络为中性的（neutral），即 $\Psi''(Q) = 0$，则仍然可得经典的"单向扭曲且顶部无扭曲" (one-way distortion and no distortion on the top) 次佳结果: $q_L^{SB} < q_L^{FB}$, $q_H^{SB} = q_H^{FB}$。

无论网络是否拥挤，网络规模都会缩减：$Q^{SB} < Q^{FB}$。

证明： 问题 (16.73) 的一阶条件为：

$$\Pi_q(q, \alpha) = 0, \tag{16.74}$$

即

$$\begin{cases} \alpha V'(q_L) + \Psi'\left(vq_L + (1-v)q_H\right) = c, \\ \theta_H V'(q_H) + \Psi'\left(vq_L + (1-v)q_H\right) = c. \end{cases} \tag{16.75}$$

将上式对参数 α 求导可得：

$$\Pi_{qq}\frac{dq}{d\alpha} + \Pi_{q\alpha} = 0, \tag{16.76}$$

---

① 若网络具有很强的非拥挤性，即 $\Psi''(Q) > 0$ 且其值很大，则不能保证 Π_{qq} 为负定矩阵，从而不能确保规划问题（16.73）具有唯一的全局最优解。

也就是

$$\begin{pmatrix} \alpha v V''(q_L)+v^2\Psi''(Q) & v(1-v)\Psi''(Q) \\ v(1-v)\Psi''(Q) & (1-v)\theta_H V''(q_H)+(1-v)^2\Psi''(Q) \end{pmatrix} \times \begin{pmatrix} \frac{dq_L}{d\alpha} \\ \frac{dq_H}{d\alpha} \end{pmatrix} = \begin{pmatrix} -vV'(q_L) \\ 0 \end{pmatrix}. \tag{16.77}$$

求解以上方程可得：

$$\begin{cases} \dfrac{dq_L}{d\alpha} = \dfrac{-V'(q_L)\Big[\theta_H V''(q_H)+(1-v)\Psi''(Q)\Big]}{\alpha V''(q_L)\left[\theta_H V''(q_H)+(1-v)\Psi''(Q)\right]+v\theta_H V''(q_H)\Psi''(Q)}, \\ \dfrac{dq_H}{d\alpha} = \dfrac{vV'(q_L)\Psi''(Q)}{\alpha V''(q_L)\left[\theta_H V''(q_H)+(1-v)\Psi''(Q)\right]+v\theta_H V''(q_H)\Psi''(Q)}, \\ \dfrac{dQ}{d\alpha} = v\dfrac{dq_L}{d\alpha}+(1-v)\dfrac{dq_H}{d\alpha} = \dfrac{-v\theta_H V'(q_L)V''(q_H)}{\alpha V''(q_L)\Big[\theta_H V''(q_H)+(1-v)\Psi''(Q)\Big]+v\theta_H V''(q_H)\Psi''(Q)}. \end{cases} \tag{16.78}$$

因为海森矩阵 Π_{qq} 为负定的，所以

$$\theta_H V''(q_H)+(1-v)\Psi''(Q)<0, \tag{16.79}$$

$$\det(\Pi_{qq}) = v(1-v)\Big\{\alpha V''(q_L)\big[\theta_H V''(q_H)+(1-v)\Psi''(Q)\big]+v\theta_H V''(q_H)\Psi''(Q)\Big\}>0, \tag{16.80}$$

从而可确定式 (16.78) 中各一阶导数的符号为：$\dfrac{dq_L}{d\alpha}>0$，$\dfrac{dQ}{d\alpha}>0$，这表明 $q_L^{SB}<q_L^{FB}$ 且 $Q^{SB}<Q^{FB}$。$\dfrac{dq_H}{d\alpha}$ 的符号取决于 $\Psi''(Q)$ 的符号：若 $\Psi''(Q)>0$，则 $\dfrac{dq_H}{d\alpha}>0$，从而 $q_H^{SB}<q_H^{FB}$；若 $\Psi''(Q)<0$，则 $\dfrac{dq_H}{d\alpha}<0$，从而 $q_H^{SB}>q_H^{FB}$；若 $\Psi''(Q)=0$，则 $\dfrac{dq_H}{d\alpha}=0$，从而 $q_H^{SB}=q_H^{FB}$。 □

可对以上结果做如下解释。为了减少高需求消费者所获的信息租金，委托人必须减少低需求消费者的消费量，这是租金抽取与效率权衡的结果。然而，不同于经典逆向选择模型的是，不同类型消费者的消费行为通过消费网络相互影响。若网络并非拥挤的，则消费者之间彼此互惠互补，所以高需求消费者的消费量也发生向下扭曲；若消费网络是拥挤的，则网络中的消费者互为竞争或替代关系，因此低需求者消费量减少所产生的“空间”可以通过增加高需求消费者的消费来“填充”，所以后者的消费量向上扭曲；若消费网络为中性的，则各种类型消费者的消费量之间不存在相互影响，它们被各自独立决定，所以仍然得到与经典模型相同的结果。

多类型情形

现在考虑多类型情形。在完全信息下，委托人仅需考虑消费者的参与约束 $U_i \geqq 0$。同两种类型的情形类似，最佳消费量满足：

$$\theta_i V'(q_i)+\Psi'(Q)=c, \forall i\in\{1,2,\cdots,n\}. \tag{16.81}$$

在非对称信息下，需同时考虑到代理人的参与约束和激励相容约束，则委托人所面临的最优化问题为：

$$
(\mathrm{P4})\begin{cases}\max\limits_{\{U_i,q_i\}} \left\{\sum\limits_{i=1}^{n} f(\theta_i)\left[\theta_i V(q_i) - cq_i\right] + \Psi\left(\sum\limits_{i=1}^{n} f(\theta_i)q_i\right) - \sum\limits_{i=1}^{n} f(\theta_i)U_i\right\} \\ \text{s.t.} \qquad IR_i : U_i \geqq 0, \\ \qquad\quad IC_{ij} : U_i \geqq U_j + (\theta_i - \theta_j)V(q_j), \forall i,j. \end{cases}
$$

通过类似的分析可得 $U_1 = 0; U_i = \Delta\theta \sum_{j=1}^{i-1} V(q_j), \forall i \geqq 2$。则 P(4) 中委托人的目标函数可重新表示为：

$$
\sum_{i=1}^{n}\left[\theta_i - \frac{1-F(\theta_i)}{f(\theta_i)}\Delta\theta\right] f(\theta_i)V(q_i) + \Psi\left(\sum_{i=1}^{n} f(\theta_i)q_i\right) - c\sum_{i=1}^{n} f(\theta_i)q_i. \tag{16.82}
$$

这样，最佳和次佳消费量可看作以下无约束最优化问题的解：

$$
\max_{\boldsymbol{q}\in\mathcal{R}_+^n} \Pi(\boldsymbol{q},\epsilon), \tag{16.83}
$$

其中，

$$
\Pi(\boldsymbol{q},\epsilon) = \sum_{i=1}^{n}\Big[\theta_i + \epsilon H(\theta_i)\Big] f(\theta_i)V(q_i) + \Psi\left(\sum_{i=1}^{n} f(\theta_i)q_i\right) - c\sum_{i=1}^{n} f(\theta_i)q_i, \tag{16.84}
$$

$\boldsymbol{q} = (q_1, q_2, \cdots, q_n) \in \mathcal{R}_+^n$，$\epsilon \in [-1, 0]$。如 $\epsilon = 0$，则可得最佳消费；如 $\epsilon = -1$，则可得次佳消费。以下命题给出了次佳合约的形式。

命题 16.7.2 若单调风险率 $\frac{d}{d\theta}\left[\frac{1-F(\theta)}{f(\theta)}\right] < 0$，且在 $(\boldsymbol{q},\epsilon) = (\boldsymbol{q}^{SB}, -1)$ 处，海森矩阵 Π_{qq} 为负定矩阵，则次佳消费量满足：

$$
\big[\theta_i - H(\theta_i)\big]V'(q_i) + \Psi'\left(\sum_{i=1}^{n} f(\theta_i)q_i\right) = c, \forall i \in \{1,2,\cdots,n\}; \tag{16.85}
$$

次佳的信息租金为：

$$
U_1^{SB} = 0, U_i^{SB} = \Delta\theta \sum_{j=1}^{i-1} V(q_j^{SB}), \forall i \in \{2,3,\cdots,n\}; \tag{16.86}
$$

次佳转移支付为：

$$
T_1^{SB} = \theta_1 V(q_1^{SB}) + \Psi(Q^{SB}); T_i^{SB} = \theta_i V(q_i^{SB}) - \Delta\theta \sum_{j=1}^{i-1} V(q_j^{SB}) + \Psi(Q^{SB}), \forall i \in \{2,3,\cdots,n\}. \tag{16.87}
$$

证明： 式 (16.85) 可直接从式 (16.83) 的一阶条件得出。$H'(\theta) \leqq 0$ 保证了可执行性条件 $q_i^{SB} \leqq q_{i+1}^{SB}, \forall i \in \{1,2,\cdots,n\}$ 满足。海森矩阵 Π_{qq} 为负定矩阵从而使最优化的二阶充

分性条件得到满足。所以式 (16.85) 给出的是次佳消费量。次佳信息租金和转移支付可相应求出。□

在以下命题中，我们对最佳和次佳消费量加以比较，从而得出消费量的扭曲方式。

命题 16.7.3　假定 $V'(\cdot) > 0, V''(\cdot) < 0$ 以及单调风险率满足 $\frac{d}{d\theta}\Big[\frac{1-F(\theta)}{f(\theta)}\Big] \leqq 0$，则次佳消费量扭曲方式取决于网络的拥挤程度。

（1）若消费网络轻度非拥挤，即 $\Psi''(Q) > 0$ 且保证对 $\forall \boldsymbol{q} \in \mathcal{R}_+^n$ 和 $\forall \epsilon \in [0,1]$，海森矩阵 Π_{qq} 为负定矩阵，则次佳消费量表现出单向扭曲：$q_i^{SB} < q_i^{FB}, \forall i$。

（2）若消费网络拥挤，即 $\Psi''(Q) < 0$，则次佳消费量表现出双向扭曲。这意味着存在某个临界值 $i^* \in \{1, 2, \cdots, n\}$，使当 $i > i^*$ 时，$q_i^{SB} > q_i^{FB}$，当 $i < i^*$ 时，$q_i^{SB} < q_i^{FB}$。

（3）若网络为中性的，即 $\Psi''(Q) = 0$，则次佳消费量表现出"单向扭曲"且"顶部无扭曲"：$q_i^{SB} < q_i^{FB}, \forall i < n$ 且 $q_n^{SB} = q_n^{FB}$。

在以上几种情形下，消费网络规模都会缩减：$Q^{SB} < Q^{FB}$。

证明： 为了表述方便，引入以下符号：

$$\Gamma \equiv \begin{pmatrix} [\theta_1+\epsilon H(\theta_1)]\, f(\theta_1)V''(q_1) & & & \\ & [\theta_2+\epsilon H(\theta_2)]\, f(\theta_2)V''(q_2) & & \\ & & \ddots & \\ & & & [\theta_n+\epsilon H(\theta_n)]\, f(\theta_n)V''(q_n) \end{pmatrix}.$$

令 $\gamma \equiv \big(f(\theta_1), f(\theta_2), \cdots, f(\theta_n)\big)^T$，则

$$\Pi_{qq} \equiv \Gamma + \Psi''(Q)\gamma\gamma^T, \tag{16.88}$$

$$\Pi_{q\epsilon} \equiv \Big(H(\theta_1)f(\theta_1)V'(q_1), H(\theta_2)f(\theta_2)V'(q_2), \cdots., H(\theta_n)f(\theta_n)V'(q_n)\Big)^T. \tag{16.89}$$

式 (16.83) 的一阶条件为 $\Pi_q = 0$。海森矩阵 Π_{qq} 为负定矩阵使最优化的二阶充分条件得到满足，单调风险率使可执行性条件 $q_{i+1} \geqq q_i, \forall i$ 成立。

对以上一阶条件两端关于参数 ϵ 求导可得：

$$\Pi_{qq}\frac{dq}{d\epsilon} + \Pi_{q\epsilon} = 0, \tag{16.90}$$

这表明

$$\frac{dq}{d\epsilon} = -(\Pi_{qq})^{-1}\Pi_{q\epsilon}.$$

将表达式 (16.88) 和式 (16.89) 代入以上表达式可得：

$$\frac{dq}{d\epsilon} = -\Big[\Gamma + \Psi''(Q)\gamma\gamma'\Big]^{-1}\Pi_{q\epsilon} = -\left[\Gamma^{-1} - \Psi''(Q)\frac{\Gamma^{-1}\gamma\cdot\gamma'\Gamma^{-1}}{1+\Psi''(Q)\gamma'\Gamma^{-1}\gamma}\right]\Pi_{q\epsilon}. \tag{16.91}$$

第 i 个方程为：

$$\frac{dq_i}{d\epsilon}=-\frac{H(\theta_i)V'(q_i)}{[\theta_i+\epsilon H(\theta_i)]V''(q_i)}$$

$$+\frac{1}{[\theta_i+\epsilon H(\theta_i)]V''(q_i)}\left\{\frac{\Psi''(Q)\sum_{j=1}^{n}\frac{H(\theta_j)f(\theta_j)V'(q_j)}{[\theta_j+\epsilon H(\theta_j)]V''(q_j)}}{1+\Psi''(Q)\sum_{j=1}^{n}\frac{f(\theta_j)}{[\theta_j+\epsilon H(\theta_j)]V''(q_j)}}\right\} \tag{16.92}$$

$$=\frac{\rho-H(\theta_i)V'(q_i)}{[\theta_i+\epsilon H(\theta_i)]\,V''(q_i)},$$

其中，

$$\rho\equiv\frac{\Psi''(Q)\sum_{j=1}^{n}\frac{f(\theta_j)H(\theta_j)V'(q_j)}{[\theta_j+\epsilon H(\theta_j)]V''(q_j)}}{1+\Psi''(Q)\sum_{j=1}^{n}\frac{f(\theta_j)}{[\theta_j+\epsilon H(\theta_j)]V''(q_j)}}.$$

注意到，海森矩阵 Π_{qq} 为负定矩阵，因此其逆阵 Π_{qq}^{-1} 同样为负定矩阵。所以对任何非零向量 $\boldsymbol{\gamma}$ 可得：

$$\boldsymbol{\gamma}^T\Pi_{qq}^{-1}\gamma=\boldsymbol{\gamma}^T\left[\Gamma^{-1}-\Psi''(Q)\frac{\Gamma^{-1}\boldsymbol{\gamma}\cdot\boldsymbol{\gamma}^T\Gamma^{-1}}{1+\Psi''(Q)\boldsymbol{\gamma}^T\Gamma^{-1}\boldsymbol{\gamma}}\right]\boldsymbol{\gamma}$$

$$=\frac{\boldsymbol{\gamma}^T\Gamma^{-1}\boldsymbol{\gamma}}{1+\Psi''(Q)\boldsymbol{\gamma}^T\Gamma^{-1}\boldsymbol{\gamma}}<0.$$

因为 $V''(\cdot)<0$，所以 $\boldsymbol{\gamma}^T\Gamma^{-1}\boldsymbol{\gamma}<0$，因此 ρ 的分母为正，即

$$1+\Psi''(Q)\boldsymbol{\gamma}^T\Gamma^{-1}\boldsymbol{\gamma}=1+\Psi''(Q)\sum_{j=1}^{n}\frac{f(\theta_j)}{[\theta_j+\alpha H(\theta_j)]V''(q_j)}>0.$$

所以，参数 ρ 以及 $\frac{dq_i}{d\epsilon}$ 的符号由 $\Psi''(Q)$ 决定。

（1）若 $\Psi''(Q)>0$，则 $\rho<0$，$\frac{dq_i}{d\epsilon}>0$，这表明 $q_i^{SB}<q_i^{FB}$。

（2）若 $\Psi''(Q)<0$，则 $\rho>0$，因为 $H(\theta_1)V'(q_1)>H(\theta_2)V'(q_2)>\cdots>H(\theta_n)V'(q_n)$，我们有

$$0=H(\theta_n)V'(q_n)<\rho<\frac{\sum_{j=1}^{n}\frac{f(\theta_j)H(\theta_j)V'(q_j)}{[\theta_j+\alpha H(\theta_j)]V''(q_j)}}{\sum_{j=1}^{n}\frac{f(\theta_j)}{[\theta_j+\alpha H(\theta_j)]V''(q_j)}}<H(\theta_1)V'(q_1).$$

这样，存在唯一的 $i^*\in\{1,2,\cdots,n\}$，使得 $i>i^*$ 时，$\rho>H(\theta_i)V'(q_i)$，$\frac{dq_i}{d\epsilon}<0$，从而

$q_i^{SB} > q_i^{FB}$；$i < i^*$ 时，$\rho < H(\theta_i)V'(q_i)$，$\dfrac{dq_i}{d\epsilon} > 0$。所以，$q_i^{SB} < q_i^{FB}$。

（3）若 $\Psi''(Q) = 0$，则 $\rho = 0$，从而 $\dfrac{dq_n}{d\epsilon} = 0$，$\dfrac{dq_i}{d\epsilon} > 0, \forall i < n$，这表明 $q_n^{SB} = q_n^{FB}$，$q_i^{SB} < q_i^{FB}, \forall i < n$。

Q 相对于 ϵ 的一阶导数为：

$$
\begin{aligned}
\frac{dQ}{d\epsilon} &= \sum_{i=1}^{n}\left\{\frac{[\rho - H(\theta_i)V'(q_i)]\, f(\theta_i)}{[\theta_i + \epsilon H(\theta_i)]\, V''(q_i)}\right\} \\
&= \frac{\Psi''(Q)\displaystyle\sum_{j=1}^{n}\frac{f(\theta_j)H(\theta_j)V'(q_j)}{[\theta_j+\epsilon H(\theta_j)]V''(q_j)}}{1+\Psi''(Q)\displaystyle\sum_{j=1}^{n}\frac{f(\theta_j)}{[\theta_j+\epsilon H(\theta_j)]V''(q_j)}}\sum_{i=1}^{n}\frac{f(\theta_i)}{[\theta_i+\epsilon H(\theta_i)]\, V''(q_i)} - \sum_{i=1}^{n}\frac{f(\theta_i)H(\theta_i)V'(q_i)}{[\theta_i+\epsilon H(\theta_i)]\, V''(q_i)} \\
&= -\frac{\displaystyle\sum_{i=1}^{n}\frac{f(\theta_i)H(\theta_i)V'(q_i)}{[\theta_i+\epsilon H(\theta_i)]\, V''(q_i)}}{1+\Psi''(Q)\displaystyle\sum_{i=1}^{n}\frac{f(\theta_i)}{[\theta_i+\epsilon H(\theta_i)]\, V''(q_i)}} > 0.
\end{aligned} \tag{16.93}
$$

故而, 无论网络是否拥挤，都有 $Q^{SB} < Q^{FB}$。 □

备注：在非拥挤性网络中，以上命题的结论与 Hahn (2003)，Segal (1999, 2003) 和 Csorba (2008) 的主要结论一致。条件 $\Psi''(\cdot) > 0$ 表明某个消费者增加消费量会提高其他消费者的边际效用：$\dfrac{\partial^2 \Pi}{\partial q_i \partial q_j} > 0, \forall i \neq j$。这与 Csorba (2008) 中的策略互补性假设是一致的。由此，可根据比较静态分析方法（见 Topkis (1998)，Milgrom 和 Shannon (1994) 等）来比较最佳和次佳合约。[①]对拥挤性消费网络，命题 16.7.3 得出的双向扭曲结论与没有网络效用的情形不一样。一方面，除最高效用以外的任何类型 (θ_i)，委托人都会降低其消费量以抽取比其更有效的消费者 $(\theta > \theta_i)$ 所获得的信息租金，我们称其为租金抽取效应。另一方面，委托人也有激励增加所有类型消费者的消费量以增加网络价值，我们称其为网络增值效应。若网络不拥挤，则对任何类型，租金抽取效应占优，从而每种类型的消费量都会发生向下扭曲；若网络是拥挤的，则对于高需求类型消费者，网络增值效应占优，而对于低需求类型消费者，租金抽取效应占优，因此，次佳消费量表现出双向扭曲。当消费网络为中性的时，不同类型消费者的行为彼此独立，所以次佳消费量的扭曲方式与经典模型中相同。

---

① 由 Topkis (1998)，Milgrom 和 Shannon (1994) 可知，定义在格 (lattice) Q 上的二阶连续可微函数 $\Pi = \Pi(q_1, q_2, \cdots, q_n)$ 为超模（supermodular）函数，当且仅当对 $\forall i \neq j$，$\dfrac{\partial^2 \Pi}{\partial q_i \partial q_j} > 0$; 进一步地，若 $\dfrac{\partial^2 \Pi}{\partial q_i \partial \epsilon} > 0, \forall i$，则称函数 Π 在 (q, ϵ) 上具有严格递增的差。令 $q(\epsilon) = \max\limits_{q \in Q} \Pi(q, \epsilon)$，对某个在 (q, ϵ) 上具有严格递增差的超模函数，$q_i(\epsilon)$ 是 ϵ 的严格增函数。

16.7.2 拥挤性网络的进入阻碍与补偿激励问题

我们现在讨论另一种修正“单向扭曲和顶部无扭曲”规律的因素，即“补偿激励”(countervailing incentives) 问题。假设消费者可以绕过现有网络进入由许多同质厂商组成的竞争性外部市场。这些外部竞争性厂商都是现有网络的潜在进入者。令参数 ω 表示这些厂商的边际生产成本。假设潜在进入者所提供的产品或服务与在位厂商所提供的不相容①并且它们还没有形成自己的消费网络。在外部竞争性市场中，厂商按照边际成本定价。如果绕过现有网络，每个消费者所获的效用为 $G^*(\theta)=\max_q[\theta V(q)-\omega q]$。定义 $G_L=G^*(\theta_L)$，$G_H=G^*(\theta_H)$，$\Delta G=G_H-G_L$。在本节中我们假定网络是拥挤的，即 $\Psi''(\cdot)<0$。此外，命题 16.7.1 中导致双向扭曲的所有条件都成立。

绕过现有消费网络的可能性使消费者具有类型依赖的保留效用，因此，为了防止消费者绕过网络，在位网络提供商需考虑类型依赖的参与约束，它的最优化问题可表述为:

$$
(\text{P5})\left\{\begin{array}{ll}
\max\limits_{\{(U_L,q_L);(U_H,q_H)\}} & v\Big[\theta_L V(q_L)-cq_L\Big]+(1-v)\Big[\theta_H V(q_H)-cq_H\Big] \\
& \qquad +\Psi(Q)-[vU_L+(1-v)U_H] \\
\text{s.t.} & IR(\theta_L): U_L \geqq G_L, \\
& IR(\theta_H): U_H \geqq G_H, \\
& IC(\theta_L): U_L \geqq U_H-\Delta\theta V(q_H), \\
& IC(\theta_H): U_H \geqq U_L+\Delta\theta V(q_L).
\end{array}\right.
$$

求解以上规划问题可得以下命题。

命题 16.7.4 在位厂商的最优进入阻碍定价合约 (entry-deterrence pricing contract) 取决于潜在进入者的边际成本，即存在正数 $\omega_1<\omega_2<\omega_3<\omega_4$，使得:

（1）当 $\omega>\omega_4$ 时，$\Delta G<\Delta\theta V(q_L^{SB})$，非线性定价合约为: $q_L=q_L^{SB}$，$q_H=q_H^{SB}$，$U_L=G_L$ 及 $U_H=G_L+\Delta\theta V(q_L^{SB})$。

（2）当 $\omega_3\leqslant\omega\leqslant\omega_4$ 时，$\Delta\theta V(q_L^{SB})\leqslant\Delta G\leqslant\Delta\theta V(q_L^{FB})$，消费量 q_L 和 q_H 由下式决定:

$$
\left\{\begin{array}{l}
q_L=V^{-1}\left(\dfrac{\Delta G}{\Delta\theta}\right), \\
\theta_H V'(q_H)+\Psi'\left(vq_L+(1-v)q_H\right)=c,
\end{array}\right. \tag{16.94}
$$

其中，$q_L\in\left[q_L^{SB},q_L^{FB}\right]$，$q_H\in[q_H^{FB},q_H^{SB}]$。消费者所获的信息租金为 $U_L=G_L$ 和 $U_H=G_H$。

（3）当 $\omega_2<\omega<\omega_3$ 时，$\Delta\theta V(q_L^{FB})<\Delta G<\Delta\theta V(q_H^{FB})$，最优合约为 $q_L=q_L^{FB}$，$q_H=q_H^{FB}$，$U_L=G_L$ 及 $U_H=G_H$。

① 否则，进入者就可以与在位者共享现有网络。

（4）当 $\omega_1 \leqslant \omega \leqslant \omega_2$ 时，$\Delta\theta V(q_H^{FB}) \leqslant \Delta G \leqslant \Delta\theta V(q_H^{CI})$，最优消费量 q_L 和 q_H 由下式给出：

$$\begin{cases} q_H = V^{-1}\left(\dfrac{\Delta G}{\Delta\theta}\right), \\ \theta_L V'(q_L) + \Psi'\left(vq_L + (1-v)q_H\right) = c, \end{cases} \tag{16.95}$$

且满足 $q_L \in [q_L^{CI},\ q_L^{FB}]$，$q_H \in [q_H^{FB}, q_H^{CI}]$。[①]消费者所获得的信息租金为 $U_L = G_L$ 和 $U_H = G_H$。

（5）当 $0 < \omega < \omega_1$ 时，$\Delta G > \Delta\theta V(q_H^{CI})$，最优合约是：$q_L = q_L^{CI}$，$q_H = q_H^{CI}$，$U_L = G_H - \Delta\theta V(q_H^{CI})$ 及 $U_H = G_H$。其中 q_L^{CI} 和 q_H^{CI} 由下式给出：

$$\begin{cases} \theta_L V'(q_L^{CI}) + \Psi'\left(vq_L^{CI} + (1-v)q_H^{CI}\right) = c, \\ \left(\theta_H + \dfrac{v}{1-v}\Delta\theta\right) V'(q_H^{CI}) + \Psi'\left(vq_L^{CI} + (1-v)q_H^{CI}\right) = c. \end{cases} \tag{16.96}$$

证明： 在规划问题 (P5) 中，紧致约束为 $IR(\theta_L)$，$IR(\theta_H)$，$IC(\theta_L)$ 和 $IC(\theta_H)$ 的任意组合，为了减少需要讨论的情形数，我们先给出以下引理。

引理 16.7.1　$q_L = q_H$，$T_L = T_H$ 的混同合约 (pooling contract) 不是最优合约。

假设最优合约中具有相同的消费量和收费：$q_L = q_H = q$，$T_L = T_H = T$，则会出现两种情形：

（i）$\theta_H V'(q) > c$。将 q_H 增加 ε，而将收费增加 $\theta_H V'(q)\varepsilon$，则 θ_H 类型消费者效用水平不变。θ_H 类型消费者在合约 (q, T) 中具有更高的边际替代率，所以这种新配置是激励相容的。然而，这个新配置会使厂商的收益增加 $(1-v)[\theta_H V'(q) - c]\varepsilon$。

（ii）$\theta_H V'(q) \leqslant c$，$\theta_L V'(q) < c$。则使 q_L 增加 ε，并且调整 θ_L 以使 θ_L 类型消费者处于相同的无差异曲线上，则企业的总收益将增加 $[c - \theta_L V'(q)]\varepsilon$。以上两种情形与 (q, T) 为最优合约的事实相矛盾，因此混同合约非最优。□

引理 16.7.2　如果为两类消费者所提供的合约不同，则两个激励相容约束不可能同时为紧致的。

证明： 仍应用反证法。假设两种类型消费者的激励相容约束都为紧致的，则从 $\theta_L V(q_L) - T_L + \Psi(Q) = \theta_L V(q_H) - T_H + \Psi(Q)$ 和 $\theta_H V(q_H) - T_H + \Psi(Q) = \theta_H V(q_L) - T_L + \Psi(Q)$ 可得：$q_L = q_H$，$T_L = T_H$，从而出现混同合约，而这种情况已经被引理 16.7.1 所排除。□

引理 16.7.3　同一种类型的激励相容约束和参与约束不可能同时松弛。

证明： 如果 $IR(\theta)$ 和 $IC(\theta)$ 同时为松弛的，则将 $T(\theta)$ 做微小增加不会破坏任何约束，但企业的收益将增加，从而得出矛盾。□

应用以上三个引理，会出现以下五种可能情形，见表 16.1。

① “CI”表示“补偿激励”(countervailing incentives)。

表 16.1 五种可能情形

约束	情形 1	情形 2	情形 3	情形 4	情形 5
$IR(\theta_L)$	B	B	B	B	S
$IR(\theta_H)$	S	B	B	B	B
$IC(\theta_L)$	S	S	S	B	B
$IC(\theta_H)$	B	B	S	S	S

注：这里“B”代表“紧致约束”(binding constraint)，“S”代表“松弛约束”(slack constraint)。

随着效用之差 ΔG 的增加，会依次出现情形 1~5，而 ΔG 本身随着潜在进入者边际成本 ω 的变化而变化。为了揭示参数 ω 对在位厂商非线性定价策略的影响，我们给出以下两个引理。引理 16.7.4 说明在五种可能情形下 ΔG 的不同取值。引理 16.7.5 则表明 ω 对 ΔG 的影响。

引理 16.7.4 在五种可能情形下，最优非线性定价合约以及效用之差 ΔG 分别为:

（1）对情形 1，问题 P5 的解为 $q_L = q_L^{SB}$，$q_H = q_H^{SB}$；$U_L = G_L$，$U_H = G_L + \Delta\theta V(q_L^{SB})$。效用之差满足: $\Delta G < \Delta\theta V(q_L^{SB})$。

（2）对情形 2，消费量 q_L 和 q_H 由下式决定:

$$\begin{cases} q_L = V^{-1}\left(\dfrac{\Delta G}{\Delta\theta}\right), \\ \theta_H V'(q_H) + \Psi'\left(vq_L + (1-v)q_H\right) = c, \end{cases} \tag{16.97}$$

其中，$q_L \in \left[q_L^{SB}, q_L^{FB}\right]$，$q_H \in [q_H^{FB}, q_H^{SB}]$。消费者所获得的信息租金为 $U_L = G_L$，$U_H = G_H$。效用之差满足: $\Delta\theta V(q_L^{SB}) \leqslant \Delta G \leqslant \Delta\theta V(q_L^{FB})$。

（3）对情形 3，次佳合约为 $q_L = q_L^{FB}$，$q_H = q_H^{FB}$；$U_L = G_L$，$U_H = G_H$。效用之差满足: $V(q_L^{FB}) < \Delta G < \theta V(q_H^{FB})$。

（4）对情形 4，次佳消费量 q_L 和 q_H 由下式给出:

$$\begin{cases} q_H = V^{-1}\left(\dfrac{\Delta G}{\Delta\theta}\right), \\ \theta_L V'(q_L) + \Psi'\left(vq_L + (1-v)q_H\right) = c, \end{cases} \tag{16.98}$$

且满足 $q_L \in [q_L^{CI}, q_L^{FB}]$，$q_H \in [q_H^{FB}, q_H^{CI}]$。消费者所获得的信息租金为 $U_L = G_L$ 和 $U_H = G_H$。效用之差满足: $\Delta\theta V(q_H^{FB}) \leqslant \Delta G \leqslant \Delta\theta V(q_H^{CI})$。

（5）对情形 5，最优合约是: $q_L = q_L^{CI}$，$q_H = q_H^{CI}$，$U_L = G_H - \Delta\theta V(q_H^{CI})$，$U_H = G_H$。效用之差满足: $\Delta G > \theta V(q_H^{CI})$。其中，$q_L^{CI}$ 和 q_H^{CI} 由下式给出:

$$\begin{cases} \theta_L V'(q_L^{CI}) + \Psi'\left(vq_L^{CI} + (1-v)q_H^{CI}\right) = c, \\ \left(\theta_H + \dfrac{v}{1-v}\Delta\theta\right) V'(q_H^{CI}) + \Psi'\left(vq_L^{CI} + (1-v)q_H^{CI}\right) = c. \end{cases} \tag{16.99}$$

证明：

（1）在情形 1 中，$IR(\theta_L)$ 和 $IC(\theta_H)$ 为紧致的，求解 P5 可得次佳合约：

$$\left\{q_L = q_L^{SB}, q_H = q_H^{SB}; U_L = G_L, U_H = G_L + \Delta\theta V(q_L^{SB})\right\},$$

其中，$\Delta G < \Delta U = \Delta\theta V(q_L^{SB})$。

（2）在情形 2 中，$IR(\theta_L)$、$IR(\theta_H)$ 和 $IC(\theta_H)$ 为紧致约束。则合约形式为：

$$\left\{(q_L, q_H, U_L, U_H) : \Delta\theta V(q_L) = \Delta G, \theta_H V(q_H) + \Psi'(Q) = c; U_L = G_L, U_H = G_H\right\}.$$

将 $IR(\theta_L)$ 和 $IR(\theta_H)$ 代入目标函数，则问题 P5 的拉格朗日函数为：

$$\begin{aligned}L(q_L, q_H) =& v\big[\theta_L V(q_L) - cq_L\big] + (1-v)\big[\theta_H V(q_H) - cq_H\big] \\ &+ \Psi(Q) - \big[vG_L + (1-v)G_H\big] + \lambda\big[\Delta G - \Delta\theta V(q_L)\big],\end{aligned}$$

其中，$\lambda > 0$ 是紧致约束 $IC(\theta_H)$ 所对应的拉格朗日乘子。则消费量 q_L 和 q_H 由下式决定：

$$\begin{cases}\left(\theta_L - \dfrac{\lambda}{v}\Delta\theta\right) V'(q_L) + \Psi'\left(vq_L + (1-v)q_H\right) = c, \\ \theta_H V'(q_H) + \Psi'\left(vq_L + (1-v)q_H\right) = c.\end{cases} \tag{16.100}$$

因为 $\theta_L - \frac{\lambda}{v} < \theta_L$，由式 (16.78) 容易验证 $q_L < q_L^{FB}$，$q_H > q_H^{FB}$。将 $IR(\theta_L)$ 和 $IC(\theta_H)$ 代入 P5 的目标函数并且令 $\delta > 0$ 表示紧致约束 $IR(\theta_H)$ 所对应的拉格朗日乘子，可得拉格朗日函数如下：

$$\begin{aligned}L(q_L, q_H) =& v[\theta_L V(q_L) - cq_L] + (1-v)[\theta_H V(q_H) - cq_H] \\ &+ \Psi(Q) - [vG_L + (1-v)(G_L + \Delta\theta V(q_L))] + \delta[\Delta\theta V(q_L) - \Delta G].\end{aligned}$$

q_L 和 q_H 由下式决定：

$$\begin{cases}\left(\theta_L - \dfrac{1-v-\delta}{v}\Delta\theta\right) V'(q_L) + \Psi'[vq_L + (1-v)q_H] = c, \\ \theta_H V'(q_H) + \Psi'[vq_L + (1-v)q_H] = c.\end{cases} \tag{16.101}$$

因为 $\theta_L - \frac{1-v-\delta}{v}\Delta\theta > \theta_L - \frac{1-v}{v}\Delta\theta$，由表达式 (16.78) 可得 $q_L > q_L^{SB}$，$q_H < q_H^{SB}$。以上推导足以证明 $\Delta\theta V(q_L^{SB}) \leqslant \Delta G \leqslant \Delta\theta V(q_L^{FB})$。

（3）在情形 3 中，$IR(\theta_L)$ 和 $IR(\theta_H)$ 为紧致约束。则次佳合约为：

$$\left\{(q_L, q_H, U_L, U_H) : q_L = q_L^{FB}, q_H = q_H^{FB}; U_L = G_L, U_H = G_H\right\}.$$

因为两个激励相容约束都是松弛的，所以可以验证 ΔG 满足 $\Delta\theta V(q_L^{FB}) < \Delta G < \Delta\theta V(q_H^{FB})$。

（4）在情形 4 中，$IR(\theta_L)$、$IR(\theta_H)$ 和 $IC(\theta_L)$ 为紧致的。最优合约为：

$$\left\{(q_L, q_H, U_L, U_H) : \Delta\theta V(q_H) = \Delta G, \theta_L V(q_L) + \Psi'(Q) = c; U_L = G_L, U_H = G_H\right\}.$$

将 $IR(\theta_L)$ 和 $IR(\theta_H)$ 代入目标函数，令 $\mu > 0$ 表示与紧致约束 $IC(\theta_L)$ 相对应的拉

格朗日乘子，则可构造如下拉格朗日函数：

$$\begin{aligned}L(q_L,q_H)=&v\Big[\theta_L V(q_L)-cq_L\Big]+(1-v)\Big[\theta_H V(q_H)-cq_H\Big]\\&+\Psi(Q)-[vG_L+(1-v)G_H]+\mu[\Delta\theta V(q_H)-\Delta G].\end{aligned}$$

因此，q_L 和 q_H 由下式决定：

$$\begin{cases}\theta_L V'(q_L)+\Psi'\left(vq_L+(1-v)q_H\right)=c,\\\left(\theta_H+\dfrac{\mu}{1-v}\Delta\theta\right)V'(q_H)+\Psi'\left(vq_L+(1-v)q_H\right)=c.\end{cases}\tag{16.102}$$

将 $IR(\theta_H)$ 和 $IC(\theta_L)$ 代入目标函数，以 $\eta>0$ 表示与紧致约束 $IR(\theta_L)$ 相对应的拉格朗日乘子，则可构造如下函数：

$$\begin{aligned}L(q_L,q_H)=&v[\theta_L V(q_L)-cq_L]+(1-v)[\theta_H V(q_H)-cq_H]+\Psi(Q)\\&-[v(G_H-\Delta\theta V(q_H))+(1-v)G_H]+\eta\left[\Delta G-\Delta\theta V(q_H)\right].\end{aligned}$$

则 q_L 和 q_H 可由下式决定：

$$\begin{cases}\theta_L V'(q_L)+\Psi'\left(vq_L+(1-v)q_H\right)=c,\\\left(\theta_H+\dfrac{v-\eta}{1-v}\Delta\theta\right)V'(q_H)+\Psi'\left(vq_L+(1-v)q_H\right)=c.\end{cases}\tag{16.103}$$

为了比较不同的消费水平，我们进行如下的比较静态分析。令

$$\begin{cases}\theta_L V'(q_L)+\Psi'\left(vq_L+(1-v)q_H\right)=c,\\\beta V'(q_H)+\Psi'\left(vq_L+(1-v)q_H\right)=c.\end{cases}\tag{16.104}$$

当 $\beta=\theta_H$ 时，可得 q_L^{FB} 和 q_H^{FB}；若 $\beta=\theta_H+\frac{v}{1-v}\Delta\theta$，则其与补偿激励消费水平 q_L^{CI}，q_H^{CI} 对应。

将式 (16.104) 两端对 β 求导得：

$$\begin{cases}[\theta_L V''(q_L)+v\Psi''(Q)]\dfrac{dq_L}{d\beta}+(1-v)\Psi''(Q)\dfrac{dq_H}{d\beta}=0,\\v\Psi''(Q)\dfrac{dq_L}{d\beta}+[\beta V''(q_H)+(1-v)\Psi''(Q)]\dfrac{dq_H}{d\beta}=-V'(q_L).\end{cases}\tag{16.105}$$

由此可得：

$$\begin{cases}\dfrac{dq_L}{d\beta}=\dfrac{(1-v)V'(q_L)\Psi''(Q)}{\beta V''(q_L)[\theta_L V''(q_L)+v\Psi''(Q)]+(1-v)\theta_L V''(q_L)\Psi''(Q)}<0,\\\dfrac{dq_H}{d\beta}=\dfrac{-V'(q_L)[\theta_L V''(q_L)+v\Psi''(Q)]}{\beta V''(q_L)[\theta_L V''(q_L)+v\Psi''(Q)]+(1-v)\theta_L V''(q_L)\Psi''(Q)}>0.\end{cases}\tag{16.106}$$

因为 $\theta_H+\dfrac{\mu}{1-v}\Delta\theta>\theta_H$，$\theta_H+\dfrac{v-\eta}{1-v}\Delta\theta<\theta_H+\dfrac{v}{1-v}\Delta\theta$，容易验证：$q_H>q_H^{FB}$，$q_L<q_L^{FB}$，$q_H<q_H^{CI}$，$q_L>q_L^{CI}$。因此，$\Delta G=\Delta\theta V(q_H)\in[\Delta\theta V(q_H^{FB}),\Delta\theta V(q_H^{CI})]$。

（5）对情形 5，$IR(\theta_H)$ 和 $IC(\theta_L)$ 为紧致约束，将 $U_H = G_H$ 和 $U_L = G_H - \Delta\theta V(q_H)$ 代入目标函数可得以下一阶条件：

$$\begin{cases} \theta_L V'(q_L) + \Psi'\left(vq_L + (1-v)q_H\right) = c, \\ \left(\theta_H + \dfrac{v}{1-v}\Delta\theta\right)V'(q_H) + \Psi'\left(vq_L + (1-v)q_H\right) = c. \end{cases} \tag{16.107}$$

这是补偿激励消费水平。注意到，$\theta_H + \dfrac{v}{1-v}\Delta\theta > \theta_H$，由式 (16.106) 可得：$q_L^{FB} > q_L^{CI}$，$q_H^{FB} < q_H^{CI}$。保留效用之差满足：$\Delta G > \Delta U = \Delta\theta V(q_H^{CI})$。 □

引理 16.7.5　*设 $V(0) = 0$，$V'(\cdot) > 0$，$V''(\cdot) < 0$，且 $V(\cdot)$ 满足标准的稻田条件 (Inada condition)：$\lim_{q\to+\infty} V'(q) = 0$，$\lim_{q\to 0} V'(q) = +\infty$。则效用之差 $\Delta G = G_H - G_L$ 随着边际成本 ω 的增加而递减，且 $\lim_{\omega\to 0}\Delta G = +\infty$，$\lim_{\omega\to+\infty}\Delta G = 0$。*

证明： 问题 $G^*(\theta) = \max_q [\theta V(q) - \omega q]$ 的一阶条件为 $\theta V'(q^*) = \omega$。于是，绕过现有消费网络给消费者带来的最大效用为：$G^*(\theta) = \theta[V(q^*(\theta)) - q^*(\theta)V'(q^*(\theta))]$。令 $\Phi(q) = V(q) - qV'(q)$，则 $\Delta G = G^*(\theta_H) - G^*(\theta_L) = \theta_H\Phi(q_H^*) - \theta_L\Phi(q_L^*)$，它相对于参数 ω 的一阶导数为：

$$\begin{aligned} \frac{d\Delta G}{d\omega} &= \theta_H\Phi'(q_H^*)\frac{dq_H^*}{d\omega} - \theta_L\Phi'(q_L^*)\frac{dq_L^*}{d\omega} \\ &= -\theta_H q_H^* V''(q_H^*)\frac{dq_H^*}{d\omega} + \theta_L q_L^* V''(q_L^*)\frac{dq_L^*}{d\omega} \\ &= -\theta_H q_H^* V''(q_H^*)\frac{1}{\theta_H V''(q_H^*)} + \theta_L q_L^* V''(q_L^*)\frac{1}{\theta_L V''(q_L^*)} \\ &= -q_H^* + q_L^* < 0. \end{aligned}$$

容易验证，当条件 $V(0)=0, V'(\cdot)>0, V''(\cdot)<0, \lim_{q\to+\infty} V'(q) = 0$ 和 $\lim_{q\to 0} V'(q) = +\infty$ 满足时，$\lim_{\omega\to 0}\Delta G = +\infty, \lim_{\omega\to+\infty}\Delta G = 0$。 □

从以上引理可见，如果潜在进入者的竞争力增强，不同类型消费者之间的保留效用之差将从零增加到无穷。因而，存在正值 $\omega_i, i = 1,2,3,4$，满足 $\omega_1 < \omega_2 < \omega_3 < \omega_4$ 且分别与 $\Delta\theta V(q_H^{CI})$，$\Delta\theta V(q_H^{FB})$，$\Delta\theta V(q_L^{FB})$ 和 $\Delta\theta V(q_L^{SB})$ 对应。其中 q_H^{CI}，q_H^{FB}，q_L^{FB} 和 q_L^{SB} 由式 (16.99)、式 (16.71) 和式 (16.72) 给出。

图 16.9 描绘了 ω 和 ΔG 之间的函数关系。

结合引理 16.7.4 和引理 16.7.5，我们可证明命题 16.7.4。 □

备注：（1）情形 1：当 $\omega > \omega_4$ 时，消费量维持在次佳水平：$q_L = q_L^{SB}, q_H = q_H^{SB}$。当外部竞争者效率不高时，对高需求者来说，绕过网络所得不抵在现有网络中所获得的信息租金，所以外部市场不足以吸引高需求类型消费者，厂商仅需防止低需求者绕过网络和高需求者操纵信息，即 $IR(\theta_L)$ 和 $IC(\theta_H)$ 为紧致约束。厂商定价合约中的消费量维持在原来的次佳水平不变。

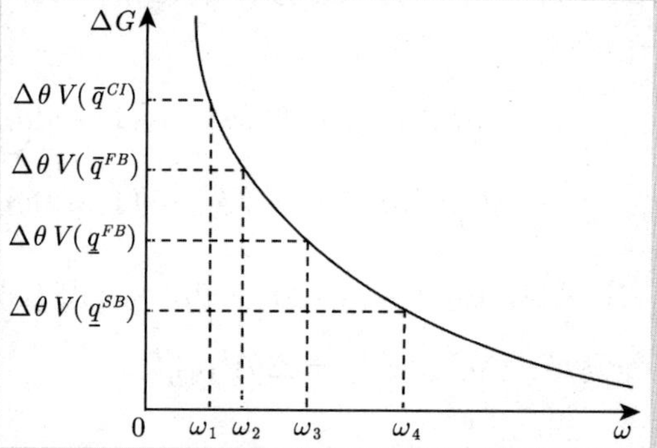

图 16.9　ω 对 ΔG 的影响

（2）情形 2：当 $\omega_3 \leqslant \omega \leqslant \omega_4$ 时，$q_L \in \left[q_L^{SB}, q_L^{FB}\right]$，$q_H \in \left[q_H^{FB}, q_H^{SB}\right]$。随着边际成本 ω 的降低，效用之差 ΔG 增加，高需求者会被外部机会吸引而产生绕过现有网络的激励。垄断者必须给予其更多的信息租金从而使其留在网络中，而其信息租金与低需求者的消费量同向变化，为此需要增加 q_L。由于在拥挤性网络中不同类型消费者的消费量之间存在替代关系，所以相对于上一种情形，高需求者的次佳消费量 q_H 减少。潜在的进入威胁使 q_L 和 q_H 扭曲量减少，它们都更加接近最优解。

（3）情形 3：当 $\omega_2 < \omega < \omega_3$ 时，$q_L = q_L^{FB}, q_H = q_H^{FB}$。随着 ω 的进一步降低和 ΔG 的进一步增加，q_L 达到最优水平，则厂商不会再为了增加高需求者的信息租金而进一步提高低需求者的消费量。在这种情形下，对垄断厂商来讲，将两类消费者留在网络中是比防止他们谎报操纵信息更困难的任务，因此只有两个参与约束 $IR(\theta_L)$ 和 $IR(\theta_H)$ 为紧致的，实现最佳消费量。

（4）情形 4：当 $\omega_1 \leqslant \omega \leqslant \omega_2$ 时，$q_L \in [q_L^{CI},\ q_L^{FB}]$，$q_H \in [q_H^{FB}, q_H^{CI}]$。外部厂商竞争力增强带来的较大的效用差额会使低需求者产生谎报自身类型的激励，由此产生补偿激励问题。约束条件 $IC(\theta_L)$，$IR(\theta_H)$ 和 $IR(\theta_L)$ 为紧致的。两种类型的消费量将分别向相反方向扭曲。但这与情形 1 和 2 中导致双向扭曲的原因不同。在情形 1 和 2 中，厂商会降低 q_L 以减少 θ_H 类型消费者所获得的信息租金，q_H 向上扭曲只是由网络外部性引起的一种副效应。而在这种情形中，为了防止低需求厂商操纵信息，必须给予其信息租金，而这部分租金与 q_H 成反比。所以为了尽量压缩租金，必须提高 q_H。相应地，网络效应的存在导致 q_L 的降低，这也是一种副效应。

当 $0 < \omega < \omega_1$ 时，$q_L = q_L^{CI}$，$q_H = q_H^{CI}$。边际成本 ω 的减少会使高需求量被进一步向上扭曲（低需求者的消费量则被进一步向下扭曲）。较大的配置扭曲迫使厂商不得不放松低需求者的参与约束，向其让渡一部分信息租金 $G_H - \Delta\theta V\left(q_H^{CI}\right)$。这意味着只有 $IC(\theta_L)$ 和 $IR(\theta_H)$ 为紧致约束。在位厂商会通过不断降低收费（θ_L 和 T_H 的不断减少）来将消费者留在网络中，而消费量则始终维持在补偿激励水平 q_L^{CI} 和 q_H^{CI}。

图 16.10 描绘了 ω 与次佳消费量 q_L^{SB} 和 q_H^{SB} 间的关系。

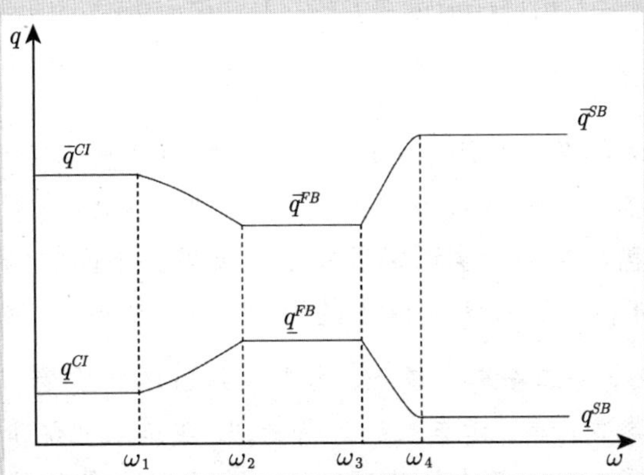

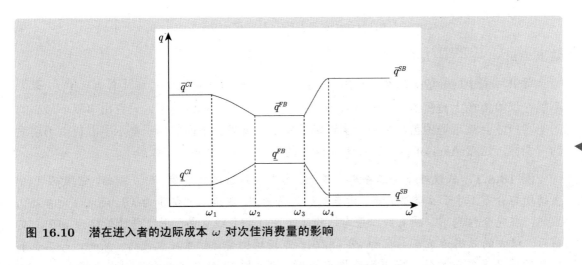

图 16.10　潜在进入者的边际成本 ω 对次佳消费量的影响

16.8　竞争市场中的逆向选择

本节讨论竞争市场中的逆向选择问题。与上面讨论的不同，在竞争市场中，有很多供应商向顾客提供商品，不过由于信息不对称，此时的市场效率，甚至市场的存在性，都会出现问题。乔治·阿克洛夫 (George Akerlof，1940— ，其人物小传见 16.10.2 节) 1970 年在市场分析中首次引入信息不对称。在一个二手车市场中，卖方比买方对车的性能有更多的了解，对可能的市场价格，质量好的旧车可能会退出市场，而质量差的旧车则会进入市场。随着价格的下降，旧车市场中旧车质量会越来越差，最终可能导致市场崩溃。下面我们借鉴保险市场来讨论非对称信息对市场均衡的影响。

在一个竞争的保险市场中，每个投保的客户都有一些关于自身类型的私人信息，不为保险公司所知。比如，在健康保险中，客户有关于自身健康的信息；在财产保险中，客户有关于与行为相关的事故发生可能性的信息。我们引入一个简单连续类型的情形。

假设事故发生的概率 $p \in [\underline{p}, \bar{p}] \subseteq [0,1]$ 是一个私人信息，密度函数为 $f(p)$。假设事故发生的损失为 L(对所有类型的客户来说都是相同的)，每个客户对财富的效用函数 $u(w)$ 都是相同的，假设是严格凹函数。

在完全信息条件下：类型 p 的客户，在竞争市场中，保费率也是 p。损失 L 的保费为 $I = pL$，由于客户是风险厌恶的，因此有

$$u(w - pL) > pu(w - L) + (1 - p)u(w),$$

即买保险后的效用比不买保险的效用要高。

在不完全信息下，在 Akerlof（1970）的模型中，市场中只有一类合约。先考虑简化情景，假设合约是完全损失保险合约，保险公司没有客户的私人信息，保费率为 r，保险的成本为 $I = rL$。若市场均衡存在，它有如下结构：存在 $\hat{p}$，使得

$$u(w - I(\hat{p})) < pu(w - L) + (1 - p)u(w), \quad \forall p < \hat{p},$$

$$u(w - I(\hat{p})) > pu(w - L) + (1 - p)u(w), \quad \forall p > \hat{p},$$

$$u(w-I(\hat{p}))=\hat{p}u(w-L)+(1-\hat{p})u(w), \quad p=\hat{p},$$

这里 $I(\hat{p})=\frac{\int_{\hat{p}}^{\bar{p}} pf(p)dp}{1-F(\hat{p})}L$。

令 $\tilde{p}=\int_{\underline{p}}^{\bar{p}} pf(p)dp$，若 $u(w-\tilde{p}L)<\underline{p}u(w-L)+(1-\underline{p})u(w)$，意味着 $p\in[\underline{p},\hat{p})$ 类型不能在保险市场上被覆盖，从而导致市场失灵。在一些极端情形下，只有出事概率最高的一些客户才会被市场覆盖，导致**"劣币驱逐良币"**现象。下面的例子揭示了旧货市场崩溃的可能性，这在 Akerlof (1970) 中有更深入的讨论。

例 16.8.1 假设在一个二手车市场上，卖车人知道车的质量，用 θ 刻画，它服从 $[0,\bar{\theta}]$ 上的均匀分布。对于 θ 类型的车，卖车人的评价为 θ，买车人的评价为 $k\theta$，满足 $1<k<2$。显然，在完全信息下，所有的二手车，除了 $\theta=0$ 都会被交易。若交易的价格为 $p(\theta)$，交易后，双方的效用为 $p(\theta)-\theta$ 和 $k\theta-p(\theta)$，市场均衡会是帕累托最优的。然而，若二手车质量的信息是非对称的，当市场价格为 p 时，$\theta\in[0,p]$ 的二手车会依旧在市场上，此时，平均质量为 $\frac{p}{2}$，若消费者购买，其期望效用为 $\frac{kp}{2}-p<0$，从而二手车市场完全不存在。

16.8.1 非对称信息下竞争市场的甄别机制

若有不止一种类型合约，那么不同的销售者可以选择不同的合约来迎合不同的消费者，在这种情形下，市场均衡会有新的特征，比如不存在混同均衡。Rothschild 和 Stiglitz（1976）首先在竞争市场中引入合约甄别机制。下面，我们简单讨论竞争市场中多类型的合约均衡。

为简化起见，假设市场上有两类消费者，其事故发生概率为 $p_L<p_H$，市场上有很多保险公司，可以给消费者提供不同的合约。假设低事故类型的分布概率为 λ，i 保险公司提供的合约形式为 (I_i,D_i)，这里的 I_i 是保险费，D_i 是免赔额。若类型 i 的消费者接受，那么其期望效用为：

$$p_i u(w-D_i-I_i)+(1-p_i)u(w-I_i).$$

假设保险过程分为两步：首先是各个保险公司提供保险合约；其次是客户在其中选择一个最有利的保险合约。与此同时，我们假设，保险公司对其合约的履行是有承诺能力的，即使该保险合约是亏本的，也会得到执行。此外，在竞争环境中，保险公司的期望利润为零，想象保险公司之间以类似伯特兰的方式竞争。

在均衡中，可能有以下两种纯策略形式：一是**混同均衡**，即所有保险公司选择相同的合约，同时吸引所有的保险客户；二是**分离均衡**，市场上有两类不同的保险合约，不同类型的客户选择不同的合约。

我们先讨论混同均衡的可能性：假设 $\alpha=(I,D)$ 是混同均衡中的保险合约。此时，对两类消费者而言，他们的期望收益为：

$$U^i\equiv p_i u(w-D-I)+(1-p_i)u(w-I).$$

零利润条件意味着：

$$I = (p_L\lambda + p_H(1-\lambda))(L-D).$$

在混同合约中，低事故类型的消费者补贴了高事故类型的消费者。此时在保险市场上会有正的获利机会，新的保险公司可以通过设计一个新的合约 ($\beta = \hat{D}, \hat{I}$)，只吸引低事故类型的消费者，只要满足：

$$p_H u(w-D-I) + (1-p_H)u(w-I) > p_H u(w-\hat{D}-\hat{I}) + (1-p_H)u(w-\hat{I}),$$
$$p_L u(w-D-I) + (1-p_L)u(w-I) < p_L u(w-\hat{D}-\hat{I}) + (1-p_L)u(w-\hat{I}),$$
$$\hat{I} > p_L(L-\hat{D}).$$

令 $W_1 = u(w-I), W_2 = u(w-D-I)$，图 16.11 表明存在这样的新合约。

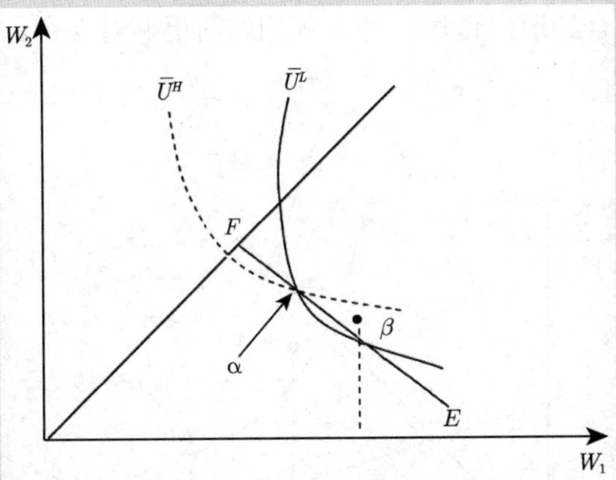

图 16.11　混同均衡不存在

这是因为，当 $\hat{D} < D, \hat{I} < I$ 时，低事故类型的消费者对免赔额不太敏感，但是对保险成本很敏感；然而对于高事故类型的消费者而言，则刚好相反，那么新的保险公司可以通过迎合低事故类型的消费者获利。

对于分离均衡，即市场上存在两类保险合约，一类迎合低事故类型的消费者 α^L : $(D_L, I_L = p_L(L-D_L))$，另一类则迎合高事故类型的消费者 α^H : $(D_H, I_H = p_H(L-D_H))$，Rothschild 和 Stiglitz（1976）发现在一定的条件下，分离均衡也可能不存在。

我们知道高事故类型的消费者对免赔额很敏感，那么不妨假设高事故的合约为 $\alpha^H = (0, I_H = p_H L)$，而低事故的合约为 $\alpha^L = (D_L, I_L = p_L(L-D_L))$，满足：

$$U^L = p_L u(w-D_L-I_L) + (1-p_L)u(w-I_L)$$
$$\text{s.t.} \quad u(w-I_H) \geqq p_H u(w-D_L-I_L) + (1-p_H)u(w-I_L).$$

在分离均衡中，低事故的合约与市场上两类参与人的分布不相关，但却受 $p_H - p_L$ 的影响很大。这是因为，为了避免高事故类型的消费者选择低事故类型合约，需要免赔额较大，但这使得低事故类型的消费者面临高的风险。若市场上低事故的类型概率很高，此时市场上会有一个正的获利机会，使得新的保险公司提供一个同时迎合两类消费者的混同合约（图 16.12 中的合约 γ）。图 16.12 表明存在这样的新合约。

对于均衡的存在性问题，Wilson (1977) 引入了**"预期均衡"**(anticipatory equilibrium)。在这个概念下，若新合约被引入并且旧合约退出后新合约会出现亏损，那么此时新合约就不会被引入。Wilson (1977) 证明了在这样的约束下，市场均衡会存在，而且混同均衡也可能会存在。Riley (1979) 引入了**"反应均衡"**(reactive equilibrium)。在这个概念下，若新合约被引入后会引发一系列新合约的连锁反应从而使得最初的新合约会出现亏损，那么新合约就不会被引入。同样，在这样的约束下，市场均衡也会存在。Hellwig (1987) 以及 Engers 和 Fernandez (1987) 分别对以上预期均衡和反应均衡提供了博弈论的基础。对于新的均衡对现实问题的解释能力，Kreps (1990，p. 645) 认为这与市场管制环境密切相关。若管制机构不允许初始合约（即使其亏本）退出市场，那么反应均衡更贴近现实；而若管制机构允许亏本的初始合约退出市场，那么预期均衡更贴近现实。

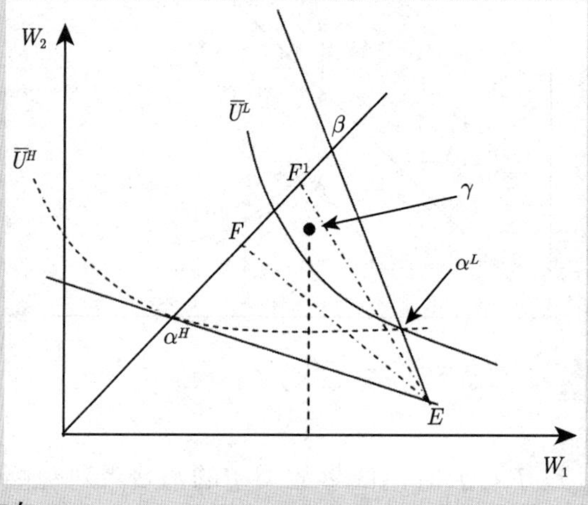

图 16.12　分离均衡不存在

16.8.2　非对称信息下的信号传递

我们在第 6 章有关博弈论的内容中讨论过教育的信号机制，不同能力类型的员工通过文凭来显示其能力信息。下面我们通过一个例子（Tirole, 1988）来讨论在商品质量存在非对称信息的情形下，生产者如何通过一些机制来显示其质量信息。令 s 是产品的质量，消费者在价格 p 下的效用水平为 $\theta s - p$。假设 $s \in \{0, 1\}$，企业单位生产成本为 c_s（$c_0 < c_1$）。我们讨论垄断企业的情形。假设产品存在两期重复购买，产品的质量不能改变，消费者使用产品后会了解到产品的质量。令 δ 是时间贴现率。垄断者可以通过价格来显示质量信息，p_1 是显示高质量的价格信息。高质量企业的利润为：

$$\pi_1 = (p_1 - c_1) + \delta(\theta - c_1).$$

为了避免低质量企业模仿，需要求：

$$p_1 \leqq c_0,$$

这就意味着：

$$\pi_1 \leqq \delta(\theta - c_1) - (c_1 - c_0).$$

若 $\delta(\theta - c_1) > (c_1 - c_0)$，则存在高质量的显示均衡，垄断者索取 $p_1 = c_0$，通过在第二阶段获得垄断利润来弥补第一阶段的利润亏损，在总体上获利。若 $\delta(\theta - c_1) \leqq (c_1 - c_0)$，则不存在一个高质量商品的分离均衡。$\delta(\theta - c_1)$ 是高质量企业在显示均衡中所获得的好处，而 $c_1 - c_0$ 则是显示高质量的成本，为此当且仅当高质量企业显示其类型的收益大于其成本时，分离均衡才能存在。在这个分离均衡中，我们发现企业通过初期的价格优惠来建立声誉。在现实生活中，一些商家在开业时选择低价格来吸引顾客，其背后的逻辑与此相关。不过，企业显示信号的方式有很多，比如企业可以通过铺张性的广告开支来显示其类型，比如在中国，企业通过在央视新闻联播前的高投标来显示其实力。

第16章

令 A 是铺张性的广告开支，假设其功能是显示质量的信号。当 $A = \theta - c_0$ 时，我们发现低质量企业没有动机去模仿，这是因为

$$\pi_0 \leqq (\theta - c_0) - (\theta - c_0) = 0,$$

高质量企业在该广告投入下的利润为：

$$\pi_1 = (\theta - c_1) + \delta(\theta - c_1) - (\theta - c_0) = \delta(\theta - c_1) - (c_1 - c_0).$$

因此，当 $\delta(\theta - c_1) > (c_1 - c_0)$ 时，广告就成为显示企业质量信息的一个信号。

此外，企业也可以通过一些有承诺能力的担保、售后服务等方式来显示企业质量的信息，其背后机制为高质量企业相对于低质量企业在显示信号下获得的收益更高，比如通过未来的重复购买来实现。

16.9 进一步的拓展

本章的主题主要是确定逆向选择问题中租金抽取与效率之间的最优权衡。在本章所讨论的模型中，由于只有一个紧致激励相容约束和一个紧致参与约束，此冲突问题相对来说容易理解。这里我们介绍几个可能的拓展方向。我们可以考虑二维逆向选择模型，或者考虑包含随机参与约束、有限债务约束的模型，或者考虑委托人对代理人进行监督的模型。关于这些主题及其应用的细致讨论，有兴趣的读者可参见 Laffont 和 Martimort (2002)。

16.10 【人物小传】

16.10.1 奥斯卡 · 兰格

奥斯卡 · 兰格 (Oskar Lange，1904—1965)，波兰经济学家，政治家，外交家。1928 年获法学博士学位，后在波兰牙盖隆大学讲授统计学和经济学。1938—1945 年在美国密歇

根大学、芝加哥大学讲授统计学和经济学。1945—1946 年任波兰驻美国大使。1946—1947 年任波兰驻联合国安全理事会代表。1948 年后一直任波兰华沙大学教授，讲授统计学和经济学。在波兰共产党与社会党合并为统一工人党时，他当选为中央委员。

兰格的经济理论对观察和研究社会主义经济关系、探讨现代社会主义经济运行理论都具有十分重要的意义。兰格一生著述颇丰，最有影响力的有《社会主义经济理论》《价格弹性和就业》《经济计量学导论》《社会主义政治经济学》《最优决策》《经济控制论导论》等。兰格 20 世纪 30 年代中期在和米塞斯（1881—1973）、哈耶克（1899—1992) 等人的论战中，第一次提出了社会主义经济的分散模型，即著名的"兰格模型"。他通过对模型的分析，认为在社会主义经济中，价格不是随意确立的，而是和自由竞争体制中的市场价格一样具有客观性质。其主张虽然生产资料收归国有，但消费品和劳动力还是通过市场来定价，而生产资料的价格则由计划机关模拟市场，按照与竞争性市场机制相同的"试错法"（trial-and-error method）来决定。兰格把市场机制的作用引入社会主义经济，开创了对社会主义经济中市场机制运行分析的先例。第二次世界大战期间，兰格对资本主义经济中的价格和就业问题进行了研究。他从一般均衡理论出发，通过对货币效应的分析，指出价格弹性只有在特殊条件下才能导致自动维持或恢复生产要素的供求平衡。但他认为，自 1914 年第一次世界大战开始后在资本主义经济中取得这种特殊条件的可能性已经很小。兰格在把计量经济学应用于社会主义计划经济、把控制论方法应用于经济研究方面，也做了不少开创性工作。他将计划的科学化看成是社会主义经济运行理论的主题，形成了现代的科学计划理论。

16.10.2 乔治·阿克洛夫

乔治·阿克洛夫 (George Akerlof，1940—)，生于美国纽黑兰，1966 年获美国麻省理工学院博士学位，自 1980 年起在美国加州大学伯克利分校任经济学讲席教授。2001 年与另外两名美国经济学家迈克尔·斯宾塞和约瑟夫·斯蒂格利茨一道获得诺贝尔经济学奖，因他们在"对充满不对称信息市场进行分析"领域所做的突出贡献而受到表彰。

阿克洛夫 1970 年的论文《柠檬市场：质量的不确定性和市场机制》是信息经济学文献中最为重要的研究之一，提出了简单而又深奥的一个普遍化思想，并因应用广泛而产生了巨大影响。在这篇文献中，他引入信息经济学研究中的一个著名模型——"柠檬市场"，该模型主要被用来描述当产品的卖方对产品质量比买方有更多的信息时，低质量产品将会驱逐高质量产品，从而使市场上的产品质量持续下降的情形。阿克洛夫的理论被广泛运用于一些完全不同的领域，如健康保险、金融市场和雇佣合同。

如今，有缺陷旧车的口语表达"柠檬"已成为经济学家词汇中的一个著名的隐喻。阿克洛夫认为信息不对称问题可能导致整个市场崩溃或者萎缩，以至只有劣等产品充斥其中。阿克洛夫还指出，类似的信息不对称在发展中国家尤其普遍并产生了重要影响。他以印度 20 世纪 60 年代的信贷市场为例来说明逆向选择问题。印度的小地方的放贷者索取的利率是大城市利率的两倍。在城镇借款然后在农村放贷出去的一个贷款人并不了解借款人信誉，因此极易遭受惨重损失。有关“柠檬”的论文中一个关键的见解是经济主体有强烈的激励去抵消信息问题对市场效率的不利影响。阿克洛夫认为许多市场机构可以被看成是为了解决不对称信息问题而出现的。

阿克洛夫除了对不对称信息所进行的研究外，还从社会学和社会人类学的角度发展了经济学，在这方面最值得一提的贡献是他对劳动力市场效率的关注。

阿克洛夫的妻子珍妮特·L·耶伦也是加州大学伯克利分校的一位经济学家，他们合作完成了许多研究项目。耶伦曾在 2014 年至 2018 年担任美联储主席，成为美联储历史上首位女性主席，目前担任美国财政部长。耶伦赞扬阿克洛夫在提供原创见解方面的能力，她评价说：“他对人类问题具有的敏锐洞察力，可以直指社会现象的原因。与他合作是精彩的，他是如此具有原创性。”

16.11　习题

习题 16.1 (一般成本函数)　考察代理人成本函数不可观察的委托–代理模型。不同的成本函数 $C(q,\theta)$ 代表不同类型的代理人，假定 $C_q > 0$，$C_\theta > 0$，$C_{qq} > 0$ 及 $C_{q\theta} > 0$，其中 q 是委托人可完美观察的产出。假设有两类代理人，$\theta \in \{\theta_L, \theta_H\}$，各自出现的概率为 ν 和 $1-\nu$ 且 $\Delta\theta \equiv \theta_H - \theta_L > 0$。产量 q 对于委托人的价值为 $S(q)$，其中 $S' > 0$，$S'' < 0$ 且 $S(0) = 0$。令 T 表示委托人给代理人的转移支付，由此代理人的收益函数为：$T - C(q,\theta)$。委托人与风险中性的代理人在事中阶段签订合同。

1. 写出委托人满足激励相容的最优化问题。
2. 给出委托人激励相容问题的一阶条件。这些条件的含义是什么？
3. 对两种类型的代理人的最优转移支付 T_H 和 T_L 以及经济租金各是多少？
4. 设 $S(q) = q$，$C(q,\theta) = \theta q^2/2$，$\theta_L = 1$，$\theta_H = 2$，$\nu = 2/3$。求最优合约。

习题 16.2 (风险厌恶的委托人)　在与上一题相同的设定下，假设委托人是风险厌恶者，定义在交易的货币收益 $S(q) - t$ 上的 vNM 效用函数 $v(\cdot)$ 满足 $v' > 0$，$v'' < 0$ 以及 $v(0) = 0$。

1. 写出委托人满足激励相容的最优化问题。
2. 对两种类型的代理人的最优转移支付 T_H 和 T_L 以及经济租金各是多少？
3. 找出委托人激励相容问题的一阶条件，比较风险厌恶委托人与风险中性委托人各自的产出扭曲，哪种情况下的产出扭曲更大？为什么？
4. 假设 $v(x) = \dfrac{1-e^{-rx}}{r}$，找出最优化问题的一阶条件，当 $r \to 0$ 时会发生什么？解是否会收敛到风险中性委托人–事中阶段代理人参与约束情形下的扭曲？当 r 趋向于无穷大时又会如何？最佳产出能被实施吗？

习题 16.3 (多种商品) 考虑经济人为委托人生产多种商品 $q=(q^1,...,q^n)$ 的委托–代理模型。假定经济人的成本函数 $C(q,\theta)$ 关于 q 严格凸，且 $C_{q^i\theta}>0$ 对所有产出 i 都成立。假设有两类代理人，$\theta\in\{\theta_L,\theta_H\}$，各自出现的概率为 ν 和 $1-\nu$ 且 $\Delta\theta\equiv\theta_H-\theta_L>0$。产量 q 对于委托人的价值为 $S(q)$，其 $S(\cdot)$ 是严格凸的。令 T 表示委托人给代理人的转移支付，由此代理人的收益函数为：$T-C(q,\theta)$。委托人与风险中性代理人在事中阶段签订合同。

1. 写出委托人满足激励相容的最优化问题。
2. 给出委托人激励相容问题的一阶条件。
3. 对两种类型的代理人的最优转移支付 T_H 和 T_L 以及经济租金各是多少？
4. 若对成本函数 $C(q,\theta)$ 和价值函数 $S(q)$ 不给出进一步的界定，对所有的 i，仍然会有 $q_H^{iSB}<q_H^{i*}$ 吗？

习题 16.4 假设企业雇用两类工人 θ_H 和 θ_L 生产某产品。类型 θ_L 工人的比例为 λ。当类型 θ 工人支付 T 元消费 x 单位商品时得到的效用为 $u(x,T)=\theta v(x)-T$，其中，$v(x)=\dfrac{1-(1-x)^2}{2}$。该企业是这种商品的唯一生产者，其单位生产成本 $C>0$。

1. 考虑一个非歧视性的垄断者。推导出该垄断者的定价策略。证明当 θ_L 或是 λ 足够大时，该垄断者将向这两类消费者提供产品。
2. 考虑下面的垄断者，该垄断者能将这两类消费者区分开，但其对每个类型 θ_i 只能索要统一价格 p_i。刻画该垄断者的最优定价。
3. 计算最优的非线性定价。

习题 16.5 (关闭合约) 在习题 16.1 的设定下，假定成本函数为 $C(q,\theta)=\theta q$。求解具有关闭性质的合约 (shutdown contract)。

1. 在什么条件下，合约会关闭低效率的一方？
2. 假设保留效用为 U_0。证明关闭合约的条件为 $\dfrac{v}{1-v}\Delta\theta\overline{q}^{SB}+U_0\geqq S(\overline{q}^{SB})-\overline{\theta}\overline{q}^{SB}$。

习题 16.6 (状态依赖的固定成本) 在与习题 16.1 相同的设定下，假设成本函数由 $C(q,\theta)=\theta q+F(\theta)$ 给出，固定成本满足 $F(\theta_L)>F(\theta_H)$，即较高的边际成本伴随着较低的固定成本，反之亦然。

1. 写出委托人满足激励相容的最优化问题。
2. 对两种类型的代理人的最优转移支付 T_H 和 T_L 以及经济租金各是多少？
3. 找出委托人激励相容问题的一阶条件。
4. 讨论问题解的不同区间，依据 $F(\theta_L)-F(\theta_H)$，$\Delta\theta q_H$ 以及 $\Delta\theta q_L$ 的不同位置。

习题 16.7 (三种类型代理人) 在习题 16.1 的设定下，假定代理人的类型 θ 存在三种可能 $\{\theta_1,\theta_2,\theta_3\}$，且 $\theta_3-\theta_2=\theta_2-\theta_1=\Delta\theta$，各自发生的概率为 v_1,v_2,v_3，这时直言机制为 $\{(t_1,q_1),(t_2,q_2),(t_3,q_3)\}$，其余设定与习题 16.1 中相同，成本函数为 $C(q,\theta)=\theta q$。

1. 写出三种类型代理人各自的经济租金参与约束和激励相容约束。

2. 尝试简化参与约束和激励相容约束。
3. 若 $v_2 > v_1v_3$，证明单调性条件严格满足，并且求解最优解。
4. 若 $v_2 \leqq v_1v_3$，求解最优合约。

习题 16.8 (多类型代理人)　上题中，代理人的类型有三种可能，现在更进一步，假定代理人的类型有 n 种可能，$\theta_n > \cdots > \theta_2 > \theta_1$，每种状态 θ_i 发生的概率为 β_i。

1. 写出此问题的斯宾塞–莫里斯单交叉性条件。
2. 写出此问题的局部向下激励相容约束。
3. 证明：单交叉性条件意味着单调性和局部激励相容约束的充分性。
4. 证明：在最优解处，所有局部向下激励相容约束（LDICs）均是紧致的。
5. 证明：所有 LDICs 均是紧致的，再加上单调性条件，保证了所有局部向上激励相容约束（LUICs）都得到满足。同时证明全局激励相容约束成立。
6. 求解简化的最优合约问题。

习题 16.9 (连续类型代理人)　上题中，代理人的类型为有限个，现假定代理人的类型是连续的，即 θ 不再取有限多个值，而是定义在区间 $[\underline{\theta}, \overline{\theta}]$ 上，密度函数为 $f(\theta)$。由于显示原理，我们只考虑直言机制 $\{q(\theta), T(\theta)\}$。

1. 写出此问题的斯宾塞–莫里斯单交叉性条件。
2. 写出此问题的局部向下激励相容约束。
3. 写出单调性条件、局部激励相容约束，以及最优合约问题的汉密尔顿函数。
4. 求解最优化问题，并对结果作出解释。比较连续类型下的最优合约问题与习题 16.1 中的两类型问题。

习题 16.10　考虑一个甄别模型。卖家的成本函数为 $C(q) = q^{1/2}$，买家若消费 q 单位的商品，他的效用函数为 $\theta \ln q$，买家的类型 θ 为私人信息，并且服从 $[0,1]$ 上的均匀分布。

1. 建立垄断者的最优化问题。
2. 求解最优化问题 $(q(\theta), t(\theta))$。

习题 16.11　一个垄断者欲卖一件物品给某个消费者，后者对这一物品的转移支付意愿是 t_1 或 $t_2(t_2 > t_1)$。卖者知道买者受流动性所限，对该物品的最高转移支付是 $t \in \{t_1, t_2\}$。买者的转移支付意愿是私人信息，卖者只知道其类型为 t_i 的概率 $\mu(t_i)$。这件物品对卖者来说，价值是 $c < t$。假设买卖双方均是风险中性的。令 v 表示交易发生的概率，h 表示对卖者的转移支付，t_i 是买者的价值。买者的收益函数是：

$$vt_i - h,$$

卖者的收益函数是：

$$h - vc.$$

另外，无论哪种类型，买者的保留收益均为 0。

1. 给出直言机制所要求的参与约束、激励相容约束以及流动性约束。

2. 找出最大化卖者期望收益的直言机制。

习题 16.12 (集束与熨平) 在连续类型的代理人问题中，通常假定风险率（hazard rate）条件，即风险率 $h(\theta)=\dfrac{f(\theta)}{1-F(\theta)}$ 关于 θ 是递增的。

1. 证明：若风险率条件满足，则在连续类型最优合约的实施问题中，单调性条件满足。
2. 若单调性条件不满足，那么我们在大多数情况下需要重新求解最优化问题。参考教材 16.5.3 节中的内容，重新定义汉密尔顿函数以及相应的约束条件。
3. 利用庞特里亚金极大值原理，重新求解最优合约。

习题 16.13 假设两个人正在考虑以价格 p 交易某种资产，这种资产只能用作财富储藏手段。参与人 1 当前拥有这种资产。每个人对这种资产的评价只有他自己知道，而且每个人只关心该资产一年后的期望价值。假设只有双方都认为交易能使得自己的境况变好时，他们才愿意以价格 p 进行交易。证明交易的可能性为零。

习题 16.14 考虑下面的过程。首先自然行动确定工人类型，它在区间 $[\underline{\theta},\overline{\theta}]$ 上连续分布。一旦工人知道自己的类型，他就可以选择是否参加某个不需要花费成本的考试，该考试能准确反映他的能力。在观察到工人是否参加考试和参加考试的工人成绩后，两个企业对工人的服务展开竞价。证明：在这个模型的任何子博弈完美纳什均衡中，所有工人类型都参加考试，而且对于不参加考试的任何工人，企业提供的工资不会大于 $\underline{\theta}$。

习题 16.15 (逆向选择下的借贷) 假设有连续统的风险中性的借款人，借款人没有个人财富且承担有限责任。有 ν 比率的借款人（称为类型 1）拥有对 1 单位投资有确定回报 h 的投资项目，有 $1-\nu$ 比率的借款人（称为类型 2）拥有随机独立的投资项目，对于 1 单位投资有 θ 的概率回报为 $h(\theta\in(0,1))$，有 $1-\theta$ 的概率回报为 0。若借款人不申请贷款，他有效用水平为 u 的外部机会。在这个经济中只有一个风险中性的银行提供贷款，贷款的财务成本为 r。银行提供借贷合同以最大化自己的期望利润，为简化起见，假设投资任何项目都是社会有效的：$\theta h>r+u$。

1. 解释为什么只考察合约清单 (r_1,P_1) 和 (r_2,P_2)（其中，P 是获得贷款的概率，r_i 是自称类型为 i 的借款人在投资成功后给银行的转移支付）会不失一般性。
2. 写下银行选择清单 (r_1,P_1) 和 (r_2,P_2) 以在满足借款人参与约束和激励相容约束时最大化期望利润的优化问题（为简化，假设若一个借款人申请了贷款，他就失去了外部机会效用 u）。
3. 证明最优合约中贷款分配是非随机的（即：P_i 非 0 即 1，对于 $i=1,2$），写出最优合约的特征。

习题 16.16 (贿赂博弈) 考察一个管理机构以固定的拖延期给公民提供一项服务，在管理机构正常工作情形下，公民获得 u_0 的效用（取决于他们对时间的估价）。官员付出额外的努力后可以缩短拖延期。官员可以以 $\dfrac{(q-Q)^2}{2}$ 的成本缩短 q 的拖延期，其中 Q 是一个常数。假设有 ν（或 $1-\nu$）的类型 1（类型 2）公民对 q 的评价分别为 $\theta_L q$（$\theta_H q$）。公民愿意贿赂官员以缩短拖延期。写出官员提供给公民的最优贿赂合约并求解。

习题 16.17　垄断者可以在不同的质量水平上生产某种产品，生产一单位质量为 s 的产品需要的成本是 s^2。消费者最多购买一单位产品，若其消费一单位质量为 s 的产品，其效用函数为 $u(s|\theta)=s\theta$。垄断者可以决定产品的价格和质量。消费者观察产品的质量和价格，并决定购买何种质量的产品。

1. 求最优解。
2. 假定卖方不能观察到 θ，并且假定 $prob(\theta=\theta_H)=1-\beta, prob(\theta=\theta_L)=\beta$，其中 $\theta_H>\theta_L>0$，求次佳解和消费者的信息租金。
3. 假定 θ 在区间 $[0,1]$ 上服从均匀分布，求次佳解。

习题 16.18　一个垄断厂商以 p 的价格出售其产品，生产过程只需要投入劳动。为了生产 q 单位产品，工人必须付出努力，努力的成本为 $\dfrac{q^2}{2}\theta$，工人数量标准化为 1，工人的技能水平用 θ 表示，且委托人无法观测到 θ。假设有 λ 比例的工人是高技能的，即 $\theta=\theta_H$，其余为低技能者，即 $\theta=\theta_L<\theta_H$。委托人可以雇用任意数量的工人，每个工人的保留效用都是 0，委托人的利润为其产品收益减去付给工人的工资。

1. 求解最优合约。
2. 假设产出 q 是可以观测和验证的，并且只有工资 w 可以写入合约中（对于每个工人 i 的转移支付是相同的，$T_i=w_i q_i$），求解最优的 w。高技能工人和低技能工人所得到的 w 是相同的吗？最优的 w 是否会依赖于高技能工人的比例？
3. 假定任意合约 (q_i,T_i) 均是可能的，找到最优的合约安排，并且与上一问的结果做对比。你也许可以假定高技能工人的比例相当低，厂商只雇用高技能工人并不是最优的。

习题 16.19 (劳动合约)　考察下列设定：一个厂商面对一个工人。工人的效用函数为 $U^A=u(c)-\theta l$，其中 c 是消费，l 是劳动供给。$\theta\in\{\theta_L,\theta_H\}$ 是只有工人知道的参数，$\theta_L<\theta_H$，$u(\cdot)$ 是一个递增的凹函数。工作带来的负效用较低的工人 $(\theta=\theta_L)$ 比例为 ν，代理人的最优选择必须满足预算约束 $c\leqslant T$，其中 t 是他从雇主处收到的转移支付。雇主的效用函数为 $U^P=f(l)-T$，其中 $f(l)$ 是一个规模报酬递减的生产函数。

1. 假设雇主知道 θ，写出雇主在满足工人参与约束条件下最大化自己效用的解，称此解为最佳解。
2. 假设雇主可以观察并验证劳动供给，但不能观察 U 和 θ，证明最佳解是不可实施的。现在雇主可以提供合约清单 (T_L,l_L) 和 (T_H,l_H)，其中，(T_H,l_H) 是类型为 θ_H 的工人选择的合约，(T_L,l_L) 是类型为 T_L 的工人选择的合约；找出最优合约，将这个次佳解与最佳解进行比较。
3. 假设努力的负效用较低的工人有一个外部机会能给他带来 V 的效用，比较这一情形下的最佳解与次佳（信息不对称）解，注意解将依赖于 V 的大小。分别考察

$l_H^{SB}\Delta\theta \geqq qV$ (SB 表示“次佳”)，$l_H^{SB}\Delta\theta \leqslant V \leqslant l_H^{FB}\Delta\theta$（$l_H^*\Delta\theta \leqq qV \leqq ql_L^*\Delta\theta$，$FB$ 表示“最佳”）以及 $V \geqq ql_L^*\Delta\theta$，每种情形下的紧致约束是哪些？需要什么类型的扭曲？

习题 16.20 (逆向选择下的劳动合约) 考虑一个委托–代理关系，其中委托人为雇主，代理人为工人。对于类型为 θ ($\theta \in \{\theta_L, \theta_H\}$) 的工人，产量为 y 时的工作负效用为 $\psi(\theta y)$。换言之，类型为 θ 的工人必须工作 l 单位（$l = \theta y$），产生的负效用为 $\psi(l)$。若他从雇主那里得到 t 的补偿，则其净效用为 $U = t - \psi(\theta y)$，雇主的效用函数为 $V = y - t$。

1. 应用显示原理，写出直言机制的特征。
2. 假设 ν（$(1-\nu)$）是工人为类型 θ_L（θ_H）的概率，写出雇主最大化期望效用（同时满足工人的激励相容约束和参与约束）的合约。

习题 16.21 (信息与激励) 一个代理人（自然垄断的厂商）以可变成本 θq（$\theta \in \{\theta_L, \theta_H\}$，$\Delta\theta = \theta_H - \theta_L$）生产量为 q 的产品。委托人从生产中得到的效用为 $S(q)$（$S' > 0$，$S'' < 0$）并给代理人转移转移支付 t。委托人的效用函数为 $V = S(q) - T$，代理人的效用函数为 $U = T - \theta q$。此外，代理人的现状效用标准化为 0。

1. 当委托人对于 θ 有完全信息时，写出委托人的最佳合约。
2. 假设 θ 是代理人的私人信息，$\nu = Pr(\theta = \theta_L)$，写出满足代理人事中参与约束的委托人最优合约（自此假设工程价值足够大，委托人总愿意有正的产量）。
3. 假设委托人能通过信息技术获取信号 $\sigma \in \{\sigma_L, \sigma_H\}$。又假设

$$\mu = Pr(\sigma = \sigma_L|\theta = \theta_L) = Pr(\sigma = \sigma_H|\theta = \theta_H) \geqq \frac{1}{2}q.$$

写出委托人更新后对代理人效率的信念 $\hat{\mu}_1 = Pr(\theta = \theta_L|\sigma = \sigma_L)$；$\hat{\mu}_2 = Pr(\theta = \theta_H|\sigma = \sigma_H)$。写出对于每个 σ 的最优合约。
4. 证明 μ 的增加会导致委托人期望效用的增加。

习题 16.22 某政府机构与一个企业签订一份采购合约。企业生产 q 单位的物品，边际成本为 c，这样它的利润是 $P - cq$。企业的成本是私人信息，既有可能是高成本，也有可能是低成本（$0 < c_L < c_H$）。政府对企业成本的先验信念为 $Prob(c = c_L) = \beta$，企业的保留效用为 0。

1. 设 $B(q)$ 表示政府在得到 q 单位物品时的收益函数，则政府的次佳合约是什么？
2. 对次佳合约和最佳合约两者进行比较。
3. 若 c 服从 $[0, 1]$ 上的均匀分布，求解最佳合约和次佳合约。

习题 16.23 (柠檬市场) 考虑一个二手车市场，市场中有许多卖家，每一个卖家都有一辆二手车准备出售，并且出售时会标明车的质量 $\theta \in [0, 1]$，并且假定 θ 服从 $[0, 1]$ 上的均匀分布。若一个类型是 θ 的卖家以价格 p 出售了自己的二手车，那么他获得的效用是 $u_s(p, \theta)$；若没有卖出，则获得的效用是 0。买家若买了二手车，则他的效用函数为 $\theta - p$；若没买，则是 0。二手车的质量属于卖家的私人信息，买家在事前并不知道。假定市场上没有足够的二手车供应给所有可能的买家。

1. 证明：对不对称信息下的竞争性均衡，有 $E(\theta|p) = p$。
2. 证明：若 $u_s(p,\theta) = p - \dfrac{\theta}{2}$，那么任意 $p \in (0, 1/2]$ 是一个均衡价格。
3. 若 $u_s(p,\theta) = p - \sqrt{\theta}$，找出均衡价格，并且说明哪些二手车在均衡时会被交易。
4. 若 $u_s(p,\theta) = p - \theta^3$，找出均衡价格，并且找出在这种情况下有多少个均衡。
5. 上面的这些结果都是帕累托有效的吗？若有可能，提出帕累托改进的方案。

习题 16.24 (保险市场)　考虑下列保险市场模型。消费者有两类：高风险和低风险。每个消费者的初始财富都为 W，但有可能因火灾遭受损失 L。对于高风险和低风险的消费者来说，火灾发生概率分别为 p_H 和 p_L，其中 $p_H > p_L$。两类消费者都追求期望效用最大，效用函数为 $u(w)$，满足新古典性质 (如可微性、凸性及单调性等)。保险公司有两个，且都为风险中性的。任何一份保险合约都由保费 M 和出险后保险公司的赔款 R 组成。

1. 假设每个消费者至多购买一份保险合约。证明可将保险合约视为规定了被保险人在“无损失”状态的财富和在“损失”状态的财富。
2. 假设各个保险公司同时提供合约，每个公司都可以提供任意有限多个保险合约。这个问题的子博弈完美纳什均衡是什么？均衡必定存在吗？

习题 16.25 (污染规制)　考察一个收入为 R 的厂商，该厂商在生产中制造 x 水平的污染，该污染水平造成的损害为 $D(x)$，$D'(x) > 0$，$D''(x) \geqq 0$。厂商的生产成本为 $C(x,\theta)$，$C_x < 0$，$C_{xx} > 0$。θ 是仅被厂商知道的参数，$\theta \in \{\theta_L, \theta_H\}$，$\nu = Pr(\theta = \theta_L)$ 是共同知识。

1. 完全信息下的最佳污染水平 $x^*(\theta)$ 由下式给出：
$$D'(x) + C_x(x,\theta) = 0.$$
证明，若规制者不必满足厂商的参与约束，他可以通过给厂商一笔等于污染造成的损害或一个常数上限的转移支付来实施 $x^*(\theta)$。
2. 假设现在厂商可以拒绝接受规制 (在此情形下厂商效用为 0)，假设规制者的目标函数如下：
$$W = -D(x) - (1+\lambda)T + T - C(x,\theta),$$
其中，T 是规制者给厂商的转移支付，$(1+\lambda)$ 是社会基金支出的机会成本，对于任意 θ，规制者都必须满足厂商的参与约束：
$$T - C(x,\theta) \geqq q_0.$$
写出在完全信息下最大化 W 的决策规则 $\hat{x}(\theta)$ $(\theta \in \{\theta_L, \theta_H\})$，并与问题 1 做比较。
3. 另外假设 $C_\theta < 0$ 且 $C_{x\theta} < 0$，找出在满足厂商参与约束与激励相容约束下最大化 W 期望值的合约清单 (T_L, x_L) 和 (T_H, x_H)。
4. 如果 θ 在区间 $[\theta_L, \theta_H]$ 上依照分布函数 $F(\theta)$ 及密度函数 $f(\theta)$ 分布，满足：
$$\frac{d}{d\theta}\left(\frac{1-F(\theta)}{f(\theta)}\right) < 0,$$
且 $C_{\theta\theta x} \leqq q_0$，回答同上题一样的问题。

习题 16.26 (人寿保险需求与逆向选择) 一群消费者在第 1 期有收入 y_0，在第 2 期没有收入。每个消费者都知道自己的死亡概率 π_i，保险公司既不能观察到消费者的死亡概率，也不能观察到消费者的行为。保险公司以价格 p 提供保险：若消费者购买 x 单位保险，保险公司当期获得 px 的收入并在消费者死亡时支付 x。消费者可以选择购买的保险量 x 和储蓄的金额 s，当期的储蓄当消费者在下一期存活时加进该期收入。假设有许多消费者，消费者的目标是最大化每一期的收入以提高家庭成员的消费。消费者的效用函数是伯努利形式的。

1. 假设消费者的效用函数为：

$$u(c_1, c_2a, c_2b) = \log c_1 + (1-\pi_i)\log c_2a + \pi_i \log c_2b.$$

计算人寿保险的需求价格弹性。

2. 假设保险公司之间的竞争意味着对消费者的期望支付等于保险费，证明 p 大于 π_i 的平均值。

习题 16.27 (控制自我管理厂商) 某个厂商的生产函数为 $y = \theta l^{1/2}$，其中 l 是工人数目（这里视为连续变量），$\theta > 0$ 是一个仅由厂商知道的参数。生产的固定成本为 A，令 p 表示竞争市场中厂商产品的价格。

1. 假设厂商由工人管理，目标函数为：

$$U^{SM} = \frac{py - A}{l}.$$

计算这一工人自我管理厂商的最优工人数目。

2. 令 w 代表完全竞争的劳动力市场下的工资率，即 w 是在这一经济中劳动的机会成本。劳动的最优配置是什么？若 w 太大会发生什么情况？为什么自我管理的厂商规模一般来说不是最佳的？

3. 假设政府知道 θ，考察 w 足够小从而使自我管理厂商相对合理的情形，计算能恢复最佳劳动配置的单位产品税 τ。证明可以通过对厂商征收定额税 T 达到同样的目标（假设这一厂商的规模相比整个经济可以忽略不计）。

4. 假设政府不知道 θ，只知道 θ 可能取值 θ_L 或 θ_H，$\Delta\theta = \theta_H - \theta_L > 0$。政府使用机制 $(l(\tilde{\theta}), t(\tilde{\theta}))$，对于厂商报告的类型 $\tilde{\theta}$ 规定一个劳动投入 $l(\tilde{\theta})$ 和转移支付 $t(\tilde{\theta})$。厂商的目标函数现在是：

$$U^{SM} = \frac{p\theta(l(\tilde{\theta}))^{1/2} + t(\tilde{\theta}) - A}{l(\tilde{\theta})}.$$

写出引致如实报告类型的规制机制。

5. 假设 $\nu = Pr(\theta = \theta_L)$，政府最大化：

$$U^G = p\theta l^{1/2} - wl.$$

证明这一问题的解不符合可实施性条件，因此即使转移支付对政府来说是无成本的，最佳结果也仍是无法实施的。此时，假设厂商机会成本为 0，最优规制机制是什么？

习题 16.28 (保险合约)　在一个连续统经济中，经济个体的生产函数为 $q=\theta l$，其中 θ 为生产率参数，概率密度函数为 $f(\theta)$，$\theta\in[\underline{\theta},\overline{\theta}]$，经济个体的效用函数为 $u=u(c)-l$，效用函数为凹函数。

1. 若为自给自足的经济环境，求该经济中的产出和消费的分布。
2. 假定事前阶段签订保险合约，即所有经济个体都在知道自己的生产率参数 θ 前签订保险合约。若事后 θ 和 l 可以观察到，求解最优的保险合约。若事后仅仅能观察到 θ，求解最优的保险合约。
3. 在上一问中，若事后 θ 和 l 都不可以观察到，且 $f(\theta)/[1-F(\theta)]$ 单调递增，那么最优的保险合约是什么？

习题 16.29　考虑一个教育投资信号传递模型。每一个员工有两种可能类型：$\theta\in\{\theta_H,\theta_L\}$，满足 $\theta_H>\theta_L$。给定 $i\in\{H,L\}$，该员工为类型 θ_i 的事前概率为 β_i。所有员工的保留效用为 $\overline{u}=0$。每个类型 θ 员工可为企业生产的产出为 θ。企业愿意以工资水平 w 雇用一个员工当且仅当该员工的期望生产率至少可以抵消工资。类型 θ 员工可以以成本 $c(e,\theta)=\dfrac{e}{\theta}$ 获得 e 年的教育。教育投资成本函数 $c(e,\theta)$ 关于 (e,θ) 满足单交叉性，即若 $e>e'$，则 $c(e,\theta_L)-c(e',\theta_L)>c(e,\theta_H)-c(e',\theta_H)$。给定工资水平 w 和教育水平 e，一个类型 θ 员工的报酬函数为 $u(w,e|\theta)=w-c(e,\theta)$。考虑如下序贯行动：

1. 员工观察到自己的类型，此为其私人信息；
2. 员工选择教育投资水平；
3. 企业观察到员工的教育水平，但是无法观察到其类型；
4. 该员工向企业提出一工资开价；
5. 该企业要么拒绝此开价，要么接受此开价，并以此工资水平雇用该员工。

假定教育投资可以将低类型员工提升为高类型员工。具体地，假设一个类型 θ_L 员工投资 e 年教育后变成类型 θ_H 员工的概率是 $p(e)$，其满足如下性质：$p(0)=0,\lim_{e\to\infty}p(e)=1$，$p'>0$，$p'(0)=\infty$，$\lim_{e\to\infty}p'(e)=0$ 以及 $p''<0$。一旦类型 θ_L 员工进行了教育投资并且转换为类型 θ_H 员工，他自己在进入劳动力市场之前可以观察到自己的类型变化。假定企业与员工之间没有非对称信息。回答以下问题：

1. 写出可求最优工资和最优教育投资水平的最优化问题。
2. 求解此问题。特别地，证明类型 θ_H 员工的教育投资水平为 0，而类型 θ_L 员工的教育投资水平严格为正。
3. 假定教育投资现在变得更加有效，即一个类型 θ_L 员工投资 e 年教育后变为类型 θ_H 员工的概率为 $q(e)$，其满足 $q(e)>p(e)$ 对于任意 $e>0$。此时最优的教育投资水平为多少？此时类型 θ_L 员工的报酬为多少？请给出直观解释。

习题 16.30 (教育投资信号模型 1)　假设企业与员工之间有非对称信息，并采用完美贝叶斯纯策略均衡解概念。考虑分离均衡 $e_H\neq e_L$。回答如下问题：

1. 在任何分离均衡中，类型 θ_L 员工都选择教育水平 $e_L=e_{FB}$，其中 FB 表示最佳。

2. 刻画类型 θ_H 员工的教育投资水平，其满足 $e_H \neq e_{FB}$。
3. 说明分离均衡是否总是存在。
4. 假定教育投资现在变得更加有效，即类型 θ_L 员工投资 e 年教育后变为类型 θ_H 员工的概率为 $q(e)$。对于任意 $e>0$，$q(e)>p(e)$。类型 θ_H 员工在如上分离均衡中的教育投资水平是否会因此而改变？请解释你的结论。

习题 16.31 (教育投资信号模型 2)　接下来考虑混同均衡，其满足 $e_H=e_L=e^*$。回答如下问题：

1. 给定混同均衡下的教育投资水平 e^*，员工此时的工资为多少？
2. 刻画混同均衡 e^*。
3. 混同均衡 $e^*=0$ 是否总是存在？若令 $e^*=e_{FB}$，此混同均衡是否总是存在？
4. 假定教育投资现在变得更加有效，即一个类型 θ_L 员工投资 e 年教育后变为类型 θ_H 员工的概率为 $q(e)$，使得 $q(e)>p(e)$ 对于任意 $e>0$。刻画此改变对混同均衡 e^* 的影响，并给出解释说明。
5. 给定此处考虑的有效教育投资假设，是否存在满足直觉标准（intuitive criterion）的混同均衡？

习题 16.32 (监督成本)　经济中存在两类经济人，分别是银行和企业，$i=1,2,3,\cdots$。银行在每一期收到 1 单位投资品禀赋，可以选择投资或是贷给企业。若银行选择投资，它可以获得确定性的 t_i 单位的收益。企业在每一期没有任何禀赋收入，但是每个企业都拥有一个投资项目，投入一单位投资品，可以获得一个随机收益 $w_i \in [0,\overline{w}]$，其中 w_i 是独立同分布的，概率密度函数为 $f(w)$，分布函数为 $F(w)$，f 连续可微并且是公共信息。每个企业 i 可以无成本地观察到 w_i，而银行若想要观察到企业投资收益，需要额外付出 γ 单位的努力成本。企业与银行在事前签订贷款合约，贷款利率为 x。企业在观察到回报 w 后，向银行发出信号 $w^s \in [0,\overline{w}]$。若 $w^s \in S \subseteq [0,\overline{w}]$，那么银行监督发生；若 $w^s \notin S$，那么银行监督不发生。合约规定：企业从银行贷出 1 单位投资品，若 $w^s \in S$，企业需要归还 $R(w)$ 单位，其中 $0 \leqq R(w) \leqq w$；若 $w^s \notin S$，企业需要归还 $K(w)$ 单位。为了保证所有的借贷需求都可以满足，假定银行数量的占比为 $\alpha \in \left(\dfrac{1}{2},1\right)$。

1. 证明最优支付计划为 $R(w)=w$ 和 $K(w)=x$。
2. 在最优支付计划下，重新写出企业和银行的利润（关于 x 的函数），证明企业的利润函数关于 x 单调递减。
3. 写出企业的最优化问题，包括银行的参与约束。
4. 假定银行的利润函数是凹的，证明经济中存在信贷配给的纳什均衡。
5. 对比 Stiglitz 和 Weiss(1981)，这里在事前所有的企业都是同质的，思考为什么仍然会存在信贷配给现象。

习题 16.33 (有成本状态验证)　假设有两类代理人，他们的成本函数 $C(q,\theta)$ 不同。假定 $C_q>0$，$C_\theta>0$，$C_{qq}>0$ 且 $C_{q\theta}>0$，其中 q 是委托人可完美观察的产出，$\theta \in \{\theta_L,\theta_H\}$，

各自出现的概率为 v 和 $1-v$ 且 $\Delta\theta \equiv \theta_H - \theta_L > 0$。产量 q 对于委托人的价值为 $S(q)$，其中 $S' > 0$，$S'' < 0$ 且 $S(0) = 0$。令 T 表示委托人给代理人的转移支付，由此代理人的收益函数为 $t - C(q,\theta)$。假定成本函数为 $C(q,\theta) = \theta q$。

委托人拥有一项审计技术，委托人可以付出一定的成本 $c(p)$，从而以一定的概率 p 观察到代理人的真实类型。关于审计成本，假定 $c(0) = 0$，$c' > 0$，$c'' > 0$。同时为了确保内点解存在，假定成本函数满足稻田条件。这时激励机制包括了四个变量：转移支付 $t(\tilde{\theta})$；产出 $q(\tilde{\theta})$；审计获得的真实类型概率 $p(\tilde{\theta})$；以及若代理人报告的 $\tilde{\theta}$ 与所观察到的真实 θ 不同，那么委托人对代理人则可以施加的一个惩罚 $P(\theta, \tilde{\theta})$。在均衡时，显示原理表明报告是真实的。

1. 写出这个问题的激励相容约束和参与约束。
2. 假设惩罚是外生的，即 $P(\underline{\theta}, \overline{\theta}) \geqq l$ 以及 $P(\overline{\theta}, \underline{\theta}) \geqq l$，求解最优合约。
3. 假设惩罚是内生的，$P(\underline{\theta}, \overline{\theta}) \geqq \overline{t} - \underline{\theta}\overline{q}$，$P(\overline{\theta}, \underline{\theta}) \geqq \underline{t} - \overline{\theta}\underline{q}$，求解最优问题。
4. 比较两种惩罚下的结果有什么不同。

习题 16.34 (金融合约)　假设有两类参与人，银行作为委托人，企业作为代理人。企业所经营的投资项目利润为 θ，其中以概率 v 获得高利润 $\overline{\theta}$，以概率 $1-v$ 获得低利润 $\underline{\theta}$。委托人拥有一项随机的审查技术，概率为 $p(\theta)$，使用这项技术的成本为 $c(p)$。

1. 证明：若代理人报告的利润类型为高类型，则最优的审查概率为 0。
2. 写下这个问题的激励相容约束和参与约束，以及委托人的目标函数。
3. 求解最优合约。
4. 在最优合约安排下，经济中是否会存在信贷配给现象？

习题 16.35 (终止的威胁)　假设有两类参与人，银行作为委托人，企业作为代理人，企业所经营的投资项目利润为 θ，其中以概率 v 获得高利润 $\overline{\theta}$，以概率 $1-v$ 获得低利润 $\underline{\theta}$，代理人没有任何初始禀赋。若需要投资，必须进行 I 单位的投入。假定 $v\overline{\theta} + (1-v)\underline{\theta} > I$，并且 $\underline{\theta} > I$。假定合约的关系持续两期，并且两期中的利润类型 θ 是独立的，时间贴现为 1，委托人在第一期得知代理人报告的类型后，可以有一定的概率在第一期结束时终止与代理人的合约关系，设概率为 $\overline{p}$ 和 $\underline{p}$。

1. 写下这个两期问题的激励相容约束和参与约束。
2. 假设代理人具有有限责任，即 $\overline{t} \leqq \overline{\theta}$ 和 $\underline{t} \leqq \underline{\theta}$，求解最优合约。
3. 比较此时合约结果与随机审查技术下的合约结果有什么区别。

16.12　参考文献

教材和专著：

黄有光，张定胜. 高级微观经济学，上海：格致出版社，2008.

平新乔. 微观经济学十八讲，北京：北京大学出版社，2001.

Bolton, P. and M. Dewatripont (2005). *Contract Theory*, MIT Press.

Cheung, Steven N. S. (1969). *The Theory of Share Tenancy*, University of Chicago Press.

Kamien, M. and N. Schwartz (1991). *Dynamic Optimization: The Calculus of Variations and Optimal Control in Economics and Management*, North-Holland.

Kreps, D. (1990). *A Course in Microeconomic Theory*, Princeton University Press.

Laffont, J. J. and D. Martimort (2002). *The Theory of Incentives: The Principal-Agent Model*, Princeton University Press.

Laffont, J. J. and J. Tirole (1993). *The Theory of Incentives in Procurement and Regulation*, MIT Press.

Luenberger, D. (1995). *Microeconomic Theory*, McGraw-Hill.

Mas-Colell, A., M.D. Whinston and J. Green (1995). *Microeconomic Theory*, Oxford University Press.

Salanie, B. (2005). *The Economics of Contracts: A Primer, 2nd Edition*, MIT Press.

Tirole, J. (1988). *The Theory of Industrial Organization*, MIT Press.

Tirole, J. (2006). *The Theory of Corporate Finance*, Princeton University Press.

Topkis, D. (1998). *Supermodularity and Complementarity*, Princeton University Press.

Varian, H. R. (1992). *Microeconomic Analysis, Third Edition*, W.W. Norton and Company.

Williamson, O. E. (1975). *Markets and Hierarchies: Analysis and Antitrust Implications*, the Free Press.

Wolfstetter, E. (1999). *Topics in Microeconomics: Industrial Organization, Auctions, and Incentives*, Cambridge Press.

论文：

Alikakos, N. and P. Bates (1984). "Estimates for the Eigenvalues of the Jordan Product of Hermitian Matrices", *Linear Algebra and its Application*, Vol. 57, 41-56.

Akerlof, G. (1970). "The Market for Lemons:Quality Uncertainty and the Market Mechanism", *Quarterly Journal of Economics*, Vol. 84, No. 3, 488-500.

Baron, D. and R. Myerson (1982). "Regulating a Monopolist with Unknown Cost", *Econometrica*, Vol. 50, No. 4, 911-930.

Bernanke, B. and M. Gertler (1989). "Agency Costs, Net Worth, and Business Fluctuations", *The American Economic Review*, Vol. 79, No. 1, 14-31.

Baker, G. P. (1992). "Incentive Contracts and Performance Measurement", *Journal of Political Economy*, Vol. 100, No. 3, 598-614.

Bester, H. and R. Strausz (2001). "Contracting with Imperfect Commitment and the Revelation Principle: The Single-agent Case", *Econometrica*, Vol. 69, No. 4, 1077-1098.

Csorba, G. (2008). "Screening Contracts in the Presence of Positive Network Effects", *International Journal of Industrial Organization*, Vol. 26, No. 1, 213-226.

Engers, M. and L. Fernandez (1987). "Market Equilibrium with Hidden Knowledge and Self-Selection", *Econometrica*, Vol. 55, No. 2, 425-439.

Freixas, X. and J.J. Laffont (1990). "Optimal Banking Contracts". In P. Champsaur et al. (eds.), *Essays in Honor of Edmond Malinvaud, Vol. 2, Macroeconomics* (Cambridge: MIT Press).

Green, J. and C. Kahn (1983). "Wage-Employment Contracts", *Quarterly Journal of Economics*, Vol. 98, No. 3, 173-188.

Green, L. R and N. Stokey (1983). "A Comparison of Tournaments and Contracts", *Journal of Political Economy*, Vol. 91, No. 3, 349-364.

Grossman, S. and O. Hart (1983). "An Analysis of the Principal Agent", *Econometrica*, Vol. 51, No. 1, 7-45.

Guesnerie, R. (1981). "On Taxation and Incentives, Further Reflections on the Limits of Redistribution", Discussion Paper No. 89, Sonderforschungsbereich 21, University of Bonn.

Hahn, J-H. (2003). "Nonlinear Pricing of Telecommunication with Call and Network Externalities", *International Journal of Industrial Organization*, Vol. 21, No. 7, 949-967.

Hart, O. (1983). "Optimal Labor Contracts under Asymmetric Information: An Introduction", *Review of Economic Studies*, Vol. 50, No. 1, 3-35.

Hellwig, M. (1987). "Some Recent Developments in the Theory of Competition in Markets with Adverse Selection", *European Economic Review*, Vol. 31, No. 1-2, 319-325.

Hammond, P. (1979). "Straightforward Individual Incentive Compatibility in Large Economies", *Review of Economic Studies*, Vol. 46, No. 2, 263-282.

Holmstrom, B. (1979). "Moral Hazard and Observability", *Bell Journal of Economics*, Vol. 10, No. 1, 74-91.

Holmstrom, B. and P. Milgrom (1987). "Aggregation and Linearity in the Provision of Intertemporal Incentives", *Econometrica*, Vol. 55, No. 2, 303-328.

Holmstrom, B. and P. Milgrom (1991). "Multitask Principal-Agent Analyses: Incentive Contracts, Asset Ownership, and Job Design", *Journal of Law, Economics and Organization*, Vol. 7, 24-52.

Holmstrom, B. (1982). "Managerial Incentive Problems: A Dynamic Perspective". In *Essays in Economics and Management in Honor of Lars Wahlbeck*. Helsinki: Swedish School of Economics. (See also *Review of Economic Studies*, Vol. 66, No. 1, 169-182, 1999.)

Holmstrom, B. and J. Tirole (1997). "Financial Intermediation, Loanable Funds, and the Real Sector", *Quarterly Journal of Economics*, Vol.112, No. 3, 663-691.

Huang, K. and G. Tian (2011). "Reputation and Optimal Contract for Central Bankers," *Macroeconomic Dynamics*, Vol. 15, No. 4, 441-464.

Hurwicz, L. (1972). "On Informational Decentralized Systems", in Radner, R. and C. B. McGuire (eds.), *Decision and Organization in Honor of J. Marschak* (Amsterdam: North-Holland), 297-336.

Laffont, J. J. (1994). "The New Economics of Regulation Ten Years After", *Econometrica*, Vol. 62, No. 3, 507-538.

Laffont, J. J. and J. Tirole (1986). "Using Cost Observation to Regulate Firms", *Journal of Political Economy*, Vol. 94, No. 3, 614-641.

第16章

Lazear, E. P. and S. Rosen (1981). "Rank-Order Tournaments as Optimum Labor Contracts", *Journal of Political Economy*, Vol. 89, No. 5, 841-864.

Maskin, E. and J. Riley (1984). "Monopoly with Incomplete Information", *Rand Journal of Economics*, Vol. 15, No. 2, 171-196.

Meng, D. and G. Tian (2009). "Nonlinear Pricing with Network Externalities and Countervailing Incentives", Texas A&M University. Website: http://people.tamu.edu/gtian.

Meng, D. and G. Tian (2013). "Multi-task Incentive Contract and Performance Measurement with Multidimensional Types", *Games and Economic Behavior*, Vol. 77, No. 1, 377-404.

Meng, D. and G. Tian (2021). "The Competitive and Welfare Effects of Long-term Contracts with Network Externalities and Bounded Rationality", *Economic Theory*, Vol. 72, No. 1, 337-375.

Milgrom, P. and C. Shannon (1994). "Monotone Comparative Statistics", *Econometrica*, Vol. 62, No. 1, 157-180.

Mirrlees, J. A. (1971). "An Exploration in the Theory of Optimal Income Taxation", *Review of Economic Studies*, Vol. 38, No. 2, 175-208.

Mussa, M. and S. Rosen (1978). "Monopoly and Product Quality", *Journal of Economic Theory*, Vol. 18, No. 2, 301-317.

Riley, J. G. (1979). "Information Equilibrium", *Econometrica*, Vol. 47, No. 2, 331-360.

Rochet, J. C. and L. A. Stole (2003). "The Economics of Multidimensional Screening, from Advances in Economics and Econometrics: Theory and Applications", Dewatripont, M., L. P. Hansen, and S. J. Turnovsky (eds.), Eighth World Congress, Volume 1 (Cambridge University Press).

Rothschild, M. and J. Stiglitz (1976). "Equilibrium in Competitive Insurance Markets", *Quarterly Journal of Economics*, Vol. 93, No. 7, 541-562.

Rochet, J.-C. (1985). "The Taxation Principle and Multi-time Hamilton-Jacobi Equations", *Journal of Mathematical Economics*, Vol. 14, No. 2, 113-128.

Rogerson, W. P. (1985). "The First-order Approach to Principal-agent Problems", *Econometrica*, Vol. 53, No. 6, 1357-1367.

Segal, I. (1999). "Contracting with Externalities", *Quarterly Journal of Economics*, Vol. 114, No.2, 337-388.

Segal, I. (2003). "Coordination and Discrimination in Contracting with Externalities: Divide and Conquer", *Journal of Economic Theory*, Vol. 113, No. 2, 147-181.

Shapiro, C. and J. Stiglitz (1984). "Equilibrium Unemployment as a Worker Discipline Device", *American Economic Review*, Vol. 74, No. 3, 433-444.

Spence, M. (1973). "Job Market Signaling", *Quarterly Journal of Economics*, Vol. 87, No. 3, 355-374.

Stiglitz, J. E. (1974). "Incentives and Risk Sharing in Sharecropping", *Review of Economic Studies*, Vol. 41, No. 2,219-255.

Stiglitz, J. E. (1977). "Monopoly Non-Linear Pricing and Imperfect Information: The Insurance Market", *Review of Economic Studies*, Vol. 44, No. 3, 407-430.

Stiglitz, J. E. and A. Weiss (1981). "Credit Rationing in Markets with Imperfect Information", *The American Economic Review*, Vol. 71, No. 3, 393-410.

Stiglitz, J. E. and A. Weiss (1983). "Incentive Effects of Terminations: Applications to the Credit and Labor Markets", *The American Economic Review*, Vol. 73, No. 5, 912-927.

Williamson, S.D. (1986). "Costly Monitoring, Financial Intermediation, and Equilibrium Credit Rationing", *Journal of Monetary Economics*, Vol. 18, No. 2, 159-179.

Wilson, C. (1977). "A Model of Insurance Markets with Incomplete Information", *Journal of Economic Theory*, Vol. 16, No.2, 167-207.

第 17 章 委托–代理模型：道德风险

17.1 导言

在前一章中，我们讨论了任务的委托如何在委托人（principal）和代理人（agent）之间产生信息差，尤其是当代理人拥有与确定有效的交易水平相关的私人信息时。委托人由此需要设计恰当的激励合约来诱导代理人讲真话，但激励代理人如实披露其特征是有成本的，一般无法导致最佳（first best）结果，最好的结果只是次佳（second best）。这样，信息不对称所得到的最优合约只是次佳合约，和完全信息情形下的最佳合约不同。逆向选择中的基本问题是委托人要在租金抽取与配置效率之间进行权衡取舍。

逆向选择并不是唯一的信息不对称问题。在很多情况下，委托人通常无法控制代理人的行动，代理人的行动在许多情形下是不可观测的或者观测成本很高。事实上，由于其行动的不可观测性，代理人在执行任务过程中难免作出对自己有利而对委托人不利的行动。我们称这类隐藏行动的现象为道德风险 (moral hazard)。[①]下面是这方面的一些例子。

一些例子

（1）银行不了解借款企业的信用到底如何，也不了解企业是否会在获得贷款之后滥用款项或尽到风险厌恶义务。

（2）雇主除了不了解雇员的工作能力外，更有可能不了解其受雇之后是否会出现偷懒，甚至作出不爱护机器设备、上班时间干私活等不利于雇主的行为。

（3）购买汽车保险后开车不是那么小心。

（4）公营单位主管对工作绩效和创新不是特别在意，认为反正盈利或亏损都是公家的，但风险是自己的，因此不会冒风险去创新。

（5）口是心非，弄虚作假，说一套，做一套。

（6）不像爱护自己的东西那样爱护公共财物。

（7）一些政府官员在位置上不作为，不担当，不愿承担风险，错误地认为多干多错，少干少错，不干不错，那么为什么要去干呢？这往往导致假大空，文件空转，缺乏执行力。

（8）改革开放前的“吃大锅饭”让工人、农民都没有工作积极性。

（9）教师讲课，不知道学生是否在听，即使学生两眼盯着老师在看，也不知道学生听进去了没有，说不定在想其他事情。

① 与“逆向选择”类似，这只是约定俗成的叫法，并不含有道德评判的意思。

（10）对学生没有考核，没有压力，学生往往不是那么努力学习。

最为典型的描述这类道德风险行为的词汇应是努力变量。在这一章中，我们将代理人的道德风险用工作努力程度来表示。道德风险问题的基本分析思路如下。代理人的努力水平会影响委托人的收益，但努力程度基本是不可观测的。由于努力会给代理人带来负效用(努力成本)，因而有可能导致代理人不愿意努力、不精心工作。同时，由于努力所带来的结果是不确定的，因而无法从结果推断出努力水平。比如，由于客观自然的原因（如天气），努力可能会带来好的结果（如高的产出），也可能会带来坏的结果（如低的产出），因而结果（如产出水平）是随机变量，但努力程度会影响到结果好坏（如产量高低）的概率。例如，农作物的产出在一定程度上（以一定的概率）取决于农民的投入选择，比如种植庄稼的时间或者收割庄稼的质量。类似地，司机驾车发生事故的概率取决于其安全驾驶的程度，而后者又影响了其对保险的需求。

这样，委托人需要设计恰当合约，以激励代理人努力工作而不是偷懒。我们要考察的是，什么样的机制、规制或合约能让代理人努力工作，达到最优收益。在完全信息情形下，让代理人努力工作容易实现，比如通过严格的奖惩制度。而在不完全信息情形下，则需要激励机制，也就是委托人需要支付一定的信息租金来激励代理人努力工作。例如，企业为了使员工努力工作而提供的福利、奖金和其他福利就是一种信息租金。显然，这种激励合约不可能建立在不可观测的努力基础之上，而只能依赖于代理人的绩效 (performance) 或产出结果。① 这些绩效受代理人努力程度的影响，同时受到一些随机因素的干扰。②委托人要做的是根据可观测的绩效或结果设计出工资合约以诱导出代理人最优的努力水平从而实现自身利益的最大化。因而，在这个过程中委托人需要在激励与风险两种效应之间进行权衡取舍，或等价地，在效率与保险间进行权衡取舍。一方面，高强度的激励合约能够诱使代理人努力工作因而增加委托人的收益，此谓激励效应，提高了效率；另一方面，由于所采用的绩效指标中含有噪声因素，因此将绩效系以高能激励会放大噪声带来的不确定性，从而增加代理人所需承担的风险，此为风险效应。③ 这样，风险中性的委托人必须通过向风险厌恶的代理人支付更多的风险溢价而为其提供保险。委托人所要做的就是**在激励与风险或等价地在效率与保险之间作出最优权衡以确定最优的激励强度。**

需要强调的是，逆向选择和道德风险的一个差异是，对委托人来说，逆向选择情形下的不确定性是外生的，但在道德风险情形下则是内生的。这是由于在道德风险情形下的概率不同于自然状态出现的概率，其绩效不仅依赖于一些外在因素，也依赖于代理人的自身努力程度，这样我们假设代理人的行动不直接影响结果，只是影响结果发生的概率。记 π_e 是代理人选择行动 e 时任务成功的概率。这种不确定性对理解道德风险情形的合约问题十分关键。若代理人的努力和绩效之间的对应是完全确定的，委托人和法院根据所观察到的结果推断代理人的努力水平就不存在困难。即使代理人的努力无法直接观测，但由于绩效水平是可观测和可证实的，也可能用合约间接制约代理人。

---

① 比如科研人员的研究成果、生产线上工人生产的产品件数等。

② 比如农业产出不仅取决于农民的努力程度，还受气候、水文等诸多人为不可控制的因素的影响。

③ 若一项绩效指标与努力的关系很弱而随机性很强，则在这样的绩效指标上系以高能激励无疑是引导代理人从事一种近乎赌博的活动。

我们将考察为诱导代理人愿意努力而付出代价的激励方案所具有的性质。这样，和上一章的讨论一样，激励方案仍需满足代理人的两个基本约束：激励相容约束和参与约束。在众多的激励方案中，委托人选择激励成本最低的方案。由激励方案的成本最小化，可以得到执行最优努力水平的次佳成本刻画结果。一般来说，次佳成本比努力水平可观测情形下的最佳成本要大，从而委托人和代理人之间的利益冲突会导致没有最佳（效率配置降低）结果，最优的结果只是次佳。

17.2 基本模型

在这一节，我们通过建立道德风险问题的最简单基本模型来讨论委托人与代理人之间的互动，互动的形式是一种合约，委托人不知道代理人的实际行动。在互动中，委托人有一项任务指派给代理人去做，后者需要投入精力，并需要承担努力的成本，任务完成后代理人的收益来自委托人付给代理人的报酬。委托人与代理人之间可能存在潜在利益冲突（委托人希望代理人努力做事，而代理人不愿意费力费神地努力去做），从而委托人希望通过恰当的合约设计让代理人有激励努力去做，以此缓解他们之间的利益冲突。如何激励代理人努力工作是道德风险要解决的核心问题。

17.2.1 模型构建

考虑最简单的情形：假设某一项任务的完成有两个可能的绩效结果 q，成功时 $q=1$，失败时 $q=0$，由此给委托人带来的（货币）收益分别为 $\bar{S}$ 和 $\underline{S}$，满足 $\bar{S}>\underline{S}$。代理人有两个可能的行动 e，努力或者偷懒，分别对应于 $e=1,0$。通常，绩效结果除了依赖于努力外，还依赖于其他一些外在因素。因此，我们假设代理人的行动不直接影响结果，只是影响结果发生的概率。记 π_e 是代理人选择行动 e 时任务成功的概率。通常代理人越努力，任务成功的可能性就越高，即 $\pi_1>\pi_0$，记 $\Delta\pi=\pi_1-\pi_0$ 表示代理人选择努力下任务成功概率的增加。用经济学的术语说，代理人的努力能在一阶随机占优 (first-order stochastic dominance) 的意义上提高产出水平，即对任意给定的产出水平 q^*，其产出水平小于或等于 q^* 的概率 $\Pr(\tilde{q}\leqq q^*|e)$ 关于 e 递减，或说其产出水平大于或等于 q^* 的概率 $\Pr(\tilde{q}\geqq q^*|e)$ 关于 e 递增。事实上，我们有 $\Pr(\tilde{q}\leqq 0|e=1)=1-\pi_1<1-\pi_0=\Pr(\tilde{q}\leqq 0|e=0)$，$\Pr(\tilde{q}\leqq 1|e=1)=1=\Pr(\tilde{q}\leqq 1|e=0)$。

另外，代理人付出努力的代价 (负效用) 记为 $\psi(1)=\psi$，$\psi(0)=0$，即不努力时代价为零。委托人不能直接观察代理人的行动，委托人给代理人的合约补偿只能依赖于结果 q，为此，补偿的合约形式为 $t(q)$，记 $\bar{t}=t(1)$ 和 $\underline{t}=t(0)$ 分别是成功和失败时的补偿。

假设委托人是风险中性的，其效用函数为 $V(y)=y$，代理人对补偿和努力的效用函数是可分的，即 $U(t,e)=u(t)-\psi(e)$，满足 $u'>0$ 和 $u''\leqq 0$。 $h=u^{-1}$，后面求解时要用到其反函数 $h=u^{-1}$。显然，h 为严格递增的凸函数，即 $h'>0,h''\geqq 0$。在这样的效用函数设定下，$h(\psi)$ 可被视为执行了正努力水平的最佳货币成本 C^{FB}。

若代理人的努力水平为 $e=1$，则委托人的期望效用函数可写为：

$$\pi_1(\bar{S}-\bar{t})+(1-\pi_1)(\underline{S}-\underline{t}). \tag{17.1}$$

若代理人的努力水平为 $e=0$，则委托人的期望效用函数可写为：

$$\pi_0(\bar{S}-\bar{t})+(1-\pi_0)(\underline{S}-\underline{t}). \tag{17.2}$$

而对于代理人来说，若选择 $e=1$，其期望效用为：

$$\pi_1 u(\bar{t})+(1-\pi_1)u(\underline{t})-\psi. \tag{17.3}$$

我们下面需要回答的问题是，在道德风险情形下，如果委托人想要代理人努力工作，那么是否总是可以选择恰当最优合约，使得代理人的选择与委托人的利益激励相容呢？

上面的道德风险博弈时间顺序可由图 17.1 表示。

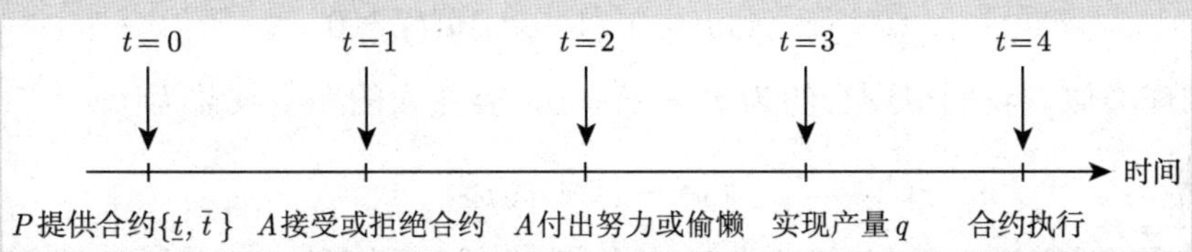

图 17.1　道德风险情形下的合约时序

17.2.2　基准情景

为了研究不完全信息下的最优合约选择，我们首先需要提供完全信息下最优合约这一基准情况。既然行动是完全信息，合约可以直接和代理人的行动挂钩，同时可以由第三方，比如司法机构予以执行。委托人的问题是设计一个最优合约，合约设定代理人的行动，同时代理人在合约中获得的期望效用不低于保留效用。为简化起见，保留效用设为 0。如果代理人选择 $e=1$ 的行动对委托人是最优的，这样的合约是下面问题的解：

$$\max_{\{\underline{t},\bar{t}\}} \pi_1(\bar{S}-\bar{t})+(1-\pi_1)(\underline{S}-\underline{t})$$

$$\text{s.t.}\qquad \pi_1 u(\bar{t})+(1-\pi_1)u(\underline{t})-\psi \geqq 0.$$

由于行动可以由合约来约定，只要在合约中规定，若代理人不选择 $e=1$，就给予代理人严重的惩罚，此时代理人就会遵守该合约。上面的不等式约束称为参与约束，这是因为，若代理人接受这一合约，那么其期望效用不低于保留效用。显然在这个最优化问题中，这一约束必定是紧致的。令 λ 是参与约束的拉格朗日乘子，在紧致约束的优化问题中：

$$L(\lambda,\bar{t},\underline{t})=\pi_1(\bar{S}-\bar{t})+(1-\pi_1)(\underline{S}-\underline{t})+\lambda[\pi_1 u(\bar{t})+(1-\pi_1)u(\underline{t})-\psi].$$

关于 $\bar{t}$ 和 $\underline{t}$ 的一阶条件是：

$$-\pi_1+\lambda\pi_1 u'(\bar{t}^*)=0, \tag{17.4}$$

$$-(1-\pi_1)+\lambda(1-\pi_1)u'(\underline{t}^*)=0. \tag{17.5}$$

由式（17.4）和式（17.5），立即可推得：

$$\underline{t}^* = \bar{t}^*,$$

即在最优合约中代理人得到完全保险，规避了所有的风险。由于参与约束是紧致的，最优合约为 $\underline{t}^* = \bar{t}^* = h(\psi)$，即给代理人的确定性转移支付刚好等于努力的货币成本。在此情况下，既然代理人已经努力了，不论结果好坏，委托人都应该给予代理人相同的报酬，因为其差异是由自然外在因素造成的。对委托人来说，其期望收益为：

$$\pi_1\bar{S} + (1-\pi_1)\underline{S} - h(\psi).$$

如果委托人决定让代理人选择 $e=0$，那么此时的合约是下面优化问题的解：

$$\max_{\{\underline{t},\bar{t}\}} \pi_0(\bar{S}-\bar{t}) + (1-\pi_0)(\underline{S}-\underline{t})$$

$$\text{s.t.} \qquad \pi_0 u(\bar{t}) + (1-\pi_0)u(\underline{t}) \geqq 0.$$

与上面的推理类似，我们得到合约为 $\underline{t}' = \bar{t}' = 0$，委托人的期望收益为

$$\pi_0\bar{S} + (1-\pi_0)\underline{S}.$$

这样，若代理人选择努力对委托人是最优的，则有 $\pi_1\bar{S} + (1-\pi_1)\underline{S} - h(\psi) > \pi_0\bar{S} + (1-\pi_0)\underline{S}$，或者

$$\Delta\pi(\bar{S}-\underline{S}) > h(\psi). \tag{17.6}$$

式 (17.6) 表示努力带来的收益超过努力的成本。在条件 (17.6) 下，显然委托人希望在最优合约下代理人的行动为 $e=1$。图 17.2 刻画了最优合约下的努力水平。

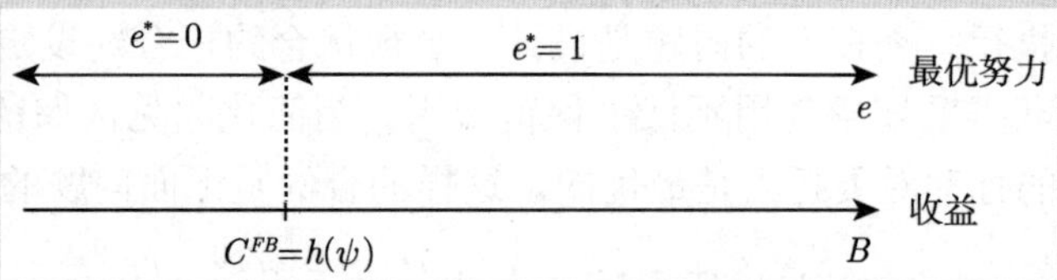

图 17.2　最佳努力水平

17.2.3　激励可行合约

若委托人不能直接观测到代理人的行动，此时委托人与代理人之间不可能在合约中约定代理人的行动。若委托人和代理人之间只有一次互动，那么即使委托人可以观察到代理人的行动，只要代理人的行动不能由第三方验证，合约中约定行动就仍然是不可执行的。在这样的情形下，合约只能基于可验证的结果，即任务是否成功。这样，在不完全信息情形下，代理人规避所有风险的合约形式是不可执行的。这是因为，若 $\underline{t}^* = \bar{t}^*$，代理人的补偿不依赖于结果，那么代理人就没有激励去选择 $e=1$ 的行动，从而这样的合约是不可执行的。其直觉很简单，当行动不可观测时，结果的差异不知道是由努力的差异造成的，还

是由自然（不确定性）造成的，因此委托人不应该给予代理人相同的报酬，否则代理人由于这种非对称信息就没有动机去选择 $e=1$ 的行动。从而，可执行的合约需要引入一个新的约束条件，这一条件与逆向选择类似：

$$\pi_1 u(\bar{t}) + (1-\pi_1)u(\underline{t}) - \psi \geqq \pi_0 u(\bar{t}) + (1-\pi_0)u(\underline{t}). \tag{17.7}$$

我们把式（17.7）称为**激励相容约束**，在这一条件下，即使合约中没有规定代理人的行动，代理人也会有主观能动性，有激励去选择委托人所希望的行动。注意，在上面的激励相容约束 (17.7) 中，完全信息合约 $\bar{t}=\underline{t}$ 不可能满足激励相容条件。

此外，在合约中，代理人还需满足参与约束，即：

$$\pi_1 u(\bar{t}) + (1-\pi_1)u(\underline{t}) - \psi \geqq 0. \tag{17.8}$$

参与约束确保代理人愿意参与合约，并且代理人的预期效用至少与保留效用一样高。通过同时满足激励相容约束和参与约束，委托人可以设计一个激励可行的合同，鼓励代理人选择期望的行动。

注意，代理人的参与约束需在事前阶段（产出实现之前）成立。

委托人希望代理人采取的每个努力水平都对应一个合约，以确保满足代理人的道德风险激励相容约束和参与约束，于是有以下概念：

定义 17.2.1 (激励可行合约)　*同时满足激励相容约束 (17.7) 和参与约束 (17.8) 的合约被称为激励可行合约。*

17.2.4　风险中性与最佳合约

在上面我们提及激励相容条件导致代理人不能完全规避其行动所带来的结果风险，不完全信息通常会影响合约（对代理人行动）的结果。不过，在代理人风险中性（同时不存在补偿限制）情况下会出现例外。若代理人是风险中性的，他的期望收益不会受到风险的影响，此时激励相容约束本身不会造成效率损失，从而会有像完全信息情形下的最优合约那样的最佳结果。

若代理人是风险中性的，不妨设 $u(t)=t$。委托人的最优合约问题为：

$$\max_{\{\underline{t},\bar{t}\}} \pi_1(\bar{S}-\bar{t}) + (1-\pi_1)(\underline{S}-\underline{t}) \tag{17.9}$$

$$\text{s. t.}\quad \pi_1\bar{t} + (1-\pi_1)\underline{t} - \psi \geqq \pi_0\bar{t} + (1-\pi_0)\underline{t}, \tag{17.10}$$

$$\pi_1\bar{t} + (1-\pi_1)\underline{t} - \psi \geqq 0. \tag{17.11}$$

激励相容约束（17.10）又可以写为：

$$\Delta\pi\bar{t} \geqq \Delta\pi\underline{t} + \psi. \tag{17.12}$$

可以验证在上面的最优化问题中，参与约束 (17.11) 必然是紧致约束。这是因为，式 (17.12) 和式（17.11) 必然至少有一个是紧致的，否则可以通过降低 $\bar{t}$ 来增加委托人的期望效用。若式 (17.11) 是非紧致的，则可以通过稍微地减少相同数量的 $\bar{t}$ 和 $\underline{t}$，在满足上面两个约束的情形下，增加委托人的期望效用。当然，式 (17.12) 不一定是紧致的。图 17.3 中的阴影部分刻画了激励可行域，在紧致约束 (17.11) 上的任意一点都是风险中性情形下的最优合约。这是因为目标函数 (17.9) 可以写为：

$$\max_{\{\underline{t},\bar{t}\}} \pi_1\bar{S} + (1-\pi_1)\underline{S} - [\pi_1\bar{t} + (1-\pi_1)\underline{t}].$$

这等价于：

$$\min_{\{\underline{t},\bar{t}\}} \pi_1\bar{t} + (1-\pi_1)\underline{t}.$$

在所有的最优合约中，激励相容和参与约束 (17.12）和（17.11) 都满足的合约，即图 17.3 中两条线的交点所对应的合约，由下式给出：

$$\bar{t}^* = \frac{\psi}{\Delta\pi}$$

和

$$\underline{t}^* = -\frac{\pi_0}{\Delta\pi}\psi.$$

在所有的最优合约中，委托人的期望收益为 $\pi_1\bar{S} + (1-\pi_1)\underline{S} - \psi$，这与完全信息情形下是一致的，而代理人的期望收益为 0，因而最优合约也是最佳合约。尽管如此，不同结果下的报酬是不一样的，这一点和完全信息时不一样。于是我们有如下命题。

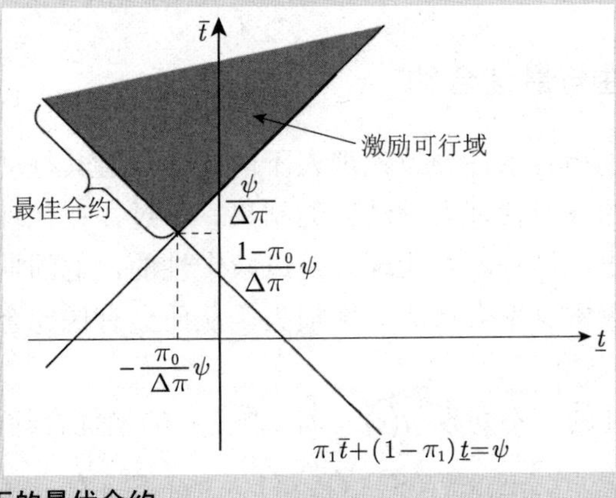

图 17.3　风险中性情形下的最优合约

命题 17.2.1　*若代理人是风险中性的，则即使代理人的努力无法观测到，委托人仍可通过恰当的合约，激励代理人付出最佳努力水平，即最佳努力水平仍是可实施的。*

备注：本节与 16.6 节的内容类似。在这两种情形下，如果合约是事前即在自然状态实现以前订立的，而且代理人是风险中性的，那么激励相容约束无论在逆向选择还是在道德风险下，都不会与事前参与约束相冲突，最佳的结果仍然是可执行的。

在本章导言部分我们提到，道德风险问题中的委托人（一般假定风险中性）通常要为风险厌恶的代理人提供保险，这使委托人不得不面临激励与风险的权衡。但当代理人是风险中性的时，委托人不再需要为代理人提供保险，所以问题变得相对简单，委托人可以实现最佳结果。但这种最佳结果的实施不仅取决于代理人的风险中性，而且依赖一个隐含假设：代理人不能受到有限责任的保护。如要求代理人不能获得负支付，即不能受到惩罚，则 $\underline{t}^*$ 显然不再可行。下面我们就讨论有限责任和风险厌恶情形下的最优合约。

17.3 有限责任和风险厌恶下的最优合约

17.3.1 有限责任下的次佳合约

在上面，我们讨论了在代理人风险中性情形下，施加激励相容条件并不会改变（相对于完全信息条件下）合约的结果或者代理人的行为。不过，激励相容条件要求在对代理人的补偿合约中，在任务成功和失败的不同结果中，代理人的补偿差异要满足：$\bar{t}-\underline{t} \geqq \dfrac{\psi}{\Delta\pi}$。这意味着在失败的结果下，代理人要受到惩罚，在图 17.3 所示的最优合约中，由于 $\underline{t} \leqq -\dfrac{\pi_0}{\Delta\pi}\psi$，其惩罚可以是任意大的。然而，在现实中，由于支付能力或者法律、文化等因素，惩罚是有限度的。比如，在企业组织形式之一有限责任公司中，投资人在失败情况下的损失界限只限于投资额，而不用承担无限责任。下面我们讨论在存在这种有限责任（或者对代理人存在有限度的惩罚）及代理人是风险中性情形下的最优合约安排。

令 l 是惩罚上界，即满足 $\underline{t}, \bar{t} \in [-l, \infty)$。尽管代理人是风险中性的，有限责任约束和激励相容约束一道导致了最佳合约不可执行，最优的合约只是次佳合约。

委托人的最优问题为：

$$\max_{\{\underline{t},\bar{t}\}} \pi_1(\bar{S}-\bar{t})+(1-\pi_1)(\underline{S}-\underline{t}) \tag{17.13}$$

$$\text{s. t.} \quad \pi_1\bar{t}+(1-\pi_1)\underline{t}-\psi \geqq \pi_0\bar{t}+(1-\pi_0)\underline{t}, \tag{17.14}$$

$$\pi_1\bar{t}+(1-\pi_1)\underline{t}-\psi \geqq 0, \tag{17.15}$$

$$\bar{t} \geqq -l, \tag{17.16}$$

$$\underline{t} \geqq -l. \tag{17.17}$$

最优合约安排可以用下面几个图来分析。与市场上的价格下界管制（比如最低工资）类似，分两种情形讨论。

情形 1：$l \geqq \dfrac{\pi_0}{\Delta\pi}\psi$。在这种情形下，此前在失败结果下得到的部分最佳支付仍然满足 $-l \leqq \underline{t} \leqq -\dfrac{\pi_0}{\Delta\pi}\psi$。此时惩罚界限不会影响最优合约下（委托人和代理人期望效用）的结果和（代理人的）行动，其结果仍然是最佳结果，尽管会使得最佳结果的集合变小。这一情形可以通过图 17.4 来说明：我们看到由于存在惩罚上界，激励可行合约受到了限制，这也影响了最佳结果的范围，不过，由于代理人的参与约束仍然是紧致的，在这些最佳结果下，委托人和代理人的期望效用结果不会改变。

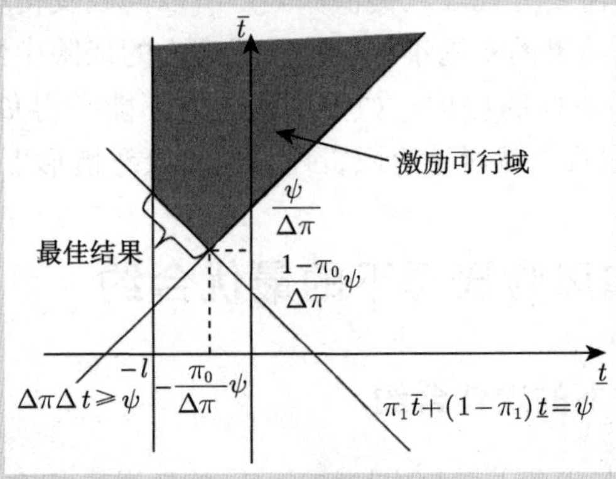

图 17.4　有限责任下的最优合约仍然是最佳合约 $l \geqq \pi_0\psi/\Delta\pi$

情形 2: $0 \leqq l < \dfrac{\pi_0}{\Delta\pi}\psi$。在这种情形下，此前得到的所有最佳支付都小于 $-l$，从而在有限责任下不是可行的。于是，最优合约下的有限责任约束一定是紧致的，而参与约束则不紧致，从而最优结果只是次佳。我们同样用图示来讨论这种惩罚上界对最优合约的影响。从图 17.5 中我们发现随着惩罚上界发挥作用，激励可行合约区域受到限制，在这个新的区域中，代理人的参与约束 (17.11) 是非紧致的，而有限责任约束成为紧致的，委托人的最

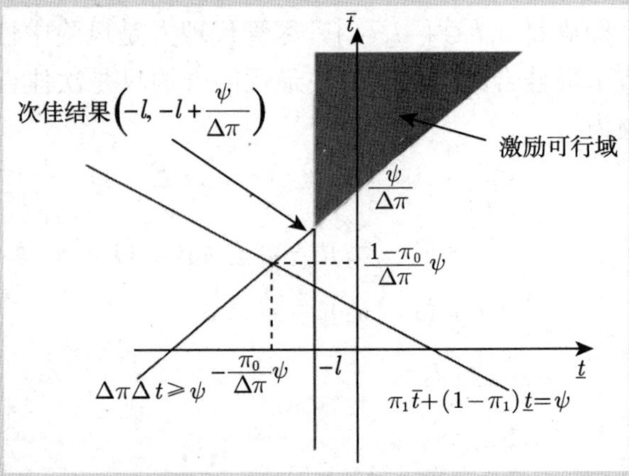

图 17.5　有限责任下的最优合约只是次佳合约 $0 \leqslant l < \pi_0\psi/\Delta\pi$

优决策是在激励可行和紧致有限责任约束区域中最小化执行成本，即在有限责任约束和激励相容约束下求下面的优化问题：

$$\min_{\{\underline{t},\bar{t}\}} \pi_1\bar{t} + (1-\pi_1)\underline{t}.$$

这样，没有最佳结果，次佳结果为 $\underline{t}^{SB} = -l$，此时有限责任影响到失败的惩罚，它刚好等于惩罚上界；$\bar{t}^{SB} = -l + \dfrac{\psi}{\Delta\pi}$，委托人的期望效用于是为

$$\pi_1\bar{S} + (1-\pi_1)\underline{S} + l - \psi\frac{\pi_1}{\Delta\pi},$$

代理人的期望效用为

$$EU^{SB}=\pi_1\bar{t}^{SB}+(1-\pi_1)\underline{t}^{SB}-\psi=-l+\frac{\pi_0}{\Delta\pi}\psi>0.$$

同时我们进一步可以得到：当且仅当

$$\Delta\pi\Delta S\geqq\psi\frac{\pi_1}{\Delta\pi}=\psi+\pi_0/\Delta\pi\psi,$$

委托人才会激励代理人选择 $e=1$。

我们注意到只有在失败状态出现时，有限责任 (惩罚上界) 约束才可能是紧致的。因为激励努力要求 $\bar{t}$ 和 $\underline{t}$ 不能混同，当 $\underline{t}\geqq -l$ 时，必然有 $\bar{t}>-l$。当惩罚上界小于原先失败时的转移支付时，委托人对代理人的惩罚是有限的，此时代理人只能受到额度为 l 的惩罚；而当任务成功时，代理人获得 $-l+\psi/\Delta\pi$ 的奖励。因此，代理人获得一个正的期望租金 $EU^{SB}>0$，这个租金源于道德风险和有限责任的共同作用所导致的委托人对代理人的额外转移支付。随着 l 的不断增加，代理人受到的有限责任的保护程度越来越小，则道德风险和有限责任约束之间的冲突越来越小，当 $l>\pi_0\psi/\Delta\pi$ 时，两者之间将不再发生冲突。

总结以上讨论，我们有下面命题。

命题 17.3.1　在有限责任约束下，若合约是最优的，则有：

（1）若 $l>\frac{\pi_0}{\Delta\pi}\psi$（即惩罚没有超过惩罚的上界），则参与约束条件是紧致的，从而最佳转移支付合约集由图 17.4中同时满足激励相容约束与参与约束的线段给出，并且其中使得激励相容约束紧致的最佳转移支付合约为 $(\underline{t}^*,\bar{t}^*)=\left(-\frac{\pi_0}{\Delta\pi}\psi,(1-\pi_0)\psi/\Delta\pi\right)$。代理人的期望租金为零，即 $EU^{SB}=0$，从而最佳努力水平仍然是可执行的。

（2）若 $0\leqq l\leqq\frac{\pi_0}{\Delta\pi}\psi$，则只有当激励相容条件和失败状态出现时有限责任约束条件才是紧致的，从而最佳努力水平是不可执行的，次佳转移支付为：

$$\underline{t}^{SB}=-l,\tag{17.18}$$

$$\bar{t}^{SB}=-l+\frac{\psi}{\Delta\pi}.\tag{17.19}$$

在上述情况下，代理人的期望有限责任租金 EU^{SB} 非负，为：

$$EU^{SB}=\pi_1\bar{t}^{SB}+(1-\pi_1)\underline{t}^{SB}-\psi=-l+\frac{\pi_0}{\Delta\pi}\psi\geqq 0.\tag{17.20}$$

17.3.2　风险厌恶下的最优合约

下面我们讨论代理人风险厌恶下的最优合约，一般来说，所得到的只是次佳合约。在这种情形下，基本权衡是激励与风险或效率与保险。在前面我们看到，在不完全信息情形下，代理人如不承担风险，独立于结果的补偿合约 (即混同合约) 将不满足激励相容条件。这样，要满足激励相容条件，代理人需要承担一定的风险。然而，对于风险厌恶的代理人来说，承担风险会降低其期望收益，由于代理人的补偿要满足参与约束，这种风险成本最终也会被转移给委托人，由此委托人的问题是权衡激励产生的配置效率与激励带来的风险。

下面我们先讨论委托人的最优合约选择问题：

$$\max \pi_1(\bar{S}-\bar{t})+(1-\pi_1)(\underline{S}-\underline{t}) \tag{17.21}$$

$$\text{s.t.} \quad \pi_1 u(\bar{t})+(1-\pi_1)u(\underline{t})-\psi \geqq \pi_0 u(\bar{t})+(1-\pi_0)u(\underline{t}), \tag{17.22}$$

$$\pi_1 u(\bar{t})+(1-\pi_1)u(\underline{t})-\psi \geqq 0. \tag{17.23}$$

如果这是一个凹规划，一阶库恩–塔克（Kuhn-Tucker）条件是最优解的充要条件。但这并不一定是一个凹规划，因为式 (17.22) 的两边都出现了凹函数 $u(\cdot)$。然而，通过如下变量代换可以保证变化后规划是一个凹规划。定义 $\bar{u}=u(\bar{t})$，$\underline{u}=u(\underline{t})$，为此其反函数为 $\bar{t}=h(\bar{u})$，$\underline{t}=h(\underline{u})$。

这样，委托人的问题可以写为如下形式：

$$\max_{\{\bar{u},\underline{u}\}} \pi_1(\bar{S}-h(\bar{u}))+(1-\pi_1)(\underline{S}-h(\underline{u})) \tag{17.24}$$

$$\text{s.t.} \quad \pi_1\bar{u}+(1-\pi_1)\underline{u}-\psi \geqq \pi_0\bar{u}+(1-\pi_0)\underline{u}, \tag{17.25}$$

$$\pi_1\bar{u}+(1-\pi_1)\underline{u}-\psi \geqq 0. \tag{17.26}$$

由于以上问题的目标函数是一个关于 $\bar{u}$ 和 $\underline{u}$ 的凹函数，约束 (17.25) 和（17.26) 又是线性的，拉格朗日方程的一阶条件就是约束最优解的充分条件。

令 λ 和 μ 分别为对应于激励相容约束 (17.25) 和参与约束 (17.26) 的拉格朗日乘子，拉格朗日函数为：

$$\begin{aligned} L(\bar{u},\underline{u};\lambda,\mu) \;=\;& \pi_1(\bar{S}-h(\bar{u}))+(1-\pi_1)(\underline{S}-h(\underline{u})) \\ & +\lambda[\pi_1\bar{u}+(1-\pi_1)\underline{u}-\psi-\pi_0\bar{u}-(1-\pi_0)\underline{u}] \\ & +\mu[\pi_1\bar{u}+(1-\pi_1)\underline{u}-\psi]. \end{aligned}$$

于是，关于 $\bar{u},\underline{u}$ 的一阶条件经过整理后为：

$$\frac{1}{u'(\bar{t}^{SB})}=\mu+\lambda\frac{\Delta\pi}{\pi_1}, \tag{17.27}$$

$$\frac{1}{u'(\underline{t}^{SB})}=\mu-\lambda\frac{\Delta\pi}{1-\pi_1}, \tag{17.28}$$

其中，$\bar{t}^{SB}$ 和 $\underline{t}^{SB}$ 为转移支付。

对方程 (17.27) 两边乘以 π_1，对方程 (17.28) 两边乘以 $1-\pi_1$，并将其相加，则有

$$\mu=\frac{\pi_1}{u'(\bar{t}^{SB})}+\frac{1-\pi_1}{u'(\underline{t}^{SB})}=E\left(\frac{1}{u'(\tilde{t}^{SB})}\right)>0,$$

从而参与约束 (17.26) 是紧致的。

对方程 (17.27) 两边乘以 $\pi_1 u(\bar{t}^{SB})$，对方程 (17.28) 两边乘以 $(1-\pi_1)u(\underline{t}^{SB})$，然后相加，并将 μ 表达式代入其中，我们有：

$$\lambda\Delta\pi\left(u(\bar{t}^{SB})+u(\underline{t}^{SB})\right)=E_q\left(u(\tilde{t}^{SB})\left(\frac{1}{u'(\tilde{t}^{SB})}-E\left(\frac{1}{u'(\tilde{t}^{SB})}\right)\right)\right). \tag{17.29}$$

根据松弛条件 $\lambda\left(\Delta\pi(u(\bar{t}^{SB})+u(\underline{t}^{SB}))-\psi\right)=0$，将方程 (17.29) 的左端简化得到：

$$\lambda\psi=cov\left(u(\tilde{t}^{SB}),\frac{1}{u'(\tilde{t}^{SB})}\right). \tag{17.30}$$

由假设，$u(\cdot)$ 单调递增而 $u'(\cdot)$ 单调递减。由于 $\bar{t}^{SB}=\underline{t}^{SB}$ 不满足激励相容约束，于是必定有 $\bar{t}^{SB}\neq\underline{t}^{SB}$。这意味着方程 (17.30) 的右端必定严格大于零，由此得 $\lambda>0$，从而激励相容约束 (17.25) 是紧致的。

与此同时，由于 u 是凹函数，我们有 $\bar{t}^{SB}>\underline{t}^{SB}$，即任务成功时的补偿一定大于失败时的补偿。

由于激励相容约束 (17.25) 和参与约束 (17.26) 都是等式约束，我们通过求解二元一次方程组得到：

$$\bar{u}=\psi+(1-\pi_1)\frac{\psi}{\Delta\pi}, \tag{17.31}$$

$$\underline{u}=\psi-\pi_1\frac{\psi}{\Delta\pi}, \tag{17.32}$$

从而有

$$\bar{t}^{SB}=h(\psi+(1-\pi_1)\frac{\psi}{\Delta\pi}), \tag{17.33}$$

$$\underline{t}^{SB}=h(\psi-\pi_1\frac{\psi}{\Delta\pi}). \tag{17.34}$$

于是，我们有如下命题。

命题 17.3.2　*若代理人是风险厌恶的，则在诱导代理人付出正努力的最优合约中，代理人的参与约束和激励相容约束都是紧致的。该合约未提供完全保险，且次佳转移支付分别为：*

$$\bar{t}^{SB}=h\left(\psi+(1-\pi_1)\frac{\psi}{\Delta\pi}\right)=h\left(\frac{1-\pi_0}{\Delta\pi}\psi\right) \tag{17.35}$$

和

$$\underline{t}^{SB}=h\left(\psi-\pi_1\frac{\psi}{\Delta\pi}\right)=h\left(-\frac{\pi_0}{\Delta\pi}\psi\right). \tag{17.36}$$

17.3.3　基本权衡：保险与效率

委托人激励代理人选择 $e=1$ 的成本为：

$$\begin{aligned}C^{SB}&=\pi_1h\left(\psi+(1-\pi_1)\frac{\psi}{\Delta\pi}\right)+(1-\pi_1)h\left(\psi-\frac{\pi_1\psi}{\Delta\pi}\right)\\&=\pi_1h\left(\frac{1-\pi_0}{\Delta\pi}\psi\right)+(1-\pi_1)h\left(-\frac{\pi_0}{\Delta\pi}\psi\right).\end{aligned} \tag{17.37}$$

由于 $h(\cdot)$ 是严格凸的，根据詹森 (Jensen) 不等式，$C^{SB} > h(\psi) = C^{FB}$。

委托人激励代理人选择 $e = 1$ 的收益仍然为

$$B = \Delta\pi\Delta S.$$

这样，在风险厌恶情形下，当且仅当 $B = \Delta\pi\Delta S \geqq C^{SB} > h(\psi) = C^{FB}$，委托人才会激励代理人选择 $e = 1$。因此，在道德风险下，激励高水平的努力比完全信息下更为困难，需要付出一定信息成本，因此最优合约只是次佳合约。下面的图 17.6 对比了在信息完全和不完全下委托人的最佳合约和次佳合约。

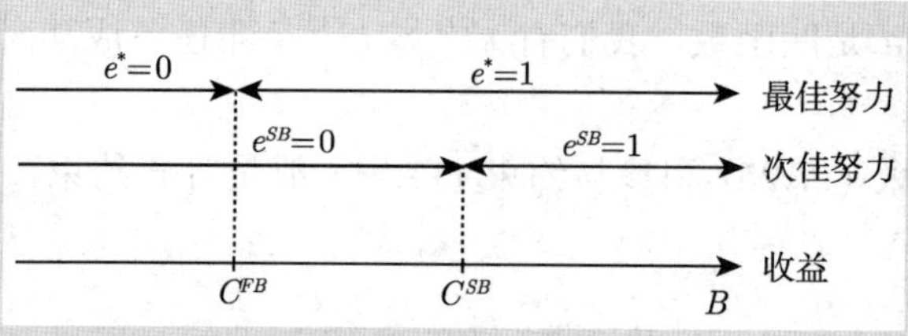

图 17.6　道德风险和风险厌恶情形下的次佳努力水平

当 B 属于区间 $[C^{FB}, C^{SB}]$ 时，次佳努力水平为零，因而 $e^{SB} = 1$ 的区间严格小于 $e^* = 1$ 的区间。由于道德风险和代理人的风险厌恶的共同作用，代理人的努力向下扭曲。

下面的命题总结了在道德风险下的基本权衡。

命题 17.3.3　*对在道德风险和代理人风险厌恶情形下的最优合约，委托人会在诱导代理人提供努力和为其提供保险之间进行权衡。若代理人的努力水平只取两种可能的值，则代理人的次佳努力水平小于努力可观测情形下的最佳努力水平。*

17.4　合约理论的应用

道德风险模型能被用来分析许多现实问题，这些问题在合约理论的相关文献中是重要的研究主题，下面给出几例。对这些模型的讨论借鉴自 Laffont 和 Martimort (2002)。

17.4.1　效率工资

在劳动力市场中，一个普遍的现象是企业员工的工资往往超过劳动力市场中的竞争工资，我们称之为效率工资。这里的“超过”是指扣除了可能的人力资本等因素。对此，一个宏观经济学问题是什么阻碍了企业的工资不能调整到市场均衡工资，研究这些经济现象的经济学研究有时又被称为凯恩斯学派。该学派讨论一些非古典经济均衡现象的微观基础，效率工资就是其中之一，“非自愿失业”与之有密切联系。

Shapiro 和 Stiglitz (1984) 首先讨论了效率工资背后的微观经济学逻辑。他们的研究框架是在一个动态的环境下考虑此问题。下面我们考虑一个简化的静态版，这里我们参考了 Laffont 和 Martimort (2002) 的模型设定：假设一个企业雇用劳动力来完成某项任务，企业主和员工都是风险中性的。我们把企业外的市场均衡工资标准化为 0。企业主希望员工努力工作，假设努力水平是离散的，$e \in \{0,1\}$，努力的水平决定了绩效结果（假设只有两种情形 $y \in \{0,1\}$）。任务成功后，即 $y=1$，企业的价值增加为 $\bar{V}$；失败时，企业的价值增加为 $\underline{V}$，$0 \leqq \underline{V} < \bar{V}$，$\Delta V = \bar{V} - \underline{V}$。任务成功概率的大小依赖于员工的努力投入，令 π_e 是努力投入为 e 时任务成功的概率，$1 > \pi_1 > \pi_0 > 0$，$\Delta\pi = \pi_1 - \pi_0$。假设努力的负效用函数为 $\psi(1) = \psi$ 及 $\psi(0) = 0$，员工的努力水平不能被企业主直接观察到。企业主希望员工努力工作，然而他对员工最大可能的惩罚是开除员工，此时员工的工资为保留工资，意味着员工的惩罚具有下界，即受到有限责任的保护。下面，我们讨论企业主是如何通过激励合约来激发员工努力工作的。

假设 $\Delta\pi\Delta V > 0$，即员工努力工作是社会最优的。

由于企业主不能观察到员工的努力投入，因此一个可执行的工资合约只能建立在任务结果之上，即 $(\underline{t}, \bar{t})$，$\Delta t = \bar{t} - \underline{t}$，分别对应于 $y = 1, 0$ 结果下的报酬。对于企业主来说，最优激励合约是求解下面的最大化问题：

$$\max_{\{\underline{t},\bar{t}\}} \pi_1(\bar{V} - \bar{t}) + (1 - \pi_1)(\underline{V} - \underline{t}) \tag{17.38}$$

$$\text{s.t.} \quad \pi_1\bar{t} + (1 - \pi_1)\underline{t} - \psi \geqq \pi_0\bar{t} + (1 - \pi_0)\underline{t}, \tag{17.39}$$

$$\pi_1\bar{t} + (1 - \pi_1)\underline{t} - \psi \geqq 0, \tag{17.40}$$

$$\underline{t} \geqq 0. \tag{17.41}$$

其中，式 (17.39) 对应于之前的激励相容约束；式 (17.40) 对应于之前的参与约束；式 (17.41) 对应于之前的有限责任约束。

从式 (17.39) 中我们得到 $\Delta\pi\Delta t \geqq \psi$，这意味着 $\bar{t} > \underline{t}$，于是式 (17.40) 自然成立，参与约束是一个松弛约束，而不是一个紧致约束。

对目标函数 (17.38) 在约束条件 (17.39) 及 (17.41) 下求解最优化，类似前面的分析，我们得到次佳合约为 $\underline{t} = 0$ 和 $\bar{t} = \dfrac{\psi}{\Delta\pi} > 0$，此时期望工资大于市场均衡工资，出现效率工资大于市场均衡工资的原因在于企业需要向员工提供努力工作的激励，员工的期望效用为 $\pi_1\bar{t} + (1 - \pi_1)\underline{t} - \psi = \dfrac{\pi_0\psi}{\Delta\pi} > 0$，从而只能是次佳合约。企业的激励成本为 $\dfrac{\pi_1\psi}{\Delta\pi}$，只有当 $\Delta\pi\Delta V > \dfrac{\pi_1\psi}{\Delta\pi}$ 时，企业才会激励员工。

正向工资 $\bar{t}^{SB} = \frac{\psi}{\Delta\pi}$ 常被称为**效率工资**，因为它激励代理人付出高（有效）水平的努力。为了诱导代理人努力工作，委托人必须将一定的企业利润让与代理人。

17.4.2　分佃制

道德风险理论框架也被广泛应用到发展经济学中。农业经济中的分成佃租就是一种激励机制。假如农场主雇用某人种地，该佃农在所得固定的情况下缺乏动力去全力以赴地工作。假如地主对该佃农的工作情况完全掌握，自然可以据此来指挥佃农。但是，要取得这样充分的信息，地主势必得花费相当多的精力来亲自督导监控。若做不到这一点，地主和佃农双方将有不同的信息，生产将无法充分实现效率。另一种极端的做法，则是把土地以固定的金额出租，那么就可以给佃农非常大的激励。但是，不要忘记农业也是一种高风险的事业，贫穷农民可能根本无法承受这种不确定性。因此，分成制（sharecropping）这种折中的形式才会应运而生。这种方式削弱而非消灭工作的激励，使经济人承担部分而非全部的风险。类似的想法也可沿用到健康保险上，大部分健康保险都有所谓的共同保险 (coinsurance)，对风险进行部分分摊，让病人有注意健康的激励。这些例子都说明，信息的差异性普遍存在于经济体系中，往往导致了无效率配置结果，也促使我们通过合约的安排或非正式的共识，对信息不足的一方施以保护。

分佃的思想在文献中最早源于张五常 (1969) 的博士学位论文。他得出了分成佃租是一种最优制度安排的结果。这个结果当时非常新颖，该文现已经成为新制度经济学的重要发轫之作。Stiglitz (1974) 引用了张五常的思想，在所考察的分佃制模型中，委托人为地主，代理人为佃农 (tenant)，佃农只负有限责任。Stiglitz (1974) 给出了次佳合约，通过下面的讨论，可知分成的线性合约并非次佳合约，这一结果同张五常 (1969) 的结果有所不同。在现实中，分成制并非达到了次佳合约。分成制对佃农来说更为有益，而对地主来说并不是最优的。

下面是一个简化版本的 Stiglitz (1974) 的模型：佃农的努力水平为 $e \in \{0,1\}$，农业产出只取两个可能的值 $\bar{q}$ 和 $\underline{q}$，其中 $\bar{q} > \underline{q}$。佃农的努力水平 e 越高，农业产出为 $\bar{q}$ 的概率 $\pi(e)$ 越大，即 $\pi_1 > \pi_0$。我们把农产品的价格标准化为 1，则委托人的收益为 $\bar{q}$ 或者 $\underline{q}$，其对应的概率分别为 $\pi(e)$ 和 $1-\pi(e)$。

我们假定代理人（佃农）是风险中性的且受到有限债务约束的保护，则委托人的最优合约问题可写为：

$$\max_{\{\underline{t},\bar{t}\}} \pi_1(\bar{q}-\bar{t}) + (1-\pi_1)(\underline{q}-\underline{t}) \tag{17.42}$$

$$\text{s.t.} \quad \pi_1\bar{t} + (1-\pi_1)\underline{t} - \psi \geqq \pi_0\bar{t} + (1-\pi_0)\underline{t}, \tag{17.43}$$

$$\pi_1\bar{t} + (1-\pi_1)\underline{t} - \psi \geqq 0, \tag{17.44}$$

$$\underline{t} \geqq 0. \tag{17.45}$$

其最优结果与上一小节中效率工资的结果类似。$\bar{t} = \frac{\psi}{\Delta\pi}$ 和 $\underline{t} = 0$。

地主和佃农的期望收益分别是：

$$EV^{SB} = \pi_1\bar{q} + (1-\pi_1)\underline{q} - \frac{\pi_1\psi}{\Delta\pi} \tag{17.46}$$

和

$$EU^{SB} = \frac{\pi_0\psi}{\Delta\pi}. \tag{17.47}$$

上述次优合约有时被批评为与大多数农业经济体中观察到的合约安排不符。合约通常是采用简单的线性形式，将佃农的生产与他们的报酬联系起来。特别是在现实中，佃农的合约通常具有分成的形式，即 $t = \alpha q$，其中 α 是佃农收成分享比例。下面我们来讨论在分佃制安排下，一个最优的分成比例是多少。由于 $\underline{q} > 0$，$\underline{t} = \alpha\underline{q} > 0$，在下面的讨论中，有限责任约束自然满足。

最优的分佃合约问题为：

$$\max_{\alpha}(1-\alpha)(\pi_1\bar{q}+(1-\pi_1)\underline{q}) \tag{17.48}$$

$$\text{s. t.}\quad \alpha(\pi_1\bar{q}+(1-\pi_1)\underline{q})-\psi \geqq \alpha(\pi_0\bar{q}+(1-\pi_0)\underline{q}), \tag{17.49}$$

$$\alpha(\pi_1\bar{q}+(1-\pi_1)\underline{q})-\psi \geqq 0, \tag{17.50}$$

其中，式（17.49）和式（17.50）分别为激励佃农选择努力投入时的激励相容约束和参与约束。由于 $\pi_0>0$，$\bar{q}>0$，$\underline{q}>0$，这样，若式 (17.49) 成立，式 (17.50) 也必然成立。因此，只有激励相容约束 (17.49) 是紧致的。由此我们得到，最优分佃合约为 $\alpha^{SB}=\dfrac{\psi}{\Delta\pi\Delta q}$。由于选择激励相容合约的条件是 $\Delta q\Delta\pi>\psi$，最优分享比例需要满足 $\alpha^{SB}<1$。

于是，在分成制下的地主和佃农的期望收益分别是：

$$EV_\alpha=\pi_1\bar{q}+(1-\pi_1)\underline{q}-\left(\frac{\pi_1\bar{q}+(1-\pi_1)\underline{q}}{\Delta q}\right)\frac{\psi}{\Delta\pi} \tag{17.51}$$

和

$$EU_\alpha=\left(\frac{\pi_1\bar{q}+(1-\pi_1)\underline{q}}{\Delta q}\right)\frac{\psi}{\Delta\pi}. \tag{17.52}$$

由于分成制合约无须满足有限责任约束，对委托人（地主）来说，最优分佃合约不同于次佳合约。事实上，比较式（17.46）和式（17.51）以及式（17.47）和式（17.52），可看出分成制对代理人更为有利，但对委托人不利，因为次佳合约比分成合约能给委托人带来更大的期望效用，线性合约的效力不如次佳合约。这样，即使佃农分成合约可提供足够的激励让佃农努力工作，这也是一种从代理人那里抽取租金的低效方式。利用线性分成规则，即使在最坏状态下，佃农也能从其生产的正回报中获益。在最坏状态下，这个正收益比次佳合约下的收益要多。

17.4.3　金融合约

信息不对称的金融市场有两个重要议题，一个是上一章讨论的逆向选择问题，另一个则是借款人的道德风险问题。下面讨论金融市场的道德风险问题，这一节的讨论借鉴自 Holmstrom 和 Tirole(1997) 的信贷配给分析，同时也参考了 Laffont 和 Martimort(2002) 在 4.8.4 节中的讨论。

一个风险规避企业打算启动一项初始投资为 I 的项目。假设企业的效用函数为 $u(\cdot)$，满足 $u'>0$ 和 $u''<0$。企业没有资金，只能从银行或者其他金融机构处融资。假设金融机构是风险中性的。该项目的回报是随机的，它为 $\bar{V}$ 和 $\underline{V}$ 的概率分别为 $\pi(e)$ 和 $1-\pi(e)$，其中 $e\in\{0,1\}$ 是企业在项目中付出的努力。记项目的利润差异为$\Delta V=\bar{V}-\underline{V}>0$，银行或者其他金融中介向企业提供的金融合约由企业的还款额 $(\bar{z},\underline{z})$ 构成，具体金额取决于项目成功与否。

下面我们讨论激励企业家努力的最优合约优化问题：

第17章

$$\max_{\{\underline{z},\bar{z}\}} \pi_1\bar{z} + (1-\pi_1)\underline{z} - I \tag{17.53}$$

$$\text{s.t.} \quad \pi_1 u(\bar{V}-\bar{z}) + (1-\pi_1)u(\underline{V}-\underline{z}) - \psi \tag{17.54}$$

$$\geqq \pi_0 u(\bar{V}-\bar{z}) + (1-\pi_0)u(\underline{V}-\underline{z}),$$

$$\pi_1 u(\bar{V}-\bar{z}) + (1-\pi_1)u(\underline{V}-\underline{z}) - \psi \geqq 0. \tag{17.55}$$

为求解上面的最优化问题，我们首先做变量代换 $\bar{t} = \bar{V} - \bar{z}$ 和 $\underline{t} = \underline{V} - \underline{z}$。这样，上面的最优合约问题转化为前面所讨论的基本模型。于是得到：可定义执行努力水平的次佳成本为 $C^{SB} = \pi_1 h(\psi + (1-\pi_1)\frac{\psi}{\Delta\pi}) + (1-\pi_1)h(\psi - \frac{\pi_1\psi}{\Delta\pi})$，其中 $h = u^{-1}$。同时有 $\Delta\pi\Delta V \geqq C^{SB}$，即委托人希望企业提供正的努力。委托人的期望利润为：

$$V_1 = \pi_1\bar{V} + (1-\pi_1)\underline{V} - C^{SB} - I. \tag{17.56}$$

此时，初始投资额 I 对委托人是否向企业贷款起着重要作用，因为只有当项目所带来的期望利润为正，即$V_1 > 0$ 时，委托人才会向该项目贷款。从式 (17.56) 中我们可得到：投资规模 I 满足：

$$I < I^{SB} = \pi_1\bar{V} + (1-\pi_1)\underline{V} - C^{SB}. \tag{17.57}$$

而在完全信息下，委托人将对项目愿意提供的贷款满足

$$I < I^* = \pi_1\bar{V} + (1-\pi_1)\underline{V}. \tag{17.58}$$

对比式 (17.57) 和式 (17.58)，得到 $I^{SB} < I^*$。这一结论意味着，在不对称环境下，借款人的道德风险意味着借款人的信贷规模要小于完全信息环境下的规模，以及对 $I \in [I^{SB}, I^*]$ 的投资，在完全信息情形下可以贷到款，而在不完全信息的道德风险下贷不到款。

以上风险规避的借款人没有自有资金，其激励合约为： $\underline{t}^{SB} = h\left(\psi - \dfrac{\pi_1\psi}{\Delta\pi}\right) < 0$。因此，这一合约并不满足有限债务约束 $\underline{t} \geqq 0$。为了诱导企业付出努力，企业必须承担一定的风险，这意味着在糟糕的自然状态下其收益为负。

如果我们引入有限债务约束，最优合约将变为 $\underline{t}^{LL} = 0$ 和 $\bar{t}^{LL} = h\left(\dfrac{\psi}{\Delta\pi}\right)$。该合约在企业金融文献中被解释为**债务合约**，即借款人（企业）在糟糕的自然状态下收益为零，而在好的自然状态下借款人将项目剩余利润据为己有。

最后，由于 $h(\cdot)$ 严格凸且 $h(0) = 0$，我们有 ①

$$\bar{t}^{LL} - \underline{t}^{LL} = h\left(\frac{\psi}{\Delta\pi}\right) \geqq \bar{t}^{SB} - \underline{t}^{SB}$$

$$= h\left(\psi + (1-\pi_1)\frac{\psi}{\Delta\pi}\right) - h\left(\psi - \frac{\pi_1\psi}{\Delta\pi}\right). \tag{17.59}$$

该不等式表明，债务合约比最优激励合约的激励效果要差。在债务合约下，要激励代理人

① 容易证明，当 h 可微时，利用中值定理，并注意到 $h'(\cdot)$ 是单调递增及 $\delta_1 > \psi + (1-\pi_1)\dfrac{\psi}{\Delta\pi} > 0 > \delta_2$，于是有 $h\left(\dfrac{\psi}{\Delta\pi}\right) - h\left(\psi + (1-\pi_1)\dfrac{\psi}{\Delta\pi}\right) = h'(\delta_1)\left(\dfrac{\pi_1\psi}{\Delta\pi} - \psi\right) > h'(\delta_2)\left(\dfrac{\pi_1\psi}{\Delta\pi} - \psi\right) = h(0) - h\left(\psi - \dfrac{\pi_1\psi}{\Delta\pi}\right)$。注意当 $h(\cdot)$是线性的时，不等式成为等式。

选择努力，需要使代理人在不同状态下的收入差距更大，这增加了代理人的风险，无疑会给委托人带来更大的代理成本。

上面讨论的是投资人没有自有资金情形下的信贷配给，然而在现实中，一个企业在信贷市场上若没有一定的资产作为担保则很难贷到款，为此在信贷市场上，信贷规模依赖于企业的自有资金的多少，这一现象也称为**信贷配给**。下面我们讨论 Holmstrom 和 Tirole (1997) 以及 Tirole (2006) 第三章对信贷配给的微观机理的分析。

假设某个投资者自有资金的数量为 A，投资一个项目需要资金 $I > A$，为此投资者只有在市场上借到 $I - A$ 的资金才能完成项目。假设项目成功，其回报为 R；而若项目失败，其回报为 0。假设项目的执行结果依赖于投资者的行为。若项目投资者尽职，其成功的概率为 p_H；若项目投资者不尽职，则其成功的概率为 $p_L < p_H$，但获得一个私人好处 B。令 $\Delta p = p_H - p_L$。为简化讨论，假设投资者和银行都是风险中性的。投资者受到有限责任的保护，即他的收入不能低于 0。假设银行处在竞争环境中，其市场均衡利率为 0。在信贷配给合约中，借贷双方约定若项目成功，对项目的回报 R 进行分割，其中 R_I 归银行，$R_B = R - R_I$ 归投资者。

对于银行来说，竞争环境的零利润条件意味着 $p_H R_I = I - A$。我们进一步假设，项目只有在投资者表现尽职时才会有正的收益，即 $p_H R > I > p_L R + B$。

对于投资者而言，当且仅当 $p_H R_B \geqq p_L R_B + B$ 或者 $R_B > \dfrac{B}{\Delta p}$，投资者才会表现尽职。这意味着，在项目成功时，银行从项目中获得的最高回报不会超过 $R - \dfrac{B}{\Delta p}$。因此，对于银行来说，投资项目的（期望）有保障的收入 (pledgable income) 为 $\boldsymbol{p} \equiv p_H\left(R - \dfrac{B}{\Delta p}\right)$。

由于对银行来说，仅当 $\boldsymbol{p} \equiv p_H(R - \dfrac{B}{\Delta p}) \geqq I - A$ 时才会借贷，因此，对项目借贷的一个必要条件为：$A \geqq \bar{A} = p_H \dfrac{B}{\Delta p} - (p_H R - I)$。当 $p_H R - I < p_H \dfrac{B}{\Delta p}$ 时，有 $\bar{A} > 0$。同时，随着 B 或者 I 的增加，投资者自有资金的下界 $\bar{A}$ 也会越来越高。这意味着，投资者在信贷市场上，如果自有资金不足就可能借不到钱，而且项目规模 (I) 越大，或者道德风险 (以 B 刻画) 越高，这种信贷配给将会变得越来越严重。

17.5　对基本模型的扩展

我们现在将基本模型扩展到更一般的情况。在基本模型中，产出结果是两个，代理人的行动也是两个。若结果或者行动是有限多个，或者为连续情形，则具体的次佳合约会出现哪些新的特征呢？在这一部分，我们重点讨论代理人是风险厌恶的情形。

17.5.1　多个结果、两个行动

我们先把结果从两个拓展到多种绩效水平的情形。假设结果可能是 n 种绩效的过程，

这些绩效按从小到大的顺序排列为 $q_1 < q_2 < \cdots < q_i < \cdots < q_n$。委托人在每种自然状态下的收益分别为 $S_i = S(q_i)$。由于行动不可观察，合约中的转移支付只能建立在绩效水平上。在这样的设定下，合约为 n 维转移支付向量 $(t_1, \cdots, t_n)$。我们仍假定代理人的努力水平只有两种，即 $e_j \in \{0,1\}$。令 $\pi_{ij} = \Pr(\tilde{q} = q_i|e = e_j)$。假设 $\pi_{ij} > 0$，$\sum_{i=1}^n \pi_{ik} = 1, \forall(i,k)$。此外，记 $\Delta\pi_i = \pi_{i1} - \pi_{i0}$。

我们说，代理人作出努力 $e = 1$，相对于 $e = 0$，会使得（在随机意义下）绩效变得更好。用数学定义，可以用下面的绩效分布依存行动具有单调似然率的特性来表述，即代理人的努力投入会使得高绩效的结果更容易出现。

定义 17.5.1 若 $\dfrac{\pi_{i1} - \pi_{i0}}{\pi_{i1}}$ 是 i 的非递减函数，则称绩效的分布概率满足**单调似然率性质** (monotone likelihood ratio property，MLRP)。

假定代理人是严格风险厌恶的，委托人的最优合约问题为：

$$\max_{\{t_1,\cdots,t_n\}} \sum_{i=1}^n \pi_{i1}(S_i - t_i), \tag{17.60}$$

$$\text{s.t.} \quad \sum_{i=1}^n \pi_{i1}u(t_i) - \psi \geqq \sum_{i=1}^n \pi_{i0}u(t_i), \tag{17.61}$$

$$\sum_{i=1}^n \pi_{i1}u(t_i) - \psi \geqq 0, \tag{17.62}$$

其中第一个约束是代理人的激励相容约束，而后面的约束为代理人的参与约束。

利用前面类似的变量代换方法，我们可将上述问题转化为关于新变量 $u_i = u(t_i)$ 的凹规划问题。此时目标函数为：

$$\max_{\{u_1,\cdots,u_n\}} \sum_{i=1}^n \pi_{i1}(S_i - h(u_i)) \tag{17.63}$$

$$\text{s. t.} \quad \sum_{i=1}^n \pi_{i1}u_i - \psi \geqq \sum_{i=1}^n \pi_{i0}u_i, \tag{17.64}$$

$$\sum_{i=1}^n \pi_{i1}u_i - \psi \geqq 0, \tag{17.65}$$

其中 $h(\cdot) = u^{-1}$。

令 μ 和 λ 分别为参与约束 (17.65) 和激励相容约束 (17.64) 的拉格朗日乘子，其一阶条件为：

$$\frac{1}{u'(t_i^{SB})} = \mu + \lambda\left(\frac{\pi_{i1} - \pi_{i0}}{\pi_{i1}}\right) \quad \forall\, i \in \{1, \cdots, n\}. \tag{17.66}$$

对上述每个方程的两端同乘以 π_{i1} 并对 i 累加，则有 $\mu = E_q\left(\dfrac{1}{u'(t^{SB})}\right) > 0$, 其中 E_q 表示努力水平为 $e = 1$ 时产出分布的期望算子。因此，参与约束条件是紧致的。

对方程 (17.66) 两端同乘以 $\pi_{i1}u(t_i^{SB})$，将这些方程关于 i 累加并将上面得到的 μ 的表达式代入其中，我们得：

$$\lambda\left(\sum_{i=1}^{n}(\pi_{i1}-\pi_{i0})u(t_i^{SB})\right)=E_q\left(u(\tilde{t}^{SB})\left(\frac{1}{u'(\tilde{t}^{SB})}-E\left(\frac{1}{u'(\tilde{t}^{SB})}\right)\right)\right). \tag{17.67}$$

根据松弛条件 $\lambda\left(\sum_{i=1}^{n}(\pi_{i1}-\pi_{i0})u(t_i^{SB})-\psi\right)=0$，对式 (17.67) 左端简化，从而可得：

$$\lambda\psi=\mathrm{cov}\left(u(\tilde{t}^{SB}),\frac{1}{u'(\tilde{t}^{SB})}\right). \tag{17.68}$$

利用类似于前面两个结果、两个行动情形的证明，可得出 $\lambda>0$，因此激励相容约束也是紧致的。

再来考察式 (17.66)。由于 $u(\cdot)$ 是凹函数，因此式 (17.66) 的左端关于 t_i^{SB} 递增。既然 t_i^{SB} 关于 i 非递减，最大似然率性质必然满足。这意味着产出越大，代理人支付高水平努力的可能性越大。因此，当产出增加时，代理人理应得到更多奖励。

当绩效水平是一个连续的范围时，我们可以类似地讨论最优合约。在这种情况下，绩效水平 $\tilde{q}$ 从一个连续分布中抽取，其分布函数为 $F(\cdot|e)$，概率密度函数为 $f(\cdot|e)$，定义域为 $[\underline{q},\bar{q}]$。这个分布是条件于代理人的努力水平，而努力水平仍然有两个可能的取值，即 $\{0,1\}$。通过与上述离散情况相同的方法，当满足单调似然比性质 $\frac{d}{dq}\left(\frac{f(q|1)-f(q|0)}{f(q|1)}\right)\geqslant 0$ 时，我们可以找到最优合约 $t^{SB}(\pi)$，其中 π 是单调递增的。

17.5.2 连续行动、两个结果

下面我们讨论在连续行动和两个结果下的最优合约。假设代理人的努力行动是在一个连续集合中，$a\in[0,\infty)$，有两个可能的绩效结果，$q\in\{0,1\}$。$q=1$ 代表好的结果，否则为坏的结果。结果依赖于努力行动，$p(a)\equiv prob(q=1|a)\in(0,1)$ 表示努力行动为 a 下好结果发生的概率。假设有 $p'(a)>0$，这表示若代理人选择更高的努力水平，其结果是好的概率也更高。为简化讨论，假设代理人选择 a 的努力成本为 $\Psi(a)=a$。令 w 是委托人给代理人的补偿。在不完全信息下，委托人对代理人的转移支付只能依赖于绩效结果 q。

委托人的效用函数为 $V(q-w)=q-w$。因此，委托人是风险中性的。代理人的效用函数为 $u(w)-\Psi(a)$，满足特性 $u'(\cdot)>0$ 和 $u''(\cdot)<0$，因此代理人具有风险厌恶特性。

若代理人的行动可以被委托人观察到，并且可以由第三方验证，那么委托人的最优（最佳）合约选择是下面的最大化问题：

$$\max_{a,w_0,w_1}\ p(a)(1-w_1)+(1-p(a))(-w_0) \tag{17.69}$$

$$\text{s.t.}\quad p(a)u(w_1)+(1-p(a))u(w_0)-a\geqq 0, \tag{17.70}$$

其中，式（17.70）是代理人的参与约束。令 λ 是参与约束的拉格朗日乘子，我们得到一阶最优性条件：

$$\frac{1}{u'(w_1)}=\lambda=\frac{1}{u'(w_0)}. \tag{17.71}$$

从而有 $w_1=w_0$，即代理人完全保险，委托人承担所有的风险。

下面讨论信息不完全时的最优（次佳）合约。由于代理人的行动不可以被委托人观察到，代理人的行动要满足激励相容条件。委托人的合约选择是下面的最大化问题：

$$\max_{a,w_0,w_1} p(a)(1-w_1)+(1-p(a)(-w_0) \tag{17.72}$$

$$\text{s.t.} \quad p(a)u(w_1)+(1-p(a))u(w_0)-a \geqq 0, \tag{17.73}$$

$$a=\operatorname{argmax}_{a'} p(a')u(w_1)+(1-p(a'))u(w_0)-a', \tag{17.74}$$

其中，式 (17.74) 是连续情形下的激励相容条件。

从式 (17.74) 中我们得到：

$$p'(a)(u(w_1)-u(w_0))=1. \tag{17.75}$$

令 μ 和 λ 分别是式 (17.70）和式（17.75) 的拉格朗日乘子，从 w_0 和 w_1 的一阶条件我们得到：

$$\frac{1}{u'(w_1)}=\mu+\lambda\frac{1}{u'(w_1)}, \tag{17.76}$$

$$\frac{1}{u'(w_0)}=\mu-\lambda\frac{1}{u'(w_0)}. \tag{17.77}$$

当激励相容约束（17.75）是紧致约束时，我们得到 $w_1>w_0$，即代理人更大的努力将得到更高的补偿，代理人在次佳合约中承担一定的风险。

17.5.3 连续结果、连续行动

现讨论结果和行动都是连续的情形，在文献中，这种情形也被广泛地采用。在连续情形下，可以更好地显示次佳合约在效率与风险之间的权衡。

假设代理人的努力行动 $a\in[0,\infty)$（概率意义下）决定了绩效水平 $q=a+\epsilon$，其中 $\epsilon\in(-\infty,\infty)$ 服从正态分布，可以把它理解为影响绩效的一些外在因素。假设其均值为 0，方差为 σ^2。委托人的偏好是风险厌恶的，代理人对收入的效用函数为常系数绝对风险厌恶效用函数，即 $u(w)=-e^{-rw}$。假设委托人对代理人的补偿合约是绩效水平的线性函数：$w(q)=\alpha+\beta q$，我们考察次佳合约中的 α,β 是如何选择的。另外，假设代理人选择 a 的私人成本为 $c(a)$。

在线性合约下，代理人的补偿也是一个正态分布，其均值为 $\bar{w}=\alpha+\beta a$，方差为 $\sigma^2(w)=\beta^2\sigma^2$，在常系数绝对风险厌恶效用函数下，其期望效用为 $-e^{-(\bar{w}-\frac{r\sigma^2(w)}{2})}$。

这样，在线性补偿合约下，代理人对补偿的期望效用为：

$$-e^{-(\alpha+\beta a-\frac{r\beta^2\sigma^2}{2})}. \tag{17.78}$$

代理人选择的激励相容约束为：

$$a=\operatorname{argmax}_{a'}\alpha+\beta a'-\frac{r\beta^2\sigma^2}{2}-c(a'),$$

从而其一阶条件为：

$$c'(a)=\beta. \tag{17.79}$$

于是，委托人的最优合约选择是求解如下最优化问题：

$$\max_{a,\alpha,\beta}(1-\beta)a-\alpha \tag{17.80}$$

$$\text{s.t.}\quad \alpha+\beta a-\frac{r\beta^2\sigma^2}{2}-c(a)\geqq\bar{u}, \tag{17.81}$$

$$c'(a)=\beta. \tag{17.82}$$

这里，$-\bar{u}$ 对应的效用函数 $-e^{(-\bar{u})}$ 是代理人的保留效用。显然，参与约束 (17.81) 必定是紧致约束，否则可以通过降低 α 获得更高的利润。把参与约束和激励相容约束代入目标函数中，上面的最优化问题变为：

$$\max_a a-\frac{rc'(a)^2\sigma^2}{2}-c(a),$$

从而一阶条件为：

$$1-rc'(a)c''(a)\sigma^2-c'(a)=0,$$

由此得到：

$$\beta=c'(a)=\frac{1}{1+rc''(a)\sigma^2},$$

这里的 β 是次佳合约中代理人对努力结果的边际支付。由式 (17.79)，它直接影响到代理人对努力投入的激励，从而这个系数被称为**激励强度**，它依赖于风险度量 σ^2 以及代理人的风险厌恶程度（我们可以把 $r\to 0$ 理解为风险中性）。由式（17.78），若 $r=0$，消费者的效用只依赖于收入的期望值。在这种情形下，激励强度为 1，随着代理人风险厌恶程度加大或结果风险（方差）变大，激励强度应该减小，而这正是在道德风险下的一个基本权衡：激励下的效率与风险之间的权衡。

对于一般的连续结果和连续行动的情形，最优合约并不一定具有线性的特征。Holmstrom 和 Milgrom(1987) 推导出线性合约是最优合约所需的条件，并且他们的研究拓宽到一个连续时间内有代理人选择行动的情形。Holmstrom 和 Milgrom 的结果为简单线性次佳合约提供了一个基础，有兴趣的读者可以参考他们的论文。

现实中，对代理人的激励合约通常包括更多的因素。我们利用上面连续情形的结果来讨论一个具有多重因素的激励合约。考虑下面的情形：一个代理人，其努力投入 a 会影响到企业的当期利润，同时也会影响到企业的股价。在现实中，这两个影响方式是不同的，因为股票价格的影响因素超出了企业会计报表，这些因素会影响到企业未来的盈利情形。

令 $q=a+\epsilon_q$ 是企业的当期利润水平，其中 $\epsilon_q\sim N(0,\sigma_q^2)$，$p=a+\epsilon_p$ 是企业的股价，其中 $\epsilon_p\sim N(0,\sigma_p^2)$，$\operatorname{cov}(\epsilon_q,\epsilon_p)=\sigma_{pq}$ 是股价与当期利润（外部）影响因素之间的协方差。若 $\sigma_{pq}=0$，意味着这两个影响因素是独立的。

代理人关于收入的效用函数为 $u(w)=-e^{-rw}$，委托人是风险中性的。我们考虑对代理人补偿的线性合约 $w=\alpha+p\beta_p+q\beta_q$，关注在不完全信息最优合约中，代理人的补偿是如何依赖于当期利润和企业股价的。

为简化讨论，我们假设代理人努力的私人成本为 $c(a)=\dfrac{ca^2}{2}$。股东是委托人，其最优化问题是：

$$\max_{a,\alpha,\beta_p,\beta_q} q-(\alpha+p\beta_p+q\beta_q)$$
$$\text{s. t.}\quad E[-e^{-(\alpha+p\beta_p+q\beta_q-c(a))}]\geqq -e^{-\bar{u}},$$
$$a\in\text{argmax}_{a'}E[-e^{-(\alpha+p(a')\beta_p+q(a')\beta_q-c(a'))}].$$

其中，E 是对 ϵ_p,ϵ_q 的分布取期望算子。运用确定性等价收入原则，上面的最优化问题可重写为：

$$\max_{a,\alpha,\beta_p,\beta_q}(1-\beta_p-\beta_q)a-\alpha \tag{17.83}$$

$$\text{s. t.}\quad (\beta_p+\beta_q)a-\frac{r[\beta_p^2\sigma_p^2+\beta_q^2\sigma_q^2+2\beta_p\beta_q\sigma_{pq}]}{2}-\frac{ca^2}{2}\geqq\bar{u}, \tag{17.84}$$

$$a\in\text{argmax}_{a'}(\beta_p+\beta_q)a'-\frac{r[\beta_p^2\sigma_p^2+\beta_q^2\sigma_q^2+2\beta_p\beta_q\sigma_{pq}]}{2}-\frac{ca'^2}{2}. \tag{17.85}$$

对激励相容约束 (17.85) 求解得到：

$$a=\frac{\beta_p+\beta_q}{c},$$

将其代入目标函数（17.83）和参与约束（17.84），同时注意到参与约束是紧致约束，委托人的最优化问题可化简为：

$$\max_a(1-\beta_p-\beta_q)\tfrac{\beta_p+\beta_q}{c}-\alpha \tag{17.86}$$

$$\text{s.t.}\quad (\beta_p+\beta_q)\tfrac{\beta_p+\beta_q}{c}-\tfrac{r[\beta_p^2\sigma_p^2+\beta_q^2\sigma_q^2+2\beta_p\beta_q\sigma_{pq}]}{2}-\left(\tfrac{\beta_p+\beta_q}{c}\right)^2\tfrac{c}{2}=\bar{u}. \tag{17.87}$$

从对 β_p,β_q 的一阶条件化简得到

$$\beta_p^*=\frac{\sigma_q^2-\sigma_{pq}}{\sigma_q^2+\sigma_p^2-2\sigma_{pq}}\frac{1}{1+rc\Omega},$$

$$\beta_q^*=\frac{\sigma_p^2-\sigma_{pq}}{\sigma_q^2+\sigma_p^2-2\sigma_{pq}}\frac{1}{1+rc\Omega}.$$

其中，$\Omega=\dfrac{\sigma_q^2\sigma_p^2-\sigma_{pq}^2}{\sigma_q^2+\sigma_p^2+2\sigma_{pq}}$。上面求得的 β_p^* 和 β_q^* 就是在最优合约中股价和当期利润对代理人的边际补偿。

当 $\sigma_{pq}=0$ 时，次佳合约中的 β_p^*,β_q^* 变为：

$$\beta_p^*=\frac{\sigma_q^2}{\sigma_q^2+\sigma_p^2+rc2\sigma_q^2\sigma_p^2},$$

$$\beta_q^*=\frac{\sigma_p^2}{\sigma_q^2+\sigma_p^2+rc2\sigma_q^2\sigma_p^2}.$$

当代理人是风险中性的时，即 $r=0$，次佳合约中的 β_p^*,β_q^* 变为：

$$\beta_p^* = \frac{\sigma_q^2 - \sigma_{pq}}{\sigma_q^2 + \sigma_p^2 - 2\sigma_{pq}},$$

$$\beta_q^* = \frac{\sigma_p^2 - \sigma_{pq}}{\sigma_q^2 + \sigma_p^2 - 2\sigma_{pq}}.$$

此时有 $\beta_p^* + \beta_q^* = 1$，同时随着 σ_q^2（resp. σ_p^2）增加，β_q^* 变小（resp. 变大），而 β_p^* 变大（resp. 变小）。也就是说，若利润风险变大，对代理人的补偿减少了对利润的敏感性，而增加了对股权激励的敏感性，对股票的风险也是类似的。

当 $\epsilon_p = \epsilon_q + \zeta$ 时，其中 $\zeta \sim N(0, \sigma_\zeta^2)$，$\zeta$ 和 ϵ_q 是独立的，有 $\sigma_{pq} = \sigma_q^2$，则 $\beta_p^* = 0$ 及 $\beta_q^* = \dfrac{1}{1 + rc\sigma_q^2}$，从而股票不会进入经理的补偿合约，因为此时利润是股票的充分统计量，引入股权激励不会增加对经理的激励，却会带来更大的风险。Holmstrom (1979) 证明了类似的激励合约中有关充分统计量的结论。

17.6　多任务下的绩效激励

在很多组织中，代理人通常同时承担多项任务。比如对教师而言，其职责可概括为“传道、授业、解惑”，不仅需要向学生传授知识，而且需要培养学生的想象力、创新力等等。然而这些不同方面的任务在度量上存在很大差异。传授知识可以通过学生成绩反映出来，但学生的想象力、创新力却不好识别，那么此时如何形成对教师多任务的有效激励呢？在文献中，对这一问题的研究称为**“多任务的委托–代理”**，Holmstrom 和 Milgrom (1991) 对这一问题进行了深入的研究。下面我们通过一个简单的模型来讨论在多任务下的激励问题。

假定某个代理人从事两项任务，每项任务的产出水平依赖于各自的努力投入：

$$q_i = a_i + \epsilon_i, i = 1, 2.$$

为简化讨论，假设 $\epsilon_i \sim N(0, \sigma_i^2)$，$\text{cov}(\epsilon_1, \epsilon_2) = 0$，这里的 ϵ_i 理解为度量误差。

假设代理人努力投入的成本为：

$$\Psi(a_1, a_2) = \frac{1}{2}(c_1 a_1^2 + c_2 a_2^2) + \delta a_1 a_2.$$

其中，$0 \leqq \delta \leqq \sqrt{c_1 c_2}$。若 $\delta = 0$，这意味着两个努力投入之间完全独立；若 $\delta = \sqrt{c_1 c_2}$，则两个努力投入之间有替代性。

假设委托人是风险中性的，而代理人具有常系数绝对风险厌恶，其效用函数为：

$$u(w; a_1, a_2) = -e^{-r[w - \Psi(a_1, a_2)]}.$$

其中，w 是委托人对代理人的货币补偿。

由于委托人只能观察到代理人的两个产出，委托人制定一个关于产出的线性激励合约：

$$w = \alpha + \beta_1 q_1 + \beta_2 q_2.$$

由代理人确定性等价原则，代理人确定性等价的净收入为：

$$\alpha+\beta_1a_1+\beta_2a_2-\frac{r}{2}(\beta_1^2\sigma_1^2+\beta_2^2\sigma_2^2)-\frac{1}{2}(c_1a_1^2+c_2a_2^2)-\delta a_1a_2.$$

从以上代理人的激励相容条件我们可得到 a_i 的一阶条件：

$$\beta_i=c_ia_i+\delta a_j, i\neq j, i,j=1,2,$$

整理得到：

$$a_i=\frac{\beta_ic_j-\delta\beta_j}{c_1c_2-\delta^2}.$$

委托人的问题是选择 α,β_1,β_2，实现下面的最优化问题：

第17章

$$\max a_1(1-\beta_1)+a_2(1-\beta_2)-\alpha \tag{17.88}$$

$$\text{s.t.}\quad a_i=\frac{\beta_ic_j-\delta\beta_j}{c_ic_j-\delta^2}, i\neq j, i,j=1,2, \tag{17.89}$$

$$\alpha+\beta_1a_1+\beta_2a_2-\frac{r}{2}(\beta_1^2\sigma_1^2+\beta_2^2\sigma_2^2)-\frac{1}{2}(c_1a_1^2+c_2a_2^2)-\delta a_1a_2\geqq\bar{w}. \tag{17.90}$$

其中，$\bar{w}$ 是代理人保留效用下的确定性等价收入。最优化意味着参与约束 (17.90) 一定是紧致的，我们把激励相容约束 (17.89) 中的 a_1 和 a_2 以及参与约束 (17.90) 中的 α 代入目标函数 (17.88)，可得到一个无约束的最优化问题：

$$\max_{\{\beta_1,\beta_2\}}\left(\frac{\beta_1c_2-\delta\beta_2+\beta_2c_1-\delta\beta_1}{c_1c_2-\delta^2}\right)-\frac{r}{2}(\beta_1^2\sigma_1^2+\beta_2^2\sigma_2^2)$$

$$-\frac{1}{2}c_1\left(\frac{\beta_1c_2-\delta\beta_2}{c_1c_2-\delta^2}\right)^2-\frac{1}{2}c_2\left(\frac{\beta_2c_1-\delta\beta_1}{c_1c_2-\delta^2}\right)^2-\delta\left(\frac{\beta_1c_2-\delta\beta_2}{c_1c_2-\delta^2}\right)\left(\frac{\beta_2c_1-\delta\beta_1}{c_1c_2-\delta^2}\right).$$

从而得到关于 β_1 和 β_2 的一阶条件：

$$\beta_1=\frac{c_2-\delta+\delta\beta_2}{c_2+r\sigma_1^2(c_1c_2-\delta^2)}, \tag{17.91}$$

$$\beta_2=\frac{c_1-\delta+\delta\beta_1}{c_1+r\sigma_2^2(c_1c_2-\delta^2)}. \tag{17.92}$$

可得到最优合约中的 β_1^* 和 β_2^*:

$$\beta_1^*=\frac{1+(c_2-\delta)r\sigma_2^2}{1+rc_2\sigma_2^2+rc_1\sigma_1^2+r^2\sigma_1^2\sigma_2^2(c_1c_2-\delta^2)}, \tag{17.93}$$

$$\beta_2^*=\frac{1+(c_1-\delta)r\sigma_1^2}{1+rc_2\sigma_2^2+rc_1\sigma_1^2+r^2\sigma_1^2\sigma_2^2(c_1c_2-\delta^2)}. \tag{17.94}$$

当两项任务独立，即 $\delta=0$ 时，根据代理人的激励条件 (17.89)，我们有 $a_i=\dfrac{\beta_i}{c_i}$。再根据次佳合约的条件 (17.93）和（17.94)，我们得到：$\beta_i^*=\dfrac{1}{1+rc_i\sigma_i^2}$，此时的结果是委托人对代理人的每项任务采取单独的次佳合约。

此外，随着 σ_2^2 的增加（任务 2 的可度性更糟糕），由于 $\dfrac{\partial\beta_2^*}{\partial\sigma_2^2}<0$，第二项任务的激励

强度会下降。通过在式 (17.93) 中 β_1^* 对 σ_2^2 求导小于 0 得知：对第一项任务的激励强度也会下降。因此，若努力投入存在替代性，则在多任务之间会存在互补性，对某项任务的激励强度下降意味着对其他任务的激励强度也会下降。Holmstrom 和 Milgrom (1991) 把这一逻辑推向极致，发现在一定条件下，若委托人关心两项任务的绩效，则当某项任务的测量误差趋于无穷 ($\sigma_i^2 \to \infty$) 或者无法测量时，委托人的最优合约是对所有任务都不提供任何激励强度。这种情形被定义为**低能激励**（low-powered incentive）。

这再次说明了，委托人需要面临的激励强度是效率与风险的权衡。将绩效系以高能激励会放大噪声带来的不确定性，增加代理人所需承担的风险。若一项绩效指标跟努力的关系很弱而随机性很强，在这样的绩效指标上系以高强度激励则无疑意味着引导代理人从事无异于赌博的活动。

17.7　多代理人下的相对绩效激励

在现实中，一个组织内部通常会有多个代理人，此时会带来一些新的激励问题。一个代理人的补偿不仅依赖于自身的绩效，而且依赖于他人的绩效，这在文献中又通常被称为相对绩效激励。有不少文献应用激励理论来分析政府层级体制的激励，除了财政分成激励外，地方官员也关心他们的职务晋升，而官员的晋升依赖于他自身相对于其他同级官员的绩效，这也是许多层级组织中一个常见的激励方式。我们在这一节讨论晋升或者锦标赛在组织激励中的逻辑，并比较它与分成激励的差异。

17.7.1　风险中性和没有共同冲击情形下的锦标赛

我们先介绍 Lazear 和 Rosen (1981) 的锦标赛模型。考虑一个简单的情形：委托人让两个风险中性的代理人各自完成任务，任务的绩效水平依赖于他们各自的努力水平以及一些外部因素。Lazear 和 Rosen (1981) 揭示了，在风险中性情形下，锦标赛激励可以执行最佳补偿合约结果。

假设两个代理人的产出函数为

$$q_i = a_i + \epsilon_i, i = 1, 2,$$

这里 a_i 是努力投入，ϵ_i 是独立同分布的，分布函数为 $F(\cdot)$，均值为 0，方差为 σ^2。假设每个代理人的努力成本函数都是 $c(a_i) = \dfrac{ca_i^2}{2}$。

最优的努力投入 a^* 满足：

$$a^* = \frac{1}{c}.$$

考虑以下锦标赛：如果一个代理人的产出绩效高于另一个，那么他获得一个高的补偿，否则获得低补偿。令 W_1 和 W_2 分别对应高和低的补偿，即 $W_1 > W_2$。令 $\Delta W = W_1 - W_2$ 表示补偿差异。假设两个代理人是对称的，即有相同的努力成本以及相同的保留效用。他们的参与约束为：

$$W_1 P_i + W_2(1 - P_i) - \frac{ca_i^2}{2} \geqq \bar{u},$$

其中，P_i 是参与人 i 获胜的概率，定义为：

$$P_i = prob(q_i > q_j) = prob(\epsilon_j - \epsilon_i < a_i - a_j) = H(a_i - a_j).$$

其中，$H(\cdot)$ 是 $\epsilon_j - \epsilon_i$ 的分布函数，均值为 0，方差为 $2\sigma^2$，密度函数为 $h(\cdot)$。在这样的合约下，代理人 i 最优选择的一阶条件为：

$$\Delta W \frac{\partial P_i}{\partial a_i} - ca_i = \Delta W h(a_i - a_j) - ca_i = 0.$$

在对称均衡 $a_i^T = a^T$ 处有：

$$a^T = \frac{\Delta W h(0)}{c}.$$

当

$$\Delta W = \frac{1}{h(0)} \tag{17.95}$$

时，有 $a^T = a^*$。同时代理人的参与约束为：

$$W_1 \frac{1}{2} + W_2 \frac{1}{2} - \frac{1}{2c} \geqq \bar{u}. \tag{17.96}$$

最优解保证这个参与约束是紧致的，从而导致了最佳结果。

对式 (17.95) 和式 (17.96) 关于 W_1 和 W_2 求解，有

$$W_1 = \frac{h(0) + c}{2ch(0)} + \bar{u}$$

和

$$W_2 = \frac{h(0) - c}{2ch(0)} + \bar{u}.$$

此时，锦标赛合约执行了最佳结果，尽管合约的形式有很大的差异。

17.7.2 风险厌恶和共同冲击情形下的锦标赛

我们现在讨论代理人在风险厌恶情形下的锦标赛合约，并与**计件合约** (piece rate contract，或被称为**个体绩效合约**) 做比较。下面的讨论来自 Green 和 Stockey (1983)，借鉴的是 Bolton 和 Dewatripont (2005) 给出的一个简化模型。其基本结论是，在风险厌恶情形下，对于委托人而言，以上等价性结论不再成立。并且，当没有共同冲击时，个体绩效合约占优锦标赛合约。当存在共同冲击时，锦标赛合约占优个体绩效合约。

现有两个代理人，需要承担两项任务，每项任务的结果只有两种，即 $q_i \in \{0, 1\}$，分别对应“失败”和“成功”。假设两项任务是相似的，其结果依赖于一个共同状态，其状态有两种可能性：一种没有外部冲击，任务成功的概率依赖于代理人的努力水平 a_i；另一种是存在外部冲击，一旦发生，不管代理人投入何种努力，任务都会失败。假设委托人知道

是否有外部冲击。冲击发生的概率为 $1-\xi$。在没有外部冲击时，代理人的努力 a_i 与任务成功的概率有下面的关系：

$$\Pr(q_i=1|a_i)=a_i,$$

其代理人努力的成本函数为：

$$c(a_i)=\frac{ca_i^2}{2}.$$

代理人的效用函数是相同的：

$$u(w)-c(a),$$

其中，$u'>0$ 和 $u''<0$，委托人是风险中性的。

我们先讨论锦标赛合约。由于任务的结果和共同冲击是可观察的，那么可行合约包含五种可能的补偿 $w=(w_{11},w_{10},w_{01},w_{00},w_c)$，其中 $w_{q_iq_j}$ 是当自己的产出是 q_i 而对手 j 的产出是 q_j 时，代理人 i 所获得的补偿，w_c 是外部冲击发生时代理人所获得的补偿。下面我们先讨论对代理人 i 的最优激励合约。

代理人 i 的激励相容约束为：

$$\begin{aligned}a_i=\operatorname{argmax}_a\max\{&\xi[a(1-a_j)u(w_{10})+aa_ju(w_{11})+(1-a)(1-a_j)u(w_{00})\\&+(1-a)a_ju(w_{01})]+(1-\xi)u(w_c)-\frac{1}{2}ca^2\}.\end{aligned}\tag{17.97}$$

由最优化的一阶条件，上面的激励相容约束 (17.97) 可以写为：

$$\xi[(1-a_j)u(w_{10})+a_ju(w_{11})-(1-a_j)u(w_{00})-a_ju(w_{01})]=ca_i.\tag{17.98}$$

若委托人希望代理人 i 选择行动 a_i，他的问题是最小化执行成本：

$$\begin{aligned}&\min_w\xi[a_i(1-a_j)w_{10}+a_ia_jw_{11}+(1-a_i)(1-a_j)w_{00}+(1-a_i)a_jw_{01}]+(1-\xi)w_c\\ \text{s.t.}\quad&\xi[a_i(1-a_j)u(w_{10})+a_ia_ju(w_{11})+(1-a_i)(1-a_j)u(w_{00})\\&\quad+(1-a_i)a_ju(w_{01})]+(1-\xi)u(w_c)-\frac{1}{2}ca_i^2\geqq\bar{u}, &(17.99)\\&\xi[(1-a_j)u(w_{10})+a_ju(w_{11})-(1-a_j)u(w_{00})-a_ju(w_{01})]=ca_i. &(17.100)\end{aligned}$$

令 μ 和 λ 分别是参与约束 (17.99) 和激励相容约束 (17.100) 的拉格朗日乘子，分别对 w_{10} 和 w_{11} 求一阶条件得到：

$$\xi a_i(1-a_j)=\xi(1-a_j)[\mu a_i+\lambda]u'(w_{10}),\tag{17.101}$$

$$\xi a_ia_j=\xi a_j[\mu a_i+\lambda]u'(w_{11}).\tag{17.102}$$

对照式 (17.101）和式（17.102)，我们得到 $w_{10}=w_{11}$。

类似地，对 w_{00} 和 w_{01} 求一阶条件，我们有：

$$\xi(1-a_i)(1-a_j)=\xi(1-a_j)[\mu(1-a_i)-\lambda]u'(w_{00}),\tag{17.103}$$

$$\xi(1-a_i)a_j=\xi a_j[\mu(1-a_i)-\lambda]u'(w_{01}).\tag{17.104}$$

对照式 (17.103）和式（17.104)，我们得到 $w_{00} = w_{01}$。

对 w_c 求一阶条件，我们有：

$$(1-\xi) = (1-\xi)\mu u'(w_c). \tag{17.105}$$

对照式 (17.105）和式（17.103)，由于 $\lambda > 0$，则 $w_c \neq w_{00}$。

对照式 (17.103）与式（17.101)，以及式 (17.105）与式（17.101)，于是我们有：$w_{10} \neq w_{00}$ 和 $w_c \neq w_{10}$。

锦标赛合约与个体绩效合约的比较

下面，我们来比较锦标赛合约和个体绩效合约。对于锦标赛合约而言，主要是对比代理人 i 和 j 的绩效，q_i 和 q_j。若 $q_i > q_j$，此时代理人 i 的报酬是 W；若 $q_i < q_j$，此时代理人 i 的报酬是 L；若 $q_i = q_j$，此时代理人 i 的报酬是 T。按照前面对最优合约的讨论，这意味着 $W = w_{10}, L = w_{01}, T = w_{00} = w_{11} = w_c$。

对于个体绩效合约而言，由于这种报酬方式只依赖于自身的绩效，因此按照之前的最优合约，有 $W_1 = w_{10} = w_{11}, W_0 = w_{01} = w_{00} = w_c$。

我们得到如下结论：

结论 1：当共同冲击能被分离，即 $w_c \neq w_{ij}$ 且没有共同冲击时，即当 $\xi = 1$ 时，对任意的相对绩效激励，或者 $w_{10} \neq w_{11}$，或者 $w_{00} \neq w_{01}$，或者两者都会出现，此时对于委托人而言，相对绩效只是次优的，只有个体绩效合约是最优的。

结论 2：当 $\xi < 1$ 时，存在共同冲击，这时个体绩效合约对于委托人也只是次优的。这是因为个体绩效合约要求 $w_c = w_{00}$，但最优合约要求 $w_c \neq w_{00}$。

上面的结论 1 和结论 2，可以从锦标赛合约和个体绩效合约的特性得出。

结论 3：当 $\xi < 1$ 时，对于委托人而言，锦标赛合约可能会比个体绩效合约更优。

下面我们讨论结论 3 的可能性。假设对委托人而言最好的情形是让两个代理人都选择 $a_1 = a_2 = 1$。在锦标赛合约下，给定代理人 j 选择 $a_j = 1$，委托人激励代理人 i 选择 $a_i = 1$ 的成本为：

$$\begin{aligned}
&\min_{w} \xi[a_i T + (1-a_i)L] + (1-\xi)T \\
\text{s.t.}\quad &\xi[a_i u(T) + (1-a_i)u(L)] + (1-\xi)u(T) - \frac{1}{2}ca_i^2 \geqq \bar{u}, \\
&\xi[u(T) - (1-a_j)u(L)] = ca_i.
\end{aligned}$$

为激励代理人 i 选择 $a_i = 1$，委托人设定：

$$u(T) = u(L) + \frac{c}{\xi}.$$

当 $a_i = a_j = 1$ 时，代理人 i 和 j 都会获得确定性的转移支付 T，代理人完全避免风险，不存在保险成本。

然而，对于个体绩效合约而言，若要激励代理人都选择 $a_1 = a_2 = 1$，则代理人的补偿一定会有：$W_1 = w_{11} = w_{10} > W_0 = w_{01} = w_{00}$，否则代理人不会有激励选择 $a_i = 1$，也就是说，代理人的转移支付是有风险的，从而有风险承担成本。因此，在一个共同冲击下，相对于个体绩效合约，锦标赛合约对于委托人会更好。

上面只是通过一个简单的情形比较两种合约形式的效用，对于更一般的情形，可以参见 Lazear 和 Rosen (1981) 以及 Green 和 Stokey (1983)。

17.8　动态道德风险：隐性激励和职业生涯

在劳动力市场中，劳动者的工作激励，一方面来自对工作绩效的**显性激励**，比如绩效越好补偿越高；另一方面来自市场对劳动者的评价，特别是市场对其能力的估计，直接影响到未来他在劳动力市场上的价值，后者被称为**隐性激励**，或者被称为**职业生涯激励**。Holmstrom (1982) 分析了隐性激励的逻辑。下面我们通过一个简单的例子来讨论委托–代理问题中的隐性激励。

假设在委托人和代理人之间不存在激励合约。代理人关注当前收益和未来收益，不妨分为两个时期。每个时期代理人的产出都依赖于努力投入、能力以及外部不可控因素：

$$q_t = \theta + a_t + \epsilon_t, t = 1, 2.$$

其中，θ 是代理人的内在能力，不随时间推移而改变。假设代理人的能力和努力投入都不能被观察到，这个模型与前面的道德风险模型不同，有一个关于类型的信息不对称。为简化讨论，假设委托人和代理人都是风险中性的。代理人的努力成本为 $\psi(a_t)$，满足 $\psi'(a_t) > 0$ 和 $\psi''(a_t) > 0$。

在未来时期 2，市场上所有的雇主都观察到代理人的产出 q_i。由于在时期 2，代理人不存在劳动的激励，即 $a_2 = 0$，市场对代理人提供的期望工资为 $w_2(q_1) = E(\theta|q_1)$。由于能力越高，产出越大，因此在市场上，在对代理人能力的后验估计方面，在时期 1 代理人的产出越高，对其能力的估计也会越高。在一个纯策略均衡中，假设市场预期代理人在时期 1 的努力投入为 a^*，此时能力的后验信念期望值为：

$$w_2(q_1) = E(\theta|q_1) = q_1 - a^* = \theta + a_1 - a^*.$$

令 δ 是代理人对未来的贴现率，未来时期越长，贴现率越大，因此 $\delta > 1$。

代理人对时期 1 选择的目标是：

$$\max_{a_1} = w_1 + \delta w_2(q_1) - \psi(a_1) = w_1 + \delta(\theta + a_1 - a^*) - \psi(a_1).$$

由于不存在显性激励，w_1 与 q_1 无关，对 a_1 的一阶条件为：

$$\psi'(a^*) = \delta.$$

最优的劳动投入是：

$$\max_{a_1} a_1 - \psi(a_1).$$

因此，$\psi'(a^{FB}) = 1$。当 $\delta > 1$ 时，在隐性激励下，代理人的努力投入会超过社会最优的努力投入，即使不存在委托人对代理人的激励合约。

17.9 激励强度与绩效衡量畸变的权衡

在前面的委托–代理问题中，对代理人的激励强度是对效率与风险的权衡，其中有一个隐含假设，存在一个关于委托人利益（目标）的绩效度量，或者说存在对委托人目标的客观度量。然而这一假设在现实中并不一定成立。尽管对上市公司来说，股价可以看成是关于股东利益的客观度量，但对于非上市公司，或者对于政府部门、非营利组织等机构，通常并不存在一个客观度量，或者说，即使存在关于组织的利益，也不能被合约化而纳入合约中去，因而绩效度量并不是对组织目标的客观度量。比如对政府部门来说，社会福利可以看成是政府的目标，但它很难度量；而经济的产出，比如 GDP 容易度量，但它并不等同于社会福利。在这种情形下，委托–代理理论如何分析讨论这种情形？Baker（1992）这一经济学文献率先引入了这一问题的分析框架，Baker 发现了此时对代理人的激励强度的考量是对激励强度与**绩效衡量畸变** (distortion) 的权衡。

假设委托人的目标记为 $V(a,\epsilon)$。其中，a 是代理人的努力投入，其努力投入成本函数假设为 $C(a)=\frac{c}{2}a^2$；ϵ 是外部影响因素。$V(a,\epsilon)$ 不能在合约中规定。假设 $P(a,\epsilon)$ 是可以合约化的绩效度量。为方便讨论，我们假设委托人和代理人都是风险中性的。假设委托人提供的激励合约是 $w(P)=\alpha+\beta P$。若 $P(a,\epsilon)=V(a,\epsilon)$，由于代理人不存在风险成本，最优合约是最佳合约，其激励强度为：$\beta=1$。若 $P(a,\epsilon)\neq V(a,\epsilon)$，那么次佳合约下的激励强度会是多少呢？

首先，我们对绩效度量进行标准化，使得努力对委托人目标的边际贡献与对绩效的边际贡献是一致的:

$$E[P_a(a,\epsilon)=E[V_a(a,\epsilon].$$

在上面的激励合约下，代理人的效用为：

$$u(w,a)=w-C(a)=\alpha+\beta P(a,\epsilon)-C(a).$$

其次，假设代理人的保留效用为 $\bar{u}$。这样，代理人的激励相容约束和参与约束分别为：

$$\alpha+\beta P(a,\epsilon)-C(a)\geqq\bar{u}, \tag{17.106}$$

$$\beta P_a(a^*,\epsilon)=C'(a^*). \tag{17.107}$$

委托人的目标是：

$$\max_{\alpha,\beta} E[V(a^*,\epsilon)-\alpha+\beta P(a^*,\epsilon)],$$

满足约束 (17.106）和（17.107)，由此得到：

$$\beta^*=\frac{E[V_a a_\beta^*]}{P_a a_\beta^*}. \tag{17.108}$$

由式 (17.107) 我们有：

$$a_\beta^*=\frac{P_a}{c-\beta P_{aa}}, \tag{17.109}$$

其中，$P_{aa}=\dfrac{\partial^2 P}{\partial a\partial a}$，即 P 对 a 的二次偏导。把式 (17.109) 代入式 (17.108)，我们得到：

$$\beta^* = \frac{E[V_a P_a]}{P_a^2}. \tag{17.110}$$

最后，不失一般性，我们假设在 a^* 上，有 $E[P_a] = E[V_a]=1$，从而式 (17.110) 可写为：

$$\beta^* = \frac{\text{Cov}(V_a, P_a)+1}{\text{Var}(P_a)+1} = \frac{\rho\sigma_{V_a}\sigma_{P_a}+1}{\sigma_{P_a}^2+1}. \tag{17.111}$$

其中，$\text{Var}(P_a)$ 是 P_a 的方差；ρ 是 V_a 和 P_a 的相关系数；σ_{V_a} 和 σ_{P_a} 分别是 V_a 和 P_a 的标准差。

从上式可以看出，关于绩效衡量问题有几点变得显而易见。首先，若 V_a 和 P_a 有同样的方差且完全相关，则 $\beta^* = 1$。当然，这两个条件与等式 $E[P_a(a,\epsilon) = E[V_a(a,\epsilon]$ 一道意味着 $V_a = P_a$ 对所有 a 都成立，从而导致最佳合约。其次，等式 (17.111) 表明了 V_a 和 P_a 之间的相关性对于确定最优计件率非常重要。在其他条件相同的情况下，这种相关性越高，委托人对代理人的激励强度越大，同时若 $\rho < 0$，那么在一定的条件下，β^* 甚至可能是负数。

如果绩效衡量的努力边际产出与价值的努力边际产出高度相关，那么基于 P_a 选择努力水平的代理人将在 V_a 较高时选择高水平的努力，在 V_a 较低时选择较低水平的努力。如果这些边际产品不是高度相关的，那么在大多数状态下，代理人的努力选择将与委托人期望的努力水平不相匹配。由于代理人的努力函数的负效用是凸的，选择错误的努力水平是昂贵的。为了应对这一成本，委托人降低计件工资并减少激励。

对合约绩效与组织（追求的）价值之间的差异对激励的影响的更深入讨论，可以参考 Baker (1992) 这一经典论文。

17.10　道德风险和逆向选择混合模型

前一章和本章直到现在，关于委托人和代理人信息不对称的讨论都只是单独考虑逆向选择或道德风险，而没有考虑两者共存的问题。但在许多情形下，委托人也许既不知道代理人的行动（如努力程度），也不知道他的经济特征（如不知道他的风险厌恶程度或生产成本）。本节考虑代理人的行动及经济特征都是私人信息，委托人都不知道的情形。为此，这里介绍孟大文和田国强在 Meng 和 Tian (2013) 中所研究的道德风险和逆向选择的一个混合模型。他们考察了在连续努力和绩效下的多任务线性模型中，在代理人的努力程度和风险厌恶或生产成本都不可观测情形下的最优工资合约设计问题。在前面的分析中，我们一直假定努力 e 和绩效产出 $\tilde{q}$ 都是一维的。现在我们转向更一般的情形，假定努力和绩效都是多维度的，并且连续取值。

这里介绍的模型有很强的现实意义。对中国而言，在要素驱动阶段，劳动力相对丰裕，委托人的目标对代理人努力程度呈强激励，且绩效指标的不确定性较小，此时激励效应占优于风险效应，与努力程度挂钩的高能（high-powered）激励合约因而是必要和相对最优的。的确，改革开放以来，中国经济的高速增长在很大程度上可归功于高强度激励合约的实施。在改革初期，中国所拥有的最丰裕资源就是大量未被充分利用的劳动力。由于计划体制下长期不合理的激励制度使中国这个人口众多的国家到处是人浮于事、消极怠工的懒散景象，有效的劳动供给非常有限。此时，责权明晰、分配合理的高强度激励方案可极大地解放被禁锢的生产力。中国的市场化改革甚至可以说，无论是在政府层面还是在个体层面，都是搞对了激励，以高能激励不断取代计划经济时期的低强度激励（或称低能激励）的过程。高能激励改革的典型事例有：（1）以中央与地方政府的财政分权为代表的财政税收体制改革；（2）基于 GDP 经济绩效的官员选拔制度；（3）以家庭联产承包责任制为代表的农村改革；（4）早期承包制的国有企业改革。而由于改革初期科技发展水平相对低下、市场化程度不高，因此既没有太多的研发风险，也不存在太多由经济基本面波动带来的经济风险。无论政府、企业还是个体都是简单地靠高投入、高消耗、高激励的要素驱动来推动经济增长。制度设计者要考虑的主要是激发经济个体的干劲，而不是为他们的创新和长期发展规避风险和提供保险。

然而，随着改革的深入和经济发展到了一定阶段，必须进行从要素驱动到创新驱动的高质量发展的转型，经济个体（尤其是承担主要创新任务的个体）对为创新风险提供保险的要求会越来越大。同要素驱动型社会相比，在高质量发展的创新型社会中，代理人（政府、企业或个人）面临的任务往往具有更大的不确定性。比如，中央政府经常要求地方政府在地方科技发展、人才培养、产业结构升级等方面作出成绩而不仅仅是完成某个预先设定的经济总量指标（如税收上缴、GDP、吸引外资总量等）；企业常被要求在具有自主知识产权的产品研发等诸多方面有所突破；高校教师等科技人员的主要任务是创造新知识而不仅仅是传播现有知识或提供社会服务。可以想象，一个从事基础研发工作的科技人员所面临的不确定性会远远超过按图纸施工的普通工人；一个市场经济中独自面对市场波动并承担技术创新任务的现代企业所承担的不确定性会远远超过计划经济时代的传统企业；一个必须根据复杂形势相机抉择的地方政府所面临的不确定性也会远远超过单纯执行中央指令并依靠中央拨款运行的传统型政府。此时若仍沿用高强度的激励方案就会产生诸多弊端。

比如，财政分权制度和以经济绩效为基础的官员晋升考核制度对经济发展的促进作用主要体现在经济总量指标上，对一些反映经济发展质量的结构性指标并不会产生太多直接的影响；地方政府和官员在其有限的任期内往往会选择风险相对较小同时见效相对迅速的项目，比如进行浮华而庞大的工程建设，而不愿在扶持基础研发和科技人才培养等工作上投入太多精力；在严格的量化考核下，高校往往更在乎校舍扩建、博士点和重点学科数量、招生规模等量化指标而不愿进行基础性科研创新；以唯论文数量为主要标准的科研考核制度下的科技人员更愿意在自己熟悉的领域内做重复工作而不愿意探索更重要的新领域，也不愿从事基础性的长线研究；独立经营的农户也往往不敢选择技术含量更高、盈利潜力更大但风险也更大的种植、养殖项目。

因此，如何通过顶层激励机制和最优合约的设计，让地方政府和个体有动力转变发展方式，从追求短期绩效转变到注重长期效果，从要素驱动向创新驱动转型，已经成为当前高质量发展面临的重大理论和现实问题。在前面有关多任务下的绩效激励的那一节中，我们看到将绩效系以高能激励会放大噪声带来的不确定性，增加代理人所需承担的风险，但在那一节假定噪声参数是可以被委托人观察到的。而在本节，我们假定代理人的风险厌恶系数是其私人信息。本节更一般的模型揭示，在创新型经济中，由于创新活动风险较大，风险 (保险) 效应占优于激励效应，从而低能激励合约是合理和相对最优的。当道德风险和逆向选择并存时，最优合约的激励强度将进一步降低。这在理论上为现实中普遍存在的低能激励现象提供了一种全新的诠释，并证明了低能激励对创新驱动的必要性。

17.10.1　努力不可观测时的最优工资合约

考虑以下委托–代理问题，委托人需要代理人为其完成 n 项任务，委托人为风险中性的，其总收益可以表示为代理人努力向量 $\boldsymbol{e}$ 的线性函数：

$$V(\boldsymbol{e}) = \boldsymbol{\beta}'\boldsymbol{e} + \eta,$$

其中，n 维向量 $\boldsymbol{\beta}'$ 表示委托人收益受代理人努力影响的敏感程度，η 为均值为零的噪声项。代理人选择努力向量 $\boldsymbol{e} \in \mathcal{R}_+^n$ 需付出努力成本 $\boldsymbol{e}'C\boldsymbol{e}/2$。其中 $\boldsymbol{C}$ 为实对称正定矩阵，这可保证成本函数为凸，其主对角线元素 C_{ii} 代表代理人在不同任务上的努力效率，非主对角线元素 C_{ij} 的符号则反映了不同任务之间的关系：$C_{ij} > 0$ 表示两项任务之间互替；$C_{ij} < 0$ 表示两项任务之间互补；$C_{ij} = 0$ 则表示两者之间技术上相互独立。设代理人的效用函数为常系数绝对风险厌恶型（CARA）：$u(x) = -\boldsymbol{e}^{-rx}$ ，其中 r 为 Arrow-Pratt 绝对风险厌恶系数（ARA），x 表示代理人所获得的净财富，即工资收入减成本。设代理人的努力程度和绩效之间呈以下线性关系：

$$P_i(\boldsymbol{e}) = \boldsymbol{b}_i'\boldsymbol{e} + \varepsilon_i, i = 1, \cdots, m.$$

其中，系数向量 $\boldsymbol{b}_i$ 表示第 i 项绩效指标受代理人努力影响的边际程度，$\boldsymbol{B} = (b_1, \cdots, b_m)'$ 是 $m \times n$ 矩阵。这里假定 $\boldsymbol{B}$ 为行满秩，即每个绩效指标都提供了与其他指标不同的信息，因而都是不可或缺的。随机向量 $\boldsymbol{\epsilon} = (\varepsilon_1, \cdots, \varepsilon_m)'$ 代表影响绩效的噪声，服从正态分布，$\boldsymbol{\epsilon} \sim N(0, \boldsymbol{\Sigma})$。关于绩效评估系统，我们有如下定义。

定义 17.10.1 (正交性)　如对 $\forall i \neq j$，$\boldsymbol{b}_i'C^{-1}b_j = 0$，$\mathrm{Cov}(\varepsilon_i, \varepsilon_j) = 0$，则称绩效评估系统为**正交系统**(orthogonal system)。

定义 17.10.2 (成本调整相关度)

$$\rho_{ij}^c = \frac{\boldsymbol{b}_i'\boldsymbol{C}^{-1}b_j}{\sigma_{ij}}$$

称为两项绩效指标 i 和 j 之间的**成本调整相关度** (cost-adjusted correlation)。

定义 17.10.3 (信号噪声比)　绩效指标 $P_i(\boldsymbol{e}) = \boldsymbol{b}_i'\boldsymbol{e} + \varepsilon_i$ 的**信号噪声比**（signal-to-noise ratio，简称信噪比）γ_i 被定义为：

$$\gamma_i \equiv \frac{(\nabla P_i(\boldsymbol{e}))'(\nabla P_i(\boldsymbol{e}))}{\mathrm{Var}(\varepsilon_i)} = \frac{\boldsymbol{b}_i'\boldsymbol{b}_i}{\sigma_i^2}.$$

定义 17.10.4 (成本调整一致度) 绩效指标 $P_i = \boldsymbol{b}_i'\boldsymbol{e} + \varepsilon_i$ 的**成本调整一致度** (cost-adjusted congruence) 被定义为

$$\Gamma_i = \frac{\boldsymbol{b}_i'\boldsymbol{C}^{-1}\boldsymbol{\beta}}{\sqrt{\boldsymbol{b}_i'C^{-1}\boldsymbol{b}_i}\sqrt{\boldsymbol{\beta}'\boldsymbol{C}^{-1}\boldsymbol{\beta}}}.$$

委托人通过以下线性合约向代理人支付工资：

$$W(\boldsymbol{e}) = w_0 + \boldsymbol{w}'P(\boldsymbol{e}). \tag{17.112}$$

其中，$P(\boldsymbol{e}) = (P_1(\boldsymbol{e}), \cdots, P_m(\boldsymbol{e}))'$，$w_0$ 和 $\boldsymbol{w} = (w_1, \cdots, w_m)'$ 分别代表基本工资和绩效工资。委托人的期望利润为 $\Pi_p = \boldsymbol{\beta}'\boldsymbol{e} - w_0 - \boldsymbol{w}'\boldsymbol{B}\boldsymbol{e}$，而代理人的福利可用其确定性等价 $\boldsymbol{CE}_a = w_0 + \boldsymbol{w}'\boldsymbol{B}\boldsymbol{e} - \frac{1}{2}\boldsymbol{e}'\boldsymbol{C}\boldsymbol{e} - \dfrac{r}{2}\boldsymbol{w}'\boldsymbol{\Sigma}\boldsymbol{w}$ 来表示。委托人的问题是设计一组工资合约 $(w_0, \boldsymbol{w})$ 来最大化其期望利润 Π_p，此合约要保证代理人既愿意参与又愿意讲真话。此问题可以表示如下：

$$\begin{cases} \max\limits_{\{w_0,\boldsymbol{w},\boldsymbol{e}\}} \boldsymbol{\beta}'\boldsymbol{e} - w_0 - \boldsymbol{w}'\boldsymbol{B}\boldsymbol{e} \\ \text{s.t.} \quad \text{IR} : w_0 + \boldsymbol{w}'\boldsymbol{B}\boldsymbol{e} - \dfrac{1}{2}\boldsymbol{e}'\boldsymbol{C}\boldsymbol{e} - \dfrac{r}{2}\boldsymbol{w}'\boldsymbol{\Sigma}\boldsymbol{w} \geqq 0, \\ \qquad\ \ \text{IC} : \boldsymbol{e} \in \text{argmax}_{\tilde{e}} \left(w_0 + \boldsymbol{w}'\boldsymbol{B}\tilde{\boldsymbol{e}} - \dfrac{1}{2}\tilde{\boldsymbol{e}}'\boldsymbol{C}\tilde{\boldsymbol{e}} - \dfrac{r}{2}\boldsymbol{w}'\boldsymbol{\Sigma}\boldsymbol{w} \right). \end{cases} \tag{17.113}$$

其中，IR 和 IC 分别表示个体理性约束和激励相容约束。现在我们来考虑给定工资合约下代理人将要选择的努力水平。由于目标函数是凹的，最大化问题可以通过一阶条件来求解：$Ce = B'w$。再用 $C^{-1}B'w$ 替换 e 并将其代入个体理性约束 IR，则委托人的最优化问题可以约简为：

$$\max_{\boldsymbol{w}\in\mathcal{R}^n} \left[\boldsymbol{\beta}'\boldsymbol{C}^{-1}\boldsymbol{B}'\boldsymbol{w} - \frac{1}{2}\boldsymbol{w}'\left(\boldsymbol{B}\boldsymbol{C}^{-1}\boldsymbol{B}' + r\boldsymbol{\Sigma}\right)\boldsymbol{w} \right]$$

由此解出最优工资以及相应的努力向量：

$$\begin{aligned} \boldsymbol{w}^p &= \left[\boldsymbol{B}\boldsymbol{C}^{-1}\boldsymbol{B}' + r\boldsymbol{\Sigma}\right]^{-1} \boldsymbol{B}\boldsymbol{C}^{-1}\boldsymbol{\beta}, \\ w_0^p &= \frac{r\boldsymbol{w}^{p'}\boldsymbol{\Sigma}\boldsymbol{w}^p - \boldsymbol{w}^{p'}\boldsymbol{B}\boldsymbol{C}^{-1}\boldsymbol{B}'\boldsymbol{w}^p}{2}, \\ \boldsymbol{e}^p &= \boldsymbol{C}^{-1}\boldsymbol{B}'\boldsymbol{w}^p. \end{aligned}$$

对应的委托人所获的剩余为：

$$\Pi^p = \frac{1}{2}\boldsymbol{\beta}'\boldsymbol{C}^{-1}\boldsymbol{B}'\left(\boldsymbol{B}\boldsymbol{C}^{-1}\boldsymbol{B}' + r\boldsymbol{\Sigma}\right)^{-1}\boldsymbol{B}\boldsymbol{C}^{-1}\boldsymbol{\beta}.$$

若绩效评估系统为正交系统，且 n 项任务之间在技术上相同且相互独立（$\boldsymbol{C} = c\boldsymbol{I}$），则

$$w_i = \frac{\boldsymbol{b}_i'\boldsymbol{\beta}}{\boldsymbol{b}_i'\boldsymbol{b}_i + rc\sigma_i^2} = \frac{|\boldsymbol{b}_i||\boldsymbol{\beta}|\cos(\widehat{\boldsymbol{b}_i, \boldsymbol{\beta}})}{|\boldsymbol{b}_i|^2 + rc\sigma_i^2}.$$

可见，委托人收益对代理人努力的反应越敏感（向量 $\boldsymbol{\beta}_i$ 的模越大），激励强度越大（即 w_i 越大）；绩效指标的不确定性越大（σ_i^2 越大），则激励强度越低（即 w_i 越小）。较大的 $|\boldsymbol{\beta}|$ 和较小的 σ_i^2 是要素（劳动力）驱动型社会的特点；反之，创新驱动型社会则具有较小的 $|\boldsymbol{\beta}|$ 和较大的 σ_i^2 。以农业为例，在传统的种植和经营模式下，农业生产是劳动密集型活动，产出对农民努力的反应非常敏感。同时，虽然农业产出也受到气候、水文、病虫害等因素的影响，但总的来说这些扰动都在个体农户的可承受范围之内，以至农民常用“人不哄地、地不欺人”来总结产出和努力之间近乎确定性的经验关系。但在现代化农业中两者的关系却要复杂得多，最典型的是由农产品的市场波动带来的风险，很多时候这些风险远非个体农户根据经验所能预测，同时也非一户之力所能承受。所以农户根据往年需求决定当年供给的决策经常导致农产品价格出现蛛网式波动。因此，在创新型社会中，委托人须通过降低对代理人的激励强度为他们提供更多的保险。

17.10.2　努力及风险厌恶不可观测时的最优工资合约

在现实中，代理人的类型和行为往往都是不可观测的，这样就会出现道德风险和逆向选择的混合问题。本小节将在上面的模型基础上考虑代理人风险厌恶系数不可观测的情形。从上面的分析可见，代理人的风险态度是影响激励强度的关键因素，以往文献也大多假定这个参数是可以被委托人观察到的。这里，我们假定代理人的风险厌恶系数是其私人信息，而其累积分布函数和密度函数为各方的共同知识。委托人要求代理人申报其“类型”，并据此提供工资合约来最大化自身期望收益。此问题的时序如下：

- 只有代理人了解其风险厌恶系数。
- 委托人向代理人提供工资合约，代理人决定是否接受此合约以及是否如实申报个人信息。
- 代理人选择其努力程度。
- 代理人的绩效和委托人的收益实现。
- 委托人向代理人转移支付报酬。

如满足以下激励相容约束，则我们称合约是**可执行的**（implementable）：

$$w_0(r)+\frac{1}{2}\boldsymbol{w}(r)'\left[\boldsymbol{BC}^{-1}\boldsymbol{B}'-r\boldsymbol{\Sigma}\right]\boldsymbol{w}(r)\geqq w_0(\hat{r})+\frac{1}{2}\boldsymbol{w}(\hat{r})'\left[\boldsymbol{BC}^{-1}\boldsymbol{B}'-r\boldsymbol{\Sigma}\right]\boldsymbol{w}(\hat{r}).\quad(17.114)$$

令 $U(r,\hat{r})\equiv w_0(\hat{r})+\frac{1}{2}\boldsymbol{w}(\hat{r})'\left[\boldsymbol{BC}^{-1}\boldsymbol{B}'-r\boldsymbol{\Sigma}\right]\boldsymbol{w}(\hat{r})$，$U(r)\equiv U(r,r)$，则可执行性条件可以等价地表示为：

$$\exists w_0:[\underline{r},\overline{r}]\to\mathcal{R}_+,\forall(r,\hat{r})\in[\underline{r},\overline{r}]^2,U(r)=\max_{\hat{r}}\left\{w_0(\hat{r})+\frac{1}{2}\boldsymbol{w}(\hat{r})'\left[\boldsymbol{BC}^{-1}\boldsymbol{B}'-r\boldsymbol{\Sigma}\right]\boldsymbol{w}(\hat{r})\right\}.$$

根据税收原理（taxation principle）[参见 Guesnerie (1981), Hammond (1979) 以及 Rochet (1985)]，上式等价于以下表达式：

$$\exists w_0:\mathcal{R}^m\to\mathcal{R}_+,\forall r\in[\underline{r},\overline{r}],U(r)=\max_{\boldsymbol{w}}\left\{w_0(\boldsymbol{w})+\frac{1}{2}\boldsymbol{w}'[\boldsymbol{BC}^{-1}\boldsymbol{B}'-r\boldsymbol{\Sigma}]\boldsymbol{w}\right\}.$$

从中可得：租金函数 $U(r)$ 是连续凸函数，且满足以下包络条件（envelope condition）：

$$U'(r) = -\frac{1}{2}\boldsymbol{w}'\boldsymbol{\Sigma}\boldsymbol{w}. \tag{17.115}$$

反之，如果包络条件和凸性条件满足，则

$$U(r) \geqq U(\hat{r}) + (r-\hat{r})U'(\hat{r}) = U(\hat{r}) - \frac{1}{2}(r-\hat{r})\boldsymbol{w}'(\hat{r})\boldsymbol{\Sigma}\boldsymbol{w}(\hat{r}) \tag{17.116}$$

成立，从而激励相容条件 $U(r) \geqq qU(r, \hat{r})$ 成立。由此，我们可得以下引理。

引理 17.10.1 当且仅当以下条件成立时，合约 $(U(r), w(r))$(或等价的 $(w_0(r), \boldsymbol{w}(r))$) 可执行:

- $U'(r) = -\frac{1}{2}\boldsymbol{w}'\boldsymbol{\Sigma}\boldsymbol{w}$;
- $U(r)$ 为凸函数。

将 $U(r)$ 代入委托人的期望收益中可得，

$$\Pi = \int_{\underline{r}}^{\overline{r}} \left\{ \boldsymbol{\beta}'\boldsymbol{C}^{-1}\boldsymbol{B}'\boldsymbol{w}(r) - \frac{1}{2}\boldsymbol{w}(r)' \left[\boldsymbol{B}\boldsymbol{C}^{-1}\boldsymbol{B}' + r\boldsymbol{\Sigma}\right] \boldsymbol{w}(r) - U(r) \right\} f(r)dr.$$

委托人的最优化问题为：

$$\max_{U(r),\boldsymbol{w}(r)} \Pi, \text{ s.t.:} U(r) \geqq 0, U'(r) = -\frac{1}{2}\boldsymbol{w}(r)'\boldsymbol{\Sigma}\boldsymbol{w}(r), U(r) \text{ 为凸函数}.$$

通过求解此问题可以得出风险态度未知情形下的最优合约。

命题 17.10.1 若 $\Phi(r) = r + \dfrac{F(r)}{f(r)}$ 递增，则最优工资合约为:

$$\begin{aligned} \boldsymbol{w}^h(r) &= \left[\boldsymbol{B}\boldsymbol{C}^{-1}\boldsymbol{B}' + \Phi(r)\boldsymbol{\Sigma}\right]^{-1} \boldsymbol{B}\boldsymbol{C}^{-1}\boldsymbol{\beta}; \\ w_0^h(r) &= \frac{1}{2}\int_r^{\overline{r}} \boldsymbol{w}^h(\tilde{r})'\boldsymbol{\Sigma}\boldsymbol{w}^h(\tilde{r})d\tilde{r} - \frac{1}{2}\boldsymbol{w}^h(r)'\left[\boldsymbol{B}\boldsymbol{C}^{-1}B' - r\boldsymbol{\Sigma}\right]\boldsymbol{w}^h(r). \end{aligned}$$

证明： 由于 $U'(r) = -\frac{1}{2}\boldsymbol{w}'\boldsymbol{\Sigma}\boldsymbol{w} \leqslant 0$, 参与约束条件 $U(r) \geqq 0$ 必在区间 $[\underline{r}, \overline{r}]$ 的右端点是紧致的，即 $U(\overline{r}) = 0$。因此，$U(r) = \int_r^{\overline{r}} \frac{1}{2}\boldsymbol{w}(\tilde{r})'\boldsymbol{\Sigma}\boldsymbol{w}(\tilde{r})dr$, 则委托人的目标函数可表示为:

$$\Pi = \int_{\underline{r}}^{\overline{r}} \left\{ \boldsymbol{\beta}'\boldsymbol{C}^{-1}\boldsymbol{B}'\boldsymbol{w}(r) - \frac{1}{2}\boldsymbol{w}(r)' \left[\boldsymbol{B}\boldsymbol{C}^{-1}\boldsymbol{B}' + r\boldsymbol{\Sigma}\right] \boldsymbol{w}(r) - \int_r^{\overline{r}} \frac{1}{2}\boldsymbol{w}(\tilde{r})'\boldsymbol{\Sigma}\boldsymbol{w}(\tilde{r})dr \right\} f(r)dr.$$

依分部积分计算可得:

$$\Pi = \int_{\underline{r}}^{\overline{r}} \left\{ \boldsymbol{\beta}'\boldsymbol{C}^{-1}\boldsymbol{B}'\boldsymbol{w}(r) - \frac{1}{2}\boldsymbol{w}(r)' \left[\boldsymbol{B}\boldsymbol{C}^{-1}\boldsymbol{B}' + \left(r + \frac{F(r)}{f(r)}\right)\boldsymbol{\Sigma}\right] \boldsymbol{w}(r) \right\} f(r)dr.$$

从中解得:

$$\boldsymbol{w}^h(r) = \left[\boldsymbol{B}\boldsymbol{C}^{-1}\boldsymbol{B}' + \Phi(r)\boldsymbol{\Sigma}\right]^{-1} \boldsymbol{B}\boldsymbol{C}^{-1}\boldsymbol{\beta};$$

$$w_0^h(r)=\frac{1}{2}\int_r^{\overline{r}}\boldsymbol{w}^h(\tilde{r})'\boldsymbol{\Sigma}\boldsymbol{w}^h(\tilde{r})d\tilde{r}-\frac{1}{2}\boldsymbol{w}^h(r)'\left[\boldsymbol{B}\boldsymbol{C}^{-1}\boldsymbol{B}'-r\boldsymbol{\Sigma}\right]\boldsymbol{w}^h(r).$$

现只需验证 $U(r)$ 的凸性。注意到，

$$U''(r)=-(D_r\boldsymbol{w}^h)'\boldsymbol{\Sigma}\boldsymbol{w}^h=\Phi'(r)\boldsymbol{w}^h(r)'\boldsymbol{\Sigma}\left[\boldsymbol{B}\boldsymbol{C}^{-1}\boldsymbol{B}'+\Phi(r)\boldsymbol{\Sigma}\right]^{-1}\boldsymbol{\Sigma}\boldsymbol{w}^h(r).$$

上式第二个等号源自

$$\begin{aligned}D_r\boldsymbol{w}^h&=-\left[\boldsymbol{B}\boldsymbol{C}^{-1}\boldsymbol{B}'+\Phi(r)\boldsymbol{\Sigma}\right]^{-1}\Phi'(r)\boldsymbol{\Sigma}\left[\boldsymbol{B}\boldsymbol{C}^{-1}\boldsymbol{B}'+\Phi(r)\boldsymbol{\Sigma}\right]^{-1}\boldsymbol{B}\boldsymbol{C}^{-1}\boldsymbol{\beta}\\&=-\Phi'(r)\left[\boldsymbol{B}\boldsymbol{C}^{-1}\boldsymbol{B}'+\Phi(r)\boldsymbol{\Sigma}\right]^{-1}\boldsymbol{\Sigma}\boldsymbol{w}^h.\end{aligned}$$

因为 $\Phi'(r)\geqq 0$，且 $\boldsymbol{\Sigma}\left[\boldsymbol{B}\boldsymbol{C}^{-1}\boldsymbol{B}'+\Phi(r)\boldsymbol{\Sigma}\right]^{-1}\boldsymbol{\Sigma}$ 为正定矩阵，故 $U''(r)\geqq 0$。 □

为比较以上工资合约与基准情形下的工资合约进而证明低能激励现象的合理性，我们施加以下条件。

条件 17.10.1 $\boldsymbol{\Sigma}$ 是对角矩阵。

条件 17.10.2 $\boldsymbol{B}\boldsymbol{C}^{-1}\boldsymbol{B}'$ 是对角矩阵。

条件 17.10.3 $\boldsymbol{B}\boldsymbol{C}^{-1}\boldsymbol{B}'$ 和 $\boldsymbol{\Sigma}$ 可交换，即 $\boldsymbol{B}\boldsymbol{C}^{-1}\boldsymbol{B}'\boldsymbol{\Sigma}=\boldsymbol{\Sigma}\boldsymbol{B}\boldsymbol{C}^{-1}\boldsymbol{B}'$。

条件 17.10.4 不等式 $2r\lambda_m^2+\rho>0$ 成立，其中

$$\rho=\max\left\{\min_{i=1,m}\lambda_i\mu_m\frac{(\sqrt{k_\lambda}+1)^2-k_\mu(\sqrt{k_\lambda}-1)^2}{2\sqrt{k_\lambda}},\min_{i=1,m}\mu_i\lambda_m\frac{(\sqrt{k_\mu}+1)^2-k_\lambda(\sqrt{k_\mu}-1)^2}{2\sqrt{k_\mu}}\right\}$$

$$=\begin{cases}\lambda_m\mu_m\dfrac{(\sqrt{k_\lambda}+1)^2-k_\mu(\sqrt{k_\lambda}-1)^2}{2\sqrt{k_\lambda}}, & 若\quad \sqrt{k_\mu}\leqslant\dfrac{\sqrt{k_\lambda}+1}{\sqrt{k_\lambda}-1},k_\mu\geqq k_\lambda,\\[2ex]\lambda_m\mu_m\dfrac{(\sqrt{k_\mu}+1)^2-k_\lambda(\sqrt{k_\mu}-1)^2}{2\sqrt{k_\mu}}, & 若\quad \sqrt{k_\mu}\leqslant\dfrac{\sqrt{k_\lambda}+1}{\sqrt{k_\lambda}-1},k_\mu<k_\lambda,\\[2ex]\lambda_1\mu_m\dfrac{(\sqrt{k_\lambda}+1)^2-k_\mu(\sqrt{k_\lambda}-1)^2}{2\sqrt{k_\lambda}}, & 若\quad \sqrt{k_\mu}>\dfrac{\sqrt{k_\lambda}+1}{\sqrt{k_\lambda}-1},k_\mu\geqq k_\lambda,\\[2ex]\lambda_m\mu_1\dfrac{(\sqrt{k_\mu}+1)^2-k_\lambda(\sqrt{k_\mu}-1)^2}{2\sqrt{k_\mu}}, & 若\quad \sqrt{k_\mu}>\dfrac{\sqrt{k_\lambda}+1}{\sqrt{k_\lambda}-1},k_\mu<k_\lambda.\end{cases}$$

其中，λ_i 和 μ_i 分别是矩阵 $\boldsymbol{\Sigma}$ 和 $\boldsymbol{B}\boldsymbol{C}^{-1}\boldsymbol{B}'$ 按降序排列的第 i 个特征根，$k_\lambda=\lambda_1/\lambda_m$ 和 $k_\mu=\mu_1/\mu_m$ 分别表示两个矩阵的谱条件数（spectral condition number）。

条件 17.10.5 存在常数 λ 满足 $\boldsymbol{B}\boldsymbol{C}^{-1}\boldsymbol{B}'=\lambda\boldsymbol{\Sigma}$。

条件 17.10.1要求绩效评估指标的噪声项在统计上相互独立。这个假设排除了不同指标的随机项受某个共同冲击（common shock）影响的情况。 条件 17.10.2 表明 $b_i'\boldsymbol{C}^{-1}b_j=0,\forall i\neq j$，其直观含义是当成本被考虑进来后，不同绩效指标相对于代理人努力的反应方式截然不同。当代理人高度风险厌恶 (r 很大)，或 $\boldsymbol{B}\boldsymbol{C}^{-1}\boldsymbol{B}'$ 和 $\boldsymbol{\Sigma}$ 中任何一个为良态

矩阵（well-conditioned matrix）[1]时，条件 17.10.4 满足。针对以上各条件的几种特殊情形为：

（1）绩效评估系统为正交系统，此时条件 17.10.1、17.10.2、17.10.3 均满足。

（2）$\boldsymbol{\Sigma}$ 为数量阵（scalar matrix），此时条件 17.10.1、17.10.2、17.10.4 满足。

（3）$\boldsymbol{BC}^{-1}\boldsymbol{B}'$ 为数量阵，此时条件 17.10.2、17.10.3、17.10.4 满足。条件 17.10.5 要求对任何两个绩效指标 i,j，其经成本调整后的相关度为常数，即 $\rho_{ij}^c=\lambda$。

命题 17.10.2 我们有如下结论:

（1）若条件 17.10.1～17.10.4 中的任何一个成立，则存在 i 使得 $|w_i^h(r)|<|w_i^p(r)|$，$\forall r\in(\underline{r},\bar{r}]$。

（2）若条件 17.10.1和 17.10.2 同时成立，则对任何 i，$|w_i^h(r)|<|w_i^p(r)|$，$\forall\, r\in(\underline{r},\bar{r}]$。

（3）令 ω_i，$i\in\mathcal{K}\equiv\{1,2,\cdots,k\}$ 表示 $\boldsymbol{BC}^{-1}\boldsymbol{B}'$ 相对于 $\boldsymbol{\Sigma}$ 的广义特征根[2]，$\mathcal{V}_i\equiv\mathcal{N}(\boldsymbol{BC}^{-1}\boldsymbol{B}'-\omega_i\boldsymbol{\Sigma})$ 为 ω_i 对应的广义特征子空间，$\mathcal{V}_i^{\perp}$ 为其正交补空间。假定 $\boldsymbol{BC}^{-1}\boldsymbol{\beta}\notin\bigcup\limits_{i\in\mathcal{K}}\mathcal{V}_i^{\perp}$。则当且仅当条件 17.10.5 成立，存在常数 $k\in(0,1)$ 使得 $\boldsymbol{w}^h=k\boldsymbol{w}^p$ 成立。

证明： 由于 $\boldsymbol{BC}^{-1}\boldsymbol{B}'$ 和 $\boldsymbol{\Sigma}$ 为对称方阵，故存在非奇异矩阵 $\boldsymbol{U}$（注意 $\boldsymbol{U}$ 不一定是正交矩阵），使得

$$\boldsymbol{U}'\boldsymbol{BC}^{-1}\boldsymbol{B}'\boldsymbol{U}=\boldsymbol{\Lambda},\qquad \boldsymbol{U}'\boldsymbol{\Sigma}\boldsymbol{U}=\boldsymbol{I}.$$

$\boldsymbol{\Lambda}\equiv diag\{\omega_1,\cdots,\omega_m\}$ 为广义特征根组成的对角矩阵。因此有

$$(\boldsymbol{w}^p)'\boldsymbol{\Sigma}\boldsymbol{w}^p=\boldsymbol{\beta}'\boldsymbol{C}^{-1}\boldsymbol{B}'\boldsymbol{U}(\boldsymbol{\Lambda}+r\boldsymbol{I})^{-2}\boldsymbol{U}'\boldsymbol{BC}^{-1}\boldsymbol{\beta},$$

$$(\boldsymbol{w}^h)'\boldsymbol{\Sigma}\boldsymbol{w}^h=\boldsymbol{\beta}'\boldsymbol{C}^{-1}\boldsymbol{B}'\boldsymbol{U}\left[\boldsymbol{\Lambda}+\Phi(r)\boldsymbol{I}\right]^{-2}\boldsymbol{U}'\boldsymbol{BC}^{-1}\boldsymbol{\beta}.$$

- 显然，$(\boldsymbol{w}^h)'\boldsymbol{\Sigma}\boldsymbol{w}^h<(\boldsymbol{w}^p)'\boldsymbol{\Sigma}\boldsymbol{w}^p,\forall r\in(\underline{r},\bar{r}]$。若 $\boldsymbol{\Sigma}$ 为对角矩阵, 则至少存在一个 $i\in\{1,\cdots,m\}$，使得 $|w_i^h|<|w_i^p|\ \forall r\in(\underline{r},\bar{r}]$。
- 同样，我们有

  $$(\boldsymbol{w}^p)'\boldsymbol{BC}^{-1}\boldsymbol{B}'\boldsymbol{w}^p=\boldsymbol{\beta}'\boldsymbol{C}^{-1}\boldsymbol{B}'\boldsymbol{V}(r\boldsymbol{\Lambda}^{-1}+\boldsymbol{I})^{-2}\boldsymbol{V}'\boldsymbol{BC}^{-2}\boldsymbol{\beta},$$
  $$(\boldsymbol{w}^h)'\boldsymbol{BC}^{-1}\boldsymbol{B}'\boldsymbol{w}^h=\boldsymbol{\beta}'\boldsymbol{C}^{-1}\boldsymbol{B}'\boldsymbol{V}\left[\Phi(r)\boldsymbol{\Lambda}^{-1}+\boldsymbol{I}\right]^{-2}\boldsymbol{V}'\boldsymbol{BC}^{-1}\boldsymbol{\beta}.$$

  其中，$\boldsymbol{V}=\boldsymbol{U}\boldsymbol{\Lambda}^{-1/2}$。故有 $(\boldsymbol{w}^h)'\boldsymbol{BC}^{-1}\boldsymbol{B}'\boldsymbol{w}^h<(\boldsymbol{w}^p)'\boldsymbol{BC}^{-1}\boldsymbol{B}'\boldsymbol{w}^p,\forall r\in(\underline{r},\bar{r}]$。若 $\boldsymbol{BC}^{-1}\boldsymbol{B}'$ 为对角矩阵，则至少存在一个 $i\in\{1,\cdots,m\}$，使得 $|w_i^h|<|w_i^p|$ 对所有 $r\in(\underline{r},\bar{r}]$ 都成立。
- 若 $\boldsymbol{BC}^{-1}\boldsymbol{B}'\boldsymbol{\Sigma}=\boldsymbol{\Sigma}\boldsymbol{BC}^{-1}\boldsymbol{B}'$，则 $\boldsymbol{BC}^{-1}\boldsymbol{B}'$ 和 $\boldsymbol{\Sigma}$ 可被同时相似对角化，即存在一个 $m\times m$ 正交矩阵 $\boldsymbol{P}$，使得 $\boldsymbol{P}'\boldsymbol{BC}^{-1}\boldsymbol{B}'\boldsymbol{P}=\boldsymbol{D}_1$ 和 $\boldsymbol{P}'\boldsymbol{\Sigma}\boldsymbol{P}=\boldsymbol{D}_2$ 成立，其中 $\boldsymbol{D}_1$ 和 $\boldsymbol{D}_2$ 为对角矩阵。由此可得：

  $$(\boldsymbol{w}^p)'\boldsymbol{w}^p=\boldsymbol{\beta}'\boldsymbol{C}^{-1}\boldsymbol{B}'\boldsymbol{P}(\boldsymbol{D}_1+r\boldsymbol{D}_2)^{-2}\boldsymbol{P}'\boldsymbol{BC}^{-1}\boldsymbol{\beta},$$

---

[1] 谱条件数接近 1 的矩阵称为良态矩阵，而谱条件数很大的矩阵称为病态矩阵（ill-conditioned matrix）。

[2] 如果存在非零向量 $\boldsymbol{\alpha}$ 满足 $\boldsymbol{A}\boldsymbol{\alpha}=\lambda\boldsymbol{B}\boldsymbol{\alpha}$，则称 λ 为方阵 $\boldsymbol{A}$ 相对于 $\boldsymbol{B}$ 的广义特征根（generalized eigenvalue），$\boldsymbol{\alpha}$ 为 λ 对应的广义特征向量（generalized eigenvector）。

$$(\boldsymbol{w}^h)'\boldsymbol{w}^h=\boldsymbol{\beta}'\boldsymbol{C}^{-1}\boldsymbol{B}'\boldsymbol{P}\left[\boldsymbol{D}_1+\Phi(r)\boldsymbol{D}_2\right]^{-2}\boldsymbol{P}'\boldsymbol{B}\boldsymbol{C}^{-1}\boldsymbol{\beta}.$$

因此存在 i，使得 $|w_i^p|>|w_i^h|$ 成立。

- 从 $\boldsymbol{w}^p$ 的表达式可得

$$(\boldsymbol{w}^p)'\boldsymbol{w}^p=\boldsymbol{\beta}\boldsymbol{C}^{-1}\boldsymbol{B}'\left(\boldsymbol{B}\boldsymbol{C}^{-1}\boldsymbol{B}'+r\boldsymbol{\Sigma}\right)^{-2}\boldsymbol{B}\boldsymbol{C}^{-1}\boldsymbol{\beta}. \tag{17.117}$$

将式 (17.117) 对 r 求导可得

$$\begin{aligned}\frac{\partial \boldsymbol{w}'\boldsymbol{w}}{\partial r}=&-\boldsymbol{\beta}'\boldsymbol{C}^{-1}\boldsymbol{B}'\left(\boldsymbol{B}\boldsymbol{C}^{-1}\boldsymbol{B}'+r\boldsymbol{\Sigma}\right)^{-2}\\&\times\left(\boldsymbol{\Sigma}\boldsymbol{B}\boldsymbol{C}^{-1}\boldsymbol{B}'+\boldsymbol{B}\boldsymbol{C}^{-1}\boldsymbol{B}'\boldsymbol{\Sigma}+2r\boldsymbol{\Sigma}^2\right)\left(\boldsymbol{B}\boldsymbol{C}^{-1}\boldsymbol{B}'+r\boldsymbol{\Sigma}\right)^{-2}\boldsymbol{B}\boldsymbol{C}^{-1}\boldsymbol{\beta}.\end{aligned} \tag{17.118}$$

根据线性代数知识可得

$$\begin{aligned}&\lambda_m(\boldsymbol{\Sigma}\boldsymbol{B}\boldsymbol{C}^{-1}\boldsymbol{B}'+\boldsymbol{B}\boldsymbol{C}^{-1}\boldsymbol{B}'\boldsymbol{\Sigma}+2r\boldsymbol{\Sigma}^2)\\\geqq&\lambda_m(\boldsymbol{\Sigma}\boldsymbol{B}\boldsymbol{C}^{-1}\boldsymbol{B}'+\boldsymbol{B}\boldsymbol{C}^{-1}\boldsymbol{B}'\boldsymbol{\Sigma})+2r\lambda_m(\boldsymbol{\Sigma}^2)\\\geqq&\rho+2r\lambda_m^2,\end{aligned} \tag{17.119}$$

其中

$$\rho=\max\left\{\min_{i=1,m}\lambda_i\mu_m\frac{(\sqrt{k_\lambda}+1)^2-k_\mu(\sqrt{k_\lambda}-1)^2}{2\sqrt{k_\lambda}},\min_{i=1,m}\mu_i\lambda_m\frac{(\sqrt{k_\mu}+1)^2-k_\lambda(\sqrt{k_\mu}-1)^2}{2\sqrt{k_\mu}}\right\}$$

$$=\begin{cases}\lambda_m\mu_m\dfrac{(\sqrt{k_\lambda}+1)^2-k_\mu(\sqrt{k_\lambda}-1)^2}{2\sqrt{k_\lambda}}, & 若\quad \sqrt{k_\mu}\leqslant\dfrac{\sqrt{k_\lambda}+1}{\sqrt{k_\lambda}-1},k_\mu\geqq k_\lambda,\\ \lambda_m\mu_m\dfrac{(\sqrt{k_\mu}+1)^2-k_\lambda(\sqrt{k_\mu}-1)^2}{2\sqrt{k_\mu}}, & 若\quad \sqrt{k_\mu}\leqslant\dfrac{\sqrt{k_\lambda}+1}{\sqrt{k_\lambda}-1},k_\mu<k_\lambda,\\ \lambda_1\mu_m\dfrac{(\sqrt{k_\lambda}+1)^2-k_\mu(\sqrt{k_\lambda}-1)^2}{2\sqrt{k_\lambda}}, & 若\quad \sqrt{k_\mu}>\dfrac{\sqrt{k_\lambda}+1}{\sqrt{k_\lambda}-1},k_\mu\geqq k_\lambda,\\ \lambda_m\mu_1\dfrac{(\sqrt{k_\mu}+1)^2-k_\lambda(\sqrt{k_\mu}-1)^2}{2\sqrt{k_\mu}}, & 若\quad \sqrt{k_\mu}>\dfrac{\sqrt{k_\lambda}+1}{\sqrt{k_\lambda}-1},k_\mu<k_\lambda.\end{cases}$$ ①

若 $\rho+2r\lambda_m^2>0$ 成立，则矩阵 $\boldsymbol{\Sigma}\boldsymbol{B}\boldsymbol{C}^{-1}\boldsymbol{B}'+\boldsymbol{B}\boldsymbol{C}^{-1}\boldsymbol{B}'\boldsymbol{\Sigma}+2r\boldsymbol{\Sigma}^2$ 为正定的，所以

---

① 此处第二个不等式应用了线性代数中的结论：$\boldsymbol{A}$ 和 $\boldsymbol{B}$ 均为实对称方阵，则

$$\lambda_m(\boldsymbol{A}+\boldsymbol{B})\geqq\lambda_m(\boldsymbol{A})+\lambda_m(\boldsymbol{B}),$$

其中，$\lambda_m(\cdot)$ 表示最小特征根。此结论证明如下：

$$\lambda_m(\boldsymbol{A}+\boldsymbol{B})=\min_{x\neq 0}\frac{x'(\boldsymbol{A}+\boldsymbol{B})x}{x'x}\geqq\min_{x\neq 0}\frac{x'\boldsymbol{A}x}{x'x}+\min_{x\neq 0}\frac{x'\boldsymbol{B}x}{x'x}=\lambda_m(\boldsymbol{A})+\lambda_m(\boldsymbol{B}).$$

第三个不等式应用了以下结论：$\boldsymbol{C}$ 是实对称正定方阵 $\boldsymbol{A}$ 和 $\boldsymbol{B}$ 的若当积（Jordan product）$\boldsymbol{C}=\boldsymbol{A}\boldsymbol{B}+\boldsymbol{B}\boldsymbol{A}$，以 a_i,b_i,c_i 分别表示 $\boldsymbol{A},\boldsymbol{B},\boldsymbol{C}$ 的按降序排列的特征根，$k_a=\dfrac{a_1}{a_m}$ 和 $k_b=\dfrac{b_1}{b_m}$ 分别表示矩阵 $\boldsymbol{A}$ 和 $\boldsymbol{B}$ 的谱条件数，则矩阵 $\boldsymbol{C}$ 的特征根下界可由不等式

$$c_m\geqq\tilde{C}$$

$\dfrac{\partial \boldsymbol{w}'\boldsymbol{w}}{\partial r}<0$。因此 $\|\boldsymbol{w}^p\|>\|\boldsymbol{w}^h\|$。则存在至少一个 i，使 $|w_i^p(r)|<|w_i^h(r)|, \forall r\in(\underline{r},\bar{r}]$ 成立。

- 若条件 17.10.1和 17.10.2 满足，则

$$w_i^p(r)=\frac{\boldsymbol{b}_i'\boldsymbol{C}^{-1}\boldsymbol{\beta}}{\boldsymbol{b}_i'\boldsymbol{C}^{-1}\boldsymbol{b}_i+r\sigma_i^2},$$

$$w_i^h(r)=\frac{\boldsymbol{b}_i'\boldsymbol{C}^{-1}\boldsymbol{\beta}}{\boldsymbol{b}_i'\boldsymbol{C}^{-1}\boldsymbol{b}_i+\Phi(r)\sigma_i^2}.$$

显然，$|w_i^p(r)|<|w_i^h(r)|$ 对所有 i 和所有 $r\in(\underline{r},\bar{r}]$ 都成立。

第17章

- 若 $\boldsymbol{B}\boldsymbol{C}^{-1}\boldsymbol{B}'=\lambda\boldsymbol{\Sigma}$，则显然 $\boldsymbol{w}^h=\dfrac{\lambda+r}{\lambda+\Phi(r)}\boldsymbol{w}^p$。现只需从相反方向证明。如上所示，$\boldsymbol{B}\boldsymbol{C}^{-1}\boldsymbol{B}'$ 和 $\boldsymbol{\Sigma}$ 可被某个非奇异矩阵 $\boldsymbol{U}$ 同时对角化，则有

$$\boldsymbol{w}^p(r)=\boldsymbol{U}(\boldsymbol{\Lambda}+r)^{-1}\boldsymbol{U}'\boldsymbol{B}\boldsymbol{C}^{-1}\boldsymbol{\beta},$$

$$\boldsymbol{w}^h(r)=\boldsymbol{U}(\boldsymbol{\Lambda}+\Phi(r))^{-1}\boldsymbol{U}'\boldsymbol{B}\boldsymbol{C}^{-1}\boldsymbol{\beta}.$$

如果 $\boldsymbol{w}^h(r)=k\boldsymbol{w}^p(r)$，则 $\dfrac{ku_i'BC^{-1}\boldsymbol{\beta}}{r+\omega_i}=\dfrac{u_i'BC^{-1}\boldsymbol{\beta}}{\Phi(r)+\omega_i}, \forall i$，其中 u_i 是 $\boldsymbol{U}$ 的第 i 列。

由于 $\boldsymbol{B}\boldsymbol{C}^{-1}\boldsymbol{\beta}\notin\bigcup_{i\in\mathcal{K}}\mathcal{V}_i^{\perp}$，$u_i'\boldsymbol{B}\boldsymbol{C}^{-1}\boldsymbol{\beta}\neq 0,\forall i$，我们有 $\omega_i=\lambda\equiv\dfrac{k\Phi(r)-r}{1-k}$。故而，$\boldsymbol{B}\boldsymbol{C}^{-1}\boldsymbol{B}'=\lambda(XX')^{-1}=\lambda\boldsymbol{\Sigma}$。

综上，若代理人的风险厌恶系数不可观测，则风险厌恶程度较小的代理人可以通过模仿风险厌恶系数较大的代理人而获得信息租金。并且，这种信息租金的数量随被模仿对象获得的激励强度的增强而递增。因此，委托人需要在信息租金抽取和效率之间权衡。一方面，较高的激励强度，即较多的激励工资，有助于激励代理人的努力而使委托人获得较高收益；而另一方面，给风险规避系数大的代理人较高的激励强度也会令风险厌恶程度较小的代理人通过模仿他而获得较多信息租金，这于委托人不利。如果条件 17.10.1~17.10.4 中的任何一个满足，则为了压缩信息租金，委托人必须缩短工资向量的某种“长度”。当条件 17.10.1 和 17.10.2 满足时，$\|\boldsymbol{w}\|_{\boldsymbol{\Sigma}}\equiv\sqrt{\boldsymbol{w}'\boldsymbol{\Sigma}\boldsymbol{w}}$（$\|\boldsymbol{w}\|_{\boldsymbol{B}}\equiv\sqrt{\boldsymbol{w}'\boldsymbol{B}\boldsymbol{C}^{-1}\boldsymbol{B}'\boldsymbol{w}}$ 将缩短，当

给出，其中

$$\tilde{\boldsymbol{C}}=\max\left\{\min_{i=1,m}a_ib_m\frac{(\sqrt{k_a}+1)^2-k_b(\sqrt{k_a}-1)^2}{2\sqrt{k_a}},\ \min_{i=1,m}b_ia_m\frac{(\sqrt{k_b}+1)^2-k_a(\sqrt{k_b}-1)^2}{2\sqrt{k_b}}\right\}$$

$$=\begin{cases} a_mb_m\dfrac{(\sqrt{k_a}+1)^2-k_b(\sqrt{k_a}-1)^2}{2\sqrt{k_a}}, & \text{若}\quad \sqrt{k_b}\leqslant\dfrac{\sqrt{k_a}+1}{\sqrt{k_a}-1}, k_b\geqq k_a;\\ a_mb_m\dfrac{(\sqrt{k_b}+1)^2-k_b(\sqrt{k_b}-1)^2}{2\sqrt{k_b}}, & \text{若}\quad \sqrt{k_b}\leqslant\dfrac{\sqrt{k_a}+1}{\sqrt{k_a}-1}, k_b<k_a;\\ a_1b_m\dfrac{(\sqrt{k_a}+1)^2-k_b(\sqrt{k_a}-1)^2}{2\sqrt{k_a}}, & \text{若}\quad \sqrt{k_b}>\dfrac{\sqrt{k_a}+1}{\sqrt{k_a}-1}, k_b\geqq k_a;\\ a_mb_1\dfrac{(\sqrt{k_b}+1)^2-k_b(\sqrt{k_b}-1)^2}{2\sqrt{k_b}}, & \text{若}\quad \sqrt{k_b}>\dfrac{\sqrt{k_a}+1}{\sqrt{k_a}-1}, k_b<k_a. \end{cases}$$

此结论的证明见 Alikakos 和 Bates (1984)。

条件 17.10.4 满足时 $\|\boldsymbol{w}\| \equiv \sqrt{\boldsymbol{w}'\boldsymbol{w}}$ 将缩短），从而至少在一个绩效指标上会出现低能激励；若条件 17.10.1 和 17.10.2 同时满足，则在每个绩效指标上都将会出现低能激励；若条件 17.10.5 满足，即绩效评估指标的确定性部分和随机性部分提供相同的信息，和基准模型相比，混合模型中的工资合约强度进一步降低，但方向不变（$\boldsymbol{w}^h // \boldsymbol{w}^p$，$\|\boldsymbol{w}^h\| < \|\boldsymbol{w}^p\|$），换言之，激励发生弱化但不发生扭曲。在前提条件 17.10.3 $\boldsymbol{BC}^{-1}\boldsymbol{\beta} \notin \bigcup\limits_{i \in \mathcal{K}} \mathcal{V}_i^{\perp}$ 下，条件 17.10.5 是保证此结论（弱化而不扭曲）成立的必要条件。

我们可以通过以下例子加以解释。假设 $(\boldsymbol{B}, \boldsymbol{\Sigma})$ 为正交系统，即 $\boldsymbol{BC}^{-1}\boldsymbol{B}'$ 和 $\boldsymbol{\Sigma}$ 均为对角矩阵:

$$\boldsymbol{BC}^{-1}\boldsymbol{B}' = \begin{bmatrix} \boldsymbol{b}_1'\boldsymbol{C}^{-1}\boldsymbol{b}_1 & & & \\ & \boldsymbol{b}_2'\boldsymbol{C}^{-1}\boldsymbol{b}_2 & & \\ & & \ddots & \\ & & & \boldsymbol{b}_m'\boldsymbol{C}^{-1}\boldsymbol{b}_m \end{bmatrix},$$

$$\boldsymbol{\Sigma} = \begin{bmatrix} \sigma_1^2 & & & \\ & \sigma_2^2 & & \\ & & \ddots & \\ & & & \sigma_m^2 \end{bmatrix}.$$

$\boldsymbol{BC}^{-1}\boldsymbol{B}'$ 相对于 $\boldsymbol{\Sigma}$ 的第 i 个特征根是 $\omega_i = \rho_{ii} \equiv \frac{\boldsymbol{b}_i'\boldsymbol{C}^{-1}\boldsymbol{b}_i}{\sigma_i^2}$，相应的广义特征向量空间的正交补空间为 $\mathcal{V}_i^{\perp} = \{\boldsymbol{v} = (v_1, v_2, \cdots, v_m) \in \mathcal{R}^m | v_i = 0\}$。$\boldsymbol{BC}^{-1}\boldsymbol{\beta} \notin \bigcup\limits_{i \in \mathcal{K}} \mathcal{V}_i^{\perp}$ 要求 $\boldsymbol{b}_i'\boldsymbol{C}^{-1}\boldsymbol{\beta} \neq 0, \forall i$。这意味着任何绩效指标都是一致性指标，即 $\Gamma_i \neq 0$(虽然未必是完全一致性指标)。由 $\boldsymbol{w}^h = k\boldsymbol{w}^p$ 可得

$$\frac{\boldsymbol{b}_i'\boldsymbol{C}^{-1}\boldsymbol{\beta}}{\boldsymbol{b}_i'\boldsymbol{C}^{-1}\boldsymbol{b}_i + r\sigma_i^2} = k\frac{\boldsymbol{b}_i'\boldsymbol{C}^{-1}\boldsymbol{\beta}}{\boldsymbol{b}_i'\boldsymbol{C}^{-1}\boldsymbol{b}_i + \Phi(r)\sigma_i^2}, \forall i.$$

因此，$\boldsymbol{BC}^{-1}\boldsymbol{B}' = \dfrac{\Phi(r) - kr}{k-1}\boldsymbol{\Sigma}$。简言之，对绩效指标均一致的正交系统，当且仅当经成本调整后的相关度为常数，工资向量 $\boldsymbol{w}^p$ 和 $\boldsymbol{w}^h$ 同向。 □

这个结果的政策含义是，在机遇与挑战并存的高质量发展的现代创新型社会中，几乎每个经济人都会面临不同程度的不确定性，由此承担不同程度的风险。他们对风险的态度也成为其关键特征，而这一关键参数又往往不为政策制定者所知。这样，为了使他们诚实地披露信息，政策制定者不得不向他们支付信息租金，租金抽取与效率之间的权衡导致了除风险厌恶程度最小者之外的所有代理人获得的激励强度降低。在中国这样具有多分支结构的政府管理体系中，各地方由于经济发展水平和结构的差异会具有不同的风险抵御能力，因而也具有不同的风险态度。有些地区由于脆弱而单一的经济而无力承担过多的创新风险，而有些地区所具有的雄厚的资金和技术实力以及多样化的经营模式使其可以缓冲掉大部分风险。所以，在创新转型过程中，不仅应该降低对所有地区的激励强度，还应该根据各地区的特点给予差异化的激励合约。

17.10.3 努力及其成本不可观测时的最优工资合约

现在我们假设代理人的努力成本 c 而不是风险厌恶程度是私人信息，它不可被委托人观测到。为避免复杂的多维机制设计问题，我们假定各项任务之间在技术上相同且独立，即 $\boldsymbol{C}=c\boldsymbol{I}$，设随机变量 $\delta=\frac{1}{c}$ 在 $[\underline{\delta},\overline{\delta}]$ 上服从以累积分布函数 $G(\delta)$ 和密度函数 $g(\delta)$ 为代表的连续分布。博弈的时序及讨论与上节类似，除了要求代理人现在报的是 $\hat{\delta}$。此时，工资合约为 $\{w_0(\delta),\boldsymbol{w}(\delta)\}$，当以下激励相容条件成立时，此合约可执行：

$$w_0(\delta)+\frac{1}{2}\boldsymbol{w}(\delta)'\left[\delta\boldsymbol{BB}'-r\boldsymbol{\Sigma}\right]\boldsymbol{w}(\delta)\geqq w_0(\hat{\delta})+\frac{1}{2}\boldsymbol{w}(\hat{\delta})'\left[\delta\boldsymbol{BB}'-r\boldsymbol{\Sigma}\right]\boldsymbol{w}(\hat{\delta}),\forall(\delta,\hat{\delta})\in[\underline{\delta},\overline{\delta}]^2. \tag{17.120}$$

令 $U(\delta,\hat{\delta})\equiv w_0(\hat{\delta})+\frac{1}{2}\boldsymbol{w}(\hat{\delta})'\left[\delta\boldsymbol{BB}'-r\boldsymbol{\Sigma}\right]\boldsymbol{w}(\hat{\delta})$，$\boldsymbol{U}(\delta)\equiv\boldsymbol{U}(\delta,\delta)$。则 $\{\boldsymbol{U}(\delta),\boldsymbol{w}(\delta)\}$ 的可执行性条件可以等价表述为：

$$\exists w_0:[\underline{\delta},\overline{\delta}]\to\mathcal{R}_+,\forall(\delta,\hat{\delta})\in[\underline{\delta},\overline{\delta}]^2,U(\delta)=\max_{\hat{\delta}}\left\{w_0(\hat{\delta})+\frac{1}{2}\boldsymbol{w}(\hat{\delta})'\left[\delta BB'-r\boldsymbol{\Sigma}\right]\boldsymbol{w}(\hat{\delta})\right\}. \tag{17.121}$$

根据税收原理 (taxation principle)，这个可执行性条件又可以等价表述为：

$$\exists w_0:\mathcal{R}\to\mathcal{R}_+,\forall\delta\in[\underline{\delta},\overline{\delta}],\boldsymbol{U}(\delta)=\max_{\boldsymbol{w}\in\mathcal{R}^m}\left\{w_0(\boldsymbol{w})+\frac{1}{2}\boldsymbol{w}'\left[\delta\boldsymbol{BB}'-r\boldsymbol{\Sigma}\right]\boldsymbol{w}\right\}. \tag{17.122}$$

从中可见，$\boldsymbol{U}(\delta)$ 必为连续、递增的凸函数①且满足包络条件:

$$\boldsymbol{U}'(\delta)=\frac{1}{2}\boldsymbol{w}'\boldsymbol{BB}'\boldsymbol{w}. \tag{17.123}$$

反之，如果 $\boldsymbol{U}(\delta)$ 满足包络条件 (17.123) 且为凸函数，则

$$\boldsymbol{U}(\delta)\geqq\boldsymbol{U}(\hat{\delta})+(\delta-\hat{\delta})\boldsymbol{U}'(\hat{\delta})=\boldsymbol{U}(\hat{\delta})+\frac{1}{2}(\delta-\hat{\delta})\boldsymbol{w}'\boldsymbol{BB}'\boldsymbol{w}=\boldsymbol{U}(\delta,\hat{\delta}).$$

因此激励相容条件成立。我们据此得出以下引理。

引理 17.10.2 当且仅当以下条件成立时合约 $\boldsymbol{U}(\delta)$ 可执行:

（1）$\boldsymbol{U}'(\delta)=\frac{1}{2}\boldsymbol{w}'\boldsymbol{BB}'\boldsymbol{w}$;

（2）$\boldsymbol{U}(\delta)$ 为凸函数。

则委托人的最优化问题可表示为:

$$\begin{cases}\displaystyle\max_{\boldsymbol{w}(\delta),U(\delta)}\int_{\underline{\delta}}^{\overline{\delta}}\left\{\delta\boldsymbol{\beta}'\boldsymbol{B}'\boldsymbol{w}(\delta)-\frac{1}{2}\boldsymbol{w}(\delta)'\left[\delta\boldsymbol{BB}'+r\boldsymbol{\Sigma}\right]\boldsymbol{w}(\delta)-\boldsymbol{U}(\delta)\right\}g(\delta)d\delta\\[2ex]\text{s.t.}\quad\boldsymbol{U}(\delta)\geqq0,\boldsymbol{U}'(\delta)=\dfrac{\boldsymbol{w}'\boldsymbol{BB}'\boldsymbol{w}}{2},\boldsymbol{U}(\delta)\text{ 为凸函数.}\end{cases}$$

① 在这种情形下, 令 $a=\frac{1}{2}\boldsymbol{w}'\boldsymbol{BB}'\boldsymbol{w},b=w_0(\boldsymbol{w})-\frac{1}{2}\boldsymbol{w}'\boldsymbol{\Sigma}\boldsymbol{w}$，则依定义可知 $U(\delta)=\max\limits_{a,b}(a\delta+b)$ 的凸性。

命题 17.10.3　在成本未知的情形下，若 $\delta H(\delta)$ 单调递减，则最优工资合约可表述为：

$$\boldsymbol{w}^h(\delta)=\left(H(\delta)\boldsymbol{B}\boldsymbol{B}'+\frac{r\boldsymbol{\Sigma}}{\delta}\right)^{-1}\boldsymbol{B}\boldsymbol{\beta}. \tag{17.124}$$

$$w_0^h(\delta)=\frac{1}{2}\int_{\underline{\delta}}^{\delta}\boldsymbol{w}^h(\tilde{\delta})'\boldsymbol{B}\boldsymbol{B}'\boldsymbol{w}^h(\tilde{\delta})d\tilde{\delta}-\frac{1}{2}\boldsymbol{w}^h(\delta)'\left[\delta\boldsymbol{B}\boldsymbol{B}'-r\boldsymbol{\Sigma}\right]\boldsymbol{w}^h(\delta). \tag{17.125}$$

其中，$H(\delta)\equiv 1+\dfrac{1-G(\delta)}{\delta g(\delta)}$。

证明： 通过分部积分可得

$$\int_{\underline{\delta}}^{\overline{\delta}}\boldsymbol{U}(\delta)g(\delta)=\int_{\underline{\delta}}^{\overline{\delta}}\left[\frac{1-G(\delta)}{g(\delta)}\right]\frac{\boldsymbol{w}'\boldsymbol{B}\boldsymbol{B}'\boldsymbol{w}}{2}dG(\delta).$$

将其代入委托人的目标函数，继而通过逐点优化 (point-wise optimization) 可得最优工资 $\boldsymbol{w}^h(\delta)$ 和 $w_0^h(\delta)$。将其对参数 δ 求导可得：

$$\begin{aligned}D_\delta\boldsymbol{w}^h(\delta)&=-\left[H(\delta)\boldsymbol{B}\boldsymbol{B}'+\frac{r}{\delta}\boldsymbol{\Sigma}\right]^{-1}\left[H'(\delta)\boldsymbol{B}\boldsymbol{B}'-\frac{r\boldsymbol{\Sigma}}{\delta^2}\right]\left[H(\delta)\boldsymbol{B}\boldsymbol{B}'+\frac{r\boldsymbol{\Sigma}}{\delta}\right]^{-1}\boldsymbol{B}\boldsymbol{\beta}\\
&=-\left[H(\delta)\boldsymbol{B}\boldsymbol{B}'+\frac{r\boldsymbol{\Sigma}}{\delta}\right]^{-1}\left[H'(\delta)\boldsymbol{B}\boldsymbol{B}'-\frac{r\boldsymbol{\Sigma}}{\delta^2}\right]\boldsymbol{w}^h(\delta)\\
&=-\left[H(\delta)\boldsymbol{B}\boldsymbol{B}'+\frac{r\boldsymbol{\Sigma}}{\delta}\right]^{-1}\left\{-\frac{H(\delta)}{\delta}\boldsymbol{B}\boldsymbol{B}'-\frac{r\boldsymbol{\Sigma}}{\delta^2}+\left[\frac{H(\delta)}{\delta}+H'(\delta)\right]\boldsymbol{B}\boldsymbol{B}'\right\}\boldsymbol{w}^h(\delta)\\
&=\frac{1}{\delta}\left\{(\boldsymbol{B}\boldsymbol{B}')^{-1}-\left[H(\delta)\boldsymbol{B}\boldsymbol{B}'+\frac{r\boldsymbol{\Sigma}}{\delta}\right]^{-1}\left[H(\delta)+\delta H'(\delta)\right]\right\}\boldsymbol{B}\boldsymbol{B}'\boldsymbol{w}^h(\delta).\end{aligned}$$

由 $\delta+\dfrac{1-G(\delta)}{g(\delta)}=\delta H(\delta)$ 的递减性可得：矩阵 $\dfrac{1}{\delta}\left\{(\boldsymbol{B}\boldsymbol{B}')^{-1}-\left[H(\delta)\boldsymbol{B}\boldsymbol{B}'+\dfrac{r\boldsymbol{\Sigma}}{\delta}\right]^{-1}[H(\delta)+\delta H'(\delta)]\right\}$ 为正定的。因此，

$$\begin{aligned}U''(\delta)&=D_\delta\boldsymbol{w}^h(\delta)\boldsymbol{B}\boldsymbol{B}'\boldsymbol{w}^h(\delta)\\
&=\frac{1}{\delta}\boldsymbol{w}^h(\delta)'\boldsymbol{B}\boldsymbol{B}'\left\{(\boldsymbol{B}\boldsymbol{B}')^{-1}-\left[H(\delta)\boldsymbol{B}\boldsymbol{B}'+\frac{r\boldsymbol{\Sigma}}{\delta}\right]^{-1}[H(\delta)+\delta H'(\delta)]\right\}\boldsymbol{B}\boldsymbol{B}'\boldsymbol{w}^h(\delta)\geqq 0,\end{aligned}$$

从而证明了 $\boldsymbol{U}(\delta)$ 的凸性。 □

与上节类似，我们需要以下条件来证明低能激励的合理性。

条件 17.10.6　$\boldsymbol{B}\boldsymbol{B}'$ 为对角矩阵。

条件 17.10.7　矩阵 $\boldsymbol{B}\boldsymbol{B}'$ 和 $\boldsymbol{\Sigma}$ 可交换：$\boldsymbol{B}\boldsymbol{B}'\boldsymbol{\Sigma}=\boldsymbol{\Sigma}\boldsymbol{B}\boldsymbol{B}'$。

第17章

条件 17.10.8 $2\nu_m^2+\frac{r}{\delta}\eta>0$ 成立，其中

$$\eta=\max\left\{\min_{i=1,m}\lambda_i\nu_m\frac{(\sqrt{k_\lambda}+1)^2-k_\nu(\sqrt{k_\lambda}-1)^2}{2\sqrt{k_\lambda}},\min_{i=1,m}\nu_i\lambda_m\frac{(\sqrt{k_\nu}+1)^2-k_\lambda(\sqrt{k_\nu}-1)^2}{2\sqrt{k_\nu}}\right\}$$

$$=\begin{cases}\lambda_m\nu_m\dfrac{(\sqrt{k_\lambda}+1)^2-k_\nu(\sqrt{k_\lambda}-1)^2}{2\sqrt{k_\lambda}}, & \text{若}\quad \sqrt{k_\nu}\leqslant\dfrac{\sqrt{k_\lambda}+1}{\sqrt{k_\lambda}-1},k_\nu\geqq k_\lambda,\\ \lambda_m\nu_m\dfrac{(\sqrt{k_\nu}+1)^2-k_\lambda(\sqrt{k_\nu}-1)^2}{2\sqrt{k_\nu}}, & \text{若}\quad \sqrt{k_\nu}\leqslant\dfrac{\sqrt{k_\lambda}+1}{\sqrt{k_\lambda}-1},k_\nu<k_\lambda,\\ \lambda_1\nu_m\dfrac{(\sqrt{k_\lambda}+1)^2-k_\nu(\sqrt{k_\lambda}-1)^2}{2\sqrt{k_\lambda}}, & \text{若}\quad \sqrt{k_\nu}>\dfrac{\sqrt{k_\lambda}+1}{\sqrt{k_\lambda}-1},k_\nu\geqq k_\lambda,\\ \lambda_m\nu_1\dfrac{(\sqrt{k_\nu}+1)^2-k_\lambda(\sqrt{k_\nu}-1)^2}{2\sqrt{k_\nu}}, & \text{若}\quad \sqrt{k_\nu}>\dfrac{\sqrt{k_\lambda}+1}{\sqrt{k_\lambda}-1},k_\nu<k_\lambda,\end{cases}$$

表示 $\boldsymbol{BB}'\boldsymbol{\Sigma}+\boldsymbol{\Sigma}\boldsymbol{BB}'$ 的特征根的下界。λ_i 和 ν_i 分别表示降序排列的 $\boldsymbol{\Sigma}$ 和 $\boldsymbol{BB}'$ 的第 i 个特征根。$k_\lambda=\dfrac{\lambda_1}{\lambda_m}$ 和 $k_\nu=\dfrac{\nu_1}{\nu_m}$ 则分别代表两个矩阵的谱条件数。

条件 17.10.9 存在正数 k 满足 $\boldsymbol{BB}'=k\boldsymbol{\Sigma}$。

特别地，如果评估系统为正交的，则条件 (17.10.1)、(17.10.6) 和 (17.10.7) 满足；若 $\boldsymbol{\Sigma}$ 和 $\boldsymbol{BB}'$ 为数量矩阵，则条件 (17.10.1)、(17.10.6) 及 (17.10.8) 满足；此外，若矩阵 $\boldsymbol{BB}'$ 或 $\boldsymbol{\Sigma}$ 为良态矩阵，或者 $\dfrac{r}{\delta}$ 足够小，则即使 $\boldsymbol{BB}'$ 和 $\boldsymbol{\Sigma}$ 为非对角矩阵，条件 (17.10.7) 也成立。通过与基准合约做比较，我们有以下定理。

命题 17.10.4 下列结论成立：

（1）若条件 (17.10.1)、(17.10.6)、(17.10.7) 及 (17.10.8) 中的任何一个成立，则存在一个 $i\in\{1,\cdots,m\}$，使得 $|w_i^h(\delta)|<|w_i^p(\delta)|,\ \forall\,\delta\in[\underline{\delta},\bar{\delta})$。

（2）若条件 (17.10.1) 和 (17.10.6) 满足，即评估系统正交，则 $|w_i^h(\delta)|<|w_i^p(\delta)|,\ \forall\,\delta\in[\underline{\delta},\bar{\delta}),\ \forall\,i$。

（3）令 $\tau_i,\ i\in\mathcal{L}\equiv\{1,2,\cdots,l\}$ 表示矩阵 $\boldsymbol{BB}'$ 相对于 $\boldsymbol{\Sigma}$ 的 l 个相异广义特征根，以 $\mathcal{U}_i\equiv\mathcal{N}(\boldsymbol{BB}'-\tau_i\boldsymbol{\Sigma})$ 表示与 τ_i 相应的特征子空间，$\mathcal{U}_i^\perp$ 为其正交补空间，若 $\boldsymbol{B\beta}\notin\bigcup_{i\in\mathcal{L}}\mathcal{U}_i^\perp$ 成立，则当且仅当条件 (17.10.9) 成立，存在常数 $s\in(0,1)$ 使得 $\boldsymbol{w}^h=s\boldsymbol{w}^p$。

此命题的证明与命题 17.10.1 类似，故省略。

当代理人的努力成本为其私人信息时，有效的代理人 (δ 更大) 可以通过模仿低效代理人而获得信息租金。为了压缩信息租金，委托人必须降低对后者的激励强度。特别地，以下任何一个条件成立均可导致在某项绩效指标上出现低能激励：

（1）不同绩效指标的系数向量彼此正交 ($\boldsymbol{b}_i'\boldsymbol{b}_j=0,\forall i\neq j$)。

（2）不同绩效指标对应的随机扰动项不相关 ($\sigma_{ij}=0,\forall i\neq j$)。

（3）矩阵和中任何一个为良态 (k_ν 或 k_λ 接近 1)。

（4）代理人风险厌恶程度很小 (r 很小)。

（5）代理人的效率很高 (δ 很大)。

对某个正交评估系统，若所有的绩效指标均为一致性指标 ($\boldsymbol{b'}_i\boldsymbol{\beta}=0, \forall i\neq j$)，则当且仅当系统的信号噪声比为常数时（即条件 (17.10.9) 成立），成本未知情形下的激励合约相较于基准情形会被弱化但不扭曲。

努力成本是代理人的另一个关键指标。这个指标可以被用来衡量地区基础、企业效率、个体能力。虽然不同个体的努力成本不同，但他们都需在社会的创新转型过程中扮演不可或缺的角色。比如，固然一些国有企业、高校和科研院所具有较雄厚的研究实力，应该成为科技创新的主要承担者，但大量民营企业对创新的贡献同样不容忽视，而且以发展的眼光看，随着民营企业的发展壮大，它们应该具有更强的创新能力和内在激励。因此，甄别不同代理人的“类型”就显得尤为重要。我们的分析表明，委托人不可能无成本地完成这种甄别过程，必须向代理人支付信息租金才能诱使他们讲真话。而且，代理人的努力成本越小（效率越高），这种信息租金越大。因为代理人是通过模仿其低效伙伴而获得信息租金的，而效率越高的代理人可以模仿的对象越多。为了压缩信息租金必须降低给被模仿者的激励强度，因而导致低能激励。

进一步地，我们可以假设风险厌恶系数和努力成本 (r, c) 同时不可观测，这样模型即拓展成道德风险和多维逆向选择的混合模型。关于这种模型的详细讨论请参见 Meng 和 Tian(2013)。

以上结论有很强的政策含义，通过以上模型可以看出，在当前中国经济从要素驱动向创新驱动转型的高质量发展过程中有着实施低能激励的必要性。并且我们发现当道德风险和逆向选择并存时，激励强度应该进一步降低。在这种混合模型中，我们假设代理人拥有关于代理人风险态度和成本（效率）的私人信息。此时，委托人不仅需要通过支付工资确保代理人努力工作，还应为诱导其如实披露信息而支付信息租金。他不仅需要面对传统道德风险问题中激励与风险间的权衡，还应考虑逆向选择问题中租金抽取与效率间的取舍。轻度风险厌恶的代理人可能通过模仿高度风险厌恶的代理人，效率较高的代理人可能通过模仿效率较低的代理人而获得信息租金，并且租金量取决于被模仿对象所获得的激励强度。因此，为了压缩信息租金，委托人只能降低提供给被模仿者的激励强度。

在中国，劳动力曾经是最丰裕的生产要素，因此在要素驱动型社会中通过激励机制诱导劳动力的有效投入是促进经济发展的最有效手段之一；而在创新驱动型社会中，这种高能激励手段会越来越显现出其负面作用，即只注重短期模仿效应而忽视长期创新效应。当经济个体的风险态度和效率类型等关键参数不为制度设计者所知时，这种负面作用会被进一步放大。在中国这样一个地区间的发展极不均衡的国家，各地区由于其经济结构和经济发展水平的历史差异而具有不同的风险承受能力，风险承受能力较强从而风险厌恶程度较低的地方政府会通过模仿那些风险承受能力较弱的地区而获得好处，因此，中央政府需要降低给后者的激励强度。即中央政府应为风险承受能力较弱的地方政府提供更多的保险，否则这些地方政府会以消极方式抵制中央的政策。比如，面对中央政府制定的旨在引导科技创新的政策，某些地方政府会在其职权范围内选择风险更小从而创新性更低的项目。同样的道理，各地区的生产效率、地方官员的工作能力也高低不等，且这方面的信息也是中央政府不完全了解的。激励与租金抽取的权衡要求中央政府降低对效率较低的地方政府的激励强度，否则它们也会消极应对中央政策。

其实，在企业的微观管理实践中有很多低能激励的做法，这些做法完全可以被借鉴到从要素驱动向创新驱动转型过程中激励制度的选择上。很多大企业对其高级管理和技术人员往往采取年薪制等相对固定的激励方案，而对处于分工末梢的劳动密集型岗位（比如生产线上的工人、普通销售人员）则施行高强度的绩效奖惩制度；国外大学对初获教职的人员施行严格的绩效考核，而对经过严格甄别选出的优秀教员则给予待遇相对固定而丰厚的终身教职。

这些做法大概源于两类岗位所面临的风险不同。再如，在农业改革中，家庭联产承包责任制固然在农业生产以劳动力投入为主的时期为农民提供了高能激励从而解放了农业生产力，但这一制度在日益依靠创新的现代化农业发展过程中也凸显出了许多负面作用：个体农户无法承担因采用先进种植技术和种植品种而带来的风险；个体农户由于缺乏市场调研能力而不得不承担农产品价格波动带来的市场风险；等等。因此，在稳定现有土地承包制度前提下引导农村土地承包经营权有序流转，鼓励和支持承包土地向专业大户、家庭农场、农民合作社流转，发展多种形式的适度规模经营是在农业现代化过程中为农户分担风险的有效措施。虽然这些组织形式降低了对个体农户的激励强度，但同时也减少了他们须承担的风险，而在相对于劳动投入更需要技术创新的现代化农业中，良好的风险分担机制比有效的努力诱导机制更为重要。总之，在从要素驱动向创新驱动的转型中适度降低激励强度，为经济个体提供更多的保险是培育创新、促进结构升级的重要措施。

17.11 【人物小传】

17.11.1 詹姆斯·莫里斯

詹姆斯·莫里斯 (James Mirrlees) (1936—2018)，激励理论的奠基者，在信息经济学理论研究方面有着举足轻重的贡献，与威廉·维克瑞一道获得 1996 年诺贝尔经济学奖。莫里斯 1936 年生于苏格兰的明尼加夫，与亚当·斯密是同乡。1957 年获得爱丁堡大学数学硕士学位。1963 年获剑桥大学经济学博士学位。1963—1968 年，莫里斯任剑桥大学经济学助理讲师、剑桥大学三一学院研究员。1969 年，他被正式聘为牛津大学教授，33 岁时就成了当时牛津大学最年轻的经济学教授。1969—1996 年莫里斯教授一直从教于牛津，任该校埃奇沃思讲座经济学教授、Nuffield 学院院士。

莫里斯自 20 世纪 60 年代便活跃于经济学界，以激励经济理论的研究见长。70 年代，他与斯蒂格利茨 (Joseph E. Stiglitz)、罗思（Alvin E. Roth)、斯宾塞（Michael Spence）等人共同开创了委托–代理理论的研究，并卓有成就。现在流行的委托–代理的模型化方法就是莫里斯开创的。莫里斯分别于 1974 年、1975 年、1976 年发表的三篇论文，即《关于福利经济学、信息和不确定性的笔记》《道德风险理论与不可观测行为》《组织内激励和权威的最优结构》，奠定了委托–代理理论的基本模型框架。莫里斯开创的分析框架后来又由霍姆斯特罗姆（Holmstrom）等人进一步发展，在委托–代理文献中，被称为莫里斯-霍姆斯特罗姆模型方法 (Mirrlees-Holmstrom approach)。莫里斯在经济增长与发展等方面也成就非凡，曾与斯特恩（David I. Stern）合编《经济增长模型》一书，与利特尔（Ian Malcolm David Little）合著《发展中国家的项目签订和计划》一书，并于 1975 年发表《关于利用消费和生产率之间关系的欠发达经济的纯理论》一文，对经济政策尤其是增长理论进行了分析，探讨了不确定性对适度增长的影响、非再生资源理论、不可分割的增长理论以及耐用品的不可替代性定理等。在发展经济学领域，莫里斯提出了成本收益分析方法，建立了低收入经济的发展模型，研究了国际援助政策的效用与结果。

17.11.2　约瑟夫·斯蒂格利茨

约瑟夫·斯蒂格利茨 (Joseph E. Stiglitz，1943—　)，生于美国印第安纳州一个叫加里的小城，此城以生产钢铁闻名，诞生了两位当代著名经济学家，一位是萨缪尔森，另一位就是斯蒂格利茨。2001 年，斯蒂格利茨因对信息经济学的创立作出的重大贡献获诺贝尔经济学奖。斯蒂格利茨在信息经济学文献中堪称被人们引用最多的经济学家，在更广泛的微观经济学与宏观经济学领域内也是如此。他所倡导的许多前沿理论，如道德风险理论，已成为经济学家和政策制定者的标准工具。斯蒂格利茨是美国最著名的经济学教育者之一。他所著的《经济学》在 1993 年首次出版后一版再版，被翻译成多种语言，被公认为最经典的经济学教材之一，成为继萨缪尔森的《经济学》之后西方又一本具有里程碑意义的经济学入门教科书。

斯蒂格利茨非常关注发展中国家的状况，常立足于发展中国家的角度阐述问题。他提倡突出政府在宏观调控中的作用，认为获得持续增长和长期效率的最佳方法是找到政府与市场之间的适当平衡，使得世界经济回到一个更加公平、更加稳定的增长进程中，让人人都受益。斯蒂格利茨的这些思想的起源也许和他的成长过程有关。他出身勤奋的家庭，他的父亲 95 岁才从保险代理人的岗位上退休，他的母亲在 67 岁时按规定从小学教师的岗位上退休后，又开始教人纠正阅读，一直工作到 84 岁。斯蒂格利茨在大学的时候学习成绩优异，对社会活动也很感兴趣。1963 年，也就是大学三年级的时候，他成了学生会主席。在那期间，美国民权运动正如火如荼，斯蒂格利茨在华盛顿参加了马丁·路德·金领导的大游行，那次游行的高潮就是金博士名垂青史的演讲《我有一个梦想》。这些社会活动对他成名后的力倡公平、公正的市场思想应该说都有很大影响。

斯蒂格利茨是数以百计的学术论文和著作的作者和编者，包括本科教材《公共部门经济学》(诺顿公司)、与宇泽弘文（H. Uzawa）合编的《现代经济增长理论选读》(1969 年)、与安东尼·阿特金森合著的《公共经济学讲义》(1980 年)、与纽伯里合著的《商品价格稳定理论》(1981 年)。1987 年，他创办了《经济学展望杂志》。斯蒂格利茨的经济学著作涉及面很广，但却始终如一地集中于竞争过程中不完全信息的作用。在若干篇开拓性的论文中，他证明了经济单位具有关于可供选择的市场机会的完全信息这样一种常见的假设并不像它看起来的那样无害，这些论文总结在他与格罗斯曼合写的《信息与竞争性价格系统》(1976 年）一文中。

17.12 习题

第17章

习题 17.1 (道德风险下的借贷) 一个无现金流的企业家希望借款以实施投资项目。以 1 单位的投资，若他投入 $\overline{e}>0$ 的努力，他有 $\overline{p}$ 的概率得到 q 的产出；若他不努力，将有 $\underline{p}>0$（$\overline{p}>\underline{p}$）的概率得到 q 的产出。令 ψ 表示企业家投入努力 $\overline{e}$ 的成本。此外，将企业家的保留效用标准化为 0，假设 $\underline{p}q<r$。一个垄断银行，资金成本为 r，在项目完成时每一单位的贷款可获得 $z-x$ 的回报。

1. 给出银行所面临的委托–代理问题。
2. 找出银行在满足企业家激励相容约束与参与约束下最大化自己期望利润的最优贷款合同。

习题 17.2 (风险厌恶的委托人与道德风险) 假设风险厌恶的委托人将任务委托给风险中性的代理人。代理人努力的程度记为 e，以概率 e 得到 $\overline{q}$，以概率 $1-e$ 得到 $\underline{q}$，$\underline{q}<\overline{q}$。风险厌恶的委托人效用为 $v(q-t)$，其中 t 是对代理人的转移支付，$v(\cdot)$ 是一个 CARA 的 vNM 效用函数。代理人努力的成本为 $\psi(e)$（$\psi'>0$ 和 $\psi''>0$）。

1. 假设 e 不可观察，计算代理人风险中性时的最优合约。
2. 假设代理人有有限责任约束，计算次佳努力水平。
3. 分析两种极端情形，即（a）委托人无限风险厌恶和（b）委托人风险中性。解释你的回答。

习题 17.3 (多种努力水平和结果) 考虑正文中的道德风险模型，假定努力水平多于两种。假定产出有 n 种可能，分别是 $q_1<q_2<\cdots<q_n$，同时有 K 种努力水平，分别是 $0=e_0<e_1<\cdots<e_{K-1}$。我们标准化 $\psi_0=0$，ψ_K 关于 K 是递增的。令 π_{ik} 表示当努力水平为 e_K 时，产出是 q_i 的概率。假定代理人是风险厌恶者，其他条件与正文中的道德风险模型相同。

1. 写出这个问题的参与约束和激励相容约束。
2. 求解完全信息的最优化问题。
3. 求解在道德风险问题中的次佳问题。

习题 17.4 (连续的努力水平) 考虑正文中的道德风险模型。假设努力水平是连续的，$e\in[0,1]$，产出概率为 $\pi(e)=e$。努力的成本 $\psi(e)$ 是关于 e 的递增的凸函数，并且 $\psi(0)=0$。为了确保内点解存在，我们额外假定努力的成本函数满足稻田条件，$\psi'(0)=0$，$\psi'(1)=+\infty$，其他条件与正文中的道德风险模型相同。现在考虑一个风险中性的代理人，初始财富为 0，并且具有有限责任约束。

1. 写出这个问题的参与约束和激励相容约束。
2. 求解完全信息的最优化问题。
3. 求解在道德风险问题中的次佳问题。

习题 17.5 (一阶方法) 考虑正文中的道德风险模型。一个风险规避的代理人，其努力水平为连续变量，$e \in [0, \bar{e}]$，努力的成本 $\psi(e)$ 是关于 e 的递增的凸函数，并且 $\psi(0) = 0$。为了确保内点解存在，我们额外假定努力的成本函数满足稻田条件，$\psi'(0) = 0$，$\psi'(\bar{e}) = +\infty$，其他条件与正文中的道德风险模型相同。代理人的产出绩效为 $q \in [\underline{q}, \bar{q}]$，其分布为 $F(q|e)$，密度函数为 $f(q|e)$。假设分布函数 $F(\cdot|e)$ 关于 e 是二次可微的。委托人的转移支付为 $t(q)$。

1. 写出这个问题的参与约束和激励相容约束。
2. 证明当单调似然率性质 (monotone likelihood ratio property, MLRP) 满足时，委托人的转移支付 $t(q)$ 是关于 q 的增函数。
3. 证明当分布函数的凸性（CDFC）条件满足，即 $F_{ee}(q|e) > 0$ 时，委托人的价值函数 $U(e)$ 是 e 的凹函数。
4. 证明当 MLRP 和 CDFC 同时满足时，最优合约的解可以由一阶条件得到。
5. 验证正文中的连续问题下的道德风险模型是否满足 MLRP 和 CDFC。
6. 对于 MLRP 和 CDFC，你有什么直觉性的解释？

习题 17.6 考察一个存在道德风险的借贷关系。风险中性的借款人希望从贷款人处借到 I 的资金以支持一个无风险、回报为 V 的项目。该项目有 $1-e$ 的概率会伤害第三方。借款人的安全努力 e 成本为 $\psi(e)$（$\psi' > 0$，$\psi'' > 0$，$\psi''' > 0$），记 h 为对第三方伤害的补偿。一个贷款合同是 $(\underline{t}, \bar{t})$，其中 $\underline{t}$（$\bar{t}$）是借款人在没有（有）环境损害时对银行的偿还额。

1. 设 e 可观察。计算最佳（first best）安全努力 e 的水平。
2. 设 e 不可观察，银行是竞争性的，借款人有足够的偿还能力。证明若银行能在事故发生时对第三方补偿 h，最佳结果仍是可以执行的。
3. 假设在发生事故时银行必须对第三方补偿 $c < h$，以 w 表示借款人的初始资产。证明当 w 逐渐变小时，最佳结果不再能执行。
4. 计算在满足银行零利润约束、借款人的激励相容约束与有限责任的条件下，最大化借款人期望收益的次佳（second-best）努力水平。
5. 证明提高银行的偿还责任 c 会降低期望福利水平。
6. 证明当银行业是垄断行业时这一结果不再成立。

习题 17.7 (代理人风险厌恶下的隐藏行动问题) 考察隐藏行动的委托–代理问题，假设 $h(u) = u + \frac{ru^2}{2}$，其中 $r > 0$，$u > -\frac{1}{r}$。等价地，$u(x) = \frac{-1+\sqrt{1+2x}}{r}$，其中 $x > -\frac{1}{2r}$。

1. 求委托人为激励代理人付出高努力水平所需要的次佳转移支付。
2. 求委托人为激励代理人付出高努力水平所需要的次佳成本。
3. 求委托人为激励代理人付出高努力水平所允诺的代理人效用 $\bar{u}^{SB}$ 和 $\underline{u}^{SB}$。

4. 求次佳代理成本 AC（被定义为最佳情形与次佳情形下委托人的期望利润之差，即最佳成本与次佳成本之差）。

习题 17.8 某风险规避个体，其效用函数为 $u(\cdot)$，初始财富为 w_0，他面临的风险是有可能因一场事故损失 x 的财富。在竞争性保险市场上，风险中性的保险人可为其提供 $R(x)$ 的净赔付（不含保险费）。假定 x 的分布依赖于预防事故的努力程度 e，并且在 $x=0$ 处不连续：$f(0,e)=1-p(e)$；当 $x>0$ 时，$f(x,e)=p(e)g(x)$。假定 $p''(e)>0>p'(e)$，个体的努力成本 $\psi(e)$ 是递增的凸函数，并且与效用函数是可分的。求最佳和次佳的保险合约。

习题 17.9 (保险合约) 考虑一个保险模型中的道德风险问题。消费者的 vNM 效用函数为 $u(w)=\sqrt{w}$，初始财富为 $w_0=500$。假定存在两种可能的损失水平 $l=0$ 和 $l=200$。消费者的努力水平假定也为两种，$e=0$ 和 $e=1$；努力的成本为 $\psi(e)$，其中 $\psi(0)=0$ 和 $\psi(1)=1/3$。财富损失和努力相应的概率分布如下所示：

	$l=0$	$l=200$
$e=0$	1/4	3/4
$e=1$	3/4	1/4

1. 证明上面所给出的概率分布满足单调似然率性质。
2. 假设只有一个保险公司，否则消费者只能选择自我保险的方式。计算出消费者的保留效用水平。
3. 若没有保险公司，消费者选择的努力水平为多少？
4. 证明：若信息是对称的，则让消费者选择高努力水平，对保险公司来讲是最优的。
5. 若信息是不对称的，证明上一问中的结果会使得消费者选择低努力水平。
6. 在信息不对称下，找出最优合约的解。

习题 17.10 (信息学习) 考察以下委托–代理问题：一个风险中性的委托人面对一个受有限责任保护的无资金的风险中性的代理人。委托人可以获得关于有风险项目质量的信息并作出决定是否投资有风险的项目。假设存在一个无风险的项目，以 1 的概率带给委托人 0 回报；同时假设存在一个有风险项目，在没有信息时，有风险项目以 ν 的概率带来 $\overline{S}$ 的回报，以 $1-\nu$ 的概率带来 $\underline{S}$ 的回报。假设 $\nu\overline{S}+(1-\nu)\underline{S}=0$。通过付出 ψ 的成本，代理人可以获得一个信号 $\sigma\in\{\underline{\sigma},\overline{\sigma}\}$，这个信号可以提供关于风险项目未来回报的有用信息。假设 $\Pr(\overline{\sigma}|\overline{S})=\Pr(\underline{\sigma}|\underline{S})=\theta$，其中 $\theta\in\left[\frac{1}{2},1\right]$ 被解释为信号的精确程度。

1. 作为基准，假设委托人自己使用信息搜集技术。证明这一项目只有在观察到 $\overline{\sigma}$ 时才会实施。写出最优的信息学习条件。
2. 假设现在由代理人来决定是否实施有风险的项目，委托人采用一个合同 $(\overline{t},\underline{t},t_0)$ 来激励代理人。$\overline{t}$（$\underline{t}$）是在代理人选择实施风险项目且 $\overline{S}$（$\underline{S}$）实现时代理人收到的转移支付，t_0 是在代理人选择安全项目时收到的转移支付。写下保证风险项目仅在 $\overline{\sigma}$ 被观察到时被实施的激励相容约束。

3. 写下促使代理人学习信息的激励相容约束。
4. 找出给代理人的合同以及促使代理人学习信息的 $\bar{t}$。
5. 找出委托人遵循的次佳规则。

习题 17.11　假定经济中存在三种状态 $\theta_1, \theta_2, \theta_3$，两种努力水平 e_H, e_L，产出水平和相应的概率如下所示：

自然状态	θ_1	θ_2	θ_3
概率	0.4	0.3	0.3
a_H下的产出	20	20	1
a_L下的产出	20	1	1

委托人是风险中性的。代理人的效用函数为 $\sqrt{w} - \psi(e)$，低努力下的成本为 0，高努力下的成本为 1。代理人的保留效用为 1。

1. 求解最优合约。
2. 若只有产出水平可以观察到，求解次佳合约。
3. 假设委托人能够以 1 的价格购买一个信息系统，该系统可以证实自然状态 θ_3 是否发生，那么委托人会不会购买这个信息系统？

习题 17.12　考虑下面的道德风险模型。委托人是风险中性的，代理人的偏好定义在他收入的均值和方差以及他自身的努力程度 e 上。代理人的期望效用为 $E(w) - \phi \mathrm{Var}(w) - g(e)$，其中 $g'(0) = 0$，$g'(e), g''(e), g'''(e) > 0$ 对所有 $e > 0$ 均成立，以及以 e 为条件的利润服从均值为 e，方差为 σ^2 的正态分布。

1. 仅考察线性补偿方案 $w(\pi) = \alpha + \beta\pi$。证明：给定 $w(\pi)$，e 和 σ^2，代理人的期望效用为 $\alpha + \beta e - \phi\beta^2\sigma^2 - g(e)$。
2. 推导出 e 可观测情形下的最优合约。
3. 推导出 e 不可观测情形下的最优线性补偿方案，并求 β 变化的效应以及 σ^2 变化的效应。

习题 17.13　委托人需要雇用一个代理人。代理人获得的工作可能是好的（G）或坏的（B）。委托人不知道工作的类型，只知道工作为 G 类型的概率为 $p \in (0,1)$。代理人知道工作的类型，被雇用后，代理人选择投入高努力 H 或低努力 L。工作 G 在高努力下的产出为 4，在低努力下的产出为 2；工作 B 在高努力下的产出为 2，在低努力下的产出为 0。代理人投入高努力会引致 1 单位的成本，投入低努力无成本，代理人的保留效用为 0。委托人观察到产出然后给代理人一个转移支付。

1. 给出委托人提供给代理人的最优合约。
2. 结论与 p 有何关系？请加以解释。

习题 17.14 (道德风险与合约设计)　考虑下面的道德风险模型。代理人是风险规避的，其效用函数为 $u(w) = \sqrt{w}$，保留效用为 0，代理人的努力水平有三种情况，分别是

$E=\{e_1,e_2,e_3\}$，可能的利润结果有两个，即 $\pi_H=10$ 和 $\pi_L=0$。概率分布分别为 $f(\pi_H|e_1)=2/3$，$f(\pi_H|e_2)=1/2$，$f(\pi_H|e_3)=1/3$。在代理人努力水平的成本函数中，$g(e_1)=5/3$，$g(e_2)=8/5$，$g(e_3)=4/3$。

1. 求解在努力水平可观测情况下的最优合约。
2. 证明：若努力水平不可观测，那么 e_2 不会得以实施。当 $g(e_2)$ 为多大时，e_2 是可实施的？
3. 当努力水平不可观测时，求解最优合约。

习题 17.15 (多期合约)　接着习题 17.13 继续讨论。现在假设委托人与代理人的关系持续两期。工作的类型在合同签订前确立并在两期中保持不变，委托人每期都给代理人一个合同。时间顺序为：代理人先知道工作的类型，然后委托人提供第 1 期合同，代理人选择努力水平，产出与转移支付实现，委托人提供第 2 期合同，代理人选择努力水平，产出与转移支付实现。假设在第 1 期委托人总是希望让工作为 B 的代理人投入高努力，最优性要求第 2 期中两种类型的代理人都投入高努力，即 G 类型选择 H 努力和 B 类型选择 H 努力。

1. 分别写出实现这两种结果的最优合约。
2. 假设在两期关系的初始，委托人可以对第 1 期和第 2 期作出承诺。对于先前讨论的两种情形，讨论这种承诺能力对委托人的收益有何种影响。在什么情形下承诺是最优的？
3. 一些组织定期对其员工实施岗位轮转，这一做法经常被批评为牺牲了特定岗位的人力资本。基于先前几道题的答案，解释为什么岗位轮转的做法是有好处的。

习题 17.16 (债务融资)　某企业家拥有两个项目，每个项目在 $t=0$ 时都需要金额为 6 的投资。第一个项目在 $t=1$ 时产生的现金流为 $C_1\in\{10,80\}$。第二个项目在 $t=1$ 时产生的现金流为 $C_2\in\{0,90\}$。两种情形下获得高现金流的概率均为 v，e 是企业家的努力水平。企业家的努力成本为 $50a^2$，他可以选择三种努力水平：$e\in\{0,1,2\}$。企业没有任何资产，且是风险中性的，不存在贴现。

1. 若企业家自己有能力投资，在两个项目中他分别选择什么样的努力水平？
2. 假定企业家有融资约束，全部项目资金都需要通过债务融资。在两个项目中，他分别选择多大的债务面值 D？若他可以得到无条件贷款，则他会最终选择哪个项目？
3. 企业家是否可以通过发行比例为 s 的股权代替债务融资，从而使自己的境况得到改善？

习题 17.17 (保险合约)　考虑某个风险规避者，效用函数为 $u(\cdot)$，该消费者的初始财富为 W，面临着以概率 θ 损失 L 的风险，其中，$W>L>0$。保险公司合约为 (c_1,c_2)，其中 c_1 是损失不发生情形下该消费者拥有的财富额，c_2 是损失发生情形下的财富额。在损失不发生情形下，他向保险公司支付保费 $W-c_1$；而若发生损失，他从保险公司处得到的赔偿为 $c_2-(W-L)$。

1. 假设保险公司是风险中性的垄断者，当消费者发生损失的概率 θ 可观测时，求解最优合约。
2. 若保险公司无法观测到 θ，参数 θ 可能取 $\{\theta_H, \theta_L\}$，$p(\theta_L)=\lambda$。求解这时保险公司的最优合约问题。这时保险购买量是否具有配给性质？

习题 17.18 (规制的政治经济学) 考察一个企业实施价值分别为 S_1 和 S_2 的项目。企业可以投入努力 e 以减少生产成本。对于项目 i，企业的生产成本为 $C_i=\beta-e_i$。$\beta\in\{\underline{\beta},\overline{\beta}\}$，$\nu=\Pr(\beta=\underline{\beta})$。减少生产成本的努力成本为 $\psi(e_1,e_2)=\dfrac{1}{2}(e_1^2+e_2^2)+\gamma e_1e_2$，$\gamma>0$。规制者补偿可观察的成本 C_1 和 C_2 后支付给企业 t，因此企业的效用为 $U=t-\psi(e_1,e_2)$，社会福利为 $S_1+S_2-(1+\lambda)(t+C_1+C_2)+U$。

1. 完全信息下的最优机制是什么？
2. 当 β 是企业的私人信息时，最优规制机制是什么？
3. 假设规制机制由多数投票决定，有两种类型的个体：被规制企业的股东或非股东。令 α 表示股东的比例，若 $\alpha>1/2$，股东占有多数，规制的目标是最大化目标函数 $\alpha(S_1+S_2-(1+\lambda)(t_1+C_1+t_2+C_2))+U$；若 $\alpha<1/2$，非股东占有多数，规制目标为 $(1-\alpha)(S_1+S_2-(1+\lambda)(t_1+C_1+t_2+C_2))$。计算在两种情形下，给定信息不完全时的最优规制机制。

习题 17.19 (Bolton 和 Dewatripont，2005) 某项目成功的概率为 a，a 同时也是风险中性的代理人所做的努力，努力成本为 a^2。项目成功时可得到回报 R，失败时得到的回报为 0。参数 R 的取值有两个，取 X 的概率为 v，取 1 的概率为 $1-v$。为了实现这个项目，代理人需要向委托人借入 I 的资金。事件发生顺序如下：

- 首先，委托人和代理人提供一份面值为 D_0 的债务合约；其次，代理人选择接受或者拒绝。
- 自然决定项目成功时 R 的值，委托人和代理人都可以观察到这个值，然后委托人可以选择将债务由 D_0 降到 D_1。
- 代理人选择努力水平 a，并且 a 对于委托人是不可观测的。
- 项目成功或失败。若成功，代理人支付 R 和债务面值 D_1 的最小值。

回答下面的问题：

1. 找出这个博弈的子博弈完美均衡。
2. 何时有 $D_1<D_0$？

习题 17.20 (对风险厌恶厂商的规制) 考察某个规制者希望实施一个价值为 S 的公共项目，单个厂商可以投入成本 $C=\beta-e$ 实施这一项目，其中 $\beta\in\{\underline{\beta},\overline{\beta}\}$ 是效率参数，e 是给厂商经理带来 $\psi(e)$（$\psi'>0$，$\psi''>0$，$\psi'''>0$）负效用的努力水平。成本 C 能被规制者观察到，规制者以 $1+\lambda$ 的公共资金价格给厂商 t 的转移支付。厂商经理为风险厌恶的，效用函数为 $u(t-\psi(e))$（$u'>0$ 及 $u''<0$）。规制者无法观察到 e 和 β，但 $\nu=\Pr(\beta=\underline{\beta})$ 是共同知识。

1. 对于显示机制 $\{t(\overline{t})=\overline{t}, C(\overline{\beta})=\overline{C}; t(\underline{\beta})=\underline{t}, C(\underline{\beta})=\underline{C}\}$，写出厂商的激励相容约束与参与约束。
2. 预期社会福利定义为：

$$W=S-(1+\lambda)[\nu(\underline{t}+\underline{C})+(1-\nu)(\overline{t}+\overline{C})]+u^{-1}(\nu(\underline{\pi})+(1-\nu)u(\overline{\pi})),$$

其中，$\underline{\pi}=\underline{t}-\psi(\underline{\beta}-\underline{C})$，$\overline{\pi}=\overline{t}-\psi(\overline{\beta}-\overline{C})$。解释社会福利函数，假设它对 $\underline{\pi}$ 和 $\overline{\pi}$ 凹，找出委托人在事中阶段提供合同的最优规制机制。
3. 将上一问中的结论与厂商经理风险中性的情形进行比较。
4. 考察一种特殊情形 $v(x)=\frac{1}{\rho}(1-e^{-\rho x})$，证明类型 $\overline{\beta}$ 所需的努力水平随 ρ 递增。

习题 17.21 (合约签订前的信息搜集) 考察以下委托–代理问题：代理人以 θq 的成本生产 q 单位的某种商品。$\theta\in\{\underline{\theta},\overline{\theta}\}$，$\overline{\theta}>\underline{\theta}$，令 t 表示委托人给代理人的转移支付，代理人效用为 $U=t-\theta q$。委托人效用为 $V=S(q)-t$，$S'>0$ 及 $S''<0$。时序如下：

- $t=0$，委托人提出合约清单 $(\underline{t},\underline{q}),(\overline{t},\overline{q})$。
- $t=1$，代理人决定是否以 ψ 的成本学习 θ。令 e 表示这一决策：若他学习了，则 $e=1$；若没有学习，则 $e=0$ 。e 是委托人无法观察到的一个道德风险变量。
- $t=2$，代理人决定是否接受合约。
- $t=3$，代理人知道 θ（若他在 $t=1$ 时决定不学习)。
- $t=4$，合约被执行。

考察两种合约集：C_1 类型的集合引致代理人选择 $e=1$，C_2 类型的集合引致代理人选择 $e=0$。

1. 写下委托人在满足代理人激励相容约束与预算约束下最大化自己期望效用的最优化问题，无论是 C_1 还是 C_2 类型的合约。
2. 证明委托人可以通过将合约限制在 $\underline{t}-\underline{\theta}\underline{q}\neq 0$，$\overline{t}-\overline{\theta}\overline{q}\neq 0$ 来达到一个效用下界。从这一结论推导有意义的合约要求 $\overline{t}-\overline{\theta}\overline{q}\leqq 0$，证明委托人总能够以一个 C_1 中的合约模仿一个 C_2 中的合约。
3. 求 C_1 类型合约中的最优合约。(讨论 ψ 的范围，区分事前参与约束是否等号成立、道德风险约束是否等号成立以及两种约束是否同时成立三种情形。)

习题 17.22 一个风险中性的委托人雇用一个风险厌恶的代理人。对于委托人来说，代理人的努力水平 a 是无法观测到的，并且委托人得到的利润水平有 n 种可能的结果，分别为 $q_1<q_2<\cdots<q_n$，且这 n 种结果是可以观测和验证的。利润 q_i 实现的概率为 $\pi_i(a)$，相应地，代理人所获得的收入为 $I=(I_1,I_2,\cdots,I_n)$，代理人的保留效用为 $\overline{u}$，代理人的效用函数为 $u(I,a)=-e^{-r(I-a)}$。

1. 证明最佳的努力水平独立于保留效用 $\overline{u}$。
2. 证明次佳的努力水平独立于保留效用 $\overline{u}$。
3. 证明最优的工资计划可以表示为 $(I_1+k,I_2+k,\cdots,I_n+k)$，这里，$k$ 只是保留效用 $\overline{u}$ 的函数。

4. 假定代理人的效用函数为 $V(I)-a$，$V'>0$，$V''<0$，这时前三问的结果仍然正确吗？说明理由。
5. 假定代理人的效用函数为 $V(I)-a$，$V'>0$，$V''<0$，并且 $n=2$。努力水平也只有两种，努力 a_H 和偷懒 a_L。在次佳结果下，委托人想要激励代理人实现努力水平 a_H。证明：最优的激励计划使得代理人在选择努力和偷懒两种行动下是无差异的。
6. 继续上一问，证明：最优的激励计划满足 $I_2>I_1$，$q_2-q_1>I_2-I_1$。

习题 17.23　在一个两期问题中，$t=1,2$，代理人选择努力水平 $e_t=H$ 或是 $e_t=L$，相应的利润为 $q_t=1$ 或是 $q_t=0$，代理人越是努力工作，其实现高利润水平的概率就越大。特别地，$\Pr(q_t=1|e_t=H)=p_H$，$\Pr(q_t=1|e_t=L)=p_L<p_H$。代理人努力的成本为 $c(e_t)$，其中 $c=c(H)>c(L)=0$，代理人的效用函数 $u(s,e_1,e_2)=-e^{-r(s-c(e_1)-c(e_2))}$，$s$ 是委托人付给代理人的工资。代理人的保留效用是零的确定性等价水平，并且代理人在确定行动 e_2 之前可以观察到 q_1。委托人是风险中性的，其收益为 q_1+q_2-s，工资 s 取决于每一期的利润，并且在第二期末支付。

1. 假定委托人希望代理人两期全部努力工作以实现最优，证明：实现 (H,H) 最小成本的合约具有如下形式：$s(q_1,q_2)=\alpha(q_1+q_2)+\beta$。
2. 若代理人在确定行动 e_2 之前不可以观察到 q_1，则上述合约安排仍然是最优的吗？试说明理由。

习题 17.24　假定委托人是风险中性的，代理人选择努力水平 e_H 和 e_L，实现三种可能的产量 $q_H>q_M>q_L>0$。代理人若选择 e_H，其效用水平为 $2\sqrt{x}-5$；若选择 e_L，其效用水平为 $2\sqrt{x}$。若代理人不工作，其效用水平为 3；若代理人选择工作，他的最低工资为 w，$0\leqq w\leqq 5$。委托人无法观察到代理人的努力水平，但是以下面概率可以观察到实现的产量：$P(q=q_H|e_H)=\dfrac{1}{2}$，$P(q=q_M|e_H)=\dfrac{1}{2}$，$P(q=q_L|e_H)=0$，$P(q=q_H|e_L)=\dfrac{1}{4}$，$P(q=q_M|e_L)=0$，$P(q=q_L|e_L)=\dfrac{3}{4}$。假设 q_H-q_M 和 q_M-q_L 充分大，求解对于委托人的最优合约。

习题 17.25　定义单调似然率和一阶随机占优。

1. 证明在两种结果下，上述两个概念是等价的。
2. 举例说明在一般情况下，上述两个概念是不同的。并且证明若单调似然率满足，则一阶随机占优也满足。

习题 17.26　考虑一个道德风险模型，委托人是风险中性的，代理人是风险厌恶的，代理人可以选择两种努力水平 e_H 和 e_L，选择高努力的成本是 c，选择低努力的成本是 0，实现的结果有两种，分别为 x_H 和 x_L，以及 $p(x_L|a_L)>p(x_L|a_H)$。代理人的效用函数是 $u(w,c_i)=\ln w-c_i$，代理人的保留效用为 0。

1. 描述执行高努力水平的委托–代理问题。
2. 求解最优工资。

3. 求委托人激励代理人努力水平 e_H 的次佳成本 C^{SB}。

习题 17.27 (监督成本) 考虑一个融资合约，合约双方分别是一个有财富约束的风险中性的企业家和一个很富有的风险中性的投资者。在 $t=0$ 时需要投资成本 I。项目在 $t=1$ 时产生一个随机的收益 $\pi(\theta, I)=2\min\{\theta, I\}$，其中 θ 是自然状态，服从 $[0,1]$ 上的均匀分布。

1. 描述最佳投资水平 I^{FB} 的特征。
2. 假设 $t=1$ 时，实现的收益只能被企业家观察到，而投资者必须付出 $K>0$ 的成本才能观察到 $\pi(\theta, I)$。考虑到回报不可能超过收益减去监督成本之差，投资者的期望利润为 0，这时，求解最优合约。
3. 证明次佳投资水平低于最佳投资水平 I^{FB}。

习题 17.28 (伪造产出) 某风险规避企业家的效用函数为 $u(\cdot)$，企业家的产出 q 是随机的，是一个在区间 $[0,\overline{q}]$ 上的概率分布。这个企业家希望通过与一个风险中性的融资者签订一份合约以分散风险，融资者的初始财富 $w \geqq \overline{q}$。该合约规定给企业家的转移支付依赖于其产出水平。企业家可以观察到产出。融资者也可以观察到产出，除非企业家篡改账目。在观察到产出 q 后，企业家可以伪造一份产出报告 R，伪造成本 $\psi(q,R)=\dfrac{1}{4}(q-R)+\dfrac{1}{2}c(q-R)^2, c>0$。假设企业家受到有限责任的保护，他的保留效用高于 $\overline{q}/2$。

1. 刻画最优合约。
2. 若合约中不存在产出伪造，即对于所有的 $q \in [0,\overline{q}]$，$R(q)=q$。证明最优合约将导致造假。根据最优合约，求企业家伪造产出的均衡解。
3. 无造假最优合约是什么？证明无造假最优合约关于产出 q 是线性的。

17.13 参考文献

教材和专著：

黄有光, 张定胜. 高级微观经济学, 上海: 格致出版社，2008.

平新乔. 微观经济学十八讲, 北京: 北京大学出版社，2001.

Bolton, P. and M. Dewatripont (2005). *Contract Theory*, MIT Press.

Cheung, Steven N. S. (1969). *The Theory of Share Tenancy*, University of Chicago Press.

Laffont, J. J. and D. Martimort (2002). *The Theory of Incentives: The Principal-Agent Model*, Princeton University Press.

Laffont, J. J. and J. Tirole (1993). *The Theory of Incentives in Procurement and Regulation*, Cambridge: MIT Press.

Luenberger, D. (1995). *Microeconomic Theory*, McGraw-Hill.

Mas-Colell, A., M. D. Whinston, and J. Green (1995). *Microeconomic Theory*, Oxford University Press, Chapter 14.

Tirole, J. (2006). *The Theory of Corporate Finance*, Princeton University Press.

Varian, H. R. (1992). *Microeconomic Analysis, Third Edition*, W.W. Norton and Company.

Wolfstetter, E. (1999). *Topics in Microeconomics: Industrial Organization, Auctions, and Incentives*, Cambridge University Press.

论文：

Alikakos, N. and P. Bates (1984). "Estimates for the Eigenvalues of the Jordan Product of Hermitian Matrices", *Linear Algebra and its Application*, Vol. 57, No. C, 41-56.

Akerlof, G. (1976). "The Market for Lemons: Quality Uncertainty and the Market Mechanism", *Quarterly Journal of Economics*, Vol. 84, No. 3, 488-500.

Baker, G. P. (1992). "Incentive Contracts and Performance Measurement", *Journal of Political Economy*, Vol. 100, No. 3, 598-614.

Green, L. R. and N. Stokey (1983). "A Comparison of Tournaments and Contracts", *Journal of Political Economy*, Vol. 91, No. 3, 349-364.

Grossman, S. and O. Hart (1983). "An Analysis of the Principal Agent", *Econometrica*, Vol. 51, No. 1, 7-45.

Guesnerie, R. (1981). "On Taxation and Incentives, Further Reflections on the Limits of Redistribution", Discussion Paper No. 89, Sonderforschungsbereich 21, University of Bonn.

Hammond, P. (1979). "Straightforward Individual Incentive Compatibility in Large Economies", *Review of Economic Studies*, Vol. 46, No. 2, 263-282.

Holmstrom, B. (1979). "Moral Hazard and Observability", *Bell Journal of Economics*, Vol. 10, No. 1, 74-91.

Holmstrom, B. (1982). "Managerial Incentive Problems: A Dynamic Perspective". In *Essays in Economics and Management in Honor of Lars Wahlbeck* (Helsinki: Swedish School of Economics). (See also *Review of Economic Studies*, Vol. 66, No. 1, 1999, 169-182.)

Holmstrom, B. and P. Milgrom (1987). "Aggregation and Linearity in the Provision of Intertemporal Incentives", *Econometrica*, Vol. 55, No. 2, 303-328.

Holmstrom, B. and P. Milgrom (1991). "Multitask Principal-Agent Analyses: Incentive Contracts, Asset Ownership, and Job Design", *Journal of Law, Economics and Organization*, Vol. 7, 24-52.

Holmstrom, B. and J. Tirole (1997). "Financial Intermediation, Loanable Funds, and the Real Sector", *Quarterly Journal of Economics*, Vol. 112, No. 3, 663-691.

Huang, K. and G. Tian (2011). "Reputation and Optimal Contract for Central Bankers", *Macroeconomic Dynamics*, Vol. 15, No. 4, 441-464.

Laffont, J. J. (1994). "The New Economics of Regulation Ten Years After", *Econometrica*, Vol. 62, No. 3, 507-537.

Lazear, E. P. and S. Rosen (1981). "Rank-Order Tournaments as Optimum Labor Contracts", *Journal of Political Economy*, Vol. 89, No. 5, 841-864.

Meng, D. and G. Tian (2013). “Multi-task Incentive Contract and Performance Measurement with Multidimensional Types”, *Games and Economic Behavior*, Vol. 77, No. 1, 377-404.

Rochet, J.-C. (1985). “The Taxation Principle and Multi-time Hamilton-Jacobi Equations”, *Journal of Mathematical Economics*, Vol. 14, No. 2, 113-128.

Rogerson, W. P. (1985). “The First-order Approach to Principal-Agent Problems”, *Econometrica*, Vol. 53, No. 6, 1357-1367

Shapiro, C. and J. Stiglitz (1984). “Equilibrium Unemployment as a Worker Discipline Device”, *American Economic Review*, Vol. 74, No. 2, 433-444.

Stiglitz, J. (1974). “Incentives and Risk Sharing in Sharecropping”, *Review of Economic Studies*, Vol. 41, No.2, 219-255.

第18章 完全信息下的多代理人机制设计

18.1 导言

我们在前两章中讨论了委托–代理理论/合约理论的基本模型和核心结果等内容，所考察的合约是状态依存的完全合约的最优设计，且委托人最大化其自身收益（最优性）。因此，它也被称为最优合约理论。其中，逆向选择问题分析了配置效率和抽租之间的权衡，道德风险问题分析了配置效率与保险（或激励与风险）之间的权衡。在委托–代理理论中，委托人不知道代理人的基本经济特征或不能观察其行动，从而委托人需要通过设计某种意义上的最优合约诱导代理人行动来最大化其收益。我们将这样的问题归结成在满足代理人的参与约束和激励相容约束下求解委托人利益最大化问题。其基本结论是，当信息不完全时，一般来说，最优合约没有最佳结果，最好的结果只是次佳结果，相对于最佳结果，配置会发生向下扭曲。在委托–代理模型中通常考虑的情形是一个委托人和一个代理人①。

在本部分剩下的三章中，我们将考虑存在多个代理人策略互动情形下的机制设计，设计者希望最大化社会总福利 (效率问题)，甚至考虑执行更一般的合意社会目标，而不见得是自身收益最大化。本章考虑完全信息下具有多个代理人的策略互动，即所有代理人都知道彼此的经济特征，尽管设计者不知道代理人的特征。在这样的环境中，信息不对称不仅会影响委托人 (通常被称为设计人) 和代理人之间的关系，而且还会影响代理人之间的关系。为了描述代理人之间的策略互动，博弈论推理被用来设计规制或制度，如各种投票系统、拍卖、谈判协议和公共项目决策方法。机制设计理论有两个分支：一个是**执行理论** (implementation theory)，关注的是机制的激励相容问题，也就是如何设计制度或机制使得个体主观上追求自身利益的同时，客观上执行了设计者的目标。另一个是**实现理论** (realization theory)，它关注的是机制的信息效率问题，也就是机制的信息空间的维数问题，维度越小，运行成本也就越小。本章主要讨论机制的执行理论，然后简要讨论机制的实现理论。

前面提到，在处理和协调经济活动中，有两种基本方式：一种是外部执行 (external enforcement) 的直接方式，即通过某个社会选择规则 (social choice rule, SCR)（如合同、法律或规则），通过外部机构、权威或力量来确保规则的执行和遵守。在这样的方式下，

① 当然，在有些例外情形下多个委托人面对一个代理人。参见 Whinston, Michael (1986). "Common Agency", *Econometrica*, Vol. 54, No. 4, 923-942。

社会计划者或设计者只需要根据不同的“环境”来决定符合某种选择标准的一个或多个备选方案即可。但当有关“环境”的信息被分散掌握在个体手中时，这种外部执行的直接方式在大多数情况下很难奏效。这是由于中央计划者只能根据经济人所报的信息才能知道“环境”到底是什么，而在这样的过程中每个经济人由于逐利的原因都有可能操纵自己所掌握的信息或伪装，往往让“不说假话办不成大事”成为不少人为人处世的信条。比如，若政府根据每个居民的偏好来征税，以此提供某种公共品或服务，则每个参与人都有可能会低报自己的效用，以便少做贡献，甚至有些实际的获益者会声称该项公共品对自身有害从而获得补偿。更经常看到的是，一些人只是口头上喊做事，而实际上不作为。这样，当社会计划者不能区分经济人的私人信息从而导致搭便车行为发生时，激励问题就产生了。搭便车者 (free rider) 可以通过隐瞒自身不可观测的特征来提高自身福利。

另外一种是自我执行 (self-enforcement) 的间接方式，是针对避免第一种方式的弊端而采用的，即在没有外部机构或强制力的情况下，通过某个激励机制诱导出想要执行的某个既定的结果或目标。在这种方式下，社会计划者或设计者首先需要设计出某种游戏规则，每个经济人则会在这种规则下作出自己的最优反应，以自己认为最有利的方式发出信息，这些信息会成为选择最终结果的依据。机制设计研究的就是在目标既定的前提下如何设计游戏规则来诱导自愿选择、自主决策的经济人发出恰当信息，使之最终实现预定目标。正是在这种意义上，赫维茨 (Hurwicz, 1972) 认为任何机制都是一种信息沟通和处理系统。若这两种愿望“殊途同归”，即在任何“环境”下通过某个社会选择规则选出的结果都与通过某个激励机制诱导出的结果相同，个体理性与集体理性一致，则称这个机制是激励相容的，该社会选择规则是可由这个机制“执行”的 (implementable)。因此机制设计在考虑激励问题时也被称为“执行理论”。

在具有多个代理人的经济环境中，代理人之间往往会进行策略互动博弈，这种博弈可能导致不同的均衡。机制设计理论最基本的贡献是说明了搭便车行为可能出现也可能不出现，关键取决于具体制度或我们称之为机制的恰当设计。我们先以第 6 章介绍的智猪博弈及其投食方案的设计为例来说明此点。

例 18.1.1 (智猪博弈与激励机制设计) 智猪博弈说的是两头一大一小的猪共同生活在一个猪圈里。猪圈的一端有一个踏板，踏板连着开放饲料的机关。只要踩一下，在猪圈的另一端就会出现 10 单位食物。任何一头猪去踩这个踏板并返回都会付出相当于 2 单位食物的体力成本，不过大猪进食快而小猪进食慢。每头猪都可以选择“踩”或“不踩”踏板。有四种可能的结果：(1) 两头猪都不去踩。没有吃的，获利为 0。(2) 大猪去踩，小猪不踩。大猪尽管在时间上存在耽搁，但因进食快，食得 6 单位食物，小猪虽没有耽误时间，但进食慢，因而只食得 4 单位食物。大猪扣除体力成本后获利 4 单位食物，小猪没有付出任何体力因而获利也为 4 单位食物。(3) 小猪去踩，大猪不踩。小猪赶到槽边时大猪已经吃了 9 单位食物，小猪只能吃到 1 单位，倒要付出 2 单位成本，因而获利为 -1。(4) 同时去踩和回来同时进食。大猪进食快，因而吃到 7 单位食物，小猪进食慢，因而只能吃到

3 单位食物，扣除各自的成本，大猪和小猪分别获利 5 和 1 单位食物。于是得到下列收益矩阵，见表 18.1。

表 18.1 智猪博弈

		小猪	
		踩	不踩
大猪	踩	5，1	4，4
	不踩	9, -1	0, 0

其纳什均衡是：(小猪不踩，大猪踩)。这个均衡事实上是**重复剔除均衡**，对小猪而言，不去踩是严格占优均衡，即无论大猪是否踩动踏板，不去踩踏板总比踩踏板好，从而不去踩是占优策略。反观大猪，已知小猪不会去踩踏板，于是踩踏板比不踩强，所以只好亲力亲为地去踩了。

在以上投食方案下，这个“智猪博弈”告诉我们：谁先去踩这个踏板，就会造福全体，但多劳却并不一定多得，这深刻地反映了若制度设计不合理，经济和社会生活中就会出现比比皆是的搭便车现象。无论大猪踩或不踩，小猪都选择不踩；给定小猪不踩，大猪最好去踩。大猪选择踩在主观上是为了自己的利益，但在客观上小猪也享受到了好处。在经济学里，这头小猪被称为“搭便车者”。当然，作为理性人，谁都不愿意长期为他人带来好处，长此以往，大猪恐怕也不愿意干活了，结果全体都偷懒 (如改革前的计划经济时代) 或跳槽去别的地方干！因此，我们需要重新设计或改革游戏规则。

“智猪博弈”给了竞争中的弱者 (小猪) 以不作为为最佳策略的启发。但是对于社会而言，因为小猪未能参与竞争，小猪搭便车时的社会资源并没有得到有效配置。之所以出现以上结果，是因为制度、游戏规则设计得不合理。搭便车问题可能出现，也可能不出现，关键在于搞对激励，取决于机制设计的好坏，但设计或改革需要理论指导，以期形成激励相容，否则改得不好，就达不到既定效果。不同的制度安排，不同的游戏规则，会导致经济人不同的行为，从而导致不同的选择结果。比如：

减量方案：投食仅为原来的一半 (物质贫乏)，总量为 5 单位。其结果是小猪、大猪可能都不去踩踏板。如果小猪去踩，大猪将会把 5 单位食物吃完；如果大猪去踩，小猪吃了 4 单位食物，大猪只吃到 1 单位食物，扣除体力成本后得到 -1 的收益；如果它们都选择“踩”，一起回来，大猪吃 3 单位食物，小猪吃 2 单位食物。扣除成本后，它们的收益是 (1, 0)。于是我们有如表 18.2 所示的收益矩阵。

表 18.2 减量方案的智猪博弈

		小猪	
		踩	不踩
大猪	踩	1, 0	-1, 4
	不踩	5, -2	0, 0

可看出，“不踩”仍然是小猪的严格占优策略。给定小猪的占优策略，大猪的最佳反应也是“不踩”。这样，(“不踩”，“不踩”) 是唯一的重复剔除均衡。当其中一个不踩时，

谁踩踏板都会得到负回报，从而就没有谁有这样做的动机。在计划经济下资源贫乏的年代，许多人无论是“大猪”还是“小猪”，都一律不去踩踏板，都想吃大锅饭，憧憬着别人为自己创造美好的生活。

增量方案：投食增加了两倍 (物质相对丰富)，共有 30 单位食物。假设大猪和小猪的进食饱足点分别为 15 单位和 10 单位。结果，没有一方能把所有单位的食物吃完，可以留给对方足够的食物。在这种情况下，有如表 18.3 所示的收益矩阵。

表 18.3　增量方案的智猪博弈

		小猪	
		踩	不踩
大猪	踩	15, 10	15, 10
	不踩	15, 10	0, 0

这个博弈有三个纳什均衡：(“踩”，“踩”)；(“踩”，“不踩”)；(“不踩”，“踩”)。在这种情况下，其结果是大猪、小猪都有可能去踩踏板。谁想吃，谁就会去踩踏板，反正对方不会一次把食物吃完。小猪和大猪相当于生活在物质极大丰富的共产主义社会或一些采取高社会福利制度的社会，所以竞争意识不强。

减量加移位方案：投食仅为原来的一半，但同时将投食口移到踏板旁边。假设谁先踩谁就拥有一个较小的先动优势 $\epsilon > 0$，从而收益矩阵如表 18.4 所示。

表 18.4　减量加移位方案的智猪博弈

		小猪	
		踩	不踩
大猪	踩	3, 2	$3+\epsilon$，$2-\epsilon$
	不踩	$3-\epsilon$，$2+\epsilon$	0, 0

策略组合 (“踩”，“踩”) 是唯一的**严格占优策略均衡**，其结果是小猪和大猪都得去拼，抢着去踩踏板，而多劳者多得。无论是创业的大猪，还是打工的小猪，只要在竞争性行业里，利润有限，不够吃，就不得不去适应丛林法则和恶性竞争。因此，要解脱，就必须创新。不创新，可能就无法生存，结果就是形成了前面提到的竞争–创新–垄断–竞争这样一种反复动态循环，即市场竞争趋向均衡，而创新却打破均衡，市场不断地进行这样的博弈就会激励企业不断追求创新，通过这种博弈过程，市场经济保持长期活力，使社会福利增加和经济发展。

以上几种方案设计的差异说明了制度合理设计至关重要，为避免搭便车现象出现，使得资源得到最有效配置，需要设计恰当的激励机制。若激励机制设置得不合理，就会出现这种小猪不跑、大猪跑得欢的情况。这样的情况在现实中比比皆是，如大多数事情都是由少数人来完成的，多数人坐享其成。社会中大猪和小猪现象何其多，例如：民企为大猪，国企为小猪；改革者为大猪，守旧者为小猪；创新者为大猪，跟随者为小猪。如果激励没有搞对，国企创造社会财富的主观能动性可能是缺失的，盈利主要来自垄断，亏损则由国家承担，因而国企很难有改革的动力，也没有创新的激励。民企必须面对竞争和追求创新，否则就意味着淘汰和出局。所以它们必须冲在前面，有改革和创新的动力，附带着解决了社会失业问题并创造了更多的社会财富。民企不得不去踩踏板 (提高效率，努力创新)，这是它们唯一的出路。

如果一个制度有问题，就需要改革，但改革是需要面对风险和付出成本的。从古至今，总有一些人充当大猪的角色，为改革东奔西走，承担为改革而付出的代价，而另一些人就像小猪一样，没有为改革付出努力，却坐享了改革的成果，甚至还可能说说风凉话。如果这个社会人人都想搭便车，都不愿意站出来，那么并不美好的旧制度就会被长期锁定。这也许解释了为什么有些制度明明不合理却又长期存在这一现象。

这个例子告诉我们激励制度设计的重要性，制度的设计是决定性的，其好坏在很大程度上也决定了人性的善恶，不好的规则会对一个国家或单位带来极为负面的激励影响。这也说明邓小平的**"制度好可以使坏人无法任意横行，制度不好可以使好人无法充分做好事，甚至会走向反面"**[①]这句话的精辟之处在于它揭示了制度设计好坏的至关重要性，在于它强调了制度设计的激励相容性。由于人性在短期内基本是无法改变的，因此只能通过制度设计来顺应人性，这就要求规则的设计者应清楚、慎重地考虑规则的前瞻性、适应性和高效性。

我们在前面部分的介绍中提到早期对激励问题的探讨是由对社会主义经济机制可行性的争论引起的，它导致了机制设计理论的产生。其实，代理人策略互动情形的激励机制设计的例子很早就出现了。《圣经 · 旧约全书》上记载的著名的所罗门 (Solomon) 国王的判案就是其中之一，讲述的是国王如何设计激励机制来解决两个妇女争夺婴儿所属权的著名故事。在这个故事中，两个妇女到所罗门国王那里告状，都说自己才是孩子真正的母亲。所罗门国王所面临的难题是，尽管两个妇女知道谁是真正的母亲，但所罗门国王不知道。所罗门国王的解决方案是采用威慑的激励方式，宣称要将小孩砍成两半，来看妇女有什么反应。其中一个妇女愿意放弃孩子，而另一个妇女则同意将其砍成两半。所罗门国王根据母亲一般不会看到亲生儿子被杀掉的通常行为，判定前者才是孩子真正的母亲，并将小孩判给了她。所罗门国王的解决方案其实是有问题的，若两个妇女都宣称将小孩让给对方，则所罗门国王就会无法判断小孩的归属。(本章的结果说明这个机制事实上是不可纳什执行的。) 中国古时也有类似但更不容易作假的判案，如包公采用的判别小孩归属的方法是：将小孩放在一个画的圆圈中，让两个妇女去拉，宣称谁将小孩拉出来，小孩就归谁。结果，包公将小孩判给了那个因不忍心让小孩受伤而放手的妇女，因为他断定，只有亲生母亲才会心疼自己的孩子。其实，即使设计者知道真实信息，也可能存在激励问题，如分饼的问题。一个饼，要分成若干份，如何分配最公平？这个问题也与如何避免政府官员利用手中权力寻租紧密相关。由此可以看出，无论信息是否对称，都有激励机制设计的问题。解决方案无非"晓之以理、动之以情、诱之以利"。

那么，什么是激励相容问题呢？假定机制设计者 (或称委托人) 有一个合意目标，我们一律称之为社会目标，这个目标可以是资源的帕累托最优配置，或在某种意义下的资源公

① 邓小平. 邓小平文选：第 2 卷. 2 版. 北京：人民出版社，1994：333.

平配置，个体理性配置，或是某个部门、机构或企业主所想实现的目标。设计者认为这个目标是好的，是想要达到的。那么，是否能够激励每个参与者 (消费者、企业、家庭、基层机构等) 按照这个目标去做呢？换句话说，应制定什么样的规则或采用什么样的制度安排，才能使经济活动中每个成员的利己行为的实际结果与给定的社会或集体目标一致呢？或者说，应制定什么样的规则才能使得每个人在追求个人利益的同时使既定的社会目标也得以达成呢？激励机制的设计主要就是回答这样的问题。应当注意，这里所指的设计者是一个抽象的设计者，并不一定指某个人。根据不同的问题，设计者可以是一个人、一组人、立法机构 (如美国国会、中国人大)、政府部门、政策制定者、改革者、经理厂长、部门主管、提出各种经济模式的经济学家，甚至是约定都要遵守既定游戏规则的所有参与者，或其他制定规则或法则的某种机构。赫维茨就认为，美国的国会或其他立法机构就相当于设计者，通过立法设计出新机制。

设计者知道哪些社会目标是合意的、好的、值得达到的。例如，他们认为有效地配置资源、公平分配、减少企业亏损等目标是好的。经济学家或改革者的任务则是制定具体的规则来执行这个目标。实际上，往往一些很具体的经济政策问题需要以一些很抽象的数学模型来严格描述。当我们认为某种方案不能执行时，我们应该要问究竟是什么阻碍了它的执行。当然，一个明显的限制或障碍就是物质和技术条件。除此之外，还有一个因素：激励相容问题。若一个经济机制不是激励相容的，就会产生激励扭曲，就会导致个体行为与社会目标不一致，往往会出现所谓的“上有政策，下有对策”或者“和尚把经念歪了”的现象，使得制定的政策或制度不能发挥既定的作用。离开人的积极性、主观能动性，社会目标自然无从实现 (至少是与理想的状态相差太远)。为什么个体或企业的行为结果与政策、法规制定者所想达到的合意目标经常不一致，中央许多好的政策和改革举措无法落地呢？就是因为没有配套的动力机制来形成激励相容。在所制定的规则下，个体或企业不按照设计者所制定的社会目标去做可以得到更大的好处。那么我们应该采取什么样的机制 (或规则) 来使得每个个体的行为 (不管利己与否) 与社会目标一致呢？这就是本章要介绍的激励机制设计理论所要回答的核心问题之一。

机制设计的执行理论得出的一个基本结论就是要设计导致了既定社会目标的激励相容机制并不是一件容易的事情，其难度取决于代理人博弈（机制）的类型以及对他们行为的策略互动博弈解的要求。在机制给定后，代理人之间会展开互动博弈。若在任何环境下博弈的“某种”均衡结果正好与预先给定的社会选择结果相同，则称该社会选择可以被以“某种”均衡方式执行。这里的“某种”均衡可以是占优均衡、纳什均衡、子博弈精炼（纳什）均衡、贝叶斯均衡、完美贝叶斯均衡等。这样，机制设计不仅要研究某个社会选择规则是否可以被某个机制“执行”，还要研究其是以何种方式被执行的。在考虑机制设计时，我们首先希望可执行的社会选择规则具有一些良好性质，比如非独裁、帕累托最优等；其次希望它们被尽量少用信息的强的博弈解执行。博弈中最强的解是占优均衡，它不要求每个经济人做决策时需要他人的信息，因而信息量要求最少。

从本书有关博弈论的内容我们知道，当处于占优均衡时，它不费心机，无需策略互动，也就是不论其他人采取何种行为，每个代理人都没有发生偏离的激励。更重要的是，一个机制的占优均衡和诱导参与人说真话是等价的。最早由吉伯德 (Gibbard，1973) 提出的显示原理指出，任何可以被占优执行的社会选择规则都可以被某个直言机制占优策略真实地执行。直言机制是指信息空间和个体的类型空间相同的机制。换言之，若某个社会选择规则是按占优策略真实可执行的，或称占优策略激励相容、策略性无关 (strategy-proof，也可译成无需策略或策略防操纵)，则存在一个要求每个代理人直接汇报自身类型的直言机制，该机制执行的结果与通过该社会选择规则选出来的结果相同，并且在该机制的诱导下无论他人是否讲真话，每个代理人都会如实申报自身类型。显示原理使我们只在占优策略真实可执行类中寻找合意的社会选择规则。遗憾的是，当经济环境稠密时，几个著名的不可能性定理告诉我们，不可能有这样的机制。

前两章所讨论的是单个代理人的委托–代理模型能诱导人们说真话的次佳 (second best) 合约机制。①但当参与人个体多于两个时，若经济环境是无约束的②，则著名的 Gibbard (1973) 和 Satterthwaite (1975) 的不可能性定理告诉我们：唯一让人说真话的社会选择机制是独裁机制，也就是独裁者的最优决策也是所有其他人的最优决策。从自由选择和个体逐利的角度来说，这样的机制显然是不可能存在的。Hurwicz (1972) 对限制性很强的新古典经济环境③得出了令人吃惊的结果。赫维茨证明，在至少含有两个代理人的新古典私人品经济中不存在同时满足帕累托最优和个体理性约束的社会选择规则可以被占优策略真实执行。Ledyard 和 Roberts (1975) 针对 Hurwicz (1972) 在含有公共品的经济环境中也证明了类似的结论。根据福利经济学第一基本定理，在一定条件下④，瓦尔拉斯（林达尔）均衡是帕累托最优的。这样，根据这些不可能性定理的结论，瓦尔拉斯对应和林达尔对应都不可能被占优策略真实执行。吉伯德–赫维茨–萨特思韦特–利亚德–罗伯茨的这些不可能性定理的基本结论是我们必须在讲真话和帕累托效率 (或最佳结果) 之间进行取舍。

基于吉伯德–赫维茨–萨特思韦特–利亚德–罗伯茨不可能性定理的启示，随后的研究大体从两个方向扩展。一个研究方向是要求设计出所有个体都有激励讲真话的机制，但需要放弃导致帕累托有效的要求，对定义域进行限制来讨论一个社会目标的执行问题。吉伯德–萨特思韦特不可能性定理的一个前提条件是定义域不受限制，若将这个假设放松，在特定定义域内是否可以找到说真话的社会选择规则呢？答案是肯定的，最著名的结果是在拟线性偏好环境中的维克瑞–克拉克–格罗夫斯 (VCG, Vickrey-Clark-Groves) 机制。该机制能够诱导代理人讲真话，并且能够执行社会剩余最大化配置。Green 和 Laffont (1977) 进一步证明了 VCG 机制是拟线性环境下唯一能够诱导代理人讲真话并且执行社会剩余最大化配置的机制。在很多情形下，如考虑局部或管理层面上微中观层面的激励机制的设计问题时，我们可以忽略帕累托效率，从而设计出讲真话的激励相容机制是可能的。

另一个研究方向是用较弱的行为解的概念代替占优策略来执行某个社会选择规则，也

---

① 单个代理人的经济环境自然满足不需要知道他人的信息。

② 这说明委托人没有关于代理人偏好的任何信息，在他看来什么形式的偏好都可能产生。

③ 新古典经济环境是指备选方案集为欧氏空间的子集，个体偏好满足连续性、单调性、凸性，生产集是闭和凸的，不存在不可分产品和外部性等。

④ 主要指偏好是局部非饱和的。

就是放弃每个人都必须讲真话的要求，但希望执行既定的社会最优结果，如帕累托有效的结果。当代理人相互间知道有关代理人特征的信息而机制设计者却不知道这些信息时 (如所罗门国王的例子)，与此相关的均衡概念是**纳什均衡**；而当代理人相互间也不知道有关代理人特征的信息时，与此相关的均衡概念是**贝叶斯–纳什均衡**。在这一情形下，人们将不要求讲真话，其信息属于一般的信息空间，可以设计出一个纳什均衡导致帕累托有效配置的机制。

Hurwicz (1979a) 证明了当存在至少三个代理人时，瓦尔拉斯 (林达尔) 对应可以被完全纳什执行 (full Nash implementation)。此后，针对新古典经济环境，设计出具有良好性质的纳什可执行机制有了很多拓展。本书作者与合作者在这方面做了大量工作，具体见 Tian(2010,2009a, 2009b, 2006, 2005, 2004, 2000a, 2000b, 2000c, 2000d, 1999a, 1999b, 1997, 1996a, 1996b, 1994a, 1994b, 1994c, 1993, 1992, 1991, 1990, 1989, 1988) 以及 Li, Nakmura 和 Tian(1995), Tian 和 Li(1995a, 1995b) 等。本章将介绍新古典经济环境中的占优和纳什执行问题。

对一般形式的社会选择规则的纳什执行问题的探讨的发轫之作当属 Maskin (1977)。[①] Maskin(1977) 证明了，任何社会选择规则能够被完全纳什执行的必要条件均是满足马斯金单调性。不过，马斯金单调性只是完全纳什执行的必要而非充分条件，在代理人数至少有三个时，马斯金单调性和无否决权条件成为纳什执行的充分条件。自 Maskin(1977) 以后，产生了大量关于纳什执行的文献。Maskin(1977) 虽然分别给出了纳什执行的充分和必要条件，但存在两个明显的不足：首先，此文结论是在多人环境下得出来的；其次，对于在机制设计领域比较重要的两人博弈环境，结论却并不成立。为此， Moulin (1983), Moore 和 Repullo (1990)，Danilov (1992) 等许多文献讨论了纳什执行的充要条件。Moore 和 Repullo (1990)，Dutta 和 Sen(1991) 等文献讨论了两人情形下纳什执行的充要条件。总的来说，两人情形下的执行难度高于多人情形。第 18.4 节将详细介绍关于纳什执行的各种充分、必要以及充要条件。

马斯金单调性在一般经济环境下是个较强的条件。比如，Saijo(1987) 证明了若个体偏好是完备的和可传递的，则只有常数规则能满足马斯金单调性。为此必须将纳什执行的概念进一步放松。有些文献在精确执行 (exact implementation) 的基础上引入了近似执行 (virtual implementation) 的概念。所谓近似执行是指某个机制执行的配置结果与某个社会选择规则结果之间的“距离”充分接近。[②]这样，无须满足马斯金单调性条件，一个社会选择规则是纳什可执行的。Abreu 和 Sen(1991) 证明了在多人环境下，任何社会选择规则都是可近似纳什执行的；而在两人情形下某个社会选择规则只需满足一定的相交性质 (intersection property) 即可被近似纳什执行。一个著名的例子是所罗门国王规则 (King Solomon's Rule) 是不能被纳什执行的，因为它不满足马斯金单调性，但却可以被近似纳什执行。Duggan (1997) 将近似纳什执行的概念推广到不完全信息环境下，定义了近似贝叶斯执行及其条件。不完全信息下的机制设计的执行问题将在下一章讨论。

---

① 虽然此文 1977 年即以工作论文的形式问世，并成为很多后续研究工作的起点和参考，但直到 1999 年才被正式发表在 *Review of Economic Studies* (*RES*) 上。

② Abreu 和 Sen (1991) 以及 Duggan (1997) 等经典文献都对这种“距离”给出了定义。

本章主要讨论在完全信息下各种均衡行为下的激励机制设计的执行理论。最后一节将简单介绍信息分散机制设计的实现理论，它讨论机制的信息效率问题，也就是一个经济机制实现某个合意目标所要求的最小信息量问题。在这个理论中，只注意经济机制的信息要求 (即运行信息成本问题)，而不考虑激励问题，即不要求个体自利行为 (个体理性) 与既定目标 (集体理性) 一致。在关于实现理论的 Hurwicz (1972，1986b) (作为机制设计理论奠基性文献的一部分) 中，设计者主要关心机制信息空间维度的大小问题，希望找到具有最小运行成本的经济体制。在社会主义大论战中，哈耶克等人认为，计划经济即便能达到资源的有效配置，但由于所需要的信息量太大，终究也难以实现。赫维茨证明了这一结果，赫维茨等人在 1972 年还证明了，在所有已知或者未知的能够实现资源有效配置的机制中，市场机制都是所需信息量最小的机制。

18.2　基本分析框架

在考虑激励相容问题时，经济学家发展了一个研究激励机制设计问题的基本分析框架。这个基本分析框架包含了五个部分：(1) 经济环境 (由经济人的基本特征和信息结构组成，作为给定条件)；(2) 希望达到的合意的社会目标；(3) 决定结果的经济机制 (即制度安排)；(4) 对个体自利行为博弈解概念的描述；(5) 社会目标的执行 (均衡时个人利益和社会目标激励相容)。下面进行详述。

18.2.1　经济环境

在激励机制设计的问题中包含两类个体：设计者 (也被称为社会计划者，委托人) 和代理人 (也被称为经济人、参与人、个体)。前者设计游戏规则，不参与游戏 (若设计者参与游戏，则被称为委托人)，后者则提供信息及参与游戏。设计者可能是具体或抽象的人，如人民代表大会或国会这样的制定规则的机构，也可能是参与人事前共同认可的规则或约定。计划者不了解由参与人经济特征所组成的世界真实状态 (real state of the world)，此类信息分散在代理人中。令

- $N=\{1,\cdots,n\}$: 经济人的集合。
- $e_i=(Z_i,w_i,\succcurlyeq_i,Y_i)$: 参与人 i 的经济特征，它由备选方案或结果集合 Z_i、个体初始禀赋 (若存在的话) w_i、偏好关系 $\succcurlyeq_i$ 及生产集合 (若个体 i 同时也是生产者)Y_i 构成。
- $\boldsymbol{e}=(e_1,\cdots,e_n)$: 经济，也被称为经济环境、类型或状态 (state)。
- E: 所有先验可容许 (prior admissible) 的经济环境构成的集合 (事先指定的经济环境的区域容许范围)。
- $U=U_1\times\cdots\times U_n$: 所有可容许的效用函数构成的集合。
- $\Theta=\Theta_1\times\Theta_2\times\cdots\times\Theta_n$：所有可容许的参数 $\theta=(\theta_1,\cdots,\theta_n)\in\Theta$ 组成的集合，决定了参数化效用函数的类型，被称为类型空间或世界状态。

备注：在上面的描述中，E 是经济环境的一般表示，U 和 Θ 是它的特殊情况。

这样，经济 $\boldsymbol{e}$ 包含三个方面的内容：人 (经济人)、物 (备选方案) 以及关于经济人特征方面的信息 (状态)。在大多数情形下，假定 N 和 $Z=\prod_{i\in N}Z_i$ 与状态无关，从而影响环境的因素仅涉及 $\succcurlyeq_i$ (U_i)、Y_i 或 w_i。于是设计者所考虑的经济环境是 $E=U$，$E=\Theta$ 或是由所有可能的初始禀赋集或者生产集构成。

机制设计者只知道可容许的经济环境的范围，即 E，但并不知道真实的环境，即不知道个体的具体真实经济特征，但个体知道、部分知道或者不知道其他个体的经济特征，这三种关于经济特征信息的时序 (timing) 情形分别被称为事后 (ex post)、事中 (interim) 和事前 (ex ante)。若每个参与人都知道其他参与人的经济特征，则我们称这种情形为**完全信息**情形①，否则称之为**不完全信息**情形。在不完全信息情形下，e_i 为只有参与人 i 才能观察到的私人信息，也就是每个人只知道自己的类经济特征，不知道其他人的特征 (但知道其分布，分布也许是独立或相关的)，这种时序属于事中。若所有个体也不知道自身的特征，这种时序属于事前。

为讨论简单起见 (但不失一般性)，当个体的经济特征是私人信息时，我们假设偏好由依赖于参数的效用函数表示。在这种情形下，其类型 $\theta_i\in\Theta_i$ 决定了参与人偏好的类型。假设状态 θ 服从密度为 $\varphi(\cdot)$ 的随机先验分布，其中 $\varphi(\cdot)$ 也可以是有限集 Θ 上的概率，其基本假设是最大化冯 · 诺依曼–摩根斯坦 (von Neumann-Morgenstern) 期望效用。这样，我们假定 $\varphi(\cdot)$ 和 $\{u_i(\cdot,\cdot)\}_{i=1}^n$ 都是共同知识 (common knowledge)。

不完全信息模型又可分为两大基本类：(1) **私人价值** (private value) 模型，每一个体的伯努利效用函数只是依赖于自身的价值，而不依赖于其他参与人的类型，即对所有的 i，$u_i(\boldsymbol{y},\theta)=u_i(\boldsymbol{y},\theta_i)$。同时，私人价值模型又可再细分为**私人价值类型独立分布**模型和**私人价值类型相关分布**模型。(2) **相互依赖价值** (interdependent value) 模型，即每一个体的伯努利 (Bernoulli) 效用函数不仅依赖于自身的类型，同时也依赖于其他参与人的类型，记为 $u_i(\boldsymbol{y},\theta)$。注意以上这些区分非常重要，因为它们往往会导致很不一样的结果。

在本章中我们先讨论完全信息情形，将在下一章讨论不完全信息情形。

18.2.2 社会目标

激励机制设计的另外一个重要组成部分是机制设计者想要达到的合意目标，我们一律称之为**社会目标**。给定经济环境和想要达到的社会目标 (由某种意义下的合意结果组成)，每个代理人都参与经济活动、做经济决策、获得收益以及为经济活动作出支付。设计者希望根据某种规则来执行这个社会目标。令

- $Z=Z_1\times\cdots\times Z_n$: 结果空间 (例如，$Z=X\times Y$，这里 X 是私人品的集合，Y 是公共品的集合)。
- $A\subseteq Z$: 可行结果的集合。

---

① 在委托–代理理论中，委托人也是游戏参与者。这样，只要委托人不知道个体的信息，我们就称之为不完全信息。但在本章讨论的机制设计理论中，设计者只是设计规则，不参与游戏。这样，尽管设计者不知道参与人的信息，但只要参与人相互知道其他参与人的信息，我们就称之为完全信息。

- $F: E \rightrightarrows A$: 社会目标，也被称为社会选择对应 (correspondence) 或社会选择规则 (social choice rule, SCR，或被简称为选择规则) 或社会最优对应，所导致的结果被称为**社会合意**或**社会最优**结果。这样，$F(\boldsymbol{e})$ 是在经济环境 $\boldsymbol{e}$ 下所有社会合意/最优结果的集合。

这样，一个选择规则 F 被定义为从环境 (或状态) 空间到结果空间的一个映射：若此对应是单值的，则称其为**社会选择函数** (social choice function, SCF)，如容许作出随机化选择则可将 Z 替代为其上的概率分布 $\Delta(Z)$。

社会选择对应的例子：

- $P(\boldsymbol{e})$: 帕累托有效配置集；
- $I(\boldsymbol{e})$: 个体理性配置集；
- $W(\boldsymbol{e})$: 瓦尔拉斯配置集；
- $L(\boldsymbol{e})$: 林达尔（Lindahl）配置集；
- $FA(\boldsymbol{e})$: 公平 (fair) 配置集。

这些资源配置选择规则的概念在一般均衡理论中都有过详细讨论。

社会选择函数的例子:

- 所罗门国王的目标；
- 多数投票决定规则。

18.2.3　经济机制

由于机制设计者缺乏关于个体经济特征方面的信息，设计者需要制定恰当的激励机制 (游戏规则) 来诱导主观上追求自身利益的个体，使其在客观效果上正好实现既定的社会目标。若计划者完全获知关于经济特征的信息，则他可以按照社会选择规则的要求，直接决定其结果，但实际上他并不了解这些信息，故只能通过间接方式来实现，即需要设计出恰当的规则 (激励机制) 来诱导个体达到社会想要达到的合意既定目标，以此调和个体利益和集体利益所可能发生的冲突。在这样的机制下，所有的个体在追求个人利益时都有激励选择导致社会最优的行动，使个体逐利的理性与社会目标这一集体理性激励相容。但能否激励相容依赖于机制的恰当设计。比如，在改革开放以前，政府的目标是想将粮食产量搞上去，但农民没有种粮的积极性，其结果是农民自身都不能吃饱饭。改革开放后采用了生产责任制，大大调动了农民发家致富的种粮积极性，政府希望将粮食产量搞上去的目标就这么轻易地达到了。由此可以看出制度合理设计的异常重要性，它可能是激励相容的，但弄不好更可能是激励不相容的，本章开头引用的邓小平关于制度好坏的论述充分地说明了此点。激励机制设计就是要搞对激励，以此解决个体理性和集体理性发生利益冲突的问题。

为此，设计者可要求参与人报告他们的信息以及是如何根据所披露的信息来确定结果的，即他先决定游戏规则。然后，根据游戏规则和参与人所传递的信息或行动，确定参与人的游戏结果。这样，一个**机制**由**信息空间** (information space) 和**结果函数** (outcome function) 构成。令

- M_i : 个体 i 的信息空间，对信息的形式和内涵的详细解释见 18.12 节关于信息效率理论的讨论；
- $M = M_1 \times \cdots \times M_n$: 所有个体组成的信息空间；
- $m_i \in M_i$: 个体 i 报告的某个信息；
- $\boldsymbol{m} = (m_1, \cdots, m_n) \in M$: 信息束；
- $h : M \to Z$: 将信息转化为结果的结果函数；
- $\Gamma = \langle M, h \rangle$: 机制。

这样，在给定的游戏规则下，每个参与人被要求基于他所知道的经济环境传递信息 $m_i : E \to M_i$，计划者根据参与人传递的信息和结果函数 $h : \prod_{i \in I} M_i \to Z$ 决定每个参与人的结果。若状态空间 E 具有卡氏积结构 $E = \prod_{i \in N} E_i$，且每个人的偏好只受其自身经济特征 e_i(或 u_i，或“类型” θ_i) 的影响，则其发出的信息为 $m_i : E_i \to M_i$。参与人的信息空间与其类型空间相同 (即 $E_i = M_i$) 的机制被称为**直言机制** (direct mechanism)。

备注：通常的经济学研究方法是将机制作为已知，研究它能导致什么样的资源配置。例如，将市场机制作为给定，而把市场机制的运行结果作为未知，研究在什么样的经济环境下，市场机制导致了资源的帕累托有效配置。然而，对经济机制的设计者来说，他们提出的问题是反向的，即给定经济环境类和预定的合意社会目标 (即设计者知道哪个社会目标是好的，是想要达到的)，想找到一个经济机制以实现给定的社会目标，也就是设计某个机制使得人们自利行为的结果和想要达到的社会目标一致。当然并不是所有的社会表现都行得通 (即并不是所有的社会目标都是可达到的)。经济机制设计的一个目标就是研究什么样的社会目标是可执行的，什么样的社会目标是不可执行的。对这一问题的研究可以帮助解决经济理论中一些具有争议性的问题。

备注：为了区分于通常的博弈，机制往往也被称为**博弈形式** (game form)，这里博弈形式与博弈论中通常所说的博弈有以下四个差异：(1) 机制设计是规范性分析，机制或游戏规则不是事前给定的，而是根据主观愿望的需要设计的，从而使得占优均衡在机制设计中存在的可能性大为增加；而博弈论则是实证分析，博弈或游戏规则是给定的。博弈论之所以重要，是由于给定博弈规则后，它可预测或判断经济人是如何博弈的。这样，机制设计比博弈论则进了一步：给定经济环境及设计者所面临的其他约束条件，研究什么目标是可执行或实现的，并在所有可行的机制中，找出什么样的机制在给定的标准下是最优的。(2) 信息显示后所导致的是备选方案或结果，而博弈论中博弈后的所得是效用或收益。当然，通过个体的偏好和博弈形式 (机制) 的复合映射可得到标准的博弈。(3) 博弈论的偏好是给定的、已知的，而在机制设计中，设计者不知道个体偏好，只知道其范围，但不确定具体真实的偏好，这是博弈和机制的关键差别。(4) 在机制设计中，人们必须考虑一定意义下的激励相容约束，使得个体利益与设计者想要执行的社会目标一致。

备注：激励机制的设计与本章最后一节所考虑的信息调整机制有所不同。在激励机制设计中，参与人的行为不是由响应函数 (response function)或信息反馈过程来描述的，而是由参与人根据他们的偏好和采用策略的方式决定的。不过，将激励机制看作信息调整机制的一种方式是将激励机制的信息空间的所有点看作信息调整机制的平稳点。

再次强调，我们这里的机制设计者也许并非指具体的人，而是指达成某种共识、约定、规则或者契约的整个社会或者群体，因此，所达成的机制并不是集中或独裁决策机制。

18.2.4　自利行为的博弈解概念

在向设计者传递信息时，参与人会彼此产生策略互动，博弈便会发生。这样，机制设计的第四个组成部分是处理参与人激励的均衡解的概念。当参与人相互博弈时，不同行为博弈均衡解可能会导致非常不同的结论。

经济学中的一个基本假设 (也是最大的客观现实) 是个体逐利，在主观上都追求个人利益，根据个人利益行事。他们一般不会刻意地追求集体或社会利益，除非他们能从中获益。不同的经济环境和游戏规则会导致个体的不同行为的策略反应，因此参与人的行事策略 (即所送出的信息) 是由他面临的经济环境和游戏规则界定的。这样，行事策略是经济环境和制度的函数。

令 $b(\boldsymbol{e},\Gamma)$ 为描述个体自利行为的**均衡策略集**，它是个体策略空间的一个子集。$b(\boldsymbol{e},\Gamma)$ 可以代表不同形式的均衡，如占优策略均衡、纳什均衡、子博弈精炼纳什均衡、贝叶斯–纳什均衡 (Bayesian-Nash equilibrium)、完美贝叶斯均衡 (perfect Bayesian equilibrium) 等。与均衡相对应的配置结果记为 $h(b(\boldsymbol{e},\Gamma))$。

这样，给定 E，M，h 及 b，均衡结果由博弈规则和均衡策略集的复合函数确定，由 $h(b(\boldsymbol{e},\Gamma))$ 给出。

18.2.5　社会目标的执行与激励相容

机制设计的第五个组成部分是社会目标的执行，即在给定的博弈解下，社会目标和个体利益达成一致，不会发生冲突，形成激励相容。我们称这样的问题为**执行** (implementation) 问题。若在个体自利行为下社会目标可以达到，则我们称社会目标是可执行的。激励机制设计在于根据事前设定的行为解来执行某个预定社会目标的最优结果，即给定机制 Γ 和均衡行为假设 $b(\boldsymbol{e},\Gamma)$，社会选择规则 F 的执行问题是研究如何让 $F(\boldsymbol{e})$ 和 $h(b(\boldsymbol{e},\Gamma))$ 的交集非空。其基本思想可由图 18.1 表示。

在图 18.1 中，E 为经济环境的集合，Z 是结果选择的集合，社会选择对应 F 指定了社会想达到的目标，即在某种意义下的社会最优结果。设计者需要设计一个机制来执行这个社会目标。在该机制下，个体相互博弈以达到均衡策略状态 $b(\boldsymbol{e},\Gamma)$，在结果函数下，均衡解对应的结果由 $h(b(\boldsymbol{e},\Gamma))$ 给出。一般来说，它不总是正好导致了社会最优结果。若 $h(b(\boldsymbol{e},\Gamma))$ 在 $F(\boldsymbol{e})$ 中，就形成了个体理性和集体理性一致的激励相容，我们于是称社会目标 F 是可执行的或者可部分执行的。正式地，我们有如下定义。

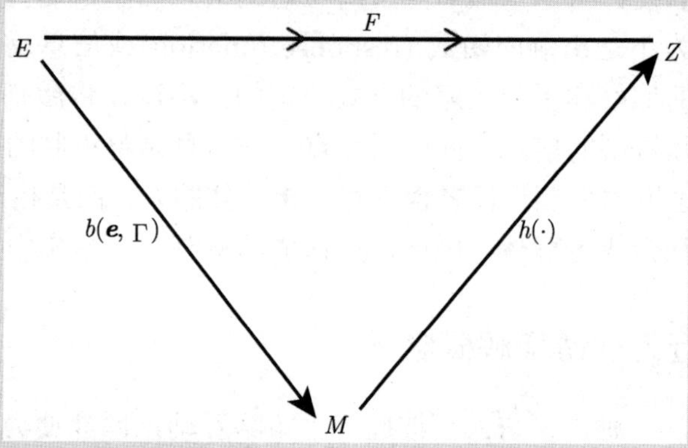

图 18.1 机制设计问题的一个图示

定义 18.2.1 我们称机制 $\langle M,h\rangle$

(i) 在 E 上按均衡策略 $b(\boldsymbol{e},\Gamma)$ **完全执行** (fully implement) 了社会选择对应 F，若对**所有的** $\boldsymbol{e}\in E$，均有

(a) $b(\boldsymbol{e},\Gamma)\neq\varnothing$ (均衡解存在)，

(b) $h(b(\boldsymbol{e},\Gamma))=F(\boldsymbol{e})$ (个体理性与社会理性完全一致)。

(ii) 在 E 上按均衡策略 $b(\boldsymbol{e},\Gamma)$ **执行** (implement) 了社会选择对应 F，若对所有的 $\boldsymbol{e}\in E$，均有

(a) $b(\boldsymbol{e},\Gamma)\neq\varnothing$，

(b) $h(b(\boldsymbol{e},\Gamma))\subseteq F(\boldsymbol{e})$(个体理性与社会理性一致)。

(iii) 在 E 上按均衡策略 $b(\boldsymbol{e},\Gamma)$ **部分执行** (partially implement) 了社会选择对应 F，若对所有的 $\boldsymbol{e}\in E$，均有

(a) $b(\boldsymbol{e},\Gamma)\neq\varnothing$，

(b) $h(b(\boldsymbol{e},\Gamma))\cap F(\boldsymbol{e})\neq\varnothing$(即: 存在一个均衡策略 $m^*\in b(\boldsymbol{e},\Gamma)$，使得 $h(m^*)\in F(\boldsymbol{e})$)。

部分执行是个较弱的执行概念，它也许存在社会非理性均衡结果，即不属于 $F(\boldsymbol{e})$。

定义 18.2.2 我们称机制 $\langle M,h\rangle$ 与社会选择对应 F 在 $b(\boldsymbol{e},\Gamma)$ 均衡下是$b(\boldsymbol{e},\Gamma)$ (完全或部分) 激励相容的，若它按 $b(\boldsymbol{e},\Gamma)$ (完全或部分) 执行了 F。

备注：在文献中，关于以上执行术语的称呼并不是统一的。上面定义的“执行”也常被称为“强执行”，而上面的“部分执行”则被称为“执行”。在阅读文献时，要注意其定义的内涵而不只是表面称呼。

在这里定义可执行性和激励相容时，我们还没有给出具体的博弈解概念。下面我们将说明，社会选择对应是否可执行将取决于对自利行为博弈解概念的界定。当信息完全时，均衡解可能是占优策略均衡、纳什均衡、强纳什均衡、子博弈完美纳什均衡、非占劣策略均衡等。当信息不完全时，均衡策略可能是占优均衡、贝叶斯–纳什均衡、非占劣贝叶斯–纳什均衡等。

在具体问题中，计划者需要被执行的社会选择规则往往要求具有某些性质，以下是一些常见性质。

定义 18.2.3 (序数性，ordinality) 若对 $\forall(a,b)\in Z^2$ 和 $\forall(\boldsymbol{e},\boldsymbol{e}')\in E^2$，均有 $a\succcurlyeq_i b\Leftrightarrow a\succcurlyeq_i' b$，则 $F(\boldsymbol{e})=F(\boldsymbol{e}')$。

此性质要求，即使环境已改变，任何两个备选方案间的排序也不会改变，则被选中的方案在任何环境下的社会最优集合必然完全相同。换言之，对任意两个经济 $\boldsymbol{e}$ 和 $\boldsymbol{e}'$，若 $F(\boldsymbol{e})\neq F(\boldsymbol{e}')$，则必存在 $(a,b)\in Z^2$ 使得 $a\succcurlyeq_i b$，但 $b\succ_i' a$。

定义 18.2.4 (弱帕累托最优性，weak Pareto optimality) 对 $\forall\ \boldsymbol{e}\in E$ 和 $a\in Z$，不存在 $b\in Z$ 使得 $b\succ_i a,\forall i\in N$，则 $a\in F(\boldsymbol{e})$。

这个性质表明，若所有人都认为某个备选方案严格劣于另一个，则前者必不是社会最优。

定义 18.2.5 (帕累托最优性，Pareto optimality) 对 $\forall\ \boldsymbol{e}\in E$ 和 $a\in Z$，不存在 $b\in Z$ 使得 $b\succcurlyeq_i a,\forall i\in N$ 且至少有一个严格偏好关系成立，则 $a\in F(\boldsymbol{e})$。

定义 18.2.6 (帕累托无差异性，Pareto indifference) 对 $\forall(a,\boldsymbol{e})\in Z\times E$ 和 $b\in F(\boldsymbol{e})$，如果 $a\sim_i b,\forall i\in N$，则 $a\in F(\boldsymbol{e})$。

定义 18.2.7 (独裁性，dictatorship) 若存在 $i\in N$，使得 $F(\boldsymbol{e})\subseteq C_i(\boldsymbol{e},Z)\equiv\{a\in Z: a\succcurlyeq_i^{\boldsymbol{e}} b,\forall b\in Z\},\forall \boldsymbol{e}\in E$，则 $a\in F(\boldsymbol{e})$。

若存在某个个体，他的最优选择也为社会最优，则称此社会选择规则为独裁性的，此人即为独裁者。

定义 18.2.8 (一致性，unanimity) $\forall(a,\boldsymbol{e})\in Z\times E$，若 $a\succcurlyeq_i^{\boldsymbol{e}} b$，$\forall i\in N,\forall b\in Z$，则 $a\in F(\boldsymbol{e})$。

这个性质表明，若某个方案被每个人认为是最好的，则此方案必被选中，成为社会最优。

定义 18.2.9 (强一致性，strong unanimity) $\forall(a,\boldsymbol{e})\in Z\times E$，若 $a\succ_i b$，$\forall i\in N,\forall b\neq a$，则 $F(\boldsymbol{e})=\{a\}$。

此性质表明，若在每个人的偏好中某个方案都是严格最优的，则这个方案必为唯一被选中的对象，从而社会选择对应成为社会选择函数。

定义 18.2.10 (无否决权，no veto power) $\forall(a,j,\boldsymbol{e})\in Z\times N\times E$，若 $a\succcurlyeq_i b,\forall i\neq j,\forall b\in Z$，则 $a\in F(\boldsymbol{e})$。

无否决权性质要求，若某个方案是除某个人之外所有人最喜好的，则此方案必被选中，即任何人无权否决其他人一致认可的方案。

定义 18.2.11 (马斯金单调性，Maskin monotonicity) 令 $L_i(a,\boldsymbol{e})=\{b\in Z: a\succcurlyeq_i b\}$。若对任意两个经济 $\boldsymbol{e},\boldsymbol{e}'\in E$ 及任意的 $a\in F(\boldsymbol{e})$，$L_i(a,\boldsymbol{e})\subseteq L_i(a,\boldsymbol{e}')\ \forall i\in N,\forall b\in Z$ (即：$a\succcurlyeq_i b$ 意味着 $a\succcurlyeq_i' b$，$\forall b\in Z$)，则 $a\in F(\boldsymbol{e}')$。

第18章

这个性质表明，若某个方案被社会选中，当环境改变后只能导致每个人都更加喜欢这个方案，则此方案在新的经济环境 e' 下必再次被社会选中。[1]单调性在机制设计中占有非常重要的地位，在后续章节中我们将详细讨论。

18.3 一些例子

在讨论机制设计的一些基本结果之前，我们先给出在某些经济环境下人们需要设计某种机制以解决激励相容问题的几个例子。

例 18.3.1 (瓦尔拉斯对应) 考虑如下纯交换经济环境 $\boldsymbol{e}$。

- 人：$N=\{1,2,\cdots,n\}$ 为消费者集合。
- 物：假设经济中有 L 种私人品，消费者 i 对这些物品的初始禀赋为 $w_i\in\mathcal{R}_+^L$，X_i 代表其消费集，$\mathcal{A}=\{(x_1,\cdots,x_n)|x_i\in X_i,\sum_{i\in N}x_i\leqq\sum_{i\in n}w_i,\forall i\in n\}$ 为可行配置集，也即备选方案集。
- 类型 (世界的状态)：$\boldsymbol{\theta}=(\theta_1,\cdots,\theta_n)$，其中 θ_i 为消费者的偏好参数。假设消费者偏好 $\succcurlyeq_i^\theta$ 在其自身消费 x_i 上严格递增。

瓦尔拉斯式社会选择规则 (Walrasian SCR) 定义如下：

$$W(\theta)=\left\{\boldsymbol{x}\in\mathcal{A}\;\middle|\;\begin{array}{l}\exists\boldsymbol{p}\in\mathcal{R}_+^L,\text{使得}\boldsymbol{p}x_i\leqq\boldsymbol{p}w_i\\ \text{且}y_i\succ_i^\theta x_i\Rightarrow\boldsymbol{p}\cdot y_i>\boldsymbol{p}w_i,\ \forall i\in n\end{array}\right\}. \tag{18.1}$$

例 18.3.2 (林达尔对应) 经济环境 $\boldsymbol{e}$ 刻画如下：经济中有 n 个代理人、L 种私人品及 K 种公共品。$x_i\in\mathcal{R}_+^L$ 表示消费者 i 的私人品消费向量，$\boldsymbol{y}\in\mathcal{R}_+^K$ 为公共品量。消费者 i 对这些物品的初始禀赋为 $w_i\in\mathcal{R}_+^L$。生产技术由生产集 $\mathcal{F}$ 刻画。[2]消费者的效用函数为 $v_i(x_i,\boldsymbol{y},\theta_i)$ (与其相应的偏好用 $\succcurlyeq_i^\theta$ 表示)，则此环境中的林达尔对应 (Lindahl correspondence) 为

$$L(\theta)=\left\{(x_1,\cdots,x_n,\boldsymbol{y})\in\mathcal{R}_+^{nL+K}\;\middle|\;\begin{array}{l}(\sum_i x_i,\boldsymbol{y})\in\mathcal{F},\exists(\boldsymbol{p},q_1,\cdots,q_n)\in\mathcal{R}_+^{L+nK},\text{使得}\\ (x_i,\boldsymbol{y})\text{最大化}v_i(\cdot,\cdot,\theta_i),\ \text{s.t. }\boldsymbol{p}x_i+q_i\boldsymbol{y}\leqq w_i,\\ \text{其中}\sum_{i\in I}w_i=\max_{(\boldsymbol{x},\boldsymbol{y})\in\mathcal{F}}(\boldsymbol{p}(\boldsymbol{x}-w_i)+\sum_i q_i\boldsymbol{y})\end{array}\right\}.$$

例 18.3.3 (所罗门国王的选择规则) 《圣经·旧约全书》中记载了这样一个故事：两位新生儿的母亲 (其中一位母亲的孩子在一个晚上死去了) 带着一名男婴来到所罗门国王面前，请求所罗门国王裁决谁才是这个孩子真正的母亲。当所罗门国王建议将孩子劈为两半每位母亲各得一半时，一位说：“我愿意放弃这个孩子!”而另一位则说：“同意!，谁也得

① 以选举为例，若在某次大选中某个人被选为总统，四年后虽然环境发生了改变，但他在每个选民心目中的位置都上升了，则他必然获得连任。

② 例如，公共品可以由私人品以规模报酬不变的生产技术生产出来，经济中私人品的初始禀赋向量为 w_i，则 $\mathcal{F}=\{(\boldsymbol{x},\boldsymbol{y})\in\mathcal{R}_+^{L+K}|\boldsymbol{x}+\boldsymbol{y}\leqq\sum_{i\in N}w_i\}$。

不到。”所罗门国王宣布那位愿意放弃孩子的母亲是真正的母亲，并将孩子判给了她。我们可以用机制设计的语言正式表述所罗门国王的判决机制问题。

以 A 和 B 分别表示两位母亲；以 α 和 β 表示状态，α 表示“A 是真正的母亲”，β 表示“B 是真正的母亲”。国王有以下四种备选方案：

- a：把孩子给“A”；
- b：把孩子给“B”；
- c：把孩子分割；
- d：把所有人 (两位母亲，一个婴儿) 都处死。

两种状态下两位母亲的偏好为：

$$a \succ_A^\alpha b \succ_A^\alpha c \succ_A^\alpha d;$$
$$a \succ_A^\beta c \succ_A^\beta b \succ_A^\beta d;$$
$$b \succ_B^\alpha c \succ_B^\alpha a \succ_B^\alpha d;$$
$$b \succ_B^\beta a \succ_B^\beta c \succ_B^\beta d.$$

国王想要让真正的母亲得到孩子，即他要执行的社会选择规则 $f(\cdot)$ 满足：$f(\alpha)=a$ 及 $f(\beta)=b$。

例 18.3.4 (公共品的配置)　某个社区中的 n 户居民决定是否兴建某个公共项目 (比如修一条路、一座桥)。令 y 表示这项工程的规模 (y 可以是连续的，比如 $y \in Y=[0,\infty)$；亦可是离散的，如 $\boldsymbol{y} \in Y=\{y_1,\cdots,y_k\}$；实际中也常用 $y \in Y=\{0,1\}$ 表示“建”或“不建”)。个体偏好可用拟线性效用函数 $v_i(y,\theta)+t_i$ 表示 (若是私人价值模型，则其效用函数为 $v_i(y,\theta_i)+t_i$)。其中：$y \in Y$ 代表工程规模；θ_i 代表个体 i 对此公共项目的偏好程度；t_i 表示个体的转移支付，可正可负，如缴纳税金或获得补偿。于是其环境可以刻画如下：

- 人：$N=\{1,\cdots,n\}$。
- 物 (备选方案)：选择结果要求给出公共工程规模和每个人的转移支付或获得的补贴，同时要求补贴总额不超过税收总额。这样的结果空间为 $Z=\mathcal{R}^{n+1}$，可行结果集为：$A=\{(y,t_1,\cdots,t_n): y \in Y, t_i \in \mathcal{R}, \sum_i t_i \leqq 0, \forall i \in N\}$。
- 世界状态 (偏好、类型)：$\theta=(\theta_1,\cdots,\theta_n)$。

其基本问题是设计何种机制才能保证公共品的有效提供。因此，公共项目有效提供问题可归结成典型的机制设计问题。

例 18.3.5 (不可分私人品的配置)　假设要在多人社会中配置不可分物品，如排他性特许权或者要拍卖某个物品。在这种情形下，结果空间为 $Z=\{\boldsymbol{y} \in \{0,1\}^n : \sum_{i=1}^n y_i = 1\}$，其中，$y_i=1$ 表示个体 i 获得该物品，$y_i=0$ 表示个体 i 没有获得该物品。若个体 i 获得该物品，则其净收益为 v_i，否则其净收益为 0。因此，个体 i 的价值函数为

$$v_i(\boldsymbol{y}) = v_i y_i.$$

注意到由于 $v_i(\boldsymbol{y}) = v_i y_i = \boldsymbol{v}^i \boldsymbol{y}$，这里 $\boldsymbol{y}$ 是 n 维向量，其中 $\boldsymbol{v}^i$ 的第 i 个分量为 v_i，而其他分量为 0，即 $\boldsymbol{v}^i=(0,\cdots,0,v_i,0,\cdots,0)$，从而 $\boldsymbol{y}$ 可以视作一个 n 维的公共品向量。不可分私人品的配置问题可看成是公共品的配置问题，也涉及机制设计问题。

对上述例子中公共项目和不可分私人品的配置问题，社会最优决策显然依赖于经济人的真实价值函数 $v_i(\cdot)$。令 $h = (\boldsymbol{y}(\cdot), t_1(\cdot), t_2(\cdot), \cdots, t_n(\cdot)) : \Theta \to Z$ 是关于 $\boldsymbol{y}$ 和转移支付 t_i 的结果函数，其中 $(t_1(\cdot), t_2(\cdot), \cdots, t_n(\cdot))$ 为**配置规则**，$\boldsymbol{y}(\cdot)$ 为**决策规则**。我们称决策规则 $\boldsymbol{y}(\cdot)$ 是**有效的**，若它最大化了其社会剩余 (所有个体剩余之和)，即

$$\sum_{i\in N} v_i(\boldsymbol{y}(\theta), \theta) \geqq \sum_{i\in N} v_i(\boldsymbol{y}(\theta'), \theta), \quad \forall \theta' \in \Theta.$$

若是私人价值模型，则成为

$$\sum_{i\in N} v_i(\boldsymbol{y}(\theta), \theta_i) \geqq \sum_{i\in N} v_i(\boldsymbol{y}(\theta'), \theta_i), \quad \forall \theta' \in \Theta.$$

计划者希望所执行的结果最大化所有个体剩余之和，即通过某个激励机制，能执行以上有效结果。

对以上所有例子，可以考虑更一般的效用或价值函数，而不只是参数化的效用函数。比如，令 V_i 为所有价值函数 v_i 的集合，记 $V = \prod_{i\in N} V_i$，则 $\boldsymbol{y}(\cdot)$ 是有效的，当且仅当

$$\sum_{i\in N} v_i(\boldsymbol{y}(\boldsymbol{v})) \geqq \sum_{i\in N} v_i(\boldsymbol{y}(\boldsymbol{v}')), \quad \forall \boldsymbol{v}' \in V.$$

18.4 占优策略执行和真实显示机制

本节讨论博弈解概念为占优策略均衡时的激励机制的设计问题。人们之所以关注占优策略执行，是由于人们关心在均衡时是否有让所有经济人都有激励真实显示其自身私人信息的机制存在。如本节所讨论的那样，占优策略均衡和说真话 (真实显示经济特征) 是等价的。此外，从信息效率的角度看，占优策略所需要的信息最少，因而占优均衡是描述自利行为最强的一个解概念。这是由于不管其他参与人选择什么策略，占优策略都是最优的，也就是自身的最优策略选择与其他个体的策略选择无关，也被称为**策略性无关** (strategy-proof) （或翻译成**无需策略**），因而不需要其他经济人的信息。博弈论中的一个公理是，只要占优策略存在，则每个人都会选择该策略。

对 $\boldsymbol{e} \in E$，机制 $\Gamma = \langle M, h\rangle$ 存在**占优策略均衡** $\boldsymbol{m}^*$，若对所有的 i，均有

$$h_i(m_i^*, \boldsymbol{m}_{-i}) \succcurlyeq_i h_i(m_i, \boldsymbol{m}_{-i}), \ \forall \boldsymbol{m} \in M. \tag{18.2}$$

对 $\Gamma = \langle M, h\rangle$ 和 $\boldsymbol{e} \in E$，记占优策略均衡集为 $\mathcal{D}(\boldsymbol{e}, \Gamma)$。

在占优策略存在的假定下，根据无需策略的定义，每个参与人的最优策略与其他参与人的策略无关，每个个体都不必知道其他个体的经济特征，因而在个体决策时他们所需要的信息是最少的。这样，占优策略存在是一种最合意的均衡解概念。占优策略的另一个优点是劣均衡一般不会出现。若个体的偏好是严格偏好，且有两个占优策略，则这两个策略导致同样的结果，因而它们是收益等价的。占优策略的这一性质对其他均衡策略来说通常并不具备。

给定一个博弈，占优策略一般并不存在。然而，在机制设计中，由于我们可以选择各种博弈形式，而不是给定博弈形式，占优策略存在的可能性大为增加。

定义 18.4.1　机制 $\Gamma = \langle M, h\rangle$ 按**占优策略完全执行了社会选择对应** F，若对任意的 $\boldsymbol{e} \in E$，都有

（a）$\mathcal{D}(\boldsymbol{e}, \Gamma) \neq \varnothing$;

（b）$h(\mathcal{D}(\boldsymbol{e}, \Gamma)) = F(\boldsymbol{e})$。

定义 18.4.2　机制 $\Gamma = \langle M, h\rangle$ 按**占优策略执行了社会选择对应** F，若对任意的 $\boldsymbol{e} \in E$，都有

（a）$\mathcal{D}(\boldsymbol{e}, \Gamma) \neq \varnothing$;

（b）$h(\mathcal{D}(\boldsymbol{e}, \Gamma)) \subseteq F(\boldsymbol{e})$。

第18章

定义 18.4.3　机制 $\Gamma = \langle M, h\rangle$ 按**占优策略部分执行了社会选择对应** F，若对任意的 $\boldsymbol{e} \in E$，都有

（a）$\mathcal{D}(\boldsymbol{e}, \Gamma) \neq \varnothing$;

（b）存在某个占优均衡 $\boldsymbol{m}^* = d(\boldsymbol{e}) \in \mathcal{D}(\boldsymbol{e}, \Gamma)$，使得 $h(\boldsymbol{m}^*) \in F(\boldsymbol{e})$。

除了以上定义的机制，有一种类型的博弈形式在文献中受到特别关注，这种博弈形式被称为直接显示、直言机制或显示机制，若每个参与人 i 的信息空间 M_i 完全由参与人的经济特征 E_i 组成，即在这样的机制下，每个参与人都被要求报告他们自身的经济特征，虽然所报告的经济特征不一定是他们真实的经济特征。

定义 18.4.4　机制 $\Gamma = \langle M, h\rangle$ 被称为**显示机制**，若 $M = E$。

例 18.4.1　第 16 章所讨论的最优合约为显示机制。

例 18.4.2　下面要讨论的维克瑞–克拉克–格罗夫斯 (Vickrey–Clark–Groves) 机制也是显示机制。

直言机制最具有吸引力的一个性质是，若每个参与人都愿意如实披露其自身经济特征，则一定是占优策略均衡，这样就将说真话和占优均衡等价地联系起来了。在公共经济学中，缺乏这样的机制的情形被称为“搭便车”问题。

定义 18.4.5　直言机制 $\langle E, h\rangle$ 在 E 上按$b(\boldsymbol{e}, \Gamma)$ **真实执行了社会选择对应** F，若对每个 $\boldsymbol{e} \in E$，都有

（a）$\boldsymbol{e} \in D(\boldsymbol{e}, \Gamma)$;

（b）$h(\boldsymbol{e}) \subseteq F(\boldsymbol{e})$。

注意，按 $b(\boldsymbol{e}, \Gamma)$ 真实执行只是部分执行而不是执行，这是由于谎报 $\boldsymbol{e}'$ 也可能是占优均衡，即 $h(\boldsymbol{e}') \in b(\boldsymbol{e}, \Gamma)$。

在直言机制中，当每个人讲真话都是占优策略时，我们说 $F(\cdot)$ 是**按占优策略可真实执行的** (truthfully implementable in dominant strategy)。

按占优策略可真实执行的也被称为**占优策略激励相容的、策略性无关的/策略防操纵的/无需策略的** (strategy-proof) 或者**策略直截了当的** (strategy straightforward)。

在考虑按占优策略执行时，虽然机制的信息空间可以是任意的，但下面所要介绍的显示原理 (revelation principle) 说明我们只需考虑显示机制即可，让说真话是占优均衡，无需考虑更复杂的机制。这一原理将大大简化机制的复杂性并缩小寻找机制的范围。

定理 18.4.1 (显示原理) *设机制 $\langle M,h\rangle$ 按占优策略部分执行了社会选择规则 F，则存在直接显示 (直言) 机制 $\langle E,g\rangle$ 按占优策略真实执行了 F。*

显示原理的证明思路同第 16 章一个人情形下的显示原理的证明类似。其核心就是用到了占优策略均衡中各经济人的策略独立于其他经济人策略的思想。

证明：令 d 为机制 $\langle M,h\rangle$ 导致了社会结果的占优策略 $\mathcal{D}(\boldsymbol{e},\Gamma)$ 的一个选择，即对任意的 $\boldsymbol{e}\in E$，均有 $\boldsymbol{m}^*=d(\boldsymbol{e})\in\mathcal{D}(\boldsymbol{e},\Gamma)$ 使得 $h(d(\boldsymbol{e}))\in F(\boldsymbol{e})$。由于 $\Gamma=\langle M,h\rangle$ 按占优策略部分执行了社会选择规则 F，这样的选择存在。由于是占优均衡，每个参与人的最优策略与其他参与人的最优策略相互独立，于是其占优策略可以表示为 $m_i^*=d_i(\boldsymbol{e}_i)$。

对每个 $\boldsymbol{e}\in E$，用 $g(\boldsymbol{e})\equiv h(d(\boldsymbol{e}))$ 定义显示机制 $\langle E,g\rangle$。我们首先证明如实报告自己的信息是机制 $\langle E,g\rangle$ 的占优策略均衡。若不然，则存在信息 $\boldsymbol{e}'$ 和个体 i，使得

$$u_i[g(e_i',\boldsymbol{e}_{-i}')]>u_i[g(e_i,\boldsymbol{e}_{-i}')].$$

然而，由于 $g=h\circ d$，我们有

$$u_i[h(d(e_i'),d(\boldsymbol{e}_{-i}'))]>u_i[h(d(e_i)),d(\boldsymbol{e}_{-i}')],$$

这与 $m_i^*=d_i(e_i)$ 是占优策略均衡的事实相矛盾。这是因为当经济环境为 $(e_i,\boldsymbol{e}_{-i}')$ 时，个体 i 没有激励如实报告 $m_i^*=d_i(e_i)$，但有激励报告 $m_i'=d_i(e_i')$，矛盾。

最后，由于 $\boldsymbol{m}^*=d(\boldsymbol{e})\in D(\boldsymbol{e},\Gamma)$ 和 $\langle M,h\rangle$ 按占优策略部分执行了社会选择规则 F，我们有 $g(\boldsymbol{e})=h(d(\boldsymbol{e}))=h(\boldsymbol{m}^*)\in F(\boldsymbol{e})$。因此，直言机制按占优策略真实执行了 F。 □

这样，根据显示原理，我们知道若真实执行是我们所需要的，则我们不会考虑非直言机制。在文献中，若机制 $\langle E,h\rangle$ 按占优策略真实执行了社会选择规则 F，则机制 Γ 有时也被称为社会选择对应 F 是**强个体激励相容的** (strongly individually incentive-compatible)。特别地，当 F 为单值函数 f 时，$\langle E,f\rangle$ 可看作一个直言机制。因此，若机制 $\langle M,h\rangle$ 按占优策略执行了 f，则直言机制 $\langle E,f\rangle$ 是按占优策略激励相容的，或称为强个体激励相容的。

要注意的是，在上面的证明中，占优策略均衡与纳什策略均衡的不同之处是，占优策略均衡中个体的选择同其他个体的策略选择无关，而纳什均衡策略中个体的策略选择与其他个体的最优策略有关，因而我们可以将占优均衡策略写为 $m_i^*=d_i(e_i)$。

备注：显示原理仅对部分执行成立而对完全执行或执行可能不成立。也就是说，尽管原有的一般机制完全执行或执行了 F (即所导致的所有结果都属于 $F(\boldsymbol{e})$)，但直接显示机制下的非真实显示的均衡结果也许不属于 $F(\boldsymbol{e})$。显示原理只是将一般机制 $\langle M,h\rangle$ 的某个

占优策略均衡与如实披露自身特征的直接显示机制对应起来，由于显示原理不要求直言机制具有唯一的占优策略均衡，直言机制 $\langle E, g\rangle$ 也许存在非如实披露自身特征的策略均衡 (non-truthful strategy equilibrium)。Dasgupta, Hammond 和 Maskin (1979) 给出了这样的反例 (见后面的习题)。因此，当从非直言机制的占优策略均衡转变为直接显示占优策略均衡时，可能伴随地引入了非真实显示的占优策略。这样，即使原有的非直言机制完全执行或执行了社会选择函数，所对应的直言机制 $\langle E, g\rangle$ 可能也只是部分执行，而不是执行或完全执行了 F。这样，复合映射所导致的直接显示机制同原有的非直言机制是不等价的。事实上，在很多情形下，真实显示或说真话是难以达到的，人们很难找到激励相容的机制来让每个人都说真话，真实显示自己的经济特征。这样，需要寻找其他制度安排，如社会规范来让人们说真话。

然而，若经济人具有严格偏好关系，即对任意的 $a, b \in \mathcal{A}$，当且仅当 $a = b$ 时 $a \sim_i^e b, \forall i \in N$，则任何两个不相同的结果（备选方案）不可能是无差异的，从而显示原理对执行成立。

第18章

下面的命题证明了，机制 $(\Gamma, \boldsymbol{e})$ 尽管可能有不止一个占优均衡，但在严格偏好假设下，其均衡结果必唯一，从而显示机制按占优策略执行了社会选择规则。

命题 18.4.1　假定所有经济人都具有严格偏好，则任何机制 $\Gamma = \langle M, h\rangle$ 的占优策略所导致的均衡结果都是唯一的，从而显示机制按占优策略执行了社会选择规则。

证明： 假设 $F(\cdot)$ 被机制 $\Gamma = \langle M, h\rangle$ 按占优策略执行，但占优均衡结果不是唯一的。于是，存在 $m_i^*, m_i^{*\prime} \in \mathcal{D}_i(\Gamma, \theta)$ 使得 $m_i^* \neq m_i^{*\prime}$，则根据占优均衡定义，对 $\forall \boldsymbol{m}_{-i} \in M_{-i}$，我们有

$$h(m_i^*, \boldsymbol{m}_{-i}) \succcurlyeq_i^e h(m_i^{*\prime}, \boldsymbol{m}_{-i}),$$

$$h(m_i^{*\prime}, \boldsymbol{m}_{-i}) \succcurlyeq_i^e h(m_i^*, \boldsymbol{m}_{-i}).$$

于是有 $h(m_i^*, \boldsymbol{m}_{-i}) \sim_i^e h(m_i^{*\prime}, \boldsymbol{m}_{-i})$。由于经济人具有严格偏好，则必有 $h(m_i^*, \boldsymbol{m}_{-i}) = h(m_i^{*\prime}, \boldsymbol{m}_{-i})$。对每个 i 重复此过程可得：$h(\boldsymbol{m}^*) = h(\boldsymbol{m}^{*\prime}), \forall (\boldsymbol{m}^*, \boldsymbol{m}^{*\prime}) \in \mathcal{D}(\Gamma, e)$。所以，占优均衡结果是唯一的。

这样，对所有的 $\boldsymbol{m}^* \in \mathcal{D}(\boldsymbol{e}, \Gamma)$，$g(\boldsymbol{e}) \equiv h(\boldsymbol{m}^*(\boldsymbol{e}))$ 是一个单值映射，从而显示机制 $\langle E, g\rangle$ 按占优策略执行了 F。　□

作为命题 18.4.1的一个直接推论，我们知道，当经济人具有严格偏好时，任何被占优策略可完全执行的社会选择规则都必为单值社会选择函数。正式地，我们有如下推论。

推论 18.4.1　假定所有经济人都具有严格偏好，则任何被占优策略完全执行的社会选择规则 (即 $h(\mathcal{D}(\boldsymbol{e}, \Gamma)) = F(\boldsymbol{e})$) 都必为单值社会选择函数。

证明： 既然 $F(\cdot)$ 被机制 $\Gamma = \langle M, h\rangle$ 按占优策略完全执行，则有 $h(\mathcal{D}(\boldsymbol{e}, \Gamma)) = F(\boldsymbol{e})$。于是，根据命题 18.4.1，有 $h(\boldsymbol{m}^*) = h(\boldsymbol{m}^{*\prime}), \forall (\boldsymbol{m}^*, \boldsymbol{m}^{*\prime}) \in \mathcal{D}(\Gamma, e)$。从而可得：对 $\forall \boldsymbol{e} \in E$，$f(\theta) = h(\mathcal{D}(\Gamma, \theta))$ 为单值。　□

我们将在下一章讨论事后完全执行时，作为推论给出私人价值下一个社会选择对应按占优策略可完全执行的充要条件。这是由于，当参与人的效用只依赖于自身类型时，即 $u_i(h(m(\theta)),\theta) = u_i(h(m(\theta)),\theta_i), \forall i \in N$，其事后均衡就是占优均衡。这样，关于社会选择集事后可完全执行的充要条件，在私人价值下也是一个社会选择按对应占优策略可完全执行的充要条件。

不过，即使占优均衡是唯一的，或不同的占优均衡导致了同样的占优均衡结果，也可能存在其他解意义下的均衡结果，比如也可能存在着纳什均衡，导致了不同的均衡结果。后面在讨论 VCG 机制的一个特殊形式——二级价格拍卖机制时，我们将给出这样的例子。

18.5 吉伯德–萨特思韦特不可能性定理

社会计划者希望可执行的社会选择规则具有某些合意性质，比如非独裁性；同时，希望信息要求尽可能少，这样也就希望执行该规则的博弈解尽可能强，比如按照占优均衡执行。显示原理对设计占优策略机制非常有用。若人们希望社会选择目标 f 按占优策略执行，则我们只需证明该显示机制 $\langle E, f\rangle$ 是可真实执行的。

不过遗憾的是，一般来说，不可能得到这样的结果。第 12 章的吉伯德–萨特思韦特 (Gibbard-Satterthwaite) 不可能性定理告诉我们，若不对容许的经济环境集合加以限制，则除了独裁 (dictatorial) 社会选择规则之外，其他的都不可能存在。下面我们从机制设计的视角重新考察这个定理。

定理 18.5.1 (吉伯德–萨特思韦特不可能性定理) 若结果空间 $\mathcal{A}$ 包含至少三个选择方案 $|\mathcal{A}| \geqq 3$，社会选择对应 $F: E \rightrightarrows \mathcal{A}$ 的定义域中包含所有严格偏好关系，即 $E = E^s$，且 $F(\cdot)$ 是按占优策略可真实执行的满射 (onto)，则 F 必为独裁的。

这个定理说明，若个体的选择是无限制的，且要求每个经济人都讲真话，则这样的激励机制是不存在的。我们在前面关于社会选择理论的讨论中已经给出了这个定理的证明。为了和机制联系起来，这里提供一个新的证明。在证明这个定理之前，先给出以下引理。

引理 18.5.1 若定义域中包含所有严格偏好关系即 $E = E^s$，结果空间 $\mathcal{A}$ 至少有三个选择方案 $|\mathcal{A}| \geqq 3$，且社会选择规则 $F: E^s \rightrightarrows \mathcal{A}$ 满足**一致性**和**马斯金单调性**，则其必为**独裁的**。

证明： 见表 18.5 至表 18.10。考虑两个备选方案 $a, b \in \mathcal{A}$。假设 $a \succ_i^e x \succ_i^e b, \forall x \in \mathcal{A}, \forall i \in I$。根据一致性可得 $F(e) = a$。在经济人 1 的偏好排序中将 b 每次向前提一个位置。根据马斯金单调性，只要 b 不超过 a，则方案 a 仍被选中。而当 b 超过 a 之后，根据一致性，可能的选择结果是 a 或 b。若被选中的仍然为 a，则对经济人 2 的偏好排序执行同样的操作，依此类推。一定存在某个经济人，在其偏好中当 a 和 b 发生逆转时社会选择结果由 a 变为 b，将此经济人标记为 j。将 b 与 a 在 j 的偏好序中逆转之前的状态记为

e^1，逆转之后的状态记为 e^2。在 e^1 和 e^2 中，将每个经济人 $i<j$ 的偏好序中的 a 移到最末端，而将每个经济人 $i>j$ 的偏好序中的 a 移到倒数第二的位置，经济人 j 的偏好不变，将新的状态分别记为 $e^{1'}$ 和 $e^{2'}$。

因为 $F(e^2)=b$ 且 $L_i(b,e^2)=L_i(b,e^{2'}),\forall i\in I$，由马斯金单调性可得 $F(e^{2'})=b$。而 $e^{2'}$ 和 $e^{1'}$ 相比只有在 j 的偏好中 a 和 b 发生了逆转，这样有 $F(e^{1'})=a$ 或 b。如果 $F(e^{1'})=b$，由于 $L_i(b,e^{1'})=L_i(b,e^1),\forall i\in I$，则由马斯金单调性可得 $F(e^1)=b$，从而得出矛盾，因此必有 $F(e^{1'})=a$。

设 $c\neq a,b$ 是另一个备选方案，按照表 18.9 的方式定义状态 e^3。由于 $L_i(a,e^3)=L_i(a,e^{1'}),\forall i\in I$，根据马斯金单调性可得 $F(e^3)=a$。

在状态 e^3 中，将所有 $i>j$ 的个体偏好中 a 和 b 的顺序对调，得到状态 e^4。根据单调性，$F(e^4)=a$ 或 b。显然，$c\succ_i^{e^4} b,\forall i\in I$，从而根据一致性，必然有 $F(e^4)=a$。

显然，对任何状态 $\alpha\in E^s$，只要 a 在经济人 j 的偏好中排在首位，则 $L_i(a,e^4)\subseteq L_i(a,\alpha),\forall i\in I$，则由马斯金单调性可得 $F(\alpha)=a$。可见，对于方案 a 个体 j 是个独裁者。

表 18.5　状态 e_1 下的偏好

个体	偏好 $\succ^{\theta^1}$			
1	b	a	⋯	*
2	b	a	⋯	*
⋯	⋯	⋯	⋯	⋯
$j-1$	b	a	⋯	*
j	a	b	⋯	*
$j+1$	a	⋯	⋯	b
⋯	⋯	⋯	⋯	⋯
n	a	⋯	⋯	b

表 18.6　状态 e_1' 下的偏好

个体	偏好 $\succ^{\theta^{1'}}$				
1	b	*	⋯	*	a
2	b	*	⋯	*	a
⋯	⋯	⋯	⋯	⋯	⋯
$j-1$	b	*	⋯	*	a
j	a	b	⋯	*	*
$j+1$	*	*	⋯	a	b
⋯	⋯	⋯	⋯	⋯	⋯
n	*	*	⋯	a	b

表 18.7 状态 e_2 下的偏好

个体	偏好 $\succ^{\theta^2}$			
1	b	a	$\cdots$	$*$
2	b	a	$\cdots$	$*$
$\cdots$	$\cdots$	$\cdots$	$\cdots$	$\cdots$
$j-1$	b	a	$\cdots$	$*$
j	b	a	$\cdots$	$*$
$j+1$	a	$\cdots$	$\cdots$	b
$\cdots$	$\cdots$	$\cdots$	$\cdots$	$\cdots$
n	a	$\cdots$	$\cdots$	b

表 18.8 状态 e_2' 下的偏好

个体	偏好 $\succ^{\theta^{2'}}$				
1	b	$*$	$\cdots$	$*$	a
2	b	$*$	$\cdots$	$*$	a
$\cdots$	$\cdots$	$\cdots$	$\cdots$	$\cdots$	$\cdots$
$j-1$	b	$*$	$\cdots$	$*$	a
j	b	a	$\cdots$	$*$	$*$
$j+1$	$*$	$\cdots$	$\cdots$	a	b
$\cdots$	$\cdots$	$\cdots$	$\cdots$	$\cdots$	$\cdots$
n	$*$	$*$	$\cdots$	a	b

表 18.9 状态 e_3 下的偏好

个体	偏好 $\succ^{\theta^3}$						
1	$*$	$*$	$*$	$\cdots$	c	b	a
2	$*$	$*$	$*$	$\cdots$	c	b	a
$\cdots$	$\cdots$	$\cdots$	$\cdots$	$\cdots$	$\cdots$	$\cdots$	$\cdots$
$j-1$	$*$	$*$	$*$	$\cdots$	c	b	a
j	a	c	b	$\cdots$	$*$	$*$	$*$
$j+1$	$*$	$*$	$*$	$\cdots$	c	a	b
$\cdots$	$\cdots$	$\cdots$	$\cdots$	$\cdots$	$\cdots$	$\cdots$	$\cdots$
n	$*$	$*$	$*$	$\cdots$	c	a	b

由以上证明可见，在严格偏好关系下，对任何一个备选方案 a，都存在一个独裁者 j，但不可能存在多于一个的独裁者。假设在某种状态 e 下，j 是 a 的独裁者，则 $F(e)=a$；如再假定 j' 是另一个方案 a' 的独裁者，则 $F(e)=a'$，矛盾。 □

表 18.10　状态 e_4 下的偏好

个体	偏好 $\succ^{\theta^4}$						
1	*	*	*	$\cdots$	c	b	a
2	*	*	*	$\cdots$	c	b	a
$\cdots$	$\cdots$	$\cdots$	$\cdots$	$\cdots$	$\cdots$	$\cdots$	$\cdots$
$j-1$	*	*	*	$\cdots$	c	b	a
j	a	c	b	$\cdots$	*	*	*
$j+1$	*	*	*	$\cdots$	c	b	a
$\cdots$	$\cdots$	$\cdots$	$\cdots$	$\cdots$	$\cdots$	$\cdots$	$\cdots$
n	*	*	*	$\cdots$	c	b	a

引理 18.5.2　若社会选择规则 $F: E^s \rightrightarrows \mathcal{A}$ 是占优策略真实执行且为**到上映射** (满射)，则其必满足一致性和马斯金单调性。

证明：

- **马斯金单调性：**假设状态 $e, e' \in E^s$ 满足 $F(e) = a$，且 $L_i(a, e) \subseteq L_i(a, e'), \forall i \in I$。若 $F(e_1', e_{-1}) \neq a$，则根据占优策略真实执行和严格偏好关系必有 $a = F(e) \succ_i^e F(e_1', e_{-1})$，即 $F(e_1', e_{-1}) \in L_1(a, e)$，从而 $F(e_1', e_{-1}) \in L_1(a, e')$，即 $a = F(e_1, e_{-1}) \succ_i^{e'} F(e_1', e_{-1})$，这和 $F(\cdot)$ 的占优策略真实执行性质矛盾，故必有 $F(e_1', e_{-1}) = a$。依此类推。

$$F(e_1', e_{-1}) = F(e_1', e_2', e_3, \cdots, e_n) = \cdots = F(e') = a,$$

  从而证明了 $F(\cdot)$ 的马斯金单调性。
- **一致性：**由于 $F(\cdot)$ 是到上映射（满射），所以对任意 $a \in \mathcal{A}$，均存在 $e \in E^s$ 使得 $F(e) = a$。假设 β 表示这样的状态：在每个人的偏好中方案 a 都排在首位。显然 $L_i(a, e) \subseteq L_i(a, \beta), \forall i \in I$，根据马斯金单调性可得 $F(\beta) = a$，一致性得证。

□

现在证明吉伯德–萨特思韦特不可能性定理：

证明：根据以上两个引理，$\exists j$ 对 $\forall e \in E^s$ 皆有 $F(e) = M_j(e)$，其中 $M_j(e) = \{x \in \mathcal{A} | x \succ_i^e b, \forall b \in \mathcal{A} \backslash \{x\}\}$ 表示经济人 j 最偏好的方案集合。现只需证明，对 $\forall e \in E \backslash E^s, F(e) = M_j(e)$ 即可。用反证法，假设 $\exists e \in E \backslash E^s$，$a = F(e)$ 但 $a \notin M_j(e)$，则 $\exists b \in M_j(e), b \succ_j^e a$。考虑另一种状态 $e' \in E^s$ 满足：(i) $a \succ_i^{e'} b \succ_i^{e'} c, \forall i \neq j, c \neq a, b$; (ii) $b \succ_j^{e'} a \succ_j^{e'} c, \forall c \neq a, b$。则 $L_i(a, e) \subseteq L_i(a, e'), \forall i \in I$，且 $F(e') = b$。根据占优策略真实执行，$F(e_1, e_{-1}) \succcurlyeq_i^e F(e_1', e_{-1})$，从而 $F(e_1, e_{-1}) \succcurlyeq_i^{e'} F(e_1', e_{-1})$。另外，再次根据占优策略真实执行性质 $F(e_1', e_{-1}) \succcurlyeq_i^{e'} F(e_1, e_{-1})$，有 $F(e_1', e_{-1}) = F(e_1, e_{-1}) = a$，依此类推，可得 $F(e') = a$。从而可得 $F(e') = a \neq M_j(e') = b$，矛盾。因此，对 $\forall e \in E \backslash E^s$，$F(e) = M_j(e)$。□

吉伯德–萨特思韦特不可能性定理是一个比较令人失望的结果，它实质上等价于阿罗不可能性定理。然而，在吉伯德–萨特思韦特不可能性定理的条件中，当经济环境受到约束时，如果将“至少有三个备选方案”和非受限定义域 ($E^s \subseteq E$) 这两个条件放宽，其结论有可能不成立。先看放宽“至少有三个备选方案”的反例。

例 18.5.1 (只有两个候选人的简单多数投票) 假设 N 个选民对两个候选人 a 和 b 进行投票，每个选民报出其偏好（只需报出其支持的候选人），然后根据如下简单多数规则投票：

$$F(e) = \begin{cases} a & \text{若} \quad \#\{i \in I | a \succ_i^e b\} > \#\{i \in I | b \succ_i^e a\}, \\ b & \text{若} \quad \#\{i \in I | a \succ_i^e b\} \leqq \#\{i \in I | b \succ_i^e a\}. \end{cases}$$

可见，无论别人是否讲真话，在此过程中每个选民都会如实申报自己的偏好。所以，$F(\cdot)$ 是按占优策略可真实执行的。

另一个例子是下面要讨论的，定义在拟线性效用函数上的维克瑞–克拉克–格罗夫斯（VCG）机制是说真话导致决策有效（社会剩余最大化）的机制。

赫维茨得到一个比吉伯德–萨特思韦特不可能性定理更强的结果：只要坚持执行帕累托有效和个体理性的配置，即使被进一步限制在新古典经济环境类，帕累托有效和如实显示两者仍然是不相容的。

18.6 赫维茨不可能性定理

在机制设计理论产生以前，特别是在赫维茨不可能性定理出现之前，在谈到公共品和私人品的差别时，经济学家大多认为完全竞争市场机制可以很好地处理私人品，认为在竞争市场中，价格是作为参数给定的 (即每个人的购买量不会影响价格的高低)，每个消费者没有必要隐瞒自己的真正偏好，在信息披露方面没有必要讲假话，从而认为对于只有私人品的经济社会，资源最优配置与个体的利己行为是一致的，不存在激励不相容的问题。

而对于具有公共品的经济社会，资源最优配置与个体的自利行为不一致，因为每个人都有想“搭便车”的激励，想从别人对公共品的贡献中得到好处，因而不愿披露自己对公共品的真正偏好，而会宣称公共品对他不重要以减少他自己对此应作出的贡献。例如，从前面处理公共设施开支的例子可以看出，若根据每个人所披露的自己消费公共品的程度 (边际替代效用) 来决定个人所应付的税赋，那么经济人可能为了少缴税而低报自己的真正偏好，但一旦公共品被生产出来，仍然可同样地从消费公共品中得到好处，长此以往就没有人对公共设施的付出了。这与对私人品的直觉大不一样，你花钱为你自己买日用品不会使别人得利。从而真实显示与导致个体理性及帕累托最优配置的社会目标是激励不相容的，竞争市场机制不能很好地处理公共品的有效提供问题。

这种不如实披露自己真正偏好的现象最初是由 Samuelson (1954，1955) 针对配置公共品的林达尔均衡 (Lindahl equilibrium) 解的批评而提出的。他进一步猜测对具有公共品的经济环境，不存在任何分散化经济机制，它能导致帕累托最优配置并且使每个人有激励如实披露自己的偏好。按以上显示机制和激励相容的术语来说，萨缪尔森的论断意味着每个参与者为了追求个人利益，不可能真实显示自己的经济特征。令人吃惊的是这一论断不仅对公共品的环境类成立，而且对有限数目参与人的私人品经济环境类也成立。

赫维茨在 1972 年证明了：对参与人个数有限的新古典经济环境类，即对满足连续性、单调性和凸性的经济环境类，不可能存在任何经济机制，它能导致个体理性和帕累托最优配置，并使每个人真实地显示自己的经济特征。

定理 18.6.1 (赫维茨不可能性定理, 1972)　对有限数目参与人的新古典私人品经济环境类，不存在任何机制 $\langle M,h\rangle$，它按占优策略执行了帕累托有效和个体理性配置。因此，任何产生帕累托有效和个体理性配置的显示机制 $\langle E,h\rangle$ 都必然不是强个体激励相容的 (即，每个参与人如实披露其偏好的策略不是占优均衡)。

证明： 根据显示原理，我们只需证明，对某个特别的纯交换经济，任何一个直言机制都不能按占优策略均衡真实地执行帕累托有效和个体理性配置。进而我们只需证明，对某种特别的纯粹交换经济，对任意产生帕累托有效和个体理性配置的直言机制，真实报告自己的信息都不是纳什均衡。

考虑下面具有两个经济人 ($n=2$) 和两种产品 ($L=2$) 的私人品经济：

$$w_1=(0,2), w_2=(2,0),$$

$$\mathring{u}_i(x,y)=\begin{cases} 3x_i+y_i & \text{若}\quad x_i \leqq y_i, \\ x_i+3y_i & \text{若}\quad x_i > y_i. \end{cases}$$

对上述经济，可行配置为：

$$\begin{aligned} A=\{[(x_1,y_1),(x_2,y_2)] \in R^4_+ :& \\ x_1+x_2=2& \\ y_1+y_2=2\}.& \end{aligned}$$

令 U_i 为经济人 i 的所有新古典效用函数构成的集合，即该集合中所有效用函数都是单调、连续及拟凹的，则其真实的效用函数 $\mathring{u}_i \in U_i$。于是，直言机制为：

$$U=U_1 \times U_2,$$
$$h: U \to A.$$

注意到若效用函数 $\mathring{u}_i$ 是纳什均衡策略，则它必然满足

$$\mathring{u}_i(h_i(\mathring{u}_i,\mathring{u}_{-i})) \geqq \mathring{u}_i(h_i(u_i,\mathring{u}_{-i})). \tag{18.3}$$

我们现证明 $\mathring{u}_i$ 不是纳什均衡。从图 18.2 中，我们可看出：

（1）$P(\mathring{u})=\overline{O_1O_2}$ (契约曲线)；

（2）$IR(\mathring{u}) \cap P(\mathring{u})=\overline{ab}$；

（3）$h(\mathring{u}_1,\mathring{u}_2)=d \in \overline{ab}$。

假设个体 2 没有如实报告其效用函数，而报告下面的效用函数：

$$u_2(x_2, y_2) = 2x + y, \tag{18.4}$$

则在 u_2 策略下，个体 2 的个体理性和帕累托有效配置集为

$$IR(\mathring{u}_1, u_2) \cap P(\mathring{u}_1, u_2) = \overline{ae}. \tag{18.5}$$

对个体 2 来说，a 和 e 之间的任意点都严格优于 d。因此，在经济人的效用函数 $(\mathring{u}_1, u_2)$ 下，由任何机制所确定的个体理性和帕累托有效配置都必然位于以 a 和 e 为端点的线段中的某一点，不妨设为 c。由于 $h_2(\mathring{u}_1, u_2) = c \in \overline{ae}$，我们有

$$\mathring{u}_2(h_2(\mathring{u}_1, u_2)) > \mathring{u}_2(h_2(\mathring{u}_1, \mathring{u}_2)). \tag{18.6}$$

这样，经济人说真话不是纳什均衡。类似地，若 d 在 $\overline{ae}$ 上，则个体 1 有激励操纵信息。因此，任何能导致帕累托有效和个体理性配置的机制都不是强激励相容的 (见图 18.2)。

□

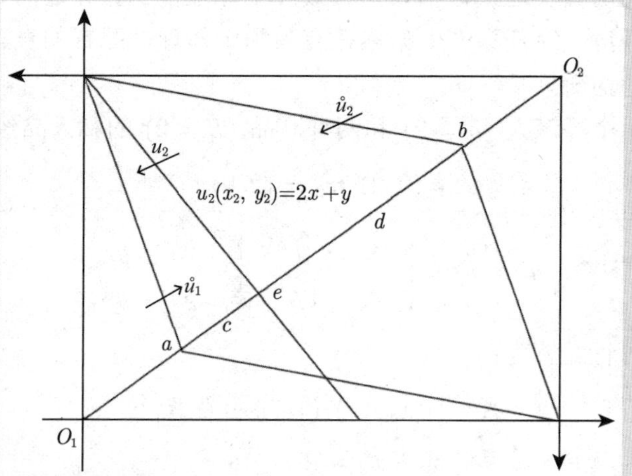

图 18.2 赫维茨不可能性定理证明的图示

赫维茨不可能性定理比吉伯德–萨特思韦特不可能性定理的结论更强。即使被限制在约束性很强的新古典经济类中，赫维茨不可能性定理也告诉我们：真实显示自身偏好和福利经济学第一基本定理竞争导致帕累托有效配置的结论是根本冲突的。对于只有私人品的一般经济环境类，只要参与人的个数是有限的，不可能存在任何信息分散化经济机制（无论是市场经济机制，还是计划经济机制)，使得当人们的行为按占优策略决策时，它真实地执行了资源的最优配置。其原因在于人数有限的经济环境与完全竞争假设不相容。这让人们意识到，一般均衡理论实质上是基于经济人的数目是无穷的，这当然是非常不现实的。不过，当经济社会中的成员数目与实数轴上的点一样多时 (无穷不可数个点)，“真实显示偏好”是可能的，但这与现实相差太远。当我们要设计某种经济机制时，必须牢记这个定理。若想使某个机制产生帕累托最优配置，我们必须放弃占优策略均衡假设，即放弃每个人都说真话的要求，而是看最终结果。对于具有公共品的经济社会，无论这个经济社会的

人员数目是多少，即使无穷，Ledyard 和 Roberts (1975) 也证明了类似的不可能性结果。从这点来说，这两种经济环境 (即具有公共品的经济环境与不具有公共品的经济环境) 没有本质上的差别。当然，如下节所示，从微观管理层面来说，说真话并导致社会剩余最大化 (但不是帕累托有效配置) 的机制是可能的。

因此，帕累托有效和个体真实显示其经济特征在本质上是不相容的。若我们要得到肯定结果，可从两个方面放宽：一是放弃真实显示偏好的要求，也就是放弃直接显示机制，采用更一般的非直言机制，并且利用较弱均衡解的概念，如采用纳什均衡或贝叶斯–纳什均衡作为执行解的概念，来达到帕累托有效配置。二是放弃帕累托有效配置要求，只考虑微中观层面的最优配置问题。就像一个政策在全国各行业行不通时，可以对微观层面或不同行业制定不同的规则或政策。例如，只要求有效地提供公共品，是否可能找到能导致公共品的有效提供，并同时真实显示个体特征的机制呢？结果是肯定的。下面就讨论这样的机制。对拟线性效用函数来说，维克瑞–克拉克–格罗夫斯机制即是这样的机制。

18.7　维克瑞–克拉克–格罗夫斯机制

从第 15 章关于公共品的讨论中，我们知道，在公共品经济中，通过分散决策的竞争市场来配置资源会导致公共品的提供不足，从而不能达到有效提供的水平，使得市场失灵。采用民主投票方式来提供公共品则会导致过多或者过少的公共品。事实上，以上赫维茨不可能性定理已经证明了不存在任何真实显示偏好机制，能导致资源的有效配置。那么，若人们放弃帕累托最优配置的要求，考虑某个项目、行业、区域等较为微观或局部的问题，比如只考虑公共品或不可分私人品的有效提供问题，那么是否有可能设计出激励机制从而使得每个参与人都有激励如实显示自己的偏好并能有效提供所需要的公共品呢？

答案是肯定的，这就是本节要介绍的私人价值情形下的**维克瑞–克拉克–格罗夫斯** (Vickrey–Clark–Groves) 机制，简称 **VCG 机制**。这种类型的机制最早是由维克瑞 (William Vickrey，1914—1996，其人物小传见 21.7.1 节) 在 20 世纪 60 年代初提出的二级价格拍卖机制，随后克拉克在 1971 年给出了**枢纽机制** (pivotal mechanism)，格罗夫斯在 1973 年则在机制设计框架下给出了更具一般性的机制。人们后来发现，维克瑞的二级价格拍卖机制和克拉克机制其实都是格罗夫斯的一般机制的特殊情况，因此这种具有一般性的格罗夫斯机制也被称为 VCG 机制。对准线性**私人价值**效用函数，VCG 机制能够解决公共品的有效提供问题，并且当经济环境稠密时，它是唯一能有效提供公共品的激励相容机制，即 **VCG 机制是唯一按占优策略真实执行了社会有效决策规则 (参与人剩余之和最大化) 的机制**。

从简单情形入手，我们先考虑不可分公共品，也就是公共项目的供应问题。

18.7.1　离散公共品情形下的 VCG 机制

考虑离散公共品的提供问题。假设经济中有 n 个参与人。修建某个公共设施所需费用

是 c。这 n 个人为修建这个公共设施所愿作出的贡献记为 $g_1, g_2, \cdots, g_n$。从第 15 章中的讨论我们得知，当且仅当 $\sum_{i\in N} g_i > c$，公共设施应被修建。公共设施给这 n 个人带来的最大意愿支付记为 $r_1, r_2, \cdots, r_n$。于是，修建公共设施带给第 i 个人的净价值为 $v_i = r_i - g_i$，并且公共项目被有效提供 $(y = 1)$ 当且仅当

$$\sum_{i\in N} v_i = \sum_{i=1}^{n}(r_i - g_i) \geqq 0,$$

即公共项目由下式确定：

$$y = \begin{cases} 1 & \text{若} \sum_{i=1}^{n} v_i \geqq 0, \\ 0 & \text{若不然}. \end{cases}$$

既然每个经济人 i 的最大意愿支付 r_i 从而其净价值 v_i 是私人信息，那么应使用何种机制使得每个人都有激励如实显示出他真正的净价值 v_i 呢？一种天真的想法是捐赠靠自觉，让参与人报告他们各自的净价值，然后根据所报净价值之和是否大于零来确定公共项目是否值得建设。这样的机制所导致的问题是它没有搞对激励，它不能使所有个体有激励如实地报告他们的真正意愿支付 (willingness-to-pay)，反而有动机低报其意愿支付。

那么，人们如何才能够诱导每个参与人如实报告其对公共品的最大意愿支付呢？答案是采用以下维克瑞–克拉克–格罗夫斯 (VCG) 机制。

假设每个经济人 i 关于其私人品的增益 $x_i - w_i$ 的效用函数是拟线性的：

$$\begin{aligned} \bar{u}_i(x_i - w_i, y) &= x_i - w_i + r_i y \\ \text{s.t.} \quad x_i + g_i y &= w_i + t_i, \end{aligned}$$

其中，t_i 为对个体 i 的转移支付。这样，我们可以将原有效用函数写作转移支付和公共品的效用函数：

$$\begin{aligned} u_i(t_i, y) &= t_i + r_i y - g_i y \\ &= t_i + (r_i - g_i) y \\ &= t_i + v_i y. \end{aligned}$$

简单形式 VCG 机制

在维克瑞–克拉克–格罗夫斯 (VCG) 机制的简单形式中，个体被要求报告其净价值，记为 b_i。这样，每个参与人 i 的信息空间为 $M_i = \mathcal{R}$。VCG 机制被定义为：

$$\Gamma = \langle M_1, \cdots, M_n; y(\cdot), t_1(\cdot), t_2(\cdot), \cdots, t_n(\cdot)\rangle \equiv \langle M, y(\cdot), t(\cdot)\rangle.$$

这里，结果函数为 $h = (y(\cdot), t(\cdot))$，其中

(1) $b_i \in M_i = \mathcal{R}$: 经济人 i 所报告的公共品的净价值 (可被看作对公共品的竞价)，它可能是也可能不是个体 i 真实的净价值 v_i。

(2) 由于每个经济人都有可能真报或慌报，b_i 不一定就等于 v_i。为此，根据所有个体

所报的净价值加总后是否非负来决定这个公共设施是否被修建。即，这个简单的 VCG 机制规定，公共设施是否被生产由下式决定：

$$y(b)=\begin{cases}1 & 若 \sum_{i=1}^{n} b_i \geqq 0,\\ 0 & 若不然.\end{cases}$$

（3）为了让经济人说真话，需要给予恰当激励，为此经济人 i 所获得的转移支付被定义为：

$$t_i(b)=\begin{cases}\sum_{j\neq i} b_j & 若 \sum_{i=1}^{n} b_i \geqq 0,\\ 0 & 若不然.\end{cases} \tag{18.7}$$

若 $t_i<0$，它可被解释为总量税 (lump-sum tax)。若 $t_i>0$，可被视作补偿。

个体 i 的收益于是为：

$$\phi_i(b)=\begin{cases}v_i+t_i(b)=v_i+\sum_{j\neq i} b_j & 若 \sum_{i=1}^{n} b_i \geqq 0,\\ 0 & 若不然.\end{cases} \tag{18.8}$$

我们现在证明，对每个经济人来说，无论其他经济人如何报告他们的信息，他都会如实披露其真实的净价值，即 $b_i=v_i$ 是最优的，即讲真话是占优策略均衡。考虑两种可能的情形。

情形 1: $v_i+\sum_{j\neq i} b_j \geqq 0$。这意味着参与者 i 希望公共设施被修建，因为修建公共设施为第 i 个人所带来的效用要大于或等于不修建时的效用 (因为修建所带来的效用为 $v_i+t_i(b)=v_i+\sum_{j\neq i} b_j \geqq 0$，而不修建时的效用为 0)。当 i 如实地披露 $b_i=v_i$ 时，他能确保公共设施被修建。这是由于，若报 $b_i=v_i$，$\phi_i(v_i,\boldsymbol{b}_{-i})=v_i+\sum_{j\neq i} b_j=\sum_j b_j \geqq 0$。这样，个人的福利和修建公共设施这一社会目标达到一致，社会计划者和参与人都愿意修建这个公共项目。

情形 2: $v_i+\sum_{j\neq i} b_j<0$。这就意味着参与者 i 不希望公共设施被修建，因为修建公共设施给第 i 个人所带来的效用要小于不修建时的效用 (即 $v_i+\sum_{j\neq i} b_j<0$)。当 i 真实地报出 $b_i=v_i$ 时，他能确保公共设施不被修建。此时有 $\sum_{i=1}^{n} b_i<0$。在这种情形下，$\phi_i(v_i,\boldsymbol{b}_{-i})=0>v_i+\sum_{j\neq i} b_j$。这样，个人福利和不修建公共设施这一社会目标达到了一致，即它们都保证了 $\sum_j b_j<0$。

因此，无论对上述两种情形的哪一种和其他人如何选择，个体 i 都有激励如实报告其真实净价值 v_i。这样，我们证明了真实显示是一个占优均衡。这意味着对个体 i 来说讲真话是最优的，无论其他个体如何报告他们的信息。并且，讲真话导致了社会剩余最大化，从而真实地执行了社会决策有效结果。

上述偏好显示的 VCG 机制有一个较大的弊端：个体的转移支付总额过大，诱导所有个体讲真话的成本可能会很高，该机制的信息显示成本 (执行成本) 过大。

理想的机制是对所有个体的转移支付的总额为零，使得可行性条件成立，从而导致帕累托有效配置。但根据下面的命题 18.7.4，这样的机制一般来说并不存在。然而，我们可将上述机制修改为让个体额外地再支付一定的税赋的方式以减少信息显示成本。不过，由于这样的税收仍然有“浪费”，造成了所谓的无谓损失 (deadweight loss)，因而这样形成的公共品配置仍不是帕累托有效的。

让每个经济人支付一定的税赋的基本思想是对个体 i 的转移支付再额外加上一项 $d_i(\boldsymbol{b}_{-i})$，而这受到其他个体策略的影响。

一般 VCG 机制

每个人的转移支付不依赖自己的策略，而只依赖于其他人的策略。让每个经济人支付额外的税额 $d_i(\boldsymbol{b}_{-i})$，是一个独立于 b_i 的任意给定函数。这样所得到的一般格罗夫斯机制也被称为**维克瑞–克拉克–格罗夫斯 (VCG) 机制**，它包含了维克瑞的二级价格拍卖机制和克拉克的枢纽机制作为特殊情况。

在这种情形下，转移支付为：

$$t_i(\boldsymbol{b}) = \begin{cases} \sum_{j\neq i} b_j + d_i(\boldsymbol{b}_{-i}), & 若 \sum_{i=1}^n b_i \geqq 0, \\ d_i(\boldsymbol{b}_{-i}), & 若 \sum_{i=1}^n b_i < 0, \end{cases}$$

个体 i 的收益形式变为：

$$\phi_i(\boldsymbol{b}) = \begin{cases} v_i + t_i(\boldsymbol{b}) = v_i + \sum_{j\neq i} b_j + d_i(\boldsymbol{b}_{-i}), & 若 \sum_{i=1}^n b_i \geqq 0, \\ d_i(\boldsymbol{b}_{-i}), & 若不然. \end{cases} \tag{18.9}$$

可完全类似地证明，对一般 VCG 机制，个体如实报告其净收益是占优均衡，于是有下面的命题。

命题 18.7.1 对离散情形下的私人价值公共经济，在维克瑞–克拉克–格罗夫斯 (VCG) 机制下，所有参与人讲真话构成了占优均衡，从而 VCG 机制按占优策略真实地执行了有效决策规则，导致了公共项目的有效提供。

<u>备注</u>：这一结论依赖于**私人价值假设**。如果个人价值函数同时也依赖于其他人的类型，即在相互依赖价值经济环境下，则以上定义的转移支付函数同时也依赖于自身的类型，从而 VCG 机制并不能导致按占优策略真实地执行有效决策规则，需要对 VCG 机制进行适当修正，在拍卖章节讨论相互依赖价值模型时所给出的广义 VCG 机制就是对 VCG 机制的修正。

<u>备注</u>：VCG 机制在机制设计文献中处于重要地位，在不完全信息一般机制设计、拍卖理论和动态机制设计上都起到基准作用，我们将会给出 VCG 机制的各种变形和推广。

若函数 $d_i(\boldsymbol{b}_{-i})$ 选择得当，则对所有个体的转移支付将大幅减少。一个特别的选择导致了所谓的**克拉克**机制 (也称**枢纽**机制):

枢纽机制是 VCG 机制的特殊形式，其中 $d_i(\boldsymbol{b}_{-i})$ 为：

$$d_i(\boldsymbol{b}_{-i}) = \begin{cases} -\sum_{j\neq i} b_j & \text{若} \sum_{j\neq i} b_j \geqq 0, \\ 0 & \text{若} \sum_{j\neq i} b_j < 0. \end{cases}$$

在这种情形下，有

$$t_i(\boldsymbol{b}) = \begin{cases} 0 & \text{若} \sum_{i=1}^{n} b_i \geqq 0, \sum_{j\neq i} b_j \geqq 0, \\ \sum_{j\neq i} b_j & \text{若} \sum_{i=1}^{n} b_i \geqq 0, \sum_{j\neq i} b_j < 0, \\ -\sum_{j\neq i} b_j & \text{若} \sum_{i=1}^{n} b_i < 0, \sum_{j\neq i} b_j \geqq 0, \\ 0 & \text{若} \sum_{i=1}^{n} b_i < 0, \sum_{j\neq i} b_j < 0, \end{cases} \tag{18.10}$$

即

$$t_i(\boldsymbol{b}) = \begin{cases} -|\sum_{j\neq i} b_j| & \text{若} (\sum_{i=1}^{n} b_i)(\sum_{j\neq i} b_i) < 0, \\ -|\sum_{j\neq i} b_j| & \text{若} \sum_{i=1}^{n} b_i = 0 \text{ 和 } \sum_{j\neq i} b_j < 0, \\ 0 & \text{若不然}. \end{cases} \tag{18.11}$$

个体 i 的收益则为：

$$\phi_i(\boldsymbol{b}) = \begin{cases} v_i & \text{若} \sum_{i=1}^{n} b_i \geqq 0, & \sum_{j\neq i} b_j \geqq 0, \\ v_i + \sum_{j\neq i} b_j & \text{若} \sum_{i=1}^{n} b_i \geqq 0, & \sum_{j\neq i} b_j < 0, \\ -\sum_{j\neq i} b_j & \text{若} \sum_{i=1}^{n} b_i < 0, & \sum_{j\neq i} b_j \geqq 0, \\ 0 & \text{若} \sum_{i=1}^{n} b_i < 0, & \sum_{j\neq i} b_j < 0. \end{cases} \tag{18.12}$$

备注：从式 (18.11) 关于转移支付的表达式中，可以看出，经济人 i 的竞标策略会影响社会决策。如果是这样，这样的经济人被称为枢纽经济人 (pivotal agent)。经济人 i 所需支付的税额为经济人 i 报告其意愿支付时对其他经济人所造成的损失。经济人 i 为改变公共品提供的决策所应付出的代价要等于对其他经济人所造成的总损失。

18.7.2 连续公共品情形下的 VCG 机制

现在考察私人价值情形下连续公共品的有效提供问题。考虑有 n 个经济人、一种私人品和 K 种公共品的公共经济。记

x_i: 经济人 i 消费的私人品数量。

$\boldsymbol{y}$: 所有经济人消费的公共品数量。

t_i: 经济人 i 的转移支付。

$g_i(\boldsymbol{y})$: 经济人 i 的贡献。

$c(\boldsymbol{y})$: 可行生产公共品成本函数，即满足：

$$\sum g_i(\boldsymbol{y}) = c(\boldsymbol{y}).$$

则个体 i 的预算约束满足：

$$x_i + g_i(\boldsymbol{y}) = w_i + t_i, \tag{18.13}$$

且其效用函数为

$$\bar{u}_i(x_i - w_i, \boldsymbol{y}) = x_i - w_i + u_i(\boldsymbol{y}). \tag{18.14}$$

结合上述两式，得：

$$\begin{aligned} u_i(t_i, \boldsymbol{y}) &= t_i + (u_i(\boldsymbol{y}) - g_i(\boldsymbol{y})) \\ &\equiv t_i + v_i(\boldsymbol{y}), \end{aligned}$$

其中，$v_i(\boldsymbol{y})$ 被称为个体 i 的**价值函数**，假定为凹函数。由预算约束

$$\sum_{i=1}^{n} \{x_i + g_i(\boldsymbol{y})\} = \sum_{i=1}^{n} w_i + \sum_{i=1}^{n} t_i, \tag{18.15}$$

我们有

$$\sum_{i=1}^{n} x_i + c(\boldsymbol{y}) = \sum_{i=1}^{n} w_i + \sum_{i=1}^{n} t_i. \tag{18.16}$$

由上式，可行性 (或平衡) 条件为：

$$\sum_{i=1}^{n} t_i = 0. \tag{18.17}$$

而帕累托有效配置为下面最优化问题的解：

$$\max \sum a_i \bar{u}_i(x_i, \boldsymbol{y})$$

$$\text{s.t.} \qquad \sum_{i=1}^{n} x_i + c(\boldsymbol{y}) = \sum_{i=1}^{n} w_i.$$

对拟线性效用函数，由于在内点帕累托最优配置 (无收入效应) 处有 $a_i = \lambda$，因而对所有经济人其权重 a_i 都相同，其中 λ 为上述问题的拉格朗日乘子，而 $\boldsymbol{y}$ 由 $u_i(t_i, \boldsymbol{y}) = t_i + v_i(\boldsymbol{y})$

唯一确定。于是上述最优化问题等价于下述问题

$$\max_{t_i,\boldsymbol{y}}\left[\sum_{i=1}^{n}(t_i+v_i(\boldsymbol{y}))\right], \tag{18.18}$$

或者等价于

（1）社会剩余 (总消费者剩余) 最大化条件：

$$\max_{\boldsymbol{y}}\sum_{i=1}^{n}v_i(\boldsymbol{y}); \tag{18.19}$$

（2）平衡条件：

$$\sum_{i=1}^{n}t_i=0. \tag{18.20}$$

于是，林达尔–萨缪尔森 (Lindahl-Samuelson) 条件为：

$$\sum_{i=1}^{n}\frac{\partial v_i(\boldsymbol{y})}{\partial y_k}=0,$$

即

$$\sum_{i=1}^{n}\frac{\partial u_i(\boldsymbol{y})}{\partial y_k}=\frac{\partial c(\boldsymbol{y})}{\partial y_k}.$$

因此，对拟线性效用函数，帕累托有效配置完全由林达尔–萨缪尔森条件 $\sum_{i=1}^{n}v_i'(\boldsymbol{y})=0$ 和平衡条件 $\sum_{i=1}^{n}t_i=0$ 所刻画。①

一般来说，机制设计者不知道真实价值函数 $v_i(\cdot,\cdot)$。设计激励机制的目的是要选择最优的公共品水平，并且每个参与人都有激励如实显示他的价值函数。用直言机制 $\langle V,h\rangle$ 的术语来说，机制要求每个参与人报出他的价值函数，所报的价值函数可以是真实或非真实的，然后设计者给出配置的决策规则 (结果函数)，$h(\cdot)=(\boldsymbol{y}(\cdot),t_1(\cdot),\cdots,t_n(\cdot)):V\to\mathcal{R}_+\times\mathcal{R}^n$，使得这样的真实显示机制执行了最优的公共品提供水平 $\boldsymbol{y}^*$。

那么，在什么样的机制下，每个个体的利益与社会计划者的利益激励相容呢？格罗夫斯系统地研究了这样的激励相容机制。

在简单形式的 VCG 机制中，每个经济人要求报告其价值函数 $v_i(\boldsymbol{y})$，记为 $b_i(\boldsymbol{y})$。

为了有效地提供公共品，机制设计者可以宣布所提供的公共品水平为 $\boldsymbol{y}^*=\boldsymbol{y}(\cdot)$，由下述问题的最优解决定：

$$\max_{\boldsymbol{y}}\sum_{i=1}^{n}b_i(\boldsymbol{y}). \tag{18.21}$$

VCG 机制具有如下形式：

$$\Gamma=\langle V,h\rangle, \tag{18.22}$$

---

① 实际上，它们可能不是完全等价的。由于 t_i 可能是充分大的负数，会导致 x_i 不在消费空间中。但机制设计文献在定义帕累托有效时忽视了个人可行条件。

其中 $V = V_1 \times \cdots \times V_n$ 为信息空间，它由所有可能的价值函数 $b_i(\boldsymbol{y}) \in V_i$ 构成，$h(\boldsymbol{b}) = (\boldsymbol{y}(\boldsymbol{b}), t_1(\boldsymbol{b}), t_2(\boldsymbol{b}), \cdots, t_n(\boldsymbol{b})) : V \to \mathcal{R}_+ \times \mathcal{R}^n$ 为结果函数。VCG 机制由如下步骤确定：

（1）设计者让每个个体 i 报告其价值函数 $b_i(\boldsymbol{y})$，该价值函数可能等于也可能不等于其真实价值函数 $v_i(\boldsymbol{y})$;

（2）求解下述问题确定公共品提供水平 $\boldsymbol{y}^* = \boldsymbol{y}(\boldsymbol{b})$:

$$\max_{\boldsymbol{y}} \sum_{i=1}^{n} b_i(\boldsymbol{y}); \tag{18.23}$$

（3）确定经济人 i 的转移支付 t_i，由下式决定：

$$t_i(\boldsymbol{b}) = \sum_{j \neq i} b_j(\boldsymbol{y}^*). \tag{18.24}$$

经济人 i 的收益为：

$$\phi_i(\boldsymbol{b}(\boldsymbol{y}^*)) = v_i(\boldsymbol{y}^*) + t_i(\boldsymbol{b}) = v_i(\boldsymbol{y}^*) + \sum_{j \neq i} b_j(\boldsymbol{y}^*). \tag{18.25}$$

在上述机制下，每个参与人 i 都希望最大化自己的收益：

$$\max_{\boldsymbol{y}} [v_i(\boldsymbol{y}) + \sum_{j \neq i} b_j(\boldsymbol{y})]. \tag{18.26}$$

只要每个经济人都如实报告其真实的价值函数 $b_i(\boldsymbol{y}) = v_i(\boldsymbol{y})$ 而不管其他人是如实报告还是谎报他们的价值函数，参与人 i 的最大化问题 (18.26) 和社会剩余最大化问题 (18.21) 就完全一样。这样，当设计者选择 $\boldsymbol{y}^*$ 使其社会剩余最大化时，也确保 $\boldsymbol{y}^*$ 同时求解了所有经济人 i 的收益最大化问题 (18.26)。这即是说，个人利益与社会利益完全一致，形成了激励相容。因此，讲真话策略 $b_i(\boldsymbol{y}) = v_i(\boldsymbol{y})$ 是占优策略均衡。并且，讲真话导致了社会剩余最大化，从而按占优策略真实地执行了社会剩余有效结果。

一般来说，$\sum_{i=1}^{n} t_i(\boldsymbol{b}(\boldsymbol{y})) \neq 0$，这意味着即使 VCG 机制满足林达尔–萨缪尔森条件，也不一定会导致帕累托有效结果。

类似离散公共品情形，上述机制的转移支付总额可能会很大。不过，我们可以通过如下方式对 VCG 机制进行修正：

$$t_i(\boldsymbol{b}) = \sum_{j \neq i} b_j(\boldsymbol{y}) + d_i(\boldsymbol{b}_{-i}),$$

这里 $d_i(\boldsymbol{b}_{-i})$ 是独立于 $\boldsymbol{b}_{-i}$ 的任一函数。

这便得到了 VCG 机制 $\Gamma = \langle V, t, \boldsymbol{y}(\boldsymbol{b}) \rangle$ 的一般形式，它满足

（1）$\sum_{i=1}^{n} b_i(\boldsymbol{y}(\boldsymbol{b})) \geqq \sum_{i=1}^{n} b_i(\boldsymbol{y})$，$\forall \boldsymbol{y} \in Y$;

（2）$t_i(\boldsymbol{b}) = \sum_{j \neq i} b_j(\boldsymbol{y}) + d_i(\boldsymbol{b}_{-i})$。

可以完全类似地证明，以上 VCG 机制真实地执行了社会剩余最大化 (有效) 结果。总结以上讨论，我们有下述命题：

命题 18.7.2 对私人价值连续情形下的公共经济，在 VCG 机制下，所有参与人讲真

话 $(b_1(\boldsymbol{y}), b_2(\boldsymbol{y}), \cdots, b_n(\boldsymbol{y})) = (v_1(\boldsymbol{y}), v_2(\boldsymbol{y}), \cdots, v_n(\boldsymbol{y}))$ 构成了一个占优策略均衡，从而这个机制按占优策略真实地执行了社会有效规则 $\boldsymbol{y}^*(\cdot)$。

克拉克给出了以上 VCG 机制的一个特殊情形，我们称之为克拉克机制或枢纽机制，其中 $d_i(\boldsymbol{b}_{-i}(\boldsymbol{y}))$ 为

$$d_i(\boldsymbol{b}_{-i}) = -\max_{\boldsymbol{y}} \sum_{j \neq i} b_j(\boldsymbol{y}). \tag{18.27}$$

即在枢纽机制 $\Gamma = \langle V, t, \boldsymbol{y}(\boldsymbol{b}) \rangle$ 中，机制设计者选择 $(\boldsymbol{y}^*, t_i^*)$，使得

（1）$\sum_{i=1}^n b_i(\boldsymbol{y}^*) \geqq \sum_{i=1}^n b_i(\boldsymbol{y})$，$\forall \boldsymbol{y} \in Y$；

（2）$t_i(\boldsymbol{b}) = \sum_{j \neq i} b_j(\boldsymbol{y}^*) - \max_{\boldsymbol{y}} \sum_{j \neq i} b_j(\boldsymbol{y})$。

克拉克机制包括了著名的维克瑞拍卖机制 (也称为二级价格密封竞价拍卖机制) 作为特殊情况。在维克瑞拍卖机制下，报价最高者获得拍卖品，但成交价等于第二高报价。为了看出维克瑞拍卖机制是克拉克机制的特殊情况，让我们回到前面例 18.3.5 关于某种不可分物品的配置问题。在这种情况下，配置结果空间为 $Z = \{\boldsymbol{y} \in \{0,1\}^n : \sum_{i=1}^n y_i = 1\}$。$y_i = 1$ 表示第 i 个人得到这个物品，$y_i = 0$ 表示这个人没有得到物品。第 i 个人的价值函数可表示为：

$$v_i(\boldsymbol{y}) = v_i y_i,$$

或写成：$v_i(\boldsymbol{y}) = v^i \boldsymbol{y}$，这里 $\boldsymbol{y} = (y_1, \cdots, y_n)$ 及 $\boldsymbol{v}^i = (0, \cdots, 0, v_i, 0, \cdots, 0)$。于是我们可将 $\boldsymbol{y}$ 视为 n 维公共品向量，则由上述克拉克机制，我们有：

$$\boldsymbol{y}^* = g(\boldsymbol{b}) = \{\boldsymbol{y} \in Z : \max \sum_{i=1}^n b_i y_i\} = \{\boldsymbol{y} \in Z : \max_{i \in N} b_i\},$$

且讲真话是占优策略。因此，若 $g_i(\boldsymbol{v}) = 1$，$t_i(v) = \sum_{j \neq i} v_j y_j^* - \max_y \sum_{j \neq i} v_j y_j = -\max_{j \neq i} v_j$，这意味着转移支付是由第二高价值决定的。若 $g_i(\boldsymbol{b}) = 0$，则 $t_i(\boldsymbol{v}) = 0$。这意味着物品被配置给出价最高的人，其支付的价格为出价第二高的个人对物品的报价。这恰是维克瑞机制所给出的结果。

我们在前面提到，即使占优均衡是唯一的，或不同的占优均衡导致了同样的占优均衡结果，也可能存在其他解意义下的均衡结果，下面我们将给出这样的例子。

例 18.7.1 在二级价格拍卖机制中除了说真话是占优均衡，导致物品的有效配置外，还存在着纳什均衡，导致了物品的无效配置，即具有最大价值的经济人没有赢得物品。

为了说明此点，不失一般性，假定经济人对物品的价值满足 $v_1 > v_2 > \cdots > v_n > 0$。考虑下面的策略 $\boldsymbol{b}^*$:

- $b_j^* > v_1$;
- $b_1^* < v_j$;
- $b_i^* = 0$ 对所有 $i \notin \{1, j\}$ 均成立。

显然，$\boldsymbol{b}^*$ 是纳什均衡。很容易验证，没有任何经济人 k 有激励偏离策略 b_k^*。

值得指出的是，尽管二级价格拍卖机制按占优策略真实执行了有效物品的提供，但一般来说，它不是按占优策略可完全执行的，甚至不是可完全纳什执行的，也不是事后可完全执行的（本章随后将讨论纳什执行，下章将讨论事后执行）。Cason、Saijo、Sjostrom 和 Yamato (2006) 证明了，对私人价值模型，二级价格拍卖选择规则不满足可完全纳什执行和事后可执行的必要条件：马斯金单调性和事后单调性。不过，对相互依赖价值模型而言，尽管二级价格拍卖选择规则仍然不满足马斯金单调性，但却满足事后单调性和激励相容性，从而是事后可完全执行的 (参见 Bergemann 和 Morris (2008))。

18.7.3 VCG 机制的唯一性

除了 VCG 机制外，是否还存在着其他机制，它真实执行了社会有效决策规则 $\boldsymbol{y}^*$ 的机制呢？若价值函数 $\boldsymbol{v}(\boldsymbol{y},\cdot)$ “充分稠密” ①，则答案是否定的。VCG 机制是唯一能够诱导代理人讲真话并实现公共品有效供给的机制。为了论证这一点，考虑私人价值函数 $v_i(\boldsymbol{y},\cdot)$，其中类型空间 Θ 是连续统。

命题 18.7.3 (Laffont 和 Maskin, 1980) 假设 $Y=\mathcal{R}$, $\Theta=[\underline{\theta},\bar{\theta}]$ 且 $v_i: Y\times\Theta_i\rightarrow\mathcal{R}$, $\forall i\in N$，为可微函数，则任意按占优策略真实地执行有效决策规则 $y(\cdot)$ 的机制均是维克瑞–克拉克–格罗夫斯机制，即：若社会选择规则 $f(\theta)=\{y(\theta),t_1(\theta),\cdots,t_n(\theta)\}$ 是可以按占优策略真实执行的，且

$$y(\theta)=\text{argmax}_{y\in Y}\sum_{i=1}^n v_i(y,\theta_i),$$

则必有 $t_i(\theta)=\sum_{j\neq i}v_j(y(\theta),\theta_j)+d_i(\theta_{-i})$，其中 $d_i(\theta_{-i})$ 代表与 θ_i 无关的某个函数。

证明： 由于

$$y(\theta)=\text{argmax}_{y\in Y}\sum_{i=1}^n v_i(y,\theta_i),$$

我们有

$$\sum_{i=1}^n\frac{\partial v_i}{\partial y}(y(\theta),\theta_i)=0. \tag{18.28}$$

按占优策略真实执行要求：

$$v_i(y(\theta_i,\theta_{-i}),\theta_i)+t_i(\theta_i,\theta_{-i})\geqq v_i(y(\hat{\theta}_i,\theta_{-i}),\theta_i)+t_i(\hat{\theta}_i,\theta_{-i}),\forall\theta_i,\hat{\theta}_{-i},\theta_{-i},$$

从而有

$$\frac{\partial v_i}{\partial y}(y(\theta),\theta_i)\frac{\partial y}{\partial\theta_i}(\theta)+\frac{\partial t_i}{\partial\theta_i}(\theta_i,\theta_{-i})=0,\forall(\theta_i,\theta_{-i})\in\Theta. \tag{18.29}$$

---

① 拓扑框架 X 的一个子集 A 在 X 中被称为稠密的，若 X 中的每一个点 x 或属于 A 或是 A 的极限点。

令 $d_i(\theta) \triangleq t_i(\theta) - \sum_{j\neq i} v_j(y(\theta),\theta_j)$。我们需证明 $d_i(\theta_i,\theta_{-i})$ 不依赖 θ_i。的确如此，由于

$$\begin{aligned}\frac{\partial d_i}{\partial \theta_i} =&\frac{\partial t_i}{\partial \theta_i}(\theta_i,\theta_{-i}) - \sum_{j\neq i}\frac{\partial v_j}{\partial y}(y(\theta),\theta_j)\frac{\partial y}{\partial \theta_i}(\theta_i,\theta_{-i})\\ =&\frac{\partial t_i}{\partial \theta_i}(\theta_i,\theta_{-i}) + \frac{\partial v_i}{\partial y}(y(\theta),\theta_i)\frac{\partial y}{\partial \theta_i}(\theta_i,\theta_{-i}) - \sum_{j=1}^{n}\frac{\partial v_j}{\partial y}(y(\theta),\theta_j)\frac{\partial y}{\partial \theta_i}(\theta_i,\theta_{-i}) \qquad (18.30)\\ =&0,\end{aligned}$$

最后一个等式是通过利用式 (18.28) 和式 (18.29) 得到的，我们有 $d_i(\theta) = d_i(\theta_{-i})$。 □

上述证明背后的直觉是，当每个经济人 i 都是总剩余的索取者时，唯一有激励讲真话的机制是 $U_i(\theta) = \sum_{i=1}^{n} v_i(y(\theta),\theta_i) + d_i(\theta_{-i})$，这即是 VCG 机制的结果。

Green 和 Laffont(1979) 在更弱的条件下证明了同样的结果：若消费者对公共品的偏好域不受限制 (即随着 θ_i 的变化每个效用函数 $v_i : \mathcal{D} \to \mathcal{R}$ 都可能出现)，则 VCG 机制是唯一能够诱导代理人讲真话并实现公共品有效供给的机制。其证明 (参见 Mas-Colell, Whinston 和 Green(1995)) 中并未要求 v_i 具有可微性等解析性质。

18.7.4　平衡 VCG 机制

社会剩余 (总消费者剩余) 最大化决策规则 $y(\cdot)$ 的真实执行是帕累托有效真实执行的必要条件，但并非充分条件。为了得到帕累托有效性，我们还需保证事后预算是平衡的，也就是需要 VCG 机制是平衡的，即对所有的 $\boldsymbol{b} \in V$，均有：

$$\sum_{i=1}^{n} t_i(\boldsymbol{b}) = 0. \qquad (18.31)$$

将 t_i 代入式 (18.31)，可看出 VCG 机制导致了帕累托最优配置当且仅当它是平衡的，即

$$(n-1)\sum_{i=1}^{n} v_i(y(\boldsymbol{v})) + \sum_{i=1}^{n} d_i(\boldsymbol{b}_{-i}) \equiv 0. \qquad (18.32)$$

满足预算平衡这条性质要求资源没有被浪费。比如，政府为了修建一项公共工程而向一些居民征税的同时给那些受到不利影响的居民补贴，若总税收金额刚好等于总补贴金额，说明政府的资金运用是有效的，否则若 $\sum_{i=1}^{n} t_i(\theta) < 0$，则说明资金会存在溢出。若将多余的资金扣除，则决策规则 $y(\cdot)$ 的执行就不是帕累托有效的。这是由于一个帕累托最优配置必须同时满足社会剩余最大化条件 (18.19) 和平衡条件 (18.20)。若平衡条件不满足，它就不是帕累托有效的。这样，一个重要的问题是，是否可以找到一个满足预算平衡的 VCG 机制呢？Green 和 Laffont(1979)、Holmstrom(1979)、Laffont 和 Maskin(1980) 等文献都给出了否定的回答。

命题 18.7.4 (Holmstrom(1979)，Green 和 Laffont(1979))　令 $V(\theta) \triangleq \max_{y\in\mathcal{R}} \cdot$

$\sum_{i=1}^{n} v_i(y,\theta_i)$。则 VCG 机制是预算平衡的（从而导致了帕累托有效配置）当且仅当:

$$\frac{\partial^n V(\theta)}{\partial\theta_1\cdots\partial\theta_n}=0,\forall\theta\in\Theta, \tag{18.33}$$

这里 $\dfrac{\partial^{n-1}}{\partial\theta_{-i}}=\dfrac{\partial^{n-1}}{\partial\theta_1\cdots\partial\theta_{i-1}\partial\theta_{i+1}\cdots\partial\theta_n}$。

证明： **必要性**。若 $\sum_{i=1}^{n} t_i(\theta)=0$，则根据 VCG 机制的定义,

$$\sum_{i=1}^{n}\sum_{j\neq i} v_j(y(\theta),\theta_j)+\sum_{i=1}^{n} d_i(\theta_{-i})=(n-1)V(\theta)+\sum_{i=1}^{n} d_i(\theta_{-i})=0.$$

容易验证，$\dfrac{\partial^n}{\partial\theta_1\cdots\partial\theta_n}\sum_{i=1}^{n} d_i(\theta_{-i})=0$，故而 $\dfrac{\partial^n V(\theta)}{\partial\theta_1\cdots\partial\theta_n}=0$。

第18章

充分性。如果 $\dfrac{\partial^n V(\theta)}{\partial\theta_1\cdots\partial\theta_n}=0$，则必存在一系列函数 $d_i(\theta_{-i}),i=1,\cdots,n$ 使得 $V(\theta)=\sum_{i=1}^{n} d_i(\theta_{-i})$。令

$$t_i(\theta)=\sum_{j\neq i} v_i(y(\theta),\theta_j)-(n-1)d_i(\theta_{-i}),$$

则

$$\sum_{i=1}^{n} t_i(\theta)=(n-1)V(\theta)-(n-1)\sum_{i=1}^{n} d_i(\theta_{-i})=0.$$

□

下面是有效配置可真实执行的一个例子。

例 18.7.2 若存在个体 i，使得 $\Theta_i=\{\bar{\theta}_i\}$ 只有一个元素，则对个体 i 来说不存在激励问题，且我们可设

$$t_i(\theta)=-\sum_{j\neq i} t_j(\theta),\forall\theta\in\Theta.$$

这保证了预算是平衡的。

然而，尽管 VCG 机制导致公共品的有效提供，但一般来说它不是平衡的，从而没有导致帕累托有效配置。当 $v(\cdot,\cdot)$ 的集合 $\mathcal{V}$ 是“充分稠密的时”，不存在满足式 (18.31) 的按占优策略真实执行的选择规则 $f(\cdot)=(y^*(\cdot),t_1(\cdot),\cdots,t_n(\cdot))$，其中 $y^*(\cdot)$ 是事后最优的，因此帕累托有效结果不能达到。

命题 18.7.5 令 $\mathcal{V}=\{v_i(\cdot,\theta_i):\theta_i\in\Theta_i\}$ 为所有容许的二阶连续可微效用函数的集合。若对所有的 $(y,\theta_i)\in\mathcal{R}_+\times[\underline{\theta},\bar{\theta}]$，均有 $\dfrac{\partial^2 v_i}{\partial y^2}<0$ 和 $\dfrac{\partial^2 v_i}{\partial y\partial\theta_i}\neq 0$，则不存在满足预算平衡的 VCG 机制。

证明： 显然，预算平衡性成立的充要条件 (18.33) 不可能在一般意义上得到满足，因为个体对公共品的偏好不受限制。比如，对 $n=2$，由包络定理，有

$$\frac{\partial V(\theta)}{\partial \theta_1}=\frac{\partial v_1(y(\theta_1,\theta_2),\theta_1)}{\partial \theta_1}.$$

同时，由一阶条件，有

$$\frac{\partial v_1(y(\theta_1,\theta_2),\theta_1)}{\partial y}+\frac{\partial v_2(y(\theta_1,\theta_2),\theta_1)}{\partial y}=0.$$

由隐函数定理以及 $\dfrac{\partial^2 v_i}{\partial y\partial \theta_i}\neq 0$ 和 $\dfrac{\partial^2 v_i}{\partial y^2}<0$，有

$$\frac{\partial y(\theta_1,\theta_2)}{\partial \theta_2}=-\frac{\dfrac{\partial^2 v_2(y(\theta_1,\theta_2),\theta_1)}{\partial y\partial \theta_2}}{\dfrac{\partial^2 v_1(y(\theta_1,\theta_2),\theta_1)}{\partial y^2}+\dfrac{\partial^2 v_2(y(\theta_1,\theta_2),\theta_1)}{\partial y^2}}\neq 0.$$

这样，

$$\frac{\partial^2 V(\theta)}{\partial \theta_1\partial \theta_2}=\frac{\partial^2 v_1(y(\theta_1,\theta_2),\theta_1)}{\partial y\partial \theta_1}\frac{\partial y(\theta_1,\theta_2)}{\partial \theta_2}\neq 0. \tag{18.34}$$

□

不过，当经济环境类在函数空间上是无处稠密的时，有可能存在着平衡的格罗夫斯机制。Groves 和 Loeb (1975) 对特殊的二次效用函数形式

$$v_i(y,\theta_i)=\theta_i y-y^2/2$$

及参与人的个数大于 2 证明了这种可能性 (参见 Groves 和 Loeb (1975), Green 和 Laffont (1979), Laffont 和 Maskin (1980))。

此时，

$$V(\theta)=\max_{y\in\mathcal{R}}\sum_{i=1}^{n}v_i(y,\theta_i)=\frac{1}{2n}\left(\sum_{i=1}^{n}\theta_i\right)^2,$$

从而

$$\frac{\partial^n V(\theta)}{\partial \theta_1\cdots\partial \theta_n}=0,\forall\theta\in\Theta,\forall n\geqq 3.$$

著者在 Tian (1996a) 以及 Liu 和 Tian(1999) 中分别对更宽类型的价值函数

$$\{v_i(\boldsymbol{y},\theta_i)=\psi_i(\theta_i)\phi(\boldsymbol{y})-(b\phi(\boldsymbol{y})+c)^{\alpha}\}_{i=1}^{n}$$

和

$$V_i(\boldsymbol{y},\theta_i)=\psi_i(\theta_i)\phi(\boldsymbol{y})-G_i(\boldsymbol{y})+\varphi_i(\theta_i)$$

研究了平衡的格罗夫斯机制的可能性。

然而，若均衡解的概念被弱化为贝叶斯–纳什均衡，下一章将证明，给定状态 θ 上的

概率分布 φ，当所有其他人如实报告他们的类型时，每个经济人的转移支付由下式给出：

$$t_i(\hat{\boldsymbol{\theta}}) = E_{\boldsymbol{\theta}_{-i}}\left[\sum_{j\neq i} v_j(y(\hat{\theta}_i, \boldsymbol{\theta}_{-i}), \theta_j)\right] + d_i(\hat{\boldsymbol{\theta}}_{-i}),$$

在这种情形下，我们可以达到帕累托有效配置。

从以上讨论得知，尽管 VCG 机制有效提供了物品，但一般不满足预算平衡，从而不是帕累托有效的。Shao 和 Zhou (2016a，2016b) 证明了，当采用某种加权平均的标准 (对社会福利函数取期望) 时，从帕累托效率改进的整体角度来看，VCG 机制不是最有效的，经济人需要付出额外资金才能保证物品的有效提供。若将有效提供物品的成本 (代价) 也考虑进去，对以上所考虑的公共品环境类，Shao 和 Zhou (2016a) 证明了最有效的机制是某种投票 (voting) 机制，而对不可分商品的二人经济，Shao 和 Zhou (2016b) 证明了最有效的机制则是某种固定价格机制 (fixed price mechanism) 或某种期权机制 (option mechanism)，这两种机制都会同时满足预算平衡和占优激励相容。

18.8 纳什执行

18.8.1 纳什均衡与纳什执行

从赫维茨的不可能性定理我们知道，如果人们想要设计导致帕累托最优和个体理性配置的机制，就必须放弃占优策略执行，于是根据显示原理，我们必须考虑更一般机制的设计，而不是局限在直接显示机制上的设计，从而纳什执行的问题被提了出来。

占优策略均衡是一个非常强的关于个体自利行为解的概念，在做决策时，每个经济人都不需要掌握其他经济人的任何信息。上面几节就是基于自利行为是占优策略解的假设来讨论社会目标的激励相容问题的。然而，尽管 VCG 机制能够让人说真话，真实显示自己的偏好，能有效地提供公共品，但赫维茨不可能性定理以及上一节的结果都说明了真实显示偏好 (占优均衡) 与资源的帕累托最优配置一般不可能同时达到。这样，若我们想找到一个执行了帕累托有效和个体理性配置的机制，则必须放弃占优策略下的激励相容。如果我们采用较弱的纳什均衡解 (从而需要所有个体都知道其他个体的经济特征这样一个较强的设定) 的概念来描述个体自利行为，帕累托最优配置是否为纳什可执行的呢？答案是肯定的，这就是本节和下一节要考虑的纳什执行问题。

从前面第 6 章关于非合作博弈的讨论中我们知道，所谓纳什策略就是每个参与人都将其他人的策略视为给定的，选择对自己最有利的策略。一个策略是纳什均衡 (Nash equilibrium) 当且仅当每个人的均衡策略都是对其他人的均衡策略的最佳反应，一旦达到这种均衡状态，就没有人有激励想偏离自己的选择。

定义 18.8.1 给定 $\boldsymbol{e} \in E$，我们说机制 $\langle M, h\rangle$ 存在**纳什均衡** $\boldsymbol{m}^* \in M$，若对所有的 $m_i \in M_i$ 和 i，均有

$$h_i(\boldsymbol{m}^*) \succcurlyeq_i h_i(m_i, \boldsymbol{m}^*_{-i}). \tag{18.35}$$

记 $\mathcal{N}(\mathrm{e},\Gamma)$ 为在机制 Γ 和 $\boldsymbol{e}\in E$ 下所有纳什均衡的集合。显然，每个占优策略均衡都是纳什均衡，但反之并不成立。

定义 18.8.2　称机制 $\Gamma=\langle M,h\rangle$ 在 E 上**完全纳什执行了社会选择对应**F，若对所有的 $\boldsymbol{e}\in E$，

(a) $\mathcal{N}(\boldsymbol{e},\Gamma)\neq\varnothing$;

(b) $h(\mathcal{N}(\boldsymbol{e},\Gamma))=F(\boldsymbol{e})$.

称机制 $\Gamma=\langle M,h\rangle$ 在 E 上**纳什执行了社会选择对应**F，若对所有的 $\boldsymbol{e}\in E$，

(a) $\mathcal{N}(\boldsymbol{e},\Gamma)\neq\varnothing$;

(b) $h(\mathcal{N}(\boldsymbol{e},\Gamma))\subseteq F(\boldsymbol{e})$.

下述命题证明了，若真实显示策略是一个直接显示机制的纳什均衡，则它一定是一个占优均衡。从而，对直言机制来说，占优均衡和纳什均衡是等价的。

命题 18.8.1　对显示机制 $\Gamma=\langle E,h\rangle$ 及所有的经济环境 $\boldsymbol{e}\in E$，讲真话策略是纳什均衡当且仅当它是占优策略均衡。

证明： 占优均衡显然是纳什均衡，我们只需要证明纳什均衡是策略均衡。既然 $\boldsymbol{e}$ 是纳什均衡，对任意的 $\boldsymbol{e}\in E$ 和 $i\in N$，我们均有

$$h(e_i,\boldsymbol{e}_{-i})\succcurlyeq_i h(e_i',\boldsymbol{e}_{-i})\quad\forall e_i'\in E_i.$$

既然上式对所有的 $(e_i',\boldsymbol{e}_{-i})\in E$ 都成立，它就是占优策略均衡。命题得以证明。 □

这样，只要坚持直接显示机制，采用纳什均衡解就不会得到新的结果。为了得到比占优策略执行更满意的结果，我们必须放弃显示机制，而应考虑更一般的非显示机制，即策略空间不完全是由参与者的经济特征组成的。当采用一般的信息空间后，即使仍然假定人们的自利行为是按纳什均衡原则行事的，激励相容与帕累托最优资源配置同时达到也并不是不可能的。即使每个人都从个人的利益出发，只要我们用一定的规则去引导，就能够导致资源的最优配置或实现其他社会目标。

需要指出的是，若采用纳什均衡策略来描述人的自利行为，由于可能存在许多纳什均衡，我们采用完全纳什执行，而不仅仅是部分纳什执行。为了说明这一点，考虑任一社会选择对应 F 和以下机制：每个经济人的信息空间由经济环境集和结果集构成，即 $M_i=E\times Z$。定义结果函数 $h:E\to A$ 如下：若所有经济人报的信息相同且 $a\in A\subseteq Z$，即 $\boldsymbol{m}_i=(\boldsymbol{e},a),\forall i\in N$，则 $h(\boldsymbol{m})=a$，否则每个人都被惩罚从而得到一个最差的结果 $z_0\in Z$，即 $h(\boldsymbol{m})=z_0$。很容易看出，所有参与人如实地报出经济特征所形成的组合 $\boldsymbol{e}$ 和 a 是这个机制的纳什均衡。但是，这个机制还存在许多其他纳什均衡。比如，大家合伙一齐操纵任何一个非真实的经济特征组合 $\boldsymbol{e}'$ 和一个结果 $a'\in A$ 也是一个纳什均衡。显然，对纳什解而言，部分执行是一个太弱的激励相容概念，从而它有无穷不可数个纳什均衡结果。因此，当我们将纳什均衡作为解概念时，我们要求社会规则是按纳什均衡执行或完全

纳什执行而不是部分纳什执行。这样，下面我们所有关于纳什激励相容的讨论都是关于纳什执行或完全执行的，尽管我们有时候只是提到纳什执行。

18.8.2 纳什执行的刻画

现在讨论何种社会规则是完全执行或纳什可执行的。马斯金 (Maskin) 在 1977 年 (直到 1999 年相应的文章才正式发表在 *Review of Economic Studies* 上) 给出了任何一个社会目标对应可完全纳什执行的充要条件。①

马斯金的研究不仅能帮助我们理解什么样的社会目标是可完全纳什执行的，而且能提供在其他均衡博弈解概念下研究一个社会目标能否被完全执行的基本技巧和方法。

马斯金给出了一个可完全纳什执行的直观必要条件，我们称之为马斯金单调性 (Maskin monotonicity)，在本章开头给出了定义。为了方便比较两种不同的表述，这里再次给出它的定义，不难看出它们是等价的。马斯金单调性的图示见图 18.3。

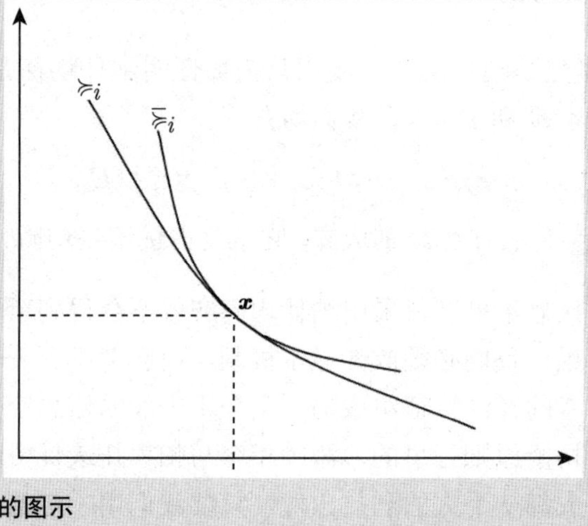

图 18.3 马斯金单调性的图示

定义 18.8.3 (马斯金单调性) 社会选择对应 $F: E \rightrightarrows A$ 被称为**马斯金单调的**，若对任意两个经济 $\boldsymbol{e}, \bar{\boldsymbol{e}} \in E$ 及任意的社会最优结果 $\boldsymbol{x} \in F(\boldsymbol{e})$ 使得 $\boldsymbol{x} \succcurlyeq_i \boldsymbol{y} \Rightarrow \boldsymbol{x} \bar{\succcurlyeq}_i \boldsymbol{y}, \forall i, \forall \boldsymbol{y} \in A$，则 $\boldsymbol{x} \in F(\bar{\boldsymbol{e}})$。

换句话说，马斯金单调性要求，若结果 $\boldsymbol{x}$ 在环境 $\boldsymbol{e}$ 下是社会最优的，而从环境 $\boldsymbol{e}$ 切换到 $\bar{\boldsymbol{e}}$ 后只能导致每个人更加喜欢 $\boldsymbol{x}$，则 $\boldsymbol{x}$ 对新的经济环境 $\bar{\boldsymbol{e}}$ 来说也一定是社会最优的。以上马斯金单调性条件和下面的表述是等价的。

① 马斯金在 1975 年、1976 年就得到了上述结果，起先投在 *Mathematics of Operations Research* 上，由于证明有些纰漏，一直未发表。随后 Saijo (*Econometrica*，1988) 施加额外条件证明了该结果。Repullo (1987) 对马斯金定理给出了完整的证明。马斯金在 1999 年正式发表时采用了 Repullo (1987) 的证明。由于这篇文章对任意一个社会规则被完全纳什执行给出了充要条件，对机制设计理论的发展影响深远，马斯金也由此获得了诺贝尔经济学奖。

定义 18.8.4 (马斯金单调性的等价表述)　社会选择对应 $F: E \rightrightarrows A$ 是**马斯金单调的**，若对任意两个经济环境 $\boldsymbol{e}, \bar{\boldsymbol{e}} \in E$，$\boldsymbol{x} \in F(\boldsymbol{e})$，但 $\boldsymbol{x} \notin F(\bar{\boldsymbol{e}})$，则存在某个 i 和 $\boldsymbol{y} \in A$，使得 $\boldsymbol{x} \succcurlyeq_i \boldsymbol{y}$，但 $\boldsymbol{y} \bar{\succ}_i \boldsymbol{x}$。

这意味着，若结果 $\boldsymbol{x}$ 在经济 $\boldsymbol{e}$ 中是社会最优的，但在环境发生变化，从 $\boldsymbol{e}$ 切换到 $\bar{\boldsymbol{e}}$ 后，$\boldsymbol{x}$ 不再是社会最优的，则至少对某个经济人来说，$\boldsymbol{x}$ 不再是最佳结果了。

马斯金单调性是非常一般的条件，很多社会选择规则都满足这一条件。

例 18.8.1 (弱帕累托有效性)　弱帕累托最优对应 $P_w: E \rightrightarrows A$ 是马斯金单调的。

证明： 若 $\boldsymbol{x} \in P_w(\boldsymbol{e})$，则 $\forall \boldsymbol{y} \in A$，存在 $i \in N$，使得 $\boldsymbol{x} \succcurlyeq_i \boldsymbol{y}$。既然对任意的 $j \in N$，均有 $\boldsymbol{x} \succcurlyeq_j \boldsymbol{y} \Rightarrow \boldsymbol{x} \bar{\succcurlyeq}_j \boldsymbol{y}$，当然对经济人 i，有 $\boldsymbol{x} \bar{\succcurlyeq}_i \boldsymbol{y}$，从而有 $\boldsymbol{x} \in P_w(\bar{\boldsymbol{e}})$。 □

例 18.8.2 (多数投票决定规则)　对严格偏好序，多数决定规则 (majority rule) 或孔多塞 (Condorcet) 对应[①] $CON: E \rightrightarrows A$

$$CON(\boldsymbol{e}) = \{\boldsymbol{x} \in A: \#\{i|\boldsymbol{x} \succ_i \boldsymbol{y}\} \geqq \#\{i|\boldsymbol{y} \succ_i \boldsymbol{x}\}\ \forall\, \boldsymbol{y} \in A\}$$

是马斯金单调的。

证明： 若 $\boldsymbol{x} \in CON(\boldsymbol{e})$，则 $\forall \boldsymbol{y} \in A$，

$$\#\{i|\boldsymbol{x} \succ_i \boldsymbol{y}\} \geqq \#\{i|\boldsymbol{y} \succ_i \boldsymbol{x}\}. \tag{18.36}$$

当环境发生变化，从 $\boldsymbol{e}$ 切换到 $\bar{\boldsymbol{e}}$ 时，原来认为 $\boldsymbol{x}$ 要好于 $\boldsymbol{y}$ 的人仍然会认为 $\boldsymbol{x}$ 要好于 $\boldsymbol{y}$，从而细化 $\boldsymbol{x}$ 的数目不会减少。因此，$\boldsymbol{x}$ 在多数投票决定规则下仍然有 $\boldsymbol{x} \in CON(\bar{\boldsymbol{e}})$。 □

除了上述例子，内点的瓦尔拉斯 (Walrasian) 及林达尔 (Lindahl) 对应也是马斯金单调的。满足单交叉 (single-crossing) 性质的偏好类以及满足冯•诺依曼–摩根斯坦 (von Neumann-Morgenstern) 公理的个人偏好类也满足马斯金单调性。

下述定理说明，马斯金单调性是纳什执行 (Nash-implementability) 的必要条件。

定理 18.8.1　若社会选择对应 $F: E \rightrightarrows A$ 是可完全纳什执行的，则它必然满足马斯金单调性。

证明： 假定一个社会选择对应是可完全纳什执行的。这就意味着存在一个机制 $\Gamma = \langle M, h\rangle$ 使得 $h[\mathcal{N}(\boldsymbol{e}, \Gamma)] = F(\boldsymbol{e})$ 对所有的 $\boldsymbol{e} \in E$ 均成立。这样，对任意两个经济 $\boldsymbol{e}, \bar{\boldsymbol{e}} \in E$ 及 $\boldsymbol{x} \in F(\boldsymbol{e})$，由于 F 可完全纳什执行，存在 $\boldsymbol{m} \in M$，使得 $\boldsymbol{m}$ 是纳什均衡，且 $\boldsymbol{x} = h(\boldsymbol{m})$。这意味着 $h(\boldsymbol{m}) \succcurlyeq_i h(m_i', \boldsymbol{m}_{-i}), \forall i$ 和 $m_i' \in M_i$ 成立。由于 $\boldsymbol{x} \succcurlyeq_i \boldsymbol{y}$ 意味着 $\boldsymbol{x} \bar{\succcurlyeq}_i \boldsymbol{y}$，我们有 $h(\boldsymbol{m}) \bar{\succcurlyeq}_i h(m_i', \boldsymbol{m}_{-i})$，由此可知 $\boldsymbol{m}$ 也是经济 $\bar{\boldsymbol{e}}$ 的纳什均衡。因此，根据完全纳什执行的定义，我们有 $\boldsymbol{x} \in F(\bar{\boldsymbol{e}})$。 □

① 由 18 世纪法国数学家和哲学家孔多塞 (Marquis de Condorcet)发明。他发明的这个选举方法的基本程序是：每位投票人必须把所有候选人按自己心中最想让其当选的次序排出一个座次来。比如有 A、B、C 三人参选，投票人必须在他们名下标出 1、2、3 来，而不能只是画圈或叉。所有投票人标好次序后，按这个次序对每两位候选人进行对比，看谁排在前面的次数多，谁就是赢家，赢得最多次的人当选。当然，如在第 12 章中所看到的，有可能会产生孔多塞悖论。

我们可以用另外一个马斯金单调性的等价定义来证明完全纳什执行的必要性：考虑经济环境 $\boldsymbol{e}$ 和配置结果 $\boldsymbol{x} \in F(\boldsymbol{e})$。既然 F 是可完全纳什执行的，于是存在着一个纳什均衡 $\boldsymbol{m} \in \mathcal{N}(\boldsymbol{e}, \Gamma)$ 使得 $h(\boldsymbol{m}) = \boldsymbol{x}$。若存在另外一个经济环境 $\bar{\boldsymbol{e}}$ 使得 $\boldsymbol{x} \notin F(\bar{\boldsymbol{e}})$，则 $\Gamma = \langle M, h \rangle$ 纳什完全执行了 F 这一事实就意味着 $\boldsymbol{m}$ 不可能是在经济环境下 $\bar{\boldsymbol{e}}$ 的一个纳什均衡。这样，就必定存在一个 i 和 $\bar{m}_i$ 使得 $h(\bar{m}_i, \boldsymbol{m}_{-i}) \bar{\succ}_i h(\boldsymbol{m})$。既然 $\boldsymbol{m}$ 是在经济环境 $\boldsymbol{e}$ 下的一个纳什均衡，我们于是有 $h(\boldsymbol{m}) \succcurlyeq_i h(\bar{m}_i, \boldsymbol{m}_{-i})$。令 $\boldsymbol{y} = h(\bar{m}_i, \boldsymbol{m}_{-i})$，我们有 $\boldsymbol{x} \succcurlyeq_i \boldsymbol{y}$，但 $\boldsymbol{x} \bar{\succ}_i \boldsymbol{y}$。

可见，在任何情况下马斯金单调性都是一个社会选择目标可完全纳什执行的必要条件。值得注意的是，尽管这个条件较弱，但仍对社会选择规则施加了一定的限制。比如我们在前面引理 18.5.1 中给出了在非受限定义域上，满足马斯金单调性和一致性的选择规则必为独裁规则。Hurwicz 和 Schmeidler (1978) 证明了：如果定义域不受限制，则满足马斯金单调性的社会选择规则必然不是帕累托有效的。[①] Saijo (1987) 证明了，在非受限定义域上，任何单值社会选择规则必为常数，即 $f(\boldsymbol{e}) = \boldsymbol{a}, \forall \boldsymbol{e} \in \Theta$。[②]

此外，马斯金单调性本身并不能保证社会选择对应可完全纳什执行。然而，如再加上无否决权 (no veto power) 假定，则马斯金单调性是社会选择对应可完全纳什执行的充分条件。回忆下面的定义：

定义 18.8.5 (无否决权) *称社会选择对应* $F : E \rightrightarrows A$ *满足*单人无否决权 (no veto power, NVP)，*若对任意的* i *及* $\boldsymbol{x} \succcurlyeq_j \boldsymbol{y}, \forall \boldsymbol{y} \in A, \forall j \neq i$，*我们均有* $\boldsymbol{x} \in F(\boldsymbol{e})$。

无否决权 (NVP) 意味着，若 $n-1$ 个经济人认为结果 $\boldsymbol{x}$ 是最佳选择，则它必定是社会最优的。这是一个非常弱的条件。从理论上来说，几乎所有“标准”的社会选择规则都满足无否决权条件，包括弱帕累托有效和孔多塞对应。当对个体偏好加以限制时，很多社会规则通常都满足这一条件。例如，对具有至少三个参与者的私人品经济，若每个人的效用函数都是强单调的，则不存在任何资源配置，它对一个以上的参与者同时是最好的（这是由于每个人都想拥有所有的资源），从而无否决权条件显然满足。

下述定理首先由 Maskin (1977, 1999) 给出，但完整的证明则归功于 Repullo (1987)。

定理 18.8.2 *假定* $n \geqq 3$。*在无否决权条件下，若马斯金单调性条件满足，则* F *可完全纳什执行。*

证明： 该定理的证明是构造性的。对每个经济人 i，定义其信息空间为

$$M_i = E \times A \times \mathcal{N},$$

其中，$\mathcal{N} = \{1, 2, \cdots\}$。$M_i$ 的元素记为 $m_i = (\boldsymbol{e}^i, \boldsymbol{a}^i, \boldsymbol{v}^i)$，即每个经济人 i 所报的信息由经济环境、备选结果和某个整数组成。注意到我们用 $\boldsymbol{e}^i$ 和 $\boldsymbol{a}^i$ 来表示所有个体的经济特征和结果，而不仅仅是个体 i 的经济特征和结果。

---

① 这个结论证明如下。由于定义域不受限制，则一定存在 $\boldsymbol{e} \in E$ 使 $\bigcap_{i=1}^n M_i(\boldsymbol{e}) = \varnothing$，设 $f(\boldsymbol{e}) = \boldsymbol{a}$，则一定存在个体 $j \in I$ 和备选方案 $\boldsymbol{b} \in \mathcal{A}$ 使得 $\boldsymbol{b} \succ_i \boldsymbol{a}$。设在另一种状态 $\boldsymbol{e}'$ 下：(i) 个体 j 的偏好与状态 $\boldsymbol{e}$ 下完全相同；(ii) 对个体 $i \neq j$，$\boldsymbol{e} \sim_i^{\boldsymbol{e}'} \boldsymbol{b}$ 而除 $\boldsymbol{b}$ 之外的所有备选方案间的排序不变。显然 $L_i(\boldsymbol{a}, \boldsymbol{e}) \subseteq L_i(\boldsymbol{a}, \boldsymbol{e}'), \forall i$，根据单调性，$f(\boldsymbol{e}') = \boldsymbol{a}$。但这个选择显然不是帕累托有效的，因为 $\boldsymbol{b} \sim_i^{\boldsymbol{e}} \boldsymbol{a}, \forall i \neq j$，$\boldsymbol{b} \succ_j^{\boldsymbol{e}'} \boldsymbol{a}$。

② 假设存在 $\boldsymbol{e}, \boldsymbol{e}' \in E$ 使 $f(\boldsymbol{e}) = \boldsymbol{a} \neq \boldsymbol{a}' = f(\boldsymbol{e}')$，则可以构建一个新的环境 $\boldsymbol{e}'' \in E$ 满足：$\boldsymbol{a} \sim_i^{\boldsymbol{e}''} \boldsymbol{a}' \succcurlyeq_i^{\boldsymbol{e}''} \boldsymbol{b}, \forall \boldsymbol{b} \notin \{\boldsymbol{a}, \boldsymbol{a}'\}$，则根据单调性 $\{\boldsymbol{a}, \boldsymbol{a}'\} \subseteq f(\boldsymbol{e}'')$，而这显然与单值性矛盾。

我们分三种情形来构造结果函数：

情形 1：若 $m_1 = m_2 = \cdots = m_n = (\boldsymbol{e}, \boldsymbol{a}, \boldsymbol{v})$，$\boldsymbol{a} \in F(\boldsymbol{e})$，则定义结果函数为：

$$h(\boldsymbol{m}) = \boldsymbol{a}.$$

换句话说，若所有个体选择的策略相同且其给出策略 $\boldsymbol{a}$ 是 F 最优的，则在给定其经济特征 $\boldsymbol{e}$ 时，结果为 $\boldsymbol{a}$。

情形 2：对所有的 $j \neq i$，$m_j = (\boldsymbol{e}, \boldsymbol{a}, \boldsymbol{v})$，$m_i = (\boldsymbol{e}^i, \boldsymbol{a}^i, \boldsymbol{v}^i) \neq (\boldsymbol{e}, \boldsymbol{a}, \boldsymbol{v})$，以及 $\boldsymbol{a} \in F(\boldsymbol{e})$，定义

$$h(m) = \begin{cases} \boldsymbol{a}^i & \text{若 } \boldsymbol{a}^i \in L(\boldsymbol{a}, e_i), \\ \boldsymbol{a} & \text{若 } \boldsymbol{a}^i \notin L(\boldsymbol{a}, e_i). \end{cases}$$

其中，$L(\boldsymbol{a}, e_i) = \{\boldsymbol{b} \in A : \boldsymbol{a}\ R_i\ \boldsymbol{b}\}$ 为 R_i 在 $\boldsymbol{a}$ 处的下等高线集。这即是说，假设除个体 i 外的其他个体选择相同的策略，且该策略中的 $\boldsymbol{a}$ 是 F 最优的，则根据 i 的偏好 R_i，其备选结果由 $\boldsymbol{a}$ 和 $\boldsymbol{a}^i$ 中较差的一个给出。这样，个体单方面不能（没有激励）通过改变自己的策略而获利。

情形 3：若情形 1 和情形 2 都不出现，则定义

$$h(\boldsymbol{m}) = \boldsymbol{a}^{i*},$$

其中，$i* = \max\{i \in N : \boldsymbol{v}^i = \max_j \boldsymbol{v}^j\}$。换句话说，当情形 1 和情形 2 都不出现时，备选结果由报最大数的个体所给出的配置决定。

我们要证明的是以上所定义的机制 $\langle M, h\rangle$ 完全纳什执行了社会选择对应 F，即 $h(\mathcal{N}(\boldsymbol{e})) = F(\boldsymbol{e}), \forall \boldsymbol{e} \in E$。

第一，证明 $F(\boldsymbol{e}) \subseteq h(\mathcal{N}(\boldsymbol{e})), \forall \boldsymbol{e} \in E$，即我们需要证明对所有的 $\boldsymbol{e} \in E$ 和 $\boldsymbol{a} \in F(\boldsymbol{e})$，均存在 $\boldsymbol{m} \in M$，使得 $\boldsymbol{a} = h(\boldsymbol{m})$ 为纳什均衡结果。为此，我们只需证明由情形 1 给出的任意的 $\boldsymbol{m}$ 为纳什均衡。注意到 $h(\boldsymbol{m}) = \boldsymbol{a}$，因此对任意给定的 $m'_i = (e'^i, a'^i, v'^i) \neq m_i$，由情形 2，有

$$h(m'_i, \boldsymbol{m}_{-i}) = \begin{cases} \boldsymbol{a}^i & \text{若 } \boldsymbol{a}^i \in L(\boldsymbol{a}, e_i), \\ \boldsymbol{a} & \text{若 } \boldsymbol{a}^i \notin L(\boldsymbol{a}, e_i). \end{cases}$$

从而有

$$h(\boldsymbol{m})\ R_i\ h(m'_i, \boldsymbol{m}_{-i}) \quad \forall m'_i \in M_i.$$

即 $\boldsymbol{m}$ 为纳什均衡。

第二，我们现在证明，对所有 $\mathbf{e}' \in E$，$h(\mathcal{N}(\mathbf{e}')) \subseteq F(\mathbf{e}')$，即若 $\boldsymbol{m}$ 为 $\mathbf{e}'$ 的纳什均衡，则 $h(\boldsymbol{m}) \in F(\boldsymbol{e}')$。分三种情况进行考虑。

首先，考虑情形 1 所给出的纳什均衡 $\boldsymbol{m}$，即 $m_1 = m_2 = \cdots = m_n = (\boldsymbol{e}, \boldsymbol{a}, \boldsymbol{v}), \boldsymbol{a} \in F(\boldsymbol{e})$，但 $\boldsymbol{m}$ 是经济环境为 $\boldsymbol{e}'$ 的纳什均衡，即 $\boldsymbol{m} \in \mathcal{N}(\boldsymbol{e}', \Gamma)$。我们需要证明 $h(\boldsymbol{m}) = \boldsymbol{a} \in F(\boldsymbol{e}')$。对任意的 $\boldsymbol{b} \in L(\boldsymbol{a}, e_i)$（从而有 $\boldsymbol{a} R_i \boldsymbol{b}$），记 $m'_i = (\boldsymbol{e}, \boldsymbol{b}, \boldsymbol{v}^i)$。由情形 2，我们有 $h(m'_i, \boldsymbol{m}_{-i}) = \boldsymbol{b}$。既然 $\boldsymbol{a}$ 为经济环境为 $\boldsymbol{e}'$ 时的纳什均衡结果，有 $\boldsymbol{a} = h(\boldsymbol{m})\ R'_i\ h(m'_i, \boldsymbol{m}_{-i}) = \boldsymbol{b}$。这样，我们证明了，对所有的 $i \in N$ 及任意的 $\boldsymbol{b} \in A$，$\boldsymbol{a}\ R_i\ \boldsymbol{b}$ 意味着 $\boldsymbol{a}\ R'_i\ \boldsymbol{b}$。因此，根据马斯金单调性条件，我们有 $\boldsymbol{a} \in F(\boldsymbol{e}')$。

其次，考虑情形 2 下对应于经济环境 $\boldsymbol{e}'$ 的纳什均衡 $\boldsymbol{m}$，此时有 $m_j=(\boldsymbol{e},\boldsymbol{a},\boldsymbol{v})$，$\boldsymbol{a}\in F(\boldsymbol{e})$ 以及 $m_i\neq(\boldsymbol{e},\boldsymbol{a},\boldsymbol{v}),j\neq i$。令 $\boldsymbol{a}'=h(\boldsymbol{m})$。由情形 3，每个 $j\neq i$ 都可以通过选择 $(\boldsymbol{R}^j,\boldsymbol{b},\boldsymbol{v}^j)$（其中 $\boldsymbol{v}^j$ 充分大，且 $\boldsymbol{v}^j>\max_{k\neq j}v_k$）来得到 A 中的任何结果 $\boldsymbol{b}$，即 $\boldsymbol{b}=h(m_j',\boldsymbol{m}_{-j})$。因此，$\boldsymbol{m}$ 为 $\boldsymbol{e}'$ 下的纳什均衡意味着：对任意的 $j\neq i$，我们均有

$$\boldsymbol{a}'\ R_j'\ \boldsymbol{b}.$$

于是，根据无否决权假设，我们有 $\boldsymbol{a}'\in F(\boldsymbol{e}')$。

最后，采用相同的论证方法，我们可以证明，对情形 3，若 $\boldsymbol{m}$ 是经济环境为 $\boldsymbol{e}'$ 时的纳什均衡，则我们有 $\boldsymbol{a}'\in F(\boldsymbol{e}')$。定理得证。 □

虽然马斯金单调性是非常一般性的条件，是纳什执行的必要性条件，对许多社会选择规则都成立，但仍有一些社会选择规则并不满足马斯金单调性，从而不是可完全纳什执行的。前面已经提到二级价格密封竞价拍卖规则不是马斯金单调的，从而不是可完全纳什执行的。包括边界点的瓦尔拉斯配置、林达尔配置及帕累托配置也不满足马斯金单调性，从而也不是可完全纳什执行的 (不过，内点的瓦尔拉斯配置、林达尔配置及帕累托配置是可完全纳什执行的)。

下面，我们验证所罗门国王的判决机制也违背了马斯金单调性质。由于每个妇女都知道谁是小孩真正的母亲，是属于完全信息的情形，这样所罗门国王的解决方案可以用纳什均衡执行来考虑。不过，他威胁两个妇女将小孩砍成两半的解决方案并不满足马斯金单调性条件，从而不是可完全纳什执行的，也就是说，不存在任何机制，它按纳什策略完全执行了所罗门国王的社会选择函数。若假冒母亲的妇女也像小孩亲妈一样说同样的话，他该怎么办？所罗门国王的问题可以用机制设计的语言重新正式地表述出来。如下所示。

两个妇女：Anne 和 Bets。

两个经济 (状态)：$E=\{\alpha,\beta\}$，其中，

α：Anne 是小孩的母亲；

β：Bets 是小孩的母亲。

所罗门国王有四种备选结果，其可行集为：$A=\{a,b,c,d\}$，其中，

a：将小孩判给 Anne；

b：将小孩判给 Bets；

c：将小孩砍（cut）成两半；

d：判处所有人死刑（dead）。

所罗门国王希望将小孩判给小孩的亲生母亲 (社会目标)，即：

若 α 出现，则 $f(\alpha)=a$；

若 β 出现，则 $f(\beta)=b$。

Anne 和 Bets 的偏好为：

对 Anne 来说，

若 α 出现，则 $a\succ_A^\alpha b\succ_A^\alpha c\succ_A^\alpha d$；

若 β 出现，则 $a\succ_A^\beta c\succ_A^\beta b\succ_A^\alpha d$。

对 Bets 来说，

若 α 出现，则 $b \succ_B^\beta c \succ_B^\beta a \succ_B^\beta d$；

若 β 出现，则 $b \succ_B^\beta a \succ_B^\beta c \succ_B^\alpha d$。

为了看出所罗门国王的解决方案为什么不会奏效，我们只需证明所罗门国王的社会选择规则不满足马斯金单调性即可。对 Anne 来说，由于在两种状态下都有：

$$a \succ_A^\alpha b, c, d,$$

$$a \succ_A^\beta b, c, d,$$

且 $f(\alpha) = a$，根据马斯金单调性，我们应有 $f(\beta) = a$，但实际上却是 $f(\beta) = b$。因此所罗门国王的社会选择目标不是可完全纳什执行的。这样，所罗门国王所面临的判决问题比《圣经・旧约全书》所给出的方法要复杂得多。它意味着纳什均衡结果的集合过大，我们需要采用更精细的博弈解，对纳什均衡进行精炼 (即剔除其中的不良均衡)。

值得注意的是，以上定理的充分条件只适用于 $n \geqq 3$ 的情形，如果 $n = 2$，则单调性和 NVP 并不能保证完全纳什执行。下面我们给出反例。令 $L_i(\boldsymbol{a}, \theta) = \{\boldsymbol{b} \in A : \boldsymbol{a} \succcurlyeq_i^\theta \boldsymbol{b}\}$ 为 $\succcurlyeq_i^\theta$ 在 $\boldsymbol{a}$ 处的下等高线集。

例 18.8.3　设 $\mathcal{A} = \{a, b\}, N = \{1, 2\}, E = \{\theta, \phi, \xi\}$，偏好和社会选择规则 $F(\cdot)$ 由表 18.11 给出。

表 18.11　一个反例

	θ		ϕ		ξ	
个体 1	b	a	a	b	b	a
个体 2	a	b	b	a	b	a
$F(\cdot)$	$F(\theta)=\{a, b\}$		$F(\phi)=\{a, b\}$		$F(\xi)=\{b\}$	

容易验证，$F(\cdot)$ 满足单调性和 NVP。假设存在机制 $\Gamma = \langle M_1 \times M_2, h \rangle$，它完全纳什执行了 $F(\cdot)$，则存在 $(m_1, m_2) \in \mathcal{N}(\Gamma, \theta), (m_1', m_2') \in \mathcal{N}(\Gamma, \phi)$，满足 $h(m_1, m_2) = h(m_1', m_2') = a$。由此可得，

$$(m_1, m_2) \in \mathcal{N}(\Gamma, \theta) \Rightarrow h(M_1, m_2) \quad \subseteq \quad L_1(a, \theta) = L_1(a, \xi) = \{a\},$$

$$(m_1', m_2') \in \mathcal{N}(\Gamma, \phi) \Rightarrow h(m_1', M_2) \quad \subseteq \quad L_2(a, \phi) = L_2(a, \xi) = \{a\}.$$

因此，$h(m_1', m_2) = a$ 且 $(m_1', m_2) \in \mathcal{N}(\Gamma, \xi)$。从而 $a \in F(\xi)$，矛盾。

由以上分析可知单调性是完全纳什执行的必要而非充分条件，三人及以上情形下马斯金单调性和 NVP 是完全纳什执行的充分而非必要条件。那么，是否可以找到完全纳什执行的一个充要条件呢？Moore 和 Repullo (1990) 给出了完全纳什执行的完全特征化条件。

定义 18.8.6 (条件 μ)　我们称**条件 μ 被满足**，若存在集合 $\mathcal{B} \subseteq \mathcal{A}$，对任何 $i \in N, \boldsymbol{e} \in E$，$\boldsymbol{a} \in F(\boldsymbol{e})$，均存在集合 $C_i = C_i(\boldsymbol{a}, \boldsymbol{e}) \subseteq \mathcal{B}$ 使得 $\boldsymbol{a} \in C_i \subseteq L_i(\boldsymbol{a}, \boldsymbol{e}) \bigcap \mathcal{B}$，且满足

以下几个条件:

(i) 如果 $C_i \subseteq L_i(\boldsymbol{a}, \boldsymbol{e}^*), \forall i \in N$，则 $\boldsymbol{a} \in F(\boldsymbol{e}^*)$;

(ii) 对某个 i，如果 $\boldsymbol{c} \in C_i \subseteq L_i(\boldsymbol{c}, \boldsymbol{e}^*)$ 且 $\mathcal{B} \subseteq L_j(\boldsymbol{c}, \boldsymbol{e}^*), \forall j \neq i$，则 $\boldsymbol{c} \in F(\boldsymbol{e}^*)$;

(iii) 如果 $\boldsymbol{c} \in \mathcal{B} \subseteq L_i(\boldsymbol{c}, \boldsymbol{e}^*), \forall i$，则 $\boldsymbol{c} \in F(\boldsymbol{e}^*)$。

命题 18.8.2 设 $n \geqq 3$，则社会选择规则 $F(\cdot)$ 可被完全纳什执行的充要条件是其满足条件 μ。

证明:

- **必要性**: 注意到若 $F(\cdot)$ 可被机制 $\Gamma = \langle \prod_{i=1}^n M_i, h \rangle$ 完全纳什执行，则对 $\forall \boldsymbol{e} \in E, \forall a \in F(\boldsymbol{e}), \exists \boldsymbol{m}(\boldsymbol{a}, \boldsymbol{e}) \in \mathcal{N}(\Gamma, \boldsymbol{e})$，使得 $g(\boldsymbol{m}(\boldsymbol{a}, \boldsymbol{e})) = \boldsymbol{a}$。令 $\mathcal{B} = \{a = g(\boldsymbol{m}) \in \mathcal{A} | \exists \boldsymbol{m} \in M\}$，$C_i = C_i(\boldsymbol{a}, \boldsymbol{e}) \equiv g(M_i, \boldsymbol{m}_{-i}(\boldsymbol{a}, \boldsymbol{e})) \equiv \{\boldsymbol{a} = g(\hat{m}_i, \boldsymbol{m}_{-i}(\boldsymbol{a}, \boldsymbol{e})) | \exists \hat{m}_i \in M_i\}$。显然 $\boldsymbol{a} \in C_i \subseteq L_i(\boldsymbol{a}, \boldsymbol{e}) \bigcap \mathcal{B}$。
  a. 如果 $C_i \subseteq L_i(\boldsymbol{a}, \boldsymbol{e}^*) \forall i \in N$，则 $\boldsymbol{m}(\boldsymbol{a}, \boldsymbol{e}) \in \mathcal{N}(\Gamma, \boldsymbol{e}^*)$。由于 $F(\cdot)$ 可被完全纳什执行，所以 $\boldsymbol{a} = g(\boldsymbol{m}(\boldsymbol{a}, \boldsymbol{e})) \in g(\mathcal{N}(\Gamma, \boldsymbol{e}^*)) \equiv F(\boldsymbol{e}^*)$。这样，条件 (i) 满足。
  b. 设 $\exists \boldsymbol{c}$满足 $\boldsymbol{c} \in C_i(\boldsymbol{a}, \boldsymbol{e}) \subseteq L_i(\boldsymbol{c}, \boldsymbol{e}^*) \mathcal{B} \subseteq L_j(\boldsymbol{c}, \boldsymbol{e}^*), \forall j \neq i$。令 $c_i = g(\hat{m}_i, \boldsymbol{m}_{-i}(\boldsymbol{a}, \boldsymbol{e}))$。显然，$(\hat{m}_i, \boldsymbol{m}_{-i}(\boldsymbol{a}, \boldsymbol{e})) \in \mathcal{N}(\Gamma, \boldsymbol{e}^*)$，所以 $\boldsymbol{c} = g(\hat{m}_i, \boldsymbol{m}_{-i}(\boldsymbol{a}, \boldsymbol{e})) \in g(\mathcal{N}(\Gamma, \boldsymbol{e}^*)) = F(\boldsymbol{e}^*)$。这样，条件 (ii) 满足。
  c. 如果存在 $\boldsymbol{c} \in \mathcal{B}$ 满足 $\mathcal{B} \subseteq L_i(\boldsymbol{c}, \boldsymbol{e}^*), \forall i \in N$，则 $\forall g^{-1}(\boldsymbol{c}) = \{m \in M | g(\boldsymbol{m}) = \boldsymbol{c}\} \in \mathcal{N}(\Gamma, \boldsymbol{e}^*)$，所以 $\boldsymbol{c} \in g(\mathcal{N}(\Gamma, \boldsymbol{e}^*)) = F(\boldsymbol{e}^*)$，从而条件 (iii) 满足。
- **充分性**: 我们来构造一个机制 $\Gamma = \langle \prod_{i=1}^n M_i, g \rangle$ 使得 $F(\cdot)$ 能被 Γ 完全纳什执行，即 $F(\boldsymbol{e}) = g(\mathcal{N}(\Gamma, \boldsymbol{e})), \forall \boldsymbol{e} \in E$。

$$M_i = \{(e_i, a_i, b_i, v_i) \in E \times \mathcal{A} \times \mathcal{B} \times \boldsymbol{N} | a_i \in F(e_i)\}$$

  结果函数 $g(\cdot)$ 定义如下:

  情形 1: 如果 $m_i \equiv (\boldsymbol{e}, \boldsymbol{a}, \boldsymbol{b}, \boldsymbol{v}), \forall i \in N$，则 $g(\boldsymbol{m}) = \boldsymbol{a}$;

  情形 2: 如果存在 $i \in N$ 使得 $m_j = (\boldsymbol{e}, \boldsymbol{a}, \boldsymbol{b}, \boldsymbol{v}), \forall j \neq i$，$m_i \neq (\boldsymbol{e}, \boldsymbol{a}, \boldsymbol{b}, \boldsymbol{v})$，则

$$g(\boldsymbol{m}) = \begin{cases} b_i & \text{如果 } b_i \in C_i(\boldsymbol{a}, \boldsymbol{e}) \\ \boldsymbol{a} & \text{其他.} \end{cases}$$

  情形 3: 在除此以外的其他情形下，$g(\boldsymbol{m}) = b_i$，$i = \min\{i \in N : v_i = \max_{j \in N} v_j\}$。

  首先证明 $F(\boldsymbol{e}) \subseteq g(\mathcal{N}(\Gamma, \boldsymbol{e})), \forall \boldsymbol{e} \in E$。对任意 $\boldsymbol{e} \in E$，任取 $\boldsymbol{a} \in F(\boldsymbol{e})$，令 $m_i \equiv (\boldsymbol{e}, \boldsymbol{a}, \boldsymbol{a}, 0), \forall i \in N$，则 $\boldsymbol{m} \in \mathcal{N}(\Gamma, \boldsymbol{e}), g(\boldsymbol{m}) = \boldsymbol{a}$，所以 $F(\boldsymbol{e}) \subseteq g(\mathcal{N}(\Gamma, \boldsymbol{e})), \forall \boldsymbol{e}$。再证明 $g(\mathcal{N}(\Gamma, \boldsymbol{e}^*)) \subseteq F(\boldsymbol{e}^*), \forall \boldsymbol{e}^*$。

  如果 $\boldsymbol{m} \in \mathcal{N}(\Gamma, \boldsymbol{e}^*)$，则必有以下三种情形之一出现:

  a. $m_i \equiv (\boldsymbol{e}^*, \boldsymbol{a}, \boldsymbol{b}, \boldsymbol{v}) \ \forall i \in N$。此时 $g(\boldsymbol{m}) = \boldsymbol{a} \in F(\boldsymbol{e}^*)$。
  b. $m_i \neq m_j = (\boldsymbol{e}^*, \boldsymbol{a}, \boldsymbol{b}, \boldsymbol{v}) \ \forall j \neq i$。此时必有 $g(\boldsymbol{m}) \in C_i \subseteq L_i(g(\boldsymbol{m}), \boldsymbol{e}^*)$，$\mathcal{B} \subseteq L_j(g(\boldsymbol{m}), \boldsymbol{e}^*), j \neq i$。根据性质 (ii)，$g(\boldsymbol{m}) \in F(\boldsymbol{e}^*)$。

c. $m_i, i \in N$ 中至少有两个人的策略不同，则任何人都可以通过报尽量大的 v_i 从而使自己最合意的 $\mathcal{B}$ 中的方案被选中，所以必有 $\mathcal{B} \subseteq L_i(g(\boldsymbol{m}), \boldsymbol{e}^*), \forall i \in N$。根据性质 (iii)，$g(\boldsymbol{m}) \in F(\boldsymbol{e}^*)$，从而 $g(\mathcal{N}(\Gamma, \boldsymbol{e}^*)) \subseteq F(\boldsymbol{e}^*)$。

综上，$g(\mathcal{N}(\Gamma, \boldsymbol{e}^*)) = F(\boldsymbol{e}^*)$。 □

Moore 和 Repullo (1990) 同时也对参与人个数是 2 的情形指出了下列条件是任何一个社会选择对应是可完全执行的完全特征化条件。

定义 18.8.7 (条件 $\mu 2$)　我们称**条件 $\mu 2$ 被满足**，若除了满足以上 μ 条件，同时还满足下面的条件：

对于任意 $(\boldsymbol{a}, e', b, \hat{e}) \in (A \times E \times A \times E)$ 满足 $\boldsymbol{a} = F(e'), \boldsymbol{b} = F(\hat{e})$，存在某个 $\boldsymbol{c} = \boldsymbol{c}(\boldsymbol{a}, e', \boldsymbol{b}, \hat{e}) \in C_1(\boldsymbol{a}, e') \bigcap C_2(\boldsymbol{b}, \hat{e})$，使得对于任意的 $\boldsymbol{e}^* \in E$，均有：

$$\text{若}\boldsymbol{c} \in C_1(\boldsymbol{a}, e') \subseteq L_1(\boldsymbol{c}, \boldsymbol{e}^*), \boldsymbol{c} \in C_2(\boldsymbol{b}, \hat{e}) \subseteq L_2(\boldsymbol{c}, \boldsymbol{e}^*), \text{则}\boldsymbol{c} \in F(\boldsymbol{e}^*).$$

命题 18.8.3　设 $n = 2$，则社会选择规则 $F(\cdot)$ 可完全纳什执行当且仅当满足条件 $\mu 2$。

18.9　具有良好性质的纳什执行机制

马斯金定理及穆尔–雷普略 (Moore-Repullo) 定理给出了社会选择对应可完全纳什执行的充要条件。这是任何一个社会选择目标可完全纳什执行的特征化结果，回答了什么样的社会目标可以通过纳什执行达到。然而，它所关注的主要是社会选择规则可完全纳什执行的可能性，而没有考虑其执行机制的复杂性和可操作性。的确，从马斯金定理和穆尔–雷普略定理的证明过程可以看到，所给出的执行机制十分复杂。首先，由于其信息空间包含了偏好或效用函数，其信息空间一般来说是无限维的，从而信息交流成本会变得巨大。这样，对社会选择规则可完全纳什执行的刻画尽管是可能的，但所构造的执行机制却非常不现实，不具有可操作性。其次，像大多数文献中的特征化结果一样，由于马斯金机制不是连续的，个体策略选择的微小变动或计算误差可能会导致备选结果大幅度变化。这些都给实际运用造成了很大困难。一个很自然的问题是，是否存在着具有良好性质又便于操作的机制？本节将介绍一些具有良好性质的机制。

18.9.1　格罗夫斯–莱迪亚德机制

Groves 和 Ledyard (1977) 首先对公共品经济给出了一个具有某些良好性质且纳什执行了帕累托有效配置的机制。

为了说明格罗夫斯–莱迪亚德机制的基本性质及结果，我们对原有的格罗夫斯–莱迪亚德机制进行简化，只考虑具有一种私人品 x_i、一种公共品 y 和三个参与人 $(n = 3)$ 的公共品经济。公共品的生产函数为 $y = v$。

格罗夫斯–莱迪亚德机制定义如下：

$M_i = \mathcal{R}_i$，$i = 1, 2, 3$。M_i 的元素 m_i 可解释为个体 i 所愿意作出的贡献（或者税额）。

$t_i(\boldsymbol{m}) = m_i^2 + 2m_j m_k$：当个体报告 m_i 时由机制所确定的个体 i 的实际支付。

$y(\boldsymbol{m}) = (m_1 + m_2 + m_3)^2$：由机制决定的公共品 y 的数量。

$x_i(\boldsymbol{m}) = w_i - t_i(\boldsymbol{m})$：由机制决定的私人品的消费数量。

由于

$$\begin{aligned}\sum_{i=1}^{3} x_i + \sum_{i=1}^{3} t_i(\boldsymbol{m}) &= \sum_{i=1}^{3} x_i + (m_1 + m_2 + m_3)^2 \\ &= \sum_{i=3}^{n} x_i + y = \sum_{i=1}^{3} dZw_i,\end{aligned}$$

该机制是预算平衡的。

个体的收益函数为：

$$\begin{aligned}v_i(\boldsymbol{m}) &= u_i(x_i(\boldsymbol{m}), y(\boldsymbol{m})) \\ &= u_i(w_i - t_i(\boldsymbol{m}), y(\boldsymbol{m})).\end{aligned}$$

第18章

为了求纳什均衡，令

$$\frac{\partial v_i(\boldsymbol{m})}{\partial m_i} = 0, \tag{18.37}$$

则有

$$\frac{\partial v_i(\boldsymbol{m})}{\partial m_i} = \frac{\partial u_i}{\partial x_i}(-2m_i) + \frac{\partial u_i}{\partial y} 2(m_1 + m_2 + m_3) = 0, \tag{18.38}$$

从而有：

$$\frac{\dfrac{\partial u_i}{\partial y}}{\dfrac{\partial u_i}{\partial x_i}} = \frac{m_i}{m_1 + m_2 + m_3}. \tag{18.39}$$

当 u_i 拟凹时，一阶条件也是纳什均衡的充分条件。

对上式加总，在纳什均衡处，我们有：

$$\sum_{i=1}^{3} \frac{\dfrac{\partial u_i}{\partial y}}{\dfrac{\partial u_i}{\partial x_i}} = \sum_{i=1}^{3} \frac{m_i}{m_1 + m_2 + m_3} = 1 = \frac{1}{f'(v)}, \tag{18.40}$$

即

$$\sum_{i=1}^{3} MRS_{yx_i} = MRTS_{yv}.$$

这样，林达尔–萨缪尔森 (Lindahl-Samuelson) 条件和预算平衡条件成立，这意味着每个纳什均衡配置都是帕累托有效的。

Groves 和 Ledyard(1977) 宣称他们解决了公共品经济的搭便车问题。然而，经济问题通常是复杂的。有人的确认为他们解决了搭便车问题，而另外一些人则不以为然。理由有两点：一是这个机制不能保证导致个体理性的配置，即参与性约束不满足，通过机制所配置的一些结果对某些人来说比他们在初始资源处的效用还要低，从而不愿意参与到这个机制中进行资源的再配置，因为参与后反而损害自身利益；二是它不是个人可行的，即对于某些非均衡策略，$x_i(\boldsymbol{m}) = w_i - t_i(\boldsymbol{m})$ 可能是负的，通过机制配置的资源不在个人的消费集之内。

于是人们也许会问：能否设计这样的机制——它能产生资源的最优配置，而这个配置又是个体理性的配置呢？

18.9.2　沃克机制

一个启示是，我们知道林达尔配置及瓦尔拉斯配置导致了帕累托最优和个体理性的配置，这样只要设计出具有良好性质的机制，它纳什执行了林达尔配置，它就会导致既是帕累托有效也是个体理性的配置。Hurwicz (1979a, 1979b) 分别对公共品的经济环境类及私人品的环境类给出了这样的机制，它们分别完全执行了林达尔配置和瓦尔拉斯配置，从而它们导致了资源最优和个体理性配置。Walker (1981) 也给出了类似的机制。

仍然考虑具有一种私人品 x_i，一种公共品 y，$n \geqq 3$ 个参与人以及生产函数为 $y=f(v)=v$ 的公共经济环境类。假定参与人 i 的效用函数 $u_i(x_i, y)$ 是连续可微、拟凹、单调的，并且满足稻田条件：$\frac{\partial u}{\partial x_i}(0) = +\infty$，以及 $\lim_{x_i \to 0} \dfrac{\partial u}{\partial x_i} x_i = 0$，使得内点解存在。

我们先回忆林达尔均衡的定义。

资源配置 $z = (\boldsymbol{x}, y) = (x_1, x_2, \cdots, x_n, y) \in \mathcal{R}^n_+ \times \mathcal{R}_+$ 是一个林达尔均衡配置，若它是可行的，并且存在着一组个性化价格向量 $(q_1, \cdots, q_n) \in \mathcal{R}^n_+$ 使得

（1）$x_i + q_i y = w_i$，$i = 1, \cdots, n$；

（2）对所有的 $i = 1, \cdots, n$，$u_i(x'_i, y') > u_i(x_i, y)$ 意味着 $x'_i + q_i y' > w_i$；

（3）$\sum_{i=1}^n q_i = 1$.

在单调性假设下，每个林达尔配置显然是个体理性的，同时也是帕累托最优的。

沃克机制定义如下：

$M_i = \mathcal{R}$：m_i 为参与人 i 愿意作出的贡献；

$y(\boldsymbol{m}) = \sum_{i=1}^n m_i$：公共品提供水平；

$q_i(\boldsymbol{m}) = \frac{1}{n} + m_{i+1} - m_{i+2}$：个体 i 愿意对公共品支付的个性化价格；

$t_i(\boldsymbol{m}) = q_i(\boldsymbol{m}) y(\boldsymbol{m})$：个体 i 对公共品的支付（税额）；

$x_i(\boldsymbol{m}) = w_i - t_i(\boldsymbol{m}) = w_i - q_i(\boldsymbol{m}) y(\boldsymbol{m})$: 私人品的消费。

则预算约束为：

$$x_i(\boldsymbol{m}) + q_i(\boldsymbol{m}) y(\boldsymbol{m}) = w_i, \qquad \forall m_i \in M_i. \tag{18.41}$$

对上述关于所有个体的预算约束累加，得：

$$\sum_{i=1}^n x_i(\boldsymbol{m}) + \sum_{i=1}^n q_i(\boldsymbol{m}) y(\boldsymbol{m}) = \sum_{i=1}^n w_i,$$

从而我们有

$$\sum_{i=1}^{n} x_i(\boldsymbol{m}) + y(\boldsymbol{m}) = \sum_{i=1}^{n} w_i.$$

这意味着该机制是预算平衡的。

每个参与人的支付函数为：

$$\begin{aligned} v_i(\boldsymbol{m}) &= u_i(x_i, y) \\ &= u_i(w_i - q_i(\boldsymbol{m})y(\boldsymbol{m}), y(\boldsymbol{m})). \end{aligned}$$

内点解的一阶条件为：

$$\begin{aligned} \frac{\partial v_i}{\partial m_i} &= -\frac{\partial u_i}{\partial x_i}\left[\frac{\partial q_i}{\partial m_i} y(\boldsymbol{m}) + q_i(\boldsymbol{m})\frac{\partial y(\boldsymbol{m})}{\partial m_i}\right] + \frac{\partial u_i}{\partial y}\frac{\partial y(\boldsymbol{m})}{\partial m_i} \\ &= -\frac{\partial u_i}{\partial x_i} q_i(\boldsymbol{m}) + \frac{\partial u_i}{\partial y} = 0 \\ &\Rightarrow \frac{\dfrac{\partial u_i}{\partial y}}{\dfrac{\partial u_i}{\partial x_i}} = q_i(\boldsymbol{m}) \qquad \text{(FOC) 对林达尔配置} \\ &\Rightarrow \mathcal{N}(\boldsymbol{e}) \subseteq L(\boldsymbol{e}) \end{aligned}$$

第18章

由于 u_i 是拟凹的，则一阶必要条件也是林达尔均衡存在的充分条件。我们还可以证明每个林达尔均衡配置同时也是纳什均衡配置，即

$$L(\boldsymbol{e}) \subseteq \mathcal{N}(\boldsymbol{e}). \tag{18.42}$$

不妨设 $[(x^*, y^*), q_i^*, \cdots, q_n^*]$ 为林达尔均衡。令 $\boldsymbol{m}^*$ 为如下方程的解：

$$\begin{aligned} q_i^* &= \frac{1}{n} + m_{i+1} - m_{i+2}, \\ y^* &= \sum_{i=1}^{n} m_i. \end{aligned}$$

则对所有的 $i \in N$，我们有 $x_i(\boldsymbol{m}^*) = x_i^*$，$y(\boldsymbol{m}^*) = y^*$ 以及 $q_i(\boldsymbol{m}^*) = q_i^*$。因此，对所有的 $i \in N$ 和 $m_i \in M_i$，由 $(x(m_i^*, \boldsymbol{m}_{-i}), y(m_i^*, \boldsymbol{m}_{-i})) \in \mathcal{R}_+^2$ 和 $x_i(m_i^*, \boldsymbol{m}_{-i}) + q_i(\boldsymbol{m}^*)y(m_i^*, \boldsymbol{m}_{-i}) = w_i$，我们有

$$u_i(x_i(\boldsymbol{m}^*), y(\boldsymbol{m}^*)) \geqq u_i(x_i(m_i^*, \boldsymbol{m}_{-i}), y(m_i^*, \boldsymbol{m}_{-i})).$$

这说明 $\boldsymbol{m}^*$ 的确是纳什均衡。

因此，沃克机制完全纳什执行了既为帕累托有效又是个体理性的林达尔配置。

虽然沃克机制解决了个体理性问题，但它也有缺陷，人们对赫维茨和沃克的机制仍不太满意，因为这些机制不能保证个体可行性要求。若所报告的支付 t_i 过大，则由机制所决定的私人品的消费水平可能为负，即 $x_i = w_i - t_i < 0$。并且 Hurwicz(1979a) 的机制利用了一个较大维数的信息空间。Hurwicz(1979b) 给出了一个保证个体可行性条件的配置机制，这个机制产生了资源有效配置。然而，它不是连续的，即使微小的信息传递误差也会

导致较大差异的资源配置结果，这在实际应用中就会出现精确性问题；另外，它也不是预算平衡的，即通过机制配置的资源超过了社会的总资源。那么人们是否能够设计一个既是个体可行又是预算平衡的机制呢？一般来说，其答案是否定的。的确如此，根据马斯金关于完全纳什执行的定理，所有均衡和非均衡的结果都应该在可行集内，但由于包括边界点的林达尔配置和瓦尔拉斯配置一般不满足马斯金单调性，因此不存在任何机制可以完全纳什执行瓦尔拉斯或林达尔配置。然而，对于导致内点的林达尔配置的某种经济环境类，Tian (1991) 给出了克服沃克机制缺陷的机制，下面进行讨论。Hurwicz，Maskin 和 Postlewaite (1984) 证明了一个机制若产生了个体可行同时又是预算平衡的机制，则信息空间必依赖于初始资源。

18.9.3　田氏机制

以上所提到的机制总有这样或那样的一些令人不太满意的缺点。于是人们也许会问：是否存在着一个机制，它可以完全执行帕累托有效和个体理性的资源配置，并且是连续的、个体可行的、平衡的？著者在 Tian(1989) 一文中回答了这个问题。对具有公共品的经济环境类，在纳什执行下，证明并给出了这样的机制，它除了具有以上提到的所有性质。Tian (1991) 给出了一个具有同样性质，还具有最小维数信息空间的激励机制。这个机制和沃克机制的所有其他部分 (如信息空间、个性化价格、私人品的确定) 都相同，只是公共品提供水平 $y(\boldsymbol{m})$ 不同。该机制将 $y(\boldsymbol{m})$ 设为（见图 18.4)：

$$y(\boldsymbol{m}) = \begin{cases} a(\boldsymbol{m}) & 若 \quad \sum_{i=1}^{n} m_i > a(\boldsymbol{m}), \\ \sum_{i=1}^{n} m_i & 若 \quad 0 \leqq \sum_{i=1}^{n} m_i \leqq a(\boldsymbol{m}), \\ 0 & 若 \quad \sum_{i=1}^{n} m_i < 0, \end{cases} \tag{18.43}$$

其中，$a(\boldsymbol{m}) = \min_{i\in N'(\boldsymbol{m})} \dfrac{w_i}{q_i(\boldsymbol{m})}$ 可看作可行配置的上界，这里 $N'(\boldsymbol{m}) = \{i \in N : q_i(\boldsymbol{m}) > 0\}$。注意，由于 $\sum_{i=1}^{n} q_i(\boldsymbol{m}) > 0$，$N'(\boldsymbol{m})$ 非空。

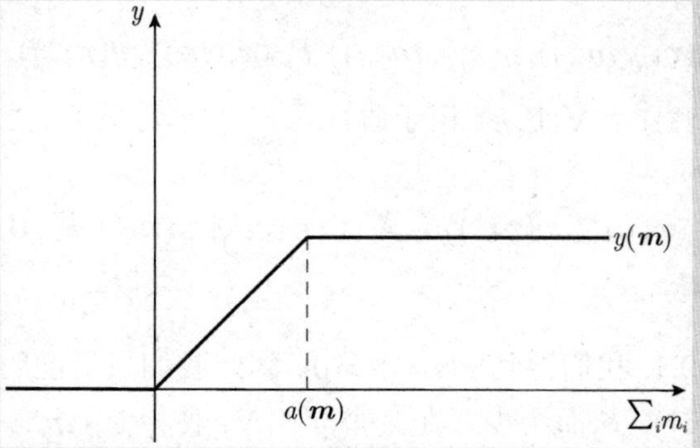

图 18.4　可能的公共品结果函数 $y(\boldsymbol{m})$

对上述机制的解释是，若个体的总贡献在零和可行上界之间，则公共品的提供量就等于总贡献；若所报之和小于零，则不提供任何公共品；若所报之和超过可行上界，则公共品提供的水平由可行上界确定。

为了证明上述机制具有所有的良好性质，我们需要假定偏好是强单调、递增及凸的。此外，还需进一步假定每个内点配置严格优于边界配置，即对所有的 $i \in N$，均有 $(x_i, y)\ P_i\ (x'_i, y'), \forall (x_i, y) \in \mathcal{R}^2_{++}, \forall (x'_i, y') \in \partial\mathcal{R}^2_+$，其中 $\partial\mathcal{R}^2_+$ 为 $\mathcal{R}^2_+$ 的边界。这个条件保证了所有林达尔均衡配置均是内点，否则具有边界点林达尔对应不能保证马斯金单调性条件成立，从而不可能被可行机制完全执行。

为证明纳什配置和林达尔配置的等价性，我们首先证明下述引理。

引理 18.9.1 若 $(\boldsymbol{x}(\boldsymbol{m}^*), y(\boldsymbol{m}^*)) \in \mathcal{N}(\Gamma, \boldsymbol{e})$，则 $(x_i(\boldsymbol{m}^*), y(\boldsymbol{m}^*)) \in \mathcal{R}^2_{++}, \forall i \in N$。

第18章

证明： 反证法。设 $(x_i(\boldsymbol{m}^*), y(\boldsymbol{m}^*)) \in \partial\mathcal{R}^2_+$，则对某个 $i \in N$，有 $x_i(\boldsymbol{m}^*) = 0$ 或 $y(\boldsymbol{m}^*) = 0$。考虑二次方程：

$$y = \frac{w^*}{2(y+c)}, \tag{18.44}$$

其中，$w^* = \min_{i\in N} w_i$; $c = b + n\sum_{i=1}^n |m_i^*|$，$b = 1/n$。方程 (18.44) 的最大根为正，记之为 $\tilde{y}$。假设个体 i 选择的信息为 $m_i = \tilde{y} - \sum_{j\neq i}^n m_j^*$，则 $\tilde{y} = m_i + \sum_{j\neq i}^n m_j^* > 0$，且对任意的 $j \in N$，均有

$$\begin{aligned} w_j - q_j(m_i^*, \boldsymbol{m}_{-i})\tilde{y} &\geqq w_j - [b + (n\sum_{s=1}^n |m_s^*| + \tilde{y})]\tilde{y} \\ &= w_j - (\tilde{y} + b + n\sum_{s=1}^n |m_s^*|)\tilde{y} \\ &= w_j - w^*/2 \geqq w_j/2 > 0. \end{aligned} \tag{18.45}$$

因此，$y(m_i^*, \boldsymbol{m}_{-i}) = \tilde{y} > 0$，且对任意的 $j \in N$，均有

$$x_j(m_i^*, \boldsymbol{m}_{-i}) = w_j - q_j(m_i^*, \boldsymbol{m}_{-i})y(m_i^*, \boldsymbol{m}_{-i}) = w_j - q_j(m_i^*, \boldsymbol{m}_{-i})\tilde{y} > 0.$$

于是，由每个内点配置都严格优于边界配置的假定，有

$$(x_i(m_i^*, \boldsymbol{m}_{-i}), y(m_i^*, \boldsymbol{m}_{-i}))\ P_i\ (x_i(\boldsymbol{m}^*), y(\boldsymbol{m}^*)),$$

这与假设 $(\boldsymbol{x}(\boldsymbol{m}^*), y(\boldsymbol{m}^*)) \in \mathcal{N}(\Gamma, \boldsymbol{e})$ 相矛盾。 □

引理 18.9.2 若 $(\boldsymbol{x}(\boldsymbol{m}^*), y(\boldsymbol{m}^*)) \in \mathcal{N}(\Gamma, \boldsymbol{e})$，则 $y(\boldsymbol{m}^*)$ 是 $[0, a(\boldsymbol{m})]$ 的一个内点，从而有 $y(\boldsymbol{m}^*) = \sum_{i=1}^n m_i^*$。

证明： 由引理 18.9.1, 我们得到 $y(\boldsymbol{m}^*) > 0$。因此我们只需证明 $y(\boldsymbol{m}^*) < a(\boldsymbol{m}^*)$。若不然，则有 $y(\boldsymbol{m}^*) = a(\boldsymbol{m}^*)$。从而至少存在某个 $j \in N$，使得 $x_j(\boldsymbol{m}^*) = w_j - q_j(\boldsymbol{m}^*)y(\boldsymbol{m}^*) = w_j - q_j(\boldsymbol{m}^*)a(\boldsymbol{m}^*) = w_j - w_j = 0$。但根据引理 18.9.1，有 $x(\boldsymbol{m}^*) > 0$。这就造成了矛盾。 □

命题 18.9.1　若田氏机制有纳什均衡 $\boldsymbol{m}^*$，则 $(\boldsymbol{x}(\boldsymbol{m}^*), y(\boldsymbol{m}^*))$ 是对应于林达尔价格向量 $(q_1(\boldsymbol{m}^*), \cdots, q_n(\boldsymbol{m}^*))$ 的林达尔配置，即 $\mathcal{N}(\Gamma, \boldsymbol{e}) \subseteq L(\boldsymbol{e})$。

证明： 令 $\boldsymbol{m}^*$ 为纳什均衡。需证明 $(\boldsymbol{x}(\boldsymbol{m}^*), y(\boldsymbol{m}^*))$ 为对应于价格向量 $(q_1(\boldsymbol{m}^*), \cdots, q_n(\boldsymbol{m}^*))$ 的林达尔配置。由于机制是可行的，且 $\sum_{i=1}^n q_i(\boldsymbol{m}^*) = 1$，$x_i(\boldsymbol{m}^*) + q_i(\boldsymbol{m}^*)y(\boldsymbol{m}^*) = w_i, \forall i \in N$，我们只需证明每个经济人最大化了其偏好。可以用反证法。若不然，假设存在某个 $(x_i, y) \in \mathcal{R}^2_+$，使得 $(x_i, y)\ P_i\ (X_i(\boldsymbol{m}^*), Y(\boldsymbol{m}^*))$ 和 $x_i + q_i(\boldsymbol{m}^*)y \leqq w_i$ 同时成立。由于偏好是单调的，我们可得 $x_i + q_i(\boldsymbol{m}^*)y = w_i$。令 $(x_{i\lambda}, y_\lambda) = (\lambda x_i + (1-\lambda)x_i(\boldsymbol{m}^*), \lambda y + (1-\lambda)y(\boldsymbol{m}^*))$。则由偏好的凸性，对任意的 $0 < \lambda < 1$，我们均有 $(x_{i\lambda}, y_\lambda)\ P_i\ (x_i(\boldsymbol{m}^*), y(\boldsymbol{m}^*))$，从而有 $(x_{i\lambda}, y_\lambda) \in \mathcal{R}^2_+$，$x_{i\lambda} + q_i(\boldsymbol{m}^*)y_\lambda = w_i$。

假设个体 i 选择信息 $m_i = y_\lambda - \sum_{j \neq i}^n m_j^*$。根据引理 18.9.2，我们可知 $y(\boldsymbol{m}^*) = \sum_{j=1}^n m_i^*$，从而有 $m_i = y_\lambda - y(\boldsymbol{m}^*) + m_i^*$。因此当 $\lambda \to 0$ 时，$y_\lambda \to y(\boldsymbol{m}^*)$，因而有 $m_i \to m_i^*$。根据引理 18.9.1，对所有的 $j \in N$，我们有 $x_j(\boldsymbol{m}^*) = w_j - q_j(\boldsymbol{m}^*)y(\boldsymbol{m}^*) > 0$，从而有 $w_j - q_j(\boldsymbol{m}^*, \boldsymbol{m}_{-i})y_\lambda > 0, \forall j \in N$，其中 λ 是充分小的正数。因此有 $y(m_i^*, \boldsymbol{m}_{-i}) = y_\lambda$，$x_i(m_i^*, \boldsymbol{m}_{-i}) = w_i - q_i(\boldsymbol{m}^*)y(m_i^*, \boldsymbol{m}_{-i}) = w_i - q_i(\boldsymbol{m}^*)y_\lambda = x_{i\lambda}$。由 $(x_{i\lambda}, y_\lambda)P_i(x_i(\boldsymbol{m}^*), y(\boldsymbol{m}^*))$，可得 $(x_i(m_i^*, \boldsymbol{m}_{-i}), y(m_i^*, \boldsymbol{m}_{-i}))\ P_i\ (x_i(\boldsymbol{m}^*), y(\boldsymbol{m}^*))$。但这与 $(x(\boldsymbol{m}^*), y(\boldsymbol{m}^*)) \in \mathcal{N}(\Gamma, \boldsymbol{e})$ 相矛盾。这就证明了定理。 □

命题 18.9.2　若 $(\boldsymbol{x}^*, y^*)$ 为对应于林达尔价格向量 $\boldsymbol{q}^* = (q_1^*, \cdots, q_n^*)$ 的林达尔配置，则田氏机制存在纳什均衡 $\boldsymbol{m}^*$，使得对任意的 $i \in N$，均有 $x_i(\boldsymbol{m}^*) = x_i^*$，$q_i(\boldsymbol{m}^*) = q_i^*$ 和 $y(\boldsymbol{m}^*) = y^*$ 成立，即 $L(\boldsymbol{e}) \subseteq \mathcal{N}(\Gamma, \boldsymbol{e})$。

证明： 我们需要证明存在信息 $\boldsymbol{m}^*$ 使得 $(\boldsymbol{x}^*, y^*)$ 为纳什配置。令 $\boldsymbol{m}^*$ 为下述线性方程组的解：

$$q_i^* = \frac{1}{n} + m_{i+1} - m_{i+2},$$

$$y^* = \sum_{i=1}^n m_i.$$

则有 $x_i(\boldsymbol{m}^*) = x_i^*$，$y(\boldsymbol{m}^*) = y^*$，$q_i(\boldsymbol{m}^*) = q_i^*, \forall i \in N$。由 $(x(m_i^*, \boldsymbol{m}_{-i}), y(m_i^*, \boldsymbol{m}_{-i})) \in \mathcal{R}^2_+$ 以及 $x_i(m_i^*, \boldsymbol{m}_{-i}) + q_i(\boldsymbol{m}^*)y(m_i^*, \boldsymbol{m}_{-i}) = w_i, \forall i \in N, \forall m_i \in M_i$，我们有 $(x_i(\boldsymbol{m}^*), y(\boldsymbol{m}^*))\ R_i\ (x_i(m_i^*, \boldsymbol{m}_{-i}), y(m_i^*, \boldsymbol{m}_{-i}))$。因此，田氏机制完全纳什执行了林达尔配置。 □

对非完全非传递的偏好关系、生产报酬递减或个体初始资源是不完全信息的情形，著者在一系列已发表的文章中给出了类似的机制 (Tian(1991，1992); Tian and Li (1991); Li, Nakamura, and Tian (1995))。对于私人品的经济环境类，著者在 Tian(1992) 中也给出了类似的机制。对以上这些结果的详细讨论见后面参考文献中给出的论文。另外，有趣的是，赫维茨在 1979 年的另外一篇文章中证明了对于新古典的经济环境类，任何经济激励机制所导致的资源有效和个体理性配置都可以通过实施瓦尔拉斯配置来达到。这个结果对于修补市场的局限性有很大的帮助。例如，对于只有几个买者和卖者的市场，我们有充分的理由相信市场不是完全竞争的。这样，市场所导致的配置一般不是有效的。然而人们可以利用其他经济机制，使得它的纳什均衡配置与假定下的完全竞争市场机制所导致的配置一样，从而它导致的配置是帕累托有效的。

以上所设计的激励经济机制都是以私有制经济环境为前提的。前面我们已提到兰格针对公有制提出的边际成本定价机制不是激励相容的。人们也许会问，是否能为公有制设计出一些有效和个体理性的激励机制呢？答案也是肯定的。至少对市场失灵的公共品情形下是如此 (Tian(1994b，2000b，2000c，2000d)，Tian and Li(1994，1995b))。著者通过设计具体的机制证明了公有企业即使在不追求利润最大化的条件下，只要把生产公共品的成本让消费者根据他们自己的偏好来分担，在适当的成本分担机制下，所设计的机制也能导致资源的有效和个体理性的配置。这样，这些机制解决了市场机制不能很好解决的公共品问题。若把这些机制和市场机制结合起来，即使在公有制的情况下，也能解决资源的有效配置问题。当然，所给出的机制离实际应用还有较大差距，并且由前面的信息有效性结果，这些机制不可能是信息有效的。不过，这些模型说明，在具有公共品的情况下，这种由公有企业生产，让消费者分担成本的方式，尽管不是信息有效的，但至少在理论上能搞对激励，解决资源有效配置的问题。详细的讨论见相关文章。另外，在具有规模报酬递增的经济环境下，竞争市场是失灵的，著者在 Tian(2009a) 中给出了激励相容机制，它执行了边际成本、平均成本定价的资源配置。

需要指出的是，在经济机制设计中，大多都是把激励相容问题和信息效率问题分开来进行考虑的。激励相容只考虑在给定的自利行为准则下，一个既定目标可执行的条件，而没有考虑机制的信息要求量问题。而本章最后一节要介绍的信息效率理论只考虑实现一个社会目标所需要的信息量 (即信息空间的维数) 的问题，而忽略了机制的激励问题。Reichelstein–Reiter(1988) 同时考虑了这两个问题。他们证明了，在纳什激励相容条件下，执行一个社会目标所需要的信息量不会少于与不考虑激励问题而实现同一既定目标所需要的信息量。不过，对只有一种公共品的环境类，执行林达尔机制的最小维数和实现林达尔配置的最小维数一样，Walker(1981) 及 Tian(1990，1991) 给出了具体的激励机制。但是，对私人品的环境类，Reichelstein–Reiter(1988) 证明了完全执行瓦尔拉斯机制的最小维数要比实现瓦尔拉斯配置的最小维数大。

18.10 精炼纳什执行、近似纳什执行与纳什及强纳什双执行

尽管上面给出了纳什可执行社会目标的一些例子以及纳什可执行社会目标的充分必要条件，但有许多社会目标并不满足马斯金单调性 (比如所罗门国王解决婴儿归属问题)，因而在纳什均衡解意义上它是不可执行的。经济学文献给出了可大大地扩大可执行社会目标范围的两种方法。一种是采用精炼纳什均衡解的方法。利用纳什策略，可能获得多个纳什均衡解，精炼纳什均衡解的概念给出了剔除那些缺乏说服力的纳什均衡点的方法，这样使得纳什均衡结果的集合大幅度变小，从而使得在精炼纳什均衡解的概念下是可执行的。另外一种是采用近似地纳什执行一个社会目标的方法，它只要求均衡结果任意地接近社会选择

对应。此外，还有纳什及强纳什双执行的方法，也会使得纳什均衡结果的集合大幅度变小。

18.10.1 精炼纳什执行

什么样的社会目标在精炼纳什均衡解的假定下是可执行的呢？当任意机制的纳什均衡结果的集合 $\mathcal{N}(\Gamma, \boldsymbol{e})$ 均不可能是社会目标集合 $F(\boldsymbol{e})$ 的子集合时，这个社会目标就不是纳什可执行的。尽管如此，但由于精炼纳什均衡结果的集合可以比纳什均衡结果的集合小得多，从而精炼纳什均衡结果的集合就可能是社会目标集合 $F(\boldsymbol{e})$ 的子集合，使之在精炼纳什均衡解的情况下是可执行的。情况的确如此，本小节将介绍几个精炼纳什可执行的概念。

一个精炼纳什均衡解的概念是强纳什均衡 (strong Nash equilibrium) 假设。它意味着：当一个策略处于强纳什均衡状态时，对任何一组人所形成的一个联盟，当其他人的策略给定时，这个联盟中的每个人都不可能从合作中得到更大的好处。显然，强纳什均衡策略是比纳什均衡策略要求更强的均衡假设，每一个强纳什均衡显然是纳什均衡，反之却不成立。这样，强纳什均衡的集合是纳什均衡的一个子集合。由于这个均衡集合比纳什均衡集合可能要小，通过强纳什均衡执行的社会选择目标集合可能会更大。Maskin (1979) 证明：对适当的偏好关系的集合类，任何导致了帕累托最优配置和理性配置的社会选择目标都是强纳什可执行的。

通过动态机制的设计，均衡解的概念还可以是泽尔腾 (Selton) 所引进的子博弈完美纳什均衡 (subgame perfect Nash equilibrium) 策略假设。当然，还可采用其他精炼纳什均衡 (refinement of Nash equilibrium) 解的概念。另外还有许多其他策略均衡解可被用来表达人的个体利己行为，如非占优的纳什均衡 (non-dominated Nash equilibrium) 或其他精炼纳什均衡解。Moore–Repullo (1988)，Abreu–Sen(1990) 等人证明了在子博弈完美纳什均衡解假设下，几乎所有的社会目标，包括所罗门国王的例子，都是可执行的。Palfrey 和 Srivastava (1991) 在非占优的纳什均衡的假设下也证明了同样的结果。

18.10.2 近似纳什执行

人们也可通过近似地纳什执行一个社会目标的方法来扩大可执行社会目标的范围。尽管纳什均衡结果的集合 $\mathcal{N}(\Gamma, \boldsymbol{e})$ 不能完全被包含在社会目标 $F(\boldsymbol{e})$ 集合中，但只要每个纳什均衡配置可以任意地接近 $F(\boldsymbol{e})$ 中的某个配置 (即这两个配置的差 (距离) 可以任意小)，我们就说这个社会目标是可近似执行的。Matsushima (1988)，Abreu 和 Sen (1991)，Tian(1997) 等证明了几乎所有的社会目标都是可近似执行的。

18.10.3 纳什及强纳什双执行

纳什均衡策略是一种非合作的策略均衡概念，它完全排除了任何合作的可能性。尽管纳什均衡相对容易达到，但它也许是不稳定的：参与人往往会通过某种形式的合作来应对机制设计者，因为通过合作可能会得到更大的好处。这样，人的利己行为由纳什策略均衡来描述的假设也许是不现实的，从而采用强纳什策略均衡的假设也许会更合理。由于强纳什均衡的集合显然是纳什均衡的子集合，通过强纳什执行一个社会选择目标的可能性会更大。

尽管强纳什均衡假设更为合理，但是它也许不存在或较难被解出。为了能够相对容易达到，同时也是稳定的，人们自然要求一个社会选择目标能同时被纳什及强纳什执行。这就是所谓的双执行 (double implementation)。Suh (1997) 给出了一个社会选择目标能被纳什及强纳什同时双执行的充分必要条件。由于 Suh (1997) 的特征化结果只是考虑了一个社会选择目标被双执行的充分必要条件，而没有考虑机制的复杂性，Peleg (1996a，1996b) 及 Tian (1999a，2000a，2000b，2000c，2000d) 给出了一系列具有良好性质的激励机制，它们双执行了瓦尔拉斯配置、林达尔配置，以及其他导致了帕累托最优配置和理性配置的社会选择目标。

18.11 机制设计的信息效率问题

机制设计有三个重要要求，即资源配置的有效性、激励相容性和信息效率，它们都是一个机制或制度特别希望具有的性质。帕累托有效要求资源能在经济人中进行最有效的配置。激励相容要求个体在追求自身利益时正好也达到社会想达到的目标而不会出现激励扭曲。信息效率则要求经济体制具有最低的信息成本。这些性质在选择和评价经济制度中具有根本重要性。

对经济系统的激励相容性和信息需求的研究分别产生了执行 (implementation) 理论和实现 (realization) 理论，它们共同构成了 Hurwicz (1960, 1972, 1973，1979a) 创立的机制设计理论。本章至今为止，我们考虑的都是激励机制的设计问题，即寻找恰当的机制，使得个体自利行为 (个体理性) 与既定目标 (集体理性) 一致。

现在我们讨论经济机制信息效率方面的问题，而忽视机制的激励相容性问题。更准确地说，本节讨论的实现理论研究一个经济机制实现帕累托最优配置的信息空间最小维度的问题，并确定哪个经济制度在这个意义上是信息最有效的，即我们现在只注意经济机制的信息要求 (即运行成本问题)，而不考虑激励是否相容的问题。

18.11.1 信息机制设计的基本分析框架

从信息的角度来看，一个经济机制可以被看作一个信息交换和调整的过程。像市场调整过程那样，当信息的交换处在平稳 (stationary) 位置时，一个配置结果被决定。分散决策从本质上来说是信息不完全的一种特征—— 信息分散于各个生产和消费决策者的一种特征。人们通过对需求和供给等经济活动的信息交换和传递来作出生产和消费的决策。信息分散化与斯密–哈耶克–弗里德曼所论证的竞争市场机制最优性的特征紧密相关。[①]那么，

① 微观经济学中有两个最重要的定理，那就是本书第三部分中的一般均衡理论所讨论的福利经济学第一基本定理和第二基本定理，它们给出了市场机制与所导致资源配置的有效性 (最优性) 之间的关系。福利经济学第一基本定理阐明完全竞争的市场机制导致了帕累托有效配置。它假定不存在外部性以及个体偏好满足非饱和性 (自利性) 的特性。福利经济学第二基本定理阐明任何帕累托有效配置都可以通过合适的资产再分配后由完全竞争的市场机制来达到。它假定不存在外部效应以及某种个体偏好的局部非饱和性。但还要加上另外一些重要假定，如个体偏好的凸性及生产技术不存在规模报酬递增的现象等假设。

信息是什么？信息分散化的严格定义又是什么？它应包括哪些内容？在什么意义下认为信息成本是大还是小？在讨论这些问题时，人们需要一个统一的模型来研究什么是经济机制。这个模型最好能包括信息分散过程、信息集中过程、市场经济机制、计划经济机制以及它们的各种混合形式的机制，因为仅仅对一个个的机制 (如市场机制和计划机制) 分别加以考虑是不够的。我们下面介绍一般的信息调整过程模型，它能研究各种机制的信息成本问题。

假定在一个经济社会中，有 n 个参与者，每个参与者可以既是生产者也是消费者，也可以只是生产者或只是消费者，或是一个家庭、政府的某一个部门或机构，所有参与者的集合记为 N。作为一个生产者，企业有一个生产可能性集合 (生产技术条件约束)，记为 Y_i。作为一个消费者，他有一个消费空间，记为 X_i，有一个消费偏好关系或效用函数 (如果存在的话)，记为 R_i(或 u_i)，即对任何两组商品束，他都能比较哪一组商品束对他更为有利。每个参与者 i 还有一个初始禀赋，记为 w_i。这样，消费空间、初始资源、消费偏好关系、生产技术这四项合起来就构成了这个参与者的经济特征，记为 $e_i=(X_i,w_i,u_i,Y_i)$。抽象地说，一个经济社会就是由所有参与者的经济特征组成的，它也被称为经济或经济环境，记为 $\boldsymbol{e}=(e_1,e_2,\cdots,e_n)$。所有容许的经济环境形成了一个集合，记为 E。这里对经济环境的描述和前面对激励机制设计的经济环境的描述完全一样。所有资源配置的集合被称为资源配置空间，记为 Z。

从信息传播的角度讲，所谓经济机制就是把信息从一个经济单位传递到另一经济单位的制度。从信息物质形态讲，信息的传播形式可以是一封电子邮件、一条微信信息、一个电话、一个图像等；从信息量化的角度讲，传递的内容可以是一组数、一个向量或一个矩阵。机制设计所需要考虑的一个重要问题就是尽量简化传递过程中的复杂性，或使一个机制合理运行而使用较少的信息，因为较少的信息意味着较少的机制运行 (交易) 成本。由第 i 个人传递出的信息记为 m_i。所有这些信息的集合被称为第 i 个人的信息空间，记为 M_i。机制的信息空间 M 由所有经济单位的信息空间的乘积构成，即 $M=\prod_{i\in N}M_i$。

为了描述动态调整过程，记 n 个人在时间 t 的一组信息为 $\boldsymbol{m}(t)=(m_1(t),\cdots,m_n(t))$。由于人们根据所接收到的其他人的信息不断调整和反馈自己所发出的信息，在一个简单的一阶差分模型中，第 i 个参与者在时间 $t+1$ 对时间 t 时的信息响应方式由差分方程

$$m_i(t+1)=\varphi_i(\boldsymbol{m}(t),\boldsymbol{e})\quad i\in N \tag{18.46}$$

给出。这里 $\varphi_i:E\to M$ 被称为**响应函数** (response function)，决定了信息反馈的调整过程。一旦这种信息反馈调整过程达到平稳点，人们就不再改变信息，即 $\boldsymbol{m}$ 是响应函数的不动点 $m_i=\varphi_i(\boldsymbol{m},\boldsymbol{e}),i\in N$，或达到规定的终点时刻 T 时，通过某个资源配置规则 (被称为**结果函数**)$h(\cdot):M\to Z$ 来决定资源配置结果，即资源的配置由 $z=h(\boldsymbol{m})$ 来决定。这样的一个信息反馈调整、资源配置过程决定了一个资源配置的经济机制。它是由信息空间、响应函数及结果函数组成的，记为 $\langle M,\varphi,h\rangle$。

在这样的经济机制下，信息空间规定了每个人依据自己的特征发送出什么样的信息；响应函数表明了下一时刻输出的信息，它反映了在接到前一时刻的信息以后以怎样的形式作出反应，当然，这种响应与经济环境 $\boldsymbol{e}$ 有关，响应函数决定了平稳信息状态；配置规

则 h 是依据各单位发送来的信息作出资源配置的。任何一个机制都是在一定的约束下运行的，约束的规则却是由政府、立法机关或经济系统中每个参与人共同制定的。每个参与人在这种约束下选择认为对他有利的信息。信息集的元素可以是他自己对某种商品的需求或供给；或是对商品的偏好关系；或是对产品成本的描述；等等。配置规则决定了资源的配置。这个规则把信息的传递过程转化为物质资源的配置过程。这样，它建立了从信息空间到资源配置空间的一个关系 (映射)。它根据个体、企业或其他经济单位从信息集中所选的信息来决定社会的生产及个体的消费。这样，这个研究信息效率的模型比本章前面部分研究激励机制的模型多了一个信息反馈调整过程，也就是多了一个响应函数 φ。当然，我们也可以将激励机制的信息空间中的元素视作是由响应函数所决定的所有平稳点组成的信息空间。这样，这两个定义的经济机制就一致了。

注意，式 (18.46) 中响应函数平稳点的集合定义了一个从经济环境空间 E 到信息空间 M 的多值对应，记为 $\mu_i : E \rightrightarrows M$，即 $\mu_i(\boldsymbol{e}) = \{\boldsymbol{m} \in M : \boldsymbol{m} = m_T$ 或 $m_i = \varphi_i(\boldsymbol{m}, \boldsymbol{e}), i \in N\}$。令

$$\mu(\boldsymbol{e}) = \bigcap_{i=1}^{n} \mu_i(\boldsymbol{e}). \tag{18.47}$$

我们得到了一个从 E 到 M 的多值对应：$\mu : E \rightrightarrows M$，并且 $\boldsymbol{m} \in \mu$ 当且仅当 $\boldsymbol{m}$ 是式 (18.46) 的平稳点。这样，一个信息调整机制可等价地定义为 $\langle M, \mu, h\rangle$，这里 $\mu = \bigcap_{i=1}^{n} \mu_i$ 被称为平稳信息对应。

式 (18.46) 所反映的调整过程是一种信息集中化调整过程。这是由于参与人 i 在下一时刻输出的信息依赖于整个经济环境 $\boldsymbol{e}$。这样，它不仅与自己的经济特征 e_i 有关，也与其他人的特征 $\boldsymbol{e}_{-i}$ 有关。若在一个经济机制中，每个经济单位在决定下一时刻所传递的信息时只知道自己的经济特征，而不知道其他单位的经济特征，这样的机制被称为信息分散机制。它是式 (18.46) 的一个特殊情况，即当参与人 i 在下一时刻输出的信息只依赖于自己的经济特征 e_i 而与其他参与人的特征无关时，式 (18.46) 将具有如下形式

$$m_i(t+1) = \varphi_i(\boldsymbol{m}(t), e_i). \tag{18.48}$$

式 (18.48) 定义了一个信息分散决策过程或**隐私保障** (privacy-preserving) 调整过程，相应的均衡信息对应成为 $\mu(\boldsymbol{e}) = \bigcap_{i=1}^{n} \mu_i(e_i)$，这里 $\mu_i(e_i) = \{\boldsymbol{m} \in M : \varphi_i(\boldsymbol{m}, e_i)\}$。

读者可能会觉得以上经济机制的定义比较抽象，不太好理解。下面关于市场竞争机制的信息有效性和唯一性的讨论也许能帮助读者了解经济机制的各个组成部分。我们将讨论将市场机制定义成一个信息分散化经济机制的具体步骤。市场机制的信息空间将由价格和交换组成，且实现了市场竞争均衡。

在实际中，交流的信息内容通常是向量。这样，一旦调整过程和信息分散化被定义，从一个机制的信息空间维数的大小就可以评价这个机制的好坏。当考虑实际机制时，我们也许会发现，有些经济机制需要传递非常多的信息，而有些经济机制只需传递很少的信息。从信息的角度来看，对于想要实现的某个社会目标，人们总想找到一个既能实现这个社会目标又有尽可能小的运行成本 (交易成本) 的机制。

当信息空间是一般拓扑空间时，人们也许不能通过信息空间维数来比较它的大小，从而需要更一般的比较信息空间大小的方法。一种方法是通过比较信息的拓扑空间的大小来决定所用信息量的大小。于是我们有下面比较信息空间大小的定义，它是由 Walker(1978) 给出的。

定义 18.11.1 令 S 和 T 是两个信息拓扑空间。**空间 S 被说成至少用到像空间 T 一样多的信息**，记为 $S \geqq_F T$。若 T 能够被同胚地嵌入 S，即存在着 S 的一个子空间 S' 使得它与 T 同胚 (即在 S' 和 T 间存在着一个一对一的连续映射)。若如此，我们称空间 S 至少比空间 T 大。

定义 18.11.2 设 $\mathcal{P}(\boldsymbol{e})$ 是 $\boldsymbol{e} \in E$ 的帕累托有效配置的子集。对于配置机制 $\langle M, \mu, h\rangle$，若对于所有 $\boldsymbol{e} \in E$ 都有 $\mu(\boldsymbol{e}) \neq \varnothing$，且对于所有 $\boldsymbol{m} \in \mu(\boldsymbol{e})$ 都有 $h(\boldsymbol{m}) \in \mathcal{P}(\boldsymbol{e})$，则称其在 $\mathcal{P}$ 关于 E 是**无浪费的** (non-wasteful)。

定义 18.11.3 一个信息分散且导致了资源配置无浪费的机制 $\langle M, \mu, h\rangle$ 被说成是**信息有效的**，若它的信息空间 M 在所有导致了有效配置的信息分散机制中是最小的。

定义 18.11.4 一个从经济环境空间 E 到结果空间 Z 的经济机制 $\langle M, \mu, h\rangle$ 定义了一个对应，该对应被称作机制的**绩效对应** (performance correspondence)，记为 $G : E \rightrightarrows Z$，定义为：

$$G(\boldsymbol{e}) = \{z \in Z : z = h(\boldsymbol{m}), \boldsymbol{m} \in \mu(\boldsymbol{e}) \text{ 对某个 } m \in M\}.$$

定义 18.11.5 给定社会选择对应 $F : E \rightrightarrows Z$ 和经济机制 $\langle M, \mu, h\rangle$，若对所有的经济环境 $\boldsymbol{e} \in E$，$G(\boldsymbol{e}) \neq \varnothing$ 并且 $G(\boldsymbol{e}) \subseteq F(\boldsymbol{e})$，我们称信息机制 $\langle M, \mu, h\rangle$ **实现 (realize) 了社会选择目标** F。若对所有的经济环境 $\boldsymbol{e} \in E$，$G(\boldsymbol{e}) \neq \varnothing$ 并且 $G(\boldsymbol{e}) = F(\boldsymbol{e})$，我们称机制 $\langle M, \mu, h\rangle$ **完全实现了社会选择目标** F。①

资源的帕累托有效配置是被大多数人接受的一个社会标准 (目标)。我们知道竞争的市场机制导致了资源的帕累托有效配置。那么人们也许会问：对新古典经济环境类 (即商品是完全可分的，消费者偏好是连续、单调及弱凸的，生产集是闭的，没有规模报酬递增) 是否还存着其他信息分散机制 (如社会主义市场经济机制) 在信息方面比竞争市场机制更有效 (即比竞争市场机制利用了更少的信息 (交易) 成本) 而实现了帕累托有效配置？赫维茨等人在 20 世纪 70 年代证明：对纯交换的新古典经济环境类，没有什么其他经济机制既能导致帕累托有效配置而又比竞争市场机制用到了更少的信息。乔丹 (Jordan) 在 1982 年更进一步证明了对纯交换的新古典经济环境类，竞争市场机制是唯一的利用最少信息并且产生了帕累托有效配置的机制。

由于纯交换经济并没有考虑到包括生产的经济环境类，这显然离现实太远，从而这些理论结果从政治经济学的角度来看就大大打了折扣：因为人们若要论证市场机制的信息有效性，就必须证明即使在包括生产的经济环境类情况下，人们也会得到类似的结果。市场机制在一般的生产经济环境下是否也是信息最有效的成为一个悬而未决的问题。著者在 Tian (2006) 中证明了，即使对带有生产的私有经济，竞争市场机制也仍然是唯一的利用

① 在经济学文献中，人们一般用“实现”(realize) 和“执行”(implement) 来分别表示一个经济机制在达到社会目标时的信息和激励因素。

最少信息并且产生有效配置的机制。由于有生产的经济环境包括没有生产的经济环境作为一个特殊情况，我们下面介绍这个结果，只需对一般的生产经济环境进行讨论。

18.11.2 市场竞争机制的信息有效性及唯一性

假定所考虑的生产经济社会中有 L 种商品和 $n \equiv I+J$ 个参与者，其中有 I 个消费者和 J 个生产者。消费者 i 的经济特征由 $e_i=(X_i,\boldsymbol{w}_i,R_i)$ 给出。假定 $X_i \subseteq \mathcal{R}^L$，$\boldsymbol{w}_i \in \mathcal{R}^L_+$，$R_i$ 在 X_i 上连续、单调，并且是凸的。①每个生产者的经济特征由 $e_j=(\mathcal{Y}_j)$ 给出。假定对所有的 $j=I+1,\cdots,n$，$\mathcal{Y}_j$ 是非空、闭、凸的，以及 $0\in\mathcal{Y}_j$。所有这样的生产经济环境的集合记为 E，并被称为新古典生产经济类。

令 x_i 表示消费者 i 的净交换, 即 $\boldsymbol{x}_i=\hat{\boldsymbol{x}}_i-\boldsymbol{w}_i$，这里 $\hat{\boldsymbol{x}}_i$ 是消费者 i 的消费。令 $\boldsymbol{y}_j$ 表示生产者的生产计划。记 $\boldsymbol{x}=(x_1,\cdots,x_I)$，$\boldsymbol{y}=(y_{I+1},\cdots,y_n)$。$\boldsymbol{z}:=(\boldsymbol{x},\boldsymbol{y})\in\mathcal{R}^{nL}$ 被称为一个资源配置。若对所有的 i，$\boldsymbol{x}_i+\boldsymbol{w}_i\in X_i$，对所有的 j，$\boldsymbol{y}_j\in\mathcal{Y}_j$，我们就称资源配置 $\boldsymbol{z}$ 是**个体可行的** (individually feasible)。若 $\sum_{i=1}^I \boldsymbol{x}_i=\sum_{j=I+1}^N \boldsymbol{y}_j$ 成立，我们称这个资源配置是**平衡的** (balanced)。若一个资源配置既是个体可行的，又是平衡的，我们就称它为**可行的** (feasible)。

若一个资源配置是可行的，并且不存在另外一个可行的资源配置 $\boldsymbol{z}'=(\boldsymbol{x}',\boldsymbol{y}')$ 使得 $(\boldsymbol{x}_i'+\boldsymbol{w}_i)R_i(\boldsymbol{x}_i+\boldsymbol{w}_i)$ 对所有 $i=1,\cdots,I$ 成立，并且 $(\boldsymbol{x}_i'+\boldsymbol{w}_i)P_i(\boldsymbol{x}_i+\boldsymbol{w}_i)$ 对某个 $i=1,\cdots,I$ 成立，那么一个资源配置 $\boldsymbol{z}=(\boldsymbol{x},\boldsymbol{y})$ 就被说成是**帕累托有效或最优的**。

对所考虑的新古典经济类，帕累托最优可以由以下有效价格概念完全特征化。令 $\Delta^{L-1}=\{\boldsymbol{p}\in\mathcal{R}^L_{++}:\sum_{l=1}^L p^l=1\}$ 表示了所有规格化价格向量集合。

非零价格向量 $\boldsymbol{p}\in\Delta^{L-1}$ 被称为**有效价格向量** (efficient price vector)，若对所有的帕累托最优配置 $(\boldsymbol{x},\boldsymbol{y})$，

(a) $\boldsymbol{p}\cdot\boldsymbol{x}_i \leqq p\cdot\boldsymbol{x}_i'$, 对所有的 $i=1,\cdots,I$ 和 x_i' 使得 $\boldsymbol{x}_i'+\boldsymbol{w}_i\in X_i$ 和 $\boldsymbol{x}_i'\ R_i\ \boldsymbol{x}_i$；

(b) $\boldsymbol{p}\cdot\boldsymbol{y}_j \geqq \boldsymbol{p}\cdot\boldsymbol{y}_j'$, 对所有的 $\boldsymbol{y}_j'\in\mathcal{Y}_j$，$j=I+1,\cdots,n$。

人们一般希望资源配置满足参与约束条件。人们有时也把参与约束条件称为**个体理性** (individually rational) 条件，它意味着：若一个人参与某项活动后所获得的好处比参与活动前要差，他就不会参与这项活动。那么，如何对有生产的情况定义个体理性呢？下面的定义是由 Hurwicz (1979b) 给出的，它包括了纯交换经济及生产规模报酬不变的经济环境作为特例。

对于固定分享结构 $\gamma_i(\boldsymbol{e};\theta)$，若有 $(\boldsymbol{x}_i+\boldsymbol{w}_i)R_i(\gamma_i(\boldsymbol{e})+\boldsymbol{w}_i)$，$i=1,\cdots,I$，则资源配置 $\boldsymbol{z}=(\boldsymbol{x},\boldsymbol{y})$ 相对于 $\gamma_i(\boldsymbol{e};\theta)$ 被说成是个体理性的，这里 $\gamma_i(\boldsymbol{e};\theta)$ 由下式给出：

$$\gamma_i(\boldsymbol{e};\theta)=\frac{\boldsymbol{p}\cdot\sum\limits_{j=I+1}^{n}\theta_{ij}\boldsymbol{y}_j}{\boldsymbol{p}\cdot\boldsymbol{w}_i}\boldsymbol{w}_i,\quad i=1,\cdots,I, \tag{18.49}$$

① R_i 是凸的，若对任意的消费组合 a,b，$0<\lambda<1$ 和 $c=\lambda a+(1-\lambda)b$，$a\ P_i\ b$ 意味着 $c\ P_i\ b$，这里 P_i 是严格偏好关系。

这里，$\boldsymbol{p}$ 是一个有效价格向量，θ_{ij} 非负，且满足 $\sum_{i=1}^{n}\theta_{ij}=1$，$j=I+1,\cdots,n$。所有个体理性配置的集合记为 $I_\theta(\boldsymbol{e})$。

现在定义在私有经济条件下的市场竞争均衡。假定消费者 i 拥有厂商 j 的 θ_{ij} 利润份额。所有制结构于是由向量 $\theta=(\theta_{ij})$ 决定。这些所有制结构的集合记为 Θ。

资源配置 $\boldsymbol{z}=(\boldsymbol{x},\boldsymbol{y})=(x_1,x_2,\cdots,x_I,y_{I+1},y_{I+2},\cdots,y_n)\in\mathcal{R}_+^{IL}\times\mathcal{Y}$ 被称为在经济环境 $\boldsymbol{e}$ 下的一个市场竞争均衡或**θ-瓦尔拉斯配置**，若它是可行的，并且存在着一个价格向量 $\boldsymbol{p}\in\Delta^{L-1}$ 使得

（1）$\boldsymbol{p}\cdot\boldsymbol{x}_i=\sum_{j=I+1}^{N}\theta_{ij}\boldsymbol{p}\cdot\boldsymbol{y}_j$，$i=1,\cdots,I$；

（2）对所有的 $i=1,\cdots,I$，$(\boldsymbol{x}_i'+\boldsymbol{w}_i)\ P_i\ (\boldsymbol{x}_i+\boldsymbol{w}_i)$ 意味着 $\boldsymbol{p}\cdot\boldsymbol{x}_i'>\sum_{j=I+1}^{N}\theta_{ij}\boldsymbol{p}\cdot\boldsymbol{y}_j$；

（3）$\boldsymbol{p}\cdot\boldsymbol{y}_j\geqq\boldsymbol{p}\cdot\boldsymbol{y}_j',\boldsymbol{y}_j'\in\mathcal{Y}_j$，$j=I+1,\cdots,N$。

所有瓦尔拉斯配置的集合记为 $W_\theta(\boldsymbol{e})$，所有瓦尔拉斯均衡价格向量和瓦尔拉斯配置 $(\boldsymbol{p},\boldsymbol{z})$ 的集合记为 $\mathcal{W}_\theta(\boldsymbol{e})$。

注意，每个 θ-瓦尔拉斯配置显然是个体理性的，同时由偏好的单调性，它也是帕累托最优的。这样，对所有的 $\boldsymbol{e}\in E$，我们均有 $W_\theta(\boldsymbol{e})\subseteq I_\theta(\boldsymbol{e})\cap P(\boldsymbol{e})$。

为了以隐私保障方式实现 Walrasian 对应 W_θ，我们现在来构造信息分散化的市场竞争机制，其中信息由价格体系和所有参与人的交易组成。假设私有所有权结构矩阵 θ 对所有参与人是共同知识。

对每个消费者 i $(i=1,\cdots,I)$，定义**超额需求对应** (excess demand correspondence)，$D_i:\Delta^{L-1}\times\Theta\times\mathcal{R}_+^J\times E_i$ 如下：

$$D_i(\boldsymbol{p},\theta,\pi_{I+1},\cdots,\pi_N,e_i)=\{\boldsymbol{x}_i:\boldsymbol{x}_i+\boldsymbol{w}_i\in X_i,\boldsymbol{p}\cdot\boldsymbol{x}_i=\sum_{j=I+1}^{N}\theta_{ij}\pi_j$$

$$(\boldsymbol{x}_i'+\boldsymbol{w}_i)\ P_i\ (\boldsymbol{x}_i+\boldsymbol{w}_i)\ \text{意味着}\ \boldsymbol{p}\cdot\boldsymbol{x}_i'>\sum_{j=I+1}^{N}\theta_{ij}\pi_j\},\tag{18.50}$$

这里 π_j 是厂商 j 的利润 $(j=I+1,\cdots,n)$。

对每个生产者 i $(i=I+1,\cdots,I+J)$，定义**供给对应** (supply correspondence)，$S_j:\Delta^{L-1}\times E_j$ 如下：

$$S_i(\boldsymbol{p},e_j)=\{\boldsymbol{y}_j:\boldsymbol{y}_j\in\mathcal{Y}_j,\boldsymbol{p}\cdot\boldsymbol{y}_j\geqq\boldsymbol{p}\cdot\boldsymbol{y}_j',\ \forall\ \boldsymbol{y}_j'\in\mathcal{Y}_j\}.\tag{18.51}$$

注意当 $\boldsymbol{p}\in\Delta^{L-1}$，$\boldsymbol{x}_i\in D_i(\boldsymbol{p},\theta,p\cdot\boldsymbol{y}_{I+1},\cdots,\boldsymbol{p}\cdot\boldsymbol{y}_N)$ $(i=1,\cdots,I)$，$\boldsymbol{y}_j\in S_j(\boldsymbol{p},\boldsymbol{e}_j)$ $(j=I=1,\cdots,N)$，并且资源配置 $(\boldsymbol{x},\boldsymbol{y})$ 满足市场出清条件时，$(\boldsymbol{p},\boldsymbol{x},\boldsymbol{y})$ 是在经济环境 $\boldsymbol{e}$ 下的一个瓦尔拉斯均衡。

定义竞争市场机制 $\langle M_c,\mu_c,h_c\rangle$。

令 $M_c=\Delta^{L-1}\times Z$。

定义 $\mu_c:E\rightrightarrows M_c$，

$$\mu_c(\boldsymbol{e})=\cap_{i=1}^{N}\mu_{ci}(e_i),\tag{18.52}$$

这里 $\mu_{ci}:E_i\rightrightarrows M_c$ 被定义为

(1) 对 $i = 1, \cdots, I$, $\mu_{ci}(e_i) = \{(\boldsymbol{p}, \boldsymbol{x}, \boldsymbol{y}) : \boldsymbol{p} \in \Delta^{L-1}, x_i \in D_i(\boldsymbol{p}, \theta, p \cdot \boldsymbol{y}_{I+1}, \cdots, \boldsymbol{p} \cdot \boldsymbol{y}_N, e_i)$, 及 $\sum_{i=1}^{I} x_i = \sum_{j=I+1}^{N} \boldsymbol{y}_j\}$。

(2) 对 $i = I+1, \cdots, N$，$\mu_{ci}(e_i) = \{(\boldsymbol{p}, \boldsymbol{x}, \boldsymbol{y}) : \boldsymbol{p} \in \Delta^{L-1}, \boldsymbol{y}_i \in S_i(\boldsymbol{p}, \boldsymbol{e}_i)$，及 $\sum_{i=1}^{I} \boldsymbol{x}_i = \sum_{j=I+1}^{n} \boldsymbol{y}_j\}$。

这样，对所有的 $\boldsymbol{e} \in E$，我们均有 $\mu_c(\boldsymbol{e}) = \mathcal{W}_\theta(\boldsymbol{e})$。

最后，竞争机制的结果函数 $h_c : M_c \to Z$ 由下式给出

$$h_c(\boldsymbol{p}, \boldsymbol{x}, \boldsymbol{y}) = (\boldsymbol{x}, \boldsymbol{y}), \tag{18.53}$$

使得 $(\boldsymbol{p}, \boldsymbol{x}, \boldsymbol{y}) \in W_\theta(\boldsymbol{e})$。

注意，由于以上所定义的竞争市场机制的信息空间 M_c 的任何一个点 $\boldsymbol{m} = (\boldsymbol{p}, \boldsymbol{x}_1, \cdots, \boldsymbol{x}_I, \boldsymbol{y}_{I+1}, \cdots, \boldsymbol{y}_n) \in \mathcal{R}_{++}^L \times \mathcal{R}^{nL}$ 满足条件：$\sum_{l=1}^{L} p^l = 1$，$\sum_{i=1}^{I} \boldsymbol{x}_i = \sum_{j=I+1}^{n} \boldsymbol{y}_j$，$\boldsymbol{p} \cdot \boldsymbol{x}_i = \sum_{j=I+1}^{n} \theta_{ij} \boldsymbol{p} \cdot \boldsymbol{y}_j$ $(i = 1, \cdots, I)$，并且由瓦尔拉斯定律，所有消费者预算方程式中的一个不独立，这样 M 是欧氏空间 $(L + IL + JL) - (1 + L + I) + 1 = (L-1)I + LJ$ 的一个子集，从而其维数的上界为 $(L-1)I + LJ$。

第18章

为了证明市场机制的信息有效性和唯一性，我们考虑一个特别的生产经济环境类，记为 $E^{cq} = \prod_{i=1}^{N} E_i^{cq}$，这里消费者的偏好关系由柯布–道格拉斯函数给出，有效生产技术由二次型生产函数给出。

对 $i = 1, \cdots, I$，消费者 i 的经济特征的集合 E_i^{cq} 由所有的 $e_i = (X_i, w_i, R_i)$ 给出, 它使得 $X_i = \mathcal{R}_+^L$，$w_i > 0$，$u(\boldsymbol{x}_i + \boldsymbol{w}_i, a_i) = \prod_{l=1}^{L} (x_i^l + w_i^l)^{a_i^l}$，这里 $a_i \in \Delta^{L-1}$。

对 $i = I+1, \cdots, N$，生产者 i 所有容许的经济特征的集合由所有的 $e_i = \mathcal{Y}_i = \mathcal{Y}(\boldsymbol{b}_i)$ 给出:

$$\begin{aligned}\mathcal{Y}(\boldsymbol{b}_i) = \{\boldsymbol{y}_i \in \mathcal{R}^L : b_i^1 y_i^1 + \sum_{l=2}^{L} (\boldsymbol{y}^l + \frac{b_i^l}{2} (\boldsymbol{y}^l)^2) \leqq 0 \\ -\frac{1}{b_i^l} \leqq y_i^l \leqq 0 \text{ 对所有的} l \neq 1\},\end{aligned} \tag{18.54}$$

其中，$\boldsymbol{b}_i = (b_i^1, \cdots, b_i^L)$，$b_i^l > \dfrac{J}{w_i^l}$。

给定初始资源 $\bar{w} \in \mathcal{R}_{++}^{LI}$，定义子集合 $\bar{E}^{cq} \subseteq E^{cq}$ 如下：

$$\bar{E}^{cq} = \{\boldsymbol{e} \in E^{cd} : \boldsymbol{w}_i = \bar{\boldsymbol{w}}_i, \forall i = 1, \cdots, I\}, \tag{18.55}$$

即初始资源在 $\bar{E}^{cq}$ 中保持不变。令 E^c 为保证瓦尔拉斯均衡存在的所有生产经济环境的集合。于是我们有下列定理。

定理 18.11.1 (信息有效定理) 假定 $\langle M, \mu, h \rangle$ 是定义在生产经济环境 E^c 上的资源配置机制，使得:

(i) 它是信息分散化的;

(ii) 它导致了帕累托有效配置;

(iii) M 是 Hausdorff 拓扑空间;

（iv）μ 在某点 $\boldsymbol{e} \in \bar{E}^{cq}$ 上有一个局部连续选择。
则这个机制的信息空间 M 至少像竞争市场机制的信息空间一样大，即我们有 $M \geqq_F M_c =_F R^{(L-1)I+LJ}$。

这个定理说明了对包括生产的一般新古典经济环境类，没有任何其他经济机制既能导致资源的帕累托有效配置而又比竞争市场机制用到了更少的信息。下面的定理 18.11.2 更进一步证明了定义在 E^{cq} 上的市场机制是唯一信息有效的机制。

定理 18.11.2 (唯一性定理)　假定 $\langle M, \mu, h\rangle$ 是一个定义在经济环境集合 E^{cq} 上的机制，使得:

（i）它是信息分散化的;

（ii）它导致了帕累托有效配置;

（iii）它相对于固定的分享结构 $\gamma_i(\boldsymbol{e};\theta)$ 是个体理性的;

（iv）M 是一个 $(L-1)I+LJ$ 维数的流形;

（v）μ 在 E^{cq} 上是一个连续函数。

则存在一个同胚映射从 $\mu(E^{cq})$ 到 M_c 上的 ϕ 使得

（a）$\mu_c = \phi \cdot \mu$;

（b）$h_c \cdot \phi = h$。

这样，这个定理证明了任何定义在 E^{cq} 上、有相同维数且导致了帕累托有效配置的机制事实上是和竞争机制等价的。由于 E^{cq} 是新古典经济环境类的一个子集合，于是我们有如下定理。

定理 18.11.3　假定 $\langle M, \mu, h\rangle$ 是一个定义在经济环境集合 E^{cq} 上的非竞争市场机制，使得:

（i）它是信息分散化的;

（ii）它导致了帕累托有效配置;

（iii）它相对于固定的分享结构 $\gamma_i(\boldsymbol{e};\theta)$ 是个体理性的;

（iv）μ 在 E^{cq} 上是一个连续函数。

则它的信息空间 M 一定会比竞争市场机制的信息空间大，即 $M >_F M_c =_F R^{(L-1)I+LJ}$。

对以上三个定理的证明，请参见 Tian (2006)。

这样，竞争市场机制是唯一的利用最少信息并且产生了帕累托有效配置和个体理性配置的经济机制。对公共品的情况，著者也得到了类似的结果。在 Tian (2000e) 一文中，对具有公共品的经济环境类，著者证明了没有任何其他经济机制既能导致资源有效配置而又比林达尔机制用到了更少的信息，同时林达尔机制是唯一的利用最少信息并且产生了帕累托有效配置和个体理性配置的机制。对具有副产品的公共品的经济环境类，著者在 Tian (1994a) 中讨论了信息有效性机制设计的问题。由于篇幅有限，我们在此不做讨论。

于是，从以上这些结果我们可以得到一个重要的结论：对新古典经济环境类，指令性计划经济机制为了实现资源有效配置所需要的信息一定比竞争市场机制所需要的多，从而计划经济机制不是信息有效率的，即需要花更多的运行成本 (或代价) 来实现资源的帕累托最优配置。这个结果告诉人们，在竞争市场机制能够解决资源的最优配置的情况下，应让市场来解决。只有在竞争市场无能为力的情况下，才应该采用其他机制来弥补市场机制的缺陷。这个结果可能对中国为什么要让市场机制发挥基础性和决定性作用提供了一个重要的理论基础。它也部分地回答了早期社会主义大论战所争论的信息效率问题，这个推论实际上比较直观。从以上将竞争市场机制定义为一个信息分散化经济机制可看出，市场机制的信息空间是由两个向量组成的：一个是价格向量，另一个是资源配置向量 (由商品供给和需求组成的向量)。而当人们运用指令性计划经济机制时，下面的企业必须向上面汇报、传递各种信息，其中包括生产函数 (它反映了企业的技术条件和生产能力)。比如，假定生产函数是用多项式函数给出的，它可能有任意高的次数。这样当一个企业向中央计划部门传递关于多项式生产函数的信息时，信息空间的维数可能变得任意大。中央计划部门同时还需要得到消费者需求方面的信息。由于不同的人有不同的消费偏好，也就是具有不同的效用函数，计划机制的信息空间的维数可能就会变得非常大，甚至是趋近无穷维的空间，从而使得政府计划部门要作出生产和消费决策所需要的信息就会变得异常大，由此使得机制的运行成本非常大。

当然，对一个具有较少维数的经济机制，它的配置规则可能会变得非常复杂。这样运转这个机制的总代价也许比运转某个具有较大维数的机制的总代价还要大。不管怎样，对机制的最小信息空间的研究能够使人们知道运转一个机制至少需要多大的信息量或运行成本。当然，对探索机制的其他方面 (如机制的复杂性) 也是重要的。

此外，对更一般的包括非新古典的经济环境类 (比如，不可分商品、非凸的偏好关系或生产可能性集)，是否存在着导致了最优资源配置的信息分散决策机制？若存在，它和所需信息 (交易成本) 的大小之间的关系是什么？赫维茨等人对非常一般的经济环境证明了这种机制的存在。但是这样的机制是以非常高的信息成本为代价的。Calsamiglia (1977) 证明了对一类非古典的经济环境类，特别是对非凸的经济环境类，需要一个无限维的信息空间来使得一个机制导致帕累托最优的资源配置。

18.12 【人物小传】

18.12.1 利奥尼德 · 赫维茨

利奥尼德 · 赫维茨 (Leonid Hurwicz, 1917—2008)，机制设计之父，1990 年获得美国总统奖，由乔治 · 布什总统颁发的行为和社会科学国家科学奖章，“表彰他在现代分散分配机制理论方面的开创性工作”。2007 年与埃里克 · 马斯金、罗杰 · 迈尔森一道获得诺贝尔经济学奖，获奖理由是“奠定了机制设计的理论基础”。尽管赫维茨在经济学领域的多个方面取得了开创性的成就，但他并未取得过任何经济学学位。利奥尼德 · 赫维茨是犹太人，1917 年出生于波兰，第二次世界大战期间来到美国，最高学位是在波兰时拿到的法学硕士学位。二战爆发时，赫维茨身在瑞士，但没有返回波兰，而是前往美国。他说："如果我待在波兰，我很可能会成为奥斯维辛集中营的遇难者。"到美国后，他没有去拿博士学位，而是成为保罗·萨缪尔森的助理，直接从助理教授做到正教授。

早在 20 世纪 50 年代，赫维茨已经开始思考从一般均衡理论、社会选择理论及博弈论衍生出来的研究项目。20 世纪 60 年代初他的一篇题为《资源配置中的最优化与信息效率》的文章拉开了机制设计理论的序幕。赫维茨的机制设计理论与市场管制、市场甄别、公共品提供等重大经济问题有着密切联系，随后很多经济学家都投入了这方面的研究，而当时正值青年的迈尔森和马斯金都是其中的活跃分子。后来，赫维茨又写了《无须需求连续性的显示性偏好》《信息分散的系统》等著名论文，慢慢完善理论基础。1973 年，赫维茨在《美国经济评论》杂志上发表论文《资源配置的机制设计理论》，解决了机制设计理论框架中的两个核心问题——激励相容原理和显示原理，奠定了机制设计理论这个领域的框架，并且作为一般机制设计理论的拓展和延伸，也为当前现代微观经济理论的两个热门前沿分领域——拍卖理论和匹配理论提供了基本分析框架。

机制设计理论可以说是过去半个世纪中经济学领域最重要的发展，它旨在系统分析资源配置制度和过程，揭示信息、沟通、控制、激励和经济人的处理能力在分散化资源配置中的重要作用，且使我们能够识别市场失灵的来源。实际上，现代经济学理论的许多领域都受到赫维茨所开创的机制设计理论的影响，而他所提出的"激励相容"现在已经成为现代经济学中的一个核心概念。现实经济世界的两个最大的客观现实就是个体通常逐利及个体信息的私人性和非对称性。激励相容性简单说就是能使个体理性与集体理性相容，也就是政策能够达到主观为自己、客观为他人的效果。信息不对称会导致市场效率缺损，需要设计某种激励机制来诱导经济人如实披露信息。激励机制无处不在，科学、社会学甚至婚姻家庭学都用得到。显示原理则可以使得参与者说真话，以此消除信息不对称，达到次佳结果。

赫维茨曾经与洛桑学派的代表人物兰格和奥地利学派的代表人物哈耶克均有密切接触，他的机制设计理论也受到这两个学派的经济理论和方法论的影响，并且科学严谨地将这两个看起来非常不同的学派统一到机制设计理论中。后期，赫维茨还曾与新制度经济学派的一些代表人物如道格拉斯·C. 诺思（Douglass C. North, 1920—2015，其人物小传见 15.7.2 节）有学术互动，试图建立两个理论之间的对话渠道和对接路径。

赫维茨还做了许多其他开创性工作：20 世纪 40 年代中后期他对动态计量模型的识别问题作出了奠基性的工作；早在 1947 年就首先提出并定义了宏观经济学中的理性预期，它是新古典宏观经济学中最核心的概念，理性预期学派已成为当今宏观经济学的主流；赫维茨还对如何从需求函数的存在来证明效用函数的存在这一可积性结果也作出了重要工作，从政治经济学的角度看，这是一个相当重要的结果。效用是现代微观经济学消费理论中的一个基本概念，是整个现代经济学的基础。但传统的政治经济学认为效用是一个唯心的概念，它不存在，在以往的国内政治经济学教科书中，效用一直受批判。赫维茨和阿罗等人还对竞争市场一般均衡的稳定性研究作出了开创性工作。

此外，赫维茨极度重视讨论表述问题的严谨性。赫维茨认为，许多传统经济理论的一个最大问题就在于表述概念时的随意性，而公理化方法的最大意义正是在于表达理论时的确定性和清晰性，使得讨论和批评有一个可通约的研究范式、分析框架。这也是他从 20 世纪 20—30 年代的社会主义大论战中所得到的一个强烈感觉，因为他感觉讨论双方在一些理论表达上是不可通约的，这容易使得问题辩不清、道不明。赫维茨认为，对经济体制的研究既可以从实证科学也可以从规范科学的研究方法着手，无论何种方法，只要是分析性的，至关重要的第一步都是对一个经济体制的概念的规范化。从而，这也促使他创立了非常一般化、可以让不同机制在一个框架之下进行比较分析的机制设计理论。

赫维茨教授知识渊博，也是数学和统计学方面的教授，对语言学也颇有研究，说话、讲课都非常幽默，能够根据每个人的经济学知识的多少和训练的不同，用非常通俗或严谨的语言把高深的问题讲得异常透彻。他的课有趣生动，通俗易懂，但他的考试却很难，他手下的学生一般要学六七年才能拿到博士学位，很多人最后往往拿不到学位，所以他的博士生不多，本书著者也有幸师从赫维茨教授。"严师出高徒"，他培养的学生一般都比较优秀，比如他的学生麦克法登 (Daniel L. McFadden) 在 2000 年获得诺贝尔经济学奖。

2007 年 4 月 14 日，美国明尼苏达大学为赫维茨教授举行的 90 大寿生日会，显然成了经济学大师的聚会，包括后来获得 2007 年诺贝尔经济学奖的马斯金、迈尔森，还有 1972 年诺贝尔经济学奖获得者阿罗和他的学生、2000 年诺贝尔经济学奖获得者麦克法登等众多经济学大师，济济一堂，庆祝大师寿诞。著者也专程前往祝贺导师的 90 大寿。6 个月后，赫维茨与马斯金和迈尔森共同获得诺贝尔经济学奖，以表彰他们在创建和发展机制设计方面所做的贡献。尽管这个奖项对赫维茨姗姗来迟了 20 年，但却终于实至名归，同时也创造了当时的一项纪录，赫维茨成为史上年纪最大的诺贝尔奖得主。赫维茨在得知自己获得诺贝尔经济学奖后，对晚年生活幽了自己一默。他在位于美国明尼阿波利斯的家里说："我还以为我的时代已经过去，对于获诺贝尔奖来说，我实在太老了。不过这笔奖金对一个已退休的老人的确不无裨益。"

半年多后，赫维茨于 2008 年 6 月 24 仙逝。

18.12.2 埃里克・马斯金

埃里克・马斯金（Eric S. Maskin，1950— ），现任美国哈佛大学经济系教授，在现代经济学最为基础的领域里作出了卓越的贡献，其中包括公共选择理论、博弈论、激励与信息理论以及机制设计理论，培养了一大批活跃在世界各地的一流经济学精英。以其深邃的理论贡献、严谨的治学态度以及对经济学高级研究人才培养的突出贡献，马斯金被誉为当今经济学界最受尊敬的经济学大师。马斯金研究的课题对经济学、政治学和法律等领域有深刻影响。因发展出机制设计中的"纳什执行理论"，在 2007 年与赫维茨和迈尔森一道获诺贝尔经济学奖。

马斯金在哈佛大学读研究生时，一次偶然机会上了肯尼思・阿罗的信息经济学课程，萌发了对信息经济学的研究兴趣，并在阿罗的指导下完成了博士学位论文。从 20 世纪 70

年代开始，马斯金早期的许多研究工作专注于执行理论的研究。该理论强调怎样设计一个激励机制，使得个体理性和集体理性相一致。马斯金最突出的贡献是将博弈论引入机制设计。在他之前，机制设计最重要的学者是赫维茨，机制设计研究者此前主要是从信息效率的视角来考虑中央计划者的机制设计问题。而马斯金在这方面有重大的推动，所考虑的是任何一个社会目标在纳什均衡意义下的激励机制设计问题，即使个体是为了追求自身利益，也会在这个机制的引导下行动，达到社会预定的目标。1977 年，马斯金完成论文《纳什均衡和福利最优化》，该文 22 年后于 1999 年才正式发表，这篇论文成为机制设计理论的一个里程碑。在该文中，马斯金提出并证明了纳什均衡实施的充分和必要条件。他在证明必要条件时所构造的对策被称为“马斯金单调性”，广为流传。马斯金对产业经济学领域的贡献有：他与梯若尔等共同开创了产业经济学的对策论分析框架，充分显示出对策论这个工具的强大力量。

他对任一社会目标可执行的特征化的研究成为机制设计理论的重要基石之一，他与其他几位学者同时提出的显示原理也是机制设计理论的一个重要基石。另外，马斯金在重复博弈、政治经济学、比较经济制度等方面也作出了重要贡献。他对软预算约束的研究将这一计划经济中的重要问题带入西方主流经济学的研究，对比较经济制度的研究产生了重大的影响。马斯金在国际经济学期刊上发表了 100 多篇文章，其中近 40 篇发表在经济学顶尖期刊上。

此外，马斯金培养了很多著名的学生，2014 年获得诺贝尔经济学奖的梯若尔就是其中之一。不少中国的哈佛留学生，如“五哈佛”——钱颖一、王一江、许成钢、白重恩、李稻葵，都是马斯金的弟子。

18.13　习题

习题 18.1　假设 X 是由有限个备选方案组成的集合，$R = R_1 \times \cdots \times R_n$ 是定义在 X 上的个体偏好序偶集。针对如下论述回答问题：

一个社会选择函数 $f: R \to X$ 是按占优策略机制可部分执行的，当且仅当该社会选择函数按照占优策略显示机制是可真实地执行的。

1. 给出下列名词的严格定义：(1) 占优策略均衡；(2) 显示机制；(3) 占优策略激励相容；(4) 真实执行。
2. 说明上面的论述是否正确。若正确予以证明，否则予以证伪。

习题 18.2　若面临受限定义域，吉伯德–萨特思韦特不可能性定理的结论可能不成立。试给出一个具体构造证明上述论断。

习题 18.3 (只有两个候选人的简单多数投票)　假设 N 个选民对两个候选人 a 和 b 进行投票，每个选民报出其偏好（只需报出其支持的候选人），然后根据如下简单多数规则投票：

$$F(e)=\begin{cases} a & 若\#\{i\in I|a\succ_i^e b\}>\#\{i\in I|b\succ_i^e a\},\\ b & 若\#\{i\in I|a\succ_i^e b\}\leqq\#\{i\in I|b\succ_i^e a\}.\end{cases}$$

1. 证明：简单多数规则是策略性无关的，即每个选民都会如实申报自己的偏好，无论别人是否讲真话，从而 $F(\cdot)$ 可被占优策略真实执行。
2. 这个结论对多于两个候选人的情形会成立吗？

习题 18.4 考虑两人两物品的纯交换经济环境，其消费空间为 $X_1=X_2=\mathcal{R}_+^2$。对于每个 $i=1,2$，$e_i\in E_i=\{u_i^c,u_i^l\}$。给定

$$u_i^c(x_i^1,x_i^2)=x_i^1x_i^2,$$

$$u_i^l(x_i^1,x_i^2)=x_i^1+2x_i^2.$$

于是，在这个环境下（$E=E_1\times E_2$），有四种可能的经济形式。对于每种经济来说，禀赋是固定的，$w_1=(1,0)$，$w_2=(1,2)$。

1. 给出帕累托有效的集合，并在图中标出个体理性和帕累托有效的集合以及它们的交集。
2. 证明：对于这个经济环境，不存在激励相容的直言机制，它执行了个体理性和帕累托有效。

习题 18.5 三个参与人采用枢纽机制决定一个公共品是否被提供。已知个体 a,b,c 对该公共品价值的汇报分别为 $3,5,-7$。

1. 该公共品应该被提供吗？
2. 谁是该机制下的枢纽人？
3. 对每个个体的转移支付应是多少？
4. 若该公共品对消费者 b 的真实价值为 3，他是否仍会报告 5？为什么？
5. 该枢纽机制是平衡的吗？

习题 18.6 证明：对私人价值连续情形下的公共经济，在维克瑞–克拉克–格罗夫斯机制下，所有参与人讲真话 $(b_1(\boldsymbol{y}),b_2(\boldsymbol{y}),\cdots,b_n(\boldsymbol{y}))=(v_1(\boldsymbol{y}),v_2(\boldsymbol{y}),\cdots,v_n(\boldsymbol{y}))$ 构成了一个占优策略均衡，从而这个机制按占优策略真实地执行社会有效规则 $y^*(\cdot)$。

习题 18.7 假定有两种可以降低污染的技术，每一种技术分别为厂商 i 所拥有，$i\in\{1,2\}$，技术是凸性的，并且依赖于私人信息 θ_i。为了简化，我们假定成本函数为 $C_i(q_i)=\dfrac{1}{2}\theta_iq_i^2$，$q_i$ 是厂商 i 降低的污染量。同时我们假定边际效用是线性形式的：$MU(q)=1-2q$，总的降低污染量 $q=q_1+q_2$。

1. 计算两个厂商降低污染量的有效水平，它们是 (θ_i,θ_j) 的函数。
2. 计算在枢纽机制中实施的有效水平的转移支付。

习题 18.8　考虑公共品的提供问题。两个城镇分别位于一条河的两岸，现在要决定是否在两个城镇之间建造一座桥梁。建桥的成本是 $1 > c > 0$，令 θ_i 是城镇 i 中打算使用桥梁的居民的数量。假设 θ_i 的先验分布为 $[0,1]$ 上的均匀分布，且 θ_1 与 θ_2 独立。在通过桥梁到达河另一边的城镇后，城镇 i 的居民会对城镇 j 的居民产生一个 $\gamma\theta_i$ 的影响，这个影响可正可负。因此，对于城镇 i 来说，建桥的总价值是 $\theta_i + \gamma\theta_j$。

1. 对于这个问题，一般的 VCG 机制是什么？
2. 这个问题中按占优策略实施的社会选择规则是什么？

习题 18.9　考虑如下由个体 a, b, c 和公共品 y 构成的经济。个体 i 的效用函数为 $u_i(t_i, y) = t_i + v_i(y)$，其中 $v_i(y) = \bar{\theta}_i \ln y - y$。$t_i$ 表示对个体 i 的转移支付，且政策制定者并不知道真实的 $\bar{\theta}_i$。

1. 写出 VCG 机制 $t_a(\theta), t_b(\theta), t_c(\theta), y(\theta)$，其中 θ_i 为个体 i 对其真值 $\bar{\theta}_i$ 的汇报。
2. 写出枢纽机制。

习题 18.10　假定 $v(\cdot, \theta_i)$ 二阶连续可微，且对所有的 $\theta_i \in [\underline{\theta}_i, \bar{\theta}_i]$，均有 $\partial^2 v_i(y, \theta_i)/\partial y^2 < 0$，$\partial^2 v_i(y, \theta_i)\partial y \partial \theta_i > 0$。证明：连续可微的社会选择函数 $f(\cdot) = (y(\cdot), t_1(\cdot), \cdots, t_n(\cdot))$ 是占优策略真实可执行的，当且仅当 $y(\theta)$ 是 θ_i 的非减函数且

$$t_i(\theta_i, \theta_{-i}) = t_i(\underline{\theta}_i, \theta_{-i}) - \int_{\underline{\theta}_i}^{\theta_i} \frac{\partial v_i(y(s, \theta_{-i}), s)}{\partial y} \frac{\partial y(s, \theta_{-i})}{\partial s} ds.$$

习题 18.11　证明：若消费者对公共品的偏好域不受限制（即随着 θ_i 的变化，每个效用函数 $v_i : \mathcal{D} \to \mathcal{R}$ 都可能出现），则 VCG 机制是唯一能够诱导代理人讲真话并实现公共品有效供给的机制。

习题 18.12　个体 1 和 2 将决定一个物品的归属。考虑如下机制：个体 1 和 2 分别报告价格 p_1 和 p_2。若 $p_1 > p_2$，则个体 1 获得该物品并向个体 2 支付 p_2；若 $p_1 < p_2$，则个体 2 获得该物品并向个体 1 支付 p_1；若 $p_1 = p_2$，则个体 1 和 2 分别有一半的概率获得该物品并向对方支付 p_1。回答：

1. 该机制是否满足占优策略激励相容？
2. 该机制是个体理性的吗？
3. 该机制是预算平衡的吗？

习题 18.13　考虑 n 个参与人和一个公共品 y 的拟线性经济环境。令 $y^*(\cdot)$ 表示事后帕累托有效配置机制，同时定义 $V^*(\theta) = \sum_i v_i(y^*(\theta), \theta_i)$。

1. 证明存在事后帕累托有效的社会选择函数可以被占优策略真实执行的充分必要条件是函数 $V^*(\cdot) = \sum_i V_i(\theta_{-i})$，这里，对于所有 i 来说，$V_i(\cdot)$ 只是 θ_{-i} 的函数。
2. 利用上面的结论，证明当 $n = 3$，$Y = \mathcal{R}_+$，$\Theta_i = \mathcal{R}_+$，以及对于所有的 i，$v_i(y, \theta) = \theta_i y - \dfrac{1}{2} y^2$ 时，存在一个可以被占优策略真实执行的事后帕累托有效的社会选择函数。

3. 现假设 $v_i(y,\theta_i)$ 是 n 次连续可微的，且对所有的 $(y,\theta_i)\in\mathcal{R}_+\times\mathcal{R}_+$，均有 $\dfrac{\partial^2 v_i}{\partial y^2}<0$ 和 $\dfrac{\partial^2 v_i}{\partial y\partial\theta_i}\neq 0$。证明事后帕累托有效的社会选择函数存在的充分必要条件是：对于任一 θ，

$$\frac{\partial^n V^*(\theta)}{\partial\theta_1\cdots\partial_n}=0.$$

4. 利用问题 3 中的结论去验证，当 $n=2$ 时，不存在事后有效的社会选择函数可以被占优策略真实执行。

习题 18.14 考虑如下由 $n\geqq 3$ 个参与人和公共品 y 构成的经济。个体 i 的效用函数为 $u_i(t_i,y)=t_i+v_i(y)$，其中 $v_i(y)=-1/2y^2+\bar{\theta}_i y$。

1. 写出 VCG 机制。
2. 证明：若 $d_i(\theta_{-1})=\dfrac{1}{2n}\sum_{j\neq i}\theta_j^2+\dfrac{n-1}{2n(n-2)}\sum_{j\neq i}\sum_{k\neq i,j}\theta_j\theta_k$，则 VCG 机制是平衡的。
3. 上述 VCG 机制是帕累托有效的吗？

习题 18.15 (Jackson，2003) 考虑两个参与人和一个公共品供给的问题。$I=\{1,2\}$，每个参与人的类型分布为 $\theta^i\in\{0,1\},i=1,2$。公共品是离散的，要么提供要么不提供。假设公共品的供给成本为 $c=\dfrac{3}{2}$。两个参与人的效用函数满足拟线性，$u_i(y,t_i,\theta_i)=y\theta_i-t_i$，其中 $y\in\{0,1\}$ 是公共品提供决策，t_i 是参与人 i 的转移支付。一个机制 $(y(\boldsymbol{t}),t_i(\boldsymbol{t}),i\in I)$ 被认为满足预算平衡，若满足：

$$\sum_{i\in I}t_i(\boldsymbol{t})=0,\forall\boldsymbol{t}.$$

$(y(\boldsymbol{t}),t_i(\boldsymbol{t}),i\in I)$ 被认为具有个体理性，若满足：

$$u_i(y(\boldsymbol{t}),t_i(\boldsymbol{t}))\geqq 0,\forall\boldsymbol{t},\forall i\in I.$$

1. 证明在这个例子中 VCG 机制不满足预算平衡。
2. 证明在这个例子中 VCG 机制不满足个体理性。

习题 18.16 (显示原理导致非执行的一个例子) 正文中指出：尽管原有的一般机制完全执行或执行了社会选择对应 F，但所派生的显示机制 $\langle E,g\rangle$ 可能只是部分执行了 F，而不是完全执行或执行了 F。现在考虑 Dasgupta，Hammond 和 Maskin (1979) 给出的这样的反例。假设社会可选结果集合为 $A=\{a,b,c,d,e,p,q,r\}$，个体特征由其偏好来刻画。假设个体 1 和 2 的所有特征集合分别为 $\mathcal{R}_1=\{R_1,R_1'\}$ 和 $\mathcal{R}_2=\{R_2,R_2'\}$，这些偏好序描述如下：

$$R_1=\begin{bmatrix}q\\a-c-e\\d-b-p\\r\end{bmatrix},R_1'=\begin{bmatrix}c-b-p\\a-d-e\\q-r\end{bmatrix},R_2=\begin{bmatrix}r\\d-a-e\\b-c-p\\q\end{bmatrix},R_2'=\begin{bmatrix}d\\b-c\\a\\e-p-q-r\end{bmatrix}.$$

考虑一个社会选择规则，它定义如下：

$$F(R_1, R_2) = \{a, e\};$$
$$F(R_1', R_2) = \{c, p, b\};$$
$$F(R_1, R_2') = \{d\};$$
$$F(R_1', R_2') = \{b\}.$$

1. 证明社会选择规则 F 满足马斯金单调性和帕累托有效性。
2. 证明 F 可以被以下机制 g_1 按占优策略执行，g_1 由下面的表刻画，其中行是参与人 1 的策略选择，列是参与人 2 的策略选择。

a	d	e
c	b	p
a	b	e

3. 证明 F 不能被下面的直言机制 g_2 执行，g_2 由下面的表刻画。

	R_2	R_2'
R_1	a	d
R_1'	c	b

证明这个不能被直言机制执行的均衡结果不是帕累托有效的。

习题 18.17　证明或反证以下社会选择对应是否满足马斯金单调性。

1. 弱帕累托有效对应。
2. 孔多塞对应。
3. 个体理性配置集。
4. 瓦尔拉斯对应。
5. 林达尔对应。
6. 约束瓦尔拉斯对应。
7. 约束林达尔对应。
8. 对以上不满足马斯金单调性的社会选择对应，对定义域施加什么样的限制，可使之满足马斯金单调性？证明你的论断。

习题 18.18　在所罗门国王的例子中，由于社会目标不满足马斯金单调性，从而在纳什均衡解意义上它是不可执行的。那么，能否借助精炼纳什执行或近似纳什执行的思想，解决所罗门国王面临的问题呢？给出你的思路。

习题 18.19　若无否决权条件不成立，马斯金单调性并不能保证社会选择对应纳什可完全执行。试举一例证明上述论断。

习题 18.20 无否决权条件是社会选择对应纳什可完全执行的必要条件吗？若是，给出证明；若否，举出反例。

习题 18.21 (Borda 规则) 经济中存在 N 个人，假设 X 包含有限个备选方案。对于任意一个备选方案 x，$B^i(x)$ 是指对于个体 i，X 中不如 x 好的那些备选方案的数量，Borda 规则如下：

$$xRy \iff \sum_{i=1}^{N} B^i(x) \geqq \sum_{i=1}^{N} B^i(y).$$

1. 证明这样的对应满足马斯金单调性。
2. 这样的对应是否满足无否决权性质？

习题 18.22 假设 $N=\{1,2,3\}$，$E=\{e,\bar{e}\}$，$A=\{a,b,c\}$。具体偏好如下：

在状态 e 下，$1:b\succ a\succ c$；$2:a\succ c\succ b$；$3:a\succ c\succ b$。

在状态 $\bar{e}$ 下，$1:b\succ c\succ a$；$2:c\succ a\succ b$；$3:c\succ a\succ b$。

对于任意的 $\theta\in E$，定义社会选择规则 F 如下：

(i) $a\in F(\theta)$ 当且仅当按多数投票决定规则 a 好于 b；

(ii) $b\in F(\theta)$ 当且仅当按多数投票决定规则 b 好于 a；

(iii) $c\in F(\theta)$ 当且仅当 $\{x\in A|x\preceq_i^{\theta} c\}=A$ 对于任意 $i\in N$ 成立。

回答如下问题：

1. F 是否满足马斯金单调性？根据定义说明。
2. F 是否满足无否决权性质？根据定义说明。

习题 18.23 假设 $N=\{1,2,3,4\}$，有 4 个不可分的物品 a_1,a_2,a_3,a_4。对任意 $i\in N$，其初始禀赋 $w_i=a_i$，$E=\{e_1,e_2\}$。具体偏好如下：

在状态 e_1 下，

$1:a_1\succ a_2\succ a_3\succ a_4$；

$2:a_2\succ a_1\succ a_3\succ a_4$；

$3:a_3\sim a_4\succ a_1\succ a_2$；

$4:a_3\sim a_4\succ a_2\succ a_1$。

在状态 e_2 下，

$1:a_1\succ a_2\succ a_3\succ a_4$；

$2:a_2\succ a_1\succ a_3\succ a_4$；

$3:a_3\succ a_4\succ a_1\succ a_2$；

$4:a_3\succ a_4\succ a_2\succ a_1$。

社会目标是将 4 个物品配置给 4 个人，每人分 1 个物品。具体而言，社会目标是一个对应 $\sigma:N\to A$。令 Z 表示所有可能配置组成的集合。配置规则 F 满足个体理性的要求，即：对于任意 $e_i\in E$, $F(e_i)=\{\sigma\in Z|\sigma_j\succeq_j^{e_i} w_j$, 对于任意 $e_i\in E, j\in N\}$。回答如下问题：

1. F 是否满足马斯金单调性？根据定义说明。
2. F 是否满足无否决权性质？根据定义说明。

习题 18.24　假设 $N=\{1,2,3\}$，$E=\{e,\bar{e}\}$，$A=\{a,b,c\}$。具体偏好如下：

在状态 e 下，$1:a\succ b\succ c$；$2:c\succ a\succ b$；$3:b\succ c\succ a$。

在状态 $\bar{e}$ 下，$1:a\succ b\succ c$；$2:c\succ a\succ b$；$3:c\succ b\succ a$。

社会选择规则 F 是按照多数投票决定规则进行选择的，确定结果 $F(e)=\{a,b,c\}$，$F(\bar{e})=\{c\}$。F 是否为纳什可执行的？说明理由。

习题 18.25 (Moore 和 Repullo, 1990)　考虑两个参与人的纳什执行问题。$N=\{1,2\}$，下面的条件称为 $\mu 2$。

条件 $\mu 2$: 如果正文中定义 18.8.6 的 μ 条件满足，同时满足下面的一个额外条件：

对于任意 $(a,e',b,\hat{e})\in(A\times E\times A\times E)$ 满足 $a=F(e'),b=F(\hat{e})$，存在一个 $c=c(a,e',b,\hat{e})\in C_1(a,e')\bigcap C_2(b,\hat{e})$，使得对于任意 $e^*\in E$，下面的条件满足：

$$若c\in C_1(a,e')\subseteq L_1(c,e^*),c\in C_2(b,\hat{e})\subseteq L_2(c,e^*),则c\in F(e^*).$$

证明：在两人环境下，F 是纳什可执行的，当且仅当条件 $\mu 2$ 满足。

习题 18.26 (Moore 和 Repullo, 1990)　考虑两人环境下的纳什执行问题。一个社会选择规则 F 满足限制性否决权 (restricted veto power) 性质，若对所有的 $i\in I,e\in E,a\in A$，存在 $b\in range(F)\equiv\{\hat{a}\in A:\hat{a}=F(e)$ 存在某个 $e\in E\}$，都有：

$$若A\subseteq\bigcap_{j\neq i}L_j(a,e),同时a\succeq_i b,则a\in F(e).$$

我们称一个结果 z 是差结果，若对所有的 $e\in E$ 和所有的 $a\in F(e)$，都有 $a\succ_i(e)z$，其中 $\succ_i(e)$ 是在 e 环境下参与人 i 的偏好关系。

证明：在两人环境下，若 F 满足马斯金单调性，满足限制性否决权性质，且同时存在一个差结果，则 F 是纳什可执行的。

习题 18.27 (隐瞒禀赋机制，Tian，1993)　考虑具有一个私人品 x_i，K 个公共品 y，$n\geqq 3$ 个参与人以及生产函数为 $y=f(v)=v$ 的公共经济环境类，记为 E。假定参与人 i 的偏好关系 $\succcurlyeq_i$ 是凸的、关于私人品强单调的，且对所有的 $i\in N$，$(x_i,y)\ P_i\ (x'_i,y')$，都有 $x_i\in\mathcal{R}_{++}$，$x'_i\in\partial\mathcal{R}_+$，以及 $y,y'\in\mathcal{R}^K_+$，这里 $\partial\mathcal{R}^m_+$ 是 $\mathcal{R}^m_+$ 的边界。

对 $i\in N$，定义其信息空间为

$$M_i=(0,1]\times(0,\mathring{w}_i]\times\mathcal{R}^K\times\mathcal{R}^K,$$

其一般元素可表示为 $(\delta_i,w_i,\phi_i,y_i)$，记 $M=\prod_{i=1}^n M_i$。个人化价格定义为

$$q_i(\boldsymbol{m})=\frac{1}{n}+m_{i+1}-m_{i+2}.$$

定义一个对应 B: $M \to 2^{\mathcal{R}_+^K}$,

$$B(\boldsymbol{m}) = \{y \in \mathcal{R}_+^K : (1-\delta(\boldsymbol{m}))w_i - q_i(\boldsymbol{m}) \cdot y \geqq 0 \,\forall\, i \in N\},$$

这里 $\delta(\boldsymbol{m}) = \min\{\delta_1, \cdots, \delta_n\}$。定义公共品的结果函数 Y: $M \to B$,

$$Y(\boldsymbol{m}) = \{y : \min_{y \in B(\boldsymbol{m})} \parallel y - \tilde{y} \parallel\},$$

这里 $\tilde{y} = \sum_{i=1}^n y_i$。对每个 i,定义赋税函数 T_i: $M \to \mathcal{R}$,

$$T_i(\boldsymbol{m}) = q_i(\boldsymbol{m}) \cdot Y(\boldsymbol{m}).$$

可看出,

$$\sum_{i=1}^n T_i(\boldsymbol{m}) = q(\boldsymbol{m}) \cdot Y(\boldsymbol{m}).$$

私人品的结果函数为 $X(\boldsymbol{m})$: $M \to \mathcal{R}_+$,

$$X_i(\boldsymbol{m}) = w_i - q_i(\boldsymbol{m}) \cdot Y(\boldsymbol{m}).$$

1. 证明对应 B: $M \to 2^{\mathcal{R}_+^K}$ 是一个非空紧凸的连续对应。
2. 证明 $Y(\boldsymbol{m})$ 在 M 上是单值连续函数。
3. 证明以上机制是一个连续可行的机制。
4. 证明以上机制在 E 上完全地纳什执行了林达尔对应。

习题 18.28 (瓦尔拉斯对应连续可行地完全执行,Tian,1992) 考虑纯交换经济 $\boldsymbol{e} = (\{X_i, \boldsymbol{w}_i, \succcurlyeq_i\})$,令 E 是所有使得瓦尔拉斯均衡存在的经济类的集合。定义一个完全可行(即个体可行及均衡配置)的连续机制如下:

对 $i \in N$,定义其信息空间为

$$M_i = \mathcal{R}_{++}^L \times \mathcal{R}^{nL},$$

其一般元素可表示为 $m_i = (p_i, x_{i1}, \cdots, x_{in})$,记 $M = \prod_{i=1}^n M_i$。定义价格向量函数 $\boldsymbol{p} : M \to \mathcal{R}_{++}^L$,

$$p(\boldsymbol{m}) = \begin{cases} \sum_{i=1}^n \dfrac{a_i}{a} p_i & \text{若 } a > 0, \\ \sum_{i=1}^n \dfrac{1}{n} p_i & \text{若 } a = 0, \end{cases}$$

其中,$a_i = \sum_{j,k \neq i} \|p_j - p_k\|$,$a = \sum_{i=1}^n a_i$ 及 $\|\cdot\|$ 表示了欧氏模。

定义个体可行及均衡的对应 $B : M \to\to \mathcal{R}_+^{nL}$,

$$B(\boldsymbol{m}) = \{x \in \mathcal{R}_+^{nL} : \sum_{i=1}^n x_i = \sum_{i=1}^n w_i \;\&\; p(\boldsymbol{m}) \cdot x_i = p(\boldsymbol{m}) \cdot w_i, \;\forall\, i \in N\}.$$

令 $\tilde{x}_j = \sum_{i=1}^n x_{ij}$,$\tilde{x} = (\tilde{x}_1, \tilde{x}_2, \cdots, \tilde{x}_n)$。私人品的结果函数 X: $M \to \mathcal{R}_+^{nL}$ 由下式给出:

$$X(\boldsymbol{m}) = \{y \in \mathcal{R}_+^{nL} : \min_{y \in B(\boldsymbol{m})} \|y - \tilde{x}\|\}.$$

1. 证明价格向量函数 $\boldsymbol{p}: M \to \mathcal{R}_{++}^L$ 是连续的。
2. 证明对应 B: $M \to 2^{\mathcal{R}_+^K}$ 是一个非空紧凸的连续对应。
3. 证明 $X(\boldsymbol{m})$ 在 M 上是单值连续函数。
4. 证明：对每个经济 $\boldsymbol{e} \in E$，这个机制的每个纳什均衡结果均是一个瓦尔拉斯均衡配置。
5. 证明：对每个经济 $\boldsymbol{e} \in E$，每个瓦尔拉斯均衡配置都是这个机制的某个纳什均衡结果。这样，由问题 4 和 5，以上这个连续完全可行的机制在 E 上完全纳什执行了瓦尔拉斯对应。

习题 18.29 (Moore 和 Repullo，1988)　考虑一个两人经济。假设经济有两种状态 $E = \{C, L\}$，当 $\boldsymbol{e} = C$ 时，两个参与人的偏好都是柯布–道格拉斯效用函数，配置为 $f(C) \in A$。当 $\boldsymbol{e} = L$ 时，两个参与人的偏好都是完全互补的效用函数 (或者里昂惕夫函数形式)，配置为 $f(L) \in A$。假设 $A = \{f(C), f(L), x, y\}$，状态和配置见图 18.5。考虑下面的一个动态博弈 g。

第一阶段：参与人 1 提出报告 r_1，若 $r_1 = L$，博弈结束，结果为 $f(L)$；若 $r_1 = C$，博弈进入第二阶段。

第二阶段：参与人 2 提出报告 $r_2 = C$，博弈结束，结果为 $f(C)$，否则进入第三阶段。

第三阶段：参与人 1 在 $\{x, y\}$ 上选择一个结果，博弈结束。

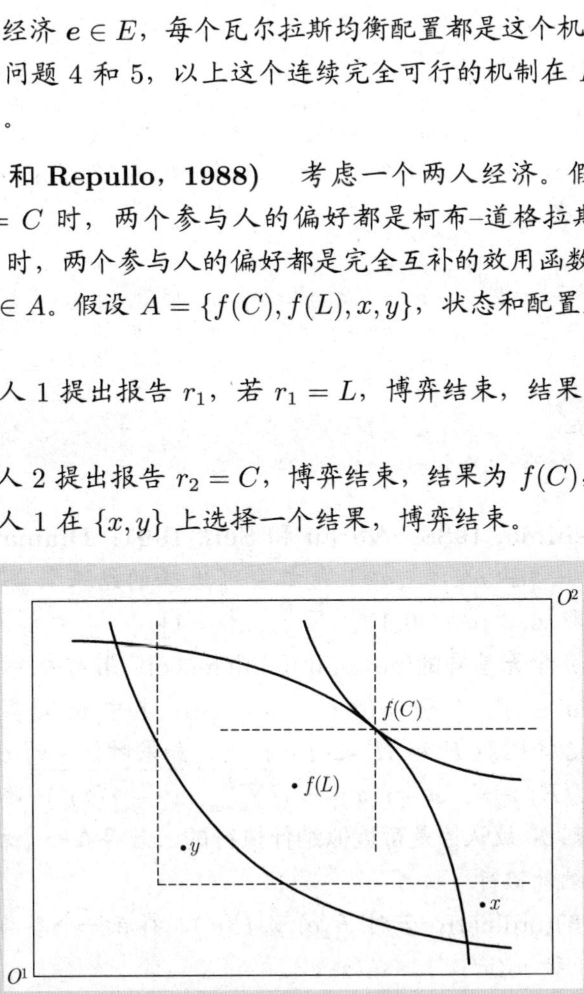

图 18.5　子博弈完美均衡的实施

证明：上面的社会选择规则 f 可以被动态博弈 g 以子博弈完美均衡实施。

习题 18.30 (Jackson，1992)　对环境 (N, A, E)，其中 $N = \{1, \cdots, n\}$ 是参与人集合，一个机制 $\Gamma = (M, g)$ 由参与人的信息空间 $M = M^1 \times \cdots \times M^n$ 及其结果函数 $g: M \to A$ 组成。我们说若不存在信号 m'^i 弱占优于 m^i，m^i 是**非劣信息**。将环境 $\boldsymbol{e}$ 下机制 Γ 的所有非劣信号集合记为 $U(\Gamma, \boldsymbol{e})$，所有纳什均衡记为 $N(\Gamma, \boldsymbol{e})$，所有非劣纳什均衡记为

$UN(\Gamma, \boldsymbol{e}) = U(\Gamma, \boldsymbol{e}) \bigcap N(\Gamma, \boldsymbol{e})$。社会选择规则 $F: E \to A$ 被认为可以**被非劣纳什均衡执行**，若存在机制 (M, g)，可使得 $F(\boldsymbol{e}) = g(UN(\Gamma, \boldsymbol{e})), \forall \boldsymbol{e} \in E$。

假设 $N = \{1, 2\}$，$A = \{a, b\}$，$E = \{(R^1, R^2), (\bar{R}^1, R^2)\}$，$aP^1b, b\bar{P}^1aP^2b$。社会选择规则是 $F(R^1, R^2) = b$ 和 $F(\bar{R}^1, R^2) = a$。下面的机制 (M, g) 由图 18.6 描述。

1. 证明 F 不满足帕累托有效和马斯金单调性，即不能被纳什执行。
2. 证明 F 可以被机制 (M, g) 非劣纳什执行。

		M^2								
		m^2								
	m^1	b	a	a	a	$\cdots$	a	a	a	a	$\cdots$
		b	a	a	a	$\cdots$	b	b	b	b	$\cdots$
		b	b	a	a	$\cdots$	b	b	b	b	$\cdots$
		b	b	b	a	$\cdots$	b	b	b	b	$\cdots$
M^1		$\vdots$	$\vdots$	$\vdots$	$\vdots$		$\vdots$	$\vdots$	$\vdots$	$\vdots$	
	$\bar{m}^1$	a	b	b	b	$\cdots$	b	b	b	b	$\cdots$
		a	a	a	a	$\cdots$	a	b	b	b	$\cdots$
		a	a	a	a	$\cdots$	a	a	b	b	$\cdots$
		a	a	a	a	$\cdots$	a	a	a	b	$\cdots$
		$\vdots$	$\vdots$	$\vdots$	$\vdots$		$\vdots$	$\vdots$	$\vdots$	$\vdots$	

图 18.6 非劣纳什执行

习题 18.31 (Matsushima, 1988；Abreu 和 Sen, 1991；Diamantaras, 2009) 对环境 (N, X', E)，$A' = \{a^1, a^2, \cdots, a^K\}$ 是社会可选择的结果集合，A 是定义在 A' 上的所有彩票的集合，即 $A = \{\boldsymbol{x} \in [0, 1]^K : \sum_{k=1}^K x^k = 1\}$。

我们称环境不是**完全无差异的**(no total indifference)，若对每个参与人 i 和 e，在 A' 中均存在两个结果 $a, a' \in A'$，使得 $u_i(a, e) > u_i(a', e)$，其中 u_i 是参与人 i 的效用函数。

我们称两个社会选择规则 F 和 H 之间 ϵ **接近**，如果对任意的 $e \in E$，均存在一个一一映射 $\tau: F(E) \to H(E)$ 满足 $|\boldsymbol{x} - \tau(\boldsymbol{x})| = \sqrt{\sum_{k=1}^K (x^k - \tau(x)^k)^2} < \epsilon$，对任意 $\boldsymbol{x} \in F(e)$。

一个社会选择规则 F 被认为是**可近似纳什执行的**，若存在一个社会选择规则 G 与 F 之间 ϵ 接近同时可被纳什执行。

F 被认为是**序数的**(ordinal)，若对 $F(e) \neq F(e')$，存在一个参与人 i 和 $\boldsymbol{x}, \boldsymbol{x}' \in A$ 使得 $u_i(\boldsymbol{x}, e) \geqq u_i(\boldsymbol{x}', e)$ 和 $u_i(\boldsymbol{x}', e') > u_i(\boldsymbol{x}, e')$。

证明：如果参与人数超过 3，$|N| \geqq 3$，环境不是完全无差异的，此时任意序数的社会选择规则都可以近似纳什执行。

18.14 参考文献

教材和专著：

Bolton, P. and M. Dewatripont (2005). *Contract Theory*, MIT Press.

Corchón, L. C. (1996). *Theory of Implementation of Socially Optimal Decisions in Economics*, Palgrave Macmillan.

Diamantaras, D. (2009).*A Toolbox for Economic Design*, Palgrave Macmillan.

Green, J. R. and J. J. Laffont(1979). *Incentives in Public Decision Making*, North-Holland.

Groves, T. and J. Ledyard (1987). "Incentive Compatibility Since 1972", in Groves, T., R. Radner, and S. Reiter (eds.), *Information, Incentives, and Economic Mechanisms: Essays in Honor of Leonid Hurwicz* (Minneapolis, University of Minnesota Press).

Hurwicz, L. (1979). "Balanced Outcome Functions Yielding Walrasian and Lindahl Allocations at Nash Equilibrium Points for Two or More Agents", in Green, J. R. and J. A. Scheinkman (eds.), *General Equilibrium, Growth, and Trade* (New York: Academic Press).

Hurwicz, L. (1986a). "Incentive Aspects of Decentralization", in Arrow,K. J.and M. D. Intriligator (eds.), *Handbook of Mathematical Economics*, Vol. III (Amsterdam: North-Holland).

Hurwicz, L. (1986b). "On Informational Decentralization and Efficiency in Resource Allocation Mechanism", in Reiter, S.(ed.), *Studies in Mathematical Economics* (Mathematical Association of America).

Hurwicz, L. (1986c). "On the Implementation of Social Choice Rules in Irrational Societies", in Heller, W. P., R. M. Starr, and D. A. Starrett (eds.), *Social Choice and Public Decision Making Essays in Honor of Kenneth J. Arrow*, Vol. I (Cambridge: Cambridge University Press).

Laffont, J. J. and E. Maskin (1979). "A Differential Approach to Expected Maximizing Mechanisms", in Laffont, J. J. (ed.), *Aggregation and Revelation of Preferences* (Amsterdam: North-Holland).

Laffont, J. J. and D. Martimort (2002). *The Theory of Incentives: The Principal-Agent Model*, Princeton University Press.

Lange, O. and F. M. Taylor(1938). *On the Economic Theory of Socialism*, University of Minnesota Press.

Mas-Colell, A., M. D. Whinston, and J. Green (1995). *Microeconomic Theory*, Oxford University Press.

Moulin, H. (1983). *The Strategy of Social Choice*, North-Holland.

Varian, H. R. (1992). *Microeconomic Analysis, Third Edition*, W. W. Norton and Company.

Wolfstetter, E. (1999). *Topics in Microeconomics—Industrial Organization, Auctions, and Incentives*, Cambridge University Press.

论文：

Abreu, D. and A. Sen (1990). "Subgame Perfect Implementation: A Necessary and Almost Sufficient Condition", *Journal of Economic Theory*, Vol. 50, No. 2, 285-299.

Abreu, R. and A. Sen(1991). "Virtual Implementation in Nash Equilibrium", *Econometrica*, Vol. 59, No. 4, 997-1021.

Bergemann, D. and M. Stephen (2008). "Ex Post Implementation", *Games and Economic Behavior*, Vol. 63, No. 2, 527-566

Bochet, Olivier (2007). "Nash Implementation with Lottery Mechanisms", *Social Choice and Welfare*, Vol. 28, No. 1, 111-125.

Calsamiglia, X. (1977). "Decentralized Resource Allocation and Increasing Returns", *Journal of Economic Theory*, Vol. 14, No. 2, 263-283.

Clarke, E. (1971). "Multipart Pricing of Public Goods", *Public Choice*, Vol. 11, No. 1, 17-33.

Danilov, V. (1992). "Implementation via Nash Equilibrium", *Econometrica*, Vol. 60, No. 1, 43-56.

Dasgupta, P., P. Hammond, and E. Maskin (1979). "The Implementation of Social Choice Rules: Some General Results on Incentive Compatibility", *Review of Economic Studies*, Vol. 46, No. 2, 185-216.

Duggan, J. (1993). "Virtual Implementation in Bayesian Equilibrium with Infinite Types", *Parts I and II*, Mimeo.

Duggan, J. (1997). "Virtual Bayesian Implementation", *Econometrica*, Vol. 65, No. 5, 1175-1199.

Dutta, B. and A. Sen (1991). "Implementation under Strong Equilibria: A Complete Cha-racterization", *Journal of Mathematical Economics*, Vol. 20, No. 1, 49-67.

Green, J. and J.-J. Laffont (1977). "Characterization of Satisfactory Mechanisms for the Revelation of Preferences for Public Goods", *Econometrica*, Vol. 45, No. 2, 427-438.

Gibbard, A. (1973). "Manipulation of Voting Schemes: A General Result", *Econometrica*, Vol. 41, No. 4, 587-601.

Groves, T. (1973). "Incentives in Teams", *Econometrica*, Vol. 41, No. 4, 617-631.

Groves, T. and M. Loeb (1975). "Incentives and Public Inputs", *Journal of Public Economics*, Vol. 4, No. 3, 211-226.

Groves, T. and J. Ledyard (1977). "Optimal Allocation of Public Goods: A Solution to the 'Free Rider' Problem", *Econometrica*, Vol. 45, No. 4, 783-809.

Hayek, F. A. (1935). "The Present State of the Debate", in *Collectivist Economic Planning* (London: Routledge & Kegan Paul), 201-243.

Hayek, F. A. (1945). "The Use of Knowledge in Society", *American Economic Review*, Vol. 35, No. 4, 519-530.

Holmstrom, B. (1979). "Groves' Scheme on Restricted Domain", *Econometrica*, Vol. 47, No. 5, 1137-1144.

Hurwicz, L. (1972). "On Informational Decentralized Systems", in Radner, R. and C. B. McGuire (eds.), *Decision and Organization in Honor of J. Marschak* (Amsterdam: North-Holland).

Hurwicz, L. (1979a). "Outcome Functions Yielding Walrasian and Lindahl Allocations at Nash Equilibrium Points", *Review of Economic Studies*, Vol. 46, No. 2, 217-225.

Hurwicz, L. (1979b). "On Allocations Attainable Through Nash Equilibria", *Journal of Economic Theory*, Vol. 21, No. 1, 140-165.

Hurwicz, L. (1979c). "Socialism and Incentives: Developing a Framework", *Journal of Comparative Economics*, Vol. 3, No. 3, 207-216.

Hurwicz, L. (1999). "Revisiting Externalities", *Journal of Public Economic Theory*, Vol. 1, No. 2, 225-246.

Hurwicz, L., E. Maskin and A. Postlewaite (1984). "Feasible Implementation of Social Choice Correspondences by Nash Equilibria", Mimeo.

Hurwicz, L. and D. Schmeidler (1978). "Construction of Outcome Functions Guaranteeing Existence and Pareto-optimality of Nash Equilibria", *Econometrica*, Vol. 46, No. 6, 1447-1474.

Hurwicz, L. and M. Walker (1990). "On the Generic Nonoptimality of Dominant-Strategy Allocation Mechanism: A General Theorem That Includes Pure Exchange Economies", *Econometrica* Vol. 58, No. 3, 683-704.

Jackson, M.O. (1992). "Implementation in Undominated Strategies: A Look at Bounded Mechanisms", *Review of Economic Studies*, Vol. 59, No. 4, 757-775.

Jackson, M.O. (2001). "A Crash Course in Implementation Theory", *Social Choice and Welfare*, Vol. 18, No. 4, 655-708.

Jackson, M.O. (2003). "Mechanism Theory", Working Paper.

Jordan, J. S. (1982). "The Competitive Allocation Process is Informationally Efficient Uniquely", *Journal of Economic Theory*, Vol. 28, No. 1, 1-18.

Laffont, J.J. and E. Maskin (1980). "A Differential Approach to Dominant Strategy Mechanisms", *Econometrica*, Vol. 48, No. 6 , 1507-1520.

Lange, O. (1936). "On the Economic Theory of Socialism", *Review of Economic Studies*, Vol. 4, No. 1, 53-71.

Lange, O. (1942). "The Foundations of Welfare Economics", *Econometrica*, Vol. 10, No. 3-4, 215-228.

Ledyard, J. and J. Roberts (1975). "On the Incentive Problem with Public Goods", Discussion Papers 116, Northwestern University.

Lerner, A. P. (1944). *Economics of Control*, Macmillan.

Li, Q., S. Nakamura, and G. Tian (1995). "Nash Implementation of the Lindahl Correspondence with Decreasing Returns to Scale Technology", *International Economic Review*, Vol. 36, No. 1, 37-52.

Liu, L. and G. Tian (1999). "A Characterization of Optimal Dominant Strategy Mechanisms", *Review of Economic Design*, Vol. 4, 205-218.

Maskin, E. (1999). "Nash Equilibrium and Welfare Optimality", *Review of Economic Studies*, Vol. 66, No. 1, 23-38.

第18章

Matsushima, H. (1988). "A New Approach to the Implementation Problem", *Journal of Economic Theory*, Vol. 45, No. 1, 128-144.

McKelvey, R. (1989). "Game Forms for Nash Implementation of General Social Correspondence", *Social Choice and Welfare*, Vol. 6, No. 2, 139-156.

Mookherjee, D., and S. Reichelstein (1990). "Implementation via Augmented Revelation Mechanisms", *Review of Economic Studies*, Vol. 57, No. 3, 453-475.

Moore, J. and R. Repullo (1988). "Subgame Perfect Implementation", *Econometrica*, Vol. 56, No. 5, 1191-1220.

Moore, J. and R. Repullo (1990). "Nash Implementation: A Full Characterization", *Econometrica*, Vol. 58, No. 5, 1083-1099.

Mount, K. and S. Reiter (1974). "The Informational Size of Message Spaces", *Journal of Economic Theory*, Vol. 8, No. 2, 161-192.

Palfrey, T. and S. Srivastava (1991). "Nash Implementation Using Undominated Strategy", *Econometrica*, Vol. 59, No. 2, 479-501.

Peleg, B. (1996a). "A Continuous Double Implementation of the Constrained Walrasian Equilibrium", *Economic Design*, Vol. 2, No. 1, 89-97.

Peleg, B. (1996b). "Double Implementation of the Lindahl Equilibrium by a Continuous Mechanism", *Economic Design*, Vol. 2, No. 1, 311-324.

Postlewaite, A. (1985). "Implementation in Nash Equilibria in Economic Environments", in Hurwicz, L., D. Schmeidler, and H. Sonnenschein (eds.), *Social Goal and Social Organization Essays in Memory of Elisha Pazner* (Cambridge: Cambridge University Press).

Postlewaite, A. and D. Wettstein (1989). "Continuous and Feasible Implementation", *Review of Economic Studies*, Vol. 56, No. 4, 603-611.

Reichelstein, S. and S. Reiter (1988). "Game Forms with Minimal Message Spaces", *Econometrica*, Vol. 56, No. 3, 661-692.

Repullo, R. (1986). "The Revelation Principle under Complete and Incomplete Information", in Binmore, K. and P. Dasgupta (eds.), *Economic Organization as Games* (Oxford: Basil Blackwell).

Repullo, R. (1987). "A Simple Proof of Maskin's Theorem on Nash Implementation", *Social Choice and Welfare*, Vol. 4, No. 1, 39-41.

Saijo, T. (1987). "On Constant Maskin Monotonic Social Choice Functions", *Journal of Economic Theory*, Vol. 42, No. 2, 382-386.

Saijo, T. (1988). "Strategy Space Reduction in Maskin's Theorem", *Econometrica*, Vol. 56, No. 3, 693-700.

Samuelson, P. A. (1954). "The Pure Theory of Public Expenditure", *The Review of Economics and Statistics*, Vol. 36, No. 4, 387-389.

Samuelson, P. A. (1955). "Diagrammatic Exposition of a Theory of Public Expenditure", *The Review of Economics and Statistics*, Vol. 37, No. 4, 350-356.

Satterthwaite, M. A. (1975). "Strategy-proofness and Arrow's Conditions: Existence and Correspondence Theorems for Voting Procedures and Social Welfare Functions", *Journal of Economic Theory*, Vol. 10, No. 2, 187-217.

Schmeidler, D. (1980). "Walrasian Analysis via Strategic Outcome Functions", *Econometrica*, Vol. 48, No.7, 1585-1593.

Shao, R. and L. Zhou (2016a). "Voting and Optimal Provision of a Public Good", *Journal of Public Economics*, Vol. 134, No. 2, 35-41.

Shao, R. and L. Zhou (2016b). "Optimal Allocation of an Indivisible Good", *Games and Economic Behavior*, Vol. 100, 95-112.

Suh, S.C. (1997). "Double Implementation in Nash and Strong Nash Equilibria", *Social Choice and Welfare*, Vol. 14, No. 3, 439-447.

Thomson, W. (1979). "Maximum Strategies and Elicitation of Preferences", in Laffont, J. J. (ed.), *Aggregation and Revelation of Preferences* (Amsterdam: North-Holland).

Tian, G. (1988). "On the Constrained Walrasian and Lindahl Correspondences", *Economics Letters*, Vol. 26, No. 4, 299-303.

Tian, G. (1989). "Implementation of the Lindahl Correspondence by a Single-Valued, Feasible, and Continuous Mechanism", *Review of Economic Studies*, Vol. 56, No. 4, 613-621.

Tian, G. (1990). "Completely Feasible and Continuous Nash-Implementation of the Lindahl Correspondence with a Message Space of Minimal Dimension", *Journal of Economic Theory*, Vol. 51, No. 2, 443-452.

Tian, G. (1991). "Implementation of Lindahl Allocations with Nontotal-Nontransitive Preferences", *Journal of Public Economics*, Vol. 46, No. 2, 247-259.

Tian, G. (1992). "Implementation of the Walrasian Correspondence without Continuous, Convex, and Ordered Preferences", *Social Choice and Welfare*, Vol. 9, No. 2, 117-130.

Tian, G. (1993). "Implementing Lindahl Allocations by a Withholding Mechanism", *Journal of Mathematical Economics*, Vol. 22, No. 2, 169-179.

Tian, G. (1994). "Implementation of Linear Cost Share Equilibrium Allocations", *Journal of Economic Theory*, Vol. 64, No. 2, 568-584.

Tian, G. (1994a). "On Informational Efficiency and Incentive Aspects of Generalized Ratio Equilibria", *Journal of Mathematical Economics*, Vol. 23, No. 4, 323-337.

Tian, G. (1994b). "Implementation of Linear Cost Share Equilibrium Allocations", *Journal of Economic Theory*, Vol. 64, No. 2, 568-584.

Tian, G. (1995a). "On Nash-Implementation in the Presence of Withholding" (with Li Qi), *Games and Economic Behavior*, Vol. 9, No. 2, 222-233.

Tian, G. (1995b). "Ratio-Lindahl Equilibria and an Informationally Efficient and Implementable Mixed-Ownership System" (with Li Qi), *Journal of Economic Behavior and Organization*, Vol. 26, No. 3, 391-411.

Tian, G. (1996a). "On the Existence of Optimal Truth-Dominant Mechanisms", *Economics Letters*, Vol. 53, No. 1, 17-24.

Tian, G. (1996b). "Continuous and Feasible Implementation of Rational Expectation Lindahl Allocations", *Games and Economic Behavior*, Vol. 16, No. 1, 135-151.

Tian, G. (1997). "Virtual Implementation in Incomplete Information Environments with General Sets of Alternatives and Types", *Journal of Mathematical Economics*, Vol. 28, No. 3, 313-339.

Tian, G. (1999a). "Double Implementation in Economies with Production Technologies Unknown to the Designer", *Economic Theory*, Vol. 13, No. 3, 689-707.

Tian, G. (1999b). "Bayesian Implementation in Exchange Economies with State Dependent Preferences and Feasible Sets", *Social Choice and Welfare*, Vol. 16, No. 3, 99-119.

Tian, G. (2000a). "Double Implementation of Lindahl Allocations by a Pure Mechanism", *Social Choice and Welfare*, Vol. 17, No. 1, 125-141.

Tian, G. (2000b). "Incentive Mechanism Design for Production Economies with Both Private and Public Ownership", *Games and Economic Behavior*, Vol. 33, No. 2, 294-320.

Tian, G. (2000c). "Implementation of Balanced Linear Cost Share Equilibrium Solution in Nash and Strong Nash Equilibria", *Journal of Public Economics*, Vol. 76, No. 2, 239-261.

Tian, G. (2000d). "Double Implementation of Linear Cost Share Equilibrium Allocations", *Mathematical Social Sciences*, Vol. 40, No. 2, 175-189.

Tian, G. (2000e). "A Unique Informationally Efficient Allocation Mechanism in Economies with Public Goods", Mimeo.

Tian, G. (2003). "A Solution to the Problem of Consumption Externalities", *Journal of Mathematical Economics*, Vol.39, No. 8, 831-847.

Tian, G. (2004). "A Unique Informationally Efficient Allocation Mechanism in Economies with Consumption Externalities", *International Economic Review*, Vol. 45, No. 1, 79-111.

Tian, G. (2005). "Implementation in Production Economies with Increasing Returns", *Mathematical Social Sciences*, Vol. 49, No. 3, 309-325.

Tian, G. (2006). "The Unique Informational Efficiency of the Competitive Mechanism in Economies with Production", *Social Choice and Welfare*, Vol. 26, No. 1, 155-182.

Tian, G. (2009a). "Implementation in Economies with Non-Convex Production Technologies Unknown to the Designer", *Games and Economic Behavior*, Vol. 66, No. 1, 526-545.

Tian, G. (2009b). "Implementation of Pareto Efficient Allocations", *Journal of Mathematical Economics*, Vol. 45, No. 1-2, 113-123.

Tian, G. (2010). "Implementation of Marginal Cost Pricing Equilibrium Allocations with Transfers in Economies with Increasing Returns to Scale", *Review of Economic Design*, Vol. 14, No. 1, 163-184.

Tian, G. and Q. Li (1991). "Completely Feasible and Continuous Implementation of the Lindahl Correspondence with Any Number of Goods", *Mathematical Social Sciences*, Vol. 21, No. 1, 67-79.

Tian, G. and Q. Li (1994). "An Implementable and Informational Efficient State-Ownership System with General Variable Returns", *Journal of Economic Theory*, Vol. 64, No. 1, 268-297.

Tian, G. and Q. Li (1995a). "On Nash-Implementation in the Presence of Withholding", *Games and Economic Behavior*, Vol. 9, No. 2, 222-233.

Tian, G. and Q. Li (1995b). "Ratio-Lindahl Equilibria and an Informationally Efficient and Implementable Mixed-Ownership System", *Journal of Economic Behavior and Organization*, Vol. 26, No. 3, 391-411.

Vickrey, W. (1961). "Counterspeculation, Auctions, and Competitive Sealed Tenders", *Journal of Finance*, Vol. 16, No. 1, 8-37.

Walker, M. (1978). "A Note on the Characterization of Mechanisms for the Revelation of Preferences", *Econometrica*, Vol. 46, No. 1, 147-152.

Walker, M. (1980). "On the Nonexistence of a Dominant Strategy Mechanism for Making Optimal Public Decisions", *Econometrica*, Vol. 48, No. 6, 1521-1540.

Walker, M. (1981). "A Simple Incentive Compatible Scheme for Attaining Lindahl Allocations", *Econometrica*, Vol. 49, No. 1, 65-71.

第 19 章 不完全信息下的多代理人机制设计

19.1 导言

本章将分析转到不完全信息情形下的机制设计问题。所谓不完全信息指的是代理人之间不了解彼此的偏好、技术、禀赋等信息。至今，我们考虑了在获知信息要求方面的两种较为特殊解的概念下社会选择对应的执行问题。一个是占优均衡解的概念，另一个是纳什均衡解的概念及其精炼。占优策略均衡是一个关于个体自利行为解的最强概念，无论是对机制设计者还是对参与人来说，要求获知的信息量最少，除了了解自身的信息外，不需要获知任何其他经济人的信息。尽管在占优均衡作为解的概念的机制下能让个体真实显示自己的偏好，其中 VCG 机制甚至还能有效地提供公共品或不可分物品，但真实显示机制一般不可能执行帕累托最优配置，而纳什策略均衡及其精炼都是关于个体自利行为解的较弱的概念，对信息的要求很强，每个经济人不仅要求知道自身经济特征，而且要求每个参与人都知道所有其他参与人的经济特征。然而，尽管在纳什均衡作为解的概念的机制下能执行帕累托最优配置，但必须放弃让人说真话的要求。

这样，在这两种解的概念下，无论赫维茨的不可能性定理、VCG 机制，还是纳什可执行的机制都说明了真实显示偏好与实现资源的帕累托最优配置间的冲突，一般来说不可能同时达到。那么，有没有一种解的概念，在较弱的意义下，真实显示偏好与资源的帕累托最优配置能同时达到呢？答案是肯定的，那就是海萨尼 (Harsanyi) 所引入的**贝叶斯–纳什均衡** (Bayesian–Nash equilibrium) 解概念。① 贝叶斯解假设不要求参与人知道其他参与人的经济特征，只要求知道其概率分布。在这种情况下，所导致的是**贝叶斯激励相容性** (即，只要别人都说真话，我说真话就是最佳的选择)。本章要介绍的**期望外部机制**显示了有条件地说真话和帕累托最优配置是可以同时达到的。相应的激励相容是**贝叶斯执行**，人们仍然可以设计出各种贝叶斯激励相容机制和刻画一般社会选择规则的贝叶斯可完全执行性。我们随后讨论**事后均衡**作为解概念的一般社会选择规则的可执行问题。事后均衡的优点与信息不确定性的分布无关，它是一种经济人事后不后悔的均衡解概念。

在随后的这一节中，我们将首先给出其分析框架，介绍不完全信息下的基本模型、贝叶斯–纳什均衡以及在各种意义下贝叶斯可执行的一些重要概念和定义。为了简单起见，直至本章最后部分，我们都将讨论社会选择函数 (而不是社会选择函数的集合) 的贝叶斯激

① 纳什、泽尔腾和海萨尼由于分别发明了纳什均衡、子博弈完美纳什均衡及贝叶斯–纳什均衡这些均衡解概念而获得 1994 年诺贝尔经济学奖。

励相容和贝叶斯可执行问题。在本章最后两节，我们将考虑社会选择集的贝叶斯可完全执行和事后可执行的特征化问题。

19.2　基本分析框架

19.2.1　模型

模型的设定及符号和上一章一样。Z 表示结果空间，$A \subseteq Z$ 是可行结果的集合。Θ_i 是参与人 i 的类型空间。为讨论简单起见，本章直至最后两节，我们都假定参与人 i 的效用函数是参数化**私人价值**函数，记为 $u_i(x, \theta_i)$，这里 $x \in Z$，$\theta_i \in \Theta_i$。所有参与人和机制设计者都知道效用类型向量 $\boldsymbol{\theta} = (\theta_1, \cdots, \theta_n)$ 在先验集 $\Theta = \prod_{i \in N} \Theta_i$ 上按概率密度函数 $\varphi(\boldsymbol{\theta})$ 分布，因而是共同知识。

假定是事中信息，即每个参与人都知道自身的类型 θ_i，并根据贝叶斯法则

$$\varphi(\theta_{-i}|\theta_i) = \frac{\varphi(\theta_i, \boldsymbol{\theta}_{-i})}{\int_{\Theta_{-i}\varphi(\theta_i, \boldsymbol{\theta}_{-i})d\boldsymbol{\theta}_{-i}}}$$

第19章

更新其信息。

令 $M = M_1 \times \cdots \times M_n$ 是信息空间，$h : M \to Z$ 是结果函数。一个经济机制由信息空间和结果函数组成。正式地，我们有如下定义。

定义 19.2.1　我们称由信息空间和结果函数构成的组对 $\langle M, h\rangle$ 为**机制**，记为 $\Gamma = \langle M, h\rangle$。进一步，若每个参与人的信息都是其类型，即 $M_i = \Theta_i, \forall i$，则称机制 $\Gamma = \langle \Theta, h\rangle$ **为显示机制** (revelation mechanism)。

给定机制 $\langle M, h\rangle$，每个参与人 i 的信息选择 m_i 是 θ_i 的函数: $m_i : \Theta_i \to M_i$，个体 i 在 θ_i 处的条件（事中）期望效用为：

$$\begin{aligned}\Pi_i(\boldsymbol{m}(\boldsymbol{\theta}); \theta_i) &\equiv E_{\boldsymbol{\theta}_{-i}}[u_i(h(m_i(\theta_i), \boldsymbol{m}_{-i}(\boldsymbol{\theta}_{-i})), \theta_i) \mid \theta_i] \\ &= \int_{\Theta_{-i}} u_i(h(\boldsymbol{m}(\boldsymbol{\theta})), \theta_i)\varphi(\boldsymbol{\theta}_{-i}|\theta_i)d\boldsymbol{\theta}_{-i}. \qquad (19.1)\end{aligned}$$

定义 19.2.2　策略 $\boldsymbol{m}^*(\cdot)$ 是机制 $\langle M, h\rangle$ 的**贝叶斯–纳什均衡** (Bayesian-Nash equilibrium, BNE)，若对所有的 $\theta_i \in \Theta_i$，都有

$$\Pi_i(\boldsymbol{m}^*(\boldsymbol{\theta}); \theta_i) \geqq \Pi_i(m_i, \boldsymbol{m}^*_{-i}(\boldsymbol{\theta}_{-i}); \theta_i), \quad \forall m_i \in M_i,$$

即若个体 i 相信其他个体将使用策略 $\boldsymbol{m}^*_{-i}(\cdot)$，则他将选择最大化其期望效用的策略 $m^*_i(\cdot)$。记 $\mathcal{B}(\Gamma)$ 为所有贝叶斯–纳什均衡的集合。贝叶斯–纳什均衡也简称贝叶斯均衡。

<u>备注</u>：对不完全信息环境下的机制 $\Gamma = \langle M, h\rangle$，信息 $m_i : \Theta_i \to M_i$ 是个体 i 的占优

策略，若对所有的 $\theta_i \in \Theta_i$ 和所有可能的策略 $\boldsymbol{m}_{-i}(\boldsymbol{\theta}_{-i})$，均有

$$E_{\boldsymbol{\theta}_{-i}}[u_i(h(m_i(\theta_i),\boldsymbol{m}_{-i}(\boldsymbol{\theta}_{-i})),\theta_i) \mid \theta_i] \geqq E_{\boldsymbol{\theta}_{-i}}[u_i(h(m_i',\boldsymbol{m}_{-i}(\boldsymbol{\theta}_{-i})),\theta_i) \mid \theta_i], \forall m_i' \in M_i. \tag{19.2}$$

由于条件 (19.2) 对所有 θ_i 和所有 $\boldsymbol{m}_{-i}(\boldsymbol{\theta}_{-i})$ 均成立，它等价于下述条件：对所有的 $\theta_i \in \Theta_i$，均有①

$$u_i(h(m_i(\theta_i),\boldsymbol{m}_{-i}),\theta_i) \geqq u_i(h(m_i',\boldsymbol{m}_{-i}),\theta_i), \forall m_i' \in M_i, \forall \boldsymbol{m}_{-i} \in M_{-i}. \tag{19.3}$$

从而，对私人价值模型，我们有如下关于占优均衡的等价定义。

定义 19.2.3 信息 $\boldsymbol{m}^*$ 是机制 $\Gamma = \langle M,h\rangle$ 的**占优策略均衡**，若对所有的 i 和所有的 $\theta_i \in \Theta_i$，均有

$$u_i(h(m_i^*(\theta_i),\boldsymbol{m}_{-i}),\theta_i) \geqq u_i(h(m_i',\boldsymbol{m}_{-i}),\theta_i),\ \forall m_i' \in M_i, \forall \boldsymbol{m}_{-i} \in M_{-i}.$$

上述定义同完全信息情形占优均衡的定义完全一样。

第19章

备注：显然，每个占优均衡都是贝叶斯–纳什均衡，但反之并不成立。贝叶斯–纳什均衡比占优均衡要求经济人具有更复杂的信念结构。为了求得其最优策略，每个经济人必须对状态具有正确的先验信念 $\varphi(\cdot)$，且必须正确地预见其他个体所使用的均衡策略。

19.2.2 贝叶斯激励相容与贝叶斯执行

为了简单和实际应用起见，直至最后部分，我们在本章着重讨论的都是社会选择函数而不是社会选择函数的集合的贝叶斯激励相容和贝叶斯可执行问题。令 $f : \Theta \to A$ 为一个社会选择函数。由于在贝叶斯–纳什均衡处，每个参与人达到事中效用最大化，因此在文献中，贝叶斯执行有时也被称为**事中执行** (interim implementation)。和占优及纳什执行类似，我们也有贝叶斯执行和贝叶斯部分执行的概念。注意到，由于社会目标是单值函数，贝叶斯执行和贝叶斯完全执行是一致的。

定义 19.2.4 我们称机制 $\Gamma = \langle M,h\rangle$ **贝叶斯 (完全) 执行了**社会选择函数 f，若对**每一个**贝叶斯–纳什均衡 $\boldsymbol{m}^*$，都有 $h(\boldsymbol{m}^*(\boldsymbol{\theta})) = f(\boldsymbol{\theta})$, $\forall \boldsymbol{\theta} \in \Theta$。若这样的机制存在，我们称 f 是**贝叶斯可执行的**。

当存在多个贝叶斯–纳什均衡时，有可能导致不良均衡结果，即不等于 f 的结果 (见后面的例 19.8.1)，于是有了下面较弱的贝叶斯执行的概念。

定义 19.2.5 我们称机制 $\Gamma = \langle M,h\rangle$ **贝叶斯部分执行了**社会选择函数 f，若存在某个贝叶斯–纳什均衡 $\boldsymbol{m}^*$，使得 $h(\boldsymbol{m}^*(\boldsymbol{\theta})) = f(\boldsymbol{\theta})$, $\forall \boldsymbol{\theta} \in \Theta$。若这样的机制存在，我们称 f 是**贝叶斯可部分执行的**。

---

① 令 $\boldsymbol{m}_{-i}(\boldsymbol{\theta}_{-i}) = \boldsymbol{m}_{-i}$，若式 (19.2) 成立，则式 (19.3) 成立。另外，式 (19.3) 意味着，对所有的 $\boldsymbol{\theta}_{-i} \in \boldsymbol{\Theta}_{-i}$，都有 $u_i(h(m_i(\theta_i),\boldsymbol{m}_{-i}(\boldsymbol{\theta}_{-i})),\theta_i) \geqq u_i(h(m_i',\boldsymbol{m}_{-i}(\boldsymbol{\theta}_{-i})),\theta_i)$。对不等式关于 $\boldsymbol{\theta}_{-i}$ 去期望，我们有式 (19.2)。

像占优策略执行一样，一个社会选择函数是贝叶斯可部分执行的当且仅当它是贝叶斯可真实执行的。

定义 19.2.6 我们称社会选择函数 f 是**贝叶斯可真实执行或贝叶斯激励相容的**，若说真话：$\boldsymbol{m}^*(\boldsymbol{\theta})=\boldsymbol{\theta},\forall\boldsymbol{\theta}\in\Theta$，构成了显示机制 $\Gamma=(\Theta,f)$ 的一个贝叶斯–纳什均衡，即：

$$E_{\boldsymbol{\theta}_{-i}}[u_i(f(\theta_i,\boldsymbol{\theta}_{-i}),\theta_i)\mid\theta_i]\geqq E_{\boldsymbol{\theta}_{-i}}[u_i(f(\theta'{}_i,\boldsymbol{\theta}_{-i}),\theta_i)\mid\theta_i],\quad\forall i,\forall\theta_i,\theta'{}_i\in\Theta_i.$$

贝叶斯激励相容性意味着，对社会选择规则 f，**只要其他人都采用说真话的诚实策略**，每个经济人就会如实地显示自己的类型，即每个真实显示类型的策略组合都是直接显示机制 $\langle\Theta,f\rangle$ 的贝叶斯–纳什均衡。注意，贝叶斯激励相容是有条件的诚实显示，是基于其他人都诚实显示后才诚实显示。它并没有说，当其他人没有采用诚实策略时，一个经济人的最佳反应策略是什么。当一个机制有多重均衡时，说假话也可能是一个贝叶斯–纳什均衡，但其均衡结果也许不是社会最优结果。当贝叶斯激励相容是基本要求时，它一般只是保证了社会选择函数 f 的贝叶斯可真实执行性，即都说真话是社会最优的，但这并不意味着它是贝叶斯可执行的，也就是说，它不能保证所导致的所有均衡结果都是社会最优的。

类似地，我们有下面关于贝叶斯可真实执行的显示原理。

定理 19.2.1 (显示原理) 社会选择函数 $f(\cdot)$ 是贝叶斯可部分执行的，当且仅当它是贝叶斯可真实执行的。

证明： 证明方法同前面一样。假设存在某个机制 $\Gamma=(M_1,\cdots,M_n,g(\cdot))$ 及其某个均衡策略 $\boldsymbol{m}^*(\cdot)=(m_1^*(\cdot),\cdots,m_n^*(\cdot))$，使得 $g(\boldsymbol{m}^*(\cdot))=f(\cdot)$，$\forall i,\forall\theta_i\in\Theta_i$，则有

$$E_{\boldsymbol{\theta}_{-i}}[u_i(g(m_i^*(\theta_i),\boldsymbol{m}_{-i}^*(\boldsymbol{\theta}_{-i})),\theta_i)\mid\theta_i]\geqq E_{\boldsymbol{\theta}_{-i}}[u_i(g(m_i',\boldsymbol{m}_{-i}^*(\boldsymbol{\theta}_{-i})),\theta_i)\mid\theta_i],\forall m_i'\in M_i.$$

参与人 i 采用偏离均衡的一个方法是操纵其类型使之为 $\hat{\theta}_i$ 而非 θ_i，即传递信息 $m_i'=m_i^*(\hat{\theta}_i)$。于是有

$$E_{\boldsymbol{\theta}_{-i}}[u_i(g(m_i^*(\theta_i),\boldsymbol{m}_{-i}^*(\boldsymbol{\theta}_{-i})),\theta_i)\mid\theta_i]\geqq E_{\boldsymbol{\theta}_{-i}}[u_i(g(m_i^*(\hat{\theta}_i),\boldsymbol{m}_{-i}^*(\boldsymbol{\theta}_{-i})),\theta_i)\mid\theta_i],\forall\hat{\theta}_i\in\Theta_i.$$

但由于 $g(\boldsymbol{m}^*(\boldsymbol{\theta}))=f(\boldsymbol{\theta})$，$\forall\boldsymbol{\theta}\in\Theta$，则 $\forall i,\forall\theta_i\in\Theta_i$，我们有

$$E_{\boldsymbol{\theta}_{-i}}[u_i(f(\theta_i,\boldsymbol{\theta}_{-i}),\theta_i)\mid\theta_i]\geqq E_{\boldsymbol{\theta}_{-i}}[u_i(f(\hat{\theta}_i,\boldsymbol{\theta}_{-i}),\theta_i)\mid\theta_i],\forall\hat{\theta}_i\in\Theta_i.\qquad\square$$

尽管贝叶斯激励相容性是 f 贝叶斯可部分执行的充分必要条件，但它不是贝叶斯可执行的充分条件。贝叶斯执行性要求机制能保证所有贝叶斯–纳什均衡结果都是社会选择结果。多重均衡的存在是贝叶斯可执行的难点问题，设计机制本来想要通过社会选择规则达到社会合意 (最优) 结果，但也可能同时导致了不合意均衡结果。Demski 和 Sappington (1984)，Postlewaite 和 Schmeidler (1986)，Repullo (1988) 等考察了这种多重均衡所带来的问题。

在什么样的条件下，能存在一个机制使得它有唯一的贝叶斯激励相容的均衡结果呢？若这样的机制存在，根据定义，我们知道社会选择函数 f 是贝叶斯可执行的。其中一个这样的条件就是非占劣贝叶斯–纳什均衡。

定义 19.2.7 一个策略 $\boldsymbol{m}\in M$ 是机制 $\Gamma=\langle M,h\rangle$ 的**贝叶斯弱劣策略**，若存在参与人 i，θ_i 和另外一个贝叶斯策略 $m_i'\neq m_i$，使得对所有的 $\boldsymbol{m}_{-i}\in M_{-i}$，

$$\Pi^i(m_i(\theta_i),\boldsymbol{m}_{-i};\theta_i)\leqq \Pi^i(m_i'(\theta_i),\boldsymbol{m}_{-i};\theta_i)$$

成立，并且对某个 $\boldsymbol{m}_{-i}\in M_{-i}$，上述严格不等式成立。

定义 19.2.8 一个策略 $\boldsymbol{m}\in M$ 是机制 $\Gamma=\langle M,h\rangle$ 的**非占劣贝叶斯–纳什均衡**，若它是一个贝叶斯–纳什策略，但不是一个弱劣策略。

Palfrey 和 Srivastava (1989) 证明了下面任何一个贝叶斯激励相容的社会选择函数 f 均贝叶斯可执行的充分条件。

命题 19.2.1 对私人价值经济环境类，若存在一个机制，使得所有参与人都没有弱占劣战略，则任何贝叶斯激励相容的社会选择函数 f 均是贝叶斯可执行的。

在本章余下部分中，我们先讨论社会规则的贝叶斯可真实执行问题，然后在 19.8 节和 19.9 节的更一般的相互依赖价值情形下简要讨论一般社会选择规则——社会选择集 (从而不是社会选择函数) 是贝叶斯可完全执行 (而不只是贝叶斯可执行) 的充分必要条件。

19.3 帕累托有效的真实执行

依然考察拟线性私人价值效用函数情形。从占优策略执行一节的讨论我们知道，VCG 机制按占优策略 (当然也按照贝叶斯–纳什均衡) 真实地执行了有效结果 (即社会剩余最大化)，但没有按照占优策略真实执行帕累托有效结果。事实上，一般来说不存在任何机制，它按照占优策略真实地执行了事后帕累托有效。然而，若采用贝叶斯–纳什均衡这一较弱的均衡解概念，则事后帕累托有效选择规则 $f(\cdot)=(y(\cdot),t_1(\cdot),\cdots,t_i(\cdot))$ 是可真实执行的，即：对所有的 $\boldsymbol{\theta}\in\Theta$，

$$y(\boldsymbol{\theta})\in \operatorname{argmax}_{y\in Y}\sum_{i=1}^{n}v_i(y,\theta_i), \tag{19.4}$$

且是预算平衡的：

$$\sum_{i=1}^{n}t_i(\boldsymbol{\theta})=0. \tag{19.5}$$

下面所要介绍的**期望外部性机制** (expected externality mechanism) 分别由 d'Aspremont 和 Gerard-Varet (1979) 以及 Arrow (1979) 给出，因而在文献中它也被称为 **AGV 机制**。在下述假定下，该机制能达到事后帕累托有效的真实执行。

假设 19.3.1 类型分布是相互独立的，即 $\varphi(\boldsymbol{\theta})=\Pi_{i\in N}\varphi_i(\theta_i),\forall\boldsymbol{\theta}\in\Theta$。

在参与人 i 的 VCG 转移支付中对其他参与人如实报告的价值函数取数学期望，并令

$$t_i(\hat{\boldsymbol{\theta}})=E_{\boldsymbol{\theta}_{-i}}\left[\sum_{j\neq i}v_j(y(\hat{\theta}_i,\boldsymbol{\theta}_{-i}),\theta_j)\right]+d_i(\hat{\boldsymbol{\theta}}_{-i}).$$

由上述独立性假设，上述关于 $\boldsymbol{\theta}_{-i}$ 的期望并不需要对 θ_i 取条件期望。注意，不同于 VCG 机制，上式中的第一项只与参与人 i 所报的类型 $\hat{\theta}_i$ 有关，而与其他参与人所报的类型无关。这是由于，上式中的第一项是在其他参与人 $j \neq i$ 都讲真话而参与人 i 所报的是 $\hat{\theta}_i$ 时，由其他经济人期望价值之和所组成的，与参与人 $j \neq i$ 的实际所报无关。这意味着 $t_i(\cdot)$ 不是那么的"多变"(variable)，平均来说，它导致了参与人 i 的激励与社会剩余一致。

为了理解给定其他参与人 $j \neq i$ 讲真话时参与人 i 的贝叶斯激励相容条件得到满足，注意到参与人 i 的最优化问题为

$$\begin{aligned}&\max_{\hat{\theta}_i \in \Theta_i} E_{\boldsymbol{\theta}_{-i}}[v_i(y(\hat{\theta}_i, \boldsymbol{\theta}_{-i}), \theta_i) + t_i(\hat{\theta}_i, \boldsymbol{\theta}_{-i})]\\&= \max_{\hat{\theta}_i \in \Theta_i} E_{\boldsymbol{\theta}_{-i}}\left[\sum_{j=1}^{n} v_j(y(\hat{\theta}_i, \boldsymbol{\theta}_{-i}), \theta_j)\right] + E_{\boldsymbol{\theta}_{-i}} d_i(\boldsymbol{\theta}_{-i}).\end{aligned} \tag{19.6}$$

类似地，参与人 i 所披露的信息只影响 $y(\hat{\theta}_i, \boldsymbol{\theta}_{-i})$ 的决定。根据有效决策规则 $y(\cdot)$ 的定义，机制设计者总是选择 $y(\cdot)$ 使之最大化社会剩余 (19.4)。这样，对每个 $\boldsymbol{\theta}_{-i} \in \Theta_{-i}$，当参与人 i 如实报告自己的类型即 $\hat{\theta}_i = \theta_i$ 时，机制设计者和参与人的目标一致。从而，当社会剩余 (19.4) 在 $y(\cdot)$ 处实现最大化时，参与人 i 的效用在决策 $y(\theta_i, \boldsymbol{\theta}_{-i})$ 下也达到最大。因此，如实报告最大化参与人 i 的期望效用 (19.6)。因此，贝叶斯激励相容性成立。

备注：上述论证建立在其他参与人如实报告假设的基础上。从而，一般来说，参与人 i 如实报告自己的类型并非总是占优策略。事实上，若参与人 i 预期其他参与人说谎，即报告 $\hat{\boldsymbol{\theta}}_{-i}(\boldsymbol{\theta}_{-i}) \neq \boldsymbol{\theta}_{-i}$，则参与人 i 的期望效用为

$$E_{\boldsymbol{\theta}_{-i}}[v_i(y(\hat{\theta}_i, \hat{\boldsymbol{\theta}}_{-i}(\boldsymbol{\theta}_{-i})), \theta_i) + \sum_{j \neq i}^{n} v_j(y(\hat{\theta}_i, \boldsymbol{\theta}_{-i}), \theta_j)] + E_{\boldsymbol{\theta}_{-i}} d_i(\boldsymbol{\theta}_{-i}),$$

此时只是自己如实报告并不能最大化上述式子。

为了得到导致事后帕累托有效结果的具体转移支付，我们还需要恰当选择函数 $d_i(\cdot)$ 以使得预算达到平衡。为了实现这一点，我们定义 $\xi_i(\theta_i)$ 作为预期外部性，其表达式为：

$$\xi_i(\theta_i) = E_{\boldsymbol{\theta}_{-i}}\left[\sum_{j \neq i} v_j(y(\theta_i, \boldsymbol{\theta}_{-i}), \theta_j)\right],$$

从而期望外部性机制中的转移支付为 $t_i(\boldsymbol{\theta}) = \xi_i(\theta_i) + d_i(\boldsymbol{\theta}_{-i})$。可以证明，我们可选择函数 $d(\cdot)$ 来补偿函数 $\xi(\cdot)$，方法如下。

令

$$d_j(\boldsymbol{\theta}_{-j}) = -\sum_{i \neq j} \frac{1}{n-1} \xi_i(\theta_i).$$

则

$$\begin{aligned}\sum_{j=1}^{n} d_j(\boldsymbol{\theta}_{-j}) &= -\frac{1}{n-1} \sum_{i=1}^{n} \sum_{i \neq j} \xi_i(\theta_i) = -\frac{1}{n-1} \sum_{i=1}^{n} \sum_{i \neq j} \xi_i(\theta_i)\\&= -\frac{1}{n-1}(n-1) \sum_{i=1}^{n} \xi_i(\theta_i) = -\sum_{i=1}^{n} \xi_i(\theta_i),\end{aligned}$$

因此有

$$\sum_{i=1}^{n} t_i(\boldsymbol{\theta}) = \sum_{i=1}^{n} \xi_i(\theta_i) + \sum_{i=1}^{n} d_i(\boldsymbol{\theta}_{-i}) = 0.$$

这样，在私人价值模型中，当参与人的伯努利效用函数是拟线性的，且参与人的类型在统计上相互独立时，则事后帕累托有效社会选择函数按贝叶斯–纳什策略是可真实地执行的。

19.4 线性模型下占优和贝叶斯激励相容的特征化

在这一节，我们在参与人的效用函数是线性的情形下，对占优激励相容和贝叶斯激励相容进行完全特征化，并给出它们的等价表达形式。贝叶斯激励相容特征化定理是一个非常有用的定理。作为一个推论，贝叶斯激励相容特征化定理意味着，对任意两个贝叶斯真实执行了同一决策规则 $y(\cdot)$ 的贝叶斯激励相容机制，它们的事中期望效用 $E_{\boldsymbol{\theta}_{-i}}U_i(\boldsymbol{\theta})$ 及转移支付 $E_{\boldsymbol{\theta}_{-i}}t_i(\boldsymbol{\theta})$ 都仅相差一个常数。在第 21 章，我们将用这个结论来证明拍卖理论中著名的**收益等价定理**：拍卖者在任何出价最高者获得物品的拍卖机制中所获得的收益都是相同的。

考虑决策集为 $Y \subseteq \mathcal{R}^n$，类型空间为 $\Theta_i = [\underline{\theta}_i; \overline{\theta}_i] \subseteq \mathcal{R}, \forall i$ 的线性环境，使参与人 i 的效用函数有如下形式：

$$\theta_i y_i + t_i.$$

注意，这样的线性效用函数满足单交叉性条件 (SCP)。

决策集 Y 随着应用的不同可有不同的形式。

下面列举两个例子：

（1）不可分私人品的配置: $Z = \{\boldsymbol{y} \in \{0,1\}^n : \sum_i y_i = 1\}$。

（2）公共品的提供: $Y = \{(q, \cdots, q) \in \mathcal{R}^n : q \in \{0,1\}\}$。

（3）第 16 章中的基本委托 -代理模型假设代理人 i 的价值函数为 $\theta_i v_i(q_i)$，其中 q_i 表示消费水平。令 $y_i = v_i(q_i)$，这将简化为线性模型。

我们能够完全刻画在线性环境下的占优激励相容 (DIC) 和贝叶斯激励相容 (BIC) 选择规则。

令 $U_i(\boldsymbol{\theta}) = \theta_i y_i(\boldsymbol{\theta}) + t_i(\boldsymbol{\theta})$。对任意给定的 $\boldsymbol{\theta}_{-i}$，我们有如下命题。

命题 19.4.1 (占优激励相容特征化定理) 对私人价值线性模型，社会选择规则 $(\boldsymbol{y}(\cdot), t_1(\cdot), \cdots, t_n(\cdot))$ 是占优激励相容的当且仅当对所有的 $i \in N$，

（1）**[占优单调性 (DM)]**: 对所有的 $\boldsymbol{\theta}_{-i} \in \boldsymbol{\Theta}_{-i}$，$y_i(\theta_i, \boldsymbol{\theta}_{-i})$ 关于 θ_i 非递减;

（2）**[占优激励相容一阶条件 (DICFOC)]**:

$$U_i(\theta_i, \boldsymbol{\theta}_{-i}) = U_i(\underline{\theta}_i, \boldsymbol{\theta}_{-i}) + \int_{\underline{\theta}_i}^{\theta_i} y_i(\tau, \boldsymbol{\theta}_{-i}) d\tau, \forall \boldsymbol{\theta} \in \Theta,$$

或者

$$\frac{\partial U_i(\boldsymbol{\theta})}{\partial \theta_i} = y_i(\boldsymbol{\theta}).$$

证明： **必要性：**占优激励相容意味着对所有的 $\theta_i' > \theta_i$，我们均有

$$U_i(\theta_i, \boldsymbol{\theta}_{-i}) \geqq \theta_i y_i(\theta_i', \boldsymbol{\theta}_{-i}) + t_i(\theta_i', \boldsymbol{\theta}_{-i}) = U_i(\theta_i', \boldsymbol{\theta}_{-i}) + (\theta_i - \theta_i') y_i(\theta_i', \boldsymbol{\theta}_{-i})$$

及

$$U_i(\theta_i', \boldsymbol{\theta}_{-i}) \geqq \theta_i' y_i(\theta_i, \boldsymbol{\theta}_{-i}) + t_i(\theta_i, \boldsymbol{\theta}_{-i}) = U_i(\theta_i, \boldsymbol{\theta}_{-i}) + (\theta_i' - \theta_i) y_i(\theta_i, \boldsymbol{\theta}_{-i}).$$

于是有

$$y_i(\theta_i', \boldsymbol{\theta}_{-i}) \geqq \frac{U_i(\theta_i', \boldsymbol{\theta}_{-i}) - U_i(\theta_i, \boldsymbol{\theta}_{-i})}{\theta_i' - \theta_i} \geqq y_i(\theta_i, \boldsymbol{\theta}_{-i}). \tag{19.7}$$

不等式 (19.7) 意味着 $y_i(\theta_i, \boldsymbol{\theta}_{-i})$ 关于 θ_i 非递减（注意到 $\theta_i' > \theta_i$）。并且，当 $\theta_i' \to \theta_i$ 时，由式 (19.7)，我们有

$$\frac{\partial U_i(\boldsymbol{\theta})}{\partial \theta_i} = y_i(\boldsymbol{\theta}),$$

从而有

$$U_i(\theta_i, \boldsymbol{\theta}_{-i}) = U_i(\underline{\theta}_i, \boldsymbol{\theta}_{-i}) + \int_{\underline{\theta}_i}^{\theta_i} y_i(\tau, \boldsymbol{\theta}_{-i}) d\tau, \forall \boldsymbol{\theta} \in \Theta.$$

充分性：考虑任意两个类型 θ_i' 和 θ_i。不失一般性，假定 $\theta_i > \theta_i'$。若 DM 和 DICFOC 成立，则对所有的 $\boldsymbol{\theta}_{-i} \in \boldsymbol{\Theta}_{-i}$，我们均有

$$\begin{aligned} U_i(\theta_i, \boldsymbol{\theta}_{-i}) - U_i(\theta_i', \boldsymbol{\theta}_{-i}) &= \int_{\theta_i'}^{\theta_i} y_i(\tau, \boldsymbol{\theta}_{-i}) d\tau \\ &\geqq \int_{\theta_i'}^{\theta_i} y_i(\theta_i', \boldsymbol{\theta}_{-i}) d\tau \\ &= (\theta_i - \theta_i') y_i(\theta_i', \boldsymbol{\theta}_{-i}). \end{aligned}$$

这样，我们有

$$U_i(\theta_i, \boldsymbol{\theta}_{-i}) \geqq U_i(\theta_i', \boldsymbol{\theta}_{-i}) + (\theta_i - \theta_i') y_i(\theta_i', \boldsymbol{\theta}_{-i}) = \theta_i y_i(\theta_i', \boldsymbol{\theta}_{-i}) + t_i(\theta_i', \boldsymbol{\theta}_{-i}).$$

类似地，我们可以推出

$$U_i(\theta_i', \boldsymbol{\theta}_{-i}) \geqq U_i(\theta_i, \boldsymbol{\theta}_{-i}) + (\theta_i' - \theta_i) y_i(\theta_i, \boldsymbol{\theta}_{-i}) = \theta_i' y_i(\theta_i, \boldsymbol{\theta}_{-i}) + t_i(\theta_i, \boldsymbol{\theta}_{-i}).$$

因此，社会选择规则 $(\boldsymbol{y}(\cdot), t_1(\cdot), \cdots, t_n(\cdot))$ 是占优激励相容的。 □

现在推导社会选择规则 $(\boldsymbol{y}(\cdot), t_1(\cdot), \cdots, t_n(\cdot))$ 是贝叶斯激励相容的充分必要条件。当参与人 i 报告类型 $\hat{\theta}_i$，而其他参与人真实显示他们的类型时，记其事中期望消费和事中转移支付分别为 $\bar{y}_i(\hat{\theta}_i) = E_{\boldsymbol{\theta}_{-i}} y_i(\hat{\theta}_i, \boldsymbol{\theta}_{-i})$ 和 $\bar{t}_i(\hat{\theta}_i) = E_{\boldsymbol{\theta}_{-i}} t_i(\hat{\theta}_i, \boldsymbol{\theta}_{-i})$。此时，参与人 i 的事中期望效用为 $\bar{U}_i(\theta_i, \hat{\theta}_i) = \theta_i \bar{y}_i(\hat{\theta}_i) + \bar{t}_i(\hat{\theta}_i)$。

令参与人 i 真实显示 θ_i 时的事中期望效用表示为

$$\bar{U}_i(\theta_i) \equiv \bar{U}_i(\theta_i, \hat{\theta}_i) \mid_{\hat{\theta}_i=\theta_i} = E_{\boldsymbol{\theta}_{-i}} U_i(\boldsymbol{\theta}) = \theta_i \bar{y}_i(\theta_i) + \bar{t}_i(\theta_i).$$

这样，BIC 意味着在事中阶段如实报告是最优的。对函数 $\bar{U}_i(\theta_i)$ 采用上述关于占优激励相容的充分必要条件的同样证明步骤，我们有如下命题。

命题 19.4.2 (贝叶斯激励相容特征化定理) 在私人价值独立分布线性模型中，社会选择规则 $(\boldsymbol{y}(\cdot), t_1(\cdot), \cdots, t_n(\cdot))$ 是贝叶斯激励相容的当且仅当对所有的 $i \in N$，

(1) **[贝叶斯单调性 (BM)]**: 对所有的 $\boldsymbol{\theta}_{-i} \in \boldsymbol{\Theta}_{-i}$，$E_{\boldsymbol{\theta}_{-i}} y_i(\theta_i, \boldsymbol{\theta}_{-i})$ 关于 θ_i 非递减；

(2) **[贝叶斯激励相容一阶条件 (BICFOC)]**:

$$E_{\boldsymbol{\theta}_{-i}} U_i(\theta_i) = E_{\boldsymbol{\theta}_{-i}}[U_i(\underline{\theta}_i, \boldsymbol{\theta}_{-i})] + \int_{\underline{\theta}_i}^{\theta_i} E_{\boldsymbol{\theta}_{-i}} y_i(\tau, \boldsymbol{\theta}_{-i}) d\tau, \forall \theta \in \Theta.$$

上述贝叶斯激励相容特征化定理意味着，对任意两个真实执行了同一决策规则 $y(\cdot)$ 的贝叶斯激励相容机制，它们的事中期望效用为 $E_{\boldsymbol{\theta}_{-i}} U_i(\boldsymbol{\theta})$，从而转移支付 $E_{\boldsymbol{\theta}_{-i}} t_i(\boldsymbol{\theta})$ 仅相差一个常数。

推论 19.4.1 在私人价值独立分布线性模型中，对任意执行了事后帕累托有效决策规则 $\boldsymbol{y}(\cdot)$ 的贝叶斯激励相容机制，均存在着某个 VCG 机制，它们具有同样的事中期望转移支付和效用。

证明：若 $(y(\cdot), t(\cdot))$ 为 BIC 机制，以及 $(y(\cdot), \tilde{t}(\cdot))$ 为 VCG 机制，则根据贝叶斯激励相容特征化定理 (命题 19.4.2)，有 $E_{\boldsymbol{\theta}_{-i}} t_i(\boldsymbol{\theta}) = E_{\boldsymbol{\theta}_{-i}} \tilde{t}_i(\boldsymbol{\theta}) + c_i, \forall \theta_i \in \Theta_i$。令 $\bar{t}_i(\boldsymbol{\theta}) = \tilde{t}_i(\boldsymbol{\theta}) + c_i$，则 $(y(\cdot), \bar{t}(\cdot))$ 也是一个 VCG 机制，且 $E_{\boldsymbol{\theta}_{-i}} \bar{t}_i(\boldsymbol{\theta}) = E_{\boldsymbol{\theta}_{-i}} t_i(\boldsymbol{\theta})$。 □

这样，期望外部性机制事中等价 (interim-equivalent) 于某个 VCG 机制。其优点是对环境中的每一种状态，它保证事后预算平衡。更一般地，若决策规则 $y(\cdot)$ 是按占优策略可真实执行的，则采用不是占优激励相容的贝叶斯激励相容机制的唯一理由是，我们关心的是事后转移支付或效用，而不是它们的事中或事前期望。

19.5 萨特思韦特不可能性定理

在前一章和本章，直到现在，考虑机制设计问题时，我们还没有将机制视作一个合约。如果一个机制是合约，它应是自愿的，那么它就应该满足经济人的参与约束条件。这样，如果我们要将委托–代理理论纳入机制设计理论的分析框架中来，机制就必须同时满足激励相容和参与约束条件。这样，社会选择目标的真实执行不仅要求按占优策略或贝叶斯–纳什占优策略 (取决于我们采用的解概念) 满足激励相容约束条件，而且要随所考察的经济环境满足参与约束条件。

当采用占优策略作为解的概念时，赫维茨的不可能性定理以及 VCG 机制告诉我们，即使对准线性经济环境类，也不存在任何说真话的占优机制 (合约) 能导致帕累托有效配

置。那么，在贝叶斯意义下，若不施加参与约束条件，我们知道，在准线性经济环境下，期望外部性机制可以真实地贝叶斯实现帕累托有效配置。于是，一个相关的问题是，在还需要满足参与约束条件时，将机制视作合约，是否存在可以实现帕累托有效配置的机制？不幸的是，答案是否定的。

将机制视为一份合约引发了如下问题：

- 参与人是否会自愿接受该合约，即参与约束（或称个体理性）条件是否满足？
- 若由某个参与人设计该合约，他将在保证其他参与人参与约束条件满足的情形下最大化其收益。那么最优合约该如何设计呢？

为了分析这些问题，我们需要根据参与约束条件对社会选择规则施加额外限制。这些约束取决于参与人何时从机制中退出以及他们这样做能得到多少收益。令 $\bar{u}_i(\theta_i)$ 是参与人 i 从机制中退出后所能获得的效用 (称为保留效用)。(这意味着当参与人从机制中退出时他将不再关心该机制对其他参与人的影响。) 根据信息显示的时序，我们有三种关于参与约束条件的定义。

定义 19.5.1　我们称社会选择规则 $f(\cdot)$ 为

（1）**事后 (ex post) 个体理性的**，若对所有的 i，均有

$$U_i(\boldsymbol{\theta}) \equiv u_i(f(\boldsymbol{\theta}), \boldsymbol{\theta}_i) \geqq \bar{u}_i(\theta_i), \forall \boldsymbol{\theta} \in \Theta;$$

（2）**事中 (interim) 个体理性的**，若对所有的 i，均有

$$E_{\boldsymbol{\theta}_{-i}}[U_i(\theta_i, \boldsymbol{\theta}_{-i})] \geqq \bar{u}_i(\theta_i), \forall \boldsymbol{\theta}_i \in \Theta_i;$$

（3）**事前 (ex ante) 个体理性的**，若对所有的 i，均有

$$E_{\boldsymbol{\theta}}[U_i(\boldsymbol{\theta})] \geqq E_{\theta_i}[\bar{u}_i(\theta_i)].$$

显然，事后个体理性意味着事中个体理性，而事中个体理性又意味着事前个体理性，但反之并不一定成立。当参与人可以在事后阶段退出机制时，自愿参与约束是最强的。这三种参与约束条件的具体意义如下：

事后个体理性：当参与人可以在结果配置方案公布之后的任一阶段退出时，即事后后悔而可以毁约，采用事后个体理性约束更为恰当。例如，任何分散讨价还价方案都是事后个体理性的。这是最严格的参与约束条件。

事中个体理性：当参与人在知道自身类型 θ_i 之后但在知道其他参与人类型之前可退出时，采用事中个体理性约束假设更为恰当。一旦参与人决定参与到机制中，他就必须接受结果配置方案，也就是愿赌服输。这些约束相对于事后个体理性约束来说更容易满足一些。

事前个体理性：在事前参与约束下，即使参与人也不知道自己的类型，参与人仍然可以承诺接受合约参与进来。这是最容易满足的约束。例如，在拟线性环境下，当机制所产生的期望总剩余为正时，即

$$E_{\boldsymbol{\theta}}\left[\sum_i U_i(\boldsymbol{\theta})\right] \geqq E_{\boldsymbol{\theta}}\left[\sum_i \bar{u}_i(\theta_i)\right],$$

通过转移支付在参与人间重新配置期望效用，则所有参与人的事前个体理性约束条件都满足，且参与人的激励相容约束或者预算平衡条件仍能保持成立。

这样，我们主要考察事中个体理性约束下的激励机制设计问题。我们将进一步说明可真实执行社会选择函数包括参与约束要求会有什么不同的结果。这正是下述重要定理即 Myerson 和 Satterthwaite (1983) 所要考察的内容。

尽管存在帕累托有效机制 (如期望外部性机制)，但尚不清楚这种机制是否可能由经济人之间的私人缔约 (private contracting) 得到。在委托–代理模型中，委托人能提供抽取代理人信息租金的最优合约。这样，这就留下了一个问题，即是否存在一个能导致帕累托有效的缔约/谈判程序呢？在单边信息的委托–代理模型中，若由代理人向没有私人信息的委托人提出合约，则代理人也能抽取所有的剩余，并实现帕累托有效配置结果。我们在上一章已经知道如果一个参与人的类型已经知道，则预算平衡满足，从而 VCG 机制执行了帕累托有效配置。

为了让问题更有意义，现考虑双方都有私人信息的双边情形 (bilateral situation)。罗杰·迈尔森 (Roger B. Myerson，1951— ，其人物小传见 19.10.2 节) 和马克·萨特思韦特 (Mark Satterthwaite) 1983 年证明了，在这种双边私人信息情形下，一般来说并不存在满足双方参与约束的帕累托有效机制。

考虑在两个参与人 (买者 B 和卖者 S) $N=\{S,B\}$ 之间配置某个不可分物品。参与人的类型为 $\theta_i\in\Theta_i=[\underline{\theta}_i,\overline{\theta}_i]\subseteq\mathcal{R}$，其中 $\theta_i\sim\varphi_i(\cdot)$ 相互独立，且对所有的 $\theta_i\in\Theta_i$，均有 $\varphi_i(\cdot)>0$。令 $y\in\{0,1\}$ 表示 B 是否获得该物品。社会选择规则为 $f(\boldsymbol{\theta})=(y(\boldsymbol{\theta}),t_1(\boldsymbol{\theta}),t_2(\boldsymbol{\theta}))$。则他们的效用可写为

$$u_B(y,\theta_B)=\theta_B y+t_B,$$

$$u_S(y,\theta_S)=-\theta_S y+t_S.$$

很容易看出，导致了总剩余有效决策规则 $y(\boldsymbol{\theta})$ 必然满足：

$$y(\theta_B,\theta_S)=\begin{cases}1, & 若\ \ \theta_B>\theta_S,\\ 0, & 若\ \ \theta_B\leqq\theta_S.\end{cases}$$

假定采用期望外部性机制按贝叶斯–纳什均衡来真实执行有效决策规则并保证事后预算平衡。然而，若我们要求同时满足事中个体理性约束，则以下条件必须成立：

$$E_{\theta_S}[\theta_B y(\theta_B,\theta_S)+t_B(\theta_B,\theta_S)]\geqq 0,$$

$$E_{\theta_B}[-\theta_S y(\theta_B,\theta_S)+t_S(\theta_B,\theta_S)]\geqq 0.$$

对预算平衡，将事后预算平衡放松为事前预算平衡，有：

$$E_{\boldsymbol{\theta}}[t_B(\theta_B,\theta_S)+t_S(\theta_B,\theta_S)]\leqq 0.$$

不像事后预算平衡，事前预算平衡意味着可以有借贷，只要平均来说有预算平衡 (尽

管事中或者事后预算可能并不是平衡的) 即可，这意味着可以有剩余，但期望总剩余不能为负。

即便放松为事前预算平衡，我们仍有下面不可能性结果。

定理 19.5.1 (迈尔森–萨特思韦特定理，1983) 对以上设定的双边私人信息交易环境，假定经济人类型 $\theta_i \sim \varphi_i(\cdot)$ 相互独立。若 $(\underline{\theta}_B, \bar{\theta}_B) \cap (\underline{\theta}_S, \bar{\theta}_S) \neq \varnothing$ (从交易中可能获利，但具体类型不能确定)，则不存在同时满足事前预算平衡和事中个体理性约束的贝叶斯激励相容社会选择规则。

证明： 先考虑情形 $[\underline{\theta}_B, \bar{\theta}_B] = [\underline{\theta}_S, \bar{\theta}_S] = [\underline{\theta}, \bar{\theta}]$。根据推论 19.4.1，我们知道，对线性模型和任意真实执行了事后帕累托有效决策规则 $y(\cdot)$ 的贝叶斯激励相容机制，都存在着某个 VCG 机制，它具有同样的事中期望转移支付和效用。我们不妨考虑 VCG 机制。若这种机制满足事前预算平衡和事中个体理性约束，则它具有下面的形式

$$
\begin{aligned}
t_B(\theta_B, \theta_S) &= -\theta_S y(\theta_B, \theta_S) + d_B(\theta_S), \\
t_S(\theta_B, \theta_S) &= \theta_B y(\theta_B, \theta_S) + d_S(\theta_B).
\end{aligned}
$$

根据 B 类型为 $\underline{\theta}$ 的事中个体理性约束 $E_{\theta_S}[\underline{\theta}_B y(\underline{\theta}_B, \theta_S) + t_B(\underline{\theta}_B, \theta_S)] \geqq 0$ 以及 $y(\underline{\theta}, \theta_S) = 0$ 概率为 1 的事实，我们必有 $E_{\theta_S} d_B(\theta_S) \geqq 0$。类似地，根据 S 类型为 $\bar{\theta}$ 的事中个体理性约束 $E_{\theta_B}[-\bar{\theta}_S y(\theta_B, \bar{\theta}_S) + t_S(\theta_B, \bar{\theta}_S)] \geqq 0$ 以及 $y(\theta_B, \bar{\theta}) = 0$ 概率为 1 的事实，我们必有 $E_{\theta_B} d_S(\theta_B) \geqq 0$。将这些转移支付相加，并注意 $\Pr(\theta_B > \theta_S) > 0$，于是有

$$
\begin{aligned}
E_{\boldsymbol{\theta}}[t_B(\theta_B, \theta_S) + t_S(\theta_B, \theta_S)] &= E_{\boldsymbol{\theta}}[(\theta_B - \theta_S) y(\theta_B, \theta_S)] + E_{\theta_S}[d_B(\theta_S)] + E_{\theta_B}[d_S(\theta_B)]. \\
&\geqq E_{\boldsymbol{\theta}}[\max\{\theta_B - \theta_S, 0\}] > 0,
\end{aligned}
$$

从而事前预算平衡不成立，与假设矛盾。

现考虑一般情形。令 $(\underline{\theta}, \bar{\theta}) = (\underline{\theta}_B, \bar{\theta}_B) \cap (\underline{\theta}_S, \bar{\theta}_S)$，注意到每一参与人任意大于 $\bar{\theta}$ 的 [或小于 $\underline{\theta}$ 的] 类型都具有相同的交易，因此他们的转移支付必然与该参与人 $\bar{\theta}$[或 $\underline{\theta}$] 的类型相同。从而，其支付与 $\underline{\theta}$ 和 $\bar{\theta}$ 的相同，就好像这两个参与人的价值都分布在 $[\underline{\theta}, \bar{\theta}]$ 上。定理得以证明。 □

上述证明的直觉很简单：在 VCG 机制中，为了诱导参与人真实显示其类型，每个参与人都必须是社会剩余的索求者 (因为他的期望效用是所有参与人期望效用之和再加上一个常数)。这意味着一旦交易实现，则买者支付给卖者在该物品上花费的成本，而卖者获得买者对该物品的价值。为了保证最低价值的买者和最高成本的卖者的事中个体理性约束成立，对参与人的额外支付必然是非负的。因此，每个经济人的效用必须至少等于社会剩余。在按贝叶斯–纳什均衡真实执行时，参与人获得的期望效用与 VCG 机制中所获得的相同，因此每个参与人的期望效用必然至少等于期望社会剩余。但这是不可能做到的，除非注入数量为期望社会剩余的资金时才可能达到，但由此破坏了预算平衡。

定理的解释： 应该由谁在经济人的事中个体理性约束下设计最大化期望社会剩余的机制呢？

- 参与人在事前阶段设计机制，此时他们将面对事前而非事中个体理性约束，而这种约束容易满足。例如，如前所述，在拟线性环境下，当机制 (如期望外部性机制) 所产生的期望总剩余为正，即 $E_{\boldsymbol{\theta}}[\sum_i U_i(\boldsymbol{\theta})] \geqq E_{\boldsymbol{\theta}}[\sum_i \hat{u}_i(\theta_i)]$ 时，通过转移支付在参与人间重新配置期望效用，则所有参与人的事前个体理性约束条件都满足，且参与人的激励相容约束或者预算平衡条件仍能保持成立。
- 某个参与人不存在私人信息，即他的类型空间只包含一个元素，但这种假设现实吗？
- 由某个无私、公正的中间人在事中阶段设计机制，但这样的中间人是否存在呢？
- 由某个参与人在事中阶段设计机制，此时他对有效性可能不感兴趣，而只对最大化其自身收益感兴趣，从而不能形成激励相容。

上述结果更好的解释是将其解释为分散讨价还价方案效率的上界。事实上，任意这样的方案都可以被视作一个合约，从而需满足事中个体理性约束 (实际上，甚至是事后个体理性约束) 和最大化自身的收益，有效性还需要事前预算平衡 (实际上，甚至是事后预算平衡)。该定理说明，在这种情形下，分散讨价还价 (议价) 不可能产生有效结果。用科斯定理的话来说就是，私人信息产生了“交易成本” (transaction cost)。

Cramton，Gibbons 和 Klemperer (1987) 证明，当物品可分且最开始由双方共同持有时，若初始所有权配置充分均等 (比如，合办企业或做生意，每人的股份均等)，则有效配置有可能达到。例如，假设在最开始时买方持有的物品份额为 $\hat{y} \in [0,1]$，则当 $\hat{y}$ 充分接近 1/2 时配置是有效的。因此，当双方形成合约关系时，双方将选择恰当的初始份额以消除因合约解除所带来的无效性。这一结果还可以被用来研究最优初始产权配置，但它没有解释产权为什么重要。这即是说，源于产权的事中个体理性约束只会损害模型中的双方。例如，双方可通过签订一份指定 AGV 机制且不允许在事中阶段退出的事前签订的合约来达到完全有效性。这样，我们必须对制定复杂机制的困难性引起充分重视，如重视采用 AGV 这样的机制来解释为什么双方要寻求有助于有效再谈判的帕累托有效产权配置的困难性，而不是简单地假定事前制定一个不允许随后退出或再谈判的有效机制。

19.6 多代理人情形下的最优合约设计

在第 16 章，我们讨论了只有单个代理人的最优合约设计。现在我们讨论具有连续类型多代理人的最优合约设计，同样可得到一般不存在最佳合约的类似结果。

考虑委托人（卖方）与拥有私人信息的 n 个代理人（买方）签订合约的情形。卖家通常会筛选不同类型的买家，即诱导他们选择不同的消费束。假设单位生产成本为 c。对于每个代理人 i，假设 θ_i 是定义在区间 $\Theta_i = [\underline{\theta}_i, \overline{\theta}_i]$ 上的独立随机变量，其密度函数为 f_i（分布函数记为 F_i）。根据显示原则，我们可将分析限制在直接显示机制 $\{(q_i(\boldsymbol{\theta}), T(\boldsymbol{\theta})_i)\}$ 的讨论上。

假设买者的效用为

$$U_i(\boldsymbol{\theta}) = \theta_i v_i(q_i(\boldsymbol{\theta})) + t_i(\boldsymbol{\theta}).$$

委托人（卖方）的问题是最大化其总和期望收益:

$$\begin{aligned}\Pi &= \sum_{i=1}^{n} E_{\boldsymbol{\theta}}(-t_i(\boldsymbol{\theta}) - cq_i(\boldsymbol{\theta}))f_i(\theta_i) \\ &= \sum_{i=1}^{n} E_{\boldsymbol{\theta}}[\theta_i v_i(q_i(\boldsymbol{\theta})) - cq_i(\boldsymbol{\theta}) - U_i(\boldsymbol{\theta})] \\ &= \sum_{i=1}^{n} E_{\boldsymbol{\theta}}[\theta_i v_i(q_i(\boldsymbol{\theta})) - cq_i(\boldsymbol{\theta})] - \sum_{i} E_{\theta_i} E_{\boldsymbol{\theta}_{-i}}[U_i(\boldsymbol{\theta})], \end{aligned} \tag{19.8}$$

其解需要满足事中激励相容和事中参与约束:

$$E_{\theta_i} U_i(\boldsymbol{\theta}) \geqq E_{\theta_i} U_i(\hat{\theta}_i, \boldsymbol{\theta}_{-i}),\ \forall \boldsymbol{\theta} \in \Theta, \forall \theta_i \in \Theta_i \text{对所有} i; \tag{19.9}$$

$$E_{\theta_i} U_i(\boldsymbol{\theta}) \geqq 0, \quad \forall \theta_i \in \Theta_i, \forall i. \tag{19.10}$$

从式 (19.8) 中我们可看出，委托人的总和期望收益等于总剩余减去所有代理人的事中期望信息租金。

由命题 19.4.2（贝叶斯激励相容特征化定理），买者的事中期望效用必定满足

$$E_{\boldsymbol{\theta}_{-i}}[U_i(\theta_i, \boldsymbol{\theta}_{-i})] = E_{\boldsymbol{\theta}_{-i}}[U_i(\underline{\theta}_i, \boldsymbol{\theta}_{-i})] + \int_{\underline{\theta}_i}^{\theta_i} E_{\boldsymbol{\theta}_{-i}} v_i(q_i(\tau, \boldsymbol{\theta}_{-i})) d\tau, \forall \theta_i \in \Theta_i. \tag{19.11}$$

同前面的讨论一样，委托人将选择最优支付，使得买者在最低价值时的事中期望效用为 0，即

$$E_{\boldsymbol{\theta}_{-i}}[U_i(\underline{\theta}_i, \boldsymbol{\theta}_{-i})] = 0, \forall i.$$

对式 (19.11) 分部积分，买者 i 的期望信息租金可写为

$$E_{\theta_i} E_{\boldsymbol{\theta}_{-i}} \left[\frac{1 - F_i(\theta_i)}{f_i(\theta_i)} y_i(\boldsymbol{\theta})\right].$$

将其代入卖者的收益式中，我们有

$$E_{\boldsymbol{\theta}} \sum_{i=1}^{n} \left[\left(\theta_i - \frac{1 - F_i(\theta_i)}{f_i(\theta_i)}\right) v_i(q_i(\boldsymbol{\theta})) - cq_i(\boldsymbol{\theta})\right].$$

卖者的事中参与约束要求

$$E_{\boldsymbol{\theta}_{-i}}[U_i(\underline{\theta}_i, \boldsymbol{\theta}_{-i})] \geqq 0, \forall i.$$

令

$$\nu_i(\theta_i) = \theta_i - \frac{1 - F(\theta_i)}{f(\theta_i)},$$

表示卖者 i 的**虚拟价值函数**。可以看出，只要风险率 $h_i(\theta_i) = \dfrac{f(\theta_i)}{1 - F(\theta_i)}$ 非减，单调性条件就成立。

卖者的最优合约问题于是可写为:

$$\max_{\{q_i(\boldsymbol{\theta})\}} E_{\boldsymbol{\theta}} \sum_{i=1}^{n} [\nu_i(\theta_i) v_i(q_i(\boldsymbol{\theta})) - cq_i(\boldsymbol{\theta})], \tag{19.12}$$

$$\text{s.t.} \quad E_{\boldsymbol{\theta}_{-i}} v_i(q_i(\theta_i, \boldsymbol{\theta}_{-i})) \text{ 关于 } \theta_i \text{ 非减}, \ \forall i \geqq 1 \ \ (\text{BM}). \tag{19.13}$$

这样，只要每个买者 i 的虚拟价值函数 $\nu_i(\theta_i)$ 是非减的，如风险率

$$h_i(\theta_i) = \frac{f_i(\theta_i)}{1 - F_i(\theta_i)}$$

是非减的，则贝叶斯单调约束成立。

于是，最优合约可由下面的一阶条件完全特征化：

$$\nu_i(\theta_i) v_i'(q_i(\boldsymbol{\theta})) = c, \ \forall i. \tag{19.14}$$

于是我们得到和单个代理人情形下同样的结论：对于最高类型的 $\theta_i = \bar{\theta}_i$ 的买者，没有消费扭曲，从而是有效消费，而对于其他类型的 $\theta_i < \bar{\theta}_i$ 的买者，有向下的消费扭曲，从而导致次佳结果。直觉上，由于卖方（委托人）无法抽取买方的所有信息租金，委托人将采用虚拟价值，而不是参与人的真实价值。由于卖者需要给予买者一定的信息租金，代理人的虚拟价值低于其真实价值，从而委托人无法抽取这些信息租金。

第19章

同时，由占优激励相容特征化定理（命题 19.4.1）及推论 19.4.1，最优配置规则不仅按贝叶斯–纳什均衡可真实执行，而且可按占优策略均衡真实执行。我们还可通过对占优激励相容一阶条件积分得到占优激励相容的 VCG 机制的转移支付形式。

类似地，若虚拟估值函数不是单调递增，贝叶斯单调性可能不成立，这时可以用第 16 章讨论的熨平方法来识别其紧致区域。

19.7 类型相关与 Cremer-McLean 完全剩余抽取定理

前面关于多个代理人最优合约设计的结果表明，通常情况下无法通过最优合约设计实现最佳（社会有效的）结果。然而，当经济人的类型相关时，可以实现最佳结果。

不完全信息下最优合约设计的一个中心主题是关注经济人对信息租金获取的能力。无论是对现实的随机观测还是经济学直觉都告诉我们，私人信息的存在会让委托人不得不赋予参与人一定的正信息租金。不过，若私人信息是相关的，以上直觉和结论也许都不成立了。这就是 Cremer 和 McLean (1988) 一文的完全剩余抽取定理所给出的基本思想和结论。这个定理证明了，当私人信息是相关的时，作为机制设计者的委托人，通过检查经济人所报的信息并对此进行印证，就可以抽取所有参与人的信息租金，从而得到最佳配置结果，这一结论被称为 Cremer-McLean 完全剩余抽取定理 (Cremer-McLean full surplus extraction theorem)。这一结论有很多应用，在拍卖理论中，比如利用 Cremer-McLean 定理，对相互依赖价值经济环境，拍卖人仍然可以设计导致了最佳配置的拍卖机制。Cremer-McLean 完全剩余抽取定理几乎对任意程度的相关类型和相互依赖价值模型都成立，是可执行的。

假设有 n 个参与人，每个参与人的类型是离散的，$\theta_i \in \Theta_i \equiv \{\theta_i^1, \theta_i^2, \cdots, \theta_i^{k_i}\}, \forall i \in N = \{1, \cdots, n\}$，其效用函数是具有拟线性的私人价值类型，即 $U_i(\boldsymbol{y}, \boldsymbol{t}, \theta_i) = v_i(\boldsymbol{y}, \theta_i) + t_i$。假设参与人的类型是相关的，所有参与人的类型向量 $\boldsymbol{\theta}$ 的概率密度函数为 $\pi(\boldsymbol{\theta})$，参与人 i 在自身类型为 θ_i 下对其他参与人的类型信念分布为：

$$\pi_i(\boldsymbol{\theta}_{-i}|\theta_i) = \frac{\pi(\boldsymbol{\theta})}{\sum\limits_{\boldsymbol{\theta}'_{-i}\in\Theta_{-i}} \pi(\boldsymbol{\theta}'_{-i}, \theta_i)}$$

对于每个参与人 i，建立矩阵 Π_i，其元素为 $\pi_i(\boldsymbol{\theta}_{-i}|\theta_i)$，矩阵 Π_i 有 k_i 行和 $\prod_{j\neq i} k_j$ 列，每一行表示为给定 θ_i 类型下参与人 i 对其他参与人类型的信念分布。若参与人的类型是完全独立的，那么每一行都是相同的，此时矩阵 Π_i 的秩为 1。若参与人的类型是相关的，则不同的行所代表的信念是不同的。我们假设 Π_i 是行满秩，这样秩为 k_i，这意味着，在不同的 θ_i 下，参与人对其他人类型的信念分布是有差异的。

下面著名的 Cremer-McLean 完全剩余抽取定理证明了，即使在占优激励相容的限制下，委托人也可以抽取所有剩余。其证明思路很简单，首先取任意一个有效和占优激励相容机制 (比如 VCG 机制)，然后任意这样的有效占优激励相容机制都对应一个使得每个参与人的事中个体理性约束紧致，从而信息租金为零的最佳占优激励相容机制，进而真实执行了最佳结果。

定理 19.7.1 (Cremer-McLean 完全剩余抽取定理)　假定私人价值下的参与人类型相关，其信息矩阵是行满秩，则对任意占优激励相容且有效的社会选择规则 $(y(\cdot), t_1(\cdot), \cdots, t_n(\cdot))$，都存在另外一个占优激励相容和有效社会选择规则 $(y(\cdot), \tilde{t}_1(\cdot), \ldots, \tilde{t}_n(\cdot))$，使得事中个体理性约束是紧致的，从而最佳 (first best) 结果是可执行的。

证明： 对任意的占优激励相容社会选择规则 $(y(\cdot), t_1(\cdot), t_2(\cdot))$，参与人 i 的信号为 θ_i 时在均衡处的事中期望效用可以写为：

$$\bar{U}_i(\theta_i) = \sum_{\boldsymbol{\theta}_{-i}} \pi_i(\boldsymbol{\theta}_{-i}|\theta_i)[u_i(\boldsymbol{y}(\boldsymbol{\theta}), \theta_i) + t_i(\boldsymbol{\theta})].$$

记 $\bar{u}_i^* = [\bar{U}(\theta_i^1), \bar{U}(\theta_i^2), \cdots, \bar{U}(\theta_i^{k_i})]'$。由于 Π_i 是行满秩的，因此存在一个 $\prod_{j\neq i} k_j$ 阶列向量 $c_i = (c_i(\boldsymbol{\theta}_{-i}))_{\boldsymbol{\theta}_{-i}\in\boldsymbol{\Theta}_{-i}}$，使得：

$$\Pi_i c_i' = -\bar{u}_i^*,$$

即对于 $\forall\theta_i$，都有：

$$\bar{U}_i(\theta_i) + \sum_{\boldsymbol{\theta}_{-i}} \pi_i(\boldsymbol{\theta}_{-i}|\theta_i) c_i(\boldsymbol{\theta}_{-i}) = 0.$$

为了保证 i 的事中个体理性约束是紧致的，构造如下形式的转移支付：

$$\tilde{t}_i(\boldsymbol{\theta}) = t_i(\boldsymbol{\theta}) + c_i(\boldsymbol{\theta}_{-i}).$$

构造一个新的机制，我们称之为 Cremer-McLean 机制：

$$(\boldsymbol{y}(\boldsymbol{\theta}), \tilde{t}_i(\cdot)) = (\boldsymbol{y}(\boldsymbol{\theta}), t_i(\boldsymbol{\theta}) + c_i(\boldsymbol{\theta}_{-i}), \forall i \in N).$$

由于 $c_i(\boldsymbol{\theta}_{-i})$ 与参与人的类型 θ_i 无关，调整后的 Cremer-McLean 机制仍然具有占优激励相容和有效的特性。但在 Cremer-McLean 机制下，参与人 i 在均衡处的事中期望效用却成为：

$$\begin{aligned}\bar{V}_i(\theta_i) &= \sum_{\boldsymbol{\theta}_{-i}} \pi_i(\boldsymbol{\theta}_{-i}|\theta_i)[u_i(\boldsymbol{y}(\boldsymbol{\theta}),\theta_i)+\tilde{t}_i(\boldsymbol{\theta})]\\ &= \sum_{\boldsymbol{\theta}_{-i}} \pi_i(\boldsymbol{\theta}_{-i}|\theta_i)[u_i(\boldsymbol{y}(\boldsymbol{\theta}),\theta_i)+t_i(\boldsymbol{\theta})+c_i(\boldsymbol{\theta}_{-i})]\\ &= \bar{U}_i(\theta_i)+\sum_{\boldsymbol{\theta}_{-i}} \pi_i(\boldsymbol{\theta}_{-i}|\theta_i)c_i(\boldsymbol{\theta}_{-i})\\ &= 0.\end{aligned}$$

这样，所有参与人的事中个体理性约束都是紧致的，机制设计者获得了所有的剩余。特别地，委托人可以通过使用 VCG 机制和从代理人那里抽取所有剩余来达到最佳。 □

以上 Cremer-McLean 完全剩余抽取定理是针对私人价值模型而言的。事实上，对相互依赖价值模型，Cremer-McLean 完全剩余抽取定理仍然成立。尽管 VCG 机制对相互依赖价值模型不是占优激励相容机制，但修改后广义 VCG 机制却是占优激励相容机制。我们将在第 21 章关于相互依赖价值拍卖机制的讨论中，给出这样的广义 VCG 机制，并证明 Cremer-McLean 完全剩余抽取定理仍然成立。

需要指出的是，Cremer-McLean 完全剩余抽取定理的成立除了依赖于拟线性效用函数和无限责任外，还依赖于经济人没有共谋这一隐含假设，否则有可能不成立。对具有两人的公共品经济环境类，Laffont 和 Martimort (1997, 2000) 证明了设计出共谋防范/无需共谋机制 (collusion-proof mechanism) 是有成本的，必须放弃一些信息租金给经济人。委托人不可能找到任何共谋防范机制，可以从代理人那里抽取所有剩余来达到最佳，也就是不存在最佳共谋防范机制，最好的结果是只有次佳的共谋防范机制。

Laffont 和 Martimort (1997, 2000) 关于共谋防范有成本的结果依赖于二人经济这一假设。Che 和 Kim(2006) 发展了一个研究一般共谋防范机制的模型。他们证明，当经济人的个数大于 2 时，对一般的经济环境类，都可以设计出无成本的避免操纵信息和套利的共谋防范机制：对类型不相关的环境类，仍然有次佳机制；对类型相关的环境类，仍然有最佳机制，即 Cremer-McLean 完全剩余抽取定理成立。不过，Che 和 Kim(2006) 的结果对只有两人的私人品环境类不成立。著者在 Meng，Tian 和 Yang (2017) 一文中证明了，对两人的私人品的经济环境，类型是正相关还是负相关对 Cremer-McLean 完全剩余抽取定理是否成立的影响差异重大。我们的发现是，当经济人的类型负相关时，共谋防范可以是无成本的，也就是 Cremer-McLean 完全剩余抽取定理在类型负相关情形下仍然成立。然而，当经济人的类型正相关时，共谋防范是有成本的，从而 Cremer-McLean 完全剩余抽取定理不再成立。

19.8 贝叶斯执行的刻画

本章至此考虑的都是私人价值经济环境，并假设社会选择集只是社会选择函数。本节考察在一般经济环境类 (如容许相互依赖价值经济环境类) 下的任意一个社会选择集 $\hat{F}$ 贝叶斯可完全执行的充分必要条件。

假定参与人 i 的效用函数是参数化的相互依赖价值函数，记为 $u_i(x,\boldsymbol{\theta})$，这里 $x \in Z$，$\theta \in \Theta$。所有参与人和机制设计者都知道效用类型束 $\boldsymbol{\theta} = (\theta_1, \cdots, \theta_n)$ 在先验集 $\Theta = \prod_{i \in N} \Theta_i$ 上按概率密度函数 $\varphi(\boldsymbol{\theta})$ 分布，因而是共同知识。

令 $X = \{x : \Theta \to A\}$ 表示所有可能的可行结果规则，令 $\hat{F} \subseteq X$ 表示社会选择集，它是一个社会选择函数的集合 $\hat{F} = \{f_1, f_2, \cdots\}$。当社会选择集只包含一个元素 $\hat{F} = \{f\}$ 时，则成为社会选择函数，记为 f。我们下面将看到，一个社会选择函数的集合 $\hat{F}$ 一般不同于上一章讨论的社会选择对应，除非每一种状态 $\boldsymbol{\theta} \in \Theta$ 都是共同知识事件 (所有参与人的信息集都只包含一种状态，成为完全信息经济环境)，且社会选择集满足后面要定义的封闭性。

给定一个机制 $\langle M, h \rangle$，像纳什执行一样，贝叶斯执行也涉及 $\hat{F}$ 和 $\mathcal{B}(\Gamma)$ 这两个集合的蕴含关系。

定义 19.8.1　称机制 $\Gamma = \langle M, h \rangle$ **完全贝叶斯执行了社会选择集** $\hat{F}$，若

(i) 对每个社会选择函数 $f \in \hat{F}$，均存在一个贝叶斯–纳什均衡 $\boldsymbol{m}^*$，使得 $h(\boldsymbol{m}^*) = f(\cdot)$；

(ii) 若 $\boldsymbol{m}^*$ 是一个贝叶斯–纳什均衡，则 $h(\boldsymbol{m}^*) \in \hat{F}$。

若这样的机制存在，我们称 $\hat{F}$ 是**完全贝叶斯可执行的**。

定义 19.8.2　称机制 $\Gamma = \langle M, h \rangle$ **贝叶斯执行了社会选择集** $\hat{F}$，若对任意一个贝叶斯–纳什均衡 $\boldsymbol{m}^*$，所导致的均衡结果 $h(\boldsymbol{m}^*) \in \hat{F}$，即条件 (ii) 满足。

若这样的机制存在，我们称 $\hat{F}$ 是**贝叶斯可执行的**。当 $\hat{F}$ 只包含一个社会选择函数时，以上定义成为本章开头给出的社会选择函数贝叶斯可执行的定义，并且完全贝叶斯执行和贝叶斯执行相同。

定义 19.8.3　称机制 $\Gamma = \langle M, h \rangle$ **部分贝叶斯执行了社会选择集** $\hat{F}$，若对每个社会选择函数 $f \in \hat{F}$，均存在一个贝叶斯–纳什均衡 $\boldsymbol{m}^*$，使得 $h(\boldsymbol{m}^*) = f(\cdot)$，即条件 (i) 满足。

若这样的机制存在，我们称 $\hat{F}$ 是**贝叶斯可部分执行的**。之所以称之为可部分执行，是由于也许存在其他贝叶斯–纳什均衡，所导致的结果不属于社会选择集。

像所有在其他解下的执行问题一样，贝叶斯完全执行性涉及两个问题：条件 (i) 要求寻找一个机制使得在社会选择集 $\hat{F}$ 中的任何社会选择函数都是某个贝叶斯–纳什均衡下的结果。而条件 (ii) 则要求所有贝叶斯–纳什均衡结果都是社会选择集 $\hat{F}$ 中的某个社会选择函数。对贝叶斯–纳什执行而言，一个主要的麻烦在于存在多重均衡，多重均衡是贝叶斯实施中的难点问题。于是，我们需要对社会选择集给出条件，使得存在一个机制，它的所有贝叶斯–纳什均衡结果都是社会选择集 $\hat{F}$ 中的某个社会选择函数。

下面我们先给出一个例子 (来自 Palfrey 和 Srivastava(1989a)) 来说明，对社会选择函数来说，贝叶斯均衡的多重性问题是如何影响贝叶斯执行的。

例 19.8.1　考虑一个由两个人构成的交换经济，经济中有两个物品 1 和 2。参与人 1 有两个可能的偏好 θ_1 和 θ_1'，参与人 2 只有一个偏好 θ_2。参与人 1 的偏好是他的私人信

息。在偏好类型组合 $\boldsymbol{\theta}=(\theta_1,\theta_2)$ 下的帕累托配置结果是 $x(\boldsymbol{\theta})$，在 $\boldsymbol{\theta}'=(\theta_1',\theta_2)$ 下的帕累托配置结果是 $x(\boldsymbol{\theta}')$，见图 19.1。在上面的两个配置 $x(\boldsymbol{\theta})$ 和 $x(\boldsymbol{\theta}')$ 中，θ_1 类型的参与人 1 更喜欢配置 $x(\boldsymbol{\theta})$，而对于 θ_1' 类型的参与人 1，上面两个配置是无差异的，但 θ_2 类型的参与人 2 更喜欢配置 $x(\boldsymbol{\theta}')$。考虑社会选择规则 $f(\boldsymbol{\theta})=x(\boldsymbol{\theta})$ 和 $f(\boldsymbol{\theta}')=x(\boldsymbol{\theta}')$，这一社会选择规则是帕累托有效的。

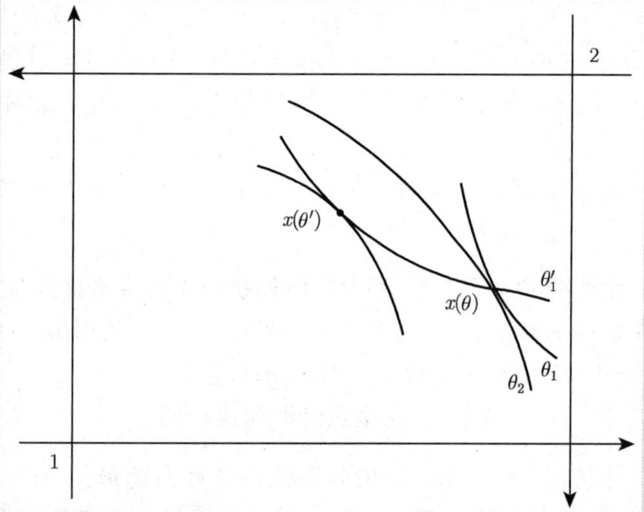

图 19.1　二人交换经济的贝叶斯执行

在上面的交换经济中，考察下面的机制 $\Gamma=(\Theta,h(\cdot),m(\cdot))$：每个参与人 (主要是参与人 1) 报告自己的类型 $M_1=\Theta_1=\{\theta_1,\theta'1\},M_2=\{\theta_2\}$。若报告是 $m=(\theta_1,\theta_2)$，则 $h(\theta_1,\theta_2)=x(\boldsymbol{\theta})$；若报告是 $m=(\theta_1',\theta_2)$，则 $h(\theta_1',\theta_2)=x(\boldsymbol{\theta}')$。这个机制存在着两个贝叶斯均衡：第一个贝叶斯均衡为说真话 $m_1(\tilde{\theta}_1)=\tilde{\theta}_1,\forall\tilde{\theta}_1\in\Theta_1;m_2(\theta_2)=\theta_2$；第二个贝叶斯均衡也许谎报 $m_1(\tilde{\theta}_1)=\theta_1,\forall\tilde{\theta}_1\in\Theta_1;m_2(\theta_2)=\theta_2$。从社会最优角度看，这两个贝叶斯均衡结果并不是一样地合意，当真实的类型是 $\boldsymbol{\theta}'=(\theta_1',\theta_2)$ 时，第二个贝叶斯均衡不是帕累托有效的。这个例子揭示了贝叶斯执行中多重均衡产生的问题。

为了剔除差的贝叶斯均衡结果，考虑下面的间接机制，见表 19.1。

表 19.1　贝叶斯可执行的社会选择规则

		参与人 2	
		θ_2	ρ
参与人 1	θ_1	$x(\boldsymbol{\theta})$	$x(\boldsymbol{\theta}')$
	θ_1'	$x(\boldsymbol{\theta}')$	$x(\boldsymbol{\theta})$

在这个机制中，参与人 2 可以有两种不同的报告 θ_2 和 ρ。若参与人 2 报告 ρ，则有 $h(\theta_1,\rho)=x(\boldsymbol{\theta}')$ 和 $h(\theta_1',\rho)=x(\boldsymbol{\theta})$。在这个间接机制下，$m_1(\tilde{\theta}_1)=\theta_1,\forall\tilde{\theta}_1\in\Theta_1$ 不再是参与人 1 的贝叶斯–纳什均衡策略，否则当参与人 1 报告 θ_1 时，参与人 2 就会选择报告 ρ，

其配置结果为 $x(\boldsymbol{\theta}')$。这是由于对参与人 2 而言，$x(\boldsymbol{\theta}')$ 总是比 $x(\boldsymbol{\theta})$ 要好。当参与人 2 选择 ρ 时，θ_1 类型的参与人 1 应该选择 θ_1'。这样，原有直接机制中的不良均衡被剔除了。

容易求解，这一机制有两个贝叶斯均衡:

均衡 1: $m(\theta_1)=\theta_1, m(\theta_1')=\theta_1', m_2(\theta_2)=\theta_2$，其均衡的配置结果为 $h(\theta_1,\theta_2)=x(\boldsymbol{\theta})$ 和 $h(\theta_1',\theta_2)=x(\boldsymbol{\theta}')$;

均衡 2: $m(\theta_1)=\theta_1', m(\theta_1')=\theta_1, m_2(\theta_2)=\rho$，其均衡的配置结果为 $h(\theta_1,\rho)=x(\boldsymbol{\theta})$ 和 $h(\theta_1',\rho)=x(\boldsymbol{\theta}')$。

尽管这一机制存在两个贝叶斯均衡，但两个贝叶斯均衡的配置结果与社会选择规则结果却是相同的，即在修改后的机制中贝叶斯完全执行了 f。

下面我们证明，在一些技术性条件下，一个社会选择集 $\hat{F}$ 是贝叶斯可完全执行的充分必要条件是：$\hat{F}$ 是贝叶斯激励相容的 (解决了贝叶斯可完全执行性的第一个问题)，且是贝叶斯单调的 (解决了贝叶斯可完全执行性的第二个问题)。我们下面讨论这些条件，我们会看到，贝叶斯单调性与马斯金单调性的定义类似，只是用期望效用函数取代了伯努利效用函数。

下面异常重要的贝叶斯激励相容的概念解决了贝叶斯完全执行涉及的第一个问题。

定义 19.8.4　我们称社会选择集 $\hat{F}$ 是**贝叶斯激励相容的**或**贝叶斯可真实执行的**，若对每一个社会选择函数 $f\in\hat{F}$，说真话，即 $\boldsymbol{m}^*(\boldsymbol{\theta})=\boldsymbol{\theta},\quad \forall\boldsymbol{\theta}\in\Theta$，构成了直接显示机制 $\Gamma=(\Theta,f)$ 的贝叶斯–纳什均衡，即对任意的 $f\in\hat{F}$，都有:

$$E_{\boldsymbol{\theta}_{-i}}[u_i((f(\theta_i,\boldsymbol{\theta}_{-i})),\boldsymbol{\theta})\mid\theta_i]\geqq E_{\boldsymbol{\theta}_{-i}}[u_i((f(\theta'_i,\boldsymbol{\theta}_{-i})),\boldsymbol{\theta})\mid\theta_i],\quad \forall i,\forall\theta_i,\theta'_i\in\Theta_i.$$

于是我们有了贝叶斯可完全执行的第一个必要性条件。

命题 19.8.1　若社会选择集 $\hat{F}$ 是部分贝叶斯可执行 (partially Bayesian implementable) 的，则它满足贝叶斯激励相容条件。

证明：假设机制 $\Gamma=\langle M,h\rangle$ 部分贝叶斯执行了社会选择集 $\hat{F}$。如果某个社会选择函数 $f\in\hat{F}$ 不是贝叶斯激励相容的，则存在 i，以及 $\theta_i,\theta_i'\in\Theta_i$，满足:

$$E_{\boldsymbol{\theta}_{-i}}[u_i((f(\theta_i,\boldsymbol{\theta}_{-i})),\boldsymbol{\theta})\mid\theta_i]<E_{\boldsymbol{\theta}_{-i}}[u_i((f(\theta'_i,\boldsymbol{\theta}_{-i})),\boldsymbol{\theta})\mid\theta_i].\tag{19.15}$$

令 $\boldsymbol{m}\in\mathcal{B}(\Gamma)$ 使得 $h\circ\boldsymbol{m}=f$。当参与人 i 的类型为 θ_i 时，如果他选择信号 $m_i(\theta_i)$，此时他的 (事中) 期望效用为:

$$E_{\boldsymbol{\theta}_{-i}}[u_i((h(m_i(\theta_i),\boldsymbol{m}_{-i}(\boldsymbol{\theta}_{-i}))),\boldsymbol{\theta})\mid\theta_i]=E_{\boldsymbol{\theta}_{-i}}[u_i((f(\theta_i,\boldsymbol{\theta}_{-i})),\boldsymbol{\theta})\mid\theta_i]$$

如果他选择信号 $m_i'=m_i(\theta_i')$，此时他的期望效用为:

$$E_{\boldsymbol{\theta}_{-i}}[u_i((h(m_i(\theta_i'),\boldsymbol{m}_{-i}(\boldsymbol{\theta}_{-i}))),\boldsymbol{\theta})\mid\theta_i]=E_{\boldsymbol{\theta}_{-i}}[u_i((f(\theta_i',\boldsymbol{\theta}_{-i})),\boldsymbol{\theta})\mid\theta_i]$$

根据不等式 (19.15)，此时参与人有动机偏离 $m_i(\theta_i)$，与 $\boldsymbol{m}\in\mathcal{B}(\Gamma)$ 矛盾。　□

接下来，我们考察贝叶斯可完全执行的第二个必要条件，即贝叶斯单调性条件。考虑一个显示机制，参与人 i，以及他的一个策略 $\alpha_i:\Theta_i\to\Theta_i$。如果参与人 i 说真话，意味

第19章

着 $\alpha_i(\theta_i)=\theta_i, \forall\theta_i\in\Theta_i$，否则 α_i 为参与人 i 的**欺骗** (deception) 策略。我们称策略组合 $\boldsymbol{\alpha}(\boldsymbol{\theta})=(\alpha_1(\theta_1),\cdots,\alpha_n(\theta_n))$ 为一个**欺骗**，若至少有一个参与人采取欺骗策略。同时令

$$\boldsymbol{\alpha}_{-i}(\boldsymbol{\theta}_{-i})=(\alpha_1(\theta_1),\cdots,\alpha_{i-1}(\theta_{i-1}),\alpha_{i+1}(\theta_{i+1}),\cdots,\alpha_n(\theta_n)).$$

对于一个社会选择函数 f 和一个欺骗 $\boldsymbol{\alpha}$，$f\circ\boldsymbol{\alpha}$ 表示参与人选择欺骗下所导致的社会选择函数。当社会的状态为 $\boldsymbol{\theta}$ 时，此时的社会选择函数为：$f\circ\boldsymbol{\alpha}(\boldsymbol{\theta})=f(\boldsymbol{\alpha}(\boldsymbol{\theta}))$。对于每个 $\boldsymbol{\theta}'\in\Theta$，定义 $f_{\alpha_i(\theta_i)}(\boldsymbol{\theta}')\equiv f(\alpha_i(\theta_i),\boldsymbol{\theta}'_{-i})$，即只有参与人 i 选择谎话策略时所导致的社会选择函数。

于是有下面类似于马斯金单调性的条件，被称为贝叶斯单调性条件。

定义 19.8.5 (贝叶斯单调性) 一个社会选择集 $\hat{F}$ 满足**贝叶斯单调性**，若对于任意的社会选择函数 $f\in\hat{F}$，以及对于任何使得 $f\circ\boldsymbol{\alpha}\notin\hat{F}$ 的欺骗 $\boldsymbol{\alpha}$，都存在一个参与人 i 和一个函数 $y:\Theta_{-i}\to A$，使得

$$E[u_i(f(\theta_i,\boldsymbol{\theta}_{-i}),\boldsymbol{\theta})|\theta_i]\geqq E[u_i(y(\boldsymbol{\theta}_{-i}),\boldsymbol{\theta})|\theta_i] \tag{19.16}$$

对所有的 $\theta_i\in\Theta_i$ 都成立，同时对某个 θ_i' 使得

第19章

$$E[u_i(f(\theta_i',\boldsymbol{\theta}_{-i}),\boldsymbol{\theta}')|\theta_i']<E[u_i(y(\boldsymbol{\theta}_{-i}),\boldsymbol{\theta}')|\theta_i']. \tag{19.17}$$

贝叶斯单调性实际上是马斯金单调性在不完全信息环境下的变形，它的作用在于避免让不良结果成为贝叶斯–纳什均衡结果。考虑任何一个贝叶斯完全执行了社会选择集 $\hat{F}$ 的机制 $\Gamma=\langle M,h\rangle$，以及一个社会选择函数 $f\in\hat{F}$ 可以被贝叶斯均衡 $\boldsymbol{m}$ 所执行，即对于任意的 $\boldsymbol{\theta}\in\Theta$，都有 $h(\boldsymbol{m}(\boldsymbol{\theta}))=f(\boldsymbol{\theta})$。假设参与人使用了欺骗 $\boldsymbol{\alpha}$，此时策略 $\boldsymbol{m}\circ\boldsymbol{\alpha}$ 会使得执行的结果变为 $f\circ\boldsymbol{\alpha}$。若 $f\circ\boldsymbol{\alpha}\notin\hat{F}$，那么 $\boldsymbol{m}\circ\boldsymbol{\alpha}$ 就不可能是一个贝叶斯均衡。贝叶斯单调性条件中的不等式 (19.17) 排除了 $\boldsymbol{m}\circ\boldsymbol{\alpha}$ 成为贝叶斯–纳什均衡的可能性，而贝叶斯单调性条件中的另外一个不等式 (19.16) 则确保在配置规则为 f 下没有参与人有激励去欺骗。

于是我们有了另外一个关于贝叶斯可完全执行的必要条件：贝叶斯单调性。

命题 19.8.2 若社会选择集 $\hat{F}$ 是贝叶斯可完全执行的，则 $\hat{F}$ 必然满足贝叶斯单调性。

证明： 假设机制 $\Gamma=\langle M,h\rangle$ 贝叶斯完全执行了社会选择集 $\hat{F}$，则对任意一个社会选择函数 $f\in\hat{F}$，都有一个贝叶斯均衡 $\boldsymbol{m}^*$ 使得 $f(\boldsymbol{\theta})=h(\boldsymbol{m}^*(\boldsymbol{\theta})),\forall\boldsymbol{\theta}\in\Theta$。令 $\boldsymbol{\alpha}$ 是一个欺骗，使得 $f\circ\boldsymbol{\alpha}\notin\hat{F}$。考虑策略 $\boldsymbol{m}^*\circ\boldsymbol{\alpha}$，在这一策略下，对于任意 $\boldsymbol{\theta}\in\Theta$，参与人所选择的信号策略组合为 $\boldsymbol{m}^*\circ\boldsymbol{\alpha}(\boldsymbol{\theta})=\boldsymbol{m}^*(\boldsymbol{\alpha}(\boldsymbol{\theta}))$。由于 $f\circ\boldsymbol{\alpha}\notin\hat{F}$，贝叶斯完全执行意味着 $\boldsymbol{m}^*\circ\boldsymbol{\alpha}$ 不是一个贝叶斯–纳什均衡。这意味着：存在一个 $\theta_i'\in\Theta_i$，使得参与人 i 有动机选择某个信号 $m_i'\neq m_i^*(\alpha_i(\theta_i'))$，使得：

$$E[u_i(h(\boldsymbol{m}^*\circ\boldsymbol{\alpha}(\theta_i',\boldsymbol{\theta}_{-i})),(\theta_i',\boldsymbol{\theta}_{-i}))|\theta_i']<E[u_i(h(m_i',\boldsymbol{m}^*_{-i}(\boldsymbol{\alpha}_{-i}(\boldsymbol{\theta}_{-i}))),(\theta_i',\boldsymbol{\theta}_{-i})))|\theta_i]. \tag{19.18}$$

定义函数 $y:\Theta_{-i}\to A$：$y(\boldsymbol{\theta}_{-i})=h(m_i',\boldsymbol{m}^*_{-i}(\boldsymbol{\theta}_{-i}))$，我们有：

$$y(\boldsymbol{\alpha}_{-i}(\boldsymbol{\theta}_{-i}))=h(\boldsymbol{m}^*_{-i}(m_i',\boldsymbol{\alpha}_{-i}(\boldsymbol{\theta}_{-i}))).$$

这样，从上面的不等式 (19.18) 可以推出贝叶斯单调性定义的不等式 (19.17)；而贝叶斯单调性定义的不等式 (19.16)，则来自 f 被 $h \circ \boldsymbol{m}^*$ 贝叶斯完全执行，从而贝叶斯单调性成立。此时对任意的 θ_i，参与人都会诚实披露其信号。 □

除了贝叶斯激励相容性和贝叶斯单调性这两个必要条件，为了使得它们同时也是充分条件，还需要施加一些技术性条件。

对于可完全执行的社会选择集 $\hat{F}$，首先需要满足封闭性 (closure) 这一技术性条件。我们称一个类型空间的子集 $\Theta' \subseteq \Theta$ 为一个**共同知识事件**，若对任意 $\boldsymbol{\theta}' = (\theta'_i, \boldsymbol{\theta}'_{-i}) \in \Theta', \boldsymbol{\theta} = (\theta_i, \boldsymbol{\theta}_{-i}) \notin \Theta'$，都有 $\varphi(\boldsymbol{\theta}'_{-i}|\theta_i) = 0, \forall i$。如果一个参与人不知道真实的状态，那么在所有可能的状态下，都必须预测其他参与人会发什么信号该参与人才能确定发什么信号，所有这样的可能状态的集合构成了所有参与人的共同知识，它们是参与人信号发送博弈的基础前提。对不同的共同知识事件关系的刻画就是下面的封闭性的概念。

定义 19.8.6 (社会选择集的封闭性)　令 Θ_1 和 Θ_2 是 Θ 的任意一个分割，即 $\Theta_1 \bigcap \Theta_2 = \varnothing$，$\Theta_1 \bigcup \Theta_2 = \Theta$。我们称一个社会选择集 $\hat{F}$ 具有封闭性，若对任意 $f_1, f_2 \in \hat{F}$，都存在一个 $f \in \hat{F}$ 满足：$f(\boldsymbol{\theta}) = f_1(\boldsymbol{\theta}), \forall \boldsymbol{\theta} \in \Theta_1; f(\boldsymbol{\theta}) = f_2(\boldsymbol{\theta}), \forall \boldsymbol{\theta} \in \Theta_2$。

如果每一种状态 $\boldsymbol{\theta} \in \Theta$ 都是共同知识事件，则回到了上一章的完全信息的环境，此时满足封闭性的任意社会选择集都是社会选择对应。如果一个社会选择集 $\hat{F}$ 不满足封闭性，比如 $\Theta = \{\boldsymbol{\theta}, \boldsymbol{\theta}'\}$，且每种状态都是共同知识事件，$\hat{F} = \{f_1, f_2\}$ 满足 $f_1(\boldsymbol{\theta}) = f_2(\boldsymbol{\theta}') = a, f_1(\boldsymbol{\theta}') = f_2(\boldsymbol{\theta}) = b, a \neq b$，则社会选择集 $\hat{F}$ 是不可完全执行的。这是因为，如果 $\hat{F}$ 是可完全执行的，我们需要在这两种状态下 a 和 b 都是贝叶斯–纳什均衡结果，然而根据 f_1 和 f_2 的定义，没有任何方式可以确保在这两种不同状态下，执行的结果是不同的。这里我们需要注意社会选择集不等于社会选择对应，即 $\hat{F} \neq F$，其中 $F(\boldsymbol{\theta}) = F(\boldsymbol{\theta}') = \{a, b\}$。

Jackson (1991) 在不完全信息的经济环境下刻画了贝叶斯执行的充分条件，这里先给出不完全信息经济环境的定义。

下面我们来描述在经济环境下贝叶斯执行充分条件的定理。在这之前，我们对经济环境做一个重新表述。

定义 19.8.7　一个环境被称为**经济环境**，若对任意状态 $\boldsymbol{\theta} \in \Theta$，以及任意结果 $y \in Y$，都存在两个不同的参与人 i 和 j，以及两个结果 y_i 和 y_j，使得：

$$u_i(y_i, \boldsymbol{\theta}) > u_i(y, \boldsymbol{\theta})$$

和

$$u_j(y_j, \boldsymbol{\theta}) > u_j(y, \boldsymbol{\theta}).$$

通俗地讲，在不完全信息的经济环境中，对于任意一个社会选择函数和任何一种状态，至少有两个参与人希望改变在这种状态下的社会选择结果，这意味着一个社会结果不会使得所有人都达到偏好的饱和点，如果在私人经济中每个人的效用在所有状态下都是消费品的增函数，那么显然这一条件被满足。同时这一条件在公共品和外部性的环境下都会成立。

下面的定理是由 Jackson (1991) 给出的关于社会选择集的贝叶斯可完全执行的充分条件。尽管贝叶斯可完全执行的证明和纳什可完全执行的证明类似，但要烦琐得多，这里不加证明地给出以下结果，有兴趣的读者可参考原文章。

命题 19.8.3 (贝叶斯执行的充分必要条件) 对一个参与人数 $N \geqq 3$ 的经济环境，假定一个社会选择集 $\hat{F}$ 满足封闭性条件，则 $\hat{F}$ 是贝叶斯可完全执行的当且仅当它满足贝叶斯激励相容性和贝叶斯单调性。

在更一般的环境下，Jackson(1991) 加强了贝叶斯单调性条件，引入了单调性–无否决权 (monotonicity-no-veto-power) 条件，证明了在参与人数超过 2 人的一般环境下，一个社会选择函数如果满足贝叶斯激励相容和单调性–无否决权性，那么它就是贝叶斯可完全执行的。对于二人的环境，Dutta 和 Sen (1994) 给出了社会选择函数贝叶斯可完全执行的充分条件。

人们可类似地考察按照贝叶斯–纳什均衡精炼解下社会选择集的执行及近似贝叶斯执行。Palfrey–Srivastava(1989) 在非劣的贝叶斯–纳什均衡解的假设下证明了，对至少有三个参与人的经济环境类，一个社会选择集是非劣贝叶斯–纳什可执行的充分必要条件是：$\hat{F}$ 是贝叶斯激励相容的。Abreu 和 Mastsushima (1990)，Matsushima (1993)，Duggan (1993)，以及 Tian (1997) 等在各类技术性条件下证明了一个社会选择集是近似贝叶斯可执行的充分必要条件是：这个社会目标是贝叶斯激励相容的。

19.9 事后执行的刻画

前面我们讨论了以贝叶斯–纳什均衡作为解的概念的贝叶斯可执行的机制设计问题。对这一问题讨论的一个基本假设是局中人关于参与人类型分布都是共同知识。然而，施加对类型分布的共同知识对应用却会是一个很大的限制。这是由于，现实中包括机制设计者在内，在不完全信息下，共同知识是难以达到的，如果不是完全达不到的话。Wilson (1989) 在总结博弈论对现实问题分析的效力和局限性时，有一段被广泛引用的话：

> 博弈论在分析具有共同知识的交易规则产生的结果时有很大的优势；而它的不足则恰恰在很大程度上来自对其他特性的共同知识假设，比如某个参与人对其他参与人的偏好或者信息的概率判断等。…… 博弈论的发展取决于对共同知识假设的持续放松，从而能对现实问题提供有用的分析。只有对共同知识假设的弱化才能使得理论更贴近现实。

在机制设计理论的发展中，特别是近年来对拍卖的设计实践中，不少研究者关注一个更稳健的均衡概念，即**事后均衡** (ex post equilibrium)。简单地讲，所谓事后均衡是指，参与人的 (事中) 均衡策略在事后 (即知道了其他人的真实类型后) 都不会有动机改变或反悔。前面我们讨论的私人价值下的占优均衡就是一个特殊的事后均衡，因为在占优策略下，参与人不必考虑其他参与人类型的概率分布，即策略独立于信念。如果参与人的效用函数依赖于其他参与人的类型，此时就需要采用事后均衡的概念。在这一节，我们主要讨论社会选择集 (或函数) 可以被事后执行 (ex post implementation) 的问题。

与前面讨论的纳什执行和贝叶斯执行类似，事后执行也有相对应的激励相容条件和单调性条件。本节讨论事后执行的必要条件和充分条件，其讨论主要参考 Bergemann 和 Morris (2005，2008)。

假设参与人的集合为 $N=\{1,\cdots,n\}$，参与人 i 的类型为 $\theta_i\in\Theta_i$，所有参与人的类型组合为 $\boldsymbol{\theta}\in\Theta$。假设可行结果的集合为 A。参与人 i 的效用函数为 $u_i:A\times\Theta\to\mathcal{R}$，这样参与人 i 的效用依赖于其他参与人的类型，即是相互依赖的。一个社会选择函数记为 f，所有社会选择函数的集合记为 F，一个社会选择集记为 $\hat{F}\subseteq F$。$\Gamma=\langle M_1,\cdots,M_n,h(.)\rangle$ 是一个机制，参与人的信号纯策略为 $m_i:\Theta_i\to M_i$。先引入事后均衡的定义。

定义 19.9.1 (事后均衡)　策略组合 $\boldsymbol{m}^*=(m_1^*,\cdots,m_n^*)$ 是机制 $\Gamma=\langle M_1,\cdots,M_n,h(.)\rangle$ 的一个**事后均衡**，若对任意的 $i\in N$，$\boldsymbol{\theta}\in\Theta$ 及 $m_i\in M_i$，都有：

$$u_i((h(\boldsymbol{m}^*(\theta))),\boldsymbol{\theta})\geqq u_i(h(m_i,\boldsymbol{m}^*_{-i}(\boldsymbol{\theta}_{-i})),\boldsymbol{\theta}).$$

显然，对每一个 $\boldsymbol{\theta}$，每个事后均衡都是一个纳什均衡。同时，对参与人的效用只依赖于自身类型的私人价值经济环境，即 $u_i(h(\boldsymbol{m}(\boldsymbol{\theta})),\boldsymbol{\theta})=u_i(h(\boldsymbol{m}(\boldsymbol{\theta})),\theta_i),\forall i\in N$ 的环境类，上面的事后均衡就是占优均衡。这样，作为一个推论，本节所给出的关于社会选择集事后可完全执行的充分必要条件，在私人价值下也是一个社会选择对应按占优策略可完全执行的充分必要条件。在不完全信息的博弈中，事后均衡具有事后不后悔 (ex post no regret) 的特性，即使参与人知道其他参与人的类型信息，他也不会改变其信号策略。

定义 19.9.2 (完全事后执行)　社会选择集 $\hat{F}$ 是 (纯策略) **可完全事后执行的**，若存在一个机制 $\Gamma=(M_1,\cdots,M_n,h(.))$，使得：

(i) 对任意的社会选择函数 $f\in\hat{F}$，均存在一个事后均衡 $\boldsymbol{m}^*$，满足：

$$h(\boldsymbol{m}^*(\boldsymbol{\theta}))=f(\boldsymbol{\theta}),\quad\forall\boldsymbol{\theta}\in\Theta;$$

(ii) 对任意一个事后均衡 $\boldsymbol{m}^*$，均存在一个社会选择函数 $f\in\hat{F}$，满足：

$$h(\boldsymbol{m}^*(\boldsymbol{\theta}))=f(\boldsymbol{\theta}),\quad\forall\boldsymbol{\theta}\in\Theta.$$

以上执行的定义要求机制均衡与社会选择集的结果完全一致，即完全事后执行，类似地，可以定义事后执行和部分事后执行。

与之前对完全信息的完全纳什执行以及不完全信息的完全贝叶斯执行类似，一个社会选择集具有事后执行，通常需要满足激励相容和单调性条件，下面我们依次介绍事后激励相容 (ex post incentive compatibility) 和事后单调性 (ex post monotonicity)。

定义 19.9.3 (事后激励相容)　社会选择集 $\hat{F}$ 是**事后激励相容的**，若对任意的社会选择函数 $f\in\hat{F}$，$i\in N$，$\boldsymbol{\theta}\in\Theta$，以及 $\theta'_i\in\Theta_i$，都有：

$$u_i(f(\boldsymbol{\theta}),\boldsymbol{\theta})\geqq u_i(f(\theta'_i,\boldsymbol{\theta}_{-i}),\boldsymbol{\theta}).$$

社会选择集 $\hat{F}$ 是**事后严格激励相容的**，若以上不等式严格成立，即对所有的 $i \in N$，$\boldsymbol{\theta} \in \Theta$ 及 $\theta'_i \neq \theta_i$，都有：

$$u_i(f(\boldsymbol{\theta}), \boldsymbol{\theta}) > u_i(f(\theta'_i, \boldsymbol{\theta}_{-i}), \boldsymbol{\theta}).$$

在一个显示机制中，考虑参与人 i 操纵信息，令 $\alpha_i : \Theta_i \to \Theta_i$ 是参与人 i 的一个欺骗，记为 $\alpha_i(\theta_i) \neq \theta_i$，$\boldsymbol{\alpha}(\boldsymbol{\theta})$ 是所有参与人的组成欺骗束。在社会选择函数 f 下，这一欺骗束会使得社会选择的结果为 $f(\boldsymbol{\alpha}(\boldsymbol{\theta})) \neq f(\boldsymbol{\theta})$。下面的事后单调性条件确保，对每个欺骗，都会存在由某个参与人提供的警报，此警报满足激励相容性。

定义 19.9.4 (事后单调性) 社会选择集 $\hat{F}$ 具有**事后单调性**，若对任意的社会选择函数 $f \in \hat{F}$ 及 $f \circ \boldsymbol{\alpha} \notin \hat{F}$ 的欺骗 $\boldsymbol{\alpha}$，都存在一个参与人 $i \in N$ 和一个结果 y，使得：

$$u_i(y, \boldsymbol{\theta}) > u_i(f(\boldsymbol{\alpha}(\boldsymbol{\theta})), \boldsymbol{\theta}), \tag{19.19}$$

且

$$u_i(f(\theta'_i, \boldsymbol{\alpha}_{-i}(\boldsymbol{\theta}_{-i})), (\theta'_i, \boldsymbol{\alpha}_{-i}(\boldsymbol{\theta}_{-i}))) \geqq u_i(y, (\theta'_i, \boldsymbol{\alpha}_{-i}(\boldsymbol{\theta}_{-i}))), \quad \forall \theta'_i \in \Theta_i. \tag{19.20}$$

上面的不等式 (19.19) 意味着当出现欺骗 $\boldsymbol{\alpha}$ 时，存在某个参与人 i，有动机提供警报 y；然而不等式 (19.20) 意味着，这一警报不会出现在没有欺骗的情形下。为方便讨论，我们下面定义一个给定其他参与人类型为 $\boldsymbol{\theta}_{-i}$，参与人 i 在所有类型 $\theta_i \in \Theta_i$ 下都没有意愿提供警报的集合：

$$Y_i^f(\boldsymbol{\theta}_{-i}) \equiv \{y | u_i(y, (\theta'_i, \boldsymbol{\theta}_{-i})) \leqq u_i(f(\theta'_i, \boldsymbol{\theta}_{-i}), (\theta'_i, \boldsymbol{\theta}_{-i})), \forall \theta'_i \in \Theta_i\}. \tag{19.21}$$

上面的不等式 (19.20) 意味着 $y \in Y_i^f(\boldsymbol{\theta}_{-i})$，$Y_i^f(\boldsymbol{\theta}_{-i})$ 被称为**奖励集**，即奖励参与人 i 诚实披露信息，它依赖于社会选择函数 f。同时我们定义一个成功的奖励集：$Y_i^{f*}(\boldsymbol{\theta}_{-i}) = \{y : u_i(y, \boldsymbol{\theta}) > u_i(f(\boldsymbol{\alpha}(\boldsymbol{\theta})), \boldsymbol{\theta})\} \bigcap Y_i^f(\boldsymbol{\theta}_{-i})$，在这个集合下参与人 i 只在欺骗下发警报，从而可以避免一些不好的选择结果。

将事后单调性与马斯金单调性进行比较，好像事后单调性比马斯金单调性要强。因为在事后单调性的定义中，说真话的约束要对所有的 $\theta'_i \in \Theta_i$ 在 $(\theta'_i, \boldsymbol{\alpha}_{-i}(\boldsymbol{\theta}_{-i}))$ 处成立，而马斯金单调性只需要在 $\boldsymbol{\alpha}(\boldsymbol{\theta})$ 处成立。其实不然，这种差异对事后执行和纳什执行不产生影响。正如 Bergemann 和 Morris (2008) 所证明的那样，一般来说，它们没有包含关系。事后单调性既不意味着马斯金单调性，马斯金单调性也不意味着事后单调性。比如，弱帕累托有效配置满足马斯金单调性，但不满足事后单调性；而相互依赖价值下的单一物品拍卖满足事后单调性，但不满足马斯金单调性。然而，对满足单交叉性质的环境类，可以证明，事后单调性和马斯金单调性是等价的。

下面我们讨论完全事后执行的必要条件和充分条件。

定理 19.9.1 (完全事后执行的必要条件) 如果社会选择集 $\hat{F}$ 是可完全事后执行的，那么它必然满足事后激励相容性和事后单调性。

证明： 令 $\Gamma = (M_1, \cdots, M_n; h(.))$ 是可完全事后执行社会选择集 $\hat{F}$ 的机制。给定任意的社会选择函数 $f \in \hat{F}$，根据完全事后可执行性条件，必然存在一个事后均衡 $\boldsymbol{m}^*$，使

得 $f = h \circ \boldsymbol{m}^*$。由于 $\boldsymbol{m}^*$ 是事后均衡，那么对于任意的 $i \in N, \theta'_i \in \Theta_i, \boldsymbol{\theta} \in \Theta$，都有：

$$u_i(h(\boldsymbol{m}^*(\boldsymbol{\theta})), \boldsymbol{\theta}) \geqq u_i(h(m_i^*(\theta'_i), \boldsymbol{m}^*_{-i}(\boldsymbol{\theta}_{-i})), \boldsymbol{\theta}).$$

由于 $f(\boldsymbol{\theta}) = h(\boldsymbol{m}^*(\boldsymbol{\theta})), f(\theta'_i, \boldsymbol{\theta}_{-i}) = h(m_i^*(\theta'_i), \boldsymbol{m}^*_{-i}(\boldsymbol{\theta}_{-i}))$，为此得到 $\hat{F}$ 满足事后激励相容。

考虑任意一个满足 $f \circ \boldsymbol{\alpha} \notin \hat{F}$ 的欺骗 $\boldsymbol{\alpha}$，则 $\boldsymbol{m}^* \circ \boldsymbol{\alpha}$ 必然在某个 $\boldsymbol{\theta}$ 下不是均衡。这意味着，存在 $i \in N$ 和 $m_i \in M_i$，使得：

$$u_i(h(m_i, \boldsymbol{\alpha}_{-i}(\boldsymbol{\theta}_{-i})), \boldsymbol{\theta}) > u_i(h(\boldsymbol{m}^*(\boldsymbol{\alpha}(\boldsymbol{\theta}))), \boldsymbol{\theta}).$$

令 $y \equiv h(m_i, \boldsymbol{\alpha}_{-i}(\boldsymbol{\theta}_{-i}))$，于是得到：

$$u_i(y, \boldsymbol{\theta}) > u_i((h(\boldsymbol{m}^*(\boldsymbol{\alpha}(\boldsymbol{\theta})))), \boldsymbol{\theta}).$$

由于 $\boldsymbol{m}^*$ 是一个事后均衡，同时 $f = h \circ \boldsymbol{m}^*$，从而有：

$$\begin{aligned} u_i(f(\theta'_i, \boldsymbol{\alpha}_{-i}(\boldsymbol{\theta}_{-i})), (\theta'_i, \boldsymbol{\alpha}_{-i}(\boldsymbol{\theta}_{-i}))) &= u_i((h(\boldsymbol{m}^*(\theta'_i, \boldsymbol{\alpha}_{-i}(\boldsymbol{\theta}_{-i}))), (\theta'_i, \boldsymbol{\alpha}_{-i}(\boldsymbol{\theta}_{-i}))) \\ &\geqq u_i(h(m_i, \boldsymbol{m}^*_{-i}(\alpha_{-i}(\boldsymbol{\theta}_{-i}))), (\theta'_i, \boldsymbol{\alpha}_{-i}(\boldsymbol{\theta}_{-i}))) \\ &= u_i(y, (\theta'_i, \boldsymbol{\alpha}_{-i}(\boldsymbol{\theta}_{-i}))). \end{aligned}$$

因此，警报 y 满足参与人 i 的激励相容条件或者 $y \in Y_i^f(\boldsymbol{\alpha}_{-i}(\boldsymbol{\theta}_{-i}))$，同时我们得到 $\hat{F}$ 事后单调性。 □

第19章

Bergemann 和 Morris (2008) 在经济环境 (见定义 19.8.7) 下，同样得到了类似贝叶斯执行的充分条件。

定理 19.9.2 (事后执行的充分条件)　在三人或以上经济环境的社会中，若社会选择集 $\hat{F}$ 满足事后激励相容性和事后单调性，那么它是可事后执行的。

证明： 对于社会选择集 $\hat{F}$，Bergemann 和 Morris (2008) 构造了如下机制来证明完全事后执行。

每个参与人的信息空间的元素为 $m_i = (\theta_i, f_i, z_i, y_i)$，其中 θ_i 是参与人 i 自身的类型信号；f_i 是参与人 i 建议的社会选择函数；z_i 类似在马斯金执行机制中的正整数，不过这里约束 z_i 的范围为 $N = \{1, \cdots, n\}$，y_i 是参与人 i 提出的奖励 (结果)，参与人 i 的信息空间为 $M_i = \Theta_i \times \hat{F} \times N \times Y$，其中 Y 是所有可能的结果集合。有下面的规则：

规则 1： 如果 $\forall i, f_i = f$，那么 $h(\boldsymbol{m}) = f(\boldsymbol{\theta})$。

规则 2： 如果存在一个参与人 j 和一个社会选择规则 $f \in \hat{F}$，满足 $\forall i \neq j$，都有 $f_i = f$，$f_j \neq f$，则如果 $y_j \in Y_j^f(\boldsymbol{\theta}_{-j})$，那么选择 y_j，否则选择 $f(\boldsymbol{\theta})$。

规则 3： 除前面两种情形外，若 $j(z) = \sum_{i=1}^n z_i (mod\, n)$，那么选择结果 $y_{j(z)}$。

下面我们证明完全事后执行的充分性。我们首先把参与人的信息写为：

$$m_i(\theta_i) = (m_i^1(\theta_i), m_i^2(\theta_i), m_i^3(\theta_i), m_i^4(\theta_i)) \in \Theta_i \times \hat{F} \times N \times Y.$$

下面我们分三个步骤来证明。

第一步： 给定任意的 $f \in \hat{F}$，存在事后均衡 $\boldsymbol{m}^*$，使得 $h(\boldsymbol{m}^*(\boldsymbol{\theta})) = f(\boldsymbol{\theta}), \forall \boldsymbol{\theta} \in \Theta$。

考虑以下策略组合 $(m_i^*(\theta_i)=(\theta_i,f,.,.),i\in N)$。根据规则 1，$h(\boldsymbol{m}^*(\boldsymbol{\theta}))=f(\boldsymbol{m}^*(\boldsymbol{\theta}))$。我们证明这个组合是事后均衡。给定其他参与人选择上面的策略 $(m_j^*(\theta_i),j\neq i)$，若参与人 i 偏离策略 $m_i^*(\theta_i)$，选择 $m_i(\theta_i)=(\theta'_i,f_i,.,.)$。当 $y_i\notin Y_i^f(\boldsymbol{\theta}_{-i})$ 时，根据规则 2，社会将选择 $f(\theta'_i,\boldsymbol{\theta}_{-i})$，对参与人 i 来说，其偏离的收益为：

$$u_i(f(\theta'_i,\boldsymbol{\theta}_{-i}),(\theta_i,\boldsymbol{\theta}_{-i}))-u_i(f(\theta_i,\boldsymbol{\theta}_{-i}),(\theta_i,\boldsymbol{\theta}_{-i}))\leqq 0.$$

上面的不等式由事后的激励相容推出，此时参与人没有激励偏离。当 $f_i\neq f$时,$y_i\in Y_i^f(\boldsymbol{\theta}_{-i})$，根据规则 2，社会将选择 y_i，对参与人 i 来说，其偏离的收益为：

$$u_i(y,(\theta_i,\boldsymbol{\theta}_{-i}))-u_i(f(\theta_i,\boldsymbol{\theta}_{-i}),(\theta_i,\boldsymbol{\theta}_{-i}))\leqq 0.$$

上面的不等式由 $Y_i^f(\boldsymbol{\theta}_{-i})$ 的定义式 (19.21) 或者事后单调性的条件 (19.20) 推出。当 $f_i=f$ 时，根据规则 1，参与人的其他信号选择将不会改变社会的选择。

第二步：对任意一个事后均衡 $\boldsymbol{m}^*$，都存在一个社会选择函数 $f\in\hat{F}$，使得 $m_i^{*2}(\theta_i)=f,\forall i\in N,\boldsymbol{\theta}\in\Theta$，则根据社会规则 1，$h\circ\boldsymbol{m}^*=f$。

第19章

反证法：假设在某个事后均衡 $\boldsymbol{m}^*$ 下，对任意 $f\in\hat{F}$，都存在某个 i 和 θ_i，使得 $m_i^{*2}(\theta_i)\neq f$。于是，存在一种状态 $\boldsymbol{\theta}$，使得规则 1 不能适用。

先假设规则 2 可以适用状态 $\boldsymbol{\theta}$，这意味着存在 j 和 f 使得 $f_i=f,i\neq j$。此时对于任意一个自身状态为 θ_i 的参与人 $i\neq j$，在设想其他参与人的状态为 $\boldsymbol{\theta}_{-i}$ 时发送信号 $m_i(.,f_i,z_i,y_i)$，其中 $f_i\neq f,i=\sum_{k=1}^n z_k(mod\, n)$。于是，在规则 2 下可以使得社会选择为 y_i，此时的效用为 $u_i(y_i,\boldsymbol{\theta})$。因此，若 $\boldsymbol{m}^*$ 是一个事后均衡，对任意的 $y\in Y,i\neq j$，必须满足 $u_i(h(\boldsymbol{m}^*(\boldsymbol{\theta})),\boldsymbol{\theta})\geqq u_i(y,\boldsymbol{\theta})$，这与经济环境的条件相矛盾。

现在假设规则 3 可以适用状态 $\boldsymbol{\theta}$，这意味着对于任意一个自身状态为 θ_i 的参与人，在设想其他参与人的状态为 $\boldsymbol{\theta}_{-i}$ 时发送信号 $m_i(.,f_i,z_i,y_i)$，其中 $i=\sum_{k=1}^n z_k(mod\, n)$。则在规则 3 下可以使得社会选择为 y_i，此时的效用为 $u_i(y_i,\boldsymbol{\theta})$。因此，如果 $\boldsymbol{m}^*$ 是一个事后均衡，对任意的 $y\in Y,i\neq j$，必定有 $u_i(h(\boldsymbol{m}^*(\boldsymbol{\theta})),\boldsymbol{\theta})\geqq u_i(y,\boldsymbol{\theta})$，这与经济环境的条件相矛盾。

第三步：对任意的社会选择函数 $f\in\hat{F}$ 以及满足 $m_i^{*2}(\theta_i)=f,\forall i,\theta_i$ 的任意事后均衡 $\boldsymbol{m}^*$，都有 $f\circ m^{*1}\in\hat{F}$。

反证法：假设 $f\circ m^{*1}\notin\hat{F}$。根据事后单调性，存在一个 i，$\boldsymbol{\theta}$，$y\in Y_i^f(m_{-i}^{*1}(\boldsymbol{\theta}_{-i}))$，满足：

$$u_i(y,\boldsymbol{\theta})>u_i(f(m^{*1}(\boldsymbol{\theta})),\boldsymbol{\theta}).$$

考虑自身状态为 θ_i 的参与人 i，在相信其他参与人的状态为 $\boldsymbol{\theta}_{-i}$ 的情形下，发送满足 $f_i\neq f$ 的信号 $m_i=(.,f_i,.,y)$。在给定其他参与人选择他们的均衡策略下，由规则 2，社会选择为 $h(m_i,\boldsymbol{m}_{-i}^*(\boldsymbol{\theta}_{-i}))=y$，从而参与人 i 在 m_i 下的期望效用为：

$$u_i(h(m_i,\boldsymbol{m}^*(\boldsymbol{\theta}_{-i})),\boldsymbol{\theta})=u_i(y,\boldsymbol{\theta})>u_i(f(\boldsymbol{m}^{*1}(\boldsymbol{\theta})),\boldsymbol{\theta})=u_i(h(\boldsymbol{m}^*(\boldsymbol{\theta})),\boldsymbol{\theta}).$$

这与 $\boldsymbol{m}^*$ 是事后均衡假设相矛盾。

由以上三步，我们证明了在经济环境下，事后激励相容性和事后单调性对完全事后执行的充分性结论。 □

对于非经济环境，Bergemann 和 Morris (2008) 在增加“无否决权”的条件下，证明了类似的完全事后执行的充分条件。在这篇文章中，对满足单交叉性质的经济环境类，他们还证明了，任何严格事后激励相容和由内点组成的社会选择集都满足事后单调性条件，从而是可完全事后执行的。并且，当参与人个数大于 2 时，第 21 章要介绍的相互依赖价值环境下的直言广义 VCG 机制也满足事后单调性，且有唯一的事后均衡。

此外，对于两人环境下的事后执行，Ohashi (2012) 给出了类似的充分条件和必要条件。另外，在机制设计中，利用事后均衡的概念，Bergemann 和 Morris (2005) 建立了一个稳健机制设计分析框架。

19.10 【人物小传】

19.10.1 迈克尔・斯宾塞

迈克尔・斯宾塞 (Michael Spence，1943—)，生于美国新泽西州，1972 年获美国哈佛大学博士学位，现任美国纽约大学教授。2001 年，因其在不对称信息市场分析方面所作出的开创性研究而与乔治・阿克洛夫、约瑟夫・斯蒂格利茨共同获得诺贝尔经济学奖。

斯宾塞最重要的研究成果是市场中具有信息优势的个体为了避免与逆向选择相关的一些问题发生，如何能够将其信息“信号”可信地传递给在信息上具有劣势的个体。信号要求个体采取观察得到且具有代价的措施以使其他个体相信他们的能力，或更为一般地，相信他们产品的价值或质量。斯宾塞的贡献在于形成了这一思想并将之形式化，同时还说明和分析了它所产生的影响。斯宾塞在其 1973 年的开创性研究 (以其博士学位论文为基础) 中将教育作为劳动力市场上生产效率的信号。其基本观点是，除非信号成本在其发出者即求职者之间显著不同，否则信号不会有成功的效果。雇主不能将能力强的求职者从能力弱的求职者中区分开来，除非在后者选择较低的教育水平时前者发现自己对所受教育进行的投资能得到回报。假如雇主不能区分高和低的劳动能力之间的区别，那么就会导致劳动力市场以低工资雇用低能力者，形成劳动力市场上“劣币驱逐良币”的现象。斯宾塞还说明了存在教育和工资不同“预期”均衡的可能性，当生产效率相同时，男性和白人的工资比女性和黑人的工资高。

斯宾塞随后的研究包括拓展这一理论和证实不同市场信号重要性的大量应用性研究，对许多经济现象进行了分析，如作为生产率信号的昂贵广告和全面担保，作为市场力信号的主动降价，作为谈判力信号的延缓工资报价策略，作为盈利能力信号的债务融资而非发行新股的融资方式，作为降低居高不下通货膨胀的坚定承诺信号的不惜以衰退为代价的货币政策。

19.10.2 罗杰・迈尔森

罗杰・迈尔森 (Roger B. Myerson，1951—)，现芝加哥大学教授，因在创建和发展机制设计理论和拍卖理论方面所做的贡献，其中包括提出显示原理、最优机制设计、收益等价定理等等，在 2007 年与赫维茨和马斯金一道获诺贝尔经济学奖。

迈尔森出生于美国波士顿，1976 年获哈佛大学应用数学博士学位，其博士课题为“一个合作博弈理论”(A Theory of Cooperative Games)。自 2001 年以来他任教于美国芝加哥大学，研究专长包括经济学领域里的博弈论和政治学领域里的投票机制等。迈尔森在 1981 年发表的《最优拍卖设计》是最优机制设计方面的奠基之作。最优拍卖理论力图解决在给定信息分布的情况下，如何设计出某种制度来最大限度地激励经济活动的参与人，也就是最优合约的设计问题。他著有《博弈论：矛盾冲突分析》《经济决策的概率模型》等书。

在维克瑞之后，大批学者开始对拍卖理论加以关注。其中尤其值得一提的正是迈尔森，他利用新发展起来的机制设计理论对拍卖理论重新进行了研究，在此基础上推广了维克瑞的理论。迈尔森通过严格的数学推导，得出结论：在满足竞拍人对物品的价值相互独立、竞拍人只关心自身的期望收益等一系列假定下，所有可能的拍卖机制都会给拍卖者带来相同的期望收益。显然，这一结论超越了之前维克瑞等人比较具体拍卖形式的收益的研究思路，而能够研究所有可能的拍卖，这使拍卖理论大大向前推进了一步。

迈尔森是个能让抽象的经济学理论变得很实用的经济学家。他为美国解决了如加州电力危机等在内的很多经济难题。20 世纪 80 年代，美国加州的电力改革要打破电力垄断的弊端，可是电力行业实行完全竞争又不可能，最好的办法是寡头垄断。迈尔森用机制设计理论很好地为加州电力改革设计了方案，这个方案运行至今，效果良好。此外，他还解决了美国医学院的招生难题。美国医生是高收入群体，但是医学院大都是私立的。不控制医学院学生人数，就不能保证医生的质量和高收入。美国政府把迈尔森的机制设计原理引入相关法律，从而限制了医学院的招生数量。迈尔森对现实经济的贡献让人们认为可以因此而创立一门“经济工程学”，把经济学变得同工程学一样实用，一样可以设计经济现象。

19.11 习题

习题 19.1 考虑一个卖者和一个买者的经济环境。买者的价值为 v_b，卖者的价值为 v_s。已知 v_b 和 v_s 均服从在 $[0,1]$ 上的均匀分布，且二者相互独立。给定交易机制如下：买者和卖者分别同时报出买价 p_b 和卖价 p_s，若 $p_b \geqq p_s$，交易以价格 $p = p_b + p_s /2$ 进行，且买者和卖者的收益分别为：

$$v_b - p,$$

$$p - v_s.$$

若 $p_b < p_s$，无交易发生，双方收益都为 0。已知在该种机制下，存在着多种均衡报价策略，例如存在着线性均衡报价策略：$p_i(v_i) = a_i + c_i v_i$，$i \in b, s$。

给出买者和卖者的线性均衡报价策略，并证明其能否执行事后有效配置。

习题 19.2 (Arrow，1979；d'Aspremont 和 Gerard-Varet，1979；Diamantaras，2009) 假设参与人集合为 N，$|N|=n$，参与人 i 的类型集合为 Θ_i，其效用函数为 $u_i(d,\theta_i,t_i)=v_i(d,\theta_i)+t_i$。AGV 机制 $(d(\boldsymbol{\theta}),t_i(\boldsymbol{\theta}))$ 满足:

$$d(\boldsymbol{\theta})\in \operatorname{argmax}_d \sum_{i\in N} v_i(d,\theta_i);$$

$$t_i(\boldsymbol{\theta})=E_{\boldsymbol{\theta}_{-i}}\left[\sum_{j\neq i} v_j(d(\boldsymbol{\theta}),\theta_j)|\theta_i\right]-\frac{1}{n}\sum_{k\neq i}E_{\boldsymbol{\theta}_{-i}}\left[\sum_{j\neq k} v_j(d(\boldsymbol{\theta}),\theta_j)|\theta_k\right].$$

证明: 若每个参与人的类型分布是独立的，上面的 AGV 机制满足贝叶斯激励相容和事中预算平衡。

习题 19.3 (Diamantaras，2009) 考虑两个参与人和一个公共品的经济环境。每个参与人的类型为 $\Theta_i=\{0,1\},i=1,2$，两种类型等概率，两个参与人的类型独立分布，参与人 i 对公共品的评价为 θ_i。假设公共品的成本为 $c=\dfrac{3}{4}$。

证明在这个环境下不存在一个机制同时满足下列特性: (i) 事中参与约束; (ii) 贝叶斯激励相容; (iii) 公共品决策机制是有效的; (iv) 机制是预算平衡的，即不需要外部的额外资源。

习题 19.4 (Palfrey 和 Srivastava，1989a) 考虑参与人集合为 $I=\{1,2,3\}$，社会可选结果集合为 $A=\{a,b\}$，以及每个参与人的类型都是 $T^i=\{t_a,t_b\}$ 的经济。假设参与人的类型都是独立同分布的，$prob(t^i=t_b)=q>0.5^{1/2}$，每个参与人的效用函数相同，满足:

$$u^i(a,t_a)=1>0=u^i(b,t_a);$$

$$u^i(b,t_b)=1>0=u^i(a,t_b).$$

假设社会选择函数 f 为:

$$f(t^1,t^2,t^3)=\begin{cases} t_a, & \text{若}t^1=t^2=t_a,\text{或}t^1=t^3=t_a,\text{或}t^2=t^3=t_a;\\ t_b, & \text{若}t^1=t^2=t_b,\text{或}t^1=t^3=t_b,\text{或}t^2=t^3=t_b.\end{cases}$$

1. 证明 $f(\cdot)$ 是唯一满足下面五个特性的配置规则: (i) 它是贝叶斯激励相容的; (ii) 它是事前、事中、事后都有效的; (iii) $f(\boldsymbol{t})$ 是多数投票决定规则; (iv) 它最大化阿罗社会福利函数; (v) 它可以在一个显示机制中被占优策略执行。
2. 证明 $f(\cdot)$ 不是贝叶斯可执行的 (提示: 证明它不满足贝叶斯单调性)。

习题 19.5 (Palfrey 和 Srivastava，1989a) 假设参与人集合为 $I=\{1,2,3\}$，社会可选结果集合为 $A=\{a,b\}$，每个参与人的类型都是 $T_i=\{t^a,t^b\}$。假设每个参与人的类型是独立同分布的，$prob(t_i=t^b)=q>0.5^{1/2}$。假设每个参与人的效用函数相同，依赖于其他参与人的类型，他们满足:

$$u_i(a,\boldsymbol{t})=\begin{cases} 1, & \text{若至少有两个参与人的类型是}t^a,\\ 0, & \text{其他}.\end{cases}$$

$$u_i(b,\boldsymbol{t})=\begin{cases}1, & \text{若至少有两个参与人的类型是} t^b,\\ 0, & \text{其他}.\end{cases}$$

假设社会选择函数 f 为:

$$f(t_1,t_2,t_3)=\begin{cases}t^a, & \text{若} t_1=t_2=t^a, \text{或} t_1=t_3=t^a, \text{或} t_2=t_3=t^a,\\ t^b, & \text{若} t_1=t_2=t^b, \text{或} t_1=t_3=t^b, \text{或} t_2=t_3=t^b.\end{cases}$$

证明这一选择函数不能被非劣的贝叶斯均衡执行。所谓非劣的是指对每个人来说，不存在别的策略弱占优于它。

习题 19.6 (贝叶斯激励相容特征化) 对私人价值独立分布线性模型，证明社会选择规则 $(\boldsymbol{y}(\cdot),t_1(\cdot),\cdots,t_n(\cdot))$ 是贝叶斯激励相容的当且仅当对所有的 $i\in N$,

1. $\bar{y}_i(\theta_i)$ 关于 $E_{\boldsymbol{\theta}_{-i}}y_i(\theta_i,\boldsymbol{\theta}_{-i})$ 非递减;
2. $E_{\boldsymbol{\theta}_{-i}}U_i(\theta_i)=E_{\boldsymbol{\theta}_{-i}}[U_i(\underline{\theta}_i,\boldsymbol{\theta}_{-i})]+\int_{\underline{\theta}_i}^{\theta_i}E_{\boldsymbol{\theta}_{-i}}y_i(\tau,\boldsymbol{\theta}_{-i})d\tau,\forall\theta_i\in\Theta_i$。

第19章

习题 19.7 一个卖者和一个买者在为一个不可分物品的交易进行讨价还价。卖者的价值 $\theta_b=10$，买者的价值有两种可能，$\theta_s\in\{0,9\}$。令 t 表示交易发生的时期 $(t=1,2,\cdots)$，P 表示商定的价格，给定买卖双方的贴现因子均为 δ。

1. 在当前设置的经济环境中，可选项的集合是什么?
2. 设想在该讨价还价过程的一个贝叶斯–纳什均衡下，当卖者的价值是 0 时，交易会立即发生；而且当卖者的价值是 θ_s 时，商定的交易价格是 $(10+\theta_s)/2$。问当卖者的价值是 9 时，交易发生的最早可能时期是哪个?

习题 19.8 考虑离散情形的迈尔森–萨特思韦特双边贸易模型。给定买者的价值 v 以及卖者的成本 c 的分布均是在 1,2,3,4 上的一致分布。

1. 证明有效性贸易是贝叶斯激励相容的。
2. 关于迈尔森–萨特思韦特有效性结论，这个例子告诉我们什么?

习题 19.9 考虑一个激励相容显示机制 $(q,\boldsymbol{t})$, $\boldsymbol{t}$ 是事前预算平衡的，即 $E_0\sum_{i=1}^N t_i(\boldsymbol{\theta})=0$。假定类型是独立分布的。

1. 证明:存在另外一个贝叶斯激励相容机制 $(q,\boldsymbol{t}')$, $\boldsymbol{t}'$是事后预算平衡的, $\sum_{i=1}^N t_i'(\boldsymbol{\theta})=0$。
2. 证明: $E_{\boldsymbol{\theta}_{-i}}t_i(\boldsymbol{\theta})=E_{\boldsymbol{\theta}_{-i}}t_i'(\boldsymbol{\theta})$。
3. 证明: 若存在一个个体理性的 VCG 机制 $(q^*,\boldsymbol{t})$，使得 $E_{\boldsymbol{\theta}}\sum_{i=1}^N t_i(\boldsymbol{\theta})\geqq 0$，则存在一个贝叶斯激励相容、预算平衡、个体理性和有效的机制 $(q^*,\boldsymbol{t}')$。

习题 19.10 考虑一个双边交易经济，两个参与人起初分别拥有一单位某商品。每个人消费一单位商品所获价值是 $\theta_i(i=1,2)$。假定 θ_i 在 $[0,1]$ 上服从均匀分布，且相互独立。

1. 刻画在一个事后有效的社会选择函数里的交易规则。
2. 考虑以下机制: 每个参与人给一个报价，报价高者获得另一人的单位商品，并支付其报价。给出这个机制的对称贝叶斯–纳什均衡。

3. 能被这个机制执行的社会选择函数是什么？验证它是贝叶斯激励相容的。它是否为有效的？满足个体理性吗？从直觉上讲，这为什么会与迈尔森–萨特思韦特定理的结论存在差异？

习题 19.11　考虑一个供给者与一个消费者之间商品的双边交易问题。供给者的生产成本由其成本类型决定，而成本类型是供给者的私人信息。当供给者是 θ 类型时，若消费者的总支付是 x，前者的利润为 $x-\theta q$。同时，对 q 单位的商品，消费者的价值依赖于供给者的类型 θ，其表达式为 $\pi(q|\theta)=(4+2\theta)q^{1/2}$。因此，消费者通过支付 x，从类型为 θ 的供给者那里获得 q 单位商品，所得到的净剩余为 $(4+2\theta)\sqrt{q}-x$。任何一方均可拒绝参与交易，则 $q=0$，且 $x=0$。

1. 当供给者的类型 θ 是共同知识时，求最大化供求双方剩余的商品数量的表达式，$q^*(\theta)$。
2. 假设供给者的类型可能是 $\theta_L=2$ 或 $\theta_H=3$，是低成本 θ_L 类型的概率是 p_L，是高成本 θ_H 类型的概率是 $p_H=1-p_L$。对于考虑到激励相容约束和事中参与约束的买者期望净回报最大化问题，寻找一个交易计划并列出有约束的最优化问题。(提示：$\pi(q|\theta_L)=8\sqrt{q}$ 和 $\pi(q\theta_H)=10\sqrt{q}$。)
3. 给出计算买者最优的贝叶斯激励相容交易计划的公式。
4. 现考虑以下情形：买者相信供给者的成本类型服从在 $[2,3]$ 区间上的均匀分布。给出计算买者最优贝叶斯激励相容交易计划的公式，该公式在满足事中参与约束和贝叶斯激励相容约束的条件下，最大化买者的期望剩余。
5. 考虑另一情形：供给者的成本类型是 $\theta_L=2$ 或 $\theta_H=3$。在对于任一类型的供给者，买者的剩余均不为负的所有贝叶斯激励相容的计划里，找出对两种类型的供给者均是最优的交易计划。
6. 对于问题 5 的解，证明：若 p_L 充分接近 0，而 p_H 充分接近 1，那么存在能够带给买者非负期望剩余，而比问题 5 中交易计划更优的混同计划。

习题 19.12　有两个建筑企业投标一项政府大楼修建工程。每一个建筑企业是两种类型中的一种：高质量 H 类型的企业可以以成本 C_H 为政府建设价值为 v_H 的高质量工程；而低质量 L 类型的企业可以以成本 C_L 为政府建设价值为 v_L 的低质量工程。这里，$C_H>C_L$，$v_H>v_L$。假设 $v_H-C_H>v_L-C_L>0$。已知企业的类型是相互独立的且属于私人信息。每个企业有 v 的概率成为高质量的企业。这里我们考虑显示机制，当企业宣称其类型为 θ 而另外一个企业宣称其类型为 θ' 时，我们用 $q(\theta,\theta'),\theta,\theta'\in\{H,L\}$ 来表示前一个企业中标的概率；类似地，我们用 $T(\theta,\theta')$ 表示政府对其的支付额。给定政府和两个企业均是风险中性的，政府的目标是最大化其期望剩余 $E(v-\omega)$。

1. 写出满足参与约束和激励相容约束的政府最优招标设计问题。
2. 求政府最优的招标机制。

习题 19.13 (Dana 和 Spier，1994)　假定有两个企业，$j=1,2$，通过竞争获取给定市场的生产权。一个社会计划者通过设计一个最优的生产权拍卖机制来最大化社会剩余函数

的期望值。社会剩余函数被定义为:

$$W=\sum_j \pi_j + S + (\lambda-1)\sum_j t_j,$$

其中，π_j 是总的（转移前）企业 j 的利润，S 是消费者的剩余，$\lambda>1$ 是公共基金的影子成本，t_j 表示企业 j 向计划者的转移。该拍卖给定了每个企业的转移支付以及一种市场的结构，即要么两个企业均没获得生产权，要么其中一个企业获得生产权，要么两者均获得生产权。

每一个企业 j 独自观察到其固定生产成本 θ_j。固定成本 θ_1 和 θ_2 服从在 $[\theta^1,\theta^2]$ 上的独立同分布。其密度函数 $\phi(\cdot)$ 和分布函数 $\Phi(\cdot)$ 均是连续可微的。假定 $\dfrac{\Phi(\cdot)}{\phi(\cdot)}$ 关于 $\boldsymbol{\theta}$ 是递增的。企业间有着共同的边际成本 $c<1$，以及生产同质产品，其市场的逆需求是 $p(x)=1-x$。若两个企业均获得了生产权，它们将成为古诺竞争者。

1. 写下生产权的最优拍卖机制问题。
2. 刻画其最优拍卖机制。

习题 19.14 有一个卖者 $(i=0)$ 拥有两单位不可分商品，同时，存在着两个买者（$i=1,2$）。对一单位商品，买者和卖者每人均有一个属于私人信息的意愿支付 θ_i。三者的意愿支付均服从在 $[0,1]$ 上的均匀分布，且相互独立，这一点是共同知识。对于该商品超过一单位的部分，每个人的意愿支付均为 0。

1. 描述这两单位商品的有效配置函数 $f(\theta_0,\theta_1,\theta_2)$。
2. 对于一个贝叶斯真实执行了有效配置这两单位商品的激励相容机制，每个参与人的事中期望效用分别是多少？
3. 每个参与人的事中参与约束分别是什么？
4. 在不存在外部转移时，是否存在同时满足问题 3 中的参与约束以及贝叶斯激励相容约束，且能有效配置这两单位商品的机制？

习题 19.15 市场上找工作的学生有 L 和 H 两种类型。至少有两个潜在的雇主。雇用 i 类型学生获得的增加利润为 π_i，且 $\pi_H>\pi_L$。应聘按照如下方式进行: (1) 学生观察到自己的类型 (雇主观测不到); (2) 学生选择非生产性的教育水平 e，这是有成本并且可以被雇主观察到的; (3) 雇主给未来的工人 (现在的学生) 提出工资出价，即 w，基于他所观察到的教育水平 (伯特兰竞争); (4) 学生选择雇主并成为工人。接受 w 工资的 i 类型工人的效用方程为 $U(w,e)=w-c_i(e)$。对应的付给 i 类型工人 w 工资的雇主的收益为 π_i-w。假设 $C'_H(e)>C'_L(e)$，对所有的 $e>0$。整个过程只考虑纯策略均衡。

1. 这个模型符合斯宾塞–莫里斯单交叉性吗？解释你的答案。
2. 在分离均衡中类型为 L 的学生获得的教育水平是多少？推导出分离均衡中类型为 H 的工人的最大和最小教育水平的表达式。
3. 推导出混同均衡中所有学生获得的最小和最大教育水平的表达式。
4. 哪种均衡结果比较占优势？解释你的答案。

5. 假定政府对教育水平收税 t(即一个接受 e 年教育水平的人将交纳 te 的税收)，并且政府持有所有的税收收益。该税收如何改变了你在问题 2 和问题 3 中推导出的分离均衡和混同均衡条件？
6. 只考虑有效分离均衡。基于问题 5 分别推导出类型 H 和 L 工人效用函数对税收 t 的偏导，写出偏导的符号。该税收如何影响工人的福利？

习题 19.16　回答下列问题：

1. 在完全信息条件下，由单交叉性质是否可以推出马斯金单调性？若是，加以证明；若不是，举反例说明。
2. 在不完全信息条件下，由单交叉性质是否可以推出贝叶斯单调性？若是，加以证明；若不是，举反例说明。

习题 19.17　试举例说明马斯金单调性与事后单调性之间的独立性。

习题 19.18 (广义 VCG 机制的非马斯金单调性，Bergemann 和 Morris，2008)　考虑相互依赖价值环境下修正的维克瑞机制。我们称机制 $(\Theta, \boldsymbol{y}^*, \boldsymbol{t}^*)$ 为广义 VCG 机制，若出价最高者获得物品，且支付价格为 $\max_{j\neq i} u_j(\vartheta_i(\boldsymbol{\theta}_{-i}), \boldsymbol{\theta}_{-i})$(不直接依赖于 θ_i)。

第19章

1. 证明广义 VCG 机制满足事后单调性。
2. 证明广义 VCG 机制满足事后激励相容性。
3. 然而，广义 VCG 机制并不满足马斯金单调性，从而它不是纳什可执行的，给出证明。

习题 19.19　证明：对参与人数 $n=2$ 的经济环境，若社会选择函数 f 满足事后激励相容性和事后单调性，则 f 是可事后执行的。

习题 19.20　对参与人数 $N=2$ 的经济环境，若社会选择集 $\hat{F}$ 中的元素多于 1 个，试说明 $\hat{F}$ 满足事后激励相容性和事后单调性是否为 $\hat{F}$ 是可事后执行的充分条件。

习题 19.21　Bargemann 和 Morris (2008) 得到：对参与人数 $N \geqq 3$ 的一般情形，若社会选择函数 f 满足事后激励相容和事后单调无否决权条件，则 f 是可事后执行的。试说明这一结果能否被推广到参与人数 $N=2$ 的情形中。

习题 19.22 (Bergemann 和 Morris，2005)　考虑两个参与人 1 和 2，他们的类型集合分别为 $\Theta_1=\{\theta_1,\theta_1'\}$ 和 $\Theta_2=\{\theta_2,\theta_2'\}$。社会可选择的结果集合为 $A=\{a,b,c\}$。在不同的结果以及参与人的类型下，他们的效用可以由下表描述 (其中每个盒子中的两个数字分别表示参与人 1 和 2 对应的效用)：

a	θ_2	θ_2'
θ_1	(1,0)	(-1,2)
θ_1'	(0,0)	(0,0)

；

b	θ_2	θ_2'
θ_1	(-1,2)	(1,0)
θ_1'	(0,0)	(0,0)

；

c	θ_2	θ_2'
θ_1	(0,0)	(0,0)
θ_1'	(1,1)	(1,1)

。

社会计划者考虑下面的社会选择集 $\hat{F}$，最大化两个参与人的效用之和，由下面的表描述：

F	θ_2	θ_2'
θ_1	$\{a,b\}$	$\{a,b\}$
θ_1'	$\{c\}$	$\{c\}$

证明：社会选择集 $\hat{F}$ 不能被事后执行。

习题 19.23 (Bergemann 和 Morris，2005) 考虑两个参与人 1 和 2，他们的类型集合分别为 $\Theta_1=\{\theta_1,\theta_1',\theta''_1\}$ 和 $\Theta_2=\{\theta_2,\theta_2'\}$。假设社会可选择的结果集合为 $A=\{a,b,c,d\}$。在不同的结果以及参与人的类型下，他们的效用可以由下面的表描述 (其中每个盒子中的两个数字分别表示参与人 1 和 2 对应的效用)：

a	θ_2	θ_2'
θ_1	(0,2)	(0,2)
θ_1'	(-4,0)	(1,0)
θ''_1	(-4,0))	(-4,0)

；

b	θ_2	θ_2'
θ_1	(0,0)	(0,0)
θ_1'	(0,2)	(0,0)
θ''_1	(-4,0))	(0,0)

；

c	θ_2	θ_2'
θ_1	(0,0)	(-4,0)
θ_1'	(0,0)	(0,2)
θ''_1	(0,0))	(0,0)

；

d	θ_2	θ_2'
θ_1	(-4,0))	(-4,0)
θ_1'	(1,0)	(-4,0)
θ''_1	(0,2)	(0,2)

。

社会计划者考虑下面的社会选择集 $\hat{F}$，最大化两个参与人的效用之和，由下面的表描述：

F	θ_2	θ_2'
θ_1	a	a
θ_1'	b	c
θ''_1	d	d

假设计划者可以对参与人进行转移支付，每个参与人都具有拟线性效用函数。

证明：在满足事后预算平衡的条件下，社会选择集 $\hat{F}$ 不能被事后执行。

19.12 参考文献

教材和专著：

Bolton, P. and M. Dewatripont (2005), *Contract Theory*, MIT Press.

Corchón, L. C. (1996). *Theory of Implementation of Socially Optimal Decisions in Economics*, Palgrave Macmillan.

第19章

Diamantaras, D. (2009). *A Toolbox for Economic Design*, Palgrave Macmillan.

Laffont, J. J. and D. Martimort (2002). *The Theory of Incentives: The Principal-Agent Model*, Princeton University Press.

Segal, I. (2007). *Lecture Notes in Contract Theory*, Stanford University.

论文：

Abreu, D., and H. Matsushima (1990). "Virtual Implementation in Iteratively Undominated Strategies: Incomplete Information", Mimeo.

Arrow, K. (1979). "The Property Rights Doctrine and Demand Revelation Under Incomplete Information", in Boskin, M. (ed.), *Economics and Human Welfare* (New York: Academic Press).

Anil, A., J. Glover, and U. Rajan (2000). "Implementation in Principal Agent Models of Adverse Selection", *Journal of Economic Theory*, Vol. 93, No. 1, 87-109.

Bergemann, D. and S. Morris (2005). "Robust Mechanism Design", *Econometrica* , Vol. 73, No. 6, 527-566.

Bergemann, D. and S. Morris (2008). "Ex Post Implementation", *Games and Economic Behavior*, Vol. 63, No. 2, 527-566.

Che, Y., and J. Kim (2006). "Robustly Collusion-Proof Implementation", *Econometrica*, Vol. 74, No. 4, 1063-1107.

Cramton, P., R.Gibbons, and P. Klemperer (1987). "Dissolving a Partnership Efficiently", *Econometrica*, Vol. 55, No. 3, 615-632.

Cremer，J. and R. P. McLean (1988). "Full Extraction of the Surplus in Bayesian and Dominant Strategy Auctions", *Econometrica*, Vol. 56, No. 6, 1247-1257.

d'Aspremont, C., and L. Gerard-Varet (1979). "Incentives and Incomplete Information", *Journal of Public Economics*, Vol. 11, No. 1, 25–45.

Dana, J. D. and K. E. Spier (1994). "Designing a Private Industry: Government Auctions with Endogenous Market Structure", *Journal of Public Economics*, Vol. 53, No. 1, 127-147.

Demski，J. S. and D. Sappington (1984). "Optimal Incentive Contracts with Multiple Agents", *Journal of Economic Theory*, Vol. 33, No. 1, 152-171.

Duggan, J. (1993). "Virtual Implementation in Bayesian Equilibrium with Infinite Types", Parts I and II, Mimeo.

Dutta, B. and Arunava Sen (1994). "Bayesian Implementation: The Necessity of Infinite Mechanisms", *Journal of Economic Theory*, Vol. 64, No. 1, 130-141.

Groves, T. and J. Ledyard (1987). "Incentive Compatibility Since 1972", in Groves T., R. Radner, and S. Reiter (eds.), Chapter 2 of *Information, Incentive, and Economic Mechanisms* (Minnesota: University of Minnesota Press).

Jackson, M. O. (1991). "Bayesian Implementation", *Econometrica*, Vol. 59, 461-477.

Laffont, J. and D. Martimort (1997). "Collusion Under Asymmetric Information", *Econometrica*, Vol. 65, No. 4, 875-911.

Laffont, J. and D. Martimort (2000). "Mechanism Design with Collusion and Correlation", *Econometrica*, Vol. 68, No. 2, 309-342.

Meng, D. and G. Tian (2014). "Two-Agent Collusion-Proof Mechanism with Correlation and Arbitrage", Working Paper.

Matsushima, H. (1993). "Bayesian Monotonicity with Side Payments", *Journal of Economic Theory*, Vol. 59, No. 1, 107-121.

Meng, D., G. Tian, and Z. Yang (2017). Two-Agent Collusion-Proof Implementation with Correlation and Arbitrage", *Review of Economic Design*, Vol. 21, No. 3, 177-229.

Ohashi, Y. (2012). "Two-person Ex Post Implementation", *Games and Economic Behavior*, Vol. 75, No. 1, 435-440.

Palfrey, T. and S. Srivastava (1987). "On Bayesian Implementable Allocations", *Review of Economic Studies*, Vol. 54, No. 2, 193-208.

Palfrey, T. and S. Srivastava (1989a). "Mechanism Design with Incomplete Information: A Solution to the Implementation Problem", *Journal of Political Economy*, Vol. 97, No. 3, 668-691.

Palfrey, T. and S. Srivastava (1989b). "Implementation with Incomplete Information in Exchange Economies", *Econometrica*, Vol. 57, No. 1, 115-134.

Palfrey, T. and S. Srivastava (1991). "Nash Implementation Using Undominated Strategy", *Econometrica*, Vol. 59, No. 2, 479-502.

Postlewaite, A. and D. Schmeidler (1986). "Implementation in Differential Information Economies", *Journal of Economic Theory*, Vol. 39, No. 1, 14-33.

Repullo, R. (1989). "On the Revelation Principle under Complete and Incomplete Information", in Binmore, K. and P. Dasgupta (eds.), *Economic Organization as Games*(Oxford: Basil Blackwell).

Tian, G. (1996). "Continuous and Feasible Implementation of Rational Expectation Lindahl Allocations", *Games and Economic Behavior*, Vol. 16, No. 1, 135-151.

Tian, G. (1997). "Virtual Implementation in Incomplete Information Environments with General Sets of Alternatives and Types", *Journal of Mathematical Economics*, Vol. 28, No. 3, 313-339.

Tian, G. (1999). "Bayesian Implementation in Exchange Economies with State Dependent Preferences and Feasible Sets", *Social Choice and Welfare*, Vol. 16, No. 1, 99-119.

Wilson, R. (1989). "Game-Theoretic Analyses of Trading Processes", in Bewley, T. (ed.), *Advances in Economic Theory: Fifth World Congress* (Cambridge: Cambridge University Press).

第 20 章 动态机制设计

20.1 导言

在前面几章，我们讨论了静态机制设计问题。然而，大多数实际的契约关系都具有动态性，涉及设计者 (委托人) 和经济人之间的长期、非匿名的互动。这些契约关系的例子包括所得税、监管、管理补偿或垄断企业重复向买方出售非耐用商品。在这些环境中，契约可以依据经济人前面所显示的类型来制定，允许委托人使用经济人的这些已显示类型的信息来筛选未来经济人的类型。这在有限非对称信息和代理问题中尤其有用，因为这种类型会随着时间的推移持续存在。

机制设计从静态环境向动态环境的扩展近 20 多年来取得了重大进展。动态机制设计的两个目标是设计者的收益最大化（最优）和所有经济人的总体福利最大化 (效率)。第一组文献集中讨论各种动态环境下委托人收益最大化机制的设计。第二组文献探讨如何在代理类型随时间推移而变化的环境中实现动态有效 (剩余最大化) 配置，从而将 VCG 和 AGV 结果从静态设置扩展到动态设置。

在这一章中，我们将从**最优**和**效率**两个角度讨论动态机制设计问题。为此，我们先在一个简单的委托–代理框架下讨论在多期互动中激励相容约束和参与约束的变化以及背后的权衡，进而探讨最优合约的动态设计问题，然后再来讨论一般动态机制的总体福利最大化设计问题，特别是帕累托有效动态机制的设计问题。

20.2 完全承诺能力下的动态最优合约

在这一节，我们先讨论一个基本的动态合约，其中委托人有完全承诺能力，我们分三种情形讨论动态环境下委托人与代理人之间的最优合约，它们分别是代理人类型不随时间推移而变化，类型在前后时期独立分布，以及类型在前后时期相关。

20.2.1 固定动态类型

考虑垄断者与消费者的买卖情景，消费者的类型不随时间推移而改变情形下垄断者的最优合约设计问题。这种情形是最基本的，也是最简单的一类动态合约。垄断者为某个消费者在两期提供商品 (或服务)，消费者对商品的价值 $\theta \in \{\theta_H, \theta_L\}$ 不随时间推移而变化。与前面相同，消费者的价值是私人信息，假设 θ_L 类型的概率为 β。

图 20.1 刻画了垄断者与消费者在两期购买互动中的时间结构：消费者在 0 时刻获知自己的类型 θ；在 0.25 时刻，垄断者向消费者提供两期购买合约 $(q_1, T_1(q_1); q_2, T_2(q_1, q_2))$；在 0.5 时刻，消费者决定是否接受上述合约；若不接受，互动结束，若接受，在时刻 1，消费者购买 q_1，同时支付 $T_1(q_1)$；在时刻 2，消费者购买 q_2，同时支付 $T_2(q_1, q_2)$。注意，时刻 2 的支付不仅依赖于时刻 2 的购买，而且也依赖于时刻 1 的购买。

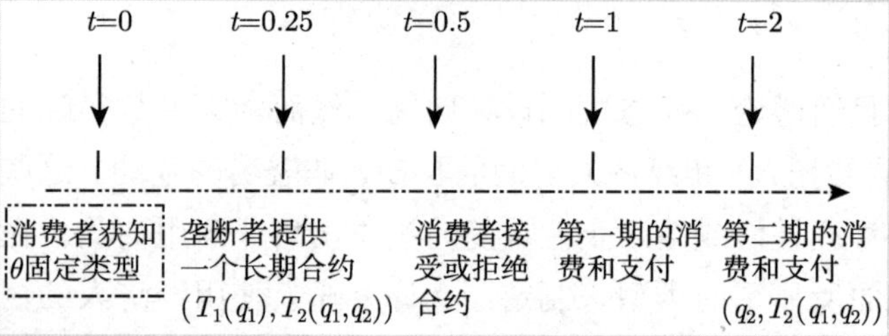

图 20.1　固定类型的两期购买

由于类型是常量，在真实显示的路径上只有 $\theta_1 = \theta_2 = \theta$。为了节省符号，我们记为 $q_2(\theta)$ 和 $T_2(\theta)$ 而不是 $q_2(\theta, \theta)$ 和 $T_2(\theta, \theta)$。垄断者的预期利润于是为

$$\begin{aligned}\Pi &\equiv \mathbb{E}_\theta \left\{T_1(\theta) - cq_1(\theta) + \delta\left[T_2(\theta, \theta) - cq_2(\theta, \theta)\right]\right\} \\ &= \mathbb{E}_\theta \left\{\theta v(q_1(\theta)) - cq_1(\theta) - u_1(\theta) + \delta\left[\theta v(q_2(\theta)) - cq_2(\theta) - u_2(\theta)\right]\right\} \\ &= \mathbb{E}_\theta \left\{\theta v(q_1(\theta)) - cq_1(\theta) + \delta\left[\theta v(q_2(\theta)) - cq_2(\theta)\right] - U(\theta)\right\},\end{aligned}$$

其中，$u_i(\theta) \equiv \theta v(q_i(\theta)) - T_i(\theta), i = 1, 2$ 表示消费者获得的即时信息租金 (保留效用标准化为 0)；$U(\theta) \equiv u_1(\theta) + \delta u_2(\theta)$ 表示贴现长期租金，δ 是贴现系数。

在前面关于静态逆向选择的讨论中，如果只有一期，我们知道最优契约可描述为 (q_i^{SB}, T_i^{SB})，$i \in \{L, H\}$，其中 $q_H^{SB} = q_H^{FB}$ 和 q_L^{SB} 满足

$$\begin{aligned}\theta_H v'(q_H^{SB}) &= c, \\ \theta_L v'(q_L^{SB}) &= \frac{c}{1 - \frac{1-\beta}{\beta}\frac{\Delta\theta}{\theta_L}}.\end{aligned}$$

T_H^{SB} 和 T_L^{SB} 满足

$$\begin{aligned}\theta_H v(q_H^{SB}) - T_H^{SB} &= U_H = \Delta\theta v(q_L^{SB}), \\ \theta_L v(q_L^{SB}) - T_L^{SB} &= U_L = 0.\end{aligned}$$

如果委托人具有完全承诺权，如下所示，则两期的最优合约是静态最优合约的叠加。由于委托人可以跨期提交，因此她可以忽略第一期所获知的信息，并严格执行静态次优

合约。在这种情况下，显示原理仍然有效。在下面，我们讨论这个长期最优合约，记为 (q_1,q_2,U)。合约的完整形式为 $(q_{1H},q_{2H},U_H;q_{1L},q_{2L},U_L)$。如果合约激励可行，则满足以下关于激励相容约束和参与约束的四个条件：

$$U_H \geqq U_L + \Delta\theta[v(q_{1L}) + \delta v(q_{2L})], \tag{20.1}$$

$$U_L \geqq U_H - \Delta\theta[v(q_{1H}) + \delta v(q_{2H})]; \tag{20.2}$$

$$U_H \geqq 0, \tag{20.3}$$

$$U_L \geqq 0. \tag{20.4}$$

于是委托人解下面约束最大化问题：

$$\max_{\left\{\substack{(q_{1H},q_{2H},U_H);\\(q_{1L},q_{2L},U_L)}\right\}} \Pi, \text{s.t.}: (20.1), (20.2), (20.3), (20.4), \tag{20.5}$$

这里

$$\Pi = \left[\begin{array}{c}(1-\beta)[\theta_H(v(q_{1H}) + \delta v(q_{2H})) - U_H - c(q_{1H} + \delta q_{2H})]\\+\beta[\theta_L(v(q_{1L}) + \delta v(q_{2L})) - U_L - c(q_{1L} + \delta q_{2L})]\end{array}\right].$$

如前面章节所讨论的那样，我们只需紧致的式 (20.1) 和式 (20.4) 及可执行 (单调性) 条件

$$v(q_{1H}) + \delta v(q_{1H}) \geqq v(q_{1L}) + \delta v(q_{1L}). \tag{20.6}$$

将 $U_L = 0$ 和 $U_H = \Delta\theta(v(q_{1L}) + \delta v(q_{2L}))$ 代入委托人的目标函数式 (20.5)，我们于是得到下面分别关于 q_{1H},q_{2H}和q_{1L},q_{2L} 的一阶条件：

$$\begin{aligned}\theta_H v'(q_{1H}^{SB}) &= \theta_H v'(q_{2H}^{SB}) = c,\\ \theta_L v'(q_{1L}^{SB}) &= \theta_L v'(q_{2L}^{SB}) = \frac{c}{1-(\frac{1-\beta}{\beta}\frac{\theta_H-\theta_L}{\theta_L})}.\end{aligned}$$

式 (20.6) 显示满足。因此，两期动态环境的最优 (次佳) 合约相当于两个一期的最优 (次佳) 合约的叠加。

20.2.2　独立动态类型

现考虑另外一种特别情形，即第一期和第二期的类型是独立的。我们讨论独立动态类型下垄断者的次佳合约。

在独立动态类型下，垄断者与消费者的动态互动见图 20.2。与图 20.1 相比，在时刻 0，消费者只知道时刻 1 的类型，而不知道时刻 2 的类型，只有在时刻 1.5 之后才知道其时刻 2 的类型。假设每一期消费者类型是独立同分布的，每期属于 θ_L 类型的概率为 β，属于 θ_H 的概率为 $1-\beta$。其他的设定与前面相同。

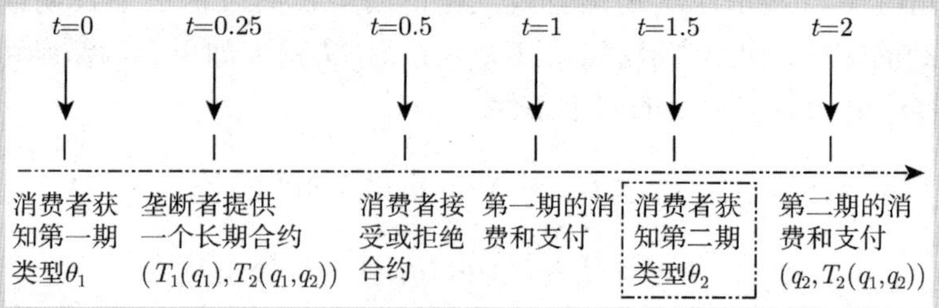

图 20.2　独立类型的两期购买

委托人始于零期的最优问题是：

$$\max_{\{q_i,U_i\}_{i=1}^2} \Pi, \text{s.t.} : IR_1(\theta_1), IC_1(\theta_1), IR_2(\theta_2|\theta_1), IC_2(\theta_2|\theta_1),$$

这里

$$\begin{aligned}
\Pi &\equiv \mathbb{E}_{\theta_1,\theta_2}\left\{\theta_1 v(q_1(\theta_1)) - cq_1(\theta_1) - U_1(\theta_1) + \delta\left[\theta_2 v(q_2(\theta_1,\theta_2)) - cq_2(\theta_1,\theta_2)\right]\right\} \\
&= \beta[\theta_L v(q_{1L}) - cq_{1L} - U_{1L}] + (1-\beta)[\theta_H v(q_{1H}) - cq_{1H} - U_{1H}] \\
&\quad + \delta\begin{bmatrix} \beta^2[\theta_L v(q_{2L}(\theta_L)) - cq_{2L}(\theta_L)] \\ +\beta(1-\beta)[\theta_H v(q_{2H}(\theta_L)) - cq_{2H}(\theta_L)] \\ +\beta(1-\beta)[\theta_L v(q_{2L}(\theta_H)) - cq_{2L}(\theta_H)] \\ +(1-\beta)^2[\theta_H v(q_{2H}(\theta_H)) - cq_{2H}(\theta_H)] \end{bmatrix},
\end{aligned} \tag{20.7}$$

$$IR_2(\theta_2|\theta_1) : U_2(\theta_1,\theta_2) \equiv \theta_2 v(q_2(\theta_1,\theta_2)) - T_2(\theta_1,\theta_2) \geqq 0, \forall\theta_1,\theta_2,$$

$$IR_1(\theta_1) : U_1(\theta_1) \equiv \begin{bmatrix} \theta_1 v(q_1(\theta_1)) - T_1(\theta_1) \\ +\delta\mathbb{E}_{\theta_2}\left[\theta_2 v(q_2(\theta_1,\theta_2)) - T_2(\theta_1,\theta_2)\right] \end{bmatrix} \geqq 0, \forall\theta_1,$$

$$IC_2(\theta_2|\theta_1) : U_2(\theta_1,\theta_2) \geqq \theta_2 v(q_2(\theta_1,\hat{\theta}_2)) - T_2(\theta_1,\hat{\theta}_2), \forall\theta_1,\theta_2,\hat{\theta}_2,$$

$$IC_1(\theta_1) : U_1(\theta_1) \geqq \begin{bmatrix} \theta_1 v(q_1(\hat{\theta}_1)) - T_1(\hat{\theta}_1) \\ +\delta\mathbb{E}_{\theta_2}\left[\theta_2 v(q_2(\hat{\theta}_1,\theta_2)) - T_2(\hat{\theta}_1,\theta_2)\right] \end{bmatrix}, \forall\theta_1,\hat{\theta}_1.$$

令 $\tilde{T}_1(\theta_1) \equiv T_1(\theta_1) + \delta\mathbb{E}_{\theta_2}\left[\theta_2 v(q_2(\theta_1,\theta_2)) - T_2(\theta_1,\theta_2)\right]$。于是 $IR(\theta_1)$ 和 $IC(\theta_1)$ 具有下面的形式：

$$IC_{1L} : U_{1L} = \theta_L v(q_{1L}) - \tilde{T}_{1L} \geqq 0, \tag{20.8}$$

$$IC_{1H} : U_{1H} = \theta_H v(q_{1H}) - \tilde{T}_{1H} \geqq 0, \tag{20.9}$$

$$IR_{1L} : U_{1L} \geqq U_{1H} - \Delta v(q_{1H}), \tag{20.10}$$

$$IR_{1H} : U_{1H} \geqq U_{1L} + \Delta v(q_{1L}). \tag{20.11}$$

与静态甄别模型类似，我们有 IR_{1L} 和 IC_{1H} 紧致，并将检查事后执行条件 $q_{1H} \geqq q_{1L}$ 是否成立。由于 $U_{2L}(\theta_1)$ 和 $U_{2H}(\theta_1)$ 没有进入委托人的目标函数，对所有的 θ_1，都可以任意选择它们来满足 $IC_{2L}(\theta_1)$ 和 $IC_{2H}(\theta_1)$。

将 $U_{1H}=\Delta\theta v(q_{1L})$ 和 $U_{1L}=0$ 代入式 (20.7)，最大化后得到以下结果：

$$q_{1H}=q_H^{SB}=q_H^{FB}, \tag{20.12}$$

$$q_{1L}=q_L^{SB}<q_L^{FB}, \tag{20.13}$$

$$q_{2H}(\theta_1)=q_H^{FB}, \tag{20.14}$$

以及

$$q_{2L}(\theta_1)=q_L^{FB}$$

对所有的 θ_1 成立，这里

$$\theta_H v'(q_H^{FB})=\theta_L v'(q_L^{FB})=\left(\theta_L-\frac{1-\beta}{\beta}\Delta\theta\right)v'(q_L^{SB})=c. \tag{20.15}$$

因此，长期信息租金是：$U_{1L}=0$ 和 $U_{1H}=\Delta\theta v(q_{1L}^{SB})$。然而，第二期的信息租金 $U_{2L}(\theta_1)$ 和 $U_{2H}(\theta_1)$ 不是唯一确定的。不失一般性，对 $\forall\theta_1$，我们可以选择 $U_{2H}(\theta_1)=\Delta\theta v(q_L^{FB})$ 和 $U_{2L}(\theta_1)=0$。

由于类型是跨期独立的，代理人在签订合约时没有关于自己未来类型的私人信息。由于买卖双方之间没有不对称信息，因此在 $t=2$ 时所提供的数量是最佳配置。这相当于一个预先参与的筛选问题。但是，$t=1$ 时的结果却不是最佳的，因为在这一期，经济人自己知道他自己的类型。因此，传统的租金抽取与效率权衡导致一种低效率配置。

20.2.3　相关动态类型

在许多情况下，代理人的状态往往并不是一成不变的，他对未来的状态并不完全知晓。即使他有相对信息优势，动态合约仍有新的激励问题，包括他应怎样披露自身的信息，因为这些信息有可能会包含未来的状态信息，从而影响代理人未来的信息租金。这一问题最早由 Baron 和 Besanko(1984) 提出。在最优管制中，若被管制的企业成本类型信息在不同时间存在联系，委托人需要考虑应该怎样设计激励性管制机制，以此诱使代理人披露真实信息，同时在动态环境下如何对信息租金抽取和配置效率进行权衡取舍。

在这一节，我们仍然假设委托人有完全承诺能力，并在垄断跨期价格歧视的框架下讨论类型变化下的动态合约。假设在两个时期垄断者面临一个消费者，消费者在两个时期的类型不是固定的。消费者首先观察到自身在第一期的类型 $\theta_1\in\{\theta_H,\theta_L\}$，委托人只知道 $\theta_1=\theta_L$ 的概率是 β。消费者在第一期不能确切地知道在第二期的类型 θ_2。假设两个时期类型之间的关联为：

$$\beta_i=prob(\theta_2=\theta_H|\theta_1=\theta_i).$$

假设 $\beta_H\geqq\beta_L$，意味着若第一期是 θ_H 类型，那么相对于第一期是 θ_L 类型，第二期是 θ_H 的概率更高，这种类型的联系称为正关联。当 $\beta_H=1>\beta_L=0$ 时，这相当于消费者的类型是固定的；当 $\beta_H=\beta_L=\beta$ 时，消费者类型在两期是独立的。

合同签订的时序与图 20.2相同。在这个框架中，显示机制要求代理人报告他在每一期

所获知的新信息。他们之间的互动流程为：在时刻 0，消费者获知第一期类型 θ_1；在时刻 0.25，垄断者提出一个完全承诺的合约 $\{(T_1(\tilde{\theta}_1), q_1(\tilde{\theta}_1)), (T_2(\tilde{\theta}_1, \tilde{\theta}_2), q_2(\tilde{\theta}_1, \tilde{\theta}_2))\}$；在时刻 0.5，消费者选择是否接受；若接受，在时刻 1，消费者向垄断者报告第一期的类型 $\tilde{\theta}_1$，并实施第一期的购买；在时刻 1.5，消费者获知第二期的类型 θ_2；消费者向垄断者报告其第二期的类型 $\tilde{\theta}_2$，并实施第二期的购买。

这里要注意的一点是，代理人在第一期对自己类型的报告现在可以被委托人用来更新他对代理人第二期类型的信念。这个信息显示有助于委托人改进第二期合约的信息。不同的是，现在委托人用于改进第二期合约的信息并不是由自然外生给出的，而是来自代理人关于 θ_1 的第一期报告 $\tilde{\theta}_1$。因此，代理人可以在第一期对该信息进行策略操纵，以提高其第二期的租金。

我们假设 $v(\cdot)$ 是递增和凹的。代理人具有准线性即期效用函数 $v(q_t) - T_t$。代理人在第二期的效用函数为 $U_2(\theta_1, \theta_2) \equiv \theta_2 v(q_2(\theta_1, \theta_2)) - T_2(\theta_1, \theta_2)$；他在第一期的延续 (continuation) 效用函数是 $U_1(\theta_1) \equiv \theta_1 v(q_1(\theta_1)) - T_1(\theta_1) + \delta\mathbb{E}[U_2(\theta_1, \theta_2)|\theta_1]$。假设委托人的单位成本为 c，委托人和代理人的共同贴现率为 δ。垄断者问题是在激励相容和参与约束条件下最大化她两个时期的贴现利润。

委托人的贴现利润最大化问题于是可表示为

$$
\begin{aligned}
\Pi &\equiv \mathbb{E}\{T_1(\theta_1) - cq_1(\theta_1) + \delta[T_2(\theta_1, \theta_2) - cq_1(\theta_1, \theta_2)]\} \\
&= \mathbb{E}\{\theta_1 v(q_1(\theta_1)) - cq_1(\theta_1) + \delta[\theta_2 v(q_2(\theta_1, \theta_2)) - cq_2(\theta_1, \theta_2)] - U_1(\theta_1)\} \\
&= \beta[\theta_L v(q_1(\theta_L)) - cq_1(\theta_L) - U_1(\theta_L)] + (1-\beta)[\theta_H v(q_1(\theta_H)) - cq_1(\theta_H) - U_1(\theta_H)] \\
&\quad + \delta\begin{bmatrix} \beta(1-\beta_L)[\theta_L v(q_2(\theta_L, \theta_L)) - cq_2(\theta_L, \theta_L)] \\ +\beta\beta_L[\theta_H v(q_2(\theta_L, \theta_H)) - cq_2(\theta_L, \theta_H)] \\ +(1-\beta)(1-\beta_H)[\theta_L v(q_2(\theta_H, \theta_L)) - cq_2(\theta_H, \theta_L)] \\ +(1-\beta)\beta_H[\theta_L v(q_2(\theta_H, \theta_H)) - cq_2(\theta_H, \theta_H)] \end{bmatrix}.
\end{aligned} \tag{20.16}
$$

下面的参与约束和激励相容约束需要被满足：

$$
\begin{aligned}
&IR_2(\theta_2|\theta_1) : U_2(\theta_1, \theta_2) \equiv \theta_2 v(q_2(\theta_1, \theta_2)) - T_2(\theta_1, \theta_2) \geqq 0, \\
&IC_2(\theta_2|\theta_1) : U_2(\theta_1, \theta_2) \geqq \theta_2 v(q_2(\theta_1, \hat{\theta}_2)) - T_2(\theta_1, \hat{\theta}_2), \\
&IR_1(\theta_L) : U_1(\theta_L) \equiv \begin{bmatrix} \theta_L v(q_1(\theta_L)) - T_1(\theta_L) \\ +\delta[\beta_L U_2(\theta_L, \theta_H) + (1-\beta_L)U_2(\theta_L, \theta_L)] \end{bmatrix} \geqq 0, \\
&IR_1(\theta_H) : U_1(\theta_H) \equiv \begin{bmatrix} \theta_H v(q_1(\theta_H)) - T_1(\theta_H) \\ +\delta[\beta_H U_2(\theta_H, \theta_H) + (1-\beta_H)U_2(\theta_H, \theta_L)] \end{bmatrix} \geqq 0, \\
&IC_1(\theta_L) : U_1(\theta_L) \geqq \begin{bmatrix} \theta_L v(q_1(\theta_H)) - T_1(\theta_H) \\ +\delta[\beta_L U_2(\theta_H, \theta_H) + (1-\beta_L)U_2(\theta_H, \theta_L)] \end{bmatrix},
\end{aligned}
$$

$$IC_1(\theta_H): U_1(\theta_H) \geqq \left[\begin{array}{c} \theta_H v(q_1(\theta_L)) - T_1(\theta_L) \\ +\delta\left[\beta_H U_2(\theta_L,\theta_H) + (1-\beta_H)U_2(\theta_L,\theta_L)\right] \end{array}\right].$$

利用前面标准的技巧，我们可以确定 $IR_2(\theta_L|\theta_1)$，$IC_2(\theta_H|\theta_1)$，$IR_1(\theta_L)$ 及 $IC_1(\theta_H)$ 对所有的 $\forall\theta_1 \in \{\theta_L,\theta_H\}$ 都是紧致的，并且可执行性条件成立：

$$IM_2: q_2(\theta_1,\theta_H) \geqq q_2(\theta_1,\theta_L), \theta_1 \in \{\theta_L,\theta_H\} \tag{20.17}$$

$$IM_1: \left[\begin{array}{c} [v(q_1(\theta_H)) - v(q_1(\theta_L))] \\ +\delta\Delta\beta[v(q_2(\theta_H,\theta_L)) - v(q_2(\theta_L,\theta_L))] \end{array}\right] \geqq 0. \tag{20.18}$$

所有激励相容约束可由图 20.3 表示。

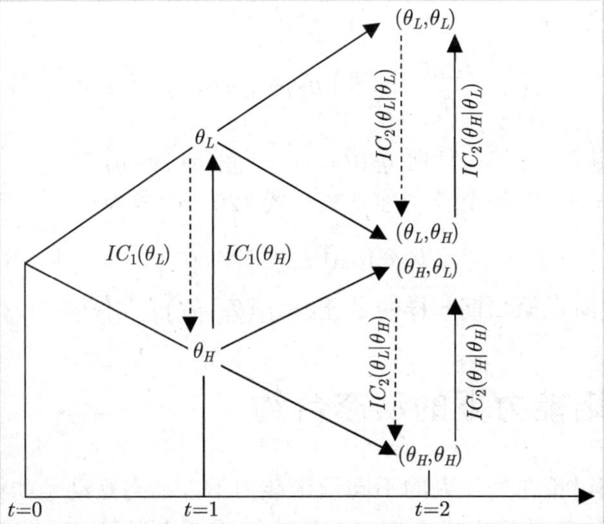

图 20.3　相关动态类型下的激励相容约束 (实线表示紧致约束，虚线表示松弛约束)

这样我们有

$$U_2(\theta_1,\theta_L) = 0, \forall\theta_1 \in \{\theta_L,\theta_H\}, \tag{20.19}$$

$$U_2(\theta_1,\theta_H) = \Delta\theta v(q_2(\theta_1,\theta_L)), \forall\theta_1 \in \{\theta_L,\theta_H\}, \tag{20.20}$$

$$U_1(\theta_L) = 0, \tag{20.21}$$

$$U_1(\theta_H) = \Delta\theta v(q_1(\theta_L)) + \delta\Delta\theta\Delta\beta v(q_2(\theta_L,\theta_L)). \tag{20.22}$$

将式 (20.19)~式 (20.22) 代入式 (20.16)，关于 $q_1(\theta_1), q_2(\theta_1,\theta_2)$ 求解最优化问题导致以下一阶条件：

$$\theta_H v'(q_1(\theta_H)) = c, \tag{20.23}$$

$$\left[\theta_L - \frac{(1-\beta)\Delta\theta}{\beta}\right] v'(q_1(\theta_L)) = c, \tag{20.24}$$

$$\left[\theta_L - \frac{\Delta\theta(1-\beta)(\beta_H-\beta_L)}{\beta(1-\beta_L)}\right] v'(q_2(\theta_L,\theta_L)) = c, \tag{20.25}$$

$$\theta_L v'(q_2(\theta_H,\theta_L)) = c, \tag{20.26}$$

$$\theta_H v'(q_2(\theta_L,\theta_H)) = c, \tag{20.27}$$

$$\theta_H v'(q_2(\theta_H,\theta_H)) = c. \tag{20.28}$$

以上最优合约解意味着当代理人在两期其类型都为 θ_H，或其类型在第一期为 θ_H 而在第二期为 θ_L，或其类型在第一期为 θ_L 而在第二期为 θ_H 时，代理人的消费是有效（最佳）的，而当代理人在两期都为 θ_L 时，代理人的消费则是无效的，并且具有向下的扭曲。

很容易验证可执行性条件 (20.17) 和 (20.18) 也成立。

这样，对于两期都是 θ_L 类型的消费 $q_{L2}(\theta_L)$ 而言，若 $\beta_H = 1, \beta_L = 0$，即类型固定的情形，式 (20.25) 成为

$$\left(1 - \frac{\Delta\theta}{\theta_L}\frac{1-\beta}{\beta}\right)\theta_L v'\left(q_2(\theta_L,\theta_L)\right) = c,$$

从而得到和类型固定时一样的次佳解 $q_2(\theta_L,\theta_L) = q_1(\theta_L) = q_L^{SB}$。

而当 $\beta_H = \beta_L = \beta$，即两个类型独立时，式 (20.25) 成为

$$\theta_L v'(q_2(\theta_L,\theta_L)) = c,$$

第20章

从而得到和类型相关时在第二期一样的最佳解 $q_2(\theta_L,\theta_L) = q_L^{FB}$。

20.3 不同承诺能力下的动态合约

在这一节，我们讨论在委托人的不同承诺能力下，动态互动是如何影响代理人的激励相容约束的。在第 16 章的静态逆向选择问题中，委托人通过赋予代理人一定的信息租金来诱使代理人如实披露其类型信息。然而，在多期情形下，若代理人在第一期如实披露其私人信息，但委托人对未来不具有完全承诺能力，那么委托人就可以完全利用这些信息，单方面毁约，不再给代理人信息租金。若是这样，代理人就不会有激励在前期显示其类型的真实信息，因为如实披露类型会损害未来的收益。这样，在动态环境下，激励相容约束会发生变化。在现实中能找到许多这样的例子，比如在管制中，由于管制的价格依赖于企业披露的成本类型，一旦过去的成本信息被利用到未来的管制中，就容易出现“鞭打快牛” (rachet effect) 和说真话倒霉的现象。如果是这样，那么谁还愿意起初就如实披露自己的信息呢？Freixas，Guesnerie 和 Tirole (1985) 对此有深入分析。

此外，在逆向选择中，一个基本原则是“信息租金的抽取与配置效率的权衡”，即通过扭曲某些类型的代理人的配置结果，来减少另外一些类型代理人的信息租金。在动态的环境下，一旦类型信息被完全披露，委托人和某些类型的代理人就都会有动机去减少甚至消除这些扭曲，而这又可能会改变其他类型经济人的激励相容约束。这一情形在文献中又被称为动态情形下的再协商问题。

在动态合约中，存在两类合约：一是即期合约 (spot contracts)；二是长期合约 (long-term contracts)，即事先规定未来合约的内容。然而，长期合约是否可行依赖于委托人的承诺能力 (commitment power)。在文献中，按照委托人承诺能力的大小，分为三种情形：一是完全承诺能力，即合约一旦签订，未来就不能改变；二是完全没有承诺能力，即委托人可以根据自己掌握的信息，单方面毁约；三是部分承诺能力，即合约条款的改变需要得到各方当事人的同意。在现实中，上面三种情形都有可能出现，委托人的承诺能力依赖于所处的环境，比如法律约束、政治制度等。

一个没有完全承诺能力的动态委托–代理问题通常会比较复杂。为简单起见，我们通过例子来刻画在长期合约中代理人所面临的一些新的激励问题。下面我们讨论在两期垄断销售中，在不同承诺能力下委托人的合约选择问题。Hart 和 Tirole (1988) 详细分析了这一问题，这里我们采用 Segal (2010) 对他们模型的简化表述。

对这几种情况进行讨论，假设垄断者 (委托人) 与消费者 (代理人) 之间的互动有两个时期，现在和未来，$t=1$ 表示现在，$t=2$ 表示未来，δ 是未来的贴现因子，不过，由于未来的时间跨度足够长，有可能 $\delta>1$。由于 δ 刻画了未来相对于现在的收益状况，有可能影响到参与人的行为，在下面的讨论中我们会关注 δ 对合约的影响。

消费者有自己关于商品价值的私人信息 θ。假设有两种可能类型 $\{\theta_H,\theta_L\},\theta_H>\theta_L>0$，$\theta_H$ 类型的概率是 β。假设在两个时期内，消费者对商品的价值都不会改变，因此是固定类型模型。为简化起见，消费者的需求是单位需求，即最多只购买一单位。令 $x_{it}\in\{0,1\}$ 表示 θ_i 类型的消费者在时期 t 的购买决策。假设商品的单位生产成本为 0，p_t 是时期 t 的价格。消费者的效用为：

$$U(x_{i1},x_{i2})=\sum_{t=1}^{2}\delta^{t-1}(\theta_i x_{it}-p_t).$$

垄断者的期望利润为：

$$\pi(p_1,p_2)=\sum_{t=1}^{2}\delta^{t-1}p_t[\beta x_{H,t}+(1-\beta)x_{L,t}],$$

其中，$x_{H,t}$ 和 $x_{L,t}$ 分别是时期 t 类型 θ_H 和 θ_L 的购买决策。

20.3.1 完全承诺下的合约

为了比较不同情形下的合约，我们先讨论静态情形，即一期的销售合约。

由于垄断者面临一个消费者，显然当 $p\leqq\theta_L$ 时，$x_H=x_L=1$，利润为 p；当 $\theta_L<p\leqslant\theta_H$ 时，$x_H=1,x_L=0$，利润为 βp；当 $p>\theta_H$ 时，$x_H=x_L=0$，利润为 0。令 $\bar{\beta}=\frac{\theta_L}{\theta_H}$，利润最大化的销售价格为：

$$p^*(\beta)=\begin{cases}\theta_H, & 若\beta>\bar{\beta},\\ \theta_L, & 若\beta<\bar{\beta},\\ \theta_H 或 \theta_L, & 若\beta=\bar{\beta}.\end{cases}$$

消费者的选择为：

$$(x_H^*, x_L^*) = \begin{cases} (1,0), & \text{若}\beta > \bar{\beta}, \\ (1,1), & \text{若}\beta < \bar{\beta}, \\ (1,0)\text{ 或 }(1,1), & \text{若}\beta = \bar{\beta}. \end{cases}$$

此时垄断者在第一期的利润为：

$$\pi_1^*(\beta) = \max\{\beta\theta_H, \theta_L\}.$$

当 $\beta < \bar{\beta}$ 时，θ_H 的效用水平为 $U(\theta_H) = \theta_H - \theta_L$，可以将其理解为 θ_H 类型的信息租金。

下面我们来讨论两期动态的销售合约。

当垄断者具有完全承诺能力时，最优的动态销售合约是上面静态合约的两期重复，即 $p_t^* = p^*, t = 1, 2$。此时消费者的消费选择为 $x_i^*(t) = x_i^*, i \in \{H, L\}$，垄断者的利润为 $\pi^*(\beta) = (1+\delta)\pi_1^*(\beta)$，这是因为在这个合约下，垄断者在每一期都得到了最大可能的利润。

20.3.2 无承诺能力下的动态合约

当垄断者完全没有承诺能力时，即垄断者可以单方面改变合约时，上面的合约会不会被执行，或者说，垄断者有没有动机改变第二期的价格呢？当 $\beta \leqq \bar{\beta}$ 时，由于两种类型的消费者都会购买，垄断者不能从消费者的行为辨别他们的类型，从而不存在对消费者类型的信念修正。因此，在第二期，垄断者还是会遵守该合约，此时的价格是在初始信念下利润最大化的价格。

然而，当 $\beta > \bar{\beta}$ 时，垄断者会有动机单方面改变合约。若第一期消费者不购买 $x_1 = 0$，垄断者知道消费者一定是 θ_L 类型的，此时垄断者会改变合约，使得 $p_2 = \theta_L$。这样，当 θ_H 类型消费者理性预料到垄断者会在第二期修改合约时，他就不会在第一期选择购买了，从而上面的合约就不会被执行。因此，在 $\beta > \bar{\beta}$ 下，若垄断者没有承诺能力，此时合约只有即期合约，而不存在长期合约。

下面我们讨论当 $\beta > \bar{\beta}$ 时垄断者即期合约的选择。垄断者和消费者的互动时间流程可以总结为：在第一期，垄断者选择 p_1，消费者选择 $x_1 \in \{0, 1\}$；在第二期，垄断者选择 $p_2(x_1)$，消费者选择 $x_2 \in \{0, 1\}$。垄断者在观察到消费者在第一期的购买后，会修正对消费者类型的信念，记后验信念为 $\hat{\beta}(x_1) = prob(\theta) = prob(\theta_H|x_1)$。

在这个互动中，我们选择的均衡概念是 **(弱) 完美贝叶斯均衡** (PBE)，即在均衡路径上以贝叶斯规则来修正信念，在均衡路径外，后验信念是任意的。我们采用完美贝叶斯均衡是考虑到对第一期不同价格 p_1 下的延续博弈有不同的贝叶斯–纳什均衡，我们需要从中决定序贯理性的贝叶斯–纳什均衡，从而可求出委托人的最优均衡价格 p_1^*。委托人在延续博弈中的策略是函数 $p_2(x_1)$，该函数决定了代理人第一期选择 x_1 之后的第二期价格。令 $\hat{\beta}(x_1) = prob(\theta_H|x_1)$ 是委托人在选择 x_1 后认为代理人是高类型的后验信念。

接下来，我们分析在完美贝叶斯均衡解概念下的三种可能的均衡类型：**完全显示均衡**

(或称**分离均衡**)、**无显示均衡** (或称**混同均衡**) 和**部分显示均衡** (或称**准分离均衡**)，即某些私人信息类型的参与人选择混合策略的均衡情形。

无承诺能力下的完全显示均衡

在价格 p_1 下，唯一可能的完全显示均衡（即分离均衡）是 $x_H = 1$ 和 $x_L = 0$，此时

$$\hat{\beta}(x_1) = \begin{cases} 1, & 若 x_1 = 1, \\ 0, & 若 x_1 = 0. \end{cases}$$

根据序贯理性，垄断者第二期的价格选择为

$$p_2(x_1) = \begin{cases} \theta_H, & 若 x_1 = 1, \\ \theta_L, & 若 x_1 = 0. \end{cases}$$

此时，若完全显示均衡存在，则需满足关于 (θ_H, θ_L) 的激励相容条件：

$$IC_H: \underbrace{\theta_H - p_1}_{t=1:买} + \underbrace{\delta(\theta_H - \theta_H)}_{t=2:租金=0} \geqq \underbrace{0}_{t=1:不买} + \underbrace{\delta(\theta_H - \theta_L)}_{t=2时的租金}, \tag{20.29}$$

$$IC_L: \underbrace{0}_{t=1:不买} + \underbrace{\delta(\theta_L - \theta_L)}_{t=2:租金=0} \geqq \underbrace{\theta_L - p_1}_{t=1:买} + \underbrace{0}_{t=2:不买}. \tag{20.30}$$

从而有

$$\theta_H - p_1 \geqq \delta(\theta_H - \theta_L), \quad 若是 \theta_H 类型, \tag{20.31}$$

$$\theta_L - p_1 \leqq 0, \quad 若是 \theta_L 类型. \tag{20.32}$$

在 θ_H 的激励相容条件 (20.31) 下，左边是在第一期购买时的效用，右边是在第一期不购买 (第二期的价格为 $p_2 = \theta_L$) 时的效用。式 (20.31) 可重写为：

$$p_1 \leqq (1-\delta)\theta_H + \delta\theta_L. \tag{20.33}$$

在 θ_L 的激励条件 (20.32) 下，右边是在第一期不购买时的效用，左边是在第一期购买、在第二期不购买 (第二期的价格为 $p_2 = \theta_H$) 时的效用，因为在短期合约中，消费者并没有在第二期一定要购买的约束。不等式 (20.32) 可重写为：

$$p_1 \geqq \theta_L. \tag{20.34}$$

结合式 (20.33）和式 (20.34)，我们得到 $\delta \leqq 1$。这样，若完全显示均衡存在，则必然有 $\delta \leqq 1$。这是因为若 $\delta > 1$，θ_H 的激励条件 (20.33) 意味着 $p_1 \leqq \theta_L$，此时 θ_H 和 θ_L 都会选择在第一期购买，其中 θ_L 类型的消费者在低价购买后，在第二期不再购买，是属于“拿了钱就跑” (take the money and run) 的消费者。

这样，若 $\delta \leqq 1$ 成立，完全显示均衡存在，且有 $p_1^R = (1-\delta)\theta_H + \delta\theta_L$，垄断者的利润为

$$\pi^R = \beta[(1-\delta)\theta_H + \delta\theta_L] + \delta[\beta\theta_H + (1-\beta)\theta_L] = \beta\theta_H + \delta\theta_L,$$

以及 θ_H 类型的消费者的信息租金为 $\delta(\theta_H - \theta_L)$。

无承诺能力下的无显示均衡

在无显示均衡 (即混同均衡) 中，$x_{H1}=x_{L1}$，于是 $\hat{\beta}(x_1)=\beta>\bar{\beta}$，从而 $p_2=\theta_H$。尽管无显示均衡有两种可能 $x_{H1}=x_{L1}=0$，以及 $x_{H1}=x_{L1}=1$，但根据序贯理性，对于垄断者而言，利润最大化的无显示均衡为 $x_{H1}=x_{L1}=1$，无显示均衡的存在需要满足 θ_L 的参与约束，从而无显示均衡的第一期价格为 $p_1=\theta_L$。

混同均衡下垄断者的利润为；

$$\pi^p=\theta_L+\delta\beta\theta_H,$$

而 θ_H 类型的消费者的信息租金为 $\theta_H-\theta_L$。

我们现在比较，当 $\delta\leqq 1$ 时，π^R 和 π^p 的大小。由于

$$\pi^R-\pi^p=(\beta\theta_H-\theta_L)(1-\delta)\geqq 0,$$

当 $\delta\leqq 1$ 时，我们有 $\pi^R\geqq\pi^p$。

无承诺能力下的部分显示均衡

令 ρ_i 是 θ_i 类型在第一期价格 p_1 下购买的概率。由于 θ_H 类型相对于 θ_L 而言更有购买激励，因此必然有 $\rho_H>\rho_L$，此时后验信念为：

$$\hat{\beta}(x_1=1)=\frac{\beta\rho_H}{\beta\rho_H+(1-\beta)\rho_L}\geqq\beta>\bar{\beta},$$

从而必然有 $p_2(x_1=1)=\theta_H$。第二期的价格有两种情形：

（1）若 $\hat{\beta}(x_1=0)\leqq\bar{\beta}$，则 $p_2(1)=\theta_H$ 及 $p_2(0)=\theta_L$。

由于 $\rho_H>\rho_L\geqq 0$，则满足：

$$\theta_H-p_1\geqq\delta(\theta_H-\theta_L),$$

这意味着 $p_1\leqq(1-\delta)\theta_H+\delta\theta_L$。若 $\delta>1$，则两类消费者都会有动机在第一期购买，于是有 $\rho_H=\rho_L=1$，从而不是部分显示均衡。当 $\delta\leqq 1$ 时，最优利润有两个选择：一是 $p_1=(1-\delta)\theta_H+\delta\theta_L$，此时有 $\rho_H\in(0,1]$ 和 $\rho_L=0$，其利润为：

$$\pi^S=\rho_H\beta[(1-\delta)\theta_H+\delta\theta_L]+\delta[\beta\theta_H+(1-\beta)\theta_L].$$

此时最大利润与完全显示均衡的利润相同：$\pi^S=\pi^R$。二是 $p_1=\theta_L$，此时有 $\rho_H=1,\rho_L\in(0,1)$，最大利润为 $\pi^S=\pi^p$。

由于 $\pi^R>\pi^p$，选择 $p_1=(1-\delta)\theta_H+\delta\theta_L$，与完全显示均衡相同。

（2）若 $\hat{\beta}(x_1=0)>\bar{\beta}$，则 $p_2(x_1=1)=p_2(x_1=0)=\theta_H$。

由于 $\hat{\beta}(x_1=0)=\dfrac{\beta(1-\rho_H)}{\beta(1-\rho_H)+(1-\beta)(1-\rho_L)}>0$，因而 $\rho_H<1$，从而必然有 $p_1\geqq\theta_H$。这是由于，若 $p_1<\theta_H$，则 $\rho_H=1$，从而有 $\rho_L=0$。垄断者的第一期价格必然是 $p_1=\theta_H$。由

$$\hat{\beta}(x_1=0)=\frac{\beta(1-\rho_H)}{\beta(1-\rho_H)+(1-\beta)}\geqq\bar{\beta},$$

我们有

$$\rho_H \leqq \hat{\rho}_H = \frac{\beta\theta_H - \theta_L}{\beta(\theta_H - \theta_L)},$$

此时最大可能的利润为

$$\pi^S = \beta\theta_H[\hat{\rho}_H + \delta].$$

当 $\delta \leqq 1$ 时，有 $\pi^R \geqq \pi^p$，下面比较 π^R 和 π^S。

$$\begin{aligned}
\pi^S - \pi^R &= \beta\theta_H\hat{\rho}_H + \beta\theta_H\delta - \beta\theta_H - \delta\theta_L \\
&= \beta\theta_H\hat{\rho}_H + \delta(\beta\theta_H - \theta_L) - \beta\theta_H \\
&= \theta_H\frac{\beta\theta_H - \theta_L}{\theta_H - \theta_L} + \delta(\beta\theta_H - \theta_L) - \beta\theta_H \\
&= (\beta\theta_H - \theta_L)\left[\frac{\theta_H}{\theta_H - \theta_L} + \delta\right] - \beta\theta_H \\
&= \beta\theta_H\left[\frac{\theta_H}{\theta_H - \theta_L} + \delta - 1\right] - \theta_L\left[\frac{\theta_H}{\theta_H - \theta_L} + \delta\right].
\end{aligned}$$

因此，$\pi^S \geqq \pi^R$ 等价于

$$\beta \geqq \beta^{RS} \equiv \frac{\theta_L}{\theta_H}\frac{\theta_H + \delta(\theta_H - \theta_L)}{\theta_L + \delta(\theta_H - \theta_L)}.$$

下面讨论 $\delta > 1$ 时垄断者的合约选择。由于不存在完全显示均衡，下面比较 π^p 和 π^S。

$$\begin{aligned}
\pi^S - \pi^p &= \beta\theta_H\hat{\rho}_H + \beta\theta_H\delta - \theta_L - \delta\beta\theta_H \\
&= \beta\theta_H\hat{\rho}_H - \theta_L \\
&= \frac{\beta\theta_H - \theta_L}{\theta_H - \theta_L}\theta_H - \theta_L \\
&= \frac{\theta_H}{\theta_H - \theta_L}\left[\beta - \frac{\theta_L}{\theta_H}(2 - \frac{\theta_L}{\theta_H})\right].
\end{aligned}$$

因此，$\pi^S \geqq \pi^p$ 等价于

$$\beta \geqq \beta^{PS} \equiv \beta^{FS} \equiv \frac{\theta_L}{\theta_H}\left(2 - \frac{\theta_L}{\theta_H}\right).$$

综合上面对无承诺能力下的垄断者合约选择的讨论，我们有如下结论。

命题 20.3.1　对无承诺能力下的情形，在完美贝叶斯均衡解的概念下，垄断者最优合约选择为

若 $\beta \leqq \bar{\beta}$，垄断者会选择完全承诺下的合约，并可执行；

若 $\delta \leqq 1$，且 $\beta \in (\bar{\beta}, \beta^{RS}]$，则垄断者选择完全显示均衡，其最优合约选择是 $p_1 = (1-\delta)\theta_H + \delta\theta_L$，且 $p_2(x_1 = 1) = \theta_H$ 及 $p_2(x_1 = 0) = \theta_L$；

若 $\delta \leqq 1$，且 $\beta > \beta^{RS}$，则垄断者选择部分显示均衡，其最优合约选择是 $p_1 = \theta_H$，且 $p_2(x_1 = 1) = p_2(x_1 = 0) = \theta_H$；

若 $\delta > 1$，且 $\beta \in (\bar{\beta}, \beta^{PS}]$，则垄断者选择无显示均衡，其最优合约选择是 $p_1 = \theta_L$，且 $p_2(x_1 = 1) = p_2(x_1 = 0) = \theta_H$；

若 $\delta > 1$，且 $\beta > \beta^{PS}$，则垄断者选择部分显示均衡，其最优合约选择是 $p_1 = \theta_H$，且 $p_2(x_1 = 1) = p_2(x_1 = 0) = \theta_H$。

20.3.3 部分承诺能力下的动态合约

下面讨论部分承诺能力的情形，即只有经代理人同意，委托人才能修改合约。此时委托人和代理人的互动为：在第一期，委托人提供一个合约 $(p_1; p_2(1), p_2(0))$；代理人选择购买决策 x_1；在第二期，委托人提出新合约 $(p_2'(1), p_2'(0))$；代理人选择接受新合约，或不接受新合约但初始合约有效；代理人选择第二期的购买决策。若 $p_2' = p_2$，委托人遵循初始合约。

这种重新再协商的情形看上去复杂，不过下面的**"再协商防范原理/无需再协商原理"** (renegotiation-proof principle) 可以约束委托人的合约选择范围。

我们首先定义再协商防范 (renegotiation-proof) 合约的概念。

定义 20.3.1 再协商防范合约是一个完美贝叶斯均衡下的无需再协商合约。

第20章

我们将求这个合约委托人的完美贝叶斯均衡。注意，当且仅当 $p_2'(x_1) < p_2(x_1)$ 时，委托人将接受代理人选择 x_1 后的重新协商报价 $p_2'(x_1)$。因此，一个长期允许再协商合约承诺委托人不会提价，但不承诺委托人不降价。不失一般性，通过提供一个均衡下的无需再协商合约，可以大大简化其分析，这就是下面的再协商防范原理。

命题 20.3.2 (再协商防范原理) 在上面两阶段的销售中，对于任何一个允许再协商合约的完美贝叶斯均衡，总存在着另外一个无需再协商合约的完美贝叶斯均衡，该合约所执行的均衡结果与允许再协商的完美贝叶斯均衡结果是一致的。

证明： 令在完美贝叶斯均衡中，$(p_1; p_2(1), p_2(0))$ 是初始合约。当消费者选择 x_1 时，委托人选择一个消费者同意的新合约 $(p_2'(1), p_2'(0))$，此时 $(p_1; p_2'(1), p_2'(0))$ 就是一个无需再协商合约，该合约与允许再协商合约的均衡结果是一致的，因此该合约也是完美贝叶斯均衡。 □

这一原理在 Dewatripont (1989) 中有深入的分析。再协商防范原理与显示原理类似，即对于任意一个均衡，总可以找到一个与均衡结果一致的新均衡，该均衡满足不再协商或者信息如实披露。通过再协商防范原理，在动态合约中，委托人的最优合约的选择可以局限在再协商防范合约集合中。

由于在 $\beta \leqq \bar{\beta}$ 时，具有完全承诺能力的合约在第一期时，所有消费者都会购买，消费者的行为不会修正委托人的信念，因此，具有完全承诺能力的合约在委托人能单方面改变时也能被执行，当然，在委托人同意才能改变合约时也能被执行。这样，我们只需讨论 $\beta > \bar{\beta}$ 的情形。

首先，完全承诺能力下的合约 $p_1 = p_2(1) = p_2(0) = \theta_H$ 不是一个再协商防范合约。这是因为，若 $x_1 = 0$ 会被认为是 θ_L 类型，在序贯理性下，$p_2(0) = \theta_L$ 会被 θ_L 消费者接受，同时也提高了垄断者的利润，因此垄断者有激励提出新合约。这样，在同意才能改变的承诺下，具有完全承诺能力的合约不能被执行。

其次，任意一个完全没有承诺能力的即期合约都可以在同意才能改变的承诺下被执行。这是因为，若 p_1^N 和 $(p_2(1)^N, p_2(0)^N)$ 是两个即期合约，显然在观察到 x_1 时在第二期中的合约 $(p_1^N; p_2(1)^N, p_2(0)^N)$ 也会被执行。若委托人提供新合约 $(p_2'(1), p_2'(0))$ 并且新合约能被代理人接受，则必然有 $p_2'(1) < p_1^N(1)$ 或 $p_2'(0) < p_1^N(0)$，但在利润最大化的动态即期合约中，给定 x_1 和委托人的信念时，$p_1^N(x_1)$ 是利润最大化的选择。因此，委托人不会有动机改变初始合约。

最后，相对于无承诺能力的即期合约，提高委托人的承诺能力，即在同意才能改变的承诺下，对于委托人会不会更有利呢？考虑下面的合约 $(p_1 = \theta_H + \delta\theta_L; p_2(1) = 0, p_2(0) = \theta_L)$。这个合约在同意才能改变的承诺下是一个分离均衡，这是因为对于 θ_H 的消费者，选择在第一期购买的效用为

$$\theta_H - (\theta_H + \delta\theta_L) + \delta\theta_H = \delta(\theta_H - \theta_L) > 0.$$

而第一期不购买的效用为

$$\delta(\theta_H - \theta_L).$$

因此，该合约满足 θ_H 的激励相容约束和参与约束。

对于 θ_L，若选择在第一期购买，其效用为

$$\theta_L - (\theta_H + \delta\theta_L) + \delta\theta_L = -(\theta_H - \theta_L) < 0,$$

而第一期不购买的效用为

$$\delta(\theta_L - \theta_L) = 0.$$

因此，该合约满足 θ_L 的激励相容约束和参与约束。

此外，在同意才能改变的承诺下，委托人在第二期也不会提供新合约 $(p_2'(1), p_2'(0))$。这是由于，若代理人同意，这意味着 $p_2'(1) < 0$ 或 $p_2'(0) < \theta_L$。显然这不符合委托人的利益。因此，上面的合约是再协商防范合约。

然而，我们注意到，这个合约在委托人单方面即可改变的承诺下是不可执行的，因为一旦 $x_1 = 1$，消费者必然是 θ_H 类型，此时在序贯理性下，委托人会选择价格 $p_2(1) = \theta_H$，因此在无承诺能力时是不能被执行的。

20.4　序贯甄别

从上面的讨论我们知道，在动态环境下，消费者在不同时期有不同程度的信息优势。在不同时期的决策中，这些信息优势会被转换为不同的信息租金。在现实中，通常还会有下面的情形：消费者对自己未来需求的了解有一个时间上的过程，在不同时期掌握不同的

信息，此时供应商可通过一些机制来诱导消费者逐渐披露他们所掌握的信息，即通过一些合约选择序贯地甄别消费者。Courty 和 Li (2000) 在文献中引入了序贯甄别 (sequential screening) 机制，这个机制解决了在一个逐渐学习的环境下，如何通过设计甄别机制来诱使消费者披露信息。

20.4.1 序贯甄别的一个例子

下面先通过机票预订的例子来讨论序贯甄别背后的逻辑。假设某个垄断航空公司打算推出对未来某个时期的某种机票预售方案。假设市场上有两类消费者，一类是旅游类型 L，另一类是商务类型 B，设前者的比例为 1/3。他们都不能确切知道未来对机票的效用价值，但知道其分布。假设在 $t=0$ 期，旅游类型的消费者预期其在 $t=1$ 期的价值 θ_L 服从 $[1,2]$ 上的均匀分布；商务类型的消费者预期其在 $t=1$ 期的价值 θ_B 服从 $[0,1]\cup[2,3]$ 上的均匀分布，这样商务类型的消费者对机票的价值更具有不确定性。设航空公司提供一个座位的成本为 1。在时期 1，所有消费者都知道他们的价值。航空公司在 $t=0$ 期时提供合约。假设所有人都是风险中性的。

我们首先考虑航空公司在 $t=1$ 期的垄断定价 p。对于垄断者来说，消费者对于机票的价值类型服从 $[0,3]$ 上的均匀分布，其分布函数 $F(x)=\dfrac{x}{3}$。此时垄断者的问题是：

$$\max_p (p-1)(1-F(p)),$$

得到垄断价格 $p^m=2$，以及利润为 $\pi^m=\dfrac{1}{3}$。

下面讨论垄断者在 $t=0$ 期的销售方案。消费者类型只有两类，即旅游类型和商务类型。航空公司考虑下面两个预售方案：一个是售价 $p_l=1.5$，但没有退票返还，即退票返还 $r_l=0$；另一个是售价 $p_b=1.75$，但退票可以返还，$r_b=1$（于是取消费是 0.75）。我们现验证，在这样的预售方案下，旅游类消费者会选择 (p_l,r_l)，而商务类消费者会选择 (p_b,r_b)。

对旅游类消费者，若选择 (p_l,r_l)，其期望收益为

$$\int_1^2(\theta_L-1.5)d\theta_L=0>\int_1^2(\theta_L-1.75)d\theta_L.$$

对商务类消费者来说，若选择 (p_b,r_b)，其期望收益为

$$\begin{aligned}&\frac{1}{2}\int_0^1(1-1.75)d\theta_B+\frac{1}{2}\int_2^3(\theta_B-1.75)d\theta_B\\ =0=&\frac{1}{2}\int_0^1(\theta_B-1.5)d\theta_B+\frac{1}{2}\int_2^3(\theta_B-1.5)d\theta_B.\end{aligned}$$

因此，这个甄别预售方案满足激励相容约束和参与约束，同时两类消费者的期望收益 (或者说信息租金) 都为 0。$t=0$ 的预售方案给垄断者带来的利润为：

$$1/3(1.5-1)+2/3[\int_0^1(1.75-1)d\theta_B+\int_2^3(1.75-1)d\theta_B]=\frac{2}{3}>\pi^m.$$

这样，垄断者通过这些甄别合约获得的利润比在 $t=1$ 时期的单一定价高。

在 $t=1$ 期，对于商务类型，若 $\theta_B \in [0,1]$，会选择退票，若 $\theta_B \in [2,3]$，则不选择退票，每个商务类消费者给航空公司增加 0.75 的利润。

以上例子揭示了序贯甄别的基本思想。一方面，随着时间的推移，代理人在信息上具有更多的优势。要甄别这样的信息，委托人需要放弃更多的信息租金，而筛选越早，代理人的信息租金就越低。另一方面，随着时间的推移，更多的信息使配置效率提高，而更早的甄别会带来更多的配置效率损失。因此，在顺序筛选中，随着时间的推移，在信息租金抽取和配置效率 (在时间上) 之间有一个权衡取舍。

还有其他许多采用不同形式的序贯机制的例子，如酒店预订 (取消费)、汽车租赁 (免费里程与固定津贴)、电话定价 (通话计划)、公共交通 (日票) 和公用事业定价 (可选费率)。序贯价格歧视也可能在税收和采购等合同问题中发挥作用，因为代理人的私人信息是按序披露的。

虽然序贯机制可以采取不同的形式，为讨论方便，我们仅考虑消费者有单位需求的情况，如机票定价问题。在这种情况下，最优的事后定价方案 (在消费者获得关于其需求的完整私人信息后) 退化为标准垄断定价，垄断者仅通过选择商品的交付概率来进行序贯歧视。

20.4.2　不完全信息下的序贯甄别

上面的例子所得到的结果是否为垄断者在不完全信息约束下的最优选择呢？为了讨论不完全信息下的序贯甄别机制，考虑简单的两期和两类型模型。

在机票销售背景下，假设有两类消费者，一类是商务乘客 B，另一类是旅游乘客 L。假设 $\beta_t, t \in \{B,L\}$ 是 t 类型的概率。消费只发生在第二期，同时是单位需求，消费者与垄断者的互动时间结构为：在时刻 0，消费者知道自己属于哪一种类型；在时刻 1，垄断者向乘客提供一个预期购买合约，(a_t, k_t)，其中 a_t 是预先支付的票价，k_t 是若第二期退票可以得到的返还。在时刻 1，消费者决定是否接受，若不接受就结束，得到保留效用 $u_0=0$，若接受，进入第二期。在时刻 2，消费者知道自己对于旅行的真实价值 $v \in [\underline{v}, \bar{v}]$，同时决定是退票还是乘坐。假设 t 类型消费者在时刻 0，了解在第二期旅行的价值的分布函数为 G_t，密度函数为 g_t。以上信息结构是共同知识。卖方和旅客风险中性，每种类型旅客的保留效用被标准化为零。

假设商务类消费者在一阶随机占优意义下机票价值更高，即对所有 $v \in [\underline{v}, \bar{v}]$，$G_B(v) \leqq G_L(v)$ 或与上面的例子类似，或假设商务类型的第二期价值分布 G_B 与旅游类型的第二期价值分布 G_L 有相同的期望值，但前者比后者有更大的不确定性，即方差更大，用更严格的术语来说，G_B 是 G_L 的“均值保持扩散”(mean-preserving spread, MPS)：若 G_B 是 G_L 的 MPS，那么对于 G_B 和 G_L，随机变量分别为 v_B 和 v_L，使之有 $v_B = v_L + v_\epsilon$，且随机变量 v_ϵ 与 v_L 是独立的，或等价地，有相同的期望值，并且对任意的 $v \in [\underline{v}, \bar{v}]$，都有 $\int_{\underline{v}}^{v}(G_B(u) - G_L(u))du \geqq 0$，也就是说，$G_L$ 二阶随机占优 G_B (参见第 2 章)。

例 20.4.1 在之前的例子中，G_B 和 G_L 分别为：

$$G_B(v)=\begin{cases}\dfrac{v}{2}, & 若v\in[0,1],\\ \dfrac{1}{2}, & 若v\in[1,2],\\ \dfrac{v-1}{2}, & 若v\in[2,3],\end{cases}$$

以及

$$G_L(v)=\begin{cases}0, & 若v\in[0,1],\\ v-1, & 若v\in[1,2],\\ 1, & 若v\in[2,3].\end{cases}$$

v_ϵ 的分布函数为：

$$G_\epsilon(v)=\frac{v+2}{4}, v\in[-2,2].$$

于是有：

第20章

$$\int_{\underline{v}}^{v}(G_B(u)-G_L(u))du=\begin{cases}\dfrac{v^2}{4}\geqq 0, & 若v\in[0,1],\\ \dfrac{1}{4}-\dfrac{(v-1)(v-2)}{2}\geqq 0, & 若v\in[1,2],\\ \dfrac{(v-3)^2}{4}\geqq 0, & 若v\in[2,3].\end{cases}$$

这样，G_L 二阶随机占优 G_B。

此外，假设垄断者提供旅行服务的单位成本为 c。

我们从第二期开始分析垄断者与消费者的互动。显然，对在第二期 t 类型的消费者来说，若其价值 $v>k_t$，则在第二期会选择乘坐，否则选择退票。因此，在时刻 1，t 类型的消费者选择 $(a_{t'},k_{t'})$ 的期望效用为：

$$\begin{aligned}u_t(a_{t'},k_{t'})&=-a_{t'}+k_{t'}G_t(k_{t'})+\int_{k_{t'}}^{\bar{v}} vdG_t(v)\\ &=-a_{t'}+k_{t'}G_t(k_{t'})+\int_{\underline{v}}^{\bar{v}}\max\{v,k_{t'}\}dG_t(v).\end{aligned}$$

若 $(a_B,k_B;a_L,k_L)$ 满足激励相容约束，则有：

$$\begin{aligned}&-a_B+k_BG_B(k_B)+\int_{\underline{v}}^{\bar{v}}\max\{v,k_B\}dG_B(v)\\ &\geqq -a_L+k_LG_B(k_L)+\int_{\underline{v}}^{\bar{v}}\max\{v,k_L\}dG_B(v);\end{aligned}\tag{20.35}$$

$$
\begin{aligned}
&-a_L + k_L G_L(k_L) + \int_{\underline{v}}^{\bar{v}} \max\{v, k_L\} dG_L(v) \\
&\qquad \geqq -a_B + k_B G_L(k_B) + \int_{\underline{v}}^{\bar{v}} \max\{v, k_B\} dG_L(v);
\end{aligned} \tag{20.36}
$$

$$
-a_B + k_B G_B(k_B) + \int_{\underline{v}}^{\bar{v}} \max\{v, k_B\} dG_B(v) \geqq 0; \tag{20.37}
$$

$$
-a_L + k_L G_L(k_L) + \int_{\underline{v}}^{\bar{v}} \max\{v, k_L\} dG_L(v) \geqq 0. \tag{20.38}
$$

上面的式 (20.35）和式 (20.36) 分别是 B 类型和 L 类型的激励相容条件，式 (20.37) 和式 (20.38) 分别是 B 类型和 L 类型的参与约束条件。

垄断者的问题是求解：

$$
\begin{aligned}
\max_{(a_B, k_B; a_L, k_L)} \; & \beta_B[a_B - k_B G_B(k_B) - c(1 - G_B(k_B))] \\
& + \beta_L[a_L - k_L G_L(k_L) - c(1 - G_L(k_L))],
\end{aligned} \tag{20.39}
$$

满足约束 (20.35)、(20.36)、(20.37) 及 (20.38)。

下面我们验证，在最优合约下，只有式 (20.35) 和式 (20.38) 是等式约束。首先，由于 $\max\{v, k_L\}$ 是 v 的非减函数，当 $G_B(v)$ 一阶随机占优 $G_L(v)$ 时，有：

$$
\int_{\underline{v}}^{\bar{v}} \max\{v, k_L\} dG_B(v) \geqq \int_{\underline{v}}^{\bar{v}} \max\{v, k_L\} dG_L(v).
$$

或由于 $\max\{v, k_L\}$ 是 v 的凸函数，根据 MPS 的性质，以上不等式也会成立。因此式 (20.35) 成立，从而得到：

$$
-a_B + k_B G_B(k_B) + \int_{\underline{v}}^{\bar{v}} \max\{v, k_B\} dG_B(v) \geqq -a_L + k_L G_B(k_L) + \int_{\underline{v}}^{\bar{v}} \max\{v, k_L\} dG_L(v) \geqq 0,
$$

由此 B 类型的参与约束 (20.37) 成立。

于是，和前面一样，我们可得出在最优合约下，约束 (20.35) 和 (20.38) 必定紧致，否则航空公司的利润将会增加。先忽略 L 类型的激励相容约束 (20.36) (稍后会验证在下面的次佳合约下，这一约束自然会满足)，把式 (20.35) 和式 (20.38) 的等式约束代入式 (20.39)，重写垄断者的目标函数：

$$
\max_{(k_B, k_L)} \int_{k_B}^{\bar{v}} \beta_B(v - c) dv + \int_{k_L}^{\bar{v}} \beta_L(v - c) g_L(v) - \beta_B(G_L(v) - G_B(v)) dv. \tag{20.40}
$$

在目标函数 (20.40) 中定义

$$
S_t(k_t) = \int_{k_t}^{\bar{v}} (v - c) g_L(v) dv
$$

为 $t \in \{L, B\}$ 类型的消费净剩余，

$$
R_B(k_L) = \int_{k_L}^{\bar{v}} (G_L(v) - G_B(v)) dv
$$

为 B 类型的信息租金。

在目标函数 (20.40) 下的最优解为：

$$k_B = c, \tag{20.41}$$

$$k_L = \text{argmax}_k[f_L S(k) - f_B Rk]. \tag{20.42}$$

垄断者的次佳解体现了信息租金抽取与配置效率的权衡，此时 B 类型对应于之前的高端客户 θ_H，他的消费不存在顶端扭曲，因为对他而言，只有其价值超过 c 他才会消费；而对于 L 类型而言，他对应于之前的低端客户 θ_L，其消费可能存在扭曲，垄断者选择扭曲 L 类型的消费，目的在于权衡配置效率 $S_L(k_L)$ 以及 B 类型的信息租金 $R_B(k_L)$ 的抽取。

下面我们验证在由式 (20.41) 和式 (20.42) 组成的次佳解下 L 类型的激励相容约束 (20.36) 是成立的。

由于式 (20.35) 是等式约束意味着 $a_L - a_B = \int_{k_B}^{k_L} G_B(v)dv$，因此

$$\begin{aligned}-a_L + k_L G(k_L) + \int_{k_L}^{\bar{v}} vdG_L(v) = &-a_B + k_B G(k_L) + \int_{k_B}^{\bar{v}} vdG_L(v) \\ &- \int_{k_B}^{k_L}(G_B(v) - G_L(v))dv.\end{aligned}$$

这样，式 (20.36) 成立等价于 $\int_{k_B}^{k_L}(G_B(v)-G_L(v))dv \leqq 0$。下面验证 $\int_{k_B}^{k_L}(G_B(v)-G_L(v))dv \leqq 0$。当 $k_L = c$ 时，它显然成立。当 $k_L \neq c$ 时，假设有 $\int_c^{k_L}(G_B(v) - G_L(v))dv > 0$。考虑一个新的合约，其中 $k'_B = k'_L = c$，则 $S_L(k'_L) = S_L(c) > S_L(k_L)$，同时信息租金为：

$$\begin{aligned}R_B(k'_L) &= \int_c^{\bar{v}}(G_L(v) - G_B(v))dv \\ &= \int_{k_L}^{\bar{v}}(G_L(v) - G_B(v))dv + \int_c^{k_L}(G_L(v) - G_B(v))dv \\ &\leqq \int_{k_L}^{\bar{v}}(G_L(v) - G_B(v))dv = R_B(k_L),\end{aligned}$$

这与 $(k_B\ k_L)$ 是给定约束下的次佳合约相矛盾，因此必然有 $\int_c^{k_L}(G_B(v) - G_L(v))dv \leqq 0$，即不等式 (20.36) 在式 (20.35) 和式 (20.38) 的等式约束下的次佳解是成立的。

下面证明，在解 $k_L \neq c$ 处必定有 $k_L < c$。我们把 $k_L > c$ 的情形看作 L 类型消费者受到消费配给 (ration)，把 $k_L < c$ 看成是受到补贴，因为当 $v \geqq k_L$ 时，L 类型消费者就会消费。

对于 $S_L(k_L) = \int_{k_L}^{\bar{v}}(v-c)g_L(v)dv$, $\forall k_L \in [\underline{v}, \bar{v}]$, $S_L(c) \geqq S_L(k_L)$，即当 $k_t = c$ 时，消费者净剩余最大。然而，对 L 类型消费者的信息租金，$R_B(k_L) = \int_{k_L}^{\bar{v}}(G_L(v) - G_B(v))dv = \int_{\underline{v}}^{k_L}(G_B(v) - G_L(v))dv \geqq 0$，当 $k_l = \underline{v}$ 或者 $k_l = \bar{v}$ 时，$R_B(k_L) = 0$，因此在选择域 $[\underline{v}, \bar{v}]$ 的内部，信息租金 R_B 会更大。

下面考虑一种特殊情形，$R_B(k_L)$ 是一个单峰函数，即存在一个 z 使得：$\forall k_L < z$，$\dfrac{dR_B(k_L)}{dk_L} > 0$，而 $\forall k_L > z$，$\dfrac{dR_B(k_L)}{dk_L} < 0$。若密度函数 g_B 和 g_L 关于峰值点 z 是对称的，我们会发现：当 $c < z$(或者 $c > z$) 时，$k_L < c$(或者 $k_L > c$)。下面只讨论 $c < z$ 的情形 ($c > z$ 也是类似的)。令 k_L^{SB} 是 k_L 的次佳解。

（1）$k_L^{SB} \notin (c, z]$。这是因为，当 $k_L \in (c, z]$ 时，有 $\dfrac{dS_L(k_L)}{dk_L} < 0$，同时 $\dfrac{dR_B(k_L)}{dk_L} > 0$。这样，当 k_L 减少时，会增加 $S_L(k_L) - R_B(k_L)$。

（2）$k_L^{SB} \notin (z, 2z - c]$。这是因为，当 $k_L \in (z, 2z - c]$ 时，考虑另外一个 $\tilde{k}_L = 2z - k_L$，有 $R_B(\tilde{k}_L) = R_B(k_L)$，但 $c \leqq \tilde{k}_L < k_L$，则 $S_L(\tilde{k}_L) > S_L(k_L)$。

（3）$k_L^{SB} \not> 2z - c$。这是因为，当 $k_L > 2z - c$ 时，考虑另外一个 $\tilde{k}_L = 2z - k_L$，有 $R_B(\tilde{k}_L) = R_B(k_L)$。由于对 $k > 2z - c$ 和 $\tilde{k} = 2z - k$，我们有:

$$-\frac{dS_L(k)}{dk} = (k - c)g_L(k) = (k - c)g_L(\tilde{k}) > (c - \tilde{k})g_L(\tilde{k}) = \frac{dS_L(\tilde{k})}{dk}.$$

上面的第二个等式来自 g_L 关于 z 是对称的假设。第三个不等式来自 $k + \tilde{k} = 2z > 2c$。

$$\begin{aligned} S_L(c) - S_L(k_L) &= \int_c^{k_L} -\frac{dS_L(k)}{dk} dk \\ &> \int_{\tilde{k}_L}^{c} \frac{dS_L\tilde{k}}{dk} dk \\ &= S_L(c) - S_L(\tilde{k}_L), \end{aligned}$$

得到：$S_L(\tilde{k}_L) > S_L(k_L)$，与 k_L 是次佳解矛盾。

综上所述，得到：$k_L^{SB} < c$。

例 20.4.2　回到开始的例子，$c = 1$，此时 $S_L(k_L)$ 和 $R_B(k_L)$ 分别是:

$$S_L(k_L) = \int_{k_L}^{\bar{v}} (v - c)g_L(v)dv \begin{cases} \dfrac{1}{2}, & 若 k_L \in [0, 1], \\ k_L - \dfrac{k_L^2}{2}, & 若 k_L \in [1, 2], \\ 0, & 若 k_L \in [2, 3], \end{cases}$$

以及

$$R_B(k_L) = \int_{\underline{v}}^{k_L} (G_B(u) - G_L(u))du = \begin{cases} \dfrac{k_L^2}{4} \geqq 0, & 若 k_L \in [0, 1], \\ \dfrac{1}{4} - \dfrac{(k_L - 1)(k_L - 2)}{2} \geqq 0, & 若 k_L \in [1, 2], \\ \dfrac{(k_L - 3)^2}{4} \geqq 0, & 若 k_L \in [2, 3]. \end{cases}$$

于是，$z = 1.5$，$k_L^{SB} = \text{argmax}_k \dfrac{1}{3}S_L(k) - \dfrac{2}{3}R_B(k)$，从而得到 $k_L^{SB} = 0$，具体见图 20.4。

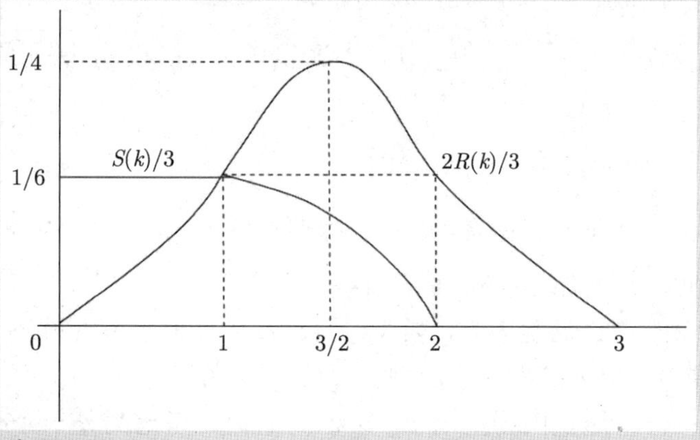

图 20.4　两类型的序贯甄别

由于 L 类型的参与约束 (20.38) 是紧致的，当 $k_L = 0$ 时，$a_L = 1.5$；由于 $k_B = c = 1$，同时 B 类型的激励相容约束 (20.35) 也是紧致的，于是得到 $a_B = 1.75$。因此，$(a_L = 1.5, k_L = 0; a_B = 1.75, k_B = 1)$ 就是垄断者次佳的票价合约。

Courty 和 Li (2000) 进一步讨论了 G_B 和 G_L 在其他假设情形下以及连续类型下的序贯甄别，有兴趣的读者可以进一步阅读他们的论文。

20.5　预算平衡有效机制

在前面几节，我们讨论了在只有一个代理人的动态环境下，委托人和代理人之间的互动存在跨期约束，如怎样控制信息来平衡不同时期之间的信息租金，以及信息租金抽取与配置效率之间的权衡取舍。但在一般多人的动态机制中，由于参与人在不同时期的行为可能会显示其类型，在跨期行为选择上会有一些策略性的动态考虑，而这会改变机制中的激励相容约束。

在这一节，我们在机制设计的框架下讨论动态有效机制的设计问题。Athey 和 Segal (2013) 构建了一个在动态环境下有效机制的分析框架。回顾前面几章，在静态环境私人信息下的机制设计中，若机制的参与人具有拟线性效用函数，则 VCG 机制是一个导致社会剩余最大化的有效决策机制，该机制可以诱导参与人如实披露其类型，而且该机制可以在占优均衡概念下执行有效配置。然而，这一机制的一个缺陷是通常不满足事后预算约束平衡性条件，从而没有导致帕累托有效配置。分别由 Arrow (1979) 以及 d'Aspremont 和 Gerard-Varet (1979) 提出的 AGV 机制 (也被称为期望外部性机制) 在贝叶斯均衡下是一个满足预算约束平衡的有效决策机制，从而是帕累托最优的。不过，Myerson 和 Satterthwaite (1983) 揭示了这一机制一般不满足参与约束。在这一节，我们忽视参与约束，讨论在动态环境下如何达到有效配置，同时也是预算平衡的机制。

在这一节，我们讨论有效动态机制的设计问题，希望机制是预算平衡的，而不考虑事后参与约束条件。在静态环境中，AGV 机制给予每个经济人激励，使其能够根据自己对其他人类型的信念如实披露自己的类型，方法是给予每个参与人一个等于其报告强加给其他参与人的“期望外部性”的转移支付。因此，经济人当前对其他参与人类型的信念在决定其转移支付中起着重要作用。然而，在动态环境下，这些信念作为其他经济人报告和这些报告诱导的决策的函数，会随着时间的推移而改变。如果转移支付是在开始时使用经济人的先验信念构造的，那么在经济人获知了其他人类型的信息后，转移支付将不再导致如实的报告。

Athey 和 Segal (2013) 构建了一种执行预算平衡的机制，该机制被称为平衡团队机制。这种机制通过在每个时期给予每个经济人一笔相当于其当前报告引起的其他经济人效用的期望现值 (EPV) 变化的奖励金，来维持诚实策略均衡。一方面，这些激励性报酬使得每个参与人将其报告施加给其他参与人的期望外部性内化。另一方面，不管其他经济人使用什么报告策略，当经济人如实报告时，给予经济人的期望激励报酬为零。后一种属性可以通过构造给每个经济人的转移支付作为其他经济人报告的函数来平衡预算，而又不会影响他们对如实报告的激励。

下面，我们通过 Athey 和 Segal (2013) 两期的交易机制，来揭示在动态环境下的激励相容约束机制，使之导致帕累托有效配置。在构造这种机制之前，先分析静态情况，讨论动态机制的难点，然后介绍 Athey 和 Segal (2013) 提出的帕累托有效的动态机制。

考虑一个生产者 (参与人 1) 与一个消费者 (参与人 2) 的两期交易，$t = 1, 2$。假设在 $t = 1$ 之前生产者观察到自己的成本类型 $\tilde{\theta}_1 \in [1, 2]$。生产者成本真实的类型 θ_1 决定了他在 $t = 1, 2$ 的生产成本，第 t 期的成本函数是：

$$C(\theta_1, x_t) = \frac{1}{2}\theta_1 {x_t}^2, t = 1, 2,$$

其中 $x_t \in \mathcal{R}_+$ 是在 t 时的产量。

消费者在 $t = 1$ 时对单位商品的价值是 1。在 $t = 1$ 和 $t = 2$ 之间观察到他在第二期对商品价值的类型 $\tilde{\theta}_2 \in [0, 1]$。

若信息是完全公开的，第一期的最优交易问题为：

$$\max_{x_1} \left\{ x_1 - \frac{1}{2}\theta_1 {x_1}^2 \right\},$$

最优交易量于是为 $x_1(\theta_1) = \dfrac{1}{\theta_1}$。第二期的最优交易问题为：

$$\max_{x_2} \left\{ \theta_2 x_2 - \frac{1}{2}\theta_1 {x_2}^2 \right\},$$

最优交易量为 $x_2(\theta_1, \theta_2) = \dfrac{\theta_2}{\theta_1}$。

若在第一期之前消费者和生产者都观察到他们各自的类型信息，那么尽管有两期的交易，由于他们同时报告类型，这种情形也可以视为是一个静态互动。我们将以此作为参照系，讨论在消费者与生产者观察和报告不同步的动态情形下，激励问题是如何变化的。

20.5.1 静态预算平衡有效机制

由于 AGV 机制能够让每个参与人内生化对其他参与人造成的外部性 (或者收益的改变)，在有效的决策规则下，所有参与人均有激励真实披露自身的类型信息。下面先看在这个例子中的 VCG 机制是如何执行有效配置的，即 $x_1(\theta_1)=\dfrac{1}{\theta_1}$ 和 $x_2(\theta_1,\theta_2)=\dfrac{\theta_2}{\theta_1}$。

令 $\gamma_i(\theta_i)$ 是参与人 i 在 AGV 机制下得到的转移支付，激励消费者诚实披露 θ_2 的转移支付刚好等于他给生产者带来的期望外部性 (这是期望外部性机制的由来)：

$$\begin{aligned}\gamma_2(\theta_2)&=-E_{\tilde\theta_1}\left[\frac{1}{2}\tilde\theta_1(x_1(\tilde\theta_1))^2+\frac{1}{2}\tilde\theta_1(x_2(\tilde\theta_1,\theta_2))^2\right]\\&=-\frac{1}{2}E_{\tilde\theta_1}\left[\frac{1}{\tilde\theta_1}\right](1+(\theta_2)^2).\end{aligned}$$

我们验证在这个转移支付下，消费者会诚实披露类型：假如他报告的类型是 $\hat\theta_2$，此时他的期望效用为：

$$\gamma_2(\hat\theta_2)+E_{\tilde\theta_1}[x_1\tilde\theta_1+\theta_2x_2(\tilde\theta_1,\hat\theta_2)]=-\frac{1}{2}E_{\tilde\theta_1}\left[\frac{1}{\tilde\theta_1}\right](1+(\hat\theta_2)^2)+E_{\tilde\theta_1}\left[\frac{1}{\tilde\theta_1}\right](1+\theta_2\hat\theta_2).$$

对 $\hat\theta_2$ 的一阶条件为：

$$-E_{\tilde\theta_1}\left[\frac{1}{\tilde\theta_1}\right](\hat\theta_2)+E_{\tilde\theta_1}\left[\frac{1}{\tilde\theta_1}\right]\theta_2=0,$$

从而得到：

$$\hat\theta_2=\theta_2.$$

类似地，生产者的转移支付为他带给消费者的期望外部性：

$$\begin{aligned}\gamma_1(\theta_1)&=E_{\tilde\theta_2}[x_1(\theta_1)+\tilde\theta_2x_2(\theta_1,\tilde\theta_2)]\\&=\frac{1}{\theta_1}[1+E_{\tilde\theta_2}(\tilde\theta_2)^2].\end{aligned}$$

我们同样可以验证，在这个转移支付下，生产者有激励诚实披露自身的类型。

然而，上面的转移支付并不满足预算平衡。不过，由于 $\gamma_i(\theta_i)$ 与 $\theta_j,j\neq i$，无关，当 θ_i 的转移支付是

$$\psi_i(\theta_i,\theta_j)=\gamma_i(\theta_i)-\gamma_j(\theta_j),i\neq j,i,j\in\{1,2\}$$

时，它是预算平衡的 AGV 机制。这样，在静态环境下，它是贝叶斯可执行的有效配置，且满足预算平衡条件，从而是帕累托有效的。实际上，从前面一章，我们已经知道这个结果。

20.5.2 动态环境下的激励问题

我们回到之前的模型，消费者在第一期和第二期之间观察到类型 $\tilde\theta_2$，而生产者在第一期报告 θ_1，上面的 AGV 机制将不能执行有效配置 $x_1(\theta_1)=\dfrac{1}{\theta_1},x_2(\theta_1,\theta_2)=\dfrac{\theta_2}{\theta_1}$。这是

由于，若在上面的机制下，生产者诚实披露自己的类型 θ_1，消费者可以从第一期的交易 $x_1(\theta_i)$ 中推测出 θ_1，从而 $\gamma_2(\theta_2)$ 就不能诱使消费者诚实披露自己的类型。若消费者报告 $\hat{\theta}_2$，他的期望效用为：

$$\gamma_2(\hat{\theta}_2)+\theta_1[x_1\theta_1+\theta_2 x_2(\theta_1,\hat{\theta}_2)]=-\frac{1}{2}E_{\tilde{\theta}_1}\frac{1}{\tilde{\theta}_1}(1+(\hat{\theta}_2)^2)+\frac{1}{\theta_1}(1+\theta_2\hat{\theta}_2). \tag{20.43}$$

对比之前的静态环境，在动态环境下，消费者可以从第一期的交易中获得关于生产者的信息。在消费者期望效用 (20.43) 下，对 $\hat{\theta}_2$ 的一阶条件为：

$$-E_{\tilde{\theta}_1}\left[\frac{1}{\tilde{\theta}_1}\right](\hat{\theta}_2)+\frac{\theta_2}{\theta_1}=0,$$

得到：

$$\frac{\hat{\theta}_2}{\theta_2}=\frac{1}{\theta_1}\left(E_{\tilde{\theta}_1}\left[\frac{1}{\tilde{\theta}_1}\right]\right)^{-1}.$$

因此，当 $\frac{1}{\theta_1}>E_{\tilde{\theta}_1}[\frac{1}{\tilde{\theta}_1}]$ 时，消费者有动机夸大其价值类型；否则低报其价值类型。消费者之所以会扭曲其类型信息，是因为他并不完全承担这样做的外部性。

若要让消费者承担起外部性，他的外部性为：

$$\tilde{\gamma}_2(\theta_1,\theta_2)=-\frac{1}{2}\theta_1(1+(\theta_2)^2).$$

在这个转移支付下，消费者重新有激励披露真实信息：

$$\tilde{\gamma}_2(\theta_1,\hat{\theta}_2)+\theta_1[x_1\theta_1+\theta_2 x_2(\theta_1,\hat{\theta}_2)]=-\frac{1}{2}\theta_1\left[\frac{1}{\theta_1}\right](1+(\hat{\theta}_2)^2)+\frac{1}{\theta_1}(1+\theta_2\hat{\theta}_2). \tag{20.44}$$

对 $\hat{\theta}_2$ 的一阶条件为：

$$-\frac{1}{\theta_1}(\hat{\theta}_2)+\frac{\theta_2}{\theta_1}=0,$$

从而得到：

$$\hat{\theta}_2=\theta_2.$$

尽管 $\gamma_1(\theta_1)$ 和 $\tilde{\gamma}_2(\theta_1,\theta_2)$ 可以激励生产者和消费者如实披露，但它们显然不是预算平衡的。要考虑预算平衡，将生产者和消费者的转移支付设为：

$$\psi_1(\theta_1,\theta_2)=\gamma_1(\theta_1)-\tilde{\gamma}_2(\theta_1,\theta_2),$$

$$\psi_2(\theta_1,\theta_2)=\tilde{\gamma}_2(\theta_1,\theta_2)-\gamma_1(\theta_1).$$

但由于 $\tilde{\gamma}_2(\theta_1,\theta_2)$ 依赖于 θ_1，转移支付 $\psi_1(\theta_1,\theta_2)$ 对于 θ_1 则不满足激励相容条件。

20.5.3　预算平衡有效动态机制

上面的激励难题被称为依存偏离 (contingent deviation) 问题，Athey 和 Segal (2013) 提出了一个机制以解决这一难题。在之前的 AGV 机制的构建过程中，有两个基本环节。

第一是建立一个激励相容转移支付 $\gamma_1(\theta)$ 和 $\gamma_2(\theta)$，其中 $\theta=(\theta_1,\theta_2)$；第二是建立一个预算平衡转移支付 $\psi_i(\theta)=\gamma_i(\theta)-\gamma_j(\theta)$。由于在动态环境下，第一步构建的 $\gamma_i(\theta)$ 不仅依赖于 θ_i，同时也依赖于 θ_j，要构建的预算平衡转移支付将会破坏之前的激励相容条件，这就出现了激励相容与预算平衡之间的冲突。Athey 和 Segal (2013) 于是提出了一个新方案，利用这一新方案可以很容易地解决这一矛盾。他们的思路是这样的：建立某种转移机制，尽管参与人 j 会影响参与人 i 的激励相容转移支付 $\gamma_i(\theta_i,\theta_j)$，但在给定参与人 i 的如实披露下，只要参与人 j 不影响参与人 i 的期望支付，就可以同时协调激励相容与预算平衡。

在上面的例子中，假设消费者的激励相容转移支付为：

$$\gamma_2(\theta_1,\theta_2)=-\frac{1}{2\theta_1}[(\theta_2)^2-E_{\tilde{\theta}_2}(\tilde{\theta}_2)^2].$$

这一转移支付对消费者是激励相容的，这是因为：

$$\gamma_2(\theta_1,\hat{\theta}_2)+\theta_1[x_1\theta_1+\theta_2x_2(\theta_1,\hat{\theta}_2)]=-\frac{1}{2\theta_1}[(\hat{\theta}_2)^2-E_{\tilde{\theta}_2}(\tilde{\theta}_2)^2]+\frac{1}{\theta_1}(1+\theta_2(\hat{\theta}_2)).$$

对 $\hat{\theta}_2$ 的一阶条件为：

$$-\frac{1}{\theta_1}(\hat{\theta}_2)+\left[\frac{1}{\theta_1}\right]\theta_2=0,$$

从而得到 $\hat{\theta}_2=\theta_2$，所以它满足激励相容条件。

此外，尽管 $\gamma_2(\theta_1,\hat{\theta}_2)$ 依赖于 θ_1，但

$$E_{\tilde{\theta}_2}[\gamma_2(\theta_1,\tilde{\theta}_2)]=0,\forall\theta_1.$$

因此，生产者的行为不会影响激励相容转移支付的期望值。我们在前面知道 $\gamma_1(\theta_1)$ 是生产者的激励相容转移支付，从而总体的转移支付是

$$\begin{aligned}\psi_1(\theta_1,\theta_2)&=\gamma_1(\theta_1)-\gamma_2(\theta_1,\theta_2),\\ \psi_2(\theta_1,\theta_2)&=-\psi_1(\theta_1,\theta_2).\end{aligned}$$

它既满足预算平衡，也没有破坏生产者的转移支付，这是因为生产者报告其类型相对于消费者更早，在这个方案下其期望的转移支付为

$$E_{\tilde{\theta}_2}\psi_1(\theta_1,\tilde{\theta}_2)=\gamma_1(\theta_1).$$

在 Athey 和 Segal (2013) 所构造的机制中，参与人的转移支付等于由他的行为给其他人带来的期望现值 (expected present value，EPV) 收益的变化，这一机制可以解决激励相容与预算平衡之间的矛盾。Athey 和 Segal (2013) 系统地论证了在动态环境下这一机制的特性，在贝叶斯意义下可以执行有效的资源配置，且同时满足预算平衡。

动态最优机制设计是国际学术界研究的一个热点，新的机制不断涌现，比如 Bergemann 和 Valimaki (2010) 提出了动态枢纽机制 (dynamic pivot mechanism)，这一机制可以执行有效的配置，同时满足事后的激励相容约束和参与约束，尽管并不能保证预算平衡。Pavan，Segal 和 Toikka (2014) 在一个更具体的动态环境下，构建了激励相容同时利润最大化的机

制。对这些新动态机制感兴趣的读者，可以参考他们的论文以及他们梳理的文献脉络。此外，也可以参考专著 Borgers (2015)，其最后一章也讨论了动态机制设计原理。

20.6 【人物小传】

20.6.1 让–雅克・拉丰

让–雅克・拉丰 (Jean-Jacques Laffont, 1947—2004)，法国图卢兹大学产业经济研究所的创始人，新规制经济学的创始人之一，同时也是信息经济学和激励理论的奠基人之一。

让–雅克・拉丰 1947 年出生在法国东南部城市图卢兹，属于法国战后的一代。这一代人在戴高乐将军的影响下成长，他们具有强烈的爱国主义精神，以振兴法兰西民族为己任。1968 年，拉丰毕业于具有深厚数学教育传统的图卢兹大学，获得数学硕士学位，其后前往巴黎大学继续深造，并于 1972 年获得应用数学博士学位。1973 年秋，年轻的拉丰来到美国哈佛大学，师从经济学大师肯尼思・阿罗，与马斯金和赫尔普曼 (Elhanan Helpman) 一道成为经济学界的传说——哈佛大学经济系三剑客。拉丰仅用一年半的时间就获得了哈佛大学经济学博士学位 (1975 年)，这在哈佛的历史上是十分罕见的。1978 年，拉丰服完兵役后，放弃了在美国任教的机会回到图卢兹大学。他在艰苦的环境下一边传播经济学，一边不懈地开创经济学的新领域。沿着博士学位论文的研究方向，他很快在公共经济学和机制设计领域作出了重要贡献。

在 20 世纪 70 年代，一般均衡理论仍然占据着经济学的主导地位，但拉丰已经深刻地认识到了激励机制设计理论在未来经济学中的重要地位。对经济组织中激励问题的关注使得拉丰选择激励理论作为自己的研究方向。20 世纪 70 年代末，现代经济学的一个重要分支——信息经济学正在兴起。信息经济学研究的主要课题是不完全信息和不对称信息下的激励问题，由于在方法论上借鉴并结合了博弈论的研究成果，信息经济学成功地解释了在一般均衡框架下无法解决的诸多难题，显示了该理论强大的生命力，并极大地推动了企业理论和产业组织理论的发展。拉丰以信息经济学作为他研究激励问题的基本框架，开始了整合激励理论体系的思考和探索。

1979 年，拉丰教授的专著《公共决策中的激励》(与格林合著) 出版，确立了他在公共经济学领域的权威地位。他和梯若尔创建了一个关于激励性规制的一般分析框架，这导致了新规制经济学的诞生。新规制经济学结合了公共经济学与产业组织理论的基本思想以及信息经济学与机制设计理论的基本方法，提出的激励性规制的基本思想和方法成功地解决了不对称信息下的规制问题。拉丰和梯若尔于 1993 年出版的著作《政府采购与规制中的激励理论》完成了新规制经济学理论框架的构建，从而奠定了他们在这一领域的学术领导者地位。

拉丰教授是一个极其勤奋而又高产的学者，在他短短的 57 岁的人生中，就出版了 12 本专著和发表了 200 多篇高水平的学术论文，他的学术贡献为他在经济学界赢得了极高的声誉。但是拉丰教授并没有像其他许多功成名就的经济学家那样等着获诺贝尔奖，他仍然一如既往地传播经济学并且不断地开拓激励理论的新领域。即使在与癌症抗争的过程中，他仍坚持完成了新著《规制与发展》(2003 年 12 月完成写作，2005 年 3 月由剑桥大学出版社出版)。没想到，这本书竟成了他的遗著。

作为一个杰出的经济学家，拉丰教授在机制设计理论、公共经济学、激励理论和新规制经济学等领域的突出贡献和成就获得了经济学界的公认，他被推选为世界计量经济学会主席 (1992 年)、欧洲经济学会主席 (1998 年)、美国经济学会荣誉会员 (1991 年)、美国科学院外籍荣誉院士 (1993 年)，并于 1993 年第一个获得欧洲经济学会的 Yrjo-Jahnsson 奖 (该奖与美国经济学会的克拉克奖齐名)。如果健在，他应该会和梯若尔一道获得诺贝尔经济学奖，也许这是他一生最大的遗愿。

20.6.2 让·梯若尔

让·梯若尔 (Jean Tirole，1953—)，世界著名的经济学大师，经济学天资过人，被誉为当代“天才经济学家”，所作出的贡献足以令所有经济学家瞠目：发表了 300 多篇高水平论文，出版了 11 部专著，内容涉及经济学的许多重要领域——从宏观经济学到产业组织理论，从博弈论到激励理论，到国际金融，再到经济学与心理学的交叉研究，梯若尔都作出了改写这些领域的颠覆性贡献。2000 年，作为对十几年垄断行业规制理论与政策研究的总结，他和拉丰合著的《电信竞争》一书，为电信及网络产业的竞争与规制问题的分析和政策的制定提供了一个最为权威的理论依据。梯若尔现任法国图卢兹大学产业经济研究所科研所长、麻省理工学院访问教授，曾任世界计量经济学会主席、欧洲经济学会主席。2014 年获诺贝尔经济学奖，以表彰其“对市场力量和监管的分析”。

梯若尔 1953 年出生于塞纳河畔的特鲁瓦市 (Troyes)，他的父亲是妇科医生，他的母亲是希腊语、法语教师。梯若尔的母亲非常重视家庭教育，在梯若尔很小的时候，就向他灌输知识重要性的道统。1978 年，在获得巴黎第九大学应用数学博士学位后，梯若尔对经济学产生了兴趣，于是他来到著名的美国麻省理工学院继续深造，并于 1981 年获得经济学博士学位。

梯若尔对经济学惊人的直觉是一般经济学家望尘莫及的。他具有非凡的概括与综合能力，他总是能够把经济学的任何一个领域中最为本质的规律和最为重要的成果以最为简洁的经济学模型和语言表达出来，并整理成一个系统的理论框架。梯若尔继承了法国学者重视人文学科的传统，再加上深厚的数学功底，很快就显示出研究经济学的卓越天赋。他早期主要研究宏观经济学和金融学，并于 1982 年和 1985 年在 *Econometrica* 上发表了两篇经典论文——《理性预期下投机行为的可能性》和《资产泡沫和世代交叠模型》，奠定了他在该领域的权威地位。

欧洲大陆自 20 世纪 80 年代兴起经济学复兴运动以来，最成功的当属法国图卢兹大学产业经济研究所 (IDEI)。1988 年，梯若尔从美国回到法国，和著名经济学家让-雅克·拉丰教授一起创办了享誉全球的 IDEI，担任科研所长，并最终辞去了麻省理工学院的终身教授职位。他为法国乃至整个欧洲经济学的振兴作出了卓越的贡献。如今的 IDEI 已经成为经济学界公认的世界顶尖产业经济学研究中心，也是欧洲的经济学学术中心。

20.7　习题

习题 20.1　考虑完全承诺能力下两期的委托–代理模型。企业作为委托人要生产某种产品，q 单位产品对委托人的价值是 $S(q)$，满足 $S'>0$，$S''<0$，$S(0)=0$。企业想在两期中把生产 q_1 和 q_2 单位产品的任务委托给代理人进行，并提供工资 $t(q_1)$ 和 $t(q_1,q_2)$。代理人有两种类型 $\underline{\theta}$ 和 $\overline{\theta}$，其中 $\underline{\theta}$ 表示生产的边际成本较低，而 $\overline{\theta}$ 表示生产的边际成本较高，代理人自己知道自己的类型信息。而委托人知道的是概率信息，即代理人是每种类型的概率分别为 $\beta(\overline{\theta})=1-\beta$ 和 $\beta(\underline{\theta})=\beta$。企业的目标是要最大化 $S(q_1)-t(q_1)+S(q_2)-t(q_1,q_2)$，同时满足代理人的激励相容约束和参与约束。

1. 在固定动态类型的假定下，求解该委托–代理问题的解。
2. 在独立动态类型的假定下，对该模型求解，并比较该结果和上面的结果。

习题 20.2　在上一道习题的模型下，我们加入两期的类型相关性。代理人在第一期观察到自身第一期的类型 $\theta_1\in\{\underline{\theta},\ \overline{\theta}\}$，委托人只知道 $\theta_1=\underline{\theta}$ 的概率是 β。对于第二期的信息，代理人也不能观察到，只有一个两个时期间类型的关联，即第二期边际成本的概率是

$$\underline{\beta}=prob(\underline{\theta}|\underline{\theta});$$
$$\overline{\beta}=prob(\underline{\theta}|\overline{\theta}).$$

当 $\underline{\beta}>\overline{\beta}$ 时，是正相关；当 $\underline{\beta}=1>\overline{\beta}=0$ 时，是固定动态类型；当 $\underline{\beta}=\overline{\beta}=\beta$ 时，则是独立动态类型。用教材正文中分析消费者与垄断者的方式，分析正相关动态类型下的委托–代理问题。

习题 20.3 (Laffont 和 Tirole，1993)　对于无承诺能力的动态合约，考虑如下模型：对于某两期生产活动，在每一期，企业必须完成一个项目，成本为

$$C_\tau=\beta-e_\tau,\tau=1,2,\tag{20.45}$$

其中，β 是不随时间推移而变化的参数，但只有企业知道这一参数的值；e_τ 反映了 τ 期成本水平的减少，或者说是企业经理付出的努力水平。

在 τ 期，社会福利是：

$$W_\tau=S-(1+\lambda)(C_\tau+t_\tau)+U_\tau,\tag{20.46}$$

其中，$U_\tau-\psi(e_\tau)$ 是经理人的效用，S 是项目本身的社会价值，λ 是资金的影子成本，$(1+\lambda)(C_\tau+t_\tau)$ 是总成本。社会计划者和企业经理人的贴现因子都为 δ。

考察值为 $[\underline{\beta},\overline{\beta}]$ 的连续统情形，其先验概率分布为 $F_1(\cdot)$，密度函数 $f_1(\cdot)$ 在 $[\underline{\beta},\overline{\beta}]$ 上严格为正，且 $\dfrac{d(F_1(\beta)/f_1(\beta)}{d\beta}>0$。在这样的假定下，最优静态机制是可完全显示 (分离) 的。

1. 证明：对于任何第一期的方案 $t_1(\cdot)$ 来说，都存在非完全显示的完美贝叶斯均衡。
2. 考察任意的第一期激励方案 $t_1(\cdot)$，假定 ψ' 的下界为某一正数。证明：对于任意 ϵ，存在 $\beta_\epsilon<\overline{\beta}$ 使得当 $\underline{\beta}_n\geqslant\beta_\epsilon$ 时，对任意的 n，都不存在一个完美贝叶斯均衡能使得社会计划者获得比最优无显示 (混同) 合约条件下更多的收益。

习题 20.4 考虑买方与卖方的双边经济。当事前买方遇到卖方时，买方对商品的价值 θ 只有私人信号，但不完全知道，只是在后来接受了卖方设计的机制后才完全得知商品的真实值。事前的信号 τ 是离散的：$\tau \in \{\tau_L, \tau_H\}$。每个事前类型是等可能的，$\theta \in [0,1]$。两种类型的条件分布如下：$F(\theta|\tau_H) = \theta$，以及 $F(\theta|\tau_L) = \sqrt{\theta}$。显示机制 (q,t) 在这种情况下也可以表示成一个四元组 $(q_L, q_H, t_L, t_H) : [0,1] \to [0,1]^2 \times \mathcal{R}^2$。

1. 对于 $i \in \{L, H\}$，定义随机变量 $\gamma_i = F(\theta|\tau_i)$。证明 γ_i 随机独立于 τ 并在 $[0,1]$ 上均匀分布。
2. 让 $(\tilde{q}^*, \tilde{t}^*)$ 表示与可观测 γ 的最优机制激励相容的机制。证明

$$\tilde{q}_H^*(\gamma) = 1, \quad \forall \gamma \in [0,1];$$

$$\tilde{q}_L^*(\gamma) = \begin{cases} 0, & \text{若 } \gamma < 1/2, \\ 1, & \text{其他.} \end{cases}$$

3. 证明可观测 γ 的最优机制给事前类型 τ_H 的买方带来 1/12 的期望效用。
4. 对于接下来的题目，假设只有买方私自观察到了 γ。假设所安排的机制 $(\tilde{q}_L^*, \tilde{t}_L)$ 导致事前类型 τ_L 的买方在报告了 τ_L 后如实地报告 γ。证明在这种情况下，存在 $\overline{\tau}_L \in R$ 满足

$$\tilde{t}_L(\gamma) = \begin{cases} \bar{t}_L, & \text{若 } \gamma < 1/2, \\ \bar{t}_L + 1/4, & \text{其他.} \end{cases}$$

5. 证明若 $(\tilde{q}_L^*, \tilde{t}_L)$ 导致事前类型 τ_L 如实地汇报 γ，则对于任意的 $\gamma \in (1/4, 1/2)$，它导致事前类型 τ_H 在汇报了 τ_L 后，不会如实地汇报 γ，而会相反地汇报 γ 超过 1/2。
6. 证明：若 $(\tilde{q}_L^*, \tilde{t}_L)$ 导致事前类型 τ_L 如实地汇报 γ，则事前类型 τ_H 的期望效用以 $11/96 > 1/12$ 超过事前类型 τ_L 的期望效用。
7. 解释问题 3 和 4 意味着卖方相较于 γ 完全公开可观测时，若只有买方私自观测到 γ，则为了实现 $(\tilde{q}^*, \tilde{t}^*)$，一定要提供更高的信息租金给事前类型 τ_H 的买方。

习题 20.5 (Borgers，2015) 考虑序贯甄别的经济环境。有一个卖方及一个事前和事后类型都是离散的买方。在买方遇到卖方前，他就有一个离散的信号 $\tau \in \{1,3\}$。卖方给出一个机制。随后，买方接受这个机制，并收到第二个离散信号 $\sigma \in \{1,3\}$。买方的价值是 $\theta = \theta_{\tau\sigma} = \tau + \sigma$。每个信号值是等可能的。卖方卖出产品的机会成本是 $c = 1/2$。一个显示机制 (q,t) 对于每一个 $(\tau,\sigma) \in \{1,3\}^2$ 指定了出售概率 $q_{\tau,\sigma} \in [0,1]$ 和转移支付 $t_{\tau,\sigma} \in R$。

1. 证明任何显示机制都会招致如下非均衡路径的谎报。事前类型为 $\tau = 3$ 的买方在报告了 $\tau = 1$ 后最好总是报告 $\sigma = 3$，而事前类型为 $\tau = 1$ 的买方在报告了 $\tau = 3$ 后最好总是报告 $\sigma = 1$。
2. 证明最优机制 (q,t) 满足 $q_{11} = 1, q_{13} = q_{31} = q_{33} = 1$。

3. 假设买方得不到事后信号 σ。这样事前类型为 $\tau=1$ 的买方对商品的期望值是 $\theta_1=3$，而事前类型为 $\tau=3$ 的买方对商品的期望值是 $\theta_3=5$。证明在一个 (静态的) 显示机制 $(q_\tau,t_\tau)_{\tau=1,3}$ 里 $q_1=q_3=1$ 是最优的。
4. 证明买方的境况在收到私人事后信号的情况下要比完全收不到事后信号的情况下差。

习题 20.6　考虑某个委托人打算委托某个代理人生产 q 单位的产品的问题。q 单位的产品对委托人的价值是 $S(q)$，其中 $S'>0$，$S''<0$，$S(0)=0$。委托人无法观测代理人的生产成本，边际成本所属集合 $\theta\in\{\underline{\theta},\overline{\theta}\}$，代理人为高效率 $\underline{\theta}$ 或者低效率 $\overline{\theta}$ 的类型的概率分别为 v 和 $1-v$，即成本函数为 $C(q,\underline{\theta})=\underline{\theta}q$，概率为 v；或者 $C(q,\overline{\theta})=\overline{\theta}q$，概率为 $1-v$。代理人获得的转移支付是 t。

1. 假设问题是静态的，求解最优合约。
2. 假设现在有两期，委托人的目标函数是 $V=S(q_1)-t_1+\delta(S(q_2)-t_2)$，风险中性的代理人也拥有相同的贴现因子，目标函数是 $U=t_1-\theta q_1+\delta(t_2-\theta q_2)$，试求解固定动态类型问题。

习题 20.7 (独立类型与风险中性)　现在假设代理人两期的边际成本的分布是独立的，$\theta\in\{\underline{\theta},\overline{\theta}\}$，代理人为高效率 $\underline{\theta}$ 或者低效率 $\overline{\theta}$ 的类型的概率在两期是相同的，分别为 v 和 $1-v$，风险中性的代理人的效用函数为 $U=t_1-\theta_1q_1+\delta(t_2-\theta_2q_2)$，求解完全承诺下独立动态类型的最优合约。

习题 20.8 (重复两期的道德风险问题)　在第 17 章的道德风险模型中，现在我们假定委托人和代理人的关系重复两期，风险规避的代理人的效用函数是 $U=u(t_1)-\psi(e_1)+\delta(u(t_2)-\psi(e_2))$，$e_i\in\{0,1\}$，且 $\psi(1)=\psi$，$\psi(0)=0$。在每一期代理人的努力水平会以概率 $\pi(e_i)$ 产生一个随机回报 q_i，其中 $\pi_0=\pi(0),\pi_1=\pi(1)$。委托人是风险中性的，效用函数是 $V=S(q_1)-t_1+\delta(S(q_2)-t_2)$。在这个两期问题中，求解最优合约。

习题 20.9 (再协商防范)　假定委托人和代理人的关系重复两期，风险规避的代理人的效用函数是 $U=u(t_1)-\psi(e_1)+\delta(u(t_2)-\psi(e_2))$，$e_i\in\{0,1\}$，并且 $\psi(1)=\psi$，$\psi(0)=0$。在每一期代理人的努力水平会以概率 $\pi(e_i)$ 产生一个随机回报 q_i，其中 $\pi_0=\pi(0)$，$\pi_1=\pi(1)$。委托人是风险中性的，效用函数是 $V=S(q_1)-t_1+\delta(S(q_2)-t_2)$。所有条件和上一题一致。给定 $u_2(q_1)$ 为委托人保证的若第一期产出是 q_1，代理人第二期可以获得的效用水平。再协商防范的条件为 $u_2(q_1)\geqq 0$。

1. 求解在再协商防范条件满足时的最优合约问题。
2. 若这时允许代理人借贷，上面的最优合约问题会发生什么变化?

习题 20.10 (重复无穷期的道德风险问题)　现在将前一题中的两期问题扩展到无穷期。假定委托人和代理人的关系重复无穷期，风险规避的代理人的效用函数是 $U=u(t_1)-\psi(e_1)+\delta(u(t_2)-\psi(e_2))$，$e_i\in\{0,1\}$，且 $\psi(1)=\psi$，$\psi(0)=0$，在每一期代理人的努力水平会以概率 $\pi(e_i)$ 产生一个随机的回报 q_i，其中 $\pi_0=\pi(0)$，$\pi_1=\pi(1)$，委托人是风险中性的，效用函数是 $V=S(q_1)-t_1+\delta(S(q_2)-t_2)$。

1. 用递归结构刻画最优合约问题，并找出这个动态规划问题的状态变量。
2. 求解最优合约，证明最优合约具有马尔可夫性质。

习题 20.11 (Bolton 和 Dewatripont，2005) 考虑一个两期耐用品垄断问题。一个卖方面对一个买方，买方对耐用品的保留效用为 $v \in \{v_L, v_H\}$，$v_H > v_L > 0$。卖方对买方保留效用的初始信念是 $\Pr(v = v_H) = 0.5$。卖方生产商品的成本以相同的可能性取两个值：$c \in \{c_L, c_H\}$ 和 $c_H > c_L \geqq 0$。卖方成本和买方保留效用价值是独立分布的，并且是私人信息。假设 $v_L - c_L \geqq \dfrac{v_H - c_L}{2}$，且 $v_L - c_H \geqq \dfrac{v_H - c_H}{2}$。共同的贴现因子是 $\delta > 0$。

在以下情形下，混同均衡存在的条件是什么？

（1）两种类型的卖方都设定这样的一期价格：$p_1 = v_H - \delta(v_H - v_L)/2$。

（2）类型 v_H 的买方接受这个价格的概率是 $\gamma = \dfrac{v_H + c_H - 2v_L}{v_H - v_L}$，而类型 v_L 的买方以 1 的概率拒绝。

（3）在第一期被拒绝以后，类型 c_L 的卖方在第二期设定价格 $p_2^L = v_L$，而类型 c_H 的卖方在第二期设定价格 $p_2^H = v_H$。

解释为什么类型 c_L 的卖方能够从成本为私人信息中获益，而类型 c_H 的卖方不行。

习题 20.12 (两期管制模型) 考虑一个两期管制模型，其中企业的类型是内生的。首先，管制者提出一个收益函数 $R_1(q)$，规定对某个产出水平 q 提供报酬。紧接着，企业投入沉没成本 I，这个沉没成本只有企业自己能观察到。每期的生产成本为 $c(q, I)$，其中 $c(0, I) = c_q(0, I) = 0$，$c_{qq}(q, I) > 0$，$c_I(q, I) < 0$。企业选择产量 q_1，从而产生第一期收益 $R_1(q_1) - c(q_1, I) - I$。若企业放弃，它得到 $-I$，博弈终止。若企业选择产量 q，则管制者的第一期收益为 $q_1 - R_1(q_1)$。在第二期，管制者观察到 q_1 之后提出 $R_2(q)$，企业放弃或者选择产量 q_2，相应地双方的第二期收益分别为 $R_2(q_2) - c(q_2, I)$ 和 $q_2 - R_2(q_2)$。

1. 管理者的完全承诺策略是什么？
2. 证明：若没有承诺，$I > 0$ 时这个博弈不存在纯策略完美贝叶斯均衡。

习题 20.13 (重复道德风险，Rogerson，1985) 考虑一个两期道德风险问题。在时期 1，代理人选择努力水平 a，从而在每一期得到独立同分布的利润：$q_1, q_2 \in \{q_L, q_H\}$。$q_H$ 发生的概率为 $p(a)$，$p(a)$ 随着 a 严格递增；q_L 发生的概率为 $1 - p(a)$。对于所有 $a \in [0, \overline{a}]$，$a < \infty, 1 > p(a) > 0$。代理人的效用函数为 $u(w) - a$，$u' > 0$，$u'' < 0$。代理人不可以借贷，因此他的每期收入将全部被消费掉。委托人是风险中性的，并且能以零利率存贷款。

1. 以 $\{w_L, w_H, w_{LL}, w_{LH}, w_{HL}, w_{HH}\}$ 表示代理人在第一期和第二期的产出依存的转移支付。证明最优合约满足：

$$\frac{1}{u'(w_i)} = \frac{p(a)}{u(w_{iH})} + \frac{1 - p(a)}{u'(w_{iL})}, i = H, L.$$

2. 证明：在最优合约下，当 $1/u'$ 是凹函数时，$w_i \leqq p(a) w_{iH} + [1 - p(a)] w_{iL}, i = H, L$。
3. 假设在上述最优合约下，第一期允许代理人在 q_1 实现后存贷款，解释他为何愿意存款。

习题 20.14 (Bolton 和 Dewatripont，2005)　考虑私人信息下的投资保险问题。一个风险规避的代理人在一个项目上投资 $p/2$，在两期 $t=1,2$ 中的收入存在随机冲击，其中 w_i 以 p 的概率等于 1，以 $1-p$ 的概率等于 0，$\Pr(w_2=1|w_1=1)=\gamma \leqq p$，$\Pr(w_2=1|w_1=0)=\mu \geqq p$，并且 $\gamma>0.5$，$p<1$。代理人的效用函数是时间可分的，$U(c_1,c_2)=u(c_1)+u(c_2)$，$u(c)$ 是下面的分段线性函数形式：当 $c \geqq 1/2$ 时，$u(c)=c/2+1/4$；当 $c<1/2$ 时，$u(c)=c$。在每一期期初，代理人能够以保险公平费率获取保障收入冲击的保险。

1. 在代理人不能进行私人存款的假设下，刻画最优消费配置。
2. 假设收入冲击是私人信息，证明当只有即期合约是可行的时，代理人不能得到任何保险保障。
3. 假定代理人能以零利率在一家银行存贷资金。刻画代理人最优的借贷收益。
4. 什么时候存贷形式的保险是最优合约？

习题 20.15 (国际借贷，Atkeson，1991)　在无限期经济中存在两类主体：一类为风险规避的代理人 (资金借入者)，另一类为风险中性的委托人 (资金借出者)。代理人借到资金后可以拿去投资，并产生一个随机的投资回报。投资回报的分布依赖于投资的数量。代理人在第 0 期拥有初始禀赋 Y_0-d_0，在第 t 期期初，代理人向委托人借入资金 b_t，在第 t 期期末，代理人还给委托人资金 d_{t+1}，代理人的效用取决于每一期的消费水平。设定 $(b_t,d_{t+1}(Y_{t+1}))$ 作为贷款合约，令 $Q_t=Y_t-d_t$。

1. 定义代理人的可行配置。
2. 写出该动态问题的委托人和代理人的参与约束。
3. 写出该动态问题的代理人的激励相容约束，即代理人确实选择了最优的投资水平。
4. 假设代理人一旦违约，从此以后，委托人将终止与其的贷款合约，即代理人会重新回到自给自足的经济状态。写出防止代理人违约的激励相容约束。
5. 尝试求解该最优合约问题。当观察到产出水平较低时，代理人存在着资本外流现象。

20.8　参考文献

教材和专著：

Bolton, P. and M. Dewatripont (2005). *Contract Theory*, MIT Press.

Borgers, T. (2015). *An Introduction to the Theory of Mechanism Design*, Oxford University Press.

Laffont, J. J. and D. Martimort (2002). *The Theory of Incentives: The Principal-Agent Model*, Princeton University Press.

Laffont, J. J. and J. Tirole (1993). *A Theory of Incentives in Regulation and Procurement*, MIT Press.

Mas-Colell, A. , M. D. Whinston, and J. Green (1995). *Microeconomics*, Oxford University Press.

Segal, I. (2010). *Lecture Notes in Contract Theory*, Stanford University.

论文：

Arrow, K. (1979). "The Property Rights Doctrine and Demand Revelation Under Incomplete Information", in Boskin, M. (ed.), *Economics and Human Welfare* (New York: Academic Press).

Athey, S. and I. Segal (2013). "An Efficient Dynamic Mechanism", *Econometrica*, Vol. 81, No. 6, 2463-2485.

Atkeson, A. (1991). "International Lending with Moral Hazard and Risk of Repudiation", *Econometrica*, Vol. 59, No. 4, 1069-1089.

Baron, D. and D. Besanko (1984). "Regulation and Information in a Continuing Relationship", *Information Economics and Policy*, Vol. 1, No. 1, 263-302.

Bergemann, D. and J. Valimaki (2010). "The Dynamic Pivot Mechanism", *Econometrica*, Vol. 78, No. 2, 771-789.

Courty, P. and H. Li (2000). "Sequential Screening", *Review of Economic Studies*, Vol. 67, No. 4, 697-717.

d'Aspremont, C. and L. Gerard-Varet (1979). "Incentives and Incomplete Information", *Journal of Public Economics*, Vol. 11, No. 1, 25-45.

Dewatripont, M. (1989). "Renegotiation and Information Revelation over Time: The Case of Optimal Labor Contracts", *Quarterly Journal of Economics*, Vol. 104, No. 3, 589-619.

Eso, P. and B. Szentes (2007). "Optimal Information Disclosure in Auctions and the Handicap Auction", *Review of Economic Studies*, Vol. 74, No. 3, 705-731.

Freixas, X., R. Guesnerie, and J. Tirole (1985). "Planning under Incomplete Information and the Ratchet Effect", *Review of Economic Studies*, Vol. 52, No. 2, 173-191.

Hart, O. and J. Tirole (1988). "Contract Renegotiation and Coasian Dynamics", *Review of Economic Studies*, Vol. 55, No. 4, 509-540.

Meng, D. and G. Tian (2019). "The Competitive and Welfare Effects of Long-term Contracts with Network Externalities and Bounded Rationality", working paper.

Myerson, R. B. and M. A. Satterthwaite (1983). "Efficient Mechanisms for Bilateral Trading", *Journal of Economic Theory*, Vol. 29, No. 2, 265-281.

Pavan, A., I. Segal, and J. Toikka (2014). "Dynamic Mechanism Design: A Myersonian Approach", *Econometrica*, Vol. 82, No. 2, 601-653.

Rogerson, W. P. (1985). "Repeated Moral Hazard", *Econometrica*, Vol. 53, No. 1, 69-76.

Spear, S. E. and S. Srivastava (1987). "On Repeated Moral Hazard with Discounting", *The Review of Economic Studies*, Vol. 54, No. 4, 599-617.

第六部分

市场设计

上一部分介绍了委托–代理理论、机制设计理论及动态机制设计理论，本书最后的这一部分讨论机制设计理论的拓展和延伸：拍卖和匹配的市场设计。拍卖理论和匹配理论是现代微观经济学的两个热门前沿分领域，着重于讨论它们的设计性质，包括配置效率、稳定性、公平性、战略和计算复杂性。拍卖和匹配的市场机制设计不仅着眼于我们对市场价格机制的理解，还着眼于实用拍卖和匹配程序的设计。市场设计过程的本质就是以某种有效的方式发现价格或得到稳定匹配，同时确保复杂的约束条件能够得到满足，从而被认为是微观经济的工程设计学 (microeconomic engineering)，利用实验室研究、博弈论、算法、仿真等手段，在现实中得到了广泛的应用。近些年来的研究前沿推动了拍卖机制设计从单物品向多物品以及组合物品的拍卖发展，而匹配机制设计则走向了高校择校、器官匹配等多方面的应用。

传统的经济学是在给定市场制度下，讨论市场主体之间的互动所导致的均衡及其福利性质。由于原生市场的自发配置机制在许多情形 (如不可分物品的配置和公共品的提供) 下会失灵，存在种种缺陷，因而我们往往需要对自发无组织的市场进行修正，使有组织的市场设计成为必要。这样，市场设计并不把市场看成是固定的，而是将经济学、博弈论以及经济学的实证结果或者实验结果应用于不可分物品配置的市场规则的设计。拍卖理论主要考虑以**有价格 (转移支付)**为特征的价格机制在拍卖设计中起着至关重要的作用，即愿意支付最高价格的参与人在拍卖中赢得标的物品，而匹配理论则主要考虑价格机制在匹配问题中通常不起主导作用，特别是在许多情况下甚至**没有价格 (转移支付)** 情况下的匹配机制设计问题。由于拍卖理论和匹配理论发展迅速，形成了一套自身的分析框架，因而日益成为现代微观经济理论的独立分支。

第 21 章介绍拍卖理论的一些基本结果，包括最基本的几种拍卖机制。拍卖机制设计为市场设计的一个重要组成部分，转移支付在拍卖问题中起到实质作用，从而主要是利用价格机制来设计市场中资源的配置。同时，拍卖理论还是一般机制设计理论的拓展和延伸。我们将看到，通过应用前面关于一般机制设计理论的一些结果，会较为容易地得到拍卖理论中的许多基本结果。我们将先讨论私人价值的单物品拍卖，其次考虑相互依赖价值的单物品拍卖，再次讨论多物品的同时和序贯拍卖，最后讨论组合物品的拍卖。

第 22 章是本书的最后一章，讨论市场设计中另一类非常重要的机制设计，那许多不可分物品匹配的设计，且在大多数情形 (如人体器官移植、择校匹配、办公室的匹配等) 下对这种不可分物品的匹配要么不允许转移支付要么起不到实质作用 (如学生的录取不是由谁支付的学费最高来决定，劳动力市场上招人也不主要是根据谁愿意要最少的报酬来决定雇用谁，更重要的是看他们的潜力、素质或是否适应所应聘的工作岗位)，从而主要是一种非价格机制。我们首先讨论双边市场的匹配机制设计问题，接着讨论单边市场的匹配机制设计问题，最后讨论匹配理论的应用：分析入学问题和器官移植问题中的匹配机制。

第21章 拍卖理论

21.1 导言

拍卖理论是当前现代经济学较为热门的前沿研究和应用领域，已形成了系统的理论结果，可被用来分析和理解拍卖与招标机制的优越性，也为实际操作提供了许多有用的建议。

拍卖或**招标**，作为一种有效的商品交易机制，应用越来越广泛，已经深入日常经济活动的方方面面。在现实中，许多巨额的物品或项目都是通过拍卖或招标的方式进行的。经常被拍卖的物品既包括**有形资产**，如古玩字画、珠宝、旧车、建筑物、农产品等，也包括一些**无形资产**，比如土地使用权、油田开采权，甚至一些特别电话号码、车牌号码的使用权。西方许多国家的中央银行经常采用拍卖的方式销售政府债券，内务部也定期拍卖油田开采权。2020 年诺贝尔经济学奖获得者罗伯特·威尔逊和保罗·米尔格罗姆为美国联邦通信委员会领衔设计了无线电频谱拍卖，在 1994—2014 年的 20 年里创造的收入超过了 2 000 亿美元，其拍卖机制还被应用于其他场景，如电力和天然气销售等。随着无线互联网服务需求的爆炸式增长，被用于传送数据的无线电频谱迅速出现短缺。2012 年美国联邦通信委员会决定重新配置电视公司闲置的无线电频谱，并于 2016 年实施激励性拍卖。该拍卖也是由米尔格罗姆领衔设计的，这一拍卖为联邦通信委员会创造了 200 亿美元的收入。欧洲各国也相继采用类似的拍卖机制，并获得了巨大收益。

在中国，为了防范寻租或腐败，政府明确规定政府采购、国家财产和资产的出售或建设项目，都必须采用拍卖或招标的方式进行。中国的地方政府每年要公开拍卖大批量的土地给房地产开发商，拍卖大量的汽车牌照给消费者。这些拍卖的特点是由多位购买者自由竞价，出价最高的买方赢得物品。招标也常被用于定向采购物品或服务。比如，数个公司竞投承包一项工程或提供某项服务。在招标中，通常是出价最低的公司赢得合同，但有时也要考虑竞标者的信誉、承诺以及所提供产品或服务的质量等因素。

其实，拍卖的实践有几千年的历史，可以追溯至公元前 700 年的古巴比伦时期。有记载的第一次拍卖活动发生在公元前 500 年的古希腊，当时妇女作为新娘被家人拍卖。罗马人也热衷于拍卖活动，定期拍卖战利品、奴隶和债务人的资产，甚至影响到历史进程。公元 193 年，罗马皇帝佩尔提纳克斯 (Pertinax) 由于想整顿军纪而被他的卫队杀害，随后其皇位开始被拍卖。两位王位候选人分别是参议员迪迪乌斯·朱利安努斯 (Didius Julianus) 和佩尔提纳克斯的岳父提图斯·弗拉维乌斯·克劳迪乌斯·苏尔皮西亚努斯 (Titus Flavius

Claudius Sulpicianus)。当时的总督卫队势力非常强大，可以随意安插和撤换皇帝。在拍卖过程中，朱利安努斯愿意向每一个卫兵提供 25 000 塞斯特 (近两公斤黄金)，而苏尔皮西亚努斯只愿意提供 20 000 塞斯特。朱利安努斯出价最高而被宣布为皇帝，但当元老院听说反叛的塞普蒂默斯・西弗勒斯 (Septimus Severus) 即将率领军队到来时，这位靠竞拍获得帝位的朱利安努斯在仅仅统治了 66 天之后被处死。

虽然拍卖的实践已经延续了数千年之久，甚至一些拍卖活动还造成了巨大的历史影响，但是真正用经济学理论来对拍卖进行研究，却是 20 世纪 60 年代的事情。发轫之作是维克瑞 (William Vickrey，1914—1996，其人物小传见 21.7.1节) 不足 30 页的发表在 1961 年的《金融杂志》上的题为《反投机、拍卖和竞争性密封投标》的经典论文，其中讨论了本章要着重介绍的单物品拍卖中应用最为广泛的四种拍卖形式，并得到了对拍卖理论发展具有里程碑意义的结论——收益等价定理，以及在二级价格密封竞价拍卖中，所有的竞拍者都会诚实报价。

四种基本的拍卖

现实中的拍卖有多种形式，最为基础的有四种，其余的是这四种形式的变形。

第一种是**英式拍卖** (也称**增价拍卖**)。在该规则下，对某个物品由拍卖主持人公开叫价拍卖，价格依次上升，等价格升高到刚好只剩一个投标人时，该投标人按这一价格支付并获得拍卖品。一种变体是，由投标人叫价，越往后叫价越高，最后只剩一个投标人叫价时，该价格就是成交价格。这种形式在现场拍卖中最经常采用，特别是对文物、字画、二手商品及商业用地 (在中国) 的拍卖。

第二种是**荷兰式拍卖 (也称减价拍卖)**。减价拍卖刚好相反，价格从高往低，由拍卖主持人公开从很高的价格开始叫价，如果没有人愿意购买，拍卖人由此价格按事先规定的幅度连续减价，直到有人愿意接受为止。若在某个价格下有投标人接受，那么该投标人按此价格支付，并获得拍卖品。这种拍卖方式虽为减价拍卖，仍然是价高者得。在欧洲特别是在荷兰对鲜花的拍卖通常采用此形式，因此此形式也被称为荷兰式拍卖。

第三种是**一级价格密封竞价拍卖** (first-price sealed-bid auction)，简称**一级价格拍卖**。在该规则下，每个竞标者在规定的时间内采用密封的形式，独立地向拍卖人提交标书，标明自己愿意出的价格，因此竞标者看不到其他竞标者的出价，再由拍卖人在约定的时间，邀请所有竞标者到场当众开标，开标后投标价最高的人获得物品，同时以其投标价支付。出价最高者赢得物品，并支付他自己的报价，因此一级价格拍卖也被称为**高价拍卖**、**招标拍卖**或**邮递拍卖**。这种拍卖方式在中国的工程项目的招投标中经常看到。

第四种是**二级价格密封竞价拍卖** (second-price sealed-bid auction)，简称**二级价格拍卖**，也称**维克瑞拍卖**。在该规则下，也是投标采用密封的形式，开标后投标价最高的人获得物品，但以第二高的投标价支付。此方式在实际中用得较少，但有很好的理论性质，是唯一的说真话的拍卖机制。在第 18 章中我们讨论过，二级价格拍卖是 VCG 机制的一个特殊情况，最先由经济学家维克瑞在 1961 年提出，由此经济学家开始对拍卖进行深入的研究。

在每一种拍卖中，如果几个人的出价相同，并且是最高价，那么拍卖人会在他们中随机挑选一个赢者。同时，以上只是针对一件物品的拍卖方式的介绍，我们在后面还会讨论多物品拍卖和组合物品拍卖，拍卖方式虽不尽相同，但基本上是以上四种方式的变形。

从上面对这四种基本拍卖形式的介绍可以看出，拍卖主要采用两大类形式。前两种均为公开竞价方式，如古玩字画、二手商品 (如二手车) 等；后两种则为密封式拍卖，如项目招标。因此，投标人可以在某种形式下观察到其他投标人的行动，而在另外一种形式下却不能。在很多拍卖或招投标活动中，往往需要对参与者的商业机密进行保密，因而采用的拍卖或招标方式需要尽量避免商业泄密。相对于公开拍卖方式而言，价格密封投标 (拍卖) 的方式具有这方面的优势，因而采用价格密封投标方式有时是必要的。

然而，对于理性的决策者来说，其中一些差异是微小的。荷兰公开降价拍卖的策略等价于一级价格密封竞价拍卖，因为它们具有相同的均衡策略。当价值是私人信息时，英式公开增价拍卖的结果等价于二级价格密封竞价拍卖，这是由于，对英式拍卖，只有当竞标者的出价低于其价值时，才能从参与中获得正收益。这样，赢者支付的价格略高于第二高竞标者的价值，所以它们具有相同的均衡结果。这就是为什么英式拍卖有时也被称为**二级价格公开竞价拍卖**。此外，对每种拍卖机制，卖方通常会增加两种限制：一种是设定底价，被称为保留价格；另一种是收取参加竞标的费用。在一级价格和二级价格密封竞价拍卖下，竞标者的出价必须高于或等于保留价格，否则不能成交。对于二级价格拍卖，如果只有一个竞标者出价，而且高于保留价格，那么他获得物品并且支付保留价格。在增价和减价拍卖中，保留价格有着类似的作用。

拍卖理论要讨论的基本问题有两个：

（1）**有效性**：用这些拍卖方式能否有效地配置资源，即价值最高者能否获得物品？

（2）**最优性**：对拍卖者来说，哪种拍卖机制能取得最大收益？

为回答这两个问题，我们需要建立拍卖机制的基本分析框架，包括介绍竞标者的偏好和界定他们所面临的信息环境，是**私人价值**环境、**相互依赖价值** (interdependent value) 环境，还是**共同价值** (common value) 环境（相互依赖价值环境的特殊情况）。然后我们再考察他们的竞价策略，看是否导致了有效结果并通过比较拍卖者的期望收益来看哪个对拍卖者是最优的。

为此，我们先考察私人价值经济环境，主要对独立、对称、风险中性、无限责任的私人价值经济环境进行讨论；其次讨论相互依赖价值经济环境下的拍卖问题；再次讨论多物品的同时拍卖和序贯拍卖；最后讨论多物品的组合拍卖。由于拍卖机制是第 19 章所讨论的不完全信息下的一般机制设计的一个特殊情况，所采用的解概念主要是贝叶斯–纳什均衡解，因此，为了使读者更容易理解，我们尽可能采用相同的术语和记号进行讨论。这一章中的许多讨论参考了 Krishna (2010) 这一经典专著。在中国，对拍卖理论基本结果的一个好的综述见谭国富 (2002)。

21.2 私人价值单物品拍卖

21.2.1 基本分析框架

在拍卖理论中，私人价值基准模型是一个被广泛使用的框架。它具有以下六个假设：

第一，**私人价值**：参与人对物品的价值是私人信息，只依赖于自己的类型。

第二，**独立性**：参与人的价值是独立的。

第三，**对称性**：参与人的价值有同样的概率分布。

第四，**风险中性**：参与人的期望效用函数具有风险中性特征。

第五，**无限责任**：参与人没有预算约束，有能力支付所报的竞价。

第六，**非合谋性**：所有买方独立决定自己的竞价策略，不存在任何具有约束力的合作性协议。

对以上这些经济环境的描述被称为**对称独立私人价值** (symmetric independent private value，SIPV) 模型。我们主要在这个模型下求解对称贝叶斯–纳什均衡并考察它们的性质，尽管在一般的效用函数下也许有非对称均衡解。

考虑一个归拍卖者拥有的不可分物品及 n 个风险中性投标人 (买者) 形成的拍卖。每个投标人 i 都对物品有一个私人信息的价值 (估值)，被视作投标人的类型，记为 θ_i。这样，拍卖模型可被视为不可分物品模型 $Y = \{y \in \{0,1\}^n : \sum_i y_i = 1\}$ 的一个特例, 买方 i 的收益可写为

$$\theta_i y_i + t_i$$

其中，t_i 为对应的转移支付 (transfer)，从而拍卖者收益，即投标人对拍卖者的支付 (payment)，为

$$m_i = -t_i,$$

买方 i 的估值 θ_i 是 $[\underline{\theta}_i, \bar{\theta}_i]$ 上相互独立的密度为 $\varphi_i(\cdot) > 0$ 的随机变量，其中 $\underline{\theta}_i < \bar{\theta}_i$，其分布函数记为 $\Phi_i(\cdot)$。

下面我们先考察在对称情景下四种典型拍卖的执行，讨论贝叶斯–纳什均衡的形式及其性质，如有效性。然后，我们再比较这些拍卖下卖方的期望收益。

在私人价值的拍卖中，一级价格密封竞价拍卖与荷兰式拍卖是策略等价的 (从而是结果等价的)，这是由于它们都是以开出或者接受的最高价格作为拍卖价格。而二级价格密封竞价拍卖和英式拍卖是结果等价的。对英式拍卖，只有当投标人的出价低于其价值时，她才能从参与中获得正收益。因此，报价最高的竞标者赢得拍卖，支付的金额略高于第二高投标人的价值。这是英式拍卖有时也被称为**二级价格公开竞价拍卖**的原因。这样，二级价格拍卖和英式拍卖都是以开出或者接受第二高的价格作为拍卖价格，因此两个拍卖是结果等价的。不过，这种等价关系只对私人价值或只有两个投标人的情形才成立。这样，不失一般性，对私人价值环境，我们可以只讨论一级价格密封竞价拍卖和二级价格密封竞价拍卖。

下面我们着重讨论对称的情形。假设所有投标人的私人价值是对称的，即对任意的 i，都有 $\theta_i \sim \varphi(\cdot)[0, w]$，对应的分布函数为 $\Phi(\cdot)$，同时考虑对称均衡。在对称均衡中，我们侧重于考察投标人 1 的策略选择。

21.2.2　一级价格密封竞价拍卖

在一级价格拍卖中，给定投标人 i 的估值为 θ_i，若他的竞价为 b_i，其他参与人的竞价为 $b_j, j \neq i$，则投标人 i 的事后效用为：

$$U_i = \theta_i y_i(b_i, \boldsymbol{b}_{-i}) + t_i(b_i, \boldsymbol{b}_{-i}),$$

或者用向拍卖者支付费用的形式表示：

$$U_i = \theta_i y_i(b_i, \boldsymbol{b}_{-i}) - m_i(b_i, \boldsymbol{b}_{-i}),$$

其中

$$y_i(b_i, \boldsymbol{b}_{-i}) = \begin{cases} 1, & \text{若} b_i > \max_{j \neq i} b_j, \\ 0, & \text{若} b_i < \max_{j \neq i} b_j. \end{cases} \tag{21.1}$$

向拍卖者支付费用为：

$$m_i(b_i, \boldsymbol{b}_{-i}) = \begin{cases} b_i, & \text{若} b_i > \max_{j \neq i} b_j, \\ 0, & \text{若} b_i < \max_{j \neq i} b_j. \end{cases} \tag{21.2}$$

若 $b_i = \max_{j \neq i} b_j$，物品所属按等概率随机决定。

考虑对称均衡竞价函数，记为 $\beta^I(\cdot)$，由 $\beta^I : [0, \omega] \to [0, \infty)$ 给出。不失一般性，假定 $i = 1$。令 $\vartheta_1, \cdots, \vartheta_{n-1}$ 是对 $\theta_2, \cdots, \theta_n$ 从大到小的排序，或者被称为 $\theta_2, \cdots, \theta_n$ 的第 1，$\cdots$，第 $n-1$ 序统计量。我们先假设 $\beta^I(\cdot)$ 是一个增函数，后面再加以验证。

若其他投标人都选择策略 $\beta^I(\cdot)$，那么只有当 $b_1 > \beta(\vartheta_1)$ 时，投标人 1 才能得到物品，否则就得不到物品。由于 ϑ_1 是一个连续的随机变量，$b_1 = \beta(\vartheta_1)$ 的概率为零，可以不考虑。θ_j，$j \neq 1$，都服从 φ 的密度函数 (对应的分布函数为 $\Phi(\cdot)$)，容易求得 ϑ_1 的分布函数为 $\Psi(\cdot) = \Phi^{n-1}(\cdot)$(对应的密度函数记为 ψ)。

假定其他投标人选择报价策略 $\beta(\cdot) = \beta^I(\cdot)$，价值为 $\theta_1 = \theta$，而竞价为 b 的投标人 1 的事中期望效用是：

$$E_{\theta_{-1}} U_1 = \Psi(\beta^{-1}(b))(\theta - b),$$

其中 $\beta^{-1}(\cdot)$ 是 $\beta(\cdot)$ 的反函数。对 b 的一阶条件为：

$$\frac{\psi(\beta^{-1}(b))(\theta - b)}{\beta'(\beta^{-1}(b))} - \Psi(\beta^{-1}(b)) = 0.$$

在均衡时，由于 $b = \beta(\theta)$，于是有：

$$\beta'(\theta) = \frac{\psi(\theta)}{\Psi(\theta)}(\theta - \beta(\theta)), \tag{21.3}$$

或等价地，我们有

$$\frac{d}{d\theta}(\Psi(\theta)\beta(\theta)) = \theta\psi(\theta). \tag{21.4}$$

由于 $\beta(0)=0$，一次微分方程 (21.3) 的解为：

$$\beta(\theta) = \frac{1}{\Psi(\theta)}\int_0^\theta \vartheta_1\psi(\vartheta_1)d\vartheta_1 = E[\vartheta_1|\vartheta_1 < \theta].$$

显然，$\beta(\theta)<\theta$。从微分方程 (21.3) 可得：$\beta'(\cdot)>0$，即竞价函数 $\beta(\cdot)$ 是一个递增函数。

命题 21.2.1 在对称独立私人价值下，一级价格密封竞价拍卖的对称贝叶斯–纳什均衡策略竞价函数为 $\beta^I(\theta)=E[\vartheta_1|\vartheta_1<\theta]$。

通过上面的论证过程我们只是得到了策略是贝叶斯–纳什均衡的 (一阶) 必要条件，下面我们证明命题的充分性。

证明： 若其他投标人都选择 $\beta=\beta^I$，投标人 i 在 θ 下选择竞价策略 $\beta(\tilde{\theta})$，此时他的条件 (事中) 期望效用为：

$$\begin{aligned}
\bar{U}_i(\theta,\tilde{\theta}) &\equiv E_{\theta-i}[\theta y_i(\beta(\tilde{\theta}),\beta_{-i}(\theta_{-i}))+t_i(\beta(\tilde{\theta}),\beta_{-i}(\theta_{-i}))] \\
&= E_{\theta-i}[\theta y_i(\beta(\tilde{\theta}),\beta_{-i}(\theta_{-i}))-m_i(\beta(\tilde{\theta}),\beta_{-i}(\theta_{-i}))] \\
&= \Psi(\tilde{\theta})[\theta-\beta(\tilde{\theta})] \\
&= \Psi(\tilde{\theta})\theta-\Psi(\tilde{\theta})E[\vartheta_1|\vartheta_1<\tilde{\theta}] \\
&= \Psi(\tilde{\theta})\theta-\int_0^{\tilde{\theta}}\vartheta_1\psi(\vartheta_1)d\vartheta_1 \\
&= \Psi(\tilde{\theta})\theta-\Psi(\tilde{\theta})\tilde{\theta}+\int_0^{\tilde{\theta}}\Psi(\vartheta_1)d\vartheta_1 \text{ (由分部积分)} \\
&= \Psi(\tilde{\theta})(\theta-\tilde{\theta})+\int_0^{\tilde{\theta}}\Psi(\vartheta_1)d\vartheta_1.
\end{aligned}$$

因此得到，无论 $\theta \geqq \tilde{\theta}$ 或 $\theta \leqq \tilde{\theta}$，都有：

$$\bar{U}(\theta,\theta)-\bar{U}(\theta,\tilde{\theta}) = \Psi(\tilde{\theta})(\tilde{\theta}-\theta)+\int_\theta^{\tilde{\theta}}\Psi(\vartheta_1)d\vartheta_1 \geqq 0.$$ □

利用分部积分，贝叶斯–纳什均衡竞价解可重新写为：

$$\beta^I(\theta) = \theta-\frac{1}{\Psi(\theta)}\int_0^\theta\Psi(\vartheta_1)d\vartheta_1 < \theta. \tag{21.5}$$

由于 $\beta^I(\theta)$ 是一个单调递增函数，因此均衡竞价与私人价值有正相关关系，即私人价值高者，其均衡竞价也高，但出价总是小于私人价值，即所有投标人都没有激励显示其真实类型。

然而，由于

$$\frac{\Psi(\vartheta)}{\Psi(\theta)}=\left[\frac{\Phi(\vartheta)}{\Phi(\theta)}\right]^{N-1},$$

则当竞标者的个数 N 增加时，贝叶斯–纳什均衡解 $\beta^{I}(\theta)$ 趋向于 θ.

例 21.2.1 假定价值在 $[0,\infty)$ 上服从指数分布，有两个竞标人。若 $\Phi(\theta)=1-\exp(-\lambda\theta)$, $\lambda>0$，则

$$\begin{aligned}\beta^{I}(\theta)&=\theta-\int_{0}^{\theta}\frac{\Phi(\vartheta)}{\Phi(\theta)}d\vartheta\\&=\frac{1}{\lambda}-\frac{\theta\exp(-\lambda\theta)}{1-\exp(-\lambda\theta)}.\end{aligned}$$

21.2.3 二级价格密封竞价拍卖

现讨论二级价格密封竞价拍卖的均衡解。记其他参与人的最高报价为 $\bar{b}_{(i)}\equiv\max_{j\neq i}b_j$，其中 b_j 是参与人 j 的报价。对于一个私人价值为 θ_i 的投标人 i 来说，在二级价格密封竞价拍卖下，报价为 b_i 的事后效用为：

$$U_i=\theta_i y_i(b_i,\bar{b}_{(i)})-m_i(b_i,\boldsymbol{b}_{-i}),$$

其中，

$$y_i(b_i,\boldsymbol{b}_{-i})=\begin{cases}1, & \text{若}b_i>\bar{b}_{(i)},\\0, & \text{若}b_i<\bar{b}_{(i)}.\end{cases}\tag{21.6}$$

$$m_i(b_i,\boldsymbol{b}_{-i})=\begin{cases}\bar{b}_{(i)}, & \text{若}b_i>\bar{b}_{(i)},\\0, & \text{若}b_i<\bar{b}_{(i)}.\end{cases}\tag{21.7}$$

下面的命题给出了二级价格密封竞价拍卖的贝叶斯–纳什均衡策略 β^{II} 竞价函数的特征。

命题 21.2.2 对二级价格密封竞价拍卖，所有投标人的贝叶斯–纳什均衡策略 $\beta^{II}(\theta)=\theta$ 均是弱占优策略。

可以直接应用维克瑞–克拉克–格罗夫斯机制来得到这个结果。我们现在直接证明这一结果。

证明： 当 $\theta_i>\bar{b}_{(i)}$ 时，报价 $b_i>\bar{b}_{(i)}$ 与诚实报价 θ_i 所带来的收益 $\theta-\bar{b}_{(i)}>0$ 相同，但报价 $b_i<\bar{b}_{(i)}$ 时却失去赢的机会，从而其收益小于真实报价 θ_i 所带来的收益。因此，当 $\theta_i>\bar{b}_{(i)}$ 时，说真话 $\beta^{II}(\theta)=\theta$ 是一个弱占优策略。

当 $\theta_i\leqq\bar{b}_{(i)}$ 时，报价 $b_i\leqq\bar{b}_{(i)}$ 与诚实报价 θ_i 所带来的收益相同，没有赢得物品，其收益为 0，然而报价 $b_i\geqq\bar{b}_{(i)}$ 时的收益 $\theta-\bar{b}_{(i)}<0$ 却小于诚实报价 θ_i 所带来的收益。因此，当 $\theta_i\leqq\bar{b}_{(i)}$ 时，说真话 $\beta^{II}(\theta)=\theta$ 也是一个弱占优策略。

因此，对任意的 $\bar{b}_{(i)}$，真实显示 θ_i 都是一个弱占优策略。 □

这样，在二级价格密封竞价拍卖中，所有的竞拍者都会诚实报价，即拍卖品对他的价值为多高，就会报多高的价；而在一级价格密封竞价拍卖中，竞拍者的报价则低于自己对物品的真实价值水平。这一结论的直觉很简单，在采用一级价格密封竞价拍卖时，若竞拍者按照自己对物品的真实价值诚实报价，那么即使赢得拍卖，也无利可图。为了获得可能的利益，竞拍者就有激励报出低于自身真实价值的价格，而这一问题在二级价格密封竞价拍卖中则不存在。对于二级价格拍卖，它通过激励竞标者按真实价值出价来提供解决方案，因为获胜者只需支付相当于第二高出价的价格。

关于二级价格拍卖中竞拍者的支付，设 $\vartheta_1, \cdots, \vartheta_{n-1}$ 是 $\theta_2, \cdots, \theta_n$ 从大到小的排列。竞拍者获胜的概率是 $\Psi(\theta) = \Phi^{n-1}(\cdot)$。然后，竞拍者的事中预期支付为：

$$\begin{aligned} m^{II}(\theta) &= E_{\boldsymbol{\theta}}(m_1^{II}(\boldsymbol{\vartheta})|\vartheta_1 < \theta) \\ &= \Psi(\theta)E[\vartheta_1|\vartheta_1 < \theta] \\ &= \int_0^\theta \vartheta_1 \psi(\vartheta_1) d\vartheta_1 = \beta^I(\theta), \end{aligned} \tag{21.8}$$

这意味着 β^{II} 的分布是 β^I 分布的“均值保持扩散”(关于术语详见第 2 章)。换句话说，在二级价格拍卖中，收入的变动比一级价格拍卖更大，前者的支付在 0 到 w 之间变动，而后者的支付在 0 到 $E[\vartheta_1]$ 之间变动。

21.2.4 一级价格拍卖和二级价格拍卖的收益比较

如前所述，维克瑞 1961 年的经典之作对单物品拍卖中应用最为广泛的四种拍卖形式进行了比较，得到了对拍卖理论具有里程碑意义的结论——收益等价定理。我们现在比较在对称情形下，一级价格拍卖与二级价格拍卖中拍卖人的期望收益。

首先对于一级价格拍卖而言，私人价值为 $\theta_1 = \theta$ 的投标人 1 对拍卖人的事中期望支付为：

$$\begin{aligned} m^I(\theta) &= E_{\boldsymbol{\theta}_{-1}} m_1^I(\boldsymbol{\theta}) = \Psi(\theta)\beta^I(\theta) \\ &= \Psi(\theta)E[\vartheta_1|\vartheta_1 < \theta] = \int_0^\theta \vartheta_1 \psi(\vartheta_1) d\vartheta_1, \end{aligned} \tag{21.9}$$

其中，$\Psi(\theta)$ 是投标人 1 赢得拍卖品的概率。

因此拍卖人从投标人 1 处获得的事前期望收益为：

$$\begin{aligned} Em^I(\theta) &= \int_0^w \Psi(\theta)\beta^I(\theta) d\theta \\ &= \int_0^w \left(\int_0^\theta \vartheta_1 \psi(\vartheta_1) d\vartheta_1 \right) \varphi(\theta) d\theta \end{aligned}$$

$$= \int_0^w \left(\int_{\vartheta_1}^w \varphi(\theta) d\theta \right) \vartheta_1 \psi(\vartheta_1) d\vartheta_1$$

$$= \int_0^w (1 - \Phi(\vartheta_1)) \vartheta_1 \psi(\vartheta_1) d\vartheta_1.$$

这里的第三个等式是通过交换积分顺序得到的。

这样，拍卖人从 n 个投标人处获得的期望收益为：

$$E_\theta R^I = nEm^I(\theta)$$

$$= \int_0^w n(1 - \Phi(\vartheta_1)) \vartheta_1 \psi(\vartheta_1) d\vartheta_1.$$

对于二级价格密封竞价拍卖而言，拍卖人的收入是 n 个投标人中第二高的私人价值，记为 $\vartheta_2^{(n)}$，它的分布函数为：

$$\Phi^n(\vartheta_2^{(n)}) + n\Phi^{n-1}(\vartheta_2^{(n)})(1 - \Phi(\vartheta_2^{(n)})),$$

其密度函数为：

$$n(n-1)(1 - \Phi(\vartheta_2^{(n)}))\Phi^{n-2}(\vartheta_2^{(n)})\varphi(\vartheta_2^{(n)}) = n(1 - \Phi(\vartheta_2^{(n)}))\psi(\vartheta_2^{(n)}).$$

因此，二级价格密封竞价拍卖中拍卖人的期望收益为：

$$E_\theta R^{II} = \int_0^w n\vartheta_2^{(n)}(1 - \Phi(\vartheta_2^{(n)}))\psi(\vartheta_2^{(n)}) d\vartheta_2^{(n)} \tag{21.10}$$

$$= E_\theta R^I.$$

因此，在对称环境下，私人价值的一级价格密封竞价拍卖和二级价格密封竞价拍卖中拍卖者的期望收益是相同的。实际上，下面我们会得到一个更一般的收益等价性结论：在所有配置规则相同 (即出价最高者获得物品) 且在最低私人价值下投标人的期望效用相同的拍卖中，委托人的期望收益都是等价的。

例 21.2.2　假设有 n 个竞拍者，他们的价值在区间 $[0,1]$ 上均匀分布，那么 $\Phi(\theta) = x$ 和 $\Psi(\theta) = \Phi^{n-1}(\theta) = x^{n-1}$。因此，我们有：

$$\beta^I(\theta) = \frac{1}{\Psi(\theta)} \int_0^\theta \vartheta_1 \psi(\vartheta_1) d\vartheta_1 = \frac{n-1}{n}\theta.$$

从式 (21.9) 中，我们有：

$$m^I(\theta) = \Psi(\theta)\beta^I(\theta) = \frac{n-1}{n}\theta^n,$$

以及

$$Em^I(\theta) = \int_0^w m^I(\theta')d\theta' = \frac{n-1}{n(n+1)}.$$

因此，拍卖人从 n 个竞拍者处获得的预期收益是：

$$E_{\boldsymbol{\theta}} R^I = nEm^I(\theta) = \frac{n-1}{n+1}. \tag{21.11}$$

至于二级价格拍卖，式 (21.10) 意味着

$$\begin{aligned} E_{\boldsymbol{\theta}} R^{II} &= \int_0^w n\vartheta_2^{(n)}(1-\Phi(\vartheta_2^{(n)}))\psi(\vartheta_2^{(n)})d\vartheta_2^{(n)} \\ &= n(n-1)\int_0^1 (1-\vartheta)\vartheta^n d\vartheta_2 = \frac{n-1}{n+1}, \end{aligned} \tag{21.12}$$

这与式 (21.11) 中的结果相同。

为了得到拍卖者期望收益的具体表达式，根据式 (21.5) 给出的一级价格密封竞价拍卖的均衡竞价表达式为：

$$\beta^I(\theta) = \theta - \frac{1}{\Psi(\theta)}\int_0^w \Psi(\vartheta_1)d\vartheta_1, \tag{21.13}$$

对上式第二项进行分部积分，有

$$E\beta^I(\theta) = \int_0^w \nu(\theta')d\Phi^n(\theta'),$$

其中，

$$\nu(\theta) = \theta - \frac{1-\Phi(\theta)}{\varphi(\theta)}$$

是竞标者的虚拟 (virtual) 价值函数，在第 16 章和第 19 章出现过。

这样，我们得到了拍卖者期望收益的具体表达式：

$$E_\theta(m^I) = E_\theta(m^{II}) = \int_0^\theta \nu(\theta')d\Phi^n(\theta').$$

在拍卖理论和机制设计理论中，$\nu(\theta)$ 起着重要的作用。买方 (竞标者) 的物品价值 θ 是他的私人信息，为了获得信息租金，在与卖方打交道时，他会倾向于低报这一信息，能低报多少取决于卖方对 θ 了解多少，这当然依赖于 θ 的分布函数。从卖方的角度看，$\nu(\theta)$ 是由于信息非对称性而调整后买方所愿意支付的最高价。在下面关于最优拍卖机制的设计的小节中我们将会讨论到，$\nu(\theta)$ 相当于卖方 (或拍卖者) 的边际收益。

21.2.5 具有保留价格的一级价格拍卖和二级价格拍卖

以上讨论假定物品对拍卖者没有价值，能够以任何价格卖出。然而，在许多情形下，物品对拍卖者是有价值的，记为 $r > 0$，称为**保留价格**。由于赢得物品的竞价不会低于 r，价值 θ 低于 r 的任何投标人都不会赢得物品。

在具有保留价格 r 的二级价格拍卖中，保留价格对投标人的竞价行为没有影响，因此所有投标人的均衡竞价策略仍然是：

$$\beta^{II}(\theta) = \theta, \tag{21.14}$$

这是弱占优策略，且投标人的期望收益为：

$$m^{II}(\theta, r) = r\Psi + \int_r^\theta \vartheta_1\psi(\vartheta_1')d\vartheta_1'. \tag{21.15}$$

在具有保留价格 r 的一级价格拍卖中，只有当所有其他投标人的价值都小于 r 时，具有价值 $\theta = r$ 的投标人才能赢得物品，其竞价为 r。当 $\theta > r$ 时，其分析和以上一样。这样，在具有保留价格 r 的一级价格拍卖中，当 $\theta \geqq r$ 时，任何投标人的对称均衡竞价策略是：

$$\begin{aligned}\beta^I(\theta) &= E\{\max\{r,\vartheta_1\}|\vartheta_1<\theta\}\\ &= r\frac{\Psi(r)}{\Psi(\theta)}+\frac{1}{\Psi(\theta)}\int_r^\theta \vartheta_1\psi(\vartheta_1)d\vartheta_1,\end{aligned} \tag{21.16}$$

同时任何投标人的期望收益为：

$$m^I(\theta,r) = r\Psi(r)+\int_r^\theta \vartheta_1\psi(\vartheta_1')d\vartheta_1'. \tag{21.17}$$

与具有保留价格 r 的二级价格的期望收益一样。因此，即使存在保留价格 r，一级价格拍卖和二级价格拍卖之间的收益等价性也仍然成立。

21.2.6　有效配置定理和收益等价定理

从前面的讨论我们可以看出，在单物品的四种拍卖中，若所有竞拍者对于拍卖品的估价都是各自独立给出的，则无论采用什么样的拍卖形式，拍卖人都可以获得同样的期望收益。以上四种拍卖有一些共同的特征，就是要求投标者给出他们愿意支付的标价，这些出价决定了谁将获得物品以及支付多少。由于在一级和二级价格密封竞价拍卖下，竞标者的贝叶斯–纳什均衡竞价函数都是单调的，且都是出价最高者赢得物品，因此其配置结果是有效的，于是立刻有下面的有效配置定理。

定理 21.2.1 (有效配置定理)　在对称独立私人价值 (SIPV) 模型中，一级和二级价格拍卖导致了有效的资源配置 (价值最高者获得物品)。

我们将看到，当对称性不满足时，二级价格拍卖仍然是有效的，尽管一级价格拍卖就不一定有效。此外，根据 VCG 机制给出的任何拍卖形式都是有效的（参见第 18 章）。

更为显著的特征是，尽管分布函数非常不同，出价也不同，甚至也不是策略等价的，但拍卖者所获得的期望收益都是相同的。那么，在多大的范围内这些结果仍然成立呢？

2007 年的诺贝尔经济学奖得主——罗杰・迈尔森 (Roger B. Myerson，其人物小传见 19.10.2 节) 利用机制设计理论对这一问题给出了回答，在此基础上推广了维克瑞的理论，证明了：在对称独立私人价值 (SIPV) 经济环境下，所有可能的**标准拍卖**(下面会定义) 都会给拍卖者带来相同的期望收益。显然，这一结论超越了之前维克瑞关于比较具体的拍卖形式的收益等价结果，而能够研究所有可能的拍卖。这个结果意义重大，将拍卖理论大大向前推进了一步。

我们称一个拍卖是**标准的**，若出价最高的投标者获得物品。一个非标准拍卖的例子是买彩票，一个投标者赢得的机会依赖于他所投标的数量和所有投标者所投标的总量之比。它之所以是非标准的，是由于尽管投标最多，却不一定获得物品。除了以上四种常见的标准拍卖，标准拍卖的另外一个例子是**全部支付拍卖**，即所有人都需按照自己的出价来支付，但只有出价最高的那个人获得物品。比如，游说立法机构通过某个法律，或向掌握权力的政府官员行贿都属于此类拍卖机制。我们看到全部支付拍卖也是有效的。那么，所有这些标准拍卖对拍卖者的收益来说是否仍然相同呢？下面更一般的迈尔森收益等价定理给出了肯定回答。

我们现在考察所有标准拍卖下拍卖者的收益是否相等的问题。仍然考虑在 n 个风险中性买方之间配置不可分物品的线性模型：

$$Y = \{y \in \{0,1\}^n : \sum_i y_i = 1\},$$

买方 i 的收益为

$$\theta_i y_i + t_i,$$

其价值是 $[\underline{\theta}_i, \bar{\theta}_i]$ 上相互独立的密度为 $\varphi_i(\cdot) > 0$ 的随机变量。

其效用于是为

$$U_i(\theta) = \theta_i y_i(\theta) + t_i(\theta).$$

在拍卖 (或线性环境下的更一般的社会选择) 规则 $(y(\cdot), t_1, \cdots, t_I)$ 下，拍卖者的期望收益可写为

$$-\sum_i E_\theta t_i(\theta) = \sum_i E_\theta[\theta_i y_i(\theta) - U_i(\theta)] = \sum_i E_\theta[\theta_i y_i(\theta)] - \sum_i E_{\theta_i} E_{\theta_{-i}}[U_i(\theta)].$$

第21章

上式右边第一项为所有参与人的期望总剩余，而第二项为所有参与人的期望效用。根据第 19 章介绍的贝叶斯激励相容特征化定理 (命题 19.4.2)，我们有

$$E_{\theta_{-i}} U_i(\theta_i) = E_{\theta_{-i}}[U_i(\underline{\theta}_i, \theta_{-i})] + \int_{\underline{\theta}_i}^{\theta_i} E_{\theta_{-i}} y(\tau, \theta_{-i}) d\tau,$$

从而它由配置规则 $y(\cdot)$ 和最低类型的事中期望效用 $E_{\theta_{-i}}[U_i(\underline{\theta}_i, \theta_{-i})]$ 完全确定。由于总剩余不变 (所有机制执行了同样的决策规则)，我们有下述**收益等价定理 (revenue equivalence theorem)**。

定理 21.2.2 (迈尔森收益等价定理) 在对称独立私人价值 (SIPV) 经济环境下，若两个不同的拍卖都有对称贝叶斯–纳什均衡，且在该均衡处：(i) 两个拍卖都执行了同一决策 (物品配置) 规则 $y(\cdot)$，(ii) 最低价值 $\underline{\theta}_i$ 下所有投标者的事中期望效用都相同，则这两个拍卖的贝叶斯–纳什均衡对拍卖者所产生的收益是相等的。

作为一个推论，所有在最低价值 $\underline{\theta}_i$ 处具有相同事中期望效用的标准拍卖都将使得拍卖者获得相同的收益。

这个定理说明了，用事后转移支付 $t_i(\theta)$ 获得事中期望转移支付 $\bar{t}_i(\theta_i)$ 的方案可以有很多，这样即使决策规则和参与人在最低价值下的效用相同，卖方在设计拍卖方案时也仍然有很大的自由度。

例如，假设买方是对称的 (即他们的分布函数相同)，卖方希望执行有效决策规则 $y(\cdot)$ 且使投标者在价值最低处的期望效用为零。我们既可利用二级价格密封竞价拍卖按占优策略来真实执行，也可利用一级价格密封竞价拍卖实行贝叶斯执行。更一般地，考虑 k 级价格密封竞价拍卖，其中 $1 \leqq k \leqq n$，竞价最高的参与人获得物品，支付第 k 高的竞价。假设买方物品的价值是独立同分布 (i.i.d.) 的随机变量，则可以证明该拍卖的均衡存在、唯一且是对称的，每个参与人的竞价 $b(\theta_i)$ 是其价值的增函数 (Fudenberg and Tirole，*Game Theory*, 1991, pp. 223-225)。由于竞价最高者获得物品，该拍卖执行了社会最优结果，从而是有效决策规则。同时，价值为 $\underline{\theta}$ 的买方获得物品的概率为零，因而其期望效用为零。因此，根据收益等价定理，任意的 k 级价格密封竞价拍卖对卖方所产生的收益都是相同的。全部支付拍卖和 k 级价格密封竞价拍卖对卖方所产生的收益都是相同的。

给定竞价方案，当 k 较小时卖方似乎获得更高的收益，上述结果怎么会成立呢？答案是当 k 较小时赢得竞标者的竞价会较低，但所支付的价格却不是如此，否则无法获利。例如，我们知道在二级价格拍卖中买方的竞价为其真实价值，但所付的价格为第二高价。而在一级价格拍卖中，由于竞价等于其真实价值给自身带来的期望效用为零，因此买方的竞价将小于其真实价值。收益等价定理说明，对这两种拍卖来说，卖方的期望收益是相等的。特别地，我们无须求解拍卖的均衡即可知道这一点。当 $k > 2$ 时，收益等价定理意味着买方的竞价将大于其真实价值 (但由于所支付的价格为第 k ($1 \leqq k \leqq n$) 高的竞价，它不会大于其真实价值)。

21.2.7 收益等价定理的应用

理论和现实中拍卖方式有很多。除了前面讨论的四种常见的拍卖形式，还有全部支付拍卖 (all-pay auction)、k 级价格拍卖、投标人数不确定的拍卖和其他拍卖方式。这些拍卖在现实中有很多应用，比如全部支付拍卖可以被应用于行业竞争中的消耗战，谁坚持到最后谁就获胜，然而这些企业包括中途退出的企业，都在这一过程中付出了成本。另外，全部支付拍卖也可以被应用到政治领域中利益集团的游说活动方面。如此等等。尽管 $k \geqq 3$ 级价格拍卖在现实中运用得并不多见，但是这种拍卖形式在理论上却很有意义。我们会发现在三级价格拍卖中，投标人可能会报出超过其自身价值的报价，其背后存在着一些精细的利益上的平衡。另外，在现实中的很多拍卖，比如网上拍卖，参与投标的人数并不确定，每个投标人又会如何选择自己的策略呢？因此，以上这些拍卖都有很重要的理论和实践意义，然而对于这些拍卖，其投标均衡的求解往往会相对复杂，此时应用收益等价定理便给求解过程提供了一些捷径。

全部支付拍卖

全部支付拍卖类似一级价格拍卖和二级价格拍卖，都是最高报价的参与人获得物品，但不同的是，每个投标人，不管是否最后获得物品，都按照自己的报价支付给拍卖人。按照前面机制设计理论的分析框架，令 $\boldsymbol{\theta} = (\theta_1, \cdots, \theta_n)$ 是 n 个投标人的类型，独

立同分布地服从 $\varphi(\cdot)[0,w]$，令 $\boldsymbol{b}=(b_1,\cdots,b_n)$ 是他们的报价向量，投标人 i 的效用为 $U_i=\theta_i y_i(b_i,\boldsymbol{b}_{-i})-m_i(b_i,\boldsymbol{b}_{-i})$，其中：

$$y_i(b_i,\boldsymbol{b}_{-i})=\begin{cases}1, & 若 b_i>\max_{j\neq i} b_j,\\ 0, & 若 b_i<\max_{j\neq i} b_j.\end{cases} \tag{21.18}$$

这里，若 $b_i=\max_{j\neq i} b_j$，按同等概率随机地决定将物品给谁，并且

$$m_i(b_i,\boldsymbol{b}_{-i})=b_i. \tag{21.19}$$

与之前相同，$\Psi(\cdot)$ 是 ϑ_1(即其他参与人类型的第一序统计量) 的分布函数。我们集中考虑对称均衡 $\beta(\cdot)=\beta^{AP}(\cdot)$ 是单调函数 (后面会进一步验证）的情况。当 $\theta=0$ 时，显然投标人会选择报价 0，同时喊价最高的投标人获得拍卖品。根据收益等价定理，这一拍卖与之前的一级价格拍卖及二级价格拍卖在均衡时，其投标人的事中期望效用是相同的，这个等价关系能很容易被用来求出全部支付拍卖下的均衡策略。

假设投标人 i 的类型为 θ，在全部支付拍卖下均衡时投标人 i 的事中期望效用为：

$$\Pi_i^{AP}(\beta(\tilde{\theta}),\theta)=\Psi(\tilde{\theta})\theta-\beta^{AP}(\theta),$$

而在二级价格拍卖下均衡时的事中期望效用则为：

$$\Pi_i^{II}(\beta(\tilde{\theta}),\theta)=\Psi(\tilde{\theta})\theta-\Psi(\tilde{\theta})\frac{\int_0^{\theta}\vartheta_1\psi(\vartheta_1)d\vartheta_1}{\Psi(\tilde{\theta})}.$$

令上面两式相等，我们得到全部支付拍卖的对称均衡的投标策略：

$$\beta^{AP}(\theta)=\int_0^{\theta}\vartheta_1\psi(\vartheta_1)d\vartheta_1,$$

它显然是一个严格增函数，从而全部支付拍卖是有效的。

三级价格拍卖

考虑三级价格拍卖，首先我们用前面的机制设计框架来刻画三级价格拍卖。令 $\theta=(\theta_1,\cdots,\theta_n)$ 是 n 个投标人类型，独立同分布地服从 $\varphi(\cdot)[0,w]$，并令 $\boldsymbol{b}=(b_1,\cdots,b_n)$ 是他们的报价向量，投标人 i 的效用为

$$U_i=\theta_i y_i(b_i,\boldsymbol{b}_{-i})-m_i(b_i,\boldsymbol{b}_{-i}),$$

满足：

$$y_i(b_i,\boldsymbol{b}_{-i})=\begin{cases}1, & 若 b_i>\max_{j\neq i} b_j,\\ 0, & 若 b_i<\max_{j\neq i} b_j.\end{cases} \tag{21.20}$$

$$m_i(b_i,\boldsymbol{b}_{-i})=\begin{cases}b_{(3)}, & 若 b_1>\max_{j\neq 1} b_j,\\ 0, & 若 b_1<\max_{j\neq 1} b_j.\end{cases} \tag{21.21}$$

其中 $b_{(3)}$ 是第三高的报价。

在三级价格拍卖下的对称贝叶斯–纳什均衡中，与常见的一级、二级价格拍卖一样，满足：报价最高者获得拍卖品，同时 $\theta=0$ 类型的投标人的报价为 0，效用为 0。

令 $\beta^{III}(\cdot)$ 是三级价格贝叶斯–纳什均衡策略竞价函数，先假设是递增函数。在对称环境下，考虑投标人 1 的策略选择，显然只有当 $\theta_1=\theta>\vartheta_1$ 时投标人 1 才能赢得物品，考虑 ϑ_2 是 $\{\theta_2,\cdots,\theta_n\}$ 中的第二序统计量，在均衡时，投标人 1 在赢得拍卖品时其期望收益为 $E_{\vartheta_2}[\beta^{III}(\vartheta_2)|\vartheta_1\leqslant\theta]$。根据收益等价定理，得到：

$$\Psi_1(\theta)^{(n-1)}E_{\vartheta_2}[\beta^{III}(\vartheta_2)|\vartheta_1\leqq\theta]=\int_0^\theta\vartheta_1\psi(\vartheta_1)d\vartheta_1.$$

令 $\Psi_k^{(m)}$ 是 m 个独立同分布的随机变量的第 k 序统计量的分布函数，$\psi_k^{(m)}$ 则是对应的密度函数。$\vartheta_2|\vartheta_1\leqq\theta$ 的密度函数为：

$$\psi_2^{(n-1)}(\vartheta_2=\tau|\vartheta_1\leqq\theta)=\frac{1}{\Psi_1(\theta)^{(n-1)}}(n-1)[\Phi(\theta)-\Phi(\tau)]\psi_1(\tau)^{(n-2)},$$

其中，$(n-1)[\Phi(\theta)-\Phi(\tau)]$ 是 ϑ_1 的取值范围为 $[\tau,\theta]$ 的概率；$\psi_1(\tau)^{(n-2)}$ 是在 $n-2$ 个独立同分布的随机变量中的第一序统计量的密度函数。

这样，对于 $\theta_1=\theta$ 的投标人而言，其期望支付为：

$$\Psi_1(\theta)^{(n-1)}\int_0^\theta\beta^{III}(\tau)\psi_2^{(n-1)}(\vartheta_2=\tau|\vartheta_1<\theta)d\tau$$

$$=\int_0^\theta\beta^{III}(\tau)(n-1)[\Phi(\theta)-\Phi(\tau)]\psi_1(\tau)^{(n-2)}d\tau.$$

因此，根据收益等价定理，我们有：

$$\int_0^\theta\beta^{III}(\tau)(n-1)[\Phi(\theta)-\Phi(\tau)]\psi_1(\tau)^{(n-2)}d\tau=\int_0^\theta\vartheta_1\psi(\vartheta_1)d\vartheta_1.$$

对 θ 两边取微分，得到：

$$(n-1)\varphi(\theta)\int_0^\theta\beta^{III}(\tau)\psi_1(\tau)^{(n-2)}d\tau=\theta\psi(\theta).$$

其中，$\psi(\cdot)$ 是 ϑ_1 的密度函数。由于 $\psi(\theta)=(n-1)\Phi(\theta)^{n-2}\varphi(\theta)$，我们得到：

$$\int_0^\theta\beta^{III}(\tau)\psi_1(\tau)^{(n-2)}d\tau=\theta\Phi(\theta)^{n-2}.$$

再次对 θ 两边取微分得到：

$$\beta^{III}(\theta)\psi_1(\theta)^{(n-2)}=\Phi(\theta)^{n-2}+\theta\varphi(\theta)^{n-2}.$$

由于 $\Psi_1^{(n-2)}(\tau)=\Phi(\tau)^{n-2}$，我们有

$$\beta^{III}(\theta)=\theta+\frac{\Phi(\theta)}{(n-2)\varphi(\theta)}.$$

当 $\dfrac{\Phi(\theta)}{\varphi(\theta)}$ 是增函数，即 $\Phi(\theta)$ 凹时，$\beta^{III}(\theta)$ 是增函数。

比较一级、二级和三级价格拍卖，我们发现：

$$\beta^I(\theta) < \beta^{II}(\theta) = \theta < \beta^{III}(\theta),$$

也就是说，在一级价格拍卖下投标人会低于自身价值报价 (否则期望效用小于或者等于零)，在二级价格拍卖下投标人会诚实报价，而在三级价格拍卖下投标人会超过自身价值报价。

投标人数不确定的拍卖

下面考察投标人数不确定的拍卖。假设 $\mathcal{N} = \{1, 2, \cdots, N\}$ 是潜在的投标人。令 $A \subseteq \mathcal{N}$ 是实际投标人的集合。假设每个潜在的投标人对物品的价值是独立同分布的，其分布函数为 $\Phi(\cdot)$。对于 $i \in A$ 的参与人，假设其面临对手人数是 n 的概率为 p_n，同时这一概率与投标人的身份和对物品的价值是独立的。只要投标人面临的对手类型和人数是一致的，那么对于对称均衡，我们同样可以运用收益等价定理求出贝叶斯–纳什均衡竞价函数。

假设对称贝叶斯–纳什均衡的竞价函数 β 是单调递增的，令 $\vartheta_1^{(n)}$ 是 n 个对手类型的第一序统计量，其分布函数为 $\Psi^{(n)}(\cdot) = \Phi^n(\cdot)$。当投标人 1 的类型为 θ，报价为 $\beta(\tilde{\theta})$ 时，其赢得拍卖品的概率为：

$$\Psi(\tilde{\theta}) = \sum_{n=0}^{N-1} p_n \Psi^{(n)}(\tilde{\theta}),$$

其事中期望效用为：

$$\bar{U}_1(\theta, \tilde{\theta}) = \Psi(\tilde{\theta})\theta - \bar{m}_1(\tilde{\theta}),$$

第21章

这里的 $\bar{m}_1(\tilde{\theta})$ 是当投标人 1 选择 $b_1 = \beta(\tilde{\theta}_1)$ 时，投标人 1 给拍卖者的事中期望支付。

下面我们来考察拍卖人数不确定的一级和二级价格拍卖。首先对于二级价格拍卖，不管对手人数是多少，投标人 1 选择 $\beta(\theta) = \theta$ 都是弱占优策略。此时二级价格拍卖下的事中期望支付为

$$\bar{m}_1^{II}(\tilde{\theta}) = \sum_{n=0}^{N-1} p_n \Psi^{(n)}(\theta) E[\beta^{II}(\vartheta_1^{(n)}) | \vartheta_1^{(n)} < \theta].$$

对于一级价格拍卖，在均衡时，其事中期望支付为：

$$\bar{m}_1^I(\tilde{\theta}) = \Psi(\theta)\beta^I(\theta).$$

根据期望收益等价定理，得到：$\bar{m}_1^{II}(\tilde{\theta}) = \bar{m}_1^I(\tilde{\theta})$，即

$$\begin{aligned}
\beta^I(\theta) &= \sum_{n=0}^{N-1} \frac{p_n \Psi^{(n)}(\theta)}{\Psi(\theta)} E[\beta^{II}(\vartheta_1^{(n)}) | \vartheta_1^{(n)} < \theta] \\
&= \sum_{n=0}^{N-1} \frac{p_n \Psi^{(n)}(\theta)}{\Psi(\theta)} \beta^{I,(n)}(\theta),
\end{aligned}$$

其中，$\beta^{I,(n)}(\theta)$ 表示当对手人数为 n 时，自身类型为 θ 时的一级价格拍卖下的均衡报价。

这样，对于拍卖人数不确定的一级价格拍卖，其对称均衡的报价策略是给定拍卖人数时一级价格拍卖下报价的一个加权平均，其权重等于对手投标人数的概率分布。

21.2.8　最优拍卖机制的设计

现在讨论包括卖方可能保留物品，同时满足贝叶斯激励相容条件和参与约束条件的最优拍卖机制。我们称“保留物品”的卖方为“参与人 0”，其对物品的价值记为 θ_0，其是否保留物品的决策记为 $y_0 \in \{0,1\}$，则我们必然有 $\sum_{i=0}^{n} y_i = 1$。

于是，卖方的总期望收益可写为

$$\theta_0 E_{\boldsymbol{\theta}} y_0(\boldsymbol{\theta}) + \text{卖出期望收益} = \theta_0 E_{\boldsymbol{\theta}} y_0(\boldsymbol{\theta}) + \sum_{i=1}^{n} E_{\boldsymbol{\theta}}[\theta_i y_i(\boldsymbol{\theta})] - \sum_{i=1}^{n} E_{\theta_i} E_{\boldsymbol{\theta}_{-i}}[U_i(\theta_i, \boldsymbol{\theta}_{-i})].$$

这样，卖方的总期望收益等于总剩余和参与人期望信息租金之差。

根据贝叶斯激励相容特征化定理 (命题 19.4.2), 买方的事中期望效用必然满足

$$E_{\boldsymbol{\theta}_{-i}}[U_i(\theta_i, \boldsymbol{\theta}_{-i})] = E_{\boldsymbol{\theta}_{-i}}[U_i(\underline{\theta}_i, \boldsymbol{\theta}_{-i})] + \int_{\underline{\theta}_i}^{\theta_i} E_{\boldsymbol{\theta}_{-i}} y_i(\tau, \boldsymbol{\theta}_{-i}) d\tau, \forall \theta_i \in \Theta_i. \tag{21.22}$$

买方的事中参与约束为

$$E_{\boldsymbol{\theta}_{-i}}[U_i(\underline{\theta}_i, \boldsymbol{\theta}_{-i})] \geqq 0, \forall i.$$

给定决策规则 $y(\boldsymbol{\theta})$, 理性的卖方将最优地选择收益以使得

$$E_{\boldsymbol{\theta}_{-i}}[U_i(\underline{\theta}_i, \boldsymbol{\theta}_{-i})] = 0, \forall i.$$

对式 (21.22) 分部积分，我们可将买方 i 的期望信息租金写为

$$E_{\theta_i} E_{\boldsymbol{\theta}_{-i}} \left[\frac{1 - \Phi_i(\theta_i)}{\varphi_i(\theta_i)} y_i(\boldsymbol{\theta}) \right].$$

将其代入卖方的收益表达式中，我们可将其写为期望“虚拟剩余” (virtual surplus)：

$$E_{\boldsymbol{\theta}} \left[\theta_0 y_0(\boldsymbol{\theta}) + \sum_{i=1}^{n} \left(\theta_i - \frac{1 - \Phi_i(\theta_i)}{\varphi_i(\theta_i)} \right) y_i(\boldsymbol{\theta}) \right].$$

对 $i \geqq 1$，令

$$\nu_i(\theta_i) = \theta_i - \frac{1 - \Phi_i(\theta_i)}{\varphi_i(\theta_i)}$$

为参与人 i 的“虚拟价值” (virtual valuation)。再令

$$\nu_0(\theta_0) = \theta_0.$$

则卖方的最优化问题可写为

$$\max_{x(\cdot)} E_\theta \left[\sum_{i=0}^{n} \nu_i(\theta_i) y_i(\theta_i) \right]$$

$$\text{s.t.} \quad \sum_{i=0}^{n} y_i(\boldsymbol{\theta}) = 1,$$

$$E_{\boldsymbol{\theta}_{-i}} y_i(\theta_i, \boldsymbol{\theta}_{-i}) \text{在} \theta_i \text{中为非递减的}, \forall i \geqq 1 \quad (BM).$$

注意，只要虚拟价值函数 $\nu_i(\theta_i)$ 为递增函数 (其充分条件为风险率 $h_i(\theta_i) = \dfrac{\varphi_i(\theta_i)}{1 - \Phi_i(\theta_i)}$ 是非递减函数)，则贝叶斯单调性 (Bayesian monotonicity, BM) 约束成立。对每种状态 θ，最大化上述期望。将物品配置给虚拟价值最高的参与人的方案如下：当 $\nu_i(\theta_i) > \nu_j(\theta_j)$ 对所有个体 $j \neq i$ 均成立时，$y_i(\boldsymbol{\theta}) = 1$。其对应的决策规则为：

$$y(\theta) = y(\nu_0(\theta_0), \nu_1(\theta_1), \cdots, \nu_I(\theta_I)),$$

其中，$y(\cdot)$ 是有效决策规则。利润最大化机制将物品配置给虚拟价值最高的参与人。

同时，根据占优激励相容特征化定理 (命题 19.4.1) 和推论 19.4.1，最优配置规则不仅按贝叶斯–纳什均衡可真实执行，而且按占优策略均衡可真实执行。我们可通过对占优激励相容一阶条件积分得到占优激励相容转移支付的简单形式：

$$t_i(\boldsymbol{\theta}) = -p_i(\boldsymbol{\theta}_{-i}) y_i(\boldsymbol{\theta}),$$

其中，

$$p_i(\boldsymbol{\theta}_{-i}) = \inf\{\hat{\theta}_i \in [\underline{\theta}_i, \bar{\theta}_i] : y_i(\hat{\theta}_i, \boldsymbol{\theta}_{-i}) = 1\}.$$

因此，对每个买者 i，都存在定价规则 $p_i(\boldsymbol{\theta}_{-i})$，是其他人真实价值的函数。若该参与人的出价大于价格 $p_i(\boldsymbol{\theta}_{-i})$，则该参与人获得物品，其按价格 $p_i(\boldsymbol{\theta}_{-i})$ 支付。这意味着讲真话 (真实显示) 是占优策略均衡。其论证逻辑与第二价格拍卖相同：谎报并不影响所支付价格，而只影响是否获得物品。参与人希望当自己对物品的价值 θ_1 高于物品价格 $p_i(\theta_{-i})$ 时，刚好获得物品。

现在假定对所有的 i，$\psi_i = \psi$ 和 $\nu_i = \nu$，也就是投标者类型的分布相同，则他们的虚拟价值函数相同，为 $\nu(\cdot)$。假设该函数是递增的，则当委托人出售物品时，由于价值最高的投标者 i 的虚拟价值 $\nu(\theta_i)$ 最高，因而该物品必然被出售给他。当 $\nu(\max_{i \geq 1} \theta_i) > \theta_0$ 时委托人出售该物品。于是，我们有

$$p_i(\theta_{-i}) = \max\{\nu^{-1}(\theta_0), \max_{j \neq i} \theta_j\}.$$

这样，最优机制按占优策略可真实执行是一个具有保留价格 $r^* = \nu^{-1}(\theta_0)$ 的二级价格拍卖。

最优保留价格有两个特性，第一个特性为若它大于拍卖者对物品的价值，这相当于垄断定价，其价格高于边际成本。在这个意义上，如果卖方能决定最优保留价格，那么标准拍卖并没有达到整体的帕累托效率，物品不可能以社会最优方式被出售，因为当最高价买方的私人价值在 $\nu^{-1}(\theta_0)$ 和 r^* 之间时，卖方不会把物品转卖给这位买方。其直觉是，卖方将通过减少个体的消费来减少其信息租金。这与单个参与人的情形类似。

为什么最优配置物品是基于最优保留价格 (虚拟价值) 呢？这一结果并不难理解，可以

有以下解释。假设卖方采用要就要，不要就走人的方式以价格 p 将物品卖给买方。若卖方定一个保留价格 r^*，那么只有在买方的私人价值 $\boldsymbol{\theta}$ 高于或等于 p 时，他才会购买该物品，从而买方接受这个价格水平这一事件发生的概率为 $1-\Phi(p)$，这也是买方的物品价值超出 p 的概率。若我们将购买的概率视作买方 i 的需求量，从而需求函数为 $q(p)\equiv 1-\Phi(p)$，这里的 $\Phi(\cdot)$ 是 $\boldsymbol{\theta}$ 的分布函数，其逆需求函数是 $p(q)\equiv\Phi^{-1}(1-q)$。这样，卖方的收益函数为

$$p(q)\times q=q\Phi^{-1}(1-q),$$

它关于 q 的导数为

$$\frac{d}{dq}(p(q)\times q)=\Phi^{-1}(1-q)-\frac{q}{\Phi'(\Phi^{-1}(1-q))}.$$

由于 $\Phi^{-1}(1-q)=p$，我们有

$$MR(p)\equiv p-\frac{1-\Phi(p)}{\phi(p)}=\nu(p),$$

即边际收益等于买方在 $p(q)=p$ 处的虚拟价值。因此，买方的虚拟价值 $\nu(p)$ 可被解释为边际收益。由于 ψ 是严格增的，卖方可以按照边际收益等于边际成本 $MR(p)=MC$ 决定垄断价格 r^*。由于后者假定为 θ_0，所以 $MR(r^*)=\nu(r^*)=\theta_0$，或 $r^*=\nu^{-1}(\theta_0)$。

当卖方面临不同类型的购买者时，卖方的最优机制是采用歧视性保留价格 $r_i^*=\nu_i^{-1}(\theta_0)$。若没有买方的物品价值超出保留价格 r^*，卖方就保留这个物品。否则，以边际收益卖给买方，赢得物品的买方被要求支付 $p_i=p_i(\boldsymbol{\theta}_{-i})$，这是买方赢得物品的最低价值。

最优保留价格的第二个特性是，最优保留价格独立于竞标者的人数，但取决于竞标者私人价值的分布。当竞标者的私人价值不是独立的时，或当竞标者不是风险中性的时，这一结果就不成立。

21.2.9　影响收益等价和有效性的因素

根据迈尔森的收益等价定理，既然对于拍卖人来说，所有可能的拍卖形式都能为他带来同样的期望收益，那么他是否只要任意选择一种具体形式来进行拍卖就可以了呢？遗憾的是，迈尔森的结论虽然在理论上十分优美，但是其赖以成立的条件却很强，以致在现实中，满足迈尔森设定条件的情况基本不存在。而在这些条件中只要有一个条件不满足，迈尔森的收益等价定理就可能不成立。从这个意义上讲，迈尔森的结论不是为拍卖理论画上了句号，而是为发展出更为接近现实的拍卖机制提供了基准理论和新的出发点。的确如此，此后关于拍卖理论的研究，大都是在迈尔森工作的基础上展开的。这一节不详细讨论和给出所有的证明，只是给出基本结论。

竞标人数

拍卖品的价格由竞争来决定，这样竞争越激烈，竞标者的出价就越高，从而拍卖者的

收益应该越大。在对称独立私人价值模型中，这一结论很容易被验证。前面两种拍卖为卖方带来如下最大平均净利润：

$$E\beta^I(\theta) = \int_0^\theta I\nu(\theta)d\Phi^n(\theta).$$

采用分部积分得到：

$$E\beta^I(\theta) = \int_0^\theta (1-\Phi^n(\theta))\nu'(\theta)d\theta > 0.$$

因此，拍卖者的最大收益随竞标人数增加而上升。在实际拍卖中，吸引更多的竞标者参加拍卖至关重要。

有限责任

在前面的讨论中，我们都假定竞标者能够支付的上限为他的最高价值 $\bar{\theta}_i$。假设无限责任不成立，竞标者的预算 $\tilde{w}$ 是分布在区间 $[0,\bar{w}]$ 上的随机变量。w 是随机变量 $\tilde{w}$ 的一个实现。

可以证明，即使在有限责任的情形下，二级价格拍卖也仍然有占优策略均衡，其均衡竞价函数为 $B^{II}(\theta,w)=\min\{\theta,w\}$，而一级价格拍卖的竞价函数为 $B^I(\beta(\theta),w)=\min\{\beta^I(\theta),w\}$，并且拍卖者在一级价格拍卖下的期望收益大于在二级价格拍卖下的期望收益，那么，迈尔森的收益等价定理就不再成立。

竞标者间的非对称性

对称独立私人价值 (SIPV) 模型中的一个重要假设是对称性，所有竞标者的分布函数是相同的，在现实拍卖环境中，很难想象这种对称性总是满足。竞标者之间的非对称性对拍卖会产生什么影响呢？

首先，在二级价格拍卖下由于说真话是占优策略均衡，因而是事后可执行的。这样，无论拍卖者的分布函数对称与否，出价最高者都可获得物品，因此二级价格拍卖仍然是有效的。但在其他机制下说真话也许不是占优策略均衡，它们也许不是有效的。比如一级价格拍卖就不是有效的。为了看出此点，假定有两个拍卖者，均衡竞价函数是连续单调递增函数，分别记为 β_1 和 β_2。不妨假设对某个 θ，有 $\beta_1(\theta)<\beta_2(\theta)$。于是，存在充分小的 $\epsilon>0$，仍然有 $\beta_1(\theta+\epsilon)<\beta_2(\theta-\epsilon)$。这意味着，尽管竞标者 2 的真实价值低，但他得到物品。

其次，对拍卖者而言，不同拍卖机制所得到的收益也许是不一样的。在前面关于拍卖最优机制设计的讨论中，$\nu(\theta_i)$ 其实是竞标者 i 的虚拟价值函数，相当于卖方 (或拍卖人) 的边际收益。这样，卖方的最优机制是应该把物品卖给边际收益 $\nu'(\theta_i)$ 最高的竞标者，条件是他的边际收益不低于卖方的真实价值或边际成本。这样，当竞标者不对称时，最优拍卖具有歧视性，赢得物品的竞标者并不一定是私人价值最高者。这也意味着，卖方的最优机制不是帕累托有效的。更进一步，卖方还会对不同的竞标者制定不同的保留价格。这种机制就好像垄断价格歧视，垄断厂商根据消费者的不同需求制定不同的价格。

在非对称情况下，在一级和二级价格 (密封竞价) 拍卖中，哪一种对卖方有利呢？首先，非对称性并不影响竞标者在二级价格拍卖中的策略，诚实报价仍然是占优策略均衡。可是，在一级价格拍卖中，比较弱的竞标者可能会出价更积极。因此，对卖方而言，一级价格拍卖可能比增价拍卖或二级价格拍卖好。详细讨论参见 Krishna (2010)。

风险非中性

对竞标者来说，拍卖产生了一定的风险。当竞标者赢时，他盈利；当他输时，他的收益为零。若竞标者不喜欢风险，或对风险的厌恶程度不同，他的竞价策略也会不一样。

在一级价格拍卖下，一个竞标者提高他的报价，会增加他赢的概率，但也会减少赢后的利润。相对于风险中性的竞标者，一个风险厌恶程度高的竞标者会更倾向于提高他的报价。因此，若所有竞标者都是风险厌恶的，一级价格拍卖会给卖方带来更高的收益。其严格证明，参见 Krishna (2010)。

在二级价格拍卖下，无论竞标者是风险中性的，还是风险厌恶的，他的报价都是自己的真实价值。因此，若 SIPV 模型中的其他假定不变，但是所有竞标者都是风险厌恶的，那么，收益等价定理不再成立，一级价格拍卖比二级价格或增价拍卖会产生更高的平均收益。

串通出价

在许多拍卖实例中，竞标者常常联合起来报价，以减少竞争，降低给卖方的支付。这种串通出价行为表现在多个方面，取决于拍卖规则和信息环境。比如说，部分竞标者在一起举行一个先期拍卖，选取最佳竞标者参加正式的拍卖；有时竞标者轮流参加多次拍卖；在有些情况下，虽然所有竞标者都参加拍卖，但他们事先约好，都出价很低，让一个竞标者赢，事后 (或事前) 分成。

串通出价的策略分析起来很复杂。其最大困难在于，参与者可能会改变他们的策略。那么，为了避免参与者改变他们的策略，串通出价必须满足**串通防范/无需合谋** (collusion-proof) 激励相容约束条件。为了让更多的人串通起来，但不具有强制性，这一机制必须满足参与约束条件。更进一步，串通出价最好是有效的，即让愿意出价最高的竞标者得到拍卖品。

在 SIPV 模型中，McAfee 和 McMillan (1992) 证明了，能找到一种包括所有竞标者的直言串通机制，它具有有效性和串通防范激励相容性。若卖方采用的是一级价格拍卖或二级价格拍卖等标准拍卖形式，那么每个人都愿意参加这一串通机制。这类机制的基本步骤是，在正式拍卖开始前，所有参与者一起举行一个内部先期拍卖，选出参加正式拍卖的**唯一**竞标者。其规则是，每个竞标者单独出价，最高出价的竞标者被选中参加正式拍卖。然后，她向自己的拍卖支付一个转移金额，这样获胜者的转移金额与卖家的保留价格之间的差额将平均分配给所有其他竞标者。这种共谋竞标机制等同于每个竞标者都希望贿赂其他竞标者退出竞赛的情况，愿意支付最高贿赂的竞标者获胜，并与其他人分享这种贿赂的利润。

参与成本

当竞标者有参与成本时，低价值竞标者比高价值竞标者更有激励参加串通机制，高价值竞标者通过否决串通机制，给出一个比他的实际估价更高的信号，这样的信号更为可信。Tan 和 Yilankaya (2007) 证明了，当拍卖者采用二级价格拍卖时，这样的信息会减少其他竞标者参加拍卖机制，串通机制更难形成，从而使得 McAfee 和 McMillan(1992) 的结论不再成立。Cao, Hsueh 和 Tian (2020) 证明了，当拍卖者采用一级价格拍卖时，McAfee 和 McMillan (1992) 的结论也不再成立。此外，当竞标者有参与成本时，Tan 和 Yilankaya (2006)，Cao 和 Tian (2010, 2013) 及 Cao，Tan，Tian 和 Yilankaya (2018) 讨论了一级价格拍卖和二级价格拍卖的均衡存在性问题。一般来说，在存在参与成本的情形下，收益等价定理更难以成立。

除了以上这些因素会影响收益等价结果外，下面要着重讨论的相互依赖价值也会影响收益等价定理。

21.3 相互依赖价值单物品拍卖

在私人价值拍卖下我们已得到了期望收益等价结果：对任意两个拍卖机制，若最低私人价值下投标人的期望支付相同，同时物品的配置规则也相同，那么它们产生的期望拍卖收益是相同的。在对称经济环境下，现实中我们所熟悉的拍卖，如一级价格密封竞价拍卖、二级价格密封竞价拍卖、英式拍卖 (增价拍卖) 以及荷兰式拍卖 (减价拍卖)，它们满足相同的配置规则 (即价高者得到物品) 和相同的最低私人价值下的期望收益（通常为零)，都给拍卖者带来了相同的期望收益，从而任意一个这样的拍卖对于拍卖人而言都是无差异的。

如上所述，迈尔森收益等价定理的成立依赖于一系列假设，其中最为关键的一点就是所有竞拍人对拍卖品的估值都是独立给出的，和他人无关。在现实中，这一假设在许多情形下不成立，竞拍人对拍卖品的估值不仅取决于他自己的估值，而且和其他竞拍人的估值有着相关关系。例如，在艺术品的拍卖中，竞拍人在出价时不仅会考虑到自己对艺术品的喜爱程度，也会考虑若将这件艺术品转卖可能获得的收益，而后者显然受到所有其他竞拍人对拍卖品估值的影响。竞拍人在考虑到自己的竞争对手的行为后，对物品所认为的价值被称为**“相互依赖价值”**(interdependent value)。当存在相互依赖价值时，迈尔森的理论就不再适用，而拍卖人则需要通过对拍卖机制的选择来提高自身的期望收益。

最先对存在相互依赖价值的拍卖进行研究的是米尔格罗姆 (Paul Milgrom，其人物小传见 21.7.2)。在 1982 年和韦伯（Robert Weber) 合写的 “A Theory of Auctions and Competitive Bidding” 一文中，米尔格罗姆开创性地构建了一个在相互依赖价值情形下研究处理信息、价格和拍卖者收益的分析框架。Milgrom 和 Weber(1982) 根据对拍卖实践的观察发现投标者的估值可能是**关联的** (affiliated)：一个竞拍人对拍卖品的较高估值（从而较高的竞价) 也容易提高其他参与人的估值。于是，相互依赖价值物品的拍卖可以理解为：任何买者的报价不仅会显示出他自己关于物品价值的信息，还会披露出其他买者的部分私人信息。这样，竞拍人的收益将取决于其信息私人性的程度。一旦拍卖中的信息被披露出来，竞拍人就能用它来估计彼此可能的出价，为赢得拍卖，他们就必须报出更高的价格。因此，能为拍卖人带来最高期望收益的拍卖必定是那些能最有效地削弱竞拍人私人信息的拍卖。在拍卖理论的文献中，米尔格罗姆和韦伯将这一发现称为关联原理。

在现实中，拍卖者花费了很大的精力来设计收益最大化的拍卖机制，许多拍卖理论经济学家 (比如 Lawrence Ausubel, Ken Binmore, Paul Klemperer，Preston McAfee, John McMillan, Paul Milgrom，Robert Wilson 等)，在很多现实拍卖 (比如美国的无线电频谱、英国的 3G 牌照等等) 中大显身手，设计了相关拍卖机制，把拍卖理论应用到现实中。所有这些拍卖对象都不是私人价值物品，而是具有相互依赖价值的物品。这类物品非常普遍，一个典型的例子是油田。尽管在开采之前油田的石油存储量是未知数，但石油存储量却会影响所有投标人对油田的估价，私人价值的假设就不适用于这类物品的拍卖，此时拍卖机制设计对拍卖结果的影响会非常大。下面进行讨论。

21.3.1　基本分析框架

在接下来的讨论中，我们将讨论具有相互依赖价值的竞标者的均衡行为，并比较不同拍卖形式的收益。

我们首先给出相关概念。有 n 个投标人，投标人 i 对物品价值的信号（类型）记为 θ_i，是私人信息，物品价值 V_i 可以表达为所有投标人私人信号的非递减函数，即

$$V_i = u_i(\theta_1, \cdots, \theta_n).$$

这样的价值被称为**相关价值**。

若 $V_i = u_i(\theta_i)$，那么物品具有**私人价值**特征，此时 $V_i = u_i(\theta_i)$(或等价地表示为 $V_i = \theta_i$) 就是上一节描述的投标人 i 的私人价值 θ。若

$$V_i = u(\theta_1, \cdots, \theta_n) \equiv V,$$

那么物品具有**共同价值**特征。只要 $j \neq i, \theta_j$ 影响到 V_i，那么物品就具有相互依赖价值特征，因此私人价值和共同价值都可以被看成是相互依赖价值的特殊情形。在上面，投标人对物品的估价完全由他们了解的信号决定。

假设投标人 i 的竞价策略为 b_i，投标人获得物品的概率为 $y_i(b_i, \boldsymbol{b}_{-i})$，同时支付为 $m_i(b_i, \boldsymbol{b}_{-i})$。和以前一样，投标人 i 的事后收益为：

$$U(\theta_i, \boldsymbol{\theta}_{-i}, b_i, \boldsymbol{b}_{-i}) = u_i(\theta_1, \cdots, \theta_n) y_i(b_i, \boldsymbol{b}_{-i}) - m_i(b_i, \boldsymbol{b}_{-i}).$$

对于相互依赖价值情形下的四种常见拍卖机制，投标人 i 获得物品的概率 $y_i(b_i, \boldsymbol{b}_{-i})$ 以及获胜后的 (事中) 期望支付 $m_i(b_i, \boldsymbol{b}_{-i})$ 的决定与私人价值情形下完全相同。

对于共同价值类型 V，假设给定共同价值 V 下私人信号 θ_i 是独立分布的，同时它是

关于价值 V 的无偏估计值，即 $E(\theta_i|V=v)=v$。考虑投标人 1，其信号为 $\theta_1=\theta$，此时他对拍卖物品的价值存在过度估计，以为是 $E(V|\theta_1=\theta)$。令 $\vartheta_1,\vartheta_2,\cdots,\vartheta_{n-1}$ 分别是 $\theta_2,\theta_3,\cdots,\theta_n$ 排列中最大，第二大，$\cdots$，最小的信号值，或者被称为 $\{\theta_2,\cdots,\theta_n\}$ 的第一序统计量，第二序统计量，$\cdots$，第 $n-1$ 序统计量。假设投标人之间是对称的，同时他们选择相同的竞价策略函数。

米尔格罗姆和韦伯在对相互依赖价值拍卖的研究中，发现了“赢者的诅咒” (winner's curse) 存在的可能性。在拍卖实践中，往往会出现竞标人赢得拍卖后觉得不值的现象，拍卖理论将这一现象称为**赢者的诅咒** (winner's curse)。一旦竞标人，比如竞标人 1 赢得拍卖品，他才认识到对拍卖品的估价应为 $E(V|\theta_1=\theta,\vartheta_1<\theta)$ 而不是初始的估值 $E(V|\theta_1=\theta)$，前者显然低于后者，带来了坏消息，这就是赢者的诅咒。通俗地讲，若投标者的成功源自他对拍卖品过于乐观的估值，那么他会后悔赢得物品，而这就是赢者的诅咒。例如，在现实中经常会看到，知道其他竞争对手会报价到一定高位时，有的竞价者会十分豪气地将报价提高到特定高度。而在发现竞争者不再跟价时，他才发现自己报价太高了，而此时却后悔晚矣，这就是竞标者在胜利的同时得到的“诅咒”(如公元 193 年的狄第乌斯・朱利安努斯向每位禁卫军士兵支付了相当于近两公斤黄金的钱，赢得了禁卫军对自己的支持，登上了皇帝的宝座，后果却是不仅报价太高，还失去了生命；再如贪官向上级行贿，获得了位子，但也可能被抓)。其实，这是竞标者根据 $E(V|\theta_1=\theta)$ 而不是 $E(V|\theta_1=\theta,\vartheta_1<\theta)$，错误地计算了他的期望收益造成的。

第21章

显然，传统中假设所有竞标人对拍卖品具有独立价值的理论无法解释赢者的诅咒存在的可能性，而在引入相互依赖价值后，一切就变得显而易见了。在战胜其他竞标人获得拍卖品的同时，胜利的竞标人也获得了关于其他竞拍人价值的私人信息，而这又使他降低了对拍卖品的估值。在现实投标中，如果竞标人是理性的，为了避免赢者的诅咒，他会调低自己对物品的价值，而调低的程度则受到拍卖规则的影响，因此一个恰当的拍卖机制需要尽可能降低赢者的诅咒给投标人带来的影响。从后面的讨论来看，的确如此。若根据 $E(V|\theta_1=\theta,\vartheta_1<\theta)$ 做正确计算，在均衡处就不会发生这样的情况。

基本假设

假设 n 个投标人获得的私人信号是 $\boldsymbol{\theta}=(\theta_1,\cdots,\theta_n)$。若 $\boldsymbol{\theta}$ 的分布密度函数不满足 $\varphi(\boldsymbol{\theta})=\Pi_i^n\varphi_i(\theta_i)$，其中 $\varphi_i(\cdot)$ 是 θ_i 的密度函数，那么私人信号的分布不是独立的而是相互依赖的。下面引入信号之间“关联” (affiliation) 的概念。

定义 21.3.1 定义在 $\Theta\subseteq\mathcal{R}^n$ 上的随机向量 $\boldsymbol{\theta}=(\theta_1,\cdots,\theta_n)$ 是**关联的**，若对于任意的 $\boldsymbol{\theta},\boldsymbol{\theta}'\in\Theta$，都有：

$$\varphi(\boldsymbol{\theta}\vee\boldsymbol{\theta}')\varphi(\boldsymbol{\theta}\wedge\boldsymbol{\theta}')\geqq\varphi(\boldsymbol{\theta})\varphi(\boldsymbol{\theta}'),$$

其中，$\boldsymbol{\theta}\vee\boldsymbol{\theta}'=(\max\{\theta_1,\theta_1'\},\cdots,\max\{\theta_n,\theta_n'\}),\theta\wedge\theta'=(\min\{\theta_1,\theta_1'\},\cdots,\min\{\theta_n,\theta_n'\})$。

令 $\vartheta_1,\cdots,\vartheta_{n-1}$ 是 $\{\theta_2,\cdots,\theta_n\}$ 的第一序统计量，第二序统计量，$\cdots$，第 $n-1$ 序统计量。从第 2 章命题 2.11.1，我们知道 (其证明见 Milgrom 和 Weber(1982))：若 $\{\theta_1,\cdots,\theta_n\}$

是关联的，则它们任意子集中的变量是关联的，且 $\{\theta_1, \vartheta_1, \cdots, \vartheta_{n-1}\}$ 也是关联的。同时，若 θ 的密度函数 $\varphi(\cdot)$ 在 Θ 中都为正，且二阶连续可微，那么 $\{\theta_1, \cdots, \theta_n\}$ 是关联的等价于

$$\frac{\partial^2 \ln(\varphi)}{\partial\theta_i\partial\theta_j} \geqq 0, \forall i \neq j.$$

通俗地讲，变量之间具有关联性意味着，一个随机变量取值越大，其他随机变量取值大的概率就会越高。

定义 $\Psi(\cdot|\boldsymbol{\theta})$ 是给定 $\theta_1 = \boldsymbol{\theta}$ 下 ϑ_1 的条件分布函数，$\psi(\cdot|\boldsymbol{\theta})$ 是对应的条件密度函数。θ_1 和 ϑ_1 之间的关联性意味着，若 $\boldsymbol{\theta}' > \boldsymbol{\theta}$，那么 $\Psi(\cdot|\boldsymbol{\theta}')$ 在逆风险率意义上占优于 $\Psi(\cdot|\boldsymbol{\theta})$，即：

$$\frac{\psi(\boldsymbol{\vartheta}|\boldsymbol{\theta}')}{\Psi(\boldsymbol{\vartheta}|\boldsymbol{\theta}')} \geqq \frac{\psi(\boldsymbol{\vartheta}|\boldsymbol{\theta})}{\Psi(\boldsymbol{\vartheta}|\boldsymbol{\theta})}.$$

容易验证，对于递增函数 $h(\cdot)$，若 $\boldsymbol{\theta}' > \boldsymbol{\theta}$，有 $E(h(\vartheta_1)|\boldsymbol{\theta}') \geqq E(h(\vartheta_1)|\boldsymbol{\theta})$。

应用关联概念，米尔格罗姆和韦伯对四种标准的拍卖机制进行了分析。

相互依赖价值下四种基本拍卖机制的差异

在私人价值中，由于其他参与人的私人信息不会影响投标人对拍卖品的价值，因此二级价格密封竞价拍卖和英式拍卖的拍卖结果具有等价性。这是由于投标人的价值只依赖于自身的信号，别人的退出不会影响到投标人的期望价值修正，同时投标人赢得拍卖以及支付 (第二高的价格) 的规则也都是相同的。同样地，一级价格密封竞价拍卖和荷兰式拍卖的拍卖结果具有等价性，事实上，是策略等价的。

然而，在相互依赖价值和关联信息的情形下，若投标人数目是三个以上，二级价格密封竞价拍卖和英式拍卖结果就不具有等价性。直观上来说，这是由于在英式拍卖中，在不同的价格下竞标人依次退出拍卖，较早退出拍卖的竞标人的报价显示了他们关于物品价值的信息，这样的信息可被用来估计所有未获胜竞拍人的价值，为剩余的竞标人，特别是赢得拍卖品的竞标人，对物品价值的估计如何修正带来信息。由于获胜出价与所有失败竞标者的信号相关联，因而能让拍卖者得到更高的收益。另外一方面，在二级价格密封竞价拍卖中，获胜出价仅与出价第二高的竞标者相关，从而导致卖方获得较低的收益。因此其产生的收益一般就较低，从而这两个拍卖规则导致了不同的拍卖结果。不过，若投标人只有两个，一旦有投标人退出，剩下的就是赢得拍卖品的竞标人。这样，在某个价格下一个竞标人的退出并不会改变赢者的支付，在这种情形下，英式拍卖和二级价格密封竞价拍卖下的结果是等价的。

而在荷兰式拍卖和一级价格密封竞价拍卖中，由于竞标人的出价之间没有相关性，因此对两种拍卖方式中的获胜者来说，他对拍卖品的价值和支付在这两种情形下是相同的，从而不会影响荷兰式拍卖和一级价格密封竞价拍卖规则的等价性。由于英式拍卖比其他拍卖披露更多信息，因此其收益最大。米尔格罗姆的这些发现，对于现实中英式拍卖的流行给出了很好的解释。

这样，我们只需讨论一级价格密封竞价拍卖、二级价格密封竞价拍卖和英式拍卖的均衡解。

对称模型

所谓对称，包含两层含义，一是投标人对拍卖品的价值是对称的，二是投标人信号的概率分布是对称的，从而可以集中讨论对称的竞价 (策略) 均衡。

假设所有投标人的信号都来自同一分布，$\theta_i \in [0, w]$。投标人对物品的价值是对称的，此时投标人 i 的价值函数可以写为

$$V_i = u_i(\theta) = u(\theta_i, \theta_{-i}),$$

对称性要求 $u_i(\theta_i, \boldsymbol{\theta}_{-i}) = u(\theta_i, \tilde{\boldsymbol{\theta}}_{-i})$，其中 $\tilde{\boldsymbol{\theta}}_{-i}$ 是对 $\boldsymbol{\theta}_{-i}$ 的任意一个重新排列，比如 $u(\theta_i, \theta_j, \theta_k) = u(\theta_i, \theta_k, \theta_j), i \neq j \neq k$。当然，具有对称价值的拍卖品并不一定具有共同价值，下面的例子说明了此点。

例 21.3.1 (对称价值函数) 考虑 3 个投标人的拍卖，他们对拍卖品的价值信号是 $(\theta_1, \theta_2, \theta_3)$，假如对任意投标人 i，其价值函数为

$$u(\theta_i, \theta_j, \theta_k) = a\theta_i + b\theta_j + c\theta_k.$$

投标人的价值是对称的，当且仅当 $b = c$。当 $a \neq b = c$ 时，投标人之间的价值是对称的，但是拍卖品并不是共同价值类型。在这一例子中，当且仅当 $a = b = c$ 时，拍卖品是共同价值的。

第21章

我们进一步假设 $u(\theta_i, \boldsymbol{\theta}_{-i})$ 是连续函数，关于 θ_i 严格递增，关于 $\theta_j, \forall j \neq i$ 非递减，且满足 $u(0, \cdots, 0) = 0, \forall i$。

在对称情形下，我们只需要考虑投标人 1 的选择。定义

$$v(\theta, \vartheta) = E(V_1 | \theta_1 = \theta, \vartheta_1 = \vartheta) = E(u(\theta_1, \vartheta_1, \cdots, \vartheta_{n-1})) | \theta_1 = \theta, \vartheta_1 = \vartheta),$$

它刻画的是当投标人 1 的私人信号是 θ，其他投标人的私人信号的第一统计量为 ϑ 时，投标人 1 对商品的事中期望价值，同时我们假设所有投标人都是风险中性的，且 $v(0, 0) = 0$。$\psi(\vartheta|\theta)$ 是在 $\theta_1 = \theta$ 条件下 $\vartheta_1 = \vartheta$ 的密度函数。

下面讨论二级价格密封竞价拍卖、英式拍卖和一级价格密封竞价拍卖的具体均衡解及它们之间的收益比较。

21.3.2 二级价格密封竞价拍卖

在二级价格密封竞价拍卖中，出价最高的投标人得到物品并以第二高的价格进行支付，若没有得到物品则支付为零。我们希望推导出对称贝叶斯–纳什均衡。

命题 21.3.1 在相互依赖价值对称模型下，二级价格密封竞价拍卖的对称贝叶斯–纳什均衡为 $\beta^{II}(\theta) = v(\theta, \theta)$。

证明： 假设 $j \neq 1$ 的投标人都选择竞价策略 $\beta = v(\theta, \theta) = \beta^{II}$，投标人 1 的信号为 θ，选择的报价为 b，此时他的事中期望效用 $U(b, \theta)$ 为：

$$\begin{aligned}\bar{U}(b,\theta) &= \int_0^{\beta^{-1}(b)} [v(\theta,\vartheta) - \beta(\vartheta)]\psi(\vartheta|\theta)d\vartheta \\ &= \int_0^{\beta^{-1}(b)} [v(\theta,\vartheta) - v(\vartheta,\vartheta)]\psi(\vartheta|\theta)d\vartheta.\end{aligned}$$

显然，在前面的假设下，$v(\theta, \vartheta)$ 随着 θ 的增加而增加。因此，若 $\vartheta < \theta$，有 $v(\theta,\vartheta) > v(\vartheta,\vartheta)$；若 $\vartheta > \theta$，有 $v(\theta,\vartheta) < v(\vartheta,\vartheta)$。这样，由一阶导数检验法，当 $\beta^{-1}(b) = \theta$ 时，$U(b,\theta)$ 达到最大，即 β^{II} 是二级价格密封竞价拍卖的对称贝叶斯–纳什均衡。 □

在上面的论证过程中，我们发现与私人价值的二级价格密封竞价拍卖不同，投标人选择 β^{II} 并不是一个弱占优 (weakly dominant) 策略均衡，而只是一个贝叶斯–纳什均衡。

例 21.3.2 假定有三个投标人，他们对物品具有共同价值 V，其分布在 $[0,1]$ 上。给定 V，招标人的信号 θ_i 在 $[0,2V]$ 上服从独立的均匀分布，即 θ_i 在区间 $[0,2V]$ 上的条件分布为

$$\varphi(\theta_i|V) = 1/2V.$$

为了求解 β^{II}，我们首先需要推导出条件密度函数 $\varphi(V|\theta)$，以便得到 $v(\theta,\vartheta) = E[u(\theta_1,\vartheta_1,\vartheta_2)|\theta_1 = \theta, \vartheta_1 = \vartheta]$。令 $\boldsymbol{\theta} = (\theta_1,\theta_2,\theta_3)$ 和 $\bar{\theta} \equiv \max\{\theta_1,\theta_2,\theta_3\}$。则 $(V,\boldsymbol{\theta})$ 在集合

$$\{(V,\boldsymbol{\theta})|\theta_i \leqq 2V, \forall i = 1,2,3\}$$

上的联合分布为

$$\varphi(V,\boldsymbol{\theta}) = \varphi(V)\varphi(\boldsymbol{\theta}|V) = 1/8V^3.$$

由于 $V \geqq \bar{\theta}/2$，$\boldsymbol{\theta}$ 的联合密度为

$$\begin{aligned}\varphi(\boldsymbol{\theta}) &= \int_{\bar{\theta}/2}^1 \varphi(V,\boldsymbol{\theta})dV = \int_{\bar{\theta}/2}^1 \frac{1}{8V^3}dV \\ &= \frac{4-\bar{\theta}^2}{16\bar{\theta}^2}.\end{aligned}$$

于是，在 θ 条件下 V 的条件密度函数与在 $\bar{\theta}$ 条件下 V 的条件密度函数相同，从而在 $[\bar{\theta}/2, 1]$ 上有

$$\begin{aligned}\varphi(V|\theta) = \varphi(V|\bar{\theta}) &= \frac{\varphi(V,\boldsymbol{\theta})}{\varphi(\boldsymbol{\theta})} \\ &= \frac{1}{\varphi(\boldsymbol{\theta})} \times \frac{1}{8V^3} \\ &= \frac{16\bar{\theta}^2}{4-\bar{\theta}^2} \times \frac{1}{8V^3}.\end{aligned}$$

因此，

$$\begin{aligned}E(V|\theta) &= E(V|\bar{\theta}) \\ &= \int_{1/2\bar{\theta}}^{1} V\varphi(V|\theta)dV \\ &= \frac{2\bar{\theta}}{2+\bar{\theta}}.\end{aligned}$$

由于 $\vartheta_1 = \max\{\theta_2, \theta_3\}$ 及 $\bar{\theta} = \max\{\theta_1, \theta_2, \theta_3\}$，我们有 $\bar{\theta} = \max\{\theta_1, \vartheta_1\}$。于是，

$$\begin{aligned}v(\theta, \vartheta) &= E(V|(\theta = \theta_1, \vartheta = \vartheta_1)) \\ &= E(V|\bar{\theta}) \\ &= \frac{2\bar{\theta}}{2+\bar{\theta}}.\end{aligned}$$

这样，我们有

$$\beta^{II}(\theta) = v(\theta, \theta) = \frac{2\theta}{2+\theta}.$$

21.3.3 英式拍卖

在英式拍卖规则下，随着报价上升，投标人相继退出投标 (退出后不能再参加投标)，早期退出的投标人的报价显示他们对物品价值的信号，剩下的投标人可以利用这个信息来推断这些人对物品价值的信号。最后剩余的投标人就是赢者。赢者支付的价格就是最后一个投标人退出时的报价。

考虑投标人 1 的策略：当投标人还剩 $k \geqq 1$ 时，令 $p_n, p_{n-1}, \cdots, p_{k+1}$ 分别指第一个投标人，第二个投标人，$\cdots$，第 $n-k$ 个投标人依次退出时的价格 (随机变量)，显然若 $j > i$，那么 $p_j \leqq p_i$。若投标人 1 的私人信号为 θ，他愿意退出的最低价格

$$\beta^k(\theta, p_{k+1}, p_{k+2}, \cdots, p_n)$$

取决于剩余的投标人数和之前投标人退出时的价格。这一最低价格相当于在这一情形下的报价。由于在不同的剩余投标人数下，会有不同的信息以及对拍卖品期望价值的不同信念修正，因此在英式拍卖中投标人的投标策略是一系列竞价函数

$$\boldsymbol{\beta} = (\beta^n, \beta^{n-1}, \cdots, \beta^2).$$

考虑下面的竞价策略：当还没有投标人退出且投标人的私人信号是 θ 时，其竞价策略为

$$\beta^n(\theta) = u(\theta, \theta, \cdots, \theta). \tag{21.23}$$

假设投标人 n 观察到的信号为 θ_n 最先退出，退出时的价格为 p_n，这意味着

$$\beta^n(\theta_n) = u(\theta_n, \theta_n, \cdots, \theta_n) = p_n,$$

由于 $\beta^n(\theta)$ 是关于 θ 连续的严格递增函数，因此等式中的 θ_n 是唯一的。

当投标人 n 退出后，拍卖市场上还有 $n-1$ 个投标人，考虑下面的竞价函数，

$$\beta^{n-1}(\theta,p_n)=u(\theta,\cdots,\theta,\theta_n).$$

同样，由于 $\beta^{n-1}(\cdot,p_n)$ 是连续单调递增函数，若某个投标人，比如第 $n-1$ 个投标人，在拍卖市场价格为 $p_{n-1}>p_n$ 时第二个退出，则存在唯一的私人信号 θ_{n-1}，使得

$$\beta^{n-1}(\theta_{n-1},p_n)=u(\theta_{n-1},\cdots,\theta_{n-1},\theta_n)=p_{n-1}.$$

依次逆向递推，拍卖市场上在价格 $p_n,p_{n-1},\cdots,p_{k+1}$ 处依次有 $n-k$ 个投标人退出拍卖，剩余的 k 个投标人的竞价函数为：

$$\beta^k(\theta,p_{k+1},\cdots,p_n)=u(\theta,\theta,\cdots,\theta,\theta_{k+1},\cdots,\theta_n),k>1, \tag{21.24}$$

其中，$\theta_j,j\geqq k+1$，满足：

$$\beta^j(\theta_j,p_{j+1},\cdots,p_n)=u(\theta_j,\theta_j,\cdots,\theta_j,\theta_{j+1},\cdots,\theta_n)=p_j.$$

由于 $\beta^j(\cdot,p_{j+1},\cdots,p_n)$ 是连续递增函数，因此满足上面等式的 θ_j 是唯一决定的。

对 $k=2$，当第 $n-1$ 个投标人，也就是投标人 2 退出时，存在着唯一推断的信号 $\theta=\theta_2$ 使得

$$\beta^2(\theta_2,p_3,\cdots,p_n)=u(\theta_2,\theta_2,\theta_3,\cdots,\theta_n)=p_2, \tag{21.25}$$

从而可被用来决定赢得物品的投标人在均衡时的支付。此时投标人 1 赢得物品当且仅当其出价超过 $\theta_1>\theta$，即，当且仅当对

$$u(\theta_1,\theta_2,\theta_3,\cdots,\theta_n)>p_2,$$

其均衡支付为 $\beta^2(\vartheta_1,\vartheta_1,\vartheta_2,\cdots,\vartheta_{n-1})$。

下面的命题刻画了英式拍卖的对称贝叶斯–纳什均衡。

命题 21.3.2　在相互依赖价值对称模型下，英式拍卖的对称贝叶斯–纳什均衡 $\boldsymbol{\beta}=(\beta^n,\beta^{n-1},\cdots,\beta^2)$ 由式 (21.23) 和式 (21.24) 完全决定。

证明： 假设除了投标人 1 外其他投标人都遵从上面的投标策略，考虑投标人 1 的策略选择。令 $\vartheta_1,\cdots,\vartheta_{n-1}$ 是 $\theta_2,\cdots,\theta_n$ 的序统计量。对任意一列实现的序统计量的值 $\vartheta_1\geqq\vartheta_2\geqq\cdots\geqq\vartheta_{n-1}$，令 θ 是投标人 1 观察到的私人信号，若投标人 1 也遵从上面的竞价策略 $\boldsymbol{\beta}$，那么只要 $\theta>\vartheta_1$，投标人就能赢得拍卖品。同时投标人 1 支付的价格是信号 ϑ_1 的投标人退出时的价格，记为 p_2，利用式 (21.25)，得到 $p_2=u(\vartheta_1,\vartheta_1,\vartheta_2,\cdots,\vartheta_{n-1})$。遵从上面的竞价策略 $\boldsymbol{\beta}$，在 $\theta>\vartheta_1$ 时，投标人 1 的效用为：

$$u(\theta,\vartheta_1,\vartheta_2,\cdots,\vartheta_{n-1})-p_2=u(\theta,\vartheta_1,\vartheta_2,\cdots,\vartheta_{n-1})-u(\vartheta_1,\vartheta_1,\vartheta_2,\cdots,\vartheta_{n-1})>0.$$

显然，在 $\theta>\vartheta_1$ 时其他任何竞价策略都不能比 $\boldsymbol{\beta}$ 给投标人 1 带来更高的效用。

在 $\theta<\vartheta_1$，且遵从 $\boldsymbol{\beta}$ 时，投标人 1 不能赢得拍卖品。若在其他竞价策略下，投标人 1 赢得拍卖品，那么他的支付为 $p_2=u(\vartheta_1,\vartheta_1,\vartheta_2,\cdots,\vartheta_{n-1})$ 及投标人 1 的效用为：

$$u(\theta,\vartheta_1,\vartheta_2,\cdots,\vartheta_{n-1})-u(\vartheta_1,\vartheta_1,\vartheta_2,\cdots,\vartheta_{n-1})<0.$$

因此，在 $\theta < \vartheta_1$ 时，也不可能有别的竞价策略能比 $\boldsymbol{\beta}$ 给投标人 1 带来更高的效用。由于 θ_1 是连续分布的，$\theta_1 = \vartheta_1$ 的概率等于零，此时对投标人的期望效用不会有实质影响。综上所述，任何竞价策略都不能比 $\boldsymbol{\beta}$ 给投标人 1 带来更高的期望效用。 □

由式 (21.23) 和式 (21.24) 刻画的英式拍卖的对称均衡策略有个良好的性质。它只依赖于价值函数 u，不依赖于信号的分布函数 $\varphi(\cdot)$，从而它是事后均衡，这意味着这样的均衡有即使事后所有信息成为公开信息，也不会后悔的特性。这一特性使得英式拍卖与二级价格密封竞价拍卖不同，后者依赖于信号的分布函数，下面要讨论的一级价格密封竞价拍卖也是如此，都不是事后贝叶斯–纳什均衡。

21.3.4 一级价格密封竞价拍卖

在一级价格密封竞价拍卖中，价高者赢得拍卖品，同时以报价支付。由于是密封竞价拍卖，一个投标人的竞价信息不会影响其他投标人的竞价决策，这是和英式拍卖的重要不同之处。假设 β 是对称贝叶斯–纳什均衡，先假设 β 是增函数 (后面会验证)。给定其他投标人都选择这一策略，对于投标人 1 来说，他的私人信号为 θ，若他的投标为 $\beta(\theta')$，他的事中期望效用为：

$$\bar{U}(\theta', \theta) = \int_0^{\theta'} [v(\theta, \vartheta) - \beta(\theta')]\psi(\vartheta|\theta)d\vartheta.$$

其中，

第21章

$$v(\theta, \vartheta) = E(V_1|\theta_1 = \theta, \vartheta_1 = \vartheta) = E(u(\theta_1, \vartheta_1, \cdots, \vartheta_{n-1}))|\theta_1 = \theta, \vartheta_1 = \vartheta),$$

及 $\psi(\cdot|\theta_1 = \theta)$ 是给定投标人的私人信号 θ 时，其他参与人信号的第一序统计量的密度函数，$\Psi(\cdot|\theta)$ 是对应的分布函数。

对 θ' 的一阶条件满足：

$$[v(\theta, \theta') - \beta(\theta')]\psi(\theta'|\theta) - \beta'(\theta')\Psi(\theta'|\theta) = 0.$$

若 β 是对称贝叶斯–纳什均衡，$\theta' = \theta$，则有以下微分方程：

$$\beta'(\theta) = v(\theta, \theta) - \beta(\theta)\frac{\psi(\theta|\theta)}{\Psi(\theta|\theta)}.$$

由于 $v(0, 0) = 0$，因此 $\beta(0) = 0$，求解上面的一阶微分方程得到：

$$\beta^I(\theta) = \int_0^{\theta} v(\vartheta, \vartheta)dF(\vartheta|\theta), \tag{21.26}$$

其中，$F(\vartheta|\theta) = \exp\left(-\int_\vartheta^\theta \frac{\psi(\tau|\tau)}{\Psi(\tau|\tau)}d\tau\right)$。

下面的命题刻画了一级价格密封竞价拍卖的对称贝叶斯–纳什均衡。

命题 21.3.3 在相互依赖价值对称模型下，一级价格密封竞价拍卖的对称贝叶斯–纳什均衡 $\beta^I(\theta)$ 由式 (21.26) 给出。

证明： 我们先证明 $F(\vartheta|\theta)$ 是在 $[0,\theta]$ 上的一个分布函数。由于关联性，对于任意的 $t>0$，都有：

$$\frac{\psi(\tau|\tau)}{\Psi(\tau|\tau)} > \frac{\psi(\tau|0)}{\Psi(\tau|0)}.$$

因此,

$$\begin{aligned}-\int_0^\theta \frac{\psi(\tau|\tau)}{\Psi(\tau|\tau)} &\leqq -\int_0^\theta \frac{\psi(\tau|0)}{\Psi(\tau|0)} \\ &= -\int_0^\theta \frac{d}{d\tau}(\ln\Psi(\tau|0))d\tau \\ &= \ln\Psi(0|0) - \ln\Psi(\theta|0) \\ &= -\infty,\end{aligned}$$

从而得到 $F(0|\theta)=0$，且 $F(\theta|\theta)=1$ 和 $F(\cdot|\theta)$ 非减。这样，$F(\vartheta|\theta)$ 是一个分布函数。

同时，对 $\theta'>\theta$，有 $F(\vartheta|\theta')\leqq F(\vartheta|\theta)$，这意味着 $F(\vartheta|\theta')$ 一阶随机占优于 $F(\vartheta|\theta)$。这样，对所有 $\theta'>\theta$，均有

$$\beta^I(\theta') = \int_0^{\theta'} v(\vartheta,\vartheta)dF(\vartheta|\theta') \geqq \int_0^{\theta} v(\vartheta,\vartheta)dF(\vartheta|\theta) = \beta^I(\theta).$$

因此，我们验证了 $\beta^I(\theta)$ 是单调递增函数。

现在证明 $\beta^I(\theta)$ 是一个对称的贝叶斯–纳什均衡。假设其他投标人都选择 β^I 作为竞价策略，投标人 1 的信号为 θ，若选择报价为 $\beta(\theta')=\beta^I(\theta')$。此时他的事中期望效用为：

$$U(\theta',\theta) = \int_0^{\theta'} [v(\theta,\vartheta)-\beta(\theta')]\psi(\vartheta|\theta)d\vartheta.$$

对 θ' 的一阶条件为：

$$\begin{aligned}\frac{\partial U}{\partial\theta'} &= [v(\theta,\theta')-\beta(\theta')]\psi(\theta'|\theta) - \beta'(\theta')\Psi(\theta'|\theta) \\ &= \Psi(\theta'|\theta)[(v(\theta,\theta')-\beta(\theta'))\frac{\psi(\theta'|\theta)}{\Psi(\theta'|\theta)} - \beta'(\theta')].\end{aligned}$$

若 $\theta'<\theta$，有 $v(\theta,\theta')>v(\theta',\theta')$，同时由于关联性，有：

$$\frac{\psi(\theta'|\theta)}{\Psi(\theta'|\theta)} > \frac{\psi(\theta'|\theta')}{\Psi(\theta'|\theta')},$$

于是得到：

$$\frac{\partial U}{\partial\theta'} > \Psi(\theta'|\theta)[(v(\theta',\theta')-\beta(\theta'))\frac{\psi(\theta'|\theta')}{\Psi(\theta'|\theta')} - \beta'(\theta')] = 0.$$

类似地，我们可以得到：若 $\theta'>\theta$，有 $\frac{\partial U}{\partial\theta'}<0$。因此，由一阶导数检验法，当 $\theta'=\theta$ 时，$U(\theta',\theta)$ 最大。 □

以上竞价均衡是私人价值下一级价格密封竞价拍卖均衡的扩展。在私人价值下，

$v(\vartheta, \vartheta) = \vartheta$。当信号是独立分布的时，$\Psi(\cdot|\theta)$ 不依赖于 θ，只依赖于 ϑ，$F(\vartheta|\theta) = \dfrac{\psi(\vartheta)}{\Psi(\theta)}$。因此，对称私人价值一级价格密封竞价拍卖的贝叶斯–纳什均衡为：

$$\beta^{I,p}(\theta) = \int_0^\theta \vartheta \frac{\psi(\vartheta)}{\Psi(\theta)} d\vartheta.$$

21.3.5 相互依赖价值拍卖机制的收益比较

现在我们来比较上面三个拍卖规则下拍卖人的期望收益。一个基本的结论是，在对称环境下，对拍卖人而言，英式拍卖获得的收益不低于二级价格密封竞价拍卖，而后者又不低于一级价格密封竞价拍卖下所获得的收益。

首先来比较英式拍卖和二级价格密封竞价拍卖。

在对称环境下二级价格密封竞价拍卖的均衡投标策略为 $\beta^{II}(\theta) = v(\theta, \theta)$，其中

$$v(\theta, \vartheta) = E(u(\theta_1, \vartheta_1, \cdots, \vartheta_{n-1})|\theta_1 = \theta, \vartheta_1 = \vartheta).$$

若 $\theta > \vartheta$，此时在二级价格密封竞价拍卖下，投标人 1 支付的价格 (即拍卖人的收入) 为：

$$\begin{aligned} v(\vartheta, \vartheta) &= E(u(\theta_1, \vartheta_1, \cdots, \vartheta_{n-1})|\theta_1 = \vartheta, \vartheta_1 = \vartheta) \\ &= E(u(\vartheta_1, \vartheta_1, \cdots, \vartheta_{n-1})|\theta_1 = \vartheta, \vartheta_1 = \vartheta) \\ &\leqq E(u(\vartheta_1, \vartheta_1, \cdots, \vartheta_{n-1})|\theta_1 = \theta, \vartheta_1 = \vartheta). \end{aligned}$$

这样，在二级价格密封竞价拍卖下，拍卖者的期望收益为：

第21章

$$\begin{aligned} E(R^{II}) &= E(\beta^{II}(\vartheta_1)|\theta_1 > \vartheta_1) \\ &= E(v(\vartheta_1, \vartheta_1)|\theta_1 > \vartheta_1) \\ &\leqq E(E(u(\vartheta_1, \vartheta_1, \cdots, \vartheta_{n-1})|\theta_1 = \theta, \vartheta_1 = \vartheta)|\theta_1 > \vartheta_1) \\ &= E(u(\vartheta_1, \vartheta_1, \cdots, \vartheta_{n-1})|\theta_1 > \vartheta_1) \\ &= E(\beta^2(\vartheta_1, \vartheta_1, \cdots, \vartheta_{n-1})) \\ &= E(R^{Eng}), \end{aligned}$$

这里倒数第二个等式由式 (21.24) 所定义的 β^2 给出，以及 R^{II}, R^{Eng} 分别是二级价格密封竞价拍卖和英式拍卖下赢者支付的价格。

接着，我们来比较二级价格密封竞价拍卖和一级价格密封竞价拍卖下赢者支付的期望价格。

同样也假设投标人 1 的信号值是最高的，在对称贝叶斯–纳什均衡中，我们只需要比较投标人 1 支付的期望价格。

$$\begin{aligned} E(\beta^{II}(\vartheta_1)|\theta_1 = \theta, \theta_1 > \vartheta_1) &= E(v(\vartheta_1, \vartheta_1)|\theta_1 = \theta, \theta_1 > \vartheta_1) \\ &= \int_0^\theta v(\vartheta, \vartheta) dG(\vartheta|\theta), \end{aligned}$$

其中，$G(\vartheta|\theta) \equiv \dfrac{\Psi(\vartheta|\theta)}{\Psi(\theta|\theta)}$，$G(\vartheta|\theta)$ 也是一个在 $[0, \theta]$ 上的分布函数。

而在一级价格密封竞价拍卖下，$\beta^I = \int_0^\theta v(\vartheta, \vartheta) dF(\vartheta|\theta)$，下面我们来验证 $G(\vartheta|\theta)$ 一阶随机占优 $F(\vartheta|\theta)$。

根据关联性，若 $t < \theta$，有

$$\frac{\psi(\tau|\tau)}{\Psi(\tau|\tau)} \leqq \frac{\psi(\tau|\theta)}{\Psi(\tau|\theta)}.$$

因此，对于任意 $\vartheta < \theta$，都有：

$$\begin{aligned}
-\int_\vartheta^\theta \left(\frac{\psi(\tau|\tau)}{\Psi(\tau|\tau)}\right) d\tau &\geqq -\int_\vartheta^\theta \left(\frac{\psi(\tau|\theta)}{\Psi(\tau|\theta)}\right) d\tau \\
&= -\int_\vartheta^\theta \frac{d}{d\tau}(\ln \Psi(\tau|\theta)) d\tau \\
&= \ln\left(\frac{\Psi(\vartheta|\theta)}{\Psi(\theta|\theta)}\right).
\end{aligned}$$

从而有

$$F(\vartheta|\theta) = \exp\left(-\int_\vartheta^\theta \left(\frac{\psi(\tau|\tau)}{\Psi(\tau|\tau)}\right) d\tau\right) \geqq \frac{\Psi(\vartheta|\theta)}{\Psi(\theta|\theta)} = G(\vartheta|\theta).$$

这意味着 $G(\vartheta|\theta)$ 一阶随机占优 $F(\vartheta|\theta)$。由于 $v(\vartheta, \vartheta)$ 是单调递增函数，根据一阶随机占优等价条件，我们有：

$$E(\beta^{II}(\vartheta_1)|\theta_1 = \theta, \theta_1 > \vartheta_1) \geqq E(\beta^I(\vartheta_1)|\theta_1 = \theta, \theta_1 > \vartheta_1).$$

下面的命题总结了三种拍卖方式下拍卖者期望收益之间的比较。

命题 21.3.4　在相互依赖价值对称环境下，对于拍卖者的期望收益而言，英式拍卖下获得的收益最高，二级价格密封竞价拍卖次之，一级价格密封竞价拍卖所获最低。

例 21.3.3　假设两个竞标者对物品价值的信号 θ_1 和 θ_2 的联合密度函数为：

$$\varphi(\theta_1, \theta_2) = 1, \forall(\theta_1, \theta_2) \in [0, 1]^2,$$

且物品的共同价值为：

$$u = \theta_1 + \theta_2.$$

为了找到一级价格密封竞标拍卖和二级价格密封竞标拍卖的贝叶斯–纳什均衡策略和预期收益，我们首先推导均衡策略。

在对称均衡下的二级价格密封竞标拍卖中，均衡策略为：

$$\begin{aligned}
\beta^{II}(\theta) &= E[\theta_1 + \theta_2|\theta_1 = \theta, \vartheta_1 = \theta] \\
&= 2\theta.
\end{aligned}$$

在对称均衡下的一级价格密封竞标拍卖中，均衡策略为：

$$\beta^I(\theta) = \int_0^\theta E[\theta_1 + \theta_2|\theta_1 = \vartheta, \theta_2 = \vartheta] dF(\vartheta|\theta),$$

其中，

$$F(\vartheta|\theta) = \exp\left(-\int_{\vartheta}^{\theta} \frac{\psi(\tau|\tau)}{\Psi(\tau|\tau)} d\tau\right)$$

且 $\Psi(\tau|\tau) = \tau$，$\psi(\tau|\tau) = 1$。然后，我们有：

$$\begin{aligned} F(\vartheta|\theta) &= \exp\left(-\int_{\vartheta}^{\theta} \frac{1}{\tau} d\tau\right) \\ &= \exp(\ln\vartheta - \ln\theta) \\ &= \exp\left(\ln\frac{\vartheta}{\theta}\right) \\ &= \frac{\vartheta}{\theta}. \end{aligned}$$

因此，

$$\beta^I(\theta) = \int_0^{\theta} 2\vartheta d\frac{\vartheta}{\theta} = \frac{1}{\theta}\int_0^{\theta} 2\vartheta d\vartheta = \theta.$$

这样，二级价格密封竞标拍卖下卖方的预期收益为：

$$\begin{aligned} ER^{II} &= 2\int_0^1 E(\beta^{II}(\theta_1)|\theta_1 = \theta, \theta_1 > \theta_2)\varphi(\theta)d\theta \\ &= 2\int_0^1 \left[\int_0^{\theta} v(\theta,\theta)dG(\theta|\theta)\right]\varphi(\theta)d\theta \\ &= 2\int_0^1 \left[\int_0^{\theta} 2\theta\frac{1}{\theta}d\theta\right]d\theta \\ &= 2\int_0^1 \theta d\theta = 1, \end{aligned}$$

而一级价格密封竞标拍卖下卖方的预期收益则为：

$$ER^I = 2E[\beta^I(\theta)\Psi(\theta|\theta)] = 2\int_0^1 \beta^I(\theta)\Psi(\theta|\theta)\varphi(\theta)d\theta = 2\int_0^1 \theta^2 d\theta = \frac{2}{3}.$$

因此，二级价格密封竞标拍卖的预期收益高于一级价格密封竞标拍卖。

21.3.6 相互依赖价值拍卖机制的有效性

在对称环境和以上三种拍卖的对称贝叶斯–纳什均衡下，私人信号最高的投标人报价最高，从而赢得拍卖品。然而，私人信号最高不见得竞标人赢得物品的价值也最高，从而拍卖结果可能是无效的。所谓结果的有效性是指，拍卖品被配置给价值最高的投标人 (当然也需要满足其价值超过拍卖人的保留价值)。下面的例子揭示了以上三种拍卖的结果并不是有效的。

例 21.3.4 考虑两个投标人的拍卖，他们对拍卖品的价值是对称的。令 θ_1 和 θ_2 是两个投标人得到的私人信号，假设他们的价值函数为:

$$u_1(\theta_1,\theta_2)=\frac{1}{2}\theta_1+\theta_2,$$

$$u_2(\theta_1,\theta_2)=\theta_1+\frac{1}{2}\theta_2.$$

显然，当 $\theta_1>\theta_2$ 时，$u_1<u_2$。从而尽管他的价值更低，但在英式拍卖、二级价格密封竞价拍卖以及一级价格密封竞价拍卖下，投标人 1 都获胜。因此这些拍卖结果不是有效的。

在这个例子中投标人 i 的私人信号 θ_i 对自身的影响不如来自其他投标人的影响大，正是由于这一点，拍卖获胜的投标人对物品的价值不是最高的。因此，我们需要施加一些额外的约束来保证配置的有效性，如单交叉性条件 (single crossing condition)。

定义 21.3.2 (单交叉性条件) 对拍卖品的价值体系，我们称 $u_i, i\in\{1,\cdots,n\}$ **满足单交叉性**条件，若对于任意的 $j\neq i$，以及任意的信号 θ，满足:

$$\frac{\partial u_i}{\partial\theta_i}(\theta)\geqq\frac{\partial u_j}{\partial\theta_i}(\theta).$$

若对拍卖品价值体系满足单交叉性条件，在对称环境下，以上三种拍卖是有效的吗？或者信号值越高的投标人，其对拍卖品的价值是否也越高？答案是肯定的。于是我们有以下命题。

命题 21.3.5 在相互依赖价值对称模型下，如果单交叉性条件被满足，则英式拍卖、二级价格密封竞价拍卖以及一级价格密封竞价拍卖下所得到的对称贝叶斯–纳什均衡结果都是有效的。

证明: 对相互依赖价值对称模型，投标人 i 的价值函数为:

$$u_i(\boldsymbol{\theta})=u(\theta_i,\boldsymbol{\theta}_{-i}).$$

令 $\theta_i>\theta_j$。定义 $\boldsymbol{\theta}(\lambda)=(1-\lambda)(\theta_j,\theta_i,\boldsymbol{\theta}_{-ij})+\lambda(\theta_i,\theta_j,\boldsymbol{\theta}_{-ij})$。利用积分中值定理 (参见第 2 章):

$$u(\theta_i,\theta_j,\boldsymbol{\theta}_{-ij})-u(\theta_j,\theta_i,\boldsymbol{\theta}_{-ij})=\int_0^1\nabla u(\boldsymbol{\theta}(\lambda))\cdot\boldsymbol{\theta}'(\lambda)d\lambda,$$

其中，

$$\nabla u(\boldsymbol{\theta}(\lambda))\cdot\theta'(\lambda)=\frac{\partial}{\partial\theta_i}u(\boldsymbol{\theta}(\lambda))(\theta_i-\theta_j)+\frac{\partial}{\partial\theta_j}u(\boldsymbol{\theta}(\lambda))(\theta_j-\theta_i)\geqq 0$$

由于 $\theta_i>\theta_j$，并且由单交叉性条件和对称性，有 $\frac{\partial}{\partial\theta_i}u(\boldsymbol{\theta}(\lambda))\geqq\frac{\partial}{\partial\theta_j}u(\boldsymbol{\theta}(\lambda))$，从而有

$$u(\theta_i,\theta_j,\boldsymbol{\theta}_{-ij})\geqslant u(\theta_j,\theta_i,\boldsymbol{\theta}_{-ij}).$$

命题得证。 □

上面我们在对称的环境下考察了三种常见的拍卖，而对于一般环境，比如在非对称环境下，在相互依赖价值的拍卖中一般的有效配置机制 (如存在) 应具有什么特征？首先，我们需要对价值函数有一定的约束，与之前一样，需要满足单交叉性条件。下面的例子刻画了若价值信号不满足单交叉性条件，也许不存在有效配置拍卖的情形。

例 21.3.5 假设有两个参与人，他们的信号记为 θ_1 和 θ_2，他们对不可分物品的价值函数为：

$$u_1(\theta_1, \theta_2) = \theta_1,$$
$$u_2(\theta_1, \theta_2) = \theta_1^2,$$

这里 $\theta_1 \in [0, 2]$，并且参与人 2 的信号不影响他们对物品的价值。首先他们的价值函数不满足单交叉性条件，比如 $\dfrac{\partial u_1}{\partial \theta_1}(1, \theta_2) < \dfrac{\partial u_2}{\partial \theta_1}(1, \theta_2)$。

可看出，当且仅当 $\theta_1 < 1$ 时，$u_1 > u_2$。令 $\boldsymbol{y}(\theta_1) = (y_1(\theta_1), y_2(\theta_1))$ 是参与人 1 和 2 获得物品的概率；$\boldsymbol{t}(\theta_1) = (t_1(\theta_1), t_2(\theta_1))$ 是参与人 1 和 2 的转移支付。若 $(\boldsymbol{y}(\theta_1), \boldsymbol{t}(\theta_1))$ 有效，则需要满足：若 $\theta_1 < 1$，$y_1(\theta_1) = 1$；若 $\theta_1 > 1$，$y_2(\theta_1) = 1$。

令 θ_1 和 θ_1' 是参与人 1 所报告的两个私人信号且 $\theta_1 < 1 < \theta_1'$。有效且激励相容的配置机制需满足：当参与人 1 报告私人信号 θ_1' 时，有：

$$0 + t_1(\theta_1') \geqq \theta_1' + t_1(\theta_1);$$

当参与人 1 报告私人信号 θ_1 时，有：

$$\theta_1 + t_1(\vartheta_1) \geqq 0 + t_1(\theta_1').$$

上面两个不等式意味着：$\theta_1 \geqq \theta_1'$，矛盾，因此不存在一个激励相容的有效配置机制。

事实上，单交叉性条件是有效配置机制存在的必要条件。若有效配置机制存在，则根据显示原理，一定存在着讲真话的显示机制。假设除了参与人 i 外，其他参与人观察到的信号为 $\boldsymbol{\theta}_{-i}$，参与人 i 的私人信号是 θ_i。若不管 θ_i 如何取值，对参与人 i 的配置结果都没有影响，即或者一定获得物品，或者一定不能获得物品，则单交叉性条件对于 θ_i 没有意义。因此，下面我们主要考虑参与人 i 的信号会影响其获得物品的情形，此时称参与人 i 是**中枢人** (pivotal player)，若存在 θ_i 和 θ_i'，满足 $u_i(\theta_i, \boldsymbol{\theta}_{-i}) > \max_{j \neq i} u_j(\theta_i, \boldsymbol{\theta}_{-i})$ 和 $u_i(\theta_i', \boldsymbol{\theta}_{-i}) < \max_{j \neq i} u_j(\theta_i', \boldsymbol{\theta}_{-i})$。激励相容条件要求参与人 i 在观察到信号 θ_i 时不会假报 θ_i'，这意味着：

$$u_i(\theta_i, \boldsymbol{\theta}_{-i}) + t_i(\theta_i, \boldsymbol{\theta}_{-i}) \geqq 0 + t_i(\theta_i', \boldsymbol{\theta}_{-i}).$$

同样，参与人 i 在观察到信号 θ_i' 时不会假报 θ_i，这意味着：

$$0 + t_i(\theta_i', \boldsymbol{\theta}_{-i}) \geqq u_i(\theta_i', \boldsymbol{\theta}_{-i}) + t_i(\theta_i, \boldsymbol{\theta}_{-i}).$$

从以上两个不等式，有：

$$u_i(\theta_i, \boldsymbol{\theta}_{-i}) \geqq u_i(\theta_i', \boldsymbol{\theta}_{-i}).$$

这意味着，参与人 i 获得物品时的价值不会低于没有获得物品时的价值。换句话说，给定其他参与人的信号，参与人 i 的私人信号值的增加不会使得他获得物品的可能性变得更低。因此，从激励相容条件出发，有效配置机制满足单交叉性条件。这意味着，若对任意的 θ_i，必定有：

$$\frac{\partial u_i}{\partial \theta_i}(\theta_i, \boldsymbol{\theta}_{-i}) \geqq \frac{\partial u_j}{\partial \theta_i}(\theta_i, \boldsymbol{\theta}_{-i}),$$

则单交叉性条件成立。因此，若一个激励相容的配置机制是有效的，那么它势必满足单交叉性条件。事实上，我们早在第 16 章中讨论委托–代理问题时就知道这个结论。

21.3.7　广义 VCG 机制

在对称相互依赖价值的拍卖环境下，若投标人的价值函数满足单交叉性条件，那么常见的拍卖规则的对称均衡满足有效性。然而，对于一般的相互依赖价值环境类，是否存在有效的配置机制呢？在前面的一般机制设计理论中，若参与人的价值函数只依赖自身的类型，VCG 机制就是一个有效决策规则的机制。但是，若参与人的价值函数还依赖于其他参与人的类型，通常的 VCG 机制就不再是一个有效机制。的确如此，若投标人 i 得到物品，其支付价格是给定所有人信号下的第二高价格，即 $\max_{j\neq i} u_j(\theta_i, \boldsymbol{\theta}_{-i})$，由于它依赖于 θ_i，参与人 i 有动机降低报告的信号值来减少支付，所以通常的 VCG 机制不是说真话的机制。不过，经过适当修正，下面要介绍的**广义 VCG 机制**却是一个有效的机制。先引入对广义 VCG 机制的描述。

第21章

考虑 n 个参与人的直言机制 $(\Theta, \boldsymbol{y}(\boldsymbol{\theta}), \boldsymbol{t}(\boldsymbol{\theta}))$，其中 $\boldsymbol{\theta} = (\theta_1, \cdots, \theta_n) \in \Theta$ 是参与人的私人信号，$\boldsymbol{y}(\boldsymbol{\theta}) = (y_1(\boldsymbol{\theta}), \cdots, y_n(\boldsymbol{\theta}))$ 是参与人对物品配置的概率，$\boldsymbol{t}(\boldsymbol{\theta}) = (t_1(\boldsymbol{\theta}), \cdots, t_n(\boldsymbol{\theta}))$ 是参与人的转移支付。若机制是有效的，那么有：

$$y_i^*(\boldsymbol{\theta}) = \begin{cases} 1, & \text{若} u_i(\boldsymbol{\theta}) > \max_{j\neq i} u_j(\boldsymbol{\theta}), \\ 0, & \text{若} u_i(\boldsymbol{\theta}) < \max_{j\neq i} u_j(\boldsymbol{\theta}). \end{cases}$$

若对物品估价最高的人数超过 1，那么物品以相同的概率配置，不过在连续分布情形下，这种情形的概率为 0。

令获得物品的参与人的转移支付为：

$$t_i^* = -u_i(\vartheta_i(\boldsymbol{\theta}_{-i}), \boldsymbol{\theta}_{-i}),$$

其中，

$$\vartheta_i(\boldsymbol{\theta}_{-i}) = \inf\{\bar{\theta}_i : u_i(\bar{\theta}_i, \boldsymbol{\theta}_{-i}) \geqq \max_{j\neq i} u_j(\bar{\theta}_i, \boldsymbol{\theta}_{-i})\},$$

即给定其他参与人的信号，$\vartheta_i(\boldsymbol{\theta}_{-i})$ 是参与人 i 仍然获得物品时信号值的下界。若参与人没有得到物品，那么其转移支付为零。可以看出，像私人价值模型一样，这样得到的转移支付不直接依赖于自己的信号，从而导致了有效配置。

我们称以上直言机制 $(\Theta, \boldsymbol{y}^*, \boldsymbol{t}^*)$ 为**广义 VCG 机制**，它是在相互依赖价值环境下修

正的 VCG 机制。如上所述，在相互依赖价值环境下，通常的 VCG 机制并不是一种说真话的机制。为了保证说真话的激励，让赢得物品者 i 支付 $\max_{j\neq i} u_j(\vartheta_i(\boldsymbol{\theta}_{-i}), \boldsymbol{\theta}_{-i})$(不依赖于 θ_i)，而不是 $\max_{j\neq i} u_j(\theta_i, \boldsymbol{\theta}_{-i})$，当 $u_i(\theta_i, \boldsymbol{\theta}_{-i}) > \max_{j\neq i} u_j(\theta_i, \boldsymbol{\theta}_{-i})$ 时，有 $\vartheta_i(\boldsymbol{\theta}_{-i}) \leqq \theta_i$，因此 $\max_{j\neq i} u_j(\vartheta_i(\boldsymbol{\theta}_{-i}), \boldsymbol{\theta}_{-i}) \leqq \max_{j\neq i} u_j(\theta_i, \boldsymbol{\theta}_{-i})$。

下面的命题揭示了在相互依赖价值环境下，广义 VCG 机制是有效的。

命题 21.3.6 若参与人对物品的价值满足单交叉性条件，上面刻画的广义 VCG 机制就是一个有效占优激励相容 (说真话) 的机制。

证明： 显然，若大家都真实披露信号，广义 VCG 机制是有效的。下面我们证明这一机制是占优激励相容的。

当 $u_i(\theta_i, \boldsymbol{\theta}_{-i}) > \max_{j\neq i} u_j(\theta_i, \boldsymbol{\theta}_{-i})$ 时，投标人 i 获得物品，支付为 $u_i(\vartheta_i(\boldsymbol{\theta}_{-i}), \boldsymbol{\theta}_{-i})$。由于支付不依赖于自身汇报的信号 θ_i，且 $\theta_i \geqq \vartheta_i(\boldsymbol{\theta}_{-i})$，报告真实的信号所带来的期望效用为：$u_i(\theta_i, \boldsymbol{\theta}_{-i}) - u_i(\vartheta_i(\boldsymbol{\theta}_{-i}), \boldsymbol{\theta}_{-i}) \geqq 0$。报告其他信号 θ_i'，若 $\theta_i' > \vartheta_i(\boldsymbol{\theta}_{-i})$，其期望效用与报告真实信号时相同，若报告信号 $\theta_i' < \vartheta_i(\boldsymbol{\theta}_{-i})$，则他不能得到物品，期望效用为 0。这样，投标人 i 获得物品，且没有其他报告策略比真实披露带来更高的期望效用。

当 $u_i(\theta_i, \boldsymbol{\theta}_{-i}) < \max_{j\neq i} u_j(\theta_i, \boldsymbol{\theta}_{-i})$ 时，若真实披露，投标人 i 的期望效用为 0；若其汇报策略 θ_i' 改变了这一配置结果，单交叉性条件要求：$\theta_i' > \vartheta_i(\boldsymbol{\theta}_{-i}) > \theta_i$，则投标人 i 获得物品，但是其期望效用为 $u_i(\theta_i, \boldsymbol{\theta}_{-i}) - u_i(\vartheta_i(\boldsymbol{\theta}_{-i}), \boldsymbol{\theta}_{-i}) < 0$。综上所述，广义 VCG 机制是占优激励相容的有效机制。 □

在私人价值下，上面的广义 VCG 机制就回归到通常的 VCG 机制的特殊形式，即克拉克机制。与此同时，这一机制与克拉克机制不同，其转移支付 $u_i(\vartheta_i(\boldsymbol{\theta}_{-i}), \boldsymbol{\theta}_{-i})$ 依赖于所有其他投标人的价值函数。因此，上面的一般形式的 VCG 不是匿名机制，而依赖于投标人的具体特征 (比如偏好)。

21.3.8 相互依赖价值最优机制

下面我们讨论相互依赖价值下的最优拍卖机制的设计。在独立私人价值的最优拍卖机制下，拍卖品被配置给虚拟价值最高的投标人，同时为了激励投标人说真话，虚拟价值最高的投标人会得到一定的信息租金，从而最优机制只是次佳的。然而，只要投标人的信号是相关的，即使在相互依赖价值情形下，也会得到和第 19 章私人价值下的完全剩余抽取定理同样的结论，即相互依赖价值情形下的最优机制可以导致最佳结果。下面我们来考察这一结论背后的逻辑关系。

为了更清楚地解释完全剩余抽取定理，我们把连续的信号空间离散化。令 $\Theta_i = \{\theta_i^1, \theta_i^2, \cdots, \theta_i^{m_i}\}$ 是投标人的离散信息空间，这里 $\theta_i^1 < \theta_i^2 < \cdots < \theta_i^{m_i}$。假设 $\theta_i \in \Theta_i$，所有投标人的信号组合记为 $\boldsymbol{\theta}$，投标人 i 的价值为 $u_i = u_i(\theta_i, \boldsymbol{\theta}_{-i})$。在离散情形下，我们可类似地定义单交叉性条件为：$j \neq i$，若 $u_i(\theta_i, \boldsymbol{\theta}_{-i}) \geqq u_j(\theta_i, \boldsymbol{\theta}_{-i})$，则 $u_i(\theta_i', \boldsymbol{\theta}_{-i}) \geqq u_j(\theta_i', \boldsymbol{\theta}_{-i})$ 对任意 $\theta_i < \theta_i' \in \Theta$ 成立；同时若条件由 $\geqq$ 变为 $>$，结论也是一致的。

对于每个投标人 i，建立矩阵 Π_i，其元素表示为 $\pi_i(\boldsymbol{\theta}_{-i}|\theta_i)$。矩阵 Π_i 有 m_i 行和 $\prod_{j\neq i} m_j$列，每一行表示为给定 θ_i 类型下投标人 i 对其他投标人的信号分布信念。若投标人的信号是完全独立的，那么每一行都是相同的，此时矩阵 Π_i 的秩为 1。若投标人的信号是相关的，则不同的行所代表的信念是不同的。在下面的定理中，我们假设 Π_i 的秩为 m_i，即意味着在不同的 θ_i 下，投标人对其他人信号的分布信念是有差异的。

于是我们有下面相互依赖价值情形下的完全剩余抽取定理。

定理 21.3.1 (相互依赖价值下的完全剩余抽取定理)　假设投标人信号是离散分布的，价值满足单交叉性条件，且对于任意的投标人 i，其关于对手信号分布的信念矩阵 Π_i 是行满秩的 (即秩为 m_i)，则存在一个有效的真实显示机制，使得所有投标人的信息租金 (事中期望效用) 都为零，从而有最佳结果。

证明： 考虑广义 VCG 机制，记为 $(\Theta, \boldsymbol{y}(\boldsymbol{\theta}), \boldsymbol{t}(\boldsymbol{\theta}))$。从上一节的讨论中，我们知道这个机制满足有效性和具有说真话的特性。在这个机制下，θ_i 信号的投标人 i 在均衡处的事中期望效用为：

$$\bar{U}_i^*(\theta_i) = \sum_{\boldsymbol{\theta}_{-i}} \pi_i(\boldsymbol{\theta}_{-i}|\theta_i)[y_i(\boldsymbol{\theta})u_i(\boldsymbol{\theta}) + t_i(\boldsymbol{\theta})].$$

记 $\bar{u}_i^* = [\bar{U}^*(\theta_i^1), \bar{U}^*(\theta_i^2), \cdots, \bar{U}^*(\theta_i^{m_i})]'$。由于 Π_i 是满秩的，因此存在一个 $\sum_{j\neq i} m_j$ 阶列向量 $\boldsymbol{c}_i = (\boldsymbol{c}_i(\boldsymbol{\theta}_{-i}))_{\boldsymbol{\theta}_{-i}\in\boldsymbol{\Theta}_{-i}}$，使得：

$$\Pi_i \boldsymbol{c}_i = -\bar{u}_i^*,$$

即对于 $\forall\theta_i$，都有：

$$\sum_{\boldsymbol{\theta}_{-i}} \pi_i(\boldsymbol{\theta}_{-i}|\theta_i)\boldsymbol{c}_i(\boldsymbol{\theta}_{-i}) = \bar{U}_i^*(\theta_i).$$

考虑 Cremer-McLean 机制 $(\Theta, \boldsymbol{y}(\boldsymbol{\theta}), \boldsymbol{t}(\boldsymbol{\theta}) + \boldsymbol{c}_i(\boldsymbol{\theta}_{-i}))$，与广义 VCG 机制 $(\Theta, \boldsymbol{y}(\boldsymbol{\theta}), \boldsymbol{t}(\boldsymbol{\theta}))$ 相比，配置规则不变，每个参与人的转移支付降低 $\boldsymbol{c}_i(\boldsymbol{\theta}_{-i})$ 与参与人 i 的汇报无关，因此，Cremer-McLean 机制仍然具有有效性和说真话的特征，同时让每个投标人的事中期望效用都变为 0，这意味着参与约束是紧致的，并且拍卖人获得了所有可能的剩余，从而是最佳结果。 □

这一结论非常稳健，只要参与人的信号是相关的，不管相关度多大，都会使得参与人的信息租金变为零。同时这一结论不依赖于价值是否相互依赖，而是依赖于信号是否相关。

21.4　私人价值同质多物品同时拍卖

本章剩下的部分讨论多物品拍卖，着重考虑私人价值下的多物品拍卖。

现实中许多拍卖都是多物品拍卖，然而多物品有多种不同的特性，这些形式在一定程度上取决于各种物品之间的关系，以及拍卖的时间和形式。

物品可能是**同质**的，也可能是异质的。当物品相同时，买方可能只需要一单位或多单位物品。在这种情况下，他的边际支付意愿一般会随物品数量的增加而下降。当对象是**异质**的时，物品是不同的，但拍卖品之间有一定的联系。买方对这些物品的支付意愿因物品组合而异。比如说，买方对两件物品一起消费的价值可能会大于对这两件物品分开消费的价值之和，这是物品之间的**互补性**。两件物品之间也可能存在**替代性**。在设计拍卖机制时，物品间的互补性或替代性是特别值得注意的因素。

多物品拍卖还取决于拍卖的时间和形式。同质多物品的拍卖按照时间可分为两类：一类是**同时拍卖** (simultaneous auction)，也就是对所有物品一次性进行拍卖；另外一类是**序贯拍卖** (sequential auction)，也就是每次拍卖一单位物品，分多次进行，以拍卖中一单位物品的出价不直接影响另一单位物品的拍卖结果的方式进行。

卖方也可以选择不同的拍卖方式，可以采用**歧视性拍卖** (discriminatory auction)、**单一价格拍卖** (uniform-price auction)、**维克瑞拍卖 (Vickrey auction)** 等密封竞价方式，也可以采用**荷兰式拍卖** (Dutch auction)、**英式拍卖** (English auction)、**奥萨贝尔拍卖** (Ausubel auction) 等公开竞价方式。

21.4 节考虑同质多物品同时拍卖，21.5 节考虑同质多物品序贯拍卖，21.6 节考虑私人价值异质物品的组合拍卖。

21.4.1 基本模型

假设有 K 单位物品，有 n 个投标人，投标人的集合为 $N=\{1,\cdots,n\}$。投标人 i 对不同数量物品的边际价值向量为 $\boldsymbol{V}_i(\boldsymbol{\theta})=(V_i^1(\boldsymbol{\theta}),\cdots,V_i^K(\boldsymbol{\theta}))$，其中 V_i^k 是投标人 i 对第 k 单位物品的边际价值，通常假设：$V_i^k \leqq V_i^l, \forall k>l$，表示消费者对同质多物品的价值满足边际效用递减律，这里 θ_i 是投标人 i 观察到的信号，$\boldsymbol{\theta}$ 是所有投标人观察到的信号。投标人 i 的竞价函数记为 $\boldsymbol{b}_i=(b_i^1(\cdot,\boldsymbol{V}_i),\cdots,b_i^K(\cdot,\boldsymbol{V}_i))$，其中 b_i^k 是投标人 i 对第 k 单位的报价。

由于多物品拍卖相对比较复杂，我们这里集中讨论私人价值的情形，即

$$\boldsymbol{V}_i(\boldsymbol{\theta})=\boldsymbol{V}_i(\theta_i)\equiv\boldsymbol{V}_i.$$

我们假设投标人 i 的价值 $\boldsymbol{V}_i$ 是独立同分布的，在价值空间 $\chi=\{\boldsymbol{v}_i\in[0,w]^K: v_i^k \geqq v_i^{k+1}, \forall k<K\}$ 上服从密度函数为 $\varphi(\boldsymbol{v}_i)$ 的分布。

我们将讨论在不同规则下物品的配置和相应的转移支付。同时所有这些拍卖形式都是**标准拍卖**：高报价获得物品，即前 K 高的报价获得相应的拍卖物品。

在多物品同时拍卖中，假设投标人 i 的 K 投标向量 $\boldsymbol{b}_i=(b_i^1,\cdots,b_i^K)$ 满足 $b_i^1\geqq b_i^2\geqq\cdots\geqq b_i^K$。

给定投标人 i 的投标向量 $\boldsymbol{b}_i$，我们可以得到他的**需求函数**d_i：

$$d_i(p)=\max\{k: b_i^k\geqq p\}.$$

显然，$d_i(p)$ 是非递增的。当价格 p 介于 b_i^k 和 b_i^{k+1} 之间时，投标人 i 恰好购买 k 单位物品。反过来，若已知他对拍卖品的需求，可以得到他的投标向量。这样，这两种方式是等价的。

对投标集合 $\{b_i^k : i = 1, \cdots, n; k = 1, \cdots, K\}$，$K$ 单位物品配置给报价中出 K 个最高报价的那些人。拍卖者可以采用歧视性拍卖、单一价格拍卖和维克瑞拍卖三种规则，其物品配置的结果是相同的，但是赢得物品的支付价格却是不同的。

下面我们通过一个简单例子，来介绍上面三种拍卖配置规则和价格规则。

例 21.4.1 假设有 6 单位相同物品用于拍卖，有 3 个投标人，其投标分别为：

$$\boldsymbol{b}_1 = (54, 46, 43, 40, 33, 15),$$

$$\boldsymbol{b}_2 = (60, 55, 47, 32, 27, 13),$$

$$\boldsymbol{b}_3 = (48, 45, 35, 24, 14, 9).$$

此时，最高的 6 个报价为：

$$(b_2^1, b_2^2, b_1^1, b_3^1, b_2^3, b_1^2) = (60, 55, 54, 48, 47, 46).$$

这样，投标人 1 获得 2 单位，投标人 2 获得 3 单位，投标人 3 获得 1 单位。

21.4.2 同质多物品同时密封竞价拍卖

对同质多物品同时密封竞价拍卖，有三种基本的形式，这里给出它们的定义。

歧视性拍卖

在同时密封竞价多物品歧视性拍卖中，在所有 K 个最高报价中赢得 k_i 单位的投标人 i 需要支付这些物品的分别出价，即总的支付价格为 $b_i^1 + \cdots + b_i^{k_i}$。在例 21.4.1 中，投标人 1 获得 2 单位，其支付为 $54 + 46 = 100$，投标人 2 和 3 分别获得 3 单位和 1 单位，其支付分别为 $60 + 55 + 47 = 162$ 和 48。这样，拍卖者所获得的总收益是 $100 + 162 + 48 = 310$。

歧视性价格拍卖也可以通过**剩余供给函数**来刻画。在价格 p 下，投标人 i 面临的剩余供给记为 $s_{-i}(p)$，是在这一价格下满足其他参与人总需求后剩下的物品数量，即

$$s_{-i}(p) \equiv \max\{K - \sum_{j \neq i} d_j(p), 0\}.$$

显然，由于 $d_i(p)$ 是一个非递增函数，$s_{-i}(p)$ 是一个非递减函数。

在例 21.4.1中，各投标人的需求为：

$$d_1(p) = \begin{cases} 0, & 若 p > 54, \\ 1, & 若 54 \geqq p > 46, \\ 2, & 若 46 \geqq p > 43, \\ 3, & 若 43 \geqq p > 40, \\ 4, & 若 40 \geqq p > 33, \\ 5, & 若 33 \geqq p > 15, \\ 6, & 若 15 \geqq p \geqq 0. \end{cases}$$

$$d_2(p)=\begin{cases}0, & 若 p>60,\\1, & 若 60\geqq p>55,\\2, & 若 55\geqq p>47,\\3, & 若 47\geqq p>32,\\4, & 若 32\geqq p>27,\\5, & 若 27\geqq p>13,\\6, & 若 13\geqq p\geqq 0.\end{cases}$$

$$d_3(p)=\begin{cases}0, & 若 p>48,\\1, & 若 48\geqq p>45,\\2, & 若 45\geqq p>35,\\3, & 若 35\geqq p>24,\\4, & 若 24\geqq p>14,\\5, & 若 14\geqq p>9,\\6, & 若 9\geqq p\geqq 0.\end{cases}$$

参与人 1 的剩余供给为：

$$s_{-1}(p)=\begin{cases}6, & 若 p>60,\\5, & 若 60\geqq p>55,\\4, & 若 55\geqq p>48,\\3, & 若 48\geqq p>47,\\2, & 若 47\geqq p>45,\\1, & 若 45\geqq p>35,\\0, & 若 35\geqq p\geqq 0.\end{cases}$$

当 $K=1$ 时，歧视性拍卖相当于一级价格密封竞价拍卖，歧视性价格是一级价格密封竞价拍卖在多物品情形下的一个推广形式。

单一价格拍卖

在单一价格拍卖中，所有的物品对所有投标人都按照相同的市场出清价格成交。由于物品不可分，达到供需平衡的价格是一个区间，这里我们**采用的市场出清价格是 $K+1$ 高的失败出价**。也就是说，当有 K 个物品需要拍卖时，市场出清价格是第 $K+1$ 高的投标价，在上面的例 21.4.1 中第 7 高的报价为 45。在一般情形下，若 n 个投标人的投标集合为 $\{b_i^k, i=1,\cdots,n; k=1,\cdots,K\}$，且在前 K 个最高价格中，投标人 i 获得了 k_i 单位物品，则市场出清价格为：

$$p = \max_i \{b_i^{k_i+1}\}.$$

这样，对上面的例子，我们有 $p = \max_i\{b_i^{k_i+1}\} = \max\{43, 32, 45\} = 45$，拍卖者所获得的总收益是 $45 \times 6 = 270$。

有另一种方法来确定单一价格 p。令 $\boldsymbol{c}_{-i}$ 是投标人 i 面临其他参与人的 K 维**竞争性报价** (competing bids) 向量。所谓 K 维竞争性报价向量是指由所有其他人 $\{b_j^k, j \neq i, k = 1, \cdots, K\}$ 按大小顺序排列的前 K 个报价所构成的向量，因为只有这些价格才会影响到投标人 i 对物品的获得，$\boldsymbol{c}_{-i} = (c_{-i}^1, \cdots, c_{-i}^K)$ 是由其分量按从大到小的顺序排列的其他人报价所组成的向量。若投标人 i 的报价向量 $\boldsymbol{b}_i$ 满足 $b_i^{k_i} > c_{-i}^{K-k_i+1}, b_i^{k_i+1} < c_{-i}^{K-k_i}$，则投标人 i 刚好获得 k_i 单位物品。于是，投标人 i 的剩余供给函数也可写为：

$$s_{-i}(p) = K - \max\{k : c_{-i}^k \geqq p\}.$$

可以看出，$s_{-i}(p)$ 是 $\boldsymbol{c}_{-i}$ 的反函数。此时，市场出清价格也可以由下式决定：

$$p = \max\{b_i^{k_i+1}, c_{-i}^{K-k_i+1}\}.$$

注意，我们可以通过比较任一投标人的报价和竞争性投标的大小得到以上市场出清价格 p。

比如，在前面的例 21.4.1中，

$$\begin{aligned}
\boldsymbol{b}_1 &= (54, 46, 43, 40, 33, 15),\\
\boldsymbol{b}_2 &= (60, 55, 47, 32, 27, 13),\\
\boldsymbol{b}_3 &= (48, 45, 35, 24, 14, 9).
\end{aligned}$$

和

$$\begin{aligned}
\boldsymbol{c}_{-1} &= (60, 55, 48, 47, 45, 35),\\
\boldsymbol{c}_{-2} &= (54, 48, 46, 45, 43, 40),\\
\boldsymbol{c}_{-3} &= (60, 55, 54, 47, 46, 43).
\end{aligned}$$

通过比较投标人 1~3 的报价和竞争性投标的大小，有 $p = \max\{b_1^3, c_{-1}^5\} = \max\{43, 45\} = 45$，$p = \max\{b_2^4, c_{-2}^4\} = \max\{32, 45\} = 45$，以及 $p = \max\{b_3^2, c_{-3}^6\} = \max\{45, 43\} = 45$，所得到的价格都是一样的，等于 45，再次得到同样的结论。

当 $K = 1$ 时，单一价格拍卖等价于二级价格密封竞价拍卖。然而当 $K > 1$ 时，单一价格拍卖与二级价格密封竞价拍卖在许多方面，特别是在出价策略上存在很大差异，从而单一价格拍卖不是二级价格密封竞价拍卖的直接推广。下面讨论的维克瑞拍卖则在更大程度上是单物品二级价格密封竞价拍卖的推广。

维克瑞拍卖

在单物品的二级价格密封竞价拍卖中，获胜者的价格是所有失败投标中的最高价格。类似地，在多物品维克瑞拍卖下，获得 k_i 个物品的获胜者的价格支付也是所有其他投标人的失败投标中按从高到低的顺序排列的前 k_i 个价格，下面我们将看到维克瑞的价格类实际上给出了其他投标人带来的外部性的大小。

假设投标人 i 获得 k_i 个物品，在他获得第 1 个物品时，必然有 $b_i^1 > c_{-i}^K$，他获得这个物品给投标为 c_{-i}^K 的投标人带来了 c_{-i}^K 的外部性，从而让他所支付的价格为 c_{-i}^K。当投标人获得第 2 个物品时，必然有 $b_i^2 > c_{-i}^{K-1}$，他给投标为 c_{-i}^{K-1} 的投标人带来了 c_{-i}^{K-1} 的外部性，从而让他所支付的价格为 c_{-i}^{K-1}。这样，投标人得到 k_i 个物品，会给其他参与人带来 $\sum_{k=1}^{k_i} c_{-i}^{K-k+1}$ 的外部性。于是，在维克瑞拍卖下，赢得 k_i 个物品的投标人 i 的支付就等于

$$\sum_{k=1}^{k_i} c_{-i}^{K-k+1},$$

这表示其他竞标者的 k_i 个最高失败出价的总和。

在上面的例 21.4.1中，投标人 1 赢得 2 个物品，$\boldsymbol{c}_{-1} = (60, 55, 48, 47, 45, 35)$，其支付为 $45 + 35 = 80$。投标人 2 赢得 3 个物品，$\boldsymbol{c}_{-2} = (54, 48, 46, 45, 43, 40)$，其支付为 $45 + 43 + 40 = 128$；投标人 3 赢得 1 个物品，$\boldsymbol{c}_{-3} = (60, 55, 54, 47, 46, 43)$，其支付为 43。这样，拍卖者的收益是 $80 + 128 + 43 = 251$。

当 $K = 1$ 时，维克瑞拍卖与单一价格拍卖一样，等价于二级价格密封竞价拍卖。然而当 $K > 1$ 时，维克瑞拍卖就是二级价格密封竞价拍卖的多物品下的推广。的确，不像单一价格拍卖，维克瑞拍卖具有许多和二级价格拍卖一样的重要性质，而单一价格拍卖不具有这些性质。比如，在维克瑞拍卖中赢得拍卖品的投标人的价格支付不依赖于自己的报价，但在单一价格拍卖下，投标人 i 的价格支付却有可能依赖于自己的报价。这是由于市场出清价格为 $p = \max\{b_i^{k_i+1}, c_{-i}^{K-k_i+1}\}$，于是有可能由 $b_i^{k_i+1}$ 决定。

21.4.3 同质多物品同时公开拍卖

在单物品拍卖中，特别是在私人价值拍卖下，每个密封竞价拍卖都有其对应的公开竞价拍卖，比如荷兰式拍卖在策略上等价于一级价格密封竞价拍卖，英式拍卖在结果上等价于二级价格密封竞价拍卖。在多物品拍卖下，我们也有类似但不完全相同的等价结果。具体说来，多物品的荷兰式拍卖在结果上等价于歧视性拍卖，但在策略上并不等价；而英式拍卖和奥萨贝尔拍卖分别与单一价格和维克瑞拍卖在结果上等价。

荷兰式拍卖

在同质多物品的荷兰式拍卖下，拍卖人从高价格开始喊价，通常初始价格足够高，以至于没有人愿意接受，然后价格依次往下降，当在某个价格水平下有投标人愿意接受时，该投标人以该价格获得第 1 单位物品；之后价格继续下降，若在某个价格下，又有投标人愿意接受，该投标人会按此时的价格获得第 2 单位物品；然后继续进行，直到价格下降到某个投标人愿意接受某个价格，使得他以该价格获得第 K 单位物品，于是拍卖结束。

多物品荷兰式拍卖在结果上等价于歧视性价格拍卖。若投标人 i 根据其投标向量 $\boldsymbol{b}_i$ 在荷兰式拍卖中接受价格，他会在价格降到 $p=b_i^1$ 时接受第 1 单位物品，在 $p=b_i^2$ 时接受第 2 单位物品，等等。然而，它们通常在策略意义上并不等价。这是由于，在信息不对称的情形下，一个投标人在不同单位之间的价值可能具有相互依赖性，这样在荷兰式拍卖中可以观察到其他投标人在之前对某个数量的投标意愿，从而在一定程度上可获得这些投标人对其他数量的投标意愿。但是，在歧视性拍卖下，由于投标人需要同时报告不同数量下的报价，没有对其他投标人投标意愿的信念修正过程，因此两者在策略上并不等价。

英式拍卖

多物品英式拍卖的流程与荷兰式拍卖相反，拍卖人从低往上调整价格，每个投标人针对每个拍卖价格报告他在该价格下愿意购买的数量。在初始低价下，通常所有投标人愿意购买的物品数量总数超过 K。随着拍卖价格逐渐向上调整，投标人会相应地修改其愿意购买的数量。当在某个价格下，投标人愿意购买的总数刚好等于 K 时，该价格就成为市场出清价格，所有投标人都按该价格购买他愿意购买的数量。

和前面荷兰式拍卖与歧视性拍卖的关系类似，英式拍卖在结果上等价于单一价格拍卖，同时两者在策略意义上通常不等价。

奥萨贝尔拍卖

奥萨贝尔拍卖与英式拍卖类似，是从低价开始，价格从低往高依次调整，同时每个人在价格水平 p 处报告其需求 $d_i(p)$。当价格增加时，投标人的需求会逐渐递减。然而与英式拍卖不同的是，奥萨贝尔拍卖按下面的规则决定拍卖品的价格。

第21章

在初始低价 p，若每个投标人 i 的需求 $d_i(p)$ 较大，此时每个投标人的剩余供给函数

$$s_{-i}(p)\equiv\max\{K-\sum_{j\neq i}d_j(p),0\}=0.$$

随着拍卖价格往上增加，投标人的需求下降，当达到某个价格 p' 时，至少有一个投标人 i 的剩余供给 $s_{-i}(p')>0$。此时，对任意一个满足 $s_{-i}(p')>0$ 的投标人 i 以 p' 的价格出售 $s_{-i}(p')>0$ 单位物品，当销售量低于 K 时，继续提高价格。

当价格增加到 p'' 使得对至少有一个投标人有 $s_{-i}(p'')-s_{-i}(p')>0$ 时，则对任意一个满足 $s_{-i}(p'')-s_{-i}(p')>0$ 的投标人 i 以 p'' 的价格出售 $s_{-i}(p'')-s_{-i}(p')>0$ 单位的物品。当仍有物品没有售完时，则继续提高价格，直至所有物品出清，于是拍卖结束。

下面我们利用前面的例 21.4.1来描述奥萨贝尔拍卖的规则。给定每个人的投标策略，即

$$\boldsymbol{b}_1=(54,46,43,40,33,15),$$

$$\boldsymbol{b}_2=(60,55,47,32,27,13),$$

$$\boldsymbol{b}_3=(48,45,35,24,14,9).$$

每个人的剩余供给为：

$$s^{-1}(p)=\begin{cases}6, & 若 p>60,\\ 5, & 若 60\geqq p>55,\\ 4, & 若 55\geqq p>48,\\ 3, & 若 48\geqq p>47,\\ 2, & 若 47\geqq p>45,\\ 1, & 若 45\geqq p>35,\\ 0, & 若 35\geqq p\geqq 0.\end{cases}$$

$$s^{-2}(p)=\begin{cases}6, & 若 p>54;\\ 5, & 若 54\geqq p>48,\\ 4, & 若 48\geqq p>46,\\ 3, & 若 46\geqq p>45,\\ 2, & 若 45\geqq p>43,\\ 1, & 若 43\geqq p>40,\\ 0 & 若 40\geqq p\geqq 0.\end{cases}$$

$$s^{-3}(p)=\begin{cases}6, & 若 p>60,\\ 5, & 若 60\geqq p>55,\\ 4, & 若 55\geqq p>54,\\ 3, & 若 54\geqq p>47,\\ 2, & 若 47\geqq p>46,\\ 1, & 若 46\geqq p>43,\\ 0, & 若 43\geqq p\geqq 0.\end{cases}$$

假设初始价格 $p^0\leqq 35$，$s_{-i}(p^0)=0,\forall i\in N=\{1,2,3\}$。当价格上升到 $p^1=35+\epsilon$ 时，$s_{-1}(35+\epsilon)=1, s_{-j}(35+\epsilon)=0,\forall j\neq 1$。这样，当 $\epsilon\to 0$ 时，投标人 1 以 35 的价格购买第 1 单位物品。

当价格上升到 $p^2=40+\epsilon$ 时，$s_{-1}(40+\epsilon)-s_{-1}(35+\epsilon)=0, s_{-2}(40+\epsilon)-s_{-2}(35+\epsilon)=1, s_{-3}(40+\epsilon)-s_{-3}(35+\epsilon)=0$。这样，当 $\epsilon\to 0$ 时，投标人 2 以 40 的价格购买第 2 单位物品。

当价格上升到 $p^3=43+\epsilon$ 时，$s_{-1}(43+\epsilon)-s_{-1}(40+\epsilon)=0, s_{-2}(43+\epsilon)-s_{-2}(40+\epsilon)=1, s_{-3}(45+\epsilon)-s_{-3}(40+\epsilon)=1$。这样，当 $\epsilon\to 0$ 时，则投标人 2 和投标人 3 以 43 的价格分别购买第 3 单位和第 4 单位物品，总共销售了 4 单位物品。

当价格上升到 $p^4=45+\epsilon$ 时，$s_{-1}(45+\epsilon)-s_{-1}(43+\epsilon)=1, s_{-2}(45+\epsilon)-s_{-2}(43+\epsilon)=1, s_{-3}(45+\epsilon)-s_{-3}(43+\epsilon)=0$。这样，当 $\epsilon\to 0$ 时，投标人 1 和投标人 2 以 45 的价格分别购买第 5 单位和第 6 单位物品，总共销售了 6 单位物品。

这样，在奥萨贝尔拍卖下：投标人 1 得到 2 单位物品，支付为 $35+45=80$；投标人 2 得到 3 单位物品，支付为 $40+43+45=128$；投标人 3 得到 1 单位物品，支付为 $=43$。拍卖者的总收益为 $80+128+43=251$，得到了与维克瑞拍卖同样的结果。与之前类似，奥萨贝尔拍卖与维克瑞拍卖在结果上等价，但两者在策略上并不等价。

下面我们讨论在私人价值下同质多物品拍卖的均衡及其性质。由于密封拍卖和公开拍卖是结果等价的，我们主要讨论三种密封竞价拍卖。在单物品拍卖中，当投标人的价值是私人同类型分布、无预算约束及风险中性的时，其一级价格密封竞价拍卖和二级价格密封竞价拍卖的对称均衡都是有效的。然而，对多物品拍卖而言，这个结论不再成立，只有维克瑞拍卖是有效的，而歧视性拍卖和单一价格拍卖不一定是有效的。

21.4.4　维克瑞拍卖的均衡

假设拍卖人有 K 单位同质物品，投标人 i 对不同单位物品的边际价值向量为 $\boldsymbol{V}_i=(V_i^1,\cdots,V_i^K)$，其中 V_i^k 是投标人 i 对第 k 单位物品的边际价值，满足边际效用递减律，即 $V_i^k \geqq V_i^{k+1}, \forall k<K$。

给定投标人的价值，此时投标人的**真实需求函数**记为 $\mathring{u}_i(p)$，定义为：

$$\mathring{d}_i(p)=\max\{k: v_i^k \geqq p\}.$$

由上一节我们知道参与人报告的需求为 $d_i(p)=\max\{k: b_i^k \geqq p\}$。因此，当且仅当投标人诚实报价时，所报告的需求等于真实需求。

我们也知道，在维克瑞多物品拍卖下，每个投标人同时提交一个 K 维的投标向量 $\boldsymbol{b}_i$，满足 $b_i^k \geqq b_i^{k+1}$。所有人的投标向量构成了投标集合 $\{b_i^k, i\in N, k=1,\cdots,K\}$，在这个投标集合中排名前 K 的报价赢得这些物品，参与人 i 获得 k_i 单位的物品，从而 $\sum_i k_i=K$。$\boldsymbol{c}_{-i}$ 是参与人 i 面临的 K 维按递减顺序排列的竞争性报价，这些报价是来自投标集合 $\{b_j^k, j\neq i, j\in N, k=1,\cdots,K\}$ 中排名前 K 的报价构成的向量。若在维克瑞拍卖中，参与人 i 获得 k_i 单位的物品，那么意味着 $b_i^{k_i}>c_{-i}^{K-k_i+1}$ 同时 $b_i^{k_i+1}<c_{-i}^{K-k_i}$。同时参与人 i 对 k_i 单位物品的支付为 $\sum_{k=1}^{k_i} c_{K+1-k}$。下面我们证明，在维克瑞拍卖下，参与人诚实报价，即 $\boldsymbol{b}_i(\boldsymbol{v}_i)=\boldsymbol{v}_i$ 是一个弱占优策略。

定理 21.4.1　在维克瑞多物品拍卖下，对所有投标人 i 来说，说真话，即选择 $\boldsymbol{b}_i(\boldsymbol{v}_i)=\boldsymbol{v}_i$ 是一个弱占优策略。

证明： 令参与人 i 的诚实出价策略为 $\boldsymbol{b}_i=\boldsymbol{v}_i$，他所面临的其他参与人的任何一个竞争性出价向量为 $\boldsymbol{c}_{-i}$。令 k_i 是参与人 i 选择诚实出价获得拍卖品的数量，这意味着 $v_i^{k_i}>c_{-i}^{K-k_i+1}$ 和 $v_i^{k_i+1}>c_{-i}^{K-k_i}$，总的支付价格为 $\sum_{k=1}^{k_i} c_{-i}^{K-k+1}$，其效用为

$$\sum_{k=1}^{k_i}[v_i^k-c_{-i}^{K-k+1}].$$

若参与人 i 选择其他报价 $\boldsymbol{b}'$ 获得了同样 k_i 单位的物品，则其效用是相同的。若所获得的

拍卖品数量为 $k_i' \neq k_i$，当 $k_i' > k_i$ 时，他在获得第 k 单位物品时，有 $k_i' \geqq k \geqq k_i + 1$，所得到的边际净效用为：

$$v_i^k - c_{-i}^{K-k+1} \leqq v_i^{k_i+1} - c_{-i}^{K-k_i+1} < 0.$$

这样，他的效用在 $\boldsymbol{b}'$ 时比在 $\boldsymbol{b}_i$ 时更低；当 $k_i' < k_i$ 时，他没有实现效用最大化。的确如此，若他多得到一单位物品，他得到第 $k_i' + 1$ 单位物品的边际净效用为

$$v_i^{k_i'+1} - c_{-i}^{K-k_i'+2} \geqq v_i^{k_i+1} - c_{-i}^{K-k_i+1} \geqq 0.$$

这样，他的效用在报价 $\boldsymbol{b}'$ 处不比在 $\boldsymbol{b}_i$ 处高。

因此，参与人 i 的诚实报价策略 $\boldsymbol{b}_i$ 是一个弱占优策略。 □

在维克瑞拍卖下，参与人 i 得到的每单位物品的支付价格相当于该单位物品带给其他参与人的机会成本，或者对其他参与人产生的外部性。

Ausubel 和 Milgrom (2006) 对维克瑞拍卖下投标人的支付用 VCG 的方式进行了定义。令 $\boldsymbol{v}_i$ 是投标人 i 对多物品的真实价值向量；令 $\hat{\boldsymbol{v}}_i$ 是投标人报告的价值向量，令 $\boldsymbol{k} = (k_1, \cdots, k_n)$ 是物品的一个配置，$\boldsymbol{k}^*$ 是给定所有投标人所报告的价值向量下的最优配置方案，即

$$\boldsymbol{k}^* = \mathsf{argmax}_{\boldsymbol{k}} \sum_i \hat{\boldsymbol{v}}_i(k_i), \quad \text{s.t.} \quad \sum_i k_i \leqq K.$$

此时获得 k_i 单位物品的投标人的转移支付等于

$$t_i(k_i, \hat{\boldsymbol{v}}) = \sum_{j \neq i} \hat{\boldsymbol{v}}_j(k_j^*) - \bar{\boldsymbol{v}}_{-i},$$

其中，$\bar{\boldsymbol{v}}_{-i} = \max\{\sum_{j\neq i} \hat{\boldsymbol{v}}_j(k_j) : \sum_{j\neq i} k_j \leqq K\}$。因此，维克瑞多物品拍卖是 VCG 机制在多物品拍卖中的一种特殊形式。

由于在维克瑞多物品拍卖下每个投标人选择真实价值作为自己的报价，同时拍卖人在所有的投标集合中，排名前 K 的报价对应的标获胜，因此维克瑞拍卖是一个导致了有效结果的拍卖。

命题 21.4.1 维克瑞多物品拍卖有效地配置了物品。

Ausubel 和 Milgrom (2006) 进一步证明了在私人价值下，在同质多物品的所有拍卖机制中，维克瑞拍卖是唯一这样的机制：使得诚实报价是占优策略均衡，配置规则是有效的，没有赢得物品的投标人的支付是零。

以上结论说明了维克瑞拍卖具有良好的特性，但若放松同质性假设，特别是引入互补品后，维克瑞拍卖会存在许多问题，我们在后面会讨论。在同质多物品拍卖下，由于维克瑞拍卖的一个缺陷是对同质物品不同价，因此会引发类似套利等其他一些问题。下面的例子 (来自 Krishna，2010) 揭示了维克瑞拍卖中的同质物品不同价的现象。

例 21.4.2 假设存在两单位同质物品，两个投标人对物品的价值分别为：$\boldsymbol{v}_1 = (10, 2)$ 和 $\boldsymbol{v}_2 = (9, 1)$。在维克瑞拍卖下，假设两个投标人各获得 1 单位物品，他们的支付分别为

1 和 2，他们对同质物品支付不同的价格。若投标参与者是两个上市公司，这样的投标以及支付结果可能会使得支付高价格的公司面临很多的外部压力。

下面我们讨论单一价格拍卖，接着是歧视性拍卖。在这些拍卖下，投标人通常都不会诚实报价，在配置上通常也不是有效的。

21.4.5　单一价格拍卖的均衡

我们现在讨论单一价格多物品拍卖。在这种拍卖下存在着普遍低报需求的现象，这一现象背后的逻辑与买方垄断是相同的。

前面介绍了在给定投标人的投标向量 $\boldsymbol{b}=(\boldsymbol{b}_i)_{i\in N}$ 时单一价格拍卖下价格决定和物品配置的规则。假设有 K 单位相同的拍卖品，投标人 i 的 K 维投标向量为 $\boldsymbol{b}_i$，投标人 i 对物品的边际价值向量为 $\boldsymbol{v}_i$，同时面临的其他参与人的 K 维竞争性投标向量为 $\boldsymbol{c}_{-i}$。若参与人 i 获得 k_i 单位的物品，则标价满足下面的条件：

$$b_i^{k_i} > c_{-i}^{K-k_i+1}\text{同时}b_i^{k_i+1} < c_{-i}^{K-k_i}.$$

单一拍卖价格为：

$$p=\max\{b_i^{k_i+1}, c_{-i}^{K-k_i+1}\}.$$

单一价格拍卖的均衡策略通常得不到显式解。下面我们主要刻画这一拍卖下均衡策略的一些性质。

在单一价格拍卖下投标均衡策略有两个重要的特征：一是报价不会超过边际价值；二是对第一单位的报价等于其边际价值。下面我们证明这些结论。

第21章

论断 21.4.1　对所有的 i 和 k，$b_i^k \leqq v_i^k$，即报价不会超过它们的边际价值。

证明： 假设在投标人 i 的投标策略 $\boldsymbol{b}_i$ 中，对某个 k，存在 $b_i^k > v_i^k$，我们验证这一投标策略会被报价 ${b'}_i^k = v_i^k$，${b'}_i^{k'} = b_i^{k'}, k' \neq k$ 策略 (弱) 占优。分四种情形来讨论：

情形 1：$p = b_i^k$。在两种出价策略下，竞标者 i 都能得到 $k-1$ 单位的物品。然而，当她选择 ${b'}_i^k = v_i^k$ 时，价格可能会降低，从而导致更高的收益。

情形 2：$p > b_i^k$。将出价降低为 ${b'}_i^k = v_i^k$ 对竞标者 i 没有影响。

情形 3：$b_i^k > p > v_i^k$。竞标者在赢得第 k 单位时将遭受损失，因为价格超过了边际价值，将出价降低为 ${b'}_i^k = v_i^k$ 将减少她的损失。

情形 4：$b_i^k > v_i^k > p$。然后，将出价降低为 ${b'}_i^k = v_i^k$ 不会产生影响，因为她仍然会以相同的价格赢得第 k 单位。

这样，在这四种情形下，投标人的报价超出真实价值都不会增加其效用。因此，在单一价格拍卖下，投标人不会选择高于边际价值的报价。 □

论断 21.4.2　对所有的 i，$b_i^1 = v_i^1$，即第一单位的报价与它的边际价值相等。

证明： 我们要证明：投标人对第一单位的报价选择如实报其边际价值 $b_i^1 = v_i^1$ 时是一

个弱占优策略，或者说对于 $b'^1_i < v^1_i$ 都是一个弱劣策略。分三种情形讨论：(1)$p > v^1_i > b'^1_i$。投标人在以上两种投标策略下都不会获得物品，对投标人来说无差异。

(2)$v^1_i \geqq p > b'^1_i$。对第一单位诚实报价，投标人 i 可以获得第一单位物品，同时获得正的收益，但若选择 b'^1_i，投标人不能获得物品，没有收益。

(3) $v^1_i > b'^1_i > p$。选择以上两种投标策略对投标人 i 没有影响。 □

这样，在单一物品拍卖中，投标人的均衡报价不会超过真实价值。尽管对第一单位物品的报价等于其价值，但对其他单位物品的报价可能小于其真实价值。这一现象被称为**策略性需求降低**。

下面我们利用一个简化的模型来刻画在单一价格下策略性需求降低背后的逻辑。假设有两单位的同质拍卖物品，即 $K = 2$。假设有两个投标人，每个投标人的边际价值向量 V_i 分布在 $[0,w]^2$ 上，有 $v^1_i \geqq v^2_i$，其密度函数为 $\varphi(\cdot)$，分布函数为 $\Phi(\cdot)$。令 $\Phi^1(\cdot)$ 和 $\Phi^2(\cdot)$ 分别是 V^1_i 和 V^2_i 的边际分布函数。考虑对称情形 (省略上标) 时单一价格拍卖下投标人 1 的投标策略选择。

假设参与人 1 的边际价值向量为 $(v^1_1, v^2_1) \equiv (v^1, v^2)$，投标向量为 $(b^1_1, b^2_1) \equiv (b^1, b^2)$，面临的竞争性出价向量为 $(b^1_2, b^2_2) = (c^1_{-1}, c^2_{-1}) \equiv (c^1, c^2)$。考虑对称竞价均衡，由于 $\boldsymbol{b}_i(\boldsymbol{v}_i) = \beta(\boldsymbol{v}_i)$，$\boldsymbol{b}_i$ 也是一个随机向量，假设其分布服从 $H(\cdot)$(密度函数为 $h(\cdot)$)，$H^1(\cdot)$ 和 $H^2(\cdot)$ 是 b^1_2 和 b^2_2 的边际分布函数，从而是 c^1 和 c^2 的边际分布函数。这样，$H^1(b^2) = Prob[c^1 < b^2]$ 是参与人 1 击败对方投标赢得两单位物品的概率。类似地，$H^2(b^1) = Prob[c^2 < b^1]$ 是他击败对方较低投标赢得至少一单位物品的概率。他正好赢得一单位物品的概率于是为 $H^2(b^1) - H^1(b^2) = Prob[c^2 < b^2 < c^1] > 0$。另外，$H^2(b^2) - H^1(b^2) = Prob[C^2 < b^2 < C^1]$ 表示以 b^2 价格出售这些单位的最高失败出价的概率。

于是，投标人 1 选择投标向量 $\boldsymbol{b}_1 = (b^1, b^2)$ 的期望效用为：

$$
\begin{aligned}
Eu_1(\boldsymbol{b}, \boldsymbol{v}) = & \int_{\{\boldsymbol{c}:c^1<b^2\}} (v^1 + v^2 - 2c^1) h(\boldsymbol{c}) d\boldsymbol{c} \\
& + \int_{\{\boldsymbol{c}:c^1>b^2, c^2<b^1\}} (v^1 - \max\{c^2, b^2\}) h(\boldsymbol{c}) d\boldsymbol{c} \\
= & H^1(b^2)(v^1 + v^2) - 2\int_0^{b^2} c^1 h^1(c^1) dc^1 \\
& + [H^2(b^1) - H^1(b^2)] v^1 - [H^2(b^1) - H^1(b^2)] b^2 \\
& - \int_{b^2}^{b^1} c^2 h^2(c^2) dc^2 = 0.
\end{aligned}
$$

第一个等式右边的第一项是竞标者 1 获得两个单位时的收益，第二项是她只获得一个单位时的收益。我们知道，对于第一单位物品的报价满足 $b^1 = v^1$。对 b^2 求最大化的一阶条件得到：

$$
\frac{dEu_1}{db^2} = h^1(b^2)(v^2 - b^2) - [H^2(b^2) - H^1(b^2)] = 0.
$$

由于 $H^2(b^2)-H^1(b^2)>0$，从而得到：

$$b^2=v^2-\frac{H^2(b^2)-H^1(b^2)}{h^1(b^2)}<v^2.$$

这样，在单一价格拍卖均衡时，除了第一单位物品外，参与人存在策略性需求降低。在更一般的情形下，Ausubel 和 Cramton (2002) 证明了：只要 $K>1$，在单一价格拍卖下，投标人的投标在均衡时都会有：$\beta_i^1(v_i^1)=v_i^1, \beta_i^k(v_i^k)<v_i^k, \forall k>1$。

由于对不同单位的投标策略是不同的，我们将证明单一价格拍卖一般来说不是有效的。出现投标人策略性需求降低的原因与垄断买方市场的背后逻辑相同。Milgrom (2004) 把单一价格拍卖中的策略性需求降低与买方垄断的需求特性联系起来。在垄断买方市场中，垄断者购买 q 单位的支出为 $TE(q)=qp(q)$，其中 $p(q)$ 是市场的供给函数。垄断者购买第 q 单位的边际支出为 $TE'(q)=p(q)+qp'(q)>p(q)$(由于市场的供给函数 $p'(q)>0$)。这样，多购买一单位物品，存在两个方面的效应：一是购买物品本身的支出 $p(q)$，二是提高边际物品的采购成本，即 $qp'(q)$。后一种效应降低了垄断者的需求激励。假设垄断者对于物品的价值为 $v(q)$，则最大效用的购买数量为：

$$v'(q)-TE'(q)=v'(q)-p(q)-qp'(q)=0,$$

这意味着垄断者购买的需求 q 满足 $v'(q)-p(q)>0$，这就是策略性需求降低背后的逻辑。

然而，当每个投标人都是单位需求时，由论断 21.4.2，每个投标人都会选择诚实报价，此时单一价格拍卖是有效的。

现考虑一个简单的情形。假设 $K=2$，投标人 1 是单位需求，即 $V_1^2=0$。假设他对 1 单位物品的价值为 V_1，服从 [0,1] 上的均匀分布。根据单一价格拍卖的策略特性，得到 $b_1(v_1)=v_1$。投标人 2 的边际价值向量为 (v^1,v^2)，满足 $1>v^1\geqq v^2>0$，且都服从 [0,1] 上的均匀分布。在投标策略选择中，投标人 2 选择 $b_2^1=v^1$ 和 $b_2^2=b^2$ 策略。若 $b^2>v^1$，此时投标人 2 获得两单位物品。若 $0\leqq b^2<v^1$，则获得一单位物品。这样，对于投标人 2，选择 b^2 的期望效用为：

$$\begin{aligned}Eu_2(b^2,v^1,v^2) &= \int_{v^1<b^2}(v^1+v^2-2v^1)dv^1+\int_{v^1>b^2}(v^1-b^2)dv^1\\ &= v^1-b^2(1-v^2).\end{aligned}$$

此时，最优的投标策略为 $b^2=0$，即不管 v^2 如何取值，投标人 2 对第二单位的最优报价都为零，从而每个投标人都会诚实报价，从而是有效的。

总结我们的讨论，于是有以下命题。

命题 21.4.2 若 $K>1$ 时，且单一价格拍卖的均衡策略是非劣占优的，则第一单位的报价与其边际价值相同，而对其他单位的报价低于它们的边际价值。

命题 21.4.3 当 $K>1$ 时，单一价格拍卖的每个非劣占优策略均衡结果一般来说是无效率的。然而，当每个投标人都是单位需求时，则单一价格拍卖是有效的。

21.4.6 歧视性拍卖的均衡

下面我们讨论歧视性拍卖的均衡。在歧视性价格下，在赢得物品时，投标人会按照其出价支付拍卖品。令 $\boldsymbol{b}_i$ 是投标人 i 的出价向量。若他获得 k_i 单位物品，他总的支付为 $\sum_{k=1}^{k_i} b_i^k$。与单一价格拍卖一样，由于显式解一般不存在，我们在这里重点考察其对称均衡的特征。

下面以两单位物品和两个投标人为例进行讨论。假设投标人的边际价值向量为 $\boldsymbol{v}_i=(v_i^1,v_i^2)$，考虑对称均衡 (β^1,β^2)，即 $b_i^1=\beta^1(\boldsymbol{v}_i)$ 和 $b_i^2=\beta^2(\boldsymbol{v}_i)$。

首先，若对第二单位的最大投标是 $\max_{\boldsymbol{v}}\beta^2(\boldsymbol{v})$，则对第一单位的投标不会超过 $\max_{\boldsymbol{v}}\beta^2(\boldsymbol{v})$。这是由于，若第一单位的投标 b_i^1 大于 $\max_{\boldsymbol{v}}\beta^2(\boldsymbol{v})$，则投标人降低投标一点点，也能以概率 1 赢得物品。的确如此，令 $\bar{b}=\max_{\boldsymbol{v}}\beta^2(\boldsymbol{v})$。可以验证：对于投标人 i，$b_i^1>\bar{b}$ 被 $b'^1_i=b_i^1-\epsilon>\bar{b}$ 严格占优，其中 $\epsilon>0$。由于 $b_i^2\leqq\bar{b}$，对参与人 i 来说，b_i^1 或 b'^1_i 都是成功的出价，但选择 b'^1_i 支付时的成本更低。这样，对称出价策略有如下性质：

$$\max_{\boldsymbol{v}}\beta^1(\boldsymbol{v})=\max_{\boldsymbol{v}}\beta^2(\boldsymbol{v}).$$

其次，对于对称均衡，考虑参与人 1 的投标策略。投标人 1 面临的竞争性出价向量为 $\boldsymbol{c}_{-1}=(b_2^1,b_2^2)=(c^1,c^2)$，即投标人 2 的出价策略。与上面类似，令 c^1 和 c^2 的边际分布函数为 $H^1(\cdot)$ 和 $H^2(\cdot)$。这样，有

$$H^k(c)=Prob[\beta^k(V)\leqq c].$$

由于对所有的 v, $\beta^1(v)\geqq\beta^2(v)$，显然分布 H^1 随机占优分布 H^2。令 h^1 和 h^2 分别表示所对应的密度函数。

假定参与人 1 有价值 $(v_1^1,v_1^2)=(v^1,v^2)$ 和出价 $(b_1^1,b_1^2)=(b^1,b^2)$。当 $c^1<b^2$ 时，投标人 1 以概率 $H^1(b^2)$ 获得两单位物品；而当 $c^2<b^1$ 和 $c^1>b^2$ 时，投标人 1 以概率 $H^2(b^1)-H^1(b^2)$ 获得一单位物品。因此，投标人 1 在边际价值向量 $\boldsymbol{v}_1=(v_1^1,v_2^1)=(v^1,v^2)$ 和投标向量 $\boldsymbol{b}^1=(b_1^1,b_2^1)=(b^1,b^2)$ 时的期望效用为：

$$\begin{aligned}Eu_1(\boldsymbol{b}^1,\boldsymbol{v}_1)&=H^1(b^2)(v^1+v^2-b^1-b^2)+[H^2(b^1)-H^1(b^2)](v^1-b^1)\\&=H^2(b^1)(v^1-b^1)+H^1(b^2)(v^2-b^2),\end{aligned}$$

同时满足约束：

$$b^1\geqq b^2.$$

当 $b^1>b^2$ 时，一阶条件为：

$$h^2(b^1)(v^1-b^1)=H^2(b^1), \tag{21.27}$$

$$h^1(b^1)(v^2-b^2)=H^1(b^2). \tag{21.28}$$

此时，对不同单位的投标是独立的，即 β^1 不依赖于 v^2，同时 β^2 也不依赖于 v^1。

当最优化选择中约束是紧致的时，即当 $b^1=b^2=b$ 时，其一阶条件为：

$$h^2(b)(v^1-b)+h^1(b)(v^2-b)=H^2(b)+H^1(b).$$

此时，投标者对不同单位的需求是扁平的，即对每单位物品的报价是相同的：$\beta^1(\boldsymbol{v}) = \beta^2(\boldsymbol{v})$。从上面的一阶条件可以进一步得到：若在 $\boldsymbol{v} = (v^1, v^2)$ 和 $\boldsymbol{v'} = (v'_1, v'_2)$ 处，对两单位物品选择相同的报价 b，那么对任意 $\lambda \in [0,1]$，在 $\lambda\boldsymbol{v} + (1-\lambda)\boldsymbol{v'}$ 的价值下，投标人也会选择相同的报价 b。

总结以上讨论，于是有以下命题。

命题 21.4.4　当 $K = 2$ 时，歧视性拍卖的对称投标策略函数 β 有以下性质：

1. 第一单位的最大投标和第二单位的最大投标相同，即：

$$\max_{\boldsymbol{v}} \beta^1(\boldsymbol{v}) = \max_{\boldsymbol{v}} \beta^2(\boldsymbol{v}).$$

2. 若 $\beta^1(\boldsymbol{v}) > \beta^2(\boldsymbol{v})$，则 β^1 独立于 v^2 和 β^2 独立于 v^1，即：

$$\beta^1(\boldsymbol{v}) = \beta^1(v^1) \text{ 和 } \beta^2(\boldsymbol{v}) = \beta^2(v^2).$$

3. 若投标者在 $\boldsymbol{v}$ 和 $\boldsymbol{v'}$ 处选择扁平需求 $\beta^1(\boldsymbol{v}) = \beta^2(\boldsymbol{v}) = b = \beta^1(\boldsymbol{v'}) = \beta^2(\boldsymbol{v'})$ 是最优的，则对 $\boldsymbol{v}$ 和 $\boldsymbol{v'}$ 中间的价值 $\boldsymbol{v}_\lambda$，选择扁平需求 b 也是最优的，即：对任意 $\lambda \in [0,1]$，均有

$$\beta^1(\lambda\boldsymbol{v} + (1-\lambda)\boldsymbol{v'}) = \beta^2(\lambda\boldsymbol{v} + (1-\lambda)\boldsymbol{v'}) = b.$$

21.4.7　多物品拍卖的有效性

对单一价格拍卖，我们知道，除了每个投标人都具有单位需求外，单一价格拍卖不是有效拍卖，那么上一节的歧视性拍卖是否为有效的呢？下面我们先给出一个判断多物品有效拍卖的特征结论，然后再讨论上面的歧视性拍卖的有效性。

我们讨论多物品拍卖的标准拍卖，即将拍卖品配置给 K 个出价最高的参与人。给定任意一个标准拍卖，有 K 单位拍卖品，令 $\boldsymbol{\beta} = (\boldsymbol{\beta}_1, \cdots, \boldsymbol{\beta}_n)$ 是一个出价均衡，其中 $\boldsymbol{\beta}_i = (\beta_i^1, \cdots, \beta_i^K)$ 是投标人 i 的策略出价向量。假设投标人 i 的边际价值向量为 $\boldsymbol{v}_i$。若 $\beta_i^k(\boldsymbol{v}_i)$ 是投标者 i 获得物品 k 的出价，这一出价必然在前 K 个最高出价中。若 v_i^k 在所有投标人的前 K 个最高边际价值中，那么参与人 i 应该至少获得第 k 单位物品。若拍卖是有效的，那么在任意投标均衡中，均需要满足如下条件：

$$\beta_i^k(\boldsymbol{v}_i) > \beta_j^l(\boldsymbol{v}_j) \text{当且仅当} v_i^k > v_j^l,\ \forall i, j, k, l.$$

这一条件意味着：

（1）可分性：任意投标人 i 对第 k 单位的出价必然只依赖于他对第 k 单位的边际价值 v_i^k(也就是对称的)，即

$$\beta_i^k(\boldsymbol{v}_i) = \beta_i^k(v_i^k).$$

这是由于，若第 k 单位的投标策略依赖于其他单位的边际价值，比如 $v_i^{k'}$，则当 $v_i^k = v_j^l$ 和 $v_i^{k'} \neq v_j^{l'}$ 时，$\beta_i^k \neq \beta_j^l$，这意味着若 v_i^k 和 v_j^l 都在所有投标人前 K 个最高边际价值中，但 β_i^k 和 β_j^l 却可能不在前 K 个最高出价中，那么拍卖均衡不是有效的。因此，对于有效的拍卖，投标人对于不同单位的出价策略必然是独立的。

（2）对称性：对于所有投标人和所有单位的出价，出价策略函数是对称的，即

$$\beta_i^k(.) = \beta_j^l(.) = \hat{\beta}(.),\ \forall i, j, k, l.$$

否则当 $v_i^k = v_j^l$ 时可能会有 $b_i^k \neq b_j^l$，此时就不是有效的拍卖配置规则了。

这样，上述两个特征意味着出价函数 $\boldsymbol{\beta}$ 在竞标者和物品之间是可分的和对称的。从而，如果均衡配置是有效的，出价函数一定是增函数。反之也成立。于是我们有以下命题。

命题 21.4.5 标准拍卖的均衡配置是有效的当且仅当出价函数 $\boldsymbol{\beta}$ 是可分及对所有投标人和物品都是对称的，即当且仅当

$$\beta_i^k(\boldsymbol{v}_i) = \beta(v_i^k).$$

这样，对前面讨论的三种多物品拍卖，维克瑞多物品拍卖是有效的，因为此时所有投标人都选择诚实出价，即 $b_i^k = \beta_i^k(\boldsymbol{v}_i) = v_i^k$。对于单一价格拍卖，若至少有投标人不是单位需求，此时每个投标人对第一单位物品都选择诚实出价，对其他单位物品的出价会低于其真实边际价值，因此它不是有效拍卖。对于歧视性多物品拍卖，在之前的两单位物品两个投标人的投标均衡策略中：在 $b_1 > b_2$ 情形下，根据一阶条件 (21.27) 和 (21.28)，除非满足 $\dfrac{H^2}{h^2} = \dfrac{H^1}{h^1}$，尽管对不同单位的投标满足独立性，但却不满足出价策略相同的特性。此外，一旦 $\beta_1(\cdot) = \beta_2(\cdot)$，这就意味着 $H^1(\cdot)$ 一阶占优于 $H^2(\cdot)$，此时有 $\dfrac{H^2}{h^2} \neq \dfrac{H^1}{h^1}$。而在 $b_1 = b_2$ 时，当 $v_i^1 > v_i^2$ 时显然也不满足有效性条件。因此，在前面讨论的三种静态多物品拍卖中，通常只有维克瑞拍卖是有效的。

21.4.8 同质多物品拍卖收益等价原则

在前面单一物品拍卖的情形下，若满足私人价值、类型独立、对称、无外部 (预算) 约束以及风险中性的假设，常见的拍卖，如一级价格密封竞价拍卖、二级价格密封竞价拍卖、英式拍卖和荷兰式拍卖等，不仅是有效的，而且是收益等价的。当单一物品拍卖被拓展到多物品拍卖时，前面的讨论说明了，满足以上假设的一些常见的拍卖并不都是有效的。此时剩下的一个问题是：收益等价的结论能否被推广到多物品拍卖中？这一节讨论这一问题。

单一物品拍卖的收益等价原则是对具有相同决策规则 (物品的配置) 的拍卖而言的，同样在讨论多物品拍卖环境下，下面的讨论也是针对具有相同决策规则的拍卖。尽管在前面我们发现一些常见的拍卖不是有效的，但这并不能排除在有些环境下这些拍卖的决策规则所决定的配置可能是相同的，从而拍卖者的收益相同。当两个多物品拍卖导致了同样的配置结果时，收益等价原则就成为一个有用的工具。

假设有 K 单位同质物品，投标人集合为 $N = \{1, \cdots, n\}$，每个投标人的边际价值 (随机) 向量为 $\boldsymbol{V}_i$，其取值 $\boldsymbol{v}_i \in \chi \equiv \{\boldsymbol{v} \in [0, w]^K : v_k \geqq v_{k+1}, \forall k\}$。假设它们都是独立分布的，这里不要求同分布，令分布函数为 $\Phi_i(\cdot)$，密度函数为 $\varphi^i(\cdot)$。

下面利用机制设计理论的框架来讨论多物品拍卖下的收益等价结果。令 $(\boldsymbol{\beta}_1, \cdots, \boldsymbol{\beta}_n)$ 是某个拍卖的均衡出价策略。在均衡时，$\boldsymbol{v}_i$ 的投标者会选择其出价策略 $\boldsymbol{\beta}_i(\boldsymbol{v}_i)$。当边际价

值向量为 $\boldsymbol{v}_i$ 的投标人 i 出价 $\hat{\boldsymbol{v}}_i$，即选择出价为 $\boldsymbol{\beta}_i(\hat{\boldsymbol{v}}_i)$ 时，在拍卖机制 A 下，获得第 k 单位物品的概率为 $y_i^k(\hat{\boldsymbol{v}}_i)$，其转移支付为 $t_i(\hat{\boldsymbol{v}}_i)$，此时投标人 i 的事中期望效用为：

$$u_i(\hat{\boldsymbol{v}}_i, \boldsymbol{v}_i) = \boldsymbol{y}_i(\hat{\boldsymbol{v}}_i)\boldsymbol{v}_i + t_i(\hat{\boldsymbol{v}}_i),$$

其中，$\boldsymbol{y}_i = (y_i^1, \cdots, y_i^K)$，即参与人 i 物品获得的概率向量。

均衡条件要求：对任意的 $\hat{\boldsymbol{v}}_i$，都有

$$\boldsymbol{y}_i(\boldsymbol{v}_i)\boldsymbol{v}_i + t_i(\boldsymbol{v}_i) \geqq \boldsymbol{y}_i(\hat{\boldsymbol{v}}_i)\boldsymbol{v}_i + t_i(\hat{\boldsymbol{v}}_i). \tag{21.29}$$

令 $U_i(\boldsymbol{v}_i) \equiv u_i(\boldsymbol{v}_i, \boldsymbol{v}_i) = \max_{\hat{\boldsymbol{v}}_i}[\boldsymbol{y}_i(\hat{\boldsymbol{v}}_i)\boldsymbol{v}_i + t_i(\hat{\boldsymbol{v}}_i)]$，不等式 (21.29) 于是可写为：

$$U_i(\boldsymbol{v}_i) \geqq U_i(\hat{\boldsymbol{v}}_i) + \boldsymbol{y}_i(\hat{\boldsymbol{v}}_i)(\boldsymbol{v}_i - \hat{\boldsymbol{v}}_i). \tag{21.30}$$

在不等式 (21.30) 中，$\boldsymbol{y}_i(\hat{\boldsymbol{v}}_i)$可以被看成是凸函数 $U_i(\cdot)$ 在点 $\hat{\boldsymbol{v}}_i$ 上的亚梯度 (subgradient)。

与单一物品的情形相比，多物品的拍卖存在多维度的私人价值，即私人边际价值向量。在单一物品中，我们通过求解积分得到 U_i 的值，下面我们通过一个降维技术，同样可以把 U_i 表述为一个积分的形式。

对任意 K 维空间上的点 $\boldsymbol{v}_i$，定义一维函数 $W_i : [0,1] \to \mathcal{R}$：

$$W_i(s) = U_i(s\boldsymbol{v}_i).$$

这样，$W_i(0) = U_i(0), W_i(1) = U_i(\boldsymbol{v}_i)$。由于 $U_i(\cdot)$ 是连续、凸函数，因此 $W_i(\cdot)$ 也是连续、凸函数。

由于一维的连续凸函数是绝对连续的，它在定义域上处处可微。与此同时，由于每个绝对连续函数都是其导数的积分，我们有：

$$W_i(1) = W_i(0) + \int_0^1 \frac{dW_i(s)}{ds} ds. \tag{21.31}$$

由不等式 (21.30)，得到：

$$W_i(s+\Delta) - W_i(s) = U_i((s+\Delta)\boldsymbol{v}_i) - U_i(s\boldsymbol{v}_i)) \geqq \boldsymbol{y}_i(s\boldsymbol{v}_i)\Delta\boldsymbol{v}_i.$$

当 $\Delta > 0$ 时，我们得到：

$$\frac{W_i(s+\Delta) - W_i(s)}{\Delta} \geqq \boldsymbol{y}_i(s\boldsymbol{v}_i)\boldsymbol{v}_i.$$

当 $\Delta \to 0$ 时，我们得到：

$$\frac{dW_i(s)}{ds} \geqq \boldsymbol{y}_i(s\boldsymbol{v}_i)\boldsymbol{v}_i.$$

而当 $\Delta < 0$ 时，我们类似得到：

$$\frac{dW_i(s)}{ds} \leqq \boldsymbol{y}_i(s\boldsymbol{v}_i)\boldsymbol{v}_i.$$

由于 $W_i(s)$ 是可微的，我们有：

$$\frac{dW_i(s)}{ds} = \boldsymbol{y}_i(s\boldsymbol{v}_i)\boldsymbol{v}_i.$$

将其代入式 (21.31)，我们得到：

$$U_i(\boldsymbol{v}_i) = U_i(0) + \int_0^1 \boldsymbol{y}_i(s\boldsymbol{v}_i)\boldsymbol{v}_i ds. \tag{21.32}$$

因此，在 $\boldsymbol{v}_i$ 上，其均衡期望效用 $U_i(\cdot)$ 完全可由 $\boldsymbol{y}_i$ 决定，从而只要均衡结果 $\boldsymbol{y}_i$ 相同，其均衡期望效用及转移支付

$$t_i(\boldsymbol{y}_i) = U_i(\boldsymbol{y}_i) - \boldsymbol{y}_i(\boldsymbol{v}_i)\boldsymbol{v}_i$$

也相同。于是，我们有下面的定理，它总结了多物品拍卖下的收益等价结果。

定理 21.4.2 对任意两个拍卖，若配置规则相同，同时在最低类型下的事中期望效用 $U_i(0)$ 相同，那么拍卖人的事中期望收益和支付也是相同的，从而拍卖人的期望收益相同。

21.4.9 收益等价定理的应用

尽管在一般多物品拍卖下，单一价格拍卖和歧视性拍卖通常不是有效的，然而在某些情形下，歧视性拍卖和单一价格拍卖也有可能是有效的。比如，当所有投标人都是单位需求，或单一价格拍卖成为维克瑞拍卖时，每个投标人都有激励真实显示其边际价值，从而它们是有效的。

通常求解单一价格拍卖和歧视性拍卖的均衡非常困难，不过，应用收益等价定理可以求出一些情形下单一价格拍卖和歧视性拍卖的均衡投标策略。

考虑下面的情形：有三单位同质物品 $K=3$。假设有两个投标人，每个投标人最多需要两单位物品，即 $v_i^3=0, i=1,2$。两个投标人的边际价值向量为 $\boldsymbol{V}_i=(V_i^1,V_i^2), i=1,2$。假设每个投标人的边际价值向量在空间 $\chi=\{\boldsymbol{v}\in[0,1]^2: v^1 \geqq v^2\}$ 中独立同分布地服从于密度函数 $\varphi(\cdot)$，分布函数为 $\Phi(\cdot)$。令 $\varphi^1(\cdot)$ 和 $\varphi^2(\cdot)$ 分别是 V_i^1 和 V_i^2 的边际密度函数，对应的边际分布函数分别为 $\Phi_1(\cdot)$ 和 $\Phi_2(\cdot)$。

在上面的情形下，我们证明单一价格拍卖和歧视性拍卖的配置结果，与维克瑞拍卖一样，都是有效的。

先验证在单一价格拍卖下，配置是有效的。回顾前面对单一价格拍卖出价策略的刻画，在第一单位的投标中，每个投标人都会选择诚实出价，即 $b_i^1=v_i^1, i=1,2$。由于每个投标人最多有两单位需求，有三个拍卖品，这样每个投标人至少会获得一单位物品。若存在对称、递增的关于第二单位物品的均衡出价策略 $\beta^2(\cdot)$，使得 $\beta^2(v_i^2)>\beta^2(v_j^2), i\neq j$ 意味着 $v_i^2>v_j^2$，则投标人 i 获得第二单位物品。因此，只要关于第二单位物品的均衡出价策略满足对称性和单调性，那么对于任意 (v_1^1,v_1^2) 和 (v_2^1,v_2^2)，若 $v_1^2>v_2^2$，则投标人 1 获得两单位物品，投标人 2 获得 1 单位物品，反之亦然。显然，此时单一价格拍卖是一个有效的拍卖。

接着我们验证歧视性拍卖的配置结果也是有效的。同样，每个投标人至少获得一单位物品。假设某个投标人的出价向量 $\boldsymbol{b}=(b^1,b^2)$ 满足 $b^1>b^2$。减少第一单位的出价 $b^1-\epsilon>b^2$，并不影响投标人获得第一单位物品 (因为每个投标人都会获得至少一单位物

品)，同时也不影响他获得第二单位物品，但却能降低他的支付成本。因此，在均衡出价策略中，必然有 $b^1 = b^2$，即每个投标人会报告一个“扁平需求”(flat demand)。同时均衡出价策略主要由第二单位的边际价值 v_i^2 决定。

若在歧视性拍卖下，第二单位的出价是一个单调函数 $\beta^2 : [0,1] \to \mathcal{R}_+$，则在对称均衡中，每个投标人都会选择出价策略向量 $\boldsymbol{\beta} = (\beta^2(v_i^2), \beta^2(v_i^2))$。由于每个投标人都会至少获得一单位物品，若 $\beta^2(v_i^2) > \beta^2(v_j^2)$，意味着 $v_i^2 > v_j^2$，因此投标人 i 会获得两单位物品。显然歧视性拍卖也是有效的。

接下来，我们利用收益等价定理推导出在单一价格拍卖下对第二单位物品的对称均衡策略（我们已知道第一单位的真实出价策略），以及在歧视性拍卖下对第二单位物品的对称均衡策略。

由于在上面三种拍卖下，$\boldsymbol{v}_i = 0$ 的边际价值向量的投标人不会获得物品，满足 $U_i(0) = 0$，因此满足收益等价定理的条件。

首先我们求解在维克瑞拍卖下的期望收益。由于在维克瑞拍卖下，所有参与人都会选择诚实出价 $b_i^k = v_i^k, i = 1, 2, k = 1, 2$，因此，对于投标人 i 来说，他面临的竞争性出价向量为 $\boldsymbol{c}_{-i} = (v_j^1, v_j^2, 0)$。于是，投标人 i 至少获得一单位物品。若 $v_i^2 < v_j^2$，其转移支付为 $t_i^v = 0$。若 $v_i^2 > v_j^2$，投标人 i 获得两单位物品，其转移支付为 $t_i^v = (0 + v_j^2)$ 或拍卖者的收益为 $m_i = (0 + v_j^2)$。

这样，$\boldsymbol{v}_i$ 的投标人 i 获得的事中期望收益为：

$$Em_i^v(\boldsymbol{v}_i) = \int_0^{v_i^2} v_2 \varphi^2(v_2) dv_2. \tag{21.33}$$

接着我们求解单一价格拍卖中的对称第二单位均衡出价策略 $\beta^{u2}(v_i^2)$。在均衡处，若 $v_i^2 > v_j^2$，投标人 i 获得两单位物品，支付的成本为 $2\beta^{u2}(v_j^2)$。若 $v_i^2 < v_j^2$，投标人 i 获得一单位物品，支付的成本为 $\beta^{u2}(v_i^2)$。因此，在单一价格拍卖下，$\boldsymbol{v}_i$ 的投标人的事中期望收益为：

$$Em_i^u(\boldsymbol{v}_i) = \int_0^{v_i^2} 2\beta^{u2}(v^2)\varphi^2(v^2)dv^2 + (1 - \Phi_2(v_i^2))\beta^{u2}(v_i^2). \tag{21.34}$$

根据事中期望收益等价定理，$Em_i^v(\boldsymbol{v}_i) = Em_i^u(\boldsymbol{v}_i)$，即：

$$\int_0^{v_i^2} v^2\varphi^2(v^2)dv^2 = \int_0^{v_i^2} 2\beta^{u2}(v^2)\varphi^2(v^2)dv^2 + (1 - \Phi_2(v_i^2))\beta^{u2}(v_i^2).$$

对上面的方程关于 v_i^2 求导，有：

$$v_i^2\varphi^2(v_i^2) = \beta^2(v_i^2)\varphi^2(v_i^2) + (1 - \Phi^2(v_i^2))\beta'^{u2}(v_i^2),$$

从而得到微分方程：

$$\beta'^{u2}(v_i^2) = (v_i^2 - \beta^2(v_i^2))\lambda_2(v_i^2).$$

其中，

$$\lambda_2(v_i^2) \equiv \frac{\varphi^2(v_i^2)}{1 - \Phi_2(v_i^2)}.$$

由初值条件 $\beta^2(0)=0$，得到对称第二单位均衡出价策略：

$$\beta^{u2}(v_i^2)=\int_0^{v_i^2} v^2\lambda_2(v^2)dL(v^2|v_i^2),$$

其中，$L(v^2|v_i^2)=\exp(-\int_{v^2}^{v_i^2}\lambda_2(s)ds)$。

显然，$\beta^{u2}(\cdot)$ 是增函数。在单一价格拍卖下，我们得到 $\boldsymbol{v}_i$ 的投标人的均衡出价策略为 $(v_i^1,\beta^{u2}(v_i^2))$。

最后我们求解歧视性拍卖中的对称第二单位均衡出价策略。在歧视性拍卖中，我们已经得到 $b_i^1=b_i^2$。令 $\beta^{d2}(\cdot)$ 是对称均衡出价策略。这样，在均衡时，若 $v_i^2>v_j^2$，投标人 i 获得两单位物品，其支付的成本为 $2\beta^{d2}(v_i^2)$。若 $v_i^2<v_j^2$，投标人 i 获得一单位物品，其支付的成本为 $\beta^{d2}(v_i^2)$。这样，在歧视性拍卖下，$\boldsymbol{v}_i$ 的投标人的事中期望支付为：

$$Et^{d,i}(\boldsymbol{v}_i)=\beta^{d2}(v_i^2)+\Phi_2(v_i^2)\beta^{d2}(v_i^2). \tag{21.35}$$

根据收益等价定理，我们有

$$\int_0^{v_i^2} v^2\varphi^2(v^2)dv^2=\beta^{d2}(v_i^2)+\Phi_2(v_i^2)\beta^{d2}(v_i^2).$$

因此，我们得到第二单位的均衡出价策略为：

$$\beta^{d2}(v_i^2)=\frac{1}{1+\Phi_2(v_i^2)}\int_0^{v_i^2} v^2\varphi^2(v^2)dv^2.$$

容易验证 $\beta^{d2}(\cdot)$ 是增函数。在歧视性拍卖下，我们得到 $\boldsymbol{v}_i$ 的投标人的均衡出价策略为 $(\beta^{d2}(v_i^2),\beta^{d2}(v_i^2))$。

从上面的例子我们可看到，通过运用收益等价定理，我们可以比较方便地获得一些不容易求解的拍卖的均衡出价策略，不过在运用中要确保两个拍卖的决策规则 (配置) 相同。

21.5 私人价值同质多物品序贯拍卖的均衡

所谓**序贯拍卖**指的是，每次只拍卖一单位物品，依次拍卖，直到所有物品被拍卖完毕。本节主要讨论两种拍卖方式：一级价格密封竞价拍卖和二级价格密封竞价拍卖，即每次拍卖时所有投标人进行价格密封竞价拍卖，每次拍卖后公布拍卖价格。多物品的序贯拍卖与前面讨论的一次性多物品拍卖有很大差别，后者在拍卖时投标人可以同时对多个单位投标，而前者则每次只能对一个单位进行投标，然后再多次投标。序贯拍卖会产生一些新的策略性问题，即投标人需要在不同阶段选择不同的出价策略，这种动态性的考虑会使得分析投标人的策略变得相当复杂。为了便于讨论，我们集中关注一种最简单的序贯拍卖情形，即每个投标人只有单位需求，也就是说，对于任意投标人 i 均有 $v_i^k=0,\forall k\geqq 2$。我们首先讨论序贯一级价格密封竞价拍卖，然后再讨论序贯二级价格密封竞价拍卖。

21.5.1　序贯一级价格密封竞价拍卖的均衡

假设有 K 个同质拍卖物品，n 个投标人 $(n > K)$，所有投标人对物品只有单位需求，投标人 i 对物品的私人价值为 V_i。假设所有投标人对物品的价值是来自 $[0,\omega]$ 的独立同分布，其分布函数记为 $\Phi(\cdot)$，密度函数记为 $\varphi_i(\cdot)$。由于投标人可能在 K 轮中投标 (若投标人 i 在第 k 轮投标成功，那么他在之后就不再投标)，因此，对投标人而言，其出价策略包括 K 个出价函数，记为 $\beta^{I1}(\cdot),\cdots,\beta^{Ik}(\cdot)$，这里的 I 表示一级价格拍卖的方式，k 表示在第 k 轮的出价策略，$k=1,2,\cdots,K$。我们只是考虑对称出价均衡，即每个投标人选择相同的出价策略。由于在不同轮次有不同的信息，在第 $k \leqq K$ 轮，出价策略为

$$\beta^{Ik}(v;p^1,\cdots,p^{k-1}),$$

其中，$p^1,\cdots,p^{k-1}$ 为之前拍卖中第 1 轮到第 $k-1$ 轮的出价。在序贯拍卖的讨论中，假设前后两轮相隔的时间不长，从而不需考虑时间贴现问题。

若对称出价策略 $\beta^{Ik}(v;\cdot)$ 是关于 v 的递增函数，则第 1 个物品会被价值最高的投标人获得，价值第 $k \leqq K$ 高的投标人在第 k 轮获得拍卖品，从而序贯拍卖是有效的。在正式讨论 K 个拍卖品的序贯拍卖之前，我们先从最简单的 $K=2$ 情形开始，从中得到序贯拍卖均衡出价策略的一些基本特征。

两单位同质物品的序贯拍卖

考虑两个同质物品的序贯拍卖，令 (β^1,β^2)(这里省略上标 I) 是对称均衡出价策略。在第 1 轮，出价策略为 $\beta^1(\cdot):[0,w]\to\mathcal{R}_+$。若是严格递增函数，则对应着一个关于价值的反函数，是第一轮出价 p^1 的函数，记为 $(\beta^1)^{-1}$。在第二轮投标开始前，投标人都可以推测出第一轮中赢得拍卖品的参与人的私人价值为 $(\beta^1)^{-1}(p^1)$。由于是对称均衡，不妨只考虑投标人 1 的出价策略。

令 $W_1 \equiv W_1^{(n-1)}$ 和 $W_2 \equiv W_2^{(n-1)}$ 分别是对 $n-1$ 个随机变量 $V_2,\cdots,V_n$ 的第一序统计量和第二序统计量，它们的取值分别记为 w_1 和 w_2，其密度函数分别为 ψ_1 和 ψ_2，分布函数分别为 Ψ_1 和 Ψ_2，其中 $\Psi_1=\Phi^{(n-1)}(\cdot)$。若投标人 1 在第一轮没有获得物品，则 $w_1=(\beta^1)^{-1}(p^1)$。假定所考虑的出价均衡概念是完美贝叶斯均衡，这要求均衡是序贯理性的，所以从第一轮报价出发，第二轮的均衡出价策略都应该是纳什均衡。下面我们从第二轮拍卖开始分析。

在第二轮拍卖中，假设第一轮的拍卖价格为 p^1，若投标人 1 没有在第一轮得到拍卖品，此时他可以推测出 $w_1=(\beta^1)^{-1}(p^1)$。假设在第二轮除了投标人 1 外其他投标人都选择 $\beta^2(\cdot;w_1)$。由于 $W_2<w_1$ 及 $\beta^2(\cdot;w_1)$ 是递增函数，则投标人 1 在第二轮的最高出价不会超过 $\beta^2(w_1;w_1)$。注意到投标人 1 的私人价值为 v_1，若他选择报价 $\beta^2(\hat{v}_1;w_1)$，其中 $\hat{v}_1 \leqq w_1$，他的期望效用为：

$$Eu_1(\hat{v}_1,v_1;w_1)=\Psi_2(\hat{v}_1|w_1)[v_1-\beta^2(\hat{v}_1;w_1)].$$

对 $\hat{v}_1$ 求一阶条件得：

$$\psi_2(v_1|w_1)[v_1-\beta^2(v_1;w_1)]-\Psi_2(v_1|w_1)\beta^{2\prime}(v_1;w_1)=0,$$

从而有

$$\beta^{2\prime}(v_1;w_1)=\frac{\psi_2(v_1|w_1)}{\Psi_2(v_1|w_1)}[v_1-\beta^2(v_1;w_1)], \tag{21.36}$$

且初值条件满足 $\beta^2(0;w_1)=0$。

给定第一轮获得物品的投标人，$n-1$ 个投标人中最高价值的参与人对物品的价值为 w_1。投标人 1 选择 $\hat{v}_1$ 在第二轮获得物品的概率是 $Prob(W_2^{(n-1)}<\hat{v}_1)$，等价于 $Prob(W_1^{(n-2)}<\hat{v}_1)$，这里的 $W_1^{(n-2)}$ 是指除了投标人 1 和第一轮赢得拍卖品的投标人外，剩下 $n-2$ 个参与人中最高价值的投标人的私人价值。实际上 $W_2^{(n-1)}\equiv W_1^{(n-2)}$，于是有

$$\begin{aligned}\Psi_2(v_1|w_1)&=\Psi_1^{(n-2)}(v_1|W_1^{(n-2)}<w_1)\\&=\frac{\Phi(v_1)^{n-2}}{\Phi(w^1)^{n-2}},\end{aligned} \tag{21.37}$$

从而有

$$\psi_2(v_1|w_1)=\frac{(n-2)\Phi(v_1)^{n-3}\varphi(v_1)}{\Phi(w^1)^{n-2}}. \tag{21.38}$$

将式 (21.37) 和式 (21.38) 代入式 (21.36)，得到：

$$\beta^{2\prime}(v_1;w_1)=\frac{(n-2)\varphi(v_1)}{\Phi(v_1)}[v_1-\beta^2(v_1;w_1)],$$

这等价于：

$$\frac{\partial}{\partial v_1}(\Phi(v_1)^{n-2}\beta^2(v_1;w_1))=(n-2)\Phi(v_1)^{n-3}\varphi(v_1)v_1.$$

结合初值条件，我们得到微分方程的解为：

$$\begin{aligned}\beta^2(v_1)&=\frac{1}{\Phi(v_1)^{n-2}}\int_0^{v_1}vd(\Phi(v)^{n-2})\\&=E[W_1^{(n-2)}|W_1^{(n-2)}<v_1]\\&=E[W_2|W_2<v_1<W_1].\end{aligned} \tag{21.39}$$

这样，对于投标人 1，他在第二轮的出价策略为：当 $v_1\leqq w_1$ 时，按照式 (21.39) 选择 $\beta^2(v_1)$；当 $v_1>w_1$ 时，选择 $\beta^2(w_1)$。在 $v_1>w_1$ 的情形下，若在第一轮选择均衡策略，投标人 1 应该赢得第一轮的拍卖品，这一情形在均衡路径之外，根据策略的定义，我们必须把这种可能性考虑进去。

下面讨论第一轮均衡策略 $\beta^1(\cdot)$。同样，考虑私人价值为 v_1 的投标人 1，假定其他参与人在第一轮会选择 $\beta^1(\cdot)$，在第二轮所有投标人，包括投标人 1 在内，都会选择上面第二轮的均衡出价策略 (21.39)。我们现在考察 $\beta^1(\cdot)$ 是第一轮对称出价均衡的条件。

在均衡时，投标人 1 应该选择 $\beta^1(v_1)$。若他选择 $\beta^1(\hat{v}_1)$，则他的期望效用会是多少呢？

情形 1：$\hat{v}_1 \geqq v_1$。当 $\hat{v}_1 > W_1$ 时，他会在第一轮赢得拍卖品；当 $\hat{v}_1 < W_1$ 时，他在第一轮不能获得物品，他会进入第二轮的投标。若 $W_2 < v_1 \leqq \hat{v}_1 < W_1$，投标人 1 在第二轮会获得拍卖品，在其他情形下投标人将不能获得拍卖品。这样选择 $\beta^1(\hat{v}_1)$ 的期望效用为：

$$\begin{aligned}Eu_1(\hat{v}_1, v_1) = &\Psi_1(\hat{v}_1)[v_1 - \beta^1(\hat{v}_1)]\\ &+(n-1)(1-\Phi(\hat{v}_1))\Phi(v_1)^{n-2}[v_1 - \beta^2(v_1)].\end{aligned} \tag{21.40}$$

情形 2：$\hat{v}_1 < v_1$。当 $\hat{v}_1 > W_1$ 时，他会在第一轮赢得拍卖品；当 $\hat{v}_1 < W_1$ 时，若 $W_2 < v_1 < W_1$，他会在第二轮获得拍卖品，其支付成本为 $\beta^2(v_1)$；若 $\hat{v}_1 < W_1 < v_1$，其支付成本为 $\beta(W_1)$，期望效用为：

$$\begin{aligned}Eu_1(\hat{v}_1, v_1) = &\Psi_1(\hat{v}_1)[v_1 - \beta^1(\hat{v}_1)] + [\Psi_2(v_1) - \Psi_1(v_1)][v_1 - \beta^2(v_1)]\\ &+\int_{\hat{v}_1}^{v_1}[v_1 - \beta^2(w_1)]\psi_1(w_1)dw_1.\end{aligned} \tag{21.41}$$

对两个方程 (21.40) 和 (21.41) 关于 $\hat{v}_1$ 求解一阶条件，得到：

$$\begin{aligned}0 = &\psi_1(\hat{v}_1)[v_1 - \beta^1(\hat{v}_1)] - \Psi_1(\hat{v}_1)\beta^{1\prime}(\hat{v}_1)\\ &-(n-1)\varphi(\hat{v}_1)\Phi(v_1)^{n-2}[v_1 - \beta^2(v_1)],\end{aligned} \tag{21.42}$$

$$\begin{aligned}0 = &\psi_1(\hat{v}_1)[v_1 - \beta^1(\hat{v}_1)] - \Psi_1(\hat{v}_1)\beta^{1\prime}(\hat{v}_1)\\ &-\psi_1(\hat{v}_1)[v_1 - \beta^2(v_1)].\end{aligned} \tag{21.43}$$

由于 $\Psi_1(v) = \Phi(v)^{n-1}$，$\psi_1(v) = (n-1)\varphi(v)\Phi(v)^{n-2}$，式 (21.42) 和式 (21.43) 相同。若 $\beta^1(\cdot)$ 是第一轮的均衡出价策略，式 (21.42) 和式 (21.43) 在 $\hat{v}_1 = v_1$ 处成立。

从式 (21.42) 和式 (21.43) 得到：

$$\beta^{1\prime}(v_1) = \frac{\psi_1(v_1)}{\Psi_1(v_1)}[\beta^2(v_1) - \beta^1(v_1)]. \tag{21.44}$$

结合初值条件 $\beta^1(0) = 0$，得到上面的微分方程的解：

$$\begin{aligned}\beta^1(v_1) &= \frac{1}{\Psi_1}\int_0^{v_i}\beta^2(w_1)\psi_1(w_1)dw_1\\ &= E[\beta^2(W_1)|W_1 < v_1]\\ &= E[E[W_2|W_2 < W_1]|W_1 < v_1]\\ &= E[W_2|W_1 < v_1].\end{aligned} \tag{21.45}$$

显然，$\beta_I^1(v_1)$ 和 $\beta_I^2(v_1)$ 是关于 v_1 的严格递增函数。这样，结合式 (21.45) 和式 (21.39)，我们有下面的命题。

命题 21.5.1 *若投标人的需求都是单位需求，两单位一级价格密封竞价序贯拍卖的对称均衡策略为：*

$$\beta_I^1(v) = E[W_2|W_1 < v],$$

$$\beta_I^2(v) = E[W_2|W_2 < v < W_1],$$

其中，$W_1 \equiv W_1^{(n-1)}, W_2 \equiv W_2^{(n-1)}$，即 $n-1$ 个同分布中独立随机变量的第一序统计量和第二序统计量。

下面我们对 $K=2$ 的情形给出两个动态出价均衡的特性。首先，从式 (21.45) 我们得到：

$$\beta^1(v_1) = E[\beta^2(W_1)|W_1 < v_1],$$

这意味着，若 v_1 的投标人 1 是最高价值的参与人，则他选择在第一轮获得物品或在第二轮获得物品，其期望支付都是相同的，更准确地说，(随机) 动态支付价格是鞅 (martingale)。此时，最高价值的投标人没有动机延后赢得拍卖品，从而均衡结果能防止策略性的延后。

其次，从式 (21.44) 以及 $\beta^1(\cdot)$ 为严格递增函数可以得到：

$$\beta^2(v_1) - \beta^1(v_1) > 0,$$

这意味着第二轮的出价策略相对于第一轮会更加积极。这是由于，在第二轮后不会再有机会赢得拍卖品，投标人在后面轮次的投标力度将更大。若我们把 $K=2$ 扩展到更一般的情形，上面两个特性仍然会存在。

K单位的序贯拍卖

下面讨论更一般的 $K>1$ 的序贯拍卖情形，且投标人数超过物品数，$n>K$。假设有 K 个同质物品序贯拍卖，拍卖采用一级价格密封竞价拍卖方式。假设在第 k 轮，之前 $k-1$ 轮的出价依次为 $p^1, \cdots, p^{k-1}$。令 $W_k = W_k^{(n-1)}$ 是 $n-1$ 个同分布独立抽取的随机变量中第 k 高的变量 (又称第 k 序统计量)，假设 W_k 的分布函数、密度函数分别为 $\Psi_k(\cdot)$ 和 $\psi_k(\cdot)$。我们将推导出对称出价的完美贝叶斯均衡 $(\beta^1, \cdots, \beta^K)$，同样只考察投标人 1 的策略。

仍采用倒推法，从最后一轮，即对第 K 个物品拍卖均衡的讨论开始。采用和前面类似的推理过程，可以得到最后一轮的均衡出价策略 β^K 是

$$\beta^K(v^1) = E[W_K|W_K < v_1 < W_{K-1}]. \tag{21.46}$$

下面考虑第 $k<K$ 轮的投标。同样，从投标人 1 的角度来看，在未来的序贯投标中，所有投标人都会选择 $\beta^{k+1}, \cdots, \beta^K$ 的对称均衡出价策略。当其他投标人在第 k 轮都选择出价策略 β^k 时，我们考察投标人 1 的策略选择。

假定所有投标人都选择均衡出价策略。若 $v_1 > W_1^{(n-1)}$，投标人 1 在第一轮会获得投标物品；若 $v_1 < W_K^{(n-1)}$，投标人不能获得拍卖品。若 $W_k^{(n-1)} < v_1 < W_{k+1}^{(n-1)}, k \leqq K$，投标人 1 在第 k 轮获得拍卖品，其出价为 $W_k^{(n-1)}$。当 $W_{k+1}^{(n-1)} < v_1, k \leqq K-1$ 时，投标人 1 在第 $k+1$ 轮获得拍卖品，其出价为 $W_{k+1}^{(n-1)}$，其他投标人不能获得拍卖品。因此，若对称均衡出价策略 $(\beta^1, \cdots, \beta^K)$ 是严格递增函数，则序贯拍卖是有效的。此外，若在第 k 轮之前，所有的出价为 $p^1, \cdots, p^{k-1}$，投标人可以推测出，赢得前 $k-1$ 个拍卖品的投标人的私人价值分别为：

$$w_1 = (\beta^1)^{-1}(p^1), \cdots, w_{k-1} = (\beta^{k-1})^{-1}(p^{k-1}).$$

投标人 1 的私人价值为 v_1，在第 k 轮均衡时的出价策略为 $\beta^k(v_1)$。假如他选择一个稍微更高的出价 $\beta^k(v_1+\Delta)$(他选择一个稍微更低的出价 $\beta^k(v_1-\Delta)$ 也是类似的，对前面 $K=2$ 的情形，在对第一轮投标的分析中，我们知道，无论出价更高还是更低，其一阶条件都是相同的)，若 $v_1 > W_k \equiv W_k^{(n-1)}$，他在第 k 轮会获得拍卖品，其支付成本的期望增加额为：

$$\Psi_k(v_1|w_{k-1})[\beta^k(v_1+\Delta)-\beta^k(v_1)]. \tag{21.47}$$

若 $v_1 < W_k < v_1+\Delta$，所选均衡出价策略 $\beta^k(v_1)$ 在第 k 轮不能赢得拍卖品，但选择 $\beta^k(v_1+\Delta)$ 可以赢得拍卖品。这种情形可以进一步细分为两种情形：

情形 1，若 $W_{k+1} < v_1 < W_k < v_1+\Delta$，在均衡时，投标人 1 可以在第 $k+1$ 轮得到拍卖品。

情形 2，若 $v_1 < W_{k+1} < W_k < v_1+\Delta$，在均衡时，投标人 1 在第 k 轮和第 $k+1$ 轮都得不到拍卖品，但仍然可能在随后的第 $l > k+1$ 轮获得拍卖品。

当 Δ 很小时，$v_1 < W_{k+1} < W_k < v_1+\Delta$ 的发生概率是二阶微小的 (即与 Δ^2 成比例)，而 $W_{k+1} < v_1 < W_k < v_1+\Delta$ 的发生概率是一阶微小的 (即与 Δ 成比例)。因此，当 Δ 很小时，主要影响因素是情形 1，此时当投标人 1 的出价策略从 $\beta^k(v_1)$ 变换到 $\beta^k(v_1+\Delta)$ 时，其期望效用增加额为：

$$[\Psi_k(v_1+\Delta|w_{k-1})-\Psi_k(v_1|w_{k-1})][(v_1-\beta^k(v_1))-(v_1-\beta^{k+1}(v_1))]. \tag{21.48}$$

令式 (21.47) 与式 (21.48) 相等，有：

$$\begin{aligned}\Psi_k(v_1|w_{k-1})[\beta^k(v_1+\Delta)-\beta^k(v_1)] = {}&[\Psi_k(v_1+\Delta|w_{k-1})-\Psi_k(v_1|w_{k-1})]\\ &\times[(v_1-\beta^k(v_1))-(v_1-\beta^{k+1}(v_1))].\end{aligned} \tag{21.49}$$

对式 (21.49) 除以 Δ 并让 $\Delta\to 0$，得到微分方程：

$$\beta^{k\prime}(v_1)=\frac{\psi_k(v_1|w_{k-1})}{\Psi_k(v_1|w_{k-1})}[\beta^{k+1}(v_1)-\beta^k(v_1)], \tag{21.50}$$

其中，

$$\begin{aligned}\Psi_k(v_1|w_{k-1}) &= \Psi_1^{n-k}(v_1|w_{k-1})\\ &= \frac{\Phi(v_1)^{n-k}}{\Phi(w_{k-1})^{n-k}},\end{aligned}$$

这是因为 $W_k^{(n-1)}=W_1^{(n-k)}$。

结合初值条件 $\beta^k(0)=0$，于是得到微分方程 (21.50) 的解：

$$\begin{aligned}\beta^k(v_1) &= \frac{1}{\Phi^{n-k}(v_1)}\int_0^{v_1}\beta^{k+1}(v)d(\Phi^{n-k}(v))\\ &= E[\beta^{k+1}(W_1^{(n-k)})|W_1^{(n-k)}<v_1]\\ &= E[\beta^{k+1}(W_k)|W_k<v_1<W_{k-1}].\end{aligned} \tag{21.51}$$

方程 (21.51) 是一阶递归方程，给定最后一轮出价均衡方程 (21.46)，可以得到第 $K-1$

第21章

轮的均衡出价策略:

$$\begin{aligned}\beta^{K-1}(v_1) &= E[\beta^K(W_{K-1})|W_{K-1} < v_1 < W_{K-2}] \\ &= E[E[W_K|W_K < W_{K-1}]|W_{K-1} < v_1 < W_{K-2}] \\ &= E[W_K|W_{K-1} < v_1 < W_{K-2}]. \end{aligned} \tag{21.52}$$

依此逆向递推，得到在第 $k < K$ 轮的均衡出价策略:

$$\begin{aligned}\beta^k(v_1) &= E[\beta^{k+1}(W_k)|W_k < v_1 < W_{k-1}] \\ &= E[E[W_K|W_{k+1} < W_k]|W_k < v_1 < W_{k-1}] \\ &= E[W_K|W_k < v_1 < W_{k-1}]. \end{aligned} \tag{21.53}$$

令 $W_0 = \infty$，我们得到序贯一级价格密封竞价拍卖的对称均衡。

命题 21.5.2 若投标人的需求都是单位需求，在 K 单位的序贯一级价格密封竞价拍卖中，对称均衡 $(\beta_I^1(v), \cdots, \beta_I^K(v))$ 为:

$$\beta_I^k(v) = E[W_K|W_k < v < W_{k-1}], k = 1, \cdots, K,$$

其中，$W_k \equiv W_k^{(n-1)}$，即 $n-1$ 个同分布中独立随机变量的第 k 序统计量。

再次注意到，前面 $K = 2$ 时的序贯拍卖中的两个特性仍然成立：一是越到后面的拍卖，投标人会选择越积极的报价，即 $\beta^k(v) > \beta^m(v)$。这一点可以从 $\beta_I^k(v)$ 为递增函数以及式 (21.50) 中推导出。二是拍卖价格序列是一个鞅序列。假设私人价值为 v_1 的投标人 1 在第 $k < K$ 轮中赢得拍卖品，则必然有:

$$W_K < \cdots < W_k < v_1 < W_{k-1} < \cdots < W_1,$$

且第 k 轮的 (均衡) 拍卖价格为 $p^k = \beta^k(v_1)$。第 $k+1$ 轮的拍卖价格是一个随机变量 $P^{k+1} = \beta^{k+1}(W_k)$。根据式 (21.53)，我们有:

$$\begin{aligned}E(P^{k+1}|p^k) &= E[\beta^{k+1}(W_k)|W_k < v_1 < W_{k-1}] \\ &= \beta^k(v_1) \\ &= p^k. \end{aligned}$$

因此，我们验证了序贯拍卖的价格序列是一个鞅，这一结论背后的逻辑很简单：若 $E(P^{k+1}|p^k) \neq p^k$，比如 $E(P^{k+1}|p^k) < p^k$，则会造成在第 k 轮获得拍卖品的投标人不愿意选择均衡出价策略 β^k，因为在下一轮期望的拍卖价格更低，在下一轮获得的拍卖期望效用更高。

例 21.5.1 假设有 $K > 1$ 个相同的物品要卖给 $n > K$ 个竞标者。他们对这些物品的价值在区间 $[0, 1]$ 上均匀分布。根据上述命题中的公式，在最后一轮 K 中，均衡竞标策略为:

$$\beta^K(v) = \frac{n-K}{n-K+1}x.$$

通过归纳，我们可以得到第 k 轮中的均衡竞标策略为:

$$\beta(v)=\frac{n-K}{n-k+1}x.$$

21.5.2　序贯二级价格密封竞价拍卖的均衡

下面讨论另一种序贯拍卖：每一轮以二级价格密封竞价方式进行拍卖。若在序贯二级价格密封竞价拍卖中存在一个对称的、递增的出价策略 $(\beta^{II1},\cdots,\beta^{IIK})$，也就是每轮价值最高者获得物品，则这样的序贯二级价格密封竞价拍卖也是有效的，从而两种序贯拍卖也是收益等价的。这样，我们可以结合上节的序贯一级价格密封竞价拍卖的均衡和应用收益等价定理，比较容易地导出序贯二级价格密封竞价拍卖的均衡，而不是烦琐地直接去推导其均衡。

令私人价值为 v 的投标人在序贯一级价格密封竞价拍卖的 (事中) 期望支付和序贯二级价格密封竞价拍卖的 (事中) 期望支付分别为 $m_I(v)$ 和 $m_{II}(v)$。令 $m_I^k(v)$ 是在序贯一级价格密封竞价拍卖下在第 k 轮的期望支付，于是 $m_I(v)=\sum_{k=1}^K m_I^k(v)$。对序贯二级价格密封竞价拍卖类似地也有 $m_{II}(v)=\sum_{k=1}^K m_{II}^k(v)$。

下面我们首先利用收益等价定理，得到一个更强的收益等价结果

$$m_I^k(v)=m_{II}^k(v),\forall k\in\{1,\cdots,K\}.\tag{21.54}$$

式 (21.54) 意味着每一轮拍卖都满足收益等价。下面我们用归纳法来验证。首先从第 K 轮开始进行比较。在第 K 轮开始之前，由于两个拍卖的均衡出价策略是单调的，剩下 $n-K+1$ 个投标人可以推出之前获胜投标人的私人价值。由对称性，不妨假设投标人 1 在这剩下 $n-K+1$ 个投标人之中，他的价值为 $v_1=v$，其他剩余投标人的私人价值为 $W_K,W_{K+1},\cdots,W_n$，以及 $W_K=w_k$，根据收益等价定理，有 $m_I(v)=m_{II}(v)$。由于私人价值为 v 的投标人在前面 $K-1$ 轮中没有赢得拍卖品，$m_I^k(v)=m_{II}^k(v)=0,\forall k\leqq K-1$，因而我们得到:

$$m_I^K(v)=m_{II}^K(v).$$

下面我们考察在第 $K-1$ 轮的拍卖，剩余的物品有待拍卖，有 $n-K+2$ 个投标人。同样，不妨假设投标人 1 在这剩下 $n-K+2$ 个投标人之中，他的价值为 $v_1=v$，除了投标人 1 外，其他剩余投标人对物品的价值为 $W_{K-1},W_K,\cdots,W_n$，以及 $W_{K-1}=w_{K-1}$。根据收益等价定理，可以推出:

$$m_I^{K-1}(v)+m_I^K(v)=m_{II}^{K-1}(v)+m_{II}^K(v).$$

由于 $m_I^K(v)=m_{II}^K(v)$，得到 $m_I^{K-1}(v)=m_{II}^{K-1}(v)$。根据同样的归纳思路，可以得到:

$$m_I^k(v)=m_{II}^k(v),\ \forall k\in\{1,\cdots,K\}.$$

下面我们可以利用这一更强的收益等价结论来推导在序贯二级价格拍卖下对称的均衡出价策略。

首先，若投标人 1 在之前的 $K-1$ 轮没有赢得拍卖品，他对物品的私人价值 $v_1 = v$。显然在第 K 轮，即最后一轮，他的 (弱占优) 出价策略为：

$$\beta^{IIK}(v) = v.$$

假设在第 $k < K$ 轮，投标人获得拍卖品，那么此时一定有：

$$W_K < \cdots < W_k < v < W_{k-1} < \cdots < W_1.$$

在序贯二级价格拍卖中，他的支付为 $\beta^{IIk}(W_k)$，私人价值为 v 的投标人在第 k 轮的期望支付为：

$$m_{II}^k(v) = Prob[W_k < v < W_{k-1}] \times E[\beta^{IIk}(W_k)|W_k < v < W_{k-1}].$$

而在一级价格拍卖中，私人价值为 v 的投标人在第 k 轮获得物品，其支付成本为：

$$\begin{aligned} m_I^k(v) &= Prob[W_k < v < W_{k-1}] \times \beta^{Ik}(v) \\ &= Prob[W_k < v < W_{k-1}] \times E[\beta^{I(k+1)}(W_k)|W_k < v < W_{k-1}], \end{aligned} \tag{21.55}$$

式 (21.55) 中的第二行等式来自 $\beta^{Ik}(v) = E[\beta^{I(k+1)}(W_k|W_k < v < W_{k-1})]$。根据前面的每轮收益等价结果，即 $m_I^k(v) = m_{II}^k(v)$，我们有

$$E[\beta^{IIk}(W_k)|W_k < v < W_{k-1}] = E[\beta^{I(k+1)}(W_k)|W_k < v < W_{k-1}].$$

对上式左右两边分别关于 v 求导，得到：

$$\beta^{IIk}(v) = \beta^{I(k+1)}(v).$$

因此，我们有

$$\beta^{IIk}(v) = E[W_K|W_{k+1} < v < W_k].$$

显然，$\beta^{IIk}(\cdot)$ 是增函数。

总结上面的讨论，我们有下面的命题：

命题 21.5.3 若投标人的需求都是单位需求，在 K 单位的序贯二级价格密封竞价拍卖中，对称均衡为：

$$\beta^{IIK}(v) = v,$$

并且对所有的 $k < K$，均有

$$\beta^{IIk}(v) = \beta^{I(k+1)}(v),$$

其中，$\beta^{I(k+1)}(v)$ 是由命题 21.5.2 给出的序贯一级价格密封竞价拍卖中的第 $k+1$ 轮均衡竞价策略。

对比序贯一级价格密封竞价拍卖和序贯二级价格密封竞价拍卖，由于 $\beta^{I(k+1)}(v) > \beta^{Ik}(v)$，我们有 $\beta^{IIk}(v) > \beta^{Ik}(v)$，即相对于序贯一级价格密封竞价拍卖，在序贯二级价格密封竞价拍卖下投标人出价更为积极。此外，像序贯一级价格密封竞价拍卖一样，在

序贯二级价格密封竞价拍卖下，序贯二级价格密封竞价拍卖的价格也是一个鞅。假设 $P_{II}^1, \cdots, P_{II}^K$ 是序贯二级价格密封竞价拍卖的价格序列。由于 $\beta^{IIk}(v) = \beta^{I(k+1)}(v)$，我们只需要验证在最后两轮之间的价格满足鞅的性质。

假设价值为 v 的投标人 1 在第 $K-1$ 轮赢得拍卖品，于是有 $W_{k-1} < v < W_{k-2}$，在第 $K-1$ 轮的拍卖 (随机) 价格为 $P^{K-1} = \beta^{II(K-1)}(W_{K-1})$。令其实际的价格为 $p^{K-1} = \beta^{II(K-1)}(w_{K-1})$，$w_{K-1}$ 是 W_{K-1} 实现的价值评估。在最后一轮，价值为 w_{K-1} 的投标人获得物品，支付价格为 $P^K = \beta^{IIK}(W_K) = W_K$。这样，我们有：

$$
\begin{aligned}
E[P_{II}^K|p^K] &= E[W_K|W_K < w_{K-1}] \\
&= \beta^{II(K-1)}(w_{K-1}) \\
&= p^{K-1}.
\end{aligned}
$$

因此，序贯二级价格密封竞价拍卖的 (随机) 价格序列是一个鞅序列，没有参与人会通过策略性延迟来获得拍卖品。

例 21.5.2　*再次考虑将 $K > 1$ 个相同物品出售给 $n > K$ 个竞标者。他们对这些物品的价值在区间 $[0,1]$ 上均匀分布。然后，根据命题 21.5.3 中的公式，在最后一轮 K 中，均衡竞标策略是对价值进行竞标的弱占优策略，因此为：*

$$\beta^K(v) = v.$$

第 k 轮中的均衡竞标策略可以通过使用前面例子中导出的顺序一价拍卖的均衡竞标策略和命题 21.5.3 来找到：

$$\beta^K(v) = \frac{n-K}{n-k}v.$$

21.6　私人价值异质物品的组合拍卖

上面讨论的多物品拍卖都是同质物品的拍卖。在现实中，很多物品的拍卖都是异质物品的拍卖，有时物品之间具有替代性，有时具有互补性，有时物品之间不相关，并且对不同的投标人而言物品的相关性也可能因人而异，所有这些会产生新的复杂问题。比如，两个物品之间具有互补性，若担心拍不到互补品，投标人对于物品的出价就会很小心，这被称为**“暴露问题”**(exposure problem)。很多拍卖都致力于解决多物品拍卖中类似这样的激励问题。由于异质物品的组合拍卖 (combinatorial auction)问题更复杂，在这一节我们主要介绍一些基本的结论，我们集中讨论私人价值的情形。

21.6.1　基本模型

令 $K = \{a, b, c, \cdots\}$ 是有限个不同的拍卖品，$N = \{1, 2, \cdots, n\}$ 为投标人的集合。i 对拍卖品组合 $S \subseteq K$ 的私人价值为 $v_i(S)$，投标人 i 对所有组合的价值向量为

$\boldsymbol{v}_i = (v_i(S))_{S\subseteq K}$。假设 $v_i(\varnothing) = 0$，同时 $v_i(S) \leqq v_i(T), \forall S \subseteq T \subseteq K$。投标人 i 所有价值向量的集合记为 χ_i，是一个非负的闭凸集，假设 $\mathbf{0} \in \chi_i$。

对于投标人 i 来说，物品之间可能存在一定关系，比如替代性。同质的多个物品中的任何两个是完全替代的，且一般具有边际递减性，即有了一个物品在手，另外一个物品的边际价值会下降。对异质的多物品，也有类似的替代性：若在手的物品组合集比另外一个大，再得到一个物品的边际价值就会较小，于是我们有下面的定义：

定义 21.6.1 (替代性多物品) 对投标人 i 来说，物品之间具有**替代性**，若对任意 $a \in K, a \notin T, S \subseteq T$，都满足

$$v_i(S \cup a) - v_i(S) \geqq v_i(T \cup a) - v_i(T), \forall \boldsymbol{v}_i \in \chi_i. \tag{21.56}$$

上面定义中的式 (21.56) 等价于下面的不等式：

$$v_i(S) + v_i(T) \geqq v_i(S \cup T) + v_i(S \cap T), \forall \boldsymbol{v}_i \in \chi_i. \tag{21.57}$$

若式 (21.57) 成立，称投标人 i 的价值具有**次模性** (submodularity)。若 $S \cap T = \varnothing$，式 (21.57) 成为：

$$v_i(S) + v_i(T) \geqq v_i(S \cup T), \forall \boldsymbol{v}_i \in \chi_i, \tag{21.58}$$

此时称投标人 i 的价值具有**次可加性** (subadditive)。

下面定义物品的互补性。

定义 21.6.2 (互补性多物品) 对投标人 i 来说，物品之间具有**互补性**，若对任意 $a \in K, a \notin T, S \subseteq T$，都有

$$v_i(S \cup a) - v_i(S) \leqq v_i(T \cup a) - v_i(T), \forall \boldsymbol{v}_i \in \chi_i. \tag{21.59}$$

类似地，我们说投标人 i 的价值具有**超模性** (supermodularity)，若满足：

$$v_i(S) + v_i(T) \leqq v_i(S \cup T) + v_i(S \cap T), \forall \boldsymbol{v}_i \in \chi_i. \tag{21.60}$$

而且，我们说投标人 i 的价值具有**超可加性** (superadditivity)，若满足：

$$v_i(S) + v_i(T) \leqq v_i(S \cup T), \forall \boldsymbol{v}_i \in \chi_i, S \cap T = \varnothing. \tag{21.61}$$

在多物品拍卖中，令 $y_i \in K$ 表示在配置 $\boldsymbol{y}$ 中 i 获得的物品集合。一个配置 $\boldsymbol{y} = (y_1, \cdots, y_n)$ 是**可行的**，若 $y_i \cap y_j = \varnothing, \forall i \neq j$，且 $\bigcup_i y_i = K$。一个可行的配置实际上是对所有拍卖品集合 K 的一个分割 (partition)，所有可行配置的集合记为 Y。

下面我们利用机制设计方法来讨论多物品拍卖。假设所有投标人的价值为 $\boldsymbol{v} = (\boldsymbol{v}_1, \cdots, \boldsymbol{v}_n)$，拍卖的配置规则定义为：$y(\boldsymbol{v}) = (y_1(\boldsymbol{v}), \cdots, y_n(\boldsymbol{v}))$，其中 $y_i(\boldsymbol{v})$ 是在所有人价值为 $\boldsymbol{v}$ 时参与人 i 获得的物品集合。我们考虑直言机制，即每个参与人报告其价值 $\hat{\boldsymbol{v}}_i, i \in N$。令 $y_i(\hat{\boldsymbol{v}}_i) = (y_i(S, \hat{\boldsymbol{v}}_i)_{S\subseteq K})$，其中 $y_i(S, \hat{\boldsymbol{v}}_i)$ 为投标人 i 在报告其价值 $\hat{\boldsymbol{v}}_i$ 下获得物品组合 S 的概率，$y_i(\hat{\boldsymbol{v}}_i)$ 称为投标人 i 获得物品组合的概率向量，其支付成本为 $m_i(\hat{\boldsymbol{v}}_i)$ 或转移支付为 $t_i(\hat{\boldsymbol{v}}_i) = -m_i(\hat{\boldsymbol{v}}_i)$。

直言机制 $(\boldsymbol{y}(\cdot), \boldsymbol{t}(\cdot))$ 是**激励相容机制**，若满足：

$$\begin{aligned} U_i(\boldsymbol{v}_1) &= y_i(\boldsymbol{v}_i).\boldsymbol{v}_i + t_i(\boldsymbol{v}_i) \\ &= \max_{\hat{\boldsymbol{v}}_i} y_i(\hat{\boldsymbol{v}}_i).\boldsymbol{v}_1 + t_i(\hat{\boldsymbol{v}}_i). \end{aligned}$$

下面我们给出关于组合拍卖的收益等价定理。

定理 21.6.1　*若两个拍卖的配置规则相同，同时在最低价值下投标人的期望效用为零，那么两个拍卖产生相同的事中期望收益。*

证明的过程与前面的收益等价定理 21.4.2 基本相同，除了这里报告价值向量的维度是 $2^{|K|}$ 而不是 K，从而有如下等式：

$$U_i(\boldsymbol{v}_i) = U_i(0) + \int_0^1 \boldsymbol{y}_i(s\dot{\boldsymbol{v}}_i)\boldsymbol{v}_i ds. \tag{21.62}$$

21.6.2　组合拍卖的基准机制：VCG 机制

下面讨论组合拍卖的一个基准机制，即 VCG 多物品拍卖。在私人价值下，与单物品以及前面的同质多物品一致，异质多物品组合 VCG 拍卖也是有效的。

一个有效配置规则是指，对于任意一组参与人的价值 $\boldsymbol{v}$，配置 $\boldsymbol{y}(\boldsymbol{v})$ 均最大化了社会福利，即

$$\boldsymbol{y}(\boldsymbol{v}) \in \operatorname{argmax}_{y_1, \cdots, y_n} \sum_{i \in N} v_i(y_i). \tag{21.63}$$

给定参与人的价值 $\boldsymbol{v}$，在 $\boldsymbol{y}(\boldsymbol{v})$ 配置结果下的社会福利 (社会剩余) 为：

$$W(\boldsymbol{v}) = \sum_{i \in N} v_i(y_i(\boldsymbol{v})). \tag{21.64}$$

去掉参与人 i 后，其他参与人在 $\boldsymbol{y}(\boldsymbol{v})$ 下的总福利为：

$$W_{-i}(\boldsymbol{v}) = \sum_{j \neq i} v_j(y_j(\boldsymbol{v})). \tag{21.65}$$

我们现在定义在组合拍卖下的 VCG 机制，它是一个有效配置机制。给定参与人的价值 $\boldsymbol{v}$，其配置规则 $\boldsymbol{y}(\boldsymbol{v})$ 由式 (21.63) 确定，其转移支付规则为：

$$\begin{aligned} t_i(v_i, \boldsymbol{v}_{-i}) &= \sum_{j \neq i} v_j(\boldsymbol{y}(\boldsymbol{v})) - \sum_{j \neq i} v_j(\boldsymbol{y}(\boldsymbol{v}_{-i})) \\ &= W_{-i}(\boldsymbol{v}) - W_{-i}(\boldsymbol{v}_{-i}). \end{aligned} \tag{21.66}$$

实际上，从第 18 章我们知道，这种机制也被称为枢纽或克拉克机制，这是一般 VCG 机制的特殊形式。我们可以将式 (21.66) 定义的 VCG 机制的转移支付解释为投标人 i 给其他投标人带来的外部性。参与人 i 不参与投标时的社会配置规则为 $\boldsymbol{y}(\boldsymbol{v}_{-i})$，而参与人 i 参与投标时的社会配置规则变为 $\boldsymbol{y}(\boldsymbol{v})$，其他参与人的社会福利变化则以式 (21.66) 为特征。与前面的 VCG 机制一样，参与人 i 的转移支付 $t_i(v_i, \boldsymbol{v}_{-i})$ 不依赖于 v_i。同样，在这

样定义的 VCG 机制下，参与人报告自己真实的价值是一个弱占优策略均衡。

下面的命题刻画了组合拍卖下的 VCG 机制。

命题 21.6.1 在组合拍卖 VCG 机制下，报告自己的真实价值是每个投标人的弱占优策略均衡。当每个投标人都如实报告自己的价值类型时，VCG 机制是一个有效的拍卖机制。

21.6.3 VCG 机制的性质

上面讨论的 VCG 机制是一个有效组合拍卖，在这一机制下投标人的诚实出价是弱占优的，VCG 机制可以增强有效性结论的稳健性，因为 VCG 机制的有效性不依赖于参与人价值类型的分布，因而是事后可执行的。Green 和 Laffont (1977) 以及 Holmstrom (1979) 在一个相对弱的假设下证明了 VCG 机制是唯一具备真实显示弱占优的有效机制 (参见命题 18.7.3)，且失败投标人 (即没有获得拍卖品的投标人) 效用为零。不过这一结论对投标人的价值类型有一个约束，即光滑的路径连通性 (smooth path connection)假设。这一假设在前面证明收益等价定理中已经被使用了。下面先给出正式的定义。

定义 21.6.3 投标人的价值函数具有**光滑的路径连通性**，若对任意价值函数 $\boldsymbol{v}_i(\cdot), \hat{\boldsymbol{v}}_i(\cdot) \in \chi_i, \forall i \in N$，存在一族参数为 s 的价值函数 $\boldsymbol{v}_i(\cdot, s) \in \chi_i, s \in [0,1]$，使得 $\boldsymbol{v}_i(\cdot, 0) = \boldsymbol{v}_i(\cdot), \boldsymbol{v}_i(\cdot, 1) = \hat{\boldsymbol{v}}_i(\cdot)$，同时 $\boldsymbol{v}_i(\cdot, s)$ 对 s 可微，并满足 $\int_0^1 \sup_{S\subseteq K} |\frac{\partial \boldsymbol{v}_i(S,s)}{\partial s}| < \infty$。

在上面的条件下，Ausubel 和 Milgrom (2006) 证明了 VCG 机制的唯一性。

第21章

命题 21.6.2 若所有参与人的价值函数族均满足光滑的路径连通性，且 $\mathbf{0} \in \chi_i, \forall i \in N$，则 VCG 机制是唯一的机制，使得真实披露是弱占优策略，配置结果总是有效的，并且失败的投标人的转移支付为 0。

证明： 给定除了投标人 i 外其他参与人的任意报告的价值组合 $\boldsymbol{v}_{-i}$，若一个机制满足以上性质，投标人 i 报告 $\hat{\boldsymbol{v}}_i = 0$，那么他的 VCG 配置结果为空集，同时转移支付为 0。假定投标人 i 报告了某个价值函数 $v_i(\cdot, 1) = \hat{\boldsymbol{v}}_i(\cdot) \neq 0$，并令 $v_i(\cdot, 0) = \mathbf{0}$，$\{v_i(\cdot s) | s \in [0,1]\}$ 是一族光滑的价值函数。假定 $\boldsymbol{y}(s)$ 是投标人 i 报告 $v_i(\cdot, s)$ 社会最优的配置。令

$$U_i(s) = \max_{s'}\{v_i(y_i(s'), s) + t_i(s')\},$$

其中，$\boldsymbol{y}_i(s') = y(v_i(\cdot, s'), \boldsymbol{v}_{-i})$ 和 $t_i(s') = t_i(v_i(\cdot, s'), \boldsymbol{v}_{-i})$ 分别是 VCG 机制下的投标人 i 获得的配置和转移支付。根据积分形式的包络定理 (见 Milgrom 和 Segal，2002)，我们有

$$U_i(1) - U_i(0) = \int_0^1 \frac{\partial v_i(\boldsymbol{y}(s), s)}{\partial s} ds.$$

令 $\hat{t}(s)$ 是任意一个满足占优真实披露、配置有效以及失败投标人零支付的直接显示机制下的转移支付。又令

$$\hat{U}_i(s) = \max_{s'}\{v_i(y_i(s'), s) + \hat{t}_i(s')\}.$$

由包络定理，得到：

$$\hat{U}_i(1)-\hat{U}_i(0)=\int_0^1\frac{\partial v_i(y(s),s)}{\partial s}ds=U_i(1)-U_i(0).$$

由于 $U_i(0)=\hat{U}_i(0)=0$，我们有

$$v_i(\boldsymbol{y}(1),1)+t_i(1)=U_i(1)=\hat{U}_i(1)=v_i(\boldsymbol{y}(1),1)+\hat{t}_i(1),$$

从而得到 $t_i(1)=\hat{t}_i(1)$。这样，VCG 机制是唯一满足占优真实披露、配置有效以及失败投标人零支付的直接显示机制。 □

VCG 机制的另外一个重要的性质是，当执行的均衡概念扩展到贝叶斯均衡时，结合前面的收益等价定理 21.6.1，可以得到 VCG 机制下的期望收益不低于任何一个贝叶斯激励相容的有效配置的组合拍卖。

21.6.4　VCG 组合拍卖的缺陷

尽管 VCG 机制有以上良好性质，然而在多物品拍卖的现实中 VCG 机制却很少被采用。原因是多方面的。

首先，VCG 机制很复杂，在 1994 年美国联邦通信委员会对第 31 号频谱的拍卖中包含 12 个不同的频谱，若根据 VCG 组合拍卖，投标人要对 $2^{12}=4\ 096$ 种频谱组合报价，这不仅会给投标人也会给拍卖机构带来很大的计算负担。随着拍卖物品数量的增加，VCG 拍卖所需要的计算呈指数增长。

其次，VCG 机制涉及投标人的大量私人信息，一旦这些私人信息被披露，可能会对以后的投标产生影响，这会使得投标人披露真实价值的意愿大打折扣。

最后，在 VCG 机制中，不同投标人购买相同物品支付的价格很可能不同，这也会引发争议。除了上面提到的这些问题外，这一节从拍卖收入的角度来讨论 VCG 机制的问题：拍卖收入过低，拍卖收入对投标人数和报价的非单调性，抵御投标合谋的脆弱性，以及投标托 (shill bidding) 的脆弱性；等等。这一小节主要参考了 Ausubel 和 Milgrom (2002, 2006) 的内容。

下面通过一系列例子来讨论 VCG 机制的问题和缺陷。

例 21.6.1　考虑有三个投标人和两个物品 $\{a,b\}$ 的拍卖。三个投标人对物品的价值分别为：

$$\boldsymbol{v}^1=(v_1^a,v_1^b,v_1^{\{a,b\}})=(0,0,2),$$

$$\boldsymbol{v}^2=(v_2^a,v_2^b,v_2^{\{a,b\}})=(2,2,2),$$

$$\boldsymbol{v}^3=(v_3^a,v_3^b,v_3^{\{a,b\}})=(2,2,2),$$

同时 $v_i^{\varnothing}=0,\forall i$。容易看出这两个物品对投标人 1 是互补的，但对投标人 2 和 3 则是替代的。此时，有效配置有两个：一个是 $(y_1,y_2,y_3)=(\varnothing,\{a\},\{b\})$；另外一个是 $(y_1,y_2,y_3)=(\varnothing,\{b\},\{a\})$。

在 VCG 机制中，不管是上面哪个配置，投标人 2 和 3 的转移支付都为零。这是因为：

$$t_2(\boldsymbol{v}) = W^{-2}(\boldsymbol{v}) - W^{-2}(\boldsymbol{v}_{-2}) = 2 - 2 = 0.$$

同样，可以得到 $t_3(\boldsymbol{v}) = 0$。在这个多物品 VCG 拍卖中，拍卖人的总拍卖收入为 0。

若拍卖人把两个物品捆绑销售，每个投标人对捆绑物品，即 $\{a, b\}$ 的价值都为 2，此时对捆绑物品的拍卖收入为 2。多物品的 VCG 机制给拍卖人带来的收入过少。

在这个例子中，我们还发现，对于多物品的 VCG 机制而言，拍卖人的收入并不是拍卖参与人数的递增函数。

例 21.6.2 下面的例子是例 21.6.1的变形。假设投标人 3 没有参与投标，即只有投标人 1 和 2。同样考虑 VCG 机制，此时有四个可能的有效配置结果以及对应的 VCG 支付：

（1）$(y_1, y_2) = (\{a, b\}, \varnothing)$，且 $t_1 = 2, t_2 = 0$;

（2）$(y_1, y_2) = (\{a\}, \{b\})$，且 $t_1 = 0, t_2 = -2$;

（3）$(y_1, y_2) = (\{b\}, \{a\})$，且 $t_1 = 0, t_2 = -2$;

（4）$(y_1, y_2) = (\varnothing, \{a, b\})$，且 $t_1 = 0, t_2 = -2$。

在只有投标人 1 和 2 参与投标的 VCG 机制下，拍卖人的收入为 2。此时投标人数越多，可能会使得 VCG 机制的拍卖收入反而越少。

此外，多物品 VCG 机制容易产生投标人的合谋，下面的例子刻画了 VCG 机制的合谋激励。

第21章

例 21.6.3 对例 21.6.1做一个改变，假设投标人 1 的价值不变，但是投标人 2 和 3 对物品的价值只有 0.5，即三个投标人对物品的价值分别为：

$$\boldsymbol{v}_1 = (v_1^a, v_1^b, v_1^{\{a,b\}}) = (0, 0, 2),$$
$$\boldsymbol{v}_2 = (v_2^a, v_2^b, v_2^{\{a,b\}}) = (0.5, 0.5, 0.5),$$
$$\boldsymbol{v}_3 = (v_3^a, v_3^b, v_3^{\{a,b\}}) = (0.5, 0.5, 0.5).$$

此时，有效配置只有一个，即 $(y_1, y_2, y_3) = (\{a, b\}, \varnothing, \varnothing)$。在 VCG 机制中，$t_1 = -1, t_2 = t_3 = 0$，拍卖收入为 1。

然而，若投标人 2 和 3 合谋，当他们报告的价值都是 $\hat{\boldsymbol{v}}_2 = \hat{\boldsymbol{v}}_3 = (2, 2, 2)$ 时，根据例 21.6.1的分析，在 VCG 机制下，拍卖配置结果成为 $(\varnothing, \{a\}, \{b\})$ 或者 $(\varnothing, \{b\}, \{a\})$，同时 $t_2 = t_3 = 0$。在合谋下 VCG 机制既不有效，同时拍卖人的收入又变为 0。

与此同时，多物品 VCG 机制并不是一个防托机制。拍卖机制中所谓的“托”是指，投标人通过引入虚构投标人来参与投标以获得更高的收入，这里虚构的投标人被称为投标人的托。下面的例子表明，在多物品 VCG 机制下，会存在投标人的托。

例 21.6.4 下面考虑例 21.6.3的一个变形。假定有两个投标人和两个物品 $\{a, b\}$ 的拍卖。投标人 1 的价值与例 21.6.3中相同，投标人 2 可以被看成是例 21.6.3中的投标人 2

和 3 的加总，即投标人 1 和 2 的价值分别为：

$$\boldsymbol{v}_1 = (v_1^a, v_1^b, v_1^{\{a,b\}}) = (0, 0, 2),$$
$$\boldsymbol{v}_2 = (v_2^a, v_2^b, v_2^{\{a,b\}}) = (1, 1, 1).$$

在 VCG 机制下的配置结果为 $(y_1, y_2) = (\{a, b\}, \varnothing)$，且 $t_1 = -1, t_2 = 0$，拍卖人获得 1 的收入。

虚构一个投标人 3，假设投标人 2 与虚构投标人 3 的价值报告为：$\hat{\boldsymbol{v}}_2 = \hat{\boldsymbol{v}}_3 = (2, 2, 2)$。与例 21.6.3 的结果相同，在 VCG 机制下，拍卖的配置结果变为 $(\varnothing, \{a\}, \{b\})$ 或者 $(\varnothing, \{b\}, \{a\})$，且 $t_2 = t_3 = 0$，通过虚构投标人 3，投标人可以获得更高的收入，但是拍卖的配置结果不再有效，同时拍卖人的收入降低到 0。

除此之外，VCG 拍卖机制可能会阻止一些有效决策，下面的例子揭示了 VCG 机制会抑制有效组织结构的调整。

例 21.6.5　下面对例 21.6.1进行变形。三个投标人对物品的价值与例 21.6.1相同。我们可以视投标人 2 和 3 为两个企业，若两个企业合并，令合并后的企业为投标人 4，假设投标人 4 对物品的价值为 $\boldsymbol{v}_4 = (v_4^a, v_4^b, v_4^{\{a,b\}}) = (4 + x, 4 + x, 4 + x)$。$x$ 可以被看成是合并带来的收入，显然，只要 $x > 0$，合并都可以产生 (对物品价值的) 效率改进。然而若两个企业合并，合并企业在 VCG 机制中获得物品，同时需要支付 2，合并企业的净收入为 $2 + x$。若两个企业不合并，投标人 2 和 3 可以产生总共 4 的净收入。这样，除非 $x \geqq 2$，两个企业才会有合并的激励。这说明了 VCG 可能会扭曲拍卖之前的合并决策。

注意，在上面的 5 个例子中，投标人 1 对拍卖物品的价值不满足替代性。若投标人 1 的价值与投标人 2 和 3 一样，也具有替代性，比如投标人 1 的价值改为：

$$\boldsymbol{v}_1 = (v_1^a, v_1^b, v_1^{\{a,b\}}) = (1, 1, 2),$$

上面 VCG 的缺陷将消失。在例 21.6.1中，可以验证拍卖人在 VCG 机制下可以获得 2 的收入。同时我们可以验证在例 21.6.2到例 21.6.5中，拍卖人的收入是投标人数的递增函数，同时投标人没有合谋，也没有激励来虚构别的参与人，也不会扭曲拍卖前的合并决策。这说明，拍卖物品的替代性假设非常重要，影响到拍卖的运作效率。当投标人对拍卖物品价值替代性的假设不再满足时，我们需要引入其他多物品拍卖。Ausubel 和 Milgrom (2002) 设计了一系列递升的组合拍卖，当替代性假设满足时，递升组合拍卖与 VCG 机制类似，而当替代性假设不满足时，这些拍卖会有更好的性质。

21.6.5　递升组合拍卖

这一节主要讨论 Ausubel 和 Milgrom (2002) 的**递升组合拍卖** (ascending combinatorial auction)。首先介绍这一机制：递升组合投标分成多个阶段，在每个阶段，投标人以某个货币额度为单位 (ϵ) 进行投标 (即报价是离散的)，令 $b_i^s(S), S \subseteq K$ 是投标人 i 在第 s 阶段对组合 S 的报价，$\boldsymbol{b}_i^s$ 是投标人 i 在第 s 阶段的投标向量，所有投标人在每个阶段同时投标。在每个阶段末，拍卖人根据收益最大化的标准指定暂时获胜投标 (provisionally winning bids) 集合以及与这些获胜投标集合对应的配置：给定所有投标人在第 s 阶段的投标为 $\boldsymbol{b}$，拍卖人指定的获胜投标所对应的配置结果为 $\boldsymbol{y}^s=(y_1^s,\cdots,y_n^s)$，$\boldsymbol{y}^s$ 是可行配置，同时满足：

$$\boldsymbol{y}^s=\text{argmax}_{\boldsymbol{y}}\sum_{i\in N}b_i^s(y_i). \tag{21.67}$$

当 $y_i^s\neq\varnothing$ 时，投标人 i 在第 s 阶段是暂时获胜投标人。在第 $s+1$ 阶段，只要在某个组合上有更高的报价，即存在一个 $b_i^{s+1}(S)>\max_{j\in N}b_j^s(S)$，拍卖人就会重新选择第 $s+1$ 阶段新的暂时获胜投标集合以及对应的配置。若在第 s^*+1 阶段，没有一个投标人在某个组合下报价超过上一阶段最高的报价，则在第 s^* 阶段拍卖结束。令 $\boldsymbol{y}^{s^*}$ 为在第 s^* 阶段的获胜投标集合所对应的配置，若 i 是获胜投标人，即 $y_i^{s^*}\neq\varnothing$，他的期望效用为：

$$u_i^{s^*}=v_i(y_i^{s^*})-b_i^{s^*}(y_i^{s^*}).$$

当 i 不是获胜投标人时，他的效用为零。

Ausubel 和 Milgrom (2002) 的递升组合拍卖采用了投标代理中介，每个投标人把对物品组合的价值报告给他的代理中介，代理中介以投标人的利益为目标在每个阶段进行投标，整个拍卖实际上是一个直言机制。Ausubel 和 Milgrom (2002) 的递升代理拍卖的目标是确保每个投标人都没有激励向代理中介说谎。下面讨论递升代理拍卖的操作：假设投标人 i 的真实价值为 $\boldsymbol{v}_i$，报告给代理中介的价值为 $\hat{\boldsymbol{v}}_i$。

（1）在第 0 阶段，由拍卖人设定一个初始价格向量，作为第 0 阶段竞价向量 $\boldsymbol{b}_0$，同时令 $b_i^0(S)=b_0^0(S),\forall i\in N,S\subseteq K$，第 0 阶段的暂时获胜人是卖方，$y_0^0=K,y_i^0=\varnothing,\forall i\in N$，这里上标 0 表示卖方，定义 $\tilde{N}=N\cup\{0\}$，即所有投标人加上卖方构成的集合。

（2）令第 $s-1$ 阶段投标人 i 的竞价向量为 $\boldsymbol{b}_i^{s-1}$。若 $S\neq S_i^{s-1}$，投标人 i 在第 s 阶段的最小报价为 $\underline{b}_i^s(S)=b_i^{s-1}(S)+\epsilon$，否则投标人 i 在第 s 阶段的最小报价为 $\underline{b}_i^s(S)=b_i^{s-1}(S)$，这里的 ϵ 是投标人想要改变上一阶段暂时的配置结果所需要的最低程度的竞价递增。

代理人 i 选择一个基于期望效用的最优组合 $\hat{y}_i$，满足：

$$\hat{y}_i=\text{argmax}_S[v_i(S)-\underline{b}_i^s(S)].$$

同时，代理人 i 选择报价 $\beta_i^s(S|\hat{\boldsymbol{v}}_i)$，满足：

$$\beta_i^s(S|\hat{\boldsymbol{v}}_i)=\begin{cases}\underline{b}_i^s(S) & \text{若 } S=\hat{y}_i \text{ 同时 } \hat{\boldsymbol{v}}_i(S)\geqq\underline{b}_i^s(S),\\ b_i^{s-1}(S) & \text{其他}.\end{cases}$$

与此同时，在阶段末，拍卖人根据收入最大化的标准，即式 (21.67)，来选择暂时的获胜投标集合，以及对应的配置选择 $\boldsymbol{y}^t$。

若在某个 s^* 的下一阶段，没有代理人提出新的报价，那么在第 s^* 阶段，获胜的投标人按照其代理中介的报价来支付其拍卖品组合。若下一阶段还有投标代理人提出新报价，那么重复 (2)，直到拍卖结束。由于报价是递升的，在有限的阶段内拍卖会结束。注意到，在某些情形下，在拍卖中有一些拍卖品由卖方持有，除非拍卖人设定的初始报价向量为零。

当拍卖品之间具有替代性时，递升代理拍卖与 VCG 机制的结果相同。在正式证明这一结论之前，我们需要引入一个定义和一个引理。

给定投标人的价值为 $\boldsymbol{v}$ 和由投标人的子集和卖方组成的一个联盟 $I \subseteq N$，定义联盟价值函数：

$$w(I) = \max_{\boldsymbol{y}} \sum_{i \in I} \boldsymbol{v}_i(y_i), \tag{21.68}$$

它是从所有物品的最优配置中由联盟 I 所达到的最大剩余。

定义 21.6.4　联盟价值函数具有**亚模特性**，若对于任意 $\{0\} \in I \subseteq J \subseteq \tilde{N}$ 以及 $i \notin J$，都满足下面的不等式：

$$w(I \cup i) - w(I) \geqq w(J \cup i) - w(J).$$

联盟价值函数的亚模特性是指随着联盟规模的扩大，单个人对联盟剩余的边际贡献下降。在定义中 $\{0\}$ 表示拍卖方。若联盟中不包括买方，显然联盟的价值为零。

在拍卖中联盟价值函数的性质与物品之间的关系密切相关，下面是 Ausubel 和 Milgrom (2002) 证明的一个引理。

引理 21.6.1　若物品对于所有投标人都是替代的，那么联盟价值函数具有亚模特性。

引理的证明相对复杂，对证明细节感兴趣的读者可以参阅 Ausubel 和 Milgrom (2002)。

下面我们利用联盟价值函数来刻画 VCG 拍卖下投标人的期望效用。给定投标人对物品的价值为 $\boldsymbol{v}$，根据 $W(\cdot)$ 的定义，即方程 (21.64)，我们可以得到：$w(\tilde{N}) = W(\boldsymbol{v})$，且 $w(\tilde{N} \backslash i) = W(\boldsymbol{v}_{-i})$。根据 VCG 机制转移支付的定义，即方程 (21.66)，可以得到投标人 $i \in N$ 在 VCG 机制下的期望效用：

$$\bar{u}_i = w(\tilde{N}) - w(\tilde{N} \backslash i). \tag{21.69}$$

Ausubel 和 Milgrom (2002) 证明了当物品是替代品时，递升代理拍卖与 VCG 机制的结果是等价的。

下面讨论这一节的主要结果。如前面所讨论的那样，所谓事后均衡是这样一个策略组合：即使所有参与人都知道其他参与人类型的私人信息，参与人也不会后悔自己的策略选择。在不完全信息博弈中，相对于贝叶斯–纳什均衡，事后均衡是一个更稳健的均衡，它不依赖于对参与人类型的分布。显然，事后均衡是贝叶斯–纳什均衡，但是反过来则不一定成立。于是有下面的命题，其证明过程是先验证在递升代理拍卖中真实披露价值会导致与 VCG 机制相同的结果，接着再证明真实披露是一个事后均衡。

命题 21.6.3　当拍卖品对于所有投标人都是替代的时，对代理人真实披露价值是递升代理拍卖的事后均衡，并且递升代理拍卖的结果与 VCG 机制相同。

证明： 假设所有投标人都向代理人真实披露对拍卖品的价值，我们验证递升代理拍卖下每个投标人的效用与 VCG 机制的效用是相同的。令 s^* 是递升代理拍卖结束的阶段，每个投标人在拍卖中得到的效用记为 $u_i^{s^*}$。首先对于任意的 i，都有 $u_i^{s^*} \geqq \bar{u}_i$(相对于 ϵ)。若不然，那么存在某个 $s \leqq s^*$，使得 $u_i^s < \bar{u}_i$。在第 s 阶段投标人 i 必然是暂时的获胜者。令 $\hat{I} = I \backslash 0$ 是在第 s 阶段的暂时获胜者集合，若 $i \notin I$，拍卖人的暂时收益为：

$$
\begin{aligned}
w(I) - \sum_{j \in \hat{I}} u_j^s &< w(I) - \sum_{j \in \hat{I}} u_j^s + \bar{u}_i - u_i^s \\
&= w(I) - \sum_{j \in \hat{I} \cup i} u_j^s + w(\tilde{N}) - w(\tilde{N} \backslash i) \\
&\leqq w(I) - \sum_{j \in \hat{I} \cup i} u_j^s + w(I \cup i) - w(I) \\
&= w(I \cup i) - \sum_{j \in \hat{I} \cup i} u_j^s.
\end{aligned}
$$

第三行的不等式应用了引理 21.6.1。对于拍卖人而言，把投标人 i 包括进第 s 阶段的暂时收益会更大。然而，在第 s 阶段，投标人的收益 $u_i^s < \bar{u}_i$ 反映出 i 的代理人在投标中并没有按照投标人 i 的最大利益进行投标，除非 $\bar{u}_i - u_i^s < \epsilon$。我们得到，对于任意的 i，都有 $u_i^{s^*} \geqq \bar{u}_i$(相对于 ϵ)。

假如存在一个 $i \in N$ 满足 $u_i^{s^*} > \bar{u}_i$，那么有：

$$
\begin{aligned}
w(\tilde{N}) &= u_0^{s^*} + u_i^{s^*} + \sum_{j \neq i} u_j^{s^*} \\
&> u_0^{s^*} + w(\tilde{N}) - w(\tilde{N} \backslash i) + \sum_{j \neq i} u_j^{s^*},
\end{aligned}
$$

这意味着

$$
u_0^{s^*} + \sum_{j \neq i} u_j^{s^*} < w(\tilde{N} \backslash i). \tag{21.70}
$$

另外，卖方的收益为

$$
\begin{aligned}
u_0^{s^*} &= \max_{\boldsymbol{y}} \sum_{j \in N} b_j^{s^*}(y_j | v_j) \\
&= \max_{\boldsymbol{y}} \sum_{j \in N} \max(v_j(y_j) - u_j^{s^*}, 0) \\
&= \max_{\boldsymbol{y}} \max_{\hat{I} \subseteq N} \sum_{j \in \hat{I}} (v_j(y_j) - u_j^{s^*}) \\
&= \max_{\hat{I} \subseteq N} \max_{\boldsymbol{y}} \sum_{j \in \hat{I}} (v_j(y_j) - u_j^{s^*}) \\
&= \max_{\hat{I} \subseteq N} (w(I) - \sum_{j \in \hat{I}} u_j^{s^*}).
\end{aligned}
$$

当 $I = \tilde{N} \backslash i$ 时，这意味着

$$u_0^{s^*} + \sum_{j \neq i} u_j^{s^*} \geqq w(\tilde{N} \backslash i). \tag{21.71}$$

显然, 不等式 (21.70) 和 (21.71) 是矛盾的。因此，在真实披露下，递升代理拍卖与 VCG 机制的结果是等价的。

下面验证投标人向代理人真实披露是一个事后均衡。假设投标人 $j \neq i$ 都真实披露，我们来讨论投标人 i 的披露激励。从式 (21.71) 中我们可以看出，不管投标人 i 如何披露，卖方的收益都满足：

$$u_0^{s^*} > w(\tilde{N} \backslash i) - \sum_{j \neq i} u_j^{s^*},$$

其中不等式的右边是卖方收益的下界，除了 i 之外其他投标人都是暂时的获胜投标人。与此同时，卖方收益与所有投标人的事后剩余都不会超过 $w(\tilde{N})$，这意味着

$$u_0^{s^*} \leqq w(\tilde{N}) - \sum_{j \in N} u_j^{s^*}.$$

对于投标人 i 而言，其任意的披露都不会使得其效用超过 $w(\tilde{N}) - w(\tilde{N} \backslash i) = \bar{u}_i$，而等式右边正好是投标人选择真实披露下在递升代理拍卖中获得的期望效用，投标人 i 会有激励真实披露。这样，真实披露是一个事后均衡。 □

21.6.6　互补物品的孙–杨组合拍卖

Ausubel 和 Milgrom (2002, 2006) 进一步讨论了当拍卖品之间不具有替代性时，递升代理拍卖会比 VCG 机制更优，可以克服在前面提到的 VCG 机制面临的一些缺陷和问题。

递升组合拍卖类似一般均衡中的动态调整机制，当物品存在超额需求时，价格会上升，稍微不同的是递升组合拍卖只是单向价格变化 (即递增)，递升组合拍卖的均衡价格实际上是 (离散物品的) 一般均衡价格，加总报价所对应的需求与拍卖人最优收入下的供给是一致的。然而，当物品之间具有互补性时，递升代理机制同样会面临“暴露问题”(exposure problem)，不存在一般均衡价格。下面我们通过一个例子 (改编自 Milgrom(2000，p.257，脚注 12)) 来讨论多物品中的“暴露问题”。

例 21.6.6 (互补物品拍卖中的暴露问题)　假设物品的集合为 $K = \{a, b, c\}$，有三个投标人 $N = \{1, 2, 3\}$，物品对于三个投标人具有互补性 (价值函数满足超可加性)。他们对物品 (组合) 的价值分别为:

$$\begin{array}{llll}
v_1(a) = 1, & v_1(b) = 1, & v_1(c) = 0, & v_1(\{a,b\}) = 3; \\
v_2(a) = 0, & v_2(b) = 0.9, & v_2(c) = 1, & v_2(\{a,b\}) = 1; \\
v_3(a) = 1, & v_3(b) = 0, & v_3(c) = 1, & v_3(\{a,b\}) = 1; \\
v_1(\{a,c\}) = 1, & v_1(\{b,c\}) = 1, & v_1(\{a,b,c\}) = 3; & \\
v_2(\{a,c\}) = 1, & v_2(\{b,c\}) = 3, & v_2(\{a,b,c\}) = 3; & \\
v_3(\{a,c\}) = 3.5, & v_3(\{b,c\}) = 1, & v_3(\{a,b,c\}) = 3.5. &
\end{array}$$

若竞争性均衡存在，则配置是有效的。在这个例子中，存在着一个有效配置:

$$y_1 = \{b\}, y_2 = \varnothing, y_1 = \{a, c\}.$$

支撑有效配置的价格需满足:

$$p_b \leqq 1, p_a + p_b \geqq 3, p_b + p_c \geqq 3, p_a + p_c \leqq 3.5.$$

然而，由上面的不等式，得到 $p_a + 2p_b + p_c \geqq 6$ 及 $p_b \leqq 1$，这意味着 $p_a + p_c \geqq 4$，与 $p_a + p_c \leqq 3.5$ 矛盾。因此，不存在一般均衡价格。

与多物品拍卖的一般均衡存在性相关的问题被称为**暴露问题**，当拍卖品之间存在互补关系时会产生一些新的问题。若投标人按照真实需求来投标，可能会暴露一种可能的风险：在被列为拍卖人决定的暂时获胜者时，面临得不到某些互补物品的风险。因此，他将不愿意为其他互补物品支付相应的报价。对存在互补关系的多物品设计一个有效拍卖机制具有相当大的难度。

这一节简单介绍一个处理多物品互补性的拍卖。Sun 和 Yang(2014) 构造了一个动态拍卖来解决互补性多物品的有效拍卖机制的设计，这一动态机制被称为孙–杨拍卖。

孙–杨拍卖引入了非线性一般均衡概念，当物品对于所有投标人都是互补的时，非线性一般均衡一定存在，尽管 (线性) 一般均衡可能不存在。

假设物品集合为 $K = \{a, b, \cdots\}$，投标人集合为 $N = \{1, 2, \cdots, n\}$，$i \in N$ 对物品有一个非负整数货币价值，即 $u_i : 2^K \to \mathbb{Z}_+$，这里 2^K 是 K 的所有子集的集合，以及 $\mathbb{Z}_+$ 是非负整数的集合。卖方 (下标为 0) 对物品有一个保留价格：$u_0 : 2^K \to \mathbb{Z}_+$，假设 $u_i(\varnothing) = 0, \forall i \in N \cup \{0\}$。令所有参与人集合为 $\tilde{N} = N \cup 0$。假设投标人的效用函数是拟线性的，同时对物品的价值函数满足超可加性。下面先介绍非线性一般均衡的概念。

我们说一个满足 $p(\varnothing) = 0$ 的价格函数：$p : 2^K \to \mathcal{R}_+$ 是**可行的**，若它满足 $p(S) \geqq u_0(S), \forall S \subseteq K$。给定价格函数 p，投标人的需求对应 (可能是一个多值映射) 为：

$$D_i(p) = \text{argmax}_{S \subseteq K}[u_i(S) - p(S)].$$

令 $\boldsymbol{\pi} = \{\pi^1, \cdots, \pi^m\}, m \leqq n$，是对物品集合 K 的一个分割。$\boldsymbol{y} = (y_0, y_1, \cdots, y_n)$ 是一个可行配置，即：对任意的 y_i，或者 $y_i = \varnothing$，或者 $y_i \in \boldsymbol{\pi}$，$y_i \cap y_j = \varnothing, i \neq j, \bigcup_{i \in \tilde{N}} y_i = K$。配置 y 对应的分割为：$\boldsymbol{\pi} = \{y_i, i \in \tilde{N} : y_i \neq \varnothing\}$。给定价格函数 p，卖方的供给对应为：

$$\boldsymbol{Y}(p) = \text{argmax}_{\boldsymbol{\pi}} \sum_{S \in \boldsymbol{\pi}} p(S).$$

一个配置结果 $\boldsymbol{y}^* = (y_0^*, y_1^*, \cdots, y_n^*)$ 是**有效的**，若对任意一个可行配置 $\boldsymbol{y}$，都有：

$$\sum_{i \in \tilde{N}} u_i(y_i^*) \geqq \sum_{i \in \tilde{N}} u_i(y_i).$$

于是我们有非线性一般均衡的定义。

定义 21.6.5 (非线性一般均衡) 非线性一般均衡是由非线性价格 p^* 和配置 y^* 组成的，使得:

（1）对于卖方，$y^* \in \boldsymbol{Y}(p^*)$；

（2）对于投标人 $i \in N$，$y_i^* \in D_i(p^*)$。

在上面的定义中，与一般均衡类似，条件 (1) 刻画了在非线性均衡价格函数下的供给；条件 (2) 则刻画了在非线性均衡价格函数下的需求，在均衡价格 p^* 处，供给等于需求。

下面的互补物品例子 (来自 Sun 和 Yang(2014)) 说明了，非线性一般均衡存在，但一般均衡却不存在。

例 21.6.7　假设 $K = \{a, b, c\}$ 个物品对于投标人 $N = \{1, 2, 3\}$ 而言都是互补品。投标人的价值和卖方的保留价格如下:

$$
\begin{aligned}
&v_1(a) = 2, && v_1(b) = 2, && v_1(c) = 0, && v_1(\{a,b\}) = 7;\\
&v_2(a) = 2, && v_2(b) = 0, && v_2(c) = 2, && v_2(\{a,b\}) = 3;\\
&v_3(a) = 0, && v_3(b) = 2, && v_3(c) = 2, && v_3(\{a,b\}) = 4;\\
&u_0(a) = 1, && u_0(b) = 2, && u_0(c) = 1, && u_0(\{a,b\}) = 3;\\
&v_1(\{a,c\}) = 4, && v_1(\{b,c\}) = 4, && v_1(\{a,b,c\}) = 7;\\
&v_2(\{a,c\}) = 6, && v_2(\{b,c\}) = 3, && v_2(\{a,b,c\}) = 6;\\
&v_3(\{a,c\}) = 3, && v_3(\{b,c\}) = 6, && v_3(\{a,b,c\}) = 7;\\
&u_0(\{a,c\}) = 3, && u_0(\{b,c\}) = 4, && u_0(\{a,b,c\}) = 5.
\end{aligned}
$$

在这个例子中，存在 2 个有效配置 $y_1 = \{a, b\}$，$y_2 = \{c\}$，$y_3 = \varnothing$，以及 $y_1' = \{a, b\}$，$y_2' = \varnothing$，$y_3' = \{c\}$。同时，存在着一个非线性一般均衡价格:

$$p^*(a) = p^*(b) = p^*(c) = 2, p^*(\{a,b\}) = p^*(\{a,c\}) = p^*(\{b,c\}) = 6, p^*(\{a,b,c\}) = 7.$$

在需求方，$D^1(p^*) = \{a, b\}, \{c\} \in D^2(p^*), \varnothing \in D^3(p^*)$；在供给方，$(\{a, b\}, \{c\}, \varnothing) \in \boldsymbol{Y}(p^*)$。同时，$p^*$ 价格和 $\boldsymbol{y}'$ 也构成一个非线性一般均衡。

然而，却不存在线性价格下的一般均衡。假定存在价格 $p(a)$，$p(b)$，$p(c)$。若配置 $\boldsymbol{y}$ 和 p 构成一般均衡，则有

对卖方需要满足 $p(a) \geqq 1$，$p(b) \geqq 2$ 及 $p(c) \geqq 1$；

对投标人 1，需要满足: $p(a) + p(b) \leqq 7$;

对投标人 2，需要满足: $p(c) \leqq 2$ 和 $p(a) + p(c) \geqq 6$;

对投标人 3，需要满足: $p(c) \geqq 2$ 和 $p(b) + p(c) \geqq 6$。

这意味着 $p(c) = 2$，结合 $p(a) + p(c) \geqq 6$ 和 $p(b) + p(c) \geqslant 6$，我们有 $p(a) \geqq 4$ 和 $p(b) \geqq 4$，与 $p(a) + p(b) \leqq 7$ 相矛盾。

Sun 和 Yang (2014) 证明了，若物品对于所有投标人都是互补的，且投标人具有拟线性效用函数，则总存在一个非线性一般均衡。如果对定理的证明细节感兴趣，可以查看 Sun 和 Yang (2012) 这一工作论文中的证明附录。

Sun 和 Yang (2014) 先构造了一个当投标人选择诚实报价时 (下面会有完整定义) 的递升拍卖，然后构造了一个更巧妙的动态拍卖机制来确保每个投标人都有激励去诚实报价，更准确地讲，诚实报价是一个完美事后均衡。

先引入在一个递升拍卖中诚实报价的概念。

定义 21.6.6 在一个动态拍卖中投标人 i 是**诚实报价的**，若在任意的 t 阶段和对任意的价格函数 $p^t(\cdot)$，投标人 i 均选择报告需求 d_i^t，使得:

$$d_i^t \in D_i(p^t) = \text{argmax}_{S\subseteq K}\{u_i(S) - p^t(S)\}.$$

同时当 $\varnothing \in D_i(p_t)$ 时，$d_i^t = \varnothing$。

当投标人选择诚实报价时，Sun 和 Yang (2014) 构造了下列递升拍卖，拍卖的最终结果是一个非线性一般均衡。

定义 21.6.7 (诚实报价下的递升拍卖) 由以下几个步骤组成:

(1) 卖方向拍卖机构报告其保留价格 u_0，拍卖机构设置初始的价格 $p_0 = u_0$。

(2) 在 $t = 0, 1, 2, \cdots$ 阶段，给定 t 阶段的初始价格 p^t，卖方选择供给 $\boldsymbol{y}^t \in Y(p^t)$，且每个投标人 i 在 p^t 时报告其需求选择 $d_i^t \in D_i^t(p(t))$。当至少存在组队 $i, j, i \neq j$ 使得 $d_i^t = d_j^t = S, S \subseteq K$，或者只存在一个 i 使得 $d_i^t = S$ 但不存在 k 使得 $S \neq y_k^t$ 时，S 存在超额需求，对所有的超额需求对应的组合 S，调整价格为 $p^{t+1}(S) = p^t(S) + 1$，同时循环 (2) 进入 $t+1$ 阶段；若在 t 阶段没有一个组合是超额需求，记为 t^*。

(3) 在 t^* 阶段，拍卖机构把 $d_i^{t^*} = y_i^{t^*}$ 配置给投标人 i，后者支付的价格为 $p^{t^*}(y_i^{t^*})$。若某个组合 S 不存在 i 使得 $S = d_i^{t^*}$，且 $p^{t^*}(S) = u_0(S)$，组合 S 被留给卖方。若 $p^{t^*}(S) > u_0(S)$，把物品组合 S 留给最后放弃选择 S 的投标人。拍卖结束。

下面我们对例 21.6.7 验证诚实报价下的递升拍卖的结果是非线性一般均衡。

例 21.6.8 记 $p^t = (p^t(a), p^t(b), p^t(c), p^t(\{a,b\}), p^t(\{a,c\}), p^t(\{b,c\}), p^t(\{a,b,c\}))$。在初始阶段，价格、供给和需求分别如下:

$$p_0 = (1,2,1,3,3,4,5), \boldsymbol{y}^0 = \{\{b,c\},a\}, d_1^0 = \{a,b\}, d_2^0 = \{a,c\}, d_3^0 = \{a,b,c\}.$$

第 1~6 阶段对应的价格、供给和需求分别为:

$$\begin{aligned}
&p^1 = (1,2,1,4,4,4,6), \quad \boldsymbol{\pi}^1 = \{\{a,c\},b\}, \quad d_1^1 = \{a,b\}, d_2^1 = \{a,c\}, d_3^1 = \{b,c\};\\
&p^2 = (1,2,1,5,4,5,6), \quad \boldsymbol{\pi}^2 = \{\{a,b\},c\}, \quad d_1^2 = \{a,b\}, d_2^2 = \{a,c\}, d_3^2 = \{b,c\};\\
&p^3 = (1,2,1,5,5,6,6), \quad \boldsymbol{\pi}^3 = \{\{a,c\},b\}, \quad d_1^3 = \{a,b\}, d_2^3 = \{a,c\}, d_3^3 = \{a,b,c\};\\
&p^4 = (1,2,1,6,5,6,7), \quad \boldsymbol{\pi}^4 = \{\{a,b\},c\}, \quad d_1^4 = \{a,b\}, d_2^4 = \{a,c\}, d_3^4 = \{c\};\\
&p^5 = (1,2,2,6,6,6,7), \quad \boldsymbol{\pi}^5 = \{\{a,c\},b\}, \quad d_1^5 = \{a\}, d_2^5 = \{a\}, d_3^5 = \varnothing;\\
&p^6 = (2,2,2,6,6,6,7), \quad \boldsymbol{\pi}^6 = \{\{a,b\},c\}, \quad d_1^6 = \{a,b\}, d_2^6 = \varnothing, d_3^6 = \{c\}.
\end{aligned}$$

则不存在对任何组合的超额需求，$t^* = 6$，均衡价格为 $p^* = (2,2,2,6,6,6,7)$，投标人 1 获得 $\{a,b\}$ 并支付价格 6，投标人 3 获得 $\{c\}$ 并支付价格 2。

对照例 21.6.7的结果，得到诚实报价下的递升拍卖结果是一个非线性一般均衡。

Sun 和 Yang (2014) 构建了一个动态的孙–杨拍卖，使得每个投标人都会选择诚实报价。由于这一机制涉及不少技术细节和很多符号，这里我们只简单介绍这一机制的基本构造。

在激励相容的动态拍卖中，Sun 和 Yang (2014) 构造了 $n+1$ 个市场并且每个市场都对应着两个价格函数：一级价格函数和二级价格函数。包括卖方在内，所有参与人在每个阶段都有一个对应各个市场的不同价格函数，p_{-0}^t 和 p_0^t 分别是卖方在 t 阶段在 M_{-0} 市场 (即只包括 N 个参与人的市场) 面临的一级价格函数和二级价格函数，p_{-i}^t 和 p_i^t 分别是投标人 i 在 t 阶段在 M_{-i} 市场 (不包括 i 投标人的参与人) 面临的一级价格函数和二级价格函数，投标人在这一市场的二级价格函数 p_i^t 下提出需求；拍卖机构在 $n+1$ 市场在一级价格 $p_{-k}(k\in\tilde{N})$ 的基础上确定一个收入最大化的供给计划。对于投标人而言，由于每个市场的价格不同，做需求决策时所面临的价格也不同。当市场对某些组合出现过剩需求时，根据投标人对这一组合需求的影响程度，对不同市场以及不同投标人面临的价格进行不同程度的价格调整。若投标人 i 是提出 S 组合的关键需求者 (即在该组合最高价格提出需求的投标人)，那么投标人 i 面临的价格将提高 1 单位，而其他投标人不是该组合的关键需求者，则面临的价格不做调整，这种价格调整使得投标人需求报告对市场价格影响的外部性被内部化了。

Sun 和 Yang (2014) 证明了，在这一动态机制下，投标人对物品的支付是一个广义的 VCG 的支付。孙–杨拍卖有不少微妙的设计，将过剩需求分为一级过剩需求和二级过剩需求；价格调整过程是双向的，当对组合物品出现过剩需求时提高价格，而当出现过剩供给时则降低价格；允许投标人撤回之前的投标，不过若撤回次数过多会受到惩罚；孙–杨拍卖总可以在有限的时间内结束；等等。读者如果对这些细节感兴趣，可以直接参考他们的论文。

孙–杨拍卖有许多良好的性质，比如每个投标人面临市场价格只需要提出一个需求，对信息的要求更少，对投标人的信息保护程度更高；能对由互补性引起的暴露问题进行很好的处理；可以允许投标人在投标过程中犯错；等等。

在“暴露问题”中更复杂的情形是多物品对有些投标人而言是互补的，而对有些投标人而言是替代的，这时非线性一般均衡也可能不存在。Sun 和 Yang (2009, 2015) 结合物品的替代性和互补性提出了其他一些有效拍卖机制。

21.7　【人物小传】

21.7.1　威廉·维克瑞

威廉·维克瑞 (William Vickrey，1914—1996)，拍卖理论的开山鼻祖，在信息经济学、激励理论等方面都作出了重大贡献。1996 年维克瑞与詹姆斯·莫里斯一道获得诺贝尔经济学奖，以表彰他们“在不对称信息下对激励经济理论作出的奠基性贡献”。不幸的是，维克瑞教授在得奖三天之后，在前去开会的途中去世。

到了 20 世纪 40 年代末，维克瑞在学术界逐渐声名显赫，尤其因其在最优税收方面的工作而闻名。他的博士学位论文《累进税收议程》作为“经济学经典”在 1972 年被重新印刷。维克瑞以理论的实践性闻名于经济学界，他不仅在赋税、交通、公用事业、定价等方面成就突出，而且因其对激励理论和拍卖理论的开创性研究而闻名于世。他的早年著作中有关激励问题的深刻思想直至 20 世纪 70 年代才获得经济学界的重视，极大地推动了拍卖理论、信息经济学、激励理论等领域的发展。

如本章导言所述，虽然拍卖的实践延续了数千年之久，甚至一些拍卖活动还造成了巨大的历史影响，但是真正用经济学理论来对拍卖进行严谨研究，却是 20 世纪 60 年代的事情。20 世纪 60 年代，维克瑞开始对拍卖等具体的市场机制进行研究。1960 年，维克瑞在《经济学季刊》(*The Quarterly Journal of Economics*) 上发表文章，探讨了公共要价与秘密投标策略。次年，他又在《金融杂志》(*The Journal of Finance*) 上发表了《反投机、拍卖和竞争性密封投标》一文，讨论了拍卖规则与公共要价的激励相互关系，分析了有关拍卖的私人信息、策略性报价等问题。特别是在维克瑞 1961 年那篇经典的论文中，讨论了本章介绍的单物品拍卖中应用最为广泛的四种拍卖方式，得到了一个对拍卖理论具有里程碑意义的结论——收益等价定理，即在单物品拍卖中，若所有竞拍者对于拍卖品的报价都是各自独立给出的，那么无论采用什么样的拍卖方式，拍卖人都可以获得同样的期望收益。此外，维克瑞还发明了二级价格拍卖，这个拍卖会让所有竞拍者都有激励诚实报价，即对拍卖品的价值为多高，就会报多高的价。的确如此，二级价格拍卖是一般维克瑞–克拉克–格罗夫斯 (Vickrey–Clark–Groves，VCG) 机制的特殊情况。尽管维克瑞没有从机制设计框架的角度来考虑物品的有效提供问题，但 VCG 机制却是唯一的能有效提供公共品的激励相容机制，即 VCG 机制是唯一按占优均衡真实地执行了社会有效决策规则 (个体剩余之和最大化) 的机制。

上述两篇文章是研究拍卖问题的开创性之作，为这一领域的研究奠定了基础。维克瑞对于投标的研究，其意义不只局限于投标方面，因为投标方法解决的是如何在信息不完全或信息不对称下最有效率地配置资源的问题，这开创了信息经济学研究的先河。在信息不完全或信息不对称下，掌握较多信息者可以策略性地运用其信息以博取利益，而信息经济学所要探讨的，就是要如何设计契约或机制来处理各种激励与管制的问题。维克瑞对投标与喊价的研究，带来了许多相关的研究，让人们更了解诸如保险市场、信用市场、厂商的内部组织、工资结构、租税制度、社会保险、政治机构等问题。

维克瑞在公用事业与运输的最优定价理论方面也作出了重大贡献，研究范围包括反应性标价、城市的拥挤情况收费、模拟期货市场、通货膨胀对效用调节和计价收费方法的影响等方面。维克瑞研究的虽然多为具体的市场机制，但其研究对于人们认识更为一般的市场机制，建立市场微观结构的一般性理论具有重大的价值，诺贝尔经济学奖也是对其理论的一种承认与肯定。

21.7.2 保罗·米尔格罗姆

保罗·米尔格罗姆 (Paul Milgrom，1948—)，美国斯坦福大学教授，美国艺术与科学院、美国国家科学院院士。米尔格罗姆在拍卖理论、定价策略和机制设计理论方面享有盛誉，作出了开创性贡献，由此与罗伯特·威尔逊一道荣获 2020 年诺贝尔经济学奖。

保罗·米尔格罗姆 1948 年生于美国密歇根州底特律市，1970 年获密歇根大学数学学士学位，1978 年获得斯坦福大学统计学硕士和商学博士学位。博士毕业后，他先是于 1979—1983 年间任教于西北大学凯洛格商学院，其后至 1987 年他又任教于耶鲁大学。1987 年以来，米尔格罗姆一直担任斯坦福大学人类学和社会科学教授、经济学教授。在斯坦福大学求学时，米尔格罗姆师从博弈论大师威尔逊，并在其指导下完成了关于拍卖理论的博士学位论文。从此，他便和拍卖结下了不解之缘，所提出的"相互依赖价值"以及对于"同时向上报价拍卖"的设计都极大地丰富了拍卖理论的内容。

米尔格罗姆的著作《竞争拍卖的信息结构》《拍卖理论与实务》已成为该领域的经典之作。除了对拍卖理论的深入研究外，米尔格罗姆还致力于把理论应用于实践之中，20 世纪 90 年代他与威尔逊、麦卡菲 (P. McAfee) 等共同设计了美国联邦通信委员会的频谱拍卖机制，用于分配通信服务执照，取得了前所未有的效益，也为美国财政部带来了巨额收入。除拍卖理论外，他还在激励与组织、数理经济与博弈论、网络经济、价格策略、精算科学等领域多有著述。

在维克瑞对拍卖理论提出具有里程碑意义的结论——收益等价定理之后，大批学者开始对拍卖理论加以关注，包括 2007 年的诺贝尔经济学奖得主——罗杰·迈尔森 (Roger B. Myerson) 利用新发展起来的机制设计理论对拍卖理论重新进行了研究，在此基础上推广了维克瑞的理论，在满足竞拍人对于物品的价值相互独立、竞拍人只关心自身的期望收益等一系列假定下，证明了所有可能的标准拍卖都会给拍卖者带来相同的期望收益。显然，这一结论超越了之前维克瑞等学者比较具体拍卖方式的收益的研究思路，而能够研究所有可能的拍卖，这将拍卖理论大大向前推进了一步。

然而，对拍卖人来说，既然所有可能的拍卖方式都能为他带来同样的期望收益，那么是否只要任意选择一种具体方式来进行拍卖就可以了呢？很遗憾，迈尔森的结论虽然在理论上十分优美，但是其赖以成立的前提条件却较为严格，以至在现实中，满足迈尔森设定条件的情况几乎不可能存在，从而使得迈尔森的收益等价定理不再成立，特别是当竞拍人对拍卖品的价值不仅仅取决于他自身，而是和其他竞拍人的价值有着正向关系时。米尔格罗姆率先对存在相互依赖价值的拍卖进行了研究。这样，任何买者的叫价不仅披露出他自己关于物品价值的信息，而且会显示出其他买者的部分私人信息，竞拍人的收益于是将取决于其信息私人性的程度。一旦拍卖中的信息被披露出来，竞拍人就能用它来估计彼此可能的出价，为赢得拍卖，他们就必须报出更高的价格。因此，能为拍卖人带来最高期望收益的拍卖必定是那些能最有效地削弱竞拍人私人信息的拍卖。应用关联的概念，米尔格罗姆和韦伯对几种标准的拍卖机制进行了分析。在英式拍卖中，较早退出拍卖的竞标人的报价显示了他们关于物品价值的信息，这些价格可被用来估计所有未获胜竞拍人的价值，因而能对拍卖人产生较高的收益。在二级价格拍卖中，拍卖价格仅仅被联系到对拍卖品估价第二高的竞拍人上，因此其产生的收益就较低。而在荷兰式拍卖和一级价格拍卖中，由于价格没有任何联系，将为拍卖人带来最小的期望收益。米尔格罗姆的这一发现，对于现实中英式拍卖的流行给出了很好的解释。

米尔格罗姆的研究领域广泛，除了拍卖理论外，其他研究领域还包括博弈论、信息经济学、匹配理论、组织经济学、有限理性、比较静态、法律、制度和经济史等。他与约翰·罗伯茨 (John Roberts) 合著的《经济学、组织与管理》是一本经典教材，得到广泛采用。1993 年，米尔格罗姆接受美国前总统克林顿的委托，参与美国联邦通信委员会 (FCC) 电信运营执照的拍卖工作，完成了拍卖的主要设计，使 FCC 的拍卖大获成功，因此，米尔格罗姆成为全球拍卖领域和产业经济学界最知名的人物之一。他领导的团队还为德国、墨西哥、加拿大等许多国家设计频道、公用事业拍卖。

21.8 习题

习题 21.1 全部支付 (all-pay) 拍卖类似于一级价格密封竞价拍卖，其不同之处是要求投标人，无论输赢，均得向卖家支付其投标。假设这里有 n 个投标人，每个投标人的价值分布均是在 $[0,1]$ 上的独立同分布，且相互独立。

1. 当只有两个竞标者且其价值分布均为单位区间上的均匀分布时，给出在对称环境下全部支付拍卖的对称均衡。(提示：猜测均衡报价函数为递增的且为二次函数。)
2. 当竞标者为 n 个时，推导对应的对称均衡出价函数。(提示：此时的均衡出价函数具有 $\beta(\theta_i) = \alpha(\theta_i)^n$ 的形式。)
3. 分析其均衡出价函数与一级价格密封竞价拍卖下的均衡出价函数的关系。

习题 21.2 (二元分布的一级价格拍卖) 考虑一个对称环境中的一级价格拍卖，其中价格服从二元分布，即竞标人 i 的价值取值 $\theta_i \in \{\theta_l, \theta_h\}$，其中 $0 \leqq \theta_l < \theta_h < \infty$。对所有的竞标人 i，事前概率 $\Pr(\theta_i = \theta_h) = \alpha$。仅考虑两个竞标人的情况。

1. 给出该一级价格拍卖的贝叶斯–纳什均衡。
2. 当价值服从二元分布时，一级价格拍卖和二级价格拍卖之间的收益等价定理是否仍然成立？

习题 21.3 假定在一级价格拍卖中有 n 个买方，其私人价值服从 $[0,1]$ 上的均匀分布。进一步假定所有买方的效用函数为 $U(\theta) = \theta^c$，$c < 1$。

1. 当 c 为什么值时，买方是风险厌恶、风险中性、风险偏好的？
2. 证明对称贝叶斯–纳什均衡 γ 一定满足下面的微分方程：

$$\gamma'(\theta) = \frac{n-1}{c}\frac{f(\theta)}{F(\theta)}(\theta - \gamma(\theta)).$$

3. 证明下面的策略是一个对称贝叶斯–纳什均衡：

$$\gamma(\theta) = \theta - \frac{\int_0^\theta F^{\frac{n-1}{c}}(x)dx}{F^{\frac{n-1}{\theta}}}.$$

4. 当 F 是 $[0,1]$ 上的均匀分布时，计算对称贝叶斯–纳什均衡 γ。
5. 卖方的期望收益关于 c 的函数形式是什么？它是否为递增的？

习题 21.4　考虑若买方参与一级价格密封竞价拍卖会发生什么情况。假设有两个参与人。为避免买方 1 报价为 $\frac{1}{4}+\epsilon$ 的情形，其中 $\epsilon>0$ 很小，按如下规则定义函数 p (谁得到拍卖品)：若两个买方均报价 $\dfrac{1}{4}$，则买方 1 为获胜者；若两个买方均报相同的低于 $\dfrac{1}{4}$ 的价格，则每人以相同的概率获胜。回答下面的问题，并证明你的结论：

1. 验证下面的策略组合 (β_1,β_2) 是否构成贝叶斯–纳什均衡：

$$\beta_1(\theta_1)=\frac{\theta_1}{2},\ \beta_2(\theta_2)=\min\left\{\frac{\theta_2}{2},\frac{1}{4}\right\}.$$

2. 记 (β_1^*,β_2^*) 为一非减竞价函数均衡。$\beta_1^*(0)$ 和 $\beta_2^*(0)$ 等于多少？$\beta_1^*(1)=\beta_2^*(1)$ 是否成立？
3. 在本题中验证收益等价定理是否成立。
4. 在本题中能否验证在个体理性与激励相容约束下最大化卖方期望收益的直接显示机制是带有保留价格的二级价格拍卖？

习题 21.5　假定有两个买方，其私人价值在 $[0,1]$ 上服从均匀分布且相互独立。买方 2 有预算限制，能竞拍的最大价值为 $\dfrac{1}{4}$，买方 1 则没有预算限制。回答下面的问题：

1. 若买方参与的是二级价格密封竞价拍卖，找出贝叶斯–纳什均衡策略。
2. 计算上述贝叶斯–纳什均衡策略下卖方的期望收益。

习题 21.6　考虑以下二级价格密封竞价拍卖的一个变形：有单一不可分物品待售，n 个竞拍者的价值分别由分布在同一区间上的独立随机变量 θ_i 给出，已知竞拍者的数量大于 3。若拍得该物品，竞拍者 i 的效用是 θ_i+t_i；若未拍得该物品，其效用为 t_i。这里 t_i 指的是拍卖者向竞拍者的货币转移，若 $t_i<0$，则意味着竞拍者向拍卖者支付货币。注意，拍卖者收到的竞拍者向其支付的货币，将不再返还。

第21章

拍卖规则是：所有报价均不得为负；物品将被配置给出价最高者。货币的支付方式如下：出价最高者向拍卖者支付第二高的价格；同时，出价最高者和次高者将从拍卖者那里获得等于第三高出价的 $\dfrac{1}{n}$ 的回扣。另外，出价最高者还需向拍卖者支付次高出价和第三高出价之间的差额；第三高出价以及更低出价者，将从拍卖者那里收到等于次高出价 $\dfrac{1}{n}$ 的回扣。

1. 证明每个竞拍者均有一个占优策略。
2. 证明拍卖者不可能出现亏损。
3. 证明任何一个竞拍者均会参加该拍卖。
4. 既然该拍卖似乎具备二级价格密封竞价拍卖的所有良好性质，而且使得竞拍者获得更多的剩余，为什么大家更关注二级价格密封竞价拍卖，而不是该机制？

习题 21.7 (买方人数不确定)　假定有 N 个潜在的买方，其私人价值 $\theta_1,\theta_2,\cdots,\theta_N$ 相互独立并有着 $[0,1]$ 上相同的分布，其分布函数为 Φ。

每个参加拍卖的竞标者都不知道参加这个拍卖的人的数量，每个人均认为除了他自己以外，还有 n 个人参与拍卖的概率为 p_n，满足 $\sum_{n=0}^{N-1} p_n = 1$。注意每个人都对拍卖中参与人数的分布有着相同的信念。

1. 当采用的是二级价格密封竞价拍卖时，找出这种情形下的对称贝叶斯–纳什均衡。解释为什么这会构成均衡。
2. 记 $\Psi^{(n)}(\theta)=(\Phi(\theta))^n$。证明一个价值为 θ 并参与到这个拍卖中的买方的期望收益是

$$\sum_{n=0}^{N-1} p_n \Psi^{(n)}(\theta) E[\vartheta_1^{(n)} | \vartheta_1^{(n)} < \theta],$$

其中，$\Psi_1^{(n)}$ 是有着相同累积分布函数 Φ 的 n 个随机变量的最大值。
3. 在下面的情形下证明收益等价定理。考虑一个有独立私人价值并对称的密封拍卖，记 β 为满足如下假设的单调递增对称均衡：(a) 获胜者是出价最高的买方；(b) 当私人价值为 0 时，买方的期望收益为 0。那么，一个私人价值为 θ 的买方的期望收益由问题 2 中的式子给出。
4. 当卖方采用一级价格密封竞价拍卖时，计算对称贝叶斯–纳什均衡策略。

习题 21.8 考虑对某个单一标的物进行拍卖。有 n 个竞标人，对物品的估价为 θ_i，服从区间 $[0,1]$ 上的均匀分布。假设参与人是风险厌恶的，参与人 i 在价格 p 上赢取该标的物的效用由 $\sqrt{\theta_i - p}$ 给出，其中 $p \leqq \theta_i$。我们假设没有竞标人的出价或支付会超过其估价。

1. 写出一级和二级价格拍卖下竞标人的期望支付函数。
2. 证明在一级价格拍卖中类型为 θ_i 的竞标人选择竞标策略 $\beta(\theta_i) = \dfrac{n-1}{(n-1/2)}\theta_i$ 会形成一个对称的贝叶斯–纳什均衡。
3. 证明在二级价格拍卖中，报告其真实估价对每个竞标人来说都是一个弱占优策略。
4. 比较卖者得自一级价格拍卖和二级价格拍卖的期望收益。这个例子是以何种方式与风险中性的竞标人相异的呢？

习题 21.9 (有参与成本的拍卖) 有 n 个潜在竞标人，其私人价值独立同分布在 $[0,\overline{\theta}]$ 上，累积分布函数为 Φ，概率密度函数为 φ。为参与拍卖，竞标人需要支付不可返还的参与成本 c(比如为参与拍卖做的一些准备工作)。所有竞标人同时作出参与决策，在竞标时不知道别人的参与决策。假定所有人采用相同的策略 (参与和报价)。

1. 若卖方采用的是一级价格拍卖，推导竞标人的参与决策与均衡出价。
2. 若卖方采用的是二级价格拍卖，推导竞标人的参与决策与均衡出价。
3. 证明：在对称贝叶斯–纳什均衡下，一级价格拍卖和二级价格拍卖产生相同的期望收益。

习题 21.10 (有参与成本的拍卖，Cao 和 Tian (2010)) 考虑一级价格拍卖，有 n 个潜在竞标人，其私人价值独立同分布在 $[0,1]$ 上，累积分布函数为 Φ，概率密度函数为 φ。为参与拍卖，竞标人需要支付不可返还的参与成本 c (比如为参与拍卖做的一些准备工作)。

所有竞标人同时作出参与决策，参与者在竞标过程中观察到参加拍卖的其他人的人数。我们把重点放在临界值参与策略上，即一个参与者参与到拍卖中当且仅当其估价 θ 超过某个临界值 θ^*。

1. 若每个人选择相同的临界值并采用相同的竞价函数策略，该临界值为多少？对应的竞价函数是什么？
2. 在对称均衡下，写出卖方的期望收益并与上题中观察不到参与人数时的期望收益进行比较。
3. 若把潜在竞标人分成两组，每组使用不同的临界值策略，写出求解临界值的方程，并判断在什么条件下，这样的临界值均衡是存在的。

习题 21.11　利用收益等价定理找出如下拍卖的均衡出价策略。考虑一个对称且相互独立的私人价值拍卖，有 n 个投标人，其估价服从 $[0,1]$ 上的分布函数 $\Phi(\theta_i)$。假定 Φ 对应的密度函数连续可微。回答如下问题:

1. 找出全部支付拍卖的均衡出价策略。
2. 找出二级价格全部支付拍卖的均衡出价策略。

习题 21.12 (收益等价定理的一个应用)　1991 年美国副总统奎尔 (Quayle) 提议诉讼案件中的败诉方应该给胜诉方一笔相当于败诉方法务费的费用。奎尔声称这样做可以减少花在法律服务上的费用 (目前美国的法律规定各方支付自己的法务费)。我们现在来建模分析。假设双方 $i=1,2$ 对于胜诉各有一个私有的估值 θ_i，θ_i 独立同分布，累积分布函数为 $F(v)$ (我们假设最低估价为 $\underline{\theta}$，即 $F(\underline{\theta})=0$)。双方独立同时决定要在法务费上花费多少，并且花费法务费多的一方会胜诉。

1. 通过使用收益等价定理，求美国现有法律下双方均衡成本的表达式。若有必要，你还需要作出哪些假设来使用收益等价定理？
2. 在不做更多计算的情况下，使用我们的模型评估奎尔的说法。
3. 在欧洲的法律体系中败诉方通常要负责承担胜诉方的一部分法务费。在不做更多计算的情况下，你认为这个规则会增加还是减少期望法务费支出？

习题 21.13　考虑如表 21.1 所给出的分布特征，刻画其对应的在贝叶斯-纳什均衡解概念意义下的收益最大化机制。从中我们可以归纳出什么样的结论？请给出相应解释。

表 21.1　类型空间 IV

	t_2^1	t_2^2	t_2^3	t_2^4	
t_1^1	$\frac{1}{6}$	0	0	0	θ_1
t_1^2	0	$\frac{1}{6}$	$\frac{1}{6}$	0	θ_1
t_1^3	0	$\frac{1}{6}$	$\frac{1}{6}$	0	θ_2
t_1^4	0	0	0	$\frac{1}{6}$	θ_2
	θ_1	θ_1	θ_2	θ_2	

习题 21.14 (具有保留价格的拍卖) 考虑有 n 个投标人和保留价格 r 的一级价格密封竞价拍卖。假设每个投标人 i 对拍卖品的估值 θ_i 都服从一个 $[0,1]$ 区间上的累积分布函数 $\Phi(\theta_i)$(不一定是均匀分布) 并且满足 i.i.d.(独立同分布)，密度函数记为 $f(\theta_i)$。

1. 解释说明为什么对于估值高于 r 的所有投标人，进行投标要严格优于不进行投标，即均衡策略是处于 $[r,1]$ 内。
2. 证明均衡竞价函数是

$$\beta_i(\theta_i)=\frac{\Phi(r)^{n-1}r+\int_r^{\theta_i}x(n-1)\varphi(x)\Phi(x)^{n-2}dx}{\Phi(\theta_i)^{n-1}}.$$

3. 用分部积分法证明上面的均衡竞价函数可以表达成下面的形式:

$$\beta_i(\theta_i)=\theta_i-\int_r^{\theta_i}\left(\frac{\Phi(x)}{\Phi(\theta_i)}\right)^{n-1}dx.$$

习题 21.15 在上题的保留价格 r 的一级价格密封竞价拍卖设定下，利用上题的结果，回答如下两个问题:

1. 若累积分布函数 Φ_A 随机占优于 Φ_B，那么是否在 Φ_A 下的均衡报价会高于在 Φ_B 下的均衡报价？请加以说明。
2. 均衡报价是否随投标人数 N 的增加而增长？请加以说明。

习题 21.16 考虑有两个投标人的一级价格拍卖。投标人 i 的效用函数是 $u(\theta_i-b_i)$，假定是凹函数 (意味着投标人是风险厌恶的)。投标人 i 的估值服从在区间 $[0,1]$ 上的分布 $\Phi(\theta_i)$，满足 i.i.d. (独立同分布)。

第21章

1. 若效用函数 $u(\cdot):R\to R$ 是递增、严格凹的，并且 $u(0)=0$，证明下式必然成立:

$$\frac{u(x)}{u'(x)}>x, \text{对任意} x>0.$$

2. 令 $b_i^{RN}(\theta_i)$ 和 $b_i^{RA}(\theta_i)$ 分别表示投标人都是风险中性和风险厌恶的时的均衡竞价函数。证明满足下面条件的微分方程:

   风险中性时，

$$\frac{db_i^{RN}(\theta_i)}{d\theta_i}=\frac{\varphi(\theta_i)}{\Phi(\theta_i)}(\theta_i-b_i^{RN});$$

   风险厌恶时，

$$\frac{db_i^{RA}(\theta_i)}{d\theta_i}=\frac{\varphi(\theta_i)}{\Phi(\theta_i)}\frac{u(\theta_i-b_i^{RA})}{u'(\theta_i-b_i^{RA})}.$$

3. 应用问题 1 证明的凹性表达式，证明下式成立:

$$\frac{db_i^{RA}(\theta_i)}{d\theta_i}=\frac{f(\theta_i)}{\Phi(\theta_i)}(\theta_i-b_i^{RA}).$$

4. 证明对于所有的 θ，$b_i^{RA}(\theta)\geqq b_i^{RN}(\theta)$。

习题 21.17 (完全信息一级价格拍卖)　考虑有两个投标人 1 和 2 的一级价格密封竞价拍卖，他们对拍卖品的价值分别是 $\theta_1 = 5$ 和 $\theta_2 = 3$。假设竞拍者知道双方的价值，但他们只可以提交如下三个报价之一：$b_i = 0$，$b_i = 2$，$b_i = 4$。

1. 给出以上问题的收益矩阵。
2. 哪些策略组合在重复剔除严格劣策略后被保存了下来？
3. 哪些策略组合可以形成纳什均衡？

习题 21.18 (两人拍卖的期望收益)　考虑拍卖者向两个投标人 1 和 2 拍卖一个物品的情况。投标人 i 的价值 θ_i 服从 $[0, 10]$ 上的均匀分布，这是拍卖者和所有投标人的共同知识。假设投标人 1 的价值是 $\theta_1 = 8$，分别求解参与人 1 在如下两种拍卖下的期望效用：

1. 英式拍卖。
2. 一级价格拍卖，其中投标人的均衡策略是价值的线性函数，即 $b_i(\theta_i) = \alpha_i\theta_i + \beta_i$，其中，$\alpha_i, \beta_i > 0$。

习题 21.19 (私人价值的一级价格拍卖)　考虑在两个风险中性竞标人之间进行的一级价格密封竞价拍卖。每个竞标人 i $(i = 1, 2)$ 同时选择报价 $b_i \geqq 0$，报价最高者得到拍卖品并支付自己的出价。若出价相同，则两人以相同的概率获得拍卖品。在拍卖发生前每个竞标人 i 私下观察到一个在 $[0, 2]$ 上均匀分布的随机变量 θ_i 的值。拍卖品的竞标人 i 的实际价值等于 $\theta_i + 1$，从而竞标人 i 的支付函数为

$$u_i = \begin{cases} \theta_i + 1 - b_i & \text{若 } b_i > b_j, \\ \dfrac{1}{2}(\theta_i + 1 - b_i) & \text{若 } b_i = b_j, \\ 0 & \text{若 } b_i < b_j. \end{cases}$$

1. 推导该博弈的对称线性贝叶斯-纳什均衡 (即每个竞标人使用相同的形式为 $b_i = \alpha\theta_i + \beta$ 的贝叶斯-纳什均衡策略)。
2. 在这个均衡中，类型为 θ_i 的竞标人 i 的条件期望支付为多少？

习题 21.20 (共同价值一级价格拍卖)　考虑与上题中类似的一级价格拍卖。现在的区别是竞标人 i 的真实价值为 $\theta_i + \theta_j (j \neq i)$，从而竞标人 i 的支付函数为

$$u_i = \begin{cases} \theta_i + \theta_j - b_i & \text{若 } b_i > b_j, \\ \dfrac{1}{2}(\theta_i + \theta_j - b_i) & \text{若 } b_i = b_j, \\ 0 & \text{若 } b_i < b_j. \end{cases}$$

注意到现在给定竞标人 i 的私人类型 θ_i，他对拍卖品的期望价值是 $\theta_i + 1$，与上题一样。

1. 推导该博弈的线性对称贝叶斯-纳什均衡。
2. 在这个均衡中，比较类型为 θ_i 的竞标人的均衡出价与上题的区别。解释你的结论。

习题 21.21 (共同价值拍卖) 假设 S_1、S_2 和 T 均匀且独立地分布在区间 $[0,1]$ 上。有两个投标人，其信号分别由 $\theta_1=S_1+T$ 和 $\theta_2=S_2+T$ 给出。该物品具有一个共同的价值

$$u=\frac{1}{2}(\theta_1+\theta_2).$$

1. 在进行二级价格密封竞价拍卖时，竞标人的贝叶斯-纳什均衡策略是什么？拍卖者的期望收益是多少？
2. 若进行一级价格密封竞价拍卖，竞标人的贝叶斯-纳什均衡策略是什么？拍卖者的期望收益是多少？和二级价格密封竞价拍卖比，拍卖者会更倾向于选择哪种形式？

习题 21.22 (共同价值拍卖) 给定两个竞标人对拍卖品价值的信号 θ_1 及 θ_2 联合分布的密度函数

$$f(\theta_1,\theta_2)=\frac{4(1+\theta_1\theta_2)}{5},\forall(\theta_1,\theta_2)\in[0,1]^2$$

和拍卖品的共同价值 $u=\theta_1+\theta_2$。

1. 进行二级价格密封竞价拍卖时，竞标人的贝叶斯-纳什均衡策略是什么？拍卖者的期望收益是多少？
2. 若进行一级价格密封竞价拍卖，竞标人的贝叶斯-纳什均衡策略是什么？拍卖者的期望收益是多少？和二级价格密封竞价拍卖比，拍卖者会更倾向于选择哪种形式？

第21章

习题 21.23 (多物品拍卖的三种形式) 考虑有 K 个同质物品被出售给 n 个投标人的独立私人价值多物品拍卖。考虑如下三种价格密封竞价拍卖：(1) 歧视性拍卖，(2) 单一价格拍卖，(3) 维克瑞拍卖。在每种拍卖中，投标人提交自己的 K 个报价 b_i^k (满足 $b_i^1\geqslant b_i^2\geqslant\cdots\geqslant b_i^K$) 以表明自己的支付意愿。因此，一共有 $n\times K$ 个报价 $\{b_i^k:i=1,2,\cdots,n;k=1,2,\cdots,K\}$。$K$ 个物品被分给 K 个最高的投标。

1. 分别定义歧视性拍卖、单一价格拍卖和维克瑞拍卖。
2. 现在考虑以下七个物品 ($K=7$) 被出售给三个投标人的情形，提交的报价分别为：

$$\begin{aligned}\boldsymbol{b}_1&=(64,46,43,40,32,15,5),\\ \boldsymbol{b}_2&=(60,55,47,35,27,13,8),\\ \boldsymbol{b}_3&=(50,45,38,24,14,9,6).\end{aligned}$$

   (a) 七个最高的出价是什么？每个投标人分别赢得几个物品？
   (b) i 面临的 K 维竞争性出价价格向量 $\boldsymbol{c}_{-i}$ 是什么？
   (c) 在歧视性拍卖中，每个投标人的支付分别是什么？
   (d) 在单一价格拍卖中，市场出清价格和每个投标人的支付分别是什么？
   (e) 在维克瑞拍卖中，每个投标人的支付分别是什么？
   (f) 歧视性拍卖、单一价格拍卖和维克瑞拍卖下的拍卖者收益的排序是怎样的？

习题 21.24 (单一价格多物品拍卖) 考虑如下一个 3 物品 2 投标者的单一价格拍卖。每个投标者 i 的边际价值向量 $\boldsymbol{V}_i=(V_i^1,V_i^2,V_i^3)$ 在集合 $\{v\in[0,1]^3,|v^1\geqq v^2\geqq v^3\}$ 上独立

同分布。边际分布如下:

$$\Phi^1(v^1) = (v^1)^2,$$

$$\Phi^2(v^2) = (2 - v^2)v^2,$$

Φ^3 没有具体给出。证明: 投标策略 $\beta(v^1, v^2, v^3) = (v^1, (v^2)^2, 0)$ 构成该单一价格拍卖的一个对称贝叶斯-纳什均衡。

习题 21.25 (序贯二级价格多物品拍卖) 有 2 个同质物品要拍卖。有两个投标人，类型独立同分布。投标人 i 的类型为 $v_i \in [0,1]$，$i = 1, 2$，服从均匀分布 $\Phi(v)$。假设投标人 i 对第 1 个物品的效用价值为 $u_i(v_i^1) = v_i^1$，对第 2 个物品的效用价值为 $u_i(v_i^2) = \frac{1}{2}v_i^2$。假设采用序贯二级价格拍卖方式，回答下面的问题:

1. 给出投标人的贝叶斯-纳什均衡策略。
2. 求卖者在该序贯二级价格拍卖中的期望收益。
3. 收益等价定理在这个两物品的拍卖中成立吗? 为什么?

习题 21.26 (歧视性多物品拍卖) 考虑 2 个物品、2 个投标人的经济环境。假设同上题。现在我们考虑采用同时拍卖中的歧视性价格拍卖方式。在同时歧视性拍卖中，赢得 k_i 个物品的投标人 i 需要支付他的所有出价, 即总的支付价格为 $b_i^1 + \cdots + b_i^{k_i}$。回答下面的问题:

1. 对于递增均衡，即类型 x 越高者出价越高的均衡，在该经济环境下的贝叶斯-纳什均衡策略是什么?
2. 求卖者在该歧视性拍卖中的期望收益。

习题 21.27 (单一价格多物品拍卖) 经济环境同前面两题。现在考虑采用单一价格多物品拍卖方式。对于这个两物品两投标人的单一价格拍卖，回答如下问题:

1. 若中标价格等于最高的失败叫价，投标的贝叶斯-纳什均衡策略是什么? 卖家的期望收益是多少?
2. 若 $u_i(v_i^2) = v_i^2$，即物品价值不递减，贝叶斯-纳什均衡和收益情况又如何呢?

习题 21.28 (序贯二级价格多物品拍卖) 考虑 2 个同质物品以序贯二级价格拍卖方式被出售给两个感兴趣的投标者的情形。投标者对多物品的需求如下。每个投标者都从均匀分布 $\Phi(\theta) = \theta$，$\theta \in [0,1]$ 中独立抽取两次得到 θ^1 和 θ^2。投标者对第 1 个物品的价值是 $V^1 = \max\{\theta^1, \theta^2\}$，而他对第 2 个物品的价值是 $V^2 = \min\{\theta^1, \theta^2\}$。

1. 证明下面的策略是该序贯二级价格拍卖的一个对称贝叶斯-纳什均衡:
   (a) 在第 1 轮拍卖中，投标 $\beta^1(\theta^1, \theta^2) = \frac{1}{2}V^1$;
   (b) 在第 2 轮拍卖中诚实报价，即若在第 1 轮拍卖中他赢得了拍卖，那么 $\beta^2(\theta^1, \theta^2) = V^2$，否则 $\beta^2(\theta^1, \theta^2) = V^1$。
2. 证明该均衡价格的序列是下鞅的，即 $E(P^2|P^1 = p^1) \geqq p^1$，并且严格的不等号以正的概率成立。

习题 21.29 设定同上题。考虑如下问题:

1. 证明下面的策略是该序贯二级价格拍卖的另一个对称贝叶斯-纳什均衡:
   (a) 在第 1 轮拍卖中，投标 $\beta^1(\theta^1,\theta^2)=V^2$;
   (b) 在第 2 轮拍卖中，以真实价值来投标 (意义如上题)。
2. 对如上产生的对称贝叶斯-纳什均衡价格 (P^1,P^2) 构成的序列作出评论。

习题 21.30 考虑如表 21.2 所示的最优拍卖模型：有两个投标人，每个投标人有两种可能类型。对于标的价值，两个投标人有如下先验信念分布。

表 21.2 类型空间 I

	θ^1	θ^2
θ^1	$\frac{1}{3}$	$\frac{1}{6}$
θ^2	$\frac{1}{6}$	$\frac{1}{3}$

假定 $\theta^1=1,\theta^2=2$。卖家有两单位物品，并且假定每个买家至多需要一单位。因此，这是一个多物品拍卖模型。回答如下问题:

1. 给定如上先验信念分布，计算期望社会剩余。
2. 利用贝叶斯–纳什均衡解概念给出收益最大化机制。在该机制下, 最大化收益为多少?
3. 利用事后均衡解概念给出收益最大化机制。在该机制下，最大化收益为多少?

第21章

习题 21.31 考虑具有两个参与人及如表 21.3 所示的类型分布特征的多物品拍卖模型，其中 t_i^j 表示参与人 i 的类型, θ^k 表示相应类型参与人的报酬类型。

表 21.3 类型空间 II

	t_2^1	t_2^2	t_2^3	
t_1^1	$\frac{1}{30}$	$\frac{1}{40}$	$\frac{1}{40}$	θ^1
t_1^2	$\frac{1}{10}$	$\frac{1}{30}$	$\frac{1}{30}$	θ^1
t_1^3	$\frac{1}{5}$	$\frac{1}{20}$	0	θ^1
t_1^4	$\frac{1}{20}$	$\frac{1}{5}$	0	θ^2
t_1^5	$\frac{1}{15}$	$\frac{1}{20}$	$\frac{1}{20}$	θ^2
t_1^6	$\frac{1}{20}$	$\frac{1}{60}$	$\frac{1}{60}$	θ^2
	θ^1	θ^2	θ^2	

1. 计算报酬类型的分布。与上题相比有何区别? 此时的期望社会收益能否求出? 若能，是多少?
2. 刻画贝叶斯–纳什均衡解概念下的收益最大化机制。在该机制下，最大化收益为多少?

习题 21.32　假设类型空间如表 21.4 所示。对应的报酬类型分布与习题 21.30 中的有何区别？此时，是否可以刻画类似习题 21.31中的表格所对应的收益最大化机制？为什么？

表 21.4　类型空间 III

	t_2^1	t_2^2	
t_1^1	$\frac{1}{30}$	$\frac{1}{20}$	θ^1
t_1^2	$\frac{1}{10}$	$\frac{1}{15}$	θ^1
t_1^3	$\frac{1}{5}$	$\frac{1}{20}$	θ^1
t_1^4	$\frac{1}{20}$	$\frac{1}{5}$	θ^2
t_1^5	$\frac{1}{15}$	$\frac{1}{10}$	θ^2
t_1^6	$\frac{1}{20}$	$\frac{1}{30}$	θ^2
	θ^1	θ^2	

习题 21.33 (互补品拍卖)　考虑拍卖 4 个物品 $K = \{a_1, a_2, b_1, b_2\}$ 给 5 个买家。买家 1 只对同时获得 a_1 和 b_1 感兴趣；买家 2 和 3 只对同时获得 a_2 和 b_2 感兴趣；买家 4 只对同时获得 b_1 和 b_2 感兴趣；买家 5 只对同时获得 a_1 和 a_2 感兴趣。具体地，价值如下所示：

$$x^1(a_1b_1) = 10,$$
$$x^2(a_2b_2) = 20,$$
$$x^3(a_2b_2) = 25,$$
$$x^4(b_1b_2) = 10,$$
$$x^5(a_1a_2) = 10.$$

所有其他组合的价值均为 0。用 VCG 机制找出有效配置和对应的支付。

习题 21.34 (组合拍卖，Mochon 和 Saez，2015)　将 A，B，C 三个物品卖给 1，2，3，4 四个投标者。投标情况如表 21.5 所示。

表 21.5　投标情况

S	$b_1(S)$	$b_2(S)$	$b_3(S)$	$b_4(S)$
A	200	150	200	100
B	100	250	100	100
C	100	100	300	100
AB	200	200	200	200
AC	250	300	275	200
ABC	500	400	400	500
BC	150	150	150	200

给定以上信息，回答下列问题：

1. 最大化卖家收益的出售组合是什么?
2. 求 VCG 机制的分配结果。它是核配置吗? 若不是，给出一个抵制联盟。

习题 21.35 表 21.6 展示了一个两物品两投标人的组合拍卖中的投标。

表 21.6

S	$b_1(S)$	$b_2(S)$
A	30	10
B	20	15
AB	40	20

根据以上信息表，回答下列问题:

1. 列出所有可能的配置结果。价值最高的配置组合是哪个?
2. 若采用单一价格规则，胜出的投标人会支付多少? 卖者获得多少收益?
3. 若采用 VCG 机制，胜出的投标人又会支付多少? 卖者又获得多少收益?

21.9 参考文献

教材和专著:

谭国富. 拍卖理论//田国强. 现代经济学与金融学前沿发展. 北京: 商务印书馆，2002.

Bolton, P. and M.Dewatripont(2005). *Contract Theory*, MIT Press.

Klemperer, P. (2004). *Auctions: Theory and Practice*, Princeton University Press.

Krishna, V. (2010). *Auction Theory, 2nd Edition*, Academic Press.

Laffont, J. J. and D.Martimort (2002). *The Theory of Incentives: The Principal-Agent Model*, Princeton University Press.

Menezes, F. M. and P. K. Monteiro (2005). *An Introduction to Auction Theory*, Oxford University Press.

Milgrom, P. (2004). *Putting Auction Theory to Work*, Cambridge University Press.

Milgrom, P. (2017). *Discovering Prices: Auction Design in Markets with Complex Constraints*, Columbia University Press.

Mochon, A. and Y. Saez (2015). *Understanding Auctions*, Springer.

Segal, I. (2007). *Lecture Notes in Contract Theory*, Stanford University Press.

论文:

刘春晖, 田国强. 密封价格拍卖或招标中的有限腐败. 经济研究，2008 (5): 116-127.

Ausubel, L. and P. Cramton (2002). “Demand Reduction and Inefficiency in Multiunit Auctions”, Working Paper.

Ausubel, L. and P. Milgrom (2002). "Ascending Auctions with Package Bidding", *Advances in Theoretical Economics*, Vol. 1, No. 1, 1534-5963.

Ausubel, L. and P. Milgrom(2006). "The Lovely but Lonely Vickrey Auction", in Cramton, P., Y. Shoham, and R. Steinberg(eds.), *Combinatorial Auctions* (Cambridge: MIT Press).

Cao, X., S. C. Hsueh, and G. Tian (2021). "On Ratifiability of Efficient Cartel Mechanisms in First Price Auctions with Participation Costs and Information Leakage", *Oxford Economic Papers*, Vol. 73, No. 1, 446-456.

Cao, X. and G. Tian (2010). "Equilibria in First Price Auctions with Participation Costs", *Games and Economic Behavior*, Vol. 69, No. 2, 258-273.

Cao, X. and G. Tian(2013). "Second Price Auctions with Different Participation Costs", *Journal of Economics and Management Strategy*, Vol. 22, No. 1, 184-205.

Cao, X., G. Tan, G. Tian, and O. Yilankaya(2018). "Equilibria in Second Price Auctions with Private Participation Costs", *Economic Theory*, Vol. 65, No. 1, 231-249.

Cason, T. N., T. Saijo, T. Sjostrom, and T. Yamato (2006), "Secure Implementation Experiments: Do Strategy-proof Mechanisms Really Work?", *Games and Economic Behavior*, Vol. 57, No. 2, 206-235.

Che, Y. and J. Kim (2006). "Robustly Collusion-Proof Implementation", *Econometrica*, Vol. 74, No. 4, 1063-1107.

Cramton, P. C. and T. R. Palfrey (1995). "Ratifiable Mechanisms: Learning from Disagreement", *Games and Economic Behavior*, Vol. 10, No. 2, 255-283.

Green, J. and J. J. Laffont (1977). "Characterization of Satisfactory Mechanisms for the Revelation of Preferences for Public Goods", *Econometrica*, Vol. 45, No. 2, 427-439.

Holmstrom, B. (1979). "Groves Schemes on Restricted Domains", *Econometrica*, Vol. 47, No. 5, 1137-1144.

Katzman, B. (1999). "A Two Stage Sequential Auction with Multi-Unit Demands", *Journal of Economic Theory*, Vol. 86, No. 1, 77-99.

Kaolan, R. T. and S. Zamir (2012). "Asymmetric First-Price Auctions with Uniform Distributions: Analytic Solutions to the General Case", *Economic Theory*, Vol. 50, No. 2, 269-302.

Laffont, J. and D. Martimort (1997). "Collusion Under Asymmetric Information", *Econometrica*, Vol. 65, No. 4, 875-911.

Laffont, J. and D. Martimort (2000). "Mechanism Design with Collusion and Correlation", *Econometrica*, Vol. 68, No. 2, 309-342.

Mailath, G. and P. Zemsky (1991). "Collusion in Second Price Auctions with Heterogeneous Bidders", *Games and Economic Behavior*, Vol. 3, No. 4, 467-486.

Marshall, R. C. and L. M. Marx (2007). "Bidder Collusion", *Journal of Economic Theory*, Vol. 133, No. 1, 374-402.

Maskin, E. and P. Dasgupta (2000). “Efficient Auctions”, *Quarterly Journal of Economics*, Vol. 115, No. 2, 341-388.

McAfee, R. P. and J. McMillan (1987). “Auctions with a Stochastic Number of Bidders”, *Journal of Economic Theory*, Vol. 43, No. 1, 1-19.

McAfee, R. P. and J. McMillan (1992). “Bidding Rings”, *American Economic Review*, Vol. 82, No. 3, 579-599.

Menezes, F. M. and P. K. Monterio (2000). “Auctions with Endogenous Participation”, *Review of Economic Design*, Vol. 5, No. 1, 71-89.

Meng, D., G. Tian, and Z. Yang (2017). “Two-Agent Collusion-Proof Mechanism Design with Both Correlations and Arbitrage”, *Review of Economic Design*, Vol. 21, No. 3, 177-229.

Milgrom, P. (2000). “Putting Auction Theory to Work: The Simultaneous Ascending Auction”, *Journal of Political Economy*, Vol. 108, No. 2, 245-272.

Milgrom, P. and I. Segal (2002). “Envelope Theorems for Arbitrary Choice Sets”, *Econometrica*, Vol. 70, No. 2, 583-601.

Milgrom, P. and R. Weber (1982). “A Theory of Auctions and Competitive Bidding”, *Econometrica*, Vol. 50, No. 5, 1089-1122.

Sun, Ning and Z. Yang (2009). “A Double-Track Adjustment Process for Discrete Markets with Substitutes and Complements”, *Econometrica*, Vol. 77, No. 3, 933-952.

Sun, Ning and Z. Yang (2012). “An Efficient and Incentive Compatible Dynamic Auction for Multiple Complements”, Manuscript.

Sun, Ning and Z. Yang (2014). “An Efficient and Incentive Compatible Dynamic Auction for Multiple Complements”, *Journal of Political Economy*, Vol. 122, No. 2, 422-466.

Sun, Ning and Z. Yang(2015). “An Efficient and Strategy-Proof Double-Track Auction for Substitutes and Complements”, Manuscript.

Tan, G. and O. Yilankaya (2006). “Equilibria in Second Price Auctions with Participation Costs”, *Journal of Economic Theory*, Vol. 130, No. 1, 205-219.

Tan, G. and O. Yilankaya (2007). “Ratifiability of Efficient Collusive Mechanisms in Second-Price Auctions with Participation Costs”, *Games and Economic Behavior*, Vol. 59, No. 2, 383-396.

第 22 章 匹配理论

22.1 导言

这一章，也是本书的最后一章，介绍市场设计的另外一个重要组成部分——匹配理论。发轫之作是戴维 · 盖尔 (David Gale) 和劳埃德 · 沙普利 (Lloyd S. Shapley, 1923—2016，其人物小传见本章末) 1962 年发表在《美国数学月刊》上的一篇论文。Gale 和 Shapley (1962) 讨论了婚姻市场上的匹配问题，这一通篇没有一个数学公式的数学论文为经济学开启了一个全新的研究领域，即匹配理论。在许多匹配问题中，通常的价格机制并不起主导作用，甚至没有转移支付。比如在大学入学问题上，并不是谁出价高谁就可以得到入学名额。与此同时，大学也不是通过愿付学费的高低来录取学生。在某些职业的就业匹配中，用人单位并不是完全依靠工资水平来挑选员工，企业寻找的是具有某种职业技能而不是工资要价低的员工。在器官移植市场中，绝大多数国家规定不能买卖器官，移植器官的配置通过非价格机制进行，等等。

在非价格机制的运作中，匹配已成为处理传统/自然市场失灵的经济环境的重要机制和工具。在本章我们着重讨论在非价格机制下，参与人之间如何通过匹配来实现资源的有效配置，以及参与人之间互动的激励性问题。根据匹配中参与人是否有偏好属性，我们把匹配分为双边匹配 (双边的参与人都有偏好) 和单边匹配（只有一边的参与人有偏好，另一边通常是物品、名额、职位等等)，介绍在不同匹配中一些常见的匹配机制，并讨论它们的特性。

匹配理论有着广泛的现实应用，很多经济学家还参与到具体的市场设计中，比如 (2012 年诺贝尔经济学奖得主之一) 阿尔文 · 罗思 (Alvin E. Roth，1951— ，其人物小传见本章末) 在 1995 年参与了美国国家住院医生匹配项目 (National Resident Matching Program) 的设计，罗思和合作者参与了波士顿公立学校入学匹配的设计，罗思等参与了新英格兰肾脏交换机制的设计，等等。这些项目的成功设计充分展现了市场设计理论在解决现实问题方面的巨大潜力。

本章安排如下：首先讨论双边市场匹配问题，接着讨论单边市场匹配问题，最后讨论匹配理论的应用：分析入学问题和器官移植问题中的匹配机制。

22.2 双边匹配

本节讨论双边市场的匹配，双边匹配可以细分为一对一匹配、多对一匹配以及多对多匹配。与此同时，根据匹配中是否有其他交易媒介或者合约，又可以分为纯粹匹配和有条件 (同时使用货币支付或签订合约) 的匹配。我们先从双边匹配问题中最简单的一对一匹配出发讨论匹配的一些特性，继而讨论多对一匹配、多对多匹配以及有条件匹配的相关问题。

22.2.1 一对一匹配

我们先引入一些符号和概念。假设有两类群体，分别对应两类不存在交集的参与人的集合，$M=\{m_1,\cdots,m_n\}$ 和 $W=\{w_1,\cdots,w_k\}$，可以想象为男性集合和女性集合。成员 i 的偏好记为 $\succeq_i$，其偏好是定义在对立的参与人集合和自身上的。我们主要考虑严格偏好 $\succ_i$ 的情形，即不存在无差异结果，弱偏好情形下的匹配问题要复杂得多，最近这方面的研究开始多了起来。

为了讨论方便，特别是给出例子时，我们有时也用**偏好排序单** (ordered list of preference) $p(i)$ 来表示 i 的严格偏好 $\succeq_i$，即对对立参与人从最高效用到最低效用进行排序。

首先定义匹配这一基本概念。

定义 22.2.1 (匹配) 我们称双射函数 $\mu: M\cup W\to M\cup W$ 为一个**匹配**，如果满足：

(1) 若 $\mu(m)\notin W$，则 $\mu(m)=m,\forall m\in M$；

(2) 若 $\mu(w)\notin M$，则 $\mu(w)=w,\forall w\in W$；

(3) 若 $\mu(m)=w$，当且仅当 $\mu(w)=m,\forall m\in M,w\in W$。

在定义中，所谓匹配是指一个群体的某个成员或者跟另一群体的某个成员配对，或者跟自己匹配。因此，匹配是幂等函数 $\mu: M\cup W\to M\cup W$，即对所有的 $i\in M\cup W$，$\mu^2(i)=i$。

在婚姻的匹配下，男性的匹配或是某个女性，或是他自己 (即 $\mu(m)=m$，我们可以理解为保持单身，或等价地记为 $\mu(m)=\varnothing$)，对女性的匹配也是类似的。若 $m\succ_w\varnothing$，男性 m 对女性 w 来说是**可接受的**；若 $w\succ_m\varnothing$，女性 w 对男性 m 来说是**可接受的**。我们说对某个男性 $m\in M$，某个女性 w 是**不可接受的**，若满足条件 $m\succ_m w$，这里 $\succ_m$ 是男性的偏好。类似地，我们说对某个女性 $w\in W$，某个男性 m 是**不可接受的**，若满足条件 $w\succ_w m$，这里 $\succ_w$ 是女性的偏好。

接着我们引入帕累托有效匹配的概念。为了讨论方便，定义严格偏好 $\succ_i$ 的完备化 $\succeq_i$：$\varphi(i)\succeq_i\mu(i)$ 当且仅当 $\mu(i)\succ_i\varphi(i)$ 不成立。于是，$\succeq_i$ 是一个由 $\succ_i$ 延伸出来的完备弱二元关系 (参见第 3 章 3.4.5 节)。

定义 22.2.2 (帕累托有效匹配) 我们称匹配 μ 是**帕累托有效的**，若不存在其他匹配 φ，使得 $\varphi(i)\succeq_i\mu(i),\forall i\in W\cup M$，同时存在某个 $i\in W\cup M$, 使得$\varphi(i)\succ_i\mu(i)$。

我们称匹配 μ 是**弱帕累托有效的**,若不存在其他匹配 φ,使得 $\varphi(i) \succ_i \mu(i), \forall i \in W \cup M$。

此外，针对单边人群，也有帕累托有效匹配的概念。

定义 22.2.3　我们称匹配 μ

(1) **对 M(或 W) 群体是帕累托有效的**, 若不存在其他匹配 φ, 使得 $\varphi(i) \succeq_i \mu(i), \forall i \in M$(或 W), 同时存在某个 $i \in M$(或 W), 使得 $\varphi(i) \succ_i \mu(i)$;

(2) **对 M(或 W) 群体是弱帕累托有效的**, 若不存在其他匹配 φ, 使得 $\varphi(i) \succ_i \mu(i), \forall i \in M$(或 W)。

下面引入稳定匹配的概念。

定义 22.2.4 (稳定匹配)　我们称匹配 μ 是稳定的，若满足下列条件:

(i) 不存在任何组对 $(m, w) \in M \times W$, 使得 $w \succ_m \mu(m)$ 和 $m \succ_w \mu(w)$;

(ii) 对 $i \in M \cup W$, 若 $\mu(i) \neq i$, 则 $\mu(i) \succ_i i$。

稳定匹配条件 (ii) 意味着，若匹配的对象不是自身，那么其匹配对象必然是可接受的，这一条件称为**个体理性**。若一个匹配不满足这一条件，则这个匹配会被**个体抵制** (individually blocked)；与此同时，稳定匹配条件 (i) 意味着，不存在任何两个对立群体的个体结对来抵制现有配对，他们均喜欢对方胜过自己匹配的对象。若一个匹配不满足这一条件，则会被某一对组合抵制，称为**抵制配对** (pair blocked)。如果视作婚姻问题，稳定匹配意味着没有一对夫妻愿意离开自己的配偶组成新的一对，或愿意自己过。显然，**任何一个稳定的匹配均是一个帕累托有效匹配**，这是因为，若它不是帕累托有效的，必然是或不满足个体理性或存在抵制配对。

下面我们通过一个简单的例子 (来自 Roth 和 Sotomayor,1990) 来讨论稳定匹配和不稳定匹配。

例 22.2.1　考虑三男和三女之间的匹配，假设他们的 (严格) 偏好顺序单表示如下:

$$p(m_1) = w_2, w_1, w_3, \qquad p(w_1) = m_1, m_3, m_2;$$

$$p(m_2) = w_1, w_3, w_2, \qquad p(w_2) = m_3, m_1, m_2;$$

$$p(m_3) = w_1, w_2, w_3, \qquad p(w_3) = m_1, m_3, m_2.$$

其中，$p(m_1) = w_2, w_1, w_3$ 是把 m_1 所有超过自身的匹配对象按偏好从高到低的顺序排列，即 $w_2 \succ_{m_1} w_1 \succ_{m_1} w_3 \succ_{m_1} m_1$。

考虑下面两个匹配 μ^1 和 μ^2。

$$\mu^1 = \begin{pmatrix} w_1 & w_2 & w_3 \\ m_1 & m_2 & m_3 \end{pmatrix},$$

在这里的匹配表述中把匹配的两个人列到同一列中，比如 (w_1, m_1) 是其中的一个配对。对照稳定匹配的定义，μ^1 是不稳定的，这是因为 (m_1, w_2) 构成了一个抵制配对。

然而，可以验证下面的 μ^2 是一个稳定匹配:

$$\mu^2 = \begin{pmatrix} w_1 & w_2 & w_3 \\ m_1 & m_3 & m_2 \end{pmatrix}.$$

延迟接受算法

讨论匹配，涉及两个重要问题：稳定匹配的存在性和寻找稳定匹配的算法。Gale 和 Shapley (1962) 解决了这两个问题。他们提出了一个具体的算法，称为**延迟接受算法** (deferred acceptance algorithm)，不仅证明了稳定匹配的存在，而且给出了一个寻找稳定匹配的具体过程。此外，延迟接受算法得到的稳定匹配对于邀约方的参与人也是最优的。也就是说，在延迟接受算法给出的匹配下，邀约方的每个参与人至少比他或她在任何其他稳定匹配下的结果要好。比如，对婚姻匹配问题，主动追求对方比被追求所得到的结果要好。我们现在描述延迟接受算法，它类似于在实践中提出建议的方式。

我们现在就介绍延迟接受算法 (这里的表述来自 Roth，2010)，它与现实中的求婚方式雷同。将两类群体分为邀约群体和受邀群体，前者向后者提出匹配邀约，后者选择拒绝或者暂时接受。延迟接受算法分为多个阶段，每个阶段有两个步骤，我们先从第一阶段开始。为了方便理解，我们考虑婚姻匹配问题，假定男性是发起方即邀约群体，女性是受邀群体。

第一步，男性参与人：向女性参与人中自己最喜欢的对象邀约。若没有女性是可接受的，就保持单身，也就是说，邀约对象就是自己。

第二步，女性群体：先剔除那些不可接受对象的邀约，若还有剩余的邀约，选择一个自己最偏好的男性作为候选约会对象 (其策略也就是骑驴找马)，而拒绝其他邀约。

在第 k 阶段：男性群体中的参与人在前面第 $k-1$ 阶段如被拒绝，可在那些不曾拒绝过自己的可接受女性集合中选择最喜欢的进行邀约。若剩余的对象集合都是不可接受的，就不再发起邀约。受邀的女性参与人将在之前保留的邀约对象和这一阶段所得到的 (若有的话) 新邀约对象中进行比较，选择自己相对喜欢的人作为候选约会对象，而拒绝其他对象。

若不再有新的邀约出现，就进入停止阶段。由于没有男性向同一个女性邀约两次，这个算法总是在有限个阶段终止。当不再有拒绝时，算法终止。在停止阶段，受邀女性群体中的每个参与人与她保留的男性对象进行匹配。若邀约群体的参与人没有发出邀约或没有邀约被接受，或者受邀群体的参与人没有得到邀约或拒绝了所有邀约，他们各自与自己匹配。

同样，也可以是女性群体向男性群体发起邀约，从而导致了由女性发起的延期接受算法。

Gale 和 Shapley (1962) 证明了下面的定理。

定理 22.2.1 在婚姻市场中，必定存在一个稳定的匹配。

证明： 我们只针对严格偏好情形下的匹配市场进行讨论。我们只需要验证延迟接受算法的结果是一个稳定匹配，记为 μ_{DA}，我们不妨假设男方是邀约群体。首先，延迟接受算法结果所对应的匹配满足个体理性，这是因为每个邀约个体都只选择可以接受的对象，同时受邀个体也只选择可接受的对象。其次，这种匹配不存在抵制配对。假设某对男女 (m,w) 形成一个抵制配对，则有 $w \succ_m \mu_{DA}(m)$ 和 $m \succ_w \mu_{DA}(w)$。根据延迟接受匹配算法，m 先向 w 发出邀约，被拒绝之后才向 $\mu_{DA}(m)$ 发出邀约。然而，根据延迟接受算法，w 若在某一阶段拒绝了 m，则意味着在这一阶段她有更好的邀约对象，同时越到后面的阶段，w 暂时接受的对象会越受 w 偏爱，这与 $m \succ_w \mu_{DA}(w)$ 相矛盾。因此，延迟接受算法的匹配是稳定的。 □

下面我们先通过一个例子来理解延迟接受算法的运行流程。

例 22.2.2 (延迟接受算法的例子)　考虑三男和三女之间的婚姻匹配。每个参与人对对方参与人集合的偏好顺序单如下，若某个对象不可接受，则在偏好序上把他 (或她) 去除:

$$p(m_1) = w_2, w_1, \qquad p(w_1) = m_1, m_3, m_2;$$
$$p(m_2) = w_1, w_2, w_3, \qquad p(w_2) = m_2, m_1, m_3;$$
$$p(m_3) = w_1, w_2, \qquad p(w_3) = m_1, m_3, m_2.$$

假设男方是邀约群体，则

第一阶段，每个男人都向自己最喜欢的对象提出邀约，则 m_1 向 w_2 提出邀约，而 m_2 和 m_3 都向 w_1 提出邀约；此时 w_2 暂时接受 m_1，w_1 拒绝 m_2 并暂时接受 m_3。

第二阶段，m_2 向 w_2 提出邀约，w_2 拒绝 m_1 的邀约并暂时接受 m_2。

第三阶段，m_1 向 w_1 提出邀约，w_1 拒绝 m_3 的邀约并暂时接受 m_1。

第四阶段，m_3 向 w_2 提出邀约，w_2 拒绝 m_3 的邀约并暂时接受 m_2，至此不会再有新的邀约出现。

在上面的过程中，没有人向 w_3 提出邀约，此时 w_3 与自己匹配；m_3 被所有可接受的对象拒绝，因此他的匹配也是他自己。最后的匹配结果为:

$$\mu_M^{DA} = \begin{pmatrix} w_1 & w_2 & w_3 & m_3 \\ m_1 & m_2 & w_3 & m_3 \end{pmatrix}.$$

表 22.1 刻画了延迟接受算法的求解过程，其中加底线的是暂时被接受的个体，没有加底线的是被拒绝的个体。

表 22.1

w_1	w_2	w_3	$\varnothing$
$m_2, \underline{m_3}$	$\underline{m_1}$		
	$\underline{m_2}, m_1$		
$\underline{m_1}, m_3$			
	$\underline{m_2}, m_3$		$\underline{m_3}$
$\underline{m_1}$	$\underline{m_2}$		$\underline{m_3}$

其中，$\mu(m_3) = \varnothing$，等价于 $\mu(m_3) = m_3$，即与自己匹配。

在匹配中，稳定匹配往往有多个。下面的例子说明了由男方和女方作为邀约群体的匹配结果是不同的。

例 22.2.3 考虑三男和三女之间的婚姻匹配。每个参与人对对方参与人集合的偏好顺序单如下:

$$p(m_1) = w_1, w_2, w_3, \qquad p(w_1) = m_1, m_2, m_3;$$
$$p(m_2) = w_1, w_2, w_3, \qquad p(w_2) = m_1, m_3, m_2;$$
$$p(m_3) = w_1, w_3, w_2, \qquad p(w_3) = m_1, m_2, m_3.$$

若男方是邀约群体,匹配结果为:

$$\mu_M^{DA} = \begin{pmatrix} m_1 & m_2 & m_3 \\ w_1 & w_2 & w_3. \end{pmatrix}.$$

若女方是邀约群体,匹配结果为:

$$\mu_W^{DA} = \begin{pmatrix} m_1 & m_2 & m_3 \\ w_1 & w_3 & w_2 \end{pmatrix}.$$

从男性群体 M 的角度来看,μ_M^{DA} 匹配结果比 μ_W^{DA} 更好;反过来,从女性群体 W 的角度来看,μ_W^{DA} 匹配结果比 μ_M^{DA} 更好。我们先引入一个关于某类群体的最优稳定匹配的概念。

定义 22.2.5 我们称一个稳定匹配 μ_M 是**男性中最优的** (men-optimal),若对于任意其他稳定匹配 μ,都有 $\mu_M \succeq_m \mu$,即 $\forall m \in M, \mu_M(m) \succeq_m \mu(m)$。对女性群体最优的稳定匹配 μ_W 可类似定义。

Gale 和 Shapley (1962) 证明了下面的定理。

第22章

定理 22.2.2 若所有参与人均具有严格偏好,由男性 (或者女性) 作为邀约方的延迟接受匹配在所有可能的稳定匹配中,对男性 (或者女性) 群体来说是最优的匹配,即

$$\mu_M = \mu_M^{DA}$$

和

$$\mu_W = \mu_W^{DA}.$$

证明: 我们要证明由男方提出邀约的延迟接受匹配规则在所有可能的稳定匹配下对所有男方来说均是最优的。

我们先定义可达配对的概念。若存在一个稳定的匹配,其中 m 与 w 匹配,我们称女性 w 对男性 m 来说是**可达的**,称 (m, w) 是一个**可达配对** (achievable pair)。我们需要证明,在男方提出延迟接受算法时,没有男性会被一个可达的女性拒绝过。假设这不成立。若其中某个男性 m 被可达的女性 w 在某阶段拒绝过。既然女性 w 拒绝了男性 m,在这个阶段或前面所有阶段,她肯定从另一个男性 m' 那里收到了邀约,这样 $m' \succ_w m$。既然没有一个男性在所有前期被可达的女性拒绝,并且每个男性都先从他的偏好顺序单中逐次提出邀约,而对 m' 来说,除了那些他被拒绝的女性外,w 是剩下可接受女性中他最喜欢的。

给定 w 对 m 是可达的，存在一个稳定匹配 μ 使得 $\mu(m)=w$。然而，由 $m' \succ_w m$ 和 $w \succ_{m'} \mu(m)$(由于 w 是在以上讨论的阶段被 m' 邀约的)，稳定匹配 μ 被 (m',w) 抵制，因此 μ 是不稳定的，矛盾。这样，我们证明了：由男方提出邀约的延迟接受匹配规则，在所有可能的稳定匹配下，对所有男方来说都是最优的。类似地，由女方提出邀约的延迟接受匹配规则，在所有可能的稳定匹配下，对所有女方来说也是最优的。 □

基于不同群体对稳定匹配的评价，Knuth (1976) 进一步揭示了，对一方来说是最优的匹配对另一方来说却是最差的匹配。

定理 22.2.3 假定所有参与人都具有严格偏好。在所有稳定匹配的集合中，双方群体的利益是对立的，即若 μ 和 φ 是两个稳定匹配，$\mu \succ_M \varphi$ 当且仅当 $\varphi \succ_W \mu$。

证明： μ 和 φ 是两个稳定匹配，满足 $\mu \succ_M \varphi$。假设 $\varphi \succ_W \mu$ 不成立，这意味着存在一个 $w \in W$，满足 $\mu(w) \succ_w \varphi(w) \succeq_w w$。令 $m=\mu(w)$。由于 $w=\mu(m) \succ_m \varphi(m)$ 意味着 (m,w) 构成了对 φ 的抵制配对，从而与 φ 是稳定匹配相矛盾。因此，$\mu \succ_M \varphi$ 意味着 $\varphi \succ_W \mu$。类似地，若 $\varphi \succ_W \mu$，同样可以推出 $\mu \succ_M \varphi$。 □

上面两个定理说明了在婚配中，主动追求对方总是最优的，这意味着无论男女，找对象时最优的做法都是积极主动而不是被动地等对方来追。

上面两个定理都要求所有参与人具有严格偏好。若这一条件不满足，这两个定理将不成立。下面的例子来自 Roth 和 Sotomayor (1990)，若有一个参与人的偏好不是严格的，则可能不存在对一方群体最优的稳定匹配。

例 22.2.4 假设三男三女的偏好顺序如下：

$$\begin{aligned} p(m_1)&=[w_2\sim w_3],w_1, & p(w_1)&=m_1,m_2,m_3;\\ p(m_2)&=w_2,w_1, & p(w_2)&=m_1,m_2;\\ p(m_3)&=w_3,w_1, & p(w_3)&=m_1,m_3. \end{aligned}$$

在延迟接受算法中，由 M 提出邀约或者由 W 提出邀约的匹配都不是唯一的，而是下面两个稳定匹配：

$$\mu_{DA}=\begin{pmatrix} m_1 & m_2 & m_3\\ w_2 & w_1 & w_3 \end{pmatrix};\ \mu'_{DA}=\begin{pmatrix} m_1 & m_2 & m_3\\ w_3 & w_2 & w_1 \end{pmatrix}.$$

然而，不存在对于 M 或者 W 最优的稳定匹配，这是因为 $\mu_{DA}(m_3)\succ_{m_3}\mu'_{DA}(m_3)$，但 $\mu'_{DA}(m_2)\succ_{m_2}\mu_{DA}(m_2)$；同时，$\mu_{DA}(w_2)\succ_{w_2}\mu'_{DA}(w_2)$，但 $\mu'_{DA}(w_3)\succ_{w_3}\mu_{DA}(w_3)$。

对延迟接受算法匹配的一个更进一步的结论由 Roth 和 Sotomayor (1990) 给出，说的是 μ_M^{DA} 在所有个体理性匹配中均是弱帕累托有效的，这一定理对群体 W 也同样成立。

定理 22.2.4 不存在任何满足个体理性的 (稳定或者不稳定) 匹配 μ，使得 $\mu \succ_M \mu_M^{DA}$。

证明：反证法。假设存在着某个个体理性的匹配 μ，使得 $\mu(m) \succ_m \mu_M^{DA}(m), \forall m \in M$。这意味着，对于任意 m 匹配到 w，她在延迟接受算法中曾经拒绝过 m，其目的是接受一个比 m 更好的对象 m'(意味着若 $w = \mu(m)$，必然会有 $\mu_M(w) \succ_w \mu(w)$)。因此，所有在 $\mu(M) \subseteq W$ 中的女性在 μ_M^{DA} 中都得到匹配，即 $\forall w \in \mu(M), \mu_M^{DA}(w) \neq w$，于是有 $\mu_M^{DA}(\mu(M)) = M$。这样，所有男性群体在 μ_M^{DA} 和 μ 中都获得匹配，且 $\mu_M^{DA}(M) = \mu(M)$(因为 $\mu_M(\mu_M(i)) = i, \forall i \in M \cup W$)。由于所有男性在 $\mu_M^{DA}(M)$ 中均得到了 (女性的) 匹配，对任意一个在算法的最后阶段收到一个邀约的女性，她必定不曾拒绝过一个由可接受男性提出的邀约，这意味着当每个在 $\mu_M^{DA}(M)$ 中的女性均得到一个可接受男性提供的邀约后延迟接受算法就结束。这样，在最后阶段收到邀约的女性在匹配 μ 中必然是单身的 (因为 $w = \mu(m) \succ_m \mu_M^{DA}(m)$。根据 μ_M 的稳定性，这意味着 $\mu_M^{DA}(w) \succ_w \mu(w)$)，与 $\mu_M^{DA}(M) = \mu(M)$ 矛盾。 □

稳定匹配的特征

延迟接受算法给出了两种稳定匹配 μ_M^{DA} 和 μ_W^{DA}。然而在很多情形下，稳定匹配不止上面两种匹配结果。下面我们讨论匹配稳定性的一些基本结果。

首先引入格子 (lattice) 这一数学概念。

定义 22.2.6 (格子) 我们称 $(X, \succeq)$ 是一个**格子**，若 $\succeq$ 满足自反性、反对称性和传递性，且对于任意的 $x, x' \in X$，都有 $\sup_{\succeq}\{x, x'\} \in X$ 和 $\inf_{\succeq}\{x, x'\} \in X$。

在上面的定义中 $\succeq$ 满足**反对称性**是指，对任意 $x, y \in X$，若 $x \succeq y$ 和 $y \succeq x$，则 $x = y$。对 $X \subseteq \mathcal{R}^n$，我们定义格子运算 $\vee$ 和 $\wedge$ 如下：

$$\boldsymbol{x} \vee \boldsymbol{x}' \equiv \sup_{\succeq}\{x, x'\} = (\max\{x_1, x_1'\}, \cdots, \max\{x_n, x_n'\});$$

$$\boldsymbol{x} \wedge \boldsymbol{x}' \equiv \inf_{\succeq}\{x, x'\} = (\min\{x_1, x_1'\}, \cdots, \min\{x_n, x_n'\}).$$

第22章

对于任意两个匹配 μ 和 μ'，定义 $\bar{\mu}^M = \mu \vee_M \mu'$ 如下：

$$\bar{\mu}^M(m) = \max_{\succ_m}\{\mu(m), \mu'(m)\}, \forall m \in M;$$

$$\bar{\mu}^M(w) = \min_{\succ_w}\{\mu(w), \mu'(w)\}, \forall w \in W.$$

$\bar{\mu}^M = \mu \vee_M \mu'$ 意味着，对每个男性个体而言，选择一个更好的匹配结果，而对每个女性个体而言，选择一个更坏的匹配结果。

定义 $\underline{\mu}^M = \mu \wedge_W \mu'$ 如下：

$$\underline{\mu}^M(m) = \min_{\succ_m}\{\mu(m), \mu'(m)\}, \forall m \in M;$$

$$\underline{\mu}^M(w) = \max_{\succ_w}\{\mu(w), \mu'(w)\}, \forall w \in W.$$

类似地，可定义 $\bar{\mu}^W = \mu \vee_W \mu'$ 和 $\underline{\mu}^W = \mu \wedge_W \mu'$。

下面的定理刻画了稳定匹配的格子特征 (来自 Roth 和 Sotomayor，1990)。

定理 22.2.5 (格子定理) *当所有参与人都具有严格偏好时，若两个匹配 μ 和 μ' 是稳定的，则 $\bar{\mu}^M = \mu \vee_M \mu'$ 和 $\bar{\mu}^W = \mu \vee_W \mu'$ 也是稳定的匹配。*

证明： 这里只证明 $\bar{\mu}^M$ 是一个稳定匹配，因为对 $\bar{\mu}^W$ 的证明是对称的。证明分两步，第一步证明 $\bar{\mu}^M$ 是一个匹配，第二步证明它是稳定的。

必要性。为了证明 $\bar{\mu}^M$ 是一个匹配，我们只需验证 $\bar{\mu}^M(m) = w$ 当且仅当 $\bar{\mu}^M(w) = m$。根据 μ 和 μ' 的稳定性，可以推出其必要性：若 $\bar{\mu}^M(m) = w$，则必然会有 $\bar{\mu}^M(w) = m$。的确如此，假如 $\bar{\mu}^M(w) \neq m$。若 $w = \bar{\mu}^M(m) = \mu(m) \succ_m \mu'(m)$，这意味着 $\mu(w) = m \succ_w \bar{\mu}^M(w) = \mu'(w)$，从而 (m, w) 构成了对 μ' 的一个抵制配对。类似地，若 $w = \bar{\mu}^M(m) = \mu'(m) \succ_m \mu(m)$，我们可以推出 (m, w) 构成了对 μ 的一个抵制配对。这与 μ 是稳定的矛盾。

充分性。令 $M' = \{m : \bar{\mu}^M(m) \in W\} = \{m : \mu(m) \in W, 或\mu'(m) \in W\}$。利用已经证明的必要性，$\bar{\mu}^M(M') \subseteq W' = \{w : \bar{\mu}^M(w) \in M\} = \{w : \mu(w) \in M，且\mu'(w) \in M\}$。由于 $\bar{\mu}^M(m) = \bar{\mu}^M(m') = w$ 意味着 $m = m' = \bar{\mu}^M(w)$，我们有 $|\bar{\mu}^M(M')| = |M'| \geqq |\mu(W)| = |W'|$，其中 $|\cdot|$ 是关于集合中元素个数的函数，从而有 $\bar{\mu}^M(M') = W'$。因此，对任意的 $w \in W'$，均存在一个 $m \in M'$，使得 $m = \bar{\mu}^M(w)$。若 $w \notin W'$，必然有 $\bar{\mu}^M(w) = w$。结合前面证明的必要性，若 $\bar{\mu}^M(w) = m$，则有 $\bar{\mu}^M(m) = w$。

下面接着证明 $\bar{\mu}^M$ 是稳定的。假设 (m, w) 是对 $\bar{\mu}^M$ 的抵制配对，则有 $w \succ_m \bar{\mu}^M(m)$，这意味着 $w \succ_m \mu(m)$ 和 $w \succ_m \mu'(m)$。同时，$m \succ_w \bar{\mu}^M(w)$ 意味着 $m \succ_w \mu(w)$，或 $m \succ_w \mu'(w)$，这与 μ 和 μ' 是稳定的相矛盾。 □

此外，对于在稳定匹配中得到配对的参与人，有下面的结论。

定理 22.2.6 (McVitie-Wilson, 1970) *在所有的稳定匹配中，得到匹配的参与人的集合是相同的。*

证明： 令 μ_M 对于 M 来说是最优的稳定匹配，μ 是其他任意稳定匹配。于是，所有男性都更喜欢 μ_M，所有女性都更喜欢 μ。定义 $MM(\mu_M) = \{m : \mu_M(m) \neq m\}$ 为在 μ_M 中得到匹配的男性成员的集合，定义 $WM(\mu_M) = \{w : \mu_M(w) \neq w\}$ 为在 μ_M 中得到匹配的女性成员的集合；类似定义 $MM(\mu)$ 和 $WM(\mu)$。由于所有男性都更喜欢 μ_M，有 $MM(\mu) \subseteq MM(\mu_M)$，从而有 $|MM(\mu_M)| \geqq |MM(\mu)|$；由于所有女性都更喜欢 μ，有 $WM(\mu_M) \subseteq WM(\mu)$，从而有 $|WM(\mu_M)| \leqq |WM(\mu)|$。由于 $|MM(\mu_M)| \geqq |WM(\mu_M)|$，我们得到：$MM(\mu) = MM(\mu_M)$ 和 $WM(\mu_M) = WM(\mu)$。 □

下面讨论核与稳定匹配的关系。在前面第 8 章中我们讨论了核的概念。在一个联盟博弈中，若一个配置具有核性质或是核中的一个配置，则不存在一个由某些参与人构成的联盟，它可以抵制该配置结果，或者说这个联盟不可能通过执行一些新的配置，使得在新配置下每个联盟成员都获利。在匹配中，不同群体的成员可以构成联盟来抵制匹配结果。我们现在定义婚姻市场上核的概念 (来自 Roth 和 Sotomayor, 1990)。

定义 22.2.7 (婚姻市场的核) 婚姻市场的匹配 μ 的结果被称为一个**核**，若不存在新的匹配 μ' 以及联盟 $A \subseteq W \cup M$，使得：

$$\mu'(m) \in A, \forall m \in A \cap M; \tag{22.1}$$

$$\mu'(w) \in A, \forall w \in A \cap W; \tag{22.2}$$

$$\mu'(m) \succ_m \mu(m), \forall m \in A \cap M; \tag{22.3}$$

$$\mu'(w) \succ_w \mu(w), \forall w \in A \cap W. \tag{22.4}$$

这里，条件 (22.1) 和 (22.2) 表示联盟 A 包括一些成员，使得他们在新的匹配 μ' 中形成相互之间的配对，条件 (22.3) 和 (22.4) 表示对联盟成员而言，新匹配 μ' 中的结果偏好于 μ 中的结果，即在联盟 A 下 μ' 占优于 μ。换句话说，若一个匹配 μ 具有核性质，那么不存在任何联盟，使得可以找到新的匹配 μ' 占优于 μ。

下面的定理 (来自 Roth 和 Sotomayor，1990) 揭示了核与稳定匹配的关系。

定理 22.2.7 婚姻市场中匹配的核与稳定匹配集合相同。

证明： 首先，我们证明在婚姻市场的核中的每个匹配都是稳定匹配。若一个匹配 μ 不满足个体理性，即存在一个 i 使得 $i \succ_i \mu(i)$，则 μ 被由 $A = \{i\}$ 构成的联盟抵制，从而有 $\mu'(i) = i \succ_i \mu(i)$。若匹配存在成对的抵制 (m, w)，使得 $m \succ_w \mu(w)$ 和 $w \succ_m \mu(m)$，则 μ 被由 $A = \{m, w\}$ 构成的联盟抵制，从而对联盟 A，$\mu'(m) = w$ 和 $\mu'(w) = m$ 占优于 μ。因此，不稳定匹配不在婚姻市场的核中。

接着证明，若一个匹配不在婚姻市场的核中，则它是不稳定的。假设 μ 不在婚姻市场的核中，则存在一个联盟 A 使得新的匹配 μ' 占优于 μ。假设 μ 是一个稳定匹配，那么 μ 是个体理性的，这意味着 $\mu'(w) \in M, \forall w \in A$。令 $w \in A$，$m = \mu'(w) \in A$ 意味着 $\mu'(m) = w \succ_m \mu(m)$，这样 (m, w) 构成了对 μ 的一个抵制配对，与 μ 是稳定匹配矛盾。 □

匹配的策略性问题

在现实中，参与人的偏好通常是私人信息，从而在匹配中可能会出现谎报的策略性问题，即为了获得一个好的匹配结果，参与人有可能会扭曲其真实偏好信息。这一节主要讨论这一策略性问题。

我们采用机制设计方式来讨论匹配中参与人的激励问题。假设参与人 $i \in W \cup M$ 的严格偏好为$\succ_i$。令 $M = \{m_1, \cdots, m_K\}$，$W = \{w_1, \cdots, w_L\}$，所有个体的偏好组合 (preference profile) 为 $\succ = (\succ_{m_1}, \cdots, \succ_{m_K}, \succ_{w_1}, \cdots, \succ_{w_L})$。假设所有可能的偏好集合记为 $\mathcal{P}$，所有可能的匹配集合记为 $\mathcal{M}$。假设有一个直言 (匹配) 机制 $\langle \mathcal{P}, f \rangle$，其中 $f : \mathcal{P} \to \mathcal{M}$，这意味着对每个偏好组合 $\succ$，都有一个匹配 $f(\succ) = \mu \in \mathcal{M}$。

定义 22.2.8 一个直言机制 $\langle \mathcal{P}, f \rangle$ 是**稳定的**，若对于任意 $\succ \in \mathcal{P}$，$\mu = f(\succ)$ 均是一个稳定匹配；一个直言机制 $\langle \mathcal{P}, f \rangle$ 是 **(弱) 帕累托有效的**，若对于任意 $\succ \in \mathcal{P}$，$\mu = f(\succ)$ 均

是 (弱) 帕累托有效的；一个直言机制 $\langle\mathcal{P}, f\rangle$ 是**个体理性的**，若对于任意 $\succ\in\mathcal{P}$，$\mu=f(\succ)$ 均是个体理性匹配。

下面引入激励相容机制的定义。

定义 22.2.9 一个直言机制$\langle\mathcal{P}, f\rangle$是**策略性无关的 (strategy-proof，或译成策略防操纵或无需策略的) 机制**，若满足：

$$f(\succ_i,\succ_{-i})(i)\succeq_i f(\succ_i',\succ_{-i})(i),\ \text{对于}\forall i\in M\cup W, \forall\succ_i,\succ_i'\in\mathcal{P}_i,\succ_{-i}\in\mathcal{P}_{-i}.$$

也就是，说真话是占优策略均衡，或说直接显示机制 $\langle\mathcal{P}, f\rangle$ 按占优策略是激励相容的。

Roth (1982a) 证明了下面的定理。

定理 22.2.8 (罗思不可能性定理, Roth, 1982a) 在一对一的匹配中，没有一个机制能同时满足稳定性和策略性无关。

证明： 证明很简单，只要找到一个反例。下面的例子来自 Abdulkadiroglu 和 Sonmez (2013)，它揭示了不存在一个同时满足稳定性和策略性无关的匹配机制。

考虑由两男两女构成的群体，他们的匹配偏好顺序为：

$$w_1\succ_{m_1}w_2\succ_{m_1}m_1;$$

$$w_2\succ_{m_2}w_1\succ_{m_2}m_2;$$

$$m_2\succ_{w_1}m_1\succ_{w_1}w_1;$$

$$m_1\succ_{w_2}m_2\succ_{w_2}w_2.$$

可以验证，只有两个稳定匹配规则：μ_M，使得 $(m_1,w_1),(m_2,w_2)$ 是其稳定匹配；μ_W，使得 $(m_1,w_2),(m_2,w_1)$ 是其稳定匹配。

下面我们验证在这两个稳定匹配规则下都存在操纵可能性。如果不是，则存在一个稳定和策略性无关的机制 $\langle\mathcal{P}, f\rangle$。考虑两种情形：

（1）当 $f(\succ)=\mu_M$ 时，若 w_1 报告一个虚假偏好 $m_2\succ_{w_1}' w_1\succ_{w_1}' m_1$，则在规则 μ_M 下，$\mu_M(w_1|\succ_{w_1'})=m_2$，可以使 w_1 变得更好；

（2）当 $f(\succ)=\mu_W$ 时，若 m_1 报告一个虚假偏好 $w_1\succ_{m_1}' m_1\succ_{m_1}' w_2$，则在规则 μ_W 下，$\mu_W(m_1|\succ_{m_1}')=w_1$，可以使 m_1 变得更好。 □

下面的推论直接来自上面的罗思不可能性定理。

推论 22.2.1 没有任何稳定匹配机制，使得真实显示偏好是纳什均衡。

前面的罗思不可能性定理揭示了匹配机制的策略性无关与稳定性是冲突的，下面的定理揭示了策略性无关与帕累托有效和个体理性也是冲突的。

定理 22.2.9 (Alcalde 和 Barbera, 1994) 在匹配中，没有一个机制能同时满足帕累托有效、个体理性和策略性无关。

证明： 考虑两男两女的匹配，$M=\{m_1,m_2\}$ 和 $W=\{w_1,w_2\}$。假设 f 是任意一个帕累托有效和个体理性的匹配机制。我们证明它是可操纵的。

考虑下面五种偏好的情形：

情形 1：

$$p^1(m_1)=w_1,w_2,\qquad p^1(w_1)=m_2,m_1;$$
$$p^1(m_2)=w_2,w_1,\qquad p^1(w_2)=m_1,m_2.$$

情形 2：

$$p^1(m_1)=w_1,w_2,\qquad p^1(w_1)=m_2;$$
$$p^1(m_2)=w_2,w_1,\qquad p^1(w_2)=m_1,m_2.$$

情形 3：

$$p^1(m_1)=w_1,w_2,\qquad p^1(w_1)=m_2;$$
$$p^1(m_2)=w_2,w_1,\qquad p^1(w_2)=m_1.$$

情形 4：

$$p^1(m_1)=w_1,\qquad p^1(w_1)=m_2,m_1;$$
$$p^1(m_2)=w_2,w_1,\qquad p^1(w_2)=m_1,m_2.$$

情形 5：

$$p^1(m_1)=w_1,\qquad p^1(w_1)=m_2,m_1;$$
$$p^1(m_2)=w_2,\qquad p^1(w_2)=m_1,m_2.$$

上面五种情形对应的所有个体理性和帕累托有效的匹配机制为：

$$\mu_1^1=\begin{pmatrix} m_1 & m_2 \\ w_1 & w_2 \end{pmatrix},\mu_2^1=\begin{pmatrix} m_1 & m_2 \\ w_2 & w_1 \end{pmatrix};$$

$$\mu_1^2=\begin{pmatrix} m_1 & m_2 & w_1 \\ m_1 & w_2 & w_1 \end{pmatrix},\mu_2^2=\begin{pmatrix} m_1 & m_2 \\ w_2 & w_1 \end{pmatrix};$$

$$\mu^3=\begin{pmatrix} m_1 & m_2 \\ w_2 & w_1 \end{pmatrix};$$

$$\mu_1^4=\begin{pmatrix} m_1 & m_2 \\ w_1 & w_2 \end{pmatrix},\mu_2^4=\begin{pmatrix} m_1 & m_2 & w_2 \\ m_1 & w_1 & w_2 \end{pmatrix};$$

$$\mu^5=\begin{pmatrix} m_1 & m_2 \\ w_1 & w_2 \end{pmatrix}.$$

假设 $f(p^1)=\mu_1^1$。若 $f(p^2)=\mu_2^2$，则 w_1 在 $p^1(w_1)$ 偏好下，有动机谎报偏好为 $p^2(w_1)$；

若 $f(p^2)=\mu_1^2$，则 w_2 在 $p^2(w_2)$ 偏好下，有动机谎报偏好为 $p^3(w_2)$。假设 $f(p^1)=\mu_2^1$。

同样地，如果 $f(p^4)=\mu_1^4$，那么在偏好配置 p^1 下，m_1 会有动机将他的偏好谎报为 $p^4(m_1)$。如果 $f(p^4)=\mu_2^4$，那么在偏好配置 p^4 下，m_2 会有动机将他的偏好谎报为 $p^5(m_2)$。

以上我们穷尽了在满足个体理性和帕累托有效下所有可能的匹配机制，在这些情形下都存在有参与人操纵偏好的激励。 □

由于定理 22.2.9意味着定理 22.2.8，其证明可以视作定理 22.2.8的一个证明。

若只考虑某一方群体的激励问题，下面的定理揭示了稳定性与策略性无关是可以兼容的。

定理 22.2.10 (策略性无关稳定匹配的可能性定理) 在男性最优的稳定匹配中，每个男性说真话 (如实披露偏好) 是一个弱占优策略；在女性最优的稳定匹配中，每个女性说真话 (如实披露偏好) 是一个弱占优策略。

在证明上述结论之前，我们先引入“抵制引理”，这一引理在匹配理论中有很多应用，其证明来自 Gale 和 Sotomayor (1985)。它意味着，若认为个体理性匹配 μ 比男性最优稳定匹配 μ_M 要好的男性的集合非空，则必定存在一个男女配对 (m,w)，抵制了理性匹配 μ，其中 m 更偏爱最优稳定匹配。正式地，我们有如下引理。

引理 22.2.1 (抵制引理) 令 μ 是一个在偏好 $\succ$ 下满足个体理性的匹配，μ_M 是男性群体中最优的稳定匹配，M' 是 M 中更偏好 μ 的男性个体的集合。若 $M'\neq\varnothing$，则存在一个抵制 μ 的配对 (m,w)，其中 $m\in M-M'\equiv M\backslash M'$ 及 $w\in\mu(M')$。

证明： 由于 $\mu\succ_{M'}\mu_M$，因此在 M' 集合中，在 μ_M 下得到配对的必然在 μ 下也得到配对。因此，我们可以分以下两种情形加以讨论。

情形 1: $\mu(M')\neq\mu_M(M')$。于是，存在一个 $w\in\mu(M')-\mu_M(M')$。令 $m'=\mu(w)$ 和 $m=\mu_M(w)$。由于 $m'\in M'$，有 $w\succ_{m'}\mu_M(m')$，这意味着 $m\succ_w m'$，否则 (m',w) 构成了 μ_M 的一个抵制配对，与 μ_M 的稳定性矛盾。由于 $w\notin\mu_M$，$m\notin M'$ 意味着 $w\succ_m\mu(m)$。这样，(m,w) 构成了 μ 的一个抵制配对。

情形 2: $\mu(M')=\mu_M(M')=W'$。考虑由男性发起邀约的延迟接受算法。令 k 为某个女性收到一个在 M 中的男性邀约的最后一个阶段。假设 w 在 k 阶段收到来自 $m'\in M'$ 的邀约，则 $m'=\mu_M(w)$ 和 $w\in W'$。由于所有的女性都曾经拒绝过一个男性，不妨设 m 是 w 在收到 m' 发来的邀约时暂时被 w 接受的男性。我们要证明 (m,w) 构成了 μ 的一个抵制配对。首先，$m\notin M'$。用反证法，若 $m\in M'$，在被 w 拒绝后，m 向某个处于 $k+1$ 阶段的女性邀约，与 w 是 M' 中在 k 阶段最后一个接收到由 M' 群体男性 m' 发来的邀约的女性矛盾。

然而，m 在延迟接受算法上被 w 拒绝意味着 $w\succ_m\mu_M(m)$。由于 $m\notin M'$ 意味着 $\mu_M(m)\succ_m\mu(m)$，因此有 $w\succ_m\mu(m)$。其次，由于 m 是被 w 最后拒绝的男性，这意味着 w 在拒绝 m 之前必然拒绝了 $\mu(w)\neq\mu_M(w)=m'$。这样，(m,w) 构成了 μ 的一个抵制配对。 □

在抵制引理的基础上，我们可以证明一个比定理 22.2.10 更强的结论。

定理 22.2.11 (Demange，Gale 和 Sotomayor，1987) 令 p 是参与人的一个 (可以是非严格的) 偏好序组合，令 $\bar{p}$ 在某些地方与 p 有所不同，其不同之处在于，在 $\bar{p}$ 下存在一个 $M \cup W$ 的子集 A 有激励操纵偏好汇报。则在 $\bar{p}$ 下不存在稳定匹配 μ，使得对任意的稳定匹配 $\hat{\mu}$，都有 $\mu \succ_A \hat{\mu}$。

证明： 反证法。假设在某个非空子集 $A = \bar{M} \cup \bar{W} \subseteq M \cup W$ 中，参与人不真实显示其偏好，且他们在 $\bar{p}$ 下的某个稳定匹配 μ 比在所有 p 下的稳定匹配都更好。若 μ 在 p 下不是个体理性的，比如 $i \succ_{p(i)} \mu(i)$，则 i 一定会谎报，且 $i \in \bar{M}$，与 i 在 μ 中比所有 p 下的稳定匹配都更好矛盾。

假设 μ 在 p 下是个体理性的，显然 μ 在 p 下是不稳定的。现在我们构造一个 (严格) 偏好组合 p' 使得：若任一参与人 i 在偏好 p 下弱偏好于某个匹配对象 j，则在偏好组合 p' 下，i 严格更偏爱 $\mu(i)$。于是有：若 (m, w) 在 p' 下构成对 μ 的抵制配对，则 (m, w) 在 p 下也必然构成对 μ 的抵制配对。由于在 p' 下每个稳定的匹配在 p 下必然也是稳定的，令 μ_M 和 μ_W 是在 (M, W, p') 下的男性和女性最优的稳定匹配，根据对 μ 的假设 (即对于 A 来说比在 p 下所有稳定匹配都更好)，我们有：

$$\mu(m) \succ_m \mu_M(m), \forall m \in \bar{M}; \tag{22.5}$$

$$\mu(w) \succ_w \mu_W(w), \forall w \in \bar{W}. \tag{22.6}$$

若 $\bar{M}$ 不是空集，则根据抵制引理，在式 (22.5) 中有 $\bar{M} \subseteq M'$，从而存在 (m, w) 在 p' 下构成对 μ 的抵制配对，这意味着在 p 下也构成对 μ 的抵制配对，因此满足 $\mu_M(m) \succ_m \mu(m)$ 和 $\mu_M(w) \succ_w \mu(w)$，这就意味着 $m, w \notin A$。他们在 p 下不会谎报他们的偏好，这样在 $\bar{p}$ 下也构成对 μ 的抵制配对，与 μ 是稳定的相矛盾。若 $\bar{M} = \varnothing$，在 $\bar{W} = \varnothing$ 上面的逻辑也是对称的。 □

由定理 22.2.11，立即有以下推论。

推论 22.2.2 (Dubins 和 Freedman，1981；Roth，1982a) 令 p 是参与人的严格偏好组合，μ_M 是男性最优的稳定匹配。令 $\bar{p}$ 是一个与 p 不同的偏好组合，使得在 $\bar{p}$ 下存在一个 M 的子集 A，子集中的成员有激励操纵偏好汇报。则不存在 $\bar{p}$ 下稳定的匹配 μ，使得 $\mu \succ_A \mu_M$。

推论 22.2.2 揭示了，在 μ_M 的匹配下，不存在由一些男性构成的子集可以通过谎报偏好来达到更好的匹配结果。因此，推论 22.2.2 意味着定理 22.2.10。定理 22.2.10 揭示了，对于男性最优的稳定匹配 μ_M，所有男性真实披露信息是弱占优策略；或者对于女性最优的稳定匹配 μ_W，所有女性真实披露信息是弱占优策略。

这个结论也许不难理解，如果男性占主动，发起邀约，其导致的最优稳定配置相对于所有其他稳定配置是最好的，当然就没有其他稳定配置让男性境况变得更好，也就没有必要谎报。下面的推论进一步显示了，由于女性处于受邀的弱势地位，总有些女性不真实显示自己的偏好，有激励假装，如注重打扮、隐藏性格等，以此尽量显露美好的方面，这样的现象在现实中比比皆是。如果女性主动，是邀约方，结论是类似的。所以，约会、找对象最好要主动。

结合罗思不可能性定理 22.2.8，我们会进一步有如下推论。

推论 22.2.3　对于男性最优的稳定匹配 μ_M，在女性群体中至少有成员会谎报其偏好；对于女性最优的稳定匹配 μ_W，在男性群体中至少有成员会谎报其偏好。

22.2.2　多对一匹配

现实中的匹配有许多是关于机构与个体之间的匹配，这种匹配往往是多对一的匹配，比如大学招生、医院与医学毕业生匹配等等。多对一匹配的很多结论可以被看成是一对一匹配结论的直接推广，有些则不同。下面我们以大学入学招生和医学院就业匹配为背景来设定多对一匹配模型。

假设有两类主体，一类称为机构 $H = \{h_1, \cdots, h_n\}$，另一类称为个体 $D = \{d_1, \cdots, d_m\}$。在大学招生的例子中，H 是大学集合，D 就是学生集合；在医学院就业匹配中，H 是医院集合，D 是医学院毕业生的集合。机构 $h \in H$ 从 D 中选择一些对象，其对象数目的上限为 q_h，称为机构 h 的限额；个体 $d \in D$ 最多只能选择一家机构，或者不选。当 $q_h = 1, \forall h \in H$ 时，此时就是一对一匹配。

下面我们讨论机构和个体的偏好，个体的 (严格) 偏好 $\succ_d, d \in D$ 与之前的一对一匹配相同，$p(d)$ 是个体对可接受机构的偏好排序单。然而，机构的偏好在多对一匹配中会更复杂。由于机构对多个个体存在匹配需求，个体之间的关系可能会影响机构的匹配偏好。机构的偏好记为 $\succ_h, h \in H$，而 $p(h)$ 是机构对可接受的个体的偏好排序单。

我们首先定义多对一匹配。

定义 22.2.10　机构 H 和个体 D 构成一个**多对一匹配**$\mu : H \cup D \to 2^{H \cup D}$，若满足下面的关系：

$$\mu(h) \subseteq D,\ \text{且满足: } |\mu(h)| \leqq q_h,\ \forall h \in H;$$

$$\mu(d) \in H,\ \forall d \in D;$$

$$d \in \mu(h)\ \text{当且仅当}\ \mu(d) = h,\ \forall h \in H, d \in D.$$

注意，对 $v \in H \cup D$, $|\mu(v)| = 0$ 意味着 $\mu(v) = \varnothing$，或等价地，v 和自己匹配，即 $\mu(v) = v$。

接下来是多对一稳定匹配的定义。

定义 22.2.11　机构 H 和个体 D 之间的匹配 μ 是**稳定匹配**，若

（1）对 $\mu(h) \neq \{h\}$，有 $\mu(h) \succ_h \{h\}$；

（2）对 $\mu(d) \neq d$，有 $\mu(d) \succ_d d$；

（3）不存在由机构 H 和个体 D 构成的任何联盟 $A \in H \cup D$，以及与联盟相关的匹配 μ'，使得:

$$\mu'(d) \in A, \forall d \in A; \tag{22.7}$$

$$若 d' \in \mu'(h), 则 d' \in A \cup \mu(h), \forall h \in A; \tag{22.8}$$

$$\mu'(d) \succ_d \mu(d), \forall d \in A; \tag{22.9}$$

$$\mu'(h) \succ_h \mu(h), \forall h \in A. \tag{22.10}$$

条件 (1) 和 (2) 意味着稳定匹配首先需满足单位和个体理性。条件 (3) 意味着稳定匹配同时也要抵制任何群体的有利偏离。对群体的有利偏离有如下定义：当 $\mu' \in A$ 是来自 μ 的一个有利偏离时，条件 (22.7) 意味着在联盟中个体 d 的匹配对象来自联盟中的机构；条件 (22.8) 意味着这种偏离对于机构来说，其匹配对象或者来自联盟或者为原来匹配的对象；条件 (22.9) 意味着联盟中的个体在新匹配下境况变得更好；条件 (22.10) 则表示联盟中的机构在新匹配下境况变得更好。这样，这种联盟一方面是可行的，另一方面能给成员带来更高的利益。

若不对机构偏好加以限定，稳定匹配可能不存在。

例 22.2.5 (Roth 和 Sotomayor, 1990) 考虑有两个机构 $H = \{h_1, h_2\}, q_{h_1} = q_{h_2} = 2$ 和三个个体 $D = \{d_1, d_2, d_3\}$ 之间的匹配。假设机构和个体的偏好顺序单如下:

$$p(h_1) = \{d_1, d_3\}, \{d_1, d_2\}, \{d_2, d_3\}, \{d_1\}, \{d_2\};$$
$$p(h_2) = \{d_1, d_3\}, \{d_1, d_2\}, \{d_2, d_3\}, \{d_3\}, \{d_1\}, \{d_2\};$$

$$p(d_1) = h_2, h_1;$$
$$p(d_2) = h_2, h_1;$$
$$p(d_3) = h_1, h_2.$$

考虑所有个体理性的匹配。所有个体都有配对的理性匹配有如下 5 个:

$$\mu_1 = \begin{pmatrix} h_1 & h_2 \\ \{d_1, d_3\} & \{d_2\} \end{pmatrix},$$

它被 $A = \{h_2, d_1\}$ 联盟以及 $\mu'(h_2) = \{d_1, d_2\}, \mu'(d_1) = h_2$ 所抵制;

$$\mu_2 = \begin{pmatrix} h_1 & h_2 \\ \{d_1, d_2\} & \{d_3\} \end{pmatrix},$$

它被 $A = \{h_2, d_1\}$ 联盟以及 $\mu'(h_2) = \{d_1, d_3\}, \mu'(d_1) = h_2$ 所抵制;

$$\mu_3 = \begin{pmatrix} h_1 & h_2 \\ \{d_2, d_3\} & \{d_1\} \end{pmatrix},$$

它被 $A = \{h_2, d_2\}$ 联盟以及 $\mu'(h_2) = \{d_1, d_2\}, \mu'(d_2) = h_2$ 所抵制;

$$\mu_4 = \begin{pmatrix} h_1 & h_2 \\ \{d_1\} & \{d_2, d_3\} \end{pmatrix},$$

它被 $A=\{h_1,d_3\}$ 联盟以及 $\mu'(h_1)=\{d_1,d_3\},\mu'(d_3)=h_1$ 所抵制;

$$\mu_5=\begin{pmatrix} h_1 & h_2 \\ \{d_2\} & \{d_1,d_3\} \end{pmatrix},$$

它被 $A=\{h_1,d_3\}$ 联盟以及 $\mu'(h_1)=\{d_2,d_3\},\mu'(d_3)=h_1$ 所抵制。

此外，若有某个 $d\in D$ 没有得到配对，即 $\mu(d)=d$，则对应的个体理性的匹配不是稳定的。在这种情形下，至少有一个 $h\in H$，$|\mu(h)|\leqq 1$，使得 (d,h) 构成了一个有利的偏离联盟 $\mu'(h)=\mu(h)\cup\{d\}$，以及 $\mu'(d)=h$ 构成了一个有利的偏离。

上面穷尽了所有可能的个体理性匹配，我们都可以找到一个有利的偏离联盟。因此，不存在稳定的匹配。

为了克服在多对一匹配中稳定匹配的非存在性，Roth (1985) 对机构的偏好引入了响应性 (responsiveness) 条件。

定义 22.2.12 (响应性偏好)　机构 H 具有**响应性偏好**，若对 $\succ_h,\forall h\in H$，满足

(i) 对任意 $J\subseteq D,|J|<q_h$，$d\in D\backslash J$，均有:

$$\{d\}\cup J\succ_h J\iff\{d\}\succ_h\varnothing;$$

(ii) 对任意 $J\subseteq D,|J|<q_h$，$d,d'\in D\backslash J$，均有:

$$\{d\}\cup J\succ_h\{d'\}\cup J\iff\{d\}\succ_h\{d'\}.$$

显然，例 22.2.5不满足响应性偏好条件，这是因为对于 h_2，其偏好有 $\{d_1,d_2\}\succ_{h_2}\{d_2,d_3\}$，但 $\{d_3\}\succ_{h_2}\{d_1\}$。

在响应性偏好下，有一个更简单的稳定匹配的定义，同时它与之前的稳定匹配的定义 22.2.11是等价的。

定义 22.2.13　满足响应性偏好的机构 H 和个体 D 之间的匹配 μ 是稳定匹配，若

(i) 对 $\mu(h)\neq\{h\}$，有 $\mu(h)\succ_h\{h\}$。

(ii) 对 $\mu(d)\neq d$，有 $\mu(d)\succ_d d$。

(iii) 不存在抵制配对 (h,d)，使得:

$$h\succ_d\mu(d); \tag{22.11}$$

$$\text{存在}d'\in\mu(h)\text{，满足}\{d\}\succ_h\{d'\}\text{，或}|\mu(h)|<q_h\text{且}\{d\}\succ_h\varnothing. \tag{22.12}$$

现证明定义 22.2.11和定义 22.2.13 是等价的。为此，我们只需证明在定义 22.2.11中 A 和 μ' 的四个条件 (式 (22.7)、式 (22.8)、式 (22.9) 及式 (22.10)) 等价于定义 22.2.13 中 (h,d) 的两个条件 (22.11) 和 (22.12)。

显然，若 μ 存在抵制配对 (h,d)，对应的联盟为 $A=\{h,d\}$。于是，$\mu'(d)=h$，$\mu'(h)=\{d\}\cup\mu(h)\backslash\{d'\}$ 若 $\exists d'\in\mu(h)$ 使得 $\{d\}\succ_h\{d'\}$，以及 $\mu'(h)=\mu(h)\cup\{d\}$ 若 $|\mu(h)|<q_h$ 和 $\{d\}\succ_h\varnothing$。这样，A 和 μ' 满足条件 (22.7)、(22.8)、(22.9) 及 (22.10)。

反之，假定 μ 被 $A = H' \cup D'$ 和 μ' 抵制。若不存在 $d \in D'$ 和 $h \in H'$ 使得 $\mu'(d) = h$，则定义 22.2.13 的条件 (i) 或 (ii) 不满足。若存在 $d \in D'$ 和 $h \in H'$ 使得 $\mu'(d) = h$，则根据响应性偏好条件，必定存在着 $d' \in \mu'(h) \setminus \mu(h)$，使得 (h, d') 是一个抵制配对，即 (h, d') 满足条件 (22.11) 和 (22.12)。

从上面的等价性定义，我们发现在响应性偏好下的多对一匹配的稳定性条件与一对一匹配的稳定性条件非常相似。延迟接受算法同样可以被应用到多对一的匹配上。下面我们介绍机构邀约的延迟接受算法。

定义 22.2.14 (机构邀约的延迟接受算法) 机构邀约延迟接受算法的执行过程如下:

第 1 步: 每个机构 $h \in H$ 向 q_h 个最偏好的个体提出邀约，每个收到邀约的个体选择最偏好的机构发出的邀约而拒绝其他邀约。

第 k 步: 假设在第 $k-1$ 步，机构 h 被个体 d 拒绝，h 对不曾拒绝它的前 q_h 个最偏好的个体发出邀约 (若只有 $x < q_h$ 个此前没有被拒绝的可接受的个体，就邀约这 x 个个体)，每个收到新邀约的个体在新邀约与上个阶段保留的邀约中选择一个最优作为候选人，并拒绝其他邀约。

当没有新邀约出现时，算法停止，每个个体与最后一个阶段邀约对应的机构形成配对。

由个体提出邀约的延迟接受算法与上面也是类似的，每个个体在每个阶段向未拒绝他的最偏好机构提出邀约，收到邀约的机构 h 在可接受个体中选择前 q_h 个最偏好的邀约作为候选人，而拒绝其他。

例 22.2.6 考虑两个机构和两个个体之间的匹配，$H = \{h_1, h_2\}$，$D = \{d_1, d_2\}$，他们的偏好顺序单为:

第22章

$$p(h_1) = \{d_1, d_2\}, \{d_2\}, \{d_1\};$$

$$p(h_2) = \{d_1\}, \{d_2\};$$

$$p(d_1) = h_1, h_2;$$

$$p(d_2) = h_2, h_1.$$

由机构提出邀约的延迟接受算法的匹配为:

$$\mu_H = \begin{pmatrix} h_1 & h_2 \\ d_1 & d_2 \end{pmatrix}.$$

可以验证，在这个例子中，由个体提出邀约的延迟接受算法的匹配 $\mu_D = \mu_H$，是唯一稳定的匹配。

我们可以直接将一对一匹配下关于延迟接受算法稳定性的结论推广到多对一的情形。

定理 22.2.12 由机构 (或者个体) 提出邀约的延迟接受算法的匹配是稳定的。

实际上，很多一对一的结果可以被直接推广到多对一的匹配。下面介绍一个转换，若能证明转换后的一对一匹配的稳定性与多对一匹配的稳定性相同，我们就可以把多对一的匹配问题转变为一对一的匹配问题。

定义 22.2.15 (从多对一到一对一的转换) 可以把多对一的匹配问题转变为一对一的匹配问题，若

（1）将限额为 q_{h_k} 的机构 h_k 分割为 q_{h_k} 的分支机构 $h_k^1, \cdots, h_k^{q_{h_k}}$，使得每个分支机构的限额为 1。每个分支机构的偏好 h_k^i 满足: $\{d\} \succ_{h_k^i} \{d'\}$ 当且仅当 $\{d\} \succ_{h_k} \{d'\}$; $d \succ_{h_k^i} \varnothing$ 当且仅当 $\{d\} \succ_{h_k} \varnothing$。

（2）任意个体 $d \in D$ 对同一机构 h_k 的分支机构的评价相同，排序都为 $h_k^1 \succ_d \cdots \succ_d h_k^{q_{h_k}}$，对不同机构的偏好保持不变。这样，在原先的偏好 $\succ_d$ 中，若 $h_k \succ_d h_l$，则对于这两个机构对应的分支机构的偏好顺序满足 $h_k^i \succ_d h_l^j, \forall i \leqq q_{h_k}, j \leqq q_{h_l}$。

多对一的转换，就是把 q_h 限额的机构 h 分解为 q_h 分支机构，同时赋予个体对机构内部的这些分支一个共同的偏好排序。通过对原来多对一匹配 μ 的转换，使得原来机构与个体之间的匹配 μ 变为一对一的分支机构与个体之间的匹配 $\bar{\mu}$：对任意的 h^i，令 $\bar{\mu}(h^i) = d$，若 $d \in \mu(h)$ 和 $|\{d' : d' \in \mu(h) : \{d'\} \succ_h \{d\}\}| = i - 1$。先给出一个引理。

引理 22.2.2 个体与机构之间的多对一匹配是稳定的，当且仅当在其转换下一对一的对应匹配是稳定的。

证明： 令 μ 是原先 (H, D, p) 的一个匹配，$\bar{\mu}$ 是转换下对应的匹配，使得：

$$\mu(d) = h_k \text{当且仅当存在} j \leqq q_h, \bar{\mu}(d) = h_k^j,$$

$$\bar{\mu}(h_k^j) \in \mu(h_k), \text{或} \bar{\mu}(h_k^j) = \varnothing, \forall j \leqq q_h.$$

我们首先验证 μ 不满足稳定性意味着 $\bar{\mu}$ 也不是稳定的。若 μ 不是个体理性的，即对某个 d 和 h，或有 $d \in \mu(h)$ 和 $\varnothing \succ_h \{d\}$，或有 $d \succ_d \mu(d)$，则显然 $\bar{\mu}$ 不是个体理性的。现假定 (h, d) 构成了 μ 的一个抵制配对，意味着 $h \succ_d \mu(d)$。若存在 $d' \in \mu(h)$，使得 $\{d\} \succ_h \{d'\}$，则存在某个 $i \in \{1, ..., q_h\}$，我们有 $\bar{\mu}(h^i) = d'$。既然 $d \succ_{h^i} d'$ 和 $h^i \succ_d \bar{\mu}(d)$，那么 (d, h^i) 是 $\bar{\mu}$ 的抵制配对。另外，若 $|\mu(h)| < q_h$，则对某个 $j \in \{1, ..., q_h\}$，有 $\bar{\mu}(h^j) = h^j$。于是 (d, h^j) 形成了 $\bar{\mu}$ 的一个抵制配对。

另外，$\bar{\mu}$ 不是稳定的意味着 μ 也不稳定，证明思路类似。 □

在引理 22.2.2 的基础上，许多在一对一匹配下的结论直接可以被推广到多对一的匹配，下面是其中的一些重要结论。

推论 22.2.4 我们有下列推论：

（1）存在对个体的最优稳定匹配 μ_D，即对所有个体 $d \in D$ 来说，μ_D 比其他稳定匹配的结果都更好，且由个体邀约的延迟接受算法所得到的匹配就是 μ_D。

（2）存在对机构的最优稳定匹配 μ_H，即对所有机构 $h \in H$ 来说，μ_H 比其他稳定匹配的结果都更好，且由机构邀约的延迟接受算法所得到的匹配就是 μ_H。

（3）个体最优稳定匹配 μ_D 是机构最不喜欢的稳定匹配；同样，机构最优稳定匹配 μ_H 是个体最不喜欢的稳定匹配。

（4）对任意两个稳定匹配 μ 和 ν，所得到的个体配对集合以及机构配对数目都是相同的，即 $\{d:\mu(d)\neq d\}=\{d:\nu(d)\neq d\},\forall d$ 以及 $|\mu(h)|=|\nu(h)|$。

（5）稳定匹配具有格子 (lattice) 特征，若两个匹配 μ 和 μ' 是稳定的，则 $\lambda=\mu\vee_H\mu',\varphi=\mu\vee_D\mu'$ 也是两个稳定的匹配。

（6）不存在任何个体理性匹配 ν 使得 $\nu(d)\succ_d\mu_D(d),\forall d\in D$。

然而，并不是所有在一对一匹配下的结论都能被推广到多对一匹配。下面的例子揭示了，对于机构来说，可能存在个体理性匹配帕累托占优于最优的稳定匹配。

例 22.2.7 考虑两个机构和两个个体之间的匹配，$H=\{h_1,h_2\}$，$D=\{d_1,d_2\}$，他们的偏好顺序单与例 22.2.6 相同：

$$\begin{aligned}p(h_1)&=\{d_1,d_2\},\{d_2\},\{d_1\};\\p(h_2)&=\{d_1\},\{d_2\};\\p(d_1)&=h_1,h_2;\\p(d_2)&=h_2,h_1.\end{aligned}$$

机构提出邀约的延迟接受算法的匹配为：

$$\mu_H=\begin{pmatrix}h_1&h_2\\d_1&d_2\end{pmatrix}.$$

但下面的 (不稳定) 匹配

$$\nu=\begin{pmatrix}h_1&h_2\\d_2&d_1\end{pmatrix},$$

对于机构来说帕累托占优于 μ_H。

为了证明多对一情形下的匹配的一致性定理，我们需要两个引理 (来自 Knuth, 1976)，第一个被称为分解引理，它在匹配理论中有很多应用。

引理 22.2.3 (分解引理) 假设 μ 和 μ' 是婚姻市场 (M,W,p) 中的两个稳定匹配。令 $M(\mu')=\{m:\mu'(m)\succ_m\mu(m)\}$ 是更喜欢 μ' 匹配的男性集合，同样定义 $W(\mu)$ 为更喜欢 μ 匹配的女性集合，则 μ 和 μ' 是从 $M(\mu')$ 到 $W(\mu)$ 的一一映射。

证明： 根据定义 $m\in M(\mu')$，有 $\mu'(m)\succ_m\mu(m)$，从而 $\mu'(m)\in W$。令 $w=\mu'(m)$。μ 是稳定的意味着 $\mu(w)\succ_w\mu'(w)$，即 $w\in W(\mu)$，从而有 $\mu'(M(\mu'))\subseteq W(\mu)$。

同样，$w\in W(\mu)$ 意味着 $\mu(w)\succ_w\mu'(w)$。令 $\mu(w)=m$，μ' 是稳定的意味着 $\mu'(m)\succ_m\mu(m)$，即 $m\in M(\mu')$，从而有 $\mu(W(\mu))\subseteq M(\mu')$。因此，$\mu$ 和 μ' 是从 $M(\mu')$ 到 $W(\mu)$ 的一一映射。 □

第二个引理刻画了转换匹配下分支机构的配对偏好一致性。

引理 22.2.4 (Roth 和 Sotomayor，1989)　假定 μ 和 μ' 是机构与个体的两个稳定匹配，$\bar{\mu}$ 和 $\bar{\mu}'$ 是转换匹配下相应的稳定匹配。若对 $h \in H$，$\bar{\mu}(h^i) \succ_{h^i} \bar{\mu}'(h^i)$ 对某个 $i \leqq q_h$ 成立，则 $\bar{\mu}(h^j) \succeq_{h^j} \bar{\mu}'(h^j), \forall j \in \{1, ..., q_h\}$。

证明： 我们只需证明，只要 $\bar{\mu}(h^i) \succ_{h^i} \bar{\mu}'(h^i)$ 对 $i < q_h$ 成立，我们就有 $\bar{\mu}(h^{i+1}) \succ_{h^{i+1}} \bar{\mu}'(h^{i+1})$。假定不是，则对 $i < q_h$，有 $\bar{\mu}(h^i) \succ_{h^i} \bar{\mu}'(h^i)$，但是 $\bar{\mu}'(h^{i+1}) \succeq_{h^{i+1}} \bar{\mu}(h^{i+1})$。由前面推论 22.2.4中的结论 (4)，我们有 $\bar{\mu}'(h^i) = d' \in D$。同时，由于 $\bar{\mu}'(h^i) \succ_{h^{i+1}} \bar{\mu}'(h^{i+1})$ (否则 $(h^i, \bar{\mu}'(h^{i+1}))$ 对 $\bar{\mu}'$ 形成一个抵制配对，从而有 $d' \succ_{h^{i+1}} \bar{\mu}'(h^{i+1}) \succeq_{h^{i+1}} \bar{\mu}(h^{i+1})$。由引理 22.2.3，$\bar{\mu}(h^i) \succ_{h^i} \bar{\mu}'(h^i) = d'$ 意味着 $h^i = \bar{\mu}'(d') \succ_{d'} \bar{\mu}(d')$。于是，对满足 $h \succ_{d'} h_1$ 的 h_1，有 $\bar{\mu}(d') = h_1^j$，或对某个 $k > i$，有 $\bar{\mu}(d') = h^k$。无论哪种情况，都有 $h^{i+1} \succ_{d'} \bar{\mu}(d')$。因此，$(d', h^{i+1})$ 对 $\bar{\mu}$ 形成了一个抵制配对，与 $\bar{\mu}$ 的稳定性矛盾。□

于是我们有下面关于多对一匹配的一致性定理。

定理 22.2.13 (一致性定理 (Roth, 1986))　对稳定匹配 μ，若机构 h 没有得到完全配对 $|\mu(h)| < q_h$，则对任意其他稳定匹配 ν，都有 $\mu(h) = \nu(h)$。

证明： 假设 $h \in H$ 满足 $|\mu(h)| < q_h$。根据前面推论 22.2.4中的结论 (4)，$\mu(h^k) = \varnothing$ 当且仅当 $\mu'(h^k) = \varnothing$。若存在某个 $i < q_h$ 使得 $\mu(h^i) \neq \mu'(h^i)$，不妨假设 $\mu(h^i) \succ_h \mu'(h^i)$，这意味着对于所有 $q_h \geqq j > i$ 的 j，都有 $\mu(h^j) \succ_h \mu'(h^j)$。但是，$\mu(h^{q_h}) = \mu'(h^{q_h}) = \varnothing$，矛盾。□

定理 22.2.14 (Roth 和 Sotomayor，1989)　令 μ 和 ν 是机构和个体之间的两个稳定匹配。若对某个机构 $h \in H$，有 $\mu(h) \succ_h \nu(h)$，则对任意 $d \in \mu(h) \setminus \nu(h)$ 和 $d' \in \nu(h) \setminus \mu(h)$，都有 $d \succ_h d'$。

证明： 考虑机构与个体的一对一匹配转换。$\bar{\mu}$ 和 $\bar{\nu}$ 是对应的 μ 和 ν 的稳定匹配。若对某个机构 $h \in H$，有 $\mu(h) \succ_h \nu(h)$，根据定理 22.2.13，则一定有 $|\mu(h)| = |\nu(h)| = q_h$。因此，$\nu(h) \setminus \mu(h) \neq \varnothing$，从而存在 $d' \in \nu(h) \setminus \mu(h)$，$h^i$，$d' = \bar{\nu}(h^i)$，使得 $\bar{\nu}(h^i) \neq \bar{\mu}(h^i)$。根据引理 22.2.4，存在 h^i 使得 $\bar{\nu}(h^i) \succ_h \bar{\mu}(h^i)$。根据引理 22.2.3，有 $h_i \succ_{d'} \bar{\mu}(d')$，这意味着 $h \succ_{d'} \mu(d')$。由于 μ 的稳定性，$\forall d \in \mu(h) - \nu(h)$，我们有 $d \succ_h d'$。□

激励性问题

下面我们讨论个体与机构匹配中的激励性 (偏好真实披露) 问题。通过转换，个体与机构之间的多对一匹配可以转变为一对一匹配。下面的结论是婚姻市场激励性定理的直接推广。

推论 22.2.5 (个体与机构匹配中激励性问题的推论)　以下推论成立：

(1) 在个体与机构的多对一匹配中，不存在任何机制可同时具有策略性无关和稳定性。

第22章

(2) 在个体与机构的多对一匹配中，不存在任何机制可同时具有策略性无关、帕累托有效和个体理性。

(3) 由个体邀约的延迟接受算法是对个体最优的稳定匹配，且每个个体真实披露自己的偏好是一个弱占优策略。

然而，对机构而言，就没有推论 22.2.5中的推论 (3) 所对应的结论，下面是对机构偏好披露的不可能性定理。

定理 22.2.15 不存在任何稳定匹配机制 (即使是对机构而言最优的稳定匹配机制)，可以使得真实披露偏好是机构的弱占优策略。

对这一定理的证明，我们只需要找到一个反例即可。

例 22.2.8 继续考虑例 22.2.7中的两个机构和两个个体之间的匹配，$H = \{h_1, h_2\}$，$D = \{d_1, d_2\}$，他们的偏好顺序单与例 22.2.6 相同:

$$
\begin{aligned}
p(h_1) &= \{d_1, d_2\}, \{d_2\}, \{d_1\};\\
p(h_2) &= \{d_1\}, \{d_2\};\\
p(d_1) &= h_1, h_2;\\
p(d_2) &= h_2, h_1.
\end{aligned}
$$

根据例 22.2.6的分析，唯一的稳定匹配是由机构提出邀约的延迟接受算法的匹配:

$$\mu_H = \begin{pmatrix} h_1 & h_2 \\ d_1 & d_2 \end{pmatrix}.$$

考虑机构 h_1，若它操纵偏好谎报为 $p'(h_1) = \{d_2\}$，即报告只有 d_2 个体才是比与自身匹配更好的对象，则对 $p' = (p'(h_1), p(h_2), p(d_1), p(d_2))$，唯一的稳定匹配为:

$$\mu'_H = \begin{pmatrix} h_1 & h_2 \\ d_2 & d_1 \end{pmatrix}.$$

此时，$\mu'_H(h_1) \succ_{h_1} \mu_H(h_1)$。这样，我们验证了对于机构而言，稳定性和策略性无关存在冲突。

由于机构存在多个匹配对象，对于机构而言，另一种可能的操纵是关于限额报告的扭曲 (在偏好真实披露的情形下)。

定义 22.2.16 匹配机制 f 被称为**限额无操纵的 (non-manipulable via capacities)**，若不存在 $h \in H$ 可以通过操纵限额而获利，即

$$f(p, q'_h, q_{-h})(h) \succ_h f(p, q_h, q_{-h}), \text{对于任意} q'_h < q_h, q_h \text{是} h \text{真实的限额}.$$

下面的定理刻画了机构在限额披露上的激励。

定理 22.2.16　当匹配的机构数和个体数都不低于 2 时，对机构而言的最优稳定匹配机制不是限额无操纵的。

下面我们通过一个例子来验证这一定理。

例 22.2.9　继续考虑例 22.2.8 中两个机构和两个个体之间的匹配，$H=\{h_1,h_2\}$ 和 $D=\{d_1,d_2\}$。根据例 22.2.6 的分析，唯一的稳定匹配，同时也是由机构提出邀约的延迟接受算法的匹配是

$$\mu_H=\begin{pmatrix} h_1 & h_2 \\ d_1 & d_2 \end{pmatrix}.$$

考虑机构 h_1，若它操纵限额汇报为 $q'_{h_1}=1<q_{h_1}$，可以验证，由机构提出邀约的延迟接受算法的匹配是

$$\mu'_H=\begin{pmatrix} h_1 & h_2 \\ d_2 & d_1 \end{pmatrix},$$

从而有 $\mu'_H(h_1)\succ_{h_1}\mu_H(h_1)$，这验证了对于机构而言最优的稳定匹配与限额无操纵会存在冲突。

在这个例子中，由个体邀约的延迟接受算法的匹配是限额无操纵匹配。这是由于，$\mu'_D=\mu_H=\mu_D$。Sonmez (1997) 提出了更一般的与限额相关的激励结论。

定理 22.2.17 (限额操纵定理)　在机构数不低于 2，个体数不低于 3 的匹配中，不存在一个稳定机制，它是限额无操纵的。

我们举一个反例即可。

例 22.2.10　考虑两个机构和三个个体之间的匹配，$H=\{h_1,h_2\}$ 和 $D=\{d_1,d_2,d_3\}$。他们的偏好顺序单为：

$$p(h_1)=\{d_1,d_2,d_3\},\{d_1,d_2\},\{d_1,d_3\},\{d_1\},\{d_2,d_3\},\{d_2\},\{d_3\};$$
$$p(h_2)=\{d_1,d_2,d_3\},\{d_2,d_3\},\{d_1,d_3\},\{d_3\},\{d_1,d_2\},\{d_2\},\{d_1\};$$
$$p(d_1)=h_2,h_1;$$
$$p(d_2)=h_1,h_2;$$
$$p(d_3)=h_1,h_2.$$

假设每个机构有两种可能的限额 $q_h\in\{1,2\},h=h_1,h_2$。下面我们验证，在所有可能的稳定匹配中，机构有激励操纵匹配限额。

考虑下面三种匹配：

$$\mu_1=\begin{pmatrix} h_1 & h_2 \\ \{d_2,d_3\} & \{d_1\} \end{pmatrix},\ \mu_2=\begin{pmatrix} h_1 & h_2 \\ \{d_1,d_2\} & \{d_3\} \end{pmatrix},\ \mu_3=\begin{pmatrix} h_1 & h_2 \\ \{d_1\} & \{d_3\} \end{pmatrix}.$$

第22章

可以验证，当限额汇报为 $q_{h_1}=2$ 和 $q_{h_2}=2$ 时，唯一的稳定匹配为 μ_1；当 $q_{h_1}=2$ 和 $q_{h_2}=1$ 时，有两个稳定匹配 μ_1 及 μ_2；当 $q_{h_1}=1$ 和 $q_{h_2}=1$ 时，唯一的稳定匹配为 μ_3。

此时，稳定匹配机制为：

$$f(p,q_1,q_2)=\mu_1,\ f(p,q_1=1,q_2=1)=\mu_3,\ f(p,q_1=2,q_2=1)\in\{\mu_1,\mu_2\}.$$

当 $f(p,q_1=2,q_2=1)=\mu_1$ 时，有

$$f(p,q_1=1,q_2=1)(h_1)=\mu_3(h_1)=\{d_1\},$$

而 $f(p,q_1=2,q_2=1)(h_1)=\mu_1(h_1)=\{d_2,d_3\}$，且

$$f(p,q_1=1,q_2=1)(h_1)\succ_{h_1} f(p,q_1=2,q_2=1)(h_1).$$

因此，当 $q_{h_2}=1$ 时，若 h_1 的真实限额为 $q_{h_1}=2$，则有动机汇报为 $q'_{h_1}=1$。

当 $f(p,q_1=2,q_2=1)=\mu_2$ 时，$f(p,q_1=2,q_2=1)(h_2)=\mu_2(h_2)=\{d_3\}$，而 $f(p,q_1=2,q_2=2)(h_2)=\mu_1(h_2)=\{d_1\}$，且

$$f(p,q_1=2,q_2=1)(h_2)\succ_{h_2} f(p,q_1=2,q_2=2)(h_2).$$

因此，当 $q_{h_1}=2$ 时，若 h_1 的真实限额为 $q_{h_2}=2$，则有动机汇报为 $q'_{h_2}=1$。

综上所述，所有稳定的匹配机制都不能防止限额操纵。当存在 2 个以上机构时，可以把其他机构的限额限定为零；当存在 3 个以上个体时，可以把其他个体的偏好设定为只喜欢匹配自己。可以把上面的例子推广到超过 2 个机构和 3 个个体之间的匹配。

然而，当个体的数目充分大，且个体的偏好满足延拓最大–最小标准 (extended max-min criterion) 时，Jiao 和 Tian (2015b) 证明了机构邀约的延迟接受匹配机制对机构方来说是弱帕累托有效和策略性无关的。个体数目充分大由下面的额度饱和性 (quota-saturability) 刻画。

第22章

定义 22.2.17 (额度饱和性) 令 $\widetilde{D}$ 是 D 中使得每个机构 $h\in H$ 和个体 $d\in\widetilde{D}$ 相互接受的子集。我们称**额度饱和性**条件成立，若 $|\widetilde{D}|$ 足够大从而使得 $|\widetilde{D}|\geqq\sum_{h\in H}q_h$)，即可供选择和可接受的个体不少于所有机构的总额度 q。

换句话说，额度饱和性意味着有足够多个可接受的个体使得每个机构若愿意的话，都可用完它的限额 q。这样，额度饱和性条件意味着个体市场具有充分竞争性，使得每个机构都可以用完它的限额。

定义 22.2.18 (延拓最大–最小标准) 我们称偏好 $\succ_h$ 满足**延拓最大–最小标准**，若对任何两组 h 可接受的个体集合 $G_1,G_2\in 2^D$，这里 $|G_1|\leqq q_h$ 及 $|G_2|\leqq q_h$，满足

（i）在个体子集上机构的严格偏好 $\succ_h$ 如下：$G_1\succ_h G_2$ 当且仅当 G_2 是 G_1 的真子集，或 $|G_1|\geqq|G_2|$ 及 $\min(G_1)\succ_h\min(G_2)$ (即 h 更偏好 G_1 中最差的个体)，这里 $\min(G_i)$ 表示 G_i 中机构 h 认为最差的个体。

（ii）在个体子集上机构的弱偏好 $\succeq_h$ 如下：$G_1\succeq_c G_2$ 当且仅当 $G_1\succ_c G_2$ 或 $G_1=G_2$。

延拓最大–最小标准的定义意味着机构总是更愿意录用更多可接受的个体，这显然是一个合理的假设，机构现有的设施和资源应该尽可能得到充分利用，如大学在录取学生时要充分利用现有资源，这里“最大”表示了机构总是愿意尽可能匹配更多的个体，“最小”则表示了机构同时也特别关注弱势 (最差) 个体。在对两个不同群体进行排序时，其偏好水平由两个群体中最差个体的优劣来决定。

于是，我们有下面的定理：

定理 22.2.18 (Jiao 和 Tian, 2015b) *假定额度饱和性条件成立，且每个机构的偏好均满足延拓最大–最小标准，则机构邀约的延迟接受算法对机构方来说是弱帕累托有效及策略性无关的 (即机构如实披露其偏好是弱占优策略)。*

定理的证明需要比较大的篇幅，有兴趣的读者可以参考 Jiao 和 Tian (2015b)。

22.2.3　多对多匹配

下面讨论多对多匹配，在现实的机构和个体的匹配中，在不少情形下，个体可能会同时接受多个机构的邀约，比如一个人同时打几份工，或做兼职工作，如担任大学的兼职教授或特聘教授等。多对多匹配的经典例子是顾问与企业之间的匹配，类似的还有上市公司与独立董事之间的匹配等。多对多匹配可以被看成是对多对一匹配的扩展，然而多对多匹配会有一些自身的特性，本节讨论这些新的特性。

首先，我们引入多对多匹配的分析框架。所考虑的经济环境中有两类参与主体：一类被称为机构 $H=\{h_1,\cdots,h_n\}$，另一类被称为个体 $D=\{d_1,\cdots,d_m\}$。参与主体 $a\in H\cup D$ 的严格偏好记为 $\succ_a$，其弱偏好记为 $\succeq_a$，其偏好顺序单记为 $p(a)$，其限额记为 q_a。对于机构而言，$h\in H$ 的偏好 $\succ_h$ 是对所有子集 $S\subseteq D$ 都满足 $|S|\leqq q_h$ 的一个偏好序关系，这里 $|\varnothing|=0$，且有 $\varnothing\succ_h S,\forall|S|>q_h$；类似地，对于个体，$d\in D$ 的偏好 $\succ_d$ 是对所有子集 $S\subseteq H$ 都满足 $|S|\leqq q_d$ 的一个偏好序关系。记 $p=p(a)_{a\in H\cup D}$ 为偏好顺序单组合。若 $|q_d|=1,\forall d\in D$，多对多匹配就退化为多对一匹配。

我们现在定义 H 与 D 的多对多匹配 μ。

定义 22.2.19 (多对多匹配) 机构 H 和个体 D 构成一个**多对多匹配**$\mu:H\cup D\rightarrow 2^{H\cup D}$，若满足下列关系：

$$\mu(h)\subseteq D \text{ 和 } |\mu(h)|\leqq q_h,\ \forall h\in H;$$

$$\mu(d)\subseteq H \text{ 和 } |\mu(d)|\leqq q_d,\ \forall d\in D;$$

$$d\in\mu(h) \text{ 当且仅当 } h\in\mu(d),\forall d\in D,h\in H.$$

同样，对 $a\in H\cup D$，若 $\mu(a)=\varnothing$，则 a 与她自己相匹配，于是也可以记为 $\varnothing\in H\cup D$。

与前面类似，对于多对多匹配，我们重点关注匹配的稳定性、效率以及策略性等问题。

在多对多匹配中，我们也可以定义匹配的个体理性的概念。

定义 22.2.20 匹配 μ 是**个体理性的**，若对于任意的 $a \in H \cup D$，以及任意的 $A \subseteq \mu(a)$，都有 $\mu(a) \succeq_a A$，或者有：

$$\mu(a) = C_a(\mu(a), \succ_a), \forall a \in H \cup D,$$

其中，C_a 是参与者 a 的理性选择。

这里的个体理性的概念更强，在前面定义的个体理性，我们只要求 $\mu(a) \succeq_a \varnothing, \forall a \in H \cup D$。同样可以定义关于匹配 μ 的抵制配对 (h, d)，若满足

$$h \notin \mu(d),$$
$$h \in C_d(\mu(d) \cup \{h\}, \succ_d),$$
$$d \in C_h(\mu(h) \cup \{d\}, \succ_h).$$

在多对多匹配下有多种关于匹配稳定性的概念，我们首先介绍成对稳定的概念。

定义 22.2.21 (成对稳定) H 与 D 之间的一个多对多匹配 μ 被称为**成对稳定的** **(pairwise stable)**，若 μ 是个体理性的，且不存在 μ 的任何抵制配对 (h, d)。

记 $S(p)$ 是在偏好顺序单组合为 p 下所有成对稳定的匹配集合。

下面我们给出另一个稳定性的概念，即核的概念。

定义 22.2.22 (多对多匹配的核) H 与 D 之间的一个多对多匹配 μ 被称为**在核中**，若不存在任何联盟 $A \subseteq H \cup D, A \neq \varnothing$ 和一个匹配 μ'，满足：

$$\mu'(a) \subseteq A, \ \forall a \in A;$$
$$\mu'(a) \succeq_a \mu(a), \ \forall a \in A;$$
$$\mu'(a) \succ_a \mu(a), \ \exists a \in A.$$

第22章

记 $C(p)$ 是在偏好序组合为 p 下所有在核中的匹配集合。

在前面的多对一匹配中，Roth (1985) 为了确保多对一匹配中存在稳定匹配，引入了响应性条件。类似地，对多对多匹配也可以定义响应性条件。

定义 22.2.23 (响应性偏好) 机构 H 和个体 D 具有**响应性偏好**，若

（1）对 $h \in H$，满足：

对任意 $J \subseteq D, |J| < q_h$，$d \in D \backslash J$，都有：

$$\{d\} \cup J \succ_h J \iff \{d\} \succ_h \varnothing,$$

对任意 $J \subseteq D, |J| < q_h$，$d, d' \in D \backslash J$，都有：

$$\{d\} \cup J \succ_h \{d'\} \cup J \iff \{d\} \succ_h \{d'\};$$

（2）对 $d \in D$, 也有类似的条件。

在响应性偏好下，多对一成对稳定的匹配是在核中的配置。然而，这一结论并不能被拓展到多对多匹配中。下面的例子来自 Roth 和 Sotomayor (1990，p.177)。

例 22.2.11　考虑三个企业 $\{h_1, h_2, h_3\}$ 和三个工人 $\{d_1, d_2, d_3\}$ 之间的匹配，每个参与者的额度都是 2。假设他们的偏好顺序单如下：

$$p(h_1) = \{d_1, d_2\}, \{d_2, d_3\}, \{d_1\}, \{d_2\}, \{d_3\};$$

$$p(h_2) = \{d_2, d_3\}, \{d_1, d_3\}, \{d_2\}, \{d_1\}, \{d_3\};$$

$$p(h_3) = \{d_1, d_3\}, \{d_1, d_2\}, \{d_3\}, \{d_1\}, \{d_2\};$$

$$p(d_1) = \{h_1, h_2\}, \{h_2, h_3\}, \{h_1\}, \{h_2\}, \{h_3\};$$

$$p(d_2) = \{h_2, d_3\}, \{h_1, d_3\}, \{h_2\}, \{h_1\}, \{h_3\};$$

$$p(d_3) = \{h_1, h_3\}, \{h_1, h_2\}, \{h_3\}, \{h_1\}, \{h_2\}.$$

此时唯一的成对稳定匹配为：

$$\mu(h_i) = d_i, i = 1, 2, 3.$$

然而，μ 会被下面的 μ' 严格占优，即 $\mu'(a) \succ \mu(a), \forall a \in H \cup D$，

$$\mu'(h_1) = \{d_2, d_3\}, \mu'(h_2) = \{d_1, d_3\}, \mu'(h_3) = \{d_1, d_2\},$$
$$\mu'(d_1) = \{h_2, h_3\}, \mu'(d_2) = \{h_1, h_3\}, \mu'(d_3) = \{h_1, h_2\}.$$

在上面的例子中，成对稳定的匹配不在核中，同时在核中的匹配也不是成对稳定的匹配。下面的例子 (来自 Echenique 和 Oviedo，2006) 表明在核中的配置甚至不是个体理性的。

例 22.2.12　考虑三个企业 $\{h_1, h_2, h_3\}$ 和三个工人 $\{d_1, d_2, d_3\}$ 之间的匹配，每个参与者的额度都是 2。假设他们的偏好顺序单 (不满足响应性条件) 由如下描述给出：

$$p(h_1) = \{d_3\}, \{d_2, d_3\}, \{d_1, d_3\}, \{d_1\}, \{d_2\};$$

$$p(h_2) = \{d_1\}, \{d_1, d_3\}, \{d_1, d_2\}, \{d_2\}, \{d_3\};$$

$$p(h_3) = \{d_2\}, \{d_1, d_2\}, \{d_2, d_3\}, \{d_3\}, \{d_1\};$$

$$p(d_1) = \{h_3\}, \{h_2, h_3\}, \{h_1, h_3\}, \{h_1\}, \{h_2\};$$

$$p(d_2) = \{h_1\}, \{h_1, h_3\}, \{h_1, h_2\}, \{h_2\}, \{h_3\};$$

$$p(d_3) = \{h_2\}, \{h_1, h_2\}, \{h_2, h_3\}, \{h_3\}, \{h_1\}.$$

考虑下面的匹配 $\mu : \mu(d_1) = \{h_2, h_3\}$，$\mu(d_2) = \{h_1, h_3\}$，$\mu(d_3) = \{h_1, h_2\}$，这个匹配是一个在核中的匹配。这是因为当存在一个联盟 A 以及另外一个匹配 μ' 时，若 $h_1 \in A$ 且 $\mu'(h_1) \succ_{h_1} \mu(h_1)$，则意味着 $w_3 \in A$ 且 $w_2 \notin \mu'(h_1) \subseteq A$。若要使得 $w_3 \in A$ 在匹配 μ' 下利益不下降，则意味着 $h_2 \in A$；若要使得 h_2 在匹配 μ' 下利益不下降，则意味着 $d_1 \in A$，进而意味着 $h_3 \in A$，这与 $w_2 \in A$ 矛盾。根据 $\{h_1, h_2, h_3\}$ 和 $\{d_1, d_2, d_3\}$ 中每个参与人偏好的对称性，以及匹配 μ 的对称性，容易验证，对任意的 $a \in H \cup D$，当 $a \in A$ 且 $\mu'(a) \succ_a \mu(a)$ 时，都会导致类似的矛盾。

然而，这一匹配 μ 不满足前面的个体理性的定义，因为

$$\mu(h_1)=\{d_2,d_3\}\neq C_{h_1}(\mu(h_1),\succ_{h_1})=\{d_3\}.$$

这里在多对多匹配中的个体理性要求，机构可以按自己的意愿选择雇用的个体，h_1可以解聘 d_2 而只保留 d_3。

为了使得匹配在保持核特性下具有个体理性，下面我们引入另外一个关于稳定性的概念。

定义 22.2.24 (个体理性核) 我们称多对多匹配 μ 满足**个体理性核**性质，若它满足个体理性和核性质。记 $IRC(p)$ 是在偏好顺序单组合为 p 下所有个体理性核的匹配集合。

在多对多匹配中，还有一个重要的稳定性概念，即集合稳定匹配 (setwise stable matching)。

定义 22.2.25 (集合稳定匹配) 我们称多对多匹配 μ 为**集合稳定匹配**，若它是个体理性的，且不存在任何抵制集合 (A,μ')，其中 $\varnothing\neq A\subseteq H\cup D$，满足:

$$\mu'(a)\backslash\mu(a)\subseteq A,\ \forall a\in A; \tag{22.13}$$

$$\mu'(a)\succ_a\mu(a)\subseteq A,\ \forall a\in A; \tag{22.14}$$

$$\mu'(a)=C_a(\mu'(a),\succ_a),\ \forall a\in A. \tag{22.15}$$

记 $SW(p)$ 是在偏好组合为 p 下所有集合稳定的匹配集合。

集合稳定匹配与个体理性核匹配的区别主要体现为两点：第一，抵制集合 (22.13) 只要求新的匹配 μ' 中新加入成员来自偏离联盟 A，并不要求所有的匹配成员都来自偏离联盟。第二，新的匹配要求具有个体理性 (22.15)，这意味着加入偏离联盟 A 的成员不会有动机离开联盟。

Echenique 和 Oviedo (2006) 提出了另外一个新的稳定性概念，被称为强成对稳定匹配，记 $SS(p)$ 是在 p 下的所有强成对稳定匹配集合。

定义 22.2.26 (强成对稳定匹配) 我们称多对多匹配 μ 为**强成对稳定 (strong pairwise stable) 匹配**，若它是个体理性的，且不存在任何 $(\hat{D},h)$ 抵制 μ，$\hat{D}\subseteq D,h\in H$，使得:

$$\hat{D}\cap\mu(h)=\varnothing,\ \hat{D}\subseteq C_h(\mu(h)\cup\hat{D},\succ_h);$$

$$h\in C_d(\mu(d)\cup\{h\},\succ_d),\ \forall d\in\hat{D}.$$

显然，强成对稳定匹配意味着成对稳定匹配。

Echenique 和 Oviedo (2006) 引入了一个不动点的算法，来刻画匹配稳定性的特征。

我们称 $v=(v_H,v_D)$，其中 $v_H:H\to 2^D, v_D:D\to 2^H$，为**前匹配** (pre-matching)，所有的前匹配集合记为 $\mathcal{V}$。由前匹配 v 出发，分别定义两个集合：

$$U(h,v)=\{d\in D:h\in C_d(v(d)\cup\{h\},\succ_d)\}; \tag{22.16}$$

$$V(d,v)=\{h\in H:d\in C_h(v(h)\cup\{d\},\succ_h)\}. \tag{22.17}$$

由上面的式 (22.16) 和式 (22.17) 定义的 $U(h,v)$ 和 $V(d,v)$ 分别表示愿意在 $v(d)$ 上选择 h 的所有个体 d 的集合，以及愿意在 $v(h)$ 上选择 d 的所有机构 h 的集合。从这两个集合出发，我们定义一个不动点算法 $T:\mathcal{V}\to\mathcal{V}$:

$$Tv(a)=\begin{cases}C_a(U(a,v),\succ_a) & \text{若}a\in H;\\ C_a(V(a,v),\succ_a) & \text{若}a\in D.\end{cases}$$

T 算法的一个直观解释是：$(Tv)(h)$ 是在所有愿意选择机构 h 的个体中 h 最喜欢的个体组合；类似地，$(Tv)(d)$ 是在所有愿意选择个体 d 的机构中 d 最喜欢的机构组合。

给定参与者的偏好顺序单组合 p，所有 T 算法的不动点记为 $\mathcal{E}(p)=\{v:v=TV\}$。有两个重要的前匹配 v_0 和 $v_1: v_0(h)=v_1(d)$，$v_0(d)=H$，以及 $v_1(h)=W$, $\forall d\in D,\forall h\in H$。

正如前面在讨论多对一的匹配中，并不是在所有偏好下都存在稳定的匹配，Echenique 和 Oviedo (2006) 引入了替代性和强替代性的条件，以确保上面的稳定匹配成立，同时刻画了上面这些稳定匹配之间的关系。

定义 22.2.27 (替代性)　我们称偏好组合 p 具有**替代性**，若对于任意的 $a\in H\cup D$ 及任意的 $S\subseteq S'$，$b\in C_a(S'\cup b,p(a))$ 意味着 $b\in C_a(S\cup b,p(a))$。

定义 22.2.28 (强替代性)　我们称偏好组合 p 具有**强替代性**，若对于任意的 $a\in H\cup D$ 及任意的 S 和 S'，$S'\succ_a S$，$b\in C_a(S'\cup b,p(a))$ 意味着 $b\in C_a(S\cup b,p(a))$。

可以验证强替代性意味着替代性：假设 $S\subseteq S'$，$b\in X=C_a(S'\cup\{b\},p(a))$，这意味着 $X=C_a(X,p(a))$。由于 $S\cup b\subseteq S'\cup b$，于是 $X\succeq_a S\cup b$。当 $X=S\cup b$ 时，则意味着 $b\in S\cup b=C_a(S\cup b,p(a))$；当 $X\succ_a S\cup b$ 时，根据强替代性，此时有 $b\in C_a(S\cup b,p(a))$。

下面讨论在替代性以及强替代性下匹配稳定的存在性以及各种稳定性之间的关系。

定理 22.2.19　下面的结论成立：

1. $\mathcal{E}(p)\subseteq SS(p)\subseteq S(p)$.
2. 若 $p(D)$ 是可替代的，则：
$$SW(p)=\mathcal{E}(p).$$
3. 若 p 是可替代的，则：
$$\varnothing\neq\mathcal{E}(p)=S(p).$$
4. 若 $p(H)$ 是可替代的，且 $p(D)$ 是强可替代的，则：
$$\varnothing\neq SW(p)=\mathcal{E}(p)\subseteq IRC(p).$$

定理的证明篇幅较长，对细节感兴趣的读者可以阅读 Echenique 和 Oviedo (2006) 的证明原文。

尽管多对多匹配是多对一匹配的推广，然而从多对一匹配到多对多匹配的任何一个细小的变化都会使得匹配结果发生很大的变化，下面的例子说明了这一现象。

例 22.2.13 假设机构的集合为 $H=\{h_1,\cdots,h_K,\bar{h}\}$,个体的集合为 $D=\{\bar{d},d_1,\cdots,d_{2K}\}$。假设个体的偏好顺序单为:

$$p(d_k):h_1,\cdots,h_K,\bar{h},\ k=1,\cdots,2K;$$
$$p(\bar{d}):\{h_1,\bar{h}\},\ \{\bar{h}\},\{h_1\}.$$

假设机构的偏好顺序单为:

$$p(h_k):\{d_{2k-2},d_{2k-1}\},\{d_{2k-1},d_{2k}\},\ \{d_{2k},\bar{d}\},k=2,\cdots,K;$$
$$p(h_1):\{d_1,\bar{d}\},\ \{d_1,d_2\};$$
$$p(\bar{h}):\bar{d},\ h_1,\cdots,h_K.$$

由于 $|q_{\bar{d}}|=2$,这是多对多匹配。若 $|q_{\bar{d}}|=1$,$\bar{d}$ 所对应的偏好顺序单为:$p'(\bar{d}):\{\bar{h}\},\{h_1\}$,此时就成为多对一匹配。容易验证,当偏好顺序单组合为 $(p'(\bar{d}),p_{-\bar{d}})$ 时,多对一唯一的成对稳定匹配为 $\mu(p'(\bar{d}),p_{-\bar{d}})=\mu'$:

$$\mu'=\begin{pmatrix} h_1 & h_2 & \cdots & h_k & \cdots & h_K & \bar{h} \\ \{d_1,d_2\} & \{d_3,d_4\} & \cdots & \{d_{2k-1},d_{2k}\} & \cdots & \{d_{2K-1},d_{2K}\} & \bar{d} \end{pmatrix}.$$

在偏好顺序单为 p 下,多对多唯一的成对稳定匹配 $\mu(p(\bar{d}),p_{-\bar{d}})=\mu$ 为:

$$\mu=\begin{pmatrix} h_1 & h_2 & \cdots & h_k & \cdots & h_K & \bar{h} \\ \{\bar{d},d_1\} & \{d_2,d_3\} & \cdots & \{d_{2k-2},d_{2k-1}\} & \cdots & \{d_{2K-2},d_{2K-1}\} & \bar{d} \end{pmatrix}.$$

对于多对多匹配的激励性问题,显然在一般性偏好下,多对一匹配中的不可能性命题对于多对多匹配依然适用,比如不存在对机构而言的激励相容的稳定匹配机制。然而对偏好施加约束以后,同时加上别的一些条件,可能会存在对于机构而言激励相容的稳定匹配机制。在同样的假设下,Jiao 和 Tian (2017) 在多对多匹配情形下,证明了机构邀约的延迟接受算法对机构来说是弱帕累托有效和策略性无关的。为了证明这些结果,Jiao 和 Tian (2015b) 首先在延拓最大–最小标准假设下将抵制引理 22.2.1 推广到多对一匹配,而 Jiao 和 Tian (2017) 在额度饱和性和延拓最大–最小标准假设下将抵制引理推广到多对多匹配。

定理 22.2.20 (Jiao 和 Tian, 2017) 假定机构的额度饱和性条件成立,且每个经济人 (每个机构和每个个体) 的偏好均满足延拓最大–最小标准,则对机构方而言最优的稳定匹配是弱帕累托有效的及策略性无关的 (即机构如实披露其偏好是弱占优策略)。

该定理的证明细节请参考他们的原文。

22.2.4 转移支付下的匹配

尽管价格机制在匹配问题上通常不起主导作用,但在现实中,转移支付的可能性在一定程度上也会影响机构与个体之间的匹配结果。比如,工资往往作为企业与工人匹配过程中的某个条件，但显然不会是唯一的条件，因为对于任何一方而言，匹配对象是不同质的。这样，若在个体与机构之间的多对一匹配中引入转移支付，这将拓宽前面讨论的个体与机构之间匹配的应用范围。比如大学入学招生以及研究生招生中，一些大学或研究机构会提供奖学金来影响大学与学生之间的匹配。Kelso 和 Crawford (1982) 最早讨论了结合转移支付的匹配。现在我们重点介绍 Kelso 和 Crawford (1982) 的工资动态调整过程分析。

在下面的模型中，每个企业 (机构) 和工人 (个体) 不仅关心他们的匹配对象是谁，而且关心他们之间的转移支付，即工人的工资，使市场匹配的结果不仅包括企业和工人的配对，同时也包括匹配中收益在企业 (利润) 和工人 (工资) 中的分配。

假设企业的集合为 $H=\{h_1,\cdots,h_n\}$，工人的集合为 $D=\{d_1,\cdots,d_m\}$。下面我们刻画在引入转移支付后企业和工人的匹配偏好与效用。

工人 $d\in D$ 在与 $h\in H$ 的匹配中得到工资 s_d 的效用记为 $u_{dh}(s_d)$。若工人 d 没有得到工作，其效用为 u_{d0}。令 $\underline{s}_{dh}$ 是工人 d 接受企业 h 匹配 (雇用) 的最低工资，即 $u_{dh}(\underline{s}_{dh})=u_{d0}$。假设工资选择空间是非负整数，不同工资的最小差异 (即工资调整的最小幅度) 为 1。令 $\underline{\boldsymbol{s}}_d=(\underline{s}_{dh_1},\cdots,\underline{s}_{dh_n})$ 是工人 d 的最低意愿工资向量。

对于企业 $h\in H$ 来说，为简化起见，假设不存在雇用限额，雇用到的工人的集合为 $A\subseteq D$，给企业 h 带来的 (用货币度量的) 收益为 $y^h(A)$。下面是对企业匹配收益的一些假设：

$$y^h(\varnothing)=0,\forall h\in H; \tag{22.18}$$

$$y^h(A\cup\{d\})-y^h(A)\geqq \underline{s}_{dh},\forall d\notin A,\forall A\subseteq D,\forall h\in H. \tag{22.19}$$

假设 (22.19) 意味着，对每个企业 h，引入任何一个工人带来的边际收入增加都不低于给工人的最低接受工资。这一假设的限制并不强，只是为了讨论的方便。若某个工人给某个企业带来的边际产出不如其最低意愿工资，企业雇用该工人可以理解为让工人完全自由，且工资为零，或者说只是名义上的雇用。

在上面的设定中，不存在失业，因为工人加入某个企业对于双方而言是帕累托改进。一个转移支付下的匹配为 $(\mu,\boldsymbol{s},\pi)$，工人 d 与 $\mu(d)$ 匹配，$\mu(h)$ 表示 h 雇用的工人集合，$(\mu(h_1),\cdots,\mu(h_n))$ 是对 D 的一个分割；$d\in\mu(h)$ 的工资为 s_d，企业 h 的利润为：$\pi_h=y^h(\mu(h))-\sum_{d\in\mu(h)}s_d$。

同样，一个匹配 $(\mu,\boldsymbol{s},\pi)$ 是个体理性的，若

$$s_d\geqq \underline{s}_{d\mu(d)},\forall d\in D,$$

$$\pi_h\geqq 0,\forall h\in H.$$

下面我们定义转移支付下稳定匹配的概念，Kelso 和 Crawford (1982) 采用了“核”的稳定概念。

定义 22.2.29 (转移支付下的核匹配)　一个转移支付下的匹配 $(\mu,\boldsymbol{s},\pi)$ 满足**核性质**，若它是个体理性的，且不存在一组 $(h,A,\boldsymbol{r}),h\in H,A\subseteq D$，$\boldsymbol{r}$ 是一个非负整数的工资向

量，使得

$$y^h(A) - \sum_{d\in A} r_d > \pi_h, \tag{22.20}$$

$$u_{dh}(r_d) > u_{d\mu(d)}(s_d). \tag{22.21}$$

若存在满足上面条件 (22.20) 和 (22.21) 的匹配，(h, A, r) 则被称为是匹配 $(\mu, \boldsymbol{s}, \pi)$ 的一个抵制联盟。不等式 (22.20) 表示通过支付工资 $\boldsymbol{r}$ 雇用 A 的工人可以获得更高的利润；不等式 (22.21) 表示，在 h 企业中获得工资 $\boldsymbol{r}$ 比匹配 $(\mu, \boldsymbol{s}, \pi)$ 带来更高的效用。

与之前的机构和个体的匹配类似，若不对企业的产出施加限制，稳定的匹配可能不存在。下面的例子刻画了没有稳定匹配的情形。

例 22.2.14 考虑一个包含两个企业、两个工人的经济。两个企业的产出函数如下：

$$y^{h_1}(\{d_1\}) = 4, \qquad y^{h_2}(\{d_1\}) = 8;$$
$$y^{h_1}(\{d_2\}) = 1, \qquad y^{h_2}(\{d_2\}) = 5;$$
$$y^{h_1}(\{d_1, d_2\}) = 10, \qquad y^{h_2}(\{d_1, d_2\}) = 9.$$

假设工人只关心工资，而不关心雇用的企业。对工人 d 和雇用的企业 h，工人的效用函数为 $u_{dh}(s_d) = s_d$，$\underline{s}_{dh} = 0$。没有失业的所有可能配对是以下四种情形：

$$\mu_1 = \begin{pmatrix} h_1 & h_2 \\ \{d_1, d_2\} & \varnothing \end{pmatrix}, \mu_2 = \begin{pmatrix} h_1 & h_2 \\ \varnothing & \{d_1, d_2\} \end{pmatrix},$$

$$\mu_3 = \begin{pmatrix} h_1 & h_2 \\ \{d_1\} & \{d_2\} \end{pmatrix}, \mu_4 = \begin{pmatrix} h_1 & h_2 \\ \{d_2\} & \{d_1\} \end{pmatrix}.$$

我们现验证不存在任何配置 $(\boldsymbol{s}, \pi)$，使得 $(\mu_i, \boldsymbol{s}, \pi)$ 满足核性质。

考虑 μ_1: $\boldsymbol{s} = (s_{d_1}, s_{d_2})$，$\pi_{h_1} = 10 - s_{d_1} - s_{d_2}$，$\pi_{h_2} = 0$，则 $(h_2, \{d_1\}, r_{d_1} = s_{d_1} + 1)$，或者 $(h_2, \{d_2\}, r_{d_2} = s_{d_2} + 1)$ 构成了 (μ_1, s, π) 的一个抵制。否则，需要满足 $0 = \pi_{h_2} \geqq 8 - s_{d_1} - 1$，同时 $0 = \pi_{h_2} \geqq 5 - s_{d_2} - 1$，这意味着 $s_{d_1} + s_{d_2} \geqq 11$，从而 $\pi_{h_1} = 10 - s_{d_1} - s_{d_2} \leqq -1$，与 $(\mu_i, \boldsymbol{s}, \pi)$ 满足个体理性相矛盾。

考虑 μ_2: $\boldsymbol{s} = (s_{d_1}, s_{d_2})$，$\pi_{h_1} = 0$，$\pi_{h_2} = 9 - s_{d_1} - s_{d_2}$。若 $(\mu_1, \boldsymbol{s}, \pi)$ 不被 $(h_2, \{d_1\}, r_{d_1} = s_{d_1} + 1)$ 或者 $(h_2, \{d_2\}, r_{d_2} = s_{d_2} + 1)$ 抵制，需要满足 $9 - s_{d_1} - s_{d_2} = \pi_{h_2} \geqq 8 - s_{d_1} - 1$，同时 $9 - s_{d_1} - s_{d_2} = \pi_{h_2} \geqq 5 - s_{d_2} - 1$，这意味着 $s_{d_1} + s_{d_2} \geqq 7$。然而，$(h_1, \{d_1, d_2\}, r_{d_1} = s_{d_1} + 1, r_{d_2} = s_{d_2} + 1)$ 构成了一个抵制，否则需要满足：

$$10 - s_{d_1} - s_{d_2} - 2 \leqq \pi_{h_1} = 0,$$

这意味着 $s_{d_1} + s_{d_2} \geqq 8$，矛盾。

考虑 μ_3: $\boldsymbol{s} = (s_{d_1}, s_{d_2})$，$\pi_{h_1} = 4 - s_{d_1}$，$\pi_{h_2} = 5 - s_{d_2}$，则 $(h_1, \{d_1, d_2\}, r_{d_1} = s_{d_1} + 1, r_{d_2} = s_{d_2} + 1)$ 或者 $(h_2, \{d_1\}, r_{d_1} = s_{d_1} + 1)$ 构成了 $(\mu_1, \boldsymbol{s}, \pi)$ 的一个抵制。否则，需要满足：

$$4 - s_{d_1} = \pi_{h_1} \geqq 10 - s_{d_1} - s_{d_2} - 2 \leqq \pi_{h_1},$$

$$5 - s_{d_2} = \pi_{h_2} \geqq 8 - s_{d_1} - 1 \leqq \pi_{h_1},$$

从而 $s_{d_2} \geqq 4$ 和 $s_{d_1} \geqq 6$，于是有 $\pi_{h_1} = 4 - s_{d_1} \leqq -2$，与 $(\mu_i, \boldsymbol{s}, \pi)$ 满足个体理性相矛盾。

考虑 μ_4: $\boldsymbol{s} = (s_{d_1}, s_{d_2}), \pi_{h_1} = 1 - s_{d_2}, \pi_{h_2} = 8 - s_{d_1}$，则 $(h_1, \{d_1, d_2\}, r_{d_1} = s_{d_1} + 1, r_{d_2} = s_{d_2} + 1)$ 或者 $(h_2, \{d_2\}, r_{d_1} = s_{d_1} + 1)$ 构成了 $(\mu_1, \boldsymbol{s}, \pi)$ 的一个抵制。否则，需要满足：

$$1 - s_{d_2} = \pi_{h_1} \geqq 10 - s_{d_1} - s_{d_2} - 2 \leqq \pi_{h_1},$$

$$8 - s_{d_1} = \pi_{h_2} \geqq 5 - s_{d_2} - 1 \leqq \pi_{h_1},$$

从而有 $s_{d_1} \geqq 1$ 和 $s_{d_2} \geqq 3$。这样，$\pi_{h_1} = 1 - s_{d_2} \leqq -2$，与 $(\mu_i, \boldsymbol{s}, \pi)$ 满足个体理性相矛盾。

在这个例子中，h_1 企业的产出反映了规模报酬递增，或者两个员工在企业 h_1 具有互补性，这种互补性会造成匹配稳定性的丧失。企业 h_1 不能同时做到既能吸引工人而又不让工人被对方企业 h_2 挖走，而且能获利。为了使得企业与工人之间的匹配存在稳定解，Kelso 和 Crawford (1982) 引入了替代性的条件。

现引入企业选择集合的概念。定义 $M^h(\boldsymbol{s})$ 是下面最优化问题 $\max_{A \subseteq D}[y^h(A) - \sum_{d \in A} s_d]$ 解的集合，即在工资 $\boldsymbol{s}$ 下对于工人集合最优选择的集合。令 $C^h(\boldsymbol{s}) \subseteq M^h(\boldsymbol{s})$ 是其中的一个解。

定义 22.2.30 (总替代性)　对任意企业 $h \in H$，h 的雇用具有**总替代性** (gross substitutability)，若只要 $C^h(\boldsymbol{s}) \subseteq M^h(\boldsymbol{s})$，$\boldsymbol{s}' \geqq \boldsymbol{s}$，就存在某个 $C^h(\boldsymbol{s}') \subseteq M^h(\boldsymbol{s}')$，且 $C^h(\boldsymbol{s}') \subseteq C^h(\boldsymbol{s})$。

雇用总替代性是说，若工人 d 在工资 $\boldsymbol{s}$ 下被企业 h 雇用，当其他工人 d' 的工资提高到 $s'_{d'} > s_{d'}$ 时，工人 d 在工资 $\boldsymbol{s}'$ 下仍然会被企业 h 雇用。在例 22.2.14中，当工资为 $\boldsymbol{s} = (4, 4)$ 时，$C^{h_1}(\boldsymbol{s}) = \{d_1, d_2\}$，而当工资为 $\boldsymbol{s}' = (7, 4)$ 时，$C^{h_1}(\boldsymbol{s}') = \varnothing$。

当所有企业在雇用上都满足总替代性时，Kelso 和 Crawford (1982) 用类似延迟接受算法的方法给出了一个企业与工人之间匹配和工资调整的动态过程，所导致的匹配在核中。

第 1 轮：企业 h 选择初始工资 $s_h(0) = (s_{dh}(0) = \underline{s}_{dh})_{d \in D}$，每个企业向所有工人发出邀约 (因为最低意愿工资低于工人的边际产出贡献)。

第 t 轮：在 t 轮的工资 $s_h(t) = (s_{dh}(t))_{d \in D}$ 水平下，向某个 $C^h(s_h(t))$ 中的工人发出邀约。企业 h 在最大化了利润水平的工人组合的集合中按照下面的规则进行选择：在第 $t-1$ 轮中未被拒绝的合约在第 t 轮继续出现。在总替代性假设下，在这种动态工资调整下这样的选择规则并不会损害企业。这是因为，给定其他工人的工资随时间推移不下降，若工人 d 没有拒绝之前第 $t-1$ 轮的合约，在上一轮的工资下，企业选择工人 d 总是理性的。

在任何一轮中，工人 d 在收到的邀约 (包含邀约企业和工资) 中选择一个最优邀约，并拒绝其他。当工人接收到的最优邀约不止一个时，工人随意选择其中一个。

工资动态调整为：

若工人 d 在第 $t-1$ 轮拒绝了来自企业 h 的邀约，那么 $s_{dh}(t) = s_{dh}(t-1) + 1$，否则 $s_{dh}(t) = s_{dh}(t-1)$。

在第 t^* 轮中，没有邀约被拒绝，此时匹配结束。在 t^* 中的工资和配对就是这一算法的最后匹配结果。

Kelso 和 Crawford (1982) 证明了下面的定理。

定理 22.2.21 (非空核) 若所有企业满足总替代性，则核是非空的。

证明：我们只要验证 Kelso 和 Crawford (1982) 的算法结果是一个核即可。显然，由于工资调整的离散性，Kelso 和 Crawford (1982) 的算法总会在有限轮后结束。令 $\boldsymbol{s}^*=(s^*_{d_1},\cdots,s^*_{d_m})$ 是第 t^* 轮中的工资，企业和工人的匹配由 μ 刻画，企业 h 的利润为 $\pi^*_h = y^h(\mu(h))-\sum_{d\in\mu(h)} s^*_d$。

首先证明匹配 $(\mu,\boldsymbol{s}^*,\pi^*)$ 是个体理性的。由于在第一阶段中每个企业都向所有工人提出最低可接受的工资，我们显然有 $s^*_{d\mu(d)} \geqq \underline{s}_{d\mu(d)}, \forall d\in D$。由式 (22.18) 的假设，我们有 $\pi^*_h \geqq 0, \forall h\in H$。因此，匹配 $(\mu,\boldsymbol{s}^*,\pi^*)$ 是个体理性的。

现假设在阶段 t^* 存在一个对于 $(\mu,\boldsymbol{s}^*,\pi^*)$ 的抵制联盟 $(h,A,\boldsymbol{r})$。企业 h 对工人做出如下选择：

$$C^h(\boldsymbol{s}^*) \in \mathsf{argmax}_{A\subseteq D} y^h(A) - \sum_{d\in A} s^*_d,$$

这意味着：

$$\pi^*_h \geqq y^h(A) - \sum_{d\in A} s^*_d, \forall A\subseteq D. \tag{22.22}$$

若 $(h,A,\boldsymbol{r})$ 抵制了 $(\mu,\boldsymbol{s}^*,\pi^*)$，则有

$$u_{dh}(r_d) > u_{d\mu(d)}(s_d), \forall d\in A; \tag{22.23}$$

$$y^h(A) - \sum_{d\in A} r_d > \pi^*_h. \tag{22.24}$$

第22章

根据 Kelso 和 Crawford (1982) 的算法和不等式 (22.23)，工人 $d\in A$ 没有从企业 h 得到不低于 r_d 的工资，这意味着，对 $d\in A$，一定有 $s_{dh}(t^*) \leqq r_d$。从而，根据不等式 (22.24)，有

$$\pi^*_h < y^h(A) - \sum_{d\in A} r_d \leqq y^h(A) - \sum_{d\in A} s^*_d,$$

与不等式 (22.22) 矛盾。因此，不存在抵制联盟，从而算法所得到的结果是核心匹配。 □

22.2.5 合约匹配

Hatfield 和 Milgrom (2005) 对各种双边匹配建立了一般的分析框架，涵盖了一对一匹配、多对一匹配和多对多匹配，也涵盖了有转移支付匹配和无转移支付匹配，同时还涵盖了多物品组合拍卖中投标人和物品之间的匹配，比如上一章 Ausubel 和 Milgrom (2002) 的递升组合拍卖机制利用了延迟接受算法。在这一节我们介绍合约下的匹配以及相关的匹配特性。

假设有两类参与主体：机构的集合 $H=\{h_1,\cdots,h_n\}$ 和个体的集合 $D=\{d_1,\cdots,d_m\}$。

所有合约的集合记为 X，一个**合约**x 在匹配框架中至少包含合约的双方 $x_D \in D$ 和 $x_H \in H$。x_D 是合约 x 中个体的一方，x_H 是合约 x 中机构的一方。在企业和工人的转移支付下合约中，$X \equiv H \times D \times S$。如何理解匹配中的合约呢？可以用下面的简单例子区别无条件匹配和有合约匹配：在婚姻市场中，纯粹的匹配是男女双方无条件地选择对方作为伴侣；若引入合约，男女双方在匹配之前彼此之间可以订立合约，比如结婚之后谁负责干家务，房产证上写上某一方的名字，等等。

$\varnothing \in X$ 表示没有配对的合约。在合约匹配中，$\succ_d$ 和 $\succ_h$ 分别表示个体 d 和机构 h 对匹配合约的偏好。我们在这里主要在多对一匹配背景下进行讨论。一个合约匹配要求，每个个体 d 只能签订一个合约，个体理性的合约要求 $x \succ_d \varnothing$；每个机构可以选择多个合约，其中每个合约代表着与其中某个个体之间的合约匹配。

现在讨论个体和机构对合约的选择。假设 $X' \subseteq X$ 是市场中可选择的一个合约集合，个体 d 对合约的选择记为 $C_d(X')$，定义为：

$$C_d(X') = \begin{cases} \varnothing, & 若\{x \in X' : x \succ_d \varnothing\} = \varnothing; \\ \{\max_{\succ_d}\{x \in X' : x_D = d\}\}, & 其他. \end{cases} \tag{22.25}$$

机构的合约选择记为 $C_h(X')$，定义为：

$$C_h(X') = \max_{\succ_h}\{C \subseteq X' : C \succeq_h A, \forall A \subseteq X'\}, \tag{22.26}$$

使得

$$(\forall h \in H, \forall X' \subseteq X, \forall x, x' \in C_h(X')), x \neq x' \Rightarrow x_D \neq x'_D.$$

令 $C_D(X') = \bigcup_{d\in D} C_d(X')$，即所有个体选择合约的集合，$R_D(X') = X' - C_D(X')$ 表示不被任何 $d \in D$ 接受的合约，或者被 D 拒绝的合约；类似地，定义 $C_H(X') = \bigcup_{h\in H} C_h(X')$ 以及 $R_H(X') = X' - C_H(X')$。

在这个模型下，一个**匹配**X'(也被称为**结果**或**配置**) 是合约集合 X 的一个子集合，即 $X' \subseteq X$。我们关心的是稳定匹配。若一个匹配（配置) 是稳定的，则不存在某个机构和与机构匹配的个体可以获得更高的收益，一个等价的条件是不存在一个由机构和个体组成的联盟可以使得联盟中所有成员的利益不会下降，同时至少有一个成员的利益变得更高。下面是合约下稳定匹配的正式定义。

定义 22.2.31 一个合约集合 $X' \subseteq X$ 是**稳定匹配**，若

$$C_D(X') = C_H(X') = X'; \tag{22.27}$$

$$\nexists h \in H, X'' \neq C_h(X'), 使得 X'' = C_h(X' \cup X'') \subseteq C_D(X' \cup X''). \tag{22.28}$$

若条件 (22.27) 不成立，存在一个机构或者某个个体，希望拒绝某些合约，此时这个机构或者个体就抵制了这一配置。若条件 (22.28) 不成立，意味着存在另外一个匹配 (合约集合)，对于机构 h 来说收益变得更高，对于个体来说其利益不下降。

下面的定理刻画了一组合约是稳定的特征。

定理 22.2.22 (Hatfield 和 Milgrom, 2005) 若 $(X_D, X_H) \subseteq X^2$ 是下列方程组的解:

$$X_D = X - R_H(X_H), \tag{22.29}$$

$$X_H = X - R_D(X_D), \tag{22.30}$$

则 $X' = X_H \bigcap X_D$ 是合约稳定集, 且满足

$$X_H \bigcap X_D = C_D(X_D) = C_H(X_H).$$

反过来, 对任意合约稳定集 $X' \subseteq X$, 均存在着 (X_D, X_H), 满足方程组 (22.29) 和 (22.30), 且 $X' = X_H \bigcap X_D$。

定理中的 X_D 和 X_H 分别是个体和机构面临的合约选择机会的集合, $X = X_H \cup X_D$。若 X' 是稳定的, 则必然有 $X' \subseteq X_H, X' \subseteq X_D$, 且 X' 不会被机构或者个体拒绝。下面是 Hatfield 和 Milgrom (2005) 给出的完整证明。

证明: 若 (X_D, X_H) 是式 (22.29) 和式 (22.30) 的解, 则

$$X_D \bigcap X_H = X_D \bigcap (X - R_D(X_D)) = X_D - R_D(X_D) = C_D(X_D).$$

类似地, 可以得到:

$$X_D \bigcap X_H = C_H(X_H),$$

令 $X' = X_H \bigcap X_D$, 则 $X' = C_D(X_D) = C_H(X_H)$。根据显示偏好原理 $(A \subseteq B, A = C_{\succeq}(B) \Rightarrow A = C_{\succeq}(A))$, 可以进一步得到: $X' = C_D(X') = C_H(X')$。因此, 关于 X' 的稳定性条件 (22.27) 满足。

考虑机构 h 和合约集合 X'', 使得 $X'' \subseteq C_D(X' \cup X'')$。由于 $X' = C_D(X_D)$, 根据显示偏好原理, 有 $X'' \bigcap X_D \subseteq C_D(X_D)$, 这意味着

$$X'' \bigcap R_D(X_D) = X'' \bigcap X_D \bigcap R_D(X_D) \subseteq C_D(X_D) \bigcap R_D(X_D) = \varnothing,$$

从而 $X'' \subseteq X - R_D(X_D) = X_H$。若 $X'' \neq C_h(X')$, 则根据 h 的显示偏好得到: $X'' \succ_h C_H(X_H) = C_H(X')$, 从而 $X'' \neq C_h(X' \cup X'')$。因此, X' 的稳定性条件 (22.28) 也满足。这样, $X' = X_H \bigcap X_D$ 是一个合约稳定集。

假设 X' 是合约稳定集, 则有 $X' = C_D(X_D)$, $X' = C_D(X') = C_H(X')$。令 X_H 是个体集合 D 弱偏好于 X' 的合约集合, 即 $X_H \succeq_D X'$, 而 X_D 是 D 相对于 X'(弱) 更不喜欢的合约集合, 即 $X' \succeq_D X_D$。此时, $\{X', X_H - X', X_D - X'\}$ 是对 X 的一个分割。若存在一个 $h \in H$, 有 $C_h(X_H) \neq C_h(X')$, 则 $X'' = C_h(X_H)$ 与稳定性条件 (22.28) 相冲突。因此, 必然有 $C_h(X_H) = C_h(X')$, $\forall h \in H$, 从而

$$C_H(X_H) = C_H(X') = X',$$

$$X - R_H(X_H) = X - (X_H - X') = X - (X - X_D) = X_D.$$

同理, 有

$$X - R_D(X_D) = X - (X_D - X') = X - (X - X_H) = X_H,$$

从而 (X_D, X_H) 是式 (22.29) 和式 (22.30) 的解，且 $X' = C_D(X') = C_H(X')$。 □

与多对一匹配类似，合约下的匹配也需要引入对机构偏好的约束，即替代性偏好。

定义 22.2.32 X 中的合约对机构 h 是**替代的**，若对于任意 $X' \subseteq X'' \subseteq X$，都有 $R_h(X') \subseteq R_h(X'')$。

在替代性偏好的基础上，Hatfield 和 Milgrom (2005) 提出了类似的延迟接受算法。以个体为邀约方的合约匹配过程如下：

每个个体 d 向一个机构提出合约建议，在匹配过程开始之前，没有个体提出合约，或者没有合约被机构拒绝，即 $X_D(0) = X, X_H(0) = \varnothing$。令 $X_H(t)$ 是截至 t 阶段个体向机构提出的累积合约集合，$X_D(t)$ 是截至 t 阶段没有被机构拒绝的合约，在 t 阶段暂时被接受的合约为 $X_H(t) \bigcap X_D(t)$。阶段间的迭代过程定义如下：

$$X_D(t) = X - R_H(X_H(t-1)), \tag{22.31}$$

$$X_H(t) = X - R_D(X_D(t)). \tag{22.32}$$

在 t 阶段之前，所有机构收到的累积合约集合为 $X_H(t-1)$，每个机构 h 在收到的合约中选择对它最有利的合约集合，而拒绝其他合约。在 $t-1$ 阶段的累积拒绝合约集合为 $R_H(X_H(t-1))$。在 t 阶段，暂时被接受的合约为 $X_D(t) = X - R_H(X_H(t-1))$，当个体 h 在 t 阶段之前的合约被暂时接受时，他最近一次提出的合约是 $X_D(t)$ 中对他最有利的合约 $\max_{\succ_h}(X_D(t))$；当个体 h 的之前合约都被拒绝时，在 t 阶段他在 $X_D(t)$ 中选择一个对他来说最优的合约，即 $\max_{\succ_h}(X_D(t))$。因此，在 t 阶段被所有个体放弃的合约集合为 $R_D(X_D(t))$。这样，在 t 阶段末，机构得到的累积合约为 $X_H(t) = X - R_D(X_D(t))$。根据前面的定理 22.2.22，当 $X_D(t)$ 和 $X_H(t)$ 是式 (22.29) 和式 (22.30) 的解，或者是式 (22.31) 和式 (22.32) 的迭代不动点时，$X_H(t) \bigcap X_D(t)$ 就是 Hatfield 和 Milgrom (2005) 的稳定合约匹配结果。

下面我们先通过一个例子 (来自 Hatfield 和 Milgrom，2005) 来了解 Hatfield 和 Milgrom 的具体迭代算法。

例 22.2.15 考虑两个人 $D = \{d_1, d_2\}$ 和两个机构 $H = \{h_1, h_2\}$ 的合约匹配。$X = D \times H$，个体和机构的偏好顺序为：

$$h_1 \succ_{d_1} h_2,$$

$$h_1 \succ_{d_2} h_2,$$

$$\{d_1\} \succ_{h_1} \{d_2\} \succ_{h_1} \varnothing,$$

$$\{d_1, d_2\} \succ_{h_2} \{d_1\} \succ_{h_2} \{d_2\} \succ_{h_2} \varnothing.$$

$X = \{(d_1, h_1), (d_1, h_2), (d_2, h_1), (d_2, h_2)\}$。算法从 $X_D(0) = X, X_H(0) = \varnothing$ 开始。

在第 1 阶段：$X_D(1) = X$，d_1 选择合约 (d_1, h_1)，d_2 选择合约 (d_2, h_1)，在第 1 阶段被个体放弃的合约集合为 $R_D(X_D(1)) = \{(d_1, h_2), (d_2, h_2)\}$，所有机构在第 1 阶段收到的合

约集合为 $X_H(1)=X-R_D(X_D(1))=\{(d_1,h_1),(d_2,h_1)\}$，此时 h_1 暂时接受合约 (d_1,h_1)，拒绝合约 (d_2,h_1)。

在第 2 阶段: 没被机构拒绝的合约集合为 $X_D(2)=X-R_H(X_H(1))=\{(d_1,h_1),(d_1,h_2),(d_2,h_2)\}$，$d_1$ 依旧选择上一阶段的合约 (d_1,h_1)，d_2 选择合约 (d_2,h_2)，在第 2 阶段被放弃的合约为 $R_D(X_D(2))=(d_1,h_2)$。因此，机构在第 2 阶段累积得到的合约集合 $X_H(2)=X-R_D(X_D(2))=\{(d_1,h_1),(d_1,h_2),(d_2,h_2)\}$，此时 h_1暂时接受合约 (d_1,h_1)，而拒绝合约 (d_2,h_1)，h_2 暂时接受合约 (d_2,h_2)。

在第 3 阶段，没有被机构拒绝的合约集合为

$$X_D(3)=X_D(2)=\{(d_1,h_1),(d_1,h_2),(d_2,h_2)\},$$

此时 $(X_D(2),X_H(2))$ 已经构成了式 (22.31) 和式 (22.32) 的迭代不动点。

由机构提出合约的匹配过程与上面类似，但 $X_D(t)$ 和 $X_H(t)$ 有不同的含义：$X_D(t)$ 表示在 t 阶段之前个体累积收到的合约集合，$X_H(t)$ 表示截止到 t 阶段没有被个体拒绝的累积合约集合。在 t 阶段，个体暂时接受的合约集合为 $X_D(t+1)\bigcap X_H(t)$。初始的值在机构提出合约的算法中也相应变化：$X_D(0)=\varnothing, X_H(t)=X$。

在 Hatfield-Milgrom 延迟接受算法中，必定存在一个迭代不动点。为给出迭代算法，定义一个引申形式的映射 $F:X\times X\to X\times X$：

$$F_1(X')=X-R_H(X'), \tag{22.33}$$

$$F_2(X')=X-R_D(X'), \tag{22.34}$$

$$F(X_D,X_H)=(F_1(X_H),F_2(F_1(X_H))). \tag{22.35}$$

此时，F 的不动点等价于式 (22.31) 和式 (22.32) 的迭代不动点。在 $X\times X$ 上定义一个序关系 $\succcurlyeq$：

$$(X_D,X_H)\succcurlyeq(X'_D,X'_H)$$

当且仅当

$$X'_D\subseteq X_D,\quad X_H\subseteq X'_H.$$

则 $(X\times X,\succcurlyeq)$ 构成了一个有限格 (lattice)。在这样的序关系下，当合约对于机构来说是替代的时，R_H 是同序映射 (isotone)，即当 $X'\subseteq X''$ 时，有 $R_h(X')\subseteq R_h(X'')$。由显示偏好原理，$R_D:X\to X$ 也是同序映射。容易验证，由式 (22.33)、式 (22.34) 及式 (22.35) 定义的 $F:X\times X\to X\times X$ 也是一个同序映射。在例 22.2.15中，$X_H(t)$ 集合是逐渐变大 (或不变) 的，而 $X_D(t)$ 则逐步变小 (或不变)。利用格不动点定理 (Tarski 不动点定理)，在 $X\times X$ 的最小初值 $(X_D,X_H)=(\varnothing,X)$ 或者最大初值 $(X_D,X_H)=(X,\varnothing)$ 处必定存在不动点。下面的定理刻画了稳定匹配合约的存在性，以及对机构或者个体而言最优的稳定匹配合约。

定理 22.2.23 若合约对于机构来说是替代的，则:

（1）由式 (22.33)、式 (22.34) 及式 (22.35) 定义在 $X\times X$ 上的 F 存在不动点，同时存在最小的不动点 $(\underline{X}_D,\underline{X}_H)$，以及最大的不动点 $(\bar{X}_D,\bar{X}_H)$；

（2）由最大初值 $(X_D, X_H) = (X, \varnothing)$ 出发的 Hatfield-Milgrom 延迟接受算法单调收敛到最大的不动点 $(\bar{X}_D, \bar{X}_H)$，其稳定匹配合约 $\bar{X}_D \bigcap \bar{X}_H$ 对于个体来说是最优的稳定匹配合约；

（3）由最小初值 $(X_D, X_H) = (\varnothing, X)$ 出发的 Hatfield-Milgrom 延迟接受算法单调收敛到最小的不动点 $(\underline{X}_D, \underline{X}_H)$，其稳定匹配合约 $\underline{X}_D \bigcap \underline{X}_H$ 对于机构来说是最优的稳定匹配合约。

当合约不是替代的时，稳定匹配合约可能不存在。此外，在 Hatfield 和 Milgrom 合约匹配的框架中，引入一个总需求法则 (面临的合约机会集越大，机构意愿的配对集合也越大)，在激励问题上有与之前的匹配类似的结论。这样，合约匹配是一个更一般化的匹配问题的分析框架，可以被应用到更广的领域，比如组合拍卖理论。Chen 和 Tian (2020) 将静态匹配模型扩展为多对一匹配的具有转移支付和合约的动态模型。

在双边匹配的文献中，Roth 和 Sotomayor (1990) 是一本经典的教科书。双边匹配的文献在不断发展中，相对全面的综述可以参考 Abdulkadiroglu 和 Sonmez (2013) 以及 Kojima (2017)。此外，当个体之间存在互补性时，比如夫妻同时找工作时，匹配的稳定性一般并不存在，需要对偏好施加更多假设才有稳定性。对这方面的讨论，参见 Kojima，Pathak 和 Roth (2013)。

22.3 单边匹配

上一节我们讨论了双边匹配，其主要匹配机制是延迟接受算法。在现实生活中，也有许多匹配是单边匹配。所谓单边匹配是指在资源匹配过程中，匹配的一边是不可分割的物品，它不存在偏好特征。单边匹配有很多应用，比如择校问题、器官移植 (配置) 问题等等。单边匹配问题在文献中又进一步细分为房屋市场（house markets) 问题和房屋配置（house allocation) 问题。两者的唯一区别是，前者假定房屋是私有产权，参与人各自拥有自己的房子，而后者假定房产是共有或公有产权。我们先讨论房屋市场问题，然后讨论房屋配置问题。

22.3.1 房屋市场问题

房屋市场问题最早由 Shapley 和 Scarf (1974) 进行了研究。我们考虑不可分异质物品的交换，如房子、办公室分配等问题。假设有一群人，他们都拥有自己的房子，房子是不同的，不同人对房子的评价是不同的，比如房子所在的区域不一样，不同人会有不同偏好。若不考虑货币，那么什么样的配置是一个稳定配置，同时又尽可能最大化人们的福利呢？

我们先引入一些概念。假设 $N = \{1, \cdots, n\}$ 是参与人的集合，对参与人 i，其初始拥有的物品记为 h_i，所有初始物品的集合为 H，参与人的数目与房子数目相同，即 $|H| = |N|$。参与人 i 的偏好记为 $\succ_i$。为简化讨论，假定参与人 i 在物品集合的偏好是严格的，即没有两件物品对 i 是无差异的，这样我们排除了存在平局 (tie) 的情形。同样，p_i 是参与人 i

在物品集合 H 上的偏好顺序单。若 $|\{h' \in H | h' \succ_i h\}| = k-1$，即参与人 i 在物品集合中认为只有 $k-1$ 个物品比 h 好，则 h 在参与人 i 的偏好顺序中排第 k 位，记为 $h = p_i(k)$。

房子交易是房子匹配的一种表现形式，令 μ 是一个匹配，使得：

$$\mu(i) \in H, \mu(i) \neq \mu(j), \forall i, j \in N, i \neq j.$$

我们说匹配 ν **帕累托占优**于 μ，若对任意的 $i \in N, \nu(i) \succeq_i \mu(i)$，存在 $j \in N, \nu(j) \succ_j \mu(j)$。我们称匹配 μ 是**帕累托有效的**，若不存在任何其他匹配 ν，它帕累托占优于 μ。

假设初始时每个人都拥有一套房子，初始的所有权结构为：$\mu^0, \mu^0(i) = h_i \in H$，初始的所有权结构也是一个匹配。

定义 22.3.1 一个匹配 μ 是**稳定**的，若 μ 在房屋市场的 **(强) 核中**，即不存在任何联盟 $T \subseteq N$ 以及其他匹配 ν，使得：

$$\nu(i) \in \{h_j\}_{j \in T},\ \forall i \in T; \tag{22.36}$$

$$\nu(i) \succeq_i \mu(i),\ \forall i \in T; \tag{22.37}$$

$$\nu(j) \succ_j \mu(j),\ 存在 j \in T. \tag{22.38}$$

匹配是稳定的意味着不存在任何联盟，使得联盟内部通过交换，让联盟内成员得到帕累托改进。若一个配置没有最大化人们的福利，就有可能会通过形成联盟得到新的匹配来改进他们的福利，此时称 (T, ν) 构成了对 μ 匹配的一个弱占优。

定义在 T 中的 ν 也可以理解为弱帕累托占优于 μ，令 ν^E 是 ν 对于整个参与人集合的延伸匹配，定义为：

$$\nu^E(i) = \nu(i), \forall i \in T;$$

$$\nu^E(i) = \mu(i), \forall i \in N \backslash T.$$

上面的条件 (22.36)、(22.37) 及 (22.38) 意味着：

$$\nu^E(i) \succeq_i \mu(i), \forall i \in N;$$

$$\nu^E(j) \succ_j \mu(j), 存在 j \in N.$$

因此，一个匹配 μ 在房屋市场的核中意味着不存在其他匹配 ν^E 弱帕累托占优于 μ。

接下来讨论寻找核配置的方法。Shapley 和 Scarf (1974) 率先引入了一个顶端交易循环 (top trading cycles) 算法，他们把这个机制归功于戴维・盖尔 (David Gale)。

在正式描述顶端交易循环之前，先引入顶端循环的概念。

定义 22.3.2 (顶端循环) 我们称 $\{i_1, \cdots, i_K\}$ 构成一个 K 环的**顶端循环**，若对任意的 $k < K$，均有 $h_{i_{k+1}} = p_{i_k}(1)$，同时有 $h_{i_1} = p_{i_K}(1)$。若对 j，有 $h_j = p_j(1)$，则 j 本身是一个顶端循环，我们称之为**自我循环**。这里 $p_{i_k}(1)$ 是参与人 i_k 评价第一 (最好) 的物品。

引理 22.3.1 对有限的人群，若每个经济人都只有一个物品，则必然存在着顶端循环。

证明： 首先考虑 $N=2$ 的情形。若存在某个 $i\in\{1,2\}$，$h_i=p_i(1)$，显然 $\{i\}$ 就是一个自我的顶端循环。若上述情形不存在，则必然有 $h_1=p_2(1)$，$h_2=p_1(1)$，从而 $\{1,2\}$ 就构成了一个顶端循环。

接着考虑 $N=3$。若存在 $i\in\{1,2,3\}$，$h_i=p_i(1)$，则 $\{i\}$ 显然就是一个顶端循环。若上述情形不存在，对参与人 1，或 $h_2=p_1(1)$，或 $h_3=p_1(1)$。如果是前种情形，考虑参与人 2 的物品排序，若 $h_1=p_2(1)$，则 $\{1,2\}$ 就构成了一个顶端循环；若 $h_3=p_2(1)$，考虑参与人 3 的物品排序，当 $h_2=p_3(1)$ 时，$\{2,3\}$ 就构成了一个顶端循环；若 $h_1=p_3(1)$，则 $\{1,2,3\}$ 构成了一个顶端循环。对后一种情形也是类似的。这样，$N=3$ 也必然存在一个顶端循环。

用数学归纳法可以证明对任意有限个体，若每一个体只有一个物品，则必然存在一个顶端循环。 □

当然，我们可以放松每个参与人只有一个物品的假设，让参与人有不同数量的物品。接下来，下面我们介绍盖尔的顶端交易循环算法。

顶端交易循环算法

在第 1 阶段，每个人都指向自己最喜欢的物品。由于人和物都是有限的，总会存在至少一个顶端循环 (包括自我循环)，同时顶端循环不存在交叉。令 T^1 是第 1 阶段形成顶端循环的参与人的集合，他们在顶端循环中相互交换。自我循环中的参与人仍保持原有的物品。每个在 T^1 中的参与人在这一阶段都得到了他最喜欢的物品。

在第 t 阶段，除去在之前顶端交易循环中的人和物品。考虑剩余的人 $N\backslash\cup_{s<t}T^s$ 以及他们的物品 $\mu^0(N\backslash\bigcup_{s<t}T^s)$。每个人在剩下的物品中寻找最喜欢的物品，则至少存在一个顶端交易循环。若还有人和物品没有参与顶端交易循环，进入算法的第 $t+1$ 阶段。

当第 t^* 阶段所有的人和物都进入了 (不同阶段的) 顶端交易循环时，停止运行。每个个体在自己所处的顶端交易循环中彼此交换物品。

下面我们先通过一个例子来介绍顶端交易循环机制的运作。

例 22.3.1 (房子的交换)　考虑由四个成员构成的群体，参与人 i 拥有的房子记为 h_i。每个参与人对房子的偏好顺序如下 (这里只列出比初始物品更偏好的房子)：

$$\begin{aligned}p_1&=h_2,\\p_2&=h_1,\\p_3&=h_1,h_2,h_4,\\p_4&=h_3,h_2.\end{aligned}$$

$T^1=\{1,2\}$ 构成第 1 阶段的顶端循环。

在第 2 阶段，剩下参与人 $\{3,4\}$ 以及他们拥有的物品。对于剩余的物品，参与人 3 和 4 的偏好为：

$$\begin{aligned}p_3&=h_4,\\p_4&=h_3.\end{aligned}$$

此时，$T^2=\{3,4\}$。所有参与人都已经成为前两阶段的顶端循环的参与人。在这个例子中，顶端交易循环的匹配结果 μ 为:

$$\mu=\begin{pmatrix}1 & 2 & 3 & 4\\ h_2 & h_1 & h_4 & h_3\end{pmatrix}.$$

下面我们讨论顶端交易循环的特性。

Roth 和 Postlewaite (1977) 证明了顶端交易循环匹配是唯一核匹配的结论。

定理 22.3.1 (Roth 和 Postlewaite，1977) *盖尔顶端交易循环的匹配结果是房屋市场中唯一在核中的匹配。*

证明： 我们首先证明由顶端交易循环算法给出的匹配 μ^{TTC} 在核中。假定不是，它由联盟 T 组成的另外一个匹配 μ 弱占优。记 $T'=\{i\in T:\mu(i)\succ_i\mu^{TTC}(i)\}$。令 i 是 T' 中第一个参与到顶端循环中的人。令 $\mu(i)=h_{j_1}$。则 $j_1\in T$ 且 j_1 是在早期参与到顶端循环中的人，这就意味着 $\mu(j_1)=\mu^{TTC}(j_1)$。令 $\mu(j_1)=\mu^{TTC}(j_1)=h_{j_2}$。则 $j_2\in T$，与 j_1 在同样一个循环中，且 $\mu(j_2)=\mu^{TTC}(j_2)$。依此类推，最终存在某个 $j_k\in T$，使得 $\mu^{TTC}(j_k)=h_{j_1}$，即 $\{j_1,...,j_k\}$ 是一个顶端循环。由于 $\mu(i)=h_{j_1}$，我们有 $\mu(j_k)\neq\mu^{TTC}(j_k)$，从而 $j_k\in T'$，与 i 是 T' 中第一个参与到顶端循环中的人矛盾。

现考虑任何匹配 $\mu\neq\mu^{TTC}$，并验证 μ^{TTC} 弱占优于 μ，从而 μ 不在核中。在顶端交易循环中，存在从第 1 阶段到最后第 t^* 阶段的一系列 $T^1,\cdots,T^{t^*}$ 循环。令 $t'=\min\{t\in\{1,...,t^*\}:\exists i\in T^t,\mu(i)\neq\mu^{TTC}(i)\}$，即 t' 是算法中最早的一个阶段，使得在 μ 下一个参与人在某个顶端循环中收到一个不同的物品。由于所有参与人在 $\cup_{t=1}^{t'-1}T^t$ 阶段在 μ^{TTC} 和 μ 两个匹配下 (当 $t'>1$ 时) 都收到同样的物品，在 $\mu^{TTC}(H$ 若 $t'=1)$ 下，$T^{t'}$ 中所有的参与人 $H\setminus\mu(\cup_{t=1}^{t'-1}T^t)$ 均得到最好的物品。这样，在 $\cup_{t=1}^{t'}T^t$ 阶段，μ^{TTC} 弱占优于 μ。 □

接着我们讨论顶端交易循环的激励特性，假设每个参与人均报告他对物品的偏好，然后通过顶端交易循环来决定匹配结果。Roth (1982) 证明了顶端交易循环是策略性无关的，这一特性与双边匹配的结果有差别。

定理 22.3.2 (Roth，1982a) *作为直接显示机制，核的匹配是策略性无关的，即披露真实偏好是弱占优策略。*

证明： 给定其他参与人所报告的偏好 p_{-i} 和参与人 i 的真实偏好 p_i，$p_i'\neq p_i$ 是一个偏好操纵，我们要证明：$\mu^{TTC}(p_i,p_{-i})\succeq_i\mu^{TTC}(p_i',p_{-i})$，这里 μ^{TTC} 是顶端交易循环下的匹配机制。

给定其他参与人所报告的偏好 p_{-i}，当参与人 i 报告真实偏好 p_i 时，在 $\mu^{TTC}(p_i,p_{-i})$ 顶端交易循环的每步 $t\in\{1,...,t^*\}$，$T^1,\cdots,T^{t^*}$ 是从第 1 阶段到第 t^* 阶段的顶端循环的集合，这里 $T^t=\{A_1^t,\cdots,A_{m_t}^t\}$，其中 $A_j^t\subseteq N$ 是第 t 阶段顶端循环中的第 j 个顶端循环。假设 i 出现在第 t 阶段的第 j 个顶端循环中，$i\in A_j^t\in T^t$，则在 $\mu^{TTC}(p_i,p_{-i})$ 下，参

与人 i 得到在 RH_k 中最偏好的房子，其中 $RH_t = H\backslash\{\cup_{s<t}H_{T^s}\}$ 表示在第 t 阶段剩余房子的集合。当参与人 i 报告谎报偏好 $p_i' \neq p_i$ 时，可以验证在这种偏好操纵下，不可能存在一个 $A_j^s, s<k$ 使得 $\{i\}\cup A_j^s$ 构成一个顶端循环。

现通过数学归纳法来验证。当 $s=1$ 时，由于顶端循环 A_j^1 中的个体在 H 集合中获得了最偏好的房子，此时 $k\in A_j^1$ 不会偏好 i 的房子 h_i，因此，$\{i\}\cup A_j^1$ 不可能构成一个顶端循环。当 $s=2$ 时，由于顶端循环 A_j^2 中的个体在 RH_2 物品的集合中获得了最偏好的物品，而不是更喜欢 i 的房子 h_i，因此 $\{i\}\cup A_j^2$ 不可能构成一个顶端循环。采用类似的推理，当 $s<k$ 时，不存在 A_j^s, $s<k$，在参与人 i 报告偏好 $p_i'\neq p_i$ 时，可以使得 $\{i\}\cup A_j^s$ 构成一个顶端循环。这样，在参与人 i 报告偏好 $p_i'\neq p_i$ 时，$H\backslash RH_k$ 的房子也不在参与人 i 的选择范围内。然而，如实报告偏好 p_i 可以使得参与人 i 在 RH_k 中选择到最偏好的房子。因此，参与人如实报告偏好 p_i 是一个弱占优策略。 □

我们前面证明了顶端交易循环是唯一的核配置，从而它是帕累托有效和个体理性的，同时也证明了顶端交易循环机制是策略性无关的。下面我们证明，若一个机制 ν 满足帕累托有效、个体理性和策略性无关，它一定是顶端交易循环。

定理 22.3.3 (Ma，1994)　任何匹配机制均是帕累托有效、个体理性和策略性无关的匹配机制，当且仅当它是顶端交易循环机制。

证明： 我们只需要证明当且仅当部分。我们分以下 4 步来证明。

假设 $\nu(\cdot)\neq\mu^{TTC}(\cdot)$，即至少存在一个 p，使得 $\nu(p)\neq\mu^{TTC}(p)$。给定偏好组合 p 和任意两个匹配 μ 和 μ'，定义 $J(\mu,\mu',p)=\{i\in N:\mu_i\succ_i\mu_i'\}$。

第 1 步： 若 μ 和 μ' 是帕累托有效的，且 $\mu\neq\mu'$，则 $J(\mu,\mu',p)\neq\varnothing$。如果不是，假设 $J(\mu,\mu',p)=\varnothing$，则 $\mu_i'\succeq_i\mu_i, \forall i\in N$。在严格偏好下，$\mu\neq\mu'$ 意味着必定存在某个 $j\in N$ 使得 $\mu_j'\succ_j\mu_j$，这与 μ 帕累托有效矛盾。

第 2 步： 给定 p 及帕累托有效和个体理性匹配 μ，若 $\mu^{TTC}(p)\neq\mu$，则存在 $i\in J(\mu^{TTC}(p),\mu,p)$，使得 $\mu_i^{TTC}(p)\succ_i\mu_i\succ_i h_i$。在第 1 步，我们证明了存在某个 $i\in J(\mu^{TTC}(p),\mu,p)$。假如不存在 $i\in J(\mu^{TTC}(p),\mu,p)$ 使得 $\mu_i^{TTC}(p)\succ_i\mu_i\succ_i h_i$，则 $\mu_i=h_i, \forall i\in J(\mu^{TTC}(p),\mu,p)$。令

$$S=N\backslash J(\mu^{TTC}(p),\mu,p),$$

则在 S 中，μ 弱占优于 $\mu^{TTC}(p)$，与 μ^{TTC} 在核中矛盾。

现在假设 ν 是一个帕累托有效和个体理性及策略性无关的机制，但 $\nu\neq\mu^{TTC}$。则存在偏好组合 p 使得 $\nu(p)\neq\mu^{TTC}(p)$，与 μ^{TTC} 在核中矛盾。

定义 $T_p=\{i\in N:\exists\, h\in H \text{ s.t. } \mu_i^{TTC}(p)\succ_i h\succ_i h_i\}$。由第 2 步，$T_p\neq\varnothing$。定义偏好组合 $p'=(p_1',\cdots,p_n')$，使得：

$$p_i'=\begin{cases} p_i(1)\succ_i'\ldots\succ_i'\mu_i^{TTC}(p)\succ_i' h_i, & \text{若 } i\in T_p,\\ p_i, & \text{若 } i\notin T_p.\end{cases} \tag{22.39}$$

这样，若 $i \in T_p$，则 i 可以在 $\mu_i^{TTC}(p)$ 和 h_i 间选择任何物品，其初始偏好排名低于 h_i。显然有：

$$\mu^{TTC}(p) = \mu^{TTC}(p') = \mu^{TTC}(p'_{-T}, p_T), \forall T \subseteq N. \tag{22.40}$$

第 3 步：$\mu^{TTC}(p') = \nu(p')$。假设 $\mu^{TTC}(p') \neq \nu(p')$，则由第 2 步，存在

$$i \in J(\mu^{TTC}(p'), \nu(p'), p'),$$

使得

$$\mu_i^{TTC}(p') \succ'_i \nu_i(p') \succ'_i h_i. \tag{22.41}$$

然而，由式 (22.40)，$\mu_i^{TTC}(p') = \mu_i^{TTC}(p)$，这与式 (22.39) 中 p' 的构造矛盾。

第 4 步：$\mu^{TTC}(p'_{-T}, p_T) = \nu(p'_{-T}, p_T), \forall T \subseteq N$ (这样 $T = N$ 意味着 $\mu^{TTC}(p) = \nu(p)$，导致矛盾)。我们用数学归纳法来验证。当 $|T| = 0$ 时，直接由第 3 步得出 $\mu^{TTC}(p'_{-T}, p_T) = \nu(p'_{-T}, p_T)$。假设对任意 $T \subseteq N$ 和 $|T| = k \geqq 1$，均有 $\mu^{TTC}(p'_{-T}, p_T) = \nu(p'_{-T}, p_T)$。

假设对某个 $T \subseteq N$ 和 $|T| = k + 1$，$\mu^{TTC}(p'_{-T}, p_T) \neq \nu(p'_{-T}, p_T)$。令 $q = (p'_{-T}, p_T)$。若存在 $i \in J(\mu^{TTC}(q), \nu(q), q) \setminus T$ 使得

$$\mu_i^{TTC}(q) \succ'_i \nu_i(q) \succ'_i h_i, \tag{22.42}$$

则由式 (22.40) 和式 (22.42)，有：

$$\mu_i^{TTC}(p') \succ'_i \nu_i(q) \succ'_i h_i, \tag{22.43}$$

与 p' 矛盾。

因此，由第 2 步，一定存在 $i \in J(\mu^{TTC}(q), \nu(q), q) \cap T$ 使得 $\mu_i^{TTC}(q) \succ_i \nu_i(q) \succ_i h_i$. 由式 (22.40)，我们得到

$$\mu^{TTC}(q_{-i}, p'_i) = \mu_i^{TTC}(q) \succ_i \nu_i(q) \succ_i h_i. \tag{22.44}$$

这样，由数学归纳法，我们有

$$\mu_i^{TTC}(q_{-i}, p'_i) = \nu_i(q_{-i}, p'_i). \tag{22.45}$$

由式 (22.44) 和式 (22.45)，我们有

$$\nu_i(q_{-i}, p'_i) \succ_i \nu_i(q). \tag{22.46}$$

将 $q = (p'_{-T}, p_T)$ 代入式 (22.46) 得到：

$$\nu_i(p'_{-(T\setminus\{i\})}, p_{T\setminus\{i\}}) \succ_i \nu_i(p'_{-T}, p_T), \tag{22.47}$$

这与 ν 是策略性无关的相矛盾。 □

上面的定理揭示了在单边匹配中，顶端交易循环机制有良好的性质：它是唯一的同时满足个体理性、帕累托有效和策略性无关的机制。

22.3.2 房屋配置问题

房屋配置问题也属于个体和不可分物品之间的单边匹配，与上面的房屋市场问题不同

的是，在房屋配置问题中房屋是公有产权。此时，一个问题是：如何合理地对个体和物品进行配置？首先我们要确定的是配置的效率标准。通常的标准是帕累托有效。除了没有初始的房屋个体所有权禀赋外，这里模型的设定与房屋市场相同。这一问题最早由 Hylland 和 Zeckhauser (1979) 提出。

一个最简单的配置机制，也是现实中最常见的方式，是先给定 N 中的参与人选择顺序，然后根据选择顺序让参与人先后选择。这一机制被称为序列独裁 (serial dictatorship) 机制，下面先给出严格定义。

定义 22.3.3 (序列独裁机制)　*一个选择顺序由函数 $f: N \to N$ 决定，其中参与人 $f(k)$ 的选择顺序是 k。一个机制被称为***序列独裁机制***，若事前存在一个由某个函数 f 决定的选择顺序，$f(1) = i$ 意味着参与人 i 在 H 中首先选择一个对他最优的物品，依次地，$f(k) = j$ 意味着参与人 j 是第 k 个在剩余的物品集合中选择一个对他最优的物品。*

下面的例子描述了序列独裁机制的运作。

例 22.3.2　*假设 $H = \{a, b, c\}, N = \{1, 2, 3\}$，选择顺序函数为 $f(1) = 2, f(2) = 3, f(3) = 1$。参与人对房子的偏好顺序单为：*

$$p_1 = a, b, c;$$

$$p_2 = a, c, b;$$

$$p_3 = b, c, a.$$

序列独裁机制的匹配结果为：

$$\mu^f(p) = \begin{pmatrix} 1 & 2 & 3 \\ c & a & b \end{pmatrix}.$$

显然，这种机制是帕累托有效和策略性无关的。

若事前按一定规则赋予产权，然后按顶端交易循环机制进行交易，这一机制被称为**给定禀赋下的核机制** (core mechanism from assigned endowments)，它也是一种配置方式。从上节的讨论中我们知道这一分配结果具有良好的性质，即它在给定的禀赋下是唯一的核配置，并且是策略性无关的。Abdulkadiroglu 和 Sonmez (1998) 证明了上面两种方式在一定意义下具有等价性。

我们先引入一些相关符号。$N = \{1, \cdots, n\}$ 是参与人的集合，$H = \{h_1, \cdots, h_n\}$ 是不可分物品的集合。由于 $|N| = |H| = n$，总共有 $|\mathcal{M}| = n!$ 种匹配方式。令 p_i 是参与人 i 对房屋集合 H 的偏好顺序单 ($\succ_i$ 是对应的偏好)。令 $\mu: N \to H$ 是一个匹配，以及所有帕累托最优的匹配集合记为 $\mathcal{E}^p \subseteq \mathcal{M}$。

令 ω 是初始的产权配置，也是一种匹配。对房屋市场 (N, H, p, ω)，存在唯一的核，能够由顶端交易循环的匹配机制得到，记为 μ^ω。在所有可能的初始产权下，对应的所有核的集合记为 $\mathcal{E}^{TTC} = \{\mu^\omega : \omega \in \mathcal{M}\}$。

令 $f: N \to N$ 是顺序决定函数，所有可能的顺序决定函数的集合记为 $\mathcal{F}$，显然

第22章

$|\mathcal{F}| = n!$。由顺序 f 下的序列独裁机制所决定的配置为 μ^f，所有可能的序列独裁匹配的结果记为 $\mathcal{E}^{SD} = \{\mu^f : f \in \mathcal{F}\}$。

下面我们分别讨论给定初始产权下的核机制 (TTC) 和序列独裁机制的配置结果。

给定参与人的 (严格) 偏好组合 p，以及初始的产权禀赋 ω，在顶端交易循环中，令在第 t^* 阶段结束的所有顶端循环集合为 $T = \{T^1, \cdots, T^{t^*}\}$，其中 $T^t \subseteq N$ 是第 t 阶段的顶端循环的集合，同时 T 是对参与人集合 N 的一个分割。令 $k_t = |T^t|$，则有 $n = \sum_{t=1}^{t^*} k_t$。令 $C_i(\hat{H})$，$\hat{H} \subseteq H$，是参与人 i 对房屋子集 $\hat{H}$ 的最优选择，即

$$C_i(\hat{H}) = \{h : h \succ_i h', \forall h' \neq h, h' \in \hat{H}\}.$$

在顶端交易循环中，第 $t \leqq t^*$ 阶段的房子集合记为 RH_t。显然，$RH_1 = H$。当 $i \in T^1$ 时，$\mu^\omega(i) = C_i(RH_1)$，在第 1 阶段选择的房子集合或者退出市场的房子集合记为 $H_1 = \{\omega_i : i \in T^1\}$。从第 2 阶段开始的剩余房子集合为 $RH_2 = RH_1 \backslash H_1$，当 $i \in T^2$ 时，$\mu^\omega(i) = C_i(RH_2)$，在第 2 阶段选择的房子集合或者退出市场的房子集合为 $H_2 = \{\omega_i : i \in T^2\}$。依次地，在第 $t \leqq t^*$ 阶段初剩余的房子集合为

$$RH_t = RH_{t-1} \backslash H_{t-1} = H \backslash \cup_{1 \leqq s < t} \{H_s\}.$$

当 $i \in T^t$ 时，

$$\mu^\omega(i) = C_i(RH_t).$$

在序列独裁机制中，选择次序依次为 $f(1), \cdots, f(n)$。因此，第 1 个选择的参与人 $f(1)$ 得到的物品是 $\mu^f(f(1)) = C_{f(1)}(RH_1^{sd})$，第 k 个选择的参与人 $f(k) \leqq n$ 得到的物品为：

$$\mu^f(f(k)) = C_{f(k)}(RH_k^{sd}),$$

其中

$$RH_k^{sd} = H \backslash \cup_{1 \leqq s < k} \{\mu^f(f(s))\}.$$

第22章

容易看出，给定任意 μ^*，若顺序函数 f 满足

$$\{f(1), \cdots, f(k_1)\} = T^1,$$
$$\{f(k_1 + 1), \cdots, f(k_1 + k_2)\} = T^2,$$
$$\cdots,$$
$$\{f(k_1 + \cdots, k_{t-1} + 1), \cdots, f(k_1 + \cdots, k_{t-1} + k_t)\} = T^t,$$

显然有 $\mu^f = \mu^\omega$。与此同时，对于任意的顺序函数 f 以及序列独裁匹配 μ^f，若初始产权结果 ω 满足 $\omega_{f(k)} = \mu^f(f(k))$，则容易验证 $\mu^\omega = \mu^f$。此外，我们知道给定产权的核匹配以及独裁序列匹配都是帕累托有效的。同时，对于任意帕累托有效的匹配 $\mu \in \mathcal{E}^p$，当 $\omega = \mu$ 时，由于给定产权的核机制是个体理性的，这意味着 $\mu_i^\omega \succeq \mu(i), \forall i \in N$。同时，由于每个人的偏好都是严格的，必然有 $\mu^\omega = \mu = \omega$，否则与 μ 是帕累托有效的相矛盾。

Abdulkadiroglu 和 Sonmez (1998) 得到了如下结论。

定理 22.3.4 对于任意的帕累托有效的匹配 $\nu(\cdot)$，存在一个序列独裁匹配和某个产权下的顶端交易循环机制，同时选择了 $\nu(\cdot)$。与此同时，每一个序列独裁匹配都是帕累托

有效的，每个给定产权下的核匹配也是帕累托有效的，即

$$\mathcal{E}^p = \mathcal{E}^{TTC} = \mathcal{E}^{SD}.$$

由定理 22.3.4，有下面的推论。

推论 22.3.1　一个匹配是帕累托有效的，当且仅当它是某个序列独裁匹配。一个匹配是帕累托有效的，当且仅当它是某种产权下的核匹配。

对于任意的帕累托有效匹配 η，定义 $\mathcal{M}^\eta = \{\omega : \mu^\omega = \eta\}$，即使得核机制是帕累托有效匹配 η 所对应的初始产权的集合；同样定义 $\mathcal{F}^\eta = \{f : \mu^f = \eta\}$，即使得序列独裁匹配是帕累托有效匹配 η 所对应的顺序函数的集合。Abdulkadiroglu 和 Sonmez (1998) 进一步得到了一个更强的结论，即 $|\mathcal{M}^\eta| = |\mathcal{F}^\eta|, \forall \eta \in \mathcal{E}^p$。由于这一结论证明的细节相对复杂，这里就不展开了，对细节感兴趣的读者可以阅读他们的论文。此外，Long 和 Tian (2014) 将 Abdulkadiroglu 和 Sonmez 的定理 22.3.4推广到弱偏好情形下也成立。

上面讨论了给定某种确定选择次序和某个确定的初始产权下两种匹配机制之间的关系。这种人为确定选择次序和初始产权的方式往往会造成不公平，容易引起争议，谁先选择、谁后选择往往会引起很大的争论，比如有人通过手中的权力让自己有选择的优先权，从而造成社会不公。现实中解决这种人为选择问题的一个办法是，让选择次序和初始产权随机化，比如通过抽签等随机方式来决定。若选择次序的决定服从某个概率分布，同时产权的安排也服从某个概率分布，则我们把前者称为**随机序列独裁** (random serial dictatorship) 机制或者**随机优先权** (random priority) 机制，把后者称为**随机禀赋下的核机制** (core mechanism from random endowment)。考察均匀概率分布，即所有可能的顺序函数的概率是相同的，

$$Prob(f) = \frac{1}{n!}, \forall f \in \mathcal{F};$$

或者所有初始的产权的概率是相同的，

$$Prob(\omega) = \frac{1}{n!}, \forall \omega \in \mathcal{M}.$$

在均匀分布下，随机序列独裁匹配 ψ^{rsd} 为：

$$\begin{aligned}\psi^{rsd}(\eta) &= \frac{1}{n!}|\{f \in \mathcal{F} : \mu^f = \eta\}| \\ &= \sum_{f \in \mathcal{F}} \frac{1}{n!}\mu^f.\end{aligned}$$

在均匀分布下，随机禀赋下的核匹配 ψ^{cre} 为：

$$\begin{aligned}\psi^{cre}(\eta) &= \frac{1}{n!}|\{\omega \in \mathcal{M} : \mu^\omega = \eta\}| \\ &= \sum_{\omega \in \mathcal{M}} \frac{1}{n!}\mu^\omega.\end{aligned}$$

由结论 $|\mathcal{M}^\eta| = |\mathcal{F}^\eta|, \forall \eta \in \mathcal{E}^p$ 及定理 22.3.4，我们有下面的推论。

推论 22.3.2 在均匀分布下，随机序列独裁匹配 ψ^{rsd} 与随机禀赋下的核匹配 ψ^{cre} 是相同的。

22.3.3 占有者的房屋配置问题

在这一节，我们把上面的房屋配置问题和房屋市场问题放在一起来讨论。在很多物品的配置中存在混合产权，既存在私有产权，也存在公有产权。同样，我们以房屋配置为例，在某个社会中，由某个机构来分配房子，其中有些个体已经居住进了某些房子，新来的个体等待房子分配。比如，大学宿舍配置问题，现有老生已经居住在其中一些宿舍，而新生还没有住进来，需要分配宿舍。这样类似的物品配置问题被称为**占有者的房屋配置** (house allocation with existing tenants)问题。本节的讨论主要参考 Abdulkadiroglu 和 Sonmez (1999)。

首先引入一些符号。$\langle N_E, N_U, H_E, H_V, p\rangle$ 是一个占有者的房屋配置问题，其中 N_E 是占有者的群体，N_U 是新来的群体；$H_E = \{h_i\}_{i\in N_E}$ 是占有者的房子集合，H_V 是待分配的房子集合，$h_0 \in H_V$ 表示无房子。若 $|H_E| + |H_V| < |N_E| + |N_U|$，则必然有参与人 $i \in N = N_E \cup N_U$ 得不到房子，此时 $h_i = h_0$。$H = H_E \cup H_V$ 表示所有房子的集合。

一个匹配是一个函数 $\mu : N \to H$：对于 $i \neq j, i, j \in N$ 使得 $\mu(i), \mu(j) \in H$，或者 $\mu(i) = \mu(j) = h_0$，或者 $\mu(i) \neq \mu(j)$。也就是说，可以有多个参与人没有分配到房子。令 $p(i)$ 是参与人 i 的 (严格) 偏好顺序单，对应的偏好为 $\succ_i$，满足 $h \succ_i h_0, \forall h \neq h_o, h \in H, i \in N$。

匹配 μ 是**帕累托有效的**，若不存在其他匹配 ν，使得 $\nu(i) \succeq_i \mu(i), \forall i \in N$，同时存在 $j \in N$ 使得 $\nu(j) \succ_j \mu(j)$。匹配 μ 被称为**个体理性的**，若不存在 $i \in N_E$ 使得 $h_i \succ_i \mu(i)$。随机匹配机制是对匹配的一个概率分布。一个常见的占有权下的匹配机制，被称为**占有权下的随机序列独裁机制** (random serial dictatorship mechanism with squatting rights)，描述如下：

（1）每个占有者决定是否参加房子的 (随机) 分配，若不参与就保留其占有的房子，若参与其房子就进入统一分配的集合。

（2）按一个特定分布抽取参与人的选择次序。这一分布可以是均匀的，也可以是偏向某些群体的。

（3）一旦确定选择次序，按照序列独裁机制决定分配。

尽管这一机制在现实中有很多应用，但它并不一定满足事后个体理性或者事后帕累托最优。下面的例子揭示了这一点。

例 22.3.3 考虑三个人和三个房子的匹配，占有者的群体为 $N_E = \{1\}$，新来的群体为 $N_U = \{2, 3\}$；被占用的房子集合为 $H_E = \{h_1\}$，未占用的房子集合为 $H_v = \{h_2, h_3\}$，占有者 1 决定是否参与分配。若不参与分配，他获得原来的房子 h_1。若参与分配，可用于分配的房子为 $H = \{h_1, h_2, h_3\}$，分配方式是 (均匀分布) 随机序列独裁机制。假设参与人的偏好顺序单为:

$$p(1) = h_2, h_1, h_3;$$
$$p(2) = h_1, h_2, h_3;$$
$$p(3) = h_2, h_1, h_3.$$

由于占有者 1 要先决定是否参与分配，因此我们需要对比占有者 1 参与或者不参与的期望效用。假设参与人 1 偏好满足期望效用的基本公理，他对于三个房子的效用为：

$$u_1(h_1)=3,\ u_1(h_2)=4,\ u_1(h_3)=1.$$

若占有者 1 不参与分配，他的期望效用为 3。若参与，有六种等概率的顺序函数。下面我们逐一对这六种顺序分别求解序列独裁匹配的结果。

$$f^1=(1,2,3),\mu^{f^1}(1)=h_2,\mu^{f^1}(2)=h_1,\mu^{f^1}(3)=h_3;$$
$$f^2=(1,3,2),\mu^{f^2}(1)=h_2,\mu^{f^2}(2)=h_3,\mu^{f^2}(3)=h_1;$$
$$f^3=(2,1,3),\mu^{f^3}(1)=h_2,\mu^{f^3}(2)=h_1,\mu^{f^3}(3)=h_3;$$
$$f^4=(2,3,1),\mu^{f^4}(1)=h_3,\mu^{f^4}(2)=h_1,\mu^{f^4}(3)=h_2;$$
$$f^5=(3,1,2),\mu^{f^5}(1)=h_1,\mu^{f^5}(2)=h_3,\mu^{f^5}(3)=h_2;$$
$$f^6=(3,2,1),\mu^{f^6}(1)=h_3,\mu^{f^6}(2)=h_1,\mu^{f^6}(3)=h_2.$$

因此，占有者参与分配的期望效用为 $\frac{1}{2}u_1(h_2)+\frac{1}{6}u_1(h_1)+\frac{1}{3}u_1(h_3)=\frac{17}{6}<3$，从而占有者 1 不参与分配，随机序列独裁匹配的结果为：

$$f'^1=(2,3),\mu^{f'^1}(1)=h_1,\mu^{f'^1}(2)=h_2,\mu^{f'^1}(3)=h_3;$$
$$f'^2=(3,2),\mu^{f'^2}(1)=h_1,\mu^{f'^2}(2)=h_3,\mu^{f'^2}(3)=h_2.$$

在随机序列独裁匹配下，$\mu^{f'^1}$ 和 $\mu^{f'^2}$ 的概率都是 $\frac{1}{2}$。容易看出，匹配 $\mu^{f'^1}$ 会被匹配 ν 帕累托占优，其中

$$\nu(1)=h_2,\nu(2)=h_1,\nu(1)=h_3.$$

因此，占有权下的随机序列独裁机制不是一个事后帕累托有效的匹配机制。

上面的机制之所以不是事后帕累托有效的，是由于占有者担心匹配会使利益受损而不参加。由于参与人的退出使得一些互利的匹配无法实现，为了修正这一问题，需要引入某种形式的担保机制。在只有一个占有者的情形下，以下**顺序调整随机序列独裁机制** (random serial dictatorship mechanism with order adjustment)可以解决这一问题。

顺序调整随机序列独裁机制描述如下：

第 1 步，把所有房子，包括占有者的房子，都用来分配。

第 2 步，按照某一概率分布随机抽取顺序函数。

第 3 步，第一次序的参与人指向最喜欢的房子，第二次序的参与人指向剩余房子中最喜欢的房子，依次地，若某一次序参与人指向占有者的房子，进入第 4 步。

第 4 步，若占有者的房子被指向之前，占有者已经匹配到房子，顺序不变，继续按照序列独裁机制分配房子；若占有者之前没有匹配到房子，调整次序，将占有者的选择次序插入到指向他房子的参与人次序的前面，其他选择次序保持不变。

下面的例子揭示了这一顺序调整随机序列独裁机制同时满足事后个体理性和帕累托有效。

例 22.3.4 (例 22.3.3续) 参与人的偏好和顺序选择的概率分布与之前相同。容易看出，在例 22.3.3 中，在 f^1, f^2, f^5 的顺序函数中，不存在顺序调整，匹配结果与例 22.3.3 相同，即有：

$$f^1 = (1,2,3),\ \mu^{f^1}(1) = h_2,\ \mu^{f^1}(2) = h_1, \mu^{f^1}(3) = h_3;$$
$$f^2 = (1,3,2),\ \mu^{f^2}(1) = h_2,\ \mu^{f^2}(2) = h_3,\ \mu^{f^2}(3) = h_1;$$
$$f^5 = (3,1,2),\ \mu^{f^5}(1) = h_1,\ \mu^{f^5}(2) = h_3,\ \mu^{f^5}(3) = h_2.$$

在 f^3 和 f^4 中，第一次序参与人 2 都指向了占有者 1 的房子，之前占有者 1 没有匹配到房子，从而需要调整。令 f^{3A} 和 f^{4A} 是对应的调整次序：

$$f^3 = (2,1,3),\ f^{3A} = (1,2,3),\ \mu^{f^{3A}}(1) = h_2,\ \mu^{f^{3A}}(2) = h_1, \mu^{f^{3A}}(3) = h_3;$$
$$f^4 = (2,3,1),\ f^{4A} = (1,2,3),\ \mu^{f^{4A}}(1) = h_2,\ \mu^{f^{4A}}(2) = h_1,\ \mu^{f^{4A}}(3) = h_3.$$

在 f^6 中，第二次序参与人 2 指向了占有者 1 的房子，之前占有者 1 没有匹配到房子，需要调整。令 f^{6A} 是对应的调整次序：

$$f^6 = (3,2,1),\ f^{6A} = (3,1,2),\ \mu^{f^{6A}}(1) = h_1,\ \mu^{f^{6A}}(2) = h_3,\ \mu^{f^{6A}}(3) = h_2.$$

顺序调整随机序列独裁机制是在下面的匹配中选择：

$$\mu^1 = \begin{pmatrix} 1 & 2 & 3 \\ h_2 & h_1 & h_3 \end{pmatrix},\ \mu^2 = \begin{pmatrix} 1 & 2 & 3 \\ h_2 & h_3 & h_1 \end{pmatrix},\ \mu^3 = \begin{pmatrix} 1 & 2 & 3 \\ h_1 & h_3 & h_2 \end{pmatrix}.$$

显然，这一机制同时满足事后个体理性和帕累托有效。

当占有者群体人数超过 1 时，上面的机制会失效。若有两个占有者互相指向对方的房子，上面的顺序调整将不再适用。

并不是所有的对占有者的担保机制都能实现事后个体理性和帕累托有效。下面的匹配机制，被称为**等待列表随机序列独裁机制** (random serial dictatorship mechanism with waiting list)，在一些领域比如大学的宿舍分配上有广泛的应用，其机制描述如下。

按照某个分布决定一个选择顺序。在开始阶段 H_V 是可供分配的房子。对于新来群体的参与人，即 $i \in N_U$，他的可接受房子集合是可供分配的房子集合；对于占有者群体的参与人 $i \in N_E$，他可接受的房子集合是那些比目前占用的房子更好的可供分配的房子的集合。

步骤 1：对最高优先度 (第一次序选择) 的参与人 $f(1)$ 来说，可接受的房子至少有一个，他匹配到最偏爱的房子；他匹配的房子从可供分配的房子集合中剔除。若 $f(1) \in N_E$ 得到匹配，他之前占用的房子 $h_{f(1)}$ 加入到可供分配的房子集合中，进入步骤 2。

步骤 t：可供分配的是上一步骤末可供分配房子的集合。在之前没有得到匹配的优先度最高的参与人在他可接受的房子中选择最偏爱的房子，其匹配的房子从可供分配的房子集合中被剔除。若他是占有者，他原先占有的房子加入到 $t+1$ 步骤的可分配的房子集合中。

当没有剩余的参与人或者没有可接受的剩余房子给剩余的参与人时，该过程终止。对

于 $i \in N_U$ 的没有得到匹配的参与人，他匹配的房子为 h_0；对于 $i \in N_E$ 的参与人，他匹配的房子为 h_i。

下面的例子揭示了等待列表随机序列独裁机制不是事后帕累托有效的。

例 22.3.5 假设 $N_E = \{1,2,3\}, N_U = \varnothing, H_E = \{h_1,h_2,h_3\}, H_V = \{h_4\}$。参与人的偏好顺序单为:

$$p(1) = h_2, h_3, h_1, h_4;$$
$$p(2) = h_3, h_1, h_2, h_4;$$
$$p(3) = h_1, h_4, h_3, h_2.$$

假设选择序列函数为 $f(i) = i, i = 1,2,3$，等待列表随机序列独裁机制匹配过程描述如下:

第 1 阶段: 可供分配的房子为 h_4，此时只有参与人 3 得到匹配，$\mu(3) = h_4$，h_3 加入到可供分配房子集合中。

第 2 阶段: 可供分配的房子为 h_3，此时只有参与人 1 得到匹配，$\mu(1) = h_3$，h_1 加入到可供分配房子集合中。

第 3 阶段: 可供分配的房子为 h_1，此时只有参与人 2 得到匹配，$\mu(2) = h_1$，h_2 加入到可供分配房子集合中。由于所有参与人都得到了匹配，匹配结束。

等待列表随机序列独裁机制的匹配结果为:

$$\mu = \begin{pmatrix} 1 & 2 & 3 \\ h_3 & h_1 & h_4 \end{pmatrix}.$$

这一匹配可以担保每个占有者在匹配中利益不会受损，即匹配结果满足事后个体理性，但是它却被下面的匹配帕累托占优:

$$\mu' = \begin{pmatrix} 1 & 2 & 3 \\ h_2 & h_3 & h_1 \end{pmatrix}.$$

Abdulkadiroglu 和 Sonmez (1999) 把序列独裁与顶端交易循环机制融合在一起，提出了**广义顶端交易循环机制** (generalized top trading cycles mechanism)来解决占有者配置中的效率问题。给定一个选择顺序函数 f，以及每个人报告的偏好组合 p，下面的步骤描述了广义顶端交易循环机制。

第 1 阶段：$RH_1 = H_V$ 是初始可供分配房子的集合。每个人都指向自己最喜欢的房子，每个占有者对于占有的房子具有最高优先权，同时第一顺序选择参与人 $f(1)$ 具有对所有可供分配房子集合的最高优先权。由于参与者人数和房子数是有限的，必然存在顶端循环链条 $A^1 = \{i_1, \cdots, i_k\}$，使得链条中参与人 $i_j, j < k$ 最偏爱房子的最高优先权是 i_{j+1}，i_k 最偏爱房子的最高优先权是 i_1。此时，顶端循环链条的参与人匹配到他们最偏爱的房子，同时顶端交易循环的参与人和他们匹配到的房子退出下一阶段的匹配。若占有者位于顶端循环中，匹配之后，他原先占有的房子进入到下一阶段的可供分配房子中。阶段初可

供分配的房子集合中扣除退出的房子和加入的房子被称为第 1 阶段末可供分配的房子集合，与不在第一阶段顶端循环链条中的参与人一起进入下一阶段的匹配。

第 t 阶段：可供分配的房子集合 RH_t 是上一阶段末的可供分配的房子集合。这一阶段剩余的参与人指向剩余房子中最偏爱的房子，每个占有者对于占有的房子具有最高优先权，剩余的参与人中具有最先选择顺序的参与人对于这一阶段的可供分配的房子集合具有最高优先权。同样，存在这一阶段的顶端循环链条。链条中的参与人匹配到他们指向的房子，他们和匹配的房子退出下一阶段的匹配。若占有者位于链条中，他们占有的房子加入到阶段末可供分配的房子集合中。当所有参与人都得到了匹配时，或者当可供分配的房子集合为空集或所有占有者都得到匹配时，匹配结束，否则进入下一阶段的匹配。

当没有剩余的房子或剩余的参与人时，算法终止。每个未分配的参与人与 h_0 匹配。

下面我们先通过一个例子来理解广义顶端交易循环机制。

例 22.3.6 假设 $N_E = \{1,2,3,4\}$，$N_U = \{5\}, H_E = \{h_1,h_2,h_3,h_4\}$，以及 $H_V = \{h_5,h_6,h_7\}$。令 $i \in N_E$ 占有的房子为 h_i，顺序函数 f 满足 $f(i) = i, i \in N$。参与人的偏好顺序单为：

$$p(1) = h_2, h_6, h_5, h_1, h_4, h_3, h_7;$$
$$p(2) = h_7, h_1, h_6, h_5, h_4, h_3, h_2;$$
$$p(3) = h_2, h_1, h_4, h_7, h_3, h_6, h_5;$$
$$p(4) = h_2, h_4, h_3, h_6, h_1, h_7, h_5;$$
$$p(5) = h_4, h_3, h_7, h_1, h_2, h_5, h_6.$$

第 1 阶段：可供分配的房子集合为 $RH_1 = H_V = \{h_5, h_6, h_7\}$，顶端循环为 1 和 2，他们得到的匹配为 $\mu(1) = h_2$ 和 $\mu(2) = h_7$。

第 2 阶段：可供分配的房子集合为 $RH_2 = \{h_1, h_5, h_6\}$，顶端循环为 3 和 4，他们得到的匹配为 $\mu(3) = h_1$ 和 $\mu(4) = h_4$。

第 3 阶段：可供分配的房子集合为 $RH_3 = \{h_3, h_5, h_6\}$，顶端循环为 5，他得到的匹配为 $\mu(5) = h_3$。匹配完毕，最后的匹配结果为：

$$\mu = \begin{pmatrix} 1 & 2 & 3 & 4 & 5 \\ h_2 & h_7 & h_1 & h_4 & h_3 \end{pmatrix}.$$

显然，这一匹配结果满足个体理性和帕累托有效性。广义顶端交易循环机制可以确保每个占有者都有动机参与。这是因为，当且仅当占有者 i 位于某一个阶段的顶端循环中时，他才会将占有的房子用于分配。而且，在顶端循环中，他匹配到的房子一定不会比他占有的房子差。

当所有参与人都是占有者时，上面的广义顶端交易循环机制就是顶端交易循环机制；若没有参与人是占有者，上面的机制就是序列独裁机制。若占有者的人数只有一个，上面的机制就是顺序调整随机序列独裁机制。

下面讨论广义顶端交易循环机制的特征，我们会发现与顶端交易循环机制类似，它也具有帕累托有效以及策略性无关的特性。

给定任意选择顺序及参与人的偏好，每个占有者放弃房子的条件是他进入某个顶端循环，也就是说，他匹配到的房子一定不比他占有的房子差。此外，所有占有者都是通过顶端循环匹配到房子。根据前面对顶端交易循环性质的讨论，占有者在广义顶端交易中得到的匹配对占有者群体而言是帕累托有效的，同时每个占有者汇报真实偏好是占优策略。而对于新来群体的参与人来说，他的匹配过程结合了序列独裁机制和顶端交易循环机制，当在某个阶段中，他成为可供分配房子集合中优先度最高的参与人时，才能参与顶端交易循环，从中得到匹配。若要提高其利益，需要让他有更早的选择次序，但这必然损害了之前得到匹配的参与人的利益。因此，对任意新来群体的参与人而言，广义顶端交易循环机制的匹配结果是帕累托有效的，并且他报告的偏好不会影响到他何时有资格参与顶端循环。一旦他成为可供分配房子集合中优先度最高的参与人，在顶端交易循环环节，根据顶端交易循环的特性，他披露真实的偏好就是占优策略。因此，我们得到下面的定理。

定理 22.3.5 对任意给定的顺序 f，广义顶端交易循环机制是个体理性、帕累托有效和策略性无关的。

由定理 22.3.5，我们有如下推论。

推论 22.3.3 对任意随机分布的顺序函数，广义顶端交易循环机制是事后个体理性、事后帕累托有效和策略性无关的。

Abdulkadiroglu 和 Sonmez (1999) 提出了一个被称为**“你要我房–我要你位置”**(You request my house—I get your turn，简写为 YRMH-IGYT) 的机制，它可以执行广义顶端交易循环机制的匹配结果。YRMH-IGYT 机制描述如下：

给定任意的顺序函数 f，给 $f(1)$ 匹配他最喜欢 (或指向) 的房子，给 $f(2)$ 在剩余的房子中匹配他最喜欢的房子。依此顺序，当某个参与人指向的房子是由占有者拥有时，若该占有者在之前得到了匹配，算法继续；若该占有者之前没有得到匹配，该占有者的顺序插入到指向他房子的参与人之前。若在某个时刻形成了一个链条，这一链条都是由非占有者组成的，链条中的每一个个体都指向链条中的下一个个体 (链条 $\{i_1, i_2, \cdots, i_k\}$ 是参与人的序列单，其中 i_1 指向 i_2 的房子，i_2 指向 i_3 的房子，等等，i_k 指向 i_1 的房子)，链条中的参与人匹配到他指向的房子，链条中匹配的房子都退出分配。

当占有者只有一个时，YRMH-IGYT 机制相当于顺序调整随机序列独裁机制。

定理 22.3.6 给定任意顺序函数 f，YRMH-IGYT 机制执行了广义顶端交易循环机制的结果。

证明： 在任意阶段中，当剩余的参与人为 J 和剩余的房子为 G 时，YRMH-IGYT 机制按下面两种可能的情形运行到下一阶段。

情形 1： 存在一个参与人的序列 $i_1, i_2, \cdots, i_k (k = 1$ 也是允许的)，在这一序列中，i_1 在 J 个房子中有最高优先度，他指向 i_2 的房子，i_2 指向 i_3 的房子，等等，i_k 指向房子

第22章

$h \in G$，这里或者 $h \in H_V$ 或 h 最初是由不在 J 中的参与人所拥有的。此时，i_k 匹配到 h 房子，i_{k-1} 匹配到 h_{i_k} 房子，最终 i_1 匹配到 i_2 的房子。在广义顶端交易循环中若还剩下参与人是 J 和房子集合为 G，那么 $i_1, i_2, \cdots, i_k$ 也构成了一个顶端循环，此时的匹配与 YRMH-IGYT 机制相同。

情形 2：存在一个链条 $\{i_1, i_2, \cdots, i_k\} \subseteq N_E(k=1$ 也是允许的)。此时，i_1 匹配到 i_2 的房子，i_2 匹配到 i_3 的房子，等等，i_k 匹配到 i_1 的房子，这一匹配结果与广义顶端交易循环机制也是相同的。

总之，对于任意剩余的参与人和房子集合，YRMH-IGYT 机制总是定位到一个顶端循环并执行顶端循环中的匹配，这一情形与广义顶端交易循环机制是相同的。 □

在本节所述内容的基础上，Papai (2000) 提出和刻画了等级交换规则 (hierarchical exchange rule)。这是一个广义的框架，包括了本节所讲的序列独裁机制、顶端交易循环机制以及 YRMH-IGYT 机制。单边匹配的文献有一些非常好的综述，其中 Sonmez 和 Unver (2010) 及 Abdulkadiroglu 和 Sonmez (2013) 对单边匹配的理论问题和应用提供了比较全面的讨论和回顾。

在房屋配置问题中，由于确定性的配置缺少公平性，随机配置逐渐成为常见的工具。Bogomolnaia 和 Moulin (2001) 提出了一种概率序列 (probabilistic serial) 机制，它和前面所述的随机序列独裁机制均是该领域的主要机制。随机配置是目前单边匹配的主要研究方向之一。除了效率、公平和激励外，当参与人存在外部选择时 (即保持未配置状态)，机制的配置数目也是社会关心的问题。相关的讨论参见 Bogomolnaia 和 Moulin (2015) 及 Huang 和 Tian (2017)。

22.4 应用

下面我们通过应用前面讨论的双边匹配和单边匹配的市场设计理论来研究具有重大现实意义的两个具体匹配问题：入学匹配和器官移植匹配。我们发现，尽管讨论的问题有差异，但运作机制背后的逻辑却体现了高度的内在一致性。

22.4.1 择校问题

教育是社会前进和发展的重要基础，对于个体来说学校教育是提升人力资本的重要途径。由于资源，包括教育资源 (特别是优质教育资源) 是稀缺的，有效配置教育资源就成为极其重要的问题。与此同时，教育资源配置与社会公平密切相关。这样，教育资源的配置不仅涉及效率，也涉及公平，从而教育资源的配置不能仅仅依靠价格机制，还需要公共资源投入和教育政策的引导。

在前面的双边匹配中，我们介绍了大学入学招生中，学校和学生之间可以根据偏好选择不同的邀约对象，当不存在学校和学生之间重新调整匹配来提高他们的收益时，匹配达到稳定。Gale 和 Shapley (1962) 的延迟接受算法就给出了这样的稳定匹配机制。并且，当某一方提出邀约时，通过延迟接受算法得到的匹配对于邀约方来说具有良好的性质，比如满足偏好披露中的激励相容性，同时在所有稳定匹配中对邀约一方是最优的匹配。

然而，在不同的入学阶段、不同的制度背景下，入学问题却有许多不同的表现形式。比如，在许多国家的大学招生中，绝大部分招生都是根据某些指标来决定的，如中国的高考成绩。在义务教育阶段，以中国为例，学生的入学依赖于户口、居住地与学校的距离等因素。与此同时，在以培养国民素质及提升人力资本为目标的教育中，学生个体才是教育政策最根本的关注点，学校在很大程度上是教育过程的一个载体。因此，在学生入学问题上，更大程度上体现的是单边匹配的特征。在文献中，这一问题被称为择校问题 (school choice problem)，社会福利以学生利益为目标函数。下面我们通过严格模型来刻画择校问题。

假设 $N=\{1,2,\cdots,n\}$ 是学生的集合，$S=\{s_1,\cdots,s_m\}$ 是学校的集合，$\boldsymbol{q}=(q_s)_{s\in S}$ 是学校的招生限额，$\succ_i$, 是学生 $i\in N$ 对学校的 (严格) 偏好。对于学校 s 来说，在招生中对学生有一个优先度规则，称为优先序，记为 $\succ_s$。对类似大学招生而言，学生的成绩决定了他们的优先度，而对于义务阶段的招生而言，户口、居住地等更多地决定了学生的优先度。学校对学生的优先度，在双边匹配框架中可以被理解为学校的偏好 (但不同的是，在择校问题中，学校不作为一个策略决策者，没有激励掩盖真实信息，因此不妨假设学校不能扭曲其偏好)。在单边匹配的框架中，学生的优先度可以在一定程度上被理解为某种顺序的选择函数。不过，当不同学校 (比如普通高校和艺术类高校) 有不同的优先度考量时，这种优先度是局部的。

择校问题的一个匹配 $\mu: N\cup S\to 2^{N\cup S}$ 需满足以下条件：

$$\mu(i)\subseteq S,\ |\mu(i)|\leqq 1, \forall i\in N;$$
$$\mu(s)\subseteq N,\ |\mu(s)|\leqq q_s, \forall s\in S;$$
$$s\in\mu(i)\text{当且仅当}i\in\mu(s), \forall i\in N,\ s\in S.$$

这里 $|\mu(i)|=0$ 意味着 $\mu(i)=\varnothing$，表示参与人 i 没有被任何学校录取。

第22章

定义 22.4.1　令 $\mu: N\cup S\to 2^{N\cup S}$。我们称

匹配 μ 是**个体理性的**，若对于 $i\in N$，有 $\mu(i)\succeq_i\varnothing$;

匹配 μ 是**无浪费的** (non-wasteful)，若 $s\succ_i\mu(i), \forall i\in N, s\in S$，有 $|\mu^{-1}(s)|=q_s$;

匹配 μ 是**公正的** (fair) 或**消除正当嫉妒的** (eliminate justified envy)，若不存在 $i\succ_{\mu(j)} j$ 满足 $\mu(j)\succ_i\mu(i)$;

μ 是**帕累托有效的**，若不存在其他匹配 ν，使得 $\nu(i)\succeq_i\mu(i), \forall i\in N$，且存在某个 $j\in N$，使得 $\nu(j)\succ_j\mu(j)$;

μ 是**稳定的**，若 μ 是个体理性的、无浪费的，同时是消除正当嫉妒的;

稳定匹配 μ 是**学生最优**的，若不存在其他稳定的匹配 ν 帕累托占优于 μ。

在择校匹配的特性中，我们关注效率、稳定以及 (偏好披露中的) 激励相容。现实中很多择校机制并不满足激励相容特性，比如 Abdulkadiroglu 和 Sonmez (2003) 提到的波士顿机制 (Boston mechanism)。下面我们先描述波士顿机制。

每个学校事先给定一个优先度规则 (比如家庭地址、是否有兄弟姐妹上过该学校等)。

每个学生对学校报告其偏好顺序单，如第一志愿、第二志愿等等。

第 1 轮：学校只考虑第一志愿的学生：在所有第一志愿填 s 学校的学生中，按照优先度 $\succ_s$ 录取其中具有最高优先度的 q_s 学生。若没录满，到下一轮再录取。若已经录满，录取结束。

第 k 轮：在剩余的学生中，还没有录满的学校只考虑第 k 志愿的学生，按照优先度 $\succ_s$ 录取其中具有最高优先度的学生，录取人数不超过剩余的名额，若这一轮录取满额就招生结束，否则进入下一轮。

直到所有的学校名额录满，或者所有学生都已被录取。

下面的例子揭示了波士顿机制不满足 (偏好披露) 激励相容特性。

例 22.4.1 假设有 3 个学生、3 个学校，$N=\{1,2,3\}, S=\{s_1,s_2,s_3\}, q_s=1, \forall i\in S$，学生以及学校的偏好顺序单如下：

$$p_1=s_2,s_1,s_3,\qquad p_{s_1}=1,3,2;$$

$$p_2=s_1,s_2,s_3,\qquad p_{s_2}=2,1,3;$$

$$p_3=s_1,s_2,s_3,\qquad p_{s_3}=2,1,3.$$

按照波士顿机制，其匹配结果为：

$$\mu^B=\begin{pmatrix} s_1 & s_2 & s_3\\ 3 & 1 & 2\end{pmatrix}.$$

首先，这一匹配机制不满足消除正当嫉妒性，因为 $s_2=\mu(1)\succ_2\mu(2)=s_3$，且 $2\succ_{s_2}1$；其次，也不满足激励相容性，因为若参与人 2 报告非真实偏好：$p_2'=s_2,s_1,s_3$，匹配结果为：

第22章

$$\mu'^B=\begin{pmatrix} s_1 & s_2 & s_3\\ 3 & 2 & 1\end{pmatrix}.$$

Abdulkadiroglu 和 Sonmez (2003) 于是提出了两个匹配机制来解决偏好真实显示的激励相容问题。一个是由学生提出邀约的延迟接受算法 μ^{SOSM} (student-optimal stable mechanism)，另一个是顶端交易循环算法 μ^{TTC}，其中对 μ^{TTC} 的定义如下。

定义 22.4.2 (择校问题中的顶端交易循环算法) 第 1 步：分配给每个学校一个计数器以显示该学校还有多少剩余名额。计数器的初始设置为学校的招生限额。每个学生按其所报偏好指向他最喜欢的学校。每个学校指向在该学校拥有最高优先度的学生。由于学生和学校的数目是有限的，因此至少存在一个循环，并且每个学校至多在一个循环中，每个学生也至多在一个循环中。在循环中的每个学生被分配到一个他所指向的学校，然后从算法中剔除该学生。每个循环中学校计数器的计数减一，而若计数减至零，则该学校也被剔除。其他学校的计数器计数保持不变。

第 k 步：每个剩下的学生指向剩下的学校中他最喜欢的学校。每个剩下的学校指向剩下的学生中在该学校拥有最高优先度的学生。至少会存在一个循环。在循环中的每个学生被分配到一个他所指向的学校并被剔除。每个循环中学校计数器的计数减一，若计数减至零，则该学校也被剔除。其他学校的计数器计数保持不变。

当所有学生均被分配到一个学校时，算法停止。算法的步骤数不会超过学生集合的基数。

根据前面两节的分析结果，我们可以得到如下结论：第一，匹配 μ^{SOSM} 是稳定的，并且是所有稳定匹配中学生最优的；匹配 μ^{SOSM} 满足在偏好披露中的激励相容性。第二，匹配 μ^{TTC} 是帕累托有效的，并且满足偏好披露激励相容性。

下面我们接着例 22.4.1讨论这两个机制。

例 22.4.2 考虑学生和学校的情形，如例 22.4.1所述，容易求出由学生提出邀约的延迟接受算法的匹配 μ^{SOSM} 和顶端交易循环匹配 μ^{TTC}。

$$\mu^{SOSM} = \begin{pmatrix} s_1 & s_2 & s_3 \\ 1 & 2 & 3 \end{pmatrix}, \mu^{TTC} = \begin{pmatrix} s_1 & s_2 & s_3 \\ 2 & 1 & 3 \end{pmatrix}.$$

可看出，μ^{SOSM} 不是帕累托有效的，因为它被匹配 μ^{TTC} (帕累托) 占优。同时，μ^{TTC} 也不满足稳定条件中的消除正当嫉妒性，这是因为 $s_1 = \mu(2) \succ_3 \mu(3) = 3$，但 $3 \succ_{s_1} 2$。

然而，在上面的例子中，μ^{TTC} 匹配结果帕累托占优于 μ^{SOSM} 匹配结果。然而，并不是 μ^{TTC} 机制 (即并不是在所有的偏好下) 总是帕累托占优于 μ^{SOSM} 机制。下面的例子说明了此点。

例 22.4.3 假设有 3 个学生、3 个学校，$N = \{1,2,3\}, S = \{s_1, s_2, s_3\}, q_s = 1, \forall i \in S$，学生以及学校的偏好顺序单如下，其中参与人 2 的偏好和例 22.4.1 不同。

$$\begin{aligned} p_1 &= s_2, s_1, s_3, & p_{s_1} &= 1,3,2; \\ p_2 &= s_1, s_3, s_2, & p_{s_2} &= 2,1,3; \\ p_3 &= s_1, s_2, s_3, & p_{s_3} &= 2,1,3. \end{aligned}$$

容易求出，由学生提出邀约的延迟接受算法的匹配 μ^{SOSM} 和顶端交易循环匹配 μ^{TTC} 分别为:

$$\mu^{SOSM} = \begin{pmatrix} s_1 & s_2 & s_3 \\ 3 & 1 & 2 \end{pmatrix}, \mu^{TTC} = \begin{pmatrix} s_1 & s_2 & s_3 \\ 2 & 1 & 3 \end{pmatrix}.$$

在这个例子中，μ^{SOSM} 与 μ^{TTC} 相互之间不存在帕累托占优的关系。

我们知道 μ^{SOSM} 与 μ^{TTC} 都满足偏好披露中的激励相容特性，且 μ^{TTC} 是帕累托有效的。上面的例子揭示了 μ^{TTC} 并不帕累托占优于 μ^{SOSM}，由此引出的一个问题是：是否存在一个激励相容的帕累托有效的匹配机制可以帕累托占优于 μ^{SOSM}？

Keston (2010) 给予了否定的回答，下面的定理揭示了这一结论。

定理 22.4.1 若学校的优先序是严格的，则不存在一个激励相容的帕累托有效的匹配机制可以占优于 μ^{SOSM}。

Kesten (2010) 提出了适当牺牲偏好真实显示的激励相容特性来换取配置效率，并构造了一个改善配置效率的匹配机制，这一机制被称为**效率调整延迟接受机制** (efficiency-adjusted deferred accepted mechanism)，简写为 EADAM 机制。

我们现讨论这一机制，先引入一个定义。

定义 22.4.3 我们称学生 i 为 (由学生提出邀约的) 延迟接受机制中对学校 s 的**干扰者** (interrupter)，若在延迟接受机制下 i 向学校 s 提出邀约，使得某个学生 j 被学校 s 拒绝，但学校 s 在收到学生 k 的邀约后拒绝学生 i。(i,s) 则被称为**干扰对**。

在上面的定义中，学生 i 是学校 s 的干扰者，他的邀约只是让学校 s 拒绝了某个学生，但学校 s 最后并不接受 i，也就是说，对于 j 来说，i 的行为损人不利己。若事前干扰对 (i,s) 达成一个相互之间不干扰的协议，即原本是学校 s 干扰者的学生 i 在协议中承诺不去向学校 s 提出邀约，那么可能会改进匹配的效率。

下面先通过一个例子来寻找干扰对。

例 22.4.4 考虑两个学校和三个学生的匹配。$S=\{s_1,s_2\}, N=\{1,2,3\}, q_s=1, \forall s\in S$，学生和学校的偏好顺序单如下:

$$\begin{aligned} &p_1=s_2,s_1, \qquad && p_{s_1}=1,2,3;\\ &p_2=s_1, && p_{s_2}=3,1;\\ &p_3=s_1,s_2. \end{aligned}$$

由学生提出邀约的延迟接受算法的过程如下 (其中加底线的是暂时被接受的学生):

s_1	s_2	$\varnothing$
$\underline{2}$,3	1	
	1,$\underline{3}$	
$\underline{1}$,2		
		$\underline{2}$
$\underline{1}$	$\underline{3}$	$\underline{2}$

匹配结果为:

$$\mu=\begin{pmatrix} s_1 & s_2 & \varnothing \\ 1 & 3 & 2 \end{pmatrix}.$$

我们看到，学生 2 是 s_1 的干扰者，导致了学生 3 被 s_1 淘汰。若学生 2 同意将 s_1 从他的偏好顺序单中去掉，即不去选 s_1，此时匹配过程变为:

s_1	s_2	$\varnothing$
$\underline{3}$	$\underline{1}$	$\underline{2}$,

匹配结果为:

$$\mu^E=\begin{pmatrix} s_1 & s_2 & \varnothing \\ 3 & 1 & 2 \end{pmatrix}.$$

显然，μ^E 是 μ 的一个帕累托改进，且是帕累托有效匹配。

下面我们描述 EADAM 机制：

第 0 轮，运行延迟接受算法 (以下简称 DA 算法)。

第 k 轮，找出第 $k-1$ 轮延迟接受算法最后一步中的所有干扰对。对每个干扰对 (i,s)，从学生 i 的偏好顺序单中删除学校 s。在新的偏好组合下重新运行 DA 算法。

一旦 DA 算法中不再出现承诺的干扰者，这一轮的 DA 算法的结果就是 EADAM 机制的匹配结果。

下面我们先通过一个例子来讨论 EADAM 机制。

例 22.4.5 假设有 6 个学生 $N=\{1,\cdots,6\}$、5 所学校 $S=\{s_1,s_2,s_3,s_4,s_5\}$，录取限额为 $q_s=1,\forall s\neq s_5,q_{s_5}=2$。学校的优先顺序单为：

$$p_{s_1}=2,1,5,6,4,3;$$

$$p_{s_2}=3,6,4,1,\cdots;$$

$$p_{s_3}=1,6,2,3,\cdots;$$

$$p_{s_4}=4,3,6,\cdots;$$

$$p_{s_5}=\cdots.$$

其中省略的是无差异或者说对匹配没有影响的排序。学生的偏好顺序单为：

$$p_1=s_2,s_1,s_3,\cdots;$$

$$p_2=s_3,s_1,s_5,\cdots;$$

$$p_3=s_3,s_4,s_2,\cdots;$$

$$p_4=s_1,s_2,s_4,\cdots;$$

$$p_5=s_1,s_5,\cdots;$$

$$p_6=s_4,s_1,s_3,s_2,s_5,\cdots.$$

假设所有学生都承诺不做干扰者，EADAM 机制的运行过程为：

第 0 轮，运行 DA 算法：

阶段	s_1	s_2	s_3	s_4	s_5
1	$\underline{5}$,4	$\underline{1}$	$\underline{2}$,3	$\underline{6}$	
2		$\underline{4}$,1		$\underline{3}$,6	
3	$\underline{1}$,5,6				
4			$\underline{6}$,2		$\underline{5}$
5	$\underline{2}$,1				
6			$\underline{1}$,6		
7		$\underline{6}$,4			
8				$\underline{4}$,3	
9		$\underline{3}$,6			
10	$\underline{2}$	$\underline{3}$	$\underline{1}$	$\underline{4}$	$\underline{5,6}$

第 1 轮，找到上一轮第 9 步中的干扰对 $(6, s_2)$，它是最后一组干扰的学生和对应的学校，从学生 6 的偏好顺序单中去除 s_2，重新运行 DA 算法，得到：

阶段	s_1	s_2	s_3	s_4	s_5
1	5,4	1	2,3	6	
2		4,1		3,6	
3	1,5,6				
4			6,2		5
5	2,1				
6			1,6		
7					5,6
8	2	4	1	3	5,6

第 2 轮，找到上一轮第 6 步中的干扰对 $(6, s_3)$，它是最后一组干扰的学生和对应的学校，从学生 6 的偏好顺序单中去除 s_3，重新运行 DA 算法，得到：

阶段	s_1	s_2	s_3	s_4	s_5
1	5,4	1	2,3	6	
2		4,1		3,6	
3	1,5,6				
4					5,6
5	1	4	2	3	5,6

第 3 轮，找到上一轮第 3 步中的干扰对 $(5, s_1)$，它是最后一组干扰的学生和对应的学校，从学生 5 的偏好顺序单中去除 s_1，重新运行 DA 算法，得到：

阶段	s_1	s_2	s_3	s_4	s_5
1	4	1	2,3	6	5
2				3,6	
3	6,4				
4		4,1			
5	1,6				
6					5,6
7	1	4	2	3	5,6

第 4 轮，找到上一轮第 5 步中的干扰对 $(6, s_1)$，它是最后一组干扰的学生和对应的学校，从学生 6 的偏好顺序单中去除 s_1，重新运行 DA 算法，得到：

阶段	s_1	s_2	s_3	s_4	s_5
1	$\underline{4}$	$\underline{1}$	$\underline{2}$,3	$\underline{6}$	$\underline{5}$
2				$\underline{3}$,6	
3					$\underline{5,6}$
4	$\underline{4}$	$\underline{1}$	$\underline{2}$	$\underline{3}$	$\underline{5,6}$

第 5 轮，由于上一轮不存在干扰的学生，算法结束。最后的匹配结果为:

$$\mu^E = \begin{pmatrix} s_1 & s_2 & s_3 & s_4 & s_5 \\ 4 & 1 & 2 & 3 & \{5,6\} \end{pmatrix},$$

这一匹配结果是帕累托有效的。

Kesten (2010) 证明了，只要存在干扰的学生承诺去除不能匹配的干扰对应学校，EADAM 机制相对于 μ^{SOSM} 就是帕累托改进；若所有存在干扰的学生都同意，那么 EADAM 机制是一个帕累托有效的匹配。同时，对于不参与协议的学生而言，EADAM 机制可以消除他们的正当嫉妒性，或者满足对他们的公平性。与此同时，在 EADAM 机制下，对于不参加协议的学生来说，参加协议也不会降低他们的收益。这些结论的证明需要比较大的篇幅，感兴趣的读者可以参考 Kesten (2010) 这篇论文。

然而，EADAM 机制在偏好披露上并不满足激励相容性，下面的例子揭示了这一点。

例 22.4.6　考虑 3 个学生 $N = \{1, 2, 3\}$ 和 3 个学校 $S = \{s_1, s_2, s_3\}$ 的匹配，$q_s = 1$，$\forall s \in S$，学生的偏好顺序单和学校的优先序单如下:

$$\begin{aligned} p_1 &= s_1, s_2, & p_{s_1} &= 3, 1, 2; \\ p_2 &= s_1, s_2, s_3, & p_{s_2} &= 2, 3; \\ p_3 &= s_3, s_1, & p_{s_3} &= 2, 1. \end{aligned}$$

假设所有学生都同意不做干扰者。当所有学生都如实披露偏好时，第 0 轮的 DA 算法运作如下:

阶段	s_1	s_2	s_3
1	$\underline{1}$,2		$\underline{3}$
2		$\underline{2}$	
3	$\underline{1}$	$\underline{2}$	$\underline{3}$.

同时匹配结果

$$\mu^E(p_2, p_{-2}) = \begin{pmatrix} s_1 & s_2 & s_3 \\ 1 & 2 & 3 \end{pmatrix}$$

是帕累托有效的。设学生 2 操纵偏好的汇报，其报告为：$p_2' = s_1, s_3, s_2$。第 0 轮的 DA 算法运作如下:

阶段	s_1	s_2	s_3
1	$\underline{1}$,2		$\underline{3}$
2			$\underline{2}$,3
3	$\underline{3}$,1		
4		$\underline{1}$	
5	$\underline{3}$	$\underline{1}$	$\underline{2}$.

第 1 轮，找到上一轮中的第 3 步，$(1, s_1)$ 是最后一组干扰的学生和对应的学校，在学生 1 的偏好顺序单中去除 s_1，重新运行 DA 算法，得到:

阶段	s_1	s_2	s_3
1	$\underline{2}$	$\underline{1}$	$\underline{3}$
2	$\underline{2}$	$\underline{1}$	$\underline{3}$

其匹配结果为:

$$\mu^E(p_2', p_{-2}) = \begin{pmatrix} s_1 & s_2 & s_3 \\ 2 & 1 & 3 \end{pmatrix}.$$

显然，学生 2 从偏好操纵中得到了更高的收益。

Tang 和 Yu (2014) 从一个新的视角考察了 EADAM 机制，更深入地讨论了学生选择是否同意参与协议的激励问题。从机制设计的视角讨论入学问题的文献数量还在不断增长中，Abdulkadiroglu (2013)，Erdil 和 Ergin (2013) 的综述较为全面地讨论了入学问题中的效率和激励性问题。

22.4.2 器官移植中的匹配

在本节我们应用前面的匹配理论来分析器官移植中的匹配问题。在很多严重疾病的治疗中，器官移植问题是一个有效的方法。器官移植问题不仅是医学问题、伦理问题，也是经济学问题。Abdulkadiroglu 和 Sonmez (2013) 对 2009—2010 年间的美国肾脏移植市场做了一个简单的描述。在 2010 年 7 月，有超过 85 000 个病人等待肾脏移植。2009 年总共有 16 829① 例肾脏移植手术，其中有 10 422 例的肾源来自遗体捐献，有 6 387 例的肾源来自活体捐献。而在同一年，有 35 123 个新病人加入等待遗体肾源移植队伍中，同时有 4 789 个病人在等待肾源过程中死去。

因此，器官移植市场是资源稀缺市场。与此同时，在器官移植市场中，绝大多数国家禁止器官买卖，器官捐献是唯一可能的来源。在肾脏、肝脏等器官的移植中，血缘匹配以及组织排斥问题是影响手术成功的重要因素。很多针对特定个体捐献的器官，由于这些问题，不能得以有效利用。下面主要讨论肾脏移植。

Rapaport (1986) 提出了受捐病人–捐献者组合之间的交换。这种交换可以使得交换后病人都得到适合移植的肾源，并且在伦理上容易被接受。这种交换方式被称为直接交换。

① 原文献里为该数据，疑原文献数据有误，似应为 16 809。

另外，还有一种交换方式是间接交换，即在与捐献者类型冲突的受捐病人与等待遗体肾脏的排队病人之间进行交换，前者把受捐的肾脏给后者，同时得到在等待队伍中较高的优先次序。

Roth，Sonmez 和 Unver (2004) 对这两种交换形式与单边匹配进行了联系和比较。若把捐献的肾脏比作待分配或交换的房子，那么肾源之间的直接交换与房屋交换问题具有等价性，前面讨论的顶端交易循环机制具有良好的性质。受捐病人与排队病人之间的间接交换，与占有者的房屋分配问题相似，对于后者，YRMH-IGYT(你要我房–我要你位置) 匹配机制具有良好的性质。然而，肾脏移植分配和房屋分配存在一些不同的特征。在房屋分配中，待分配的房子集合是事先给定的，但是在肾脏移植中，对于遗体捐献或者一些不针对特定病人的捐献，捐献的肾脏类型和得到肾脏的时间却是未知的和不确定的，从而 YRMH-IGYT 并不能被直接应用于间接交换。Roth，Sonmez 和 Unver (2004) 提出了一个新的匹配机制，称之为**顶端交易循环和链条机制** (top trading cycles and chains mechanism)，简称 TTCC 机制。下面我们主要介绍这一机制，不过，首先需要引入一些符号和概念。

肾脏交换问题包括以下要素：首先是受捐病人–捐献者的组合对，所有这些组合对的集合为 $\{(k_1,t_1),\cdots,(k_n,t_n)\}$，受捐病人集合为 $T=\{t_1,\cdots,t_n\}$，受捐者的肾源集合记为 $K=\{k_1,\cdots,k_n\}$。令 $K_i\subseteq K$ 是与受捐病人 t_i 相容的肾源集合。由于排队等待的遗体捐献的肾脏是不确定的，这里并不直接刻画等待的病人集合和未来遗体捐献的肾源。假设受捐病人 t_i 选择把肾源给排队病人，他会得到等待遗体肾源队伍中的某个优先次序。假设这一优先次序是给定的，得到这一排队次序以及由此可能得到的 (不确定) 肾源，记为 w。对于受捐病人 t_i 的偏好 $\succ_i$，对应的偏好顺序单 p_i 是在 $K_i\cup\{k_i,w\}$ 上的一个排序。在这一排序中关键的排序是对 k_i 和 w 之间的偏好排序：若 $k_i\succ_i w$，所有比 k_i 差的肾源都不会被 t_i 考虑；若 $w\succ_i k_i$，所有比 w 差的肾源都不会被 t_i 考虑。

第22章

在肾脏交换问题中的一个匹配 μ 是：将每个受捐病人匹配到某个相容的捐献肾源或者自己的受捐肾脏或者遗体肾脏等待队伍中的次序上，即 $\mu(t_i)\in K_i\cup\{k_i,w\}$。我们称匹配 μ 是**帕累托有效的**，若不存在其他匹配 ν，使得 $\nu(i)\succeq_i\mu(i),\forall i\in T$，且存在某个 $j\in T$，使得 $\nu(j)\succ_j\mu(j)$；称匹配机制 $\mu(\cdot)$ 是**帕累托有效的**，若对于任意的偏好顺序单组合 p，$\mu(p)$ 都是一个帕累托有效的匹配；称匹配机制 $\mu(\cdot)$ 是偏好显示**策略性无关/策略防操纵的 (strategy-proof) 或激励相容的**，若对任意真实的偏好顺序单组合 p，均不存在 $p_i'\neq p_i$ 使得 $\mu(p_i',p_{-i})\succ_i\mu(p_i,p_{-i})$。

现在定义肾脏交换问题的循环 (cycle)。一个循环是由肾源和病人构成的有序序列 $(k_1',t_1',\cdots,k_m',t_m')$，且序列中的每个元素都指向下一个元素，其中 t_m' 指向 k_1'。所谓病人指向肾源是指在可选择的集合中病人最偏爱的肾源，肾源指向病人是指肾源是定向捐献给病人的。显然任意两个循环不存在交叉。

接着定义肾脏交换问题中的链条 (chain)。一个链条是由肾源和病人构成的有序序列 $(k_1',t_1',\cdots,k_m',t_m')$，且序列中的每个元素都指向下一个元素，$t_m'$ 指向 w，t_1' 的肾源 k_1' 交换到等待病人队伍中的某个优先次序，(k_m',t_m') 称为链条的头，(k_1',t_1') 称为链条的尾。与循环不同，一个受捐病人及其肾源可能出现在多个链条中，下面的例 22.4.7 揭示了这一点。由于链条中可能存在交叉，在 TTCC 机制中需要确定链条选择机制，我们在介绍 TTCC 机制后再来对链条选择机制进行讨论。

若受捐病人和捐献者是有限的，且各不相同，则要么存在一个循环，要么存在一个链条。这是因为，假设不存在链条，这意味着每个病人 t 都指向其他病人的肾源。由于病人人数是有限的，与在顶端交易循环机制中必然存在一个顶端循环链条相似，总会存在一个链条。

下面介绍顶端交易循环和链条机制。

第 1 步：假设所有的初始肾源即 K 都是可选择的，每个受捐病人都是主动参与人。在每个运行阶段：

(a) 每个剩余的主动受捐病人都在剩余未匹配的肾源中指向最偏爱的肾源，或者指向等待队伍中的 w，若后者更受病人偏爱；

(b) 每个剩余的被动受捐病人继续指向给他的匹配；

(c) 每个剩余的肾源都指向它的受捐病人。

第 2 步：在结束前的每一阶段至少有一个循环或者一个 w 链条，或者两者都有：

(a) 若不存在循环，进入第 3 步；若存在循环，执行循环中的匹配，即每个循环中的病人都得到他指向的肾源，同时在下一阶段的匹配中去除这些循环中的病人和他们匹配到的肾源。

(b) 剩余的受捐病人指向在剩余肾源中最偏爱的肾源，或者指向等待队伍中的 w，若后者更受病人偏爱。若没有链条，进入第 3 步。否则继续执行循环中的匹配，并去除循环中的病人和匹配的肾源。重复这一步，直到没有再出现循环。

第 3 步：若没有受捐病人和捐献者组合对，算法结束。否则，至少存在一个链条。按照选择机制选择其中一个链条，执行链条中的匹配，即除了链条头的组合对，每个病人匹配到其指向的肾源，链条头中的病人指向等待队伍中的 w。链条选择规则决定选择哪个链条，同时还决定：

(a) 是否去除选择链条中的病人和肾源；

(b) 若保留选择的链条，那么链条中的病人变成被动参与人。

第 4 步：每次 w 链条被选择时均会存在新的循环和链条，重复第 2 步以及第 3 步，直到不存在主动参与人，于是算法结束。

将链条中非头的参与人匹配到指向的肾源，将链条头的参与人匹配到一些可能的链条的选择规则如下：

规则 A：选择最长的 w 链条，在匹配后去除。若最长的链条不止一个，按照某种方式选择其中一个。

规则 B：选择最长的 w 链条，在匹配后保留。若最长的链条不止一个，按照某种方式选择其中一个。

规则 C：首先对受捐病人–捐献者组合对赋予一个优先次序，选择优先度最长的 w 链条，在匹配后去除。若有多个最长链条，选择优先级最高的链条。若仍有多个这样的链条，选择优先级第二高的链条，依此类推。

规则 D：首先对受捐病人–捐献者组合对赋予一个优先次序，选择优先度最长的 w 链条，在匹配后去除。若有多个最长链条，选择优先级最高的链条。若仍有多个这样的链条，选择优先级第二高的链条，依此类推。

后面我们会讨论到规则 D 具有良好的性质。下面先通过一个例子来揭示 (规则 D 下的)TTCC 机制的运作。

例 22.4.7　假设有 12 对受捐病人–捐献者组合，$\{(k_1,t_1),\cdots,(k_{12},t_{12})\}$。$w$ 是与等待遗体捐献队伍交换得到的排队次序，受捐病人的排序按照其编号下标从小到大依次排列，即 t_1 排序最高，t_2 次之，等等。受捐病人的偏好顺序单如下：

$$
\begin{aligned}
&p_1 = k_9, k_{10}, k_1; && p_7 = k_6, k_{11}, k_3, k_9, k_{10}, k_1, w;\\
&p_2 = k_{11}, k_3, k_5, k_6, k_2; && p_8 = k_6, k_4, k_{11}, k_2, k_3, k_8;\\
&p_3 = k_2, k_4, k_5, k_6, k_7, k_8, w; && p_9 = k_3, k_{11}, w;\\
&p_4 = k_5, k_9, k_1, k_8, k_{10}, k_3, w; && p_{10} = k_{11}, k_1, k_4, k_5, k_6, k_7, w;\\
&p_5 = k_3, k_7, k_{11}, k_4, k_5; && p_{11} = k_3, k_6, k_5, k_{11};\\
&p_6 = k_3, k_5, k_8, k_6; && p_{12} = k_{11}, k_3, k_9, k_8, k_{10}, k_{12}.
\end{aligned}
$$

第 1 轮：存在唯一的循环，即 $C_1 = (k_2 \to t_2 \to k_{11} \to t_{11} \to k_3 \to t_3)$，执行循环匹配，即 $\mu(t_2) = k_{11}$，$\mu(t_{11}) = k_3$，$\mu(t_3) = k_2$，并在下一轮中去除循环 C_1 中的参与人以及匹配的肾源。

第 2 轮：去除 C_1 后，形成一个新的循环，即 $C_2 = (k_5 \to t_5 \to k_7 \to t_7 \to k_6 \to t_6)$，执行循环匹配，即 $\mu(t_5) = k_7$，$\mu(t_7) = k_6$，$\mu(t_6) = k_5$，并在下一轮中去除循环 C_2 中的参与人以及匹配的肾源。

第 3 轮：去除 C_2，没有产生新的循环，此时产生两个最长的链条：$w_1 = (k_8 \to t_8 \to k_4 \to t_4 \to k_9 \to t_9)$ 和 $w_2 = (k_{10} \to t_{10} \to k_1 \to t_1 \to k_9 \to t_9)$。由于在链条 w_2 中存在拥有最高排序的受捐病人 t_1，选择 w_2 并执行 w_2 的匹配，即 $\mu(t_{10}) = k_1$，$\mu(t_1) = k_9$，$\mu(t_9) = w$，保留链条 w_2。与此同时，链条 w_2 变成被动参与人。

第 4 轮：固定链条 w_2，形成一个新的循环，即 $C_3 = (k_4 \to t_4 \to k_8 \to t_8)$，执行循环匹配，即 $\mu(t_4) = k_8$，$\mu(t_8) = k_4$，并在下一轮中去除循环 C_3 中的参与人以及匹配的肾源。

第 5 轮：去除 C_3，没有形成新的循环，此时组合对 (k_{12}, t_{12}) 链接到链条 w_2 的尾端，得到一个更长的链条，$w_3 = (k_{12} \to t_{12} \to k_{10} \to t_{10} \to k_1 \to t_1 \to k_9 \to t_9)$。在新的链条中针对 w_3 进行匹配，即 $\mu(t_{12}) = k_{10}$，此时所有受捐病人都得到了匹配。TTCC 匹配结果为：

$$
\mu^{TTCC} = \begin{pmatrix} t_1 & t_2 & t_3 & t_4 & t_5 & t_6 & t_7 & t_8 & t_9 & t_{10} & t_{11} & t_{12} \\ k_9 & k_{11} & k_2 & k_8 & k_7 & k_5 & k_6 & k_4 & w & k_1 & k_3 & k_{10} \end{pmatrix}.
$$

在 TTCC 机制中，之所以要选择最长的链条并保持，是为了让更多的受捐病人参与交换，提高匹配的效率。Roth，Sonmez 和 Unver (2004) 进一步证明了，在链条选择规则 D 下的 TTCC 机制是一个帕累托有效的匹配机制，同时也是一个策略性无关机制。证明的篇幅较长，感兴趣的读者可以阅读他们的原始论文。若我们把排队次序 w 解释为在占有者房子分配模型中的待分配的空房子，Krishna 和 Wang (2007) 进一步证明了链条选择规则 D 下的 TTCC 机制等价于 YRMH-IGYT 机制，感兴趣的读者可以参考他们的原始论文。从经济学视角分析以及设计改进器官移植的文献还在不断发展中，Sonmez 和 Unver (2013) 提供了这方面的一个比较全面的综述。

22.5 【人物小传】

22.5.1 劳埃德・沙普利

劳埃德・沙普利 (Lloyd S. Shapley，1923—2016), 美国杰出的数学家和经济学家，合作博弈和匹配理论的先驱者之一，美国加州大学洛杉矶分校数学和经济系教授。在数理经济学与博弈论领域有卓越贡献。在 20 世纪 40 年代的冯–诺依曼和摩根斯坦之后，沙普利被认为是博弈论领域最出色的学者。2012 年他与阿尔文・罗思共同获得诺贝尔经济学奖。

沙普利曾经在中国的土地上与中国军民并肩抗击过日本侵略军。1943 年，作为哈佛大学数学系的一名本科生，他应征入伍成为一名空军中士，并很快奔赴中国成都战区。当时，沙普利就展现出卓越的数学天才，曾因为破解气象密码获得铜星奖章 (Bronze Star)。战争结束后，沙普利回到哈佛大学继续念书，在 1948 年取得数学学士学位，随后进入普林斯顿大学数学系，直至 1953 年博士毕业。他和纳什是好朋友，他们都师从塔克 (A. W. Tucker) 教授。此后，他长期在美国著名的策略思想库兰德公司工作，1981 年后，则一直担任美国加州大学洛杉矶分校数学和经济系教授。

除了合作博弈中的沙普利价值，他的贡献还有随机对策理论、Bondareva-Shapley 规则、Shapley-Shubik 权力指数、Gale-Shapley 匹配运算法则、Harsanyi-Shapley 解决理论、Shapley-Folkman 定理。除此以外，他早期与 R. N. Snow 和 Samuel Karlin 在矩阵对策上的研究如此彻底，以至此后该理论几乎未有补充。他为冯・诺依曼–摩根斯坦稳定集 (von Neumann-Morgenstern stability set) 存在的问题的解决奠定了基础。他在核博弈理论及长期竞争理论上与 Robert Aumann 的工作均对经济学理论产生了巨大影响。即使在他 80 多岁的高龄时期，沙普利在学术上仍有产出，如多人效用和权力分配理论。

22.5.2 阿尔文・罗思

阿尔文・罗思 (Alvin E. Roth，1951—), 在市场设计和实验经济学领域曾作出卓越贡献，现任斯坦福大学克雷格和苏珊・麦考夫经济学教授以及哈佛大学商学院乔治・冈德经济与工商管理学荣休教授。2012 年，因在稳定配置理论及市场设计实践中所作出的杰出贡献，与加州大学洛杉矶分校教授劳埃德・沙普利共同获得诺贝尔经济学奖。罗思是美国杰出年轻教授奖——斯隆奖的获得者，古根海姆基金会会士，美国艺术与科学院院士。

罗思生于美国一个犹太裔家庭，他从小就受到以聪明和勤奋为代表性格的犹太民族文化的熏陶，并显现出在数学、逻辑等方面的过人之处。但令人惊愕的是，他其实是一个高三从纽约皇后区退学的孩子。颇具讽刺意味的是他的父母都是高中教师。此后，他来到哥伦比亚大学上了一个周末上课的工程班。教授建议他考专科学院，他于是考上并在后来开始了本科学习。1971 年，阿尔文・罗思从哥伦比亚大学本科毕业，获得工程学学士学位。在大学期间，他对运筹学这门当时不是“显学”的年轻学科产生了浓厚兴趣。继而他又来到斯坦福大学，于 1973 年获运筹学硕士学位，一年后获运筹学博士学位。离开斯坦福大学之后，罗思直到 1982 年一直在伊利诺伊大学任教。此后他在匹兹堡大学担任安德鲁–梅隆经济学教授直到 1998 年，之后他加入哈佛大学直至 2013 年成为斯坦福大学教授，并在哈佛大学继续任荣休教授。

罗思在市场设计和实验经济学领域作出了卓越贡献，代表作是剑桥大学出版社 1985 年出版的《经济学中的实验室实验：六种观点》和 1990 年与玛丽达・奥利维拉・索托马约尔 (Marilda A. Oliveira Sotomayor) 合著的《双边匹配：博弈论建模与分析研究》。在 1995 年之前，罗思的所有工作还仅限于学术范围，而从那之后，他便将自己的理论付诸实践。罗思首先解决的是医学院毕业生和医院的匹配问题，利用他设计的系统可以顺利地将医学院毕业生分配到全美的 2.5 万个住院培训岗位上。由于越来越多的女生选择就读医学院，在校期间结婚的学生数量也出现激增。旧的分配系统是在 20 世纪 50 年代由医生们设计的，它很难满足学生夫妻希望在同一地点接受住院培训的要求。于是，毕业生们只好直接与医院联系。罗思为夫妻共同找工作情形下机构与个体的匹配设计的新系统于 1998 年投入使用，由于运转效果良好，后来又被借鉴到了肠胃病学等专业的匹配系统设计上。

22.6 习题

习题 22.1 对于一对一匹配问题，若匹配参与人的偏好是严格的，则稳定的匹配一定是帕累托有效的。若偏好不满足严格性的条件，稳定的匹配是否仍为帕累托有效的？若是，予以证明；若不是，举反例说明。

习题 22.2 (室友匹配问题) 假定有 n 个研究生，每个办公室至多可以被分配给两个研究生。每个学生对于余下的 $n-1$ 个学生有严格偏好排序。证明：即使不能被匹配对每个学生来说都是最差的结果，也可能不存在成对稳定匹配 (pairwise stable matching) 的均衡。

习题 22.3 考虑学生大学入学的多对一双边匹配问题。证明以下第 $1\sim 4$ 小问的论断，并回答第 5 小问。

1. 稳定匹配的集合与核的集合重合。
2. 由学生申请 (由学生提出邀约) 的延迟接受算法，在学生如实按偏好顺序申请时产生稳定的匹配。
3. 在由学生申请 (由学生提出邀约) 的延迟接受算法中，学生如实按偏好顺序申请是弱占优策略。

4. 假定市场一方的所有经济人对于市场另外一方的经济人都有相同的偏好序。证明：延迟接受算法与序列独裁机制等同。
5. 给出使得延迟接受算法停止运行的最小和最大步数。

习题 22.4 在多对一择校匹配问题中，若学校的优先序不是严格的，采用一个外生的严格优先序将非严格的学校的优先序转换成严格的优先序，然后根据转换后的严格优先序运行延迟接受算法。

1. 采用这种方法得到的配置结果在原优先序下是否为稳定的匹配？
2. 是否为对学生最优的稳定匹配？

习题 22.5 考虑学生大学入学的多对一双边匹配问题。假设学校的偏好满足响应性条件。

1. 证明由学校提出邀约的延迟接受算法，在学校如实按偏好顺序邀约时，产生稳定的匹配。
2. 由学校提出邀约的延迟接受算法对所有学校来讲都是弱帕累托有效的吗？若是，证明；若不是，举反例说明。
3. 在由学校提出邀约的延迟接受算法中，学校如实按偏好顺序邀约是弱占优策略吗？若是，证明；若不是，举反例说明。

习题 22.6 (带狗的婚姻匹配市场) 假定某婚姻市场有 n 位男性，n 位女性，以及 n 只狗。婚姻匹配机制是由如下的三元素构成的集合：(m, w, d)，其中 m 表示男性，w 表示女性，d 表示狗；并且要求每个个体至多能出现在一个三元集里。给定一匹配机制 μ，若有 $(m, w, d) \in \mu$，则认为在该匹配机制下男性 m、女性 w 以及一只狗 d 被匹配在了一起。假定每个人与每只狗对于另外两个将与自己匹配的伙伴都有自己的偏好。

一个匹配机制被称为稳定的若不存在“三方偏离”的情形，即该机制不存在如下三元集，其中每个个体都严格偏好于另外两个伙伴 (而不是该机制指定的两个伙伴)。证明：这样的稳定匹配机制也许不存在。

习题 22.7 (Kojima，2010) 在一个学生择校的多对一双边匹配机制中，称一个学生是**非专横的** (non-bossy)，若这个学生在不改变自己的学校分配情况下，不可能改变别人的学校分配情况。若一个机制在任意经济环境下的匹配结果是使得每一个学生都是非专横的，则我们称这种机制是**非专横机制**。

1. 由学生提出邀约的延迟接受 (DA) 机制是非专横的吗？若是，证明；若不是，举出反例。
2. 证明不存在既稳定又非专横的机制。

习题 22.8 (Hatfield 和 Milgrom，2005) 对于合约下的匹配问题，我们称一个合约集合 X 对机构 h 满足总需求法则 (law of aggregate demand)，若对于任意的 $X_2 \subseteq X_1 \subseteq X$，均有 $|C_h(X_2)| \leqq |C_h(X_1)|$。

1. 证明在替代性和总需求法则条件下，个体最优稳定的合约匹配是激励相容的 (即满足策略性无关)。
2. 若总需求法则不满足，举例说明个体最优稳定的合约匹配也许不满足策略性无关。

习题 22.9　考虑学生择校的多对一双边匹配问题。假设 $\succ_s$ 和 $\succ'_s$ 是学生 s 的两个不同的偏好。我们称偏好 $\succ'_s$ 是对学校 c 来说的关于偏好 $\succ_s$ 的**一个改进**，若 (a) 对任意的 $c' \in C$，由 $c \succ'_s c'$ 可得 $c \succ_s c'$ 和 (b) 对任意的 $c_1, c_2 \in C\backslash\{c\}$，$c_1 \succ'_s c_2$ 当且仅当 $c_1 \succ_s c_2$。若对任意 $s \in S$，$\succ'_s$ 是对学校 c 来说的关于 $\succ_s$ 的一个改进，则我们称 $\succ'_S$ 是对学校 c 来说关于 $\succ_S$ 的一个改进。假设 φ 是一个匹配机制，若任意 $\succ'_S$ 是对学校 c 来说关于 $\succ_S$ 的一个改进，则有 $\varphi(\succ'_S, \succ_C) \succeq_c \varphi(\succ_S, \succ_C)$，那么我们称匹配机制 φ 满足**单调性**。

若学校具有响应偏好，由学校提出邀约的延迟接受算法是单调的匹配机制吗？若是，证明；若不是，举例说明。

习题 22.10　对学生择校的多对一双边匹配问题，假设有 3 所学校 c_1, c_2, c_3，其限额分别为 $q_{c_1} = 2, q_{c_2} = 1, q_{c_3} = 1$，有 4 个学生 s_1, s_2, s_3, s_4。他们的偏好分别为：

$p(s_1)$：c_2，c_1，c_3，$\varnothing$，　　$p(c_1)$：$\{s_1, s_2\}, \cdots$，$\{s_3\}$，$\{s_4\}$，$\varnothing$；

$p(s_2)$：c_3，c_1，c_2，$\varnothing$，　　$p(c_2)$：$\{s_4\}$，$\{s_1\}, \cdots$；

$p(s_3)$：c_1，c_2，c_3，$\varnothing$，　　$p(c_3)$：$\{s_2\}$，$\{s_4\}, \cdots$；

$p(s_4)$：c_3，c_2，c_1，$\varnothing$.

给出这个匹配问题的所有稳定匹配，并说明除了给出的稳定匹配外，不存在其他稳定匹配。

习题 22.11 (夫妻共同找工作的匹配问题，Klaus 和 Klijn，2005)　假设匹配市场上有三个医生 d_1, d_2, d_3，其中 d_1 与 d_2 是夫妻，记作 $c = (d_1, d_2)$，有两家医院 h_1 和 h_2。假设他们的偏好如下：

$p(c) : (h_1, h_2)$，$\varnothing$；　　$p(d_3)$：h_1, h_2，$\varnothing$；

$p(h_1)$：d_1，d_3，$\varnothing$；　　$p(h_2)$：d_3，$d_2, \varnothing$.

证明：稳定的匹配不存在。

习题 22.12 (Hatfield 和 Kojima，2009)　对于合约下的匹配问题，我们称匹配机制 F 是群策略性无关机制 (group strategy-proof mechanism)或群体激励相容机制，若对于任意的偏好 $\mathcal{P}_\mathcal{D}$，均不存在 $D' \subseteq D$ 和偏好 $\mathcal{P}'_{D'} = (\mathcal{P}'_d)_{d \in D'}$ 使得 D' 中的成员都认为 $F(\mathcal{P}'_{D'}, \mathcal{P}_{-D'})$ 比 $F(\mathcal{P}_\mathcal{D})$ 更好。

1. 证明：在替代性和总需求法则条件下，个体最优稳定的匹配机制是群策略性无关的。
2. 证明：在替代性和总需求法则条件下，个体最优稳定的合约匹配对群体来讲满足弱帕累托有效性。

习题 22.13　对于一个匹配机制 f，若对所有的偏好集合 R 均不存在 $M \subseteq N$ 和 $\widetilde{R}_M$ 使得对于所有 $i \in M$，$f_i(\widetilde{R}_M, R_{-M}) R_i f_i(R)$，并且对于一些 $j \in M$，$f_j(\widetilde{R}_M, R_{-M}) P_j f_j(R)$，则我们称 f 是**群策略性无关的**。

1. 群策略性无关的机制是否为非专横的？
2. 证明一个策略性无关和非专横的机制是群策略性无关的。
3. 序列独裁机制是否为群策略性无关的？随机序列独裁机制呢？

4. 假设在择校问题中学生可以选择不上学。证明：若一个择校机制 f 是策略性无关的和无浪费的，则不存在其他策略性无关的机制帕累托占优于它。

习题 22.14 (Jiao 和 Tian，2015a) 对于多对多匹配问题，假定匹配的参与者的偏好满足延拓最大–最小标准 (extended max-min criterion)。

1. 证明成对稳定匹配必然是核稳定的。
2. 证明成对稳定匹配与集合稳定是等价的。
3. 举例说明核稳定不一定是成对稳定。

习题 22.15 (Balinski 和 Sonmez, 1999) 在择校的多对一双边匹配问题中，假设某个学生在某些学校的优先序中排得更靠前了，并且在其他学校的优先序中的位置保持不变；其他学生的相对位置也保持不变。若通过延迟接受算法进行配置，该学生匹配到的学校是否会 (在他的偏好中) 比以前的差？

习题 22.16 在房屋市场中，假设参与人的偏好不是严格的。我们采用一个外生的严格偏好顺序 $\succ$ 将非严格的个体偏好转换成严格的偏好 (即当两个房屋对某人来说无差异时，按照这两个房屋在 $\succ$ 中的顺序排列它们)，然后根据转换后的严格偏好运行顶端交易循环算法。

1. 采用这种方法得到的配置结果在原偏好下是否为帕累托有效的？
2. 该配置结果是否为弱帕累托有效的？
3. 该机制是否为策略性无关的？

习题 22.17 考虑单边匹配，在顶端交易循环算法中：

1. 证明：在每个经济人都只有一个物品的情况下，必然存在顶端交易循环。
2. 说明顶端交易循环配置和核配置的关系。
3. 若有人有多个物品，给出至少一种帕累托有效的分配方式。

习题 22.18 (Matsubae，2010) 在一个房屋市场的单边匹配问题中，假设每个人都事先有一套房子。然后按照顶端交易循环机制给每人分配房屋，即第一轮每个人指向他最喜欢的房屋，把构成循环的交易圈按照指向分配，然后每个没有分到房屋的人再指向尚未分配的房屋中他最喜欢的那套。如此进行直到房屋分完为止。

对于这一市场我们同样定义非专横的参与人的概念，即一个参与人在不改变自己被分配到的房屋的情况下，不能够改变其他人的配置结果。在任意经济环境的配置结果下，若一个分配房屋的机制使得每一个参与人都是非专横的，则我们称这种机制是非专横的。

1. 说明：前面形容的顶端交易循环机制是非专横的吗？若是，证明；若不是，举出反例。
2. 顶端交易循环机制是稳定的吗？给出答案并解释。

习题 22.19 在随机序列独裁机制中，回答以下问题：

1. 两个报告相同偏好的参与人是否会得到不同的概率分配？
2. 是否会有参与人嫉妒其他参与人的概率分配？

22.7　参考文献

教材和专著：

Knuth, D. (1976). *Marriages Stables*, Les Presses.

Roth, A. E. (2015). *Who Gets What and Why: The New Economics of Matchmaking and Market Design*, Eamon Dolan/Houghton Mifflin Harcourt.

Roth, A. E. and M. Sotomayor (1990). *Two-Sided Matching: A Study in Game-Theoretic Modeling and Analysis*, Econometric Society Monograph Series, Cambridge University Press.

论文：

Abdulkadiroglu, A. (2013). "School choice", in Vulkan, N., A. E. Roth, and Z. Neeman (eds.), *Handbook of Market Design* (Oxford: Oxford University Press).

Abdulkadiroglu, A. and T. Sonmez (1998). "Random Serial Dictatorship and the Core from Random Endowments in House Allocation Problems", *Econometrica*, Vol. 66, No. 3, 689-701.

Abdulkadiroglu, A. and T. Sonmez (1999). "House Allocation with Existing Tenants", *Journal of Economic Theory*, Vol. 88, No. 2, 233-260.

Abdulkadiroglu, A. and T. Sonmez (2003). "School Choice: A Mechanism Design Approach", *American Economic Review*, Vol. 93, No. 3, 729-747.

Abdulkadiroglu, A. and T. Sonmez (2013). "Matching Markets: Theory and Practice", in Daron Acemoglu et al. (eds.), *Advances in Economics and Econometrics*, Vol. 3 (Cambridge: Cambridge University Press).

Alcalde, J. and S. Barbera (1994). "Top Dominance and the Possibility of Strategy-proof Stable Solutions to Matching Problems", *Economic Theory*, Vol. 4, No. 3, 417-435.

Bade, S. (2016). "Fairness and Group-strategyproofness Clash in Assignment Problems", *Journal of Economic Theory*, Vol. 165, 257-262.

Balinski, M. and T. Sonmez (1999). "A Tale of Two Mechanisms: Student Placement", *Journal of Economic Theory*, Vol. 84, No. 1, 73-94.

Bogomolnaia, A. and H. Moulin (2001). "A New Solution to the Random Assignment Problem", *Journal of Economic Theory*, Vol. 100, No. 2, 295-328.

Bogomolnaia, A. and H. Moulin (2002). "A Simple Random Assignment Problem with a Unique Solution", *Economic Theory*, Vol. 19, No. 3, 623-636.

Bogomolnaia, A. and H. Moulin (2015). "Size versus Fairness in the Assignment Problem", *Games and Economic Behavior*, Vol. 90, 119-127.

Chen, Y. and O. Kesten (2017). "Chinese College Admissions and School Choice Reforms: Theory and Experiments", *Journal of Political Economy*, Vol. 125, 99-139.

Chen, Y. and G. Tian (2020). "Stability and Efficiency in Dynamic Matching with Transfers", Working Paper.

Demange, G., D. Gale, and M. Sotomayor (1987). "A Further Note on the Stable Matching Problem", *Discrete Applied Mathematics*, Vol. 16, No. 3, 217-222.

Dubins, L. E. and D. A. Freedman (1981). "Machiavelli and the Gale-Shapley Algorithm", *American Mathematical Monthly*, Vol. 88, No. 7, 485-494.

Echenique, F. and J. Oviedo (2006)."A Theory of Stability in Many-to-many Matching Markets", *Theoretical Economics*, Vol. 1, 233-273.

Ehlers, L. (2014). "Top Trading with Fixed Tie-breaking in Markets with Indivisible Goods", *Journal of Economic Theory*, Vol. 151, 64-87.

Erdil, A. (2014). "Strategy-proof Stochastic Assignment", *Journal of Economic Theory*, Vol. 151, 146-162.

Erdil, A. and H. Ergin (2008). "What's the Matter with Tie-breaking? Improving Efficiency in School Choice", *American Economic Review*, Vol. 98, No. 3, 669-689.

Erdil, A. and H. Ergin (2013). "Improving Efficiency in School Choice", in Vulkan, N., A. E. Roth, and Z. Neeman (eds.), *Handbook of Market Design* (Oxford: Oxford University Press).

Ergin, H. (2002). "Efficient Resource Allocation on the Basis of Priorities", *Econometrica*, Vol. 70, No. 6, 2489-2497.

Gale, D. and L. S. Shapley (1962). "College Admissions and the Stability of Marriage", *American Mathematics Monthly*, Vol. 69, No. 1, 9-15.

Gale, D. and M. Sotomayor (1985). "Ms Machiavelli and the Stable Matching Problem", *American Mathematical Monthly*, Vol. 92, No. 4, 261-268.

Hatfield, J. and P. Milgrom (2005). "Matching with Contracts", *American Economic Review*, Vol. 95, No. 4, 913-935.

Hatfield, J. and F. Kojima (2009). "Group Incentive Compatibility for Matching with Contracts", *Games and Economic Behavior*, Vol. 67, No. 2, 745-749.

Hatfield, J. W., S. D. Kominers, A. Nichifor, M. Ostrovsky, and A. Westkamp (2013). "Stability and Competitive Equilibrium in Trading Networks", *Journal of Political Economy*, Vol. 21, No. 5, 966-1005.

Huang, C. and G. Tian (2017). "Guaranteed Size Ratio of Ordinally Efficient and Envy-free Mechanisms in the Assignment Problem", *Games and Economic Behavior*, Vol. 105, 1-8.

Hylland, A. and R. Zeckhauser (1979). "The Efficient Allocation of Individuals to Positions", *Journal of Political Economy*, Vol. 87, No. 2, 293-314.

Jiang, Z. and G. Tian (2014), "Matching with Couples: Semi-stability and Algorithm", Working Paper.

Jiao, Z. and G. Tian (2015a). "The Stability of Many-to-many Matching with Max-min Preferences", *Economics Letters*, Vol. 129, 52-56.

Jiao, Z. and G. Tian (2015b). "The College Admissions Problem Reconsidered", Working Paper.

Jiao, Z., G. Tian, S. Chen, and F. Yang (2016). "The Blocking Lemma and Group Incentive Compatibility for Matching with Contracts", *Mathematical Social Sciences*, Vol. 82, 65-71.

Jiao, Z. and G. Tian (2017). "The Blocking Lemma and Group Strategy-proofness in Many-to-many Matchings", *Games and Economic Behavior*, Vol. 102, 44-55.

Kelso, A. S. Jr. and V. P. Crawford (1982). "Job Matching, Coalition Formation, and Gross Substitutes", *Econometrica*, Vol. 50, No. 6, 1483-1504.

Kesten, O. (2010). "School Choice with Consent", *The Quarterly Journal of Economics*, Vol. 125, No. 3, 1297-1348.

Klaus, B. and F. Klijn (2005). "Stable Matchings and Preferences of Couples", *Journal of Economic Theory*, Vol. 121, No. 1, 75-106.

Kojima, F. (2010). "Impossibility of Stable and Nonbossy Matching Mechanism", *Economic Letters*, Vol. 107, No. 1, 69-70.

Kojima, F. (2017). "Recent Developments in Matching Theory and Its Practical Applications", in Honoré, B., A. Pakes, M. Piazzesi, and L. Samuelson (eds.), *Advances in Economics and Econometrics* (Cambridge: Cambridge University Press).

Kojima, F., P. A. Pathak, and A. V. Roth (2013). "Matching with Couples: Stability and Incentives in Large Markets", *Quarterly Journal of Economics*, Vol. 128, No. 4, 1585-1632.

Krishna, A. and Y. Wang (2007). "The Relationship between Top Trading Cycles Mechanism and Top Trading Cycles and Chains Mechanism", *Journal of Economic Theory*, Vol. 132, No. 1, 539-547.

Long, X. and G. Tian (2014). "House Allocation Problems with Weak Preferences", Working Paper.

Ma, J. (1994). "Strategy-proofness and the Strict Core in a Market with Strict Indivisibilities", *International Journal of Game Theory*, Vol. 23, No. 1, 75-83.

Matsubae, T. (2010). "Impossibility of Stable and Non-damaging Bossy Matching Mechanism", *Economics Bulletin*, Vol. 30, No. 3, 2092-2096.

McVitie, D. G. and L. B. Wilson (1970). "Stable Marriage Assignment for Unequal Sets", *BIT Numerical Mathematics*, Vol. 10, No. 3, 295-309.

Miyagawa, E. (2002). "Strategy-proofness and the Core in House Allocation Problems", *Games and Economic Behavior*, Vol. 38, No. 6: 347-361.

Papai, S. (2000). "Strategy Proof Assignment by Hierarchical Exchange", *Econometrica*, Vol. 68, No. 6, 1403-1434.

Postlewaite, A. and A. Roth(1977). "Weak versus Strong Domination in a Market with Indivisible Goods", *Journal of Mathematical Economics*, Vol. 4, No. 2, 131-137.

Rapaport, F. T. (1986). "The Case for a Living Emotionally Related International Kidney Donor Exchange Registry", *Transplantation Proceedings*, Vol. 18, No. 3, 5-9.

Roth, A. E. (1982a). "The Economics of Matching: Stability and Incentives", *Mathematics of Operations Research*, Vol. 7, No. 4, 617-628.

Roth, A. E. (1982b). "Incentive Compatibility in a Market with Indivisibilities", *Economics Letters*, Vol. 9, No. 2, 127-132.

Roth, A. E. (1984a). "The Evolution of the Labor Market for Medical Interns and Residents: A Case Study in Game Theory", *Journal of Political Economy*, Vol. 92, No. 6, 991-1016.

Roth, A. E. (1984b). “Misrepresentation and Stability in the Marriage Problem”, *Journal of Economic Theory*, Vol. 34, No. 2, 383-387.

Roth, A. E. (1984c). “Stability and Polarization of Interests in Job Matching”, *Econometrica*, Vol. 52, No. 1, 47-57.

Roth, A. E. (1985). “The College Admissions Problem Is Not Equivalent to the Marriage Problem”, *Journal of Economic Theory*, Vol. 36, No. 2, 277-288.

Roth, A. E. (1986). “On the Allocation of Residents to Rural Hospitals: A General Property of Two-Sided Matching Markets”, *Econometrica*, Vol. 54, No. 2, 425-427.

Roth, A. E. (2010). “Deferred-Acceptance Algorithms: History, Theory, Practice”, in John J. Siegfried(ed.), *Better Living through Economics* (Cambridge: Harvard University Press).

Roth, A. E. and A. Postlewaite (1977). “Weak versus Strong Domination in a Market with Indivisible Goods”, *Journal of Mathematical Economics*, Vol.4, No. 2, 131-137.

Roth, A. E. and M. Sotomayor(1989). “The College Admissions Problem Revisited”, *Econometrica*, Vol. 57, No. 3, 559-570.

Roth, A. E., T. Sonmez, and M. U. Unver(2004). “Kidney Exchange”, *Quarterly Journal of Economics*, Vol. 119, No. 2, 457-488.

Shapley, L. S. and H. E. Scarf (1974). “On Cores and Indivisibility”, *Journal of Mathematical Economics*, Vol. 1, No. 1, 23-37.

Shapley, L. S. and M. Shubik (1972). “The Assignment Game I: The Core”, *International Journal of Game Theory*, Vol. 1, No. 1, 111-130.

Sonmez, T. (1997). “Manipulation via Capacities in Two-Sided Matching Markets”, *Journal of Economic Theory*, Vol. 77, No. 1, 197-204.

Sonmez, T. and U. Unver (2010). “Matching, Allocation, and Exchange of Discrete Resources”, in Benhabib, J., A. Bisin, and M. O. Jackson (eds.). *Handbook of Social Economics* (Amsterdam: North-Holland).

Sonmez, T. and U. Unver (2013). “Market Design for Kidney Exchange”, in Vulkan, N., A. E. Roth, and Z.Neeman, *Handbook of Market Design* (Oxford: Oxford University Press).

Svensson, Lars-Gunnar (1994). “Queue Allocation of Indivisible Goods”, *Social Choice and Welfare*, Vol. 11, No. 4, 223-230.

Svensson, L.-G. (1999). “Strategy-proof Allocation of Indivisible Goods”, *Social Choice and Welfare*, Vol. 16, No. 4, 557-567.

Tang, Q. and J. Yu(2014). “A New Perspective on Kesten’s School Choice with Consent Idea”, *Journal of Economic Theory*, Vol. 154, 543-561.

Zhou, L. (1990). “On a Conjecture by Gale about One-sided Matching Problems”, *Journal of Economic Theory*, Vol. 52, No. 1, 123-135.

索　引

D

E

F

G

H

J

K

L

M

N

P

Q

R

S

T

W

X

Y

Z

图书在版编目（CIP）数据

高级微观经济学 / 田国强编著. --2 版. --北京：中国人民大学出版社, 2024. 7
ISBN 978-7-300-31413-6

Ⅰ. ①高… Ⅱ. ①田… Ⅲ. ①微观经济学 Ⅳ. ①F016

中国国家版本馆 CIP 数据核字 (2023) 第 016705 号

高级微观经济学（第二版）
田国强　编著
Gaoji Weiguan Jingjixue

出版发行	中国人民大学出版社		
社　　址	北京中关村大街 31 号	邮政编码	100080
电　　话	010-62511242（总编室）		010-62511770（质管部）
	010-82501766（邮购部）		010-62514148（门市部）
	010-62515195（发行公司）		010-62515275（盗版举报）
网　　址	http://www.crup.com.cn		
经　　销	新华书店		
印　　刷	涿州市星河印刷有限公司	版　　次	2016 年 11 月第 1 版
开　　本	787mm×1092mm　1/16		2024 年 7 月第 2 版
印　　张	84.75　插　页　2（上、下册）	印　　次	2024 年 7 月第 1 次印刷
字　　数	1 920 000（上、下册）	定　　价	218.00 元（上、下册）